DIREITO DAS COISAS

Edições anteriores

1ª edição – 2003
1ª edição – 2004 – 2ª tiragem
1ª edição – 2004 – 3ª tiragem
2ª edição – 2006
2ª edição – 2006 – 2ª tiragem
3ª edição – 2007

4ª edição – 2009
5ª edição – 2011
6ª edição – 2013
7ª edição – 2014
8ª edição – 2016

O GEN | Grupo Editorial Nacional – maior plataforma editorial brasileira no segmento científico, técnico e profissional – publica conteúdos nas áreas de concursos, ciências jurídicas, humanas, exatas, da saúde e sociais aplicadas, além de prover serviços direcionados à educação continuada.

As editoras que integram o GEN, das mais respeitadas no mercado editorial, construíram catálogos inigualáveis, com obras decisivas para a formação acadêmica e o aperfeiçoamento de várias gerações de profissionais e estudantes, tendo se tornado sinônimo de qualidade e seriedade.

A missão do GEN e dos núcleos de conteúdo que o compõem é prover a melhor informação científica e distribuí-la de maneira flexível e conveniente, a preços justos, gerando benefícios e servindo a autores, docentes, livreiros, funcionários, colaboradores e acionistas.

Nosso comportamento ético incondicional e nossa responsabilidade social e ambiental são reforçados pela natureza educacional de nossa atividade e dão sustentabilidade ao crescimento contínuo e à rentabilidade do grupo.

ARNALDO RIZZARDO

DIREITO DAS COISAS

9ª edição revista, atualizada e reformulada

- O autor deste livro e a editora empenharam seus melhores esforços para assegurar que as informações e os procedimentos apresentados no texto estejam em acordo com os padrões aceitos à época da publicação, e todos os dados foram atualizados pelo autor até a data de fechamento do livro. Entretanto, tendo em conta a evolução das ciências, as atualizações legislativas, as mudanças regulamentares governamentais e o constante fluxo de novas informações sobre os temas que constam do livro, recomendamos enfaticamente que os leitores consultem sempre outras fontes fidedignas, de modo a se certificarem de que as informações contidas no texto estão corretas e de que não houve alterações nas recomendações ou na legislação regulamentadora.

- Fechamento desta edição: *18.11.2020*

- O Autor e a editora se empenharam para citar adequadamente e dar o devido crédito a todos os detentores de direitos autorais de qualquer material utilizado neste livro, dispondo-se a possíveis acertos posteriores caso, inadvertida e involuntariamente, a identificação de algum deles tenha sido omitida.

- **Atendimento ao cliente:** (11) 5080-0751 | faleconosco@grupogen.com.br

- Direitos exclusivos para a língua portuguesa
  Copyright © 2021 by
  Editora Forense Ltda.
  Uma editora integrante do GEN | Grupo Editorial Nacional
  Travessa do Ouvidor, 11 – Térreo e 6º andar
  Rio de Janeiro – RJ – 20040-040
  www.grupogen.com.br

- Reservados todos os direitos. É proibida a duplicação ou reprodução deste volume, no todo ou em parte, em quaisquer formas ou por quaisquer meios (eletrônico, mecânico, gravação, fotocópia, distribuição pela Internet ou outros), sem permissão, por escrito, da Editora Forense Ltda.

- Capa: Aurélio Corrêa

- **CIP – BRASIL. CATALOGAÇÃO NA FONTE.
  SINDICATO NACIONAL DOS EDITORES DE LIVROS, RJ.**

  Rizzardo, Arnaldo

  Direito das Coisas / Arnaldo Rizzardo. – 9. ed. – Rio de Janeiro: Forense, 2021.

  Inclui bibliografia
  ISBN 978-85-309-9050-3

  1. Direitos reais – Brasil. 2. Posse (Direito) – Brasil. 3. Propriedade – Brasil. I.

  20-63160   CDU: 347.2(81)

  Leandra Felix da Cruz Candido – Bibliotecária – CRB-7/6135

Sobre o Autor

Atuou, durante longos anos, na magistratura do Rio Grande do Sul, ocupando, inclusive, o cargo de desembargador do Tribunal de Justiça. Exerceu o magistério na Escola Superior da Magistratura e, atualmente, é advogado, faz parte da Academia Brasileira de Direito Civil e do Instituto dos Advogados do Brasil – seção do Rio Grande do Sul. Ministra palestras em eventos jurídicos de todo o País.

Em concursos de monografias patrocinados pela Associação dos Magistrados Brasileiros e pela Associação dos Juízes do Rio Grande do Sul, três de suas obras obtiveram o primeiro lugar.

É autor de diversos livros no campo do direito privado e administrativo.

Obras do Autor

Acidentes de Trânsito: Reparação e Responsabilidade. 14. ed., Rio de Janeiro, Forense, 2021.

Contratos. 19. ed., Rio de Janeiro, Forense, 2021.

Condomínio Edilício e Incorporação Imobiliária. 8. ed., Rio de Janeiro, Forense, 2021.

Promessa de Compra e Venda e Parcelamento do Solo Urbano. 11. ed., Curitiba, Editora Juruá, 2020.

Contratos de Crédito Bancário. 12. ed., Curitiba, Editora Juruá, 2020.

O "Leasing". 9. ed., Curitiba, Editora Juruá, 2020.

Ação Civil Pública e Ação de Improbidade Administrativa. 4. ed., Curitiba, Juruá Editora, 2019.

Comentários ao Código de Trânsito Brasileiro. 10. ed., JusPodivm, 2019.

Direito das Sucessões. 11. ed., Rio de Janeiro, Forense, 2019.

Direito de Empresa. 7. ed., Rio de Janeiro, Forense, 2019.

Direito de Família. 10. ed., Rio de Janeiro, Forense, 2019.

Responsabilidade Civil. 8. ed., Rio de Janeiro, Forense, 2019.

Prescrição e Decadência. 3. ed., Rio de Janeiro, Forense, 2018.

Direito das Obrigações. 9. ed., Rio de Janeiro, Forense, 2018.

Direito do Agronegócio. 4. ed., Rio de Janeiro, Forense, 2018.

Direito das Coisas. 8. ed., Rio de Janeiro, Forense, 2016.

Introdução ao Direito e Parte Geral do Código Civil. 8. ed., Rio de Janeiro, Forense, 2016.

Títulos de Crédito. 5. ed., Rio de Janeiro, Forense, 2015.

Servidões. 2. ed., Rio de Janeiro, Forense, 2014.

Limitações do Trânsito em Julgado e Desconstituição da Sentença. Rio de Janeiro, Forense, 2009.

Factoring. 3. ed., São Paulo, Revista dos Tribunais, 2004.

Planos de Assistência e Seguros de Saúde (em coautoria com Eduardo Heitor Porto, Sérgio B. Turra e Tiago B. Turra). Porto Alegre, Livraria do Advogado Editora, 1999.

Casamento e Concubinato – Efeitos Patrimoniais. 2. ed., Rio de Janeiro, Aide Editora, 1987.

O Uso da Terra no Direito Agrário (Loteamentos, Desmembramentos, Acesso às Terras Rurais, Usucapião Especial – Lei nº 6.969). 3. ed., Rio de Janeiro, Aide Editora, 1986.

Reajuste das Prestações do Banco Nacional da Habitação. Porto Alegre, Sergio Antonio Fabris Editor, 1984.

Da Ineficácia dos Atos Jurídicos e da Lesão no Direito. Rio de Janeiro, Forense, 1983.

Nota do Autor

O Código Civil de 2002, ao tratar do Direito das Coisas (Livro III – artigos 1.196 a 1.510-E), teve algumas mudanças, mas revelou o intuito de aperfeiçoar o texto do Código de 1916. Introduziu poucos princípios ou institutos totalmente diferentes dos existentes no direito codificado ou superveniente anterior.

Dentre as inovações, aparece presente a concepção de a propriedade imobiliária e a posse perderem a intangibilidade e o dogmatismo de outrora, e a propriedade de laje.

Um novo conceito na valoração dos interesses e dos conflitos emana da conjuntura atual. É induvidoso que a ideia de propriedade vem sofrendo os reflexos da realidade vigente, a cada ano mais complexa. Cresce e se fortalece uma rebeldia contra os princípios milenares que solidificaram o respeito à propriedade individual. Ocorrem fenômenos de levas de pessoas simplesmente se apropriarem de áreas urbanas e rurais que não cumprem uma função específica e que se encontram reservadas como mero fator de riqueza. A tal ponto se dá a ocupação que se torna impossível a restituição, ou o afastamento dos "invasores", se inexistentes alternativas que proporcionem a moradia e o trabalho.

A pressão do crescimento populacional, a urbanização constante das populações, o inchamento das metrópoles, a ausência de uma política habitacional de subsídios e de incremento da construção de moradias e o desnivelamento econômico entre as camadas sociais vão derruindo o valor sacramental ou absoluto da propriedade privada, que constantemente sofre inevitáveis ataques de multidões que se instalam em solos desocupados ou inaproveitados. Nem sempre se torna viável uma pronta e enérgica ação do Poder Judiciário, diante da complexidade da questão social e da crescente consciência de valorização da pessoa humana em relação aos bens econômicos.

Sensível a essa realidade, deu o legislador realce a aspectos inovadores da maior significação, como aquele que autoriza o juiz a adjudicar ou privar o titular da posse de áreas habitadas por populações carentes, em um estado tal que se torna impossível a retomada da posse, nos termos do art. 1.228, § 4º, desde que, dentre outros requisitos, exercida a posse de boa-fé pelo lapso de tempo ininterrupto de cinco anos.

Em relação à posse, não mais a classifica em velha e nova, como fator determinante de sua reintegração ou manutenção liminar. Aportaram novos direitos reais (o direito de superfície e o direito do promitente comprador). Algumas matérias antes extensamente desenvolvidas ficaram omitidas (como a enfiteuse e rendas constituídas sobre imóveis), ou mereceram um enfrentamento singelo (como perda da posse).

Abrangendo ainda o direito das coisas, mas não regulados pelo Código Civil, assumem relevo campos de interesses que outrora não ocupavam espaço significativo, sendo dignos de destaque a propriedade industrial, o direito autoral, a propriedade edilícia, o direito de vizinhança, as desapropriações, o direito de construir, o zoneamento das cidades – institutos que decorrem do desenvolvimento social, cultural e científico.

A visão do direito das coisas, segundo os tempos atuais e o Código Civil; a abordagem das novas figuras (como o condomínio de lote, a multipropriedade, a laje e os fundos de investimento); a pesquisa das decisões dos mais diversos pretórios, especialmente do Superior Tribunal de Justiça; a auscultação dos casos de maior incidência; o aporte da vivência constante com o direito e a consulta a obras que tratam da matéria, são algumas das características que acompanham este trabalho desde o seu começo.

Índice Sistemático

Capítulo I – Direito das Coisas... 1

    1.1.   Direitos Reais e Direitos Pessoais... 1

    1.2.   Classificação dos Direitos Reais... 5

    1.3.   Constituição dos Direitos Reais e Escritura Pública 7

    1.4.   Objeto dos Direitos Reais.. 11

    1.5.   Obrigações Mistas nos Direitos Reais.. 12

    1.6.   Direitos Reais Plenos e Direitos Reais Limitados 13

Capítulo II – A Posse.. 14

    2.1.   Conceito de Posse... 14

    2.2.   Concepção Subjetiva da Posse 18

    2.3.   Concepção Objetiva da Posse 20

    2.4.   A Posse no Direito Positivo Vigente.. 24

    2.5.   Efeitos Práticos no Exercício da Posse Segundo a Teoria Objetiva e a Teoria Subjetiva... 24

    2.6.   Natureza Jurídica da Posse 25

    2.7.   Objeto da Posse 28

    2.8.   Elementos Constitutivos da Posse... 32

    2.9.   Origem Histórica da Posse 33

    2.10. Composse.. 34

    2.11. Atos de Mera Permissão ou Tolerância... 36

Capítulo III – Classificação da Posse 38

    3.1.   Relevância da Classificação... 38

    3.2.   Posse Justa e Posse Injusta.. 38

    3.3.   Posse de Boa-Fé e Posse de Má-Fé 41

    3.4.   Posse com Justo Título e Posse sem Justo Título 43

    3.5.   Posse Direta e Posse Indireta 44

    3.6.   Posse com Título e Posse sem Título.. 47

    3.7.   Posse Própria para Uso dos Interditos e Posse para Invocar o Usucapião 48

    3.8.   Posse Causal e Posse Formal... 48

    3.9.   Posse Nova e Posse Velha 49

3.10. Posse e Detenção 50

3.11. Posse como Exteriorização da Propriedade e Posse-Trabalho 51

Capítulo IV – Aquisição da Posse 53

4.1. Teorias Explicativas 53

4.2. Espécies de Aquisição 53

4.3. Modos de Aquisição da Posse 55

4.4. Exigências Legais para a Validade da Aquisição da Posse 61

4.5. Pessoas Habilitadas a Adquirir a Posse 62

4.6. Erro de Fato e Erro de Direito na Aquisição da Posse.......................... 64

Capítulo V – Perda da Posse 65

5.1. Teorias Explicativas 65

5.2. Situações de Perda da Posse 65

5.3. Perda da Posse de Direitos 69

Capítulo VI – Transmissão da Posse 71

6.1. Caráter da Posse na Transmissão.. 71

6.2. Transmissão da Posse na Sucessão Hereditária.................................... 71

6.3. A Posse na Sucessão Universal e na Sucessão Particular 72

6.4. Extensão da Posse dos Imóveis à Posse dos Móveis 73

6.5. Posse de Coisa Perdida ou Furtada 74

Capítulo VII – Efeitos da Posse 76

7.1. Dos Efeitos Gerais da Posse 76

7.2. A Faculdade de Invocar os Interditos e Consectários Correlatos 77

7.3. Natureza Dúplice das Ações Possessórias.. 80

7.4. Natureza Real das Ações Possessórias.. 81

7.5. Ações Possessórias e Alegação de Domínio 83

7.6. Legitimidade Ativa e Passiva na Ação Possessória 85

7.7. Defesa Pessoal da Posse e Desforço Imediato 89

7.8. Ações Possessórias e Ações Petitórias 91

Capítulo VIII – Ações Possessórias 93

8.1. Espécies 93

8.2. Ação de Manutenção de Posse.. 94

8.3. Ação de Reintegração de Posse 95

8.4. Ação de Interdito Proibitório 97

8.5. Ação Possessória em Invasões Coletivas.. 100

8.6.	A Medida Liminar nas Ações Possessórias	103
8.7.	Requisitos para as Ações	104
8.8.	Ações Possessórias contra Pessoas Jurídicas de Direito Público	107
8.9.	Inidoneidade Econômica do Autor Provisoriamente Mantido ou Reintegrado na Posse	108
8.10.	Fungibilidade das Ações Possessórias	109
8.11.	Procedimento nas Ações Possessórias de Imóveis de Pequeno Valor, de Coisas Móveis e Semoventes	110
8.12.	A Proteção Possessória nas Servidões não Aparentes	112
8.13.	Indenização por Benfeitorias e Direito de Retenção	114
8.14.	Benfeitorias e Posse de Má-Fé	117
8.15.	Fixação do Valor da Indenização por Benfeitorias	117
8.16.	Compensação dos Danos com o Valor da Indenização pelas Benfeitorias	118
8.17.	Direito à Percepção dos Frutos	119

Capítulo IX – Proteção da Posse por Meio de Outras Ações ... 123

9.1.	Situações Especiais de Ofensa à Posse	123
9.2.	Perturbações Patrimoniais ou Lesões Corpóreas à Propriedade Vizinha, que Eram Abrangidas pela Ação de Nunciação de Obra Nova, e à Proteção por Ações de Procedimento Comum	123
	9.2.1. Hipóteses de perturbações patrimoniais ou lesões corpóreas que permitem a proteção pela ação de procedimento comum	124
	9.2.2. Pressupostos para a ação contra as perturbações patrimoniais ou lesões corpóreas da propriedade ou posse	128
	9.2.3. Legitimidade passiva	129
	9.2.4. Embargo extrajudicial ou pessoal no sistema do Código de 1973	130
	9.2.5. Formalização do pedido inicial	131
	9.2.6. O procedimento judicial e a tutela provisória	131
	9.2.7. Obra já concluída	140
9.3.	Ação de Imissão de Posse	141
	9.3.1. A ação de imissão de posse no ordenamento processual civil de 1973 e no atual	142
	9.3.2. Natureza da ação	143
	9.3.3. A concessão de medida liminar na imissão da posse	146
9.4.	Embargos de Terceiro	147
	9.4.1. Conceito de terceiro	148
	9.4.2. Objeto da proteção	154
	9.4.3. O procedimento da ação	157

Capítulo X – A Propriedade ... 161

10.1.	Conceito	161

10.2. A Propriedade na Ordem Constitucional e no Código Civil	162
10.3. Aspectos Históricos	164
10.4. Função Social da Propriedade	168
10.5. Fundamentos que Justificam a Propriedade	170
10.6. Terminologia	174
10.7. Objeto da Propriedade	174
10.8. Sujeitos no Direito da Propriedade	175
10.9. Extensão da Propriedade e Bens do Domínio Público	176
10.10. Bens Públicos por Afetação	179
10.11. Limitações ao Direito de Propriedade	181
10.11.1. Limitações constitucionais	181
10.11.2. Limitações administrativas e legais	181
10.11.3. Limitações de interesse particular	189
10.11.4. Limitações de interesse público	192
10.11.5. Limitações florestais e de outras formas de vegetação nativa	193
10.11.5.1. Ações de proteção das florestas e demais formas de vegetação nativa	193
10.11.5.2. Áreas de preservação permanente	194
10.11.5.2.1. Tratamento para situações especiais	195
10.11.5.2.2. Criação de áreas de preservação permanente	196
10.11.5.2.3. Regime de proteção das áreas de preservação permanente	197
10.11.5.3. Áreas de uso restrito	198
10.11.5.4. Áreas de reserva legal	199
10.11.5.4.1. Fatores que influem na localização da área de reserva legal	201
10.11.5.4.2. Dimensões de áreas a serem preservadas na reserva legal ou ambiental	201
10.11.5.4.3. Condições relativas à constituição de áreas de reserva legal	202
10.11.5.4.4. A utilização da área de reserva legal	203
10.11.5.4.5. Redução da área de reserva legal	205
10.11.5.4.6. Áreas excluídas de constituição de reserva legal e inclusão de espécies exóticas para a composição da vegetação	206
10.11.5.4.7. Redução ou aumento da área de reserva legal dos Estados indicada pelo Zoneamento Ecológico-Econômico – ZEE estadual	206
10.11.5.4.8. Casos do cômputo da área de preservação permanente para acomposição da área de reserva legal	207
10.11.5.4.9. A especialização e o registro da reserva legal ou ambiental	207

10.11.5.5.	Autorização para a exploração de florestas nativas ou sucessoras não integrantes de áreas de reserva legal	211
10.11.5.6.	Recomposição, regeneração e compensação de áreas de reserva ambiental ou legal	213

10.11.6. A requisição de bens particulares 217

10.12. Caracteres da Propriedade 218

10.13. Atributos e Elementos Constitutivos da Propriedade 219

    10.13.1. Direito de usar 219

    10.13.2. Direito de gozar 220

    10.13.3. Direito de dispor 220

    10.13.4. Direito de reaver a coisa. Ação reivindicatória 220

10.13.4.1.	Requisitos da ação reivindicatória	221
10.13.4.2.	Legitimidade ativa para a ação	223
10.13.4.3.	Legitimação passiva na ação	224
10.13.4.4.	Objeto da ação	225
10.13.4.5.	Defesa na ação reivindicatória	226
10.13.4.6.	Ação possessória e ação reivindicatória	228
10.13.4.7.	Ação reivindicatória e compromisso de compra e venda..	229

10.14. Defesa da Propriedade e Ação Negatória 231

10.15. Ação de Dano Infecto 233

10.16. Modalidades de Propriedade 236

10.17. Frutos e Produtos na Propriedade 237

10.18. Propriedade Rural 237

    10.18.1. Imóvel rural 238

    10.18.2. Módulo rural e módulo fiscal 239

    10.18.3. Fração mínima de parcelamento 242

    10.18.4. Certificado de Cadastro de Imóvel Rural – CCIR e Cadastro Nacional de Imóveis Rurais – CNIR 244

    10.18.5. Propriedade familiar 245

    10.18.6. Minifúndio 246

    10.18.7. Latifúndio 247

10.19. Solo Criado 248

10.20. Multipropriedade, ou Propriedade Compartilhada em Unidade Condominial, ou *Time Sharing* 250

    10.20.1. Imóvel objeto da multipropriedade e o direito de ocupação 253

    10.20.2. Instituição, transferência de frações de tempo de uso e proibição ou limitação da multipropriedade 253

    10.20.3. Distribuição dos períodos 256

    10.20.4. Direitos e obrigações na multipropriedade 257

    10.20.5. A administração 259

10.20.6. O regime de multipropriedade em parte ou na totalidade das unidades autônomas 260

    10.20.6.1.   Exigências no instrumento de instituição 260

    10.20.6.2.   Regras a serem inseridas na convenção e em outros regramentos internos dos condomínios em regime de multipropriedade 261

10.20.7. A contratação de administração profissional 263

10.20.8. O inadimplemento por parte do multiproprietário da obrigação de custeio das despesas ordinárias ou extraordinárias 264

10.20.9. Renúncia ao direito de multipropriedade 265

10.20.10. Introdução de normas registrárias relativas à multipropriedade 266

Capítulo XI – Aquisição da Propriedade 267

11.1.   Título de Aquisição e Modo de Aquisição 267

11.2.   Aquisição Originária e Derivada 268

11.3.   Aquisição a Título Singular e a Título Universal 269

11.4.   Aquisição de Coisas Móveis e Imóveis 269

11.5.   Aquisição em Nosso Direito Positivo 269

Capítulo XII – Usucapião 271

12.1.   Denominação, Conceito, Origem e Fundamentos 271

12.2.   Bens Usucapíveis 273

12.3.   Acessão ou Sucessão de Posses no Usucapião 279

12.4.   Suspensão e Interrupção do Prazo Prescricional 281

12.5.   Procedimento 284

12.6.   Usucapião Extraordinário pelo Exercício da Posse de Quinze ou Dez Anos 289

12.7.   Usucapião Ordinário 304

    12.7.1.   Aspectos processuais 311

12.8.   Usucapião Rural Especial 311

    12.8.1.   Usucapião *pro labore* previsto no art. 98 do Estatuto da Terra 311

    12.8.2.   O usucapião especial disciplinado na Lei nº 6.969/1981, no art. 191 da Constituição Federal e no Código Civil 313

    12.8.3.   Normas legais aplicáveis ao usucapião especial 315

    12.8.4.   Requisitos para o usucapião especial 316

    12.8.5.   Procedimento judicial e administrativo do usucapião especial 319

    12.8.6.   Usucapião especial como matéria de defesa e com reconhecimento de domínio 323

    12.8.7.   Isenção do Imposto Territorial Rural 324

12.9.   Usucapião Especial Urbano Individual e Coletivo 324

12.10. Usucapião Especial Urbano em Favor do Cônjuge ou Companheiro Separado que Permanece no Imóvel 329

12.11. Usucapião Cartorário Extrajudicial 330

12.12. O Registro Imobiliário do Imóvel Usucapido 336

Capítulo XIII – Aquisição da Propriedade pelo Registro Imobiliário 338

13.1. Sistema de Registro Imobiliário 338

13.2. Registro e Averbação 340

13.3. Princípios do Registro Imobiliário 344

13.4. Procedimento Cartorário para o Registro 350

13.5. Registro da Área Fracionada ou Desmembrada 354

13.6. Registro Torrens 359

13.7. Retificação no Registro de Imóveis 362

    13.7.1. Retificação de área 366

13.8. Aquisição de Imóvel Financiado pelo Sistema Financeiro da Habitação e Registro Imobiliário do Contrato de Transferência 368

    13.8.1. Consequências do refinanciamento 372

    13.8.2. Direito de propriedade e refinanciamento 373

    13.8.3. O refinanciamento e o registro imobiliário do contrato de transferência 373

    13.8.4. O refinanciamento perante a jurisprudência 374

Capítulo XIV – Aquisição por Acessão 381

14.1. Conceito e Natureza 381

14.2. Requisitos da Acessão 382

14.3. Acessões e Benfeitorias 383

14.4. Formas de Aquisição da Propriedade por Acessão 384

    14.4.1. Acessão pela formação de ilhas 384

    14.4.2. Acessão por formação de aluvião 385

    14.4.3. Acessão por formação de avulsão 388

    14.4.4. Acessão por abandono de álveo 389

    14.4.5. Acessão de construções e plantações no imóvel 392

Capítulo XV – Aquisição por Direito Hereditário 396

15.1. Fato Gerador da Aquisição 396

15.2. Transmissão da Herança 396

Capítulo XVI – Aquisição da Propriedade Mobiliária 398

16.1. Formas de Aquisição 398

16.2. O Usucapião 398

16.3. A Ocupação 401

    16.3.1. A caça 402

    16.3.2. A pesca 405

    16.3.3. A invenção ou descoberta 407

    16.3.4. O achado de tesouro 410

16.4. A Especificação 412

16.5. A Confusão, a Comistão e a Adjunção 413

16.6. A Tradição 415

Capítulo XVII – Perda da Propriedade 421

17.1. Caracterização 421

17.2. Causas de Perda da Propriedade 421

    17.2.1. Alienação 422

    17.2.2. Renúncia 422

    17.2.3. Abandono 422

    17.2.4. Perecimento do imóvel 423

    17.2.5. Desapropriação 424

Capítulo XVIII – Desapropriação 426

18.1. Conceituação 426

18.2. Natureza Jurídica 428

18.3. Espécies de Desapropriação 430

    18.3.1. A desapropriação por necessidade ou utilidade pública 431

    18.3.2. Desapropriação por interesse social 434

        18.3.2.1. Desapropriação por interesse social segundo a Lei nº 4.132, de 1962 434

        18.3.2.2. Desapropriação por interesse social para fins de reforma agrária 436

    18.3.3. Desapropriação de imóveis urbanos 452

        18.3.3.1. A desapropriação para fins de urbanização 453

        18.3.3.2. Expropriação de áreas ocupadas por assentamentos ... 456

        18.3.3.3. Imissão de posse nos imóveis destinados à habitação ... 457

18.4. Sujeito Ativo na Desapropriação 457

18.5. Bens Passíveis de Desapropriação 459

18.6. Declaração de Utilidade Pública ou de Interesse Social 460

18.7. Defesa do Proprietário no Processo de Expropriação 462

18.8. Processo de Desapropriação 465

    18.8.1. Desapropriação por utilidade ou necessidade pública 465

    18.8.2. Desapropriação por interesse social para fins de reforma agrária 470

    18.8.3. Desapropriação por interesse social para fins diversos da reforma agrária 474

18.9. Perícia de Avaliação do Bem e Indenização 474

18.10. Valorização e Desvalorização da Área Remanescente 478

18.11. Juros 480

18.12. Desapropriação Indireta 483

ÍNDICE SISTEMÁTICO | XIX

18.13. Desapropriação para Fins de Constituição de Servidão Administrativa............ 485

18.14. Retrocessão 490

18.15. Desistência da Desapropriação.. 492

18.16. Ocupação Temporária 493

18.17. Prejuízos Causados ao Imóvel em face da Desapropriação de Áreas Contíguas.. 494

Capítulo XIX – Propriedade Resolúvel.. 495

19.1. Caracterização.. 495

19.2. Situações Verificáveis de Resolução da Propriedade...................................... 495

19.3. Efeitos da Resolução da Propriedade.. 497

19.4. Causa Superveniente de Resolução à Constituição do Título........................ 497

19.5. Resolubilidade e Anulabilidade.. 498

Capítulo XX – Propriedade Fiduciária... 500

20.1. Fidúcia... 500

20.2. Negócio Fiduciário.. 501

20.3. Negócio Fiduciário, Alienação Fiduciária em Garantia e o Direito Brasileiro..... 502

20.4. Características e Distinções.. 504

20.5. Posse, Domínio e Tradição na Propriedade Fiduciária.................................. 505

20.6. Objeto da Propriedade Fiduciária... 506

20.7. Forma e Registro da Propriedade Fiduciária.. 507

    20.7.1. O registro na alienação fiduciária de veículos automotores................. 509

20.8. Posição de Depositário do Alienante-Devedor... 510

20.9. Inadimplência do Devedor e Meios Processuais para a Satisfação do Crédito 511

20.10. Depósito e Inadimplência na Entrega do Bem... 514

20.11. Saldo Devedor e Venda Extrajudicial.. 515

20.12. Constituição em Mora do Devedor... 516

20.13. A Posição do Terceiro que Paga a Dívida.. 517

20.14. Vencimento da Obrigação Garantida e Extinção do Contrato....................... 518

Capítulo XXI – Direitos de Vizinhança... 520

21.1. Caracterização.. 520

21.2. O Uso Nocivo ou Anormal da Propriedade.. 521

21.3. Árvores Limítrofes... 527

21.4. Passagem Forçada 530

    21.4.1. Passagem forçada de acesso... 530

    21.4.2. Passagem forçada de cabos e tubulações... 533

21.5. Direito das Águas... 534

21.5.1.	A lei aplicável em matéria de águas	534
21.5.2.	Águas públicas	535
	21.5.2.1. A abrangência das águas públicas	535
	21.5.2.2. A utilização particular da água para as necessidades comuns de pequenos núcleos populacionais e as derivações, captações e lançamentos considerados insignificantes	538
	21.5.2.3. A utilização particular das águas para finalidades rurais	538
	21.5.2.4. A outorga de água para a irrigação na agricultura	541
	21.5.2.5. O pagamento pelo uso de água	545
	21.5.2.6. O sentido do caráter de domínio público das águas	548
21.5.3.	Águas particulares	549
21.5.4.	Aqueduto ou canalização de águas	551
21.5.5.	Águas supérfluas das correntes comuns e das nascentes	557
21.5.6.	Fluxo das águas pelo prédio inferior ou do escoamento natural das águas	561
21.5.7.	Aproveitamento das águas pluviais	563
21.5.8.	Tirada de águas	564
21.5.9.	Tomada de água	565
21.5.10.	Escoamento de águas estagnadas	566
21.6.	Limites entre Prédios e Demarcação de Terras	566
21.7.	Direito de Construir	575
21.7.1.	Liberdade e limitações nas construções	576
21.7.2.	Plano diretor do Município	577
21.7.3.	Alinhamento, recuo e zoneamento	580
	21.7.3.1. Alinhamento	580
	21.7.3.2. Recuo	580
	21.7.3.3. Zoneamento	581
21.7.4.	Licença de construção	588
21.7.5.	Taxa de ocupação e coeficiente de aproveitamento	590
21.7.6.	Construção de prédio que invade área de outrem, e aberturas de janelas e frestas, ou construção de eirado, terraço ou varanda	592
21.7.7.	Janelas e outras aberturas a menos de metro e meio do prédio vizinho	594
21.7.8.	Construção de prédio a menos de metro e meio da janela, ou abertura, ou sacada, ou terraço do prédio vizinho	596
21.7.9.	Escoamento das águas que caem sobre o telhado	599
21.7.10.	Distância mínima entre prédios rústicos	600
21.7.11.	Construções nocivas à saúde, à higiene e ao meio ambiente	601
21.7.12.	Colocação de trave ou madeiramento no prédio vizinho	604
21.7.13.	Utilização de parede comum	606
21.7.14.	Limitações contra aparelhos térmicos e higiênicos, substâncias corrosivas e esgotos	606

ÍNDICE SISTEMÁTICO | **XXI**

21.7.15. Utilização de águas subterrâneas 607

21.7.16. Poluição de águas 608

21.7.17. Entrada no prédio vizinho para construções, reparações e limpezas... 609

21.7.18. Desmoronamentos e escavações 610

21.8. Tapumes Divisórios 610

Capítulo XXII – Condomínio 616

22.1. Conceito e Natureza Jurídica 616

22.2. Distinções e Classificação 618

22.3. Direitos dos Condôminos 620

22.4. Deveres dos Condôminos 623

22.5. Venda de Coisa Comum 625

22.6. Venda de Quinhão em Coisa Comum 627

    22.6.1. Conceito de indivisibilidade 628

    22.6.2. Venda de coisa comum em bens divisíveis 630

    22.6.3. Condições para o condômino exercer o direito de preferência ... 630

    22.6.4. Inexistência do direito de preferência em alienações diversas da compra e venda 630

    22.6.5. Bens com benfeitorias e direito de preferência 631

    22.6.6. Preferência no condomínio horizontal fracionado em apartamentos.... 631

    22.6.7. Direito de preferência entre locatário e condômino 632

22.7. Venda de Quinhão Indivisível 634

22.8. Posse, Uso e Gozo da Propriedade a Estranhos 634

22.9. Administração do Condomínio 635

22.10. Divisão do Condomínio 637

22.11. A Indivisibilidade do Imóvel Rural 638

22.12. Ação de Divisão 641

22.13. Condomínio em Paredes, Cercas, Muros e Valas 649

22.14. Compáscuo 652

Capítulo XXIII – Propriedade Horizontal ou Edilícia 654

23.1. Conceito e Denominação 654

23.2. Dados Históricos 657

23.3. Natureza Jurídica 659

23.4. Objeto do Condomínio 662

23.5. Constituição do Condomínio Horizontal ou Edilício 664

23.6. Convenção do Condomínio 667

23.7. Direitos e Deveres dos Condôminos 672

23.8. Poder de Disposição dos Condôminos sobre as Unidades e as Áreas Comuns 680

23.9. Responsabilidade pelas Despesas de Obras que Favorecem os Condôminos.... 681

23.10. Assembleia Geral dos Condôminos 683

23.11. A Administração e o Síndico 687

23.12. Condomínios Fechados e Condomínio de Lote 690

23.13. Inovações e Alterações de Áreas das Unidades Condominiais 695

23.14. Seguro da Edificação ou do Conjunto de Edificações 696

23.15. Cobrança dos Encargos Condominiais 698

23.16. Indenização por Danos Ocorridos em Unidades Condominiais 701

23.17. Extinção do Condomínio 702

Capítulo XXIV – Propriedade Literária, Científica e Artística................................. 704

24.1. Obras Literárias, Científicas e Artísticas e Direitos Autorais 704

24.2. Elementos Históricos 707

24.3. Propriedade Literária, Científica ou Artística e Direito de Autor 708

24.4. Objeto do Direito Autoral e Proteção de Obras Literárias, Científicas e Artísticas 709

24.5. Obras Excluídas da Proteção 712

24.6. Autoria, Registro e Propriedade das Obras Intelectuais 714

24.7. Retribuição 717

24.8. Publicação, Propagação e Utilização da Obra 717

24.9. Direitos e Deveres do Editor e do Autor 729

24.10. Prazos do Contrato e da Conclusão da Obra 733

24.11. Cessão ou Transferência dos Direitos de Autor 733

24.12. Duração dos Direitos de Autor 736

24.13. Obras Intelectuais do Domínio Público e Limitações dos Direitos de Autor 737

24.14. Autorização do Autor para a Utilização da Obra 739

24.15. Utilização Econômica de Obras Intelectuais em Representações e Execuções Públicas 740

24.16. Direitos Conexos 743

24.17. Direito de Arena 746

24.18. Obra de Encomenda 747

24.19. Associações de Titulares de Direitos de Autor e dos Direitos que lhe são Conexos 748

24.20. Violações dos Direitos Autorais 750

24.21. Obra Publicada em Diários e Periódicos 753

24.22. Obra de Engenharia e Arquitetura 754

24.23. Direito de Autor e *Software* 755

Capítulo XXV – Propriedade Industrial... 763

25.1. Direito Industrial e Propriedade Industrial 763

25.2. Regulamentação da Propriedade Industrial 766

ÍNDICE SISTEMÁTICO | XXIII

25.3. Objeto da Proteção Legal 768

25.4. Privilégio de Invenção e Propriedade Industrial 770

25.5. Invenções e Modelo de Utilidade Patenteáveis 772

25.6. Situações que Não se Enquadram no Conceito de Invenção e de Modelo de Utilidade 774

25.7. Invenções e Modelos de Utilidade Não Patenteáveis 777

25.8. Prioridade 779

25.9. Formalização do Pedido de Direito de Patente 781

25.10. Vigência da Patente 784

25.11. Proteção Dada pela Carta de Patente 786

25.12. Utilização ou Exploração do Objeto antes da Concessão da Patente 788

25.13. Nulidade da Patente 789

25.14. Cessão e Anotações da Patente 791

25.15. Licença para a Exploração 792

25.16. Patente de Interesse da Defesa Nacional 796

25.17. Retribuições e Anuidades 796

25.18. A Extinção da Patente 797

25.19. Certificado de Adição de Invenção 798

25.20. Invenção e Modelo de Utilidade Realizados por Empregado ou Prestador de Serviço 799

25.21. Desenho Industrial. Conceito e Caracterização 801

25.22. O Registro do Desenho Industrial 803

25.23. A Proteção Conferida pelo Registro e a sua Nulidade 805

25.24. Extinção do Registro de Desenho Industrial, Retribuição pelo Titular e Incidência de Regras da Patente de Invenção no Desenho Industrial 806

25.25. As Marcas 807

25.26. Espécies de Marcas 808

25.27. A Função das Marcas 810

25.28. Os Sinais Não Registráveis como Marcas 810

25.29. Marca de Alto Renome e Marca Notoriamente Conhecida 817

25.30. Prioridade das Marcas 818

25.31. Legitimidade para Pedir o Registro de Marca 819

25.32. O Registro e os Direitos sobre a Marca 820

25.33. Vigência, Cessão e Anotações das Marcas 823

25.34. A Licença de Uso da Marca 824

25.35. A Perda dos Direitos 825

25.36. Marcas Coletivas e de Certificação 827

25.37. O Depósito do Pedido e o Registro da Marca 829

25.38. Registro de Marcas de Produtos Farmacêuticos 831

25.39. Função do Registro e sua Defesa 832

25.40. Nulidade e Anulação do Registro 833

25.41. Classificação de Artigos, Produtos e Serviços 836

25.42. Expressões ou Sinais de Propaganda 839

25.43. Crimes contra a Propriedade Industrial 840

    25.43.1. Crimes contra patente de invenção ou de modelo de utilidade 840

    25.43.2. Crimes contra os desenhos industriais 842

    25.43.3. Crimes contra as marcas 843

    25.43.4. Crimes cometidos por meio de marca, título de estabelecimento e sinal de propaganda 844

    25.43.5. Crimes contra indicações geográficas e demais indicações 845

    25.43.6. Crime de concorrência desleal 846

    25.43.7. Aplicação das penas, normas procedimentais e ações judiciais 854

25.44. Recursos, Atos das Partes e Prazos 856

25.45. A Prescrição 857

25.46. Nome Comercial 858

    25.46.1. Proteção legal do nome comercial 860

    25.46.2. Nome e título de estabelecimento 864

Capítulo XXVI – Direitos Reais sobre Coisas Alheias 866

26.1. Caracterização 866

26.2. Classificação 867

26.3. Constituição 868

Capítulo XXVII – Enfiteuse 870

27.1. Caracterização 870

27.2. Constituição da Enfiteuse 873

27.3. Direitos e Obrigações 874

27.4. Opção para a Compra nas Transferências do Domínio Direto ou Útil 876

27.5. Resgate 877

27.6. O Foro ou Pensão Anual 878

27.7. Laudêmio 878

27.8. Extinção da Enfiteuse 880

27.9. Transferência por Herança dos Bens Enfitêuticos 881

27.10. Copropriedade na Enfiteuse 881

27.11. Aforamento de Bens da União 882

Capítulo XXVIII – Fundos de Investimento 887

28.1. Conceito, Constituição e Espécies 887

28.2. A Rentabilidade dos Fundos Atrelada aos Ativos Adquiridos 890

28.3. Exteriorização dos Fundos	891
28.4. A Exigência de Ajuste Diário dos Fundos	891
28.5. Contabilização dos Fundos de Acordo com o Valor de Mercado e Dever de Informação	892
28.6. Responsabilidade na Desvalorização dos Papéis Adquiridos pelos Fundos e na Omissão de Ajuste pelas Instituições Gestoras	893
28.7. Responsabilidade dos Fundos e dos Prestadores de Serviços	896

Capítulo XXIX – Direito de Superfície 899

29.1. Configuração	899
29.2. Características e Distinções	900
29.3. O Direito de Superfície no Código Civil e no Estatuto da Cidade	901

Capítulo XXX – Servidões 906

30.1. As Servidões no Direito Romano	906
30.2. Conceito de Servidão	907
30.3. Natureza da Servidão	909
30.4. Características das Servidões	909
30.4.1. Instituição sobre prédios distintos	909
30.4.2. Instituição em favor da coisa	910
30.4.3. Direito real acessório	911
30.4.4. Proximidade entre si dos prédios serviente e dominante	911
30.4.5. Proibição de se estender ou ampliar a servidão	911
30.4.6. A servidão não se presume	911
30.4.7. Necessidade de trazer alguma vantagem ao prédio dominante	912
30.4.8. Encargo ou ônus que pesa sobre o imóvel serviente	912
30.4.9. Ente incorpóreo	912
30.4.10. O objeto da servidão não pode ser outra servidão	913
30.4.11. Constituição em favor de um ou mais prédios	913
30.4.12. Obrigação de não fazer e de tolerar	913
30.4.13. Perpetuidade ou, pelo menos, longa duração	913
30.4.14. Garantia dos meios para o exercício da servidão	913
30.4.15. Número ilimitado de servidões convencionais	914
30.4.16. Inalienabilidade da servidão	914
30.4.17. O princípio da indivisibilidade	915
30.5. Classificação das Servidões	916
30.5.1. Servidões urbanas e rurais	916
30.5.2. Servidões prediais e pessoais	916
30.5.3. Servidões legais e convencionais	916
30.5.4. Servidões aparentes e não aparentes	917

30.5.5.	Servidões contínuas e descontínuas	918
30.5.6.	Servidões positivas e negativas	919
30.5.7.	Servidões principais e acessórias	919
30.5.8.	Combinação entre as servidões	919
30.6.	Constituição das Servidões	920
30.6.1.	Constituição por contrato	920
30.6.2.	Constituição por testamento	922
30.6.3.	Constituição por adjudicação no juízo divisório	922
30.6.4.	Constituição por usucapião	923
30.6.4.1.	Usucapião ordinário	924
30.6.4.2.	Usucapião extraordinário	925
30.6.4.3.	Usucapião quanto ao modo do exercício da servidão	925
30.6.4.4.	Usucapião sobre terras devolutas, usucapião especial e usucapião constitucional	925
30.6.5.	Constituição por destinação do proprietário	926
30.6.6.	Posse e exercício da servidão	929
30.6.7.	Constituição das servidões não aparentes	930
30.6.8.	Registro imobiliário das servidões	931
30.7.	Servidões e Direitos de Vizinhança	932
30.8.	Conservação das Servidões	933
30.8.1.	Direito à conservação	933
30.8.2.	Obras necessárias para a conservação	933
30.8.3.	Limites na realização das obras	934
30.8.4.	Obrigatoriedade na realização das obras de reparo	935
30.8.5.	Responsabilidade pela realização das obras e pelas despesas necessárias à conservação	935
30.8.6.	Responsabilidades a cargo do dono do prédio serviente	935
30.8.7.	Exoneração da responsabilidade pelo abandono do prédio serviente	936
30.9.	Limites ao Exercício das Servidões	936
30.9.1.	Uso conforme a finalidade e a extensão que instituíram as servidões	936
30.9.2.	Exercício de acordo com as necessidades do prédio dominante	937
30.9.3.	Não extensão a propriedades vizinhas do prédio dominante	937
30.9.4.	Maior utilização da servidão	937
30.9.5.	Convenções admitindo o agravamento	938
30.9.6.	Situações que não constituem agravamento	938
30.9.7.	Proibição em estender a servidão a fins diversos daqueles que a determinaram	939
30.10.	Remoção ou Mudança de Local da Servidão	939
30.10.1.	Mudança pelo dono do prédio serviente	939
30.10.2.	Requisitos para se autorizar a mudança	939

ÍNDICE SISTEMÁTICO | XXVII

30.10.3. Mudança do exercício da servidão.. 940

30.10.4. Instituição de nova servidão sobre o prédio serviente já gravado com servidão.. 940

30.11. Ampliação das Servidões.. 941

30.12. Direitos e Deveres Relativamente ao Dono do Prédio Serviente e ao Dono do Prédio Dominante.. 942

30.13. Extinção das Servidões.. 943

30.13.1. Extinção e cancelamento no Registro de Imóveis.. 943

30.13.2. Cancelamento no Registro de Imóveis por iniciativa do interessado ou por sentença judicial.. 943

30.13.3. Extinção pela renúncia à servidão.. 944

30.13.4. Cessação da utilidade da servidão.. 944

30.13.5. Extinção pelo resgate.. 945

30.13.6. Extinção pela reunião dos dois prédios no domínio da mesma pessoa ou pela confusão.. 945

30.13.7. Supressão das obras da servidão por efeito de contrato ou de outro título expresso.. 946

30.13.8. Não uso pelo prazo de dez anos.. 946

30.13.9. Destruição do prédio dominante ou do prédio serviente.. 947

30.13.10. Realização da condição que instituiu a servidão ou extinção pela expiração do tempo determinado para a sua duração.. 947

30.13.11. Extinção pela preclusão em virtude de atos opostos pelo dono do prédio serviente.. 948

30.13.12. Extinção pela desapropriação.. 948

30.13.13. Resolução do domínio do prédio serviente.. 948

30.13.14. Extinção da servidão quando incide hipoteca no prédio dominante... 949

30.14. Ações Relativas às Servidões.. 949

30.14.1. Ação confessória.. 949

30.14.2. Ação negatória.. 950

30.14.3. Ações possessórias.. 951

30.15. Servidões Especiais.. 952

30.15.1. Servidão de apoiar prédio em parte do prédio do vizinho.. 953

30.15.2. Servidão de avançar extremidade do prédio dominante sobre o fundo do vizinho.. 953

30.15.3. Servidão de construir ou altear a casa acima do permitido.. 953

30.15.4. Servidão de não elevar um edifício além de certa altura.. 954

30.15.5. Servidão de não demolir o prédio.. 954

30.15.6. Servidão de colocação de chaminé e fogão.. 954

30.15.7. Servidão de lançar fumaça no prédio vizinho.. 954

30.15.8. Servidão de fazer correr as águas da cozinha e de uso doméstico.. 955

30.15.9. Servidão de esgoto.. 955

30.15.10. Servidão de trânsito.. 956

    30.15.10.1. Servidão de trânsito e passagem forçada........................... 957

    30.15.10.2. Aquisição da servidão de trânsito pela posse.................. 958

30.15.11. Servidão de luz.. 958

30.15.12. Servidão de proibir a realização de obras que tirem a luz do prédio dominante.. 959

30.15.13. Servidão de vista... 959

30.15.14. Servidão de não impedir, com obras ou plantações, o direito de vista... 959

30.15.15. Servidão de pasto.. 959

30.15.16. Servidão de levar o gado a beber em fonte ou rio alheio.................. 960

30.15.17. Servidões administrativas... 960

Capítulo XXXI – Usufruto... 963

31.1. Caracterização... 963

31.2. Objeto.. 965

31.3. Espécies... 967

31.4. Cessão e Penhora do Exercício do Usufruto.................................... 970

31.5. Direitos e Obrigações do Usufrutuário.. 973

31.6. Direitos e Obrigações do Nu-Proprietário....................................... 977

31.7. Extinção do Usufruto... 978

31.8. Procedimento Judicial para a Extinção do Usufruto........................ 980

Capítulo XXXII – Uso.. 982

32.1. Conceito... 982

32.2. Constituição, Direitos e Obrigações.. 983

32.3. Limites Permitidos no Uso.. 983

Capítulo XXXIII – Habitação... 986

33.1. Caracterização... 986

33.2. Constituição... 987

33.3 Direitos e Deveres... 989

33.4. Extinção... 989

Capítulo XXXIV – Parcelamento do Solo, Promessa de Compra e Venda e Direito Real do Promitente Comprador... 990

34.1. Parcelamento do Solo.. 990

34.2. Loteamento.. 990

    34.2.1. Condições para o loteamento... 992

    34.2.2. Requisitos urbanísticos.. 993

    34.2.3. Projeto do loteamento.. 994

34.3. Desmembramento 998

    34.3.1. O processo do desmembramento 999

34.4. Registro do Loteamento e do Desmembramento 1000

34.5. Parcelamento de Imóveis Rurais para Fins Urbanos 1004

34.6. Promessa de Compra e Venda de Imóveis Loteados e Não Loteados 1007

    34.6.1. Promessa de compra e venda e obrigação de fazer 1007

    34.6.2. Obrigação de fazer e execução coativa 1008

    34.6.3. Pré-contrato de promessa de compra e venda 1009

    34.6.4. Promessa de compra e venda e direito real 1011

    34.6.5. Efeitos do registro do compromisso e direito real 1013

    34.6.6. Compromisso e ação reivindicatória 1014

    34.6.7. Cancelamento do contrato no Registro de Imóveis 1015

        34.6.7.1. Em imóveis loteados 1015

        34.6.7.2. Em imóveis não loteados 1017

    34.6.8. Resolução do contrato por causa imputada ao promitente comprador, cláusula penal e outras cominações, nas promessas de imóveis loteados 1018

    34.6.9. O arrependimento pelo promitente vendedor 1020

        34.6.9.1. Em imóveis loteados 1020

        34.6.9.2. Em imóveis não loteados 1021

    34.6.10. Purgação da mora nas prestações em atraso 1022

        34.6.10.1. Nas promessas de compra e venda registradas de imóveis loteados ou não 1022

        34.6.10.2. Nas promessas de compra e venda não registradas de imóveis loteados ou não 1023

    34.6.11. Notificação do cônjuge para a purga da mora 1024

    34.6.12. Cessões de imóveis que integram desapropriações para parcelamentos populares e registro dos respectivos instrumentos como títulos de propriedade 1024

    34.6.13. Adjudicação compulsória.. 1026

Capítulo XXXV – Rendas Constituídas sobre Imóveis 1028

35.1. Caracterização e Constituição 1028

35.2. Duração e Remição da Constituição de Renda 1030

35.3. Direitos e Obrigações... 1031

35.4. Causas de Extinção 1031

Capítulo XXXVI – Direitos Reais de Garantia 1033

36.1. Aspectos Gerais e Finalidades.. 1033

36.2. Elementos Históricos 1034

36.3. Características 1035

36.4. Direitos Reais de Garantia e Privilégios 1036

36.5. Pressupostos Objetivos do Contrato de Garantia Real 1036

36.6. Capacidade para a Constituição dos Direitos Reais de Garantia 1037

36.7. Objeto 1038

36.8. Pagamento Parcial da Dívida e Indivisibilidade das Garantias 1039

36.9. Direito de Excussão 1040

36.10. Remição das Garantias Reais 1041

36.11. Vencimento Antecipado da Dívida 1042

36.12. Garantia Assumida por Terceiro 1045

36.13. Cláusula que Permite ao Credor Ficar com a Coisa 1045

Capítulo XXXVII – Penhor 1047

37.1. Conceito 1047

37.2. Espécies de Penhor 1048

37.3. Objeto do Penhor 1049

37.4. Características do Penhor 1050

37.5. Constituição do Penhor 1051

37.6. Excussão do Bem e Direitos Decorrentes da Garantia 1052

37.7. Obrigações do Credor Pignoratício 1054

37.8. Vencimento da Obrigação 1055

37.9. Extinção do Penhor 1055

37.10. Penhor Rural 1059

    37.10.1. Caracterização e classificação 1059

    37.10.2. Requisitos 1061

    37.10.3. Registro no ofício imobiliário 1061

    37.10.4. Cédula rural pignoratícia 1062

    37.10.5. Procedimento judicial para a cobrança da dívida 1063

37.11. Penhor Industrial e Mercantil 1063

37.12. Penhor de Direitos e de Títulos de Crédito 1065

37.13. Penhor de Veículos 1068

37.14. Penhor Legal 1069

Capítulo XXXVIII – Hipoteca 1073

38.1. Caracterização 1073

38.2. Natureza e Obrigações. Objeto da Hipoteca 1075

38.3. Bens. Objeto da Hipoteca 1076

38.4. Constituição da Hipoteca 1078

38.5. Pluralidade de Hipotecas e Insolvência do Devedor 1079

38.6. Remição dos Bens 1081

38.7.	Efeitos da Hipoteca	1084
38.8.	Hipoteca de Dívida Futura ou Condicionada	1088
38.9.	Loteamento do Imóvel Dado em Hipoteca ou sua Constituição em Condomínio Edilício	1088
38.10.	Hipoteca Legal	1089
38.11.	Hipoteca Judiciária	1091
38.12.	Hipoteca Constituída no Período Suspeito da Falência	1093
38.13.	Execução da Dívida	1094
38.14.	Exoneração da Hipoteca pelo Abandono do Imóvel	1095
38.15.	Remição da Dívida pelo Devedor e por Terceiros	1095
38.16.	Registro da Hipoteca	1097
38.17.	Extinção da Hipoteca	1098
38.18.	Hipoteca das Vias Férreas	1103

Capítulo XXXIX – Anticrese, Concessão de Uso Especial para Fins de Moradia e Concessão de Direito Real de Uso 1105

39.1.	Anticrese	1105
	39.1.1. Conceito e natureza	1105
	39.1.2. Constituição e objeto	1106
	39.1.3. Direitos e deveres	1107
	39.1.4. Extinção	1110
39.2.	Concessão de Uso Especial para Fins de Moradia e Concessão de Direito Real de Uso	1110
	39.2.1. Concessão de uso especial para fins de moradia	1111
	39.2.2. Concessão de direito real de uso	1114

Capítulo XL – Direito Real de Laje 1120

40.1.	O Significado do Direito Real de Laje	1120
40.2.	Natureza Jurídica	1123
40.3.	A Cessão da Superfície da Construção pelo Titular da Laje	1124
40.4.	Proibição do Titular da Laje em Prejudicar a Construção-Base	1124
40.5.	Extensão ao Direito de Laje de Elementos Próprios da Propriedade Condominial	1125
40.6.	O Direito de Preferência na Venda de Unidades	1126
40.7.	A Extinção do Direito Real de Laje	1127
40.8.	Controvérsias que Envolvem a Matéria	1127

Bibliografia 1128

Capítulo I

Direito das Coisas

1.1. DIREITOS REAIS E DIREITOS PESSOAIS

Uma das partes fundamentais do Direito diz respeito ao conjunto de normas, leis, regulamentações, estudos, usos e concepções positivadas em torno dos bens ou coisas materiais que, abrangentemente, se apresenta, na ciência jurídica e nas codificações, como o direito das coisas.

Direito das coisas é o ramo do saber humano e das normatizações que trata da regulamentação do poder do homem sobre os bens e das formas de disciplinar a sua utilização econômica. Dir-se-ia que, em última instância, o ser humano é sempre movido tendo como motivo fundamental um fim econômico, o qual se concretiza na conquista de bens. Por isso, o direito das coisas, embora necessária a sua especificação dentro do universo do direito, repercute em todos os setores jurídicos, seja qual for a divisão que lhe empresta a metodologia na sua consideração geral.

Para Clóvis Beviláqua, "direito das coisas, na terminologia do Direito Civil, é o complexo de normas reguladoras das relações jurídicas referentes às coisas suscetíveis de apropriação pelo homem. Tais coisas são, ordinariamente, do mundo físico, porque sobre elas é que é possível exercer o poder de domínio. Todavia, há coisas espirituais que também entram na esfera do direito patrimonial, como é o direito dos autores sobre as suas produções literárias, artísticas ou científicas".[1]

Mas, desde os primórdios do aparecimento do direito, convencionou-se o direito das coisas como aquele que regula a propriedade, ou que trata das relações jurídicas entre o homem e as coisas suscetíveis de apropriação pelo ser humano.

Os bens que se revestem de tal qualidade, isto é, apreciáveis economicamente, compreendem a generalidade das coisas existentes no universo, excluídos os que são inesgotáveis e que não são passíveis de submissão às pessoas, como, v.g., o ar, a luz e a energia irradiadas pelo sol, a água dos oceanos e o calor.

A formação do mundo ocidental, desde os primórdios, ficou sedimentada em rígido sistema de defesa da propriedade.

Atualmente, no entanto, diante de socialização das mentalidades e mesmo das instituições, não se pode mais manter tal posição soberana da propriedade. Sobreleva o direito natural à vida e aos meios indispensáveis para que a pessoa se desenvolva dignamente. Por isso,

---

[1] *Direito das Coisas*, 5ª ed., Rio de Janeiro, Forense, vol. I, p. 11.

facilita-se o acesso da pessoa à propriedade, como se verá ao longo dos institutos que serão estudados, e também em vista da política imprimida pelo Código Civil de 2002.

Dentro do direito das coisas, têm importância prevalente os direitos reais, sem, no entanto, esgotar seu conteúdo, pois envolve aquele, igualmente, dentre outros institutos, a posse e seus efeitos.

De modo geral, a ideia que evidencia os direitos está na relação direta e imediata entre um sujeito e uma coisa objeto do direito.

Segundo a escola clássica, o conceito que mais se coaduna ao consenso universal é aquele que define o direito real como o poder jurídico da pessoa sobre a coisa, oponível a terceiros. Caracteriza-o o poder imediato e direto sobre o bem e a intermediação de outro sujeito. Nesta dimensão já se posicionava Lafayette Rodrigues Pereira: "O direito real é o que afeta a coisa direta e imediatamente, sob todos ou sob certos respeitos, e a segue em poder de quem quer que a detenha. Distingue-se pelas peculiaridades seguintes:

a) tem por objeto imediato coisa corpórea, móvel ou imóvel;

b) põe a coisa que é seu objeto em relação imediata com o sujeito do direito, sem dependência de ato ou prestação de pessoa determinada, isto é, a existência e o exercício real do direito pressupõem tão somente o sujeito ativo do direito e a coisa sobre que recai;

c) por parte de terceiros corresponde-lhe não a obrigação positiva de dar ou fazer, mas a obrigação negativa e geral de lhe respeitar o exercício – obrigação comum a todos os direitos que se traduz na inviolabilidade que os reveste;

d) da aderência direta e absoluta do direito real à coisa resulta que as ações criadas para protegê-lo podem ser intentadas contra quem quer que o usurpe ou o ofenda".[2]

Mais sinteticamente, diz Eduardo Espínola: "Direitos reais são os que têm como objeto as coisas, conferindo ao titular um poder direto e imediato sobre elas, com exclusão de qualquer outra pessoa".[3]

Em suma, tem-se em conta no direito real o poder de dominação do titular sobre o bem, excludente da ação de terceiros, isto é, opondo-se *erga omnes*, para o que lhe são próprios os caracteres de "sequela" e "preferência". Através do primeiro (sequela), assegura-se ao titular do direito a possibilidade de segui-lo em poder de quem quer que o detenha ou possua. Pelo segundo (preferência), presente nos direitos reais de garantia, goza o titular do privilégio em satisfazer o seu crédito preferentemente aos demais credores, mesmo que amparados por garantia real posterior.

Outras qualidades aparecem, como a perpetuidade, que é inerente ao direito real, o qual existe enquanto perdura o domínio em favor de uma pessoa; a determinação, posto que sempre individuada a coisa; a aquisição via usucapião; a possibilidade de seu exercício pela simples posse; a limitação dos direitos reais, enumerados tanto pelo Código Civil aprovado pela Lei nº 3.071, de 1º.01.1916, como pelo Código Civil de 2002, introduzido pelas Lei nº 10.406, de 10.01.2002, e por leis esparsas, embora permitindo o surgimento de outros; persiste e prevalece *erga omnes*, ou *adversus omnes*, e é assegurado por razão real *in natura*, isto é, a

---

[2]   *Direito das Coisas*, Rio de Janeiro, Tipografia Baptista de Souza, 1922, p. 2.

[3]   *Posse – Propriedade – Compropriedade ou Condomínio – Direitos Autorais*, Rio de Janeiro, Editora Conquista, 1965, p. 8.

coisa, ela própria, é o bem jurídico protegido. Será a coisa que voltará ao titular do direito pela reivindicação do que se julgar lesionado em seu direito.[4]

O estudo do direito das coisas, ou mais restritamente dos direitos reais, vinha regulado no livro II, da Parte Especial do Código Civil de 1916, arts. 485 a 862. Constituíam seu objeto a propriedade, nos múltiplos e importantes aspectos que essa categoria oferece, como no pertinente ao seu conceito, aos modos de aquisição e perda, ao seu exercício de direito e de fato; e os direitos reais sobre coisas alheias, que se consideram desmembrados da propriedade, neles incluídos os de gozo e os de garantias.

Consoante o Código Civil de 2002, este ramo do direito é tratado nos arts. 1.196 a 1.510-E, compondo o Livro III da Parte Especial.

Vários assuntos regulados por leis especiais se incluem neste ramo do direito, como algumas garantias reais instituídas em cédulas, e a propriedade intelectual, que abrange a propriedade literária, artística e científica (direito de autor) e a propriedade industrial.

Costuma-se delinear a distinção relativamente aos direitos pessoais, que compõem a parte do direito civil que trata das obrigações, e cujo objeto consiste em uma obrigação de fazer, ou de não fazer, ou de dar. Tem-se em conta uma conduta da pessoa humana, consubstanciada em uma prestação positiva (fazer ou dar), ou negativa (não fazer).

Na manifestação do direito, a pessoa é chamada a cumprir uma obrigação, ou a prestar um fato, ou a atender uma determinada função. Eis, ainda, a explicação de Lafayette Rodrigues Pereira: "Os direitos pessoais (obrigações) têm por objeto imediato não as coisas corpóreas, mas os atos ou prestações de pessoas determinadas. Um grande número destes atos (*obligationes dandi*), uma vez realizados, dá em resultado um direito real, efeito que suposto argua intimidade entre uns e outros direitos; todavia não lhes destrói a diferença. Aos direitos pessoais, atenta a sua essência (prestação ou ato de terceiro), corresponde a obrigação de dar ou fazer, ou de pessoa cuja vontade se acha vinculada por uma necessidade jurídica".[5]

Clara é a distinção apresentada por José de Oliveira Ascensão, partindo da distinção iniciada no Direito romano:

> Procurando os mais longínquos antecedentes, devemos remontar à figura romana da *actio in rem*. Como sabemos, vigorou em Roma o princípio da tipicidade da tutela judicial: as situações subjetivas só eram atuáveis judicialmente à medida que coubessem nalguma das *actiones* que se reconheciam. Esta técnica levava a examinar todas as situações jurídicas subjetivas pelo prisma da ação. Não admira por isso que, com referência à ação, se tenha desenhado uma distinção que viria a ter maior alcance.
>
> Trata-se da oposição da *actio in rem* à *actio in personam*. A *actio in rem*, para recorrer à expressão figurada, mas muito eloquente, que os jurisconsultos romanos utilizavam, dirigia-se contra uma coisa; a *actio in personam* dirigia-se contra uma pessoa, que deveria por consequência ser individualmente determinada.[6]

Os autores cuidam de traçar a distinção entre uma classe e outra, o que exsurge da própria conceituação que se desenvolveu.

---

[4] Jefferson Daibert, *Direito das Coisas*, 2ª ed., Rio de Janeiro, Forense, 1979, p. 13.

[5] *Obra citada*, p. 2.

[6] *Direitos Reais*, Coimbra, Almedina, 1978, pp. 13 e 14.

Predominam duas teorias: a clássica ou realista e a personalista. Pela primeira, o direito real se caracteriza como o poder da pessoa sobre a coisa, de modo direto e imediato, que se exerce *erga omnes*. O direito pessoal, ao contrário, opõe-se unicamente a determinada pessoa.[7]

No direito real, exsurge um poder sobre a coisa – *jus in re*. No direito pessoal, a obrigação pode referir-se à coisa, mas para exprimir uma tendência para ela – *jus ad rem*, segundo explica Darcy Bessone, que salienta:

> Na obrigação de dar, o direito só atinge por intermédio da pessoa do devedor, ao passo que, no direito real, o direito tem por objeto, imediata e diretamente, a própria coisa. Quem tem direito real, o tem independentemente da participação de outra pessoa. Acentua-se que o papel da pessoa, no direito pessoal, difere muito do que desempenha no direito real. No primeiro, o devedor, cumprindo a obrigação, presta colaboração para a realização do direito, pois é através da prestação prometida que ele se efetiva. No direito real, a participação de outra pessoa, que não seja o titular do direito, terá caráter de oposição, porque, sendo o direito real um poder jurídico direto e imediato sobre a coisa, somente interfere outra pessoa no quadro próprio dele para embaraçar-lhe o exercício, como ocorre, por exemplo, na usurpação de coisa alheia. No primeiro caso, a pessoa, que não seja o titular do direito, aparece como colaborador (direito pessoal); no segundo, aparece como opositor (direito real).[8]

O direito real é o que cria entre a pessoa e a coisa uma relação direta e imediata, de sorte que se encontram nela dois elementos: a pessoa que é o sujeito ativo do direito; e a coisa, que é o objeto. O direito pessoal, ao contrário, traz uma relação entre a pessoa à qual o direito pertence e a outra pessoa que está obrigada relativamente àquela, em razão de uma coisa ou de um fato qualquer, de sorte que se apresentam três elementos: a pessoa que é o sujeito ativo do direito (o credor); a pessoa que é o sujeito passivo (o devedor); e a coisa (ou o fato), que é o objeto.

A causa eficiente do direito pessoal é a obrigação, unicamente a obrigação, seja qual for a fonte da qual ela deriva, como de um contrato, de um delito, ou da lei. No direito real, a causa eficiente é a alienação, ou os modos legítimos pelos quais se cumpre ou se efetiva a transmissão, no todo ou em parte, da propriedade.[9]

Pela teoria personalista, iniciada por Marcel Planiol, que se inspirou em Kant, e por George Ripert, prosseguida, após, por Demogue e outros, com algumas nuances, não é possível estabelecer uma relação jurídica entre a pessoa e a coisa. Desenvolve-se a relação jurídica sempre entre duas pessoas, ou entre dois sujeitos – o ativo e o passivo. À coisa não se confere capacidade para firmar uma relação jurídica. Ademais, a oponibilidade a terceiros não se restringe aos direitos reais, mas envolve todos os direitos absolutos.

A distinção entre direitos reais e direitos pessoais estaria no sujeito passivo. Nos direitos pessoais, o sujeito passivo (ou devedor) é pessoa certa e determinada. Nos direitos reais, é indeterminado, o que redunda em uma obrigação passiva universal, consistente no dever de respeitar o direito. Como explica Darcy Bessone, com suporte em Planiol, não existe um devedor individual. Este surgirá "no momento em que se verificar a lesão no direito, pois o que há é uma obrigação passiva universal, uma obrigação de abstenção de todas as pessoas. Todas

---

[7] Orlando Gomes, *Direitos reais*, 2ª ed., Rio de Janeiro, Forense, 1962, tomo 1º, p. 11.

[8] *Direitos Reais*, São Paulo, Edição Saraiva, 1988, pp. 4 e 5.

[9] *Cours de Code de Napoléon, Traité de la Distinction des Biens*, C. Demolombe, tomo IX, Paris, Edição da Imprimérie Générale, p. 339, nº 464.

são obrigadas a se abster de qualquer ato sobre a coisa, em face do direito real. O devedor da obrigação seria a totalidade das demais pessoas, excetuado, na humanidade, apenas o titular do direito, que seria o credor".[10]

Ou, como explica Manuel Antonio Laquis, se descreve o direito real "como correlativo de una obligación pasiva universal, impuesta a todos menos al titular, y que consiste en la abstención de perturbar la posesión de este último".[11]

Todavia, não se mostra prática esta teoria, além de ter sofrido mudanças pelos próprios autores que a engendraram. Assim, a obrigação passiva universal de respeitar o direito constitui mais uma regra de conduta, e não um dever decorrente de uma relação bilateral. De sorte que, ao assumir uma obrigação contratual, não se comprometem as pessoas a respeitar os direitos reais de outrem. Ademais, tal incumbência é genérica a todos os direitos e não exclusivamente aos reais.

Em verdade, todo o direito, seja real ou pessoal, se estriba em relações jurídicas entre pessoas. Do ponto de vista científico, não há diferença alguma de natureza entre direito real e direito pessoal ou de crédito. Todo o direito se reduz a relações jurídicas ou a obrigações entre as pessoas. Existe uma ilusão ou um erro em crer ser possível uma relação de direito entre uma coisa e uma pessoa. O que ocorre é que, no direito real, a relação entre as pessoas se desenvolve em torno de um bem. Procura-se fazer preponderar uma relação de domínio sobre uma coisa. No direito pessoal ou de crédito, há um dever de fazer, ou não fazer, ou de dar, que se satisfaz na fase executória, sobre todo o patrimônio, ou todos os bens do sujeito passivo. Visa-se a declaração de um direito, que se realiza na totalidade dos bens, ou em quantos forem necessários, a fim de satisfazer o crédito de que é titular o autor. É o que deixa entrever Luis Rigaud, ao explicar que existem, no direito pessoal, a obrigação e a sanção, e que, na realidade, o objeto da obrigação do devedor é "la prestación a pagar (hecho o abstención) por el sujeto pasivo. La ejecución en la persona o sobre los bienes intervienen sólo como sanciones. La obligación queda, pues, como un vínculo de persona a persona, aunque la individualidad de la misma importa poco en derecho moderno".[12]

Ou seja, a obrigação que vincula as pessoas se realiza mediante a execução no patrimônio inteiro, ou quanto necessário, do sujeito passivo, enquanto, no direito real, as relações entre as pessoas têm em vista um bem específico.

1.2. CLASSIFICAÇÃO DOS DIREITOS REAIS

Predomina a classificação dos direitos reais que os divide em direitos na coisa própria – *jus in re propria* – e direitos em coisa alheia – *jus in re aliena*.

A primeira espécie envolve tão somente a propriedade, que é o direito real por excelência, e constitui a síntese de todos os direitos reais, manifestando-se no domínio, ou poder de submissão de uma coisa à vontade da pessoa. Lafayette Rodrigues Pereira a considera como o pleno poder, o império exclusivo e absoluto de nossa vontade sobre a coisa.[13]

A segunda classe de direitos reais, que não coincide exatamente com a previsão do Código Civil de 1916, conhecida também como classe de direitos limitados, abrange a enfiteuse ou

---

[10] *Direitos Reais*, ob. cit., p. 5.
[11] *Derechos Reales*, Buenos Aires, Ediciones Depalma, 1975, tomo I, p. 45.
[12] *El Derecho Real, Historia y Teorías, su Origen Institucional*, tradução de J. R. Xiran, Madrid, Edição Reus, 1928, p. 336.
[13] *Obra citada*, p. 3.

aforamento, as servidões, o usufruto, o uso, a habitação, as rendas constituídas sobre imóveis, a promessa de compra e venda irrevogável, o penhor, a hipoteca, a anticrese e a alienação fiduciária em garantia. Pelo Código Civil de 2002, em seu art. 1.225, acrescentam-se o direito de superfície, o direito do promitente comprador de imóvel e o direito de laje, este direito vindo com a Lei 13.465/2017. Foram excluídas a enfiteuse, mantendo-se o regramento do Código Civil de 1916 aos aforamentos existentes, consoante art. 2.038, e as rendas expressamente constituídas sobre imóveis.

A Lei nº 11.481/2007 já havia trazido mais dois direitos reais, nos incisos XI e XII, e que são a concessão de uso especial para fins de moradia e a concessão de direito real de uso.

Nesta relação, contestada por muitos, há subdivisões, como a que destingue os direitos em principais – enfiteuse ou aforamento, servidões, usufruto, uso, habitação, rendas constituídas sobre imóveis, promessa de compra e venda e alienação fiduciária; e acessórios – penhor, hipoteca e anticrese. Conhecem-se, outrossim, os direitos de gozo ou fruição e os de garantia, incluídos nesta espécie a hipoteca, o penhor e a anticrese; e, na anterior, os restantes direitos *in re aliena*.

Há os que denominam a promessa irrevogável de venda como um direito real de aquisição.

Eduardo Espínola apresentava a seguinte classificação:

> Os direitos reais, reconhecidos por nossa lei, como pela generalidade dos sistemas legislativos modernos, com base no direito romano, pertencem a três categorias:
>
> a) direito real pleno, *id est*, a propriedade;
>
> b) direito de uso e gozo da coisa, pertencente a outrem;
>
> c) direito de garantia sobre a coisa alheia.
>
> A propriedade é o direito real em toda a sua plenitude, cujo exercício compete, em todas as manifestações de seu exercício, ao proprietário exclusivamente.
>
> Pode, entretanto, destacar-se do seu direito dominical algum elemento que se atribua a outrem, ficando destarte restringida a atividade do *dominus*, o que frequentemente se verifica em relação ao exercício de uso e gozo.
>
> Daí os institutos do usufruto, da enfiteuse, das servidões, do uso, da habitação, das rendas constituídas sobre imóveis.
>
> Possível referir-se a restrição também ao direito de disposição da coisa, por constituir uma garantia para o cumprimento de uma obrigação.
>
> Tais são os casos do penhor, da anticrese, da hipoteca.
>
> Algumas vezes é a própria lei que impõe a constituição de um direito sobre a coisa de outrem, como acontece no usufruto legal e na hipoteca legal.[14]

Em função do objeto, costuma-se especificar os direitos reais imobiliários – por envolverem imóveis, sujeitos a registro imobiliário –; e os direitos reais mobiliários – restritos a bens móveis.

Todavia, as discussões doutrinárias sobre as divisões, e mesmo outros critérios de classificação, são estéreis, sem importância prática.

O Código Civil de 1916, art. 674, relacionava os direitos reais sobre coisas alheias, mas num sentido exemplificativo, que em doutrina se conhece pela expressão *numerus apertus*.

---

[14] *Obra citada*, p. 16.

Não ofereceu uma relação taxativa ou definitiva (*numerus clausus*), sem possibilidades de surgimento de novos direitos reais, como os autores tradicionais defendiam (Lafayette, Dídimo da Veiga, Pontes de Miranda). O atual diploma, no art. 1.225, com o acréscimo da Lei nº 11.481/2007e da Lei nº 13.465/2017, traz a seguinte relação: I – a propriedade; II – a superfície; III – a servidão; IV – o usufruto; V – o uso; VI – a habitação; VII – o direito do promitente comprador do imóvel; VIII – o penhor; IX – a hipoteca; X – a anticrese; XI – a concessão de uso especial para fins de moradia; XII – a concessão de direito real de uso; e XIII – a laje.

Na verdade, muitos direitos reais apareceram posteriormente à vigência do Código Civil de 1916, como a promessa de compra e venda, a alienação fiduciária e as limitações impostas sobre bens em virtude de leis especiais (nos casos de reservas florestais e de concessão para explorações de jazidas minerais). O Código Civil em vigor acrescentou unicamente mais dois: a superfície e o direito do promitente comprador do imóvel. A Lei nº 11.481, já referida, trouxe mais dois direitos reais, que são a concessão de uso especial para fins de moradia e a concessão de direito real de uso.

Consoante os art. 676 do Código Civil revogado, "os direitos reais sobre imóveis constituídos ou transcritos por atos entre vivos só se adquirem depois da transcrição, ou da inscrição, no Registro de Imóveis, dos referidos atos (arts. 530, I, e 856), salvo os casos expressos neste Código". Sobre o mesmo assunto, eis a previsão art. 1.227 do atual Código: "Os direitos reais sobre imóveis constituídos, ou transmitidos por atos entre vivos, só se adquirem com o registro no Cartório de Registro de Imóveis dos referidos títulos (arts. 1.245 a 1.247), salvo os casos expressos neste Código".

1.3. CONSTITUIÇÃO DOS DIREITOS REAIS E ESCRITURA PÚBLICA

Constituem-se os direitos reais sobre imóveis pelo contrato, em geral na forma de escritura pública, inserido no Registro de Imóveis. Os contratos constitutivos ou translativos de direitos reais de imóveis de valor inferior a cinquenta mil cruzeiros em junho de 1983 dispensavam a escritura pública. É o que ressaltava o art. 134, inc. II, do Código Civil de 1916, na redação vinda com a Lei nº 7.104, de 1983, sendo que o valor acima de cinquenta mil cruzeiros deveria ser corrigido desde janeiro de 1984, a teor do § 6º do mencionado art. 134.

Com o Código Civil introduzido pela Lei nº 10.406, ficou simplificada a matéria, colocando-se como limite para a exigência os atos que envolvem a constituição, transferência, modificação ou renúncia de direitos reais em valor acima do correspondente a trinta vezes o maior salário mínimo vigente no País, segundo o art. 108: "Não dispondo a lei em contrário, a escritura pública é essencial à validade dos negócios jurídicos que visem à constituição, transferência, modificação ou renúncia de direitos reais sobre imóveis de valor superior a 30 (trinta) vezes o maior salário mínimo vigente no País".

Citam-se alguns casos de desnecessidade da escritura pública:

- para os contratos hipotecários que integram o Sistema Financeiro da Habitação, para a aquisição da moradia própria, inspirados na Lei nº 4.380, de 1964, art. 61, § 5º;
- para os compromissos de compra e venda, cessões e promessas de cessão de direitos relativos a imóveis, loteados ou não, urbanos ou rurais, segundo o art. 22 do Decreto-Lei nº 58, de 1937, e art. 26 da Lei nº 6.766, de 1979;
- para as cédulas pignoratícias e hipotecárias permitidas pelo Código Civil, e as de crédito reguladas por leis especiais, como a habitacional (Decreto-Lei nº 70, de 1966),

a rural (Decreto-Lei nº 167, de 1967), a industrial (Decreto-Lei nº 413, de 1969), a comercial (Lei nº 6.840, de 1980, e a de exportação (Lei nº 6.313, de 1975).

Estas formas contratuais se materializam por instrumento particular, que será levado a registro imobiliário.

A propriedade fiduciária exige o registro do contrato, público ou particular, no Registro de Títulos e Documentos, por determinação do § 1º do art. 1.361 do Código Civil de 2002: "Constitui-se a propriedade fiduciária com o registro do contrato, celebrado por instrumento público ou particular, que lhe serve de título, no Registro de Títulos e Documentos do domicílio do devedor, ou, em se tratando de veículos, na repartição competente para o licenciamento, fazendo-se a anotação no certificado de registro".

Doutrinava Walter Ceneviva, ao tempo do Código de 1916, que "os atos notariais incluem, obrigatoriamente, os referidos nos nºs I e II do art. 134 do CC, a saber: os pactos antenupciais, as adoções, os contratos constitutivos ou translativos de direitos reais sobre imóveis (...). A nova lei (Lei nº 7.433/1985) também inclui as procurações por instrumento público, a renúncia à herança, a instituição do bem de família, os testamentos públicos, o reconhecimento de filhos ilegítimos não lançados no próprio assento de nascimento, a instituição de fundação, a emancipação por escritura".[15]

O Código Civil indica a necessidade da escritura pública quando trata de matérias que a impõem.

A escritura pública, em consonância com o art. 134 e seus parágrafos do Código Civil de 1916, na redação dada pela Lei nº 6.952/1981, e pela Lei nº 7.433/1985, deveria preencher os seguintes requisitos:

a) data e lugar de sua realização;
b) reconhecimento da identidade e capacidade das partes e de quantos hajam comparecido ao ato;
c) qualificação completa das partes, com a indicação, quando necessário, do regime de bens do casamento, nome do cônjuge e filiação;
d) manifestação da vontade das partes e dos intervenientes;
e) declaração de ter sido lida às partes e demais comparecentes, ou de que todos a leram;
f) assinatura das partes e dos demais comparecentes, bem como a do tabelião, encarregado do ato.

Eis os requisitos vindos com o Código Civil de 2002, § 1º, do art. 215:

a) data e local de sua realização;
b) reconhecimento da identidade e capacidade das partes e de quantos hajam comparecido ao ato, por si, como representantes, intervenientes ou testemunhas;
c) nome, nacionalidade, estado civil, profissão, domicílio e residência das partes e demais comparecentes, com a indicação, quando necessário, do regime de bens do casamento, nome do outro cônjuge e filiação;
d) manifestação clara da vontade das partes e dos intervenientes;

---

[15] "Lavratura de Escrituras Públicas – Nova Legislação", em *Revista dos Tribunais*, nº 604, p. 11.

e) referência ao cumprimento das exigências legais e fiscais inerentes à legitimidade do ato;

f) declaração de ter sido lida na presença das partes e demais comparecentes, ou de que todos a leram;

g) assinatura das partes e dos demais comparecentes, bem como a do tabelião ou seu substituto legal, encerrando o ato.

Na impossibilidade de assinatura de um dos comparecentes, permite-se que alguém assine por ele, a seu rogo, segundo ordenava o § 2º do art. 134 do Código Civil de 1916 e impõe o § 2º do art. 215 do vigente Código, este assim redigido: "Se algum comparecente não puder ou não souber escrever, outra pessoa capaz assinará por ele, a seu rogo".

Ainda, não conhecendo o tabelião os contratantes, ou um deles, impõe-se a identificação por documento, ou, na sua falta, é obrigatória a participação no ato de pelo menos duas testemunhas que conheçam e atestem a identidade do contratante naquela instituição, na forma do que vinha no § 5º do art. 134 do Código Civil de 1916 e consta do § 5º do art. 215 do Código em vigor.

Mas, na ordem da Lei nº 7.433/1985, art. 1º, sempre é necessário a apresentação de um documento de identidade.

Quanto às testemunhas, seriam indispensáveis se o requisito viesse posto como condição para a validade do ato jurídico, o que acontecia nas Ordenações Filipinas (Livro I, Título LXXVII, § 6º). Não mais vige norma expressa a respeito desde a Lei nº 6.952, de 1981, que alterou o art. 134 do Código Civil de 1916. O § 5º do art. 215 do Código de 2002, determina a presença de testemunhas se algum dos comparecentes não for conhecido do tabelião, nem puder identificar-se por documento.

A inteligência de que não há mais a imposição do testemunho instrumentário, ausente norma expressa a respeito, parte da consideração de que a nova disciplina nasceu da evolução do pensamento sobre a matéria, desaparecidas as circunstâncias e condições que haviam levado ao estabelecimento do requisito, outrora razoáveis, mas presentemente de simples importância simbólica.

Admite-se, todavia, o testemunho instrumentário facultativo, a critério dos figurantes do ato.

Redige-se a escritura no idioma nacional (art. 215, § 3º, do Código Civil), devendo o tabelião designar tradutor ou, se não houver na localidade, pessoa capaz, se algum dos contratantes não souber a língua nacional, e se ele, tabelião, não entender o idioma em que a parte se expressa (art. 215, § 4º, do Código Civil).

Consoante o Decreto nº 93.240/1986, art. 1º, serão apresentados, ainda: documentos de identificação das partes e das demais pessoas que comparecerem na escritura pública, quando julgados indispensáveis pelo tabelião; o comprovante do pagamento do imposto sobre a transmissão de bens imóveis e de direitos a eles relativos, quando incidente sobre o ato, ressalvadas as hipóteses em que a lei autorize a efetivação do pagamento após a sua lavratura; as certidões fiscais em relação aos imóveis urbanos, quanto aos tributos que neles incidam, e em relação aos imóveis rurais, compreendendo o Certificado de Cadastro emitido pelo Instituto Nacional de Colonização e Reforma Agrária – INCRA; o recibo ou comprovante de quitação do último imposto territorial rural lançado, ou, quando o prazo para o seu pagamento ainda, não tenha vencido, o recibo ou prova do pagamento do imposto territorial rural correspondente ao exercício imediatamente anterior; as certidões de ações reais e pessoais reipersecutórias, relativas ao imóvel, e a de ônus reais, expedidas pelo registro de imóveis competente, cujo prazo de validade, para este fim, será de trinta dias.

A apresentação de certidões de ações reais e pessoais reipersecutórias não eximirá o outorgante da obrigação de declarar na escritura pública, sob pena de responsabilidade civil e penal, a existência de outras ações reais e pessoais reipersecutórias, relativas ao imóvel, e de outros ônus reais incidentes sobre o mesmo (§ 3º do art. 1º do Decreto nº 93.240/1986).

Fica o tabelião desobrigado de manter, em cartório, o original ou cópias autenticadas das certidões fiscais e concernentes a ônus, desde que transcreva na escritura pública os elementos necessários à sua identificação, devendo, neste caso, as certidões acompanharem o translado da escritura (art. 2º do Decreto nº 93.240/1986).

Não significa tal faculdade a dispensa em examinar os citados documentos, sob pena de responsabilidade funcional, o que importa a exigência de sua apresentação.

De acordo, ainda, com a Lei nº 7.433/1985, consignará o tabelião a apresentação de documento comprobatório do pagamento do Imposto de Transmissão *inter vivos* e, se o exigir o adquirente, de certidões negativas relativas a ônus reais do imóvel. Acrescenta seu art. 2º que "ficam dispensadas, na escritura pública de imóveis urbanos, sua descrição e caracterização, desde que constem, estes elementos, da certidão do Cartório de Registro de Imóveis". Consta do § 1º: "Na hipótese prevista neste artigo, o instrumento consignará exclusivamente o número do registro ou matrícula do Registro de Imóveis, sua completa localização, logradouro, número, bairro cidade, Estado e os documentos e certidões constantes do § 2º do art. 1º desta Lei", que são os relativos ao imposto e ônus fiscais.

Lembra Walter Ceneviva, quanto ao art. 2º da Lei nº 7.433/1985: "O art. 2º é elogiável na parte que simplifica as escrituras. A dispensa poderia estender-se a imóveis rurais quando a matrícula destes os caracterizasse devidamente, por levantamento geodésico, pelo Registro Torrens ou em consequência de retificação, confirmadas parcialmente, procedida em juízo, na forma do art. 213 da Lei dos Registros Públicos.

A dispensa, porém, não exclui a possibilidade de que a parte reclame que a descrição do imóvel conte no documento notarial. Quando haja necessidade de atualização dos confrontantes, p. ex., ela é imprescindível. O mesmo se diga de aquisições antigas que, sem alterarem a caracterização do imóvel, tornem necessário o aperfeiçoamento descritivo. Nessas hipóteses, continua a ser aplicado o § 2º do art. 225 da Lei dos Registros Públicos, que considera irregular, para efeito de matrícula, aquela que não coincida com o assentamento anterior".[16]

Adquirem-se os direitos reais, ainda, pelo testamento e o usucapião, além de outros meios, como se assinalará em capítulo à parte.

Todas as formas acima são causas de aquisição. Esta é um efeito daquelas, e denomina-se, no dizer de Orlando Gomes, relação causal ou básica. Assim, a aquisição da propriedade é efeito da compra e venda. O contrato é a relação jurídica básica ou causa do direito de propriedade adquirido sobre a coisa vendida. No fato de usufruto adquirido por testamento, a relação causal é justamente o testamento. Efeito é o usufruto.[17]

A relação causal ou básica é de fundamental importância para determinar a validade do efeito, ou seja, da aquisição. Por outras palavras, a eficácia do direito real depende da existência e validade de sua relação causal. Se é nula, *v.g.*, a escritura pública, a aquisição do direito real não vale. A compra e venda sem validade não torna legítima a aquisição da

---

[16] *Lavratura de Escrituras Públicas – Nova Legislação*, trab. cit., p. 16.
[17] *Direitos Reais*, tomo 1º, ob. cit., pp. 19 e 20.

propriedade. De uma transação eivada de vício, ou de ineficácia, por não ser capaz o transmitente, ou não ter o domínio do bem, não surge a eficácia do domínio, ou a validade da aquisição. Não será o adquirente proprietário.

Diversa é a orientação que vem do direito alemão, onde se prescinde da validade da relação causal. Os defeitos da escritura pública, ou dos meios de aquisição, não trazem influência na propriedade que o adquirente recebeu. Anota Orlando Gomes: "Desse modo, se a inviabilidade do contrato de compra e venda vem a se declarar quando a propriedade da coisa vendida já foi transmitida ao comprador, pela transcrição, a aquisição da propriedade é válida, em princípio; o direito real se constitui a despeito da nulidade de sua causa; em suma, o vício do título não acarreta a invalidade do modo de aquisição".[18]

É o sistema conhecido como o "princípio da abstração da causa", cuja aplicação impõe uma perfeita publicidade registrária, como foi implantado na Alemanha, especialmente no que pertine ao cadastramento dos imóveis.

Neste modo de concepção, há dois negócios jurídicos: o primeiro, relativamente à escritura pública, ou modo de aquisição em si; o segundo, quanto ao acordo de vontades. A invalidade daquele não torna nula a venda em si, ou o acordo de vontades.

Não encontrou eco em nosso Direito este sistema, assim como nos ordenamentos inspirados no Direito romano.

1.4. OBJETO DOS DIREITOS REAIS

Obviamente, o objeto do direito real abarca não só as coisas corpóreas, como também as incorpóreas, desde que ambas as espécies sejam suscetíveis de ter um valor. As coisas que, embora necessárias e úteis, não se adaptam a uma medida de valor, como o ar, a luz e o mar, não se reputam coisas no sentido do Código Civil.

As controvérsias se fazem sentir quanto às coisas incorpóreas. No caso dos direitos reais, podem se manifestar no usufruto e no penhor. É possível o usufruto sobre um determinado direito, ou sobre um crédito, ou uma importância em dinheiro, cujo proveito envolverá os rendimentos da quantia monetária. O penhor, outrossim, realiza-se também sobre títulos de crédito, com a denominação de caução. De modo que o objeto do direito real será um direito pessoal, que é incorpóreo. Assim expõe Manuel Antonio Laquis, inspirado no francês Ginissar:

> La noción de propiedad comprende, de este modo, tanto las cosas corporales como las incorporales, y si a ella se agrega la concepción, que admite Ginossar, de que el patrimonio está constituido por um conjunto de derechos que se ejerce tanto sobre los objetos concretos como sobre los abstractos, el patrimonio quedaría integrado por dos grandes clases de derechos: los derechos corporales y los derechos incorporales. Aquellos consistirían, como en el pasado, en la propiedad de bienes concretos, muebles o inmuebles; éstos, en la propiedad de créditos, que permiten a sus propietarios, llamados acreedores, exigir de una persona determinada, llamada deudor, una prestación positiva de hacer, o negativa de no hacer.[19]

As produções do espírito também são objeto do direito real enquanto integram a propriedade. O próprio Código Civil de 1916, omitindo-se o Código de 2002, desta ma-

---

[18] *Direitos Reais*, tomo 1º, ob. cit., p. 20.
[19] *Obra citada*, tomo I, p. 49.

neira se referia relativamente à propriedade literária, científica e artística. As produções da mente constituem bens estimáveis economicamente, como também sob outros prismas. Os inventos, as criações culturais em qualquer setor, e mesmo as ideias integram o campo dos direitos reais, por constituírem bens apreciáveis, enquanto englobados no âmbito da propriedade.

E tudo que repercute um valor econômico, representando uma conquista da pessoa, ou uma aquisição, em que se manifesta em um poder de submissão, como o fundo de comércio, ou a clientela, o emprego, é incluído na categoria dos direitos reais, sofrendo a regulação das normas que tratam da propriedade. Não fosse desta maneira, tais emanações do espírito ou produções humanas não ensejariam direitos e obrigações de seus titulares.

1.5. OBRIGAÇÕES MISTAS NOS DIREITOS REAIS

Há certas obrigações que nascem com a constituição dos direitos reais, atribuindo-se o cumprimento a seus titulares. Ou seja, o direito real se faz acompanhar da faculdade de reclamar uma prestação pessoal, cuja satisfação é imposta ao respectivo titular do mesmo. Exemplo típico encontra-se no direito real de propriedade, em que o titular é chamado a concorrer para as despesas de construção e conservação dos tapumes divisórios. Nas servidões, quando o proprietário do prédio serviente se obriga a fazer obras destinadas à conservação e uso da servidão, o mesmo fenômeno ocorre. Na constituição de renda sobre um imóvel, ao dono do prédio incumbe o pagamento da renda no caso de transmissão *inter vivos* ou *causa mortis*. Na situação dos condôminos, quanto à contribuição para a conservação da coisa comum.

De modo que, segundo nota Marco Aurélio S. Viana, algumas vezes o direito real é acompanhado das faculdades de reclamar uma prestação pessoal, impondo ao seu titular a satisfação. Assim, ao lado da faculdade de não ser molestado, posiciona-se outra que lhe adere, que se manifesta no direito de se exigir prestação específica: é a prestação *propter rem*.[20]

Tais obrigações são vinculadas à coisa. Não interessa a transmissão. Acompanham o bem, pois originadas do imóvel. Conhecidas, também, como obrigações *ob rem*, ou *propter rem*, apresentam-se como *obrigações reais*, constituindo o direito real *in faciendo*, posto que ao seu titular cumpre, por tal condição ou qualidade, satisfazer uma prestação determinada. É ele devedor da prestação, a qual acompanha a coisa, incorporando-se nela.

A natureza de tal obrigação envolve aspectos dos direitos reais e aspectos dos direitos pessoais. Como se observou, há uma obrigação pessoal, dirigida a satisfazer um direito derivado do próprio bem. Este misto de direito real e pessoal resulta do enlace do dever atribuído ao titular do domínio com a prestação que a própria coisa oferece ao terceiro.

Todavia, há os que lhe dão o caráter de pessoalidade, em face de ser a relação jurídica uma prestação pessoal. Outra corrente inclina-se pelo aspecto da realidade que resulta o fato de ser alguém titular de um direito real.

O que importa, no entanto, é a existência de obrigações positivas derivadas da titularidade de alguns direitos reais, ao lado das obrigações a todos imposta de respeitar o direito real alheio, que se estabelece mais como norma de conduta, em obediência ao efeito *erga omnes*, que lhe é inerente.

---

[20] *Teoria e Prática do Direito das Coisas*, São Paulo, Edição Saraiva, 1983, p. 5.

1.6. DIREITOS REAIS PLENOS E DIREITOS REAIS LIMITADOS

De modo geral, propriedade é plena em favor do titular respectivo, que aproveita todos os direitos inerentes. É o que se depreende do art. 1.228 do Código Civil: "O proprietário tem a faculdade de usar, gozar e dispor da coisa, e o direito de reavê-la do poder de quem quer que injustamente a possua ou detenha". Ainda, pelo art. 1.231 do Código: "A propriedade presume-se plena e exclusiva, até prova em contrário".

Constitui o que vem a se inserir no significado de *jus in re propria*, que é a propriedade envolvendo todos os seus direitos elementares. Daí conceituar-se a propriedade como a soma de todos os direitos possíveis em favor do proprietário sobre a coisa. Os direitos em questão são os da posse, do uso, do gozo e da livre disposição.

Previa o art. 525 do Código de 1916, também a propriedade limitada, quando preceituava que, "é plena a propriedade, quando todos os seus direitos elementares se acham reunidos no do proprietário; limitada, quando tem ônus real, ou é resolúvel". Não insere o Código de 2002 dispositivo equivalente. Entretanto, é desnecessária a previsão, já que ressalta a obviedade da limitação se incidem encargos, ou se prevista a possibilidade de resolução, como no usufruto e na compra e venda com pacto de retrovenda.

Depreende-se que a propriedade limitada decorre da atribuição a terceiros de alguns poderes incidentes sobre a coisa. Esta espécie se enquadra no *jus in re aliena*. Os direitos assim considerados resultam da decomposição dos diversos poderes jurídicos que se contém no direito de propriedade, como esclarece Orlando Gomes.[21] O proprietário desmembra ou retira um dos poderes e o transfere ou passa para outra pessoa, podendo ser o de dispor, ou o de usar, ou de gozar da coisa. Assim procedendo, há a formação de um direito real na coisa alheia, que vem a denominar-se direito real limitado.

O destaque de um dos direitos poderá incidir no de usar, ou no de usar e gozar, formando, então, o direito real de uso e o direito real de usufruto.

Como observa Darcy Bessone, "a própria lei coloca, assim, ao lado da propriedade plena, a propriedade limitada, que resulta no destaque de uma ou mais faculdades da propriedade para serem atribuídas a terceiros: os titulares dos direitos reais sobre coisas alheias. A propriedade resolúvel (...) é a que se subordina a eventos futuros e incertos, cuja verificação determinará a resolução do condomínio".[22]

---

[21] *Direitos Reais*, tomo I, ob. cit., p. 24.
[22] *Direitos Reais*, ob. cit., p. 8.

Capítulo II

A Posse

2.1. CONCEITO DE POSSE

A definição de posse apresenta controvérsias. As teorias explicativas de sua natureza determinam as divergências que se formaram em torno do assunto.

De início, conveniente traçar um paralelo com a propriedade, para se chegar ao verdadeiro significado, utilizando-se da sempre atual lição de Antônio Joaquim Ribas:

> A posse é, pois, o império natural ou material que os homens exercem sobre as coisas, abstração feita do direito que possam, ou não, ter para exercê-lo.
>
> O domínio é o império legal dos homens sobre as coisas.
>
> A posse e o domínio têm dois elementos comuns – a vontade do homem e a coisa a ela submetida.
>
> Mas o domínio tem um terceiro elemento que lhe é especial e essencial – o princípio jurídico que regula e protege absolutamente o império da nossa vontade sobre a coisa que nos é própria.
>
> Entretanto, a manifestação exterior ou as aparências da posse e do domínio são idênticas: porque tanto naquela, como neste, não se vê senão a sujeição da coisa à vontade humana; e os atos que manifestam esta sujeição não podem revelar a presença ou a ausência do princípio jurídico. Seja, porém, qual for a homogeneidade ou semelhança da posse e domínio, nunca eles se devem confundir.
>
> Com efeito, o domínio é em si mesmo um direito, enquanto a posse é um estado de fato, cuja conformidade ou não conformidade com o direito é indiferente, e de que se não questiona.[1]

No direito romano, a ideia inicial de "posse" confundia-se com "uso", segundo lembra José Carlos Moreira Alves: "Nos fragmentos que nos chegaram da lei das XII Tábuas não se depara a expressão *possessio*. Um deles alude ao *usus*, e era interpretado nos fins da república e no início do império, no sentido de que o usucapião das coisas móveis se perfazia em um ano, ao passo que o das terras (*fundi*) e o das casas (*aedes*) em dois anos. Segundo, porém, opinião largamente difundida entre os romanistas, e incontestada durante muito tempo, *usus* seria a denominação primitiva de *possessio*".[2]

---

[1]   *Da Posse e das Ações Possessórias*, 2ª ed., São Paulo, Edição de Miguel Melillo, 1901, pp. 14, 15 e 16.

[2]   *Posse*, Evolução Histórica, Rio de Janeiro, Forense, 1985, vol. I, pp. 14 e 15.

E no direito romano posterior definia-se a *possessio* como toda a relação material intencional da pessoa com a coisa. É como compreende Astolpho Rezende: "Os romanos não compreendiam a posse senão ligada a uma coisa; *nec possideri intelligitur jus incorporale*; não se compreende que possa ser possuído o direito incorpóreo".[3] Nesta consideração da posse estavam envolvidas a posse propriamente dita (*possessio civilis*) e a detenção (*possessio naturalis*), sendo que a primeira era a verdadeira posse.

Em outros termos, a posse posicionava-se como a exterioridade do direito de propriedade, sendo reconhecida em favor daqueles que, tendo o poder físico sobre uma coisa, não reconheciam sobre ela um poder superior da posse, a quase posse, para enquadrar aquelas pessoas que exerciam algum poder sobre as coisas, como o precarista, o superficiário e o depositário de coisa litigiosa (sequestrário).

Na classificação de detentores encontravam-se os comodatários, os mandatários, os colonos, os investidos de *bona debitoris* e os usufrutuários.

O elemento caracterizador da distinção entre posse e a detenção estava no ânimo ou na intenção, o que levou a firmar-se uma corrente defendendo que o detentor *non habet animum possidentis*.

Paulo Rodrigues Teixeira procura demonstrar os tipos de posse que existiam, salientando-se que as denominações mais próprias eram a detenção, ou posse-detenção, e a posse jurídica, ou posse civil:

> A posse-detenção conferia ao possuidor o direito de reter a coisa, como, quando no processo de reivindicação, o possuidor jurídico não prova seu direito pela regra *semper necessitas probandi incumbit illi qui agit*, e ainda quando se dá o furto da posse (*furtum possessionis*), que é o caso do proprietário de uma coisa subtraí-la ao comodatário, ou a pessoa em cujo poder ela se acha por convenção ou determinação judicial.

Nestes dois casos, figurados pelo eminente Ribas, o detentor da coisa tem o direito de ser respeitado; mantém-se o *status quo*, por isso mesmo que não foi fornecida a prova de violar de uma posse jurídica do contestante ou por força da determinação que lhe assegura a sua qualidade. Esta é a chamada posse natural.

A posse privada de todos os efeitos jurídicos, sinônima de detenção, é aquela que, sendo protegida pelos interditos, não conduz ao usucapião.

A posse civil é a que se adquire por força da lei sem necessidade da apresentação material da coisa; ou, como diz Ribas, aquela cujos efeitos provêm do *jus civile*, e não do *jus gentium*, que significa, para os romanos, o que provinha do direito peculiar deles, com exclusão, por conseguinte, do que tinha origem no *jus praetorium* ou *jus gentium*. No sentido técnico, porém, posse é a jurídica, a detenção com o *animus sibi habendi*, e que dá direito aos interditos e que leva ao usucapião".[4]

De modo que a posse, ou a exterioridade do direito de propriedade, no Direito romano envolvia dois elementos: a relação material da pessoa com a coisa (o poder físico) e a intenção de deter a coisa como própria, como se fora o seu proprietário, segundo ensina Manuel Rodrigues.[5]

---

[3] *A Posse e a sua Proteção*, São Paulo, Livraria Acadêmica Saraiva & Cia., 1937, 1º vol., p. 54.

[4] *A Posse e os Interditos Possessórios*, Rio de Janeiro, Livraria Editora Leite Ribeiro, 1923, pp. 14 e 15.

[5] *A Posse*, 2ª ed., Coimbra, Coimbra – Editora Limitada, 1940, pp. 49 e 51.

Tal forma de ver inspirou a teoria de Savigny, que mantém a estrutura da posse nos dois princípios basilares: o *corpus*, que é o controle físico da coisa e o exercício de se fazer com ela o que se pretenda, com a exclusão de ingerências estranhas: e o *animus possidendi,* caracterizado como a intenção de exercer o direito de propriedade. De modo que se a pessoa, tendo em seu poder um bem, comporta-se como dono, com o *animus domini*, é considerada como possuidora.

Jhering opôs-se a este entendimento, sustentando a suficiência do *corpus* para definir a posse. Entende tal elemento não como a simples coisa em si, mas como o poder físico sobre a coisa e o interesse de utilizá-la economicamente em seu proveito. Há propriamente dois segmentos básicos, que são o controle físico sobre a coisa e o interesse do possuidor em utilizar-se economicamente da coisa. Na verdade, este segundo segmento é que constitui o *animus*. Mas tal requisito já está inserido no *corpus*. Não interessa a vontade ou a intenção de ser dono, ou, ainda, a obrigação de sustentar e provar a vontade jurídica de possuir.

Prepondera nas codificações, em geral, o conceito de Jhering, como, aliás, o fez o Código Civil Brasileiro de 1916, no art. 485, e seguiu o Código Civil de 2002, no art. 1.196, onde repete a conceituação de possuidor, embora mais sinteticamente, ao excluir a expressão "ao domínio": "Considera-se possuidor todo aquele que tem de fato o exercício, pleno ou não, de algum dos poderes inerentes à propriedade".

Da seguinte passagem de Jhering exsurge a interligação do conceito de posse ao proveito de algum dos poderes da propriedade: "La posesión es el ejercicio de la propiedad presunta, posible, que comienza, está en relación constante con la propiedad, y el mismo Savigny, aun cuando en general no sostiene esta opinión, la ha reconocido en cierto grado de verdad, y probablemente no ha dejado de tener influjo sobre su descubrimiento del animus domini".[6]

Percebe-se que, para alguém ser considerado possuidor, é necessário tão somente que exerça, ou pratique, ou usufrua, de fato, ou efetivamente, de algum dos poderes inerentes ao domínio ou propriedade.

Daí poder considerar-se a posse como o exercício de fato de um dos poderes inerentes ao domínio ou à propriedade. Ou é o uso ou a fruição, ou o proveito, de um ou mais dos direitos de propriedade. Não se exige o exercício de todos os direitos inerentes à propriedade, pois, na hipótese, confundir-se-ia posse com propriedade.

Vicente Ráo, inspirado em Jhering, resume com rara sabedoria o conceito: "A posse é o poder de fato; a propriedade é o poder de direito. Ambas, conjuntamente, podem estar com o proprietário, mas dele também podem separar-se por dois diversos modos: ou quando o proprietário transfere a posse a outrem, conservando a propriedade, ou quando a posse lhe é arrebatada contra a sua vontade".[7]

Os direitos de propriedade vinham discriminados no art. 524 do Código Civil de 1916: "A lei assegura ao proprietário o direito de usar, gozar e dispor de seus bens, e de reavê-los do poder de quem quer que injustamente os possua".

O Código Civil em vigor mantém a mesma significação, embora com redação diferente, e acrescenta a possibilidade da reivindicatória contra os que detenham injustamente a coisa, como ressalva o art. 1.228: "O proprietário tem a faculdade de usar, gozar e dispor da coisa e o direito de reavê-la do poder de quem quer que injustamente a possua ou detenha".

---

[6] Rodolfo von Jhering, *La Posesión*, tradução espanhola por Adolfo Posada, 2ª ed., Madrid, Editorial Reus S.A., 1926, p. 85.

[7] *Posse de Direitos Pessoais*, São Paulo, p. 3.

Dos termos acima, tipificadores da propriedade, depreende-se que seus poderes inerentes são estes: usar os bens, gozá-los, dispor dos mesmos e reavê-los de quem injustamente os possua.

O termo "usar" expressa o significado de utilização do bem, ou de aproveitamento das utilidades que ele oferece. O caso da utilização de uma residência. A utilidade é a habitação ou ocupação para as mais diversas finalidades.

"Gozar" tem um sentido parecido com "usar". A diferença está no aproveitamento econômico, nos rendimentos, ou proveito advindo das virtudes especiais e econômicas. Assim, visa-se a utilização em vista das qualidades especiais ou virtudes que a coisa oferece. Quem aluga um imóvel desfruta dos rendimentos decorrentes do aluguel. Portanto, o gozo do bem está na posição que ocupa quem o usufrui, como o locador e o arrendador.

"Dispor" envolve vários poderes que traz o bem. O poder mais importante reside na faculdade de transmissão, por venda, ou doação, ou permuta, ou doação em pagamento. Importa o significado, ainda, a possibilidade de destruição, ou modificação ou transformação, assim como o direito de onerá-lo com qualquer um dos direitos reais de garantia. Trata-se do poder marcante do direito de propriedade.

Exemplificando, quem aluga um imóvel de um terceiro passa a exercer a posse em virtude da ocupação. Residindo nele, está usando-o para habitação, o que realiza a satisfação de uma das necessidades primordiais do ser humano. Se utilizar o imóvel para obter algum proveito econômico, ou para sublocá-lo, ou exercer uma profissão nele, já o que se caracteriza é a fruição ou o gozo, posto que o direito de gozar (*jus fruendi*) consiste em fazer frutificar o bem, envolvendo o poder de colher os frutos.

Não se permite, entretanto, dispor do imóvel, isto é, aliená-lo, ou onerá-lo, ou destruí-lo, ou modificá-lo. Não lhe assegura a lei oferecê-lo em hipoteca, ou em anticrese, ou instituir servidão nele. Tais atos são reservados unicamente ao proprietário.

Daí se concluir que a posse significa, segundo o nosso direito positivo, o exercício de fato, pleno ou não, de algum dos poderes inerentes ao direito de propriedade. Este conceito, extraído do art. 485 do Código Civil anterior e do art. 1.196 do Código Civil atual, requer, todavia, mais digressões, máxime no que pertine ao poder de dispor.

A posse pode existir de várias maneiras. É comum que se desenvolva concomitantemente com o direito de propriedade. O titular do domínio é quem aproveita e ocupa o bem. Igualmente comum é que se manifeste paralelamente com o direito de propriedade, o que acontece, *v.g.*, no caso do usufruto e da locação, em que a posse direta é do usufrutuário e do locatário. Finalmente, aparece em inúmeras hipóteses práticas de modo antagônico ao direito de propriedade, ou sem qualquer vinculação a algum título dominial. É a posse que gera o usucapião.

Nesta última situação, e de modo especial para quem mantém a posse por tempo suficiente ou superior ao necessário para a prescrição aquisitiva, não é inviável o direito de disposição, pelo menos em algumas modalidades. Frequentes são as transferências ou cessões de direitos possessórios, como também o oferecimento da posse em garantia de uma obrigação. A posse como fato, advindo da ocupação por abandono, ou mesmo da usurpação, desde que cessados os atos de violência ou clandestinidade, cria direitos, os quais são passíveis de transferência ou de outra forma de disposição.

Finalmente, com frequência encontram-se conceitos que situam a posse como um sinal exterior do direito de propriedade, ou visibilidade do domínio, ou a exterioridade da propriedade.

Todavia, tais expressões se ajustam unicamente quando a posse existe concomitantemente com o direito de propriedade, ou seja, quando o dono também é possuidor do bem. Não em ocasiões diferentes, como quando a posse existe paralelamente com o direito de propriedade. No usufruto, *v.g.*, a posse direta é do usufrutuário, e a nua-propriedade de outra pessoa. Nem quando a posse se exerce antagonicamente ao direito de propriedade. É o que acontece, por exemplo, com o imóvel que está na posse de certa pessoa, mas o domínio pertence a outra.

Apenas se o possuidor e o dono são uma única e mesma pessoa, portanto, a posse revela-se como sinal exterior do direito de propriedade.

2.2. CONCEPÇÃO SUBJETIVA DA POSSE

Trata-se de um dos assuntos mais desenvolvidos e comuns no direito sobre a posse. Sua caracterização não oferece grandes controvérsias, embora as duas teorias fundamentais que dominam na doutrina, e que se sobressaíram ao lado de dezenas de outras, todas buscando definir a natureza da posse.

Frederich Karl Von Savigny, nascido na cidade de Frankfurt em 1779, e falecido em 1861, esboçou sua teoria na obra "Tratado da Posse em Direito Romano", a partir de elementos encontrados no Direito romano, causando forte repercussão nos meios jurídicos e influindo no sistema de algumas codificações.

Efetivamente, os romanos entendiam a posse como toda relação material intencional da pessoa com a coisa. Tal relação compreendia a posse propriamente dita (*possessio civilis*) e a detenção (*possessio naturalis*), sendo a primeira a verdadeira relação possessória.

Dominava a ideia da posse como exterioridade do direito de propriedade e a realização de fato deste direito. Possuidores consideravam-se aqueles que tinham o poder físico sobre uma coisa, inexistindo outro poder superior. A rigor, reconheciam-se como possuidores o proprietário, o ladrão e o usurpador.

Estendeu-se a proteção da posse à enfiteuse e ao penhor, bem como aos titulares de direitos sobre as coisas, ao precarista e ao depositário da coisa litigiosa.

Quase posse tinha todo aquele que exercesse a detenção, como os comodatários, os mandatários, os colonos, os investidos nos *bona debitoris* e os usufrutuários.

Sempre impunha-se a dupla exigência para o reconhecimento da posse: a relação física com o objeto possuído e a intencionalidade da relação.

O jurisconsulto Paulus assentava que não tinha a posse aquele que não revelava o ânimo de possuir.

Savigny impôs os dois elementos: o corpo e o ânimo. E posse significa a realização material do direito de propriedade, que traduz-se pelo *corpus*, que é a possibilidade de um poder físico, exclusivo e permanente, definido por um elemento existente na própria vontade do possuidor (*animus*), o qual vem a ser a intenção de exercer o direito de propriedade, como se fora o seu titular. Tal elemento subjetivo caracteriza a relação possessória, marcando a doutrina de Savigny, conhecida como teoria subjetiva.

Os dois elementos que compõem a posse – *corpus* e *animus* – são autônomos, subsistentes por si próprios, mas sendo necessária a sua junção para que a posse exista.

Sem o *corpus*, o *animus* vem a ser um fenômeno puramente interno; e sem o *animus*, o *corpus* é mera exterioridade, ou simples fato material, sem significação jurídica.

Na mesma linha opina o magistrado argentino Julio César Benedetti, trilhando na corrente de Savigny:

La posesio amparada por los interditos posesorios, se halla integralizada por dos elementos básicos y esenciales: por un lado, es espiritual o animus, que es la voluntad de disponer de hecho de una cosa para sí, conservándola para un fin especial como lo haria el propietario, sin reconocer en outro el derecho de dominio, o aun la posesión; por outro lado, el materia, el corpus, consistente en la posibilidad física de disponer materialmente de la cosa, con exclusión de cualquer extraño, que demuestra la voluntad de comportarse como dueño. La sola simultaneidad y coincidencia de esos elementos, en un momento dado, hace que se considere adquirida la posesio protegida por las acciones posesorias.[8]

Corpus seria o contato corpóreo, ou o contato físico. Expressaria a possibilidade física de exercer uma influência imediata sobre uma coisa e de excluir toda a influência estranha.

O prof. Gaúcho Renan Falcão de Azevedo bem retrata a ideia que se formou, na teoria sobre o corpo:

> Assim sendo, o elemento material da posse (o *corpus*) não se caracteriza apenas pelo contato físico do titular com a coisa. Ele se torna efetivamente caracterizado quando o sujeito tem, pelo menos, a possibilidade de exercer poderes sobre ela, excluindo qualquer outra pessoa do exercício simultâneo destes poderes.
>
> Por isso, entende-se que o caixa de uma loja, por exemplo, embora tenha contato físico com o dinheiro que manipula, como acentua o mesmo M. A. Laquis, não é possuidor deste dinheiro, pois lhe falta o poder de fazer com ele o que bem entenda, poder este que é atribuído ao dono da loja, e não a ele. Da mesma forma, e para usar um exemplo do próprio Savigny, uma pessoa assaltada e amarrada está em contato físico com as cordas que a prendem. Mas, ao invés de se considerar possuidor das cordas, é por elas possuído (...).
>
> Este contato físico, como o entende Savigny, deve ser considerado em sentido amplo (...) O *corpus*, como elemento material da posse, se exterioriza através de duas manifestações fundamentais: o controle físico da coisa e o exercício (ou pelo menos a possibilidade de exercício) de se fazer com ela o que se pretenda, com exclusão de ingerências estranhas.[9]

Definia-se o *animus* como a vontade de exercer o direito da propriedade, como se fora o proprietário, ou com a intenção de exercer sobre as coisas um poder no próprio interesse, ou de exercer o direito de propriedade.

A ideia de posse reclama tão somente o ânimo de dono, mas não se impondo a convicção de ser realmente o proprietário. Daí por que o ladrão e o usurpador podem ser também possuidores do bem furtado como o próprio proprietário. Não, entretanto, o arrendatário, por não ser o possuidor, eis que não considera a coisa como sua.

Sob esta ótica, além do arrendatário, também o locatário e o usufrutuário não se consideravam possuidores. O fato de reconhecerem o domínio alheio afastava a possibilidade da posse.

Aí, realmente, não encontrou sustentáculo a teoria. O direito moderno não pode negar proteção possessória a tais pessoas, que têm a faculdade de ajuizar as medidas competentes enquanto exercerem a posse.

---

[8] *La Posesión*, Buenos Aires, Editorial Astrea, 1976, p. 70.

[9] *Posse, Efeitos e Proteção*, 2ª ed., coedição da Universidade de Caxias do Sul – RS, e Editora Revista dos Tribunais, São Paulo, 1987, p. 47.

Savigny buscou uma solução tangencial, através da criação de uma tese, chamada "posse derivada" – configurável com a transferência dos direitos possessórios, e não do direito de propriedade, e aplicável ao enfiteuta, ao credor pignoratício, ao depositário de coisa sequestrada e ao precarista. A posse derivada é exercida sem a intenção de dono.

Assim, contrariando a própria tese, isto é, admitindo-se a posse sem a intenção de dono, Savigny mostrou a fragilidade de seu pensamento, embora tenha procurado fazer a distinção entre o ânimo exigido para a posse, e o ânimo do proprietário propriamente dito. No primeiro caso, o ânimo é mais que representação (*animus repraesentandi*). No outro, o arrendatário, o locatário e o usufrutuário estariam representando o arrendante, o locador ou o nu-proprietário, situação, no entanto, diferente daquela que a realidade apresenta.

Para Savigny, todos os poderes de fato sobre as coisas podem agrupar-se em duas classes, ou seja, a posse e a detenção. O poder físico sem o elemento intencional resulta a detenção; com a intenção, ou como se aquele que o exerce fora seu titular, dá a posse.[10]

2.3. CONCEPÇÃO OBJETIVA DA POSSE

Já Rudolph von Jhering se afastou das posições éticas da filosofia idealista, então predominante, desenvolvendo um sistema de direito eminentemente pragmático, alicerçado em bases sociológicas. O direito tem um sentido funcional e prático, submetendo-se às mutações do mundo real. Ele existe para garantir os interesses da vida, ajudar suas necessidades e alcançar seus fins. É a utilidade, e não a vontade, que importa, o que constitui a essência do direito, conforme Renan Falcão de Azevedo.[11]

Inicia sua teoria afirmando que posse é um direito, e não apenas um fato. Constitui um interesse juridicamente protegido. Sendo um direito, e tendo como objeto imediato a própria coisa possuída, deve a posse figurar no elenco das relações jurídicas sobre a coisa, isto é, no elenco dos direitos reais. Advém ela de uma relação jurídica independente. Quando não coexiste com o direito de propriedade, assim mesmo ela o aparenta, o exterioriza.

Tem Jhering a posse como um meio de manifestação da propriedade, segundo se vê da seguinte passagem de Raymundo Saleilles:

> Para Jhering, el pensamiento capital dominante del concepto de la posesión, es que esta no es más que un medio para proteger la propiedad, que no puede existir más allí donde la propiedad se pone al descubierto mediante su ejercicio externo; en una palabra, que la posesión es el aspecto externo de la propiedad. Allí donde la propiedad se ejercite, debe presumirse también la existencia del derecho de propiedad; y esta existencia posible de derecho de propiedad es lo que hay que proteger y defender a través y mediante el ejercicio positivo de la propiedad; en suma, que hay que atenerse a las apariencias para proteger la realidad. De esto se deduce que el aspecto material de la posesión es el conjunto de actos ó estados de hecho, mediante los cuales se manifiesta el derecho de propiedad con relación a la cosa que constituye el objeto de este derecho.
>
> Puede aceptarse otra definición: el elemento material de la posesión se concreta en el hecho de conducirse frente a la cosa como haria el propietario.[12]

---

[10] Manuel Rodrigues, *obra citada*, pp. 76 a 81.

[11] Renan Falcão de Azevedo, *obra citada*, p. 50.

[12] *La Posesión*, tradução ao espanhol por J. María Navarro de Palencia, Madrid, Librería General de Victoriano Suárez, 1909, pp. 45 e 46.

Sobreleva o interesse como parte integrante, que significa o elemento preponderante, o qual se une à posse e se constitui na condição básica da utilização econômica da coisa.

Prossegue Renan Falcão de Azevedo: "Este interesse se consubstancia numa relação de fato (constatação que já fora feito por Savigny). Entretanto, como este mesmo interesse é juridicamente protegido, a posse deixa de ser uma simples relação fática, para se transformar em autêntico direito. E Jhering agrega um raciocínio que parece ser absolutamente correto: se a posse, como tal, não estivesse juridicamente protegida, não seria mais que simples relação de fato. Todavia, ao longo da História verificamos sempre a proteção à posse. Isto lhe empresta, portanto, o irrecusável caráter de relação jurídica. E relação jurídica é sinônimo de direito".[13]

Contesta Jhering a posição de Savigny, que defendia exercer-se a posse quando há um poder de fato, ou um poder físico, da pessoa sobre o bem:

> El ejercicio de la propiedad mediante el goce efectivo de la cosa no está ligado, para una porción de cosas, a la necesidad de una seguridad personal o real: su destino económico o su carácter natural, hacen a menudo que se encuentre desprovisto de toda la protección o vigilancia. El campesino no puede, para impedir la ingerencia de un tercero, rodear sus campos de muros, no puede hacer guardar por un sentinela sus mieses, ni el ganado que se halla en sus prados. El pastor suizo abandona en la primavera su dehesa alpestre; el hostelero, establecido en las cimas, abandona su hostería de verano; el propietario de una casa de campo la abandona también, y ninguno deja a nadie para guardar la casa y el mobiliario que en ella queda (...) En la mayoría de esos casos, la necesidad de una custodia especial, con el fin de mantener la posesión, conduciria indudablemente a este resultado: que se prefiriría renunciar por completo a la protección posesoria, a procurarsela de una manera tan modesta, y hasta prácticamente irrealizable a veces. El legislador habrá de negar la protección posesoria a esas relaciones? Unicamente por amor a esa idea fija de que la posesión es la detención corporal de la cosa.[14]

Tal doutrina é reavivada por Darcy Bessone:

> Modernamente, quando em face a um imóvel de grande extensão, o possuidor declara a outra pessoa que lhe transmite a posse, a simples presença de ambas não basta para criar um novo poder de fato, mesmo porque as várias partes do imóvel podem não ser abrangidas sequer pela vista do novo possuidor, mas tal ato de vontade cria a posse, autorizando-o a usar e gozar da coisa. As coisas móveis que não sejam entregues ao possuidor, mas que sejam postas em seu domicílio, em sua ausência, caem na posse dele, ainda que sem poder de fato imediato, pois que não tem poder de fato quem ignora a posse assim constituída.[15]

Alguns bens, como joias, podem ser mantidos sob a guarda ou o poder direto do possuidor. Há, todavia, bens mantidos a descoberto, afastados do controle direto do possuidor, como a madeira cortada das florestas, ou as culturas agrícolas a serem colhidas, e os animais mantidos em campos.

O controle físico não se exerce. A posse, no entanto, se configura em face da proteção da lei. Há um obstáculo jurídico a impedir a ação de terceiros. De modo que o *corpus* não

---

[13] *Obra citada*, p. 52.
[14] *La Posesión*, ob. cit., pp. 213 e 214.
[15] *Direitos Reais*, ob. cit., pp. 238 e 239.

se concretiza apenas através do controle jurídico da coisa. A concretização se dá com o poder físico e a utilização econômica, traduzida no interesse juridicamente protegido. Não é concebido somente pela sua caracterização material. Mas há dois elementos integrantes: o poder físico sobre a coisa e o interesse de utilizála economicamente, exercendo-se sobre ela. Ou seja, dois componentes exsurgem: um de caráter marcadamente concreto, representado pelo controle físico sobre a coisa, e o outro nitidamente interior, constituído pelo interesse do possuidor em se utilizar economicamente da coisa.[16]

Ressalta Jhering, ainda, a posse como exterioridade da propriedade, mas sem perder de vista os elementos acima. Considera a exterioridade como o estado normal externo da coisa, sobre a qual cumpre o destino econômico de servir as pessoas. Este estado toma, segundo a diversidade das coisas, um aspecto exterior diferente. Para algumas coisas, se confunde a posse com a detenção ou posse física da coisa, enquanto para outras não acontece tal confusão. Certas coisas são mantidas ordinariamente sob a vigilância pessoal ou real; outras permanecem sem vigilância e proteção. Assim, o lavrador deixa seu arado no campo; da mesma forma o arquiteto e o construtor, no tocante às ferramentas, que são conservadas no local da construção da obra.

Todavia, ninguém procede de idêntica maneira quanto às joias ou pedras preciosas e aos móveis que permanecem no interior da residência. É normal referida conduta de parte do lavrador e do arquiteto, mas não do titular das joias e dos móveis. A pessoa que encontra uma coisa no campo lavrado, ou na construção, não pode considerar legítima a posse, pois o bem foi posto naquele local por vontade de seu dono. Mas se uma joia vier às mãos da mesma pessoa, em circunstâncias diversas da acima, considera-se a pessoa titular da posse. É que não se apresenta normal alguém depositar uma joia no campo.

O assunto é mais desenvolvido:

> De esta manera el carácter jurídico de la relación en que esta cosa se encuentra con su propietario, se hace visible en ambos casos. La posesión lo mismo que la no posesión es visible, y precisamente esta visibilidad es para su seguridad de la más alta importancia. En efecto, la seguridad de la posesión no descansa sólo en el elemento físico, es decir, en medidas de seguridad formadas para protegerla, sino también en el elemento moral o jurídico, a saber, en el temor de lesionar los derechos de otro, inspirado por el sentido jurídico y por la ley. Si yo paso cerca del lazo puesto por otro en el bosque sin apoderarme del torde en el cogido, el motivo que me retiene no es la naturaleza física, sino puramente moral: es el respecto a la propiedad de otro. El ladrón, en verdad, no se detiene ante tal motivo; pero para el ni los muros, ni las cerraduras, ni los cerrajos ofrecen una seguridad suficiente, pues como lo prueba la experiencia, se roban mucho más cosas de las que están in custodia que de las otras.[17]

O exercício do direito é ressaltado por Vicente Ráo, interpretando Jhering:

> Observa-se, ainda aqui, a fidelidade de Jhering ao seu princípio inicial e informador de todo o seu sistema: a posse como condição, como único meio para a utilização econômica da propriedade. De fato, mais explicitamente, ele assim o declara: 'não é a posse o poder físico, mas a exterioridade do exercício do direito, ou seja, o fenômeno externo da utilização econômica, unido à vontade de realizar, em benefício

---

[16] Renan Falcão de Azevedo, *obra citada*, p. 53.

[17] *La Posesión*, ob. cit., pp. 208 e 209.

próprio, essa obrigação'. Ou, melhor ainda: 'o que se protege na posse não é o estado de fato como tal, mas um estado de fato que pode ter por base um direito, e que, em consequência, pode ser considerado como um exercício ou a exterioridade de um direito.[18]

Para se tipificar a posse, importa se configure exteriormente a relação possessória, ou seja, o *corpus*. Mas o *corpus*, como tal, pressupõe o *animus*. Neste sentido, afirma Jhering:

> Na realidade, o *corpus* não pode existir sem o *animus*, nem o *animus* sem o *corpus*. Ambos nascem ao mesmo tempo pela incorporação da vontade na relação com a coisa. A posse não é a simples reunião do *corpus* e do *animus*, o que implicaria para cada um destes dois elementos uma existência prévia, mas o *corpus* é um fato da vontade, ele não existe no passado, assim como não existe a palavra antes de ser pronunciada.
>
> O *corpus* e o *animus* estão entre si como a palavra e o pensamento. Na palavra incorpora--se o pensamento até então puramente interno; no *corpus* incorpora-se a vontade até então interna; nenhum deles existe até esse momento para o conhecimento.[19]

Como se manifesta a posse?

Revela-se numa relação de fato da pessoa com a coisa, tal como a impõe a fim de utilização desta sob o ponto de vista econômico. Esta relação varia segundo as coisas. Expõe Jhering ter a posse a forma de "um poder físico nas coisas mobiliárias fechadas: casas, cavalariças, armazéns, jardins murados. Não toma, porém, esta forma nas coisas mobiliárias que se deixam no campo: para os animais domésticos, que entram e saem livremente, que se apascentam no campo; para os imóveis não fechados ou murados: campos, prados, lagos, pedreiras etc.; e até para os fechados mas que se deixam periodicamente sem vigilância, tais como chalés nas montanhas".[20]

Em suma, domina o entendimento de conceber-se a posse como um exercício de um poder sobre a coisa correspondente ao da propriedade ou de direito real. Não se reclama a presença de elemento interno, distintamente quanto ao elemento externo. Ele já integra o poder de utilização econômica da coisa.

Daí compreender-se como possuidor aquele que, na teoria de Savigny, era considerado mero detentor. São possuidores, portanto, o usufrutuário, o locatário, o comodatário, o depositário, o mandatário, o transportador, o administrador, o testamenteiro, entre outras pessoas que utilizam coisas alheias por força de um direito ou de uma obrigação.

Acrescenta Orlando Gomes: "A doutrina objetiva admite tranquilamente a posse por outrem, já que não exige a intenção de dono para que alguém seja possuidor. Permite, assim, o desdobramento da relação possessória como um processo normal, que resulta da diversidade de forma da utilização econômica das coisas. Consagra a divisão da posse em direta e indireta, admitindo a posse dupla, que se objetiva em tríplice finalidade: a de gozo, a de garantia e a de administração".[21]

---

[18]   *Posse de Direitos Pessoais*, ob. cit., pp. 9 e 10.
[19]   "*Volonté*", p. 30, em *A Posse*, de Manoel Rodrigues, ob. cit., pp. 84 e 85.
[20]   "*Du Corpus Possessionis*", Code Civil Allemand, appendice, p. 718, trad. Meulenaire, em *A Posse*, de Manuel Rodrigues, ob. cit., p. 85.
[21]   *Direitos Reais*, ob. cit., tomo 1º, p. 34.

2.4. A POSSE NO DIREITO POSITIVO VIGENTE

Os Códigos Civis atualmente vigentes, na maioria dos países, seguiram a teoria objetiva inspirada em Jhering. Assim o Código Civil da Alemanha, embora não integralmente, mesmo eliminando da posse a definição de *animus*, manteve o *corpus* segundo a concepção de Savigny. Os Códigos da Suíça, da China, do México, do Peru e da União Soviética também acolheram a mesma orientação, com algumas modificações.

O Código Civil da Itália de 1942, entretanto, conservou a conceituação clássica da posse, nos termos da teoria de Savigny, exceto no que se refere à distinção entre a posse e a detenção, que segue a orientação de Jhering.

O sistema jurídico brasileiro, antes do Código Civil de 1916, como salientam os civilistas, era omisso no tocante à natureza da posse, aos modos de sua aquisição e à perda.[22] Clóvis Beviláqua mostrou-se francamente favorável à teoria objetiva.

No Código Civil de 1916 preponderaram as ideias de Jhering, como se depreende do art. 485, que rezava: "Considera-se possuidor todo aquele que tem de fato o exercício, pleno ou não, de algum dos poderes inerentes ao domínio, ou à propriedade". Da mesma forma o atual Código, no art. 1.196: "Considera-se possuidor todo aquele que tem de fato o exercício, pleno ou não, de algum dos poderes inerentes à propriedade".

Desponta, no entanto, alguma influência da teoria de Savigny no Código anterior, como se constata do art. 550, ao tratar do usucapião extraordinário, quando contém a expressão: "... possuir como seu um imóvel..."; do art. 551, relativamente ao usucapião ordinário, também ao dizer: "... o possuidor como seu..."; do art. 618, que regula o prazo do usucapião como coisa móvel, ao especificar a mesma exigência: "... possuir como sua...".

O Código Civil atual mantém o mesmo conteúdo. Nos arts. 1.238 (usucapião extraordinário), 1.239 e 1.240 (usucapião especial rural e urbano); 1.242 (usucapião ordinário); 1.260 (usucapião de coisa móvel), perdura o elemento *animus*, como na lei vigente.

Sobre o assunto, assim se expressa Darcy Bessone: "O Código Civil nem sempre se mostra coerente: por vezes, em um capítulo, adota um sistema do qual se distancia em outro. Ao tratar da aquisição da propriedade, apontamos desentendimentos entre regras constantes dos livros sobre o Direito das Obrigações e o Direito das Coisas. Agora, vê-se que, ao dispor sobre o usucapião como modo de adquirir a propriedade, o legislador esqueceu dos princípios de Jhering, inspiradores do conceito da posse".[23]

2.5. EFEITOS PRÁTICOS NO EXERCÍCIO DA POSSE SEGUNDO A TEORIA OBJETIVA E A TEORIA SUBJETIVA

Há de se ter em conta os efeitos segundo vários pontos das teorias referidas. Quanto aos elementos configuradores da posse – *animus* e *corpus* na teoria de Savigny –, só pode invocar os direitos aos interditos possessórios, ou apenas considera-se possuidor, aquele que exerce a posse com *animus domini*, ou o que tem a coisa em nome próprio, e não a coisa *corpore alieno*. Faltando o *animus*, somente apresenta-se a detenção.

Conforme Jhering, no entanto, o *corpus* é a relação exterior entre o possuidor e a coisa, segundo sua destinação econômica; o *animus* vem a ser a vontade de proceder como procede habitualmente o proprietário. Assim, na detenção, concorrem os dois elementos, fazendo-se

---

[22] Eduardo Espínola, *obra citada,* p. 52.
[23] *Direitos Reais,* ob. cit., p. 230.

a distinção por força de critério legal, que ora reconhece a posse, ora a detenção. Na classe de possuidores se enquadram os locatários, os usufrutuários, os mandatários, os depositários etc., eis que a lei admite a posse dos bens que se encontram em seu poder, reservando-lhes os remédios possessórios próprios.

Savigny procurou contornar a situação de quem tivesse uma posse justa, embora não revestida do *animus domini*, ou da intenção de domínio. Denominou-se "posse derivada", mas restringiu os casos em que seria admitida a enfiteuta, ao credor pignoratício, ao depositário de coisa sequestrada e ao precarista, figura esta reconhecida no Direito romano e hoje desaparecida.

Haveria uma posse em nome de outrem. Sustenta-se *animus repraesentandi*. Mas como dizer que tais pessoas, e mesmo o locatário, o usufrutuário, o arrendatário, não exercem poder sobre a coisa, em nome próprio? Em verdade, eles exercem poder sobre a coisa, sem representação e não em nome de quem quer que seja. Ao invocarem a proteção, o fazem em nome próprio, posto que a posse assim o autoriza.

No tocante à natureza, igualmente despontam as divergências e consequências.

Para Savigny, trata-se a posse concomitantemente de um fato e um direito. Em si mesma considerada, é um fato. Quanto aos efeitos, torna-se um direito. E os efeitos envolvem os inter possessórios e o usucapião. Há o direito de invocá-los e impô-los. A posse, no entanto, em si mesma considerada, não vai além de um estado de fato, que não nasce de nenhum título, de nenhuma regra, à semelhança do que se verifica com o possuidor de coisa abandonada, ou com o ocupante de um imóvel alheio contra a vontade de seu dono.

Este modo de encarar a posse não se coaduna com a realidade. Posses há em que os titulares são amparados por um direito, como sói acontecer com a posse do usufrutuário, do titular de um direito de servidão, do locatário, do arrendatário, do comodatário etc., em que a lei concede um amparo e traça normas disciplinadoras. Há um direito preexistente e permissivo.

Existem, é verdade, situações em que a posse se exterioriza e se realiza como um simples fato. A pessoa que a exerce não está amparada em um direito, mas se desenvolve a posse naturalmente, como a do ocupante do imóvel alheio, destituída de qualquer titularidade para fins de usucapião. Há vezes em que ela nasce de uma relação de fato, ou por casualidade, como a apreensão de um bem, a ocupação ou o uso. Tão pronto ela se desenvolve, já suscita direitos, possibilitando a invocação dos interditos, como na hipótese do imóvel ser molestado por estranhos.

Embora não se verifique o amparo em um direito preexistente, ela pode originar direitos desde o momento em que se manifesta.

Para Jhering, a posse é sempre um direito. Para ele, direito é um interesse juridicamente protegido. A fim de valer plenamente o princípio, seria necessário o estudo da causa-origem da posse. Se ela nasce de forma injusta, não permite a proteção. Não é considerada um direito juridicamente protegido.

É válido o ponto de vista para a posse que não nasce precária e com vícios.

Aqui, as consequências práticas são irrelevantes. A proteção possessória é assegurada seja qual for a ótica em que é considerada, desde que o interesse seja protegível. O só fato da posse em si não é suficiente para ensejar a proteção. Alguns requisitos mínimos hão de se revestir para tanto.

2.6. NATUREZA JURÍDICA DA POSSE

De acordo com a doutrina de Savigny, a posse é um estado de fato, trazendo efeitos e consequências no mundo jurídico. Ela se estabelece em decorrência de um simples poder de fato sobre a coisa, sem assentar em regras jurídicas ou sem um direito preexistente. Desta sorte, é possível que ela nasça de uma mera ocupação de um imóvel, ou da apresentação de uma coisa, ou da própria violência, com o emprego da força e da intimidação, como sucede nas invasões.

Efetivamente, em hipóteses tais não há dúvidas de que a posse é um fato, podendo surtir efeitos jurídicos mesmo que conspurcada de ilegalidade no início.

Em grande parte das vezes, a origem da posse dá-se por um mero fato que se consolidou e foi refletindo direitos.

É o que defende, também, Julio César Benedetti, seguidor da teoria de Savigny:

> Savigny, definiendo el carácter de la posesión, dijo entre otras cosas: "(...) un acto realizado sobre una cosa no es nunca legítimo por la sola circunstancia de que su autor posea esta cosa (...)"; dentro de este breve concepto se encerra el verdadero contenido jurídico de la posesión: ella, en sí misma, es un simple hecho. Sin embargo, la posesión responde a una aplicación concreta de la voluntad del individuo, y como tal debe ser respetada hasta tanto quede demonstrada su antijuridicidad.[24]

Há, outrossim, situações possessórias criadas em um direito, tendo a cobertura da lei de forma ampla e geral, como nas posses exercidas pelo titular do direito de servidão predial, pelo usufrutuário, pelo arrendatário etc. Existe, aí, um direito preexistente. Forma-se uma situação jurídica definida, que se exterioriza através de fatos.[25]

Savigny, para estas hipóteses, ousou denominar a posse de derivada, de modo semelhante à posse que alguém tem de uma coisa através de representação. E o nome correto que dá para tais situações é detenção, o que não se compactua com a prática, porquanto os titulares de posses, *v. g.*, por usufruto, arrendamento, locação, exercem uma posição de possuidores, agindo em nome próprio e não alheio, assegurando-selhes a invocação dos interditos possessórios sempre que necessário.

Jhering, por sua vez, tem a posse como um direito. Para ele conceitua-se esse direito como um interesse juridicamente protegido. Por consequência, a posse estará sempre ao amparo da lei. Mas, se a mesma se contrapõe à propriedade, ou se se reveste de vícios, enquanto não se perfaz o direito à prescrição aquisitiva, ou não escoimada das imperfeições, não é possível tê-la como um direito. É possível admitir que alguns direitos dela redundam, restritos, todavia, a estranhos ou terceiros, como na eventualidade de turbação por quem não seja o titular do domínio.

Assim, há ocasiões em que a posse constitui um estado de fato, como na apreensão, na ocupação ou no uso, trazendo, tão logo se efetive, uma relação de direito.

Por isso, pondera Renan Falcão de Azevedo:

> Nesta ordem de ideias, encarada a posse essencialmente, e não apenas como exercício dos poderes inerentes ao direito de propriedade, ela tanto pode ser um simples estado de fato (quando exercida sem ser promanada de direito preexistente) como pode ser um estado de direito, quando o fato de seu exercício deriva de um direito subjetivo que lhe é anterior. Em última análise, a posse, encarada em si mesma, poderá ser mero estado de fato ou situação de direito. O que é sempre um fato é o seu exercício. Assim, a chamada posse *ad usucapionem* é simples situação de fato. Já a posse do arrendatário

---

[24] *Obra citada*, p. 58.
[25] Renan Falcão de Azevedo, *obra citada*, p. 39.

ou outros, que retenham o bem em decorrência de uma titularidade jurídica anterior que a legítima, é inegavelmente situação de direito. Tanto num como noutro caso, o exercício será, sempre, um fato.[26]

Em síntese, há posses emanadas de um direito preexistente, como no caso, *v.g.*, do locatário; ou que se apresentam como uma situação de fato, na hipótese de ocupação por abandono, por invasão, ou por apreensão, não importando a presença de vícios, em que o direito à mesma é relativo, exercitável somente contra estranhos e não contra o titular do domínio, até completar-se a prescrição aquisitiva.

As situações de fato, geralmente, não se coadunam com a concepção de Jhering, o qual admite a posse como um direito em si. Nessa linha, desenvolve Roberto Mattoso Câmara Filho:

> A posse, embora se exteriorize como um fato, em virtude de ter sido prevista pelas normas jurídicas, tem natureza de direito. Por ser direito é que a posse, em certos casos, é indenizável. A indenizabilidade significa que há conteúdo normativo na posse. Igualmente, quando o ordenamento jurídico decreta a ilicitude da posse, ele a ferreteia com antijuridicidade, o que significa estarmos no plano do direito e não dos puros fatos.

> Quando a posse é admitida como exercício de fato da apreensão de uma coisa pelo direito, é porque tal fato foi submetido à valorização jurídica enquanto mero fato ou simples apreensão. Não fora isto, e tal apreensão não seria admitida pelo direito, como alguém apreende coisa pública.[27]

Todavia, lembra-se que o direito vai se formando na medida em que se prolonga a posse, expandindo-se o raio de irradiação de seus efeitos.

De outro lado, grande parte dos autores enquadra a posse como um direito real, exigindo, para a sua projeção, a outorga uxória e a citação dos dois cônjuges. Diz Orlando de Assis Correa que ela abrange também direitos reais sobre coisas alheias, nos casos de servidão.[28]

Na mesma linha segue Serpa Lopes:

> Jhering, diferentemente, manifesta-se lógico com a sua concepção sobre a posse: a posse, sendo um direito, tal direito só pode pertencer à categoria dos direitos reais.

> Sendo a posse, consoante sua opinião, a exteriorização do domínio, tem necessariamente de consistir no exercício desse mesmo domínio. Se possuidor é todo aquele que se comporta perante o objeto da posse como se fora o próprio dono; se a posse manifesta-se como o reflexo da propriedade, seria inconcebível conciliar dois elementos antitéticos: real, quando fundado num título; e pessoal, em caso contrário.[29]

Há aqueles que defendem a natureza real na sujeição da coisa à pessoa de forma direta e imediata. Não existe um sujeito passivo determinado. Exerce-se *erga omnes* o direito do possuidor, todas as pessoas sendo obrigadas a respeitá-lo. Essa irradiação que leva ao respeito universal constitui uma virtude ínsita aos direitos reais. Os interditos decorrem de tal virtude, embora contenham certas qualidades de ação pessoal, que não influem sobre a

---

[26] *Obra citada*, p. 40.

[27] *Posse e Ações Possessórias*, Rio de Janeiro, Editora Forense, 1998, p. 6.

[28] *Posse e Ações Possessórias*, Porto Alegre, Editora Síntese, 1977, p. 31.

[29] *Curso de Direito Civil*, 2ª ed., Rio de Janeiro, Livraria Freitas Bastos S.A., 1962, vol. VI, p. 92.

natureza real do *jus possessionis*. Todavia, destinando-se à defesa de um direito real, levam à sua qualificação como ações reais, embora a particularidade da pessoalidade.

2.7. OBJETO DA POSSE

Em regra, qualquer coisa corpórea é objeto da posse.

Cumpre, no entanto, que ela seja comerciável, ou tenha algum valor econômico e apresente alguma utilidade.

De modo geral, todas as coisas são comerciáveis, ou são suscetíveis de constituir objeto de relações jurídicas patrimoniais. Há, porém, exceções, ou seja, certos bens não constituem objeto de tais relações, e isto por duas razões: ou a não comercialidade é inerente e própria à natureza dos mesmos, ou existe uma determinação legal afastando o mencionado caráter.

Uma discriminação comum das coisas não comerciáveis é a seguinte:

a) Aquelas coisas que se revelam inapropriáveis por sua própria natureza, sendo impossível dar-se a sujeição ao poder físico do homem, sendo exemplos o ar, a luz, a atmosfera, o mar, o calor, o clima etc.

b) Os bens que, em virtude de interesses de ordem pública, e dada a sua destinação, não podem ficar submetidos a um poder jurídico privado, como os bens de uso comum do povo, isto é, as vias, os prédios públicos, as praça, os equipamentos urbanos destinados ao proveito generalizado.

c) As coisas consideradas pela lei como inalienáveis, em razão de ordem especial, como as áreas de segurança nacional, certos armamentos. Incluem-se os bens públicos dominicais, que, na exposição de Roberto Mattoso Câmara Filho, "se caracterizam por não terem predominantemente destinação pública definida, podendo, por isso, serem instrumento de auferição de renda para o Poder Público, como é o caso das terras devolutas, ou os terrenos de marinha, de bens móveis que se apresentem inservíveis pela Administração Pública".[30]

O art. 69 do Código Civil anterior considerava coisas fora do comércio as insuscetíveis de apropriação e as legalmente inalienáveis. O Código em vigor, no art. 100, embora não contenha uma regra equivalente, ao prever a inalienabilidade de certos bens, como os públicos de uso comum e de uso especial, coloca-os fora do comércio.

Dentre outras espécies, destacam-se como fora do comércio, ou inapropriáveis, as seguintes coisas:

I – As coisas que a natureza destina ao uso de todos – *res communis omnium* – comuns a todos, tais como o ar, a água corrente, o mar e suas praias.

II – As coisas públicas destinadas ao uso de todos – nelas compreendidos os rios, suas margens, os portos, as estradas, as praças, os prédios e instalações públicas que se destinem ao uso de todos.

Segundo o art. 66 do Código Civil de 1916, eram bens públicos:

I – Os de uso comum do povo, tais como os mares, rios, estradas, ruas e praças.

---

[30] *Posse e Ações Possessórias*, ob. cit., p. 264.

II – Os de uso especial, tais como os edifícios ou terrenos aplicados aos serviços ou estabelecimentos federais, estaduais ou municipais.

III – Os dominicais, isto é, os que constituem o patrimônio da União, dos Estados ou dos Municípios, como objeto de direito pessoal ou real de cada uma dessas entidades.

O art. 99 do Código de 2002, em redação diferente e mais abrangente, mantém o elenco anterior:

São bens públicos:

I – os de uso comum do povo, tais como os rios, mares, estradas, ruas e praças;

II – os de uso especial, tais como edifícios ou terrenos destinados a serviço ou estabelecimento da administração federal, estadual, territorial ou municipal, inclusive os de suas autarquias.

III – Os dominicais, que constituem o patrimônio das pessoas jurídicas de direito público, como objeto de direito pessoal, ou real, de cada uma dessas entidades.

Segundo o art. 67 do Código Civil anterior e o art. 101 do atual (mas unicamente no tocante aos bens dominicais), é possível alguns tipos de bens públicos perderem a inalienabilidade. Neste sentido leciona Astolpho Rezende: "É permitido adquirir direitos legítimos sobre as praias do mar e outros bens do domínio público, ou por autoridade da lei, ou por ato da autoridade administrativa. São direitos derivados de concessões ou ocupações permanentes ou temporárias. Nesses casos, o concessionário tem posse, embora a propriedade do solo pertença sempre ao domínio público, posse que deve ser respeitada enquanto não se extinguir a concessão, não só pelos outros indivíduos, como pela própria administração; salvo quando se trata de concessão precária".[31]

O estudo, no entanto, envolve controvérsia quando se discute se a posse abrange somente as coisas reais ou também os direitos pessoais, assunto este tratado em todos os programas que envolvem o direito das coisas.

No Direito romano, objeto consistia unicamente na *res*, ou na coisa. Mais tarde, admitiu-se como objeto igualmente a categoria dos direitos pessoais, o que também continuou no direito canônico, quando se conheceu a posse de estado, e, assim, a posse do estado de casado, do estado de filho legítimo, do estado de eleitor, do estado de patriota etc. Passou a proteger a jurisdição em favor das autoridades eclesiásticas, evitando a expulsão dos bispos das respectivas dioceses por autoridades do Estado. À jurisdição e à posse deu-se um sentido semelhante, embora a primeira expresse o poder episcopal, e a última um poder de fato sobre as coisas. Mas poder episcopal veio significar proteção possessória às coisas incorpóreas, aos direitos pessoais, com o que se mantinham os bispos no poder ou na posse do cargo na respectiva diocese.

Com base em tais ideias, veio Ruy Barbosa a defender que a posse recaía também sobre direitos pessoais.

De acordo com a teoria de Savigny, a proteção limita-se às coisas corpóreas e aos direitos reais. É que o exercício de tais direitos seria obstado pela violência, o que não se configura no uso dos direitos pessoais.

Os seguidores de Jhering estendem a proteção possessória aos direitos pessoais, por serem suscetíveis de exercício. Entendem que Jhering se referiu ao exercício do direito de

---

[31] *Obra citada*, 1º vol., p. 245.

propriedade, dando uma ampliação ao sentido de propriedade, o que não parece evidente, como deixa entrever Orlando Gomes, ao dizer que a propriedade é um direito eminentemente patrimonial.[32]

Do art. 493, inc. I, do Código Civil anterior, exsurgiria a proteção aos direitos pessoais: "Adquire-se a posse: I – Pela apreensão da coisa, ou pelo exercício do direito". Já o Código de 2002 modificou o sentido, conforme o art. 1.204: "Adquire-se a posse desde o momento em que se torna possível o exercício, em nome próprio, de qualquer dos poderes inerentes à propriedade". Assim, não restaria campo para a proteção dos direitos pessoais.

A doutrina, de forma generalizada, inclina-se pelo afastamento de tal tutela.

Alguns defendem que os direitos pessoais são objeto de mandado de segurança, quando relativos a cargos ou funções públicas, ou de medidas cautelares, e inclusive de tutela antecipada, se envolvidos outros direitos pessoais.

De modo que a proteção possessória reserva-se às coisas, aos direitos reais, aos bens incorpóreos, e ao exercício dos poderes inerentes aos direitos reais, como as servidões, o usufruto etc.

A jurisprudência segue a mesma orientação:

> Tanto a doutrina como a jurisprudência se orientam no sentido da inexistência da posse dos direitos pessoais, e, consequentemente, entendem que estes não podem ser tutelados pelos interditos possessórios. A ação cominatória é adequada para a defesa de direito pessoal de uso de serviços prestados por concessionária.[33]
>
> É inviável a ação de manutenção de posse que objetiva assegurar, com exclusividade, a exploração de transporte coletivo de passageiros. A concessão ou permissão de tal serviço pelo Poder Público competente não gera direito real, estabelecendo apenas direito pessoal, insuscetível de proteção possessória.[34]

Todavia, a melhor exegese é a que consagra a proteção aos direitos pessoais. Inúmeras situações há de comportar a tutela, sem embargo a possibilidade de utilização de outra via judicial. O retorno a um cargo em empresa particular, do qual a pessoa se vê afastada injustamente, em que ao posto foi guindada por eleição, é possível através da ação reintegratória de posse. Visa-se a posse do cargo que exercia. A hipótese é comum no esbulho praticado contra diretores de pessoas jurídicas civis ou comerciais, quando são afastados membros da diretoria.

Do mesmo modo, a posse de um direito a ter determinada prestação de serviço. Se uma pessoa tem o fornecimento da água, ou da energia elétrica, ou do gás, súbita e irregularmente cortado, a retomada de tais serviços viabiliza-se mediante a ação possessória.

Há, embora esparsas, decisões que aceitam tais entendimentos:

> A posse, como conceitua nosso Código Civil, não é o poder físico sobre coisa material. É o exercício, o espelho, a exterioridade do direito. Ao lado da posse da coisa, existe a posse do direito. E o art. 485 do Código Civil refere-se ao poder inerente do domínio ou propriedade.

---

[32] *Direitos Reais*, tomo I, ob. cit., p. 44.

[33] *Revista dos Tribunais*, 576/83 – Apel. Cível nº 41.262-2, da 12ª Câm. Cível do TJ de São Paulo, j. em 17.05.1983, rel. Des. Machado Alvim.

[34] *Julgados do Tribunal de Alçada do RGS*, 38/419 – Agravo de Instrumento nº, 24.277, da 2ª Câm. Cível, de 4.02.1981, rel. juiz Ernani Graeff.

O domínio refere-se a coisas corpóreas e a propriedade pode ser considerada como campo dos direitos sobre o patrimônio. Não era possível que o Código Civil, trabalhado como foi com tanto rigor técnico, pospusesse propriedade a domínio para uma sinonímia descabida.

De resto, a distinção da posse de direitos pessoais é o termo de uma doutrina que se alimenta nos princípios mesmos da teoria de Jhering, consagrada em nosso direito positivo.[35]

O art. 485 referido encontra o parâmetro no art. 1.196 do Código atual.

Entende João Baptista Monteiro que, embora alguns dispositivos contenham a posse de um direito, no entanto, a mesma se exerce sobre bens: "Que, perante o Código Civil brasileiro se pode possuir uma coisa nos termos de um direito real, seja do direito de propriedade (domínio), seja de qualquer direito real menor (*iura in re aliena*), é algo que não comporta mais controvérsia, hoje em dia. Como dizia Clóvis Beviláqua, foi para resolver esta dúvida que, no art. 485 do Código Civil, se acrescentou o termo 'propriedade', para abranger os direito reais menores, entendimento esse que está de acordo com a noção de posse que já vinha dos romanos (que admitiam a *quasi possessio*).

Mas, poder-se-á possuir nos termos de um direito pessoal? A questão põe-se na medida em que existem certos direitos pessoais, tais como a parceria, a locação, o comodato, o depósito, o penhor e outros, que implicam o exercício de poderes de fato sobre a coisa. Essa matéria também se encontra prevista expressamente no Código Civil, cujo art. 486, ao desdobrar a posse em mediata e imediata, permite que, por força de um direito pessoal, alguém possa exercer a posse direta sobre a coisa".[36] Esclareça-se que o art. 486 citado no texto equivale ao art. 1.197 do Código em vigor.

Lembra-se, porém, de que não mais se encontram elementos no Código de 2002 que amparem a posse jurídica de direitos pessoais.

Orlando Gomes, no entanto, restringe a posse dos direitos pessoais tão somente se ligados à detenção de uma coisa corpórea: "Em suma, a solução do problema requer precisa definição da locução 'direitos pessoais'. Designa, com efeito, não só os direitos obrigacionais, como aqueles que, tendo ou não cunho patrimonial, não integram uma relação jurídica de feição obrigacional, os que, numa palavra, não constituem *jus ad rem*. Os direitos obrigacionais são suscetíveis de posse. Os outros não. Mas, nem todos os direitos obrigacionais. Tão somente aqueles 'cujo exercício é ligado à detenção de uma coisa corpórea'".[37]

Há, também, o que se denomina posse de formas de energia, como a elétrica, a telefônica, a radiofônica, a televisiva e a térmica. Por meio delas, as pessoas têm a luz, a comunicação a distância por telefone, a audição, a presença da imagem, o calor. Constituem esses valores bens, embora incorpóreos, de extrema importância nos tempos atuais, sendo objeto de proteção possessória, se verificada a turbação ou o esbulho. Quem se apropria indevidamente de formas de energias comete esbulho, não se negando a ação reintegratória. De igual modo, aquele que, tendo a concessão ou o uso, sofrer um atentado à posse, socorre-se das ações possessórias para reaver o proveito.

---

[35] *Revista dos Tribunais*, 151/343 – Embargos no Recurso Extraordinário nº 4.920, do Pleno do STF, j. em 21.12.1942, rel. Min. José Linhares.

[36] *Ação de Reintegração de Posse*, Editora Revista dos Tribunais, São Paulo, 1987, p. 27.

[37] *Direitos Reais*, ob. cit., tomo 1º, p. 45.

Ilustra Roberto Mattoso Câmara Filho que "a problemática possessória da energia, no mundo moderno, se põe sobretudo quando se trata de fornecimento dela através de concessionárias ou de empresas públicas, pois, então, se constitui uma relação contratual entre o fornecedor da energia e o usuário dela, tendo por objeto a posse da energia, de tal forma que o corte injustificado do fornecimento irregular fora dos padrões pode configurar esbulho possessório". Adiante, refuta a "tese da inadmissibilidade de relação possessória em relação a bem público, bastando em se pensar na hipótese de certos serviços públicos, onde a posse de bens do domínio é condição necessária para a prestação do serviço, como no caso de energia elétrica, quando a concessionária se utiliza de rios, cursos d'água, do domínio público, estabelecendo-se a relação possessória, protegida pelos interditos".[38]

Desde que preenchidos os requisitos da posse jurídica, e constatada a sua ofensa ou ameaça de ofensa, socorre-se a parte lesada dos remédios possessórios.

2.8. ELEMENTOS CONSTITUTIVOS DA POSSE

O primeiro elemento integrante da posse é o *corpus*, considerado não propriamente a coisa, ou o corpo, mas como um conjunto de atos materiais que demonstra a existência do poder de controle sobre o bem, para retê-lo de forma exclusiva. De modo que não expressa o significado de objeto ou coisa. Compreende o bem e mais os atos materiais que evidenciam o controle do possuidor sobre ele. Ou expressa um poder de fato em relação à coisa.

Mais especificamente, é o controle da pessoa sobre um bem, ou um conjunto de atos que o submetem ao possuidor. Apresenta-se como o elemento caracterizador da posse, ou a relação de fato que submete a coisa ao possuidor, possibilitando-lhe fazer dela o que lhe convier.

Vale transcrever a lição de Guerra da Mota: "Na posse, o *corpus* não consiste numa situação passiva, pois supõe uma atuação que, como todas, é consequência de uma vontade. O corpo possessório é a manifestação exterior da exploração econômica da coisa, aquele que a coloca sob a sua dependência e ao serviço da satisfação das suas necessidades. Constitui assim um conjunto de fatos que revela uma relação permanente da apropriação, um vínculo de exploração da coisa posta ao serviço do indivíduo. Assim, haverá posse onde haja um vínculo capaz de provar a independência econômica do devedor".[39]

Um segundo componente da posse é o *animus*, mas não no sentido que lhe deu Savigny, ou com o significado de "intenção de dono", ou de ânimo de proprietário, mas com o intuito de ter a coisa consigo, ou de agir em proveito próprio e exclusivo, mesmo que ausente a intenção de dono. Este é o caráter que lhe deu Jhering, onde sobressai a disposição de tornar-se titular do bem. Vicente Ráo desenvolveu claramente esta síntese ou concepção do elemento externo: "Também na teoria de Jhering, bem se vê, o elemento 'vontade' concorre, como no sistema de Savigny, para a formação do conceito da posse; mas enquanto para este, com outros e diversos caracteres, consiste no *animus sibi habendi*, que inspira o exercício do poder físico sobre a coisa, para aquele se fixa e concretiza na intenção de realizar em benefício próprio a exploração econômica da coisa, assim podendo ser frisada a sua noção: – o *corpus* não pode existir sem o *animus*, nem o *animus* sem o *corpus*. Ambos nascem ao mesmo tempo por incorporação da vontade na relação com a coisa. A posse não é a simples reunião do *corpus* com o *animus*, o que implicaria para cada um destes elementos uma existência prévia, mas é

---

[38] *Posse e Ações Possessórias*, Rio de Janeiro, Forense, 1998, p. 111.
[39] *Manual da Ação Possessória*, Porto, Athena Editora, 1980, vol. I, pp. 12 e 112.

o *corpus* um fato da vontade, que não existe no passado, assim como a palavra antes de ser pronunciada não existe. O *corpus* e o *animus* estão entre si como a palavra e o pensamento. Na palavra incorpora-se o pensamento até então interno; no *corpus* incorpora-se a vontade até então interna; e nenhum deles existe até esse instante, para o conhecimento".[40]

2.9. ORIGEM HISTÓRICA DA POSSE

Muito se tem discutido a respeito da origem da posse. Uns dizem que a posse foi conhecida antes, e só posteriormente apareceram os interditos.

Os autores que defendem ter surgido por primeiro a posse buscam as fontes nas conquistas do Império Romano. As terras conquistadas (*ager publicus*) eram distribuídas entre os cidadãos, reservando-se parte delas para a cidade, a fim de serem aproveitadas em finalidades públicas e sociais, como estradas, praças, mercados, estabelecimentos oficiais etc.

Mas, com o desenvolvimento e a expansão das conquistas, aumentaram as áreas disponíveis, sendo a maior parte entregue, na forma de pequenas propriedades denominadas *possessiones*, a particulares, que se dedicavam à produção agrícola.

Eis como descreve a distribuição das terras Astolpho Rezende, com base em Maynz: "As distribuições, assinações e vendas de imóveis que o Estado fazia aos particulares, sob a garantia do povo romano – *dominium ex jure Quiritium* – tinham sempre lugar após uma medição oficial prévia. As outras terras, porque permaneciam como *ager publicus*, não eram sujeitas a igual medição; cada pai de família ocupava a parte livre que julgasse conveniente, com a única condição de se conformar às prescrições que regulavam o modo de ocupação. Daí o dar-se a tais terras a qualificação de *agri arcifinii* ou *occupatorii*. Essas ocupações, de resto, não eram permitidas senão aos membros do *populus romanus*, não conferiam direito de propriedade, mas somente uma posse que o Estado podia revogar a seu arbítrio, mas que entretanto protegia enquanto durava".[41]

Como se tratava de concessões a título precário, não se reconhecia em favor dos beneficiados a defesa mediante a *reivindicatio*. Criou-se um meio de defesa mais singelo, mais prático, bastante simplificado, denominado interdito possessório.

A propriedade mais antiga, anterior à formada pelas conquistas (*ager privatus*), ensejava o domínio quiritário, ao qual se reservava a reivindicatória. Aquela propriedade que surgiu com a distribuição de terras constitui o domínio bonitário.

Com o passar do tempo, desapareceu a distinção. Os interditos passaram a ser meio de defesa à propriedade em geral.

Os defensores da origem como consequência do processo reivindicatório ou dos interditos apresentam várias distinções de ações ou litígios existentes ao tempo da formação da propriedade no Império Romano.

Os interditos tinham por finalidade resolver os litígios causados pela disputa de terras originadas das conquistas (*ager publicus*).

Como aumentaram as concessões, os atos de violência tornavam-se comuns, obrigando o pretor a intervir, criando primeiro o interdito *unde vi* e depois o interdito *uti possidetis*. Deste interdito, sustenta Jhering, surgiu a posse.

Numa das fases do processo, ambas as partes eram obrigadas a fazer a prova dos direitos que alegavam. E o pretor entregava a um dos litigantes a posse.

---

[40] *Posse de Direitos Pessoais*, ob. cit., p. 11.

[41] *Obra citada*, p. 28.

Mais tarde, cumpria realizasse a prova o litigante que reivindicava o imóvel. O possuidor, pois, se colocava numa vantagem, que era a dispensa da prova. A entrega da prova passou a depender de uma decisão, que se seguia a um processo preparatório.

As tentativas de explicar a origem por esta teoria variam segundo os autores.

José Carlos Moreira Alves interpreta a origem da seguinte maneira, dando preferência aos interditos como causa da origem: "Discute-se sobre a origem, no Direito romano, da proteção possessória. Duas são as principais teorias a este respeito. Ambas concordam num ponto: o de que foi o pretor quem a criou, sendo ela, por isso, feita por meio de interditos. Divergem, contudo, quanto ao motivo que deu margem a que surgisse. A primeira destas teorias – exposta, nos tempos modernos, por Niehbur, seguida por Savigny, e que hoje continua dominante – sustenta que a proteção possessória surgiu para tutelar os que ocupavam o *ager publicus*, pois, não sendo este suscetível de propriedade privada, seus ocupantes não podiam defender-se, com as ações relativas ao direito de propriedade, contra a turbação ou o esbulho do uso da parcela do *ager publicus* que lhes fora concedida; deu-lhe, então, o pretor proteção por meio de interditos, que mais tarde foram estendidos à posse em geral. Já a segunda teoria é sustentada especialmente por Jhering – localiza a origem da proteção possessória na faculdade que tinha o pretor de, nas ações de reivindicações, até a sentença final, atribuir a uma das partes litigantes a posse provisória da coisa litigiosa, posse essa que ele, se necessário, tutelava com interditos".[42]

2.10. COMPOSSE

A composse era permitida no art. 488 do Código Civil revogado, nestes termos: "Se duas ou mais pessoas possuírem coisa indivisa, ou estiverem no gozo do mesmo direito, poderá cada uma exercer sobre o objeto comum atos possessórios, contanto que não excluam os dos outros compossuidores".

O Código Civil atual, no art. 1.199, conserva o mesmo sentido, embora com pequena diferença de redação, excluindo a seguinte parte: "(...) ou estiverem no gozo do mesmo direito", por não admitir a posse de direitos: "Se duas ou mais pessoas possuírem coisa indivisa, poderá cada uma exercer sobre ela atos possessórios, contanto que não excluam os dos outros compossuidores".

Trata-se da posse conjunta de mais de uma pessoa sobre o mesmo bem. O objeto é um único bem, ou um conjunto de bens, com vários sujeitos titulares de direitos possessórios, todos em perfeita igualdade jurídica no exercício dos poderes. A igualdade de posicionamento se verifica em virtude de todos os possuidores exercerem, ao mesmo tempo, a posse sobre a coisa, sem impedirem o livre exercício dos mesmos direitos aos demais compossuidores.[43]

A posse comum deverá envolver a mesma coisa indivisa. Cada possuidor desenvolverá a posse em uma parte abstrata, como sucede no condomínio de imóvel, onde o coproprietário é dono de uma parte ideal. Mas, na composse, ao compossuidor se permite ter o seu direito em toda a coisa, facultando-se-lhe praticar todos os atos possessórios que não excluam a posse dos outros partícipes.

O bem há de ser indiviso, mas não indivisível. Indiviso é aquilo ainda não dividido, mas sujeito à divisão, ou à indivisibilidade. Daí a conclusão da possibilidade da composse tanto em bens divisíveis como em indivisíveis.

---

42 *Obra citada*, pp. 61 e 62.
43 Renan Falcão de Azevedo, obra citada, p. 74.

A composse ocorre na herança, quando é aberta a sucessão, em que todos os herdeiros possuem direitos a serem partilhados. Estende-se até a partilha se os imóveis são vários e couberem unitariamente aos herdeiros, ou até a divisão geodésica se os pagamentos das legítimas equivalerem a um determinado valor dentro de um todo maior.

Comum é, também, esta modalidade de posse no regime de comunhão de bens entre marido e mulher, que possuem conjuntamente os bens do casal.

O exercício da posse, na prática, pode se tornar difícil. Obviamente, se uma pessoa localiza e exerce a posse sobre uma parte específica, de modo exclusivo, impede o mesmo direito aos demais consortes. De modo que, em consonância com o art. 1.199 do Código atual, os atos de posse dos compossuidores serão tais que não afastem a atividade ou a presença de nenhum deles. A exploração do bem, portanto, envolverá uma atividade desempenhável por todos eles. Do contrário, os atos de posse se restringirão à mera presença das pessoas no imóvel ou a um exercício de ações que não impeça a atuação de outros comunheiros. Se um dos condôminos se mantiver na posse de uma parte do imóvel exclusivamente, perfazendo o prazo para usucapi-lo, adquire o domínio respectivo, afastando os demais do direito.

Autoriza-se a proteção possessória do compossuidor contra os demais, se lhe for impedida a posse conjunta.

Neste sentido posicionam-se pretórios:

> O condômino pode invocar a proteção dos interditos contra comunheiro que impede ou embaraça o exercício da composse. A divisão do imóvel, alterando a forma da utilização comum, importa em turbação da composse.[44]

> Um condômino de terras em comum tem o direito de invocar as ações possessórias, se tem posse em parte certa e determinada nestas terras *pro indiviso*.[45]

> Os atos possessórios praticados pelos condôminos são, em regra, compatíveis com o estado da indivisão (...) Para que alguém possa invocar proteção possessória contra outro condômino é indispensável a prova cabal da posse por ocupação efetiva e real, sobre parte do imóvel comum.[46]

Assim como o condomínio de imóvel pode cessar, igualmente a composse tem o caráter de temporariedade. A qualquer compossuidor se autoriza a divisão judicial do bem, se divisível, excluindo as partes de uso comum, ou a venda em juízo se imperar a indivisibilidade.

A divisão é suscetível de acontecer em três situações, como descreve Renan Falcão de Azevedo: "1ª) Quando a coisa compossuída é dividida amigável ou judicialmente, tocando a cada compossuidor posse certa e exclusiva sobre parte determinada do objeto; 2ª) quando um compossuidor, ainda que arbitrariamente, mas sem oposição dos demais, exerce poderes exclusivos sobre parte certa e determinada da coisa, estabelecendo-se, assim, uma situação de fato que não é incompatível com o próprio conceito de posse; 3ª) quando os demais compossuidores alienam a um só seus direitos possessórios".[47]

---

[44] *Revista dos Tribunais*, 489/94 – Apel. Cível nº 250.960, da 1ª Câm. Cível do TJ de São Paulo, j. em 04.05.1976, rel. Des. Cardoso Rolim.

[45] *Revista dos Tribunais*, 473/66 – Apel. nº 233.960, da 6ª Câm. Cível do TJ de São Paulo, j. em 02.08.1974, rel. Des. Carlos Ortiz.

[46] *Revista dos Tribunais*, 469/202 – Apel. Cível nº 9.670, da 3ª Câm. Cível do TJ de Santa Catarina, j. em 22.04.1974, rel. Des. Waldir Taulois.

[47] *Obra citada*, pp. 75 e 76.

2.11. ATOS DE MERA PERMISSÃO OU TOLERÂNCIA

Os atos de mera permissão ou tolerância não se prestam para constituir a posse. É o que se encontra no art. 1.208 do Código Civil de 2002: "Não induzem posse os atos de mera permissão ou tolerância assim como não autorizam a sua aquisição os atos violentos, ou clandestinos, senão depois de cessar a violência ou a clandestinidade".

Da regra acima deparamo-nos com duas espécies de atos que não formam a posse. A primeira é relativa aos atos de simples permissão ou tolerância. Ou seja, diz respeito aos atos que formam a detenção. Exemplos claros desta classe são a permissão para a passagem em terreno alheio, a ocupação de uma moradia por determinado tempo, e a utilização de uma fonte de água alheia.

O proprietário ou qualquer pessoa que seja titular de um direito sobre uma coisa permite que outrem tire proveito desta coisa, mais ou menos limitadamente, sem com isso renunciar ao seu direito, como explica Astolpho Rezende, fornecendo os seguintes exemplos: "A relação que com essa permissão se constitui é assemelhada ao precário, porquanto os atos que o vizinho, por exemplo, tolera por cortesia, familiaridade ou relações de boa vizinhança, pressupõem sempre uma permissão revogável ao arbítrio do que a conferiu. Assim, aquele que permite a um outro passar pelo seu terreno, tirar água na sua fonte, gozar da sombra de suas árvores etc., entende-se que concede estas vantagens por mero favor, e, portanto, que se reservou o direito de retirar a sua permissão quando julgue não dever mantê-la; e ao que usufrui esta permissão entende que pratica tais atos só e enquanto tem a permissão daquele que lh'as pode vedar".[48]

A seguinte ementa revela como os tribunais tratam da espécie: "Posse. Título precário. Imóvel ocupado em razão de permissão ou tolerância do proprietário. Possibilidade de revogação a qualquer tempo. Proteção pelos interditos possessórios inadmissível".[49]

A segunda espécie diz respeito aos atos violentos e clandestinos, que não induzem à aquisição de posse. São tidos como violentos os atos que incutem numa pessoa, ou em seus parentes e amigos, o temor quanto à segurança e incolumidade, tanto deles próprios como dos bens pessoais.

O vício da violência deve existir no momento da origem da posse. Se nasce pacífica, não se transforma em violenta posteriormente, pois, aparecendo a violência, é permitida a sua repulsa pela força. Isto com exceção da posse *ad usucapionem*, por ser um requisito para o reconhecimento do domínio que o caráter de posse pacífica acompanhe todo o lapso de tempo necessário para a prescrição aquisitiva. É o pensamento de Tito Fulgêncio: "Isto, porém, se entende de posse que não *ad usucapionem*, porque esta precisa ser pacífica, franca, não inquietada, inconteste em todo o decurso do tempo necessário para gerar o usucapião incontestadamente se aplicada a quem não pode conservar a posse senão pela violência".[50]

A clandestinidade constitui outro vício que impede o reconhecimento da posse. Para que não seja clandestina, é necessário que seu exercício se dê às claras, de modo público e à vista de todos quantos tenham contato com o bem. Exemplo de tal posse é aquela resultante de ocupação velada e oculta por alguém, que se adona, paulatinamente, de pequenas extensões laterais de um imóvel, de modo bastante imperceptível para o respectivo proprietário.

---

[48] *Obra citada*, 1º vol., p. 233.
[49] *Revista dos Tribunais*, 629/141 – Apel. nº 367.125, da 6ª Câm. do 1º Tribunal de Alçada Civil de São Paulo, j. em 15.12.1987, rel. Juiz Augusto Marin.
[50] *Da Posse e das Ações Possessórias*, ob. cit., vol. I, p. 77.

Observa, ainda, Carvalho Santos: "O vício da clandestinidade é relativo; pode ser a posse clandestina com relação a determinada pessoa, não o sendo com relação a outras. Ele é também temporário; cessada a clandestinidade, a posse útil começa a existir, como dispõe o artigo supra".[51]

Na forma do art. 1.208 do diploma civil, o óbice ao reconhecimento da posse está na violência e na clandestinidade iniciais. Começa a posse útil com a cessação de tais contingências, a qual pode se encaminhar ao reconhecimento do domínio pelo usucapião.

A norma refere a aquisição da posse como fato, ou exercício de algum dos poderes inerentes ao domínio, o que não afasta o uso dos interditos possessórios pelo prejudicado, em qualquer tempo, enquanto não se consumar o lapso temporal da prescrição aquisitiva.

---

[51] *Obra citada*, vol. VII, pp. 78 e 79.

Capítulo III

Classificação da Posse

3.1. RELEVÂNCIA DA CLASSIFICAÇÃO

Classificar a posse significa destacar as suas várias formas, com o objetivo de chegar àquela ou àquelas manifestações que merecem a tutela jurídica. Pois, como lembra Renan Falcão de Azevedo, nem sempre ela "é exercida da mesma maneira. Nem sempre os possuidores são movidos pelas mesmas intenções. Nem sempre a posse tem a mesma origem. E nem sempre, por fim, o possuidor tem a mesma carga de poder de exercício ou inflexão sobre a coisa possuída. Todas estas variantes, é claro, acarretam diferentes situações teóricas e práticas".[1]

Embora a posse exista como um todo unitário e incindível, a presença ou a ausência de certos elementos, objetivos ou subjetivos, determina a especialização de qualidades, que a diversificam em várias espécies.[2]

A relevância da classificação para definir o direito à proteção é dada pelo próprio Código Civil, que aponta as qualidades que deverão estar presentes a fim de possibilitar o uso dos interditos. Assim, é possível que alguém tenha conseguido a posse de modo lícito, o que ordena a considerar legítimo o poder de fato estabelecido sobre a coisa; ou de modo ilícito, determinando a repulsa do direito, por estar viciada. Além disto, urge que o possuidor tenha convicção ou certeza pessoal quanto à legitimidade de seu poder, sob pena de tornar viciada tal dominação.

Vê-se, daí, o quanto interessa a perfeita indicação dos vários tipos de posse. É o que se tratará.

3.2. POSSE JUSTA E POSSE INJUSTA

Constituem as formas de maior importância prática.

Posse justa é aquela adquirida ou exercida segundo os ditames jurídicos.

O art. 489 do Código Civil anterior traçava o perfil, o que repetiu o art. 1.200 do Código vigente, mantendo o texto: "É justa a posse que não for violenta, clandestina, ou precária".

Considera-se injusta a posse contrária àquela, ou seja, a que for originariamente violenta, clandestina ou precária. Há ilicitude na sua aquisição.

A violência, para se caracterizar, exige a realização de atos de força ou coação, tanto no aspecto físico, como psicológico ou moral.

---

[1] *Obra citada*, p. 56.
[2] Orlando Gomes, *Direitos Reais*, ob. cit., tomo 1º, p. 52.

Cap. III • CLASSIFICAÇÃO DA POSSE | **39**

A força física envolve a ocupação por meios que impeçam a reação da pessoa, em que predominam a força, a agressão ou o poder das armas.

A posse com violência física, segundo já enfatizava Antonio Joaquim Ribas, "é aquela que se adquire usando da força para tomar a coisa móvel ao anterior possuidor, ou para expeli-lo do seu prédio que possui, ou para impedir a sua entrada neste. Indiferente é que a ocupação do prédio tenha começado clandestinamente, na ausência do possuidor, se, ao apresentar-se este, encontra resistência da parte do espoliador. É desde o momento da resistência que, para o legislador, começa a posse violenta".[3]

É psicológica ou moral a violência na posse que se estabelece mediante a intimidação, as ameaças de um mal considerável, que levam a pessoa a abandonar o bem. Incluem-se, neste meio, as manobras chantagistas, como ameaça de morte, de difamação, de acusação sobre fatos atentatórios à moral ou à família, de modo a levar o possuidor à execração pública ou ao repúdio da sociedade.

Clandestina será a posse quando a mesma se estabelecer por meio furtivo ou oculto, às escuras, totalmente à revelia de quem tem direitos sobre o bem. Obviamente, neste tipo inexiste qualquer violência física ou moral.

A ocorrência frequente da espécie dá-se nas invasões de imóveis, especialmente na ausência do titular do domínio, ou nas alterações de divisas entre terrenos, sem que seja facilmente perceptível a alteração.

Tem-se a posse precária quando o invasor ou ocupante age com abuso de confiança, ou recusando-se a devolver o bem após vencido o prazo, ou se apropriando do mesmo apesar de entregue para determinada finalidade. A injustiça da posse se caracteriza, segundo Darcy Bessone, não "no momento da instalação da posse, mas no momento da recusa da restituição devida. O estabelecimento da posse, fundado em relação contratual, terá sido justo e legítimo. A recusa de restituir é que será injusta. Ao contrário do que ocorre com a violência ou a clandestinidade, o vício não é contemporâneo da aquisição da posse".[4]

Lê-se, no art. 497 do Código Civil: "Não induzem posse os atos de mera permissão ou tolerância assim como não autorizam a sua aquisição os atos violentos, ou clandestinos, senão depois de cessar a violência ou a clandestinidade".

Da regra acima extrai-se que a posse apta a gerar algum direito inicia-se tão somente após cessada a violência ou a clandestinidade.

São estes vícios relativos que se esgotam quando cessada a sua prática. Depois que a posse não mais revela tal caráter, inicia-se a posse propriamente dita, com alguns efeitos bastante imediatos, como a impossibilidade da destituição de forma sumária ou liminar, se decorrido lapso temporal mais de ano e dia desde o ato violento ou clandestino.

À medida que passa o tempo, consolida-se a posse e desenvolve-se o direito ao usucapião.

Todavia, tal não se aplica à posse precária, que não convalesce diante da omissão do art. 1.208 do Código Civil, cuja redação restringe a aquisição aos atos violentos ou clandestinos, desde que cessados.

É a explicação de Guido Arzua: "A precariedade não cessa enquanto o detentor possuir pelo título primitivo precário. Esse título não se transforma em tempo hábil pela simples vontade do detentor, nem pelo decurso de tempo; mas extinguir-se-á completamente se for

---

[3]   *Obra citada*, pp. 46 e 47.
[4]   *Direitos Reais*, ob. cit., p. 269.

substituído por outro, havendo então uma verdadeira solução de continuidade entre a posse precária e inútil e a posse legítima".[5]

A razão determinante da exclusão da precariedade estaria no abuso de confiança que pratica aquele que retém a posse. O vício se prolonga para além do ato desencadeante da posse assim contaminada e só termina no momento em que o bem retorna ao titular do direito. Portanto, jamais o possuidor precário terá posse *ad usucapionem*, pois carece ele de *animus* e também de *corpus*.

Todavia, esta *ratio* não se coaduna com a melhor interpretação. A partir do momento em que o verdadeiro titular do bem toma conhecimento, ou tem consciência do abuso de confiança, ou da retenção indevida pelo precarista, e mantém-se inerte, conta-se o prazo para perfazer o lapso prescricional da aquisição. Mesmo possível é iniciar a contagem desde o dia avençado para a devolução. Se o titular revela inércia ou indiferença, começa a posse a conter o germe da prescrição aquisitiva, que se desenvolve e cresce, posto que a pessoa que ousa reter o bem o faz em vista de se adonar do mesmo, imbuída da vontade de ser proprietária.

Sobre a posse precária, verificada pela retenção arbitrária da coisa confiada, já a antiga jurisprudência revela decisões como as seguintes:

> Cessada com a aposentadoria definitiva do empregado a relação empregatícia e recusando-se ele a deixar o prédio que o empregador lhe permitia ocupar gratuitamente, comete esbulho, para o qual o remédio processual adequado é a ação de reintegração de posse.[6]

> O fato de não poder ser o empregado despedido sem justa causa e de ter direito à indenização não implica o direito de ocupar o prédio alheio, contra a vontade dos proprietários.[7]

> Comete esbulho a concubina que, por morte do amásio, pretende contra a vontade do locador manter-se no prédio em que aquele era inquilino.[8]

> Não atendendo o comodatário ao prazo que lhe foi autorizado, pelo comodante, para desocupar o imóvel, comete esbulho, competindo ao titular da posse a ação reintegratória.[9]

Há quem identifique a posse justa com a posse civil. Divergem, no entanto, os conceitos, como faz ver Antonio Joaquim Ribas:

> A palavra *justum*, no direito romano, ordinariamente se toma como sinônima de *civile*, ou *legitimum*; pelo que muitos jurisconsultos costumam confundir a posse justa com a posse civil. Grande, porém, é a diferença que as separa. A posse civil é a posse jurídica acompanhada da justa causa e boa-fé; enquanto a posse justa é aquela a que se tem um direito qualquer, seja ela verdadeira posse jurídica ou mera detenção.[10]

---

[5]   *Posse – O Direito e o Processo*, 2ª ed., São Paulo, Editora Revista dos Tribunais, 1978, p. 47.

[6]   *Revista dos Tribunais*, 233/385 – Apel. nº 8.465, da 2ª Câm. Civil do TJ de São Paulo, j. em 29.10.1954, rel. Des, Alcides Faro.

[7]   *Revista dos Tribunais*, 237/198 – Apel. nº 68.054, da 5ª Câm Cível do TJ de São Paulo, rel. Des, J. G. Rodrigues de Alckmin, j. em 25.02.1955.

[8]   *Revista dos Tribunais*, 178/225.

[9]   *Revista dos Tribunais*, 458/231 – Apel. Cível nº 5.536, da 2ª Câm. Cível do Tribunal de Alçada do RGS, j. em 20.05.1972, rel. Juiz Hermann Homem de Carvalho Roenick.

[10]   *Obra citada*, pp. 44 e 45.

3.3. POSSE DE BOA-FÉ E POSSE DE MÁ-FÉ

A primeira se encontra no Código em vigor, art. 1.201: "É de boa-fé a posse, se o possuidor ignora o vício, ou o obstáculo que impede a aquisição da coisa".

Trata-se, no caso, de apreciar a posse no ângulo intencional. O possuidor age dentro da intencionalidade. Ele exerce o poder sobre a coisa com uma intenção, sob o ponto de vista crítico, que importa em preponderar, no caso em exame, o elemento subjetivo. Está convencido de que o exercício da posse é legítimo.

A posse de boa-fé, pois, tem em vista a consciência do possuidor quanto à legitimidade da posse. Ignora ele o vício ou o obstáculo que impede a aquisição da coisa ou do direito. Convence-se de não causar prejuízo a outrem.

Dois conteúdos revelam tal posse: o objetivo e o subjetivo.

O primeiro refere-se à ausência de algum vício ou de qualquer outro obstáculo que impeça a aquisição da coisa; o segundo equivale à ignorância quanto à existência do vício ou obstáculo.

Não há, pois, que se falar em posse de boa-fé, se a mesma é resolúvel. Conforme decisão pretoriana, apoiada em Serpa Lopes, o titular futuro de uma relação jurídica subordinada a uma condição resolutiva não tem nenhum direito adquirido, considerando-se a propriedade resolúvel uma propriedade por tempo determinado. O proprietário, ao adquiri-la, sabe que a perderá a certo tempo ou realizada determinada condição.

Nem se reconhece a boa-fé desde que o possuidor tenha ciência da resilição do contrato. A recusa, neste caso, à restituição configura esbulho possessório, pois tornase a posse precária, o que faz perfeitamente admissível a reintegração.

A boa-fé exsurge do dispositivo transcrito, sendo definida no sentido negativo, ou como a ignorância de vício, ou de obstáculo que impede a aquisição da coisa. Deste modo, o possuidor tem consciência de que está amparado numa boa causa, que determina a legitimidade da posse. É a hipótese do locatário, que está amparado num título justo, sequer imaginando que o mesmo contenha falsidade; ou do que adquire um bem, julgando que o vendedor era o legítimo proprietário, não havendo motivo para suspeitar da validade do título.

Não interessa que, posteriormente, venham a ser declarados inválidos os títulos, pois o possuidor sempre se portou acreditando na autenticidade dos documentos apresentados.[11]

Ignora-se a existência de uma situação impeditiva da posse. É que o justo título faz gerar a presunção de boa-fé, a menos que haja prova em contrário. A pessoa vive um estado de espírito ou a perspectiva que torna ou faz aparentar jurídico certo ato.

A convicção interior, ou a crença de uma situação jurídica, no entanto, deve se fundar em uma série de fatos reais, como analisa Miguel Maria Serpa Lopes: "A crença deve ser firmada em dados objetivos, calcada na investigação de todos os meios idôneos a indicar a lisura do ato aquisitivo. Em relação aos bens imóveis, é o Registro imobiliário o elemento básico da boa-fé; em relação aos móveis, ou melhor, em relação a certos bens móveis, é a transcrição no Registro de Títulos e Documentos, a qual é obrigatória no caso de compra e venda com reserva de domínio, venda de automóveis etc.; em relação aos demais bens móveis, é a pessoa do transmitente, a coisa, o seu valor, tal qual se exige, no direito penal, no caso de delito de receptação. O critério do reconhecimento da boa-fé não pode deixar de ser, no direito moderno, ao mesmo tempo que ético e psicológico, igualmente técnico".[12]

---

[11] Renan Falcão de Azevedo, *obra citada*, pp. 64 e 65.
[12] *Curso de Direito Civil*, ob. cit., vol. VI, p. 140.

A presunção é de que a posse seja sempre de boa-fé. Mas como a posse é considerada uma situação fática, tal presunção é relativa (*juris tantum*), o que também se aplica à boa-fé, podendo ser destruída por prova em contrário.

Conveniente esclarecer, outrossim, que nem sempre a posse de boa-fé significa posse justa, como adverte Orlando Gomes: "Não há coincidência necessária entre a posse justa e a posse de boa-fé. À primeira vista, toda a posse justa deveria ser de boa-fé e toda a posse de boa-fé deveria ser justa. Mas, a transmissão dos vícios de aquisição permite que um possuidor de boa-fé tenha posse injusta, se a adquire de quem a obteve pela violência, pela clandestinidade, ignorante da ocorrência; *nemo sibi causam possessionis mutare potest*. Também é possível que alguém possua de má-fé, embora não tenha posse violenta, clandestina ou precária".[13]

De má-fé é, ao contrário da posse de boa-fé, toda aquela em que o possuidor sabe ou tem ciência do vício ou obstáculo impeditivo da aquisição da posse de que se encontra investido.

Constitui situação de posse de má-fé o fato de alguém encontrar determinado objeto e o levar consigo. Existe a consciência de que o ato não transfere a propriedade. De igual modo a aquisição de um bem de alguém que não é o dono, circunstância esta conhecida do adquirente.

De boa-fé é possível passar a posse para má-fé. Neste sentido consignava o art. 491 do diploma civil revogado, e é reeditado no art. 1.202 do Código vigente: "A posse de boa-fé só perde este caráter no caso e desde o momento em que as circunstâncias façam presumir que o possuidor não ignora que possui indevidamente".

Exsurge o conhecimento, pelo possuidor, do vício ou obstáculo impeditivo da posse. Diz Serpa Lopes, em lição que se mantém atual: "Se um herdeiro investe-se na posse de uma determinada coisa, julgando ser aquela a constitutiva de seu legado, evidentemente não se pode acoimá-lo de má-fé, quando as circunstâncias indiquem realmente a escusabilidade de tal procedimento".[14]

Mas se, posteriormente, tiver conhecimento do vício ou obstáculo impeditivo da aquisição, cessa, então, a boa-fé. Igualmente, desde o momento em que as circunstâncias façam presumir que o possuidor sabe possuir indevidamente. Em verdade, não interessa tanto estabelecer a conversão da posse no momento do conhecimento da existência do vício ou do obstáculo, pois é difícil apanhar na mente do possuidor a consciência de que possui indevidamente. Por isso, importa analisar as circunstâncias, de modo a se firmar a presunção de que não era ignorado o vício ou o obstáculo. Neste sentido, se alguém detém uma coisa recebida de outrem que a obteve, por sua vez, de forma criminosa, não interessa o que se passa na mente da primeira pessoa, e sim revelam-se decisivos os elementos externos, como o conhecimento geral do furto, a sua comunicação pela imprensa, ou a presunção pela falta de condições idôneas do transmitente.

Mas, num comodato, *v.g.*, vencido o prazo, a má-fé aparecerá na consciência do comodatário se ele não efetuar a devolução no modo combinado. Porque sabe o possuidor que se esgotou o prazo, e que lhe competia a devolução, a posse reveste-se de má-fé.

Importantes efeitos têm a conceituação de posse de boa-fé e má-fé. No caso de benfeitorias, existindo a boa-fé, surge o direito à indenização pelo valor das mesmas e à garantia da retenção até se efetuar a sua satisfação. Se realizadas as benfeitorias após o prazo, e prevalente a má-fé, a indenização restringe-se às necessárias, afastado o direito

---

[13] *Direitos Reais*, ob. cit., tomo 1º, p. 56.
[14] *Curso de Direito Civil*, ob. cit., vol. VI, p. 143.

de retenção. É o que se encontra no art. 1.219 do Código Civil: "O possuidor de boa-fé tem direito à indenização das benfeitorias necessárias e úteis, bem como, quanto às voluptuárias, se não lhe forem pagas, a levantá-las, quando o puder sem detrimento da coisa, e poderá exercer o direito de retenção pelo valor das benfeitorias necessárias e úteis". Já o art. 1.220 do mesmo Código: "Ao possuidor de má-fé serão ressarcidas somente as benfeitorias necessárias; não lhe assiste o direito de retenção pela importância destas, nem o de levantar as voluptuárias".

No pertinente aos frutos, assegura art. 1.214: "O possuidor de boa-fé tem direito, enquanto ela durar, aos frutos percebidos". Não está reproduzido o preceito.

Mas o possuidor de má-fé, pelo art. 1.216, "responde por todos os frutos colhidos e percebidos, bem como pelos que, por culpa sua, deixou de perceber, desde o momento em que se constituiu a má-fé; tem direito às despesas da produção e custeio".

Quando cessar a boa-fé, cumpre sejam os frutos pendentes restituídos, depois de deduzidas as despesas da produção e custeio, o que, igualmente, se estende aos colhidos com antecipação (parágrafo único do art. 1.214 do Código Civil).

Não responde o possuidor de boa-fé pela perda ou deterioração da coisa, a que não der causa, situação que não beneficia o possuidor de má-fé, mesmo que acidentais a perda ou deterioração, que ocorreriam do mesmo modo estando a coisa na posse do reivindicante (arts. 1.217 e 1.218 do Código Civil).

3.4. POSSE COM JUSTO TÍTULO E POSSE SEM JUSTO TÍTULO

Pelo parágrafo único do art. 1.201 do Código Civil, "o possuidor com justo título tem por si a presunção de boa-fé, salvo prova em contrário, ou quando a lei expressamente não admite esta presunção". Emerge do núcleo da norma que o possuidor com justo título é havido como possuidor de boa-fé, o que leva a concluir estar ele dispensado de fazer qualquer prova neste sentido. Quem deverá demonstrar que a posse se reveste de tal caráter é o seu adversário. Incumbe-lhe evidenciar o vício ou o obstáculo da posse, como, *v.g.*, a que emana de um menor não devidamente representado ou assistido. No caso, justo título considera-se aquele hábil ou capaz de transferir o domínio.

Tito Fulgêncio dá um conteúdo mais extenso ao justo título:

> Título, diz a lei, é palavra que se emprega para designar:
>
> a) a causa eficiente, o princípio gerador do direito;
>
> b) o instrumento do contrato ou do ato jurídico, o ato exterior probatório;
>
> c) a qualidade, e assim se diz a título de herdeiro.[15]

O vocábulo 'título', pois, no dispositivo, não equivale a instrumento ou documento. Tem-se em conta o sentido de fato gerador do direito, isto é, o fato do qual se origina a posse. E o termo justo corresponde à aptidão do título para constituir ou transmitir o direito. É a lição de Caio Mário da Silva Pereira:

> A palavra título, que, na linguagem vulgar, como na especializada, usa-se em variadas acepções, aqui, e para os efeitos ora mencionados, traz o sentido de causa ou de elemento criador da relação jurídica. É assim que se diz que a doação ou a compra e

---

[15] *Da Posse e das Ações Possessórias*, 4ª ed., Rio de Janeiro, Forense, 1959, vol. I, p. 42.

venda é título aquisitivo do domínio; ou que o proprietário o é, de tais bens, a título hereditário.

E diz-se "justo" o título hábil em tese para transferir a propriedade. Basta que o seja em tese, isto é, independentemente de circunstâncias particulares ao caso. Uma escritura de compra e venda é título hábil para gerir a transmissão da *res vendita*. Se lhe faltarem requisitos para, na espécie, causar aquela transferência, o adquirente, que recebe a coisa, possui com título justo, porque o fundamento de sua posse é um título que seria hábil à transmissão dos bens, se não lhe faltasse o elemento que eventualmente está ausente.[16]

De modo que se alguém possui com justo título a coisa, tem a seu favor a presunção de boa-fé. Mas trata-se de uma presunção *juris tantum*, isto é, passível de desfazer-se com prova contrária ou quando a lei expressamente não admite essa presunção. É o caso da posse originária injusta, desconhecendo seu titular o vício anterior. A transferência por título hereditário não apaga o defeito, pois o herdeiro, como sucessor universal do *de cujus*, prossegue com a mesma posse, com os vícios e as qualidades que a revestiam. Ou seja, o antecessor sabia da posse injusta. Nesta qualidade ela se transmite, não se transformando em posse de boa-fé.

É o que resume Caio Mário da Silva Pereira: "Se a posse originária era injusta, o desconhecimento do defeito daquele que a recebeu por título hereditário não lhe apaga o defeito porque o herdeiro, como sucessor universal do defunto, continua a mesma posse, com os vícios e qualidades que a revestiam".[17]

A permanência do mesmo caráter está prevista no art. 1.203 do Código Civil: "Salvo prova em contrário, entende-se manter a posse o mesmo caráter com que foi adquirida".

Observa, ainda, Darcy Bessone: "Na compra e venda, a posse resulta de título hábil para transmitir o domínio. Não obstante, se anula o negócio causal – a compra e venda – por não ser o vendedor dono da coisa vendida, ou por ser ele incapaz, o título desaparece, mas não perde o caráter justo, em relação ao período da posse anterior à anulação do negócio causal".[18]

Posse sem justo título é aquela que se baseia em um título que não seja próprio ou hábil a transferir o domínio, e nem a posse. Se não serve para transferir o domínio, da mesma forma não se presta para gerar a presunção da boa-fé.

3.5. POSSE DIRETA E POSSE INDIRETA

Da seguinte passagem da obra de João Baptista Monteiro colhe-se a ideia de posse direta e posse indireta: "O proprietário ou titular de outro direito real pode usar e gozar a coisa objeto de seu direito, direta e pessoalmente, mediante o exercício de todos os poderes que informam o seu direito e, nesse caso, nele se confundem as posses direta e indireta. Pode acontecer, no entanto, que, por negócio jurídico transfira a outrem o direito de usar a coisa: pode ele dá-la em usufruto, em comodato, em penhor, em enfiteuse etc. Nestes casos, a posse se dissocia: o titular do direito real fica com a posse indireta (ou mediata), enquanto que o terceiro fica com a posse direta (ou imediata), também chamada derivada, confiada, irregular ou imprópria".[19]

---

[16]   *Instituições de Direito Civil*, 2ª ed., Rio de Janeiro, Forense, 1974, vol. IV, pp. 34 e 35.

[17]   *Instituições de Direito Civil*, ob. cit.,vol. IV, p. 35.

[18]   *Direitos Reais*, ob. cit., p. 272.

[19]   *Obra citada*, p. 33.

Direta é a posse em que o possuidor pode exercer seus poderes de forma imediata, sem interferência de terceiros. Há a tradição que se dá com a entrega da coisa, em função de uma relação contratual. O titular da posse, que a usufrui, por uma convenção, ou mesmo em virtude de lei, transfere temporária ou provisoriamente o exercício de seus direitos sobre o bem. Mas mantém sob seu comando um resíduo da posse, ou algum poder de disposição no bem, pelo menos no que respeita à vigilância, à conservação, ou o aproveitamento de certas vantagens. Este resíduo, ou a porção de poder que lhe é assegurada, denomina-se "posse indireta".

Na posse direta, o possuidor tem o exercício de uma das faculdades do domínio, em virtude de uma obrigação ou do direito. Na indireta, o proprietário se demite, temporariamente, de um dos direitos elementares e constitutivos do domínio e transfere a outrem o seu exercício. Aquela passa a ser exercida por terceiro, que adquire, assim, um direito real sobre a coisa alheia, direito esse de uso ou de gozo. Sua posse é subordinada. E o titular do domínio que confere tais direitos torna-se possuidor indireto, mantendo sobre a coisa um resíduo de poderes, como o de defender o bem, o de vigilância e o de disposição, em algumas ocasiões.

A ideia transparecia no art. 486 do Código Civil de 1916: "Quando, por força de obrigação, ou direito, em casos como o do usufrutuário, do credor pignoratício, do locatário, se exerce temporariamente a posse direta, não anula esta às pessoas, de quem eles a houveram, a posse indireta".

Ao que se lê do art. 1.197 do Código atual, a redação é mais inteligível: "A posse direta, de pessoa que tem a coisa em seu poder, temporariamente, em virtude de direito pessoal, ou real, não anula a indireta, de quem aquela foi havida, podendo o possuidor direto defender a sua posse contra o indireto".

Como se constata, o Código em vigor aboliu os casos de posse direta constantes no art. 486 do diploma anterior, querendo significar que existem inúmeras outras hipóteses.

Portanto, ela não só se manifesta nas posses que exercem o usufrutuário, o credor pignoratício, o locatário, mas também as que realizam o depositário, o arrendatário, o comodatário, o alienante fiduciário, aquele que aproveita em virtude do uso e da habitação.

Há, na posse direta, uma relação contratual, ou o uso e o gozo da coisa.

A posse indireta continua com o proprietário, ou o locador, o arrendante, o comodante, o depositante, o mandante, o nu-proprietário e o devedor pignoratício. Mas, nem sempre a posse direta pressupõe a indireta. Na hipótese daquele que vem ocupando um imóvel para fins de usucapi-lo, não há um proprietário exercendo alguma dominação, ou algum poder sobre os bens. Eis a explicação de Renan Falcão de Azevedo: "(...) A posse direta pode existir sozinha, sem pressupor a existência de uma posse indireta. É o caso do possuidor usucapiente ou o do proprietário, onde o exercício dos direitos possessórios é feito pessoalmente pelos respectivos titulares".[20]

Normalmente, porém, a posse direta coexiste com a indireta, formando o que se denomina posse paralela, como no usufruto, onde o usufrutuário detém a posse direta, enquanto o nu-proprietário a posse indireta. Explica Caio Mário da Silva Pereira: "A posse direta e a indireta coexistem; não colidem nem se excluem. Ambas, mediata e imediata, são igualmente tuteladas, sendo ilícito ao terceiro oponente invocar em proveito próprio o desdobramento. Uma vez que coexistem, e não colidem, é lícito aos titulares defendê-la. Contra o terceiro que levante uma situação contrária, pode o possuidor direto invocar a proteção possessória,

---

[20] *Obra citada*, p. 58.

como igualmente o possuidor indireto, sem que haja mister convocar o auxílio ou a assistência do outro. Cada um, ou qualquer um defende a posse como direito seu, por título próprio, independente do título do outro".[21]

No mesmo sentido pensa Renan Falcão de Azevedo: "O possuidor indireto, por não tê-la perdido, pode defendê-la contra turbação ou esbulho de terceiros. O mesmo acontece com o possuidor direto, que tem defesa, até mesmo contra o próprio possuidor indireto, para assegurar o livre exercício de seus poderes".[22]

É, também, a orientação dos pretórios: "O arrendatário do imóvel objeto do pedido de reintegração é parte legítima para responder a demanda, dada a sua qualidade de possuidor direto... Na ação reintegratória de posse, embora seja parte legítima o arrendatário, por ser possuidor direto, não menos certo que ao arrendante assiste idêntico ou maior interesse jurídico em contestar a demanda reintegratória, sendo, pois, igualmente parte legítima passiva na ação principal".[23]

De modo geral, a posse indireta não subsiste sem a direta. Ou dificilmente aparecerá tão somente a posse indireta, como no caso em que um proprietário não esteja ocupando ou usufruindo o bem, e assim também nenhuma outra pessoa.

Mas não acha Pontes de Miranda incomum a sua existência: "Por outro lado, leva a equívoco que a posse mediata precisa da posse imediata para que exista (o locador continua possuidor mediato se o locatário perdeu a posse), ou pensar-se em representação do possuidor mediato pelo imediato".[24]

Os defensores da teoria de Savigny não reconhecem a configuração da posse direta, eis que, nela, inexiste o *animus domini*, somente configurável naqueles que possuem sem nenhuma subordinação a um titular do domínio. O possuidor direto exerceria uma posse eminentemente derivada, porquanto decorre ela do direito de quem lhe concedeu, que é o possuidor indireto, o que se constata na locação, no usufruto etc. O proprietário ao celebrar uma convenção, transmite o uso e o gozo do bem, remanescendo com ele a posse indireta, ou seja, o domínio.

Segundo a teoria de Jhering, desapareceria a posse do nu-proprietário, ou do locador, ou do devedor, eis que possuidor apresenta-se aquele que se comporta como proprietário, isto é, desenvolve e vive os mesmos direitos como se fosse proprietário. O locatário usa e aproveita o bem na mesma dimensão que faz o titular do domínio. Mais propriamente, age em seu lugar. De modo que não há posse indireta.

Assim, também na estrutura desta teoria verifica-se dificuldade em se enquadrar a divisão da posse em direta e indireta.

Em verdade, o nosso ordenamento jurídico reconhece a posse ao nu-proprietário, ao devedor pignoratício, ao locador, ao arrendador etc., tanto que autoriza o serviço dos interditos por tais pessoas. Mas concede a proteção possessória também ao credor pignoratício, ao locador, ao usufrutuário etc., permitindo-lhes a defesa contra quem quer que seja.

De um lado, a posse direta não cabe na teoria de Savigny, e, de outro, a posse indireta não se insere na teoria de Jhering, como diz Darcy Bessone: "A posse do locador, do nu-

---

[21] *Instituições de Direito Civil*, ob. cit., vol. IV, p. 37.

[22] *Obra citada*, p. 59.

[23] *Revista dos Tribunais*, 607/109 – Apel. 353.636, da 3ª Câmara do Primeiro Tribunal de Alçada Civil de São Paulo, j. em 04.04.1986, rel. Alexandre Germano.

[24] *Comentários ao Código de Processo Civil*, Rio de Janeiro, Forense, 1977, tomo XIII, p. 159.

-proprietário ou do credor pignoratício não se ajusta à teoria de Jhering. A posse do locatário, do usufrutuário ou do devedor pignoratício não se afeiçoa à teoria de Savigny".[25]

Mas, convém salientar que a bipartição da posse naquelas formas ocorre quando o bem possuído, direta e imediatamente, pelo proprietário, é entregue a outra pessoa, que possa utilizá-lo.

O vínculo que se estabelece pode nascer de uma relação bilateral do direito das coisas, como no caso do usufruto; do direito das obrigações, como na locação de bens; do direito das sucessões, na hipótese da posse que exerce o inventariante ou o testamenteiro; ou do direito de família, o que se verifica na posse que tem o representante legal de um menor.

Denomina-se a posse direta como de garantia quando quem a exerce recebe a posse de um bem para a garantia de uma dívida (a posse do credor pignoratício), ou como de gozo, quando a entrega do bem é para aproveitar as utilidades que ele oferece (a posse do usufrutuário); e como de administração, se o bem passa ao possuidor direto em razão de um cargo que o mesmo recebe (a posse do testamenteiro ou do inventariante, do tutor e do curador).

3.6. POSSE COM TÍTULO E POSSE SEM TÍTULO

As situações possessórias que se desenvolvem sobre as coisas vêm expressas mediante duas formas próprias, universalmente utilizadas no direito: *jus possidendi* e *jus possessionis*, que correspondem a dois conceitos bem diferenciados, os quais acarretam distintas consequências jurídicas.

Jus possidendi equivale ao exercício da posse sobre determinada coisa por alguém que é titular de uma situação jurídica na qual se funda a posse. Como assinala Manuel Antônio Laquis, é a faculdade de possuir, nascida de um direito real. "Es la posesión legítima..., que existe cuando sea el ejercicio de un derecho real constituido en conformidad a las disposiciones de este Código (...)".[26]

A posse existe e é exercida em função de um fundamento ou de uma previsão permissiva legal. Exemplifica esta situação a posse do usufrutuário, do locatário, do titular de uma servidão, do proprietário etc.

Por sua vez, o *jus possessionis* tem um sentido diferente. É a posse sem título, ou sem um embasamento jurídico consolidado. Não há uma relação legal, como aquele que tem o título de propriedade de um imóvel, e que caracteriza o *jus possidendi*. Mas considera-se este tipo como um fato possessório, que não se funda em nenhum direito real, ou em título dominial, como escritura pública de compra e venda registrada, ou formal de partilha, ou carta de arrematação ou adjudicação etc. Exemplo típico é a posse que iniciou através de simples ocupação, e que gera o direito ao usucapião.

A proteção possessória é assegurada a esta espécie, máxime contra terceiros que não são titulares do domínio.

Tinha pertinência ao assunto a letra do parágrafo único do art. 507 do Código Civil de 1916: "Entende-se melhor a posse que se fundar em justo título; na falta de título, ou sendo os títulos iguais, a mais antiga; se da mesma data, a posse atual. Mas, se todas forem duvidosas, será sequestrada a coisa, enquanto se não apurar a quem toque". Não consta do Código atual dispositivo exatamente com a mesma dimensão. Mas há o parágrafo único do art. 1.201, que enseja o reconhecimento da boa-fé se a posse fundar-se no justo título: "O possuidor com justo título tem por si a presunção de boa-fé, salvo prova em contrário, ou quando a lei expressa-

---

[25]   *Direitos Reais*, ob. cit., p. 265.
[26]   *Obra citada*, tomo I, p. 285.

mente não admite esta presunção". Efetivamente, diante do *jus possidendi* e do *jus possessionis*, dá-se preferência ao possuidor escorado em justo título. Somente na ausência do embasamento no título parte-se para as demais alternativas, prevalecendo a que precedeu as outras posses, ou dando-se força para a que se exerce na atualidade se da mesma data, ou sequestrando-se a coisa, se todas equivalem na qualidade e no tempo. Buscando solucionar controvérsia em torno do assunto, firmou o Tribunal de Justiça do Rio Grande do Sul que, "havendo dúvida sobre quem detém a posse e sendo essa disputada com base na propriedade, deve aquela ser deferida em favor daquele que realmente comprovar o domínio sobre o imóvel".[27]

3.7. POSSE PRÓPRIA PARA USO DOS INTERDITOS E POSSE PARA INVOCAR O USUCAPIÃO

A primeira forma permite a utilização dos interditos possessórios. Deve preencher os requisitos para garantir a defesa por meio das ações possessórias, isto é, a prévia existência da posse e a moléstia, consistente esta na turbação e esbulho. É a chamada posse *ad interdicta*.

A segunda modalidade requer mais elementos. Sobressai a exigência da boa-fé, ao lado de outros requisitos, como o decurso de tempo suficiente; o exercício da posse de modo manso e pacífico; o fundamento em justo título, em não se cuidando de usucapião extraordinário; e a presença de *animus domini*.

3.8. POSSE CAUSAL E POSSE FORMAL

A posse causal, também conhecida como *jus possidendi*, corresponde à faculdade de atuar sobre as coisas e de exercer sobre elas os poderes necessários para a sua utilização econômica; ou a faculdade de sobre as coisas exercer poderes de retenção, de uso, de fruição e de transformação. Ou, como simplesmente diz José de Oliveira Ascensão, "é aquela que tem a justificá-la a titularidade do direito a que se refere".[28]

Os direitos reais de gozo e alguns direitos reais de garantia têm como finalidade a utilização das coisas, das vantagens que dela se pode obter. Tal utilização se exerce mediante a posse.

O direito de propriedade traduz-se pela prática de atos de uso, de fruição e de transformação; o direito de usufruto, pela prática de atos de uso e fruição; e os direitos de garantia, pela retenção do objeto. Tais poderes definem os conteúdos dos direitos relacionados com as coisas, dando-lhes um sentido. A possibilidade de os exercer constitui evidentemente um elemento estrutural e essencial destes direitos.

A denominada posse formal é justamente o exercício dos referidos poderes. Ou seja, na definição de José de Oliveira Ascensão, verifica-se a mesma "quando alguém exerce aparentemente um direito sobre uma coisa estando a sua situação dissociada da titularidade substantiva".[29]

A posse formal, ou *jus possessionis*, é a relação de fato da pessoa com a coisa, mas dissociada do direito que traduz.

Exerce-se a posse de fato sobre um bem, aparentando o conteúdo material de um direito, mas sem o amparo de uma causa jurídica. Embora quem perante o público se apresente na atitude de proprietário seja titular de um direito de propriedade, ou quem se mostre como

---

[27] *Apel. Cível* nº 598.415.891, da 20ª Câm. Cível, de 20.04.1999, referida *em ADV Jurisprudência* nº 7, expedição de 20.02.2000, p. 111.

[28] *Obra citada*, p. 290.

[29] *Obra citada*, p. 291.

usufrutuário de regra seja titular de um usufruto, há situações que tais aparências apresentam, mas sem que o justifique o título.

Usufrui do bem, utiliza-o, transforma-o, ou desenvolve atos de proveito sobre o mesmo alguém que não é proprietário, nem possui direitos que permitem a prática de atos de fruição e transformação.

Há uma posse que se desenvolve naturalmente. Às vezes a posse iniciou com o furto ou a usurpação do objeto que se detém, ou com a aquisição através de título destituído de valor.

Como salienta Manuel Rodrigues: "É que os atos de uso, de fruição e de transformação, porque são suscetíveis de se repetirem indefinidamente, dão lugar, por si e por força de sua própria materialidade, a um estado de permanência e de continuidade que o público se acostumou a considerar e, por isso mesmo, inspirador de interesses e criador de relações".[30]

Enfim, a posse formal é um exercício da posse sobre um bem, de modo normal e continuado, sem amparo de um título.

3.9. POSSE NOVA E POSSE VELHA

Rezava o art. 508 do Código Civil de 1916: "Se a posse for de mais de ano e dia, o possuidor será mantido sumariamente, até ser convencido pelos meios ordinários".

E o art. 507, do mesmo diploma: "Na posse de menos de ano e dia, nenhum possuidor será manutenido, ou reintegrado judicialmente, senão contra os que não tiverem melhor posse".

Tais conceitos de posse velha e posse nova, bem como as decorrências de se manter ou não desde logo no seu exercício, não se mantiveram no Código Civil de 2002. Ocorre que princípios e valores diferentes devem ser levados em conta, merecendo destaque aqueles que autorizam a concessão de tutela provisória, de urgência (esta antecipada ou cautelar) ou da evidência. Ademais, a matéria é de cunho processual, encontrando-se a regulamentação especialmente no art. 562 do Código de Processo Civil de 2015.

No regime do Código Civil de 1916, denominava-se velha a posse quando estivesse sendo exercida há mais de ano e dia. Nesta circunstância, a desconstituição dependeria de vias ordinárias, ou de ampla discussão, não se procedendo sumariamente. Aos interditos possessórios não se concedia a reintegração ou a manutenção preliminar.

Nova era tida a posse cujo exercício datasse de menos de ano e dia. Se exercida e obtida de modo injusto, os interditos com liminar podiam torná-la ao titular de direito. Ou seja, admitia-se a reintegração e a manutenção com prévia concessão de liminar.

As regras dos arts. 507 e 508 daquele diploma não devem ser interpretadas dentro da diretriz do art. 558 e seu parágrafo único do Código de Processo Civil, que proclamam:

> Regem o procedimento de manutenção e de reintegração de posse as normas da Seção II deste Capítulo quando a ação for proposta dentro de ano e dia da turbação ou do esbulho afirmado na petição inicial.
>
> Parágrafo único. Passado o prazo referido no *caput*, será comum o procedimento, não perdendo, contudo, o caráter possessório.

O disciplinamento especial da lei processual civil traça o caminho e os requisitos para a concessão da reintegração, da manutenção e do interdito proibitório liminarmente. Sem tal medida, o procedimento será o comum. E condição para o deferimento da liminar, nas

---

[30] *Obra citada*, p. 5.

ações possessórias, é o ajuizamento no interregno de ano e dia da turbação ou do esbulho. Esclarece Adroaldo Furtado Fabrício, a respeito, quando do estatuto processual anterior, mas mantendo-se a sistemática na vigente lei processual: "(...) As ações possessórias, em verdade, submetem-se sempre ao rito ordinário; apenas, se a turbação ou o esbulho data de menos de ano e dia insere-se no procedimento, em sua fase inicial, uma série de atos estranhos a esse rito, destinados a possibilitar decisão prévia sobre a reintegração ou manutenção, *in limine litis*. É só isso que ele tem de especial, de modo que as ações de força velha continuam a ter, como aliás sempre tiveram, procedimento comum".[31]

3.10. POSSE E DETENÇÃO

Nem todo o estado de fato que se exerce sobre uma coisa, ou que revela exercício de poderes sobre as coisas, pode ser considerado como relação possessória plena. Muitas situações ocorrem, nas relações materiais com as coisas, que não refletem realmente uma forma de uso ou fruição do bem com poder pleno, ou a intenção de exercer um determinado direito real.

Existe um certo poder sobre a coisa. Há uma relação de disponibilidade, mas em nome alheio, ou sob outra razão.

Tal relação denomina-se detenção.

Assim, de um lado temos a posse, que é a exterioridade de um direito real, ou a realização de fato de tal direito, que se compõe de dois elementos: o *corpus*, que é o elemento material; e o *animus*, tido como a intenção de exercer um determinado direito real. Trata-se de um poder de fato independente sobre as coisas.

O art. 1.196 do Código Civil dá a ideia significativa da posse: "Considera-se possuidor todo aquele que tem de fato o exercício, pleno ou não, de algum dos poderes inerentes à propriedade".

Na detenção, entretanto, alguém retém consigo a coisa, exercendo controle sobre ela em nome de outrem, a quem esteja subordinado por relação de dependência.

A distinção entre posse e detenção reside num aspecto básico: na primeira, os atos possessórios são exercidos em nome próprio, ou em proveito próprio; na segunda, em nome ou proveito alheio. Nesta situação, há uma relação de dependência ou subordinação para com outrem. Assim transparece no art. 1.198 do Código Civil, referindo diretamente quem é detentor: "Considera-se detentor aquele que, achando-se em relação de dependência para com outro, conserva a posse em nome deste e em cumprimento de ordens ou instruções suas".

O parágrafo único do mesmo artigo faz presumir a detenção, e não a posse, se como detentor iniciou a ter a coisa: "Aquele que começou a comportar-se do modo como prescreve este artigo, em relação ao bem e à outra pessoa, presume-se detentor, até que prove o contrário". Com isso, evita-se que alguém procure mudar uma relação inicial exercida sobre a coisa ou quanto a outra pessoa.

Complementa o art. 1.208 do Código Civil, primeira parte, esta regra: "Não induzem posse os atos de mera permissão ou tolerância (...)".

Atos de tolerância, diz Astolpho Rezende, "são aqueles mediante os quais o proprietário, ou outro qualquer titular de um direito sobre uma coisa, permite a outrem tirar proveito desta coisa, mais ou menos limitadamente, sem com isso renunciar ao seu direito".[32]

---

[31] *Comentários ao Código de Processo Civil*, 1ª ed., Rio de Janeiro, Forense, 1980, vol. VIII, tomo III, pp. 525 e 526.

[32] *Obra citada*, 1º vol., p. 232.

Aos detentores, denominados "servidores da posse" por Orlando Gomes, que se inspirou na doutrina alemã, se reconhece, por exemplo, o direito ao desforço incontinenti, na hipótese de turbação da posse, o qual, embora em caráter de exceção, é um meio de defesa da posse. Isso importa admitir que a posse pode ser defendida por aquele que não é possuidor, o que constitui, sem dúvida, uma anomalia. Se não fora o receio da confusão de conceitos, poder--se-ia dizer que essas pessoas têm "meia-posse".[33]

Guido Arzua é do mesmo sentir: "Mas o próprio encarregado da posse de outro, o garantidor, vigia auxiliar ou instrumento de posse alheia, pode usar a proteção possessória em nome dos que lhe entregaram os objetos, embora não sejam possuidores? É deles também o direito de exercer a defesa contra terceiros: eles podem exercê-la fora, porque têm a coisa para protegê-la sob as ordens do possuidor ou como auxiliares deles".[34]

Outrossim, exemplo típico de dependência relativamente a outra pessoa, exercendo sobre a coisa não um poder próprio, mas o poder de fato de outra pessoa, é o empregado que, tão pronto cesse a relação laboral, fica obrigado a desocupar o bem. É como já ponderou a jurisprudência: "Uma vez rescindindo o contrato de trabalho, nada obsta a ação possessória para retomar imóvel de empregado que foi notificado, com trinta dias de antecedência, para desocupá-lo".[35]

3.11. POSSE COMO EXTERIORIZAÇÃO DA PROPRIEDADE E POSSE-TRABALHO

É inevitável que a posse assuma vários rumos, modificando-se, inclusive, os conceitos de valores que determinam suas diretrizes.

Passaram a sobressair aspectos que ultrapassaram a sua configuração tradicional. Assim, Fernando Luso Soares encara a posse do ponto de vista econômico, que prepondera ante o conceito jurídico. Tem-se a mesma como a apropriação econômica das coisas, olvidando-se a possível existência de um direito relativamente ao bem.[36]

Daí a consideração, na proteção, da função social que exerce, não meramente como fato em si. Neste sentido o posicionamento de Hernandez Gil, que defende duas grandes coordenadas, importantes no delineamento da proteção, e que são a necessidade e o trabalho: "La posesión enmarcada en la función social del Estado Social de derecho con un programa de transformación, está llamada a desempeñar un papel importante. En tal fin convendría la investigación jurídica utilizando el saber sociológico. Hasta ahora los juristas, centrados en la manipulación formal de los conceptos conforme el modelo del positivismo normativo, hemos propendido a convertir el instituto posesorio en un mecanismo desprovido de vitalidad, aunque cargado de historia: hemos dogmatizado también e no sólo la ley".[37]

A questão envolve mais aspectos sociais que sociológicos ou jurídicos, nos moldes das teorias consolidadas em torno da posse. Assim, passou-se a considerar preponderante a posse-trabalho, ou a posse-utilização. O homem é um ser que se alimenta e se radica, o que é elementar, sendo uma questão essencial para a sobrevivência humana. Daí, de acordo com João Baptista Monteiro, amparado em doutrina atual, de um lado está a posse como simples exteriorização da propriedade, como mero fato da detenção; e de outro, a

---

[33] *Direitos Reais*, ob. cit., tomo 1º, p. 46.

[34] *Obra citada*, p. 37.

[35] *Revista dos Tribunais*, 499/122 – Apelação Cível nº 251.897, da 6ª Câm. Cível do TJ de São Paulo, j. em 15.10.1976, rel. Des. Villa da Costa.

[36] *Em prefácio à obra de Manuel Rodrigues*, citada, p. CIX.

[37] *La Posesión*, Madri, Civitas, 1980, p. 95, citação de João Baptista Monteiro, ob. cit., p. 39.

posse-trabalho, ou a posse expressão do trabalho, acompanhada de um esforço criador do homem: "Uma coisa é ter a posse, e deixar a terra em abandono para que ela se valorize à custa do trabalho alheio; e outra coisa é ter a posse, e ir à terra para fazê-la frutificar, para nela construir sua morada, para nela construir uma expressão de riqueza humana – é a chamada posse-trabalho, impropriamente chamada, na legislação agrícola, de *pro-labore*; é, em 'razão do trabalho'".[38]

A própria Constituição Federal segue essa abertura ao valorizar o trinômio trabalho-moradia-propriedade, estabelecendo a possibilidade de usucapião pelo exercício da posse no prazo de cinco anos, tanto para imóveis urbanos como rurais, conforme arts. 183 e 191.

---

[38] *Obra citada*, pp. 40 e 41.

Capítulo IV
Aquisição da Posse

4.1. TEORIAS EXPLICATIVAS

A aquisição da posse envolve aspectos relativos à forma da pessoa chegar ao bem e de exercer um poder de dominação sobre o mesmo. Significa o ato físico que leva à posse da coisa.

De acordo com a teoria subjetiva, a aquisição exige a presença de dois elementos, que são a apreensão da coisa e o *animus sibi habendi* ou a apreensão da coisa com a intenção de tê-la como sua.

Pela teoria objetiva, basta a detenção ou a apreensão com a vontade de exercer ou desenvolver o poder sobre a coisa, e de utilizá-la para auferir algum proveito. A intenção de manter a mesma como sua não se torna imprescindível.

Lembra-se, ainda, a teoria da causa, de que se assemelha à teoria subjetiva por reclamar a presença do *animus sibi habendi*, mas concebido este elemento no sentido de uma vontade legal, a qual consiste, por sua vez, na busca de uma causa, de uma explicação justificativa, ou de uma origem da posse. Tal causa ou origem dá ao titular da posse o *animus domini*.

4.2. ESPÉCIES DE AQUISIÇÃO

No aspecto geral, há duas espécies:

a) A originária, que se concretiza independentemente de qualquer ato de transmissão, ou de transferência do bem do poder de uma pessoa para o de outra. Cuida-se mais de uma posse unilateral, que se realiza pelo exercício de um poder de fato sobre uma coisa, no interesse de quem o exerce, sem a intervenção de outra pessoa. Não há transmissão nem a união de posses. Falta um título antecedente que a justifique ou a vincule a um terceiro.

O ato de investidura na posse corresponde a um ato de ocupação. Realiza-se e vai se consolidando a posse à medida que o agente procede em tudo como procederia o proprietário. Ele cultiva o imóvel, colhe seus frutos, o demarca, ergue benfeitorias, o habita etc., em caráter permanente e duradouro, de modo a criar um consenso favorável ao reconhecimento da propriedade.

b) A derivada, que pressupõe a translatividade, pela qual há um transmitente que perde a posse, e um adquirente que a adquire. Ela é bilateral justamente por exigir a transmissão, como acontece no negócio jurídico, no testamento, ou inventário, ou na simples transferência da mera posse.

Conforme Caio Mário da Silva Pereira, quanto à aquisição derivada: "O ato mais frequente é a tradição. Na sua acepção mais pura, ela se manifesta por um ato material de entrega da coisa, ou a sua transferência de mão a mão, passando do antigo ao novo possuidor. Para tal, não é necessária uma 'declaração de vontade' em sentido técnico, bastando a intenção do *tradens* e do *accipiens* convergindo no mesmo fim".[1]

A tradição pode ser simbólica, como quando há o simples ato de entrega das chaves de uma casa que o proprietário está locando. Com tal ato, considera-se transmitida a posse do próprio imóvel.

Não raramente, a matéria suscita discussões. A aquisição derivada, para o registro imobiliário, pressupõe várias exigências, como o registro anterior, em obediência ao princípio da continuidade. De modo que a arrematação, embora levada a efeito com a obediência a todas as regras processuais, não importa necessariamente em seu registro imobiliário, em não havendo a regularidade do registro precedente. Veja-se, a respeito, a seguinte decisão do TJ do RGS:

> Agravo de instrumento. Promessa de compra e venda. Registro de Imóveis. Arrematação de bens em hasta pública. Imóveis registrados em nome de terceiro. Impossibilidade de violação ao princípio da continuidade registral. – *A arrematação e a adjudicação são formas de aquisição derivada da propriedade, tendo em vista as peculiaridades do negócio jurídico, que impossibilitam a interpretação de se tratar de aquisição originária. – Impossibilidade de violação do princípio da continuidade registral,* haja vista que a matrícula dos imóveis arrematados está em nome de terceiro, que sequer fez parte da ação de execução e sem que tenha sido providenciada a sua prévia regularização perante o órgão registral. Inteligência dos artigos 195 e 237 da Lei nº 6.015/73. Agravo de instrumento desprovido. [2]

O relator, Des. Gelson Rolim Stocker, reporta-se à doutrina e em precedente jurisprudencial:

> Sobre o tema destaco a doutrina de Silvio Rodrigues no que diz respeito à separação dos modos de aquisição da propriedade, *in verbis*:
>
> "São originários os modos de aquisição da propriedade em que não há qualquer relação jurídica de causalidade entre o domínio atual e o estado jurídico anterior, como ocorre na hipótese de acessão ou do usucapião. São derivados os modos de aquisição quando, entre o domínio do adquirente e o do alienante, existe uma relação de causalidade, representada por um fato jurídico, tal o contrato seguido de tradição, ou o direito hereditário." (RODRIGUES, Sílvio. *Direito Civil.* 24ª ed., São Paulo: Saraiva, 1997, vol. 5, p. 88.)
>
> Para Araken de Assis, no *Manual do processo de execução.* 4ª ed., São Paulo: RT, 1997, p. 589, "transfere a arrematação à coisa com todos os ônus que a oneravam, tirante os direitos reais de garantia, porquanto se trata de aquisição derivativa (*nemo plus iuris in alios transferre potest quam ipse haberet*)."
>
> *Assim, passo a reconhecer que tanto a arrematação quanto a adjudicação são formas derivadas de aquisição da propriedade.*
>
> Nesse passo, por não se tratar de aquisição originária, no caso ora em julgamento há a impossibilidade de violação do princípio da continuidade registral, nos termos dos

---

[1] *Instituições de Direito Civil*, vol. IV, ob. cit., p. 50.

[2] *Agravo de Instrumento* nº 70061485389, da 17ª Câm. Cível, do Tribunal de Justiça do RS. Relator: Gelson Rolim Stocker, julgado em 13.11.2014.

artigos 195 e 237 da Lei nº 6.015/1973 (Lei de Registros Públicos), haja vista que a matrícula dos imóveis arrematados está em nome de terceiro, que sequer fez parte da ação de execução e sem que tenha sido providenciada a sua prévia regularização perante o órgão registral, razão pela qual correta oposição do Registrador.

Cito precedentes deste TJRS:

'Apelação cível. Dúvida inversa. Registro de carta de arrematação. Benfeitorias arrematadas pelo autor. Anterior registro de propriedade em nome de terceiro. O registro da carta de arrematação não poderá ser acolhido, eis que a propriedade registral é de terceira pessoa que sequer participa de mera dúvida inversa. O ato do Registrador Imobiliário se equivaleria em prestação jurisdicional que não encontra base na Constituição Federal, porquanto imporia o cancelamento, sem sentença, de registro válido até o momento. Necessário respeito ao princípio constitucional do devido processo legal. De outra parte, a certeza é que as benfeitorias já estavam albergadas na averbação anterior e essas seguem o imóvel, conforme presunção da lei civil. Negaram provimento ao apelo'. (*Apel. Cível* nº 70052845633, da 19ª Câm. Cível do Tribunal de Justiça do RS. Rel. Eduardo João Lima Costa, julgado em 07.02.2013)".

4.3. MODOS DE AQUISIÇÃO DA POSSE

O Código Civil revogado, no art. 493, consignava os seguintes modos de aquisição da posse:

Adquire-se a posse:

I – Pela apreensão da coisa ou pelo exercício do direito.

II – Pelo fato de se dispor da coisa, ou do direito.

III – Por qualquer dos modos de aquisição em geral.

No art. 494, inc. IV, constava mais um modo de aquisição, que era o constituto possessório.

Dispondo de modo inteiramente diverso, reza o art. 1.204 do Código em vigor: "Adquire-se a posse desde o momento em que se torna possível o exercício, em nome próprio, de qualquer dos poderes inerentes à propriedade". Realmente, desde que possível o exercício de um ato de posse, como o uso, o proveito, a ocupação, opera-se a aquisição da posse.

A enumeração do art. 493 não correspondia a todos os tipos de aquisição. No inc. III, deixava margem a uma infinidade de hipóteses, enquanto nos dois primeiros simplesmente salientava formas comuns, que nem careceriam de enumeração. Aliás, toda a posse exige a prévia apreensão, ou o exercício do direito da posse, ou disposição da coisa.

A simples ocupação também constituía um modo de aquisição, como também a locação, o arrendamento etc. Justa, portanto, a observação de Carvalho Santos: "Clóvis Beviláqua, comentando este artigo, escreveu: 'É um artigo inteiramente ocioso o 493, em face da doutrina aceita pelo Código Civil. Se a posse é um estado de fato, correspondente ao exercício da propriedade ou de seus desmembramentos, sempre que esta situação se definir, nas relações jurídicas, haverá posse'".[3]

É justa a crítica. Poder-se-ia mesmo acrescentar que, em face da verdadeira doutrina, não existem princípios absolutos quanto à aquisição da posse, pois esta se realiza muito diferentemente, conforme o grau de cultura, como acentuou Paul Solokowski, com aplausos

---

[3] *Obra citada*, vol. VII, 1991, 7ª ed., p. 53.

de Pontes de Miranda, que acrescentou, com não menor rigor doutrinário: "Fixar máximas para a aquisição da posse orça no impor princípios racionais ao *fieri* dos fatos sociais, à formação natural das coisas humanas".[4]

Se a posse é um fato, como decorre da teoria de Jhering, e se tal se manifesta através de uma infinidade de formas, pode-se afirmar que a aquisição sempre ocorre quando alguém expressa e realiza um poder de fato sobre a coisa.

Existindo um poder sobre o bem, concretizado no uso, na ocupação, na apreensão, no aproveitamento econômico ou não, apresenta-se a posse, ou adquire-se a mesma. Configura-se a aquisição, pois, sempre que se torna possível o exercício de um dos poderes inerentes ao domínio. Daí o aplauso ao Código, que derrogou a particularização do anterior diploma.

Realmente, é mais precisa e técnica a forma apresentada pelo Código atual, no art. 1.204. Ademais, dos incisos do art. 493 do diploma de 1916 despontava a influência da teoria subjetiva na aquisição da posse. É que as modalidades dos incisos I e II faziam incutir a necessidade da presença do *animus*, ou da intenção de se adonar ou ser dono, quando o normal é o exercício da posse como fato em si, sem a disposição interior ou a consciência de ser dono.

Algumas considerações merecem destaque a respeito dos modos de aquisição do Código Civil de 1916, até porque são exteriorizações da manifestação da posse, aplicando-se indistintamente de previsão da lei, em especial às situações acontecidas antes do vigente Código Civil:

a) A apreensão.

A apreensão é o ato pelo qual o possuidor passa a dispor dos bens livremente.

Esclarece Orlando de Assis Correa: "Quando alguém toma posse de alguma coisa, isto é, apresenta a coisa móvel ou semovente, a caça, a *res nullius*, ou se estabelece em um determinado imóvel, para lá permanecer, passando a explorá-lo economicamente, não está contratando com ninguém. Está, simplesmente, exercendo a posse. Pode esta posse ter início clandestino, violento; pode até resultar de um ato de rebeldia, negando-se o possuidor em caráter precário a devolver a coisa a seu dono. O direito protege a posse, e, provando-se sua existência, não cogita o juiz de sua natureza, quando o posseiro pede a proteção possessória. O posseiro clandestino, violento ou precário, só estará em inferioridade se o bem lhe for disputado perante a justiça pelo possuidor anterior, ou pelo proprietário. Mesmo assim, decorridos vinte anos, nem mesmo este último sairá vencedor na lide, se o posseiro invocar a prescrição, eis que o tempo corre a favor da posse, exatamente para a garantia da ordem social".[5]

Desponta um ato unilateral do possuidor, por se consumar a apreensão unicamente por meio de um movimento ou de uma ação do possuidor. Não se trata de transmissão bilateral, ou seja, não existe a união de posses, no sentido de aproveitar a posse anterior à que passa a ser exercida. A transmissão é posse derivada, sendo que se encontrava previsto tal modo de aquisição no inc. III do art. 493.

Diz-se, pois, que a apreensão envolve aquilo que não é transmitido por alguém. O adquirente do bem passa a dispor, de modo imediato e atual, fisicamente da coisa, afastando da mesma a ação de terceiros. Daí dizer-se constituir a apreensão de modo originário da aquisição.

---

4   *Obra citada*, vol. VII, 1991, 7ª ed., p. 53.
5   *Obra citada*, pp. 35 e 36.

Compreende a apreensão o conceito de posse adotado pelo art. 485 do Código Civil anterior e pelo art. 1.196 do atual diploma, isto é, ela só existe quando há o fato do exercício, pleno ou não, de algum dos poderes inerentes à propriedade.

Na apreensão, é de realce o contato físico com a coisa, ou a apropriação por atos exteriores e inequívocos, sem, no entanto, ser indispensável tal elemento.

O significado de *corpus* não se resume na simples coisa, mas no fato que realiza a vontade de possuir, ou o elemento material que consiste na relação física entre o possuidor e a coisa possuída.

Daí que a apreensão não requer que a coisa esteja nas mãos do possuidor concretamente, mas que se encontre subordinada ao seu poder. Explica Darcy Bessone: "Tudo isso mostra que a apreensão não se exprime no contato físico, mas, sim, na possibilidade de agir diretamente sobre a coisa. Integrando esta possibilidade, deve instalar-se no espírito do adquirente da posse a convicção de um poder ilimitado de dispor fisicamente da coisa, isto é, de dispor de cada parte dela".[6]

Neste ponto de vista, vemos que a intenção existente no ânimo do possuidor não é de dono, mas a disposição de que se pode dispor fisicamente da coisa.

A apreensão se dá em três situações, conforme Serpa Lopes:

1ª) a apreensão de uma coisa que não se encontra em poder de quem quer que seja;

2ª) o apossamento de uma coisa que já se encontra sob o poder de outrem e que nisto consente;

3ª) a tomada de posse da coisa sem qualquer consentimento.[7]

Na primeira modalidade, a posse se une ao apreensor por um vínculo jurídico fático, observa Renan Falcão de Azevedo.[8] Antes, havia o simples fato da coisa ou do bem, que passa a integrar uma relação vinculadora a uma pessoa. A até então *res nullius* passa para um novo estado de fato, que é a sua vinculação a alguém, afastando as outras pessoas da vinculação com ela. É o que constitui a posse.

Na segunda forma, existe a posse de uma coisa que já estava na posse de outrem, mas com a sua concordância. Não que haja uma transferência negocial ou contratual. O anterior possuidor simplesmente consente com a nova situação que se formou. Daí não perder o caráter de originária a posse.

Quanto ao último modo, também falta a combinação de vontades. Existe uma oposição. Todavia, diante da omissão do anterior titular, a posse vai criando efeitos e formando direitos.

Nos imóveis, a apreensão se efetiva pelo uso dos mesmos, ou pela ocupação, ou pelos seguintes atos, segundo discrimina Lafayette:

a) Pela presença do adquirente no terreno.

b) Pelo ingresso nele, sem necessidade de percorrê-lo em toda sua extensão.

c) Pela aproximação de modo que a dominação física se torne possível.

---

[6]   *Direitos Reais*, ob. cit., p. 275.

[7]   *Curso de Direito Civil*, vol. VI, ob. cit., p. 154.

[8]   *Obra citada*, p. 82.

E, quanto aos móveis, prossegue o mesmo autor:

a) Colocação da coisa diante do adquirente de modo que possa segurá-la.

b) A entrega do objeto a terceiro, na presença e por ordem do adquirente.

c) A imposição de marca ou sinal na coisa que deixa ficar em poder de um outro.

d) A remessa das chaves da casa ou armazém, onde o objeto está guardado, ao adquirente presente no lugar.

e) A entrega da coisa em casa do adquirente e por ordem sua.

f) Finalmente, quando a coisa, sendo apresentada, ou mostrada ao adquirente, ele encarrega a terceiro a guarda dela.[9]

Nestas hipóteses, prepondera não propriamente o contato físico, mas a deslocação do bem, que exprime a manifestação do poder de disposição pelo apreensor. Mesmo porque a presença imediata e física nem sempre é possível, especialmente naqueles bens que sobressaem pelo peso e volume.

Reconhece-se a dispensa do contato físico em casos como os abaixo, elencados por Darcy Bessone:

a) Quando eu autorizo a remessa a um terceiro, de uma coisa que o possuidor quer me entregar, a posse jurídica é transmitida a mim, e por mim ao terceiro, já que a livre disposição material foi-me atribuída pelo *tradens* (...)

b) As coisas que se encontram dentro do imóvel, que passo a possuir, também entram na minha posse, ainda que sem qualquer contato (mesmo visual) com elas, porque passo a ter a possibilidade material sobre a coisa.[10]

b) O exercício do direito.

É este um outro modo de aquisição da posse.

Paulo Rodrigues Teixeira oferece o contorno desta espécie: "Nesta parte, o Código se refere à posse decorrente de direitos e obrigações (art. 486) – direitos do locatário, comodatário, depositário e todos os que são utilizados de direitos que se exercem visivelmente sobre a coisa corpórea, e nunca sobre as incorpóreas, que não são objetos da posse".[11]

O art. 486 do anterior Código Civil, mencionado no texto, equivale ao art. 1.197 do atual Código.

Há um direito consagrado pela lei ao exercício da posse. É o que pondera Washington de Barros Monteiro: "O locatário, por exemplo, adquire a posse da coisa locada quando assume o exercício deste direito. O mesmo acontecerá com o depositário, o credor pignoratício, o comodatário, enfim, com todos aqueles que sejam titulares de direitos que se exerçam sobre coisas corpóreas".[12]

A posse se exerce em virtude de um direito decorrente, de um contato, ou de direitos e obrigações, como também fala Carvalho Santos – direitos do locatário, comodatário, depositário e de todos que são titulares de direitos que se exercem visivelmente sobre a coisa corpórea, e nunca sobre as incorpóreas, que não são objeto da posse.[13]

---

[9] *Obra citada*, pp. 24 e 25.
[10] *Direitos Reais*, ob. cit., p. 275.
[11] *A Posse e os Interditos Possessórios*, Rio de Janeiro, Livraria Editora Leite Ribeiro, 1923, p. 95.
[12] *Curso de Direito Civil, Direito das Coisas*, 4ª ed., São Paulo, Editora Saraiva, 1961, p. 35.
[13] *Obra citada*, vol. VII, p. 57.

c) Disposição da coisa ou do direito.

O termo "disposição" equivale a um dos poderes do direito de propriedade. Como, no entanto, "propriedade" e "posse" contêm sentidos diferentes, igualmente o conteúdo de "dispor" não é idêntico ao que se dá quando se fala em propriedade, que expressa capacidade de alienar, consumir, destruir ou onerar o bem. Significa, na aquisição da posse, a possibilidade de utilização da coisa, o que requer um motivo justo e legal. Não é qualquer exercício que importa na aquisição da posse. Meios ilegais de adquirir a posse não protegem o seu exercício. A pessoa que, de modo sorrateiro, ou violento, ou clandestino, ou precário, ou por simples tolerância do real titular, se apodera de uma posse, ou adquire sem que assista um direito a quem a transmitiu, não se torna possuidora pelo exercício, eis que a proteção assenta-se no exercício com base no direito.

d) Modos de aquisição em geral.

Nesta aquisição, o Código de 1916 dava abertura a todas as formas de transmitir e adquirir direitos. Envolvia a aquisição da posse por qualquer dos modos de aquisição em geral. Ressalta Serpa Lopes: "Trata-se de uma referência, num sentido geral, a todos os modos de aquisição reconhecidos no direito como suscetíveis de gerar uma transferência de direitos. Pressupõe, assim, um título causal, legítimo, consistente, na maioria das vezes, num negócio jurídico".[14]

Entravam nos modos de aquisição em geral os títulos *causa mortis*, ou *inter vivos*. A estas classes, pois pertencem a sucessão legítima ou testamentária, as doações, a compra e venda, a permuta, a transação, a dação em pagamento, o usufruto convencional, o comodato, a enfiteuse, as servidões etc.

Destaca Roberto Mattoso Câmara Filho, como modo de aquisição legal, mas que se opera em virtude de lei, o resultante do casamento:

> A lei estabelece que o marido passe a ter posse dos bens da mulher, bem como esta dos trazidos por ele.
>
> Diz o art. 266 que, na constância da sociedade conjugal, a propriedade e posse dos bens é comum.
>
> Já no caso de regime de separação, estabelece o art. 276 que a administração exclusiva é de cada cônjuge, podendo aliená-los livremente se forem móveis. Do poder de administrar deriva o direito a tomar medidas possessórias a respeito de bens administrados pelo cônjuge.[15]

O art. 266 supracitado não encontra um preceito equivalente no atual Código. Constando do dispositivo que, na constância do casamento celebrado sob o regime de comunhão universal, a propriedade e posse é comum, está repetindo a regra do art. 262, não carecendo, pois, que viesse estabelecida, razão que justifica a omissão no vigente Código. Quanto ao art. 276, também citado no texto acima, seu conteúdo consta no art. 1.687 do Código atual.

Enfim, modos aquisitivos em geral são todas as formas de transmitir e adquirir direitos. Washington de Barros Monteiro diz que tais modos são os atos jurídicos a título gratuito ou a título oneroso, *inter vivos* ou *causa mortis*, "como a compra e venda, a doação, a dação em

---

[14] *Curso de Direito Civil*, vol. VI, ob. cit., p. 157.

[15] *Posse e Ações Possessórias*, ob. cit., p. 126.

pagamento, a permuta, a transação, a sentença proferida no juízo divisório, a adjudicação, a herança e o legado".[16]

e) Constituto possessório.

Esta conhecida modalidade provém do Direito romano, definindo-se como o ato pelo qual aquele que possuía em seu nome passa a possuir em nome de outrem. Quem exerce a posse efetua a transferência do bem mediante título legítimo, mas continua com a posse, que será exercida em nome do adquirente.

Em verdade, trata-se de uma transmissão da posse apenas no ânimo, puramente convencional. Na prática, continua o transmitente com a mesma coisa, não sofrendo ela qualquer tradição efetiva ou simbólica.

A posição do transmitente toma contornos diferentes, conforme o título que embasa a sua permanência no bem. Se ele mantém a coisa consigo como mero representante do adquirente, então sua posição será de simples detentor. Este é o conceito que davam os romanos a quem detinha a coisa em nome do adquirente.

Todavia, e assim é na maior parte das vezes, o possuidor vende o imóvel, mas nele permanece como locatário ou comodatário. Neste modo de permanecer com o bem, o possuidor exerce a posse em seu próprio nome, ou no seu próprio interesse.

É que o locatário, e assim o usufrutuário, o comodatário, o arrendatário exercem a posse em nome deles, e não do titular do domínio. Não o representam, nem seguem suas ordens quanto à detenção do bem.

Na qualidade de possuidores, estão amparados pelos interditos possessórios, não ficando à mercê das ordens do proprietário.

Equivale, pois, este instituto, também conhecido como *cláusula constituti*, a uma modalidade especial de aquisição da posse.

No conceito tradicional, o *constitutum possessorium* nem podia ser considerado meio de transmissão da posse, porquanto o transmitente do bem apenas permanecia com o mesmo na qualidade de mero detentor, pondo-se à mercê das determinações do adquirente.

Conhecia-se no Direito romano, também, a aquisição pela *traditio longa manu* e pela *traditio brevi manu*, que correspondiam a duas formas de tradição ficta, realizada por meios e modos dissimulados, ou a tradição concretizada pela simples declaração de vontade.

O primeiro tipo era uma tradição na qual o objeto não era consignado propriamente, mas indicado e posto à disposição do adquirente, quando este se encaminhava *in conspectu* ou *in praesentia*, o que se aplicava também aos imóveis indicados a distância.[17]

E *brevi manu* considera-se a tradição quando "por uma simples declaração do possuidor, o detentor converte-se em possuidor. Por exemplo: o depositário, o comodatário e o locatário não eram reputados possuidores, mas meros detentores; eles estavam *in possessione*, mas *non possidebant*. Eles tinham a coisa não em nome próprio, mas para outrem, ou seja, para o depositante, o comodante, o locador; eram estes os verdadeiros possuidores jurídicos da coisa e, como tais, munidos dos interditos. Nesses casos, e em outros análogos, bastava a simples convenção entre possuidor e detentor para transformar o último em possuidor".[18]

No caso, o detentor transformava-se em possuidor por adquirir o bem.

---

[16]   *Curso de Direito Civil, Direito das Coisas*, ob. cit., p. 35.
[17]   Serpa Lopes, *Curso de Direito Civil*, vol. VI, ob. cit., p. 159.
[18]   Astolpho Rezende, *obra citada*, vol. I, pp. 314 e 315.

4.4. EXIGÊNCIAS LEGAIS PARA A VALIDADE DA AQUISIÇÃO DA POSSE

Para ser válida a aquisição da posse, exigiam-se diversas condições, de acordo com o parágrafo único do art. 493 do Código de 1916: "É aplicável à aquisição da posse o disposto neste Código, arts. 81 a 85". A disposição não constou no atual Código. Revelam-se, ainda, úteis as anotações que seguem, em vista das situações que ainda perduram, e pela ilustração que trazem à posse.

Era imposta a obediência aos ditames dos arts. 81 a 85 para legitimar-se a posse, o que não precisava ser dito, pois, tratando os mesmos da parte geral, evidente que suas disposições incidiriam nas relações que envolvessem os atos jurídicos. O art. 81 encerrava: "Todo o ato lícito, que tenha por fim imediato adquirir, resguardar, transferir, modificar ou extinguir direitos, se denomina ato jurídico". Em verdade, desde que o ato não venha com vícios, ou não viole dispositivos de lei, é ato jurídico. Não se fazia necessária a definição, pois, de ato jurídico, linha que seguiu o Código Civil atual.

Pelo art. 81 do Código Civil revogado, exigência que é óbvia, fazia-se necessário que emanasse a posse de um ato lícito, o qual se destinava a adquirir, resguardar, transferir, modificar ou extinguir direitos.

Por outro lado, constava no art. 82: "A validade do ato jurídico requer agente capaz (art. 145, nº I), objeto lícito e forma prescrita ou não defesa em lei (arts. 129, 130, e 145)". Eis a disposição do art. 104 do Código atual, de maior extensão quanto ao objeto:

A validade do negócio jurídico requer:

I – agente capaz;

II – objeto lícito, possível, determinado ou determinável;

III – forma prescrita ou não defesa em lei.

A rigor, a imposição quanto ao agente capaz não é de exigir-se, desde que devidamente representado, por ser uma situação fática, não impõe muitos requisitos. Mesmo ao incapaz, por seu representante, se reconhece o direito ao exercício da posse, já que esta existe quando tão somente há o exercício de algum dos poderes inerentes à propriedade.

Já afirmava Astolpho Rezende quanto à aquisição por meio de representantes: "Exige-se que a pessoa seja capaz de vontade. O Código Civil (art. 5º) considera absolutamente incapazes de exercer os atos da vida civil os menores de dezesseis anos, os loucos de todo o gênero, os surdos-mudos que não puderem exprimir a sua vontade, e os ausentes declarados tais por ato do juiz. Estas pessoas não podem, portanto, adquirir posse por ato próprio, só a podem adquirir por intermédio de seus representantes legais – pai, tutor, curador".[19]

O art. 5º, citado no texto acima, equivale ao art. 3º do vigente Código, que vem com substancial diferença, em redação da Lei nº 13.146/2015: "São absolutamente incapazes de exercer pessoalmente os atos da vida civil os menores de 16 (dezesseis) anos".

No tocante à forma prescrita ou não defesa em lei, não aparece maior relevância. Interessam os princípios que disciplinam a aquisição da posse, como fato em si, às vezes destituídos de qualquer formalidade.

As demais disposições dos artigos citados – arts. 83, 84 e 85 do Código Civil revogado, que equivalem, à exceção do art. 84, aos arts. 105 e 112 do Código atual, não encontram maior aplicação na posse.

---

[19] *Obra citada*, vol. I, p. 320.

Oportuna a seguinte manifestação de Renan Falcão de Azevedo, sobre o assunto: "(...) A posse é, muitas vezes, um simples estado de fato (...) Nem sempre ela tem origem justa. Quando viciada, originalmente, pela violência, a clandestinidade, a precariedade, a posse é injusta. Mas é posse. E é posse porque, cessados os vícios originários, ela passa a produzir efeitos na esfera jurídica. Então, é possível concluir-se que a posse pode ser adquirida através de ato lícito (que deverá ter a pureza exigida pelos mencionados arts. 81 a 85), mas também poderá ser adquirida por ato ilícito".[20]

As regras acima eram e podem ser aplicáveis, no entanto, nas hipóteses de posse derivada, adquirida mediante um ato bilateral, isto é, quando há transmissão da posse. É óbvio que o ato deve ser lícito, o qual, para se perfectibilizar, demanda a exigência de agente capaz e objeto lícito, sendo de menor relevância a forma do ato de transmissão. É suficiente a prova do negócio, mesmo verbal, já que assenta a posse num simples fato. É o que transparece no ensinamento de Serpa Lopes: "Para os modos aquisitivos ligados a um negócio jurídico, prevalecem os requisitos constantes dos arts. 81 a 85 do Código Civil, os quais fazem remissão ao parágrafo único do citado art. 493. Assim, a posse *ad usucapionem*, mesmo exercida por um possuidor carente de justo título e boa-fé, que se presume decorrido o lapso de vinte anos, pode transmiti-la mediante um negócio jurídico, cabendo ao adquirente unir a sua posse à do seu antecessor".[21]

Melhor técnica adotou o vigente Código, que não traz nenhuma regra a respeito, pois os disciplinamentos referentes aos atos jurídicos se aplicam indistintamente a todos os negócios, por estarem inseridos na parte geral do Código Civil.

4.5. PESSOAS HABILITADAS A ADQUIRIR A POSSE

O art. 494 do Código de 1916 elencava as seguintes pessoas aptas a adquirirem a posse:

A posse pode ser adquirida:

I – pela própria pessoa que a pretende;

II – por seu representante ou procurador;

III – por terceiro sem mandato, dependente de ratificação;

IV – pelo constituto possessório.

O conteúdo está no art. 1.205 do Código vigente, que não inclui a aquisição pelo constituto possessório:

A posse pode ser adquirida:

I – pela própria pessoa que a pretende ou por seu representante;

II – por terceiro sem mandato, dependendo de ratificação.

O primeiro caso contempla a própria pessoa que a pretende. Óbvia é a aquisição em favor da pessoa que a pretende, cumprindo-lhe satisfazer os requisitos que permitem a concessão da posse. Precede, evidentemente, à pretensão o preenchimento dos requisitos.

Em segundo lugar, permite o Código o exercício da pretensão pelo representante, ou procurador, da pessoa que pretende a posse, na redação do Código Civil de 1916, ou pelo

---

[20]   *Obra citada*, p. 78.
[21]   *Curso de Direito Civil*, vol. VI, ob. cit., p. 158.

representante, em versão do atual diploma. Na verdade, a representação pode se dar em razão do mandato passado. Assim quando se outorga a alguém poderes para exercer a representação, como num mandato judicial. Possível, porém, que a representação decorra de outra causa, como da lei, o que se dá em relação aos filhos menores, ou à incapacidade. Quem é procurador representa. Mas nem sempre quando há representação decorre mandato. Os pais representam os filhos menores. O curador também representa o indivíduo interditado, não significando que haja mandato. Por isso, entende-se que foi aperfeiçoada a redação do art. 1.205 do Código em vigor.

Importa considerar que, pela representação, o titular da pretensão está impossibilitado de adquirir pessoalmente. É a hipótese da posse que vem a ser adquirida pelo pai, tutor, ou curador, em nome do incapaz. Outrossim, no caso das pessoas jurídicas, o representante é que atua na aquisição, realizando todos os atos para tanto necessários.

O terceiro, que não seja representante e não tenha mandato, desde que haja posterior ratificação, está autorizado a adquirir a posse em favor de outra pessoa. Esclarece Orlando Gomes que, "praticamente essa condição implica o reconhecimento de que a posse só se adquire por outrem quando há representação, desde que não se opera se não for ratificada. A ratificação, na espécie, retroage ao dia do ato praticado pelo terceiro, e produz os efeitos do mandato".[22]

Tudo leva a concluir a configuração de um caso de gestão de negócios, nos termos do art. 861 do Código Civil de 2002, que tem redação igual ao art. 1.331 do anterior Código: "Aquele que, sem autorização do interessado, intervém na gestão de negócio alheio, dirigi-lo-á segundo o interesse e a vontade presumível de seu dono, ficando responsável a este e às pessoas com que tratar".

A posse considera-se adquirida desde o dia, não da ratificação, mas do ato da gestão, como ressoa do art. 873: "A ratificação pura e simples do dono do negócio retroage ao dia do começo da gestão, e produz todos os efeitos do mandato".

Para adquirir a posse em favor de outrem, importa a presença do ânimo, ou da vontade, no representante, de adquirir a posse da coisa, ou do direito, para o representado. De igual modo, este deve estar imbuído da intenção de adquirir a posse por meio de terceiro, que somente detém a coisa. É o que já advertia Ribas: "O ânimo de possuir, porém, neste caso, não se refere ao império da vontade do apreensor sobre a coisa, e sim ao da vontade daquele a quem ele representa (...) Não basta, porém, em regra, o ânimo de possuir no representante; é também indispensável que ele exista naquele para quem a posse é adquirida. Daí o aforismo: *ignoranti possessio non adquiritur*".[23]

E se o apreensor adquirir a posse para si mesmo, ou para outrem, embora representante de determinada pessoa?

Na hipótese, em se tratando de tradição, o que regula é a intenção do transmissor, e não a do representante que, infiel à sua missão, venha a desvirtuar o destino da posse. Tal posse seria viciada e precária, não passando de simples detenção, ensejando o uso do interdito possessório, como se depreende da lição do mesmo autor acima.[24]

O art. 494 do Código de 1916, no inc. IV, incluía a aquisição da posse pelo constituto possessório que, na verdade, é um modo de aquisição, sem previsão no vigente Código com razão, o qual já foi estudado no item 4.3, letra "e", do presente capítulo.

---

[22]   *Direitos Reais*, tomo 1º, ob. cit., p. 71.

[23]   *Obra citada*, pp. 143 e 144.

[24]   *Obra citada*, p. 143.

4.6. ERRO DE FATO E ERRO DE DIREITO NA AQUISIÇÃO DA POSSE

Erro de fato decorre da equivocada apreciação de fatos, no que pertine a pessoas ou coisas. Considera-se alguém proprietário quando não o é; ou acredita-se que o morador é possuidor com posse justa, mas, na verdade, qualifica-se como invasor.

Como se percebe, há uma inadequada percepção da realidade das pessoas ou dos bens. Equivoca-se alguém quanto às qualidades essenciais dos outros no memento em que expressa seu consentimento.

O erro de direito é aquele que envolve a existência de uma norma jurídica, ou de uma lei, ou do próprio direito consolidado. Alienam-se bens de incapazes sem a autorização judicial, por desconhecer a parte a norma proibitiva.

Quanto ao erro de fato, não se afasta a boa-fé. Sendo um herdeiro contemplado com mais área daquela permitida pelo direito sucessório, sem perceber a irregularidade; ou quando alguém ocupa um imóvel pensando ser o que corresponde ao seu título, não se pode reconhecer a má-fé, pois a escusabilidade nas hipóteses é palpável.

As discussões, no entanto, avultam no tocante ao erro do direito, principalmente em virtude do princípio de que a ninguém é escusado a ignorância da lei – *nemo jus ignorare censetur*.

Salienta Serpa Lopes que, no caso, funda-se a justificativa não da ignorância da lei, mas da própria razão do consentimento viciado, eis que o agente é levado a praticar o ato em virtude da ignorância de certo fato proibido pela lei. Na posse, o erro de direito não exclui a possibilidade da boa-fé, a menos que se atinja uma norma de ordem pública, em que não é possível admitir-se a presença da boa-fé, que se revelará por dois fatores importantes e consistentes na ignorância do verdadeiro proprietário, e no adimplemento de todas as condições necessárias à regular transferência da propriedade.

O erro de fato aparece, às vezes, associado a uma equivocada interpretação do contrato, como na locação de um imóvel, pensando o possuidor que se trata de um comodato; ou associado ao próprio direito, na hipótese, *v.g.*, de aquisição de imóvel de pessoa que não tem a titularidade, além de ser incapaz. Por norma legal, não se admitem aquisições em tais situações. Mas, mesmo que o diga a lei, o adquirente desconhecia a razão da iniciativa da transação e o vício de vontade que se apresentava.

O erro de direito funda-se num fato que não é admitido pelas normas vigentes. Mas também será erro de direito quando a transferência ocorre com ciência do comprador quanto à deficiência mental do vendedor, embora ignore os dispositivos específicos que proíbem ou tornam inválidas transações com pessoas incapazes, sem a devida autorização judicial.[25]

---

[25] *Curso de Direito Civil*, vol. VI, ob. cit., p. 114.

Capítulo V
Perda da Posse

5.1. TEORIAS EXPLICATIVAS

Conforme Tito Fulgêncio, "a posse subsiste enquanto o possuidor se comporta em face da coisa como o faria normal e regularmente o proprietário, e, portanto, cessa quando ele deixa de se portar como dono em face da coisa".[1]

Vige, na doutrina, o princípio afirmando que, sendo a posse visibilidade, perde-a o possuidor que não guardar a conduta, em relação à coisa, análoga à do proprietário.

Para Savigny, a perda da posse parte dos elementos necessários para a sua aquisição. Sendo a posse o poder de dispor fisicamente de uma coisa, combinado com a convicção que se tem do poder de disposição, a sua manutenção também exige a perduração de tais elementos, ou a coexistência do fato físico e da vontade. Portanto, desaparece a posse desde que falte a referida coexistência, ou a partir do desaparecimento do fato material ou da vontade, ou de ambos os requisitos.

Jhering, por sua vez, assentando a posse na exterioridade da propriedade, entende que a perda vem a ocorrer quando a coisa se coloca em posição diversa da maneira e formas regulares, sob as quais o proprietário habitualmente se serve dela.[2] Em outros termos, caracteriza-se a perda no momento em que não mais revela a pessoa uma conduta de conservação da posse, ou o interesse na sua manutenção. E o interesse envolve atos próprios para mantê-la, manifestáveis através da maneira de se utilizar da coisa, de cuidar dela, de protegê-la e garantir-se na mesma. Dá-se a perda porque não mais revela o possuidor tal interesse, desligando-se do bem e desaparecendo a visibilidade. Descura-se da diligência própria do proprietário. O bem fica à mercê de outros. Há um descuido quanto à sua conservação. Não se mantêm atos de manipulação sobre o bem, que fica abandonado em qualquer local, entregue à própria sorte.

Há, na teoria de Jhering, muito comodismo. No direito civil pátrio, em muitos casos, é imprescindível a presença do ânimo para ensejar a perda.

5.2. SITUAÇÕES DE PERDA DA POSSE

Elencava o art. 520 do Código Civil anterior várias situações que levavam à perda. Já o Código atual não traz uma discriminação, no que andou bem, eis que qualquer enumeração não esgota as causas de perda. Seu art. 1.223 configura a perda quando cessa algum dos

---

[1]   *Da Posse e das Ações Possessórias*, vol. I, ob. cit., p. 191.
[2]   Darcy Bessone, *Direitos Reais*, ob. cit., p. 316.

poderes que vinham sendo exercidos sobre a coisa: "Perde-se a posse quando cessa, embora contra a vontade do possuidor, o poder sobre o bem, ao qual se refere o art. 1.196".

Pelo art. 520 do Código Civil revogado, eis as causas que, frente ao novo sistema, servem para exemplificar as situações na prática:

a) Pelo abandono da coisa.

Deverá o abandono ser intencional ou voluntário, transparecendo no ato do possuidor a conclusão de desfazer-se da coisa. Ele não a quer mais. Desfaz-se do bem, deixando de tê-lo consigo, e não desejando mais mantê-lo em seu poder. Aí estão presentes o *corpus* e o *animus* – o primeiro pelo fato de não exercer mais qualquer ato físico sobre o bem, e o segundo em razão de afastar a disposição da vontade para conservá-lo sob seu controle.

Assim, não constituem abandono a ausência de contato físico sobre o bem, nem o seu afastamento temporário por circunstâncias alheias à vontade, como na situação de serem ejetados objetos do interior de uma aeronave, para diminuir seu peso, por causa de avaria nos motores. Ainda, quando os bens são perdidos ou esquecidos, a vontade não visa o abandono.

No pertinente a imóveis, lembra Tito Fulgêncio que a sua desocupação, em determinadas condições, pode traduzir a intenção de renunciar à posse: "Assim, se a ausência é prolongada e não está em harmonia com a forma normal da realização da propriedade e equivale à não utilização, dá-se uma perturbação da relação normal da propriedade, o que virtualmente inclui o abandono".[3]

Quanto à presença do *animus*, nota Caio Mário da Silva Pereira: "O elemento *animus* nem sempre é fácil de se apurar e comprovar, na ausência de declaração expressa do que abdica. Um locatário desocupa a casa onde morava; o proprietário de apartamento em zona de praia deixa-o fechado e sem utilização nos meses de inverno: aparentemente são duas condutas iguais, porque em ambas o possuidor deixa a coisa sem utilização; mas diferem em que, no primeiro caso, a intenção de abandono com renúncia à posse decorre de rompimento da cadeia de atos que implicam a conduta análoga à do proprietário; o segundo, o não uso é uma forma de exercer o direito, porque, pela sua finalidade natural, a casa de praia não é usada no inverno".[4]

Uma questão de grande relevância desponta, relativa à situação da coisa abandonada: qual a posição jurídica de quem se apropria dela?

É evidente que não poderá ser despojado do bem abandonado. Segundo Renan Falcão de Azevedo, "ocorrido o abandono, obviamente a coisa abandonada se transforma em coisa de ninguém (*res derelicta*)".[5]

A pessoa que tem a posse reveste-se do *affectus tenendi*. Mas, quando a abandona, sucede o *affectus non tenendi*.

Se desprovida do *affectus tenendi*, é óbvio que nenhum vínculo jurídico submete a coisa a ela.

Assim, quem encontra a mesma, ou passa a ocupar o imóvel, terá a proteção possessória. Não poderá ser despojada da posse. O domínio, no entanto, somente se adquire com o passar do tempo necessário para se realizar a prescrição aquisitiva.

b) Pela tradição da coisa.

Trata-se da entrega da coisa como meio de transmitir a posse. É este, também, um meio de aquisição da posse. Observa Serpa Lopes: "Se se perde a posse pela tradição, deve-se ao

---

[3] *Da Posse e das Ações Possessórias*, vol. I, ob. cit., p. 196.

[4] *Instituições de Direito Civil*, vol. IV, ob. cit., p. 55.

[5] *Obra citada*, p. 98.

fato do tradente tê-la transferido ao adquirente. Portanto, a tradição, ao mesmo tempo que é um modo de aquisição da posse, o é igualmente de perda. O que efetua a entrega de uma coisa perde a sua posse; o que a recebe, adquire-a".[6]

No sentido que interessa ao presente caso, a tradição significa a entrega de uma coisa pelo possuidor, feita intencionalmente a uma outra pessoa para que lhe adquira a posse.

Verificam-se duas espécies de tradição: a primeira vem a ser a simples entrega da coisa sem intenção de transferir a posse; a segunda constitui a entrega da coisa a outrem com a intenção de transferir de parte do transferinte, e com a intenção de adquirir do lado do adquirente. Interessa a segunda modalidade, porquanto, na outra, embora haja o possuidor direto, persiste a posse indireta, como no caso do dono de um bem que o entrega a um preposto para administrá-lo.[7]

Reconhece-se a existência da tradição simbólica quando o deslocamento do bem se efetiva através de um ato que substitui o próprio deslocamento.[8] Exemplo típico é o encontrado na venda de um veículo, mas sem a entrega na oportunidade da transferência. Simplesmente pode haver a entrega das chaves e não do bem.

c) Pela perda ou destruição da coisa, ou por ser ela posta fora do comércio.

Três fatos são suscetíveis de ocorrer: ou a perda da coisa, ou o seu perecimento, ou a sua colocação fora do comércio.

Com a perda da coisa, desaparece a posse.

"Perda" significa extravio, descaminho, desvio e perecimento. Escreve Tito Fulgêncio: "Perda da coisa, diz a lei, e com isto parece à primeira vista querer que se haja como perdida a posse sempre que se dê a perda da coisa, mas assim não é e não pode ser, porque em todo assunto de posse, que é a utilização econômica da propriedade, não pode o intérprete se alhear desse ponto de vista econômico, e, em perda da posse, da diligência do proprietário".[9]

Não há, pois, perda da posse quando o extravio da coisa ocorre no interior da residência de seu proprietário; nem enquanto continua à procura, mesmo que a perda se verifique em locais públicos. Mas dá-se a perda a partir do momento em que o titular da posse desiste de procurar.

Em suma, há perda da coisa se a mesma é extraviada e o possuidor não mais a encontra, ou não procura recebê-la junto à pessoa que a encontrou.

A destruição envolve o perecimento do bem.

Pode ela consistir no desaparecimento da substância do bem, como a morte de um animal, o incêndio de um veículo, o desmoronamento de uma casa, ou o desaparecimento das qualidades essenciais para a utilização da coisa, que acontece, *v.g.*, na situação de um bem não mais se prestar para determinada finalidade, no caso de uma praia inundada pelas águas do mar; ou de um veículo cujo motor deixa de funcionar e não vem a ser consertado; ou na transformação de uma coisa, de modo que a desfigure inteiramente, suscetível de ocorrer com a confusão e a avulsão, dentre outras hipóteses; ou a colocação de uma coisa em lugar de onde não possa ser retirada, como na queda de uma pedra preciosa no fundo do mar, ou em um abismo. Embora não haja a destruição do bem, verifica-se a impossibilidade da recuperação.

---

[6] *Curso de Direito Civil*, vol. VI, ob. cit., p. 166.

[7] Tito Fulgêncio, *Da Posse e das Ações Possessórias*, vol. I, ob. cit., p. 198.

[8] Renan Falcão de Azevedo, *obra citada*, p. 98.

[9] *Da Posse e das Ações Possessórias*, vol. I, ob. cit., p. 193.

A colocação fora do comércio, que provoca a perda da posse, envolve uma determinação em geral de uma autoridade administrativa, que subtrai o bem do comércio, ou da disponibilidade sobre o mesmo, como quando há a desapropriação de terras ou o confisco de produtos alimentícios.

Obviamente, se a coisa é colocada fora do comércio, também ocorre a perda da posse. Um bem, por ato legal, tem retirada a possibilidade de ser apropriado privadamente, como acontece com a desapropriação. Dispunha o art. 69 do Código Civil 1916, sem equivalente no Código atual: "São coisas fora do comércio as insuscetíveis de apropriação, e as legalmente inalienáveis". No entanto, o conteúdo do dispositivo se aproxima com o do art. 100 do Código atual: "Os bens públicos de uso comum do povo e os de uso especial são inalienáveis, enquanto conservarem a sua qualificação, na forma que a lei determinar".

A extracomercialidade, salienta Washington de Barros Monteiro, pode ser determinada por motivo de ordem pública, de moralidade, de higiene e de segurança pública.[10]

d) Pela posse de outrem.

O inc. IV do art. 520 do Código de 1916, referindo-se à perda, tinha a seguinte redação: "Pela posse de outrem, ainda contra a vontade do possuidor, se este não foi manutenido, ou reintegrado em tempo competente". Há alguma parecença com o art. 1.224 do atual Código, cuja redação é a seguinte: "Só se considera perdida a posse para quem não presenciou o esbulho, quando, tendo notícia dele, se abstém de retornar a coisa, ou, tentando recuperá-la, é violentamente repelido".

A posse de outrem provoca a perda quando, havendo invasão de imóvel ou apropriação de bem móvel, o possuidor se conserva inativo, consentindo tacitamente que se estabeleça uma posse nova. Pelo Código em vigor, configura-se a perda a partir do momento em que a pessoa tem notícia do esbulho. Ilustra Tito Fulgêncio, cujos dizeres se coadunam ao sistema de hoje: "Um possuidor é violentamente expulso de seu prédio, opõe violência a violência ou usa da manutenção ou da reintegração, e vence; não deixou de possuir porque se portou como senhor em face do prédio; se cruza os braços, deixa de se fazer visível como dono e perde a posse".[11]

Sobre o mesmo inc. IV, anotou Paulo Rodrigues Teixeira: "Há um equívoco no texto nº 4 do art. 520. Se outrem tomou a posse, o possuidor a perdeu, ou seja, por ato de sua vontade, ou contra ela.

No primeiro caso, há o acordo, houve a transferência, e não poderá, pois, ser manutenido ou reintegrado. No segundo, houve o esbulho. Mas se o próprio Código nos diz que o interdito que protege o esbulhado contra o ato do esbulhador é o de reintegração, é evidente que há manifesta incoerência no texto. Assim, o termo manutenido só por engano figura ali".

O esbulhado pode reaver a coisa mediante a reintegração de posse. Caso intentada dentro de ano e dia do esbulho, é concedível a liminar de reintegração. Só após este prazo, observar-se-á o procedimento comum, sem possibilidade de tal medida. Segue Paulo Rodrigues Teixeira: "E enquanto não decorrer o tempo para a prescrição aquisitiva – o usucapião – da coisa objeto da posse..., pode o esbulhado promover a reintegração".[12]

e) Pelo constituto possessório.

Neste caso, pelo que já foi desenvolvido, o possuidor transfere o domínio do bem a um terceiro, mas ele permanece na posse, agora como detenção. Altera-se a relação jurídica,

---

[10]   *Curso de Direito Civil, Direito das Coisas*, ob. cit., p. 73.

[11]   *Da Posse e das Ações Possessórias*, vol. I, ob. cit., p. 186.

[12]   *Obra citada*, pp. 135 e 136.

passando a possuir em nome alheio. Antes, possuía em seu nome próprio. A coisa continua com ele, mas a propriedade passa para o adquirente. Extingue-se a *affectio tenendi* em relação a ele próprio. Ilustra Tito Fulgêncio: "O próprio possuidor muda a *causa possessiones* em *causa detentionis*. A relação exterior, o elemento material ou o *corpus* não varia, o que muda é a vontade do possuidor e esta vontade ele a expressa nos dois atos jurídicos cuja combinação forma o 'constituto possessório'. Quem fica no prédio como detentor não quer mais possuir, demite de si a posse".[13]

Vê-se, portanto, que o constituto possessório, relativamente ao transmitente, é modo de perda da posse; em relação ao constitutário, é modo de adquirir.

Como já referido, o Código Civil em vigor, no art. 1.223, estatui mais sinteticamente a forma da perda da posse. "Perde-se a posse quando cessa, embora contra a vontade do possuidor, o poder sobre o bem, ao qual se refere o art. 1.196." O art. 1.196 traz a condição para considerar-se alguém possuidor: "Considera-se possuidor todo aquele que tem de fato o exercício, pleno ou não, de alguns dos poderes inerentes à propriedade".

Como se percebe, a perda da posse se dá com a cessação do poder que exerce o possuidor sobre a coisa.

Se o titular desenvolve a posse mediante o uso, com o desaparecimento deste cessa a posse.

5.3. PERDA DA POSSE DE DIREITOS

O parágrafo único do art. 520 do Código Civil revogado dispunha sobre a perda da posse de direitos: "Perde-se a posse dos direitos, em se tornando impossível exercê-los, ou não se exercendo por tempo, que baste para prescreverem". Nada disciplinou o vigente Código sobre essa perda. Todavia, o assunto é interessante, e merece algumas observações, até porque a omissão em cuidar da espécie não importa em afastá-la do direito.

Pelo que previa a regra, a perda envolvia os direitos reais.

É o que pensa Serpa Lopes, apoiado em Clóvis Beviláqua: "Consoante pensa Clóvis, a posse dos direitos aludida no parágrafo único do art. 520 é inerente à posse dos direitos reais e não mais. Assim, todos os direitos reais, exceto o de hipoteca, por sua natureza afastado da ideia de posse, são assegurados pela medida possessória".[14]

Duas as formas que exsurgiram da norma do Código anterior, para a perda dos direitos:

a) Em face da impossibilidade do exercício do direito. Explica Caio Mário da Silva Pereira: "Perde-se a posse dos direitos quando se impossibilitam para o titular a fruição e utilização de seus efeitos. A hipótese equivale à de perda da coisa, em lugar inacessível: o possuidor não tem mais a faculdade de se conduzir (...), e sofre então a perda da posse. Esta impossibilidade pode provir do obstáculo levantado por outrem, que se oponha à sobrevivência da posse, ou pode nascer de um fato natural. O efeito é sempre o mesmo".[15]

Exemplifica-se a hipótese com a servidão de aqueduto, em que o terreno por onde se estende o canal é inundado em face da construção de uma barragem.

b) Diante do não exercício do direito por tempo suficiente para que prescreva. É a inércia do titular do direito que determina a perda. No tocante à servidão, vinha prevista

---

[13] *Da Posse e das Ações Possessórias*, vol. I, ob. cit., p. 199.
[14] *Curso de Direito Civil*, vol. VI, ob. cit., p. 171.
[15] *Instituições de Direito Civil*, vol. IV, ob. cit., p. 57.

uma hipótese, no art. 710, inc. III do Código Civil de 1916: "As servidões prediais extinguem-se: (...) III – Pelo não uso durante dez anos contínuos". O art. 1.389 do diploma em vigor conserva a regra: "Também se extingue a servidão, ficando ao dono do prédio serviente a faculdade de fazê-la cancelar, mediante a prova da extinção: (...) III – Pelo não uso, durante 10 (dez) anos contínuos".

Em situações desta espécie, enquanto não decorrido o prazo, não se consuma a perda da posse do direito. A posse fica suspensa tão somente, podendo ser retomada a qualquer tempo antes de vencido o prazo.

Quanto à impossibilidade do exercício, observava Carvalho Santos: "A impossibilidade do exercício do direito pode, por outro lado, resultar de ato de terceiro, como, por exemplo, a proibição de exercer a servidão, por ter sido tapado o caminho e o possuidor negligenciado fazer valer os seus direitos de possuidor, não agiu em defesa de sua posse, conservando-se inativo, deixando que se formasse a impossibilidade. Se não cruza os braços, porém, e se desforça incontinenti, ou recorre aos meios judiciais, vencendo, não perde a posse, porque deita por terra a impossibilidade do exercício de seu direito, afastando o embaraço que o privara daquele exercício".[16]

O Código Civil de 2002 nada disciplinou a respeito, o que, segundo Renan Falcão de Azevedo, que analisava o então Projeto, não procedeu com acerto, eis que os direitos reais sobre imóveis são considerados bens imóveis. São, pois, bens, e, consequentemente, objetos de direitos: "Assim, não há como negar-se relação possessória sobre direitos reais. Imaginemos determinada pessoa que esteja exercendo os direitos atinentes a uma servidão de trânsito sobre imóvel alheio, deixando tais vestígios que esta servidão pode ser considerada como aparente. Segundo entendimento pacífico, mesmo antes de completados os dez anos para ser titulada por via de usucapião, pode ser protegida pelo interdito da reintegração de posse, caso a passagem seja injustamente obstaculizada. Observa-se que o interdito em causa não tem por objeto o trato de terra por onde a passagem se exercita. Seu objeto é o próprio direito de passagem. Este direito, portanto, é objeto de posse. Tanto que se protege a posse sobre ele".[17]

---

[16]   *Obra citada*, vol. VII, pp. 244 e 245.

[17]   *Obra citada*, p. 96.

Capítulo VI
Transmissão da Posse

6.1. CARÁTER DA POSSE NA TRANSMISSÃO

Importante regra continha o art. 492 do Código Civil de 1916 e consta no art. 1.203 do Código em vigor, repetindo-se o texto: "Salvo prova em contrário, entende-se manter a posse o mesmo caráter com que foi adquirida". Basicamente, consagra-se o princípio da continuidade da posse, que mantém, na transmissão, as mesmas qualidades de que se revestia antes. Se, em seu início, e no curso de seu exercício, é precária, ou clandestina, ou violenta ou de má-fé, perduram tais vícios ao transmitir-se para outro possuidor.

Da mesma forma, se é de boa-fé, ou justa, assim prosseguirá no futuro. É que ninguém tem o poder para mudar a causa da posse, ou alterar o respectivo título. Neste sentido, ao herdeiro não é permitido alterar o título embasador, e quem tem a posse para os interditos não terá o direito de transacioná-la para fins de usucapião. Acrescenta Washington de Barros Monteiro: "Por outro lado, adquirida de má-fé, mantém a posse inalteravelmente o mesmo caráter pela razão de que ninguém pode, por si mesmo, mudar a causa ou o título da posse. Igualmente, se alguém possui a título de empréstimo, não pode transformar a *causa possessionis*, dizendo que a coisa lhe foi dada".[1]

Na prática, inúmeras situações se apresentam, especialmente na transmissão de uma pessoa para outra. Quem possui um bem precariamente e o transmite, transfere também as precariedades da posse. É irrelevante a boa-fé do adquirente, ou o desconhecimento das precariedades.

6.2. TRANSMISSÃO DA POSSE NA SUCESSÃO HEREDITÁRIA

Com a morte, a posse do autor da herança passa para os seus sucessores. A transmissão opera-se com os mesmos caracteres que mantinha a posse antes. É o que despontava do art. 495 do Código Civil anterior e persiste no art. 1.206 do vigente Código, ao estatuir: "A posse transmite-se aos herdeiros ou legatários do possuidor com os mesmos caracteres".

De modo que, pelos termos da norma acima, a posse adquirida de má-fé transmite-se com idêntico vício; aquela que vem propiciando o decurso do prazo prescritivo também terá este caráter quando transmitida. Assim o ensinamento de Renan Falcão de Azevedo: "Daí porque, sendo de boa-fé a posse do *de cujus*, seus herdeiros ou legatários receberão sua posse com as mesmas características. Serão, consequentemente, considerados possuidores de boa-fé, salvo, naturalmente, prova em sentido contrário".[2]

---

[1]   *Curso de Direito Civil, Direito das Coisas*, ob. cit., p. 30.

[2]   *Obra citada*, p. 112.

Astolpho de Rezende também apresenta casos parecidos: "Assim, se precária era a posse do antecessor, se tinha começado a possuir de má-fé, com os mesmos vícios continuará a posse na pessoa do herdeiro. Em nada influi a ciência ou a ignorância do herdeiro; a representação do *de cujus* é de tal modo completa, diz Troplong, que ambos formam uma só e mesma pessoa; e daí a razão por que a posse passa de um para o outro".[3] É que, salienta Manuel Rodrigues, "a posse dos herdeiros é a posse daquele com as suas mesmas qualidades e os seus mesmos defeitos. Titulada, se aquela foi titulada; de boa-fé, se aquela foi de boa-fé".[4]

A posse dos herdeiros forma um todo com a posse do autor da herança. Cumpre se tenha em vista, sempre, a posse deste último para se aferir a qualidade da posse daqueles.

Mas, se a posse provém de usufruto, uso ou habitação, não há sucessão, como explica Pontes de Miranda: "Não há *sucessio possessionis*, em se tratando de usufruto, uso ou habitação. Quem tem posse de usufrutuário, não deixa aos herdeiros posse de usufrutuário, nem quem tem posse de usuário ou de habitador a transmite. O herdeiro ou o inventariante tem posse imediata de administrador. Não há, portanto, por onde pensar-se em continuação da posse, nem em união das posses.

No caso de extinção da posse jurídica, titular do direito real limitado de usufruto, uso ou habitação, dá-se o mesmo. Se o sucessor é universal, a posse, que recebe, quanto aos bens usufruídos, usados ou habitados, é a do administrador; não a do usufrutuário, usuário ou habitador. Se o sucessor se crê titular de outro usufruto, uso ou habitação, e passa a exercer a posse como tal, de modo nenhum se há de pensar em sucessão na posse: há nova posse, ou a injustificada *mutatio causae possessionis*".[5]

Em suma, na transmissão da posse, não se transmite propriamente a posse como estado de fato. Com a morte de seu titular, ela também cessa. O que se transmite é o direito de se continuar a posse, como reconhece Carvalho Santos.[6]

6.3. A POSSE NA SUCESSÃO UNIVERSAL E NA SUCESSÃO PARTICULAR

Na sucessão da posse a título universal e a título particular ou singular, diferentes são os efeitos.

Há a sucessão a título universal quando o sucessor substitui o titular primitivo na totalidade dos bens, ou em uma quota parte ideal deles. E sucessão a título singular é aquela em que o sucessor substitui o antecessor em direitos ou coisas determinadas, ou em parte de seu patrimônio.

Eis a distinção de Clóvis Beviláqua: "Sucessor a título universal é aquele que substitui o titular do direito na totalidade de seus bens, ou numa quota parte deles. Tal é o herdeiro. Sucessor a título particular é o que substitui o antecessor em direitos ou coisas determinadas. Tal é o comprador".[7]

A respeito dos dois tipos de sucessão, preceitua o art. 1.207: "O sucessor universal continua de direito a posse de seu antecessor; e ao sucessor singular é facultado unir sua posse à do antecessor, para os efeitos legais".

---

[3] *Obra citada*, 1º vol., p. 417.

[4] *Obra citada*, p. 286.

[5] *Comentários ao Código de Processo Civil*, vol. XIII, ob. cit., p. 168.

[6] *Obra citada*, vol. VII, p. 68.

[7] *Código Civil dos Estados Unidos do Brasil Comentado*, 9ª ed., Rio de Janeiro, Livraria Francisco Alves Ltda., 1953, vol. III, p. 22.

Cap. VI · TRANSMISSÃO DA POSSE | 73

O dispositivo acima não se refere apenas à sucessão *causa mortis*, mas envolve qualquer transmissão. Sua redação coincide com a do art. 496 do Código de 1916, mantendo-se a exegese que outrora se dava.

De seus termos ressalta a distinção entre o sucessor a título universal e o a título singular. Como já se afirmou, aquele substitui o titular primitivo na totalidade de seus bens, ou na quota ideal deles, como no caso do herdeiro. Ele é continuador da posse, recebendo-a com as mesmas características que possuía anteriormente. Tanto nos vícios da posse, como nos das qualidades, há a sucessão. Eis a lição de Renan Falcão de Azevedo: "Assim, o sucessor universal, obrigatoriamente, continua, ou dá sequência à posse de seu antecessor. A posse, portanto, permanece a mesma, mudando apenas seu titular".[8]

O sucessor a título singular substitui o antecessor em direitos ou coisas determinadas. Autoriza o art. 1.207 a união de sua posse com a do antecessor. A *acessio possessionis*, no entanto, não é obrigatória. Prossegue Washington de Barros Monteiro que, "se o fizer (união de posses), sua posse sofrerá as vicissitudes da anterior, de modo que se esta era viciosa, viciosa continuará a ser com o sucessor singular; se não o fizer, se desligar sua posse da do antecessor, como lhe é permitido, tê-la-á purgado dos vícios que a maculavam, iniciando com a nova posse o usucapião".[9]

Exemplos da sucessão de posse a título universal são a herança que recebe o herdeiro único, e a compra e venda em que uma única pessoa adquire todos os bens de uma outra.

Se, no entanto, um herdeiro é contemplado com determinada quantidade de bens, ou com um único, a sucessão é a título singular.

Para se admitir a união, impõe-se a integração de três condições: "a) Deve haver uma causa jurídica entre a posse do sucessor e a de seu antecessor; b) a posse do sucessor deve ser adquirida imediatamente à posse do antecessor, sem a intermediação de outra posse; c) ambas as posses devem ter o mesmo objeto".[10]

Na verdade, embora a distinção constante no dispositivo em posse universal e posse singular, na prática pouco resultado tem a caracterização de diferentes termos. O dispositivo, tanto em relação a uma, como à outra hipótese, autoriza a continuação ou união das posses.

A diferença está em que, na sucessão universal, sempre se dá a continuação da posse com as mesmas qualidades ou os mesmos vícios.

Na sucessão particular, ou singular, a união é facultativa. O sucessor tem o direito de aproveitar ou não a posse anterior. Caso estiver contaminada de vícios, não lhe é interessante a junção. Preferirá, então, a invocação de tão somente a sua posse.

6.4. EXTENSÃO DA POSSE DOS IMÓVEIS À POSSE DOS MÓVEIS

De modo geral, a posse do imóvel faz presumir a dos móveis e objetos que se encontram nele. A regra é do art. 1.209, que encerra: "A posse do imóvel faz presumir, até prova contrária, a das coisas móveis que nele estiverem". Permite-se, como ressalta, a prova de que os móveis não fazem parte do imóvel.

Quem adquirir, pois, a posse do imóvel passa, em princípio, a exercer a posse de todas as coisas que nele se encontrarem.

---

[8] *Obra citada*, p. 113.
[9] *Curso de Direito Civil – Direito das Coisas*, ob. cit., p. 38.
[10] *Obra citada*, p. 113.

Salientava Tito Fulgêncio a respeito, observando-se que o conteúdo da regra vigorante no Código revogado é mantido no atual art. 1.209: "A presunção estabelecida é mais que uma aplicação do princípio geral – que o acessório acompanha o principal; os móveis e objetos achados no imóvel, que é o principal, acompanham este para serem abrangidos pelo laço da relação possessória".[11]

A favor do titular do domínio que reside em um imóvel existe apenas a presunção legal de que ele é também proprietário dos móveis e objetos que no mesmo estiverem. Quem adquire um prédio, não se adonará dos bens que estão em seu interior, caso se demonstre que não ficaram eles incluídos na compra. A presunção da posse das coisas móveis, em favor do adquirente do imóvel, é *juris tantum*.

Carvalho Santos aponta mais as seguintes exceções quanto ao princípio acima: "Assim, por exemplo, não terei posse sobre os objetos que, embora em minha casa, continuam sob o poder de outrem, de modo que, se um amigo me visita, e leva consigo embrulhos, joias etc., a presunção de posse que tenho quanto às coisas que estão em minha casa limita-se pela posse real e efetiva do visitante amigo. O mesmo se diga dos objetos conduzidos à casa de alguém e lá esquecidos, os quais não se podem considerar na posse do dono da casa, porque o dono ou portador dos objetos, se os esqueceu, continua na sua posse, se os deixou para ir buscar mais tarde. E se não há a restituição, o dono da casa adquire a posse não em virtude da presunção firmada neste artigo, mas pelo ato da detenção e por seu abuso de confiança".[12]

Na aquisição de propriedades rurais usam-se expressões típicas para caracterizar a inclusão de todos os bens móveis nelas existentes. Mas há situações que não comportam tal inclusão. Assim, de modo algum se admite que esteja inerente ao negócio a inclusão de máquinas agrícolas, animais e utensílios agrícolas, se faltar disposição expressa. Mesmo que exercida a posse das terras, e lá se encontrem os móveis, nem sempre se deve concluir a posse em favor do adquirente. Daí que o entendimento da posse das coisas móveis é mais coerente quantos aos armários, mesas, cadeiras, camas e certas ferramentas.

Foi certamente para evitar um alcance assaz abrangente, que nem sempre condiz com a realidade, que o Código, no art. 1.209, estabeleceu a presunção da aquisição das coisas móveis, ao invés dos móveis e objetos, palavras que se encontravam no art. 498 do Código anterior.

6.5. POSSE DE COISA PERDIDA OU FURTADA

A posse de coisa perdida ou furtada era disciplinada no art. 521 do Código anterior: "Aquele que tiver perdido, ou a quem houverem sido furtados, coisa móvel ou título ao portador, pode reavê-los da pessoa que o detiver, salvo a esta o direito regressivo contra quem lhos transferiu". Nada dispôs o Código de 2002 sobre o assunto.

É correta a orientação, pois o direito de reaver coisa perdida ou furtada é de ordem natural, admitida de modo geral, sequer merecendo alguma contestação pelo detentor indevido.

A regra do art. 521 visava a situação da posse ou detenção através de pessoa distinta daquela que achou ou furtou. Não interessava que o terceiro adquirente estivesse agindo de boa-fé, ou desconhecesse a origem das coisas.

De modo que o detentor da coisa furtada ou encontrada, mesmo que a aquisição se tivesse procedido mediante contrato formalmente perfeito, não se reconhecia e não se reconhece qualquer direito em ficar com o bem.

---

[11] *Da Posse e das Ações Possessórias*, vol. I, ob. cit., pp. 78 e 79.
[12] *Obra citada*, vol. VII, p. 81.

Não fosse assim, inúmeras situações de injustiça adviriam para proprietários ou possuidores.

As hipóteses de maior ocorrência relacionam-se com coisas perdidas. Quem as encontra, geralmente não faz a devolução. Mas há a consciência e o saber comum que incutem na mente daquele que encontrou, denominado inventor, diligenciar no sentido de localizar o titular do bem.

A garantia do possuidor não se restringe apenas ao furto e à perda. Há outras formas de apropriação de bens alheios, como o roubo, o estelionato e a extorsão. A referência a furto no dispositivo foi mais exemplificativa. Ao citar a hipótese de furto, objetivou a lei anterior demonstrar que existia uma subtração contra a vontade do dono da coisa. No estelionato, no roubo e na extorsão, dentre outros casos, o possuidor também é espoliado contra a vontade. Na primeira figura, a vontade consente unicamente em face de um artifício ou ardil.

Quanto ao título ao portador, que vinha contemplado no art. 521, a obrigação de devolver encontrava a mesma justificação para a devolução de outros bens.

Constitui título ao portador aquele em que o emitente se obriga a pagar certo valor pecuniário à pessoa que se apresentar portando o título.

A relação jurídica se concretiza com a declaração unilateral de vontade do emissor. É transferível por tradição manual, tornando-se credor definitivo aquele que apresenta o título.

Salientava Tito Fulgêncio os seguintes efeitos:

a) Entre portador e emissor: o portador quando autorizado a dispor do título, pode reclamar do subscritor a prestação devida (art. 1.505); este exonera-se pagando a qualquer detentor do título..., e sua obrigação persiste ainda que o título tenha entrado em circulação contra sua vontade (art. 1.506).

b) Entre o dono e o detentor injusto: desapossado aquele injustamente, vem a lei em seu socorro, com as duas providências: a do art. 1.509, para impedir o pagamento a detentor injusto; a do presente artigo, para poder recuperar os títulos perdidos ou furtados das mãos de quem os detiver.[13] Os arts. 1.505, 1.506 e 1.509, no texto acima referidos, correspondem, embora com redação em parte diferente, aos arts. 905, 905, parágrafo único, e 909 do vigente Código.

Tanto as coisas móveis quanto os títulos ao portador são recuperáveis pela ação reivindicatória, com fulcro no art. 1.228 do Código, agindo o titular na qualidade de proprietário; ou pela ação possessória, forte no art. 1.210.

---

[13] *Da Posse e das Ações Possessórias*, vol. I, ob. cit., p. 205.

Capítulo VII

Efeitos da Posse

7.1. DOS EFEITOS GERAIS DA POSSE

O estudo dos efeitos da posse conduz ao terreno prático da mesma, de suma importância nas relações entre seu titular e as pessoas que geralmente disputam a mesma pretensão.

Vários são os efeitos, malgrado alguns autores procurarem restringi-los a apenas dois, e que consistem na invocação dos interditos e no usucapião, enquanto outros veem apenas um efeito, resumido no uso dos interditos.

O efeito único, para os que defendem tal corrente, não reside no direito aos interditos, e sim na presunção de propriedade. Quem exerce a posse faz presumir que tem o domínio do bem. Mesmo os interditos são concedidos, não raramente, em função de crer-se que é proprietário quem se revela possuidor. É o pensamento de Orlando Gomes: "Esse efeito único é a presunção, porquanto até mesmo o direito de defender a posse, através dos interditos, tido geralmente como peculiaridade da relação possessória, é concebido no intuito de facilitar a defesa da propriedade, no pressuposto de que o possuidor é proprietário presuntivo. Em suma, é da propriedade putativa que dimanam os efeitos da posse, porque outra coisa não é".[1]

Lafayette Rodrigues Pereira dividia em três os efeitos, e que são o direito aos interditos ou ações possessórias, a prescrição aquisitiva, e a presunção de propriedade.[2]

João Baptista Monteiro diz que "os efeitos da posse variam de autor para autor, sendo enumerados em maior ou menor número. De acordo com o direito positivo, consideram-se efeitos da posse os seguintes: a) presunção do direito de propriedade (CC, art. 485); b) usucapião (CC, art. 550); c) direito aos interditos (CC, art. 499); d) direito a indenização por turbação ou esbulho (CC, art. 503); e) direito aos frutos e benfeitorias, pelo possuidor de boa-fé (CC, arts. 510 e 516); f) irresponsabilidade pelo possuidor de boa-fé pela perda ou deterioração da coisa (CC, art. 514)".[3]

Os dispositivos acima, do Código Civil revogado, correspondem aos seguintes do Código atual: o art. 485, ao art. 1.196; o art. 550, ao art. 1.238; o art. 499, ao art. 1.210; o art. 503 não tem equivalente, mas o direito à indenização é assegurado no art. 556 do Código de Processo Civil de 2015; o art. 510, ao art. 1.214; o art. 516, ao art. 1.219; e o art. 514, ao art. 1.217.

O Código Civil de 2002, no entanto, ao longo dos dispositivos que tratam da posse, prevê inúmeros efeitos. Todas as consequências derivadas da relação possessória enquadram-

---

[1] *Direitos Reais*, tomo 1º, ob. cit., p. 83.
[2] *Obra citada*, p. 13.
[3] *Obra citada*, p. 28.

-se como efeitos. Assim também as disposições que exigem determinada conduta, ou todas as emanações de regras sobre a posse ou os resultados que impõem dispositivos legais, garantindo uma determinada conduta.

Em vários artigos surgem efeitos, sobressaindo os seguintes:

No art. 1.210, pelo qual o possuidor tem direito a ser mantido na posse, em caso de turbação; e restituído, no de esbulho. Assegura-se, no mesmo artigo, ainda, o direito de ser segurado de violência iminente, se tiver justo receio de ser molestado.

No § 1º do art. 1.210, permite-se ao possuidor, turbado ou esbulhado, manter-se ou restituir-se por sua própria força na posse, contanto que o faça logo, e não excedam os atos para tanto o indispensável à manutenção, ou restituição da posse.

De observar que o art. 503 do Código Civil de 1916 estabelecia o direito à indenização dos prejuízos sofridos, operando-se a reintegração à custa do esbulhador, no mesmo lugar do esbulho. Nada contemplou o Código atual. Todavia, não se faz necessária a previsão, já que assegurado o direito nos arts. 555 e 556 do estatuto processual civil.

No art. 1.212, possibilitado está ao interessado intentar a ação de esbulho, ou a de indenização, contra o terceiro que recebeu a coisa esbulhada, sabendo que o era.

Pelo art. 1.214, o possuidor de boa-fé tem direito, enquanto ela durar, aos frutos percebidos.

No art. 1.216 consta que o possuidor de má-fé responde por todos os frutos percebidos e colhidos, bem como pelos que, por culpa sua, deixou de perceber, desde o momento que se constituiu a má-fé.

O art. 1.217 prevê que o possuidor de boa-fé não responde pela perda ou deterioração da coisa, a que não der causa.

Já o art. 1.219 preceitua que o possuidor de boa-fé tem direito à indenização das benfeitorias necessárias e úteis, com o direito de retenção, bem como das voluptuárias, sendo que, quanto a estas, faculta-se o levantamento se não ocorrer detrimento da coisa. Eis o texto: "O possuidor de boa-fé tem direito à indenização das benfeitorias necessárias e úteis, bem como, quanto às voluptuárias, se não lhe forem pagas, a levantá-las, quando o puder sem detrimento da coisa, e poderá exercer o direito de retenção pelo valor das benfeitorias necessárias e úteis".

No art. 1.220, reservando ao possuidor de má-fé tão somente o ressarcimento pelas benfeitorias necessárias, sem o direito de retenção e de levantar as voluptuárias.

Nos arts. 1.238 a 1.242, garante-se o direito de promover o usucapião, desde que a posse se revista de certos requisitos. Mas não se inclui o usucapião entre os efeitos da posse, eis que integra esta um de seus elementos, ao lado de outros, como o lapso de tempo exigido e os predicados de inoponibilidade e de ânimo de dono.

7.2. A FACULDADE DE INVOCAR OS INTERDITOS E CONSECTÁRIOS CORRELATOS

Este é, induvidosamente, o mais importante dos efeitos. Por meio dos interditos se dá a proteção possessória, o que constitui a garantia do exercício da posse. Faculta-se ao possuidor propor as ações de cunho possessório conforme sua previsão legal.

Divergem as teorias sobre o fundamento da proteção possessória, sobressaindo as ideias de Savigny e Jhering.

Para o primeiro, impõe-se a proteção como forma de repressão à violência. Considera-se a posse como um simples estado de fato, sendo assimilável a um direito unicamente sob o ponto de vista de suas consequências. Visa a lei, com a proteção possessória, a repressão de todo ato de violência capaz de alterar ou ferir o estado de fato, e, em decorrência, com repercussão sobre a pessoa. O ato de ofensa à posse ofende também quem a exerce. Explica Astolpho Rezende que a posse deve ser protegida porque o seu ataque é um delito contra a pessoa do possuidor.[4]

Já para Jhering é a posse a exterioridade da propriedade, afigurando-se como um elemento necessário à proteção da propriedade, eis que sua utilização econômica tem por condição a posse. São suas as seguintes palavras: "La posesión de las cosas es la exterioridad de la propiedad. Sólo esta noción puede expresar como la posesión y la propiedad se cubien mutuamente, según lo quiere el interés del comercio. Concebida así la posesión, acompaña siempre la utilización económica de la propiedad y el propietario no tiene que temer que el derecho le abandone mientras use de la cosa de una manera conforme a su destino".[5]

Acrescenta Washington de Barros Monteiro "que a primeira (propriedade) sem a segunda (posse) seria um tesouro sem a chave para abri-lo, uma árvore frutífera, sem a escada necessária para colher os frutos. O proprietário, privado da posse, acha-se paralisado quanto à utilização econômica da propriedade; protege-se aquela para assegurar o gozo desta. A propriedade não pode subsistir sem essa proteção".[6]

Não seria pela posse em si que se lhe daria a proteção, mas em consideração da própria propriedade.

Outras ideias existem, buscando dar fundamentos diferentes. Assim, uns afirmam que se deve evitar a justiça privada, o que justifica a existência dos interditos (Ruddart). Outros sustentam que a ordem pública exige a conservação do *statu quo* (Wadon). Há os que digam que aquele que se encontra num estado de fato deve ser protegido juridicamente, até que se prove um direito melhor (Thibaut). Algo semelhante se vê em outra teoria (Martín Wolff), que percebe na sociedade o interesse em defender e proteger as situações de fato preexistentes. Torna-se a proteção possessória uma forma de se conseguir a paz geral, ou a segurança das relações e a regularidade das convivências humanas.

Não interessa o debate sobre tais questões, pois é consenso universal, consolidado na cultura e nos costumes, a necessidade de defesa da posse.

A posse é e deve ser protegida por si mesma, não interessando por qual fundamento. O simples fato de constituir uma realidade material, de consistir em um poder de uma pessoa sobre alguma coisa, merece a proteção. Pondera Astolpho Rezende: "O possuidor deve ser protegido pelo simples fato de possuir, por isso só que possui, qualquer que seja a origem da posse. A posse não é protegida por ser proibida a violência, mas a violência é que é proibida porque a posse é protegida. É na posse mesma, na posse em si, e não no caráter ilícito ou delituoso da turbação possessória que se deve buscar a razão de ser da proteção possessória. O possuidor é protegido não porque seja uma pessoa; toda pessoa deve ser protegida contra os atos ilícitos ou delituosos; mas sim porque é possuidor, e, como tal, tem mais direito que aquele que não possui".[7]

No Direito romano havia três ordens de interditos:

– *Adispiscendae possessionis* (para a aquisição da posse), pelo qual conferia-se a posse ao litigante que se tornasse vencedor numa ação judicial. Um dos litigantes adquiria o direito de possuir.

---

[4]   *Obra citada*, vol. I, p. 431.
[5]   *La Posesión*, ob. cit., pp. 214 e 215.
[6]   *Curso de Direito Civil – Direito das Coisas*, ob. cit., p. 41.
[7]   *Obra citada*, vol. I, p. 433.

Na verdade, é discutível a configuração deste tipo como interdito, segundo Lafayette Rodrigues Pereira: "O interdito possessório pressupõe uma posse preexistente, isto é, uma posse já adquirida que ele tem por fim proteger ou recuperar. Ora, o interdito *adispiscendae possessionis* era a ação pela qual se demandava a aquisição de uma nova posse e, por conseguinte, ainda não existente. Como, pois, classificá-la entre as ações possessórias?"[8]

– *Retinendae possessionis* (conservação da posse), que se destinavam à defesa da posse contra atos turbativos.

Explica José Carlos Moreira Alves a sua significação: "Os interditos *retinendae possessionis causa* eram dois: o interdito *uti possidetis* e o interdito *utrubi*, assim denominados por serem essas expressões as primeiras palavras de suas fórmulas. Esses interditos, que protegiam o possuidor contra turbação já efetivada ou simplesmente temida, eram proibitórios (encerravam proibição do pretor) e duplos (essa proibição se dirigia a ambos os litigantes: o possuidor e o turbador da posse). O interdito *uti possidetis* se destinava à proteção da posse atual sobre coisas imóveis, e só tutelava possuidor cuja posse não fosse violenta, clandestina ou precária, razão porque, embora normalmente destinado à manutenção da posse, podia, excepcionalmente, acarretar a recuperação dela, o que sucedia quando o possuidor *vi, clam* ou *precario*, molestado pelo antigo possuidor que tentava recuperar a posse perdida, requeresse ao pretor interdito *uti possidetis* contra o esbulhado, caso em que este, se opusesse a *exceptio vitiosae possessionis* e conseguisse demonstrar a existência do vício, recuperaria a coisa. O interdito *utrubi*, a princípio, só se usava para a manutenção da posse de escravo, e, posteriormente, foi estendido à posse violenta, clandestina ou precária, mas se distinguia do interdito *uti possidetis* em dois pontos: destinava-se à manutenção da posse das coisas móveis e protegia apenas o possuidor que, no ano em curso, houvesse estado mais tempo na posse da coisa".[9]

– *Recuperandae possessionis* (recuperação da posse), compreendendo os interditos *unde vi, de clandestina possessione* e *de precario*, com a finalidade de restituir ao possuidor a posse que lhe havia sido arrebatada.

O *unde vi* visava reintegrar na posse aquele que dela fosse despojado violentamente. Destinava-se aos imóveis, já que, para os móveis, existia o interdito *utrubi*.

O *de clandestina possessione* não é reconhecido unanimemente, dado o pouco conhecimento que existe sobre ele. Os que o defendem atribuem a sua finalidade para a recuperação da posse em favor dos desapossados de forma clandestina. A ocupação pelo turbador acontecia de modo clandestino.

Já o *de precario* foi criação do pretor, e era reconhecido em favor daquele que havia entregue precariamente o bem a um terceiro. Através dele obtinha-se a restituição do bem na eventualidade de recusar o ocupante a entrega espontânea.

O termo "interdito" tem a origem no latim. Alguns lhe dão dois significados. O primeiro com base no estudo da composição das palavras *interim* e *discuntur*, ou seja, uma decisão dada num interim, ou provisória, rápida, sujeita à confirmação; e o segundo com origem no verbo *interdicere*, cujo sentido é proibir, levando a expressar uma ordem proibitiva na ofensa da posse.

Visam, pois, os interditos manter a relação material, o estado de fato, e isto durante o tempo em que não se demonstrar que não há correspondência a uma relação jurídica. Daí conceber-se a ação possessória como a defesa normal da posse.

---

[8] *Obra citada*, p. 42.
[9] *Posse*, vol. I, ob. cit., pp. 65 e 66.

A ação possessória, já sustentava Manuel Rodrigues, "defende a manutenção do estado de fato e, como este é afinal a base de todos os efeitos da posse, é frequente dizer-se que a ação possessória, em rigor um elemento da relação jurídica possessória, é o efeito principal da posse".[10]

Além das ações possessórias, assiste o pedido de perdas e danos, indenização dos frutos e a concessão de medidas para evitar novas violações à posse e ao cumprimento de tutela provisória ou final. É o que garante o art. 555 e seu parágrafo único do CPC:

> É lícito ao autor cumular ao pedido possessório o de:
>
> I – condenação em perdas e danos;
>
> II – indenização dos frutos.
>
> Parágrafo único. Pode o autor requerer, ainda, imposição de medida necessária e adequada para:
>
> I – evitar nova turbação ou esbulho;
>
> II – cumprir-se a tutela provisória ou final.

As perdas e danos correspondem aos prejuízos acarretados com os atos da violência, como destruições, perda de bens, enquanto a indenização pelos frutos deixados de perceber equivale aos lucros cessantes.

De grande importância a garantia da proteção futura, impondo-se medidas para evitar novos atos atentatórios à posse, nem sempre se evidenciando eficiente a aplicação de multa, máxime se os invasores constituem-se de aventureiros e membros de classes marginalizadas economicamente, integrantes de movimentos dos "sem-teto" e "sem-terra". Daí a importância da proteção policial e o afastamento dos invasores das cercanias do local objeto das invasões.

O deferimento da tutela provisória tem sentido para os casos excluídos da proteção liminar.

7.3. NATUREZA DÚPLICE DAS AÇÕES POSSESSÓRIAS

As ações possessórias têm natureza dúplice, isto é, tanto o autor pode pedir a proteção possessória, como o réu, o que fará na contestação, permitindo-se que postule também as perdas e danos resultantes da proteção concedida liminarmente. Em outros termos, é possível condenar-se o autor a respeitar a posse do adversário. Ou conforme as palavras de Tito Fulgêncio, "o autor pode se tornar réu, e o réu, autor, o que ocorre quando o réu prova que ele é o possuidor, ou que em relação a ele a posse do autor é viciosa, caso em que terá ganho de causa".

A respeito, consigna o art. 556 do Código de Processo Civil: "É lícito ao réu, na contestação, alegando que foi ofendido em sua posse, demandar a proteção possessória e a indenização pelos prejuízos, resultantes da turbação ou do esbulho cometido pelo autor".

Vê-se que a lei tornou dúplice a ação possessória, ao permitir, no mesmo processo, dispensada a reconvenção, a concessão da tutela possessória ao réu, desde que ele a requeira na defesa, provando que foi esbulhado ou turbado.

Eis a lição de Ernane Fidélis dos Santos, plenamente aplicável: "Para que o autor se beneficie da proteção possessória, é mister que prove a sua posse, em primeiro lugar. Se, no entanto, o autor não a provar, porque o réu provou a sua, a improcedência da ação já é, para o possuidor,

---

[10] *Obra citada*, p. 378.

uma garantia possessória. Daí o efeito de duplicidade (...) A lei foi expressa, permitindo ao réu que, independentemente de reconvenção, pleiteie, na própria defesa, sua proteção possessória e indenização não só por revogação do mandado liminar (se houver), mas pelo próprio direito que lhe é reconhecido. Exemplo típico se encontra na ação de manutenção".[11]

Embora dispensada a formalização de pedido reconvencional, na verdade de reconvenção se trata, com todas as características desta, exceto as formais, segundo a explicação ainda atual de Adroaldo Furtado Fabrício: "Ao invés de ser oferecida uma peça separada, com distribuição, registro, pagamentos de taxas e emolumentos etc., a contra-ação é manifestada no corpo mesmo da contestação, sem formalidades outras. É claro que essa manifestação do demandado tem a substância de uma reconvenção, embora com dispensa da forma que normalmente se exige desta. Importante é observar que – ao reverso do que ocorre nas verdadeiras ações dúplices – a lei não dispensa o pedido, liberando-o, assim, de forma especial e de tramitação igualmente específica".[12]

Conforme se extrai do dispositivo antes transcrito, o pedido é viável na turbação, no esbulho e na ameaça à posse. No entanto, inclusive para o direito de retenção ou de indenização admite-se essa contradefesa: "Rescindido o contrato de locação, a posse do locatário perde o título que a legitimava, devendo o imóvel, por consequência, ser restituído, porquanto o desaparecimento do título possessório torna a posse injusta. Em virtude do caráter dúplice das ações possessórias, pode o réu, na própria contestação, deduzir pretensão contra o autor, desde que consubstanciada em proteção possessória ou indenização pelos prejuízos resultantes da ofensa cometida pelo autor, não cabendo reconvenção nessas hipóteses, sendo permitida nas demais, ante a inexistência de sua proibição expressa, nos casos não compreendidos dentro da exceção. O direito de indenização e de retenção conferido ao réu em face do autor da ação possessória somente pode ser exercido quando o possuidor é de boa-fé".[13]

Cabe a proteção possessória no momento da contestação das ações de manutenção, de reintegração e no interdito proibitório.

Vindo omissa a contestação, não cabe conceder-se tal proteção, eis que o caráter dúplice está no fato de o réu inserir na contestação seu direito de investir ou contra-atacar. De modo que a simples improcedência da ação, por si só, não representa tutela judicial dispensada à posse do demandado. Não se deduz que está o réu autorizado a ingressar na posse, ou que restaram legitimados os atos que praticava, e atacados judicialmente. Mesmo quando o juiz afirma ser possuidor o réu, e revelar-se justa e de boa-fé sua posse, não está dispensando a tutela possessória.

As perdas e danos, diante da restrição da parte final do art. 556, e a indenização pelos prejuízos resultantes da turbação ou do esbulho cometidos pelo autor são permitidas somente nas duas primeiras lides. No interdito proibitório, a pretensão indenizatória deverá vir formalizada por meio de reconvenção.

7.4. NATUREZA REAL DAS AÇÕES POSSESSÓRIAS

De relevantes efeitos práticos a caracterização da natureza real ou pessoal da ação possessória. Se reconhecer-se a natureza real, impõe-se a presença na ação possessória de ambos os cônjuges, caso versar a mesma sobre imóveis.

---

[11]   *Procedimentos Especiais*, 2ª ed., São Paulo, Livraria e Editora Universitária de Direito, p. 21.

[12]   *Comentários ao Código de Processo Civil*, ob. cit., tomo III, vol. VIII, p. 497.

[13]   *Apel. Cível* nº 1.38773-3/98, da 3ª Turma do TJ do Distrito Federal, *DJ* de 21.06.2000, em *ADV Jurisprudência*, nº 47, expedição de 26.11.2000, p. 751.

Ao longo dos tempos, sempre se discutiu sobre o assunto, existindo ponderável corrente que dispensa a participação do cônjuge em qualquer dos polos da ação.[14]

O argumento principal para justificar que as ações possessórias não envolvem um *jus in re* está em que elas visam unicamente preservar ou restaurar um estado de fato ameaçado ou inovado arbitrariamente. Assim pensa Adroaldo Furtado Fabrício, refletindo a corrente que defende a natureza pessoal: "Repetindo a já citada lição de Benedetti, 'en el debate posesorio no se juzga sobre el derecho, sino sobre una conducta'. A presença do cônjuge no processo só se justificará na medida em que seja também ele possuidor, ou ofensor da posse, caso em que o fundamento será encontrado no inc. II e não no inc. I do § 1º do art. 10 do CPC".[15]

Corresponde o § 1º do art. 10 citado o art. 73, § 1º, inc. I, do CPC/2015.

A *ratio* mais coadunável com a realidade, no entanto, está naqueles que sustentam o caráter real.

Com efeito, sendo a posse o exercício de um ou mais dos poderes inerentes ao domínio, fatalmente representa a mesma um direito real, embora limitado, ou não pleno.

O art. 80, inc. I, do Código Civil enquadra como imóveis os direitos reais sobre imóveis, e as ações que os asseguram. Se a ação trata de um direito real sobre imóvel, terá ela necessariamente o caráter real.

Válido ainda o raciocínio de Paulo Rodrigues Teixeira sobre o assunto, eis que idêntico o tratamento sob o regime do Código de 1916 e do Código atual: "São reais os direitos, porque seu objeto não é o cumprimento de uma obrigação, mas a restituição de uma coisa mobiliária ou imobiliária".[16]

Na mesma linha está Serpa Lopes: "Se a posse é a exteriorização do domínio, a ação possessória não pode ser tida como pessoal. É como um proprietário presuntivo que o possuidor promove a ação possessória, a qual, por este modo, participa do mesmo caráter da ação reivindicatória, sendo de salientar o fato de o Código de Processo Civil entender necessária a intervenção da mulher casada, quando se questionar sobre domínio ou posse".[17]

Justifica a natureza real Sérgio Sahione Fadel, afirmando que encontra fulcro no fato da posse advir da coisa.[18]

Através da posse se manifesta o domínio. Os bens se exteriorizam e algum predicado seu é usufruído ou aproveitado pelo possuidor. A ação possessória que trata de tal fenômeno deve obrigatoriamente conter a mesma índole, isto é, a mesma natureza real.

Nesta linha de ideias, o art. 10, § 1º, inc. I, do Código de Processo Civil de 1973, ordenava que ambos os cônjuges deviam ser citados, como defendia a doutrina.[19] Pelo CPC atual, art. 73, § 1º, inc. I, é mantida a citação dos dois cônjuges, exceto no regime de separação absoluta de bens.

Todavia, há numerosos argumentos contrários, dentre os quais o de João Baptista Monteiro, que assevera, referentemente ao polo ativo e ao polo passivo:

---

[14]   *Revista Forense*, 251/205; *Revista dos Tribunais*, 270/332, 296/327, 460/144, 468/83, 478/82.

[15]   *Comentários ao Código de Processo Civil*, ob. cit., tomo III, vol. VIII, p. 472.

[16]   *Obra citada*, p. 139.

[17]   *Curso de Direito Civil*, ob. cit., vol. VI, p. 183.

[18]   *Código de Processo Civil Comentado*, Rio de Janeiro, José Konfino – Editor, 1974, vol. V, p. 47.

[19]   Pontes de Miranda, *Comentários ao Código de Processo Civil*, Rio de Janeiro, Forense, 1976, tomo I, p. 304, Ernani Fidélis dos Santos, *Comentários ao Código de Processo Civil*, Rio de Janeiro, Forense, 1978, p. 117.

Do lado ativo, marido e mulher encontram-se em situação de composse em relação aos bens comuns, e de posse individual em relação aos bens não atingidos pelo regime de comunhão. A questão apenas se põe em relação aos princípios, isto é, àqueles em que se verifica a composse. Ora, como já tivemos oportunidade de ressaltar, em caso de composse, cada compossuidor pode exercer atos possessórios sobre o objeto comum (incluindose, portanto, a defesa), sem a comparticipação ou o consentimento dos demais (...). Não se exige, assim, a presença simultânea dos dois cônjuges na propositura da ação possessória, bastando apenas um deles para assegurar a legitimidade ativa.

Do lado passivo, é preciso relembrar que somente poderá ser réu quem tiver praticado a ofensa à posse, isto é, o autor do esbulho. Ora, se este foi apenas o marido ou apenas a mulher, não se vê qualquer motivo para se incluir o outro, em relação a um ato que não praticou. Se, porventura, o esbulho foi praticado pelos dois, em situação de co-autoria, nem mesmo assim haverá litisconsórcio passivo necessário, tendo em vista o direito do esbulhado de propor a ação apenas contra um ou outro.[20]

Certa, no entanto, é a necessidade de citação de ambos os cônjuges se a discussão sobre a posse gira em torno do domínio: "Em regra, não é necessária a outorga uxória em ações possessórias, uma vez que possuem natureza pessoal, e não real, por ser a posse situação de fato e pela desnecessidade de título para a aquisição ou perda. Todavia, quando a posse é disputada, com base em títulos de domínio, dependendo a solução do litígio do exame destes, tal questão não poderá jamais ser alegada em outra ação. Assim, ocorre verdadeira transformação da possessória em ação petitória, tornando-se indispensável a citação do cônjuge do réu".[21]

7.5. AÇÕES POSSESSÓRIAS E ALEGAÇÃO DE DOMÍNIO

A lei considera a proteção possessória inteiramente independente e desligada da proteção da propriedade.

Protege-se o possuidor, simplesmente porque é possuidor, situação que lhe assegura mais direitos que o não possuidor, sem, em princípio, firmar-se na força do domínio.

Disciplinando a matéria, prescrevia o art. 505 do Código revogado: "Não obsta à manutenção, ou reintegração na posse, a alegação de domínio, ou de outro direito sobre a coisa. Não se deve, entretanto, julgar a posse em favor daquele a quem evidentemente não pertencer o domínio". O § 2º do art. 1.210 do Código em vigor repete a primeira parte da regra: "Não obsta à manutenção ou reintegração na posse a alegação de propriedade, ou de outro direito sobre a coisa".

A norma visa resolver os conflitos entre o possuidor e o proprietário. Mas tendo sempre a primazia da posse.

O Código de Processo Civil, no art. 557, contém norma valorizando a posse: "Na pendência de ação possessória é vedado, tanto ao autor quanto ao réu, propor ação de reconhecimento do domínio, exceto se a pretensão for deduzida em face de terceira pessoa".

O art. 557 estaria impedindo ao proprietário que promovesse uma ação com base no domínio, como reivindicatória, enquanto em andamento a ação possessória. Entretanto, já na vigência do Código de Processo Civil de 1973, não era aceita essa interpretação. O réu

---

[20] *Obra citada*, pp. 171 e 172.
[21] *Revista dos Tribunais*, 611/122.

na possessória pode ajuizar reivindicatória contra a ação desta.[22] O próprio Supremo Tribunal Federal assentou que não cabia a interpretação literal do então art. 923 do CPC/1973, inadmitindo a *reivindicatio* proposta pelo réu na possessória.[23] Não ficava o proprietário privado do direito de reaver o bem.[24] Essa inteligência deve manter-se, pois é coerente com o direito. A proibição deve ater-se ao sobrestamento da ação dirigida ao reconhecimento do domínio. Os feitos ficarão apensados, instruindo-se concomitantemente. O que se inviabiliza é o julgamento da ação petitória, se um outro feito está pendente. É também o que enseja entender o parágrafo único do art. 557: "Não obsta à manutenção ou à reintegração de posse a alegação de propriedade ou de outro direito sobre a coisa".

Pontes de Miranda também admitia a propositura de ação petitória se na ação possessória não se discutia o domínio:

> No art. 923, diz que, na pendência do processo possessório, é defeso, assim ao autor como ao réu, intentar a ação de reconhecimento do domínio (...) Pergunta-se: veda-se (a) apenas que se reconheça com a alegação de domínio, ou que se meta a contra-ação, inserta, conforme o art. 922, na contestação, ou (b) que se proponha, noutro processo, a ação declaratória de domínio, ou a ação de reconhecimento? O que se há de entender é que não se pode, pelo simples fato de ter alguém proposto ação possessória, ficar inexercível a ação de reivindicação, ou mesmo a ação de declaração de domínio, fora do processo possessório. No processo de ação possessória, de modo algum se pode propor, com a contestação, a contra-ação em que se alegue o domínio, ou se meter na petição da ação possessória o pedido de reivindicação ou declaração de domínio. Seria absurdo que, pela simples pendência de ação possessória, que pode ir até o julgamento de recursos, ficasse o proprietário privado do exercício de pretensão à tutela jurídica (...) Vedar-se a quem é proprietário propor ação de reivindicação, ou mesmo a ação de declaração da propriedade (art. 4º), inclusive a de usucapião, que é declaratória, seria nada menos do que se permitir que alguém, que sabe próxima a propositura da ação concernente à propriedade, entre com a ação possessória, para que a pendência de tal ação obste ao exercício da pretensão e da ação do proprietário.[25]

Anote-se que os citados arts. 923 e 922 correspondem aos arts. 557 e 556 do CPC/2015, com idêntico sentido.

É correto o entendimento, porquanto a ação possessória não faz coisa julgada com relação à petitória. Não se pode estender os efeitos da primeira ação ao domínio, onde só se discute a posse, inexistindo, pois, litispendência. A causa de pedir em uma e outra ação é distinta. Numa, o fundamento da ação é a simples posse; na outra, o restabelecimento do direito de propriedade.

Se alguém se encontra aproveitando legalmente a posse, nela permanecerá, embora pretenda o proprietário impor a sua titularidade. O locatário, o arrendatário, o depositário, o comodatário e outros inúmeros titulares de posses firmadas em contratos terão sempre uma posição preponderante nas disputas travadas com o proprietário. Jamais se admitirá que a este se reconheça a posse e se devolva o bem por sua condição de titular de domínio.

---

[22] *Revista dos Tribunais*, 507/194.
[23] *Revista Trimestral de Jurisprudência*, 91/594.
[24] *Revista dos Tribunais*, 605/55.
[25] *Comentários ao Código de Processo Civil*, ob. cit., vol. XIII, pp. 198 e 199.

Pode-se julgar a posse em favor de quem não tem o domínio? A solução é esta: julgar-se-á a favor do proprietário a posse quando as provas são conflitantes, não permitindo uma conclusão segura. É o que transparece da lição de Carvalho Santos: "Não pode o locador alegar seu domínio na ação possessória movida pelo locatário, para obstar, por exemplo, a manutenção. Mas se não se quer saber, nas ações possessórias, a quem pertence o domínio, se precisa, entretanto, saber, para decidir com acerto, se o esbulho e a turbação constituem realmente uma via de fato ilícita. E se é um dos requisitos da ação possessória, quer na manutenção, quer na de esbulho, que o autor prove que houve violência, claro está que a ação será improcedente se o autor provar que praticou o ato autorizado por lei, ou, em outros termos, que o ato praticado é de proprietário, no exercício de seu direito de propriedade, não podendo ser havido como violência".[26]

Em hipóteses tais, admite-se a *exceptio proprietatis*. Clóvis do Couto e Silva elenca as seguintes situações que autorizam a exceção de domínio:

> A exceção de domínio, porém, não pode ser utilmente invocada, senão quando: a) A posse disputada se apresentar como exterioridade do domínio do possuidor. A posse indireta é estranha à exceção do domínio; b) Evidentemente o domínio não pertence ao contendor. O Código prevê a hipótese em que duas pessoas pretendem a posse a título de proprietárias, e manda que se, em relação em uma delas, falhar, evidentemente, esse pressuposto, a favor dela se não julgue a posse, pois lhe falta o fundamento.
>
> Não sendo evidente o direito dominial de um dos contendores, ou restringindo-se o pleito ao fato da posse, sem referência ao domínio, aplicam-se os preceitos comuns, que formam a teoria da posse.[27]

De igual modo que a doutrina acima se posiciona a jurisprudência: "Posse. Sua discussão com base no domínio. Se a posse for disputada com base no domínio, será assegurada a quem evidentemente pertencer a propriedade. Na dúvida a quem pertencer o domínio da coisa, predominam os princípios que regem e garantem o direito de posse, como tal considerada e como situação de fato que se apresenta".[28]

O Supremo Tribunal Federal formulou a Súmula nº 487, de 1969, sobre a matéria: "Será deferida a posse a quem, evidentemente, tiver o domínio, se com base neste for disputada".

7.6. LEGITIMIDADE ATIVA E PASSIVA NA AÇÃO POSSESSÓRIA

Dos termos do art. 1.196 do Código Civil, extrai-se que todo aquele que tem de fato o exercício, pleno ou não, de algum dos poderes inerentes ao domínio, possui a faculdade de promover a ação possessória. Basta que se exerça alguma posse sobre um bem para que se possibilite o uso do competente interdito.

Mas a posse deve existir antes do esbulho ou da turbação. Os interditos visam a recuperação da posse, pressupondo-se, portanto, que o titular a tenha exercido previamente. É a doutrina de Adroaldo Furtado Fabrício: "Para qualificar-se juridicamente à propositura de ação possessória, supõe-se antes de tudo a condição de possuidor que o autor tivesse antes do esbulho, ou ainda tenha nos demais casos. Não é preciso que a posse seja a direta ou a própria. Legitimam-se à ação possessória, ativamente, possuidores diretos e indiretos, com

---

[26] *Obra citada*, vol. VII, p. 159.
[27] *Código Civil dos Estados Unidos do Brasil Comentado*, vol. III, ob. cit., p. 34.
[28] *Julgados do Tribunal de Alçada do RGS*, 64/284.

posse própria ou derivada. Quando a posse se apresenta escalonada (posse imediata e posse mediata, ou posses mediatas), o que se tem de indagar é qual das posses foi ofendida, pois só o titular desta é legitimado".[29]

Ao locatário, ou arrendatário, usufrutuário, depositário, transportador, administrador judicial, liquidatário, inventariante, testamenteiro, síndico; ao pai como administrador dos bens do filho; ao tutor de menores, ao curador de ausentes, loucos, pródigos e nascituros, é assegurado o direito, porquanto constituem eles as pessoas que usufruem do bem, ou por um contrato celebrado com o proprietário, ou pela simples ocupação, como no comodato tácito. Mas igual direito terá o proprietário que exerce a posse indireta, especialmente se houver inércia do possuidor direto.

Salienta Clóvis do Couto e Silva: "A legitimação, por outro lado, do possuidor indireto pode consistir em evitar a turbação ou em afastar o esbulhador, de tal modo que o possuidor direto possa continuar no exercício da posse. Na verdade, embora não tenhamos uma disposição legal semelhante à do § 869 do BGB, contudo, a tutela possessória há de se legitimar ao possuidor mediato ou indireto, em face de terceiro que turbou ou esbulhou a posse, em favor do possuidor imediato. A tutela possessória do possuidor mediato justifica-se em face de terceiros; *inter partes* podem ser dinamizadas somente pretensões petitórias, resultantes da relação jurídica subjacente".[30]

Considera-se possuidor indireto o adquirente do bem, encontrando-se terceira pessoa na posse. Uma vez desconstituída a relação que o mantém na terra, como através de notificação na existência de comodato, cria-se direito à ação reintegratória. É o que ressalta a jurisprudência: "Possessória. Reintegração de posse. Propositura por adquirente do imóvel. Possuidor indireto. Prédio anteriormente cedido a título de comodato. Notificação. Recusa em devolver. Esbulho caracterizado".

Isto porque, salienta o relator, com apoio na doutrina de Pontes de Miranda, "só o proprietário e o titular do direito real têm direito à posse. Podem pedir imissão se lhes falta a posse. Posse só se protege provisoriamente; razão porque os que têm direito à posse passam à frente dos que possuem sem terem direito a ela. O locatário e outros titulares de direitos, que só são obrigacionais, não têm direito à posse. Têm pretensão à prestação da posse" (*Tratado de Direito Privado*, 1955, vol. X, pp. 152 e segs.).

E mais adiante: "Com o domínio, os adquirentes transformam-se em possuidores indiretos, que estão legitimados à utilização de remédios possessórios".[31]

Ao possuidor direto é garantido idêntico direito contra o possuidor indireto, na circunstância de impedir este a utilização do imóvel cedido por locação ou arrendamento, ou de ofender de qualquer outra forma a posse direta que transferiu.

Decidiu-se, a respeito: "Cabível ação possessória a fim de manutenir-se o locatário na posse de bens constantes do contrato como partes integrantes da locação se turbada pelo arrendante.

A restituição de um dos acessórios da coisa locada não pode ser concedida antes de decorrido o prazo previsto no art. 1.209 do CC, sendo garantida a integridade do

---

[29] *Obra citada*, São Paulo, Editora Revista dos Tribunais, 1977, vol. XI, tomo I, p. 126.

[30] *Comentários ao Código de Processo Civil*, São Paulo, Editora Revista dos Tribunais, 1977, vol. XI, tomo I, p. 126.

[31] *Apelação Cível* nº 26.199, da 1ª Câm. Cível do TA de Minas Gerais, julgada em 28.09.1984, em *Revista dos Tribunais*, 597/199.

bem alugado até a efetiva entrega das chaves, ou espontaneamente ou por determinação judicial".[32]

O art. 1.209 referido no texto não encontra norma equivalente no Código de 2002. Todavia, seu art. 574 leva a entender que, não entregue o bem quando do vencimento, torna-se o contrato por tempo indeterminado, prevalecendo o aluguel que o locador fixar. Já o art. 57 da Lei nº 8.245/1991, quanto à locação não residencial, aponta para a denúncia do contrato por prazo indeterminado, o que se faz por notificação, na qual se concede o prazo de trinta dias para a desocupação.

O possuidor indireto, por sua vez, terá ação contra o possuidor direto se este violar os limites contratados da posse permitida. Na locação, *v.g.*, não é raro o inquilino invadir compartimentos do bem não abrangidos pelo contrato, ou estender a ocupação em partes de área não alugada; e no arrendamento, apropriar-se o arrendatário de bens e produtos agrícolas que o arrendante cultiva.

Há situações especiais, em que é incabível a ação possessória contra determinadas pessoas, permitidas relativamente a outras. Se alguém obteve a posse por atos de violência ou clandestinidade, é despropositada a ação dele contra o esbulhado, se este ingressa no imóvel, retomando-o espontaneamente. Não, porém, se um terceiro procura esbulhar ou turbar a posse que aquele vem exercendo. Relativamente a ele, a posse é anterior, não se lhe reconhecendo legitimidade para apontar-lhes os defeitos.

Situação especial se apresenta no caso de a posse ser adquirida de forma violenta, clandestina ou precária.

Consoante o art. 1.208 do Código de 2002, reproduzindo disposição do art. 497 do CC/1916, não é permitida a aquisição da posse por atos violentos ou clandestinos, senão depois de cessada a violência ou a clandestinidade.

Sobre o assunto, disserta Serpa Lopes: "Apesar de os romanos entenderem injusto atribuírem-se os benefícios possessórios ao que tivesse uma posse viciosa, produto de um ato delituoso, todavia essa restrição de direitos tinha um caráter relativo, e assim o réu, nos interditos *retinendae possessionis*, só podia prevalecer-se da posse viciosa do adversário quando o vício proviesse de um fato cometido contra ele, réu; de outro modo, em relação aos demais, *erga omnes*, a posse viciosa não constituía impedimento ao exercício dos interditos".[33]

Carvalho Santos fornece um exemplo bem prático: "Tiro pela força do poder de outrem um objeto móvel, ou expulso de um terreno, com violência, o antigo possuidor, ficando com o objeto na primeira hipótese ou, na segunda, no terreno me instalando como se fora dono. Depois disso, numa ou noutra hipótese, me desarmo, não mais oferecendo perigo a minha ação, e não obstante o cidadão, de quem tirei o objeto, ou expulsei do terreno, não move a ação de esbulho que contra mim podia exercer, procurando retomar, pelos meios legais, aquilo de que se vira privado pela violência, ou clandestinidade. O Código não permite esta atitude, deixando de ter caráter violento a posse, desde que houve aí defesa dela em face da superveniência de uma violência. Cessou esta. E adquiro a posse para todos os efeitos, inclusive para o cômputo do prazo necessário ao usucapião".[34]

No tocante à legitimidade passiva, é certo que se afiguram como demandadas obrigatórias as pessoas que praticaram o esbulho, ou a turbação, ou a ameaça de prejudicar ou conturbar a posse alheia.

---

[32] *Revista dos Tribunais*, 632/170.
[33] *Curso de Direito Civil*, vol. VI, ob. cit., p. 185.
[34] *Obra citada*, vol. VII, p. 77.

Já dizia Manuel Rodrigues: "A ação possessória deve ser proposta contra aqueles que praticaram o ato violador da posse, ou contra as pessoas que o representam".[35]

A impossibilidade de identificar os réus não obsta o ajuizamento da ação: "Tendo em vista a impossibilidade de identificação dos réus invasores de casas, é de se dar prosseguimento ao feito com a menção de que eles são invasores, descrevendo-se as unidades ocupadas".[36] Este caminho prático se impõe como solução para viabilizar o ajuizamento de ações contra invasões coletivas de imóveis, com alta rotatividade na substituição de invasores.

Afigura-se como notória a dificuldade, senão impossibilidade, seja das partes, seja das autoridades policiais, ou do próprio Judiciário, em localizar e direcionar a ação contra cada invasor nominado individualmente.

Nas turbações ou invasões coletivas e ocorridas há mais de um ano e dia, antes do deferimento da liminar, realizará o juiz audiência de mediação, com a presença do Ministério Público e dos órgãos responsáveis pela política rural ou urbana, como da União, dos Estados, do Distrito Federal e dos Municípios, de acordo com o art. 565 e seus parágrafos, matéria que será analisada no capítulo seguinte.

Mesmo o terceiro que recebeu a posse contaminada de vícios é passível de sofrer a ação possessória. Sobre a matéria preceitua o art. 1.212 do Código: "O possuidor pode intentar a ação de esbulho, ou a de indenização, contra o terceiro, que recebeu a coisa esbulhada, sabendo que o era".

Vale dizer que a ação é admitida na hipótese de haver esbulho, sendo o autor desapossado do bem, mesmo porque dá-se a transferência unicamente se existe a prévia subtração ou retirada do bem do poder daquele.

É indispensável para o pedido a prova da má-fé, eis que exige a norma a ciência pelo adquirente do esbulho.

Quanto ao adquirente de boa-fé, pelo dispositivo, não caberia a reintegração, e sim a reivindicação. No caso, porém, trata-se de posse. Não se amparando no domínio a mesma, nem esta via seria admitida. A inadmissibilidade da possessória, se houver boa-fé, não pode prevalecer. Interessa a origem da posse viciada. Pelo art. 1.203 do Código, na transferência, mantém a posse o mesmo caráter com que foi adquirida. Já em face do art. 1.214 do Código, desponta um tratamento diferenciado para a posse de boa-fé, por consignar que o possuidor de boa-fé tem direito, enquanto ela durar, aos frutos percebidos. No art. 1.219 do Código Civil, igualmente vêm delimitadas situações especiais para tal possuidor. Assim, em confronto com outras passagens vindas do conjunto de dispositivos que trata da transmissão da posse, conclui-se que o art. 1.212 do Código destoa das regras disciplinadoras dos efeitos da posse de boa-fé.

O mero detentor, por estar na posse *alieno jure*, em princípio não é parte legítima para a causa. Sendo demandado, cumpre-lhe indicar a pessoa em cujo nome exerce a posse, em atenção às normas dos arts. 338 e 339 do CPC/2015 (dispositivos que substituíram a nomeação à autoria do Código Processual de 1973):

Eis o texto do primeiro: "Alegando o réu, na contestação, ser parte ilegítima ou não ser o responsável pelo prejuízo invocado, o juiz facultará ao autor, em quinze dias, a alteração da petição inicial para substituição do réu".

---

[35] *Obra citada*, pp. 400 e 401.

[36] *Revista dos Tribunais*, 600/116 – Apel. nº 337.950, da 7ª Câm. do 1º Tribunal de Alçada Civil de São Paulo, j. em 30.04.1985, rel. Juiz Osvaldo Caron.

Reza o segundo dispositivo: "Quando alegar sua ilegitimidade, incumbe ao réu indicar o sujeito passivo da relação jurídica discutida sempre que tiver conhecimento, sob pena de arcar com as despesas processuais e de indenizar o autor pelos prejuízos decorrentes da falta da indicação".

Seguidamente são demandados simples prepostos, ou empregados, que praticam esbulho ou turbação a mando dos donos ou titulares dos bens onde residem. A lei, com a abertura concedida para indicar a titularidade do ato, permite a correção da relação processual, já que o executor material do ato perturbador da posse não é parte legítima para figurar no polo passivo da demanda.

Se, porém, demandado o executor ou o preposto do esbulhador ou turbador, contra ele, no caso, prosseguirá a ação, cabendo-lhe apontar quem foi o mandante, como expunha Manuel Rodrigues: "A ação deve ser proposta contra o autor material da violação. Este, porém, segundo uns, pode nomear à ação o mandante. Com efeito, no regime do art. 321 do anterior Código de Processo Civil admitiu-se a nomeação. Outros, porém, sustentam que só o mandante deve ser demandado. Parece, todavia, que é a primeira opinião que deverá seguir-se, e que, embora o autor aceite a indicação, a ação deverá continuar contra o autor material – o jornaleiro, o serviçal etc., pois sendo este responsável pelos prejuízos causados, e sendo um dos efeitos da ação possessória a condenação do réu na indenização dos prejuízos a que tiver dado causa, o autor obtém contra ele, na própria ação possessória, uma sentença".[37]

O citado art. 321 é do Código de Processo Civil de 1939, que corresponde ao art. 62 do Código de 1973 e ao art. 338 do Código de 2015.

Diversa é a situação do possuidor direto, como o locatário, o usufrutuário, o depositário etc., a quem se garante a legitimidade passiva. Ao locatário esbulhado por terceiro se autoriza o ajuizamento da ação possessória. Exerce ele a posse derivada, tendo recebido o bem, e devendo defender a posse que exerce em seu nome. Na hipótese, é conveniente denunciar à lide o possuidor indireto, a fim de poder ressarcir-se na eventualidade de sofrer prejuízos, caso não consiga ele garantir os benefícios econômicos inerentes à posse direta. Sobre o assunto, é claro o art. 125, inc. II, da lei processual civil: "É admissível a denunciação da lide, promovida por qualquer das partes: (...) II - àquele que estiver obrigado, por lei ou pelo contrato, a indenizar, em ação regressiva, o prejuízo de quem for vencido no processo".

Possível, também, que a ação seja dirigida contra o possuidor de imóvel do Poder Público, como da União, alegando o autor a sua titularidade. Ao Poder Público, admite-se o ingresso no processo como terceiro interessado para defender o seu domínio, embora a forma mais comum fosse a busca do imóvel por meio de ação própria. Tomando ciência da demanda, reveste-se do direito de participar, no sentido de demonstrar o seu direito, assemelhando-se a um tipo de assistência, mas abrindo, inclusive, caminho para uma posterior ação. Nesse sentido é a Súmula 637, de 06.11.2019, publicada em 11.11.2019, do STJ: "O ente público detém legitimidade e interesse para intervir, incidentalmente, na ação possessória entre particulares, podendo deduzir qualquer matéria defensiva, inclusive, se for o caso, o domínio".

7.7. DEFESA PESSOAL DA POSSE E DESFORÇO IMEDIATO

Para atos de turbação ou esbulho da posse é autorizada a autodefesa ou o desforço imediato, como assegura o art. 1.210, § 1º, do Código: "O possuidor turbado, ou esbulhado, poderá manter-se ou restituir-se por sua própria força, contanto que o faça logo; os atos de

---

[37] *Obra citada*, p. 403.

defesa, ou de desforço, não podem ir além do indispensável à manutenção, ou restituição da posse".

Situações comuns ocorrem, como a de surpreender o titular do bem um estranho invadindo seu imóvel, ou tentando arrombar a residência, ou furtando um veículo, ou se apossando de um pertence pessoal. A reação imediata ampara-se no instituto da legítima defesa ante uma agressão injustificada. É que seria inviável a procura de recursos judiciais ou mesmo policiais para evitar a ofensa. Por isso, consagrava o Código Civil revogado e repete o atual a legítima defesa da propriedade, extensiva à posse, por ser esta a exterioridade daquela.

Para impor-se tal legítima defesa impõe-se a existência de um temor justificado pela presença de um mal ameaçador, iminente, a desencadear uma ofensa ou um prejuízo à posse.

Unicamente o possuidor é amparado para desencadear a reação, assim considerado também o locatário, o depositário, o usufrutuário e outros beneficiários por uma relação de posse derivada, o que não impede o seu exercício pelo possuidor indireto.

Quanto ao detentor, embora alguns o excluam do amparo legal, nada justifica a impossibilidade de usar do remédio, mesmo em razão da correspondente excludente penal da legítima defesa de terceiro. A turbação e o esbulho à posse permitem a autodefesa, que deve ser executada tendo em vista os princípios que regem a legítima defesa penal, e que são a agressão atual ou iminente, e injusta; a preservação de um direito próprio ou alheio; e o emprego moderado dos meios necessários à defesa.[38]

Havendo turbação, ou agressão à posse, a ação própria da repulsa é a defesa; se ocorrer o esbulho, recupera-se a posse pelo desforço incontinenti, que é a retirada do invasor da posse, conforme distinguia Tito Fulgêncio: "A diferença está em que, tratando-se de ato de defesa, a agressão é perturbadora apenas do exercício da posse; para se verificar o desforço, necessário é que a agressão remate na perda da posse pelo possuidor".[39]

Por outras palavras, através da defesa o possuidor mantém-se na posse; pelo desforço, ele a recupera.

Perfeitamente admissível a defesa pessoal ou o desforço imediato nas invasões dos chamados agricultores ou colonos sem-terra, que constituem uma verdadeira praga no País, formando movimentos que se proliferam cada vez mais, e reunindo hordas de desocupados e aventureiros, não tanto deserdados de direitos lançados na luta de participarem da força produtiva, mas inseridos em movimentos mais de cunho delinquencial, desrespeitando o processo de reforma agrária e os critérios de seleção de áreas para a desapropriação. Os proprietários que têm as terras invadidas, dado não raramente o descaso do Poder Público, encontram nas regras em exame amparo para a pronta e decidida reação, inclusive com a utilização dos meios apropriados que se fazem necessários.

A reação do possuidor ou esbulhado há de ser imediata, ou incontinenti ao ato de agressão ou invasão, como se depreende do § 1º do art. 1.210 do Código. A defesa seguirá ao ato de força, sem uma longa demora, ou tão logo constate o ofendido a agressão. Mas, cada caso merecerá uma análise própria. Assim, encontrando-se o possuidor ausente por algumas horas, ou mesmo durante dias, poderá usar da medida ao retornar e constatar a turbação ou o esbulho. Ainda, se não o conseguir pelas próprias forças ou por meios pessoais, tão pronto obtenha o auxílio de terceiros ou meios apropriados. Já entendia desta forma Antônio Joaquim Ribas: "Se se tratar de pessoa poderosa, e de coisa de grande valor, em lugar onde o forçado não possa rapidamente juntar as pessoas precisas para fazer o desforçamento, a

---

[38]   Serpa Lopes, *Curso de Direito Civil*, vol. VI, ob. cit., p. 204.

[39]   *Da Posse e das Ações Possessórias*, vol. I, ob. cit., pp. 149 e 150.

Cap. VII · EFEITOS DA POSSE | 91

palavra 'logo' deve-se entender pelo tempo preciso para que o forçado possa juntar essas pessoas. Em todo o caso, esta palavra 'logo' fica sujeita à apreciação do juiz, segundo as circunstâncias das pessoas e das coisas, de modo que umas vezes poderá compreender o período de dois ou três dias e em outras vezes poderá exceder de dois meses".[40]

Não se pode olvidar a proporcionalidade da defesa ou do desforço à agressão. Não pode a pessoa exceder os limites necessários e suficientes para assegurar a coisa, ou afastar o invasor.

Mesmo partindo a agressão de uma autoridade pública, como da polícia, admitem-se tais meios de autodefesa, pois é ilegal sua intromissão ou interferência. Isto, evidentemente, e em qualquer caso, se houver injustiça na agressão, ou sua contrariedade ao direito, porquanto impossível ter como turbada ou esbulhada a posse, se aquele que realiza o ato encontra-se no regular exercício de um direito reconhecido na lei, ou está desempenhando uma função que o cargo lhe obriga.

A norma do art. 1.210, § 1º, do Código constitui uma particularização da regra estatuída no art. 188, inc. I, do Código: "Não constituem atos ilícitos: I – Os praticados em legítima defesa ou no exercício regular de um direito reconhecido".

Na composse, a qualquer dos titulares do condomínio autoriza-se a autodefesa, explicando, sobre o assunto, Roberto Mattoso Câmara Filho:

> A situação de comunhão jurídica autoriza a que um só ou só alguns dos compossuidores retomem a composse (...) Tem igual legitimidade para requerer judicialmente a reintegração.
>
> Entre os compossuidores, admitido o uso comum da coisa compossuída, pode ocorrer o esbulho de um contra o outro. É o caso de dois compossuidores que dividiram, para fim de uso, o terreno compossuído, em duas partes, e até uma cerca colocaram, ao que um deles avança alguns metros sobre a porção do outro.
>
> Como diz Pontes de Miranda, "cada compossuidor tem a tutela possessória até onde não exclui o exercício possessório do outro, ou dos outros".[41]

7.8. AÇÕES POSSESSÓRIAS E AÇÕES PETITÓRIAS

Objetivam as ações possessórias a proteção da posse, ainda que sem vinculação ao domínio.

Já a ação petitória procura a proteção do direito de propriedade, destacando-se a ação reivindicatória.

As situações mais comuns relativamente ao possuidor são quando ele ora aparece como simples possuidor e não proprietário, ora como possuidor-proprietário. Na primeira situação, em geral origina-se a posse de um contrato, em que o proprietário ou empresta o bem ou o aluga, ou o arrenda etc. Não autoriza a lei a alegação de domínio contra ele, segundo está no § 2º do art. 1.210 do Código. Explica Carvalho Santos, sendo que a matéria já vinha tratada igualmente na vigência do Código anterior: "Não pode o locador alegar seu domínio na ação possessória movida pelo locatário, para obstar, por exemplo, a manutenção".[42]

Na segunda hipótese, é o possuidor-proprietário que exercita a defesa da posse. Dá-se a atuação dele sempre quando agredida a posse, a qual se funda no domínio. Em geral, há a posse indireta, que remanesce com o proprietário, diante do exercício da posse direta

---

[40] *Obra citada*, pp. 246 e 247.
[41] *Posse e Ações Possessórias*, ob. cit., p. 363.
[42] *Obra citada*, vol. VII, p. 158.

por outrem. Assim, o proprietário-locador, *v.g.*, tem o domínio do bem e a posse indireta. Faculta-se o exercício de qualquer demanda se agredida a posse. Mas não se lhe autoriza, porque favorecido pelo título dominial, invocar, na defesa, o domínio. E se impede o livre uso do bem pelo locatário, considerado o possuidor direto, praticará atos de turbação, o que enseja exercício das ações respectivas.

Na ação petitória, o proprietário não exercia a posse e nem a exerce. Adquiriu o bem, mas não a posse. Durante o tempo em que se tornou titular do domínio, jamais revelou alguma forma de posse. É a razão que impõe o ajuizamento da reivindicatória para receber a posse, consoante exsurge da lição de Serpa Lopes: "Conforme assinala Consolo, quem promove a ação de reivindicação implicitamente revela não ter a posse da coisa reivindicada; não pode invocar a questão da posse ante o juiz, pois se utilizasse do remédio possessório prescindiria da *res vindicatio*. Ante o juiz do petitório não se pode fazer contraste sobre a pertinência da posse, por isso que o proprietário escolheu a posição de reivindicante. Nada mais lógico; como igualmente nada mais lógico é impedir a possibilidade de se litigar sobre a propriedade, ainda pendente o juízo possessório".[43]

A ação petitória visa, pois, exclusivamente, definir a existência ou não do direito de domínio ou de outro direito real, enquanto a possessória dirige-se à tutela do estado de fato representativo da posse. Uma funda-se no direito de propriedade; a outra procura apoio na situação da posse.

---

[43] *Curso de Direito Civil*, vol. VI, ob. cit., p. 187.

Capítulo VIII

Ações Possessórias

8.1. ESPÉCIES

Três são os interditos possessórios: o de manutenção de posse, quando o possuidor é turbado em sua posse; o de reintegração de posse, se ocorre o esbulho ou a perda da posse; e o proibitório, no caso de simples ameaça, sem a perda ou limitação parcial no exercício do direito sobre a posse.

O principal requisito comum às três espécies é o exercício da posse anterior, ou concomitantemente ao ato de turbação, ou de esbulho, ou de ameaça, conforme ilustrava antiga jurisprudência: "O primeiro requisito especial para o interdito reintegratório é a posse do autor ao tempo do esbulho. Se a posse for transferida por vontade própria, inexiste esbulho, devendo, portanto, ser decretada a carência da ação", sendo que a ação de reintegração de posse "é típica ação possessória, exigindo, para seu aforamento, prova da posse, do esbulho, e da data em que este ocorreu (CPC, art. 927, I, II, III). Assim, sem posse anterior devidamente comprovada, não se admite reintegratória. É a posse o primeiro e o principal requisito de toda a ação possessória, donde a missão do juiz, ao decidir questão assim, consistir em dar seu pronunciamento judicial sobre quem seja o verdadeiro possuidor entre os litigantes, pois extravasaria a controvérsia de seu âmbito se fosse indagar do *jus possidendi*".[1]

O referido art. 927 e incisos I, II, III têm redação igual no art. 561, I, II e III, do CPC/2015.

Regulam as espécies normas de direito material e normas de direito processual. Na previsão do Código Civil em vigor, sobressaem as normas processuais. Cumpre se faça a adequação das mesmas, sendo que as segundas disciplinam mais o procedimento para uma pronta tutela quando se dá ofensa à posse. Há, pois, um procedimento especial com o objetivo de resolver rapidamente a questão originada do rompimento antijurídico da relação estabelecida sobre a coisa.[2]

Sobre a manutenção e a reintegração, explica Clóvis do Couto e Silva, sendo que o atual tratamento jurídico, tanto no direito civil como no direito processual civil, coincide o dos Códigos revogados: "A pretensão de ser mantido ou a de ser reintegrado constitui a pretensão possessória primária (...) Embora não existam diferenças qualitativas, mas somente quantitativas, em matéria de interferência ou lesão à posse, extremam-se as soluções jurídicas e as categorias das sentenças e das ações. Numa, há a perda da posse, e o

---

[1] *Apel. Cível* nº 60.821-1 (reexame), 6ª Câm. Cível do TJ de São Paulo, julgada em 17.10.1985, em *Revista dos Tribunais*, 605/51.

[2] Caio Mário da Silva Pereira, *Instituições de Direito Civil*, vol. IV, ob. cit., p. 64.

efeito da sentença tem de ser a reintegração do possuidor. Na outra, restringe-se o efeito à simples manutenção".[3]

Além das três ações especificadas, outras estão consagradas pelo direito, dirigidas à proteção da posse e de grande uso: a nunciação de obra nova, a imissão de posse e os embargos de terceiro.

8.2. AÇÃO DE MANUTENÇÃO DE POSSE

O art. 1.210 do Código Civil abre os campos da defesa, em dispositivo que abrange a manutenção, a reintegração e o interdito proibitório (ameaça de violência iminente): "O possuidor tem direito a ser mantido na posse em caso de turbação, restituído no de esbulho, e segurado de violência iminente, se tiver justo receio de ser molestado".

No art. 560 do Código de Processo Civil, encontra-se o mesmo sentido, quanto à manutenção e à reintegração: "O possuidor tem direito a ser mantido na posse em caso de turbação, e reintegrado no de esbulho".

A turbação determina a manutenção. Não acontece a perda da posse, como no esbulho, ensejador do processo de reintegração. Há, isto sim, um prejuízo ao exercício dos direitos possessórios, ou um embaraço no desenvolver da posse.

Eis a definição de Guerra da Mota: "É a ação que usa o possuidor contra aquele que o perturba na sua posse, sem, contudo, o privar do uso da coisa".[4]

Elucida Pontes: "Quem está na posse, sem que a tivesse tirado de quem a vem turbar, tem o direito de ser mantido. Manter é *manum tenere*, ter mão, como em manobrar, manipular; e até, na língua francesa, para se agarrar o presente, se usou e se usa *maintenant*".[5]

Leciona Orlando Gomes que cabe o interdito de manutenção "quando o possuidor sofre perturbação na posse em consequência de atos violentos de alguém, os quais, todavia, não acarretam a sua perda, pois, nesta hipótese, haverá esbulho. Necessário, desse modo, esclarecer que 'turbação' é todo o ato que embaraça o livre exercício da posse, haja, ou não, dano, tenha o turbador, ou não, melhor direito sobre a coisa. Há de ser real, isto é, concreta, efetiva, consistente em fatos".[6]

Para a propositura, três os requisitos a serem referidos e provados na instrução: a) a posse que vem exercendo, e já preexistente ao ato ofensor; b) a turbação levada a termo pelo réu; c) a permanência do autor na posse, embora perpetrada a turbação.

Os atos de turbação recebem algumas classificações pelos autores, mas sem que resulte uma consequência prática. Assim, têm-se os atos de turbação positivos, envolvendo uma ação molestadora da posse – corte de árvores, implantação de estacas, derrubada de cercas do imóvel; ou os atos de turbação negativos, em que se impede ou dificulta o possuidor de praticar certos atos – colocação de obstáculos no caminho utilizado pelo possuidor.

Conhecem-se, ainda, a turbação direta, se praticada na própria coisa – abertura de caminho no terreno do possuidor; e a turbação indireta, quando desenvolvida externamente à coisa, mas trazendo efeitos prejudiciais no exercício da posse – propaganda que alguém faz sobre determinado imóvel, o que afasta a procura do mesmo por frequentadores.

---

[3]   *Obra citada*, vol. XI, tomo I, p. 144.

[4]   *Obra citada*, p. 33.

[5]   *Comentários ao Código de Processo Civil*, tomo XIII, ob. cit., p. 275.

[6]   *Direitos Reais*, tomo 1º, ob. cit., p. 112.

Por último, distingue-se a posse de fato e de direito. Na primeira, acontece a agressão material da posse; na segunda, o réu contesta judicialmente a posse do autor, ou "quando se realiza por via judicial ou administrativa, como no caso de ser intimado o locatário a não mais pagar o aluguel ao locador, ou em anúncio de venda pública de coisa possuída, decisão das autoridades fixando largura a uma estrada em detrimento da utilização da coisa".[7]

8.3. AÇÃO DE REINTEGRAÇÃO DE POSSE

A proteção no caso de esbulho vem garantida nos dispositivos antes citados – art. 1.210 do Código Civil e art. 560 do Código de Processo Civil.

Reintegrar equivale a integrar novamente, o que envolve um restabelecimento de alguém na posse de um bem do qual foi injustamente afastado ou retirado.

Diz Guerra da Mota, civilista português: "Nas ações de reintegração, também conhecidas por ações de esbulho, o possuidor perde o contato com a coisa possuída".[8]

Bem claro é Pontes: "Quem esbulha desintegra um patrimônio e tem de ser réu na ação possessória de reintegração, porque o direito processual civil apenas estatui sobre o procedimento".[9]

Três pressupostos sobressaem: a) deverá o possuidor esbulhado ter exercido uma posse anterior; b) a ocorrência do esbulho da posse que alguém provoca; c) a perda da posse em razão do esbulho.

Pratica esbulho quem priva outrem da posse, de modo violento ou clandestino, ou com abuso de confiança.

E para conseguir a reintegração, exige-se que o autor prove os seguintes requisitos: a) a posse que exerceu sobre a coisa; b) a existência de esbulho; c) a perda da posse; d) a data em que ocorreu o esbulho, a fim de postular a reintegração liminar, data que deverá ser de menos de ano e dia.

Ao se defender, cumpre que o réu se oponha à pretensão com a seguinte matéria, apresentada por Serpa Lopes: "1º) que o autor se desforçara do mesmo esbulho de que se queixa; 2º) que o autor não tem a posse, nem ainda viciosa; 3º) que a posse está extinta; 4º) ou que a posse civil é fundada em contrato nulo; 5º) que obrara sem dolo, por mandado de outrem; 6º) que o autor é incapaz da posse; 7º) o direito de retenção; 8º) a prescrição da ação".[10]

Conforme é admitido de forma geral, o esbulho se concretiza não só em face dos atos de violência, mas também com a recusa em restituir a coisa quando a isto se é obrigado. Em várias situações se apresenta a possibilidade de reintegração, por recusa a restituição. Assim, o comodatário, vencido o contrato, notificado se de prazo indeterminado a permissão em manter-se na posse de um bem, torna-se usurpador ou esbulhador a partir do ato que o intimou para a restituição. Bem revela a situação o seguinte aresto: "Estando demonstrados os requisitos básicos da ação de reintegração de posse, consistente na posse anterior da autora e na sua perda, com a ocupação indevida do imóvel, por outrem, o que configura esbulho, correta a decisão da maioria que reformou a sentença de improcedência do pedido. A presença dos réus no imóvel, sem justificar a aquisição regular de sua posse, que é da autora, ora embargada, como demonstrado nos autos, e contrariando a vontade desta, indica o esbulho,

---

7   Caio Mário da Silva Pereira, *Instituições de Direito Civil*, vol. IV, ob. cit., p. 67.
8   *Obra citada*, p. 129.
9   *Comentários ao Código de Processo Civil*, tomo XIII, ob. cit., p. 255.
10   *Curso de Direito Civil*, vol. VI, ob. cit., p. 192.

cuja ocorrência retroage ao momento da indevida ocupação do imóvel. Esse é o momento da perda da posse, reconhecida pela sentença, configurando o esbulho, com a mudança do título de ocupação do imóvel, de comodato, para o de pretenso dono".[11]

A obrigação de restituir encontra fulcro no art. 397 do Código Civil: "O inadimplemento da obrigação, positiva e líquida, no seu termo, constitui de pleno direito em mora o devedor".

Segundo esta regra, ou no princípio *dies intepellat pro homine*, exige-se a notificação unicamente para o contrato de prazo indeterminado e, igualmente, para aquele cujo prazo mede-se de acordo com a presunção da necessidade do uso da coisa. Pontes de Miranda bem observa quando se prescinde ou não se prescinde de tal ato: "Expirado o prazo para o uso do bem comodado, ou se o comodatário já o usou de acordo com o contrato, ou a natureza do uso, tem o comodatário de restituir o que recebeu. Não é preciso que o comodante promova a intimação do comodatário, nem, sequer, que o interpele ou lhe exija a reentrega. Se ocorreu o advento do termo, ou se cumpriu a condição, e o comodatário não restituiu, incorreu em mora. Dá-se o mesmo se já se ultimou o uso, ou a mobilidade. Se não há *tempus*, a intimação ou a exigência é necessária porque se trata de denúncia vazia".[12]

Antiga jurisprudência, amparada em valiosa doutrina, defendia a desnecessidade da interpelação, fundada no entendimento de que a citação é o mais eficiente meio de constituir em mora o devedor. Na *Apelação Cível nº 196.216-0*, da 4ª Câm. Cível do 2º Tribunal de Alçada de São Paulo, julgada em 25.11.1986, consta do voto do relator:

> Precisa é a lição de Moniz de Aragão: "A citação inicial se soma às causas de constituição em mora, tendo sido reputada a mais enérgica de todas as interpelações" (*Comentários ao Código de Processo Civil*, Forense, vol. II/196, 1ª edição). Washington de Barros Monteiro, após anotar que a interpelação, a notificação e o protesto são processos de constituição em mora, observa que a "jurisprudência sabiamente tem assentado que não é somente por esses meios que se processa a constituição em mora", pois "idêntico efeito se poderá igualmente obter pela citação feita na própria causa principal, pelo credor ajuizado para discutir a relação jurídica" (*Curso de Direito Civil, Direito das Obrigações*, vol. I/290, 1960). Igualmente Humberto Theodoro Júnior: "Quando a mora não é *ex re*, ou de pleno direito (a que decorre de simples vencimento da obrigação) (...), a citação inicial apresenta-se como equivalente da interpelação, atuando como causa de constituição do devedor em mora (mora *ex persona*). Trata-se, portanto, de um efeito material da citação" (*Processo de conhecimento*, 3ª edição, p. 290). E não custa acrescentar que no mesmo sentido é a jurisprudência desta E. Corte: "Para a constituição em mora do comodatário basta a citação para a ação, pois que esta, juridicamente, constitui a forma mais enérgica de interpelação, independente, portanto, de notificação formal ou judicial" (*Ap. 150.357*, Rel. Juiz Joaquim de Oliveira, in *JTA* Civ. SP, Saraiva, 79/233). "A citação possui força suficiente para constituir em mora o comodatário que se recusa a devolver o bem comodado, tendo sido reputada a mais enérgica de todas as interpelações" (*E. Infrs. 142.224*, Rel. Juiz Roberto Grassi, in *JTA* Civ. SP, Saraiva, 81/227).[13]

---

[11] *Embargos Infringentes* nº 131/2000, do 4º Grupo de Câmaras Cíveis do TJ do Rio de Janeiro, de 30.08.2000, em *ADV Jurisprudência* nº 3, expedição de 21.01.2001, p. 46.

[12] *Tratado de Direito Privado*, vol. 46, Editor Borsoi, Rio de Janeiro, 1964, 2ª ed., p. 185.

[13] *Revista dos Tribunais*, 616/134.

Tal a inteligência mais acertada, desde que tenha vencido o prazo do comodato e se recuse o comodatário a restituir o bem. Se por tempo indeterminado, com certeza a citação tem o efeito de constituir em mora, mas a concordância com o pedido acarreta o reconhecimento do direito do comodante, extinguindo-se a ação e arcando o comodatário com os encargos sucumbenciais, pois não se pode presumir a intenção daquele em cessar o contrato.

Igualmente no arrendamento mercantil (*leasing*) a via para a devolução do bem é a reintegração, consoante lição de Paulo Restiffe Neto: "A lei é omissa, mesmo para as operações de bens móveis quanto às ações cabíveis ao locador para reaver o objeto do contrato, qualquer que seja o fundamento do término da relação de locação. A doutrina e a jurisprudência que se vêm formando em torno do assunto inclinam-se para a ação de natureza possessória, por surpreenderem o esbulho caracterizado na retenção da posse sem justo título após a decisão extrajudicial do contrato. Especificamente, a ação de reintegração de posse, com liminar quando existente cláusula resolutória expressa e se encontrem justificados os requisitos legais(...). Essa orientação supridora da omissão da lei vem abrindo caminhos à solução também do problema de retomada do objeto do contrato nas operações de *leasing* imobiliário. A via adequada é a genérica comum de natureza possessória, e não a ação de despejo própria das locações puras".[14]

De igual modo, nas vendas a prestações com reserva de domínio, segundo deflui dos arts. 521 a 527 do Código Civil, admitindo-se a tutela provisória da evidência com amparo no art. 311, III, do CPC.

Não, porém, após expirado o prazo em contrato de locação, ou o estabelecido voluntariamente pelas partes no contrato em andamento: "Não é a ação possessória meio idôneo para reaver a posse direta do imóvel locado. Enquanto não entregues as chaves do prédio ao locador, ato que simboliza o acordo na extinção da avença, esta perdura, dependendo, para seu desfazimento, de sentença judicial. Assim, não importando o abandono do imóvel pelo locatário, dispõe o locador de ação própria, que é a de despejo".[15]

Uma outra situação reveladora de esbulho, com a reintegração para haver a posse, está no contrato de transferência de domínio ou de posse, mas que, após celebrado, nega-se o transmitente a demitir-se da posse e a entregar o bem. Ou seja, nos casos em que há aquisição da posse, desde logo transmitida pelo contrato, permanecendo seu transmitente nela de maneira real, o adquirente irá buscá-la através da reintegratória, eis que a retenção além do prazo previsto para a sua permanência causa esbulho ao adquirente, que recebera somente a posse jurídica ou indireta.

8.4. AÇÃO DE INTERDITO PROIBITÓRIO

O interdito proibitório está contemplado no art. 1.210 do Código Civil, conjuntamente com a reintegração e a manutenção de posse, ao prever o direito do indivíduo ser "segurado de violência iminente, se tiver justo receio de ser molestado".

O Código de Processo Civil igualmente trata da matéria no art. 567: "O possuidor direto ou indireto que tenha justo receio de ser molestado na posse poderá requerer ao juiz que o segure da turbação ou esbulho iminente, mediante mandado proibitório, em que se comine ao réu determinada pena pecuniária caso transgrida o preceito".

---

[14] *Locações – Questões Processuais*, 5ª ed., São Paulo, Editora Revista dos Tribunais, 1985, p. 7.

[15] *Apel. Cível* nº 212.032-8, 7ª Câm. Cível, 2º Tribunal de Alçada Cível de São Paulo, em *Revista dos Tribunais*, 631/165.

Nas duas normas ressalta o caráter preventivo, de modo a impedir o ataque à posse. Apresenta-se ao possuidor uma situação de ameaça de violência ou molestação à posse. Esta é a característica básica para o reconhecimento da figura em exame. Há um estado de fato de iminência de turbação ou esbulho, antecipando-se o titular da posse ao momento desencadeador de tais atos.

É o que assenta a jurisprudência, que se vale do art. 932 do CPC/1973, com igual significado do art. 567 do atual diploma processual: "O justo receio de que fala o art. 932 do CPC, ensejador do interdito proibitório, é o temor justificado, no sentido de estar embasado em fatos exteriores, em dados objetivos. O que importa é a seriedade da ameaça, sua credibilidade, sua aptidão para infundir no espírito normal o estado de receio. Se as pretensões encontram respaldo no art. 932 do CPC, e o conjunto probatório demonstra que o autor da possessória tem justo motivo para promover a ação, sendo fato público e notório a invasão de terras, nos dias atuais, não há como não se julgar pela procedência".[16]

Daí afirmar Washington de Barros Monteiro: "Destina-se a proteger a posse apenas ameaçada. É a proteção preventiva da posse, na iminência ou sob a ameaça de ser molestada. De natureza premonitória, visa a impedir que se consuma a violação da posse. O interdito proibitório não se confunde, pois, com a manutenção e a reintegração, que pressupõe violência à posse, já efetivada pela turbação, ou pelo esbulho".[17]

A mesma distinção já era apontada por João Baptista Monteiro: "A ameaça se distingue da turbação e do esbulho à medida que a primeira envolve um temor de ofensa (moléstia em potência) enquanto que os dois últimos exigem efetiva moléstia (em ato). Casos existem, entretanto, em que a separação entre a ameaça e o esbulho não é tão fácil. Quando a ameaça é suficientemente forte para provocar temor no possuidor a ponto de o levar a abandonar a coisa, haverá esbulho ou simples ameaça? Podendo consistir o esbulho em coação também moral (e não só física) se esta for suficiente forte para induzir o possuidor a abandonar a coisa, parece que ocorre o esbulho e não a ameaça".[18]

Sem dúvida, visa o interdito proibitório proteger a menos grave forma de violência à posse, que é a simples ameaça de moléstia. Adverte-se ao possuidor que será desfeita a obra pretendida levar a efeito em um imóvel. Cientifica-se que suportará, ainda, uma sanção pecuniária na eventualidade de infração.

O primeiro requisito apontado, tanto no Código Civil anterior e no atual, como nos Códigos de Processo Civil de 1973 e 2015, é o justo receio de ser o possuidor molestado, o que significa o temor justificado, com base em elementos concretos, e não em meras suposições, da iminência de uma ofensa concreta à posse.

Tal elemento tanto pode provir de palavras, como de atos, sendo essencial que o receio da turbação ou do esbulho se apresente sério e se apoie em razões objetivas que o legitimam.[19]

De modo que fatos objetivos e dados exteriores devem ser expostos para justificar a expedição do mandado proibitório. Se o temor é mais subjetivo, fruto de um temperamento fraco e pusilânime, ou de uma personalidade anômala, não cabe a medida. Os atos reveladores de possível ofensa podem consistir até em derrubada de cercas, penetração oculta em imóvel de outrem, retirada de coisas de tal imóvel e outras atitudes que, objetivamente

---

[16] *Apel. Cível*, nº 387.037, 8ª Câm. Cível do 1º Tribunal de Alçada Cível de São Paulo, em *Revista dos Tribunais*, 631/152.

[17] *Curso de Direito Civil – Direito das Coisas*, ob. cit., p. 48.

[18] *Obra citada*, p. 121.

[19] Guerra da Mota, ob. cit., p. 127.

consideradas, ameaçam a posse, no sentido de suscitar no espírito humano a probabilidade certa e concreta de que ocorrerá a perda ou a turbação da posse.

Não se pode admitir como justo receio a ameaça que decorre do exercício de um direito, ou de medida judicial. A notificação ou qualquer comunicação de futura promoção de demanda versando sobre terras, ou a advertência para a realização de determinado ato sob pena de se ajuizar uma ação de despejo, não formam motivo ensejador do justo receio. É que as possíveis ações judiciais não constituem, *a priori*, um abuso de direito, porquanto sujeito à apreciação do Poder Judiciário o deferimento de qualquer medida, e, por consequência, a legalidade da mesma.

A ameaça de violência através de turbação ou esbulho há de ser iminente, isto é, prestes a ocorrer. O interdito é de "força iminente", ou de "força futura", e seu emprego não se justifica senão enquanto durar a ameaça.

De observar-se, no entanto, o sentido de "iminente" ou "futura", como evidencia Pontes de Miranda: "A ocorrência turbativa ou esbulhante tem de ser futura, iminente; porém, a iminência da turbação não supõe a imediatidade. Não é preciso, pois, que se trate de ameaça de ação imediata, próxima. 'Iminente' está, aí, por 'futura'. O que se há de exigir é que a distância, no tempo, não seja tal que o interesse se apague".[20]

Daí não se considerar, na hipótese, a espécie como ação de "força nova" ou "força velha", segundo demonstra o citado autor.[21] Não encontra razoabilidade a busca da tutela quando já cessada a ameaça, ou não subsistirem razões para inferir que ainda se pretenda a ameaça.

A proibição de atos atentatórios à posse vem acompanhada de cominação de pena, em caso de transgressão à ordem. É o que se lê dos cânones acima citados. O autor ameaçado pede a aplicação da pena, mas quem fixa o montante será o juiz, obviamente sempre em valor inferior, se não há proporcionalidade na avaliação do mal a ocorrer e do dano resultante. Mas deverá ser arbitrada uma quantia suficiente alta para acarretar um temor forte no demandado, de sorte a frear qualquer intenção de cometer a infração.

E se no curso da ação vier o réu a cometer o esbulho ou a turbação? Cumprirá ao autor o ajuizamento de uma ação de reintegração ou manutenção? A resposta é negativa, pois verifica-se um desrespeito a uma ordem judicial, sanável mediante a determinação de restituir a posse, ou cessar a turbação, que se levará a efeito por meio de mandado de reintegração ou manutenção, além de incidir a multa arbitrada.

Ao réu, na defesa, caberá provar, a fim de ser julgada improcedente a ação, qualquer uma das seguintes situações:

a) que o autor não tinha a posse atual, isto é, que não exercia sobre a coisa nenhum dos poderes inerentes à propriedade;

b) que não havia, de parte dele, réu, qualquer ameaça de turbação ou esbulho;

c) que o receio manifestado pelo autor de ser turbado ou esbulhado em sua posse não se baseava em qualquer fundamento sério;

d) que a posse já se encontrava turbada ou esbulhada quando do pedido proibitório.[22]

Ao interdito proibitório aplicam-se, de modo geral, as mesmas disposições processuais relativas à manutenção e reintegração, especialmente quanto à concessão liminar da medida,

---

[20] *Comentários ao Código de Processo Civil*, vol. XIII, ob. cit., p. 316.
[21] *Comentários ao Código de Processo Civil*, vol. XIII, ob. cit., p. 309.
[22] Serpa Lopes, *Curso de Direito Civil*, vol. VI, ob. cit., p. 205.

conforme encerra o art. 568 da lei processual: "Aplica-se ao interdito proibitório o disposto na Seção II deste Capítulo". Seção que trata da ação de reintegração e de manutenção.

A seção anterior referida versa justamente sobre as normas processuais de concessão de liminar na ação de manutenção ou reintegração, além de estabelecer outras disposições. Assim, é possível ao juiz conceder ou denegar, *in limine litis*, o mandado proibitório. Não conseguindo o autor a prova pré-constituída da ameaça, permite-se a justificação, com a citação prévia do réu.

Concedida a liminar, sem necessidade de justificação em audiência, terá o autor o prazo de cinco dias para promover a citação do demandado. Na concessão em ato que se segue à justificação, o prazo contestacional inicia com a intimação do despacho. Caso não deferida a liminar, o começo do prazo também será a contar da intimação.

Figurando como demandada pessoa jurídica de Direito Público, não se deferirá a liminar sem a prévia ouvida da mesma.

Finalmente, além da incidência da sanção pecuniária, obriga-se o infrator a indenizar o prejuízo patrimonial que tiver causado. A obrigação vinha amparada no art. 503 do Código Civil anterior, dispositivo que não se reproduziu no Código em vigor. Encontra apoio, entretanto, no art. 186 do Código atual, conferindo ao prejudicado o direito de postular indenização pelos danos sofridos, a fim de que se opere o restabelecimento da situação anterior à ação nefasta do réu. Consta, igualmente, no art. 556 do diploma processual civil.

8.5. AÇÃO POSSESSÓRIA EM INVASÕES COLETIVAS

Tornou-se fenômeno social bastante comum, nos últimos tempos, a invasão de áreas urbanas ou rurais por grandes levas de pessoas carentes ou mesmo aventureiras, onde erguem seus casebres ou procuram desenvolver atividades agrícolas.

De modo geral, os problemas econômicos enfrentados pelas camadas sociais mais pobres são a razão das invasões. Há uma verdadeira impossibilidade material na aquisição de moradia digna.

Frente ao direito positivo vigente, nada força a dar uma sustentação jurídica a tais situações.

As finalidades sociais da propriedade, de modo a atender o bem comum, que procura se disseminar nas Constituições, não revertem qualquer resultado prático. A doutrina social da Igreja Católica, iniciada especialmente em Encíclicas dos papas Leão XIII e João XXIII, apenas criou uma consciência mais preocupada com a questão social.

Assim, cabível é a reintegração de posse contra os invasores, mesmo que não individuados, já que, na maior parte das vezes, esta tarefa é inviável não só pela constante mutação de tais grupos, como também pela negativa de seus integrantes de se identificarem.

A concessão de áreas com o objetivo de servirem à construção de moradias a pessoas sem poder aquisitivo constitui encargo do Poder Público, que dispõe, para tanto, do instituto da desapropriação. Não é justo, na verdade, negar o direito à retomada das terras, sob pena de se criar um verdadeiro confisco de bens particulares, fazendo recair a responsabilidade pelos problemas sociais somente em uma ou outra pessoa. O ônus da entrega de terras para a população desprovida de recursos erguer suas habitações não deve ser suportado por particulares, e sim pelo Estado, para o qual todos contribuem com impostos, objetivando a realização do bem comum. Toda a comunidade deve assumir tal incumbência.

É que também os conflitos sociais devem ser equacionados sob o comando da lei, a qual representa a verdadeira balança dos valores das condutas a serem impostas.

O Código Civil assinala um caminho para a solução de tais problemas. Aponta, no art. 1.228, § 4º, a expropriação judicial de áreas extensas, nas quais se assentaram levas de populações, ou um grande número de pessoas, com o erguimento de obras e serviços de interesse social e econômico relevante. Nos próprios autos o juiz determinará a perda da propriedade, impondo a indenização que, se impossível a satisfação pelos moradores, deverá transferir-se ao Estado.

Com efeito, prescreve o preceito: "O proprietário também pode ser privado da coisa se o imóvel reivindicado consistir em extensa área, na posse ininterrupta e de boa-fé, por mais de cinco anos, de considerável número de pessoas, e estas nela houverem realizado, em conjunto ou separadamente, obras e serviços considerados pelo juiz de interesse social e econômico relevante".

Neste caso, segue o § 5º, o juiz fixará "a justa indenização devida ao proprietário; pago o preço, valerá a sentença como título para a transcrição do imóvel em nome dos possuidores". Ressalta-se que o prazo, em vista do art. 2.030 do Código, eleva-se em dois anos, qualquer que seja o tempo transcorrido na vigência do Código anterior, até o decurso de dois anos após a entrada em vigor do Código Civil.

A norma procura expressar a norma a justiça social da propriedade, fazendo prevalecer a sua relevante função consagrada na Constituição Federal, em oposição ao princípio individualista de sua soberania absoluta.

O Código de Processo Civil trouxe regras processuais próprias para as ações em que figure no polo passivo grande número de pessoas.

Uma das determinações é que se efetue a citação pessoal dos ocupantes que se encontrarem no local e, por edital, daqueles que não forem encontrados e não se identificarem. Haverá extrema dificuldade para o ato de identificação e mesmo da presença do oficial de justiça, normalmente em razão da hostilidade, agressões e repulsa que, em geral, os invasores revelam. Indispensável o acompanhamento de força policial, com prévio planejamento. São obrigatórias a participação do Ministério Público e a assistência da Defensoria Pública, nesta hipótese se constatada a hipossuficiência econômica dos invasores.

Com a finalidade de cientificar da ação os ocupantes, bem como dos prazos para a saída, se for o caso, é ordenada ampla publicidade pelos meios de comunicação existentes no local do conflito e de cartazes a serem colocados ou fixados na região. O regramento está nos parágrafos do art. 554:

> § 1º No caso de ação possessória em que figure no polo passivo grande número de pessoas, serão feitas a citação pessoal dos ocupantes que forem encontrados no local e a citação por edital dos demais, determinando-se, ainda, a intimação do Ministério Público e, se envolver pessoas em situação de hipossuficiência econômica, da Defensoria Pública.
>
> § 2º Para fim da citação pessoal prevista no § 1º, o oficial de justiça procurará os ocupantes no local por uma vez, citando-se por edital os que não forem encontrados.
>
> § 3º O juiz deverá determinar que se dê ampla publicidade da existência da ação prevista no § 1º e dos respectivos prazos processuais, podendo, para tanto, valer-se de anúncios em jornal ou rádio locais, da publicação de cartazes na região do conflito e de outros meios.

As disposições não afastam a concessão da liminar, se presente o requisito específico do art. 558, isto é, se o ato de turbação, ou de esbulho, ou de ameaça de moléstia na posse ocorrer dentro do prazo de ano e dia, com a evidência suficiente das exigências do art. 561. O juiz, então, com supedâneo no art. 562, expedirá o competente mandado de liminar de manutenção, ou de reintegração, ou de proibição de ameaça de moléstia da posse.

A matéria será aprofundada nos itens seguintes, na abordagem da concessão da liminar para as ações possessórias em geral.

Todavia, nos litígios coletivos envolvendo a posse de imóvel em que o esbulho ou turbação tiver ocorrido há mais de ano e dia, diferente será o procedimento. Uma audiência de mediação precederá a concessão da liminar, a realizar-se num prazo de até trinta dias, com a intimação e a presença do Ministério Público, e da Defensoria Pública se alguma das partes tiver sido beneficiada pela justiça gratuita. Faculta-se e é conveniente a intimação do órgão público responsável pela política rural ou urbana (da União, do Estado ou Distrito Federal, ou do Município), com a finalidade de solução do conflito, inclusive visando à recolocação das pessoas que serão retiradas. Cuida-se de uma medida para tornar menos traumática e conflituosa a retirada dos invasores. As regras sobre os trâmites estão descritas no art. 565 e em seus parágrafos, evidenciando que, mesmo em casos de invasões e outros atos de atentado à posse, viabiliza-se a concessão de liminar, desde que provados satisfatoriamente os requisitos do art. 561.

Embora o art. 565 refira unicamente a ocorrência de esbulho ou turbação, nada impede a extensão do direito na configuração do receio de moléstia da posse, que se verifica se verificados atos preparatórios da invasão, como de pessoas acampando nas proximidades de uma área, de penetrações esporádicas no imóvel, de promessas de ocupação, de exibição de instrumentos para arrombamento, de instalação de materiais para a construção de barracas. Ademais, encontra amparo o deferimento de liminar no art. 568 do CPC.

Eis as regras do art. 565 e de seus parágrafos:

> No litígio coletivo pela posse de imóvel, quando o esbulho ou a turbação afirmado na petição inicial houver ocorrido há mais de ano e dia, o juiz, antes de apreciar o pedido de concessão da medida liminar, deverá designar audiência de mediação, a realizar-se em até 30 (trinta) dias, que observará o disposto nos §§ 2º e 4º.
>
> § 1º Concedida a liminar, se essa não for executada no prazo de 1 (um) ano, a contar da data de distribuição, caberá ao juiz designar audiência de mediação, nos termos dos §§ 2º a 4º deste artigo.
>
> § 2º O Ministério Público será intimado para comparecer à audiência, e a Defensoria Pública será intimada sempre que houver parte beneficiária de gratuidade da justiça.
>
> § 3º O juiz poderá comparecer à área objeto do litígio quando sua presença se fizer necessária à efetivação da tutela jurisdicional.
>
> § 4º Os órgãos responsáveis pela política agrária e pela política urbana da União, de Estado ou do Distrito Federal e de Município onde se situe a área objeto do litígio poderão ser intimados para a audiência, a fim de se manifestarem sobre seu interesse no processo e sobre a existência de possibilidade de solução para o conflito possessório.
>
> § 5º Aplica-se o disposto neste artigo ao litígio sobre propriedade de imóvel.

Percebe-se que há permissão de conceder a liminar de proteção da posse pelo fato do litígio coletivo em torno da mesma posse. Entende-se que o litígio decorra de invasões. Não se busca o fundamento nos pressupostos e requisitos da tutela provisória. A lei autoriza a liminar em face da natureza do direito discutido, o que não impede que se procure apoio nas disposições da tutela provisória.

Superada a fase da audiência, com a concessão ou não da liminar, segue-se o procedimento comum, nos termos do art. 566.

8.6. A MEDIDA LIMINAR NAS AÇÕES POSSESSÓRIAS

Prescreve o art. 558 do CPC, mantendo o sentido do art. 924 do CPC de 1973: "Regem o procedimento de manutenção e de reintegração de posse as normas da Seção II deste Capítulo quando a ação for proposta dentro de ano e dia da turbação ou do esbulho afirmado na petição inicial".

O parágrafo único:

> Passado o prazo referido no *caput*, será comum o procedimento, não perdendo, contudo, o caráter possessório.

Na seção referida pelo dispositivo, vem disciplinado o procedimento quando a parte busca a expedição de mandado liminar de manutenção ou reintegração. Trata-se da Seção II, Capítulo III, Título III, do Livro I, da Parte Especial. Afora esta hipótese, as ações possessórias submetem-se sempre ao rito comum. Unicamente se a turbação ou o esbulho data de menos de ano e dia, segue-se o procedimento, em sua fase inicial, com uma série de atos específicos e apropriados a permitir o exame para uma decisão sobre a reintegração e manutenção, e também sobre o interdito proibitório, por força do art. 568 do estatuto processual.

Em razão de dois dispositivos do Código Civil anterior, parece que vinha autorizada a liminar nas ações possessórias em situações bem diferentes.

O primeiro era o art. 507: "Na posse de menos de ano e dia, nenhum possuidor será manutenido, ou reintegrado judicialmente, senão contra os que não tiverem melhor posse". O segundo correspondia ao art. 508: "Se a posse for de mais de ano e dia, o possuidor será mantido sumariamente, até ser convencido pelos meios ordinários".

O Código Civil não contém disposições similares, e, com razão, como se concluirá no curso das observações seguintes.

À primeira vista, pelo teor das normas transcritas no Código Civil de 1916, transparecia que se encontrava estabelecido um critério diferente para a concessão da medida *initio litis*.

Não se notava, todavia, contradição alguma. As duas normas acima referiam-se à idade da posse – posse de menos de ano e dia, e posse de mais de ano e dia, denominada a primeira com a expressão de "posse nova" e a segunda com a expressão de "posse velha".

O Código de Processo Civil tem em conta a idade da turbação ou esbulho.

Através dos referidos arts. 507 e 508, o legislador, ao elaborar o Código Civil de então, estabeleceu uma regra processual, ou de rito dos procedimentos, justificável, é óbvio, em face da ausência de uma previsão processual própria, já que, antes do Código de Processo Civil de 1939, as normas de direito processual eram da competência legislativa dos Estados-membros. Procurou o legislador do Código Civil de 1916 evitar que os legisladores estaduais viessem a deformar o instituto, não estabelecendo eficientes formas de proteção possessória.

Assim, ele próprio tratou de formular disposições que assegurassem um rápido andamento processual para a obtenção da proteção possessória. Daí a regra do art. 508, na qual estava embutido um procedimento "sumaríssimo" ou "sumário" (não no sentido atual da palavra) para a consecução da tutela possessória, como explica Darcy Bessone.[23]

Desde que vigentes normas processuais, em estatuto próprio, é evidente que elas se aplicam. De sorte que, nas chamadas ações de "força velha", se decorrido mais de um ano, desde o ato de agressão à posse, não se concederá a liminar, o que não impede a apreciação sob o

---

[23]   *Direitos Reais*, ob. cit., p. 288.

enfoque da tutela provisória, com a aplicação do procedimento comum (parágrafo único do art. 558 do CPC). Sendo nova a posse, o art. 562, em face do art. 558, ambos do Código de Processo Civil, faculta ao autor a manutenção e a reintegração liminar.

8.7. REQUISITOS PARA AS AÇÕES

Os requisitos vêm discriminados no art. 561 do CPC, que mantém o texto do art. 927 do CPC/1973:

> Incumbe ao autor provar:
>
> I – a sua posse;
>
> II – a turbação ou o esbulho praticado pelo réu;
>
> III – a data da turbação ou do esbulho;
>
> IV – a continuação da posse, embora turbada, na ação de manutenção, ou a perda da posse, na ação de reintegração.

Requisitos esses exigidos ainda pela jurisprudência antiga: "Ação de manutenção de posse. Audiência de justificação. Ausência dos requisitos do art. 927 do CPC. Inspeção judicial realizada. Indeferimento da liminar. Recurso de Agravo de Instrumento improvido. Se na audiência de justificação de posse o autor não comprova todos os requisitos previstos no art. 927 da lei processual civil e, não obstante isso, o juiz realiza inspeção no lugar da contenda que vem a ratificar a falta dos pressupostos legais, não se pode adjetivar de ilegal a decisão judicial denegatória da proteção liminar e revogatória de medida de sequestro". É que "os requisitos do art. 927, do estatuto processual civil, devem estar provados e de maneira clara e convincente. Incumbe ao autor provar: 1. a sua posse; 2. turbação ou esbulho praticado pelo réu; 3. a data da turbação ou do esbulho; 4. a continuação da posse, embora turbada, na ação de manutenção; 5. a perda da posse, na ação de reintegração".[24]

O art. 927, anteriormente invocado, tem sua exata correspondência ao art. 561 do vigente diploma processual.

A fase preliminar representa o procedimento das ações possessórias, mantido pelo CPC/2015 igual ao do CPC/1973. Daí que a doutrina que analisava o regramento anterior se mantém apropriada.

A posse constitui o requisito fundamental, sem a qual fica de pronto afastada a possibilidade de proteção provisional intentada.

A turbação ou esbulho que praticou o réu dirige o tipo de ação – de manutenção ou de reintegração –, embora se admita certa vacilação entre uma e outra. De sorte que, se provada a turbação quando se alegara o esbulho, ou vice-versa, ou provada a continuação da posse que se afirmara perdida, ou o contrário, não indeferirá o juiz a inicial, em face da regra do art. 554, que consagra a conversibilidade dos interditos.

Ilustrava Sérgio Sahione Fadel, em texto perfeitamente aplicável: "A turbação ou o esbulho praticado pelo réu deve igualmente ser provado na inicial. E essa prova, idealmente, se fará através de documentos, hipótese em que se dispensaria a realização da justificação prévia. Embora o erro na propositura da ação, relativamente aos fatos em que se apoia o pedido, não sirva a invalidá-la, pois dá-se o aproveitamento da ação desde que os pressupostos de

---

[24] *Agravo de Instrumento* nº 2.892, 2ª Câm. Cível do Tribunal do Mato Grosso, julgado em 14.08.1984, em *Revista dos Tribunais*, 592/171.

qualquer dos interditos estejam presentes, deverá o autor também comprovar, se se tratar de manutenção, a permanência de sua posse embora turbada, e, se se tratar de reintegração, a perda dela".[25]

Quanto à data da turbação ou esbulho, desponta a importância a fim de averiguar o cabimento ou não da liminar *initio litis*. Se o ato atacado data de mais de ano e dia, cai por terra o direito à liminar. Seguirá a demanda no procedimento comum.

Diz Pontes de Miranda: "Se a turbação ou esbulho decorreu a menos de ano e dia, há a possibilidade da manutenção ou da reintegração *initio litis*. Tal manutenção ou tal reintegração é adiantamento de decisão. Tem-se, pois, de provar o fato e o tempo. Se esse passou de ano e dia (se no dia posterior ao ano não se propôs a ação), não há pensar-se em manutenção ou reintegração liminar. Na ação de reintegração, adianta-se execução; na de manutenção, adianta-se mandamento".[26]

Na contagem do prazo, surgem diferentes situações.

Primeiramente, se está ausente o possuidor, quer se trate de turbação, quer se cuide de esbulho. Ou não há o seu imediato conhecimento. Já o art. 522 do Código Civil revogado continha uma solução, embora restrita, à perda da posse, mas que se estendia, também, à turbação, por questão de coerência. Dizia o dispositivo: "Só se considera perdida a posse para o ausente, quando, tendo notícia da ocupação, se abstém de retomar a coisa, ou, tentando recuperá-la, é violentamente repelido". Também no Código atual está a regra, em seu art. 1.224, embora não se exija a ausência do titular, bastando que não tenha presenciado o esbulho ou a turbação: "Só se considera perdida a posse para quem não presenciou o esbulho, quando, tendo notícia dele, se abstém de retornar a coisa, ou, tentando recuperá-la, é violentamente repelido".

Realmente, impossível flua algum prazo contra aquele que ignora o fato. Daí que o "ausente" do art. 522 do então Código Civil, ou "quem não presenciou" do art. 1.224 do vigente diploma, é toda a pessoa que ainda não possui ciência da violência. Não presenciando o atentado à posse, ou desconhecendo tal fato, encontra-se o possuidor impossibilitado de opor-se aos atos ofensivos, a menos que o desconhecimento seja imputável à sua negligência, ou à total e injustificável falta de vigilância.

Outra questão de interesse prático é relativa ao modo de contar o prazo de ano e dia.

Havia uma regra a este respeito no parágrafo único do art. 523 do Código Civil de 1916, não prevista no atual Código: "O prazo de ano e dia não corre enquanto o possuidor defende a posse, restabelecendo a relação de fato anterior à turbação, ou ao esbulho".

A data, pois, em que se considerava iniciada a turbação ou o esbulho, ou o *dies a quo* do prazo, era a da consumação e concretização da ofensa à posse. Não se caracterizava a situação fática da perda ou turbação da posse enquanto presente a resistência. Parece coerente este critério para a contagem.

De outro lado, na turbação pode existir uma forma continuada de agressão à posse. Ou uma série de atos sucessivos efetiva a ofensa. No caso, a contagem do prazo inicia de qualquer ato turbativo, exceto se os vários atos turbativos representam a continuação uns dos outros, como na passagem utilizada pelo ofensor do imóvel do possuidor, em dias sucessivos, ausente qualquer permissão deste. A turbação é uma só, sem nova reabertura do prazo a cada reiteração de passagem. Exigindo, no entanto, uma dependência ou distinção entre um

---

[25]   *Obra citada*, tomo V, p. 58.
[26]   *Comentários ao Código de Processo Civil*, tomo XIII, ob. cit., p. 290.

ato atentatório e outro, muda o critério de contagem. O perturbador realiza diversas formas de ataques. Num dia, retira a cerca; no outro, colhe os frutos no terreno alheio; por fim, coloca animais em seu interior. A cada ação diferente surge uma nova turbação. Se escoado o prazo de ano e dia desde o primeiro ataque, resta ao prejudicado contar o lapso temporal a partir dos outros atos. Como ressoa da análise, distinguem-se as situações, transparecendo a unicidade de ação sempre que ela se realiza paulatinamente, como na deslocação de um tapume divisório, que se concretiza ou se completa após vários meses do início.

A continuação da posse, em caso de turbação, ou a perda, se ocorrer o esbulho, é mais um requisito de grande importância para a concessão da liminar. Se não ocorrer uma destas situações, descabe a ação possessória.

Uma vez preenchidos tais requisitos, está a parte lesada em sua posse apta a pleitear a medida liminar de reintegração ou manutenção. Mas, isto desde que estejam comprovados tais elementos, como se conclui do art. 562 do Código de Processo Civil: "Estando a petição inicial devidamente instruída, o juiz deferirá, sem ouvir o réu, a expedição do mandado liminar de manutenção ou de reintegração, no caso contrário, determinará que o autor justifique previamente o alegado, citando-se o réu para comparecer à audiência que for designada".

Considera-se devidamente instruída a inicial se acompanhada de prova documental, que não pode consistir de declarações colhidas fora dos autos e prestadas por terceiros sobre a situação de fato. Tais documentos são desacreditados, mesmo que lavrados em cartório e sob forma notarial.

Igualmente, não bastam documentos comprobatórios do domínio ou de outro título *jus possidendi*, pois que não expressam necessariamente o exercício da posse.

Servem, como meio eficaz para evidenciar atos atentatórios à posse, fotos mostrando a derrubada de cercas, ou a instalação do invasor em domínio alheio. Igualmente, plantas e mapas com a individuação e localização da área invadida. Outrossim, alguma manifestação que mostre a repulsa à turbação ou ao esbulho, como a certidão de ocorrência policial e a notificação para que seja desocupado o bem.

A audiência de justificação, com a ouvida de testemunhas, impõe-se caso seja insuficiente a prova juntada com a inicial, sendo de rigor a citação do requerido, a fim de comparecer à audiência, e dela participar com advogado, inquirindo as testemunhas, fazendo pedidos e contrapondo-se à concessão da liminar.

Não é permitido, todavia, que arrole testemunhas, nem converter esta fase inicial do processo em um verdadeiro contraditório antes da contestação.

Admite-se, contudo, a substituição da audiência de justificação por outro ato de prova judicial, segundo já se decidiu: "Mandado de segurança. Decisão concessiva de liminar em ação possessória. Substituição da audiência de justificação de posse por inspeção judicial. Invasão de área. Inexistência de ilegalidade ou abuso de poder. Segurança indeferida. A substituição de audiência de justificação de posse, em ação de reintegração de posse, por inspeção judicial, por si só, não constitui fundamento relevante para o deferimento de mandado de segurança, mormente quando o juiz assim procede para acautelar interesse público e social, em caso de invasão de área por grileiros".[27]

Realizando-se a audiência de justificação, "o prazo para contestar será contado da intimação da decisão que deferir ou não a medida liminar" (art. 564, parágrafo único, do CPC).

---

[27] *Mandado de Segurança* nº 661, Câmaras Reunidas do Tribunal de Justiça de Mato Grosso, julgado em 03.03.1998, em *Revista dos Tribunais*, 631/188.

Cap. VIII · AÇÕES POSSESSÓRIAS | 107

8.8. AÇÕES POSSESSÓRIAS CONTRA PESSOAS JURÍDICAS DE DIREITO PÚBLICO

Contém o parágrafo único do art. 562 da lei processual civil regra que é igual ao parágrafo único do art. 928 do anterior diploma processual: "Contra as pessoas jurídicas de direito público não será deferida a manutenção ou a reintegração liminar sem a prévia audiência dos respectivos representantes judiciais".

Neste privilégio, incluem-se os Estados soberanos estrangeiros. Mas a regra não envolve as fundações, as sociedades de economia mista, e as concessionárias e permissionárias de serviços públicos. Era o ensinamento de Clóvis do Couto e Silva, perfeitamente atual, já que idênticas as disposições do atual e do anterior diploma processual civil: "As sociedades de economia mista não são, entretanto, pessoas de direito público. Poder-se-ia indagar se as concessionárias de serviços públicos, empresas privadas, seriam beneficiárias do privilégio. Parece-me que ele se refere não ao objeto de uma atividade, mas ao sujeito que a exerce. Nesse sentido, qualificou-se o sujeito como pessoa jurídica de direito público, o que tem uma conotação característica, escapando de sua abrangência as demais empresas privadas, embora sejam elas concessionárias de algum serviço público".[28]

A razão da intimação prévia está na presunção de que o poder público atua de conformidade com a lei e o interesse público, sendo desaconselhável medida que ofenda tal interesse. Aduz Adroaldo Furtado Fabrício, a respeito: "Invoca-se como fundamento do tratamento privilegiado a presunção de que o poder público atua em conformidade com a lei e na busca da realização do bem comum. A essas pessoas, portanto, deve ser sempre assegurada a oportunidade de falar sobre atos por ela praticados, ou a elas atribuídos e que aparentem desviar-se daquela presunção".[29]

A jurisprudência impõe o cumprimento da norma: "Reintegração de posse. Ajuizamento contra pessoa jurídica de direito público interno. Necessidade de prévia audiência de seus representantes judiciais. Art. 928, parágrafo único, do CPC. Liminar cassada". Conforme passagem do acórdão, "não podia pois ser desprezada essa audiência ao exame do pedido de liminar. Por outro lado, deveria ser cumprido o mandamento do parágrafo único do art. 928 do estatuto processual, ouvindo-se, antes do exame do pedido de liminar e após a justificação, os representantes judiciais da agravante, pessoa jurídica de direito público interno".[30]

Como referido, a norma do parágrafo único do art. 928 está com a mesma redação do vigente art. 562, parágrafo único.

Segundo ordena o dispositivo, a pessoa jurídica de direito público será ouvida em fase preliminar à contestação. De modo que, se a inicial vier devidamente instruída, de imediato o juiz mandará que se proceda à intimação, concedendo um prazo para a manifestação. Caso necessária a efetivação de audiência de justificação, cita-se previamente com o objetivo de participar do ato. Após colhida a prova, seguir-se-á a intimação para falar sobre o pedido da liminar. Só depois examinará o juiz o cabimento de tal pretensão. Deferida ou não a liminar, duas situações ocorrem: a) caso não realizada a audiência de justificação, cita-se a entidade de direito público para contestar; b) se realizada a audiência, já tendo ocorrido a citação para participar da solenidade, e consumada a intimação para falar sobre a liminar requerida,

---

[28] *Comentários ao Código de Processo Civil*, vol. XI, tomo I, ob. cit., p. 148.

[29] *Comentários ao Código de Processo Civil*, vol. VIII, tomo III, ob. cit., p. 555.

[30] *Agravo de Instrumento* nº 392.058, da 1ª Câm. Cível do 1º Tribunal de Alçada de São Paulo, julgado em 23.05.1988, em *Julgados dos Tribunais de Alçada Civil de São Paulo*, Ed. RT, 110/178.

intima-se novamente do despacho concessivo ou negatório da medida, e para apresentar a contestação, como resulta do parágrafo único do art. 564 da lei processual.

8.9. INIDONEIDADE ECONÔMICA DO AUTOR PROVISORIAMENTE MANTIDO OU REINTEGRADO NA POSSE

O art. 559 da lei instrumental civil estabelece uma regra de prevenção quanto a possíveis prejuízos que venha a sofrer o demandado na concessão da medida liminar de manutenção ou reintegração: "Se o réu provar, em qualquer tempo, que o autor, provisoriamente manti-do ou reintegrado na posse, carece de idoneidade financeira para, no caso de sucumbência, responder por perdas e danos, o juiz designar-lhe-á o prazo de (5) cinco dias para requerer caução, real ou fidejussória, sob pena de ser depositada a coisa litigiosa, ressalvada a impossibilidade da parte economicamente hipossuficiente".

Como se percebe, trata-se de norma visando dar alguma garantia ao réu de que será ressarcido dos danos que resultarem da manutenção ou reintegração *in limine litis*. Poderão advir consequências econômicas graves para aquele que se vê, *ex abrupto*, afastado de um bem, o qual passa subitamente para a posse de outra pessoa. Não é raro medidas liminares serem concedidas em favor de pessoas aventureiras que engendram uma situação favorável à concessão e que, mais tarde, percebe-se que nenhum direito as ampara, com graves prejuízos àqueles que foram retirados os bens.

Em qualquer momento do processo a parte que se sente lesada é autorizada a requerer a providência. A prova tendente a demonstrar a insolvência se desenvolve em torno de documentos que evidenciam a falta de suporte econômico em capacitar-se o autor a indenizar as perdas e danos. Se ele não é titular de outros bens, nada levando a firmar sua idoneidade financeira, requerer-se-á ao juiz que ordene a prestação de garantia caucionária, real ou fidejussória, ou a depositar o bem.

Recebendo o pedido, e ouvido o autor, o juiz, declarando que o mesmo não apresenta suficiente solidez econômica para garantir a eventual indenização de perdas e danos, não ordena que preste caução, mas coloca à sua escolha a alternativa legal de ou requerer a prestação de caução no quinquídio legal, ou perder a posse provisória que exerce sobre a coisa, depositando-a com outrem.

É possível dispensar a caução, como se infere da parte final do art. 559, se a parte não dispõe de condições econômicas. Já na vigência do Código de 1973, defendia-se a dispensa, como se percebe da lição de Sérgio Sahione Fadel: "O juiz, diante de tal alegação do réu, não está obrigado a deferir o pedido no sentido de que o autor preste caução, pois é necessário que haja, a par do convencimento acerca da cognição superficial e exame detido das circunstâncias da causa, para que essa exigência não torne impossível para muitos a manutenção ou a reintegração *initio litis*. Se assim não fosse, o autor jurídica e economicamente pobre, posto que esbulhado ou turbado na sua posse, não poderia reclamar o deferimento liminar do interdito possessório, porque, jamais, teria condições financeiras suficientes a cobrir eventuais ou mesmo remotos prejuízos que o réu viesse a sofrer".[31]

Qual o procedimento para prestar a caução? O Código de Processo Civil de 1973, nos arts. 826 a 838, traçava um caminho próprio, dentro do rito previsto para as ações cautelares específicas. Com o diploma processual de 2015, não mais se descreve o procedimento autônomo. O vigente diploma engloba a tutela cautelar na tutela provisória. Observa-se do art. 294 e seu parágrafo único:

---

[31] *Obra citada*, tomo V, p. 54.

A tutela provisória pode fundamentar-se em urgência ou evidência.

Parágrafo único. A tutela provisória de urgência, cautelar ou antecipada, pode ser concedida em caráter antecedente ou incidental.

Quanto à tutela de urgência cautelar para prestar caução, adequa-se mais a forma incidente, regulada nos arts. 300 a 302.

Nas ações possessórias, não há de se instaurar um procedimento próprio, a fim de oferecer a garantia. Nos autos da ação possessória indicará o autor a caução, que poderá ser real ou fidejussória. Desde que satisfaça o montante aproximado dos possíveis danos, será aceita pelo juiz. Não é necessária uma prova técnica ou escorreita dos prejuízos que advirão. Servirá de orientação um critério de probabilidade, levando em conta o que o autor teria de embolsar ao réu a tal título, caso venha a ser vencido e tenha de demitir-se da posse. Considerar-se-ão o tipo de exploração econômica que se faz da coisa, o possível desgaste que a utilização acarretar, o tempo provável de duração da demanda e as despesas determinadas com a saída do local, além de outras relativas à locação de imóvel que se obrigue a contratar.

Nada impede que terceiro preste a garantia em nome do autor. O que interessa é a garantia, e não quem a presta. Analisa-se a eficácia para a finalidade que impõe o seu oferecimento e não a identidade do prestador.

Para o juiz oportunizar o oferecimento da caução, não é imprescindível que o réu tenha formulado o pedido do art. 556, isto é, que demande, na contestação, a proteção possessória e a indenização pelos prejuízos resultantes da turbação ou do esbulho cometido pelo autor. É que as perdas e danos podem ser postulados em demanda posterior. O art. 556 apenas outorga uma faculdade de postular tais combinações na própria lide possessória, não tolhendo a possibilidade de uma posterior postulação.

Não atendida pelo autor a faculdade de oferecer caução, a coisa será necessariamente depositada judicialmente. O depositário é nomeado pelo juiz, cujas ordens cumpre obedecer. A nova situação não altera a decisão concessiva da liminar, pois nada se modificou no plano da convicção ou da cognição judicial que deferiu a liminar. Não se inovaram os fatos e os fundamentos ensejados na decisão. Apenas recolhe-se o bem a depósito, para afastar a própria possibilidade de perdas e danos, ou, não sendo isso conseguido, para evitar a frustração do pagamento da indenização por incapacidade financeira do autor.

Em qualquer momento do processo é admitida a prestação da garantia, mesmo que o feito já se encontre em grau de recurso. Não é raro que no curso do andamento do processo ocorram fatos novos que façam presumir ou concluir a superveniência da insolvência. E se os autos já se encontram no Tribunal, o pedido será dirigido ao juiz da causa, e formalizado mediante processo incidental; ou se anexará aos autos da causa, através de requerimentos ao juízo de origem, a fim de ser apreciado o requerimento, que deverá vir instruído de provas idôneas para ensejar uma determinação judicial de prestar a caução, sob pena de se proceder ao depósito.

Não seria viável o processamento na instância superior do pedido, a qual é caracteristicamente recursal e não originária. Fosse o contrário, quanto a este aspecto, ficaria suprimido um dos graus de jurisdição. Do despacho concessivo ou indeferitório da prestação não se admitiria recurso, já que proferido pela instância a quem se dirigiria o mesmo.

8.10. FUNGIBILIDADE DAS AÇÕES POSSESSÓRIAS

Três são as ações possessórias que estendem a proteção à posse, as quais vão, numa escala crescente, desde a simples ameaça até o esbulho.

A conceituação e mesmo a caracterização de cada ato de hostilidade à posse são a determinante do remédio específico previsto pela lei.

De forma geral, o erro na denominação correta do interdito provém, às vezes, do erro do interessado quanto ao fato em si, ou de equívoco no referente à qualificação do fato, ou mesmo de uma modificação quanto a apresentação do fato. Por outras palavras, o prejudicado na posse informa em sua inicial que lhe foi retirado o bem, embora tenha ocorrido uma simples turbação. Ou refere corretamente os fatos acontecidos, mas avalia-os erroneamente, com dimensões não correspondentes à realidade; ou, ainda, apesar da correta exposição dos fatos, ocorre após uma mudança no rumo dos mesmos. Assim no caso de ser o ato inicial do esbulhador mera turbação, vindo somente mais tarde a tornar-se público o esbulho.

São estas umas das razões que justificam a conversibilidade dos interditos. Somam-se outras, como a idêntica natureza das ações, sempre objetivando a proteção possessória; e a dificuldade prática em se identificar ou dimensionar o tipo de ofensa à posse.

Sobreleva o caráter pragmático das ações, o que exige uma pronta atuação do Estado, pois o possuidor que intenta o pedido de amparo contra a ofensa de sua posse, em verdade, pretende, pela prestação jurisdicional, que seja interrompida a ação do ofensor, com a volta da situação anterior, quando ele exercia plenamente a posse.

No art. 554 do Código de Processo Civil está assegurada a conversibilidade, nestes termos: "A propositura de uma ação possessória em vez de outra não obstará a que o juiz conheça do pedido e outorgue a proteção legal correspondente àquela cujos pressupostos estejam provados".

Assim, interessa considerar se o *petitum* é de proteção possessória, ou se o possuidor se dirigiu ao juiz para buscar amparo à sua posse. Cumpre que caracterize uma das formas de ataque à posse – ameaça, turbação ou perda. A denominação que utilizar é irrelevante.

Mesmo ao interdito possessório se aplica a regra, como exatamente faz concluir o art. 568.

A rigor, a própria e antiga ação de nunciação de obra nova (não mais regulada pelo CPC/2015) tinha o caráter possessório, embora também prevalecesse a força petitória. Permitia-se a mudança de titulação da ação reintegratória para nunciação de obra nova, em razão do caráter possessório que a última continha, conforme era salientado pela jurisprudência: "A mudança na titulação do pedido em nada prejudicou as partes, e corresponde a uma resposta objetiva aos que, teoricamente, negam o caráter possessório da ação de nunciação. Conforme salienta A. Lopes da Costa, em seu Manual Elementar de Direito Processual Civil, a ação de nunciação de obra nova é verdadeiramente ação de caráter possessório, eis que visa, precisamente, a defesa da posse e só acidentalmente defende o domínio".[32]

No sistema ora vigente, se perpetrados os atos nocivos, ou consistentes turbações, ou se houver ameaça de sua prática, não se impede a ação possessória correspondente. Também apropriada a ação inibitória ou de não fazer, inclusive com a incidência de cominações.

8.11. PROCEDIMENTO NAS AÇÕES POSSESSÓRIAS DE IMÓVEIS DE PEQUENO VALOR, DE COISAS MÓVEIS E SEMOVENTES

Primeiramente, quanto aos imóveis de pequeno valor, segue o procedimento dos juizados especiais, regido pela Lei nº 9.099, de 26.09.1995. Com efeito, assinala o art. 3º que "o Juizado

---

[32] *Revista dos Tribunais*, 614/204 – Apel. Nº 42.752/86, da 4ª Câm. do Tribunal de Alçada do Rio de Janeiro, j. em 18.05.1986, rel. Juiz Marcus Faver.

Especial Cível tem competência para conciliação, processo e julgamento das causas cíveis de menor complexidade, assim consideradas: (...) IV – as ações possessórias sobre bens imóveis de valor não excedente ao fixado no inciso I deste artigo".

O inciso I citado indica as causas cujo valor não exceda a quarenta vezes o salário mínimo.

Não traz vantagem esta previsão, eis que, no mínimo, dificulta a concessão de liminar de reintegração ou manutenção, porquanto omisso o disciplinamento a respeito, embora as controvérsias que marcam a matéria. De qualquer modo, está-se diante de uma opção conferida ao interessado, nada impedindo que eleja o procedimento especial estatuído para as ações possessórias. Acresce notar que raros os casos de imóveis com preço equivalente até quarenta salários.

Passando para as coisas móveis e semoventes, nenhuma dúvida há quanto à sua abrangência pelas ações possessórias, como sempre foi admitido.

Antes da Lei nº 9.245/1995, que alterou disposições do Código de Processo Civil de 1973, seguia-se o procedimento sumário, na previsão da então redação do art. 275, inc. II, letra *"a"* de tal diploma, se as ações versassem sobre a posse ou o domínio de coisas móveis ou semoventes.

Por se tratar de posse, mantém-se a natureza da lide, não se mostrando relevante se estão em jogo bens móveis, semoventes ou imóveis. Interessa a natureza da causa, e o objeto a que se dirige a proteção. O procedimento especial para a proteção interdital dos arts. 554 e seguintes da lei instrumental civil abrange todas as ações possessórias, independentemente da classificação dos bens. Ou seja, é concedível a liminar nas chamadas "ações de força nova", tanto para imóveis como para móveis, desde que a ofensa date de menos de ano e dia.

É como já se decidia, em época passada, o que firmou um consenso que se prolonga no tempo: "Ainda que se trate de coisa móvel, perfeitamente aplicável o procedimento especial previsto nos arts. 920 e seguintes do Código de Processo Civil. Ainda que se desse como certo o procedimento sumaríssimo (art. 275, nº II, letra 'a', do Código de Processo Civil), viável a aplicação da liminar prevista no art. 928, donde fácil deduzir que, se turbação ou o esbulho datar de menos de ano e dia, indiferente o uso do procedimento".[33]

Como visto, o art. 920 referido tem sua redação no essencial mantida pelo art. 554 do CPC/2015. Já o art. 275, nº II, referente ao então procedimento sumário, não tem regra equivalente. O art. 928 está reproduzido no art. 562 do CPC/2015.

Em outra ocasião: "Uma das ações oriundas do comodato é o pedido de restituição da coisa emprestada, cujo rito pode ser o sumaríssimo" (atualmente sumário), "ou o ordinário, dependendo da escolha do comodante". No voto do Relator, é desenvolvida a justificação:

> Fundado na lição de Calmon de Passos, o egrégio TJMT assentou que o comodante tem dois caminhos para pedir a restituição da coisa emprestada: a possessória, cujo processo seguirá o procedimento ordinário, e a *actio commodati*, quando se observará o rito sumaríssimo (*RT*, 512/217). No mesmo sentido decidiu o TJGB, ao afirmar que "entre as ações oriundas de comodato, está a do comodante contra o comodatário, para haver a coisa emprestada, que pode ser, além de sumaríssima, a de força nova ou velha, ou a de reivindicação. Há, assim, um concurso de procedimentos para pedir a restituição da coisa" (*apud Código de Processo Civil Anotado*, por Alexandre de Paula, 2ª ed., Revista dos Tribunais, 1980, vol. 11/61).

---

[33] *Revista dos Tribunais*, 501/165 – Apel. Cível nº 620/1976, da 2ª Câm. Cível do TJ do Paraná, j. em 27.10.1976, rel. Des. Said Zanluto.

Outro não é o entendimento de Welington Moreira Pimentel (*Comentários ao Código de Processo Civil*, Editora Revista dos Tribunais, 1979, vol. III/88); e de Pontes de Miranda, afirmando, este último, que "as ações de vindicação da posse ou de qualquer direito real limitado podem ser propostas com rito sumaríssimo" (*Comentários ao Código de Processo Civil*, Ed. Forense, 1974, vol. III/476).[34]

Na verdade, nada impede que o interessado eleja o procedimento que melhor lhe aprouver, inclusive o da Lei nº 9.099/1995, desde que se enquadre o pedido no art. 3º, inc. I, isto é, não excedam as causas a quarenta vezes o salário mínimo, não cabendo, todavia, o pedido de liminar. Para essa postulação, necessário se busque o caminho traçado pelos arts. 554 e seguintes do CPC.

Finalmente, existem ações que tratam de questões relacionadas com a posse, mas nada tendo com a reintegração, a manutenção ou o interdito proibitório. São aquelas demandas que envolvem a imissão na posse, ou a vindicatória da posse, decorrentes do art. 521 do Código Civil revogado, sem que se encontre o dispositivo incluído no Código atual: "Aquele que tiver perdido, ou a quem houverem sido furtados, coisa móvel ou título ao portador, pode reavê--los da pessoa que o detiver, salvo a esta o direito regressivo contra quem lhos transferiu".

8.12. A PROTEÇÃO POSSESSÓRIA NAS SERVIDÕES NÃO APARENTES

Pelo regime do Código de 1916, as servidões contínuas não aparentes e as descontínuas não gozavam da proteção possessória, a não ser quando se fundassem em títulos provenientes do possuidor do prédio serventes, ou daqueles de quem este os tenha havido. O art. 509 do Código Civil mostrava-se claro: "O disposto nos artigos antecedentes não se aplica às servidões contínuas não aparentes, nem às descontínuas, salvo quando os respectivos títulos provierem do possuidor do prédio serviente, ou daqueles de quem este o houve". Restringiu-se às servidões não aparentes o Código atual, em seu art. 1.213, não abrangendo as descontínuas: "O disposto nos artigos antecedentes não se aplica às servidões não aparentes, salvo quando os respectivos títulos provierem do possuidor do prédio serviente, ou daqueles de quem este o houve".

Os artigos antecedentes, na menção do art. 509 do Código Civil de 1916 e do art. 1.213 do Código de 2002, versam sobre as ações possessórias e as condições para a proteção da posse.

Embora se desenvolverá o significado de servidão contínua mais à frente, adiantase que é aquela que se revela independentemente do exercício de ato ou fato humano, como a servidão de aqueduto, sendo a sua presença física visível. A não aparência envolve a inexistência de sinais externos, como na servidão de não levantar o edifício além de certa altura, ou de impedir que a água do telhado se precipite no prédio vizinho. E é descontínua quando a presença do ato humano se afigure indispensável para o aproveitamento, sendo exemplo a de tirada de água e de passagem, que exigem a presença de obras a fim de serem admitidas.

De forma que a proteção possessória, na previsão do art. 509 do Código Civil revogado, se limitava às aparentes e contínuas, que são as que se manifestam por sinais exteriores, ou por obras destinadas a permitir-lhes ou facilitar-lhes o exercício, o que acontece no aqueduto, na abertura de uma via ou na realização de bueiros, pontes, aterros etc.

Assim, pois, nas servidões contínuas não aparentes e nas descontínuas não havia o amparo das possessórias. É que nestas espécies não se infere a presença ou não de um direito ou de

---

[34] *Apel. Cível* nº 182.030-3, 4ª Câm. Civil de São Paulo, julgada em 11.06.1985, em *Revista dos Tribunais*, 599/161.

uma simples atitude de tolerância. Os atos que podem ser considerados como tradutores da posse não raras vezes se confundem com os de mera tolerância. A falta de sinais exteriores incessantes conduz a uma verdadeira situação de insegurança. Então, para a lei, a posse de tais servidões é precária, confundida com a simples tolerância. Daí o perigo em se conceder a proteção possessória.

Já quanto ao art. 1.213 do diploma civil vigente, unicamente as não aparentes carecem de título proveniente do possuidor do prédio serviente, ou daqueles de quem este o houve, para admitir a defesa possessória. Se descontínuas, sempre protege-se a posse, mesmo que desprovidas de título.

A defesa, seja na ordem do Código Civil revogado ou do atual, é possível se fundada em título, o que exclui qualquer ideia de tolerância ou precariedade. O título deve provir:

a) ou do possuidor do prédio serviente;

b) ou daquele de quem o possuidor houve o prédio serviente.

Diz Pontes, no que se estende também ao sistema do Código em vigor: "O art. 509, segunda parte, permite a tutela possessória se o título de quem se diz sujeito do direito de servidão provém do dono do prédio serviente ou da pessoa de quem o dono do prédio serviente houve o direito de propriedade. Se é contra o dono do prédio serviente que a pessoa que se crê titular do direito de servidão quer a proteção possessória, tem o demandado a objeção do art. 509, primeira parte (o título não procede dele, nem de qualquer antecessor na história de sua propriedade). Se é contra terceiro, o demandado não tem a objeção do art. 509, primeira parte: apenas pode nomear à autoria".[35]

De notar, porém, como pensa Carvalho Santos, que o título pode emanar de outras fontes e manter-se a proteção possessória. Autoriza-se a proteção possessória às servidões convencionais quando nascem com o assentimento do possuidor ou de seus antecessores. Mas há outras hipóteses de constituição, embora contra a vontade do possuidor ou proprietário do prédio serviente. O título poderá provir de uma sentença, a qual dá causa ao gravame. No surgimento de servidão em virtude da divisão de terras, o título não decorre do possuidor, mas do juiz. "Abrange o texto, pois, a sentença hábil a valer entre as partes e como tal equiparada ao título emanado do possuidor, para todos os efeitos".[36]

De modo que vários são os títulos que figuram como geradores da servidão:

a) os atos entre vivos, uma vez feito o registro;

b) a sentença que declara o usucapião, o qual não é reconhecido em servidão não aparente;

c) a sentença de adjudicação no juízo divisório;

d) as disposições de última vontade, necessitando-se do ato registrário, apesar de não ser condição para a admissão da servidão.

A matéria reclama uma visão mais aprofundada.

A limitação do então art. 509, mantida em menor extensão pelo art. 1.213 do Código em vigor, não encontra coerência. Se servidões não aparentes e descontínuas existem por força de outros fatores que a vontade do possuidor ou de seu antecessor; se o possuidor, consequen-

---

[35] *Tratado de Direito Privado*, 3ª ed., Rio de Janeiro, Editor Borsoi, 1971, vol. XVIII, p. 216.

[36] *Obra citada*, vol. VII, p. 188.

temente, não intervém, e assim mesmo há a servidão; se ela se apresenta no mundo jurídico, com eficácia entre as partes, originando direitos e deveres, então firma-se, seguramente, que não prescinde da tutela possessória. Não há coerência permitir a lei a criação de servidões e, ao mesmo tempo, sonegar a proteção para a permanência existencial.

Aliás, em abono a este ponto de vista, oportuno recordar que o outrora art. 509 não tinha precedente na tradição jurídica brasileira. Foi inspirado no Código Civil português. O motivo da adoção estava no fato de que, não se manifestando as servidões descontínuas e as não aparentes por sinais visíveis, podiam confundir-se com os atos de mera tolerância, e não realizarem as condições da posse, que é fato correspondente ao exercício do direito real.[37]

8.13. INDENIZAÇÃO POR BENFEITORIAS E DIREITO DE RETENÇÃO

A indenização por benfeitorias está prevista no art. 1.219 do Código Civil: "O possuidor de boa-fé tem direito à indenização das benfeitorias necessárias e úteis, bem como, quanto às voluptuárias, se lhe não forem pagas, a levantá-las, quando o puder sem detrimento da coisa, e poderá exercer o direito de retenção pelo valor das benfeitorias necessárias e úteis".

O significado jurídico de benfeitorias corresponde aos melhoramentos realizados no bem pela pessoa, com a finalidade de aperfeiçoar-lhe o uso, evitar que se deteriore ou se destrua, e, ainda, embelezá-lo ou torná-lo mais agradável. Classificam-se como bens acessórios do imóvel. O art. 96 do Código as divide em necessárias, úteis e voluptuárias, consoante, respectivamente, se destinem a conservar o imóvel, a facilitar o seu uso, ou a torná-lo mais agradável.

São comuns os seguintes caracteres: a realização de obras ou melhoramentos no imóvel; e a atuação de alguém para conseguir um efetivo resultado, o qual redunda no melhoramento ou beneficiamento.

Classificam-se elas em três tipos: as necessárias, destinadas a evitar a deterioração ou destruição da coisa, como a pintura, o telhado, o erguimento de cercas ou muros, a defesa judicial do imóvel; as úteis, que visam aumentar ou facilitar o uso da coisa, o que se verifica, *v.g.*, na hipótese de construção de outros compartimentos em uma casa, ou de implantar uma nova instalação elétrica com maior potência; as voluptuárias, dirigidas para dar à coisa mero deleite ou embelezamento, tornando-a agradável e atraente, como o ajardinamento de uma residência, a colocação de quadros nas paredes e a criação de traços artísticos na arquitetura, sem aumentar o uso habitual da coisa.

Assumem importância as necessárias e as úteis – aquelas objetivando conservar e manter íntegro o imóvel, ou impedir que ele se danifique, se estrague ou se deteriore; as últimas revelam-se no manifesto proveito para o possuidor ou proprietário do imóvel, aumentando ou facilitando o seu uso, isto é, trazendo vantagem para o uso. Exemplificando, num condomínio de apartamentos, realizam-se obras ordinárias, de limpeza, pintura, concertos, e reparos comuns; obras extraordinárias, que interessam à estrutura integral do prédio, e assim as obras de reforma, de reposição de instalações, de acréscimos de reforços, que evitam o risco da ruína; e obras consistentes de acréscimos, como garagens, coberturas, instalações de condutores de gás, de água quente, visando trazer benefícios ao usuário. As duas primeiras incluem-se nas benfeitorias necessárias, enquanto as últimas integram as úteis.

Mais explicitadamente, o sentido de obras necessárias é dado por José da Silva Pacheco:

---

[37] Clóvis Beviláqua, *Código Civil dos Estados Unidos do Brasil Comentado*, Rio de Janeiro, Livraria Francisco Alves, 1933, vol. III, p. 39.

"Daí dizer Carvalho Santos: "Toda a dificuldade para a fixação do verdadeiro conceito está no precisar a exata significação da palavra conservação" (*in Rep. Enc. Dir. Bras.*, vol. 5, p. 382), esclarecendo, escudado em Pacifici Mazzoni, que tem ela dois sentidos: de todas as obras para manter a coisa no estado em que foi recebida, abrangendo as ordinárias e as extraordinárias ou de somente as obras, tidas como extraordinárias, tendentes a evitar o risco da ruína.

Realmente, com a proliferação dos condomínios, passou-se a dar ênfase à distinção das obras realizadas em a) ordinárias, relativas às obras rotineiras da respectiva administração, tais como as obras de limpeza, pintura, consertos e reparos corriqueiros para o funcionamento dos equipamentos e instalações; e b) extraordinárias, as que interessarem à estrutura integral do prédio, tais como as obras de reforma, de reposição de instalações, de acréscimos.[38]

A regra transcrita no art. 1.219 do Código apresenta diferentes consequências, de conformidade com a classificação e o tipo de posse exercida, isto é, de boa ou má-fé. Assim, se o possuidor fez benfeitorias necessárias e úteis, tendo exercido a posse de boa-fé, lhe assiste o direito de indenização e de retenção, esta incidente na própria coisa, a perdurar enquanto não efetuado o pagamento do valor das mesmas.

Com os embargos de retenção, suspende-se o processo de execução pela razão constante no seguinte aresto: "Admitida a retenção da coisa por decisão judicial que reconhece este direito, não teria sentido que os embargos não determinassem a suspensão da execução, pois, entendida de modo diverso, a retenção, que é ato físico, restaria esvaziada e frustrada em seu objeto".[39]

O STJ, no REsp. n° 613.387/MG, julgado em 02.10.2008, publicado no *DJU* de 10.12.2008, entendeu não ser absoluto o direito de retenção, ao mesmo tempo em que não comporta esse direito na apropriação dos bens produzidos pelo imóvel:

O direito de retenção assegurado ao possuidor de boa-fé não é absoluto. Pode ele ser limitado pelos princípios da vedação ao enriquecimento sem causa e da boa-fé objetiva, de forma que a retenção não se estenda por prazo indeterminado e interminável.

O possuidor de boa-fé tem o direito de detenção sobre a coisa, não sendo obrigado a devolvê-la até que seu crédito seja satisfeito, mas não pode se utilizar dela ou perceber seus frutos. Reter uma coisa não equivale a servir-se dela. O uso da coisa retida constitui abuso, gerando o dever de indenizar os prejuízos como se aluguel houvesse.

Afigura-se justo que o proprietário deva pagar pelas acessões introduzidas, de boa-fé, no terreno e que, por outro lado, os possuidores sejam obrigados a pagar um valor, a ser arbitrado, a título de aluguel, pelo uso do imóvel. Os créditos recíprocos haverão de ser compensados de forma que o direito de retenção será exercido no limite do proveito que os retentores tenham da propriedade alheia.

Há de constar com a inicial o pedido de indenização pelas benfeitorias e de retenção. Em qualquer processo que se pretende a indenização, e sobretudo nos interditos possessórios,

---

[38] *"As Benfeitorias Necessárias em Imóvel"*, em *Direito Imobiliário – COAD* n° 21, expedição de 04.08.1996, p. 236.

[39] *Revista dos Tribunais*, 628/194 – Mandado de Segurança n° 226/84, das Câmaras Cíveis Reunidas, do TJ da Bahia, j. em 22.05.1986, rel. Des. Dermeval Bellucci.

é no próprio processo de conhecimento que se deve articular o direito de retenção, embora se forme uma ideia que admite os embargos de retenção após o *decisum*.

Necessário, outrossim, se proceda a prova no curso da ação:

> Embargos de retenção por benfeitorias. A alegação e a prova delas devem ser feitas na ação principal, de conhecimento (...).
>
> Nem sempre a sentença e nem o acórdão prolatados na ação principal fazem referência às benfeitorias objeto dos embargos.
>
> Não há, pois, benfeitorias passíveis de indenização.[40]

Entrementes, desde que não alegadas no curso da ação, há uma exegese que admite a suscitação na fase de execução, através de embargos de retenção, mesmo que em lide reivindicatória. Com efeito, ementou o Superior Tribunal de Justiça: "Na ação reivindicatória, quando, como na hipótese, o direito de retenção não foi discutido na fase de conhecimento, os embargos de retenção por benfeitorias podem ser opostos na execução da sentença que a julgou procedente. Tal aceitação não importa em ofensa à autoridade da coisa julgada e se afeiçoa ao princípio da economia processual". Como justificações, alega-se, no voto, refutando a tradicional oposição que não aceita o enfrentamento da matéria nesse momento: "A economia processual induz a que a questão referente à retenção das benfeitorias só seja discutida, em regra, na fase de execução, se for o caso, pois que a reivindicatória pode ser julgada improcedente e aí, se a prova tiver sido produzida antes, atinente a cogitadas benfeitorias, só traria ônus às partes e retardamento ao andamento do processo, ambos desnecessariamente. Quanto à ofensa da coisa julgada, tal não ocorre, uma vez que do tema não tendo cuidado a sentença, a discussão no âmbito dos embargos não importa em nenhuma ofensa à sua autoridade. Ademais, negar ao autor das benfeitorias, que se tiver realizado de boa-fé, a possibilidade de discuti-la, além de contrariar a regra contida no art. 516 do Código Civil (que estabelece que 'o possuidor de boa-fé tem direito a indenização das benfeitorias necessárias e úteis, bem como, quanto às voluptuárias, se não lhe foram pagas, a levantá-las, quando o puder em detrimento da coisa. Pelo valor das benfeitorias necessárias e úteis poderá exercer o direito de retenção'), importa em evitar o enriquecimento sem causa daquele a quem foi reconhecido o domínio sobre o bem".[41]

No pertinente às voluptuárias, se não se dispuser o proprietário a indenizá-las, permite-se ao possuidor retirá-las, mas isto desde que não ocorra algum fato que provoque danos ou estragos no bem principal.

Renan Falcão de Azevedo aponta situações que determinam sempre a indenização, sob pena de incorrer a parte em grave prejuízo. Há benfeitorias que se incorporam no bem, sem a menor viabilidade de retirá-las. Assim ocorre com a pintura de um quadro na parede, ou com a colocação de adornos na arquitetura do prédio. A retirada de tais obras de arte é inviável, eis que restariam destruídas. Permitindo a permanência no imóvel, haverá um indiscutível enriquecimento em favor do que recebe o imóvel, sem a devida contraprestação. Daí considerar-se mais justa a indenização, o que se admitirá caso se constatar a presença dos seguintes requisitos: "a) a existência de boa-fé; b) impossibilidade de levantamento da benfeitoria sem detrimento do bem principal ou dela própria; c) considerável valorização do

---

[40] *Revista dos Tribunais*, 593/228 – Apelação nº 184030955, da 2ª Câm. Cível do Tribunal de Alçada do RGS, de 18.09.1984, rel. Borges da Fonseca.

[41] *REsp.* nº 111.968-SC, da 4ª Turma, *DJU* de 02.10.2000, em *ADV Jurisprudência* nº 06, expedição de 11.02.2001, p. 95.

bem principal em razão da existência da benfeitoria; d) finalmente, como condição básica, que a benfeitoria tenha sido feita antes de postulada a reivindicação da coisa".[42]

Mas a indenização não virá acompanhada do direito de retenção, como é assegurado nas benfeitorias úteis e necessárias. Há uma razão fundamental que justifica esta regra, e que consiste no valor apenas ou quase totalmente pessoal das mesmas, do gasto de quem as fez, sem nenhum proveito para o imóvel e nem para os interesses coletivos.

8.14. BENFEITORIAS E POSSE DE MÁ-FÉ

Caracterizada a posse como de má-fé, diferente é o tratamento da lei, art. 1.220 do Código Civil: "Ao possuidor de má-fé serão ressarcidas somente as benfeitorias necessárias; não lhe assiste o direito de retenção pela importância destas, nem o de levantar as voluptuárias".

Quem, pois, é condenado a restituir o bem por exercer a posse de má-fé não tem assegurado o direito de retenção: "Aquele que é condenado a restituir a coisa, por sentença proferida em ação de esbulho, não pode invocar o *jus retentionis*. Se decai na ação possessória, a presunção é de que obteve a posse por não viciada".[43]

Vê-se, daí, que o possuidor de má-fé tem direito tão somente à indenização pelas benfeitorias necessárias. Como já se decidiu, "só são necessárias as benfeitorias das quais não prescinde a coisa para sua conservação, guardando caráter de urgência e impreteribilidade quase sempre. Se o melhoramento apenas aumenta a utilidade do bem, não assegura isso o seu ressarcimento, quando caracterizada a posse como sendo de má-fé".[44]

É possuidor de má-fé porque conhecia o vício do título, ou o obstáculo que lhe impedia a aquisição da posse da coisa. Mesmo em tais contingências, persistiu na posse, o que afasta a proteção da lei com respeito às demais benfeitorias.

Não autoriza a lei a indenização pelas benfeitorias úteis e voluptuárias, nem o direito de retenção enquanto não se realiza o pagamento das necessárias. Cumpre que dê conta dos frutos percebidos e que não lhe pertencem, bem como de todas as demais vantagens usufruídas. É que ele, mesmo tendo melhorado o bem, agiu conscientemente errado, ou com a consciência de quem praticava um ato ilícito, fator este que lhe subtrai qualquer direito de proteção das benfeitorias efetuadas, exceto quanto às necessárias. Estas encontram respaldo para a indenização por estar o possuidor prestando um favor ao reivindicante que, ao receber a coisa, recebe-a conservada. Mas as demais não dão causa a qualquer indenização, servindo elas de compensação ao dono pelo tempo que esteve injustamente privado de seu bem.

8.15. FIXAÇÃO DO VALOR DA INDENIZAÇÃO POR BENFEITORIAS

De acordo com o art. 1.222 do Código, "o reivindicante, obrigado a indenizar as benfeitorias ao possuidor de má-fé, tem o direito a optar entre o seu valor atual e o seu custo; ao possuidor de boa-fé indenizará pelo valor atual".

A indenização é devida porque o reivindicante recebeu vantagens que foram acrescidas ao bem.

---

[42]   *Obra citada*, p. 128.
[43]   *Revista dos Tribunais*, 609/205 – Apel. Nº 631/1985, da 2ª Câm Cível do Tribunal de Alçada do Paraná, de 18.02.1985, rel. Juiz Franco de Carvalho.
[44]   *Revista de Jurisprudência do Tribunal de Justiça do RGS*, 126/375 – Apel. Cível nº 587022476, da 4ª Turma do Tribunal de Justiça do RGS, de 1º.07.1987, rel. Jauro Duarte Gehlen.

A alternativa, que já era prevista no Código Civil de 1916, oferece a ocorrência de situações injustas. O reivindicante tem a faculdade de optar entre o valor do custo e o valor vigente das benfeitorias. É viável que o seu preço se eleve com o passar do tempo. Ao reivindicante se acrescenta, pois, uma valorização do imóvel. Mas se lhe permite que pague de conformidade com o custo. O correto é a satisfação do valor tendo em conta o preço atual. Mesmo porque é difícil encontrar a exata correspondência da quantia exigida ao tempo de efetivação. Como a soma empregada se destinou a produzir um bem, o seu equivalente atual equivalerá ao custo vigente do dito bem. Mesmo a simples correção monetária não alcançaria uma exata correspondência com o valor imperante, dada a falta da equivalência na oscilação entre a inflação e os preços de alguns produtos.

No art. 1.222 do Código vigente, reserva-se o direito à indenização pelo valor atual somente na posse de boa-fé, o que constitui uma tentativa do legislador em afeiçoar a lei à realidade vigente.

8.16. COMPENSAÇÃO DOS DANOS COM O VALOR DA INDENIZAÇÃO PELAS BENFEITORIAS

Trata-se de compensar o valor das benfeitorias úteis e necessárias, cuja indenização é reconhecida a favor do possuidor de boa-fé, com o valor dos danos causados ao bem principal pelo próprio possuidor.

Relativamente aos danos causados ao bem, é indiferente a boa ou má-fé. A indenização é sempre devida.

Estes princípios extraem-se do art. 1.221 do Código Civil: "As benfeitorias compensam-se com os danos, e só obrigam ao ressarcimento se ao tempo da evicção ainda existirem".

No art. 1.217 do Código, há uma limitação da indenização quanto ao possuidor de boa-fé: "O possuidor de boa-fé não responde pela perda ou deterioração da coisa, a que não der causa".

Daí vê-se que ele responde unicamente se der causa aos danos, agindo com culpa ou dolo. Assim, não se deve entender como compensáveis os danos resultantes do uso normal da coisa. Não há por que o possuidor responder pela sua reparação.

O possuidor de má-fé, no entanto, recebe um tratamento mais severo. Arcará com a perda ou deterioração da coisa, ainda que acidental, a menos que prove a verificação dos danos, embora o bem estivesse na posse do reivindicante.

A diferença é fundamental. Na posse de boa-fé, os danos exigem a prova da culpa ou do dolo para ensejar a condenação. Na má-fé, mesmo o desgaste pelo uso determina a indenização, exceto se houver prova de sua ocorrência caso o bem estivesse em poder do reivindicante, como na situação de um bem, retido indevidamente pelo possuidor, vier a ser subtraído por terceiro. A indenização é inquestionável, o que inocorreria se presente a boa-fé e não provada a culpa ou dolo. O possuidor de má-fé se isenta, todavia, do dever de reparar se o objeto estava guardado no mesmo local que era de praxe seu proprietário guardá-lo. Vê-se que o fato aconteceria mesmo que inexistisse a retenção indevida do possuidor.

As benfeitorias e os danos somente se compensam se existirem ao tempo da evicção, isto é, no momento em que o possuidor tenha que demitir de si a posse. Isto tanto ao possuidor de boa-fé como ao de má-fé. É inconcebível incluir a condenação de uma benfeitoria se ela desapareceu. Embora tenha um possuidor de boa-fé erguido uma cerca em torno do imóvel, vindo ela a ser retirada, não mais se imporá a indenização.

Quais benfeitorias são essas? Eis a explicação de Clóvis: "A regra que as benfeitorias só obrigam ao ressarcimento se existirem ao tempo da evicção refere-se às que se materializam em melhoramentos e acréscimos do bem. Assim, se o possuidor cercou o campo de cultura, a fim de que animais alheios o não estragassem, não pode exigir que o indenize o evictor, se não mais se encontrar esse melhoramento do campo. O melhoramento não entrou para o patrimônio do evicto. Há, porém, despesas que se incorporam ao bem sem deixar vestígio material, como a defesa judicial dele. Tais despesas não desaparecem, e, ao tempo da evicção, devem ser levadas em conta, quando aproveitem ao reivindicante".[45]

O momento da evicção é aquele em que, na execução da sentença, deve o possuidor restituir a coisa possuída.[46]

8.17. DIREITO À PERCEPÇÃO DOS FRUTOS

Outro direito assegurado ao possuidor de boa-fé vem a ser a percepção dos frutos produzidos durante o tempo em que exerceu a posse na qualidade de boa-fé.

Com efeito, estipula o art. 1.214 do Código: "O possuidor de boa-fé tem direito, enquanto ela durar, aos frutos percebidos".

É oportuno esclarecer que o termo "frutos" equivale às utilidades econômicas periodicamente produzidas pelo bem principal. Denominam-se "naturais" quando são produzidos pela própria força orgânica da coisa; "civis", se constituídos de rendimentos resultantes da utilização do bem principal como no caso de aluguéis e juros; e "industriais", na hipótese de serem produzidos pelo bem principal, através da participação ou intervenção do engenho humano, citando-se, *v. g.*, as mercadorias provenientes de fábricas.

Os "frutos" distinguem-se dos "produtos", porquanto esses últimos emanam mais da natureza morta, sem se renovarem, e levando a esgotar-se o principal se é ininterrupta a retirada, como as jazidas minerais, ao passo que os primeiros se renovam periodicamente.

Uma segunda classificação igualmente tem relevância, envolvendo mais a situação dos frutos relativamente ao bem principal. Assim, temos os frutos "pendentes", se ainda vinculados ao bem que os produziu; os frutos "estantes", se já separados do bem principal e colocados em depósitos ou armazenados para a venda; os frutos "percebidos" ou "colhidos", se já desvinculados do bem principal; e os "percipiendos", aqueles que já deveriam ou poderiam ser colhidos, mas ainda não o foram.

No caso, o possuidor tanto tem direito aos frutos das árvores, bem como aos cereais (trigo, arroz, milho etc.), aos industriais (mercadorias fabricadas), aos civis (juros e aluguéis) e aos produtos vindos das minasminas (metais).

De acordo com o já citado art. 1.214 do Código Civil, ao possuidor de boa-fé está assegurado o proveito dos frutos percebidos, enquanto durar a boa-fé.

O direito à percepção dos frutos persiste até que a boa-fé, a qual se rege pelo art. 1.202 do Código, acompanhe o exercício da posse. Desaparecendo esta qualidade, não está o possuidor apenas obrigado a restituir os frutos percebidos, mas fica igualmente sem direito aos frutos percebidos com a superveniência da má-fé. Falece-lhe, outrossim, a ação para reclamar os frutos pendentes e ainda não percebidos anteriormente à perda da posse.

Dispõe o parágrafo único do art. 1.214 do Código regras sobre os frutos pendentes e colhidos: "Os frutos pendentes ao tempo em que cessar a boa-fé devem ser restituídos,

---

[45] *Código Civil dos Estados Unidos do Brasil Comentado*, vol. III, ob. cit., p. 47.
[46] Carvalho Santos, *obra citada*, vol. VII, p. 230.

depois de deduzidas as despesas da produção e custeio; devem ser também restituídos os frutos colhidos com antecipação".

Desta norma extraem-se as seguintes conclusões, em cessando a boa-fé:

- Os frutos pendentes ao tempo da cessação devem ser restituídos pelo possuidor.
- Assegura-se a ele o direito de descontar as despesas de produção e custeio.
- Se houve colheita antecipada, cumpre que igualmente se proceda a devolução.

Nas despesas de produção e custeio incluem-se as relativas à aquisição de sementes e mudas, e as exigidas com os serviços de culturas, como de lavração da terra, plantação, capinas, podas, aplicação de adubos e remédios preventivos, irrigação das plantas e colheitas das safras.

Sobre o art. 511 do Código Civil anterior, texto reproduzido pelo parágrafo único do art. 1.214 do atual estatuto civil, diz Darcy Bessone: "O art. 511 exclui do patrimônio do possuidor os frutos pendentes, não percebidos, que ainda não foram consumidos, por se encontrarem presos à coisa, ou pendentes. Cessando a boa-fé, não se justifica a concessão ao possuidor de percebê-los, sem indenizar. Só após a separação tornam-se os frutos coisas autônomas e perdem o caráter de acessórios da coisa que os produziu. Mas, percebendo-os, o proprietário da coisa principal responde pelas despesas de produção e custeio. Essa regra inspira-se na conhecida teoria do enriquecimento sem causa ou ilícito. Se o proprietário recebesse os frutos pendentes e se não indenizasse ao possuidor as despesas de produção e custeio, ele receberia, incorporado aos frutos, um valor patrimonial pertencente ao possuidor: o correspondente às despesas de produção e custeio. Se, entretanto, é obrigado a reembolsar tais despesas ao possuidor, não recebe gratuitamente o valor patrimonial a que acabamos de aludir".[47]

O art. 1.215 do Código estabelece critérios sobre o momento de considerarem-se os frutos colhidos: "Os frutos naturais e industriais reputam-se colhidos e percebidos, logo que são separados; os civis reputam-se percebidos dia por dia".

Como já se observou, consideram-se os frutos em diferentes tipos relativamente à sua ligação com a árvore ou objeto principal.

No caso do art. 1.215, naturais são os frutos que nascem espontaneamente da coisa frutífera. Provêm dela sem o concurso do trabalho do homem, uma vez plantadas as árvores. Não equivale a denominação aos frutos que derivam diretamente da coisa, mas com o concurso direto do homem.

Conhecem-se como industriais aqueles frutos que também têm origem na natureza, distinguindo-se, no entanto, dos naturais, por serem obtidos com a intervenção do trabalho da pessoa, ou de seu esforço, ou de sua indústria. Entram nessa categoria os cereais, os legumes, as hortaliças etc.

Mas uns e outros encontram sua disciplina nos dispositivos citados. Assim, não careciam o Código anterior e o vigente de fazer a distinção.

Utilizam os dispositivos, ainda, as palavras "colhidos" e "percebidos". Os primeiros envolvem aqueles cuja a separação se dá por força da natureza, como os que caem por si mesmos. Os segundos dizem respeito aos que foram separados ou destacados da coisa pelo próprio possuidor. O adquirente contribui para a separação, deles tomando posse. Mas, aqui, são equiparados.

---

[47] *Direitos Reais*, ob. cit., p. 300.

Há, mais, os pendentes, que são os frutos enquanto presos aos ramos ou às raízes da planta.

O ato de separação determina o caráter de percebidos ou colhidos. Isto tanto por ato próprio do possuidor, como por ato meramente casual. Pode ele consumir os frutos. Tornam-se seus desde o momento da separação. Faculta-se que os consuma, ou os venda, ou os guarde em armazém.

Dispensa-se a restituição dos frutos restantes, ou ainda existentes em poder do possuidor, como também é inexigível o preço dos consumidos.

Os frutos civis reputam-se percebidos dia por dia, segundo finalizam os preceitos citados. Civis são os frutos que decorrem do preço do serviço ou da utilidade da coisa, como os juros, os aluguéis, as rendas e os foros.

O possuidor de boa-fé receberá os rendimentos da coisa até a data do vencimento, dia por dia. O direito às rendas envolverá os valores vencidos durante o prazo em que se manifestou a posse de boa-fé. Assim que, segue Roberto Mattoso Câmara Filho, "ao cessar a boa-fé, os frutos pendentes devem ser restituídos, depois de deduzidas as despesas de produção e custeio, devendo também serem restituídos os frutos colhidos com antecipação. A *ratio* de tal norma está em que os frutos pendentes dependeram de despesas para sua produção antes da superveniência da má-fé, pelo que descontáveis são tais despesas".[48]

O art. 1.216 do Código define a responsabilidade do possuidor de má-fé quanto aos frutos colhidos e percebidos, bem como aos que, por culpa sua, deixou de perceber, desde que apareça a má-fé: "O possuidor de má-fé responde por todos os frutos colhidos e percebidos, bem como pelos que, por culpa sua, deixou de perceber, desde o momento em que se constituiu de má-fé; tem direito às despesas da produção e custeio".

A responsabilidade envolve os frutos colhidos, os percebidos e aqueles que o reivindicante deixou de perceber por culpa do possuidor de má-fé.

A razão da obrigação de ressarcir está na situação do possuidor. Não possui ele nem título e nem convicção de que é proprietário. Em sua consciência sabe que a coisa é alheia, sendo a sua posse viciada. Nesta posição está quem adquire contra vedação formal da lei – como na compra de um imóvel pertencente a um menor, ou de um imóvel de propriedade de um curatelado ou tutelado. Igualmente se alguém toma posse nos bens transmitidos por disposição testamentária que é anulada.

A responsabilidade pelos frutos colhidos e percebidos se estende também se foram aproveitados por terceiros. Interessa, na situação, o prejuízo do reivindicante, determinado pela conduta culposa do usurpador.

Outrossim, inclui-se a indenização pelos frutos que, em face da culpa do possuidor de má-fé, não foram percebidos, por se deteriorarem ou por não ter sido desenvolvida a sua cultura. Naturalmente, se o imóvel é relegado ao abandono, ficando desativada a sua capacidade produtiva, por total inércia ou inoperância do ocupante ou possuidor de má-fé, nasce a responsabilidade em ressarcir os lucros cessantes.

Na aferição da indenização, calcula-se, por arbitramento, a quantidade de frutos que podia ser colhida ou percebida por um administrador que explorasse o imóvel dentro dos critérios técnicos médios e comuns. Conta-se o tempo de indenização a partir da caracterização da má-fé, eis que, enquanto manifestada a boa-fé, os frutos percebidos e colhidos são reconhecidos como do possuidor, sem qualquer obrigação em serem restituídos.

Assegura-se ao possuidor de má-fé o direito às despesas de produção e custeio, pois a ninguém é permitido enriquecer à custa alheia. É que o proprietário, mesmo que estivesse

---

[48] *Posse e Ações Possessórias*, ob. cit., p. 347.

na posse do bem, tinha de fazer aquelas despesas, já que necessárias para o fim de produzir os frutos, que são restituídos a ele, e, portanto, beneficiado pelas mesmas.

Quanto aos frutos pendentes, como se analisou antes, por não terem sido colhidos ainda, não cabe a indenização pelo possuidor de má-fé. Serão percebidos pelo proprietário, que se obriga, no entanto, a indenizar as despesas de produção e custeio.

Quanto aos percebidos por antecipação, sempre é devida a indenização. Desimporta a boa ou má-fé.

De notar, no entanto, a redação da parte final do parágrafo único do art. 1.214 do Código: "Devem ser também restituídos os frutos colhidos com antecipação".

Ora, frutos "colhidos" correspondem àqueles cuja separação não dependem de apreensão, caindo por si mesmos das plantas. Portanto, a regra acima só é aplicável se os frutos foram verdadeiramente percebidos ou colhidos pelo próprio possuidor. Caso tenham sido separados da coisa por motivo distinto da vontade do possuidor, como na queda em razão de um vendaval, não cabe a regra citada. Ou seja, não está o possuidor obrigado à devolução.

Nota Carvalho Santos sobre o art. 511 do Código de 1916, texto que corresponde ao parágrafo único do art. 1.214 em vigor: "De fato, se o Código neste artigo diz que os frutos reputam-se colhidos logo que são separados, claro está que, se eles caem devido a uma chuva de pedras ou a um forte vendaval, são havidos como percebidos ou colhidos, pois o Código equivale para os efeitos de uma e outra situação, e, como consequência, são de propriedade do possuidor, não podendo este ser obrigado a restituí-los. O que revela que o art. 511 só se aplica ao caso em que os frutos foram colhidos por antecipação, devido à intervenção do possuidor ou, mais claramente, se eles foram percebidos por antecipação".[49]

---

[49]   *Obra citada*, vol. VII, p. 204.

Capítulo IX

Proteção da Posse
por Meio de Outras Ações

9.1. SITUAÇÕES ESPECIAIS DE OFENSA À POSSE

Três ações específicas, de efeito pronto e eficaz, estão previstas para situações comuns de ofensa à posse, que constantemente ocorrem, com graves consequências na segurança e paz social. As soluções visam recompor de imediato as rupturas nas relações interindividuais em torno da posse, restabelecendo o estado anterior vigente. São os interditos possessórios (manutenção de posse, reintegração de posse e interdito proibitório), já estudados.

Mas acontecem conflitos que não se amoldam àquelas formas previstas de proteção. A pessoa não perde propriamente a posse, a qual sequer é turbada algumas vezes, nem havendo receio de sua ameaça. Assim mesmo, o bem do possuidor ou proprietário pode sofrer algumas conturbações; ou o titular do domínio não tem acesso à posse, ou, embora lhe seja assegurado tal direito, surgem litígios entre pessoas que prejudicam ou retiram o exercício de alguém amparado pelo direito.

Para hipóteses tais e outras, existem remédios judiciais ordenados pelo Código de Processo Civil e leis especiais, como se passará a examinar.

9.2. PERTURBAÇÕES PATRIMONIAIS OU LESÕES CORPÓREAS À PROPRIEDADE VIZINHA, QUE ERAM ABRANGIDAS PELA AÇÃO DE NUNCIAÇÃO DE OBRA NOVA, E À PROTEÇÃO POR AÇÕES DE PROCEDIMENTO COMUM

A ação de nunciação de obra nova era regulada no Código de Processo Civil de 1973. Basicamente, dirigia-se a defender a posse comprometida por uma obra nova que estivesse sendo construída. Desde a vigência do Código de Processo Civil de 1939 vinha assegurada a ação própria para quem pretendesse impedir que o prédio de sua propriedade ou posse, e mais as servidões ou afins, fossem prejudicados em sua natureza ou substância, por obra nova em prédio vizinho.

O art. 934 do estatuto processual de 1973 atribuía ao proprietário ou possuidor o uso de tal ação. Vê-se, daí, que a prerrogativa na propositura da lide em questão se estendia também ao possuidor.

Conhecida, igualmente, por "embargo de obra nova", essa ação competia ao senhor ou possuidor de uma propriedade contra aquele que edificava obra nova em prejuízo do prédio ou imóvel do autor. Por estar garantida tanto ao senhor como ao possuidor, era de natureza possessória.

Quanto à origem, ensinava Serpa Lopes: "Sua origem prende-se ao Direito romano, consoante o qual quem quer que se sentisse lesado por uma obra iniciada por outrem podia promover a *nuntiatio in re praesenti*, prescindindo mesmo da intervenção do juiz. Tal procedimento tanto podia decorrer *ex causa privata*, como de um *publici juris tuendi gratia*, neste último caso com o intuito de proporcionar a todos a possibilidade de defender o interesse público. O efeito desta ação era inibitório e ao denunciado cumpria suspender a obra".[1]

O CPC/2015, lamentavelmente, afastou de sua regulamentação a mencionada ação. Derrogou todo um sistema consolidado em nosso direito e em legislações de outros países, em que se revelavam frequentes as situações que comportavam a ação, que tinha um rito próprio. De tradição secular, constituía um importante instrumento em defesa dos direitos que envolviam a propriedade e a posse, máxime os relacionados ao direito de vizinhança. Mesmo assim, e contraditoriamente, há a menção da ação no § 1º de seu art. 47, ao estabelecer que "o autor pode optar pelo foro de domicílio do réu ou pelo foro de eleição se o litígio não recair sobre direito de propriedade, vizinhança, servidão, divisão e demarcação de terras e de nunciação de obra nova".

Todavia, não importa em concluir que tenham desaparecido as hipóteses ou situações de direito material que permitiam seu uso. É substituída a espécie pelo procedimento comum, com a tutela provisória, nas modalidades de urgência ou da evidência, sendo que, quanto à primeira, na forma antecipada ou cautelar, concedida em caráter antecedente ou incidental. Ingressa-se, *v. g.*, com uma ação de obrigação de não fazer, visando à abstenção em seguir na construção de um prédio que cause lesões corpóreas ou abalos na estrutura de outro já erguido, ou que traga efeitos negativos a terceiros, como poluição e restrições no proveito do imóvel. Se evidentes ou graves os prejuízos, intenta-se a tutela provisória de urgência antecipada, de concessão antecedente. Neste caso, seguem-se os ditames dos arts. 294 e seguintes do estatuto processual civil, com o realce de que, num primeiro momento, basta buscar a tutela de urgência autônoma. No prazo de quinze dias, adita-se o pedido na ação, complementando-o, se for o caso, em razão do art. 303, § 1º, inc. I, do diploma processual civil.

9.2.1. Hipóteses de perturbações patrimoniais ou lesões corpóreas que permitem a proteção pela ação de procedimento comum

Assistia o direito de promover a ação àquele que considerasse prejudicial ao seu domínio ou posse obra nova em vias de conclusão no prédio vizinho, entre outros casos. Vindo, na vigência do atual estatuto processual, a ocorrer qualquer uma das situações, adota-se, para a tutela, a ação pelo procedimento comum.

Nesta compreensão, é possível que uma obra nova tenha repercussões negativas até sobre imóvel de terceiro que não é vizinho, sendo exemplo o abalo das estruturas em razão de escavações profundas, que desestabiliza o solo. Desde que se apresente probabilidade de dano, admite-se a ação para impedir essa invasão, com base no direito de propriedade ou de posse. Apropriada, sobretudo, a ação de reintegração de posse na ocupação de porção do prédio alheio, e cabendo a ação de manutenção na ocorrência de perturbações e limitações na posse.

Verificada a ameaça de abranger parte do imóvel vizinho, o objeto da lide é impedir a consumação do prejuízo pela ultimação da obra. Neste sentido era erigida a redação do art. 934 do Código de Processo Civil de 1973, que enunciava, também, outros casos:

---

[1] *Curso de Direito Civil*, vol. VI, ob. cit., p. 214.

Cap. IX • PROTEÇÃO DA POSSE POR MEIO DE OUTRAS AÇÕES | 125

Compete esta ação:

I – ao proprietário ou possuidor, a fim de impedir que a edificação de obra nova em imóvel vizinho lhe prejudique o prédio, suas servidões ou fins a que é destinado;

II – ao condômino, para impedir que o coproprietário execute alguma obra com prejuízo ou alteração de coisa comum;

III – ao Município, a fim de impedir que o particular construa em contravenção da lei, do regulamento ou de postura.

A ocorrência das situações anteriores comporta a ação, que obedecerá, como referido, ao procedimento comum.

A proteção faz-se necessária diante da obra erguida no prédio vizinho, na iminência de causar um prejuízo ao prédio do autor.

Sustentava-se, no regime anterior, que era indispensável não tivesse ocorrido, ainda, o dano e que se afigurasse uma situação de temor de que este ocorresse. Tal temor, no entanto, devia ser razoável. Não bastava, segundo explicava Mario Dini, na concepção do direito italiano, apenas a afirmação de que se temia um dano: "Decorrerà una certa fondatezza, una probabilità, in modo che il magistrato, che è chiamato a provvedere, possa accertarese nel caso singole il timore del danno affermato dal denunziante sia tale da rendere ammissibile l'azione, tenendo presente che il pericolo sul dano può manifestarsi nelle condizioni attuali dell'opera, avvere sorgere con il progredire dei lavori o dal modo come gli stessi sono conodotti ovvero prevedersi soltanto quando l'opera sarà compiuta".[2]

Presentemente, porém, pressuposto para buscar a proteção está na efetivação e mesmo na configuração do perigo de dano.

A maior aplicabilidade da ação estava na previsão do inc. I do art. 934. A probabilidade e mesmo a ocorrência do dano se dirigiam à substância e à integridade do prédio. Era o caso de uma edificação em terreno contíguo com a penetração de objetos e também da obra no lote lindeiro; ou da demolição de uma casa, trazendo perigo de ruir para o terreno sito ao lado, bem como possíveis prejuízos em bens materiais que neste se encontrassem; ou do erguimento de um muro que fechasse o caminho constituído em servidão de passagem; ou da construção de uma parede, apoiada à do vizinho, cujo peso causasse rachaduras ou fissuras nesta última; ou de desobstrução de áreas, com o deslocamento de materiais no prédio sito ao lado.

A omissão da lei em disciplinar uma ação específica não conduz a concluir pela inexistência do direito, que será exercitável por meio de uma ação de procedimento comum, se não se enquadrar numa das ações possessórias.

De modo que ao possuidor é autorizada a ação pelo procedimento comum, seja ele possuidor direto ou indireto. Assim, cabe a ação ao locatário, como vinha sendo imposto, há tempo, pelos pretórios: "Também o locatário tem legitimação ativa, nos termos do art. 934, nº I, para ajuizar a ação de nunciação de obra nova. E assim é porque, no magistério do professor Washington de Barros Monteiro, 'o locatário é possuidor, a quem se outorga a posse direta da coisa locada. Como possuidor, desfruta de todos os direitos e vantagens, resultantes da posse; tem assim direito de reter a coisa enquanto durar o contrato, tem a sua integral fruição, a defesa pelos interditos e a indenização pelas benfeitorias' (*Curso de Direito Civil*, 17ª ed., vol. 5º, p. 143)".[3]

---

[2]   *La Denunzia di Nuova Opera*, Milão, Dott. A. Giuffrè – Editore, 1953, p. 50.

[3]   *Agravo de Instrumento* nº 81.008, 1ª Câm. Cível do 2º Tribunal de Alçada Civil de São Paulo, em *Jurisprudência Brasileira* nº 62, Juruá Editora, Curitiba, 1982, p. 213.

O art. 934, nº I, citado acima, é do CPC/1973.

Há hipóteses perfeitamente configuráveis para a proteção no Código Civil. No art. 1.300: "O proprietário construirá de maneira que o seu prédio não despeje águas, diretamente, sobre o prédio vizinho".

No art. 1.301: "É defeso abrir janelas, ou fazer eirado, terraço ou varanda, a menos de metro e meio do terreno vizinho".

No art. 1.308 do Código: "Não é lícito encostar à parede divisória chaminés, fogões, fornos ou quaisquer aparelhos ou depósitos suscetíveis de produzir infiltrações ou interferências prejudiciais ao vizinho".

Para aquele que tem assegurada uma servidão, também é permitida a ação pelo procedimento comum. A respeito, encerra o art. 1.302 do Código Civil: "O proprietário pode, no lapso de ano e dia após a conclusão da obra, exigir que se desfaça janela, sacada, terraço ou goteira sobre o seu prédio; escoado o prazo, não poderá, por sua vez, edificar sem atender ao disposto no artigo antecedente, nem impedir, ou dificultar, o escoamento das águas da goteira, com prejuízo para o prédio vizinho".

Aduz-se que não somente as construções e demolições podem ser objeto da ação pelo procedimento comum, mas, igualmente, qualquer trabalho de escavação nas redondezas do imóvel, que envolva aquedutos, canais, construções de fossas etc.

No inc. II do art. 934 do anterior Código de Processo Civil, garantia-se o condômino contra a execução de obra, pelo coproprietário, que trouxesse prejuízo ou alteração da coisa comum. A proteção se mantém com base no direito civil. A disposição constitui uma aplicação de normas do Código Civil. Assim, no art. 1.314 do Código Civil, é ordenado o uso da coisa conforme a sua destinação, decorrendo a proibição de qualquer condômino servir-se da coisa comum de modo a impedir ao outro ou aos demais consortes o exercício do direito de propriedade. Pelo parágrafo único do art. 1.314, são vedadas alterações na coisa, sem a anuência de todos os coproprietários. Frequente é a construção de divisões e compartimento sobre áreas comuns, ou a colocação de veículos de condôminos em pontos não permitidos. Às vezes, aproveita-se para uso não exclusivo uma entrada de corredor que dá aos demais apartamentos.

Segundo já foi decidido, "no condomínio horizontal coexistem a propriedade exclusiva e o condomínio, daí afirmar Caio Mário da Silva Pereira (*Condomínio e Incorporações*, p. 123), que as normas referentes à vizinhança são aplicáveis em tais situações. Os prejuízos que a norma pode acarretar na coisa comum alcançam cada condômino ou até mesmo todos eles. Pontes de Miranda, com a autoridade de sempre, assevera que hoje não se pode negar a nunciação ao comunheiro de edifício de apartamentos em relação a obras de outro comunheiro... (cf. *Tratado de Direito Privado*, Vol. XIII, p. 386). É do sábio jurista pátrio a afirmativa de que inclusive entre sócios é possível a nunciação (v. *Comentários ao Código de Processo Civil*, Vol. VI, art. 384)".[4]

É que o art. 10, inc. IV, da Lei nº 4.591, de 1964, considera infração o embaraço de uso das partes comuns do edifício. Advindo de tal ato benefício a uns condôminos, emerge uma situação de desequilíbrio e desigualdade entre os consortes, daí decorrendo a faculdade ao uso da ação em exame na proteção do direito.

Quanto ao item III, ao Município era autorizada a nunciação contra construções violadoras de normas, regulamentos e posturas municipais. Mesmo que a norma tenha sido criada

---

[4] *Apel. Cível* nº 15.859, 1ª Câm. Cível do 2º Tribunal de Alçada Civil de São Paulo, em *Jurisprudência Brasileira*, ob. cit., nº 62, p. 211.

Cap. IX · PROTEÇÃO DA POSSE POR MEIO DE OUTRAS AÇÕES | **127**

pela União ou pelo Estado-membro, ao Município se reconhecia a legitimidade para propor o embargo com amparo no direito substantivo. Perdura essa proteção no regime do Código de Processo Civil de 2015, mas obedecendo às regras do procedimento comum.

Trata-se, no caso, do exercício do poder de polícia sobre as construções. Verificadas infringências especialmente ao plano diretor da cidade, no que pertine à altura dos prédios e à área de ocupação de terrenos urbanos, sem ameaça ou ofensa ao prédio vizinho, o poder de polícia para a repressão e o ajuizamento da ação de embargo não se estende ao particular, a quem falece legitimidade, posto que restrita ao ente público municipal.

Se a infringência de normas públicas na edificação de uma obra nova em prejuízos a pessoas físicas e particulares, reconhecida é a legitimidade ao prejudicado para a propositura da ação, que será pelo procedimento comum, conforme entendia Rogério Lauria Tucci, quando da regulamentação específica da nunciação de obra nova: "Normal é o exercício do direito de construir, sem lesão para a vizinhança; anormal, tudo que a prejudica. Antes do que, consoante pacífica orientação do mesmo Pretório, sendo anormal o exercício do direito de construir, como quando o construtor infringe normas administrativas, causando prejuízo – que pode consistir, também, numa lesão à funcionalidade e normal utilização do prédio contíguo, como o prejudicar-lhe a aeração e a vista (...) –, ao vizinho é inegável o direito do particular em demandá-lo, a fim de que responda, mediante a via nunciatória adequada, pelo mal cuja causação se lhe pode imputar (vide *RT*, 510/106, 443/117 e 312/262). E, como expressou a nossa Corte Maior, ao decidir o *RE* nº 69.994-RJ, manifesta é a legitimidade do particular para promovê-la, *verbis*: 'O particular tem legitimidade para propor a ação de nunciação de obra nova contra quem deixa de observar regulamentos administrativos na sua edificação e, por isso, o prejudica' (cf. *RT*, 459/233).

E isso, aduzimos, mesmo que o Poder Público não queira tomar a iniciativa da ação demolitória, ou, até, por entender regular o licenciamento da obra, referente à atuação do município. É que o fato de ter ele concedido licença para a construção não pode criar, dada a sua precariedade, direito em favor deste, e em detrimento dos nunciantes (v., ainda, *Revista de Jurisprudência do TJSP*, 36/57; *RT* 478/93 e 226/373). Também não vale em favor do réu o argumento de que a obra fora licenciada pela Municipalidade, simplesmente porque o licenciamento é ato administrativo, que não se presume liberatório dos deveres contratuais, por isso que sempre contém ressalva implícita dos direitos dos vizinhos".[5]

Outras pessoas, também, revestem-se do direito ao uso da ação, visando à proteção da propriedade ou da posse, como demonstrava Clóvis do Couto e Silva, falando sobre a nunciação de obra nova:

> A ação de nunciação de obra nova não cabe tão somente ao proprietário ou possuidor mas, por igual, ao usufrutuário ou qualquer outro titular de direito real de uso e fruição.
>
> Além do proprietário e dos demais já mencionados, compete a ação ao síndico, na falência; ao testamenteiro; e a certos administradores judiciais, quanto aos prédios sobre os quais se exerce a administração. A particularidade das ações negatórias, de liberação da propriedade, é a de serem, na sua essência, ações protetoras da administração pacífica da propriedade (...).
>
> Há legitimação sempre que esses administradores tenham posse. Assim, por exemplo, o testamenteiro, não havendo herdeiros necessários, pode deter posse da herança, e, consequentemente, a ele também compete, se, num prédio compreendido dentro da

---

[5] "Nunciação de Obra Nova", em *Jurisprudência Brasileira* nº 62, ob. cit., pp. 21 e 22.

massa desses bens, ocorrerem as hipóteses prefiguradas no art. 934, nº I, o exercício da aludida ação.[6]

De observar que os casos sujeitos à ação de nunciação tinham alguma proximidade com os direitos de vizinhança, desde que as perturbações ou interferências prejudiciais se relacionassem à segurança, ao sossego e à saúde dos que habitassem prédio vizinho. O ponto de pertinência assentava-se na ofensa a tais valores, desde que interferências ou perturbações adviessem de obra nova. Com o vigente Código de Processo Civil, quaisquer perturbações ou lesões corporais ao prédio vizinho ou próximo autorizam a ação de procedimento comum, não havendo um rito especial para as situações estritamente ligadas à antiga ação de nunciação de obra nova.

9.2.2. Pressupostos para a ação contra as perturbações patrimoniais ou lesões corpóreas da propriedade ou posse

Pressuposto primeiro, no entender dos estudiosos ao tempo da ação de nunciação, para o ajuizamento da ação, era o erguimento da construção no prédio do titular de posse ou domínio (no diploma processual anterior denominado "nunciado"), resultando ao prédio do proprietário ou possuidor lesado ("nunciante" na lei processual de 1973) prejuízos no uso de seu imóvel. Supõe-se a existência de dois prédios contíguos, sendo o primeiro afetado ou prejudicado pelo segundo.

Com o Código de Processo Civil da Lei nº 13.105/2015, não importa a situação que era apropriada para a ação de nunciação, mas a ofensa a qualquer direito de propriedade ou da posse e que traga lesões corpóreas. Nem é vital a contiguidade dos prédios. O pressuposto básico está na lesão do direito, sejam quais forem o modo e a localização do imóvel.

Mesmo que a invasão da obra se desse em parte do imóvel alheio, era cabível a ação, segundo se decidia no passado: "Se a matéria discutida na ação de nunciação de obra nova é específica de direito de vizinhança, apesar de se tratar de construção em terreno alheio, imóvel do autor da ação, não há que se extinguir o feito por se entender que o remédio processual é o da via possessória". No voto, é apontada a doutrina a enfatizar tal ponto de vista, como a de Adroaldo Furtado Fabrício: "O dano ameaçado pode ser à substância e integridade do prédio como objeto material: tal seria o caso, aliás frequente, da edificação em terreno contíguo com invasão parcial do lote lindeiro (Adroaldo Furtado Fabrício, *Comentários ao Código de Processo Civil*, vol. VIII, tomo III, p. 393, nº 40)". Também se refere à doutrina de Clóvis do Couto e Silva, que admite a nunciação de obra nova na invasão parcial do imóvel vizinho. Se a invasão é total, não cabe: "Se toda a construção foi em terreno alheio, não se pode propor a ação de nunciação de obra nova, pois a relação não estabeleceria por direito de vizinhança e teria ocorrido uma situação típica de acessão (*Comentários ao Código de Processo Civil*, vol. XI, Ed. Revista dos Tribunais, p. 164, nº 143)".[7]

Tinha a ação forte razão de ser na ofensa ao direito de vizinhança.

Acontecida, no entanto, qualquer invasão na propriedade ou posse alheia, é também apropriada a ação possessória.

---

[6]   *Obra citada*, vol. XI, tomo I, pp. 161 e 162.

[7]   *Revista dos Tribunais*, 627/108 – Apel. nº 94.352-1, da 5ª Câm. Cível do Tribunal de Justiça de São Paulo, j. em 22.12.1987, rel. Des. Renan Lotufo.

Cap. IX · PROTEÇÃO DA POSSE POR MEIO DE OUTRAS AÇÕES | **129**

Em outro passo, para a ação de nunciação, a obra deveria ser nova. Esse era o diferencial que justificava a ação. Deveria estar sendo erguida ou sofrendo reedificação, reforma ou ampliação. O caráter de inovação é de substancial importância. Não era aceita a lide após a conclusão, como dizia Mario Dini: "Dirò preciò che l'opera nuova deve consistere in una modificazione dello stato dei luoghi attuata per mezzo di cose congiunte al suolo o per mezzo di attività direttamente influenti sul suolo stesso".[8]

Neste sentido, vinha expressa a jurisprudência: "Ação de nunciação de obra nova. A moradia do recorrido, segundo a prova constante dos autos, ao tempo do ajuizamento da causa, já estava concluída, restando, apenas, as providências parciais de acabamento e embelezamento, tanto que o oficial de justiça, encarregado de cumprir o mandado de embargo (art. 938 do Código de Processo Civil) constatou que a casa já estava ocupada pelo recorrido e seus familiares; descabida, portanto, no caso, a ação de nunciação de obra nova, que visa, em princípio, impedir um dano futuro e não reparar um prejuízo que já se consumou".[9]

Considerava-se pronta a obra quando à sua conclusão, só faltassem arremates, pinturas ou acabamentos internos. Tornava-se impossível, então, a nunciação porque importaria em demolição. O prejuízo ao prédio vizinho estaria consumado, embora, esporadicamente, surgissem posições contrárias a esse entendimento: "Janela aberta a menos de metro e meio da linha divisória. Propositura da ação quando faltava o acabamento interno e externo ao prédio. Admissibilidade. Prosseguimento determinado".[10]

Quanto ao prejuízo, ensinava Clóvis do Couto e Silva: "A edificação tem de prejudicar o prédio, suas servidões, ou fins a que é destinado. Por prédio entende-se aí toda e qualquer parte da propriedade, e não só as suas edificações. A pretensão do proprietário do prédio em favor do qual se estabeleceu uma servidão (prédio dominante) é a remoção; portanto exclui-se qualquer outra infringência que não constitua edificação de obra nova. As interferências, no entanto, não podem configurar violação que não tenha o caráter material de lesão 'corpórea', do prédio vizinho. Assim, a edificação de uma casa para fins de bordel não justificaria o ingresso de uma ação de nunciação de obra nova, embora pudesse ensejar uma ação cominatória. Por outro lado, a infringência a um prédio, em termos de direito de vizinhança, depende de sua localização, pois hoje, em face do planejamento urbano, há zonas puramente residenciais, mistas e puramente industriais".[11]

Diante do ordenamento da lei processual em vigor, interessam a existência de ofensa às regras que protegem a posse e a propriedade, e a ocorrência de danos para a ação de abstenção de conduta ou ato lesivo, ou para a proteção possessória.

9.2.3. Legitimidade passiva

Terá legitimidade passiva para suportar a ação contra as perturbações patrimoniais o dono da obra, ou a pessoa por conta da qual está a obra sendo erguida. Assim era na regulamentação pelo Código de 1973. Irrelevante se ele não figura como proprietário do terreno. Interessa a pessoa que ordena a construção e que se apresente como responsável por ela.

Salientava Sérgio Sahione Fadel: "A legitimação passiva, embora o texto só se refira ao proprietário, é deste ou do que se responsabilizou pela feitura da obra, seja o locatário,

---

[8] *Obra citada*, p. 43.

[9] *Apel. Cível* nº 911/79, 3ª Câm. Cível do TJ do Paraná, em *Jurisprudência Brasileira* nº 62, ob. cit., p. 130.

[10] *Revista dos Tribunais*, 367/119 – Apel. nº 134.302, da 6ª Câm. Cível do Tribunal de Justiça de São Paulo, j. em 1º.06.1964, rel. Des. Cordeiro Faria.

[11] *Obra citada*, vol. XI, tomo I, pp. 163 e 164.

seja o arrendatário ou ainda o titular de direito real sobre a coisa. Se for o caso, este faz a denunciação da lide ao titular do domínio".[12]

Rezava o art. 938 da lei instrumental civil de 1973: "Deferido o embargo, o oficial de justiça, encarregado de seu cumprimento, lavrará auto circunstanciado, descrevendo o estado em que se encontra a obra; e, ato contínuo, intimará o construtor e os operários a que não continuem a obra, sob pena de desobediência, e citará o proprietário a contestar em cinco (5) dias a ação".

É mantida a aplicação prática do princípio, desde que com a adaptação ao vigente sistema. Assim, em ação de abstenção (ou não fazer), busca-se a determinação de cessar a obra ou as perturbações patrimoniais, ou promove-se o pedido de tutela provisória, figurando-se apropriada na espécie de urgência antecipada, em caráter antecedente. Obviamente que a concessão importará em providências a serem realizadas pelo oficial de justiça, que se concretizam na intimação para não seguirem nas obras, e citando-se o proprietário para contestar, querendo, no prazo de quinze dias.

A intimação do construtor e dos operários tem apenas o escopo de cientificá-los do embargo ou da proibição de prosseguimento. Não os torna demandados, ou sujeitos passivos. Unicamente o proprietário figurará como réu.

As pessoas de direito público também podem figurar na posição de rés, quando executam obras em imóvel de seu domínio. Se decorrerem situações caracterizadoras de ofensa ao prédio contíguo, ensejadoras de ofensas à posse ou ao domínio, sujeitam-se as pessoas de direito público a sofrerem a medida da tutela provisória.

Se o condomínio de edifício é o demandado, ao administrador ou síndico cabe a intimação para cessar a realização das obras.

9.2.4. Embargo extrajudicial ou pessoal no sistema do Código de 1973

No art. 935 do diploma processual civil constava previsto o embargo extrajudicial, o qual tinha origem no direito português. Possibilitava-se ao próprio prejudicado proceder pessoalmente o embargo. Em casos de urgência, a ele permitia-se embargar extrajudicialmente a obra, notificando o proprietário ou o executante para que não a continuasse. Estabelecia o dispositivo citado que a notificação seria verbal, impondo-se que a efetivasse perante duas testemunhas. Dirigia-se o ato ao proprietário e, na sua falta, isto é, não se encontrando no local da obra, se notificaria o construtor. Mesmo os que executassem o trabalho ficariam intimados, ou avisados, se aquele não se achasse presente.

Ordenava o parágrafo único do art. 935 que o nunciante requeresse, dentro de três dias, a ratificação em juízo da providência realizada, sob pena de cessar seu efeito.

O embargo pessoal equivalia a uma antecipação da tutela jurisdicional, destinado a receber a chancela judicial. O requerimento de ratificação devia integrar a petição inicial de nunciação de obra nova, em que o autor pediria, além do estipulado no art. 936, a confirmação da medida já efetuada, constante em relato minucioso e circunstanciado.

A convalidação pressupunha o ajuizamento de medida liminar, que podia ser concedida após a justificação prévia. A sua finalidade estava vinculada à urgência de se obter uma solução imediata quanto à obra que ofendesse a posse.

É o que ensinava Sérgio Sahione Fadel: "Feita a notificação por essa forma, deverá o nunciante ou notificante, num dos três dias seguintes, requerer ao juiz a ratificação do embargo, através de nunciação de obra nova. Se não o fizer, o embargo verbal perderá o efeito".[13]

---

[12] *Obra citada*, tomo V, p. 76.
[13] *Obra citada*, tomo V, p. 72.

Ao ingressar com a ação, o dono do prédio prejudicado, mesmo que não obtivesse o embargo extrajudicial, tinha a faculdade de pretender a tutela liminar. Concedida, o oficial de justiça lavraria auto circunstanciado, descrevendo o estado em que se encontrava a obra e intimando o construtor e os operários para que não dessem prosseguimento nos trabalhos.

No atual regime processual, não perdura o embargo extrajudicial ou pessoal. Resta unicamente a tutela provisória, na modalidade de urgência antecipada, requerida em caráter antecedente. No entanto, se a perturbação patrimonial ou lesão corpórea alcançar a turbação ou esbulho da posse, o § 1º do art. 1.210 do Código Civil prevê a reação do possuidor.

Assim, para os atos de turbação ou esbulho da posse, autoriza-se a autodefesa ou o desforço imediato, como assegura o art. 1.210, § 1º, do Código: "O possuidor turbado, ou esbulhado, poderá manter-se ou restituir-se por sua própria força, contanto que o faça logo; os atos de defesa, ou de desforço, não podem ir além do indispensável à manutenção, ou restituição da posse". A regra não equivale plenamente ao embargo extrajudicial, que se resume em uma notificação, com a posterior postulação para obter a ratificação judicial.

9.2.5. Formalização do pedido inicial

O art. 936 do Código de Processo Civil de 1973 descrevia como devia ser a inicial inauguradora da ação de nunciação de obra nova:

> Na petição inicial, elaborada com observância dos requisitos do art. 282, requererá o nunciante:
>
> I – o embargo para que fique suspensa a obra e se mande afinal reconstituir, modificar ou demolir o que estiver feito em seu detrimento;
>
> II – a cominação de pena para o caso de inobservância do preceito;
>
> III – a condenação em perdas e danos.

Daí vê-se a série de pedidos possível de cumulação na inicial. Desdobrando-se os incisos, nota-se o alcance quantitativo de postulações inseridas na petição:

a) O embargo da obra, concessível em caráter liminar.

b) Cominação de pena pecuniária, para a hipótese de vir o nunciado a infringir a proibição contida no mandado liminar.

c) Desfazimento da obra.

d) Condenação em perdas e danos.

e) Apreensão e depósitos de produtos e materiais que se encontram na obra.

Com o Código de Processo Civil da Lei nº 13.105/2015, segue-se procedimento comum, cumulado com pedido de tutela de provisória de urgência antecipada ou cautelar, postulável mais em caráter antecedente, mas não se impedindo a concessão também da tutela da evidência.

9.2.6. O procedimento judicial e a tutela provisória

O art. 938 do CPC de 1973 desenvolvia o caminho para a ação, após deferido o embargo: "Deferido o embargo, o oficial de justiça, encarregado de seu cumprimento, lavrará auto circunstanciado, descrevendo o estado em que se encontra a obra; e, ato contínuo, intimará o construtor e os operários a que não continuem a obra, sob pena de desobediência, e citará o proprietário a contestar em 5 (cinco) dias a ação".

Recebendo o mandado, o oficial de justiça dirigir-se-ia até o construtor ou responsável e exporia os motivos de sua presença. Incontinenti, examinaria a obra, descrevendo-a de forma circunstanciada, especificando seu estado, o ponto em que se encontrava o andamento, inclusive os prejuízos acarretados ao prédio do nunciante.

Após a intimação do construtor e dos operários, e também do nunciado se estivesse presente, citava-se este último. Se não o encontrasse na obra, a citação proceder-se-ia no endereço indicado.

Mesmo se ocorrido o embargo extrajudicial se promoveria a intimação, que visava, também, à cientificação da cominação da multa imposta em razão do dano.

Na elaboração do auto pormenorizado, era aconselhável que se fizesse o oficial de justiça acompanhar de técnico gabaritado, com o que se facilitaria a constatação das medidas e outros pormenores importantes.

O prazo para contestar limitava-se a cinco dias, que coincidia com o assegurado para as ações cautelares.

Se o nunciado alegasse não ser dono da obra, cumpria-lhe que requeresse a nomeação à autoria do real proprietário.

No tocante ao procedimento, acrescentava o art. 939 do CPC/1973: "Aplica-se a esta ação o disposto no art. 803".

O art. 940 autorizava o prosseguimento da obra se prestasse o nunciado caução e demonstrasse o prejuízo que resultaria da suspensão: "O nunciado poderá, a qualquer tempo e em qualquer grau de jurisdição, requerer o prosseguimento da obra, desde que preste caução e demonstre prejuízo resultante da suspensão dela".

Com o atual diploma processual civil, adota-se o procedimento comum. Cumpre destacar, neste tipo de procedimento, dois aspectos que se entrelaçam: a citação para a audiência e a contestação, na ordem dos arts. 334 e 335. Cita-se para o comparecimento à audiência, quando iniciará o prazo da contestação, em não havendo composição da lide. Melhor seguir a didática explicação de Araken de Assis:

> Reconhecendo aptidão à petição inicial, e excluído o julgamento prévio do mérito, o juiz (*a*) designará a audiência de conciliação e de mediação e (*b*) ordenará a citação do réu, devendo ocorrer com vinte dias de antecedência (art. 334, *caput*). A rigor, a ordem dos atos é inversa: o juiz ordenará a citação e a intimação do réu para comparecer na audiência de conciliação e de mediação, desde logo designada, primeiro convocando o réu a juízo.

Quanto à contestação ou resposta, mais adiante segue expondo:

> (*a*) da audiência do art. 334, ou da última sessão designada para a tentativa de conciliação e mediação, quando qualquer das partes não comparecer ou, conquanto haja o comparecimento, inexitosa a autocomposição (inc. I); (*b*) do protocolo da manifestação do desinteresse do réu (inc. II), manifestado com antecedência mínima de dez dias (art. 334, § 5º), relativamente à audiência do art. 334, havendo convergência com a vontade do autor manifestada na petição inicial, teor do art. 334, § 4º, I, caso em que, havendo litisconsórcio, o prazo fluirá individualmente da data da respectiva manifestação (art. 335, § 1º); (*c*) inexitosa a audiência do art. 334, na forma do art. 231 (inc. III); (*d*) havendo desistência da pretensão contra um dos réus, antes da citação, da intimação

Cap. IX • PROTEÇÃO DA POSSE POR MEIO DE OUTRAS AÇÕES | **133**

da desistência homologatória (art. 335, § 2º), havendo remissão aparentemente errônea ao art. 334, § 4º, II (a causa não admite autocomposição), porque essa situação se ajusta antes à hipótese dos 'demais casos' do art. 335, III.[14]

Qualquer medida imediata que o juiz conceda depende da presença dos requisitos para o deferimento da tutela provisória, na modalidade de urgência ou da evidência, cuja regulamentação se encontra no Livro V da Parte Geral – arts. 294 a 311.

Nos arts. 294 a 299 são traçadas regras gerais.

Pressupostos para o pedido são a exposição justificada de sua concessão, a premência da necessidade e a clareza do direito. Embora em um juízo de cognição sumária, as razões do pedido devem ser fortes, convincentes do direito e reais na demonstração dos prejuízos se não deferidas. Haverá a formalização da pretensão da tutela, nele indicando o pedido principal que virá com o aditamento, se não já inserido na inicial, com o recolhimento das custas, que ficam dispensadas unicamente se incidental a medida.

A efetivação da tutela, segundo o parágrafo único do art. 297, seguirá as regras do cumprimento de sentença provisória, que estão discriminadas nos arts. 520 a 522 do estatuto processual civil. Mantém-se a eficácia durante o período de duração do processo, inclusive se houver a sua suspensão, se o contrário não se determinar. Impõe-se ao juiz, na concessão, a devida fundamentação, de modo a motivar a imposição, não ficando adstrita a um mero ato de poder.

A competência em regra é procurada no juízo competente para a concessão da tutela definitiva. Já na seara recursal, atribui-se a competência ao tribunal competente para examinar o mérito do recurso. A respeito, observam com precisão técnica Luiz Guilherme Marinoni, Sérgio Cruz Arenhart e Daniel Mitidiero:

> Com isso, o novo Código dispôs em sentido contrário àquele consagrado nas Súmulas 634 e 635, STF, que já constituíam alvo de crítica da doutrina. Isso significa que, nada obstante o recurso penda de admissibilidade no tribunal de origem, a competência para a outorga de antecipação da tutela recursal no recurso extraordinário ou no recurso especial é respectivamente do Supremo Tribunal Federal e do Superior Tribunal de Justiça. A propósito, a outorga de efeito suspensivo ao recurso extraordinário e ao recurso especial constitui hipótese de antecipação da tutela recursal: quer suspender a eficácia da decisão do tribunal de origem como um dos possíveis efeitos do provimento do recurso. A exceção à regra fica por conta da hipótese em que há recurso repetitivo afetado no STF ou no STJ: nesse caso, a tutela provisória tem de ser pedida para o presidente do tribunal de origem (art. 1.029, § 5º, III, CPC).[15]

Ressalta-se que o citado inc. III do § 5º do art. 1.029 do CPC foi alterado pela Lei nº 13.256, de 04.02.2016, passando a ter a seguinte redação: "Ao presidente ou ao vice-presidente do tribunal recorrido, no período compreendido entre a interposição do recurso e a publicação da decisão de admissão do recurso, assim como no caso de o recurso ter sido sobrestado, nos termos do art. 1.037."

Para a compreensão da matéria, conveniente transcrever as súmulas referidas no texto.

Súmula 634: "Não compete ao supremo tribunal federal conceder medida cautelar para dar efeito suspensivo a recurso extraordinário que ainda não foi objeto de juízo de admissibilidade na origem".

---

[14] *Processo Civil Brasileiro*, São Paulo, Thomson Reuters – Revista dos Tribunais, 2015, vol. III, p. 133-134, 184.

[15] *Novo Código de Processo Civil Comentado*, São Paulo, Editora Revista dos Tribunais, 2015, p. 311.

Súmula 635: "Cabe ao presidente do tribunal de origem decidir o pedido de medida cautelar em recurso extraordinário ainda pendente do seu juízo de admissibilidade".

Passa-se ao exame do procedimento dos tipos de tutela.

O procedimento para o pedido da tutela de urgência com caráter antecedente é autônomo, aditando-se posteriormente com o pedido principal. Ou seja, pede-se apenas a tutela provisória de urgência, na modalidade antecipada ou cautelar, ou de evidência, com a exposição dos fatos e das razões, e a menção do pedido de tutela final, vindo, após a decisão do seu deferimento ou não, o aditamento do pedido principal. Se o caráter é incidente, postula-se a medida durante o andamento de uma ação.

Na tutela de urgência, antecipada ou cautelar, o juiz poderá deferir de imediato a providência da medida solicitada. Na cautelar, o art. 301 exemplifica hipóteses de medidas, como arresto, sequestro, arrolamento de bens, registro de protesto contra alienação de bem e qualquer outra medida idônea para asseguração do direito.

Estão os requisitos contemplados no art. 300, para ambas as tutelas: "A tutela de urgência será concedida quando houver elementos que evidenciem a probabilidade do direito e o perigo de dano ou o risco ao resultado útil do processo".

O § 3º do art. 300 impede que se defira a tutela de urgência de natureza antecipada quando houver perigo de irreversibilidade dos efeitos da decisão.

O § 1º do mesmo art. 300 oportuniza ao juiz exigir a prestação de caução, a fim de garantir o ressarcimento de possíveis prejuízos que advirão se improcedente a ação: "Para a concessão da tutela de urgência, o juiz pode, conforme o caso, exigir caução real ou fidejussória idônea para ressarcir os danos que a outra parte possa vir a sofrer, podendo a caução ser dispensada se a parte economicamente hipossuficiente não puder oferecê-la". Constatada a hipossuficiência, ou falta de condições econômicas para prestar a garantia da parte requerente, vê-se que a segunda parte do cânone permite a dispensa.

Faculta-se qualquer espécie de caução, isto é, poderá se real ou fidejussória, e ainda consistir em depósito em dinheiro, papéis de crédito, título da dívida pública, pedras e metais preciosos, hipoteca, penhor e fiança. Mesmo a terceiro faculta-se oferecer a garantia.

O valor terá em conta a extensão dos prováveis prejuízos ou danos, o que pode ser determinado por uma perícia ou um arbitramento por técnico especializado.

Ensina Sérgio Sahione Fadel: "Caução idônea é a que baste a custear a demolição, ou a reconstrução, ou a colheita, ou a restituição, conforme o caso, sendo de se referir ao princípio do Código de Processo Português, que dá a medida exata da caução, ao dizer que, embargada a obra, pode ser autorizada a sua continuação, a requerimento do embargado, quando se reconheça que a demolição restituirá o embargante ao estado anterior à continuação, ou quando se apure que o prejuízo pode advir da sua continuação e em ambos os casos mediante caução prévia às despesas de demolição total".[16]

Se devida e documentalmente demonstrados os requisitos para a concessão, é deferida liminarmente; havendo necessidade de comprovação, necessária a justificação prévia, com a ouvida de testemunhas ou a realização de outras providências esclarecedoras, em consonância com o § 2º do art. 300. Em se realizando a audiência, ouvem-se as testemunhas indicadas, mas sem a citação ou o chamamento da parte demandada, pois as regras processuais nada preveem a respeito.

A tutela de urgência, conforme já visto, se divide em antecipada e cautelar.

---

[16] *Obra citada*, tomo V, p. 76.

De anotar o significado de cada espécie, sendo que, na visão de Cássio Scarpinella Bueno, a cautelar dirige-se "ao asseguramento do direito (ou, para quem quiser, do resultado útil do processo)", ao passo que a antecipada visa, "tudo a depender das necessidades do caso concreto, à satisfação imediata de um direito".[17]

Cabe a antecipada se presentes a probabilidade do direito (diferentemente do Código anterior, que exigia a verossimilhança) e o perigo de dano ou de risco iminente ao interesse tutelado.

A tutela de urgência cautelar é admitida quando se objetiva assegurar o direito, também em vista do perigo de dano ou risco ao resultado útil do processo. Concede-se em momento antecedente se a urgência for contemporânea à propositura da ação, e será incidente ocorrendo a urgência ou necessidade no curso da lide. Sobre a urgência contemporânea, expõem Luiz Guilherme Marinoni, Sérgio Cruz Arenhart e Daniel Mitidiero: "A qualificação da urgência como contemporânea no *caput* do art. 303, CPC, embora à primeira vista possa sugerir uma restrição ao uso da tutela antecipada antecedente, é desmentida pelo incentivo que o legislador dá ao autor para sumarizar formal e materialmente o processo com sua estabilização. Lida a autonomização da tutela antecipada sistematicamente, a urgência que justifica o pedido de tutela antecipada antecedente não difere do perigo na demora capaz de justificar qualquer espécie de tutela provisória".[18]

Para qualquer espécie de tutela (cautelar ou antecipada), os requisitos para a concessão se constituem da probabilidade do direito e do perito de prejuízo. Repete-se Fábio Scarpinella Bueno: "a) A probabilidade do direito; e b) o perigo de dano ou o risco ao resultado útil do processo (art. 300, *caput*). São expressões redacionais do que é amplamente consagrado nas expressões latinas *fumus boni iuris* e *periculum in mora*, respectivamente".[19]

Tem maior aplicação a tutela de urgência antecipada, com caráter antecedente, prevista no art. 303, o qual faculta que se limite o pedido à sua concessão: "Nos casos em que a urgência for contemporânea à propositura da ação, a petição inicial pode limitar-se ao requerimento da tutela antecipada e à indicação do pedido de tutela final, com a exposição da lide, do direito que se busca realizar e do perigo de dano ou do risco ao resultado útil do processo". Em função do § 4º do mesmo art. 303, conterá a inicial, também, valor da causa, que deve levar em consideração o pedido de tutela final. Especificará, conforme ordena o § 5º, a pretensão de valer-se o autor do benefício constante do art. 303, isto é, a medida da tutela de urgência.

A faculdade de limitar ao pedido inicial a tutela antecipada não impede a formalização da ação principal com a própria petição inicial.

Desde que concedida a tutela, cabe ao autor aditar o pedido, se já não o fez no pedido de tutela, complementando a argumentação, com outras providências, na forma do § 1º do mesmo artigo:

> Concedida a tutela antecipada a que se refere o *caput* deste artigo:
>
> I – o autor deverá aditar a petição inicial, com a complementação de sua argumentação, a juntada de novos documentos e a confirmação do pedido de tutela final, em 15 (quinze) dias ou em outro prazo maior que o juiz fixar;
>
> II – o réu será citado e intimado para a audiência de conciliação ou de mediação na forma do art. 334;

---

[17] *Manual de Direito Processual Civil*. São Paulo. Editora Saraiva. 5ª edição, 2019, p. 300.
[18] *Novo Código de Processo Civil Comentado*, ob. cit., p. 303.
[19] *Manual de Direito Processual Civil*, ob. cit., p. 302.

III – não havendo autocomposição, o prazo para contestação será contado na forma do art. 335.

Omitida a providência da complementação, o § 2º do art. 303 impõe a extinção do processo sem resolução do mérito: "Não realizado o aditamento a que se refere o inciso I do § 1º deste artigo, o processo será extinto sem resolução do mérito". Ocorrida a extinção, é óbvio que nem se leva a efeito a citação para a audiência e a contestação se não se der o acordo.

Leva-se a efeito o aditamento nos mesmos autos, sem a incidência de novas custas e mantendo-se o valor da causa, que se indicará na petição inicial do pedido de tutela.

É possível a falta de dados ou esclarecimentos para a se deferir a tutela. O § 6º do art. 303 enseja a complementação da inicial, abrindo o juiz, para tanto, o prazo de cinco dias: "Caso entenda que não há elementos para a concessão de tutela antecipada, o órgão jurisdicional determinará a emenda da petição inicial em até 5 (cinco) dias, sob pena de ser indeferida e de o processo ser extinto sem resolução de mérito".

Conforme o mencionado art. 334, a audiência de conciliação ou mediação se efetuará com antecedência mínima de trinta dias, devendo-se citar o réu com, pelo menos, vinte dias de antecedência. Já pelo art. 335, o prazo para contestar, de quinze dias, conta-se da data da última sessão da audiência de conciliação ou mediação, caso citado o réu; ou de outro ato de ciência da ação, se não lograda a citação para a referida audiência.

É de salientar, também, que a tutela de urgência antecipada com caráter antecedente tornar-se-á estável se da decisão que a concedeu não houver sido interposto o correspondente recurso, a teor do art. 304: "A tutela antecipada, concedida nos termos do art. 303, torna-se estável se da decisão que a conceder não for interposto o respectivo recurso". O recurso cabível somente poderá ser o agravo de instrumento, a dar ingresso no prazo de quinze dias da intimação (art. 1.003, § 5º, do CPC).

Nos §§ 2º, 3º, 4º e 5º, do art. 304, garante-se a faculdade de rever, reformar ou invalidar a tutela antecipada estabilizada, com o desarquivamento do processo. Esse direito estende-se por dois anos, contados da ciência da decisão que extinguiu o processo, por ordem do § 5º. Exercita-se o direito por meio de uma ação, garantida no § 2º: "Qualquer das partes poderá demandar a outra com o intuito de rever, reformar ou invalidar a tutela antecipada estabilizada nos termos do *caput*".

Decorrido o prazo, como se expressa Araken de Assis, forçoso admitir a aquisição da coisa julgada pela decisão concessiva da tutela antecipada.[20]

No próprio juízo é possível buscar a modificação da decisão, como se depreende do § 2º: "Qualquer das partes poderá demandar a outra com o intuito de rever, reformar ou invalidar a tutela antecipada estabilizada nos termos do *caput*". O sentido de demandar abrange a postulação perante o próprio juízo em que corre o pedido de tutela de urgência, embora os termos do § 4º. Do contrário, se incorreria no cerceamento de defesa.

Todavia, emerge insegurança jurídica das regras. Concedida a tutela, e não recorrendo o demandado, faculta-se-lhe que torne não apenas a discutir o assunto, mas a requerer a alteração de seu conteúdo até o decurso de dois anos do deferimento da tutela. Assim, a parte que se omitir na sua defesa, inclusive porque relapsa e revel, tem a garantia de rever a decisão até passados dois anos. Somente depois do referido lapso fenece o direito de rever, dando-se o trânsito em julgado, como decorre do § 6º: "A decisão que concede a tutela não

---

[20] *Processo Civil Brasileiro*, 2ª tir., São Paulo: Thomson Reuters – Revista dos Tribunais, 2015, vol. II, tomo II, p. 491.

Cap. IX · PROTEÇÃO DA POSSE POR MEIO DE OUTRAS AÇÕES | **137**

fará coisa julgada, mas a estabilidade dos respectivos efeitos só será afastada por decisão que a revir, reformar ou invalidar, proferida em ação ajuizada por uma das partes, nos termos do § 2º deste artigo".

Resulta notória a instabilidade jurídica nas relações econômicas e interpessoais.

Esse direito de rever, embora o anteriormente exposto (possibilidade de se pedir ao juiz da causa a mudança), a rigor se faz por meio de uma ação própria, embutida nos próprios autos em que se concedeu a tutela. É o que traz o § 4º: "Qualquer das partes poderá requerer o desarquivamento dos autos em que foi concedida a medida, para instruir a petição inicial da ação a que se refere o § 2º, prevento o juízo em que a tutela antecipada foi concedida". Nos termos do § 3º, "a tutela antecipada conservará seus efeitos enquanto não revista, reformada ou invalidada por decisão de mérito proferida na ação de que trata o § 2º".

Conseguiu o legislador tumultuar um instituto que já estava assimilado no direito brasileiro. Dificultou sobremaneira a posição do réu, que deverá ingressar com um recurso contra o deferimento ou com uma ação para rever o mérito da tutela.

Na tutela de urgência cautelar em caráter antecedente, a finalidade está em assegurar o resultado da ação, prevendo o art. 305 que deve o autor formular a exposição sumária do direito que se objetiva assegurar, e descrever o perigo de dano ou o risco ao resultado útil do processo. Em razão do parágrafo único, notando-se que o pedido encerra natureza antecipada, ao juiz caberá conhecer do pedido como de tutela antecipada. Mais explicitamente ensina Araken de Assis: "O artigo 305, *caput*, realiza duas exigências heterogêneas nesta rubrica: tanto reclama a narração da causa de pedir da causa principal, sob a fórmula da 'lide e seu fundamento', nas medidas de urgência antecedentes, quanto a 'exposição sumária do direito que se objetiva assegurar'. É neste último item que se localiza a tônica da causa de pedir, cumprindo assinalar que os pressupostos mencionados correspondem aos incisos III e IV do art. 801 do CPC de 1973".[21]

O art. 306 oportuniza a contestação no prazo de cinco dias, com a indicação de provas a serem produzidas, o que provocou certa perplexidade, pois nos demais procedimentos o ato é para comparecer à audiência, quando iniciará o prazo da contestação, observando Araken de Assis: "Curiosamente, o art. 306 manda citar o réu para contestar o pedido, abstendo-se de obrigá-lo ao prévio comparecimento à audiência de conciliação e de mediação (art. 334), ao contrário do que acontece na tutela antecipada (art. 303, § 1º, II), embora a autocomposição seja tão ou mais concebível perante pretensão à segurança. Realizar-se-á a citação através de qualquer dos meios admissíveis (art. 246). Posteriormente, deduzida a pretensão principal, o juiz designará a audiência, sem a necessidade de nova citação (art. 308, § 3º)".[22]

O prazo de cinco dias destina-se à defesa do pedido de tutela de urgência cautelar antecedente, e não ao pedido principal, ou ao pedido aditado, o qual se formalizará em até trinta dias da efetivação ou do indeferimento da tutela cautelar. Inicia o prazo de quinze dias para contestar somente depois de inexitosa a conciliação, ou da citação específica para a defesa.

Permite-se o julgamento de plano, se não houver contestação. É o que consta no art. 307: "Não sendo contestado o pedido, os fatos alegados pelo autor presumir-se-ão aceitos pelo réu como ocorridos, caso em que o juiz decidirá dentro de 5 (cinco) dias".

Todavia, não se opera a autonomização, dada a falta de previsão da lei, como acontece com a tutela de urgência antecipada. É necessário o julgamento.

---

[21] *Processo Civil Brasileiro*, ob. cit., vol. II, tomo II, p. 566.
[22] *Obra citada*, vol. II, tomo II, p. 584.

O parágrafo único delineia o procedimento comum se oferecida contestação: "Contestado o pedido no prazo legal, observar-se-á o procedimento comum". Entende-se que haverá o procedimento comum para instruir a pretensão da tutela de urgência cautelar.

De acordo com o art. 308, "efetivada a tutela cautelar, o pedido principal terá de ser formulado pelo autor no prazo de 30 (trinta) dias, caso em que será apresentado nos mesmos autos em que deduzido o pedido de tutela cautelar, não dependendo do adiantamento de novas custas processuais". À contestação desse pedido concede-se o prazo de quinze dias.

Faculta o § 1º do art. 308 a formulação do pedido principal juntamente com o pedido de tutela. Mesmo que se tenha formalizado o pedido principal, mantém-se a faculdade de aditar a causa de pedir. Vindo no pedido da tutela cautelar a pretensão principal, e sendo desnecessário formular novo pedido ou aditamento, decidirá o juiz a concessão ou não da tutela, e já designará a audiência, a partir da qual começa o prazo para a contestação.

Em existindo a formulação do pedido principal ou aditamento, o art. 308, § 4º, reserva o prazo de quinze dias para a contestação do pedido principal, iniciando da audiência de conciliação ou mediação, ou de outro ato de ciência para a defesa. Oferecido o pedido principal, intimam-se as partes para a audiência de conciliação ou mediação, por meio dos respectivos advogados ou pessoalmente, sem necessidade de nova citação do réu. É que a citação ocorre quando da apresentação do pedido da tutela cautelar, para se defender, no lapso de tempo de cinco dias. A tal exegese conduz o § 3º do art. 308: "Apresentado o pedido principal, as partes serão intimadas para a audiência de conciliação ou de mediação, na forma do art. 334, por seus advogados ou pessoalmente, sem necessidade de nova citação do réu".

Discrimina o art. 309 as hipóteses de cessação da tutela cautelar:

> Cessa a eficácia da tutela concedida em caráter antecedente, se:
>
> I – o autor não deduzir o pedido principal no prazo legal;
>
> II – não for efetivada dentro de 30 (trinta) dias;
>
> III – o juiz julgar improcedente o pedido principal formulado pelo autor ou extinguir o processo sem resolução de mérito".

O parágrafo único autoriza a renovação do pedido da medida unicamente se invocado fundamento novo: "Se por qualquer motivo cessar a eficácia da tutela cautelar, é vedado à parte renovar o pedido, salvo sob novo fundamento".

De acordo com o art. 310, o indeferimento da tutela cautelar não obsta a que se formule o pedido principal, nem influi no seu julgamento, a menos que o seja pelo reconhecimento da decadência ou da prescrição.

Em qualquer das espécies de urgência, a partir do prazo para a contestação, que é oferecida se não houver autocomposição, adota-se o procedimento comum.

Na formalização incidente da tutela de urgência, seja antecipada ou cautelar, resta óbvio que não cabem as providências de complemento do pedido inicial. Autoriza-se, todavia, a exigência de caução.

Se improcedente a ação e apurar-se que era descabida a tutela de urgência, além da reparação por dano processual (litigância com má-fé, arts. 79 a 81 do CPC), decorrerá a obrigação da indenização à parte lesada, por imposição do art. 302:

> Independentemente da reparação por dano processual, a parte responde pelo prejuízo que a efetivação da tutela de urgência causar à parte adversa, se:

Cap. IX · PROTEÇÃO DA POSSE POR MEIO DE OUTRAS AÇÕES | **139**

I – a sentença lhe for desfavorável;

II – obtida liminarmente a tutela em caráter antecedente, não fornecer os meios necessários para a citação do requerido no prazo de 5 (cinco) dias;

III – ocorrer a cessação da eficácia da medida em qualquer hipótese legal;

IV – o juiz acolher a alegação de decadência ou prescrição da pretensão do autor.

Parágrafo único. A indenização será liquidada nos autos em que a medida tiver sido concedida, sempre que possível.

Há, também, a tutela da evidência, a ser concedida, não dependendo da demonstração de perigo de dano ou de risco ao resultado útil do processo. Vem disciplinada no art. 311. Concede-se nas seguintes hipóteses, constantes dos incisos do mesmo artigo:

I – ficar caracterizado o abuso do direito de defesa ou o manifesto propósito protelatório da parte;

II – as alegações de fato puderem ser comprovadas apenas documentalmente e houver tese firmada em julgamento de casos repetitivos ou em súmula vinculante;

III – se tratar de pedido reipersecutório fundado em prova documental adequada do contrato de depósito, caso em que será decretada a ordem de entrega do objeto custodiado, sob cominação de multa;

IV – a petição inicial for instruída com prova documental suficiente dos fatos constitutivos do direito do autor, a que o réu não oponha prova capaz de gerar dúvida razoável.

É de evidência em razão da certeza do direito pleiteado. A descrição dos fatos e a subsunção no direito cunham de certeza a razão do pedido. Bem esclarece Araken de Assis: "Estampando-se a alta probabilidade de o autor ter razão, porque a isso induz o comportamento do réu ou logo se percebe da petição inicial, urge dar pronta resposta à postulação. A razão do autor (no processo) atingiu o patamar da evidência. É a necessária contrapartida à possibilidade de o juiz realizar julgamento prévio de mérito favoravelmente ao réu (art. 332). A medida adequada localiza-se no art. 311: a concessão de provimento antecipando, no todo ou em parte, a pretensão do autor, em alguns casos liminarmente (art. 311, parágrafo único)".[23]

Deverá o pedido de tutela acompanhar a ação.

De acordo com o parágrafo único, nas situações dos incisos II e III, permite-se a concessão liminar. Nas outras previsões, ocorrerá o deferimento incidentalmente ao processo. Com efeito, quanto ao inc. I, somente no curso da ação fica constatável o abuso do direito ou o propósito protelatório. Em relação ao inc. IV, depois do aferimento da documentação trazida na contestação é possível averiguar se é suficiente a prova documental constitutiva do direito do autor.

Esse tipo de pedido de tutela fará parte da ação, não se aditando ou complementando. Uma vez concedida, segue-se a citação para a audiência, quando início do prazo para contestar, como se dá com a tutela de urgência, seguindo-se os trâmites dos arts. 334 e 335.

Não se fala, neste tipo, de estabilização da tutela, se concedida a tutela antecipadamente.

O objeto consistirá no adiantamento do direito pretendido.

Superada a fase da concessão ou negativa da tutela, se oferecida a contestação, a ação segue o procedimento comum.

---

23 *Processo Civil Brasileiro*, ob. cit., vol. II, tomo II, p. 496

9.2.7. Obra já concluída

Se a obra já estiver concluída, como agirá o interessado?

Ao tempo da existência da ação de nunciação de obra nova, apontava-se a solução por meio de uma ação própria, denominada demolitória. Sempre que o exercício de um direito fosse embaraçado ou impedido por uma obra já levada a efeito sem importar se à força, clandestinamente, ou às claras, o autor pedia a demolição da construção, na parte prejudicial, e o consequente restabelecimento do direito. Frente à nova ordem processual, não se altera a via para o restabelecimento do direito. Ingressa-se com uma ação pelo procedimento comum, visando ao desfazimento da obra, na porção que atinge o direito do lesado. Apropriada a ação para as obras prejudiciais aos vizinhos sem que resulte subtração ou perda de espaço.

Cumpre atentar se ocorreu prejuízo no exercício da posse, ou a sua perda.

Em caso afirmativo, isto é, se o titular mantinha a posse e opera-se a perda por uma obra recente, deduz-se que dita perda iniciou a partir do momento em que se dá a subtração do proveito da utilidade. Quem tem a posse e se vê impossibilitado de exercitá-la deve valer-se das possessórias, a fim de restabelecer o direito. Nada proíbe de buscar o socorro judicial por meio de tais remédios. Existia uma posse anterior, fundada nos princípios da lei, a qual, em dado momento, é cerceada ou eliminada. Sem nenhuma razão jurídica a amparar o ato atentatório, ao lesado assegura-se o exercício das medidas possessórias. Há de se considerar que a posse é, acima de tudo, um fato. A oposição ontológica e irredutível entre violência e direito, por si só, dá suporte filosófico-jurídico suficiente à proteção possessória. A perturbação da posse atenta contra a ordem jurídica e a isso o direito não pode ficar indiferente, de acordo com a linha de pensamento traçada por Jhering. De modo que as ações possessórias constituem remédio jurídico apto a restituir o direito lesado por ato de violência, de turbação ou de esbulho. Mesmo que, para tanto, seja indispensável desfazer a obra.

Na circunstância de se tornar oneroso em demasia o retorno à situação anterior, a solução tradicionalmente aceita, delineada por Adroaldo Furtado Fabrício, com respaldo em precedentes jurisprudenciais e doutrinários respeitáveis, revela-se correta: "Se a obra nova ocupa parte pouco expressiva do terreno vizinho, de tal sorte que o prejuízo econômico representado pela interdição ou demolição ficaria desproporcionalmente superior ao sofrido pelo autor, seria iníqua a opção pela alternativa mais onerosa. Assim, tem-se julgado que o infrator indenizará ao vizinho o prejuízo causado pela invasão, mantendo-se e concluindo-se a obra. Em certos casos, tem-se recorrido a essa solução também quando a obra é pública, caso em que se consuma verdadeira dasapropriação indireta".[24]

Em resumo, três as conclusões:

- Ingressa-se com a ação demolitória sempre que a obra trouxer prejuízos ao exercício do proveito de um bem, como no caso de parte de um alpendre cujo telhado projeta-se sobre o terreno vizinho, nele depositando as águas da chuva.
- Encara-se a construção de obra do uso do imóvel como ato atentatório à posse. Em decorrência, ao invés da demolitória, não contemplada especificamente para o caso, viável o uso da possessória, com todas as decorrências inerentes, inclusive demolindo-se a parte do prédio causadora do cerceamento do direito à posse.
- Constatando-se que a demolição é desproporcionalmente onerosa em relação ao benefício trazido ao usurpador e ao prejuízo acarretado ao dono do prédio, nada impede que se transforme em indenização a reparação do mal causado pelo primeiro.

---

[24] *Comentários ao Código de Processo Civil*, vol. VIII, tomo IV, ob. cit., p. 591.

9.3. AÇÃO DE IMISSÃO DE POSSE

Tal ação não apareceu no Código de Processo Civil de 1973, nem consta no de 2015. Vinha contemplada no diploma processual de 1939, art. 381, quando era assegurada: a) aos adquirentes de bens, para haverem a respectiva posse, contra os alienantes ou terceiros que os detivessem; b) aos administradores das pessoas jurídicas, para haverem dos seus antecessores a entrega dos bens pertencentes à pessoa representada; c) aos mandatários, para receberem a posse dos bens do mandante.

Na forma do art. 282 daquele diploma, exigia-se que a ação viesse fundada no título de domínio. Seu escopo visava a efetiva entrada na posse daqueles que, embora revestidos do *jus possidenti*, não a exerciam.

Imissão na posse significa entrar na posse do bem. O pretendente tem o direito de apossar-se do imóvel, em geral porque o adquiriu, e, em outros casos, por estar representando a pessoa jurídica proprietária do mesmo, ou em virtude de ser procurador do verdadeiro possuidor.

Mas a pessoa que detém os bens recusa-se a entregá-los, impedindo que seja exercida a posse pelo verdadeiro titular.

Sobressai, de início, o traço característico relativamente aos interditos possessórios: o titular do direito não exerceu ainda a posse sobre a coisa. Se a tivesse exercido em algum momento, a reintegração apresentar-se-ia como o tipo de ação cabível. Daí ser correto afirmar que a pretensão visa "integrar" o titular na posse.

Nas aquisições de bens, com frequência ocorrem hipóteses que ensejam a imissão. O vendedor simplesmente se recusa a entregar o imóvel, ou um terceiro nele encontra-se instalado, que inaceita a desocupação. E aí está a distinção relativa à ação reivindicatória: destina-se aquela ao adquirente vindicar ou buscar o bem que passou para a sua titularidade por alguma das formas de aquisição, sendo promovida contra o alienante, enquanto a última visa também reclamar a entrega do bem, mas contra o ocupante, isto é, o terceiro, e não o transmitente.

Como adquirentes devem entender-se também o herdeiro e o promitente comprador, segundo já decidido, ainda na vigência do Código Civil de 1916:

> O herdeiro, cujo formal de partilha ainda não esteja transcrito, tem, contudo, qualidade para requerer a imissão de posse contra terceiro detentor. Em tal caso, não é necessária a prévia transcrição, porque o Código Civil, no art. 530, distingue a aquisição da propriedade pela transcrição do título (inc. I), em caso de alienação *inter vivos*, da aquisição por direito hereditário (inc. IV).[25]

Esclareça-se que o Código atual, em vista do art. 530, incs. I e IV, do anterior Código Civil, em setores diferentes cuida da aquisição pela transcrição – arts. 1.245 e seguintes, e da aquisição por direito hereditário – arts. 1.808 e seguintes.

> A ação de imissão de posse não se restringe à hipótese de ser a aquisição, por ato do alienante, translativo da propriedade. Vai além, estendendo-se a toda a espécie de aquisição da propriedade baseada em justo título, ainda que o título da aquisição provenha de direito hereditário (...).

---

[25] *RE* nº 25.535, Rel. Min. Victor Nunes Leal, acórdão de 04.07.1963, em *A Ação de Imissão de Posse*, de Ovídio A. Baptista da Silva, São Paulo, Editora Saraiva, 1981, pp. 91 e 92.

A certidão de quinhão hereditário, devidamente transcrito no Registro de Imóveis, constitui prova bastante de domínio a ser amparado pelo remédio judiciário de posse.[26]

Quanto ao compromissário-comprador:

Tem o compromissário-comprador acesso à imissão de posse, presente o princípio de que a cada direito corresponde uma ação que o ampara. Se não for assim, se não se permitir ao compromissário-comprador demandar imissão de posse, de nenhuma outra ação poderá ele lançar mão, para efetivar a posse a que tem direito. Não poderá reivindicar, porque não tem domínio; não poderá usar do interdito reintegratório, porque não tem posse, nem a teve antes; não poderá despejar porque o ocupante não é locatário.[27]

Servem de títulos, pois, para autorizar a imissão, os contratos de compra e venda e promessa de compra e venda, os formais de partilha, as cartas de adjudicação e arrematação, dentre outros.

Quanto às adjudicações e arrematações de imóveis hipotecados aos agentes financeiros, para garantirem mútuos destinados ao financiamento da casa própria, segundo o Sistema Financeiro da Habitação, se levados os imóveis a leilão por dívidas das prestações não pagas, e se a execução se processa extrajudicialmente, na forma dos arts. 31 e 32 do Decreto-Lei nº 70/1966, com alterações da Lei nº 8.004/1990, a imissão na posse é admitida, em favor do adquirente, expressamente no art. 37, § 2º, do mesmo diploma: "Uma vez transcrita no registro geral de imóveis a carta de arrematação, poderá o adquirente recorrer ao juízo competente imissão de posse no imóvel, que lhe será concedida liminarmente, após decorridas as quarenta e oito horas mencionadas no § 3º deste artigo, sem prejuízo de se prosseguir no feito em rito ordinário, para o debate das alegações que o devedor porventura aduzir em contestação".

O mencionado § 3º ordena que a imissão será negada na hipótese de, citado o devedor, em quarenta e oito horas provar que resgatou ou consignou judicialmente o valor de seu débito, antes da realização do primeiro ou segundo leilão.

E se o arrematante, ou adjudicante, for o próprio agente financeiro exequente, mas transferir o imóvel a terceira pessoa? Poderá esta servir-se da mesma ação e obter a imissão imediata, na forma do art. 37, § 2º?

Embora o § 3º se dirija aos arrematantes ou adjudicantes, opera-se uma verdadeira extensão do direito a terceiros. Não seria coerente negarem-se as prerrogativas especiais previstas àqueles que obtêm, por via de transmissão regular, o domínio do imóvel.

Mesmo que não seja por esta ótica, segundo se observará, a imissão de posse é viável como remédio comum para o recebimento da posse em favor daqueles que estão contemplados somente com o *jus possidendi*.

9.3.1. A ação de imissão de posse no ordenamento processual civil de 1973 e no atual

De modo geral, a jurisprudência e a doutrina não afastavam a existência da ação em epígrafe no Código de Processo Civil anterior.

---

[26] *Julgados colecionados por Alexandre de Paula*, citados por Ovídio A. Baptista da Silva, ob. cit., p. 182.

[27] *Revista dos Tribunais*, 384/292 – Apel. nº 257/67, da 1ª Câm. Cível do Tribunal de Justiça do Paraná, j. em 12.06.1967, rel. Des. Arthur Heráclio.

Em verdade, tal diploma processual suprimiu apenas o procedimento especial da ação de imissão de posse, estabelecido nos arts. 381 e seguintes do Código de 1939. Contudo, não eliminou o direito subjetivo processual da ação que tenha como objetivo a pretensão à imissão de posse.

Nesta linha, se pronunciavam os pretórios, desde época mais distante: "O direito deve ser exercido, agora, através da ação de rito ordinário, ou de rito sumaríssimo, conforme o valor da causa, procedendo-se a execução de acordo com os arts. 621 e seguintes do estatuto processual civil".[28]

Não mais se tratando de procedimento especial, inespecíficos também se tornaram os seus requisitos. É de ver que o Código de 1939 dispôs que cabia a ação contra o alienante ou terceiro que se encontrasse na posse do imóvel. Não estabeleceu a restrição de que este terceiro estivesse na posse do imóvel em nome do alienante. Isso constituiu construção jurisprudencial. Na situação atual, em que se trata de ação de procedimento comum, e desvinculada dos requisitos do direito anterior, é de se admitir que ela poderá ser intentada contra o alienante, e até contra terceiro, se detém este a posse em nome daquele. Mas apropriada, no entanto, a reivindicatória se terceiro está no imóvel.

Adroaldo Furtado Fabrício ressalta: "Eis por que – admitindo, embora, de *lege ferenda*, a preferibilidade da solução oposta – concluímos estar a ação de imissão de posse, no direito positivo brasileiro, excluída da classe das executivas. Ela se submete ao rito comum (ordinário ou sumaríssimo) e acha-se praticamente subsumida na reivindicatória, sujeitando-se a sentença que nela se profere à execução também comum para entrega de coisa certa".[29]

É Ovídio A. Baptista da Silva, em obra específica sobre a matéria, quem mais autoridade revela ao afirmar: "Pelo que ficou dito, devemos, então, concluir que a ação de imissão de posse continua a existir no direito brasileiro e no sistema de nosso Código de Processo Civil se há de processar, ou pelo rito ordinário ou sumaríssimo, conforme com os princípios reguladores dessas formas procedimentais. Em qualquer caso, contudo, a ação será sumária, no sentido de ter limitada a esfera de defesa que o demandado poderá opor à demanda. Não se trata de atribuir à ação de imissão de posse o esquema teórico das ações sumárias com reserva de exceções, como sugeria Chiovenda (*Principii*, cit., pp. 205 e segs.). A ação está, inteira, na demanda e a sentença não seria parcial. Mesmo assim, se o demandado não impugna, vitoriosamente, a validade do título, terá de sofrer a imissão na posse, para ser autor nas demandas posteriores em que ele pretenda controverter outras questões".[30]

Com o Código de Processo Civil de 2015, adota-se o procedimento comum, regido pelos arts. 318 e seguintes.

9.3.2. Natureza da ação

Trata-se de uma ação real e petitória.

É real porque nasce de um direito *in re*. As ações pessoais nascem da obrigação de dar, fazer ou não fazer alguma coisa. Originam-se de um contrato ou de um delito.

Na imissão, pede-se a coisa e não o cumprimento de uma obrigação.

---

[28] *Revista dos Tribunais*, 477/101 – Apel. nº 237.621, da 1ª Câm. Cível do Tribunal de Justiça de São Paulo, j. em 03.10.1974, rel. Costa Leite.

[29] *Comentários ao Código de Processo Civil*, vol. VIII, tomo III, ob. cit., p. 112.

[30] *Obra citada*, p. 148.

Classifica-se, ainda, como ação petitória, reservada aos adquirentes do imóvel, para haverem a respectiva posse contra os alienantes. Distingue-se da ação reivindicatória, na qual o direito à posse decorre do domínio, que é a *causa petendi* da ação. Na ação de imissão, conforme visto anteriormente, o adquirente busca o bem que passou para a sua titularidade por alguma das formas de aquisição. Ademais, o direito à posse nem sempre se origina da condição de proprietário do autor. É viável que se ampare o autor em relação contratual ou legal. Mesmo não sendo proprietário, assegura-se a pretensão de imitir-se na posse, como acontece com o cessionário de herança. Na primeira, discute-se a propriedade, enquanto na última o fundamento está no direito à posse. Mas o objeto da reivindicatória, que é a posse em razão do domínio, envolve o objeto da imissão consistente no direito à posse. Assim, encontram-se legitimados a promover a imissão de posse não só os adquirentes titulares do domínio. Há situações autorizadoras da imissão em favor de quem está amparado numa relação obrigacional, como no caso de retornar a posse ao promitente vendedor, se o promitente comprador descumpre o contrato. A reivindicatória não abarca todas as hipóteses em que o interessado, mesmo não sendo proprietário, reveste-se do direito de imitir-se na posse. Bem explica a questão Ovídio A. Baptista da Silva:

> Podemos afirmar, portanto, sem qualquer temor de engano, que a imissão de posse guarda, com relação à reivindicatória, apenas uma porção de seu círculo, que é comum a ambas, onde caberá ao interessado fazer opção legítima entre as duas ações, ficando fora dessa zona comum a porção restante do círculo menor da ação de imissão da posse, onde a ação de reivindicação seria inadequada; assim como ficará fora do alcance da ação de imissão a outra porção maior da demanda (plenária) de reivindicação, onde a limitação da controvérsia da ação de imissão de posse impediria que se chegasse (...). Em certos casos, o adquirente (proprietário) poderá escolher entre a imissão de posse e a reivindicação, conforme julgue de seu interesse controverter apenas seu direito à posse, fundado no contrato, ou entenda mais conveniente fundar sua pretensão na condição de titular do domínio, trazendo para o debate, como pressuposto da ação, a propriedade.
>
> Certamente, o adquirente terá contra o alienante a ação de imissão de posse, para investir-se na posse da coisa adquirida; contudo, não se lhe pode negar o direito de exercer a ação reivindicatória. Se o fizer, ficará exposto à defesa mais ampla do alienante, ao passo que limitará, drasticamente, a defesa deste se optar pela primeira ação.[31]

Em suma, há um campo comum para a reivindicatória e a imissão, como no caso de derivar o direito à posse de um título dominial registrado, *v.g.*, arrematação ou adjudicação. Mas, nascendo o direito de um contrato de compra e venda, sequer registrado, a reivindicatória é incabível. Daí concluir-se que existem hipóteses reservadas apenas à imissão, ou uma área própria de cabimento da imissão, ficando afastada a reivindicatória.

Apesar disto, admite-se a conversão da ação de imissão em reivindicatória, desde que a discussão abranja o domínio, e se encontre o imóvel bem caracterizado na inicial, a ponto de ser localizado e individualizado.

Em aresto do Tribunal de Santa Catarina, é endossada a inteligência:

> Ainda que o atual Código de Processo Civil não tenha elencado a ação de imissão de posse em seu rol de procedimentos especiais, não a inviabilizou de todo, em face do

---

[31] *Obra citada*, p. 156.

Cap. IX · PROTEÇÃO DA POSSE POR MEIO DE OUTRAS AÇÕES | 145

princípio da fungibilidade processual e, dado o seu caráter de ação dominial, possibilita transformá-la em reivindicatória, que pressupõe não possuidor que age contra o possuidor não proprietário (...).

Pode a ação de imissão de posse, movida pelo detentor do domínio, em razão do princípio da fungibilidade processual, ser transformada em reivindicatória, não só porque a primeira não restou regulada no Código de Processo Civil vigente, mas também porque ambas são ações dominiais, de natureza petitória, o que possibilita a aplicação do princípio *jura novit curia* (Apel. Cível nº 50.552, de São Francisco do Sul, *DJ* de 14.12.1995).

Ademais, a posse injusta a que alude o art. 524 do Código Civil não se confunde com aquela prevista no art. 489 do mesmo diploma legal, eis que aquele se refere à posse injusta em sentido genérico, não sendo necessária a constatação da violência, clandestinidade ou precariedade, bastando a injustiça da posse.[32]

Os arts. 524 e 489 acima referidos correspondem aos arts. 1.228 e 1.200 do Código Civil atual.

Até porque irrelevante a denominação dada à demanda: "Não sendo o nome da ação requisito da petição inicial e caracterizando-se a ação proposta, pelo pedido e causa de pedir, como ação reivindicatória, nada impede que se aprecie como tal, procedendo-se às necessárias diligências para o regular julgamento da matéria de fundo, se for o caso".[33]

Diante da natureza real da ação e de seu caráter petitório, impõe-se a presença de ambos os cônjuges na ação de imissão de posse. De acordo com o art. 10 do Código de Processo Civil, exige-se a outorga uxória quando se litigar sobre bens imóveis, ou sobre direitos reais relativos a imóveis. Na ação em exame, embora não se configure direito real sobre imóvel, considera-se a mesma como uma ação real sobre imóvel sempre que o litígio envolver bem imóvel, fator que obriga a presença de ambos os cônjuges em qualquer polo da ação.

Não se reconhecendo a natureza possessória, não se permite a fungibilidade em ação possessória, como já firmou a jurisprudência: "A possibilidade de fungibilidade das ações autorizadas pelo art. 920 do CPC é apenas para ação possessória, e não para as demais.

A ação de imissão de posse, sabidamente, não é ação possessória destinada a proteção da posse, mas sim ação petitória a favor de quem vai em busca da posse.

Configura julgamento *extra petita* a decisão de lide não proposta, diferente daquela que resultou da pretensão formulada em juízo". É que, fundamenta o voto ensejador do aresto acima, "as ações possessórias, que visam a proteção da posse, compreendidas no Cap. V do Livro IV do atual Código de Processo Civil, não têm a imissão de posse em sua enumeração. Isto porque, como mostrado, a imissão de posse não é proteção à posse, mas vinculação da posse ainda não possuída".[34]

O art. 920 citado no texto anterior corresponde ao art. 554 do CPC/2015, com igual redação. Já o Capítulo V do Livro IV do CPC/1973 equivale ao Livro I, Título III, Capítulo III, Seção I, da Parte Especial do CPC da Lei nº 13.105/2015.

---

[32]   *Apel. Cível* nº 51.061, da 4ª Câm. Cível, de 30.04.1997, em *Direito Imobiliário – Acórdãos Selecionados – COAD*, março/abril de 1998, p. 65.

[33]   *Revista de Jurisprudência do TJ de São Paulo*, Lex Editora, 95/172.

[34]   *Apel. Cível* 359.384, da 8ª Câm. Cível do TA Civil de São Paulo, julgada em 23.09.1986, em *Revista dos Tribunais*, 612/106.

9.3.3. A concessão de medida liminar na imissão da posse

Aspecto importante diz respeito à concessão de liminar para o autor ver-se imitido de imediato na posse. Ou o deferimento de imissão imediata na própria ação.

Para tanto, primeiramente cabe lembrar que há distinção quanto às ações possessórias, não se concedendo, pois, o mandado liminar com base no disposto no art. 562 do CPC/2015. Daí concluir-se que o único caminho está, para obtenção de liminar, no atendimento dos requisitos da tutela provisória fundamentada na urgência ou na evidência.

A tutela de urgência tem como pressupostos elementos que evidenciem a probabilidade do direito e o perigo de dano ou o risco ao resultado útil do processo, podendo ser cautelar ou antecipada, concessível em caráter antecedente ou incidente. É antecedente quando a urgência for contemporânea à propositura da ação, e incidente se a necessidade surge durante a tramitação do processo.

A tutela de urgência cautelar objetiva assegurar do perigo de dano ou do risco ao resultado útil do processo, segundo estabelece o art. 305 da lei processual. Já a antecipada impõe-se na configuração de elementos que evidencie a presença do direito que se busca realizar e do perigo de dano ou do risco ao resultado útil do processo, conforme o art. 303.

Sendo cautelar a tutela, o art. 301 exemplifica hipóteses de medidas, como arresto, sequestro, arrolamento de bens, registro de protesto contra alienação de bem e qualquer outra medida idônea para asseguração do direito. Na tutela de urgência antecipada, o juiz deferirá de imediato a posse do bem objeto da ação de imissão.

A tutela da evidência é deferida independentemente da demonstração de perigo de dano ou de risco ao resultado útil do processo, nas hipóteses destacadas pelo art. 311, que foram descritas anteriormente.

O procedimento da tutela provisória, nas modalidades de urgência e evidência, está regido no Livro V da Parte Geral do Código de Processo Civil, cujas linhas gerais estão descritas no item 9.2.6 anterior.

O simples retardamento da imissão enseja razão para deferir a medida liminar, como justificava o autor gaúcho Tercílio Pietroski: "Para nós, o conceito de *periculum in mora* pode didaticamente resumir-se na demonstração suficiente da possibilidade de 'retardo' ou 'mora' – hoje bastante acentuada nos foros brasileiros – da prestação jurisdicional na ação principal. Ou, mais resumidamente, a injustiça que poderia ser causada pela mora na decisão da causa principal".[35]

A própria natureza da ação faculta esta inteligência, de modo especial nos casos em que a transmissão do domínio se opera através do contrato. Isto porque, segundo Tercílio Pietroski, "não há necessidade de se obter uma condenação para tornar certa a obrigação do réu de demitir de si a posse, posto que esta obrigação já se encontra ínsita no contrato e, portanto, desnecessário seria discutir aquilo que já estava certo no campo obrigacional. Não seria um verdadeiro *bis in idem*? Ou, então, exemplificando, sugerir ao portador de um título executivo extrajudicial não prescrito que ingressasse com ação de cobrança? Isto seria lógico e conveniente sob o ponto de vista processual?"[36]

Nesta situação, está evidente a execução imediata da imissão, eis que presente no próprio contrato a obrigatoriedade da entrega do bem.

---

[35] *A Ação de Imissão de Posse*, Rio de Janeiro, Editora Forense, 1989, p. 46.

[36] *Obra citada*, p. 11.

9.4. EMBARGOS DE TERCEIRO

Outro remédio de cunho possessório são os embargos de terceiro, reservado aos que não participam do processo e sofrerem constrição ou ameaça de constrição em seus bens e direitos decorrentes desses por meio de atos judiciais. Está o direito garantido no art. 674 do Código de Processo Civil da Lei nº 13.105/2015: "Quem, não sendo parte no processo, sofrer constrição ou ameaça de constrição sobre bens que possua ou sobre os quais tenha direito incompatível com o ato constritivo, poderá requerer seu desfazimento ou sua inibição por meio de embargos de terceiro".

O Código processual de 1973 trazia, no art. 1.046, regra com redação diferente, que especificava os atos ensejadores da ação, embora mais exemplificativamente: "Quem, não sendo parte no processo, sofrer turbação ou esbulho na posse de seus bens por ato de apreensão judicial, em casos como o de penhora, depósito, arresto, sequestro, alienação judicial, arrecadação, arrolamento, inventário, partilha, poderá requerer lhe sejam manutenidos ou restituídos por meio de embargos".

Percebe-se o sentido mais amplo que se encontra no novo diploma. A palavra "constrição" não se esgota em abranger somente "turbação" ou "esbulho", mas alcança todas as investidas originadas de uma ação judicial aptas a causar atentados aos bens que estão na posse, ou no direito que destes exsurjam, de pessoa que não participa do processo de onde se origina tal ato. Mais diretamente, há incompatibilidade do ato ofensivo com o bem que está na posse ou no direito de uma terceira pessoa, que é alheia ao processo do qual partiu o ato. Coloca-se à disposição da pessoa a ação de embargos de terceiro, para que se desfaça o ato, ou para impedir que venha a se perpetrar. Deverá haver a constrição, isto é, que seja atingido bem, ou direito dele decorrente, de terceiro, como explicam Luiz Guilherme Marinoni, Sérgio Cruz Arenhart e Daniel Mitidiero: "É fundamental para a caracterização do cabimento dos embargos de terceiro a existência de constrição judicial. Considera-se constrita judicialmente a coisa quando apreendida e sujeitada por ordem judicial à determinada finalidade processual. As hipóteses do art. 674, CPC, são meramente exemplificativas. Sem constrição judicial, descabe a propositura de embargos de terceiro".[37]

Segue no mesmo sentido o ensinamento de Araken de Assis, em monumental obra sobre processo civil: "Ora, a característica principal dos embargos de terceiro, permitindo distingui-lo das demais ações possessórias, reside na reação contra o ato do Estado, com o fito de livrar o bem da constrição ilegal.[38] O apossamento não decorre do ato do particular. Esse elemento denota sua força mandamental. O destinatário do mandado, julgada procedente a ação, é o órgão judiciário que ordenou a constrição. Nessa linha de raciocínio, legitimado passivo, nos embargos de terceiro, é o órgão – resultado que não pode ser aceito sem perplexidade".

Situações comuns revelam-se na penhora de bens já alienados anteriormente à execução; a busca e apreensão de um veículo transferido que está na posse de um terceiro legalmente alienado, mas não fiduciariamente, nem ao credor que financiou o bem; o arrolamento de bens, para fins de inventário, já transferidos em vida pelo *de cujus*.

Os atos são violadores da posse exercida sobre o bem ou de direitos que emergem, cumprindo que sejam praticados em procedimentos nos quais o prejudicado não é ou foi parte.

---

[37] *Novo Código de Processo Civil Comentado*, ob. cit., p. 665 e 666.

[38] *Processo Civil Brasileiro*, São Paulo, Thomson Reuters – Revista dos Tribunais, 2ª tir., 2015, vol. II, tomo I, p. 88.

Eis o conceito do advogado luso Guerra da Mota, mais relativo à posse, mas coerente quando o ato ofende a posse exercida sobre o bem: "O meio de terceiro embargante e atual possuidor dos objetos penhorados, arrestados, arrolados ou mandados entregar judicialmente, poder impedir tais atos, desde que a sua posse tenha os requisitos já indicados para as ações possessórias em geral".[39]

Salienta Hamilton de Moraes e Barros a origem da constrição: "Os embargos de terceiro são, em essência, um incidente. Nascem de um ato judicial praticado dentro, naturalmente de um processo, o processo de onde vem a constrição ilegítima, contra que se reage.

Podem, também, ser usados contra atos judiciais de jurisdição voluntária.

Não é um incidente que apenas ocorre no processo de execução, visando a ilidi-la, quando se exerce sobre um bem determinado. É incidente que nasce do ato judicial praticado em qualquer feito, seja no processo de conhecimento, seja no de execução, seja no cautelar".[40]

Diz o art. 676 do Código de Processo Civil, quanto ao tipo de processo: "Os embargos serão distribuídos por dependência ao juízo que ordenou a constrição e autuados em apartado".

Os embargos de terceiro são, portanto, um processo consequente de outro, o causador, aquele de onde veio o ato judicial embargado. É nesse sentido que se diz serem não um meio de pedir, mas de impedir.

9.4.1. Conceito de terceiro

Basicamente, terceiro é o que não integra a relação processual.

Envolve, no entanto, o termo um conceito mais amplo, como explica José Frederico Marques: "Os embargos são de terceiro; mas como tal deve entender-se a pessoa física ou jurídica que não tenha participado do feito, a pessoa titular de um direito outro que não tenha sido atingido pela decisão judicial".[41]

De modo que se distingue a falta de participação no feito da ilegitimidade de parte. Considerando-se a pessoa citada para a ação parte ilegítima a fim de figurar na relação processual, por não lhe pertencer o bem ou não estar afetada no direito sobre um bem, incumbe-lhe invocar, em defesa, a preliminar de ilegitimidade, e não embargos de terceiro.

Sobressai, para ensejar a ação, pois, a titularidade de um direito distinto daquele discutido no processo. E isto é possível de ocorrer mesmo que a pessoa tenha participado do processo. A respeito, leciona Hamilton de Moraes e Barros:

> A mesma pessoa física ou jurídica pode ser simultaneamente parte e terceiro no mesmo processo, se são diferentes os títulos jurídicos que justificam este duplo papel. A palavra "terceiro" significa não só a pessoa física ou jurídica que não tenha participado do feito, como também a pessoa que participou do processo, mas que, aqui, nos embargos, é titular de um direito diferente, outro que não o que foi objeto da decisão judicial.
>
> Assim, por exemplo, o condômino que seja também proprietário do prédio contíguo, mesmo participando da ação da divisão, pode embargar como terceiro, se a linha do perímetro invadir propriedade que é sua. Do mesmo modo, a viúva meeira e inventariante tem qualidade para oferecer embargos de terceiros à arrecadação dos bens

---

[39] *Obra citada*, p. 38.
[40] *Comentários ao Código de Processo Civil*, Rio de Janeiro, Forense, vol. IX, p. 292.
[41] *Instituições de Direito Judiciário Civil*, 2ª ed., Rio de Janeiro, Forense, vol. V, p. 455.

Cap. IX · PROTEÇÃO DA POSSE POR MEIO DE OUTRAS AÇÕES | **149**

deixados pelo marido, se, por exemplo, arguir sua qualidade de comerciante e quanto aos bens de seu ramo comercial.[42]

Com base em tais princípios, encerrava o § 2º do art. 1.046 do CPC/1973: "Equipara-se a terceiro a parte que, posto figure no processo, defende bens que, pelo título de sua aquisição ou pela qualidade em que os possuir, não podem ser atingidos pela apreensão judicial". Não repete o CPC/2015 a regra, mas está a mesma subsumida no conceito do art. 674, pois, pela sua aquisição ou título, o bem ou direito é incompatível com o objeto discutido na ação.

O § 1º do art. 674 traz um elenco genérico do terceiro, que poderá ser o proprietário, inclusive o fiduciário, e o possuidor: "Os embargos podem ser de terceiro proprietário, inclusive fiduciário, ou possuidor".

Entende-se o proprietário como aquele que possui o domínio, ou que está revestido da titularidade por um documento considerado válido, mesmo que se constitua de instrumento particular. Já o proprietário fiduciário considera-se a pessoa a quem se transferiu a propriedade, mas remanescendo a posse no transmitente. Ocorre a hipótese nos financiamentos de todo o tipo de bens. Depois de saldadas as prestações vai o domínio transferido para quem exercia a posse. Possuidor, como é primário, denomina-se aquele que usufrui algum dos poderes da propriedade.

O § 2º, explicitando a tipificação de terceiro, indica alguns casos, mas sem esgotar outras situações:

> Considera-se terceiro, para ajuizamento dos embargos:
>
> I – o cônjuge ou companheiro, quando defende a posse de bens próprios ou de sua meação, ressalvado o disposto no art. 843;
>
> II – o adquirente de bens cuja constrição decorreu de decisão que declara a ineficácia da alienação realizada em fraude à execução;
>
> III – quem sofre constrição judicial de seus bens por força de desconsideração da personalidade jurídica, de cujo incidente não fez parte;
>
> IV – o credor com garantia real para obstar expropriação judicial do objeto de direito real de garantia, caso não tenha sido intimado, nos termos legais dos atos expropriatórios respectivos.

Nesta previsão legal, quanto à primeira hipótese, o cônjuge casado ou o companheiro, mesmo que seja intimado da penhora sobre os bens do outro cônjuge ou companheiro, fica autorizado, na qualidade de terceiro, a defender por meio de embargo os seus próprios bens, ou os da sua meação.

Daí que, embora o cônjuge ou companheiro em embargos à execução não consiga desconstituir por nulidade ou mesmo outra razão os títulos criados pelo outro cônjuge ou companheiro, pode apresentar embargos de terceiro, desde que a dívida comprometa sua meação.

Por meio dos embargos à execução, contesta-se a dívida em si mesma, oferecendo as alegações, *v. g.*, do art. 535, ou do art. 917, da lei adjetiva civil. Havendo cumprimento de sentença, a defesa virá por meio de impugnação, em consonância com o § 1º do art. 525

---

[42] *Obra citada*, vol., IX, pp. 394 e 395.

do CPC. Pelos embargos de terceiro, procura-se resguardar a meação do imóvel objeto da constrição judicial. A orientação pretoriana consolidou o entendimento na Súmula nº 134, do STJ, de 1995: "Embora intimado da penhora em imóvel do casal, o cônjuge do executado pode opor embargos de terceiro para defesa de sua meação".

Entendimento que prosseguiu na Corte, como exemplifica o seguinte aresto:

> Embargos de terceiro. Mulher casada. Execução. Habilitação de herdeiros.
>
> A mulher casada, embora intimada da penhora, pode oferece embargos de terceiro (Sum. 134). E também a filha do executado, falecido durante o processo de execução, apesar de não realizado o inventário dos bens (arts. 1.572, 1.603 e 1.721, CC).
>
> Nos embargos, pode-se alegar a nulidade da execução que prosseguiu sem a citação do espólio ou de seus sucessores. Recurso não conhecido.[43]

Todavia, nos embargos de terceiro, ao cônjuge intimado da penhora não é permitido opor matéria de mérito atinente ao título pelo qual está sendo executado o outro cônjuge. Descabe qualquer apreciação a respeito, pois constitui objeto dos embargos do devedor, como já se decidiu: "Embargos de terceiro. Defeito ou irregularidade no processo de execução. Alegação pelo embargante. Ilicitude. Não é lícito ao terceiro, em seus embargos, alegar defeito ou irregularidades do processo de execução".[44]

É que, justifica Humberto Theodoro Júnior, "a lide nos embargos se refere apenas à exclusão ou inclusão da coisa na execução e não aos direitos que caibam ao terceiro sobre a coisa, mesmo quando deles se tenha discutido".[45]

Mas é imprescindível que a dívida não tenha sido contraída também em seu benefício. Formou-se, nos pretórios, entendimento pacífico nesta linha, desde tempos pretéritos: "Mulher casada. Meação. Embargos de terceiro para sua exclusão da penhora, em execução por aval do marido. Art. 3º da Lei nº 4.121, de 27.08.1962. Se o aval, em regra, é obrigação de favor, tal não ocorre na hipótese, por ser o avalista, marido da embargante, conforme assentou o acórdão recorrido, com base na prova, sócio de diretor na sociedade avalizada, da qual retirava o sustento para a família".[46]

"Lei nº 4.121/62 (art. 3º). Para a exclusão da meação da mulher casada, cabe a ela, em regra, provar que a dívida do marido não foi contraída em benefício da família".[47]

A presunção é de que a dívida tenha sido contraída em benefício da família: "Lei nº 4.121, de 1962, art. 3º. Sendo o marido administrador dos bens do casal, a presunção, até prova em contrário, é no sentido de que os negócios por ele promovidos resultam em benefício do casal, competindo à mulher, que reclama a preservação de sua meação, fazer a prova em sentido contrário".[48]

---

[43] *Resp.* nº 103.639/CE, da Quarta Turma do STJ, j. em 27.11.1996, *DJU* de 03.02.1997.

[44] *Revista dos Tribunais*, 528/179 – Apel. Cível nº 49.166, da 2ª Câm. Cível do Tribunal de Justiça de Minas Gerais, j. em 28.02.1978.

[45] *Processo de Execução*, São Paulo, Editora Universitária de Direito Ltda., 1983, p. 368.

[46] *Lex – Jurisprudência do Supremo Tribunal Federal*, 125/102 – Recurso Extraordinário nº 109.063-RS, da 1ª Turma do STF, J. em 25.11.1988, rel. Min. Néri da Silveira.

[47] *Revista Trimestral de Jurisprudência*, 76/171 – Recurso Extraordinário nº 76.583, da 2ª Turma do STF, j. em 19.09.1975, rel. Min. Thompson Flores.

[48] *Revista Trimestral de Jurisprudência*, 74/132 – Recurso Extraordinário nº 77.012-RS, da 2ª Turma do STF, j. em 11.03.1975, rel. Min. Cordeiro Gerra.

Em se tratando de aval, que, de regra, é obrigação de favor, o prejuízo é presumido, cumprindo ao credor provar que o encargo proporcionou vantagem ou proveito à família do avalista.

A presunção é contra a pessoa embargante quando o aval é fornecido por diretor ou sócio de pessoa jurídica privada de cunho econômico, da qual retira o sustento para a família, de acordo com a tradição pretoriana.[49]

De notar, por último, que o final do inc. I do § 2º do art. 674 manda observar o disposto no art. 843, que expressa o seguinte: "Tratando-se de penhora de bem indivisível, o equivalente à quota-parte do coproprietário ou do cônjuge alheio à execução recairá sobre o produto da alienação do bem".

Reserva-se, pois, o produto líquido advindo da alienação do bem.

Em relação à segunda hipótese, é considerado terceiro o adquirente de bens que venham a ser constritados por decisão que declara a ineficácia da alienação realizada em fraude à execução. Há uma decisão, declarando a ineficácia da alienação de um bem que se encontrava garantindo uma execução. Naturalmente, cabe a demonstração da legalidade da aquisição, ocorrida antes da própria execução, e da não participação do ato de fraude.

Pela terceira hipótese, atingem-se bens pessoais ou particulares de um sócio ou integrante de pessoa jurídica em razão da desconsideração da personalidade jurídica, e que não participou do incidente ou do processo do qual decorreu a responsabilidade incidente em bens do terceiro.

A desconsideração da personalidade jurídica é autorizada pelo art. 50 do Código Civil, na redação da Lei nº 13.874/2019: "Em caso de abuso da personalidade jurídica, caracterizado pelo desvio de finalidade ou pela confusão patrimonial, pode o juiz, a requerimento da parte, ou do Ministério Público quando lhe couber intervir no processo, desconsiderá-la para que os efeitos de certas e determinadas relações de obrigações sejam estendidos aos bens particulares de administradores ou de sócios da pessoa jurídica beneficiados direta ou indiretamente pelo abuso".

Parece, entrementes, para o sucesso da ação, óbvio que ao embargante cabe a demonstração da inexistência de sua participação no abuso da personalidade da pessoa jurídica.

Prepondera a teoria da desconsideração no caso de uma pessoa física ou jurídica aparecer como sócia de uma sociedade devedora insolvente que contrai obrigações superiores à sua capacidade econômica, chamando-se à responsabilidade patrimonial aquela para atender a dívidas da contraente. Não raramente instituem-se várias sociedades comerciais, que se tornam, inclusive, sócias de uma terceira, a qual contrai vultosas obrigações, não se prestando, em face de sua situação econômica, a satisfazê-las. Então, se penhorados bens dos sócios (pessoas físicas ou jurídicas), ajuízam-se embargos, argumentando-se que os bens dos mesmos não podem ser constritados, em face de serem estranhos à relação jurídica estabelecida entre o credor e o devedor.

Mas considera-se que a mera autonomia patrimonial, ou a não identificação entre os sócios e a sociedade, enseja a ocorrência de fraudes.

Sempre que afigurável o intento de fraudar, ou a incapacidade flagrante da firma devedora em saldar as dívidas, embora a capacidade patrimonial dos sócios e o proveito

---

[49] *Revista Trimestral de Jurisprudência*, 90/1.075 – Recurso Extraordinário nº 90.095, da 1ª Turma do STF, j. em 17.10.1978, rel. Min. Soares Muñoz. Na mesma Revista, nº 121/264 – Recurso Extraordinário nº 108.896, da 2ª Turma do STF, j. em 1º.07.1986, rel. Carlos Madeira.

econômico que lograram, simplesmente desconhece-se a autonomia da personalidade, por ter a entidade jurídica se desviado de suas finalidades específicas e provocado danos sem poder suportá-los.

Nesta linha, pondera Rolf Sevick que "se si abusa della forma della persona giuridica il giudice può, al fine di impedire che venga raggiunto lo scopo illecito perseguito, non rispettare tale forma, allontanandosi quindi dal principio della netta destinzione tra socio e persona giuridica".[50]

Na jurisprudência tem-se preponderado a aplicação da teoria:

> Embargos de terceiro. Penhora. Efetivação em bens de pessoa jurídica sócia majoritária da empresa executada. Admissibilidade. Aplicação da teoria da desconsideração da personalidade jurídica. Improcedência dos embargos. Decisão mantida. Voto vencido.
>
> (...)
>
> A legislação vem acolhendo a condenação e execução sobre bens de sociedade e sócios que servem de capa para o funcionamento de outras sociedades irresponsáveis e sem condições de suportar os efeitos de condenação judicial. Assim, admissível é a penhora dos bens de pessoa jurídica sócia majoritária daquela que é executada.

Ressalta o voto norteador do acórdão uma passagem de Rubens Requião:

> É preciso, para a renovação exata e adequada da doutrina, repetir a ideia preconcebida dos que estão imbuídos do fetichismo da intocabilidade da pessoa jurídica, que não pode ser equiparada tão insolitamente à pessoa humana, no desfrute dos direitos incontestáveis da *personalidade (Curso de Direito Comercial*, vol. I/84, 1977).
>
> Trata-se, em suma, de reconhecer a ineficácia dos estatutos sociais para que possa o verdadeiro dirigente da entidade, ou seja, o que a dirige, o que está por trás, ser irresponsabilizado diante da imputação da ocorrência de atos ilícitos. Assim é o que parece a Fábio Konder Comparato (*O Poder de Controle na Sociedade Anônima*, Revista dos Tribunais, 1977, p. 271).[51]

No dispor do art. 1.080 do Código de 2002, as deliberações dos sócios, quando infringentes do contrato social ou da lei, geram responsabilidade ilimitada àqueles que expressamente hajam ajustado tais deliberações contra os preceitos contratuais ou legais. Na mesma linha, o art. 338 do Código Comercial impunha o registro do distrato da firma, medida esta que persiste por força dos arts. 1.150 e 1.154 do Código Civil, rezando este último: "O ato sujeito a registro, ressalvadas disposições especiais da lei, não pode, antes do cumprimento das respectivas formalidades, ser oposto a terceiro, salvo prova de que este o conhecia".

Fiel à letra e ao espírito da lei considera-se infração à mesma lei e ao contrato, com a consequente responsabilidade do sócio-gerente, o desaparecimento da sociedade sem sua prévia dissolução regular e sem o pagamento das dívidas.

Mesmo as pessoas que se retiram continuam responsáveis, se não providenciarem na alteração e no registro do contrato social: "Sociedade. Retirada de sócio. Responsabilidade,

---

[50] *Forma e Realità della Persona Giuridica*, Milão, Dott A. Giuffrè Editore, 1966, p. 275.

[51] *Apel. Cível* nº 358/421, da 7ª Câm. Cível do TA Civil de São Paulo, julgada em 12.08.1986, em *Revista dos Tribunais*, 614/109.

enquanto não registrado o distrato. Enquanto não registrada a alteração com a retirada do sócio, responde este pelas dívidas da sociedade".[52]

O Código Civil, nos arts. 1.010 a 1.018, trata das obrigações e da responsabilidade dos administradores, mostrando-se relevante o disposto no art. 1.016: "Os administradores respondem solidariamente perante a sociedade e os terceiros prejudicados, por culpa no desempenho de suas funções". O art. 10 do citado Decreto n° 3.708/1919 já preceituava que os sócios-gerentes "não respondem pessoalmente pelas obrigações contraídas em nome da sociedade, mas respondem para com esta e para terceiros, solidária e ilimitadamente, pelo excesso de mandato e pelos atos praticados com violação do contrato ou da lei".

Essas normas desconsideram a personalidade e autorizam a comunicação dos patrimônios.

Tendo em vista o art. 1.052 do Código, que liga a responsabilidade dos sócios à importância total do capital social, deve impor-se o entendimento de que, mesmo integralizado o capital, os sócios poderão ser compelidos a completá-lo se posteriormente vier a ser desfalcado, já que os terceiros contrataram com a sociedade baseados em que os sócios assumiriam esta responsabilidade subsidiária.

Isto máxime quanto aos administradores da sociedade, como observa Carlos Henrique Abrão:

> Hodiernamente existe, não se pode olvidar, um declínio no princípio da responsabilidade limitada dos administradores nas modernas sociedades comerciais. A tese da ilimitação ganha corpo, na medida em que se deve garantir um patrimônio sólido, apto a responder pelas obrigações dos sócios.
>
> Assim é que se mostra, tanto nas sociedades anônimas, como nas sociedades por quotas de responsabilidade limitada, a tendência da adoção de uma responsabilidade solidária dos acionistas e quotistas, incumbidos da gestão empresarial. O próprio art. 10 das Sociedades Limitadas estabelece a responsabilidade solidária e ilimitada dos sócios-gerentes que agiram com excesso de mandato, violação do contrato ou da lei. A tendência moderna, segundo o mestre paranaense Rubens Requião, é o estabelecimento de uma ilimitada e solidária responsabilidade, sobretudo em face das grandes empresas capitalistas.[53]

Em havendo relações de consumo, a desconsideração da personalidade jurídica tem amparo no art. 28 e seus parágrafos da Lei n° 8.078/1990.

Por último, a quarta situação que enseja a ação pelo terceiro que não participou do processo do qual se expediu o ato de constrição, consistente da alienação, refere-se ao credor com garantia real que não recebeu a intimação, tendo a finalidade de obstar a expropriação judicial do bem objeto da garantia do crédito. Havendo, porém, intimação, assiste-lhe a preferência na destinação do valor apurado para o pagamento de seu crédito. Ordena o art. 889, inc. V, do CPC: a intimação do "credor pignoratício, hipotecário, anticrético, fiduciário ou com penhora anteriormente averbada, quando a penhora recair sobre bens com tais gravames, caso não seja o credor, de qualquer modo, parte na execução". A preferência está garantida pelo § 1° do art. 908 do CPC: "No caso de adjudicação ou alienação, os créditos que recaem

---

[52] *Agravo de Instrumento* n° 26.746, da 2ª Câm. Cível do TA do RGS, da 03.07.1985, em *ADCOAS* n° 32/85, p. 504, n° 104.896.

[53] *Penhora das Quotas da Sociedade de Responsabilidade Limitada*, São Paulo, Editora Saraiva, 1986, p. 55 e 56.

sobre o bem, inclusive os de natureza *propter rem*, sub-rogam-se sobre o respectivo preço, observada a ordem de preferência".

Pelo art. 1.047 do Código de Processo Civil de 1973, asseguravam-se os embargos em duas hipóteses específicas:

> I – Para a defesa da posse, quando nas ações de divisão e demarcação, for o imóvel sujeito a atos materiais, preparatórios ou definitivos, da partilha ou da fixação de rumos.
>
> II – Para o credor com garantia real obstar alienação judicial do objeto da hipoteca, penhor ou anticrese.

Pelo vigente sistema, a primeira situação não aparece contemplada. Entretanto, sempre que interferências ocorrerem em bens de outrem, por reflexos de uma contenda judicial, a ação de embargos de terceiro é apropriada para fazer frente a tais interferências. A situação que constava da regra mantém-se própria para o uso da ação em análise. Assim, decorrendo da ação de divisão ou demarcação a entrega de parte de imóvel a um dos litigantes, e não figurando na discussão processual quem exerce a posse ou mesmo se considera com a titularidade, enseja-se a via dos embargos de terceiro para a defesa. A ação é assegurada, pois, àquele que não é parte na ação divisória e na ação demarcatória, não importando que a nova ordem processual não mais preveja a situação. Se acontecer que a linha do perímetro invada efetivamente, ou ameace invadir, áreas de outrem, o confrontante que não atuou como parte no pleito tem a proteção de sua posse ou mesmo do domínio mediante os embargos em questão.

Em relação à segunda situação do revogado art. 1.047, o remédio dos embargos em exame revela-se idôneo para o credor obstar a alienação judicial do objeto da hipoteca, do penhor ou da anticrese, estando a previsão contemplada no atual diploma processual, art. 674, § 2º, inc. IV, matéria anteriormente examinada.

9.4.2. Objeto da proteção

Incluem-se os embargos de terceiro, conforme Tito Fulgêncio, entre os remédios possessórios por constituírem o meio normal de que podem lançar mão os terceiros para a defesa de sua posse, vítima de atentado, não só em execução ou cumprimento de sentença, como em outros processos.[54] É mais extenso o objeto, não ficando restrita a proteção a violações da posse. Abrange, também, a defesa da propriedade; das garantias reais instituídas na contratação de créditos; do usufruto e outros direitos de fruição estabelecidos em contratos de transmissão de bens; dos direitos hereditários transmitidos ou cedidos; dos bens alienados fiduciariamente, ou arrecadados em processo de falência, ou objeto de sequestro, arresto, busca e apreensão, remoção, penhora e depósito; de mercadorias transferidas em leilão, dentre mais hipóteses; de valores indisponibilizados em instituições financeiras.

Distinguem-se os embargos das ações possessórias, eis que, nestas demandas, a turbação, o esbulho, e a ameaça que justificam a proteção são atos ilícitos, enquanto o ato perturbador que permite apelar para os embargos é um ato lícito e determinado do cumprimento de uma ordem judicial. Ademais, já notava João Baptista Monteiro, "as ações possessórias exigem uma posse e um possuidor, enquanto que nos embargos de terceiro tais requisitos nem sempre se verificam. Nos casos do § 2º do art. 1.046 e do número II do art. 1.047 do CPC, pode ajuizar a ação de embargos de terceiro aquele que nem está na posse da coisa;

---

[54] *Da Posse e das Ações Possessórias*, vol. I, ob. cit., p. 313.

por força de seu 'título de aquisição' ou por ser credor com garantia real, poderá fazê-lo, embora sem posse".[55]

O conteúdo do § 2º do art. 1.046 referido está abrangido pelo art. 674 do CPC/2015, que assegura genericamente a proteção contra quaisquer atos de constrição ou ameaça de constrição sobre os direitos incidentes nos bens de terceiro. O inc. II do art. 1.047 encontra regra equivalente no art. 674, § 2º, inc. IV, do CPC/2015.

Trata-se este tipo de ação de um processo acessório, cujo nome por extenso era embargos de "terceiro senhor e possuidor". Embora vise geralmente a defesa da propriedade, sendo oposto mais frequentemente pelo senhor da coisa, é, sobretudo, meio de defesa da posse.[56]

Em vista do texto do art. 674 da lei processual civil, qualquer ato de constrição oportuniza a ação, seja do proprietário, do proprietário fiduciário e do possuidor, mesmo que não seja proprietário. Por equiparar-se ao proprietário fiduciário, estende-se o direito de ação ao arrendante no contrato de arrendamento mercantil. Também se reconhece a legitimidade ao locador de bens, ao comodante, ao arrendante no arrendamento rural, ao parceiro outorgante, sempre que atingidos em seus direitos de propriedades por atos judiciais a que deu causa à conduta do devedor, do arrendatário no arrendamento mercantil, do locatário, do comodatário, do arrendatário no arrendamento rural e do parceiro outorgado.

A defesa da posse de forma exclusiva estende-se também à simples promessa de compra e venda, mesmo que não registrada no ofício imobiliário, desde que possível aferir a sua efetivação anteriormente ao ajuizamento da ação que determinou a constrição judicial. Neste sentido, há decisões pretorianas:

> Se a promessa de cessão é anterior ao ingresso da execução, e tida como válida, porque ausente a sua fraude, não se faz mister sua inscrição para embasar os embargos de terceiro, segundo a melhor doutrina aceita no STF.[57]

> Penhora. Imóvel objeto de compromisso de compra e venda. Constrição inadmissível. Ajuste celebrado antes do ajuizamento de execução. Fraude não caracterizada. Irrelevância de não estar o contrato registrado. Embargos de terceiro procedentes. Admissibilidade de defesa apenas da posse.

E, como razões do voto ensejador da ementa, lê-se:

> No compromisso de compra e venda (...), a posse, embora resolúvel na conformidade das cláusulas contratuais, é transmitida *in solidum* ao promitente comprador. Di-lo, com todas as letras, o saudoso Pontes de Miranda: "O comprador, nas compras e vendas, não é possuidor imediato, sim próprio" (*Tratado de Direito Privado*, vol. 10, nº 1.071-5, p. 101). Mesmo em se tratando de imóveis em que não há propriamente reserva de domínio, transmite-se ao promitente comprador não apenas a posse imediata, porque ele a exerce com exclusividade, em nome próprio, tal como salienta o eminente Min. Soares Muñoz (...), lembrando que a posse pode ser transmitida por qualquer dos meios de aquisição geral (cf. JTA Civ. SP, 80/109).[58]

---

[55]   *Obra citada*, p. 55.

[56]   Orlando Gomes, *Direitos Reais*, tomo 1º, ob. cit., p. 117.

[57]   *Revista Trimestral de Jurisprudência*, 81/852, RE nº 82.692/RJ.

[58]   *Apel. Cível* nº 401.996-3, da 1ª Câm. Civil do 1º TA Civil de São Paulo, julgada em 03.11.1988, em *Revista dos Tribunais*, 638/130; ainda, *Julgados do Tribunal de Alçada do RGS*, 12/316, 36/299, 40/252, 65/258; *Revista dos Tribunais*, 491/55.

Mas revela força também uma corrente contrária, que inadmite os referidos embargos, se faltar o registro do contrato:

> Embargos de terceiro possuidor de contrato de promessa de compra e venda não inscrito. Penhora de bem compromissado. A promessa de compra e venda só se torna oponível a terceiros se inscrita no registro imobiliário. Válida é a penhora do bem compromissado, nos atos de execução contra o promitente, se o imóvel continua transcrito em nome deste. Descabimento dos embargos de terceiro.[59]

> Não enseja embargos de terceiro à penhora a venda não inscrita no Registro de Imóveis. Súmula nº 621. Recurso Extraordinário de que se conhece e se dá provimento para julgar improcedentes os embargos.[60]

E a Súmula nº 621 do STF, de 1984: "Não enseja embargos de terceiro a promessa de compra e venda não inscrita no Registro de Imóveis.

Há uma inteligência que faz distinção entre o *jus possidendi* e o *jus possessionis* para determinar a proteção ou não da posse via embargos. A defesa da posse, a que se refere o art. 674, § 1º, do CPC/2015, é a daquela que corresponde a um direito real – *jus possidendi* (faculdade inerente ao domínio) – e não a decorrente de relação jurídica de direito pessoal – *jus possessionis*. De sorte que, sob tal enfoque, descabe ao mero possuidor, invocando tão somente a sua posse, desconstituir a penhora de imóvel pertencente ao devedor-executado, porquanto ela atingiria o *jus possidendi* e não o *jus possessionis*.

Portanto, na visão acima, aos compromitentes de contratos de compra e venda não registrados não é assegurado o direito à posse. Não se revestem do direito de possuir porque não titulares de qualquer direito real sobre o imóvel. Justifica-se esta inteligência para impedir ao locatário ou comodatário o uso dos embargos de terceiro se o credor do locador ou comodante executa dívida e faz incidir a penhora no bem locado ou dado em comodato.

A posição constitui verdadeira heresia jurídica relativamente à posse, que comporta defesa por ela mesma e encontrava também amparo no art. 1.046, § 1º do CPC/1973 e, sendo que atualmente se sustenta no art. 674, § 1º, do CPC/2015.

Como já dizia Clóvis do Couto e Silva, "sustentar a posição de competirem os embargos somente se o contrato preliminar de venda estiver registrado, é proteger situações jurídicas assemelhadas ao direito real. É tutelar direito de crédito dominificado e não a posse em face da lesão iminente por ato judicial".[61]

O Superior Tribunal de Justiça imprimiu orientação que permite a defesa da mera posse, ao proclamar, dentre tantas outras decisões: "Embargos de terceiro. Penhora incidente sobre imóvel alienado. Escritura pública de compra e venda não levada a registro. Desde que a penhora tenha recaído sobre bens transferidos à posse de terceiros, admissíveis são os embargos, independentemente da circunstância de que a escritura pública de compra e venda não tenha ainda sido levada a registro".[62]

---

[59] *Revista Trimestral de Jurisprudência*, 101/1.305 – Recurso Extraordinário nº 95.422-PR, da 1ª Turma do STF, de 2.07.1982, rel. Min. Soares Muñoz.

[60] *RE* 106.116-2, julgado em 13.08.1985, em *Revista dos Tribunais*, 600/256.

[61] *Comentários ao Código de Processo Civil*, vol. XI, 1982, ob. cit., p. 475.

[62] *Recurso Especial* nº 29.048-3-PR, da 4ª Turma, julgado em 14.06.1993, *DJU* de 30.08.1993. Também especificadamente quanto à promessa de compra e venda, o *Recurso Especial* nº 85.654-AL, da 3ª Turma, julgado em 19.11.1999, *DJU* de 13.12.1999, em *Revista do Superior Tribunal de Justiça* 129/257.

Cap. IX · PROTEÇÃO DA POSSE POR MEIO DE OUTRAS AÇÕES | **157**

Não importa que se trate de compra e venda ou promessa de compra e venda. Inclusive na cessão do contrato de compra e venda ou de promessa aplica-se a mesma solução, e assim na doação, na permuta, na aquisição por arrematação, na imissão de posse, na reintegração, na manutenção, na arrecadação, e em quaisquer formas de aquisição da posse, desde que não viciada por defeitos ou precariedades.

A Súmula nº 84, do STJ, passou a reger a matéria: "É admissível a oposição de embargos de terceiro fundados em alegação de posse advinda do compromisso de compra e venda de imóvel, ainda que desprovido de registro".

Nos tribunais inferiores passou a dominar a linha adotada, como revela a seguinte ementa: "Os embargos de terceiro se prestam tanto à defesa da posse fundada em domínio, quanto à posse em si mesma considerada, tratando-se de ação de cognição limitada, adstrita à desconstituição do ato de apreensão por determinação judicial. A falta de registro do instrumento particular de promessa de compra e venda não constitui óbice ao manejo dos embargos de terceiro por quem exerça a posse sobre o imóvel".[63]

9.4.3. O procedimento da ação

Vários dispositivos processuais traçam o procedimento judicial nos embargos de terceiro.

O art. 675 estabelece o tempo processual para a propositura da ação: "Os embargos podem ser opostos a qualquer tempo no processo de conhecimento enquanto não transitada em julgado a sentença e, no cumprimento de sentença ou no processo de execução, até 5 (cinco) dias depois da adjudicação, da alienação por iniciativa particular ou da arrematação, mas sempre antes da assinatura da respectiva carta".

Distingue o Código o prazo para o processo de conhecimento e para o de cumprimento de sentença ou de processo de execução: enquanto não transitada em julgado a sentença na primeira hipótese; e até cinco dias depois da adjudicação, da alienação por iniciativa particular ou da arrematação, mas sempre antes da assinatura da respectiva carta, na segunda. Quanto a este prazo, decidiu-se, quando vigorava o Código anterior, que tinha igual prazo no art. 1.048, dispositivo este que corresponde ao art. 675 da vigente lei processual civil: "Os embargos de terceiro, em processo de execução, somente podem ser opostos em cinco dias da arrematação e antes de assinada a respectiva carta (art. 1.048 do CPC)".[64]

Esclareça-se que, se opostos os embargos de terceiro contra a imissão da posse, a contagem inicia da consumação da imissão. Na reintegração ou manutenção de posse, começa o período do momento do cumprimento da ordem. Igualmente sempre da efetivação do ato de retirada da posse ou da constrição na concessão de liminar, na arrecadação de bens, no depósito, no arresto, no sequestro, e em outras medidas limitativas de direitos.

A qualquer tempo, enquanto não chegados aqueles momentos, e desde que verificado o ato de constrição, ou de sua ameaça, permite-se o ajuizamento da ação, mesmo que o processo se encontre em grau de recurso.

Encontrando-se processo em grau de recurso, o feito será distribuído ao juiz em que iniciou a causa, o que se exige para não suprimir uma instância de jurisdição, segundo vem ordenado no art. 676 do CPC: "Os embargos serão distribuídos por dependência ao juízo que ordenou a constrição e autuados em apartado". Vê-se, aí, que a competência para julgar a

---

[63] *Apel. Cível* nº 1999.01.1.007404-0, da 4ª Turma do Tribunal de Justiça do Distrito Federal, *DJ* de 10.05.2000, em *ADV Jurisprudência* nº 27, expedição de 09.07.2000, p. 430.

[64] *Recurso Especial* nº 3.272- RJ, da 3ª Turma do STJ, julgada em 20.03.1991, *DJU* de 22.04.1991.

demanda recai no mesmo juiz que determinou a apreensão, ou do qual emanou a ordem de constrição judicial. Procede-se à distribuição por dependência, apensando-se os autos àqueles da ação principal. O parágrafo único, no entanto, atribui a competência do juízo deprecado, quando perpetrado o ato de constrição pelo mesmo juízo deprecado. Será no juízo deprecado, exceto se indicado pelo juízo deprecante o bem constrito, ou se já devolvida a carta: "Nos casos de ato de constrição realizado por carta, os embargos serão oferecidos no juízo deprecado, salvo se indicado pelo juízo deprecante o bem constrito ou se já devolvida a carta".

De acordo com o art. 677, obedecerá a petição aos requisitos normais previstos de modo geral para qualquer ação, vindo acompanhada da prova sumária da posse ou do domínio e da qualidade do terceiro, com os documentos e o rol de testemunhas que julgar o embargante indispensáveis. Eis a regra, que traz, também, nos vários parágrafos, disposições de procedimento:

> Na petição inicial, o embargante fará a prova sumária de sua posse ou de seu domínio e da qualidade de terceiro, oferecendo documentos e rol de testemunhas.
>
> § 1º É facultada a prova da posse em audiência preliminar designada pelo juiz.
>
> § 2º O possuidor direto pode alegar, além da sua posse, o domínio alheio.
>
> § 3º A citação será pessoal, se o embargado não tiver procurador constituído nos autos da ação principal.
>
> § 4º Será legitimado passivo o sujeito a quem o ato de constrição aproveita, assim como o será seu adversário no processo principal quando for sua a indicação do bem para a constrição judicial".

É autorizada, pois, a justificação prévia da posse, em audiência preliminar designada pelo juiz, para a qual não se impõe a citação ou intimação do embargado.

De anotar a disposição do § 2º, relativamente ao possuidor direto, como o arrendatário, o devedor fiduciário, o comodatário, o locatário, o usufrutuário, o arrendatário e o parceiro outorgado. A defesa ampara-se também na alegação do domínio alheio, isto é, da pessoa em cujo nome está o domínio.

Em relação ao § 4º, resta óbvio que figurarão na posição de sujeito passivo o litigante a quem favorece o ato de constrição, bem como a pessoa que indicou o bem sobre o qual recaiu o ato atentatório à posse ou domínio.

Uma vez suficientemente provada a posse, concederá o juiz os embargos, com o que se expedirá mandado de inibição em favor do embargante. Receberá ele os bens desde que preste caução e os devolver com os rendimentos, no caso de serem julgados os embargos improcedentes, como ordena o art. 678: "A decisão que reconhecer suficientemente provado o domínio ou a posse determinará a suspensão das medidas constritivas sobre os bens litigiosos objeto dos embargos, bem como a manutenção ou a reintegração provisória da posse, se o embargante a houver requerido".

Estabelece-se a previsão da caução, ficando na faculdade do juiz em exigi-la. Autoriza-se a dispensa, desde que bem amparado o direito do autor, e haja evidente impossibilidade material ou jurídica de alienação dos bens. Igualmente, na impossibilidade econômica do embargante em prestá-la. Veja-se a norma do parágrafo único do art. 678: "O juiz poderá condicionar a ordem de manutenção ou de reintegração provisória de posse à prestação de caução pelo requerente, ressalvada a impossibilidade da parte economicamente hipossuficiente".

O recebimento liminar dos embargos pelo juiz faz suspender as medidas constritivas, com a manutenção ou a reintegração da posse, até a decisão final, em sentença de mérito;

ordenará a decisão que os bens permaneçam com o embargante ou tornem à sua posse; impõe que seja prestada caução em valor correspondente a dos bens discutidos; e torna os mesmos litigiosos.

Na realidade, ocorre a suspensão do processo, pelo menos quanto aos bens embargados, medida que é impositiva. E isto com o objetivo óbvio da inconveniência do prosseguimento, já que a procedência da ação iria importar no desfazimento de tudo o que se adiantasse com o andamento, como lembrava Hamilton de Moraes e Barros.[65]

Na forma do art. 679, o prazo de contestação será de quinze dias. Cita-se o embargado, que é aquele que promoveu a constrição judicial, normalmente o exequente, já que os embargos constituem uma ação, embora de caráter incidental. Mas se o executado indicou os bens, sua presença litisconsorcial passiva é obrigatória. Igualmente se há dúvida, no curso da instrução, sobre quem seja dono da coisa. Mais, ainda, na situação de se evidenciar conluio entre o executado e o terceiro, em evidente ou aparente má-fé.

Se o embargado tiver constituído procurador, é levada a efeito a intimação deste para a defesa, como emerge do § 3º do art. 677: "A citação será pessoal, se o embargado não tiver procurador constituído nos autos da ação principal".

Decorrido o prazo da contestação, é obedecido o procedimento comum, conforme ordena a segunda parte do art. 679.

Salienta Sérgio Sahione Fadel que "a sentença final que julga os embargos de terceiro é declaratória e desconstitutiva. Declara a posse ou o direito, reconhecendo-o em favor do embargante, e desfaz o ato de constrição que pesava sobre os bens. Não é mandamental. O mandamento que se expede para o levantamento da apreensão judicial não é força da sentença; é efeito dela e deve ser extraído dos autos da ação principal, e não nos embargos de terceiro".[66]

Embora o autor dos embargos possa invocar qualquer matéria que ampare seu direito, não ocorre o mesmo com o embargado, quando a garantia é real. Limita o art. 680 o âmbito de sua defesa. Efetivamente contra os embargos oferecidos pelo credor com garantia real, seja de penhor, anticrese ou hipoteca, ao embargado faculta-se alegar ou a insolvência do devedor comum, ou a nulidade do título, ou a não obrigatoriedade quanto a terceiros, ou que outra é a coisa dada em garantia.

No caso da insolvência ou falência, permitindo-se a discussão da fraude, não tem sentido negar-se ao embargado um direito atribuído a qualquer credor do falido ou insolvente, e que envolve o exame das garantias reais dos créditos e sua validade.

De modo que nada impede girem as discussões sobre a fraude ou simulação.

Mas centralizada a defesa na insolvência do devedor, o resultado será o concurso de credores, respeitando-se sempre a preferência na satisfação dos créditos garantidos. No pertinente à nulidade do título, ou à sua ineficácia, o negócio jurídico é considerado como não feito.

E se outra for a coisa dada em garantia, também é assegurada a contestação pelo embargado. Já assinalava Hamilton de Barros e Moraes: "As incertezas quanto à coisa dada em garantia, ou a substituição dessa coisa, legitimam e validam a contestação aos embargos, pois que equivalem à incerteza quanto à garantia ou a que ela subsista. A lei exige seja especificado o bem dado em garantia real. Não pode ser nem futuro, nem incerto".[67]

---

[65] *Obra citada*, p. 310.
[66] *Obra citada*, tomo V, pp. 219 e 220.
[67] *Obra citada*, p. 315.

De observar, também, os requisitos que devem preencher os atos constitutivos dos direitos reais de garantia, conforme o art. 1.424 do Código Civil:

Os contratos de penhor, anticrese e hipoteca declararão, sob pena de não terem eficácia:

I – o valor do crédito, sua estimação, ou valor máximo;

II – o prazo fixado para pagamento;

III – a taxa dos juros, se houver;

IV – o bem dado em garantia com as suas especificações.

De outro lado, o art. 221 do Código Civil estabelece que não obriga a terceiros o documento particular, e assim a garantia pignoratícia feita por instrumento particular, se não transcrito no registro público.

Assim igualmente encerra o art. 1.438 do Código Civil quanto à garantia constituída de penhor rural não transcrito no Registro de Imóveis. Da mesma forma, sendo hipotecária a garantia, sem lançar-se no Registro de Imóveis do lugar da situação do imóvel, de acordo com os arts. 1.492 e 1.498 do Código.

Portanto, ao embargado assiste aventar as matérias acima, nos embargos ao processo ajuizado pelo credor com garantia real, porquanto eivada de vícios a mesma.

Capítulo X

A Propriedade

10.1. CONCEITO

Sem dúvida, um dos assuntos de maior relevância no direito das coisas envolve o estudo da propriedade, nas suas várias dimensões e repercussões da vida humana.

Considera-se o mais amplo dos direitos reais, o chamado direito real por excelência, ou o direito real fundamental. Em todos os campos da atividade humana e no curso da vida da pessoa, sempre acompanha a ideia do "meu" e do "teu", desde os primórdios das manifestações da inteligência, o que leva a afirmar ser inerente à natureza do homem a tendência de ter, de adonar-se, de conquistar e de adquirir.

Lembrando afirmações de vários pensadores, enfatiza Aroldo Moreira que "o homem não pode sobreviver, constituir família, ter segurança, se não for autorizado a adquirir bens e possuí-los. A subsistência do homem, a aculturação e o engrandecimento dos germes que a mão da Providência depositou em seu coração, dependem essencialmente das riquezas materiais".[1]

Desenvolveram-se várias teorias acerca do próprio conceito da propriedade, sendo algumas decorrentes das definições constantes nos Códigos Civis que primeiro apareceram e que ainda vigem, como o francês, onde prepondera uma autonomia absoluta da propriedade: o direito de gozar e dispor das coisas da maneira mais absoluta, desde que delas não se faça uso proibido pelas leis e regulamentos.

A discussão sobre o conceito não pode, entretanto, se estender exageradamente, posto que a sua ideia está presente em cada espírito. Melhor dito, sente-se a propriedade e vive-se o seu conceito de modo simples e comum. Sabe-se que ser dono ou proprietário é a capacidade de se fazer o que é da vontade de cada ser humano com um determinado bem. A propriedade envolve a sensação e a convicção de ser alguém dono da coisa, abstraída qualquer possibilidade de terceiros interferirem no poder de comando e de soberania sobre a mesma coisa.

O Código Civil de 1916, no art. 524, trazia a seguinte ideia conceitual: "A lei assegura ao proprietário o direito de usar, gozar e dispor de seus bens, e de reavê-los do poder de quem quer que injustamente os possua". Repete-se a ideia conceitual no art. 1.228 do vigente Código Civil. "O proprietário tem a faculdade de usar, gozar e dispor da coisa, e o direito de reavê-la do poder de quem quer que injustamente a possua ou detenha".

Orlando Gomes, levando em conta critérios doutrinários, conceitua a propriedade em três dimensões:

---

[1] *A Propriedade sob Diferentes Conceitos*, Rio de Janeiro, Forense, 1986, p. 58.

1ª) O conceito sintético, que corresponde à submissão de uma coisa em todas as suas relações a uma pessoa.

2ª) O conceito analítico, com o direito de usar, fruir e dispor de uma coisa, e de reavê-la de quem quer que injustamente a possua.

3ª) O conceito descritivo, que abrange o direito complexo, absoluto, perpétuo e exclusivo, pelo qual uma coisa fica submetida à vontade de uma pessoa, com as limitações da lei.[2]

Os aspectos do critério descritivo bem esclarecem o conteúdo do conceito de propriedade.

É a propriedade um direito complexo, pois assegura ao titular a faculdade de disposição. Ou seja, à pessoa se autoriza dispor da forma que entender da coisa, como usá-la, abandoná-la, aliená-la e destruí-la. Reveste-se, outrossim, do caráter de direito absoluto, do que decorre da oponibilidade *erga omnes*, impondo a todos o dever de respeitá-la. Daí exercer o titular o poder de dominação da coisa, mesmo que deva se submeter a certas limitações. É perpétuo o direito, durando ilimitadamente, e não se perdendo ou desaparecendo pela falta de uso. Considera-se direito exclusivo, ficando os terceiros proibidos de exercer sobre a coisa qualquer dominação.

Diz-se, ainda, ser a propriedade um direito geral, no sentido de que o proprietário pode tudo sobre a coisa, salvo as exceções existentes.

Os outros direitos reais, no entanto, são limitados, abrangendo apenas alguns serviços de utilidade da coisa.

Darcy Bessone lhe acrescenta o atributo de direito unitário: "Fala-se, também, que a propriedade é uma unidade global. Isto significa que, embora contendo uma coletividade de direitos, isto é, integrando-se por muitos direitos, estes se unem não por efeito de uma soma, mas por meio de fusão, que os unifica e sintetiza no direito de propriedade".[3]

10.2. A PROPRIEDADE NA ORDEM CONSTITUCIONAL E NO CÓDIGO CIVIL

Sentem-se presentemente as novas tendências das concepções da propriedade, dirigidas para finalidades eminentemente sociais e arredada do individualismo que predominava quando da promulgação do Código Civil.

A partir de uma visão histórica mais justa e humana que se impõe diante do aumento de população nos últimos tempos e de uma conscientização aprofundada dos direitos naturais fundamentais do homem de viver dignamente, afastam os novos diplomas o rigorismo individualista que imperava outrora sobre a propriedade privada, o que constitui uma consequência da preponderância que se vem dando ao homem, relativamente aos bens.

Nesta linha, oportuno transcrever o pensamento de Aroldo Moreira: "Aferindo na atualidade as vicissitudes e adversidades que se imprimiram à propriedade e a seus regimes, pode-se dizer com Cifuentes que cada um deve ter os bens não apenas como próprios, mas como comuns, isto é, propriedade privada não é ilimitada, mas deve ter, em benefício do bem comum, uma função social. Não há propriedade absoluta na extensão que se pretende dar ao vocábulo. Principalmente quando em jogo estiverem direitos do Estado ou interesse de ordem social. O sentido de poder exclusivo e absoluto, que se exerce sobre determinada coisa, em caráter permanente, não se mostra arbitrário e infinito; vai

---

[2] *Direitos Reais*, tomo 1º, ob. cit., p. 118.

[3] *Direitos Reais*, ob. cit., pp. 47 e 48.

Cap. X • A PROPRIEDADE | 163

até onde não o impeça a natural limitação, imposta pela concorrência de outro direito igual ou superior a ele".[4]

Na Constituição de 1988, a propriedade privada é encarada dentro de sua função social. Assim, pelo art. 5º, inc. XXII, é garantido o direito de propriedade, mas ordena o inc. XXIII que lhe cumpre atenda a sua função social. No art. 170, inc. II, aparece o princípio da sociedade privada como um dos fundamentos da ordem econômica brasileira, devendo, no entanto, atender à função social (inc. III).

A propriedade urbana atende a sua função social, na previsão do art. 182, § 2º, quando realiza as exigências fundamentais de ordenação da cidade expressas no plano diretor. Quanto ao imóvel rural, prevê o art. 186 que a função social é cumprida quando a propriedade rural atende, simultaneamente, segundo critérios e graus de exigência estabelecidos em lei, vários requisitos, como aproveitamento racional e adequado; utilização apropriada dos recursos naturais disponíveis e preservação do meio ambiente; observância das disposições regulamentares das relações de trabalho; e exploração que favoreça o bem-estar dos proprietários e dos trabalhadores.

O Código Civil de 1916 teve sua elaboração quando bem diferente era o contexto social. No início do Século passado, vigorava preponderantemente o sistema constitucional individualista, que se consolidou desde a Revolução Industrial.

A Constituição Federal de 1891, no art. 72, § 17, garantia o direito de propriedade em toda a sua plenitude.

Assim, a definição de propriedade, frente a concepção da ordem constitucional implantada, não pode ser concebida no absolutismo original. O direito de usar, gozar e dispor dos bens tem limites, vingando enquanto não ofender a função social da propriedade.

De modo que se autoriza ao proprietário usar, gozar e dispor de seus bens desde que não contrariada a função social da propriedade. Estende-se esta nova ordem à posse, combinando-se o art. 1.196 do Código com os apontados dispositivos constitucionais. Para se ter de fato o exercício, pleno ou não, de algum dos poderes inerentes ao domínio, é imprescindível que a posse não descumpra sua função social.

Exemplificando, um imóvel que permanece inativo ou inaproveitado, com o objetivo da simples valorização e posterior revenda, não está realizando a função social. Além de não exercer o uso e o gozo do bem, não satisfaz a função social. O titular deste bem busca somente o interesse próprio e não exerce a posse em sua plenitude.

De tal forma que um bem colocado ou deixado em lugar deserto, ao desamparo, por não realizar a função social, não garante soberanamente a propriedade.

Caracteriza-se o abandono desencadeador da perda da posse ou da propriedade sempre que o dono deixa de destinar o imóvel à sua vocação social.

O art. 184 da vigente Constituição autoriza a desapropriação, por interesse social, e para fins de reforma agrária, do imóvel rural que não esteja cumprindo a função social, mediante prévia e justa indenização em títulos da dívida agrária, que serão resgatáveis no prazo de até vinte anos. Mas, se o imóvel se encontra abandonado, eis que não verificáveis o uso e o gozo, e não realizável, portanto, a função social, a rigor não assiste uma indenização plena, porquanto não traz utilidades ou rendimentos ao proprietário. O preço não poderá ter em conta a capacidade produtiva, ou a vantagem subitamente suprimida, e sim o custo puro e

---

[4] *Obra citada*, p. 81.

simples da terra e das benfeitorias. Não se oferecem as qualidades ou a capacidade de renda do imóvel.

O vigente Código Civil protagoniza mais claramente a função social. O § 1º do art. 1.228 ordena que o direito de propriedade deve ser exercido em consonância com as suas finalidades econômicas e sociais, e de modo que sejam preservados, de conformidade com o estabelecido em leis especiais, a flora, a fauna, as belezas naturais, o equilíbrio ecológico e o patrimônio histórico e artístico, bem como evitada a poluição do ar e das águas. No § 2º, condicionou o exercício de atos de propriedade à comodidade e à utilidade, não podendo tender para o prejuízo de terceiros: "São defesos os atos que não trazem ao proprietário qualquer comodidade, ou utilidade, e sejam animados pela intenção de prejudicar outrem".

No § 4º do apontado cânone vem inserida importante inovação, no que pertine às ocupações por agrupamento de pessoas, durante mais de cinco anos: "O proprietário também pode ser privado da coisa se o imóvel reivindicando consistir em extensa área, na posse ininterrupta e de boa-fé, por mais de cinco anos, de considerável número de pessoas, e estas nela houverem realizado, em conjunto ou separadamente, obras e serviços considerados pelo juiz como de interesse social e econômico relevante.

Neste caso, o juiz fixará a justa indenização; pago o preço, valerá a sentença como título para a transcrição do imóvel em nome dos possuidores".

A norma introduz uma forma de o próprio juiz decidir pela expropriação do bem, em vista das posses que nele se consolidaram. O pagamento, é evidente, poderá se desenvolver em um prazo considerável, de acordo com a capacidade econômica dos ocupantes.

10.3. ASPECTOS HISTÓRICOS

É de realce destacar aspectos históricos da propriedade.

Primitivamente, quando o homem vivia ainda em hordas, abrigando-se em grutas e cavernas, num estágio muito rudimentar da inteligência, inexistia o princípio da autoridade. O agrupamento era apenas físico, sem qualquer liderança de um determinado indivíduo sobre os demais componentes.

Os seres humanos agiam mais espontaneamente, condicionando o comportamento aos impulsos do instinto. Prevalecia a luta pela subsistência. Sobreviviam os mais fortes, mas concentrados os interesses em suas pessoas, alheias à sorte dos demais componentes das hordas.

Talvez justamente a luta pela subsistência foi que determinou a formação de um sentimento bem primário sobre a propriedade. Com efeito, defendiam os primitivos humanos as cavernas, as grutas e outras formas de se abrigarem, expulsando quem buscasse refúgio nelas. Posteriormente, o sentimento de domínio se estendeu a áreas especificadas da vegetação, onde eram encontrados os alimentos. Mas o poder material sobre as coisas se ampliou ao grupo, já ligado por laços de parentesco e de convivência duradoura.

Lembra, a respeito, Aroldo Moreira: "Para evitar conflitos com seus vizinhos, os homens delimitavam, com precisão, as áreas que consideravam suas e as defendiam com risco da própria vida, exercendo um instinto que existe mesmo nos animais. Vê-se já, na fugacidade de um relance, que a sociedade, ainda que em uma concepção rudimentar e amorfa, até onde inerente à natureza humana, aflorava nos recônditos da história como centro de inquietação metafísica do homem, quer por instinto de defesa, quer por imperativo moral, quer como primeira conquista do trabalho e, consectariamente, com objetivo econômico".[5]

---

[5]   *Obra citada*, pp. 7 e 8.

Cap. X • A PROPRIEDADE | 165

Nos primórdios das eras, a ideia inicial de domínio se assemelhava à demarcação de território que fazem os animais selvagens.

Não tinha, entretanto, esta manifestação de domínio o caráter de perpetuidade. Constantemente os grupos emigravam de um local para outro, segundo as necessidades de subsistência. Daí concluir-se a temporariedade da primeira manifestação da propriedade.

Com o fortalecimento dos laços familiares, a mãe passou a ter uma ascendência sobre os filhos, já que não se consolidava uma ligação com o pai. Formou-se o matriarcado, que foi o germe da autoridade e de certa organização grupal.

Evoluindo o grupo para círculos maiores, o poder central da autoridade foi se concentrando na pessoa mais velha e que representava o tronco central, do qual descendiam as gerações. Daí o aparecimento do patriarcado.

Perdurava, no entanto, o consenso coletivo da propriedade. Os bens eram de todas as pessoas do grupo.

Como foi se particularizando a propriedade?

Explica Darcy Bessone: "Na medida em que foram se constituindo as famílias, como unidades sociais internas do grupo, elas foram localizando-se em certas áreas. O respeito mútuo destas situações levou à concepção da propriedade familiar, com a consequente desagregação do grupo social, para a formação de grupos menores. Perdurou por muito tempo a propriedade da família. Com a evolução, foram-se reconhecendo certos direitos às pessoas integrantes do grupo familiar, como, por exemplo, ao dote e ao pecúlio castrense. Chegou-se, através dessas concessões sucessivas, à propriedade do indivíduo".[6]

A propriedade individual adveio como consequência natural da dissipação dos grupos ou da divisão dos seus membros, tornando-se mais consolidada quando os indivíduos se estabeleceram definitivamente em determinadas regiões.

Sobre sua constatação no Direito romano, escreve Caio Mário da Silva Pereira:

A raiz histórica do nosso instituto da propriedade vai se prender no Direito romano, onde foi ele individual desde os primeiros momentos. Dotada de certo caráter místico nos primeiros momentos. Mescladas de determinações políticas. Somente o cidadão romano podia ter seu objeto, uma vez que a dominação nacionalizava a terra conquistada. E a técnica da aquisição – *mancipatio* – um cerimonial tipicamente romano, restringia o fenômeno e limitava o exercício *ex iure quiritium*. Mais tarde estendeu-se o *ius comercii* aos estrangeiros, ampliou-se a suscetibilidade da aquisição ao solo itálico, e depois além deste; e a par daquela modalidade aquisitiva hermética, surgiram novos usos e os jurisconsultos elaboraram novas técnicas: *traditio, in iure cessio*.[7]

Mais explicitamente, assim apresenta Eduardo Novoa Monreal o histórico da propriedade privada no Direito romano: "En Roma, la propriedad aparece en la primera época como una institución religiosa; en la segunda asume un carácter aristocrático y, en una última, llega a tranformarse en propiedad individual privada, reducida al área del derecho familiar, de certa extensión (huertos) cuando se trata de inmuebles o circunscrita a cosas muebles, como ganado o esclavos. En la ley de las XII Tablas emerge ya una propiedad más amplia

---

[6] *Direitos Reais*, ob. cit., p. 19.
[7] *Instituições de Direito Civil*, vol. IV, ob. cit., p. 81.

sobre la tierra, dentro de Roma, que confiere a su titular, con tal que sea ciudadano romano, ampliar faculdades sobre ella".[8]

Já no Século I depois de Cristo, adquire a propriedade romana o caráter de absoluta. Mais tarde, Justiniano unifica os conceitos que tratavam da propriedade privada.

Acentuou-se a propriedade privada com a conquista de novas regiões pelos romanos. Distribuíam-se terras aos guerreiros que optavam pelas de melhor qualidade.

No curso da História, após a expansão do Império Romano, contribuiu para a formação de grandes propriedades privadas a isenção de impostos em favor de muitos nobres e da Igreja, donos de incomensuráveis riquezas.

Na Idade Média, formou-se o regime feudal com a concentração dos bens em mãos de poucas pessoas. As demais cultivavam as terras praticamente em troca de alimentos.

Nas comunidades germânicas, e mesmo em outras regiões da Europa, vigoravam formas de propriedade familiar, como expõe Eduardo Novoa Monreal: "Durante la Edad Media por indudable influencia dal derecho germánico, que admitía formas de propiedad colectiva, en que el titular era un grupo social (familiar o tribal) y no el individuo, la propiedad individual de corte romana va siendo objeto de un creciente número de limitaciones. La tendencia concentradora del poder produce una progresiva comprensión de la propiedad, con lo que se va debilitando la autonomía individual".[9]

Na França proclamou-se o direito dos reis sobre todas as terras, as quais se consideravam como concedidas aos súditos.

Atitudes como esta determinaram reações, culminando com a declaração, na Revolução Francesa, dos direitos do homem, dentre os quais despontava o princípio que estabeleceu a propriedade como sagrada e inviolável, o que, não muito tempo depois, ficou incorporado no Código de Napoleão.

Escreve sobre o assunto Caio Mário da Silva Pereira: "A Revolução Francesa pretendeu democratizar a propriedade, aboliu privilégios, cancelou direitos perpétuos. Desprezando a coisa móvel, concentrou sua atenção na propriedade imobiliária e o Código por ela gerado – 'Code Napoléon' – que serviria de modelo a todo um movimento codificador do Século XIX, tamanho prestígio deu ao instituto, que com razão recebeu o apelido de 'Código da Propriedade', fazendo ressaltar acima de tudo o prestígio do imóvel, fonte de riqueza e símbolo de estabilidade. Daí ter-se originado em substituição à aristocracia econômica, que penetrou no Século XX".[10]

Com a Revolução Industrial, propagou-se o liberalismo econômico, no sentido de afastar qualquer ingerência ou intervenção do Estado nas atividades privadas, que é sempre prejudicial no domínio econômico, pois não obterá bons resultados na administração da economia, diversamente do que acontece com as empresas e pessoas dedicadas às atividades privadas. Aduz Darcy Bessone: "A livre empresa, ou a iniciativa individual, sob a pressão das leis econômicas, notadamente a da oferta e a da procura, como reguladora dos preços, corresponderia melhor à conjuntura e acabaria por harmonizar todos os interesses, conduzindo-os a solar equilíbrio".[11]

Expandiu-se a iniciativa privada, com a mais ampla liberdade na aquisição da propriedade e ficando enraizada, sobretudo, em todos os sistemas legais e políticos dos países ocidentais.

---

[8] *Derecho de Propiedad Privada*, Bogotá, Editorial Temis Librería, 1979, pp. 7 e 8.

[9] *Obra citada*, p. 10.

[10] *Instituições de Direito Civil*, vol. IV, ob. cit., p. 82.

[11] *Direitos Reais*, ob. cit., p. 25.

Todavia, impõem-se restrições de caráter social, como a participação do poder público no acesso pelas pessoas de menor poder econômico, e impondo restrições especialmente nas aquisições de grandes extensões de terra.

Mas, em contraposição a esta filosofia econômica, apareceu o comunismo instituído por Karl Marx. Basicamente, como vem exposto em seu "Manifesto Comunista", pregou a supressão da propriedade privada. No "Capital", desenvolve contundentes críticas ao capitalismo.

Segundo a nova ordem apregoada, são os instrumentos de trabalho e de produção que trazem o sucesso das empresas. Em realidade, a posse dos instrumentos de produção por uma minoria, composta de capitalistas, acarreta a exploração do homem e do trabalho. Não é possível que o operário desenvolva o trabalho sem os bens de produção.

A partir de tais ideias, visou o marxismo a socialização da propriedade, que é o ponto fundamental de todos os socialistas, variando a doutrina em aspectos secundários. E para conseguir a socialização, é preciso abolir a sociedade privada das forças produtivas, como demonstra Orlando Gomes: "Sustenta o marxismo que essas forças produtivas, desencadeadas no regime capitalista, não comportam mais as formas de propriedade dentro das quais se movimentam. Para libertá-las, é preciso abolir a propriedade privada. Necessário, assim, que novas formas de propriedades sejam adotadas, eliminando-se as que se convertem em obstáculos ao desenvolvimento da vida econômica e social. A propriedade privada dos meios de produção tornou-se incompatível com o processo produtivo, porque a produção, passando a ser coletiva, a apropriação, no regime capitalista, continua a ser individual. Para eliminar esta contradição, deve-se socializar a propriedade".[12]

Enfim, há a abolição da sociedade privada dos meios e instrumentos de produção.

A Constituição russa, aprovada em 07.10.1977, relativamente à propriedade, traz várias normas, como a do art. 10: "A base do sistema econômico da URSS é a propriedade socialista dos meios de produção em forma de propriedade do Estado (patrimônio de todo o povo)".

E no art. 11:

A propriedade do Estado, patrimônio comum de todo o povo soviético, é a forma fundamental da propriedade socialista.

São propriedades exclusivas do Estado: a terra, o subsolo, as águas e os bosques. Pertencem ao Estado os meios básicos de produção na indústria, na construção e na agricultura, os meios de transporte e de comunicação, os bancos, os bens dos estabelecimentos comerciais, de serviços públicos, empresas organizadas pelo Estado, o fundo imobiliário fundamental das cidades, assim como outros bens necessários para cumprir as funções do Estado.

E quanto ao uso dos bens, dita o art. 13: "Os cidadãos podem ter em usufruto parcelas proporcionadas, segundo o procedimento estabelecido por lei (...), para horticultura e fruticultura, assim como para a construção de vivenda individual. Os cidadãos ficam obrigados a utilizar racionalmente as parcelas que foram concedidas".

Tais princípios desmoronaram com a queda da União das Repúblicas Socialistas Soviéticas, levando à plena autonomia das Repúblicas, e introduzindo o sistema particular da propriedade, o que se deu na última década do Século passado.

No direito chinês também impera a socialização. O art. 5º da Constituição da República Popular da China, de 17.01.1975, reza: "Na etapa atual, a propriedade dos meios de produção

---

[12] *Direitos Reais*, tomo 1º, ob. cit., p. 128.

na República Popular da China se apresenta essencialmente sobre as seguintes formas: a propriedade socialista de todo o povo e a propriedade coletiva socialista das massas trabalhadoras".

10.4. FUNÇÃO SOCIAL DA PROPRIEDADE

Constituições e doutrinas, na generalidade das nações, consagram os altos fins sociais da propriedade, mais, no entanto, na teoria do que na prática.

Assim, a Constituição argentina, de 1949, no art. 38, preceitua: "La propiedad privada tiene una función social y, en consecuencia, estará sometida a las obligaciones que establezca la ley com fines de bien común. Incumbe al Estado fiscalizar la distribución y la utilización del campo e intervenir con el objeto de desarrollar e incrementar su rendimiento en interés de la comunidad, y procurar a cada labriego o familia labriega la posibilidad de convertirse en propietario de la tierra que cultiva".

A lei fundamental da República Federal da Alemanha, no art. 14, dispõe: "A propriedade obriga, e seu uso deve servir ao mesmo tempo ao bem-estar geral".

A Constituição da Quarta República Francesa, em seu preâmbulo, consagra que "todo o bem, toda a empresa, cuja exploração tenha ou venha a adquirir caráter de serviço público nacional ou de monopólio de fato, se converterá em propriedade da coletividade".

O art. 27, § 3º, da Constituição do México segue na mesma linha: "A Nação terá em todo o tempo o direito de impor à propriedade privada as modalidades ditadas pelo interesse público, assim como o direito de regular, em benefício social, o aproveitamento dos elementos naturais suscetíveis de apropriação (...)".

A Constituição Brasileira de 1988, no art. 5º, inc. XXIII, encerra: "A propriedade atenderá a sua função social". E no art. 170, inc. III, ordena que a ordem econômica observará, dentre outros princípios, a função social da propriedade.

O francês Léon Duguit, no começo do Século XX, já propugnava a finalidade social que deve atender a propriedade:

> Sin embargo, la propiedad es una institución jurídica que se ha formado para responder a una necesidad económica, como por otra parte todas las instituciones jurídicas, y que evolucionan necesariamente con las necesidades económicas mismas. Ahora bien, en nuestras sociedades modernas, la necesidad económica, a la cual ha venido a responder la propiedad institución jurídica, se trasforma profundamente; por conseguinte, la propiedad como institución jurídica debe transformarse también. La evolución se realiza igualmente aquí en el sentido social. Está también determinada por una interdependencia cada vez más estrecha de los diferentes elementos sociales. De ahí que la propiedad, por decirlo así, se socialice. Esto no significa que llegue a ser colectiva en el sentido de las doctrinas colectivistas; pero significa dos cosas: primeramente, que la propiedad individual deja de ser un derecho del individuo, para convertirse en una función social; y, en segundo lugar, que los casos de afectación de riqueza a las colectividades, que juridicamente deben ser protegidas, son cada día más numerosas.[13]

Foi, entretanto, a doutrina social da Igreja católica que mais propugnou para as finalidades sociais da propriedade, o que transparece em várias encíclicas papais.

---

[13] *Las Transformaciones Generales de Derecho Privado desde el Código de Napoleón*, tradução ao espanhol por Carlos C. Posada, Madrid, Edição de Francisco Beltrán, 1912, p. 168.

Na encíclica *Rerum Novarum*, do Papa Leão XIII, ensinava-se: "Os que têm recebido de Deus maior abundância de bens, sejam corporais ou externos, sejam internos ou espirituais, os receberam para que com eles atendam a sua própria perfeição e, ao mesmo tempo, como ministros da Divina Providência, ao proveito dos demais".

Na encíclica *Mater et Magistra*, o Papa João XXIII, que praticamente revolucionou a doutrina social da Igreja, transmitiu as seguintes orientações: "(...) O direito à propriedade privada é intrinsecamente inerente à função social (119)". Mais adiante: "(...) O sagrado Evangelho sanciona, sem dúvida, o direito à propriedade privada dos bens, porém, ao mesmo tempo, apresenta, com frequência, Jesus Cristo ordenando aos ricos que transformem em bens espirituais os bens materiais que possuem, e os deem aos necessitados (121)".

Igualmente a encíclica *Populorum Progressio*, do mesmo Papa, contém valiosos ensinamentos, no mesmo sentido: "Se alguém tem bens deste mundo, e vendo um irmão em necessidade e não o atende, como é possível que ele resida no amor de Deus?" E, lembrando pensamento de Santo Ambrósio: "Não é parte de teus bens aquilo que dás aos pobres; o que dás a eles, lhes pertence. Porque aquilo que tem sido dado para o uso de todos, tu o apropriaste para ti. A terra foi dada para todos e não somente para os ricos". Em outra parte: "(...) A propriedade não constitui um direito incondicional e absoluto. Não há qualquer razão para reservar-se ao uso exclusivo o que supera à própria necessidade, quando aos demais falta o necessário. Em uma palavra: o direito à propriedade não deve jamais exercitar-se em detrimento da utilidade comum".

A doutrina atual da Igreja católica diverge em parte da constante na Suma Teológica de Santo Tomás de Aquino, conforme expõe Eduardo Novoa Monreal[14] da qual se extraem estas máximas:

1º) A comunidade dos bens é de direito natural.

2º) A propriedade privada, que permite possuir uma coisa como própria, não é contrária ao direito natural.

3º) O regime da propriedade privada se origina do direito positivo.

4º) O fundamento da propriedade está na conveniência para o bom aproveitamento e uso dos bens.

5º) A propriedade privada concerne ao uso e desfrute dos bens, e não exclui a comunidade original que obriga a dar participação aos necessitados.

De modo geral, vai preponderando, cada vez mais, a finalidade social da propriedade, que se sobrepõe ao direito incondicional e ilimitado, tanto que a legislação tende a facilitar o acesso das pessoas ao domínio, reduzindo o prazo da posse para a prescrição aquisitiva, como se verifica em leis especiais (Lei nº 6.969/1981, referente à aquisição, por usucapião especial, de imóveis rurais), e na própria Constituição Federal de 1988 (art. 191, concernente à aquisição pela posse por cinco anos ininterruptos de área rural; e art. 183, relativamente à aquisição de imóveis urbanos, mediante a posse durante o mesmo prazo). Isto sem olvidar os vários diplomas que tratam da desapropriação para fins de reforma agrária, firmando como primado maior a distribuição das terras improdutivas aos que se propõem a torná-las produtivas.

Pode-se afirmar que a propriedade perde o caráter egoístico originário. Diante das necessidades que se avolumam presentemente, e aumentarão no futuro, é possível concluir,

---

[14] *Obra citada*, pp. 83 e 84.

com Aroldo Moreira: "Assim, os direitos sociais, como designação genérica, entreabrem novo horizonte na universidade de conceitos, definições, mandamentos e leis político-jurídicas, de ordem pública e privada, cujo desiderato não é outro que a satisfação imediata das necessidades sociais, tendo em vista o bem comum, através do equilíbrio entre ambos os elementos: o individual e o social, enquanto aquele não contraria este".[15]

O direito comum, no entanto, impõe a disciplina do interesse particular, e mesmo a subordinação deste àquele.

Exige-se que, vivendo o homem em sociedade, seus interesses devem conciliar-se com os direitos superiores do Estado, ao qual cumpre a salvaguarda dos interesses gerais.

Nesta ótica, evidenciam-se novas concepções no direito de propriedade. Os poderes assegurados ao proprietário cedem ante outros direitos mais preponderantes e vitais, forçosamente reconhecidos em razão do direito natural. Assim, se uma determinada quantidade de pessoas se estabeleceu em certa área, lá erguendo suas moradias, e não se lhe proporcionando qualquer outra oportunidade para fixar a residência, é de direito que se proclame a função social da propriedade, a merecer a tutela estatal, que encontra respaldo no próprio direito à vida, pois, repetindo o bispo Dom Helder Câmara, se existe uma lei da propriedade privada, existe o direito a uma casa própria. Foi com vistas a princípio desta ordem que se pretende vigore, com o Código Civil de 2002, o § 4º do art. 1.228, encerrando que "o proprietário também pode ser privado da coisa se o imóvel reivindicando consistir em extensa área, na posse ininterrupta e de boa-fé, por mais de cinco anos, de considerável número de pessoas, e estas nela houverem realizado, em conjunto ou separadamente, obras e serviços considerados pelo juiz de interesse social e econômico relevante".

Neste caso, prossegue o § 5º, "o juiz fixará a justa indenização devida ao proprietário; pago o preço, valerá a sentença como título para o registro do imóvel em nome dos possuidores". Conforme já referido, o direito positivo aponta vários setores de preponderância do interesse social, como nas desapropriações, em que não se constata o devido proveito da propriedade rural, matéria que virá abordada adiante. A respeito, prevê o § 3º do art. 1.228 do Código: "O proprietário pode ser privado da coisa, nos casos de desapropriação, por necessidade ou utilidade pública ou interesse social, bem como no de requisição, em caso de perigo público iminente".

10.5. FUNDAMENTOS QUE JUSTIFICAM A PROPRIEDADE

A rigor, antes que se estruturasse qualquer direito assegurando à propriedade, ou se formulasse uma teoria que desse fundamento à sua proteção, já era o homem possuidor e proprietário dos bens que davam suporte à sua sobrevivência.

Lembra Darcy Bessone: "O homem se tornou possuidor e proprietário antes que se elaborassem normas coativas e se estruturasse a ordem pública".[16]

Ou seja, a propriedade precedeu a própria formalização do direito.

Daí enquadrar-se a mesma em uma categoria apriorística, pois antecedeu a qualquer experiência de direito. Era a propriedade um fato. Iniciou a existir naturalmente, como consequência de um impulso instintivo de reservar o homem para si os bens necessários a fim de sobreviver no ambiente hostil que o cercava.

---

[15] *Obra citada*, p. 95.
[16] *Direitos Reais*, ob. cit., p. 39.

Mesmo assim, várias teorias buscam dar o fundamento que justifica a origem e a legitimidade da propriedade.

a) Teoria da ocupação

Por esta teoria, justifica-se a propriedade pela primitiva ocupação da coisa, quando ainda se encontrava a mesma sem dono, isto é, era *res nullius*. Não existindo o domínio de qualquer pessoa sobre o bem, tornou-se proprietário dele quem o ocupou e se apossou, submetendo-o ao seu poder. Em outros termos, com a ocupação pela primeira vez por alguém, se estabeleceu a propriedade. Posteriormente, ocorreram sucessivas transmissões, que foram se repetindo através dos séculos, mas modificando-se unicamente o titular do direito. O fundamento que justifica a propriedade reside na primeira ocupação. Esta é que legitima a qualidade do título, isto é, outorga o reconhecimento de dono da coisa.

Mas é combatida a teoria com a argumentação de que não há substância jurídica nela, eis que a base da propriedade estaria na vontade unilateral do ocupante. Os terceiros não se vinculam à pessoa que se considera proprietária de tal maneira. Não basta a vontade do homem para configurar a propriedade.

Ademais, se a ocupação não é jurídica, mas ofende a boa-fé, ou se resultou de violência, não gera ela título de propriedade.

Conclui Darcy Bessone: "A ocupação, depreende-se, somente pode ser um modo de adquirir quando o direito o admite como tal, e, então, a substância jurídica se encontra antes no direito positivo do que no próprio fato material da ocupação".[17]

b) Teoria da lei

Explica Washington de Barros Monteiro sobre esta teoria, também conhecida como positivista: "Apoiada por Hobbes, Bossuet, Mirabeau e Benthan, essa teoria encontrou em Montesquieu seu verdadeiro paladino. De acordo com ela, a propriedade é instituição de direito civil, ou melhor, concessão do direito positivo. Ela existe porque a lei a criou e a garante. Quase todos os escritores do Século XIX acolheram essa ideia".[18]

É, todavia, frágil tal fundamento. A depender da lei, poderá desaparecer a propriedade tão pronto não venha mais prevista pelo direito positivo. Em verdade, sempre existiu a propriedade, mesmo antes da formulação de sua disciplina legal. O que se admite à lei é regular o exercício de propriedade, ou a sua manifestação.

c) Teoria do trabalho

Baseia-se a teoria, também chamada de "especificação", em Locke. O trabalho significaria a utilização dos bens. Desde o momento da utilização dos bens da natureza, e em especial da terra, nasce o direito à propriedade sobre tais bens. De modo especial, isto quanto aos produzidos pelo próprio homem, ou originados do exercício das próprias faculdades, tornando-se o homem senhor dos mesmos.

O trabalho constitui a fonte de produção de riquezas. Quem produz deve ser tido como proprietário.

A teoria inspirou fortemente o regime comunista, dentro de uma linha mais socialista, ao propugnar a socialização das empresas, indústrias e demais fatores produtivos de bens. Os bens são produzidos em razão do trabalho. Seus agentes têm o direito ao domínio das

---

[17] *Direitos Reais*, ob. cit., p. 40.
[18] *Curso de Direito Civil, – Direito das Coisas*, ob. cit., p. 82.

riquezas que produzem. A apropriação pelos proprietários dos instrumentos de produção conduz à configuração de uma subtração indevida na parte relativa à vantagem que traz o bem, deduzidos os respectivos custos.

Subsiste o mundo capitalista da produção de bens, ou da prestação de serviços que o trabalhador realiza. O lucro resultante dos investimentos e oriundo do trabalho de terceiros constitui a parte correspondente do trabalho repassada aos capitalistas. Ou equivale ao valor dos bens advindo do trabalho, e que não fica com aqueles que os produziram.

Se de um lado é evidente que o trabalho explica e justifica a origem da propriedade, ou nada sendo mais coerente que se atribua a propriedade a quem expendeu energia ou esforço na produção dos bens, menos certo não é que a maior parte dos bens preexiste ao trabalho, como no caso dos instrumentos, da matéria-prima, e da própria terra. O trabalho, lembra Darcy Bessone, "confere ao produtor um valor, é certo, mas esse valor se junta ao da matéria-prima, para se apurar o do produto". Além do mais, acrescenta, "o produtor deve, pela matéria-prima, pagar o respectivo valor à comunidade, à qual ela pertenceria, admitindo, em consequência, que o produto obtido não resulta só do trabalho".[19]

d) Teoria da natureza humana

De conformidade com este fundamento, a propriedade é inerente à própria natureza humana, figurando como condição de sua existência e pressuposto de sua liberdade. Assevera Cláudio Pacheco que o direito de propriedade não deriva do Estado e antes o precede como direito natural, resultante de má tendência inicial e irreprimível da natureza humana: "A princípio, fluía do próprio instinto de conservação, depois robusteceu-se por efeito das próprias necessidades de subsistência e, após, dilatou-se com os próprios impulsos de expansão e de aperfeiçoamento da convivência social".[20]

O conceito trazido pela Igreja em muito colaborou para consolidar esta teoria. Na encíclica *Mater et Magistra*, do Papa João XXIII, assenta-se que o direito natural tem valor permanente pela simples razão de ser um direito natural fundado sobre a propriedade de cada ser humano em relação à sociedade.

Prosseguindo, lembra Aroldo Moreira que "há de se atender como por direito natural tanto aquele fundamentalmente necessário, diretamente derivado e inseparável da natureza da pessoa humana, considerado em sentido genérico (primário), como aquele que deste se deduz por via de consequência ou de justificada aplicação prática (secundário) à medida que contribuir para a afirmação da autonomia da pessoa humana e induzir à sua participação na comunidade política".[21]

Já afirmava Cícero: "Existe uma lei conforme a natureza, comum a todos os homens, racional, eterna, que nos impõe a virtude, e proíbe a injustiça. Esta lei não é do número daquelas que se podem transgredir ou iludir ou que podem ser modificadas; nem o povo, nem os magistrados têm poder de isentar das obrigações que ela nos impõe. Não é uma em Roma, outra em Atenas, nem diferente hoje do que há de ser amanhã; universal, inflexível, sempre a mesma, essa lei abraça todas as nações e todos os séculos".[22]

O direito natural precede o direito positivo, constituindo uma série de normas ditadas pelo juízo ou pela razão humana, e traçam a conduta para alcançar a retidão e o bem último.

---

[19] *Direitos Reais*, ob. cit., p. 41.

[20] *Tratado das Constituições Brasileiras*, Rio de Janeiro, Editora Freitas Bastos, 1965, vol. X, p. 221.

[21] *Obra citada*, pp. 18 e 19.

[22] "A República", em *Reflexões sobre a Crise do Direito*, Rio de Janeiro, Editora Freitas Bastos, 1951, p. 25, de J. C. Assis Ribeiro.

É anterior ao direito positivo porque antes as pessoas não precisavam da lei, mas viviam espontaneamente, cumprindo os ditames da natureza, impondo os procedimentos de acordo com as necessidades.

Assim, por direito natural nasce a propriedade, mas da seguinte forma, exposta por Miguel Reale: "Todas as coisas eram comuns por se reconhecer que a todos era dado possuir aquilo que caísse sob suas mãos: a terra, por exemplo, era de todos, no sentido de que todos tinham a livre faculdade de tomar posse dela, desde que já não estivesse ocupada. Aquilo que já estivesse na posse de alguém não podia ser tocado, e os homens sem necessidade de ordem jurídica, respeitavam-se mutuamente".[23]

É, seguramente, uma forma coerente de encontrar o fundamento da propriedade.

e) Outras teorias

Mais teorias tentam dar um fundamento à propriedade, de menor repercussão na aceitação, como a individualista ou da personalidade, assim explicada por Darcy Bessone: "A propriedade, para manter-se, necessita de uma constante integração, sendo utilizada continuamente, através de uma atividade fecundante. Perderia a legitimidade se se tornasse estática e sem utilização. Teria de constituir uma forma de alargamento da personalidade, de projeção do proprietário na coisa possuída, formando com ele virtualmente um todo orgânico. Posta assim a questão, o homem estabeleceria relações mais espiritualizadas com as coisas, não sendo apenas o dono delas. Como exemplos bastante característicos desse tipo de relações, considerem-se os casos do colecionador de raridades e do homem religioso, em face das coisas que servem ao seu culto".[24]

A propriedade se explica, pois, pela personalidade que o homem projeta nas coisas. Entre os bens e o homem estabelece-se uma *affectio*, ou uma relação de intimidade de domínio pessoal e uso, o que se verifica relativamente aos bens de uso pessoal, ou àqueles constantemente em contato com o homem, citando-se, *v.g.*, as vestimentas, os livros, os instrumentos e as obras de arte. Não encontraria justificação a propriedade, sob esta explicação, no caso das grandes organizações econômicas, como bancos, fábricas, latifúndios, onde predominam as estimativas econômicas e não a afeição entre o bem e seu titular.

Conhece-se, outrossim, a teoria da função social da propriedade, que não vê a razão de ser da mesma no serviço que o bem presta ao indivíduo considerado isoladamente. Deve ele ser colocado ao serviço da maioria e do interesse comum. A propriedade privada abrangeria unicamente os bens que dizem respeito ao uso pessoal do indivíduo.

O certo é que todas as teorias trazem um pouco de verdade, sem que expliquem integralmente o fundamento.

É a propriedade um fato histórico e natural, que acompanha a humanidade desde o seu início. Antes da formulação das leis ela já se impunha, embora sob forma diferente das atuais.

Assevera Cláudio Pacheco: "O direito de propriedade é igualmente reconhecido como um dos mais antigos e até mesmo os homens mais primitivos tenderam a considerar como de seu gozo mais exclusivo, para sua morada ou repouso, os lugares mais abrigados, mais seguros, mais aprazíveis e mais frutíferos, que depararam ou escolheram, em seu vasto mundo cheio de perigos".[25]

Muito antes do disciplinamento da propriedade, já o homem procurava o meio de subsistência, exercia a troca de objetos, se adonava de bens necessários e que o agradavam. Isto

---

[23] *Direito Natural – Direito Positivo*, São Paulo, Editora Saraiva, 1984, p. 111.
[24] *Direitos Reais*, ob. cit., p. 43.
[25] *Obra citada*, vol. X, p. 220.

porque possui o dom de usar dos bens materiais da terra. Não pode ele sobreviver, constituir família e ter segurança sem adquirir e possuir bens.

Portanto, o fundamento da sociedade repousa, sobretudo, na própria natureza humana, constituindo fonte de trabalho, de riqueza, de expansão das qualidades humanas e de realização das potencialidades inerentes à pessoa.

10.6. TERMINOLOGIA

No Direito Romano, o termo técnico para designar a propriedade era *dominum*, enquanto designava-se o proprietário de *dominus*.

Adveio, posteriormente, o termo *proprietas*, com o significado de referência à qualidade de ser própria a coisa, de pertencer de modo exclusivo e absoluto ao proprietário. O termo *dominium* passou a exprimir o poder do proprietário sobre a coisa que lhe pertencia, ou a soma dos poderes que lhe competia. Admitiu-se, assim, ao lado do *dominus proprietatis*, o *dominus usufructus*. De modo geral, há sinônimo no emprego dos dois termos.

Entretanto, o vocábulo "propriedade" é mais genérico e abrangente do que o "domínio". É ele aplicado a múltiplos setores onde não se utiliza o termo "domínio". Assim, fala-se em propriedade artística, literária, científica e industrial. Pode-se afirmar que todo o domínio é propriedade, mas nem toda propriedade é domínio, já que o primeiro vocábulo encerra uma ideia de direito patrimonial, enquanto o segundo abrange mais coisas móveis e imóveis.

No Direito romano, os termos eram considerados como sinônimos. Nos códigos vigentes, "propriedade" compreende todo o gênero de direitos suscetíveis de apreciação pecuniária; o termo "domínio" restringe-se a coisas móveis e imóveis, ou seja, aos bens corpóreos.

Salienta Manuel A. Laquis: "En la acepción verdadera de la palabra, la propiedad no comprende sino las cosas corporales. Pero el término 'propiedad' ha sido estendido a las cosas incorporales para designar el derecho exclusivo de usar y disponer de ellas... Es así que se califica la propiedad literaria, artística e industrial, derecho exclusivo de los autores, artistas o inventores, sobre el valor pecuniario de sus composiciones, obras de arte o invenciones, valor que se determina por los provechos comerciales o industriales que se pueden obtener de la publicación de la reproducción, o de la aplicación de dichas creaciones o descubrimientos".[26]

Em suma, o vocábulo "domínio" encerra um conteúdo que se encontra na palavra "propriedade"; esta, porém, além de ser aplicável aos móveis e imóveis, compreende também as coisas incorpóreas, desdobradas na propriedade intelectual, que se subdivide em propriedade literária, artística, científica e industrial.

10.7. OBJETO DA PROPRIEDADE

O objeto da propriedade, de modo geral, envolve os bens corpóreos, compreendendo as coisas imóveis, móveis e semoventes.

É pacífica a doutrina no tocante a este aspecto.

No entanto, deve-se partir, para estabelecer o objeto, de um critério de valoração ou estimação econômica. Tudo quanto for valorado economicamente, ou que representa um bem de estimação econômica, constitui objeto da propriedade.

Pode-se ir mais adiante. Há certos bens que não se apreciam basicamente pelo teor econômico. Sua importância reside no apreço artístico, histórico, literário, afetivo, escultural e científico. Há,

---

[26] *Obra citada*, tomo II, p. 10.

pois, uma mensuração não econômica que predomina. A transformação em valor econômico não é sempre fácil e não prepondera ante as outras qualidades que são inerentes a tais bens.

Neste campo, encontrava-se a propriedade literária, artística e científica regulada pelos arts. 649 e seguintes do Código Civil de 1916 (nada vindo previsto no Código de 2002). Presentemente, a regulamentação está na Lei de Direitos Autorais, de nº 9.610/1998.

Mas não somente tais emanações do espírito integram o objeto da propriedade.

Não há dúvida de que a evolução dos tempos e das formas de subsistência foi criando novos valores ou padrões econômicos. Atualmente, têm relevância o fundo de comércio, a clientela, o nome comercial, as patentes de invenção, as marcas industriais, os desenhos, os modelos fotográficos, inclusive os espaços aéreos, em que as municipalidades firmam determinados critérios e valores para conceder alvará de autorização para construções, a partir de certa altura em zonas especiais das cidades.

Reforça este entendimento Marco Aurélio S. Viana: "Um exame do mundo atual evidencia que o termo 'propriedade' vem sendo utilizado de forma abrangente. Fala-se em propriedade imaterial, alcançando o rótulo comercial, o nome mercantil, a marca de fábrica, a imagem própria, a instalação de um negócio, com reflexos indiscutíveis na vida civil. Surge um novo tipo de propriedade".[27]

Trata-se de propriedade imaterial ou incorpórea, que alargou o conceito tradicional de propriedade, fundado na divisão romana das coisas *mancipi* e *nec mancipi*.

Contra esta tendência, rebelam-se os autores. Diz Orlando Gomes:

> O fenômeno da propriedade incorpórea explica-se como reflexo do valor psicológico da ideia de propriedade, emprestado pela persistente concepção burguesa do mundo. Embora direitos novos tenham semelhança com os de propriedade, por isso que também são exclusivos e absolutos, com ela não se confundem. A assimilação é tecnicamente falsa. Poderiam, contudo, enquadrar-se em uma categoria à parte, que, alhures, denominamos 'quase propriedade', submetidas a regras próprias.[28]

A realidade que vai se impondo obriga a abranger no conceito de objeto tais bens imateriais, posto que economicamente apreciáveis e comerciáveis.

10.8. SUJEITOS NO DIREITO DA PROPRIEDADE

Como elemento integrante do conteúdo da relação jurídica da propriedade está o sujeito ativo, que é o titular do domínio, o qual pode ser qualquer pessoa física ou jurídica. Quanto a esta última, se for privada, determinará a propriedade privada; no caso de ser pública, qualificará como público o bem.

Apresentando-se mais de um titular do mesmo bem, temos o condomínio.

A todas as pessoas reconhece-se a capacidade de serem proprietárias, não constando qualquer restrição quer na Constituição Federal, que em outros diplomas.

Entretanto, no art. 190 da Constituição Federal, consta a previsão de disciplinamento da aquisição ou do arrendamento da propriedade rural: "A lei regulará e limitará a aquisição ou arrendamento de propriedade rural por pessoa física ou jurídica estrangeira e estabelecerá os casos em que dependerão de autorização do Congresso Nacional".

---

[27] *Teoria e Prática do Direito das Coisas*, ob. cit., p. 50.
[28] *Direitos Reais*, tomo 1º, ob. cit., p. 121.

A Lei nº 5.709/1971, estabeleceu limites nas aquisições de áreas rurais por estrangeiros. Assim, no art. 3º restringiu a área a até cinquenta módulos de exploração indefinida em se tratando de pessoa física o adquirente estrangeiro, seja contínua ou descontínua a área. Quanto às pessoas jurídicas estrangeiras, conforme o art. 5º, as aquisições são autorizadas se os imóveis se destinarem à implantação de projetos agrícolas, pecuários, industriais ou de colonização, de acordo com os objetivos estatutários das mesmas, impondo-se, previamente, a aprovação dos projetos pelo Ministério da Agricultura.

Seja qual for o adquirente estrangeiro, a extensão superficial não poderá ultrapassar um quarto da superfície do município onde se situa o imóvel (art. 12).

Localizando-se as terras rurais na Faixa da Fronteira, segundo a Lei nº 6.634/1979, art. 2º, inc. IV, salvo expresso e prévio consentimento do Conselho de Segurança Nacional, é vedado a transação com imóvel rural que implique a obtenção, por estrangeiro, do domínio, da posse ou de qualquer direito real sobre o imóvel.

Afora estas restrições, inexistem quaisquer outras para a aquisição de bens sitos no País. É irrelevante, outrossim, a extensão territorial de áreas urbanas ou rurais, não se impondo um determinado limite, a não ser quanto às terras públicas, cuja alienação ou concessão, a qualquer título, não poderá ultrapassar a dois mil e quinhentos hectares por adquirente, seja pessoa física ou jurídica, exceto se obtiver o pretendente aprovação do Congresso Nacional, segundo art. 188, § 1º, da Constituição Federal.

O sujeito passivo da propriedade corresponde a todas as demais pessoas, que são obrigadas a respeitar o domínio alheio. Consiste, segundo explica Serpa Lopes, o mesmo na coletividade que tem a obrigação passiva universal, a qual recai sobre todos os membros da sociedade em respeitar a propriedade alheia. É uma obrigação que emana do próprio Decálogo ditado por Deus a Moisés: "Não furtarás". "Não cobiçarás as coisas alheias".[29]

10.9. EXTENSÃO DA PROPRIEDADE E BENS DO DOMÍNIO PÚBLICO

O art. 1.229 do Código Civil estabelece os limites ou a extensão da propriedade: "A propriedade do solo abrange a do espaço aéreo e subsolo correspondentes, em altura e profundidade úteis ao seu exercício, não podendo o proprietário opor-se a atividades que sejam realizadas, por terceiros, a uma altura ou profundidade tais, que não tenha ele interesse legítimo em impedi-las".

No direito primitivo, com base no Direito romano, não se estabelecia limites no tocante à profundidade do solo e à altura do espaço sobre a superfície. Partia-se do seguinte princípio: *qui dominus est soli, dominus est usque ad coelum et usque ad inferos*, ou seja, o domínio do solo alcança verticalmente o céu e o inferno.

Todavia, o direito atual firmou a regra de extensão tanto no espaço quanto na profundidade em função da utilidade, ou do proveito, o que significa afirmar que a atuação do proprietário se estende ao ponto em que seja útil, ou atenda a seu interesse a utilização do imóvel.

A profundidade e o espaço integram o uso e o gozo do solo superficial até que lhe seja possível plantar ou construir, ou seja, a utilização do domínio envolve o subsolo e o espaço aéreo necessário para exercer a utilização proveitosa da propriedade. Por outras palavras, a extensão do espaço aéreo e a profundidade do solo se estendem até onde o proprietário do solo pode retirar utilidade.

---

[29] *Curso de Direito Civil*, vol. VI, ob. cit., p. 255.

Cap. X • A PROPRIEDADE | **177**

Há regras que excepcionam alguns casos.

Neste sentido, o subsolo é propriedade distinta para fins de exploração e aproveitamento industrial das minas e riquezas. Efetivamente, reza o art. 176 da Constituição Federal: "As jazidas, em lavra ou não, e demais recursos minerais e os potenciais de energia hidráulica constituem propriedade distinta da do solo, para efeito de exploração ou aproveitamento, e pertencem à União, garantida ao concessionário a propriedade do produto da lavra". O Código em vigor, no art. 1.230, contém disposição equivalente: "A propriedade do solo não abrange as jazidas, minas e demais recursos minerais, os potenciais de energia hidráulica, os monumentos arqueológicos e outros bens referidos por leis especiais".

O aproveitamento de tais riquezas depende de autorização ou concessão da União, no interesse nacional, em favor de brasileiros ou empresas brasileiras de capital nacional. Expõe, sobre o assunto, Marcelo Gomes de Souza:

> A concessão de lavra passou a ser outorgada por meio de portaria ministerial, em razão de delegação de competência para o Ministro das Minas e Energia, conferida pelo Decreto nº 83.841, de 26.08.1979. Depois, foi expedido o Decreto nº 99.428, de 1990, delegando competência ao Ministro da Infraestrutura para outorgar a concessão de lavra mineral, o que vem sendo feito por portaria ministerial. Com a divisão do Ministério da Infraestrutura, essa delegação foi dada ao Ministro das Minas e Energia. Por se tratar de delegação de competência, o ato de outorga da concessão reveste-se dos mesmos atributos do decreto presidencial de que tratam os arts. 7º e 43 do Código de Mineração.[30]

Necessário esclarecer que o citado Decreto nº 99.428, de 1990, foi substituído pelo Decreto nº 598/1992.

A matéria relativa a minas e jazidas vem regulada pelo vigente Código de Mineração, introduzido pelo Decreto-Lei nº 227/1967, com alterações posteriores trazidas pelas Leis nºˢ 6.403/1976, 6.567/1978, 7.085/1982, 8.901/1994, 9.314/1996 e 9.827/1999, e pelos Decretos--Leis nºˢ 318/1967, 330/1967 e 1.038/1969.

Compete à União administrar os recursos minerais, a indústria de produção mineral e a distribuição, o comércio e o consumo de produtos minerais (art. 1º do Decreto-Lei nº 227/1967). No entanto, os conflitos decorrentes da lavra, como a indenização devida aos proprietários do solo onde se dá a exploração, devem ser resolvidos na justiça estadual, nos termos da Súmula nº 238/2000, do Superior Tribunal de Justiça: "A avaliação da indenização devida ao proprietário do solo, em razão de alvará de pesquisa mineral, é processada no juízo estadual da situação do imóvel". Resultou a Súmula de vários julgamentos, todos da Primeira Seção do STJ, que adotavam a Súmula nº 24 do Tribunal Federal de Recursos, vazada no mesmo conteúdo, sendo exemplos os Conflitos de Competência nº 1.671-0-RO, de 16.04.1991; nº 1.859-0-RO, de 2.04.1991; 9.643-0-SC, de 23.08.1994; nº 9.666-9-SC, de 9.08.1994; nº 10.462-9-RJ, de 27.09.1994; nº 19.914-DF, de 10.09.1997; e nº 23.928-0-SC, de 29.04.1999.[31]

"Jazida" corresponde a toda massa individualizada de substância mineral ou fóssil, aflorando à superfície ou existente no interior da terra, e que tenha valor econômico, para um futuro proveito. "Mina" é a jazida em lavra, ainda que suspensa. "Pesquisa mineral" vem a ser a execução dos trabalhos necessários à definição da jazida, sua avaliação e a determinação

---

30   *Direito Minerário e Meio Ambiente*, Belo Horizonte, Del Rey Editora, 1995, p. 84.

31   *Revista do Superior Tribunal de Justiça*, 131/385.

da exequibilidade do seu aproveitamento econômico. E "lavra" é o conjunto de operações coordenadas objetivando o aproveitamento industrial da jazida, desde a extração das substâncias minerais úteis que contiver até o beneficiamento das mesmas.

A pesquisa para a exploração depende de alvará de autorização do Ministério de Minas e Energia. Já para a lavra, faz-se necessária a concessão através de Decreto do Presidente da República. Em qualquer caso, assegura-se direito de prioridade, que se define pela precedência de entrada de requerimento visando a autorização de pesquisa ou a concessão de lavra.

De observar que as jazidas de substâncias minerais de emprego imediato na construção civil, como é o caso das pedreiras, podem ser aproveitadas pelo proprietário do solo, ou por quem dele tiver expressa autorização, desde que não submetidos à transformação industrial, em atenção ao art. 1.230 do Código Civil: "O proprietário do solo tem o direito de explorar os recursos minerais de emprego imediato na construção civil, desde que não submetidos a transformação industrial, obedecido o disposto em lei especial".

A garimpagem, a faiscação e a cata de minérios preciosos submetem-se ao regime de matrícula nas coletorias federais (arts. 70 a 73 do Decreto-Lei nº 227/1967).

Impõe-se o regime de monopolização em favor da União à pesquisa, à lavra e ao enriquecimento e ao reprocessamento, à industrialização e ao comércio de minérios nucleares e seus derivados, mediante prévia aprovação do Congresso Nacional (art. 21, inc. XXIII, da Constituição Federal).

No pertinente ao petróleo, ao gás natural e outros hidrocarbonetos fluidos, igualmente constituem monopólio da União (art. 177, inc. I, da Constituição Federal). Assegurada está a participação, ou a compensação financeira pela exploração, dos Estados, do Distrito Federal, dos Municípios e dos órgãos da administração direta da União no resultado da exploração de referidos minérios, incluídos os recursos hídricos para fins de geração de energia elétrica que se desenvolve nos respectivos territórios, plataforma continental, mar territorial ou zona econômica exclusiva (art. 20, § 1º, Constituição Federal).

Mais normas constitucionais preveem como o domínio da União e dos Estados-membros as riquezas minerais e outros bens.

Na forma do art. 20 e incisos da CF, pertencem à União os lagos, rios e quaisquer correntes de água em terrenos de seu domínio, ou que banhem mais de um Estado, sirvam de limites com outros países ou se estendam a territórios estrangeiros ou dele provenham, bem como os terrenos marginais e as praias fluviais; as ilhas fluviais e lacustres nas zonas limítrofes com outros países; as praias marítimas, as ilhas oceânicas e as costeiras, excluídas, destas, na redação da Emenda Constitucional nº 46/2005, as que contenham a sede de Municípios, exceto aquelas áreas afetadas ao serviço público e à unidade ambiental federal, e as referidas no art. 26, II ("as áreas, nas ilhas oceânicas e costeiras, que estiverem no seu domínio, excluídas aquelas sob domínio da União, Municípios ou terceiros"); os recursos naturais da plataforma continental e de zona econômica exclusiva; o mar territorial, os terrenos de marinha e seus acrescidos; os potenciais de energia hidráulica; os recursos minerais, inclusive os do subsolo; as cavidades naturais subterrâneas e os sítios arqueológicos e pré-históricos; e as terras tradicionalmente ocupadas pelos índios.

Quanto às terras ocupadas pelos indígenas, a matéria é regulada pelo Estatuto do Índio (Lei nº 6.001/1973), especialmente no que se refere à forma de exploração das riquezas minerais, que lhes assegura a exclusividade.

Conforme o art. 26 e incisos da Constituição Federal, são dos Estados federados as águas superficiais ou subterrâneas, fluentes, emergentes e em depósito, sitas nos respectivos territórios; as áreas, nas ilhas oceânicas e costeiras, que estiverem no seu domínio, excluídas aquelas sob o domínio da União, Municípios ou terceiros; as ilhas fluviais e lacustres não pertencentes à União; e as terras devolutas não compreendidas entre as da União.

Referentemente ao espaço aéreo, a sua regulamentação e o aproveitamento dependerão de lei da União (art. 178 da CF), de modo que a utilização particular não poderá embaraçar ou perturbar a segurança dos voos de aeronaves.

O Código Brasileiro da Aeronáutica (Lei nº 7.565/1986) fixou expressamente a soberania da União sobre o espaço aéreo, no art. 11: "O Brasil exerce completa e exclusiva soberania sobre o espaço aéreo acima de seu território e mar territorial".

A conclusão de que o espaço aéreo independe da propriedade do solo está no art. 16 do mesmo Código: "Ninguém poderá opor-se em razão do direito de propriedade na superfície, ao sobrevoo de aeronave, sempre que este se realize de acordo com as normas vigentes".

Nas zonas próximas aos aeródromos e às instalações de auxílio à navegação aérea, impõe-se restrições especiais às propriedades, no que se refere a edificações, instalações, culturas agrícolas e objetos de natureza permanente ou temporária, e tudo o quanto possa embaraçar as operações de aeronaves ou causar interferência nos sinais dos auxílios à rádio-navegação, ou dificultar a visibilidade de auxílios visuais (art. 43 do citado Código).

10.10. BENS PÚBLICOS POR AFETAÇÃO

Há bens que se tornam públicos pelo simples uso das pessoas, ou seja, por afetação, que é a destinação de algo a determinado fim. Se todas as pessoas de uma região passam a usar um determinado local, o imóvel respectivo torna-se público. Há, no começo, um simples fato – o uso de um bem pelas pessoas de um certo lugar. Não aparecem medidas coibitivas dos proprietários. A utilização pelos moradores, *v.g.*, de um bairro, de modo constante e generalizado, faz a rua pública. Não se verifica a declaração de ato administrativo, ou da prática da municipalidade. O caminho, então, passa para a utilização pública. Aí aparece a afetação que se produz tacitamente.

Bem clara é a explanação de Marcelo Caetano:

> "Que é que justifica a submissão de certos bens ao regime de Direito Público? (...) Primeiro temos os bens que sendo, por sua natureza, insuscetíveis de apropriação individual, não podem deixar de ser fruídos por todos: é o caso do ar atmosférico e das águas do mar; depois, vêm os bens cuja função, por si própria, é satisfazer necessidades coletivas, isto é, têm inerente à sua existência a utilidade pública. É o que se passa com as estradas, as pontes, as ruas, as praças, os jardins..., abertos ao uso direto e imediato ao público. Todos esses bens possuem utilidade pública inerente à sua existência e utilização. Finalmente, existem outros bens que tanto podem ser afetados ao interesse privado como à utilidade pública. Em si, eles permitem qualquer dos destinos – o gozo particular ou o uso pelo público. É o que sucede, p. ex., com coleções de arte ou de livros que só entram no domínio público quando considerados museus nacionais ou bibliotecas públicas, ou com certos edifícios cuja submissão ao regime do Direito Público depende de classificação como monumentos nacionais ou como palácios abertos à visita de todos."[32]

Naturalmente, os bens passam ao domínio de todos por se tornarem utilizáveis por qualquer pessoa. A transferência ao domínio público é natural.

---

[32] *Princípios Fundamentais do Direito Administrativo*, citação na Apel. Cível nº 728.094 (E. Infrings.), 7ª Câm. Cível, do 1º TA Civil de São Paulo, em *Revista dos Tribunais*, 615/89.

Hely Lopes Meirelles sustenta que há "áreas originariamente transferidas ao Poder Público, que lhe são transferidas por qualquer dos meios comuns de alienação (compra e venda, doação, permuta, desapropriação), ou são integradas no domínio público, excepcionalmente, por simples destinação, que as torna irreivindicáveis por seus primitivos proprietários. Esta transferência por destinação se opera pelo só fato da transferência de propriedade privada em via pública sem oportuna oposição do particular, independente, para tanto, de qualquer transcrição ou formalidade administrativa".[33]

O uso gera a afetação ao domínio público. Assim, uma coisa passa do domínio privado para o domínio público, máxime se a prática revela o exercício de poderes pelo ente público através da realização de serviços diversos, como calçamentos, abertura de sistema de esgoto e implantação de iluminação. Dispensa esta forma de aquisição qualquer ato formal mediante venda por escritura pública ou desapropriação.

Dá-se a transferência ao poder público especialmente de vias públicas urbanas e praças, se o uso coletivo é prolongado, o que constitui uma afetação tácita, admitida à unanimidade e incontestada ao longo do tempo. Não mais será admitida a pretensão dos titulares do domínio em retomarem a posse, ou em se reembolsarem, via indenização, do valor do bem. Em apoio a esta forma de afetação decidiu-se: "Bem público. Ruas e praças de uso comum em vila residencial. Inexistência de ato formal praticado pelo antecessor comum dos proprietários que os transferisse ao domínio público. Irrelevância. Hipótese de integração por destinação, independentemente de transcrição ou formalidade administrativa. Realização, ademais, de diversos serviços públicos no local. Afetação administrativa. Área não passível de proteção possessória".[34]

"Reivindicação. Imóvel localizado em loteamento e ali designado como praça. Planta aprovada pela Prefeitura. Improcedência da ação por se tratar de propriedade do domínio municipal. Desnecessidade da transcrição". No acórdão, extraem-se os seguintes excertos: "Basta a simples destinação feita, ainda que em data anterior à edição do Decreto-Lei nº 58, de 10.12.1937, em que pese a autoridade do eminente professor José Frederico Marques, que esposa outra inteligência. Se as vias e logradouros públicos não se incorporassem, de pronto e sem mais, ao patrimônio público, o loteador poderia fechá-los, tornando praticamente ineficaz o parcelamento do solo, frustrando, assim, o próprio objeto do loteamento". E, trazendo o escólio da doutrina:

> Daí a afirmação de Pontes de Miranda: "A aprovação do loteamento faz públicas as vias de comunicação e públicos os espaços livres" (*Tratado*, vol. 13, § 1.452, nº 4).
>
> Tal entendimento serve para loteamento aprovado anteriormente ao Decreto-Lei. É do magistério de Hely Lopes Meirelles: "Superfetação é pretender o Município uma escritura de doação, para subsequente registro das ruas e praças em seu nome. Nem mesmo se faz mister, a nosso ver, a inscrição do loteamento para que se considerem incorporados no domínio municipal esses bens de uso comum do povo, decorrentes da urbanização de áreas particulares. A inscrição só é exigível para fins de alienação de lotes, sem qualquer implicação com as áreas de domínio público, não sujeitas às normas civis e às exigências de comercialidade dos bens *particulares*" ("Loteamento Fechado e Condomínio", *in RDA* 14/13, nº 3.2).[35]

---

[33] *Direito Administrativo Brasileiro*, 7ª ed., São Paulo, Editora Revista dos Tribunais, pp. 518 e 519.

[34] *Revista dos Tribunais*, 615/89.

[35] *Apel. Cível* nº 60.212-1, da 6ª Câm. Cível do Tribunal de Justiça de São Paulo, julgada em 30.05.1985, em *Revista dos Tribunais*, 600/67.

Já afirmara, antes, o Supremo Tribunal Federal: "A aprovação do loteamento e arruamento implica a automática transferência das vias e logradouros públicos para o domínio do Município, independentemente de título aquisitivo e transcrição".[36]

10.11. LIMITAÇÕES AO DIREITO DE PROPRIEDADE

Não mais vigora o caráter absoluto da propriedade. Seu conteúdo está, nos tempos atuais, virtualmente limitado, ao contrário do que preponderava no Direito romano, e em outros sistemas, onde dominava o caráter absoluto e ilimitado.

Quanto mais evoluem as sociedades e maiores as aspirações humanas, crescem evidentemente as exigências pessoais, impondo-se restrições de toda a ordem, a fim de frear os impulsos coletivos, com um sensível cerceamento nos interesses puramente individuais.

A conscientização social dos povos, com a liberalização das ideias e dos conceitos de valores tradicionais, leva a imposições de leis e condutas de cunho eminentemente social, inclusive quanto à concepção da propriedade.

Assim, nada mais normal do que as restrições que vêm se operando crescentemente, como no campo constitucional, administrativo e civil.

Observa, a respeito, Caio Mário da Silva Pereira: "No direito de todos os povos ocidentais, ora com maior, ora com menor intensidade, as restrições do direito dominial campeiam assinaladas pelos historiadores, mas tão potentes que dispensam o expositor de indicar as hipóteses para ilustrar a proposição".[37]

10.11.1. Limitações constitucionais

No Direito brasileiro, inúmeros diplomas trazem normas restritivas ao pleno exercício da propriedade. A Constituição Federal de 1988 elenca várias hipóteses a respeito, como o art. 5º, inc. XXIV, que assegura a desapropriação por necessidade ou utilidade pública, ou por interesse social; e inc. XXIII, que dirige a propriedade à função social; o art. 184, permitindo a desapropriação do imóvel rural que não preenche a sua função social, para fins de interesse social; o art. 182, § 4º, facultando ao Poder Público municipal, mediante lei específica, exigir, nos termos da lei federal, do proprietário do solo urbano não edificado, subutilizado ou não utilizado, que promova o adequado aproveitamento do mesmo sob pena, sucessivamente, de parcelamento ou edificação compulsórios, imposto sobre a propriedade predial e territorial urbana progressivo no tempo, e desapropriação; os arts. 183 e 191, garantindo a aquisição do domínio, pelo usucapião, aos possuidores de imóveis por mais de cinco anos; o art. 190 prevendo regulamentação da aquisição ou do arrendamento da propriedade rural; o art. 5º, inc. XXV, assegurando à autoridade competente o uso da propriedade particular, no caso de iminente perigo público; e o mesmo dispositivo, inc. XXVI, não permitindo a penhora da pequena propriedade rural, desde que trabalhada pela família, para pagamentos de débitos decorrentes de sua atividade produtiva.

10.11.2. Limitações administrativas e legais

No campo de direito administrativo, o Estado tem poderes exorbitantes do direito comum, caracterizando a sua supremacia em relação aos particulares. A servidão administrativa

---

[36] *RE* nº 84.327-SP, da 2ª Turma do STF, j. em 28.09.1970, rel. Min. Cordeiro Guerra, em *Revista Trimestral de Jurisprudência*, 79/991.

[37] *Instituições de Direito Civil*, vol. IV, ob. cit., p. 100.

constitui uma das prerrogativas do Poder Público, pela qual é onerada a propriedade privada com um direito real de natureza pública, sem ter previamente o consentimento do particular ou o título expedido pelo Judiciário. Em outros termos, retira, coercitivamente, alguns dos poderes que o titular do imóvel exerce sobre o mesmo, conferindo-os ao Poder Público, ou a seus agentes, a título de direito real sobre coisa alheia.[38]

Uma das formas de instituição de servidão administrativa é a desapropriação, permitida no art. 40 do Decreto-Lei nº 3.365/1941, que reza: "O expropriante poderá constituir servidões, mediante indenizações na forma desta lei". Explica Pontes de Miranda: "Pode-se só desapropriar o elemento do direito de propriedade, *v.g.*, o direito de usufruto, o direito de uso, o direito de servidão (ou o elemento para constituí-la)".[39]

Para as obras hidráulicas, o transporte e a distribuição de energia elétrica, o Código de Águas já previra a desapropriação, sendo a matéria regulada igualmente pelo Decreto nº 35.851/1954, art. 1º, nestes termos: "As concessões para o aproveitamento industrial das quedas d'água, ou, de modo geral, para produção, transmissão e distribuição de energia elétrica, conferem aos seus titulares o direito de constituir as servidões administrativas permanentes ou temporárias exigidas para o estabelecimento das respectivas linhas de transmissão e de distribuição".

Há, de outro lado, as servidões sobre os terrenos marginais dos rios, instituídas pelo Código de Águas, aprovado pelo Decreto nº 24.643/1934. Consoante seu art. 31, os terrenos reservados às margens das correntes e lagos navegáveis pertencem aos Estados, se por algum título não constam transferidos aos Municípios, à União ou a particulares. Mas, ordena o art. 29, § 1º, que à União se confere a servidão para o aproveitamento industrial das águas e da energia elétrica, e para a navegação.

Na forma do art. 11, nº 2º, do citado Código, as águas marginais das correntes que concorrem para a flutuabilidade de outra corrente, e não para a navegabilidade, não são do domínio público. Podem, pois, pertencer a particulares. Mas o art. 12 instituiu uma servidão sobre elas, na faixa de dez metros, para o trânsito de agentes da administração pública. Aclara, sobre o assunto, Hely Lopes Meirelles, citado no *Recurso Especial* nº 26.668-SP, da 4ª Turma do STJ, julgado em 1º.12.1998, *DJU* de 15.03.1999: "Tratando-se, como se trata, de uma servidão pública ou administrativa, destina-se unicamente a possibilitar a realização de obras ou serviços públicos pela Administração, no interesse da melhor utilização das águas, no aproveitamento de suas riquezas e do seu policiamento, a exemplo das servidões de *halage* e de *marchepied* do direito francês, onde o nosso legislador se inspirou (*Direito Administrativo Brasileiro*, Ed. Revista dos Tribunais, 16ª ed., pp. 455 a 456)".[40]

De salientar, quanto ao domínio das águas, contrariamente ao que reza o art. 11, n. 2, do Código de Águas, que a Lei nº 9.433/1997, em seu art. 1º, inc. I, estabelece que a água é um bem de domínio público. Por conseguinte, todas as reservas de águas são públicas.

O art. 11 do mesmo Código estabelece que são públicos dominicais os terrenos reservados e os da Marinha, desde que, por algum título, não pertençam ao domínio particular, ou não se destinem ao uso comum.

Terrenos da Marinha são os que, banhados pelas águas do mar ou dos rios navegáveis, vão até trinta metros para a parte da terra, contados desde o ponto da terra a que chega a preamar média (art. 13 do Código de Águas).

---

[38] Maria Sylvia Zanella di Pietro, *Servidão Administrativa*, São Paulo, Editora Revista dos Tribunais, 1978, pp. 115 e 116.

[39] *Tratado de Direito Privado*, 4ª ed., São Paulo, Editora Revista dos Tribunais, 1977, vol. 14, p. 185.

[40] *Revista do Superior Tribunal de Justiça*, 126/276.

E reservados denominam-se aqueles terrenos que, banhados pelas correntes navegáveis, ficando fora do alcance das marés, vão até a distância de quinze metros para a parte da terra, contados desde o ponto médio das enchentes ordinárias (art. 14 do citado Código).

Protegem-se tais terrenos, segundo já se decidiu: "Terreno reservado à margem de rio navegável. Coisa insuscetível de apropriação. Inexistência de título de concessão anterior à Lei nº 1.507, de 1867. Posse pelo particular, portanto, impossível de reconhecer. Reintegração de posse improcedente quanto a tal área. Aplicação do art. 27 do Código de Águas e das Súmulas 340 e 479 do STF".

No voto, em citação de julgamento publicado na Revista de Jurisprudência do Tribunal de Justiça de São Paulo, nº 77, p. 83, temos a razão da impossibilidade da apropriação de bem reservado: "A Lei nº 601, de 1850, admitia a venda de terras públicas. Com o advento da Lei nº 1.507, de 1867, os terrenos reservados, como ali definidos, passaram a ser exclusivamente de domínio público, ressalvadas as concessões legítimas até a data da publicação da mencionada Lei nº 1.507. Portanto, se o particular não ostenta título legítimo da concessão das terras reservadas, anterior à Lei nº 1.507, não há domínio particular que possa ser invocado, sabendo-se que as terras públicas não podem ser usucapidas. Aliás, sobre a imprescritibilidade dos terrenos reservados, Oswaldo Bandeira de Mello, como se lê em RDA II, p. 510, além de taxativo, demonstra em lógica irrespondível, a espancar quaisquer dúvidas, que sequer os civilistas podem antepor razões para invalidar a tese. Portanto, hoje, no Brasil, seria insustentável admitir-se tese contrária à dominialidade pública dos terrenos reservados, pertencentes ao Estado".[41]

O art. 117 do Código de Águas assegura a servidão legal de aqueduto a todos quanto tenham direito às águas, mediante prévia indenização, excetuando da restrição os casos de habitação, os pátios, os jardins, as alamedas, ou quintais contíguos às casas:

A todos, é permitido canalizar pelo prédio de outrem as águas a que tenham direito, mediante prévia indenização ao dono deste prédio:

a) para as primeiras necessidades da vida;

b) para os serviços da agricultura ou da indústria;

c) para o escoamento das águas superabundantes;

d) para o enxugo ou bonificação dos terrenos.

Mas ao poder público assiste a servidão administrativa de permitir a canalização de águas pelo imóvel serviente, se material ou economicamente inviável a consecução de água de outra forma. Para viabilizar esta solução, declara-se a área de utilidade pública e autoriza--se a canalização em prédio alheio.

A vigente Constituição reserva à União a propriedade de jazidas e outros recursos minerais. Dispõe seu art. 176: "As jazidas, em lavra ou não, e demais recursos minerais e os potenciais de energia hidráulica constituem propriedade distinta da do solo, para efeito de exploração ou aproveitamento, e pertencem à União, garantida ao concessionário a propriedade do produto da lavra".

No § 1º, é apontado quem poderá ser concessionário: "A pesquisa e a lavra de recursos minerais e o aproveitamento dos potenciais a que se refere o *caput* deste artigo somente po-

---

[41] *Apelação Cível* nº 363.691-5 (Reexame), da 1ª Câm. Cível do 1º Tribunal de Alçada Civil de São Paulo, julgada em 9.12.1986, em *Revista dos Tribunais*, 619/113.

derão ser efetuados mediante autorização ou concessão da União, no interesse nacional, por brasileiros ou empresa constituída sob as leis brasileiras e que tenha sua sede e administração no País, na forma da lei, que estabelecerá as condições específicas quando essas atividades se desenvolverem em faixa de fronteira ou terras indígenas".

O § 2º garante ao proprietário do solo a participação nos resultados da lavra, na forma e no valor que dispuser a lei.

O art. 59 do Código de Mineração, introduzido pelo Decreto-Lei nº 227, de 1967, com as alterações do Decreto-Lei nº 318, também de 1967, estabeleceu que ficam sujeitas a servidões de solo e subsolo, para fins de pesquisa ou lavra, não apenas a propriedade onde se localiza a jazida, como ainda as limítrofes.

Pelo parágrafo único, estendem-se as servidões para os seguintes fins:

a) Construção de oficinas, instalações, obras acessórias e moradias.
b) Abertura de vias de transporte e linhas de comunicação.
c) Captação e adução de águas necessárias aos serviços de mineração e ao pessoal.
d) Transmissão de energia elétrica.
e) Escoamento das águas das minas e dos engenhos de beneficiamento.
f) Aberturas de passagem de pessoal e material de conduto de ventilação e de energia elétrica.
g) Utilização das aguardas sem prejuízo das utilidades preexistentes.
h) Bota-fora do material desmontado e dos refugos do engenho.

O art. 60 do apontado Código assegura a prévia indenização do valor do terreno ocupado e dos prejuízos resultantes.

Objetivando disciplinar as concessões de direitos minerários com a exploração ainda não iniciada, dispôs o art. 43 das Disposições Transitórias da Constituição Federal: "Na data da promulgação de lei que disciplinar a pesquisa e a lavra de recursos e jazidas minerais, ou no prazo de um ano, a contar da promulgação da Constituição, tornar-se-ão sem efeito as autorizações, concessões e demais títulos atributivos de direitos minerários, caso os trabalhos de pesquisa ou de lavra não hajam sido comprovadamente iniciados nos prazos legais ou estejam inativos".

Cumprindo justamente esta função constitucional, adveio a Lei nº 7.886/1989, que, em seu art. 1º, firmou a data de 05 de outubro de 1989 como o marco para determinar a caducidade das concessões e autorizações não iniciadas: "Tornar-se-ão sem efeito, no dia 05.10.1989, e, sem exceção, na forma do art. 43 do Ato das Disposições Constitucionais Transitórias, as autorizações de pesquisa, as concessões de lavra, os manifestos de minas, as licenças e demais títulos atributivos de direitos minerários, caso os respectivos trabalhos de pesquisa ou de lavra não hajam sido comprovadamente iniciados nos prazos legais ou estejam inativos".

Outrossim, impunha-se que os titulares de direitos comprovassem o início da exploração, para evitar o perecimento das concessões e autorizações, de conformidade com o art. 2º: "Os titulares de direitos minerários deverão comprovar, até 30.11.1989, junto ao Departamento Nacional de Produção Mineral – DNPM, que os trabalhos de pesquisa ou de lavra, de que trata o artigo anterior, foram iniciados nos prazos legais e não se encontravam inativos na data referida no art. 1º".

O art. 3º explicita quais os trabalhos de pesquisa ou lavra são considerados inativos: a) os que tenham sido interrompidos, suspensos ou abandonados em desacordo com os prazos

Cap. X • A PROPRIEDADE | 185

e preceitos legais; b) os que configuram lavra simbólica, isto é, aquela realizada em flagrante desacordo com o pleno aproveitamento econômico previamente aprovado e de forma incompatível com as finalidades e condições da respectiva concessão.

No art. 4º vem disciplinado o trâmite a ser observado na comprovação administrativa do início da exploração. Uma vez desatendida tal determinação de comprovar as atividades, o DNPM tornará sem efeito as concessões, liberando as áreas autorizadas para a exploração.

São introduzidas, outrossim, várias modificações no Decreto-Lei nº 227, como no tocante ao pagamento de taxas para a obtenção de autorização ou concessão, e das despesas para a verificação pelo Órgão das atividades desenvolvidas na pesquisa ou lavra.

Além da Lei nº 7.886/1989, extensa a legislação que alterou o sistema sobre seu tratamento tributário.

– Lei nº 7.805/1989, que alterou o Decreto-Lei nº 227, de 28.02.1967, cria o regime de permissão de lavra garimpeira, extingue o regime de matrícula e dá outras providências.

– Lei nº 7.990/1989, com várias alterações, e dntre elas as das Leis nº 12.858/2013 e nº 13.540/2017, que institui para os Estados, Distrito Federal e Municípios, compensação financeira pelo resultado da exploração de petróleo ou gás natural, de recursos hídricos, para fins de geração de energia elétrica, de recursos minerais em seus respectivos territórios, plataforma continental, mar territorial ou zona econômica exclusiva e dá outras providências.

– Lei nº 7.997/1990, que autoriza o Poder Executivo a criar o Conselho Nacional do Carvão e dá outras providências.

– Lei nº 8.001/1990, que define os percentuais da distribuição da compensação financeira de que trata a Lei nº 7.990/1989, e dá outras providências.

– Lei nº 8.176/1991, que define crimes contra o patrimônio público decorrentes da produção ou exploração de matéria-prima pertencentes à União sem autorização legal e revoga o art. 18 da Lei nº 8.137, de 1990.

– Lei nº 8.901/1994, que regulamenta o disposto no § 2º do art. 176 da Constituição Federal (participação do proprietário do solo nos resultados da lavra) e altera dispositivos do Decreto-Lei nº 227//1967.

– Lei nº 8.970/1994, que transforma a Companhia de Pesquisa de Recursos Minerais (DPRM) em empresa pública.

– Lei nº 8.982, de 24.01.1995, dando nova redação ao art. 1º da Lei nº 6.567/1978, alterado pela Lei nº 7.312/1985, permitindo o aproveitamento das substâncias minerais que especifica, tanto pelo regime de licenciamento quanto pelo regime de autorização e concessão.

– Lei nº 13.575/2017, que cria a Agência Nacional de Mineração (ANM); extingue o Departamento Nacional de Produção Mineral (DNPM); altera as Leis nº 11.046, de 27 de dezembro de 2004, e 10.826, de 22 de dezembro de 2003; e revoga a Lei nº 8.876, de 2 de maio de 1994, e dispositivos do Decreto-Lei nº 227, de 28 de fevereiro de 1967 (Código de Mineração).

Acrescenta-se que o art. 177 da Constituição, em seu inciso V, em redação da Emenda Constitucional nº 49, de 2006, estabelece o monopólio da União para a pesquisa, a lavra, o enriquecimento, o reprocessamento, a industrialização e o comércio de minérios e minerais nucleares e seus derivados, com exceção dos radioisótopos cuja produção, comercialização e utilização poderão ser autorizadas sob regime de permissão, conforme as alíneas *b* e *c* do inciso XXIII do *caput* do art. 21 da Constituição Federal.

Sobre a previsão constitucional, acrescenta, ainda, Marcelo Gomes de Souza:

> O legislador constitucional conferiu, também, maior atenção à garimpagem, atribuindo competência à União, nos termos do art. 21, XXV, para estabelecer as áreas e as condições para o exercício da atividade em forma associativa, e deu ao Estado, na qualidade de agente normativo e regulador da atividade econômica, por força do art. 174, §§ 3º e 4º, respectivamente, a atribuição de organizar a atividade de garimpeira em cooperativas e conferir prioridade para autorização de pesquisa e concessão de lavra de minerais garimpáveis, nas hipóteses especificadas em lei, conforme preceitua o art. 176, § 1º.[42]

A mineração em terras indígenas também foi regulada pela Carta de 1988, no seu art. 231, § 3º, combinado com o art. 49, XVI, dispondo que a pesquisa e a lavra de riquezas minerais nas referidas terras só podem ser efetivadas com autorização do Congresso Nacional, ouvidas as comunidades afetadas, ficando-lhes assegurada participação nos resultados da lavra, na forma da lei. E mais, a mineração nessas terras, como também em faixa de fronteira, deve ser realizada de acordo com as condições específicas estabelecidas em lei.

A servidão sobre prédios vizinhos a obras ou imóveis tombados no Patrimônio Histórico e Artístico Nacional é mais uma restrição à propriedade privada. Constitui a servidão administrativa pela qual o poder público estabelece normas de proteção às coisas tombadas, impondo aos proprietários dos prédios vizinhos a obrigação negativa de não fazerem construções que impeçam ou reduzam a sua visibilidade, ou prejudiquem seu relevo, e determinando a todos, indistintamente, a proibição de colocar cartazes ou anúncios em seu exterior. Insere-se essa servidão justamente no conceito de tombamento, nos termos do art. 17 do Decreto-Lei nº 25/1937, pelo qual os monumentos, sejam históricos, artísticos ou naturais, continuam com os proprietários, os quais, todavia, estarão impedidos de destruí-los, demoli-los ou mutilá-los, não podendo, inclusive, repará-los ou restaurá-los, sem prévia autorização do Instituto Brasileiro do Patrimônio Cultural – IBPC, que é uma autarquia federal instituída pelo Decreto nº 99.492/1990.

Com o tombamento, inscreve-se o bem – monumento ou obra de caráter histórico, artístico ou natural –, em livros especiais chamados "livros tombos", do Instituto Brasileiro do Patrimônio Cultural – IBPC, destacando-se os seguintes, como principais: o Livro do Tombo Arqueológico, Etnográfico e Paisagístico; o Livro do Tombo Histórico; o Livro do Tombo das Belas-Artes; e o Livro do Tombo das Artes Aplicadas, indicados pelo art. 4º do Decreto-Lei nº 25/1937.

Com esse ato de inscrição considera-se tombado o bem. O Poder Público, previamente, declara de valor histórico, artístico, paisagístico, cultural, ecológico ou científico as coisas que, por essa razão, devem ser preservadas, como explica Hely Lopes Meirelles.[43]

O amparo último está nos arts. 216, incisos e parágrafos, e 216-A da Constituição Federal, considerando como patrimônio cultural brasileiro as obras e os locais que tenham valor histórico ou artístico, os monumentos e as paisagens naturais notáveis, bem como as jazidas arqueológicas, dentre outros bens especificados, e cabendo ao poder público, com a colaboração da comunidade, a proteção e preservação; e definindo o Sistema Nacional de Cultura.

A proteção do patrimônio histórico, isto é, dos bens tombados, e o fundamento jurídico da servidão se encontram no já citado Decreto-Lei nº 25, cujo art. 18 especifica algumas

---

[42] *Direito Minerário e Meio Ambiente*, ob. cit., p. 70.
[43] *Direito de Construir*, 4ª ed., São Paulo, Editora Revista dos Tribunais, 1983, p. 119.

outras restrições, além das apontadas no art. 17: "Sem prévia autorização do Serviço de Patrimônio Histórico e Artístico Nacional, não se poderá, na vizinhança da coisa tombada, fazer construção que lhe impeça ou reduza a visibilidade, nem nela colocar anúncios ou cartazes, sob pena de ser mandada destruir a obra ou retirar o objeto, impondo-se, neste caso, a multa de cinquenta por cento do valor do mesmo objeto".

A servidão nessas áreas nasce com o estabelecimento de normas, às quais todos os proprietários são obrigados a obedecer, dentro de uma determinada faixa em torno dos bens tombados, área esta que a legislação paulista fixou em trezentos metros (Decreto estadual nº 13.426, de 16.03 1979, arts. 137 e 138).

O próprio poder municipal pode tomar a iniciativa de estabelecer áreas ou prédios de preservação histórica, impedindo inclusive a sua demolição, desde que seja para preservar a memória da cidade. Neste sentido, assentou o Supremo Tribunal Federal: "Limitação administrativa. Prédio considerado unidade de interesse de preservação por decreto do prefeito municipal de Curitiba. Limitação genérica, gratuita e unilateral ao exercício direto dos proprietários, em prol da memória da cidade, que tem base no parágrafo único do art. 180 da CF. Recusa de autorização para a demolição que não importa afronta ao direito de propriedade. Recurso não conhecido".

No corpo do acórdão, destaca-se a seguinte fundamentação: "Na verdade, o direito de propriedade sofre limitações, restrições e servidões administrativas, uma vez que o direito de propriedade não é mais concebido como um direito subjetivo absoluto, tendo sua fonte e seu fim unicamente na satisfação de necessidades egoísticas, pois é protegido no quadro dos interesses gerais. Cretella Júnior assinala que 'o exercício dos direitos de um proprietário pode chocar-se com um exercício de outros direitos, o que permite distinguir, em cada propriedade, um âmbito interno, sobre o qual convergem outros direitos, disciplinados pelo Estado... Por isso, ao passo que o direito civil de propriedade confere ao titular um por cento, vamos dizer, dos *jus utendi*, *jus fruendi* e *jus abutendi*, o direito público de propriedade, que considera o bem dentro de um conjunto maior, vai reduzindo o *quantum* daquela fruição, porque observa a totalidade dos direitos de propriedade, bem como a necessidade pública, a utilidade pública e o interesse social. A consideração social dos direitos de propriedade gera o quadro jurídico das restrições ou limitações proclamadas pelo Estado na esfera do poder de polícia' (*RDA*, 112/51).

No caso vertente, não tendo havido tombamento, que coloca sob a proteção especial do poder público os prédios de valor histórico, não há de cuidar de restrições a direito dos proprietários. Trata-se, sim, de uma limitação, que é uma imposição geral, gratuita e unilateral, condicionadora do exercício daqueles direitos. Entende-se que essa limitação vise a que se não desfigure, ou mesmo destine o prédio que concorra para marcar a memória da cidade".[44]

Nas zonas circunvizinhas e próximas aos aeródromos, em vista do pouso e da decolagem das aeronaves, também existem limitações ao uso da propriedade. Isto especialmente no tocante a edificações, culturas agrícolas e objetos de natureza permanente ou temporária, que possam embaraçar as manobras de aeronaves, ou causar interferências nos sinais de auxílio à radionavegação, ou dificultar a visibilidade de pontos para a aterrissagem ou a decolagem. As restrições serão estabelecidas pelas autoridades aeronáuticas competentes, após aprovação dos órgãos relacionados à navegação aérea. É o que está disciplinado nos arts. 43 a 46 do vigente Código Brasileiro de de Aeronáutica (Lei nº 7.565/1986, com as alterações da Lei nº 13.133/2015).

---

[44] *Recurso Extraordinário* nº 114.468-8, PR, 2ª Turma do Supremo Tribunal Federal, julgado em 03.05.1988, em *Revista dos Tribunais*, 632/242.

Esclareça-se que aeródromo é toda área destinada a pouso, decolagem e movimentação de aeronaves.

As limitações exigíveis restringem-se aos aeroportos ou campos de pouso públicos, neles incluídos os militares. Ficam excluídos os aeródromos privados ou particulares. As áreas úteis ou necessárias não só para a construção de tais aeródromos, mas também as circunvizinhas, com as restrições no pertinente aos prédios e outras utilizações, deverão ser adquiridas pelos interessados através dos caminhos comuns, isto é, da compra e venda, da troca ou da doação.

No caso dos aeródromos públicos, as limitações impostas em áreas próximas, ou que se estendem até certa distância, constituem servidões administrativas e não desapropriações. Caberá indenização não pelo impedimento do uso, mas em vista dos prejuízos que suportará o proprietário, e desde que não surja a limitação após a aquisição do imóvel. Além disso, a prova envolverá a demonstração dos prejuízos originados, consoante manifestação pretoriana: "Na constituição de servidões administrativas não ocorre propriamente ocupação, mas mero uso público, que não exclui o uso pelo proprietário do bem, desde que compatível. Destarte, não ocorrendo ocupação causadora de perda da posse do imóvel, o proprietário deve ser ressarcido apenas pelos prejuízos causados pela servidão, não havendo que se falar em frutos perdidos em decorrência da instituição da serventia, pois o imóvel continua a ser também utilizado pelo proprietário. Daí o não cabimento de condenação em juros compensatórios".

Extraem-se do voto do relator as seguintes assertivas: "Na servidão administrativa não se verifica a transmissão da propriedade, porque o ônus imposto pela administração é meramente de uso público... Na desapropriação haverá sempre indenização; na servidão administrativa só se verificará ressarcimento quando houver prejuízo para o particular. Não havendo prejuízo, não terá lugar a indenização".[45]

Conhecem-se, ainda, as restrições militares, impostas sobre as áreas vizinhas dos estabelecimentos militares, com o objetivo de dar segurança e facilitar as ações, manobras e locomoções das unidades aquarteladas. Em todos os países há regulamentos que determinam tais cerceamentos, verificando-se casos em que as próprias atividades humanas são discriminadas.

No Brasil, entre outros mandamentos, foi editado o Decreto nº 26.959/1949, rezando o art. 11: "Para as fortalezas e os fortes existentes na data da aprovação deste regulamento, no que se refere aos terrenos de propriedade particular legítima, acaso localizados junto ou em torno deles, e sobre os quais o Ministério da Guerra exerça o direito da servidão previsto no Código Civil e nas leis especiais, em vigor, inclusive o direito de fiscalização e policiamento, autorizado pelo item IV do laudo aprovado pelo Decreto-Lei nº 1.763, de 10.11.1939, para evitar o uso da propriedade particular em prejuízo dos interesses da defesa nacional, e a prerrogativa de fixação de gabaritos para construções nos termos dos Decretos-Leis nº 3.437 (geral), nº 5.062 (Fortaleza de São João), nº 4.541 e nº 8.264 (Fortes Copacabana e Duque de Caxias), respectivamente de 17.07.1941, 10.12.1942, 31.07.1942 e 01.12.1945".

Consta deste regulamento que a construção, reconstrução ou benfeitorias dependem de audiência do Ministério da Guerra, obedecendo gabaritos previamente fixados.

A servidão abrange uma extensão de 1.320 metros a partir do exterior das fortificações.

Admitem-se, outrossim, servidões em favor de fontes de águas minerais, termais ou gasosas, com a finalidade de proteger as mesmas e possibilitar a exploração econômica.

---

[45] *Apel. Cível* nº 113.013-2, 9ª Câm. Cível do Tribunal de Justiça de São Paulo, em *Revista dos Tribunais*, 616/86.

Prescreve o art. 12 do Código de Águas Minerais, introduzido pelo Decreto-Lei nº 7.841/1945: "Às fontes de água mineral, termal ou gasosa, em exploração regular, poderá ser assinalado, por decreto, um perímetro de proteção, sujeito a modificações posteriores se novas circunstâncias surgirem".

O perímetro varia segundo a fonte. Para as fontes do Município de São Lourenço, situado no Estado de Minas Gerais, o Decreto Federal nº 75.700/1975, fixou uma área de 17,4720 hectares. Os imóveis localizados no interior do perímetro submetem-se a várias restrições, em benefício da coisa dominante, ou seja, dos mananciais, cursos, reservatórios, fontes de água minerais, termais ou gasosas. Os projetos de construção e exploração devem obedecer a orientação emanada de órgãos metropolitanos competentes.

Comuns são as limitações impostas à propriedade imobiliária urbana, no pertinente ao alinhamento e recuo dos prédios. Expõe Sérgio Andréa Ferreira:

> O limite entre o logradouro público e a propriedade imobiliária lindeira dá-se pelo alinhamento, que, quando formal, é aprovado pela Administração Pública. Sua alteração conduz ao aumento ou diminuição do logradouro e, em consequência, o fenômeno inverso com relação à propriedade limítrofe, fazendo surgir as figuras do recuo, que é a incorporação ao logradouro público de área de terreno adjacente para o fim de execução de projeto de urbanização, alinhamento ou modificação deste, e da investidura, incorporação à propriedade adjacente a logradouro público de área integrante desse, em razão de alinhamento ou modificação deste, área que não possa ter utilização autônoma, em decorrência de sua área, dimensões, formato ou localização.[46]

Como já se referiu, nem sempre são indenizáveis as limitações administrativas. Segundo foi decidido, a indenização impõe-se se resultar limitação no direito do uso, gozo, ou disposição do bem: "Limitação administrativa ao uso do solo. Área de proteção a mananciais, cursos e reservatórios de água. Restrições impostas em função de interesse público geral e abstrato que não limitem a plenitude da faculdade de uso e gozo do bem pelo proprietário. Inocorrência de instituição de servidão. Indenização não devida". No voto, é ressaltado o seguinte: "Infere-se, claramente, que a indenização somente será devida na hipótese de limitação administrativa que se imponha em função de um interesse específico da entidade pública, restritivo da plenitude da faculdade do uso e do gozo, pelo proprietário, de seu bem (...) A mera limitação administrativa visando a disciplinar o uso do solo para a proteção dos mananciais, não afetando o direito de propriedade, não reclama qualquer tipo de indenização".[47]

10.11.3. Limitações de interesse particular

Cuida-se de limitações que interessam mais ao campo do direito civil, afetando sobretudo o uso da propriedade. Preponderam a finalidade social que deve revestir a propriedade e a harmonia jurídica entre as pessoas, de molde a que os direitos privados possam coexistir pacificamente.[48] Neste sentido, têm relevância os direitos de vizinhança, como se verá adiante.

---

[46] *Direito de Propriedade e as Limitações e Ingerências Administrativas*, São Paulo, Editora Revista dos Tribunais, 1980, pp. 78 e 79.

[47] *Embargos Infringentes na Apel. Cível nº 84.394-1, 5ª Câm. Cível do Tribunal de Justiça de São Paulo*, julgados em 2.06.1988, em *Revista dos Tribunais*, 633/55.

[48] Orlando Gomes, *Direitos Reais*, tomo 1º, ob. cit., p. 164.

Os vizinhos sofrem restrições, vedando-se que usem suas propriedades de modo a prejudicar as dos outros. Não pode o vizinho fazer o que entender em seu domínio, sem considerar as repercussões na propriedade contígua ou próxima. Assim, não lhe é facultado canalizar as águas para o prédio inferior, nem erguer uma parede que venha a obstruir a claridade do prédio erguido ao lado, ou impeça a servidão de luz, já constituída.

Washington de Barros Monteiro aponta alguns exemplos: "São inúmeras e dentre as principais podem ser indicadas as seguintes: a) as relações decorrentes do direito de vizinhança (Cód. Civil, arts. 554 a 588); b) as servidões prediais (arts. 695 a 712); c) as disposições protetoras da família, como as que impossibilitam as doações de cônjuge adúltero ao seu cúmplice (art. 1.177); d) as que cominam pena de nulidade para a doação de todos os bens, sem reserva de parte, ou renda suficiente para a subsistência do doador (art. 1.175)".[49]

Anote-se que, relativamente ao Código vigente, os acima referidos arts. 554 a 588 do Código Civil de 1916 equivalem aos arts. 1.277 a 1.313; os arts. 695 a 712, aos arts. 1.378 a 1.389; o art. 1.177 ao art. 550; e o art. 1.175 ao art. 548.

Ao proprietário se permite estabelecer limitações, especialmente quando instituem sobre o bem um direito real. É a hipótese da venda ou doação com reserva de domínio. Igualmente no usufruto o titular do domínio sofre a limitação quanto ao uso. Explica Arnoldo Wald: "As limitações voluntárias abrangem a criação de direitos reais limitados sobre a coisa alheia (usufruto, servidão, uso, habitação etc.) e o estabelecimento de certas cláusulas resolutórias, em virtude das quais o domínio perde o seu caráter perpétuo (fideicomisso previsto no Código Civil, art. 1.733, venda com reserva de domínio, alienação fiduciária etc.)".[50]

O art. 1.733 citado no texto corresponde ao art. 1.951 do Código em vigor.

Resolve o proprietário, ao transmitir o bem, impor certas limitações, que o acompanharão para sempre ou durante algum tempo. De modo especial, comum as transmissões feitas com encargos, como nas doações. O adquirente assume compromissos, de cujo cumprimento depende a eficácia da transferência.

Conhecem-se as seguintes formas de impor encargos e restrições:

a) O testamento, onde vem inserida a obrigação de transferir o herdeiro ou favorecido a herança ou o legado para uma pessoa especificada. Nota-se, aí, uma restrição à propriedade, que se torna restrita e resolúvel, caso não cumprida a obrigação. Admite-se, ainda, se insiram a inalienabilidade, a incomunicabilidade e a impenhorabilidade durante certo tempo ou a vida toda.

A inalienabilidade define-se como a restrição que incide no imóvel, impedindo a sua alienação, durante um lapso temporal ou por toda a vida do beneficiado.

Permitia o Código Civil de 1916 a fixação de restrições no testamento, segundo os arts. 1.676 e 1.723. As restrições estabelecidas nesses dispositivos, no entanto, não aparecem no Código vigente, no art. 1.848, que traz outras, em caso de justa causa, como a da inalienabilidade, a da impenhorabilidade e a da incomunicabilidade.

Enquanto vigorar a restrição, é vedada a alienação. Mas a cláusula não se perpetua. Perdura por certo tempo, ou pela vida toda, até sobrevir a morte.

---

[49] *Curso de Direito Civil – Direito das Coisas*, ob. cit., p. 98.

[50] *Curso de Direito Civil Brasileiro – Direito das Coisas*, 5ª ed., São Paulo, Editora Revista dos Tribunais, 1985, p. 112.

Permite-se, mesmo com a cláusula, a alienação do bem em certas circunstâncias, desde que se obtenha a autorização judicial, transferindo-se o ônus para outro bem, que obrigatoriamente há de ser adquirido, e que substituirá o anterior, segundo o § 2º do art. 1.848 do Código em vigor. É o que se denomina de sub-rogação de cláusula onerosa, a qual passa a gravar um novo bem.

A incomunicabilidade e a impenhorabilidade decorrem da inalienabilidade, pois se um bem é inalienável não poderá comunicar-se porque deve continuar exclusiva a propriedade. De igual modo, impede-se a penhora, em que a venda em hasta pública, por efeito de uma execução, não deixa de ser uma alienação.

Assim, não é de rigor se incluam no contrato as três cláusulas. A inalienabilidade envolve as outras duas, que particularizam aquela. Pela incomunicabilidade, o bem permanecerá no patrimônio do beneficiado, estabelecendo expressamente a Súmula nº 49, de 1963, do Supremo Tribunal Federal que é subentendida pela cláusula de inalienabilidade: "A cláusula de inalienabilidade inclui a incomunicabilidade de bens".

Pela impenhorabilidade, o bem gravado não pode ser objeto de penhora, por dívidas contraídas pelo seu titular.

As cláusulas constarão averbadas no Registro de Imóveis, para valerem perante terceiros, pois a presunção é de que os imóveis são livres no patrimônio de seu titular. A Lei dos Registros Públicos, no art. 167, inc. II, nº 11, prevê expressamente a averbação a seguir do registro.

De ressaltar, outrossim, que a restrição não se estende aos rendimentos ou frutos dos bens gravados. Dá Caio Mário da Silva Pereira a razão: "Retirada ao *dominus* a faculdade de dispor dos frutos da coisa, além de se lhe recusar a sua disponibilidade, a propriedade se esvazia de conteúdo a tal ponto que se converte em nada. Além disso, sob o aspecto social é inconveniente, porque o bem que não pode ser alienado e de que se não utilizam os frutos, é elemento negativo como riqueza coletiva".[51]

De modo que impenhorabilidade do imóvel não abrangerá os rendimentos ou frutos, que ficam sujeitos à constrição judicial da penhora, o que é frequente em casos como o de penhora de aluguéis, e mesmo das produções no imóvel existentes.

Aliás, as restrições das cláusulas implantadas em favor do proprietário, que a lei assegura, não podem transcender a substância ou os elementos fundamentais da propriedade. Não abrangem os direitos pessoais que se originam do bem. Até a capacidade produtiva e as rendas produzidas sujeitam-se à penhora.

b) A doação, pela qual é comum virem disseminados encargos a serem cumpridos, e que tornam resolúvel a propriedade, caso não houver cumprimento. É o que transparece do art. 540 do Código Civil: "A doação feita em contemplação do merecimento do donatário não perde o caráter de liberalidade, como o não perde a doação remuneratória, ou a gravada, no excedente ao valor dos serviços remunerados, ou do encargo imposto". A inalienabilidade e a incomunicabilidade e outras cláusulas, se inseridas no ato, tornam inalienável ou incomunicável o bem. O titular do mesmo fica limitado no poder de dispor.

c) A compra e venda, quando as partes resolvem inserir no contrato cláusulas limitativas do poder de dispor, como no caso da retrovenda. O poder de dispor paralisa-se por certo tempo porque o vendedor reserva para si o direito de recobrar, durante um prazo determinado, a devolução do mesmo imóvel, restituindo o preço recebido e

---

[51] *Instituições de Direito Civil*, vol. IV, ob. cit., p. 105.

as despesas havidas pelo adquirente. A limitação refere-se, pois, ao comprador, que não poderá alienar o imóvel enquanto vige o prazo que possibilita o vendedor a readquiri-lo.

Através da cláusula da preempção ou preferência, impõe-se ao comprador a obrigação de oferecer ao vendedor a coisa que aquele vai vender, ou dar em pagamento, para que este use de seu direito de prelação na compra, tanto por tanto.

Faculta-se às partes inserir, igualmente, a cláusula de melhor comprador na compra e venda, pela qual o contrato fica desfeito se, dentro de certo prazo, aparecer quem ofereça maior vantagem.

10.11.4. Limitações de interesse público

Distingue-se daquela de interesse administrativo, visto instituídas estas por leis especiais que limitam o uso da propriedade em alguns aspectos, em face de bens e valores públicos, culturais e coletivos que necessitam de uma proteção especial, em grau superior à propriedade privada.

As limitações de interesse público afetam mais profundamente o direito de propriedade. Observa Arnoldo Wald: "O Estado cerceia a plenitude do direito de propriedade por certas emanações de sua soberania que são a tributação, a desapropriação e a requisição".[52]

Assim, quanto à tributação, ingressa-se na imposição do pagamento de imposto, reservado às pessoas jurídicas de direito público, distribuída a competência à União, aos Estados e aos municípios, segundo a discriminação direcionada pela Constituição Federal.

Certamente, a tributação corresponde a um ônus que deve suportar o proprietário, porquanto qualquer obrigação que derive do imóvel constitui uma restrição nele incidente.

A limitação mais forte consiste na desapropriação em caso de necessidade ou utilidade pública, e de interesse social, cuja legislação compete à União emitir (art. 22, inc. II, da Carta Constitucional). Sendo por necessidade ou utilidade pública, o ato desapropriatório é da competência da União, dos Estados e dos Municípios, mas restringindo-se unicamente àquela o poder em se tratando de desapropriação por interesse social, para fins de reforma agrária, de imóvel rural que não esteja cumprindo sua função social (art. 184 da Constituição Federal).

Regula a matéria principalmente o Decreto-Lei nº 3.365, de 21.06.1941, atualizado por vários diplomas posteriores, como o Decreto-Lei nº 4.152, de 06.03.1941; o Decreto-Lei nº 9.811, de 09.09.1946; a Lei nº 2.686, de 21.05.1956; a Lei nº 4.132, de 10.09.1962; a Lei nº 4.686, de 21.06.1965; o Decreto-Lei nº 856, de 11.09.1969; o Decreto-Lei nº 1.075, de 22.01.1970; a Lei nº 6.306, de 15.12.1975; a Lei nº 6.602, de 07.12.1978; a Lei nº 6.071, de 03.04.1974; a Medida Provisória nº 2.183; a Lei nº 9.785, de 29.01.1999; a Lei 11.977, de 07.07.2009; a Lei nº 12.873, de 24.10.2013; e a Lei nº 13.465, de 11.07.2017.

Define-se a desapropriação como o ato pelo qual o Estado se substitui ao particular no domínio do bem, mediante o pagamento de justa indenização.

Não se trata propriamente de restrição, mas sim de perda da propriedade privada. Por este meio, fica o particular sem o bem de que é proprietário, o qual transfere-se ao expropriante.

O direito privado, em tal situação, cede diante do interesse coletivo, tanto que nem poderá opor-se seu titular ao ato, se expedido regularmente.

---

[52] *Curso de Direito Civil Brasileiro – Direito das Coisas*, ob. cit., p. 109.

10.11.5. Limitações florestais e de outras formas de vegetação nativa

A sina do povo brasileiro, por sua formação e origem, merece o anátema da condenação universal por sua vocação histórica de destruir a natureza.

Aliás, não é sem razão.

Ao Brasil eram degredados os depredadores de árvores em Portugal.

Constava o Título 75, 5º Livro, das ordenações Filipinas:

> Ao que cortar árvore de fructo, em qualquer parte que estiver, pagará a estimação dela a seu dono em tresdobro. E se o dano, que assi fizer nas árvores for valia de quatro mil réis, será açoutado e degredado quatro anos para a África.
>
> E se for valia de trinta cruzados, e dahí para cima, será degredado para sempre para o Brasil.

Talvez haja aí um atavismo herdado daqueles portugueses degredados.

Mas é engano pensar que esta tradição marca apenas os descendentes de lusos. A exploração irracional dos recursos naturais atinge todas as formações étnicas. Assim, a devastação dizimou a mata atlântica. Os colonizadores de origem italiana e alemã terminaram com as florestas do Paraná, do Mato Grosso e do Mato Grosso do Sul. Presentemente, esse processo de devastação prossegue aceleradamente na região amazônica.

No direito florestal, que abrange o ambiental, encontram-se várias restrições, assinaladas presentemente pela Lei nº 12.651/2012, alterada pelas Leis nº 12.727/2012, nº 13.295/2016, nº 13.335/2016, nº 13.465/2017 e nº 13.887/2019, denominada Código Florestal ou Lei de Proteção da Vegetação Nativa, que substituiu o Código Florestal anterior, editado pela Lei nº 4.771/1965.

10.11.5.1. Ações de proteção das florestas e demais formas de vegetação nativa

No art. 1º-A, e em seus incisos, constam previstas as ações de proteção das florestas e demais tipos de vegetação nativa:

> Art. 1º-A. Esta Lei estabelece normas gerais sobre a proteção da vegetação, áreas de Preservação Permanente e as áreas de Reserva Legal; a exploração florestal, o suprimento de matéria-prima florestal, o controle da origem dos produtos florestais e o controle e prevenção dos incêndios florestais, e prevê instrumentos econômicos e financeiros para o alcance de seus objetivos. (Incluído pela Lei nº 12.727, de 2012).
>
> Parágrafo único. Tendo como objetivo o desenvolvimento sustentável, esta Lei atenderá aos seguintes princípios: (Incluído pela Lei nº 12.727, de 2012).
>
> I – afirmação do compromisso soberano do Brasil com a preservação das suas florestas e demais formas de vegetação nativa, bem como da biodiversidade, do solo, dos recursos hídricos e da integridade do sistema climático, para o bem-estar das gerações presentes e futuras; (Incluído pela Lei nº 12.727, de 2012).
>
> II – reafirmação da importância da função estratégica da atividade agropecuária e do papel das florestas e demais formas de vegetação nativa na sustentabilidade, no crescimento econômico, na melhoria da qualidade de vida da população brasileira e na presença do País nos mercados nacional e internacional de alimentos e bioenergia; (Incluído pela Lei nº 12.727, de 2012).

III – ação governamental de proteção e uso sustentável de florestas, consagrando o compromisso do País com a compatibilização e harmonização entre o uso produtivo da terra e a preservação da água, do solo e da vegetação; (Incluído pela Lei nº 12.727, de 2012).

IV – responsabilidade comum da União, Estados, Distrito Federal e Municípios, em colaboração com a sociedade civil, na criação de políticas para a preservação e restauração da vegetação nativa e de suas funções ecológicas e sociais nas áreas urbanas e rurais; (Incluído pela Lei nº 12.727, de 2012).

V – fomento à pesquisa científica e tecnológica na busca da inovação para o uso sustentável do solo e da água, a recuperação e a preservação das florestas e demais formas de vegetação nativa; (Incluído pela Lei nº 12.727, de 2012).

VI – criação e mobilização de incentivos econômicos para fomentar a preservação e a recuperação da vegetação nativa e para promover o desenvolvimento de atividades produtivas sustentáveis. (Incluído pela Lei nº 12.727, de 2012).

Não existe direito líquido e certo de explorar florestas, arrancar árvores e causar danos à cobertura vegetal, dada a qualidade de bens do interesse comum de todos os habitantes do País (art. 2º). Por isso, o direito do proprietário de usar e dispor livremente de coisa sua sofre as limitações estabelecidas na legislação especial, que visa preservar as riquezas florestais e ambientais.

O art. 1º-A da Lei 12.651/2012 (Novo Código Florestal), com a redação alterada pela Lei 12.727/2012, passou a deixar claro que a proteção não se dá apenas em relação às florestas, mas em relação à *vegetação*. Leciona Paulo Affonso Leme Machado: "Na definição legal de florestas de preservação permanente estão abrangidas não só as florestas, como as demais formas de vegetação nativa ou vegetação existente sem a intervenção do homem. Vegetação natural é a que pertence à natureza".[53] As florestas constituem uma forma de vegetação nativa, como se retira do *caput* do art. 1º-A acima transcrito.

De concluir, então, desimportar o tipo de cobertura vegetal, incidindo a proteção tanto nas florestas de grande ou médio porte, como nas formas de arbustos, capões, capinzais, desde que fixadas em áreas de preservação permanente. Aliás, segundo o art. 4º e seus vários incisos, como se verá logo abaixo, nem se exige que haja vegetação nativa para a caracterização de área de preservação permanente.

Em vista de situações específicas que envolvem o assunto, passam a ser tratadas matérias correlatas em itens destacados.

10.11.5.2. *Áreas de preservação permanente*

No art. 4º, com os acréscimos da Lei nº 12.727/2012, vêm arroladas várias situações que comportam a preservação permanente de florestas ou demais formas de vegetação nativa, impedindo a sua derrubada ou o aproveitamento comum:

Art. 4º Considera-se Área de Preservação Permanente, em zonas rurais ou urbanas, para os efeitos desta Lei:

I – as faixas marginais de qualquer curso d'água natural perene e intermitente, excluídos os efêmeros, desde a borda da calha do leito regular, em largura mínima de: (Redação dada pela Lei nº 12.727/2012.)

---

[53] *Direito Ambiental Brasileiro*, 2ª ed., São Paulo, Editora Revista dos Tribunais, 1989, p. 338.

a) 30 (trinta) metros, para os cursos d'água de menos de 10 (dez) metros de largura;

b) 50 (cinquenta) metros, para os cursos d'água que tenham de 10 (dez) a 50 (cinquenta) metros de largura;

c) 100 (cem) metros, para os cursos d'água que tenham de 50 (cinquenta) a 200 (duzentos) metros de largura;

d) 200 (duzentos) metros, para os cursos d'água que tenham de 200 (duzentos) a 600 (seiscentos) metros de largura;

e) 500 (quinhentos) metros, para os cursos d'água que tenham largura superior a 600 (seiscentos) metros;

II – as áreas no entorno dos lagos e lagoas naturais, em faixa com largura mínima de:

a) 100 (cem) metros, em zonas rurais, exceto para o corpo d'água com até 20 (vinte) hectares de superfície, cuja faixa marginal será de 50 (cinquenta) metros;

b) 30 (trinta) metros, em zonas urbanas;

III – as áreas no entorno dos reservatórios d'água artificiais, decorrentes de barramento ou represamento de cursos d'água naturais, na faixa definida na licença ambiental do empreendimento; (Redação dada pela Lei nº 12.727/2012.)

IV – as áreas no entorno das nascentes e dos olhos d'água perenes, qualquer que seja sua situação topográfica, no raio mínimo de 50 (cinquenta) metros; (Redação dada pela Lei nº 12.727/2012.)

V – as encostas ou partes destas com declividade superior a 45°, equivalente a 100% (cem por cento) na linha de maior declive;

VI – as restingas, como fixadoras de dunas ou estabilizadoras de mangues;

VII – os manguezais, em toda a sua extensão;

VIII – as bordas dos tabuleiros ou chapadas, até a linha de ruptura do relevo, em faixa nunca inferior a 100 (cem) metros em projeções horizontais;

IX – no topo de morros, montes, montanhas e serras, com altura mínima de 100 (cem) metros e inclinação média maior que 25°, as áreas delimitadas a partir da curva de nível correspondente a 2/3 (dois terços) da altura mínima da elevação sempre em relação à base, sendo esta definida pelo plano horizontal determinado por planície ou espelho d'água adjacente ou, nos relevos ondulados, pela cota do ponto de sela mais próximo da elevação;

X – as áreas em altitude superior a 1.800 (mil e oitocentos) metros, qualquer que seja a vegetação;

XI – em veredas, a faixa marginal, em projeção horizontal, com largura mínima de 50 (cinquenta) metros, a partir do espaço permanentemente brejoso e encharcado. (Redação dada pela Lei nº 12.727/2012.)

10.11.5.2.1. Tratamento para situações especiais

Os parágrafos do art. 4º da Lei nº 12.651, com as alterações da Lei nº 12.727/2012, aportam tratamentos especiais a certas situações, destacando-se as que seguem.

Pelo § 1º, não será exigida Área de Preservação Permanente no entorno de reservatórios artificiais de água que não decorram de barramento ou represamento de cursos d'água naturais.

Por sua vez, o § 4º dispensa a reserva da faixa de proteção prevista nos incisos II e III do *caput* do art. 4º nas acumulações naturais ou artificiais de água com superfície inferior a

1 (um) hectare, vedando-se nova supressão de áreas de vegetação nativa, salvo autorização do órgão ambiental competente do Sistema Nacional do Meio Ambiente – Sisnama.

Na pequena propriedade ou posse rural familiar definida no inc. V do art. 3º (aquela explorada mediante o trabalho pessoal do agricultor familiar e empreendedor familiar rural, incluindo os assentamentos e projetos de reforma agrária), nos termos do § 5º, permite-se o plantio de culturas temporárias e sazonais de vazante de ciclo curto na faixa de terra que fica exposta no período de vazante dos rios ou lagos, desde que não implique supressão de novas áreas de vegetação nativa, seja conservada a qualidade da água e do solo e seja protegida a fauna silvestre.

O § 6º autoriza, nos imóveis rurais com até quinze módulos fiscais, desde que envolvam as áreas de que tratam os incisos I e II do *caput* do art. 4º (como faixas marginais de qualquer curso d'água natural e áreas no entorno dos lagos e lagoas naturais) a prática da aquicultura e a infraestrutura física diretamente a ela associada, desde que:

I – sejam adotadas práticas sustentáveis de manejo de solo e água e de recursos hídricos, garantindo sua qualidade e quantidade, de acordo com norma dos Conselhos Estaduais de Meio Ambiente;

II – esteja de acordo com os respectivos planos de bacia ou planos de gestão de recursos hídricos;

III – seja realizado o licenciamento pelo órgão ambiental competente;

IV – o imóvel esteja inscrito no Cadastro Ambiental Rural – CAR.

V – não implique novas supressões de vegetação nativa.

O § 10 dá autonomia aos planos diretores e leis municipais de uso do solo para a disciplina de áreas urbanas (as compreendidas nos perímetros urbanos definidos por lei municipal, e nas regiões metropolitanas e aglomerações urbanas), mas desde que não envolvam as faixas marginais de qualquer curso d'água natural que delimitem as áreas da faixa de passagem de inundação, cumprindo, porém, que seja respeitado o disposto no art. 4º, isto é, não podendo haver modificação das medidas, extensões e áreas que vêm arroladas nos incisos do referido dispositivo: "No caso de áreas urbanas, assim entendidas as compreendidas nos perímetros urbanos definidos por lei municipal, e nas regiões metropolitanas e aglomerações urbanas, observar-se-á o disposto nos respectivos Planos Diretores e Leis Municipais de Uso do Solo, sem prejuízo do disposto nos incisos do *caput*".

O art. 5º e seus parágrafos, em texto da Lei nº 12.727/2012, tratam de áreas de preservação permanente na implantação de reservatórios de água artificial, o que deve se estender, também, para as barragens que são construídas. É obrigatória a instituição, pelo empreendedor, através de servidão ou desapropriação, de faixa mínima de trinta metros e máxima de ccm metros em área rural, e de faixa mínima de quinze metros e máxima de trinta metros em área urbana. Para a implantação dos reservatórios, é necessária a elaboração de Plano Ambiental de Conservação e Uso do Entorno do Reservatório, acompanhado do Plano Básico Ambiental, com a devida aprovação pelo SISNAMA.

10.11.5.2.2. Criação de áreas de preservação permanente

O art. 6º da Lei nº 12.651/2012 oportuniza ao Chefe do Poder Executivo, através de declaração de interesse social, a criação de outras faixas de preservação permanente, se cobertas com florestas ou outras formas de vegetação, e desde que destinadas a uma ou mais das seguintes finalidades:

Cap. X • A PROPRIEDADE | 197

I – conter a erosão do solo e mitigar riscos de enchentes e deslizamentos de terra e de rocha;

II – proteger as restingas ou veredas;

III – proteger várzeas;

IV – abrigar exemplares da fauna ou da flora ameaçados de extinção;

V – proteger sítios de excepcional beleza ou de valor científico, cultural ou histórico;

VI – formar faixas de proteção ao longo de rodovias e ferrovias;

VII – assegurar condições de bem-estar público;

VIII – auxiliar a defesa do território nacional, a critério das autoridades militares.

IX – proteger áreas úmidas, especialmente as de importância internacional.

10.11.5.2.3. Regime de proteção das áreas de preservação permanente

Em princípio, não se pode alterar as áreas de preservação permanente, em obediência ao art. 7º da Lei nº 12.651/2012. Na hipótese de haver sido suprimida a vegetação, está o proprietário ou possuidor a qualquer título obrigado a promover a sua recomposição, como impõe o § 1º do mesmo art. 7º, ressalvados os casos que permite a lei. A obrigação de recompor acompanha o imóvel, assumindo-a o adquirente em se verificando a transmissão, sendo, pois, de natureza real, conforme estabelece o § 2º.

As supressões não autorizadas, acontecidas após 22 de julho de 2008, importam em vedação de concessão de novas autorizações de supressão de vegetação enquanto não se der a recomposição, nos termos do § 3º do art. 7º.

O art. 8º aponta para as hipóteses permitidas de supressão da vegetação nativa: somente em áreas de utilidade pública, de interesse social ou de baixo impacto ambiental. Todavia, a supressão de vegetação nativa protetora de nascentes, dunas e restingas fica restrita ao caso de utilidade pública (§ 1º).

Admite-se excepcionalmente a intervenção ou supressão nativa em área de preservação permanente de que tratam os incisos VI e VII do *caput* do art. 4º (de restingas, como fixadoras de dunas ou estabilizadoras de mangues, e de manguezais, em toda a sua extensão) em locais onde a função ecológica do manguezal esteja comprometida, para execução de obras habitacionais e de urbanização, inseridas em projetos de regularização fundiária de interesse social, em áreas urbanas consolidadas ocupadas por população de baixa renda (§ 2º do art. 8º).

A restinga enquadra-se como um terreno arenoso e salino, próximo ao mar e coberto de plantas herbáceas características. Pela Resolução do Conama n. 261/1999 constitui um conjunto de ecossistemas compreendendo comunidades vegetais florística e fisionomicamente distintas, situadas em terrenos predominantemente arenosos, de origens marinha, fluvial, lagunar, eólica ou combinações destas, de idade quaternária, em geral com solos pouco desenvolvidos. O inc. XVI do art. 3º da Lei nº 12.651/2012 dá a seguinte definição de restinga: "depósito arenoso paralelo à linha da costa, de forma geralmente alongada, produzido por processos de sedimentação, onde se encontram diferentes comunidades que recebem influência marinha, com cobertura vegetal em mosaico, encontrada em praias, cordões arenosos, dunas e depressões, apresentando, de acordo com o estágio sucessional, estrato herbáceo, arbustivo e arbóreo, este último mais interiorizado".

Conforme art. 3º, inc. XIII, considera-se manguezal o "ecossistema litorâneo que ocorre em terrenos baixos, sujeitos à ação das marés, formado por vasas lodosas recentes ou arenosas, às quais se associa, predominantemente, a vegetação natural conhecida como mangue, com influência fluviomarinha, típica de solos limosos de regiões estuarinas e com dispersão descontínua ao longo da costa brasileira, entre os Estados do Amapá e de Santa Catarina".

Se impuserem obras de urgência por motivos de segurança nacional e de interesse da defesa civil, desde que destinadas à prevenção e mitigação de acidentes em áreas urbanas, dispensa-se a autorização do órgão ambiental competente para a supressão da vegetação em área de preservação permanente (§ 3º do art. 8º).

O acesso de pessoas e animais às áreas de preservação permanente é permitido unicamente para a obtenção de água e para realização de atividades de baixo impacto ambiental que não importar basicamente na supressão da vegetação (art. 9º).

10.11.5.3. *Áreas de uso restrito*

A Lei nº 12.651/2012 introduz, em inovação relativamente ao Código Florestal de 1965, regras sobre o uso restrito de certas áreas, uso este que abrange os pantanais e planícies pantaneiras e alagáveis, ou seja, em áreas de vegetação normalmente rasteira intermeada de extensas concentrações de água. Trata-se de terras alagadas, com maior ou menor intensidade de águas de conformidade com as estações do ano, como se constata nas regiões do sul do Mato Grosso e no noroeste do Mato Grosso do Sul. Há um ecossistema composto de terras com alagamentos periódicos, de campos inundáveis e ambientes aquáticos, como lagoas de água doce ou salobra, rios, vazantes e correntes que serpenteiam entre as terras, sempre em baixa declividade, variando entre um e dois centímetros por quilômetro nas regiões mais baixas e de seis a doze centímetros por quilômetros em áreas consideradas altas. Na época das cheias, que se dá no período das chuvas, ficam as águas retidas, causando extensas inundações, escoando-se nos períodos da seca para outras regiões, quando foram imensos mananciais.

O art. 10 da Lei nº 12.651/2012, em texto da Lei nº 12.727/2012, autoriza o uso controlado e sustentável dos pantanais e em planícies pantaneiras, mas unicamente para finalidades de exploração ecológica, desde que obedecidas as recomendações dos órgãos oficiais de pesquisa. Veja-se a sua redação: "Nos pantanais e planícies pantaneiras é permitida a exploração ecologicamente sustentável, devendo-se considerar as recomendações técnicas dos órgãos oficiais de pesquisa, ficando novas supressões de vegetação nativa para uso alternativo do solo condicionadas à autorização do órgão estadual do meio ambiente, com base nas recomendações mencionadas neste artigo".

De modo que as novas retiradas de vegetação nativa ficam condicionadas à autorização do órgão estadual do meio ambiente, com base nas recomendações técnicas dos organismos oficiais de pesquisa.

Já o art. 11 permite o manejo florestal sustentável e o exercício de atividades agrossilvopastoris, bem como a manutenção da infraestrutura física associada, em áreas com inclinação entre 25° e 45°.

Manejo sustentável corresponde a um sistema de exploração envolvendo um conjunto de técnicas empregadas a colher cuidadosamente parte das árvores maiores, de tal maneira que as menores, a serem colhidas futuramente, sejam protegidas. Com a adoção do manejo, a produção de madeira pode ser contínua ao longo dos anos. É o que se depreende do inc. VII do art. 3º da Lei nº 12.651/2012: "Manejo sustentável: administração da vegetação natural para a obtenção de benefícios econômicos, sociais e ambientais, respeitando-se os mecanismos de sustentação do ecossistema objeto do manejo e considerando-se, cumulativa ou alternativamente, a utilização de múltiplas espécies madeireiras ou não, de múltiplos produtos e subprodutos da flora, bem como a utilização de outros bens e serviços".

Estabelece, por sua vez, o art. 11, acima citado: "Em áreas de inclinação entre 25° e 45°, serão permitidos o manejo florestal sustentável e o exercício de atividades agrossilvipastoris, bem como a manutenção da infraestrutura física associada ao desenvolvimento das atividades, observadas boas práticas agronômicas, sendo vedada a conversão de novas áreas, excetuadas as hipóteses de utilidade pública e interesse social".

Colhe-se da regra, também, que ficam proibidas novas derrubadas de mata, ou a conversão de floresta nativa para uso alternativo do solo, em outras áreas, excepcionadas as hipóteses referidas.

10.11.5.4. *Áreas de reserva legal*

A imposição que levou a instituir a reserva de parte das florestas e demais espécies de vegetação decorreu dos impactos ambientais negativos causados pelo desmatamento continuado, pela redução dos padrões de diversidade preexistentes, pela intensa degradação dos solos agrícolas e pela poluição dos recursos naturais, dentre muitos outros impactos devastadores da natureza – tudo fruto de uma mentalidade inconsequente de que os recursos naturais são inesgotáveis.

A preocupação na preservação de áreas no estado primitivo é antiga, revelando a história que José Bonifácio de Andrada e Silva, o Patriarca da Independência, já propunha uma legislação sobre terras com a determinação de que, em todas as vendas a serem realizadas e sesmarias que se dessem, se inserisse a condição de que os donos e sesmeiros deixassem, para matos e arvoredos, a sexta parte do terreno, que nunca poderia ser derrubada e queimada sem que se fizesse nova plantação de bosques. Entretanto, apesar de toda a evolução das civilizações e da conscientização cultural sobre a preservação, a legislação tem revelado um caráter meramente simbólico, ficando 'apenas no papel', tamanho o desrespeito através do desmatamento.

A compreensão de área de reserva legal, também denominada área de reserva florestal legal, e mais apropriadamente área de reserva ambiental, se extrai do Código Florestal ou Lei de Proteção da Vegetação Nativa (Lei nº 12.651/2012, que substituiu a Lei nº 4.771/1965), em seu art. 3º, inc. III, sendo: "Reserva Legal: área localizada no interior de uma propriedade ou posse rural, delimitada nos termos do art. 12, com a função de assegurar o uso econômico de modo sustentável dos recursos naturais do imóvel rural, auxiliar a conservação e a reabilitação dos processos ecológicos e promover a conservação da biodiversidade, bem como o abrigo e a proteção de fauna silvestre e da flora nativa".

O art. 17 caracteriza a reserva legal como a área que deve ser conservada com a cobertura de vegetação nativa pelo proprietário do imóvel rural, possuidor ou ocupante a qualquer título, pessoa física ou jurídica, de direito público ou privado.

A delimitação do art. 12, mencionada no art. 3º, inc. III, está prevista nos seguintes termos:

> Todo imóvel rural deve manter área com cobertura de vegetação nativa, a título de Reserva Legal, sem prejuízo da aplicação das normas sobre as Áreas de Preservação Permanente, observados os seguintes percentuais mínimos em relação à área do imóvel, excetuados os casos previstos no art. 68 desta Lei:
>
> I – localizado na Amazônia Legal:
>
> a) 80% (oitenta por cento), no imóvel situado em área de florestas;
>
> b) 35% (trinta e cinco por cento), no imóvel situado em área de cerrado;
>
> c) 20% (vinte por cento), no imóvel situado em área de campos gerais;
>
> II – localizado nas demais regiões do País: 20% (vinte por cento).

Por outros termos, corresponde a reserva legal ao espaço territorialmente protegido, destinado a assegurar o direito ao meio ambiente ecologicamente equilibrado, como bem de uso comum do povo e essencial à sadia qualidade de vida. Incide sobre cada propriedade rural, na forma de percentual. O fundamento de sua existência encontra-se no art. 225 e no inc. III de seu § 1º, da Carta Federal, nos seguintes termos:

> Todos têm direito ao meio ambiente ecologicamente equilibrado, bem de uso comum do povo e essencial à sadia qualidade de vida, impondo-se ao Poder Público e à coletividade o dever de defendê-lo e preservá-lo para as presentes e futuras gerações.
>
> § 1º – Para assegurar a efetividade desse direito, incumbe ao Poder Público: (...)
>
> III – definir, em todas as unidades da Federação, espaços territoriais e seus componentes a serem especialmente protegidos, sendo a alteração e a supressão permitidas somente através de lei, vedada qualquer utilização que comprometa a integridade dos atributos que justifiquem sua proteção.

Estão, pois, os proprietários de terras obrigados a reservar uma parte da vegetação natural em sua propriedade, para a finalidade de proteger o ecossistema, ou seja, para manter o uso sustentável dos recursos naturais, para conservar e reabilitar os processos ecológicos, para preservar a biodiversidade e para proteger o abrigo e a proteção da fauna e da flora nativas. Não se confunde com a área de preservação permanente coberta ou não por vegetação nativa, cuja função ambiental é de preservar e proteger os recursos hídricos, a paisagem, a estabilidade geológica, a biodiversidade, o fluxo gênico da fauna e da flora, o solo, de modo a assegurar o bem-estar das populações humanas.

Mediante o registro (ou averbação ao tempo da Lei nº 4.771/1965), é dada publicidade à reserva ambiental ou legal, de sorte que os futuros adquirentes saibam onde se localiza, bem como a extensão, os limites e as confrontações. Uma vez demarcada, fica vedada a alteração de sua destinação, inclusive nos casos de transmissão a qualquer título, de desmembramento e de retificação de área. Daí se depreender que a averbação da reserva florestal não se coloca como pré-requisito para encaminhar qualquer título por transmissão imobiliária *inter vivos* ou *causa mortis* no Registro Imobiliário. Entretanto, para a exploração deve-se providenciar na formalização da reserva legal.

Já a área de preservação permanente prescinde de anotação no Ofício do Registro Imobiliário ou em órgão específico, por se tratar de imposição legal, geral unilateral e gratuita. A própria lei dá publicidade e eficácia necessárias para o seu cumprimento por todos.

Tanto uma como outra espécie enquadram-se no conceito de limitações administrativas, posto que instituídas por lei e impostas pelo Poder Público de forma unilateral, geral e gratuita sobre a propriedade ou posse rural. A imposição de qualquer uma das modalidades não acarreta direito à indenização, diversamente do que acontece com a servidão administrativa, que é imposta pelo Poder Público, através de lei ou de decreto.

Mantém-se a reserva legal na mudança de imóvel rural para urbano, o que se opera mediante lei municipal. Eis a previsão no art. 19 da Lei nº 12.651/2012:

> A inserção do imóvel rural em perímetro urbano definido mediante lei municipal não desobriga o proprietário ou posseiro da manutenção da área de Reserva Legal, que só será extinta concomitantemente ao registro do parcelamento do solo para fins urbanos aprovado segundo a legislação específica e consoante as diretrizes do plano diretor de que trata o § 1º do art. 182 da Constituição Federal.

10.11.5.4.1. Fatores que influem na localização da área de reserva legal

Vários fatores ingressam na localização da área de reserva legal, consoante o art. 14 da Lei nº 12.651/2012:

> A localização da área de Reserva Legal no imóvel rural deverá levar em consideração os seguintes estudos e critérios:
>
> I – o plano de bacia hidrográfica;
>
> II – o Zoneamento Ecológico-Econômico;
>
> III – a formação de corredores ecológicos com outra Reserva Legal, com Área de Preservação Permanente, com Unidade de Conservação ou com outra área legalmente protegida;
>
> IV – as áreas de maior importância para a conservação da biodiversidade; e
>
> V – as áreas de maior fragilidade ambiental.

Caberá, conforme § 1º do mesmo art. 14, ao órgão estadual integrante do SISNAMA ou instituição por ele habilitada aprovar a localização da reserva legal após a inclusão do imóvel no CAR (Cadastro Ambiental Rural).

Ao proprietário ou possuidor basta que encaminhe ao órgão competente o pedido para especificação da área de reserva legal, a teor do § 2º do art. 14: "Protocolada a documentação exigida para análise da localização da área de Reserva Legal, ao proprietário ou possuidor rural não poderá ser imputada sanção administrativa, inclusive restrição a direitos, por qualquer órgão ambiental competente integrante do SISNAMA, em razão da não formalização da área de Reserva Legal".

10.11.5.4.2. Dimensões de áreas a serem preservadas na reserva legal ou ambiental

No art. 12 do novo Código Florestal, ou Lei de Proteção da Vegetação Nativa, modificado pela Lei nº 12.727/2012, vêm discriminadas as extensões de preservação, fixadas de conformidade com os tipos de imóveis, não se incluindo necessariamente no cálculo as áreas de preservação permanente (em alguns casos há a inclusão, como se verá abaixo), nem as sujeitas a regimes especiais de limitações de uso. Estabelece o dispositivo:

> Todo imóvel rural deve manter área com cobertura de vegetação nativa, a título de Reserva Legal, sem prejuízo da aplicação das normas sobre as Áreas de Preservação Permanente, observados os seguintes percentuais mínimos em relação à área do imóvel, excetuados os casos previstos no art. 68 desta Lei:
>
> I – localizado na Amazônia Legal:
>
> a) 80% (oitenta por cento), no imóvel situado em área de florestas;
>
> b) 35% (trinta e cinco por cento), no imóvel situado em área de cerrado;
>
> c) 20% (vinte por cento), no imóvel situado em área de campos gerais;
>
> II – localizado nas demais regiões do País: 20% (vinte por cento).

Cabe esclarecer que a preservação não se restringe às florestas, mas abrange a vegetação nativa, isto é, outra cobertura vegetal.

Os vários percentuais de reserva e a forma de exploração estão definidos em consonância com a localização dos imóveis, admitindo, como se verá adiante, o regime de compensação.

Ao interessado se faculta realizar a vistoria e delimitação da reserva legal por meio de engenheiro devidamente cadastrado no órgão competente. A ele se autoriza que apresente ao mesmo órgão mapas e laudos técnicos elaborados por profissional legalmente competente (engenheiros florestais, engenheiros agrônomos e outros técnicos que comprovem ter habilitação legal para a confecção dos instrumentos ora mencionados), para a definição das reservas legais de propriedades rurais.

Mesmo que o aumento de área decorra de retificação, exige-se sempre a reserva de acordo com os percentuais previstos, conforme já entendia o STJ, ao tempo do Código Florestal anterior, e exemplifica o Recurso Especial nº 831.212/MG, da 3ª Turma, j. em 01.09.2009, *DJe* de 22.09.2009: "Direito ambiental. Pedido de retificação de área de imóvel, formulado por proprietário rural. Oposição do MP, sob o fundamento de que seria necessário, antes, promover a averbação da área de reserva florestal disciplinada pela Lei nº 4.771/65. Dispensa, pelo Tribunal. Recurso especial interposto pelo MP. Provimento. É possível extrair, do art. 16, § 8º, do Código Florestal, que a averbação da reserva florestal é condição para a prática de qualquer ato que implique transmissão, desmembramento ou retificação de área de imóvel sujeito à disciplina da Lei nº 4.771/65".

A imposição de limitações não previstas na lei determina a indenização, pois constituem restrições não determinadas legalmente. Situação frequente verifica-se na criação de parques de preservação. A respeito, decidiu o Superior Tribunal de Justiça (*Recurso Especial* nº 70.412-SP, da 2ª Turma, *DJU* de 24.08.1998: "A criação da Estação Ecológica da Jureia--Itatins, impedindo a exploração de recursos naturais existentes nas áreas por ela abrangida (Lei nº 6.902, de 1981, art. 7º, § 1º, 'b'), implica a indenização das respectivas propriedades, tenha ou não o Estado de São Paulo se apossado fisicamente dos imóveis; situação jurídica que, por si só, mutila a propriedade".[54]

10.11.5.4.3. Condições relativas à constituição de áreas de reserva legal

Os parágrafos do art. 12 da Lei nº 12.651/2012 procuram explicitar o cálculo das reservas e indicam as providências para o cadastramento. Assim, de acordo com o § 1º, relativamente ao fracionamento, ter-se-á em conta a área do imóvel antes de tal ato: "Em caso de fracionamento do imóvel rural, a qualquer título, inclusive para assentamentos pelo Programa de Reforma Agrária, será considerada, para fins do disposto do *caput*, a área do imóvel antes do fracionamento".

De conformidade com o § 2º, "o percentual de Reserva Legal em imóvel situado em área de formações florestais, de cerrado ou de campos gerais na Amazônia Legal será definido considerando separadamente os índices contidos nas alíneas 'a', 'b' e 'c' do inciso I do *caput*". Cada tipo de área terá o seu percentual de reserva. Os índices indicados estão transcritos no item anterior.

Por força do § 3º, "após a implantação do CAR, a supressão de novas áreas de floresta ou outras formas de vegetação nativa apenas será autorizada pelo órgão ambiental estadual integrante do SISNAMA se o imóvel estiver inserido no mencionado Cadastro, ressalvado o previsto no art. 30".

Nota-se, pois, a cogência da obrigação do cadastro.

A expressão CAR constitui a abreviatura de Cadastro Ambiental Rural. De modo que, uma vez implantado referido Cadastro, unicamente por autorização do órgão estadual integrante

---

[54]   *Direito Imobiliário – COAD* nº 52, expedição de 3.01.1999, p. 1.001.

do SISNAMA é permitida a supressão de vegetação. A sua instituição veio introduzida no art. 29, nos seguintes termos: "É criado o Cadastro Ambiental Rural – CAR, no âmbito do Sistema Nacional de Informação sobre Meio Ambiente – SINIMA, registro público eletrônico de âmbito nacional, obrigatório para todos os imóveis rurais, com a finalidade de integrar as informações ambientais das propriedades e posses rurais, compondo base de dados para controle, monitoramento, planejamento ambiental e econômico e combate ao desmatamento".

Tal cadastro, que se fará em órgão municipal ou estadual, terá os seguintes elementos, por determinação do § 1º do art. 29:

I – identificação do proprietário ou possuidor rural;

II – comprovação da propriedade ou posse;

III – identificação do imóvel por meio de planta e memorial descritivo, contendo a indicação das coordenadas geográficas com pelo menos um ponto de amarração do perímetro do imóvel, informando a localização dos remanescentes de vegetação nativa, das Áreas de Preservação Permanente, das Áreas de Uso Restrito, das áreas consolidadas e, caso existente, também da localização da Reserva Legal.

Não se requer a apresentação dos documentos exigidos pelo inciso III do § 1º, em redação da Lei nº 12.727/2012, acima transcrito, para o Cadastro Ambiental Rural – CAR, se já houver sido lavrada a averbação no Registro de Imóveis, e se estão identificados o perímetro e a localização da reserva, segundo o art. 30, prescrevendo: "Nos casos em que a Reserva Legal já tenha sido averbada na matrícula do imóvel e em que essa averbação identifique o perímetro e a localização da reserva, o proprietário não será obrigado a fornecer ao órgão ambiental as informações relativas à Reserva Legal previstas no inciso III do § 1º do art. 29".

Para tanto, impõe o parágrafo único do art. 30, deverá o proprietário apresentar ao órgão ambiental competente a certidão de registro de imóveis onde conste a averbação da Reserva Legal ou termo de compromisso já firmado nos casos de posse.

O cadastro em questão não corresponde a um título de reconhecimento de propriedade ou de posse, conforme § 2º do art. 29.

Observe-se que o Cadastro Ambiental Rural foi regulamentado pelo Decreto nº 7.830/2012.

10.11.5.4.4. A utilização da área de reserva legal

Torna-se a lembrar a obrigação de conservar a área de reserva legal, constante do art. 17, a fim de entender os limites de sua utilização: "A Reserva Legal deve ser conservada com cobertura de vegetação nativa pelo proprietário do imóvel rural, possuidor ou ocupante a qualquer título, pessoa física ou jurídica, de direito público ou privado".

Unicamente mediante o manejo sustentável é permitida a utilização, por força do § 1º do mesmo art. 17: "Admite-se a exploração econômica da Reserva Legal mediante manejo sustentável, previamente aprovado pelo órgão competente do Sisnama, de acordo com as modalidades previstas no art. 20".

Assim, obrigatório o manejo sustentável, com a antecedente aprovação pelo órgão próprio do SISNAMA. Necessário compreender o significado do manejo sustentável, contido no art. 3º, inc. VII, da Lei nº 12.651/2012: "Administração da vegetação natural para a obtenção de benefícios econômicos, sociais e ambientais, respeitando-se os mecanismos de sustentação do ecossistema objeto do manejo e considerando-se, cumulativa ou alternativamente, a utilização de múltiplas espécies madeireiras ou não, de múltiplos produtos e subprodutos da flora, bem como a utilização de outros bens e serviços". Ou seja, constitui a utilização de uma área sem ofensa às riquezas vegetais, com a cultura de espécies madeireiras e outros produtos ou subprodutos da flora. Não é permitida a mera exploração florestal, ou a simples retirada da vegetação, para o proveito econômico da terra. Não se faz a derrubada para dar lugar a outras atividades produtivas, mas a retirada de espécies com a implantação de outras.

Adstringe-se o manejo às modalidades do art. 20, que, na verdade, constituem princípios ou orientações de obrigatória observância: "No manejo sustentável da vegetação florestal da Reserva Legal, serão adotadas práticas de exploração seletiva nas modalidades de manejo sustentável sem propósito comercial para consumo na propriedade e manejo sustentável para exploração florestal com propósito comercial".

Já o art. 21 permite a coleta de certos produtos, desde seguidas as exigências descritas nos seus incisos:

> É livre a coleta de produtos florestais não madeireiros, tais como frutos, cipós, folhas e sementes, devendo-se observar:
>
> I – os períodos de coleta e volumes fixados em regulamentos específicos, quando houver;
>
> II – a época de maturação dos frutos e sementes;
>
> III – técnicas que não coloquem em risco a sobrevivência de indivíduos e da espécie coletada no caso de coleta de flores, folhas, cascas, óleos, resinas, cipós, bulbos, bambus e raízes.

De acordo com o art. 22, abrem-se exceções para o manejo comercial da área de reserva, mas obedecendo rigorosas práticas, e mediante a apresentação de documentação ao órgão do SISNAMA, para a devida autorização, que reflete o real e efetivo uso:

> O manejo florestal sustentável da vegetação da Reserva Legal com propósito comercial depende de autorização do órgão competente e deverá atender as seguintes diretrizes e orientações:
>
> I – não descaracterizar a cobertura vegetal e não prejudicar a conservação da vegetação nativa da área;
>
> II – assegurar a manutenção da diversidade das espécies;
>
> III – conduzir o manejo de espécies exóticas com a adoção de medidas que favoreçam a regeneração de espécies nativas.

Não se trata de retirada de espécies, deixando um vazio na área, com a mudança de uso. Implantam-se novas espécies, de modo a manter a diversidade de vegetação da mesma espécie que a nativa.

No caso de manejo sustentável para uso próprio, isto é, para a sobrevivência do proprietário e sua família, sem importar em comercialização, está permitido no art. 23, devendo ser encaminhada comunicação ao órgão encarregado, com a motivação da exploração e o volume de produtos necessário: "O manejo sustentável para exploração florestal eventual sem propósito comercial, para consumo no próprio imóvel, independe de autorização dos órgãos competentes, devendo apenas ser declarados previamente ao órgão ambiental a motivação da exploração e o volume explorado, limitada a exploração anual a 20 (vinte) metros cúbicos".

Conforme o art. 24, o manejo florestal abrange a utilização ou o aproveitamento dos arts. 21, 22 e 23: "No manejo florestal nas áreas fora de Reserva Legal, aplica-se igualmente o disposto nos arts. 21, 22 e 23".

À pequena propriedade ou à posse rural familiar serão estabelecidas regras mais simplificadas, na previsão do § 2º do art. 17, para o manejo da área da reserva: "Para fins de manejo de Reserva Legal na pequena propriedade ou posse rural familiar, os órgãos integrantes do SISNAMA deverão estabelecer procedimentos simplificados de elaboração, análise e aprovação de tais planos de manejo".

As áreas de reserva legal desmatadas após 22 de julho de 2008 devem ser recompostas, ao mesmo tempo em que se impõe a suspensão imediata das atividades desenvolvidas nas áreas. É peremptório, a respeito, o § 3º do art. 17: "É obrigatória a suspensão imediata das atividades em Área de Reserva Legal desmatada irregularmente após 22 de julho de 2008".

É de se indagar a razão do começo na data de 22 de julho de 2008 para as punições ou recomposições. Ocorre que o legislador levou em conta esta data em face de ser a data da vigência do Decreto nº 6.514/2008, o qual dispõe sobre as infrações e sanções administrativas ao meio ambiente, e estabelece o processo administrativo federal para apuração de tais infrações. De certo modo, pode-se concluir que houve uma anistia às violações praticadas em data anterior.

A recomposição de tais áreas vem ordenada no § 4º do art. 17, na redação da Lei nº 12.727/2012: "Sem prejuízo das sanções administrativas, cíveis e penais cabíveis, deverá ser iniciado, nas áreas de que trata o § 3º deste artigo, o processo de recomposição da Reserva Legal em até 2 (dois) anos contados a partir da data da publicação desta Lei, devendo tal processo ser concluído nos prazos estabelecidos pelo Programa de Regularização Ambiental – PRA, de que trata o art. 59". As violações aos regramentos da Lei nº 4.771/1965 não ficam imunes de responsabilidade e de penalidades. É concedido o prazo de dois anos para a recuperação, a partir da vigência da Lei nº 12.651/2012. O Programa de Regularização Ambiental – PRA será criado e colocado em funcionamento em um ano, conforme o citado art. 59: "A União, os Estados e o Distrito Federal deverão implantar Programas de Regularização Ambiental (PRAs) de posses e propriedades rurais, com o objetivo de adequá-las aos termos deste Capítulo".

10.11.5.4.5. Redução da área de reserva legal

Nas áreas da alínea "a" do inciso I do art. 12 da Lei nº 12.651/2012, em texto da Lei nº 12.727/2012 (80% do imóvel situado em áreas de florestas, na Amazônia Legal), há a permissão do Poder Público em reduzir a área de reserva legal para fins de recomposição, e desde que o Município tiver mais de 50% de área ocupada por unidades de recomposição da natureza de domínio público e por terras indígenas homologadas, cuja previsão vem no § 4º: "Nos casos da alínea 'a' do inciso I, o poder público poderá reduzir a Reserva Legal para até 50% (cinquenta por cento), para fins de recomposição, quando o Município tiver mais de 50% (cinquenta por cento) da área ocupada por unidades de conservação da natureza de domínio público e por terras indígenas homologadas".

Igualmente é possível a redução no referido percentual, para os imóveis da letra 'a' do inciso I do art. 12 (80% do imóvel situado em áreas de florestas, na Amazônia Legal), mas de parte do Poder Público estadual, se houver Zoneamento Ecológico-Econômico aprovado e mais de 65% do seu território ocupado por unidades de conservação da natureza de domínio público. Reza o § 5º: "Nos casos da alínea *a* do inciso I, o poder público estadual, ouvido o Conselho Estadual de Meio Ambiente, poderá reduzir a Reserva Legal para até 50% (cinquenta por cento), quando o Estado tiver Zoneamento Ecológico-Econômico aprovado e mais de 65% (sessenta e cinco por cento) do seu território ocupado por unidades de conservação da natureza de domínio público, devidamente regularizadas, e por terras indígenas homologadas".

10.11.5.4.6. Áreas excluídas de constituição de reserva legal e inclusão de espécies exóticas para a composição da vegetação

Pelos §§ 6º, 7º e 8º do art. 12, ficam fora da constituição de reserva legal:

- os imóveis em que se implantarem empreendimentos de abastecimento público de água e tratamento de esgoto;
- as áreas adquiridas ou desapropriadas por detentor de concessão, permissão ou autorização para exploração de potencial de energia hidráulica, nas quais funcionem empreendimentos de geração de energia elétrica, subestações ou sejam instaladas linhas de transmissão e de distribuição de energia elétrica;
- as áreas adquiridas ou desapropriadas com o objetivo de implantação e ampliação de capacidade de rodovias e ferrovias.

Em vista do art. 54 da Lei nº 12.651/2012, para cumprimento da manutenção da área de reserva legal nos imóveis a que se refere o inciso V do art. 3º (pequena propriedade ou posse rural familiar, que é aquela explorada mediante o trabalho pessoal do agricultor familiar e empreendedor familiar rural, incluindo os assentamentos e projetos de reforma agrária), poderão ser computados os plantios de árvores frutíferas, ornamentais ou industriais, compostos por espécies exóticas, cultivadas em sistema intercalar ou em consórcio com espécies nativas da região em sistemas agroflorestais. Cumpre, outrossim, ao Poder Público estadual, em atendimento ao parágrafo único, prestar apoio técnico para a recomposição da vegetação da Reserva Legal em tais imóveis.

10.11.5.4.7. Redução ou aumento da área de reserva legal dos Estados indicada pelo Zoneamento Ecológico-Econômico – ZEE estadual

No art. 13, sinalam-se situações de redução ou de aumento da área de reserva legal indicada pelo Zoneamento Ecológico-Econômico – ZEE estadual:

> Quando indicado pelo Zoneamento Ecológico-Econômico – ZEE estadual, realizado segundo metodologia unificada, o poder público federal poderá:
>
> I – reduzir, exclusivamente para fins de regularização, mediante recomposição, regeneração ou compensação da Reserva Legal de imóveis com área rural consolidada, situados em área de floresta localizada na Amazônia Legal, para até 50% (cinquenta por cento) da propriedade, excluídas as áreas prioritárias para conservação da biodiversidade e dos recursos hídricos e os corredores ecológicos;
>
> II – ampliar as áreas de Reserva Legal em até 50% (cinquenta por cento) dos percentuais previstos nesta Lei, para cumprimento de metas nacionais de proteção à biodiversidade ou de redução de emissão de gases de efeito estufa.

O § 1º do art. 13 autoriza, no caso do inc. I do *caput*, ao proprietário ou possuidor de imóvel rural que mantiver reserva legal conservada e averbada em área superior aos percentuais exigidos no referido inciso, instituir servidão ambiental sobre a área excedente, nos termos da Lei n. 6.938, de 31 de agosto de 1981, e cota de reserva ambiental.

Na forma do § 2º, os Estados que não possuírem "seus Zoneamentos Ecológico-Econômicos – ZEEs segundo a metodologia unificada, estabelecida em norma federal, terão o prazo de 5 (cinco) anos, a partir da data da publicação desta Lei, para a sua elaboração e aprovação".

10.11.5.4.8. Casos do cômputo da área de preservação permanente para acomposição da área de reserva legal

Há situações que autorizam o cômputo das áreas relativas à vegetação nativa existente em área de preservação permanente no cálculo percentual da área de reserva legal, dentro de certas condições, como está autorizado no art. 15 da Lei nº 12.651/2012:

> Será admitido o cômputo das Áreas de Preservação Permanente no cálculo do percentual da Reserva Legal do imóvel, desde que:
>
> I – o benefício previsto neste artigo não implique a conversão de novas áreas para o uso alternativo do solo;
>
> II – a área a ser computada esteja conservada ou em processo de recuperação, conforme comprovação do proprietário ao órgão estadual integrante do Sisnama; e
>
> III – o proprietário ou possuidor tenha requerido inclusão do imóvel no Cadastro Ambiental Rural – CAR, nos termos desta Lei.

Algumas regras constantes dos parágrafos do art. 15 esclarecem o aproveitamento das áreas de preservação permanente no cômputo das áreas de reserva legal. Assim, pelo § 1º, dita inclusão não pode provocar a alteração do regime de proteção da área de preservação permanente. Ou seja, não acarretará mudança em sua natureza, e nem alterará as restrições que lhe são próprias. O § 2º, por sua vez, faculta ao proprietário ou possuidor de imóvel com área de reserva legal inscrita no Cadastro Ambiental Rural em extensão que ultrapassa o mínimo exigido por lei, mesmo que incluída a área de preservação permanente no seu cômputo, utilizar a área excedente para fins de constituição de servidão ambiental, tendo-a como Cota de Reserva Ambiental.

O cômputo de área de preservação permanente na constituição da área de reserva legal, conforme o § 3º, modificado pela Lei nº 12.727/2012, aplica-se a todas as modalidades de cumprimento da Reserva Legal, abrangendo a regeneração, a recomposição e a compensação.

Não é necessária a exigência do inciso I (não implicação da conversão de novas áreas para o uso alternativo do solo no cômputo das áreas de preservação permanente no cálculo do percentual da Reserva Legal do imóvel) quando as áreas de preservação permanente conservadas ou em processo de recuperação, somadas às demais florestas e outras formas de vegetação nativa existentes em imóvel, ultrapassarem 80% do imóvel rural localizado em áreas de floresta na Amazônia Legal, nos termos do § 4º, I, incluído pela Lei nº 12.727/2012.

10.11.5.4.9. A especialização e o registro da reserva legal ou ambiental

O registro da área de reserva ambiental ou legal corresponde à especialização e inscrição da reserva, com o que se dá a individuação como unidade inconfundível dentro do imóvel que integra, com a entrega de um documento de aprovação pelo órgão ambiental.

A necessidade do registro da reserva legal no órgão ambiental competente por meio de inscrição no Cadastro Ambiental Rural – CAR tem a finalidade de torná-la conhecida junto a terceiros. O registro equivale ao cadastramento. Esse registro público é eletrônico, de âmbito nacional, sendo obrigatório para todos os imóveis rurais.

A finalidade do registro visa, também, a integração das informações ambientais das propriedades e posses rurais, compondo a base de dados para controle, monitoramento, planejamento ambiental e econômico e combate ao desmatamento, de acordo com o art. 29 da Lei nº 12.651/2012.

Para o registro, como passo inicial, indica o proprietário em uma planta ou mapa a delimitação e perfeita descrição georreferencial ou com, pelo menos, um ponto de amarração e coordenadas geográficas. Encaminha-se o pedido devidamente instruído com documentos da titularidade e da regularidade fiscal, ao órgão encarregado, onde é formado um processo, conforme a determinação do art. 18 da Lei nº 12.651/2012: "A área de Reserva Legal deverá ser registrada no órgão ambiental competente por meio de inscrição no CAR de que trata o art. 29, sendo vedada a alteração de sua destinação, nos casos de transmissão, a qualquer título, ou de desmembramento, com as exceções previstas nesta Lei".

A sigla CAR corresponde ao Cadastro Ambiental Rural, cuja instituição está no art. 29: "É criado o Cadastro Ambiental Rural – CAR, no âmbito do Sistema Nacional de Informação sobre Meio Ambiente – SINIMA, registro público eletrônico de âmbito nacional, obrigatório para todos os imóveis rurais, com a finalidade de integrar as informações ambientais das propriedades e posses rurais, compondo base de dados para controle, monitoramento, planejamento ambiental e econômico e combate ao desmatamento".

Foi o dispositivo regulamentado pelo Decreto nº 7.830/2012.

A inscrição no CAR efetua-se preferencialmente no órgão ambiental municipal ou estadual, com a apresentação dos seguintes requisitos, discriminados no mesmo art. 29, § 1º, em texto da Lei nº 12.727/2012:

> I – identificação do proprietário ou possuidor rural;
>
> II – comprovação da propriedade ou posse;
>
> III – identificação do imóvel por meio de planta e memorial descritivo, contendo a indicação das coordenadas geográficas com pelo menos um ponto de amarração do perímetro do imóvel, informando a localização dos remanescentes de vegetação nativa, das Áreas de Preservação Permanente, das Áreas de Uso Restrito, das áreas consolidadas e, caso existente, também da localização da Reserva Legal.

Em relação ao inciso III, cumpre observar a sua dispensa se já averbada a reserva no Registro de Imóveis, e desde que contenha o perímetro e a localização, conforme o art. 30: "Nos casos em que a Reserva Legal já tenha sido averbada na matrícula do imóvel e em que essa averbação identifique o perímetro e a localização da reserva, o proprietário não será obrigado a fornecer ao órgão ambiental as informações relativas à Reserva Legal previstas no inciso III do § 1º do art. 29". Para tanto, cabe ao proprietário ou o possuidor apresentar ao órgão ambiental competente a certidão de registro de imóveis onde conste a averbação da Reserva Legal ou termo de compromisso já firmado nos casos de posse (parágrafo único do art. 30).

Nota-se que há um registro próprio em um órgão específico, criado para tal finalidade, diferentemente do que acontecia no regime da Lei nº 4.771/1965, quando a publicidade se dava através da averbação na matrícula do Registro de Imóveis. No entanto, deveria o interessado apresentar o documento de aprovação da especificação da área de reserva legal.

Uma vez efetuado o registro no CAR, fica o titular desobrigado da averbação na matrícula do Registro de Imóveis, de acordo com o § 4º do art. 18, na redação da Lei nº 12.727/2012: "O registro da Reserva Legal no CAR desobriga a averbação no Cartório de Registro de Imóveis, sendo que, no período entre a data da publicação desta Lei e o registro no CAR, o proprietário ou possuidor rural que desejar fazer a averbação terá direito à gratuidade deste ato."

Necessária a perfeita compreensão do dispositivo. Não se instituiu uma alternativa em registrar no CAR ou em averbar na matrícula. A primeira providência sempre é necessária, ao passo que a averbação se coloca como faculdade, não se tornando obrigatória.

O pedido de registro é examinado, seguindo-se, se for o caso, a expedição de exigências, e a possibilidade de realização de vistoria na área. Importante que o proprietário ou possuidor indique e localize a área de reserva legal na propriedade, com a apresentação de uma planta topográfica. Uma vez aprovado o registro, emite-se um documento, chamado, ao tempo da Lei nº 4.771/1965, 'Termo de Preservação de Florestas'. As medidas de delimitação da área decorrem do § 1º do art. 18: "A inscrição da Reserva Legal no CAR será feita mediante a apresentação de planta e memorial descritivo, contendo a indicação das coordenadas geográficas com pelo menos um ponto de amarração, conforme ato do Chefe do Poder Executivo".

Em consonância com o § 2º do mesmo artigo, "na posse, a área de Reserva Legal é assegurada por termo de compromisso firmado pelo possuidor com o órgão competente do SISNAMA, com força de título executivo extrajudicial, que explicite, no mínimo, a localização da área de Reserva Legal e as obrigações assumidas pelo possuidor por força do previsto nesta Lei". Deve, pois, o titular do imóvel comprometer-se em respeitar a área de reserva legal.

Estabelece o § 3º do art. 18 que "a transferência da posse implica a sub-rogação das obrigações assumidas no termo de compromisso de que trata o § 2º".

O cadastramento não será considerado título para fins de reconhecimento do direito de propriedade ou posse (§ 2º do art. 29). Por último, passa o registro ou inscrição no CAR a ser obrigatório para todas as propriedades e posses rurais (§ 3º do art. 29, em redação da Lei nº 13.887/2019).

Em vista do § 8º do art. 16 da revogada Lei nº 4.771/1965, sobre a obrigatoriedade da averbação da reserva de área legal ou ambiental para as situações ocorridas antes do advento da Lei nº 12.651, o STJ se pronunciou em tal sentido:

> O meio ambiente ecologicamente equilibrado é direito que a Constituição assegura a todos (art. 225 da CF), tendo em consideração as gerações presentes e futuras. Nesse sentido, desobrigar os proprietários rurais da averbação da reserva florestal prevista no art. 16 do Código Florestal é o mesmo que esvaziar essa lei de seu conteúdo.
>
> Desborda do mencionado regramento constitucional portaria administrativa que dispensa novos adquirentes de propriedades rurais da respectiva averbação de reserva florestal na matrícula do imóvel.[55]

No voto do Relator, revelam-se ainda esclarecedoras as seguintes passagens, ressaltando a imposição da reserva legal ou florestal por interesse público:

---

[55] *Recurso Ordinário em Mandado de Segurança – RMS* nº 18.301/MG, da Segunda Turma, j. em 24.08.2005, DJU de 3.10.2005, rel. Min. João Otávio de Noronha.

O que se tem presente é o interesse público prevalecendo sobre o privado, interesse coletivo este que inclusive afeta o proprietário da terra reservada, no sentido de que também será beneficiado com um meio ambiente estável e equilibrado. Assim, a reserva legal compõe parte de terras de domínio privado e constitui verdadeira restrição do direito de propriedade.

Observa-se, inclusive, que o legislador responsabilizou o proprietário das terras quanto à recomposição da reserva, que deverá ser feita ao longo dos anos, na forma estabelecida no art. 99 da Lei n. 8.171/99.

Trata-se, portanto, indubitavelmente, de legislação impositiva de restrição ao uso da propriedade particular, considerando que, assim não fosse, jamais as reservas legais, no domínio privado, seriam recompostas, o que abalaria o objetivo da legislação de assegurar a preservação e equilíbrio ambientais.

Esse é o entendimento que tem sido perfilhado neste Tribunal. Confira-se:

(...) 'Em matéria de dano ambiental a responsabilidade é objetiva. O adquirente das terras rurais é responsável pela recomposição das matas nativas.

A Constituição Federal consagra em seu art. 186 que a função social da propriedade rural é cumprida quando atende, seguindo critérios e graus de exigência estabelecidos em lei, a requisitos certos, entre os quais o de 'utilização adequada dos recursos naturais disponíveis e preservação do meio ambiente.

A Lei 8.171/91 vigora para todos os proprietários rurais, ainda que não sejam eles os responsáveis por eventuais desmatamentos anteriores. Na verdade, a referida norma referendou o próprio Código Florestal (Lei 4.771/65) que estabelecia uma limitação administrativa às propriedades rurais, obrigando os seus proprietários a instituírem áreas de reservas legais, de no mínimo 20% de cada propriedade, em prol do interesse coletivo.

Embargos de Declaração parcialmente acolhidos para negar provimento ao Recurso Especial' (EDcl no AgRg no REsp n. 255.170-SP, relator Ministro Luiz Fux, *DJ* de 22/4/2003.)

(...) O meio ambiente ecologicamente equilibrado foi elevado à categoria de dogma constitucional como um direito de todos (art. 225 da CF), visando as presentes e futuras gerações. Todavia, ainda há uma parcela considerável de pessoas que resistem ao pensamento coletivo, mirando-se apenas em seus interesses imediatos.

Nesse sentido, desobrigar os proprietários da averbação é o mesmo que esvaziar a lei de seu conteúdo. O mesmo se dá quanto ao adquirente, por qualquer título, no ato do registro da propriedade. Não há nenhum sentido em desobrigá-lo das respectivas averbações, porquanto a reserva legal é regra restritiva do direito de propriedade, tratando-se de situação jurídica estabelecida desde 1965.

A omissão em averbar, e atualmente em registrar no Cadastro Ambiental Rural – CAR, importa em penalidade, a teor do art. 55 do Decreto nº 6.514, de 22.07.2008:

Deixar de averbar a reserva legal:

Penalidade de advertência e multa diária de R$ 50,00 (cinquenta reais) a R$ 500,00 (quinhentos reais) por hectare ou fração da área de reserva legal (redação dada pelo Decreto nº 6.686, de 2008).

Cap. X • A PROPRIEDADE | 211

O art. 152 do mesmo Decreto, em texto do Decreto nº 7.719, de 11.04.2012, adiou para 11 de junho de 2012 a aplicação do art. 55, acima transcrito: "O disposto no art. 55 entrará em vigor em 11 de junho de 2012".

10.11.5.5. Autorização para a exploração de florestas nativas ou sucessoras não integrantes de áreas de reserva legal

No art. 31 da Lei nº 12.651/2012, delineia-se o caminho para a autorização de exploração de vegetação nativa, ou sucessora da nativa em geral, não abrangendo a área de reserva legal: "A exploração de florestas nativas e formações sucessoras, de domínio público ou privado, ressalvados os casos previstos nos arts. 21, 23 e 24, dependerá de licenciamento pelo órgão competente do Sisnama, mediante aprovação prévia de Plano de Manejo Florestal Sustentável – PMFS que contemple técnicas de condução, exploração, reposição florestal e manejo compatíveis com os variados ecossistemas que a cobertura arbórea forme".

Necessário ressaltar os casos previstos, primeiramente, no art. 21, o qual ordena que é livre a coleta de produtos florestais não madeireiros, tais como frutos, cipós, folhas e sementes, desde que observadas as seguintes condições:

> I – os períodos de coleta e volumes fixados em regulamentos específicos, quando houver;
>
> II – a época de maturação dos frutos e sementes;
>
> III – técnicas que não coloquem em risco a sobrevivência de indivíduos e da espécie coletada no caso de coleta de flores, folhas, cascas, óleos, resinas, cipós, bulbos, bambus e raízes.

Em segundo lugar, pelo art. 22,

> o manejo florestal sustentável da vegetação da Reserva Legal com propósito comercial depende de autorização do órgão competente e deverá atender as seguintes diretrizes e orientações:
>
> I – não descaracterizar a cobertura vegetal e não prejudicar a conservação da vegetação nativa da área;
>
> II – assegurar a manutenção da diversidade das espécies;
>
> III – conduzir o manejo de espécies exóticas com a adoção de medidas que favoreçam a regeneração de espécies nativas.

O art. 24 ordena que o manejo sustentável de florestas nas áreas fora de reserva legal também se sujeita ao disposto nos arts. 21, 22, e mais às exigências do art. 23. Por este dispositivo, "o manejo sustentável para exploração florestal eventual sem propósito comercial, para consumo no próprio imóvel, independe de autorização dos órgãos competentes, devendo apenas ser declarados previamente ao órgão ambiental a motivação da exploração e o volume explorado, limitada a exploração anual a 20 (vinte) metros cúbicos".

Manejo sustentável, cumpre esclarecer novamente, na definição do art. 3º, inc. VII, entende-se como a "administração da vegetação natural para a obtenção de benefícios econômicos, sociais e ambientais, respeitando-se os mecanismos de sustentação do ecossistema objeto do manejo e considerando-se, cumulativa ou alternativamente, a utilização de múltiplas espécies madeireiras ou não, de múltiplos produtos e subprodutos da flora, bem como a utilização de outros bens e serviços".

O § 1º do art. 31 descreve os fundamentos que terá em conta o Plano de Manejo Florestal Sustentável – PMFS:

O PMFS atenderá os seguintes fundamentos técnicos e científicos:

I – caracterização dos meios físico e biológico;

II – determinação do estoque existente;

III – intensidade de exploração compatível com a capacidade de suporte ambiental da floresta;

IV – ciclo de corte compatível com o tempo de restabelecimento do volume de produto extraído da floresta;

V – promoção da regeneração natural da floresta;

VI – adoção de sistema silvicultural adequado;

VII – adoção de sistema de exploração adequado;

VIII – monitoramento do desenvolvimento da floresta remanescente;

IX – adoção de medidas mitigadoras dos impactos ambientais e sociais.

Algumas regras vêm editadas em vários outros parágrafos do art. 31, como:

– A aprovação do Plano de Manejo Florestal Sustentável – PMFS confere ao seu detentor a licença ambiental para a prática do manejo florestal sustentável (§ 2º).

– O detentor do PMFS fica obrigado a encaminhar o relatório anual ao órgão ambiental competente com as informações sobre toda a área de manejo florestal sustentável e a descrição das atividades realizadas (§ 3º).

– Submissão do PMFS a vistorias técnicas para fiscalizar as operações e atividades desenvolvidas na área de manejo (§ 4º).

– Possibilidade do Poder Público estabelecer disposições diferenciadas sobre os PMFS em escala empresarial, de pequena escala e comunitário (§ 5º).

– No tocante ao manejo florestal na pequena propriedade ou posse rural familiar, estabelecer-se-ão procedimentos simplificados de elaboração, análise e aprovação dos referidos PMFS (§ 6º).

– Cabe ao órgão federal de meio ambiente a aprovação de PMFS incidentes em florestas públicas de domínio da União (§ 7º).

O art. 32 isenta de elaborar o Plano de Manejo Florestal Sustentável – PMFS para as seguintes atividades:

I – a supressão de florestas e formações sucessoras para uso alternativo do solo;

II – o manejo e a exploração de florestas plantadas localizadas fora das Áreas de Preservação Permanente e de Reserva Legal;

III – a exploração florestal não comercial realizada nas propriedades rurais a que se refere o inciso V do art. 3º ou por populações tradicionais.

O mencionado inciso V do art. 3º se refere à pequena propriedade ou posse rural familiar.

O art. 33 indica onde os que utilizam matéria-prima florestal devem buscar os recursos para as atividades:

Cap. X • A PROPRIEDADE | 213

I – florestas plantadas;

II – PMFS de floresta nativa aprovado pelo órgão competente do Sisnama;

III – supressão de vegetação nativa autorizada pelo órgão competente do Sisnama;

IV – outras formas de biomassa florestal definidas pelo órgão competente do Sisnama.

De acordo com o § 1º, "são obrigadas à reposição florestal as pessoas físicas ou jurídicas que utilizam matéria-prima florestal oriunda de supressão de vegetação nativa ou que detenham autorização para supressão de vegetação nativa".

O § 2º do citado art. 33 dispensa da obrigatoriedade de reposição florestal aquele que utiliza:

I – costaneiras, aparas, cavacos ou outros resíduos provenientes da atividade industrial;

II – matéria-prima florestal:

a) oriunda de PMFS;

b) oriunda de floresta plantada;

c) não madeireira.

Dentre outras normas, merece destaque o art. 34, referentemente às empresas industriais que utilizam grande quantidade de matéria-prima florestal, sendo elas obrigadas elaborar e implementar o Plano de Suprimento Sustentável – PSS, que serpar submetido à aprovação do órgão competente do SISNAMA. O mencionado PSS conterá os seguintes elementos (§ 2º do art. 34):

I – programação de suprimento de matéria-prima florestal;

II – indicação das áreas de origem da matéria-prima florestal georreferenciadas;

III – cópia do contrato entre os particulares envolvidos, quando o PSS incluir suprimento de matéria-prima florestal oriunda de terras pertencentes a terceiros.

10.11.5.6. Recomposição, regeneração e compensação de áreas de reserva ambiental ou legal

Na falta de respeito às extensões exigidas da área de reserva ambiental ou legal, abrem-se alternativas para a regularização, que se realizam por uma ou mais das seguintes três maneiras: ou pela recomposição, ou pela regeneração, ou pela compensação.

Com a Lei nº 12.651/2012, aplicável às situações que surgirem no seu curso, a matéria vem regulada no seu art. 66. Eis a previsão, com as alternativas oferecidas:

O proprietário ou possuidor de imóvel rural que detinha, em 22 de julho de 2008, área de Reserva Legal em extensão inferior ao estabelecido no art. 12, poderá regularizar sua situação, independentemente da adesão ao PRA, adotando as seguintes alternativas, isolada ou conjuntamente:

I – recompor a Reserva Legal;

II – permitir a regeneração natural da vegetação na área de Reserva Legal;

III – compensar a Reserva Legal.

A área de reserva legal do art. 12 mencionado tem diferentes extensões, conforme a localização do imóvel, impondo-se que sejam referidas, para facilitar a compreensão:

I – se localizado na Amazônia Legal:

a) 80% (oitenta por cento), no imóvel situado em área de florestas;

b) 35% (trinta e cinco por cento), no imóvel situado em área de cerrado;

c) 20% (vinte por cento), no imóvel situado em área de campos gerais;

II – se localizado nas demais regiões do País: 20% (vinte por cento).

Necessário explicar a razão da proteção somente aos que, em 22 de julho de 2008, detinham área de reserva legal em extensão inferior ao estabelecido no art. 12. Acontece que o legislador levou em conta esta data em face de ser a do início da vigência do Decreto nº 6.514, o qual dispõe sobre as infrações e sanções administrativas ao meio ambiente, e estabelece o processo administrativo federal para apuração de tais infrações. A partir daí teriam iniciado as penalidades pelas infrações contra o meio ambiente e a devastação da vegetação.

Não se exige a adesão ao Programa de Regularização Ambiental – PRA, para a recuperação da área de reserva legal, conforme está no próprio art. 66, *caput*.

Transmite-se a obrigação ao sucessor ou adquirente do imóvel, por imposição do § 1º do art. 66: "A obrigação prevista no *caput* tem natureza real e é transmitida ao sucessor no caso de transferência de domínio ou posse do imóvel rural".

Disciplina a lei as diversas formas de recuperação, como acontecia ao tempo da regência do Código Florestal de 1965.

Quanto à recomposição, deverá atender os critérios estipulados pelo órgão competente do SISNAMA e ser concluída em até vinte anos, abrangendo, a cada dois anos, no mínimo um décimo da área total necessária à sua complementação (§ 2º do art. 66). Realizar-se-á mediante o plantio intercalado de espécies nativas com exóticas ou frutíferas, em sistema agroflorestal, observados os seguintes parâmetros (§ 3º do art. 66, em redação da Lei nº 12.727/2012):

I – o plantio de espécies exóticas deverá ser combinado com as espécies nativas de ocorrência regional;

II – a área recomposta com espécies exóticas não poderá exceder a 50% (cinquenta por cento) da área total a ser recuperada.

A regeneração natural se processa ao longo do tempo, praticamente sem a intervenção humana, com a completa abstinência de uso da área, seja para fins de utilização do solo, para a extração de riquezas vegetais, ou para o pastoreio de animais.

Quanto à compensação, exige-se a prévia inscrição da propriedade no Cadastro Ambiental Rural – CAR, facultando-se que se faça mediante (§ 5º do art. 66):

I – aquisição de Cota de Reserva Ambiental – CRA;

II – arrendamento de área sob regime de servidão ambiental ou Reserva Legal;

III – doação ao poder público de área localizada no interior de Unidade de Conservação de domínio público pendente de regularização fundiária;

IV – cadastramento de outra área equivalente e excedente à Reserva Legal, em imóvel de mesma titularidade ou adquirida em imóvel de terceiro, com vegetação nativa estabelecida, em regeneração ou recomposição, desde que localizada no mesmo bioma.

Cap. X · A PROPRIEDADE | 215

As áreas utilizadas para a compensação deverão (art. 66, § 6º):

I – ser equivalentes em extensão à área da Reserva Legal a ser compensada;

II – estar localizadas no mesmo bioma da área de Reserva Legal a ser compensada;

III – se fora do Estado, estar localizadas em áreas identificadas como prioritárias pela União ou pelos Estados.

As áreas prioritárias para a compensação, referidas no inciso III acima, deverão favorecer, sobretudo, a recuperação de bacias hidrográficas excessivamente desmatadas, a criação de corredores ecológicos, a conservação de grandes áreas protegidas e a conservação ou recuperação de ecossistemas ou espécies ameaçados (art. 66, § 7º).

Não se utilizarão as áreas de compensação como forma de viabilizar a conversão de novas áreas para uso alternativo do solo (art. 66, § 9º).

Relativamente aos imóveis rurais com a extensão, em 22 de julho de 2008, de área de até quatro módulos fiscais, mas com remanescente de vegetação nativa em percentuais inferiores ao previsto no art. 12, a reserva legal será constituída com a área ocupada com a vegetação nativa existente em 22 de julho de 2008, ficando vedadas novas conversões para uso alternativo do solo (art. 67). No caso, há um tratamento de tolerância, admitindo área de reserva legal inferior à constante no art. 12.

Se quando da época da supressão da vegetação nativa ficaram respeitados os percentuais da reserva legal, e advindo, posteriormente novos percentuais mais elevados, não se faz necessária a recomposição, ou a compensação, ou a regeneração (art. 68).

Finalmente, merece destaque o § 2º do art. 68, dirigido aos proprietários ou possuidores de imóveis rurais, na Amazônia Legal, e seus herdeiros necessários, com índice de Reserva Legal em suas terras maior que cinquenta por cento de cobertura florestal e não realizaram a supressão da vegetação nos percentuais previstos pela legislação em vigor à época. No caso poderão utilizar a área excedente de reserva legal também para fins de constituição de servidão ambiental, Cota de Reserva Ambiental – CRA e outros instrumentos congêneres previstos na Lei nº 12.651/2012.

Ao titular da Cota de Reserva Ambiental – CRA, é facultado, na forma do art. 48 e seus parágrafos, a sua transferência, onerosa ou gratuitamente, a pessoa física ou a pessoa jurídica de direito público ou privado, mediante termo assinado pelo titular da Cota e pelo adquirente. Ao adquirente da Cota se permite a utilização para compensar reserva legal de imóvel rural situado no mesmo bioma da área à qual o título está vinculado, desde que respeitados os requisitos do § 6º do art. 66, acima transcritos. A aquisição de quota e sua utilização de para compensação da reserva legal deverá ser averbada na matrícula do imóvel no qual se situa a área vinculada ao título e na do imóvel beneficiário da compensação.

A recomposição já era obrigatória, se violados os limites do art. 16 do antigo Código Florestal, por força do art. 99 da Lei nº 8.171/1991: "A partir do ano seguinte ao de promulgação desta lei, obriga-se o proprietário rural, quando for o caso, a recompor em sua propriedade a Reserva Florestal Legal, prevista na Lei nº 4.771, de 1965, com a nova redação dada pela Lei nº 7.803, de 1989, mediante o plantio, em cada ano, de pelo menos um trinta avos da área total para complementar a referida Reserva Florestal Legal (RFL)".

Era reiterada a jurisprudência do STJ sobre a responsabilidade do adquirente do imóvel devastado em recompor a cobertura florestal se devastada a floresta em ofensa ao art. 16 supra indicado. Assim, no REsp. nº 843.036/PR, da Primeira Turma, j. em 17.10.2006, *DJU* de 9.11.2006:

> O novo adquirente do imóvel é parte legítima para figurar no polo passivo de ação por dano ambiental que visa o reflorestamento de área destinada à preservação

ambiental. Não importa que o novo adquirente não tenha sido o responsável pelo desmatamento da propriedade. Não há como se eximir a adquirente desta obrigação legal, indistintamente endereçada a todos membros de uma coletividade, por serem estes, em última análise, os beneficiários da regra, máxime ao se considerar a função social da propriedade.

Jurisprudência deste STJ no sentido do acórdão rechaçado.

Nos EDcl do AgRg, proferidos no REsp. nº 255.170, da Primeira Turma, j. em 1º.04.2003, *DJU* de 22.04.2003, vinha reconhecida a responsabilidade objetiva na recuperação:

> Em matéria de dano ambiental a responsabilidade é objetiva. O adquirente das terras rurais é responsável pela recomposição das matas nativas.
>
> A Constituição Federal consagra em seu art. 186 que a função social da propriedade rural é cumprida quando atende, seguindo critérios e graus de exigência estabelecidos em lei, a requisitos certos, entre os quais o de "utilização adequada dos recursos naturais disponíveis e preservação do meio ambiente".
>
> A Lei nº 8.171/91 vigora para todos os proprietários rurais, ainda que não sejam eles os responsáveis por eventuais desmatamentos anteriores. Na verdade, a referida norma referendou o antigo Código Florestal (Lei nº 4.771/65), que estabelecia uma limitação administrativa às propriedades rurais, obrigando os seus proprietários a instituírem áreas de reservas legais, de no mínimo 20% de cada propriedade, em prol do interesse coletivo.

No REsp. nº 327.254/PR, da Segunda Turma, j. em 3.02.2002, *DJU* de 19.12.2002, decidiu-se:

> A responsabilidade pela preservação e recomposição do meio-ambiente é objetiva, mas se exige nexo de causalidade entre a atividade do proprietário e o dano causado (Lei nº 6.938/1981).
>
> Em se tratando de reserva florestal, com limitação imposta por lei, o novo proprietário, ao adquirir a área, assume o ônus de manter a preservação, tornando-se responsável pela reposição, mesmo que não tenha contribuído para devastá-la.
>
> Responsabilidade que independe de culpa ou nexo causal, porque imposta por lei.

No REsp. nº 237.690/MS, da Segunda Turma, j. em 12.03.2002, *DJU* de 13.05.2002, há mais um exemplo:

> Não se trata, a reserva florestal, de servidão, em que o proprietário tem de suportar um ônus, mas de uma obrigação decorrente de lei, que objetiva a preservação do meio ambiente, não sendo as florestas e demais formas de vegetação bens de uso comum, mas bens de interesse comum a todos, conforme redação do art. 1º do Código Florestal.
>
> A única finalidade do art. 99 da Lei nº 8.171/1991 foi a de estabelecer um prazo maior, que não o imediato, para que os proprietários procedessem à recomposição da área de floresta, não alterando em nada as demais disposições legais caracterizadoras do dever de recomposição de área de reserva legal, que se for feita a passos curtos jamais atingirá a finalidade da lei, no tocante à preservação do meio ambiente, que não pode ser visto como o conjunto de pequenas partes, mas o próprio todo.
>
> Recurso não conhecido, porquanto não violado pelo aresto *a quo* o art. 99 da Lei nº 8.171/1991.

A Súmula nº 623/2018, de 12.12.2018, publicada no *DJe* de 17.12.2018, da 1ª Seção do STJ, veio a consolidar a exegese acima: "As obrigações ambientais possuem natureza *propter rem*, sendo admissível cobrá-las do proprietário ou possuidor atual e/ou dos anteriores, à escolha do credor".

10.11.6. A requisição de bens particulares

A requisição constitui a utilização provisória, pelo Estado, da propriedade privada, com a finalidade de atender o bem público, ou desempenhar uma atividade de alto interesse da pátria, ocorrível em determinadas situações, como no caso de guerra e de comoção interna ou guerra civil. É assegurado o direito à indenização, se ocorrer prejuízo ou dano. Encerra, a respeito, o art. 5º, inc. XXV, da Carta Constitucional: "No caso de iminente perigo público, a autoridade competente poderá usar da propriedade particular, assegurada ao proprietário indenização ulterior, se houver dano".

A possibilidade de requisição está, no Código, contemplada no § 3º do art. 1.228, juntamente com a desapropriação: "O proprietário pode ser privado da coisa, nos casos de desapropriação, por necessidade ou utilidade pública ou interesse social, bem como no de requisição, em caso de perigo público iminente".

Explica Sérgio de Andréa Ferreira: "A requisição corresponde ao direito de usar a coisa, sendo certo que se se tratar de bem consumível, o uso levará à destruição deste, sem que, com isso, segundo se entende, se desnature a figura jurídica. É certo que, mesmo nesse caso, o ato de requisição em si (como ato do mundo jurídico) não faz com que o titular da propriedade do bem a perca: a perda seria consequência do uso (aspecto de fato) após a entrega da coisa".[56]

A finalidade última das requisições civis ou administrativas é evitar danos à saúde, à vida, aos bens do povo, sempre quando ameaça de perigo evidente e súbito está por ocorrer; já as requisições de ordem militar impõem-se para fazer frente à segurança do País, munindo o Poder Público de bens e meios indispensáveis para a defesa do povo, repelir invasões e combater o inimigo.

O inc. III do art. 22 da Constituição Federal autoriza e atribui à União Federal legislar privativamente sobre requisições civis e militares, em caso de perigo iminente ou próximo e em tempo de guerra.

Existe perigo iminente, ou que está para ocorrer, nas grandes catástrofes, nas epidemias, nas invasões, na guerra, nas revoluções internas, nas inundações, nos incêndios, nas pestes que se propagam, nos levantes, nas ondas de criminalidade que assolam uma região. Os bens ou serviços tornam-se indispensáveis, inviabilizando o demorado trâmite das aquisições ou contratações, e até porque a necessidade é eventual. Daí que, diferentemente da desapropriação, não se opera a transferência do bem para o Poder Público, devendo retornar para o domínio de onde veio tão logo cessado o motivo determinante da momentânea apropriação. Mesmo os bens consumíveis e fungíveis não se expropriam. Não voltam para o poder dos donos pelo fato do consumo. Mas se não aproveitados, são devolvidos. Nem se impede que outros sejam adquiridos pela autoridade que os requisitou, efetuando a entrega àquele do qual foram retirados os consumidos.

O Decreto-Lei nº 4.812/1942, dispõe a respeito da requisição de bens imóveis e móveis necessários às Forças Armadas e à defesa passiva da população. Em vários dispositivos é autorizada a requisição de tais bens, de serviços pessoais e de tudo quanto for necessário à

---

[56] *Obra citada*, pp. 78 e 79.

alimentação, ao abrigo e à habitação e vestimentas da população civil (gado, aves, animais de transporte, combustível, vilas, povoados, casas e meios de abastecimento de água), quando se verificar aumento sem causa justificada do custo de vida, ou quando ocorrer o deslocamento de populações ou grupos de pessoas por força de operações militares.

O Decreto-Lei nº 2/1966, permite a requisição de bens ou de serviços essenciais ao abastecimento da população, sempre que o exigir o interesse público, em se constatando escassez de produtos indispensáveis à alimentação, e se ocorrer elevação anormal dos preços de mercadorias imprescindíveis ao suprimento no mercado interno.

A Lei Delegada nº 4/1962, alterada pelo Decreto-Lei nº 422/1969, permitia a intervenção no domínio econômico com vistas a garantir a livre distribuição de produtos necessários ao consumo do povo, tendo, no entanto, sido revogada pela Lei nº 13.874/2019.

A Lei nº 6.430/1977, autoriza a requisição de bens nas hipóteses de calamidade pública, iminente ou ameaça de paralisação das atividades de interesse da população.

10.12. CARACTERES DA PROPRIEDADE

O estudo dos caracteres da propriedade conduz à compreensão de sua própria natureza. Importa, ainda, em identificar sua importância e posição no contexto do direito.

Em primeiro lugar, é considerada a propriedade como um direito absoluto, eis que oponível *erga omnes*, e o mais completo de todos os direitos reais, o que lhe dá um conteúdo de plenitude.

O caráter absoluto dominou no Século XIX, vindo defendido pela doutrina liberal, e significando o reconhecimento, em favor do proprietário, de toda a intensidade de seu poder sobre os bens. Assevera Eduardo Novoa Monreal que o absolutismo consiste "en reconocer el más amplio valor, en todo lo relativo a la forma y condiciones en que el propietario puede ejercer sus facultades sobre la cosa que le pertenece, a la voluntad omnímoda de éste. Con ello se justifica una forma de ejercício del derecho que parece realizarse como expresión del ecoismo más absorvente".[57]

Este absolutismo não mais pode ser admitido nos tempos atuais. Em verdade, leis constitucionais e mesmo ordinárias impõem limitações, ora em favor do interesse público, ora da coletividade, e mesmo de outros valores mais preponderantes, como o relativo à própria subsistência humana e ao direito a uma moradia.

Reconhece-se, outrossim, o caráter da exclusividade, no sentido de que um bem não pertence simultaneamente a duas ou mais pessoas, visto que o direito de alguém sobre uma determinada coisa exclui o direito de terceira pessoa. Não há de se inferir, daí, qualquer relação com o condomínio. Neste, como lembra Arnoldo Wald, "o que ocorre não é a propriedade de diversas pessoas sobre o mesmo objeto, mas o de cada condômino sobre uma fração ideal do objeto em condomínio".[58]

A exclusividade faz emergir o *jus excludendi alios*. No art. 527 do Código Civil de 1916 estava assente o princípio: "O domínio presume-se exclusivo e ilimitado, até prova em contrário". O Código atual, ao invés de usar a palavra "domínio", emprega a palavra "propriedade", de significação mais consentânea com o que expressa. Substituiu, também, o termo "ilimitado" por "plena", com o que se coaduna aos princípios de ordem pública que impõem restrições. Eis seu art. 1.231: "A propriedade presume-se plena e exclusiva, até prova em contrário".

Salienta Lodovino Barassi que "si suoli affermare essere l'esclusività un riflesso della qualità che abbiamo visto: la proprietà come espressione della massima signoria sulle cose". Ou

---

[57] *Obra citada*, p. 24.

[58] *Curso de Direito Civil Brasileiro – Direito das Coisas*, ob. cit., p. 91.

seja, a exclusividade decorre do caráter absoluto. Mas, prossegue o mestre, da mesma forma que há ingerência do Estado afastando o poder absoluto do senhor sobre o bem, igualmente a exclusividade sujeita-se a sofrer limites do poder público, especialmente no concernente a certas interferências no uso e aproveitamento do bem.[59]

Das características acima advém a irrevogabilidade, ou perpetuidade. O domínio nasce para permanecer no patrimônio do seu titular, até ser por ele voluntariamente demitido. Do contrário, só desaparece com a morte, ou em execução por dívida.[60]

Trata-se este caráter de uma consequência da plenitude do domínio. Daí apresentar-se o mesmo como indefinido no tempo. Se restringir-se dentro de um período, mesmo que autorizado por lei, temos o que se denomina de domínio temporário, ou imperfeito. Exemplo típico desta espécie é a propriedade fiduciária, que cessa após certo tempo, quando o alienante conclui os pagamentos do bem, o qual, então, passa para seu domínio.[61]

10.13. ATRIBUTOS E ELEMENTOS CONSTITUTIVOS DA PROPRIEDADE

É a propriedade qualificada como direito real máximo. Vários atributos decorrem de seu conteúdo, sintetizados na trilogia romana do *jus utendi, fruendi et abutendi*, segundo ensina a antiga doutrina: O conteúdo positivo do direito de propriedade está indicado nas expressões usar, gozar e dispor de seus bens, que, aliás, pressupõe a posse. A defesa especial desse direito claramente aparece na parte final do art. 1.228 do Código – "de reavê-la do poder de quem quer que injustamente a possua, ou detenha" – referindo-se à ação de reivindicação.[62]

De modo que os atributos, comumente conhecidos como poderes da propriedade, consistem no uso, no gozo e na disposição da coisa.

O Código Civil francês abrevia-os em "*droit de jour et disponer des choses de la manière la plus absolue*" (art. 544).

Mas acrescenta-se mais o poder de reaver a coisa injustamente possuída por outrem.

10.13.1. Direito de usar

Como sugere a palavra, "usar" corresponde à faculdade de se pôr o bem a serviço do proprietário, sem modificar a sua substância. É este poder empregado em benefício do titular do bem, que aproveita a serventia que apresenta, como quando habita uma casa, ou permite que um terceiro tire a utilidade.

O uso abrange também manter a coisa inerte ou sem aproveitar os serviços que ela pode prestar. Observa Caio Mário da Silva Pereira: "Usar não é somente extrair efeito benéfico, mas também ter a coisa em condições de servir. Porém utilizá-la *civiliter*, uma vez que o uso se subordina às normas de boa vizinhança e é incompatível com o abuso do direito de propriedade".[63]

Comporta o uso restrições, especialmente no direito de vizinhança e no concernente a posturas municipais.

---

[59] *La proprietà*, Milão, Dott. A. Giuffrè-Editore, 1943, p. 46. Tradução livre do texto citado: Costuma-se dizer que a exclusividade é um reflexo da qualidade que vimos: a propriedade como expressão do domínio sobre as coisas.

[60] Serpa Lopes, *Curso de Direito Civil*, vol. VI, ob. cit., p. 254.

[61] Manuel A. Laquis, obra citada, p. 72.

[62] *Código Civil dos Estados Unidos do Brasil Comentado*, vol. III, ob. cit., p. 57.

[63] *Instituições de Direito Civil*, vol. IV, ob. cit., p. 92.

10.13.2. Direito de gozar

Expressa este direito o sentido de fazer frutificar a coisa e auferir os produtos que advierem. Consiste na percepção dos frutos, quer os naturais, como as colheitas de culturas agrícolas; quer os civis, como os aluguéis de uma casa.

Diz Eduardo Novoa Monreal: "El poder de goce consiste en la utilización y aprovechamiento directo del bien, en forma de obtener de él todos los beneficios o ventajas que es capaz de dar. Esse goce adquiere un carácter material cuando se disfruta de la cosa empleándola según su destino (vehiculo,vivienda), obteniendo de ella frutos o productos (cosechas, crías de animales) o complaciendose en su visión, audición, tacto o exhibición (cuadros, esculturas). Este poder de goce se expresa mediante actos jurídicos cuando se da en arrendamiento la cosa o se celebra a su respecto cualquier acto jurídico capaz de permitir al propietario un ventaje que no implica la pérdida de ella".[64]

10.13.3. Direito de dispor

Este predicado envolve o poder de consumir o bem, de aliená-lo ou gravá-lo, ou de submetê-lo ao serviço de terceira pessoa, ou de desfrutá-lo.

Sem dúvida, é o mais importante dos três atributos, pois quem dispõe dele se mostra mais dono do mesmo relativamente à pessoa que o usa ou frui de suas vantagens.

Eis a lição de Marcelo Planiol e Georges Ripert: "Lo que caracteriza el derecho de propiedad, distinguiéndolo de los demás derechos reales, es la facultad de disponer de la cosa, por su consumo, por su destrucción material o por la tranformación de su sustancia".[65]

Ao proprietário é assegurado, dentre outros atos, alienar a coisa, transformá-la, dividi-la, aproveitar seus frutos, constituir sobre ela um ônus como usufruto, hipoteca, penhor, além de facultar-se-lhe não a fruir e a abandonar.

10.13.4. Direito de reaver a coisa. Ação reivindicatória

Este, sem dúvida, é o corolário dos anteriores poderes ou elementos constitutivos da propriedade, eis que envolve a sua proteção específica, que se concretiza através da ação reivindicatória. Portanto, o estudo do direito de reaver corresponde ao estudo da ação reivindicatória.

Esta é uma ação real, exercitável *erga omnes*, que objetiva a retomada da coisa de quem quer que injustamente a detenha.[66] De nada valeria ao proprietário ter o poder de usar, gozar e dispor do bem ou da coisa, se não lhe fosse permitido o direito de reaver de quem injustamente se apossasse. Por meio da ação reivindicatória (*vindicatio*), o proprietário vai buscar a coisa nas mãos alheias, retirando-a do possuidor e recuperando-a para si. Segundo é proclamado, "trata-se de ação do proprietário sem posse contra o possuidor não proprietário, ficando a cargo do primeiro a prova do seu domínio e a posse injusta do segundo".[67]

Decorre ela da parte final do art. 1.228 do Código, que assegura ao proprietário o direito de reaver os seus bens de quem injustamente os possua. Funda-se no direito de sequela, armando o titular do domínio de meios para buscar o bem em mãos alheias, retomá-lo do

---

[64]   *Obra citada*, p. 35.

[65]   *Tratado Práctico de Derecho Civil Frances*, tomo III, 'Los Bienes', tradução de M. Días Cruz, Editorial Cultural Havana, 1942, p. 203.

[66]   Washington de Barros Monteiro, *Curso de Direito Civil – Direito das Coisas*, ob. cit., p. 92.

[67]   *Revista de Jurisprudência do TJ do RGS*, 81/419.

possuidor e recuperá-lo do detentor. Visa o proprietário a restituição da coisa, seja imóvel ou móvel, eis que perdido se encontra o *jus possessionis*, pedindo que se apanhe e retire a mesma, que se encontra no poder ou na posse de outrem, sem um amparo jurídico.[68]

10.13.4.1. Requisitos da ação reivindicatória

O primeiro pressuposto ou requisito necessário à reivindicação é a propriedade atual do titular. Deverá ele ter o *jus possidendi*, embora encontre perdido o *jus possessionis*.

Acrescenta Pontes de Miranda: "Mas basta que o adquira até o proferimento da sentença. Se no curso do processo o autor perde a propriedade, a ação tem que ser julgada improcedente".[69]

Sobre este requisito, disserta Raymundo M. Salvat: "Que el reivindicante sea propietario de la cosa reivindicada... Esta condición se justifica porque tradicionalmente la acción de reivindicación há sido considerada como una acción nacida del derecho de propiedad y que estaba destinada a ampararlo cuando este derecho era desconocido. Si esta condición falta, la reivindicación no puede prosperar, tanto que el caso de no haberse tenido nunca la propiedad de la cosa, como en el de habersela perdido por cualquiera de los medios que la ley determina".[70]

Não importa que o domínio esteja estabelecido em condomínio. Compete a ação também ao condômino, segundo ensina Pontes: "A pretensão e a ação também competem ao condômino e ao proprietário somente com a posse mediata. O dono de apartamento tem-na como proprietário *pro deviso* e, quanto às partes comuns, como condôminos. Não exclui a pretensão e a ação de reivindicação o existir entre o autor e réu alguma relação jurídica pessoal, como a de locação e o depósito, nem a pretensão pessoal à restituição da coisa".[71]

Assim a jurisprudência: "O fato de ainda não se haver tornado real a parte ideal de cada condômino não obsta o exercício pelo condômino à ação reivindicatória. Se o autor não estiver de posse da coisa comum e os réus lhe negarem a comunhão no *jus in re* deve-se usar então a reivindicação". Na justificação do voto: "Justamente por não ter tido acesso à compossessão é que a ação tem cabimento para que possa a autora usufruir tal direito que lhe é assegurado, aliás, pelo art. 623, I, do CC. Se assim não for entendido, criar-se-á para a apelada uma situação irreversível e irremediável: não teria a possessória porque não tem a posse; a reivindicatória não caberia contra o condômino; a divisória e demarcatória seria no caso incabível por não comportar divisão o imóvel por força de restrição estabelecida na Lei nº 4.504".[72]

Efetivamente, no art. 623, inc. I, da lei civil revogada, no que encontra consonância com o art. 1.314 do Código atual, assegura-se ao condômino usar livremente a coisa, conforme seu destino, e sobre ela exercer todos os atos compatíveis com a indivisão.

De modo que o fato de inexistir divisão e não se haver, ainda, tornado real a parte ideal de cada condômino não obsta o exercício da lide. A porção cabível ao condômino se determinará em execução da sentença. No entanto, há entendimento contrário, como o de Celso Laet de Toledo Cesar, que cita precedente do Superior Tribunal de Justiça: "Se, porém, ou por posse antiga, ou por apossamento que não importa seja ou não consentido pelos demais, apenas um

---

[68] Marco Antônio S. Viana, *Tutela da Propriedade Imóvel*, São Paulo, Editora Saraiva, 1982, pp. 17 e 18.

[69] *Tratado de Direito Privado*, vol. 14, ob. cit., p. 20.

[70] *Tratado de Derecho Civil Argentino*, Derechos Reales, 4ª ed., Buenos Aires, Tipográfica Editora Argentina S. A., 1959, vol. III, p. 637.

[71] *Tratado de Direito Privado*, vol. 14, ob. cit., p. 20.

[72] *Revista de Jurisprudência do TJ do RGS*, 99/411; ainda, na mesma *Revista*, 82/75 e 80/454.

dos quinhoeiros passar a usufruir do imóvel, é evidente que o outro condômino não poderá utilizar-se da ação reivindicatória, porque veda-se seja ela oposta contra outro titular do domínio".

Essa a regra geral que, inclusive, já foi assentada pelo Superior Tribunal de Justiça, quando do julgamento do Recurso Especial nº 30.802-5, do Paraná, transcrevendo-se a ementa, que diz: "A comunhão que resulta da multiplicidade de títulos de domínio sobre uma área, atribuindo-a a diversos proprietários sobre frações ideais, de localização imprecisa, impede o exercício da ação reivindicatória de um condômino contra o outro (*RT*, 713/221)".[73]

O segundo elemento necessário é o tipo de posse exercida pelo réu.

O art. 1.228 do Código fala em posse injusta. E o art. 1.200 do Código estabelece que a posse é injusta quando for violenta, clandestina ou precária. Entretanto, a ação reivindicatória não se dirige apenas contra quem está na posse injusta com estas formas. Colima a proteção em favor do titular do domínio contra aquele que está na posse sem causa jurídica. Ou seja, não se embasa na boa ou má-fé do possuidor, mas no fato da posse repugnar ou não ao direito.

É a posse que a jurisprudência define para ensejar a reivindicatória, com base no antigo art. 524, atualmente reproduzido no art. 1.228 do Código em vigor: "O conceito de posse injusta do art. 524 é mais amplo do que o relativo aos interditos possessórios, bastando que à pretensão dominial se oponha posse desacompanhada de melhor título. Não serve para afastá-la sentença proferida em ação consignatória, não transitada em julgado, referente a eventual negócio possessório sobre parte do imóvel".[74]

Assim, o requisito para a ação é a posse injusta do réu, no sentido de falta de amparo ou de um título jurídico. Não tem ele o *jus possidendi*. De sorte que possuidor de boa ou má-fé, ou simples detentor, pode ser sujeito da pretensão da ação reivindicatória, que visa à restituição da coisa. A falta de fundamento em um título, ou de uma permissão, com origem no proprietário, dá ensejo para a ação que reclama a restituição. Nesse sentido, o uso por força de uma gentileza, de um favor, de uma amizade, de uma caridade autoriza o ingresso posterior da ação, na esteira do seguinte exemplo: "Defere-se a reivindicação do titular do domínio, quando evidenciada que a posse ostentada pelo réu se dava por deferência do proprietário do imóvel através de interposta pessoa. Notificação que tornou dita posse precária. Alegação de usucapião, suscitada em defesa, que não logrou ser provada, seja pela ausência do *animus domini* ou pela ausência da posse prolongada no tempo. Ação reivindicatória procedente".[75]

Mesmo que não se embase em título melhor que o do reivindicante, considera-se injusta a posse. Assim, é injusta a posse, em relação à pretensão reivindicatória, daquele que a detém por força de recibo de quitação, em contraposição à escritura com registro Imobiliário, muito embora tal posse seja de boa-fé. No máximo, assiste aos ocupantes o direito de retenção pelo valor das benfeitorias necessárias e úteis, até efetiva indenização, bem assim o de levantar as voluptuárias".

O terceiro requisito envolve a individuação do imóvel reivindicando, de modo a identificá--lo perfeitamente, o que requer a sua descrição com os limites e confrontações, a área e a localização. Constituindo-se de lote ou prédio urbano, especificará o proprietário o número,

---

[73] *Venda e Divisão da Propriedade Comum*, 2ª ed., São Paulo, Editora Revista dos Tribunais, 2000, p. 212.

[74] Apel. Cível nº 586023269, da 3ª Câm. Cível do TJ do RGS, j. em 20.11.1986, em *Revista de Jurisprudência do TJ do RGS*, 126/216.

[75] Apel. Cível nº 70.000.878.074, da 20ª Câmara Cível do TJ do RGS, j. em 21.06.2000, em *ADV Jurisprudência* nº 3, expedição de 21.01.2001, p. 46.

a quadra, a área, a rua em que se encontra, o município, além de outros dados porventura existentes. Em qualquer caso, indicará as benfeitorias e construções, com metragem definida.

Sem tal precaução, inviabiliza-se a própria ação, a menos, evidentemente, que se trate de um imóvel identificável pela sua denominação e amplamente conhecido.

Eis a orientação jurisprudencial, desde tempo antigo: "Pressuposto essencial à sua propositura é a descrição atualizada do bem de modo a possibilitar sua exata localização. Inobservância do requisito na espécie, em que os autores se limitaram a reproduzir na inicial as confrontações contidas em documento do início do século passado e de há muito inexistentes. Imprecisão que atinge a própria possibilidade jurídica do pedido".[76]

Não basta a simples descrição de limites antigos, hoje não mais conhecidos e não identificáveis. Importa que se deem os elementos perceptíveis presentemente – os limites ou as divisas, além de outros dados identificadores, porquanto a procedência de uma ação reivindicatória pressupõe juízo de certeza sobre a localização, no pertinente ao terreno e à área constante do título de aquisição. Tais elementos não se fazem presente quando há a mera menção, como limites, de situações geográficas comuns e imprecisas, exemplificadas na referência de um perau, ou de um córrego, ou de uma sanga, ou de um mato, ou de um morro, ou de uma várzea.

10.13.4.2. Legitimidade ativa para a ação

Está legitimado para propor a ação aquele que tem a propriedade plena ou limitada, irrevogável ou dependente de resolução. Nesta condição encontram-se, além do que exerce a propriedade plena, o nu-proprietário, o coproprietário, o enfiteuta, o marido em relação aos bens dotais de sua mulher, aquele que onerou seus bens com hipoteca ou penhor, e o proprietário mediato, isto é, o que transferiu a posse por contrato, como de locação, arrendamento etc., e vê o imóvel invadido por pessoa estranha.

Além da falta da posse atual, o título que dá suporte ao pedido deve revelar-se justo, e não de má-fé.

Mesmo ao herdeiro é autorizado o uso da ação, não sendo relevante a falta de registro do formal de partilha, posto que o título é o formal de partilha, que representa o verdadeiro ato de transferência, e não propriamente a causa. É que o art. 1.784 expressa: "Aberta a sucessão, a herança transmite-se, desde logo, aos herdeiros legítimos e testamentários". Na própria cessão de direitos hereditários são admitidos os embargos de terceiro, como entende o STJ, no REsp nº 1.809.548/SP, da 3ª Turma, rel. Min. Ricardo Villas Bôas Cueva, j. em 19.05.2020, DJe de 27.05.2020: "Admite-se a oposição de embargos de terceiro fundados em alegação de posse advinda do compromisso de compra e venda de imóvel, mesmo que desprovido do registro, entendimento que também deve ser aplicado na hipótese em que a posse é defendida com base em instrumento público de cessão de direitos hereditários".

Não cabe o direito, porém, se os direitos hereditários não se referem a imóvel transcrito: "Não é legitimado à reivindicação quem herda simplesmente direitos sobre o imóvel não transcrito em nome do *de cujus*".[77]

---

[76] *Apel. Cível* nº 500.429.014, da 1ª Câm. Cível do TJ do RGS, de 03.04.1984, em *Revista de Jurisprudência do TJ do RGS*, 105/297.

[77] *Apel. Cível* nº 584.009.419, da 1ª Câm. Cível do TJ do RGS, de 11.09.1984, em *Revista de Jurisprudência do TJ do RGS*, 109/336.

Assim, torna-se proprietário o herdeiro com a abertura da sucessão. Com tal ocorrência, o domínio e a posse transmitem-se, desde logo, aos herdeiros legítimos e testamentários, sem necessidade de ato algum do sucessor e ainda que ele ignore.

Este entendimento se estende igualmente ao cessionário, pois ocupa ele o lugar do herdeiro. Transferem-se a ele os mesmos direitos que eram assegurados ao cedente. Acrescenta Marco Aurélio S. Viana que "ao cessionário bastará apresentar o contrato pelo qual adquiriu o direito, sem maiores formalidades, para ajuizar a reivindicatória".[78]

10.13.4.3. *Legitimação passiva na ação*

Como já se referiu, o proprietário fará a prova da posse ou da detenção do demandado, isto é, de quem retém ou detém indevidamente o imóvel. Em outras palavras, dirige-se a ação contra o mero detentor, o possuidor de boa ou má-fé, o possuidor direto ou indireto, ou aquele que possui ou deixou de possuir com dolo. Não se cogita da causa determinante da posse ou detenção. Basta a falta de suporte jurídico para justificar a lide contra o réu.

A boa ou má-fé encontra ressonância no pertinente aos acessórios e à indenização, mas não quanto ao pedido de restituição.

Lembra Marco Aurélio S. Viana: "Ocorrendo que a posse direta tenha como pressuposto uma posse indireta, como se dá no caso de locação, em que o locador tem a última e assegura ao locatário a primeira, é indispensável que o possuidor indireto seja informado pelo possuidor direto da existência de medidas judiciais, envolvendo o imóvel".[79]

Neste caso, compete ao locatário levar ao conhecimento do locador as perturbações de terceiros, e inclusive a ação da qual está sendo acionado, obrigação que deriva do art. 23, inc. IV, da Lei nº 8.245/1991, e do art. 568 do Código Civil. No silêncio do locatário, não se obriga o locador a garantir o uso pacífico do prédio locado (Lei nº 8.245/1991, art. 22, inc. II, e art. 569, inc. III, do Código Civil).

Na hipótese de tal omissão, sujeita-se o locatário ou qualquer possuidor imediato a suportar as perdas e danos decorrentes de sua culpa.

O caminho mais correto, quando a ação é voltada contra o possuidor direto, está na indicação do verdadeiro responsável, conforme art. 338 do CPC/2015, cujos termos vão transcritos:

> Alegando o réu, na contestação, ser parte ilegítima ou não ser o responsável pelo prejuízo invocado, o juiz facultará ao autor, em 15 (quinze) dias, a alteração da petição inicial para substituição do réu.
>
> Parágrafo único. Realizada a substituição, o autor reembolsará as despesas e pagará os honorários ao procurador do réu excluído, que serão fixados entre três e cinco por cento do valor da causa ou, sendo este irrisório, nos termos do art. 85, § 8º.

Ao propor a ação, preocupar-se-á o reivindicante tão somente com os requisitos do domínio e da individuação, o que faz decorrer a posse injusta do possuidor, de acordo com a doutrina de Carvalho Santos:

> A ação reivindicatória pode ser intentada contra qualquer possuidor, não só o de má-fé, mas também o de boa-fé, e contra qualquer detentor, qualquer que seja a causa pela qual possua a coisa, pouco importando que a possua ou detenha por conta própria ou por

---

[78] *Tutela da Propriedade Imóvel*, ob. cit., p. 27.

[79] *Tutela da Propriedade Imóvel*, ob. cit., p. 29.

conta de outrem. Porque o proprietário é autorizado a reivindicar a coisa que lhe pertence de qualquer pessoa que a tenha em seu poder, não sendo justo que se exigisse dele, para exercitar esse seu direito, fosse pesquisar por qual título o objeto se encontra nas mãos do detentor ou possuidor. Tanto mais quando o domínio é um direito real, vale dizer – exequível contra qualquer um, em poder de quem esteja a coisa, seja a que título for.[80]

Aspecto importante refere-se aos casos de impossibilidade de se identificar os réus, especialmente nas invasões coletivas de áreas desocupadas pelos proprietários. Há, muitas vezes, uma inviabilidade física ou material de encontrar ou discriminar os invasores. A solução, para tais situações, é ditada por uma jurisprudência já não recente, mas bastante pragmática: "Na reivindicatória, havendo pluralidade de réus de identidades desconhecidas, exigir-se que sejam todos qualificados na inicial seria cercear o direito do proprietário de reivindicar sua propriedade. Far-se-á, portanto, a citação de quantos forem encontrados na área, especificando-se na certidão do oficial de justiça a identificação dos citados, para que haja um exame de cada caso por ocasião do despacho saneador, já que se cuida de pluralidade de ocupantes, respondendo cada um, isoladamente, pela ocupação". No voto que inspirou a ementa, encontra-se: "Em ações dessa natureza, temos, portanto, quando há pluralidade de réus, de identidade desconhecida, seria cercear o direito do proprietário de reivindicar sua propriedade exigir-se fossem todos os réus qualificados na inicial. Quase sempre suas identidades são desconhecidas. São pessoas que do dia para a noite se apossam de áreas de terras e ali se estabelecem, levantando barracos. Portanto, nada há de inusitado sejam mencionados os desconhecidos e se requeira a citação de tantos quanto forem encontrados na área".[81]

10.13.4.4. Objeto da ação

Não se trata a reivindicatória de reconhecimento ou declaratória da propriedade, conforme enfatiza Carvalho Santos.[82]

O fundamento da ação está no reconhecimento da propriedade. Nela se encontra a pretensão. Porque é proprietário o titular do domínio que investe contra o possuidor, buscando a restituição do bem, como enseja a doutrina de Serpa Lopes: "A ação reivindicatória, por isso que visa a restituição da coisa de propriedade do autor da qual foi ele desapossado, tendo perdido o *jus possessionis*, requer, portanto, que ele vise coisas devidamente determinadas".[83]

Pontes de Miranda, todavia, entende cumuláveis os pedidos de declaração da propriedade e de reivindicação. Este decorreria naturalmente do reconhecimento do anterior: "Com a *rei vindicatio* pode ser proposta a ação declaratória da propriedade: há interesse em que se cumulem, porque a sentença sobre a reivindicação pode não ter eficácia de coisa julgada sobre direito de propriedade".[84]

Por já estar o autor revestido da titularidade do domínio, o objeto da ação é a restituição da coisa com todos os seus acessórios.

A coisa reivindicável poderá ser móvel ou imóvel. Expõe Pontes: "Objeto da ação de reivindicação é coisa determinada e aproveitável, se bem que o proprietário de coisas inalie-

---

[80] *Obra citada*, vol. II, p. 287.
[81] *Apel Cível* nº 66.546-1, 4ª Câm. do Tribunal de Justiça de São Paulo, julgada em 12.12.1985, em *Revista dos Tribunais*, 606/80.
[82] *Obra citada*, vol. VII, p. 290.
[83] *Curso de Direito Civil*, vol. VI, ob. cit., p. 497.
[84] *Tratado de Direito Privado*, vol. 14, ob. cit., pp. 28 e 29.

náveis possa reivindicar. Pode tratar-se de coisa imóvel ou de coisa móvel, inclusive coisas coletivas, suscetíveis de descrição, porém não partes integrantes. Qualquer separação, que em direito se permita, há de preceder a propositura da ação de reivindicação. Tratando-se de patrimônios, ou de coisas coletivas, tanto é reivindicável o todo quanto o são as coisas componentes, individualizáveis".[85]

Mas, no pertinente às coisas móveis, às de natureza não fungível é comum a reivindicação, posto que facilmente identificáveis. As infungíveis, que permitem a substituição por outras da mesma espécie, qualidade e quantidade, são reivindicáveis por outras que revelam as mesmas características e de igual valor, ou com aquelas virtudes. No entanto, Carvalho Santos diz, no tocante às fungíveis: "Podem reivindicar-se as coisas, de sua natureza fungíveis, contanto que se não tenham confundido com coisas do mesmo gênero, e que possam ser individuadas, como o dinheiro, os títulos ao portador".[86]

Nada impede, todavia, a ação no tocante a certo produto que se encontra estocado juntamente com outro do mesmo gênero, ou da mesma espécie, quantidade e qualidade, o que é comum relativamente a cereais.

Da mesma forma no referente às universalidades de fato, como o rebanho, a boiada, ou tropa de animais cavalares. Constituem bens coletivos, sendo fácil a reivindicação da generalidade, *v. g.*, do gado, ou de toda a tropa. A pretensão de tantas cabeças de gado ou de cavalo, ou de ovinos, dentre determinada universalidade, igualmente é autorizada, eis que possível a identificação por raça, ou mesmo por espécie de animais.

É evidente a necessidade de identificação ou de individuação do bem, sendo que, nos imóveis, através da descrição mais completa possível, como já se observou. Relativamente aos móveis, importa se defina a denominação. A marca, ou a raça em se tratando de animais, a cor, o número da série, o ano de fabricação, dentre outros caracteres.

Como também foi analisado, a parte ideal de um imóvel, e mesmo o legado ou o quinhão hereditário, são passíveis de constituírem objeto da ação. Se identificável o imóvel, um condômino contra o outro habilita-se a agir, tendo o Superior Tribunal de Justiça ementado: "O cabimento ou não da ação reivindicatória de um condômino contra o outro não pode resultar de dogma inflexível, mas será dependente do exame das circunstâncias de cada caso. Hipótese em que se registrou que a parte da área reivindicada já está determinada e que os réus não possuem dúvidas quanto à área pretendida; que o limite a ser fixado exige apenas o traçado de uma linha divisória; e que a posse dos réus é injusta, tudo conduzindo para se ter, pelas peculiaridades da espécie, por admissível a ação reivindicatória proposta".[87]

10.13.4.5. *Defesa na ação reivindicatória*

O principal fator de defesa na ação reivindicatória é a exceção de propriedade. Se conseguir o réu demonstrar seu domínio, e que é falso o título do autor, a ação terá que ser improcedente.

Mas, se ambos os títulos são considerados válidos, ou se o transmitente alienou o bem a duas pessoas?

Aí, prevalece o título mais antigo, isto é, aquele que se registrou em primeiro lugar.

Vindo os títulos expedidos por pessoas diferentes, há de se buscar a prova da nulidade, que incumbe a ambas as partes. Cada uma providenciará na demonstração da validade do respectivo

---

[85]   *Tratado de Direito Privado*, vol. 14, ob. cit., p. 36.
[86]   *Obra citada*, vol. VII, p. 289.
[87]   *Recurso Especial* nº 134.814-RS, DJ de 12.04.1999, por sua 4ª Turma, *in ADV Jurisprudência* nº 43, expedição de 31.10.1999, p. 686.

título, e da falsidade daquele que pertence à parte contrária. Não se conseguindo esta última prova, valerá, também, o título mais antigo, isto é, registrado em primeiro lugar. É o ensinamento de Paulo Tadeu Haendchen e Rêmolo Letteriello, em excelente monografia sobre a matéria:

> A preferência é regulada pela prioridade da transcrição, na forma prevista na Lei de Registros Públicos. O princípio da prioridade significa que, em concurso de direitos reais sobre um imóvel, não existe igualdade, mas sim uma graduação, fundada na ordem cronológica do aparecimento. Deriva do princípio latino *prior tempore potior jure* e é consequência de outro princípio que diz: o direito não socorre os que dormem. A adoção do sistema da prioridade vem a beneficiar o mais diligente em detrimento do retardatário. A prioridade é constatada liminarmente no protocolo do Registro Imobiliário, pelo número de ordem que o título toma no momento em que é apresentado.[88]

Mesmo que uma aquisição seja anterior, prevalece a que chegou primeiramente ao registro imobiliário.

Outra situação que ocorre não raramente é a superposição de áreas. Os registros são perfeitos, escoimados de quaisquer vícios. No caso, a ação a reivindicatória deve ser julgada em favor de quem tenha precedência de transcrição imobiliária". É a solução mais justa.

No entanto, os citados autores Paulo Tadeu Haendchen e Rêmolo Letteriello defendem, com razão, que a solução seria considerar-se o domínio exclusivo em favor daquele que exerce a posse sobre o imóvel.[89] E se ambos os proprietários detêm a posse, a mais antiga prevalecerá para todos os efeitos, no que era claro o art. 507 do Código Civil de 1916: "Entende-se melhor a posse que se fundar em justo título; na falta de título, ou sendo os títulos iguais, a mais antiga". Observa-se que a regra mais correspondente do Código atual, e que está no parágrafo único do art. 1.201, é um tanto diferente, dando proeminência, na disputa sobre a posse, àquela que se funda em título: "O possuidor com justo título tem por si a presunção de boa-fé, salvo prova em contrário, ou quando a lei expressamente não admite esta presunção".

De modo geral, a superposição de áreas não compreende a superposição de posse. A posse de um proprietário afasta a do outro. De sorte que não é difícil a solução.

De notar, ainda, que a superposição de área, quer total ou parcial, não se confunde com a hipótese de venda da mesma área por pessoas diferentes, com duplicidades de títulos, em que aparece o mesmo imóvel em ambos os títulos. Naquela situação, distintas afiguram-se as áreas em suas especificações e denominações.

Outras defesas apropriadas são a alegação de que a coisa não se encontra detida injustamente, ou simplesmente que não se detém o imóvel, ou da falta de individuação da área reivindicanda, ou do usucapião em favor do possuidor.

Todas as questões envolvem a produção de prova, máxime no pertinente à exceção de usucapião.

O usucapião, como meio de defesa, em reivindicatória independe de sentença e do respectivo registro. O efeito da decisão que acolhe a exceção atingirá apenas o reivindicante, não sendo *erga omnes*.

A possibilidade é amparada na Súmula nº 237, de 1963, do Supremo Tribunal Federal, nas seguintes palavras: "O usucapião pode ser arguido em defesa". Numerosa jurisprudência, adotada por todos os pretórios, consagrou o princípio.

---

[88] *Ação Reivindicatória*, 4ª ed., São Paulo, Editora Saraiva, 1988, p. 33.
[89] *Obra citada*, p. 36.

À parte faculta-se invocar o usucapião extraordinário, sustentando a posse contínua, sem interrupção nem oposição, e exercida a título de dono pelo tempo mínimo de quinze anos (art. 1.238 do Código Civil); ou o usucapião ordinário, invocando a posse contínua, incontestada, de boa-fé, e com justo título, durante dez anos (art. 1.242 do Código Civil); ou usucapião especial rural, pelo exercício da posse contínua e incontestada, pelo prazo de cinco anos em área de até cinquenta hectares, desde que não seja o usucapiente proprietário de imóvel rural ou urbano, e tenha tornado a terra produtiva com o seu trabalho, nela mantendo morada (art. 1.239 do Código Civil), usucapião este que coincide com o usucapião rural da Constituição Federal (art. 191); ou o usucapião especial urbano, alcançável pelo exercício da posse também pelo lapso de cinco anos, em área de até duzentos e cinquenta metros quadrados, restrito o direito para os que não são proprietários de imóvel rural ou urbano (art. 1.240 do Código Civil e art. 183 da CF).

Sobre a exceção de usucapião especial previsto na Lei nº 6.969, escrevem Paulo Tadeu Haendchen e Rêmolo Litteriello: "O usucapião especial pode ser alegado como matéria de defesa, valendo a sentença que o reconhecer como título para a transcrição no Registro de Imóveis, conforme dispõe o art. 7º da Lei nº 6.969. Nesse ponto, portanto, há diferença em relação aos efeitos da sentença proferida na ação reivindicatória, porquanto o reconhecimento do usucapião, na modalidade especial, alegada como matéria de defesa, importa na perda da propriedade pelo reivindicante, visto que a sentença é título hábil à transcrição no Registro de Imóveis.

Diferentemente ocorre se for alegado como matéria de defesa o usucapião ordinário ou extraordinário. Aqui a sentença se limita a reconhecer o usucapião, mas não é título hábil para a transcrição no Registro Imobiliário, o que não exclui, obviamente, a possibilidade de ajuizamento da ação própria, de rito especial, previsto no art. 941 do Código de Processo Civil".[90]

Com o CPC/2015, não mais se imprime um procedimento especial para a ação de usucapião, mas o comum. De sorte que o citado art. 941 não encontra dispositivo equivalente no atual CPC.

Não socorre ao réu a exceção do usucapião se a posse não é justa, de boa-fé ou com ânimo de dono, o que se verifica quando o possuidor não entrega o imóvel tão prontamente notificado para tanto.

10.13.4.6. *Ação possessória e ação reivindicatória*

Sabe-se que distinto é o objeto de uma e outra ação. Por ter cada ação uma *causa petendi* própria, em princípio não se admite a transformação da reivindicatória em possessória, nem vice-versa.

Se há esbulho, o caminho para restabelecer o direito violado é a reintegração de posse. Nunca tendo exercido o proprietário a posse, socorrer-se-á da reivindicatória.

Todavia, existe certa proximidade entre ambas, que mais se faz sentir se a pretensão vem embasada no título dominial. Em última instância, a razão de pedir está na posse. Deste modo, mesmo que o autor requeira a restituição da posse em vista do esbulho praticado pelo réu, comporta o ajuizamento da ação reivindicatória. Segundo o art. 1.228 do Código, é garantido o direito de reaver os bens do poder de quem injustamente os possua. Reaver um bem importa em retomar a posse. Assim, integra os elementos constitutivos do objeto da reivindicatória a posse, o que leva a admitir-se esta última mesmo quando

---

[90] *Obra citada*, p. 39.

Cap. X · A PROPRIEDADE | **229**

mais apropriada seria a ação de reintegração. É o que apregoam os já citados Paulo Tadeu Haendchen e Rêmolo Letteriello: "Não obstante, pode o esbulhado optar pela via reivindicatória que leva ao mesmo resultado final, às vezes com mais segurança, com um único inconveniente: não há possibilidade de liminar na *reivindicatio*. Mas, naquelas hipóteses em que o esbulho se deu há mais de ano e dia, é até mais seguro o uso da reivindicatória, desde que preenchidos os requisitos legais (título de propriedade, individuação do bem e injustiça da posse do réu)".

Trazem o escólio de Humberto Theodoro Júnior: "A possessória é sempre uma faculdade e nunca uma obrigação do esbulhado. Perdida a posse, o possuidor conta com o remédio expedito da reintegratória. Mas este praticamente é provisório e não atinge o direito à posse, cuja raiz está no domínio. Por ele tutela-se apenas o fato da posse, até que se resolva a questão dominial, em ação própria (*Posse e Propriedade*, 1985, p. 244)".[91]

Há precedentes jurisprudenciais na mesma linha: "Reivindicatória. Presentes as características e pressupostos da reivindicatória, admite-se que desta se trate e julga-se o mérito, eis que amplamente debatido e sem qualquer possibilidade de prejuízo para qualquer dos litigantes".[92]

Isto inclusive se o possuidor retém o imóvel em razão de comodato: "Ajuizamento contra comodatário de alienante de imóvel. Hipótese de comodato sem prazo certo. Adquirente que está obrigado a permitir-lhe a permanência no local". Dispensa-se inclusive a interpelação formal do comodatário, sendo suficiente a mera comunicação de que não mais persiste a relação estabelecida, segundo vem consignado no corpo do acórdão: "A interpelação não exige forma especial, como preleciona o douto Washington de Barros Monteiro, prestando-se para esse fim a própria citação, que é a mais enérgica das notificações, tal como ocorreu na hipótese (*Curso de Direito Civil, Direito das Obrigações*, vol. 1º, 290, Edição Saraiva, 1960).

Isso significa que a recusa de restituição do imóvel pela ré caracterizou esbulho possessório, revelador da posse injusta, precisamente o requisito da demanda que foi objeto de uma tese jurídica da contestação".[93]

Todavia, a conversão da reintegração em reivindicatória sói acontecer mais dificilmente, dada a total diversidade de objeto ou causa de pedir. O demandado defendese dos termos propostos na lide. Nela, não aparecendo um momento de perda da posse, procurará o mesmo caracterizar os pressupostos da possessória. O objeto da *reivindicatio* não é abrangido pelo da possessória, eis que mais amplo.

Pondera-se apenas a possibilidade do recebimento da lide como reivindicatória, e não possessória, desde que presentes e satisfeitos os requisitos daquela, mormente a menção da inexistência da posse anterior pelo autor.

10.13.4.7. Ação reivindicatória e compromisso de compra e venda

Sendo de eficácia real o compromisso de compra e venda, isto é, encontrando-se ofício no registro imobiliário, será cabível a reivindicatória?

Sem dúvida, é um problema importante, não poucas vezes enfrentado pela jurisprudência.

---

[91] *Obra citada*, pp. 147 e 148.

[92] Apel. Cível nº 39.461, de 22.04.1982, 4ª Câm. Cível do TJ do RGS, em *Revista de Jurisprudência do TJ do RGS*, 95/439.

[93] Apel. Cível nº 104.526-1, 5ª Câm. Cível do TJ de São Paulo, julgada em 27.10.1988, em *Revista de Jurisprudência do TJ de São Paulo*, Lex Editora, 117/257.

O titular pode exercitar e fazer valer, contra terceiro, os direitos que ele, compromissário, recebeu. Os poderes recebidos são os de usar, gozar e dispor da coisa. Enquanto não pago o preço, a única decorrência é o contrato vir a ser eventualmente resolvido. Mas, à medida que o preço vai sendo pago, se extingue o direito que se pode denominar de residual do promitente vendedor, o qual não passa, a partir do registro, de um direito de crédito. Saldada a dívida, só resta ao vendedor a obrigação de cumprir a formalidade de assinar a escritura.

A questão envolve os aspectos práticos, pois quem convencerá a pessoa que já entregou o imóvel a reavê-lo de terceiros? Haverá tanta abnegação que demande, à sua custa, um eventual intruso que nega a entrega do bem ao compromitente adquirente? O normal é a falta de interesse total após a venda e a transferência total da posse; consequentemente, a ordem jurídica prossegue transgredida.

O direito não pode permitir que a faculdade de reivindicar fique sem titular, ou que um bem imóvel perdure à mercê de aventureiros, sem que ninguém possa requerê-lo, apesar do compromissário haver pago o preço, revestindo-se de direito real amplíssimo.

Ou deverá o titular da promessa saldar todas as prestações e aguardar a escritura, ou requerer a adjudicação compulsória em caso de negativa ou outorga? Assim entendendo, truncados ficariam os direitos inerentes à disponibilidade, ao uso e ao gozo da coisa.

Empossado no terreno, e vindo a acontecer o esbulho, ou a ameaça de turbação, a ação própria seria a possessória. Quando o titular não teve ainda a posse, ou mesmo na hipótese de o vendedor alienar o imóvel duas vezes, o caminho é a reivindicatória. Acontece, seguidamente, a compra de um terreno, seguindo a pagar as prestações o adquirente, percebendo, após, a ocupação, por estranho, de seu bem. Dentro da sistemática que rege a ação de reivindicação, apenas o titular poderia ajuizar esta lide. Para legitimar-se na ação, deve haver um direito de dispor, de usar e gozar, que está em suspenso, pois um terceiro impede o seu exercício. Mas se o compromitente vendedor, em vista da convenção de promessa transmitida, não se interessa mais em exercer as prerrogativas especificadas, obviamente as mesmas transferem-se ao promitente comprador.

Faltando a disponibilidade do bem, encontram-se ausentes o *jus abutendi*, e, decorrentemente, o interesse para reivindicar. Sacramentado o ajuste, a disponibilidade passou ao novo titular, o promitente comprador; a este estende-se a legitimidade para ingressar em juízo.

Decidiu-se a respeito: "Compromisso de compra e venda. Imóvel loteado. Contrato averbado. Direito real oponível a terceiros. Reconhecimento, também, do direito de reivindicação. Recurso provido. Aplicação do art. 5º do Decreto-Lei nº 58, de 1937, e da Lei nº 649, de 1949. O compromisso de compra e venda, se regularmente averbado no Registro de Imóveis, estabelece direito real oponível a terceiro (Decreto-Lei nº 58 e Lei nº 649), daí decorrendo o direito de reivindicar, inclusive contra o titular de escritura definitiva posterior àquela averbação, e proveniente do mesmo loteamento".[94]

Chega-se à admissibilidade da reivindicação para fazer valer o direito, desde que a avença se revista dos requisitos legais, e, pelo menos, seja portadora de efeitos de eficácia real. O próprio Carvalho Santos deixa entrever, embora timidamente, a viabilidade da ação, pois adverte que a reivindicatória compete àquele que apresentar o domínio pleno ou limitado, pouco importando que o direito à propriedade seja ou não perfeito ou pleno. Direito ao domínio, para a propositura da lide, pode ser puro e simples, ou dependente de qualquer

---

[94] *Revista dos Tribunais*, 500/131 – Apel. nº 231.084, da 6ª Câm. do Tribunal de Alçada Civil de São Paulo, j. em 22.03.1977, rel. Juiz Paulo Bueno.

condição para se plenificar. Nada mais certo, adaptando-se ao compromisso a admissibilidade da demanda, mesmo se apresentando limitadamente o domínio.[95]

Barbosa de Lima Sobrinho aprofundou mais o tema, defendendo que, pelo contrato, o direito de usar, gozar e dispor do imóvel, e de reavê-lo passa do proprietário para o promitente comprador. Assinado o compromisso irretratável e registrado, transferindo-se ao compromissário o direito de dispor, ele torna-se parte legítima para propor a lide em questão, própria para "quem tem o domínio, seja irrevogável, seja dependente de resolução". Argumentando de acordo com o direito francês sobre a matéria, enfatiza que, se o domínio se transfere do promitente vendedor ao compromissário, junto com o domínio quase pleno se transmite igualmente a ação que o protege, isto é, a ação reivindicatória passa do antigo para o novo titular. Não se compreende a existência de um direito e a sua transferência desacompanhadas da ação que o garanta e lhe traga segurança.[96]

10.14. DEFESA DA PROPRIEDADE E AÇÃO NEGATÓRIA

Defende-se a propriedade também através da ação negatória. Por meio dela, visa o proprietário a defesa da plenitude do domínio. O titular do bem procura defender-se contra a ofensa dirigida à posse, da qual não está privado, mas verificam-se atos de turbação. Lapidar é a definição de Serpa Lopes: "O princípio de que está em causa, na ação negatória, é o do art. 527 do Código Civil, declarando presumir-se o domínio pleno e ilimitado, até prova em contrário. Por conseguinte, a ação negatória é utilizada pelo dono da coisa todas as vezes que o seu domínio, por um ato injusto, esteja sendo atacado em sua plenitude ou nos seus limites por outrem que se julgue com um direito de servidão sobre o imóvel atacado".[97]

O art. 527 do Código Civil anterior corresponde ao art. 1.231 do Código em vigor.

Na ação reivindicatória, o titular do domínio é privado do imóvel, enquanto na negatória ocorre uma simples interferência envolvendo a posse, sem que lhe seja subtraída. Mas não se trata de mera ofensa à posse, e sim ao domínio. A posse resta turbada ou prejudicada em vista do ato que interfere na plenitude do domínio, diminuindo-o, como no caso de uma servidão, ou de se impor o usufruto sobre o bem. Esclarece Marco Aurélio S. Viana: "É utilizada não apenas para se opor ou negar a existência de direito real sobre o bem que pertence ao proprietário (servidão, enfiteuse, usufruto, uso, habitação), mas também como remédio contra interferência ou imissões que consubstanciam turbação do direito de propriedade. Exerce-se tanto contra atos do poder público como de particulares, visando, em regra, solucionar conflitos de vizinhança".[98]

O Código Civil argentino, no art. 2.800, conceitua perfeitamente a espécie: "La acción negatoria es la que compete a los posedores de inmuebles contra los que les impidiesen la liberdad del ejercicio de los derechos reales, a fin de que esa liberdad sea restablecida".

Raymundo M. Salvat apresenta as hipóteses em que é cabível a ação, frente àquela regra:

> La acción negatoria, en los principios de nuestro derecho, se da para la protección de los seguientes derechos reales: 1º – Propiedad o copropiedad, por ejemplo: si un vecino ejerce sobre mi fundo una sevidumbre de tránsito que considero ilegalmente establecida; se el vecino hace derivar de su fundo al mío aguas que no tengo obligación

---

[95] *Obra citada*, vol. VII, p. 282.

[96] *Transformações da Compra e Venda*, Rio de Janeiro, Editor Borsoi, p. 228.

[97] *Curso de Direito Civil*, vol. VI, ob. cit., p. 501.

[98] *Tutela da Propriedade Imóvel*, ob. cit., p. 46.

de recibir, etc.; 2º – servidumbres, por ejemplo: si yo tengo un derecho de usufructo sobre un campo y el nudo propietario establece una servidumbre de tránsito que impide la exploración del mismo; si yo tengo una servidumbre de acueducto y el dueño del fundo serviente ejecuta trabajos que la traban y perjudican, etc.[99]

Há, de certa maneira, proximidade com as ações possessórias. Em verdade, a posse é atacada, posto que sofre uma limitação.

Mas, o resultado último do ato que justifica a negatória é a restrição dos poderes inerentes ao domínio. Assim, pretendendo o vizinho impor uma servidão, ou ampliando-a, é o próprio poder de uso ou gozo que resta limitado.

Em que ponto, basicamente, se distingue das possessórias?

A individualidade própria da ação reside no seu objeto: impedir que se restrinja a propriedade por um pretenso direito real sobre coisa alheia, quer seja de servidão, quer de vizinhança, de usufruto, uso e habitação. Mas utiliza-se a lide igualmente para afastar algum outro direito, como o de imissão na posse. Portanto, aventa-se um direito em favor do infrator, para a restrição do domínio ou dos poderes inerentes ao mesmo.

Na possessória, ao contrário, há turbação ou esbulho na posse, não com base naquelas razões.

Diversa é, pois, a situação daquele que invade área ou impede a posse pacífica, relativamente ao que pretender limitar o domínio de outrem pela imposição de algum ônus, como o de usufruto, ou uso, ou servidão, dentre outros casos.

Considera-se uma ação de defesa. O proprietário defende-se contra as tentativas de usurpação, ou contra a própria turbação de alguma das utilidades do domínio, ou em alguns de seus elementos, segundo mostra Serpa Lopes.[100]

Cuida-se de uma ação que tem carga declaratória, enquanto define ou torna expresso o direito do proprietário. Declarando o direito, reveste-se de conteúdo mandamental, pois estabelece uma conduta a ser observada. Traz, outrossim, o caráter de ação condenatória, não apenas pela simples determinação de obrigar a pagar perdas e danos, ou a indenizar, mas também por condenar a não mais ofender. Por último, por fazer-se necessário executar a medida ordenada, como de desfazer alguma obra erigida pelo réu, encerra a natureza de executividade.

Ao autor é permitido postular a obrigação de não fazer, ou seja, de não mais ofender a propriedade, sob pena de pagar uma multa por dia de atraso no cumprimento.

Relativamente à legitimação ativa, pondera Pontes de Miranda: "A pretensão e a ação negatória competem ao proprietário, inclusive ao condômino e ao comunheiro *pro diviso* – aquele quanto à sua parte indivisa e esse quanto ao diviso e às partes comuns. Se a propriedade passa a outrem, o sucessor é legitimado na ação proposta ou em andamento".[101]

Cabe a ação, ainda, ao enfiteuta, aos titulares de direitos reais limitados, ao usufrutuário e ao marido quanto aos bens dotais.

Mas não cabe ao possuidor, por estar infirmada a ação em direito real.

A legitimidade passiva assenta naquele que ofende o direito de propriedade de outrem, podendo ser o próprio dono do imóvel, como quando institui um usufruto em favor de outra pessoa, e, após, onera o imóvel com uma servidão.

---

[99] *Obra citada*, vol. III, p. 763.

[100] *Curso de Direito Civil*, vol. VI, ob. cit., p. 502.

[101] *Tratado de Direito Privado*, vol. 14, ob. cit., p. 71.

10.15. AÇÃO DE DANO INFECTO

Visa esta ação a defesa preventiva da propriedade, frente aos possíveis prejuízos que podem advir do prédio vizinho, provocado pelo uso nocivo ou ruína do mesmo.

O proprietário pede garantias necessárias para a indenização dos eventuais danos, possíveis de ocorrerem.

Arnoldo Wald deixa entrever a mesma ideia: "Ação de dano infecto é aquela intentada pelo proprietário ou possuidor, que tenha justo receio de sofrer algum dano das obras, do uso nocivo e da ruína de prédio vizinho, para que o proprietário do mesmo dê as garantias necessárias para a indenização dos prejuízos eventuais".[102]

Igualmente Caio Mário da Silva Pereira: "Ação de dano infecto é medida preventiva como o interdito proibitório, e dá-se quando o possuidor tenha fundado receio de que a ruína de prédio vizinho ao seu, ou vício na construção, possa vir a causar-lhe prejuízo. Precavendo-se, o autor obtém que a sentença comine ao réu a prestação de caução que o assegure contra o dano futuro – *cautio damni infecti*".[103]

A razão da proteção está nas relações sociais, colimando o perfeito equilíbrio que deve imperar entre os vizinhos.

O assunto diz respeito ao direito de vizinhança, no que refere mais especificamente à necessidade da composição dos conflitos que possam aparecer.

A palavra *infecto* origina-se do latim. Seu significado corresponde a dano "não feito", mas que está para sobrevir, caso se mantiver determinada situação.

Ampara-se a ação no princípio do direito que manda usar equilibradamente a propriedade, de modo a evitar prejuízos à propriedade vizinha.

É, inclusive, do direito natural a proibição do uso nocivo da propriedade.

Não há dúvida de que o mau uso da propriedade constitui o motivo de grande incidência de ações judiciais.

Incontáveis mostram-se as situações acarretadoras do prejuízo pelo mau uso. Exemplifica Washington de Barros Monteiro:

> São ofensas à segurança pessoal ou dos bens todos os atos que possam comprometer a estabilidade e a solidez do prédio, bem como a incolumidade de seus habitantes. Constituem exemplos a exploração de indústrias perigosas, como a de explosivos e inflamáveis; o funcionamento de indústrias que provoquem trepidações excessivas, capazes de produzir fendas ou fissuras no prédio; o armazenamento de mercadorias excessivamente pesadas, acarretando o recalque do terreno; as escavações muito profundas; a existência de árvores de grande porte, que ameaçam tombar na propriedade vizinha.[104]

Mesmo a instalação de indústrias ou fábricas em zonas estritamente residenciais, por determinação do plano diretor da cidade, enseja a ação. A expelição de gases, vapores, fumaça; a provocação de excessivo barulho; a produção de calor intenso; as gritarias e desordens; as diversões espalhafatosas; os bailes ruidosos; o emprego de alto-falantes e outros instrumentos de sons; o transporte de cargas perigosas, além de incontáveis situações parecidas, como as que provocam todo tipo de poluição, justificam a propositura da ação.

---

[102] *Curso de Direito Civil Brasileiro*, ob. cit., p. 86.
[103] *Instituições de Direito Civil*, vol. IV, ob. cit., pp. 71 e 72.
[104] *Curso de Direito Civil, Direito das Coisas*, ob. cit., p. 133.

Não se diga necessitarem as hipóteses de mau uso de previsão em leis ou posturas municipais, ou que as situações não previstas são isentas de restrições. Explica Pontes de Miranda:

> As leis municipais, estaduais ou federais que se refiram a ruídos, gritos, cantorias, fonógrafos, alto-falantes, fábricas de odor forte ou trabalho ensurdecedor apenas definem, no seu âmbito, o caso de mau uso da propriedade a que se refere a lei, sem lhe exaurirem o conteúdo do conceito. Provam a aquiescência generalizada da interpretação. Não se diga que não há outros, por terem referido as regras legais de direito material, apenas, *v.g.*, a regulamentos administrativos e posturas municipais. Nem se fala em se tornarem direito material tais regras jurídicas; elas já o são na sua esfera. Para empregar o preceito cominatório, não precisa o legitimado à ação cominatória, no caso de ruídos, rádios etc., ensurdecentes, de recorrer a posturas ou regulamentos. Mau uso é conceito que se tem de explicar à medida que surjam os fatos, que o figurem, apreciando, segundo a maneira comum, razoável, de viver, em cada parte do país, da cidade, da vila, ou do bairro.[105]

O Código Civil acena com a possibilidade da ação em epígrafe no art. 1.277: "O proprietário ou possuidor de um prédio tem o direito de fazer cessar as interferências prejudiciais à segurança, ao sossego e à saúde dos que o habitam, provocadas pela utilização de propriedade vizinha". O art. 1.280 do Código também tem pertinência com as medidas contra o dano infecto: "O proprietário ou possuidor tem direito a exigir do dono do prédio vizinho a demolição, ou a reparação deste, quando ameace ruína, bem como que lhe preste caução pelo dano iminente".

No momento do estudo dos direitos de vizinhança, serão vistas mais delongadamente as atitudes ou condutas autorizadoras da ação.

A primeira condição para a lide é o dano às pessoas moradoras do prédio vizinho.

Em segundo lugar, requerer-se que a propriedade seja vizinha, o que não importa a exigência de serem confinantes os prédios. Orlando Gomes dá o alcance de vizinhança: "É um fato que, em direito, possui significado mais lato do que na linguagem comum. Consideram-se prédios vizinhos aqueles que podem sofrer repercussões de atos propagados de prédios próximos ou que com estes possam ter vínculos jurídicos".[106]

É legitimado ativo para a ação todo e qualquer morador do prédio, que está com a segurança, a saúde e o sossego perturbados.

São também legitimados para a ação moradores que exerçam a posse direta.

Lodovino Barassi atribui a demanda ao proprietário, ao titular do direito real de gozo, ao usufrutuário, ao usuário, ao enfiteuta e ao próprio possuidor.[107] Não interessa se o proprietário não tenha a posse direta. Expõe Clóvis Beviláqua: "Por se achar no capítulo das limitações da propriedade, em atenção ao direito dos vizinhos, não se segue que o possuidor não possa usar da ação do dano infecto, proveniente de obra ruinosa. A posse é exterioridade do domínio. A significação especial do artigo, que resulta de sua colocação, é que o proprietário pode, ainda que não habite o seu prédio, usar da ação para que seja demolida ou reparada a parte do prédio vizinho que ameaça ruína, e o dono deste preste caução pelo dano iminente".[108]

---

[105] *Tratado das Ações*, São Paulo, Editora Revista dos Tribunais, 1974, vol. V, p. 184.

[106] *Direitos Reais*, tomo I, ob. cit., p. 261.

[107] *Obra citada*, p. 322.

[108] *Código Civil dos Estados Unidos do Brasil Comentado*, vol. III, ob. cit., p. 99.

Reveste-se de legitimidade passiva aquele que faz mau uso da propriedade. Incluem-se, nesta qualidade, além do proprietário, o usufrutuário, o usuário, o habitador, o credor anticrético etc.

Encontrando-se a obra em andamento, mais cabível, na vigência do CPC/1973, era a ação de nunciação de obra nova, porquanto assim o art. 934, inc. I, previa o remédio próprio: "I – ao proprietário ou possuidor, a fim de impedir que a edificação de obra nova em imóvel vizinho lhe prejudique o prédio, suas servidões ou fins a que é destinado". Com o CPC de 2015, não mais existindo a ação de nunciação, abre-se a possibilidade da ação de procedimento comum.

O sujeito passivo será o proprietário.

A ação visa a cessação do mau uso da propriedade. O réu deverá fazer ou deixar de fazer alguma coisa. Permite-se a alteração de pedidos: multa e demolição, ou multa e interdição.

Ampliou-se o campo da ação, segundo lembra Carvalho Santos: "A todo direito corresponde uma ação que o assegura, como é sabido. A ação que assegura esse direito de que se ocupa este artigo é a de dano infecto. No direito romano, a princípio, a caução de dano infecto visava proteger apenas àquele que se via ameaçado pela ruína do prédio vizinho. Mas, posteriormente, com apoio na Lei Aquília, o dano infecto se expandiu e se alargou de tal sorte que pode abranger também a própria atividade pessoal, sendo aplicável contra o dano que pudesse resultar da atividade prejudicial do vizinho".[109]

Em suma, a ação tem conteúdo cominatório. Objetiva a prestação de uma conduta, tanto positiva como negativa – no que pertine ao uso prejudicial e à saúde de terceiros.

E tenderá a conseguir a determinação de demolir, reparar ou caucionar, se o prédio vizinho ameaçar ruína.

A caução poderá constituir o pedido principal e exclusivo, ou revestir-se de natureza subsidiária, ou, ainda, revelar mero caráter preventivo ou preparatório.

Sua finalidade é mais de prevenção em face de um dano iminente, como ressalta Pontes de Miranda: "Na ação cominatória intentada pelo proprietário, ou pelo possuidor com o fito de impedir o mau uso do prédio, ou do apartamento, ou para exigir demolição, reparação, ou caução pelo dano iminente, o autor pode, em caso de perigo iminente, requerer em qualquer tempo que o réu preste caução do dano eventual, indicando desde logo o valor que deva ser caucionado".[110]

Na hipótese da ação tendo como fulcro o uso nocivo, adotava-se o procedimento ordinário, sendo que, antes da Lei nº 9.245/1995, imprimia-se o rito sumário (então denominado sumaríssimo), por força do art. 275, inc. II, letra *j*, do Código de Processo Civil de 1973. A Lei nº 9.245, dentre as alterações trazidas ao art. 275, afastou a previsão do mencionado rito para as ações que visam impedir o uso, pelo dono ou inquilino, do prédio vizinho, de modo nocivo à segurança, ao sossego ou à saúde. Presentemente, aplica-se o procedimento comum.

Se procura a demanda prevenir danos contra ruína, ou o oferecimento de caução, igualmente comum será o procedimento. Lembra-se que se oferece a alternativa, para a solução judicial, do procedimento estabelecido para o Juizado Especial Cível, desde que o valor da causa não ultrapasse o correspondente a quarenta vezes o salário mínimo, e nem se revele de grande complexidade a matéria (Lei nº 9.099/1995, art. 3º). Estende-se o mesmo procedimento do juizado especial para ser preenchido o requisito do montante dado à causa.

---

[109] *Obra citada*, 10ª ed., 1963, vol. VIII, pp. 9 e 10.
[110] *Tratado das Ações*, tomo V, ob. cit., p. 227.

10.16. MODALIDADES DE PROPRIEDADE

Classifica-se a propriedade em plena e restrita, perpétua e resolúvel.

Estatuía o art. 525 do Código Civil de 1916: "É plena a propriedade, quando todos os seus direitos elementares se acham reunidos no do proprietário; limitada, quando tem ônus real, ou é resolúvel". O Código de 2002 não trouxe norma equivalente. Na verdade, a ideia de propriedade plena e ilimitada decorre da inexistência de restrições no seu exercício, levando a entender-se correta a orientação do atual diploma.

Na propriedade plena, todos os direitos elementares que a compõem se encontram concentrados na pessoa do proprietário. Reveste-se ela do direito de usar, gozar e de dispor do bem (*jus utendi, fruendi et abutendi*).

Costuma-se, na prática, denominar este tipo de propriedade como domínio pleno, perfeito e livre.

Neste sentido, não será plena a propriedade no caso de onerada pelo usufruto, ou pela hipoteca, porquanto seu titular não dispõe de uso e de disposição em toda a abrangência de seu conteúdo.

Igualmente, quando algumas restrições administrativas recaem sobre o imóvel, se impedem, *v.g.*, edificação de certo padrão de imóveis e a localização de alguma atividade comercial em determinada zona da cidade. Obviamente, há o direito ao uso, gozo e à transmissão, mas não de forma incondicional, especialmente no pertinente ao uso.

Restrita ou limitada apresenta-se a propriedade, no dizer de Clóvis Beviláqua, "quando se desmembra da propriedade algum desses elementos, para constituir, em favor de outrem, um direito real".[111] Nesta situação, um dos elementos ou poderes está dividido entre o proprietário e o titular do direito real restrito.

É o caso de usufruto, como escreve Carvalho Santos, "em que o direito de usar e gozar a coisa pertence ao usufrutuário, enquanto o outro tem o direito de dispor, denominando-se o direito deste último nu-propriedade, porque neste estado a propriedade está despida de seus principais atributos. O direito de uso pode, enfim, se achar separado do direito de gozar, de sorte que a propriedade fica então desmembrada entre três pessoas".[112]

Não será a hipótese de locação ou arrendamento, por exemplo, figuras jurídicas estas que justamente expressam o exercício dos poderes advindos do domínio. O gozo ou o proveito decorre da utilização de modo a obter rendimentos. Naturalmente, o exercício de um dos poderes afasta o outro. Quem usa o imóvel para a moradia, afasta o gozo, pois impossível conseguir a locação concomitantemente.

Diz-se perpétua a propriedade se perdura enquanto for da vontade de seu titular. Não se condicionou sua duração a determinado período. Considera-se a mesma irrevogável, por ausente qualquer cláusula autorizando a revogação, como da retrovenda (art. 505 do Código Civil), ou da feita com o pacto de melhor comprador (art. 1.158 do CC/1916, sem equivalente no Código em vigor).

Resolúvel será caso permitir a desconstituição. Em geral, contém a avença uma condição resolutiva, como uma das nomeadas acima, e o fideicomisso (art. 1.951 do Código de 2002), bem como a doação revogável por ingratidão do donatário (art. 555 do Código de 2002).

A condição resolutiva ou o termo extintivo aparece ou por declaração de vontade, ou por imposição legal (arts. 1.359 e 1.360 do Código de 2002).

---

[111] *Código Civil dos Estados Unidos do Brasil Comentado*, vol. III, ob. cit., p. 57.
[112] *Obra citada*, vol. VII, p. 297.

10.17. FRUTOS E PRODUTOS NA PROPRIEDADE

Estabelece o art. 1.232 do Código disposição quanto aos frutos e produtos da coisa. Pertencem eles, ainda quando separados, ao proprietário do bem, salvo se, por motivo jurídico especial, houverem de caber a outrem.

A norma trata de aspecto relativo ao direito de gozo da coisa (*jus fruendi*), referindo-se a frutos e produtos.

Consideram-se frutos o que a coisa produz e reproduz sem alteração de sua substância, num constante ciclo repetitivo geralmente anual. Produtos denominam-se aqueles bens que surgem de outros, sem, no entanto, serem reproduzidos. Assim, a cada período de um ano as árvores frutíferas produzem frutos, ao passo que os minérios, uma vez retirados do interior da terra, e levado a efeito o aproveitamento, não tornam a se reproduzir.

O Código Civil argentino, no art. 2.329, delineia perfeitamente tais conceitos: "Fructos son los que la cosa regular y periódicamente produce, sin alteración ni disminución de su sustancia; productos de la cosa son los objetos que se separan o se sacan de ella y que una vez separados, la cosa no los produce, y que no se pueden separar de ella sin disminuir o alterar su sustancia, como las piedras sacadas de una cantera o el mineral sacado de las minas. Ninguna distinción hay que hacer entre fructos y productos en cuanto al derecho del propietario; pero sí, en cuanto al derecho del usufructuario".[113]

Os produtos se extraem da própria coisa, integram o capital e não podem ser considerados como renda, nem tampouco renovar-se periodicamente.

De modo que tanto os frutos como os produtos são partes integrantes do bem. Se tratar-se de imóvel o bem onde se encontram, também são considerados imóveis. Daí pertencerem ao mesmo proprietário do imóvel.

É o que exsurge, igualmente, do art. 79 do Código. São bens imóveis o solo com a superfície e os acessórios e adjacências naturais, as árvores e frutos pendentes, a semente lançada à terra, os edifícios e construções, isto é, tudo quanto se lhe incorporar natural ou artificialmente. Há a incorporação permanente ao solo, sendo inviável a retirada sem destruição ou modificação, fratura ou dano, daquilo que é mantido no imóvel, para fins de exploração industrial, aformoseamento ou comodidade.

É que os frutos e produtos classificam-se como bens acessórios, isto é, sua existência depende da coisa principal, ou da terra (arts. 92 e 95 do Código Civil). Ademais, a coisa acessória segue a principal.

Isto inclusive no pertinente aos frutos e produtos separados, ou seja, percebidos.

Há, no entanto, uma ressalva no art. 1.232 do Código: "(...) salvo se, por preceito jurídico especial, couberem a outrem".

Qual o preceito jurídico especial?

Em consonância com outros dispositivos do Código Civil, o motivo especial que afastaria a primeira parte do art. 1.232 seria a posse de boa-fé. De tal sorte que ao possuidor de boa-fé assegura-se o direito aos frutos percebidos, de vez que, na técnica da lei, os frutos naturais e industriais se reputam colhidos e percebidos logo que são separados.[114]

10.18. PROPRIEDADE RURAL

Não que seja diferente o regime jurídico que trata da propriedade rural, mas inúmeras leis especiais trouxeram aspectos relevantes, com alguns conceitos próprios, cuja visão,

---

[113] Manuel A. Laquis, *obra citada*, tomo II, p. 110.
[114] Carvalho Santos, *obra citada*, vol. VII, p. 318.

embora de relance, se faz necessária para uma melhor compreensão do estudo abrangente da propriedade.

De modo geral, no entanto, o direito civil constitui o regramento que se aplica, sequer constatando-se derrogações de preceitos do Código Civil ou do direito comum, com a superveniência da legislação extravagante que apareceu.

Interessa a apresentação de alguns conceitos de princípios e institutos agrários, seguidamente encontrados no direito voltado à propriedade rural.

10.18.1. Imóvel rural

A conceituação de imóvel rural está na Lei nº 8.629/1993, em seu art. 4º, I, semelhante à definição constante do art. 4º, I, do Estatuto da Terra, introduzido pela Lei nº 4.504/1964:

> "Imóvel Rural é o prédio rústico de área contínua, qualquer que seja a sua localização, que se destine ou possa se destinar à exploração agrícola, pecuária, extrativa vegetal, florestal ou agroindustrial".

Igual a definição trazida pela Instrução Normativa Incra nº 11/2003, em seu art. 3º:

> "Para efeito do disposto no art. 4º da Lei 8.629/1993, considera-se:
>
> I – Imóvel Rural – o prédio rústico de área contínua qualquer que seja a sua localização, que se destine ou possa se destinar à exploração agrícola, pecuária, extrativa vegetal, florestal ou agroindustrial".

Já que a nota marcante está na destinação à produção, o imóvel que interessa ao direito agrário é aquele visto como "bem produtivo", não como um mero "bem patrimonial". Ou seja, a terra rural que forma o imóvel rural não é considerada como um mero bem a ser contabilizado no patrimônio de uma pessoa ou de uma empresa, mas é apresentada como um meio de produção sujeito ao bem comum, ao cumprimento de sua função social. Mais simplificadamente, Christiano Cassettari o define como "aquele que tem uma atividade agrária".[115]

Não se considera o imóvel como rural tão somente pelo fato de estar localizado fora do perímetro urbano, não importando a atividade que nele era desenvolvida. A chamada Teoria da Localização não é mais aceita, vigorando o conceito da destinação que se dá ao imóvel. Domina o critério da atividade exercida no imóvel, pouco importando onde a propriedade está localizada. De sorte que a definição do imóvel como rural ou como urbano encontra sua base na chamada Teoria da Destinação.

Alguma dúvida emerge do art. 29 da Lei 5.172/1966 (Código Tributário Nacional), que se estriba na localização para a caracterização: "O imposto de competência da União sobre a propriedade territorial rural tem como fato gerador a propriedade, o domínio útil ou a posse de imóvel por natureza, como definido na lei civil, localizado fora da zona urbana do Município".

Defende-se que tal lei é complementar à Constituição Federal e que, por isso, estaria em um nível superior às demais leis que disciplinam o mesmo assunto. Entretanto, o Decreto-Lei 57/1966, cujo art. 15 adotou o critério da destinação, tanto quanto o Código Tributário Nacional passou a ter o *status* de lei complementar em face da superveniente Constituição de 1967. Prevalece, daí, a sua conceituação em face da específica finalidade de tratar de matéria agrária.

---

[115] *Direito Agrário*. São Paulo: Atlas, 2012. p. 23.

Essa a posição do STJ:

(...) O critério para a aferição da natureza do imóvel, para a sua classificação, se urbano ou rural, para fins de desapropriação, leva em consideração não apenas sua localização geográfica, mas também a destinação do bem. Precedentes do STJ.[116]

No voto da relatora, apontam-se precedentes:

(...) Não merece acolhida a pretensão dos recorrentes, uma vez que o posicionamento adotado pela instância ordinária harmoniza-se com a jurisprudência firmada neste Tribunal Superior, inclusive com o julgamento do REsp 1.112.646/SP, da relatoria do eminente Ministro Herman Benjamin, submetido ao rito do art. 543-C do CPC, em que a Primeira Seção concluiu que o critério da destinação do imóvel, para fins de definição da espécie de tributo a incidir sobre o bem, também deve ser levado em consideração, e não apenas a questão da localização geográfica.

Colaciono a ementa do mencionado julgado:

"Tributário. Imóvel na área urbana. Destinação rural. IPTU. Não incidência. Art. 15 do DL 57/1966. Recurso Repetitivo. Art. 543-C do CPC.

1. Não incide IPTU, mas ITR, sobre imóvel localizado na área urbana do Município, desde que comprovadamente utilizado em exploração extrativa, vegetal, agrícola, pecuária ou agroindustrial (art. 15 do DL 57/1966).

2. Recurso Especial provido. Acórdão sujeito ao regime do art. 543-C do CPC e da Resolução 8/2008 do STJ" (REsp 1.112.646/SP, rel. Ministro Herman Benjamin, 1.ª Seção, j. 26.08.2009, *DJe* 28.08.2009).

O art. 543-C anteriormente referido corresponde ao art. 1.036 do CPC/2015, mas com redação mais extensa: "Sempre que houver multiplicidade de recursos extraordinários ou especiais com fundamento em idêntica questão de direito, haverá afetação para julgamento de acordo com as disposições desta Subseção, observado o disposto no Regimento Interno do Supremo Tribunal Federal e no do Superior Tribunal de Justiça".

10.18.2. Módulo rural e módulo fiscal

O módulo rural veio introduzido pelo art. 4º, III, do Estatuto da Terra (Lei nº 4.504/1964), correspondendo a uma medida de área em hectares; mais detalhadamente, equivale à área mínima necessária ao aproveitamento econômico do imóvel rural para o sustento familiar, com a finalidade de implementar o princípio constitucional da função social da propriedade, proclamado no art. 5º, XXIII, da Carta Federal. É, na conceituação de Rafael Augusto de Mendonça Lima, "a área mínima suficiente para que uma família possa viver e progredir com a sua exploração".[117] No dizer de Raymundo Laranjeira, "a sua finalidade precípua está em evitar a existência de glebas cujo tamanho, em regra, não se ache suscetível de render o suficiente para o progresso econômico-social do agricultor brasileiro".[118]

Expressa a área mínima apta a ensejar a abertura de matrícula de imóvel rural, não se admitindo lançar no Registro de Imóveis área de dimensões inferiores, a fim de impedir a fragmentação dos imóveis rurais e a constituição de novos minifúndios. Mais simplifica-

---

[116] *REsp* 1.170.055/TO, 2ª T., rel. Ministra Eliana Calmon, j. 08.06.2010, *DJe* 24.06.2010.

[117] *Direito Agrário*. Rio de Janeiro: Renovar, 1994, p. 214.

[118] *Direito Agrário*. São Paulo: LTr, 1984, p. 36.

damente, equivale à menor área em que um imóvel rural, em um dado município, pode ser desmembrado. Corresponde ao módulo de exploração hortigranjeira da Zona Típica de Módulo (ZTM) a que o município pertencer. Ao ser parcelado o imóvel rural, para fins de transmissão a qualquer título, a área remanescente não poderá ser inferior à fração mínima de parcelamento – FMP. Considera-se a unidade fundamental da terra. Área inferior ao módulo chama-se minifúndio; a área superior é chamada de latifúndio.

O módulo rural varia no tocante à localização do imóvel, ao tipo de exploração nele existente, podendo o imóvel ser, segundo a classificação do Incra, hortigranjeiro, de cultura permanente, de cultura temporária, de exploração pecuária, de exploração florestal ou de exploração indefinida.

Estabelece o art. 4º, III, do Estatuto da Terra:

> Para os efeitos desta Lei, definem-se:
>
> (...)
>
> III – 'Módulo Rural', a área fixada nos termos do inciso anterior.

A área fixada no referido "inciso anterior" (inciso II) do mesmo art. 4.º consiste naquela estabelecida para a propriedade familiar, que é o imóvel rural que, direta e pessoalmente explorado pelo agricultor e sua família, lhes absorva toda a força de trabalho, garantindo-lhes a subsistência, o progresso social e econômico, com área máxima fixada para cada região e tipo de exploração, e, eventualmente, trabalho com a ajuda de terceiros. Daí poder afirmar-se que o módulo rural se confunde com a própria área da propriedade familiar.

São catalogadas as seguintes funções do módulo rural:

- determinação da Fração Mínima de Parcelamento – FMP, que corresponde à área mínima que pode ser fracionada no Registro de Imóveis, para constituição de um novo imóvel rural.
- enquadramento sindical rural dos proprietários, com base no número de módulos rurais calculado;
- limitação da aquisição de imóvel rural por estrangeiro, pessoa física ou jurídica;
- definição do universo de beneficiários do Fundo de Terras e da Reforma Agrária – Banco da Terra (LC 93/1998) e do Programa Nacional de Crédito Fundiário (PNCF);
- parâmetro bancário de área penhorável.

A criação do módulo rural atende o art. 5º, XXIII, da Carta Federal, ordenando que "a propriedade atenderá a sua função social".

Já a Lei 5.868/1972, disciplinando mais concretamente o assunto, encerra no art. 8º que, "para fins de transmissão, a qualquer título, na forma do art. 65 da Lei 4.504/1964, nenhum imóvel rural poderá ser desmembrado ou dividido em área de tamanho inferior à do módulo calculado para o imóvel ou da fração mínima de parcelamento fixado no § 1º deste artigo, prevalecendo a de menor área".

A fixação da quantidade de área se dá em função da região em que se situe o imóvel, do tipo de exploração predominante e das condições do aproveitamento econômico, no que está, em diferentes termos, em conformidade com o art. 11 do Dec. 55.891/1965: "O módulo rural, definido no inciso III do art. 4.º do Estatuto da Terra, tem como finalidade primordial estabelecer uma unidade de medida que exprima a interdependência entre a dimensão, a situação geográfica dos imóveis rurais e a forma e condições do seu aproveitamento econômico".

As características que seguem emanam do módulo rural, lembradas por Fernando Pereira Sodero:[119] *(a) é uma medida de área; (b) é a área fixada para a propriedade familiar; (c) varia em conformidade com o tipo de exploração; (d) varia também de acordo com a região do país em que se acha localizado o imóvel rural; (e) implica um mínimo de renda, que deve ser identificada pelo menos com um salário mínimo; (f) a renda deve assegurar ao agricultor e à sua família não somente a subsistência, porém deve propiciar o progresso social e econômico; (g) é uma unidade de medida agrária que limita o direito de propriedade da terra rural.*

Há os seguintes tipos de módulos, nominados conforme a atividade rural: (a) módulo de exploração hortigranjeira; (b) módulo de lavoura permanente; (c) módulo de lavoura temporária; (d) módulo de exploração pecuária de médio ou grande porte, visto que a exploração pecuária de pequeno porte é qualificada como hortigranjeira; (e) módulo de exploração florestal.

Quanto ao módulo fiscal – MF, o conceito significa também a unidade de medida expressa em hectares, fixada para cada município, considerando os seguintes fatores:

- tipo de exploração predominante no município;
- renda obtida com a exploração predominante;
- outras explorações existentes no município que, embora não predominantes, sejam significativas em função da renda ou da área utilizada; e
- conceito de propriedade familiar.

Para Rafael Augusto de Mendonça Lima, "é um módulo rural porque se aplica, exclusivamente, a imóveis rurais, mas tem por finalidade, tão somente, a determinação do valor do Imposto Territorial Rural (ITR), isto é, é critério para a fixação do valor do ITR devido pelos proprietários de imóveis rurais".[120]

Representa a área mínima necessária a uma propriedade rural, de modo a tornar viável a exploração econômica de um imóvel, variando de dois a cento e dez hectares. Nas regiões metropolitanas, a extensão do módulo fiscal é geralmente bem menor do que nas regiões mais afastadas dos grandes centros urbanos.

Cumpre referir as finalidades do módulo fiscal:

- servir de parâmetro para classificação do imóvel rural quanto à sua dimensão, definindo os limites para a pequena e a média propriedade, nos termos do art. 4º, incs. II e III, da Lei 8.629/1993, e quanto à alíquota de incidência do Imposto Territorial Rural – ITR;
- servir para a delimitação dos beneficiários do Programa Nacional de Fortalecimento da Agricultura Familiar – Pronaf;
- estabelecer os critérios de resgate da dívida agrária pagos como indenização das desapropriações por interesse social, de acordo com o art. 5º, § 3º, da Lei 8.629/1993 e suas alterações;
- constituir a base de cálculo para a contribuição do Serviço Nacional de Aprendizagem Rural – Senar.

Para cada município, há o módulo fiscal, fixado pela Instrução Especial Incra nº 20, de 28.05.1980, aprovada pela Portaria/MA nº 146/80, *DOU* de 12.06.1980.

---

[119] *O Módulo Rural e suas Implicações Jurídicas*. São Paulo: LTr, 1975, p. 41.
[120] *Direito Agrário*, ob. cit., 1994, p. 220.

Presentemente, a Instrução Especial/Incra nº 541/1997, estabelece os módulos fiscais.

O módulo fiscal vigente em cada Município foi fixado pelos seguintes atos normativos: Instruções Especiais/Incra nºs 19/1980, 20/1980, 23/1982, 27/1983, 29/1984, 32/1985, 33/1986 e 37/1987; Portaria/MIRAD nºs 665/1988 e 33/1989; Portaria MA nº 167/1989; Instrução Especial/ Incra nº 39/1990; Portaria Interministerial MEFP/MARA nºs 308/1991 e 404/1993; Instrução Especial Incra nº 51/1997; Instrução Especial Incra nº 1/2001; e Instrução Especial Incra nº 03/2005.

A principal diferença entre módulo rural e módulo fiscal está na destinação. Enquanto o primeiro serve para classificar a propriedade familiar, o último destina-se a servir de unidade de medida dos imóveis rurais, ou de parâmetro para classificação do imóvel rural quanto ao tamanho, na forma da Lei nº 8.629/1993. Existe uma correlação entre os dois módulos que consiste na fixação de área em hectares, mas para destinações diferentes: o módulo rural é calculado para cada imóvel rural em separado, e sua área reflete o tipo de exploração predominante, segundo sua região de localização; o módulo fiscal vem estabelecido para cada município, e busca refletir a área mediana dos módulos rurais dos imóveis rurais do município.

10.18.3. Fração mínima de parcelamento

Existe a fração mínima de parcelamento – FMP, que também se inclui como medida de imóvel rural, significando a área mínima fixada para cada município, que a lei permite desmembrar, para constituição de um novo imóvel rural, desde que o imóvel original permaneça com área igual ou superior à área mínima fixada (art. 8º da Lei 5.868/1972). Daí afirmar Rafael Augusto de Mendonça Lima que essa modalidade é aplicada "exclusivamente nos casos de desmembramentos de imóveis rurais, na forma prevista no art. 65 do Estatuto da Terra, combinado com o art. 8.º da Lei 5.868/1972".[121]

A fração mínima de parcelamento – FMP do imóvel rural corresponderá sempre à menor área entre o módulo rural e a fração mínima do município. Quando o módulo rural do imóvel for menor do que a fração mínima do município, este imóvel não poderá ser desmembrado.

A Instrução Especial Incra nº 50/1997, que estabelece as novas zonas típicas de módulo – ZTM, estende a FMP prevista para as capitais dos Estados aos demais Municípios e revoga as Portarias MIRAD nº 32/1989 e MA nº 168/1989. Com a aprovação dessa Instrução Especial, a FMP do Município passou a corresponder ao módulo de exploração hortigranjeira da ZTM a que pertence:

Código da ZTM	ZTM	Fração Mínima de Parcelamento (ha)
1	A1	2
2	A2	2
3	A3	3
4	B1	3
5	B2	3
6	B3	4
7	C1	4
8	C2	5
9	D	5

---

[121] *Direito Agrário*, ob. cit., 1994, p. 218.

O significado da fração mínima de parcelamento decorre do art. 65 do Estatuto da Terra, assim redigido: "O imóvel rural não é divisível em áreas de dimensão inferior à constitutiva do módulo de propriedade rural".

O art. 8º da Lei 5.868/1972 trata da indivisibilidade em porção inferior ao módulo ou à fração mínima de parcelamento:

> Para fins de transmissão, a qualquer título, na forma do art. 65 da Lei número 4.504, de 30 de novembro de 1964, nenhum imóvel rural poderá ser desmembrado ou dividido em área de tamanho inferior à do módulo calculado para o imóvel ou da fração mínima de parcelamento fixado no § 1º deste artigo, prevalecendo a de menor área.

O § 1º do art. 8º fornece os elementos para determinar a fração mínima de parcelamento:

> A fração mínima de parcelamento será:
>
> a) o módulo correspondente à exploração hortigranjeira das respectivas zonas típicas, para os Municípios das capitais dos Estados;
>
> b) o módulo correspondente às culturas permanentes para os demais Municípios situados nas zonas típicas A, B e C;
>
> c) o módulo correspondente à pecuária para os demais Municípios situados na zona típica D.

Pode-se perceber que existe certo conflito entre os elementos do módulo rural e do módulo fiscal. Na verdade, melhor teria sido que houvesse a unificação em uma única nomenclatura.

Se a superfície da fração mínima de parcelamento for inferior à do módulo fiscal ou rural, é a primeira que prevalece, para efeitos da divisibilidade do imóvel rural, como já se decidiu:

> Quando a Fração Mínima de Parcelamento for menor que o Módulo Fiscal Rural, considera-se o primeiro como base a identificar a menor área possível de identificação e divisão do imóvel rural. Inteligência do artigo 8º, *caput*, da Lei 5.868/1972. Ademais, como na divisão do condomínio não há transmissão de propriedade, mas apenas localização do domínio das áreas que cabem a cada um dos coproprietários, não incide a vedação prevista no artigo 65 do Estatuto da Terra, sendo por isso viável a divisão física do imóvel. Precedentes jurisprudenciais.[122]

Segundo evidencia Ricardo Guimarães Kollet,

> somente são admitidos os desmembramentos de porções de área rural, inferiores à mínima, nos casos previstos no art. 2º do Decreto nº 62.504, de 1968, a saber:
>
> I – Desmembramentos decorrentes de desapropriação por necessidade ou utilidade pública, para os quais não há necessidade de prévia autorização do INCRA – art. 3º do Decreto citado;
>
> II – Desmembramentos de iniciativa particular, como por exemplo, os destinados a indústrias em geral, barragens, represas, açudes, extrações minerais, postos de gasolina, enfim, atividades que autorizam a exceção, para os quais deve haver autorização do INCRA – art. 2º, II, alíneas 'a' e 'b', do decreto citado.[123]

---

[122] TJRS, *ApCiv.* 70030299424, 8ª Câm. Cív., rel. Des. Rui Portanova, j. 01.10.2009, *DJ* 08.10.2009.

[123] *Manual do Tabelião de Notas para Concursos e Profissionais*, Rio de Janeiro: Forense, 2008, p. 131.

10.18.4. Certificado de Cadastro de Imóvel Rural – CCIR e Cadastro Nacional de Imóveis Rurais – CNIR

A Lei 4.947/1966, no *caput* do art. 22 e em seus §§ 1º e 2º, passou a exigir o Certificado de Cadastro de Imóvel Rural – CCIR, sem o qual "não poderão os proprietários, a partir da data a que se refere este artigo, sob pena de nulidade, desmembrar, arrendar, hipotecar, vender ou prometer em venda imóveis rurais", e estabelecendo que, em caso de "sucessão *causa mortis*, nenhuma partilha, amigável ou judicial, poderá ser homologada pela autoridade competente, sem a apresentação do Certificado de Cadastro".

Mesmo o art. 2º da Lei 5.868/1972, estabelece a obrigação:

> Ficam obrigados a prestar declaração de cadastro, nos prazos e para os fins a que se refere o artigo anterior, todos os proprietários, titulares do domínio útil ou possuidores a qualquer título de imóveis rurais que sejam ou possam ser destinados à exploração agrícola, pecuária, extrativa vegetal ou agroindustrial (...).

Ou seja, o Certificado de Cadastro de Imóvel Rural (CCIR) é o documento emitido pelo Incra que constitui prova do cadastro do imóvel rural, sendo indispensável para desmembrar, arrendar, hipotecar, vender ou prometer em venda o imóvel rural e para homologação de partilha amigável ou judicial (sucessão *causa mortis*).

O Instituto Nacional de Colonização e Reforma Agrária (Incra) disponibiliza, em sua página na rede mundial de computadores (<www.incra.gov.br>), o código dos imóveis liberados para adquirir o Certificado de Cadastro do Imóvel Rural (CCIR).

Para fazer o cadastro, preenche-se a Declaração para Cadastro de Imóveis Rurais, composta dos formulários "Dados de Estrutura", "Dados de Uso", "Dados Pessoais", de relacionamento e das plantas e memoriais descritivos correspondentes. No preenchimento, seguem-se as instruções contidas no Manual de Orientação para Preenchimento da Declaração para Cadastro de Imóveis Rurais, editado pelo Incra. Os formulários serão entregues acompanhados da documentação comprobatória exigida na forma descrita no Manual de Orientação para Preenchimento da Declaração para Cadastro de Imóveis Rurais.

A identificação do imóvel com o prévio cadastro tem a finalidade de se conhecer e acompanhar a distribuição, a concentração, o domínio, a posse e o uso da terra em qualquer parte do País.

Os elementos do cadastro estão discriminados nos arts. 46 do Estatuto da Terra e 22 da Lei nº 4.947/1996, com os acréscimos da Lei nº 10.267/2001.

No pertinente ao Cadastro Nacional de Imóveis Rurais – CNIR, gerenciado pelo Incra e pela Receita Federal, objetiva-se a unificação dos registros cadastrais comuns às instituições federais, estaduais e municipais, de modo a conferir maior confiabilidade às informações com a união de esforços e interesses comuns, a evitar a dispersão de recursos humanos e financeiros, a facilitar a consulta de informações sobre os imóveis existentes. Constitui um sistema de integração de dados do Incra e da Receita Federal. Visa, também, o aprimoramento do cadastro de imóveis; aperfeiçoar a proteção de direitos territoriais; apoiar o gerenciamento territorial e o desenvolvimento econômico; promover a automação dos registros de imóveis; e simplificar os processos e exigências para proprietários e usuários.

O sistema permitirá o cruzamento dos dados antigos com um novo cadastro que interligará registros de imóveis da Secretaria da Receita Federal, do Ibama e da Funai, dos Institutos de Terras dos Estados, cartórios e outros órgãos. Nesse novo sistema constará, além dos dados

Cap. X • A PROPRIEDADE | 245

declarados pelos proprietários sobre o imóvel, a localização geográfica e a área total do imóvel por meio de memorial descritivo georreferenciado ao Sistema Geodésico Brasileiro assinado por profissional habilitado com devida anotação de ART, evitando fraudes e superposição de áreas.

O Cadastro Nacional de Imóveis Rurais – CNIR foi criado pela Lei 10.267/2001, introduzindo, no art. 22, modificações na Lei 5.868/1972, em seus arts. 1º, 2º e 8º.

A Lei 10.267/2001 estabeleceu uma nova sistemática de registro de imóveis, exigindo medições georreferenciadas dos limites dos imóveis. Entre outras metas, dirige-se a levar a incorporação da base gráfica do cadastro físico ao registro imobiliário, aumentando, assim a segurança jurídica do imóvel.

Introduziu a Lei 10.267/2001 a atualização cadastral, uma vez que obriga a todos os proprietários, os titulares de domínio útil ou os possuidores de imóvel a qualquer título a declarar ao SNCR (Sistema Nacional de Cadastro Rural) qualquer alteração relacionada à área ou à titularidade, bem como nos casos de preservação, conservação e proteção de recursos naturais.

A Lei 10.267/2001 aportou também diretrizes para a integração entre os sistemas de Cadastro e de Registro, entre o Incra e os Cartórios de Registro de Imóveis. O alvo desta comunicação são as matrículas imobiliárias dos imóveis rurais que sofreram modificações de titularidade, desmembramento, parcelamento, loteamento, remembramento, retificação, averbação de área de Reserva Legal e outras limitações e restrições de caráter ambiental.

A Lei 10.267/2001 exigiu que os serviços notariais consignem, nas escrituras, dados do imóvel e de seu detentor, oriundos do CCIR.

Utiliza-se o georreferenciamento como metodologia a ser utilizada na coleta das informações sobre as características físicas dos imóveis, com base na Rede Geodésica Estadual.

10.18.5. Propriedade familiar

O Estatuto da Terra (Lei 4.504/1964), em uma das classificações dos imóveis rurais, prevê três tipos de propriedade: a propriedade familiar, o minifúndio e o latifúndio.

No que interessa ao assunto, o inc. II, do art. 4º, do Estatuto da Terra define como "propriedade familiar", "o imóvel rural que, direta e pessoalmente explorado pelo agricultor e sua família, lhes absorva toda a força de trabalho, garantindo-lhes a subsistência e o progresso social e econômico, com área máxima fixada para cada região e tipo de exploração, e, eventualmente, trabalho com a ajuda de terceiros".

A propriedade familiar tem o tamanho mínimo de um módulo rural, calculado de acordo com cada região do país e seu tipo de exploração. Se menor que um módulo, passa para a categoria de minifúndio. Sendo maior, não significa que necessariamente seja o latifúndio. Possível que se inclua na pequena ou média propriedade, ou até mesmo na empresa rural, sendo que qualquer uma dessas propriedades pode ser constituída por mais de um módulo.

Realmente, importante o aspecto do tamanho da propriedade familiar, que deve ser o ideal para cada tipo de exploração para a região. No ponto, convém que se tenha a definição de módulo rural, que se encontra no inc. III do art. 4º do Estatuto da Terra: "Módulo Rural – a área fixada nos termos do inciso anterior". No entanto, a área fixada no inciso anterior é justamente a propriedade familiar que se encontra definida acima. Por conseguinte, deve ser o imóvel com área aproveitável para absorver toda a força de trabalho do agricultor e de sua família. Mais objetivamente, considera-se o imóvel com área suficiente para o sustento do agricultor e sua família. Sendo este o sentido deste tipo de propriedade, resulta a viabilidade da insuficiência de um módulo rural para a sua tipificação. Daí se chega à precariedade do conceito.

Elemento fundamental para caracterizar a propriedade familiar está na participação efetiva e indispensável do trabalho direto do conjunto familiar. Mais amplamente, eis os elementos que deverão se encontrar presentes, citados por Benedito Ferreira Marques:

> a) titulação, que é o título de domínio em nome de algum dos membros da entidade familiar;
>
> b) exploração direta e pessoal, pelo titular do domínio e sua família que lhes absorva toda a força de trabalho;
>
> c) área ideal para cada tipo de exploração, conforme a região;
>
> d) possibilidade eventual de ajuda de terceiros.[124]

Nos termos postos pelo direito positivo, constitui a propriedade familiar uma figura irreal, fantasiosa e impraticável, especialmente se se levar em conta as dimensões dos módulos nas diversas regiões do País. Hoje uma área de terras poderá bastar para um grupo familiar, e amanhã se revelar insuficiente. Ademais, parece de inviável comprovação. Quais os critérios para saber se a propriedade absorve toda a força de trabalho do agricultor e de sua família? Como conseguir informações de que o trato de terras garante a subsistência e o progresso social e econômico?

Evidente que a própria lei deveria indicar.

10.18.6. Minifúndio

Serve a palavra para expressar um imóvel de tamanho inferior à propriedade familiar, e, nesta ordem, ao módulo rural ou ao módulo fiscal fixado para a região em que se localiza e à extensão que representa a fração mínima de parcelamento. A sua caracterização está no inc. IV do art. 4º do Estatuto da Terra: "Minifúndio, o imóvel rural de área e possibilidades inferiores às da propriedade familiar". É um trato de terra que, por seu tamanho, mesmo que trabalhado eficientemente pelo proprietário e sua família, não basta para propiciar o sustento e o progresso econômico e social daqueles que nele trabalham. Revela-se insuficiente para subsistência familiar, mesmo que aplicados altos conhecimentos, tecnologias modernas de cultivo e criação. Daí não atender a função social e nem garantir o progresso. Considera-se como pequena propriedade, embora esta tenha uma abrangência maior, já que é possível incluir imóveis com área superior ao módulo rural.

Na aferição, para classificar o imóvel em razão de seu tamanho, e enquadrá-lo ou não como minifúndio, não se inclui no cálculo a área não aproveitável de um imóvel rural. Esta a conclusão que se retira do § 3º do art. 50 do Estatuto da Terra, em redação da Lei 6.746/1979, ao preceituar: "O número de módulos fiscais de um imóvel rural será obtido dividindo-se sua área aproveitável total pelo módulo fiscal do Município". Nota-se que vem expressa a disposição de que somente a área aproveitável do imóvel faz parte do cálculo.

Cabe lembrar que o minifúndio é objeto de desapropriação, pela razão de que não realiza a função social. O art. 20 do Estatuto da Terra revela a possibilidade: "As desapropriações a serem realizadas pelo Poder Público, nas áreas prioritárias, recairão sobre: I – os minifúndios e latifúndios".

---

[124] *Direito Agrário Brasileiro*, 9. ed. São Paulo: Atlas, 2011, p. 57.

10.18.7. Latifúndio

Latifúndio, no sentido comum, corresponde a uma grande extensão de terras, geralmente improdutivas ou escassamente exploradas, isto é, o imóvel rural que é mantido inexplorado, ou é cultivado ou utilizado para fins rurais com exploração inadequada ou insuficiente frente às potencialidades que oferece.

É o imóvel rural que, segundo o art. 4º, V, do Estatuto da Terra:

a) exceda à dimensão máxima fixada na forma do art. 46, § 1º, alínea *b*, desta Lei, tendo-se em vista as condições ecológicas, sistemas agrícolas regionais e o fim a que se destine;

b) não excedendo o limite referido na alínea anterior, e tendo área igual ou superior à dimensão do módulo de propriedade rural, seja mantido inexplorado em relação às possibilidades físicas, econômicas e sociais do meio, com fins especulativos, ou seja, deficiente ou inadequadamente explorado, de modo a vedar-lhe a inclusão no conceito de empresa rural.

Em síntese, expressa o imóvel com área bem superior ao módulo rural, com o tamanho da área em extensão que ultrapassa ao das pequenas e médias propriedades.

Classifica-se o latifúndio em duas espécies: a de extensão e a de exploração, caracterizando--se a primeira pelo tamanho do imóvel (600 vezes o módulo fiscal), e a segunda pela não exploração ou exploração deficiente. Efetivamente, colhe-se do art. 46, § 1º, *b*, do Estatuto da Terra o tamanho do imóvel, que vai até o limite máximo de seiscentas vezes o módulo médio fixado para a região e tipos de exploração nela correspondentes.

Mais claramente, o Dec. 84.685/1980, regulamentando a Lei 6.746/1979, no art. 22, dá as dimensões e a caracterização das duas espécies de latifúndio:

Para efeito do disposto no art. 4º, IV e V, e no art. 46, § 1º, *b*, da Lei 4.504, de 30 de novembro de 1964, considera-se:

I – Minifúndio, o imóvel rural com dimensão inferior a um módulo fiscal, calculado na forma do art. 5º;

II – Latifúndio, o imóvel rural que:

a) exceda a seiscentas vezes o módulo fiscal calculado na forma do art. 5º;

b) não excedendo o limite referido no inciso anterior e tendo dimensão igual ou superior a um módulo fiscal, seja mantido inexplorado em relação às possibilidades físicas, econômicas e sociais do meio, com fins especulativos, ou seja, deficiente ou inadequadamente explorado, de modo a vedar-lhe a inclusão no conceito de empresa rural.

O parágrafo único do art. 4º do Estatuto da Terra indica situações em que o imóvel rural não se considera latifúndio:

Não se considera latifúndio:

a) o imóvel rural, qualquer que seja a sua dimensão, cujas características recomendem, sob o ponto de vista técnico e econômico, a exploração florestal racionalmente realizada, mediante planejamento adequado;

b) o imóvel rural, ainda que de domínio particular, cujo objeto de preservação florestal ou de outros recursos naturais haja sido reconhecido para fins de tombamento, pelo órgão competente da administração pública.

10.19. SOLO CRIADO

Tem-se mais uma fonte de criação da propriedade. Quanto aos imóveis, o normal é estender-se o domínio sobre a propriedade física, seja em terras ou terrenos, seja em construções ou prédios. Aos Municípios, de outro lado, assiste o direito de estabelecer limitações, como no tocante às alturas dos edifícios e outras obras, e, inclusive, nas demais dimensões, como no recuo, no alinhamento ou nas áreas *non aedificandi*.

Todavia, nos últimos tempos, em vista da valorização dos imóveis urbanos e da falta de espaço físico, partiu-se para uma nova figura, que passa a integrar o direito de propriedade, que é o *solo criado*. Ou seja, as leis municipais que cuidam do solo urbano fixam a altura que podem atingir os prédios, o recuo, o afastamento da calçada, as áreas verdes ou ajardinamentos. Entrementes, em um dado momento, autorizam a entrega de um bem, ou a desapropriação dos terrenos que ficam nas margens de uma via, com a finalidade de alargar uma rua, ou de implantar um equipamento, em troca da entrega dos índices ou coeficientes de altura ou da frente para a via. Há um coeficiente de altura permitido, ou de largura dos recuos. Alteram-se o alinhamento, o aproveitamento de terreno, e até o zoneamento, para proceder a venda de espaços, e autorizando-se, para quem adquire, erguer mais alto um prédio, ou com menor recuo em frente para a via.

Prosseguindo na caracterização do solo criado, sabe-se que está fixado um percentual específico de aproveitamento dos terrenos urbanos, ou uma taxa de ocupação. Apenas dentro da limitação autorizam-se as construções e outras maneiras de utilização do solo, e de transmissão do domínio.

Não se resume aí a controvérsia. Introduziu-se na prática jurídica a espécie ou figura que se convencionou denominar "solo criado". Não se trata, todavia, de solo, mas de espaço, sendo não apropriada a expressão "solo criado". Seja como for, deve existir uma lei municipal instituidora do "solo criado", pela qual se outorga uma licença onerosa, que autoriza a construção além da taxa de ocupação ou do coeficiente de aproveitamento previsto no Município. Assim aconteceu, citando-se apenas um exemplo, com o Município de Porto Alegre, que instituiu a Lei Complementar nº 315, de 06.01.1994, cujo art. 2º define o "solo criado" como a permissão onerosa do Poder Público ao empreendedor particular, para fins de construção em área urbana de ocupação intensiva, acima do índice 1.0.

Daí concluir-se que o "solo criado" ou espaço ocupável decorre de uma exceção ao limite percentual de construção ordenado na lei municipal. Eleva-se a edificação acima do coeficiente normal para a área, efetuando-se o pagamento pela aquisição da permissão, ou pela troca com outro bem, ou propriamente mediante dinheiro, ou através da construção de obras.

Quem deseja adquirir esse espaço, ou "solo criado", paga o valor fixado pelo Poder Público. O preço vem elaborado através de um laudo, que fixa índices de valorização segundo as zonas urbanas.

Nos planos diretores, criam-se percentuais de aproveitamento dos imóveis, programados por meio de uma proporção entre a área do lote e a do edifício que se quer construir. Vários fatores ingressam para a base da proporção, citando-se a densidade populacional, infraestrutura, a estética urbana, o meio ambiente, a permeabilização do solo, a quantidade de veículos.

O título que dá suporte à área concedida, ou mais propriamente ao espaço de ocupação, é uma lei, prevendo o custo, o espaço, as situações que comportam a concessão, os locais permitidos para utilizar o "solo criado". Com base na lei, expede o Município uma licença para a construção além dos limites que vêm no plano diretor. Evidente que a entrega da licença se dá depois de efetuado o pagamento, ou decorre da troca por outro espaço, que o proprietário cede para a municipalidade. Mais apropriadamente, entrega-se uma porção de solo superficial, horizontal, e recebe-se a permissão para a construção equivalente em área vertical. Eis a visão do Prof. Fábio Siebeneichler de Andrade: "Todo proprietário que desejar construir acima do limite fixado será obrigado a doar ao município solo natural, em quantidade proporcional ao solo que pretender criar. Em consequência, a cada solo criado verticalmente corresponderia solo doado horizontalmente".[125]

Alguns princípios expõe Arthur Rios sobre o assunto:

> O solo criado é destinado a corrigir injustiças a nível individual, ou seja, é constituído em favor do proprietário do terreno, que necessita construir mais do que o permitido. Possibilita ao último exceder os índices sociais fixados e, assim, faz-se-lhe justiça, aumentando a sua capacidade de construir (...)
>
> Existe uma faculdade de se edificar no terreno urbano e tanto pertence ao seu proprietário. Referida faculdade esteia-se num coeficiente apurado por normas técnicas em favor da coletividade, que admite que o mesmo seja excedido, desde que receba o importe necessário, para que realize obras em compensação (...)
>
> O solo criado não é o divórcio entre o "direito de propriedade" e o "direito de construir". O instituto constitucional do direito de propriedade não é bloqueado pela adoção da "licença onerosa para construir". O direito de construir submete-se, com muita lógica e razão, ao coeficiente de aproveitamento adotado para o terreno. O alongamento do último somente beneficia o proprietário e beneficiando-o exalta o "direito de propriedade", obviamente.[126]

A Lei nº 10.257/2001, que instituiu o 'Estatuto da Cidade', trouxe alguma regulamentação sobre a matéria. No art. 28, está prevista a criação de áreas acima dos coeficientes de aproveitamento básico adotado: "O plano diretor poderá fixar áreas nas quais o direito de construir poderá ser exercido acima do coeficiente de aproveitamento básico adotado, mediante contrapartida a ser prestada pelo beneficiário".

Traz o § 1º o conceito de coeficiente de aproveitamento: "Para os efeitos desta Lei, coeficiente de aproveitamento é a relação entre a área edificável e a área do terreno".

Já o art. 29 assinala a permissão de alterar o uso do solo: "O plano diretor poderá fixar áreas nas quais poderá ser permitida alteração de uso do solo, mediante contrapartida a ser prestada pelo beneficiário". Ou seja, abre-se o caminho para a venda de espaços, que advêm da alteração do índice de ocupação. Por sua vez o art. 30 enseja à lei municipal estabelecer as condições a serem observadas na outorga onerosa do direito de construir em patamares diferentes dos índices normais de aproveitamento.

Por sua vez, a Lei nº 13.089/2015, com alterações da Lei nº 13.683/2018, que instituiu o Estatuto da Metrópole, no art. 9º, trouxe vários instrumentos no desenvolvimento integrado de regiões metropolitanas:

> Sem prejuízo da lista apresentada no art. 4º da Lei nº 10.257, de 10 de julho de 2001, no desenvolvimento urbano integrado de regiões metropolitanas e de aglomerações urbanas serão utilizados, entre outros, os seguintes instrumentos:

---

[125] "Atualidade do direito de superfície", em *Ajuris*, nº 65, *Revista da Associação dos Juízes do RGS*, Porto Alegre 1995, p. 172.

[126] "Solo criado, uma novidade urbanística", em *Direito Imobiliário*, Boletim decendial, nº 35, expedição em 31.12.1997, p. 473.

I – plano de desenvolvimento urbano integrado;

II – planos setoriais interfederativos;

III – fundos públicos;

IV – operações urbanas consorciadas interfederativas;

V – zonas para aplicação compartilhada dos instrumentos urbanísticos previstos na Lei nº 10.257, de 10 de julho de 2001;

VI – consórcios públicos, observada a Lei nº 11.107, de 6 de abril de 2005;

VII – convênios de cooperação;

VIII – contratos de gestão;

IX – compensação por serviços ambientais ou outros serviços prestados pelo Município à unidade territorial urbana, conforme o inciso VII do *caput* do art. 7º desta Lei;

X – parcerias público-privadas interfederativas.

10.20. MULTIPROPRIEDADE, OU PROPRIEDADE COMPARTILHADA EM UNIDADE CONDOMINIAL, OU *TIME SHARING*

Cuida-se de uma figura relativamente nova, que se assemelha ao condomínio.

Através de um contrato, acertam as partes propriamente uma compropriedade sobre um imóvel, em geral com característica de hotel, ou em um conjunto de unidades habitacionais, para a estadia e ocupação durante um ou mais lapsos de tempo do ano.

A definição de Gustavo Tepedino traz a ideia exata desta modalidade de propriedade: "A relação jurídica de aproveitamento econômico de uma coisa móvel ou imóvel, repartida em unidades fixas de tempo, utilizando-se cada proprietário com exclusividade e de maneira perpétua".[127]

Há uma multipropriedade sobre um imóvel. Mediante o pagamento de um valor quando da aquisição, ou em prestações periódicas, várias pessoas tornam-se titulares de um mesmo imóvel, ou de uma unidade condominial, estabelecendo-se a periodicidade da ocupação. Assim, adquire-se um apartamento de uma organização, juntamente com outros adquirentes, efetuando-se a divisão do espaço de tempo de ocupação.

Aparece, também, uma figura semelhante, mas sem compartilhar a propriedade. Trata-se do contrato firmando o direito de ocupação em épocas marcadas num conjunto de edifícios-hotéis pertencentes a uma entidade geralmente voltada à hotelaria ou ao turismo. A natureza do contrato é de locação, ou de habitação, prevendo um longo prazo, durante o qual é acertada a estadia em pequenos lapsos de tempo, normalmente de uma semana, ou de quinze ou trinta dias. Estipula-se o pagamento de uma quantia para o compartilhamento do uso, em turnos de tempo. Tem-se algo parecido com o direito real de habitação, destacando Marcos Alcino de Azevedo Torres a espécie: "O titular do direito de habitação periódica deve pagar ao proprietário uma prestação periódica, que tem característica de ônus real, podendo ser variável, representando a garantia de pagamento das prestações um privilégio creditório... É de responsabilidade exclusiva do proprietário o pagamento dos impostos e a conservação do imóvel.

No direito real de habitação periódica, o titular pode onerar ou alienar seu direito, dar em locação ou em comodato, sem que necessite de qualquer aquiescência do proprietário do imóvel".[128]

---

[127] *Multipropriedade Imobiliária*, São Paulo, Editora Saraiva, 1993, p. 5.

[128] "Multipropriedade Imobiliária", em *Direito Imobiliário – COAD*, nº 23, expedição de 14.06.1998, p. 464.

Outras formas se apresentam para a formalização desta figura, como a multipropriedade societária, explanada por Marcos Alcino de Azevedo Torres: "Através da multipropriedade societária (ideia bem desenvolvida), constitui-se uma sociedade, que adquire os bens, móveis ou imóveis, de interesse dos sócios, sendo estes destinados, através de contrato próprio, ao uso exclusivo de seus sócios, por uma temporada fixa, que se renova anualmente, por prazo indeterminado, que na experiência francesa é, de ordinário, noventa e nove anos. Estabelece-se em favor do titular um direito de natureza pessoal e mobiliária, através da participação acionária ou por quotas sociais, conforme o tipo societário escolhido, variando a fração de tempo, de uma semana a um mês. Por certo que, conforme a participação societária, a fração de tempo pode variar, salvo estipulação em contrário no momento da constituição da empresa".[129]

Em qualquer modalidade, domina a dimensão espaço-tempo. A base primordial está na individualização do tempo de ocupação, durante o qual o multiproprietário exerce o direito de domínio, direito que se renova durante vários anos, com a previsão dos períodos de exercício do proveito.

Interessantes observações extrai Arthur Rios, sobre essa recente forma de domínio ou de ocupação: "A propriedade compartilhada, assim como qualquer propriedade, vincula a pessoa diretamente à coisa objeto do direito, que para nós é o bem imóvel. A diferença entre a propriedade comum e a propriedade compartilhada não está no gênero da conceituação (direito de usar, gozar, dispor, buscar e o dever de dar a função social devida à coisa objeto da propriedade) e sim na espécie da definição com o acréscimo do espaço temporal de uso de cada multiproprietário. Na propriedade compartilhada, a utilização do bem por cada multiproprietário fica restrita a um período de tempo para cada um dos titulares do direito em compartilhamento. Posiciona-se a multipropriedade ou propriedade compartilhada como qualquer propriedade, ou seja, a vinculação direta do imóvel à pessoa do sujeito ativo da propriedade, tendo como sujeitos passivos, *erga omnes*, todas as demais pessoas, que ficam com o dever de respeitar aquela propriedade.

Na multipropriedade, existe a divisão temporal com turnos certos para o uso exclusivo e perpétuo de cada compartilhatário, ou titular do direito de propriedade compartilhada. A relação é a mesma da propriedade comum sobre uma base material, podendo-se observar que a diferença é a existência da divisão temporal com turnos certos, para o uso de cada proprietário no sistema de compartilhamento.

Resta para cada um dos compartilhatários uma fração ideal do terreno, que indica a propriedade exclusiva e perpétua no percentual do espaço de tempo indicado, e a obrigação de se vincular a uma convenção multiproprietária ou dos proprietários compartilhados ou o necessário fixar do *modus vivendi et operandi* da multipropriedade".[130]

Não apenas para moradia, dirigida a finalidades de lazer ou turismo, restringe-se a multipropriedade. Serve para outras destinações, como para a instalação de escritórios de profissões liberais, de indústrias, de estabelecimentos comerciais. Duas ou mais pessoas – físicas ou jurídicas – utilizam-se das mesmas instalações e serviços para o desempenho de uma atividade, ou a produção de um bem. Ou compartilha-se o mesmo período de tempo, repartindo-se o espaço físico; ou divide-se o turno de ocupação, como é comum em escritórios, consultórios médicos e odontológicos, e também em sedes onde se contratam prestações de serviços, sem necessidade de maior concentração de pessoas no local.

---

[129] *Multipropriedade Imobiliária*, trabalho citado, p. 466.
[130] *"Time Sharing* ou Propriedade Compartilhada", em *Direito Imobiliário – COAD* nº 38, expedição de 27.09.1998, pp. 749 e 750.

Para estabelecer a propriedade em tais formas, unicamente através da modalidade do condomínio. Duas ou mais pessoas tornam-se titulares de porções ou áreas ideais dentro do todo do imóvel. Em convenções à parte fixam-se as condições de uso ou ocupação e os períodos de tempo. Melhor expõe a aplicação das regras do condomínio o Prof. Marcos Alcino de Azevedo Torres: "Não é difícil imaginar, na prática, o funcionamento do sistema. Basta, para tanto, que para um apartamento, com a fração respectiva do solo, atribua-se, por exemplo, em cada unidade autônoma, doze proprietários, cada qual com direito de uso de trinta dias, ao ano, em determinado mês especificado, no momento da aquisição. Aqui teríamos, num primeiro plano, relações externas (entre os proprietários das diversas unidades) e relações internas (entre os proprietários da mesma unidade). Nesta hipótese, simplória, a relação interna é facilmente compreensível como copropriedade e seu regime seria do Código Civil, não impedindo a regularização do uso por convenção dos proprietários.

Transposta esta situação para a multipropriedade, atribuir-se-ia a propriedade exclusiva a cada um dos doze proprietários do apartamento, na fração espaço-temporal indicada e, a partir daí, a relação entre eles é apenas de, como se viu, o multiproprietário não poder introduzir modificações na coisa objeto de seu direito, conservando, no entanto, a liberdade de uso, gozo e disposição, no período de tempo que lhe pertence".[131]

A não ser desta maneira, ou celebrando-se um mero contrato de direito à ocupação, circunscreve-se a relação dentro do direito obrigacional.

Embora existente a espécie desde a década de 1980, e vastamente praticada a figura, a regulamentação específica somente veio com a Lei nº 13.777/2018, que trouxe o Capítulo VII-A, composto de seis seções, ao Título III do Livro III da Parte Especial do Código Civil – arts. 1.358-B a 1.358-U –, e deu nova redação aos arts. 176 e 178 da Lei dos Registros Públicos.

Eis o art. 1.358-B:

> A multipropriedade reger-se-á pelo disposto neste Capítulo e, de forma supletiva e subsidiária, pelas demais disposições deste Código e pelas disposições das Leis nºs 4.591, de 16 de dezembro de 1964, e 8.078, de 11 de setembro de 1990 (Código de Defesa do Consumidor).

Mantêm-se regramentos da lei que disciplina os condomínios e a incorporação imobiliária. Conjugam-se dois condomínios – um envolvendo as unidades em relação ao prédio, e outro relativamente aos vários coproprietários ou cotitulares da mesma unidade.

A unidade é compartilhada entre os condôminos, abrangendo os móveis e utensílios, e estabelecendo-se o uso em períodos definidos e divididos no tempo, no semestre ou no ano, geralmente para fins de lazer ou de turismo. Destina-se mais para possibilitar a reserva de residências temporárias de uso exclusivo, e, sobretudo, em edifícios com aparato de hotéis, ou em apart-hotéis, em construções de veraneio na praia, no campo e nas montanhas, com ampla estrutura organizada na prestação de serviços internos. Todavia, vai mais além do que uma simples cotitularidade; há a divisão do tempo de ocupação, conforme se encontra no art. 1.358-C:

> Multipropriedade é o regime de condomínio em que cada um dos proprietários de um mesmo imóvel é titular de uma fração de tempo, à qual corresponde a faculdade de uso e gozo, com exclusividade, da totalidade do imóvel, a ser exercida pelos proprietários de forma alternada.

---

[131] "Multipropriedade Imobiliária", em *Direito Imobiliário*, trabalho citado, p. 459.

Apropriada, daí, a definição que considera a multipropriedade como um parcelamento temporal do bem em unidades autônomas periódicas.

A circunstância de haver um único coproprietário da totalidade das frações de tempo não subtrai a natureza de multipropriedade, desde que mantida a disponibilização para o uso temporário, em vista do parágrafo único: "A multipropriedade não se extinguirá automaticamente se todas as frações de tempo forem do mesmo multiproprietário". Importa a existência de frações de tempo, mesmo que pertencentes a um único cotitular.

Oportuno lembrar que viável a aquisição através de promessa de compra e venda, ou de cessão de direitos sobre imóvel. Assim permite o art. 1.358-K: "Para os efeitos do disposto nesta Seção, são equiparados aos multiproprietários os promitentes compradores e os cessionários de direitos relativos a cada fração de tempo".

10.20.1. Imóvel objeto da multipropriedade e o direito de ocupação

Em geral, há a entrega de um imóvel mobiliado, normalmente em apartamento de pequenas dimensões, sem permitir a divisibilidade, com louças, móveis, geladeira, fogão, utensílios domésticos, e inclusive serviços de várias espécies, como de limpeza, de lavagem de roupas, de arrumação e outros próprios de manutenção interna da unidade. Essas características constam no art. 1.358-D: "O imóvel objeto da multipropriedade:

I – é indivisível, não se sujeitando a ação de divisão ou de extinção de condomínio;

II – inclui as instalações, os equipamentos e o mobiliário destinados a seu uso e gozo.

As regras de utilização da multipropriedade são minuciosamente descritas em instrumento escrito, público ou particular, na forma de convenção ou regimento interno, discriminando-se os direitos e deveres, a administração, o rateio das despesas.

As pessoas adquirem quotas da unidade, que lhes dão direito ao uso, em geral, durante dois ou três períodos do ano, até completar um lapso de tempo, *v.g.*, de um mês.

Admite-se, também, a compra de quotas ou de certa quantidade de ações de um estabelecimento, ou de um conjunto de prédios que forma uma organização, à semelhança de participação em uma sociedade, com o direito ao uso de uma unidade em cada prédio durante um espaço de tempo demarcado. Assim, *v.g.*, reserva-se o uso por uma temporada de uma semana, de quinze dias e de até um mês em uma unidade de um, ou dois, ou três, ou mais prédios, sitos em locais diferentes, geralmente apropriados para veraneio ou descanso, como praias, estações de águas termais, ou em locais aprazíveis em serras e ilhas, ou em campos e reservas florestais.

A fração de tempo é indivisível, isto é, não se opera a sua divisão em dias, com a distribuição do uso no curso do ano. A respeito, a regra do art. 1.358-E é peremptória: "Cada fração de tempo é indivisível".

Todavia, existindo vários adquirentes da unidade ou do lote, em que se repartem as frações de tempo de uso, domina mais o direito real, com todos os efeitos decorrentes de uso, gozo e disposição, inclusive reivindicação.

10.20.2. Instituição, transferência de frações de tempo de uso e proibição ou limitação da multipropriedade

Tornou-se comum a implantação na modalidade de se assentar a propriedade em nome de uma organização, ou de um incorporador. A instituição se dá por meio de contrato, ou, mais apropriadamente, de convenção, e mesmo por meio do regime de incorporação imobiliária. As regras disciplinadoras se encontram no art. 1.358-F ao art. 1.358-H. De acordo com o primeiro dispositivo citado, "institui-se a multipropriedade por ato entre vivos ou testamento, registrado no competente cartório de registro de imóveis, devendo constar daquele ato a duração dos períodos correspondentes a cada fração de tempo". Efetivamente, deverá haver uma transmissão por ato entre vivos, materializado por meio de escritura pública, ou doação, ou qualquer forma de constituição de titularidade na propriedade.

A constituição através de incorporação imobiliária revela-se apropriada, seguindo-se os passos da Lei nº 4.591/1964, com a aquisição de um imóvel, no qual se erguerá o prédio, formalizando-se o registro imobiliário e as vendas de unidades, cuja titularidade será em nome de um ou vários proprietários, devendo, na matrícula, constar, como adquirentes, todos os proprietários da unidade, com a especificação da fração de tempo de uso.

Há, também, uma forma diferente de constituição, pela qual o imóvel pertencerá a um único proprietário, que transmitirá o uso para duas ou mais pessoas, em períodos já demarcados e sucessivos, predominando, então, o multiuso.

A instituição por testamento revela-se difícil, mas não impossível. O testador disporá a destinação do imóvel a herdeiros ou legatários, com a repartição do uso em frações de tempo. Obviamente, somente depois da abertura da sucessão encetam-se as providências para materializar o ato.

No ato de instituição da titularidade, é necessária a convenção, na qual se fixam as exigências do art. 1.358-G, e que são as seguintes:

I – os poderes e deveres dos multiproprietários, especialmente em matéria de instalações, equipamentos e mobiliário do imóvel, de manutenção ordinária e extraordinária, de conservação e limpeza e de pagamento da contribuição condominial;

II – o número máximo de pessoas que podem ocupar simultaneamente o imóvel no período correspondente a cada fração de tempo;

III – as regras de acesso do administrador condominial ao imóvel para cumprimento do dever de manutenção, conservação e limpeza;

IV – a criação de fundo de reserva para reposição e manutenção dos equipamentos, instalações e mobiliário;

V – o regime aplicável em caso de perda ou destruição parcial ou total do imóvel, inclusive para efeitos de participação no risco ou no valor do seguro, da indenização ou da parte restante;

VI – as multas aplicáveis ao multiproprietário nas hipóteses de descumprimento de deveres.

De acordo com o art. 1.358-H, o que se revela de máxima importância, virá estabelecido ou fixado, no instrumento de instituição ou na convenção, o limite máximo das frações de tempo no mesmo imóvel que poderão ser detidas pela mesma pessoa natural ou jurídica. Importante que haja a previsão, sob pena de se desencadearem sérias controvérsias quanto ao direito de uso das demais. É de se ter em mente que, para haver a propriedade compartilhada, indispensável a multiplicidade de uso, ou do uso por duas ou mais pessoas, em épocas diferentes.

Complementa o parágrafo único que, em caso de instituição da multipropriedade para posterior venda das frações de tempo a terceiros, o atendimento a eventual limite de frações de tempo por titular estabelecido no instrumento de instituição será obrigatório somente após a venda, o que se revela evidente. Com a venda das frações de tempo fixa-se a respectiva duração. Procede-se à aquisição de um prédio ou unidade, e institui-se a multipropriedade do uso, em períodos sucessivos, predeterminados ou a serem combinados, o que corresponde a estabelecer os limites de tempo.

A transferência de frações de tempo vem disciplinada pelo art. 1.358-L e seus parágrafos, procedendo-se por ato entre vivos ou por direito sucessório. Lavra-se a escritura pública de compra e venda, ou de doação, ou outro modo de transmissão, com o devido registro imobiliário, inclusive para resguardar-se contra posteriores atos de alienação. É expresso o citado artigo em exigir que a transferência e a produção de efeitos perante terceiros se operam na forma da lei civil, sem exigir a anuência ou cientificação dos demais multiproprietários. Eis o texto:

> A transferência do direito de multipropriedade e a sua produção de efeitos perante terceiros dar-se-ão na forma da lei civil e não dependerão da anuência ou cientificação dos demais multiproprietários.

No pertinente ao direito de preferência, predominará unicamente se contemplado no instrumento de constituição ou na convenção, na esteira do § 1º:

> Não haverá direito de preferência na alienação de fração de tempo, salvo se estabelecido no instrumento de instituição ou na convenção do condomínio em multipropriedade em favor dos demais multiproprietários ou do instituidor do condomínio em multipropriedade.

O adquirente, em ocorrendo a transferência, responsabiliza-se por obrigações pendentes, se não comprovada a inexistência de débitos quando da aquisição, conforme assinala o § 2º:

> O adquirente será solidariamente responsável com o alienante pelas obrigações de que trata o § 5º do art. 1.358-J deste Código caso não obtenha a declaração de inexistência de débitos referente à fração de tempo no momento de sua aquisição.

Há, ainda, o art. 1.358-U, permitindo a limitação e a vedação de instituição de multipropriedade em edifício ou em unidade condominial:

> As convenções dos condomínios edilícios, os memoriais de loteamentos e os instrumentos de venda dos lotes em loteamentos urbanos poderão limitar ou impedir a instituição da multipropriedade nos respectivos imóveis, vedação essa que somente poderá ser alterada no mínimo pela maioria absoluta dos condôminos.

Permite-se que se institua a proibição ou limitação de instituição da multipropriedade em condomínios e em loteamentos. Insere-se nos instrumentos de constituição a proibição, sendo que a limitação pode abranger o número de cotitularidades no uso ou de unidades no condomínio ou no loteamento urbano. Em se tratando de condomínios edilícios, as proibições ou limitações constarão nas convenções; nos loteamentos, incluem-se nos memoriais descritivos e nos instrumentos de venda de lotes. Resta justificável a previsão, porquanto em prédios estritamente residenciais ou mesmo comerciais pode revelar-se inoportuna e imprópria tal forma de compartilhamento.

A maioria absoluta dos membros do condomínio é calculada na forma dos arts. 1.352, de seu parágrafo único, e do art. 1.353 do Código Civil.

Eis o texto do art. 1.352, quanto ao quórum em primeira convocação:

Salvo quando exigido quórum especial, as deliberações da assembleia serão tomadas, em primeira convocação, por maioria de votos dos condôminos presentes que representem pelo menos metade das frações ideais.

Já o parágrafo único, no pertinente ao modo de calcular os votos:

Os votos serão proporcionais às frações ideais no solo e nas outras partes comuns pertencentes a cada condômino, salvo disposição diversa da convenção de constituição do condomínio.

O art. 1.353, relativamente à deliberação em segunda convocação:

Em segunda convocação, a assembleia poderá deliberar por maioria dos votos dos presentes, salvo quando exigido quórum especial.

10.20.3. Distribuição dos períodos

Sobre a distribuição dos períodos, de observar as possibilidades dos §§ 1º e 2º do art. 1.358-E:

§ 1º O período correspondente a cada fração de tempo será de, no mínimo, 7 (sete) dias, seguidos ou intercalados, e poderá ser:

I – fixo e determinado, no mesmo período de cada ano;

II – flutuante, caso em que a determinação do período será realizada de forma periódica, mediante procedimento objetivo que respeite, em relação a todos os multiproprietários, o princípio da isonomia, devendo ser previamente divulgado; ou

III – misto, combinando os sistemas fixo e flutuante.

§ 2º Todos os multiproprietários terão direito a uma mesma quantidade mínima de dias seguidos durante o ano, podendo haver a aquisição de frações maiores que a mínima, com o correspondente direito ao uso por períodos também maiores.

A todos os coproprietários, em tratamento idêntico, insta se reservem iguais espaços de tempo de uso. Mas não se impede a aquisição de quota, isto é, de espaço de tempo, de maior duração. Entende-se que está aberta a possibilidade de comercialização de quotas diferenciadas, desde que observadas a fração de tempo mínimo.

Pelas disposições do § 1º, fixam-se, respectivamente em relação às três situações acima, os períodos ou épocas já indicados do ano; ou de tanto em tanto tempo, com menção do número de dias, de modo a perfazer o período constante do contrato ou convenção de condomínio; ou em uma época marcada para um certo período de uso no ano, e a previsão dos dias restantes a partir de tempo determinado.

Mais afeiçoada a esse direito de aproveitamento, existe a modalidade de cessão unicamente do direito de uso por certo período durante o ano, sem indicar a unidade e sem a alienação da fração ideal de terreno.

Na verdade, nesta tipificação, em algumas situações, nem há condomínio propriamente dito, e nem se dividindo o imóvel em unidades autônomas, pois o prédio pertence a uma empresa ou instituição. Pode-se concluir que o negócio envolve a compra de uso de moradia por temporadas, não havendo uma legislação específica que trata da matéria, pois não abrangida a espécie pela recente alteração do Código Civil e da Lei nº 6.015/1973, e nem

Cap. X • A PROPRIEDADE | 257

se viabilizando conceber a inerência do caráter *propter rem* das despesas. Daí não caber o fracionamento da dívida em função do número de titulares de direitos.

10.20.4. Direitos e obrigações na multipropriedade

Discriminam-se os direitos e obrigações, com a ampla descrição de como se fará a administração, e trazendo a descrição das unidades, com a respectiva titularidade de uso por espaços delimitados. Normalmente, cada pessoa paga uma taxa condominial por ano. Não raramente, a copropriedade é limitada a certo período de tempo. Outrossim, estabelece-se a perda do direito de uso na falta de cumprimento das obrigações.

Diante da caracterização de como se desenvolve na prática a multipropriedade, às vezes, nem existe uma copropriedade, mas uma participação de uso, reservado a pequenos períodos, incumbindo ao proprietário que explora o imóvel para multiuso o cumprimento de todos os deveres de manutenção, pagamento de taxa condominial e de tributos. Nesta modalidade, se tem nada mais que um direito assentado no campo obrigacional, sequer havendo o registro imobiliário dos diversos cotitulares de cada unidade.

Mas, na multipropriedade, em que se opera a aquisição de quotas de tempo, através de ato de transmissão com a abertura de matrícula e os subsequentes registros, o art. 1.358-I elenca os direitos principais, não excluindo outros que possam vir previstos na convenção:

> São direitos do multiproprietário, além daqueles previstos no instrumento de instituição e na convenção de condomínio em multipropriedade:
>
> I – usar e gozar, durante o período correspondente à sua fração de tempo, do imóvel e de suas instalações, equipamentos e mobiliário;
>
> II – ceder a fração de tempo em locação ou comodato;
>
> III – alienar a fração de tempo, por ato entre vivos ou por causa de morte, a título oneroso ou gratuito, ou onerá-la, devendo a alienação e a qualificação do sucessor, ou a oneração, ser informadas ao administrador;
>
> IV – participar e votar, pessoalmente ou por intermédio de representante ou procurador, desde que esteja quite com as obrigações condominiais, em:
>
> a) assembleia geral do condomínio em multipropriedade, sendo que o voto do multiproprietário corresponderá à quota de sua fração de tempo no imóvel;
>
> b) assembleia geral do condomínio edilício, quando for o caso, e o voto do multiproprietário corresponderá à quota de sua fração de tempo em relação à quota de poder político atribuído à unidade autônoma na respectiva convenção de condomínio edilício.

Relativamente aos deveres ou obrigações, a relação está no art. 1.358-J, na seguinte ordem, igualmente não esgotando a matéria, que poderá vir suplementada no instrumento de constituição e na convenção: "São obrigações do multiproprietário, além daquelas previstas no instrumento de instituição e na convenção de condomínio em multipropriedade:

> I – pagar a contribuição condominial do condomínio em multipropriedade e, quando for o caso, do condomínio edilício, ainda que renuncie ao uso e gozo, total ou parcial, do imóvel, das áreas comuns ou das respectivas instalações, equipamentos e mobiliário;
>
> II – responder por danos causados ao imóvel, às instalações, aos equipamentos e ao mobiliário por si, por qualquer de seus acompanhantes, convidados ou prepostos ou por pessoas por ele autorizadas;

III – comunicar imediatamente ao administrador os defeitos, avarias e vícios no imóvel dos quais tiver ciência durante a utilização;

IV – não modificar, alterar ou substituir o mobiliário, os equipamentos e as instalações do imóvel;

V – manter o imóvel em estado de conservação e limpeza condizente com os fins a que se destina e com a natureza da respectiva construção;

VI – usar o imóvel, bem como suas instalações, equipamentos e mobiliário, conforme seu destino e natureza;

VII – usar o imóvel exclusivamente durante o período correspondente a sua fração de tempo;

VIII – desocupar o imóvel, impreterivelmente, até o dia e hora fixados no instrumento de instituição ou na convenção de condomínio em multipropriedade, sob pena de multa diária, conforme convencionado no instrumento pertinente;

IX – permitir a realização de obras ou reparos urgentes.

Os vários parágrafos que seguem trazem as cominações pelas violações, especificam mais algumas obrigações e apontam a responsabilidade pelo cumprimento.

Nessa ordem, o § 1º instrui que a convenção conterá a previsão de penalidades de multa simples, multa progressiva e perda temporária do direito de utilização do imóvel conforme as situações abaixo:

I – multa, no caso de descumprimento de qualquer de seus deveres;

II – multa progressiva e perda temporária do direito de utilização do imóvel no período correspondente à sua fração de tempo, no caso de descumprimento reiterado de deveres.

Entretanto, cumpria que a lei, além de definir, quantificasse as penalidades, não se admitindo a delegação de tal incumbência à convenção, por aplicação da segunda parte do inc. XXXIX do art. 5º da CF.

O montante das multas virá definido, bem como se descreverá a abrangência do descumprimento reiterado de deveres.

No § 2º indicam-se os responsáveis para o pagamento das despesas de reparos no imóvel, incluindo suas instalações, equipamentos e mobiliário:

I – de todos os multiproprietários, quando decorrentes do uso normal e do desgaste natural do imóvel;

II – exclusivamente do multiproprietário responsável pelo uso anormal, sem prejuízo de multa, quando decorrentes de uso anormal do imóvel.

Na versão enviada à sanção presidencial, havia os §§ 3º, 4º e 5º.

Pelo § 3º, "todos os multiproprietários responderão, na proporção de sua fração de tempo, pelo pagamento dos tributos, contribuições condominiais e outros encargos que incidam sobre o imóvel".

De acordo com o § 4º, haveria uma contabilidade, na qual se lançaria o valor da obrigação de cada unidade, servindo o documento como instrumento para a cobrança.

O § 5º afastava a solidariedade entre os multiproprietários pelo custeio das obrigações concernentes ao uso individual da fração de tempo, como acontece no condomínio edilício comum.

Cap. X · A PROPRIEDADE | 259

O Presidente da República vetou os parágrafos, após ouvido o Ministério da Fazenda, no que há coerência, sob o argumento de que "os dispositivos substituem a solidariedade tributária (artigo 124 do Código Tributário Nacional) pela proporcionalidade quanto à obrigação pelo pagamento e pela cobrança de tributos e outros encargos incidentes sobre o imóvel com multipropriedade. No entanto, cabe à Lei Complementar dispor a respeito de normas gerais em matéria tributária (artigo 146, III, da Constituição). Ademais, geram insegurança jurídica ao criar situação de enquadramento diversa para contribuintes em razão da multipropriedade, violando o princípio da isonomia (art. 150, II, da Constituição). Por fim, poderiam afetar de forma negativa a arrecadação e o regular recolhimento de tributos."

10.20.5. A administração

Questão importante é a administração do imóvel e de suas instalações, equipamentos e mobiliário, em regime de multipropriedade, abrangendo especialmente o pagamento das despesas que envolvem as unidades, do conjunto onde as mesmas se encontram, a conservação, a gerência na prestação de serviços das mais variadas espécies, e o controle do tempo de uso das quotas ou quinhões, a teor dos arts. 1.358-M a 1.358-N.

Evidentemente, como está no caput do art. 1.358-A, a indicação do administrador constará no instrumento de instituição ou na convenção de condomínio. Na omissão, escolhe-se a pessoa em assembleia geral dos condôminos.

O § 1º do art. 1.358-M elenca as atribuições do administrador, além das constantes no instrumento de constituição e na convenção ou em regulamentos internos, sendo as seguintes:

> I – coordenação da utilização do imóvel pelos multiproprietários durante o período correspondente a suas respectivas frações de tempo;
>
> II – determinação, no caso dos sistemas flutuante ou misto, dos períodos concretos de uso e gozo exclusivos de cada multiproprietário em cada ano;
>
> III – manutenção, conservação e limpeza do imóvel;
>
> IV – troca ou substituição de instalações, equipamentos ou mobiliário, inclusive:
>
> a) determinar a necessidade da troca ou substituição;
>
> b) providenciar os orçamentos necessários para a troca ou substituição;
>
> c) submeter os orçamentos à aprovação pela maioria simples dos condôminos em assembleia;
>
> V – elaboração do orçamento anual, com previsão das receitas e despesas;
>
> VI – cobrança das quotas de custeio de responsabilidade dos multiproprietários;
>
> VII – pagamento, por conta do condomínio edilício ou voluntário, com os fundos comuns arrecadados, de todas as despesas comuns.

Relativamente à troca ou substituição de instalações, equipamentos ou mobiliário, incluindo a decisão da necessidade de troca ou substituição, a apresentação de orçamento e sua aprovação pelos condôminos, o § 2º autoriza à convenção a liberdade de dispor de forma diferente a atribuição do inciso IV do § 1º, o qual diz respeito à troca ou substituição de instalações, equipamentos ou mobiliário.

Já no art. 1.358-N, está assegurada a possibilidade de constar, no instrumento de constituição ou na convenção, a fração de tempo destinada aos serviços indispensáveis de reparo para o exercício normal do direito de multipropriedade. Além, pois, da previsão de fração de tempo para o uso dos condôminos, inserem-se alguns espaços de tempo para as reparações necessárias, a limpeza e outros serviços, que ocorrem após o período de cada utilização. Obviamente, o espaço de tempo necessário não poderá coincidir com o período de ocupação. Veja-se a norma:

> O instrumento de instituição poderá prever fração de tempo destinada à realização, no imóvel e em suas instalações, em seus equipamentos e em seu mobiliário, de reparos indispensáveis ao exercício normal do direito de multipropriedade.

Outrossim, o § 1º do art. 1.358-N define que a incumbência, a qual constará no instrumento de constituição ou na convenção, caberá ao instituidor da multipropriedade, ou à própria pessoa que faz uso do imóvel, ou mesmo ao administrador, embora não conste a indicação deste último, mas que se depreende da gama de funções que lhe é atribuída pelo § 1º do art. 1.358-M: "A fração de tempo de que trata o *caput* deste artigo poderá ser atribuída:

> I – ao instituidor da multipropriedade; ou
>
> II – aos multiproprietários, proporcionalmente às respectivas frações".

O § 2º excepciona a possibilidade de se realizarem os reparos nos períodos de uso da unidade, em casos de emergência:

> Em caso de emergência, os reparos de que trata o caput deste artigo poderão ser feitos durante o período correspondente à fração de tempo de um dos multiproprietários.

Situações de emergência se afiguram como a de rompimentos de condutos de água e energia elétrica, vazamentos internos, rachaduras de paredes, entupimentos do sistema de esgoto. Naturalmente, poderão os instrumentos de constituição, a convenção e regimentos internos trazer casuísticas, mas nunca se exigindo que esgotem as possibilidades de ocorrências.

10.20.6. O regime de multipropriedade em parte ou na totalidade das unidades autônomas

É permitida a instituição do regime de multipropriedade, no condomínio edilício, em parte ou na totalidade das unidades autônomas. Dispõem-se, no instrumento de instituição, ou na convenção condominial, e por deliberação da maioria absoluta dos condôminos, as unidades de compartilhamento de uso e aquelas sem esse regime, ou de unipropriedade. É a previsão do art. 1.358-O da vigente redação do Código Civil: "O condomínio edilício poderá adotar o regime de multipropriedade em parte ou na totalidade de suas unidades autônomas, mediante:

> I – previsão no instrumento de instituição; ou
>
> II – deliberação da maioria absoluta dos condôminos".

10.20.6.1. *Exigências no instrumento de instituição*

Constando do instrumento de instituição essa divisão de tipos de unidades, o parágrafo único do art. 1.358-O atribui a iniciativa e a responsabilidade pela instituição de multipropriedade a determinadas pessoas, que são as indicadas nas alíneas 'a', 'b' e 'c' e no § 1º do art. 31 da Lei nº 4.591/1964, na ordem que segue:

a) Aos proprietários do terreno, ou promitentes compradores, ou cessionários, ou promitente cessionários, com título que satisfaça os requisitos da alínea 'a' do art. 32.

Cap. X · A PROPRIEDADE | 261

O referido art. 32 discrimina os vários os documentos a serem aportados, como título de propriedade, certidões negativas de tributos e débitos previdenciários, histórico dos títulos abrangendo os últimos vinte anos, projetos de construção, cálculo das áreas, memorial descritivo, avaliação da obra, discriminação das frações ideais com as unidades, minuta da futura convenção e mais várias outras exigências descritas.

b) Ao construtor ou corretor de imóveis.

c) Ao ente da Federação imitido na posse a partir de decisão proferida em processo judicial de desapropriação em curso, ou o cessionário deste, conforme comprovado no registro de imóveis competente.

No caso da alínea 'b', em vista do § 1º do art. 31, o incorporador será investido, pelo proprietário de terreno, ou promitente comprador e cessionário deste ou pelo promitente cessionário, de mandato outorgado por instrumento público, onde se faça menção expressa da Lei nº 4.591/1964, e se transcreva o disposto no § 4º de seu art. 35, para concluir todos os negócios tendentes à alienação das frações ideais de terreno, mas se obrigando pessoalmente pelos atos que praticar na qualidade de incorporador. O § 4º do art. 35 estabelece que, descumprida pelo incorporador e pelo mandante a obrigação da outorga dos contratos referidos no caput do art. 35, nos prazos fixados, a carta-proposta ou o documento de ajuste preliminar poderão ser averbados no Registro de Imóveis, averbação que conferirá direito real oponível a terceiros, com o consequente direito à obtenção compulsória do contrato correspondente.

Operando-se a instituição pela maioria absoluta dos condôminos, evidentemente que a deliberação importará na introdução de alterações no instrumento e na convenção.

10.20.6.2. Regras a serem inseridas na convenção e em outros regramentos internos dos condomínios em regime de multipropriedade

Ocorrendo a instituição do regime de multipropriedade e de uso das unidades condominiais em período de frações de tempo, o art. 1.358-P indica os elementos que devem constar na convenção condominial: "Na hipótese do art. 1.358-O, a convenção de condomínio edilício deve prever, além das matérias elencadas nos arts. 1.332, 1.334 e, se for o caso, 1.358-G deste Código:

> I – a identificação das unidades sujeitas ao regime da multipropriedade, no caso de empreendimentos mistos;
>
> II – a indicação da duração das frações de tempo de cada unidade autônoma sujeita ao regime da multipropriedade;
>
> III – a forma de rateio, entre os multiproprietários de uma mesma unidade autônoma, das contribuições condominiais relativas à unidade, que, salvo se disciplinada de forma diversa no instrumento de instituição ou na convenção de condomínio em multipropriedade, será proporcional à fração de tempo de cada multiproprietário;
>
> IV – a especificação das despesas ordinárias, cujo custeio será obrigatório, independentemente do uso e gozo do imóvel e das áreas comuns;
>
> V – os órgãos de administração da multipropriedade;
>
> VI – a indicação, se for o caso, de que o empreendimento conta com sistema de administração de intercâmbio, na forma prevista no § 2º do art. 23 da Lei nº 11.771, de 17 de setembro de 2008, seja do período de fruição da fração de tempo, seja do local de

fruição, caso em que a responsabilidade e as obrigações da companhia de intercâmbio limitam-se ao contido na documentação de sua contratação;

VII – a competência para a imposição de sanções e o respectivo procedimento, especialmente nos casos de mora no cumprimento das obrigações de custeio e nos casos de descumprimento da obrigação de desocupar o imóvel até o dia e hora previstos;

VIII – o quórum exigido para a deliberação de adjudicação da fração de tempo na hipótese de inadimplemento do respectivo multiproprietário;

IX – o quorum exigido para a deliberação de alienação, pelo condomínio edilício, da fração de tempo adjudicada em virtude do inadimplemento do respectivo multiproprietário".

Há de se observar que, além das exigências acima, se incluem na convenção as matérias elencadas nos arts. 1.332, 1.334 e, se for o caso, as cláusulas que estão descritas no art. 1.358-G.

O art. 1.332 diz com a instituição do condomínio edilício por ato entre vivos ou testamento, registrado no Cartório de Registro de Imóveis, impondo-se que conste do instrumento, além do disposto em lei especial, os seguintes elementos:

I – a discriminação e individualização das unidades de propriedade exclusiva, estremadas uma das outras e das partes comuns;

II – a determinação da fração ideal atribuída a cada unidade, relativamente ao terreno e partes comuns;

III – o fim a que as unidades se destinam.

O art. 1.334 complementa as exigências que constarão na convenção: "Além das cláusulas referidas no art. 1.332 e das que os interessados houverem por bem estipular, a convenção determinará:

I – a quota proporcional e o modo de pagamento das contribuições dos condôminos para atender às despesas ordinárias e extraordinárias do condomínio;

II – sua forma de administração;

III – a competência das assembleias, forma de sua convocação e quorum exigido para as deliberações;

IV – as sanções a que estão sujeitos os condôminos, ou possuidores;

V – o regimento interno".

As cláusulas contidas pela convenção, indicadas no art. 1.358-G, já transcritas acima, dizem respeito aos poderes e deveres dos multiproprietários, especialmente em matéria de instalações, equipamentos e mobiliário do imóvel, de manutenção ordinária e extraordinária, de conservação e limpeza e de pagamento da contribuição condominial; ao número máximo de pessoas autorizado a ocupar simultaneamente o imóvel no período correspondente a cada fração de tempo; às regras de acesso do administrador condominial ao imóvel para cumprimento do dever de manutenção, conservação e limpeza; à criação de fundo de reserva para reposição e manutenção dos equipamentos, instalações e mobiliário; ao regime aplicável em caso de perda ou destruição parcial ou total do imóvel, inclusive para efeitos de participação no risco ou no valor do seguro, da indenização ou da parte restante; e às multas aplicáveis ao multiproprietário nas hipóteses de descumprimento de deveres.

Cap. X · A PROPRIEDADE | 263

O sistema de administração de intercâmbio, na forma prevista no § 2º do art. 23 da Lei nº 11.771/2008, constante do inciso VI do art. 1.358-P, diz com os serviços de hospedagem, e consiste na prestação de tais serviços em tempo compartilhado entre os ocupantes. Deverá constar na convenção do empreendimento a existência ou não dos serviços (limpeza, faxina, arrumação interna), bem como a prestação compartilhada, o intercâmbio entre os que usam a unidade, nos períodos de fração de tempo previstos de uso. Eis a disposição do § 2º do art. 23 da Lei nº 11.771/2008: "Considera-se prestação de serviços de hospedagem em tempo compartilhado a administração de intercâmbio, entendida como organização e permuta de períodos de ocupação entre cessionários de unidades habitacionais de distintos meios de hospedagem".

O regimento interno do condomínio, elaborado por escritura pública ou escrito particular, de acordo com o parágrafo único do art. 1.538-Q, conterá regras específicas e particularizadas, indicadas, mais exemplificativamente, no citado art. 1.358-Q, que são transcritas:

I – os direitos dos multiproprietários sobre as partes comuns do condomínio edilício;

II – os direitos e obrigações do administrador, inclusive quanto ao acesso ao imóvel para cumprimento do dever de manutenção, conservação e limpeza;

III – as condições e regras para uso das áreas comuns;

IV – os procedimentos a serem observados para uso e gozo dos imóveis e das instalações, equipamentos e mobiliário destinados ao regime da multipropriedade;

V – o número máximo de pessoas que podem ocupar simultaneamente o imóvel no período correspondente a cada fração de tempo;

VI – as regras de convivência entre os multiproprietários e os ocupantes de unidades autônomas não sujeitas ao regime da multipropriedade, quando se tratar de empreendimentos mistos;

VII – a forma de contribuição, destinação e gestão do fundo de reserva específico para cada imóvel, para reposição e manutenção dos equipamentos, instalações e mobiliário, sem prejuízo do fundo de reserva do condomínio edilício;

VIII – a possibilidade de realização de assembleias não presenciais, inclusive por meio eletrônico;

IX – os mecanismos de participação e representação dos titulares;

X – o funcionamento do sistema de reserva, os meios de confirmação e os requisitos a serem cumpridos pelo multiproprietário quando não exercer diretamente sua faculdade de uso;

XI – a descrição dos serviços adicionais, se existentes, e as regras para seu uso e custeio.

10.20.7. A contratação de administração profissional

O art. 1.358-R exige a designação de um administrador profissional das unidades em regime de multipropriedade em parte ou na totalidade, de modo a comandar e gerir a combinação e o cumprimento das frações de tempo de uso, bem como as unidades sem a multipropriedade.

Em consonância com os §§ 1º a 5º, é livre o prazo de duração do contrato de administração, não se admitindo, todavia, a exagerada extensão, e incluindo-se, também, a previsão das hipóteses de rescisão, como a ineficiência da administração. Mesmo na falta de previsão, sempre que conveniente aos interesses do condomínio, é admissível a demissão ou o rompimento do contrato. Daí a necessidade de inclusão de cláusula de liberdade na rescisão, ou sem motivação, evitando-se, deste modo, litígios ou discussões sobre direitos e indenizações.

O cargo de administrador abrange todas as unidades de multipropriedade das unidades autônomas, bem como as não destinadas ao uso por frações de tempo. Necessária a unidade de administração, sem divergência de métodos, convergindo os interesses, e centralizando as ações, em especial as que envolvem as receitas e despesas.

O administrador exerce as funções na qualidade de mandatário de todos os multiproprietários apenas nos atos de gestão ordinária, incluindo a manutenção, a conservação e a limpeza do imóvel e de suas instalações, equipamentos e mobiliário, e estendendo-se na arrecadação das taxas condominiais e pagamento de encargos.

Reconhece-se ao administrador o poder de alterar o regimento interno, mas adstritamente aos aspectos operacionais da multipropriedade, sem envolver regras institucionais. Admite-se que estabeleça ou altere as diretrizes sobre a entrada de prestadores de serviços nos prédios, o encaminhamento de encomendas, as condições para a utilização de áreas comuns.

Admite-se que o administrador seja um prestador de serviços de hospedagem, ou seja, um funcionário contratado para prestar serviços ao condomínio, como zelador.

10.20.8. O inadimplemento por parte do multiproprietário da obrigação de custeio das despesas ordinárias ou extraordinárias

O art. 1.358-S trata da inadimplência, pelo multiproprietário, no pagamento das despesas ordinárias e extraordinárias.

Evidentemente, a inadimplência importa na incidência do regramento previsto na lei civil e na lei processual civil, com as cominações próprias, como a cobrança, ou a execução judicial da obrigação, e inclusive a incidência de encargos de juros e atualização monetária. No caso específico da multipropriedade, porém, foi introduzida uma modalidade especial, que é a adjudicação da fração de tempo correspondente à obrigação pendente. Realmente, reza o *caput* do dispositivo acima:

> Na hipótese de inadimplemento, por parte do multiproprietário, da obrigação de custeio das despesas ordinárias ou extraordinárias, é cabível, na forma da lei processual civil, a adjudicação, ao condomínio edilício da fração de tempo correspondente.

Importa em concluir na possibilidade de, computados o valor devido e o valor correspondente ao uso por fração de tempo, se realizar o pagamento na fração de tempo de uso necessário para saldar a dívida.

Embora a finalidade consista em uma maneira mais certa de garantir o crédito em favor do condomínio, a solução delineada é extremamente difícil, pois importa, a rigor, em definir os valores devidos e os que serão havidos pelo uso, o que somente se torna viável mais adequadamente através do procedimento judicial comum.

Todavia, na previsão da lei, a adjudicação contemplada no art. 1.358-S é a que se encontra nos arts. 876 a 878 do CPC, própria para a satisfação do crédito prevista na execução por quantia certa, que pressupõe a definição do valor devido, com a prévia penhora e outros atos pertinentes ao processo de execução.

Visando uma adequação da norma ao sistema processual da execução por quantia certa, encaminha-se o processo de execução, exigindo o valor da dívida pendente, e frente ao montante que corresponde ao uso em fração de tempo, pede-se a citação e a penhora do valor resultante da fração de tempo de uso. Assegura-se o oferecimento de embargos, não se

Cap. X • A PROPRIEDADE | 265

descartando a necessidade de avaliação do valor pelo uso de fração de tempo, e, inclusive, de perícia. Em suma, a adjudicação referida pressupõe o procedimento processual estabelecido para a execução por quantia certa.

Daí transparecer que a adoção do procedimento comum se afigura mais apropriado, com a posterior adjudicação em cumprimento de sentença por quantia certa (arts. 523 a 527 do CPC).

O parágrafo único oferece alternativas para a solução de obrigações, na hipótese de empreendimento com sistema de locação das frações de tempo em que as locações se perfazem através de uma administração única: "Na hipótese de o imóvel objeto da multipropriedade ser parte integrante de empreendimento em que haja sistema de locação das frações de tempo no qual os titulares possam ou sejam obrigados a locar suas frações de tempo exclusivamente por meio de uma administração única, repartindo entre si as receitas das locações independentemente da efetiva ocupação de cada unidade autônoma, poderá a convenção do condomínio edilício regrar que em caso de inadimplência:

I – o inadimplente fique proibido de utilizar o imóvel até a integral quitação da dívida;

II – a fração de tempo do inadimplente passe a integrar o pool da administradora;

III – a administradora do sistema de locação fique automaticamente munida de poderes e obrigada a, por conta e ordem do inadimplente, utilizar a integralidade dos valores líquidos a que o inadimplente tiver direito para amortizar suas dívidas condominiais, seja do condomínio edilício, seja do condomínio em multipropriedade, até sua integral quitação, devendo eventual saldo ser imediatamente repassado ao multiproprietário".

Nota-se que três as viabilidades, desde que previstas na convenção, fixadas para a satisfação dos créditos em favor do condomínio: a proibição, pelo devedor, de utilização do imóvel; a transferência da fração de tempo ao conjunto ou grupo da administradora; e apropriação, em favor da administradora, dos valores líquidos a que tem direito o inadimplente, até a satisfação da dívida.

10.20.9. Renúncia ao direito de multipropriedade

A renúncia ao direito de multipropriedade, de forma translativa, é permitida unicamente ao condomínio do qual faz parte a unidade do renunciante. Veja-se o art. 1.358-T:

O multiproprietário somente poderá renunciar de forma translativa a seu direito de multipropriedade em favor do condomínio edilício.

Percebe-se que a renúncia ao direito está limitada ao condomínio edilício. Todavia, não importa em impedir a transferência por doação ou compra e venda e outras convenções a terceiros. O impedimento restringe-se à renúncia.

Já o parágrafo único coloca condição para a renúncia, consistente em não ser o renunciante devedor de obrigações relativas a encargos e tributos com o condomínio:

A renúncia de que trata o caput só é admitida se o multiproprietário estiver em dia com as contribuições condominiais, com os tributos imobiliários e, se houver, com o foro ou a taxa de ocupação.

Do contrário, a renúncia não passaria de uma modalidade de anistia de suas obrigações, talvez superiores ao valor da quota no compartilhamento da unidade".

10.20.10. Introdução de normas registrárias relativas à multipropriedade

Algumas normas relativas ao registro imobiliário vieram introduzidas.

O art. 176, § 1º, inc. II, foi acrescido do nº 6, ordenando a indicação da existência de matrículas, nos termos do § 10º do mesmo art. 176: "Tratando-se de imóvel em regime de multipropriedade, a indicação da existência de matrículas, nos termos do § 10º".

O § 10º passou a exigir uma matrícula para cada fração de tempo:

> Quando o imóvel se destinar ao regime da multipropriedade, além da matrícula do imóvel, haverá uma matrícula para cada fração de tempo, na qual se registrarão e averbarão os atos referentes à respectiva fração de tempo, ressalvado o disposto no § 11.

Haverá, pois, a abertura de matrícula própria para cada fração de tempo.

De observar a possibilidade de exigir a legislação tributária municipal a inscrição individualizada da fração de tempo nos cadastros municipais, constante do § 11:

> Na hipótese prevista no § 10º deste artigo, cada fração de tempo poderá, em função de legislação tributária municipal, ser objeto de inscrição imobiliária individualizada.

Cada fração de tempo se sujeita à inscrição imobiliária no órgão fazendário do Município. É mister observar, no entanto, que impossível a incidência do Imposto Predial e Territorial Urbano (IPTU) sobre as frações de tempo, porquanto o fato gerador do imposto, de competência dos Municípios, é a propriedade, o domínio útil ou a posse de bem imóvel localizado na zona urbana do Município, por natureza ou por acessão física, como definido na lei civil. Inconcebível a exigibilidade sobre a unidade e o uso por fração de tempo, a menos que venha a ser instituído novo tributo.

Houve a introdução, também, do § 12 ao art. 176 da Lei dos Registros Públicos, rezando:

> Na hipótese prevista no inciso II do § 1º do art. 1.358-N da Lei nº 10.406, de 10 de janeiro de 2002 (Código Civil), a fração de tempo adicional, destinada à realização de reparos, constará da matrícula referente à fração de tempo principal de cada multiproprietário e não será objeto de matrícula específica.

A hipótese do inc. II do § 1º do art. 1.358-N refere-se à atribuição da fração de tempo necessária para os reparos aos multiproprietários proporcionalmente às respectivas frações. Pelo § 12, pois, na mesma matrícula referente à fração de tempo principal de cada multiproprietário também constará a fração de tempo adicional necessária para os reparos.

Ao art. 178 da Lei nº 6.015/1973 se acrescentou o inc. III. Mencionado artigo indica os atos que se registrarão no livro nº 3 (livro destinado ao registro dos atos que, sendo atribuídos ao Registro de Imóveis por disposição legal, não digam respeito diretamente a imóvel matriculado), incluindo-se, em face do acréscimo, "as convenções de condomínio edilício, condomínio geral voluntário e condomínio em multipropriedade".

Capítulo XI

Aquisição da Propriedade

11.1. TÍTULO DE AQUISIÇÃO E MODO DE AQUISIÇÃO

Induvidosamente, a aquisição da propriedade envolve um dos aspectos mais importantes do direito das coisas.

Processa-se a aquisição de forma complexa, envolvendo uma série de elementos que, uma vez satisfeitos, conduz a estabelecer um novo titular do domínio.

Primeiramente, em todo o negócio de aquisição destacam-se o título e o modo de aquisição. O primeiro compreende o elemento que ensejou a transmissão. Sem ele, não se realiza a nova posição do domínio sobre a coisa. Na aquisição da propriedade de um bem imóvel, a compra e venda é justamente o título, pelo qual emana a obrigação de transmitir a propriedade da coisa. Do mesmo modo pode-se falar quanto à doação.

Já no tocante ao modo de adquirir, envolve a tradição da coisa ou a sua entrega feita pelo vendedor para o comprador, com a intenção de transferir a propriedade.

De um lado, o título representa a relação jurídica básica ou o tipo de negócio (escritura de compra e venda, de doação, de permuta, de testamento) e, de outro lado, o modo equivale às formas de aquisição (ocupação, transcrição, usucapião, acessão).

Com o título, encontra-se a causa remota ou primeira da transmissão. Realiza-se um contrato particular ou por escritura pública, que legitima o direito da parte sobre o bem. Mas, para exercer o domínio, é necessário o modo de aquisição, no caso, o registro imobiliário em se tratando de imóveis, ou a tradição no negócio de bens móveis.

No Direito romano, dominava o sistema que impunha a necessidade do título e do modo de aquisição para se operar a transferência. Em outros termos, exigia-se a presença do ato jurídico de manifestação da vontade de adquirir o bem e da observância de uma forma que a lei lhe atribuísse o caráter de transmitir a propriedade. A transferência operava-se com o pacto e a tradição, isto é, com o título e o modo. E para dar-se a tradição, impunha-se que o título fosse justo, precedendo àquele. Era a causa eficiente remota da aquisição, enquanto o modo apresentava-se como a causa eficiente próxima.

Já no direito francês, domina o sistema que entende suficiente o título para operar-se a transferência do domínio. Não se impõe a tradição, quer registrária, quer de outra forma. Sempre é relevante o título, ou o contrato que produz a translação da propriedade. Um terceiro sistema é conhecido, que vige no direito alemão, segundo o qual há uma independência entre o título e o modo de aquisição.

Não importa o título, ou a causa da transmissão. Há, por palavras diferentes, a abstração da causa. É suficiente a tradição, ou o registro imobiliário. Considera-se proprietário quem possui o registro, sem nada significar o vício do título, ou mesmo a sua nulidade. É titular do domínio do imóvel quem tem o registro no Cartório do Registro imobiliário.

11.2. AQUISIÇÃO ORIGINÁRIA E DERIVADA

Duas são as formas de aquisição, quanto à origem: a originária e a derivada.

Na primeira a aquisição nasce sem qualquer vinculação com o passado. Não se constata uma relação jurídica entre o adquirente e o antecessor sujeito titular da propriedade. Inexiste a transmissão do bem por uma pessoa a outra. O adquirente torna sua a coisa, passando a exercer o domínio sobre ela sem que de outra pessoa tenha havido transmissão.

Conhecem-se os seguintes modos originários de aquisição: o usucapião, a ocupação, e a acessão natural, embora imperem divergências sobre o assunto, defendendo alguns que apenas a ocupação é modo originário.

É, por sua vez, derivada a aquisição quando ela se dá pela transmissão. A propriedade passa para um novo titular em razão de um contrato, transferindo-se de uma pessoa para a outra pela tradição ou transmissão imobiliária.

Salienta Washington de Barros Monteiro algumas regras que acompanham a aquisição derivada, trazidas do Direito romano:

> Os modos derivados de adquirir a propriedade são regidos pela regra fundamental de Ulpiano: *nemo plus juris ad alium transferre potest, quam ipse habet* (ninguém pode transferir a outrem mais direitos do que tem). Esta velha máxima, como afirma Demogue, é simples, sedutora como tudo o que é simples, proclamada quase como uma ingenuidade, mas que pode ser a fonte de resultados lamentáveis. De maneira mais singela, repete-se também que *nemo dare potes plus quam habet*.
>
> A tais preceitos pode ser ainda adicionada outra regra, por igual aplicável tão somente aos modos derivados de adquirir a propriedade: *resoluto jure dantis, resolvitur jus accipientis* (quando se resolve o direito do outorgante, fica o do outorgado igualmente resolvido). Tais princípios não se aplicam evidentemente aos modos de aquisição originária.[1]

Na aquisição derivada, está presente sempre um vínculo entre duas pessoas – o antigo titular do domínio e o adquirente, ou novo titular. E o liame é estabelecido em uma relação *inter vivos*, ou *causa mortis*, isto é, a transmissão exsurge de um ato entre pessoas vivas (contrato), ou do direito sucessório.

Traz induvidosa importância esta divisão nos modos de aquisição originária e derivada. No segundo caso, cumpre que os títulos do bem venham devidamente comprovados. O adquirente do bem deverá ter certeza de que seu antecessor também era dono da coisa adquirida. Ressalta, ainda, Orlando Gomes: "A importância da divisão reside nos efeitos que se produzem conforme o modo de aquisição seja originário ou derivado. Sendo a propriedade adquirida por modo originário, incorpora-se ao patrimônio do adquirente em toda a sua plenitude, tal como a estabelece a vontade do adquirente. Se o modo de aquisição é derivado, transfere-se com os mesmos atributos, restrições e qualidades que possuía no patrimônio do

---

[1] *Curso de Direito Civil – Direito das Coisas*, ob. cit., p. 99.

Cap. XI • AQUISIÇÃO DA PROPRIEDADE | 269

transmitente, segundo conhecida parêmia: *nemo plus juris transferre ad alium potest quam ipse habet.* É que a aquisição derivada se condiciona à do predecessor, adquirindo o novo proprietário o direito que tinha e lhe transmitiu o proprietário antigo".[2]

11.3. AQUISIÇÃO A TÍTULO SINGULAR E A TÍTULO UNIVERSAL

Esta modalidade de aquisição envolve o aspecto quantitativo e individualizado ou não dos bens.

Será a título singular sempre que o objeto abranja um ou vários bens individualizados. Integram esta espécie as coisas singulares, as coisas compostas e as universalidades de fato. Normalmente, a aquisição se dá por atos entre vivos, sem afastar, todavia, a origem *causa mortis,* como no testamento.

Já na aquisição a título universal, a transmissão envolve bens que constituem o patrimônio. Ressalta nesta aquisição a unidade do patrimônio. É o caso da sucessão hereditária, que resulta do ato *causa mortis.*

Por esta forma, o adquirente sucede os direitos reais e pessoais, inclusive quanto às obrigações contraídas perante terceiros. O sucessor continua a pessoa do autor da herança, enquanto na aquisição particular a sucessão se dá nos direitos, sem responsabilizar-se pelas obrigações pessoais que o transmitente contraiu.

11.4. AQUISIÇÃO DE COISAS MÓVEIS E IMÓVEIS

Não se identifica plenamente a aquisição de coisas móveis e imóveis. Algumas modalidades são comuns, mas não coincidem em todos seus elementos.

As coisas móveis são adquiridas pela tradição, por sucessão, por usucapião, por ocupação e outros modos, como a especificação, a comistão, a confusão e a adjunção. Já os imóveis adquirem-se pela transcrição, pelo usucapião e pela acessão.

Prepondera, na aquisição *inter vivos,* a forma sacramental do registro, que transcreve o ato no tocante aos imóveis. Os bens móveis passam para o novo dono através de simples tradição, a qual, em geral, é solenizada mediante mero recibo, ou nota fiscal, ou documento particular. O art. 1.226 do Código Civil é claro quanto à efetivação da transferência através da tradição: "Os direitos reais sobre coisas móveis, quando constituídos, ou transmitidos por atos entre vivos, só se adquirem com a tradição".

O costume é considerar como dono aquele que tem a posse do bem.

Tanto os móveis quanto os imóveis são adquiridos pela sucessão, pelo usucapião, e, em alguns casos, pela acessão.

11.5. AQUISIÇÃO EM NOSSO DIREITO POSITIVO

No direito positivo brasileiro, adotou-se o sistema que exige a conjugação do título e da transcrição imobiliária. Não é suficiente o mero contrato. A propriedade deriva não simplesmente do negócio jurídico que se identifica com o título translativo. É necessário o título ou o consenso, sem o qual não se chega ao modo de adquirir. Inviável admitir-se a propriedade sem negócio, ou a combinação de vontades que determinou o contrato. A escritura pública é que vai ordenar o registro. Este depende, *v.g.,* ou da carta de arrematação, ou da adjudicação.

---

[2] *Direitos Reais,* tomo 1º, ob. cit., p. 185.

Mas, o Código Civil anterior discriminou as formas de se firmar a propriedade. De um lado, nos arts. 530 a 553, tratou dos modos da aquisição da propriedade imobiliária, e que eram a transcrição do título, a acessão, o usucapião e o direito hereditário. O Código atual cuida da matéria nos arts. 1.238 a 1.259, em ordem diferente daquela do Código Civil de 1916, e que é a seguinte: o usucapião, a transcrição ou registro do título e a acessão, não mais contemplando o direito hereditário.

De outra parte, nos arts. 592 a 622, o Código Civil anterior disciplinava os modos de aquisição da propriedade mobiliária, discriminados na seguinte ordem: ocupação, caça, pesca, invenção, tesouro, especificação, confusão, comistão, adjunção, usucapião e tradição. Já o Código em vigor, nos arts. 1.260 a 1.274, aborda o assunto, nesta sequência: usucapião, ocupação, tesouro, tradição, especificação, confusão, comistão e adjunção. Não mais se dispôs quanto à caça e pesca.

Em muitos de tais modos se prescinde do título, como no caso do usucapião e da ocupação. Isto porque são modos originários de aquisição. Neles, a par dos outros, não se exige o título.

Capítulo XII
Usucapião

12.1. DENOMINAÇÃO, CONCEITO, ORIGEM E FUNDAMENTOS

Induvidosamente, trata-se de um dos modos originários mais conhecidos e comuns de aquisição da propriedade. Dele se preocuparam todos os doutrinadores voltados ao direito civil, desde os tratadistas até os monografistas, tendo se difundido a ideia de seu conteúdo à generalidade das pessoas.

Já dizia Clóvis Beviláqua, em síntese significativa: "Usucapião é a aquisição do domínio pela posse prolongada", ou, lembrando as fontes romanas, *"est acquisitio domini per possessionem prolixam et justam, vel acquisitio per usum, ou ainda, est adjectio domini per continuationem possessiones temporis lege definiti"*.[1]

A denominação provém de duas palavras latinas: *usu*, que está no caso ablativo, significando "pelo uso", e *capere*, verbo traduzido por "tomar", formando a expressão "tomar pelo uso".

De modo bastante amplo, deparamo-nos com o emprego no feminino do termo "usucapião", contrariamente ao Código Civil de 1916, o que se ajusta com a origem do instituto, como ilustra o autor Lenine Nequete:

> Este vocábulo – como registra Netto Campello – não pode deixar de ser modo no feminino, posto que os dicionários portugueses o consideram masculino. No latim, no espanhol e no francês ele é feminino, o que também acontece na legislação romana. No *Corpus Juris Civilis*, a palavra "usucapião" é feminina como se verifica, entre outras passagens, no parágrafo 3º das "Institutas" (2,6), no Fr. 1, D. 41, 3, e no § 1º, do C. 7, 31. Entre os escritores antigos, como Jhering, Mackeldey, e outros, e entre os jurisconsultos modernos e os do passado, como Rui Barbosa, Clóvis Beviláqua, Lacerda de Almeida, Lafayette, Almeida e Souza, Lia Teixeira Ribas, Coelho da Rocha e outros, ela é usada no gênero feminino, sendo de estranhar que Coelho Rodrigues empregue a masculinização deste vocábulo no seu importante projeto do C. C. Brasileiro (*Direito Romano*, II, p. 97-98).[2]

Como o vocábulo é usado, geralmente, nos dois gêneros, e considerando que o uso da expressão no masculino ou no feminino é optativo, no gênero masculino continuaremos a denominar o instituto. Mas fortes são as divergências. Alguns dicionaristas e gramáticos empregam o gênero feminino, como Aurélio Buarque de Hollanda Ferreira, Antenor Nascentes,

---

[1] *Código Civil dos Estados Unidos do Brasil Comentado*, vol. III, ob. cit., p. 91. Tradução livre do texto: "É a aquisição do domínio através da posse longa a justa, ou a aquisição pelo uso, ou, ainda, é a aquisição do domínio pela continuação da posse pelo tempo que a lei define".

[2] *Da Prescrição Aquisitiva (Usucapião)*, Coleção *Ajuris*, Porto Alegre, 1981, nota ao rodapé da p. 11.

Napoleão Mendes de Almeida. São exemplos dos que preferem o masculino: De Plácido e Silva, António Moraes de Silva, Larousse, Laudelino Freire e Cândido Jucá Filho. Existem os que optam por ambos os gêneros, como Caldas Aulete.

No campo doutrinário, dentre os antigos autores de Direito, preferem o gênero feminino Pontes de Miranda, Eliasar Rosa e Benedito Silvério Ribeiro. Por sua vez, optaram pelo masculino Washington de Barros Monteiro, Rafael Augusto Mendonça de Lima, José Cretella Júnior, Diocleciano Torrieri Guimarães.

Pedro Nunes fornece um conceito prático e objetivo: "Meio de adquirir o domínio da coisa pela sua posse continuada durante certo lapso de tempo, com o concurso dos requisitos que a lei estabelece para este fim". Ou, "é a prescrição aquisitiva da propriedade e de certos direitos reais, pela posse ininterrupta durante determinado prazo sob as condições legais que lhe são inerentes".[3]

Assim, como se percebe, cuida-se de um modo originário de aquisição, pelo qual a pessoa que exerce a posse em um imóvel, por certo prazo previsto em lei, adquire-lhe o domínio, desde que sua posse tenha satisfeito certos requisitos, ou seja, revele que sempre foi pacífica, mansa e ininterrupta, sem oposição alguma do titular do domínio e com o *animus domini*.

Quanto à sua origem, lembra Washington de Barros Monteiro: "Regulado pela Lei das XII Tábuas, o usucapião estendia-se não só aos bens móveis, como também aos imóveis, sendo a princípio de um ano o prazo para os primeiros e de dois anos para os segundos. Posteriormente, esse prazo foi elevado para dez anos entre presentes e vinte entre ausentes. A aquisição por seu intermédio abrangia igualmente não só as *res mancipi* como as *nec mancipi*".[4]

Reservava-se esse meio de adquirir somente às propriedades quiritárias, isto é, aquelas que pertenciam aos cidadãos romanos.

Acrescenta Pedro Nunes: "Justiniano fundiu num só instituto o usucapião primitivo e a prescrição de longo tempo, denominando-lhe *usucapio*; estendeu-o aos estrangeiros e aos bens provinciais. Determinou que o usucapião dos imóveis se operasse em dez anos entre presentes, e, em vinte anos, entre ausentes; que o dos móveis se verificasse em três anos. Criou, ainda, a prescrição extraordinária *praescriptio longissimi temporis*, que se consumava em trinta e quarenta anos; de trinta para os móveis e imóveis em geral; de quarenta para os bens do Estado, ou do Imperador (a princípio imprescritíveis), os da Igreja e lugares veneráveis".[5]

O certo é que desde os mais remotos tempos da civilização sempre foi reconhecido o direito à titularidade da posse por força da ocupação prolongada.

Alguns procuram justificar seu fundamento num prisma subjetivo – a negligência do proprietário no pertinente à posse sobre o bem faz desaparecer o direito sobre o mesmo, ou equivale à renúncia quanto ao domínio. Outros encontram realce em argumentos objetivos, como na necessidade de se atender a função socioeconômica da propriedade. Em verdade, vai assumindo proporções esta razão, pelo menos no direito pátrio, onde se diminuiu drasticamente o lapso temporal para perfazer a prescrição aquisitiva. Está o instituto consagrado na generalidade dos direitos dos países. Figura no art. 2.219 do Código Civil francês, que reza: "La prescription est un moyen d'acquérir ou de se libérer par un certain laps de temps, et sous les conditions déterminées par la loi".[6]

---

[3]   *Do Usucapião*, Rio de Janeiro, Livraria Freitas Bastos S.A., 1953, p. 11.

[4]   *Curso de Direito Civil*, – *Direito das Coisas*, ob. cit., p. 120.

[5]   *Obra citada*, p. 14.

[6]   Tradução livre para o português: "A prescrição é um meio de adquirir ou de liberar-se, por um certo lapso de tempo, e nas condições determinadas por lei".

E no art. 2.105 do Código Civil italiano, da seguinte forma: "La prescrizione è un mezzo, con cui col decorso del tempo e sotto condizione determinate taluno acquista un diritto od è liberato a un abligazione".[7]

No direito brasileiro, temos quatro espécies básicas de usucapião de imóveis. Duas são reguladas unicamente pelo Código Civil de 2002, e se encontravam no Código de 1916: o usucapião ordinário e o extraordinário. Uma terceira modalidade tem a origem no usucapião rural especial da Lei nº 6.969, de 1981 (que, na verdade, ainda subsiste, embora tenha perdido a utilidade), o qual substituiu o usucapião rural *pro labore*, permitido pelo art. 98 do Estatuto da Terra, embora não o tenha suprimido. É hoje complementado pelo art. 191 da Constituição Federal e consta regulado no Código Civil.

Mais uma modalidade veio introduzida pelo art. 183 da mesma Constituição, que trata do usucapião especial urbano, encontrando-se contemplada no Código atual, e tendo sido regulamentada pela Lei nº10.257, de 10.07.2001, o chamado Estatuto da Cidade.

Existem outras espécies, como o usucapião familiar (art. 1.240-A do CC) e o extrajudicial, trazido pela Lei nº 13.105/2015 (art. 1.071), acrescentando o art. 216-A à Lei nº 6.015/1973.

O usucapião de bens móveis é estudado no capítulo correspondente à aquisição da propriedade mobiliária.

12.2. BENS USUCAPÍVEIS

Quaisquer bens imóveis podem ser objeto do usucapião, desde que não sejam *públicos* e *se encontrem no comércio*.

Num sentido amplo, são públicos os bens pertencentes à União, aos Estados e aos Municípios. O art. 98 do Código Civil considera públicos os bens do domínio nacional pertencentes às pessoas jurídicas de direito público interno, enquanto os demais são particulares, seja qual for a pessoa a que pertencerem. Nesses bens incluem-se os de uso comum do povo, tais como os mares, rios, estradas, ruas e praças; os de uso especial, assim abrangidos os edifícios ou terrenos aplicados a serviço ou estabelecimento da administração federal, estadual, territorial ou municipal, inclusive o de suas autarquias; os dominicais, isto é, os que constituem o patrimônio da União, dos Estados ou dos Municípios (pessoas jurídicas de direito público), como objeto de direito pessoal ou real de cada uma dessas entidades. Pelo parágrafo único do art. 99 do Código, "não dispondo a lei em contrário, consideramse dominicais os bens pertencentes às pessoas jurídicas de direito público a que se tenha dado estrutura de direito privado".

Bens fora do comércio, segundo a diretriz do art. 69 do Código Civil de 1916, compreendiam os insuscetíveis de apropriação, e os legalmente inalienáveis. Tem-se exemplo típico o caso das terras dos índios – art. 231, § 4º, da Constituição Federal. O Código Civil em vigor, acertadamente, é omisso a respeito. Na verdade, todo bem que a lei estabelece a inalienabilidade automaticamente fica fora do comércio.

Os bens públicos, de uso comum, antes do Código Civil de 1916, eram imprescritíveis. Mas os dominicais e os de uso especial arrolavam entre os usucapíveis, se o lapso temporal da posse atingisse quarenta ou mais anos. O art. 67 do Código anterior veio a terminar com essa possibilidade, segundo assenta Clóvis: "Os bens públicos, comuns, de uso especial ou dominicais, não se adquirem por usucapião (art. 67). Os bens particulares, ainda que ina-

---

[7] Tradução livre para o português: "A prescrição é um meio pelo qual, com o decurso do tempo e sob condições determinadas alguém adquire um direito ou é liberado de uma obrigação".

lienáveis, podem ser objeto de usucapião de trinta anos, porque a inalienabilidade dos bens públicos é essencial à natureza jurídica, e a dos bens particulares é uma garantia, que a lei concede em atenção a certas pessoas, ou a certas situações jurídicas".[8]

O Decreto nº 22.785/1933, revogado pelo Decreto de 25.04.1991, no art. 2º, consagrou a imprescritibilidade aquisitiva de quaisquer bens públicos, a qual foi, ainda, confirmada pelo Decreto-Lei nº 9.760/1946, art. 200. O Código de 2002, no art. 102, revelou-se incisivo quanto à impossibilidade de usucapião: "Os bens públicos não estão sujeitos a usucapião".

Já há tempo o Supremo Tribunal Federal assentou a Súmula nº 340, que colocou em prática a impossibilidade de usucapião: "Desde a vigência do Código Civil, os bens dominicais como os demais bens públicos não podem ser adquiridos por usucapião".

Os pretórios seguiram a orientação, com base nos dispositivos do Código Civil de 1916: "Usucapião especial. Terra pública. Impossibilidade jurídica do pedido. Arts. 67 e 69 do Código Civil e Decreto Federal nº 22.785 de 1933. Extinção do processo decretada". Importante reproduzir o seguinte tópico do voto do relator: "Cuida-se de bem vistosamente insuscetível de ser adquirido por usucapião especial, dado que, nos termos dos arts. 67 e 69 do CC, são legalmente inalienáveis. E consoante o Decreto Federal nº 22.785, de 1933, não podem ser objeto de usucapião os bens públicos de qualquer natureza. Excepcionalmente o art. 2º da Lei nº 6.969, de 1981, incluiu entre os usucapíveis extraordinariamente as terras devolutas. Não, porém, os bens públicos de outra espécie".[9]

Nesta impossibilidade, incluem-se *as terras devolutas* (exceto quanto ao usucapião especial rural da Lei nº 6.969/1981, como se desenvolverá adiante), o que se conclui pela conjugação de vários dispositivos da Constituição da República.

Reza seu art. 20: "São bens da União: (…) II – as terras devolutas indispensáveis à defesa das fronteiras, das fortificações e construções militares, das vias federais de comunicação e à preservação ambiental, definidas em lei".

O art. 26, quanto aos bens dos Estados: "Incluem-se entre os bens dos Estados: (...) V – as terras devolutas não compreendidas entre as da União".

De sorte que as terras devolutas distribuem-se entre a União e os Estados Federados.

O art. 191 da mesma Carta introduziu o usucapião especial: "Aquele que, não sendo proprietário do imóvel rural, ou urbano, possua como seu, por cinco anos ininterruptos, sem oposição, área de terra em zona rural não superior a cinquenta hectares, tornando-a produtiva por seu trabalho ou de sua família, tendo nela sua moradia, adquirir-lhe-á a propriedade".

E o parágrafo único: "Os imóveis públicos não serão adquiridos por usucapião". Por outras palavras, não podem ser usucapíveis as terras devolutas que pertencem à União ou aos Estados, classificando-se, pois, entre os bens públicos. Mas, no pertinente ao usucapião rural especial regido pela Lei nº 6.969/1981, que admite a aquisição prescritiva das terras devolutas, conforme será visto, perdura a possibilidade para situações consumadas antes do advento daquele dispositivo constitucional.

Para bem compreendermos o assunto, necessário mostrar-se a caracterização de terras devolutas, e a distinção com as não devolutas.

A sua definição não significa materialmente quais sejam. Representa, apenas, uma ideia de seu conteúdo.

---

8   *Código Civil dos Estados Unidos do Brasil Comentado*, vol. III, ob. cit., p. 92.

9   *Agravo de Instrumento* nº 111.867-1, 3ª Câm. Cível do TJ de São Paulo, de 25.04.1989, em *Revista de Jurisprudência do TJ de São Paulo*, Lex Editora, 119/378.

No antigo direito luso, o sentido da palavra "devoluto" era de coisa abandonada. Assim aparece nas Ordenações Manuelinas e também nas Afonsinas, que estabeleciam o abandono da terra para a concessão de sesmaria: "Sesmarias são propriamente as datas de terras, casais ou pardieiros, que foram ou são de alguns senhorios, e que já em outro tempo foram lavradas e aproveitadas, e agora não o são" (Ord. L. Tít. 43).

No Brasil, a concessão de sesmaria compreendia terrenos abandonados e vagos. Mas não é de se concluir que todas as propriedades privadas foram frutos dessas concessões. Muitas terras particulares vieram da conquista do território pelos bandeirantes. As posses, vendas e doações pelo Poder Público formam a origem de grande parte das terras particulares.

Os terrenos vagos ou abandonados eram, pois, devolutos.

O significado, entretanto, alcançou maior amplitude com o advento da Lei nº 601, de 18.09.1850, cujo art. 3º enumerava quais as terras se consideravam devolutas:

São terras devolutas:

§ 1º As que não se acharem aplicadas a algum uso público nacional, provincial ou municipal.

§ 2º As que não se acharem no domínio particular por qualquer título legítimo, nem forem havidas por sesmarias ou outras concessões do Governo-Geral ou Provincial, não incursas em comisso por falta do cumprimento das condições de medição, confirmação e cultura.

§ 3º As que não se acharem dadas por sesmarias, ou outras concessões do Governo que, apesar de incursas em comisso, forem revalidadas por esta Lei.

§ 4º As que não se acharem ocupadas por posses que, apesar de não se fundarem em título legal, forem legitimadas por lei.

Entre as espécies, constam citadas as que, concedidas, se encontram em comisso. O art. 8º da Lei em exame explica quando as terras são consideradas em comisso: "Os possuidores que deixarem de proceder à medição nos prazos marcados pelo Governo serão reputados caídos em comisso e perderão, por isso, o direito que tenham a serem preenchidos das terras concedidas por seus títulos, ou por favor da presente lei, conservando-a somente para serem mantidos na posse do terreno que ocuparem com efetiva cultura, havendo-se por devoluto o que se achar inculto".

De modo que, não cumprindo o beneficiado as condições do título, perderia as terras, retornando elas, então, ao Poder Público, como devolutas.

Paulo Garcia procura estabelecer um conceito genérico e outro em sentido restrito, sobre as terras devolutas. Quanto ao primeiro, devolutas são as terras que integram o patrimônio dos Estados, como bens dominiais. No sentido restrito "são as terras que, tendo passado ao domínio dos Estados, por força do art. 64 da Constituição de 1891, não se achavam em 1850, no domínio particular nem haviam sido objeto de posse por qualquer do povo".[10]

Hely Lopes Meirelles, por sua vez, traz a seguinte definição: "Terras devolutas são todas aquelas que, pertencentes ao domínio público de qualquer das entidades estatais, não se acham utilizadas pelo Poder Público, nem destinadas a fins administrativos específicos. São bens públicos patrimoniais ainda não utilizados pelos respectivos proprietários".[11]

---

[10]   *Terras Devolutas*, Belo Horizonte, Edição da Livraria Oscar Nicolai, 1958, p. 156.

[11]   *Direito Administrativo Brasileiro*, 5. ed., São Paulo, Editora Revista dos Tribunais, 1977, p. 501.

Para Pontes de Miranda, "devoluta é a terra que, devolvida ao Estado, esse não exerce sobre ela direito de propriedade, ou pela destinação ao uso comum, ou especial, ou pelo conferimento de poder de uso ou posse a alguém. João de Barros disse que, fugindo os Mouros, as terras ficaram devolutas. Os bens do Estado, se não receberem destino, nem exerce o Estado os direitos que tem, ficam devolutas".[12]

O agrarista Luiz de Lima Stefanini dá esta ideia: "(...) Aquelas espécies de terras públicas (sentido lato) não integradas ao patrimônio particular, nem formalmente arrecadadas ao patrimônio público, que se acham indiscriminadas no rol dos bens públicos por dever histórico-político".[13]

Fernando Pereira Sodero, citando Guimarães Bessa, classifica como devolutas as terras que restaram após as ocupações do Estado e dos particulares, a que se chega por um processo de eliminação, ou que foram concedidas ou dadas por sesmaria, as que não se acham no domínio particular, as que não se aplicam ao serviço público, as que não são ocupadas por posses anteriores à data de uma lei geral ou especial e os antigos aldeamentos dos índios.[14]

Apesar dos vários conceitos, que coincidem em alguns pontos, não se encontram elementos concretos para a identificação. Cumpre acrescentar alguns esclarecimentos, a fim de evitar confusões, facilmente ocorríveis.

Primeiramente, não se afirme que as terras sem dono e sem posse sejam devolutas. Pontes de Miranda já havia observado:

> Se a terra não é pública não é devoluta no sentido da Lei nº 601 (...) É terra sem dono. Terra que se adquire por usucapião de dez, ou vinte anos (...) A concepção de que ao Príncipe toca o que, no território, não pertence a outrem, particular ou entidade de direito público, é concepção superada. As terras ou são particulares, ou do Estado, ou *nullius*. Nem todas as terras que deixam de ser de pessoas físicas ou jurídicas se devolvem ao Estado. Ao Estado vai o que foi abandonado... Ao Estado foi o que, segundo legislações anteriores ao Código Civil, ao Estado se devolvia... O que não foi devolvido não é devoluto. Pertence ao particular, ou ao Estado, ou a ninguém pertence. Quanto às terras que a ninguém pertencem e sobre as quais ninguém tem poder, o Estado, como qualquer outra pessoa física ou jurídica, delas pode tomar posse. Então, é possuidor sem ser dono. Não foi a essas terras que se referiu a Lei nº 601.[15]

A jurisprudência emanada do STF endossa essa posição, desde tempos antigos: "(...) Vale dizer, as terras não transcritas seriam devolutas independentemente de ações discriminatórias. Evidentemente, não se pode aprovar esta hermenêutica. Cumpre à Fazenda Pública, que alega o domínio, a prova de ser a propriedade devoluta".[16] Prosseguiu a orientação no STJ: "A ausência de transcrição no Ofício Imobiliário não induz à presunção de que o imóvel se inclui no rol das terras devolutas. O Estado deve provar essa alegação. Precedentes do Supremo Tribunal Federal e do Superior Tribunal de Justiça. Recurso Especial não conhecido".[17]

---

[12] *Tratado de Direito Privado*, 3. ed., Rio de Janeiro, Editor Borsoi, 1971, vol. XII, p. 441.

[13] *A Propriedade no Direito Agrário*, São Paulo, Editora Revista dos Tribunais, 1978, p. 64 e 65.

[14] *Direito Agrário e Reforma Agrária*, Edição Legislação Brasileira, 1968, p. 227.

[15] *Tratado de Direito Privado*, vol. XII, ob. cit., p. 441 e 442.

[16] *Lex – Jurisprudência do Supremo Tribunal Federal*, 18/92.

[17] *Recurso Especial* nº 113.255, da 3ª Turma, *DJ* de 08.05.2000, em *ADV Jurisprudência* nº 36, expedição 10.09.2000, p. 574.

É que a inexistência de transcrição anterior, por si só, não transforma as terras em devolutas.

Realmente, ao Estado compete fazer a prova de seus domínios. Uma interpretação diferente é absurda e contrária a todos os princípios jurídicos que regem a prova judicial. Não se pode conceber domínio por omissão ou por exclusão. Quem alega ser dono, está na obrigação de provar o que alega. Isto é o que mandam os princípios orientadores do direito e a tal não pode escapar o Poder Público, arremata Paulo Garcia, salientando que, fosse diferente, nem o usucapião extraordinário seria possível, já que é concebido independentemente de título e de boa-fé, a qual, em tal caso, se presume. É a própria lei civil quem garante ao cidadão requerer o usucapião extraordinário sem a necessidade de apresentação de qualquer título.[18]

Em conclusão, não restam bem delineadas quais são as terras devolutas no Brasil, embora tenhamos a ideia de seu significado. Há imensas áreas rurais que o governo transforma em lotes e procede ao assentamento de colonos, mediante uma venda a preços baixos. O mais certo e comum é considerar nesta situação as extensões não ocupadas, por um princípio consagrado historicamente, que consiste no reconhecimento como pertencentes à União as terras desocupadas e sem dono. Mas isto mediante o processo de discriminação, cuja finalidade é justamente apurar o inventário das áreas devolutas, de acordo com a Lei nº 6.634/1979.

O *bem em condomínio* presta-se a ser usucapido se localizada individualmente a posse dentro do todo: "O condômino tem legitimidade para usucapir em nome próprio, desde que exerça a posse por si mesmo, ou seja, desde que comprovados os requisitos legais atinentes à usucapião, bem como tenha sido exercida posse exclusiva com efetivo *animus domini* pelo prazo determinado em lei, sem qualquer oposição dos demais proprietários.

Sob essa ótica, tem-se, assim, que é possível à recorrente pleitear a declaração da prescrição aquisitiva em desfavor de seu irmão - o outro herdeiro/condômino -, desde que, obviamente, observados os requisitos para a configuração da usucapião extraordinária, previstos no art. 1.238 do CC/2002, quais sejam, lapso temporal de 15 (quinze) anos cumulado com a posse exclusiva, ininterrupta e sem oposição do bem".[19]

Permite-se, outrossim, estender *o reconhecimento do domínio até as margens de rios particulares*, embora o Código de Águas estabeleça a servidão de passagem de quinze metros, como se decidiu: "Usucapião. Área ribeirinha. Cursos de água não navegáveis, e que não contribuem para a formação de outra corrente navegável. Impossibilidade de enquadramento no Código de Águas. Recurso não provido". Detalha-se no correr do voto:

> Por via de apelo, a Fazenda do Estado insiste que deve haver preservação da faixa de quinze metros marginais aos cursos d'água, conforme prescreve o Código de Águas, posto que as águas dos afluentes concorrendo para a navegabilidade dos rios onde deságuam são áreas públicas.
>
> No caso, pois, há que se buscar a aplicação do Código de Águas, que vai dar o conceito de correntes de águas públicas e de uso comum e corrente de águas particulares.
>
> São águas públicas de uso comum as correntes navegáveis ou flutuáveis, art. 2º, 'b'. Assim como as correntes de que se façam estas águas, letra 'c', explicando que uma

---

[18]   *Obra citada*, p. 145.

[19]   REsp 1631859/SP, da 3ª Turma do STJ, relatora Ministra Nancy Andrighi, j. em 22.05.2018, *DJe* de 29.05.2018.

corrente navegável ou flutuável se diz feita por outra quando se torna navegável logo depois de receber essa outra, § 1°.

No caso dos autos, não demonstrou a Fazenda do Estado que as correntes retromencionadas são flutuáveis ou que vão formar outra corrente navegável logo depois de receber essa outra (...) Depois, a Fazenda do Estado acabou invocando o art. 11 do Código de Águas, que menciona terrenos reservados nas margens de correntes públicas de uso comum, mas a exceção é para correntes não navegáveis e que não concorrem para a formação de outras flutuáveis e não navegáveis. Ora, uma corrente considerada pública, portanto, navegável, não perde tal característica porque em algum ou alguns de seus trechos deixa de ser navegável, art. 4° (...) Depois, o art. 11, completado pelo art. 12, menciona servidão de trânsito e não faixa de domínio público imprescritível. O art. 14 traz a hipótese, mas completa-se com a disposição do art. 31, que fala em correntes navegáveis.

Pela ausência de prova de que existe formação de corrente navegável na forma mencionada no art. 2°, § 1°, do Código de Águas, e considerando-se que os Córregos do Taboão e Ribeirão da Ilha devem ser considerados particulares, porque não se enquadram no conceito de rio e não há prova de que concorrem para formar outras correntes navegáveis ou flutuáveis, incerta fica a pretensão da Fazenda do Estado.[20]

O *domínio útil, referente a bem público*, na enfiteuse, é objeto de usucapião, conforme o seguinte precedente do Superior Tribunal de Justiça: "Admissível a usucapião quando imóvel já era foreiro e a constituição da enfiteuse em favor do usucapiente se faz contra o particular até então enfiteuta e não contra pessoa jurídica de direito público que continua na mesma situação em que se achava, ou seja, como nuaproprietária. Precedentes do STF e STJ".

É possível o usucapião do domínio útil porque invoca a fundamentação do voto do Relator, "a pessoa jurídica de direito público tem apenas a nua-propriedade e a prescrição aquisitiva refere-se ao chamado domínio útil de que é titular um particular". Adiante, com apoio em doutrina de Benedito Silvério Ribeiro (*Tratado de Usucapião*, vol. I, p. 416 e 417, 2. ed.): "É plenamente válido recorrer-se à usucapião para a aquisição de outros direitos reais, tais como o domínio útil da enfiteuse, as servidões aparentes, o usufruto, o uso, a habitação".[21]

Interessante matéria desenvolveu o Superior Tribunal de Justiça, quanto ao usucapião de *bem que veio a ser declarado herança jacente*. Ficou definido que unicamente com a sentença declaratória de vacância se opera a transferência ao Poder Público, e não desde a morte do titular do domínio: "Se a sentença declaratória de vacância foi proferida depois de completado o prazo da prescrição aquisitiva em favor das autoras da ação de usucapião, não procede a alegação de que o bem não poderia ser usucapido porque do domínio público, uma vez que deste somente se poderia cogitar depois da sentença que declarou vagos os bens jacentes".

Acontece que, justifica o voto, sustentado em lição de Orlando Gomes (*Sucessões*, p. 73/76), "entre a abertura da sucessão e a aquisição pelo Estado dos bens do defunto medeia período em que a herança permanece jacente, isto é, sem titular atual (...) A herança jacente é ponto necessário à passagem dos bens do defunto ao Estado. Este somente adquire o domínio dos bens hereditários após a declaração de vacância, admissível um ano após a conclusão do

---

[20] *Apel. Cível* n° 110.419-1, 4ª Câm. Cível do TJ de São Paulo, de 04.05.1989, em *Revista de Jurisprudência do TJ de São Paulo*, Lex Editora, 120/288.

[21] *Recurso Especial* n° 154.123, da 4ª Turma, julgado em 4.05.1999, *DJU* de 23.08.1999, em *ADV Informativo* n° 2, expedição de 16.01.2000, p. 35.

Cap. XII · USUCAPIÃO | 279

inventário (...) O momento em que o Estado adquire a herança é o do trânsito em julgado da sentença declaratória de vacância. O efeito dessa sentença, que converte a herança jacente em herança vacante, é a passagem dos bens para o domínio, ainda resolúvel, do Estado".[22]

12.3. ACESSÃO OU SUCESSÃO DE POSSES NO USUCAPIÃO

Questão de importância diz respeito à acessão ou sucessão de posses, prevista no art. 1.243 do Código Civil: "O possuidor pode, para o fim de contar o tempo exigido pelos artigos antecedentes, acrescentar à sua posse a dos seus antecessores (art. 1.207), contanto que todas sejam contínuas, pacíficas e, nos casos do art. 1.242 e seu parágrafo único, com justo título e de boa-fé".

Como se observa, pelo Código Civil a aplicação envolve o usucapião extraordinário e o ordinário. Além desses dois modos, há outras espécies, como o usucapião especial rural e o urbano. Mas, nestes, como se verá adiante, a posse deve ser pessoal.

No extraordinário, porém, insta que se tenha em conta a forma de usucapião de prazo mais reduzido, que é de dez anos, contemplada no parágrafo único do art. 1.238: "O prazo estabelecido neste artigo reduzir-se-á a dez anos se o possuidor houver estabelecido no imóvel a sua moradia habitual, ou nele realizado obras ou serviços de caráter produtivo". A posse, na hipótese, impõe-se que seja pessoal. A norma teve um caráter eminentemente social, valorizando a posse do morador e do produtor. Está explícito que a redução de prazo é para quem reside e para quem produz. Nesse ponto, existe unanimidade de interpretação. Unicamente a continuidade da posse durante o total lapso de tempo enseja a redução do prazo. Se um morador anterior não tenha utilizado o imóvel para moradia ou para a realização de obras ou prestação de serviços de caráter produtivo, não faz jus ao benefício. Havendo um lapso de tempo sem a utilização dentro das finalidades estabelecidas, não se implementa a condição exigida pela lei, aplicando-se o prazo de quinze anos. Há, inclusive, jurisprudência nesse sentido:

> Embargos infringentes. Ação de usucapião extraordinária com prazo reduzido pela incidência do § único do art. 1238 do Código Civil. Lapso temporal não implementado. O parágrafo único do art. 1238 do CC trouxe uma inovação legal, na qual o prazo da usucapião é reduzido para 10 anos, se o imóvel é usado para sua moradia habitual ou para o exercício de atividades produtivas. Na espécie, não é possível proceder à "*accessio possessionis*" tendo em vista a exigência da pessoalidade da posse exercida. Lapso temporal não implementado. Embargos infringentes acolhidos por maioria.[23]

Na acessão de modo geral, doutrinava Virgílio de Sá Pereira, no direito anterior, que a regra se refere exclusivamente à posse, sem dispensar os demais requisitos de qualquer tipo de usucapião.[24]

A acessão de tempo significa a junção do lapso temporal, durante o qual alguém exerceu a posse, ao período de posse exercido pelo seu antecessor, o que se dá a título universal ou singular.

---

[22] *Recurso Especial* nº 209.967-SP, da 4ª Turma, julgado em 6.12.1999, *DJU* de 21.02.2000, em *Revista do Superior Tribunal de Justiça*, 133/400.

[23] *Embargos Infringentes* nº 70062857099, 9º Grupo de Câmaras Cíveis, Tribunal de Justiça do RS, Rel. Nelson José Gonzaga, julgado em 19.06.2015.

[24] *Manual do Código Civil Brasileiro*, Rio de Janeiro, Edição Jacintho Ribeiro dos Santos, 1924, vol. VIII, p. 251.

Nesta situação, há uma aquisição de posse de modo derivado.

O art. 1.243 do Código faz menção ao art. 1.207, que trata da sucessão a título universal e a título singular. Acrescenta-se que o art. 1.243, para a hipótese de soma de posses no usucapião ordinário, impõe, ainda, o justo título e a boa-fé dos possuidores anteriores, o que é uma decorrência lógica do próprio instituto do usucapião.

Sucessor universal conceitua-se como aquele que substitui o seu antecessor na totalidade dos bens componentes do patrimônio, ou na quota-parte ideal que está em seu nome, o que sucede nas contemplações no juízo sucessório, onde a aquisição se opera sem solução de continuidade, em virtude do art. 1.784. De outro lado, os bens deixados pelo *de cujus* transmitem-se com os mesmos caracteres e vícios que lhes eram inerentes. Se precária antes a posse, de igual vício padecerá no futuro.

A sucessão a título singular envolve coisas particulares ou determinadas. A posse do sucessor, aqui, é autônoma. Cuida-se da posse do comprador, do donatário, do arrendante ou do simples ocupante.

Quanto à posse por sucessão universal, de acordo com o art. 1.784, "aberta a sucessão, a herança transmite-se, desde logo, aos herdeiros legítimos e testamentários". Isto é, transmite-se a mesma posse existente antes. Diferentemente do art. 1.572 do Código anterior, não se fala em domínio e posse, e, sim, em "herança", a qual envolve, naturalmente, o domínio e a posse.

Reza o art. 1.207 do Código: "O sucessor universal continua de direito a posse de seu antecessor; e ao sucessor singular é facultado unir sua posse à do antecessor, para os efeitos legais".

Daí concluir-se que na acessão da posse a título singular não se transferem os vícios da posse anterior. A nova posse fica estreme dos vícios que a maculavam. Explica Carvalho Santos: "Em se tratando de sucessor por título singular, outra tem de ser a regra. Pois a posse, começando na própria pessoa deste, não sendo a continuação da posse daquele a quem havia recebido a coisa, não pode participar dos vícios que esta possa ter".[25]

É que ao adquirir a posse, inicia-se novo estado da mesma.

A matéria foi tratada pelo STJ:

> "A presente controvérsia consiste em aferir se, para fins de usucapião extraordinário, a posse originariamente precária pode transmudar-se a dar ensejo àquela exercida com *animus domini*.
>
> 1. Tanto sobre a égide do Código anterior, quanto do atual, os únicos requisitos exigidos para a aquisição da propriedade por usucapião extraordinário são a posse *ad usucapionem* e o prazo previsto em lei.
>
> 2. Para fins de aquisição da propriedade por usucapião admite-se tanto a acessão na posse, *accessio possessionis*, quanto a sucessão na posse, ou *successio possessionis*.
>
> 3. No caso dos autos, verifica-se que mesmo com a morte da primeira posseira, não houve alteração fática substancial a ponto de conduzir à transmudação da posse por ela exercida, já que durante todo o tempo a relação jurídica estabelecida entre as partes foi regida pelo comodato, primeiro verbal, depois escrito. Nas hipóteses em que a alteração fática autorizar, admite-se a transmudação da natureza da posse para fins de configuração de usucapião, todavia, tal não ocorreu na espécie, em que a posse originariamente adquirida em caráter precário, assim permaneceu durante todo o seu exercício".[26]

---

25   *Obra citada*, vol. VII, p. 72.

26   REsp 1.552.548/MS, da 4ª Turma, rel, Min. Marco Buzzi, j. em 6.12.2016, *DJe* de 14.12.2016.

Mas, se a posse transmitida estiver contaminada de vícios, não fica o sucessor a título singular obrigado a uni-la à que passa a exercer. E não fará a junção caso for viciosa, sob pena de sofrer as consequências, eis que, então, maculará a que iniciou a ter.

Todavia, não importa, diante do anteriormente exposto, concluir que a aquisição a título singular sempre signifique transmudar a posse contaminada em posse boa.

Com efeito, preceitua o art. 1.203 do Código: "Salvo prova em contrário, entende-se manter a posse o mesmo caráter com que foi adquirida".

A primeira parte do art. 1.207 do Código expressa uma reiteração do art. 1.206 do Código, mais restritamente, porém, ao direito sucessório *causa mortis*. Eis a redação do art. 1.206: "A posse transmite-se aos herdeiros ou legatários do possuidor com os mesmos caracteres".

Se, pois, a pessoa falecida tinha a posse com má-fé, é irrelevante que o herdeiro se encontre de boa-fé.

E consoante o art. 196 do CC: "A prescrição iniciada contra uma pessoa continua a correr contra o seu sucessor".

A posse do *de cujus* transmite-se a todos os herdeiros, e não apenas a algum ou alguns deles.

Nesta linha se formou a jurisprudência, ainda quando centrada no art. 1.572 do Código anterior, que equivale ao art. 1.784 do CC/2002: "O art. 1.572 do Código Civil atribui ao herdeiro condição de possuidor, independente da situação de fato do bem, sem cogitar de subordinar a aquisição desse estado à apreensão material da coisa. E, assim, a despeito da herança encontrar-se na detenção de terceiros, o herdeiro adquire a qualidade de possuidor indireto, remanescendo a posse direta com quem legitimamente detenha a coisa. Havendo outros herdeiros, não pode um deles somar a sua posse à do genitor para usucapir sozinho o imóvel. Há necessidade de posse *pro suo* para se caracterizar a prescrição aquisitiva".[27]

Nesta visão, sendo o imóvel ocupado por vários herdeiros diferentes, a posse do sucessor singular não vincula a do antecessor, a menos que exista ato translativo devidamente formalizado.

Unicamente se exercer um herdeiro a posse isoladamente, sem a participação dos demais, muda o tratamento. Começa a seu favor a contagem do prazo prescricional, podendo ver reconhecido, ao final, o domínio exclusivo em nome de sua pessoa.

Não se exige forma instrumental para a transferência, que formará a junção de posses. Parte-se do princípio prevalente de que a posse conceitua-se como um fato, podendo surgir independentemente de qualquer relação jurídica entre pessoas e coisas. Daí não se caracterizar o direito de posse nem como real nem como pessoal, eis que direito não é, mas unicamente um fato. E um fato se prova por todos os meios, inclusive por depoimentos de testemunhas.

12.4. SUSPENSÃO E INTERRUPÇÃO DO PRAZO PRESCRICIONAL

Reza o art. 1.244 sobre a matéria aplicada ao usucapião: "Estende-se ao possuidor o disposto quanto ao devedor acerca das causas que obstam, suspendem, ou interrompem a prescrição, as quais também se aplicam ao usucapião".

Da regra ostentada no dispositivo deduz-se a existência de causas obstativas – aquelas que impedem o início do curso do prazo prescricional; causas suspensivas – as que suspen-

---

[27] Apel. Cível n° 48.344, de 14.04.1998, da 4ª Câm. Cível do TJ de Santa Catarina, *DJ* de 14.04.1998, *in Direito Imobiliário* n° 23, expedição de 14.06.1998, p. 452.

dem o prazo em andamento, impedindo a sua continuação; e causas interruptivas – que obstaculizam o decurso do prazo já iniciado e apagam-no para o efeito de ser computado.[28]

De início, três causas que obstam ou impedem a prescrição vêm arroladas comumente no art. 197 do Código. Assim, não corre a prescrição: entre cônjuges, na constância do casamento; entre ascendentes e descendentes, durante o poder familiar; entre tutelados ou curatelados e seus tutores ou curadores, durante a tutela ou curatela. O Código Civil de 1916 contemplava mais uma causa, inc. IV do art. 168: em favor do credor pignoratício, do mandatário, e, em geral, das pessoas que lhe são equiparadas, contra o depositante, o devedor, o mutuante e as pessoas representadas, ou seus herdeiros, quanto ao direito e obrigações relativas à sua guarda.

As causas suspensivas aparecem indicadas nos arts. 198 e 199 do Código, sendo as seguintes aquelas que se aplicam ao usucapião, suspendendo a prescrição: contra os absolutamente incapazes; contra os ausentes do Brasil em serviço público da União, dos Estados ou dos Municípios; contra aqueles que se acharem servindo nas Forças Armadas, em tempo de guerra; pendendo condição suspensiva; não estando vencido o prazo; e pendendo ação de evicção.

As causas obstativas estão enquadradas dentro das suspensivas, todas com o mesmo efeito de suspender o prazo durante certo tempo. Contam-se os prazos deduzindo-se os períodos de intervalo da suspensão, pois não são estes contados para efeitos do cálculo do prazo prescricional.

As causas de interrupção do prazo prescricional incidentes no usucapião estão previstas no art. 202 do Código Civil, que, além de alterarem, contemplam mais hipóteses que as constantes no art. 172 do Código Civil de 1916. Eis a previsão:

> I – por despacho do juiz, mesmo incompetente, que ordenar a citação, se o interessado a promover no prazo e na forma da lei processual;
>
> II – por protesto, nas condições do inciso antecedente;
>
> III – por protesto cambial;
>
> IV – pela apresentação do título de crédito em juízo de inventário ou em concurso de credores;
>
> V – por qualquer ato judicial que constitua em mora o devedor;
>
> VI – por qualquer ato inequívoco, ainda que extrajudicial, que importe reconhecimento do direito pelo devedor.

Dá o parágrafo único do art. 202 do Código o primordial efeito da interrupção: "A prescrição interrompida recomeça a correr da data do ato que a interrompeu, ou do último ato do processo para a interromper".

Algumas observações especiais são necessárias acrescentar.

Se falecer o titular da propriedade em cuja posse se encontra o possuidor a favor de quem o prazo da prescrição aquisitiva estiver correndo, esta ficará suspensa imediatamente se, dentre os herdeiros do falecido, existir menor de dezesseis anos, pois o art. 198, inc. I, do Código assinala não correr a prescrição contra os incapazes de que trata o art. 3º do Código, no qual estão elencadas as pessoas absolutamente incapazes. Para o art. 3º do Código, alterado pela Lei nº 13.146/2015, são absolutamente incapazes apenas os menores de 16 anos.

---

[28] Tupinambá Miguel Castro do Nascimento, *Usucapião Comum e Especial*, 5. ed., Rio de Janeiro, Aide Editora, 1984, p. 130.

Cap. XII • USUCAPIÃO | 283

O mesmo tratamento é aplicado se algum outro incapaz for titular do domínio. O art. 4º, também em texto da Lei nº 13.146/2015, prevê a incapacidade para alguns tipos de pessoas, mas apenas para certos atos ou quanto à maneira de os exercer, citando-se os ébrios, os viciados em tóxicos e aqueles que, por causa transitória ou permanente, não puderem exprimir sua vontade. A incapacidade é reconhecida, e, daí, a suspensão do prazo, se cometido o ato durante tais momentos ou estados de incapacidade.

Aparecendo um incapaz na relação dos herdeiros, a suspensão atinge igualmente os herdeiros capazes ou titulares do domínio maiores, eis que a herança é legalmente indivisível de acordo com o art. 201 do Código, encerrando: "Suspensa a prescrição em favor de um dos credores solidários, só aproveitam os outros se a obrigação for indivisível".

No parágrafo único do art. 1.791, o Código trata do caso de indivisibilidade da herança: "Até a partilha, o direito dos coerdeiros, quanto à propriedade e posse da herança, será indivisível, e regular-se-á pelas normas relativas ao condomínio". Sendo, na hipótese, também chamados herdeiros capazes, serão eles, pois, favorecidos pela incapacidade total do herdeiro. Um direito indivisível não se pode extinguir por parte, tornando-se impossível separar a parte prescrita da não prescrita.

Quanto à citação (conforme o Código Civil de 1916) ou ao despacho de citação (conforme o Código Civil atual), em virtude de ações possessórias ou petitórias, ocorre automaticamente a interrupção. Mas isso se a demanda é julgada procedente. É o que já em época antiga assentava o Supremo Tribunal Federal, no Recurso Extraordinário nº 77.298, j. em 10.12.1974, publ. no DJ de 11.04.1975, com a seguinte ementa: "Prescrição aquisitiva. Pretendida interrupção do prazo pela citação em ação possessória julgada improcedente. Julgado que decide que, rejeitada a demanda, a citação não tem efeito interruptivo. Interpretação razoável, sem negativa de vigência de lei".

E no voto do Min. Rodrigues Alckmin: "Na verdade, reza o art. 172, inc. I, do C. Civil, que a citação interrompe o prazo prescricional. Mas, é óbvio, salta à vista, que interrompe quando a ação, que foi proposta, é julgada procedente, e nunca quando é rejeitada a demanda". Lembra-se que, ao invés da citação, o ato interruptivo, em face do Código em vigor, art. 202, inc. I, é o despacho que ordena a citação.

Segue o acórdão:

> O clássico Beudant ensina: de duas uma, ou a demanda foi vitoriosa e o possuidor foi desalojado do imóvel, não se podendo mais cogitar de usucapião, ou então a ação foi rejeitada, hipótese em que a interrupção da posse é considerada como inexistente, como não ocorrida (*Droit Civil Français*, tomo IV, p. 859).
>
> Henri de Page também ensina que a citação para a demanda perde seu efeito interruptivo desde que a demanda seja rejeitada (*Traité de Droit Civil Belge*, vol. VII/1070, nº 1.182).
>
> Planiol-Rippert-Picard sustentam que o efeito interruptivo da prescrição somente subsiste quando a demanda é levada até o fim e julgada procedente (*Traité Pratique de Droit Civil Français*, vol. III, nº 731).
>
> O clássico Cunha Gonçalves ensinou que "não basta, porém, a citação; é indispensável que a ação prossiga até a sentença final e definitiva, sendo julgada procedente" (*Tratado de Direito Civil*, nº 440, p. 908, da ed. bras.).
>
> Coelho da Rocha também ensinou que quando o possuidor é desapossado pelo titular do domínio, se ele vem a juízo e consegue restituir-se judicialmente na posse, "conta-se todo o tempo que durou o litígio para efeito de usucapião" (*Tratado de Direito Civil*, vol. II, § 458).

Lafayette, apoiado em Lobão e Heinécio, ensinou que a citação inicial do possuidor para a reivindicação da coisa sujeita ao usucapião interrompe a prescrição, mas "a citação deixa de ser eficaz para o dito efeito se a ação afinal é julgada improcedente" (*Direito das Coisas*, § 74, p. 161 e 162).

Essa doutrina, que é unânime, está em perfeita consonância com os dispositivos expressos no nosso Código Civil, cujo art. 520 expõe: "Perde-se a posse (...) IV – pela posse de outrem, ainda contra a vontade do possuidor, se este não foi manutenido ou reintegrado em tempo competente".

O mencionado art. 520 do Código Civil de 1916 discriminava os casos de perda de posse, que não veio repetido no Código atual, cujo art. 1.223 simplesmente refere-se à perda quando cessa o poder exercido sobre a coisa.

Adiante, continua o acórdão:

E por isso mesmo Pontes de Miranda ensina que "o Código Civil conhece posse de coisa. Não conhece posse de direito, quer real, quer pessoal. A posse própria é posse de coisa. Qualquer das posses mediatas, se há mais de uma, é posse de coisa. A posse do locatário é posse de coisa. Posse de coisa é do usufrutuário, a do usuário, a do credor pignoratício" (*Tratado*, vol. X/138).

(...)

Se o art. 520 dispõe que não perdeu a posse o possuidor que se reintegrou legalmente, isto é, se tudo se passou como se nunca houvesse deixado de gozar da situação de possuidor, com muito maior razão se há de afirmar que a demanda possessória ganha pelas embargantes não caracteriza oposição hábil a impedir o usucapião, principalmente se se considerar que as ações possessórias são públicas.[29]

O Superior Tribunal de Justiça seguiu em idêntica exegese, como exemplifica a seguinte ementa: "A ação possessória julgada improcedente não interrompe o prazo para a aquisição da propriedade pela usucapião. Recurso especial não conhecido".[30]

No caso da interrupção pelo protesto (ou notificação judicial eficaz), assinalado no art. 202, inc. II, do Código, se após a sua efetivação o titular da propriedade não iniciar a ação a que tem direito, o prazo da prescrição recomeçará o seu novo ciclo, conforme explica Ulderico Pires dos Santos: "Isto, aliás, acontece até mesmo no que respeita às ações contenciosas propostas pelo titular do domínio contra o possuidor, porque, se ele as abandonar, haverá a prescrição intercorrente, uma vez que a prescrição interrompida recomeça a correr da data do ato que a interrompeu, ou do último ato do processo para a interromper. Quer dizer: a partir do momento em que a ação ficou paralisada, dependendo de providência do autor, a prescrição recomeça a correr. Se daí em diante ele continuar inerte, até que ela atinja o número de anos que a lei prescreve para autorizar o usucapião, este poderá ser declarado".[31]

12.5. PROCEDIMENTO

Na ação de usucapião, nas suas várias formas, o Código de Processo Civil de 1973, nos arts. 941 a 945, traçava os caminhos que eram seguidos. O vigente diploma não mais possui

---

[29]   *Revista Trimestral de Jurisprudência*, 74/435.

[30]   *Recurso Especial* nº 10.385/PR, da 3ª Turma, *DJU* de 14.06.1999, em *ADV Jurisprudência* nº 41, expedição de 17.10.1999, p. 655.

[31]   *Usucapião – Doutrina, Jurisprudência e Prática*, São Paulo, Editora Saraiva, 1983, p. 109.

uma regulamentação específica. Incide o procedimento comum, com regras especiais esparsas em alguns dispositivos.

Assim quanto à citação, impondo o § 3º do art. 246 do atual Código de Processo Civil que, "na ação de usucapião de imóvel, os confinantes serão citados pessoalmente, exceto quando tiver por objeto unidade autônoma de prédio em condomínio, caso em que tal citação é dispensada".

É dispensada a citação dos confinantes no usucapião de unidade autônoma de prédio em condomínio. No entanto, quando da lei processual anterior, havia o entendimento da necessidade da citação dos titulares de unidades autônomas confrontantes, sendo exemplo o seguinte aresto: "Na ação de usucapião de unidade autônoma em edifício, não é indispensável a citação de todos os condôminos na condição de confrontantes. Basta a citação das unidades que efetivamente confrontam com o imóvel usucapiendo. O fato de cada unidade corresponder uma fração ideal do terreno e coisas comuns não torna necessária a citação de todos. É que as áreas de uso comum são insuscetíveis de divisão ou de alienação destacada da respectiva unidade. Art. 3º da Lei nº 4.591, de 16.12.1964".[32]

A citação pessoal poderá efetuar-se, também, por carta, pelo correio.

Não lograda a citação pessoal, leva-se a efeito por meio de edital. De acordo com o art. 256, a citação por edital será feita:

I – quando desconhecido ou incerto o citando;

II – quando ignorado, incerto ou inacessível o lugar em que se encontrar o citando;

III – nos casos expressos em lei.

Atenderá o edital aos requisitos do art. 257 para a citação, sendo os seguintes:

I – a afirmação do autor ou a certidão do oficial informando a presença das circunstâncias autorizadoras;

II – a publicação do edital na rede mundial de computadores, no sítio do respectivo tribunal e na plataforma de editais do Conselho Nacional de Justiça, que deve ser certificada nos autos;

III – a determinação, pelo juiz, do prazo, que variará entre 20 (vinte) e 60 (sessenta) dias, fluindo da data da publicação única ou, havendo mais de uma, da primeira;

IV – a advertência de que será nomeado curador especial em caso de revelia.

Na forma do parágrafo único, o juiz poderá determinar "que a publicação do edital seja feita também em jornal local de ampla circulação ou por outros meios, considerando as peculiaridades da comarca, da seção ou da subseção judiciárias".

Aplica-se a regra geral do art. 257, III, do estatuto processual a respeito da citação por edital dos interessados desconhecidos, com o prazo de vinte a sessenta dias, contado da publicação única ou da primeira, se houver mais de uma. Realmente, o art. 259, I, do CPC impõe a publicação de editais na ação de usucapião de imóvel, dentre outras hipóteses. Mas não está apenas aí o fundamento. Ocorre que a ação deve iniciar com o requerimento do usucapiente para a citação da pessoa em cujo nome o imóvel se encontrar registrado, dos vizinhos confinantes e de todos os demais interessados, estes por edital. Em relação aos de-

---

[32] *Agravo de Instrumento* nº 595038647, da 5ª Câm. Cível, julgado em 18.06.1995, em *Rev. Jurispr. do TJ/RGS*, 173/231.

mais interessados, embora o Código de Processo Civil de 2015 não mencione estes últimos, decorre a necessidade da citação pela razão de que essa exigência é imposta no procedimento administrativo de usucapião advindo da Lei de Registros Públicos (Lei nº 6.015/1973, com as modificações da Lei nº 13.105/2015). Se no procedimento notarial é necessário dar ciência a esses terceiros interessados, não se justifica que fique dispensada a providência no processo judicial, como, aliás, se impunha no Código de Processo de 1973. De fato, segundo a nova redação da Lei 6.015/1973 pelo art. 1.071 do CPC/2015, trazendo o § 2º do art. 216-A, o oficial de registro de imóveis promoverá a ciência dos interessados, pessoalmente ou por carta com aviso de recebimento. Não conseguida a notificação por tais expedientes, promove-se a notificação ou ciência por meio de publicação de edital em jornal de grande circulação, onde houver, juntamente com a citação ou a ciência de terceiros eventualmente interessados, todos podendo se manifestar em 15 dias.

Eis o texto do § 2º do art. 216-A da Lei nº 6.015/1973: "Se a planta não contiver a assinatura de qualquer um dos titulares de direitos reais e de outros direitos registrados ou averbados na matrícula do imóvel usucapiendo e na matrícula dos imóveis confinantes, esse será notificado pelo registrador competente, pessoalmente ou pelo correio com aviso de recebimento, para manifestar seu consentimento expresso em 15 (quinze) dias, interpretado o seu silêncio como discordância".

Relativamente à ciência ou citação dos terceiros interessados, a obrigatoriedade consta do § 4º do mesmo art. 216-A: "O oficial de registro de imóveis promoverá a publicação de edital em jornal de grande circulação, onde houver, para a ciência de terceiros eventualmente interessados, que poderão se manifestar em 15 (quinze) dias".

Em outro ponto de controvérsia, o CPC/2015 não mais contempla a intimação ou ciência por carta dos representantes da União, do Estado, do Distrito Federal, dos Territórios e do Município, para que manifestem, se for o caso, interesse na causa. A exigência vinha no art. 943 do CPC/1973. Embora a omissão, não se dispensa o ato. O mesmo argumento impõe a ciência. Efetivamente, se no procedimento administrativo há a exigência de dar ciência a tais órgãos, também se impõe no processo judicial, com a devida intimação, para que possam manifestar o interesse e impugnar o pedido se for o caso. A obrigatoriedade está no § 3º do art. 216-A, acrescentado pelo art. 1.071 da Lei nº 13.105/2015, que introduziu o atual CPC. De acordo com a nova redação da Lei 6.015/1973, o oficial de registro de imóveis dará ciência à União, ao Estado, ao Distrito Federal e ao Município, pessoalmente, ou por intermédio do oficial de registro de títulos e documentos, ou pelo correio com aviso de recebimento, para que se manifestem, em 15 dias, sobre o pedido. Eis o texto do § 3º: "O oficial de registro de imóveis dará ciência à União, ao Estado, ao Distrito Federal e ao Município, pessoalmente, por intermédio do oficial de registro de títulos e documentos, ou pelo correio com aviso de recebimento, para que se manifestem, em 15 (quinze) dias, sobre o pedido".

Todavia, a lei processual nada dispõe a respeito diretamente. Há apenas razoabilidade de interpretação, mais por analogia e coerência. A rigor, não existe a exigibilidade.

O procedimento comum é traçado pelas regras do Título I, do Livro I da Parte Especial do Código de Processo Civil. Preencherá a petição inicial os requisitos do art. 319, que são os seguintes:

I – o juízo a que é dirigida;

II – os nomes, os prenomes, o estado civil, a existência de união estável, a profissão, o número de inscrição no Cadastro de Pessoas Físicas ou no Cadastro Nacional da Pessoa Jurídica, o endereço eletrônico, o domicílio e a residência do autor e do réu;

III – o fato e os fundamentos jurídicos do pedido;

IV – o pedido com as suas especificações;

V – o valor da causa;

VI – as provas com que o autor pretende demonstrar a verdade dos fatos alegados;

VII – a opção do autor pela realização ou não de audiência de conciliação ou de mediação.

Na lei processual civil revogada, o art. 942 incluía elementos especiais, como a descrição do imóvel e a citação daquele em cujo nome vinha o mesmo matriculado: "O autor, expondo na petição inicial o fundamento do pedido e juntando planta do imóvel, requererá a citação daquele em cujo nome estiver registrado o imóvel usucapiendo, bem como dos confinantes e, por edital, dos réus em lugar incerto e dos eventuais interessados, observado quanto ao prazo o disposto no inciso IV do art. 232".

A falta de referências na lei processual de 2015 não induz a concluir pela desnecessidade dos elementos que vinham na lei anterior. No requisito pertinente aos fatos e fundamentos, inc. III do art. 319, descreve-se o imóvel pretendido usucapir e aponta-se a pessoa em cujo nome e/ou posse se encontra. Visando ao usucapião o reconhecimento do domínio, decorre obviamente a citação de quem tem a titularidade registral ou a posse, pois o objeto da ação é, também, afastar a dominialidade anterior.

Mais detalhadamente, o autor descreverá o imóvel objeto do usucapião, com a área total, as confrontações, o ponto de referência mais próximo, os pontos cardeais, a metragem dos flancos. Cumpre que apense a planta ou croqui da área, a certidão de registro imobiliário positiva ou negativa. Exporá o tempo de exercício da posse, a sua origem, a forma de uso, as características, se houve posse mansa, pacífica, ininterrupta, com ou sem oposição. No pertinente à planta, a finalidade visa situar o local do imóvel, perceber a sua conformação e localizá-lo dentro do Município.

É de destacar que, pela natureza da ação de usucapião, não se presume que ocorrerá sempre a contestação, nem que, se oferecida, se faça necessária a audiência. Nesta ótica, não ocorrerá necessariamente a audiência de mediação ou conciliação. Dependerá tal solenidade da defesa e de seu conteúdo. Daí ser conveniente a referência de não opção pela realização de mencionado ato, como permite o inc. VII do art. 319.

Dispensada a audiência, inicia o prazo da data da juntada aos autos do mandado ou da carta de intimação, em vista do art. 231 e incisos do CPC. Na eventualidade de ordenada a audiência de conciliação ou mediação, começará na data de sua realização, conforme art. 335.

A falta de citação conduz à nulidade do processo, atacável via ação rescisória ou processo comum para anular ato praticado contra expressa disposição de lei, questão examinada pela jurisprudência formada ao tempo do CPC/1973, em vista do então art. 942, mas cuja exegese persiste:

> 1 – Se o móvel da ação rescisória é a falta de citação de confrontante (ora autor), em ação de usucapião, a hipótese é de ação anulatória (*querella nulitatis*) e não de pedido rescisório, porquanto falta a este último pressuposto lógico, vale dizer, sentença com trânsito em julgado em relação a ele. Precedentes deste STJ.

> 2 – Recurso conhecido em parte e, nesta extensão, provido para decretar a extinção do processo rescisório sem julgamento de mérito (art. 267, VI do CPC)".[33]

---

[33] REsp 62.853/GO, da Quarta Turma, rel. Min. Fernando Gonçalves, j. em 19.02.2004, *DJ* de 1º.08.2005.

Embora o entendimento do não cabimento da ação rescisória, verifica-se a violação à lei.

Em verdade, é ineficaz a sentença contra aquele que, encontrando-se com o título de domínio registrado, não recebeu a citação. Isso igualmente em relação ao confinante, como firmado já pela Súmula nº 391, do STF: "O confinante certo deve ser citado, pessoalmente, para a ação de usucapião". Nem necessária se faz a ação rescisória. Faculta-se que simplesmente promova uma ação de reivindicação, se não está com ele a posse, ou uma ação de nulidade.

Uma vez consumadas as citações, com ou sem a audiência de conciliação ou mediação, segue-se nos atos instrutórios necessários, especialmente em vista da contestação ou das contestações apresentadas. Se não manifestada alguma oposição ao pedido, admite-se a sua apreciação direta pelo juiz, em julgamento antecipado, como permite o art. 355. Na vigência do CPC/1973, havia forte corrente em sentido defendendo sempre a necessidade de instrução, para comprovar o fato da posse usucapienda. Nesse rumo Belmiro Pedro Welter, apontando expressiva doutrina, e enumerando justificativamente várias razões, dentre as quais se destaca a presente:

> A ação de usucapião reclama alguns requisitos, *verbi gratia*: posse (mansa, pacífica, ininterrupta e com ânimo de dono), tempo (cinco, dez, quinze ou vinte anos) (...).
>
> Benedito Silvério Ribeiro (em *Tratado de Usucapião*, 2/935 e 991, Saraiva, 1992), após assegurar que a ação de usucapião possui natureza declaratória, e de que a propriedade, desde quando aforada a demanda, já fora adquirida pelo possuidor, ensina que "o autor, por princípio geral de direito, deverá provar os fatos por si alegados (*actori incumbit onus probandi*), cumprindo-lhe, portanto, na inicial, mencionar os meios de provas de que pretende valer-se para provar a sua pretensão deduzida em juízo".
>
> Mais adiante (*ob. cit.*, p. 1.260), o tratadista é ainda mais contundente quando reclama a presença da prova pelo autor do seu alegado Direito Material, porquanto a "necessidade de provar constitui um dos postulados básicos do Direito Processual, não só pela imperiosidade de se buscar a verdade, mas também por ser indispensável, para a garantia e segurança das relações jurídicas, a demonstração da veracidade dos fatos alegados pelas partes". E, quanto à prova do alegado direito material, mesmo não havendo contestação, "o fato de não ter havido contestação não dispensa o autor da obrigatoriedade de provar a sua posse, competindo-lhe comprovar a existência dos requisitos necessários à declaração do domínio que postula".[34]

Os princípios acima aplicam-se a todos os processos, não constituindo especialidade do usucapião. Em qualquer demanda é imprescindível a prova dos fatos alegados, que é uma condicionante de sua procedência. Desde o momento em que o procedimento para a ação é o comum, não há porque afastar a aplicação dos princípios próprios a este caminho processual. Depende da prova constituída a procedência da ação. Se não aportado qualquer elemento de convicção, fulcrado em elementos concretos e evidenciados, não importa a revelia.

Mas existentes elementos reveladores da posse e atendo-se ao tipo de matéria envolvida no litígio, que é de natureza patrimonial, integrante do direito disponível, aceita-se o julgamento antecipado. Se os maiores interessados (aquele em cujo nome está o registro e os

---

[34] "Procedimento da ação de usucapião com a reforma do CPC", em *Ajuris – Revista da Associação dos Juízes do RGS* nº 66, Porto Alegre, março de 1996, p. 196.

interessados), devidamente chamados ao processo, não revelaram interesse em se opor ao pedido, não comporta legitimidade ao Estado em impor mais exigências, ou se pronunciar negativamente à regularização de uma situação de fato ainda irregular.

O Superior Tribunal de Justiça já enunciou a possibilidade de julgamento antecipado: "Não havendo necessidade de produção de outras provas, admite-se, nas ações de usucapião, o julgamento antecipado da lide".[35]

É que, decorridos os prazos de contestação, não havendo manifestação dos assim chamados, há que se prosseguir no feito, entendendo-se o silêncio como significando desinteresse pela demanda.

De sorte que, decorridos os prazos de lei, observando-se, nesta parte, os lapsos temporais de acordo com os arts. 180, 183, 186 do Código de Processo Civil relativamente ao Ministério Público, às pessoas de direito público e à Defensoria Pública, comporta o julgamento imediato do feito.

A citação de interessados incertos e desconhecidos não impõe a nomeação de curador, pois não particularizado algum conflito e nem localizada uma pessoa específica.

No pertinente à competência, desloca-se para a Justiça Federal se um dos requeridos ou interessados for pessoa jurídica de direito público federal. Nessa ordem, se a União, ou autarquia sua, ou empresa federal, constituir-se em proprietária de imóvel confinante, ou se a área pretendida qualificar-se como terra devoluta.

Na letra do art. 178, III, intervirá obrigatoriamente em todos os atos do processo o Ministério Público, se a ação de usucapião envolver litígio coletivo em área rural ou urbana, como no usucapião coletivo urbano regulamentado pelo art. 10 da Lei nº 10.257/2001, facultando-se-lhe postular qualquer diligência, inclusive perícia, requisição de documentos e produção de prova testemunhal.

Nos termos do art. 1.238 do Código Civil, o que se aplica para qualquer tipo de usucapião, a sentença servirá de título para o registro no Cartório de Registro de Imóveis, com a abertura de matrícula, devendo estar preenchidos os requisitos próprios, isto é, contendo as confrontações do imóvel, a localização, o ponto de referência mais próximo, o lado par ou ímpar da via, o número recebido para a sua localização, além de outros dados exigidos para o registro em geral. Se já vinha matriculado o bem, expedir-se-á mandado da respectiva baixa, a fim de afastar a duplicidade de matrícula, regularizando-se a titularidade.

12.6. USUCAPIÃO EXTRAORDINÁRIO PELO EXERCÍCIO DA POSSE DE QUINZE OU DEZ ANOS

A partir das espécies de usucapião é que mais se fazem sentir as alterações do Código Civil de 2002.

Corresponde o usucapião extraordinário ao tipo de usucapião mais comum e conhecido, que era previsto no art. 550 do Código Civil de 1916, com a seguinte redação: "Aquele que, por vinte anos, sem interrupção, nem oposição, possuir como seu imóvel, adquirir-lhe-á o domínio, independentemente de título e boa-fé que, em tal caso, se presume, podendo requerer ao juiz que assim o declare por sentença, a qual lhe servirá de título para a transcrição no Registro de Imóveis". O prazo de vinte anos, inserido no art. 550 do Código de 1916, veio introduzido pela Lei nº 2.437, de 07.03.1955, sendo que antes era de trinta anos.

---

[35] *Revista do Superior Tribunal de Justiça*, 43/227; e *Boletim da Associação dos Advogados de São Paulo*, 1.785/100.

Entrementes, sensível à modificação pelo art. 1.238 do atual Código, em dois pontos: a) Quanto ao prazo de quinze anos da posse: "Aquele que, por 15 (quinze) anos, sem interrupção, nem oposição, possuir como seu um imóvel, adquire-lhe a propriedade, independentemente de título e boa-fé; podendo requerer ao juiz que assim o declare por sentença, a qual servirá de título para o registro no Cartório de Registro de Imóveis". b) E quanto ao prazo de dez anos, estabelecido pelo parágrafo único do mesmo artigo, se a destinação é para a moradia habitual, ou para obras ou serviços de caráter produtivo: "O prazo estabelecido neste artigo reduzir-se-á a dez anos se o possuidor houver estabelecido no imóvel a sua moradia habitual, ou nele realizado obras ou serviços de caráter produtivo".

Das normas anteriormente transcritas, extraem-se quatro requisitos para o reconhecimento do domínio pelo usucapião extraordinário, a seguir discriminados:

a) A posse

Induvidosamente, considera-se o mais importante dos requisitos que ensejam o usucapião.

Para conduzir ao usucapião, a posse deve apresentar várias qualidades:

I – Posse com ânimo de dono.

Em primeiro lugar, há de configurar-se como posse com *animus domini* a própria para o usucapião. A pessoa que mantém a posse deve exercê-la em seu nome próprio ou pessoal, com a intenção de dono. É a preponderância do elemento *animus*, ou intenção da teoria subjetiva de Savigny. O possuidor deve ter a coisa para si, ou seja, *animus rem sibi habendi*. Salienta Ulderico Pires dos Santos: "Como é notório, todo aquele que sabe que a coisa não lhe pertence não é detentor da posse *ad usucapionem*, porque esta exige o *animus domini*. Quer dizer: se o possuidor não fizer a prova de que possui o imóvel como seu, não há que se cogitar de usucapião porque a posse sem a intenção de dono não autoriza a declaração de domínio".[36]

Daí excluir-se, para a posse *ad usucapionem*, aquela posse desacompanhada do ânimo de ter para si, como a do locatário, do credor hipotecário, do usufrutuário, do arrendatário etc. Os titulares de tais posses revestem-se do *jus possidendi*, que os habilita a invocar os interditos para a defesa das posições que ocupam, contra os terceiros e até contra o possuidor indireto – locador, devedor hipotecário etc.

Tupinambá Miguel Castro do Nascimento dá a razão: "É óbvio, pois aquele que possui com base num título que o obriga a restituir desfruta de uma situação incompreensível com a aquisição da coisa para si mesmo. Completando-lhe a qualificação é que se impõe o requisito anímico, que reside na intenção do dono: posse *cum animo domini*".[37]

II – Posse justa ou sem oposição.

De acordo com o art. 1.200 do Código Civil, é justa a posse que não for violenta, clandestina ou precária. Em outros termos, injusta será a posse que se revestir de algum daqueles vícios.

No tocante à precariedade, não induzem posse os atos de mera permissão ou tolerância, assim como não autorizam sua aquisição os atos clandestinos ou violentos, senão depois de cessada a violência ou clandestinidade, segundo o art. 1.208 do diploma civil.

Quanto à posse violenta, ensina Pedro Nunes ser aquela adquirida "mediante o emprego de força ou pressão material ou moral contra a pessoa que tem a coisa em seu poder.

---

[36] *Usucapião – Doutrina, Jurisprudência e Prática*, ob. cit., p. 19.

[37] *Usucapião Comum e Especial*, ob. cit,. p. 116.

É a violência inicial que constitui o vício. Uma vez firmada a posse, a violência passiva, do que resiste contra o turbador ou esbulhador, ou ainda, a ativa, do que os repele, e expulsa, não constitui vício. A posse isenta de violência, tanto no seu início, quanto no curso de sua duração, diz-se mansa, pacífica, ou tranquila".[38]

E clandestina considera-se a posse obtida às ocultas, de modo furtivo, sem publicidade ou conhecimento do proprietário do bem.

O art. 1.238 do Código Civil, ao exigir a posse sem oposição, impõe que ela seja tranquila, o que pressupõe o requisito de ser justa.

Nem todas as medidas judiciais promovidas contra o possuidor retiram o caráter de posse mansa ou tranquila, segundo faz ver Natal Nader:

> Exige-se, ainda, que a posse seja mansa e pacífica, sem oposição, sendo de ressaltar-se que somente a impugnação feita por quem tenha legítimo interesse para tanto, como é o caso do proprietário contra quem se visa usucapir, poderá retirar-lhe esta característica, desde que o mesmo logre êxito em sua pretensão. Em contrapartida, não será suficiente para obstar o usucapião, a oposição indevidamente levantada contra a posse do usucapiente, por quem não detém legitimidade jurídica para tanto. A respeito, diz Adroaldo Furtado Fabrício: "Problema delicado é o de saber-se se a atividade contrária de outrem (proprietário ou não), obrigando o possuidor ao desforço ou à ação em juízo, retira à posse o caráter de pacífica. Achamos que não. Se o possuidor logrou sair vitorioso, seja no desforço próprio, seja no apelo ao Poder Judiciário, o caráter de sua posse não foi afetado, porque a conduta ilícita de outrem não pode prejudicar o possuidor" (*ob. e vol. cits.*, p. 642 e 643).[39]

Acresce observar a dispensa do justo título e da boa-fé, de acordo com a explicação de Carvalho Santos:

> A posse não precisa ser fundada em justo título e boa-fé, que se presumem. Trata-se de uma presunção *juris et de jure*, que não admite prova em contrário. Pelo que basta ao adquirente provar que possui o imóvel como seu, isto é, mansa, pacífica e continuamente, para que se presuma, da parte dele, a boa-fé, sem ter o justo título, não podendo o proprietário procurar contestar essa presunção.
>
> E, mesmo que contestasse, não conseguiria destruir o direito ao usucapião, porque o que, em última análise, quis o legislador dizer, em firmando essa presunção, é que o usucapião extraordinário independe de justo título e de boa-fé.[40]

III – Continuidade da posse.

A posse há de ser contínua, como consta no art. 1.238, ao referir "sem interrupção". Mas o que o dispositivo quer dizer é que a posse deve ser exercida pacífica e incontestadamente durante o lapso prescricional estabelecido na lei.[41]

Assim, cumpre se exerça uma posse contínua, sem intervalos, de modo pacífico e sem contestação pelo tempo necessário, o que não equivale a afirmar a exigência sempre de contato

---

[38] *Obra citada*, p. 20.

[39] *Usucapião de Imóveis – Usucapião Ordinário – Usucapião Extraordinário e Usucapião Especial*, 3. ed., Rio de Janeiro, Forense, p. 20.

[40] *Obra citada*, vol. VII, p. 428.

[41] Serpa Lopes, *Curso de Direito Civil*, vol. VI, ob. cit., p. 557.

físico com a coisa. Lembra Tupinambá Miguel Castro do Nascimento: "O exercício da posse, no ordenamento jurídico nacional, não se dá unicamente através da apreensão da coisa; o fato de se poder dispor da posse de longe, sem apreensão contínua da coisa embora a qualquer tempo apreensível, não significa que ela não seja ininterrupta. Posse descontínua é aquela em que, em intervalos, se a perdeu por um dos meios indicados no art. 520 do Código Civil".[42]

O art. 520 citado equivale ao art. 1.223 do atual diploma civil.

Nesta situação encontra-se o possuidor que perde a posse, vindo, após, a recuperá-la mediante um dos interditos possessórios. Não interessa que permaneça o titular da posse algum tempo desprovido desta, pois, com o direito confirmando a sua posse, computa-se aquele período como posse injusta e ilegal do esbulhador ou turbador.

Lenine Nequete apresenta alguns exemplos em que certos atos ou acontecimentos não constituem descontinuidade ou interrupção:

> O arresto, a penhora, o sequestro não constituem interrupção, porque não importam em perda da posse (...).
>
> Não perde a posse quem, constrangido por perseguição policial, abandona o imóvel, mas deixa nele um empregado seu; ademais, à espécie se aplicaria o disposto no art. 522, do CC, segundo o qual só se considera perdida a posse para o ausente quando, tendo notícia da ocupação, se abstém de retomar a coisa, ou tentando recuperá-la, é violentamente repelido.

Anote-se que o apontado art. 522 está reproduzido no art. 1.224 do vigente Código.

O mesmo autor coloca o caso de interrupção por força da natureza, provocando a privação temporária da posse. Intervém uma força maior, como se ocorre uma inundação. A solução, na opinião de Lenine Nequete, está no exame das circunstâncias concretas e especiais de cada situação. Desinteressando-se o possuidor, não se dará a interrupção.[43]

Entretanto, no decurso de tais eventos há uma suspensão do prazo, se ausente qualquer ato de posse.

IV – A legalidade da posse.

A posse apta ao reconhecimento do usucapião deverá coadunar-se aos ordenamentos legais positivos. Tem razão de ser na afirmação, eis que se disseminou no País a prática de buscar a legalização de ocupações ilegais, como ocorre na implantação de loteamentos irregulares ou clandestinos, e, sobretudo, nas invasões de imóveis públicos, ou de áreas de preservação permanente, com graves violações ao meio ambiente, devastações e derrubadas de florestas, inutilização dos mananciais e construções nas encostas de morros e em vales. Desrespeita-se, sobretudo, a função social da posse ou propriedade, prejudicando a humanidade.

A função social da propriedade vem imposta no inc. XXIII do art. 5º, da Constituição Federal, firmando que "a propriedade atenderá a sua função social". Uma das dimensões da função social da propriedade consta estatuída no art. 182, § 2º, da mesma Carta, ao prever que "a propriedade urbana cumpre sua função social quando atende às exigências fundamentais de ordenação da cidade expressas no plano diretor". Já o inc. III, § 1º, do art. 225, ordena que incumbe ao Poder Público, objetivando o atendimento da função social, "definir, em todas as unidades da Federação, espaços territoriais e seus componentes a serem especialmente

---

[42]   *Usucapião Comum e Especial*, ob. cit., p. 113.
[43]   *Da Prescrição Aquisitiva (Usucapião)*, ob. cit., p. 135 e 136.

protegidos, sendo a alteração e a supressão permitidas somente através de lei, vedada qualquer utilização que comprometa a integridade dos atributos que justifiquem sua proteção".

A função social da propriedade relativamente ao meio ambiente, instituída no art. 225 do citado Diploma, expressa que o "direito ao meio ambiente ecologicamente equilibrado", é "bem de uso comum do povo e essencial à sadia qualidade de vida, impondo-se ao Poder Público e à coletividade o dever de defendê-lo e preservá-lo para as presentes e futuras gerações".

Está proclamada, pois, a função social da propriedade, sendo que a posse é um de seus poderes ou atributos inerentes, como se depreende do art. 1.196 do Código Civil: "Considera-se possuidor todo aquele que tem de fato o exercício, pleno ou não, de algum dos poderes inerentes à propriedade". Igualmente a função social, no pertinente ao meio ambiente, encontra-se consagrada no § 1º do art. 1.228 do Código Civil, que traça os limites do exercício de propriedade: "O direito de propriedade deve ser exercido em consonância com as suas finalidades econômicas e sociais e de modo que sejam preservados, de conformidade com o estabelecido em lei especial, a flora, a fauna, as belezas naturais, o equilíbrio ecológico e o patrimônio histórico e artístico, bem como evitada a poluição do ar e das águas".

Da conjugação dos dispositivos anteriores, conclui-se que a função social é princípio norteador do direito de propriedade e que a posse constitui um dos poderes inerentes à propriedade, submetendo-se, portanto, à função social. Em vista de tais normas programáticas, a proteção da propriedade e da posse, e mesmo o direito ao reconhecimento da posse como um direito para gerar a propriedade plena, não desrespeitarão a função social, isto é, não subjugarão outros direitos, como o direito ao meio ambiente, aos mananciais, à regularidade das cidades, aos espaços necessários para as vias, às áreas reservadas aos espaços públicos e, sobretudo, à preservação de recursos naturais para propiciar e manter uma vida digna e saudável das gerações presentes e futuras. Em síntese, a violação, *v.g.*, à função social e ao meio ambiente, como a implantação clandestina de loteamentos, a invasão em áreas de preservação ambiental, o desrespeito a mananciais, a ocupação de espaços reservados ao uso comum, dentre outras situações, não se insere no *"exercício, pleno ou não, de algum dos poderes inerentes à propriedade"*.

Os princípios da função social da propriedade formam condições para a pretensão ao reconhecimento da posse como determinante para a declaração do domínio. O regular exercício da posse para gerar a propriedade respeitará os cânones anteriormente descritos, inseridos no direito positivo.

Como se caracteriza a posse *ad usucapionem* em vista de tais princípios, em especial a posse legal e apta a tal desiderato?

Em primeiro lugar, tenham-se em conta as teorias subjetiva (de Savigny) e objetiva (de Jhering) da posse.

Na teoria subjetiva, Savigny impôs os dois elementos: o corpo e o ânimo. E posse significa a realização material do direito de propriedade, que se traduz pelo *corpus*, que é a possibilidade de um poder físico, exclusivo e permanente, definido por um elemento existente na própria vontade do possuidor (*animus*), o qual vem a ser a intenção de exercer o direito de propriedade, como se fora o seu titular. Tal elemento subjetivo caracteriza a relação possessória, marcando a doutrina de Savigny, conhecida como teoria subjetiva.

Os dois elementos que compõem a posse – *corpus* e *animus* – são autônomos, subsistentes por si próprios, mas sendo necessária a sua junção para que a posse exista. Sem o *corpus*, o *animus* vem a ser um fenômeno puramente interno; e sem o *animus*, o *corpus* é mera exterioridade, ou simples fato material, sem significação jurídica. Daí a aplicação dessa teoria sobretudo no usucapião extraordinário, em que se faz necessário o *animus sibi habendi*.

Já na teoria objetiva, tem Jhering a posse como um meio de manifestação da propriedade, segundo se vê da seguinte passagem de Raymundo Saleilles:

> Para Jhering, el pensamiento para proteger la propiedad, que no puede existir más allí donde la propiedad se pone al descubierto mediante su ejercicio externo; en una palabra, que la posesión es el aspecto externo de la propiedad. Allí donde la propiedad se ejercite, debe presumirse también la existencia del derecho de propiedad; y esta existencia posible de derecho de propiedad es lo que hay que proteger y defender a través y mediante el ejercicio positivo de la propiedad; en suma, que hay que atenerse a las aparencias para proteger la realidad. De esto se deduce que el aspecto material de la posesión es el conjunto de actos o estado de hecho, mediante los cuales se manifiesta el derecho de propiedad con relación a la cosa que constituye el objeto de este derecho.
>
> Puede aceptarse otra defi nición: el elemento material de la posesión se concreta en el hecho de conducirse frente a la cosa como haria el propietario.[44]

Sobreleva o interesse como parte integrante, que significa o elemento preponderante, o qual se une à posse e se constitui na condição básica da utilização econômica da coisa.

Prossegue Renan Falcão de Azevedo: "Este interesse se consubstancia numa relação de fato (constatação que já fora feito por Savigny). Entretanto, como este mesmo interesse é juridicamente protegido, a posse deixa de ser uma simples relação fática, para se transformar em autêntico direito. E Jhering agrega um raciocínio que parece ser absolutamente correto: se a posse, como tal, não estivesse juridicamente protegida, não seria mais que simples relação de fato. Todavia, ao longo da História verificamos sempre a proteção à posse. Isto lhe empresta, portanto, o irrecusável caráter de relação jurídica. E relação jurídica é sinônimo de direito".[45]

Concebida, porém, a posse como um poder inerente ao domínio, consistente no uso, gozo e disposição da coisa, o exercício, para ensejar direitos, há de afeiçoar-se às exigências dos arts. 5º, XXIII, 182, § 2º, 225, § 1º, III, da CF, e arts. 1.196 e 1.228, § 1º, do CC. Unicamente se obediente a posse aos ditames anteriores é apta a ensejar a aquisição pela via da usucapião, como emerge do art. 1.204/CC: "Adquire-se a posse desde o momento em que se torna possível o exercício, em nome próprio, de qualquer dos poderes inerentes à propriedade".

A aquisição da posse deve seguir, por conseguinte, os parâmetros traçados pela lei, consoante os dispositivos citados.

Em vista do avanço da função social da propriedade e da posse, sobretudo introduzida pela Carta Federal e pelo Código Civil de 2002, não mais se revelam suficientes as teorias de Savigny e de Jhering para conceber a posse como fato e intenção ou como fato puro a fim de ensejar o instituto da usucapião. Assim reconhecem Cristiano Chaves de Farias e Nelson Rosenvald: as teorias de Savigny e Jhering não explicam o instituto jurídico da posse em conjunto com os direitos fundamentais, estando envelhecidas e em desacordo com a realidade social (Documento assinado digitalmente, conforme MP nº 2.200-2/2001, Lei nº 11.419/2006 e Resolução nº 09/2008, do TJPR/OE. O documento pode ser acessado no endereço eletrônico http://www.tjpr.jus.br Página 30 de 33).

Tem preponderância a função socioambiental da posse. Impõe-se, para a sua regularidade, a obediência à função ambiental e à função social, instituições que devem ser atendidas em

---

[44] *La Posesión*, tradução ao espanhol por J. María Navarro de Palencia, Madrid, Librería General de Victoriano Suárez, 1909, p. 45 e 46.

[45] *Posse – Efeitos e Proteção*, ob. cit., p. 52.

conjunto com o fato e a intenção de dono no exercício da posse *(função socioambiental)*, de modo que a ausência de um deles culmina pela inexistência ou a imprestabilidade da posse como condição para o reconhecimento do domínio.

A matéria desponta no avanço da doutrina e da jurisprudência centradas na realidade hoje dominante, conjugando o direito individual de moradia ou da posse com os direitos sociais à preservação de valores ambientais, que pertencem à humanidade. Exemplo dessa linha é uma decisão do Tribunal de Justiça do Paraná, que marcou a real concepção dos atributos necessários da posse, a qual não pode merecer a validade se exercida em bens não suscetíveis da usucapião:

> Para que seja reconhecida a posse *ad usucapionem*, é necessário a constatação do seu elemento objetivo, consistente num estado de fato, acrescido do ânimo de dono elemento subjetivo), caracterizando um estado de fato que se converte em direito (Savigny), o qual então, segundo o ordenamento jurídico pátrio (art. 1.196/CC), deve ser visto como desdobramento do direito da propriedade (Jhering), aí caracterizado o poder de uso.
>
> Se o proprietário não tem o poder de uso do imóvel, porque situado em zona de manancial, declarada de Interesse e Proteção Especial do Estado (Decreto Estadual nº 1.751/96 e nº 4.267/05), em Área de Preservação Permanente, com função hidrológica e com metragem inferior à mínima prevista no Plano Diretor Municipal (Lei Complementar nº 16/2005, de São José dos Pinhais), a ocupação aí exercida não caracteriza posse capaz de gerar a usucapião especial urbana (Constituição Federal, art. 183; Estatuto das Cidades, art. 9º e Código Civil, art. 1.240).[46]

De referir que os citados Decretos Estaduais nºs 1.751/1996 e 4.267/2005 foram revogados pelo Decreto Estadual nº 6.390/2006.

Essa nova visão, que remonta a princípios doutrinários que partem de Saleilles, Perozzi e Gil, formando a teoria *funcionalista da posse*, pela qual, resume o Magistrado, Dr. Francisco Jorge:

> (...) passa-se a exigir o atendimento à sua função social, pois isso seria intrínseco ao seu conceito (...) Com o passar do tempo, surgiram – (...) na vida jurídica, que são produtos da evolução do direito para regular novas exigências sociais, precisamente como são a posse e a propriedade ecológica, para responder às exigências de consciência ecológica, que busca garantir um ambiente saudável e ecologicamente equilibrado para toda a comunidade, assim como o respeito ao meio ambiente, quando o tipo de bem assim o exija por suas características especiais de uso ou aproveitamento, de posse ou titularidade.[47]

Não se reconhece a posse exercida ilegalmente sobre bens protegidos pelas leis do meio ambiente, como mananciais, áreas de preservação permanente, e mesmo na posse que abrange áreas destinadas ao uso público, e assim, as próprias para vias, praças e outros equipamentos urbanos. No voto da citada decisão, traz-se à colação decisão do STJ, com a seguinte ementa:

---

[46] *Apelação Cível* nº 0.871.066-9 (N.U.P.: 0006980-61.2008.8.16.0035) da 18ª Câm. Cível do TJ do Paraná, julgada em 24.10.2012, Rel. Juiz Subst. 2º G. Francisco Jorge.

[47] *Uma forma de possuir em benefício de todos.* 'In': Congresso Mundial de Direito Agrário. *Direito agrário e desenvolvimento sustentável.* Porto Alegre: UMAU, 1999).

Civil – Recurso especial – Usucapião extraordinário – (...) Lei municipal – Vedação – Alegação de violação aos arts. 550 e 552 do CC/16 - Inocorrência. (...) Destarte, incensurável o v. acórdão recorrido (fls. 169) quando afirmou que 'o atendimento do pedido implicaria em ofensa à norma municipal relativa ao parcelamento do solo urbano, pela via reflexa do usucapião. Seria, com isso, legalizado o que a Lei não permite'. Anotou, a propósito, o DD. Promotor de Justiça que, na Comarca de Socorro, isso vem ocorrendo 'como meio de buscar a legitimação de parcelamento de imóveis realizados irregularmente e clandestinamente.' Recurso não conhecido.[48]

Teori Albino Zavascki, Ministro do STF, estende os direitos fundamentais da função social da propriedade ao exercício da posse:

> O descumprimento do dever social de proprietário significa uma lesão ao direito fundamental de acesso à propriedade, reconhecido doravante pelo sistema constitucional. Nessa hipótese, as garantias ligadas normalmente à propriedade, notadamente à da exclusão das pretensões possessórias de outrem, devem ser afastadas (...). Quem não cumpre a função social da propriedade perde as garantias, judiciais e extrajudiciais, de proteção da posse, inerentes à propriedade (Código Civil, art. 502) e as ações possessórias. A aplicação das normas do Código Civil e do Código de Processo Civil, nunca é demais repetir, há de ser feita à luz dos mandamentos constitucionais, e não de modo cego e mecânico.[49]

O referido art. 502 é do Código Civil de 1916.

Mais adiante, salienta que, se há limitações ao uso individual e para o proveito pessoal, não cabe o reconhecimento da formação de direitos sobre os recursos ambientais: "Veja-se, por exemplo, a disciplina do meio ambiente, estabelecida no art. 225. Definido como direito de todos, 'bem de uso comum do povo e essencial à sadia qualidade de vida' o meio ambiente é tutelado pela Constituição mediante regras destinadas a 'preservá-lo para as presentes e futuras gerações', que são impostas como deveres do Poder Público e da coletividade. Portanto, são limitações, não ao direito de propriedade, mas à utilização das propriedades, e têm como destinatários todos os possíveis 'usuários' dos recursos ambientais, vale dizer, todos os que estejam, de alguma forma, habilitados a utilizá-los, a 'possuí-los', independentemente da sua condição de proprietário."

Daí se inferir a impossibilidade de se reconhecer direitos sobre bens cujo uso pessoal visando à formação de um direito está proibido, pois são destinados a todos, como no caso das florestas, mananciais, rios, espaços públicos, etc.

Várias são as manifestações do TJDFT nessa linha, citando-se, exemplificativamente, a seguinte ementa:

> Processo civil. Ação de usucapião. Terras particulares. Interesse do Distrito Federal. Parcelamento irregular. Competência da Vara do Meio Ambiente, Desenvolvimento Urbano e Fundiário do Distrito Federal. O relator anotou: Nesse sentido, colaciono entendimento desta e. Corte: Agravo de instrumento. Ação de usucapião. Parcelamento irregular. Terras particulares. Distrito Federal. Interesse jurídico na demanda.

---

[48] REsp 402.792/SP, Rel. Ministro Jorge Scartezzini, 4ª Turma, julgado em 26.10.2004, *DJ* de 06.12.2004, p. 316.

[49] A tutela da posse na Constituição e no Novo Código Civil. *Revista Brasileira do Direito Constitucional*, n. 5, p. 50-61, jan./jun. 2005.

Cap. XII • USUCAPIÃO | 297

1. Embora o imóvel cogitado nos autos não integre o acervo patrimonial do Distrito Federal, inviável se afigura a sua manutenção em lide de Usucapião em que se colima a declaração da prescrição aquisitiva de lote caracterizado como parcelamento irregular de solo urbano, especialmente diante das consequências que poderão recair, acaso procedente o pedido, sobre a integridade ambiental, urbanística, social e econômica da área. 2. Agravo provido.[50]

Em outras dezenas de decisões, do mesmo TJDFT, é definida a prevalência do interesse público ao meio ambiente frente ao direito individual de moradia. Apresentam-se dois exemplos:

É bem verdade que o direito à moradia é um direito fundamental, garantido constitucionalmente (art. 6º, *caput*, da CF). E como todo direito fundamental, não há como se sustentar que ele seja absoluto, no sentido de completamente imune a restrições. Na ponderação de valores constitucionais, o direito à moradia não pode sobrepor-se ao interesse e direito da coletividade em possuir um meio ambiente equilibrado (art. 225, *caput* da CF) e um adequado ordenamento urbano (art. 182, *caput*, da CF), sob pena de grave desequilíbrio do sistema normativo de regulação social. Nem mesmo a ausência ou insuficiência de políticas públicas voltadas à outorga do direito social de moradia previsto no art. 6º da Constituição Federal autorizam a potestatividade com a qual a recorrente autora veio a ocupar terreno público, especialmente em Unidade de Preservação Permanente – Parque Ecológico do Gatumé, criado visando à proteção de nascentes do Córrego Gatumé, em Samambaia-DF; e nele edificar sem autorização administrativa ou planejamento do desenvolvimento urbano da cidade.[51]

Na ponderação de valores constitucionais, o direito à moradia não pode sobrepor-se ao interesse e direito da coletividade em possuir um meio ambiente equilibrado (art. 225, *caput* da CF) e um adequado ordenamento urbano (art. 182, *caput*, da CF), sob pena de grave desequilíbrio do sistema normativo de regulação social. Nem mesmo a ausência ou insuficiência de políticas públicas voltadas à outorga do direito social de moradia previsto no art. 6º da Constituição Federal autorizam a potestatividade com a qual a autora veio a ocupar terreno público e nele edificar sem autorização administrativa ou planejamento do desenvolvimento urbano da cidade.[52]

Mais especificamente sobre a pretensão em loteamentos irregulares:

Usucapião. O usucapião não é o meio apropriado para regularização de loteamento clandestino e sim modo de aquisição de propriedade pela posse 'animus domini'. Recurso provido para julgar improcedente a ação.[53]

Registro de imóveis. Dúvida julgada procedente. Negado registro de escritura de venda e compra de lote destacado de área maior. Loteamento clandestino. Indispensável a prévia regularização do parcelamento. Ocorrência de destaques anteriores. Inviabilizado o controle de disponibilidade e especialidade. Necessidade de apura-

---

[50] Acórdão n. 356705, 20070020139239AGI, Relator: Arnoldo Camanho de Assis, 3ª Turma Cível, data de julgamento: 29.04.2009, publicado no *DJE* de 14.05.2009, p. 84.

[51] 20150020176276AGI – acórdão 891831 – unânime.

[52] 20130110646527APC – acórdão 828504 – unânime.

[53] TJSP - *Apelação Cível* nº 84.792-4 - Rel.: Ênio Zulianni - 27.07.99 - V. U.

ção do remanescente e da correta localização do lote na área de que foi destacado. Recurso não provido.[54]

Usucapião. Loteamento irregular objeto de ação civil pública. Necessidade de regularização, por iniciativa do Ministério Público ou da Prefeitura Municipal. Fraude à lei manifesta, no caso, buscando ladear o procedimento legal. Recurso contra a procedência aparelhado pela própria Prefeitura, que se empenha na regularização. Permitir a usucapião a cada adquirente de lote, até sob os auspícios do clandestino loteador, implicará em reduzir a nada o comando da regra legal, prestigiando a ilegalidade. Apelo provido, para julgar improcedente a ação, com inversão do sucumbimento, respeitada eventual gratuidade.[55]

Usucapião de lote de terreno de desmembramento clandestino, em desacordo com os requisitos do artigo 18 da Lei 6.766/79. Impossibilidade de registro, a inviabilizar o pedido de reconhecimento da prescrição aquisitiva. Necessidade de prévia retificação da área ou regularização perante a Prefeitura. Acolhimento do pedido que implicaria em burla à Lei do Parcelamento do Solo com sérios e irreparáveis prejuízos à ordem urbanística. Carência de ação. Extinção mantida. Recurso improvido.[56]

Ocorre que tais usucapiões desconsideram as diretrizes do art. 182, §§ 1º e 2º da Carta Magna:

A política de desenvolvimento urbano, executada pelo Poder Público municipal, conforme diretrizes gerais fixadas em lei, tem por objetivo ordenar o pleno desenvolvimento das funções sociais da cidade e garantir o bem-estar de seus habitantes.

§ 1º O plano diretor, aprovado pela Câmara Municipal, obrigatório para cidades com mais de vinte mil habitantes, é o instrumento básico da política de desenvolvimento e de expansão urbana.

§ 2º A propriedade urbana cumpre sua função social quando atende às exigências fundamentais de ordenação da cidade expressas no plano diretor.

b) Prazo da prescrição aquisitiva

Como é sabido, pelo art. 550 da lei civil anterior, exigia-se que a posse se desenvolvesse durante vinte anos contínuos para ensejar direito ao usucapião *longissimi temporis*, enquanto, pelo art. 1.238 do Código de 2002, reduz-se o prazo para quinze anos. Importa que a posse se desenvolva durante todo esse lapso de tempo de modo contínuo, não interrompido e sem impugnação. No parágrafo único do mesmo dispositivo do atual Código, assinala-se a redução do prazo para dez anos, desde que usado o imóvel para a habitação habitual ou para o exercício de atividades produtivas. Os dispositivos já foram aqui transcritos.

Não se confunde o usucapião de prazo reduzido com as formas do usucapião urbano ou rural, introduzidas pela Constituição Federal, e contempladas no próprio Código de 2002, dada, dentre outras, a diferença de tamanho de imóvel envolvido, segundo se verá adiante.

---

[54] Conselho Superior da Magistratura do TJSP, *Apelação* n.º 810-6/9, Rel.: Des. Ruy Camilo, julgado em 27.05.2008.

[55] *Apel. Cível* nº 0002471-95.2003.8.26.0450, da 13ª Câm. Extraordinária de Direito Privado do Tribunal de Justiça de São Paulo, Rel. Des. Luiz Ambra, julgado em 01.07.2015, *DJ* de 07.08.2015).

[56] *Apel. Cível* nº 0339780-59.2009.8.26.0000, da 8ª Câm. de Direito Privado do Tribunal de Justiça de São Paulo, Rel. Des. Luiz Ambra, julgado em 09.05.2012, *DJ* de 15.05.2012.

Dois os fatores que reduzem para dez anos o prazo: se o possuidor estabelecer no imóvel a moradia habitual, ou se o utiliza para a realização de obras ou serviços de caráter produtivo.

Em relação à "moradia habitual", pela redação do dispositivo ora tratado, vê-se que, para a correta interpretação do parágrafo único do art. 1.238, devem-se ter presentes os elementos trazidos no *caput* do artigo, sendo eles a não interrupção e a não oposição, além, evidentemente, do *animus domini*, tendo o possuidor como sua a coisa, exteriorizando os atos que demonstram o agir como dono. A partir daí, parte-se para a configuração da moradia habitual, conceituando-a como aquela em que ocorre a habitação do possuidor, o qual deve demonstrar e provar que esta é feita de forma certa e habitual, sem contestação de qualquer espécie, evidenciando a ausência de subordinação, tendo em vista que atua sobre o imóvel como se este já fosse de sua propriedade.

Além desses elementos primordiais, são imprescindíveis as características de efetiva moradia, a qual deve ser o verdadeiro domicílio do possuidor. A palavra *moradia* provém de morada e significa a casa em que ordinariamente se habita. Nesse sentido deve-se entender seja empregado o vocábulo. Estão afastadas, pois, as posses esporádicas ou eventuais, como as que ocorrem, por exemplo, em casas de veraneio.

Colhe-se da doutrina que a expressão "moradia habitual" significa efetivamente residir com ânimo definitivo, ou seja, firmar domicílio no imóvel a ser usucapido, ao menos durante o lapso temporal exigido no dispositivo em análise, que vem a ser de dez anos.[57] O usucapiente deverá, literalmente, morar no imóvel, de forma certa, por todo o período de dez anos. Caso não alcance o tempo necessário, mesmo que demonstre atos que induzam a posse, não estará atendido o requisito legal.[58]

Portanto, vê-se que é ônus do possuidor fazer prova de que habita o imóvel, por meio de vasta documentação. Contas de luz, água, televisão por assinatura, mensalidade escolar, recibos de entrega de produtos etc. são aceitos pela jurisprudência como documentos capazes de atender ao disposto no parágrafo único do art. 1.238.

O Tribunal de Justiça do Rio Grande do Sul dá os nortes a serem seguidos na caracterização da moradia habitual para fins de usucapião:

> Observe-se, contudo, que não houve demonstração alguma da efetiva ocupação destinada à moradia. Tal prova era de fácil consecução pelo ora apelante, bastando, por exemplo, que apresentasse nos autos alguma fatura comprobatória da residência no local, como fatura de água ou de luz. Tampouco produziu, o apelante, a competente prova oral que atestasse residir – ele ou sua família – no local, e de forma contínua e ininterrupta (...).[59]

Igualmente para a redução do prazo a dez anos, alternativamente à comprovação da existência de moradia habitual, pode o possuidor alegar que, no imóvel, desenvolve atividade produtiva. Segundo Silvio de Salvo Venosa, esta última hipótese dirige-se mais aos imóveis rurais, mas não há o impeditivo de sua aplicação, também, ao imóvel urbano.[60]

---

[57] Gustavo Tepedino. *Comentários ao Código Civil - Direito das Coisas*. São Paulo, Editora Saraiva, 2011, vol. 14, p. 322-323.

[58] Marco Aurélio S. Viana. *Comentários ao Novo Código Civil*. Rio de Janeiro, Forense, 2003, vol. XVI, p. 90.

[59] *Apelação Cível* nº 70051545366, 19ª Câm. Cível, Tribunal de Justiça do RS, Relatora: Mylene Maria Michel, julgado em 23.07.2013.

[60] *In* 'Direito Civil', *Direitos Reais*. 4. ed. São Paulo, Editora Atlas, 2004, vol. 5, p. 220.

Deve-se entender como atividade produtiva aquela vinculada à realização de trabalho que torne o imóvel criador de bens ou serviços, gerador de riqueza, o que se coaduna com a função social da propriedade. É a chamada . A prática é aceita tanto em imóveis rurais, quando destinados à agricultura ou pecuária, bem como nos imóveis urbanos, nos quais se realizam atividades industriais, comerciais ou de manufaturação. O exemplo colocado por Benedito Silvério Ribeiro, na obra *Tratado de Usucapião*, bem ilustra a intenção do legislador: "Obras ou serviços de caráter produtivo podem ocorrer com imóvel urbano (imóvel misto, com moradia e comércio, microempresa, artesanato etc.). Ao juiz compete apreciar a utilização do imóvel, bem como a intenção do possuidor, seja morando, seja realizando obras ou serviços de caráter produtivo".[61]

É, sem dúvida, a posse vinculada ao trabalho, à produção, sendo que o desenvolvimento das obras ou serviços deve ter sido "realizado pelo prazo de dez anos, não se podendo admitir que o possuidor invoque a redução do prazo, quando realizou as obras ou serviços apenas poucos anos antes de completar dez anos".[62]

Prossegue Gustavo Tepedino:

> A posse, nesse caso, deve vincular-se à realização do trabalho que torna o imóvel produtivo, gerador de riqueza, o que se coaduna com a função social da propriedade. Trata-se, aqui, do imóvel rural destinado à agricultura ou à pecuária, bem como do imóvel urbano no qual se realizam atividades industriais, entre outros fins. A posse do imóvel pelo tempo de dez anos é requisito inafastável, devendo, nesse período, ter realizado obras que, por sua relevância social, autorizem a diminuição do prazo para consumar o usucapião.[63]

O seguinte julgado do Tribunal de Justiça de Minas Gerais bem delimita o alcance da norma:

> Usucapião extraordinário. Requisitos não atendidos. Função social. Locação. Caráter produtivo. Não caracterizado.
>
> (...)
>
> A realização de obras ou realização de serviços de caráter produtivo. A posse exercida com a realização de obras ou com a realização de serviços de caráter produtivo advém do trabalho destinado à obtenção de riquezas em razão do caráter produtivo. O imóvel urbano assume o caráter produtivo quando destinado à circulação de riquezas na produção e circulação de bens duráveis, ou não, *v.g.*, a indústria e o comércio. Também assim o é em razão de sediar a prestação de serviços de fins econômicos. Ainda que o imóvel urbano seja de mista utilização, com moradia/comércio ou moradia/prestação de serviços, o caráter produtivo continua em evidência. A realização de obras para a locação não se reveste do caráter produtivo a que se refere o parágrafo único do art. 1.238 do CC/2002.[64]

Deve-se entender, de outro lado, que a mera exploração econômica do imóvel, como, por exemplo, alugando-o, não caracteriza a finalidade da norma, tendo em vista que, neste caso, há um distanciamento da finalidade social da propriedade.

---

[61] *Tratado de Usucapião*. São Paulo: Editora Saraiva, 2010, vol. I, p. 265.

[62] Marco Aurélio Viana. *Comentários ao Novo Código Civil*, obra citada, p. 91.

[63] 'Comentários ao Código Civil', *Direito das Coisas*, ob. cit., vol. XIV, p. 323/324

[64] Processo n° 107020307926500011 MG, Relator: José Antônio Braga, julgado em 03.10.2006.

O termo inicial da contagem terá como ponto de partida o dia da detenção com o ânimo de dono, devendo perfazer o lapso necessário até a data da propositura da ação, admitindo--se, no entanto, que seja completado na data da citação, por força do art. 240 do Código de Processo Civil, o qual assenta que a citação válida torna litigiosa a coisa. Havendo posse precária, viciada, injusta, de má-fé, ou a exercida por mera permissão ou tolerância, como a do detentor, inicia o prazo quando cessa tal situação, passando a seguir como se o bem é da pessoa que está na posse. Há a transmutação da posse, conforme o seguinte exemplo: "Considerando que a parte-autora comprovou o exercício da posse sobre o imóvel, objeto da presente ação, para fins de moradia, de forma habitual, sem oposição e por lapso temporal superior ao previsto no art. 550 do CC/1916, cabível a declaração de domínio pretendida em razão da prescrição aquisitiva. Caso *sub judice* em que restou caracterizada a transmutação da natureza da posse, pois, com o término do contrato de locação e com a sua permanência no imóvel, desapareceu o caráter precário, decorrente do contrato de locação, iniciando-se, aí, a contagem do prazo de posse *ad usucapionem*, o qual restou implementado, juntamente com os demais requisitos necessários ao acolhimento da pretensão aquisitiva. Apelação improvida".[65]

O art. 550 referido corresponde ao art. 1.238 do CC/2002.

Não se admite, conforme decidido, a contagem de prazo de posse exercida quando o usucapiente era menor, ainda mais se não tinha condições de exercer atos próprios da posse e convivia com os pais: "Usucapiente que sustenta exercer a posse de imóvel concomitantemente com seus pais, desde a menoridade. Impossibilidade. Filho menor de idade que reside com os pais, não detém e nem exerce a posse sobre a coisa, posto que a posse é exercida por seus genitores. Caso concreto em que, não obstante haja alegação de posse exclusiva, não informa a apelante se seus genitores não mais exercem a posse sobre o bem imóvel objeto da ação de usucapião. Prova testemunhal que tem por fim demonstrar a veracidade das alegações da parte, e que se mostra desnecessária ante o fato admitido pela própria recorrente de que residia no imóvel em companhia dos pais desde a menoridade, sendo estes os possuidores do bem. Ainda que a apelante passasse a arcar com pagamento de despesas, tais como água, luz e telefone, esse fato não a torna possuidora do imóvel, mas simples moradora que auxilia o sustento do lar familiar. Preliminar de cerceamento de defesa afastada. Apelação conhecida e improvida".[66]

De observar, outrossim, que a contagem se dá por dias, de meia-noite a meia-noite, e não por horas, ou de momento a momento. Exclui-se o dia do início do começo, e conta-se o do vencimento, segundo regra do art. 132 do Código (art. 125 da lei civil pretérita): "Salvo disposição legal ou convencional em contrário, computam-se os prazos, excluído o dia do começo, e incluído o do vencimento".

Leciona Lenine Nequete: "Assim, para quem entrou na posse de um imóvel a quinze de janeiro, ao meio-dia, por exemplo, o primeiro dia útil da prescrição será o seguinte, dezesseis, eis que naquele a posse não foi de vinte e quatro horas e a lei não manda contar frações, mas dias completos".[67]

Computam-se os períodos que se intercalam no prazo. Todavia, se o término incidir em feriado, prorroga-se para o dia seguinte, por força do § 1º do art. 132 do Código Civil: "Se o dia do vencimento cair em feriado, considerar-se-á prorrogado o prazo até o seguinte dia útil".

---

[65] *Apelação Cível* nº 70081517898, Décima Nona Câmara Cível, Tribunal de Justiça/RS, Relator: Voltaire de Lima Moraes, Julgado em: 11.07.2019, publ. em 1º.08.2019.

[66] *Apelação Cível* nº 70046827572, Décima Nona Câmara Cível, Tribunal de Justiça do RS, Relator: Victor Luiz Barcellos Lima. Julgada em: 26-03-2013, publ. em 03.04.2013.

[67] *Da Prescrição Aquisitiva (Usucapião)*, ob. cit., p. 188.

c) Sentença declaratória do domínio

O reconhecimento do usucapião depende de uma sentença declaratória. É o que se dessume do art. 1.238 do Código Civil. Na decisão, há um reconhecimento judicial do direito de propriedade, concedido desde que satisfeitos os requisitos estatuídos na lei civil.

Como a sentença é declaratória, limita-se a declarar uma situação jurídica preexistente e valendo como título hábil à transcrição. Cuida-se de uma sentença declaratória mandamental, enfatiza Antônio Macedo Campos[68] e manifesta o art. 1.241 do atual Código: "Poderá o possuidor requerer ao juiz seja declarada adquirida, mediante usucapião, a propriedade imóvel".

O objetivo é consolidar uma situação de fato, legalizando-se e transmitindo-se para a propriedade.

Da sentença surge um importante efeito: o domínio se reputa adquirido desde o momento em que se iniciou a posse. É a lição dos clássicos G. Baudry-Lacantinerie e Albert Tissier:

> Le principe de la rétroactivité de la prescription accomplie n'a pas besoin d'être justifié, tellement il s'impose comme essentiellement inhérent à l'institution même de la prescription. La nécessité sociale veut qu'on ne puisse contester une situation qui s'est prolongée pendant trente ans sans réclamations; comment concevoir qu'on soit admis à exercer, une fois la prescription accomplie, le droit aux fruits ou intérêts échus antérieurement ou des droits réels établis, pendant le cours de la prescription, du chef de celui contre qui elle a couru? Ne serait-ce pas là faire la preuve, que la loi déclare éteint, prescrit? Ne serait-ce pas ébranler des situations acquises et dont la loi veut imposer le mantien? Et, si on se place au point de vue accessoire de l'idée de présomption d'acquisition légitime ou de libération régulière n'est-il pas évident encore qu'on est conduit à l'idée de la rétroactivité de la prescription? En matière de prescription acquisitive, s'il s'agit de la prescription trentenaire, c'est la prise de possession qui après trente ans passés est considérée comme respectable et conférant le droit; s'il s'agit de prescription basée sur un titre, c'est ce titre qui est consolidé: il n'y a pas de titre nouveau. On ne peut voir un titre nouveau là ou il y a presomption d'acquisition antérieure.[69]

Dos efeitos da prescrição retroativa decorrem algumas consequências, como o direito aos frutos percebidos durante o tempo da posse, ainda que esta se encontrasse de má-fé, pois desnecessária a boa-fé na prescrição aquisitiva por longo tempo; os direitos reais constituídos pelo possuidor durante o lapso prescricional se convalidam, ao mesmo tempo que

---

[68] *Teoria e Prática do Usucapião*, São Paulo, Edição Saraiva, 1982, p. 122.

[69] "Traité Théorique et Pratique de Droit Civil", vol. XXVIII, de la Prescription, Librairie de la Société du Recueil Sirey, Paris, 4. ed., 1924, n° 103, bis, em *Da Prescrição Aquisitiva (Usucapião)*, de Lenine Nequete, ob. cit., p. 51-52. Tradução livre do texto: "O princípio da retroatividade da prescrição ocorrida não precisa ser justificado, tendo em vista que ele se impõe como essencialmente inerente à própria instituição da prescrição. A necessidade social faz com que não se possa contestar uma situação que se prolonga no tempo por trinta anos sem reclamações; como conceber que seja admitido o exercício, uma vez ocorrida a prescrição, do direito aos frutos ou juros devidos anteriormente ou dos direitos reais estabelecidos durante o curso da prescrição, do sujeito contra a qual ela ocorreu? Isso não seria fazer prova, que a lei declara extinto, prescrito? Isso não mexeria com situações adquiridas que a lei deseja impor a manutenção? E, se considera-se o ponto de vista acessório da ideia de presunção da aquisição legítima ou liberação regular, ainda não está evidente ainda que se conduz à ideia de retroatividade da prescrição? Em matéria de prescrição aquisitiva, se trata-se da prescrição de trintenária, é a tomada da posse que após trinta anos passados é considerada como respeitável e conferidora de direito; trata-se de prescrição baseada em um título, esse título que é consolidado: não há novo título. Não se pode ver um novo título onde há uma presunção de aquisição anterior."

aqueles direitos reais firmados pela pessoa titular do domínio não se prevalecerão, mesmo que o tenham sido anteriormente à posse do prescribente. De modo que os ônus reais, como hipoteca e anticrese, não subsistem, o que é analisado por Lenine Nequete, após passar pelas divergências que lavram na doutrina:

> (...) Consumada a usucapião, o possuidor, como já se viu, reputa-se proprietário desde o começo de sua posse, e, consequentemente, não podem prevalecer contra ele os ônus constituídos, posteriormente, por quem neste interregno perdeu a titularidade do domínio. A ofensa que assim se faz ao direito do credor, por outro lado, não repugna, pois estava em seu poder diligenciar para interromper a prescrição. E nem é lícito dizer, para a usucapião ordinária, que a publicidade da inscrição faz supor a má-fé da parte do adquirente. A má-fé, como refere Clóvis, não se presume senão quando a lei assim o estatui. A presunção comum é a de boa-fé. Além disso, também a transcrição é forma de dar publicidade ao direito, e o credor hipotecário deve conhecer, por ela, a alienação do imóvel; se deixa correr o tempo, e, por sua negligência, o seu direito se perde, *sibi imputet*.
>
> Em suma, estabelecida ao depois de iniciada a prescrição do imóvel, perece a hipoteca, consumada a usucapião; e, constituída antes, pode ela extinguir-se (prescrição extintiva) nos termos do art. 849, IV, do CC, em relação ao adquirente, nos mesmos prazos e nas mesmas condições estipuladas para a prescrição extintiva dos direitos reais (CC, art. 177), aplicados adequadamente aos arts. 550 e 551, do referido diploma.[70]

De esclarecer que os artigos citados no texto – 849, IV, 177, 550 e 551 – correspondem, em relação ao Código atual, aos arts. 1.499, inc. V, 205, 1.238 e 1.242.

Obviamente, extinguindo-se o direito de propriedade do proprietário, contra o qual corre a prescrição em favor do usucapiente, extingue-se também o direito real de garantia instituído em favor de terceiro.

Com a sentença, os direitos reais adquiridos por usucapião passam ao prescribente com todos os seus acessórios e rendimentos, as servidões instituídas para o imóvel e as acessões naturais e civis.

Não mais poderá a pessoa que tinha o registro reivindicar o imóvel. Unicamente a ação rescisória será cabível a pretensão.

Caso, entretanto, não tenha sido parte na ação aquele em cujo nome se encontra registrado o imóvel, por falta de citação pessoal, com infração do disposto no art. 239, do estatuto processual civil, é admitida a ação reivindicatória, eis que não surtiu efeito quanto a ele a sentença.

As obrigações eventualmente incidentes no imóvel, como as servidões a favor de outro imóvel, e já consolidadas, deverão ser respeitadas, o que seguidamente ocorre, especialmente quanto à de passagem.

d) Registro da sentença no Cartório de Registro de Imóveis

A sentença servirá de título para o registro no cartório imobiliário, assim como acontece com os demais títulos de aquisição da propriedade. O parágrafo único do art. 1.241 do Código vigente contemplou expressamente essa finalidade: "A declaração obtida na forma deste artigo constituirá título hábil para o registro no Cartório de Registro de Imóveis". Esclareça-se que o *caput* do art. 1.241 garante ao possuidor requerer a declaração, pelo usucapião, da propriedade imóvel.

---

[70] *Da Prescrição Aquisitiva* (*Usucapião*), ob. cit., p. 57.

Sobre o registro, escreve Natal Nader: "O registro não é aquisição, mas tem várias finalidades: 1. Torna pública a aquisição do domínio, de modo a que a sentença tenha efeito *erga omnes* e não apenas entre aqueles que integraram a lide. 2. Evita solução de continuidade no Registro de Imóveis, provando a propriedade do adquirente e permitindo que este tenha a livre disposição do bem, alienando-o ou hipotecando-o".[71]

Mesmo com o registro, porém, segundo se observou atrás, falece de eficácia o ato no pertinente ao proprietário original não citado na ação, o que também se estende às demais partes que deveriam ter participado, eis que a omissão do chamamento infringe o disposto no art. 239 da lei instrumental civil, o qual obriga o ato, pois "para a validade do processo é indispensável a citação do réu ou do executado, ressalvadas as hipóteses de indeferimento da petição inicial ou de improcedência liminar do pedido". A ineficácia alcançará os confrontantes conhecidos e certos, aos quais se estende a viabilidade da ação reivindicatória ou de nulidade, ou rescisória mesmo que tenham sido chamados por edital, de acordo com lição de Pontes de Miranda.[72] Idêntica exegese se aplica às pessoas conhecidas e sem endereço sabido, desde que omitida a citação por edital, conforme antiga jurisprudência: "A falta de citação inicial de confrontante em ação de usucapião faz que a sentença nela proferida seja nenhuma em relação à pessoa que deveria ter sido citada e não o foi, e impede o seu trânsito em julgado. Em consequência, a falta em referência não serve de fundamentação à ação rescisória, mas à ação ordinária de nulidade".

No voto do relator, Min. Soares Muñoz, consta:

> O problema da legitimidade de parte é um dos mais graves do direito processual civil. Ser parte é questão ontológica, consistente em saber quem está no processo; ser parte legítima é questão deontológica, porque diz quem deve estar no processo (Betti, *Diritto Processuale Civile*, p. 157). Ora, o de que se cuida na ação de usucapião não é de saber quem está no processo, mas quem deve estar. Se aqueles em cujo nome está transcrito o título de domínio não foram citados para a ação de usucapião, o processo é para eles juridicamente inexistente. Nunca, em tempo algum, a sentença pode atingi-los e, *a fortiori*, a coisa julgada.

> Para quem não foi réu na ação de usucapião, é lícito propor a ação reivindicatória, se preenche as condições de admissibilidade desta. Os pressupostos dessa demanda são: um proprietário não possuidor que age contra um possuidor não proprietário (Lafayette, *Direito das Coisas*, § 82). A ação de reivindicação foi proposta contra aqueles que injustamente se apossaram do imóvel... O uso desta ação é o meio legítimo para fazer valer o direito dos autores. Não se lhes pode impor a propositura de ação rescisória, porque contra eles não há sentença, nem coisa julgada.[73]

Com efeito, o art. 506 do Código de Processo Civil diz expressamente que "A sentença faz coisa julgada às partes entre as quais é dada, não prejudicando terceiros".

A ineficácia da sentença e do registro restringe-se às pessoas não citadas, não atingindo as citadas e confrontantes participantes, bem como os terceiros sem vínculo real com o imóvel.

Mas, em defesa, faculta-se o uso da exceção de usucapião que, se provada, não afetará de qualquer modo o registro em nome do usucapiente.

Se procedente a ação petitória, e envolvendo todo o imóvel, é óbvio o direito ao cancelamento do registro.

---

[71] *Obra citada*, p. 24.
[72] *Comentários ao Código de Processo Civil*, vol. XIII, ob. cit., p. 380.
[73] *RE* nº 98.331-2 SP, de 01.03.1983, em *Lex – Jurisprudência do Supremo Tribunal Federal*, 54/276.

12.7. USUCAPIÃO ORDINÁRIO

O art. 551 do Código Civil de 1916 assim regulou o chamado usucapião ordinário: "Adquire também o domínio do imóvel aquele que, por dez anos entre presentes, ou quinze entre ausentes, o possuir como seu, contínua e incontestadamente, com justo título e boa-fé". O Código atual, no art. 1.242, reduzindo o prazo, e não mais fazendo distinção entre presentes e ausentes, previu a espécie nos seguintes termos: "Adquire também a propriedade do imóvel aquele que, contínua e incontestadamente, com justo título e boa-fé, o possuir por 10 (dez) anos".

Nota-se que o traço distintivo entre o usucapião extraordinário e o ordinário se encontra na exigência, para o último, dos requisitos do justo título e da boa-fé, cuja existência se presume no primeiro tipo e em que o prazo da posse é mais longo.

O parágrafo único do art. 551 do Código Civil de 1916 definia a caracterização das pessoas presentes e ausentes, que não mais se mantém no Código em vigor: "Reputam-se presentes os moradores do mesmo município e ausentes os que habitam município diverso".

Eis os requisitos impostos para o reconhecimento do usucapião em exame: a) objeto hábil; b) a duração da posse; c) as qualidades da posse; d) o justo título; e) a boa-fé.

Observaremos cada um dos requisitos.

a) Objeto hábil

Em princípio, todos os bens imóveis são aptos à aquisição por usucapião, segundo já foi anotado, desde que comerciáveis e não se classifiquem como públicos.

Excluem-se os que seguem:

1. As coisas incorpóreas. Somente são prescritíveis os direitos reais que importam em posse dos objetos sobre que recaem, quais sejam: as coisas materiais, físicas e tangíveis. Os direitos pessoais, de família ou de crédito não são contemplados como usucapíveis pela generalidade das legislações.

2. Os bens que não se encontram individuados, nem o possam ser, visto que é impossível uma posse sobre coisa indeterminada, incerta, vaga, ou uma *incerta pars pro indiviso*. Por não se encontrar situado ou localizado o bem, faltam os elementos do poder físico de dispor e o *animus*. Estende-se no exame Pedro Nunes: "Além de hábil, a coisa deve ser certa e determinada, descrita e caracterizada com as suas confrontações, situação ou localização, extensão e confrontações, de vez que a coisa incerta jamais poderá ser objeto de posse. *Incertam partem possidere nemo potest...* Sendo a posse um estado de fato – *possessio non est juris, sed facti* –, nunca pode incidir sobre *pars incerta*".[74]

3. As coisas acessórias. Citam-se, como acessórios, exemplificativamente, do solo: os produtos orgânicos da superfície; os minerais ali ocultos ou à mostra; as obras de aderência permanente, acima ou abaixo da superfície; das plantas e bens produtivos: os frutos, produtos e rendimentos.

Considera-se que a propriedade do solo abrange a do que lhe está superior e inferior em toda a altura e em toda a profundidade (art. 1.229 do Código Civil). Daí que, salvo disposição em contrário, as coisas acessórias seguem o destino da principal – *acessorium sequitur principale*.

4. As coisas fora do comércio. São aquelas que não podem ser apropriadas pelo homem, incorporando-as ao seu patrimônio. Dentre outras, arrolam-se as comuns a

---

[74] *Do Usucapião*, atualização de Evandro Nunes, 5. ed., Editora Forense, 2000, p. 101.

todos – *res communes omnium* – ou os bens de uso generalizado do povo, como praças, ruas, estradas e rios navegáveis; os bens de uso especial, ou seja, os edifícios ou terrenos aplicados a serviço ou estabelecimento federal, estadual ou municipal; os bens dominicais, que pertencem à União, aos Estados e aos Municípios. Incluem-se os bens pertencentes às autarquias, visto que pública é a sua personalidade jurídica, conforme Hely Lopes Meirelles,[75] o qual completa, com referência aos paraestatais: "Quanto aos bens das entidades paraestatais (empresas públicas, sociedade de economia mista, fundações governamentais, serviços autônomos, etc.), entendemos que são, também, bens públicos com destinação especial e administração particular das instituições a que foram transferidos para consecução dos fins estatutários".[76]

Quanto às terras públicas, como já se analisou (item 12.2 do presente capítulo), envolvem as devolutas, não incidindo a prescritibilidade aquisitiva, exceto quanto ao usucapião especial regulado pela Lei nº 6.969, de 1981, desde que a área não ultrapasse a vinte e cinco hectares e o titular da posse não seja proprietário rural nem urbano (arts. 1º e 2º da apontada Lei), tendo completado o lapso temporal da prescrição até a promulgação da Constituição vigente, que ocorreu em 05.10.1988.

b) A duração da posse

No sistema do Código Civil de 1916, a posse deveria ser exercida pelo tempo de dez anos entre presentes e de quinze entre ausentes; e, na inovação do Código atual, pelo período de dez anos, não mais perdurando a distinção entre presentes e ausentes.

Requer-se o exercício da posse sempre de modo contínuo e pacificamente, despido dos vícios da violência, clandestinidade e precariedade.

Os presentes e ausentes de que falava a Lei eram aqueles contra os quais se adquiria o domínio por meio do usucapião. Diziam-se os interessados certos, em cujos nomes estava registrado o imóvel e que tinham a citação procedida pessoalmente, por mandado a ser cumprido pelo oficial de justiça ou por carta com aviso de recebimento.

Na esteira do Código Civil de 1916, se os interessados, ou um deles, constassem como ausentes, o lapso de tempo estendia-se para quinze anos. Não se interpretava a ausência dentro do contexto da ausência civil, que envolve o desaparecimento de pessoa do seu domicílio, sem que dela haja notícia. Pessoa desaparecida da qual não se conhecia notícia, sem haver deixado representante ou procurador para administrar seus bens, não acarretava o prolongamento do prazo. O sentido dado pelo art. 551 era de presença física, estabelecida pela moradia, a qual se encontrava localizada no Município onde se processava o usucapião e estava situado o imóvel, como ponderava Clóvis Beviláqua: "A presença e a ausência devem ser consideradas em relação ao Município da situação do imóvel. Presentes são aqueles que residem no Município da situação do imóvel; ausentes são os que habitam Municípios onde não se acha o imóvel, ou somente um mora no Município da situação".[77]

Se o proprietário residisse parte do tempo fora do Município, tal período somava-se à metade. Carvalho Santos formulava a seguinte regra: "Se o possuidor e o proprietário residiram parte do tempo no mesmo Município, e parte em Municípios diversos, contam-se em dobro os anos de ausência, isto é, em cada ano de presença contam-se dois de ausência".[78]

---

[75] *Direito Administrativo Brasileiro*, 2ª ed., 1996, ob. cit., p. 435.

[76] *Direito Administrativo Brasileiro*, 2ª ed., 1996, ob. cit., p. 470.

[77] *Código Civil dos Estados Unidos do Brasil Comentado*, vol. III, ob. cit., p. 551.

[78] *Obra citada*, vol VII, p. 441.

A regra, que já vinha sendo seguida por Lafayette, Aubry e Rau, tinha aceitação geral. Mas é de ressaltar a redação dada ao art. 551, implantada pela Lei nº 2.437, de 07.03.1955, a qual reduziu para quinze anos o lapso de tempo de vinte anos, em vigor antes, o que levou a diminuir a proporção, passando para um ano e meio entre ausentes. De modo que, restando configurada a residência durante dois anos em Município diverso, fazia-se mister que decorressem três anos além do período regulamentar da moradia no mesmo Município onde estava o imóvel.

Outra hipótese surgia quando se cuidava de imóvel *pro indiviso*, pertencente a duas ou mais pessoas, encontrando-se algumas presentes e outras ausentes. O prazo da prescrição era de dez anos em relação às primeiras, e de quinze anos em relação às últimas. Não ficavam beneficiadas aquelas com o prazo marcado às segundas. Era o ensinamento de Lenine Nequete.[79]

Se a coisa afigurava-se indivisível por si mesma, a prescrição corria conjuntamente contra todos os proprietários ao mesmo tempo, sem distinção de prazo, eis que não localizável a posse de um ou de outro.

c) As qualidades da posse

Exigem-se as seguintes qualidades da posse:

Em primeiro lugar, que seja contínua. Assim é quando os atos possessórios não apresentam omissões ou falhas da parte do possuidor. Deverá desenvolver-se na sucessão de atos permanentes, ou de modo a não constituírem lacunas. Não significa o requisito a impossibilidade de junção ou soma das posses.

Deve-se apresentar, também, como pacífica ou incontestada, palavras empregadas pelo art. 551 do Código Civil anterior e pelo art. 1.242 do Código em vigor. Os termos expressam que a posse se tenha estabelecido e se exerça desprovida de violência, quer física, quer moral. Uns sustentam que os atos pelos quais se revelou não podem ter forçado uma deposição brutal do antigo possuidor, ou levado este a abandonar a coisa. Mas a *ratio* mais consentânea com a realidade e a interpretação vigente é que, apesar de maculada na sua origem pela violência, torna-se pacífica a partir do instante de cessação do vício. É uma conclusão apoiada no art. 1.208 do Código Civil, que preceitua: "Não induzem posse os atos de mera permissão ou tolerância, assim como não autorizam a sua aquisição os atos violentos, ou clandestinos, senão depois de cessar a violência ou a clandestinidade".

Se pacífica a posse, decorre necessariamente incontestada. O conteúdo deste termo abrange o daquele. A contestação tira o caráter de posse pacífica, mas desde que em situações de efetiva obstaculização ao exercício. Não equivale apenas a uma simples oposição formal e judicial. Exprime um significado mais amplo, como a oposição à utilização de uma servidão, concretizada por atos de derrubada de cercas, de pontes, de fechamento de caminho etc.

Cumpre não venha, outrossim, revestida dos vícios da violência, precariedade e clandestinidade. Quer significar que deve ser justa, dentro dos parâmetros do art. 1.200 do Código Civil. É clandestina quando o objeto, *v.g.*, é furtado, fator que determina a caracterização como oculta, ilícita e indevida. Denomina-se posse violenta se conseguida mediante esbulho ou pela força. A precariedade, por seu turno, transparece nos casos do uso por empréstimo, ou a título de comodato, com a consciência da devolução dentro de certo prazo.

Por fim, em consonância com os ditames deste tipo de usucapião, o possuidor manterá a posse com intenção de dono, a título de proprietário da coisa ou do direito cuja aquisição se pretende. Caio Mário da Silva Pereira salienta que não se conta a posse desacompanhada

---

[79] *Da Prescrição Aquisitiva (Usucapião)*, ob. cit., p. 103.

da vontade e da intenção de ter a coisa para si – *animus rem sibi habendi* – o que sucede, exemplificativamente, no caso da posse direta do locatário, do usufrutuário, do credor pignoratício, eis que exercida com base num título que o obriga a restituí-la de acordo com as estipulações previamente ajustadas.[80]

O art. 1.198 traça as linhas para distinguir uma posse da outra: "Considera-se detentor aquele que, achando-se em relação de dependência para com outro, conserva a posse em nome deste e em cumprimento de ordens ou instruções suas".

d) O justo título

O quarto suporte está no justo título, ou seja, trará ao interessado justo título, que é ato translativo ou constitutivo da propriedade ou da posse.

Justo título, para Lenine Nequete, "é todo o ato formalmente adequado a transferir o domínio ou o direito real de que trata, mas que deixa de produzir tal efeito (e aqui a enumeração é meramente exemplificativa) em virtude de não ser o transmitente senhor da coisa ou do direito, ou de faltar-lhe o poder de alienar".[81] Mas, como faz ver o autor, não é fácil encontrar uma definição que satisfaça plenamente. Em geral, os conceitos se esquecem de esclarecer em que consiste a inabilidade do título. Há um ato jurídico escrito, público ou particular, externamente apto para transferir o domínio. Entretanto, se ressente da ausência de alguns requisitos essenciais para operar, eficazmente, a transferência. Encerra uma falha ou um defeito, que acompanha o momento da transmissão e reduz a solidez da validade.

Como exemplos mais comuns de semelhantes títulos, apontam-se: a aquisição *a non domino*; a venda feita pelo marido sem a outorga da mulher, ou vice-versa; aquela que realiza o procurador munido de instrumento falho ou mesmo falso; a alienação efetuada por relativamente incapaz, iniciando o prazo da prescrição a correr a partir da cessação da incapacidade.

O título, porém, deve criar direito amparado em lei, não valendo a escritura pública de venda de ascendente para descendente, na esteira do entendimento do STJ:

> Conforme a dicção da Súmula 494 do Supremo Tribunal Federal, no caso de ação visando à anulação da venda direta de ascendente a descendente, sem o consentimento de herdeiros, o prazo prescricional é vintenário, conforme previsto no artigo 177 do Código Civil de 1916.
>
> A escritura pública que consolidou a venda não pode ser considerada como justo título para fins de aquisição da propriedade por usucapião ordinário, se sua lavratura decorreu de negócio fraudulento.[82]

O art. 177 citado corresponde ao art. 205 do CC/2002.

Para valer, o justo título deverá ser atributivo do direito e não meramente declaratório; ou seja, deve atribuir ou transferir a propriedade. Como tais, enumeram-se: a compra e venda, a dação *in soluto*, a permuta, a doação, o dote, o legado, a carta de arrematação ou de adjudicação – formas todas relativamente a imóveis. A sucessão é um ato declaratório e não constitutivo. O herdeiro herda os vícios inerentes ou afetos ao imóvel. Se o autor da sucessão não tinha título, assim prosseguirá com o herdeiro. A abertura da sucessão não é fator de atribuição de domínio. Na divisão entre condôminos, é proferida uma sentença declaratória referente aos quinhões de cada condômino.

---

[80] *Instituições de Direito Civil*, vol. IV, ob. cit., p. 111.

[81] *Da Prescrição Aquisitiva (Usucapião)*, ob. cit., p. 207.

[82] *REsp.* nº 661.858/PR, da 3ª Turma, julgado em 28.06.2005, *DJU* de 15.08.2005.

Importa, ademais, que seja válido o título, não eivado de uma nulidade absoluta, que torna inexistente o ato. Pontes de Miranda expõe que, sendo nulo o título, não se pode pensar em usucapião breve. Se é nulo o título, não é justo.[83] O ato nulo é juridicamente ineficaz. Mas, apresentando-se anulável, acrescenta o renomado civilista: "O título anulável não obsta à usucapião breve. É título eficaz posto que desconstituível. Enquanto não se lhe decreta a anulação, produz efeitos".[84]

O direito francês, no art. 2.267 do Código Napoleônico, faz menção expressa ao ato nulo: *"Le titre nul par défaut de forme ne peut servir de base a la prescription"*.[85]

Outra qualidade indispensável é que se afigure certo e real, determinando especificadamente o bem, não contendo condição suspensiva, ou que fique na dependência de uma ratificação posterior.

Quais os títulos que são admitidos?

> Primeiramente, segundo doutrina uniforme, aparecem as escrituras públicas, mesmo que desprovidas de registro imobiliário. Caio Mário da Silva Pereira explica: "Tem-se referido que o título justo deve revestir as formalidades externas e estar transcrito no registro imobiliário. Mas não nos parece se possa levar ao extremo a exigência, pois que se destina o instituto do usucapião precisamente a consolidar *tractu temporis* a aquisição fundada em título que apenas em tese era hábil de gerar a aquisição.[86]

A razão é encontrada em Pontes de Miranda: "Se houve transcrição do título, operou-se a transferência e, assim, patente é a superfetação da ação de usucapião: seria usucapir de si mesmo".[87]

Em verdade, se a escritura foi registrada, restou aperfeiçoada a transmissão. Desaparece toda a justificação para usucapião.

Qualquer documento que retrate uma transação efetiva e completa é considerado justo. Mesmo o compromisso de compra e venda sem registro, e até aquele assinado a rogo, incluem-se no justo título, desde que não impugnados nos elementos configuradores da transação, no que observa Benedito Silvério Ribeiro: "Por conseguinte, em face da posição que o compromisso assume hodiernamente no direito, tem-se que pode embasar pedido de usucapião ordinária, desde que dotado de características conducentes ao seu reconhecimento tal como aflorado no ordenamento jurídico".

Observa, no entanto, em seguida: "O documento em foco não pode abrigar nulidade absoluta que o contamine, como falta de outorga uxória, falso procurador, inexistência da *res*, etc.".[88]

Leva-se em consideração a seriedade do negócio, preponderando a transferência provada e o adimplemento da obrigação pelo comprador. O título passa a ser reconhecido como justo. A forma é de somenos importância. Se fosse perfeito, não reclamaria a sujeição aos percalços da ação de usucapião. Bastaria a adjudicação compulsória.

---

[83] *Tratado de Direito Privado*, 4. ed., São Paulo, Editora Revista dos Tribunais, 1977, vol. XI, p. 140.

[84] *Tratado de Direito Privado*, vol. XI, ob. cit., p. 141.

[85] Tradução livre do texto: "O título nulo por defeito de forma não pode ser usado como base a prescrição."

[86] *Instituições de Direito Civil*, vol. IV, ob. cit., p. 118.

[87] *Tratado de Direito Privado*, vol. XI, ob. cit., p. 143.

[88] *Tratado de Usucapião*, 2ª ed., São Paulo, Editora Saraiva, 1998, vol. 2, p. 800 e 801.

Releva dar o alcance da natureza do ato registrário, que consiste na atribuição, apenas, aos compromissários, do direito oponível a terceiros. Mesmo os não registrados conferem o direito à adjudicação, desde que irretratáveis e esteja satisfeito o preço, e existente o registro da área da qual se destaca o imóvel prometido vender. O art. 5º do Decreto-Lei nº 58/1937, atribui unicamente o efeito da oponibilidade *erga omnes*, não dizendo respeito à perfectibilidade ou não do negócio, pois reza: "A averbação atribui ao compromissário o direito oponível a terceiros". Suficiente que o recibo, ou outro instrumento documental da avença, represente uma venda irretratável e irrevogável para revestir-se da qualidade de justo.

Comporta apreender o significado da palavra "justo", o que é elementar, traduzindose em ato conforme a justiça, a equidade, a razão, ou seja, em ato imparcial, reto, exato, legítimo. Opõe-se à tradição de uma propriedade mediante contrato injusto, injurídico, falho e fraudulento. Jamais a etimologia do termo exige a realização do registro do título, ou a celebração de um negócio perfeito em sua aparência externa. Nesta linha, deve ser entendida a definição de Pothier, que exprime o justo título como aquele que representa um contrato ou um ato capaz de transferir a propriedade, em virtude da tradição que determina, derivando a não transferência da falta de direito da pessoa que ensejou a transferência, e não por defeito do título que representou a tradição.[89]

Deriva, daí, que a cessão de direitos sucessórios e outros títulos viabilizam o usucapião breve, mesmo os que transferem as servidões. Mas, obviamente, desde que se revistam da titularidade do domínio, embora de forma indireta, os transmitentes estão autorizados a vender.

e) A boa-fé

O exercício da posse virá acompanhado da boa-fé, a qual se define como a convicção do prescribente de que tem a legitimidade da posse sobre o objeto a ela sujeito, obtido por uma venda jurídica feita pelo verdadeiro proprietário.

No art. 1.201 do Código Civil, encontramos a ideia da convicção que deve ter o interessado: "É de boa-fé a posse, se o possuidor ignora o vício, ou o obstáculo que impede a aquisição da coisa".

Compreende-se melhor o significado ao lermos os caracteres judiciosamente discriminados por Lenine Nequete: "Em matéria de usucapião, a boa-fé, em geral, é definida como a crença em que se acha o possuidor, a) de que a coisa possuída lhe pertence; b) de que o título o tornou proprietário; c) de que o transmitente era, em virtude do título inatacável, proprietário do imóvel transmitido; d) de que a aquisição não acarretou nenhum prejuízo ao legítimo titular da coisa; e) de que adquiriu ao legítimo dono".[90]

À primeira vista, transparece a dificuldade em se provar tais elementos. Mas, observando-se o parágrafo único do art. 1.201 do Código, deparamo-nos com a presunção em favor do possuidor: "O possuidor com justo título tem por si a presunção de boa-fé, salvo prova em contrário, ou quando a lei expressamente não admite esta presunção".

A boa-fé para originar o *jus usucapiendi* deve persistir desde o início da posse, até consumar-se o prazo da prescrição aquisitiva. A superveniência de má-fé, no decurso do prazo, invalida a posse como justa, interrompendo a contagem do tempo necessário para consumar-se o direito.[91]

---

[89] Robert Joseph Pothier, *Traité de la Prescription qui Resulte de la Possession*, vol. X, Oeuvres Complètes, P. J. Langlois, Librairie & A. Durant, Librairie, 1844, nº 57.

[90] *Da Prescrição Aquisitiva (Usucapião)*, ob. cit., p. 222.

[91] Washington de Barros Monteiro, *Curso de Direito Civil, Direito das Coisas*, ob. cit., p. 127.

Só por meio do usucapião extraordinário conseguirá, então, o interessado o reconhecimento do domínio da posse.

De lembrar, finalmente, uma situação especial de redução do prazo para cinco anos, prevista no parágrafo único do art. 1.242 do Código: quando, adquirido o imóvel com a transcrição do título, vier, depois, a ser anulado o ato, embora totalmente pago o preço ou operada a compra onerosamente, nele residindo o possuidor, ou desenvolvendo atividade de interesse social ou econômico. Eis a regra: "Será de 5 (cinco) anos o prazo previsto neste artigo se o imóvel houver sido adquirido, onerosamente, com base no registro constante do respectivo cartório, cancelado posteriormente, desde que os possuidores nele tiverem estabelecido a sua moradia, ou realizado investimentos de interesse social e econômico". Neste caso, de acordo com o art. 2.029 do Código, eleva-se o prazo de cinco anos em mais dois anos, se iniciada a posse durante a vigência do Código anterior, qualquer que seja o tempo transcorrido, até o lapso de dois anos após a entrada em vigor do Código Civil de 2002.

12.7.1. Aspectos processuais

O procedimento processual e os demais aspectos a respeito do presente tipo de usucapião seguem a matéria delineada para o usucapião extraordinário, salientando que o pedido de citação se faz com a referência de se pretender ou não a audiência de conciliação ou mediação. Se não requerido tal ato, inicia o prazo com a citação; do contrário, começará a fluir da data da sua efetivação, e, evidentemente, em não existindo composição das partes, tudo em atenção às normas dos arts. 319, VII, 335 e 231 do CPC.

Desnecessário, pois, tecer qualquer consideração sobre o assunto, já que restou esgotada a matéria no item 12.5 deste capítulo.

12.8. USUCAPIÃO RURAL ESPECIAL

Há uma longa evolução de modalidades do usucapião envolvendo áreas rurais, partindo do Estatuto da Terra.

12.8.1. Usucapião *pro labore* previsto no art. 98 do Estatuto da Terra

Reza o art. 98 do Estatuto da Terra, introduzido pela Lei nº 4.504/1964:

> Todo aquele que, não sendo proprietário rural nem urbano, ocupar por dez anos ininterruptos, sem oposição nem reconhecimento do domínio alheio, tornando-o produtivo por seu trabalho, e tendo nele sua morada, trecho de terra com área caracterizada como suficiente para, por seu cultivo direto pelo lavrador e sua família, garantir-lhes a subsistência, o progresso social e econômico, nas dimensões fixadas por esta Lei, para o módulo de propriedade, adquirir-lhe-á o domínio, mediante sentença declaratória devidamente transcrita.

Em síntese, apesar da complexa redação, o dispositivo prevê o usucapião de uma propriedade familiar, exigindo-se que o possuidor ocupe por dez anos ininterruptos, sem oposição nem reconhecimento do domínio alheio, tendo-a tornado produtiva pelo seu trabalho e, ainda, que nela tenha sua morada. É o chamado usucapião *pro labore* ou constitucional de Cartas Constitucionais anteriores. Foi criado pela Lei Maior de 1934, repetido nas Constituições de 1937, 1946 e mantido pela Emenda Constitucional nº 10/1964. Adotou-o o Estatuto da Terra, por meio do transcrito art. 98.

Vem a ser a consagração do princípio agrarista de que deve ser dono da terra rural quem a tiver frutificado com o seu suor, quem nela se estabeleceu com a família morando habitualmente, ali construindo seu lar, conforme elucida Fernando Pereira Sodero, citando frase de profundo alcance da autoria do professor italiano Enrico Bassanelli: *"Il lavoro come fonte de la proprietà della terra"*.[92]

Admitia-se o reconhecimento do domínio sobre terras públicas, devolutas e particulares, até que o art. 164 da Constituição de 1967, reproduzido pela Emenda Constitucional nº 1, de 1969, terminou com tal usucapião, também denominado *pro deserto*, referente a terras públicas, resguardados, obviamente, os direitos de todos quantos tenham preenchido os requisitos que concediam até a revogação da norma.

No entanto, dada a permanência do art. 98 do Estatuto da Terra, há a corrente que defende a vigência do dito usucapião depois de 1967.

É que o silêncio das Constituições posteriores à Emenda Constitucional nº 10, de 1964, não derrogou a vigência do art. 98 do diploma sobre terras.

Existem decisões que endossam tal exegese: "Embora atualmente com embasamento em lei ordinária, permanece o usucapião *pro labore* sobre terras tanto públicas como de particulares, nos termos do Estatuto da Terra, art. 98, e da Lei nº 6.969, de 10.12.1981.

Exegese finalística do Estatuto da Terra: embora com colocação em parte heterotópica, o art. 98 é norma tutelar dos ocupantes tanto de terras públicas como de particulares".[93]

Na Apelação Cível nº 585030430, da 5ª Câmara Cível, do Tribunal de Justiça do Rio Grande do Sul, julgada em 10.12.1985, vêm expostas algumas razões da permanência do citado usucapião:

> A carta de 1946 previa a figura do usucapião *pro labore*, sobrevindo o Estatuto da Terra que a regulamentou em lei ordinária. Essa lei até hoje não foi derrogada, e tal modalidade de usucapião, aliando-se às demais, *v.g.*, o usucapião ordinário e o extraordinário.
>
> A não reiteração nas Constituições que se seguiram não importa, por si só, em revogação daquilo que o legislador ordinário já dispusera, porque o desejo do legislador constituinte de 1964 já fora alcançado, e não haveria necessidade de repetições sem objeto, porque esse já fora alcançado. Veja-se que o usucapião *pro labore* inserido na Seção IV do Estatuto da Terra, que trata das terras públicas federais, abrangia, como abrange, as terras públicas e particulares, sem exceção.
>
> Se promovida uma retrospectiva no sistema fundiário brasileiro, vamos depararnos com um 'crescendo', quando se trata de legalização da posse, procurando o legislador titulá-la. As terras brasileiras passaram para o domínio português pela forma mais originária de aquisição, que é a posse. O sistema ampliou-se com as doações, aquinhoando-se sempre o possuidor, ao ponto de se efetivar o Registro do Vigário, que nada mais era do que o registro das posses, e que levou, num estágio seguinte, à titularidade do domínio. A posse, pois, sempre foi prestigiada sobremaneira, evoluindo para a propriedade plena, porque havia um interesse social em se outorgar a estabilidade, deferindo-se direitos mais amplos aos ocupantes da terra.

---

[92] *O Módulo Rural e suas Implicações Jurídicas*, ob. cit., p. 95.

[93] *Apel. Cível* nº 39.911, da 1ª Câm. Cível do TJ do RGS, de 12.03.1982, em *Revista de Jurisprudência do TJ do RGS*, 92/373.

A par das modalidades de usucapião cogitadas no CC, sobreveio o *pro labore*, de grande alcance social. Foi uma verdadeira conquista para quem vive da terra e com ela tem afinidade. Até o Poder Público abriu mão de seu quinhão – numa quebra do sistema – permitindo esse tipo de aquisição de propriedade das terras públicas, não promovendo qualquer limitação quanto à sua localização. O Estatuto da Terra não afasta a possibilidade de se usucapir terra pública ou devoluta, mesmo na faixa de fronteira... Daí deflui que a Lei nº 6.969 veio criar nova modalidade de usucapião, num avanço, e nunca num retrocesso, como se pretende fazer crer quando se sustenta ter como ab-rogado o disposto no art. 98 do Estatuto da Terra.[94]

O art. 98, porém, restou praticamente esvaziado em face da Lei nº 6.969 e em especial pelo usucapião rural da Constituição Federal e do Código Civil.

Entretanto, cumpre ressaltar, presentemente, para quem não implementou o prazo prescricional de dez anos, ficou abolido o usucapião em terras devolutas, em face do parágrafo único do art. 191 da Constituição.

Não mais são os imóveis públicos adquiridos por usucapião, neles incluídas as terras devolutas, que pertencem à classe dos bens públicos dominicais, e conceituadas por Clóvis Beviláqua como "as que não se acharem aplicadas a uso algum público federal, estadual ou municipal, nem forem do domínio particular por qualquer título legítimo".[95]

Este o entendimento esposado por Natal Nader, em observação ao art. 191, parágrafo único, da Constituição.[96]

12.8.2. O usucapião especial disciplinado na Lei nº 6.969/1981, no art. 191 da Constituição Federal e no Código Civil

Profundas mudanças fundiárias ocorreram nos últimos tempos no País. Os problemas envolvendo ocupações de terras se propagaram rapidamente, proliferando os conflitos entre sedizentes posseiros e proprietários. As ocupações de áreas rurais por colonos sem-terra passaram a ser uma constante.

Como tentativa inicial de solução para as questões originadas das ocupações foi que surgiu a Lei nº 6.969, de 10.12.1981, ainda vigente no ordenamento legal, que beneficiou aqueles que se encontravam já na posse.

Reza seu art. 1º: "Todo aquele que, não sendo proprietário rural nem urbano, possuir como seu, por cinco anos ininterruptos, sem oposição, área rural contínua não excedente de vinte e cinco hectares, e a houver tornado produtiva com seu trabalho e nela tiver sua morada, adquirir-lhe-á o domínio, independentemente de justo título e boa-fé, podendo requerer ao juiz que assim o declare por sentença, a qual servirá de título para a transcrição no Registro de Imóveis".

A Constituição Federal de 1988 também trouxe o usucapião rural, praticamente derrogando o previsto na Lei nº 6.969/1981.

Com efeito, encerra o art. 191: "Aquele que, não sendo proprietário de imóvel rural ou urbano, possua como seu, por cinco anos ininterruptos, sem oposição, área de terra, em zona

---

[94] *Revista de Jurisprudência do TJ do RGS*, 116/345.

[95] *Código Civil dos Estados Unidos do Brasil Comentado*, 12. ed., Rio de Janeiro, Edição Paulo de Azevedo Ltda., 1959, vol. I, p. 242.

[96] *Obra citada*, p. 46, nota nº 9.

rural, não superior a cinquenta hectares, tornando-a produtiva por seu trabalho ou de sua família, tendo nela sua morada, adquirir-lhe-á a propriedade".

O Código Civil em vigor igualmente contempla a figura, no art. 1.239: "Aquele que, não sendo proprietário de imóvel rural ou urbano, possua como sua, por 5 (cinco) anos ininterruptos, sem oposição, área de terra em zona rural não superior a cinquenta hectares, tornando-a produtiva por seu trabalho ou de sua família, tendo nela sua moradia, adquirir-lhe-á a propriedade".

Daí se concluir que a Lei nº 6.969/1981, o art. 191 da vigente Carta Constitucional e o art. 1.239 do atual Código Civil versam sobre o mesmo usucapião especial.

Mais que qualquer outra forma de aquisição da propriedade, constitui o usucapião rural a consagração do princípio agrarista de que deve ser dono da terra rural quem a tiver frutificado com o seu suor, quem nela se estabeleceu com a família morando habitualmente, ali construindo o seu lar.

Eis as diferenças entre a regulamentação da Lei nº 6.969/1981, da Constituição e do Código Civil de 2002.

De acordo com a redação constante no art. 191 da Constituição da República e no art. 1.239 da lei civil, a extensão máxima permitida usucapir é de cinquenta hectares. Segundo a Lei nº 6.969/1981, a área não podia exceder a vinte e cinco hectares.

Uma outra diferença ressalta, que envolve o aspecto conceitual do tipo de área que se submete ao usucapião. Conforme a Lei nº 6.969/1981, são objeto do usucapião rural as terras rurais, isto é, aquelas cuja destinação é rural, enquanto que, pela norma constitucional e pela do direito do Código Civil de 2002, submetem-se à prescrição aquisitiva as áreas situadas em zona rural, isto é, fora do perímetro urbano.

Todavia, deverá preponderar a utilização do imóvel. Nem todo o imóvel localizado em zona rural possui uma destinação rural.

Mais uma inovação desponta no art. 191 da Constituição e no art. 1.239 do Código, frente à Lei nº 6.969/1981: o reconhecimento do domínio depende, sob o império daqueles dispositivos, do trabalho do agricultor ou de sua família. Já pelo art. 1º da Lei nº 6.969, reclama-se o exercício da atividade rural da pessoa que se encontra na posse. Não há menção ao trabalho da pessoa da família do possuidor.

O usucapião da Lei nº 6.969/1981 fala em área contínua, no que é omissa a regra da Constituição e do Código Civil. Mas cuida-se este aspecto de uma condição para o reconhecimento do domínio. Impossível um mesmo registro imobiliário para áreas descontínuas, ou separadas. Seria viável um usucapião para cada área, com distintos registros consequentes.

A aquisição se dá, pelo art. 1º da Lei nº 6.969/1981, independentemente de justo título e boa-fé. A Constituição e o Código Civil silenciam a respeito, deduzindo-se, daí, igualmente a prescindibilidade de tais elementos.

Contém a parte final do art. 1º da Lei 6.969 a autorização ao titular da posse para requerer o reconhecimento do domínio – disposição acertadamente não repetida no art. 191 da CF e no art. 1.239 do Código, pois se a alguém é assegurado um direito, naturalmente se subentende a garantia de seu exercício.

Finalmente, o que é de suma importância, na previsão do usucapião pela Lei nº 6.969/1981, asseguravam os parágrafos do art. 4º o direito em terras devolutas, o qual não mais persiste, diante do parágrafo único do art. 191, conclusão a que também chegou Natal Nader: "Ante o disposto no parágrafo único do art. 191 da Constituição Federal, os parágrafos do art. 4º da Lei nº 6.969/1981, por cuidarem do usucapião de terras devolutas, estão revogados, salvo

Cap. XII · USUCAPIÃO | **315**

quanto a situações já consumadas até a vigência daquela. Idem em relação ao Decreto n° 87.620, de 21 de setembro de 1982, editado por força do § 3° do aludido art. 4°".[97]

12.8.3. Normas legais aplicáveis ao usucapião especial

Diante da introdução do usucapião especial pelo art. 191 da Carta Magna, e da previsão no art. 1.239 do Código Civil, de modo geral pode-se concluir a derrogação da Lei n° 6.969/1981, pelo menos para as novas situações que aparecerem.

O § 1° do art. 2° da Lei de Introdução às Normas do Direito Brasileiro encerra que a lei posterior revoga a anterior se é incompatível em relação a ela, ou se regular inteiramente a matéria de que tratava aquela, ou quando expressamente o declare. Lecionam os tratadistas que a revogação pode ser expressa ou tácita. É expressa "quando na nova lei há uma disposição declarando claramente que a anterior deixa de vigorar. É tácita quando na nova lei há indícios ou sinais que fazem presumir que o legislador com ela pretendeu substituir a lei antiga, ou, como melhor se exprimiu Rui Barbosa, pelo mero fato de contradizê-la", pondera Carvalho Santos.[98]

Aconselha Carlos Maximiliano que o primeiro passo, frente às duas leis que tratam do mesmo assunto, será procurar harmonizá-las, e só verificando-se a impossibilidade na execução da lei nova há revogação tácita, que não se presume. Vislumbra-se a derrogação quando é invencível a irreconciabilidade entre a nova lei e a anterior. Portanto, as duas leis – a nova e a antiga – devem dispor sobre a mesma relação jurídica, regulando a matéria diferentemente, pois se antagonismo não há, as leis posteriores constituem prolongamento das anteriores.[99]

De modo que é insofismável a aplicação do dispositivo constitucional ao usucapião rural especial, que coincide com aquele que está no Código Civil vigente. As imposições constantes na Lei n° 6.969 não mais vigem, se contrárias ao conteúdo dos arts. 191 da CF e 1.239 do CC.

Menos, é evidente, para as situações já consumadas quando da entrada em vigor da atual Carta Constitucional. Para a prescrição em formação, o regramento se transferiu para o preceito da Constituição, sem modificar os direitos anteriormente assegurados. Assim, se o prescribente já detém a posse durante dois anos, não lhe assegura a pretensão de usucapir, *v.g.*, cinquenta hectares de terra pelo restante lapso temporal, mas unicamente a extensão superficial até vinte e cinco hectares. Para alcançar aquela área, deveria ter o possuidor exercido a posse durante cinco anos, contados desde a entrada em vigor da nova ordem constitucional.

Já quando se promulgou a Lei 6.969/1981, passou a imperar tal exegese, que deverá vingar, em face do novo regramento. É que se trata de lei que criou direito novo, com significativo aumento de área usucapível, flagrantemente prejudicial ao direito de propriedade. O direito novo, sem dúvida, suspendeu o sistema já estratificado, de modo que a sua eficácia só pode valer após vencido o prazo mínimo de cinco anos desde sua vigência. O art. 6° da Lei de Introdução às Normas do Direito Brasileiro protege, aqui, o direito adquirido do proprietário ou daquele contra o qual está correndo a prescrição aquisitiva. Lenine Nequete segue igual orientação: "Quer dizer: entre a expedição da Carta de 1967 e da Lei n° 6.969, de 1981, nenhum diploma continuou a regular a matéria, e, em consequência, não há como deixar de considerar direito novo o regrado por esta última lei, mercê da qual voltaram a ser usucapíveis – mas somente a contar dela e na forma nela especificada – certas áreas rurais do

---

[97] *Obra citada*, p. 50, nota n° 14.
[98] *Obra citada*, vol. I, 1963, 10. ed., p. 62.
[99] *Hermenêutica e Aplicação do Direito*, 9. ed., Rio de Janeiro, Forense, 1979, p. 260.

domínio público e do domínio privado; naquelas, a posse hábil podendo retrair-se aos cinco anos anteriores à data de sua publicação ou vir a completar-se subsequentemente; nestas, ela não se firmando senão a partir de 26.01.1982, publicada que foi a lei em 11.12.1981".[100]

Diferente se apresentaria a interpretação caso uma lei nova viesse, *v.g.*, a reduzir o prazo do usucapião. A lei nova apanharia a prescrição em curso, conforme já defendia Pontes de Miranda, agregando: "Os elementos do suporte fático da regra jurídica sobre prescrição ou sobre usucapião são os do dia em que vai terminar o prazo para prescrever a pretensão ou para usucapir".[101] A questão ensejou a edição da Súmula nº 445, de 2011, Tema 4, aplicada no RE 566.621/RS, pelo Supremo Tribunal Federal: "A Lei nº 2.437, de 07.03.1955, que reduz prazo prescricional, é aplicável às prescrições em curso na data de sua vigência (01.01.1956), salvo quanto aos processos então pendentes".

Portanto, o prazo prescricional seria o da lei nova. Mas, no usucapião especial, um direito novo passa a vigorar, que iniciará a formar-se com a lei que o instituiu.

Em síntese, duas situações cumpre se distingam: aquela concernente ao direito já formado quando da entrada em vigor da atual Constituição, em que se aplicam as regras da Lei nº 6.969/1981; e a que envolve um período de posse inferior a cinco anos. Nesta última, programa-se e implementa-se o prazo faltante segundo o art. 191 da CF com os requisitos nele inseridos. Se, no entanto, o interessado quer ampliar as dimensões da posse, ou adquirir mais direitos, reinicia-se o prazo prescricional de cinco anos.

12.8.4. Requisitos para o usucapião especial

Na posse implementada até 05.10.1988, segue-se a sistemática da Lei nº 6.969/1981.

Naquela que ainda corre, passa a ser disciplinada pelo art. 191 da CF, se iniciada a partir do Código Civil de 2002, pelo seu art. 1.239. Para se pretender usucapir área superior a vinte e cinco hectares, até o total de cinquenta, exigirá o exercício da posse o lapso temporal de cinco anos.

Em qualquer caso, impõem-se os requisitos que seguem:

a) Quanto à legitimidade para a ação

Reveste-se de legitimidade, primeiramente, quem não for proprietário rural nem urbano. Objetivam a Lei nº 6.969/1981 e o art. 191 da Constituição, repetido no art. 1.239 do Código Civil, o propósito de assentar, na zona rural, os agricultores sem-terra, dandolhes garantia e segurança, o que, em consequência, reduz as dissensões sociais.

O interessado é desprovido de titularidade dominial, mantendo somente a posse sobre a área referida. No curso do prazo prescricional, jamais deve ter-se revestido do domínio sobre qualquer área, o que não equivale dizer se exija a mesma não titularidade no período anterior ao quinquênio da posse, ou posteriormente à aquisição prescricional. Mas ocorrendo a qualidade dominial em algum momento no transcurso dos cinco anos, interrompe-se a prescrição; iniciará a fluir novo prazo a partir do dia em que cessa tal caráter.

A posse deve ser pessoal. Não se permite a soma de posses entre pessoas diferentes, que era prevista no usucapião do Código Civil de 1916 – art. 552 e consta no Código atual – art. 1.243. A razão emerge da natureza do instituto: amparar o agricultor interessado em permanecer na terra, nela trabalhando diretamente e não por meio de preposto ou exercício

---

[100] *Usucapião Especial*, São Paulo, Editora Saraiva, 1983, p. 26.
[101] *Tratado de Direito Privado*, 3ª ed., Rio de Janeiro, Editor Borsoi, 1971, vol. XI, p. 119.

Cap. XII • USUCAPIÃO | **317**

indireto da posse, como arrendamento, parceria, locação etc. Entretanto, nenhum óbice impede que os sucessores diretos, em transmissões *causa mortis*, somem a posse do antecessor ao período por eles exercido, desde que, concomitantemente, colaboraram no trato da terra. É a situação da esposa e dos filhos, os quais sempre auxiliaram nos trabalhos agrícolas. De modo idêntico, se o marido abandona a família, permanecendo a esposa e os filhos na terra até inteirar o lustro da prescrição, encontram-se estes autorizados a pleitear a medida, se antes colaboravam com aquele nos trabalhos.

É o pensamento de Tupinambá Miguel Castro do Nascimento, ao discorrer sobre o usucapião da Lei nº 6.969/1981: "Quanto à *sucessio possessionis*, a sucessão na posse pela saisina, duas situações são possíveis. O herdeiro compunha o conjunto familiar que cultivava e produzia a terra, nela morando com o possuidor, que veio a falecer. Nesta hipótese, é justo e jurídico que haja a contagem do tempo anterior, porque tal solução se coaduna com as circunstâncias informadoras do usucapião rural quinquenal. Outra situação é se o herdeiro não fazia parte do conjunto familiar que trabalhava na terra, morando em outro lugar e se dedicando a outra atividade. Nesta hipótese, as mesmas razões anteriores levam à conclusão pela inaplicabilidade da contagem do tempo de posse antecedente. Formou-se, inclusive, jurisprudência neste sentido".[102]

b) Quanto às terras usucapíveis

Com referência à área, desde que iniciada a prescrição a contar da vigência da atual Constituição Federal, poderá ser de até cinquenta hectares. Para as posses anteriores, sob regulamentação da Lei nº 6.969/1981, fixava-se o limite máximo em vinte e cinco hectares.

Sendo superior, a solução adequada será a redução da extensão até cinquenta hectares.

A Lei nº 6.969/1981 fala em área rural contínua. O art. 191 da Constituição e o art. 1.239 do Código Civil referem área de terra em zona rural.

É notável a divergência.

Todavia, nada impede o exercício do direito para aqueles possuidores que, embora exerçam a posse em áreas urbanas, deem ao imóvel uma destinação rural ou agrícola. O objetivo do art. 191 da Carta Maior foi, e é o do art. 1.239 do Código, socorrer àqueles que se dedicam ao amaino da terra e dela procuram retirar o sustento, ou exercem a posse-produção. Esse é o sentido que deve preponderar, pois, do contrário, o critério da localização ficaria ao sabor dos interesses municipais, que alteram os perímetros urbanos nem sempre em função do aumento populacional ou desenvolvimento de atividades comerciais e industriais.

Pelo Estatuto da Terra, art. 4º, "imóvel rural é o prédio rústico, de área contínua, qualquer que seja a sua localização, que se destine à exploração extrativa, agrícola, pecuária, ou agroindustrial, quer por meio de planos públicos de valorização, quer por meio da iniciativa privada". Na regulamentação feita pelo Decreto nº 55.891/1965, art. 5º, encontramos: "Imóvel rural é o prédio rústico e de área contínua, qualquer que seja sua localização, em perímetros urbanos, suburbanos ou rurais dos Municípios, que se destinem à exploração extrativa, agrícola, pecuária ou agroindustrial, quer por meio de planos públicos de valorização, quer por meio de iniciativa privada".

Na mesma linha de conceituação, o art. 93 do Decreto nº 59.428/1966, reza: "(...) É o prédio rústico de área contínua, localizado em perímetro urbano ou rural dos Municípios,

---

[102] *A Ordem Econômica e Financeira e a Nova Constituição*, Rio de Janeiro, Aide Editora, 1989, p. 163 e 164.

que se destine à exploração extrativa, agrícola, pecuária ou agroindustrial, através de planos públicos ou particulares de valorização".

Nota-se, na distinção relativamente ao imóvel urbano, importa averiguar a finalidade que se lhe empresta. Configurando-se a destinação agrícola, ou outra de aproveitamento econômico pelo uso, situe-se dentro ou fora do perímetro urbano, temos sempre o imóvel rural.

O usucapião especial do art. 191 da Carta Federal e do art. 1.239 do Código Civil restringe-se às terras particulares, por força do primeiro dispositivo, que proíbe a sua incidência em imóveis públicos. Ora, segundo arts. 20, inc. III, e 26, inc. IV, da Constituição, as terras devolutas pertencem ou à União, ou aos Estados federados. Portanto, conceituam-se como bens públicos.

Mas, para aqueles que satisfizeram o prazo de cinco anos até a vigente Constituição, com fulcro no art. 2º da Lei nº 6.969/1981, é assegurado o direito ao usucapião em terras devolutas. Reza o preceito: "A usucapião especial, a que se refere esta Lei, abrange as terras particulares e as terras devolutas, em geral, sem prejuízo de outros direitos conferidos ao posseiro, pelo Estatuto da Terra ou pelas leis que dispõem sobre processo discriminatório de terras devolutas".

Neste mesmo capítulo já se delineou a caracterização de terras devolutas.

Em consonância com o art. 3º da Lei nº 6.969/1981, ficam expressamente excluídas do usucapião especial as terras indispensáveis à segurança nacional, as terras habitadas por silvícolas, as que têm interesse ecológico, consideradas como tais as reservas biológicas ou florestais e os parques nacionais, estaduais ou municipais, assim declarados pelo Poder Executivo, assegurando-se aos atuais ocupantes a preferência para o assentamento em outras regiões, pelo órgão competente.

Quantos às terras indispensáveis à segurança nacional, assinala o parágrafo único que o Poder Executivo, ouvido o Conselho de Segurança Nacional, especificará, mediante decreto, no prazo de noventa dias, quais são elas.

c) Quanto à posse

As condições para que seja apta a posse ao reconhecimento do domínio são as que seguem.

Em primeiro lugar, o prazo terá um período mínimo de cinco anos, que inicia quando o possuidor se instala com moradia, conforme o art. 1º da Lei nº 6.969/1981, o art. 191 da Constituição e o art. 1.239 do Código Civil, passando a cultivar a terra e a torná-la, por qualquer modo, produtiva com o seu trabalho ou de sua família.

A ocupação há de ser do próprio requerente ou de familiares durante todo o prazo, sempre ininterruptamente. A continuidade revela-se na ausência de intervalos, sejam quais forem, a não ser por força maior, como nos fatos da natureza, inundações, doenças etc. O detentor, privado do gozo da coisa por um motivo de força maior, não perde a vontade de possuir. No entanto, cada caso merece um exame particular. Em termos práticos, como ensina Lenine Nequete, se o ocupante "se prolongou exatamente pelo tempo que faltava à consumação da prescrição; ou se, enquanto subsistiu, o possuidor se ausentou da comarca, dando a entender, assim, que se desinteressara de voltar a possuir, tanto que regressaria ali muito tempo depois de passar a inundação",[103] o que não ocorreu, presume-se que a impossibilidade de continuar na posse não foi de molde convincente e eficaz para afastar a interrupção.

Segundo os artigos mencionados, outra condição indispensável relaciona-se à posse exercida com o *animus domini*, ou seja, com a vontade de possuir alguma coisa como se sua

---

[103] *Da Prescrição Aquisitiva* (*Usucapião*), ob. cit., p. 137.

fosse. A posse deve revelar-se no cultivo da terra. Ou seja, impõem-se o trabalho e o cultivo da terra, de modo a torná-la produtiva, segundo decorre do art. 1º da Lei nº 6.969/1981 ("... e a houver tornado produtiva com seu trabalho"), do art. 191 da Constituição Federal e do art. 1.239 do Código ("... tornando-a produtiva por seu trabalho ou de sua família"). Estende-se no assunto Pedro Nunes: "Ora, se o fim visado pela Constituição foi proteger o agricultor pobre, incutir-lhe o amor ao trabalho do campo e vinculá-lo a este pela propriedade própria, tudo em favor, principalmente, do aumento da produção, é curial que um dos requisitos, o essencial para a aquisição do direito da prescrição, deve ser o de amainar ele próprio, ou com auxílio de assalariados, ou de pessoas de sua família, a terra que ocupa..., empregando o seu esforço para que frutifiquem as lavouras que porventura explorar".[104]

Soma-se à necessidade do cultivo a morada efetiva na área ocupada, consoante os dispositivos citados anteriormente exigem, de sorte que não fará jus ao reconhecimento do domínio aquele que residir em lugar diferente.

Impõe-se, outrossim, a ausência de oposição. Aparentemente, a simples oposição teria o condão de trancar o exercício da ação. Entrementes, quando a lei emprega esse termo, pretende significar o ato de domínio de um terceiro, que prevalece diante do direito do pretendente, reconhecido em seu favor, descaracterizando a posse daquele.

Não equivale a uma simples não concordância com o pedido, ou mesmo a um protesto judicial ou extrajudicial, com a intenção de interromper a prescrição, ou constituir em mora o usucapiente. Para quem vive da terra, pelas diretrizes da política agrária do governo, deve-se facilitar e garantir a permanência no solo rural. Daí por que não se prescrevem pressupostos rígidos, no que concerne à posse.

Embora a lei não o diga expressamente, esse requisito, para se consumar, envolve outras qualidades da posse. Cumpre que ela seja pacífica, isto é, que tenha se estabelecido e se exerça sem violência. Não a favorece se os atos pelos quais se revelou redundaram na expulsão brutal do antigo ocupante, ou o forçaram a abandonar a coisa. Mas, desde o instante em que se manifestou a aquiescência deste, mesmo pelo seu silêncio ou omissão à ocupação, inicia o fluxo do prazo quinquenal. Há, diríamos, a superveniência da passividade, que não se desnatura pela manifestação contrária do titular no momento da demanda.

A lei dispensa a boa-fé, condição imposta unicamente para o usucapião ordinário.

12.8.5. Procedimento judicial e administrativo do usucapião especial

Algumas considerações quanto ao procedimento estabelecido na Lei nº 6.969/1981 revelam-se oportunas, lembrando, como referido antes, que para as atuais situações de posse aptas para o usucapião incidem os arts. 191 da Carta Federal e 1.239 do diploma civil. Em verdade, teria aplicabilidade e utilidade a Lei nº 6.969/1981 para o usucapião ainda não reconhecido, mas cujos requisitos estão implementados segundo seus ditames. Todavia, o mesmo direito, e com mais vantagem, é reconhecido pelos arts. 191 da CF e 1.239 do CC.

No art. 4º da Lei nº 6.969/1981 está expressa a regra sobre a competência: "A ação de usucapião especial será processada e julgada na comarca da situação do imóvel". É a materialização da norma do art. 47 e de seu § 1º, do atual CPC:

> Para as ações fundadas em direito real sobre imóveis é competente o foro de situação da coisa.

---

[104] *Do Usucapião*, atualização de Evandro Nunes, 5. ed., ob. cit., p. 96.

§ 1º O autor pode optar pelo foro de domicílio do réu ou pelo foro de eleição se o litígio não recair sobre direito de propriedade, vizinhança, servidão, divisão e demarcação de terras e de nunciação de obra nova.

Importa a situação da coisa.

Em síntese, vige o princípio do *forum rei sitae*, que fixa a competência de acordo com a situação do imóvel, ou com a circunscrição judicial em que este se encontra.

Quanto ao rito processual, no entanto, provocou surpresa a Lei nº 6.969/1981 ao ordenar a forma procedimental para se obter a sentença declaratória. Adotou, no art. 5º, o procedimento outrora denominado sumaríssimo, e que a Lei nº 9.245/1995, introduzindo modificações no art. 275 do Código de Processo Civil, o alterou para sumário, mas que, com o CPC/2015, não mais existe.

No pertinente ao procedimento que o art. 5º mencionado imprimiu, Athos Gusmão Carneiro deu, à época, o sentido: "Trata-se, realmente, de uma ação sob procedimento sumaríssimo, portanto, com o rito previsto nos arts. 276 e segs. do CPC? (...) A resposta é negativa. Ao mencionar o rito sumaríssimo, tem-se a impressão de que a lei pretendeu, embora de forma menos técnica, apenas assegurar maior brevidade a tais processos e preferência especial na designação de pautas de julgamento".

Com efeito, o procedimento sumário caracterizava-se pela concentração de atos processuais na audiência de instrução e julgamento. Nesta, apresentava-se a contestação e, de imediato, sempre que possível, eram tomados os depoimentos pessoais das partes e ouvidas as testemunhas, seguindo-se os debates orais e a prolação da sentença. Vicissitudes processuais frequentemente descaracterizavam tal sumariedade. Mas a tônica essencial do procedimento sumário, tal como o instituiu o Código de Processo Civil anterior, consistia na concentração de etapas: recebida a petição inicial, o juiz, de imediato, designava audiência de instrução e julgamento, e nesta vinha a resposta do demandado.

A lei do usucapião dito especial da Lei nº 6.969/1981 (*rectius, pro labore*) conservava aquele procedimento previsto no Código de Processo Civil para as ações em geral de "usucapião de terras particulares" – CPC/1973, arts. 941 e segs.[105]

Todavia, a referência ao procedimento sumário quis significar, unicamente, o tratamento especial que merecem as demandas que visam ao usucapião breve, sendo obrigatório o andamento do modo mais rápido possível, sem, no entanto, atropelar atos indispensáveis para o conhecimento do direito. Foi o que se decidiu, não muito tempo depois do surgimento desta espécie de reconhecimento de domínio: "Usucapião especial. Lei nº 6.969/1981. Rito. O sumaríssimo de que fala a lei não se compatibiliza com o que é previsto nos arts. 275 e seguintes do CPC".[106]

O § 1º do art. 5º da Lei nº 6.969 previu a audiência de justificação nas situações de posse insegura e de ameaça de esbulho ou turbação vinda de terceiros: "O autor, expondo o fundamento do pedido e individualizando o imóvel, com dispensa de juntada da respectiva planta, poderá requerer, na petição inicial, designação de audiência preliminar, a fim de justificar a posse, e, se comprovada esta, será nela mantido, liminarmente, até a decisão final da causa".

---

[105]	*Aspectos Processuais da Lei do Usucapião Especial, in Ajuris* – nº 26, *Revista da Associação dos Juízes do RGS*, nov. de 1982, Porto Alegre, p. 117 e 118.

[106]	*Revista de Jurisprudência do TJ do RGS*, 118/230, *Agravo de Instrumento* nº 586025983, da 5ª Câm. Cível do TJ do RGS, de 05.08.1986.

Nota-se o caráter então dado, que era para a finalidade de conseguir alguma medida assecuratória de direitos.

Conclui-se que o procedimento preliminar estava na dependência de pedido do titular do direito.

Se convinha à parte assegurar-se de possíveis atentados, requereria a justificação, que tinha caráter de manutenção na posse, ou de reintegração, se tivesse sido afastado recentemente. Daí depreender-se que a obrigatoriedade da designação de audiência, pelo juiz, se subordinava ao pedido do autor, e desde que viesse com a finalidade de se conseguir a manutenção ou reintegração. No entanto, se elementos documentais acompanhassem a inicial, não se impedia ao juiz conhecer diretamente do pedido de liminar. Entendia-se que a regra geral da designação de audiência ficava na dependência de não trazer a inicial a comprovação concreta, por meio de documentos, dos atentados à posse.

Para a audiência, procediam-se às citações e intimações, como consta dos §§ 2º e 3º do art. 5º. Ou seja, citavam-se pessoalmente aquele em cujo nome estivesse transcrito o imóvel usucapiendo, bem como os confinantes, e, por edital, os réus ausentes, incertos e desconhecidos (atualmente na forma do art. 257 do hoje vigente Código de Processo Civil), valendo a citação para todos os atos do processo. Cientificavam-se ou intimavam-se por carta, para que manifestassem interesse na causa, os representantes da Fazenda Pública da União, dos Estados, do Distrito Federal, dos Territórios e dos Municípios, no prazo de quarenta e cinco dias. Para a audiência, deveriam estar concluídas as citações e intimações. Comparecendo ao ato, qualquer interessado teria a faculdade de intervir, inclusive formulando perguntas às testemunhas e juntando documentos.

Se não demandada a proteção possessória, a justificação prévia poderia prescindir da audiência. Aliás, nem mais necessário se tornava tal ato, em razão da ordem que passou a disciplinar o usucapião ordinário e o extraordinário, regulados pelo Código Civil e pelo Código de Processo Civil de 1973. Simplesmente passou a serem citadas e intimadas as pessoas que a lei de então ordenava. Evidentemente, era descrita e individualizada a área (art. 5º, § 1º da Lei nº 6.969/1981). Vinha a sua representação em mapa ou planta (querendo a parte, eis que a lei dispensava esta formalidade, consoante o art. 5º, § 1º), com a assinatura de engenheiro ou pessoa habilitada.

Caso não pretendida nem procedida a justificação de posse, para efeitos de concessão de liminar de manutenção ou reintegração, determinavam-se, como observado, as citações e as intimações. O prazo para as contestações era de quinze dias, enquanto que, para as manifestações da Fazenda Pública da União, dos Estados, do Distrito Federal, dos Territórios e dos Municípios, estendia-se por quarenta e cinco dias.

Sempre que se basear a ação no art. 191 da CF ou no art. 1.239 do CC, imprime-se o procedimento comum. No pedido, refere-se a opção pela realização ou não da audiência de conciliação ou mediação. Na escolha pela audiência, iniciará o prazo para contestar na data do encerramento de tal ato. Se dispensada a audiência, o começo do prazo ocorre com a juntada do mandato ou da carta de citação.

O regramento está no art. 335 do CPC:

> O réu poderá oferecer contestação, por petição, no prazo de 15 (quinze) dias, cujo termo inicial será a data:
>
> I – da audiência de conciliação ou de mediação, ou da última sessão de conciliação, quando qualquer parte não comparecer ou, comparecendo, não houver autocomposição;

II – do protocolo do pedido de cancelamento da audiência de conciliação ou de mediação apresentado pelo réu, quando ocorrer a hipótese do art. 334, § 4º, inciso I;

III – prevista no art. 231, de acordo com o modo como foi feita a citação, nos demais casos.

Não se pode olvidar a regra do art. 224, no tocante ao começo do prazo: "Salvo disposição em contrário, os prazos serão contados excluindo o dia do começo e incluindo o dia do vencimento".

Citando-se para contestar, eis a forma de contagem do prazo, constante no art. 231:

Salvo disposição em sentido diverso, considera-se dia do começo do prazo:

I – a data de juntada aos autos do aviso de recebimento, quando a citação ou a intimação for pelo correio;

II – a data de juntada aos autos do mandado cumprido, quando a citação ou a intimação for por oficial de justiça;

III – a data de ocorrência da citação ou da intimação, quando ela se der por ato do escrivão ou do chefe de secretaria;

IV – o dia útil seguinte ao fim da dilação assinada pelo juiz, quando a citação ou a intimação for por edital;

V – o dia útil seguinte à consulta ao teor da citação ou da intimação ou ao término do prazo para que a consulta se dê, quando a citação ou a intimação for eletrônica;

VI – a data de juntada do comunicado de que trata o art. 232 ou, não havendo esse, a data de juntada da carta aos autos de origem devidamente cumprida, quando a citação ou a intimação se realizar em cumprimento de carta;

VII – a data de publicação, quando a intimação se der pelo Diário da Justiça impresso ou eletrônico;

VIII – o dia da carga, quando a intimação se der por meio da retirada dos autos, em carga, do cartório ou da secretaria.

Havendo contestação, abrem-se vistas para o requerente do usucapião. Segue-se com o saneamento do feito, especialmente se oferecidas preliminares prejudiciais do mérito. Designará o juiz, se for o caso e havendo pedido de depoimentos pessoais e de testemunhas, audiência de instrução e julgamento. Na eventualidade de revelia dos citados, permite-se a decisão antecipada da lide.

Há, também, o usucapião administrativo introduzido no art. 4º, § 2º, da Lei nº 6.969/1981, nestes termos: "No caso de terras devolutas, em geral, a usucapião especial poderá ser reconhecida administrativamente, com a consequente expedição do título definitivo do domínio, para transcrição no Registro de Imóveis". Esse direito, em face do art. 191, parágrafo único, da Constituição Federal, tem importância unicamente para as situações já consolidadas até o advento da Carta Magna em vigor. Não mais é permitido o usucapião de terras públicas, nas quais estão incluídas as devolutas, como reforça Benedito Silvério Ribeiro, em sua valiosa obra *Tratado de Usucapião*: "A singular criação continuaria vigendo se não fosse a colidência expressa com os ditames da Constituição, razão por que encontra-se extinta, em face da disposição expressa no parágrafo único do art. 191: 'Os imóveis públicos não serão adquiridos por usucapião'.

A vedação, como evidente, não prejudicaria aquelas prescrições completadas no período correspondente à promulgação da Lei nº 6.969/1981 até o advento da atual Constituição".[107]

---

[107] *Tratado de Usucapião*. 2. ed. São Paulo, Editora Saraiva, 1998, p. 900.

Com a norma acima do art. 4º, § 2º, da Lei nº 6.969/1981, não há propriamente uma inovação em direito agrário, sendo a matéria mais uma variante de institutos afins, como a legitimação, a regularização de terras e a distribuição de lotes para a formação de núcleos coloniais.

12.8.6. Usucapião especial como matéria de defesa e com reconhecimento de domínio

A matéria diz mais com a Lei nº 6.969/1981.

De longo tempo vem sendo admitido o usucapião como matéria de defesa, do qual se vale o contestante especialmente nas ações possessórias e reivindicatórias. É pacífica a jurisprudência dos tribunais, consagrando princípio amparado na Súmula nº 237, do Supremo Tribunal Federal, aprovada em data de 13.12.1963, na seguinte redação: "O usucapião pode ser arguido em defesa".

No entanto, o que surpreende é a inovação trazida, em nosso direito, pelo art. 7º da Lei nº 6.969/1981: "A usucapião especial poderá ser invocada como matéria de defesa, valendo a sentença que a reconhecer como título para transcrição no Registro de Imóveis".

A sentença decidirá todos os pedidos, do autor e do réu, salvo se a solução de um implique no prejuízo do outro.

Indaga-se se o dispositivo dispensou as providências do art. 5º e seus parágrafos da Lei 6.969/1981. É difícil entender que se possa atropelar normas concernentes a citações e intimações e outras regras processuais.

À primeira vista, para não resultar cerceamento de defesa, e já que a lei existe, se permitido é viabilizar a ação pelo requerido uma vez formulada a defesa, o magistrado, deparando-se com o pedido da prescrição aquisitiva no final da contestação, vê-se impelido a ordenar que se processem as citações e intimações enumeradas nos parágrafos do art. 5º. Para tanto, cumpre tenha o réu formulado o requerimento como se se tratasse de uma inicial, com a descrição do imóvel, a indicação dos confrontantes e possuidores e das pessoas em cujo nome esteja transcrito o terreno. Preencherá a peça os requisitos inseridos nos parágrafos do art. 5º da Lei nº 6.969/1981 e no art. 319 do Código de Processo Civil de 2015.

Ao receber a contestação, obviamente dar-se-á vistas ao autor da ação possessória ou reivindicatória, ou outra, prosseguindo-se nas citações e intimações já vistas.

Se for postulado o reconhecimento do domínio, exige-se que a parte apresente o título de propriedade em nome do autor da ação, resultando a sentença em uma simples transferência de titularidade sobre o imóvel. De outro lado, como entender-se razoável, em ação possessória não fundada em título transcrito, que o réu consiga o registro? Apenas no debate da ação entre o autor e o réu, calcada a causa de pedir em domínio e a defesa na prescrição aquisitiva, é que se admite alguma razoabilidade de interpretação no art. 7º. Se o fundamento da ação for a alegação de posse, tornam-se imprescindíveis os demais trâmites exigidos para o usucapião, admitindo a defesa porque reconhecida a posse que importa em aquisição do domínio em favor do demandado, mas sem importar na transcrição da sentença no registro de imóveis, com a abertura de matrícula. Deverá a parte ingressar com a ação própria de usucapião, valendo a sentença unicamente em relação àquele que propôs a ação possessória, e que não obteve o resultado almejado porque reconhecida a posse apta a gerar a aquisição da propriedade. Como ficarão os direitos de terceiros, atingidos pela sentença em favor do réu, já que não tiveram oportunidade para se pronunciar e se defender? É possível que a sentença, em face dos elementos fornecidos pelo favorecido, reconheça o domínio sobre uma área maior da realmente existente, invadindo os limites dos confrontantes. Nesta situação, a sentença não atingirá os direitos de estranhos à lide processual. Faculta-se a discussão em nova lide judicial entre os prejudicados e o vencedor da ação.

Fosse o contrário, ou se o autor da ação é pessoa outra que o titular do registro imobiliário, a decisão equivaleria a um verdadeiro confisco e importaria na privação dos direitos em uma demanda na qual o dono não é parte, negando-se-lhe qualquer oportunidade de opor-se às pretensões de quem invocou o usucapião.

Naturalmente, o fundamento do pedido no art. 191 da Carta Magna, no que é reeditado o direito pelo art. 1.239 do Código Civil, não determina a faculdade do art. 7º referido. Apenas se reconhece a defesa com amparo no usucapião, mas sem que a sentença sirva de título para a aquisição originária.

12.8.7. Isenção do Imposto Territorial Rural

O art. 8º da Lei nº 6.969/1981 isenta de imposto a área usucapienda, se obtido o usucapião especial, nestes termos: "Observar-se-á, quanto ao imóvel usucapido, a imunidade específica, estabelecida no § 6º do art. 21 da Constituição Federal". O dispositivo citado corresponde ao atual art. 153, VI, § 4º, inc. II pelo qual o Imposto Territorial Rural não incidirá sobre pequenas glebas rurais, definidas em lei, quando o proprietário que não possui outro imóvel as explore:

> Compete à União instituir impostos sobre: (...)
>
> VI – propriedade territorial rural; (...)
>
> § 4º O imposto previsto no inciso VI do *caput*: (...)
>
> II – não incidirá sobre pequenas glebas rurais, definidas em lei, quando as explore o proprietário que não possua outro imóvel.

Cuida-se de regra de imunidade tributária que atinge também o usucapião requerido com base no art. 191 da Constituição e no art. 1.239 do Código.

De outra parte, prossegue o parágrafo único do art. 8º transcrito: "Quando prevalecer a área do módulo rural, de acordo com o previsto no parágrafo único do art. 1º desta Lei, o Imposto Territorial Rural não incidirá sobre o imóvel usucapido". Ou seja, envolvendo o usucapião especial área correspondente ao módulo rural da região de tamanho superior a vinte e cinco hectares, perdura a isenção, não agora com fundamento no preceito constitucional, mas na lei sob exame. Em resumo, o favor legal alcança todos os imóveis sujeitos ao usucapião em estudo.

12.9. USUCAPIÃO ESPECIAL URBANO INDIVIDUAL E COLETIVO

A Constituição Federal introduziu, no art. 183, uma nova modalidade de usucapião, de certo modo semelhante ao usucapião rural especial.

Assim consta na redação do citado dispositivo: "Aquele que possuir como sua área urbana de até duzentos e cinquenta metros quadrados, por cinco anos ininterruptamente e sem oposição, utilizando-a para sua moradia ou de sua família, adquirir-lhe-á o domínio, desde que não seja proprietário de outro imóvel urbano ou rural".

O art. 1.240 do Código Civil inseriu o mesmo usucapião, com redação igual à do art. 183.

Como ressalta, tencionaram os constituintes estabelecer um direito para os desprovidos de bens, de sorte a serem contempladas somente as pessoas sem moradia própria. O critério definidor para a concessão não é apenas a posse naquelas condições, mas também a situação econômica do possuidor. O caráter da moradia é ressaltado também por Pedro Nunes: "(...)

A posse para a prescrição aquisitiva deve inteirar-se do caráter *pro habitatio*, ou seja, com o de moradia do usucapiente ou de sua família, 'independentemente do estado civil'. Assim, a posse deve ser pessoal e direta, exercida por aqueles que a integram, exclusa, portanto, a indireta".[108]

O instituto veio regulamentado pela Lei nº 10.257, de 10 de julho de 2001, denominada "Estatuto da Cidade", nos arts. 9º a 14. A previsão do direito ao usucapião está no art. 9º, com redação idêntica à do art. 183 da Carta Maior.

Importa a configuração dos seguintes elementos para a invocação do usucapião:

a) duração da posse pelo prazo de cinco anos;

b) posse ininterrupta e sem oposição, com o ânimo de dono;

c) localização da área em zona urbana do Município;

d) extensão superficial do imóvel em até duzentos e cinquenta metros quadrados;

e) a sua utilização para a moradia própria do possuidor ou da família;

f) não ser o possuidor proprietário de outro imóvel urbano ou rural, sem significar que não possa ter sido proprietário em época anterior, conforme assinala Benedito Silvério Ribeiro: "O prescribente pode ter sido proprietário de imóvel antes do período prescricional, não mais o possuindo ao tempo do início de sua posse, e mesmo depois do quinquênio, dado o caráter declaratório da prescrição aquisitiva".[109]

Seguem várias disposições, contempladas nos parágrafos do art. 183 da Constituição Federal e no art. 9º da Lei nº 10.257/2001, cujo sentido coincide, em parte, nos três primeiros, embora a redação diferente. Eis os da Lei nº 10.257/2001:

> § 1º O título de domínio será conferido ao homem e à mulher, ou a ambos, independentemente do estado civil;
>
> § 2º O direito de que trata este artigo não será reconhecido ao mesmo possuidor mais de uma vez;
>
> § 3º Não se sujeitam os imóveis públicos à aquisição pelo usucapião;
>
> § 4º Para os efeitos deste artigo, o herdeiro legítimo continua, de pleno direito, a posse de seu antecessor, desde que já resida no imóvel por ocasião da abertura da sucessão.

Esclarece-se que o tamanho da área não poderá ser inferior à fração mínima de parcelamento do solo urbano previsto pela lei municipal, pelas razões que vêm bem explicadas na ementa do REsp. nº 402.792/SP, da 4ª Turma do STJ, julgado em 26.10.2004, *DJU* de 06.12.2004:

> *In casu*, como bem ressaltado no acórdão impugnado, "o imóvel que se pretende usucapir não atende às normas municipais que estabelecem o módulo mínimo local, para parcelamento do solo urbano." (fls. 168/169), não constituindo o referido imóvel, portanto, objeto legalizável, nos termos da lei municipal. Conforme evidenciado pela Prefeitura Municipal de Socorro, no Ofício de fls. 135, o módulo mínimo para o parcelamento do solo urbano daquele município é de 250m², e o imóvel em questão

---

[108] *Do Usucapião*, 5. ed., atualização de Evandro Nunes, ob. cit., p. 102.

[109] *Tratado de Usucapião*, vol. 2, ob. cit., p. 876.

possui apenas 126m². Ora, caso se admitisse o usucapião de tal área, estar-se-ia viabilizando, de forma direta, o registro de área inferior àquela permitida pela lei daquele município. Há, portanto, vício na própria relação jurídica que se pretende modificar com a aquisição definitiva do imóvel.

Destarte, incensurável o v. acórdão recorrido (fls. 169) quando afirmou que "o entendimento do pedido implicaria ofensa à norma municipal relativa ao parcelamento do solo urbano, pela via reflexa do usucapião. Seria, com isso, legalizado o que a Lei não permite. Anotou, a propósito, o DD. Promotor de Justiça que, na Comarca de Socorro, isso vem ocorrendo" como meio de buscar a legitimação de parcelamento de imóveis realizados irregularmente e clandestinamente.

Repetem-se as disposições dos §§ 1º e 2º do art. 1.240 do Código Civil.

As normas da Constituição Federal asseguram, também, o direito ao uso, que obrigatoriamente envolverá os imóveis públicos, os quais não se sujeitam, entretanto, ao usucapião. Concede-se mediante procedimento administrativo o uso. A Lei nº 10.257/2001, nos dispositivos concernentes à espécie, restou vetada.

Nota-se que as normas avançaram relativamente ao homem e à mulher, ao prevenir que a ambos cabe o título de domínio ou a concessão de uso, quer individualmente, quer em conjunto, sem importar o estado civil.

Sabe-se que a Carta Política ampliou o conceito de família, que pode originar-se do casamento, ou da união estável entre o homem e a mulher, ou da comunidade formada por qualquer dos pais e seus descendentes (art. 226, §§ 1º ao 4º).

Assim, o título de domínio e a concessão de uso assistem não somente às pessoas casadas entre si, ou solteiras – tanto ao homem como à mulher –, mas igualmente aos componentes de uniões estáveis, mesmo que homoafetivas, e não apenas heteroafetivas, formadoras de um conjunto familiar, o que não é novidade. Em verdade, a quaisquer pessoas, sejam casadas ou unidas entre si por um vínculo de fato, nunca se impediu que exercessem o direito ao reconhecimento do domínio da forma que pretendessem.

Nega-se o reconhecimento do direito mais de uma vez à mesma pessoa. Pelo teor das regras vindas no § 2º do art. 183 da Carta da República e do art. 9º da Lei nº 10.257/2001, repetidas no art. 1.240, § 2º, do Código Civil em vigor, transparece que está se dando um favor ou uma liberalidade ao possuidor, ou que o direito não é merecido. E, mais, que a sua concessão é feita em detrimento do direito de outrem, porquanto se fosse límpida e perfeitamente justa, não haveria motivo para eivá-la de limitações. O reconhecimento seria incondicional e indistintamente para todos. Em verdade, desponta uma preocupação do Estado, eis que há o reconhecimento de um direito em detrimento do direito de outrem.

O art. 10 da Lei nº 10.257/2001, em redação da Lei nº 13.465/2017, aportou várias novidades, destacando-se o usucapião coletivo, ou promovido por várias pessoas, ou por uma coletividade de indivíduos, desde que presente um vínculo de proximidade social e econômica. Ocupando um grupo de indivíduos uma área maior de duzentos e cinquenta metros quadrados, sendo difícil ou impossível identificar as porções ocupadas individualmente, possibilita-se o reconhecimento do usucapião, se presentes os requisitos da ininterrupção da posse e da falta de oposição. Eis a letra da previsão legal: "Os núcleos urbanos informais existentes sem oposição há mais de cinco anos e cuja área total dividida pelo número de possuidores seja inferior a duzentos e cinquenta metros quadrados por possuidor são suscetíveis de serem usucapidos coletivamente, desde que os possuidores não sejam proprietários de outro imóvel urbano ou rural".

Cuida-se de um avanço cuja necessidade há muito tempo era sentida e defendida, a qual, certamente, ajudará a legalizar inúmeras áreas de ocupações irregulares, com origem normalmente em invasões ou assentamentos clandestinos. A situação, de fato, dada a quantidade de núcleos residenciais e a consolidação geográfica dos conjuntos habitacionais, com a sua localização definida e identificação no mapa da cidade, torna enraizadas e irremovíveis as vilas e aglomeramentos, passando a integrar a zona urbana. Com a legalização de tais áreas populacionais, passa o Poder Público a gerir e administrar as inúmeras necessidades de infraestrutura, suprindo as carências mais urgentes e implantando um mínimo de equipamentos urbanos comuns a toda cidade.

Como transparece do art. 10, em redação da Lei nº 13.465/2017, o pedido de usucapião é da área ocupada, mas individuando os ocupantes ou moradores, observando-se que área total dividida pelo número de possuidores deve ser inferior a duzentos e cinquenta metros quadrados por possuidor. Tais áreas são suscetíveis de serem usucapidos coletivamente, desde que os possuidores não sejam proprietários de outro imóvel urbano ou rural.

Para tanto, é autorizada a soma da posse atual com a exercida anteriormente, tendo por finalidade completar o período de cinco anos (§ 1º). Todavia, na sentença que reconhecerá o domínio para fins de registro imobiliário (§ 2º), o juiz atribuirá igual fração ideal de terreno a cada possuidor, independentemente da dimensão do terreno que cada possuidor ou conjunto familiar ocupe, salvo hipótese de acordo escrito entre os condôminos, estabelecendo frações ideais diferenciadas (§ 3º). Ou seja, atribui-se a porção ideal de cada condômino, dentro do todo individuado. Não se discrimina cada porção, com as respectivas características e confrontações, a menos que haja acordo firmado pelos condôminos.

O § 4º dá proeminência à indivisibilidade do condomínio: "O condomínio especial constituído é indivisível, não sendo passível de extinção, salvo deliberação favorável tomada por, no mínimo, dois terços dos condôminos, no caso de execução de urbanização posterior à constituição do condomínio". Nota-se a possibilidade da individuação posterior das porções, desde que já implantada a urbanização.

Aponta o § 5º a forma de administração: "As deliberações relativas à administração do condomínio serão tomadas por maioria de votos dos condôminos presentes, obrigando também os demais, discordando ou ausentes". Depreende-se do dispositivo a necessidade de se implantar uma organização, com uma associação de moradores em forma de pessoa jurídica, de preferência registrada no Cartório de Registro das Pessoas Jurídicas Civis.

Prováveis ações petitórias, possessórias, ou de outra natureza, porventura em andamento, ficarão pendentes enquanto processar-se a ação de usucapião, segundo enuncia o art. 11: "Na pendência da ação de usucapião especial urbana, ficarão sobrestadas quaisquer outras ações, petitórias ou possessórias, que venham a ser propostas relativamente ao imóvel usucapiendo".

Indica o art. 12 quem possui legitimidade para o ingresso com a ação:

São partes legítimas para a propositura da ação de usucapião especial urbana:

I – o possuidor, isoladamente ou em litisconsórcio originado ou superveniente;

II – os possuidores, em estado de composse;

III – como substituto processual, a associação de moradores da comunidade, regularmente constituída, com personalidade jurídica, desde que explicitamente autorizada pelos representados.

Extrai-se do inc. III que a associação tem o papel de substituto processual. O domínio será reconhecido em nome dos moradores ocupantes que a integram. Daí a indispensabilidade de nomeação dos ocupantes, candidatos ao reconhecimento do domínio.

As regras em seguimento ao art. 12 ordenam a participação, no feito, do representante do Ministério Público; e a concessão da assistência judiciária gratuita, inclusive perante o Cartório de Registro de Imóveis.

Consoante o art. 13, assegura-se invocar o usucapião especial de imóvel urbano como matéria de defesa, valendo a sentença que o reconhecer como título para registro no Cartório de Registro de Imóveis. Adotam-se, aqui, as observações expendidas na análise do usucapião especial (item *supra* 12.8.6). Aduz-se que, em ação proposta pelo proprietário, o possuidor que satisfizer os requisitos do usucapião especial urbano arguirá a exceção do usucapião. Se reconhecida, a própria sentença que aprecia a ação ajuizada pelo proprietário declarará o domínio do réu, mandando que se faça o registro imobiliário.

Indica o art. 14 a adoção do rito sumário para a ação. Naturalmente, o significado do termo deve pender para um rito breve. É certo que, presentemente, o procedimento será o comum, iniciando com o pedido formulado pelo autor, com os requisitos do art. 319 do CPC, dentre os quais a opção do autor pela realização da audiência de conciliação ou de mediação. Se externada tal preferência, o prazo para a contestação começará a partir da data da realização da audiência, na qual não houve a composição do litígio. Em caso contrário, o início ocorrerá com a juntada do mandado de citação.

Finalmente, embora o assunto tenha perdido o interesse, não se incluem as posses anteriores à vigência do preceito constitucional, eis que o instituto cuida de direito novo, não retroagindo seus efeitos ao passado, surpreendendo o proprietário com uma situação jurídica que ele não esperava. Este o rumo dado pelo Supremo Tribunal Federal: "O termo inicial da contagem do quinquênio para saber-se configurada ou não a usucapião prevista no art. 183 da Constituição Federal coincide com a entrada em vigor desta última".[110]

No entanto, na Apel. Cível nº 106.162-1, julgada em 14.02.1989, assim ementou a 2ª Câm. Cível do Tribunal de Justiça de São Paulo: "Sabido que as normas constitucionais são libertas ao princípio de irretroatividade e à falta de ressalva ao direito adquirido no art. 183 da atual CF, que instituiu o usucapião urbano, a nova modalidade atinge também as prescrições em curso, inclusive quanto aos preceitos pendentes, na forma dos arts. 302, I, e 462 do CPC, sempre que se encontrem realizados os extremos de seu suporte fático".[111]

A base do acórdão estaria na Súmula nº 445, do Supremo Tribunal Federal, preceituando ser aplicável às prescrições em curso o prazo prescricional mais curto, previsto na lei nova, completando o tempo decorrido sob a égide do estatuto legal anterior. Todavia, está mal entendida a orientação, pois cuidou a Súmula de aplicação de lei nova que reduziu o prazo do usucapião (no caso da Lei nº 2.437/1955, que abreviou os prazos dos usucapiões ordinário e extraordinário), coisa bem diferente da figura trazida pela Carta de 1988, que introduziu no sistema jurídico um usucapião novo e diferente, o qual passou a coexistir ao lado das outras formas vigorantes.

---

[110] *Recurso Extraordinário* nº 195.751-4-MS, da 2ª Turma, *DJU* de 05.02.1998, em *ADV Jurisprudência* nº 16, expedição de 26.04.1998, p. 327.

[111] *Revista dos Tribunais*, 642/126.

12.10. USUCAPIÃO ESPECIAL URBANO EM FAVOR DO CÔNJUGE OU COMPANHEIRO SEPARADO QUE PERMANECE NO IMÓVEL

Pela Lei nº 12.424/2011, veio instituído o usucapião para proteger o cônjuge ou companheiro que, na separação, permanece no imóvel, seja com familiares ou não, incluindo o art. 1.240-A no Código Civil, com a seguinte redação:

> Aquele que exercer, por 2 (dois) anos ininterruptamente e sem oposição, posse direta, com exclusividade, sobre imóvel urbano de até 250m² (duzentos e cinquenta metros quadrados) cuja propriedade divida com ex-cônjuge ou excompanheiro que abandonou o lar, utilizando-o para sua moradia ou de sua família, adquirir-lhe-á o domínio integral, desde que não seja proprietário de outro imóvel urbano ou rural.
>
> § 1º O direito previsto no *caput* não será reconhecido ao mesmo possuidor mais de uma vez.

Trata-se de uma norma protetiva. Frequentes os casos de simples afastamento do lar por um dos cônjuges ou companheiros, permanecendo na residência familiar o outro cônjuge ou companheiro, em geral com filhos. Não abrange as separações legais, em que se discutem os direitos patrimoniais. É irrelevante, outrossim, o cumprimento das obrigações alimentares e outras pelo cônjuge ou companheiro que abandona o lar. Importam, para ensejar o direito, o afastamento e a omissão em exercitar a oficialização da separação, com a consequente partilha dos bens.

A lei dirige-se a situações específicas de simples afastamento do lar comum ou recusa em nele permanecer, não havendo, como se disse, a iniciativa em legalizar a separação e a divisão do patrimônio. Importa o mero afastamento do lar não só em razão da dissolução do casamento ou da união estável, mas também da mera separação de fato, não se fazendo necessária a verificação da culpa. Neste sentido, Enunciado nº 595 da VII Jornada de Direito Civil do Conselho da Justiça Federal, realizada em Brasília nos dias 28 e 29 de setembro de 2015: "O requisito do 'abandono do lar' deve ser interpretado na ótica do instituto da usucapião familiar como abandono voluntário da posse do imóvel, somando à ausência da tutela da família, não importando em averiguação da culpa pelo fim do casamento ou união estável. Revogado o Enunciado 499".

Restou revogado o Enunciado nº 499, aprovado na V Jornada de Direito Civil.

Incluem-se na proteção os casais homoafetivos, diante da tendência do direito em reconhecer como válidas e geradoras de direitos as uniões de pessoas do mesmo sexo.

É de se indagar a questão dos casais que exercem a mera posse e não possuem o domínio registral do imóvel residencial. Vários os casos de pessoas casadas ou em união estável que simplesmente exercem a posse do imóvel. Pensa-se que a solução é admitir o usucapião em exame, desde que seja observada a regra do art. 1.240 do Código Civil. Para adquirir o domínio, será indispensável o ingresso do usucapião conjugando os arts. 1.240 e 1.240-A. Além do cônjuge ou companheiro que abandonou o lar, os terceiros poderão participar do litígio, como aqueles em cujo nome está registrado o imóvel. Para tal eventualidade, nada impede que se computem o prazo do abandono por dois anos e mais o período anterior da vida em comum para completar os cinco anos. Obviamente, ao cônjuge que se afastou do imóvel restringe-se a defesa no pertinente ao abandono ou ausência do lar.

Em face do art. 1.240-A, os seguintes requisitos despontam como importantes para ensejar o direito:

a) duração da posse pelo prazo de dois anos, sem a presença do outro cônjuge ou companheiro;

b) posse direta, ininterrupta, sem oposição, com exclusividade;

c) superfície da área da posse de até 250 m²;

d) imóvel urbano;

e) propriedade ou posse em nome dos cônjuges ou companheiros;

f) utilização do imóvel como moradia do cônjuge ou companheiro, com ou sem membros da família;

g) inexistência de propriedade ou posse de outro imóvel urbano ou rural.

Como se percebe, além dos pressupostos normais para o reconhecimento do domínio, ressaltam requisitos específicos: que o cônjuge ou ex-companheiro exerça a posse com exclusividade durante dois anos sobre o imóvel que está em condomínio com o ex-consorte, o qual abandonou o lar conjugal ou da convivência; a posse pelo lapso temporal estabelecido será exclusiva, não tendo sofrido interrupção nem oposição, iniciando a partir da saída ou abandono do lar e não a começar da ruptura da sociedade conjugal ou da oficialização da desconstituição da união estável; a limitação do tamanho do imóvel em até duzentos e cinquenta metros quadrados, definido como urbano; a propriedade ou o exercício da posse pelo ex-cônjuge ou ex-convivente; a utilização para a moradia, mesmo que sem a participação de outros membros da família; a inexistência da propriedade ou da posse de outro imóvel, tanto rural como urbano.

Finalmente, a teor do parágrafo primeiro, o direito não será reconhecido ao mesmo possuidor mais de uma vez.

12.11. USUCAPIÃO CARTORÁRIO EXTRAJUDICIAL

O Código de Processo Civil introduzido pela Lei nº 13.105/2015 trouxe um procedimento cartorário e extrajudicial para o usucapião, com a decorrência de se reconhecer e oficializar o domínio sobre áreas de terra, tanto urbanas como rurais.

O pedido é feito no Ofício do Registro de Imóveis da situação do imóvel.

Exercendo uma pessoa a posse sobre o imóvel, comprovada pelo justo título ou de documentos que evidenciem a origem, a duração, a continuidade, a qualidade de sua justa procedência, durante qualquer período de tempo, com especificação da origem, e não surgindo impugnação ao pedido pela pessoa em cujo nome está a matrícula, pelos confrontantes e órgãos públicos (sendo exemplos o pagamento dos impostos e das taxas que incidirem sobre o imóvel), o próprio titular do cartório reconhecerá o usucapião e abrirá a matrícula do imóvel, com a averbação na matrícula de origem.

Aportou o Código de Processo Civil de 2015 a instituição de um procedimento para se reconhecer o domínio sobre imóvel por meio da apresentação de documentos e de medidas cartorárias determinadas pelo oficial do Registro de Imóveis. Não existindo qualquer oposição, fica implicitamente reconhecida a titularidade. Se aparecer alguma impugnação, o oficial do Cartório de Registro de Imóveis remeterá o expediente ao juízo competente da situação do imóvel. Cabe, então, ao pretendente adaptar o pedido a uma petição inicial, para que tenha andamento judicial, de modo a seguir pelo procedimento comum.

Para uma compreensão correta da matéria, necessário o exame dos dispositivos concernentes, trazidos pelo CPC/2015, que delineiam o caminho e as exigências discriminadas para o reconhecimento do domínio.

A matéria está regulamentada pelo Provimento nº 65, de 14.12.2017, do Conselho Nacional de Justiça – CNJ, com origem na Corregedoria Nacional de Justiça.

O art. 1.071 do CPC acrescentou o art. 216-A ao Capítulo III do Título V da Lei nº 6.015/1973 (Lei dos Registros Públicos), onde estão enumerados os requisitos e é delineado o procedimento.

Eis o texto do *caput* e de seus incisos, estes com modificações da Lei nº 13.465/2017, pertinentes aos requisitos:

> Sem prejuízo da via jurisdicional, é admitido o pedido de reconhecimento extrajudicial de usucapião, que será processado diretamente perante o cartório do registro de imóveis da comarca em que estiver situado o imóvel usucapiendo, a requerimento do interessado, representado por advogado, instruído com:
>
> I – ata notarial lavrada pelo tabelião, atestando o tempo de posse do requerente e de seus antecessores, conforme o caso e suas circunstâncias, aplicando-se o disposto no art. 384 da Lei no 13.105, de 16 de março de 2015 (Código de Processo Civil);
>
> II – planta e memorial descritivo assinado por profissional legalmente habilitado, com prova de anotação de responsabilidade técnica no respectivo conselho de fiscalização profissional, e pelos titulares de direitos registrados ou averbados na matrícula do imóvel usucapiendo ou na matrícula dos imóveis confinantes;
>
> III – certidões negativas dos distribuidores da comarca da situação do imóvel e do domicílio do requerente;
>
> IV – justo título ou quaisquer outros documentos que demonstrem a origem, a continuidade, a natureza e o tempo da posse, tais como o pagamento dos impostos e das taxas que incidirem sobre o imóvel.

Não se afasta a opção da via judicial, que se mantém como uma faculdade para o interessado. Encaminha-se o pedido em nome daquele que exerce a posse, para o oficial do Cartório de Registro de Imóveis com jurisdição sobre o local onde o imóvel se encontra, ou de sua matrícula no caso de sua existência, por intermédio de advogado legalmente constituído. Descreve-se o imóvel, com as confrontações e demais elementos de identificação.

Vários os documentos que acompanham o requerimento, sendo o primeiro deles a ata notarial lavrada por tabelião, sobre o histórico do imóvel. Expõe Sérgio Afonso Manica que a ata notarial "é a narração objetiva de um fato presenciado ou constatado pelo tabelião".[112] Sua finalidade, segundo Ricardo Guimarães Kollet, "é pré-constituir prova para o futuro. É fixar – por meio descritivo, feito por agente estatal, com fé pública – a ocorrência de um evento, de forma que, em uma eventual demanda, possa ser feita prova privilegiada do mesmo".[113] Descrevem-se, na ata, a área, as confrontações, a localização, a situação perante a Fazenda Pública, o período da posse exercida pelo requerente e pelos antecessores, se for o caso, bem como a forma de transferência ou transmissão. Na narração do histórico da posse, é de grande importância, também, o relatório de sua destinação ao longo do tempo, de sorte a ficar retratado o exercício no passado até o momento presente. Tais elementos serão fornecidos pelo requerente. Conveniente que, em sequência, ou em outra ata, se colham os depoimentos de pessoas que conheçam o imóvel e a posse exercida, com a rememoração do histórico e das particularidades.

---

[112] *Direito Notarial*, Editora Verbo Jurídico, Porto Alegre, 2015, p. 145.

[113] *Manual do Tabelião de Notas para Consursos e Profissionais*, ob. cit., p. 195.

Anexam-se a planta e o memorial descritivo, elaborados e assinados por engenheiro ou agrônomo, juntando prova de anotação de responsabilidade técnica. Também assinam os documentos os titulares de direitos reais ou quaisquer direitos eventualmente registrados ou averbados na matrícula do imóvel, como credores com direito de hipoteca, e mais os confinantes, que devem ser devidamente qualificados. Com isso, depreende-se a existência de concordância relativamente à pretensão, afastando futuras impugnações.

Juntam-se as certidões negativas fornecidas pela distribuição do foro da comarca da localização do imóvel e do domicílio do requerente, envolvendo a esfera civil, penal, administrativa, trabalhista, tributária etc. Não se restringe a exigência, pois, à justiça estadual, mas estende-se à área da justiça federal e trabalhista.

A eventual existência de alguma anotação sobre o imóvel servirá para a verificação do exercício ou não da posse – se conturbado, discutido, pacífico, manso.

Impõe-se ao requerente a apresentação de justo título, se houver, como escritura pública de posse ou de sua cessão, ou o documento particular retratando a transmissão da posse, e mesmo de uma escritura pública cujo registro foi recusado por algum defeito. Mas não se restringe o documento ao justo título; abrange também qualquer documento que revele a origem, a continuidade, a natureza e o tempo da posse, que se evidencia mediante a comprovação do pagamento, de prestações, dos impostos e das taxas que incidirem sobre o imóvel. Realmente, retira-se do inc. IV que, se não apresentado o justo título, outros documentos são admitidos, desde que evidenciem a origem, a continuidade, a natureza e o tempo de posse, como as sucessivas escrituras públicas de hipoteca incidente no imóvel.

Não estão pautadas outras exigências.

Quanto ao requisito sobre o tempo de posse do requerente e seus antecessores, a imposição da referência vem desacompanhada da exigência de um prazo mínimo no exercício da posse. É de se observar que este tipo de procedimento para o usucapião requer a concordância de todas as pessoas que aparecem na matrícula e nos registros. Há praticamente uma aquiescência geral sobre a oficialização, com a abertura de matrícula.

Os parágrafos que seguem tratam do procedimento cartorário.

Assim, o § 1º do art. 216-A ordena que se leve a termo a autuação do pedido, com a devida prenotação: "O pedido será autuado pelo registrador, prorrogando-se o prazo da prenotação até o acolhimento ou a rejeição do pedido".

A autuação representa o registro do ato no cartório, recebendo uma numeração e as anotações relativas ao objeto, à parte promovente, e a outros elementos estabelecidos administrativamente. A prenotação constitui exigência de qualquer ato cartorário. Serve para determinar a prioridade de seu exame e, consequentemente, preferência no registro do direito real. Efetua-se pela anotação prévia ou provisória no livro 1 do cartório e averba-se no imóvel que se encontra matriculado, o qual se pretende o reconhecimento do usucapião, para garantia da prioridade ou preferência em favor do apresentante. Perdura pelo prazo de trinta dias, de acordo com o art. 205 da Lei nº 6.015/1973, exceto em situações nomeadas, dentre elas o introduzido pedido de usucapião, mantendo-se até que haja o acolhimento ou a rejeição.

Parte-se, em seguida, para o exame dos documentos. Estando correto o pedido, com as necessárias indicações e a descrição do imóvel, observa-se se a planta possui a concordância de todos os que têm algum direito real ou de outra espécie no imóvel, evidenciada por assinaturas na planta do imóvel matriculado e dos imóveis confinantes. Faltando alguma assinatura, procede-se à notificação por carta enviada pelo registrador, feita pessoalmente por pessoa do cartório, ou enviada mediante carta registrada e com aviso de recebimento, a fim de colher a manifestação, no prazo de quinze dias. O silêncio importará em concordância. É o que expressa o § 2º do art. 216-A, modificado pela Lei 13.465/2017: "Se a planta não contiver a assinatura de qualquer um dos titulares de direitos registrados ou averbados na matrícula do imóvel usucapiendo ou na matrícula dos imóveis confinantes, o titular será notificado pelo registrador competente, pessoalmente ou pelo correio com aviso de recebimento, para manifestar consentimento expresso em quinze dias, interpretado o silêncio como concordância".

Anteriormente à alteração da Lei 13.465/2017, ao contrário do que normalmente acontecia e da lógica, interpretava-se o silêncio como discordância, conduzindo a encerrar-se a fase administrativa do usucapião e enviando-se os autos ao juízo competente.

Oportuna, pois, a alteração do texto.

O § 3º ordena a cientificação do pedido a entes públicos, como acontece na forma judicial: comunicam-se a União, o Estado, o Distrito Federal e o Município, a fim de se manifestarem no prazo de quinze dias. Remetam-se cópias do pedido e da planta: "O oficial de registro de imóveis dará ciência à União, ao Estado, ao Distrito Federal e ao Município, pessoalmente, por intermédio do oficial de registro de títulos e documentos, ou pelo correio com aviso de recebimento, para que se manifestem, em 15 (quinze) dias, sobre o pedido".

Depois de decorrido o prazo e inexistindo oposição, publica-se edital em jornal de grande circulação, onde houver, para ciência dos interessados, a fim de se manifestarem no prazo de quinze dias, nos termos do § 4º: "O oficial de registro de imóveis promoverá a publicação de edital em jornal de grande circulação, onde houver, para a ciência de terceiros eventualmente interessados, que poderão se manifestar em 15 (quinze) dias". Embora conste a publicação onde houver jornal de grande circulação, não se pode depreender a dispensa se não existir jornal com tal alcance na localidade. Acontece que a exigência diz com a publicação no sentido de se efetuar no jornal com elevada divulgação, mesmo que não seja do lugar ou do Município da situação do imóvel, como a utilização da imprensa da capital do Estado com acentuada distribuição na região do cartório onde tramita o pedido. Preferível, no entanto, que se utilize a imprensa local, se regulares as edições e de alcance geral.

Aos interessados convocados por carta ou pela imprensa é assegurado o direito de solicitar esclarecimentos e diligências, concedendo-se para os requerimentos também o prazo de quinze dias, que é o comum para as manifestações perante o cartório. Também ao oficial de registro de imóveis se faculta essa determinação de diligências em relação à área, à parte postulante e aos interessados, no que se revela claro o § 5º: "Para a elucidação de qualquer ponto de dúvida, poderão ser solicitadas ou realizadas diligências pelo oficial de registro de imóveis".

Encaminhadas e cumpridas as formalidades, sem oposição de terceiros ou interessados, e vindo expressa a concordância dos titulares de direitos reais e de outros direitos registrados ou averbados na matrícula, bem como dos confinantes, faz-se o registro, na matrícula do imóvel, da declaração de usucapião e abre-se a matrícula do novo imóvel. É o que se lê do § 6º, também alterado pela Lei nº 13.465/2017: "Transcorrido o prazo de que trata o § 4º deste artigo, sem pendência de diligências na forma do § 5º deste artigo e achando-se em ordem a documentação, o oficial de registro de imóveis registrará a aquisição do imóvel com as descrições apresentadas, sendo permitida a abertura de matrícula, se for o caso".

Discordando o interessado de exigências descabidas feitas pelo oficial do registro de imóveis, oportuniza-se a suscitação de dúvida, com tutela provisória segundo o CPC/2015. A respeito, encerra o § 7º: "Em qualquer caso, é lícito ao interessado suscitar o procedimento de dúvida, nos termos desta Lei". O oficial apresentará a dúvida, com a justificativa, encaminhando-a ao juízo competente, em que o interessado será intimado para se manifestar em quinze dias (art. 198 da Lei nº 6.015/1973).

Concluídos os trâmites descritos, com o atendimento das disposições legais, e superadas eventuais dúvidas, considera-se apto o pedido para a finalidade visada. Do contrário, isto é, não se encontrando em ordem a documentação, ou faltando algum elemento obrigatório, rejeita-se a solicitação. O assunto está no § 8º: "Ao final das diligências, se a documentação não estiver em ordem, o oficial de registro de imóveis rejeitará o pedido".

Todavia, não se retira o direito de agir judicialmente, com o ajuizamento da ação, o que permitirá maior dilação de prova, conforme está garantido no § 9º: "A rejeição do pedido extrajudicial não impede o ajuizamento de ação de usucapião".

O § 10 manda a remessa dos autos ao juízo competente caso verificada alguma impugnação: "Em caso de impugnação do pedido de reconhecimento extrajudicial de usucapião, apresentada por qualquer um dos titulares de direito reais e de outros direitos registrados ou averbados na matrícula do imóvel usucapiendo e na matrícula dos imóveis confinantes, por algum dos entes públicos ou por algum terceiro interessado, o oficial de registro de imóveis remeterá os autos ao juízo competente da comarca da situação do imóvel, cabendo ao requerente emendar a petição inicial para adequá-la ao procedimento comum".

Percebe-se que, para a tramitação perante o cartório, não poderão existir oposições, impondo-se, ademais, a concordância expressa de quem revele direitos registrados ou averbados na matrícula do imóvel usucapiendo e na matrícula dos imóveis confinantes.

Mais algumas disposições (nos §§ 11 a 15) vieram incluídas no art. 216-A pela Lei nº 13.465/2017.

Assim, o § 11, quanto ao usucapião de unidade autônoma, bastando a comunicação, através de notificação pelo oficial do Registro de Imóveis, do síndico, para manifestar consentimento expresso em quinze dias, interpretando-se o silêncio como concordância: "No caso de o imóvel usucapiendo ser unidade autônoma de condomínio edilício, fica dispensado consentimento dos titulares de direitos reais e outros direitos registrados ou averbados na matrícula dos imóveis confinantes e bastará a notificação do síndico para se manifestar na forma do § 2º deste artigo". Todavia, de aduzir que não se impede a eventuais condôminos, máxime se confrontantes, espontaneamente se oporem junto ao cartório, sobretudo quando a pretensão de usucapião atingir áreas comuns ou interesse geral.

Da mesma forma, se o confinante do imóvel usucapiendo for um condomínio edilício, suficiente a notificação do síndico de tal condomínio, como expressa o § 12: "Se o imóvel confinante contiver um condomínio edilício, bastará a notificação do síndico para o efeito do § 2º deste artigo, dispensada a notificação de todos os condôminos". Conforme acima observado, também não se proíbe a impugnação espontânea por condôminos que têm suas áreas ou interesses atingidos.

Pelo § 13, não contendo a planta a assinatura de qualquer um dos titulares de direitos registrados ou averbados na matrícula do imóvel usucapiendo ou na matrícula dos imóveis confinantes, e inviabilizada notificação pessoal, leva-se a efeito este ato por meio de edital: "Para efeito do § 2º deste artigo, caso não seja encontrado o notificando ou caso ele esteja em lugar incerto ou não sabido, tal fato será certificado pelo registrador, que deverá promover a sua notificação por edital mediante publicação, por duas vezes, em jornal local de grande circulação, pelo prazo de quinze dias cada um, interpretado o silêncio do notificando como concordância".

Percebe-se, pois, a facilitação para se obter o título dominial.

O § 14 autoriza a publicação da notificação pela rede mundial de computadores, desde que regulamentado o ato por órgão jurisdicional competente, isto é, pelo Conselho Nacional da Justiça, e inclusive pelas corregedorias de justiça dos Tribunais de Justiça, ou, mais apropriadamente, pelos Conselhos de Magistratura, dispensando-se, então, a veiculação em jornal local de grande circulação: "Regulamento do órgão jurisdicional competente para a correição das serventias poderá autorizar a publicação do edital em meio eletrônico, caso em que ficará dispensada a publicação em jornais de grande circulação".

A matéria está regulamentada no citado Provimento nº 65/2017, do Conselho Nacional de Justiça – CNJ, dispondo o art. 11: "Infrutíferas as notificações mencionadas neste provimento, estando o notificando em lugar incerto, não sabido ou inacessível, o oficial de registro de imóveis certificará o ocorrido e promoverá a notificação por edital publicado, por duas vezes, em jornal local de grande circulação, pelo prazo de quinze dias cada um, interpretando o silêncio do notificando como concordância.

Parágrafo único. A notificação por edital poderá ser publicada em meio eletrônico, desde que o procedimento esteja regulamentado pelo tribunal".

O art. 16 do Provimento discrimina os requisitos da notificação e explicita como se fará a notificação por edital:

> "Após a notificação prevista no *caput* do art. 15 deste provimento, o oficial de registro de imóveis expedirá edital, que será publicado pelo requerente e às expensas dele, na forma do art. 257, III, do CPC, para ciência de terceiros eventualmente interessados, que poderão manifestar-se nos quinze dias subsequentes ao da publicação.
>
> § 1º O edital de que trata o *caput* conterá:
>
> I – o nome e a qualificação completa do requerente;
>
> II – a identificação do imóvel usucapiendo com o número da matrícula, quando houver, sua área superficial e eventuais acessões ou benfeitorias nele existentes;
>
> III – os nomes dos titulares de direitos reais e de outros direitos registrados e averbados na matrícula do imóvel usucapiendo e na matrícula dos imóveis confinantes ou confrontantes de fato com expectativa de domínio;
>
> IV – a modalidade de usucapião e o tempo de posse alegado pelo requerente;
>
> V – a advertência de que a não apresentação de impugnação no prazo previsto neste artigo implicará anuência ao pedido de reconhecimento extrajudicial da usucapião.
>
> § 2º Os terceiros eventualmente interessados poderão manifestar-se no prazo de quinze dias após o decurso do prazo do edital publicado.
>
> § 3º Estando o imóvel usucapiendo localizado em duas ou mais circunscrições ou em circunscrição que abranja mais de um município, o edital de que trata o *caput* deste artigo deverá ser publicado em jornal de todas as localidades.
>
> § 4º O edital poderá ser publicado em meio eletrônico, desde que o procedimento esteja regulamentado pelo órgão jurisdicional local, dispensada a publicação em jornais de grande circulação".

O § 15 do art. 216-A introduziu um procedimento especial de produção de prova ou justificação no próprio cartório ou serventia extrajudicial, na ausência ou insuficiência de documentos de que trata o inciso IV (justo título ou quaisquer outros documentos que demonstrem a origem, a continuidade, a natureza e o tempo da posse, tais como o pagamento dos impostos e das taxas que incidirem sobre o imóvel). Eis o texto: "No caso de ausência ou insuficiência dos documentos de que trata o inciso IV do *caput* deste artigo, a posse e os demais dados necessários poderão ser comprovados em procedimento de justificação administrativa perante a serventia extrajudicial, que obedecerá, no que couber, ao disposto no § 5º do art. 381 e ao rito previsto nos arts. 382 e 383 da Lei nº 13.105, de 16 março de 2015 (Código de Processo Civil)".

Indispensável ater-se aos dispositivos processuais nomeados.

O § 5º do art. 381 manda aplicar as regras que tratam da antecipação de prova para aquele que pretender justificar a existência de algum fato ou relação jurídica para simples documento e sem caráter contencioso, que exporá, em petição circunstanciada, a sua intenção. Tais regras estão descritas nos arts. 382 e 383, que incluem o rito a ser obedecido.

Para a compreensão, faz-se mister a transcrição dos dispositivos, com os parágrafos:

> "Art. 382. Na petição, o requerente apresentará as razões que justificam a necessidade de antecipação da prova e mencionará com precisão os fatos sobre os quais a prova há de recair.
>
> § 1º O juiz determinará, de ofício ou a requerimento da parte, a citação de interessados na produção da prova ou no fato a ser provado, salvo se inexistente caráter contencioso.
>
> § 2º O juiz não se pronunciará sobre a ocorrência ou a inocorrência do fato, nem sobre as respectivas consequências jurídicas.
>
> § 3º Os interessados poderão requerer a produção de qualquer prova no mesmo procedimento, desde que relacionada ao mesmo fato, salvo se a sua produção conjunta acarretar excessiva demora.
>
> § 4º Neste procedimento, não se admitirá defesa ou recurso, salvo contra decisão que indeferir totalmente a produção da prova pleiteada pelo requerente originário.
>
> Art. 383. Os autos permanecerão em cartório durante 1 (um) mês para extração de cópias e certidões pelos interessados.
>
> Parágrafo único. Findo o prazo, os autos serão entregues ao promovente da medida".

É necessária a devida atenção para não se instaurar um procedimento de caráter ou fundo contencioso no encaminhamento de postulações e impugnações. Se esclarecimentos ou novos documentos forem precisos, cabe à parte apresentá-los. Em havendo impugnações, transfere-se a pretensão para a via judicial. Ocorrendo uma exigência que a parte ou o interessado entender indevida, o caminho é o de levantar dúvida, cabendo, então, ao juiz competente (em geral o da vara dos registros públicos, ou, inexistindo, o diretor do foro) a solução.

Se alguma declaração se tornar exigível, realiza-se por meio de ata notarial, e, por óbvio, não junto ao cartório do registro de imóveis.

Em qualquer caso, verificadas impugnações, encaminha-se ao juízo competente o pedido, nos termos do § 10, permitindo-se, já na esfera judicial, a emenda da inicial, e seguir a pretensão através do procedimento comum. Faltando algum documento que o oficial repute necessário, arquivará o pedido, sendo a abertura de matrícula do imóvel, em atendimento ao § 8º.

12.12. O REGISTRO IMOBILIÁRIO DO IMÓVEL USUCAPIDO

Como já foi abordado, o usucapião constitui um modo originário de aquisição da propriedade. Uma vez reconhecida ou declarada a titularidade de um imóvel em favor de uma pessoa, o juiz expedirá mandado para o devido registro imobiliário do imóvel, que se efetuará mediante a abertura de matrícula. Há a instituição de uma nova propriedade, em nome de um titular, operando-se o reconhecimento mediante uma sentença, ou ato administrativo, que será levado ao registro imobiliário. Daí que o título para o registro do usucapião é a sentença declaratória de usucapião, acompanhada do mandado de matrícula e registro, conforme dispõe o art. 167, inc. I, item 28, c/c o art. 221, inc. IV, ambos da Lei dos Registros Públicos.

O art. 176, § 1º, inc. II, indica os elementos que conterá a matrícula:

São requisitos da matrícula:

1) o número de ordem, que seguirá ao infinito;

2) a data;

3) a identificação do imóvel, que será feita com indicação:

a) se rural, do código do imóvel, dos dados constantes do CCIR, da denominação e de suas características, confrontações, localização e área;

b) se urbano, de suas características e confrontações, localização, área, logradouro, número e de sua designação cadastral, se houver.

4) o nome, domicílio e nacionalidade do proprietário, bem como:

a) tratando-se de pessoa física, o estado civil, a profissão, o número de inscrição no Cadastro de Pessoas Físicas do Ministério da Fazenda ou do Registro Geral da cédula de identidade, ou à falta deste, sua filiação;

b) tratando-se de pessoa jurídica, a sede social e o número de inscrição no Cadastro Geral de Contribuintes do Ministério da Fazenda;

5) o número do registro anterior;

6) tratando-se de imóvel em regime de multipropriedade, a indicação da existência de matrículas, nos termos do § 10 deste artigo (redação da Lei 13.777/2018).

A abertura de matrícula decorre da sentença, expedindo-se ordem para o lançamento no registro imobiliário. Uma nova unidade imobiliária surge, recebendo uma numeração e iniciando a história do novo imóvel. Mesmo que tenha se destacado o imóvel de outro, abre-se a matrícula da área reconhecida e averba-se, na matrícula do imóvel do qual se destacou, a parte separada e a respectiva matrícula que foi criada.

Capítulo XIII

Aquisição da Propriedade pelo Registro Imobiliário

13.1. SISTEMA DE REGISTRO IMOBILIÁRIO

De acordo com o art. 1.245 do Código Civil, adquire-se a propriedade imóvel pela transcrição do título de transferência no Registro de Imóveis.

Trata-se, é induvidoso, de um dos modos mais importantes de aquisição.

Vê-se do dispositivo que, no Direito brasileiro, não basta o contrato para operar-se a transferência. Necessário é o registro imobiliário, contrariamente ao que ocorria no Direito romano, onde a aquisição da propriedade se fazia pela entrega da coisa ao adquirente, ou seja, pela *traditio*.

Conheciam-se duas espécies de *traditio*, ou tradição: a *traditio* simples e a *traditio ficta* – a primeira, consistente na entrega real do bem; e a segunda, na entrega apenas simbólica, ou de um símbolo referente à coisa.

A *traditio ficta* se subdividia na *traditio longa manu*, que se realizava com a apresentação da coisa ao adquirente; e na *traditio brevi manu*, verificada quando o adquirente tomava posse efetiva do bem.

Posteriormente, ao tempo de Justiniano, restou unicamente a simples *traditio*, para significar a aquisição derivada.

No Direito francês, introduziu-se um novo sistema, que deu ênfase total ao título. Com efeito, encerra o art. 711 do respectivo Código Civil: "La propriété des biens s'acquiert et se transforme par sucession, par donation entre vifs ou testamentaire, et par l'effet des obligations".[1]

Mas, como lembra Washington de Barros Monteiro, "também aí tornou-se necessária a transcrição, não só para dar ao ato a indispensável publicidade, como para a sua prevalência contra terceiros".[2] Tal se depreende da doutrina de Planiol e Ripert, ao dizerem que, embora um grande número de vendas não seja transcrito, a transcrição é obrigatória no sentido de assegurar o título frente a possíveis vendas posteriores do mesmo bem.[3]

Neste sistema, tem relevância a validade da causa que originou a transação. Não há, como em outros ordenamentos, a abstração da causa. A transcrição visa mais a oposição do título frente a terceiros, sem revestir-se do caráter de uma presunção *juris et de jure*.

---

[1] Tradução livre para o português: "A propriedade dos bens se adquire e transforma por sucessão, por doação entre vivos ou testamentária, e pelo efeito de obrigações".

[2] *Curso de Direito Civil, Direito das Coisas*, ob. cit., p. 102.

[3] *Traité Practique de Droit Civil Français*, 2ª ed., Paris, 1952, vol. III, p. 640.

Cap. XIII • AQUISIÇÃO DA PROPRIEDADE PELO REGISTRO IMOBILIÁRIO | **339**

Escreve, sobre a matéria, Carlos Ferreira Almeida: "O registro é requisito necessário para a eficácia do ato em relação a terceiros, mas não sana quaisquer nulidades, absolutas ou relativas, que o ato possua".[4]

Já no direito alemão prepondera a transcrição como elemento de certeza absoluta da propriedade. O registro se perpetua quanto à origem ou causa do negócio.

Pelo cadastro da propriedade imobiliária, tem-se um quadro fiel de todas as transcrições, que não se vinculam à causa do negócio.

Mas, as transferências se desenvolvem em dois momentos: o primeiro é constituído do próprio negócio causal; e o segundo vem a ser formado quando da decisão pelas partes no procedimento da transcrição. Assim evidencia Marco Aurélio S. Viana: "Uma coisa é um negócio que cria a obrigação de transferir; e outra, aquele que transfere, que se opera pela inscrição no Registro Imobiliário".[5]

Desenvolve percucientemente a explicação Vilobaldo Bastos de Magalhães:

> Compreende-se assim que, na transmissão do domínio, torna-se necessário que as partes, além do negócio casual produtivo de obrigações, como a compra e venda regulamentada nos arts. 433 e seguintes do Código Civil alemão, celebrem ainda negócio de cumprimento, que se constitui, quanto aos móveis, da entrega da coisa e do acordo translativo prescrito no art. 929 do Código e, quanto aos imóveis do convênio de transmissão e sua inscrição no registro competente, consignados no art. 873. Trata-se do chamado princípio do consentimento, por força do qual as partes firmam dois acordos, um sobre a obrigação de transferir o domínio (negócio causal ou obrigatório), e outro sobre a própria transmissão (negócio de disposição).

> Não se confunde o "convênio" de transmissão ou de "acordo translativo" com o contrato obrigatório ou causal, do qual é independente, pois enquanto os efeitos do último se produzem *inter partes*, os daquele, consistindo na transferência da propriedade, prevalecem *erga omnes*.[6]

A segunda fase, isto é, a transcrição propriamente dita, não depende da validade da primeira fase. Ou seja, a falta de validade do título não repercute no contrato estipulado para o registro. Acrescenta Carlos Ferreira Almeida que, sendo o registro formal, não será necessário dar a conhecer o formato causal que legitima a transferência do direito ou a concessão do poder. Importa, entretanto, o consentimento para o registro, a fim de acarretar sua validade.[7]

Com efeito, reza o art. 929 do Código Civil tedesco: "Para transferir a propriedade de um bem móvel é preciso que o proprietário faça a tradição da coisa ao adquirente e que haja, de uma e de outra parte, acordo de vontade para operar a transferência". E o art. 873, 1ª alínea: "Salvo disposições legais contrárias, para transferir a propriedade de um imóvel, gravá-lo de um direito real, ou para transferir ou gravar um direito real imobiliário, é preciso acordo do titular e da outra parte sobre a transformação jurídica, como sobre a inscrição desta no livro imobiliário".

Representa o registro a presunção legal de veracidade e validade.

---

4   *Publicidade e Teoria dos Registros*, Coimbra, Edição Almedina, 1966, p. 132.
5   *Teoria e Pratica do Direito das Coisas*, ob. cit., p. 56.
6   *Compra e Venda de Sistemas de Transmissão, da Propriedade*, Rio de Janeiro, Forense, 1981, p. 26.
7   *Obra citada*, p. 133.

No Direito brasileiro, adotou-se o sistema germânico, mas sem afastar a natureza causal. Daí exigir a aquisição dois atos: o acordo de vontade do alienante e do adquirente, em geral por meio de instrumento público; e a transcrição no Registro de Imóveis, momento que firma a propriedade. Embora só depois da transcrição se realize a transmissão, esta exige o título para se efetivar. Uma vez procedido o registro, estabelece-se uma presunção *juris tantum* de veracidade. Ou seja, é possível destruir a validade do registro através de prova em contrário.

Adotou-se, pois, uma forma que assimilou aspectos do sistema romano e do sistema alemão: reclamam-se o título, isto é, o contrato, e o modo de adquirir, que é a transcrição ou registro.

Prepondera, no entanto, o modelo alemão, por se perfectibilizar a propriedade com o ato do registro. Adquire força esse sistema com o atual Código, cujo art. 1.245 firma a exigência do ato registrário: "Transfere-se entre vivos a propriedade mediante o registro do título translativo no Registro de Imóveis". Mais enfaticamente o § 1º: "Enquanto não se registrar o título translativo, o alienante continua a ser havido como dono do imóvel".

13.2. REGISTRO E AVERBAÇÃO

Encerrava o art. 531 do Código Civil anterior: "Estão sujeitos à transcrição no respectivo registro os títulos translativos da propriedade imóvel, por ato entre vivos". Por esse dispositivo, nota-se apenas a previsão da transcrição para os títulos translativos da propriedade. Não se condicionava o ato para a validade dos títulos. No entanto, o art. 533 tornava indispensável a transcrição para transferir a propriedade.

Neste sentido é a disposição do art. 1.245 do Código de 2002, que condiciona a transferência ao registro do respectivo título, conforme já visto.

O § 1º do art. 1.245 do Código faz operar-se a transferência no momento do registro do título: "Enquanto não se registrar o título translativo, o alienante continua a ser havido como dono do imóvel". Pelo § 2º do mesmo dispositivo, unicamente a decisão anulando o registro retira a propriedade em nome daquele em cujo nome o mesmo se encontra: "Enquanto não se promover, por meio de ação própria, a decretação de invalidade do registro, e o respectivo cancelamento, o adquirente continua a ser havido como dono do imóvel".

No art. 532 do Código Civil revogado, arrolavam-se outros casos de transcrição:

> Serão também transcritos:
>
> I – Os julgados, pelos quais, nas ações divisórias, se puser termo à indivisão.
>
> II – As sentenças, que, nos inventários e partilhas, adjudicarem bens de raiz em pagamento das dívidas de herança.
>
> III – A arrematação e as adjudicações em hasta pública.

Não reproduz o Código de 2002 uma disposição equivalente, por já se encontrar a matéria regulada na Lei dos Registros Públicos (Lei nº 6.015/1973).

Por sua vez, o art. 856 do Código Civil de 1916 discriminava os atos que compreendiam o Registro de Imóveis:

> I – A transcrição dos títulos de transmissão da propriedade.
>
> II – A transcrição dos títulos enumerados no art. 532 do Código Civil de 1916.
>
> III – A transcrição dos títulos consecutivos de ônus reais sobre coisas alheias.
>
> IV – A inscrição das hipotecas.

Cap. XIII • AQUISIÇÃO DA PROPRIEDADE PELO REGISTRO IMOBILIÁRIO | 341

Igualmente não consta a matéria no Código atual, posto que é própria da Lei dos Registros Públicos.

Esclarece-se que a transcrição e o registro constituem-se em um mesmo ato. Pela transcrição, sumula-se a essência do título de transferência. Essa síntese da translação é registrada, ou anotada, tudo no mesmo ato.

É na Lei dos Registros Públicos (Lei nº 6.015/1973) que vem discriminada a relação de atos registráveis envolvendo os casos que indicava o Código Civil de 1916, conforme o art. 167:

1 – Da instituição de bem de família.

2 – Das hipotecas legais, judiciais e convencionais.

3 – Dos contratos de locação de prédios, nos quais tenha sido consignada cláusula de vigência no caso de alienação da coisa locada.

4 – Do penhor de máquinas e de aparelhos utilizados na indústria, instalados e em funcionamento, com os respectivos pertences ou sem eles.

5 – Das penhoras, arrestos e sequestros de imóveis.

6 – Das servidões em geral.

7 – Do usufruto e do uso sobre imóveis e da habitação, quando não resultarem do direito de família.

8 – Das rendas constituídas sobre imóveis ou a eles vinculadas por disposição de última vontade.

9 – Dos contratos de compromisso de compra e venda, de cessão deste, e de promessa de cessão, com ou sem cláusula de arrependimento, que tenham por objeto imóveis não loteados e cujo preço tenha sido pago no ato de sua celebração, ou deva sê-lo a prazo, ou em uma só vez, ou em prestações.

10 – Da enfiteuse.

11 – Da anticrese.

12 – Das convenções antenupciais.

13 – (Revogado pela Lei nº 13.986/2020).

14 – Das cédulas de crédito industrial.

15 – Dos contratos de penhor rural.

16 – Dos empréstimos por obrigações ao portador ou debêntures, inclusive as conversíveis em ações.

17 – Das incorporações, instituições e convenções de condomínio.

18 – Dos contratos de promessa de venda, cessão ou promessa de cessão de unidades autônomas condominiais a que alude a Lei nº 4.591/1964, quando a incorporação ou a instituição de condomínio se formalizar na vigência desta lei.

19 – Dos loteamentos urbanos e rurais.

20 – Dos contratos de promessa de compra e venda de terrenos loteados em conformidade com o Decreto-Lei nº 58/1937, e respectiva cessão e promessa de cessão, quando o loteamento se formalizar na vigência da Lei nº 6.015/1973.

21 – Das citações de ações reais ou pessoais reipersecutórias, relativas a imóveis.

22 – *Hipótese revogada pela Lei nº 6.850, de 12.11.1980.*

23 – Dos julgados e atos jurídicos entre vivos que dividirem imóveis ou os demarcarem, inclusive nos casos de incorporação que resultarem em constituição de condomínio e atribuírem uma ou mais unidades aos incorporadores.

342 | DIREITO DAS COISAS – *Arnaldo Rizzardo*

24 – Das sentenças que nos inventários, arrolamentos e partilhas adjudicarem bens de raiz em pagamento das dívidas da herança.

25 – Dos atos de entrega de legados de imóveis, dos formais de partilha e das sentenças de adjudicação em inventário ou arrolamento quando não houver partilha.

26 – Da arrematação e da adjudicação em hasta pública.

27 – Do dote.

28 – Das sentenças declaratórias de usucapião.

29 – Da compra e venda pura e condicional.

30 – Da permuta.

31 – Da dação em pagamento.

32 – Da transferência de imóvel à sociedade, quando integrar quota social.

33 – Da doação entre vivos.

34 – Da desapropriação amigável e das sentenças que, em processo de desapropriação, fixarem o valor da indenização.

35 – Da alienação fiduciária em garantia de coisa imóvel (registro acrescentado pela Lei nº 9.514/1997).

36 – Da imissão provisória na posse, quando concedida à União, aos Estados, ao Distrito Federal, aos Municípios ou às suas entidades delegadas, e respectiva cessão e promessa de cessão (redação da Lei nº 12.424/2011).

37 – Dos termos administrativos ou das sentenças declaratórias da concessão de uso especial para fins de moradia (redação dada pela Medida Provisória nº 2.220/2001).

38 – *Vetado, sendo que o inciso havia sido incluído pela Lei nº 10.257/2001.*

39 – Da constituição do direito de superfície de imóvel urbano (incluído pela Lei nº 10.257/2001).

40 – Do contrato de concessão de direito real de uso de imóvel público (redação dada pela Medida Provisória nº 2.220/2001).

41 – Da legitimação de posse (incluído pela Lei nº 11.977/2009).

42 – Da conversão da legitimação de posse em propriedade, prevista no art. 60 da Lei nº 11.977, de 7 de julho de 2009 (incluído pela Lei nº 12.424/2011).

43 – Da Certidão de Regularização Fundiária (item incluído pela Lei nº 13.465/2017).

44 – Da legitimação fundiária (item incluído pela Lei nº 13.465/2017).

O procedimento do registro está regulado pela Lei nº 6.015/1973, com as alterações de leis posteriores.

A denominação vigente para o ato cartorário é "registro", em cujo conteúdo englobam-se a "inscrição" e a "transcrição", vocábulos usados pelo Código Civil anterior com o significado de registro, utilizando o Código atual o termo "registro", embora, como se disse, a transcrição corresponda à síntese do ato efetuado, cujo termo é registrado. Anteriormente à Lei nº 6.015, o termo "transcrição" era utilizado para atos transmissivos da propriedade; já o termo "inscrição" se destinava aos atos constitutivos de ônus reais, como penhor e hipoteca.

Explica-se, antes de seguir adiante, que o registro é precedido pela matrícula. Equivale o termo "matrícula" à descrição do imóvel. Lança-se simplesmente a descrição do imóvel. Depois é que vem o registro, que corresponde a tudo o que acontece com o imóvel descrito. Com a matrícula, descrevendo-se o imóvel, alcança-se a sua individualização.

Cap. XIII · AQUISIÇÃO DA PROPRIEDADE PELO REGISTRO IMOBILIÁRIO | **343**

Existe, ainda, a "averbação", que é reservada para os atos modificativos posteriores ao registro. Representa uma modificação sofrida pelo imóvel, no pertinente à sua situação física, como alteração do nome da rua, ou do número do prédio, referentemente à situação civil do proprietário, como quando, sendo solteiro, passar ao estado de casado.

Obedecem as averbações a sequência dos atos que vêm após a matrícula. A numeração é cronológica, antecedido sempre o número pela abreviatura "AV", tudo na forma do art. 232 da Lei dos Registros Públicos.

Embora a averbação suceda à matrícula, é possível procedê-la no livro antigo, na seguinte hipótese, lembrada por Antônio César Peluso: "Quando se trata de averbação de fato ou ato, concernente a imóvel ainda não matriculado, será realizada no livro antigo de registro, porque a mera averbação não induz à necessidade da abertura de matrícula exigida apenas para registro".[8]

O art. 167, inc. II, da Lei dos Registros Públicos elenca os atos sujeitos à averbação:

1 – as convenções antenupciais e o regime de bens diverso do regime legal nos registros referentes a imóveis;

2 – o cancelamento de ônus e direitos reais;

3 – os contratos de promessa de compra e venda de imóveis, cessão e promessa de cessão, quando o loteamento tiver sido formalizado anteriormente à vigência da Lei nº 6.015/1973;

4 – a mudança de denominação e da numeração dos prédios;

5 – a alteração do nome por casamento ou por desquite, ou, ainda, de outras circunstâncias que, de qualquer modo, tenham influência no registro ou nas pessoas nele interessadas;

6 – os atos pertinentes a unidades autônomas condominiais a que alude a Lei nº 4.591/1964, quando a incorporação tiver sido formalizada anteriormente à vigência de referida lei;

7 – as cédulas hipotecárias; a caução e a cessão fiduciária dos direitos relativos a imóveis;

8 – a caução e a cessão fiduciária de direitos relativos a imóveis;

9 – as sentenças de separação do dote;

10 – o restabelecimento da sociedade conjugal;

11 – as cláusulas de inalienabilidade, impenhorabilidade e incomunicabilidade impostas a imóveis, bem como de constituição de fideicomisso;

12 – as decisões, os recursos e seus efeitos, que tenham por objeto atos ou títulos registrados ou averbados;

13 – *ex officio*, os nomes dos logradouros, decretados pelo Poder Público;

14 – as sentenças de separação judicial, de divórcio e de nulidade ou anulação de casamento, quando nas respectivas partilhas existirem imóveis ou direitos reais sujeitos a registro (hipótese trazida pela Lei nº 6.850/1980);

15 – a rerratificação do contrato de mútuo com pacto adjeto de hipoteca em favor de entidade integrante do Sistema Financeiro da Habitação, ainda que importando elevação da dívida, desde que mantidas as mesmas partes e que inexista outra hipoteca registrada em favor de terceiros (Lei nº 6.941/1981);

16 – o contrato de locação, para fins do exercício de preferência (Lei nº 8.245/1991);

17 – o termo de securitização de créditos imobiliários, quando submetidos a regime fiduciário (Lei nº 9.514/1997);

---

[8] "Atualização em Matéria de Registro Imobiliário", em *Revista de Jurisprudência do TJ de São Paulo* nº 85, p. 20.

18 – a notificação para parcelamento, edificação ou utilização compulsórios de imóvel urbano (incluído pela Lei nº 10.257/2001);

19 – a extinção da concessão de uso especial para fins de moradia (incluído pela Lei nº 10.257/2001);

20 – a extinção do direito de superfície do imóvel urbano (incluído pela Lei nº 10.257/2001);

21 – a cessão de crédito imobiliário (incluído pela Lei nº 10.931/2004);

22 – a reserva legal (incluído pela Lei nº 11.284/2006);

23 – a servidão ambiental (incluído pela Lei nº 11.284/2006);

24 – o destaque de imóvel de gleba pública originária (incluído pela Lei nº 11.952/2009);

25 – (perdeu vigência, por não conversão da Medida Provisória nº 458/2009 em lei);

26 – o auto de demarcação urbanística (incluído pela Lei nº 11.977/2009);

27 – a extinção da legitimação de posse (redação dada pela Lei nº 12.424/2011);

28 – a extinção da concessão de uso especial para fins de moradia (incluído pela Lei nº 12.424/2011);

29 – a extinção da concessão de direito real de uso (incluído pela Lei nº 12.424/2011);

30 – a sub-rogação de dívida, da respectiva garantia fiduciária ou hipotecária e da alteração das condições contratuais, em nome do credor que venha a assumir tal condição na forma do disposto pelo art. 31 da Lei nº 9.514/1997, ou do art. 347 do Código Civil, realizada em ato único, a requerimento do interessado instruído com documento comprobatório firmado pelo credor original e pelo mutuário (redação dada pela Lei nº 12.810/2013);

31 – a certidão de liberação de condições resolutivas dos títulos de domínio resolúvel emitidos pelos órgãos fundiários federais na Amazônia Legal (Incluído pela Lei nº 13.465/2017);

32 – o termo de quitação de contrato de compromisso de compra e venda registrado e do termo de quitação dos instrumentos públicos ou privados oriundos da implantação de empreendimentos ou de processo de regularização fundiária, firmado pelo empreendedor proprietário de imóvel ou pelo promotor do empreendimento ou da regularização fundiária objeto de loteamento, desmembramento, condomínio de qualquer modalidade ou de regularização fundiária, exclusivamente para fins de exoneração da sua responsabilidade sobre tributos municipais incidentes sobre o imóvel perante o Município, não implicando transferência de domínio ao compromissário comprador ou ao beneficiário da regularização (Incluído pela Lei nº 13.465/2017).

Para proceder à averbação, é indispensável a apresentação de título autêntico que reflita incontroversamente a situação pretendida anotar. Não se permite, no entanto, a alteração das pessoas constantes do registro; ou do imóvel que figure na matrícula, colocando-se outro em seu lugar; ou do contrato que originou o título.

13.3. PRINCÍPIOS DO REGISTRO IMOBILIÁRIO

Vários princípios informam e garantem a eficácia do registro imobiliário.

O primeiro deles é o da *publicidade*, em razão do qual toda a pessoa interessada pode ter acesso aos registros imobiliários, com a finalidade de possibilitar o conhecimento da real situação do imóvel. Neste sentido, preceitua o art. 17 de Lei dos Registros Públicos: "Qualquer pessoa poderá requerer certidão de registro, sem informar ao oficial ou ao funcionário o motivo ou interesse do pedido".

É fundamental este princípio, assegura Walter Ceneviva, "para garantir a oponibilidade e preservar a inoponibilidade a todos os terceiros".[9]

---

[9] *Lei dos Registros Públicos Comentada*, 1ª ed., São Paulo, Edição Saraiva, 1979, p. 27.

O segundo princípio está na presunção da *veracidade* do conteúdo e na fé pública. Pela presunção, que é *juris tantum*, o adquirente será tido como titular do direito registrado, até que o contrário fique demonstrado, em obediência de que se presume pertencer o direito real à pessoa em cujo nome se registrou.

Igualmente o princípio da *fé pública* assume importância, embora não capitulado na lei civil. Protege-se com ele o terceiro adquirente de boa-fé. Mesmo assim, o terceiro de boa-fé, adquirente de um imóvel de quem não era proprietário, não tem direitos sobre ele, salvaguardando-se apenas os direitos indenizatórios.[10]

O princípio da *obrigatoriedade* é, na visão de Sérgio Afonso Manica, "dos mais relevantes preceitos que alicerçam o registro de imóveis", vindo "consagrado nos arts. 1.227 e 1.245, ambos do Código Civil brasileiro, determinando que os direitos reais sobre imóveis constituídos ou transmitidos por atos entre vivos só se adquirem com o registro no Cartório de Registro de Imóveis dos referidos títulos, salvo exceções legais".[11]

Realmente, ressalta a obrigatoriedade do registro do art. 1.227, anteriormente referido: "Os direitos reais sobre imóveis constituídos, ou transmitidos por atos entre vivos, só se adquirem com o registro no Cartório de Registro de Imóveis dos referidos títulos (arts. 1.245 a 1.247), salvo os casos expressos neste Código". A exigência está, igualmente, no art. 1.245: "Transfere-se entre vivos a propriedade mediante o registro do título translativo no Registro de Imóveis".

O princípio da *continuidade* revela-se de real significação e decorre precisamente do art. 195 da Lei dos Registros Públicos: "Se o imóvel não estiver matriculado ou registrado em nome do outorgante, o oficial exigirá a prévia matrícula e o registro do título anterior, qualquer que seja a sua natureza para manter a continuidade do registro".

Por meio dele, mantém-se o imprescindível encadeamento entre assentos pertinentes a um dado imóvel e às pessoas dele interessadas.

No art. 222 da citada Lei, também se extrai o princípio: "Em todas as escrituras e em todos os atos relativos a imóveis, bem como nas cartas de sentença e formais de partilha, o tabelião ou o escrivão deve fazer referência à matrícula ou ao registro anterior, seu número e cartório".

Aduz Afrânio de Carvalho:

> (...) Importa lembrar que o título atual só é admissível no registro quando aí encontre outro pretérito que a pessoa possa ligar-se: o encadeamento há de ser ininterrupto. Essa afirmativa não é senão um corolário de preceito latente no sistema, segundo o qual a pré-inscrição de titular antigo é indispensável à inscrição de novo titular.[12]

Por aí se depreende a inviabilidade de se procederem registros posteriores sem que os anteriores sejam lançados, de modo a formar-se um elo que une cada registro, num encadeamento ininterrupto e contínuo.

O princípio da *prioridade objetiva*, na explicação de Afrânio de Carvalho, estabelece a prioridade de cada registro, frente aos precedentes: "Num concurso de direitos reais sobre um imóvel, estes não ocupam todos o mesmo posto, mas se graduam ou classificam por uma relação de precedência fundada na ordem cronológica do seu aparecimento".[13]

---

[10] Iolanda Moreira Leite, *Registro Imobiliário e Ação de Retificação, em Posse e Propriedade*, São Paulo, Editora Saraiva, 1987, p. 533.

[11] *Direito Notarial*, ob. cit., p. 192.

[12] "Títulos Admissíveis no Registro", em *Revista dos Tribunais* nº 643, p. 24.

[13] *Registro de Imóveis*, 3ª ed., Rio de Janeiro, Forense, 1982, p. 216.

Com base em tal princípio, na duplicidade de registro, sobre o mesmo bem, considera-se nulo aquele feito por último, mesmo que o primeiro envolva compromissos de compra e venda: "Ocorrendo duplicidade de registros, deve ser decretada a nulidade do efetivado em último lugar. Essa providência pode ser adotada na via administrativa. Aplicação do art. 214 da Lei nº 6.015/1973".

No curso do voto do eminente relator, Des. Batalha de Camargo, lembra-se:

> A averbação do compromisso confere ao seu titular, no dizer de Orlando Gomes, um direito real *sui generis*, que reduz, verdadeiramente, à simples limitação do poder de disposição do proprietário que o constitui. Uma vez registrado, proibido fica de alienar o bem, e, se o fizer, o compromissário ou promitente comprador, sendo titular de um direito com sequela, poderá reivindicar a propriedade do imóvel (Orlando Gomes, *Contratos*, 7ª edição, p. 296).
>
> Serpa Lopes, ao comentar o art. 22 do Decreto-Lei nº 58, de 10.12.1937, afirma que, "inscrita uma promessa de compra e venda, essa inscrição estabelece uma prioridade de uma exclusividade, de vez que, diferentemente da hipoteca, a promessa de compra e venda não comporta gradações".
>
> E conclui: "Igualmente, a inscrição da promessa de compra e venda impede a inscrição de direitos reais posteriores que com ela sejam incompatíveis ou pelo menos subordina a sua eficácia à promessa de compra e venda primeiramente inscrita" (*Tratado dos Registros Públicos*, vol. III/223 e 224, 5ª ed.).

Mesmo de ofício assiste ao oficial decretar a nulidade do segundo registro, prossegue o voto:

> O caminho correto, ocorrendo duplicidade de registros, é a decretação da nulidade do efetivado em último lugar.
>
> Essa providência pode ser adotada na via administrativa, com fulcro no art. 214 da Lei nº 6.015/1973.
>
> Aliás, sobre o assunto há parecer da E. Corregedoria-Geral da Justiça, cuja ementa é a seguinte: "Cancelamento. Registro de Imóveis. Duplicidade de registros do mesmo imóvel. Nulidade de pleno direito caracterizada. Segundo registro cancelado. Violação do princípio da continuidade. Decretação em processo meramente administrativo. Art. 214 da Lei dos Registros Públicos" (*in Decisões Administrativas da Corregedoria-Geral da Justiça do Estado de São Paulo*, 1981/1983, p. 70, ementa 31).[14]

Defendendo a validade do primeiro registro, assim ementou o STJ no REsp. nº 104.200/SP, da 4ª Turma, j. em 24.05.2000, *DJU* de 04.09.2000:

> A só e só circunstância de ter havido boa-fé do comprador não induz a que se anule o registro de uma outra escritura de compra e venda em que o mesmo imóvel foi vendido a uma terceira pessoa que o adquiriu também de boa-fé. Se duas distintas pessoas, por escrituras diversas, comprarem o mesmo imóvel, a que primeiro levar a sua escritura a registro é que adquirirá o seu domínio. É o prêmio que a lei confere a quem foi mais diligente.

---

[14] *Apel. Cível* nº 2.523-0, do Conselho Superior da Magistratura do Tribunal de Justiça do Estado de São Paulo, julgada em 22.05.1984, em *Revista dos Tribunais*, 592/88.

Encerra o art. 182 da Lei dos Registros Públicos: "Todos os títulos tomarão, no Protocolo, o número da ordem que lhes competir em razão da sequência rigorosa de sua apresentação". Complementa o art. 186: "O número de ordem determinará a prioridade do título, e esta a preferência dos direitos reais, ainda que apresentados pela mesma pessoa mais de um título simultaneamente".

Esta determinação também emerge do art. 1.246 do Código Civil: "O registro é eficaz desde o momento em que se apresentar o título ao oficial do registro, e este o prenotar no protocolo".

É que há de se dar uma proteção ao adquirente do imóvel que apresentar o seu título para registro em primeiro lugar.

Na conjugação de tais normas há de se entender o art. 1.245: "Transfere-se entre vivos a propriedade mediante o registro do título translativo no Registro de Imóveis". Ou seja, os títulos translativos da propriedade imóvel por ato entre vivos; as sentenças que adjudicarem bens de raiz em inventários e partilhas, em pagamento das dívidas da herança, e a arrematação e as adjudicações em hasta pública devem ser registrados, mas desde a data da prenotação representam garantia ao respectivo titular.

Prepondera a prenotação no livro do protocolo, cuja data valerá para o registro.

Antes da data constante, considera-se o alienante titular do domínio, por força do § 1º do art. 1.245 do Código Civil: "Enquanto não se registrar o título translativo, o alienante continua a ser havido como dono do imóvel".

As regras anteriores têm repercussão na decretação da falência ou insolvência antes do registro, ficando preservado o direito do adquirente se existir a prenotação, a que leva o art. 1.246 do Código: "O registro é eficaz desde o momento em que se apresentar o título ao oficial do registro, e este o prenotar no protocolo".

Pelo parágrafo único do art. 535 do Código de 1916, aos credores do vendedor deveria ser depositado o preço, se ainda não pago: "Se, porém, ao tempo de transcrição ainda não estiver pago o imóvel, o adquirente, logo que for notificado da falência, ou tenha conhecimento da insolvência do alienante, depositará em juízo o preço". Esta decorrência é natural da falência ou quebra, nem aparecendo contemplada no Código atual. O devedor não pode continuar a pagar ao falido, mas prosseguirá satisfazendo sua obrigação no juízo da falência.

Em suma, no protocolo faz-se a prenotação. Se o título carecer de algumas exigências para o registro, terá a parte interessada o prazo de trinta dias para a regularização. Não havendo atendimento, cessam os efeitos da prenotação, sem levar-se a registro o título.

Mas, inconformando-se a parte com as exigências, faculta-lhe o art. 198 da Lei nº 6.015/1973 a suscitação de dúvida, remetendo-se o expediente ao juiz competente para a apreciação. Neste caso, é óbvio que permanece suspenso o prazo, enquanto não houver uma solução.

Cita-se, também, o princípio da *legalidade* ou *legitimidade*, que envolve a necessidade de um exame preliminar pelo oficial, quanto à legalidade e validade do título. Considera-se válido o registro se vier amparado por um título causal válido.

Compete, pois, ao titular do cartório o exame para aferir a legalidade do título, tanto nos seus aspectos intrínsecos como nos aspectos extrínsecos.

É certo que não cabe ao oficial exercer algum tipo de jurisdição, aceitando razões apresentadas pelas partes e após proferindo a decisão. Sua função se resume à análise, *v.g.*, dos elementos externos do título, e se o mesmo se enquadra dentre os registráveis. Válida, ainda, a orientação de Serpa Lopes: "Se a anulabilidade decorrer de vício subjetivo, como seja erro, dolo, simulação ou fraude, está claro que nenhuma dúvida pode suscitar o oficial, e a inscrição tem de ser levada a efeito, até que por decisão judicial o ato seja anulado".[15]

O princípio da *especialidade* igualmente deve ser observado, estando consubstanciado no art. 225 e seus parágrafos da Lei nº 6.015/1973:

> Os tabeliães, escrivães e juízes farão com que, nas escrituras e nos autos judiciais, as partes indiquem, com precisão, as características, as confrontações e as localizações dos imóveis, mencionando os nomes dos confrontantes e, ainda, quando se tratar só de terreno, se esse fica do lado par ou do lado ímpar do logradouro, em que quadra e a que distância métrica da edificação ou da esquina mais próxima, exigindo dos interessados certidão de registro imobiliário.
>
> § 1º As mesmas minúcias, com relação a caracterização do imóvel, devem constar dos instrumentos particulares apresentados em cartório para registro.
>
> § 2º Consideram-se irregulares, para efeito de matrícula, os títulos nos quais a caracterização do imóvel não coincida com a que consta no registro anterior.

Veio incluído o § 3º pela Lei nº 10.267/2001, relativamente a imóveis rurais, colocando as seguintes exigências: "Nos autos judiciais que versem sobre imóveis rurais, a localização, os limites e as confrontações serão obtidos a partir de memorial descritivo assinado por profissional habilitado e com a devida Anotação de Responsabilidade Técnica – ART, contendo as coordenadas dos vértices definidores dos limites dos imóveis rurais, georreferenciadas ao Sistema Geodésico Brasileiro e com precisão posicional a ser fixada pelo INCRA, garantida a isenção de custos financeiros aos proprietários de imóveis rurais cuja somatória da área não exceda a quatro módulos fiscais".

Sobre a matéria, assentou o Conselho Superior de Magistratura do Tribunal de Justiça de São Paulo: "Registro de imóveis. Formal de partilha. Registro. Impossibilidade. Área não correspondente à da transcrição anterior. Violação do princípio da especialidade. Inteligência dos arts. 169 e 225, § 2º, da Lei nº 6.015/1973".

Esclarece o voto do relator, Des. Nogueira Garcez: "Se a área constante do título não corresponde àquela retratada na transcrição ou matrícula, isto significa que não se atendeu ao princípio da especialidade, com base no qual se controla a disponibilidade da área do imóvel registrado. Logo, o título assim formado não se presta mesmo a registro, em face da expressa regra dos arts. 196 e 225, § 2º, da Lei nº 6.015/1973".[16]

Por aí se vê que a finalidade é arredar do registro os erros que possam confundir as propriedades e dificultar a identificação.

O oficial do cartório deve precaver-se ao analisar o título quanto a possíveis falhas. Se constatadas, imporá a regularização.

O princípio da *unitariedade* também ressalta, segundo o qual, diversamente do que ocorria com a antiga legislação registrária, cada imóvel deve ter sua matrícula e cada matrícula não pode ter por objeto mais de um imóvel. Encontra fulcro este princípio no art. 176, § 1º, da Lei nº 6.015/1973. É que o sistema vigente se baseia no cadastramento do bem. Com apoio neste princípio, ementou-se: "De acordo com a nova legislação registrária, não existe mais transcrição do título aquisitivo, sendo inadmissível a matrícula de fração ideal do bem, porque

---

[15]   *Tratado dos Registros Públicos*, 5ª ed., Rio de Janeiro, Livraria Freitas Bastos S.A., 1955, vol. II, p. 349.

[16]   *Apel. Cível* nº 4.315-0, julgada em 06.08.1985, do Conselho Superior da Magistratura do TJ de São Paulo, em *Revista dos Tribunais*, 601/102.

Cap. XIII · AQUISIÇÃO DA PROPRIEDADE PELO REGISTRO IMOBILIÁRIO | 349

sua abertura exige a perfeita identificação de todo o imóvel. Como o registro pressupõe a existência de prévia matrícula, sem esta aquele não pode ser feito".

Aduz-se, no voto do relator, Des. Nogueira Garcez: "Consequência necessária disso é a inadmissibilidade de matrícula de fração ideal de bem, exatamente porque sua abertura exige, entre outros requisitos, a perfeita identificação de todo o imóvel, incluindo-se a área (sob pena de se tornar inviável o contorno da disponibilidade), o nome e a qualificação de todos os proprietários (...)

Como o registro do título pressupõe a existência de prévia matrícula, resulta que, sem esta, aquele não pode ser feito. Impõe-se, assim, a composição de todo o imóvel ensejando a abertura de matrícula, e só depois o registro da fração, atribuída à apelante.

No caso, dois imóveis foram transacionados no mesmo título: um terreno e mais parte ideal de zona de passagem a ele adjacente. A matrícula do terreno pode perfeitamente ser procedida. A zona de passagem, entretanto, exige primeiro a combinação do todo, e só após – em sequência – o fracionamento de cada qual das partes componentes (...). Pouco importa a preexistência de transcrição anterior, onde a parte ideal foi registrada em separado. A sistemática registrária nova é diferente da anterior e, a nível de cadastramento, agora o registro isolado não mais pode ser procedido".[17]

Há uma exceção inserida na Lei de Registros Públicos por meio da Lei nº 12.424/2011. A regra, mais uma vez, acalenta exceção ao Poder Público, ao permitir o fracionamento da matrícula imobiliária quando se tratar de processo desapropriatório, mesmo que a decisão não seja definitiva. Foi inserido o § 8º no art. 176 da Lei nº 6.015/1973, com a redação dada pela Lei nº 12.424/2011: "O ente público proprietário ou imitido na posse a partir de decisão proferida em processo judicial de desapropriação em curso poderá requerer a abertura de matrícula de parte de imóvel situado em área urbana ou de expansão urbana, previamente matriculado ou não, com base em planta e memorial descritivo, podendo a apuração de remanescente ocorrer em momento posterior".

Importante, outrossim, o princípio da *identificação*, lembrado no art. 176, § 1º, inc. II, nº 3, da Lei dos Registros Públicos, em redação da Lei nº 10.267/2001, impondo como requisito da matrícula "a identificação do imóvel, que será feita com indicação: a – se rural, do código do imóvel, dos dados constantes do CCIR, da denominação e de suas características, confrontações, localização e área; b – se urbano, de suas características e confrontações, localização, área, logradouro, número e de sua designação cadastral, se houver". Bem clara é a necessidade da observância da identificação na jurisprudência, como ressalta do seguinte exemplo: "Registro de Imóveis. Formal da partilha. Transcrição do imóvel diversa da transcrição anterior. Registro inadmissível. Necessidade de retificação. Recurso improvido".

O voto do relator, Des. Nogueira Garcez, do Tribunal de Justiça de São Paulo, ressalta que a identificação importa a descrição do imóvel de acordo com o constante no registro anterior: "Indiscutível que obrigatória a perfeita identificação do imóvel, como preceitua o art. 176, § 1º, II, nº 3, da Lei dos Registros Públicos, para a necessária abertura da matrícula por ocasião do primeiro registro a ser feito na vigência da mencionada lei (art. 176, § 1º, I). Entretanto, para que o formal de partilha exibido pudesse regularmente conter a correta identificação do imóvel, mister inexistisse qualquer divergência na descrição do bem,

---

[17] *Apel. Cível* nº 5.132-0, do Conselho Superior da Magistratura do TJ de São Paulo, julgada em 06.11.1985, em *Revista dos Tribunais*, 603/109.

350 DIREITO DAS COISAS – *Arnaldo Rizzardo*

ajustando-se à transcrição anterior. Indispensável é que o título guarde correspondência entre a individualização enunciada e as características constantes do registro anterior".[18]

13.4. PROCEDIMENTO CARTORÁRIO PARA O REGISTRO

Ao adquirente cabe providenciar no registro da aquisição.

O ato procede-se no cartório do local do imóvel, segundo previa o art. 861 do Código anterior:

> Serão feitas as inscrições, ou transcrições no registro correspondente ao lugar, onde estiver o imóvel.

A regra repete-se no art. 169, inc. II, da Lei dos Registros Públicos, com a especificação de que os imóveis situados em comarcas ou circunscrições limítrofes terão os registros procedidos em todas elas. Justamente porque a regra é da competência da lei especial, foi omisso, a respeito, o Código vigente.

O passo inicial para o registro é a matrícula, que, aliás, corresponde ao primeiro registro do imóvel. Consta do art. 176, § 1º, inc. I, da Lei nº 6.015 que cada imóvel terá matrícula própria, que será aberta por ocasião do primeiro registro.

Pela matrícula, há a individualização do imóvel que é registrado.

Nicolau Balbino Filho fornece o seguinte conceito de matrícula: "Matrícula é a abertura de um fólio real, ou o ingresso de um imóvel na vida tabular do registro. A palavra *matrícula* é utilizada por nossa legislação registral vigente para designar o acesso da entidade registral no fólio real.[19]

Lembra-se de que o termo "folio" significa o livro cujas folhas têm duas páginas.

Abre-se a matrícula no Livro 2, o qual está destinado aos atos relativos ao Registro de Imóveis. Nela, inserem-se as características do Imóvel, como a localização, as confrontações, a área, a denominação, o tipo de imóvel (rural ou urbano) e sua designação cadastral, se houver.

A caracterização do imóvel seguirá a qualificação do proprietário, destacando-se o nome, a nacionalidade, a profissão, o número do Registro Geral da Cédula de Identidade e o número de inscrição no Cadastro Geral de Contribuintes do Ministério da Economia.

A identificação do imóvel deve corresponder à constante do título apresentado ao cartório e que deu causa ao negócio. Se a escritura pública, *v.g.*, omitir certos dados indispensáveis, não se efetua a matrícula. E os elementos que nela se encontram devem coincidir com os verificados no registro anterior.

Se omisso o título relativamente às medidas lineares que existiam e à área total do imóvel; verificada a imprecisão em relação às características e confrontações; faltando elementos em relação ao perímetro, à área e à localização na via ou logradouro, além de outros dados, total a impossibilidade do registro, por imposição do art. 176, inc. II, da Lei nº 6.015/1973.

Conforme Álvaro Melo Filho,

> a matrícula para cada imóvel (...) constitui um primeiro passo para um cadastramento técnico de todos os imóveis existentes no Brasil. Por meio da matrícula, há uma caracterização minuciosa e uma individualização exata do imóvel a ser registrado,

---

[18] *Apel. Cível* nº 3.757-0, do Conselho Superior da Magistratura do TJ de São Paulo, julgada em 06.08.1985, em *Revista dos Tribunais*, 601/98.

[19] *Registro de Imóveis – Doutrina, Prática, Jurisprudência*, 9ª ed., São Paulo, Editora Saraiva, 1999, p. 98.

devendo efetuar-se no cartório da circunscrição imobiliária em que o imóvel está localizado. Subvertendo totalmente a sistemática anterior, a vigente lei estabelece que todo imóvel terá matrícula própria, a qual será aberta por ocasião do primeiro registro a ser efetuado. Os requisitos legais para a matrícula são: o número de ordem, que se seguirá ao infinito, a data, a identificação do imóvel, feita mediante indicação de suas características e confrontações, localização, área e denominação, se rural, ou logradouro e número, se urbano, e sua designação cadastral se houver; nome, domicílio e nacionalidade do proprietário, sendo que se o proprietário for pessoa física, serão requisitos o estado civil e a profissão, número de inscrição no CPF do Ministério da Fazenda ou do Registro Geral da Cédula de identidade, ou, na falta deste, sua filiação; se o proprietário for pessoa jurídica, deverá constar a sede social, com o número de inscrição no CGC do Ministério da Fazenda.[20]

O art. 176, § 1º, nº II, apresenta os elementos que obrigatoriamente conterão as matrículas:

§ 1º A escrituração do Livro nº 2 obedecerá às seguintes normas:

II – são requisitos da matrícula:

1) o número de ordem, que seguirá ao infinito;

2) a data;

3) a identificação do imóvel, que será feita com indicação:

a) se rural, do código do imóvel, dos dados constantes do CCIR, da denominação e de suas características, confrontações, localização e área;

b) se urbano, de suas características e confrontações, localização, área, logradouro, número e de sua designação cadastral, se houver.

4) o nome, o domicílio e a nacionalidade do proprietário, bem como:

a) tratando-se de pessoa física, o estado civil, a profissão, o número de inscrição no Cadastro de Pessoas Físicas do Ministério da Fazenda ou do Registro Geral da cédula de identidade ou, à falta deste, sua filiação;

b) tratando-se de pessoa jurídica, a sede social e o número de inscrição no Cadastro Geral de Contribuintes do Ministério da Fazenda;

5) o número do registro anterior;

6) tratando-se de imóvel em regime de multipropriedade, a indicação da existência de matrículas, nos termos do § 10 deste artigo (incluído pela Lei nº 13.777/2018).

Adiante, no item seguinte, serão feitas anotações no registro de desmembramento, parcelamento, remembramento e fracionamento de imóveis rurais.

Para viabilizar a matrícula e mesmo o registro, o art. 225 da Lei dos Registros Públicos indica os elementos que terão os títulos: "Os tabeliães, escrivães e juízes farão com que, nas escrituras e nos autos judiciais, as partes indiquem, com precisão, os característicos, as confrontações e as localizações dos imóveis, mencionando os nomes dos confrontantes e, ainda, quando se tratar só de terreno, se esse fica do lado par ou do lado ímpar do logradouro, em que quadra e a que distância métrica da edificação ou da esquina mais próxima, exigindo dos interessados certidão do registro imobiliário".

---

[20] *Direito Registral Imobiliário*, Rio de Janeiro, Forense, 1975, p. 2.

Nos parágrafos, traçam-se normas sobre outras exigências visando tornar possível a matrícula:

§ 1º As mesmas minúcias, com relação à caracterização do imóvel, devem constar dos instrumentos particulares apresentados em cartório para registro.

§ 2º Consideram-se irregulares, para efeito de matrícula, os títulos nos quais a caracterização do imóvel não coincida com a que consta do registro anterior.

§ 3º Nos autos judiciais que versem sobre imóveis rurais, a localização, os limites e as confrontações serão obtidos a partir de memorial descritivo assinado por profissional habilitado e com a devida Anotação de Responsabilidade Técnica – ART, contendo as coordenadas dos vértices definidores dos limites dos imóveis rurais, georreferenciadas ao Sistema Geodésico Brasileiro e com precisão posicional a ser fixada pelo INCRA, garantida a isenção de custos financeiros aos proprietários de imóveis rurais cuja somatória da área não exceda a quatro módulos fiscais.

Procedida a matrícula, se houver transferência do imóvel, ou de parte, lança-se apenas o registro do ato.

Define-se o registro como "o lançamento efetuado sobre a matrícula do imóvel, dos atos geradores da transmissão do domínio, dos atos que impõem ônus ou estabelecem direitos reais e os atos que não digam diretamente respeito a determinado imóvel, ou que a este se refiram indiretamente, com o objetivo de dar-lhes publicidade e garantir o direito registrado, ressalvados os direitos de terceiros".[21]

Lembra-se, conforme observado no item 13.2 do presente Capítulo, de que o registro corresponde à descrição sintética do ato translativo ou constitutivo de direito real.

Daí se entender que, lavrada a escritura pública de compra e venda, *v.g.*, leva-se o título ao cartório de Registro de Imóveis, onde é aberta a matrícula. Feito este ato, seguem-se os registros, tantos quantos forem os títulos causais. Por outras palavras, descreve-se o que foi feito com o imóvel constante da matrícula, como venda, hipoteca, penhora, sequestro ou outro ato, referindo-se o título causal, a data, o valor, a pessoa adquirente ou favorecida.

De acordo com o art. 221 da Lei nº 6.015, somente são admitidos a registro os seguintes títulos, que instrumentam os atos indicados no art. 167:

I – Escrituras públicas, inclusive as lavradas em consulados brasileiros.

II – Escritos particulares autorizados em lei, assinados pelas partes e testemunhas, com as firmas reconhecidas, dispensado o reconhecimento quando se tratar de atos praticados por entidades vinculadas ao Sistema Financeiro de Habitação.

III – Atos autêntico de países estrangeiros, com força de instrumento público, legalizados e traduzidos na forma da lei, e registrados no cartório de registro de títulos e documentos, assim como sentenças proferidas por tribunais estrangeiros após homologação pelo Superior Tribunal de Justiça (art. 105, inc. I, "i", da Constituição Federal, redação vinda da Emenda Constitucional nº 45, de 8.12.2004).

IV – Cartas de sentenças, formais de partilha, certidões e mandados extraídos de autos de processo.

---

[21] Álvaro Melo Filho, *obra citada*, p. 6.

V – Contratos ou termos administrativos, assinados com a União, Estados, Municípios ou o Distrito Federal, no âmbito de programas de regularização fundiária e de programas habitacionais de interesse social, dispensado o reconhecimento de firma (redação da Lei nº 12.424/2011).

Dispõe o citado art. 221, em seus §§ 1º e 2º, acrescentados pela Lei 12.424/2011, que "serão registrados os contratos e termos mencionados no inciso V do *caput* assinados a rogo com a impressão dactiloscópica do beneficiário, quando este for analfabeto ou não puder assinar, acompanhados da assinatura de 2 (duas) testemunhas", bem como que "os contratos ou termos administrativos mencionados no inciso V do *caput* poderão ser celebrados constando apenas o nome e o número de documento oficial do beneficiário, podendo sua qualificação completa ser efetuada posteriormente, no momento do registro do termo ou contrato, mediante simples requerimento do interessado dirigido ao registro de imóveis".

Adveio o § 3º, aportado pela Lei nº 13.465/2017, pelo qual "fica dispensada a apresentação dos títulos previstos nos incisos I a V do *caput* deste artigo quando se tratar de registro do projeto de regularização fundiária e da constituição de direito real, sendo o ente público promotor da regularização fundiária urbana responsável pelo fornecimento das informações necessárias ao registro, ficando dispensada a apresentação de título individualizado, nos termos da legislação específica".

Se efetuada uma alienação e o imóvel já se encontra matriculado, procede-se ao simples registro, já que cada imóvel terá apenas uma matrícula. Em outros termos, a matrícula original irá sofrendo alterações, na medida em que surgirem novas alienações, do todo ou em parte, ou aparecerem mais atos dignos de registro, como promessa de compra e venda, penhora, hipotecas etc.

O número inicial da matrícula será conservado, mas recebendo cada registro um número diferente, em ordem cronológica, vinculado ao número da matrícula base. A cada lançamento, de acordo com o art. 232 da Lei dos Registros Públicos, precede a letra "R", e, após, o número de ordem, de forma cronológica, na medida em que aumentam os atos merecedores de registro.

E se o imóvel for indiviso, ou se o registro envolver a porção ideal dentro de um imóvel?

A parte ideal define-se como a fração do imóvel que se tornou comum em virtude de um contrato ou da sucessão, que é o fator mais frequente de constituição da parte ideal. Cada herdeiro receberá um quinhão que não se enquadra em um imóvel inteiro. Sua legítima é representada por um determinado valor calculado em razão do valor total do bem. Assim, enquanto o imóvel original tem a configuração física, com a completa discriminação de seus caracteres, acidentes e contornos, a parte ideal não virá com a mesma descrição. O conjunto das partes ideais forma a propriedade múltipla dos condôminos, sem definição concreta do espaço que toca ou cabe a cada um. O condômino recebe a fração aritmética, cujo denominador comum é o todo dividendo do qual a soma recompõe a unidade deste, segundo explica Afrânio de Carvalho, que mostra como se faz o registro: "Daí a regra de que a matrícula somente pode ser aberta com um imóvel inteiro, perfeitamente definido, cujo contorno ocupará um espaço determinado da superfície terrestre, sobre o qual alguém exerce o direito de propriedade. Esse o sentido de fólio real (...), o qual, uma vez adotado, ministra a realidade de uma base física para a dominialidade particular".[22]

---

[22] "Parte Ideal e suas Posições no Registro", em *Revista dos Tribunais* nº 634, p. 13.

Efetuada a alienação particular ou judicial de uma parte ideal, ao pé da matrícula onde está descrito o imóvel inteiro, lança-se o registro do negócio da fração ideal, especificando-se o correspondente ao todo, o valor, o adquirente e sua qualificação.

O registro de venda da área fracionada ou desmembrada, com a devida identificação da porção alienada, exige uma sistemática diferente, como se analisará adiante.

Relativamente ao registro de unidades condominiais, a prática é explicada na *Apel. Cível* nº 13.260/98, da 4ª Câm. Cível do TJ do Rio de Janeiro, *DJ* de 1º.07.1999:

> O procedimento da "dúvida inversa" é admissível, como forma de assegurar ao interessado a efetividade da garantia constitucional de acesso do cidadão ao órgão da jurisdição. Ao efetuar o registro de Memorial de Incorporação, o Oficial do Registro pode abrir matrículas para cada uma das unidades a serem construídas, atribuindo a cada uma delas a respectiva fração ideal de terreno. Abertas as matrículas para cada uma das unidades resta superada a matrícula-mãe, que deixa de existir, na medida em que se vê substituída pelas relativas a cada uma das unidades de que se compõe o empreendimento. Daí para frente, os atos do registro, inclusive o de instrumentos de constituição de hipoteca, incidentes sobre o terreno e acessões ou benfeitorias, não podem ser feitos na extinta matrícula-mãe, senão que em cada uma das matrículas abertas para cada unidade integrante do empreendimento. O ato de abertura de matrícula de cada unidade é realizável *ex officio*, em seguida ao registro do Memorial de Incorporação, "sem despesa para os interessados". Mas os atos posteriores, registráveis nas matrículas abertas sem ônus, somente serão praticados mediante pagamento dos respectivos emolumentos, nos exatos termos do art. 14 da Lei dos Registros Públicos.[23]

Útil lembrar que a presunção da veracidade do registro é *juris tantum*, como deflui do § 1º do art. 1.245 do Código Civil: "Enquanto não se registrar o título translativo, o alienante continua a ser havido como dono do imóvel". E no § 2º, do mesmo artigo: "Enquanto não se promover, por meio de ação própria, a decretação de invalidade do registro, e o respectivo cancelamento, o adquirente continua a ser havido como dono do imóvel".

Diferentemente, o registro alemão impôs a presunção *juris et de jure*, com a abstração da causa, pela qual, segundo Karl Larenz, a transmissão da propriedade imóvel exige a entrega e o acordo das partes em transmitir a propriedade. O acordo não está inserido no contrato de compra e venda, mas exige uma disposição ou avença real, cujo conteúdo único é que a propriedade seja transmitida, sendo a eficácia independente do contrato de compra e venda. Este contrato regula as relações entre vendedor e comprador, enquanto a transferência efetiva da propriedade depende da realização válida do ato translativo real.[24]

No direito brasileiro, ao contrário, como se disse, a eficácia ou ineficácia do registro depende do negócio causal.

13.5. REGISTRO DA ÁREA FRACIONADA OU DESMEMBRADA

a) Em imóveis urbanos.

O Decreto-Lei nº 58/1937 não se preocupou em definir o parcelamento de áreas urbanas. Já no art. 1º iniciou especificando os requisitos necessários para a venda de terrenos urbanos

---

[23] Em *ADV Jurisprudência* nº 41, expedição de 17.10.1999, p. 653.

[24] *Derecho de Obligaciones*, tomo 2º, tradução de Jaime Santos Briz, Madrid, Editora Revista de Derecho Privado, 1959, p. 19.

ou rurais divididos em lotes, mediante pagamento do preço a prazo, em prestações sucessivas e periódicas. Restringiu-se unicamente a uma forma de parcelamento, ou seja, a venda em lotes de uma certa área, sem qualquer referência ou desmembramento.

Somente o Decreto-Lei nº 271/1967 trouxe a definição do novo tipo de desdobramento, distinguindo-o do loteamento.

Em consonância com a Lei nº 6.766/1979, há o parcelamento como gênero; o loteamento e o desmembramento como espécies.

O Decreto-Lei nº 271 formalizou a distinção entre as duas figuras. Desmembramento urbano equivale à subdivisão da área em lotes para a edificação, na qual seja aproveitado o sistema viário oficial da cidade ou vila, sem que se abram novas vias ou logradouros públicos, e sem que se prolonguem ou se modifiquem os existentes. No loteamento, procede-se à subdivisão de áreas em lotes destinados à edificação de qualquer natureza, podendo haver alteração do sistema viário oficial.

A Lei nº 6.766/1979, com as modificações da Lei nº 9.785/1999, pretendeu ser mais explícita. Neste sentido, considerou desmembramento "a subdivisão de gleba em lotes destinados à edificação, com o aproveitamento do sistema viário existente, desde que não implique na abertura de novas vias e logradouros públicos, nem do prolongamento, modificação ou ampliação dos já existentes". E conceituou o loteamento como a "subdivisão de gleba em lotes destinados à edificação, com abertura de novas vias de circulação, de logradouros públicos ou prolongamento, modificação ou ampliação das vias existentes" (art. 2º e parágrafos).

Dessarte, o parcelamento, o gênero na divisão de áreas, constitui a transformação de um imóvel em dois ou mais de dois terrenos, de sorte a desaparecer a propriedade antiga para dar lugar a novas propriedades. Quando há subdivisão de uma área em logradouro público, entre vias reconhecidas pelo Município, temos o desmembramento.

De que maneira se processa o desmembramento?

Na forma do art. 10 de Lei nº 6.766/1979, o interessado providenciará em obter autorização do Município, ou Distrito Federal, se nele situar-se o imóvel, a fim de levar o projeto ao ofício imobiliário, para a averbação.

Uma série de requisitos e documentos são necessários para a aprovação do Município, de acordo com os incisos do art. 10.

Ordena, ainda, o art. 11 a aplicação, no que couber, das disposições urbanísticas vigentes para as regiões em que se situem ou, na ausência destas, as disposições urbanísticas para os loteamentos. Ou seja, os terrenos terão uma área superficial mínima de cento e vinte e cinco metros quadrados e uma frente também mínima de cinco metros. Outrossim, exigindo o poder público, o projeto reservará uma faixa *non aedificandi* destinada a equipamentos urbanos de abastecimento de água, serviços de esgoto, energia elétrica, coletas de águas fluviais, rede telefônica e canalização de gás. Necessária a destinação de área quando extensa a gleba e com poucos espaços livres, num total inferior a trinta e cinco por cento do imóvel (art. 11, parágrafo único).

Uma vez protocolado o pedido na repartição competente, deverá ser despachado em trinta dias.

Procede-se, após, ao respectivo registro imobiliário, ato de extrema complexidade, em razão da extensa série de documentos exigidos, elencados no art. 18 da Lei nº 6.766/1979, como título de propriedade do imóvel, abrangendo os últimos vinte anos; várias certidões negativas; cópia de aprovação pelo Município; exemplar do contrato padrão, e declaração de consentimento do cônjuge.

Manda o art. 19 que o oficial examine a documentação, e achando-a em ordem, faça a comunicação do desmembramento ao Município, publicando edital de registro durante três dias consecutivos, com pequena planta da situação da área. Não havendo impugnação, proceder--se-á registro; em caso de tal fato ocorrer, remeter-se-á o expediente ao juiz para decidir.

Transparece das normas citadas a complexidade do processo de registro. Todavia, ao submeter a efetivação do desmembramento à aprovação prévia da municipalidade, ou do Distrito Federal, conforme a localização da propriedade, não buscou a lei impor mencionada formalidade do poder público a todo e qualquer retalhamento do solo.

Unicamente os imóveis destinados à fixação de núcleo habitacional, à venda mediante prestação ou à vista, mas por oferta ao público, submetidos a uma finalidade comercial, deverão seguir os ditames da lei quanto à elaboração preliminar de um projeto, à aprovação pelo poder municipal e à averbação. Não quando o parcelamento é proveniente de divisão amigável ou judicial, destinada a extinguir o estado de comunhão, posto que se destina a possibilitar a transferência de partes reais do todo a terceiros. A divisão amigável ou judicial, diferentemente, envolve os condôminos e visa a partilha da coisa comum, sem transmissão da propriedade.

Absurda a posição que defende a obrigatoriedade das exigências formuladas pela lei em questão para todas as subdivisões de áreas, mesmo quando o titular do domínio tenciona alienar uma parte do imóvel urbano. O novo ordenamento regula o fracionamento do solo urbano para fins de vendas sucessivas, na forma de terrenos destinados ao público em geral. Envolve a globalidade de uma certa área ou parte dela.

Desnecessários, outrossim, aqueles trâmites administrativos e cartorários nas transmissões *causa mortis*, pois se está colocando área para a implantação de zona populacional. Partilha-se o solo normalmente, resulte o quinhão recebido qualquer extensão superficial, sem preocupação em desrespeitar o mínimo de cento e vinte e cinco metros quadrados, previsto restritamente para as divisões com finalidades de serem vendidas as partes resultantes.

O objetivo da lei foi disciplinar o uso do solo nas partes que ladeiam as vias públicas, e transformadas em verdadeiros loteamentos no sentido amplo. Se em todo o fracionamento ordenar-se a formalização de processo, com o curso administrativo e os documentos impostos pela lei, criar-se-á insuportável tumulto social no exercício do direito de dispor da propriedade.

Aproveita-se, para ilustrar melhor o assunto, os conhecimentos de Sérgio A. Frazão do Couto:

> É de se fazer outra observação, não menos importante, no que se refere à venda de terrenos destacados de porções maiores, a diversas pessoas, o que não vem a configurar o desmembramento urbano, pelo conceito abrigado no texto legal.
>
> É evidente que, se tais destaques de porções maiores estabelecerem uma simetria urbana sistemática ou concorrerem para um adensamento demográfico sobremaneira mais alto que o normal, em relação ao anteriormente encontrado, caracterizado fica o desmembramento, pois a *intentio legis*, em nosso entender, é, exatamente, exercer controle sobre concentrações populacionais desordenadas ou sem dispor de recursos infraestruturais urbanos necessários a um mínimo de qualidade de vida na cidade. Afora o exame, por parte de quem de direito, das particularidades jurídicas da documentação do imóvel e de seu proprietário (...).
>
> A interpretação do texto legal não deve ser levada ao exagero de considerar parcelamento urbano, para seus fins, a operação de um pai que quer dividir um terreno entre dois filhos, por exemplo. Embora haja aí um desmembramento, em termos teóricos, ele inexiste em termos práticos e factuais. Portanto, é dispensável obedecer-se a todo o rito necessário ao projeto comercial de desmembramento urbano. Essas diferenças

Cap. XIII · AQUISIÇÃO DA PROPRIEDADE PELO REGISTRO IMOBILIÁRIO | 357

devem estar sempre presentes no espírito crítico do administrador urbano e dos aplicadores da lei. Não são raros os casos em que, por excessiva rigidez exegética e impertinente apego à letra fria da lei, se cometem injustiças e se submetem fatos corriqueiros e cotidianos da vida em comunidade às mesmas regras válidas para apreciação de empreendimentos, cuja execução trará vasta modificação à feição do uso do solo.[25]

João Rebelo do Aguiar Vallim expõe, por outras palavras, a mesma exegese. O desdobre do lote não deverá ser considerado desmembramento para efeitos de lei. Consoante instruções de 05.02.1980, da Corregedoria-Geral da Justiça do Tribunal de Justiça de São Paulo, ante a consulta do Instituto de Registro Imobiliário do Brasil, restou esclarecido que "a subdivisão de lote não pode desatender ao projeto do art. 3º, parágrafo único, nem ao mínimo exigido do art. 4º, inc. II, da Lei; não podendo, outrossim, implicar abertura de novas vias e logradouros públicos, nem prolongamento ou ampliação dos já existentes (art. 2º, § 2º). Portanto, o desdobramento ou divisão de terreno, quando singelo, não implica parcelamento, e, assim, não há obrigatorie- dade de exibição ao oficial do Registro daquela enorme documentação elencada no art. 18".[26]

O parágrafo único do art. 3º acima referido ordena que o parcelamento não poderá envolver imóveis alagadiços, formados de aterro com material nocivo à saúde pública; ou com declividade superior a trinta por cento, ou desaconselhados pelas condições geológicas, e ainda em áreas de preservação ecológica ou onde a poluição impeça condições sanitárias suportáveis, até sua correção.

O art. 4º, inc. II, impõe a área mínima de cento e vinte e cinco metros quadrados, com frente também mínima de cinco metros.

O proprietário, para o registro, nestas condições, necessita encaminhar ao cartório imobiliário um simples requerimento, expondo que pretende fracionar a área, juntando um croqui por ele assinado, e pedindo "ao oficial a respectiva averbação, afirmando, sob as penas da lei, que aquele fracionamento não desatende o disposto no art. 2º, § 2º, art. 3º, parágrafo único, e art. 4º, inc. II, da Lei nº 6.766/1979; e uma vez realizada a averbação deverá requerer à Prefeitura o desmembramento fiscal".[27]

A jurisprudência, especialmente do Tribunal de Justiça de São Paulo, tem seguido tal entendimento. "Se não é gleba que está sendo dividida em lotes, mas, simplesmente, um lote (de 500 m²) que está sendo desdobrado em duas partes, não se trata de desmembramento, mas de simples desdobre, não sujeito à Lei nº 6.766/1979".

Isto porque, segundo o voto do relator,

> o desmembramento, como tal considerado na lei, é a divisão da gleba em lotes des- tinados à edificação, do aproveitamento do sistema viário existente, desde que não implique abertura de novas vias e logradouros públicos, nem o prolongamento, mo- dificação ou ampliação dos já existentes (...) No caso, não é a gleba que está sendo dividida em lotes, mas simplesmente o lote de quinhentos metros quadrados que está sendo desdobrado em duas partes, permanecendo a primitiva com duzentos e cin- quenta metros quadrados e surgindo outra, separada daquela, também com duzentos e cinquenta metros quadrados.

---

[25] *Manual Teórico e Prático do Parcelamento Urbano*, Rio de Janeiro, Forense, 1981, pp. 33 e 34.
[26] *Direito Imobiliário Brasileiro*, 2ª ed., São Paulo, Editora Revista dos Tribunais, 1984, p. 264.
[27] João Rebello Aguiar Vallim, *obra citada*, p. 266.

E citando a orientação da Corregedoria da Justiça do Tribunal de Justiça de São Paulo:

> Todavia, certo é que a lei não regula, especificadamente, o fracionamento de lote (...) O desdobro de lote não deve ser considerado como um desmembramento para efeito da citada lei, pois o novo sistema legal não regula especificadamente o fracionamento do lote. Contudo, a subdivisão de lote não pode desatender ao preceito do art. 3º, parágrafo único, nem ao mínimo exigido no art. 4º, II, da lei. Não pode implicar a abertura de novas vias e logradouros públicos.[28]

Apesar desta *ratio* da Lei nº 6.766, no que pertine ao registro de porções alienadas de um imóvel, a verdade é que inúmeros cartórios rejeitam o registro sem a prévia autorização municipal, impondo, não raramente, a apresentação da extensa documentação arrolada no art. 18.

Mas formou-se um entendimento peculiar a respeito, que oferece uma saída, sem os percalços de pedir a suscitação de dúvida, ou a busca de outros remédios judiciais. Descreve-se, na escritura, a parte vendida, seja como porção ideal, ou como parte delimitada, mas dentro do todo constante na matrícula, também com a devida descrição. Ou seja, aparece o imóvel original na matrícula. Registra-se a parte vendida, com a mais perfeita descrição dentro do todo constante na matrícula, também vindo novamente descrito.

Nesta forma de satisfazer os requisitos registrários, considera-se, outrossim, viável a descrição da parte vendida e do restante que permanece, prática que certos titulares de cartórios entendem viável, para não infringir sobretudo o princípio da continuidade.

b) Em imóveis rurais.

No caso de imóveis rurais, envolvendo também o desmembramento, o parcelamento e o remembramento, as exigências são discriminadas no § 3º do art. 176 da Lei nº 6.015/1973: "Nos casos de desmembramento, parcelamento ou remembramento de imóveis rurais, a identificação prevista na alínea *a* do item 3 do inciso II do § 1° será obtida a partir de memorial descritivo, assinado por profissional habilitado e com a devida Anotação de Responsabilidade Técnica – ART, contendo as coordenadas dos vértices definidores dos limites dos imóveis rurais, georreferenciadas ao Sistema Geodésico Brasileiro e com precisão posicional a ser fixada pelo INCRA, garantida a isenção de custos financeiros aos proprietários de imóveis rurais cuja somatória da área não exceda a quatro módulos fiscais".

Mesmo nas transferências dos imóveis desmembrados, parcelados, remembrados e fracionados, exigem-se a identificação constante do § 3º, nos termos ordenados pelo § 4º do mesmo art. 176: "A identificação de que trata o § 3º tornar-se-á obrigatória para efetivação de registro, em qualquer situação de transferência de imóvel rural, nos prazos fixados por ato do Poder Executivo".

Consoante o § 13 do art. 176 da Lei nº 6.015/1973, incluído pela Lei nº 13.838/2019, não se exige a anuência dos confrontantes para a averbação do georreferenciamento, bastando, para tanto, a declaração do requerente de que respeitou os limites e as confrontações.

As formalidades acima se tornam exigíveis a partir de determinados prazos, por força do art. 10 do Decreto nº 4.449/2002, com a redação advinda dos Decretos nº 5.570/2005, nº 7.620/2011 e nº 9.311/2018, com o seguinte texto: "A identificação da área do imóvel rural, prevista nos §§ 3º e 4º do art. 176 da Lei nº 6.015, de 1973, será exigida nos casos de desmembramento, parcelamento, remembramento e em qualquer situação de transferência de imóvel rural, na forma do art. 9º, somente após transcorridos os seguintes prazos:

---

[28] *Apel. Cível* nº 826-0, do Conselho Superior da Magistratura do Tribunal de Justiça de São Paulo, de 17.02.1982, em *Registro Imobiliário*, de Narciso Orlandi Neto, São Paulo, Editora Revista dos Tribunais, 1984, pp. 100 a 103.

Cap. XIII · AQUISIÇÃO DA PROPRIEDADE PELO REGISTRO IMOBILIÁRIO | 359

I – noventa dias, para os imóveis com área de cinco mil hectares, ou superior;

II – um ano, para os imóveis com área de mil a menos de cinco mil hectares;

III – cinco anos, para os imóveis com área de quinhentos a menos de mil hectares;

IV – dez anos, para os imóveis com área de duzentos e cinquenta a menos de quinhentos hectares;

V – quinze anos, para os imóveis com área de cem a menos de duzentos e cinquenta hectares;

VI – vinte anos, para os imóveis com área de vinte e cinco a menos de cem hectares; e

VII – vinte e dois anos, para os imóveis com área inferior a vinte e cinco hectares.

Os parágrafos trazem várias regras a serem observadas, com alterações dos Decretos nº 5.570/2005 e nº 9.311/2018:

§ 1º Quando se tratar da primeira apresentação do memorial descritivo, para adequação da descrição do imóvel rural às exigências dos §§ 3º e 4º do art. 176 e do § 3º do art. 225 da Lei nº 6.015, de 1973, aplicar-se-ão as disposições contidas no § 4º do art. 91º deste Decreto.

§ 2º Após os prazos assinalados nos incisos I a IV do *caput*, fica defeso ao oficial do registro de imóveis a prática dos seguintes atos registrais envolvendo as áreas rurais de que tratam aqueles incisos, até que seja feita a identificação do imóvel na forma prevista neste Decreto:

I – desmembramento, parcelamento ou remembramento;

II – transferência de área total;

III – criação ou alteração da descrição do imóvel, resultante de qualquer procedimento judicial ou administrativo.

§ 3º Ter-se-á por início de contagem dos prazos fixados nos incisos do *caput* deste artigo a data de 20 de novembro de 2003.

§ 4º Em projetos de assentamento da reforma agrária, a identificação exigida neste artigo considerará a área da parcela a ser desmembrada (incluído pelo Decreto nº 9.311, de 2018).

13.6. REGISTRO TORRENS

Trata-se de um instituto em desuso, raramente sendo utilizado. Máxime nos tempos atuais, em que se aperfeiçoou a segurança do sistema registrário com o georreferenciamento, que é o mapeamento de um imóvel rural referenciando os vértices de seu perímetro ao Sistema Geodésico Brasileiro, com a definição de sua área e da posição geográfica. Utiliza-se para a regularização registral dos imóveis rurais. A regulamentação está na Lei nº 10.267/2001 e nos Decretos nº 4.449/2002, nº 5.570/2005 e nº 9.311/2018. A questão que mais tem provocado a manifestação dos pretórios refere-se à possibilidade da aquisição originária de imóveis que possuem o Registro Torrens.

A denominação Registro Torrens provém do nome de seu fundador – Robert Richard Torrens, que o introduziu na Austrália, em 1853, onde teve rápida propagação, difundindo-se para as colônias inglesas e os países europeus.

Veio implantado no Brasil por Rui Barbosa, que elaborou o projeto que originou o Decreto nº 451-B, de 31.05.1890.

João Afonso Borges transcreve parte da exposição de motivos de Rui Barbosa:

> Precede à inscrição um processo preliminar, de caráter judiciário, em que, à luz da publicidade mais ampla e mais severa, se abre a todos os interessados a discussão sobre o direito do possuidor, que promove a matrícula, em relação à propriedade a que ela se refere. Julgado esse direito por sentença do magistrado competente, efetua-se a inscrição sob o nome daquele em favor de quem se pronunciou o julgado. A este se entrega o título. E, daí em diante, está fechada a questão sobre o direito do possuidor. Contra ele não se pode intentar reclamações ou demandas; e as que surgirem serão sustentadas pela Fazenda (ou na hipótese de concessão atual, pela companhia) que responde a ação, e vencida, indeniza os prejudicados.[29]

Serpa Lopes caracteriza esta figura:

> Enquanto o imóvel não se encontra matriculado, nenhuma obrigatoriedade existe para o proprietário em pedir essa matrícula. Realizada, porém, essa matrícula, passa a formar o ponto de partida da propriedade submetida ao regime do *Acta Torrens*. O certificado entregue ao titular, como consequência dessa matrícula, constitui título inatacável da propriedade nele descrita, qualquer que seja o número de mãos pelas quais venha a passar. A verificação dos *deeds* (títulos) que deve preceder à matrícula, se faz de uma vez por todas, e o certificado inicial serve de base a todas as transações futuras, reduzindo-se o sistema no futuro a um jogo de índices alfabéticos e de anotações.[30]

Como se percebe, cuida-se de um tipo de registro especial, reservado apenas aos imóveis rurais (art. 277 da Lei nº 6. 015), procedido para dar total segurança ao portador do respectivo certificado. Expurga do título os eventuais vícios existentes na aquisição.

O proprietário que lograr efetuar tal registro encontra total segurança em sua propriedade, eis que a ninguém mais é tolerado opor qualquer vício ou dúvida sobre a autenticidade e a legalidade do domínio.

O procedimento para a obtenção do registro vinha regulado pela Lei dos Registros Públicos, que adotou as normas do Código de Processo Civil de 1939, as quais constaram mantidas pelo Código de 1973, no art. 1.218, inc. IV. Com o CPC/2015, o procedimento passa a ser o comum, de acordo com seu art. 1.046, § 3º.

O interessado deverá requerer ao oficial do cartório imobiliário, onde se encontra situado o imóvel, a efetivação do registro.

Segundo o art. 278 da Lei nº 6.015, com o requerimento se anexarão os documentos comprobatórios do domínio; as provas dos atos modificativos ou limitativos da propriedade; o memorial com os encargos do imóvel, nomes dos ocupantes, confrontantes, os interessados vinculados a servidões de passagem e outras, e a indicação das respectivas residências; a planta do imóvel, com escala entre 1:500 m a 1:5.000 m.

A planta, no seu levantamento, será elaborada com instrumentos de precisão técnica. Trará pontos de referência necessários e realmente verificáveis através de marcas especiais, de modo a incorporar-se a planta à carta geral cadastral. Orientarse-á a mesma segundo o meridiano do lugar, com a determinação da declinação magnética.

---

[29]   *O Registro Torrens no Direito Brasileiro*, São Paulo, Editora Saraiva, 1960, p. 45.
[30]   *Curso de Direito Civil*, vol. VI, ob. cit., p. 523.

Cap. XIII · AQUISIÇÃO DA PROPRIEDADE PELO REGISTRO IMOBILIÁRIO | **361**

Com as plantas acompanharão as cadernetas das operações de campo, autenticadas pelo agrimensor.

Se onerado o imóvel por hipoteca ou qualquer outro encargo real, deverá anexar-se o consentimento do credor hipotecário ou favorecido pela garantia. É exigível a concordância pelo fato de poder o registro mudar as características existentes no imóvel, circunstância que afeta o interesse do credor hipotecário.

Faltando documentos, ou sendo irregular o pedido, concederá o titular do cartório o prazo de trinta dias para a regularização. Discordando o requerente, é assegurado o direito de suscitar dúvida (art. 280 da Lei dos Registros Públicos).

Uma vez considerado em termos o pedido, o oficial encaminhará o expediente ao juiz competente, a fim de ser despachado (art. 281). Antes da remessa, cabe ao oficial examinar o preenchimento das condições externas e formais, evitando-se posteriores delongas, com o retorno dos autos ao mesmo para o atendimento.

Recebendo o expediente, por distribuição onde houver vara especializada dos registros públicos, o juiz verificará se os documentos se encontram em ordem e ordenará a expedição de edital, que, além de ser afixado no lugar de costume, será publicado uma vez na imprensa oficial, e três vezes em jornal particular (art. 282).

Mandará, também, que sejam notificadas do pedido as pessoas nele indicadas, isto é, os confrontantes, ocupantes e interessados (art. 283). É obrigatória, igualmente, a intervenção do Ministério Público, a quem a lei confere o encargo de fiscalizar a obediência aos requisitos impostos, o qual poderá, pois, impugnar o registro se para tanto encontrar motivo (art. 284).

A qualquer interessado faculta-se a contestação, seja confrontante, ocupante ou titular de crédito hipotecado e de servidões, desde que, evidentemente, desrespeitados os respectivos direitos. Portanto, quem tiver sido notificado ou citado por edital reveste-se de legitimidade para a impugnação (art. 285).

Inexistente contestação ou impugnação do Ministério Público, e observadas as exigências legais, deferirá o juiz o pedido.

Mas se houver contestação ou defesa, o efeito seguirá o rito comum. Nesta situação, cancela-se, mediante mandado, o efeito da prenotação (art. 286).

Da sentença que for proferida, cabe recurso de apelação, recebido nos efeitos devolutivo e suspensivo (art. 287).

Uma vez deferido o registro e transitada em julgado a sentença, o oficial inscreverá, na matrícula, o julgado que determinou a submissão do imóvel aos efeitos do registro Torrens, arquivando, no cartório, a documentação autuada.

A execução da sentença é cumprível pela expedição de mandado ao oficial de justiça. Com o mandado, entregam-se os documentos que instruíram o pedido para o arquivo no cartório imobiliário (art. 288).

A sentença não poderá ser tida como procedente se houver algum litígio a respeito do imóvel, segundo já decidiu o Supremo Tribunal Federal: "Indispensável, para a matrícula no Registro Torrens, prévio processo de purgação, eis que tal matrícula é mais valiosa pela sua natureza constitutiva e legitimadora, que a própria transcrição do título de aquisição no Registro de Imóveis. Não tendo resultado dos autos prova completa e induvidosa do domínio dos recorrentes sobre a exata área objeto da matrícula; havendo, inclusive, diferença da área a ser matriculada com aquela representada pela divisão entre os condôminos da gleba primitiva, não há como reformar o acórdão que negou a propugnada matrícula".[31]

Em outra ocasião: "Desde que haja litígio pendente da decisão judicial, em torno das terras, não podem estas ser inscritas no Registro Torrens".[32]

De anotar que o registro Torrens não impede o usucapião: "A matrícula do imóvel rural no Registro Torrens, por si só, não inviabiliza a ação de usucapião, motivo pelo qual não prospera a alegação de impossibilidade jurídica do pedido".[33]

13.7. RETIFICAÇÃO NO REGISTRO DE IMÓVEIS

Estando incorreto, omisso, impreciso ou não exprimir a verdade o registro, e da mesma forma a averbação, autoriza-se a correção por meio de retificação, como possibilita o art. 1.247 do Código Civil: "Se o teor do registro não exprimir a verdade, poderá o interessado reclamar que se retifique ou anule".

A Lei dos Registros Públicos, no art. 212, assegura o mesmo direito, em redação trazida pelo art. 59 da Lei nº 10.931/2004: "Se o registro ou a averbação for omissa, imprecisa ou não exprimir a verdade, a retificação será feita pelo Oficial do Registro de Imóveis competente, a requerimento do interessado, por meio do procedimento administrativo previsto no art. 213, facultado ao interessado requerer por meio de procedimento judicial".

Não lograda a retificação administrativa, abre-se ensanchas para buscar a retificação judicial, a teor do parágrafo único do mesmo artigo: "A opção pelo procedimento administrativo previsto no art. 213 não exclui a prestação jurisdicional, a requerimento da parte prejudicada".

Com a redação do art. 212, ficou ampliada a esfera administrativa para a retificação, em medida salutar e que vinha sendo reclamada há tempo.

A retificação, segundo Walter Ceneviva, "compreende corrigenda de erro e não de substituição integral de um registro por outro ou mesmo o cancelamento deste".[34]

Para Antônio Ferreira Inocêncio, define-se a ação de retificação como sendo "o procedimento, via do qual se corrige no registro de imóveis aquilo que é defeituoso ou não está certo, ou está omisso, processo este que pode se revestir de natureza administrativa ou contenciosa".[35]

A retificação não tem o alcance de dar ou acertar novas características e outros elementos referentes à área e às confrontações, inexistentes no registro anterior. Na verdade, a retificação presta-se para recolocar em termos corretos aquilo que não está correto. A lei, quando disciplina a lavratura do registro imobiliário, indica, particularmente, os dados que devem ser tomados do título para o registro. E admite-se a retificação desde que não há coincidência entre o registro e os dados do título, ou quando, na tomada dos dados do título para o registro, tenha havido equívoco.

Assim, a retificação torna-se admissível para estabelecer a coincidência entre o registro e o título. Objetiva-se retificar aquele ato, que foi praticado incorreta ou equivocadamente. Considera-se um ato praticado com tal precariedade sempre que houver erro ou lapso na

---

[31]   *Lex – Jurisprudência do Supremo Tribunal Federal*, 63/114.

[32]   *Revista Trimestral de Jurisprudência*, 56/402.

[33]   REsp 1542820/RS, da 3ª Turma, rel. Min. Ricardo Villas Bôas Cueva, j. em 20.02.2018, *DJe* de 1º.03.2018.

[34]   *Lei dos Registros Públicos Comentada*, ob. cit., p. 449.

[35]   *Ação de Usucapião e Ação de Retificação de Área e de Alteração de Divisas no Registro Imobiliário*, 3ª ed., Bauru, Editora Jalovi Ltda., 1986, p. 306.

tomada de algum ou alguns elementos que deveriam ser extraídos do título e consignados no registro.

Reza o art. 213 da Lei dos Registros Públicos, em redação do art. 59 da Lei nº 10.931/2004:

> O oficial retificará o registro ou a averbação:
>
> I – de ofício ou a requerimento do interessado nos casos de:
>
> a) omissão ou erro cometido na transposição de qualquer elemento do título;
>
> b) indicação ou atualização de confrontação;
>
> c) alteração de denominação de logradouro público, comprovada por documento oficial;
>
> d) retificação que vise a indicação de rumos, ângulos de deflexão ou inserção de coordenadas georreferenciadas, em que não haja alteração das medidas perimetrais;
>
> e) alteração ou inserção que resulte de mero cálculo matemático feito a partir das medidas perimetrais constantes do registro;
>
> f) reprodução de descrição de linha divisória de imóvel confrontante que já tenha sido objeto de retificação;
>
> g) inserção ou modificação dos dados de qualificação pessoal das partes, comprovada por documentos oficiais, ou mediante despacho judicial quando houver necessidade de produção de outras provas;
>
> II – a requerimento do interessado, no caso de inserção ou alteração de medida perimetral de que resulte, ou não, alteração de área, instruído com planta e memorial descritivo assinado por profissional legalmente habilitado, com prova de anotação de responsabilidade técnica no competente conselho regional de engenharia e arquitetura – CREA, bem assim pelos confrontantes.

Como se vê, houve uma mudança relativamente à sistemática anterior. Abre-se caminho para retificação por iniciativa do próprio oficial, ou pedido do interessado, havendo hipóteses em que a medida depende unicamente de postulação deste.

Ainda subsiste como fator impeditivo da retificação a ocorrência de prejuízo a terceiros. E tal prejuízo é suscetível de acontecer em relação àquele que, não sendo titular do registro questionado, torna-se passível de sofrer ofensa em seu direito com a retificação.

A qualidade de terceiros é a ocupada pelos confrontantes, condôminos e anterior proprietário, se a área retificanda constitui parte de um todo maior.

Para a definição do que seja confrontante, observe-se o § 16 do art. 213 da Lei nº 6.015/1973, incluído pela Lei nº 12.424/2011, segundo o qual, "na retificação de que trata o inciso II do *caput*, serão considerados confrontantes somente os confinantes de divisas que forem alcançadas pela inserção ou alteração de medidas perimetrais".

Acrescenta o § 1º do mesmo art. 213, também em nova redação pela Lei nº 10.931/2004: "Uma vez atendidos os requisitos de que trata o *caput* do art. 225, o oficial averbará a retificação".

Os requisitos do art. 225 dizem respeito à indicação, com precisão, das características, das confrontações e das localizações dos imóveis, mencionando os nomes dos confrontantes e, ainda, quando se tratar só de terreno, se esse fica do lado par ou do lado ímpar do logradouro, em que quadra e a que distância métrica da edificação ou da esquina mais próxima, exigindo dos interessados certidão do registro imobiliário.

As disposições seguintes, inseridas nos parágrafos do art. 213, descrevem o procedimento de retificação, vindo todas na redação da Lei nº 10.931/2004. Eis o § 2º: "Se a planta não contiver a assinatura de algum confrontante, este será notificado pelo Oficial de Registro de Imóveis competente, a requerimento do interessado, para se manifestar em quinze dias, promovendo-se a notificação pessoalmente ou pelo correio, com aviso de recebimento, ou, ainda, por solicitação do Oficial de Registro de Imóveis, pelo Oficial de Registro de Títulos e Documentos da comarca da situação do imóvel ou do domicílio de quem deva recebê-la".

Leva-se a efeito uma notificação administrativa. O § 3º explica como será feita:

A notificação será dirigida ao endereço do confrontante constante do Registro de Imóveis, podendo ser dirigida ao próprio imóvel contíguo ou àquele fornecido pelo requerente; não sendo encontrado o confrontante ou estando em lugar incerto e não sabido, tal fato será certificado pelo oficial encarregado da diligência, promovendo-se a notificação do confrontante mediante edital, com o mesmo prazo fixado no § 2º, publicado por duas vezes em jornal local de grande circulação.

No silêncio do confrontante, presume-se a anuência, em consonância com o § 4º: "Presumir-se-á a anuência do confrontante que deixar de apresentar impugnação no prazo da notificação".

Assim sendo, o oficial fará a retificação. É o que autoriza o § 5º: "Findo o prazo sem impugnação, o oficial averbará a retificação requerida; se houver impugnação fundamentada por parte de algum confrontante, o oficial intimará o requerente e o profissional que houver assinado a planta e o memorial a fim de que, no prazo de cinco dias, se manifeste sobre a impugnação".

A partir da impugnação, torna-se contenciosa a retificação. Consequentemente, irá o expediente ao juiz competente, ou seja, para o juiz da vara dos Registros Públicos, onde houver, ou, para a vara da Direção do Foro. Tornando-se muito controvertida a matéria, como no caso de envolver direito de propriedade, mandará as partes para as vias ordinárias. O § 6º enfatiza esse procedimento: "Havendo impugnação e se as partes não tiverem formalizado transação amigável para solucioná-la, o oficial remeterá o processo ao juiz competente, que decidirá de plano ou após *instrução sumária*, salvo se a controvérsia versar sobre o direito de propriedade de alguma das partes, hipótese em que remeterá o interessado para as vias ordinárias".

O § 7º dirige-se às porções remanescentes de áreas parcialmente alienadas: "Pelo mesmo procedimento previsto neste artigo, poderão ser apurados os remanescentes de áreas parcialmente alienadas, caso em que serão considerados como confrontantes tão somente os confinantes das áreas remanescentes". Por conseguinte, oportunizase a retificação para aumentar a área registrada, desde que, por óbvio, não venham suscitadas discussões que envolvam o domínio.

Já o § 8º objetiva a demarcação ou retificação de áreas públicas:

As áreas públicas poderão ser demarcadas ou ter seus registros retificados pelo mesmo procedimento previsto neste artigo, desde que constem do registro, ou sejam logradouros devidamente averbados.

O § 9º permite a retificação, a alteração ou o estabelecimento de divisas através de escritura pública:

Cap. XIII · AQUISIÇÃO DA PROPRIEDADE PELO REGISTRO IMOBILIÁRIO | 365

Independentemente de retificação, dois ou mais confrontantes poderão, por meio de escritura pública, alterar ou estabelecer as divisas entre si e, se houver transferência de área, como o recolhimento do devido imposto de transmissão e desde que preservadas, se rural o imóvel, a fração mínima de parcelamento e, quando urbano, a legislação urbanística.

Retira-se do texto uma modificação do registro mais profunda, inclusive com a transferência de área. Para tanto, requer-se a participação dos confrontantes cujas áreas estão envolvidas. A compreensão do termo "confrontantes" é bastante extensa, indo além daqueles que possuem imóveis contíguos, e abrangendo o condomínio em geral. É o que consta no § 10:

Entendem-se como confrontantes não só os proprietários dos imóveis contíguos, mas, também, seus eventuais ocupantes; o condomínio geral, de que tratam os arts. 1.314 e seguintes do Código Civil, será representado por qualquer dos condôminos e o condomínio edilício, de que tratam os arts. 1.331 e seguintes do Código Civil, será representado, conforme o caso, pelo síndico ou pela Comissão de Representantes.

O § 11 apresenta hipótese que independem de retificação, sendo as seguintes:

I – a regularização fundiária de interesse social realizada em Zonas Especiais de Interesse Social, promovida por Município ou pelo Distrito Federal, quando os lotes já estiverem cadastrados individualmente ou com lançamento fiscal há mais de 10 (dez) anos; (redação dada pela Lei nº 12.424, de 2011)

II – a adequação da descrição de imóvel rural às exigências dos arts. 176, §§ 3º e 4º, e 225, § 3º, desta Lei. (incluído pela Lei nº 10.931, de 2004)

III – a adequação da descrição de imóvel urbano decorrente de transformação de coordenadas geodésicas entre os sistemas de georreferenciamento oficiais; (incluído pela Lei nº 12.424, de 2011)

IV – a averbação do auto de demarcação urbanística e o registro do parcelamento decorrente de projeto de regularização fundiária de interesse social de que trata a Lei nº 11.977, de 7 de julho de 2009; e (incluído pela Lei nº 12.424, de 2011)

V – o registro do parcelamento de glebas para fins urbanos anterior a 19 de dezembro de 1979, que esteja implantado e integrado à cidade, nos termos do art. 71 da Lei nº 11.977, de 7 de julho de 2009 (incluído pela Lei nº 12.424, de 2011).

Em seguida, consta o § 12, dando poderes ao oficial para realizar diligências no imóvel: "Poderá o oficial realizar diligências no imóvel para a constatação de sua situação em face dos confrontantes e localização na quadra". É natural que deva anotar as diligências e as constatações feitas.

O § 13 diz respeito ao título anterior à retificação, com a possibilidade de seu registro. Isto, é óbvio, desde que feita uma transmissão por escritura pública sem que o proprietário tenha feito o registro de sua aquisição na matrícula. Eis seu texto: "Não havendo dúvida quanto à identificação do imóvel, o título anterior à retificação poderá ser levado a registro desde que requerido pelo adquirente, promovendo-se o registro em conformidade com a nova descrição".

Constatando-se inveracidades no memorial descritivo, incide a responsabilidade nas pessoas dos requerentes e do profissional que elaborou o memorial. Assim está no § 14:

Verificado a qualquer tempo não serem verdadeiros os fatos constantes do memorial descritivo, responderão os requerentes e o profissional que o elaborou pelos prejuízos causados, independentemente das sanções disciplinares e penais.

366 | DIREITO DAS COISAS – *Arnaldo Rizzardo*

O § 15 isenta de custas ou emolumentos notariais ou de registro quando procedida a regularização fundiária de interesse social a cargo da administração pública.

13.7.1. Retificação de área

Questão controvertida desenha-se nos casos que envolvem a retificação de área, em especial quando objetiva o seu aumento.

Em princípio, é aplicável a regra dos parágrafos do art. 500 do Código Civil. Eis o § 1º: "Presume-se que a referência às dimensões foi simplesmente enunciativa, quando a diferença encontrada não exceder de um vigésimo da área total enunciada, ressalvado ao comprador o direito de provar que, em tais circunstâncias, não teria realizado o negócio". Assim, se o comprador demonstrar que não efetuaria o negócio se soubesse da falta, não prevalece a referência meramente enunciativa das dimensões.

Por sua vez, o § 2º do mesmo art. 500: "Se em vez de falta houver excesso, e o vendedor provar que tinha motivos para ignorar a medida exata da área vendida, caberá ao comprador, à sua escolha, completar o valor correspondente ao preço ou devolver o excesso". Nota-se que o direito a exigir a compensação também assiste ao vendedor, em verificado o excesso, desde que também demonstrar a existência de motivos para ignorar tal circunstância.

Todavia, o § 3º do apontado cânone afasta o direito de complemento ou devolução de excesso, se vendido o imóvel como coisa certa e determinada, figurando como enunciativas a referência às dimensões: "Não haverá complemento de área, nem devolução de excesso, se o imóvel for vendido como coisa certa e discriminada, tendo sido apenas enunciativa a referência às suas dimensões, ainda que não conste, de modo expresso, ter sido a venda *ad corpus*".

Mas, se a diferença superar tal *quantum* de um a vinte avos ou um vigésimo?

No caso, também é cabível a retificação, o que vem permitido no art. 213, especialmente no seu § 7º, da Lei dos Registros Públicos, em redação da Lei nº 10.931: "Pelo mesmo procedimento previsto neste artigo poderão ser apurados os remanescentes de áreas parcialmente alienadas, caso em que serão considerados como confrontantes tão somente os confinantes das áreas remanescentes".

Está prevista a possibilidade ao conter a seguinte premissa: "poderão ser apurados os remanescentes de áreas parcialmente alienadas".

Aí consta autorizada a retificação mesmo que se trate de alteração da área.

No art. 212 da apontada Lei, com o texto referido, lê-se a condição para qualquer tipo de retificação: "Se o registro ou a averbação for omissa, imprecisa ou não exprimir a verdade (...)", ou seja, caso o registro não reflita a situação real em consonância com a verdadeira área existente. Também, pois, por este lado é aceitável a retificação.

Como se viu, o procedimento para a correção ou inclusão de área é administrativo. Reclama-se a citação dos confrontantes e do alienante. Nada sendo alegado em contrário à pretensão, defere-se a mesma. Se houver impugnação, encaminha-se o expediente ao juiz. Encerrando a matéria alta indagação, ou exigindo uma prova mais profunda, com a perícia e depoimento de testemunhas, o caminho será o procedimento judicial comum.

Forte corrente jurisprudencial, formada ao tempo do Código Civil de 1916, e com base na anterior redação dos arts. 212 e 213, e parágrafos deste, tem endossado esta inteligência:

> Retificação de área de imóvel, em virtude de erro constante da escritura. Aplicação do art. 213, § 2º, da Lei dos Registros Públicos, em face da concordância dos lindeiros e

do alienante. Possibilidade de vias judiciais diversas, administrativa e contenciosa, para atingir-se o mesmo objetivo legal. A Lei dos Registros Públicos é da mesma hierarquia do CC, e pode criar via nova de reconhecimento implícito de domínio, coerente com a tendência de simplificação dos atos e relações jurídicas, que domina o moderno sistema legal brasileiro. Descabimento, na espécie, do usucapião.[36]

E em outros julgamentos: "Entendo que a Lei nº 6.015, de 31.12.1973, veio suprir uma falha do direito positivo, possibilitando a retificação do registro quando ocorra erro. A retificação justamente se destina a harmonizar o título com a realidade e o título justamente é o registro (...) O § 2º do art. 213 possibilita a retificação das próprias metragens, quando diz: 'se da retificação resultar alteração da descrição das divisas ou da área do imóvel, serão citados, para se manifestarem sobre o requerimento, em dez dias, todos os confrontantes e o alienante ou sucessores'(...) A Lei admite a retificação".[37]

Admite-se a retificação de metragem, nesta via, desde que os erros apurados de metragem não sejam impugnados, e nem tragam uma controvérsia para o feito. Procurando incorporar nova extensão de área, sobre a qual não era exercida a posse, deve-se procurar o meio contencioso comum:

> Não se tratando de corrigir erro do registro imobiliário, nem do título aquisitivo, mas de alteração das linhas divisórias do terreno, com absorção de área inicialmente destinada à via pública, é inadequado o procedimento de jurisdição voluntária previsto nos artigos 212 e 213 da Lei nº 6.015/1973, devendo ser discutida a pretensão nas vias ordinárias, em face da impugnação do DER.[38]

A mera impugnação com carência de fundamentos razoáveis permite a retificação pelo caminho dos arts. 213 e 214, como vinha assegurado inclusive antes da modificação desses dispositivos pela Lei nº 10.931/2004:

> Pedido de retificação de registro imobiliário com fundamento nos arts. 213 e seguintes da Lei nº 6.015. Alteração da área do imóvel matriculado. Citados confinantes e alienantes (sucessores). Ouvido o Ministério Público, que opinou alegando não ser adequado o meio jurídico utilizado pela parte. Não houve impugnação fundamentada. Pedido deferido. A retificação de registro, com alteração da área do imóvel matriculado, vem sendo admitida pela jurisprudência, aplicando-se, para tanto, o procedimento dos arts. 213 e 214 da Lei dos Registros Públicos. E, afinal, o pedido poderá ser deferido, desde que não haja impugnação fundamentada. Contrariamente, o juiz remeterá o interessado para as vias ordinárias.[39]

No Superior Tribunal de Justiça impôs-se essa exegese: "Na linha de precedentes da Corte, é possível a retificação do registro, para acréscimo de área, de modo a refletir a área real do imóvel, desde que não haja, como no caso, impugnação dos demais interessados. Recurso Especial não conhecido".[40]

---

[36] *Apel. Cível* nº 41.723, de 02.09.1982, em *Revista de Jurisprudência do TJ do RGS*, 96/395.

[37] *Embargos Infringentes* nº 40.250, de 19.11.1982, em *Revista de Jurisprudência do TJ do RGS*, 99/217.

[38] *Apel. Cível* nº 50.224-5, da 4ª Câm. Cível do TJ do Paraná, de 19.11.1997, *in Direito Imobiliário – COAD* nº 23, expedição de 14.06.1996, p. 449.

[39] *Apel. Cível* nº 29.475, 2ª Câm. Cível do TJ de Santa Catarina, de 21.02.1989, em *Revista dos Tribunais*, 643/167.

[40] *Recurso Especial* nº 203.205-PR, da 3ª Turma, *DJU* de 28.02.2000, em *ADV Jurisprudência* nº 22, expedição de 28.05.2000, p. 333.

A finalidade última da retificação é impor-se a conformidade do registro com a verdade, no que honrou a jurisprudência: "Registro imobiliário. Retificação de área de imóvel. Aplicação do art. 213, § 2º, da Lei dos Registros Públicos, em face da concordância dos lindeiros e do alienante. Admissibilidade. Se o teor do registro não exprimir a verdade, poderá o prejudicado reclamar a retificação e daí decorrem os motivos que desautorizam a interpretação restritiva, com a qual a verdade se reduziria à mera correspondência entre o título e seu registro". No voto do relator, colhe-se:

> Por fim, há o argumento de que a prerrogativa consagrada no art. 212 da Lei dos Registros Públicos se restringe aos casos de desconformidade do título e o registro, não entre o registro e a realidade. Vale aqui repisar que nas cogitações está a ideia da verdade. Se o teor do registro não exprimir a verdade, poderá o prejudicado reclamar a retificação e daí decorrem os motivos que desautorizam a interpretação restritiva, com a qual a verdade se reduziria à mera correspondência entre o titular e seu registro.[41]

Entretanto, mantendo-se uma forma bastante tradicional de interpretação, parece mais seguro que somente em processo contencioso pode ser feita a retificação de área de imóvel, constante de registro de imóveis, quando esta retificação envolva matéria dominial Ou seja, se afeta a retificação área dos confrontantes do imóvel, impõe-se que se procure a ação contenciosa, com ampla possibilidade dos confrontantes de se defenderem, eis que, do contrário, ou pela via administrativa, poderão suportar prejuízos, diante da possibilidade de subtração de parte de suas terras.

13.8. AQUISIÇÃO DE IMÓVEL FINANCIADO PELO SISTEMA FINANCEIRO DA HABITAÇÃO E REGISTRO IMOBILIÁRIO DO CONTRATO DE TRANSFERÊNCIA

Questão deveras discutida, em especial no passado, diz respeito à alienação de imóvel financiado pelo Sistema Financeiro da Habitação, com o respectivo registro do contrato particular ou do instrumento público celebrado.

Normalmente, consta em uma das cláusulas a necessidade do consentimento do agente financeiro para a referida venda.

Até dezembro de 1985, a transferência se operava de um modo muito simples, que era a sub-rogação, em que o adquirente substituía o mutuário original, tomando o seu lugar. O agente financeiro elaborava o novo contrato, nos mesmos moldes e idênticas condições do anterior. Todas as cláusulas, e inclusive o saldo devedor, mantinham-se iguais ao contrato originário. Assim, inexistia qualquer controvérsia em torno do assunto.

Iniciaram os transtornos com o advento da Resolução da Diretoria do Banco Nacional da Habitação (BNH) nº 42, de 13.03.1985, que introduziu uma nova sistemática, conforme item 17: "A substituição do devedor ou da redução do prazo contratual não decorrente de amortização extraordinária implicará a determinação de nova prestação, acessórios e razão de progressão, calculados com base no saldo devedor, devendo ser adotadas todas as disposições do PES à época vigentes, ressalvada a hipótese de sub-rogação até 30 de junho, conforme previsto no item 12 da presente Resolução". O prazo até 30 de junho referia-se ao ano de 1985.

---

[41] *Embargos Infringentes*, nº 500.407.408, de 24.06.1983, em *Revista de Jurisprudência do TJ do RGS*, 100/313.

Já através do Decreto-Lei nº 2.406/1988, e da Resolução/BNH nº 1.448/1988, nas transferências, refazia-se a prestação com o abatimento do correspondente a 25% do total do saldo devedor.

Veio, depois, a Lei nº 8.004/1990, com nova sistemática, estando, presentemente, modificada pela Lei nº 10.150/2000.

O art. 1º reza, na redação original: "O mutuário do Sistema Financeiro da Habitação – SFH – pode transferir a terceiros os direitos e obrigações decorrentes do respectivo contrato, observado o disposto nesta Lei".

O parágrafo único, na versão da Lei nº 10.150/2000, impõe que o ato de transferência do contrato far-se-á com a transferência do financiamento: "A formalização de venda, promessa de venda, cessão ou promessa de cessão relativas a imóvel financiado através do SFH dar-se-á em ato concomitante à transferência de financiamento respectivo, com a interveniência obrigatória da instituição financiadora".

Até aí não aparecem maiores implicações, posto que compreensível a exigência da interveniência da instituição financeira, eis que, na qualidade de credora de prestações junto ao mutuário, tem interesse no contrato. No mínimo, deverá ficar ciente junto a quem poderá exigir o cumprimento das obrigações.

Três as modalidades de transferência, asseguradas pela Lei nº 8.004/1990, na redação da Lei nº 10.150/2000, sempre para os contratos com cobertura do Fundo de Compensação de Variações Salariais – FCVS.

A primeira consta no art. 17 da Lei nº 10.150/2000:

A partir de 12 de junho de 1998, alternativamente ao disposto no art. 2º da Lei nº 8.004, de 14 de março de 1990, com a redação dada pelo art. 19 desta Lei, as transferências de contratos do SFH que tenham cobertura do FCVS poderão ser efetuadas, por acordo entre as partes, mediante a assunção pelo novo mutuário do montante equivalente a setenta por cento do saldo devedor contábil da operação, atualizado *pro rata die* da data do último reajuste até a data da transferência, observados os requisitos legais e regulamentares da casa própria, vigentes para novas contratações, inclusive quanto à demonstração da capacidade de pagamento do cessionário em relação ao valor do novo encargo mensal.

Nota-se o oferecimento de uma alternativa de transferência, incitando-se à regularização através do oferecimento de um abatimento no saldo devedor na ordem de 30%, que será assumido integralmente pelo FCVS, consoante determina o § 1º do mesmo art. 17. No entanto, uma vez levada a efeito esta modalidade de transferência, passa a submeter-se o contrato aos *requisitos legais e regulamentares da casa própria, vigentes para novas contratações.* Ou seja, subordina-se o contrato àquelas regras que presentemente regem o sistema, consubstanciadas na Lei nº 8.692, de 1993. Desaparece, pois, o FCVS. Terá o novo contratante que assumir o saldo devedor resultante da operação até o seu total pagamento. Veja-se, a respeito, o § 2º do mesmo artigo: "Efetivada a transferência, cessa a responsabilidade do FCVS relativamente ao contrato transferido, devendo tal condição constar dos instrumentos respectivos".

A pessoa que assumiu o contrato terá que arcar com o montante do saldo devedor, descontado o equivalente a 30%.

A segunda opção para as transferências vem delineada no art. 2º da Lei nº 8.004, com a redação da Lei nº 10.150: "Nos contratos que tenham cláusula de cobertura de eventual saldo devedor residual pelo FCVS, a transferência dar-se-á mediante simples substituição do devedor, mantidas para o novo mutuário as mesmas condições e obrigações do contrato original, desde que se trate de financiamento destinado à casa própria, observando-se os requisitos legais e regulamentares, inclusive quanto à demonstração da capacidade de pagamento do cessionário em relação ao valor do novo encargo mensal".

Estabelecem-se condições para a opção dessa forma de transferência, a iniciar do § 1º: "Além do disposto no *caput*, o valor do encargo mensal para a novo mutuário será atualizado *pro rata die*, a contar da data do último reajustamento desse encargo até a data da formalização da transferência, com base no índice de atualização das contas de poupança mantidas no Sistema Brasileiro de Poupança e Empréstimo – SBPE, e acrescido da quinta parte do valor atualizado do encargo, observando que:

a) o acréscimo da quinta parte do valor do encargo atualizado será integralmente direcionado à elevação da parcela correspondente à prestação de amortização e juros e, quando devida, da contribuição mensal do FCVS;

b) nos contratos enquadrados no Plano de Equivalência Salarial, instituído pelo Decreto-Lei nº 2.164, de 19 de setembro de 1984, o enquadramento na categoria profissional do novo mutuário dar-se-á a partir da data da transferência;

c) na aplicação do primeiro reajuste do encargo mensal, após a transferência, nos contratos não enquadrados na alínea anterior, será compensada a atualização *pro rata die* de que trata o *caput* deste inciso".

Seguindo, no § 2º: "Nas transferências dos contratos de financiamento da casa própria que não tenham cobertura de eventual saldo devedor residual pelo FCVS, e daqueles não enquadrados na Lei nº 8.692, de 1993, aplicam-se as condições previstas no *caput* e no parágrafo anterior".

O art. 2º, pois, trata da transferência de contratos que tenham a cobertura do FCVS. A primeira condição exigível para a transferência do financiamento pelo agente financeiro está na verificação da capacidade de pagamento pelo cessionário, o que se apurará através de exame de sua renda. Requisito este justo e plenamente admissível, posto que se trata do contrato de financiamento, que exige segurança. De outro lado, imprescindível que se destine à moradia o imóvel, e não a simples investimento.

No mais, permanecem as condições e obrigações existentes no contrato anterior, com algumas exceções. Não há o prolongamento do prazo do contrato, embora a possibilidade de exigir a assunção de todo o saldo devedor, ou de parte dele (o que consta no art. 3º).

Quais as exceções, ou como se formará a nova prestação?

A prestação do novo mutuário praticamente se manterá com a mesma estrutura da anterior, com estes acréscimos: a) da atualização do correspondente da correção monetária calculada desde o último reajuste até a data da transferência, tomandose como índice o da poupança; b) do equivalente a 20% (vinte por cento) do valor atualizado da prestação, isto é, do valor atualizado segundo a forma do item "*a*".

De outro lado, em contratos firmados segundo o Plano de Equivalência Salarial pela Categoria Profissional (no regime do Decreto-Lei nº 2.164/1984, cobertos pelo FCVS), a partir da data da transferência faz-se o enquadramento da nova categoria profissional do adquirente, o que é plenamente correto.

Nos contratos não beneficiados pelo FCVS, e naqueles não celebrados segundo a Lei nº 8.692/1993 (os celebrados sob sua égide também não estão beneficiados pelo FCVS), igualmente são exigíveis a atualização da prestação *pro rata die* desde o último reajuste até

Cap. XIII · AQUISIÇÃO DA PROPRIEDADE PELO REGISTRO IMOBILIÁRIO | 371

o ato da transferência, o seu acréscimo de um quinto do valor atualizado do encargo, o enquadramento da nova categoria profissional do adquirente a partir da data da transferência, e a aplicação, no primeiro reajuste do encargo mensal, nos contratos sem a equivalência pela categoria profissional, da compensação da correção monetária entre a data do último reajuste e a data da transferência.

Nas transferências, dispensam-se o limite máximo de refinanciamento e outros requisitos que se impõem na contratação original, segundo está no § 3º do art. 2º da Lei nº 8.004/1990, na redação da Lei nº 10.150/2000: "Nas transferências de que trata o caput deste artigo, as instituições financiadoras ficam dispensadas da observância das seguintes exigências:

a) limite máximo de financiamento, desde que não haja desembolso adicional de recursos;

b) limite máximo de preço de venda ou de avaliação do imóvel objeto da transferência;

c) localização do imóvel no domicílio do comprador.

Sintetizando, conclui-se que há a correção monetária da prestação desde o último reajuste até a efetivação da transferência, o acréscimo da 5ª (quinta) parte do encargo mensal atualizado, a inclusão de reajustes não aplicados no passado e o enquadramento na nova categoria profissional.

Passa-se a abordar a terceira modalidade de transferência, com refinanciamento do saldo devedor e descontos maiores que o previsto no art. 17 da Lei nº 10.150/2000, a qual se concede se não se enquadrar o contrato nos casos que aparecem no art. 3º da Lei nº 8.004/1990:

> A critério da instituição financiadora, as transferências poderão ser efetuadas mediante assunção, pelo novo mutuário, do saldo devedor contábil da operação, atualizada *pro rata die* do último reajuste até a data da transferência, observados os percentuais de pagamento previstos no *caput* e nos incisos I, II e III do art. 5º desta Lei e os requisitos legais e regulamentares da casa própria, vigentes para novas contratações, inclusive quanto à demonstração da capacidade de pagamento de cessionário em relação ao valor do novo encargo mensal.

Segundo versão que se extrai, simplesmente faculta-se ao agente recusar o procedimento dos dispositivos anteriores, para impor o refinanciamento novo. Mais grave é a armadilha contida ao longo do texto, quando estabelece a obediência aos requisitos legais e regulamentares da casa própria, *vigentes para novas contratações*, ou seja, aquelas disposições da Lei nº 8.692/1993 que tratam, presentemente, do financiamento sem qualquer cobertura do FCVS, e permitem o prolongamento do prazo para possibilitar o pagamento integral do saldo devedor.

Na previsão que outorga plena liberdade ao agente em exigir a forma do art. 3º, concedem-se abatimentos, tanto que referida a observância dos percentuais de pagamento previstos no *caput* e incisos do art. 5º, apesar do *caput* não prever qualquer percentual.

Eleita esta modalidade, eis os percentuais de pagamento, calculados sobre o saldo devedor contábil, e que se diluirão nas prestações:

> I – Contratos firmados até 28 de fevereiro de 1986: cinquenta por cento do saldo devedor contábil da operação, atualizado *pro rata die* da data do último reajuste até a data da liquidação;
>
> II – contratos firmados de 1º de março de 1986 até 31 de dezembro de 1988: sessenta por cento do saldo devedor contábil da operação, atualizado *pro rata die* da data do último reajuste até a data da liquidação;

III – contratos firmados de 1º de janeiro de 1989 até 31 de março de 1990: setenta por cento do saldo devedor contábil da operação, atualizado *pro rata die* da data do último reajuste até a data da liquidação.

Oportuniza-se, no art. 20 da Lei nº 10.150/2000, a regularização das transferências já efetuadas: "As transferências no âmbito do SFH, à exceção daquelas que envolvam contratos enquadrados nos planos de reajustamento definidos na Lei nº 8.692, de 28 de julho de 1993, que tenham sido celebradas entre o mutuário e o adquirente até 25 de outubro de 1996, sem a interveniência da instituição financeira, poderão ser regularizadas nos termos desta Lei".

Em síntese, apresentam-se três alternativas para a transferência: aquela do art. 17 da Lei nº 10.150/2000, para os contratos em geral; a do art. 2º, seus parágrafos e incisos, da Lei nº 8.004/1990, na redação da referida Lei nº 10.150/2000, consistente mais em um reajuste da prestação; e a do art. 3º, que concede descontos maiores que os do art. 17, para os contratos celebrados em certos períodos.

13.8.1. Consequências do refinanciamento

Os pressupostos básicos para o financiamento consistem na necessidade de adquirir o imóvel, na falta de aquisição por recursos próprios, e no preenchimento das condições de segurança e pagamento do financiamento. Se o adquirente original altera, com o tempo, o seu nível econômico, admite-se que transfira o imóvel, seguindo o adquirente os padrões e as regras do contrato, desde que faça jus, por sua situação econômica, ao amparo pelo Sistema Financeiro da Habitação.

Sabe-se que o financiamento da casa própria, pelos moldes das leis introduzidas, é vantajoso frente a outros tipos de financiamentos. Os reajustes em consonância com a evolução da renda, e a cobertura pelo FCVS para os contratos mais antigos, constituem-se em benefícios. Em vista da nova ordem introduzida pela Lei nº 8.004/1990 e pela Lei nº 10.150/2000, os agentes financeiros, quando adotam a modalidade inserida no art. 3º, passam a conceder um novo financiamento, que será igual ao valor do saldo devedor. Ou seja, o saldo devedor equivalerá ao montante que será emprestado.

A quantia é creditada na conta do vendedor, e, simultaneamente, debitada na conta do novo mutuário. O débito do antigo mutuário ficará zerado, mas não em função do FCVS, e sim devido à nova concessão de crédito, que corresponderá ao total dos resíduos mensais formados pela defasagem verificada entre a prestação paga e o acréscimo de juros, de correção monetária, e da soma não amortizada. O tomador do financiamento primitivo recebe a importância da parte que pagou em geral junto ao adquirente. Se receber do banco, o novo financiamento envolverá também tal montante.

O FCVS, nos percentuais pagos anteriormente pelo primitivo adquirente, ficará sem efeito, porquanto, no cálculo do saldo devedor, não repercutirá qualquer resultado positivo na diminuição do *quantum* devido. Depreende-se, daí, um enriquecimento indevido.

Por outros termos, o saldo devedor englobará todas as importâncias não absorvidas, com juros e correção monetária acumulados, os quais, se mantido o contrato primitivo, seriam satisfeitos pelo FCVS. Com o refinanciamento, não há a liquidação por conta do citado Fundo. De nada valeu a parcela contribuída relativa ao mencionado encargo. E mais: o valor recontratado sofrerá, no futuro, uma nova majoração ordenada pelo índice do Fundo. Ou o banco abaterá, percentualmente, o correspondente ao dito Fundo? Nada encerram os diplomas analisados a respeito do assunto.

Cap. XIII • AQUISIÇÃO DA PROPRIEDADE PELO REGISTRO IMOBILIÁRIO | 373

Em verdade, uma nova dívida surge, cujo montante deverá ser totalmente saldado, já que desaparecido o FCVS. A prestação inicial apresenta-se ao dobro e até ao triplo da vigente ao tempo do anterior mutuário. Ela significará uma parcela correspondente à divisão do total do saldo devedor pelo número de meses faltante, ou pelo número de meses que foi contratado.

13.8.2. Direito de propriedade e refinanciamento

A rigor, pela conceituação e finalidade da garantia hipotecária, nem poderia o agente financeiro interferir no contrato, a não ser naquelas questões que dizem respeito à garantia, instituída a seu favor, ou seja, à hipoteca. O imóvel é do mutuário. O pacto adjeto de hipoteca não retira ou afeta o direito de propriedade.

Trata-se a hipoteca de um direito real de garantia. Nesta qualidade, vincula o bem gravado, acompanhando-o sempre onde quer que se encontre. Adere à coisa, sem, no entanto, trazer limitações quanto ao poder de dispor do direito de sequela, pois, não impede transações ou alienações.

Jamais se admitiu a interferência do credor hipotecário nos negócios de seu devedor. Se a garantia não sofre o menor prejuízo com a venda do bem, é contrário aos mais singelos princípios do direito permitir a interferência do agente financeiro nos destinos que se dá ao imóvel.

A própria Lei nº 4.380/1964, que instituiu o Sistema Financeiro da Habitação, deixa entrever, no art. 69, a possibilidade de transferência.

A instituição de novo encargo, decorrente da transferência do bem, representa uma limitação ao poder de dispor e uma deturpação do instituto da hipoteca.

Os contratos e as leis permitem a transferência. A exigência de nova prestação, em cifra extremamente agravada, com o afastamento do fator de cobertura de resíduos, representa uma ignominiosa ofensa ao ato de vontade proclamado quando do contrato, viola o direito de propriedade e provoca uma transgressão primária à natureza da hipoteca.

13.8.3. O refinanciamento e o registro imobiliário do contrato de transferência

Questão que envolve aspectos interessantes e traz íntima relação com o refinanciamento diz respeito ao registro imobiliário do contrato de compra e venda de imóvel financiado pelo Sistema Financeiro da Habitação, seja o contrato por instrumento particular ou escritura pública. Obviamente, cuidando-se de venda definitiva, impõe-se a última forma.

Nada impede o registro, quer se trate de contrato definitivo, quer de promessa de compra e venda.

Nem se faz necessária a concordância do agente financeiro na transferência.

Salienta-se que os arts. 292 e 293 da Lei dos Registros Públicos (Lei nº 6.015, de 1973), na redação da Lei nº 6.941, de 1981, vedam o registro de contratos vinculados ao SFH, sem que conste dos mesmos a menção ao ônus real, bem como a comunicação ao credor, necessariamente feita pelo alienante, com a antecedência de, no mínimo, 30 (trinta) dias.

Reza o art. 292:

> É vedado aos tabeliães e aos oficiais de registro de imóveis, sob pena de responsabilidade, lavrar ou registrar escritura ou escritos particulares autorizados por lei, que tenham por objeto imóvel hipotecado a entidade do Sistema Financeiro de Habitação, ou direitos a eles relativos, sem que conste dos mesmos, expressamente, a menção ao ônus real e ao credor, bem como a comunicação ao credor, necessariamente feita pelo alienante, com antecedência de, no mínimo, 30 (trinta) dias.

O art. 293: "Se a escritura deixar de ser lavrada no prazo de 60 (sessenta) dias a contar da data da comunicação do alienante, esta perderá a validade".

Seu parágrafo único: "A ciência da comunicação não importará consentimento tácito do credor hipotecário".

Não se veda o registro de alienação de imóvel hipotecado. Nem trazem as Leis nº 8.004/1990 e nº 10.150/2000 qualquer alteração ou revogação dos arts. 292 e 293 da Lei dos Registros Públicos. E isto não foi por esquecimento. Na realidade, o art. 292 referido diz respeito à alienação de imóvel hipotecado, sem assunção do débito pelo adquirente, exigindo ciência e não concordância do credor hipotecário. Já a Lei nº 8.004/1990, com suas alterações, refere-se à sucessão de débitos.

Inexistindo proibição legal ou contratual de os mutuários cederem ou transferirem a terceiros direitos e obrigações, ou de venderem ou prometerem vender a unidade imobiliária por eles adquirida, a cessão, ou venda, ou promessa de venda, é lícita, válida e eficaz. A validade encontra força também no instituto da sub-rogação, sendo que o ônus da hipoteca fica mantido em sua integridade original, ficando, assim, assegurados todos os direitos do vendedor-mutuante.

Nunca foi vedada a transferência de imóvel hipotecado, através de contrato de cessão de direitos e obrigações ou mesmo de compra e venda.

A própria Lei nº 4.380/1964, que instituiu o sistema financeiro para a aquisição da casa própria, deixa entrever, no art. 69, a possibilidade da transferência: "O contrato de promessa de cessão de direitos relativos a imóveis não loteados, sem cláusula de arrependimento e com imissão de posse, uma vez inscrita no registro geral de imóveis, atribui ao promitente cessionário direito real oponível a terceiros e confere direito à obtenção compulsória da escritura definitiva de cessão, aplicandose, neste caso, no que couber, o disposto no art. 16 do Decreto-Lei nº 58, de 10 de dezembro de 1937".

As disposições do artigo acima e dos arts. 292 e 293 da Lei dos Registros Públicos não podem ser obstaculizadas pelo estatuído na Lei nº 8.004/1990, com as alterações introduzidas pela Lei nº 10.150/2000. A oneração em razão de um novo financiamento é contrária ao direito positivo vigente, que sempre admitiu a cessão de contratos relativos a imóveis mediante simples trespasse ou transferência, sem inovarem-se as obrigações passadas para o cessionário relativamente ao credor do cedente.

13.8.4. O refinanciamento perante a jurisprudência

Antigas manifestações da jurisprudência davam uma exegese à matéria profundamente coerente com o sistema jurídico brasileiro, que a orientação posterior não soube manter. Não se exigia o consentimento do mutuante ou credor.

Veja-se, a título de exemplo, a seguinte passagem da *Apelação Cível* nº 187028675, da 3ª Câm. Cível, de 12.08.1987, do então Tribunal de Alçada do Rio Grande do Sul:

> Todo o direito privado pátrio é profundamente impregnado do princípio da transmissibilidade das obrigações e dos contratos da pessoa do titular originário, a figurar no momento da constituição, para outrem, e esse princípio geral só pode ser barrado pelas obrigações de índole personalíssima, por lei ou convenção expressa (...).
>
> Em verdade, não apenas argumento de ordem eminentemente social, que caracteriza o SFH, como se tem ventilado (*Apelação Cível* nº 185011780, julgada em 21.01.1986), mas também normas genéricas ou específicas da legislação comum especial (CC, arts.

Cap. XIII · AQUISIÇÃO DA PROPRIEDADE PELO REGISTRO IMOBILIÁRIO | **375**

928 e 1.065; Decreto-Lei nº 58, de 1937, art. 12, § 3º; Lei nº 6.766, de 1979, arts. 29 e 31; e Lei nº 4.380, de 1964, art. 69), já com arrimo na analogia, já sem ele, fomentam a validade e a eficácia do contrato de cessão de direitos e obrigações, celebrado entre os autores e o cedente por instrumento em separado, a que a ré não pode opor-se caprichosamente.

A respeito, prelecionou, com muita propriedade e uso de justiça, Mário Aguiar Moura: "A cessão do contrato é possível a qualquer tempo, haja ou não sido pago o preço. Assim, mesmo que existam prestações a serem pagas ao promitente vendedor, o compromissário comprador pode ceder o contrato, quer quanto ao seu direito de exigir o contrato definitivo, quer quanto à sua obrigação de pagar as prestações não quitadas. Como se percebe, no caso de cessão do contrato em que não estejam pagas as prestações devidas ao promitente vendedor, o cessionário está assumindo a obrigação, mesmo na ausência de assentimento do credor e mesmo contra a sua vontade" (*Transmissão do Contrato de Promessa de Compra e Venda*, em *AJURIS*, 39/190-191).[42]

O Superior Tribunal de Justiça modificou o entendimento, no curso do tempo. Em momento inicial, dispensava o consentimento do agente financeiro, obrigando-o a receber as prestações, oferecidas via ação consignatória: "Os terceiros adquirentes de casa própria, *in casu*, poderão efetuar o pagamento das prestações mensais do mútuo hipotecário via ação consignatória (art. 930 do CC), na hipótese em que não se discute matéria relativa ao cumprimento de cláusula contratual, mas tão somente a causa de pedir da demanda".

No voto, apontam-se precedentes (AC 401.320-PR e 410.072-RS) e a lição de J. M. de Carvalho Santos: "'Se o terceiro interessado tem o direito de solver a obrigação do devedor, é claro que o credor não tem o direito de recusar o pagamento. Não há nem pode haver direito contra direito' (*Código Civil Brasileiro Interpretado*, vol. XII, p. 39, 11ª ed.)".[43]

Realmente, o art. 930 do Código Civil anterior era expresso em autorizar o pagamento por terceiro, desde que interessado, vindo a regra, sob o Código de 2002, no art. 304, nos seguintes termos: "Qualquer interessado na extinção da dívida pode pagá-la, usando, se o credor se opuser, dos meios conducentes à exoneração do devedor".

Várias outras decisões seguiram no rumo de admitir a transferência, se efetuada antes da vigência da Lei nº 8.004/1990.[44]

Outrossim, embora cláusula constante no contrato dando pelo vencimento de toda a dívida na hipótese de transferência, não se justifica essa cominação, já que o inadimplemento é parcial, na esteira de outra decisão da mesma Corte: "Promessa de compra e venda. Resolução do contrato. Financiamento pelo STF. Transferência do contrato. Não ofende a lei a decisão que considera inadimplemento parcial, insuficiente para a resolução do contrato, o fato de o promissário-comprador deixar de efetuar a transferência do contrato de financiamento junto ao STF".[45]

Acontece que, na visão de outro aresto do citado Pretório, "o direito positivo vigente sempre admitiu a cessão de contratos relativos a imóvel mediante simples trespasse ou trans-

---

[42] *Julgados do Tribunal de Alçada do RGS*, 65/237.

[43] *Recurso Especial* nº 35.491-9-RS, da 1ª Turma, de 27.10.1993, em *Revista do Superior Tribunal de Justiça*, 58/359.

[44] *Recurso Especial* nº 50.209-RS, de 29.03.1995; *Recursos Especiais* nºˢ 46.846-RS, de 20.02.1995, e nº 36.715-RS, de 08.02.1995.

[45] *Ag. Rg.* nº 48.604, da 4ª turma, do 20.09.1994, Rel. Min. Ruy Rosado de Aguiar Jr.

ferência, sendo a ele contrária a sua oneração com um novo financiamento. De outra parte, a hipoteca vincula o bem gravado, acompanhando-o sempre onde se encontre. Adere à coisa, sem, no entanto, trazer limitações quanto ao direito de dispor, não impedindo o direito de sequela transações ou alienações".[46]

Aduz mais uma decisão: "Em havendo transferência do imóvel, do ponto de vista da garantia, que é a circunstância que aqui interessa, não haverá qualquer prejuízo, podendo a credora executar a hipoteca, não interessando nas mãos de quem este esteja (direito de sequela)".[47]

A rigor, pois, não se exigindo a participação do financiador na transferência, a não ser quanto ao preenchimento das condições de segurança da capacidade de pagamento do cessionário, não se afiguram sequer cabíveis os acréscimos estabelecidos na Lei nº 8.004, em seu art. 2º, na modificação da Lei nº 10.150. A cientificação ordenada pelo art. 292 da Lei dos Registros Públicos objetiva justamente tal finalidade (apurar as condições de segurança da capacidade de pagamento), além de verificar se a aquisição se destina à moradia.

Apesar dos entendimentos acima retratados, pende o Superior Tribunal de Justiça a exigir a concordância da vontade do mutuante: "Civil. Mútuo hipotecário. Sistema Financeiro da Habitação. Sub-rogação. A sub-rogação do mútuo, assim incumbida a troca de um mutuário por outro, não pode se dar contra a vontade do mutuante. Recurso Especial conhecido e provido". Na fundamentação, o relator explica das razões da necessidade do consentimento, consistentes, sobretudo, na capacidade econômica do cessionário e na sua seriedade. Ou seja, unicamente se não oferecer as condições ou não preencher os requisitos legais justifica-se a recusa, consoante o texto que segue:

> (...) Não é qualquer pessoa que pode se habilitar a esse tipo de financiamento. É preciso, entre outras condições, que não tenha imóvel próprio no mesmo município e que faça prova de rendimentos capazes de suportar a prestação mensal; a primeira preserva a política habitacional que visa a favorecer os sem-teto, e a segunda busca tutelar os recursos emprestados, cuja gestão constitui responsabilidade do Poder Público. Esses objetivos ficariam obviamente comprometidos se as exigências fossem dispensadas daqueles que viessem a adquirir, mediante operações posteriores, os imóveis hipotecados (...) O agente financeiro contrata com uma pessoa, e não com outra. Como corolário, a cessão do negócio, nele como nos outros, depende da contraparte.[48]

Nesse mesmo recurso, porém, há o voto vencido do Min. Hélio Mosimann, externado nos Recursos Especiais nº 70.684, j. em 1.12.1997, da 2ª Turma; na linha de posição anterior, externada nos *Recursos Especiais* nº 23.388-RS, nº 31.135-AL, nº 66.886-SP e nº 39.146-SP.

Exigindo a concordância do agente financeiro, em exegese que nem a Lei nº 8.004/1990 revela, firmaram-se as decisões posteriores, sendo exemplo o seguinte aresto: "A interveniência do agente financeiro é obrigatória, na transferência celebrada pelo Sistema Financeiro da Habitação. O cessionário de financiamento regido pelo SFH carece de legitimidade para propor ação de consignação contra o agente financiador, se este não interveio na transferência (Lei nº 8.004/1990, art. 1º)".

---

[46]   *Recurso Especial* nº 43.230-8-RS, da 2ª Turma, *DJU* de 23.09.1996.

[47]   *Apel. Cível* nº 95.04.62773-0-RS, da 3ª Turma do TRF da 4ª Reg., *DJU* de 06.08.1997.

[48]   *Recurso Especial* nº 70.687, j. em 1º.12.1996, da 2ª Turma.

Cap. XIII · AQUISIÇÃO DA PROPRIEDADE PELO REGISTRO IMOBILIÁRIO | 377

No voto, justifica o relator. Min. Humberto Gomes de Barros:

O V. Acórdão recorrido negou aplicação aos preceitos da Lei nº 8.004/1990, ao fundamento de que eles destoam de nosso Ordenamento Jurídico.

Não percebo semelhante incompatibilidade. A Lei refugada simplesmente permite a transferência de financiamentos ajustados pelo Sistema Financeiro da Habitação, impondo-lhe, contudo, um requisito: a interveniência da instituição financeira.

Na hipótese, a transferência ocorreu, sem tal interveniência.

O acórdão recorrido aprofunda-se no exame das exigências que os agentes financeiros impõem aos figurantes da cessão de direitos e obrigações. Tece considerações de profundo alcance social.

No entanto, a lide envolvida neste processo resume-se em apurar se o agente financiador está obrigado a acatar transferências de financiamentos, celebradas à sua revelia.

A controvérsia haverá de se resolver com a supremacia da tese de que o agente se submete àquela transferência.

Não se submete, até porque, na hipótese em discussão, a cessionária aderira à cláusula 31ª do contrato, em que se consagra a anuência prévia da financiadora.

Se a recorrente condicionar sua anuência a exigências ilegais, abrir-se-á oportunidade a nova discussão, cuja sede não é este processo.

Aqui se discute, apenas, a legitimidade da cessionária, para o exercício da ação de consignação em pagamento.[49]

De rigorosa exegese a favor da efetiva participação do agente financeiro, inclusive com a reformulação da dívida e encargos denota o seguinte enunciado: "O mutuário não pode transferir o contrato de financiamento celebrado pelo SFH, a terceiro, sem a anuência do credor hipotecário".

Resume-se, no voto, o cerne da controvérsia:

(...) Propuseram ação ordinária contra (...), afirmando que, na qualidade de cessionários, adquiriram imóveis financiados pelo SFH (...) Requereram a transferência do financiamento por sub-rogação dos direitos e obrigações constantes dos contratos originários, sem a intervenção do credor hipotecário (...), e, consequentemente, sem o refinanciamento do saldo devedor e reajustes mensais como previstos na Resolução nº 1.446/88 e na Lei nº 8.004/1990.

Adiante, defendendo o aresto atacado, que não reconheceu a gama de pretensões dos mutuários:

Demais disso, o v. aresto encontra-se em harmonia com a jurisprudência do STJ, que entende ser dever do mutuário pedir anuência ao credor hipotecário, em caso de alienação do imóvel financiado, em face do princípio *pacta sunt servanda*.

É de ver, quanto ao tema, os seguintes julgados:

"Direito civil. Contrato. Transferência de mútuo hipotecário.

A relação jurídica firmada entre mutuário e terceira pessoa, da qual sequer foi cientificada a mutuante e credora hipotecária, não pode atingir o seu direito de crédito, com garantia real.

---

[49] *Embargos de Divergência*, no Recurso Especial nº 43.230/RE, da 1ª Seção, julgados em 16.12.1997, *DJU* de 23.03.1998.

É de nenhum efeito para o mutuante, Caixa Econômica Federal – CEF, a pseudonovação subjetiva de financiamento se do negócio jurídico não teve participação.

Nulidade da sentença que impõe à CEF que não participe da demanda, obrigação de fazer, oriunda de contrato firmado sem seu alvedrio.

Recurso ordinário provido" (*RMS* nº 6.322-RS, *DJ* 25.09.2000, rel. para o acórdão Ministra Eliana Calmon, Rel. originário Ministro Paulo Gallotti).

"Sistema Financeiro da Habitação. Transferência de financiamento. Intervenção do agente financeiro. Obrigatoriedade.

A interveniência do agente financeiro é obrigatória, na transferência de financiamento, celebrado pelo Sistema Financeiro da Habitação.

O cessionário de financiamento regido pelo SFH carece de legitimidade para propor ação de consignação contra o agente financiador, se este não interveio na transferência (Lei nº 8.004/1990, art. 1º)" (*EREsp.* nº 43.230/RS, rel. Min. Humberto Gomes de Barros, 1ª Seção, *DJU* de 23.03.1998, p. 4).

"SFH. Transferência. Anuência. Agente financeiro. Condições.

O mutuário não pode transferir o contrato de financiamento celebrado pelo SFH a terceiro fora das condições estabelecidas na lei e no contrato.

Recurso improvido" (*REsp.* nº 116.589-SC, rel. Min. Garcia Vieira, 1ª Turma, *DJ* de 17.11.1997).[50]

Em mais uma decisão:

Processual civil. Recurso especial. Sistema Financeiro de Habitação. Cessão de direitos e obrigações. Contrato de gaveta. Lei 10.150/2000. Interveniência obrigatória da instituição financiadora. Ilegitimidade do cessionário para demandar em juízo. Orientação firmada no julgamento do REsp 783.389/RO. art. 6º, "e", da Lei 4.380/64. Limitação dos juros. Não ocorrência.

"A cessão do mútuo hipotecário não pode se dar contra a vontade do agente financeiro; a concordância deste depende de requerimento instruído pela prova de que o cessionário atende as exigências do Sistema Financeiro da Habitação" (*REsp* 783.389/RO, Corte Especial, Rel. Min. Ari Pargendler, *DJe* de 30.10.2008).[51]

Em outro pronunciamento, capitaneado pela Ministra Eliana Calmon, se coíbe a transferência se expressa a vedação em cláusula contratual, ao mesmo tempo em que é dada força ao consentimento tácito, isto é, se comunicado o agente financeiro, não se opõe no prazo de lei:

Antes da Lei nº 8.004/1990 os contratos de mútuo do SFH continham cláusula expressa proibindo a transferência subjetiva, sem a anuência do credor hipotecário.

Cláusula de plena legalidade que deve ser respeitada.

Hipótese fática que enseja a legalidade da transferência, em razão da comunicação prévia do credor hipotecário, notificado adredemente pelo mutuário.

Recurso Especial não conhecido.

---

[50] *Recurso Especial* nº 193.582/DF, da 2ª Turma, j. em 15.02.2001, *DJU* de 19.03.2001.

[51] *REsp* 877995/SC, da Primeira Turma, relatora Ministra Denise Arruda, j. em 25.11.2008, *DJe* de 11.02.2009.

No curso do voto, alinham-se as posições concernentes à anuência tácita:

Pela anuência tácita, temos:

"Celebrada a avença entre cedente e cessionário antes da vigência da Lei nº 8.004/1990, esta não pode ser tida como violada nem servir de amparo ao recurso especial.

Cientificado por duas vezes da cessão e tendo recebido, por mais de ano, as prestações pagas pelo cessionário, é inequívoca a anuência tácita do credor hipotecário.

Paradigma inespecífico não caracteriza divergência jurisprudencial.

Recurso não conhecido" (*REsp*. 36.667/RS, rel. Min. Peçanha Martins, DJ de 3.04.1995).

"Inequívoco o conhecimento, pela instituição financeira (credora hipotecária), da transferência do imóvel para terceiro, este sub-roga-se nas obrigações e direitos estabelecidos no contrato firmado pelo originário devedor, continuando a mesma garantia hipotecária. O conhecimento e a continuação dos pagamentos das prestações mensais de amortização da dívida, inexistente oposição à transferência, equivalem à implícita concordância.

Precedentes jurisprudenciais" (*REsp*. nº 61.413/SP, rel. Min. Milton Luiz Pereira, *DJU* de 6.05.1996).

"Se, após tomar conhecimento de que o imóvel financiado foi alienado, o agente do SFH passa a receber do cessionário o valor das prestações amortizadoras do financiamento, entende-se que ele consentiu tacitamente com a transferência" (*REsp*. nº 67.256/RS, rel. p/ acórdão Min. Humberto Gomes de Barros, *DJU* de 3.02.1997).

Na Primeira Turma, o entendimento encontrou resistência dos Ministros Demócrito Reinaldo, Garcia Vieira e José de Jesus Filho, enquanto na Segunda Turma o entendimento era unânime antes da chegada do Min. Ari Pargendler, que se posicionou com a divergência.

Dos paradigmas em contrário, colho os seguintes arestos:

"O contrato firmado pelos mutuários com o agente financeiro só admite a transferência do financiamento com anuência deste e o contrato é para ser cumprido.

A transferência ocorrida foi ilegal e violou a cláusula contratual.

Recurso improvido" (*REsp*. nº 118.059-RS, rel. Min. Garcia Vieira, *DJU* de 24.11.1997).

"A sub-rogação do mútuo, assim entendida a troca de um mutuário por outro, não pode se dar contra a vontade do mutuante.

Recurso Especial conhecido e provido" (*REsp*. nº 70.684-ES, rel. Min. Ari Pargendler, *DJU* de 16.03.1998).

Na hipótese dos autos, temos contrato de financiamento celebrado em 26.10.1984, antes, portanto, da Lei nº 8.004/1990, o que descarta a possibilidade de ter sido a mesma vulnerada.

O meu entendimento pessoal é o de que devem as partes obedecer às cláusulas do contrato, porque tais cláusulas fazem lei entre os contratantes. E, no contrato estabelecido, está a obrigação de prévio e expresso consentimento do credor hipotecário em caso de alienação do imóvel financiado (...).

Naturalmente que é dever do mutuário pedir a anuência de um credor que tem como garantia o bem que estará sendo negociado.

Entretanto, na hipótese dos autos, o mutuário notificou o agente financeiro, ora recorrente, trinta dias antes de realizar a cessão de direitos (...)

Ora, não se pode impor, pela só observância de uma cláusula contratual, que se faça um contrato soldado, sem possibilidade de alteração subjetiva, mormente quando não há prejuízo algum para o credor.

Aliás, é bom lembrar que a Lei nº 4.380/1964, ao instituir o financiamento do Sistema de Habitação, admitia a possibilidade de transferência por cessão. Nesse sentido é o art. 69, da referida Lei.

Com estas considerações, posiciono-me dentre os que entendem indispensável a anuência do credor hipotecário, para as avenças posteriores à Lei nº 8.004/1990, e a notificação prévia do interesse de alienar, para os contratos antecedentes à mencionada Lei.

Entretanto, pelo suporte fático em que se desenvolveu este recurso especial, como houve notificação, não conheço do recurso pela letra 'a' e nego-lhe provimento pela letra "c" do permissivo.[52]

A jurisprudência estadual tem idêntica posição, como revela o Tribunal de Justiça de São Paulo, na Apelação Cível nº 5923034100, da 4ª Câmara de Direito Privado, julgada em 18.12.2008, com o registro publicado em 12.01.2009:

Cessão de contrato de adesão a cooperativa sem anuência do agente financiador – Obrigatoriedade da interveniência da alienante ou credora para o fim de avaliar o perfil dos adquirentes mutuários, que deve guardar relação de conformidade com o caráter social do financiamento habitacional – Pedido de rescisão do contrato de cessão de direitos de promitente comprador – Cessionária que tinha conhecimento da necessidade de anuência e do consequente vício do contrato – Transferência para o seu nome do contrato para aquisição de imóvel que ficou impossibilitada em razão do inadimplemento do preço – Cessionária que, com sua própria conduta, deu causa à impossibilidade de transferência do contrato, ensejando a exclusão da cedente do quadro de cooperados – Impossibilidade de restituição das quantias pagas – Ação improcedente – Improcedência do pedido reconvencional de cobrança de parcelas de contrato que não se aperfeiçoou, sendo o imóvel retomado pela cooperativa – Alteração dos ônus de sucumbência – Recurso provido em parte.

---

[52] *Recurso Especial* nº 31.021-RS, da 2ª Turma, j. em 16.11.1999, *DJU* de 15.05.2000.

Capítulo XIV

Aquisição por Acessão

14.1. CONCEITO E NATUREZA

Este tipo de aquisição constava previsto no art. 530, inc. II, e vinha disciplinado nos arts. 536 a 549, todos do Código Civil de 1916. O Código Civil atual abrange a matéria nos arts. 1.248 e 1.259.

O termo "acessão" designa um dos vários modos de aquisição de propriedade.

Trata-se de um modo originário de aquisição. Através dele, passa a pertencer ao proprietário tudo quanto se une ou adere ao seu bem. É uma forma de aquisição da propriedade em virtude da qual uma coisa, que se une ao solo de outrem, torna-se propriedade do dono do mesmo.

Da palavra "acessão" deriva o termo "acessório". Daí poder se afirmar que as coisas acessórias são aquelas que advêm ao bem, ou seja, são coisas postas ao serviço da coisa principal de um modo permanente. Acrescentam-se à *res principalis*.

A aquisição se produz pela aderência ou união física de uma coisa à outra, de modo natural ou artificialmente, isto é, tanto no caso de surgir por obra da natureza, como na hipótese de se acrescentar por meio da intervenção do homem.

Há a incorporação de um bem a um outro.

As acessões ocorrem de dois modos. Ou elas nascem e se formam de dentro do bem para fora. Provêm da coisa. São produzidas por ela. É o caso dos frutos de uma árvore. O bem produz riquezas em proveito do proprietário. Ou costuma-se dizer que podem aparecer de fora, para serem acrescidas ao bem. Emanam de uma força externa, em proveito da propriedade móvel ou imóvel, como na situação da construção de um prédio, do cultivo de uma área de terras.

Dizem-se as primeiras verticais, e as segundas horizontais.

O fundamento da acessão pertencer ao bem principal está na regra de que o acessório segue o principal, especialmente naquela que se origina de uma força interna, por muitos denominada acessão discreta. Quanto à segunda espécie, chamada de "acessão contínua", o fundamento situa-se em duas considerações, sendo uma de índole prática e outra de cunho racional ou jurídico, conforme Orlando Gomes:

> A razão de ordem prática está em que é preferível, por mais vantajosa, atribuir a propriedade da coisa nova ao dono da principal do que estabelecer um condomínio difícil de administrar e contrário à economia. A razão de ordem jurídica é que, pela união das coisas, que as torna inseparáveis, forma-se, em verdade, uma coisa nova, sendo natural que a sua propriedade seja atribuída ao dono da coisa anterior que for mais importante, como expõe Colin e Capitant, já que são os caracteres dessa coisa

que dominam a *res nova*. É racional que assim seja, tanto mais quando a lei manda indenizar o proprietário desfalcado.[1]

Aspecto bastante controvertido prende-se à natureza da acessão, em cuja órbita gravitam várias teorias. Prepondera, todavia, a teoria que defende ser a acessão um modo de adquirir a propriedade, segundo ideia criada pelo Direito romano, e assimilada pelo Direito francês e alemão.

No Direito brasileiro não há como afastar esta preponderância, dependendo, para a sua formação, de dois elementos:

a) a conjunção de duas coisas até então separadas.

b) o caráter acessório de uma dessas coisas em confronto com a outra.[2]

O dono do bem principal torna-se proprietário do bem acessório. Quem adquire um imóvel, transforma-se, em regra, titular dos bens acessórios. Salienta Orlando Gomes:

> Se o que perde é pelo outro adquirido, porquanto passa a ser dono do que o outro perdeu, a acessão há de ser entendida como um dos modos de aquisição do domínio, mesmo que a junção ou incorporação da coisa acessória à principal se apresente como simples aumento do volume ou do valor desta. Ademais, atribuindose-lhe a natureza de modo de aquisição, facilita-se a regulamentação de seus efeitos e se favorece a sistematização desse fenômeno jurídico.[3]

14.2. REQUISITOS DA ACESSÃO

A fim de melhor caracterizar a configuração deste modo de adquirir, conveniente explicar alguns de seus requisitos.

Em primeiro lugar, é indispensável que a união entre o acessório e o principal se verifique entre duas coisas corpóreas distintas, isto é, que ambas se possam individualizar separadamente – casa e terreno, pomar e terreno etc.

Importa, também, que transpareça maior importância em uma dessas duas coisas. Daí a necessidade de distinguirem-se o bem principal e o bem acessório. Aquele sobressai em relação ao último por atraí-lo, por ser indispensável para a existência de outro, como no caso do solo relativamente à construção, ou da terra quanto às plantações.

Às vezes, o prédio, isto é, a acessão, tem maior estimativa econômica que o bem principal. Daí nem sempre se apresentar relevante ao aspecto econômico dos bens.

Em terceiro lugar, impede a existência de um vínculo de união entre as duas coisas, de modo a não existir o acessório sem o principal. A casa será acessório quando se incorpora ao terreno. Não, porém, caso seja colocada no terreno para mera exposição, procedendo-se, posteriormente, a remoção.

Por último, o conflito entre acessão e coisa principal somente aparece quando os donos de uma e outra são distintos. Obviamente, o proprietário que constrói em seu terreno, terá a propriedade da construção porque erguida em terreno próprio. Se inexistir "essa diferença

---

[1]   *Direitos Reais*, tomo 1º, ob. cit., p. 206.

[2]   Washington de Barros Monteiro, *Curso de Direito Civil – Direito das Coisas*, ob. cit., p. 109.

[3]   *Direitos Reais*, tomo 1º, ob. cit., p. 208.

Cap. XIV • AQUISIÇÃO POR ACESSÃO | 383

de titulares de direito, não há acessão no sentido jurídico da palavra, do mesmo modo que na servidão, onde, apesar de um imóvel ser posto a serviço de outrem, mas se ambos são do mesmo dono, prevalece o princípio: *neminem res sua servit*, exceto o caso de servidão por destinação do pai de família".[4]

14.3. ACESSÕES E BENFEITORIAS

Carvalho Santos define as benfeitorias como "as obras ou despesas que se fazem no imóvel para conservá-lo, melhorá-lo ou simplesmente embelezá-lo".[5] Podem ser úteis, necessárias ou voluptuárias. As primeiras aumentam ou facilitam o uso da coisa (art. 96, § 2º, do Código Civil), como a edificação da garagem de uma casa a qual, embora desnecessária para a conservação do prédio, aumentou-lhe o valor. As segundas objetivam conservar o imóvel, ou evitar que ele se deteriore (art. 96, § 3º, do Código Civil). São exemplos: o reforço das fundações de um prédio, que ameaçam ceder; a recuperação do telhado; e a armação de uma cerca para a defesa da terra cultivada. As voluptuárias simplesmente embelezam a propriedade, tornam mais agradável o aproveitamento e servem para o deleite ou o recreio no uso habitual (art. 96, § 1º, do Código Civil). Concretizam-se, *v.g.*, na pintura de uma casa, na escavação de um açude, na construção de uma piscina, ou no ajardinamento de um terreno. Segundo constado art. 1.219 do Código Civil, não se indenizam essas benfeitorias, assistindo ao possuidor de boa-fé levantá-las quando da restituição da coisa ao proprietário, se este não as pagar voluntariamente.

As plantações e construções não são consideradas benfeitorias, e sim acessões industriais reguladas pelo art. 1.255 do Código Civil, onde se estabelece que as construções, plantações e sementes que forem erguidas, cultivadas ou lançadas em terreno alheio passam ao proprietário, mas devem ser indenizadas, se o autor de tais obras agiu de boa-fé.

Eis a explicação, sobre o assunto, dada pela jurisprudência, inspirada na melhor doutrina de Clóvis Paulo da Rocha e Philadelpho de Azevedo:

> A casa nunca pode se considerar como benfeitoria do terreno, e a doutrina fixou bem a distinção na seguinte passagem de Clóvis Paulo da Rocha: "As benfeitorias são despesas feitas na coisa, com o fito de conservá-la ou embelezá-la. As acessões são obras que criam coisas novas, diferentes, que vêm aderir à coisa anteriormente existente" (*Construções na Teoria Geral da Adesão*, p. 36). Lição que se conforma com o voto do Min. Philadelpho de Azevedo: "Quem constrói ou quem planta não faz propriamente benfeitorias, mas pratica acessão regulada pelo Código Civil. A plantação ou edificação em terreno alheio tem caráter principal, ao passo que as benfeitorias pressupõem algo a ser melhorado" (*Revista dos Tribunais*, 181, p. 438). Com efeito, a casa que se pretende indenizar não pode ser considerada como benfeitoria do terreno, pois em nada contribuiu para o aperfeiçoamento ou embelezamento do mesmo. Seriam benfeitorias as obras que fizessem no terreno com o fim de embelezá-lo, como drenagens, cercas etc.
>
> Por outro lado, as benfeitorias de uma casa são os melhoramentos que nela se introduzem, como venezianas, paredes duplas etc".[6]

---

[4] Serpa Lopes, *Curso de Direito Civil*, vol. VI, ob. cit., p. 387.

[5] *Obra citada*, vol. II, 1961, 7ª ed., p. 86.

[6] *Apel. Cível* nº 22.757, da 2ª Câm. Cível Especial do TJ do RGS, de 14.08.1975, *in Revista de Jurisprudência do TJ do RGS*, 57/217.

Aí está a distinção clara, ensejando uma exata compreensão do significado. Os contratos, geralmente feitos e utilizados por leigos na matéria, empregam o termo "benfeitorias" no significado de acessões. E aplicam a cláusula do chamado decaimento a mencionados bens.

Em relação às benfeitorias, oportuno lembrar-se de que a ocupação indevida de imóvel público não passa de mera detenção, não ensejando a construção feita pelo detentor direito à indenização ou à retenção. É o que proclama a Súmula nº 619/STJ, de 2018: "A ocupação indevida de bem público configura mera detenção, de natureza precária, insuscetível de retenção ou indenização por acessões e benfeitorias".

14.4. FORMAS DE AQUISIÇÃO DA PROPRIEDADE POR ACESSÃO

No Código Civil (art. 1.248) aparecem cinco formas de acessão, relativamente aos bens imóveis: pela formação de ilhas, por aluvião, por avulsão, por abandono de álveo, e por plantas e construções.

Está a ordem de acessões indicadas pelo art. 1.248 do Código Civil, sem que seja esgotada a possibilidade de surgirem outras, já que os dispositivos elencam as formas mais tradicionais no direito, a maioria de difícil ocorrência, exceto quanto às plantas e construções.

14.4.1. Acessão pela formação de ilhas

A ilha aqui ventilada envolve qualquer porção de terra cercada por todos os lados de água, suscetível de ocorrer no curso de um rio navegável ou não, no mar e em lagos. Dão causa ao aparecimento destas extensões de terra vários tipos de fenômenos, como movimentos sísmicos, acumulações de areia, cascalho, terra e outras espécies de materiais. Não é incomum o abaixamento do nível das águas de um rio ou lago de modo permanente, o que dá margem ao surgimento de parte do leito antes encoberto por água, na forma de ilhas.

Formando-se a ilha no mar, seu domínio é determinado em favor do país que possui o domínio das águas territoriais onde apareceu a ilha. Mas se emerge em alto mar, firma-se a propriedade em favor do primeiro ocupante, o que constitui princípio de direito internacional público, e assim ocorreu ao longo da história, em todas as épocas. Interessa, no caso, o estudo das ilhas formadas em águas interiores, ou seja, em águas que se estendem ou correm dentro do território nacional.

A matéria está regulada no Código Civil e no Código de Águas.

O art. 1.249 do primeiro reza:

> As ilhas, que se formarem em correntes comuns ou particulares, pertencem aos proprietários ribeirinhos fronteiros, observadas as regras seguintes:
>
> I – as que se formarem no meio do rio consideram-se acréscimos sobrevindos aos terrenos ribeirinhos fronteiros de ambas as margens, na proporção de suas testadas, até a linha que dividir o álveo em duas partes iguais;
>
> II – as que se formarem entre a referida linha e uma das margens consideram-se acréscimos aos terrenos ribeirinhos fronteiros desse mesmo lado;
>
> III – as que se formarem pelo desdobramento de um novo braço do rio continuam a pertencer aos proprietários dos terrenos à custa dos quais se constituíram.

Daí se inferir que a propriedade particular das ilhas interessa tão somente às formadas em rios ou em cursos de água particulares ou comuns, cujo significado é mais apropriado que as águas não navegáveis. E como princípio geral predomina o domínio em favor do proprietário do terreno que margeia o rio onde apareceu a ilha, até o seu meio. O restante é atribuído ao domínio da pessoa titular da terra sita na outra margem.

Havendo o desdobramento de um novo braço do rio, reconhece-se o domínio das ilhas ou ilhotas formadas em favor do titular do terreno onde se formou o novo rio. Mas, nesta parte, acrescenta o parágrafo único do art. 24 do Código de Águas (Decreto nº 24.643/1934): "Se a corrente, porém, é navegável ou flutuável, elas poderão entrar para o domínio público, mediante prévia indenização".

Se a ilha localizar-se do álveo até a margem fronteiriça ao terreno de um proprietário, por dedução óbvia do art. 1.249, inc. II, do Código Civil, pertence ao respectivo proprietário do terreno, o que, aliás, está expresso no § 2º do art. 23 do mesmo Código de Águas: "As que estiverem situadas entre esta linha (álveo) e uma das margens, pertencem, apenas, ao proprietário ou proprietários desta margem".

Segundo o art. 23 do mesmo Código de Águas, "as ilhas ou ilhotas que se formarem no álveo de uma corrente, pertencem ao domínio público, no caso das águas públicas".

E águas públicas são aquelas do domínio da União ou dos Estados-membros. À União pertencem, conforme o art. 20, inc. III, da Constituição Federal, os lagos, rios e quaisquer correntes de água em terreno de seu domínio, ou que banhem mais de um Estado, ou sirvam de limites com outros países, ou se estendam a territórios estrangeiros ou deles provenham, bem como os terrenos marginais e as praias fluviais.

E dos Estados federados consideram-se as águas superficiais ou subterrâneas, fluentes, emergentes e em depósito, que ficam em seus territórios, sem atingirem outros Estados (art. 26 da Carta Constitucional).

Assim, diversa é a situação jurídica atual da vigente no Direito romano, em que a ilha, mesmo que em águas públicas, pertencia ao domínio dos proprietários ribeirinhos. Já no Direito português, Lobão seguia a mesma orientação, até que, mais tarde, o direito afeiçoou-se à tendência moderna, em que as ilhas são públicas ou privadas, segundo a natureza das águas onde se formam.[7]

14.4.2. Acessão por formação de aluvião

Consiste a aluvião no "acrescentamento insensível que o rio anexa tão vagarosamente às margens, que seria impossível, num dado momento, apreciar a quantidade acrescida".[8]

O art. 16 do Código das Águas dá o conceito: "Constituem aluvião os acréscimos que sucessiva e imperceptivelmente se formarem para a parte do mar e das correntes, aquém do ponto a que chega o preamar médio, ou do ponto médio das enchentes ordinárias, bem como a parte do álveo que se descobrir pelo afastamento das águas".

No dispositivo, consta a distinção entre a aluvião própria, que é a resultante dos acréscimos, e a imprópria, decorrente do afastamento das águas.

Antônio de Pádua Nunes bem caracteriza a aluvião, com base na doutrina tradicional: "M. I. Carvalho de Mendonça adverte que é bem fácil reconhecer o terreno de aluvião pelo seu declive progressivo para as águas, 'por estar coberto de ervas ordinárias e não aquáticas e pela diferença de proporções entre essa vegetação e a que aparece à medida que se afasta para os terrenos das margens' (*ob. cit.*, nº 104).

---

[7] Antônio de Pádua Nunes, *Código de Águas*, 2ª ed., São Paulo, Editora Revista dos Tribunais, 1980, vol. I, p. 72.

[8] Washington de Barros Monteiro, *Curso de Direito Civil – Direito das Coisas*, ob. cit., p. 112.

E importante é, ainda, esta observação do mesmo tratadista: 'Quando a aluvião se opera na margem de um rio navegável, a distância por lei reservada para servidão pública avança sobre o rio, e os terrenos firmes que antes sofriam a servidão vão se libertando, à proporção que ela se estende sobre os recentes formados' (*ob. cit.*, nº 104).

Teixeira de Freitas, no seu *Vocabulário Jurídico,* define aluvião como o 'acrescimento natural de terras entre ribeirinhos próximos ou mais distantes'. Na Consolidação, porém, conforme o art. 52, § 2º, só se refere à 'acumulação de terras casuais ou artificiais que assentam sobre o fundo do mar', e na nota 18 dá as razões porque não contempla no dispositivo 'os acréscimos por aluvião dos rios'".[9]

O art. 1.250 do Código disciplina a distribuição dos acréscimos resultantes: "Os acréscimos formados, sucessiva e imperceptivelmente, por depósitos e aterros naturais ao longo das margens das correntes, ou pelo desvio das águas destas, pertencem aos donos dos terrenos marginais, sem indenização".

Divide-se o terreno aluvial, que se formar, entre os proprietários que entestam com o mesmo, segundo o parágrafo único do mesmo art. 1.250, o que decorre de princípio natural e do bom-senso: "O terreno aluvial, que se formar em frente de prédios de proprietários diferentes, dividir-se-á entre eles, na proporção da testada de cada um sobre a antiga margem".

Vê-se, pelo Código Civil, que os acréscimos formados em quaisquer águas, navegáveis ou não, pertencem aos particulares.

Todavia, como ressalva o § 1º do art. 16 do Código de Águas, "os acréscimos que, por aluvião, ou artificialmente, se produzirem nas águas públicas ou dominicais, são públicos dominicais se não estiverem destinados ao uso comum, ou se por algum título legítimo não forem do domínio particular".

Ora, na ordem do art. 2º do Código de Águas, são águas públicas de uso comum, dentre outras, as navegáveis e flutuáveis (corrente, canais, lagos e lagoas); as correntes de que se façam estas águas; as fontes e reservatórios públicos; as nascentes quando forem de tal modo consideráveis que, por si sós, constituam o *caput fluminis* (verdadeira nascente do rio); e os braços de quaisquer correntes públicas, desde que os mesmos influam na navegabilidade ou flutuabilidade.

Daí que o inserido no art. 1.250 do Código Civil deve entender-se frente ao § 1º do art. 16 do Código de Águas, o qual afasta as aluviões do domínio particular quando formadas por águas públicas navegáveis. Ao que se percebe da redação do art. 1.250, pertencem aos proprietários em cujas frentes surgirem desde que não se encontrem em águas públicas ou dominicais, e em águas do uso comum. Nesta ótica desaparece qualquer conflito com o art. 16, § 1º, do Código de Águas.

O art. 17 do mesmo Código insere a idêntica conclusão acima, ao dizer que os acréscimos por aluvião formados às margens das correntes comuns pertencem aos proprietários marginais. Mas abre uma exceção quanto ao art. 16, pois atribui a aluvião ao proprietário marginal de correntes públicas de uso comum a que se refere o art. 12. E esse preceito remete à última parte do nº 2 do art. 11, que diz respeito às correntes que, não sendo navegáveis, concorrem apenas para formar outras simplesmente flutuáveis e não navegáveis. Pelo art. 2º, letra "f", citadas correntes seriam públicas. Assim, as formações resultantes de correntes não navegáveis e nem flutuáveis, embora influam para a flutuabilidade, consideram-se dos proprietários marginais. Neste caso, segundo o mesmo art. 17, é permitida uma servidão de trânsito sobre a faixa de dez metros para os agentes da administração pública, quando em exceção de serviço, sendo que esta faixa será recuada na proporção do terreno conquistado pelo aluvião.

---

[9]   *Obra citada*, vol. I, p. 66.

Se estiverem, no entanto, destinados ao uso comum os outros tipos de águas correntes, não se pode atribuir o domínio ao poder público, e nem ao particular, eis que de uso comum definem-se os bens que pertencem a todos, de propriedade da coletividade ou do povo, utilizáveis por qualquer pessoa, desde que respeitados os regulamentos e as leis pertinentes.

Ordena o § 2° do mesmo art. 16 que a referidos acréscimos produzidos em águas públicas ou dominicais, no que diz respeito aos terrenos reservados, se aplica o disposto no art. 11, § 2°, do Código de Águas.

Primeiramente, cabe esclarecer que terrenos reservados, conforme art. 14 do mesmo diploma, são os que, banhados pelas correntes navegáveis fora do alcance das marés, vão até a distância de quinze metros para a parte de terra, contados desde o ponto médio nas enchentes ordinárias. Por palavras diferentes, correspondem ao espaço terrestre que vai até quinze metros de distância lateral, iniciando a contagem a partir do ponto onde normalmente chegam as águas, nas enchentes ordinárias.

Não é fácil encontrar referido ponto, como deixa entrever Afrânio de Carvalho:

> A aferição desse ponto não pode ser efetuada repentinamente até porque existem, ao que se saiba, estudos sérios e sistemáticos sobre os nossos rios, excetuado o de Halfeld sobre o Rio São Francisco. De qualquer forma, a observação pessoal leva a concluir que alguns deles, talvez a maioria, como o Rio São Francisco, o Grande, o Paranaíba, em Minas Gerais, o Capibaribe, o Beberibe e o Pojuca, em Pernambuco, o Paraíba no Rio de Janeiro, se conservam dentro das respectivas caixas nas enchentes ordinárias, embora elas extravasem alguns deles nas extraordinárias, como aconteceu com o Capibaribe, cuja vazão perdeu o derivativo compensatório antigamente encontrado nos mangues e alagados nos arredores de Recife, hoje aterrados (...) Exige-se, pelo menos, o decurso de certo período de observação, já que a lei não se satisfaz com a cota de qualquer ano, mas alude à média das enchentes ordinárias, pressupondo a tomada prévia de dois ou mais números, de duas ou mais metragens.[10]

Os terrenos reservados pertencem ao poder público titular dos rios, de acordo com o art. 11, § 2°, do Código de Águas, salvo se por um título legítimo não pertencerem ao domínio particular. Classificam-se como bens públicos dominiais. A exceção, isto é, o domínio, só pode se tipificar através da concessão de terrenos à margem dos rios, o que era permitido pela Lei n° 1.507, de 1867, art. 39. As concessões já se faziam antes da Independência, e constituem fruto da tradição jurídica lusa. Nesta linha a manifestação dos pretórios, inclusive do Supremo Tribunal Federal:

> São do domínio público as margens dos rios navegáveis, salvo título de concessão emanado do poder público".[11]

> "Relativamente aos particulares, os únicos títulos de domínio que o Estado deve respeitar são os ressalvados pelo art. 39 da Lei n° 1.507, de 29.09.1867, e outras leis aplicáveis, bem como os arrendamentos e aforamentos feitos pela União e não caídos em comisso até a data em que entrou em vigor o Decreto n° 21.235/1932, e de acordo com o disposto no art. 3° do Decreto n° 22.658, de 20.04.1933.[12]

---

[10] *Águas Interiores*, São Paulo, Editora Saraiva, 1986, pp. 165 e 166.
[11] *Revista dos Tribunais*, 175/823.
[12] *Revista dos Tribunais*, 144/664.

E pelo § 2º do art. 11 acima mencionado, será tolerado o uso desses terrenos pelos ribeirinhos, principalmente os pequenos proprietários que os cultivem, sempre que o mesmo não colidir por qualquer forma com o interesse público.

Encerrava o art. 539 do Código Civil anterior que os donos de terrenos que confinem com águas dormentes, como as de lagos e tanques, não adquirem o solo descoberto pela retração delas, nem perdem o que elas invadiram. Isto por um motivo evidente, a ponto de nada ter disposto sobre o assunto o atual Código Civil, qual seja, a frequência com que acontecem tais fenômenos, não representando um caráter permanente a retração ou invasão de águas. Ademais, as delimitações de áreas são firmadas em vista da situação normal das águas de lagos, tanques, açudes e outros locais que contenham águas dormentes.

Observava, ainda, Clóvis Beviláqua:

> A razão pela qual os proprietários marginais dos lagos, lagoas e tanques não adquirem o solo descoberto pela sua retração, é que as suas propriedades se consideram limitadas pelas águas dormentes na sua altura normal (...) Ainda que as águas dos lagos e tanques desçam, não há, propriamente, aluvião, que é um incremento paulatino das margens pelo depósito constante de materiais, que as águas correntes arrastam. Os limites dos lagos e das propriedades marginais são fixos.[13]

O parágrafo único do art. 17 do Código de Águas estabelece que os acréscimos serão públicos dominicais se o álveo for limitado por uma estrada pública, desde que não destinados ao uso comum, ou se por algum título legítimo não forem do domínio particular.

Finalmente, pelo art. 18 do Código de Águas, que encerra o mesmo sentido do parágrafo único do art. 1.250 do Código, quando a aluvião se formar em frente de prédios pertencentes a proprietários diferentes, far-se-á a divisão entre eles em proporção à testada que cada um dos prédios apresentava sobre a antiga margem.

É a hipótese em que a formação resultante dos acréscimos pertencem a proprietários marginais. Mede-se a distribuição da aluvião proporcionalmente à testada dos terrenos que faziam frente à margem.

14.4.3. Acessão por formação de avulsão

O Código de Águas regula a matéria nos arts. 19 a 22.

Reza o art. 19 do primeiro estatuto: "Verifica-se a 'avulsão' quando a força súbita da corrente arranca uma parte considerável e reconhecível de um prédio arrojando-a sobre outro prédio".

A opção entre a reclamação para que se remova a parte acrescida, ou se indenize, vem no art. 20 do Código de Águas: "O dono daquele poderá reclamá-lo ao deste, a que é permitido optar, ou pelo consentimento na remoção da mesma, ou pela indenização ao reclamante".

De acordo com o art. 21, "quando a avulsão for de coisa não susceptível de aderência natural, será regulada pelos princípios de direito que regem a invenção".

Já o art. 22 ordena que, nos casos semelhantes, aplicam-se à "avulsão" os dispositivos que regem a aluvião.

O Código Civil de 2002 trata da matéria no art. 1.251 e em seu parágrafo único, em redação bastante diferente, e sintetizando aspectos que, no Código de Águas, vinham regulados mais extensamente: "Quando, por força natural violenta, uma porção de terra se destacar de

---

[13] *Código Civil dos Estados Unidos do Brasil Comentado*, vol. III, ob. cit., p. 79.

Cap. XIV • AQUISIÇÃO POR ACESSÃO | 389

um prédio e se juntar a outro, o dono deste adquirirá a propriedade do acréscimo, se indenizar o dono do primeiro ou, sem indenização, se, em um ano, ninguém houver reclamado". Poderá o dono do primeiro reclamá-lo do segundo; cabendo a este a opção entre aquiescer a que se remova a parte acrescida, ou indenizar o reclamante.

Como ressoa das normas acima, envolve a avulsão a desagregação repentina ou súbita de uma porção de terra por força de um fenômeno natural violento, anexandose a outra propriedade sita a jusante, a que é levada pela correnteza das águas.

O proprietário do imóvel sito abaixo do rio, e contemplado com o acréscimo, tem a escolha entre permitir que se faça a remoção ou efetuar o pagamento do valor correspondente à fração ou parte que foi anexada, no que é claro o parágrafo único do art. 1.251 do Código: "Recusando-se ao pagamento de indenização, o dono do prédio a que se juntou a porção de terra deverá aquiescer a que se remova a parte acrescida".

O art. 20, parágrafo único, do Código de Águas, e a parte final do art. 1.251 do Código Civil fixam o prazo de um ano para a reclamação, findo o qual a incorporação será considerada consumada, sem restar mais qualquer direito a reivindicação ou indenização.

O art. 21 do Código de Águas, sendo omisso a respeito o Código Civil em vigor, trata de coisas que se juntam ao imóvel não suscetíveis de aderência natural, ordenando a incidência, no caso, das disposições previstas para as coisas perdidas, ou que regem a invenção.

Tais bens são, *v.g.*, as cercas, madeiras cortadas, moirões, telhas, arames etc.

Incidem, sobre a matéria tratada, as regras dos arts. 1.233 a 1.237 do Código Civil. Ou seja, cabe a restituição ao verdadeiro proprietário, cumprindo ao inventor ou descobridor (aquele que encontra a coisa) tudo fazer para a sua localização. Na impossibilidade, cumpre-lhe efetuar a entrega à autoridade competente, policial ou judiciária do local.

À pessoa que encontra o objeto assiste a recompensa e a indenização pelas despesas exigidas na conservação e no transporte dos bens.

Passado o período de sessenta dias da publicação da divulgação pela imprensa, sem que se apresente o dono para pedir a devolução, consoante o art. 1.237 do Código Civil, levar-se-á à hasta pública o bem, seguindo-se o ordenamento previsto no art. 746 e parágrafos do Código de Processo Civil de 2015. O *caput* enseja concluir a necessidade de se depositar em juízo a coisa encontrada cuja titularidade é desconhecida: "Recebendo do descobridor coisa alheia perdida, o juiz mandará lavrar o respectivo auto, do qual constará a descrição do bem e as declarações do descobridor". Pelo § 2º, ampla deve ser a publicação: "Depositada a coisa, o juiz mandará publicar edital na rede mundial de computadores, no sítio do tribunal a que estiver vinculado e na plataforma de editais do Conselho Nacional de Justiça ou, não havendo sítio, no órgão oficial e na imprensa da comarca, para que o dono ou o legítimo possuidor a reclame, salvo se se tratar de coisa de pequeno valor e não for possível a publicação no sítio do tribunal, caso em que o edital será apenas afixado no átrio do edifício do fórum". Adota-se o procedimento dos arts. 719 a 724 do CPC.

O valor apurado cobrirá as despesas havidas e a recompensa. O montante remanescente será recolhido em favor dos cofres do Município em cuja circunscrição se deparou o objeto perdido. Todavia, se diminuto o valor da coisa, faculta-se ao Município abandonar a coisa em favor de quem a achou.

14.4.4. Acessão por abandono de álveo

Antes de tudo, é conveniente a definição de álveo. O art. 9º do Código de Águas traz o seguinte conceito: "Álveo é a superfície que as águas cobrem sem transbordar para o solo natural e ordinariamente enxuto". Desta forma, considera-se álveo o leito, ou canal, ou conduto das águas, isto é, o lugar por onde elas correm entre as duas margens.

Segue o álveo a mesma titularidade das águas. Se públicas estas, igualmente o será o álveo; e do domínio particular considera-se quando particulares definem-se as águas. Este é o enquadramento dado pelo art. 10 do Código de Águas: "O álveo será público de uso comum, ou dominical, conforme a propriedade das respectivas águas; e será particular no caso das águas comuns ou das águas particulares".

O art. 26 do mesmo estatuto, em texto parecido ao do art. 1.252 do Código Civil, reza: "O álveo abandonado da corrente pública pertence aos proprietários ribeirinhos das duas margens, sem que tenham direito a indenização alguma os donos dos terrenos por onde as águas abrirem novo curso".

Embora a corrente pública, transfere-se ao domínio particular o álveo unicamente porque foi abandonado, e não porque adveio do desvio das águas, ou de outro fenômeno.

O Código, no art. 1.252, quanto aos rios particulares, acrescenta que os prédios marginais se estendem até o meio do álveo. Assim, o leito abandonado passa para os proprietários situados às margens das correntes. Eis o dispositivo: "O álveo abandonado de corrente pertence aos proprietários ribeirinhos das duas margens, sem que tenham indenização os donos dos terrenos por onde as águas abrirem novo curso, entendendo-se que os prédios marginais se estendem até o meio do álveo".

Segundo as normas acima, o álveo de corrente pública pertence ao Poder Público. Se por força da natureza for o álveo mudado de lugar, decorre que o novo álveo passará a pertencer ao Poder Público, sem acarretar qualquer indenização.

Vê-se que o Poder Público deixa de ser proprietário do álveo abandonado e torna-se titular do novo álveo aberto pela corrente em outros terrenos.

Ponderava sobre o assunto Afrânio de Carvalho: "Tomada a margem no seu estrito sentido natural, integra-se no todo único do rio, tornando compreensíveis e razoáveis preceitos acessionistas que, de outro modo, não o seriam. Assim, se o rio abandona o álveo, este é adquirido por acessão ao proprietário ribeirinho; se volta a correr no antigo leito, perde o proprietário ribeirinho a propriedade acidentalmente adquirida. É que, como prolongamento do álveo, com este se solidariza a margem na função do continente do rio, formando um só corpo".[14]

Lembrava outro aspecto Antônio de Pádua Nunes: "Tratando-se de corrente pública de uso comum, em cujas margens há terreno reservado de propriedade pública (art. 31), pode ser suscitada uma interessante questão. Se o proprietário marginal não tiver título legítimo sobre a faixa destinada a terreno reservado, a ele não pertence a referida faixa, mas à União ou ao Estado. Como iria, pois, o ribeirinho ficar com propriedade de parte do álveo? Essa parte ficaria desmembrada daquilo que é propriedade do ribeirinho. O terreno reservado estaria cindindo a propriedade".[15]

Disciplina o parágrafo único do art. 26 a situação na eventualidade de retorno da corrente ao seu leito: "Retornando o rio ao seu leito antigo, o abandonado volta aos seus antigos donos, salvo a hipótese do artigo seguinte, a não ser que esses donos indenizem o Estado".

Haure-se da norma que o álveo, que havia se tornado particular, volta a ser público, por força da natureza da corrente que ali tornou a passar; e o álveo, aberto naturalmente pela

---

[14]   *Águas Interiores*, ob. cit., p. 130.

[15]   *Código da Águas*, vol. I, ob. cit., p. 81.

corrente em outros terrenos, ora abandonado, que de particular se tornou público, volta à situação anterior.[16]

O art. 27 aventa a mudança de leito por utilidade pública, o que sucede com certa frequência, como para a construção de açudes ou barragens: "Se a mudança se fez por utilidade pública, o prédio ocupado pelo novo álveo deve ser indenizado, e o álveo abandonado passa a pertencer ao expropriante para que se compense da despesa feita".

O Superior Tribunal de Justiça[17] reafirma as regras acima, isto é, que se torna particular o álveo quando a mudança se der por força das águas, ou da natureza. Mas, em vista do art. 27, "no caso de mudança da corrente pública por obra do homem, o leito velho, ou o álveo abandonado, pertence ao órgão público (atribui-se 'a propriedade do leito velho a entidade que, autorizada por lei, abriu para o rio um leito novo'). Código de Águas, art. 27".

Seguindo, não se subordina a transferência ao pagamento da área por onde se mudou o leito do rio: "Em tal caso de desvio artificial do leito, a acessão independe do prévio pagamento de eventuais indenizações. Conforme o acórdão estadual, 'não é premissa dessa aquisição que o Poder Público indenize previamente o proprietário do novo álveo'". Em outro momento do voto, aduz-se: "Já se decidiu que a expressão 'álveo abandonado passa a pertencer ao expropriante para que se compense da mesma despesa feita', tem maior abrangência, envolvendo também os gastos necessários às obras de retificação e não apenas a indenização a ser paga eventualmente ao particular (*RT*, 556/108)", mas não se subordinando a transferência ao Poder Público ao antecedente pagamento, tanto que subordina-se o pagamento a todo um procedimento complexo de avaliação, que se desenvolve judicialmente.

Pode o Poder Público, inclusive, vender o álveo abandonado, como enfatiza outro trecho do mesmo julgado:

> Veja-se Pádua Nunes, valendo-se da lição de Themístocles Cavalcanti: O notável jurista se manifesta favorável ao princípio do direito francês, no qual o álveo abandonado pertence sempre ao Estado, que pode vendê-lo (*Código de Águas*, 1º vol., 1980, p. 86). No direito francês, se o rio forma um novo curso abandonando seu antigo leito, "les propriétaires riverains peuvent acquérir la propriété de cet ancien lit, chacun en droit soi, jusqu'à une ligne qu'on suppose tracée au milieu de la rivière. Le prix de l'ancien lit est fixé par des experts nommés par le président du tribunal de la situation des lieux, à la requête du préfet du département (Code Civil, art. 563)". Veja-se que, pelo direito francês, ainda quando as águas abrem novo curso, os proprietários ribeirinhos, querendo, hão de adquirir a propriedade do antigo leito, por ela pagando preço fixo por peritos. A saber, têm eles direito de preferência.

Embora o Código Civil não tenha prescrito norma equivalente, Clóvis Beviláqua já havia preconizado a solução do cânone acima: "Se o desvio do curso do rio foi exterminado por obras públicas, os terrenos, por onde passar o rio público, devem ser desapropriados, segundo as regras do direito. Neste caso, o leito abandonado continuará pertencendo ao Estado ou à União, segundo o caso for, mas perderá a condição de coisa comum, para adquirir a de venda inicial".[18]

---

[16] Antônio de Pádua Nunes, *Código de Águas*, vol. I, ob. cit., p. 87.

[17] *Recurso Especial* nº 20.762, da 3ª Turma, em decisão de 15.02.2000, *DJU* de 7.08.2000, em *ADV Informativo* nº 47, expedição de 26.11.2000, p. 736.

[18] *Código Civil dos Estados Unidos do Brasil Comentado*, vol. III, ob. cit., p. 84.

392 DIREITO DAS COISAS – *Arnaldo Rizzardo*

Finalmente, o art. 28 do Código de Águas manda aplicar as disposições acima aos canais, lagos ou lagoas, nos casos semelhantes que aí ocorram, salvo a hipótese do art. 539 do Código Civil.

Este último cânone, que não vem reproduzido no atual Código Civil, subtrai qualquer direito em favor dos donos dos terrenos que confrontam com águas dormentes, como as de lagos e tanques, no pertinente ao solo descoberto pela retração das águas.

14.4.5. Acessão de construções e plantações no imóvel

De modo geral, as construções e plantações se presumem do imóvel no qual se encontram.

Realmente, prescreve o art. 1.253 do Código Civil: "Toda construção ou plantação existente em um terreno presume-se feita pelo proprietário e à sua custa, até que se prove o contrário". Conforme Clóvis, há na regra "a aplicação de dois princípios, um geral, que afirma: a coisa acessória segue a principal...; e outro particular, segundo o qual a propriedade do solo compreende a da superfície – *superficies solo cedit*. Assim, se outrem não possui título que lhe dê direito às construções e plantações existentes em um terreno, esses acréscimos do solo pertencem ao proprietário dele".[19]

Ocorre a adesão da coisa ao imóvel que recebe o respectivo incremento, dado que não poderá mais se destacar sem dano ou perda.

Presume-se, pois, do dono do terreno qualquer construção ou plantação nele existente. Mas, é óbvio, não se haure da regra uma *praesumptio juris et jure*, e sim *juris tantum*.

Especialmente nas locações, arrendamentos e parcerias não se aplica a regra, vindo, no entanto, ressalvada em contratos a propriedade das plantações ou construções àquele que contrata a utilização do imóvel.

Igualmente, segundo já observado, não se confunde esta espécie de acessão com as benfeitorias, em que estas correspondem a despesas feitas na coisa com o fito de conservá--la, melhorar o seu aproveitamento, ou embelezá-la, enquanto aquela equivale a obras novas, diferentes, que aderem à coisa anteriormente existente.

Em termos práticos, a casa que se constrói é acessão; os embelezamentos que nela se introduzem constituem benfeitorias.

Por outro lado, o art. 1.254 do Código delineia uma regra relativamente àquele que semeia, planta ou edifica em terreno próprio, com sementes, plantas ou material alheios: adquire a propriedade destes, obrigando-se, porém, a pagar ao dono de tais sementes, plantas ou materiais alheios o respectivo valor, além de responder por perdas e danos, se obrou de má-fé. É a preponderância da regra latina *quidquid plantatur vel inaedificatur solo cedit* (o que adere ao solo a este se incorpora).

Como diz Caio Mário da Silva Pereira,

> não se poderá afirmar que o direito protege aquele que maliciosamente emprega no plantio ou construção bens alheios. O que se tem em vista é que a planta, a semeadura ou o material, acedendo ao solo, a ele se incorpora, sendo antieconômico e inútil destruir, perdendo ou danificando o que foi usado. Daí admitir o direito a acessão, ainda em caso de má-fé, do proprietário do terreno. Mas a indenização por perdas e danos abrangerá o prejuízo sofrido pelo dono dos bens utilizados, impedindo o locupletamento à sua custa realizado pelo proprietário do imóvel.[20]

---

[19] *Código Civil dos Estados Unidos do Brasil Comentado*, vol. III, ob. cit., p. 85.
[20] *Instituições do Direito Civil*, vol. IV, ob. cit., p. 124.

Cap. XIV • AQUISIÇÃO POR ACESSÃO | 393

De outro lado, o art. 1.255 do Código Civil expõe regra dirigida àquele que semeia, planta ou edifica em terreno alheio: "Aquele que semeia, planta ou edifica em terreno alheio perde, em proveito do proprietário, as sementes, plantas e construções; se procedeu de boa- -fé, terá direito à indenização".

Não cabe, assim, a indenização se se procedeu de má-fé. Pelos princípios que regem a posse de boa ou má-fé, é natural a não concessão da indenização, admitindo-se, inclusive, a recompor o imóvel como era antes.

Eis um exemplo de situação prática da regra do art. 547 do Código de 1916, repro- duzida parcialmente no art. 1.255 do Código em vigor, no seguinte julgamento: "Ação de reivindicação. Posse de boa-fé. Acessão e indenização. Se o proprietário deixou ao abandono o imóvel por longos anos, sem cercas, muros ou qualquer vigilância, dá ensejo à posse de boa-fé, por terceiros, que o invadiram supondo tratar-se de bem público ou de *res nullius*, razão por que, procedente a ação de reivindicação, àqueles se assegura o direito de retenção, enquanto não são indenizadas as acessões levantadas".

No voto do relator, sobressaem os seguintes tópicos:

> Rege, assim, a matéria o art. 547 do CC, ao preceituar que aquele que semeia, planta ou edifica em terreno alheio perde, em proveito do proprietário, as sementes, plantas e construções, mas tem direito à indenização. Não o terá, porém, se procedeu de má-fé, caso em que poderá ser constrangido a repor as coisas no estado anterior e a pagar os prejuízos (...)
>
> Ora, conforme lição de Orlando Gomes (...), "é de boa-fé a posse, se o possuidor ignora o vício ou o obstáculo que lhe impede a aquisição da coisa, ou do direito possuído. Para que alguém seja possuidor de um bem, é preciso que esteja convencido de que, possuindo-o, a ninguém prejudica" (*Direitos Reais*, Forense, 4ª ed., 1973, n° 24, p. 44).
>
> Lembra-se, a propósito, lição de Arnoldo Medeiros da Fonseca, em seu clássico *Direito de Retenção*: "O fundamento em que se apoia (o *jus retentionis*) é a equidade. Não aquela equidade que envolve um desvio do que juridicamente seria, segundo a expressão de Windscheid, que Giuseppe Osti repetiu; não a equidade separada do *jus*, em possível conflito com ele, tal como a entendiam os romanos dos tempos das *legis actiones* e do período formular, em que tanto se notabilizou o *jus praetorianum*, como já se advertiu. Mas a equidade, elemento substancial e essência do próprio direito".[21]

Ainda: "É de boa-fé a posse se o paciente ignora o vício ou o obstáculo que lhe impede a aquisição da coisa ou do direito possuído. Assim, assiste-lhe direito à indenização, pela acessão, nos moldes preconizados pelo art. 547 do CC. Por outro lado, a circunstância de se tratar de bem público não constitui óbice ao direito de retenção".[22]

O atual Código, no parágrafo único do art. 1.255, quanto àquele que semeou, plantou ou edificou de boa-fé, avançou sobremaneira, dando-lhe ensanchas a depositar o preço do solo, e adjudicando seu domínio, se a plantação ou construção superar consideravelmente o seu valor: "Se a construção ou a plantação exceder consideravelmente o valor do terreno, aquele que, de boa-fé, plantou ou edificou, adquirirá a propriedade do solo, mediante paga-

---

[21] *Apel. Cível* n° 63.248, 2ª Câm. Cível do TA de Minas Gerais, de 03.04.1984, em *Revista dos Tribunais*, 591/201.

[22] *Apel. Cível* n° 311.188, 5ª Câm. Cível do 1° TA Cível de São Paulo, de 30.11.1983, em *Revista dos Tribunais*, 592/135.

mento da indenização fixada judicialmente, se não houver acordo". Está aí o princípio que dá força à prevalência da atividade ou obra implantada no imóvel, relativamente ao solo, evitando, assim, que se cometam graves incongruências, como a derrubada de uma obra de custo bem superior ao valor do solo.

O art. 1.256 do Código Civil prevê a ocorrência de má-fé de ambas as partes, isto é, tanto da parte do construtor, como do *dominus soli*: "Se de ambas as partes houve má-fé, adquirirá o proprietário as sementes, plantas e construções, devendo, porém, ressarcir o valor das acessões".

Depreende-se da regra que as plantações e construções passarão para o proprietário, o que revela a manutenção da orientação seguida nas disposições anteriores e a preponderância do domínio frente a outros valores. Mas a diferença, na presente hipótese, relativamente à situação anterior, está na indenização imposta ao proprietário, quanto ao valor das plantações ou construções, referidas como benfeitorias pelo Código de 1916, e como acessões, o que está certo, pelo art. 1.256 do Código vigente. O ressarcimento não envolve apenas as despesas havidas, e sim o real valor.

A solução oferecida importa como se ambas as partes tivessem procedido de boa-fé, segundo nota de Clóvis ao dispositivo: "A má-fé de ambos é tratada como a boa-fé, porque nenhum dos dois terá motivo de queixa contra o outro, nem razão para esperar do direito apoio melhor aos seus interesses".[23]

Esclarece o parágrafo único do art. 1.256 do Código Civil de 2002: "Presume-se má-fé no proprietário, quando o trabalho de construção, ou lavoura, se fez em sua presença e sem impugnação sua". Em outros termos, importa que o *dominus soli* tenha estado presente, isto é, haja vista as obras ou trabalhos, sem que manifestasse qualquer oposição.

A presença exigida no Código não requer o ato físico de encontrar-se junto às obras, ou de percepção visual das mesmas, como quer defender Carvalho Santos.[24]

Não se pode interpretar literalmente a regra, posto que, com tal exegese, quem toma conhecimentos das obras ou plantações de outra forma seria havido como se agisse de boa--fé, isentando-se de indenizar.

Em ambas as hipóteses, existiria conhecimento, ou por presença do proprietário, ou por ciência de outro modo, mas com tratamentos diferentes, importando uma cominação injusta, no segundo caso, relativamente ao plantador ou construtor.

O art. 1.257 do Código prevê o caso em que o plantador ou o construtor usa sementes, plantas ou materiais alheios, mas os utilizou de boa-fé em solo de outrem. A solução é a mesma estabelecida no art. 1.256: ao proprietário pertencerão as colheitas e obras, o qual se obriga, porém, a indenizar o valor das acessões.

Reza o parágrafo único do art. 1.257: "O proprietário das sementes, plantas ou materiais poderá cobrar do proprietário do solo a indenização devida, quando não puder havê-la do plantador ou construtor".

Como ressalta claramente, ao proprietário cabe pagar ao dono das sementes, plantas ou materiais, e caso o plantador ou construtor não tiver revelado capacidade financeira de pagar.

Mas, se o proprietário já tiver satisfeito a indenização ao construtor ou plantador, nada assistirá ao dono das sementes, plantas e dos materiais. Quanto muito, cabe-lhe pleitear o conhecimento daquilo que não houver sido pago ao plantador ou construtor. Assinala Carvalho Santos a hipótese de má-fé do plantador ou construtor:

---

[23]   *Código Civil dos Estados Unidos do Brasil Comentado*, vol. III, ob. cit., p. 89.
[24]   *Obra citada*, vol. VII, p. 422.

Se o construtor ou plantador nada tiver a receber, por estar de má-fé, não pode também o dono das sementes ou materiais cobrar do proprietário do terreno coisa alguma a título de indenização. Mas se é feita a demolição da obra, pode o dono dos materiais reivindicá-los, por não haver recebido o preço.

A indenização compreende o preço das sementes, plantas ou materiais e, em caso de má-fé, a indenização dos danos que lhe causou a apropriação de seus materiais.[25]

Havendo má-fé do proprietário, cabe, no entanto, a indenização.

O Código de 2002 traz algumas inovações, quando a construção invadir prédio alheio, em proporção não superior à vigésima parte do imóvel alheio. Se procedeu de boa-fé e o preço da construção não excede o da área invadida, o construtor adquire a propriedade do solo invadido, mas deverá responder pela indenização, que envolve a desvalorização. É o que dispõe o art. 1.258:

> Se a construção, feita parcialmente em solo próprio, invade solo alheio em proporção não superior à vigésima parte deste, adquire o construtor de boa-fé a propriedade da parte do solo invadido, se o valor da construção exceder o dessa parte, e responde por indenização que represente, também, o valor da área perdida e a desvalorização da área remanescente.

Procedendo de má-fé, também poderá adquirir a porção invadida, se não exceder a construção a vigésima parte do terreno invadido, se o valor da obra exceder em muito o terreno invadido, e tornar-se sumamente prejudicial a demolição da parte invadida. A indenização, no entanto, subirá para o décuplo das perdas e danos, tudo na forma do parágrafo único do art. 1.258:

> Pagando em décuplo as perdas e danos previstos neste artigo, o construtor de má-fé adquire a propriedade da parte do solo que invadiu, se em proporção à vigésima parte deste e o valor da construção exceder consideravelmente o dessa parte e não se puder demolir a porção invasora sem grave prejuízo para a construção.

Abrangendo a invasão área superior à vigésima parte, o art. 1.259 do Código contempla uma solução para o construtor de boa-fé e outra para o de má-fé. Na primeira hipótese, adquire a propriedade, mas indenizará as perdas e danos que abranjam o valor acrescido pela invasão ao prédio, o preço da extensão invadida e o *quantum* que corresponda à desvalorização do imóvel que restar. Se de má-fé o construtor, impõe-se a demolição do que construiu, e a indenização por perdas e danos em dobro. Eis a redação do preceito:

> Se o construtor estiver de boa-fé, e a invasão do solo alheio exceder a vigésima parte deste, adquire a propriedade da parte do solo invadido, e responde por perdas e danos que abranjam o valor que a invasão acrescer à construção, mais o da área perdida e o da desvalorização da área remanescente; se de má-fé, é obrigado a demolir o que nele construiu, pagando as perdas e danos apurados, que serão devidos em dobro.

---

[25]   *Obra citada*, vol. VII, p. 425.

Capítulo XV
Aquisição por Direito Hereditário

15.1. FATO GERADOR DA AQUISIÇÃO

A aquisição da propriedade pelo direito hereditário constava prevista no art. 530, inc. IV, do Código Civil de 1916. No entanto, não mais aparece contemplada como assunto destacado no atual Código Civil. Ao longo dos preceitos que disciplinam o direito hereditário, refere-se ao assunto, quando surgem aspectos pertinentes. Não deixa de ser a abertura da sucessão uma das causas de aquisição. Realmente, com a morte do proprietário, que é o autor da herança, opera-se a transmissão do domínio e da posse da herança aos herdeiros.

O Código Civil de 1916, ao tratar da aquisição por direito hereditário, restringiu-se à propriedade imobiliária, olvidando-se de regular a propriedade móvel. Há de se lembrar, porém, que, pelas regras do direito sucessório, todo o patrimônio transmite-se, por disposições próprias do direito sucessório. Era desnecessário que viessem regras na parte que trata do direito das coisas.

A aquisição da herança tem lugar com o fato da abertura da sucessão, como previa a norma do art. 1.572 da lei civil anterior: "Aberta a sucessão, o domínio e a posse da herança transmitem-se desde logo aos herdeiros legítimos e testamentários". O art. 1.784 do Código Civil de 2002 traz uma redação mais técnica: "Aberta a sucessão, a herança transmite-se, desde logo, aos herdeiros legítimos e testamentários". Nota-se a diferença de redação. Enquanto num dispositivo se previu a transmissão do domínio e da posse da herança, no outro simplificou-se, com a abreviação da transmissão da herança, que envolve, evidentemente, o domínio, se há, e a posse.

15.2. TRANSMISSÃO DA HERANÇA

O só fato da abertura da sucessão determina a transmissão da herança, isto é, da totalidade do patrimônio do *de cujus*, o que já foi reconhecido pelo STJ: "O direito hereditário é forma de aquisição da propriedade imóvel (direito de Saisine). Aberta a sucessão, o domínio e a posse da herança transmitem-se incontinenti aos herdeiros, podendo qualquer um dos coerdeiros reclamar bem, integrante do acervo hereditário, de terceiro que indevidamente o possua (CC/1916, arts. 530, IV, 1.572 e 1.580, parágrafo único; CC/2002, arts. 1.784 e 1.791, parágrafo único).[1]

---

[1] REsp nº 1.117.018, da 4ª Turma, rel. Min. Raul Araújo, j. em 18.05.2017, *DJe* de 14.06.2017.

Não se concretizará a transferência com o registro do formal de partilha. O herdeiro adquire a propriedade dos bens que lhe tocam na herança independentemente do registro, que apenas se faz presente ao final, quando da expedição do formal de partilha.

Por outras palavras, morrendo a pessoa sem deixar testamento, transmite-se a herança a seus herdeiros, o que também se verifica quanto aos bens compreendidos no testamento. Ilustra Serpa Lopes, em ensinamento plenamente atual:

Por conseguinte, a propriedade que se adquire por força do direito sucessório não tem caráter negocial; é independente de um fato devido ao adquirente que, ao ter de manifestar a sua aceitação, apenas confirma um acontecimento já ocorrido. Daí a razão pela qual a transcrição da aquisição dos direitos hereditários, que se processa através da carta de adjudicação ou do formal da partilha, tem um efeito meramente de disponibilidade e de manutenção da genealogia do registro, tal qual sucede no usucapião.[2]

Até a ultimação da partilha, há uma universalidade de direito, ou uma comunhão. Isto, porém, não impede a transmissão imediata tanto do direito como da posse, isto é, de todos os ingredientes da herança. Daí que, embora a omissão do Código Civil de 2002, é a abertura da sucessão um dos modos de aquisição da propriedade.

O direito hereditário vinha tratado no Livro IV do Código Civil de 1916, na parte das sucessões, matéria que compreende um ramo específico do direito civil. No vigente Código Civil, vem a disciplina desenvolvida no Livro V.

A sucessão se dá em virtude da ordem de vocação hereditária ditada por lei, e que se chama de legítima, ou por disposição de última vontade, esta denominada testamentária. Não há outras maneiras de se transmitir em decorrência da morte, sendo vedada a transferência formalizada em vida, para valer somente depois da morte da pessoa titular do patrimônio.

A primeira modalidade corresponde àquela sucessão que atende a dispositivos expressos em lei, conferindo-se a propriedade e a posse, nos termos do Código de 1916, ou a herança, em síntese do Código novo, às pessoas constantes na ordem da vocação hereditária, que obedece aos graus de parentesco entre o sucedido e os sucessores.

A segunda origina-se da vontade do *de cujus*, deferindo-se por ato de última vontade manifestada por testamento válido ou codicilo, dependendo a validade da obediência às formalidades minudentemente descritas, cujo rigor na observância impõe-se por medida de segurança.

---

[2] *Curso de Direito Civil,* vol. VI, ob. cit., p. 563.

Capítulo XVI

Aquisição da Propriedade Mobiliária

16.1. FORMAS DE AQUISIÇÃO

De menor interesse prático, a aquisição da propriedade mobiliária se divide em originária e derivada. No primeiro modo, destacam-se a ocupação e o usucapião, não se olvidando outras modalidades, como a caça, a pesca e a chamada invenção; no segundo, figuram a especificação, a comistão, a confusão, a adjunção e a tradição.

O Código Civil de 2002 reduziu as modalidades, abolindo a caça e a pesca. De outro lado, quanto à invenção, além de passar a denominar-se "descoberta", regulou-a no Capítulo I (Propriedade em Geral) do Título III, seção II, art. 1.233. Ainda, arrolou as formas em ordem diferente da elaborada pelo Código Civil anterior, colocando-as na seguinte sequência: usucapião, ocupação, tradição, especificação, e confusão, comistão e adjunção.

No desenvolvimento da matéria, segue-se a classificação a seguir.

16.2. O USUCAPIÃO

O usucapião de coisa móvel não revela o interesse daquele que versa sobre imóveis.

Os mesmos requisitos aplicados ao usucapião de imóvel incidem na presente espécie.

Esclarece-se que nas disposições que tratam de bens móveis se incluem os semoventes. Realmente, nada impede que se busque o reconhecimento do domínio sobre animais que se encontram na posse de uma pessoa, desde que atendidos os requisitos legais.

Dois os tipos de usucapião sobre coisas móveis, que o Código Civil prevê: o ordinário e o extraordinário.

Quanto ao primeiro, encerra o art. 1.260: "Aquele que possuir coisa móvel como sua, contínua e incontestadamente durante três anos, com justo título e boa-fé, adquirir-lhe-á a propriedade".

Há a necessidade dos seguintes requisitos:

I – o ânimo de dono;

II – a continuidade da posse;

III – a ausência de oposição ou contestação, isto é, que a posse seja mansa e pacífica;

IV – o lapso temporal de três anos;

V – a presença da boa-fé;

VI – o justo título, que se refere a qualquer documento que revele um início de convicção de posse ou domínio. É evidente que, se perfeito o título, não carecerá o possuidor do usucapião para a declaração de seu domínio.

Cap. XVI · AQUISIÇÃO DA PROPRIEDADE MOBILIÁRIA | 399

Os requisitos acima, em seus conteúdos, equivalem aos do usucapião de imóveis, já estudados.

O art. 1.261 trata do usucapião extraordinário: "Se a posse da coisa móvel se prolongar por 5 (cinco) anos, produzirá usucapião, independentemente de título ou boa-fé".

Nesta espécie, dispensam-se o justo título e a boa-fé, restando os requisitos pertinentes à posse e às qualidades que a mesma deve revelar, como contínua, pacífica, ininterrupta e sem oposição.

O Código, no art. 1.262, igualmente prevê a aplicação das regras do usucapião sobre imóveis ao destinado a móveis: "Aplicam-se ao usucapião das coisas móveis o disposto nos arts. 1.243 e 1.244". Vale afirmar a possibilidade da soma de posses, tanto por acessão como por sucessão, e assim também a incidência, na presente forma, das causas que obstam, suspendem, ou interrompem a prescrição.

Finalmente, o procedimento é o do usucapião de imóveis. Ou seja, todos os atos ordenados para o processo que envolve o usucapião ordinário ou extraordinário incidem no caso de ser coisa móvel ou semovente o objeto do pedido. Sobre alguns atos do processo, ilustra Benedito Silvério Ribeiro: "A citação deverá ser pedida pelo autor, observados os requisitos prescritos na lei. Caberá mencionar o nome de possível anterior dono da coisa. A Súmula 263/1963 do Supremo Tribunal Federal manda citar o possuidor para a ação de usucapião, o que conduz a outro rumo, pois o caso seria de perda da posse para terceiro, quando, então, o usucapiente, já contando com tempo necessário à prescrição, teria ficado sem a coisa.

Evidentemente, dada a mínima utilização de ação que persiga o reconhecimento de domínio de coisas móveis ou semoventes, salienta-se que as Fazendas Públicas devem ser cientificadas. Decorre a obrigatoriedade, mormente na hipótese de suposição de pertencer o bem usucapiendo a qualquer uma dessas entidades, por força de herança jacente, abandono ou perda da coisa em favor do poder público.

Descabe audiência preliminar de justificação da posse.

Sendo necessária a publicação de edital, permite-se seja resumido, constando os elementos essenciais, entre eles, os nomes das partes, a pretensão visada e a descrição pormenorizada, que possibilite a identificação da coisa.

É necessária a advertência contida no inciso V do art. 232 do Código de Processo Civil, além das demais exigências da citação editalícia.

O mandado citatório deverá conter a advertência prescrita na segunda parte do art. 285 do diploma processual civil".[1]

De anotar a correspondência do art. 257, IV, do CPC/2015, ao art. 232, V, anteriormente citado, mas com alteração do texto. Realmente, segundo o inc. V do art. 232, quanto aos requisitos da citação por edital, mandava inserir a advertência do art. 285, pela qual se presumirão aceitos pelo réu os fatos articulados pelo autor, se não contestada a ação. Já o art. 257, IV, ordena que se insira no edital a advertência de que será nomeado curador especial em caso de revelia.

O usucapião do uso de linhas telefônicas, até época não recente, era frequente, desde que mantida a posse por cinco ou mais anos, como consagrado na Súmula nº 193/1997, da 2ª Seção do STJ: "O direito de uso de linha telefônica pode ser adquirido por usucapião".

---

[1] *Tratado de Usucapião*, 2ª ed., São Paulo, Editora Saraiva, 1998, p. 973.

Vários precedentes conduziram à formulação do enunciado, como os seguintes:

"Direito civil. Linha telefônica. Usucapião. Possibilidade. Direito de uso. Precedentes do tribunal. Recurso provido.

O direito de utilização de linha telefônica caracteriza-se como direito real de uso, susceptivel, portanto, de aquisição através de usucapião".[2]

"Civil e processual – Direito de utilização de linha telefônica – Prescrição aquisitiva (usucapião).

A jurisprudência do STJ acolhe entendimento haurido na doutrina no sentido de que o direito de utilização de linha telefônica, que se exerce sobre a coisa, cuja tradição se efetivou, se apresenta como daqueles que ensejam extinção por desuso e, por consequência, sua aquisição pela posse durante o tempo que a lei prevê como suficiente para usucapir (prescrição aquisitiva da propriedade)". [3]

"Consoante entendimento consubstanciado na Sum. 193/STJ, 'o direito de uso de linha telefônica pode ser adquirido por Usucapião'".[4]

O usucapião é ao direito real de uso da linha telefônica ou do telefone, e não da linha telefônica, que pertence à empresa concessionária. Esta não tem o direito de uso, que é transferido ao assinante, mas apenas da linha.

Trata-se o uso de coisa móvel em função do art. 83, incs. I e II do Código Civil, que estabelece serem móveis, para os efeitos legais, a energia que tenha valor econômico e os direitos reais sobre objetos móveis e as ações correspondentes. Se a assinatura de um telefone confere ao respectivo titular o direito de uso de objeto móvel, evidentemente o uso também será direito real sobre bem móvel, aplicando-se o prazo prescricional de cinco anos, segundo se firmou no entendimento doutrinário e jurisprudencial. Bem apreciou a matéria a 5ª Câm. Cível do TJ do Rio de Janeiro:

"Tanto em se tratando de imóveis (CC, art. 530, III), quanto de móveis (CC, art. 618), somente a propriedade, e não as faculdades que lhe preenchem o conteúdo, pode ser adquirida pelo instituto da usucapião.

Proprietária de linha telefônica é a empresa concessionária e não o assinante, ao qual aquela cedeu tão somente a faculdade de uso por força de contrato. Logo, inadmissível afigura-se a propositura de ação de usucapião para declarar-se, em favor da demandante, a propriedade sobre a linha telefônica, da qual é assinante, por força de contrato, terceira pessoa. Distinção entre direito subjetivo e faculdade jurídica. Bem incorpóreo, insuscetível de ensejar posse (CPC, art. 485), a qual se manifesta sobre coisa material".[5]

Em relação aos dispositivos citados do Código Civil anterior, o conteúdo do art. 530, inc. III, não veio repetido no Código atual, enquanto o art. 618 encontra-se com o conteúdo no art. 1.260 do Código. Já o art. 485 do CPC/1973, também citado, equivale ao art. 966 do CPC/2015.

---

[2] REsp 57110/MG, da 4ª Turma, rel. Min. Sálvio de Figueiredo Teixeira, j. em 28.05.1996, *DJ* de 1º.07.1996.

[3] REsp 41.611/RS, da 3ª Turma, rel. Min. Waldemar Zveiter, j. em 25.04.1994, *DJ* de 30.05.1994.

[4] REsp 129.690/SP, da 3ª Turma, rel. Min. Eduardo Ribeiro, j. em 8.09.1997, *DJ* de 03.11.1997.

[5] *Apel. Cível* nº 5.605/97, de 11.11.1997, *in Direito Imobiliário – Acórdãos Selecionados, COAD*, março/abril de 1998, p. 39.

Cap. XVI · AQUISIÇÃO DA PROPRIEDADE MOBILIÁRIA | **401**

Comum, também, a abrangência do usucapião sobre veículos automotores, desde que, além dos requisitos próprios, não ilícita a origem:

> Prescreve o art. 619 do Código Civil: "Se a posse da coisa móvel se prolongar por cinco anos, produzirá usucapião independentemente de título e boa-fé". Conforme documentação existente nos autos, não há qualquer anotação ou registro de representação contra o referido veículo. Assim, comprovada a posse pelo prazo exigido, é de ser deferida a usucapião extraordinária. E tal aquisição do domínio não implica sua transferência junto ao órgão oficial pura e simplesmente, ou seja, não está o autor dispensado de regularizar a situação do veículo como exigido pelas normas de trânsito.[6]

Recorda-se que o art. 619 tem o conteúdo equivalente no art. 1.261 do vigente diploma civil.

16.3. A OCUPAÇÃO

O art. 592 do Código Civil de 1916 trazia o seguinte conceito: "Quem se assenhorear de coisa abandonada, ou ainda não apropriada, para logo lhe adquire a propriedade, não sendo essa ocupação defesa por lei".

O Código Civil de 2002, tratando do assunto em um único dispositivo, encerra no art. 1.263: "Quem se assenhorear de coisa sem dono para logo lhe adquire a propriedade, não sendo essa ocupação defesa por lei".

Visível é a diferença. Na versão do art. 592, a ocupação é de coisa abandonada, enquanto no art. 1.263 do atual Código exige-se um passo adiante, eis que a ocupação, para redundar em propriedade, deve envolver coisa sem dono. Por conseguinte, além do abandono, não pode haver dono. Em realidade, a diferença não passa de preciosismo, posto que o abandono traz a inexistência de dono.

Exsurge, pois, o requisito de se ter uma coisa abandonada, que conduz a uma coisa sem dono. Não há titularidade de domínio ou porque a coisa nunca teve dono, ou em razão do abandono pelo proprietário. É a explicação de Virgílio de Sá Pereira, cuja doutrina se mantém aplicável à evolução do conceito: "As coisas que existem neste mundo ou nunca tiveram dono, ou por ele foram abandonadas. São as primeiras *res nullius*; as segundas, *res derelictae*. Podemos adquirir-lhes o domínio, ocupando-as. Assim se define a ocupação: a posse, que afirmamos, sobre a coisa abandonada ou sem dono, com a intenção de incorporá-la ao nosso patrimônio".[7]

Hedemann já apontava alguns exemplos de coisas sem dono:

> Se incluyen aquí el agua de lluvia que se precipita de los cielos y el aerolito que tal vez vale millone, la concha de las playas, no menos que la perla que a veces yace en ella, al aire libre que, como es sabido, tiene un gran valor económico como propulsor, y, principalmente, el mundo infinitamente variado de los animales sin dueño, que se reproducen de modo constante.[8]

O art. 593 do Código de 1916, sem equivalente no Código Civil de 2002, que, como se disse, cuida do assunto em um único dispositivo – art. 1.263 –, indicava as espécies de bens sem dono, e, portanto, aptas à apreensão:

---

[6] *Apel. Cível* nº 139.340-4/00, da 2ª Câm. Cível do TJ de Minas Gerais, j. em 24.08.1999, em *ADV Jurisprudência* nº 52, expedição de 2.01.2000, p. 831.

[7] *Obra citada*, vol. VIII, p. 331.

[8] Justus Wilhelm Hedemann, *Derechos Reales*, Madrid, Editorial Revista de Derecho Privado, 1955, vol. II, p. 213.

São coisas sem dono, e sujeitos à apropriação:

I – os animais bravios, enquanto entregues à sua natural liberdade;

II – os mansos e domesticados que não forem assinalados, se tiverem perdido o hábito de voltar ao lugar onde costumam recolher-se, salvo a hipótese do art. 596;

III – os enxames de abelhas, anteriormente apropriados, se o dono da colmeia, a que pertenciam, os não reclamar imediatamente;

IV – as pedras, conchas e outras substâncias minerais, vegetais ou animais arrojadas às praias pelo mar, se não apresentarem sinal de domínio anterior.

Especialmente os animais indicados no inciso I devem ser considerados conforme as modificações que alteraram o direito à caça, assegurado de modo bastante irrestrito no art. 594 do Código anterior.

Seja como for, estão aí regulamentados assuntos de escasso interesse prático, talvez de alguma relativa importância nas décadas que precederam a promulgação do Código Civil de 1916. Tanto isto, segundo já observado, que o Código Civil atual resume a matéria sobre a ocupação em um único dispositivo, considerando a ocupação genericamente.

Exige-se a presença de três elementos para se caracterizar a ocupação:

a) o ânimo de adquirir a propriedade para quem apreende o bem;

b) a posição da coisa como *res nullius* ou *res derelictae*;

c) a legalidade da ocupação, isto é, que não haja alguma proibição legal para a apreensão.

Como exemplo desta última condição, cita-se a proibição da caça de certos animais, especialmente das espécies em extinção, prevendo a Lei nº 9.605/1998, nos arts. 29 a 37, sanções para os que praticarem a caça sem a devida licença, ou em desacordo com as normas vigentes. Da mesma forma quanto a alguns minérios, como os de energia atômica, cuja exploração é permitida exclusivamente ao governo.

De notar que não é presumido o abandono. Impende que reste claramente evidenciada a vontade do proprietário em se desfazer, ou, pelo menos, em se desinteressar do bem. Daí não se configurar o ato quando mercadorias são lançadas ao mar em virtude de uma tempestade ou pane que exija o descarregamento do navio ou avião, a fim de aliviar o peso. Identicamente se, por força de avarias, bens transportados caem ao longo de estradas ou ferrovias.

Para afastar dúvidas no tocante ao abandono, reclama-se a ciência do proprietário, com a disposição de não procurar que a coisa volva ao seu domínio ou posse.

16.3.1. A caça

Dada a devastação e extermínio da fauna por irresponsabilidade do ser humano impôs-se uma extensa legislação, que primou pelas regras rígidas de proteção das espécies selvagens.

O Código Civil em vigor não mais disciplina o assunto.

O art. 594 do Código anterior estabelecia que, "observados os regulamentos administrativos da caça, poderá ela exercer-se nas terras públicas, ou nas particulares, com licença de seu dono".

A Lei nº 5.197/1967, que criou o Código de Caça, inicia, em seu art. 1º, com uma rígida regra, declarando os animais selvagens do domínio do Estado: "Os animais de qualquer espécie, em qualquer fase de seu desenvolvimento e que vivem naturalmente fora do cativeiro, constituindo a fauna silvestre, bem como os seus ninhos, abrigos e criadouros naturais são propriedade do Estado, sendo proibida a sua utilização, perseguição, caça ou apanha".

Para a caça, há necessidade de regulamento específico da autoridade competente, presentemente do Instituto Brasileiro do Meio Ambiente e dos Recursos Naturais Renováveis.

A autorização é concedida se as peculiaridades regionais comportarem a caça. A permissão em terras particulares dependerá da permissão dos respectivos proprietários, aos quais o § 2º do art. 1º concede o poder de decidir pela proibição ou não da caça. Eis sua redação, mantendo-se a vigência exceto no que se reporta a dispositivos do Código Civil de 1916:

> A utilização, perseguição, caça ou apanha de espécies da fauna silvestre em terras de domínio privado, mesmo quando permitidas na forma do parágrafo anterior, poderão ser igualmente proibidas pelos respectivos proprietários, assumindo estes a responsabilidade da fiscalização de seus domínios. Nessas áreas, para a prática do ato de caça é necessário o consentimento expresso ou tácito dos proprietários, nos termos dos arts. 594, 595, 596, 597 e 598 do Código Civil.

A autorização só valerá se as peculiaridades regionais comportarem o exercício da caça, de acordo com o § 1º, referido no § 2º. Expedirá, então, a autoridade o regulamento para a atividade.

Como se percebe, é imprescindível a discriminação das áreas permitidas e das espécies abatíveis.

A caça autorizada é a amadorista, vedando-se expressamente a profissional (art. 2º). Anualmente, porém, o Instituto Brasileiro do Meio Ambiente e dos Recursos Naturais Renováveis publicará portaria disciplinando (art. 8º):

a) a relação das espécies cuja utilização, perseguição, caça ou apanha será permitida, indicando e delimitando as respectivas áreas;

b) a época e o número de dias em que o ato acima será permitido;

c) a quota diária de exemplares cuja utilização, perseguição, caça ou apanha será permitida.

Uma extensa relação de meios de caça vem proibida (art. 9º), como visgos, atiradeiras, fundas, bodoques, veneno, incêndio ou armadilhas que maltratem a caça, armas de calibre vinte e dois e armadilhas constituídas de armas de fogo.

Para o exercício da caça, é obrigatória a licença anual, de caráter específico e de âmbito regional, expedida pela autoridade competente, devendo o interessado apresentar o porte de arma emitido pela polícia civil (art. 13), obtendo-se a licença mediante o pagamento prévio de uma taxa anual equivalente a um décimo do salário mínimo mensal (art. 20), cujo valor poderá ser alterado através de portaria, recolhida junto ao Banco do Brasil, ou outros bancos autorizados, a crédito do Fundo Federal Agropecuário, sob o título "Recursos da Fauna", ou a crédito do próprio Instituto Brasileiro de Desenvolvimento, conforme estabelecerem as portarias anuais para cada região em que forem emitidas.

Impõe-se, para a concessão de licença, a filiação do interessado a clubes ou associações de caça amadorista, devidamente constituídos, devendo os pretendentes se encontrem no pleno gozo de seus direitos sociais.

A Lei nº 7.653/1988, alterando vários dispositivos da Lei nº 5.197/1967, impunha graves sanções penais de reclusão aos que infringiam as normas estabelecidas. A Lei nº 9.605/1998, dispondo sobre os crimes ambientais, definiu nos arts. 29 a 37 os crimes contra a fauna, substituindo normas anteriores, e prevendo penas de detenção de seis meses a um ano e multa. Atendo-nos aos dispositivos que versam especificamente sobre os crimes praticados por caçador, o art. 29 e seu § 1º apontam as seguintes condutas puníveis: matar, perseguir, caçar, apanhar, utilizar espécimes da fauna silvestre, nativos ou em rota migratória, sem a devida permissão, licença ou autorização da autoridade competente, ou em desacordo com a obtida; impedir a procriação da fauna, sem licença, autorização ou em desacordo com a obtida; modificar, danificar ou destruir ninho, abrigo ou criadouro natural; vender, expor à venda, exportar ou adquirir, guardar, ter em cativeiro ou depósito, utilizar ou transportar ovos, larvas ou espécimes da fauna silvestre, nativa ou em rota migratória, bem como produtos e objetos dela oriundos, provenientes de criadouros não autorizados ou sem a devida permissão, licença ou autorização da autoridade competente.

O § 2º do mesmo art. 29 faculta, no caso de guarda doméstica de espécie silvestre não considerada ameaçada de extinção, ao juiz, considerando as circunstâncias, deixar de aplicar a pena.

Pelo § 3º, consideram-se espécimes da fauna silvestre todos aqueles pertencentes às espécies nativas, migratórias e quaisquer outras, aquáticas ou terrestres, que tenham todo ou parte de seu ciclo de vida ocorrendo dentro dos limites do território brasileiro, ou águas jurisdicionais brasileiras.

Consoante o § 4º, a pena é aumentada de metade, se o crime é praticado:

I – contra espécie rara ou considerada ameaçada de extinção, ainda que somente no local da infração;

II – em período proibido à caça;

III – durante a noite;

IV – com abuso de licença;

V – em unidade de conservação;

VI – com emprego de métodos ou instrumentos capazes de provocar destruição em massa.

Ordena o § 5º que a pena é aumentada até o triplo, se o crime decorre do exercício de caça profissional.

Na previsão do art. 30, aplica-se a pena de reclusão de um a três anos na exportação para o exterior de peles e couros de anfíbios e répteis em bruto, sem a autorização da autoridade ambiental competente.

Segundo o art. 31, introduzir espécime animal no País, sem parecer técnico oficial favorável e licença expedida por autoridade competente, acarreta a pena de detenção, de três meses a um ano, e multa.

Na dicção do art. 32, a prática de ato de abuso, maus-tratos, ferimento ou mutilação de animais silvestres, domésticos ou domesticados, nativos ou exóticos, acarreta as mesmas penalidades de detenção de três meses a um ano, e multa.

Estende o § 1º iguais sanções para quem realiza experiência dolorosa ou cruel em animal vivo, ainda que para fins didáticos ou científicos, quando existirem recursos alternativos.

O § 2º aumenta a pena de um sexto a um terço, se ocorrer, em tais ações, a morte do animal.

Várias normas vinham delineadas no Código Civil revogado, evidentemente não mais aplicáveis.

16.3.2. A pesca

O Código Civil de 2002 não mais regula a pesca, o que parece inteiramente certo, dada a especialidade do assunto, exigindo regulamentos particularizados para situações tópicas no tempo e no espaço.

O direito à pesca vem subordinado aos constantes regulamentos administrativos, que indicam mormente as épocas de proibição de pescaria, em geral quando da reprodução das espécies, e os locais onde é permitida, bem como os meios admitidos, proibindo-se aqueles considerados predatórios, como explosivos e as redes de modo incondicionado.

Em rios públicos, há permissão para todos pescarem; nos particulares, requer-se a licença dos ribeirinhos, ou proprietários marginais.

De um modo geral, as regras estabelecidas para a caça são iguais às dirigidas para a pesca. De sorte que, ferido um peixe, ou arpoado ou farpado, pertence ele ao respectivo pescador, mesmo que outrem o recolha.

Quem pescar em terras e águas alheias perderá o produto para o respectivo proprietário, além de responder pelos danos provocados. Aos donos marginais de terra é assegurada a pesca até o meio do rio.

O Decreto-Lei nº 221/1967, introduziu o Código de Pesca e regulando a atividade pesqueira. Sofreu revogação de vários artigos, passando a matéria a ser disciplinada pela Lei nº 11.959/2009. No art. 2º, inc. III, a Lei define a pesca como "toda operação, ação ou ato tendente a extrair, colher, apanhar, apreender ou capturar recursos pesqueiros".

No art. 8º, traz a classificação dos tipos de pesca:

> Pesca, para os efeitos desta Lei, classifica-se como:
>
> I – comercial:
>
> a) artesanal: quando praticada diretamente por pescador profissional, de forma autônoma ou em regime de economia familiar, com meios de produção próprios ou mediante contrato de parceria, desembarcado, podendo utilizar embarcações de pequeno porte;
>
> b) industrial: quando praticada por pessoa física ou jurídica e envolver pescadores profissionais, empregados ou em regime de parceria por cotas-partes, utilizando embarcações de pequeno, médio ou grande porte, com finalidade comercial;
>
> II – não comercial:
>
> a) científica: quando praticada por pessoa física ou jurídica, com a finalidade de pesquisa científica;
>
> b) amadora: quando praticada por brasileiro ou estrangeiro, com equipamentos ou petrechos previstos em legislação específica, tendo por finalidade o lazer ou o desporto;
>
> c) de subsistência: quando praticada com fins de consumo doméstico ou escambo sem fins de lucro e utilizando petrechos previstos em legislação específica.

Várias as hipóteses de proibição da pesca, sendo indicadas as do § 1º do art. 6º da Lei nº 11.959:

> I – em épocas e nos locais definidos pelo órgão competente;
>
> II – em relação às espécies que devam ser preservadas ou espécimes com tamanhos não permitidos pelo órgão competente;
>
> III – sem licença, permissão, concessão, autorização ou registro expedido pelo órgão competente;

IV – em quantidade superior à permitida pelo órgão competente;

V – em locais próximos às áreas de lançamento de esgoto nas águas, com distância estabelecida em norma específica;

VI – em locais que causem embaraço à navegação;

VII – mediante a utilização de:

a) explosivos;

b) processos, técnicas ou substâncias que, em contato com a água, produzam efeito semelhante ao de explosivos;

c) substâncias tóxicas ou químicas que alterem as condições naturais da água;

d) petrechos, técnicas e métodos não permitidos ou predatórios.

Toda atividade pesqueira depende de prévia inscrição no Registro Geral da Atividade Pesqueira – RGP, bem como no Cadastro Técnico Federal – CRF, conforme previsto no art. 24. Necessário, ainda, que a atividade seja permitida, nas seguintes formas estabelecidas pelo art. 25:

I – concessão: para exploração por particular de infraestrutura e de terrenos públicos destinados à exploração de recursos pesqueiros;

II – permissão: para transferência de permissão; para importação de espécies aquáticas para fins ornamentais e de aquicultura, em qualquer fase do ciclo vital; para construção, transformação e importação de embarcações de pesca; para arrendamento de embarcação estrangeira de pesca; para pesquisa; para o exercício de aquicultura em águas públicas; para instalação de armadilhas fixas em águas de domínio da União;

III – autorização: para operação de embarcação de pesca e para operação de embarcação de esporte e recreio, quando utilizada na pesca esportiva; e para a realização de torneios ou gincanas de pesca amadora;

IV – licença: para o pescador profissional e amador ou esportivo; para o aquicultor; para o armador de pesca; para a instalação e operação de empresa pesqueira;

V – cessão: para uso de espaços físicos em corpos d'água sob jurisdição da União, dos Estados e do Distrito Federal, para fins de aquicultura.

A já citada Lei nº 9.605/1998 indica os abusos que constituem delitos. Seu art. 34 impõe que pescar em período no qual a pesca está proibida ou em lugares interditados por órgão competente conduz à pena de detenção de um ano a três anos ou multa, ou ambas as penas cumulativamente.

Por seu parágrafo único, incorre nas mesmas penas quem:

I – pesca espécies que devam ser preservadas ou espécimes com tamanhos inferiores aos permitidos;

II – pesca quantidades superiores às permitidas, ou mediante a utilização de aparelhos, petrechos, técnicas e métodos não permitidos;

III – transporta, comercializa, beneficia ou industrializa espécimes provenientes da coleta, apanha e pesca proibidas.

Será a pena de reclusão de um ano a cinco anos, de acordo com o art. 35, para aquele que pescar mediante a utilização de:

Cap. XVI · AQUISIÇÃO DA PROPRIEDADE MOBILIÁRIA | 407

I – explosivos ou substâncias que, em contato com a água, produzam efeito semelhante;

II – substâncias tóxicas, ou outro meio proibido pela autoridade competente.

A fim de afastar dúvida, define o art. 36 da mesma Lei nº 9.605/1998 o sentido de pesca: "Para os efeitos desta Lei, considera-se pesca todo ato tendente a retirar, extrair, coletar, apanhar, apreender ou capturar espécimes dos grupos dos peixes, crustáceos, moluscos e vegetais hidróbios, suscetíveis ou não de aproveitamento econômico, ressalvadas as espécies ameaçadas de extinção, constantes nas listas oficiais da fauna e da flora".

16.3.3. A invenção ou descoberta

O significado de "invenção" não corresponde ao sentido comum, que é descobrir algo novo, ou a criação de uma utilidade antes inexistente. O sentido aqui dado é de coisa encontrada e que fora perdida pelo dono. Tanto que, mais apropriadamente, a denominação dada pelo vigente Código Civil é de "descoberta", incluindo o assunto no capítulo destinado à propriedade em geral. Não envolve a ocupação de coisas encontradas, posto que incumbe a devolução ao dono, com o dever de promover o procedimento judicial para lograr essa exigência. A obrigação de procurar encontrar o dono, com a restituição, está prevista no art. 1.233: "Quem quer que ache coisa alheia perdida, há de restituí-la ao dono ou legítimo possuidor".

Daí se vê que a palavra "invenção", que o Código Civil de 1916 empregava, não se enquadra como mais um modo de aquisição da propriedade, pois o inventor, ou aquele que achou a coisa perdida, obriga-se a restituí-la a seu dono ou legítimo possuidor, o que é da tradição de nosso direito, e perdura no Código Civil atual. É como já explicava Virgílio de Sá Pereira: "A primeira obrigação do inventor é restituir a coisa achada ao seu legítimo dono ou possuidor. Se o não conhece, ou conhecendo-o, não o encontra, a sua obrigação é manifestar a coisa achada à polícia".[9]

O parágrafo único do art. 1.233 determina a providência acima: "Não o conhecendo, o descobridor fará por encontrá-lo, e, se não o encontrar, entregará a coisa achada à autoridade competente".

Não se pode inferir que a autoridade competente será sempre a autoridade policial. Organizam-se, em vários Municípios, departamentos de "achados e perdidos", que ficam na esfera da autoridade municipal. Apenas quando não existirem órgãos próprios, aceita-se que se procure depositar perante a autoridade policial, e se esta se dispuser a aceitar, o que acontecerá quando alguma norma lhe assegurar a incumbência.

O art. 1.234 assegura ao inventor o recebimento de uma recompensa, não inferior a cinco por cento do preço da coisa, e a indenização pelas despesas que houver feito com a conservação e o transporte da coisa, se o dono não preferir abandoná-la.

A recompensa não só tem o escopo de retribuir o esforço do descobridor, mas também de premiar a honradez. Embora seja uma obrigação natural e jurídica a devolução do bem encontrado, não fica afastado o direito de receber o prêmio ou compensação, além das despesas exigidas com a conservação e a entrega. Isto a menos que o dono prefira abandonar a coisa, que ficará, então, pertencendo ao descobridor. Aí está a única hipótese de aquisição, que se realiza por ocupação *stricto sensu*, visto que a coisa foi abandonada, e deixou de ser perdida.[10]

---

9   *Obra citada*, vol. VIII, p. 343.

10   Orlando Gomes, *Direitos Reais*, tomo 1º, ob. cit., p. 245.

Para a fixação do valor do prêmio, observam-se alguns fatores, consistentes no esforço para encontrar o legítimo dono e a possibilidade ou não de ele mesmo encontrar a coisa. É orientação do parágrafo único do art. 1.234: "Na determinação do montante da recompensa, considerar-se-á o esforço desenvolvido pelo descobridor para encontrar o dono, ou o legítimo possuidor, as possibilidades que teria este de encontrar a coisa e a situação econômica de ambos".

O art. 1.235 atribui responsabilidade a quem encontra algo, se expressamente age com dolo na posse ou detenção: "O descobridor responde pelos prejuízos causados ao proprietário ou possuidor legítimo, quando tiver procedido com dolo".

Sobre a incidência da responsabilidade, em face da regra citada, idêntica no Código Civil atual e no antigo (art. 605), comentou Carvalho Santos:

> O inventor somente responde pelos prejuízos causados ao proprietário ou possuidor legítimo se procedeu com dolo. A mera culpa não é bastante para fazê-lo incidir em responsabilidade.

Sem dúvida que a coisa achada deve ser guardada com o cuidado necessário, devendo mesmo o inventor tomar as medidas imprescindíveis para conservá-la, mas nada o obriga a fazer despesas com essa conservação. Assim, não é o inventor obrigado a fornecer alimentos a um animal que tenha achado.[11]

Entretanto, o dolo aqui exigido para a indenização não pode se conceber apenas como vontade dirigida para a destruição ou danificação da coisa. Não é possível afastar da realidade um dos elementos embasadores da indenização civil, que é a culpa, ou a desídia, ou a conduta eivada de imprudência, imperícia e negligência, como diz Manuel Antonio Laquis, ao ressaltar que, quando o descobridor voluntariamente toma o objeto, assume o dever de conservá-lo, e compromete-se com os riscos que podem ocorrer, segundo os princípios do depósito.[12]

Encerra o art. 1.237 as normas quanto à destinação do bem cujo dono não o procura perante a autoridade onde foi entregue, à forma de comunicação, ao prazo a ser aguardado depois do aviso por meio de edital, e à destinação do que sobrar do resultado alcançado da venda: "Decorridos 60 (sessenta) dias da divulgação da notícia pela imprensa, ou do edital, não se apresentando quem comprove a propriedade sobre a coisa, será esta vendida em hasta pública e, deduzidas do preço as despesas, mais a recompensa do descobridor, pertencerá o remanescente ao Município em cuja circunscrição se deparou o objeto perdido". Percebe-se, dentre outras medidas, a necessidade de aviso pela imprensa ou edital.

Pode providenciar na venda a pessoa que encontrou a coisa. Todavia, não se encontra norma que a obrigue a esta medida. Na existência de órgão apropriado, ao mesmo impõe-se a iniciativa da venda judicial. Com a entrega da coisa, na verdade libera-se o descobridor de qualquer responsabilidade.

Em acréscimo a este artigo, o parágrafo único enseja a liberdade do Município em recusar o recebimento, se diminuto o valor, indo o bem a quem o achou, ou, se desinteressado este, nada impede que vá para quem quiser recebê-lo: "Sendo de diminuto valor, poderá o Município abandonar a coisa em favor de quem a achou".

Percebe-se que em nenhuma hipótese assegura a lei a apropriação do bem pelo descobridor. Não interessa o fato de ser desconhecido o dono. É dever de quem encontra o

---

[11] *Obra citada*, vol. VIII, 1963, 10ª ed., p. 242.
[12] *Derechos Reales*, tomo II, ob. cit., p. 483.

bem tudo fazer para localizar seu proprietário, indagando junto às pessoas conhecidas ou interessadas, inclusive consultando anúncios em jornais, ou publicando-os, e, finalmente, socorrer-se da autoridade policial.

Como se viu, se entregue o bem à dita autoridade e não aparecendo o proprietário decorridos sessenta dias, procede-se a venda judicial por meio de hasta pública. Aguarda-se, pois, antes de se encaminhar para a venda, o lapso de tempo de sessenta dias, que inicia na data da comunicação pela imprensa, ou do aviso por edital. Somente depois de vencido o período de sessenta dias do aviso ou do edital parte-se para a hasta pública.

Do exposto conclui-se que a autoridade deve fazer a comunicação pela imprensa, e outros meio que existirem. O art. 1.236 do Código em vigor não deixa margens a dúvidas: "A autoridade competente dará conhecimento da descoberta através da imprensa e outros meios de informação, somente expedindo editais se o seu valor os comportar".

O Código de Processo Civil de 2015 trata da venda das coisas vagas ou perdidas no art. 746 e em seus parágrafos.

O *caput* do dispositivo ordena o depósito, lavrando-se o respectivo auto, do qual constarão a descrição do bem e as declarações do descobridor.

Explica José Olympio de Castro Filho que competente para o procedimento judicial que será promovido "é sempre o juiz do domicílio do dono da coisa, se conhecido (art. 94); e se incerto, ou desconhecido, o foro do domicílio do inventor será o competente (art. 94, § 2º), ao qual deverá ser remetida a coisa".[13]

A doutrina tem inteira aplicação sob o regime do Código de Processo Civil de 2015, lembrando que a mesma matéria é disciplinada em seu art. 46 e parágrafos.

Quando da entrega da coisa, lavrar-se-á o respectivo auto, dele constando a sua descrição e as declarações de quem encontrou.

Conforme § 1º do art. 746, a coisa será logo remetida ao juiz competente, quando a entrega tiver sido feita à autoridade policial: "Recebida a coisa por autoridade policial, esta a remeterá em seguida ao juízo competente".

Depositada a coisa no juízo competente, publica-se edital na rede mundial de computadores (internet), no sítio do tribunal e na plataforma de editais do Conselho Nacional de Justiça, ou, não havendo, no órgão oficial e na imprensa da comarca. Convoca-se o dono ou legítimo possuidor para retirar ou receber o bem. Haverá uma única publicação, diferentemente do Código anterior, cujo art. 1.171 previa duas publicações.

Constarão da publicação a descrição da coisa e as circunstâncias em que foi encontrada. Se for de pequeno valor, e na impossibilidade da publicação no sítio do tribunal, a intimação será fixada no átrio do edifício do foro.

O § 2º do art. 746 resume o procedimento, a respeito:

> Depositada a coisa, o juiz mandará publicar edital na rede mundial de computadores, no sítio do tribunal a que estiver vinculado e na plataforma de editais do Conselho Nacional de Justiça ou, não havendo sítio, no órgão oficial e na imprensa da comarca, para que o dono ou o legítimo possuidor a reclame, salvo se se tratar de coisa de pequeno valor e não for possível a publicação no sítio do tribunal, caso em que o edital será apenas afixado no átrio do edifício do fórum.

---

[13] *Comentários ao Código de Processo Civil*, 2ª ed., Rio de Janeiro, Forense, 1976, vol. X, p. 250.

Se comparecer o dono ou legítimo possuidor, com a prova do domínio, ouve-se, por cautela (embora não o exija a lei), o Ministério Público e o representante da Fazenda Pública, salientando-se que, pelo Código Civil, será a Fazenda Pública do Município que participará, a ela destinando-se o produto, se não comparecer o seu dono, diante da regra do art. 1.237 do Código Civil.

O interesse da Fazenda Pública decorre do fato de que aos respectivos cofres reverterá o valor do bem, desde que não apurado o domínio em favor de qualquer pessoa.

Qual o prazo para acusar a propriedade e que constará do edital? Deverá situar-se entre os limites estabelecidos no art. 257, inc. III, da lei adjetiva civil, isto é, entre vinte e sessenta dias.

Caso ninguém aparecer, ou se não comprovado que haja um dono ou legítimo possuidor, avalia-se e vende-se a coisa em hasta pública, e, deduzidas as despesas judiciais, bem como o valor da recompensa, deposita-se o saldo em nome do Município, que passou a constituir-se do beneficiário com o Código Civil de 2002. Volta-se a lembrar que, na previsão do Código Civil atual, a hasta pública iniciará depois de sessenta dias do aviso ou edital para o proprietário comparecer e receber a coisa. Só então, se não entregue o bem, ingressa-se judicialmente com a postulação de venda, e intima-se o dono para comparecer e receber, mas no prazo do edital.

16.3.4. O achado de tesouro

Eis aí um dos assuntos mais arcaicos que ainda trata o Código Civil, cuja significação já não oferecia interesse maior em épocas mais antigas. Mas a regulamentação continua, no entanto, com mais simplicidade, no Código Civil de 2002, arts. 1.264 a 1.266, com o título "Do achado do tesouro".

Tem-se o tesouro como o depósito antigo de coisas preciosas, oculto e de cujo dono não haja memória, sendo o conceito dado pelo art. 1.264. Também com simplicidade, define-o o art. 984 do Código Civil alemão: uma coisa que tenha permanecido oculta durante tanto tempo, que já não seja possível encontrar seu proprietário.

Não se restringe a denominação "tesouro" a moedas, metais ou minerais preciosos, que preponderava no Código revogado. Já expunha Martín Wolff: "También los cadáveres y los esqueletos humanos; nos restos de animales antidiluvianos y otros hallasgos de antiguidades han de tratarse según las normas del tesoro. Es indiferente que el tesoro se encuentre en una finca o en una cosa mueble".[14]

Trata-se o tesouro de um modo de adquirir por invenção ou descoberta, malgrado muitos defenderem configurar-se a aquisição por ocupação, e até por acessão.

Acontece que o elemento primordial que determina a propriedade está na descoberta, que servirá de título para assegurar o direito de quem o encontra.

Colhe-se do art. 1.264 que, se alguém achar o tesouro em prédio alheio, dividi-lo-á por igual entre o proprietário deste e aquele que o encontrou. Daí não restar dúvida de que, encontrado em imóvel próprio, pertencerá inteiramente a quem o descobriu.

Carvalho Santos aponta quatro requisitos para a sua identificação, que se enquadram na ordem do atual art. 1.264: a) a coisa móvel; b) que seja preciosa a coisa; c) que a propriedade não possa ser provada por ninguém; d) e que se encontre escondida ou enterrada a coisa.[15]

---

[14] "Derechos de Cosas," em *Tratado de Derecho Civil*, 2ª ed., Bercelona, Bosch – Casa Editorial, 1951, vol. I, tomo III, p. 493.

[15] *Obra citada*, vol. VIII, p. 242.

Há alguns casos que geram dúvida.

Em obras antigas, encontram-se mosaicos ou estátuas de altíssimo valor. Como fazem parte do edifício, há quem os inclua entre os imóveis. Da mesma forma o tesouro enterrado em um muro, que é visto como inerente ao solo. Tais coisas não perdem o caráter de móveis. Destacam-se das paredes ou muros. Tem preponderância o valor artístico ou cultural frente ao prédio ou imóvel.

Conforme o segundo elemento, as coisas preciosas deverão revelar um valor patrimonial ou econômico.

Requer-se, consoante o terceiro componente, que ninguém possa reclamar a propriedade do tesouro, ou, em termos específicos, que não haja memória do dono, ou que se perdeu a memória da propriedade. Ignora-se a identidade daquele que adquiriu o bem.

Imprescindível apresenta-se, também, a exigência de que as coisas tenham sido escondidas, mesmo que o seja em imóvel, como entende Hedemann: "Se pueden encontrar tesoros también en cosas muebles (marcos de cuadros, sofás etc.)".[16] Sá Pereira é da mesma opinião: "Enterrado, diz o texto, o que pressupõe um imóvel; mas, também diz oculto, o que admite um móvel. O que é essencial é o escondimento".[17]

O art. 1.265 estabelece três hipóteses em que o tesouro pertencerá ao dono do imóvel onde for encontrado: "O tesouro pertencerá por inteiro ao proprietário do prédio, se for achado por ele, ou em pesquisa que ordenou, ou por terceiro não autorizado".

Ou seja, pertencerá ao dono do imóvel se ele mesmo o encontrar; se for por algum operário ou preposto seu, e para este fim mandado pesquisar ou encontrar o tesouro; e se um terceiro pesquisar e o encontrar sem autorização do dono.

Salienta-se que a procura pelo terceiro, para afastar a sua participação, deve ser intencional. Se for encontrado por acaso, proceder-se-á a divisão com o senhor do imóvel, de acordo com a previsão do art. 1.264.

O art. 1.266 aventa uma hipótese que praticamente não ocorre: "Achando-se em terreno aforado, o tesouro será dividido por igual entre o descobridor e o enfiteuta, ou será deste por inteiro quando ele mesmo seja o descobridor".

Terreno aforado é aquele que o proprietário atribui a outrem o domínio útil. Quem o adquire, denominado enfiteuta ou foreiro, paga ao senhorio direto (proprietário) uma pensão ou foro anual, certo e invariável.

Pela norma supra, o tesouro encontrado em terreno aforado divide-se entre o descobridor e o enfiteuta. Se o enfiteuta o achar, a este pertencerá por inteiro, sem qualquer divisão com o senhorio direto.

Nas posses derivadas e decorrentes de contratos, como no arrendamento, na locação e na parceria, unicamente se o possuidor se deparar casualmente com o tesouro terá direito à sua metade. De nada participa se o achou intencionalmente, ou seja, se adquiriu a posse com o propósito de encontrar o tesouro.

Finalmente, no art. 610 do diploma civil anterior vinha uma solução quando aparecesse o dono do tesouro: "Deixa de considerar-se tesouro o depósito achado, se alguém mostrar que lhe pertence".

Aparecendo herdeiros do dono da coisa, cumpre que façam a prova cabal da ocultação do tesouro e de sua descendência do tesouro.

---

16   *Obra citada*, vol. II, p. 234.

17   *Obra citada*, vol. VIII, p. 348.

Não trata o novo Código Civil deste aspecto da matéria, e com justa razão. Incabível cogitar da existência de tesouro sem dono se uma pessoa comprovar que é a titular de seu domínio.

16.4. A ESPECIFICAÇÃO

Trata-se a especificação de outro modo de adquirir o domínio. Por esta forma, há uma operação que transforma a coisa ou matéria pertencente a outrem em uma nova espécie, isto é, em outra coisa diferente.

É o caso de quem escultura uma estátua de pedra; ou de quem extrai da cana o caldo e o transforma em açúcar, do armador, do joalheiro, do alfaiate, do pedreiro, do fabricante que utiliza matéria-prima etc. Todos utilizam a matéria-prima e a transformam em uma espécie nova.

Prescreve o art. 1.269 do Código Civil: "Aquele que, trabalhando em matéria-prima em parte alheia, obtiver espécie nova, desta será proprietário, se não se puder restituir à forma anterior".

Como dissertava Clóvis, "alguém, trabalhando em matéria-prima, a transforma e obtém espécie nova, isto é, coisa diferente do que antes era. Se a matéria trabalhada era do especificador, é claro que continua em seu domínio. Se era sua apenas em parte, e não pode volver à forma primitiva, como a estátua feita do bloco de mármore, a espécie nova pertence ao especificador, que indenizará o dono da matéria de que se apropriou".[18]

Importa, para se caracterizar a especificação, que do trabalho resulte uma coisa nova. Não a configura uma alteração da coisa primitiva. De modo que não tipifica a especificação a encadernação de um livro novo, ou a pintura de um carro. A variação, nestes casos, é da qualidade acidental.

A espécie nova passará à propriedade do especificador desde que se apresentem as seguintes condições: que a matéria-prima era do especificador, ainda que em parte; que não se possa restituir o bem à forma anterior.

O art. 1.270 trata do especificador de boa-fé:

> Se toda a matéria for alheia, e não se puder reduzir à forma precedente, será do especificador de boa-fé a espécie nova.
>
> § 1º Sendo praticável a redução, ou quando impraticável, se a espécie nova se obteve de má-fé, pertencerá ao dono da matéria-prima.
>
> § 2º Em qualquer caso, inclusive o da pintura em relação à tela, da escultura, escritura e outro qualquer trabalho gráfico em relação à matéria-prima, a espécie nova será do especificador, se o seu valor exceder consideravelmente o da matéria-prima.

Vê-se nesta situação que toda matéria-prima é alheia. Havendo a transformação em uma nova realidade, e se estiver revestido de boa-fé o especificador, lhe pertencerá a espécie nova. Isto, porém, se a mesma não puder volver à forma primitiva.

Por outras palavras, quem exerce a posse de boa-fé sobre matérias de alto custo, como madeira de lei, e transformá-las em móveis, pode considerar-se proprietário, caso ninguém comprovar que houve má-fé na utilização de matérias de outrem.

É difícil ocorrer este quadro. Primeiro, em razão do valor dos bens, sendo inacreditável que alguém encontre de boa-fé quem os utiliza sem algum título. Em segundo lugar, muitos

---

[18] *Código Civil dos Estados Unidos do Brasil Comentado*, vol. III, ob. cit., pp. 159 e 160.

bens, como já foi dito, podem volver ao estado precedente. Neste caso, o § 1º encerra uma regra que praticamente é consequência do previsto no *caput* do art. 1.270, viabilizando-se o retorno do bem à forma original; ou se obtida de má-fé a espécie nova, pertencerá a mesma ao dono da matéria-prima.

Há, no entanto, uma exceção prevista no § 2º: desde que o preço da mão de obra exceder consideravelmente o valor da matéria-prima, a espécie nova será do especificador, tenha ou não este procedido de boa-fé, e pouco importando que possa o novo objeto volver ao estado primitivo. Erige-se como princípio embasador da regra o custo da mão de obra.

Carvalho Santos observa: "Note-se, desde logo, que o Código fala no preço da mão de obra, isto é, da atividade pessoal do artífice e não do preço da espécie nova. Com o que, parece-nos, não procurou o legislador a melhor solução, por isso que, embora sendo de pequeno valor a mão de obra, pode a espécie nova ter elevado valor, por ser um objeto de arte aprimorada".[19] A matéria-prima, no entanto, é sempre indenizável, como sustenta Martín Wolff: "El perjudicado por el desplazamiento patrimonial tiene contra el favorecido una pretensión obligatoria por enriquecimiento. La pretensión no tiende a restablecer el estado anterior, puesto que de este tendrían que destruirse valores económicos, sino que se dirige a una bonificación en metálico".[20]

A indenização está garantida no art. 1.271: "Aos prejudicados, nas hipóteses dos artigos 1.269 e 1.270, se ressarcirá o dano que sofrerem, menos ao especificador de má-fé, no caso do § 1º do artigo antecedente, quando irredutível a especificação".

Por último, o art. 614 do Código Civil revogado desenvolveu uma forma especial de especificação: "A especificação obtida por alguma das maneiras do art. 62 atribui a propriedade ao especificador, mas não o exime à indenização".

Não reproduz o Código vigente a hipótese anterior.

Eis as formas que previa o art. 62 mencionado, não reproduzidas pelo Código em vigor, quando trata dos bens reciprocamente considerados:

I – a pintura em relação à tela;

II – a escultura em relação à matéria-prima;

III – a escritura e outro qualquer trabalho gráfico, em relação à matéria-prima que os recebe.

Efetivamente, a pintura, a escritura, a escultura, e outro qualquer trabalho gráfico pertencem não ao dono da tela, ou à matéria-prima, mas ao pintor, ao autor do trabalho jurídico, ou ao escultor. Não é compreensível uma solução diversa, pois inadmissível que um autor de pintura, *v.g.*, não venha a ser o dono da mesma, pela razão de ter furtado o papel, ou a tela. Incisivo é Sá Pereira: "Parece-nos evidente que nenhuma influência tem aqui a má-fé, nem mesmo o furto. O fato de haverem sido lançados em papel furtado os 'Pensamentos' de Pascal, por exemplo, não pode decidir a propriedade deles. Seria absurdo atribuí-la ao dono do armarinho de cujo balcão o papel foi furtado".[21]

16.5. A CONFUSÃO, A COMISTÃO E A ADJUNÇÃO

Trata-se de uma outras modalidades de aquisição: pela mistura das coisas, que se mesclam, se interpenetram ou se justapõem de modo tal que é impossível desmembrá-las, separá-las ou distingui-las. Fundem-se dois ou mais bens, ou substâncias, originando uma espécie nova.

---

[19] *Obra citada*, vol. VIII, p. 261.
[20] *Obra citada*, vol. I, tomo III, p. 427.
[21] *Obra citada*, vol. VIII, p. 376.

O Código Civil de 2002 delineia três espécies deste tipo de aquisição, repetindo o Código anterior:

a) A confusão, que é a mistura de líquidos, que se exemplifica no caso da mistura de água com vinho, ou de várias substâncias químicas, originando-se uma essência nova.
b) A comistão, nome dado à mistura de coisas sólidas, ou secas, que é comum nos cereais. Misturam-se, *v.g.*, diversas qualidades de arroz, ou soja, e outros grãos.
c) A adjunção, empregado o termo para designar a justaposição de uma coisa à outra, formando um todo, como na fixação de uma peça a um motor, de uma capa a um livro, de uma chaminé à casa etc.

Na confusão, a aquisição se dá por acessão; na comistão e na adjunção, verifica-se a união das coisas. Há, entretanto, o mesmo tratamento jurídico.

Como elemento primordial na regulamentação legal, as coisas diversas que formam uma nova realidade devem pertencer a diversos donos. Havendo a confusão, a comistão ou a adjunção fazem eles aparecer uma nova realidade.

A intervenção jurídica é para disciplinar a propriedade ou a titularidade da mesma.

O art. 1.272 traz uma ideia da titularidade se as coisas pertencem a vários donos e se misturam: "As coisas pertencentes a diversos donos, confundidas, misturadas ou adjuntadas sem o consentimento deles, continuam a pertencer-lhes, sendo possível separá-las sem deterioração".

É imprescindível que esses fenômenos se deem involuntariamente, isto é, sem estipulação das partes envolvidas. Em síntese, verificada uma das modalidades, continuam as coisas a pertencer aos seus donos. Não atribui o Código a propriedade a uma pessoa unicamente, mas considera-a comum. A todos pertence o bem, já que se formou um condomínio sobre o mesmo.

Isto desde que as respectivas unidades possam ser destacadas, sem deterioração, tornando-se possível a cada proprietário identificar ou reconhecer a que lhe pertencia antes da mistura.[22] Mas se impossível a separação, ou se esta impuser gastos vultosos, forma-se um condomínio sobre as coisas misturadas, que se tornam comuns. A cada proprietário caberá, quando da separação, *v.g.*, um valor proporcional ao valor das respectivas quotas. É a regra do § 1º do art. 1.272: "Não o sendo possível a separação das coisas, ou exigindo dispêndio excessivo, subsiste indiviso o todo, cabendo a cada um dos donos quinhão proporcional ao valor da coisa, com que entrou para a mistura ou agregado".

Na eventualidade de uma das coisas poder considerar-se principal, o respectivo dono sê-lo-á do todo, indenizando os outros, segundo o § 2º do mesmo art. 1.272: "Se uma das coisas puder considerar-se principal, o dono sê-lo-á do todo, indenizando os outros".

O dono da coisa principal adquirirá com caráter exclusivo a coisa inteira. De lembrar que principal é a coisa que existe por si, abstrata ou concretamente, enquanto a acessória, para existir, pressupõe a principal (art. 92 do Código de 2002). Mas, na hipótese da aquisição acima pelo dono da coisa principal, incumbe-lhe que indenize os prejuízos ou o custo das coisas acessórias.

O art. 1.273 acrescenta: "Se a confusão, comistão ou adjunção se operou de má-fé, à outra parte caberá escolher entre adquirir a propriedade do todo, pagando o que não for seu, abatida a indenização que lhe for devida, ou renunciar ao que lhe pertencer, caso em que

---

[22] Washington de Barros Monteiro, *Curso de Direito Civil – Direito das Coisas*, ob. cit., pp. 188 e 189.

será indenizado". Nesta previsão, a indenização é garantida pela má-fé na confusão, comistão ou adjunção, e pela renúncia da porção que pertence ao titular.

Daí se vê que, presente a má-fé na conduta daquele que faz a mistura ou mesclagem, sujeita-se o mesmo a suportar uma das seguintes alternativas: ou perderá o bem para o outro que procedeu de boa-fé; ou lhe pagará a porção recebida e não pertencente a ele; ou ficará com todo bem, mas satisfazendo a indenização da porção apropriada, além do prejuízo decorrente da privação do bem. Como está evidente, a indenização restringe-se à porção que lhe pertencer e às perdas e danos. Quanto a esta parte, envolverá o lucro que a mistura impediu o dono de ganhar.

Finalmente, pelo art. 1.274 há a aplicação dos princípios legais disciplinadores da especialização, se da união surgir uma nova espécie: "Se da união de matérias de natureza diversa se formar espécie nova, à confusão, comistão ou adjunção aplicam-se as normas dos arts. 1.272 e 1.273".

Diferente era a norma do art. 617 do Código anterior, o qual ordenava que incidiriam os princípios que cuidavam da especificação.

16.6. A TRADIÇÃO

Cuida-se de mais uma forma de transferência e aquisição da propriedade. No sentido literal, corresponde a tradição à entrega da coisa ao adquirente e conceitua-se como o ato pelo qual se transfere a outra pessoa o bem, em razão de um título que autoriza a transferência, que é o contrato.

Daí vê-se que o simples contrato ou título não é suficiente para consumar o negócio. Ou seja, não é suficiente o acordo de vontades. Importa se proceda a tradição, que é o momento da entrega da coisa.

Quanto aos imóveis, a transferência somente se aperfeiçoa com o Registro Imobiliário.

No caso dos móveis, anota Marco Aurélio S. Viana: "O contrato, também, não transfere o domínio, mas é mister a tradição, ou seja, a entrega da coisa ao adquirente. É necessário, portanto, o acordo no sentido de transferir a propriedade, e sua execução, pela entrega da coisa. Só com esta nasce o direito real".[23]

Conhecem-se três espécies de tradição:

a) A real, consistente na efetiva entrega da coisa, feita pelo próprio alienante ao adquirente. Observa Washington de Barros Monteiro: "Mas a tradição real pode ainda exteriorizar-se pela entrega a um terceiro, por ordem do adquirente, ou pela remessa da coisa à casa deste, ou ao lugar por ele designado".[24]

b) A simbólica, consubstanciada não pela tradição real, mas por um ato que a represente, ou por um sinal ou instrumento, significativo do recebimento do bem. Assim, por exemplo, a entrega das chaves de um cofre, ou de uma peça onde se encontra o bem que é transferido ao comprador, ou de um veículo – tudo simbolizando a entrega da própria coisa objeto do contrato.

c) A ficta, se decorrente do constituto possessório, mas quando o vendedor continua na posse do móvel, não, porém, em seu nome, e sim em nome do adquirente.

---

23   *Teoria e Prática do Direito das Coisas*, ob. cit., p. 97.
24   *Curso de Direito Civil – Direito das Coisas*, ob. cit., p. 194.

Remonta a necessidade da tradição desde o Direito romano. Para dar validade à transferência de um bem, impunha-se a materialidade de um fato concreto. Conheciam-se dois tipos de transferência: a *traditio longa manu*, pela qual o *accipiens* recebia o bem, que lhe era entregue pessoalmente, ou através de um enviado especial. Equivalia à atual tradição real; e a *traditio brevi manu*, que exigia a entrega da coisa à pessoa expressamente designada pelo adquirente. Esta forma de tradição foi estendida também ao constituto possessório e à hipótese em que o mutuário adquira a coisa mutuada.

Todavia, a necessidade de tradição para se formar o direito real, ou se consumar a transferência, e de que não basta o simples contrato, não parece prevalecer perante o direito atual.

Mais correto é pensar que a transferência do domínio de coisa móvel exige dois pressupostos: o contrato e a tradição, sendo, todavia, mais preponderante o primeiro. A simples entrega material do bem não equivale à transmissão da propriedade. O contrato é que forma o vínculo jurídico, e não um simples ato material.

Daí afirmar corretamente Louis Josserand:

> En nuestro derecho, y el Código Civil, el principio es que los contratos, cuando recaen sobre cuerpos ciertos, son por sí mismos translativos de propiedad; no producen solamente obligaciones, sino que desplazan la propiedad que va inmediatamente del enajenador al adquirente; vender o donar es enajenar; comprar o aceptar una donación es adquirir, en el acto; se alcanza, pues, directamente, la finalidad perseguida, sin intermediario ninguno e independientemente de toda formalidad particular, sin que haya necesidad de efectuar la tradición de la cosa ni la transcripción, ni el registro del acto escrito.[25]

Conclui-se, pois, com segurança, que o comprador se converte em proprietário da coisa vendida desde o dia da alienação e por efeito dela, independentemente da tradição. Quem adquire qualquer bem, mormente no comércio, encontrando-se com o documento de compra, poderá exercer o direito real de buscar o bem onde se encontrar.

De acordo com a doutrina, no entanto, domina a ideia de se formar a tradição em dois momentos: o primeiro consiste do acordo de vontades, no sentido de transferir a propriedade; e o segundo, realizado pela execução desse acordo, que é a entrega da coisa. Somente o título não basta para a transferência. Impende se efetue a tradição.

O acordo de vontade, não raramente, vem acompanhado de exigências inclusive administrativas, em certos casos, para fins de se imputar a responsabilidade. Assim, na transferência de veículos, não é suficiente a simples entrega. Requer-se a comunicação ao órgão de trânsito pelo titular que faz a transferência, por força do art. 134 do Código de Trânsito Brasileiro (Lei nº 9.503/1997): "No caso de transferência de propriedade, o proprietário antigo deverá encaminhar ao órgão executivo de trânsito do Estado dentro de um prazo de trinta dias, cópia autenticada do comprovante de transferência de propriedade, devidamente assinado e datado, sob pena de ter que se responsabilizar solidariamente pelas penalidades impostas e suas reincidências até a data da comunicação".

Na omissão da comunicação, permanece a responsabilidade do antigo proprietário pelas ocorrências havidas enquanto não operado tal ato, como no tocante às multas.

No entanto, em situações de aplicação de sanções por infrações de trânsito após a simples tradição do veículo, o STJ tem afastado a responsabilidade do antigo proprietário:

---

[25] *Derecho Civil*, tradução ao espanhol por Santiago Cunchillos y Manterolla – título original: "Cours de Droit Civil Positif Français", Buenos Aires, Ediciones Jurídicas Europa–América, 1950, tomo I, p. 262.

Cap. XVI · AQUISIÇÃO DA PROPRIEDADE MOBILIÁRIA | **417**

"Consoante entendimento do Superior Tribunal de Justiça, a regra prevista no art. 134 do CTB sofre mitigação quando ficar comprovado nos autos que as infrações foram cometidas após a aquisição de veículo por terceiro, ainda que não ocorra a transferência afastando a responsabilidade do antigo proprietário.

Dessume-se que o acórdão recorrido não está em sintonia com o atual entendimento do STJ, razão pela qual merece prosperar a irresignação".[26]

No curso do voto do Relator, são transcritos os precedentes que levaram a tal entendimento, de mitigação na interpretação do art. 134 do CTB:

> "Consoante entendimento do Superior Tribunal de Justiça, a regra prevista no art. 134 do CTB sofre mitigação quando ficarem comprovadas nos autos que as infrações foram cometidas após a aquisição de veículo por terceiro, ainda que não ocorra a transferência afastando a responsabilidade do antigo proprietário. Nesse sentido: AgRg no AREsp 811.908/RS, Rel. Ministra Assusete Magalhães, Segunda Turma, *DJe* 29.02.2016; Resp 1.659.667/SP, Rel. Ministro Herman Benjamin, Segunda Turma, *DJe* 16.06.2017; AgInt no AREsp 429.718/RS, Rel. Ministro Gurgel de Faria, Primeira Turma, *DJe* 210.8.2017; AgRg no AREsp 174.090/SP, Rel. Ministro Humberto Martins, Segunda Turma, *DJe* 29.06.2012. 3. Recurso Especial provido. (REsp 1.685.225/SP, Rel. Ministro Herman Benjamin, Segunda Turma, julgado em 19/09/2017, *DJe* 09.10.2017).
>
> Processual civil e administrativo. Alienação de veículo automotor. Multas. Responsabilidade solidária do alienante. Interpretação do art. 134 do CTB. Relativização. Honorários. Impossibilidade de revisão. Óbice da Súmula 7/STF.
>
> 1. Consoante entendimento do Superior Tribunal de Justiça, a regra prevista no art. 134 do CTB sofre mitigação quando ficarem comprovadas nos autos que as infrações foram cometidas após a aquisição de veículo por terceiro, ainda que não ocorra a transferência afastando a responsabilidade do antigo proprietário.
>
> 2. A revisão do valor dos honorários advocatícios arbitrado é, em princípio, vedado nesta instância, à luz da Súmula 7/STJ. Como cediço, é admitida sua revisão por esta Corte quando tal valor extrapola os limites da razoabilidade, o que, todavia, não se verifica no presente caso.
>
> 3. Recurso Especial não provido.
>
> (REsp 1.659.667/SP, Rel. Ministro Herman Benjamin, Segunda Turma, julgado em 16.05.2017, *DJe* de 16.06.2017)".

A tradição nem sempre importa em receber fisicamente o bem. Admite-se que o mesmo permaneça com o vendedor ou transmitente, mas à disposição do adquirente.

Há a entrega desde que escolhido o bem, separado dos demais e afeiçoado ao adquirente, mesmo que se mantenha com o vendedor. Na expressão de Pontes de Miranda: "não há depósito, mas simples ato de relação de gentileza ou amizade, quando alguém guarda ou dá lugar para guardar objeto de outrem, sem, assim, o dever de custódia".[27]

Aduz Darcy Arruda Miranda que, "entregue a coisa pelo vendedor, opera-se a tradição, e, a não ser que haja culpa deste, o dono da coisa passa a ser o comprador, e quem sofre

---

[26] *REsp* nº 1715852/RS, da 2ª Turma, rel. Herman Benjamin, j. em 10.04.2018, *DJe* de 23.11.2018.
[27] *Tratado de Direito Privado*, 3ª ed., Editora Revista dos Tribunais, 1984, vol. 42, pp. 329 e 330.

o prejuízo se ela perecer ou se deteriorar é sempre o dono – *res perit domino*. O mesmo acontece quando a coisa é posta à disposição do comprador".[28]

Dispõe o art. 1.267 do Código em vigor: "A propriedade das coisas não se transfere pelos negócios jurídicos antes da tradição".

O art. 1.226 contém igual sentido: "Os direitos reais sobre coisas móveis, quando constituídos, ou transmitidos por atos entre vivos, só se adquirem com a tradição".

No pertinente à transferência pelo constituto possessório, está no parágrafo único do art. 1.267 a disposição, onde se acrescentam mais causas de tradição: "Subentende-se a tradição quando o transmitente continua a possuir pelo constituto possessório; quando cede ao adquirente o direito à restituição da coisa, que se encontra em poder de terceiro; ou quando o adquirente já está na posse da coisa, por ocasião do negócio jurídico".

Em relação ao texto do art. 1.267, está dito que a propriedade das coisas se considera transferida com a realização do contrato e da efetivação da entrega. Firmado aquele, estabelecem-se direitos e obrigações. E, dentre as últimas, sobressai a de fazer a tradição. Ou seja, assume o contratante o dever de entregar. Não há o direito, de parte do adquirente, à coisa, ou um direito *ad rem*. Seu direito é de exigir do vendedor a entrega, de cumprir uma obrigação.

Em face do parágrafo único do art. 1.267 do Código Civil, além do constituto possessório, mais duas situações fazem subentender a tradição: no caso de o transmitente ceder ao adquirente o direito à restituição da coisa, a qual se encontra em poder de terceiro; e no caso de já se encontrar a coisa na posse do adquirente quando da realização do negócio.

Especifica Carvalho Santos mais hipóteses que dispensam a tradição:

a) na abertura da sucessão legítima, ou testamentária aos herdeiros e legatários da coisa certa;
b) na celebração do casamento com relação a ambos os cônjuges;
c) por força dos pactos antenupciais, a contar da data do casamento, ao cônjuge adquirente;
d) no caso de contrato de sociedade de todos os bens, em que a transferência se opera com a assinatura do referido contrato, entendendo-se haver tradição tácita;
e) idem na sociedade particular, em que a transferência se opera com a simples aquisição dos bens comunicáveis.[29]

Afora tais situações específicas, e outros casos previstos em lei, apesar da existência do contrato, mas sem a entrega, exsurge unicamente um direito pessoal. Não interessam o documento e o pagamento. Nem a ação reivindicatória caberá,[30] resolvendo-se a avença e o pagamento satisfeito em perdas e danos. Josserand defende o cabimento da reivindicação unicamente em caso de desapossamento involuntário, através de perda ou de roubo:

> La revindicación rehusada en principio al propietario del mueble, se le concede excepcionalmente en caso de desapropiación involuntaria, cuando há sido víctima de una pérdida o de un robo; puede entonces accionar durante un plazo de tres años, contra

---

[28] *Anotações do Código Civil Brasileiro*, São Paulo, Editora Saraiva, 1986, vol. III, p. 225.
[29] *Obra citada*, vol. VIII, p. 277.
[30] Washington de Barros Monteiro, *Curso de Direito Civil, Direito das Coisas*, ob. cit., p. 194.

Cap. XVI · AQUISIÇÃO DA PROPRIEDADE MOBILIÁRIA | 419

el posedor de buena fé; durante este plazo, que corre a partir del día de la pérdida e del robo, al mueble perdido o robado repugna a la presunción de propiedad que va unida, en principio a la posesión mobiliaria.[31]

A restrição casuística não tem uma justificação jurídica. Os pressupostos para a reivindicatória não se aplicam somente a imóveis. Basta, dentre outros requisitos, que o proprietário tenha apenas o domínio sem a posse, para, em princípio, admitir-se a ação.

O exagerado apego à importância da tradição leva a não perceber a validade do contrato e os efeitos dele emergentes.

A rigor, nunca haverá uma solução justa se firmarmos a transferência dependente da tradição e negando o direito de haver o bem com base no contrato somente.

O art. 621 do Código de 1916 regulava a aquisição de coisa que se encontrava na posse de terceiro: "Se a coisa alienada estiver na posse de terceiro, obterá o adquirente a posse indireta de cessão que lhe fizer o alienante de seu direito à restituição da coisa".

Não se encontra norma similar no atual Código Civil de 2002.

Vende-se um bem que está na posse de outra pessoa, o que pode suceder por várias razões, como locação, arrendamento, comodato, penhor, depósito etc.

Então, a transferência envolverá a posse indireta.

Mas, concomitante e automaticamente, dá-se a cessão do direito à restituição da coisa. Em outros termos, reveste-se o adquirente do direito de reaver o bem na época oportuna, como quando cessa a relação locatícia, ou a garantia do penhor.

Acrescenta Carvalho Santos: "A cessão do direito de restituição de coisa importando, como é intuitivo, na transferência da posse indireta, habilita o adquirente a reaver a coisa, a exigi-la, no devido tempo, se não é restituída logo que finde, por exemplo, a locação ou desapareça o direito que legitimava aquela posse direta de terceiro".[32]

Explicitava o parágrafo único, sem norma equivalente no vigente Código: "Nos casos deste artigo e do antecedente, parte final, a aquisição da posse indireta equivale à tradição".

Vê-se que havia um reforço à regra do art. 621. Encontrando-se a coisa na posse de terceiro, e no constituto possessório, bem como nas hipóteses que dispensava a tradição, a aquisição da posse direta correspondia à tradição. Habilitava-se o adquirente a dispor do bem como seu, tão logo liberado este a seu favor, ou cessada a razão da posse direta ou imediata do terceiro.

O art. 622 do Código revogado previa a tradição feita por quem não era proprietário. O Código Civil em vigor encerra o conteúdo acima parte no art. 1.268 e parte no seu § 1º.

Eis o art. 1.268: "Feita por quem não seja proprietário, a tradição não aliena a propriedade, exceto se a coisa, oferecida ao público, em leilão ou estabelecimento comercial, for transferida em circunstâncias tais que, ao adquirente de boa-fé, como a qualquer pessoa, o alienante se afigurar dono".

Já o § 1º: "Se o adquirente estiver de boa-fé e o alienante adquirir depois a propriedade, considera-se realizada a transferência desde o momento em que ocorreu a tradição".

É natural que a alienação por quem não é proprietário não transfere a propriedade.

Isto porque só pode alienar quem tenha capacidade e seja proprietário da coisa, com livre administração do patrimônio. Assim dissertava Sá Pereira: "Somente o que é dono da coisa

---

[31] *Derecho Civil*, tomo I, vol. III, ob. cit., p. 221.
[32] *Obra citada*, vol. VIII, p. 281.

pode transferir-lhe o domínio e ninguém pode alienar senão o que tem, só o que tem e como tem. A tradição é um modo de transferir o domínio: se eu não tenho, como o transfiro?".[33]

O conteúdo da segunda parte do art. 622 do Código Civil revogado e do § 1º do art. 1.268 do Código atual contempla uma ressalva que dificilmente acontecerá: encontrando-se de boa-fé o adquirente, e vindo o alienante a adquirir o domínio, válida a transferência e opera-se o efeito de tradição, desde o momento de seu ato.

A aquisição posterior do domínio, pois, revalida a tradição feita pela pessoa que não se revestia do domínio. Isto desde que o adquirente tenha comprado de boa-fé, o que vale a afirmar desde que ele ignorava não ser o alienante dono da coisa.

De especial relevo a inovação da segunda parte do art. 1.268 do Código atual, contendo que a tradição procedida por pessoa que não é proprietária transfere a propriedade se a coisa, oferecida ao público, em leilão ou estabelecimento comercial, for transferida em circunstâncias tais que, ao adquirente de boa-fé, como a qualquer pessoa, o alienante se afigurar dono. De sorte que a tradição efetuada ao público, em leilão, e a que se faz em estabelecimentos comerciais, em princípio convalida-se em alienação, se evidente a boa-fé do adquirente. Efetivamente, tudo o que se vende em público e em casas destinadas ao comércio presume-se que pertença ao respectivo titular, com origem legítima.

O § 2º do art. 1.268 indica uma hipótese de certa obviedade de não transferência da propriedade: se nulo o ato jurídico ou negócio, a tradição não transfere a propriedade.

O que é nulo, nenhum efeito produz, conforme o brocardo latino *quod est nullum nullum producit*. De modo que para a tradição valer não pode haver nulidade.

Não se apresentando a vontade, o ato não terá qualquer valor. Exemplifica Washington de Barros Monteiro: "O *tradens* entrega a coisa a título de empréstimo e o *accipiens* recebe-a a título de doação. O erro, nesse caso, vicia o título e a tradição dela decorrente não é apta a transferir o domínio".[34]

---

[33]   *Obra citada*, vol. VIII, p. 391.

[34]   *Curso de Direito Civil, Direito das Coisas*, ob. cit., p. 196.

Capítulo XVII
Perda da Propriedade

17.1. CARACTERIZAÇÃO

Menos importante que a aquisição da propriedade, a perda praticamente não suscita controvérsias jurídicas, em grande parte porque é uma consequência da aquisição. Efetivamente, a aquisição por uma pessoa acarreta a perda por outra. Correta a explicação de Caio Mário da Silva Pereira:

> A perda da propriedade, com poucas exceções, é correlata de sua aquisição. Sempre que ocorre a aquisição derivada, o mesmo fenômeno jurídico gerador da investidura do adquirente no direito dominial importa na demissão do antigo *dominus*. Se a *aquisitio* de um se origina na transferência do direito do outro, o mesmo ato ou a mesma causa que lhe dá nascimento traduz a simultânea perda para o antigo titular. Simetricamente à aquisição originária – aquela pela qual o *dominus* assim se intitula em relação a coisas nunca antes apropriadas – admite-se a perda da propriedade na simples demissão de seu atual titular, sem que a outrem passe o complexo jurídico.[1]

17.2. CAUSAS DE PERDA DA PROPRIEDADE

Várias são as causas da perda da propriedade.

O Código Civil, no art. 1.275, arrola algumas:

> Além das causas consideradas neste Código, perde-se a propriedade:
>
> I – por alienação;
>
> II – por renúncia;
>
> III – por abandono;
>
> IV – por perecimento da coisa;
>
> V – por desapropriação.

Acrescentam-se o usucapião e a acessão, embora se classifiquem como modos de aquisição. Mas, a aquisição em favor de um acarreta a perda contra aquele em cujo nome figura o registro.

---

[1] *Instituições de Direito Civil*, vol. III, ob. cit., p. 189.

DIREITO DAS COISAS – *Arnaldo Rizzardo*

Há, outrossim, o regime da comunhão universal de bens, por meio do qual o cônjuge passa a ser titular do patrimônio do consorte que trouxe os bens ao casamento. Mas, com a dissolução do casamento, metade do patrimônio é transferido para o outro cônjuge.

Todas estas situações enquadram-se no *caput* do art. 1.275. De notar, relativamente à perda pela alienação e pela renúncia, a regra do parágrafo único do art. 1.275. "Nos casos dos incisos I e II, os efeitos da perda da propriedade imóvel serão subordinados ao registro do título transmissivo ou do ato renunciativo no Registro de Imóveis".

É, pois, indispensável o registro, o que equivale a afirmar a necessidade de um título constitutivo daquelas formas de perda da propriedade.

17.2.1. Alienação

Dentre os casos indicados pelo dispositivo, desponta primeiramente a perda pela alienação do imóvel, que vem a ser o ato pelo qual se desfalca o patrimônio de alguém devido à transferência de certo bem a outrem. Transfere-se a outra pessoa a propriedade.

Diversos modos de alienação aparecem estruturados no direito, como a venda, a doação, a desapropriação, a arrematação, a adjudicação e a permuta.

A perda se opera em função de um negócio jurídico, ou da declaração de vontade geradora de direitos e obrigações.

Classifica-se a alienação em gratuita (doação) e onerosa (compra e venda), dandose por ato entre vivos (compra e venda) e *causa mortis* (inventário).

17.2.2. Renúncia

Verifica-se esta modalidade quando o proprietário declara expressamente que não quer mais o bem. Abre-se mão dos direitos incidentes no bem. Há um ato unilateral declaratório, que, para evitar dúvidas e surtir efeito, deve ser levado a registro imobiliário. No entanto, o ato da renúncia é que leva à perda da propriedade. O registro torna público esse desiderato da vontade, impedindo que o renunciante realize futuras transações sobre o bem. A função é resguardar terceiros, pois passa a refletir a validade *erga omnes*. Diferencia-se do abandono por ser manifestado explicitamente.

O exemplo mais comum da renúncia verifica-se na herança, quando o herdeiro repudia o recebimento da porção que lhe cabe por vocação na ordem sucessória, distribuindo-se a sua parte aos demais contemplados, ou transformando-se em herança jacente.

17.2.3. Abandono

Por esta forma, o proprietário se desfaz do que lhe pertence, ou deixa o que é seu, mas sem manifestar expressamente a sua intenção, o que não afasta a necessidade de provar a vontade de se desfazer, como bem explicitava Carvalho Santos:

> Mas, embora não declarado expressamente, para se verificar o abandono é essencial a intenção de se despojar da propriedade. A simples negligência em reclamar a coisa ou qualquer outro ato negativo importa no abandono, que exige sempre um ato positivo do proprietário, que abandona voluntariamente a posse da coisa, com intenção de deixar que outro a adquira. Há de haver sempre, portanto, uma renúncia simultânea da posse e do domínio.[2]

---

[2] *Obra citada*, vol. VIII, p. 201.

Cap. XVII • PERDA DA PROPRIEDADE | **423**

Sem a intenção evidente do abandono, deixa de se configurar esta forma. É possível que alguém não utilize um imóvel por inúmeros anos, sem que se caracterize o abandono, se não provada a intenção abdicativa. No caso de dúvida, a hipótese do abandono deve ser desprezada, pois não se deve presumir que alguém quis renunciar a sua propriedade.

Afirma Martín Wolff sobre o assunto:

> El abandono o derelición es acto de disposición de la propiedad, y, por ello, el propietario que no tenga derecho a disponer no puede abandonar, por ejemplo, el deudor o la mujer casada, respectivamente en cuanto a las cosas de la masa del concurso o procedentes de los bienes apartados; y el que no sea propietario sólo puede abandonar se tiene poder de disposición, por ejemplo, en el caso del § 185.[3]

Ademais, uma vez abandonado o bem, não ocorre incontinenti a passagem do domínio para o nome de quem passou a ocupá-lo. É imprescindível que o ocupante implemente as condições e os requisitos da prescrição aquisitiva.

A tipificação do abandono não é fácil, apresentando-se profundamente difícil a aquisição do domínio do imóvel nesta condição, como transparecia do § 2º do art. 589 do Código de 1916:

O imóvel abandonado arrecadar-se-á como bem vago e passará ao domínio do Estado, do Território, ou do Distrito Federal, se se achar nas respectivas circunscrições:

a) 10 (dez) anos depois, quando se tratar de imóvel localizado em zona urbana;

b) 3 (três) anos depois, quando se tratar de imóvel localizado em zona rural.

Diferente é a redação do dispositivo correspondente do Código Civil de 2002, art. 1.276. Unicamente se não encontrar-se na posse de outrem, e se provada a intenção do abandono, o imóvel é arrecadado como vago, cinco anos depois, passando para o domínio do Município ou do Distrito Federal, conforme a localização nas áreas urbanas do respectivo território, ou para a União, se encontrar-se em zona rural: "O imóvel urbano que o proprietário abandonar, com a intenção de não mais o conservar em seu patrimônio, e que se não encontrar na posse de outrem, poderá ser arrecadado, como bem vago, e passar, 3 (três) anos depois, à propriedade do Município ou à do Distrito Federal, se se achar nas respectivas circunscrições".

Já o § 1º, quanto ao imóvel abandonado: "O imóvel, situado na zona rural, abandonado nas mesmas circunstâncias, poderá ser arrecadado, como bem vago, e passar, 3 (três) anos depois, à propriedade da União, onde quer que ele se localize".

Consoante o § 2º do artigo acima, presume-se o abandono se acompanhado da cessação do pagamento dos impostos devidos: "Presumir-se-á de modo absoluto a intenção a que se refere este artigo, quando, cessados os atos de posse, deixar o proprietário de satisfazer os ônus fiscais".

Salienta-se que, provado o abandono, a qualquer pessoa é permitido apropriar-se do imóvel. Neste caso, não se operará a arrecadação, a qual se restringirá aos imóveis completamente abandonados e desocupados.

17.2.4. Perecimento do imóvel

Com o perecimento do imóvel, há necessariamente a perda da propriedade, pois se a coisa objeto da propriedade perece, não sobrevive o direito que autoriza a propriedade. É que não há direito sem objeto. O perecimento deste o esvazia.

---

[3] *Derecho de Cosas*, vol. I, tomo III, ob. cit., p. 453.

DIREITO DAS COISAS – *Arnaldo Rizzardo*

As hipóteses de perecimento não são comuns. Em geral, ocorrem por força da natureza. Assim acontece com o incêndio de um prédio, com a inundação de uma área de terras, e com a devastação causada por um terremoto.

Mas o perecimento não fica adstrito às coisas materiais. Abrange a perda, pela coisa, das qualidades essenciais, ou do valor econômico. É que o bem não realiza a finalidade para o qual foi destinado.

No caso do imóvel, *v.g.*, invadido por muitas pessoas, em constante mutação de indivíduos, torna-se praticamente impossível sua recuperação. O seguinte julgamento caracteriza tal situação:

> Desapropriação. Desistência. Expropriante já imitido na posse. Imóvel não devolvido em razão de seu perecimento por perda das qualidades essenciais, eis que transformado em favela. Responsabilidade da devedora pelo valor integral do bem. Aplicação dos arts. 77, I, 79, 589, IV, e 884, § 1º, do CC.

Expõe-se, num dos votos:

> Foi a ré, na ação de desapropriação por ela proposta, imitida na posse dos lotes de propriedade dos autores, recebendo-os livres e desocupados e, ao desistir da ação, não os devolveu porque neles foi instalada uma favela. Os autores não estão obrigados a receber em devolução o imóvel declarado de utilidade pública em situação diversa da existente quando da imissão da ré na posse do terreno; e, enquanto essa devolução não foi feita, continua a ré na posse do imóvel, com a consequente responsabilidade de ressarcir os prejuízos causados. Cabe à ré, na impossibilidade de restituir a posse, indenizar os autores pela perda da propriedade.[4]

O fulcro, nesta situação, estava na aplicação da norma do art.77 do Código Civil de 1916: "Perece o direito, perecendo o seu objeto".

O art. 78 do mesmo diploma apontava algumas hipóteses de perecimento do objeto do direito:

> I – quando perde as qualidades essenciais, ou o valor econômico;
>
> II – quando se confunde com outro, de modo que se não possa distinguir;
>
> III – quando fique em lugar de onde não pode ser retirado.
>
> Disposições semelhantes não se encontram no Código Civil de 2002.

17.2.5. Desapropriação

Sem dúvida, trata-se de uma forma especial de perda da propriedade, imposta pelo Poder Público, para alguma das finalidades que a lei prevê. Através de um procedimento complexo, a pessoa jurídica de direito público, fundada no interesse social, ou na necessidade pública, ou na utilidade pública, retira o bem móvel ou imóvel de seu proprietário, mediante justa indenização.

O Código de 2002 aponta esta causa no inc. V do art. 1.275, enquanto o Código Civil anterior não a incluiu na relação do art. 589. Entrementes, o art. 590 do Código revogado

---

[4] *Apel. Cível* nº 125.666-2, 12ª Câm. Cível do TJ de São Paulo, julgada em 08.02.1988, em *Revista dos Tribunais*, 629/128.

a introduziu: "Também se perde a propriedade imóvel mediante desapropriação por necessidade ou utilidade pública". Seguiam-se algumas regras sobre as situações de necessidade ou utilidade pública.

A matéria virá longamente estudada no capítulo seguinte, dadas os múltiplos aspectos que envolve.

Capítulo XVIII
Desapropriação

18.1. CONCEITUAÇÃO

Trata-se de um modo especial de perda da propriedade, prevista na Constituição Federal, e regulado no direito administrativo, de profundo alcance social e político.

Se de um lado as leis maiores do País protegem a propriedade, tornando-a inviolável e elevando-a a nível de direito fundamental assegurado a toda a pessoa, de outro lado instituiu o Estado prioridades públicas e sociais, cuja importância sobrepuja o direito do particular. Daí envolver o instituto uma limitação ao direito de propriedade privada no interesse superior do Estado e da sociedade. Corresponde ao poder que é assegurado ao Estado de extinguir, limitar ou restringir, mediante justa indenização, a propriedade particular, segundo já afirmava Solidônio Leite.[1]

O titular perde a propriedade, que é transferida ao patrimônio do expropriante, por necessidade ou utilidade pública, ou por interesse social.

José Cretella Júnior bem lança o conceito exato do instituto, no sentido genérico:

> Desapropriação é o procedimento complexo de direito público, pelo qual a Administração, fundamentada na necessidade pública, na utilidade pública ou no interesse social, obriga o titular de bem, móvel ou imóvel, a desfazer-se desse bem, mediante justa indenização paga ao proprietário.[2]

Mais especificamente, o Estado, necessitando de um bem privado para fins de necessidade ou utilidade pública, ou de interesse social, obriga o proprietário a transferir-lhe a propriedade desse bem, mediante prévia e justa indenização em dinheiro.

Historicamente, a desapropriação remonta a épocas anteriores a Roma, quando não passava de um confisco sumário de terras, nem sempre mediante indenização. Somente no Direito romano têm-se notícias de uma indenização mais definida.

Com a Revolução Francesa é que o instituto assumiu contornos legais, e enquadrada a possibilidade de motivos determinados. Assim, na Constituição de 1789 constou a exigência do motivo da necessidade pública, impondo-se a indenização prévia.

No Direito brasileiro, conforme lembra Seabra Fagundes, a primeira referência à desapropriação aparece na Constituição de 1824, inserida no art. 179, inc. 22, onde se previu que "se o bem público, legalmente verificado, exigir o uso e emprego da propriedade do cidadão",

---

[1] *Desapropriação por Utilidade Pública*, Rio de Janeiro, Edição J. Leite, 1928, p. 12.
[2] *Tratado Geral da Desapropriação*, 1ª ed., Rio de Janeiro, Forense, 1980, vol. I, p. 11.

seria ele previamente indenizado do valor da propriedade. Seguiram-se leis ordinárias, como a de nº 422, de 19 de setembro de 1826, que especificou os casos de necessidade pública, envolvendo a defesa do Estado, a segurança e o socorro público em tempo de fome e calamidade; bem como os de utilidade pública, relativos a interesses de instituições de caridade, de instrução da mocidade e da decoração pública. Previu-se o arbitramento do valor indenizável por agentes da Fazenda Pública, cuja fixação se baseava no valor intrínseco do bem, na sua localização e no interesse auferido pelo proprietário.[3]

Seguiram-se outros diplomas, como o Decreto nº 358, de 1845; o Decreto nº 816, de 1855; o Decreto nº 1.021, de 1903; a Consolidação nº 4.956, do mesmo ano, sempre aperfeiçoando o instituto, ampliando as hipóteses de desapropriação e estruturando a judicialização do procedimento. Finalmente, adveio o Decreto-Lei nº 3.365, de 21 de junho de 1941, que ainda perdura, com as modificações emanadas de leis posteriores, como pelo Decreto-Lei nº 7.426/1945, pela Lei nº 6.306/1975, pela Lei nº 6.602/1978, pela Lei nº 6.071/1974, pela Lei nº 9.785/1999, pela Medida Provisória nº 2.183/2001, pela Lei nº 11.977/2009, pela Lei nº 12.873/2013, pela Lei nº 13.465/2017 e pela Lei nº 13.867/2019.

Vasta a legislação sobre a expropriação por interesse social, cuja expressão já constava mencionada na Constituição Federal de 1934. Todavia, a previsão de regras próprias apareceu regulada, pela primeira vez, na Constituição de 1946, em seu art. 141, § 16.

Através da Emenda nº 10 à Carta de 1946/1964, alterando o art. 147 da Carta de 1946, ficou a União expressamente autorizada a promover a desapropriação da propriedade territorial rural, mediante a indenização em títulos especiais da dívida pública.

O Estatuto da Terra (Lei nº 4.504/1964), em seu art. 16, preconiza os objetivos da reforma agrária; nos arts. 17 a 26 regulou a desapropriação por interesse social para a reforma agrária; e introduziu a finalidade da propriedade rural e do uso da terra, de modo a promover a justiça social, o progresso e o bem-estar do trabalhador rural, e o desenvolvimento econômico do País, visando, outrossim, a extinção do minifúndio e do latifúndio.

A Lei nº 4.132/1962, discriminou os casos de desapropriação por interesse social.

O Decreto-Lei nº 554/1969, revogado pela Lei Complementar nº 76/1993, dispôs sobre regras procedimentais da desapropriação por interesse social.

A Constituição Federal de 1967 aportou regras sobre a função social da propriedade, prevendo a prévia indenização na desapropriação para a reforma agrária. O Ato Institucional nº 9, de 25.04.1969, cuidou da desapropriação da propriedade territorial rural, mas excluiu que a indenização fosse prévia.

A Emenda Constitucional nº 1/1969, alterando a redação do art. 161 da Constituição de 1967, trouxe novos princípios sobre a desapropriação por interesse social, e traçou critérios para a fixação das áreas, que deveriam ser escolhidas como prioritárias, dentre as não exploradas convenientemente.

Relevantes inovações vieram com a Constituição de 1988, cujo art. 184 restringiu a competência para a desapropriação por interesse social unicamente à União, se o imóvel destinar-se à reforma agrária. Várias as normas gerais introduzidas, como a do art. 185, tornando insuscetíveis de desapropriação para aquelas finalidades a pequena e média propriedade rural e a propriedade produtiva. Já o art. 186 esclarece quando é realizada a função social, que se verifica se configurar-se:

I – o aproveitamento racional e adequado da terra;

---

[3] *Da Desapropriação no Direito Brasileiro*, Rio de Janeiro, Livraria Freitas Bastos S. A., 1949, pp. 18 e 19.

II – a utilização adequada dos recursos naturais disponíveis e preservação do meio ambiente;

III – a observância das disposições que regulam as relações de trabalho;

IV – a exploração que favoreça o bem-estar dos proprietários e dos trabalhadores.

De importância a Lei nº 8.629, de 1993, dispondo sobre a regulamentação dos dispositivos constitucionais relativos à reforma agrária, previstos no Capítulo III, Título VII, da Carta Federal, com as modificações introduzidas por sucessivas reedições da Medida Provisória nº 2.183, de 2001, e, por último, da Lei nº 13.465, de 2017, salientando-se, dentre outras importantes regras, a do art. 2º, que torna passível de desapropriação a propriedade rural que não cumpre a função social; a do § 2º do mesmo cânone, que autoriza a União, através de órgão federal competente, a ingressar no imóvel de propriedade particular para o levantamento de dados e informações, mediante comunicação escrita ao proprietário, preposto ou representante.

A Lei Complementar nº 76, de 1993, cuida do procedimento contraditório especial, de rito sumário, para o processo de desapropriação de imóvel rural por interesse social, destinado à reforma agrária. Revogou expressamente o Decreto-Lei nº 554.

O procedimento da vistoria no imóvel rural obedecerá às regras do Decreto nº 2.250, de 1997. O art. 1º, dentre outras disposições, dá poderes às entidades estaduais representantes de trabalhadores rurais e agricultores para indicar ao órgão fundiário federal ou órgão colegiado próprio áreas passíveis de desapropriação para a reforma agrária, concedendo ao órgão fundiário o prazo de cento e vinte dias para proceder à vistoria. Veda a vistoria em imóvel invadido por interessados em receber terras, até a sua desocupação.

Anote-se que o Código Civil anterior, nos arts. 590 e 591, tratava da desapropriação por necessidade ou utilidade pública, tendo sido, no entanto, as disposições substituídas pela legislação especial acima observada. O Código Civil atual contempla a desapropriação como uma modalidade de perda da propriedade, o que faz no art. 1.275, inc. V, nada disciplinando, entrementes, a respeito. Já no art. 1.228, § 3º, assinala que o proprietário pode ser privado da coisa, nos casos de desapropriação, por necessidade ou utilidade pública ou interesse social, bem como no de requisição, em caso de perigo público iminente.

18.2. NATUREZA JURÍDICA

Ressalta-se, de início, não se visualizar a desapropriação como um confisco de bens, posto que não se caracteriza aí propriamente um dos modos de perder a propriedade, e sim de utilização temporária da mesma. Nem se identifica com a compra e venda, já que nesta há a voluntariedade do ato, ao passo que na desapropriação a transferência é compulsória, por ato unilateral do Poder Público.

Não se confunde, também, com a servidão administrativa, pois, nota Adilson Abreu Dallari: "Aqui o Poder Público não adquire o bem, o qual permanece no domínio do particular, que apenas deve suportar um uso público, e que será indenizado apenas se desse uso lhe advier algum prejuízo".[4]

Aduz-se, ainda, a saliente diferença relativamente às limitações ou restrições administrativas da propriedade, inerentes ao poder de polícia do Estado, que impõe normas quanto ao uso e ao gozo de um determinado bem, geralmente em face de sua localização, como, *v.g.*,

---

[4] *Desapropriação para Fins Urbanísticos*, Rio de Janeiro, Forense, 1981, p. 44.

as áreas consideradas próximas aos aeroportos, ou as faixas marginais a rios navegáveis e de águas flutuáveis; ou em face das posturas municipais, no pertinente ao recuo das construções, e ao tipo de prédios em certas zonas. Não assiste qualquer pretensão a indenização, sendo exemplo a Súmula nº 479, de 1979, do STF, concernente às margens de rios navegáveis: "As margens dos rios navegáveis são de domínio público, insuscetíveis de expropriação e, por isso mesmo, excluídas de indenização".

O termo "desapropriação" envolve o sentido inverso de "apropriação", termo este que encerra a ideia fundamental de "tornar próprio", ou incorporar, agregar, adquirir. "Desapropriação" é antônimo daquele, e, pois, contém a ideia oposta no significado de perda, desincorporação, desagregação, afastamento, privação do que é próprio. É o significado imposto pelo prefixo "des", de origem latina, à palavra "apropriação", o que também ocorre com o prefixo "ex", quando forma a palavra "expropriação", preferida no direito francês (*expropriation*), no direito espanhol (*expropiación*) e no direito italiano (*espropriazione*).

Do ponto de vista do direito civil, ou relativamente ao titular da propriedade, é a desapropriação meio de perda da propriedade; quanto ao Estado, revela-se forma de aquisição da propriedade. Eis a explanação de José Cretella Júnior: "A desapropriação, vista pelo ângulo do direito civil, é realmente perda da propriedade; encarada, porém, sob o ângulo do direito público, é o procedimento complexo de direito público que leva o Estado à aquisição da propriedade. Objetivamente considerada, é ao mesmo tempo perda e aquisição, tudo dependendo da ótica sob que seja analisada, consistindo na série ordenada de atos mediante os quais o Estado, necessitando de um bem para fins de interesse público, obriga o titular desse bem a desfazer-se da propriedade mediante indenização. Como meio de aquisição a desapropriação se classifica no direito administrativo".[5]

Daí se poder considerar a desapropriação como um modo de transferência forçada da propriedade. Deriva de um ato administrativo unilateral declaratório, o qual visa integrar o bem privado ao patrimônio público.

É, ainda, um modo derivado de aquisição, pois, seja embora de modo coativo, a indenização, em última análise, torna a desapropriação uma aquisição de um proprietário anterior.[6]

Há quem defenda tratar-se, no entanto, de um meio originário de aquisição, por não provir de nenhum título anterior, tornando-se o bem insuscetível de reivindicação, liberando-se de qualquer ônus que sobre ele pudesse incidir precedentemente, e ficando os eventuais credores sub-rogados no preço.[7] Explicita mais João Rebello de Aguiar Vallim:

> O usucapião, como a expropriação, são modos originários de aquisição do domínio, de modo que a falta de referência ao registro, quando o imóvel usucapido ou expropriado se acha transcrito em nome de alguém, não impede o registro e este não pode ser considerado irregular pelo fato da caracterização do imóvel discrepar ou não coincidir com o que consta do registro anterior, como quer a Lei nº 6.015/1973, art. 225, § 2º. Outrossim, em se tratando de domínio originário, é evidente também que não se aplicam os princípios da disponibilidade do imóvel e o da continuidade do registro.[8]

---

5   *Tratado Geral da Desapropriação*, vol. I, ob. cit., p. 15.
6   Seabra Fagundes, *obra citada*, p. 11.
7   Hely Lopes Meirelles, *Direito de Construir*, 4ª ed., São Paulo, Editora Revista dos Tribunais, 1983, p. 136.
8   *Obra citada*, p. 120.

Dentro de tal concepção, manifesta-se a jurisprudência: "A desapropriação é modo originário de aquisição da propriedade, sendo, portanto, registrável por força própria, desde que a carta de adjudicação contenha rigorosa individuação da coisa desapropriada, para que se considerem atendidos os pressupostos registrais".

E o voto invocando a doutrina:

> Modo originário de aquisição da propriedade. Isso é o que é a desapropriação. Vale dizer que o título gerado no ventre autônomo do processo expropriatório (Decreto-Lei nº 3.365/1941, art. 29) não guarda relação causal com registros anteriores porventura existentes.
>
> A desapropriação, ensina Afrânio de Carvalho, "oferece a peculiaridade registral de dispensar o registro do título anterior. Se o registro existir, a desapropriação será inscrita na folha do imóvel desapropriado para assinalar a perda da propriedade do titular ali nomeado" (em Registro de Imóveis, Forense, 1962, p. 115). Se, inversamente, ao imóvel não corresponder a matrícula, será efetuada por ocasião do registro do título expropriatório e à vista dos elementos dele constantes.[9]

Em outra decisão:

> Desapropriação. Falta de enunciação do número do registro precedente. Irrelevância. Inaplicabilidade do princípio da continuidade, por se tratar de modo de aquisição originária. Registro determinado. Fala-se em modo originário porque, para a perda dominial e a aquisição correspondente, não concorre a vontade do titular do direito extinto. A expropriação não é negócio jurídico de direito privado, nem, portanto, compra e venda forçada ou transmissão forçosa.[10]

A matéria que trata da desapropriação situa-se dentro do ramo do direito público constitucional e administrativo, e do ramo do direito privado civil e processual civil. A Constituição fornece os fundamentos e mesmo as espécies de expropriação. Integra o direito administrativo porque este completa as normas genéricas da Constituição, além de desenvolvê-la, discipliná-la e adequá-la conforme as condições reais e próprias das necessidades públicas e sociais. Abrange, outrossim, aspectos do direito civil por estar neste ramo prevista a desapropriação como um dos modos de perda ou extinção da propriedade. Acresce observar que vários dispositivos do Código Civil têm ingerência na aplicação do instituto, como os concernentes à indenização e à responsabilidade pelas construções.

O direito processual civil também é utilizado na medida em que o procedimento expropriatório observa ou segue o rito comum para a instrução e desde que se façam necessários os trâmites procedimentais do Código de Processo Civil para, dentre outros atos, dirigir a perícia avaliatória do bem.

18.3. ESPÉCIES DE DESAPROPRIAÇÃO

A classificação de maior interesse é aquela que tem em vista a finalidade da desapropriação, que pode ser por necessidade pública, por utilidade pública ou por interesse social.

---

[9] *Apelação* nº 3.604-0, do Conselho Superior da Magistratura do TJ de São Paulo, de 03.12.1984, em *Revista dos Tribunais*, 594/97.

[10] *Apel. Cível* nº 7.860-0, do Conselho Superior da Magistratura do TJ de São Paulo, julgada em 30.11.1987, em *Revista de Jurisprudência do TJ de São Paulo*, Lex Editora, 110/569.

Cap. XVIII · DESAPROPRIAÇÃO 431

18.3.1. A desapropriação por necessidade ou utilidade pública

A desapropriação por necessidade ou utilidade pública, e também por interesse social, consta prevista no art. 5º, inc. XXIV, da Constituição da República, ao dizer que "a lei estabelecerá o procedimento para a desapropriação por necessidade ou utilidade pública, ou por interesse social, mediante justa e prévia indenização em dinheiro, ressalvados os casos previstos nesta Constituição".

A previsão vinha instituída no art. 153, § 22, da Constituição anterior.

Primeiramente, de observar que surgem divergências quanto aos termos "necessidade" e "utilidade" pública.

Entendem muitos que coincidem os significados, já que a lei não se encarregou de fazer a distinção. Ressaltam, contudo, as diferenças, como demonstra Seabra Fagundes: "A necessidade pública aparece quando a administração se encontra diante de um problema inadiável e premente, isto é, que não pode ser demovido nem procrastinado e para cuja solução é indispensável incorporar ao domínio do Estado o bem particular.

A utilidade pública existe quando a utilização da propriedade privada é conveniente e vantajosa ao interesse coletivo mas não constitui um imperativo irremovível".[11]

Manoel de Oliveira Franco Sobrinho discrimina hipóteses caracterizadoras de cada tipo: "Nos casos de necessidade, como os de defesa nacional, segurança do Estado ou calamidade pública; nos casos de utilidade, aqueles de assistência pública, higiene, saúde, obras ou memória histórica".[12]

O Decreto-Lei nº 3.365/1941, que é a lei matriz ou básica das desapropriações, fala apenas em utilidade pública. No entanto, no conteúdo da casuística elencada que justifica a desapropriação, está inserida a extensão do significado de modo a envolver a necessidade pública. É o entendimento de Rubens Limongi França:

> Por outro lado, o Decreto-Lei nº 3.365, de 21 de junho de 1941, o diploma fundamental das desapropriações, fala apenas em utilidade pública, expressão reiterada de modo exclusivo, por diversas vezes, na respectiva exposição de motivos firmada pelo então Min. Francisco Campos. Assinale-se, porém, que, efetivamente, na expressão "utilidade pública", para fins de desapropriação, está contida inapelavelmente a "necessidade", posto que aquela é mais ampla que esta.[13]

Conforme o art. 5º do Decreto-Lei nº 3.365/1941, consideram-se casos de utilidade pública:

a) A segurança nacional.
b) A defesa do Estado.
c) O socorro público em caso de calamidade.
d) A salubridade pública.
e) A criação e melhoramentos de centros de população, sem abastecimento regular de meios de subsistência.
f) O aproveitamento industrial das minas e das jazidas minerais, das águas e da energia hidráulica.

---

[11] *Obra citada*, p. 23.
[12] *Desapropriação*, São Paulo, Editora Saraiva, 1989, p. 90.
[13] *Manual Prático das Desapropriações*, 2ª ed., São Paulo, Editora Saraiva, 1978, p. 52.

432 DIREITO DAS COISAS – Arnaldo Rizzardo

g) A assistência pública, as obras de higiene e decoração, causas de saúde, clínicas, estações de clima e fontes minerais.

h) A exploração ou a conservação dos serviços públicos.

i) A abertura, conservação e melhoramento de vias ou logradouros públicos; a execução de planos de urbanização; o parcelamento do solo, com ou sem edificação, para sua melhor utilização econômica, higiênica ou estética; a construção ou ampliação de distritos industriais (redação da Lei nº 9.785/1999).

j) O funcionamento de meios de transporte coletivo.

k) A preservação e conservação dos monumentos históricos e artísticos, isolados ou integrados em conjuntos urbanos ou rurais, bem como as medidas necessárias a manter-lhes e realçar-lhes os aspectos mais valiosos e característicos e, ainda, a proteção de paisagens e locais particularmente dotados pela natureza.

l) A preservação e conservação adequada de arquivos, documentos e outros bens móveis de valor histórico ou artístico.

m) A construção de edifícios públicos, monumentos comemorativos e cemitérios.

n) A criação de estádios, aeródromos ou campos de pouso para aeronaves.

o) A reedição ou divulgação de obra ou invento de natureza científica, artística ou literária.

p) Os demais casos previstos por leis especiais.

Quanto aos distritos industriais, a Lei nº 6.602/1978, além de ter incluído na desapropriação a construção ou ampliação dos mesmos, trouxe inovações, explicitando que se inclui na desapropriação o loteamento das áreas necessárias à instalação de indústrias e atividades correlatas, e permitindo a revenda ou locação dos respectivos lotes a empresas previamente qualificadas. Dependerá o loteamento de prévia autorização do poder competente, que apreciará o projeto de implantação. Se a área desapropriada for rural, o ato dependerá de decreto ou autorização do Presidente da República.

Está a matéria contemplada nos parágrafos do art. 5º do Decreto-Lei nº 3.365/1941, na redação da apontada Lei nº 6.602/1978. Reza o § 1º:

> A construção ou ampliação de distritos industriais, de que trata a alínea "i" do *caput* deste artigo, inclui o loteamento das áreas necessárias à instalação de indústrias e atividades correlatas, bem como a revenda ou locação dos respectivos lotes a empresas previamente qualificadas.

Já o § 2º: "A efetivação da desapropriação para fins de criação ou ampliação de distritos industriais depende de aprovação, prévia e expressa, pelo Poder Público competente, do respectivo projeto de implantação".

Insere-se, evidentemente, no poder de desapropriar para a implantação de distrito industrial o Município.

Por sua vez, a Lei nº 9.785/1999, relativamente à desapropriação para fins de parcelamento do solo urbano, incluiu o parágrafo 3º ao art. 5º, estabelecendo: "Ao imóvel desapropriado para implantação de parcelamento popular, destinado às classes de menor renda, não se dará outra utilização nem haverá retrocessão".

As hipóteses elencadas no art. 5º não esgotam a matéria. Outros motivos podem ensejar o decreto que declare de utilidade pública os bens para fins de expropriação, tanto que a letra "a" abre oportunidade para inúmeras situações novas, desde que presente a utilidade pública, embora seja difícil não encontrar-se um caso que não se enquadre na prolixa redação do art. 5º, como expõe Limongi França:

> Na verdade, o caráter prolixo e mesmo, por vezes, reiteradamente redundante, do elenco do preceito em foco, torna muito difícil haver um caso de efetiva utilidade pública que não se enquadre, sendo de se pensar sobre se, dada a época jurídico-política em que foi prolatado o respectivo diploma, não se trata de um rebuço demagógico no sentido de realçar uma preocupação de legalidade que, de fato, a esse tempo, entre nós, não se levava muito a sério.[14]

Seis importantes regras estão previstas nos arts. 7º ao 10-A do mesmo Decreto-lei nº 3.365/1941:

1ª – A permissão para o ingresso, a vistoria e a realização de levantamento nas áreas desapropriandas (art. 7º), com a garantia de indenização e da ação penal se houver excesso ou abuso de poder (parágrafo único).

2ª – Iniciativa da desapropriação pelo Poder Legislativo, devendo o Executivo implementar os atos de execução (art. 8º).

3ª – Veda-se ao Poder Judiciário decidir se estão ou não verificados os casos de utilidade pública (art. 9º).

4ª – Está fixado o prazo de cinco anos, a contar da expedição do decreto de desapropriação, para a iniciativa do processo judicial, sob pena de caducidade, ensejando-se nova declaração somente depois de decorrido um ano (art. 10).

5ª – Extinção, passados cinco anos, do direito de ação indenizatória por restrições decorrentes de atos do Poder Público (parágrafo único do art. 10).

6ª – Obrigação do Poder Público de notificar o proprietário e apresentar a oferta de indenização, de acordo com imposição incluída pela Lei nº 13.867/2019, contendo o ato os seguintes elementos, vindos no § 1º do art. 10-A:

I – cópia do ato de declaração de utilidade pública;

II – planta ou descrição dos bens e suas confrontações;

III – valor da oferta;

IV – informação de que o prazo para aceitar ou rejeitar a oferta é de 15 (quinze) dias e de que o silêncio será considerado rejeição.

De acordo com os §§ 2º e 3º do art. 10-A, em havendo a aceitação da proposta e feito o pagamento, lavra-se termo de acordo, o qual servirá de título hábil para o registro de imóveis; não aceita a proposta, promoverá o Poder Público a ação de desapropriação.

O art.10-B, incluído pela Lei nº 13.867/2019, introduziu a opção pela mediação ou pela via arbitral, assegurando-se ao proprietário ou particular indicar um dos órgãos ou instituições especializados em mediação ou arbitragem desde que cadastrados no ente público responsável pela desapropriação.

Dispõem os parágrafos quanto à mediação e à arbitragem.

A mediação segue a Lei nº 13.140/2015, que dispõe sobre a mediação entre particulares como meio de solução de controvérsias e sobre a autocomposição de conflitos no âmbito da administração pública, alterando, ainda, a Lei nº 9.469/1997 e o Decreto nº 70.235/1972; e

---

[14] *Obra citada*, p. 55.

revogando o § 2º do art. 6º da Lei nº 9.469/1997, com a faculdade de eleição de câmara de mediação criada pelo poder público.

Já a arbitragem obedecerá às normas da Lei nº 9.307/1996, que dispõe sobre a arbitragem.

Tanto na mediação como na arbitragem, subsidiariamente às respectivas leis, adotam-se os regulamentos do órgão ou da instituição que as partes elegeram.

18.3.2. Desapropriação por interesse social

Esta espécie de desapropriação tem em mira, sobretudo, a implantação e o desenvolvimento da reforma agrária.

O interesse social envolve também outros setores, como a habitação, as terras, a proteção ambiental e o aproveitamento das riquezas naturais.

É na Lei nº 4.132/1962, que está o elenco de desapropriações de interesse social.

O art. 1º traz à tona os objetivos visados pela expropriação:

I – A justa distribuição da propriedade.

II – Condicionar o uso da mesma ao bem-estar social.

Eis a redação de seu art. 1º: "A desapropriação por interesse social será decretada para promover a justa distribuição da propriedade ou condicionar o seu uso ao bem-estar social, na forma do art. 147 da Constituição Federal". O art. 147 é da Constituição Federal de 1946, que também dizia respeito ao bem-estar social e à justa distribuição da propriedade, como consta na Lei nº 4.132/1962.

A Lei nº 4.132/1962 abrange qualquer situação de interesse social. Salienta-se que a reforma agrária é apenas uma das hipóteses, mas regulada especificamente por leis diferentes.

Daí se extrair que a desapropriação por interesse social não é regulada unicamente por esta última Lei, embora, pelos termos da redação, abranja o interesse para reforma agrária.

Consoante o art. 184 da Carta Federal, é somente da União a competência para desapropriar por interesse social para fins de reforma agrária. Nos termos do art. 6º da Lei nº 4.504 de 1964, em redação da Medida Provisória nº 2.183/56, de 2001, o Instituto Nacional de Colonização e Reforma Agrária – INCRA – representará a União nos acordos, convênios ou contratos multilaterais. Os Estados-membros, o Distrito Federal, as autarquias ou demais entes públicos encontram-se autorizados a desapropriar por interesse social, desde que não para fins da reforma agrária. Permite-se que desapropriem por interesse social com base na Lei nº 4.132/1962, ou para atender outras finalidades, já que para a reforma agrária a Constituição Federal e a Lei nº 8.629 reservam a competência exclusiva à União.

18.3.2.1. *Desapropriação por interesse social segundo a Lei nº 4.132, de 1962*

Os casos de interesse social estão discriminados no art. 2º da Lei nº 4.132/1962, sendo vários, com os acréscimos da Lei nº 6.513/1977:

I – O aproveitamento de todo bem improdutivo ou explorado sem correspondência com as necessidades de habitação, trabalho e consumo dos centros de população a que deve ou possa suprir por seu destino econômico;

II – a instalação ou intensificação das culturas nas áreas em cuja exploração não se obedeça a plano de zoneamento agrícola (vetado);

Cap. XVIII · DESAPROPRIAÇÃO | **435**

III – o estabelecimento e a manutenção de colônias ou cooperativas de povoamento e trabalho agrícola;

IV – a manutenção de posseiros em terrenos urbanos onde, com a tolerância expressa ou tácita do proprietário, tenham construído sua habitação, formando núcleos residenciais de mais de 10 (dez) famílias;

V – a construção de casas populares;

VI – as terras e águas suscetíveis de valorização extraordinária, pela conclusão de obras e serviços públicos, notadamente de saneamento, portos, transporte, eletrificação, armazenamento de água e irrigação, no caso em que não sejam ditas áreas socialmente aproveitadas;

VII – a proteção do solo e a preservação de cursos e mananciais de água e de reservas florestais;

VIII – a utilização de áreas, locais ou bens que, por suas características, sejam aproveitados ao desenvolvimento de atividades turísticas.

Percebe-se que vários os campos permitidos para a desapropriação. Pela generalidade dos setores apontados, inclui-se a desapropriação para a reforma agrária. Considerando, todavia, que a matéria veio especificadamente tratada em outros diplomas, a Lei nº 4.132/1962, neste setor, incide como regramento geral. Ou seja, presentemente, a desapropriação pela Lei nº 4.132 destina-se ao interesse geral, visando o bem-estar social, e a desapropriação da propriedade prevista na Constituição Federal para fins de reforma agrária tem a regulamentação específica na Lei nº 8.629/1993 e na Lei Complementar nº 76/1993, mas não afastando as regras genéricas da Lei nº 4.132/1962.

Pode-se concluir, pois, que a desapropriação por interesse social abrange duas formas: a por qualquer interesse social geral, inclusive urbano, e a por interesse social para fins de reforma agrária.

A exploração não conforme com as características e necessidades de um local pode conduzir à desapropriação. Em vista das necessidades de uma região, e o proveito da terra para finalidade bem diversa ou diferente, importa em justificação para desapropriar. Inoportuna a utilização da terra para a agricultura, se no local despontou uma intensa atividade industrial. A exploração há de se coadunar com a destinação que preponderou na região da área. Nas regiões metropolitanas, dominam os conjuntos habitacionais, os centros comerciais, os distritos industriais. Se uma área impede essa finalidade, e em vista da necessidade de concentrar-se nesse campo, desponta o interesse social, que justifica a desapropriação.

Vai mais longe a previsão da Lei nº 4.132/1962. Uma fábrica ou indústria submete-se à desapropriação, se não devidamente aproveitada. Seu art. 1º autoriza a desapropriação quando evidente a calamidade pública que acarreta o fechamento, como a falta de um produto essencial, ou o desemprego em massa. A expressão "justa distribuição da propriedade" abrange todo bem ou propriedade não devidamente utilizada, ou de maneira que não atende o bem social.

Em síntese, ao lado de várias outras previsões, a improdutividade e a utilização indevida, de tal sorte que afetam o campo social, importam na desapropriação.

Algumas regras procedimentais vêm encerradas na Lei nº 4.132/1962. O art. 3º reserva o prazo de dois anos, a partir da decisão da liminar de desapropriação, para efetivar a desapropriação e iniciar as providências de aproveitamento do bem expropriado.

Vendem-se os bens expropriados unicamente àqueles que revelarem condições para dar a destinação social prevista.

Desde tempos antigos reconhecem-se as duas modalidades de desapropriação, encontrando respaldo no Recurso Extraordinário nº 101.314-DF, julgado em 08.04.1986: "Desapropriação por interesse social. Há duas formas de desapropriação de imóveis rurais: a da Lei nº 4.132, de 1962, que visa genericamente ao bem-estar social, e a do art. 161 da Constituição, específico para a reforma agrária. Ambas têm o traço comum de destinarem o bem desapropriado à comunidade, no que se distinguem da desapropriação por necessidade ou utilidade pública, em que os bens desapropriados são destinados à Administração.

Se a desapropriação das terras tem por objeto a instalação ou intensificação de culturas, segundo objeto governamental, para atender às necessidades da população, trata-se de desapropriação por interesse social".[15]

A competência exclusiva da União para desapropriar por interesse social se dirige apenas aos imóveis que serão destinados à reforma agrária (art. 184 da Constituição).

Os Estados e Municípios estão autorizados a desapropriar imóveis rurais desde que não se destinem à reforma agrária.

18.3.2.2. *Desapropriação por interesse social para fins de reforma agrária*

De grande magnitude, nos tempos atuais, a desapropriação de imóveis rurais para fins de reforma agrária.

Várias as nuances que requerem exame, o que se fará através de subitens.

a) Imóveis objeto de desapropriação.

Unicamente os imóveis rurais submetem-se à desapropriação para a finalidade em questão, cujo conceito encontra-se no inc. I do art. 4º da Lei nº 8.629/1993: "O prédio rústico de área contínua, qualquer que seja a sua localização, que se destine ou possa se destinar à exploração agrícola, pecuária, extrativa vegetal, florestal ou agroindustrial".

Nota-se que indiferente a localização em zona rural ou urbana.

Importante confrontar o conceito com a média e pequena propriedade, constante nos incisos II e III do mesmo art. 4º, em redação da Lei nº 13.465/2017: a média propriedade constitui-se do imóvel rural de área superior a quatro e até quinze módulos fiscais; e a pequena propriedade é aquela cuja área até quatro módulos fiscais, respeitada a fração mínima de parcelamento.

De acordo com o § 1º do mesmo dispositivo, também modificado pela Lei nº 13.465/2017, "são insuscetíveis de desapropriação para fins de reforma agrária a pequena e a média propriedade rural, desde que o seu proprietário não possua outra propriedade rural".

Já o § 2º, incluído- pela Lei nº 13.465/2017, ordena que "'é obrigatória a manutenção no Sistema Nacional de Cadastro Rural (SNCR) de informações específicas sobre imóveis rurais com área de até um módulo fiscal".

b) Imóveis que não cumprem a função social.

A incidência é apenas em imóveis rurais que não estejam cumprindo sua função social, segundo permite o art. 184 da Carta política.

Quais os imóveis que cumprem a função social?

---

[15] *Revista Trimestral de Jurisprudência*, 124/293.

A resposta está no art. 186 da Constituição:

> "A função social é cumprida quando a propriedade rural atende, simultaneamente, segundo critérios e graus de exigência estabelecidos em lei, aos seguintes requisitos:
> I – aproveitamento racional e adequado;
> II – utilização adequada dos recursos naturais disponíveis e preservação do meio ambiente;
> III – observância das disposições que regulam as relações de trabalho;
> IV – exploração que favoreça o bem-estar dos proprietários e dos trabalhadores".

De modo que se a propriedade rural é, em última análise, desnecessária ao seu dono, não desenvolvendo ele o aproveitamento, sujeita-se à desapropriação para fins de reforma agrária.

Preponderante é o princípio da função social para fins de desapropriação, arredando-se aquele que a justificava com base na extensão territorial.

Realiza-se a função social nas formas delineadas no art. 186 do Diploma constitucional, enquanto o art. 184 é explícito em impor a relevância de tal função, nestes termos: "Compete à União desapropriar por interesse social, para fins de reforma agrária, o imóvel rural que não esteja cumprindo sua função social, mediante prévia e justa indenização em títulos da dívida agrária, com cláusula de preservação do valor real, resgatáveis no prazo de até vinte anos, a partir do segundo ano de sua emissão, e cuja utilização será definida em lei".

É como diz o advogado especialista sobre o assunto, Fábio de Oliveira Luchesi:

> Vê-se, de logo, que das duas mais importantes características do instituto, a primeira (compete exclusivamente à União Federal promover a reforma agrária) foi integralmente preservada; a segunda e fundamental característica (respeitante à causa da intervenção) foi derrogada, e pois o conceito anterior – distributivismo da terra como meio de alcançar a justiça social – cedeu lugar a um novo parâmetro, tal seja a função social da propriedade rural, parâmetro esse que passou a ser, merecidamente, a justificativa da possibilidade real de tão grave intervenção, pela União Federal, na esfera patrimonial do cidadão, eis que, por essa forma, a um só tempo e com igual ênfase, embora sob a rubrica 'interesse social', se atende também ao interesse público.[16]

A Lei nº 8.629/1993, regulamentando os dispositivos constitucionais que tratam da reforma agrária, é peremptória no art. 2º sobre a destinação do imóvel que não cumpre a função social: "A propriedade rural que não cumprir a função social prevista no art. 9º é passível de desapropriação, nos termos desta lei, respeitados os dispositivos constitucionais".

No art. 9º da mesma Lei, são indicados os seguintes fatores caracterizadores do cumprimento da função social:

> "A função social é cumprida quando a propriedade rural atende, simultaneamente, segundo graus e critérios estabelecidos nesta lei, os seguintes requisitos:
> I – Aproveitamento racional e adequado;
> II – utilização adequada dos recursos naturais disponíveis e preservação do meio ambiente;

---

[16] *A Desapropriação para Fins de Reforma Agrária perante a Nova Constituição Federal*, em *Ajuris, – Revista da Associação dos Juízes do RGS*, nº 45, Porto Alegre, 1989, p. 179.

III – observância das disposições que regulam as relações de trabalho;

IV – exploração que favoreça o bem-estar dos proprietários e dos trabalhadores".

O art. 6º traz o conceito de produtividade, enquanto seus parágrafos elencam os níveis de aproveitamento para tornar produtiva a propriedade:

Considera-se propriedade produtiva aquela que, explorada econômica e racionalmente, atinge, simultaneamente, graus de utilização da terra e de eficiência da exploração, segundo índices fixados pelo órgão federal competente.

§ 1º O grau de utilização da terra, para efeitos do *caput* deste artigo, deverá ser igual ou superior a 80% (oitenta por cento), calculado pela relação percentual entre a área efetivamente utilizada e a área aproveitável total do imóvel.

§ 2º O grau de eficiência na exploração da terra deverá ser igual ou superior a 100% (cem por cento), e será obtido de acordo com a seguinte sistemática:

I – para os produtos vegetais, divide-se a quantidade colhida de cada produto pelos respectivos índices de rendimento estabelecidos pelo órgão competente do Poder Executivo, para cada Microrregião Homogênea;

II – para exploração pecuária, divide-se o número total de Unidades Animais (UA) do rebanho, pelo índice de lotação estabelecido pelo órgão competente do Poder Executivo, para cada Microrregião Homogênea;

III – a soma dos resultados obtidos na forma dos incisos I e II deste artigo, dividida pela área efetivamente utilizada e multiplicada por 100 (cem), determina o grau de eficiência na exploração.

No pertinente à utilização, o § 3º, em seus vários incisos, exige os seguintes elementos:

I – as áreas plantadas com produtos vegetais;

II – as áreas de pastagens nativas e plantadas, observado o índice de lotação por zona pecuária, fixado pelo Poder Executivo;

III – as áreas de exploração extrativa vegetal ou florestal, observados os índices de rendimento estabelecidos pelo órgão competente do Poder Executivo, para cada Microrregião Homogênea, e a legislação ambiental;

IV – as áreas de exploração de florestas nativas, de acordo com o plano de exploração, e nas condições estabelecidas pelo órgão federal competente;

V – as áreas sob processos técnicos de formação ou recuperação de pastagens ou de culturas permanentes, tecnicamente conduzidas e devidamente comprovadas, mediante documentação e Anotação de Responsabilidade Técnica (redação da Med. Prov. nº 2.183, em versão da edição de 24.08.2001).

Excluem-se, na previsão do art. 7º, da expropriação os imóveis que, comprovadamente, sejam objeto de implantação de projeto técnico elaborado por profissional legalmente habilitado e identificado; que estejam cumprindo o cronograma físicofinanceiro originalmente previsto, não admitidas prorrogações de prazos; que prevejam que, no mínimo, oitenta por cento da área total aproveitável do imóvel se encontre efetivamente utilizável em, no máximo, três anos para as culturas anuais para as culturas permanentes (com possibilidade de prorrogação em 50%); que hajam sido registrados no órgão competente no mínimo seis meses antes da comunicação de que se ingressará no imóvel de propriedade particular para

Cap. XVIII · DESAPROPRIAÇÃO | 439

fins de levantamento de dados e informações sobre a área (redação dada pela Med. Prov. nº 2.183, na edição de 24.08.2001).

Extrai-se, como elemento fulcral para decidir sobre a expropriação, o cumprimento ou não da função social. Esse fator desencadeante da decisão aparece ínsito no art. 4º, inc. I, do Estatuto da Terra, onde se define imóvel rural como "o prédio rústico, de área contínua, qualquer que seja a sua localização, que se destina à exploração pecuária ou agroindustrial, quer através de planos públicos de valorização, quer através de iniciativa privada".

Se se procurar a origem primeira da função social, chega-se ao início da colonização do Brasil, quando o rei de Portugal concedeu as sesmarias em extensão tal que um homem de recursos pudesse explorá-la. Não explorando a gleba, em um lapso de tempo estabelecido, essa área de terras retornaria à então instituição Ordem de Cristo, administrada pelo rei.

Coloca-se a alta finalidade da função social da propriedade, que deve resultar algum benefício econômico para a coletividade, o que não pode ser conduzido ao extremo, justamente para evitar o devastamento e a dizimação da natureza.

c) Prévia vistoria para a verificação do cumprimento da função social.

Como primeiro passo para aferir se a área cumpre ou não a função social, e, assim, decidir quanto à expropriação ou não, consiste a realização de vistoria ou constatação *in loco*, mediante órgão próprio, em geral ligado ao INCRA. Não se trata da vistoria levada a efeito após o ato de declaração de interesse social, com a finalidade de avaliar o imóvel, contemplada no § 2º do art. 2º da Lei Complementar nº 76/1993, nestes termos: "Declarado o interesse social, para fins de reforma agrária, fica o expropriante legitimado a promover a vistoria e a avaliação do imóvel, inclusive com o auxílio de força policial, mediante prévia autorização do juiz, responsabilizando-se por eventuais perdas e danos que seus agentes vierem a causar, sem prejuízo das sanções penais cabíveis".

A Lei nº 8.629/1993, na redação da Medida Provisória nº 2.183/2001, trata da disciplina da matéria.

Encontra-se a vistoria que antecede o ato expropriatório prevista no § 2º do art. 2º da Lei nº 8.629/1993, nos seguintes termos: "Para fins deste artigo, fica a União, através do órgão federal competente, autorizada a ingressar no imóvel de propriedade particular para levantamento de dados e informações, mediante prévia comunicação escrita ao proprietário, preposto ou representante".

O § 3º oportuniza a comunicação por edital, se não localizado o proprietário, ou seu preposto, ou o representante: "Na ausência do proprietário, do preposto ou do representante, a comunicação será feita mediante edital, a ser publicado, por três vezes consecutivas, em jornal de grande circulação na capital do Estado de localização do imóvel".

Indispensável a vistoria para a expropriação. Não se efetivará sem a antecedente comunicação ao proprietário da área. A matéria ficou bem enfocada no *Mandado de Segurança* nº 22.164-SP, do Pleno do Supremo Tribunal Federal, julgamento de 30.10.1995:

> A vistoria efetivada com fundamento no art. 2º, § 2º, da Lei nº 8.629/1993, tem por finalidade específica viabilizar o levantamento técnico de dados e informações sobre o imóvel rural, permitindo à União Federal – que atua por intermédio do INCRA – constatar se a propriedade realiza, ou não, a função social que lhe é inerente.
>
> O ordenamento positivo determina que essa vistoria seja precedida de notificação regular ao proprietário, em face da possibilidade de o imóvel rural que lhe pertence

– quando este não estiver cumprindo a sua função social – vir a constituir objeto de declaração expropriatória, para fins de reforma agrária.

Notificação prévia e pessoal da vistoria.

A notificação a que se refere o art. 2º, § 2º, da Lei nº 8.629/1993, para que se repute válida e possa consequentemente legitimar eventual declaração expropriatória para fins de reforma agrária, há de ser efetivada em momento anterior ao da realização da vistoria.

Essa notificação prévia somente considerar-se-á regular quando comprovadamente realizada na pessoa do proprietário do imóvel rural, ou quando efetivada mediante carta com aviso de recepção firmado por seu destinatário ou por aquele que disponha de poderes para receber a comunicação postal em nome do proprietário rural, ou, ainda, quando procedida na pessoa de representante legal ou de procurador regularmente constituído pelo *dominus*.

O descumprimento dessa formalidade essencial, ditada pela necessidade de garantir ao proprietário a observância da cláusula constitucional do devido processo legal, importa em vício radical que configura defeito insuperável, apto a projetar-se sobre todas as fases subsequentes do procedimento de expropriação, contaminando-as, por efeito de repercussão causal, de maneira irremissível, gerando, em consequência, por ausência de base jurídica idônea, a própria invalidade do decreto presidencial consubstanciador de declaração expropriatória.[17]

Levam-se em conta, no laudo de vistoria, unicamente as alterações ocorridas no imóvel antes dos últimos seis meses, a contar da vistoria, nos termos do art. 2º, § 4º, da Lei nº 8.629/1993. Foi como decidiu o STF:

O § 4º do art. 2º da Lei nº 8.629/1993 não fixa prazo de validade do laudo pericial nem termo final para a edição do Decreto expropriatório. Dispõe apenas que o laudo não deverá levar em conta as alterações sobre domínio, dimensão e condições de uso do imóvel ocorridas no período de seis meses contados a partir da vistoria.[18]

A Lei nº 4.504/1964 (Estatuto da Terra), no § 4º do art. 6º, na redação da Medida Provisória nº 2.183/2001, autoriza o auxílio da força policial para o ingresso no imóvel rural, para a inspeção e a avaliação.

O Decreto nº 2.250/1997, no art. 1º, escala as entidades habilitadas a indicar as áreas a serem vistoriadas, e que são as entidades estaduais representativas de trabalhadores rurais e agricultores.

Acrescenta o parágrafo único: "Formalizada a indicação de que trata o *caput*, o órgão fundiário procederá à vistoria no prazo de 120 dias, sob pena de responsabilidade administrativa".

Autoriza o art. 2º a realização das vistorias e demais atos pelos Estados e Municípios, mediante convênio. Desempenharão os mesmos o cadastramento, as vistorias e avaliações de propriedades rurais situadas no seu território, bem como outras funções relativas à execução do Programa Nacional de Reforma Agrária, observados os parâmetros e critérios estabelecidos nas leis e atos normativos federais. Para a celebração dos convênios, deverão

---

[17]   *Revista Trimestral de Jurisprudência*, 169/159.

[18]   *Mandado de Segurança* nº 23.598-5-DF, Plenário, DJU de 27.10.2000.

Cap. XVIII · DESAPROPRIAÇÃO | 441

as unidades federadas e municipais dispor de meios, ou seja, de órgãos organizados capazes para realizar as vistorias.

Semelhantes normas de delegação de poderes para a realização de cadastramento de imóveis para a reforma agrária, vistorias e avaliações aos Estados, ao Distrito Federal e aos Municípios constam inseridas nos §§ 2º e 3º do art. 6º, da Lei nº 4.504/1964, em redação da Medida Provisória nº 2.183/2001, com o acréscimo de incluir os convênios a utilização, pela União, de servidores integrantes dos quadros de pessoal dos órgãos e das entidades da Administração Pública dos Estados, do Distrito Federal e dos Municípios na execução das atividades que levam à desapropriação.

Previamente à vistoria, de acordo com o art. 2º do Decreto nº 2.250/1997, comunica-se a providência à "entidade representativa dos trabalhadores rurais e das classes produtoras, a fim de que cada entidade possa indicar um representante técnico para acompanhar o levantamento de dados e informações".

Seguindo, o art. 3º do mesmo Decreto manda que "os laudos de vistoria, bem como as atualizações cadastrais resultantes serão comunicados ao proprietário do imóvel rural, que poderá exercer no prazo de 15 dias o direito de manifestação".

Finalmente, pelo art. 4º, não se efetua a vistoria enquanto se encontrar esbulhado o imóvel por invasões de interessados e entidades que congregam colonos sem-terra. Nos termos do art. 2º, § 6º, da Lei nº 8.629/1993, em redação da Medida Provisória nº 2.183/2001, unicamente depois de dois anos seguintes à desocupação, ou depois do dobro desse prazo em caso de reincidência, procede-se à vistoria, devendo ser apurada a responsabilidade civil e administrativa de quem concorra com qualquer ato omissivo ou comissivo na invasão, ou que propicie o descumprimento de ordem judicial para a desocupação.

d) Pessoas excluídas do programa de reforma agrária.

É expresso o § 7º do art. 2º da Lei nº 8.629/1993, na versão da Medida Provisória nº 2.183/2001, em excluir do programa de reforma agrária quem, já incluído em projeto de assentamento, ou candidato a acesso à terra, for identificado como participante direto ou indireto em conflito fundiário, que se caracterize por invasão ou esbulho de imóvel rural de domínio público ou privado. Isto desde que o imóvel se encontre em fase administrativa de vistoria ou avaliação, para fins de desapropriação.

Da mesma forma, incidem na exclusão as pessoas que invadam prédios públicos para forçar ou apressar procedimentos desapropriatórios, ou que pratiquem atos de ameaça, sequestros, ou mantenham autoridades e funcionários públicos e outros cidadãos em cárcere privado, ou que realizam e participam de ações de violência, de distúrbios, de hostilidades, de tumultos.

A dificuldade está em colocar na prática as regras, que visam a sanar o País da terrível praga das invasões, que se propaga em todas as regiões, na maior parte das vezes insufladas por aventureiros e profissionais, cujo interesse maior não tem nada a ver com a política de reforma agrária.

e) A justa indenização.

Consoante o art. 184, *caput*, da Carta Nacional Básica, opera-se a desapropriação- para fins de reforma agrária "mediante prévia e justa indenização em títulos da dívida agrária, com cláusula de preservação do valor real, resgatáveis no prazo de até vinte anos, a partir do segundo ano de sua emissão, e cuja utilização será definida em lei".

Nota-se que a entrega de títulos da dívida agrária é levada em conta como se constituísse pagamento imediato. Nada mais equivocado, porquanto o resgate se opera no prazo de até vinte anos. Impossível dar a feição da entrega dos títulos referidos o caráter de pronto ou imediato pagamento.

O § 1º do art. 184 da Carta da República abre uma exceção, no tocante às benfeitorias úteis e necessárias, cujo pagamento se efetivará em dinheiro.

A regulamentação do pagamento consta mais pormenorizada na Lei nº 8.629/1993, em seu art. 5º: "A desapropriação por interesse social, aplicável ao imóvel rural que não cumpra sua função social, importa prévia e justa indenização em Títulos da Dívida Agrária – TDA".

Sobre as benfeitorias úteis e necessárias, o § 1º prevê o pagamento em dinheiro, como, aliás, está contemplado no § 1º do art. 184 da CF: "As benfeitorias úteis e necessárias serão indenizadas em dinheiro".

Assegura o § 3º, em redação da Medida Provisória nº 2.183/2001, a preservação do valor e indica o início do resgate dos títulos:

> Os Títulos da Dívida Agrária – TDA, que conterão cláusula assecuratória de preservação de seu valor real, serão resgatáveis a partir do segundo ano de sua emissão, em percentual proporcional ao prazo, observados os seguintes critérios:
>
> I – do segundo ao décimo quinto ano, quando emitidos para indenização de imóvel com área inferior a 70 (setenta) módulos fiscais;
>
> II – do segundo ao décimo oitavo ano, quando emitidos para indenização de imóvel com área acima de 150 (cento e cinquenta) módulos fiscais;
>
> III – do segundo ao vigésimo ano, quando emitidos para indenização de imóvel com área superior a 150 (cento e cinquenta) módulos fiscais.

Outrossim, o § 3º do art. 5º da Lei nº 8.177/1991, em versão do art. 3º da Medida Provisória nº 2.183/2001, fixa a remuneração dos TDA, que será de:

> I – três por cento ao ano para indenização de imóvel com área de até setenta módulos fiscais;
>
> II – dois por cento ao ano para indenização de imóvel com área acima de setenta e até cento e cinquenta módulos fiscais;
>
> III – um por cento ao ano para indenização de imóvel com área cima de cento e cinquenta módulos fiscais.

O § 4º do art. 5º da Lei nº 8.629/1993, alterado pela Lei nº 13.465/2017, assinala os prazos para o resgate dos Títulos da Dívida Agrária, na hipótese de acordo administrativo ou acordo realizado no âmbito do procedimento previsto na Lei Complementar nº 76/1993. O pagamento será efetuado de forma escalonada, com o resgate dos títulos em parcelas anuais, iguais e sucessivas, a partir do segundo ano de sua emissão, observadas as seguintes condições:

> I – imóveis com área de até três mil hectares, no prazo de cinco anos;
>
> II – imóveis com área superior a três mil hectares:
>
> – o valor relativo aos primeiros três mil hectares, no prazo de cinco anos;
>
> – o valor relativo à área superior a três mil hectares e até dez mil hectares, em dez anos;

Cap. XVIII · DESAPROPRIAÇÃO | 443

– o valor relativo à área superior a dez mil hectares até quinze mil hectares, em quinze anos;

– o valor da área que exceder quinze mil hectares, em vinte anos.

Há a permissão em reduzir em cinco anos os prazos acima, quando iguais ou superiores a dez anos, desde que aceite o proprietário o recebimento do valor das benfeitorias úteis e necessárias em Títulos da Dívida Agrária (§ 5º), mas mantendo-se a mesma proporcionalidade estabelecida para os resgates relativos ao valor da terra e suas acessões naturais (§ 6º).

Outrossim, os TDA emitidos até 4 de maio de 2000, e aqueles emitidos para os pagamentos assinalados no § 4º do art. 5º da Lei nº 8.629/1993, em redação da propalada Medida Provisória nº 2.183/2001, terão a remuneração anual de seis por cento, de acordo com o § 4º do art. 5º da Lei nº 8.177/1991, no texto da mesma Medida Provisória.

Em todas as emissões, os TDA têm assegurado o seu poder liberatório, facultando-se, a partir de sua liberação, a utilização na aquisição de ações de empresas estatais incluídas no Programa Nacional de Desestatização (art. 5º, § 5º, da Lei nº 8.177/1991, em redação da Medida Provisória nº 2.183/2001).

É autorizado, pelo § 7º, em texto vindo com a Lei nº 13.465/2017, o pagamento em dinheiro na e compra na arrematação judicial de imóvel rural para fins de reforma agrária: "Na aquisição por compra e venda ou na arrematação judicial de imóveis rurais destinados à implementação de projetos integrantes do Programa Nacional de Reforma Agrária, o pagamento poderá ser feito em dinheiro, na forma estabelecida em regulamento".

O § 8º, também incluído pela Lei nº 13.465/2017, contempla a situação do valor da indenização, fixado em sentença transitada em julgado, ficar superior ao oferecido pelo expropriante: segue-se, então, no pagamento da diferença, o disposto no art. 100 da Constituição Federal - ou seja, faz-se o pagamento através de precatório: "Na hipótese de decisão judicial transitada em julgado fixar a indenização da terra nua ou das benfeitorias indenizáveis em valor superior ao ofertado pelo expropriante, corrigido monetariamente, a diferença será paga na forma do art. 100 da Constituição Federal".

De lembrar que o art. 100 da Carta Federal determina que "os pagamentos devidos pelas Fazendas Públicas Federal, Estaduais, Distrital e Municipais, em virtude de sentença judiciária, far-se-ão exclusivamente na ordem cronológica de apresentação dos precatórios e à conta dos créditos respectivos, proibida a designação de casos ou de pessoas nas dotações orçamentárias e nos créditos adicionais abertos para este fim".

Em havendo diferença entre o preço ofertado e o encontrado ao final, sobre a diferença incidirão juros compensatórios, a contar da imissão de posse, na forma do § 9º, introduzido pela Lei nº 13.465/2017: "Se houver imissão prévia na posse e, posteriormente, for verificada divergência entre o preço ofertado em juízo e o valor do bem fixado na sentença definitiva, expressos em termos reais, sobre a diferença eventualmente apurada incidirão juros compensatórios a contar da imissão de posse, em percentual correspondente ao fixado para os títulos da dívida agrária depositados como oferta inicial para a terra nua, vedado o cálculo de juros compostos".

O art. 12 da Lei nº 8.629/1993, em dicção aportada desde a Medida Provisória nº 2.183/2001, indica alguns critérios para nortear a justa indenização: "Considera-se justa a indenização que reflita o preço atual de mercado do imóvel em sua totalidade, aí incluídas as terras e acessões naturais, matas e florestas e as benfeitorias indenizáveis, observados os seguintes aspectos:

I – localização do imóvel;

II – aptidão agrícola;

III – dimensão do imóvel;

IV – área ocupada e ancianidade das posses;

V – funcionalidade, tempo de uso e estado de conservação das benfeitorias".

Do valor apurado, deduz-se, na letra do § 1º do art. 12, o "valor das benfeitorias indenizáveis a serem pagas em dinheiro, obtendo-se o preço da terra a ser indenizado em TDA".

Em seguimento, pelo § 2º, "integram o preço da terra as florestas naturais, matas nativas e qualquer outro tipo de vegetação natural, não podendo o preço apurado superar, em qualquer hipótese, o preço de mercado do imóvel". Adotou o Superior Tribunal de Justiça a inclusão, na indenização, o valor da cobertura vegetal, consoante *Recurso Especial* nº 77.359-SP, da 1ª Turma, *DJU* de 4.03.1996: "No ressarcimento por desapropriação, a floresta e preservação permanente que recobre o terreno deve ser indenizada pelo valor econômico que sua exploração poderia gerar, não fosse a vedação administrativa que a impede. Deixar de indenizar as florestas seria punir quem as preservou, homenageando aqueles que as destruíram".[19]

Deverá o laudo de avaliação vir assinado ou subscrito por engenheiro agrônomo com registro de Anotação de Responsabilidade Técnica – ART, respondendo o subscritor, civil, penal e administrativamente, pela superavaliação comprovada ou fraude na identificação das informações (§ 3º).

O art. 25 da lei em exame obriga a inclusão no orçamento da União dos recursos e do volume de títulos, com o que se garante a continuidade das desapropriações: "O orçamento da União fixará, anualmente, o volume da dívida agrária e dos recursos destinados, no exercício, ao atendimento do Programa de Reforma Agrária". Em sequência, os §§ 1º e 2º destacam que os recursos deverão constar do orçamento do Ministério responsável pela implementação da política de colonização e reforma agrária, cabendo ao órgão executor encaminhar aos órgãos de administração pública responsáveis por ações complementares o programa a ser implantado no ano subsequente.

Se forem deflacionados ou perderem valor os títulos da dívida agrária, inquestionável a incidência da devida correção monetária, de modo a manterem o valor quando de sua entrega aos proprietários que tiveram áreas desapropriadas, o que está assegurado pelo art. 184 da Carta Magna, ao prever que haverá cláusula de preservação do valor real na indenização. Bem expõe a matéria José Carlos de Moraes Salles:

> Ao aludir à preservação do valor real dos títulos, quis o art. 184 da Constituição deixar claro que mencionado valor haverá de corresponder, inequivocamente, àquele apurado para a indenização fixada e acolhida no processo expropriado e que não poderá sofrer redução de qualquer espécie no decurso do prazo de resgate dos títulos da dívida agrária. Assim, se se comprovar que os índices de correção monetária – relativos ao período compreendido entre a data em que se apurou o valor da indenização acolhido em juízo e a data de resgate daqueles títulos – não correspondem à efetiva desvalorização da moeda no período aludido, seja por manipulação oficial ou por qualquer outra causa (como, por exemplo, expurgos), terá direito o expropriado a reclamar judicialmente

---

[19] *Direito Imobiliário – COAD* nº 16, expedição de 13.06.1996, p. 147.

Cap. XVIII · DESAPROPRIAÇÃO | 445

a diferença a que fizer jus, se por via administrativa não vier a ser atendido em suas justas pretensões.[20]

f) A incidência de juros compensatórios.

Havendo diferença de preço entre o valor ofertado para fins de imissão de posse e o valor da condenação final, os juros compensatórios (devidos pelo não uso do bem) podem ser de até seis por cento ao ano, consoante a previsão do art. 15-A do Decreto-Lei nº 3.365/1941, introduzido pela Medida Provisória nº 2.183-56/2001:

> No caso de imissão prévia na posse, na desapropriação por necessidade ou utilidade pública e interesse social, inclusive para fins de reforma agrária, havendo divergência entre o preço ofertado em juízo e o valor do bem, fixado na sentença, expressos em termos reais, incidirão juros compensatórios de até seis por cento ao ano sobre o valor da diferença eventualmente apurada, a contar da imissão na posse, vedado o cálculo de juros compostos.

Não importa o dispositivo na obrigatoriedade da fixação da taxa de seis por cento. Admite-se um percentual inferior, já que o preceito encerra uma faculdade quanto ao percentual.

A teor de seus §§ 1º e 2º, em versão da Medida Provisória nº 2.182-56/2001, os juros compensatórios destinam-se apenas a compensar a perda de renda comprovadamente sofrida pelo proprietário, mas não incidindo na desapropriação em razão do descumprimento da função social:

> § 1º: Os juros compensatórios destinam-se, apenas, a compensar a perda de renda comprovadamente sofrida pelo proprietário".
>
> § 2º: Não serão devidos juros compensatórios quando o imóvel possuir graus de utilização da terra e de eficiência na exploração iguais a zero.

Nota-se a exigência da comprovação dos danos correspondentes a lucros cessantes. Impõe-se a evidenciação da utilização econômica do imóvel quando da desapropriação, como a destinação à produção rural, ao pastoreio, ao arrendamento ou à parceria agrícola. Tornam-se, pois, devidos referidos juros pela razão de ficar improdutiva a propriedade rural e, assim, não trazer rendimentos ao proprietário. Servem os juros para compensar a improdutividade, considerada existente até o efetivo pagamento do preço real. Tal a finalidade já reconhecida pelo Superior Tribunal de Justiça, no *Agravo de Instrumento* nº 181.001-AC, da 1ª Turma, *DJU* de 24.08.1998: "Os juros compensatórios têm por finalidade compensar a perda antecipada da posse do imóvel. Os juros compensatórios, na desapropriação indireta, incidem a partir da ocupação, calculados sobre o valor da indenização, corrigidos monetariamente".[21] De sorte que, não havendo o aproveitamento econômico da área, ou sendo ela improdutiva, ilegal a imposição do encargo, o que vem delineado no *Recurso Especial* nº 228.481-MA, da 1ª Turma do STJ, de 24.02.1999, *DJU* de 20.03.2000:

> Hipótese de desapropriação, por interesse social, para fins de reforma agrária, de imóvel rural que não cumpre sua função social, não auferindo produtividade, não

---

[20] *A Desapropriação à Luz da Doutrina e da Jurisprudência*, 4ª ed., São Paulo, Editora Revista dos Tribunais, 2000, p. 912.

[21] *Direito Imobiliário – COAD* nº 52, expedição de 3.01.1999, p. 1.001.

pode ser agraciado com o percentual de compensação aludido, substitutivo que é dos chamados lucros cessantes.

Os juros compensatórios somente são devidos quando restar demonstrado que a exploração econômica foi obstada pelos efeitos da declaração expropriatória. Pois não indenizáveis meras hipóteses ou remotas potencialidades de uso e gozo (*REsp.* n° 108.896-SP, *DJU* de 30.11.1998).[22]

Além disso, operando-se a desapropriação em razão da perda da função social, não há a incidência de tais juros. Ocorre a perda da função social, quanto aos imóveis urbanos, se não edificados, subutilizados ou não utilizados, isto é, não tendo sido promovido o adequado aproveitamento (art. 182, § 4°, III, da CF); e no pertinente aos imóveis rurais, se não se der o aproveitamento racional e adequado, a utilização apropriada dos recursos naturais disponíveis e preservação do meio ambiente, observância das disposições que regulam as relações de trabalho e a exploração que favoreça o bem-estar dos proprietários e dos trabalhadores (arts. 184 e 186, I, II, III e IV, da CF).

Incidem os juros compensatórios, por força do art. 15-A, § 2°, também nas ações ordinárias de indenização por apossamento administrativo ou por desapropriação indireta e nas ações que visem à indenização por restrições decorrentes de atos do Poder Público.

Delimita o § 3° do citado artigo o início do período a partir do qual se exigem os juros em tais demandas, que é o momento da aquisição da propriedade ou da posse pelo expropriante: "Nas ações referidas no § 2°, o Poder Público não será onerado por juros compensatórios relativos a período anterior à aquisição da propriedade ou da posse titulada pelo autor da ação".

Ou seja, quando devidos, iniciam tais juros a partir da entrega do imóvel ao expropriante, o que também abrange a desapropriação indireta, por força da Súmula n° 114, de 1994, do STJ: "Os juros compensatórios, na desapropriação indireta, incidem a partir da ocupação, calculados sobre o valor da indenização, corrigido monetariamente".

g) Condições para o assentamento.

Há toda uma programação para a habilitação e a entrega de terras, cujas linhas principais estão discriminadas ao longo do art. 17, parágrafos e incisos, da Lei n° 8.629/1993, na redação da Medida Provisória n° 2.183/2001, da Lei n° 13.001/2014 e da Lei n° 13.465/2017.

Primeiramente, selecionam-se os imóveis, devendo ser economicamente úteis e viáveis, e apropriando-se a distribuição preferentemente aos trabalhadores rurais da região onde estão situados.

Precede, antes da obtenção das terras, um estudo sobre a viabilidade econômica e a potencialidade de uso dos recursos naturais.

Estão previstos, na aquisição, a consulta e o assentimento dos destinatários da área, inclusive sobre o preço. Elabora-se, sobre a área, o Plano de Desenvolvimento de Assentamento – PDA, que orientará a fixação de normas técnicas para a implantação do assentamento.

Habilitam-se a receber os lotes aqueles que preencherem os requisitos fixados na seleção e classificação, e que atenderem as demais exigências da lei. Prestar-se-á assistência econômica aos assentados, através da concessão de créditos.

---

[22] *Revista do Superior Tribunal de Justiça*, 132/184.

Eis os requisitos:

"I – a obtenção de terras rurais destinadas à implantação de projetos de assentamento integrantes do programa de reforma agrária será precedida de estudo sobre a viabilidade econômica e a potencialidade de uso dos recursos naturais;

II – os beneficiários dos projetos de que trata o inciso I manifestarão sua concordância com as condições de obtenção das terras destinadas à implantação dos projetos de assentamento, inclusive quanto ao preço a ser pago pelo órgão federal executor do programa de reforma agrária e com relação aos recursos naturais;

III – nos projetos criados será elaborado Plano de Desenvolvimento de Assentamento – PDA, que orientará a fixação de normas técnicas para a sua implantação e os respectivos investimentos;

IV – integrarão a clientela de trabalhadores rurais, para fins de assentamento em projetos de reforma agrária, somente aqueles que satisfizerem os requisitos fixados para seleção e classificação previstos nesta Lei; e

V – a consolidação dos projetos de assentamento integrantes dos programas de reforma agrária dar-se-á com a concessão de créditos de instalação e a conclusão dos investimentos, bem como com a outorga do instrumento definitivo de titulação".

Após a realização dos serviços de medição e demarcação topográfica, concedese o título de domínio definitivo. Antes da entrega do título, celebra-se, na fase de implantação do projeto de assentamento, contrato de concessão de uso da terra, de forma individual ou coletiva, que conterá cláusulas resolutivas, estipulando-se direitos e obrigações da entidade concedente e dos concessionários, assegurando-se a estes o direito de adquirir em definitivo do título de domínio. Nesse título, estabelece-se o período de inegociabilidade.

Os parágrafos do art. 17 da Lei nº 8.629/1993 tratam da concessão de crédito para a implantação dos assentamentos, facultada a contratação de instituição financeira federal para a operacionalização da concessão referida no inciso V do *caput* (fornecimento de crédito), dispensada a licitação.

Especificamente sobre a consolidação dos assentamentos, merecem destaque os §§ 6º e 7º:

§ 6º: "Independentemente da implementação dos requisitos exigidos no inciso V do *caput* deste artigo, considera-se consolidado o projeto de assentamento que atingir o prazo de quinze anos de sua implantação, salvo por decisão fundamentada do Incra".

§ 7º: "Os assentamentos que, em 1º de junho de 2017, contarem com quinze anos ou mais de criação, deverão ser consolidados em até três anos".

Os requisitos, condições e determinações para a distribuição de imóveis estão nos arts. 18 a 21 da Lei nº 8.629/1993, em textos da Medida Provisória nº 2.183-56/2001, da Lei nº 13.001/2014, e da Lei nº 13.465/2017.

– Quanto à distribuição dos lotes, aos títulos, ao preço e ao pagamento:

Art. 18. A distribuição de imóveis rurais pela reforma agrária far-se-á por meio de títulos de domínio, concessão de uso ou concessão de direito real de uso - CDRU instituído pelo art. 7º do Decreto-Lei no 271, de 28 de fevereiro de 1967.

§ 1º Os títulos de domínio e a CDRU são inegociáveis pelo prazo de dez anos, contado da data de celebração do contrato de concessão de uso ou de outro instrumento equivalente, observado o disposto nesta Lei.

§ 2º Na implantação do projeto de assentamento, será celebrado com o beneficiário do programa de reforma agrária contrato de concessão de uso, gratuito, inegociável, de forma individual ou coletiva, que conterá cláusulas resolutivas, estipulando-se os direitos e as obrigações da entidade concedente e dos concessionários, assegurando-se a estes o direito de adquirir título de domínio ou a CDRU nos termos desta Lei.

§ 3º O título de domínio e a CDRU conterão cláusulas resolutivas e será outorgado ao beneficiário do programa de reforma agrária, de forma individual ou coletiva, após a realização dos serviços de medição e demarcação topográfica do imóvel a ser alienado.

§ 4º É facultado ao beneficiário do programa de reforma agrária, individual ou coletivamente, optar pela CDRU, que lhe será outorgada na forma do regulamento.

§ 5º O valor da alienação, na hipótese de outorga de título de domínio, considerará o tamanho da área e será estabelecido entre 10% (dez por cento) e 50% (cinquenta por cento) do valor mínimo da pauta de valores da terra nua para fins de titulação e regularização fundiária elaborada pelo Incra, com base nos valores de imóveis avaliados para a reforma agrária, conforme regulamento.

§ 6º As condições de pagamento, carência e encargos financeiros serão definidas em regulamento, não podendo ser superiores às condições estabelecidas para os financiamentos concedidos ao amparo da Lei Complementar nº 93, de 4 de fevereiro de 1998, e alcançarão os títulos de domínio cujos prazos de carência ainda não expiraram.

§ 7º A alienação de lotes de até 1 (um) módulo fiscal, em projetos de assentamento criados em terras devolutas discriminadas e registradas em nome do INCRA ou da União, ocorrerá de forma gratuita.

§ 8º São considerados não reembolsáveis:

I – os valores relativos às obras de infraestrutura de interesse coletivo;

II – os custos despendidos com o plano de desenvolvimento do assentamento; e

III – os serviços de medição e demarcação topográficos.

§ 9º O título de domínio ou a CDRU de que trata o *caput* poderão ser concedidos aos beneficiários com o cumprimento das obrigações estabelecidas com fundamento no inciso V do art. 17 desta Lei e no regulamento.

§ 10. Falecendo qualquer dos concessionários do contrato de concessão de uso ou de CDRU, seus herdeiros ou legatários receberão o imóvel, cuja transferência será processada administrativamente, não podendo fracioná-lo.

§ 11. Os herdeiros ou legatários que adquirirem, por sucessão, a posse do imóvel não poderão fracioná-lo.

§ 12. O órgão federal executor do programa de reforma agrária manterá atualizado o cadastro de áreas desapropriadas e das adquiridas por outros meios e de beneficiários da reforma agrária e disponibilizará os dados na rede mundial de computadores.

§ 13. Os títulos de domínio, a concessão de uso ou a CDRU a que se refere o caput deste artigo serão conferidos ao homem, na ausência de cônjuge ou companheira, à mulher, na ausência de cônjuge ou companheiro, ou ao homem e à mulher, obrigatoriamente, nos casos de casamento ou união estável.

§ 14. Para fins de interpretação, a outorga coletiva a que se refere o § 3º deste artigo não permite a titulação, provisória ou definitiva, a pessoa jurídica.

§ 15. Os títulos emitidos sob a vigência de norma anterior poderão ter seus valores reenquadrados, de acordo com o previsto no § 5º deste artigo, mediante requerimento do interessado, observados os termos estabelecidos em regulamento e vedada a restituição de valores já pagos que eventualmente excedam o valor devido após o reenquadramento.

– Quanto ao tamanho dos lotes e à conferência dos títulos:

Art. 18-A. Os lotes a serem distribuídos pelo Programa Nacional de Reforma Agrária não poderão ter área superior a 2 (dois) módulos fiscais ou inferior à fração mínima de parcelamento.

§ 1º Fica o Incra autorizado, nos assentamentos com data de criação anterior ao período de dois anos, contado retroativamente a partir de 22 de dezembro de 2016, a conferir o título de domínio ou a CDRU relativos às áreas em que ocorreram desmembramentos ou remembramentos após a concessão de uso, desde que observados os seguintes requisitos:

I – observância da fração mínima de parcelamento e do limite de área de até quatro módulos fiscais por beneficiário, observado o disposto no art. 8º da Lei nº 5.868, de 12 de dezembro de 1972;

II – o beneficiário não possua outro imóvel a qualquer título;

III – o beneficiário preencha os requisitos exigidos no art. 3º da Lei nº 11.326, de 24 de julho de 2006;

IV – o desmembramento ou o remembramento seja anterior ao período de dois anos, contado retroativamente a partir de 22 de dezembro de 2016.

§ 2º O beneficiário titulado nos termos do § 1º não fará jus aos créditos de instalação de que trata o art. 17 desta Lei.

§ 3º Os títulos concedidos nos termos do § 1o deste artigo são inegociáveis pelo prazo de dez anos, contado da data de sua expedição.

– Quanto à ocupação ou exploração por pessoa não selecionada:

Art. 18-B. Identificada a ocupação ou a exploração de área objeto de projeto de assentamento por indivíduo que não se enquadre como beneficiário do Programa Nacional de Reforma Agrária, o ocupante será notificado para desocupação da área, nos termos estabelecidos em regulamento, sem prejuízo de eventual responsabilização nas esferas cível e penal.

– Quanto ao processo de seleção de beneficiários ao programa de reforma agrária:

Art. 19. O processo de seleção de indivíduos e famílias candidatos a beneficiários do Programa Nacional de Reforma Agrária será realizado por projeto de assentamento, observada a seguinte ordem de preferência na distribuição de lotes:

I – ao desapropriado, ficando-lhe assegurada a preferência para a parcela na qual se situe a sede do imóvel, hipótese em que esta será excluída da indenização devida pela desapropriação;

II – aos que trabalham no imóvel desapropriado como posseiros, assalariados, parceiros ou arrendatários, identificados na vistoria;

III– aos trabalhadores rurais desintrusados de outras áreas, em virtude de demarcação de terra indígena, criação de unidades de conservação, titulação de comunidade quilombola ou de outras ações de interesse público;

IV – ao trabalhador rural em situação de vulnerabilidade social que não se enquadre nas hipóteses previstas nos incisos I, II e III deste artigo;

V – ao trabalhador rural vítima de trabalho em condição análoga à de escravo;

VI – aos que trabalham como posseiros, assalariados, parceiros ou arrendatários em outros imóveis rurais;

VII – aos ocupantes de áreas inferiores à fração mínima de parcelamento.

§ 1º O processo de seleção de que trata o *caput* deste artigo será realizado pelo Incra com ampla divulgação do edital de convocação na internet e no Município em que será instalado o projeto de assentamento, bem como nos Municípios limítrofes, na forma do regulamento.

§ 2º Nos projetos de assentamentos ambientalmente diferenciados, definidos em regulamento, o processo de seleção será restrito às famílias que já residam na área, observadas as vedações constantes do art. 20 desta Lei.

§ 3º Caso a capacidade do projeto de assentamento não atenda todos os candidatos selecionados, será elaborada lista dos candidatos excedentes, com prazo de validade de dois anos, a qual será observada de forma prioritária quando houver substituição dos beneficiários originários dos lotes, nas hipóteses de desistência, abandono ou reintegração de posse.

§ 4º Esgotada a lista dos candidatos excedentes de que trata o § 3º deste artigo ou expirada sua validade, será instaurado novo processo de seleção específico para os lotes vagos no projeto de assentamento em decorrência de desistência, abandono ou reintegração de posse.

§ 5º A situação de vulnerabilidade social do candidato a que se refere o inciso IV do *caput* deste artigo será comprovada por meio da respectiva inscrição no Cadastro Único para Programas Sociais do Governo Federal (CadÚnico), ou em outro cadastro equivalente definido em regulamento.

– Quanto à classificação dos candidatos ao programa de reforma agrária:

Art. 19-A. Caberá ao Incra, observada a ordem de preferência a que se refere o art. 19, classificar os candidatos a beneficiários do Programa Nacional de Reforma Agrária, segundo os seguintes critérios:

I – família mais numerosa cujos membros se proponham a exercer a atividade agrícola na área objeto do projeto de assentamento;

II – família ou indivíduo que resida há mais tempo no Município em que se localize a área objeto do projeto de assentamento para o qual se destine a seleção, ou nos Municípios limítrofes;

III – família chefiada por mulher;

IV – família ou indivíduo integrante de acampamento situado no Município em que se localize a área objeto do projeto de assentamento ou nos Municípios limítrofes;

V – filhos que tenham entre dezoito e vinte e nove anos idade de pais assentados que residam na área objeto do mesmo projeto de assentamento;

VI – famílias de trabalhadores rurais que residam em área objeto de projeto de assentamento na condição de agregados; e

VII – outros critérios sociais, econômicos e ambientais estabelecidos por regulamento, de acordo com as áreas de reforma agrária para as quais a seleção é realizada.

Cap. XVIII • DESAPROPRIAÇÃO | 451

§ 1º Regulamento estabelecerá a pontuação a ser conferida aos candidatos de acordo com os critérios definidos por este artigo.

§ 2º Considera-se família chefiada por mulher aquela em que a mulher, independentemente do estado civil, seja responsável pela maior parte do sustento material de seus dependentes.

– Quanto aos impedidos de serem selecionados para o programa de reforma agrária:

Art. 20. Não poderá ser selecionado como beneficiário dos projetos de assentamento a que se refere esta Lei quem:

I – for ocupante de cargo, emprego ou função pública remunerada;

II – tiver sido excluído ou se afastado do programa de reforma agrária, de regularização fundiária ou de crédito fundiário sem consentimento de seu órgão executor;

III – for proprietário rural, exceto o desapropriado do imóvel e o agricultor cuja propriedade seja insuficiente para o sustento próprio e o de sua família;

IV – for proprietário, cotista ou acionista de sociedade empresária em atividade;

V – for menor de dezoito anos não emancipado na forma da lei civil; ou

VI – auferir renda familiar proveniente de atividade não agrária superior a três salários mínimos mensais ou superior a um salário mínimo *per capita*.

§ 1º As disposições constantes dos incisos I, II, III, IV e VI do *caput* deste artigo aplicam-se aos cônjuges e conviventes, inclusive em regime de união estável, exceto em relação ao cônjuge que, em caso de separação judicial ou de fato, não tenha sido beneficiado pelos programas de que trata o inciso II do *caput* deste artigo.

§ 2º A vedação de que trata o inciso I do *caput* deste artigo não se aplica ao candidato que preste serviços de interesse comunitário à comunidade rural ou à vizinhança da área objeto do projeto de assentamento, desde que o exercício do cargo, do emprego ou da função pública seja compatível com a exploração da parcela pelo indivíduo ou pelo núcleo familiar beneficiado.

§ 3º São considerados serviços de interesse comunitário, para os fins desta Lei, as atividades prestadas nas áreas de saúde, educação, transporte, assistência social e agrária.

§ 4º Não perderá a condição de beneficiário aquele que passe a se enquadrar nos incisos I, III, IV e VI do *caput* deste artigo, desde que a atividade assumida seja compatível com a exploração da parcela pelo indivíduo ou pelo núcleo familiar beneficiado.

– Quanto às obrigações que devem assumir os beneficiários da reforma agrária:

Art. 21. Nos instrumentos que conferem o título de domínio, concessão de uso ou CDRU, os beneficiários da reforma agrária assumirão, obrigatoriamente, o compromisso de cultivar o imóvel direta e pessoalmente, ou por meio de seu núcleo familiar, mesmo que por intermédio de cooperativas, e o de não ceder o seu uso a terceiros, a qualquer título, pelo prazo de 10 (dez) anos.

Parágrafo único. A família beneficiária poderá celebrar o contrato de integração de que trata a Lei nº 13.288, de 16 de maio de 2016.

Algumas regras relativamente à resolução das transmissões e concessões de uso dos imóveis, bem como complementares, constam nos arts. 22 e 22-A, na redação das Leis 13.001/2014 e 13.465/2017.

Assim, o art. 22 ordena a inclusão de cláusula resolutória expressa nos instrumentos translativos de domínio, de concessão de uso ou de concessão de direito de direto real de uso (CDRU), se desrespeitadas as obrigações, retornando o imóvel ao órgão alienante ou concedente.

Quanto à alienação do imóvel, de acordo com o § 1º, é possível depois de transcorrido o prazo de dez anos, e desde que a nova área titulada não vier a integrar imóvel rural com área superior a quatro módulos fiscais.

Em vista do § 2º, em passando a parcela titulada a integrar zona urbana ou de expansão urbana, o Incra deverá priorizar a análise do requerimento de liberação das condições resolutivas.

O art. 22-A permite a cessão das benfeitorias, reprodutivas ou não, existentes no imóvel destinado para reforma agrária aos beneficiários para exploração individual ou coletiva. Autoria, também, a doação em benefício da comunidade de assentados, na forma estabelecida em regulamento.

Quanto ao preço do lote, é estabelecido de acordo com definição do Conselho Diretor do Instituto Nacional de Colonização e Reforma Agrária – INCRA, cujo ato fixará os critérios para a apuração do valor da parcela a ser cobrada do beneficiário.

O valor do imóvel será cobrado em parcelas anuais, num período de até vinte anos, concedendo-se um prazo de carência de até três anos, e aplicando-se a correção monetária pelos índices do IGP-DI.

Beneficiam-se os que adimplirem as prestações nos prazos assinalados com um desconto de cinquenta por cento da correção monetária.

Não são reembolsáveis os valores decorrentes dos custos de implantação das obras de infraestrutura de interesse coletivo, os despendidos com o plano de desenvolvimento do assentamento e aqueles exigidos com a medição e demarcação topográfica. Igualmente, não são restituíveis os créditos decorrentes da entrega, aos beneficiários, de valores para a fase inicial de instalação nos lotes.

Manter-se-á cadastro de áreas desapropriadas e dos beneficiários de lotes.

18.3.3. Desapropriação de imóveis urbanos

A Constituição prevê a desapropriação de imóveis urbanos em favor do Poder Público municipal, no art. 182, § 3º: "As desapropriações de imóveis urbanos serão feitas com prévia e justa indenização em dinheiro".

E no § 4º:

> "É facultado ao Poder Público municipal, mediante lei específica para área incluída no plano diretor, exigir, nos termos da lei federal, do proprietário do solo urbano não edificado, subutilizado ou não utilizado que promova seu adequado aproveitamento, sob pena, sucessivamente, de:
>
> I – parcelamento ou edificação compulsórios;
>
> II – imposto sobre a propriedade predial e territorial urbana progressivo no tempo;
>
> III – desapropriação com pagamento mediante títulos da dívida pública de emissão previamente aprovada pelo Senado Federal, com prazo de resgate de até dez anos, em parcelas anuais, iguais e sucessivas, assegurados o valor real da indenização e os juros legais".

As medidas citadas visam à repressão à subutilização ou ao mau aproveitamento do solo urbano.

Os dispositivos da Constituição Federal foram regulamentados pela Lei nº 10.257/2001, a chamada "Estatuto da Cidade", estabelecendo diretrizes gerais sobre política urbana. Relativamente ao uso do solo urbano, traça normas para a devida ocupação, como se percebe em seu art. 5º.

Se não cumpridas as normas da correta utilização, uma das consequências é a desapropriação. Para tanto, define-se a subutilização no § 1º do art. 5º:

> Considera-se subutilizado o imóvel:
>
> I – cujo aproveitamento seja inferior ao mínimo definido no plano diretor ou em legislação dele decorrente;
>
> II – (vetado).

Seguem normas dirigidas a oportunizar o correto aproveitamento, verificado no parcelamento, edificação ou utilização, concedendo-se prazos, que vão de um a dois anos. Notificam-se os proprietários, visando oportunizar a utilização proveitosa. O não atendimento importa na incidência do Imposto sobre Propriedade Territorial Predial e Territorial Urbana – IPTU – progressivo no tempo, mediante a majoração da alíquota pelo prazo de cinco anos consecutivos, em taxas ou percentuais que não excederão a quinze por cento.

Outrossim, se decorridos cinco anos de cobrança de IPTU progressivo, sem que o proprietário tenha cumprido a obrigação de parcelamento, edificação ou utilização, abre-se o caminho da desapropriação, segundo os vários parágrafos do art. 8º da mesma Lei nº 10.257/2001. Autoriza-se o pagamento em títulos da dívida pública, resgatáveis no prazo de dez anos, em prestações anuais, iguais e sucessivas, assegurados o valor real da indenização e os juros legais de seis por cento ao ano.

Terá o Município o prazo de cinco anos para proceder ao adequado aproveitamento do imóvel.

Como se nota, vêm naquelas disposições previstas normas de política urbana.

18.3.3.1. A desapropriação para fins de urbanização

A desapropriação para fins de urbanização propriamente dita, sem que necessariamente decorra do mau aproveitamento do solo, aparece consubstanciada mais no Decreto-Lei nº 3.365/1941, prescrevendo o art. 4º:

> A desapropriação poderá abranger a área contígua necessária ao desenvolvimento da obra a que se destina, e as zonas que se valorizarem extraordinariamente, em consequência da realização do serviço. Em qualquer caso, a declaração de utilidade pública deverá compreendê-las, mencionando-se quais as indispensáveis à continuação da obra e as que se destinam à revenda.

O parágrafo único do mesmo art. 4º, incluído pela Lei nº 12.873/2013, faculta ao expropriente exigir na contratação a inclusão, caso tenha suportado, do custo de urbanização, de renovação urbana ou de parcelamento ou reparcelamento do solo, previstos no Plano Diretor:

> Quando a desapropriação destinar-se à urbanização ou à reurbanização realizada mediante concessão ou parceria público-privada, o edital de licitação poderá prever que a receita decorrente da revenda ou utilização imobiliária integre projeto associado por conta e risco do concessionário, garantido ao poder concedente no mínimo o ressarcimento dos desembolsos com indenizações, quando estas ficarem sob sua responsabilidade.

Daí constar do edital que, na receita decorrente da revenda ou utilização imobiliária, deverá estar garantido o ressarcimento ao ente público se realizou desembolsos com indenizações.

Cabe, pois, ao Poder Público exigir do contratado o ressarcimento do que houver gasto. Por isso, na contratação ficará contemplada essa obrigação.

Em se cuidando de imóvel para o aproveitamento urbano, legitimam-se para a desapropriação os concessionários, inclusive aqueles contratados nos termos da Lei nº 11.079/2004, os permissionários, os autorizatários, os arrendatários, as entidades públicas, as entidades que exerçam funções delegadas do Poder Público e o contratado pelo Poder Público para fins de execução de obras e serviços de engenharia sob os regimes de empreitada por preço global, empreitada integral e contratação integrada.

Os concessionários contratados pela Lei nº 11.079/2004 são os que celebram com o Poder Público parceria público-privada para determinada finalidade.

Corresponde a desapropriação do art. 4º à desapropriação por zona, cujas áreas poderão ser vendidas se excedentes e desnecessárias ao Poder Público, como ilustra Hely Lopes Meirelles:

> A desapropriação por zonas está autorizada pelo Decreto-lei nº 3.365/1941 (art. 4º) e consiste na ampliação da expropriação às áreas que se valorizem extraordinariamente em consequência da realização da obra ou do serviço público. Essas áreas ou terras excedentes e desnecessárias ao Poder Público podem ser vendidas a terceiros, para obtenção de recursos financeiros. A desapropriação por zona é um sucedâneo da contribuição de melhoria. Para essa modalidade de expropriação, a declaração de utilidade pública deverá indicar expressamente qual a área necessária às obras ou serviços a realizar e qual a zona excedente a ser abrangida pela desapropriação, para a futura alienação.[23]

Igualmente Adilson Abreu Dallari esposa o mesmo entendimento, ampliando a possibilidade de alienação não apenas no caso de expropriação com fulcro no art. 4º do Decreto-Lei nº 3.365:

> Com efeito, diversos casos previstos em lei como autorizativos de desapropriação já pressupõem a utilização do bem desapropriado por terceiros, verbi gratia, a criação de centros de população, o loteamento de terrenos e os planos de urbanização, entre os quais está a renovação urbana.
>
> A já referida Lei nº 6.602/1978, que alterou o art. 5º do Decreto-Lei nº 3.365/1941, acrescentando à letra "i" (nesta parte mantida a redação pela Lei nº 9.785/1999) a previsão de desapropriar para fins de construção ou ampliação de distritos industriais, acrescentou, também, ao mesmo artigo, dois parágrafos. O § 1º prevê, expressamente, a revenda dos lotes a empresas previamente qualificadas.
>
> Além disso, a lei do parcelamento do solo urbano, de nº 6.766, de 19 de dezembro de 1979, em seu art. 44, estabeleceu um direito de preferência, em favor dos antigos proprietários, nestes termos: "O Município, o Distrito Federal e o Estado poderão expropriar áreas urbanas ou de expansão urbana para reloteamento, demolição, reconstrução e incorporação, ressalvada a preferência dos expropriados para a aquisição de novas unidades".

---

[23] *Direito de Construir*, ob. cit., p. 139.

Assim sendo, no direito positivo brasileiro, a nível da lei ordinária, não resta dúvida quanto à possibilidade de desapropriação para revender, dentro de certas condições.[24]

Acrescenta-se que a desapropriação por zona não se confunde com a desapropriação visando à execução de planos urbanísticos, que aparece contemplada na letra "i" do art. 5º do Decreto nº 3.365/1941. Na primeira, em que se permite a venda, a Administração procura reembolsar-se dos gastos demandados na construção da obra ou do melhoramento, que importou em valorização do imóvel. Para ressarcir-se dos gastos, o Poder Público paga aos proprietários o valor atribuído aos imóveis antes da obra, mediante a desapropriação. Num segundo passo, revendendo-os, beneficia-se com o lucro trazido pela valorização oriunda das obras públicas.

A desapropriação para fins específicos de urbanismo vem permitida em várias alíneas do art. 5º do Decreto-Lei nº 3.365.

Trata-se, sempre, de desapropriação por utilidade pública.

Na letra "d" está consignada a salubridade pública, designação que compreende uma série de obras públicas já realizadas no solo, envolvendo a salubridade das habitações isoladas ou em bairros, a poluição ambiental, o sistema de esgotos e águas etc. Na letra "e", a lei se refere a criação e melhoramentos de centros de população e seu abastecimento regular de meios de subsistência. Objetiva a desapropriação formar núcleos coloniais, vilas e conjuntos populacionais, especialmente para pessoas que residem em habitações subumanas; estabelecer áreas verdes e praças; e aumentar as zonas periféricas das cidades.

Na letra "i", com a redação advinda da Lei nº 9.785, de 29.01.1999, considera caso de utilidade pública, para fins de desapropriação, "a abertura, conservação e melhoramento de vias ou logradouros públicos; a execução de planos de urbanização; o parcelamento do solo, com ou sem edificação, para sua melhor utilização econômica, higiênica ou estética; a construção ou ampliação de distritos industriais". Engloba a previsão vasta gama de obras, como ruas, vilas, caminhos, estradas de rodagem, estradas de ferro, estações rodoviárias e ferroviárias, vias elevadas, pontes, rios, canais, portos, parques, praças, jardins, bosques, a erradicação de favelas e a implantação de distritos industriais com a venda de lotes após a instalação. Averbe-se que a expressão "logradouros públicos" abrange praças, parques, lagos, jardins e outros locais de diversões, passeios e tráfego, como ruas, estradas, rodovias, avenidas, pontes, calçadas, becos, entradas e caminhos.

Na letra "j", está permitida a desapropriação em vista do funcionamento dos transportes coletivos, envolvendo a ampliação do sistema viário, a construção de estações rodoviárias e ferroviárias, de portos, de terminais integrados e de corredores para uso exclusivo de coletivos.

Na letra "k", contempla a preservação e conservação dos monumentos históricos e artísticos, isolados ou integrados em conjuntos urbanos ou rurais, bem como as medidas necessárias a manter-lhes e realçar-lhes os aspectos mais valiosos e característicos, e, ainda, a proteção de paisagens e locais particularmente dotados pela natureza.

Nas letras "m" e "n", consigna-se a desapropriação visando à construção de edifícios públicos, monumentos comemorativos, cemitérios, estádios, aeródromos ou campos de pousos de aeronaves e inclusive de outros equipamentos próprios da cidade.

---

[24] *Obra citada*, p. 70 e 71.

Vê-se, daí, quão extenso é o número de bens desapropriáveis para atingir finalidades urbanísticas.

A Lei nº 9.785/1999, anteriormente citada, trouxe algumas regras relacionadas ao parcelamento do solo urbano. Assim na letra "i" do art. 5º da Lei nº 3.365/1941, substituindo a palavra "loteamento" por "parcelamento", abrangendo a última maior extensão, eis que engloba o "loteamento" e o "desmembramento".

Acrescentou o § 1º ao art. 5º, prevendo os distritos industriais: "A construção ou ampliação de distritos industriais, de que trata a alínea 'i' do *caput* deste artigo, inclui o loteamento das áreas necessárias à instalação de indústrias e atividades correlatas, bem como a revenda ou locação dos respectivos lotes a empresas previamente qualificadas".

O § 2º, quanto à ampliação: "A efetivação da desapropriação para fins de criação ou ampliação de distritos industriais depende de aprovação, prévia e expressa, pelo Poder Público competente, do respectivo projeto de implantação".

Uma vez concretizada a desapropriação para fins urbanos com destino à implantação de classes de menor renda, o § 3º do mesmo art. 5º proíbe destinação diferente da visada no decreto expropriatório e retorno do bem ao patrimônio do expropriado: "Ao imóvel desapropriado para implantação de parcelamento popular, destinado às classes de menor renda, não se dará outra utilização nem haverá retrocessão".

18.3.3.2. *Expropriação de áreas ocupadas por assentamentos*

Havia norma especial para a desapropriação de áreas ocupadas coletivamente por assentamentos sujeitos à regularização fundiária de interesse social: o ente expropriante obrigava-se a prever medidas compensatórias em favor do expropriado. Com efeito, estabelecia o art. 4º-A do Decreto-Lei nº 3.365/1941, introduzido pela Medida Provisória nº 700/2015: "Quando o imóvel a ser desapropriado estiver ocupado coletivamente por assentamentos sujeitos à regularização fundiária de interesse social, nos termos do inc. VII do *caput* do art. 47 da Lei nº 11.977, de 7 de julho de 2009, o ente expropriante deverá prever, no planejamento da ação de desapropriação, medidas compensatórias". Quais medidas compensatórias permitidas? Constituíam-se da realocação de famílias, de indenizações e de compensações financeiras. Constavam elas no § 2º do mesmo art. 4º-A: "As medidas compensatórias a que se refere o *caput* incluem a realocação de famílias em outra unidade habitacional, a indenização de benfeitorias ou a compensação financeira suficiente para assegurar o restabelecimento da família em outro local, exigindo-se, para este fim, o prévio cadastramento dos ocupantes". Segundo o § 1º, "não serão caracterizados como assentamentos sujeitos a regularização fundiária de interesse social aqueles localizados em Zona Especial de Interesse Social de área vazia destinada à produção habitacional, nos termos do Plano Diretor ou de lei municipal específica".

Entretanto, deixaram de persistir as disposições, em face do encerramento do prazo de vigência da Medida Provisória em 17.05.2016, conforme, aliás, ato declaratório do Presidente da Mesa do Congresso Nacional. É possível, dada a importância social da matéria, que o assunto venha a ser introduzido em outro diploma.

Comum é a desapropriação de áreas urbanas não aproveitadas com finalidades sociais, em especial a construção de conjuntos habitacionais, e posterior alienação às classes menos favorecidas.

A Lei nº 4.132, de 1962, no art. 2º, neste sentido, considera de interesse social, o que autoriza a desapropriação, dentre outros casos, o aproveitamento de todo bem improdutivo ou explorado sem correspondência com as necessidades de habitação, trabalho e consumo de centros de população a que deve ou possa suprir por seu destino econômico; a manutenção de posseiros em terrenos urbanos onde, com a tolerância expressa ou tácita do proprietário, tenham construído sua habitação, formando núcleos residenciais de dez ou mais famílias; e a construção de casas populares.

Evidentemente, considerando-se de interesse social tais situações, as desapropriações se realizam mormente para assentar, em definitivo, pessoas que já residam nas áreas, ou para vender terrenos àquelas mais necessitadas.

18.3.3.3. Imissão de posse nos imóveis destinados à habitação

O Decreto-Lei nº 1.075, de 22.01.1970, cuida da imissão de posse *initio litis*, em imóveis residenciais urbanos habitados pelo proprietário ou compromissário comprador, cuja promessa de compra esteja devidamente lançada no Registro de Imóveis (art. 6º), não abrangendo imóveis urbanos com destinação diferente.

Concede-se a imissão na posse se o expropriante, alegando urgência, depositar o preço e não houver impugnação, quanto ao seu montante, pelo expropriado, no prazo de cinco dias, a contar de sua intimação (art. 1º).

Oferecida impugnação, o juiz designará perito, ao qual se assegura o prazo de cinco dias para a elaboração do laudo. Em seguida, no lapso de tempo de quarenta e oito horas, o juiz arbitrará o valor para efeitos de depósito prévio, que ensejará a imissão (art. 2º e seu parágrafo único).

Revelandose superior o valor arbitrado ao oferecido pelo expropriante, faz-se indispensável o depósito complementar de quantia que atinja, no mínimo, metade do preço arbitrado (art. 3º), estabelecido o limite máximo em equivalente a dois mil e trezentos salários mínimos da região (art. 4º). Faculta-se ao expropriado o levantamento de toda a quantia depositada e complementada (art. 5º). Quando o valor arbitrado, porém, for inferior ou igual ao dobro do preço oferecido, é lícito ao expropriado optar entre o levantamento de oitenta por cento do preço oferecido, ou a metade daquele arbitrado (parágrafo único do art. 5º).

18.4. SUJEITO ATIVO NA DESAPROPRIAÇÃO

Sujeito ativo na desapropriação, ou expropriante, é a pessoa jurídica de direito público. Pelo Decreto-Lei nº 3.365/1941, art. 2º, estão habilitados a expropriar a União, os Estados--membros, os Municípios, o Distrito Federal e os Territórios. De conformidade com os parágrafos que seguem o mesmo artigo, desde que emitida autorização pelo respectivo Poder Legislativo, à União é permitido desapropriar bens dos Estados, dos Municípios, do Distrito Federal e dos Territórios; e aos Estados é facultada a desapropriação de bens dos Municípios.

O art. 3º relaciona outros entes aptos a promoverem a desapropriação, desde que haja autorização expressa do Poder ou órgão superior, constante de lei ou contrato:

> Os concessionários de serviços públicos e os estabelecimentos de caráter público ou que exerçam funções delegadas de poder público poderão promover desapropriações mediante autorização expressa, constante de lei ou contrato.

Por outras palavras, o Poder Público decreta a expropriação mediante decreto e autoriza a autarquia, a concessionária ou os demais entes autorizados a desapropriar em seu nome, que ingressará com a respectiva ação.

Relativamente ao concessionário de serviço público, elucida José Carlos de Moraes Salles:

> seja pessoa jurídica ou consórcio de empresas, é sempre um delegado do Poder Público concedente. Nessa condição, ainda que não lhe seja lícito declarar a utilidade pública de um bem para fins de desapropriação, pois essa competência é do poder concedente (art. 29, VII, da Lei nº 8.987, de 13.02.1995), poderá, entretanto, promover a expropriação, depois de editada a declaração pelo poder Público concedente (art. 31, VI, da Lei nº 8.987, de 13.02.1995), conforme previsto no edital e no contrato.[25]

Exemplos de entidades públicas ou concessionárias, citam-se a Agência Nacional do Petróleo, Gás Natural e Biocombustíveis – ANP, que está autorizada a desapropriar pela Lei nº 9.478, de 1997, em seu art. 8º, inc. VIII; a SUDENE, por força da Lei nº 3.692, de 1959, art. 16; e o INCRA, pelo art. 22 da Lei nº 4.504, de 1964.

De sorte que as concessionárias de qualquer esfera do Poder Público (federais, estaduais e municipais), as pessoas jurídicas de economia mista e até as pessoas jurídicas de direito privado podem se constituir como sujeitos ativos no ato de desapropriar, desde que impulsionadas para uma finalidade pública, ou na medida em que é confiada a elas a execução de obra de entidade pública, em nome da qual o bem expropriado é retirado da esfera patrimonial do antigo proprietário. Não se olvide, porém, que o direito de desapropriação se refere a um interesse do Estado, de cujo império emana o poder para o ato. A pessoa jurídica de economia mista ou privada, a concessionária, a autarquia e outros órgãos ou empresas de caráter público atuam como delegados do Poder Público. A declaração de utilidade pública de um bem, com o decreto que ordena a expropriação, reserva-se ao Poder Público.

Enquadram-se, dentre outros entes capacitados, as fundações públicas, como os estabelecimentos de caráter público, desde que criadas por lei (art. 37, inc. XIX, da CF).

Incluem-se os seres paraestatais, ou as entidades que prestam serviços sociais autônomos, outorgados pela Administração Pública. Havendo lei que outorga a prática de serviços de interesse público, possível a delegação para desapropriar. Efetivamente, esses serviços vêm instituídos por lei, sendo exemplos os de assistência ao ensino a determinadas categorias sociais ou categorias profissionais, sem fins lucrativos. Mantidos por dotações orçamentárias ou contribuições parafiscais, possuem patrimônio e administração próprios, e exteriorizam-se como fundações, ou sociedades civis, ou associações. Aparecem como exemplos o Serviço de Aprendizagem Industrial – SENAI; o Serviço Nacional de Aprendizagem Comercial – SENAC; e o Serviço Social da indústria – SESI.

Todavia, embora a obviedade, insta lembrar que o decreto de declaração de utilidade pública e de desapropriação parte do Poder Executivo ao qual pertence a entidade – autarquia, fundação, pessoa jurídica privada que recebeu delegação etc. Por outras palavras, o concessionário de serviço público ou a entidade paraestatal encaminha o pedido ao Poder Público ao qual está subordinado, que emite a declaração de utilidade pública para fins de desapropriação, e ao mesmo autoriza que proceda o ato. A autarquia, ou a entidade paraestatal, ou a fundação promove a ação de desapropriação, em nome próprio, de modo que o bem é transferido para a sua propriedade, e não do Poder Público.

Quanto a imóveis rurais para fins de reforma agrária, a competência é exclusiva da União, em virtude do art. 184 da Carta Federal. O art. 2º da Lei Complementar nº 76/1993, prevê a mesma exclusividade: "A desapropriação de que trata esta Lei Complementar é de competência privativa da União e será precedida de decreto declarando o imóvel de interesse social, para fins de reforma agrária". Promoverá a ação, porém, em nome da União o órgão

---

[25] *A Desapropriação à Luz da Doutrina e da Jurisprudência*, ob. cit., p. 151.

Cap. XVIII · DESAPROPRIAÇÃO | **459**

federal executor da reforma agrária, perante a Justiça Federal do local da situação do imóvel, segundo a regra do § 1º do mesmo art. 2º: "A ação de desapropriação, proposta pelo órgão federal executor da reforma agrária, será processada e julgada pelo juiz federal competente, inclusive durante as férias forenses".

A mesma restrição, no tocante à competência, vem consignada na Lei nº 8.629/1993, § 1º do art. 2º.

Quanto ao Poder Legislativo, assegura o art. 8º do Decreto-Lei nº 3.365/1941: "O Poder Legislativo poderá tomar a iniciativa da desapropriação, cumprindo neste caso, ao Executivo, praticar os atos necessários à sua efetivação".

Vale afirmar que o Poder Legislativo desencadeia, provoca ou decreta a expropriação. Ao Poder Executivo cabe efetivar, promover ou concretizar a medida, ingressando com o processo competente na Justiça.

Mas é relativo o resultado da decretação pelo Legislativo. Mesmo declarando de utilidade ou necessidade pública, ou de interesse social, e, assim, sujeito o bem a desapropriação, pode ocorrer que se mantenha o Executivo inerte, não tomando qualquer iniciativa.

18.5. BENS PASSÍVEIS DE DESAPROPRIAÇÃO

De modo geral, quaisquer bens tornam-se passíveis de desapropriação, desde que necessários à finalidade pública, ou do Poder Público, e que não sejam de natureza personalíssima, indispensáveis ao próprio ser humano, como roupas e coisas de uso individual e alimentos armazenados para o proveito normal. Igualmente, não se desapropria o dinheiro em curso, posto que por ele se procede o pagamento da própria indenização do bem expropriado.

Daí que a utilidade pública ou de interesse social pode atingir qualquer bem necessário ou conveniente ao serviço público ou à coletividade, incidindo no patrimônio material ou imaterial, e envolvendo direitos ou ações.

Inclusive os direitos autorais, os inventos e descobertas industriais e os direitos de crédito – isto é, a propriedade no sentido mais amplo possível – prestam-se para a expropriação.

Por outras palavras, a desapropriação é permitida para os entes estatais superiores, e desde que presente a autorização legislativa para o ato, caso não houver acordo e a fixação das respectivas responsabilidades. Daí, capacitar-se a União a desapropriar bens dos Estados Federados, e a estes permitir-se a mesma forma de adquirir a propriedade quanto aos bens dos Municípios.

Segue-se sempre a ordem descendente; nunca a ascendente.

Segundo ressalta o dispositivo, impende que preceda ao ato a permissão legislativa. Realmente, a desapropriação de bens destas entidades exigirá sempre a autorização da autoridade superior que as instituiu, conforme justifica Hely Lopes Meirelles:

> Mas entendemos que desapropriação de bens vinculados a serviços públicos, pelo princípio da continuidade do próprio serviço, dependerá sempre de autorização da entidade superior que os instituiu e delegou, porque, sem essa condição, a atividade dos entes maiores seria tolhida e até mesmo reprimida, pelos menores, por via expropriatória.[26]

Submetem-se à desapropriação as áreas contíguas aos bens indispensáveis à obra ou aos serviços objetivados pelo Poder Público.

---

[26]   *Direito de Construir*, ob. cit., p. 138.

Há situações que impelem à desapropriação de áreas contíguas, autorizadas pelo art. 4º do Decreto-Lei nº 3.365/1941: "A desapropriação poderá abranger a área contígua necessária ao desenvolvimento da obra a que se destina (...)". É o caso da desapropriação de um imóvel, para a finalidade de construir um aeroporto. Entrementes, amplia-se a desapropriação às zonas próximas, até certa distância, que servirão para os estacionamentos, para as manobras de entrada e saída, e até para evitar o erguimento de prédios vizinhos, numa previsão de futura ampliação do complexo aeroportuário. O mesmo se estende nas desapropriações para a construção de estações de trens urbanos, de hospitais, de sedes de governo e de uma infinidade de outras obras.

Na desapropriação parcial, está o expropriado amparado pelo art. 4º da Lei Complementar nº 76/1993, para requerer, na contestação, a inclusão do restante do imóvel, se:

I – reduzida a superfície inferior à da pequena propriedade rural; ou

II – prejudicada substancialmente em suas condições de exploração econômica, caso seja o seu valor inferior ao da parte desapropriada.

É o que se convencionou chamar de "direito de extensão".

Resulta da desapropriação a desvalorização da área remanescente pela substancial impossibilidade da fruição. A indenização, por conseguinte, abrangerá a totalidade do imóvel. No entanto, a prova técnica revelará a configuração ou não da desvalorização ou inutilidade da extensão de terras restante.

De grande importância o § 3º do art. 2º do Decreto-Lei nº 3.365, quanto à expropriação de ações, quotas e direitos de empresas autorizadas a funcionar pela União:

É vedada a desapropriação pelos Estados, Distrito Federal, Territórios e Municípios, de ações, quotas e direitos representativos do capital de instituições e empresas cujo funcionamento dependa de autorização do Governo Federal e se subordine à sua fiscalização, salvo mediante prévia autorização, por decreto do Presidente da República.

O parágrafo veio acrescentado pelo Decreto-Lei nº 856/1969. Se uma pessoa jurídica, pois, embora de direito privado, está subordinada ao Governo Federal, e cujo funcionamento depende de autorização da autoridade administrativa da União, não pode ter suas ações, quotas e direitos desapropriados pelos Estados-membros, Distrito Federal, Territórios e Municípios. As ações, quotas e direitos dessas instituições e empresas equiparam-se aos bens do domínio público. É o caso, v.g., dos bancos, que para o funcionamento dependem do Banco Central do Brasil. Assim, não cabe aos Estados-membros a desapropriação das ações, quotas e direitos, a menos que venha autorização do Poder Executivo.

A mesma aplicação estende-se às empresas que exploram as áreas de jazidas, já que a atividade que exercem é de competência da União, obtendo, no entanto, autorização para a pesquisa e o aproveitamento através de alvará de concessão de lavra, expedido pelo Ministério de Minas e Energia.

Sobre a desapropriação de ações, dispõe a Súmula nº 476, do STF: "Desapropriadas as ações de uma sociedade, o Poder desapropriante, imitido na posse, pode exercer, desde logo, todos os direitos inerentes aos respectivos títulos".

18.6. DECLARAÇÃO DE UTILIDADE PÚBLICA OU DE INTERESSE SOCIAL

O primeiro passo oficial da expropriação parte da declaração expropriatória, materializada por lei ou decreto. Nela, constarão os elementos identificando o bem, indicando o destino ou a finalidade, e embasando o dispositivo legal do ato.

Este ato não tem maiores efeitos, a não ser capacitar ou legitimar o Poder Público a ingressar com a competente ação expropriatória. Não passa de um simples pressuposto ou de uma condição para o ingresso do procedimento para a transferência compulsória ao antes desapropriante.

O processo expropriatório somente inicia com o acordo administrativo ou a citação na demanda judicial. Antes, embora o decreto de utilidade ou necessidade pública ou de interesse social, não há restrição ao direito de propriedade, mantendo-se íntegros os poderes inerentes, inclusive quanto ao de dispor, isto é, o de venda, de exploração, e de uso para a construção.

A natureza da declaração expropriatória, vinda com o decreto, é ressaltada na *Apel. Cível* nº 99.711-5/2, da 1ª Câm. de Direito Público do TJ de São Paulo, de 9.08.1999:

> Os efeitos da declaração expropriatória não se confundem com os da desapropriação em si mesma. A declaração de necessidade ou utilidade pública ou de interesse social é apenas o ato-condição que precede a efetivação da transferência do bem para o domínio do expropriante. Só se considera iniciada a desapropriação com o acordo administrativo ou com a citação para a ação judicial, acompanhada da oferta do preço provisoriamente estimado para o depósito. Até então, a declaração expropriatória não tem qualquer efeito sobre o direito de propriedade do expropriado, nem pode impedir a normal utilização do bem ou sua disponibilidade.[27]

É reconhecida certa atribuição de efeitos acessórios ao expropriante, desde a data do decreto declaratório, como o de penetrar nos prédios atingidos, de acordo com a norma do art. 7º do Decreto-Lei nº 3.365/1941.

> Declarada a utilidade pública, ficam as autoridades administrativas autorizadas a penetrar nos prédios compreendidos na declaração, podendo recorrer, em caso de oposição, ao auxílio de força policial.
>
> Àquele que for molestado por excesso ou abuso de poder, cabe indenização por perdas e danos, sem prejuízo da ação penal.

O objetivo almejado na penetração está em possibilitar ao Poder Público o conhecimento do imóvel e planejar a execução das obras ou serviços.

Especificamente para a expropriação que se destinará à reforma agrária, advém a necessária medida da vistoria, garantida pelo § 2º do art. 2º da Lei Complementar nº 76/1993, que também se leva a efeito depois do ato declaratório: "Declarado o interesse social, para fins de reforma agrária, fica o expropriante legitimado a promover a vistoria e a avaliação do imóvel, inclusive com o auxílio de força policial, mediante prévia autorização do juiz, responsabilizando-se por eventuais perdas e danos que seus agentes vierem a causar, sem prejuízo das sanções penais cabíveis".

Esta vistoria não é aquela autorizada para a indicação de áreas sujeitas à desapropriação, permitida no § 2º do art. 2º da Lei nº 8.629/1993, em redação da Medida Provisória nº 2.183/2001 e regulamentada pelo Decreto nº 2.250, que se procede antes da declaração de interesse social, e se destina para a verificação do cumprimento da função social da propriedade e para a escolha de áreas desapropriáveis.

---

[27] *ADV Jurisprudência* nº 04, expedição de 30.01.2000, p. 52.

462 DIREITO DAS COISAS – *Arnaldo Rizzardo*

Havendo dano por excesso ou abuso de poder do lado do expropriante, assistirá ao expropriado a indenização por perdas e danos, sem prejuízo da ação penal, segundo garantia inserida no parágrafo único do art. 7º do Decreto-Lei nº 3.365/1941 e do § 2º do art. 2º da Lei Complementar nº 76/1993.

18.7. DEFESA DO PROPRIETÁRIO NO PROCESSO DE EXPROPRIAÇÃO

Um dos aspectos de real importância, e acentuada controvérsia, é suscitada pelo art. 9º do Decreto-Lei nº 3.365/1941: "Ao poder Judiciário é vedado, no processo de desapropriação, decidir se se verificam ou não os casos de utilidade pública".

De antemão, pois, afasta-se da discussão em juízo qualquer aspecto relativo ao mérito do decreto expropriatório, quanto à oportunidade, conveniência, utilidade, necessidade e razoabilidade da medida. Vale afirmar, como o faz José Cretella Júnior:

> No processo de desapropriação, é interdito ao Poder Judiciário decidir se ocorreram ou não os casos de utilidade pública, de necessidade pública ou de interesse social. Estes aspectos, que dizem respeito ao mérito do ato administrativo declaratório, são insuscetíveis de exame jurisdicional, porque situados na esfera discricionária e, pois, impenetrável da Administração Pública. Impenetrabilidade, vedação, interdição no campo do mérito, ou seja, proibição de revisão, pelo Poder Judiciário, de ocorrência de causa expropriatória. O Poder Público expropriante é o árbitro inconteste da valoração dos bens particulares, apreciando-os sob o ângulo do mérito, em seus desdobramentos de oportunidade e da conveniência, resguardado da intromissão indébita do Poder Judiciário no setor subjetivo e sutil da escolha daquilo que é necessário ou útil, ou do que se localiza na esfera do interesse social.[28]

Se determinada razão eleita, pelo Poder Público, integra ou não uma hipótese de utilidade pública, será proibido o enfrentamento, assegurando-se total arbitrariedade em decidir neste aspecto.

Todavia, acrescenta o autor:

> Cabe, porém, ao Poder Judiciário verificar se, para a edição do decreto expropriatório, foi invocado algum dos casos a que se condiciona a desapropriação (especificidade). Isto, no entanto, é diferente de se indagar se o caso é ou não de utilidade pública *in genere*. Indagando se o ato expropriatório se fundamentou num dos incisos legais que o podiam autorizar, o Poder Judiciário não está invadindo o campo reservado à função administrativa, já que a enumeração da lei é taxativa e não exemplificativa.[29]

A teor da lição acima e do texto da lei, cabe ao Judiciário apreciar se uma determinada ordem invocada forma ou não a figura capitulada na lei, *v.g.*, se é ou não motivo de segurança social, ou relativo à defesa do Estado, ou à salubridade pública. Incumbe-lhe, porém, examinar o enquadramento do motivo apontado como um daqueles arrolados no art. 5º do Decreto-Lei nº 3.365/1941.

É-lhe inerente à sua função a verificação da legalidade dos atos praticados desde a expedição do decreto competente, até o final, de modo a ressaltar o quadro evidenciado por Limongi França:

---

[28] *Tratado Geral da Desapropriação*, vol. I, ob. cit., p. 266.
[29] *Tratado Geral da Desapropriação*, vol. I, ob. cit., p. 266.

Cap. XVIII · DESAPROPRIAÇÃO | **463**

A nosso ver, a qualquer momento, deverá intervir o magistrado, e não apenas para dizer o preço, aspecto, aliás, bem limitado, do problema sociojurídico da expropriação, senão ainda da constitucionalidade de normas legais e decretos, do cumprimento de formalidades, da ilegalidade dos abusos ou excessos de poder, aspectos esses que não foram omitidos nem mesmo na exposição de motivos inspirada na Carta de 1937.[30]

A rigor, pois, veda-se somente ingressar no terreno inseguro da questão sobre a utilidade, necessidade ou interesse social.

O art. 20 do Decreto-Lei nº 3.365/1941 traz os limites da contestação: "A contestação só poderá versar sobre vício do processo judicial ou impugnação do preço; qualquer outra questão deverá ser decidida por ação direta".

Extrai-se da regra a possibilidade de se examinar, no feito, unicamente o que se segue: o vício do processo judicial e a impugnação do preço.

O primeiro não envolverá questões relativas à capacidade, ao objeto, à forma, ao motivo e ao fim da desapropriação. Restringe-se à observância dos ditames processuais.

E o segundo faz referência à estimativa do imóvel, e, consequentemente, ao preço.

No entanto, embora a divergência de interpretação, o art. 20 deve ser examinado em confronto com o art. 9º: a defesa não envolverá matéria relativa à verificação ou não da utilidade pública, mesmo que seja em ação direta.

Assim, em ação direta arguirá o proprietário a incapacidade do expropriante: Estado ao invés da União, eis que a esta se atribui a capacidade de desapropriação por interesse social para fins de reforma agrária.

Identicamente, se o objeto do ato declaratório não é possível ou lícito, ou se a declaração não veio revestida da forma prescrita em lei, como portaria ao invés de decreto; ou se envolve o ato bens públicos, inexistindo a autorização legislativa; ou se o motivo é inconsistente, como, *v.g.*, a desapropriação visando melhoramentos de uma via pública, quando não há necessidade de área maior, por já existente a prevista para colimar tal objetivo; ou se a finalidade é falsa, constando no decreto a utilidade pública que, na verdade, inexiste, visto que o bem declarado de utilidade serve exclusivamente para favorecer um particular.

Própria a transcrição, pois, da seguinte conclusão, de José Cretella Júnior: "Desse modo, a capacidade, o objeto, a forma, o motivo e o fim, elementos estruturais ou anatômicos da declaração expropriatória, veiculadas por decretos, se defeituosos, são examináveis por ação direta promovida perante o Poder Judiciário, que pode apreciá-los pela ilegalidade do procedimento do Estado".[31]

Acrescenta-se a tais fundamentos de defesa o exame do enquadramento da hipótese aventada pelo expropriante na ordem legal prevista no Decreto-Lei nº 3.365, e em outros mandamentos, que também discriminam os casos de utilidade pública. Se o prefeito municipal declara de utilidade pública uma área de terra para fins de desapropriação para estender uma via que conduz à fazenda de um amigo, não se inclui seu ato dentre um dos itens do art. 5º. Portanto, é nulo o ato, que deve ser declarado pelo Judiciário. Explica Oliveira e Cruz:

---

[30]   *Obra citada*, p. 77.
[31]   *Tratado Geral da Desapropriação*, vol. I, ob. cit., p. 274.

Há profunda diferença entre o verificar se o ato é ou não de utilidade pública, atribuição da competência exclusiva da autoridade administrativa, e decidir se o caso mencionado no decreto desapropriativo se enquadra na enumeração da lei.[32]

Entretanto, a questão está quanto à forma de exercício da defesa em ação direta. É óbvio, que pela redação do art. 20, que a contestação restringe-se exclusivamente aos vícios do processo e ao preço oferecido.

Quanto às demais matérias, virão em ação direta, de procedimento ordinário e até em mandado de segurança. Se envolve ou não utilidade pública, se há nulidade do decreto, se não se faz necessária a desapropriação, deve-se procurar outro caminho. Aduz José Carlos de Moraes Salles que

> O Decreto-Lei nº 3.365/1941 não excluiu da apreciação do Poder Judiciário a questão relativa às verificações da ocorrência ou não dos casos de utilidade pública, porque, no art. 20, o diploma legal mencionado permitiu que "qualquer outra questão"– que não dissesse respeito a vício do processo judicial ou a impugnação do preço – pudesse ser discutida e decidida em ação direta.
>
> Quando muito, poder-se-á dizer que a orientação acolhida pela Lei de Desapropriações contraria o princípio da economia processual, pois é lógico e racional que se tal questão fosse debatida no próprio feito desapropriatório poupariam as partes mais despesas e o Poder Judiciário trabalho.
>
> A esse argumento, entretanto, o legislador contrapôs o da rapidez que deve caracterizar os processos de desapropriação.

Adiante, transcreve lição de Seabra Fagundes:

> "A impossibilidade de exame da questão de inexistência da utilidade pública e da ocorrência doutros motivos de invalidez do ato declaratório no curso do processo de expropriamento, não importa em vedar definitivamente a sua análise pelo Poder Judiciário. A apreciação plena do ato administrativo expropriatório terá lugar através de ação direta, como se subentende do teor do artigo ora comentado e como ressalta da letra expressa do art. 20" (*Da Desapropriação no Direito Brasileiro*, 2ª ed., Rio de Janeiro, Freitas Bastos, 1949, p. 167).[33]

Antiga jurisprudência já admitia o mandado de segurança:

> Se a desapropriação for ilegal, cabe mandado de segurança, ou com efeito restaurador depois de iniciada a execução, ou com efeito preventivo antes dela. Por outro lado, a ação direta a que se refere o art. 20 da Lei das Desapropriações não exclui o mandado de segurança, pois o que caracteriza este remédio processual é haver direito líquido e certo violado ou ameaçado por ato de autoridade.[34]

Tão logo, pois, emita o Poder Executivo o ato declaratório de utilidade pública, ou interesse social, cumpre ao proprietário atingido o ajuizamento da medida judicial cabível, em geral ação declaratória de anulação de ato administrativo, e, inclusive, mandado de segurança, procurando trancar os efeitos do decreto.

---

[32] *Da Desapropriação*, Rio de Janeiro, Max Limonad Editor, p. 53.
[33] *A Desapropriação à Luz da Doutrina e da Jurisprudência*, ob. cit., pp. 268 e 269.
[34] *Revista de Direito Administrativo*, 84/165.

No entanto, esta limitação incide nas desapropriações regidas pelo Decreto-Lei nº 3.365/1941. No pertinente àquelas que se destinam à reforma agrária, o procedimento segue a Lei Complementar nº 76/1993, como se verá adiante. Seu art. 9º não contém campo tão restrito para a contestação. Impede unicamente que se ingresse na controvérsia sobre o mérito do interesse social: "A contestação deve ser oferecida no prazo de 15 (quinze) dias e versar sobre matéria de interesse da defesa, excluída a apreciação quanto ao interesse social declarado".

De sorte que admitida a discussão de todos os assuntos que não atinjam o mérito ou conteúdo do interesse social. Qual esse significado? Corresponde ao que ingressa na caracterização do interesse social do imóvel, ou se efetivamente a área se insere naquelas destinadas à reforma agrária por interesse social. E ocorre o enquadramento se o imóvel não cumpre a função social.

Todavia, se foram ou não observadas as regras para a caracterização do interesse social; se obedecido o procedimento para concluir sobre o não cumprimento da função social; se regular a vistoria; se ocorreu a intimação do proprietário para acompanhar os trabalhos de verificação; se preenchidos os requisitos externos para a destinação do imóvel à finalidade objetivada pelo ato desapropriatório, dentre outras matérias, é possível suscitar na contestação.

Quanto à tipificação da área como destinável ao interesse social, a exemplo de como ocorre nas desapropriações por utilidade pública, deve-se proceder por meio de ação direta ou própria, não se oportunizando o exame na contestação.

18.8. PROCESSO DE DESAPROPRIAÇÃO

Analisa-se o procedimento para os diversos tipos de desapropriação, que possui linhas próprias. Não basta o mero decreto de utilidade pública, que constitui o ato inicial. Deve o Poder Público ou a entidade autorizada ingressar com o competente processo. Efetivamente, a desapropriação propriamente dita se materializa ou objetiva através de acordo entre o expropriante e o expropriado, com o que se transfere o imóvel deste último para aquele, ou inicia mediante uma ação especial promovida pelo Poder Público.

O ato de declaração de utilidade pública ou interesse social é de iniciativa do Presidente da República, do Governador, do Interventor ou do Prefeito Municipal, ou de ato do Poder Legislativo. A ação, no entanto, virá ajuizada pela Pessoa Pública que tais pessoas representam, ou pela entidade autorizada, segundo já analisado antes.

18.8.1. Desapropriação por utilidade ou necessidade pública

Salienta-se que, primeiramente, há um procedimento preliminar que se desenvolve na órbita administrativa.

Assim, inicia-se com o levantamento procedido pelos técnicos do órgão expropriante, a fim de verificar se o bem preenche os requisitos exigidos para a finalidade a que se destina a desapropriação.

O passo seguinte consiste no ato – em geral decreto – de declaração de utilidade ou necessidade pública, ou de interesse social, indicando o objeto da expropriação, bem como o preenchimento dos demais requisitos.

De conformidade com o art. 10 do Decreto-Lei nº 3.365/1941, efetiva-se a desapropriação mediante acordo, ou através de ação judicial, a ser proposta no prazo de cinco anos a contar da expedição do decreto. Decorrido o prazo, simplesmente caduca o direito do Poder Público cristalizado no decreto.

Havendo a solução amigável, reduz-se a termo a expropriação, para a transferência do bem, lavrando-se, após, a escritura pública se tratar-se de imóvel, com o consequente Registro Imobiliário. Procede-se mediante contrato particular o acordo, com a posterior transferência, se a desapropriação realiza-se em bem imóvel.

Para viabilizar uma solução amigável, antes do ingresso da ação, cumpre ao Poder Público que procure o acordo, notificando o proprietário com a oferta do preço, apresentando vários documentos, no caminho indicado pelo art. 10-A, vindo com a Lei 13.867/1019:

> "O poder público deverá notificar o proprietário e apresentar-lhe oferta de indenização.
>
> § 1º A notificação de que trata o *caput* deste artigo conterá:
>
> I – cópia do ato de declaração de utilidade pública;
>
> II – planta ou descrição dos bens e suas confrontações;
>
> III – valor da oferta;
>
> IV – informação de que o prazo para aceitar ou rejeitar a oferta é de 15 (quinze) dias e de que o silêncio será considerado rejeição;
>
> V – (VETADO).
>
> § 2º Aceita a oferta e realizado o pagamento, será lavrado acordo, o qual será título hábil para a transcrição no registro de imóveis.
>
> § 3º Rejeitada a oferta, ou transcorrido o prazo sem manifestação, o poder público procederá na forma dos arts. 11 e seguintes deste Decreto-Lei".

O art. 10-B autoriza a opção pela mediação ou pela via arbitral. A mediação está regulamentada pela Lei nº 13.140/2015. Já a arbitram é regida pela Lei nº 9.307/1996. Eis os dispositivos:

> "Feita a opção pela mediação ou pela via arbitral, o particular indicará um dos órgãos ou instituições especializados em mediação ou arbitragem previamente cadastrados pelo órgão responsável pela desapropriação.
>
> § 1º A mediação seguirá as normas da Lei nº 13.140, de 26 de junho de 2015, e, subsidiariamente, os regulamentos do órgão ou instituição responsável.
>
> § 2º Poderá ser eleita câmara de mediação criada pelo poder público, nos termos do art. 32 da Lei nº 13.140, de 26 de junho de 2015.
>
> § 3º (VETADO).
>
> § 4º A arbitragem seguirá as normas da Lei nº 9.307, de 23 de setembro de 1996, e, subsidiariamente, os regulamentos do órgão ou instituição responsável.
>
> § 5º (VETADO)".

Instaurado o processo e discordando as partes quanto ao preço, observa-se o procedimento judicial, ingressando, consoante o art. 11 do Decreto-Lei nº 3.365/1941, a ação no foro da situação do bem expropriado, a menos que se apresente interesse da União, quando, então, resolve-se a competência pelo foro da Justiça Federal, com sede na capital do Estado, sempre correspondente ao domicílio do réu.

A petição inicial, além dos requisitos impostos para qualquer ação, conterá a oferta do preço e será instruída com um exemplar do contrato, ou um jornal oficial que houver publicado o decreto de desapropriação, ou cópia autenticada dos mesmos, e a planta ou descrição dos bens e suas confrontações.

Cap. XVIII · DESAPROPRIAÇÃO | **467**

Assegura-se o prazo de cinco anos, a contar da expedição do decreto de utilidade pública, para o ingresso na justiça, em se tratando de desapropriação por utilidade ou necessidade pública (art. 10 do Decreto-Lei nº 3.365/1941), ou de dois anos, também a iniciar da data do decreto, se a desapropriação for de interesse social (art. 3º da Lei nº 4.132/1962).

Com a inicial, faculta-se a inserção de pedido de imissão provisória na posse, concedível mesmo antes da citação do réu, consoante o art. 15 e seu § 1º, da Lei das Desapropriações, se for alegada urgência, e desde que efetuado o prévio depósito:

a) do preço oferecido, se este for superior a 20 (vinte) vezes o valor locativo, caso o imóvel esteja sujeito ao imposto predial;

b) da quantia correspondente a 20 (vinte) vezes o valor locativo, estando o imóvel sujeito ao imposto predial e sendo menor o preço oferecido;

c) do valor cadastral do imóvel, para fins de lançamento do imposto territorial urbano ou rural, caso o referido valor tenha sido atualizado no ano fiscal imediatamente anterior;

d) não tendo havido a atualização a que se refere o inc. "c", o juiz fixará, independentemente de avaliação, a importância do depósito, tendo em vista a época em que houver sido fixado originariamente o valor cadastral e a valorização ou desvalorização do imóvel.

A base de cálculo estabelecida nas alíneas "a" e "b" está desatualizada, eis que o art. 33 da Lei nº 5.172/1966 (Código Tributário Nacional), introduziu outro fator para o cálculo do imposto de competência dos Municípios sobre a propriedade predial e territorial urbana, que é o valor venal: "A base do cálculo do imposto é o valor venal do imóvel".

Em vista da mudança acima, a solução foi exigir o valor, para conceder-se a imissão, igual ou superior àquele do valor venal, indicado para efeito do lançamento do imposto predial, que virá comprovado com a juntada de certidão expedida pela repartição fiscal do Município.

A imissão somente merecerá deferimento se for depositada quantia correspondente ao valor venal do imóvel.

Também, abre-se o caminho para conceder-se a imissão se oferecido o depósito de quantia correspondente ao valor cadastral do imóvel, para fins de lançamento do imposto territorial urbano ou rural, se atualizado o valor no ano fiscal imediatamente anterior. Em se tratando de imóvel urbano, a expressão cadastral equivalerá ao valor venal. Já se estiver frente a um imóvel rural, a base de cálculo centra-se no valor fundiário, lembrando que o imposto é da competência da União.

Se não verificada a atualização no ano fiscal imediatamente anterior, cabe ao juiz fixar a importância do depósito, independentemente de prévia avaliação.

Entretanto, veio se formando uma forte corrente de doutrina e jurisprudência condicionando a imissão provisória da posse ao pagamento de quantia bem próxima do valor de mercado do bem, eis que as alíneas do § 1º do art. 15 do Decreto-Lei nº 3.365/1941 não restaram recepcionadas pelo art. 5º, incisos XXII e XXIV, do Estatuto Básico da Nação. É que, sobretudo em afirmando o art. 5º, inc. XXIV, que a desapropriação se faz mediante prévia e justa indenização, condição para a imissão de posse está no depósito do valor apurado em avaliação prévia.

Em posição contrária também desponta ponderável corrente, respaldada no princípio de que o pagamento integral limita-se à indenização final que precede, ou no momento da transferência definitiva do domínio ao desapropriante.

Levado a efeito o depósito, faculta-se ao expropriante o levantamento provisório em até oitenta por cento do montante, mesmo que manifestada a discordância na oferta ou no arbitramento. Inclusive ao promissário comprador, tendo a posse através de contrato não registrado, o Superior Tribunal de Justiça admite a autorização do saque do valor, segundo assentou no *Recurso Especial* nº 157.352-SP, da 1ª Turma, *DJ* de 24.08.1998:

> O art. 34 do Decreto-Lei nº 3.365/1941 exige a prova da propriedade para o levantamento do preço. Opondo embargos de terceiro fundados na posse, podem os compromissários-compradores, ainda que o compromisso de compra e venda seja desprovido de registro, proceder ao levantamento da indenização. Inteligência da Súmula nº 84/STJ.[35]

No geral, autoriza-se a retirada do depósito desde que satisfeitos os requisitos do art. 34, que são os seguintes: a) prova da propriedade; b) quitação das dívidas fiscais incidentes no bem até a data da imissão; c) publicação de editais, com prazo de dez dias, para conhecimento de terceiros da ação.

O art. 34-A, incluído pela Lei nº 13.465/2017, reza que, na concordância no preço, a decisão que concede a imissão provisória na posse implicará a aquisição da propriedade: "Se houver concordância, reduzida a termo, do expropriado, a decisão concessiva da imissão provisória na posse implicará a aquisição da propriedade pelo expropriante com o consequente registro da propriedade na matrícula do imóvel". Já o § 1º, contraditoriamente, reserva ao expropriado o direito de questionar o preço, mesmo que haja a concordância escrita. Pelo § 2º, se houver concordância, permite-se sacar a totalidade do valor oferecido. Sempre, no entanto, do montante sacado, em atenção ao § 3º, deduzem-se os valores constantes dos §§ 1º e 2º do art. 32, bem como os necessários para o custeio das despesas processuais.

Os valores preservados nos §§ 1º e 2º, são os relativos a dívidas fiscais e as multas decorrentes.

Visando proteger os imóveis residenciais urbanos, habitados pelos proprietários ou compromissários compradores, cujas promessas se encontram devidamente registradas no Cartório de Imóveis, de ações de desapropriação indiscriminadas, estabeleceu o Decreto-Lei nº 1.075/1970, aprovado pelo Decreto Legislativo nº 23/1970, condições mais rigorosas para a imissão prévia na posse. Primeiramente, oferecerá o expropriante o valor de indenização. Intimar-se-á o proprietário, com o prazo de cinco dias, para se manifestar. Caso se oponha ao preço ofertado, caberá ao juiz, com base em laudo feito por perito avaliador, arbitrar, em quarenta e oito horas, o valor provisório do imóvel. Apurando-se importância superior àquela depositada, conceder-se-á a imissão se complementado o depósito em até metade da soma arbitrada. Consoante o parágrafo único do art. 5º do mesmo Decreto-Lei, quando o valor arbitrado for inferior ou igual ao dobro do preço oferecido, é lícito ao expropriado optar entre o levantamento de oitenta por cento do preço oferecido ou da metade do valor arbitrado.

Observe-se que "a imissão provisória na posse será registrada no registro de imóveis competente" (art. 15, § 4.º, do Decreto-lei 3.365/1941, incluído pela Lei 11.977/2009).

A urgência na imissão de posse poderá ser requerida a qualquer momento, ou seja, tanto no início como no curso do processo. Isto porque nem sempre é conveniente ao Poder Público postular a medida quando da propositura da ação. Posteriormente, surgindo fato imprevisto, como prevenir dano no bem, obriga-se o expropriante a requerer a posse imediata. Faculta-se, então, o pedido. Mas, alegada a urgência, terá ele o prazo de cento e vinte dias

---

[35] *Direito Imobiliário – COAD* nº 52, expedição de 3.01.1999, p. 1.001.

para requerer a imissão com o prévio depósito do valor. É o que se extrai do art. 15, § 2º, do Decreto-Lei nº 3.365/1941.

Conforme depreende-se das regras dos arts. 15-A e 15-B, em versão da Medida Provisória nº 2.183-56/2001, na ação com pedido de imissão prévia na posse, de regra o preço oferecido não condiz com o real valor do bem. Sobre a diferença que for apurada pela sentença, que se baseará em laudo pericial, incidirão juros compensatórios de até seis por cento ao ano, a contar da imissão na posse, tendo estes a finalidade de compensar danos correspondentes a lucros cessantes comprovadamente sofridos, além de recompor a perda decorrente do atraso no efetivo pagamento da indenização fixada na decisão final de mérito. A exigibilidade dos juros abrange as desapropriações por necessidade ou utilidade pública e por interesse social. Não incidem os juros na desapropriação com fundamento no descumprimento da função social da propriedade.

Estende-se a aplicação de juros às ações ordinárias de indenização por apossamento administrativo ou por desapropriação indireta e às ações que visem à indenização por restrições decorrentes de atos do Poder Público.

Não raramente, silencia-se quanto à urgência da imissão, para evitar a obrigação do depósito, de modo especial nas desapropriações encetadas por motivos políticos.

Veja-se o texto das regras:

> Art. 15-A. No caso de imissão prévia na posse, na desapropriação por necessidade ou utilidade pública e interesse social, inclusive para fins de reforma agrária, havendo divergência entre o preço ofertado em juízo e o valor do bem, fixado na sentença, expressos em termos reais, incidirão juros compensatórios de até seis por cento ao ano sobre o valor da diferença eventualmente apurada, a contar da imissão na posse, vedado o cálculo de juros compostos.
>
> § 1º Os juros compensatórios destinam-se, apenas, a compensar a perda de renda comprovadamente sofrida pelo proprietário.
>
> § 2º Não serão devidos juros compensatórios quando o imóvel possuir graus de utilização da terra e de eficiência na exploração iguais a zero.
>
> § 3º O disposto no *caput* deste artigo aplica-se também às ações ordinárias de indenização por apossamento administrativo ou desapropriação indireta, bem assim às ações que visem a indenização por restrições decorrentes de atos do Poder Público, em especial aqueles destinados à proteção ambiental, incidindo os juros sobre o valor fixado na sentença.
>
> § 4º Nas ações referidas no § 3º, não será o Poder Público onerado por juros compensatórios relativos a período anterior à aquisição da propriedade ou posse titulada pelo autor da ação.
>
> Art. 15-B. Nas ações a que se refere o art. 15-A, os juros moratórios destinam-se a recompor a perda decorrente do atraso no efetivo pagamento da indenização fixada na decisão final de mérito, e somente serão devidos à razão de até seis por cento ao ano, a partir de 1º de janeiro do exercício seguinte àquele em que o pagamento deveria ser feito, nos termos do art. 100 da Constituição.

Uma série de normas procedimentais segue-se à fase preliminar da ação.

Relativamente à citação, pelo art. 16, far-se-á na pessoa do proprietário dos bens, sendo que a citação do marido dispensa a da mulher; a de um sócio, ou administrador, a dos demais quando o bem pertencer à sociedade; a do administrador da coisa, no caso de condomínio, exceto o de edifício de apartamento constituindo cada um propriedade autônoma, a dos demais condôminos, e a do inventariante, e, se não houver, a do cônjuge, herdeiro ou legatário, detentor da herança, a dos demais interessados, quando o bem pertencer a espólio.

Permite o parágrafo único a citação por hora certa caso não for encontrado o proprietário, bastando que deixe um aviso de que efetuará o ato daí a quarenta e oito horas, devendo, portanto, o citando aguardá-lo em local indicado. Não são necessárias novas diligências para conferir a ausência proposital.

É autorizada a citação por precatória e edital, conforme se encontrar o titular do domínio em outra cidade ou em lugar incerto ou desconhecido.

Após, havendo contestação, prosseguirá o feito pelo rito ordinário, com a realização de perícia e demais atos, até o julgamento final.

Finalmente, observe-se que a Lei 11.977/2009 alterou a redação dos parágrafos do art. 32 do Decreto-lei 3.365/1941, para dispor que "as dívidas fiscais serão deduzidas dos valores depositados, quando inscritas e ajuizadas"; incluindo-se também "as multas decorrentes de inadimplemento e de obrigações fiscais" e, ainda que "a discussão acerca dos valores inscritos ou executados será realizada em ação própria."

18.8.2. Desapropriação por interesse social para fins de reforma agrária

Relativamente à desapropriação por interesse social para fins de reforma agrária, e não para outros fins de interesse social, segue-se o procedimento da Lei Complementar nº 76/1993, que, no art. 25, revogou o Decreto-Lei nº 554/1969, o qual, dentre outros absurdos, impunha estimativa segundo o valor da propriedade declarado pelo seu titular para fins de pagamento de imposto territorial rural, ou o valor apurado em avaliação levada a efeito pelo expropriante.

Primeiramente, a própria Constituição Federal impôs a rápida tramitação, ao prever, no art. 184, § 3º, que compete à lei complementar trazer o procedimento contraditório especial, de rito sumário, para o processo judicial de desapropriação.

É o que se examinará, procurando destacar as nuances mais salientes do rito.

Relembra-se que, em momento preliminar, precederá à ação o decreto declarando o imóvel de interesse social, para fins de reforma agrária, atribuída a competência para este tipo de desapropriação à União, e reservada ao Presidente da República a incumbência de baixar o decreto declaratório respectivo. Todavia, promoverá a ação o órgão federal executor da reforma agrária, no juízo federal da situação do imóvel. Dado o tratamento especial, foge-se em várias situações do procedimento comum.

Concede-se o prazo de dois anos para a propositura da ação, contado da publicação do decreto declaratório (art. 3º da mesma Lei Complementar nº 76/1993). Ultrapassado o prazo, opera-se a caducidade do ato declaratório.

O pedido virá com os requisitos ordenados pelo art. 319 da Lei de Processo Civil, contendo, ainda, a narração do ato de declaração de interesse social e a oferta do preço. Instruem a petição inicial os seguintes documentos, assinalados no art. 5º da Lei Complementar nº 76/1993:

I – texto do decreto declaratório, publicado no Diário Oficial da União;

II – certidões atualizadas de domínio e de ônus reais que possam incidir sobre o imóvel;

III – documento cadastral do imóvel;

IV – laudo de vistoria e avaliação administrativa, contendo, necessariamente:

Cap. XVIII · DESAPROPRIAÇÃO | 471

a) descrição do imóvel, por meio de plantas geral e de situação, e memorial descritivo da área objeto da ação;

b) relação das benfeitorias úteis, necessárias e voluptuárias, das culturas e pastos naturais e artificiais, da cobertura florestal (natural ou decorrente de florestamento ou reflorestamento) e dos semoventes;

c) discriminadamente, os valores de avaliação da terra nua e das benfeitorias indenizáveis;

V – comprovante de lançamento dos Títulos da Dívida Agrária correspondente ao valor ofertado para pagamento de terra nua;

VI – comprovante de depósitos em banco oficial, ou outro estabelecimento no caso de inexistência de agência na localidade, à disposição do juízo, correspondente ao valor ofertado para pagamento das benfeitorias úteis e necessárias (art. 5º, com a redação dada pela Lei Complementar nº 88, de 23.12.1996).

Para fins de fixação do preço objeto do depósito, leva-se em conta o laudo de vistoria e avaliação administrativa.

Verifica-se, pois, que o depósito consistirá em dinheiro unicamente quanto às benfeitorias.

Segundo o art. 6º da Lei Complementar nº 76/1993, na versão da Lei Complementar nº 88/1996, o juiz, ao despachar a inicial:

I – mandará imitir o autor na posse do imóvel;

II – determinará a citação do expropriando para contestar o pedido e indicar assistente técnico, se quiser;

III – expedirá mandado ordenando a averbação do ajuizamento da ação no registro do imóvel expropriando, para conhecimento de terceiros.

De acordo com os parágrafos do art. 6º, uma vez demonstrada a propriedade do imóvel desapropriando, ou não verificadas controvérsias quanto ao domínio, o juiz autorizará o levantamento de oitenta por cento da indenização depositada, quitados os tributos e publicados os editais, duas vezes na imprensa local e uma na oficial, e decorrido o lapso de tempo de trinta dias.

Várias outras regras constam dos parágrafos do art. 6º, como o poder conferido ao juiz para requisitar força policial com a finalidade de se efetivar a imissão na posse; a designação de audiência de conciliação, lavrando-se termo se houver acordo. Prevista a audiência de conciliação, a se efetuar depois da citação, e inclusive antes das contestações, com a antecedente intimação das partes e do Ministério Público. Logrando-se acordo, assinarão os envolvidos no processo, bem como o Ministério Público, seguindo-se a homologação pelo juiz, que ordenará a expedição de mandado de registro imobiliário nos dez dias seguintes a integralização do valor pactuado.

Nos termos dos parágrafos do art. 7º, cita-se pessoalmente o requerido, ou na pessoa de seu representante legal. Se falecido o proprietário, procede-se a citação do cônjuge sobrevivente; não existindo, cita-se a pessoa que se encontra no imóvel. Observa-se, no entanto, que pelas regras processuais comuns, a todos os herdeiros dirige-se o chamamento ao processo, até porque não aceitável que a mera afirmação do expropriante, ou do oficial de justiça, faça coisa certa sobre quem exerce a posse. Tratando-se o imóvel dado em enfiteuse ou aforamento, a citação atinge os titulares do domínio útil e do domínio direto.

Necessária, também, a citação dos confrontantes.

O ato de citação efetua-se pelas formas comuns estabelecidas na lei processual civil, isto é, ou diretamente pelo oficial de justiça, ou por hora certa, ou através de carta com aviso de recepção firmado pelo destinatário, ou por seu representante, ou por edital.

Intimam-se da ação todos os interessados ou titulares de algum direito sobre o imóvel.

Assegura-se o prazo de quinze dias para a contestação, cuja matéria arguível, semelhantemente com a desapropriação por utilidade pública, não pode atacar o mérito do interesse social declarado (art. 9º). Segundo a análise já procedida no item 18.7 do presente Capítulo, faculta-se, entrementes, o enfrentamento da matéria em ação direta, como acontece com a desapropriação comum.

Decorrido o prazo da contestação, dando-se ciência ao Ministério Público, parte-se para a fase da perícia, com a tramitação descrita no § 1º do art. 9º: adstringe-se aos pontos impugnados no laudo da vistoria administrativa; o juiz e as partes (estas em dez dias) formularão quesitos; prestarão o perito e os assistentes compromisso.

Concede-se um prazo de sessenta dias para a conclusão do laudo. Nos quinze dias seguintes, na letra do art. 11, realiza-se a audiência de instrução e julgamento, devendo o juiz proferir a sentença na própria audiência ou em trinta dias.

Embora a fixação de prazos, difícil obedecê-los, até porque, após cada ato, intimam-se as partes, às quais se faculta a manifestação, com impugnações quanto à perícia, e possíveis complementações ou esclarecimentos do perito.

Várias previsões seguem nos arts. 12 e seguintes.

Ao prolatar a sentença, o juiz individualizará o valor do imóvel, de suas benfeitorias e dos demais componentes, e fixará o valor verificado na data da perícia, atualizando-se os valores por índices de correção monetária até a data do efetivo pagamento. Para definir o preço, a sentença considerará os laudos de avaliação e outros elementos objetivos de convicção, inclusive valendo-se da pesquisa de dados do mercado.

Salienta-se que se deposita em dinheiro o montante correspondente às benfeitorias e junta-se aos autos o comprovante de lançamento de Títulos da Dívida Agrária no pertinente à terra nua, sempre na diferença entre o preço oferecido e o encontrado (parágrafo único do art. 10, vindo com a Lei Complementar nº 88, de 1996). O depósito em dinheiro, restrito às benfeitorias e construções, também representará a diferença entre a quantia ofertada quando do ingresso da ação e aquela definida pela sentença.

As despesas e honorários ficarão a cargo da parte sucumbente, que será o vencido no empenho de estabelecer o valor indenizatório. Ficando tal montante inferior ou igual ao oferecido, evidente que o expropriado figura na qualidade de vencido. Caso arbitrado em nível superior, suportará o expropriante os encargos. Em qualquer caso, fixa-se a verba remuneratória em um percentual que vai até vinte por cento sobre a diferença entre o preço oferecido e o da indenização.

Todavia, unicamente no pertinente às custas, nelas incluídos os honorários do perito e dos assistentes, ao expropriado incide o ônus se impugnou os valores defendidos pelo expropriante, e se mantidos pela sentença.

A respeito da verba honorária, a Medida Provisória nº 2.183, ao trazer alterações ao art. 27 do Decreto-Lei nº 3.365/1941, trouxe substancial inovação, limitando o montante ao máximo de cinco por cento. Eis a redação de seu § 1º:

> A sentença que fixar o valor da indenização quando este for superior ao preço oferecido condenará o desapropriante a pagar honorários do advogado, que serão fixados entre meio e cinco por cento do valor da diferença, observado o disposto no § 4º do art. 20

do Código de Processo Civil, não podendo os honorários ultrapassar R$151.000,00 (cento e cinquenta e um mil reais).

De lembrar que o § 4º do art. 20 corresponde ao § 8º do art. 85 do CPC/2015, que mantém o sentido, embora em texto diferente.

Esta disposição normativa do § 1º do art. 27 foi combatida pelo ajuizamento de uma Ação Direta de Inconstitucionalidade (ADI 2.332 MC/DF, Relator Ministro Moreira Alves), proposta pelo Conselho Federal da Ordem dos Advogados do Brasil, cujo pedido cautelar foi atendido, suspendendo-se a eficácia da "expressão 'não podendo os honorários ultrapassar R$ 151.000,00 (cento e cinquenta e um mil reais)' do § 1º do artigo 27 em sua nova redação". Bastante pertinente o ajuizamento e o deferimento da medida em sede de controle concentrado, visto que a limitação imposta pelo legislador afronta o mesmo princípio limitador dos juros e do valor da apuração, qual seja a garantia constitucional do justo preço, já que o pagamento dos honorários há de ser sempre um percentual sobre os valores da condenação. A limitação de um valor em moeda corrente não é apenas descabida, mas absurda. É, como sempre, mais uma tentativa do Poder Público em locupletar-se sobre o trabalho do profissional que defende os interesses dos expropriados.

Pelo § 4º, atualiza-se o valor, a iniciar em maio de 2000, em 1º de janeiro de cada ano. O § 3º estende a norma às desapropriações por interesse social para reforma agrária, e às ações de indenização por apossamento administrativo ou desapropriação indireta.

De lembrar a Súmula nº 131 do STJ, de 1995, sobre a incidência dos honorários também nos juros: "Nas ações de desapropriação incluem-se no cálculo da verba advocatícia as parcelas relativas aos juros compensatórios e moratórios, devidamente corrigidas".

Como acontece na desapropriação submetida ao Decreto-Lei nº 3.365/1941, fixará o juiz, se o postular a parte, o valor para o desmonte e transporte de móveis e semoventes, a ser entregue pelo expropriante, em prazo para tanto concedido.

Havendo apelação, imprime-se o efeito devolutivo se interposta pelo expropriado; o recebimento ocorrerá nos efeitos devolutivo e suspensivo, se o expropriante for o recorrente. Submete-se ao duplo grau de jurisdição a sentença que condenar o expropriante em quantia superior a cinquenta por cento do valor oferecido na inicial.

Outras normas existem, assim resumidas por José Carlos de Moraes Salles:

> O valor da indenização, estabelecido por sentença, deverá ser depositado pelo expropriante à ordem do juízo, em dinheiro, para as benfeitorias úteis e necessárias, inclusive culturas e pastagens artificiais, e em títulos da dívida agrária, para a terra nua (art. 14).
>
> Em caso de reforma da sentença, com o aumento do valor da indenização, o expropriante será intimado a depositar a diferença, no prazo de quinze dias (art. 15).
>
> A pedido do expropriado, após o trânsito em julgado da sentença, será levantada a indenização ou o depósito judicial, deduzidos o valor de tributos e multas incidentes sobre o imóvel, exigíveis até a data da imissão na posse pelo expropriante (art. 16).[36]

Uma vez efetuado o depósito do valor em dinheiro quanto às benfeitorias, construções e culturas existentes, e comprovada a expedição dos Títulos da Dívida Agrária, expede-se, em

---

[36] *A Desapropriação à Luz da Doutrina e da Jurisprudência*, ob. cit., pp. 918 e 919.

favor do expropriante, no prazo de quarenta e oito horas, mandado translativo do domínio, para a finalidade do registro imobiliário. Realmente, o registro depende do pagamento, seja em valor monetário ou em Títulos da Dívida Agrária, em qualquer tipo de desapropriação, no que se revela forte a posição do Superior Tribunal de Justiça, a teor do seguinte exemplo, extraído do *Recurso Especial* nº 234.723-RJ, da 1ª Turma, julgado em 17.02.2000, *DJU* de 20.03.2000: "Para a expedição do mandado de transcrição imobiliária é necessário que a expropriante pague ao expropriado o valor total da indenização, em homenagem ao princípio constitucional da justa e prévia indenização, em caso de desapropriação".[37]

Cita o aresto precedente expresso no *Recurso Especial* nº 29.248-SP, *DJU* de 22.11.1993.

18.8.3. Desapropriação por interesse social para fins diversos da reforma agrária

Consoante restou lembrado, a desapropriação por interesse social, prevista na Lei nº 4.132/1962, não se destina para a reforma agrária. No art. 2º, aludem-se as várias situações caracterizadoras do interesse social, como a manutenção de posseiros em terrenos urbanos, a construção de casas populares, a proteção do solo e a preservação de cursos e mananciais de água e de reservas florestais.

A Lei Complementar nº 76/1993 regula o processamento tão somente da desapropriação por interesse social para a reforma agrária. Nos demais casos, o procedimento é o do Decreto-Lei nº 3.365/1941, como está consignado no art. 5º da Lei nº 4.132/1962: "No que esta lei for omissa, aplicam-se as normas legais que regulam a desapropriação por utilidade pública, inclusive no tocante ao processo e à justa indenização devida ao proprietário". Daí, pois, que as omissões da Lei nº 4.132/1962 serão supridas pelos dispositivos do Decreto-Lei nº 3.365, tanto no que trata da imissão provisória na posse pelo expropriante, como no procedimento que daí em diante segue, não se dispensando a perícia, e efetuando-se o pagamento através de valor em dinheiro.

Lembra-se de que, uma vez declarado o interesse social, reserva-se o prazo de dois anos para ingressar com a desapropriação.

Outrossim, segundo o art. 4º da Lei nº 4.132/1962, os bens desapropriados serão objeto de venda ou locação a quem revelar condições de dar-lhes a destinação social prevista. Todavia, de acordo com uma exegese bastante coerente, não se vislumbra inconveniente em efetuar doações, ou entregar o bem para uso de terceiros, especialmente em se tratando de imóveis desapropriados para fins de construções de habitações populares. Se uma das metas especiais da desapropriação está na colocação de pessoas carentes e posseiros em imóveis urbanos, é próprio da política social deslocar os indivíduos marginalizados, ocupantes de cortiços e favelas, e instalá-los nas habitações erguidas em áreas desapropriadas justamente para a realização de programas sociais de atendimento aos necessitados.

18.9. PERÍCIA DE AVALIAÇÃO DO BEM E INDENIZAÇÃO

Procede-se à avaliação do bem desapropriando se não houver acordo quanto ao valor, com o fito de encontrar a cifra da indenização.

A legislação que trata das desapropriações contempla a necessidade de perícia, no sentido de avaliar os bens, devendo o juiz nomear perito ao despachar a inicial, facultando-se às partes a indicação de assistente técnico. Todavia, a determinação da perícia se expedirá

---

[37] *Revista do Superior Tribunal de Justiça*, 133/146.

Cap. XVIII · DESAPROPRIAÇÃO | 475

unicamente depois da contestação, caso exsurgir discordância em relação ao preço. Consoante o art. 14 do Decreto nº 3.365, o perito procederá à avaliação dos bens expropriados, o que significa que arbitrará o valor, em dinheiro, desses bens.

Os trâmites da perícia seguem os do Código de Processo Civil de 2015, inseridos a partir do art. 464, por força do art. 42 do Decreto-Lei nº 3.365/1941.

Na desapropriação por interesse social para fins de reforma agrária, a necessidade se inferirá da impugnação verificada na contestação, quando então o juiz designará perito, segundo normas contidas no art. 9º e seus parágrafos da Lei Complementar nº 76.

Envolvendo a desapropriação imóvel urbano, consideram-se todos os fatos influentes na apreciação econômica. São relevantes as condições locais, a forma do terreno, a situação geográfica e topográfica, o uso a que era destinado o imóvel, a renda auferida de sua utilização, o estado de conservação do prédio, a localização, a valorização da zona, a infraestrutura que o cerca, como meios de transporte, acesso ao comércio, escolas, bancos, repartições públicas, hospitais etc. Mais elementos influenciam na avaliação, convergidos no aproveitamento do terreno, no recuo determinado pelo Município para construção, no aproveitamento autorizado, e nos meios de transporte que o cercam, dentre outros fatores.

Inclusive o fundo de comércio ingressa na avaliação para fins indenizatórios, sendo exemplo, a respeito, a *Apelação* nº 3.598/97, da 9ª Câmara Cível do TJ do Rio de Janeiro, reg. em 19.12.1997: "É indenizável a perda do fundo do comércio pelo fato da desapropriação, desinfluente a circunstância de o titular do fundo ter-se mudado com o seu comércio para local próximo. A ocupação pelo órgão expropriante de parte remanescente do imóvel como canteiro de obras, impedindo a expropriada de dar continuidade às suas atividades negociais, obriga aquele a reparar os danos a título de lucros cessantes. Os juros compensatórios contam-se a partir da imissão na posse do imóvel pelo desapropriante e os moratórios do trânsito em julgado da sentença que fixa o valor da indenização".[38]

Se tratar-se de imóvel rural, preponderam o tipo de plantações cultivadas e exploradas, a fertilidade do solo, as vias de acesso até os centros urbanos, a existência ou não de eletrificação, as áreas de matas, as aguadas, as potencialidades futuras, as pastagens que oferece, e as perspectivas que se desenham sobre o desenvolvimento.

A avaliação envolverá a cobertura florestal, segundo orienta o REsp. nº 978.558/MG, da Primeira Turma do STJ, j. em 4.12.2008, publicação no *DJe* em 15.12.2008:

> 1. A indenização da cobertura vegetal deve ser calculada em separado ao valor da terra nua, quando comprovada a exploração econômica dos recursos vegetais. Precedentes: (REsp. nº 880.271/DF, *DJ* 28.09.2007; REsp. nº 930.957/PA, *DJ* 17.09.2007).
>
> 2. A indenizabilidade de cobertura vegetal, *tout court*, é matéria de mérito e tem sido decidida positivamente pelo Pretório Excelso, sob o enfoque de que a limitação legal ou física encerra expropriação, que nosso sistema constitucional, que também protege a propriedade, gera indenização, condicionando-a, apenas, à prova da exploração econômica da área.
>
> 3. A indenização sobre se a mata vegetal deveria ter sido incluída ou não à parte, posto explorável economicamente, é matéria adstrita ao laudo e à instância local, diverso do enfoque acerca da legalidade, que somente ocorreria acaso afrontando-se a lei, sem motivação, se superasse o preço de mercado do imóvel.

---

[38] *Direito Imobiliário*, – COAD nº 08, expedição de 1.03.1998, p. 186.

4. É assente no Pretório Excelso que: "(...) o Poder Público ficará sujeito a indenizar o proprietário do bem atingido pela instituição da reserva florestal, se, em decorrência de sua ação administrativa, o *dominus* viera a sofrer prejuízos de ordem patrimonial. A instituição de reserva florestal – com as consequentes limitações de ordem administrativa dela decorrentes – e desde que as restrições estatais se revelem prejudiciais ao imóvel abrangido pela área de proteção ambiental, não pode justificar a recusa do Estado ao pagamento de justa compensação patrimonial pelos danos resultantes do esvaziamento econômico ou da depreciação do valor econômico do bem (...)" (Recurso Extraordinário nº 134.297/SP, Rel. Min. Celso de Mello).

5. Destarte, a essência do entendimento jurisprudencial poderia assim ser sintetizado: "(...) – A norma inscrita no art. 225, § 4º, da Constituição deve ser interpretada de modo harmonioso com o sistema jurídico consagrado pelo ordenamento fundamental, notadamente com a cláusula que, proclamada pelo art. 5º, XXII, da Carta Política, garante e assegura o direito de propriedade em todas as suas projeções, inclusive aquela concernente à compensação financeira devida pelo Poder Público ao proprietário atingido por atos imputáveis à atividade estatal. – O preceito consubstanciado no art. 225, § 4º, da Carta da República, além de não haver convertido em bens públicos os imóveis particulares abrangidos pelas florestas e pelas matas nele referidas (Mata Atlântica, Serra do Mar, Floresta Amazônica brasileira), também não impede a utilização, pelos próprios particulares, dos recursos naturais existentes naquelas áreas que estejam sujeitas ao domínio privado, desde que observadas as prescrições legais e respeitadas as condições necessárias à preservação ambiental. – A ordem constitucional dispensa tutela efetiva ao direito de propriedade (CF/88, art. 5º, XXII). Essa proteção outorgada pela Lei Fundamental da República estende-se, na abrangência normativa de sua incidência tutelar, ao reconhecimento, em favor do *dominus*, da garantia de compensação financeira, sempre que o Estado, mediante atividade que lhe seja juridicamente imputável, atingir o direito de propriedade em seu conteúdo econômico, ainda que o imóvel esteja localizado em qualquer das áreas referidas no art. 225, § 4º, da Constituição. (...)" (RE 134.297-8/SP, 1ª Turma, Rel. Min. Celso de Mello, *DJ* 22.09.95).

6. *In casu*, o Tribunal Regional Federal da 1ª Região afastou a indenização da cobertura vegetal em separado à terra nua, sob o fundamento de que não seria a hipótese de pagamento em separado. Não obstante, acrescentou ao valor da terra nua o percentual de 20% (vinte por cento), o que, por via oblíqua, acabou por indenizar novamente a cobertura vegetal e, a *fortiori*, contrariar o próprio entendimento, bem aquele firmado por esta e. Corte, conforme se colhem das razões do v. acórdão proferido pelo Tribunal *a quo*, *verbis*: "Como explicitado no exame dos embargos dos expropriados, o acréscimo de 20% ao valor da terra nua, para a fixação do valor indenizatório, teve por justificativa compensar os expropriados da supressão do valor da cobertura florística que seria pago em separado, que o acórdão entendeu ser indevido senão integrado ao valor da terra. Se a sentença considerou as parcelas distintamente e o acórdão as agregou no valor unitário da terra nua, com o acréscimo percentual, é lógico que ela não integrava o valor da terra nua encontrado pela perícia, como afirma a embargante".

A avaliação, pois, é um ato complexo, com uma série de estudos e técnicas bastante apuradas.

Adota-se, para a estimativa mais cônsone com a realidade, o método comparativo, sem olvidar que outros existem, como o método do custo, ou método do custo da reposição, e o método da renda.

Sobre o critério da avaliação, assentou, com propriedade, já a jurisprudência antiga, propugnando pelo critério comparativo: "Desapropriação. Método a ser utilizado na avaliação do terreno. Decorre da Lei das Desapropriações (art. 23, § 1º, e art. 27) que o método a ser brandido na avaliação do terreno deve ser o dos dados do mercado ou o método comparativo, por ser simples, prático, seguro e exato, para determinar o justo preço e o valor venal da coisa desapropriada. Aliás, no art. 27 da Lei das Desapropriações emerge como indicativo preponderante a estimação dos bens para efeitos fiscais e o valor venal dos da mesma espécie, nos últimos cinco anos, o que consagra o método dos dados de mercado. Critério do máximo aproveitamento econômico, por cifrar-se em dados aleatórios e inferências improváveis até de acontecer, não deve ser acolhido, na estipulação do justo preço de imóvel desapropriando que deve recompor o valor do imóvel subtraído de seu pleno estado de desapossamento".[39] Esse método consiste na comparação dos preços-índices efetivamente pagos no local, atualizando-se para o cálculo o valor atual encontrado. O perito judicial examina, dentro da maior amplitude possível, os preços praticados num período próximo ao da desapropriação, nas transações envolvendo imóveis localizados na região ou nas circunvizinhanças. Compara-se a propriedade desapropriada com outras que foram vendidas, ou que se encontram à venda, procurando-se encontrar uma média dos preços alcançados nas vendas.

A indenização deverá ser justa, com a inclusão dos danos emergentes e dos lucros cessantes. Inclusive a renda produzida pelo bem há de ser computada no preço. Repõe-se aquilo que integra o patrimônio do bem.

Conforme previsão do art. 27 do Decreto-Lei nº 3.365/1941, para resultar justa a indenização, incluirá o valor do bem, as rendas e os juros emergentes, mas sempre se atendo ao valor de mercado, de modo a possibilitar a aquisição, pelo expropriado, com a importância recebida, um imóvel ou bem equivalente. A indenização envolverá a totalidade do imóvel, sem descontar-se partes do imóvel, como a *non aedificandi*, segundo observou o Superior Tribunal de Justiça: "A faixa *non aedificandi* deve ser indenizada. Ela não pode ser imposta ao proprietário do terreno expropriado sem a correspondente indenização porque a Constituição garante o direito de propriedade e só admite a desapropriação mediante prévia e justa indenização. Havendo a restrição ao direito de propriedade, tem o poder expropriante de indenizar o proprietário atingido pela limitação a seu direito".[40]

O valor da indenização manterá a contemporaneidade com o da avaliação. Conforme a Lei nº 4.686, de 1965, que acrescentou um parágrafo ao art. 26 do Decreto-Lei nº 3.365/1941, a correção monetária incidiria tão somente a partir de um ano do laudo de avaliação. A jurisprudência, no entanto, com base na Lei nº 6.899, de 1981, que introduziu a correção monetária para todas as condenações judiciais em dinheiro, entendeu revogada a Lei nº 4.686, passando a contar a correção a partir da data do efetivo pagamento, com a atualização do cálculo ainda que por mais de uma vez.[41]

A Súmula nº 67, de 1993, do Superior Tribunal de Justiça, consolidou o entendimento: "Na desapropriação, cabe a atualização monetária, ainda que por mais de uma vez, independentemente do decurso de prazo superior a 1 (um) ano entre o cálculo e o efetivo pagamento da indenização".

---

[39] *Apel. Cível* nº 584022859, da 2ª Câm. Cível do TJ do RGS, de 08.08.1984, em *Revista de Jurisprudência do TJ do RGS*, 108/471.

[40] *Recurso Especial* nº 111.367-SP, DJ de 20.04.1998.

[41] *Recurso Extraordinário* nº 97.575-6-PR, em *Revista dos Tribunais*, 572/261.

Também relevante a Súmula nº 561, de 1976, do STF, sobre a incidência da correção monetária até o efetivo pagamento: "Na desapropriação, é devida a correção monetária até a data do efetivo pagamento da indenização, devendo proceder-se à atualização do cálculo, ainda que por mais de uma vez".

Inicia a fluir a partir da data da avaliação, na orientação da Súmula nº 75, do então Tribunal Federal de Recursos: "Na desapropriação, a correção monetária prevista no § 2º do art. 26 do Decreto-Lei nº 3.365, de 1941, incide a partir da data do laudo de avaliação, observando-se a Lei nº 5.670, de 1971".

Incide a atualização monetária inclusive sobre o valor depositado da oferta feita pelo expropriante, para conseguir a imissão, do qual levanta o expropriante o importe de oitenta por cento. Assim, corrige-se a oferta até a data da avaliação. Subtrai-se o valor encontrado do montante da avaliação; o resto apurado será corrigido até a data da conta, calculando-se os juros compensatórios, moratórios e honorários do advogado.

Realizando-se benfeitorias após a desapropriação, incidirá a indenização quanto às necessárias; às úteis, da mesma forma se autorizadas pelo expropriante (art. 26, § 1º, da Lei das Desapropriações).

Finalmente, qualquer reclamação de valor prescreve em cinco anos. Não quanto à reclamação da área que, como é sabido (assunto a ser examinado no item 18.12, *infra*), enquanto não se consuma a prescrição aquisitiva, no prazo de vinte anos, pode ser reclamada, ou o seu valor correspondente. Diz respeito à prescrição no prazo de cinco anos de possíveis diferenças, ou de direitos desrespeitados, segundo bem coloca a 7ª Câmara de Direito Público do TJ de São Paulo, na *Apelação* nº 260.419-5/9-00, de 31.07.2000:

> Não se nega que, na ação de desapropriação, é o Poder Público quem tem interesse em depositar o valor do bem expropriado (inciso XXIV do *caput* do art. 5º da Constituição da República), de sorte que, normalmente, não se pode falar em prescrição do direito à indenização. Todavia, quando o expropriante já recebeu a propriedade dos bens, eventual direito remanescente decorrente da expropriação deve ser pleiteado, inicialmente, dentro de cinco anos, prazo a que se refere o art. 1º do Decreto nº 20.910/1932, e, depois, ainda restando alguma atualização, na metade desse prazo (art. 9º do Decreto nº 20.910/1932). Tais prazos, por previstos em lei especial e também posterior ao Código Civil, prevalecem sobre o da primeira parte do art. 177 do Código Civil.[42]

Em vista do referido na parte final do julgado acima – a prescrição prevista no art. 177 do Código Civil anterior –, lembra-se que o Código atual reduziu o prazo para dez anos – art. 205: "A prescrição ocorre em 10 (dez) anos, quando a lei não lhe haja fixado prazo menor".

18.10. VALORIZAÇÃO E DESVALORIZAÇÃO DA ÁREA REMANESCENTE

Nos termos da parte final do art. 27 do Decreto-Lei nº 3.365/1941, na fixação do valor indenizatório, atenderá o juiz a valorização ou a depreciação da área remanescente pertencente ao réu.

Entretanto, a jurisprudência e a doutrina não consideram, desde tempos mais remotos, para efeitos de indenização, a valorização da área restante ou remanescente.

---

[42] *ADV Jurisprudência* nº 3, expedição de 21.01.2001, p. 36.

A "mais-valia" que acarreta uma obra nova e pública é objeto da contribuição de melhoria. Não seria justa a indenização se houvesse o desconto da valorização de parte do imóvel que sobrou.[43]

A possível valorização do imóvel desapropriando não influi, pois, na indenização. É que se a valorização em consequência de obra pública é suscetível de cobrança pela mencionada contribuição, não há como servir de meio de compensação da dívida decorrente da indenização. Configurar-se-ia, se admitida a compensação, um duplo aproveitamento do Poder Público, com base em uma causa única.

Ademais, se decorrer valorização imobiliária das obras efetuadas na área desapropriada, tal acontece com todos os proprietários, não se ostentando lícito pretender compensar essa "mais-valia" apenas com os proprietários desapropriados. Acresce aduzir que o Código Tributário Nacional, no art. 81, instituiu a contribuição de melhoria para compensar o custo das obras públicas que trazem valorização imobiliária.

Remotamente, e em situações muito especiais, aceita-se a compensação quando a valorização é imediata e atinge diretamente o desapropriado, não sendo geral ou extensiva a todos os titulares de domínio.

Se, todavia, a parte restante do bem expropriado se torna inútil ou de difícil utilização, permite-se ao proprietário exigir a inclusão de tal extensão no ato desapropriatório. Revela--se justa essa possibilidade, mormente em casos especiais, como as de sobra de pequenas nesgas de terras. Aliás, o Estatuto da Terra consigna o chamado "direito de extensão", nas desapropriações para a reforma agrária, em seu art. 19, § 1º, ordenando a inclusão, no ato expropriatório, das terras remanescentes, desde que substancialmente prejudicada a sua exploração. A Lei Complementar nº 76/1993, por seu art. 4º, contempla o direito de exigir a inclusão da área remanescente na desapropriação parcial, se:

I – reduzida a superfície inferior à da pequena propriedade rural; ou

II – prejudicada substancialmente em suas condições de exploração econômica, caso seja o seu valor inferior ao da parte desapropriada.

José Carlos de Moraes Salles exemplifica hipóteses:

a) redução da área restante a dimensão tal que impeça construção sobre a mesma; b) localização à margem de via pública (resultante da obra executada pelo expropriante) excessivamente barulhenta, contraindicando a edificação de prédio residencial sobre o remanescente; c) seccionamento da propriedade agrícola, ficando uma pequena área separada da parte principal da propriedade pela estrada de rodagem construída, inexistindo na gleba menor as aguadas necessárias ao gado e os mananciais indispensáveis à rega das plantações etc.[44]

A jurisprudência tem aplicado o princípio, sendo exemplo a *Apelação Cível* nº 51.493, da 3ª Câm. Cível do TJ de Santa Catarina, *DJ* de 8.04.1996:

É inaceitável que, apesar de não serem atingidas com as obras propriamente ditas, as áreas remanescentes que se tornem inúteis não sejam desapropriadas e, consequentemente, seus proprietários sofram os prejuízos daí decorrentes.[45]

---

[43]   *Revista dos Tribunais*, 218/243, 223/185, 285/867.
[44]   *A Desapropriação à Luz da Doutrina e da Jurisprudência*, ob. cit., p. 554.
[45]   *Direito Imobiliário – COAD* nº 16, expedição de 13.06.1996, p. 147.

O "direito de extensão", para incluir tais sobras, deve ser exercido ou no momento administrativo da desapropriação, ou quando da instauração da fase judicial.

Sobre a indenização, encontra-se norma também importante no art. 42 da Lei nº 6.766, de 1979, nos seguintes termos: "Nas desapropriações não serão considerados como loteados ou loteáveis, para fins de indenização, os terrenos ainda não vendidos ou compromissados, objeto de loteamento ou desmembramento não registrado".

Com esta regra, evita-se a projeção do valor indenizável em função da rentabilidade explorada se vendida a área na forma de loteamento.

18.11. JUROS

Dois tipos de juros admitem-se na indenização: os moratórios e os compensatórios.

Os primeiros correspondem à indenização pelo retardamento, ou pela demora, no cumprimento de uma obrigação; os segundos equivalem aos frutos civis do capital empregado.

Aqueles são devidos desde o trânsito em julgado da sentença, eis que aí nasce a mora, por somente então ficar arbitrado o montante indenizável. A jurisprudência mantém-se desde épocas antigas nesta exegese, citando-se, como exemplo, o *Recurso Extraordinário* nº 115.732-1-SP, de 15.04.1988, *DJ* de 16.09.1988: "Firmou-se a jurisprudência do STF no sentido de que os juros de mora, não só nas desapropriações, como também nas chamadas desapropriações indiretas, devem ser contados a partir do trânsito em julgado da decisão". O início da incidência, no entanto, foi alterado pelo art. 15-B do Decreto-Lei nº 3.365/1941, na versão introduzida pela Medida Provisória nº 2.183/2001:

> Nas ações a que se refere o art. 15-A, os juros moratórios destinam-se a recompor a perda decorrente do atraso no efetivo pagamento da indenização fixada na decisão final de mérito, e somente serão devidos à razão de até seis por cento ao ano, a partir de 1º de janeiro do exercício seguinte àquele em que o pagamento deveria ser feito, nos termos do art. 100 da Constituição.

Os juros compensatórios comportam sua satisfação a partir do ato que retira a propriedade da posse do dono, e se justificam em face da antecipada perda da posse, visando substituir os frutos que o proprietário deixou de perceber ou que lhe adviriam, se continuasse com a exploração do bem. O assunto vem pacificado há longo tempo pela Súmula nº 164 do STF, de 1963, sendo confirmado pela Súmula nº 69 do STJ, de 1992, também não recente, nos termos seguintes: "Na desapropriação direta, os juros compensatórios são devidos desde a antecipada imissão na posse e, na desapropriação indireta, a partir da efetiva ocupação do imóvel".

Estende-se o direito aos juros compensatórios à desapropriação para a instituição de servidão administrativa, a teor da Súmula nº 56, do STJ: "Na desapropriação para instituir servidão administrativa são devidos os juros compensatórios pela limitação de uso da propriedade".

Quanto à desapropriação indireta, a incidência desde a data da ocupação é confirmada por copiosa e antiga jurisprudência, tendo se revelado iterativo o Supremo Tribunal Federal (*RE* nº 78.161, em *RTJ*, 73/862; *RE* nº 69.732, em *RTJ*, 59/19; *RE* nº 58.231, em *RTJ*, 55/88; *RE* nº 70.277, em *RTJ*, 55/464; *RE* nº 48.540, em *RTJ*, 54/349). No entanto, se não comprovada a data da ocupação, fixam-se os juros compensatórios desde a citação (*Agravo de Instrumento* (AgRg) nº 135.040-7-PR, de 30.10.1990, *DJ* de 14.12.1990).

É reiterado o entendimento de que cabem os juros, mesmo que improdutivo o imóvel, como se vê no REsp. nº 978.558/MG, da Primeira Turma do STJ, j. em 4.12.2008, publicação no *DJe* em 15.12.2008:

Os juros compensatórios destinam-se a compensar o que o desapropriado deixou de ganhar com a perda antecipada do imóvel, ressarcir o impedimento do uso e gozo econômico do bem, ou o que deixou de lucrar, motivo pelo qual incidem a partir da imissão na posse do imóvel expropriado, consoante o disposto no verbete sumular nº 69 desta Corte ('Na desapropriação direta, os juros compensatórios são devidos desde a antecipada imissão na posse e, na desapropriação indireta, a partir da efetiva ocupação do imóvel').

Os juros compensatórios são devidos mesmo quando o imóvel desapropriado for improdutivo, justificando-se a imposição pela frustração da "expectativa de renda", considerando a possibilidade do imóvel "ser aproveitado a qualquer momento de forma racional e adequada, ou até ser vendido com o recebimento do seu valor à vista" (EREsp. nº 453.823/MA, relator para o acórdão Min. Castro Meira, *DJ* de 17.05.2004).

Os juros compensatórios fundam-se no fato do desapossamento do imóvel e não na sua produtividade, consoante o teor das Súmulas nºs 12, 69, 113, 114, do STJ, e 164 e 345, do STF. Precedentes: EREsp. nº 519.365/SP, *DJ* de 27.11.2006; EREsp. nº 453.823/MA, *DJ* de 17.05.2004, REsp. nº 692.773/MG, desta relatoria, *DJ* de 29.08.2005. Com efeito, os juros compensatórios incidem ainda que o imóvel seja improdutivo, mas suscetível de produção.

A matéria esteve submetida ao regime de recurso repetitivo - tese firmada pela Primeira Seção no julgamento do REsp 1.116.364/PI, acórdão publicado no *DJe* de 10.09.2010, resultando no Tema 280, firmando: "A eventual improdutividade do imóvel não afasta o direito aos juros compensatórios, pois esses restituem não só o que o expropriado deixou de ganhar com a perda antecipada, mas também a expectativa de renda, considerando a possibilidade do imóvel ser aproveitado a qualquer momento de forma racional e adequada, ou até ser vendido com o recebimento do seu valor à vista".

Todavia, se completamente impassível de qualquer espécie de exploração econômica o imóvel, no presente e no futuro, não cabem juros compensatórios, conforme tese firmada pela Primeira Seção no julgamento do REsp 1.116.364/PI, acórdão publicado no *DJe* de 10/09/2010, Tema 281: "São indevidos juros compensatórios quando a propriedade se mostrar impassível de qualquer espécie de exploração econômica seja atual ou futura, em decorrência de limitações legais ou da situação geográfica ou topográfica do local onde se situa a propriedade".

Em sequência, o Tema 282, decorrente de tese adotada pela Primeira Seção no julgamento do REsp 1.116.364/PI, acórdão publicado no *DJe* de 10/09/2010: "Para aferir a incidência dos juros compensatórios em imóvel improdutivo, deve ser observado o princípio do *tempus regit actum*, assim como acontece na fixação do percentual desses juros. As restrições contidas nos §§ 1º e 2º do art. 15-A, inseridas pelas MP's n. 1.901-30/99 e 2.027-38/00 e reedições, as quais vedam a incidência de juros compensatórios em propriedade improdutiva, serão aplicáveis, tão somente, às situações ocorridas após a sua vigência".

Outro recurso repetitivo deu tratamento específico à matéria, em tese proclamada pela Primeira Seção no julgamento do REsp 1.116.364/PI, acórdão publicado no *DJe* de 10/09/2010, resultando no Tema 283, nos seguintes termos: "Para aferir a incidência dos juros compensatórios em imóvel improdutivo, deve ser observado o princípio do *tempus regit actum*, assim como acontece na fixação do percentual desses juros. Publicada a medida liminar concedida na ADI 2.332/DF (DJU de 13.09.2001), deve ser suspensa a aplicabilidade dos §§ 1º e 2º do artigo 15-A do Decreto-lei n. 3.365/41 até que haja o julgamento de mérito da demanda".

Tanto na desapropriação direta como na indireta, fixava-se em seis por cento a taxa de juros moratórios e compensatórios.

Os primeiros, por força do art. 1.062 do Código Civil de 1916, eis que esta a taxa permitida, na ausência de convenção a respeito. De notar, no entanto, que, com o Código Civil de 2002, a taxa passa a ser igual àquela estabelecida para os impostos devidos à Fazenda Nacional, a teor de seu art. 406: "Quando os juros moratórios não forem convencionados, ou o forem sem taxa estipulada, ou quando provierem de determinação da lei, serão fixados segundo a taxa que estiver em vigor para a mora do pagamento de impostos devidos à Fazenda Nacional". Mesmo, porém, sob a vigência do Código Civil de 2002, há regra expressa, impondo taxa de 6%, no art. 15-B do Decreto-Lei nº 3.365/1941, em letra da Medida Provisória nº 2.183/2001: "Nas ações a que se refere o art. 15-A, os juros moratórios destinam-se a recompor a perda decorrente do atraso no efetivo pagamento da indenização fixada na decisão final de mérito, e somente serão devidos à razão de até seis por cento ao ano, a partir de 1º de janeiro do exercício seguinte àquele em que o pagamento deveria ser feito, nos termos do art. 100 da Constituição".

Já os compensatórios, em consolidação da Súmula nº 618 do STF, de 1984, vinham em doze por cento: "Na desapropriação, direta ou indireta, a taxa de juros compensatórios é de 12% ao ano".

Em face da Medida Provisória nº 700/2015, manteve-se elevada a taxa para até doze por cento ao ano, ao modificar o art. 15-A do Decreto-Lei nº 3.365/1941. Entretanto, a citada Medida Provisória perdeu a sua vigência em 17.05.2016. Passou a vigorar a redação da Medida Provisória nº 2.183/2001, fixando a taxa em 6% ao ano, considerada constitucional pela ADI 2.332/DF, do Pleno do STF, rel. Min. Roberto Barroso, j. em 17.05.2018, p. no *DJe* de 15.04.2018:

"É constitucional o percentual de juros compensatórios de 6% (seis por cento) ao ano para a remuneração do proprietário pela imissão provisória do ente público na posse do seu bem, na medida em que consiste em ponderação legislativa proporcional entre o direito constitucional do proprietário à justa indenização (art. 5º, XXIV, CF/88) e os princípios constitucionais da eficiência e da economicidade (art. 37, *caput*, CF/88). 3. Declaração da inconstitucionalidade do termo "até" e interpretação conforme a Constituição do *caput* do art. 15-A, de maneira a incidir juros compensatórios sobre a diferença entre 80% do preço ofertado pelo ente público e o valor fixado na sentença. 4. Constitucionalidade dos §§ 1º, 2º e 4º, do art. 15-A, do Decreto-lei nº 3.365/1941, ao determinarem a não incidência dos juros compensatórios nas hipóteses em que (i) não haja comprovação de efetiva perda de renda pelo proprietário com a imissão provisória na posse (§ 1º), (ii) o imóvel tenha "graus de utilização da terra e de eficiência na exploração iguais a zero" (§ 2º), e (iii) sobre o período anterior "à aquisição da propriedade ou posse titulada pelo autor da ação".

Salienta-se que, se efetuado o levantamento de 80% do preço oferecido, nos termos do art. 33, § 2º, do Decreto-Lei nº 3.365/1941, incluído pela Lei nº 2.786, de 1956, o cálculo dos ditos juros compensatórios envolverá a diferença apurada entre o *quantum* definido na sentença e o correspondente a 80% sacado pelo expropriado, eis que passou a ser usufruído ou utilizado pelo desapropriado. Em síntese, os juros compensatórios abrangerão a importância restante, de 20%, que fica depositada, e sobre a diferença que se apurar na avaliação relativamente ao montante oferecido e consignado em juízo.

É pacífico que incidirão os juros, seja qual for a espécie, sobre o valor devidamente corrigido. Nem há de opor alguma restrição à cumulação entre juros de mora e juros compensatórios, dada a Súmula nº 12, de 1990, do Superior Tribunal de Justiça: "Em desapropriação, são cumuláveis juros compensatórios e moratórios". No que se consolidou o entendimento em vasta jurisprudência.[46]

No pertinente aos juros moratórios, firmou-se entendimento que abrangem o valor indenizatório com a junção dos juros compensatórios, segundo define a Súmula nº 102 do STJ, de 1994: "A incidência dos juros moratórios sobre os compensatórios, nas ações expropriatórias, não constitui anatocismo vedado em lei".

Sobre o momento da incidência dos juros moratórios a contar do trânsito em julgado da sentença, o Superior Tribunal de Justiça editou a Súmula nº 70, de 1992: "Os juros moratórios, na desapropriação direta ou indireta, contam-se desde o trânsito em julgado da sentença". Aliás, tinha antes grande repercussão súmula do Tribunal Federal de Recursos, com o mesmo nº 70, definindo o momento da contagem: "Os juros moratórios, na desapropriação, fluem a partir do trânsito em julgado da sentença que fixa a indenização".

Mas, se não há imissão na posse, não cabem juros compensatórios. Os juros de mora continuam a ser contados a iniciar do trânsito em julgado da sentença: "Desapropriação. Juros de mora. Data de sua incidência. Lei nº 4.414/1964. Art. 955 do Código Civil. Incabível pretender o desapropriado receber juros de mora desde a citação, com base na Lei nº 4.414, de 24.09.1964, se a tal conclusão ela não conduz. Determinando tal diploma que os juros devidos pela Fazenda Pública deverão ser pagos na conformidade da lei civil, e dispondo o art. 955 do Código Civil que se considera em mora o devedor que não efetuar o pagamento e o credor que o não quiser receber no tempo, lugar e forma convencionados, não há, no caso, que falar-se em mora se o expropriante não foi imitido na posse e nem antes procurou o expropriado receber o preço. O pagamento dos juros de mora a partir da citação é cabível quando o débito é preexistente àquele ato processual, como resulta do § 2º do art. 1.536 do Código Civil".[47]

O art. 955 supracitado corresponde exatamente ao art. 394 do Código em vigor, enquanto o conteúdo do § 2º do art. 1.536 está inserido no art. 405 do mesmo atual Código, que encerra: "Contam-se os juros de mora desde a citação inicial".

18.12. DESAPROPRIAÇÃO INDIRETA

Trata-se de uma modalidade forçada de aquisição da propriedade pelo Poder Público. A administração apropria-se de bens particulares sem a utilização do expediente judicial. Há, pelo Estado, o apossamento injusto e indevido de domínio de outrem. Aduz Cretella Júnior:

> A desapropriação indireta entra na categoria das cessões forçadas de imóveis em benefício do domínio público, apresentando caso particular de verificar-se como consequência forçada de uma certa tomada de posse pela administração. Caracteriza-se esta tomada de posse pelo fato de realizar-se sem autorização legislativa ou administrativa, no decurso de uma operação administrativa regular e necessária a essa operação, sendo considerada legítima e aceita como definitiva porque é imprescindível para a execução da mencionada operação administrativa regular e se tenha verificado sem autorização.[48]

---

[46] *Revista de Jurisprudência do TJ do RGS*, 94/1.169, 95/1.277, 99/708,101/1.313, 103/1.162, 140/275, e *Revista do Superior Tribunal de Justiça*, 16/304, 305, 310, 315, 318, 320, 325 e 328.

[47] *Recurso Extraordinário* nº 84.483-0-SP, em *Lex – Jurisprudência do Supremo Tribunal Federal*, 56/100.

[48] *Tratado Geral da Desapropriação*, vol. I, ob. cit., p. 32.

O Poder Público ocupa sumariamente o bem particular, desprovido de qualquer autorização e não seguindo as formalidades processuais prescritas. Simplesmente toma posse do bem particular, em geral para alguma finalidade pública, como ocorre quando da abertura de uma rua em terras ainda não desapropriadas regularmente. Não sendo mais possível a reintegração da área ocupada, só resta ao proprietário buscar a indenização, em ação ordinária própria.

É bastante frequente este procedimento, às vezes imposto por circunstâncias especiais, ditadas por um interesse público impostergável e que exige súbita e imediata ocupação do bem alheio. Passa a ser considerado legítimo o apossamento dada a imprescindibilidade de uma obra ou atividade em benefício do domínio público.

O titular do domínio, em situações tais, encontra o único caminho da indenização para recuperar seu prejuízo, faculdade exercitável pelo prazo outrora de vinte anos, segundo decisões pretorianas, inclusive do Supremo Tribunal Federal, que levam em conta o art. 177 do Código Civil de 1916, cujo prazo de vinte anos passa para dez anos, a teor do Código Civil atual, em seu art. 205.

Por outros termos, o proprietário injustamente espoliado em seu imóvel, não encontrando meios de reivindicar a coisa ocupada pelo Poder Público e destinada a uma obra ou função, procura receber a justa indenização, que equivalerá ao preço do bem. E justamente porque vai em busca do preço do bem, terá o prazo de dez anos para o exercício da pretensão, enquanto ao ocupante reserva-se o direito de também alegar a prescrição aquisitiva, em princípio, desconsideradas hipóteses especiais, pelo decurso do prazo de quinze anos.

Ou seja, ao ocupante se reserva a defesa da prescrição pelo tempo decorrido de dez anos, e, se buscar a aquisição originária, a posse apta à prescrição aquisitiva de acordo com o período de tempo estabelecido na lei civil.

A solução que se alastrou nos tribunais, consolidando-se na Súmula nº 119, de 1994, do Superior Tribunal de Justiça, fixou em vinte anos o prazo ao tempo do Código Civil de 1916, que passou a dez anos pelo art. 205 do Código Civil de 2002, com o seguinte dizer: "A ação de desapropriação indireta prescreve em vinte anos".

Explicitando, encerra o *Recurso Especial* nº 153.756-RS, da 1ª Turma do STJ, publ. em 17.12.1999:

> "Demonstrado o domínio, enquanto o proprietário não perder o direito de propriedade, fundada a demanda nesse direito, substituída a pretensão reivindicatória pelo pedido indenizatório correspondente ao valor do imóvel afetado pelo apossamento administrativo, não ocorre a prescrição quinquenal. Vivo o domínio, não pode deixar de ser considerada viva a ação que o protege, estadeando-se a prescrição vintenária (Súmula 119/STJ). Não transcorrido, no caso, o prazo vintenário, observada a causa de pedir, persiste o direito de agir. Sem significação, na espécie, o recurso oficial (Súmula 620/STJ)".[49]

No *Recurso Especial* nº 124.010-SP, da 2ª Turma do STJ, *DJU* de 16.03.1998, reafirmara-se:

> É vintenário o prazo prescricional para a propositura da ação de indenização. Tal prazo corre da data em que efetivamente se deu o apossamento administrativo. Os adquirentes de imóveis já ocupados pelo Poder Público também têm direito à indenização, pois sub-rogam-se nos direitos e ações dos alienantes.[50]

---

[49] *ADV Jurisprudência* nº 13, expedição de 2.04.2000, p. 196.

[50] *Direito Imobiliário – COAD* nº 49, expedição de 13.12.1998, p. 939.

Em relação ao prazo, existe a controvérsia no caso de o poder público ter realizado obras no imóvel. Uma posição estabelece, então, o prazo de dez anos, e outra posição estende o prazo para quinze anos por não se aplicar ao Poder Público a hipótese redutora prevista no art. 1.238, parágrafo único, do Código Civil. Eis a controvérsia: "Definição do prazo prescricional aplicável à desapropriação indireta na hipótese em que o Poder Público tenha realizado obras no local ou atribuído natureza de utilidade pública ou de interesse social ao imóvel, se de 15 anos, previsto no *caput* do art. 1.238 do CC, ou de 10 anos, nos termos do parágrafo único".

As diferenças de entendimento estão nos REsps. 1.757.352/SC, da 2ª Turma (fixando o prazo de dez anos), e 1.757.385/SC, da 1ª Turma (fixando o prazo de quinze anos). Pela decisão de aplicação do regime de afetação, de 25.09.2019, *DJe* de 1º.8.2019, sendo relator o Min. Benjamin Herman, ficaram suspensos os processos.

A indenização segue os mesmos parâmetros estatuídos para a desapropriação direta. Neste sentido, incidem juros compensatórios de até seis por cento ao ano, e moratórios, também de seis por cento ao ano, em face dos textos dos arts. 15-A e 15-B do Decreto-Lei nº 3.365/1941, na versão da Medida Provisória nº 2.183/2001. Quanto aos moratórios, a exigibilidade inicia a partir de 1º de janeiro seguinte àquele em que o pagamento deveria ser feito, em face do citado art. 15-B, embora a jurisprudência sempre tenha firmado que começariam na data do trânsito em julgado da sentença. No tocante aos compensatórios, fluem a partir da ocupação do imóvel.

Para encontrar o valor do bem, desenvolve-se a avaliação por meio de perícia técnica.

Tipifica-se esta modalidade de desapropriação quando o Poder Público impede o uso pleno e livre da propriedade, conforme exposição de Oscar Breno Stahnke:

> Caracteriza-se também como desapropriação indireta, ensejando a competente indenização, o ato do Poder Público que impede o livre uso da propriedade, além da restrição do art. 572 do Código Civil.
>
> Assim, se o Poder Público nega licença ao proprietário de um terreno para a construção de um prédio residencial porque o imóvel se localiza, por exemplo, em área industrial, a negativa é legítima porquanto encontra amparo na lei do uso do solo e no art. 572 do Código Civil. Entretanto, se o Poder Público competente, de forma genérica, nega licença para edificação em terreno urbano, porque o terreno foi atingido pelo plano diretor, exorbita de seus poderes, pratica ato ilegal porque impede o uso da propriedade. Essa negativa genérica rende ensejo à ação de indenização por desapropriação indireta. A restrição de uso, pois, é ato legítimo, inerente ao poder de polícia urbanística, mas a negativa genérica é ato ilegal, passível de indenização.[51]

O art. 572 referido no texto acima corresponde ao art. 1.299 do Código Civil vigente, ambos com idêntica redação.

18.13. DESAPROPRIAÇÃO PARA FINS DE CONSTITUIÇÃO DE SERVIDÃO ADMINISTRATIVA

Se a administração pública não necessita de um bem particular com exclusividade, pode dar-se a expropriação para certa finalidade, através da qual o Poder Público impõe

---

[51] *Apontamentos e Guia Prático sobre Desapropriação*, Porto Alegre, Sérgio Antônio Fabris Editor, 1986, p. 41.

algumas restrições ao imóvel, ou o usa sem afastar o proprietário, que continua a utilizá-lo restritivamente.

Dá-se a chamada desapropriação administrativa, pela qual o apossamento pelo Estado não envolve todos os direitos que tem sobre o imóvel, mas apenas alguns, instituindo uma servidão administrativa. Transfere-se algum dos poderes ou das utilidades da coisa. A servidão administrativa vem a ser justamente o direito real de uso, ou de proveito de uma ou mais vantagens que decorrem do bem particular, que passam a se estabelecer em favor da administração pública ou de seus órgãos, com a finalidade de desempenhar ou executar obras e serviços públicos, ou serviços de utilidade pública.

Diz Pontes: "Pode-se só desapropriar o elemento do direito de propriedade, *e.g.*, o direito do usufruto, o direito do uso, o direito de servidão (ou elemento para constituí-la)".[52]

A servidão implica a imposição de ônus à propriedade particular.

O ato expropriatório é constituído por decreto de declaração de utilidade pública. A propriedade, em alguns de seus poderes, continua com o respectivo titular, tanto que o titular do prédio onerado por uma servidão administrativa de eletroduto, em tese, tem direito a ajuizar ação de reintegração de posse, pois não perdeu a condição de proprietário e possuidor mediato do prédio serviente. Em geral, ele obriga-se a não praticar, isoladamente, determinados atos, como fazer escavações nas proximidades das torres que suportam a rede elétrica ou telefônica, levantar construções, alterar as cercas de arame sem prévia aprovação de autarquia etc.

Daí vê-se que o prejuízo não é total.

O fundamento específico está no art. 40 do Decreto-Lei nº 3.365/1941, que trata desta forma de desapropriação: "O expropriante poderá constituir servidões mediante indenização na forma da lei".

Particularmente para as obras hidráulicas, o transporte e a distribuição de energia elétrica, o Código de Águas (Decreto nº 24.643/1934) já previra a forma de desapropriação, no art. 151:

> Para executar os trabalhos definidos no contrato, bem como para explorar a concessão, o concessionário terá, além das regalias e favores constantes das leis fiscais e especiais, os seguintes direitos: (...) c) estabelecer servidões permanentes ou temporárias exigidas para as obras hidráulicas e para o transporte e distribuição de energia elétrica.

O preceito vem regulamentado no Decreto nº 35.851/1954, art. 1º:

> "As concessões para o aproveitamento industrial das quedas d'água, ou, de modo geral, para produção, transmissão e distribuição de energia elétrica, conferem aos seus titulares o direito de construir as servidões administrativas permanentes ou temporárias exigidas para o estabelecimento das respectivas linhas de transmissão e distribuição".

O art. 2º prevê a necessidade do ato de declaração de utilidade pública:

> "A constituição de servidão, a que se refere o artigo anterior, depende da expedição, pelo Poder Executivo, de decreto em que, para esse efeito, se reconheça a conveniência de estabelecê-la e se declarem de utilidade pública as áreas destinadas à passagem de linha".

Em outro caso, o Decreto-Lei nº 3.236/1941, instituiu o regime legal das jazidas de petróleo e gases naturais, de rochas betuminosas e pirobetuminosas. O art. 23 garante ao

---

[52] *Tratado de Direito Privado*, 4ª ed., São Paulo, Editora Revista dos Tribunais, 1977, vol. XIV, p. 185.

Cap. XVIII · DESAPROPRIAÇÃO | **487**

pesquisador legalmente constituído e permissionário de lavra o direito às servidões indicadas por lei em favor da indústria mineira. A indenização, em previsão do § 2º do mesmo artigo, é assegurada unicamente aos danos e prejuízos verificados, e não sobre a estimativa que as servidões representam para o permissionário.

Já o Código de Mineração (Decreto-Lei nº 227/1967), bem como seu Regulamento (Decreto nº 9.406/2018), instituem algumas servidões, e que são justamente as necessárias para a exploração de jazidas de lavra de minérios.

A Lei nº 9.074/1995, disciplinando as várias atividades relacionadas à exploração de energia elétrica, no art. 10, com a redação do art. 3º da Lei nº 9.648/1998, reza que

> cabe à Agência Nacional de Energia Elétrica – ANEEL, declarar a utilidade pública, para fins de desapropriação ou instituição de servidão administrativa, de áreas necessárias à implantação de instalações de concessionários, permissionários e autorizados de energia elétrica.

A imposição de servidão confere, em termos, o direito à indenização, por determinar restrições ao uso e ao direito da propriedade, cuja prescrição, nos termos do parágrafo único do art. 10 do Decreto-Lei nº 3.365/1941, em redação vinda com a Medida Provisória nº 2.183/2001, será de cinco anos. Mas, não existe amparo jurídico à pretensão de reembolso às expropriações, mas sim mais apropriadamente às restrições decorrentes de lei, que abrangem toda uma categoria de bens, assim como as originadas por um ato de liberalidade, ou emanadas em virtude da prescrição aquisitiva. É o caso das limitações formalizadas no sentido de dirigir o exercício da propriedade, mediante regulamentos ou normas, ordenando a forma do uso e do exercício dos bens, o tipo e as dimensões das construções. Não se trata de restrições cominadas a indivíduos determinados. Atingem indistintamente uma coletividade toda e vêm expressamente discriminadas em lei. Nesta classe, destacam-se as servidões marginais aos rios públicos, as de trânsito sobre as margens dos rios não navegáveis, as que se impõem ao redor dos aeroportos, as militares, as constituídas sobre os prédios vizinhos aos bens pertencentes ao Patrimônio Histórico e Artístico Nacional. Em todas elas, existe o fundo dominante, que pode ser o rio, o aeroporto, a fortificação, com a afetação a um fim público, que determinam o ônus real sobre o prédio serviente.

Têm-se, neste tipo de imposições, as limitações administrativas, cominadas indistintamente à coletividade de indivíduos, pois necessárias para o bem comum, cuja força para a exigibilidade de observância reside na lei, dentro da esfera de competência atribuída pela Constituição Federal. Servem de exemplos o recuo e o alinhamento das casas em relação às vias públicas, que os planos diretores dos municípios preveem; a altura dos prédios nos centros urbanos; a proibição de criar animais nas zonas urbanas; o zoneamento das cidades para usos específicos, de modo a estabelecer áreas de preponderância residencial, e outras de uso comercial, ou industrial. As limitações administrativas dirigem-se, às vezes, para obrigações de fazer, como a colocação de lixeiras em frente das casas; de não fazer, sendo exemplo a vedação de portões que abrem para o calçamento, ou do erguimento de prédios acima de uma altura especificada próximo aos aeroportos; ou de deixar fazer, verificável no poder de órgãos municipais fiscalizarem entulhos depositados na propriedade privada.

O mesmo não acontece quando as limitações atingem os prédios individualmente, estipulando sacrifícios ou ressalvas no uso. Elas são criadas por ato administrativo, composto de decreto declaratório de utilidade pública e do procedimento de expropriação. Comuns são as servidões que se referem ao aproveitamento de quedas de água para a produção de energia elétrica, aos condutos subterrâneos de combustível, às redes de energia elétrica, aos caminhos para a exploração de minas e jazidas, à passagem de cabos telefônicos etc.

A indenização é prevista para compensar o desmembramento de alguns dos poderes inerentes ao domínio, os quais passam para o ente público, em benefício de uma coletividade. Exemplo típico é o seguinte caso, extraído dos *Embargos Infringentes na Apelação* nº 4.324/90, do 2º Grupo de Câmaras Cíveis do TJ do Rio de Janeiro, reg. em 11.12.1997:

> As limitações administrativas, como regra, não dão direito à indenização por serem de caráter geral, impostas com fundamento no poder de polícia do Estado, gerando para os proprietários obrigações positivas ou negativas, com o fim de condicionar o exercício do direito de propriedade ao bem-estar social. Mas, se a pretexto de limitação administrativa ou tombamento, a Administração impõe à propriedade particular restrição que afeta integralmente o direito de uso, gozo e livre disposição do bem, tratar-se-á de desapropriação, à qual deve corresponder a devida indenização, sob pena de configurar-se o confisco. Assim, provado que a área de terras pertencente aos embargantes está incluída no Parque Estadual do Desengano e que, em razão disso, perderam o uso, gozo e livre disposição da mesma, impõe-se o dever de indenizar.[53]

É o que deixa entrever o art. 5º do Decreto nº 35.851/1954:

> "Os proprietários das áreas sujeitas à servidão têm direito à indenização correspondente à justa reparação dos prejuízos a eles causados pelo uso público das mesmas e pelas restrições estabelecidas ao seu uso".

Dir-se-á, com Hely Lopes Meirelles:

> A indenização não será da propriedade, mas sim dos danos ou prejuízos que o uso dessa propriedade pelo Poder Público efetivamente causar ao imóvel serviente. Se desse uso público não resultar prejuízo ou dano à propriedade particular, a administração nada terá que indenizar. Só o exame específico de cada caso particular poderá indicar se haverá ou não prejuízos a compor na servidão administrativa que vier a ser constituída.[54]

Abrange a indenização os juros compensatórios, a teor da Súmula nº 56, do Superior Tribunal de Justiça: "Na desapropriação para instituir servidão administrativa são devidos os juros compensatórios pela limitação de uso da propriedade".

Continuando a usar o imóvel, embora não totalmente, o dono perceberá um valor correspondente ao prejuízo que resultar.

Sobre o valor da propriedade, calcula-se um percentual para compensar as restrições impostas pelo direito real. E o prejuízo variará em conformidade com o uso que está sendo dado ao prédio. Se a utilização era para fins rurais, como pastagens para o gado, ou plantações de porte não elevado, a diminuição patrimonial é pequena, inclinando-se a jurisprudência em conceder a reparação até um índice de dez por cento do valor bruto da área:

> É que na desapropriação para simples servidão aérea, como a da espécie, destinado a passagem de eletroduto, é ínfima a limitação de uso da propriedade serviente, de modo que deve ser aplicada, a título de indenização, a taxa de dez por cento sobre o valor da faixa expropriada. A de trinta por cento, como está na sentença, é excessiva.

---

[53] *Direito Imobiliário – COAD* nº 08, expedição de 1º.03.1998, p. 186.

[54] *Direito Municipal Brasileiro*, São Paulo, Editora Revista dos Tribunais, 1981, vol. I, p. 347.

Considera-se que os proprietários podem continuar a dar a mesma destinação agrícola à fração expropriada, como mantinham anteriormente à construção do eletroduto, ou seja, pastagens, cultura de soja, entre outras, que já vem inclusive sendo implantada na faixa.[55]

Mas os critérios são variáveis. Não se destinando à construção o imóvel, o eletroduto aéreo permite a utilização para plantações agrícolas, resultando uma desvalorização de vinte por cento de seu valor bruto, percentual a que se reduz a indenização, índice superior ao adotado no julgado acima. A tendência, no entanto, inclina-se pelo índice de vinte por cento, pois o proprietário não perde o domínio da área atingida nem o direito de utilizá-la de modo compatível com o gozo da servidão. Pode, assim, transitar livremente sob as linhas, efetuar culturas de baixa elevação e outros usos similares. Não se verifica, por conseguinte, o fracionamento do imóvel, de sorte a desvalorizá-lo. Não há de se negar que alguma desvalorização existe. Esta, porém, é decorrente da própria servidão e atinge exclusivamente a área da faixa atingida", prossegue o acórdão referido.

No caso em que a área é destinada a construções, a indenização variará entre cinquenta e oitenta por cento, conforme alguns exemplos dos tribunais. O certo é que não há um percentual estabelecido previamente para o arbitramento das indenizações. Caberá ao juiz atender as circunstâncias de cada caso. Em geral, nos eletrodutos e oleodutos, a extensão sob a rede elétrica e sob as tubulações torna-se imprestável para construções. Resta ao titular do domínio um resíduo de direito dominial, restrito à passagem e a alguma cultura agrícola.

Mesmo quando resultam cerceamentos em construir, embora não em toda a área atingida, os tribunais vão firmando um consenso cada vez mais generalizado no sentido de arbitrar em um terço a indenização:

> Servidão administrativa. Indenização. Constituída pela municipalidade servidão administrativa com a inclusão de imóvel em área especial de preservação do meio ambiente com restrições ao normal uso e desfrute da propriedade (impossibilidade de lotear, dividir ou edificar mais do que uma habitação unifamiliar ou prédio complementar à atividade rural) deve o Município indenizar o prejuízo causado à razão de um terço do valor do bem.[56]

O critério encontra ressonância na doutrina, como se vê em Eurico Sodré:

> Velhas leis paulistas, hoje obsoletas, mas em que todo o caso significam consagração legislativa de um princípio, autorizam, em determinadas hipóteses, a construção de linhas transmissoras de energia elétrica através de terrenos particulares, mediante a imposição de servidão indenizada com quantia correspondente a um terço do valor da faixa ocupada nesse terreno.[57]

No entanto, presentemente, em atenção a áreas destinadas a construções, ou a loteamentos, a faixa sobre a qual passa a rede elétrica não se presta a utilização, não só pelo evidente perigo que oferece, mas sobretudo porque imprestável para a construção de prédios, o que

---

[55] *Apel. Cível* nº 237.180, da 1ª Câm. Cível do TJ do Paraná, de 13.05.1980, em *Jurisprudência Brasileira*, Curitiba, JURUÁ Editora, 1981, nº 49, Servidões, p. 163.

[56] *Revista de Jurisprudência do TJ do RGS*, 72/240; ainda, 23/232, 59/274, 68/304; *Revista Jurídica*, 34/184.

[57] *A Desapropriação*, 3ª ed., São Paulo, Editora Saraiva, 1955, p. 155.

490 | DIREITO DAS COISAS – *Arnaldo Rizzardo*

leva a justificar uma indenização que vai até oitenta por cento, como afirmado atrás, e até cem por cento, correspondendo a uma verdadeira desapropriação.

18.14. RETROCESSÃO

Por retrocessão se entende a obrigação que tem o expropriante de entregar ou oferecer o bem ao expropriado, mediante devolução do valor pago, na hipótese de não ser dado ao mesmo o destino constante no ato expropriatório.

Aparecia esta previsão no art. 1.150 do Código Civil de 1916, sendo mantida pelo art. 519 do Código Civil atual, em redação mais genérica e aperfeiçoada:

> Se a coisa expropriada para fins de necessidade ou utilidade pública, ou por interesse social, não tiver o destino para que se desapropriou, ou não for utilizada em obras ou serviços públicos, caberá ao expropriado direito de preferência, pelo preço atual da coisa.

Mas, se não houver devolução, assiste ao antigo proprietário intentar uma ação de nulidade do ato jurídico de desapropriação, afigurando-se como exemplo a seguinte decisão do Tribunal de Justiça do Paraná, proferida na *Apelação Cível* nº 64.658-0, da 6ª Câm. Cível, de 24.06.1998:

> Restando demonstrado que, na desapropriação de terras rurais, para fins de ampliação de distrito industrial, ocorreu desvio de finalidade (houve permissão provisória para empresa adentrar em parcela da área, que, posteriormente, a 'vendeu' a terceiro; não foram implantadas indústrias e, decorridos mais de quatro anos, o imóvel foi transformado em depósito de lixo), viável a ação direta para invalidar aquele ato administrativo. Nesse caso, sendo comprovada a existência do apontado vício, julga-se procedente a ação para decretar a nulidade do ato de desapropriação, reintegrar os autores na posse do imóvel e condenar o réu a indenizar lucros cessantes.[58]

Possível, também, a ação indenizatória pura por perdas e danos, que, obviamente, não incluirá o preço do imóvel, se já satisfeito o mesmo. Necessária a prova dos prejuízos.

Como se calcula a indenização, se não incluído o preço do bem?

Diz Oscar Breno Stahnke:

> Os prejuízos consistem na diferença entre o valor do terreno, ao tempo que a ré foi constituída em mora, por força da citação inicial, e a importância recebida pelos autores, como o valor do terreno, na ação expropriatória. Como o preço recebido pelos autores deve lhes ter proporcionado vantagens, estão eles obrigados a computar em favor da ré pelo menos os juros legais.[59]

Há uma previsão que exclui a retrocessão, assinalada no § 3º do art. 5º da Lei nº 3.365/1941, em texto da Lei nº 9.785/1999, e que diz respeito ao imóvel desapropriado para fins de implantação de parcelamento popular: "Ao imóvel desapropriado para implantação de parcelamento popular, destinado às classes de menor renda, não se dará outra utilização nem haverá retrocessão". Além de injustificada a exceção, enseja o incremento da irrespon-

---

[58] *Direito Imobiliário – COAD* nº 52, expedição de 3.01.1999, p. 1.001.
[59] *Obra citada*, p. 59.

sabilidade, pois afasta o imóvel da possibilidade de retornar ao domínio do antigo titular, podendo permanecer indefinidamente na disposição do administrador público. Ao retirar a decorrência natural pela falta de cumprimento do objetivo determinante do ato, enseja iniciativas de desapropriação sem o devido planejamento na implantação de núcleos habitacionais.

Não há prazo consignado para utilizar o expropriante o bem, ou para dar-lhe o destino constante na declaração de expropriação. No entanto, desde que transpareça algum ato que denuncie o desinteresse do expropriante, como a doação, a venda, a troca, o completo abandono, a deterioração, a tolerância ante esbulhos ou invasões, nasce o direito à retrocessão. Nem é necessário aguardar o término da ação desapropriatória, segundo orientou o Tribunal de Justiça do Paraná, na *Apel. Cível* nº 57.987-5, da 4ª Câm. Cível, julgada em 5.11.1997:

> É admissível a retrocessão ainda pendente o processo expropriatório, desde que obtida a imissão na posse pelo Poder Público. A retrocessão constitui direito de natureza pessoal, só gerando perdas e danos contra o Poder Expropriante.[60]

Se ausente alguma circunstância que aponte o propósito determinante da expropriação, parece mais coadunável aguardar o prazo de cinco anos, com fulcro no art. 10 do Decreto-Lei nº 3.365/1941, se fixado tal lapso de tempo para o expropriante ingressar judicialmente com a competente ação, contado da data da expedição do respectivo decreto e findo o qual caducará. Ora, se esse o período concedido para se concretizar a desapropriação, o mesmo deve estender-se para a realização da finalidade que determinou o ato. Do contrário, importaria em aceitar o proceder inconsequente e arbitrário do Poder Público, que se apropria da propriedade privada sem a devida e indispensável seriedade.

Há decisões, no entanto, que aplicam o prazo prescricional do usucapião:

> Não há, no direito positivo brasileiro, lei que fixe prazo dentro do qual o bem expropriado deve ser utilizado pela entidade expropriante. A ação de retrocessão, ação real, não está sujeita à prescrição quinquenal do Decreto nº 20.910, de 1932, mas ao da reivindicação, observado o prazo do usucapião extraordinário (Código Civil vigente, art. 177, combinado com o art. 550). A prescrição da ação de retrocessão, nas hipóteses de abandono e de afetação parcial, começa a correr do momento em que o expropriante abandona, inequivocadamente, o propósito de dar ao imóvel a destinação de utilidade pública. Tratando-se de desapropriação de remanescente em decorrência do direito de extensão, não tem o expropriado direito de retrocessão, no caso de ficar o mesmo remanescente em disponibilidade após a execução da obra. A retrocessão, nessa hipótese, só tem lugar se o imóvel, na sua integridade, não for aproveitado. Área remanescente destinada à proteção e conservação de represa. Em caso assim, só a prova cabal no sentido de que teria o Poder Público abandonado o propósito de dar a esse remanescente a destinação de utilidade pública é que justificaria a retrocessão (TFR – Apel. Cível nº 66.124, de Minas Gerais, *COAD* – 191.177).[61]

Além do desvio de finalidade, ensejam a retrocessão o abandono e a afetação parcial, em que se verificam sobras de terreno após a implantação do objetivo intentado pela desapropriação.

Em face do art. 35 do Decreto-Lei nº 3.365/1941, descabe a reivindicatória do bem, caso o Poder Público se recuse a proceder voluntariamente à restituição.

---

60   *Boletim Direito Imobiliário*, Ed. *COAD* nº 20, expedição em 24.05.1998, p. 406.

61   *Em apontamentos e Guia Prático sobre Desapropriação*, de Oscar Breno Stahnke, ob. cit., p. 56.

492 | DIREITO DAS COISAS – *Arnaldo Rizzardo*

Como destino que determinou a desapropriação, entende-se não apenas aquele fim expressamente contido no ato expropriatório, mas toda e qualquer finalidade prevista como utilidade pública, de conformidade com a Súmula nº 220, de 1963, do Supremo Tribunal Federal.

18.15. DESISTÊNCIA DA DESAPROPRIAÇÃO

Até que se efetive o registro da desapropriação no cartório imobiliário, pode o desapropriante desistir da medida expropriatória. Com a desistência, o Poder Público devolve a posse do bem titular do domínio, que deverá, por sua vez, restituir o valor inicial eventualmente levantado, com a devida correção monetária. Assiste-lhe, todavia, pleitear, em ação própria, a indenização pelas perdas e danos decorrentes da não utilização do imóvel no período em que o mesmo se encontrou no poder do expropriante, com os acréscimos apuráveis nas alterações havidas em decorrência do uso exercido pelo Poder Público Na indenização, não se postulam, eis que a finalidade destes se dirige a recompor a não utilização do imóvel. Ora, se pretendidos, afastam a pretensão indenizatória por outro critério, como a estimativa da produção no período em que se encontrou na posse ou no poder do expropriante.

Não é possível, porém, a desistência depois de efetuado o pagamento, eis que, aí, já completada a relação jurídica deflagrada com o ingresso da ação. Tal não acontece, porém, se apenas efetuado o depósito inicial, para efeito de conseguir a imissão no imóvel. Nesta eventualidade, e mesmo que tenha o expropriado logrado o levantamento de 80% do montante, é aceita a desistência, com a intimação para a restituição da quantia retirada.

Sobre até quando é permitida a desistência, também se pronunciou o Superior Tribunal de Justiça: "A desistência da desapropriação pode ser manifestada enquanto não efetivado o pagamento do preço e desde que a restituição do bem seja possível, ressalvando-se ao expropriado o direito de haver perdas e danos em ação própria. A responsabilidade da restituição do imóvel, por sua descaracterização e destinação desde a imissão na posse pelo expropriante, declarada pelo acórdão recorrido com base na prova, é matéria que não pode ser reexaminada neste grau de jurisdição".[62]

Não necessita o expropriante do consentimento, ou da ouvida, da outra parte, para efetivar-se a desistência. De qualquer forma, assume o desistente os encargos das custas e honorários advocatícios da parte adversa, como deflui do art. 90 do Código de Processo Civil, no que confirma a jurisprudência:

> A doutrina e a jurisprudência reconhecem como legítimo o ato de desistir expressado pela expropriante do imóvel, enquanto não levado a registro o título, por não haver, até então, transferência de domínio. Todavia, não é lícito à expropriante furtar-se ao cumprimento de obrigações acessórias, decorrentes do processo expropriatório, dentre as quais sobreleva a responsabilidade pelo pagamento dos honorários de advogado que o expropriado se viu na contingência de constituir, além das custas, em devolução, e despesas processuais. Logo, é caso típico de extinção do processo, sem apreciação do mérito, na forma do art. 267, VIII, do Código de Processo Civil.[63]

O art. 267, VIII, anteriormente referido, corresponde ao art. 485, VIII, do CPC/2015.

---

[62] *Recurso Especial* nº 158.355-SP, da 2ª Turma, DJ de 06.04.1998, em *Direito Imobiliário*, Edição *COAD*, nº 26, expedição em 05.07.1998, p. 516.

[63] *Apel. Cível* nº 49.946-5/3, da 7ª Câm. de Direito Privado do TJ de São Paulo, de 22.12.1997, em *Direito Imobiliário* nº 9, expedição de 08.03.1998, p. 204.

18.16. OCUPAÇÃO TEMPORÁRIA

Para fins de edificação ou realização de uma obra, autoriza-se a ocupação de terreno próximo ou vizinho, desde que necessário para os trabalhos e não tenha prédios erguidos. A faculdade está assegurada no art. 36 da Lei nº 3.365/1941:

> É permitida a ocupação temporária, que será indenizada a final, por ação própria, de terrenos não edificados, vizinhos às obras e necessários à sua realização.
>
> O expropriante prestará caução, quando exigida.

Não é incomum a necessidade de ocupação de área de terra que fica ao lado ou junto ao terreno onde se ergue um prédio, ou se realiza uma obra. Diante da falta de espaço para a locomoção dos que trabalham, para o depósito de materiais adquiridos a serem utilizados na construção, para a circulação de veículos, dentre outros fatores, parece razoável a disposição da lei, que introduz mais esta restrição.

Não há uma desapropriação, ou confisco, mas o uso temporário para uma finalidade em proveito da destinação da desapropriação do bem ou imóvel a que se utilizará a ocupação temporária. Cessada a necessidade de ocupação do espaço, volve a posse ou o proveito do bem ao seu titular. Verifica-se como que um arrendamento forçado do bem, ou uma locação *sui generis*, sem maiores formalidades ou percalços.

Uma das condições primeiras para esse proveito está na inexistência de prédios ou construções no imóvel. É enfático o art. 36, ao impor tal condição, revelando a preocupação em não trazer prejuízos e incômodos exacerbados aos proprietários. Não se trata de pequenas construções, de barracos ou casebres não ocupados, ou de galpões de reduzidas dimensões, não utilizados para depósitos, revelando uma importância secundária. Nem impede essa ocupação o cultivo dos terrenos, o seu emprego em plantações, ou a destinação à prática de esportes.

A proximidade com as obras é um requisito essencial. A vizinhança não importa necessariamente em contiguidade, se o imóvel que se interpõe entre ambos não serve para as finalidades determinantes da ocupação. Dadas as reduzidas dimensões, ou a acidentalidade do relevo, não é incomum que se procure uma área mais afastada, maior, e apropriada.

Outro requisito exigido é a necessidade, de sorte que a área seja realmente indispensável, essencial, o que vai muito além da mera comodidade ou facilidade para o desempenho dos trabalhos. Evita-se, com a ocupação, maiores gastos, dispêndio de mão de obra, encarecimento do custo, deslocamentos constantes dos materiais e outros incômodos.

Ao expedir o ato de declaração de utilidade pública, já virá a autorização para se ocupar a área próxima, de modo a não se exigir uma medida judicial posterior. A indenização, porém, diferentemente da desapropriação, ocorrerá ao final das obras. Não se impõe o depósito prévio do montante que entender justo o desapropriante. Além do pagamento pelo uso do espaço, abrangerá o preço os danos causados, e assim os estragos em eventuais plantações, nas cercas ou muros, na limpeza e na recuperação da terra.

Cumpre que seja o proprietário notificado do ato que declarou a ocupação, com a referência ao início e à previsão do período de tempo que perdurará.

Se houver manifestação expressa do dono da área, é de rigor o oferecimento de caução, em valor ou patrimônio que baste para cobrir a estimativa do preço do uso e dos prejuízos que surgirem. A fim de bem aquilatar a garantia, conveniente que acompanhe uma avaliação técnica, elaborada por engenheiro, com elementos para aferir que é suficiente.

18.17. PREJUÍZOS CAUSADOS AO IMÓVEL EM FACE DA DESAPROPRIAÇÃO DE ÁREAS CONTÍGUAS

São comuns os casos de prejuízos causados pelo uso de um imóvel, gerando constantes controvérsias e litígios. As desapropriações, não raras vezes, visam a instalação de atividades insalubres, perigosas, poluidoras e prejudiciais ao meio ambiente, como fábricas de fogos, refinarias, metalúrgicas, indústrias de artefatos cujos resíduos prejudicam o solo. Dirigem-se, também, para servir como campo de provas em manobras do exército, ou para treinamento de tiros ao alvo com toda espécie de armas de fogo.

De outro lado, expropriam-se imóveis para servirem de depósito de lixo, cujos restos penetram na terra e contaminam o lençol freático, além de causar odores desagradáveis; para a destinação a campos de pouso de aeronaves, resultando em constante poluição sonora; para a construção de casas populares, com o deslocamento de levas de pessoas para uma região antes considerada nobre, tranquila, de produção agrícola, e tornando-se, em face do novo núcleo populacional, perigosa, infestada de delinquentes, os quais invadem propriedades, destroem cercas e abatem animais; fazem-se aterros em extensas áreas a fim de construir uma rodovia, provocando o alagamento de imóveis contíguos nas épocas de chuva.

Diante da nova realidade, é induvidoso o fenômeno da desvalorização dos imóveis próximos ao desapropriado.

A fim de fazer frente aos danos que surgem é que se erigiu o art. 37 do DecretoLei nº 3.365/1941, de grande utilidade nas desapropriações: "Aquele cujo bem for prejudicado extraordinariamente em sua destinação econômica pela desapropriação de áreas contíguas terá direito a reclamar perdas e danos do expropriante".

Assegura-se o direito de reclamar, junto ao desapropriante, as perdas e danos acarretados pela nova situação.

Encontra respaldo a responsabilidade do Poder Público também no art. 37, § 6º, da Carta Federal, pelo qual as pessoas jurídicas de direito público e as de direito privado prestadoras de serviços públicos responderão pelos danos causados a terceiros por seus agentes, assegurado o direito de regresso contra o responsável nos casos de dolo ou culpa. Trata-se da teoria da culpa administrativa, ou do risco administrativo, ou do risco integral, em que não se indaga da culpa subjetiva. Responde o agente público pela verificação do dano, desde que decorrente de uma atividade sua ou da omissão no exercício de uma atividade que lhe incumbia desempenhar.

A atividade que a administração pública desempenha gera prejuízos aos particulares, sem verificar a culpa na sua execução. Surgindo um dano nos bens de terceiros na implantação das obras, haja ou não culpa, omissão, excessos, descuidos, ou pelo simples exercício dos trabalhos, incide a responsabilidade objetiva. Não se perquire a respeito da configuração de culpa ou dolo do agente público. Incabível indagar se há licitude ou ilicitude na ação como pressuposto para a indenização.

A busca do ressarcimento não é procurada no processo de desapropriação, mas em ação direta, ajuizada em separado, eis que os atingidos são terceiros, que não participam da relação criada na desapropriação.

Capítulo XIX

Propriedade Resolúvel

19.1. CARACTERIZAÇÃO

Envolve o assunto as situações em que se desconstitui ou se desfaz a propriedade. Embora consolidada a propriedade em nome de uma pessoa, há casos que a revogam ou destituem seu titular da mesma.

Normalmente, resolve-se e revoga-se a propriedade em razão de uma lei ou de uma cláusula contratual. No próprio título está inserida a possibilidade de sua extinção.

Clóvis Beviláqua acena para este aspecto:

> A propriedade resolúvel ou revogável é a que, no próprio título da sua constituição, encerra o princípio que a tem de extinguir, realizada a condição resolutória, ou advindo o termo extintivo, seja por força de declaração da vontade, seja por determinação da lei.[1]

Uma vez verificada a resolução, torna o bem ao seu antigo proprietário. Verifica-se a mesma com o acontecer do termo ou da condição prevista.

No art. 119 do Código Civil revogado vinha o alcance da condição resolutiva, sendo a sua previsão, no atual diploma, nos arts. 127 e 128. Eis o primeiro dispositivo: "Se for resolutiva a condição, enquanto esta se não realizar, vigorará o negócio jurídico, podendo exercer-se desde a conclusão deste o direito por ele estabelecido". O segundo: "Sobrevindo a condição resolutiva, extingue-se, para todos os efeitos, o direito a que ela se opõe; mas, se aposta a um negócio de execução continuada ou periódica, a sua realização, salvo disposição em contrário, não tem eficácia quanto aos atos já praticados, desde que compatíveis com a natureza da condição pendente e conforme aos ditames de boa-fé". Estão, neste último preceito, ressalvados os efeitos dos atos praticados, nos negócios de execução continuada ou periódica, desde que compatíveis com a natureza da condição e os ditames da boa-fé.

19.2. SITUAÇÕES VERIFICÁVEIS DE RESOLUÇÃO DA PROPRIEDADE

Exemplo típico da condição resolutiva está na retrovenda, estabelecida no art.1.140 do Código Civil de 1916: "O vendedor pode reservar-se o direito de recobrar, em certo prazo, o imóvel que vendeu, restituindo o preço, mais as despesas feitas pelo comprador". A regra aparece no art. 505 do Código de 2002, com algumas diferenças, concernentes ao prazo para

---

[1] *Código Civil dos Estados Unidos do Brasil Comentado*, vol. III, ob. cit., p. 195.

recobrar o imóvel, que não ultrapassará de três anos, e quanto à restituição das despesas, que abarcam também as que se efetuaram com a autorização escrita e as exigidas para a realização das benfeitorias necessárias:

> O vendedor de coisa imóvel pode reservar-se o direito de recobrá-la no prazo máximo de decadência de 3 (três) anos, restituindo o preço recebido, e reembolsando as despesas do comprador, inclusive as que, durante o período de resgate, se efetuaram com a sua autorização escrita, ou para a realização de benfeitorias necessárias.

Igualmente na venda com pacto de melhor comprador, art. 1.158 do Código anterior, figura que não mais aparece no Código atual: "O contrato de compra e venda pode ser feito com uma cláusula de se desfazer, se, dentro em certo prazo, aparecer quem ofereça maior vantagem".

No pacto comissório, art. 1.163 do Código de 1916, não mantida a espécie no Código vigente: "Ajustado que se desfaça a venda, não se pagando o preço até certo dia, poderá o vendedor, não pago, desfazer o contrato, ou pedir o preço".

Na venda com a cláusula de preempção ou preferência, art. 513: "A preempção, ou preferência, impõe ao comprador a obrigação de oferecer ao vendedor a coisa que aquele vai vender, ou dar em pagamento, para que este use de seu direito de prelação na compra, tanto por tanto".

E, assim, em mais outras hipóteses, como na compra e venda com reserva de domínio e na promessa de compra e venda com cláusula resolutória expressa por falta de pagamento, ou por infração de deveres contratuais.

No entanto, quanto ao pacto de preferência e ao comissório (este não contemplado no Código em vigor), dissente Pontes de Miranda: "Não cabem no art. 647 o pacto de preferência, que é estranho à noção de condição ou de termo, e ao pacto comissório, que é de resolução por inadimplemento (art. 1.092, parágrafo único)".[2]

O que interessa, no entanto, é a possibilidade de resolução da propriedade, pela própria natureza da forma de aquisição que inclui tal viabilidade.

Washington de Barros Monteiro estende esta possibilidade inclusive ao fideicomisso:

> No fideicomisso, a propriedade é também resolúvel ou revogável. Assim, em seu testamento, dispõe o testador que a herança passe a determinada pessoa, chamada fiduciário, para, por morte desta, ou dentro de certo tempo, transmitir-se a outra (fideicomissório). Como no exemplo precedente, a propriedade do primeiro beneficiado (gravado ou fiduciário) é revogável (art. 1.734 do Código Civil). Verificado o termo prefixado (morte ou vencimento do prazo), resolve-se a propriedade, a fim de transmitir-se ao fideicomissório.[3]

O art. 1.734 invocado corresponde ao art. 1.953 do Código em vigor.

Com mais frequência prática se dá a resolução quando, no condomínio, se opera a venda da fração ideal ou da quota dentro do todo a um estranho, prevista a espécie no art. 1.139 do Código de 1916, e encontrando-se no art. 504 do atual, o qual acrescenta, embora desnecessariamente, que a falta do exercício da preferência, no prazo de seis meses, acarreta a decadência:

> Não pode um condômino em coisa indivisível vender a sua parte a estranhos, se outro consorte a quiser, tanto por tanto. O condômino, a quem não se der conhecimento da venda, poderá, depositando o preço, haver para si a parte vendida a estranhos, se o requerer no prazo de 180 (cento e oitenta) dias, sob pena de decadência.

---

[2] *Tratado de Direito Privado*, vol. XIV, ob. cit., p. 119.
[3] *Curso de Direito Civil – Direito das Coisas*, ob. cit., p. 224 e 225.

Da mesma forma, nas locações regidas pela Lei nº 8.245, de 1991, em cujos artigos 27 a 34 aparece assegurada a preferência do locatário na compra e venda do bem locado, desde que oferecido à venda; e no arrendamento e na parceria, segundo autoriza o art. 92, §§ 3º e 4º do Estatuto da Terra (Lei nº 4.504, de 1964), cumprindo ao proprietário oferecer antes a venda do bem àquele que exerce o uso temporário da terra, através de tais formas, assegurando-se a ação de preferência ou de adjudicação, se não possibilitada a preferência.

Em todos os casos vistos, há a retroatividade da condição e do termo resolutivo, que acontecem após certo tempo de celebração do contrato, mas cujos efeitos vão alcançar o próprio ato jurídico.

19.3. EFEITOS DA RESOLUÇÃO DA PROPRIEDADE

Dir-se-á que a propriedade é condicional. Extingue-se com o advento da condição ou do termo, quando volverá ao antigo proprietário, ou vai para a pessoa preterida na preferência da aquisição.

Com efeito, dispõe o art. 1.359: "Resolvida a propriedade pelo implemento da condição ou pelo advento do termo, entendem-se também resolvidos os direitos reais concedidos na sua pendência, e o proprietário, em cujo favor se opera a resolução, pode reivindicar a coisa do poder de quem a possua ou detenha". Depreende-se que também os direitos reais ficam resolvidos. É como explica Carvalho Santos, aplicando-se o texto ao dispositivo atual, que mantém idêntico conteúdo à norma antiga:

> O certo é que o texto legal quer significar que, em virtude da resolução a condição ou do advento do termo, todos os direitos reais concedidos a terceiros não podem subsistir, podendo o antigo proprietário agir contra esses terceiros sem a necessidade de qualquer ação preliminar rescisória ou de nulidade, porque o seu direito já é líquido em face da resolução do domínio.
>
> Se se trata de uma hipoteca, é possível o cancelamento da sua inscrição, pela resolução do domínio, à vista somente da respectiva prova, isto é, da retenção, que decretou aquela resolução.[4]

Em princípio, a resolução se dá *ex tunc*, isto é, como se nunca houvesse sido realizado o negócio, ou desde o seu começo.

E se alguém transfere o imóvel, pendente a condição resolutiva, *v.g.*, do pacto de melhor comprador, a alienação ficará sem efeito se fizer o vendedor originário valer a condição no prazo de carência. O mesmo ocorre na venda da quota em coisa comum.

No interregno de seis meses, reserva-se ao condômino o exercício da preferência. Se reconhecido o direito, serão ineficazes as vendas consumadas pelo adquirente estranho, ou os ônus hipotecários impostos ao imóvel.

19.4. CAUSA SUPERVENIENTE DE RESOLUÇÃO À CONSTITUIÇÃO DO TÍTULO

Tais efeitos não ocorrem se houver causa superveniente de resolução, ou que não se encontre no próprio título, procedendo de fato posterior à transmissão da propriedade. A propriedade, acena Clóvis, não será resolúvel em sua origem: "Assim acontece no caso de

---

4   *Obra citada*, vol. VIII, p. 395.

doação revogada por ingratidão do proprietário. O donatário, por exemplo, é proprietário perfeito, mas, se se mostrar ingrato, o doador pode revogar a doação (art. 1.181); contudo, a revogação não prejudica os direitos adquiridos por terceiros. A resolução opera-se *ex nunc*".[5] O art. 1.181, citado na doutrina acima, equivale ao art. 555 do Código em vigor, que acrescenta outra causa de resolução, consistente na inexecução do encargo.

Por outras palavras, se o donatário já tiver alienado o bem, não se procederá a revogação da venda. É o que ressalta do art. 1.360:

> Se a propriedade se resolver por outra causa superveniente, o possuidor, que a tiver adquirido por título anterior à sua resolução, será considerado proprietário perfeito, restando à pessoa, em cujo benefício houve a resolução, ação contra aquele cuja propriedade se resolveu para haver a própria coisa ou o seu valor.

Como se observa da regra, ao doador, na hipótese antes exemplificada, só resta o direito de propor uma ação contra o donatário para dele receber o montante do valor do bem, caso não seja possível a restituição da coisa em espécie.

Todos os contratos que envolvem a previsão da resolução da propriedade representam, porém, uma verdadeira compra e venda. Representam aquisição da propriedade. Por isso, diz Pontes de Miranda: "O direito que tem a pessoa a que se atribuiu a propriedade depois de alguma indicação ou termo, de cujo advento resulte resilição, é direito expectativo, registrável, subjetivo, real. Esse ponto é da maior importância, no terreno da teoria geral do direito e do direito processual: é direito adquirido, penhorável, arrestável, sequestrável; se relativo a imóvel, hipotecável. Direito expectativo, e não simples expectativa. Se concernente a imóvel, os princípios do direito imobiliário são-lhe invocáveis".[6]

19.5. RESOLUBILIDADE E ANULABILIDADE

Não há que se confundir a resolubilidade da propriedade com os casos de anulação, ou nulidade do contrato de aquisição da propriedade, em que se desconstitui a propriedade por vício de consentimento ou defeito de forma, entre outras várias situações.

É diversa a causa de uma e outra hipótese. Na primeira, o contrato encerra uma previsão expressa, ou uma referência legal específica. Na última, acontece a resilição do contrato em virtude da constatação de causa que rescinde ou anula os atos jurídicos em geral, alastrando os efeitos *ex tunc*, e atingindo as transmissões ou onerações procedidas pelo adquirente, conforme fundamento de Serpa Lopes:

> Observe-se, contudo, que se o desfazimento de uma situação jurídica resultar da nulidade do título causal, também aqui se repete uma situação idêntica à resultante da condição resolutiva. Por isso que a nulidade do ato jurídico acarreta o seu desfazimento completo como se o ato anulado jamais existisse, segue-se que a sua decretação opera uma eficácia *ex tunc*, de modo a afastar, remover e destruir todas as situações jurídicas constituídas *medio tempore*. Trata-se de um princípio intuitivo, porquanto é da essência da nulidade que ela se refira a uma causa coeva com o nascimento do ato

---

[5] *Código Civil dos Estados Unidos do Brasil Comentado*, vol. III, ob. cit., p. 196.

[6] *Tratado de Direito Privado*, vol. XIV, ob. cit., p. 120.

e não a um fato posterior: não se pode conceber nulidade criada por uma situação jurídica surgida após a conclusão do negócio jurídico de que ela resultou.[7]

Após longa justificação, Sá Pereira faz uma distinção que não convence: os efeitos *ex tunc* da revogação limitam-se às nulidades absolutas, enquanto os efeitos *ex nunc* aplicam-se às nulidades relativas, por ser a causa sempre superveniente.[8]

De lembrar, ainda, que a cláusula resolutória expressa nem sempre opera de pleno direito a resolução do contrato.

Especialmente nos contratos de promessa de compra e venda embutem-se cláusulas resolutórias verificáveis nas inadimplências de obrigações. Leis especiais impõem uma prévia notificação, dando o prazo para a satisfação de prestações atrasadas.

Assim, quanto aos imóveis loteados, antes da resilição, intima-se o devedor para satisfazer o débito no prazo de trinta dias, consoante art. 32 e parágrafos da Lei nº 6.766/1979.

Não integrantes de loteamento, às promessas aplica-se o Decreto-Lei nº 745/1969. Interpela-se o inadimplente para colocar-se em dia, no espaço de tempo de quinze dias.

---

[7]   *Curso de Direito Civil*, vol. VI, ob. cit., p. 263.
[8]   *Direito das Coisas*, vol. VIII, ob. cit., p. 454 a 456.

Capítulo XX

Propriedade Fiduciária

20.1. FIDÚCIA

Para bem apreender o sentido de propriedade fiduciária, indispensável ingressar no estudo do significado de fidúcia. Desde o tempo do Direito romano é conhecida a figura, constando na Lei das Doze Tábuas a origem, onde se inseriu que se alguém empenha a sua coisa em presença de testemunhas firma uma convenção com força de lei, pela qual transmite-se a coisa ao credor, que, por sua vez, se comprometia a devolvê-la tão prontamente cumprida a obrigação. Comuns, na fase inicial da República, os negócios em que se usava a transferência da propriedade de bens como sinal de garantia da satisfação de uma obrigação. Era a chamada *fiducia cum creditore*, forma de contrato pelo qual o devedor transfere a propriedade da coisa ao credor, em garantia do pagamento de uma dívida. Tão logo cumprida a avença de parte do devedor, era retransmitida a propriedade a ele pelo credor. Outras formas existiam, mas sempre envolvendo a venda de um bem, ou até de um membro da família, com o compromisso de, posteriormente, se efetuar a devolução. Nesse campo, conhecia-se a *fiducia re mancipationis causa*, pacto pelo qual o *paterfamilias* vendia um filho a outro *paterfamilias*, com a obrigação assumida por este de libertá-lo em seguida de forma tal que se obtenha o fim visado, que é a emancipação do filho.[1]

Esse tipo de acerto pressupunha uma extrema confiança, ou fidelidade, originando o termo *fidúcia*, que tem suas raízes justamente na *fides* romana, ou seja, na fidelidade ao contratado, ou na confiança de que se reverterá a propriedade novamente para aquele que vendeu.

Outrossim, operava-se a perda da propriedade do bem, uma vez persistisse a mora do devedor.

Daí poder traduzir-se, atualmente, a estrutura do conceito romano, que bem dimensiona o conteúdo de fidúcia: um acordo de boa-fé, pelo qual uma pessoa, denominada fiduciária, recebe da outra, o fiduciante, uma coisa móvel, mediante uma venda. Quem recebe a coisa se compromete em lhe dar uma destinação própria e a restituí-la quando exigida. Salienta Otto de Souza Lima:

> A palavra "fidúcia" significava, antes de tudo, o negócio, como em *fiduciam contrahere* e *contracta fiducia*. Indicava, também, a coisa objeto do negócio ou dada *cum fiducia* e *subripere fiduciam*. O alienante é chamado fiduciante; o adquirente, fiduciário. Os romanos, na *fiducia cum creditore*, indicavam, também, o alienante pelo termo *debitor*, e o adquirente pelo de *creditor*. Serviam-se, também, de expressões como *is qui fiduciam accedit*.[2]

---

[1] Paulo Restiffe Neto, *Garantia Fiduciária*, 2ª ed., São Paulo, Editora Revista dos Tribunais, 1976, p. 2.

[2] *Negócio Fiduciário*, São Paulo, Editora Revista dos Tribunais, 1962, p. 45.

Cap. XX · PROPRIEDADE FIDUCIÁRIA | 501

A ideia que se extrai faz sugerir uma transferência da coisa. Esta transferência equivale à translação da titularidade da coisa. Transmite-se a plena titularidade do direito.

"Fidúcia", pois, vem a ser o contrato pelo qual o adquirente aparente de um bem se obriga a restituí-lo ao alienante, depois de cessadas as causas que motivaram a venda ao fim de certo tempo. Otto de Souza Lima sintetiza o instituto como "a convenção pela qual aquele que recebeu uma coisa ou um direito, pela *mancipatio* ou pela *in jure cessio*, se obriga à restituição, quando satisfeito o fim ou preenchida a destinação".[3]

Os termos *mancipatio* e *in jure cessio* significavam, em direito romano, dois modos solenes ou formais de translação do domínio adquirido. Tinham, por efeito, a transferência da plena titularidade do direito, ou da propriedade.

Especificamente quanto à *mancipatio*, expressava um modo de transferir independentemente da causa da alienação. Seguia uma forma para efetivar-se, segundo explicam Alexandre Correia e Caetano Sciascia. Realizava-se na presença de, no mínimo, cinco testemunhas, escolhidas entre cidadãos romanos probos e experientes. Uma outra testemunha, da mesma qualidade das anteriores, empunhava uma balança de bronze e proferia uma declaração sobre o negócio que se realizava.[4]

A expressão *in jure cessio* era, também, um modo solene de transferência da propriedade. Operava-se *in jure*, isto é, perante um magistrado e tinha forma exterior de uma reivindicação fictícia. Usava-se uma forma processual para operar, de modo solene, a transferência voluntária do domínio. Mais precisamente, significava uma cessão, perante o magistrado, do direito sobre a pessoa ou a coisa.

20.2. NEGÓCIO FIDUCIÁRIO

O negócio fiduciário envolve o mesmo significado de fidúcia. Ou seja, constitui a fidúcia empregada em uma relação negocial.

De acordo com Pontes de Miranda, sempre que a transmissão tenha um fim que não seja a transmissão mesma, de modo que ele sirva a negócio jurídico que não venha a ser alienação àquele a quem se transmite, diz-se que há fidúcia, ou negócio fiduciário.[5]

Mais explicitamente, existem negócios que, embora tecnicamente visem certos e determinados fins, os quais aparecem externa ou ostensivamente, na verdade objetivam finalidades outras, maiores, mais importantes, que superam os elementos técnicos. Daí, arremata J. Renato Corrêa Freire, "tais finalidades que não são as verdadeiras, representam-se como internas, implícitas, indiretas e encobertas. Normalmente, o negócio jurídico ostensivo e externo implica transmissão e, quando isto ocorre, acompanhado do negócio implícito, indireto e encoberto, forma-se a relação jurídica fiduciária, ou melhor, realiza-se o negócio fiduciário".[6]

Observa Tullio Ascarelli que o fim visado pelas partes não corresponde ao fim típico do negócio fiduciário. A característica decorre do fato de se prender ele a uma transmissão de propriedade, mas, acrescenta,

> de ser o seu efeito (direito real) parcialmente neutralizado por uma convenção entre as partes em virtude da qual o adquirente pode aproveitar-se da propriedade que adquiriu apenas para o fim especial visado pelas partes, sendo obrigado a devolvê-la desde

---

3   *Obra citada*, p. 44.
4   *Manual de Direito Romano*, São Paulo, 1955, 2º vol., pp. 49 e 50.
5   *Tratado de Direito Privado*, Rio de Janeiro, Editor Borsoi, 1954, vol. III, p. 123.
6   "Negócio Jurídico Fiduciário", em *Revista dos Tribunais*, nº 411, p. 24.

que aquele fim seja preenchido. Ao passo que os efeitos de direito real, isoladamente considerados decorrentes do negócio adotado, vão além das intenções das partes, as ulteriores convenções obrigacionais visam justamente a restabelecer o equilíbrio; é, assim, possível o uso da transferência da propriedade para finalidades indiretas, ou seja, para fins de garantia, de mandato, de depósito. Mas, os efeitos de direito real do negócio são, eles também, queridos e seriamente queridos pelas partes, que, na falta deles, nem poderiam alcançar o fim último visado. Assim, num caso típico de negócio fiduciário, a transferência da propriedade para fins de garantia, a transmissão da propriedade é efetivamente desejada pelas partes, não, porém, para o fim de troca, mas para fim de garantia.[7]

Para que isso aconteça, isto é, para que a manifestação ostensiva da vontade não corresponda à manifestação encoberta, é indispensável o elemento subjetivo da confiança, que é o fator que conduz uma das partes a encetar o negócio. Através da confiança, encontram-se resultados econômicos legítimos para a prática de relações contratuais jurídicas aparentes, sendo certo que a prática do negócio aparente é necessária para o alcance do fim visado.

Este caráter aparece nas origens romanas do instituto. Localizam-se referências perfeitamente identificadas nas "Institutas" de Gaio, usando-se a espécie para soluções puramente obrigacionais, ora visando a garantia de um credor, celebrada a avença para a finalidade de lhe passar a posse a título precário, como garantia de débito; ora com um amigo, para que este guardasse os bens objeto do negócio fiduciário mais seguramente.

Através dos tempos, passando pelo direito medieval e pelas consolidações civis posteriores, manteve-se o caráter, que evoluiu, mais adiante, até abranger um outro elemento de natureza real, consistente na transmissão do direito ou da propriedade do bem objeto da garantia.

Pela análise que fazem os autores, pode-se perfeitamente apresentar a seguinte definição, que expressa a estrutura e evidencia a natureza da fidúcia em si: vem a ser o contrato ou o negócio em que se transmite uma coisa ou um direito a outrem, para determinado fim, assumindo o adquirente a obrigação de usar da coisa ou do direito segundo aquele escopo e, uma vez satisfeito o mesmo, de devolvê-lo ao transmitente.

Dois elementos compõem necessariamente a figura: um de natureza real, que determina a transmissão do direito ou da propriedade; e outro de natureza obrigacional, relativo à restituição, ao transmitente ou a terceiro, do bem, após exaurido o objeto do contrato.

Transparece a evolução quanto às origens romanas, em que era mais pobre a figura, confundindo-se, não raramente, com outras formas de garantias. Em todas as legislações vigentes, os elementos acima encontram-se presentes, sem o que não há como reconhecer-se a fidúcia.

20.3. NEGÓCIO FIDUCIÁRIO, ALIENAÇÃO FIDUCIÁRIA EM GARANTIA E O DIREITO BRASILEIRO

O negócio fiduciário resume-se propriamente na alienação fiduciária em garantia. Em ambas as figuras há elementos comuns. O devedor aliena a coisa sob a condição suspensiva de retorno *ipso jure* do domínio, mediante o pagamento da dívida assim garantida. O credor, de outro lado, investe-se temporariamente no domínio da coisa alienada em garantia fiduciária, sob condição resolutiva.

---

[7] *Problemas das Sociedades Anônimas e Direito Comparado*, São Paulo, Saraiva & Cia, 1945, p. 106.

Cap. XX · PROPRIEDADE FIDUCIÁRIA | 503

Define-se a alienação fiduciária em garantia como o negócio jurídico pelo qual uma das partes adquire, em confiança, a propriedade de um bem, obrigando-se a devolvêla tão logo venha a ocorrer o acontecimento a que se subordinara tal obrigação, ou tenha solicitado a restituição.[8] Ou seja, trata-se de um negócio fiduciário de garantia, pelo qual o devedor transfere a favor do credor a propriedade de uma coisa móvel, permanecendo ele com a posse, e colocando-se na posição de depositário.

Nada dispôs sobre a matéria o Código Civil de 1916.

A figura em questão ingressou no direito brasileiro através da Lei nº 4.728/1965, incorporada ao texto da chamada Lei de Mercado de Capitais, com função específica de dar garantia real aos contratos de financiamento direto ao consumidor na aquisição de utilidades e bens móveis duráveis.

Houve o surgimento do Decreto nº 911/1969, que inseriu no art. 66 da Lei nº 4.728/1965 várias disposições.

Posteriormente, novas e profundas mudanças introduzidas pela Lei nº 10.931/2004, destacando-se as que previram expressamente a possibilidade de utilizar o instituto para a garantia de créditos fiscais e previdenciários, a alienação de coisas fungíveis e cessão fiduciária de direitos sobre coisas móveis.

Com efeito, é o que se constata do art. 66-B, em redação da Lei nº 10.931/2004, nesses termos:

> O contrato de alienação fiduciária celebrado no âmbito do mercado financeiro e de capitais, bem como em garantia de créditos fiscais e previdenciários, deverá conter, além dos requisitos definidos na Lei nº 10.406, de 10 de janeiro de 2002 – Código Civil, a taxa de juros, a cláusula penal, o índice de atualização monetária, se houver, e as demais comissões e encargos.

O § 1º atribui ao proprietário fiduciário o ônus da prova, se houver dúvida quanto à identificação da coisa objeto de propriedade fiduciária:

> Se a coisa objeto de propriedade fiduciária não se identifica por números, marcas e sinais no contrato de alienação fiduciária, cabe ao proprietário fiduciário o ônus da prova, contra terceiros, de identificação dos bens do seu domínio que se encontram em poder do devedor.

A alienação fiduciária é empregada, pois, para fins de garantia. A Lei nº 4.728/1965 introduziu o instituto para facilitar os negócios de crédito, envolvendo a transferência de coisas móveis. Ao longo do tempo, foi estendido o instituto para outros campos, como para o financiamento de bens imóveis, regulados pela Lei nº 9.514/1997, que tratou do Sistema Financeiro Imobiliário.

O Código Civil em vigor regulamentou a propriedade fiduciária, que se insere no negócio ou alienação fiduciária, cuja definição está no art. 1.361: "Considera-se fiduciária a propriedade resolúvel de coisa móvel infungível que o devedor, com escopo de garantia, transfere ao credor". Tem-se, no contexto do negócio fiduciário, a propriedade resolúvel, porquanto a transferência visa, como razão de ser, garantir a concessão de um crédito, o qual, uma vez satisfeito, faz retornar a propriedade ao alienante-devedor. Daí a nota fundamental da

---

[8] Orlando Gomes, *Alienação Fiduciária em Garantia*, 4ª ed., São Paulo, Editora Revista dos Tribunais, 1975, p. 18.

resolubilidade. A expressão "propriedade resolúvel" justifica-se porque fica desconstituída logo que desaparecer a obrigação que garantia, tornando para aquele que a transferiu. Há uma alienação fiduciária, isto é, feita em confiança, em que as partes seguem com fidelidade a condição de se resolver ou desconstituir uma vez satisfeita a dívida que originou a sua criação. Daí a utilização do *nomen* "alienação fiduciária", e também "alienação fiduciária em garantia", porque estabelecida para garantir um crédito.

Aplicam-se as normas do Código Civil, Lei nº 10.406/2002. A legislação especial, introduzida por leis particularizadas, terá incidência naquilo que está omisso o Código. O art. 1.368-A, introduzido pela Lei nº 10.931/2004, enseja essa aplicação, devendo, no entanto, incidir o regramento codificado sempre que ausente uma legislação própria sobre determinados tipos de propriedade fiduciária: "As demais espécies de propriedade fiduciária ou de titularidade fiduciária submetem-se à disciplina específica das respectivas leis especiais, somente se aplicando as disposições deste Código naquilo que não for incompatível com a legislação especial".

20.4. CARACTERÍSTICAS E DISTINÇÕES

Em função do instituto em si, e da definição do art. 1.361 do Código Civil, chega-se a que o devedor transfere ao credor a propriedade de bens móveis, com o escopo de garantir o pagamento da dívida contraída, assegurando-se, ao ser liquidada a obrigação, voltar ele a ter a propriedade do bem transferido. O § 3º do citado art. 1.361 ostenta o retorno da propriedade ao devedor: "A propriedade superveniente, adquirida pelo devedor, torna eficaz, desde o arquivamento, a transferência da propriedade fiduciária".

Trata-se de um negócio de garantia. Nestes moldes, ao invés de oferecer o bem em penhor, ou de caucionar títulos, o devedor transfere ao credor a propriedade dos produtos. Não adimplida a dívida, o credor fica autorizado a vender os bens e aplicar o resultado da venda no pagamento de seu crédito.

É o contrato de propriedade fiduciária acessório de outro contrato principal. Visa-se a alienação do bem com a finalidade precípua de conceder garantia a um mútuo destinado à aquisição de um bem. Advêm as seguintes consequências, discriminadas por José Carlos Moreira Alves: a) O valor do contrato é o mesmo do crédito garantido; b) extingue-se a alienação fiduciária com a extinção do crédito; c) salvo disposição em contrário, a cessão do crédito importa em transmissão da garantia real; d) as exceções oponíveis ao crédito estendem-se à propriedade fiduciária.[9]

Prepondera, na espécie, o princípio *acessorium sequitur principale*. Constatando-se, pois, a nulidade do contrato principal, também a alienação fiduciária será nula.

Pela natureza acessória é que se veda ao credor consolidar, em seu nome, o domínio quando ocorre a mora do fiduciante. A alienação dirige-se exclusivamente para garantir a dívida e é medida na proporção de seu montante.

Embora o fiduciário passe a ser dono dos bens alienados pelo fiduciante, a propriedade não é plena, mas restrita e resolúvel. Há uma condição resolutiva, que se opera no momento em que perde a função, quando da integralização total do pagamento, regressando, então, o domínio ao primitivo titular. Bem expressa o caráter de expectativa de domínio (com direito real de aquisição) em favor do fiduciante o art. 1.368-B, introduzido pela Lei nº 13.043/2014: "A alienação fiduciária em garantia de bem móvel ou imóvel confere direito real de aquisição ao fiduciante, seu cessionário ou sucessor".

---

[9]   *Da Alienação Fiduciária em Garantia*, São Paulo, Edição Saraiva, 1973, p. 146.

Isto em virtude da função da aquisição: o fiduciário adquire a propriedade tão somente para garantir seu crédito. O negócio é translativo de direito real, mas vinculado a uma obrigação, em que a eficácia fica subordinada ao adimplemento do encargo assumido pelo fiduciante.

Daí afirmar-se que o fiduciário é proprietário sob condição resolutiva. Assume ele o dever de restituir o bem uma vez paga a dívida. O pagamento atua como condição resolutiva, pondo termo à propriedade resolutiva.[10]

Diante desta natureza, da função da propriedade resolúvel, destaca-se a diferença concernentemente a outros institutos afins ou próximos.

Assim, referentemente ao penhor, à caução, à anticrese e à hipoteca, possuem estas figuras direitos reais de garantia constituídos em coisa alheia. É que o devedor pignoratício, anticrético ou hipotecário não perde o domínio. Permanece ele dono do bem dado em garantia. Na alienação fiduciária, há a transferência da propriedade ao credor.

O ponto em comum está unicamente na finalidade de dar segurança à dívida.

Com o pacto comissório, não mais mantido no Código Civil em vigor, também ressalta a distinção. Enquanto nesta espécie o credor ficava com o próprio bem, na alienação fiduciária o credor é obrigado a vendê-lo para satisfazer seu crédito. Sobrando valor do preço alcançado, cumpre que se proceda a devolução ao devedor, sem olvidar, no entanto, a faculdade do parágrafo único do art. 1.365 do Código Civil: "O devedor pode, com a anuência do credor, dar seu direito eventual à coisa em pagamento da dívida, após o vencimento desta".

Em relação à compra e venda com reserva de domínio, cujo regramento não mais se encontra previsto no CPC/2015, a semelhança está na garantia incidente no próprio bem vendido. Mas, enquanto neste tipo de contrato fica reservada ao vendedor a propriedade da coisa vendida, embora a sua tradição se faça imediatamente, na fidúcia com alienação o bem é vendido à instituição financeira. Ademais, naquela espécie ocorre uma condição suspensiva inserida no contrato de compra e venda, sendo que a propriedade da coisa somente é transferida ao devedor-comprador quando ocorrer o pagamento da última prestação. Se não houver o adimplemento total, o bem se consolidará no domínio do vendedor. Na alienação fiduciária, o devedor-fiduciário transfere a propriedade para o credorfiduciário, acordando-se que o não pagamento da dívida acarretará a venda do bem a terceiros, com o consequente ressarcimento das despesas e prejuízos que este último vier a suportar.

20.5. POSSE, DOMÍNIO E TRADIÇÃO NA PROPRIEDADE FIDUCIÁRIA

Dentre outras espécies, classifica-se a posse em direta e indireta. A primeira é aquela cujo titular detém materialmente as coisas. A segunda se verifica quando alguém, afastando de si, por sua própria vontade, a detenção da coisa, continua a exercê-la mediatamente, após haver transferido a outrem a posse direta.

Na hipótese da propriedade fiduciária, o devedor exerce a posse direta, e o credor a indireta, por ser concedido ao primeiro o direito de uso.

Em síntese, o credor fiduciário, que se manifesta nas empresas que utilizam o instituto, como as de crédito, financiamento e investimento, considera-se possuidor indireto do bem alienado fiduciariamente. O devedor fiduciário mantém a posse em nome de terceiro, mas não como simples detentor.

É o que se depreende do § 2º do art. 1.361 do Código Civil: "Com a constituição da propriedade fiduciária, dá-se o desdobramento da posse, tornando-se o devedor possuidor

---

[10] Orlando Gomes, *Alienação Fiduciária em Garantia*, ob. cit., p. 23.

direto da coisa". No art. 1.363 do mesmo Código, ressalta-se a posse, por meio da utilização da coisa, segundo sua destinação. Já era assim com o Decreto-Lei nº 911/1969, que tornou o devedor possuidor direto do bem, permitindo-lhe usar e usufruir de acordo com as vantagens e utilidades que apresentasse, sem, contudo, facultar que disponha desse bem.

O credor fiduciário, por outro lado, tem em seu nome o domínio da coisa, embora submetendo-a ao poder e à vontade do devedor-fiduciário, que usufrui da mesma. O domínio envolve a propriedade plena, isto é, posse, uso, gozo e disposição. Mas, na espécie, o poder de dispor fica suspenso, em virtude de transferir ao credor fiduciário o domínio resolúvel, sendo a posse apenas indireta. Por ser resolúvel, o domínio está sujeito a ser revogado ou extinto independentemente da vontade do proprietário, o que sucede com a solvência total da obrigação contratual.

Por último, é a tradição do bem elemento de máxima importância na fidúcia em exame.

Efetiva-se a transferência ou transmissão de domínio pela transcrição quanto a imóveis; e pela tradição, relativamente a móveis.

A tradição é real ou simbólica. Opera-se a primeira pela entrega da coisa alienada ao adquirente. A última consiste não na entrega e apreensão material do bem, mas em sinais representativos desses atos, que sintetizam a entrega. Esta é a situação da alienação fiduciária, porquanto é da essência do negócio fiduciário a retenção do bem pelo transmitente. Não se opera efetivamente a tradição, ou não se faz a entrega da coisa a quem a adquiriu.

20.6. OBJETO DA PROPRIEDADE FIDUCIÁRIA

O Código Civil disciplina unicamente a propriedade fiduciária de coisas móveis, segundo está no *caput* do art. 1.361, como o fazia a Lei nº 4.728/1965, em seu art. 66, que tratou da alienação fiduciária em garantia. Entrementes, admite-se a inclusão de imóveis, de acordo com a Lei nº 9.514/1997, já referida. O negócio fiduciário em si, ou a fidúcia comum, abrange quaisquer tipos de bens. Clara é a lição de José Carlos Moreira Alves, a respeito:

> Se, porém, o devedor quiser transferir ao credor, para fins de garantia, a proprie-
> dade de coisa imóvel, terá de valer-se de negócio fiduciário indireto, ou de negócio
> jurídico indireto, e não de alienação fiduciária, uma vez que este contrato, se tiver
> como objeto coisa imóvel, será – como no caso de coisa inalienável – nulo por im-
> possibilidade jurídica de seu objeto.[11]

É, igualmente, o pensamento de Nestor José Forster:

> O legislador disciplinou, na Lei de Mercado de Capitais, apenas uma única situação
> fiduciária, dentre as dezenas de espécies que, dentro do gênero fiduciário, podem
> ocorrer. As formas e possibilidades de negócio são tão variadas e ricas que dificilmente
> o legislador poderia exauri-las através de sua introdução a esquematização no direito
> positivo.[12]

Apenas as coisas infungíveis constituíam objeto da propriedade fiduciária, restrição que ficou estampada no art. 1.361 mencionado. Entretanto, a Lei nº 10.931/2004 incluiu as coisas fungíveis e a cessão fiduciária de direito sobre coisas móveis, bem como títulos

---

[11] *Da Alienação Fiduciária em Garantia*, ob. cit., p. 104.
[12] *Alienação Fiduciária em Garantia*, Porto Alegre, Livraria Sulina Editora, 1970, p. 17.

Cap. XX • PROPRIEDADE FIDUCIÁRIA | 507

de crédito, na condição de objetos da propriedade fiduciária. O § 3º do art. 66-B trouxe esta inovação.

Eis a redação do § 3º do art. 66-B da Lei nº 4.728/1965, na redação dada pelo art. 55 da Lei nº 10.931/2004:

> É admitida a alienação fiduciária de coisa fungível e a cessão fiduciária de direitos sobre coisas móveis, bem como de títulos de crédito, hipóteses em que, salvo disposição em contrário, a posse direta e indireta do bem objeto da propriedade fiduciária ou do título representativo do direito ou do crédito é atribuída ao credor, que, em caso de inadimplemento ou mora da obrigação garantida, poderá vender a terceiros o bem objeto da propriedade fiduciária independente de leilão, hasta pública ou qualquer outra medida judicial ou extrajudicial, devendo aplicar o preço da venda no pagamento do seu crédito e das despesas decorrentes da realização da garantia, entregando ao devedor o saldo, se houver, acompanhado do demonstrativo da operação realizada.

Como se percebe, a posse direta e indireta transfere-se para o credor, salvo disposição em contrário, permitindo-se, pois, que se mantenha o regime de posse contemplado no art. 1.361, § 2º, do Código Civil.

A fidúcia objetiva dá ao credor fiduciário um direito temporário sobre a coisa transferida e cria nele uma obrigação vinculada à própria coisa recebida. Os bens fungíveis, especialmente os depositados em estoques têm a finalidade de serem comercializados, o que torna inviável a sua conservação durante o prazo do adimplemento da dívida, fato que a Lei nº 10.931/2004 desprezou. Em verdade, submetê-los à posse do credor fiduciário significa impedir que a empresa ou pessoa física desenvolva as finalidades a que se destinam.

20.7. FORMA E REGISTRO DA PROPRIEDADE FIDUCIÁRIA

Obviamente, em todo contrato ou negócio fiduciário se requer prova escrita, materializada em instrumento público ou particular. Impõe-se o registro no Cartório de Títulos e Documentos. Eis a previsão do § 1º do art. 1.361 do Código Civil.

> Constitui-se a propriedade fiduciária com o registro do contrato, celebrado por instrumento público ou particular, que lhe serve de título, no Registro de Títulos e Documentos do domicílio do devedor, ou, em se tratando de veículos, na repartição competente para o licenciamento, fazendo-se a anotação no certificado de registro.

Percebe-se que a anotação no registro do certificado de registro, envolvendo o contrato a transferência de veículos automotores, com a averbação da propriedade fiduciária, dispensa o registro no Cartório de Títulos e Documentos.

O art. 1.362 arrola os elementos do contrato:

> O contrato, que serve de título à propriedade fiduciária, conterá:
>
> I – o total da dívida, ou sua estimativa;
>
> II – o prazo, ou a época do pagamento;
>
> III – a taxa de juros, se houver;
>
> IV – a descrição da coisa objeto da transferência, com os elementos indispensáveis à sua identificação.

Já estatuía o § 1º do art. 66 da Lei nº 4.728/1965, com as alterações do Decreto-Lei nº 911/1969, a necessidade do instrumento por escrito, público ou particular, qualquer que fosse o valor, com o seu registro e arquivamento no Cartório de Registro de Títulos e Documentos.

Daí inferir-se, em qualquer negócio fiduciário, a constituição do contrato mediante instrumento escrito, público ou particular, seja qual for o valor, devendo conter, em seu conteúdo, os elementos indicados nos citados preceitos. É importante a descrição perfeita do bem, o que possibilita a identificação na busca e apreensão, se for o caso. Conforme o § 1º do art. 66-B, da Lei nº 4.728/1965, em texto da Lei nº 10.931/2004, a dúvida é imputada ao credor hipotecário: "Se a coisa objeto de propriedade fiduciária não se identifica por números, marcas e sinais no contrato de alienação fiduciária, cabe ao proprietário fiduciário o ônus da prova, contra terceiros, da identificação dos bens do seu domínio que se encontram em poder do devedor". De tal sorte que, na ação contra terceiros, se ocorrerem dúvidas quanto à identificação do bem, cabe ao credor o ônus da verificação, sem, no entanto, invalidar ou nulificar o contrato.

Há necessidade de se efetuar o registro do contrato sob pena de não valer em relação a terceiro. O Código Civil não subordina a validade ao registro, embora seja indispensável para o exercício de direitos nos contratos feitos com terceiros.

Entrementes, não se trata o registro de um ato constitutivo do negócio. Nem se requer a sua exigibilidade para promover alguma medida judicial, se a ação é dirigida unicamente contra o alienante. Entre as partes, o escrito devidamente assinado, com o concurso de duas testemunhas, e mesmo sem elas, é perfeito e válido, como já se fez sentir a jurisprudência.[13]

A própria Lei dos Registros Públicos (Lei nº 6.015/1973), no art. 129, nº 5, traz essa finalidade, ao impor o registro para surtir efeitos em relação a terceiros, dos "contratos de compra e venda em prestações, com reserva de domínio ou não, qualquer que seja a forma de que se revistam, os de alienação ou de promessa de venda referentes a bens móveis e os de alienação fiduciária".

A Súmula nº 92, de 1993, do Superior Tribunal de Justiça enseja a mesma exegese, nos seguintes termos: "A terceiros de boa-fé não é oponível a alienação fiduciária não anotada no Certificado de Registro do Veículo Automotor".

O registro é, também, condição para o pedido de restituição, na falência ou quebra do devedor, vindo bem posta a questão no seguinte julgado:

Assegura-se ao credor fiduciário o direito de buscar a restituição do bem alienado fiduciariamente quando sobrevenha a falência do devedor alienante, de acordo com o art. 7º do Decreto-Lei nº 911/1969, desde que o contrato esteja arquivado no Registro de Títulos e Documentos. Do contrário, não vale a alienação fiduciária contra terceiros. A massa falida do devedor fiduciante e os credores são, à evidência, terceiros em relação aos contratantes. É coerente o pedido de restituição ao credor na falência do devedor alienante, que vende bem ou transfere sua posse para terceiro, em evidente prejuízo ou lesão ao credor.

No entanto, o contrato não perde a validade pela falta de registro, na esteira do entendimento do STJ:

> "Nos termos do art. 66, § 1º, da Lei n.º 4.728/1965, com a redação dada pelo Decreto-Lei n.º 911/69, e do art. 129, item 5º, da Lei n.º 6.015/1973, bem como do art. 1.361, § 1º, do novo Código Civil, o registro em Cartório do contrato de alienação fiduciá-

---

[13] *Agravo de Instrumento* nº 700.747-2, da 4ª Câm. do 1º Tribunal de Alçada Civil de São Paulo, j. em 21.08.1996, em *Revista dos Tribunais*, 734/375.

Cap. XX · PROPRIEDADE FIDUCIÁRIA | 509

ria de veículo automotor não é requisito de constituição ou de validade do negócio jurídico, nem condição para a sua anotação no certificado de propriedade expedido pela autoridade de trânsito, mas formalidade destinada a dar ao negócio publicidade perante terceiros".[14]

Não encontrado o bem, cabe o pedido de indenização ou pagamento em dinheiro, mas relativamente à dívida, que envolve a estimativa do bem. Sempre fica assegurada a medida de procurar a apreensão junto a terceiro, para o qual se deu a transferência.

20.7.1. O registro na alienação fiduciária de veículos automotores

O art. 66, § 10, da Lei nº 4.728/1965, introduzido pelo Decreto-lei nº 911/1969, havia trazido norma específica no pertinente à alienação fiduciária de veículos automotores, impondo a averbação no certificado de registro, para fins probatórios, em coerência com o Código Nacional de Trânsito que então vigorava, o qual fora instituído pela Lei nº 5.108/1966.

Diante da redação da Lei nº 10.931/2004, não ficou qualquer norma tratando da matéria. No entanto, a Lei nº 9.503/1997 (atual Código de Trânsito Brasileiro), trata do assunto, nos arts. 120 a 129, com alterações da Lei nº 13.154/2015, estabelecendo a forma e os requisitos do registro e do certificado dos veículos.

Depreende-se da norma a exigência da inserção, no certificado de registro, de cláusula de alienação fiduciária, para valer contra terceiros. No mínimo, para a mesma finalidade, se não tirado novo registro, indispensável o registro do documento de transferência no Cartório de Títulos e Documentos.

Não constando do certificado de registro expedido pela repartição de trânsito a alienação fiduciária do veículo, presume-se a boa-fé do terceiro subadquirente. A indispensabilidade da averbação da restrição é proclamada pela Súmula nº 92, de 1993, do STJ: "A terceiros de boa-fé não é oponível a alienação fiduciária não anotada no Certificado de Registro do veículo automotor".

Há, todavia, decisões em sentido contrário, do tempo em que a matéria era apreciada pelo Supremo Tribunal Federal, levando em conta que a providência da inserção do Registro do Certificado de Propriedade se destinava a imprimir maior segurança a este tipo de negócio, e visando a evitar posteriores transações em prejuízo de terceiros ou do credor.

Ao confeccionar o certificado de propriedade, a autoridade competente terá como suporte sempre o recibo de compra e venda, ou documento equivalente, onde aparece a alienação fiduciária. O modo procedimental de expedir o documento impede, ou pelo menos dificulta, a omissão de tal cláusula.

Esta a linha de raciocínio do Ministro do STF Moreira Alves, ao destacar o objetivo da averbação no certificado de propriedade e no Cartório de Títulos e Documentos:

> Este tem eficácia, segundo nosso entendimento, constitutiva do direito real, que é a propriedade fiduciária; aquele se destina, como o próprio § 10 do art. 66 da Lei nº 4.728 (na nova redação dada pelo Decreto-Lei nº 911) declara, a fins probatórios, facilitando o conhecimento da alienação fiduciária a terceiros. Por isso mesmo, o Conselho Nacional de Trânsito, ao baixar a Resolução nº 422, de 2.12.1969, em cumprimento ao disposto no art. 8º do Decreto-Lei nº 911, determinou no art. 2º: A repartição de

---

[14] EResp. 278993/SP, da 1ª Seção, rel. Min. Teori Albino Zavascki, j. em 9.06.2010, *DJe* de 30.06.2010.

trânsito exigirá, para expedição do Certificado de Registro, além de documentos de que trata o art. 110 do Regulamento aprovado pelo Decreto nº 62.127, de 18 de janeiro de 1968, o contrato de alienação fiduciária em garantia, nos termos do § 1º do art. 66 da Lei nº 4.728. E o § 1º do art. 66, aí mencionado, exige o arquivamento obrigatório, por cópia ou microfilme, do contrato de alienação fiduciária em garantia no Registro de Títulos e Documentos do domicílio do credor.[15]

As referências a dispositivos da Lei nº 4.728/1965, feitas no acórdão acima, não mais incidem, visto que tais dispositivos deixaram de existir, já que a Lei nº 10.931 não reproduziu os respectivos conteúdos. Entrementes, o atual regramento do registro de trânsito, ditado pela Lei nº 9.503, disciplina amplamente o assunto, inclusive quanto à averbação das restrições impostas à propriedade.

Esta mesma lei especifica o órgão apropriado para o registro. Em se cuidando de veículos, previsto o registro na repartição de trânsito competente, e não no Cartório de Títulos e Documentos. De nada valeria o registro de uma marca neste mesmo Cartório, ou em Junta Comercial, posto que a lei designa um órgão especial para tanto, o INPI. Por conseguinte, encontra-se mais razoabilidade no entendimento que restringe o registro no órgão de trânsito competente.

20.8. POSIÇÃO DE DEPOSITÁRIO DO ALIENANTE-DEVEDOR

Em consonância com o art. 1.363 do Código Civil, o devedor, permanecendo com o bem em sua posse direta, e podendo usá-la de acordo com a sua destinação, ocupa a posição de depositário do bem que aliena fiduciariamente:

> Antes de vencida a dívida, o devedor, a suas expensas e risco, pode usar a coisa segundo sua destinação, sendo obrigado, como depositário:
>
> I – a empregar na guarda da coisa a diligência exigida por sua natureza;
>
> II – a entregá-la ao credor, se a dívida não for paga no vencimento.

Já ao tempo do art. 66 da Lei nº 4.728/1965, em redação do Decreto-Lei nº 911/1969, tornava-se o devedor fiduciante depositário do bem.

Como depositário, deve suportar todas as responsabilidades e os encargos inerentes ao depósito. Caso se desfaça dos bens, alienando-os, passa a ser depositário infiel. Sujeita-se, então, a suportar, em se tratando de bens vinculados à Lei nº 4.728/1965, à ação prevista no art. 4º do Decreto-Lei nº 911/1969, com as alterações da Lei nº 13.043/2014, nos seguintes termos: "Se o bem alienado fiduciariamente não for encontrado ou não se achar na posse do devedor, fica facultado ao credor requerer, nos mesmos autos, a conversão do pedido de busca e apreensão em ação executiva, na forma prevista no Capítulo II do Livro II da Lei nº 5.869, de 11 de janeiro de 1973 – Código de Processo Civil". Houve equívoco ao remeter para o Capítulo II do Livro II do CPC/1973. O certo seria o Título II, que disciplina as diversas espécies de execução (arts. 612 ao art. 735). Já no CPC/2015, está a matéria na Parte Especial, Livro II, Título II (arts. 797 a 913).

Dá-se a conversão da busca e apreensão em ação de execução de quantia certa, mas sem impedir a execução para a entrega de coisa, de acordo com as regras do art. 824 e dos arts. 806 a 813 do CPC. É de lembrar que, anteriormente à Lei nº 13.043/2014, entendia-se que a ação de

---

[15] *Da Alienação Fiduciária em Garantia*, ob. cit., p. 74.

busca e apreensão se convertia em ação de depósito. Mais preponderava essa conversão quando ainda era admitida a prisão por depósito infiel, em que o devedor-fiduciante se desfazia do bem, alienando-o. Com a vigente Constituição, sedimentando-se o afastamento da prisão, a transformação da ação de busca e apreensão perdeu o sentido ou a finalidade prática. Essa condição da antecedente ação de busca e apreensão era defendida por José Geraldo de Jacobina Rabello:

> Não se deve aceitar a ação de depósito independentemente de prévia ação de busca e apreensão do bem, em se tratando de devedor fiduciante. A ausência de ação de busca e apreensão deve obstar a que o autor intente a ação de depositário, ainda que o devedor, sabidamente, já não se encontre mais na posse da coisa. Esta sempre poderá ser apreendida em mãos de terceiro.[16]

Além do mais, visava à conversão propiciar ao mesmo devedor ocasião para recuperar o bem, ou amealhar o suficiente para purgar a mora, ou mesmo para vir a pagar o equivalente do bem em dinheiro.

O processo era redistribuído e, em seguida, providenciava-se na citação do depositário para, em cinco dias, entregar a coisa, depositá-la em juízo, ou consignar-lhe o equivalente em dinheiro, ou, ainda, oferecer contestação.

O devedor não é depositário em sentido estrito. Não recebe o bem para guardá-lo, como acontece no instituto de depósito regulado no Código Civil de 1916 e no atual. A finalidade da entrega do bem é o uso ou o emprego em alguma atividade específica, dentro da função a que o mesmo se destina. Mas, é equiparado o fiduciante ao depositário, de acordo com o art. 4º do Decreto-Lei nº 911/1969, com o propósito de tornar possível a execução do crédito.

Duas as hipóteses que autorizam a mudança para a ação executiva, com penhora de bens:

a) Quando não encontrado o bem.

b) Quando não se achar em poder ou na posse do devedor.

Eis as alternativas que se apresentam ao devedor: ou entregar a coisa, ou depositá-la em juízo, ou consignar-lhe o equivalente, ou contestar.

Quanto à consignação do valor, refere-se unicamente à dívida decorrente da alienação fiduciária, e não às parcelas relativas a custas e honorários, posto que não compreendem o valor do bem. Aliás, na busca e apreensão, o objeto é a perseguição da coisa. Pela sua alienação é que o devedor está sujeito à execução. Daí, por decorrência lógica, o valor considerado equivalente diz respeito ao preço do bem, excluindo qualquer outra obrigação.

20.9. INADIMPLÊNCIA DO DEVEDOR E MEIOS PROCESSUAIS PARA A SATISFAÇÃO DO CRÉDITO

Para a satisfação do crédito, além de inscrever o devedor no cadastro restritivo de crédito (REsp nº 1.833.824, da 3ª Turma, relatora Ministra Nancy Andrighi, j. em 5.05.2020), estabelece o art. 1.364 do CC: "Vencida a dívida, e não paga, fica o credor obrigado a vender, judicial ou extrajudicialmente, a coisa a terceiros, a aplicar o preço no pagamento de seu crédito e das despesas de cobrança, e a entregar o saldo, se houver, ao devedor". Percebe-se que o bem serve de garantia, com a destinação do resultado da venda no pagamento do crédito do credor fiduciário. Não há preferência de outros créditos, nem concurso de cre-

---

[16] *Alienação Fiduciária em Garantia e Prisão Civil do Devedor*, São Paulo, Editora Saraiva, 1986, p. 120.

dores, na destinação do bem. Nem o crédito tributário se antecipa quanto ao direito sobre a apropriação do bem alienado. O art. 7º-A do Decreto-Lei nº 911/1969, introduzido pela Lei nº 13.043/2014, tornou evidente a garantia: "Não será aceito bloqueio judicial de bens constituídos por alienação fiduciária nos termos deste Decreto-Lei, sendo que, qualquer discussão sobre concursos de preferências deverá ser resolvida pelo valor da venda do bem, nos termos do art. 2º." Ou seja, habilitam-se os demais credores se houver sobra no valor que se apurar quando da venda do bem dado em garantia.

O pedido de recuperação judicial ou extrajudicial não interfere no pedido de busca e apreensão, rezando, a respeito, o art. 6º-A do Decreto-Lei nº 911/1969, em acréscimo da Lei nº 13.043/2014: "O pedido de recuperação judicial ou extrajudicial pelo devedor nos termos da Lei nº 11.101, de 9 de fevereiro de 2005, não impede a distribuição e a busca e apreensão do bem".

Pela norma do art. 1.364 da lei civil, é permitida a venda extrajudicial, sem que tenham vindo regras procedimentais sobre o assunto.

Pelo Decreto-Lei nº 911/1969 e suas posteriores alterações, são duas as ações asseguradas ao credor fiduciário, para a satisfação do crédito a que faz jus, tendo plena incidência, dada a omissão sobre o assunto do Código em vigor:

> a) A ação de busca e apreensão que, na forma do § 8º, art. 3º, do Decreto-Lei nº 911/1969, na redação da Lei nº 10.931/2004, cujo procedimento se mantém mesmo em face do CPC/2015 diante de seu art. 318, constitui processo autônomo e independente de qualquer procedimento posterior.

Estabelece o art. 3º do diploma: "O proprietário fiduciário ou credor poderá, desde que comprovada a mora, na forma estabelecida pelo § 2º do art. 2º, ou o inadimplemento, requerer contra o devedor ou terceiro a busca e apreensão do bem alienado fiduciariamente, a qual será concedida liminarmente, podendo ser apreciada em plantão judiciário". Há de vir comprovada a mora, que se logrará com a juntada dos comprovantes da comunicação, sem exigir que venha, no documento, a assinatura do destinatário, como bem expõe o § 2º do art. 2º, na redação da Lei nº 13.043/2014: "A mora decorrerá do simples vencimento do prazo para pagamento e poderá ser comprovada por carta registrada com aviso de recebimento, não se exigindo que a assinatura constante do referido aviso seja a do próprio destinatário".

De acordo com os parágrafos que seguem, executada a liminar de busca e apreensão, o devedor fiduciante será citado para apresentar resposta no prazo de quinze dias da execução da liminar. Realmente, reza o § 3º: "O devedor fiduciante apresentará resposta no prazo de quinze dias da execução da liminar". Deve-se entender a partir da citação, que é o chamamento ao processo. Daí não se dispensar esse ato, mesmo que a execução da liminar ocorra antes.

De outra parte, é assegurado o prazo de cinco dias para o devedor fiduciante postular o pagamento da integralidade da dívida pendente, a contar da efetivação da liminar de busca e apreensão, direito que vem consubstanciado no § 2º do mesmo art. 3º: "No prazo do § 1º, o devedor fiduciante poderá pagar a integralidade da dívida pendente, segundo os valores apresentados pelo credor fiduciário na inicial, hipótese na qual o bem lhe será restituído livre do ônus".

O pagamento acima assegurado não afasta o direito à defesa ou resposta, a teor do § 4º do citado artigo: "A resposta poderá ser apresentada ainda que o devedor tenha se utilizado da faculdade do § 2º, caso entenda ter havido pagamento a maior e desejar restituição".

Cabe, também, ressaltar que, cinco dias após executada a busca e apreensão, consolida--se a propriedade e a posse plena e exclusiva do bem no patrimônio do credor fiduciário, devendo as repartições competentes, quando for o caso, expedir novo certificado de registro de propriedade em nome do credor, ou de terceiro por ele indicado, livre do ônus da propriedade fiduciária. É o que consta do § 1º do art. 3º, sempre na redação da Lei nº 10.931/2004. Todos os encargos tributários, taxas, despesas condominiais e outros encargos transferem-se ao credor, juntamente com o bem. Com a Lei nº 13.043/2014, que acrescentou o art. 1.368-B ao Código Civil, ficou evidente essa transferência no seu parágrafo único

> O credor fiduciário que se tornar proprietário pleno do bem, por efeito de realização da garantia, mediante consolidação da propriedade, adjudicação, dação ou outra forma pela qual lhe tenha sido transmitida a propriedade plena, passa a responder pelo pagamento dos tributos sobre a propriedade e a posse, taxas, despesas condominiais e quaisquer outros encargos, tributários ou não, incidentes sobre o bem objeto da garantia, a partir da data em que vier a ser imitido na posse direta do bem.

Consoante se denota, mesmo não esgotado o prazo assegurado para a defesa, já se opera a consolidação da propriedade em nome do credor fiduciário, o que constitui uma medida precipitada e cerceadora do direito de propriedade.

Visando sanar qualquer eventualidade de injustiça, que ocorre em caso de improcedência da ação de busca e apreensão, em vista do § 6º do mesmo art. 3º, o juiz condenará o credor fiduciário ao pagamento de multa, em favor do devedor fiduciante, equivalente a 50% do valor originalmente financiado, devidamente atualizado, caso o bem já tenha sido alienado. Há, outrossim, a previsão de perdas e danos, na esteira do § 7º.

Em suma, profundas as modificações relativamente ao regime anterior.

A faculdade de o credor proceder à venda extrajudicial de modo particular, sem leilão, hasta pública, avaliação prévia ou qualquer outra medida judicial, que pode representar um atentado ao direito de propriedade, tornando-se um expediente para a prática de injustiças. Veja-se a previsão do art. 2º, com a redação da Lei nº 13.043/2014:

> No caso de inadimplemento ou mora nas obrigações contratuais garantidas mediante alienação fiduciária, o proprietário fiduciário ou credor poderá vender a coisa a terceiros, independentemente de leilão, hasta pública, avaliação prévia ou qualquer outra medida judicial ou extrajudicial, salvo disposição expressa em contrário prevista no contrato, devendo aplicar o preço da venda no pagamento de seu crédito e das despesas decorrentes e entregar ao devedor o saldo apurado, se houver, com a devida prestação de contas.

Não permite o art. 1.365 do Código Civil a cláusula que autoriza ao credor ficar com o bem: "É nula a cláusula que autoriza o proprietário fiduciário a ficar com a coisa alienada em garantia, se a dívida não for paga no vencimento". Já era assim quando do art. 66, § 6º, da Lei nº 4.728, no texto do Decreto-Lei nº 911.

O art. 1.365 encontra respaldo no art. 53 do Código de Defesa do Consumidor (Lei nº 8.078/1990):

> Nos contratos de compra e venda de móveis ou imóveis mediante pagamento em prestações, bem como nas alienações fiduciárias em garantia, consideram-se nulas de pleno direito as cláusulas que estabeleçam a perda total das prestações pagas em benefício do credor que, em razão do inadimplemento, pleitear a resolução do contrato e a retomada do produto alienado.

No entanto, o parágrafo único do art. 1.365 do Código autoriza que, após o vencimento, as partes convenham e acertem a entrega do bem pela dívida existente: "O devedor pode, com a anuência do credor, dar seu direito eventual à coisa em pagamento da dívida, após o vencimento desta". De ressaltar como efeito dessa entrega do bem a incidência de tributos, taxas e outros encargos na pessoa do adquirente, de acordo com o parágrafo único do art. 1.368-B do Código Civil, em redação da Lei nº 13.043/2014, anteriormente transcrito.

É de observar, finalmente, a norma do art. 6-A do Decreto-Lei nº 911/1969, advindo com a Lei nº 13.043/2014, pelo qual o pedido de recuperação judicial ou extrajudicial pelo devedor não impede a distribuição da ação de busca e apreensão.

> b) A ação de execução, permitida pelo art. 5º do Decreto-Lei nº 911/1969: "Se o credor preferir recorrer à ação executiva, direta ou a convertida na forma do art. 4º, ou, se for o caso ao executivo fiscal, serão penhorados, a critério do autor da ação, bens do devedor quantos bastem para assegurar a execução".

Há a opção de o credor fiduciário ingressar com a ação de execução direta, isto é, sem a antecedente busca e apreensão. De outro lado, conforme observado do art. 4º, é autorizada a conversão da ação de busca e apreensão em ação executiva. A conversão se justifica, obviamente, caso não apreendido ou localizado o bem objeto da alienação fiduciária. Não oferece a lei uma alternativa diferente para a satisfação do crédito. Não cabe ao credor constranger o devedor com ameaça de prisão, ou sequestro de bens. Unicamente a penhora é permitida após a citação para o pagamento.

Em havendo a conversão da ação de busca e apreensão em execução, procede-se aos registros próprios na distribuição, com a autuação da demanda convertida. Seguem-se as praxes processuais da execução.

20.10. DEPÓSITO E INADIMPLÊNCIA NA ENTREGA DO BEM

O Código Civil, em verdade, encerra a previsão no depósito infiel. Eis a disposição no art. 652: "Seja o depósito voluntário ou necessário, o depositário que não o restituir quando exigido será compelido a fazê-lo mediante prisão não excedente a um ano, e ressarcir os prejuízos".

Todavia, a prisão civil do alienante fiduciário não é decretada se há a recusa de entregar o bem, ou do equivalente em dinheiro.

Na verdade, nem caberia falar em prisão, diante do art. 5º, inc. LXVII, da Constituição Federal. Este dispositivo permite a prisão civil unicamente para o inadimplemento voluntário e inescusável da obrigação alimentícia e do depositário infiel. No entanto, quanto ao depositário, não contém a cominação da prisão "na forma da lei", como constava no art. 153, § 17, da anterior Constituição. Ou seja, afora as previsões assinaladas, não deixou abertura para novos casos que estejam ou venham previstos na lei.

Dominava, no passado, acirrada divergência jurisprudencial, ora se admitindo a prisão, ora não se admitindo. Já faz alguns anos que passou a dominar a corrente que afastou a possibilidade de prisão por qualquer modalidade de depositário infiel. A Súmula Vinculante nº 25 do STF, de 2009, revela o entendimento que hoje domina: "É ilícita a prisão civil de depositário infiel, qualquer que seja a modalidade do depósito".

Um dos Recursos Extraordinários que ensejou a Súmula Vinculante acima é o de nº 466.343, de 03.12.2008, de seguinte ementa: "Prisão civil. Depósito. Depositário infiel. Alie-

Cap. XX · PROPRIEDADE FIDUCIÁRIA | 515

nação fiduciária. Decretação da medida coercitiva. Inadmissibilidade absoluta. Insubsistência da previsão constitucional e das normas subalternas. Interpretação do art. 5º, inc. LXVII e §§ 1º, 2º e 3º, da CF, à luz do art. 7º, § 7, da Convenção Americana de Direitos Humanos (*Pacto San José da Costa Rica*). Recurso Improvido. Julgamento conjunto do RE nº 349.703 e dos HCs nºs 87.585 e 92.566. É ilícita a prisão civil de depositário infiel, qualquer que seja a modalidade do depósito". Num dos argumentos invocados para afastar tal constrição, considerou-se que "a estratégia jurídica para cobrar dívida sobre o corpo humano é um retrocesso ao tempo em que o corpo humano era o *corpus vilis* (corpo vil), sujeito a qualquer coisa".

Perante o STJ, igual é o entendimento, como se vê da Súmula nº 419, de 2010: "Descabe a prisão civil do depositário judicial infiel."

20.11. SALDO DEVEDOR E VENDA EXTRAJUDICIAL

Segundo ressaltou-se acima, o saldo devedor que se apurar na venda será entregue ao devedor.

Entretanto, ocorre que por maior que tenha sido o número de parcelas satisfeitas, as financeiras nunca chegam a um saldo favorável ao devedor. Pelo contrário, sempre resta um montante a descoberto e exigível do devedor. Acontece que os encargos embutidos no contrato são exageradamente altos, especialmente em relação aos juros, cujas taxas ficam acima de 12% ao ano, incidindo a capitalização diária ou mensal. Em decorrência, se houver inadimplemento das prestações, os juros e outras despesas atingem patamares que, não raras vezes, ultrapassam em muito ao valor alcançado na venda extrajudicial. O art. 1.366 do Código Civil, expressamente, viabiliza a cobrança do saldo junto ao devedor: "Quando, vendida a coisa, o produto não bastar para o pagamento da dívida e das despesas de cobrança, continuará o devedor obrigado pelo restante".

Em consonância com o art. 2º, § 1º, do Decreto-Lei nº 911/1969, o montante do crédito abrange juros e comissões, além das taxas, cláusula penal e correção monetária, quando expressamente convencionados pelas partes.

Se restar saldo não satisfeito com a venda do bem, a toda evidência é este passível de cobrança junto ao devedor, aos avalistas e fiadores.

Entretanto, embora alguma jurisprudência favorável à cobrança pelo processo de execução, tal não é possível, posto que apurado unilateralmente o valor faltante.

Promovendo a apreensão do bem e alienação extrajudicial particularmente, sem o controle do devedor, fixando-se o preço por ato exclusivamente unilateral, o saldo devido torna-se incerto e ilíquido, desautorizando, daí em diante, a ação de execução. Em suma, a consequência de uma alienação extrajudicial, de modo unilateral, é a iliquidez do saldo, o que não admite o processo executivo.

De notar, aliás, que prevendo o art. 5º do Decreto-Lei nº 911/1969, a opção entre a ação de busca e apreensão e o processo de execução por título extrajudicial, para receber o crédito, uma vez eleita a primeira via não mais se possibilita, paralela ou posteriormente, a via da execução objetivando o recebimento do remanescente. A ação de busca e apreensão constitui processo autônomo e independente. Vendido o bem pelo credor fiduciário, que ficará com o montante conseguido, desaparece a propriedade fiduciária. Nesta circunstância, pelo que se depreende, o saldo devedor apresenta natureza de dívida pessoal. Perde o caráter de título executivo por uma razão sobremaneira importante. É que o art. 786 da lei adjetiva civil de 2015 determina que a execução se funda sempre em título líquido, certo e exigível. Na lição dos processualistas, temos certeza do crédito quando não há controvérsia sobre a sua existência; liquidez, no caso de ser determinada a importância da prestação; e a exigibilidade quando o seu pagamento não depende de termo ou condição, ou de outras limitações.

Não se pense que a redação ao art. 5º vinda com a Lei nº 13.043 dá azo a se viabilizar a execução de eventual saldo. Para o entendimento, mister que se transcreva o dispositivo: "Se o credor preferir recorrer à ação executiva, direta ou a convertida na forma do art. 4º, ou, se for o caso ao executivo fiscal, serão penhorados, a critério do autor da ação, bens do devedor quantos bastem para assegurar a execução". Tenha-se em conta o art. 4º da mesma lei, quanto à ação executiva convertida, que somente ocorre quando o bem alienado fiduciariamente não for encontrado ou não se achar na posse do devedor. Aí busca-se o crédito pelo valor do contrato, com a expropriação de bens. Não há o pagamento com a apreensão do bem e sua venda posterior.

20.12. CONSTITUIÇÃO EM MORA DO DEVEDOR

Condição para a propositura da ação é a comprovação da mora do devedor, segundo regra do art. 2º, § 2º, no texto da Lei nº 13.043/2014, do Decreto-Lei nº 911/1969: "A mora decorrerá do simples vencimento do prazo para pagamento e poderá ser comprovada por carta registrada com aviso de recebimento, não se exigindo que a assinatura constante do referido aviso seja a do próprio destinatário".

Nota-se a exigência da comprovação de que houve a comunicação.

O § 3º, acerca do vencimento antecipado das prestações:

> A mora e o inadimplemento de obrigações contratuais garantidas por alienação fiduciária, ou ocorrência legal ou convencional de algum dos casos de antecipação de vencimento da dívida, facultarão ao credor considerar, de pleno direito, vencidas todas as obrigações contratuais, independentemente de aviso ou notificação judicial ou extrajudicial.

O mero vencimento do prazo sem pagamento caracteriza a mora, mas sem dispensar a comunicação. Expõe Orlando Gomes entendimento favorável à dispensa, pois se trata de mora *ex re*, incorrendo nela o devedor *ipso jure*, dispensada a formalidade da interpelação, por aplicação da regra *dies interpellat pro homine*.[17]

Todavia, não se dispensa a comprovação por meio de carta registrada com aviso de recebimento, mesmo que não seja a assinatura da pessoa a que se dirige a carta, de acordo com o dispositivo. Inconcebível, porém, a dispensa da assinatura do próprio destinatário. A alteração do dispositivo pela Lei nº 13.043/2014 importou em violação ao direito de defesa, possibilitando medidas arbitrárias, indo contra o art. 5º, inc. LV, da Constituição Federal. Graves as consequências suscetíveis de ocorrer, como o extravio, a desídia do correio no encaminhamento, a mudança de endereço, a certificação falsa da entrega.

O Código Civil de 2002 não abordou o assunto.

Trazia mais segurança o regime anterior, impondo que se efetuasse a comunicação por meio do Cartório de Títulos e Documentos, ou o protesto do título cambial através do Cartório próprio, dado que tais serventias geram a presunção de conhecimento *erga omnes*. Ademais, os atos desses órgãos têm fé pública. A entrega da comunicação da mora, bem

---

[17]   *Alienação Fiduciária em Garantia*, ob. cit., p. 100.

Cap. XX • PROPRIEDADE FIDUCIÁRIA | 517

como a publicação na imprensa se não localizado o devedor, geram, por lei, a certeza de que foi atingido o objeto da intimação.

O Superior Tribunal de Justiça decidiu a necessidade unicamente do encaminhamento da notificação para o endereço do devedor. É o quanto basta, pois competia ao devedor comunicar qualquer alteração de seu endereço. Eis o teor do entendimento:

> O propósito recursal consiste em definir se é imprescindível a comprovação simultânea do encaminhamento de notificação ao endereço constante no contrato e do seu recebimento pessoal, para a constituição do devedor em mora nos contratos de alienação fiduciária.
>
> O prévio encaminhamento de notificação ao endereço informado no contrato pelo Cartório de Títulos e Documentos é suficiente para a comprovação da mora, tornando-se desnecessário ao ajuizamento da ação de busca e apreensão que o credor fiduciário demonstre o efetivo recebimento da correspondência pela pessoa do devedor.
>
> 4. O retorno da carta com aviso de recebimento no qual consta que o devedor 'mudou-se' não constitui, por si só, fundamento para dizer que não foi constituído em mora.
>
> A bem dos princípios da probidade e boa-fé, não é imputável ao credor fiduciário a desídia do devedor que deixou de informar a mudança do domicílio indicado no contrato, frustrando, assim, a comunicação entre as partes".[18]

De suma importância a cientificação da mora, pois torna possível a antecipação de meios de defesa, impedindo a medida violenta da busca e apreensão.

20.13. A POSIÇÃO DO TERCEIRO QUE PAGA A DÍVIDA

O terceiro pode ser o avalista, o fiador ou qualquer outra pessoa que paga a dívida. Resguarda-lhe a lei os mesmos direitos que eram assegurados ao credor fiduciário. Assim consta no art. 1.368 do Código: "O terceiro, interessado ou não, que pagar a dívida, se sub-rogará de pleno direito no crédito e na propriedade fiduciária". O Decreto-Lei nº 911/1969, em seu art. 6º, garante a sub-rogação ao avalista, ao fiador e ao terceiro interessado: "O avalista, fiador ou terceiro interessado que pagar a dívida do alienante ou devedor, se sub-rogará, de pleno direito, no crédito e na garantia constituída pela alienação fiduciária".

Seja qual for a pessoa que acorre para a satisfação da obrigação, confere-lhe a lei os direitos que eram reconhecidos ao credor.

Pelos termos dos dispositivos acima, ao terceiro, não importando a posição que ocupe na relação, está assentada a garantia de recuperar o valor desembolsado, o que se faz no bem instituído como garantia. Acorrendo para o pagamento, dispensa-se que prossiga o credor nos meios previstos para a satisfação de seu crédito. E se a lei instituiu o direito de sub-rogar-se no crédito e na propriedade fiduciária, ou na garantia, pressupõe-se que ao credor fiduciário não assiste dirigir-se contra o avalista e, ao mesmo tempo, intentar a busca e apreensão, com a posterior venda do bem. Ou realiza o crédito através da ação de busca e apreensão, com a posterior venda da coisa, ou mediante a execução contra o terceiro-garante. Esta a linha mostrada por um antigo julgado:

---

[18] REsp 1828778/RS, da 3ª Turma, relatora Ministra Nancy Andrighi, j. em 27.08.2019, *DJe* de 29.08.2019.

O credor que opta pela ação especial de busca e apreensão e vende o bem não pode exigir do avalista o saldo devedor, pois se fosse deferida sua pretensão, o avalista ficaria sem a garantia prevista no art. 6º do Decreto-Lei nº 911/1969. A obrigação que subsiste, depois de instaurada e acolhida a ação especial de busca e apreensão é, unicamente, do devedor fiduciário.[19]

De modo que o credor fiduciário tem direito de voltar-se contra o avalista unicamente se recorrer à execução do título. Sua preferência por uma das garantias exclui a outra.

20.14. VENCIMENTO DA OBRIGAÇÃO GARANTIDA E EXTINÇÃO DO CONTRATO

Consoante o art. 1.367 do Código Civil, em redação da Lei nº 13.043/2014: "A propriedade fiduciária em garantia de bens móveis ou imóveis sujeita-se às disposições do Capítulo I do Título X do Livro III da Parte Especial deste Código e, no que for específico, à legislação especial pertinente, não se equiparando, para quaisquer efeitos, à propriedade plena de que trata o art. 1.231". Ou seja, incidem os arts. 1.419 a 1.430, artigos estes que disciplinam o penhor, a anticrese e a hipoteca. Portanto, estendem-se ao instituto várias disposições estabelecidas para o penhor, a anticrese e a hipoteca, e que dizem com o pagamento de prestações, com o vencimento da obrigação e a extinção do contrato.

O art. 1.421 encerra: "O pagamento de uma ou mais prestações da dívida não importa exoneração correspondente da garantia, ainda que esta compreenda vários bens, salvo disposição expressa no título ou na quitação". Significa afirmar que o pagamento de uma ou várias prestações não libera o bem da garantia fiduciária. Até o pagamento da última parcela devida mantém-se a alienação.

Já o art. 1.425 prevê as hipóteses que dão pelo vencimento da dívida, ou antecipam o seu vencimento, e determinam a exigibilidade da obrigação, ou acarretam a resolução do contrato:

A dívida considera-se vencida:

I – se, deteriorando-se, ou depreciando-se o bem dado em segurança, desfalcar a garantia, e o devedor, intimado, não a reforçar, ou substituir;

II – se o devedor cair em insolvência, ou falir;

III – se as prestações não forem pontualmente pagas, toda vez que deste modo se achar estipulado o pagamento; neste caso, o recebimento posterior da prestação atrasada importa renúncia do credor ao seu direito de execução imediata;

IV – se perecer o bem dado em garantia, e não for substituído;

V – se se desapropriar o bem dado em garantia, hipótese na qual se depositará a parte do preço que for necessária para o pagamento integral do credor.

Havendo perecimento da coisa alienada, na previsão do § 1º, "esta se sub-rogará na indenização do seguro, ou no ressarcimento do dano, em benefício do credor, a quem assistirá sobre ela preferência até seu completo reembolso". Nas hipóteses dos incisos IV e V acima (perecimento do bem sem substituição e desapropriação), só se dará o vencimento da obrigação antes do prazo estipulado, nos termos do § 2º, "se o perecimento, ou a desapropriação recair sobre o bem dado em garantia, e esta não abranger outras; subsistindo,

---

[19] *Apel. Cível* nº 219/77, de 6.05.1977, da 2ª Câm. Cível do Tribunal de Alçada do Paraná, *in Jurisprudência Brasileira* nº 17, Curitiba, Juruá Editora, p. 126.

Cap. XX • PROPRIEDADE FIDUCIÁRIA | **519**

no caso contrário, a dívida reduzida, com a respectiva garantia sobre os demais bens, não desapropriados, ou destruídos".

Nos termos do art. 1.426, em vencendo antecipadamente a dívida, não se exigem juros "correspondentes ao tempo ainda não decorrido".

Relativamente ao terceiro que presta a garantia real, em vista do art. 1.427, salvo cláusula expressa, "não fica obrigado a substituí-la, ou reforçá-la, quando, sem culpa sua, se perca, deteriore ou desvalorize".

Por último, o art. 1.436 aponta as hipóteses de extinção do penhor, que servem também para a extinção da propriedade fiduciária:

> Extingue-se o penhor:
>
> I – extinguindo-se a obrigação;
>
> II – perecendo a coisa;
>
> III – renunciando o credor;
>
> IV – confundindo-se na mesma pessoa as qualidades de credor e dono da coisa;
>
> V – dando-se a adjudicação judicial, a remição ou a venda da coisa empenhada, feita pelo credor ou por ele autorizada.

Consoante o § 1º, "presume-se a renúncia do credor, quando consentir na venda particular do penhor sem reserva de preço, quando restituir a sua posse ao devedor, ou quando anuir à sua substituição por outra garantia".

E pelo § 2º, "operando-se a confusão tão somente quanto à parte da dívida pignoratícia, subsistirá inteiro o penhor quanto ao resto".

Capítulo XXI
Direitos de Vizinhança

21.1. CARACTERIZAÇÃO

Os direitos de vizinhança importam necessariamente em restrições ao direito de propriedade. O direito de uma pessoa exercer sua propriedade deve ter em conta o direito de outra pessoa também usufruir de seu bem. Por outras palavras, o aproveitamento da propriedade por alguém encontra limites no mesmo aproveitamento de seu vizinho.

Já prevenia Martín Wolff: "La vida social exige una transación; tanto la actividad de un vecino (el núcleo 'positivo' de su propiedad), como el derecho de exclusión del otro (el núcleo 'negativo' de la suya) requieren una cierta limitación".[1]

A boa convivência social determina uma série de limitações de importância para a coexistência da sociedade, pelo menos em termos aceitáveis. É que, no dizer de Serpa Lopes, "a contiguidade de dois imóveis produz inevitavelmente uma série de relações e de conflitos que exige uma regulamentação especial e uma especial coordenação expressamente criada por lei".[2]

As limitações nascem com a própria propriedade, classificando-se mais como deveres impostos reciprocamente aos vizinhos.

Definem-se os direitos de vizinhança como restrições impostas por interesse social, com a finalidade de harmonizar os interesses particulares dos proprietários vizinhos, mediante regras limitativas ao direito de propriedade. Formam um conjunto de normas ordenadoras das condutas dos proprietários vizinhos de modo a evitar conflitos que possam eclodir entre eles.

Há quem encontre a natureza dos direitos de vizinhança na teoria das servidões legais, pela qual as propriedades sujeitam-se a suportar certos ônus advindos do uso do prédio vizinho, ou, no entender de Tito Fulgêncio, visam tais direitos "impedir um proprietário de praticar um ato, que ele teria o direito de praticar sobre sua propriedade, no interesse do prédio vizinho, o que é próprio das servidões negativas". Mas, observa, "não há verdadeiras servidões senão as estabelecidas pelo fato do homem; as relações de direito que a lei estabelece entre proprietários vizinhos não são mais que obrigações, oriundas do quase contrato de vizinhança, não havendo, pois, no caso, sujeição de um prédio a outro".[3]

Aprofunda mais a distinção Washington de Barros Monteiro:

> Ademais, as relações de vizinhança são simples aspectos dos deveres inerentes à propriedade, enquanto as servidões constituem meras faculdades. Nas primeiras,

---

[1] *Obra citada*, p. 304.
[2] *Curso de Direito Civil*, vol. VI, ob. cit., p. 417.
[3] *Direitos de Vizinhança*, 2ª ed., Rio de Janeiro, Forense, 1959, p. 9.

Cap. XXI · DIREITOS DE VIZINHANÇA | **521**

cada proprietário compensa o próprio sacrifício com a vantagem que lhe advém do correspondente sacrifício do direito do vizinho, ao passo que nas segundas não existe semelhante contraprestação, havendo, no máximo, direito à indenização.[4]

Os direitos de vizinhança são normas que regulam e impedem ao proprietário a prática de atos que causem dano ou incômodo ao morador vizinho, e isto reciprocamente, enquanto a servidão se estabelece no interesse de um dos proprietários com ônus para outro prédio.[5]

Enquanto os direitos de vizinhança do Código anterior nascem da lei, as servidões, em geral, dependem de título constitutivo.

Os direitos de vizinhança se classificavam desta maneira: o uso nocivo da propriedade, as árvores limítrofes, a passagem forçada, o escoamento das águas, os limites entre prédios, o direito de construir e o direito de tapagem.

No Código Civil em vigor, integram os direitos de vizinhança o uso anormal da propriedade, o direito de construir, as árvores limítrofes, a distância entre prédios, a passagem forçada, a passagem de cabos e tubulações, os tapumes divisórios ou o direito de tapagem, as águas, os limites entre prédios e a demarcação de áreas, existindo, porém, outros, em especial regulados por leis próprias.

21.2. O USO NOCIVO OU ANORMAL DA PROPRIEDADE

Do art. 554 do Código Civil de 1916 exsurgia o comando das garantias asseguradas aos proprietários vizinhos: "O proprietário, ou inquilino de um prédio tem o direito de impedir que o mau uso da propriedade vizinha possa prejudicar a segurança, o sossego e a saúde dos que o habitam".

Eis o art. 1.277 do Código Civil de 2002, que é o correspondente ao art. 554 do anterior Código, em redação diferente: "O proprietário ou o possuidor de um prédio tem o direito de fazer cessar as interferências prejudiciais à segurança, ao sossego e à saúde dos que o habitam, provocadas pela utilização de propriedade vizinha". Nota-se que há uma extensão maior ao conteúdo negativo de uso de imóvel, abrangendo qualquer interferência negativa, isto é, emanação, decorrência, ou resultado que prejudique, mesmo que não decorra do uso. Além disso, não mais limitando o direito ao proprietário e ao inquilino, estende-o ao possuidor, embora não precisasse que viesse dito, no que já antecipara o Superior Tribunal de Justiça: "Direito de vizinhança. Uso nocivo da propriedade. O direito a que se refere o art. 554 do Código Civil Brasileiro pode, também, ser exercido pelo possuidor do prédio. Ilegitimidade da parte autora repelida".[6]

Primeiramente, cumpre ressaltar o elemento ativo da ofensa: o mau uso da propriedade ou interferências prejudiciais emanadas dos vizinhos.

Várias formas representam o mau uso: as ofensas ou ameaças à segurança pessoal ou dos bens, como se o prédio vizinho apresenta sintomas de que vá cair; os detritos que dele emanam; as ofensas ao sossego, como ruídos, gritaria, música, diversões e arruaças – tudo de molde a trazer intranquilidade e incômodos aos moradores de prédios próximos; o perigo ou ameaça de ofensa à saúde, como a emanação de gases tóxicos, de constante fumaça, e de odores desagradáveis.

---

4   *Curso de Direito Civil – Direito das Coisas*, ob. cit., p. 132.
5   Jefferson Daibert, ob. cit., p. 213.
6   *Recurso Especial* nº 46.163/SP, da 3ª Turma, julgado em 8.08.1994, *DJU* de 26.09.1994.

As ofensas, pois, se dirigem à segurança pessoal dos vizinhos ou de seus bens, ao sossego e à saúde.

Sobrelevam, por serem mais constantes, as relativas ao sossego, configuráveis em ruídos insuportáveis, impedindo o descanso das pessoas residentes nas proximidades. Assim acontece em bailes que se estendem durante a noite, nas algazarras e gritarias, no barulho ensurdecedor produzido por instrumentos de trabalho, e no alto volume dos aparelhos de rádio, ou no vozerio dos alto-falantes de grande potência.

Neste sentido, revelando a gravidade do problema, decidiu o Tribunal de Justiça do RGS:

"O meio ambiente ecologicamente equilibrado é direito de todos, protegido pela própria Constituição Federal, cujo art. 225 o considera bem de uso comum do povo e essencialmente à sadia qualidade de vida. A legislação ambiental define poluição como a degradação da qualidade ambiental resultante de atividades que direta ou indiretamente prejudiquem a saúde, segurança e bem-estar da população (art. 3º, III da Lei n. 6.938/81). Na fase do inquérito instaurado pelo Ministério Público, um laudo realizado por agentes do Município de Santa Cruz apurou que o estabelecimento réu, em várias medições não produzia ruído superior ao permitido, fornecendo o mesmo ente público, certidão de que a empresa possuía projeto de tratamento acústico, devidamente licenciada para a atividade de 'casa noturna'.

No curso da instrução, porém, o Comando Ambiental da Brigada Militar emite relatório de medição dos níveis de pressão sonora no estabelecimento da ré, constatando a existência de níveis de ruídos no estabelecimento da ré, superiores ao disposto na Lei Complementar n. 06/1998 do Município de Santa Cruz do Sul à razão de 13B e 11B. Neste contexto, tem-se correta a sentença que dá pela procedência parcial da demanda, obrigando a ré a abster-se de funcionar com níveis de ruídos acima do limite previsto na legislação de regência, bem como, no prazo máximo de 60 dias, apresentar projeto de contenção acústica, capaz de impedir o ruído superior ao permitido na legislação de regência, sob pena de multa diária.

Tratando-se de empreendimento que detém licença de funcionamento para atividade potencialmente poluidora que possui projeto de contenção acústica e que à luz das medições levadas a efeito pela autoridade competente do Município, não apresentava ruído acima do permitido para o local da instalação; não se percebe dano ao meio ambiente, afetando bem jurídico além da vizinhança próxima ao local do empreendimento, produzindo ruídos que atentem contra a tranquilidade pública e o bem estar da população. Ausentes, portanto, os requisitos para o reconhecimento da existência de dano moral coletivo. Apelações desprovidas".[7]

Exemplifica Pontes de Miranda uma extensa relação de casos que representam o mau uso da propriedade, colhidos da casuística pretoriana:

A queima de detritos, com produção de fumaça que invada as propriedades vizinhas.

O badalar dos sinos de igrejas sem a necessidade de cultos.

As queimadas, a poluição de águas, os rumores excessivos, os odores fortes e outras emissões que causem dano.

---

[7] Apelação Cível, nº 70080746977, da 21ª Câm. Cível do TJ/RS, relator Des. Marco Aurélio Heinz, j. em: 8-05-2019, publ. em *DJ* de 15.05.2019.

Cap. XXI · DIREITOS DE VIZINHANÇA | 523

O deixar de cortar árvores que causem dano, se o dano, sem o corte, é inevitável.

Construir ou mandar construir de modo que cause danos.

O ter açudes de que resultem casos de impaludismo nas vizinhanças.

Haver enxurradas e barreiras devidas à elevação de nível ou aterros ainda que necessários à construção do prédio.

Exceder a carga que a construção pode suportar, pondo em risco a vizinhança.

Ter ou plantar árvores que sejam ruinosas ou prejudiciais aos vizinhos.

Fazer derivarem as águas com detritos industriais ou agrícolas para a propriedade vizinha.

Manter salões de bailes e clubes que façam algazarra, ainda que tenham licença de funcionamento.

Deixar de construir muro de arrimo para evitar a invasão das águas pluviais.[8]

Aduz Ulberico Pires dos Santos, embora também em obra não recente sobre a matéria:

Relembramos que o excesso de fumaça, de fuligens e maus odores configuram também o uso nocivo da propriedade; a manutenção de cães de grande porte em unidades de condôminos igualmente importa em mau uso da propriedade, pois perturba o sossego dos ocupantes das outras unidades e até constituem riscos para a integridade física, mormente quando a convenção do edifício os proíbe; qualquer que seja a poluição, como por exemplo os despejos industriais em rios, córregos ou riachos, autorizam o exercício de ação judicial para impedi-los.

Se contaminam as águas, se elevam o mau uso da propriedade, mormente se elas servem a outras propriedades, tais práticas se erigem em usos irregulares.[9]

O Código Civil, no parágrafo único do art. 1.277, aponta algumas condições para proibir as interferências: "Proíbem-se as interferências considerando-se a natureza da utilização, a localização do prédio, atendidas as normas que distribuem as edificações em zonas, e os limites ordinários de tolerância dos moradores da vizinhança". É normal que, em uma zona destinada à instalação de indústrias, não se apresenta coerente a reclamação contra a interferência negativa do barulho, ou da fumaça expedida. A localização do prédio é de relevância em função da zona para determinado uso. Impossível a expedição de medida contra a poluição sonora se a área está reservada para a fixação de casas noturnas ou de diversões.

Muitas circunstâncias são levadas em conta na apreciação do uso indevido. Especialmente o bairro onde está localizado o causador dos transtornos é de relevância. Se o barulho advém do trabalho de uma fábrica, há de se examinar se o local foi ou não destinado à instalação.

Exemplifica Jefferson Daibert:

Uma indústria a cuja volta vai se formando o núcleo residencial – o barulho, a fumaça etc., que dessa indústria possam sair – não constituirão, por certo, atos abusivos ou excessivos porque são indispensáveis à finalidade da empresa e os seus vizinhos para ali foram sabendo de sua existência e dos possíveis incômodos que sofreriam pela

---

[8] *Tratado de Direito Privado*, 4ª ed., São Paulo, Editora Revista dos Tribunais, 1977, vol. XIII, pp. 302 e 303.

[9] *Direito de Vizinhança – Doutrina e Jurisprudência*, Rio de Janeiro, Forense, 1990, pp. 222 e 223.

proximidade, muito embora não lhes seja defeso em lei postular, por exemplo, pela imposição legal a certas indústrias de evitar a poluição ambiente, assunto hoje de vital importância, constituindo-se num dos mais sérios e graves problemas sociais.[10]

Entretanto, o problema assume proporções tais que não raramente torna insuportável a vida. As indústrias se expandem, aumentando o grau de poluição quando já formado o núcleo populacional. Aí, evidentemente, o tratamento judicial não olvidará as modificações surgidas, posto que, de modo geral, as indústrias têm locais destinados pelas municipalidades para a instalação.

Mesmo que os moradores tenham se estabelecido nas cercanias após a instalação da indústria, não significa que desaparecerá o direito de pugnarem contra os elementos perniciosos à saúde, e que se avolumaram com o passar do tempo. Neste sentido inclina-se a jurisprudência:

> Pela teoria da pré-ocupação (de Demolombe) pela qual quem se instala depois de estabelecido um certo uso pelo proprietário vizinho, não tem o direito de alterar o estado de coisas preexistentes e impor a modificação porque nocivo. *Verbi gratia*, se a fábrica de celulose preexiste, não pode o novo proprietário vizinho utilizar-se da ação de dano infecto, por causa da poluição.
>
> Segundo Caio Mário da Silva Pereira, a teoria não pode ser aceita de modo absoluto, pois que a anterioridade da ocupação não paralisa toda a propriedade nova, sujeitando o que chega depois a se conformar com o *statu quo ante*, caso em que se converteria em verdadeira servidão. Mas tem o mérito de influir sobre a tolerância em relação à utilização preexistente (*Instituições de Direito Civil*, vol. IV, Rio de Janeiro, Forense, 1ª edição, p. 146).[11]

A grande dificuldade está em definir o critério para estabelecer o limite de suportabilidade das repercussões ou emissões vindas do prédio vizinho. E, nesta parte, San Tiago Dantas bem coloca a situação:

> É certo que, entre dois prédios vizinhos, um deve superar certas emissões e repercussões que do outro lhe advêm; é também certo que outras emissões e repercussões não precisam ser suportadas se quem as sofre está em condições de repeli-las. Qual o critério pelo qual se diferencia o que é tolerável do que é intolerável? Não poderíamos responder que tolerável é o que decorre do "bom uso" e intolerável é o que decorre do "mau uso", porque com isso apenas autorizaríamos a indagação do que entendemos designar com tais palavras. Temos, portanto, de investigar o critério de tolerabilidade; ele nos fornecerá o meio de distinguir o mau uso do bom, e fixará por conseguinte o limite do direito de propriedade.[12]

E o critério para estabelecer a tolerabilidade, ou para definir o limite entre o mau uso e o bom uso está em saber se o vizinho se situa dentro ou fora dos níveis da normalidade.

Uma conduta não pode ser considerada normal se a pessoa provoca ofensas à saúde, emanações de gases tóxicos, poluição do ambiente, agrupamento de delinquentes, acumulação

---

[10] *Obra citada*, p. 217.

[11] *Apel. Cível* nº 185034022, da 1ª Câm. Cível do TA do RGS, j. em 1º.04.1986, em *Julgados do Tribunal de Alçada do RGS*, 58/168.

[12] *O Conflito de Vizinhança e sua Composição*, 2ª ed., Rio de Janeiro, Forense, 1972, p. 64.

de detritos putrecíveis, estagnação de águas impuras e a proliferação de insetos por falta de higiene em seus domínios.

Há incontáveis situações que repugnam ao bom-senso e contradizem os padrões normais de comportamento. Todos somos obrigados a suportar as emissões e repercussões que nos vêm do prédio vizinho. Nossa tolerância, porém, cessa quando o mau uso deste prédio torna-se nocivo à saúde, à segurança e ao sossego dos que habitam em prédios contíguos.

Em outros termos, o uso irregular ou anormal da propriedade equivale ao uso abusivo e intolerável. Aquilo que se mantém nos níveis da normalidade não é punível, e deve suportar o vizinho. Desde que, no entanto, seja normal, comum e ordinário – situação em que não se verifica quando alguém, constantemente, alteia o volume de seus instrumentos musicais, impedindo o descanso de seus vizinhos. Se esta conduta é esporádica, como aniversário ou em certas datas, admite-se a sua normalidade.

O critério da normalidade é justificado por San Tiago Dantas, sob dois fundamentos:

> O primeiro é a larguíssima parte que nele se faz às sugestões da equidade. Se a norma jurídica não orienta a composição do conflito, conferindo a este um direito, àquele uma obrigação, é equitativo exigir de uma das partes o mesmo que se exige da outra, já que ambas trazem a juízo direitos da mesma eminência e valor. Pode-se exigir de um proprietário que ele não seja mais intolerante do que os outros, vivendo na mesma rua, no mesmo bairro ou cidade, e por outro lado não se pode proibir a alguém que faça no seu imóvel aquilo que todos fazem, e que constitui, portanto, num certo meio e numa certa época, a maneira universal de utilizar o próprio bem. A equidade inculca desse modo ao juiz o critério da normalidade, através do qual se exprime esse princípio do equilíbrio de interesses, em que muitos veem um dos fundamentos da ordem jurídica, e que é sem dúvida uma projeção remota, mas direta, da igualdade de todos perante a lei.
>
> O segundo é a liberdade que o critério em causa deixa ao magistrado, de fazer a justiça do caso sem perder de vista a tutela de certos interesses comuns e as razões da utilidade social.
>
> De fato, nada mais incerto e indefinido que o normal; dele temos uma noção estatística, coletiva e dificilmente coincide um exemplo concreto com a linha imaginária que traçamos como média de um conjunto de casos. Assim, a normalidade se decide sempre por aproximação, e quem julga desta é o critério íntimo do juiz. Tinha razão o grande Biagio Brugi quando via no critério da normalidade uma dilatação do *officium juducis*. O normal, sendo que o juiz considera em face de seu próprio arbítrio *boni viri*, não tarda que na realidade uma pesquisa mais larga se insinue, e que ao lado do que normalmente é tolerado se faça entrar o que normalmente deveria ser tolerado, agravando-se, assim, os encargos deste ou daquele proprietário, por um justificado respeito à utilidade social.[13]

O art. 1.278 do Código de 2002 traz uma exceção ao direito de opor-se às interferências prejudiciais do imóvel vizinho, consistente no interesse público: "O direito a que se refere o artigo antecedente não prevalece quando as interferências forem justificadas por interesse público, caso em que o proprietário ou o possuidor, causador delas, pagará ao vizinho indenização cabal". Ocorrem situações que impossibilitam a medida de cessação das consequências ou interferências negativas. Assim como a existência de um presídio em uma zona, ou de

---

[13] *O Conflito de Vizinhança e sua Composição*, ob. cit., pp. 269 e 270.

um internato de menores, ou de um manicômio, ou de um hospital para indigentes, ou de uma escola pública, ou de um depósito de lixo.

Há o constante surgimento de incômodos, como fugas de presos, perseguições, barulho, movimento excessivo de veículos, maus odores etc. Predomina o bem público e comum, não havendo viabilidade de erradicar a causa ou o fator de transtornos. Resta à parte prejudicada a indenização pelos danos e distúrbios.

Em qualquer situação, porém, sempre que possível atenuar os efeitos nocivos do fato causador, imporá o juiz a obrigação para tanto, ditando as medidas a serem adotadas, como assinala o art. 1.279 do Código de 2002: "Ainda que por decisão judicial devam ser tolera-das as interferências, poderá o vizinho exigir a sua redução, ou eliminação, quando estas se tornarem possíveis". Determina-se que o causador de distúrbio ambiental ou que o agente de poluição providencie, se não possível a erradicação, em reduzir os níveis de emissão de gases, ou de barulho, ou que seja reforçada a segurança do local, ou que se processe o ater-ro dos detritos depositados, ou se elevem os muros de isolamento de internados e casas de recolhimento de pessoas segregadas do meio social.

Qual a ação adequada a fim de impedir a continuação da ofensa à saúde e ao sossego?

Segundo o art. 302, nº VII, do Código de Processo Civil de 1939, a ação apropriada era a cominatória. No Código de 1973, seguindo-se o então procedimento ordinário, buscava-se a obtenção de um preceito que condenasse o réu a uma obrigação de fazer ou não fazer, isto é, a prestar um ato ou a abster-se da prática de determinados atos. Até o advento da Lei nº 9.245/1995, promovia-se a ação pelo rito sumaríssimo, com fulcro no art. 275, inc. II, letra *j*, daquele estatuto, que imprimia tal rito para o proprietário ou inquilino de um prédio impedir, sob pena de multa, que o dono ou inquilino do prédio vizinho fizesse dele uso nocivo à segurança, ao sossego ou à saúde dos que nele habitassem.

Embora a cominação fosse de pena pecuniária, e ainda o pode ser, cuidandose, no en-tanto, de obrigação de fazer ou não fazer, na execução de sentença para prestação do fato, salientava J. J. Calmon de Passos que

> atender-se-á aos arts. 632 e seguintes do Código de Processo Civil. E neles se prevê a possibilidade de o credor exequente requerer seja executada a obrigação à custa do devedor, ou de haver o exequente perdas e danos. Isso sem prejuízo da cominação contida na sentença, que se soma, e pode ser executada como dívida de quantia certa. Como se vê, o novo sistema se mostra mais completo que o anterior, e não restritivo, como poderia parecer à primeira vista.[14]

Com o Código de Processo Civil de 2015, há a ação de execução de obrigação de fazer ou não fazer, em havendo um título extrajudicial que ampare o direito, cuja previsão se encontra, respectivamente, nos arts. 815 a 821, e arts. 822 e 823. O título consistirá, normalmente, em um contrato, cuja previsão está no art. 784, incs. II, III e IV. Todavia, inexistindo o título, revela-se apropriada a ação pelo procedimento comum. Decorrendo de sentença, busca-se o respectivo cumprimento, segundo o art. 515, inc. I. É aplicável a multa para a execução de obrigação de fazer ou não fazer, como assegura o art. 814, se baseada em título executivo extrajudicial; na ação de procedimento comum, cujo objeto consiste também na obrigação de fazer ou não fazer, cabe a tutela específica com suporte nos art. 497 a 501; no cumprimento de sentença, o amparo da mesma tutela se encontra nos arts. 536 a 537.

Ao vizinho cabe mover qualquer ação colimando a coibição da perturbação.

---

[14] *Comentários ao Código de Processo Civil*, vol. III, ob. cit., p. 105.

Cap. XXI · DIREITOS DE VIZINHANÇA | 527

É o proprietário ou possuidor obrigado a cessar com a causa da moléstia. Se desatender, executa-se a sentença, nos termos da execução de obrigação de fazer ou não fazer. É claro que naqueles fatos possíveis de execução. Se a conduta envolver perturbação ao sossego com músicas e vozerio barulhentos, resta somente a multa diária, bem como um provável indiciamento por desobediência, inclusive com a prisão em flagrante quando surpreendido o infrator na prática do ato vedado por ordem ou sentença judicial.

Nestes termos, ensina Moacyr Amaral Santos, em exemplo ainda atual: "Se peço o aterramento de uma fossa, que ameaça prejudicar-me a saúde, posso cominar a pena de fazê-lo à sua custa, quando ele não o faça. Bem escolhida será a pena de demolição, no caso do mau uso consistir em obras cuja permanência me sejam daninhas ao sossego e à saúde".[15]

Importa que o mau uso seja atual ou iminente. Falece qualquer interesse de serem tomadas providências legais na hipótese de já desaparecido.

Cumulada ou não a ação com o pedido de indenização, adota-se o rito comum, desde que o valor dado à causa se situar acima de quarenta vezes o salário mínimo em vigência no País. Se inferior, o procedimento será o do juizado cível especial.

O art. 1.280 assegura ao proprietário e ao possuidor praticamente a demolição ou as reparações para evitar o dano: "O proprietário ou o possuidor tem direito a exigir do dono do prédio vizinho a demolição, ou a reparação deste, quando ameace ruína, bem como que lhe preste caução pelo dano iminente".

Assim, quem tiver justo receio de ser danificado por prédio do vizinho, em ruína, tem o amparo da lei para pedir que se faça a reparação à custa do réu. Somente na eventualidade de ser impossível a reparação autoriza-se a demolição da casa na iminência de ruir.

Estende-se o direito à ação a outras hipóteses de perigo, além da ameaça de ruína, como se há depósito de material altamente tóxico e inflamável; ou se um barranco se encontra em perigo de desmoronar, evento provável com as chuvas torrenciais, sem que o proprietário tome precauções concretas para evitar possíveis danos a terceiros.

Em casos de construções ou obras planejadas, e que, pelo vulto ou pela natureza, fatalmente trarão prejuízos, causados pelas escavações, pelos tremores, pelo excessivo movimento de veículos, pelo barulho, pela interdição de acesso ou dificuldade de se chegar à residência, é justo que se peça não apenas a indenização, mas também a sua garantia, mesmo que seja pela prestação de caução em face de possível dano futuro que venha a ocorrer. O art. 1.281 do Código Civil contempla a eventualidade: "O proprietário ou o possuidor de um prédio, em que alguém tenha direito de fazer obras, pode, no caso de dano iminente, exigir do autor delas as necessárias garantias contra o prejuízo eventual". Uma das formas de garantia é a prestação de caução, que poderá se processar nos próprios autos.

21.3. ÁRVORES LIMÍTROFES

As árvores sitas nas divisas de dois prédios também envolvem inúmeros conflitos, tanto que foi necessária a sua regulamentação.

Em três dispositivos do Código Civil vem regulada a matéria. Diz o primeiro – art. 1.282: "A árvore, cujo tronco estiver na linha divisória, presume-se pertencer em comum aos donos dos prédios confinantes".

Em princípio, porém, a árvore existente em uma propriedade pertence ao respectivo titular do imóvel, o que também se estende aos ramos ou galhos e às raízes.

---

[15] *Ações Criminatórias no Direito Brasileiro*, 3ª ed., São Paulo, Max Limonad Editor, 1962, vol. II, 2º tomo, p. 549.

Se, no entanto, o tronco estiver na linha divisória, mesmo que a maior parte envolva o terreno de um dos confinantes, a propriedade é comum. Forma-se um condomínio na árvore. Não interessa que tenha sido plantada, semeada ou que tenha nascido espontaneamente. De modo que arrancada ou cortada, importa que seja repartida entre os proprietários confinantes, o que se estende também quanto aos frutos.

As despesas sofrem o mesmo efeito. Tanto para a conservação, como para a poda ou o próprio corte, dividem-se as despesas em partes iguais.

Não resulta qualquer consequência o fato de situar-se o tronco, ou se estenderem os galhos, numa parte maior, em terreno de um dos confinantes.

Relativamente aos frutos, se caírem, estabelece o art. 1.284 a seguinte regra: "Os frutos caídos de árvore do terreno vizinho pertencem ao dono do solo onde caíram, se este for de propriedade particular".

No caso, a árvore situa-se no terreno de um confinante apenas.

O Código antigo e o novo trataram a matéria de forma diferente da que vinha regulamentada no Direito romano, segundo historia Martín Wolff:

> Los frutos de los árboles que cayeran en la finca vecina eran propiedad del propietario del árbol, con arreglo a los derechos romanos y común, y el vecino tenía que permitirle la entrada en su finca en días alternos para recogerlos. En cambio, el § 911 de C. C. otorga al vecino derecho sobre los fructos que caigan sobre su suelo, pero no sobre los que están calgando de las ramas que invaden su espacio aéreo.[16]

Mas, não se permite ao vizinho recolher os frutos que se encontram na árvore, embora os galhos se estendam em seu terreno, nem lhe é facultado sacudir os ramos. Por outras palavras, lhe pertencem os frutos caídos naturalmente.

As especificações acima se aplicam, como deriva da regra, se o terreno for de propriedade particular. Pertencendo ao domínio público, cessa a aplicação da norma. Mas se os frutos caírem em terreno público, pertencem ao titular do terreno onde se ergue a árvore.[17]

Por último, estipula o art. 1.283: "As raízes e os ramos de árvore, que ultrapassarem a estrema do prédio, poderão ser cortados, até o plano vertical divisório, pelo proprietário do terreno invadido".

O objetivo do legislador foi evitar fonte de atritos e desinteligências entre vizinhos.

O proprietário do terreno vizinho fica autorizado a cortar as raízes e os ramos da árvore alheia desde que transponham os limites da divisa. Este direito decorre da omissão do dono da árvore em evitar o prejuízo à propriedade vizinha, eis que, em inúmeros casos, as raízes podem levantar, inclusive, o piso onde se assenta o calçamento e mesmo a casa, enquanto os ramos tendem a impedir a reflexão dos raios do sol sobre o terreno e a própria casa.

Martín Wolff explica que o direito de cortar as raízes e os ramos é potestativo e não independente: "No es independiente por estar contenido en la propiedad".[18]

Em outros termos, o possuidor que não seja proprietário não tem este direito como tal. Não se estende ao inquilino, comodatário, usufrutuário etc.

---

[16] *Derechos de Cosas*, vol. I, ob. cit., p. 313.

[17] Carvalho Santos, *obra citada*, vol. VIII, p. 21.

[18] *Derecho de Cosas*, vol., I, ob. cit., p. 312.

Não cabe ao proprietário de árvore qualquer pretensão indenizatória, eis que a faculdade vem expressamente outorgada pelo Código Civil. Isto mesmo que o corte determine o extermínio da árvore.

O direito é imprescritível, como salienta Carvalho Santos:

> Não só porque o crescimento dos ramos e raízes da árvore é obra apenas da natureza, não constituindo, pois, posse suficiente e eficaz para a prescrição, senão ainda porque a abstenção do vizinho de valer-se do direito que a lei lhe confere neste artigo deve ser considerada como efeito de mera tolerância. Além de que, verificando-se a invasão dos ramos e raízes no terreno vizinho de maneira sucessiva, não é possível fixar de maneira certa o princípio da prescrição.[19]

Se a árvore, no entanto, além de invadir os domínios do proprietário lindeiro, e mesmo que não invada, provoca danos, como entupimento de calhas do telhado com a queda de folha e galhos, que também se espalham, de tempos em tempos, especialmente na estação do outono, em todo o interior do pátio e dos jardins, a proteção jurídica está no art. 1.277 e não no art. 1.283.

A solução, aliás, não é pacífica. Há uma antiga orientação que admite unicamente a ação indenizatória:

> Recurso inominado. Direito de vizinhança. Ação de indenização por danos materiais. Preliminar de incompetência do JEC afastada. Árvore em terreno limítrofe. Árvore de grande porte (louro-pardo) na linha divisória entre os imóveis. Acúmulo de folhas, flores e partes da árvore no imóvel do autor ocasionando o entupimento contínuo de calhas, e acarretando infiltração no imóvel. Necessidade de restauração do reboco, pintura e rede elétrica. Manutenção das calhas. Danos materiais comprovados nos autos. Responsabilidade civil da ré pelos danos materiais. Dever de indenizar. Sentença confirmada por seus próprios fundamentos. Recurso desprovido".[20]

No entanto, desde que seja dificultado o uso do imóvel, com prejuízos e constante necessidade de retirada de entulhos que se formam, é cabível a retirada da árvore. Embora admitida uma ação por perdas e danos, dada a repetitividade da ocorrência do fenômeno, encontram justificativa razoável o corte e a consequente remoção da árvore.

Não se coaduna com o bom direito forçar o vizinho a ingressar em juízo de tempos em tempos, buscando a indenização pela limpeza e remoção procedidas. Para Pontes de Miranda, significa mau uso da propriedade a recusa em cortar árvores que causem o dano, se este, sem o corte, é inevitável. Contra os que dificultam o uso normal da propriedade estão asseguradas três ações: "A lei civil dá, além da caução, evidentemente, as duas ações, conforme a espécie: a ação de reparação do prédio e a de demolição – se bem que somente fale de direito de exigir (direito e pretensão)".[21]

Igualmente Orlando Gomes acena para a possibilidade de se impor ao vizinho a cessão dos efeitos do uso nocivo da propriedade, impedindo que o dano venha a ocorrer.[22]

Tal se conseguirá unicamente com a retirada da causa dos danos, o que envolve o corte da árvore.

---

[19] *Obra citada*, vol. VIII, p. 24.
[20] *Recurso Cível nº 71005607825*, da Primeira Turma Recursal Cível, Turmas Recursais, relator Roberto Carvalho Fraga, julgado em: 22-03-2016, publ. em 23.03.2016.
[21] *Tratado de Direito Privado*, vol. XIII, ob. cit., pp. 302 e 303.
[22] *Direitos Reais*, tomo 1º, ob. cit., p. 246.

21.4. PASSAGEM FORÇADA

Há dois tipos de passagem forçada: o de acesso à via pública, nascente ou porto; e o de cabos e tubulações, devendo serem observadas separadamente.

21.4.1. Passagem forçada de acesso

A passagem forçada, na lição de Hely Lopes Meirelles, destina-se a propiciar judicialmente uma saída para a via pública, fonte ou porto, quando a propriedade de quem dela necessita não a tem ou vem a perdê-la.[23] É a ideia que exsurge do art. 1.285: "O dono do prédio que não tiver acesso à via pública, nascente ou porto, pode, mediante pagamento de indenização cabal, constranger o vizinho a lhe dar passagem, cujo rumo será judicialmente fixado, se necessário".

O Código Civil de 2002 veio com visíveis alterações, em relação ao Código anterior. Embora mantendo o núcleo da regra, não mais fala em prédio rústico ou urbano, e sim em prédio, seja qual for a espécie. Nem exige o encravamento do prédio, mas possibilita o direito desde que inexistente acesso, e prevê a indenização.

Não interessa se o prédio está dentro de outro pertencente a terceiro, o que vinha imposto pela jurisprudência, como se percebe do seguinte aresto do Superior Tribunal de Justiça: "Se o prédio não se acha encravado em outro, não tem o dono direito a reclamar passagem forçada".[24]

Depreende-se que a passagem forçada é o direito concedido ao proprietário de um terreno rústico ou urbano, ou simplesmente de um terreno, que se encontra situado de modo a não ter acesso à via pública, ou a não receber acesso ou passagem à dita via pública.

Distingue-se da servidão de trânsito, eis que esta é instituída por acordo das partes, ou por usucapião, ou em virtude de lei. Suas causas de formação não correspondem às que determinam a passagem forçada. A simples utilidade ou mera facilidade é causa de instituição. Admite-se a sua formação convencional. Mesmo que outro caminho se ofereça ao imóvel, possível seu reconhecimento, sem o encravamento, como ressaltou o Superior Tribunal de Justiça: "O direito real de servidão de trânsito, ao contrário do direito de vizinhança à passagem forçada, prescinde do encravamento do imóvel dominante, consistente na ausência de saída pela via pública, fonte ou porto".[25]

O interesse geral da sociedade no sentido de os prédios não permanecerem inexplorados e estéreis, em virtude do encravamento ou falta de acesso a um centro ou caminho público, marca a passagem forçada. Oportuna é a lição de Demolombe:

> Il est d'ailleurs évident aussi que l'intérêt général de la société n'exige pas moins que l'intérêt privê du propriétaire, que les fonds enclavés ne demeurent pas inexploités et stériles; et, sous ce rapport, on peut dire que cette servitude est en même temps d'utilité publique.[26]

Para haver encravamento ou inexistência de acesso à via pública e a outros locais onde as contingências da vida obrigam que se vá, impõe-se que o prédio, confinando ou não com a via pública, ou sem ligação com fonte ou porto, se apresente na seguinte situação:

---

[23] *Direito de Construir*, ob. cit., p. 285.

[24] *Recurso Especial* nº 425-RJ, de 17.10.1989, da 3ª Turma, de 17.10.1989, *DJU* de 16.11.1989.

[25] *Recurso Especial* nº 223.590/SP, da 3ª Turma, julgado em 20.08.2001, *DJU* de 17.09.2001.

[26] *Cours de Code de Napoléon, Traité des Servitudes*, 3ª ed., Paris, Auguste Durand e L. Hachette & Cie., 1863, vol. XIII, tomo II, p. 86. Tradução livre do texto: "Também é óbvio que o interesse geral da sociedade não exige menos que o interesse privado do proprietário, que os prédios encravados não permaneçam inexplorados e estéreis e, a esse respeito, pode-se dizer que essa servidão é ao mesmo tempo de utilidade pública".

Cap. XXI • DIREITOS DE VIZINHANÇA | **531**

Não tenha saída para ela (a via pública), nem possa buscar-se uma, ou, podendo, somente a conseguiria mediante uma excessiva despesa; ou a saída de que disponha (direta, indireta, convencional ou mesmo necessária) seja insuficiente e não se possa adaptá-la ou ampliá-la – ou porque isto é impossível, ou porque os reparos (com que se obtivesse uma saída não excessivamente incômoda) requereriam por igual despesas desproporcionais.[27]

Em Josserand também encontramos o significado de encravamento:

El enclavamiento es la situación de un fundo que no tiene salida a la vía pública o que tiene una salida insuficiente para su utilización; se dice en tal caso que ese fundo está enclavado; su situación es intolerable y le quita todo o casi todo su valor si no interviene el legislador para majorarla, para hacer el embotellamiento que sufre; y esto precisamente es lo que se ha hecho al instituir la servidumbre de paso en caso de enclavimiento: el propietario del fundo enclavado podrá exigir, mediante indemnización, del propietario e de los propietarios de los fundos enclavantes aún cuando formen parte del dominio público, un paso suficiente hasta la vía pública.[28]

O encravamento, ou falta de acesso, pois, para tipificar a espécie, não precisa ser absoluto. Não se exige que o fundo não disponha de nenhuma saída para a via pública. Se uma passagem penosa, longa, estreita, perigosa ou impraticável existir, não fica afastado o direito a outra comunicação. A finalidade da lei é tornar possível a exploração ou conveniente o uso dos prédios, de sorte que o titular do domínio com uma saída insuficiente, e que para melhorá-la ou ampliá-la se impõe um dispêndio excessivo, tem direito ao acesso, pois o prédio não deixa de ser encravado.

De bom alvitre esclarecer que a passagem é insuficiente quando resultante de forte declive, de acesso estreito e inseguro. Não é o caso de aparecerem incômodos e dificuldades para o trânsito, como um caminho longo e sinuoso. Efetivamente, a maior comodidade e economia não justificam as restrições impostas a outro imóvel. Existente a passagem em favor do prédio, mesmo que angustiosa, para a via pública, não se tem ele como encravado no exato sentido legal.

O dispêndio excessivo é considerado nas hipóteses em que o prédio encravado ou desprovido de acesso está separado da via pública por um curso d'água sem ponte ou barca, e que a travessia obriga a efetuar pesados gastos, desproporcionais inteiramente ao valor do imóvel.

Normalmente, existente outro acesso, impede-se a passagem forçada:

Tendo o proprietário outro acesso para a via pública, ausente está a figura do imóvel encravado, o que lhe retira o direito de exigir do vizinho que lhe deixe passagem. Embora tratando-se de imóvel urbano, situado em loteamento, que confronta com a área que margeia a rodovia estadual, cuja ocupação dessa área, autorizada pelo Poder Público, é que se alega estar impedindo o acesso, a existência demonstrada, porém, de caminho próprio através de rua prevista e aberta no loteamento, sobretudo por indicar ser ela a via pública adequada ao acesso, torna descabida a abertura de passagem forçada por outro local. Razões de comodidade são insuficientes para impor ao vizinho, ocupante da referida área marginal, o encargo da passagem para melhoria das condições de acesso, a obstar, em consequência, que se reconheça o encravamento,

---

[27] Lenine Nequete, *Passagem Forçada*, 2ª ed., São Paulo, Saraiva, 1978, p. 5.

[28] *Derecho civil*, Buenos Aires, Ediciones Jurídicas Europa-América Bosch & Cia. Editores, 1950, tomo I, vol. III, pp. 462 e 463.

menos ainda que se ordene a demolição de todas as construções edificadas na aludida área ocupada.[29]

O art. 1.285 assegura a indenização em favor do proprietário do terreno por onde se estabelece a passagem, conforme se viu da transcrição *supra*.

Vê-se, daí, que o direito de passagem significa uma desapropriação compulsória, o que determina a obrigação de indenizar. Trata-se de uma compensação reservada ao dono do imóvel por onde se estabelece a travessia.

Constava do art. 561 do Código Civil de 1916 a solução para aquele que perdia a passagem por culpa sua, fato que raramente se verificava: "O proprietário que, por culpa sua, perder o direito de trânsito pelos prédios contíguos, poderá exigir nova comunicação com a via pública, pagando o dobro do valor da primeira indenização". O Código de 2002 omitiu alguma disposição sobre o assunto, tornando irrelevante, para efeitos do direito, a perda de passagem sobre o terreno de outrem.

A previsão do art. 561 era daquele que já tinha o direito de passagem. Assim acontecia quando se abandonava o caminho por longo tempo, deixando incidir a prescrição; ou permitindo o aproveitamento econômico da área onde se estendia o caminho.

Encontrando-se o prédio encravado, ou desprovido de acesso a locais públicos e necessários, deverá o dono pagar o dobro do montante que anteriormente satisfez.

O § 1º do art. 1.285 do Código de 2002, sem que estipulação equivalente possua o Código Civil de 1916, dá o critério para impor a passagem, que recai naquele imóvel que mais se apropriar para a finalidade. Eis a letra do dispositivo: "Sofrerá o constrangimento o vizinho cujo imóvel mais natural e facilmente se prestar à passagem".

Se o encravamento ou inacessibilidade por caminho é forçado, em razão da venda do terreno por onde se delineava a via, o direito à passagem só pode localizar-se na área vendida. O adquirente terá que suportar o encargo. O Código de 2002 encerra norma que expressa solução parecida: dando-se a venda de parte do imóvel, levando ao isolamento ou falta de acesso ao imóvel do vizinho, o proprietário da parte restante também se coloca na obrigação de suportar a passagem, desde que tal se apresente possível. Não verificada a possibilidade, o adquirente suportará o ônus. É que se depreende do § 2º do art. 1.285: "Se ocorrer alienação parcial do prédio, de modo que uma das partes perca o acesso à via pública, nascente ou porto, o proprietário da outra deve tolerar a passagem". Consoante o § 3º do artigo citado, incide a mesma regra se existia passagem por imóvel de outro vizinho, sem que ele se encontre obrigado a dar uma outra passagem: "Aplica-se o disposto no parágrafo antecedente ainda quando, antes da alienação, existia passagem através de imóvel vizinho, não estando o proprietário deste constrangido, depois, a dar uma outra". Ou seja, havia uma passagem por terreno de outro vizinho, cuja passagem, pela venda do imóvel, decorreu a sua perda. Em consequência, o vizinho não está coagido a fornecer acesso em outro local de seu imóvel, para tornar possível chegar a lugar público, ou fonte, ou porto. O alienante, ou adquirente, manterá o direito antes existente, pelo restante do imóvel daquele, ou pela parte alienada.

Afastava o art. 562 da lei civil de 1916, da servidão, as passagens que não visassem a via pública, as fontes ou pontes: "Não constituem servidão as passagens e atravessadouros particulares, por propriedades também particulares, que se não dirigem a fontes, pontes ou lugares públicos, privados de outra serventia". Pela leitura do texto, as passagens que não

---

[29] *Apel. Cível* nº 1.662/2000, da 3ª Câm. Cível do TJ do Rio de Janeiro, *DJ* de 24.08.2000, *in ADV Jurisprudência*, nº 6, expedição de 11.02.2001, p. 89.

Cap. XXI · DIREITOS DE VIZINHANÇA | 533

visassem a via pública, as fontes ou pontes, privadas de outra serventia, não constituíam servidão. É óbvio que assim acontece, não se tornando necessária tal regra. O Código de 2002, por esta razão, não trouxe disciplina a respeito.

Caso as passagens se dirijam a fontes, a utilidade da serventia é fornecer água. Conduzindo a pontes, destina-se a serventia para dar passagem de uma margem à outra do rio. Sendo o caminho para lugares públicos, constitui-se a servidão desde que privados de outra serventia.

Assim resume a matéria Washington de Barros Monteiro, com apoio em Clóvis:

> Passagem e atravessadouros particulares, por propriedades também particulares, não são servidões desde que não tenham outra serventia, isto é, desde que se destinem exclusivamente a atravessar terras particulares, sem se dirigirem a fontes, pontes ou lugares públicos. Tais passagens e atravessadouros, remata Clóvis, entendem-se concedidos em caráter precário, por mera tolerância, não se fundam em títulos legítimos, e não são suscetíveis de usucapião. Mas poderá ser este invocado se a passagem ou atravessadouro particular, por terras também particulares, se dirige a fonte, ponte ou outro lugar público.[30]

Não visando as passagens a via pública, as fontes ou pontes, constituem liberalidade ou tolerância, não atribuindo direitos como servidões, e não conduzindo ao usucapião. Possível o usucapião unicamente se os logradouros visados são fontes, pontes ou lugares públicos.

21.4.2. Passagem forçada de cabos e tubulações

Esta disciplina veio com o Código Civil de 2002, não figurando no Código Civil de 1916. Não envolve propriamente a passagem de cabos e tubulações procedida pelo Poder Público, eis que, para tanto, já prevista a desapropriação da correspondente faixa de terreno necessária para a passagem, ou a desapropriação da utilidade resultante, com a indenização da desvalorização verificada. Dirige-se para garantir o direito dos que executam serviços de utilidade pública, recebidos por concessão, permissão ou autorização do Poder Público; e o direito dos proprietários vizinhos que precisam de parcela do subsolo ou mesmo da superfície da propriedade vizinha para encanamentos e tubulações a fim de conduzir bens de utilidade pública, como água, energia elétrica, telefonia, combustível, ou serviços de esgoto e dejeto de lixo.

Por outro lado, assegura o direito de indenização dos proprietários que têm seus imóveis perfurados ou reduzido o aproveitamento de sua utilidade, em face de ocupações do espaço que fica abaixo da superfície, ou inclusive na superfície, não apenas na proporção em que se estendem os cabos, canos, tubulações e outros condutos necessários para a energia elétrica, a telefonia, o esgoto, a água e o combustível, mas também nas laterais necessárias para o trânsito ou locomoção dos encarregados para a prestação de serviços de conservação e outros que se impuserem. A indenização corresponderá ao preço de mercado da fração do imóvel utilizada, se não mais prestar-se ao uso do proprietário; ou ao preço de mercado somado com o ressarcimento pelas repercussões negativas do imóvel que resta; ou à desvalorização acarretada pela limitação de uso e de utilidade da fração onde se instalaram as utilidades.

As regras revelam afinidade com o direito de passagem forçada de acesso ou caminho à via pública, nascente ou fonte e porto, por se equivalerem os institutos.

Para assegurar-se o direito de passagem, os cabos e tubulações devem referir-se a serviços de utilidade pública, isto é, aqueles serviços não apenas indispensáveis para a vida, como a

---

[30] *Curso de Direito Civil, Direito das Coisas*, ob. cit., p. 140.

saúde, a segurança, mas convenientes, úteis, vantajosos para a pessoa, tal como a condução da água, da energia elétrica, da telefonia, do gás ou outro tipo de combustível.

A passagem de cabos, tubulações, canais subterrâneos e condutos é autorizada se impossível outro modo, ou se sobremaneira oneroso, de levar a utilidade até a propriedade vizinha.

A disposição vem no art. 1.286 do Código:

> Mediante recebimento de indenização que atenda, também, à desvalorização da área remanescente, o proprietário é obrigado a tolerar a passagem, através de seu imóvel, de cabos, tubulações e outros condutos subterrâneos de serviços de utilidade pública, em proveito de proprietários vizinhos, quando de outro modo for impossível ou excessivamente onerosa.

Assiste ao proprietário do imóvel onerado exigir a instalação da forma menos gravosa ou prejudicial. Também permite-se-lhe exigir a retirada para local a ele mais conveniente do imóvel, à custa de quem promoveu a colocação de cabos e tubulações. É o que está no parágrafo único do mesmo artigo: "O proprietário prejudicado pode exigir que a instalação seja feita de modo menos gravoso ao prédio onerado, bem como, depois, seja removida, à sua custa, para outro local do imóvel".

Oferecendo as obras subterrâneas ou postas à superfície grave risco para a segurança do imóvel ou às pessoas que nele residem ou transitam, como nos condutos de eletricidade e de combustíveis, o art. 1.287 possibilita exigir obras de segurança, como encapamento, espessura suficiente das paredes dos condutos, isolamento dos fios portadores de energia elétrica, revestimento das tubulações por cinta ou capa de concreto: "Se as instalações oferecerem grave risco, será facultado ao proprietário do prédio onerado exigir a realização de obras de segurança".

21.5. DIREITO DAS ÁGUAS

21.5.1. A lei aplicável em matéria de águas

A utilização das águas no direito agrário tem fundamental importância não apenas para a irrigação, mas também para as mais diversas utilidades e finalidades inerentes à atividade agropecuária. Assim, limitado o direito ao uso exclusivo das águas mesmo que particulares, tendo relevância, na matéria, a função social que deve desempenhar.

O Código Civil de 1916, nos arts. 563 a 568, e o Código atual, nos arts. 1.288 a 1.296, tratam das controvérsias que envolvem as águas. O Código de Águas (Decreto nº 24.643, de 10.07.1934) é posterior ao Código Civil de 1916. A Lei de Introdução às Normas do Direito Brasileiro, por meio do art. 2º, § 1º, disciplina a aplicação da lei no tempo: "A lei posterior revoga a anterior quando expressamente o declare, quando seja com ela incompatível ou quando regule inteiramente a matéria de que tratava a lei anterior". De modo que vigora o Código de Águas naquilo que não contrariar o Código Civil de 2002.

Sobre a aplicação do Código de Águas frente ao então Código Civil de 1916, ponderava Antônio de Pádua Nunes:

> Se o Decreto nº 24.643, de 10 de julho de 1934, regulou inteiramente as normas sobre ilhas, aluvião, álveo e águas; se os dispositivos do Código Civil se mostravam em desacordo com as necessidades e interesses da coletividade nacional; se o Código de Águas veio para adotar o País de uma legislação adequada, é impossível reconhecer

a vigência das regras do Código Civil que têm o mesmo objeto do Código de Águas, promulgado para substituí-las.[31]

O autor, prosseguindo, fez um confronto entre os dois estatutos, destacando os artigos que abordam o mesmo assunto, e ressaltando as divergências de disciplinamento. De sorte que as discrepâncias estabeleceram a revogação dos ditames da lei civil anterior. Presentemente, se os Cânones do Código Civil de 2002 e do Código de águas tratam de idêntico assunto diversamente, os do primeiro prevalecem.

De ressaltar, também, que existem, dentre outros diplomas, a Lei nº 9.433/1997, a chamada Lei das Águas, que instituiu a Política Nacional de Recursos Hídricos e estabeleceu como um de seus instrumentos a outorga de direito de uso de recursos hídricos, sendo que muitos dispositivos prevalecem frente ao Código de Águas; e a Lei nº 9.984/2000, dispondo sobre a criação da Agência Nacional de Águas – ANA, entidade federal de implementação da Política Nacional de Recursos Hídricos, e regulamentando alguns pontos em relação à outorga de direito de uso de recursos hídricos de domínio da União.

Diversos os usos das águas, sobressaindo o abastecimento humano, a dessedentação animal, a irrigação, a indústria, a geração de energia elétrica, a aquicultura, a preservação ambiental, o paisagismo, o lazer.

No desenvolver da matéria, considerando que o direito das águas envolve o direito agrário, buscar-se-á dar ênfase ao direito do uso em especial para a agricultura.

21.5.2. Águas públicas

21.5.2.1. A abrangência das águas públicas

Parte-se do princípio geral que a água é um bem de uso social, tratando-se de *res communis omnium*.

Primeiramente, na forma do art. 1º do Código de Águas, as águas públicas dividiam-se em de uso comum e dominicais.

As águas públicas de uso comum apareciam discriminadas no art. 2º:

> a) os mares territoriais, nos mesmos incluídos os golfos, baías, enseadas e portos;
>
> b) as correntes, canais, lagos e lagoas navegáveis ou flutuáveis;
>
> c) as correntes de que se façam estas águas;
>
> d) as fontes e reservatórios públicos;
>
> e) as nascentes quando forem de tal modo consideráveis que, por si só, constituam o *caput fluminis*;
>
> f) os braços de quaisquer correntes públicas, desde que os mesmos influam na navegabilidade ou flutuabilidade.

Incluíam-se nas águas públicas as situadas nas zonas periodicamente assoladas pelas secas, nos termos e de acordo com a legislação especial sobre a matéria (art. 5º).

Importante observar a ressalva constante do § 3º do art. 2º: não entravam na categoria águas públicas de uso comum os lagos ou lagoas situadas em um só prédio particular e

---

[31] *Nascentes e Águas Comuns*. São Paulo: Editora Revista dos Tribunais, 1969, p. 101.

por ele exclusivamente cercado, quando não eram alimentados por alguma corrente de uso comum: "Não se compreendem na letra b) deste artigo, os lagos ou lagoas situadas em um só prédio particular e por ele exclusivamente cercado, quando não sejam alimentados por alguma corrente de uso comum."

Outrossim, não perdiam o caráter de públicas as águas que em algum ou alguns dos trechos das correntes, canais, lagos e lagoas deixassem de ser navegáveis ou flutuáveis (art. 4º).

É de notar que as correntes, canais, lagos e lagoas, quando não navegáveis ou flutuáveis, denominavam-se simplesmente comuns, a teor do art. 7º: "São comuns as correntes não navegáveis ou flutuáveis e de que essas não se façam."

No art. 29, discriminavam-se as titularidades das águas públicas de uso comum:

Art. 29. As águas públicas de uso comum, bem como o seu álveo, pertencem:

I – A União:

a) quando marítimas;

b) quando situadas no Território do Acre, ou em qualquer outro território que a União venha a adquirir, enquanto o mesmo não se constituir em Estado, ou for incorporado a algum Estado;

c) quando servem de limites da República com as nações vizinhas ou se estendam a território estrangeiro;

d) quando situadas na zona de 100 quilômetros contigua aos limites da República com estas nações;

e) quando sirvam de limites entre dois ou mais Estados;

f) quando percorram parte dos territórios de dois ou mais Estados.

II – Aos Estados:

a) quando sirvam de limites a dois ou mais Municípios;

b) quando percorram parte dos territórios de dois ou mais Municípios.

III – Aos Municípios:

a) quando, exclusivamente, situados em seus territórios, respeitadas as restrições que possam ser impostas pela legislação dos Estados.

As águas públicas dominicais eram aquelas situadas em imóveis ou áreas de terrenos do Poder Público, e que não fossem do domínio público de uso comum, ou simplesmente comuns. É o que ainda encerra o art. 6º do Código de Águas: "São públicas dominicais todas as águas situadas em terrenos que também o sejam, quando as mesmas não forem do domínio público de uso comum, ou não forem comuns."

No entanto, pela superveniência de legislação posterior, foi alterado o regime das águas. Atualmente, não mais perdura o critério da separação em águas comuns e águas públicas comuns. Além disso, há uma nova previsão quanto à titularidade. É o que observa Cid Tomanik Pompeu: "Os critérios de navegabilidade e de flutuabilidade deixaram de servir para determinar a natureza pública das águas, sendo apenas úteis para identificar o domínio dos terrenos reservados ou marginais e dos álveos dos cursos de água e dos lagos ou lagoas"[32].

---

[32] *Direito de Águas no Brasil*. São Paulo: Editora Revista dos Tribunais, 2006, p. 161.

Veja-se o art. 20, III, da Constituição Federal, quanto às águas utilizáveis:

São bens da União: (...):

III – os lagos, rios e quaisquer correntes de água em terrenos de seu domínio, ou que banhem mais de um Estado, sirvam de limites com outros países, ou se estendam a território estrangeiro ou dele provenham, bem como os terrenos marginais e as praias fluviais.

Já as águas dos Estados e do Distrito Federal estão indicadas no art. 26, I, da mesma Constituição:

Incluem-se entre os bens dos Estados:

I – as águas superficiais ou subterrâneas, fluentes, emergentes e em depósito, ressalvadas, neste caso, na forma da lei, as decorrentes de obras da União.

Assim, afora as águas do domínio da União, as demais águas são da titularidade dos Estados. Tanto que a Lei nº 9.433/1997, tratando, dentre outros assuntos, do gerenciamento dos recursos hídricos, estende o domínio público sobre todas as águas. Veja se o art. 1º: "A Política Nacional de Recursos Hídricos baseia-se nos seguintes fundamentos: I– a água é um bem de domínio público."

Sobre a exclusividade, atualmente, das águas como pertencendo à União ou as Estados-membros, enfatiza José Ribeiro: "Por conseguinte, tem-se que hoje, em face dos arts. 20, III e VIII, e 26, I, da CF/1988, a dominialidade das águas está diluída apenas entre a União e os Estados-membros. Assim, excluídas as águas de propriedade da União, conforme acima já mencionadas, as demais são do domínio dos Estados".[33]

Sintetiza Wellington Pacheco Barros:

A Constituição Federal de 1988 já havia promovido a publicização das águas, inexistindo a partir de então quaisquer águas privadas no âmbito do direito brasileiro, como já foi visto. Neste sentido, a Lei nº 9.433/1997 não só reafirmou o disposto na Lei Maior, como estabeleceu um de seus fundamentos básicos.[34]

O Código Civil, em seu art. 99, I, inclui entre os bens públicos de uso comum do povo "os rios, mares, estradas, ruas e praças". Retira-se que todos os rios incluem-se entre os bens públicos, não perdurando a sua classificação em de uso comum e de uso comum públicos, estes considerados os navegáveis e flutuáveis.

Sem a pretensão de dar uma interpretação ortodoxa ao dispositivo, pode-se concluir que se atribuiu ao Poder Público, no mínimo, a tutela sobre as águas, sejam quais forem. Veja se, sobre o assunto, o entendimento de Maria Luiza Machado Granziera: "Após a edição da Lei nº 9.433/1997, caíram por terra quaisquer dúvidas que pudessem restar acerca da publicização dos recursos hídricos do Brasil. O art. 1º, inc. I, da Lei das Águas, tornou definitiva a condição pública das águas no Brasil, fixando que a 'água é um bem de domínio público'".[35]

Assim, todas as águas são públicas.

---

[33]   *A propriedade das águas e o regime de imóveis*, em 'Águas'. Curitiba: Juruá Editora, 2000, p. 39.

[34]   *A Água na Visão do Direito*. Porto Alegre: Publicação do Centro de Estudos do Tribunal de Justiça do Rio Grande do Sul, 2005, p. 67.

[35]   *Direito de Águas*. São Paulo: Editora Atlas S. A., 2003, p. 89.

21.5.2.2. A utilização particular da água para as necessidades comuns de pequenos núcleos populacionais e as derivações, captações e lançamentos considerados insignificantes

Dirige-se o estudo, primeiramente, às águas públicas utilizadas por pequenos núcleos populacionais e para derivações, captações e lançamentos considerados insignificantes, que envolvem, naturalmente, as primeiras necessidades.

A utilização das águas comuns para as primeiras necessidades vinha permitida sem necessidade de obter qualquer autorização, a teor do art. 34 do Código de Águas: "É assegurado o uso gratuito de qualquer corrente ou nascente de águas, para as primeiras necessidades da vida, se houver caminho público que a torne acessível". As águas para as primeiras necessidades eram as que envolviam a satisfação da sede, o uso na alimentação, a higiene e a dessedentação dos animais. O conteúdo acima de "primeiras necessidades" se estendia para todos os campos, como a irrigação das moradias e o lazer, desde que não se estendesse para o campo da exploração econômica.

Cid Tomanik Pompeu diz que o dispositivo ainda está em vigor: "Artigo em vigor, por não conflitar com disposições constitucionais e leis posteriores".[36]

A matéria vem, hoje, disciplinada, atualmente, pela Lei nº 9.433/1997.

Efetivamente, considerada do domínio público a totalidade das águas, nenhuma restrição se encontra na legislação sobre a utilização para os pequenos núcleos habitacionais e para o proveito insignificante, abrangendo as primeiras necessidades da vida. Aliás, bem examinada a Lei nº 9.433/1997, em seu art. 12, § 1º, se depreende o uso sem necessidade de licença ou procedimento administrativo:

> Independem de outorga pelo Poder Público, conforme definido em regulamento:
>
> I – o uso de recursos hídricos para a satisfação das necessidades de pequenos núcleos populacionais, distribuídos no meio rural;
>
> II – as derivações, captações e lançamentos considerados insignificantes;
>
> III – as acumulações de volumes de água consideradas insignificantes.

Eis o pensamento de Maria Luiza Machado Granziera:

> Na Lei nº 9.433/1997, independem de outorga e consequentemente de cobrança o uso de recursos hídricos para a satisfação das necessidades de pequenos núcleos populacionais, distribuídos no meio rural e as derivações, captações e lançamentos, assim como cumulações de volumes de águas consideradas insignificantes (art. 12, § 2º).[37]

21.5.2.3. A utilização particular das águas para finalidades rurais

O aproveitamento para a agropecuária e a indústria encontrava a previsão no art. 71 do Código de Águas, contendo a seguinte redação:

> Os donos ou possuidores de prédios atravessados ou banhados pelas correntes podem usar delas em proveito dos mesmos prédios, e com aplicação tanto para a agricultura como para a indústria, contanto que do refluxo das mesmas águas não resulte prejuízo aos prédios que ficam superiormente situados, e que inferiormente não se altere o

---

[36] *Direito de Águas no Brasil*, ob. cit., p. 177.

[37] *Direito de Águas*, ob. cit., p. 94.

ponto de saída das águas remanescentes, nem se infrinja o disposto na última parte do parágrafo único do art. 69.

No entanto, em face da Lei nº 9.433/1997, é sempre necessária a outorga ou autorização. Explica Cid Tomanik Pompeu: "Quando não definido como insignificante, o uso das águas públicas depende de outorga do titular do respectivo domínio, o que ocorre por meio de ato administrativo, forma pela qual a Administração manifesta a sua vontade".[38]

Constitui a outorga de direitos de uso de recursos hídricos, na lição de João Alberto Alves Amorim,

> uma autorização que o Poder Público concede, sob condições e prazos determinados, para que alguém explore economicamente atividade relacionada à água. Como instrumento da Política Nacional de Recursos Hídricos se impõe aos seguintes usos: derivação ou captação de parcela de água existente em um corpo d'água para consumo final, inclusive abastecimento público, ou insumo em processo produtivo; extração de aquífero para consumo final ou insumo em processo produtivo; lançamento em corpo d'água de esgoto e demais resíduos líquidos ou gasosos, tratados ou não, com o fim de sua diluição (...).[39]

Realmente, o art. 5º, III, da citada Lei institui como instrumentos da Política Nacional de Recursos Hídricos a "outorga dos direitos de uso de recursos hídricos". Já o art. 12 enumera as situações que importam em outorga, transparecendo a generalidade do uso para as mais diversas finalidades:

> Estão sujeitos a outorga pelo Poder Público os direitos dos seguintes usos de recursos hídricos:
>
> I – derivação ou captação de parcela da água existente em um corpo de água para consumo final, inclusive abastecimento público, ou insumo de processo produtivo;
>
> II – extração de água de aquífero subterrâneo para consumo final ou insumo de processo produtivo;
>
> III – lançamento em corpo de água de esgotos e demais resíduos líquidos ou gasosos, tratados ou não, com o fim de sua diluição, transporte ou disposição final;
>
> IV – aproveitamento dos potenciais hidrelétricos;
>
> V – outros usos que alterem o regime, a quantidade ou a qualidade da água existente em um corpo de água.

Veja se, ademais, o art. 49, considerando infração a falta de outorga ou o desvio do uso em vários casos:

> I – derivar ou utilizar recursos hídricos para qualquer finalidade, sem a respectiva outorga de direito de uso;
>
> II – iniciar a implantação ou implantar empreendimento relacionado com a derivação ou a utilização de recursos hídricos, superficiais ou subterrâneos, que implique alterações no regime, quantidade ou qualidade dos mesmos, sem autorização dos órgãos ou entidades competentes;

---

38 *Direito de Águas no Brasil*, ob. cit., p. 109.
39 *Direito das Águas*. São Paulo: Lex Editora S. A., 2009, p. 324.

III – (VETADO)

IV – utilizar-se dos recursos hídricos ou executar obras ou serviços relacionados com os mesmos em desacordo com as condições estabelecidas na outorga;

V – perfurar poços para extração de água subterrânea ou operá-los sem a devida autorização;

VI – fraudar as medições dos volumes de água utilizados ou declarar valores diferentes dos medidos;

VII – infringir normas estabelecidas no regulamento desta Lei e nos regulamentos administrativos, compreendendo instruções e procedimentos fixados pelos órgãos ou entidades competentes;

VIII – obstar ou dificultar a ação fiscalizadora das autoridades competentes no exercício de suas funções.

O art. 14 atribui ao órgão da autoridade competente do Poder Executivo Federal, dos Estados ou do Distrito Federal a expedição do ato de outorga, possibilitando o § 1º a delegação para as autoridades estaduais ou do Distrito Federal. Na aferição dos pedidos, o órgão responsável deve proceder basicamente a três análises antes de proceder à outorga: analisar a viabilidade técnica do empreendimento, realizar a medição da quantidade e da qualidade do corpo de água, e aferir o cumprimento dos elementos jurídicos da pretensão.

Por sua vez, o art. 43 do Código de Águas, no que está em sintonia com a legislação posterior, veda a utilização pura e simples de águas públicas, ao arrepio da licença: "As águas públicas não podem ser derivadas para as aplicações da agricultura, da indústria e da higiene, sem a existência de concessão administrativa, no caso de utilidade pública e, não se verificando esta, de autorização administrativa, que será dispensada, todavia, na hipótese de derivações insignificantes". A concessão administrativa dirige-se a autorizar a utilização das águas para serviços públicos, como para o abastecimento das populações, realizando-se por meio de concorrência pública, a menos que órgãos públicos prestem os serviços (art. 44). Já para a mera autorização para o uso particular, na agricultura, necessário apresentar um plano sobre a quantidade de águas prevista, a destinação, o local da utilização, o período da necessidade, o laudo sobre o impacto, além de outras exigências estabelecidas em regulamentos próprios.

Sobre a vigência do art. 43 referido, anota Cid Tomanik Pompeu:

> O *caput* do art. 43 estará em vigor para os Estados e o Distrito Federal enquanto o CNRH (Conselho Nacional de Recursos Hídricos) ou lei federal não definirem os critérios jurídicos de outorga de direitos de uso dos recursos hídricos, pois, pela Constituição Federal de 1988, compete à União fazê-lo (art. 21, XIX), assim como legislar privativamente sobre as águas (art. 22, IV).[40]

É necessária, pois, a definição de critérios em especial pelo Conselho Nacional de Recursos Hídricos, cuja regulamentação está no Decreto 10.000/2019, e incumbência que é atribuída em vários incisos de seu art. 1º.

O STJ tem reconhecido a necessidade de outorga:

> Esta Corte possui posicionamento no sentido de que 'o inciso II do art. 12 da Lei nº 9.433/1997 é claro ao determinar a necessidade de outorga para a extração de água do

---

[40]   *Direito de Águas no Brasil*, ob. cit., p. 183.

subterrâneo. Restrição essa justificada pela problemática mundial de escassez da água e que se coaduna com o advento da Constituição de 1988, que passou a considerar a água um recurso limitado, de domínio público e de expressivo valor econômico' (AgRg no AgRg no REsp 1185670/RS, Rel. Min. Benedito Gonçalves, Primeira Turma, *DJe* 06.09.2011).[41]

A utilização de águas públicas de rios e outros mananciais se faz por meio da derivação, termo este que corresponde à transferência ou desvio de águas de uma corrente para outra, ou de seu curso natural para outros pontos, como para a agricultura.

Pertencendo à União as águas, naturalmente o órgão ligado ao Conselho Nacional de Recursos Hídricos (CNRH) coordenará o procedimento. Não se vá concluir que qualquer utilização depende de autorização. Unicamente a retirada de quantidade expressiva e constante, como para a irrigação de culturas de arroz, deve submeter-se à autorização, que abrangerá determinado período de tempo, como para a germinação e o crescimento, ou um número específico de anos. Neste sentido o disposto no § 2º do art. 43 do Código de Águas: "Toda concessão ou autorização se fará por tempo fixo, e nunca excedente de trinta anos, determinando-se também um prazo razoável, não só para serem iniciadas, como para serem concluídas, sob pena de caducidade, as obras propostas pelo peticionário". O prazo restou aumentado para trinta e cinco anos pelo art. 16 da Lei nº 9.433/1997.

21.5.2.4. *A outorga de água para a irrigação na agricultura*

Trata-se da utilização das águas próprias para serem empregadas na agricultura, cujo regramento primeiro foi a Lei nº 6.662/1979, que dispôs sobre a Política Nacional de Irrigação, revogada pela Lei nº 12.787/2013. Restou examinado, no item anterior, o uso para fins particulares de águas, importando, agora, estender o estudo da matéria do uso particular para a irrigação.

O art. 2º da Lei nº 12.787/2013 traz vários conceitos, necessários para o entendimento da matéria:

> Para os fins desta Lei, entende-se por:
>
> I – agricultor irrigante: pessoa física ou jurídica que exerce agricultura irrigada, podendo ser classificado em familiar, pequeno, médio e grande, conforme definido em regulamento;
>
> II – agricultor irrigante familiar: pessoa física classificada como agricultor familiar, nos termos da Lei nº 11.326, de 24 de julho de 2006, que pratica agricultura irrigada;
>
> III – agricultura irrigada: atividade econômica que explora culturas agrícolas, florestais e ornamentais e pastagens, bem como atividades agropecuárias afins, com o uso de técnicas de irrigação ou drenagem;
>
> IV – projeto de irrigação: sistema planejado para o suprimento ou a drenagem de água em empreendimento de agricultura irrigada, de modo programado, em quantidade e qualidade, podendo ser composto por estruturas e equipamentos de uso individual ou coletivo de captação, adução, armazenamento, distribuição e aplicação de água;
>
> V – infraestrutura de irrigação de uso comum: conjunto de estruturas e equipamentos de captação, adução, armazenamento, distribuição ou drenagem de água, estradas, redes

---

[41] *REsp* nº 1.276.689/RJ, da Segunda Turma, j. em 6.12.2011, *DJe* de 13.12.2011, rel. Min. Mauro Campbell Marques.

de distribuição de energia elétrica e instalações para o gerenciamento e administração do projeto de irrigação;

VI – infraestrutura de apoio à produção: conjunto de benfeitorias e equipamentos para beneficiamento, armazenagem e transformação da produção agrícola, para apoio à comercialização, pesquisa, assistência técnica e extensão, bem como para treinamento e capacitação dos agricultores irrigantes;

VII – infraestrutura das unidades parcelares: conjunto de benfeitorias e equipamentos de utilização individual, implantado nas unidades parcelares de projetos de irrigação;

VIII – infraestrutura social: conjunto de estruturas e equipamentos destinados a atender às necessidades de saúde, educação, segurança, saneamento e comunicação nos projetos de irrigação;

IX – unidade parcelar: área de uso individual destinada ao agricultor irrigante nos Projetos Públicos de Irrigação;

X – serviços de irrigação: atividades de administração, operação, conservação e manutenção da infraestrutura de irrigação de uso comum;

XI – módulo produtivo operacional: módulo mínimo planejado dos Projetos Públicos de Irrigação com infraestrutura de irrigação de uso comum implantada e em operação, permitindo o pleno funcionamento das unidades parcelares de produção;

XII – gestor do Projeto Público de Irrigação: órgão ou entidade pública ou privada responsável por serviços de irrigação.

As obrigações do agricultor irrigante constam do art. 36 da mesma lei:

Constituem obrigações do agricultor irrigante em Projetos Públicos de Irrigação:

I – promover o aproveitamento econômico da sua unidade parcelar, mediante o exercício da agricultura irrigada;

II – adotar práticas e técnicas de irrigação e drenagem que promovam a conservação dos recursos ambientais, em especial do solo e dos recursos hídricos;

III – empregar práticas e técnicas de irrigação e drenagem adequadas às condições da região e à cultura escolhida;

IV – colaborar com a fiscalização das atividades inerentes ao sistema de produção e ao uso da água e do solo, prestando, em tempo hábil, as informações solicitadas;

V – colaborar com a conservação, manutenção, ampliação e modernização das infraestruturas de irrigação de uso comum, de apoio à produção e social;

VI – promover a conservação, manutenção, ampliação e modernização da infraestrutura parcelar;

VII – pagar, com a periodicidade previamente definida, tarifa pelos serviços de irrigação colocados à sua disposição;

VIII – pagar, conforme o caso, com a periodicidade previamente definida, as parcelas referentes à aquisição da unidade parcelar e ao custo de implantação das infraestruturas de irrigação de uso comum, de apoio à produção e da unidade parcelar.

O art. 3º da Lei nº 12.787/2013 indica os princípios que regem a irrigação:

I – uso e manejo sustentável dos solos e dos recursos hídricos destinados à irrigação;

Cap. XXI · DIREITOS DE VIZINHANÇA | 543

II – integração com as políticas setoriais de recursos hídricos, de meio ambiente, de energia, de saneamento ambiental, de crédito e seguro rural e seus respectivos planos, com prioridade para projetos cujas obras possibilitem o uso múltiplo dos recursos hídricos;

III – articulação entre as ações em irrigação das diferentes instâncias e esferas de governo e entre estas e as ações do setor privado;

IV – gestão democrática e participativa dos Projetos Públicos de Irrigação com infraestrutura de irrigação de uso comum, por meio de mecanismos a serem definidos em regulamento;

V – prevenção de endemias rurais de veiculação hídrica.

A Lei nº 9.984/2000 constitui outro diploma de relevância que rege importantes questões sobre a irrigação. Na previsão de seu art. 4º, inc. IV, compete à Agência Nacional de Águas – ANA outorgar, por intermédio de autorização, o direito de uso de recursos hídricos em corpos de água de domínio da União, bem como emitir outorga preventiva. É, ainda, competência da mesma Agência a emissão da reserva de disponibilidade hídrica para fins de aproveitamentos hidrelétricos e sua consequente conversão em outorga de direito de uso de recursos hídricos.

Conforme explica Karine Silva Demoliner:

> a Agência Nacional de Águas (ANA), da mesma forma que as demais agências reguladoras brasileiras, constitui-se em uma autarquia federal sob regime especial, possuindo autonomia administrativa e financeira. Muito embora esteja vinculada ao Ministério do Meio Ambiente, é independente para tomar as decisões que julgar adequadas, não devendo obediência ao Chefe do Executivo ou a qualquer outro órgão. Sua diretoria é composta por um colegiado de cinco membros, todos nomeados pelo Presidente da República e sabatinados pelo Congresso Nacional para exercerem mandatos fixos (não coincidentes) de quatro anos, podendo ser reconduzidos ao cargo uma única vez.[42]

A outorga envolve vários regramentos, existindo, inclusive, um manual técnico de outorga, formulado pela Superintendência de Desenvolvimento de Recursos Hídricos e Saneamento Ambiental.

Deve a Agência Nacional de Águas dar publicidade aos pedidos de outorga de direito de uso de recursos hídricos e às respectivas autorizações, mediante publicação sistemática das solicitações nos Diários Oficiais da União e do respectivo Estado. Dentre as várias atribuições que lhe são afetas, e que interessam à irrigação, destacam-se a outorga, por intermédio de autorização, do direito de uso de recursos hídricos em corpos de água de domínio da União, e a fiscalização do uso de recursos hídricos nos corpos de água de domínio da União (art. 4º).

Seu art. 5º discrimina os prazos para a implantação e a vigência da outorga de uso, que são de:

I – até dois anos, para início da implantação do empreendimento objeto da outorga;

II – até seis anos, para conclusão da implantação do empreendimento projetado;

III – até trinta e cinco anos, para vigência da outorga de direito de uso.

---

[42] *Agua e Saneamento Básico*, Porto Alegre: Livraria do Advogado Editora, 2008, pp. 103 e 104.

Pelo art. 6º, poderá a Agência Nacional de Águas emitir outorgas preventivas de uso de recursos hídricos, com a finalidade de declarar a disponibilidade de água para os usos requeridos.

Sempre precede aos pedidos de concessão.

Para corpos d'água de domínio da União, a competência para conferir a outorga é prerrogativa da Agência Nacional de Águas – ANA; já em corpos hídricos de domínio dos Estados e do Distrito Federal, a solicitação de outorga se fará junto ao órgão gestor estadual ou distrital de recursos hídricos. Daí se extrai que a outorga significa a utilização das águas do domínio da União ou dos Estados e do Distrito Federal. Por outras palavras, o proveito envolve as águas, *v. g.*, de lagos, rios e quaisquer correntes de água em terrenos de seu domínio, ou que banhem mais de um Estado (que pertencem à União), e águas subterrâneas e superficiais (da titularidade dos Estados ou do Distrito Federal). Uma vez concedida a outorga, supõe-se a autorização para as obras de condução e/ou de extração, como a abertura de açudes ou a perfuração de poços artesianos.

No caso uso de água para potencial de energia hidráulica e a construção de eclusa ou de outro dispositivo de transposição hidroviária, há um procedimento especial, precedido de declaração de reserva de disponibilidade hídrica, cuja regulamentação se encontra descrita no art. 7º, em redação da Lei nº 13.081/2015.

Como medida prévia para se habilitar ao pedido de outorga, cabe ao interessado se registrar junto ao Cadastro Nacional de Usuários de Recursos Hídricos. Nos pedidos de outorga, vários os documentos que deverão ser apresentados, como:

- fotocópia recente e autenticada do título de propriedade;
- prova de posse regular, cessão ou autorização de uso da área de terra onde está localizado o projeto de uso da água;
- cópia da Identidade e CPF;
- projeto técnico, subscrito por profissional ou empresa credenciada, contendo: documento técnico descritivo do projeto de irrigação, incluindo a memória de cálculo das demandas de água; o balanço hídrico mensal das culturas consideradas; método de irrigação; plantas do planejamento físico e hidráulico do projeto de irrigação; vazão máxima diária requerida (m^3/dia) a ser retirada da fonte de água; mapa de localização do empreendimento indicando as coordenadas geográficas do ponto de captação e como chegar à área; gráficos, tabelas, e outros elementos pertinentes ao projeto; tempo médio de bombeamento diário ou de derivação de água; volume de água mensal, requerido pelo projeto, e para os 12 meses do ano.
- ficha técnica do poço ou fonte ou de onde promana a água, indicando a sua localização exata e a bacia hidrográfica a que pertence, contendo: Informações de vazão máxima de exploração (m^3/hora); profundidade do poço; nível estático e nível dinâmico das águas subterrâneas; teste de bombeamento, assinado por técnico ou empresa credenciada e ART.
- análise da qualidade de água: análise físico-química específica.

A concessão ou outorga seguirá as seguintes determinantes: a avaliação da compatibilidade entre a demanda apresentada pelo usuário e os usos para os quais se destinam; a avaliação da disponibilidade hídrica em termos quantitativos e qualitativos no local do empreendimento; a avaliação do impacto do novo uso no recurso hídrico; e a elaboração de recomendações para o uso a serem expressas na outorga.

Dentre as várias formas de utilização de água, destaca-se, por ser comum, a construção de açudes, em geral por meio de escavações do solo, com a captação das águas que se acumulam com as chuvas e o represamento das que procedem de vertentes, ou de córregos. As licenças, por serem as águas, normalmente, superficiais ou subterrâneas, fluentes, emergentes e em depósito, são de competência dos Estados, de conformidade com o art. 26, I, da CF, matéria já vista em item anterior. Em geral, os órgãos estaduais fixam um limite de superfície para a necessidade de licença. Assim, *v. g.*, por meio da Resolução Conjunta SMA/SAA nº 06, de 20 de dezembro de 2010, republicada no DOE de 23.12.2010, Seção I, p. 111, o Estado de São Paulo dispensava a licença ambiental para a construção de reservatórios d'água para atividades agropecuárias até 50.000 m² (cinquenta mil metros quadrados), desde que os reservatórios fossem construídos por escavação, fora de área de preservação permanente e não resultantes do barramento de cursos d'água; e para a manutenção e recuperação de aterro de açude, quando tais operações não implicassem em aumento da ocupação já existente em área de preservação permanente. Presentemente, a Resolução Conjunta SMA/SAA 06/2010 foi expressamente revogada pela Resolução Conjunta SMA/SAA/SJDC 01/2011 (alterada, presentemente, pela Resolução Conjunta SMA/SAA/SJDC 01/2012 e pela Resolução Conjunta SMA/SAA/SJDC 02/2012), não repetindo a disposição acima. O art. 1º, parágrafo único, da nova resolução conjunta dispõe:

> A implantação ou regularização de poços rasos ou profundos e de estruturas para permitir a captação ou lançamento superficial em corpos d'água, bem como a regularização de barragens e travessias existentes destinadas a atividades agropecuárias, quando não implicarem supressão de vegetação nativa ficam dispensados de licença ambiental nos termos deste artigo, não sendo dispensada a obtenção de outorga, quando necessária nos termos da legislação vigente, ou cadastro para a utilização do recurso hídrico, nos termos do Decreto Estadual nº 41.258, de 31 de outubro de 1996.

Quanto ao amparo legal para a captação das águas pluviais e seu armazenamento ou depósito em açudes ou barragens, veja o art. 1.292 do Código Civil de 2002: "O proprietário tem direito de construir barragens, açudes, ou outras obras para represamento de água em seu prédio; se as águas represadas invadirem prédio alheio, será o seu proprietário indenizado pelo dano sofrido, deduzido o valor do benefício obtido". Não existe, pois, qualquer proibição.

21.5.2.5. *O pagamento pelo uso de água*

A água é um bem de valor econômico, importando o pagamento não propriamente pelo seu uso, mas pelos custos dos serviços para disponibilizar as águas. A cobrança é exigível nas utilizações decorrentes das outorgas do art. 12 da Lei nº 9.433/1997, anteriormente transcritas. Não é que se pague a quantidade de água aproveitada, mas significando a contraprestação uma reposição de gastos que, em tese, o Poder Público faz, como acontece no fornecimento de água para o consumo doméstico. Deixa evidenciada essa finalidade Wellington Pacheco Barros: "Deve-se esclarecer que o preço que se paga atualmente sob a rubrica 'água' refere-se ao serviço de tratamento e captação de água e não o pagamento pelo uso desta".[43]

Observe, pois, que não resulta do pagamento uma compra, até porque, por ser bem público, decorre a inalienabilidade. Sobre os serviços necessários no fornecimento ou na outorga, explicita Maria Luiza Machado Granziera:

---

[43] *A Água na Visão do Direito*, ob. cit., p. 96.

Atualmente, paga-se aos prestadores de serviços públicos de saneamento quantias correspondentes à remuneração pela prestação dos mesmos, que incluem captação de água em corpos hídricos, tratamento, adução e distribuição de água potável, assim como coleta e afastamento de esgotos, podendo aí ser incluído o respectivo tratamento e ainda a disposição final dos lodos. A fatura que se recebe é, portanto, relativa à prestação de serviços de saneamento e nada tem a ver com a cobrança pelo uso da água, instrumento da política de recursos hídricos.[44]

Indo mais longe, João Alberto Alves Amorim defende que não se pode agregar um valor de mercado à água: "Além de não poder ser enquadrada na lógica de mercado – em virtude de sua imprescindibilidade à vida e à saúde – não se lhe agrega valor no sentido da teoria econômica, mas, sim, o contrário, a água agrega valor ao produto final".[45] Nesta visão, para as necessidades da vida, não há que falar em preço, mas em custo do serviço para colocar a água na condição de uso.

Os objetivos da cobrança de um determinado valor estão apontados no art. 19 da Lei nº 9.433/1997, merecendo a sua transcrição:

I – reconhecer a água como bem econômico e dar ao usuário uma indicação de seu real valor;

II – incentivar a racionalização do uso da água;

III – obter recursos financeiros para o financiamento dos programas e intervenções contemplados nos planos de recursos hídricos.

O art. 21 delineia os critérios para a fixação do valor:

I – nas derivações, captações e extrações de água, o volume retirado e seu regime de variação;

II – nos lançamentos de esgotos e demais resíduos líquidos ou gasosos, o volume lançado e seu regime de variação e as características físico-químicas, biológicas e de toxidade do afluente.

Sobre os critérios, explica Karine Silva Demoliner:

O art. 21 da Lei de Recursos Hídricos dispõe sobre os critérios a serem observados na fixação do valor a ser cobrado pelo uso da água. Para tanto, em seu inc. I, aduz que as derivações, captações e extrações de água, será considerado o volume retirado, com como o regime de variação daquele corpo hídrico. Já o inc. II preleciona que, nos casos de lançamentos de esgotos e demais resíduos líquidos ou gasosos, serão considerados o volume lançado, o regime de variação do lançamento e as suas características físico-químicas, biológicas e toxicológicas.

Além destes critérios, deverão ser observadas as especificidades da bacia hidrográfica, as características das populações locais e todos os demais elementos relevantes para a composição do preço. Importante frisar que o valor a ser cobrado não será sempre o mesmo, variando de Estado para Estado, bacia para bacia, pois dependerá das peculiaridades socioeconômicas e geográfico-climatáticas de cada localidade.[46]

---

[44] *Direito de Águas*, ob. cit., p. 205.
[45] *Direito das Águas*, ob. cit., p. 332.
[46] *Água e Saneamento Básico*, ob. cit., p. 72.

Cap. XXI • DIREITOS DE VIZINHANÇA | 547

Por sua vez, o art. 22 orienta a aplicação dos valores cobrados:

I – no financiamento de estudos, programas, projetos e obras incluídos nos Planos de Recursos Hídricos;

II – no pagamento de despesas de implantação e custeio administrativo dos órgãos e entidades integrantes do Sistema Nacional de Gerenciamento de Recursos Hídricos.

Calcula-se o valor pela quantidade de água consumida, quando possível a medição, ou pela estimativa de quantidade em determinados períodos, ficando a critério da Agência Nacional de Águas, ou do Conselho Nacional de Recursos Hídricos – CNRH fixar ou arbitrar o valor. Dependendo da situação, delegam-se as funções aos chamados Comitês de Bacia Hidrográficas, e a outros órgãos, que farão as medições ou estimativas. Deve-se, porém, seguir os critérios do Conselho, com as seguintes funções, segundo Karine Silva Demoliner:

Dentre as demais atribuições, destacam-se a competência para arbitrar, em última instância administrativa, os conflitos instaurados entre os diversos Conselhos Estaduais de Recursos Hídricos, a competência para aprovar propostas de instituição dos Comitês de Bacia Hidrográfica e estabelecer critérios gerais para a elaboração de seus regimentos, bem como para aprovar o Plano Nacional de Recursos Hídricos, acompanhar a sua execução e estabelecer os critérios gerais para a outorga de direitos de uso e cobrança dos recursos hídricos.[47]

Quanto aos Comitês de Bacia Hidrográfica, de esclarecer que as funções constam no art. 38 da Lei nº 9.433/1997, sendo as seguintes:

I – promover o debate das questões relacionadas a recursos hídricos e articular a atuação das entidades intervenientes;

II – arbitrar, em primeira instância administrativa, os conflitos relacionados aos recursos hídricos;

III – aprovar o Plano de Recursos Hídricos da bacia;

IV – acompanhar a execução do Plano de Recursos Hídricos da bacia e sugerir as providências necessárias ao cumprimento de suas metas;

V – propor ao Conselho Nacional e aos Conselhos Estaduais de Recursos Hídricos as acumulações, derivações, captações e lançamentos de pouca expressão, para efeito de isenção da obrigatoriedade de outorga de direitos de uso de recursos hídricos, de acordo com os domínios destes;

VI – estabelecer os mecanismos de cobrança pelo uso de recursos hídricos e sugerir os valores a serem cobrados;

VII – (VETADO)

VIII – (VETADO)

IX – estabelecer critérios e promover o rateio de custo das obras de uso múltiplo, de interesse comum ou coletivo.

Sua composição terá os seguintes representantes, em consonância com o art. 39:

I – da União;

---

[47] *Água e Saneamento Básico*, ob. cit., p. 76.

II – dos Estados e do Distrito Federal cujos territórios se situem, ainda que parcialmente, em suas respectivas áreas de atuação;

III – dos Municípios situados, no todo ou em parte, em sua área de atuação;

IV – dos usuários das águas de sua área de atuação;

V – das entidades civis de recursos hídricos com atuação comprovada na bacia.

21.5.2.6. *O sentido do caráter de domínio público das águas*

Desde que para atender as necessidades primordiais do ser humano, numa conjugação das disposições do art. 34 do Código de Águas com o art. 12, § 1º, da Lei nº 9.433/1997, o caráter de domínio público das águas é no significado de pertencerem a todos. Mais apropriadamente, João Alberto Alves Amorim vê o caráter de domínio público sob o seguinte prisma: "O domínio público da água, contudo, não faz do Poder Público seu proprietário, no sentido privatístico do termo, mas, sim, seu gestor".[48] Nesta visão, não se impede o uso, que se submete a vários regramentos, como os que seguem.

Não havendo caminho público até elas, a busca e retirada constam asseguradas em lei (art. 35 do Código de Águas), cabendo ao usuário o dever de indenizar os prejuízos decorrentes. O que acontece é que a pessoa está protegida com duas servidões: o aproveitamento da água e o uso de um caminho para a fonte, ou nascente, ou corrente.

Deveras importante é o problema em situações especiais, verificáveis em centros urbanos, onde o Poder Público coloca encanamentos de água para aproveitamento doméstico. Ninguém pode impedir a ligação às casas, mesmo tendo o conduto que passar por terrenos vizinhos.

Quanto aos limites ou à disciplina no uso, ressalta a norma do art. 71 do Código de Águas:

> Os donos ou possuidores de prédios atravessados ou banhados pelas correntes, podem usar delas em proveito dos mesmos prédios, e com aplicação tanto para a agricultura como para a indústria, contanto que do refluxo das mesmas águas não resulte prejuízo aos prédios que ficam superiormente situados, e que inferiormente não se altere o ponto de saída das águas remanescentes, nem se infrinja o disposto na última parte do parágrafo único do art. 69.

Percebe-se que três restrições resultam para o uso das águas:

a) que o refluxo das mesmas águas não resulte prejuízo aos prédios que ficam inferiormente situados;

b) que inferiormente não se altere o ponto de saída das águas remanescentes;

c) que não se infrinja o disposto na última parte do parágrafo único do art. 69, isto é, o aproveitamento não poderá piorar a condição natural e anterior do outro prédio.

Desde que respeitadas essas ressalvas, o uso das águas é permitido.

O art. 71, § 3º, do Código de Águas assegura, ademais, a primordialidade das águas para as necessidades vitais: "Terá sempre preferência sobre quaisquer outros, o uso das águas para as primeiras necessidades da vida."

Para facilitar o uso, os proprietários ribeirinhos têm o direito de fazer, na margem ou no álveo da corrente, as obras necessárias ao exercício do uso. Nada impede que ergam barragens

---

[48] *Direito das* Águas, ob. cit., p. 325.

Cap. XXI • DIREITOS DE VIZINHANÇA | 549

e abram pequenas enseadas a fim de melhor conseguir a retirada da água. E autoriza o art. 81 ao proprietário travar as obras necessárias ao melhor uso.

Mas existem outras limitações, além das salientadas. No prédio simplesmente banhado pela corrente, cada proprietário marginal poderá fazer obras apenas do trato do álveo que lhe pertencer. Para travar obras na margem fronteira, terá que indenizar o respectivo proprietário, o qual tem a faculdade de aproveitá-las, tornando-as comuns, desde que pague uma parte da despesa originada, na proporção do benefício que lhe adveio (art. 83). Isso a menos que esteja implantada uma servidão.

Nesta parte, é importante também transcrever o art. 84 do Código de Águas quanto ao limite das obras que poderão realizar:

> Os proprietários marginais das correntes são obrigados a se abster de fatos que possam embaraçar o livre curso das águas, e a remover os obstáculos a este livre curso, quando eles tiverem origem nos seus prédios, de modo a evitar prejuízo de terceiros, que não for proveniente de legítima aplicação das águas.

Daí nasce a obrigação de não se construírem barragens de modo a inundarem as águas as propriedades vizinhas, acarretando prejuízos às produções e ao uso da terra. A barragem eleva o nível da represa, permitindo que as águas transbordantes alaguem terras marginais. Por isso, o art. 71 condiciona o uso de molde a evitar prejuízos aos prédios superiores e inferiores. Elevando as barragens o nível das águas, as margens superiores sofrem os efeitos naturais com as inundações. Laurent deixou, a respeito, o seguinte ensinamento: "On doit formuler le principe d'une manière plus générale et dire le propriétaire inférieur ne peut faire aucun travail qui ferait refluer les eaux sur l'héritage supérieur ou sur les fonds voisins."[49]

21.5.3. Águas particulares

Embora as disposições nos tópicos acima sobre a titularidade pública das águas em geral, não se pode concluir que não mais existem águas particulares. O Código de Águas tinha como particulares as águas provenientes das nascentes e as situadas em terrenos que também fossem particulares, e desde que não classificadas em públicas dominicais, públicas comuns e comuns. Ainda está no art. 8º tal previsão: "São particulares as nascentes e todas as águas situadas em terrenos que também o sejam, quando as mesmas não estiverem classificadas entre as águas comuns de todos, as águas públicas ou as águas comuns". A toda evidência, embora as disposições sobre o regime e a propriedade das águas constantes na Constituição Federal e na Lei nº 9.433/1997, as águas de fontes, chuvas, açudes, poços, córregos, vertentes, as subterrâneas, e outros tipos, que se localizam em uma propriedade privada, mantém a propriedade na titularidade do proprietário dos imóveis onde se encontram. Unicamente o Poder Público está habilitado a intervir, e impor o uso para finalidades distintas daquelas dos proprietários. Jamais é permitida a utilização pura e simples de terceiros, como vizinhos ou pessoas próximas.

Há uma impossibilidade até material em disponibilizar o uso a quem manifestar interesse. Malgrado essa realidade, pensa o contrário Cid Tomanik Pompeu: "O art. 8º, em princípio, está inaplicável. Tal como ocorreu em relação às águas comuns, as águas particulares deixa-

---

[49] *Principes de Droit Civil Français*. 3ª ed. Bruxelas e Paris. 1978, p. 432. Tomo 7º. Tradução livre em português do texto transcrito: "Temos que formular o princípio de uma maneira mais geral e dizer que o proprietário inferior não pode fazer nenhum trabalho que faça refluir a água para a propriedade superior ou para os imóveis vizinhos".

ram de ser previstas na disciplina constitucional brasileira, que atribuiu aos Estados as águas superficiais, que não sejam da União, assim como as subterrâneas".[50] Por sua vez, Eduardo Coral Viegas dá a razão da dominialidade pública:

> Analisando-se sistematicamente a Carta Magna, é possível afirmar que a retirada das águas da titularidade privada para a sua inclusão integral como próprio estatal está associada com o princípio regente na Lei Maior de 1988, de que a propriedade, embora assegurada (art. 5º, XXII), atenderá sua função social (art. XXIII).[51]

Mesmo assim, não se pode ir contra a realidade ou os fatos da natureza. Não proibirá o Poder Público a utilização normal das águas apanhadas ou emergentes da propriedade particular. O alcance ou sentido do domínio público é mais no aspecto da disciplina, do exercício de vigilância, e de certas restrições quando verificado o mau uso. Nesta linha, apesar da publicização das águas, sobretudo a partir da Constituição de 1988, alguns dispositivos do Código de Águas sobre a propriedade das águas ainda persistem, como o art. 96:

> O dono de qualquer terreno poderá apropriar-se por meio de poços, galerias, etc., das águas que existam debaixo da superfície de seu prédio contanto que não prejudique aproveitamentos existentes nem derive ou desvie de seu curso natural águas públicas dominicais, públicas de uso comum ou particulares.

Inclusive quanto às águas das chuvas, na forma do art. 103 do mesmo Código de Águas: "As águas pluviais pertencem ao dono do prédio onde caírem diretamente, podendo o mesmo dispor delas a vontade, salvo existindo direito em sentido contrário."

Especialmente para as necessidades comuns ou normais, desde que não envolvam modificação quantitativa ou qualitativa da água, é livre o proveito ou a utilização da água. O § 1º do art. 12 da Lei nº 9.433/1997, assinala alguns casos de dispensa de outorga, e que são os seguintes:

> I – o uso de recursos hídricos para a satisfação das necessidades de pequenos núcleos populacionais, distribuídos no meio rural;
>
> II – as derivações, captações e lançamentos considerados insignificantes;
>
> III – as acumulações de volumes de água consideradas insignificantes.

Tendo em vista o conteúdo do art. 11 da citada lei, sugere Eduardo Coral Viegas que a "sujeição à outorga abrange os usos que alterem o regime, a quantidade ou a qualidade da água existente em um corpo d'água, incluindo a captação do recurso natural e o seu lançamento em um corpo hídrico."[52]

Defendem os mais ortodoxos, a plena propriedade do Poder Público sobre as águas a partir da Constituição de 1988 o direito à indenização das águas que haviam surgido anteriormente à ordem instituída por tal Carta. É o ponto de vista, *v. g.*, de José Ribeiro:

> Ficou claro, ante os fundamentos já mencionados, que as águas que integram o domínio dos particulares passaram a integrar, pela nova ordem constitucional, o domínio público. Resta aos antigos proprietários, ao que parece, apenas pleitear a correspondente indeni-

---

[50] *Direito de Águas no Brasil*, ob. cit., p. 163.
[51] *Visão Jurídica da Água*. Porto Alegre: Livraria do Advogado Editora, 2005, p. 78.
[52] *Visão Jurídica da Água*, ob. cit., p. 98.

zação. Afigura-se justo o cabimento da indenização, pois a atual Carta Magna assegura o direito de propriedade (art. 5º, XXII), o que também fazia a pretérita, a expropriação desse direito deve ser compensada monetariamente. Do contrário, haverá verdadeiro confisco genérico, que é vedado pela Constituição, como ocorreu, anteriormente, em relação às minas e demais riquezas do subsolo, que foram transferidas do patrimônio particular para o do Estado, pelo Código de Minas e pela Constituição de 1934.[53]

Todavia, não parece correto esse posicionamento. A propriedade do Poder Público não retira o uso ou o proveito, e até porque as águas são constantemente renovadas ou repostas, já que nascentes ou emanadas das chuvas. Não cabe indenização alguma, eis que a finalidade da dominialidade pública tem um significado de proteção, de disciplina e de manter a integridade qualitativa de sua substância.

21.5.4. Aqueduto ou canalização de águas

Sem dúvida, a condução de águas de um local ao outro constitui uma realidade de assídua frequência, e que sempre tem gerado controvérsias.

É o aqueduto mais propriamente uma servidão legal. Os romanos conheciam-na como *ducendae* ou *educendae aquae*. Para M. I. Carvalho de Mendonça, a definição revela-se simples: "Servidão de aqueduto é a faculdade que tem alguém de conduzir água por prédio alheio, ou de prédio alheio".[54] Tendo a natureza de servidão, a condução das águas é para o prédio dominante, completa J. L. Ribeiro de Souza.[55] É classificada como servidão aparente, dados os sinais externos que a representam, e como contínua, posto que depois de constituída independe de fato humano para seu exercício. A passagem de água opera-se naturalmente, sem precisar de ato de parte do prédio dominante. Não a desfigura a circunstância de existir uma eclusa ou um registro.

Importante considerar a classificação como servidão legal, posto que garantida pela lei. Quem necessita de águas para o seu prédio tem garantida a passagem ou condução pelo imóvel que se interpõe entre o local da fonte ou do manancial e o imóvel onde deve chegar a água.

O Código Civil Italiano, no art. 1.033, estabelece: "Il proprietario è tenuto a dare passaggio per i suoi fondi alle acque di ogni specie che si vogliono condurre da parte di chi ha, anche solo temporaneamente, il diritto di utilizzarle per i bisogni della vita o per usi agrari o industriali".[56]

Alessandro Sacchi justificou a instituição.[57]

Como se vê, a servidão compõe-se do uso de água e do uso de um conduto. No antigo direito luso, Lobão escreveu: "Duas coisas há de se considerar nesta servidão: a água e o rego ou o caminho por onde ela se conduz, e sendo uma coisa diversa da outra, são necessárias ambas para constituir esta servidão."[58]

---

[53] *A propriedade das águas e o regime de imóveis*, em 'Águas', ob. cit., p. 42.

[54] *Rios e Águas Correntes*. Rio de Janeiro: Livraria Editora Freitas Bastos, 1939, pp. 334 e 335.

[55] *Servidões*. São Paulo: Livraria Acadêmica Saraiva & Cia., 1931, p. 52.

[56] Tradução livre do texto: "O proprietário é obrigado a dar passagem, pelo seu imóvel, às águas de qualquer espécie que devam ser conduzidas por aqueles que têm, mesmo que temporariamente, o direito de usá-las para as necessidades da vida ou para usos agrícolas ou industriais".

[57] *Tratatto Teorico-pratico Sulle Servitù Prediali*. Turim: Unioni Tipografico-Editore Torinese, 1904, p. 169. Volume II.

[58] Manuel de Almeida e Souza de Lobão. *Tratado Prático e Compendiário das Águas*. Lisboa: Imprensa Nacional, 1861, p. 38.

Abre-se, entre os prédios vizinhos, um canal por onde corre a água até o imóvel dominante. Compreende a condução de águas provindas de rios navegáveis ou não navegáveis, temporários ou duradouros, ou de águas de nascentes, banhados, açudes, represas, poços e fontes.

Também denominada servidão de passagem de água na Metrópole lusa pelo Alvará de 27 de novembro de 1804, e mandada aplicar no Brasil em 1819, para atender os interesses da lavoura e gerar o movimento de engenhos. O emprego, aos poucos, se generalizou para a indústria em geral. O Código Civil de 1916 introduziu o instituto no art. 567, enquanto o Código de 2002, alterando o conteúdo da regra que vigorava, dispôs, no art. 1.293, que os canais podem ser abertos entre quaisquer prédios, e não somente entre os rústicos; estabelece mais que o proveito das águas passa a envolver toda necessidade da vida, e não apenas para a agricultura e a indústria; assinala que o direito à utilização vai até onde não causar prejuízo à agricultura e à indústria; assegura a abertura de canais também para o escoamento de águas supérfluas e acumuladas, ou a drenagem do terreno. Eis o dispositivo: "É permitido a quem quer que seja, mediante prévia indenização aos proprietários prejudicados, construir canais, através de prédios alheios, para receber as águas a que tenha direito, indispensáveis às primeiras necessidades da vida, e, desde que não cause prejuízo considerável à agricultura e à indústria, bem como para o escoamento de águas supérfluas ou acumuladas, ou a drenagem de terrenos".

O mesmo Código delineia as formas de aqueduto, ou canalização das águas. No art. 1.294, ao dizer que "aplica-se ao direito de aqueduto o disposto nos arts. 1.286 e 1.287", adota-se as formas e disposições que se encontram nesses dispositivos. Eis o texto do art. 1.286:

> Mediante recebimento de indenização que atenda, também, à desvalorização da área remanescente, o proprietário é obrigado a tolerar a passagem, através de seu imóvel, de cabos, tubulações e outros condutos subterrâneos de serviços de utilidade pública, em proveito de proprietários vizinhos, quando de outro modo for impossível ou excessivamente onerosa.

Significa que, sempre mediante indenização, permite-se a condução através de cabos, tubulações e encanamentos.

O parágrafo único garante a instalação pelo modo menos gravoso possível ao proprietário, ao mesmo tempo em que lhe faculta, à sua custa, a remoção para outro ponto do imóvel. Já o art. 1.287 dá o direito de exigir obras de segurança, se as instalações oferecerem risco de prejuízos à saúde e integridade física de pessoas e bens: "Se as instalações oferecerem grave risco, será facultado ao proprietário do prédio onerado exigir a realização de obras de segurança".

A indenização abrange qualquer prejuízo que decorra do uso ou da canalização das águas, na extensão do § 1º do art. 1.293 do Código Civil: "Ao proprietário prejudicado, em tal caso, também assiste direito a ressarcimento pelos danos que de futuro lhe advenham da infiltração ou irrupção das águas, bem como da deterioração das obras destinadas a canalizá-las". No § 2º, em um avanço relativamente ao sistema antes vigente, assegura-se ao proprietário prejudicado a alternativa de impor a canalização subterrânea, justificável mormente se estender-se em pátios de prédios, ou em caminhos, ou se destoar com o ambiente: "O proprietário prejudicado poderá exigir que seja subterrânea a canalização que atravessa áreas edificadas, pátios, hortas, jardins ou quintais".

Deve sempre imperar o primado do menor prejuízo, exigido no § 3º do art. 1.293: "O aqueduto será construído de maneira que cause o menor prejuízo aos proprietários dos imóveis vizinhos, e a expensas do seu dono, a quem incumbem também as despesas de conservação."

As normas do Código de Águas que tratam da matéria são as seguintes, sendo mais amplas que as do Código Civil de 1916, mas sem o alcance das preconizadas pelo Código Civil de 2002, que passam a valer sobre as demais, naquilo que disciplinam:

> Art. 117. A todos é permitido canalizar pelo prédio de outrem as águas a que tenham direito, mediante prévia indenização ao dono deste prédio:
>
> a) para as primeiras necessidades da vida;
>
> b) para os serviços da agricultura ou da indústria;
>
> c) para o escoamento das águas superabundantes;
>
> d) para o enxugo ou bonificação dos terrenos.

Já o art. 118 exclui o direito em determinados setores: "Não são passíveis desta servidão as casas de habitação e os pátios, jardins, alamedas, ou quintais, contíguos as casas."

O art. 119 assegura o direito de fazer as respectivas represas ou açudes junto, ou ao longo, ou intermitentemente, da servidão. Mais amplamente está a disposição no art. 1.292 do Código Civil de 2002: "O proprietário tem direito de construir barragens, açudes ou outras obras para represamento de água em seu prédio; se as águas represadas invadirem prédio alheio, será o seu proprietário indenizado pelo dano sofrido, deduzido o valor do benefício obtido."

Das várias finalidades visadas destacam-se as relativas à agricultura e à indústria.

Além de tais finalidades, permite o art. 117 do Código de Águas a canalização para o atendimento das primeiras necessidades da vida, como para usos domésticos, e para o escoamento das águas superabundantes e o enxugo ou bonificação dos terrenos. A ampliação se afeiçoou ao art. 1.293 do Código Civil, que conserva tais finalidades, embora em termos diferentes.

No art. 118 há exceções: "Não são passíveis desta servidão as casas de habitação e os pátios, jardins, alamedas, ou quintais, contíguos as casas". No entanto, o atual Código Civil não mais contempla tais exclusões. Daí, pois, que a abertura da canalização impõe-se sempre que reclamada a água para as necessidades da vida, sejam quais forem.

Passaremos a ver os pressupostos e requisitos para a concessão do direito ao aqueduto, o qual, na realidade, equivale a uma servidão.

Em primeiro lugar, o pretendente já deve ter o direito ao uso das águas que tenciona conduzir ao seu prédio. Não se busca o uso ou o aproveitamento delas. Esta questão terá que estar decidida em favor do prédio dominante. É o que pensava Laurent, no direito francês: "Pour que la propriété puisse demander le passage des eaux par le fonds intermédiaires, Il faut naturellement qu'il ait le droit de disposer les eaux. Les lois française et belge le disent."[59] Pontes de Miranda, no mesmo sentido, reforça que a água deve ser do autor da ação de aqueduto, ou é preciso que ele tenha servidão de água alhures:

> O que está em causa é a aquedução. Quem pede a constituição da servidão tem que alegar e provar que é dono das águas, por domínio, ou por outro direito real. Quem tem direito à água, diz o Decreto nº 24.643, art, 117; portanto, o proprietário do outro prédio, o enfiteuta, o usufrutuário, o usuário, o habitador, o dono da empresa de cujo

---

[59] *Principes de Droit Civil Français*, ob. cit., p. 442. Tomo 7º. Tradução livre do texto: "Para que a propriedade possa solicitar a passagem de águas através dos imóveis intermediários, ela deve, naturalmente, ter o direito de dispor da água. As leis francesa e belga dizem isso.

fundo de empresa faz parte o prédio. A servidão de aqueduto somente pode ser pedida se a água pertence ao dono do prédio necessitante. Não, se a água pertence a outro prédio, se a água é *res communis*, está satisfeito o pressuposto.[60]

Questão importante é quanto à constituição da servidão.

O art. 120 do Código de Águas reza que "será decretada pelo Governo, no caso de aproveitamento das águas, em virtude de concessão por utilidade pública; e pelo juiz em outros casos". Entende-se que, afora a concessão por utilidade pública, por ser legal a servidão, dispensa a decretação pelo juiz, porquanto já vem consagrada e autorizada por mandamento legal. Na realidade, ao assim dispor, está dizendo o dispositivo que não decorre diretamente de lei a servidão de caráter privado. A interpretação que se deve dar é que a via judicial será o meio para o exame dos requisitos necessários ao reconhecimento e não à decretação. Busca-se afirmar a tutela judicial na hipótese de haver oposição do proprietário confinante ou do prédio serviente na formação da passagem de águas.

Examina-se, a seguir, quem possui titularidade ao aqueduto.

Clóvis Beviláqua defendia que está assegurado "o direito de aqueduto ao proprietário pleno, ao enfiteuta, ao usufrutuário e, ainda, ao arrendatário".[61] Mas, empregando o art. 597 do Código Civil revogado e o art. 1.293 do Código Civil de 2002 a frase "a quem quer que seja", até o possuidor está em condições de exigir o aqueduto. A faculdade legal se estende a todos os necessitados. Trata-se de uma expressão ampla, alargando seu alcance indistintamente a uma população ou a uma coletividade.

Mesmo ao prédio serviente se autoriza o uso das águas. O Código de Águas afirma o princípio, estendendo-o, inclusive, a outros interessados no art. 134 e parágrafos:

> Se houver águas sobejas no aqueduto, e outro proprietário quiser ter parte nas mesmas, esta lhe será concedida, mediante prévia indenização, e pagando, além disso, a quota proporcional a despesa feita com a condução delas até ao ponto de onde se pretendem derivar.
>
> § 1º Concorrendo diversos pretendentes, serão preferidos os donos dos prédios servientes.
>
> § 2º Para as primeiras necessidades da vida, o dono do prédio serviente poderá usar gratuitamente das águas do aqueduto.

O Código Civil em vigor reproduz os princípios acima. No art. 1.295 não deixa margens a dúvidas. Além de permitir que os proprietários cerquem o imóvel e construam sobre ele, autoriza-os a aproveitarem as águas para as primeiras necessidades da vida: "O aqueduto não impedirá que os proprietários cerquem os imóveis e construam sobre ele, sem prejuízo para a sua segurança e conservação; os proprietários dos imóveis poderão usar das águas do aqueduto para as primeiras necessidades da vida."

As primeiras necessidades da vida não se resumem naquelas que discrimina o art. 1º, inc. III, da Lei nº 9.433/1997, e que correspondem ao consumo humano e à dessedentação dos animais. É que esta lei disciplina as primeiras necessidades mais no sentido de uso

---

[60] *Tratado de Direito Privado*. 3ª ed. Rio de Janeiro: Editor Borsoi, 1971, pp. 290. 299, 300 e 301. Vol. XVIII.

[61] *Código Civil dos Estados Unidos do Brtasil Comentado*. Rio de Janeiro: Livraria Francisco Alves Ltda, 1950, p. 97. Vol III.

prioritário, a ser imposto quando da escassez do produto. Nesta eventualidade, o consumo humano restringe-se às necessidades mínimas que envolvem a satisfação da sede, o uso na alimentação, na higiene e na dessedentação dos animais. O conteúdo acima de "primeiras necessidades" se estende para todos os campos, como a irrigação e o lazer.

Havendo águas supérfluas, outros poderão aproveitá-las, indenizando o proprietário do imóvel e o dono do aqueduto proporcionalmente às despesas que teriam para conduzir as águas do ponto em que as apanham até o seu local de uso, na forma do art. 1.296 do mesmo Código de 2002: "Havendo no aqueduto águas supérfluas, outros poderão canalizá-las, para os fins previstos no art. 1.293, mediante pagamento de indenização aos proprietários prejudicados e ao dono do aqueduto, de importância equivalente às despesas que então seriam necessárias para a condução das águas até o ponto de derivação". Ao proprietário a indenização restringe-se aos prejuízos que decorreram a este.

Se os proprietários do imóvel onde passa o canal necessitarem das águas supérfluas, a eles reconhece o parágrafo único a preferência para o proveito: "Têm preferência os proprietários dos imóveis atravessados pelo aqueduto" (art. 1.296, parágrafo único).

Não pode constituir a servidão quem não tem o domínio. Aos proprietários assiste o poder de gravar seu imóvel, e não por derivação ou transmissão de outrem, por meio de contrato. A servidão passiva mostra Antônio de Pádua Nunes, diminui o valor do prédio serviente. É uma espécie de alienação de bens. Daí a razão que impede a imposição do gravame por quem não está revestido da titularidade do domínio: "Segue-se que só pode constituir servidão passiva do aqueduto ou semelhante aquele que tiver o domínio irrevogável do prédio serviente."[62]

De sorte que não se faculta ao possuidor, ao enfiteuta, ao condômino, ao cônjuge sem o consentimento do outro, ao usufrutuário, ao nu-proprietário, ao menor e ao fideicomissário a gravação do imóvel que não é de sua propriedade.

Necessário referir que, para tornar possível a servidão de aqueduto, concede-se a de caminho até a fonte ou o local de onde promana a água. Contudo, a passagem deve ficar localizada ao longo do córrego aberto, ou da canalização posta. Lobão dizia: "Na servidão do aqueduto vem a servidão do caminho para ele, uma vez que sem este a água não pode chegar ao seu destino".[63]

Esclarecia, em época antiga, João Luiz Alves: "A servidão é essencialmente estabelecida em utilidade da coisa; a extensão dela se fixa e se determina pelas necessidades do prédio dominante".[64]

Em outros termos, da servidão de aqueduto decorre uma série de direitos, como refazer e recompor o aqueduto, conduzir os materiais necessários à obra, construir reservatórios, erguer a barragem ou acondicionar a represa. Já que compete ao dono do prédio dominante o dever da conservação, tem ele a faculdade de caminhar ao longo da obra para os trabalhos de limpeza e retirar o limo ou os depósitos que se vão formando no leito.

A lei revela-se incisiva sobre a matéria.

Primeiramente, o art. 127 do Código de Águas, a respeito do direito de trânsito ao longo dos dutos: "É inerente a servidão de aqueduto o direito de trânsito por suas margens para seu exclusivo serviço".

---

[62]   *Código de Águas.* 2ª ed. São Paulo: Editora Revista dos Tribunais, 1980, p. 441. Vol. I.

[63]   Manuel de Almeida e Souza de Lobão, *Tratado Prático e Compêndio das Águas.* Lisboa: Imprensa Nacional, 1891, pp. 52 e 53, nº 111.

[64]   *Código Civil da República dos Estados Unidos do Brasil.* Rio de Janeiro: Briguiet e Cia, 1927, 3ª tiragem, p. 504.

Já o art. 119 assegura o direito de fazer as respectivas represas ou açudes junto, ou ao longo, ou intermitentemente, da servidão: "O direito de derivar águas nos termos dos artigos antecedentes compreende também o de fazer as respectivas presas ou açudes".

Possuir o direito à água é o primeiro passo. Para a canalização, reclamam-se várias obras ou benfeitorias, em especial a adequação da fonte ou da corrente de água de modo a possibilitar a captação, com o erguimento de barragem, o escavamento de presa ou de açude, com amplo espaço para a circulação e a realização de obras de conservação, de segurança, e especialmente a colocação de encanamentos ou dutos que se estendem desde o ponto de captação até o lugar onde a água é depositada.

Em verdade, o Código de Águas trouxe as seguintes garantias:

- o de fazer as represas ou açudes necessários à derivação das águas (art. 119);
- o de ocupar temporariamente os terrenos indispensáveis para o depósito de materiais, mediante caução pelos prejuízos que disso possam resultar, se o proprietário do prédio serviente o exigir (art. 126, parágrafo único);
- o de transitar pelas margens do aqueduto para seu exclusivo serviço (art. 127);
- o de consolidar suas margens com relvas, estacadas, paredes de pedras soltas (art. 128);
- o de mudar o aqueduto para outro local do mesmo prédio, desde que não haja prejuízo para o titular do prédio serviente (art. 132).

Lembra-se, finalmente, da norma do art. 131 do Código de Águas, segundo o qual "o dono do prédio serviente poderá exigir, a todo o momento, a mudança do aqueduto para outro local do mesmo prédio, se essa mudança lhe for conveniente e não houver prejuízo para o dono do aqueduto. A despesa respectiva correrá por conta do prédio serviente".

Como conclusão, insta observar que, presentemente, em função do caráter social da propriedade, tem-se alargado o direito às águas de modo amplo, e, assim, à construção de aqueduto, como preconiza o seguinte aresto:

> (...) Direito às águas. Art. 1.293 do CC/02. Direito de vizinhança. Propriedade. Função social. Restrições internas. Passagem de águas. Obrigatoriedade. Requisitos. Água. Bem de domínio público. Uso múltiplo. Art. 1º, I e IV, da Lei 9.433/1997. Prévia indenização. Desprovimento.
>
> (...) Trata-se de afirmar se I) ocorreu negativa de prestação jurisdicional; e II) o proprietário de um imóvel tem o direito de transportar a água proveniente de outro imóvel através do prédio vizinho, e qual a natureza desse eventual direito.
>
> Ausentes os vícios do art. 535 do CPC, rejeitam-se os embargos de declaração.
>
> O direito de propriedade, de acordo com o constitucionalismo moderno, deve atender a sua função social, não consistindo mais, como anteriormente, em um direito absoluto e ilimitado, já que a relação de domínio, agora, possui uma configuração complexa – em tensão com outros direitos igualmente consagrados no ordenamento jurídico.
>
> Os direitos de vizinhança são manifestação da função social da propriedade, caracterizando limitações legais ao próprio exercício desse direito, com viés notadamente recíproco e comunitário. O que caracteriza um determinado direito como de vizinhança é a sua imprescindibilidade ao exercício do direito de propriedade em sua função social.
>
> O direito à água é um direito de vizinhança, um direito ao aproveitamento de uma riqueza natural pelos proprietários de imóveis que sejam ou não abastecidos pelo

citado recurso hídrico, haja vista que, de acordo com a previsão do art. 1º, I e IV, da Lei 9.433/1997, a água é um bem de domínio público, e sua gestão deve sempre proporcionar o uso múltiplo das águas.

7. Se não existem outros meios de passagem de água, o vizinho tem o direito de construir aqueduto no terreno alheio independentemente do consentimento de seu vizinho; trata-se de imposição legal que atende ao interesse social e na qual só se especifica uma indenização para evitar que seja sacrificada a propriedade individual.

8. Recurso especial desprovido[65].

21.5.5. Águas supérfluas das correntes comuns e das nascentes

Importante para o produtor rural o direito à utilização das águas, como no caso das sobras de vertente ou fonte que se encontra em um prédio vizinho, no que o ampara o art. 90 do Código de Águas: "O dono do prédio onde houver alguma nascente, satisfeitas as necessidades de seu consumo, não pode impedir o curso natural das águas pelos prédios inferiores."

É a chamada servidão das águas supérfluas, pela qual, explica J. L. Ribeiro de Souza, o prédio inferior pode adquirir "sobre as sobras uma perfeita servidão das águas, destinada para usos domésticos, bebedouro de gado e, sobretudo, para finalidades agrícolas e industriais."[66]

No Código Civil de 2002, está expresso direito no art. 1.290: "O proprietário de nascente, ou do solo onde caem águas pluviais, satisfeitas as necessidades de seu consumo, não pode impedir, ou desviar o curso natural das águas remanescentes pelos prédios inferiores". Nota-se que estão abrangidas não somente as águas não captadas, mas também as nascentes em geral e as pluviais. Todas as águas não aproveitadas, ou remanescentes, seja qual for a origem, não podem ser desviadas e nem ter o seu curso natural impedido.

Trata-se de um direito de vizinhança. Dispõe-se sobre o proveito de uma riqueza natural. É consagrado não como servidão, mas dentro da ordem estabelecida em proteção ao uso das águas. Mesmo no Código de Águas não se fala em servidão. Todavia, não deixa de se encaixar, também, dentro do conceito de servidão legal.

O princípio vem desde os primórdios do direito luso. O Digesto Português firmava a servidão legal sobre as águas que sobravam. Existindo sobras, os proprietários inferiores têm o direito a elas, instituindo-se, então, uma servidão legal sobre elas. A jurisprudência do Superior Tribunal de Justiça consolida o princípio: "Não contraria os arts. 69, 70 e 109 do Código de Águas o acórdão que veda ao proprietário a retenção de água corrente, em detrimento de seu vizinho, a jusante". Expondo princípios, colhe-se no voto do relator:

> As águas correm naturalmente da montanha para a jusante. Este é seu ciclo inexorável, *ratio legis* da regra consagrada no art. 69 do Código de Águas, reprodução do enunciado contido no art. 563 do Código Civil. É ver no REsp nº 53.114-MG, assim ementado: "Civil. Águas. Utilização." Não contraria os arts. 36, 43 e 46 do Código de Águas o acórdão que veda ao proprietário a retenção e desvio de água corrente, em detrimento de seu vizinho a jusante.[67]

---

[65] REsp 1616038/RS, da 3ª Turma do STJ, relatora Ministra Nancy Andrighi, j. em 27.09.2016, *DJe* de 7.10.2016.

[66] *Servidões*, ob. cit., p. 49.

[67] *Recurso Especial* nº 100.419-RJ, da 3ª Turma, julgado em 11.11.1996.

Não é admissível impedir o curso natural pelos prédios inferiores. O dono da nascente é obrigado a tolerar tal estado. Assim, a construção de obra no prédio superior com o objetivo de criar direito sobre a nascente, ou dificultar o seu aproveitamento, é um atentado contra a lei e constitui turbação à posse que vinha sendo mantida. De igual modo, desviar o leito natural para formar outro álveo: "O possuidor, à jusante, se turbado pelo dono da propriedade superior do qual fluem as águas, pode pedir a manutenção sobre estas, para mantê-las dentro dos limites da sua propriedade, para a qual fluem com o concurso de manufaturas e obras".[68]

Apropriada a visão de Eduardo Coral Viegas, a respeito da matéria:

> (...) É perfeitamente possível assumirmos a posição de que nascente é o local onde se verifica o aparecimento de água subterrânea, e que o proprietário dessa área – independentemente do tamanho físico que tenha –, satisfeitas as necessidades de seu consumo, não pode impedir ou desviar o curso natural das águas remanescentes pelos prédios inferiores.[69]

A primazia no uso, entretanto, é do prédio superior, podendo aproveitar as águas enquanto permanecem em sua propriedade.

O princípio é basilar no direito universal, notando Pacifici-Mazzoni que "la sorgente à parte del fondo in cui nasce, e perciò appartiene esclusivamente al proprietário di questo, tanto se scaturisca per opera della natura, quanto per fatto dell'uomo".[70]

Acrescenta que o titular do prédio onde brota a água pode gozar e dispor da maneira mais absoluta, fazendo o aproveitamento que lhe aprouver, como, por exemplo, para produzir a força motriz da máquina de sua oficina, para manter o nível da água em um viveiro de peixes e para a satisfação das necessidades recreativas. Precisando, nada impede a retenção de toda a água em seu prédio, privando o fundo inferior. Para alguns, isso envolve o arbítrio de efetivar a cessão a um título gratuito ou oneroso a quem pretende adquiri-la. Mas, se o vizinho já utiliza as sobras, a cessão a terceiros não é admitida, ainda mais se a água flui por canalização ou qualquer obra humana que a encaminhe até sua propriedade.

O uso prolongado das águas, pelo imóvel inferior, manifestado por meio de obras que facilitam o escoamento, transforma-se em direito de servidão, como se argumentará abaixo.

Comparando o art. 565 do Código Civil de 1916 com o art. 1.290 do Código Civil de 2002 e o art. 90 do Código de Águas, percebe-se que estes últimos não mais falam em águas não captadas. Interessa se há sobras. A razão que justifica o uso não exclusivo do prédio superior nos é dada por Clóvis, mostrando-se ainda atual:

> Assim, como a solidariedade humana e o interesse geral exigem que o prédio inferior receba as águas que correm do superior, também reclamam que o dono do prédio superior não impeça que as águas da sua fonte, depois de satisfeitas as necessidades do seu consumo, desçam para os prédios inferiores. É uma espécie de uso comum das águas, com direito preferencial do senhor da fonte, que não pode, igualmente, corromper as águas que têm de servir aos proprietários a jusante.[71]

---

[68] Antônio de Pádua Nunes, *Nascentes e Águas Comuns*, ob. cit., p. 51.

[69] *Visão Jurídica da Água*, ob. cit., p. 87.

[70] *Codice Civile Italiano Commentato, Trattato delle Servitù Prediali*. 5ª ed. Florença: Casa Editrice Libraria Fratelli Cammeli, 1905, p. 51. vol. II. Tradução livre do texto: "A nascente faz parte do imóvel de onde se origina e, portanto, pertence exclusivamente ao seu proprietário, seja por obra da natureza ou por fato do homem".

[71] *Código Civil dos Estados Unidos do Brasil Comentado*, vol. III, ob. cit., p. 95.

Diz o autor que a proibição está também em não corromper as águas, o que equivale a não poluí-las ou estragá-las. Nesta parte, contém o Código Civil atual norma expressa no art. 1.291: "O possuidor do imóvel superior não poderá poluir as águas indispensáveis às primeiras necessidades da vida dos possuidores dos imóveis inferiores; as demais, que poluir, deverá recuperar, ressarcindo os danos que estes sofrerem, se não for possível a recuperação ou o desvio do curso artificial das águas". Efetivamente, mais que pelo princípio da solidariedade, por questão de interesse público há de se manter a pureza e a salubridade das águas, já que indispensáveis para a própria vida daqueles que delas carecem. Mesmo aquelas que não se destinam a atender às primeiras necessidades devem ser recuperadas, ou desviadas. Se for isso impossível, cabe a indenização.

Há, pois, o direito sobre as águas correntes provindas das nascentes e sobre as águas correntes formadas pelas chuvas.

Como entender, então, o disposto no art. 70 do Código de Águas?

Eis sua redação: "O fluxo natural, para os prédios inferiores, de água pertencente ao dono do prédio superior, não constitui por si só servidão em favor deles."

Nota-se uma aparente contradição.

A correta interpretação é dada por Antônio de Pádua Nunes:

> Ao dizer que o fluxo natural para os prédios inferiores, de águas pertencentes ao dono do prédio superior, não constitui por si só servidão em favor deles, o art. 70 é claro em permitir a servidão. Desde que o fluxo não é natural, mas em rego aberto, mantido e conservado pelo dono do imóvel a jusante, ou desde que haja manufatura dirigindo o fluxo, é evidente que essas circunstâncias podem gerar servidão em termos da lei civil e do art. 70 citado.[72]

O que isto quer dizer?

A resposta só pode ser a seguinte: o uso durante o lapso de tempo da prescrição aquisitiva resulta em direito à permanência definitiva do uso. O dono do prédio serviente não mais poderá privar o imóvel inferior das águas tidas como supérfluas durante o prazo de prescrição.

Quando inicia a contar-se o prazo da prescrição? Pacifici-Mazzoni explica que deve computar-se

> dal giorno in cui il proprietario del fondo inferiore ha fatto e terminato nel fondo superiore opere visibili e permanenti, destinate a facilitare il declívio ed il corso delle acque nel proprio fondo.

Destaca, quanto aos requisitos da posse:

> Per acquistare mediante la prescrizione, è necessario un possesso legitimo (art. 2.106), ed legitimo è quando sai continuo, non interrotto, pacifico, publico, non equivoco e con animo di tenere la cosa come própria.[73]

O direito francês não é diferente. Além de admitir a servidão, estende a aplicação às águas pluviais que fluem para o prédio inferior, vindas do prédio superior onde caíram. No

---

[72] *Nascentes e Águas Comuns*, ob. cit., p. 91.

[73] *Codice Civile Italiano Commentato, Trattato delle Servitù Prediali*, ob. cit., p. 54, nº 75. vol. II.
Tradução livre dos textos:
"a partir do dia em que o proprietário do imóvel inferior realizou e concluiu obras visíveis e permanentes no fundo superior, destinadas a facilitar o declive e o fluxo de água em seu próprio imóvel".
"Para adquirir pela prescrição, é necessária uma posse legítima (art. 2.106), e legítima é quando seja contínua, ininterrupta, pacífica, pública, inequívoca e com o ânimo de manter a coisa como sua".

direito brasileiro, entretanto, apenas as águas pluviais que correm por lugares públicos podem ser utilizadas por qualquer proprietário dos terrenos por onde passam, em consonância com o Código de Águas, arts. 107 e 108. Reza o primeiro: "São de domínio público de uso comum as águas pluviais que caírem em lugares ou terrenos públicos de uso comum". E o segundo: "A todos é lícito apanhar estas águas". Adverte o parágrafo único deste último: "Não se poderão, porém, construir nestes lugares ou terrenos, reservatórios para o aproveitamento das mesmas águas sem licença da administração."

O que interessa observar é que a utilização das águas vindas do prédio superior pode resultar em servidão, alcançável pela prescrição aquisitiva, obrigando-se o titular do domínio a respeitar o uso desenvolvido ao longo do prazo do usucapião. Eis como Laurent coloca a questão:

> Comment les propriétaires inférieures peuvent-ils acquérir cette servitude sur le fonds de où tombent les eaux pluviales? L'article 641 répond: par titre ou par prescription. Il y faut ajouter la destination du père de famille, comme nous l'avons fait pour les sources.[74]

Em verdade se o prédio inferior recebe continuadamente as águas, pelo interregno estabelecido em lei, não é justo, depois, que se proceda o cancelamento do fluxo, desde que não sejam pluviais, as quais são imprescritíveis (art. 106 do Código de Águas) se não forem sobras. Relativamente a estas, o parágrafo único, no item 1º, do art. 103 proíbe o desperdício pelo dono do prédio onde caem, se outros prédios necessitarem, bem como o desvio do curso natural sem o consentimento expresso daqueles para onde elas se dirigiam.

Em face do ponto de vista defendido, outra dúvida aparece, ao lermos os arts. 79 e 93 do Código de Águas. Consta do primeiro:

> É imprescritível o direito de uso sobre as águas das correntes, o qual só poderá ser alienado por título ou instrumento público, permitida não sendo, entretanto, a alienação em benefício de prédios não marginais, nem com prejuízo de outros prédios, aos quais pelos artigos anteriores é atribuída a preferência no uso das mesmas águas.

Reza o segundo: "Aplica-se as nascentes o disposto na primeira parte do art. 79."

A ressalva atinge as águas das correntes e das nascentes ou fontes. Não alcança as pluviais nem os aquedutos.

Pelos termos empregados, as normas acima autorizam, aparentemente, o reconhecimento do usucapião em face do não uso pelo proprietário. Possível que o dono da nascente deixe de usar uma corrente, não importando durante quanto tempo. Este fato não redunda em prescrição aquisitiva, a favor do prédio inferior:

> Não se pode falar em prescrição aquisitiva do dono do prédio inferior só porque o dono do prédio superior não usou as águas da nascente deixando-as correr para o prédio inferior (...) O proprietário marginal, pois, ainda que abandone durante séculos o uso das águas correntes, nunca perde pela prescrição o seu direito, que é imprescritível, porque deriva da natureza.[75]

---

[74] *Principes de Droit Civil Français*, ob. cit. pp. 278 e 279, nº 230. Tomo 7º. Tradução livre do texto: "Como os proprietários inferiores podem adquirir essa servidão no imóvel onde caem as águas pluviais? O artigo 641 responde: por título ou por prescrição. Deve-se adicionar a destinação do pai de família, como se fez para as fontes".

[75] Antônio de Pádua Nunes. *Código de Águas*, ob. cit., p. 191. vol. I.

Argumenta nos seguintes termos Carvalho de Mendonça:

É um direito imprescritível, pois que sendo facultativo, não constitui posse que é a base da prescrição. Não se extingue pelo não uso ainda que imemorial. O não uso em tal caso não implica a renúncia voluntária, pois que o próprio não uso constitui o exercício de um direito. Ainda que outro ribeirinho haja ocupado toda a água desde tempo imemorial, não se elimina uma linha na extensão do direito do utente que não o exerceu. A água é sempre comum entre eles e o não uso de um jamais importa renúncia do direito.[76]

Tais razões não afastam, entrementes, o direito do proprietário inferior em ter reconhecido o usucapião, se efetivou obras para facilitar ou dirigir o escoamento. Apenas, concomitantemente, permanece a garantia ao proprietário do prédio superior no aproveitamento das águas necessárias. Quanto às excedentes é que se opera o direito pela prescrição aquisitiva, em favor do confinante que as vem utilizando. Consumado o lapso de tempo exigido pela lei, consubstancia-se a garantia de sempre usar tais águas, ao mesmo tempo em que se consolida o limite de águas tidas como necessárias ao prédio superior. A imprescritibilidade às águas necessárias é o que a lei disciplina.

21.5.6. Fluxo das águas pelo prédio inferior ou do escoamento natural das águas

O prédio inferior é obrigado a receber as águas que correm naturalmente do prédio superior. É um princípio geral admitido por todas as legislações. No Código de Napoleão, está a regra no art. 640. Laurent já afirmava que "les fonds inférieurs sont assujettis, envers ceux qui sont plus eleves, à recevoir les eaux qui en découlent naturellement".

São águas que "découlent des fonds supérieurs par suite du mouvement que le nature leur a suprimé, sans distinguer si ce eaux pluviales, des eaux de source ou des eaux provenant de la fonte des neiges."[77]

Pacifici-Mazzoni, que muito bem desenvolve o assunto, refere-se a esta servidão com o sugestivo título: "Delle servitù che derivano dalla situazione dei luoghi".

Ressalta a razão que a determina: "La natura dispone i luoghi si che l'uno sai inferior o più basso dell'altro, e la natura stessa fa scolare da questo a quello le acue. L'esser duque il fondo inferiore soggetto a ricevere le acque che dal superiore scolano è opera di natura".[78]

Alessandro Sacchi é outro autor italiano que bem esclarece o fundamento: "Tutte le legislazioni concordano nell'idea che si debba lasciare piena liberta all'opera della naturam

---

[76] *Rios e Águas Correntes*, ob. cit., p. 212.

[77] *Principes de Droit Civil Français*, ob. cit., p. 475, nº 358. Tomo 7º.
Tradução livre dos textos:
"Os imóveis inferiores são sujeitos, ao contrário dos que são mais elevados, a receber as águas que fluem naturalmente".
"Fluem do fundos superiores como resultado do movimento que a natureza os suprimiu, sem distinguir se essa água é da chuva, ou da água de nascente, ou da água da neve derretida".

[78] *Codice Civile Italiano Commentato, Trattato delle Servitù Prediali*, ob. cit., p. 7, nº 7. vol. II.
Tradução livre dos textos:
"Das servidões que derivam da situação dos lugares".
"A natureza dispõe os lugares de forma que um sai inferior ou mais baixo que o outro, e a própria natureza faz com que escorra a água deste para aquele. Sendo assim o imóvel inferior sujeito a receber as águas que escorram do imóvel superior é obra da natureza".

perquè altrimenti, costringendo o mutando comunique l'opera della natura, si generebbero delle perturbazioni gravissime per le conseguense che necessariamente verrebbero a derivarne."[79]

Carvalho de Mendonça ressalta a ordem natural dos prédios como a razão da servidão: "A situação natural de um prédio em relação a outro o obriga a receber as águas que deste decorram, uma vez que fluam naturalmente, sem nenhuma obra artificial tendente a tal fim."[80]

O art. 69 do Código de Águas traça a regra sobre o escoamento: "Os prédios inferiores são obrigados a receber as águas que correm naturalmente dos prédios superiores". Foi mantida, no cerne, a norma do art. 563 do Código Civil de 1916, que vinha com extensão no concernente às obras que eventualmente fizer o proprietário do prédio superior. Já o Código Civil de 2002, no art. 1.288, também com o mesmo núcleo da obrigação de aceitar o curso natural das águas, e da proibição de obras que agravem a situação do prédio inferior, estende o dever ao possuidor:

> O dono ou o possuidor do prédio inferior é obrigado a receber as águas que correm naturalmente do superior, não podendo realizar obras que embaracem o seu fluxo; porém a condição natural e anterior do prédio inferior não pode ser agravada por obras feitas pelo dono ou possuidor do prédio superior.

Na verdade, trata-se de um direito de vizinhança. Temos um córrego que segue por dois prédios. O inferior é obrigado a receber as águas que vêm naturalmente do superior. E está obrigado porque é inerente à índole do direito de propriedade a limitação, e não por constituir esse encargo um direito real de gozo pertencente a outrem. As regras do direito positivo, que disciplinam a matéria, consagram édito da natureza e formam princípio universalmente aceito.

Inteligência esta aplicável ao art. 1.289 do vigente Código Civil, cuja norma se refere não somente às águas levadas ao prédio superior, mas também às aí colhidas: "Quando as águas, artificialmente levadas ao prédio superior, ou aí colhidas, correrem dele para o inferior, poderá o dono deste reclamar que se desviem, ou se lhe indenize o prejuízo que sofrer". No caso de indenização, acrescenta o parágrafo único que se deduza o valor do benefício obtido: "Da indenização será deduzido o valor do benefício obtido". No entanto, o art. 92 do Código de Águas parece obrigar o dono do prédio inferior a receber as águas artificiais: "Mediante indenização, os donos dos prédios inferiores, de acordo com as normas da servidão legal de escoamento, são obrigados a receber as águas das nascentes artificiais."

Não se concebe que o dono do prédio inferior, seja qual for a indenização, fique obrigado a receber as águas do prédio superior. Seria obrigar a pessoa a receber águas poluídas e utilizadas por estabelecimentos comerciais e industriais.

Antônio de Pádua Nunes discrimina quais são as águas que o prédio inferior está obrigado a receber: as águas de chuva e as que brotam naturalmente do solo. Servindo-se das palavras de Sá Pereira, define as que brotam do solo como as nascentes. Excluem-se as provenientes de poços, cisternas e reservatórios, as expelidas por fábricas, usinas e oficinas industriais; as defluentes de áreas inclinadas para o fundo inferior; as que escorrem do teto e as vindas de um açude formado pelo proprietário superior.[81]

---

[79] *Tratatto Teorico-pratico Sulle Servitù Prediali*, ob. cit., p. 85. vol. II. Tradução livre do texto: "Todas as legislações concordam com a idéia de que se deve dar total liberdade para a obra da natureza, porque, caso contrário, forçando ou mudando a obra da natureza, isso levaria a graves perturbações devido às consequências que necessariamente disso derivariam".

[80] *Rios e Águas Correntes*, ob. cit., p. 323.

[81] *Código de Águas*, ob. cit., p. 228. vol. I.

Cap. XXI • DIREITOS DE VIZINHANÇA | **563**

Depreende-se que a obrigação imposta ao proprietário do prédio inferior se restringe apenas à fluência natural.

Desde que intervenha a ação humana para melhorar, com obras, o escoamento, resultando prejuízos às condições naturais e anteriores do imóvel serviente, desaparece a obrigação. Neste sentido o parágrafo único do art. 69 do Código de Águas: "Se o dono do prédio superior fizer obras de arte, para facilitar o escoamento, procederá de modo que não piore a condição natural e anterior do outro". Carvalho de Mendonça escreveu a respeito:

> Se alguma obra for executada para encaminhar as obras nascidas em um prédio para o outro, nenhuma servidão pode ser invocada. Mesmo quando as águas nasçam no prédio superior, nenhuma servidão existe desde que a fonte delas seja aberta por indústria humana, conquanto corram dali por um natural declive.[82]

Além das águas de chuvas do prédio dominante, colhem-se igualmente aquelas oriundas dos prédios vizinhos, confinantes ou não, e mesmo das adjacências que, em virtude da natureza do terreno, afluem naturalmente para o prédio inferior, o invadam e procurem o escoamento natural.

Os menos dogmáticos defendem o escoamento de águas derivadas de trabalhos agrícolas de irrigação ou de máquinas, de tanques ou lavagem de objetos, desde que desçam através de pequenos sulcos ou regos e assim prossigam pelo imóvel serviente.

Em verdade, nestes últimos casos, não há o auxílio do homem no sentido de facilitar o escoamento. Pequenos trabalhos, sem alterar a situação natural, devem ser permitidos.

21.5.7. Aproveitamento das águas pluviais

No Código Civil anterior, o art. 566 permitia a utilização, pelos proprietários das terras por onde passassem, das águas pluviais e daquelas dos rios públicos, observados os regulamentos administrativos a respeito. Não se encontra no Código vigente dispositivo equivalente. Lembra-se, no entanto, que seu art. 1.290 refere, além das nascentes, as águas pluviais que caem em solo de propriedade particular, permitindo o proveito das remanescentes pelo prédio inferior.

Dispondo sobre o assunto, o art. 103 do Código de Águas mantém redação semelhante ao art. 566 do Código Civil de 1916: "As águas pluviais pertencem ao dono do prédio onde caírem diretamente, podendo o mesmo dispor delas à vontade, salvo existindo direito em sentido contrário."

A diferença, relativamente ao art. 566, está em que, pelo art. 103, as águas pluviais pertencem ao dono do prédio onde caírem. Esta é a disposição que deve prevalecer, lembrando-se, sempre, que o Código Civil em vigor não ingressou no assunto.

Várias outras regras do Código de Águas disciplinam a matéria. Na forma do art. 103, parágrafo único, item 1º, não se permite o desperdício de águas em prejuízo dos outros prédios que delas se possam aproveitar, sob pena de indenização aos proprietários dos mesmos. O item 2º proíbe o desvio das águas de seu curso natural para lhes dar outro, sem consentimento expresso dos donos dos prédios que irão recebê-las. Nesta parte, esclarecendo a matéria, devem as águas das chuvas correr naturalmente, sendo colhidas pelos proprietários dos terrenos onde caírem. Permite-se que sejam canalizadas para o seu proveito, com a rea-

---

[82] *Rios e Águas Correntes*, ob. cit., p. 323.

564 | DIREITO DAS COISAS – *Arnaldo Rizzardo*

lização de valos, de modo a conduzi-las para uma barragem ou um açude. Há a autorização do uso pleno, com a sua coleta e o armazenamento. A incidência do nº 2º restringe-se ao mero desvio, e se desvinculado do proveito. Se encaminhadas as águas para abastecer uma barragem ou um reservatório, não há a infringência do disposto no item 2º.

O art. 106 estabelece a imprescritibilidade do direito de uso das águas pluviais.

Pertencem ao domínio público de uso comum aquelas que caírem em lugares ou terrenos públicos de uso comum, autorizando a todos o seu aproveitamento (art. 108).

21.5.8. Tirada de águas

Trata-se, aqui, de uma servidão também legal, e que consiste no direito de tirar água de poço, fonte ou rio pertencente a outrem, desde que se destinem as águas para as primeiras necessidades da vida, e, nos termos da Lei nº 9.433/1997, para as necessidades de pequenos núcleos populacionais, que, evidentemente, abrangem as da vida, e desde que exista um caminho público que permita o acesso a tais águas. No direito romano era conhecida como *servitus haustus aquae*. A previsão do art. 34 do Código de Águas restringia o uso para as primeiras necessidades da vida: "É assegurado o uso gratuito de qualquer corrente ou nascente de águas, para as primeiras necessidades da vida, se houver caminho público que a torne acessível". Presentemente, não prevalece tal restrição: é permitida a utilização para as necessidades de pequenos núcleos populacionais, mas devendo ser individualizadas as necessidades; autorizamse, também, as derivações ou aproveitamentos insignificantes, isto é, que não tragam impacto na bacia ou na corrente, de modo a reduzir seu volume ou a quantidade existente, tudo conforme já visto na transcrição do art. 12, § 1º, da Lei nº 9.433/1997.

É, pois, uma servidão legal quando se tratar de água para atender as pequenas populações, abrangendo as águas para as primeiras necessidades da vida, devendo estar servida por caminho público. Existe em virtude de lei. Não se faz necessária, em tal caso, a formação por um dos modos de constituição comuns às demais espécies. Nem cabe discutir a ausência de título ou a não aquisição pelo usuário. Mas nada impede que seja estabelecida condicionalmente pelos interessados, em especial quando se destina a atender múltiplas necessidades e não há acesso por caminho público à fonte.

Nesta hipótese, ou não havendo o caminho público, o exercício depende da existência prévia de um caminho, e de um aqueduto ou conduto, se o transporte não se faz por balde ou outro meio manual de condução da água. Antônio de Pádua Nunes traduz tais pressupostos: "Não há como pretender tirar água para utilizá-la *in loco*, sem poder conduzi-la ao prédio dominante, em baldes, em veiculação de caráter, que nem demande um sulco, um canal, um tubo qualquer, que apenas exigiriam o uso de um pequeno caminho (*iter*) que se incorpora sempre na servidão de tirar água".[83] Dídimo Agapito da Veiga Júnior já previra as mesmas condições:

> Desde que se faça precisa a construção de canal, rego, calha para transportar a água a maior distância e proporcionar o seu uso à exploração industrial-fabril ou agrícola, o aqueduto, que é o processo desse transporte, por meio de canalização, deverá ser expressamente estabelecido no ato da constituição da tirada de água, por isso que, conquanto complementar desta, é uma servidão diferente dela; mesmo porque pode visar à condução de água da propriedade de alguém através de prédios de outros, o que ainda

---

[83] *Código de Águas*, ob. cit., p. 136. Vol. I.

melhor caracteriza a sua índole de servidão autônoma e não ligada, por dependência à tirada de água. Assim, se a servidão de tirar água supõe a de caminho para ir à fonte buscar a água e ir da fonte levá-la, para ser utilizada em prédio dominante; a servidão de aqueduto, para conduzir a água própria através de prédio de outrem, para se chegar ao dominante e nele ser utilizada, depende de estipulação expressa, por isso a *servitus aquae haustus* não a supõe, nem a presume.[84]

O art. 35 do Código de Águas, que permanece hígido, eis que inexistente legislação posterior em sentido diferente, contorna o problema se não há caminho público, assegurando à parte o direito para ter a servidão, se indenizar os prejuízos acarretados com o trânsito. Mas o § 1º impõe uma condição: "Essa servidão só se dará, verificando-se que os ditos vizinhos não podem haver água de outra parte, sem grande incômodo ou dificuldade".

A solução é aplicável ao aqueduto. Permite-se a sua abertura, construção ou fixação do canal, desde que arbitrada a indenização.

A conclusão é que se deve considerar com certo tempero o pensamento de Antônio de Pádua Nunes e Dídimo da Veiga, não se afigurando exageradamente liberal a posição de Carvalho de Mendonça, ao afirmar que a servidão *itineris*, ou de trânsito, é subentendida por lei e existe implícita, embora omitida no título constitutivo da servidão principal.[85]

Só em casos especiais deve ser concedida a servidão, de extrema necessidade, como "para preparar comida, lavar casas e utensílios, lavar roupa no próprio leito ou álveo, para aí beber o homem ou dar de beber aos animais e regar as plantas que tenha em casa".[86] Há legitimidade e interesse em pleiteá-la se a pessoa está desprovida de outras fontes; não se o interesse que levou a procurá-la é a mera comodidade, ou uma necessidade relativa e facilmente suprível por outra fonte ou corrente.

Aos que utilizam a água, não é dado fazerem na fonte, cisterna ou poço, proveito prejudicial a outros. Não se permite a lavagem de roupa quando há quem retire o produto para beber ou para serviços culinários. Nem é tolerável dar de beber ao gado, nas mesmas circunstâncias.

21.5.9. Tomada de água

Dada a semelhança com a servidão *aquae haustus*, estudada no item anterior, não poucas vezes se faz confusão entre as duas espécies. Vinda dos romanos como *servitus aquae hauriendo*, corresponde ao direito de captação de água na fonte, reservatório, rio ou ribeiro, por meio de obras de arte e quase sempre vem acompanhada de aqueduto, que é seu complemento. Na anterior (tirada de água), faltam as obras de arte. Aí está a distinção fundamental, com efeitos importantes no mundo jurídico. As obras de arte, na tomada de água, compreendem a represa, a embocadura, o canal ou aqueduto que conduz a água para o destino pretendido.

Por não prescindir de obras de arte, é contínua e aparente, ao passo que a retirada de água é descontínua e aparente para alguns, ou descontínua e não aparente para outros. Mas, prefere-se considerá-la na primeira classificação, porquanto o ato de buscar com baldes ou outros instrumentos o líquido, acarreta exterioridade e dá aparência.

---

[84] *Direito das Coisas*, em 'Manual do Código Civil Brasileiro', organizado por Paulo de Lacerda. Rio de Janeiro: Jacinto Ribeiro dos Santos – editor, 1925, p. 54, nº 75. Vol. II.

[85] *Rios e Águas Correntes*, ob. cit., p. 337.

[86] Antônio de Pádua Nunes, *Código de Águas*, ob. cit., p. 139. Vol. I.

21.5.10. Escoamento de águas estagnadas

Envolve a questão mais propriamente um direito de vizinhança, decorrente da aplicação do art. 554 do Código Civil de 1916 e do art. 1.277 do Código de 2002, diferenciando-se da servidão de escoamento natural das águas, porquanto, nesta, as águas não são estagnadas e fluem naturalmente.

Tem relevância a matéria no direito agrário, em vista das repercussões negativas aos prédios vizinhos que trazem tais águas, tornando-se causas da criação de insetos, máxime se servidas, e provocando a deterioração de materiais nelas contidos, com a possibilidade de inúmeras contaminações. Assegura-se o direito à ação para obrigar a providenciar no escoamento ou na sua remoção. No entanto, se as águas provêm de um prédio superior e estagnam no terreno próximo de terceiro, ou de um vizinho, nasce o direito de exigir que o proprietário do local onde nascem ou partem providencie o escoamento. Trata-se mais das águas usadas e servidas, que vão dar no terreno vizinho. Exige-se do titular a abertura de valas, a colocação de encanamentos, isto é, que encontre uma solução de sorte a não se estagnarem as águas em outros imóveis.

21.6. LIMITES ENTRE PRÉDIOS E DEMARCAÇÃO DE TERRAS

Sob o título "Dos limites entre prédios" disciplinava o Código Civil de 1916 uma das partes do direito de vizinhança. Tratavam, no entanto, os dispositivos basicamente da demarcação, ou da ação *finium regundorum* dos romanos. No Código de 2002, vem encabeçado o assunto com o título "Dos limites entre prédios e do direito de tapagem". Disciplina conjuntamente os limites entre prédios, e aí contendo regras sobre a demarcação, e o direito de tapagem.

A ação de demarcação vem regulada em conjunto com a ação de divisão pelo Código de Processo Civil. O procedimento de ambas as ações é assemelhado, promovendo-se, não raramente, as duas num mesmo processo. Assim, delimita-se e reparte-se a propriedade entre os condôminos.

Na lei processual civil, encontram-se normas aplicáveis conjuntamente a ambas as pretensões, e normas específicas para cada uma delas.

Em qualquer das ações, temos duas fases distintas. A primeira está voltada à definição do direito de dividir ou demarcar; a segunda, destinada para a concretização da divisão ou demarcação.

Como derivam do domínio, reserva-se a legitimidade para requerê-las exclusivamente aos proprietários. Aduz Clóvis, quanto à demarcatória, que compete ao "proprietário, ao usufrutuário e ao enfiteuta. O possuidor *tanquam dominus* não a tem".[87]

Serpa Lopes, com razão, estende-a ao nu-proprietário e ao usuário.[88]

O Código Civil revogado, no art. 569, trazia o suporte jurídico para o exercício da demarcatória: "Todo proprietário pode obrigar o seu confinante a proceder com ele à demarcação entre os dois prédios, a aviventar rumos apagados e a renovar marcos destruídos ou arruinados, repartindo-se proporcionalmente entre os interessados as respectivas despesas". O Código de 2002 faz depreender, em um mesmo dispositivo, o direito de estabelecer, aviventar e renovar limites, e o direito de tapagem. Assim está em seu art. 1.297: "O proprietário tem direito a cercar, murar, valar ou tapar de qualquer modo o seu prédio, urbano ou rural, e

---

[87] *Código Civil dos Estados Unidos do Brasil Comentado*, vol. III, ob. cit., p. 111.
[88] *Curso de Direito Civil*, vol. VI, ob. cit., p. 434.

Cap. XXI · DIREITOS DE VIZINHANÇA | **567**

pode constranger o seu confinante a proceder com ele à demarcação entre os dois prédios, a aviventar rumos apagados e a renovar marcos destruídos ou arruinados, repartindo-se proporcionalmente entre os interessados as respectivas despesas". O direito de tapagem virá estudado em particular adiante. No que concerne à demarcação, os conteúdos das normas coincidem.

Não prescreve o direito de demarcar, como expressa a jurisprudência: "Prescrição. Inocorrência. A extintiva, porque, na verdade, a ação *finium regundorum* é imprescritível enquanto persiste o estado de condomínio e confusão dos limites, que lhe é requisito fundamental. A aquisitiva, porque não podem arguir a prescrição, com pretensão de somar a sua posse à dos antecedentes do lote dos autores". Na verdade, a prescrição aquisitiva é possível pela posse usucapível, desde que exercida com os atributos legais para o reconhecimento do domínio. Neste caso, mesmo que se permita a demarcação, respeita-se a posse do confrontante, não podendo as novas linhas envolver parte do imóvel vizinho ou limítrofe.[89]

Destina-se a ação de demarcação a fixar os limites dos imóveis confinantes. Nasce, pois, do direito de vizinhança.

O Código de Processo Civil de 2015, no art. 569, inc. I, divergindo da redação do art. 946, I, do estatuto processual anterior apenas na redação, dispõe: "Cabe: I – ao proprietário a ação de demarcação, para obrigar o seu confinante a estremar os respectivos prédios, fixando-se novos limites ou aviventando-se os já apagados".

Pressuposto essencial para a propositura da ação é que os limites entre as propriedades estejam confundidos por nunca terem sido fixados ou por já haverem desaparecido, conforme leciona Hely Lopes Meirelles, ao dizer: "No primeiro caso, estabelecem-se as divisas; no segundo, aviventam-se os rumos antigos. O estabelecimento dos limites ou a renovação dos marcos são feitos na ação própria, que é a demarcatória".[90]

Tito Fulgêncio aponta quatro casos possíveis para a demarcatória:

> "1º) Quando o proprietário quer que o confinante com ele proceda a demarcação dos dois prédios. Nunca se correu o rumo entre os dois prédios contíguos, as invasões e usurpações fazem-se prováveis nas duas famílias e a um interessa a cravação de marcos, que assinala o rumo, assegurando a sua propriedade na linha certa confinante.

> 2º) Quando o proprietário quer aviventar com o confinamento os rumos apagados. Correram-se rumos, plantaram-se marcos; mas sobreveio o acaso, o mato cresceu, invadiu a inundação, o incêndio devastou, a areia ou a terra sobrepôs-se, a confusão dos prédios estabeleceu-se com o apagamento dos vestígios, e ao proprietário interessa a certeza na extensão dos seus domínios pela aviventação do desaparecido.

> 3º) Quando o proprietário quer renovar com o confinante marcos destruídos. Fincaram-se os marcos assinalativos do rumo; mas desfez-se-lhes a estrutura, a composição e arranjo, a forma, por ato da natureza ou do homem; caiu na confusão a linha reparativa, e ao proprietário interessa, a bem da plenitude do seu, que se façam de novo, se restaurem, se reponham as coisas no estado antigo.

> 4º) Finalmente, quando o proprietário quer renovar com o confinante marcos arruinados.

> Correu-se o rumo e os marcos se plantaram; mas antes se reduziram a ruínas, caíram a pedaços, destruíram-se de modo a só ficarem restos desordenados e informes, e ao

---

[89] *Apel. Cível* nº 1.835/84, 3ª Câm. Cível do TJ do Paraná, de 06.05.1986, em *Revista dos Tribunais*, 609/154.
[90] *Direito de Construir*, ob. cit., p. 33.

proprietário, que quer tirar da sua coisa, em integridade, toda a utilidade jurídica que ela pode produzir, não se pode negar o direito de refazer nos marcos a visibilidade da linde predial".[91]

Em suma, a confusão de divisas ou confrontações é o pressuposto, na perfeita visão da *Apel. Cível* nº 70.001.598.465, da 20ª Câm. Cível do TJ do RGS, julgada em 18.10.2000:

> Não é cabível discutir dimensões de lotes lindeiros, quando estes têm suas divisas certas e consolidadas há mais de dez anos, situação já reiterada em decisão judicial anterior. Hipótese fática, de outro lado, que evidencia diferença, nos terrenos dos autores, entre a metragem constante na escritura e aquela projetada pela municipalidade para o loteamento. Discrepância, todavia, que não pode ser atribuída ao lindeiro, como evidencia a perícia realizada nos autos.[92]

No entanto, esta linha fixada pode ser falsa, existindo outra linha, que é a verdadeira. E isso se depreende em face da divergência de área entre a realidade e os títulos dominiais. A mera existência de marcos ou muros não importa em definitividade de divisas. Desde que não transcorrido o lapso prescricional, e constatada a existência de área maior ou menor nas confrontações existentes, impera a certeza da falsidade dos rumos ou limites. Abre-se, então, o caminho para a demarcatória, encontrando-se apoio no *Recurso Especial* nº 60.110-0-GO, da 4ª Turma do STJ, julgada em 5.09.1995:

> Mesmo havendo marcos no terreno, permite-se o manejo da demarcatória para fixar os limites se existe divergência entre a realidade e os títulos dominiais, geradora de insegurança e controvérsia entre as partes.
>
> Na linha do melhor entendimento doutrinário e jurisprudencial, o ponto decisivo a distinguir a demarcatória em relação à reivindicatória é a circunstância de ser imprecisa, indeterminada ou confusa a verdadeira linha de confrontação a ser estabelecida ou restabelecida no terreno.[93]

Segundo o art. 1.298 do Código Civil de 2002, "sendo confusos, os limites, em falta de outro meio, se determinarão de conformidade com a posse justa; e, não se achando ela provada, o terreno contestado se dividirá por partes iguais entre os prédios, ou, não sendo possível a divisão cômoda, se adjudicará a um deles, mediante indenização ao outro".

Três soluções apresenta a norma acima no caso de confusão de limites, e se nenhum outro meio de prova puder esclarecer:

–   ou se determinarão os limites conforme a posse que exercer o confinante, posse esta que, a toda a evidência, deverá ser justa;
–   ou, inexistindo prova da posse, repartir-se-á o terreno contestado proporcionalmente entre os prédios, isto é, por partes iguais;
–   ou, sendo inviável a divisão cômoda, o imóvel será adjudicado a um dos confinantes que indenizará o outro proprietário pela parte dele apropriada.

---

[91]   *Direito de Vizinhança*, 2ª ed., Rio de Janeiro, Forense, 1959, pp. 16 e 17.
[92]   *ADV Jurisprudência* nº 7, de 18.02.2001, p. 110.
[93]   *Direito Imobiliário*, Edição *COAD*, nº 3, expedição de 6.10.1996, p. 241.

Quanto à indenização, observa Carvalho Santos, em doutrina que permanece aplicável: "A indenização deve ser proporcional, isto é, deve corresponder à maior parte que devia caber ao proprietário a indenizar, se se entender que o Código usa da expressão proporcionalmente no seu sentido exato. Deve ser correspondente somente à metade do terreno, se se entender que proporcionalmente equivale a partes iguais".[94]

Tem perfeito cabimento a demarcação da demarcatória com a restituição das áreas invadidas, desde que se insira no pedido a queixa de esbulho, no que havia regra expressa no Código de Processo Civil de 1973, em seu art. 951: "O autor pode requerer a demarcação com a queixa de esbulho ou turbação, formulando também o pedido de restituição do terreno invadido com os rendimentos que deu, ou a indenização dos danos pela usurpação verificada".

A regra era reafirmada nos pretórios: "Demarcação. Cumulação com queixa de esbulho. Admissibilidade. Ação proposta pelo proprietário da área que sustenta ser também possuidor. Legitimidade ativa. Necessidade de prova quanto à imprecisão dos limites", cumulação esta que "faz com que a ação possessória que se inseriu na demarcatória siga o procedimento das ações demarcatórias".[95]

A cumulação, explicava Clóvis do Couto e Silva, tanto podia ser de ação reivindicatória, como de ação possessória, porquanto envolvia domínio e posse.[96]

O Código de Processo Civil de 2015 não repetiu a regra. Entretanto, nada impede a cumulação de pedidos, como permite seu art. 327: "É lícita a cumulação, em um único processo, contra o mesmo réu, de vários pedidos, ainda que contra eles não haja conexão".

O § 1º elenca os requisitos para a cumulação, que são os seguintes:

I – que os pedidos sejam compatíveis entre si;

II – que seja competente para conhecer deles o mesmo juízo;

III – que seja adequado para todos os pedidos o tipo de procedimento.

Existe, realmente, compatibilidade de pedidos, pois ambos envolvem a disputa sobre bem imóvel.

O art. 570 da lei processual atual permite, também, a cumulação das ações demarcatória e divisória, procedendo-se primeiramente a demarcação. A citação recairá, então, nos confinantes e nos condôminos. A regra é idêntica à do art. 947 do Código anterior.

Válidas as seguintes orientações, na cumulação, acenadas por Humberto Theodoro Júnior: "Sendo diferentes os sujeitos passivos da divisão (condôminos) e da demarcação (vizinhos), a citação de uns e outros é para fins diversos. Assim, os confrontantes são citados apenas para acompanhar a demarcação, e mostram-se estranhos ao processo divisório.

Já os condôminos são citados para duplo objetivo, ou seja:

a) para intervirem na demarcação, como litisconsortes do promovente;

b) para acompanharem, como réus, o processo divisório.

---

[94] *Obra citada*, vol. VIII, p. 122.

[95] *Agravo de Instrumento* nº 96.201-1, 1ª Câm. Cível do TJ de São Paulo, de 22.12.1987, em *Revista dos Tribunais*, 628/114.

[96] *Comentários ao Código de Processo Civil*, vol. XI, tomo I, São Paulo, Editora Revista dos Tribunais, 1977, p. 201.

Na primeira fase do processo, há cumulação das duas ações. Confinantes e condôminos oferecem suas contestações no mesmo prazo, e o julgamento de todos os pedidos e respostas se faz numa só sentença.

Passando-se à fase complementar do processo, ou fase dos trabalhos técnicos, os procedimentos se dissociam completamente. A fase executória e topográfica da *communi dividundo* só se inicia depois de finda e julgada por sentença a *finium regundorum*.

Homologada a demarcação, portanto, os confrontantes ficam excluídos do processo, que passará a versar, então, sobre os atos divisórios, que só dizem respeito aos condôminos (art. 948)".[97] O citado art. 948 equivale ao art. 572 do CPC/2015, com pequena variação no texto, que é o seguinte:

> Fixados os marcos da linha de demarcação, os confinantes considerar-se-ão terceiros quanto ao processo divisório, ficando-lhes, porém, ressalvado o direito de vindicar os terrenos de que se julguem despojados por invasão das linhas limítrofes constitutivas do perímetro ou de reclamar indenização correspondente ao seu valor.

Constitui pressuposto para o conhecimento da petição inicial que venha instruída com os títulos da propriedade. Identifica-se o imóvel por suas características, pela situação e pela denominação. E, especialmente, descreverá a inicial os limites por constituir, aviventar ou renovar, além de nomear todos os confinantes da linha demarcanda, conforme ordena o art. 574, que reforça o disposto no art. 569, inc. I, todos do CPC, estando mantido o regramento processual do Código de 1973. É como vinha impondo a jurisprudência, que se valia dos então arts. 946, I, e 950:

> Demarcação. Art. 569 do Código Civil, combinado com os arts. 946, I, e 950 do Código de Processo Civil.
>
> A ação demarcatória, prevista no art. 569 do Código Civil, visa a concretização no solo das confrontações mencionadas nos títulos de domínio, ou a aviventar as que foram apagadas ou destruídas, e não retificar as visivelmente existentes no terreno, para reduzir a área de um dos imóveis à superfície constante no respectivo título enunciado, aliás, com a ressalva "mais ou menos".

E no voto, detalhando os requisitos:

> Esses dispositivos (arts. 946, I, e 950) instrumentalizam os arts. 569 e 570 do Código Civil, vale dizer, a demarcatória: a) para estremar os prédios, fixando-se novos limites entre eles ou aviventando-se os já apagados; b) para, no caso de confusão, fixar os limites, na falta de outro meio, de conformidade com a posse, e, não se achando ela provada, repartindo-se o terreno contestado entre os dois prédios ou, não sendo possível, adjudicando-se a um deles, mediante indenização ao proprietário prejudicado.[98]

Os arts. 946, I, e 950, do CPC/1973, referidos anteriormente, equivalem aos arts. 569, I, e 574 do CPC/2015. Já os arts. 569 e 570 do CC/1916, também citados, têm a correspondência nos arts. 1.297 e 1.298 do Código Civil de 2002. Em todos os dispositivos, é mantido o conteúdo, embora pequenas alterações de texto.

---

[97] *Terras Particulares – Demarcação, Divisão, Tapumes*, ob. cit., pp. 138 e 139.

[98] RE nº 96.686-MT, de 11.12.1979, em *Lex – Jurisprudência do Supremo Tribunal Federal*, 15/197.

Qualquer condômino é parte legítima para promover a demarcação.

As citações, envolvendo sempre os cônjuges dos réus, seguem a forma prevista para a divisão, isto é, pelo correio, exceto se não conseguida por esta forma, quando se providenciará que se realize por oficial de justiça. Aos réus desconhecidos ou incertos, ou com endereço desconhecido, ou incerto, ou inacessível, a citação é feita por edital. Assegura-se o prazo contestacional de quinze dias, prazo que era de vinte dias no regime processual de 1973.

Com ou sem contestação, imprime-se o procedimento comum. Em qualquer das hipóteses, em obediência ao art. 580, cabe ao juiz nomear um ou mais peritos que levantarão o traçado da linha demarcanda. Obviamente, concluídos os estudos, apresentaram os peritos minucioso laudo sobre o traçado da linha demarcanda, tendo em conta os títulos, marcos, rumos, a fama da vizinhança, as informações de antigos moradores do lugar e outros elementos que coligirem.

Admite-se a participação de assistentes, indicados pelas partes.

Explica Hamilton de Moraes e Barros, ao tempo em que a nomeação recaía em peritos que figuravam como arbitradores:

> A apresentação em cartório do laudo dos arbitradores sobre o traçado da linha divisória e da planta da região e do memorial das operações de campo, de elaboração pelo agrimensor, deve preceder razoavelmente a audiência de instrução e julgamento, se houver, ou a conclusão dos autos ao juiz, para a sentença, se for valer-se da faculdade concedida no art. 330, julgando antecipadamente a lide. É que as partes deverão falar sobre tais peças, tendo, para isso, o prazo de dez dias assinalado no art. 957, parágrafo único, podendo as alegações das partes motivar esclarecimentos e até diligências.[99]

Os citados arts. 330 e 957 correspondem aos arts. 355 e 580 do CPC/2015.

Mesmo que omissa a defesa, isto é, havendo revelia, é necessário o levantamento da linha demarcanda. Trata-se de uma questão técnica, impondo o completo delineamento.

Após intimadas as partes sobre o laudo, e cumpridas as diligências exigidas para a instrução, sentenciará o juiz, determinando o traçado da linha demarcanda, o que está ordenado no art. 581: "A sentença que julgar procedente o pedido determinará o traçado da linha demarcanda".

É a sentença o ponto fundamental do processo. Definirá o juiz não somente as linhas demarcandas, como também decidirá todas as questões suscitadas no processo, e máxime o cabimento ou não da demarcatória, a existência ou não do usucapião, se alegado, o que fará preambularmente, além de outros aspectos relativos ao domínio, à posse e à validade dos títulos.

Se cumulada a ação com a divisão, torna-se necessário igualmente o seu julgamento no pertinente à sua possibilidade.

Após o trânsito em julgado da sentença, partirão as partes para a segunda fase, considerada mais administrativa, e consistente na marcação no imóvel dos pontos por onde passará a linha, executando-se o seu traçado, de conformidade com o ordenado na sentença.

Ao efetuar a demarcação, o perito observará o contido no art. 582 e em seu parágrafo único:

---

[99] *Comentários ao Código de Processo Civil*, vol. IX, ob. cit., p. 71.

Transitada em julgado a sentença, o perito efetuará a demarcação e colocará os marcos necessários.

Parágrafo único. Todas as operações serão consignadas em planta e memorial descritivo com as referências convenientes para a identificação, em qualquer tempo, dos pontos assinalados, observada a legislação especial que dispõe sobre a identificação do imóvel rural.

Naturalmente, o técnico indicado para as medidas será um agrimensor.

Após conclusos os trabalhos, com manifestação das partes, e atendidas as diligências necessárias, lavrar-se-á o auto de demarcação, em que os limites demarcandos serão minuciosamente descritos de acordo com o memorial e a planta.

Os incisos do art. 583 indicam os elementos que conterão as plantas da área demarcanda:

As plantas serão acompanhadas das cadernetas de operações de campo e do memorial descritivo, que conterá:

I – o ponto de partida, os rumos seguidos e a aviventação dos antigos com os respectivos cálculos;

II – os acidentes encontrados, as cercas, os valos, os marcos antigos, os córregos, os rios, as lagoas e outros;

III – a indicação minuciosa dos novos marcos cravados, dos antigos aproveitados, das culturas existentes e da sua produção anual;

IV – a composição geológica dos terrenos, bem como a qualidade e a extensão dos campos, das matas e das capoeiras;

V – as vias de comunicação;

VI – as distâncias a pontos de referência, tais como rodovias federais e estaduais, ferrovias, portos, aglomerações urbanas e polos comerciais;

VII – a indicação de tudo o mais que for útil para o levantamento da linha ou para a identificação da linha já levantada.

Necessária a colocação de marcos na linha demarcada, a partir da estação inicial, como nos vértices dos ângulos, a menos que existam acidentes naturais de difícil remoção. É o ordenado pelo art. 584: "É obrigatória a colocação de marcos tanto na estação inicial, dita marco primordial, quanto nos vértices dos ângulos, salvo se algum desses últimos pontos for assinalado por acidentes naturais de difícil remoção ou destruição".

Devem os peritos percorrer a linha demarcanda, conferindo a exatidão das linhas com o memorial e a planta. Constará em relatório as observações e conclusões, como ordena o art. 585: "A linha será percorrida pelos peritos, que examinarão os marcos e os rumos, consignando em relatório escrito a exatidão do memorial e da planta apresentados pelo agrimensor ou as divergências porventura encontradas".

Seguem atos de vistas às partes no prazo de quinze dias e de assinatura do auto de demarcação, na linha do art. 586 e seu parágrafo único:

Juntado aos autos o relatório dos peritos, o juiz determinará que as partes se manifestem sobre ele no prazo comum de 15 (quinze) dias.

Parágrafo único. Executadas as correções e as retificações que o juiz determinar, lavrar-se-á, em seguida, o auto de demarcação em que os limites demarcandos serão minuciosamente descritos de acordo com o memorial e a planta.

Assinado o auto pelo juiz e pelos peritos, será proferida a sentença homologatória da demarcação.

Se cumulada a ação com a divisão da área comum, prevista no art. 947 do CPC/1973 e no art. 570 do CPC/2015, tão logo finda a ação com a fixação dos rumos, continuará, de acordo com certo entendimento, o processo cumulado tão somente para realizar-se a divisão do imóvel, cujo perímetro acabou de ser estabelecido, como explica Hamilton Moraes e Barros, lembrando que o confinante será estranho à divisão, sendo mantido o sistema com o CPC/2015.[100]

Mas o caminho mais conveniente é o julgamento simultâneo da demarcação e da divisão, porquanto, do contrário, exigir-se-á um terceiro momento do processo, reservado exclusivamente para a divisão.

É o entendimento que deixava entrever Humberto Theodoro Júnior e que se mantém com o atual CPC:

> Entre os comentaristas do Código atual tem sido unânime a inteligência de que a retirada dos confrontantes do processo divisório cumulativo deve corresponder ao exaurimento do processo demarcatório, o que se dá pela respectiva homologação. Por isso, é após a sentença final de homologação da demarcação (art. 966) que o processo divisório cumulado retomará seu curso, com observância dos arts. 969 e seguintes do Código de Processo Civil.
>
> É de observar-se, porém, que se o juiz não seguir dita orientação e proferir uma única sentença homologatória, tanto para a divisão como para a demarcação, nulo não será o julgamento, por falta de cominação expressa em tal sentido e por ausência do prejuízo imediato para as partes.
>
> Na verdade, a boa técnica exige que, na ordem de preferência, haja primeiro o julgamento da demarcação, só para depois iniciar-se, com base em dados certos de limites da coisa comum, a operação da partilha da coisa indivisa.

É de se anotar que o apontado no art. 966 está reproduzido pelo art. 587 do CPC/2015, com a diferença, no regime vigente, quanto à assinatura do auto de demarcação, de que será assinado pelo juiz e pelos peritos, enquanto no regime do Código de 1973 constava que a assinatura do dito auto se fazia pelo juiz e pelos arbitradores. Já o art. 969 do CPC/1973, também invocado, tem regra similar ao art. 590 do CPC/2015, o qual substitui os arbitradores e o agrimensor por peritos para a realização da medição do imóvel e as operações de divisão.

Mesmo que não transitada em julgado a sentença de homologação da demarcação, é possível iniciar os trabalhos, conforme prossegue o mesmo autor:

> Acontece, todavia, que a sentença homologatória da demarcação admite apelação sem efeito suspensivo (CPC, art. 520, I), o que torna possível os trabalhos sem o trânsito em julgado do primeiro julgamento.
>
> Haverá, de tal sorte, sempre o risco de cair por terra o processo demarcatório, com efeitos perniciosos sobre as operações de medição, mesmo que se julgue previamente a demarcação do imóvel dividendo.
>
> É por isso que entendo não ser tão relevante a discussão em torno da necessidade de julgar ou não separadamente a fase técnica das operações de campo da demarcação e da divisão. O resultado, na ordem prática, será quase o mesmo.[101]

---

[100] *Comentários ao Código de Processo Civil*, vol. IX, ob. cit., p. 30.
[101] *Terras Particulares – Demarcação, Divisão, Tapumes*, ob. cit., p. 143.

Anote-se que o conteúdo do referido art. 520, I, é o mesmo que está no art.1.012, § 1º, I, do CPC/2015.

A disposição processual civil (art. 570 do CPC/2015) que ordena processar-se primeiro a demarcação, quer significar que os trabalhos iniciarão com a demarcação para somente depois prosseguirem com a divisão.

Concluídas a demarcação e a divisão lançam-se os autos respectivos, com a posterior homologação.

No entanto, reza o art. 572 do vigente CPC, com pequena diferença de texto em relação ao art. 948 do anterior CPC, mas não alterando o conteúdo:

> Fixados os marcos da linha de demarcação, os confinantes considerar-se-ão terceiros quanto ao processo divisório, ficando-lhes, porém, ressalvado o direito de vindicar os terrenos de que se julguem despojados por invasão das linhas limítrofes constitutivas do perímetro ou de reclamar indenização correspondente ao seu valor.

Nada mais se garante neste dispositivo aos confrontantes estranhos à divisão que o direito a reivindicarem a área porventura invadida pelo perímetro do imóvel dividendo. Ou seja, julgada antes a demarcação, se o perímetro das áreas dos condôminos envolver extensão do imóvel dos confinantes, a estes assiste a reivindicação das áreas abrangidas pela divisão.

Comum é a ocorrência da invasão em outras áreas na demarcação.

O § 1º do art. 572 traz outra norma viável de configuração prática: "No caso do *caput*, serão citados para a ação todos os condôminos, se a sentença homologatória da divisão ainda não houver transitado em julgado, e todos os quinhoeiros dos terrenos vindicados, se a ação for proposta posteriormente".

Observa-se que está em andamento a ação demarcatória.

Caso também se promova a divisão, e não tenha esta sido concluída, havendo, portanto, cumulação das duas lides, todos os condôminos deverão ser citados. Mas, se transitada em julgado a divisão, citam-se unicamente os quinhoeiros contemplados.

Em síntese, promovendo alguém uma ação demarcatória, duas as possíveis eventualidades suscetíveis de ocorrer: ou encontra-se concluída a divisão, citando-se apenas aqueles que receberam quinhões; ou não se encontra concluída, caso em que a citação será endereçada a todos os possíveis quinhoeiros.

Esta era a exegese que se encontra em Hamilton de Moraes e Barros, perfeitamente aplicável no vigente sistema processual:

> Antes de passar em julgado a sentença homologatória da divisão, a parte passiva da relação processual é constituída pela totalidade dos condôminos. Todos são réus, sujeitos ao desfecho da ação.
>
> Depois de passada em julgado a sentença homologatória da divisão, réus serão apenas os quinhoeiros aos quais tocarem os terrenos reivindicados. Seria, entretanto, injusto que arcassem sozinhos tais condôminos confinantes com uma amputação da área, a qual deveria distribuir-se por todos, já que importa na diminuição do patrimônio partilhável.[102]

O parágrafo único reconhece o seguinte direito na última hipótese acima ressaltada, isto é, aos quinhoeiros relativamente a outros condôminos: a sentença que julga procedente a ação,

---

[102] *Comentários ao Código de Processo Civil*, vol. IX, ob. cit., p. 36.

Cap. XXI • DIREITOS DE VIZINHANÇA | 575

condenando a restituir os terrenos ou a pagar a indenização, valerá como título executivo em favor dos quinhoeiros para haverem dos outros condôminos que forem parte da divisão ou de seus sucessores a título universal, na proporção que lhes tocar, a composição pecuniária do desfalque sofrido. Naturalmente, como pressuposto para a ação dos quinhoeiros contra os demais condôminos, é indispensável a procedência da ação demarcatória.

O art. 571 do Código Civil de 1916 disseminava uma disposição um tanto deslocada do assunto, ao estabelecer um tipo de condomínio nos muros, valas, cercas etc., entre os prédios: "Do intervalo, muro, vala, cerca, ou qualquer outra obra divisória entre dois prédios, têm direito a usar em comum os proprietários confinantes, presumindo-se, até prova em contrário, pertencer a ambos". O Código de 2002, no § 1º do art. 1.297, pormenorizando mais os tapumes, resume que os mesmos pertencem aos proprietários dos prédios, fazendo decorrer, no entanto, o uso comum, e impondo que as despesas de construção e conservação dividem-se em comum a todos:

> Os intervalos, muros, cercas e os tapumes divisórios, tais como sebes vivas, cercas de arame ou de madeira, valas ou banquetas, presumem-se, até prova em contrário, pertencer a ambos os proprietários confinantes, sendo estes obrigados, de conformidade com os costumes da localidade, a concorrer, em partes iguais, para as despesas de sua construção e conservação.

A cada proprietário, pois, além de lhe pertencer, se garante usar da maneira que entender aqueles muros ou cercas, apoiando objetos, travejando paredes, desde que não ultrapasse o meio da obra divisória.

Depreende-se que existe a presunção *juris tantum* da construção de comum acordo, erguida por metade sobre o terreno de cada proprietário.

Nestas condições, não se impede alterar o muro, decorá-lo ou revesti-lo de materiais diferentes, para utilizá-lo como parede para uma peça ou construção.

21.7. DIREITO DE CONSTRUIR

Seguramente, dentre os direitos de vizinhança é este um dos assuntos mais importantes, pela sua constância de incidência prática. Na construção em seu terreno, ao proprietário cumpre a observância de uma série de exigências legais, sobretudo de ordem pública, social e administrativa. Algumas delas correspondem a verdadeiras restrições ao direito de propriedade. Predominam na regulamentação das edificações as posturas municipais, em geral consubstanciadas em códigos de obras, enquanto o atendimento às normas civis circunscreve--se mais aos beirais, goteiras, janelas, distância entre a janela e o prédio vizinho etc.

Visa o direito de construir o regramento das relações que devem imperar entre os vizinhos, quando um deles resolver construir. Envolve tanto a superfície do solo como o subsolo e o espaço aéreo.

A altura e a profundidade, de modo geral, aparecem reguladas pelos planos diretores ou normas no Município.

As posturas e outros ordenamentos municipais têm em conta, normalmente, a função social das construções, conforme demonstra o urbanista José Afonso da Silva: "Cumpre observar que o destino dos terrenos urbanos é informado, além do mais, pelo princípio da função social da propriedade".[103] Daí que há profundas limitações no direito de construir,

---

[103] *Direito Urbanístico Brasileiro*, São Paulo, Editora Revista dos Tribunais, 1981, p. 102.

dirigidas a coadunar as edificações aos planos de ordenamento das cidades, de sorte a atingir a função social. No dizer de Paul Roubier, a liberdade de construir é subordinada a várias condições disciplinadas pelo direito positivo e dirigidas para atender o interesse coletivo.[104]

21.7.1. Liberdade e limitações nas construções

O art. 1.299 do Código de 2002 deixa entrever a tendência às restrições: "O proprietário pode levantar em seu terreno as construções que lhe aprouver, salvo o direito dos vizinhos e os regulamentos administrativos".

Há, de início, que distinguir entre edificações e construções. As primeiras compreendem os prédios, sendo a espécie do gênero das últimas, e destinando-se mais à habitação, ao trabalho, ao culto e aos escritórios. Já a construção, além de abarcar tal dimensão, abriga em seu conteúdo a demolição, o muramento, a escavação, o aterro, a pintura e demais trabalhos destinados a beneficiar, tapar, desobstruir ou embelezar o prédio.[105] As duas denominações, porém, expressam toda realização material e intencional do ser humano, com vista a adaptar o imóvel às suas conveniências e necessidades.

De conformidade com o art. 1.299, a liberdade de construir encontra freio nos direitos dos vizinhos e nos regulamentos administrativos. Por outras palavras, o conceito de vizinho compreende uma relação de proximidade entre pessoas, sem, no entanto, impor necessariamente a contiguidade dos prédios.

O proprietário, com sua obra, não pode prejudicar os moradores dos prédios próximos. Para tanto, sofre uma série de restrições, de caráter pessoal, recíproco e gratuito. As pessoas devem apresentar uma conduta compatível com a proximidade de outros seres humanos. Daí a pessoalidade das obrigações, determinando, não raramente, um extenso rol de omissões de atos ofensivos a terceiros. A reciprocidade se impõe por ser exigível de todos os moradores próximos idêntica conduta. Ao mesmo tempo em que se reconhece em favor de outros um direito a um certo comportamento, assume o indivíduo o dever de retribuir com a mesma conduta.

E a gratuidade assenta na óbvia inexigibilidade de qualquer retribuição ou indenização em face da conduta ordenada.

Mas, o direito dos vizinhos propriamente ditos são os norteados pelo art. 1.277, cujo texto ordena que o uso da propriedade não poderá prejudicar ou lesar a segurança, o sossego e a saúde dos que habitam o prédio vizinho.

A liberdade de construir deve coadunar-se também aos regulamentos administrativos que formam as limitações administrativas, definidas por Hely Lopes Meirelles como "toda imposição geral, gratuita, unilateral e de ordem pública, condicionadora do exercício de direitos ou de atividades particulares às exigências do bem-estar social".[106]

Distinguem-se tais limitações administrativas das restrições de vizinhança reguladas por leis civis, porquanto são emanadas aquelas de normas de ordem pública, dirigidas a proporcionar o bem-estar da comunidade. Não se confundem, outrossim, com as servidões administrativas, que nada mais são que ônus impostos pelo Poder Público a determinadas propriedades, restringindo o proveito de algum dos poderes da propriedade. Constituem preceitos de ordem pública, e conferem à administração o poder de polícia, com o que se

---

[104] *Droits Subjectives et Situations Juridiques*, Paris, Dalloz, 1963, p. 165.

[105] Hely Lopes Meirelles, *Direito de Construir*, ob. cit., p. 13.

[106] *Direito de Construir*, ob. cit., p. 68.

gabarita a mesma a fazer prevalecer sua política nas edificações, geralmente delineada em código de obras e no plano diretor. A finalidade última das normas é ordenar as atividades individuais ligadas à construção ou edificação no sentido do bem social.

Esta atividade do Município se exterioriza através de decretos, regulamentos, provimentos e mesmo leis. A implantação e consecução prática das normas são atingidas justamente pelo poder de polícia, consistente na autoridade reconhecida ao Poder Público para impor o uso normal da propriedade, evitando edificações vulneradoras do interesse e do bem social, que infringem as programações técnicas e políticas do planejamento urbano. Os executores deste poder habilitam-se a velar concretamente pelo bem comum, impedindo construções que desatendem as leis e posturas municipais. Pela sua atuação, dá-se a implantação de um sistema total de regulamentação interna dos prédios. A força ou eficiência de tal atividade encontra sentido através de uma série de atos preventivos e repressivos, como notificações para a prática ou abstenção de uma conduta legal ou ilegal, a aplicação de multas, a interdição dos trabalhos ou de atividades, o embargo de construção e a ação demolitória. Judicialmente, aprecia-se tão somente a legalidade dos atos, ordenando a paralisação dos trabalhos unicamente se desrespeitadas disposições e lei reguladoras.

Há sempre uma série de limitações urbanísticas, disciplinadoras dos espaços habitacionais, daquelas destinadas à circulação, à recreação, aos equipamentos comunitários, etc. Desenvolvendo o assunto, relaciona outra José Afonso da Silva:

> Essas limitações consistem em condicionamentos referentes ao uso, de acordo com leis de zoneamento, que predeterminam categoria de usos admissíveis em cada área (zona: residencial, industrial, institucional, etc.); à ocupação do terreno, que diz respeito à implantação do edifício no lote, visando a favorecer a estética urbana e a assegurar a insolação, a iluminação e a ventilação dos logradouros, dos compartimentos da própria edificação de índices urbanísticos, a saber: coeficiente de aproveitamento (relação entre metros quadrados do lote e área de edificação nele admissível), taxação de ocupação (projeção horizontal de edificação no lote), recuos (afastamento da edificação das fronteiras do lote), gabaritos (altura e volume edificável); à circulação, mediante fixação do alinhamento e nivelamento; e. finalmente, às características arquitetônicas (estabelecimento de modelos de assentamento urbano, com aplicação do chamado zoneamento arquitetônico).[107]

21.7.2. Plano diretor do Município

É justamente o plano diretor do Município que traça as normas relativas ao desenvolvimento da zona urbana e rural. Constitui o instrumento básico do planejamento urbano municipal. Por meio dele, a administração municipal realiza o desenvolvimento da zona urbana e da zona rural, compreendendo aspectos físicos territoriais, econômicos, sociais e institucionais ou administrativos. Representa sempre os objetivos no desenvolvimento e no ordenamento do Município, dentro dos princípios que vieram trazidos pela Lei nº 10.257, de 10.07.2001, que criou o Estatuto da Cidade, cujo art. 40 oferece a seguinte definição: "O plano diretor, aprovado por lei municipal, é o instrumento básico da política de desenvolvimento e expansão urbana". Denominado também de Plano Diretor de Desenvolvimento Integrado, fixa as diretrizes do desenvolvimento físico-econômico-social do Município. José Afonso da Silva sistematiza seus objetivos: "Seus objetivos são gerais e específicos. São gerais: a) no

---

[107] *Obra citada*, pp. 104 e 105.

campo físico-territorial: promover a ordenação dos espaços habitacionais do Município; b) no campo econômico: promover o desenvolvimento econômico do Município; c) no campo social: promover a melhoria da qualidade de vida da população; d) no campo institucional--administrativo: promover a melhoria do atendimento e da eficácia dos serviços urbanos prestados pela Prefeitura. Poderíamos, aliás, enunciar ainda de modo mais geral esses objetivos do plano, dizendo que seu objetivo geral é o de instrumentar uma estratégia de mudança no sentido de obter a melhoria da qualidade de vida da comunidade local.

Os objetivos específicos dependem da realidade que se quer transformar. Traduzem-se em objetivos concretos de cada um dos projetos que integram o plano, tal como reurbanização de um bairro, alargamento de uma determinada via pública, construção de vias expressas, intensificação da industrialização de área determinada, construção de rede de esgoto, saneamento de determinada área, construção de casas populares, retificação de um rio e urbanização de suas margens, zoneamento, arruamento, loteamento etc."[108]

Evidentemente, o direito de construir submete-se às condições e aos padrões ordenados no plano diretor.

É obrigatório, na forma do art. 41 da Lei nº 10.257/2001, para cidades:

I – com mais de vinte mil habitantes;

II – integrantes de regiões metropolitanas e aglomerações urbanas;

III – onde o Poder Público municipal pretenda utilizar os instrumentos previstos no § 4º do art. 182 da Constituição Federal;

IV – integrantes de áreas de especial interesse turístico;

V – inseridas na área de influência de empreendimentos ou atividades com significativo impacto ambiental de âmbito regional ou nacional;

VI – incluídas no cadastro nacional de Municípios com áreas suscetíveis à ocorrência de deslizamentos de grande impacto, inundações bruscas ou processos geológicos ou hidrológicos correlatos (inciso incluído pela Lei nº 12.608, de 10.04.2012).

Deverá conter, em obediência ao art. 42 da mesma Lei nº 10.257/2001, dentre outras exigências, a delimitação das áreas urbanas onde poderá ser aplicado o parcelamento, edificação ou utilização compulsórios, considerando a existência da infraestrutura e de demanda para utilização.

Importantes exigências vieram com a Lei nº 12.608/2012, quanto aos Municípios incluídos no "cadastro nacional de Municípios com áreas suscetíveis à ocorrência de deslizamentos de grande impacto, inundações bruscas ou processos geológicos ou hidrológicos correlatos", constantes do art. 42-A:

I – parâmetros de parcelamento, uso e ocupação do solo, de modo a promover a diversidade de usos e a contribuir para a geração de emprego e renda;

II – mapeamento contendo as áreas suscetíveis à ocorrência de deslizamentos de grande impacto, inundações bruscas ou processos geológicos ou hidrológicos correlatos;

III – planejamento de ações de intervenção preventiva e realocação de população de áreas de risco de desastre;

---

[108] *Obra citada*, pp. 173 e 174.

Cap. XXI · DIREITOS DE VIZINHANÇA | **579**

IV – medidas de drenagem urbana necessárias à prevenção e à mitigação de impactos de desastres;

V – diretrizes para a regularização fundiária de assentamentos urbanos irregulares, se houver, observadas a Lei nº 11.977, de 7 de julho de 2009, e demais normas federais e estaduais pertinentes, e previsão de áreas para habitação de interesse social por meio da demarcação de zonas especiais de interesse social e de outros instrumentos de política urbana, onde o uso habitacional for permitido; e

VI – identificação e diretrizes para a preservação e ocupação das áreas verdes municipais, quando for o caso, com vistas à redução da impermeabilização das cidades" (inciso incluído pela Lei nº 12.983, de 2.06.2014).

À relação de leis e posturas municipais paralelas ao plano diretor, disciplinadoras de importantes aspectos das construções, e mesmo da vida urbana, dá-se o nome de "regulamentação edilícia", que abarca normas sobre a segurança, o ordenamento do solo urbano e urbanizável, o zoneamento e o ordenamento da cidade, e o controle das construções.

Importante delineamento trouxe a Lei nº 12.608/2012, acrescentando o art. 42-B à Lei nº 10.257/2001, relativamente à ampliação do perímetro urbano dos Municípios. É necessária lei própria, com a elaboração de projeto detalhando os requisitos que seguem nos incisos e explicitações dos parágrafos:

Os Municípios que pretendam ampliar o seu perímetro urbano após a data de publicação desta Lei deverão elaborar projeto específico que contenha, no mínimo:

I – demarcação do novo perímetro urbano;

II – delimitação dos trechos com restrições à urbanização e dos trechos sujeitos a controle especial em função de ameaça de desastres naturais;

III – definição de diretrizes específicas e de áreas que serão utilizadas para infraestrutura, sistema viário, equipamentos e instalações públicas, urbanas e sociais;

IV – definição de parâmetros de parcelamento, uso e ocupação do solo, de modo a promover a diversidade de usos e contribuir para a geração de emprego e renda;

V – a previsão de áreas para habitação de interesse social por meio da demarcação de zonas especiais de interesse social e de outros instrumentos de política urbana, quando o uso habitacional for permitido;

VI – definição de diretrizes e instrumentos específicos para proteção ambiental e do patrimônio histórico e cultural; e

VII – definição de mecanismos para garantir a justa distribuição dos ônus e benefícios decorrentes do processo de urbanização do território de expansão urbana e a recuperação para a coletividade da valorização imobiliária resultante da ação do poder público.

§ 1º O projeto específico de que trata o *caput* deste artigo deverá ser instituído por lei municipal e atender às diretrizes do plano diretor, quando houver.

§ 2º Quando o plano diretor contemplar as exigências estabelecidas no *caput*, o Município ficará dispensado da elaboração do projeto específico de que trata o *caput* deste artigo.

§ 3º A aprovação de projetos de parcelamento do solo no novo perímetro urbano ficará condicionada à existência do projeto específico e deverá obedecer às suas disposições.

21.7.3. Alinhamento, recuo e zoneamento

Constam certas regras no plano diretor e na regulamentação edilícia, relativas à liberdade no direito de construir, que dizem respeito ao alinhamento, recuo e zoneamento. Abordar-se-á cada um destes itens.

21.7.3.1. Alinhamento

Representa o limite entre a via pública e a propriedade privada. Constitui um ato unilateral do Município, limitando a propriedade particular, sem caber qualquer indenização desde que a limitação atinja apenas o direito de construir, com permissão para a área ser utilizada para outro fim.

Cumpre o alinhamento, segundo José Afonso da Silva, duas funções:

a) Servir de meio de delimitação e deslinde entre a propriedade particular e os logradouros públicos. b) Constitui, assim, um meio de atuação urbanística do Poder Público, que cabe aos Municípios no pertinente aos logradouros públicos urbanos e à administração titular das vias extraurbanas. Os particulares não têm a faculdade de estabelecer alinhamento, ainda que seja titular alguém de uma via.[109]

É comum a sua fixação quando do traçado de uma nova via. Marca-se a linha divisória da mesma com as propriedades confinantes. Concretiza-se com a expropriação da área delimitada no projeto, se proibida ou impossibilitada a utilização para finalidades diversas que a construção.

Se procedida a desapropriação, é induvidosa a indenização. Caso, porém, verificada a limitação por simples desapropriação indireta, ou por mera separação de uma área que acompanha as vias ou circunda os logradouros públicos, proibindo-se construções na área, bem como algum aproveitamento econômico, é correto ver nesta interferência uma verdadeira constrição ao direito de uso, e mesmo de disposição, o que justifica qualquer pretensão indenizatória. A propriedade resta, é certo, limitada em vários aspectos. Quase sempre há total impossibilidade de transmissão da área de terras, pois a ninguém desperta interesse a aquisição.

21.7.3.2. Recuo

Significa um afastamento mínimo da edificação em relação à via pública ou ao vizinho, permanecendo a área retirada do recuo integrada ao proprietário particular.

Equivale a distâncias ou afastamentos entre o limite externo do erguimento das construções e a divisa do terreno.

O recuo pode ser de frente, sendo o mais comum, e correspondendo à distância entre o alinhamento e o ponto onde as leis ou posturas municipais permitem o erguimento do prédio; de fundos, se considerado para a edificação o distanciamento que parte da divisa de fundo do lote ou terreno; e de lado, se a distância toma como ponto de partida a divisa lateral do lote.

De suma importância são os recuos. Ao mesmo tempo em que permitem a aeração e iluminação, facilitam a redução de perigos de propagação dos incêndios e permitem a reserva

---

[109] *Obra citada*, p. 258.

de espaços para a locomoção e a distração das pessoas, bem como para a implantação de jardins e da vegetação.

Têm-se, pois, áreas de frente, de fundo e nos lados das casas. Geralmente, os planos diretores dos Municípios estabelecem um percentual máximo de taxa de ocupação superficial do imóvel.

Não se pense caber o direito a alguma indenização em face da extensão de recuo imposta pela municipalidade, conforme uma jurisprudência que se formou a respeito, desde o tempo em que o STF julgava a matéria:

> Recuo de prédio. Poder de Polícia. Não viola a Constituição Federal, nem nega vigência a Direito Federal, o acórdão que nega indenização de área resultante de recuo de edifícios, segundo plano urbanístico anterior de 30 anos antes da aquisição, área esta que permanece na posse e gozo do proprietário. Exercício do poder de polícia do Município. [110]

> Recuo para construção. Em regra, não são indenizáveis as áreas de recuo para o alinhamento das construções urbanas, impostas pela administração, com base no poder de polícia.[111]

21.7.3.3. Zoneamento

Envolve o assunto o planejamento na distribuição de tipos de construções na cidade. Cuida-se de se estabelecer planos de ocupação do solo, sem dúvida um dos fatores de maior relevo na política de racionalização das cidades maiores.

Para o francês Henri Jacquot, o zoneamento corresponde à divisão do território municipal "en zones affectées à des usages différents, permet d'organiser l'utilisation de l'espace en séparant les activités et occupations du sol incompatibles, et en réunissant au contraire celles qui le sont".[112]

Consoante Hely Lopes Meirelles, zoneamento consiste "na repartição do solo e das zonas urbanizáveis segundo a sua precípua destinação de uso e ocupação do solo".[113]

O escopo do zoneamento é a aplicação de uma política de solo urbano.

Num sentido amplo, não se restringe apenas à realidade urbana como organização espacial do uso do solo, mas, realça Pedro de Milanelo Piovezane, visa uma

> síntese e reúne em uma mesma preocupação os elementos econômicos e sociais, a organização do espaço, os investimentos públicos e privados, o funcionamento dos serviços públicos e os próprios instrumentos das finanças públicas. Em consequência, a vinculação na política urbana com a política nacional de desenvolvimento implica necessariamente a montagem de sistemas de planejamento perfeitamente integrados.[114]

Trata-se de um assunto urbanístico de profunda complexidade, já que inexiste uma legislação federal específica e uniforme sobre a matéria.

---

[110] RE nº 76.867, j. em 30.11.1973, publ. no *DJ* de 02.01.1974, em *Revista de Direito Administrativo*, 120/462.

[111] RE nº 79.721, j. em 11.04.1975, publ. no *DJ* de 09.05.1975, em *Revista de Direito Administrativo*, 127/462.

[112] *Droit de l'Urbanisme*, Paris, Précis Dalloz, 1987, p. 170. Tradução livre do texto: "em zonas destinadas a diferentes usos, permitindo organizar o uso do espaço pela separação de atividades e ocupações do solo incompatíveis e por outro lado reunindo aquelas que são compatíveis"

[113] *Direito de Construir*, ob. cit., p. 106.

[114] *Elementos de Direito Urbanístico*, São Paulo, Editora Revista dos Tribunais, 1981, p. 18.

No aspecto mais restrito, envolve o estabelecimento de áreas residenciais, comerciais, industriais e institucionais.

Demarcam-se áreas para feiras, mercados, estacionamento de veículos e comércio ambulante. Delimitam-se na cidade zonas para certos tipos de construções, mormente quanto à altura de edifícios. Regulamentam-se a circulação de veículos, o trânsito de pessoas e o tráfego de carros pesados no perímetro urbano, como no caso de destinação de certas vias para o tráfego de veículos de carga perigosa. Fixa-se o horário de circulação de caminhões nas zonas centrais da cidade. Há, enfim, um ordenamento da cidade.

Adverte Toshio Mukai que "o planejamento de uma área deve estar vinculado às metas e diretrizes dos planos dos escalões superiores. Assim, o planejamento de um Município deve obedecer às metas e diretrizes dos planos da região envolvente (plano regional, se houver), do Estado e da União".[115]

Não envolve o zoneamento necessariamente apenas as áreas urbanas. Pode abranger o uso e a ocupação das áreas destinadas a urbanização, ainda que se estendam fora do perímetro urbano. O já citado Henri Jacquot é claro a respeito:

> La catégorie des zones urbaines ne recouvre donc pas seulement les zones urbanissées. Elle s'étend à toutes celles qui, sans être urbanisées, sont suffisamment équipées ou sur le point de l'être pour recevoir des constructions ou un autre mode d'occupation du sol exigent des équipaments. Il n'est pas nécessaire que les équipaments existent; il suffit qu'ils soient en cours de réalisation.[116]

A lei municipal é que deverá traçar as normas do zoneamento. Por decretos, o Prefeito municipal as fixa ou discrimina, individualizando-as.

É o que leciona Luís Alberto de Mattos Freire de Carvalho, ao considerar o zoneamento como questão de peculiar interesse do Município:

> Fixada a noção de peculiar interesse, dela decorre que as normas e critérios de zoneamento devem ser estabelecidos por lei municipal, porque essa é matéria pertencente ao campo da competência exclusiva que é deferida ao Município para a organização dos serviços públicos locais.[117]

As cidades mais organizadas e ordenadas repartem a área compreendida pelo perímetro urbano em zonas residenciais, comerciais, industriais e administrativas.

Há, destarte, várias categorias de uso, pelas quais se especificam os tipos de ocupação do solo.

a) Uso residencial.

Destina-se à moradia, em que as áreas devem oferecer algumas condições propícias à salubridade, segurança e tranquilidade. Prepondera uma organização especial de bairro ou

---

[115] *Obra citada*, p. 100.

[116] *Obra citada*, p. 171. Tradução livre do texto: "A categoria de zonas urbanas, portanto, não abrange apenas zonas urbanizadas. Estende-se a todas aquelas que, sem serem urbanizadas, estão suficientemente equipadas ou prestes a receber construções ou um outro modo de ocupação do solo que exija equipamentos. Não é necessário que o equipamento exista; basta que ele esteja sendo feito".

[117] *Aspectos Jurídicos do Zoneamento*, em *Temas de Direito Urbanístico*, coordenação de Adilson Abreu Dallari e Lúcia Valle Figueredo, Editora Revista dos Tribunais, 1987, p. 142.

Cap. XXI · DIREITOS DE VIZINHANÇA | 583

local, incluindo a arborização, a ausência de ruídos exagerados, a tranquilidade, e a restrição a certos transportes, dentre outros requisitos.

Em uma sociedade mais organizada e evoluída, classificam-se diversas categorias de zonas residenciais, como a de uso residencial unifamiliar, com edificações destinadas a uma habitação por terreno ou lote; e a de uso residencial multifamiliar, onde sobressaem as edificações de edifícios em condomínios, com mais de uma habitação por terreno ou lote, o que se dá através de agrupamentos de prédios horizontais ou verticais, podendo haver espaços e instalações de utilização comum.

b) Uso comercial.

Abrange este uso zonas determinadas ao comércio varejista e atacadista. Não raramente, para o comércio varejista fixa-se a delimitação em espaços próximos às zonas residenciais; quanto ao atacadista, em locais separados das áreas residenciais, como medida preservativa de certos incômodos, causados pelo tráfego pesado e ruidoso. É comum a situação nas periferias das cidades, onde se torna fácil o acesso para as rodovias, ferrovias ou portos.

Neste sentido, a mera expedição de alvará para a construção de um prédio comercial não implica direito para a utilização do prédio a qualquer atividade, segundo se decidiu:

> A obtenção, por particular, de alvará para construção de prédio para uso comercial, não implica expedição automática de licença do Poder Público para o exercício de atividade comercial específica e nem direito subjetivo à obtenção de tal licença, pois, embora tais atos administrativos pertençam ao mesmo gênero conceitual, o conteúdo, o conteúdo típico de ambos é diverso. A licença de localização e funcionamento depende de outros requisitos legais, submetendo-se à lei de zoneamento, só podendo o prédio ser usado nas atividades comerciais permitidas na área.[118]

c) Uso industrial.

Envolve a indústria pesada ou de grande extensão, cuja tendência é a concentração em distritos industriais, a uma certa distância de áreas habitacionais, com o fulcro de evitar os males advindos do barulho, da poluição e do transporte pesado. Mas se a indústria for de pequeno porte, ou mais artesanal, que não traz incômodos, a fixação é comum em bairros e mesmo nas cercanias de conjuntos residenciais.

Neste tipo de planejamento de zoneamento, de real importância nos tempos atuais, face as constantes devastações da natureza e os problemas de poluição, há uma série de instrumentos e mecanismos disciplinadores e impostos pelo ente público.

Merece especial atenção o Estudo de Impacto Ambiental (EIA), a ser elaborado antes da implantação de qualquer obra ou atividade potencialmente causadora de significativa degradação do meio ambiente. Ou representa o estudo das possíveis modificações nas diversas características socioeconômicas e biofísicas do meio ambiente, que podem resultar de um projeto proposto na instalação da indústria. Com isto, previnem-se possíveis danos ambientais, como descreve o promotor de justiça paulista Édis Milaré.[119]

Na definição do Conselho Nacional do Meio Ambiente (CONAMA), por meio da Resolução nº 1, de 23.01.1986, ainda em vigor e com alterações posteriores, impacto ambiental é qualquer alteração das probabilidades físicas, químicas e biológicas do meio ambiente, causada

---

[118] *Revista dos Tribunais*, 641/128.
[119] "A Importância dos Estudos de Impacto Ambiental", em *Revista dos Tribunais*, nº 630, pp. 251 e seguintes.

por qualquer forma de matéria ou energia resultante das atividades humanas que, direta ou indiretamente, afete a saúde, a segurança e o bem-estar da população; as atividades sociais e econômicas; a biota; as condições estéticas e sanitárias do meio ambiente; e a qualidade dos recursos ambientais (art. 1º).

Portanto, visando prevenir alterações naturais nocivas do local onde se pretende introduzir certa atividade, urge, antes, se obtenha uma previsão dos efeitos no ambiente, o que se concretiza mediante o Relatório de Impacto Ambiental (RIMA), para só após autorizar-se o licenciamento de uma série de obras e atividades, como as indicadas no art. 2º da apontada Resolução, destacando-se a abertura de estradas de rodagem com duas ou mais faixas de rolamento; ferrovias; portos e terminal de minério, petróleo e produtos químicos; aeroportos, oleodutos, gasodutos, minerodutos, troncos coletores e emissários de esgotos sanitários; linhas de transmissão de energia elétrica, acima de 230 KW; obras hidráulicas para exploração de recursos hídricos; extração de minério; aterros sanitários, processamento e destino final de resíduos tóxicos ou perigosos; usinas de geração de eletricidade; complexo e unidades industriais e agroindustriais, atividades que utilizem carvão vegetal, e outras dirigidas à transformação de matéria-prima.

A Lei nº 6.803/1980 (arts. 2º e ss.), que dispôs sobre as diretrizes básicas para o zoneamento industrial nas áreas críticas de poluição, foi o primeiro mandamento a tratar do assunto. Classifica em três as zonas industriais:

a) Zonas de uso estritamente industrial: aquelas destinadas preferencialmente à localização de estabelecimentos industriais, cujos resíduos sólidos, líquidos e gasosos, ruídos, vibrações, emanações e radiações possam causar perigo à saúde, ao bem-estar, e à segurança das populações, mesmo depois de aplicados métodos adequados ao controle e tratamento de efluentes.

b) Zonas de uso predominantemente industrial: as destinadas, de preferência, à instalação de indústrias cujos processos, submetidos a métodos adequados de controle e tratamento, não causam incômodos sensíveis às demais atividades urbanas e nem perturbam o repouso das populações.

c) Zonas de uso diversificado: constituem as áreas em que as atividades industriais não terão necessidade de uso de métodos especiais de controle, compatibilizando-se as atividades com o meio urbano ou rural, e não provocando gravame para a saúde.

Consideram-se zonas de reserva ambiental aquelas constituídas por áreas em que, por suas características culturais, ecológicas, paisagísticas ou pela necessidade de preservação dos mananciais e proteção de áreas especiais, se veda a localização de estabelecimentos industriais.

Adveio, depois da Lei nº 6.803/1980, a Lei nº 6.938/1981, tratando da política nacional do meio ambiente, passando a exigir, tanto nos projetos públicos como nos particulares, industriais ou não industriais, urbanos ou rurais, em áreas críticas ou não, o Licenciamento Ambiental (art. 10, em redação da Lei Complementar nº 140/2011), e não apenas na instalação de industriais em polos petroquímicos, cloroquímicos, carboquímicos, e nas instalações nucleares, a que se restringia a Lei nº 6.803 (art. 10 e §§ 2º e 3º).

O Decreto nº 99.274/1990, regulamentador da Lei nº 6.938, de 31.08.1981, no art. 17, ordenou que a construção, instalação e funcionamento de estabelecimentos e atividades utilizadoras de recursos ambientais considerados efetiva e potencialmente poluidores, bem como capazes, sob qualquer forma, de causar degradação ambiental, dependerão de prévio licenciamento por órgão estadual competente, integrante do Sistema Nacional do Meio Ambiente

(SISNAMA), sem prejuízo de outras licenças exigíveis, outorgando, outrossim, ao Conselho Nacional do Meio Ambiente (CONAMA) competência para fixar os critérios básicos segundo os quais se exigem os Estudos de Impacto Ambiental (EIAs) para fins de licenciamento de atividades, com poderes para baixar as resoluções que entender-se necessárias.

Determina a Resolução Conama nº 1/86, art. 5º, com texto vigente, que o Estudo do Impacto Ambiental deverá contemplar todas as alternativas tecnológicas e de localização do projeto, confrontando-as com hipótese de sua não execução; identificar e avaliar sistematicamente os impactos ambientais gerados nas fases de implantação e operação da atividade; definir os limites da área geográfica a ser direta ou indiretamente afetada pelos impactos, denominada 'área de influência do projeto', considerando, em todos os casos, a bacia hidrográfica na qual se localiza; considerar os planos e programas governamentais, propostos e em implantação na área de influência do projeto, e sua compatibilidade.

Haverá uma equipe do órgão próprio que fará o estudo, apresentando o Relatório de Impacto Ambiental. O órgão estadual competente aprovará ou não o projeto. Este órgão integrará, evidentemente, a Secretaria do Meio Ambiente.

Para o licenciamento do projeto, é indispensável a aprovação do Estudo de Impacto Ambiental.

Quaisquer recursos contra as decisões dos Conselhos Estaduais são dirigidos ao governador do Estado. Se as atividades, por lei, são de competência federal, em que o Estudo de Impacto Ambiental se procederá pela Secretaria Especial do Meio Ambiente (SEMA), ou por órgão federal afeto e existente na capital, encaminha-se o recurso ao Ministro da Habitação, Urbanismo e Meio Ambiente.

Na forma da Lei nº 6.803/1980, art. 10, § 2º, caberá exclusivamente à União, ouvidos os governos estadual e municipal interessados, aprovar a delimitação e autorizar a implantação de zonas de uso estritamente industrial que se destinem à localização de polos petroquímicos e carboquímicos, bem como as instalações nucleares e outras definidas em lei.

d) Uso para prestação de serviços.

Conforme o tipo de serviço, é conveniente situar-se a implantação em zonas de alta densidade populacional, como no caso de serviços médicos, laboratório de análises clínicas, escolas, creches, escritórios contábeis, comerciais e profissionais, hotéis, bares, restaurantes, diversões, etc. Caso as atividades emitam ruídos e algum grau de poluição, evidentemente a implantação obedecerá alguns critérios, com a localização ao longo de artérias de grande tráfego e locomoção de pessoas, o que é aplicável às oficinas mecânicas, pequenas indústrias, casas de consertos eletrodomésticos, etc. Certos serviços especiais – garagens, frota de táxi, ônibus – aconselham instalações em centro de cidade.

e) Uso institucional.

A finalidade está dirigida à instalação de instituições administrativas – sede de governo, secretarias, repartições públicas de grande procura, centros universitários, museus, bibliotecas, escolas, hospitais, órgãos previdenciários, etc., que requerem locais apropriados, com amplos espaços de estacionamento e de acesso facilitado pelas principais vias da cidade.

f) Uso misto.

De forma geral, em grande parte das cidades, mormente nas mais antigas, as zonas são mistas, sem uma separação das diferentes espécies de construções.

As mais diversas espécies de construções, de natureza residencial, comercial, industrial e institucional, erguem-se indiscriminadamente em qualquer ponto do perímetro urbano. É difícil, consequentemente, ao Município determinar a cessação das atividades desenvolvidas pela indústria, ou pelo comércio, a menos que evidentes os resultados nocivos ou prejudiciais, em índices anormais, a ponto de se tornarem insuportáveis.

Para estas situações, a solução é programar zonas de urbanismo futuro, conforme explicação de Henri Jacquot:

> Il s'agit des zones naturalles peu ou non équipées mais qui sont destinées à être urbanisées de façon organisée a plus moins long terme. Elles peuvent être dotées d'un réglement dit 'alternatif' qui prévoira que l'ouverture à l'urbanisation peut être laissée à l'initiative privée ou décidée par la collectivité publique.[120]

A competência para a fixação de zonas é do Município. Como já se referiu atrás, ao Legislativo municipal cabe expedir normas ou critérios de zoneamento, enquanto as individualizações das áreas zoneadas estão afetas à competência do Executivo. Claro é o ensinamento de Lúcia Valle Figueiredo, sobre o assunto:

> Imperioso é que uma lei de zoneamento defina, de maneira genérica, clara, precisa e inequívoca, os parâmetros consoante os quais determinada zona será classificada como Z1 (estritamente residencial), Z2 (zona mista), Z3, etc.
>
> Dados, por lei, os pressupostos necessários ao enquadramento nessas zonas e a fixação dos usos a que se destinam, parece-nos emergir a competência do Executivo municipal para a alteração de zonas. Isto seria, a nosso entender, uma consequência inevitável da concretização do direito, vale dizer, do momento dinâmico do direito.[121]

A iniciativa da lei de zoneamento é do Prefeito, a teor do seguinte aresto:

> Constitucional. Processo legislativo. Zoneamento de uso. Reserva de iniciativa.
>
> 1. É de competência exclusiva do chefe do executivo a iniciativa de leis sobre direito urbanístico e zoneamento de uso, que, além disto, deverá assegurar a participação popular (CE/1989, art. 177, par. 5º).
>
> 2. Ação direta julgada procedente.
>
> 3. Solo urbano. Zoneamento".[122]

Aos proprietários atingidos por restrições do zoneamento não assiste qualquer indenização, *ut* ensinamento de Luís Alberto de Mattos Freire de Carvalho:

> Outra característica digna de nota é a de que as limitações estabelecidas pelo zoneamento são sempre gratuitas, isto é, sem direito a nenhuma indenização, vez que são normas delineadoras do direito de propriedade e que, portanto, não atingem a esfera dos direitos subjetivos, mas, ao contrário, determinam o exato conteúdo desses direitos.[123]

---

[120] *Obra citada*, p. 172. Tradução livre do texto: "São zona naturais com pouco ou nenhum equipamento, mas que são destinadas a serem urbanizadas de forma organizada a mais ou menos longo prazo. Elas podem ser dotadas de regulamentos chamados 'alternativos', prevendo que a abertura à urbanização pode ser deixada à iniciativa privada ou decidida pela coletividade pública".

[121] *Disciplina Urbanística da Propriedade*, São Paulo, Editora Revista dos Tribunais, 1980, p. 48.

[122] *Ação Direta de Inconstitucionalidade* nº 70003214525, do Pleno do TJ/RS, rel. Des. Araken de Assis, j. em 3.12.2001.

[123] *Trabalho citado*, p. 140.

Isto, evidentemente, desde que a fixação de zonas não prejudique o bem, impedindo ou aniquilando o exercício do próprio direito de propriedade nos poderes de usar, gozar e dispor.

Outro aspecto importante é a denominação que se dá aos usos. Considera-se "conforme" se é adequado ao local, ou permitido para uma zona especificada pelas normas legais pertinentes às construções, não se permitindo ao Poder Público indeferir a licença de construção, se preenchidos os pressupostos da lei.

"Desconforme" é aquele uso considerado pela lei como incompatível para o local. Não se ajusta aos padrões de prédios com uso destinado ao local. A lei proíbe edificações de tipo diverso daquele previsto.

Se, entretanto, algumas construções, como indústrias instaladas e em atividade, preexistiam à implantação do zoneamento, têm os titulares o direito assegurado em se manterem no local, a menos que sejam os proprietários indenizados, ou se verifique a desapropriação:

> Zoneamento. Estabelecimento industrial para exploração de pedreira regularmente licenciado pela municipalidade. Lei posterior do Município, alterando o zoneamento da cidade. Não pode o Poder Público, *manu militari*, interromper o funcionamento do estabelecimento industrial, regularmente licenciado de acordo com os usos e costumes, sob pena de se ferir o direito adquirido.[124]

Isto desde que os prejuízos ambientais ou advindos da poluição não sejam de monta, e não desvalorizem realmente o valor do bem, conforme ensinamento da jurisprudência:

> Uso nocivo da propriedade. Indenização. Danos causados por poluição industrial. Anterioridade da ocupação do prédio da empresa poluidora. Irrelevância em face da ocupação coletiva do ambiente em que foi cravado o prédio. Ressarcimento devido.

O fundamento do voto que originou a ementa está nesta passagem:

> Apropriado para a hipótese é, também, ensinamento colhido em V. Acórdão do egrégio TJSP, referido por Pontes de Miranda, em Tratado de Direito Privado, 3ª ed., T. XIII/306, segundo o qual "nenhum vizinho tem direito de produzir os danos, as importunações, os incômodos, o desassossego e o perigo que entender só porque ocupou a vizinhança antecipadamente, fazendo tábula rasa do direito alheio e da legislação reguladora da boa vizinhança entre proprietários confinantes ou próximos. Se o barulho é demasiado, ou se a lei proíbe o incômodo, o proprietário não pode valer-se da anterioridade de seu estabelecimento, ou atividade, para continuar molestando o próximo. A liberdade que existia de abalar o solo, causar ruídos ensurdecedores, envenenar a atmosfera, poluir as águas, aterrar ou inundar a superfície, quando o industrial vivia só no seu lugar, deve cessar quando surge o direito do vizinho que depois se instalou, porque as liberdades primitivas cessam quando surgem a vida social e a civilização, trazendo consigo direitos alheios, que devem ser respeitados".[125]

Daí chega-se à impossibilidade na imposição de restrições, embora não se admita a determinação que mande cessar a atividade. Se, no entanto, o Município pretender a ime-

---

[124] RE nº 92.845-SP, de 19.08.1980, da 1ª Turma, *DJ* de 19.09.1980, rel. Min. Cunha Peixoto, em *Revista dos Tribunais*, 548/232.

[125] *Apel. Cível* nº 379.210, da 2ª Câm. do TA Civil de São Paulo, de 04.11.1987, em *Revista dos Tribunais*, 628/138.

diata cessação de qualquer atividade desconforme, mas com pré-ocupação na zona, deverá indenizar cabalmente o seu exercente, amigavelmente ou mediante desapropriação. Assim, uma indústria instalada anteriormente em zona que veio a ser declarada estritamente residencial, não poderá ser compelida a mudar-se ou cessar suas atividades desconformes, mas também não poderá ela ampliar-se ou renovar-se naquele local. Seu direito restringe-se à permanência onde e como está.[126]

Todavia, terá de adaptar-se à nova realidade que se implantou, munindo-se de equipamentos que reduzam, se impossível anular, acentuadamente os efeitos nocivos e poluidores de suas atividades.

21.7.4. Licença de construção

Aspecto de real significação diz respeito às licenças de construção, também chamadas "licenças edilícias", tanto para construções como para reformas e demolições. As necessidades das licenças derivam da interferência que provocam na ordenação urbana, constituindo instrumento de controle na aplicação das normas de urbanismo, marcadamente na área da segurança, saúde, do sossego e conforto das pessoas. Grande é sua interferência na cidade, por ser a moradia elemento primordial da vida urbana. Sem dúvida, não se consagra o exercício incondicionado do direito de construir, devendo se subordinar ao fim social. Daí a interferência do poder administrativo no Município, que age dentro do respectivo Código de obras, que é o regulamento das construções urbanas.

Conforme José Afonso da Silva, o processamento para a consecução da licença obedece três momentos. O primeiro é a chamada fase introdutória, que se instaura com a apresentação do requerimento do interessado, anexando-se o projeto e as plantas da obra, o título de propriedade, o memorial descritivo, o levantamento planialtimétrico do imóvel, além de outros documentos porventura exigidos. As plantas obedecerão a uma escala conveniente, em geral ordenada pela prefeitura, vindo assinaladas com os memoriais pelo proprietário do terreno e pelo autor do projeto, que deverá portar habilitação e inscrição no CREA. As plantas envolverão as partes hidráulicas e elétricas da obra.

A segunda parte envolve o estudo dos projetos, com o objetivo de constatar o preenchimento ou não da legislação edilícia, especialmente no que se refere à área de ocupação, à altura do prédio, ao tipo e à finalidade da construção. Não atendidos os requisitos urbanísticos e de zoneamento, permite-se a retificação dos projetos.

A fase decisória se dá com a outorga ou a recusa da licença, obviamente segundo o atendimento ou não dos requisitos legais e de ordem municipal vigentes. A licença se consubstanciará no alvará de construção. Se, no entanto, o Município não se manifesta no prazo previsto ao Código de obras, ou durante um tempo considerável, contrariamente ao que muitos entendem, considera-se autorizado o proprietário a edificar. Isto, é claro, se a omissão for injustificável, e desde que não vulneradas disposições primárias da legislação pertinente.[127]

Caso a licença atropelar ou infringir normas do plano diretor ou do Código de obras, com evidentes prejuízos aos prédios vizinhos, como no que diz respeito ao tipo de construção para determinada zona, ou à falta de recuo previsto em lei, aos prejudicados faculta-se o uso de meios judiciais para impedir a obra e anular o alvará.

---

[126] Hely Lopes Meirelles, *Direito Municipal Brasileiro*, edição de 1981 e 4ª ed., ob. cit., pp. 450 e 460.

[127] *Obra citada*, p. 569.

A Prof.ᵃ Lúcia Valle Figueiredo, discorrendo sobre o assunto, conjectura:

> Ora, na prática, pode ocorrer descumpra a administração a lei, quer outorgando direitos não permitidos pelo ordenamento, quer furtando-se ao dever de fiscalizar as normas deste ordenamento, ou, então, denegando ao administrador a proteção devida. De conseguinte, incumbe verificar se ficariam os administradores ao desabrigo, nessas hipóteses, ou se o próprio sistema jurídico lhes dá os meios de proteção.

Mais adiante, aborda os remédios processuais cabíveis para a defesa dos direitos contra atos administrativos concessivos de licenças irregulares, enfatizando ser próprio o mandado de segurança em três situações:

> Na omissão da administração em praticar algum ato em que estaria obrigada (hipótese típica é a ausência do deferimento de licença em ocorrendo os pressupostos legais de sua concessão); na hipótese de prática de ato lesivo ao administrado (por exemplo, se houver a Administração concedido uma licença para edificação de um prédio de apartamentos em zona exclusivamente residencial para habitações unifamiliares); na hipótese de se encontrar o administrado na iminência de ato lesivo que vá ser perpetrado pela Administração (v.g.: A Administração prepara-se para fazer um grande desmatamento, considerado ilegal, para consecução de uma obra de vulto).[128]

Na verdade, mais próxima será uma ação com medida de tutela provisória antecipada ou cautelar para conseguir a proteção imediata do direito lesado ou na iminência de lesão com o posterior aditamento, de anulação da licença ou do ato administrativo, porquanto as permissões irregulares, não raramente, envolvem a necessidade de provas e debates mais circunstanciados, incabíveis no limite do mandado de segurança.

Admite-se a cassação da licença pelo Município se ocorrer descumprimento do projeto, bem como a anulação se a obtenção derivou de fraude ou desobediência à lei. Quanto à revogação, o que é mais raro, autoriza-se caso sobrevier motivo de interesse público, devendo ser o despacho fundamentado ou justificado, cabendo, aí, a indenização pelo dano causado ao proprietário.

A não convalidação, em hipóteses tais, já foi considerada possível pelo Supremo Tribunal Federal, no RE nº 107.880-4-PR, em época antiga, julgado em 21.03.1989:

> Alvarás (licença) de construção, direito adquirido. Inexistência, no caso (...).
>
> Tendo sido os alvarás expedidos por decisão exclusiva do Poder Municipal, quando, à época, por força do disposto no art. 180, parágrafo único, da CF de 1967/1969, da Lei Federal nº 6.513, de 20.12.1977, e da Lei Estadual nº 7. 389, de 12.11.1980, havia já exigência válida de manifestação da Secretaria de Estado do Planejamento, a recusa de convalidação por esta última, prestigiada pelo acórdão recorrido, não violou direito adquirido dos recorrentes, não entrando o aresto em dissídio com a Súmula nº 473, nem com outros julgados como paradigmas, pois trataram de situações fáticas e jurídicas diversas (Súmula 291).[129]

A própria revogação do alvará de licença encontra motivo de autorização se não iniciada a obra em determinado prazo:

> Direito de construir. Motivação do plano urbanístico. Denegação do alvará. Lei nova, proibitiva de construção de prédios com mais de dois andares em determinada zona. Pedido

---

[128] *Obra citada*, pp. 93 e 95.
[129] *Lex – Jurisprudência do Supremo Tribunal Federal*, 131/130.

pendente de expedição para construir prédio com doze andares. Jurisprudência prevalente no sentido de que o alvará, mesmo se já deferido, mas ainda não iniciada a construção, pode ser revogado, por superveniente interesse público. A *fortiori*, inexistirá direito adquirido se a própria licença para construir não houver sido concedida. Segurança denegada.

No corpo do acórdão, é citada decisão do Supremo Tribunal Federal (RE nº 93.108, publicado em *Revista Trimestral de Jurisprudência*, 95/309-312):

> A autorização pode ser indeferida ou mesmo revogada, se a nova lei de caráter urbanístico vier a alterar a situação, como no caso presente, restando ao particular tão somente o direito de indenização pelos prejuízos comprovados até então. Essa possibilidade existe sempre, nos casos em que a construção, ainda, nem foi iniciada, como demonstram os administrativistas O. A. Bandeira de Mello e Hely Lopes Meirelles.[130]

Se iniciada e desenvolvida a obra sem a regularização na Prefeitura, permite-se o embargo, que também é levado a efeito na hipótese de desvirtuar-se a construção dos planos previamente sancionados. Por este meio, ordena-se a paralisação dos trabalhos, sendo precedido por vistoria e notificação administrativa. Não havendo o atendimento do embargo, efetiva-se por meios diretos e coercitivos, inclusive com o socorro da força policial. Segue-se a ação demolitória quanto às obras já erguidas – remédio este também aplicável aos prédios deteriorados e que ofereçam perigo à segurança e à saúde dos vizinhos e terceiros que transitam nas imediações.

Desde a elaboração do projeto até a conclusão da obra, a construção submete-se à fiscalização da Prefeitura Municipal. Para o início do uso da obra, expede-se o alvará de ocupação, ou auto de vistoria – mais conhecido como "habite-se".

21.7.5. Taxa de ocupação e coeficiente de aproveitamento

Por meio desses elementos, objetiva-se coadunar a distribuição equitativa e funcional de densidade edilícia e populacional com a infraestrutura existente em determinada zona.

A primeira, taxa de ocupação, diz respeito ao percentual de ocupação do terreno pela construção. O coeficiente de aproveitamento se relaciona à quantidade de edificações em metros quadrados.

Denominam-se também índice de ocupação e índice de utilização.

É correta a distinção delineada por José Afonso da Silva:

> Pelo primeiro desses índices (taxa de ocupação), estabelecem-se os limites de ocupação do terreno, isto é, define-se a área do terreno que será ocupada pela edificação. Equivale, pois, à superfície de terreno edificável. Pelo segundo (coeficiente de aproveitamento), define-se o grau de aproveitamento do terreno, isto é, fixa-se a quantidade de edificação em metros quadrados, que pode ser construída na superfície edificável do terreno. Não se trata aqui do volume de ocupação ou volume de edificabilidade que seria o número de metros cúbicos que a edificação pode atingir por metro quadrado de superfície. Este é ainda um índice utilizado, embora talvez venha a ser de grande importância no fundo do direito urbanístico. O coeficiente de aproveitamento correlaciona metro quadrado com metros quadrados do terreno.[131]

---

[130] *Apel. Cível* nº 586002446, da 1ª Câm. Cível do TJ do RGS, de 30.09.1986, em *Revista de Jurisprudência do TJ do RGS*, 124/251.

[131] *Obra citada*, pp. 304 e 305.

Relaciona-se a taxa de ocupação à superfície do terreno, que será abrangida pela construção, e à área do lote.

Utiliza-se um índice nunca superior a "um", significando, neste caso, que toda a área do terreno será ocupada pelo plano horizontal. Envolve sempre uma relação entre a área ocupada pela projeção horizontal e a área do lote. De modo que a faixa de 0,5 expressa uma utilização do terreno numa superfície de 50% de seu tamanho superficial. E desta maneira sucessivamente. A taxa de 0,4 representa a abrangência de 40% da área, nada importando o aspecto relativo à altura do prédio. Em geral, a média da taxa gira entre 0,4 a 0,6, de conformidade com padrões ordenados pelos planos diretores das cidades. É evidente que os centros urbanos de maior densidade têm assegurada uma taxa mais elevada.

Já no pertinente ao coeficiente de aproveitamento, não se toma em conta a área superficial do terreno. A relação é diferente: envolve o total da área construída com a área do terreno. A Lei nº 10.257/2001, no § 1º do art. 28, traz a seguinte definição: "Para os efeitos desta Lei, coeficiente de aproveitamento é a relação entre a área edificável e a área do terreno". Não se mede a área superficial construída em função da área superficial do terreno, mas a área do terreno com o total quantitativo de metros quadrados da construção. Exemplificando, tendo o índice de aproveitamento "um" a edificação em metros quadrados equivale a uma quantidade igual à área do terreno. Assim, se este alcançar trezentos metros quadrados, o prédio abrangerá também a mesma igualdade. A casa terá trezentos metros quadrados, sem, no entanto, significar que envolverá toda a extensão do terreno. Aumentando a altura, reduz-se o tamanho de proteção no solo. Com um coeficiente "três", dimensionado o terreno em trezentos metros quadrados de superfície, a quantidade de área construída alcançará novecentos metros quadrados. Daí afirmar-se que o coeficiente de aproveitamento não mais expressa o fator pelo qual deve ser multiplicada a área superficial do terreno, para saber o total quantitativo permitido de área construída.

As leis municipais que disciplinam as construções têm em vista sempre a correlação de ambos os elementos: taxa de ocupação e coeficiente de aproveitamento. Em termos concretos, taxa de ocupação 0,4, o que resulta a ocupação em apenas quarenta por cento da superfície; coeficiente de aproveitamento 4,0, importando a totalidade quantitativa de construção em quatro vezes a taxa de ocupação, isto é, quatro vezes quarenta por cento do terreno. Num terreno com trezentos metros quadrados, a taxa de ocupação será de cento e vinte metros quadrados. E o coeficiente de aproveitamento permitirá a área construída de quatrocentos e oitenta metros quadrados.

Daí afirmar José Afonso da Silva:

> A correlação entre os dois índices está no fato de que o coeficiente de aproveitamento máximo do lote será empregado dentro dos limites demarcados pela taxa de ocupação máxima, de tal sorte que, aumentando-se o primeiro, a metragem quadrada da construção a mais ocasionará sua elevação vertical, enquanto o aumento da taxa de ocupação permitirá construções mais baixas, mas sacrificará espaços livres dentro do lote.[132]

Possível alterar o coeficiente de construção ou aproveitamento previsto no plano diretor, se no mesmo há previsão, e desde que haja o pagamento ou contrapartida. É o que permite o art. 28 da Lei nº 10.257: "O plano diretor poderá fixar áreas nas quais o direito de construir poderá ser exercido acima do coeficiente de aproveitamento básico adotado,

---

[132] *Obra citada*, p. 306.

592 | DIREITO DAS COISAS – *Arnaldo Rizzardo*

mediante contrapartida a ser prestada pelo beneficiário". Naturalmente, haverá um critério de estimativa ou avaliação.

21.7.6. Construção de prédio que invade área de outrem, e aberturas de janelas e frestas, ou construção de eirado, terraço ou varanda

Rezava o art. 573 do Código Civil de 1916: "O proprietário pode embargar a construção do prédio que invada a área do seu, ou sobre este deite goteiras, bem como a daquele, em que, a menos de metro e meio do seu, se abra janela, ou se faça eirado, terraço ou varanda".

O Código Civil de 2002, ao invés de prever o caminho para sanar irregularidades – no caso o embargo de obra –, introduziu normas de conduta a serem observadas quando da edificação, deixando à parte a escolha da ação cabível. Eis o art. 1.300, quanto a não despejar águas sobre o prédio vizinho: "O proprietário construirá de maneira que o seu prédio não despeje águas, diretamente, sobre o prédio vizinho".

E o art. 1.301, no tocante à distância dos prédios, de modo a evitar a abertura de janelas ou façam adendos da construção a menos de um metro e meio: "É defeso abrir janelas, ou fazer eirado, terraço ou varanda, a menos de metro e meio do terreno vizinho".

Nada se previu sobre a invasão de área alheia, como fez o art. 573 do Código anterior, em sua primeira parte. E com razão, eis que a matéria pertine à posse ou domínio, sem ligação com o direito de vizinhança.

Outrossim, se a janela não abre para a divisa ou o prédio para quem olha de frente para a janela, encontrando-se numa posição lateral ou perpendicular, a distância a ser observada é de setenta e cinco centímetros, na previsão do § 1º do art. 1.301 do Código de 2002, que não encontra similar no Código Civil de 1916: "As janelas cuja visão não incida sobre a linha divisória, bem como as perpendiculares, não poderão ser abertas a menos de 75 (setenta e cinco) centímetros".

Na previsão do art. 573 do Código Civil anterior, em sua primeira parte, delineavase o remédio do embargo da construção, que surtiria efeito quando levado a termo judicialmente, enquanto o art. 1.300 do Código de 2002 deixa em aberto a espécie de lide.

Entendeu o Superior Tribunal de Justiça que, enquanto em construção a obra, a ação será de nunciação de obra nova; após a conclusão, busca-se o desfazimento por meio da ação demolitória:

> Contra a construção de terraço a menos de metro e meio do terreno vizinho (art. 573 do CC), cabia a ação de nunciação de obra nova até o momento de sua conclusão, entendendo-se como tal aquela a que falta apenas trabalhos secundários. Uma vez concluída a obra (faltava apenas a pintura), cabível é a ação demolitória, com prazo decadencial de ano e dia (art. 576 do C. Civil), que se iniciou a partir da conclusão e não se interrompeu com a notificação administrativa.[133]

Quanto à proibição de deitar goteiras sobre o prédio alheio, é plenamente coerente o direito de proibir ou opor-se, pois, lembra Carvalho Santos, "não só redundaria o fato em prejuízo ou dano para o dono do prédio vizinho, porque, em última análise, o direito de deitar goteiras sobre o prédio vizinho é uma servidão, que somente com a vontade ou paciência do proprietário poderia ser constituída".[134]

---

[133] *Recurso Especial* nº 311.507, da 4ª Turma, julgado em 11.09.2001, *DJU* de 5.11.2001.

[134] *Obra citada*, vol. VIII, p. 135.

É proibida a abertura de janela, ou não se permite a construção de eirado, terraço ou varanda, a menos de metro e meio do prédio vizinho. A distância conta-se a começar da linha divisória dos imóveis, e não da janela do prédio adjacente. Interpreta-se restritivamente o ditame, diz Washington de Barros Monteiro[135] em lição que perdura na previsão do Código Civil de 2002, dada a redação similar de seu art. 1.301 ao artigo 573 do Código anterior. Uma vez que a referência é expressa a janela, eirado, terraço ou varanda, não aludindo a portas, tem-se entendido poderem estas ser abertas a menos de metro e meio. Igualmente, não se vedam aberturas para a luz, com distância inferior, desde que não propiciem devassamento, nem prejudiquem o vizinho ou acarretem dano irremediável, a ponto de obstar a construção de nova elevação na divisa. A norma proibitiva não alcança a colocação de caixilhos sem movimento e sem aberturas, se providos de vidros opacos. É que conservam a privacidade do prédio limítrofe.

Tal a orientação dos tribunais: "Servidão. Prédio vizinho. Terraço em pavimento superior. Distância legal não observada. Devassamento do prédio. Código Civil, art. 573. O objetivo do art. 573 do Código Civil é evitar o devassamento do prédio vizinho. Isso não ocorrerá se entre os dois prédios for erguido um muro alto". Na fundamentação do voto, deparamo-nos com a seguinte passagem:

> O fim do art. 573 do CC é evitar sejam as propriedades contíguas devassadas ou que com facilidade sobre elas se deitem objetos. É uma servidão negativa, ensina Lafayette (*O Direito das Coisas*, § 126), ou tem por fim impedir que o prédio dominante seja devassado pelo prédio serviente. Se não houver perigo de devassamento, cessa a obrigação de observar a distância legal. Di-lo Clóvis em seu comentário ao art. 574: "Também não se aplicam estas disposições do artigo anterior, se entre os dois prédios existir muro que exceda a altura das janelas ou terraço". Lafayette igualmente ensina que se dispensa a distância legal quando sejam "os terraços cercados de paredes tão altas que tornem impossível o devassamento do quintal ou edifício vizinho" (*Repertório de Jurisprudência do Código Civil*, 'Direito das Coisas', vol. 1/451, ed. 1951).[136]

Aduz-se que o art. 574 não ficou mantido no Código de 2002. No entanto, relativamente ao texto acima transcrito, observa-se que as janelas ou aberturas que não ficam de frente para a linha divisória não poderão estar em uma distância inferior a setenta e cinco centímetros do prédio vizinho – ao lado, acima ou abaixo –, por ordem do § 1º do art. 1.301 do Código de 2002.

De notar a ressalva que vinha no § 1º do art. 573 do Código anterior, ou a permissão da existência de frestas, seteiras ou óculos de luz, não maiores de dez centímetros de largura sobre vinte de comprimento. O § 2º do art. 1.301 do Código da Lei nº 10.406 simplesmente refere tais vãos como aberturas, mantendo o seu tamanho, e impondo, porém, uma novidade, que consiste em se encontrarem a mais de dois metros de altura de cada piso: "As disposições deste artigo não abrangem as aberturas para luz ou ventilação, não maiores de 10 (dez) centímetros de largura sobre 20 (vinte) de comprimento e construídas a mais de 2 (dois) metros de altura de cada piso". Se estes vãos tiverem dimensões maiores, consideram-se janelas. Incide o direito à impugnação. É o que se confere em Pontes de Miranda: "Janela, no sentido do art. 573, terceira parte, é qualquer abertura de vão de mais de dez centímetros

---

[135] *Curso de Direito Civil, – Direito das Coisas*, ob. cit., p. 154.
[136] *Apel. Cível* nº 240.993, da 2ª Câm. Cível do TJ de São Paulo, de 25.05.1976, em *Jurisprudência Brasileira* nº 49, ob. cit., pp. 268 e 269.

de largura ou de mais de vinte centímetros de comprimento. O que caracteriza, aí, a janela é, portanto, a dimensão e não a destinação".[137]

Por sua vez, o § 2º do art. 573 do Código Civil anterior afastava a prescrição em vãos ou aberturas para a luz, encerrando: "Os vãos, ou aberturas para luz não prescrevem contra o vizinho, que, a todo o tempo, levantará, querendo, a sua casa, ou contramuro, ainda que lhes vede a claridade". O Código de 2002, no parágrafo único do art. 1.302, embora omitindo a não ocorrência de prescrição, mantém o direito do vizinho em construir casa ou contramuro, mesmo que prejudique a claridade: "Em se tratando de vãos, ou aberturas para luz, seja qual for a quantidade, altura e disposição, o vizinho poderá, a todo tempo, levantar a sua edificação, ou contramuro, ainda que lhes vede a claridade". Ou seja, embora o proprietário tenha aberto frestas, seteiras ou óculos de luz na parede de seu prédio, nada impede ao vizinho o direito de construir em seu terreno, mesmo que este fato provoque a vedação da luz que penetrava pelas aberturas.

De observar que o fato de a abertura trazer grade não a transforma de janela em seteira, pois, em verdade, a proximidade e multiplicidade de pequenas aberturas transformam-nas em verdadeiras janelas gradeadas. Fosse o contrário, a circunstância de uma grade trazer pequenas aberturas, com dimensões inferiores a dez centímetros de largura e vinte centímetros de comprimento seria decisiva para não se incidir na proibição do art. 573 do Código Civil anterior e nos arts. 1.300 e 1.301 do atual Código.

Segundo o art. 574 do Código anterior, que não encontra regra similar no atual, todas as regras vistas não se aplicam a prédios separados por estradas, caminhos, ruas, ou qualquer outra passagem pública. O Superior Tribunal de Justiça, por sua 3ª Turma, enfatizou a regra: "O art. 574 do Código Civil supõe que entre os prédios exista estrada, caminho, rua ou qualquer outra passagem pública, assim entendidos os que sejam de uso comum do povo". Na fundamentação do voto, faz-se entender, com amparo em Pontes de Miranda, a aplicabilidade da regra restritamente ao espaço intercalado público:

> A regra, escreveu Pontes de Miranda, "somente exclui a incidência no caso de espaço intercalar público. Se a estrada, caminho, rua ou qualquer outra passagem não é pública, embora não haja contiguidade dos prédios em causa, o art. 573 incide e há o direito de vizinhança" (*Tratado de Direito Privado*, Rio de Janeiro, Editor Borsoi, 1971, tomo XIII, p. 384).[138]

A razão é evidente, e daí porque o novo Código não reproduziu a regra, pois não haveria qualquer devassamento do prédio vizinho, não advindo prejuízo com sacadas, eirado, terraço, ou varanda, e nem as goteiras se precipitariam no terreno alheio, na intercalação de espaço público, enquanto no espaço particular sempre emerge a possibilidade de erguimento de prédio, e sofrer a ação de tais obras, por força da natureza e da interferência humana.

21.7.7. Janelas e outras aberturas a menos de metro e meio do prédio vizinho

Estabelecia o art. 576 do Código anterior: "O proprietário que anuir em janela, sacada, terraço, ou goteiras sobre o seu prédio, só até o lapso de ano e dia após a conclusão da obra poderá exigir que se desfaça". O art. 1.302 do Código Civil de 2002 contém disposição sobre o assunto em redação diferente, e acrescenta importante adendo: proíbe que o proprietário,

---

[137] *Tratado de Direito Privado*, vol. XIII, ob. cit., p. 390.
[138] *Recurso Especial* nº 237.341, julgado em 7.12.1999, *DJU* de 14.02.2000.

Cap. XXI • DIREITOS DE VIZINHANÇA | 595

decorrido tal lapso, construa a menos de metro e meio de seu imóvel, ou impeça ou dificulte o escoamento das águas caídas das goteiras:

O proprietário pode, no lapso de ano e dia após a conclusão da obra, exigir que se desfaça janela, sacada, terraço ou goteira sobre o seu prédio; escoado o prazo, não poderá, por sua vez, edificar sem atender ao disposto no artigo antecedente, nem impedir, ou dificultar, o escoamento das águas da goteira, com prejuízo para o prédio vizinho.

O prazo é computado a partir da conclusão da obra e não da abertura da janela, ou da construção de sacada, terraço ou varanda.

Se o dono, durante o referido lapso de tempo, fica inerte, firma-se o direito do vizinho, que se transforma em verdadeira servidão de continuar com a janela no estado em que a colocou. A jurisprudência já antiga endossava o princípio:

Ultrapassado o prazo decadencial previsto no art. 576 do CC, não pode o proprietário lindeiro fechar as aberturas do prédio vizinho, necessárias para a ventilação e a iluminação das dependências por elas servidas. Embora controvertido na doutrina e na jurisprudência, o melhor entendimento do referido art. 576 do CC é o de que, na inércia do vizinho quanto à abertura com infringência do art. 573 do CC, se enseja servidão adquirida pela posse e decurso do ano e dia.[139]

Os arts. 576 e 573 apontados no aresto equivalem aos arts. 1.302 e 1.301 do Código de 2002.

A lei discrimina prazos e sobre o caminho para a oposição à constrição judicial. A consequência é o surgimento de uma servidão na hipótese de se prolongar o silêncio durante o interregno especificado. A lição vem de Clóvis:

Passado o prazo de ano e dia, depois de concluída a obra, está definitivamente adquirido o direito de a ter, onde se acha, e o dono dela poderá segurá-la pela ação confessória, ou defendê-la pelos interditos ou exceções competentes. Esse direito é uma verdadeira servidão, adquirida pela posse e o decurso do tempo, e cujo título é a confissão presumida do vizinho (usucapião).[140]

Dídimo da Veiga entende que a criação da servidão depende de usucapião, embora não negue a impossibilidade de desfazer as obras após o interregno de ano e dia da conclusão:

Quando, porém, a janela, o eirado, o terraço, ou a varanda tiverem sido, aquela aberta e estes construídos sem guardar o espaço de metro e meio do prédio vizinho, e o proprietário deste não embargar, pela ação de obra nova, essas obras de abertura de janela e construção de terraço, eirado ou varanda, e permanecer a situação por trinta anos (atualmente vinte), poderá o proprietário do prédio intentar a ação confessória, para ser julgada estabelecida a servidão, por prescrição aquisitiva, e a sentença, que declarar consumada a usucapião, poderá ser transcrita no registro de imóveis, ficando assim definitivamente constituída a servidão.[141]

---

[139] *Apel. Cível* nº 24.197, da 2ª Câm. Cível do Tribunal de Alçada do RGS, julgada em 16.12.1980, em Julgados do Tribunal de Alçada do RGS, 38/407.

[140] *Código Civil dos Estados Unidos do Brasil Comentado*, vol. III, ob. cit., pp. 104 e 105.

[141] *Direito das Coisas*, ob. cit., pp. 499 e 500.

Ribeiro de Souza dispensa a necessidade de usucapião:

> Cabe ao proprietário embargar a construção da obra ou exigir o fechamento da janela que devassa o seu prédio e ao governo municipal não conceder licença para a construção ou mandar demoli-la se feita em desacordo com as posturas municipais. Se, porém, nisso consentirem, permanecendo inativos ano e dia, o proprietário terá adquirido o direito (servidão) de conservar suas janelas ou varandas a menos de metro e meio do prédio vizinho.[142]

Salienta-se que o Superior Tribunal de Justiça, no *Recurso Especial* nº 229.164-MA, da 3ª Turma, *DJU* de 6.12.1999, firmou a impossibilidade de se impedir o proprietário do prédio vizinho em edificar, embora a existência de janela a menos de metro e meio: "Não se opondo o proprietário, no prazo de ano e dia, à abertura de janela sobre seu prédio, ficará impossibilitado de exigir o desfazimento da obra, mas daí não resulta seja obrigado ao recuo de metro e meio ao edificar nos limites de sua propriedade".[143]

Entrementes, esta maneira de interpretar vai contra o disposto no art. 1.302 do Código de 2002.

Fique claro que a anuência, para efeitos do preceito em tela, se concretiza com o simples silêncio durante o lapso de tempo da lei. A partir daí, aperfeiçoa-se a concessão presumida do vizinho. A posse é o fundamento para a aquisição do direito. Se dentro do interregno optar pelo desfazimento, duas viabilidades se oferecem ao prédio serviente: ou pela ação demolitória, ou pela negatória.

No entanto, se possível o reparo sem destruir a obra, não será demolida, em linha orientada pelo Superior Tribunal de Justiça: "Lícito se determine que, em lugar de ser a abra demolida, se proceda aos reparos para eliminar o que contravenha às normas que regulam as relações de vizinhança".[144]

Tendo decorrido o prazo, ao dono do prédio beneficiado cabe a defesa da posse, mediante as ações possessórias e a confessória.

21.7.8. Construção de prédio a menos de metro e meio da janela, ou abertura, ou sacada, ou terraço do prédio vizinho

E se a janela, ou sacada, ou terraço, forem abertos ou construídos a menos de metro e meio do terreno adjacente, o então proprietário do prédio tem a ação para impedir o erguimento de edifício, a menos de metro e meio daquelas obras que foram abertas indevidamente?

Conforme as Ordenações Filipinas (Livro I, Título LXVIII, § 25) e a Consolidação Teixeira de Freitas, defendia-se que das aberturas advinham as servidões de luz e de proibir o erguimento de obras que prejudicassem a entrada de luz. Os exegetas do Código Civil, como Coelho Rodrigues e Clóvis Beviláqua, atentos aos pensamentos de reinícolas que combatiam a tese de Lobão, introduziram dispositivos que denotavam a intenção de esclarecer a constituição de servidão. Transparece esta ideia no art. 663 do Projeto de Clóvis, modificado, posteriormente, na redação final da norma que se converteu, em seu mesmo Projeto, no art. 673:

---

[142] *Obra citada*, pp. 59 e 60.
[143] *ADV Jurisprudência* nº 6, expedição de 13.02.2000, p. 95.
[144] Recurso Especial nº 85.806/MG, da 3ª Turma, julgado em 25.05.2000, *DJU* de 5.03.2001.

Aquele que consentir na abertura de janela, ou na colocação de sacada ou goteira, ou sobre o seu terreno, só poderá exigir o tapamento daquela, ou a remoção destas, até um ano depois de concluída a nova construção. Passando este prazo, o dono desta poderá propor ao vizinho a ação confessória daquelas servidões e defendê-las pelos interditos ou exceções competentes.

Do princípio estatuído se vislumbra que a abertura de janela e a colocação de sacada a menos de certa distância, decorrido o lapso de um ano e dia das obras, induzem o reconhecimento automático da servidão de manter as janelas, a sacada, o terraço e a goteira, sustentando alguns, também, a decorrência da servidão negativa de impedir ao confinante a construção de prédio numa distância inferior a metro e meio do outro prédio; nesta hipótese, viabiliza-se a propositura de uma ação específica para assegurar a servidão, que poderá ser de recebimento de luz ou de vista. Esta tese encontrou eco já na jurisprudência antiga:

> Decorrido o prazo de ano e dia, o dono do prédio confinante, que a tolerou neste período, não mais pode exigir que seja obstruída, não lhe sendo lícito, outrossim, construir de modo a prejudicar a servidão de luz e ar do prédio vizinho, como já decidia o Tribunal Administrativo do Distrito Federal, em 1941, segundo se vê no Repertório de Alckmin, *Direito das Coisas*, vol. I, p. 438, nº 1.129. Há que respeitar, naturalmente, a distância de metro e meio entre os prédios, antes que lhe seja reconhecido o direito de impedir o uso da servidão antiga.[145]

Cumpre seja dado o exato alcance ao discutido no art. 576, que equivale ao art. 1.302 do vigente Código Civil. E para isso, valemo-nos de Pontes de Miranda, para quem,

> passado o lapso de ano e dia, preclui a pretensão ao desfazimento, que pode ser a pretensão à demolição. O conteúdo do direito de propriedade sofreu limitação. Não nasce, com isso, servidão. O vizinho perdeu a pretensão que poderia ter exercido, nunciativamente, ou até ano e dia após a conclusão das obras. Se foi aberta janela a menos de metro e meio no terreno de B, e A não nunciou a obra, nem exerceu a pretensão ao desfazimento no prazo do art. 576, perdeu A pretensão contra tal janela, porém não se lhe criou dever de não construir no seu terreno com distância menor do que metro e meio.[146]

Em vista do Código Civil de 1916, pela concatenação de vários dispositivos, entende-se que há a servidão de manter a janela ou sacada, ou qualquer obra, numa distância inferior a metro e meio da divisa. Diz-se servidão porque, embora temporariamente, a finalidade é o recebimento de luz, ou porque proporciona meios de se ter vista da natureza. Vencido o prazo do art. 1.302 do Código, o confinante não poderá exigir que a parte adversa desfaça a janela. Mas não está ele impedido de construir junto à divisa. Este ditame é claro no sentido de que, para quem construiu, surge uma exceção que pode contrapor ao ataque do vizinho. A lei não diz que nasce para aquele qualquer servidão que impeça a este de se utilizar amplamente de seu terreno, mas apenas lhe confere o poder de evitar que o outro o compila, judicialmente, a desfazer a obra. O § 2º do art. 573 do Código Civil anterior rezava: "Os vãos ou abertura para a luz não prescrevem contra o vizinho, que, a todo tempo, levantará, querendo, a sua casa, ou contramuro, ainda que lhes vede a claridade". O parágrafo único

---

[145] *Apel. Cível* nº 52.008, da 1ª Câm. Cível do TJ de Minas Gerais, julgada em 04.02.1980, em *Jurisprudência Mineira*, 77/68.

[146] *Tratado de Direito Privado*, vol. XIII, ob. cit., pp. 398 e 399.

do art. 1.302 do Código em vigor, ao disciplinar a matéria, omite a afirmativa de que não prescrevem os vãos ou aberturas para a luz, sendo indiferente a quantidade, a altura e a disposição. E com razão, pois se afirma que a todo o tempo autorizam-se as obras, redunda em afastar, para o reconhecimento do direito, algum lapso temporal. Eis seus termos: "Em se tratando de vãos, ou aberturas para luz, seja qual for a quantidade, altura e disposição, o vizinho poderá, a todo tempo, levantar a sua edificação, ou contramuro, ainda que lhes vede a claridade".

Ora, se as simples aberturas para a luz, que são permitidas, não prescrevem e não tolhem o vizinho de erguer a sua casa ou contramuros, não há razão de se proibir o confinante de levantar seu prédio, mesmo desrespeitando a distância regulamentar de um metro e meio não obedecida, primeiramente pelo outro confinante, e que desrespeitou o ditame legal.

Alguns entendem que, após o lapso de ano e dia, surge a servidão por prescrição aquisitiva, contrariando a lei, que discrimina prazos diversos, de dez anos entre presentes se a posse é de boa-fé, ou de quinze anos entre ausentes; se for de má-fé, eleva-se o tempo para vinte anos. O Código Civil de 2002 não mais faz a distinção entre presentes e ausentes para efeito do prazo exigido, que será sempre de dez anos. Inexistindo, porém, título, amplia-se para vinte anos o lapso de tempo (parágrafo único do art. 1.379).

O Código não afastaria, então, o princípio geral do lapso de tempo previsto para o usucapião ordinário ou extraordinário, dando um tratamento especial ao presente caso.

O vizinho que bondosamente permitiu aberturas sobre o seu prédio, enquanto ainda não construído, no dizer de Sílvio Rodrigues[147] passaria a sofrer a enorme restrição de não mais poder construir, por se haver constituído servidão sobre seu imóvel, pois estaria obrigado a respeitar a distância de um metro e meio da janela do outro, o que reduz em muitas situações, exageradamente, a largura do terreno, inutilizando.

Finalizando, destaca-se que essa *ratio legis* não é isolada. Vem sendo confortada pela jurisprudência:

> Escoado o prazo de ano e dia a que alude o art. 576 do Código Civil, o proprietário do prédio vizinho ao em que se construiu a janela, sacada ou terraço sobre o seu, não poderá exigir do dono deste que os desfaça; não nasce, porém, para este servidão de luz por usucapião a prazo reduzido, razão por que aquele poderá construir junto à divisa, nos termos do § 2º do art. 573 do mesmo Código, ainda que a construção vede a claridade.[148]

Como já se viu, o § 2º do art. 573 corresponde ao parágrafo único do art. 1.302 do Código de 2002.

Na fundamentação do voto, destaca-se o seguinte tópico, relativamente ao art. 576, que equivale ao art. 1.302 do Código em vigor:

> É ele claro no sentido de que, para quem construiu, surge uma exceção que pode contrapor ao ataque do vizinho. A lei não diz que nasce para aquele qualquer servidão que impeça a este de se utilizar amplamente de seu terreno, mas apenas lhe confere o poder de evitar que o outro o compila. Não se pode transformar uma exceção em direito de servidão, sem texto expresso.

---

[147] *Direito Civil*, vol. V, ob. cit., p. 160.

[148] *Revista Trimestral de Jurisprudência*, 83/559, *RE* nº 86.054, de 5.05.1977, Relator Min. Moreira Alves.

E em passagem seguinte:

> Esse entendimento (o de que não há servidão) é o que melhor se coaduna com o texto do art. 573, cujo *caput* proíbe a abertura de janelas a menos de metro e meio da divisa, e cujo § 1º permite a abertura de simples vãos, frestas ou seteiras, ainda que não observada aquela distância. Ora, se as simples aberturas para a luz, que são permitidas, não prescrevem contra o vizinho (§ 2º do art. 573), com maior razão não deverá ocorrer o usucapião de servidão no prazo de ano e dia, quando se trata de abertura de janela, que é proibida. De outro lado, o curto prazo de ano e dia para o usucapião de servidão estaria em desacordo com o sistema do Código que, para esse efeito, estabelece prazos maiores (art. 698).

Os referidos arts. 573 e 698 do Código Civil revogado correspondem aos arts. 1.301 e 1.379 do Código de 2002.

O Superior Tribunal de Justiça, sobre a permanência do direito de construir junto ao lado do prédio que desrespeitou a distância regulamentar, assim ponderou, numa exegese que posteriormente se firmou:

> Nunciação de obra nova. Direito de vizinhança. A abertura de janela no prédio vizinho, construído na divisa há mais de quarenta anos, mas sem obediência ao necessário afastamento não constitui servidão aparente capaz de obrigar o recuo de metro e meio do prédio nunciado, edificado nos limites do respectivo lote.[149]

Entretanto, com o art. 1.302, o vigente Código Civil, segundo já anotado, alterou o tratamento, passando a proibir a construção que reduza a distância de metro e meio da janela, sacada ou terraço do prédio vizinho:

> O proprietário pode, no lapso de ano e dia após a conclusão da obra, exigir que se desfaça janela, sacada, terraço ou goteira sobre o seu prédio; escoado o prazo, não poderá, por sua vez, edificar sem atender ao disposto no artigo antecedente, nem impedir, ou dificultar, o escoamento das águas da goteira, com prejuízo para o prédio vizinho.

21.7.9. Escoamento das águas que caem sobre o telhado

Em regra, anota Luiz Antônio de Aguiar e Souza:

> cada proprietário de um edifício é obrigado a construir o seu telhado de maneira que as águas pluviais que sobre ele caírem corram para o seu próprio terreno ou para a via pública, de conformidade com as leis e regulamentos que as câmaras municipais das respectivas localidades houverem decretado a este respeito.[150]

No pertinente à queda de águas das chuvas sobre telhados, tínhamos a regra do art. 575 do Código Civil revogado: "O proprietário edificará de maneira que o beiral de seu telhado não despeje sobre o prédio vizinho, deixando, entre este e o beiral, quando por outro modo não o possa evitar, um intervalo de dez centímetros pelo menos". O Código Civil de 2002, no art. 1.300, simplesmente exige que a edificação se faça de modo a não despejar águas

---

[149] *Recurso Especial* nº 1.749-ES, julgado em 3.04.1990, *DJU* de 28.05.1990, da 3ª Turma do STJ.

[150] *Tratado das Servidões Urbanas e Rústicas*, São Paulo, Espínola & Cia., 1914, p. 93.

sobre o prédio vizinho, sequer impondo uma distância específica entre o beiral e o prédio vizinho: "O proprietário construirá de maneira que o seu prédio não despeje águas, diretamente, sobre o prédio vizinho".

A regra do art. 575 do Código Civil anterior também se encontra consubstanciada no art. 105 do Código de Águas.

Não importa que o fundo do vizinho seja terreno ou edifício. Nem cessa a proibição ainda quando o prédio do vizinho se situe em local inferior, pois a obrigação é de suportar o fluxo das águas correntes e não a queda das águas, salienta Pacifici Mazzoni.[151]

Explica, no entanto, Pontes não ser impossível a constituição "de servidão de se deixar o beiral, de que cai a água".[152]

De modo geral, a convenção das partes diz respeito ao recebimento, pelo prédio serviente, da água que vem em canaletas, ou escorre indo cair gota a gota. Firmam, outrossim, o compromisso de tolerar que as águas do prédio dominante gotejem ou caiam sobre o telhado ou terreno vizinho. Normalmente, as águas vão gotejar na linha entre o beiral e o prédio. Daí que a servidão é de receber o gotejamento, ou a precipitação da água que é lançada por meio de encanamento ou canaletas.

A extensão e o modo de exercício da *servitus* são regulados pelo contrato, ou pela sentença judicial, que julgou a prescrição, ou por outra forma de criação. Discriminam-se quais as águas serão recebidas. Se a servidão tratou de goteiras, não se autorizará o uso posterior de canos, tubos ou calhas. Na circunstância, porém, de levantar o dono do prédio dominante, o telhado de seu edifício, não há gravação de encargo, pois, com tal obra, as gotas tornam-se mais finas e menos pesadas, o que suaviza o exercício da servidão. Mas não lhe é facultado baixar o telhado, pois, assim procedendo as goteiras tornar-se-ão mais condensadas e pesadas, agravando a oneração para o dono do prédio serviente.

Não pode o dono do prédio dominante, uma vez materializada a servidão, aumentar a largura ou o comprimento da beira do telhado, posto que tal fato demandará uma quantidade mais elevada de goteiras e de fluxo de água. Pela mesma razão, para impedir a precipitação de volume de água superior ao avençado, é proibido ampliar as dimensões dos canos, calhas ou tubos.

A destinação é unicamente às águas pluviais. Daí que fica excluída a precipitação ou o lançamento, para o prédio limítrofe, das águas provenientes dos usos domésticos, ou aquelas que estão corrompidas ou carregadas de detritos.

21.7.10. Distância mínima entre prédios rústicos

O art. 577 do Código Civil de 1916 tratava da distância mínima entre construções vizinhas levantadas em propriedades rurais: "Em prédio rústico, não se poderão, sem licença do vizinho, fazer novas construções, ou acréscimos às existentes, a menos de metro e meio do limite comum". O Código Civil de 2002, no art. 1.303, aumentou para três metros a distância do terreno vizinho, ao mesmo tempo em que não se dirigiu ao prédio rústico, mas ao prédio sito em zona rural, fora do perímetro urbano, ou em áreas onde se praticam atividades rurais: "Na zona rural, não é permitido levantar edificações a menos de 3 (três) metros do terreno vizinho".

Na prática, a diferença de linguagem entre o Código Civil antigo e o novo não é relevante. A expressão "prédio rústico" equivale a "propriedade rural". É rural a propriedade

---

[151] *Obra citada*, vol. II, p. 479.
[152] *Tratado de Direito Privado*, vol. XVIII, ob. cit., p. 283.

Cap. XXI • DIREITOS DE VIZINHANÇA | **601**

quando se localiza fora do perímetro urbano, ou da área urbana, assim considerada pelos Municípios como a delimitada para cidade-sede, as vilas e os terrenos loteados com vistas a habitações.

O significado de "prédio rústico", pretendido pelo Código Civil antigo, era o que envolve toda e qualquer construção levantada na zona rural, ou situada fora do perímetro urbano.

Entre os prédios há de existir a distância mínima de três metros, iniciando a contagem do limite comum. Ou seja, entre os prédios erguidos, a rigor, deverá se verificar uma distância de seis metros, pois os dispositivos colocam como marco para a construção a distância, respectivamente, de três metros, para cada proprietário, da divisa comum.

A regra do art. 577 do Código revogado oportunizava convenção em contrário. Desde que houvesse licença do vizinho, não se vedava a edificação em distância menor, e mesmo rente à divisa. No entanto, pela versão do art. 1.303 do Código de 2002, não mais perdura essa liberdade. A matéria é tratada como de interesse público, sem viabilidade de disporem as partes a respeito.

21.7.11. Construções nocivas à saúde, à higiene e ao meio ambiente

O Código Civil antigo, num de seus dispositivos desatualizados – art. 578, dispunha: "As estrebarias, currais, pocilgas, estrumeiras, e, em geral, as construções que incomodam ou prejudicam a vizinhança, guardarão a distância fixada nas posturas municipais e regulamentos de higiene". Não contempla o Código de 2002 norma de igual teor, porquanto as hipóteses assinaladas enquadram-se na ampla previsão de seu art. 1.277. Ademais, as leis e posturas municipais é que deverão tratar a respeito.

As situações exemplificadas no art. 578, nas zonas eminentemente urbanizadas, dificilmente ocorrem. E em regiões rurais, as distâncias entre uma propriedade e outra evitam aqueles incômodos.

Em momentos atuais, os problemas que afligem as coletividades são bem mais graves, acentuando-se aqueles acarretadores de poluição e contaminação do meio ambiente. Lembra-se, antes, que o art. 225 da Constituição Federal proclama que "todos têm direito ao meio ambiente ecologicamente equilibrado, bem de uso comum do povo e essencial à sadia qualidade de vida, impondo-se ao Poder Público (nas esferas federal, estadual e municipal) e à coletividade o dever de preservá-lo para as presentes e futuras gerações".

Entende-se, por meio ambiente, na lição de Édis Milaré:

> o complexo de relações entre o mundo natural e o ser vivo, as quais influem na vida e no comportamento do mesmo ser. O meio ambiente, elevado à categoria de bem jurídico essencial à vida, à saúde e à felicidade do homem, é objeto, hoje, de uma disciplina que já ganha foros de autonomia: a ecologia (do grego *oikos*: casa; e *logos*: estudo). Compreende ela, portanto, o estudo do patrimônio ambiental, de nossa "casa", do nosso *habitat*. Pois bem, essa casa, pelos constantes atentados que vem sofrendo, precisa de defesa.[153]

Leis já não tão recentes introduziram medidas de proteção ao meio ambiente, como a de nº 6.938, de 1981, que, art. 3º, inc. III, define a poluição como "a degradação da qualidade ambiental, a alteração adversa das características do meio ambiente", sendo a degradação, nos termos do inc. II do mesmo dispositivo, a alteração adversa das características do meio ambiente.

---

[153] *"Tutela Jurídica do Meio Ambiente"*, em *Revista dos Tribunais*, nº 605, p. 21.

No art. 14, § 1º, obriga o poluidor a indenizar, independentemente de culpa, os danos causados ao meio ambiente e aos terceiros afetados pela sua atividade: "Sem obstar a aplicação das penalidades previstas neste artigo, é o poluidor obrigado, independentemente da existência de culpa, a indenizar ou reparar os danos causados ao meio ambiente e a terceiros, afetados por sua atividade. O Ministério Público da União e dos Estados terá legitimidade para propor ação de responsabilidade civil e criminal, por danos causados ao meio ambiente".

Há propriamente a introdução, no direito brasileiro, da responsabilidade civil objetiva, ou desligada da culpa do autor do dano. Sobre a responsabilidade, ainda, entendeu o Superior Tribunal de Justiça que ela se estende a todos aqueles que desempenham atividades ou funções públicas, reservando a lei a essas pessoas o dever de proteção: "A ação civil pública pode ser proposta contra o responsável direto, contra o responsável indireto ou contra ambos, pelos danos causados ao meio ambiente. Trata-se de caso de responsabilidade solidária, ensejando o litisconsórcio facultativo".[154]

De outro lado, a Lei nº 7.347, de 1985, instituiu a ação civil pública por dano ao meio ambiente em hipóteses de ofensa à natureza, por atividade poluidora, prevista na Lei nº 6.938.

A Lei nº 9.605/1998, dispondo sobre sanções penais e administrativas derivadas de condutas e atividades lesivas ao meio ambiente, além de discriminar penalidades e de capitular os crimes contra a fauna, traz alguns crimes contra a flora. No art. 38, contempla esta figura: "Destruir ou danificar floresta considerada de preservação permanente, mesmo que em formação, ou utilizá-la com infringência das normas de proteção: Pena – detenção de um a três meses, ou multa, ou ambas as penas cumulativamente".

No art. 38-A (acréscimo da Lei nº 11.428/2006): "Destruir ou danificar vegetação primária ou secundária, em estágio avançado ou médio de regeneração, do Bioma Mata Atlântica, ou utilizá-la com infringência das normas de proteção. Pena – detenção, de 1 (um) a 3 (três) anos, ou multa, ou ambas as penas cumulativamente."

No art. 39: "Cortar árvores em floresta considerada de preservação permanente, sem permissão da autoridade competente: Pena – detenção de um a três anos, ou multa, ou ambas as penas cumulativamente". No art. 41: "Provocar incêndio em mata ou floresta: Pena – reclusão de dois a quatro anos, e multa".

Já a Lei nº 7.347/1985, além de disciplinar o exercício da ação civil, estendeu o âmbito de proteção aos chamados interesses difusos, isto é, àquela categoria de interesses que tem por titular todo o grupo social ou uma parcela significativa deste, como é o caso de interesses que repousa sobre a preservação do meio ambiente.[155]

Ou, segundo Rodolfo de Camargo Mancuso, aqueles "interesses disseminados em áreas e temas de espectro social, tais como ecologia, qualidade de vida, tutela dos consumidores, gestão de minorias sociais etc".[156]

Além do Ministério Público, a citada Lei nº 7.347/1985 deu legitimidade para a propositura de ações às associações ambientalistas e ao Poder Público.

Não se resume ao pedido de responsabilidade pelos danos ambientais a ação. Visa, sobretudo, o cumprimento da obrigação de fazer ou não fazer, como abster-se o agente causador de atos nocivos da prática da devastação da fauna e da flora; da contaminação de rios, lagos e mares; da poluição das cidades e das áreas verdes.

---

[154] *Recurso Especial* nº 37.354-9-SP, da Segunda Turma, julgado em 30.08.1995.

[155] Édis Milaré, *Tutela Jurídica do Meio Ambiente*, trabalho citado, p. 34.

[156] *Interesses Difusos,* São Paulo, Editora Revista dos Tribunais, 1988, p. 78.

Eis alguns dos conteúdos inseridos na Lei nº 7.347/1985, sintetizados por Sydney Sanches: "Permitiu a propositura das ações nela previstas no foro local onde ocorrer o dano, atribuindo ao respectivo juízo competência funcional para processar e julgar a causa (art. 2º)".

Admitiu que a ação civil pública objetive a condenação em dinheiro ou ao cumprimento de obrigação de fazer ou não fazer (art. 3º).

Previu a possibilidade de ação cautelar para os fins nela considerados, inclusive para evitar o dano ao meio ambiente, ao consumidor, aos bens e direitos, de valor artístico, estético, histórico, turístico e paisagístico.

Abriu, enormemente, o leque de legitimados para a ação civil pública, principal e cautelar, ou seja: ao Ministério Público, à defensoria Pública, à União, aos Estados e Municípios, e às autarquias, empresas públicas, fundações, sociedades de economia mista; e até a associações constituídas há pelo menos um ano, nos termos da lei civil, e que incluam, entre suas finalidades institucionais, a proteção ao patrimônio público e social, ao meio ambiente, ao consumidor, à ordem econômica, à livre concorrência, aos direitos de grupos raciais, étnicos ou religiosos ou ao patrimônio artístico, estético, histórico, turístico e paisagístico (art. 5º, incs. I a V, lembrando-se de que o inc. V teve alterada sua redação pela Lei nº 13.004/2014).

Tornou obrigatória a intervenção do Ministério Público, como *custos legis*, em tais processos, quando neles não figurar como parte (§ 1º do art. 5º).

Impôs ao Ministério Público a titularidade ativa, em casos de desistência ou abandono da ação por associação legítima (§ 3º do art. 5º).

Outorgou a qualquer pessoa o direito e impôs ao servidor público o dever de provocar a iniciativa do Ministério Público, ministrando-lhe informações sobre fatos que constituam objeto da ação civil e indicando-lhes os elementos de convicção (art. 6º).[157]

O Decreto-Lei nº 1.413, de 1975, estabelece norma para evitar a poluição industrial.

Considera-se poluição industrial qualquer alteração das propriedades físicas, químicas ou biológicas do meio ambiente, causadas por qualquer forma de energia ou de substâncias sólidas, líquidas ou gasosas, ou combinação de elementos despejados pelas indústrias, em níveis capazes, direta ou indiretamente, de prejudicar a saúde, a segurança e o bem-estar da população; de criar condições adversas às atividades sociais e econômicas; e de ocasionar danos relevantes à flora, à fauna e aos demais recursos naturais.

O Decreto-Lei nº 1.413, de 1975, obriga as indústrias a instalarem aparelhamentos ou a tomarem medidas de sorte a evitar e prevenir a poluição e a contaminação do meio ambiente, sob pena de suspensão ou cancelamento, pelo Poder Executivo Federal, de seu funcionamento. Prevê, outrossim, em zonas críticas, a adoção de esquema de zoneamento urbano, com a imposição de novas localizações.

A respeito, o art. 54, § 2º, inc. V, da Lei nº 9.605/1998, tipifica como crime, punível com a pena de reclusão de um a cinco anos, "o lançamento de resíduos sólidos, líquidos ou gasosos, ou detritos, óleos ou substâncias oleosas, em desacordo com as exigências estabelecidas em leis ou regulamentos". Explica, sobre o assunto, Paulo Affonso Leme Machado:

> O lançamento desses mesmos resíduos sem que esteja expressamente de acordo com as normas legais ou regulamentares entra no comportamento previsto no *caput* do

---

[157] *O Poder Judiciário e a Tutela do Meio Ambiente*, em julgados dos Tribunais de Alçada Civil de São Paulo, Editora Revista dos Tribunais, nº 110, p. 14.

art. 54. O descarte ou o abandono do produto torna-o "resíduo", mesmo que haja possibilidade posterior do emprego de processo de reutilização ou de reciclagem.[158]

A proteção do solo contra a poluição é outra inderrogável necessidade.

A poluição ocorre, de modo especial, com o despejo e o aterro de resíduos sólidos, como no caso do lixo. Quanto aos elementos de alta toxicidade, ou inflamáveis, explosivos, radioativos, deverão sofrer, antes do depósito no solo, tratamento ou condicionamento adequado, de modo a não contaminarem o meio ambiente.

21.7.12. Colocação de trave ou madeiramento no prédio vizinho

Trata-se de um direito que permite a alguém meter traves, ou madeiras na parede, muro ou pilar do vizinho. Em princípio, é autorizada a utilização da parede para colocar um suporte, reforço ou trave do prédio que se ergue.

O fundamento é encontrado no art. 1.304 do Código de 2002:

> Nas cidades, vilas e povoados, cuja edificação estiver adstrita a alinhamento, o dono de um terreno pode nele edificar, madeirando na parede divisória do prédio contíguo, se ela suportar a nova construção; mas terá de embolsar ao vizinho metade do valor da parede e do chão correspondentes.

A primeira condição para colocar a trave é a resistência da parede, de modo a suportar o travejamento. É o que endossa a jurisprudência, perfeitamente atualizada, eis que a disciplina da matéria é idêntica no Código revogado e no atual: "Um dos requisitos fundamentais para que se possa usufruir da servidão legal de madeiramento, na acertada opinião de Lafayette, é a resistência da parede para sofrer o travejamento".[159]

Outro requisito é que o terreno esteja vago, isto é, sem construção. Por terreno vago não se entende somente qualquer outro que já tivera construção, passando a não mais ter, em razão de sua demolição.

O art. 1.305 (art. 580 do Código revogado) permite ao confinante assentar a parede divisória até a metade da espessura no terreno contíguo, conservando sempre o direito de haver metade do valor, se o vizinho colocar a trave na parede:

> O confinante, que primeiro construir, pode assentar a parede divisória até meia espessura no terreno contíguo, sem perder por isso o direito a haver meio valor dela se o vizinho a travejar, caso em que o primeiro fixará a largura e a profundidade do alicerce.

E caso o vizinho construa parte da parede em terreno contíguo, não se autoriza, contra ele, a ação possessória, para recuperar o espaço ocupado. Decidiu-se, com base no art. 580 do Código antigo, cujo conteúdo se mantém no art. 1.305 do atual:

> Possessória. Reintegração de posse. Demolição de muro divisório que adentra poucos centímetros o terreno vizinho. Meio inidôneo. Faculdade conferida ao confinante pelo art. 580 do CC. Exercício de direito subjetivo que, apesar de redundar em privação da

---

[158] *Direito Ambiental Brasileiro*, 8ª ed., São Paulo, Malheiros Editores, 2000, p. 662.

[159] *Apel. Cível* nº 251.033, da 4ª Câm. Cível do TJ de São Paulo, de 06.05.1976, *in Servidões – Jurisprudência Brasileira* nº 49, ob. cit., p. 280.

posse, não configura esbulho a autorizar o ajuizamento da possessória. Hipótese de relação de direito de vizinhança.

No voto, lê-se esta passagem: "Era descabida a ação possessória para a finalidade de demolição do muro divisório que invadira a propriedade dos ali requerentes em menos de um metro quadrado". Adentrar o terreno contíguo apenas oito centímetros, com a parede divisória, é faculdade conferida ao confinante pelo art. 580 do CC. Quem exerce direito subjetivo, como o desta norma jurídica, na prática esbulha. Não é qualquer ato que, embora redundando na privação da posse, confere o direito do ajuizamento da ação. Há situações, portanto, em que o possuidor perde a posse por ato de outrem, mas fica inibido de reintegração de posse. São aqueles casos em que o esbulho é considerado lícito, e que ocorrem quando a privação da posse acontece por ato praticado no exercício de um direito".[160]

A metade da espessura da parede, portanto, poderá ser assentada no terreno do vizinho. E se este travejar, deverá reembolsar aquele com o correspondente a meio valor do preço da construção. Quem levantou a parede fixará a largura dos alicerces, assim como a profundidade, se o terreno não for de rocha.

Em ambos os casos, o direito de meter traves depende de adquirir a meação da parede, na qual se vai travejar. A imissão da trave é, pois, exercício de propriedade, e não, na prática, de uma servidão. Ninguém poderá colocar uma trave em parede se não tiver parte nela, já constava das Ordenações. A não ser que pague metade do que custou ao que ergueu, e mais metade do valor do chão correspondente, caso não tenha envolvido parte do terreno do interessado. Não sendo assim, ou "se a parede divisória pertencer a um dos vizinhos, e não tiver capacidade para ser travejada pelo outro, não poderá este fazer-lhe alicerce ao pé sem prestar caução àquele, pelo risco a que expõe a construção anterior" (parágrafo único do art. 1.305 do Código de 2002). Percebe-se que a caução deve ser prestada pelo risco a que se expõe a construção anterior em si, não se falando se deriva da insuficiência da mesma. A matéria, no regime do Código anterior, constava no parágrafo único do art. 580.

Expunha Dídimo da Veiga que a faculdade de meter traves em um prédio pode assentar em uma convenção que estabeleça tal faculdade, como um direito real, em favor do *immittendi*, e um ônus real contra o proprietário da parede: é o caso da servidão *tigni immittendi* e *oneris ferendi*, que alguns denominam convencional e os modernos civilistas dão como oriunda do fato humano".[161]

Na servidão, o que se ergue depende expressamente de convenção, ajustada por escritura pública ou estabelecida por outra forma, como por testamento, arremata Carvalho Santos.[162]

Ao se contratar, fixam os interessados o número de traves permitido ao dono do prédio dominante colocar na parede, no muro ou pilar do vizinho. Em geral, a quantidade mede-se de acordo com a necessidade para a construção da obra. Importa considerar as dimensões do madeiramento ou das traves, e as possibilidades da parede em suportar ou não o peso.

Finalmente, escorada a parede no prédio vizinho, ou nele colocado o madeiramento, não tem o dono deste prédio liberdade para a demolição, se prejuízos advierem ao prédio dominante.

---

[160] *Ação Rescisória* nº 277.671, do 2º Grupo de Câmaras, do 1º Tribunal de Alçada Civil de São Paulo, 03.02.1988, em *Revista dos Tribunais*, 637/97.

[161] *Direito das Coisas*, ob. cit., p. 507.

[162] *Obra citada*, 11ª ed., 1963, vol. IX, p. 289.

21.7.13. Utilização de parede comum

Construída em comum a parede, ou indenizada meia espessura por um dos vizinhos, a utilização é regulada pelo art. 1.306: "O condômino da parede-meia pode utilizá-la até ao meio da espessura, não pondo em risco a segurança ou a separação dos dois prédios, e avisando previamente o outro condômino das obras que ali tenciona fazer; não pode sem consentimento do outro, fazer, na parede-meia, armários, ou obras semelhantes, correspondendo a outras, da mesma natureza, já feitas do lado oposto".

Por parede-meia se entende aquela que foi erguida por ambos os vizinhos, incidindo meia espessura em cada terreno confinante, ou que o vizinho indenizou por metade. De acordo com a norma, é permitida a utilização pelos dois proprietários, até meia espessura, seja qual for a finalidade, mas desde que não se coloque em risco a segurança do prédio, e cada confinante seja avisado das obras que o outro pretenda construir.

Está proibida, no entanto, a utilização para fixação ou embutimento de armários e outras obras semelhantes, se não há o prévio consentimento do vizinho.

A utilização será para o madeiramento ou travejamento.

Lembra Humberto Theodoro Júnior:

> Mesmo quando um dos confrontantes edifica na divisa, mas sem avançar a parede-meia, o outro pode construir em seu terreno contíguo, madeirando na parede divisória já existente, se esta suportar a nova construção. Terá, todavia, de embolsar ao vizinho meio valor da parede e do chão correspondente (CC, art. 579).[163]

A menção ao art. 579 equivale ao art. 1.304 do Código de 2002.

No art. 1.307, autoriza o Código que se eleve a parede divisória, arcando o confinante com os custos, inexistindo regra parecida no Código Civil anterior: "Qualquer dos confinantes pode altear a parede divisória, se necessário reconstruindo-a, para suportar o alteamento; arcará com todas as despesas, inclusive de conservação, ou com metade, se o vizinho adquirir meação também na parte aumentada". É autorizada inclusive a reconstrução se o alteamento exigir uma base mais sólida, ou outros fatores assim determinarem.

21.7.14. Limitações contra aparelhos térmicos e higiênicos, substâncias corrosivas e esgotos

O Código, no art. 1.308, contém, sobre o assunto, uma regra de conduta, impondo o dever de não erguer chaminés, fogões e outros aparelhos: "Não é lícito encostar à parede divisória chaminés, fogões, fornos ou quaisquer aparelhos ou depósitos suscetíveis de produzir infiltrações ou interferências prejudiciais ao vizinho".

Os aparelhos enunciados representam uma possibilidade de dano, verificáveis na produção de calor e nas emanações desagradáveis se o funcionamento for defeituoso. De modo particular, caso haja rompimentos de encanamentos, fenômeno frequente.

Havendo ameaça de perigo, cabe a ação específica, dirigida a paralisar a construção, ou a remover o perigo.

Se, porém, tais equipamentos domésticos se apoiarem em parede unicamente do confinante, mesmo que justaposta a do vizinho, não se proíbe a limitação. É possível sejam os aparelhos embutidos ou encostados.

---

[163] *Terras Particulares, Demarcação, Divisão, Tapumes*, ob. cit., p. 503.

Advindo prejuízos, autoriza-se a ação indenizatória, e inclusive demolitória caso não se afigurem sanáveis as causas.

O parágrafo único do art. 1.308 exclui da proibição as chaminés ordinárias e os fornos de cozinha: "A disposição anterior não abrange as chaminés ordinárias e os fogões de cozinha".

Situação especial se apresenta quanto à passagem do cano de esgoto pelo terreno vizinho. Admite-se na hipótese de instituída servidão, o que envolve a instalação de fossas sépticas, a menos que expressamente se disponha sobre a autorização. Para a proteção possessória e reconhecimento legal, a servidão deve ser clara. Pela circunstância dos incômodos que traz ou do perigo de rupturas sempre possíveis, a interpretação se inclina a rejeitar a pretensão não fundada em título.

E mesmo que o prédio seja inferior, o tratamento legal não é igual ao dado às águas pluviais.

A questão envolve um exame mais profundo.

O art. 69 do Código de Águas instituiu a servidão do escoamento natural de águas, pelo qual os prédios inferiores são obrigados a receber as águas que correm naturalmente dos prédios superiores. O princípio já era consagrado pelo Código Civil de 1916, no art. 563, e está mantido no art. 1.288 do Código atual. Temos, pois, uma servidão legal, ou, no mínimo, um direito de vizinhança, impondo ao prédio inferior o recebimento das águas que fluem, em geral, dos terrenos mais elevados.

Mas, a regra anterior, conforme o princípio instituído pela jurisprudência e pela doutrina, não tem aplicação a cloacas. Laurent demonstra a universalidade do entendimento, assentando que se as águas forem corrompidas, prejudicando o prédio inferior, não há o direito de escoamento.[164]

Antônio de Pádua Nunes traduz o pensamento atual, o mesmo que era defendido por Coelho da Rocha, Trigo de Loureiro, Teixeira de Freitas e Clóvis Beviláqua, traçando os limites do uso do prédio pelo proprietário. Segundo as posturas municipais e dispositivos do art. 1.277 do atual Código Civil, o uso da propriedade não poderá acarretar prejuízos aos outros. Evidentemente, o depósito de detritos de águas fétidas em seu imóvel configura um mau uso do prédio. E se tem o dever legal poderá gozar do direito amplo de fazer escoar, para o terreno confrontante, águas pútridas ou detritos? Obviamente, irrompe, sem a menor dúvida, a impossibilidade.[165]

21.7.15. Utilização de águas subterrâneas

Nos arts. 584 a 586 do Código Civil de 1916 estava regulada a matéria. O Código de Águas, com pequenas modificações, trata do mesmo assunto. Assim, consoante seu art. 96, permite-se a qualquer proprietário adonar-se, por meio de poços, galerias, cisternas, encanamentos etc., das águas existentes abaixo da superfície de seu prédio, desde que não prejudique as demais utilizações ou aproveitamentos existentes.

O Código Civil de 2002, no art. 1.309, encerra, quanto às construções que poluem ou inutilizam as águas: "São proibidas construções capazes de poluir, ou inutilizar, para uso ordinário, a água do poço, ou nascente alheia, a elas preexistentes".

O art. 1.310 proíbe escavações que privem outras pessoas das águas necessárias: "Não é permitido fazer escavações ou quaisquer obras que tirem ao poço ou à nascente de outrem a

---

[164] *Obra citada*, tomo 7º, pp. 434 e 435.
[165] *Nascentes e Águas Comuns*, ob. cit., p. 107.

água indispensável às suas necessidades normais". Conclui-se que as construções, escavações e outras obras são toleráveis se apenas diminuem o suprimento das fontes, nascentes ou dos poços que servem o vizinho, em relação ao nível do lençol d'água. O parágrafo único do art. 96 do Código de Águas, entrementes, autoriza a administração pública a intervir e suspender o aproveitamento das águas subterrâneas se decorrer prejuízo a águas públicas dominicais ou públicas de uso comum.

O art. 97 do mesmo diploma também ordena a utilização de modo a evitar prejuízo ao vizinho, enquanto o art. 99 obriga a demolição das construções nocivas ao aproveitamento das águas comuns, ou dos vizinhos, além de prever a indenização por perdas e danos. A decorrência da demolição e da indenização é consequência das demais previsões, não carecendo que viesse regra expressa a respeito. O Código Civil de 2002 repetiu, no entanto, a mesma disposição sobre o assunto, no art. 1.312: "Todo aquele que violar as proibições estabelecidas nesta Seção é obrigado a demolir as construções feitas, respondendo por perdas e danos".

21.7.16. Poluição de águas

Os arts. 1.291 e 1.309 e os arts. 98 e 109 do Código de Águas vedam construções ou obras que poluam ou inutilizem as águas.

Transcrevem-se as redações, primeiramente da lei civil:

Art. 1.291. O possuidor do imóvel superior não poderá poluir as águas indispensáveis às primeiras necessidades da vida dos possuidores dos imóveis inferiores; as demais, que poluir, deverá recuperar, ressarcindo os danos que estes sofrerem, se não for possível a recuperação ou o desvio do curso artificial das águas.

Art. 1.309. São proibidas as construções capazes de poluir, ou inutilizar, para uso ordinário, a água do poço, ou nascente alheia, a elas preexistentes.

Do Código de Águas:

Art. 98. São expressamente proibidas construções capazes de poluir ou inutilizar para o uso ordinário a água do poço ou nascente alheia, a ela preexistentes.

O art. 109. A ninguém é lícito conspurcar ou contaminar as águas que não consome, com prejuízo de terceiros.

Outros mandamentos existem que tratam do assunto, como o Decreto-Lei nº 1.413, de 1975, e o Decreto nº 76.389, do mesmo ano. O Ministério do Interior, autorizado por estes diplomas mediante a Portaria nº 13/1976, estabeleceu várias classes de águas. Na primeira, destinada ao abastecimento doméstico, sem prévio tratamento convencional, está proibido o lançamento de efluentes, mesmo tratados. Na segunda, também para o consumo doméstico, mas com tratamento, além de utilizável para a irrigação, natação, esportes, é vedado o lançamento de materiais não degradáveis, como corantes, espumas de produtos não naturais, graxas, óleos etc. Para o uso, o grau de poluição não poderá ultrapassar a mil coliformes fecais por cem mililitros de água. Na terceira classe, a água também se destina para o uso doméstico, devendo sofrer tratamento, mas abrange, ainda, a preservação de peixes, da flora e da fauna. Permite-se um maior grau de contaminação por coliformes, até quatro mil. Na quarta classe, a finalidade mais importante é a navegação. Autoriza-se o uso doméstico se o tratamento for avançado.

Cap. XXI · DIREITOS DE VIZINHANÇA | 609

A Lei nº 9.605, no art. 54, § 2º, inc. III, considera crime "causar poluição hídrica que torne necessária a interrupção do abastecimento público de água de uma comunidade". Para a espécie, comina a pena de reclusão de um a cinco anos. Analisando a figura, escreve Paulo Affonso Leme Machado:

> Incrimina-se causar poluição hídrica que torne necessária a interrupção do abastecimento público de água de uma comunidade. Basta que a poluição interrompa o abastecimento público por horas para que o crime seja consumado. O abastecimento de água protegido pela lei é aquele que é paralisado, sendo vítima a comunidade de um quarteirão, bairro ou conjunto de bairros, uma cidade inteira ou um núcleo rural. Para a ocorrência do crime não há necessidade de que a poluição tenha causado danos à saúde humana, sendo suficiente que, por medida de precaução, e em razão da poluição constatada, o abastecimento tenha sido suspenso.[166]

21.7.17. Entrada no prédio vizinho para construções, reparações e limpezas

Em certas circunstâncias, autoriza a lei ao proprietário a entrar no prédio vizinho, conforme art. 1.313 do Código Civil:

> O proprietário ou ocupante do imóvel é obrigado a tolerar que o vizinho entre no prédio, mediante prévio aviso, para:
>
> I – dele temporariamente usar, quando indispensável à reparação, construção, reconstrução ou limpeza de sua casa ou do muro divisório;
>
> II – apoderar-se de coisas suas, inclusive animais que aí se encontrem casualmente.

Como ressalta dos dispositivos, há uma restrição em prédio de outrem, ditada por um princípio de cordialidade e de mútuas concessões, que deve imperar entre vizinhos.

Em cinco situações é autorizada a entrada, pelo Código Civil: para reparações, limpeza, construções, reconstruções, e busca ou retirada de coisas, inclusive animais, que casualmente foram parar ou entrar na propriedade do vizinho. Mas, em relação a esta situação – retirada de coisas ou animais –, dispensa-se a entrada se o proprietário vizinho puder efetuar a entrega, em vista do § 2º do art. 1.313: "Na hipótese do inciso II, uma vez entregues as coisas buscadas pelo vizinho, poderá ser impedida a sua entrada no imóvel".

Quanto à limpeza, há a extensão do § 1º, também do art. 1.313: "O disposto neste artigo aplica-se aos casos de limpeza ou reparação de esgotos, goteiras, aparelhos higiênicos, poços e nascentes e ao aparo de cerca viva".

É assegurado o direito de indenização, se advierem danos, como garante o § 3º do art. 1.313: "Se do exercício do direito assegurado neste artigo provier dano, terá o prejudicado direito a ressarcimento".

Antecede à entrada o aviso do interessado. Não há pedido de licença, como se deduz da lei. O titular do direito de vizinhança pede licença. Simplesmente comunica ou avisa com antecedência. Esta providência materializa uma manifestação de vontade, que reflete o exercício de um direito.

Se o vizinho impedir a entrada, qual a ação cabível?

Será a ação de conteúdo cominatório. Num primeiro momento, importa a declaração do direito, a fim de se enunciar a relação jurídica do art. 1.313 (art. 587 do Código revogado). No segundo passo, sucederá a condenação para deixar entrar e executar a pretensão.

---

[166] *Direito Ambiental Brasileiro*, ob. cit., 8ª ed., 2000, p. 661.

21.7.18. Desmoronamentos e escavações

Está no âmbito do direito de construir a prevenção de danos causados por desmoronamentos ou deslocação de terra, levados a efeito nas obras de construção, nas aberturas de vias ou túneis, no erguimento de viadutos e elevadas, e nas escavações para instalação de redes de esgoto, de energia elétrica e de condutos de combustíveis. Não é incomum a ocorrência de movimentações ou tremores de prédios, rachaduras, fissuras e trincas das paredes, tendo como origem principalmente as escavações efetuadas nas proximidades.

O Código Civil anterior não continha regra sobre os danos provocados por tais eventos, embora aplicáveis os princípios que tratam da responsabilidade.

O Código Civil atual contempla o direito à medida acautelatória prévia ou anterior às obras. É o que se encontra em seu art. 1.311: "Não é permitida a execução de qualquer obra ou serviço suscetível de provocar desmoronamento ou deslocação de terra, ou que comprometa a segurança do prédio vizinho, senão após haverem sido feitas as obras acautelatórias". Garante-se, no parágrafo único, a indenização por quaisquer danos ou prejuízos advindos: "O proprietário do prédio vizinho tem direito a ressarcimento pelos prejuízos que sofrer, não obstante haverem sido realizadas as obras acautelatórias".

Torna-se difícil colocar em prática a regra do art. 1.311. Os vizinhos, para saberem das dimensões e dos efeitos negativos das obras, devem ter acesso a plantas, projetos e memoriais, o que é praticamente impossível. No entanto, ao se perceber os efeitos prejudiciais, cabe a ação inibitória, enquanto não erguidas as obras acautelatórias. Na verdade, quando da aprovação pelo Município, à própria autoridade incumbe o exame na repercussão sobre os prédios próximos, exigindo os prévios baluartes, escoras e levantes de proteção, ou mesmo novo dimensionamento da obra, de modo a evitar danos nos imóveis vizinhos.

21.8. TAPUMES DIVISÓRIOS

O objetivo do direito de tapagem, ou dos tapumes, deriva dos atributos do direito de propriedade, especialmente quanto à exclusividade, que assegura, sem dúvida, a incolumidade dos proprietários. É como diz Humberto Theodoro Júnior: "A exclusividade do direito de propriedade exige não só que se definam e assinalem as linhas limítrofes dos terrenos particulares, como ainda se faculte ao dono tapar seu prédio, convenientemente, de modo a tornar ostensivamente visíveis suas estremas e a evitar invasões e penetrações clandestinas".[167]

Por tapumes se entende, segundo Hely Lopes Meirelles,

> todo meio de vedação da propriedade urbana e rural, permitido pelas normas administrativas. Nessa expressão – tapume – se incluem os muros, cercas, sebes vivas, grades, tabiques de proteção aos edifícios em construção e o que mais se destinar a separar, vedar ou proteger o imóvel, ou impedir o devassamento do prédio.[168]

Há quem critique o termo "tapagem", por expressar mais o significado de "encobrir", enquanto o objetivo visado pelas regras que tratam da matéria é vedar ou impedir a livre entrada e o trânsito de pessoas estranhas e animais na propriedade de uma pessoa. Segundo já explicitava Alfredo de Araújo Lopes da Costa, o sentido da palavra "tapumes" é designar

---

[167] *Terras Particulares, Demarcação, Tapumes*, Editora Saraiva, ob. cit., p. 502.
[168] *Direito de Construir*, ob. cit., p. 36.

qualquer meio de vedação, no sentido de "fechar" e "cercar", sem atenção ao significado etimológico: "Cercar é exercício do direito de exclusão, do direito que tem o proprietário de impedir que terceiros exerçam qualquer ato material sobre a coisa, salvo as exceções abertas por lei ou convenção".[169]

O Código Civil desenvolve a matéria juntamente com o direito de demarcar. Eis a previsão em seu art. 1.297:

> O proprietário tem direito a cercar, murar, valar ou tapar de qualquer modo o seu prédio, urbano ou rural, e pode constranger o seu confinante a proceder com ele à demarcação entre os dois prédios, a aviventar rumos apagados e a renovar marcos destruídos ou arruinados, repartindo-se proporcionalmente entre os interessados as respectivas despesas.

Cuida-se de um direito decorrente e dependente do direito de propriedade, que objetiva não apenas demarcar a propriedade, mas também excluí-la do vizinho.

Concretiza-se o direito de tapagem através de simples canteiros de flores, de linha de gramado, de marcos, muros, sebes vivas e os mais diversos meios, próprios para vedar o imóvel à penetração de terceiros. Exemplifica Pontes de Miranda: "Sebes vivas, cerca de arame, para logo usar dos termos mais amplos (ou quaisquer outros meios de separação dos terrenos). A vala, ou valado, o muro, as árvores, tais como as recortáveis de que tanto se servem no Brasil os proprietários, os gradis de ferro ou de madeira, o tabique são tapumes".[170]

O § 2º do art. 588 de 1916 conduzia à extensão acima delineada:

> Por "tapumes" entendem-se as sebes vivas, as cercas de arame ou de madeira, as valas ou banquetas, ou quaisquer outros meios de separação dos terrenos, observadas as dimensões estabelecidas em posturas municipais, de acordo com os costumes de cada localidade, contanto que impeçam a passagem de animais de grande porte, como sejam gado vacum, cavalar e muar.

Não veio, no Código de 2002, dispositivo equivalente, o que nem carecia, pois a relação acima trata de uma exemplificação, não excluindo outras espécies, contida, aliás, no § 1º do art. 1.297 do Código atual, embora dirigido a assunto diferente.

Há, não resta dúvida, um direito do proprietário em cercar seu terreno, mas antes da linha por onde passa o limite. Não se trata de parede divisória de construção, porquanto esta é elemento de sustentação, atribuindo aos confinantes a prerrogativa para o madeiramento e travejamento.

O muro divisório será de quem o ergueu, não se permitindo que sirva como suporte ou apoio para nele o vizinho madeirar ou travejar suas construções lindeiras.

Este aspecto é de relevância, já que não obriga exigir-se do vizinho que não contribuiu a participação nas despesas havidas na construção.

A vantagem, quanto ao vizinho, pois, está em servir unicamente como elemento de vedação.

Se, todavia, não conseguir o proprietário provar que ele o construiu, presumem-se comuns os tapumes. Esta conclusão já se encontrava no § 1º do art. 588 do Código de 1916 e está no § 1º do art. 1.297 do Código em vigor, mas de maior alcance, por exemplificar espécies

---

[169] *Demarcação, Divisão, Tapumes*, Belo Horizonte, Editor Bernardo Álvares, 1963, p. 357.
[170] *Tratado de Direito Privado*, vol. XIII, ob. cit., p. 427.

de tapumes, e ordenar que os vizinhos concorram para as despesas, em partes iguais, de acordo com os costumes da localidade:

> Os intervalos, muros, cercas e os tapumes divisórios, tais como sebes vivas, cercas de arame ou de madeira, valas ou banquetas, presumem-se, até prova em contrário, pertencer a ambos os proprietários confinantes, sendo estes obrigados, de conformidade com os costumes da localidade, a concorrer, em partes iguais, para as despesas de sua construção e conservação.

Desde que pertençam a ambos os proprietários, determina o § 2º do art. 1.297 que "as sebes vivas, as árvores, ou plantas quaisquer, que servem de marco divisório, só podem ser cortadas, ou arrancadas, de comum acordo entre proprietários".

Em face da regra e outras referências acima ressaltadas, na falta de prova da construção por um dos confinantes, a propriedade é comum dos vizinhos. Neste caso, o dever de custear as despesas de construção e conservação obriga ambos os confinantes, como já se consagrou no costume. Se o proprietário de um imóvel levanta muro na divisa dos terrenos dos vizinhos sem que estes se oponham, devem os confinantes concorrer proporcionalmente nas despesas de construção e conservação do mesmo, conforme dispõe o art. 1.297, § 1º, do Código. Os pretórios aplicam a regra, em manifestação que se mantém atual, dada o idêntico conteúdo entre o Código antigo e o novo:

> Os tapumes divisórios entre propriedades presumem-se comuns, sendo os proprietários dos imóveis confinantes obrigados a concorrer em partes iguais para as despesas de sua construção. Daí o direito de meação que se outorga ao proprietário de cercar, murar, valar ou tapar o seu prédio, e também ao seu vizinho confinante.[171]

Sentido em que também se inclina Ulderico Pires dos Santos:

> Como a cerca, o muro ou seja lá que tipo de tapume for colocado num imóvel beneficia os que lhe são limítrofes. Esta é a razão por que quem tomou a iniciativa de cercá-lo tem poder de exigir dos outros a sua parte nos custos. É justamente porque o tapume beneficia as propriedades limítrofes que o Código diz que ele é presumidamente comum. Não importa que a propriedade seja urbana ou rural.[172]

Mas, se o tapume é de exclusiva propriedade e responsabilidade de uma pessoa apenas, não se impõe a participação no pagamento do outro lindeiro. É que o tapume se institui como um direito e não como um dever dos confinantes.

A presunção do § 1º do art. 1.297 pode agir tanto num sentido positivo, como num sentido negativo. Explica Serpa Lopes, sendo a lição atual, dada a previsão da matéria no Código Civil de 1916:

> Num sentido positivo quando o confinante tiver interesse em se utilizar da cerca ou muro divisório, caso em que ele fará essa utilização, baseado na presunção legal de ser meeiro. Ao prejudicado caberá obstar-lhe a prática de qualquer ato possessório, sob o fundamento precisamente de não haver sido por ele indenizado das despesas

---

[171] *Apelação* nº 46.293-4/7, da 6ª Câm. de Direito Privado do TJ de São Paulo, de 12.06.1997, em *Direito Imobiliário*, Edição *COAD*, nº 5 de 1998, p. 116.

[172] *Direito de Vizinhança*, ob. cit., p. 203.

Cap. XXI · DIREITOS DE VIZINHANÇA | **613**

com a construção da cerca ou do muro, de modo a condicionar tal utilização a essa aquisição, a qual, como vimos, pode se dar até coativamente.

Num sentido negativo, se algum confinante, demandado para concorrer para as despesas com a conservação do muro divisório, alegar precisamente não ser titular de qualquer direito de meação sobre o mesmo, estando, por isso, desobrigado de concorrer para tais despesas. Neste caso, o que nega esta responsabilidade terá de ministrar prova em contrário à presunção legal.[173]

Afora tal caso, a participação do vizinho na indenização dependerá de prévio acordo, celebrado antes da construção, ou nas seguintes hipóteses, bem destacadas por Hely Lopes Meirelles:

> A parte do vizinho para construção e conservação de tapumes divisórios só poderá ser exigida pelo confinante se firmarem acordo antes da realização das obras, ou se forem construídos em razão da exigência administrativa constante de lei ou regulamento. Isto porque a vedação dos terrenos não é uma obrigação, é um direito do proprietário... Este direito só se converte em obrigação quando imposto por alguma norma administrativa complementar da lei civil, ou quando os próprios interessados se obriguem, por contrato, a essa construção.[174]

A jurisprudência tem aplicado a mesma *ratio*: "Direito de vizinhança. Muro divisório. Despesas de construção. Divisão em partes iguais com o proprietário do imóvel confinante. Inadmissibilidade. Inexistência de acordo antes da realização das obras. Falta, ademais, de qualquer determinação judicial reconhecendo tal obrigação. Carência de ação decretada".

No voto do relator, encontramos a razão de assim se decidir:

> Têm inteira aplicação ao caso concreto as lições de Washington de Barros Monteiro e Orlando Gomes (...) Preleciona o primeiro insigne civilista que a "repartição das despesas deverá ser previamente combinada entre proprietários contíguos. Na falta de acordo, cabe ao proprietário da obra ajuizar a competente ação contra o confrontante, a fim de obter o reconhecimento judicial da obrigação de contribuir pecuniariamente para a construção do tapume", sob pena de concluir-se que o fez por sua conta exclusiva (*Direito das Coisas*, 15ª ed., p. 165).

Adiante, segue o relator:

> No mesmo diapasão o entendimento do não menos eminente Mestre da Bahia: Para que o proprietário do terreno vizinho seja obrigado a concorrer para a construção dos tapumes preciso é que as despesas sejam precisamente acordadas; exige-se, em suma, seu consentimento, ou, em caso de recusa, a determinação judicial. Entende-se que, se o dono de um terreno o constrói sem prévio entendimento, não se pode cobrar do vizinho a quantia relativa às despesas efetuadas, que a este cumpria pagar se houvesse consentido (*Direitos Reais*, 7ª ed., nº 205).[175]

A obrigação de compartilhar as despesas incide também na hipótese de ambos os proprietários terem animais de grande porte, como gado vacum, muar ou cavalar. Caso um dos

---

[173] *Curso de Direito Civil*, vol. VI, ob. cit., p. 444.

[174] *Direito de Construir*, ob. cit., p. 37.

[175] *Apel. Cível* nº 37.394-0, 1ª Câm. do TJ de São Paulo, de 22.06.1987, em *Revista dos Tribunais*, 621/143.

confinantes dispuser de animais de tamanho menor, suportará somente ele os gastos. Era a norma do § 3º do art. 588 do Código de 1916: "A obrigação de cercar as propriedades para deter nos seus limites aves domésticas e animais, tais como cabritos, porcos e carneiros, que exigem tapumes especiais, cabe exclusivamente aos proprietários e detentores". No § 3º do art. 1.297 do Código atual assim está redigida a regra: "A construção de tapumes especiais para impedir a passagem de animais de pequeno porte, ou para outro fim, pode ser exigida de quem provocou a necessidade deles, pelo proprietário, que não está obrigado a concorrer para as despesas". A redação, mais técnica, mas não facilmente inteligível, obriga, a quem possui animais, a cercar sua propriedade, de modo que não fujam ou invadam outras propriedades. Comuns os problemas que surgem da existência de animais, especialmente quando envolvem cães e gatos, nas zonas urbanas, sendo rara a excepcionalidade de envolver outras espécies. No entanto, grassa entre as populações mais simples a mentalidade de que aquele que se sente perturbado é que deve cercar seu imóvel.

Explica, sobre o assunto, Carvalho Santos, em lição sempre atual:

> A obrigação de fazer tapumes especiais, que detenham, nos seus limites, aves domésticas e animais tais como cabritos, porcos, carneiros, cabe excepcionalmente a quem tem interesse na criação desses animais. A conservação, como natural consequência, só a este caberá. Por aí não há interesse comum que justifique serem as despesas repartidas.
>
> Mas, se o outro vizinho também tiver interesse, por criar no seu terreno animais que exijam tapumes especiais, as despesas com a feitura e conservação dos tapumes deverão ser comuns.
>
> A expressão "tapumes especiais", como explica Felício Buarque, indica interesses especiais e exclusivos de um dos vizinhos.
>
> Tornando-se, porém, comuns os tapumes por seu destino ou serventia, nada mais justo do que a meação ou comunhão das respectivas despesas. É que, cessando a causa, cessa o efeito, como é de regra.[176]

Nada mais correto. Ambos os vizinhos, criando os animais, suportarão igualmente as despesas.

Por idêntico princípio, se unicamente um dos confinantes possuir animais de grande porte, por sua exclusiva conta correrão os gastos pelas cercas.

Em geral, porém, na responsabilidade dos confrontantes recaem os custos, princípio bem representado na seguinte ementa:

> Segundo a lei civil, tem o proprietário direito a tapar de qualquer modo o seu prédio rural. Assim considerando que os tapumes divisórios presumem-se comuns, sendo os lindeiros obrigados a concorrer, em partes iguais, para as despesas de sua construção e conservação, cabe à ferrovia concessionária atender ao texto legal.[177]

Tais direitos e obrigações não envolvem apenas os proprietários, mas também os possuidores, eis que interessam na hipótese as regras de direito de vizinhança e desde que se opere a utilização das terras através da posse.

---

[176] *Obra citada*, vol. VIII, pp. 197 e 198.

[177] *Apel. Cível* nº 6.750/99, da 9ª Câm. Cível do TJ do Rio de Janeiro, *DJ* de 18.11.1999, em *ADV Jurisprudência* nº 9, expedição 04.03.2000, p. 137.

Não sendo necessários os tapumes, mas com a finalidade de ornamentação, não há obrigação de se impor a construção e a reparação em colaboração com o vizinho – o que é comum quando se trata de muro ou gradil artístico construído para o embelezamento da propriedade.

Sempre que imposta a participação do vizinho, própria é a ação de força declaratória e mandamental, de sorte a ordenar o juiz uma obrigação de fazer. Verificada a omissão na ordem, o proprietário interessado erguerá a obra e buscará, depois, o reembolso perante o confinante. É natural que providencie, antes, na competente perícia de estimativa dos custos exigidos.

Permitia o § 4º do art. 588 da lei civil anterior ao proprietário a garantia de entrar na propriedade vizinha, mesmo que pertencendo o tapume exclusivamente a ele, para as reparações necessárias, ou poda, se se tratar de cerca viva. Advindo prejuízos com a entrada, ou na poda, se constituir-se de cerca viva o tapume, cabe a indenização do dano causado ao confrontante. No Código em vigor, a norma foi colocada na Seção que trata do direito de construir. Seu art. 1.313, § 1º, obriga ao proprietário ou ocupante do imóvel a tolerar que entre no prédio, mediante prévio aviso, o vizinho para, dentre outras finalidades, efetuar o decote de cerca viva. Antes, porém, de proceder aos reparos, ou de decotar a cerca viva, deve-se prevenir e avisar o vizinho, admitindo-se o socorro judicial por meio da lide competente, em havendo oposição deste último, segundo já foi analisado no item anterior. Se urgentes as obras, busca-se a antecipação de licença por meio de ação cautelar inominada.

Finalmente, em vista do § 5º do art. 588 revogado, as cercas marginais das estradas públicas deveriam ser conservadas pela administração pública, ou pelas pessoas e empresas que as explorarem: "Serão feitas e conservadas as cercas marginais das vias públicas pela administração, a quem estas incumbirem, ou pelas pessoas ou empresas que as explorarem". A regra encerra uma matéria óbvia, que diz mais com o direito público, sequer mencionando algum questionamento. Tanto que o do Código Civil de 2002 não trouxe alguma disposição em torno do assunto.

Capítulo XXII

Condomínio

22.1. CONCEITO E NATUREZA JURÍDICA

É este um dos assuntos que mais suscita controvérsias no direito, de grande complexidade nas relações jurídicas que desencadeia e enorme importância nos conjuntos habitacionais que passaram a dominar nos tempos atuais.

Em princípio, um dos principais atributos da propriedade é a exclusividade, que confere ao proprietário o direito de opor-se a que uma outra pessoa retire da coisa as utilidades que a mesma oferece.

Diz-se, ainda, que um determinado bem pertence por inteiro ao seu dono. Ninguém pode limitar algum dos poderes inerentes à propriedade. No entanto, assim como ficaram consolidados tais princípios, igualmente restou consagrado, desde os primórdios do direito, que a várias pessoas é permitida a propriedade comum e exclusiva em seu favor frente a estranhos. Como salienta Celso Laet de Toledo César, "no universo das relações jurídicas, surge a possibilidade de um determinado bem ou direito a ele correspondente passarem a pertencer a duas ou mais pessoas".[1]

Ou seja, uma mesma coisa pode pertencer não só a uma única pessoa, mas a muitas, como lembra Roberto de Ruggiero: "Quando tal sucede, fala-se de condomínio, de compropriedade ou também, em sentido mais geral, de comunhão, e, às vezes, de propriedade coletiva".[2]

Concebe-se daí o condomínio quando uma coisa pertence a diversos proprietários e fica na indivisão, recaindo o direito de cada proprietário sobre o conjunto, e não sobre a porção determinada da coisa. A propriedade de um bem pertence *pro indiviso* a várias pessoas.

Por outras palavras, a propriedade de uma coisa corpórea pertence a uma pluralidade de pessoas por quotas-partes qualitativas iguais, segundo noção de Serpa Lopes, que acrescenta ter o condomínio os seguintes caracteres:

1º) pluralidade de sujeitos; 2º) a indivisão material, ou seja, a unidade no objeto, pois não se pode dizer que o direito de cada condômino recaia sobre cada uma das moléculas da coisa e ali se encontrem com o direito dos demais proprietários; 3º) a atribuição de quotas (divisão intelectual) representativas da proporção dentro na qual os coproprietários deverão fruir dos benefícios da coisa, suportar-lhe os encargos e

---

[1] *Venda e Divisão da Propriedade Comum*, ob. cit., p. 23.

[2] *Instituições de Direito Civil*, São Paulo, Livraria Acadêmica Saraiva & Cia. – Editores, tradução italiana, vol. II, p. 346.

obter uma parte material da mesma quando se fizer a divisão (ou do valor quando for materialmente divisível).[3]

Existem basicamente duas teorias que proporcionam a explicação do condomínio.

A primeira concentra-se na propriedade integral ou total de todos. A unanimidade dos condôminos exerce a propriedade sobre o bem. Cada um é proprietário do bem por inteiro, mas sem afastar a propriedade dos demais consortes. Ou seja, embora haja um direito de propriedade sobre toda a coisa, há, no entanto, limitação por força da propriedade dos outros condôminos. Em última análise, forma-se um concurso dos múltiplos direitos iguais de propriedade sobre toda a coisa.

Pela segunda teoria, leva-se em conta um novo critério: cada condômino é proprietário de parte do bem. Forma-se propriedades plúrimas e parciais, mas sobre a parte ideal na coisa comum. Não se arreda, todavia, a propriedade plena na parte ideal. A soma das várias partes ideais forma o condomínio.

Esta, sem dúvida, a teoria que melhor justifica o condomínio. Clara é a explicação de Serpa Lopes: "Todo o condômino é proprietário de uma parte ideal, que constitui o objeto do seu direito de propriedade".[4]

Roberto de Ruggiero opta igualmente por esta concepção, como se percebe nesta passagem:

> O que se deve entender por objeto de domínio, quando a mesma coisa pertence a vários? A teoria tradicional concebe como objeto uma parte ou quota da coisa: tem o comproprietário a propriedade de uma sua fração, metade, a terça parte, um quarto, conforme a extensão do direito, mas como a coisa não está ainda materialmente dividida, a quota, durante o estado de indivisão, só idealmente se pode conceber. Por outras palavras, é uma quota intelectual ou ideal.[5]

Historicamente, a palavra *condominium* não aparece nas fontes romanas, onde se encontram as expressões *res communis pro parte habere* ou *habere pro indiviso*. A ideia de condomínio também ressalta em passagens como *rem communem habere, rem communem esse, rem plurium esse* e *communio pro partibus indivisis*. Daí concluir Hedemann que "hay una comunidad, pero está dividida en partes, si bien tales partes se hallan vinculadas unas a otras, y en la misma medida son inseparables". De modo que "ninguno de los partícipes debe interirse en la parte de otro; por el contrario, cada uno es dueño de su parte, de su cuota, y debe poder comportarse con ella a su antojo, como un propietario único". Após outras considerações conclui: "De esta manera se llega a la idea de 'parte individida'. Nadie tiena la cosa in solidum, sino de cada uno es titular de una fracción; pero esta fracción no se halla delimitada in natura sobre la cosa, sino que consiste en una representación, es una parte alicuota ideal".[6]

Mais tarde bifurcou-se a concepção de condomínio em duas grandes correntes, perfeitamente distintas: a *communio juris romani* e a *communio juris germanici* (ou *condominium juris romani* e *condominium juris germanici*).

Segundo a primeira teoria, a coisa pertence por partes aos coproprietários, de modo que o direito de cada um se mede pela sua quota, ou cada condômino exerce o seu direito

---

[3] *Curso de Direito Civil*, vol. VI, ob. cit., p. 289.
[4] *Curso de Direito Civil*, vol. VI, ob. cit., p. 290.
[5] *Obra citada*, vol. II, p. 349.
[6] *Derechos Reales*, Madrid, Editorial Revista de Derecho Privado, 1955, vol. II, pp. 263 e 264.

com uma soma de maior autonomia. O comunheiro, apesar de ter seu direito limitado a uma quota, tinha o direito de dispor e de pedir a extinção da comunhão.

Pela segunda corrente, todos os coproprietários formavam uma coletividade, perdendo nela a individualidade própria. A coisa pertence à coletividade e não a cada um individualmente. Todavia, explica Roberto de Ruggiero: "Em virtude do vínculo corporativo, cada um tem, sobre ela, a coisa, direitos e faculdades de gozo, com maior ou menor extensão conforme a natureza particular do vínculo".[7]

Como se nota, a comunhão tem o cunho de indivisibilidade. Seus componentes não dispõem de uma quota, eis que o bem permanece em mãos comuns.

Nosso direito positivo inspirou-se no direito romano, com um caráter individualista, da divisão em quotas. Ou seja, a cada condômino é assegurada uma quota ou fração ideal da coisa, e não uma parcela material desta.

> Cada quota ou fração não significa que a cada um dos comproprietários se reconhece a plenitude dominial sobre um fragmento físico do bem, mas que todos os comunheiros têm direitos qualitativamente iguais sobre a totalidade dele, limitados, contudo, na proporção quantitativa em que concorre com os outros coproprietários na titularidade sobre o conjunto.[8]

22.2. DISTINÇÕES E CLASSIFICAÇÃO

Apresenta o conteúdo do condomínio semelhanças com figuras afins. Assim, há uma proximidade com o termo 'comunhão', cujo conteúdo é mais amplo que condomínio. Há comunhão quando um direito, uma coisa ou um patrimônio é da titularidade de mais de uma pessoa. Há a cotitularidade de vários indivíduos. Representa uma categoria genérica, na qual está submetido o direito de várias pessoas. O direito, por sua própria natureza, não pertence a um só titular. Nota Roberto Barcellos de Magalhães:

> A comunhão aparece como a mais completa forma de associação de vontades. O conteúdo das vontades em comunhão diz, porém, apenas respeito ao objeto sobre o qual incide, sendo, por assim dizer, interno o interesse dos que assim se reúnem. Nisso a comunhão se distingue da sociedade, em que os bens sociais não constituem em si mesmos o seu objetivo, servindo de meios postos a serviço de seu objeto exterior à realização do fim determinado no respectivo ato institucional.[9]

Um direito, exclusivo por sua natureza, é atribuído a mais de uma pessoa sobre uma mesma coisa.

Não há uma simples pluralidade de pessoas sobre a mesma coisa; verifica-se, isto sim, uma união de titularidades na coisa. Vê-se, pois, que o condomínio é uma espécie de comunhão. Sempre que há cotitularidade de qualquer direito, configura-se a comunhão.

Aí está a distinção, ou seja, o condomínio assenta-se sobre o direito de propriedade. Mas se um direito pertencer a várias pessoas, aparece, então, a comunhão. Daí constituir esta o gênero, enquanto o condomínio é a espécie.

---

[7] *Obra citada*, vol. II, p. 351.

[8] Caio Mário da Silva Pereira, *Instituições de Direito Civil*, vol. III, ob. cit., pp. 160 e 161.

[9] *Teoria e Prática do Condomínio*, 3ª ed., Rio de Janeiro, Editora Liber Juris, 1988, p. 3.

Uma outra diferença aparece, e mais saliente, que consiste na igualdade absoluta de interesses na comunhão, os quais se confundem numa só expressão patrimonial, de forma indivisível e incindível[10] enquanto no condomínio a coisa se divide em quotas-partes, embora de forma ideal.

Na comunhão, predomina o elo espiritual que une as pessoas em torno de um mesmo objetivo, como no casamento, na herança, na sociedade. Se esta herança é firmada sobre um bem patrimonial, mesmo que de forma indivisa, nasce o condomínio. Com a sociedade, existem igualmente pontos em comum. Torna-se indispensável, em ambas as figuras, a existência de pluralidade de sujeitos e de uma coisa comum. Este aspecto comum no condomínio é a própria coisa, enquanto na sociedade vem a ser o acervo social.

Mais acentuadas são, todavia, as características próprias de cada espécie. Enquanto na sociedade os direitos dos sócios decorrem do contrato social, no condomínio emanam da propriedade em si, ou da própria coisa.

Elemento fundamental na sociedade é o *affectio societatis*. No condomínio, além de formado pela combinação de vontades, surgem outras causas de sua origem, exemplificadas na herança e no testamento.

Ressalva Washington de Barros Monteiro mais diferenças:

> As sociedades são administradas pela forma prevista no contrato social, enquanto por lei é regulada a administração do condomínio. Finalmente, a sociedade é relação jurídica de natureza pessoal, enquanto o condomínio participa da natureza real. Entretanto, cumpre adiantar, desde logo, que o condomínio se rege por um conjunto de normas que se filiam, simultaneamente, à teoria da propriedade e das obrigações.[11]

Quanto à sua forma de se manifestar, o condomínio classifica-se em *pro diviso* e *pro indiviso*.

Na primeira modalidade, o condomínio existe de direito, mas não de fato. Cada condômino se localiza numa parte certa e determinada do bem. Situa-se ele numa porção específica da coisa, que a ocupa e exerce seu poder de uso, gozo e disposição exclusiva. Na segunda, a comunhão se realiza de fato e de direito, mas indivisamente, ou sem uma localização delimitada no bem.

Resume Celso Laet de Toledo César, citando José Carlos Moreira Alves, que "o condomínio diz-se *pro diviso* quando a coisa em condomínio está dividida materialmente entre os vários condôminos; diz-se *pro indiviso* quando não há esta divisão material, tendo cada condômino apenas uma quota ideal da coisa".[12]

Conhecem-se outras classificações de condomínio, como o voluntário, formado pelo acordo de vontades de todos os consortes. Há uma convenção, deliberada pelos que o integram, o que é comum nos edifícios, onde aparecem um conjunto de pessoas proprietárias de quotas ideais. Diz-se também convencional, por nascer de uma convenção, que regrará as relações entre os participantes, especialmente no tocante ao uso das partes comuns do prédio, e a quota de cada condômino. Fixadas as partes ideais dos condôminos, prevalecerá a igualdade dos quinhões entre todos, ou na dúvida de sua extensão, segundo previsão do parágrafo único do art. 1.315 do Código.

---

[10] Roberto Barcellos de Magalhães, ob. cit., p. 4.

[11] *Curso de Direito Civil, Direito das Coisas*, ob. cit., p. 200.

[12] "Condomínio Divisão e Venda Judicial da Coisa Comum", em *Posse e Propriedade*, coordenação de Yussef Said Cahali, São Paulo, Editora Revista dos Tribunais, 1988, p. 72.

DIREITO DAS COISAS – *Arnaldo Rizzardo*

Denomina-se igualmente relativa esta forma, aplicável ao conjunto de edificações imobiliárias, que se convencionou chamar "propriedade em plano horizontal", ou "condomínio edilício", e que se aplica para significar não só a propriedade em edifícios de apartamentos, mas inclusive qualquer conjunto de edificações situadas num só plano. Isto é, todo e qualquer conjunto de edificações, abrangendo duas ou mais propriedades distintas interligadas horizontal ou verticalmente, cuja regulamentação se encontra na Lei nº 4.591, de 1964, e nos arts. 1.331 a 1.358 do Código Civil. Identifica-se o nome do condomínio com a expressão "propriedade horizontal", ou "condomínio edilício", adotada pelo Código Civil de 2002, mas já de uso antigo.

Quando o condomínio é constituído por causas estranhas ou independentes da vontade dos condôminos, denomina-se o mesmo eventual ou acidental. Exemplificam esta forma os casos de herança, de testamento e de doação a mais de uma pessoa.

Será universal – no tocante ao objeto –, se abrange a totalidade da coisa, inclusive frutos e rendimentos; particular, desde que alcance uma parte do bem, ou somente determinadas coisas ou efeitos. É o caso do condomínio de paredes e tapumes entre dois prédios. A parede limítrofe torna-se comum.

Aponta-se, também, o condomínio vindo da lei, a qual impede a divisão de um imóvel. É a situação de imóveis rurais, que não se tornam divisíveis em partes inferiores a um especificado fator, denominado módulo, como advém da Lei nº 5.868/1972. Para a alienação, é proibida a divisão, ou que se destaque e separe uma porção da outra.

O Código Civil divide o condomínio em voluntário e necessário – relativo o primeiro para o condomínio em geral, onde se permite maior âmbito de decisão das partes, dependendo mais delas a sua formação; e reservado o segundo para alguns casos específicos, determinados pela natureza das coisas, impondo a lei a participação obrigatória. Estes casos específicos estão previstos no art. 1.327 do Código Civil: o condomínio por meação de paredes, cercas, muros e valas ou valados, regulado pelo disposto em regras especiais que estão nos arts. 1.297 e 1.298; 1.304 a 1.307.

22.3. DIREITOS DOS CONDÔMINOS

O Código Civil de 2002 (o que também acontecia com o de 1916), ao iniciar a tratar sobre o condomínio, parte por discriminar os direitos e deveres dos condôminos.

Os direitos acima vêm englobados no art. 1.314, que inclui a defesa da posse: "Cada condômino pode usar da coisa conforme sua destinação, sobre ela exercer todos os direitos compatíveis com a indivisão, reivindicá-la de terceiro, defender a sua posse e alhear a respectiva parte ideal, ou gravá-la".

Já dizia Martinho Garcez, antes do Código Civil anterior, mas aplicando-se a lição ao atual:

> Em relação, pois, à sua parte ideal, pode o comproprietário, independente de consentimento dos outros, exercer todos os direitos que se encerram no domínio: aliená-la, constituir servidão e hipoteca, ficando, porém, os direitos reais concedidos a terceiros dependentes do fato material da divisão. Sendo condômino, não pode ele dispor da coisa em si mesma, no todo ou em parte fisicamente determinada, nem tampouco transformá-la, mudar-lhe o estado ou destino, salvo:
>
> a) precedendo consentimento de todos os sócios;
>
> b) quando o ato a praticar é necessário para conservar a coisa.[13]

---

[13] *Do Direito das Coisas*, Rio de Janeiro, Jacintho Ribeiro dos Santos – Editor, 1915, p. 242.

Aspecto de elevada importância concerne ao uso da quota ideal. O uso envolve residir ou ocupar o imóvel, desde que não se limite ou impeça o uso pelos outros consortes.

O uso e o gozo devem ser compatíveis com o destino da coisa e com o estado da indivisão.

Acrescenta J. A. de Faria Motta: "Assim, o destino de uma casa é ser habitada; o de uma propriedade cafeeira é de ser cultivada; o de uma propriedade transformada em pastagem é o de ser nela exercida a pecuária; o de um prédio construído especialmente para cinema, é nele se darem espetáculos públicos etc."[14] Prevalecerá sempre a destinação dada pela maioria. Se o imóvel é utilizado para residências, e esta a finalidade da construção, fica proibido o uso para fins comerciais.

O aproveitamento da quota ideal não deverá causar embaraços a outros consortes. O direito de cada coproprietário há de se condicionar de sorte a não impedir o exercício do direito dos demais condôminos.

As ações possessórias e mesmo petitórias são exercitáveis contra os outros titulares de unidades condominiais, desde que se tenha exercido a posse *pro indiviso*, ou em quotas ideais.

A reivindicatória, no entanto, cabe se ainda não teve o recebimento da posse, e quando não socorre aos ocupantes o amparo em algum título condominial. É a exegese a que conduz o art. 1.314 do Código, o que, aliás, vinha igualmente assegurado no art. 1.580, parágrafo único, do Código Civil anterior, sem correspondência no vigente, quando proclamava que qualquer dos coerdeiros podia reclamar a universalidade da herança ao terceiro, que indevidamente a possuísse, sem poder este opor-lhe, em exceção, o caráter parcial do seu direito nos bens da sucessão.

Esta parte da regra vigorava, também, em outros dispositivos, como no art. 488 do Código anterior, e está no art. 1.199 do atual Código, que vem com a seguinte redação: "Se duas ou mais pessoas possuírem coisa indivisa, poderá cada uma exercer sobre ela atos possessórios, contanto que não excluam os dos outros compossuidores". Constava, ainda, nos arts. 634 e 623, incisos I a III, do Código revogado e está no art. 1.314 do atual.

A própria coisa comum é reivindicável pelo condômino. Ele sozinho pode representar a comunhão. Importa reconhecer-lhe este direito em face de sua qualidade de *dominus*, como defendia Sá Pereira:

> Que domínio seria esse que não conferisse a quem exerce a faculdade de reivindicar a coisa dominada do poder do terceiro que a detém, a possui ou a usurpa? Seria subtrair à própria definição legal do domínio – consoante a fórmula do art. 524, que reproduz, aliás, o conceito clássico da doutrina – um de seus elementos essenciais.
>
> Justamente porque é *dominus* é que o condômino reivindica, e justamente por estar a coisa indivisa reivindica toda ela, e não uma parte concreta, que corresponde à sua quota parte.[15]

O art. 524 anteriormente citado equivale ao art. 1.228 do atual Código.

No pertinente à alienação ou venda da quota ideal, por qualquer dos meios conhecidos em direito, é ainda possível: venda, doação, permuta, dação em pagamento, testamento e transmissão *causa mortis*.

---

14 *Condomínio e Vizinhança*, 2ª ed., São Paulo, Edição Saraiva, 1955, p. 42.
15 *Obra citada*, vol. VIII, p. 404.

Como se verá adiante, distingue-se a transmissão do condomínio no caso de divisibilidade e no de indivisibilidade. Neste último, incidirá a regra do art. 504 do Código atual:

> Não pode um condômino em coisa indivisível vender a sua parte a estranhos, se outro consorte a quiser, tanto por tanto. O condômino, a quem não se der conhecimento da venda, poderá, depositando o preço, haver para si a parte vendida a estranhos, se o requerer no prazo de 180 (cento e oitenta) dias, sob pena de decadência.

Não respeitando o oferecimento do bem ao consorte, a venda não será nula, mas, sim, anulável por qualquer dos condôminos que, no prazo de seis meses, prazo este de decadência, quiser exercer o direito de opção.

Cuida-se da venda resolúvel, isto é, a aquisição pelo terceiro comprador sujeita-se a uma condição resolutiva tácita. Transcorrido o lapso temporal de seis meses sem manifestar-se a opção, consolida-se o domínio na pessoa do adquirente. Há, pois, uma condição meramente suspensiva.

Na previsão, ainda, do art. 1.314, permitese ao condômino gravar o bem, isto é, onerá-lo, o que significa a instituição de um ônus real sobre a quota ideal do condômino. Ressaltava, neste caso, Clóvis, ainda mantendo-se útil a lição: "Cumpre notar que, na falta de consentimento dos outros, o condômino somente poderá hipotecar a sua parte, se o imóvel for material e economicamente divisível, e se a divisibilidade for manifesta".[16] É o que dispõe o art. 1.420, § 2º, permitindo que se dê em garantia a parte que tiver no todo sem considerar se é ou não indivisível a coisa: "A coisa comum a dois ou mais proprietários não pode ser dada em garantia real, na sua totalidade, sem o consentimento de todos; mas cada um pode individualmente dar em garantia real a parte que tiver".

Os ônus da garantia envolvem apenas a hipoteca e a anticrese, segundo J. A. de Faria Motta.[17] Não se estendem aos encargos que operam o desmembramento de uma parcela do domínio, como a enfiteuse, que é arrendamento perpétuo; o uso e o usufruto, que se compreendem na alheação; igualmente aos que englobam direitos limitados em certas utilidades, como as servidões, a habitação e a renda constituída.

No entanto, se vedada a constituição de direito por estas formas, não se impede a possibilidade no sentido de transferência de direitos, na modalidade de alheação. É que, na verdade, não significam o uso, a habitação, o usufruto, a constituição de renda e as servidões onerações para garantia de débitos.

No tocante ao penhor, prossegue o mesmo autor, há viabilidade, embora se enquadre como direito real de garantia, porque, referindo-se a coisas móveis e semoventes, salvo o agrícola ou pecuário, importa em tradição efetiva do objeto dado em garantia, na previsão do art. 1.431, o que traz, como consequência natural, a impossibilidade de uso e gozo da coisa comum para os demais condôminos.[18]

Direitos existem, ainda, cujo proveito, por um dos condôminos, está condicionado ao consentimento dos demais.

Assim quanto a fazer inovações na coisa comum, em que se exige o consentimento de todos os consortes. Eis a mesma norma no art. 1.314, parágrafo único, impedindo, além da alteração da coisa comum, que se dê posse, uso ou gozo a estranhos, sem o consenso dos

---

[16] *Código Civil dos Estados Unidos do Brasil Comentado*, vol. III, ob. cit., p. 344.
[17] *Obra citada*, p. 47.
[18] *Obra citada*, p. 47.

outros condôminos: "Nenhum dos condôminos pode alterar a destinação da coisa comum, nem dar posse, uso ou gozo dela a estranhos, sem o consenso dos outros".

É evidente que as proibições da lei referem-se às alterações ou modificações que operem ou possam operar mudança na destinação da coisa, embaraçando ou dificultando o seu uso. Não envolvem as obras necessárias para a conservação da coisa, nem aquelas que resultarem em incontestável melhoramento da mesma, acrescendo seu valor e facilitando sua apreciação. Igualmente para garantia de dívida carece do consentimento de todos os condôminos, segundo ditame do art. 1.420, § 2º.

Na administração ou locação da coisa indivisa, sem delimitação da quota de cada condômino, requer-se a concordância unânime dos condôminos.. Uma vez inviabilizado o uso e gozo comum, naturalmente ferem-se ditames fundamentais da finalidade da coisa, autorizando-se a venda pessoal ou através de ação judicial própria, o que decorre da própria natureza do condomínio, nem sequer necessitando a existência de norma, o que fez o Código silenciar sobre o assunto.

Havendo empate, a solução cabe ao juiz, a requerimento de qualquer dos condôminos, ouvidos os demais, decidindo-se de conformidade com a maior vantagem dos condôminos e em vista do uso a que a coisa é destinada, a teor do art. 1.325, § 2º, do Código atual.

Se a maioria dos condôminos optar pela administração, e não pela venda, ordenava o § 2º do art. 635 que se escolhesse o administrador. O Código Civil de 2002 omitiu regra sobre esse assunto.

O consenso dos condôminos em geral exige-se também quando se dá posse, uso ou gozo da propriedade comum a estranhos, em vista da regra do art.1.314, parágrafo único, do Código. Não se estabelece, no entanto, propriamente um momento ou uma etapa para exercer o direito de preferência. Desrespeitada a regra, decorrerá o direito de pedir a anulação do ato.

O direito de preferência para o condômino na locação encontra-se ínsito no art. 1.323.

22.4. DEVERES DOS CONDÔMINOS

Inúmeras obrigações aos condôminos vêm assinaladas em vários dispositivos.

Ordena, a respeito, o Código, no art. 1.315: "O condômino é obrigado, na proporção de sua parte, a concorrer para as despesas de conservação ou divisão da coisa, e a suportar os ônus a que estiver sujeita". Permite o art. 1.316, do mesmo Código, a renúncia ao quinhão, para eximir-se das dívidas: "Pode o condômino eximir-se do pagamento das despesas e dívidas, renunciando à parte ideal". Aqueles que assumirem a dívida tornam-se titulares do quinhão renunciado, na proporção do que pagarem, na esteira do § 1º do dispositivo acima: "Se os demais condôminos assumem as despesas e as dívidas, a renúncia lhes aproveita, adquirindo a parte ideal de quem renunciou, na proporção dos pagamentos que fizerem". Não manifestado o interesse de assumir pelos demais condôminos, resta, pelo § 2º, o direito à divisão: "Se não há condômino que faça os pagamentos, a coisa comum será dividida".

As despesas de conservação aproveitam a todos, que deverão, por conseguinte, arcar com os ônus de satisfazê-las, sempre na devida proporção ao valor do quinhão respectivo.

Na eventualidade de não concordar algum dos consortes, ordena a lei a divisão da coisa comum, a todos competindo suportar as despesas para tanto exigidas. Mas, na prática, pendentes obrigações de uma das partes que formam o condomínio, admite-se a execução do correspondente valor, garantindo o quinhão o pagamento das mesmas com a venda em leilão.

No art. 1.318 consta a divisão das dívidas contratadas por um dos condôminos, desde que em proveito da comunhão: "As dívidas contraídas por um dos condôminos em proveito da comunhão, e durante ela, obrigam o contratante; mas terá este ação regressiva contra os demais".

As despesas, relativamente ao credor junto ao qual foram contraídas, ficam na responsabilidade do condômino que as contratou. Garante-lhe a lei, todavia, a ação regressiva contra os outros, para haver de cada um a parte correspondente, na proporção da respectiva quota. É a ação *in rem verso*, fundada no princípio de direito de que ninguém deve se enriquecer à custa dos outros.

É natural a necessidade de prova da contratação da dívida por necessidade ou utilidade do condomínio.

Pela regra do § 2º do art. 1.316, na negativa de um dos condôminos em atender o dever, divide-se a coisa, de modo a suportar a quota o encargo devido. Em termos práticos, executa-se a dívida sobre o quinhão.

Se a dívida, no entanto, tiver sido contraída por todos, há duas situações:

a) No caso de se discriminar a obrigação de cada condômino, não se oferece dificuldade para dirimir a responsabilidade. Mesmo o credor terá que dirigir a ação somente contra aquele que se tornou inadimplente.

b) Não se definindo a obrigação de cada condômino, aplica-se o art. 1.317: "Quando a dívida houver sido contraída por todos os condôminos, sem se discriminar a parte de cada um na obrigação, nem se estipular solidariedade, entende-se que cada qual se obrigou proporcionalmente ao seu quinhão na coisa comum".

Ou seja, cada consorte fica obrigado pelo pagamento proporcional à parte que tiver no quinhão do condomínio.

Mas, como fica o credor?

Deverá ele acionar o conjunto do condomínio, ou só o inadimplente? Como a dívida foi contraída pela totalidade dos condôminos, a solução está na regra do art. 275 do Código: "O credor tem direito a exigir e receber de um ou alguns dos devedores, parcial ou totalmente, a dívida comum; se o pagamento tiver sido parcial, todos os demais devedores continuam obrigados solidariamente pelo resto".

Quanto ao condômino recalcitrante, sua parte poderá ser penhorada e arrematada, como já entendia Martinho Garcez.[19]

Traça o art. 1.319 outra norma, no pertinente aos frutos percebidos da coisa comum, e aos danos causados: "Cada condômino responde aos outros pelos frutos que percebeu da coisa e pelo dano que lhe causou".

Parte a disposição do pressuposto de que o comproprietário tem direito aos frutos, rendimentos e acessões da coisa, na proporção da sua parte ideal. Na mesma proporção, ele é responsável pelas despesas de conservação, melhoramentos e maneio, segundo já propugnava Martinho Garcez.[20]

Se o imóvel é ocupado somente por um condômino, cabe-lhe pagar o aluguel aos outros no equivalente aos respectivos quinhões. Os prejuízos causados igualmente devem ser suportados pelo responsável.

---

[19] *Obra citada*, p. 245.
[20] *Obra citada*, p. 246.

Na sequência das regras disciplinadoras das relações entre os condôminos, o parágrafo único do art. 1.314 exige a necessidade do consenso de todos em vários campos: "Nenhum dos condôminos pode alterar a destinação da coisa comum, nem dar posse, uso ou gozo dela a estranhos, sem o consenso dos outros".

Trata-se de uma das normas básicas de conduta dos proprietários da coisa comum. Amiúde, acontecem infrações no modo de utilização do bem. Se destinado o mesmo para residências ou moradias, não se tolera a instalação de escritórios, ou de uma atividade profissional, porquanto, alterar a coisa comum é desviá-la da sua destinação natural, isto é, imposta pela natureza, ou voluntária e estabelecida pela vontade da maioria.

Anota Carvalho Santos:

> Se não pode um condômino alterar a destinação da coisa ainda que beneficiando-a, com proveito de todos, com muito maior razão não poderá qualquer condômino fazer obras, que sejam pessoalmente úteis, mas aos demais prejudiquem, uma vez que seu direito de usar da coisa comum não a autoriza a deteriorar ou a prejudicar a condição desta no seu interesse particular. Exemplo: o condômino que seja proprietário exclu-sivo do prédio vizinho não poderá abrir, discricionariamente, janelas, óculos, frestas deitando para o terreno comum, com desrespeito ao art. 573.[21]

O art. 573 corresponde ao art. 1.301 do Código atual.

O consentimento de todos para as alterações há de ser explícito, tomado em assembleia, pois difícil comprovar a sua verificação tácita.

Há, porém, de se observar, como o faz Roberto de Ruggiero, "que os atos de gestão ordinária, que tendem a conservar a coisa, a melhorá-la ou a aumentar os seus rendimentos, é evidente que não entram no conceito de alteração ou transformação".[22]

22.5. VENDA DE COISA COMUM

O art. 1.322 permite a venda de coisa comum, em regra semelhante ao art. 632 do Código anterior, mas omitindo a parte que constava neste de se tornar a coisa imprópria ao seu destino pela divisão:

> Quando a coisa for indivisível, e os consortes não quiserem adjudicá-la a um só, in-denizando os outros, será vendida e repartido o apurado, preferindo-se, na venda, em condições iguais de oferta, o condômino ao estranho, e entre os condôminos aquele que tiver na coisa benfeitorias mais valiosas, e, não as havendo, o de quinhão maior.

O parágrafo único do art. 1.322 elucida mais pormenorizadamente o direito de prefe-rência, no caso de inexistirem benfeitorias no imóvel:

> Se nenhum dos condôminos tem benfeitorias na coisa comum e participam todos do condomínio em partes iguais, realizar-se-á licitação entre estranhos e, antes de adjudicada a coisa àquele que ofereceu maior lanço, proceder-se-á à licitação entre os condôminos, a fim de que a coisa seja adjudicada a quem afinal oferecer melhor lanço, preferindo, em condições iguais, o condômino ao estranho.

---

[21] *Obra citada*, vol. VIII, p. 310.
[22] *Obra citada*, p. 355.

A preferência favorece sempre o condômino, desde que oferecer preço igual ou superior àquele que oferecer o estranho.

Não mais persiste, na ordem do atual Código Civil, a hipótese, que vinha no anterior, de se tornar imprópria para o uso como ensejadora para a venda. É que, se tal acontece, já decorre a indivisibilidade.

A venda restringe-se unicamente ao imóvel indivisível. Se divisível, cabe a ação de divisão.

Ressalte-se, de relance, pois adiante o conceito de indivisibilidade será mais aprofundado, que coisas indivisíveis, pelo que se extrai do art. 87, consideram-se aquelas que não podem ser partidas em porções reais e distintas, formando cada qual um todo perfeito, e as que, embora naturalmente divisíveis, se consideram indivisíveis por lei, ou vontade das partes, conforme explica Washington de Barros Monteiro: "Serão, pois, indivisíveis um prédio residencial de pequenas proporções, uma fábrica, um quadro, um automóvel e um imóvel rural que, pela divisão, impróprio se torna ao seu destino".[23]

No art. 2.019 igualmente aparece outra situação de venda se indivisível o bem, cuja redação é um tanto diferente da equivalente ao art. 1.777 do Código anterior, pois coloca como fator de viabilização da venda também quando o bem não couber na meação do cônjuge sobrevivente ou no quinhão de um só herdeiro: "Os bens insuscetíveis de divisão cômoda, que não couberem na meação do cônjuge sobrevivente ou no quinhão de um só herdeiro, serão vendidos judicialmente, partilhando-se o valor apurado, a não ser que haja acordo para serem adjudicados a todos". Estende o § 1º a prerrogativa da adjudicação ao cônjuge sobrevivente: "Não se fará a venda judicial se o cônjuge sobrevivente ou um ou mais herdeiros requererem lhes seja adjudicado o bem, repondo aos outros, em dinheiro, a diferença, após avaliação atualizada".

Vê-se, aqui, existir a formação do condomínio, enquanto, na forma do art. 1.322 do Código em vigor, a existência da copropriedade é anterior.

O art. 2.019 do vigente prevê uma saída para não se consolidar a comunhão indivisível, não desejada pelos herdeiros. Diante da inviabilidade da divisão, procede-se à alienação, ou à adjudicação, por um dos seus sucessores.

Nos próprios autos do inventário é efetivada a alienação, a menos que haja discordância, quando, então, seguir-se-á o caminho estabelecido pela lei processual civil. Figurando menores e outros incapazes na relação de herdeiros, também admite-se a venda no processo do inventário, se houver autorização judicial, embora o procedimento recomendado seja o do Código de Processo Civil, art. 730:

> Nos casos expressos em lei, não havendo acordo entre os interessados sobre o modo como se deve realizar a alienação do bem, o juiz, de ofício ou a requerimento dos interessados ou do depositário, mandará aliená-lo em leilão, observando-se o disposto na Seção I deste Capítulo e, no que couber, o disposto nos arts. 879 a 903.

A Seção I referida diz respeito aos procedimentos de jurisdição voluntária, enquanto os arts. 879 a 903 disciplinam a alienação de bens para o cumprimento de obrigações em função de processo judicial de execução de título extrajudicial ou de cumprimento de sentença, efetuando-se a alienação por iniciativa particular ou leilão judicial eletrônico ou presencial.

O ordenamento do Código de Processo Civil destina-se, pois, sobretudo aos casos de não concordarem os interessados com a venda, ou em aspectos relativos ao preço e à ordem de preferência na aquisição.

---

[23] *Curso de Direito Civil, – Direito das Coisas*, ob. cit., p. 211.

Os arts. 879 a 903 regulam os casos de vendas judiciais, isto é, realizadas em função de uma decisão judicial, nas formas de venda particular e de leilão, bem como a ordem de preferência de aquisição. Incidem, quanto ao procedimento, as regras dos arts. 719 a 725 do mesmo diploma, sendo que os regramentos disseminados nos arts. 879 a 903 se aplicam mais para a venda particular ou o leilão.

É sempre obrigatória a citação dos interessados, aos quais é reservado o prazo contestacional de quinze dias.

Intervirá o órgão do Ministério Público, nas hipóteses do art. 178 do CPC, que são as seguintes: I – interesse público ou social; II – interesse de incapaz; e III – litígios coletivos pela posse de terra rural ou urbana. A teor do parágrafo único, a participação da Fazenda Pública não configura, por si só, hipótese de intervenção do Ministério Público.

Depois de feita a instrução, inclusive pericial se requerida, proferirá o juiz, após decisão sobre a venda.

Ordenada esta, será preferido, consoante o art. 1.322 do Código em vigor: em condições iguais, o condômino ao estranho; entre os condôminos, o que tiver benfeitorias de maior valor; o condômino proprietário de quinhão maior, se não houver benfeitorias. Afora as situações anteriores, o parágrafo único apresenta a solução:

> Se nenhum dos condôminos tem benfeitorias na coisa comum e participam todos do condomínio em partes iguais, realizar-se-á licitação entre estranhos e, antes de adjudicada a coisa àquele que ofereceu maior lanço, proceder-se-á à licitação entre os condôminos, a fim de que a coisa seja adjudicada a quem afinal oferecer melhor lanço, preferindo, em condições iguais, o condômino ao estranho.

22.6. VENDA DE QUINHÃO EM COISA COMUM

Trata a questão da preferência do condômino na aquisição de parte ideal em coisa indivisível. Encontrava o direito fulcro no art. 1.139 do Código Civil de 1916 e vem inserido atualmente no art. 504 do Código de 2002, que mantém a regra, acrescentando ser de decadência o prazo de seis meses para requerer a venda da porção para si:

> Não pode um condômino em coisa indivisível vender a sua parte a estranhos, se outro consorte a quiser, tanto por tanto. O condômino, a quem não se der conhecimento da venda, poderá, depositando o preço, haver para si a parte vendida a estranhos, se o requerer no prazo de 180 (cento e oitenta) dias, sob pena de decadência.

Ou seja, assegura-se o direito de preferência ou preempção, na hipótese de venda a estranho, sem dar preferência ao condômino. Bem colocada a matéria na *Apel. Cível* nº 2000.001.04629, da 16ª Câm. Cível do TJ do Rio de Janeiro, *DJ* de 5.10.2000:

> O condômino prejudicado pelo ato do comunheiro que promete vender sua fração a terceiro sem lhe dar preferência, pode exercer a preempção, depositando preço ajustado com o terceiro, segundo o valor e as condições de pagamento constantes do contrato, e ficar com a parte do comunheiro que fez o ajuste com o terceiro. Consumada a manifestação do exercício da preempção, com o depósito do dinheiro e a propositura da ação, não pode mais o comunheiro alienante desistir do negócio que celebrou com o terceiro. Comete litigância de má-fé o réu que, em ação de preempção, comunica ao

juiz que desistiu do negócio e junta aos autos um distrato, mas três dias depois celebra outra promessa de venda da mesma fração ideal com o mesmo comprador, e continua insistindo nos autos que havia desistido do negócio, hipótese em que deve pagar multa e indenização pelo dano processual que causou.[24]

Na hipótese de existir mais de um condômino, estipula o parágrafo único do art. 504: "Sendo muitos os condôminos, preferirá o que tiver benfeitorias de maior valor e, na falta de benfeitorias, o de quinhão maior. Se as partes forem iguais, haverão a parte vendida os comproprietários, que a quiserem, depositando previamente o preço".

De modo geral, proíbe-se a um condômino em coisa indivisível vender a sua parte a estranhos, se outro consorte a quiser, tanto por tanto.

A jurisprudência, tradicionalmente, tem seguido a norma, mesmo que não registrada a venda, sendo exemplo o *Recurso Especial* nº 198.516-SP, da 4ª Turma, de 23.02.1999, *DJU* de 14.02.2000:

> Venda de coisa comum. Alienação de fração ideal do imóvel sem o consentimento dos demais condôminos. Venda que somente se aperfeiçoaria com o registro no cartório imobiliário competente (...)
>
> Ao condômino preterido com a alienação de parte ideal do imóvel comum, sem o seu consentimento, é dado exercer o direito de preferência com a simples operação de compra e venda, independentemente do registro da respectiva escritura pública.[25]

Não acarreta a violação da norma uma nulidade. Considera-se válida a venda. O direito do estranho adquirente, no entanto, fica sob o regime de uma condição resolutiva.

O prazo de cento e oitenta dias, para a finalidade de propor a ação anulatória da venda, é de decadência, como, aliás, está no art. 504 do Código em vigor, iniciando a fluir do momento da publicidade decorrente do Registro Imobiliário.

Se não registrada a venda, o início vige desde quando o condômino teve ciência da alienação, o que depende da produção de prova.

22.6.1. Conceito de indivisibilidade

Cumpre fixar o conceito de indivisibilidade, que melhor se apreende quando se coloca em confronto com a divisibilidade, a qual bem vinha retratada no art. 52 do Código Civil de 1916: "Coisas divisíveis são as que se podem partir em porções reais e distintas, formando cada uma um todo perfeito".

Tinha o art. 53 como indivisíveis: "I – Os bens que se não podem partir sem alteração na sua substância. II – Os que, embora naturalmente divisíveis, se consideram indivisíveis por lei, ou vontade das partes".

O Código Civil de 2002 define unicamente os bens divisíveis, o que faz no art. 87: "Bens divisíveis são os que se podem fracionar sem alteração na sua substância, diminuição considerável de valor, ou prejuízo do uso a que se destinam". Não definiu os bens indivisíveis porque são justamente o contrário. Não era necessário, pois, que viesse uma definição, por

---

[24] *ADV Jurisprudência*, nº 49, expedição de 10.12.2000, p. 777.

[25] *Revista do Superior Tribunal de Justiça*, 133/391.

despicienda. Nota-se, de outro lado, que novos fatores são postos para caracterizar a divisibilidade, que são a não perda do valor e a inexistência de prejuízo no uso. Outrossim, não mais arrolou a indivisibilidade decorrente de lei ou da vontade das partes, eis que é óbvia nesses casos.

Consoante os conceitos acima, dir-se-á que um litro de leite, ou uma peça de fazenda, são divisíveis. As partes divididas passam a formar, cada uma, novas unidades autônomas e perfeitas.

Mas um motor, um relógio, uma obra de arte, são bens indivisíveis. Se forem partidos, a sua própria substância estará sendo atingida. Aplica-se a regra do art. 87 do Código.

A indivisibilidade pode ser determinada por necessidade do fim ou do destino da coisa, o que representa, em última análise, o valor econômico da mesma. Emerge um sentido econômico na restrição. Sofrendo a divisão, torna-se imprópria à sua finalidade. Ou seja, a indivisibilidade resulta da circunstância de afetar a divisão o valor econômico do bem. Embora não seja atingido em sua substância, pois continua a ser o que era antes, o valor econômico resta prejudicado. É a hipótese de uma peça de fazenda. Se fragmentada em número de partes excessivo, não se prestará mais ao fim econômico normal. O resultado é idêntico à alteração da substância, incidindo a violação. De igual modo, no caso de um terreno, com certa metragem de largura, se o fracionarmos em tantas unidades que os titulares dos respectivos domínios ficariam impossibilitados de construir sobre ele. As partes, tomadas isoladamente, perdem a utilidade.[26]

Aliás, em alguns dispositivos do Código Civil, ressalta a indivisibilidade por inconveniência econômica.

Com efeito, o art. 1.322 permite a venda de coisa que se tornar, pela divisão, imprópria ao seu destino, dentro das condições que encerram. Ao admitirem as normas que a divisão torna impróprio o destino da coisa, estão significando a indivisibilidade por motivo econômico. Igual conteúdo possui o art. 2.019, quando autoriza a venda do imóvel que não couber no quinhão de um só herdeiro, ou não admitir a divisão cômoda.

O inc. II do art. 53 do Código Civil de 1916 assinalava mais duas hipóteses de indivisibilidade, que decorrem também da redação do art. 87 do Código em vigor. Aliás, nem careceriam de estar previstas.

A primeira, quando resulta de convenção, é verificável sempre que as partes assim o dispuserem. Um exemplo está no art. 1.320, § 2º, cujo conteúdo revela que, estabelecendo o doador ou o testador a indivisão como condição de seu ato de doação, entende-se que essa indivisão se limita ao período temporal de cinco anos.

Aos condôminos faculta-se estabelecer a indivisibilidade por convenção, com amparo no § 1º do art. 1.320, o qual não permite que se instaure a indivisão também por um período superior a cinco anos, mas com a possibilidade de prorrogação ulterior.

Esclareça-se que o § 3º do mesmo art. 1.320 permite ao juiz reduzir o prazo de cinco anos, se fortes razões surgirem: "A requerimento de qualquer interessado e se graves razões o aconselharem, pode o juiz determinar a divisão da coisa comum antes do prazo".

A segunda, se proveniente de mandamento legal. Situações exemplificativas encontram-se em leis especiais, como na Lei nº 6.766, de 1979, que prevê sobre o parcelamento do solo urbano, cujo art. 4º, inc. II, fixa em cento e vinte e cinco metros quadrados a área mínima dos lotes, com frente mínima de cinco metros, salvo quando a legislação estadual ou municipal

---

[26] Agostinho Alvim, *Da Compra e Venda e da Troca*, 1ª ed., Rio de Janeiro, Forense, 1966, pp. 116 e 117.

dispuser diferentemente, ou se tratar de loteamento destinado à urbanização específica ou edificação de conjuntos habitacionais de interesse social, com prévia autorização dos órgãos públicos competentes. Proíbe-se, desta maneira, a divisibilidade dos lotes se não possuírem aquela área mínima.

22.6.2. Venda de coisa comum em bens divisíveis

Poderá existir a comunhão, mas, se divisível o bem, não vinga a regra do art. 504 do Código Civil. Oportuna e ainda aplicável, a respeito, a lição de Sílvio Rodrigues: "Assim, se a coisa for divisível, ampla é a liberdade de alienar do comunheiro; se indivisível, só pode vendê-la a estranhos após havê-la oferecido por igual preço aos consortes. Só após a oferta e mediante a recusa dos mesmos fica legitimado para vendê-la alhures".[27]

Sobre a dispensa de anuência dos condôminos, na venda de coisa divisível, embora comum, decidiu a 3ª Câm. Cível do Tribunal de Justiça da Bahia, na *Apel. Cível* nº 488/81, com acerto: "Não há direito de preferência de condômino em imóvel originariamente indivisível transformado por força de interesses supervenientes, em unidades autônomas e independentes".[28]

22.6.3. Condições para o condômino exercer o direito de preferência

Para o consorte fazer valer o princípio da preferência, cumpre que o mesmo se iguale ao estranho no oferecimento não só do preço, mas também das condições, o que importa se leve em conta o prazo e se considerem os juros e outras vantagens. Não se aceita, porém, como paradigma, a garantia apresentada pelo terceiro, ou a dispensa da mesma, eis que esta particularidade diz respeito a um elemento que depende da confiança do vendedor em determinada pessoa, que poderá inexistir em relação ao condômino. Daí facultar-se-lhe exigir a garantia do consorte, embora dispensada ao terceiro.

22.6.4. Inexistência do direito de preferência em alienações diversas da compra e venda

De conformidade com o termo "vender" empregado no art. 504 do Código vigente, não se estende o direito a outras alienações, como na doação. O sentido é restrito, o que também ocorre quanto à troca, tendo em vista que o consorte a quem se devesse dar preferência não poderia oferecer a outro condômino a coisa que este desejasse receber em permuta.[29]

Na dação em pagamento, prevalece a regra, justamente pela razão do art. 357 do Código atual igualar esta figura à venda. Eis a redação: "Determinado o preço da coisa dada em pagamento, as relações entre as partes regular-se-ão pelas normas do contrato de compra e venda".

É inaplicável o princípio nas vendas judiciais, como leilão, praça e vendas autorizadas pelo juiz, apesar de entendimento diferente de Pontes de Miranda: "O direito de preferência de que se cogita no art. 1.139 pode ser exercido nas compras e vendas de direito

---

[27] *Direito Civil – Dos Contratos e Das Declarações Unilaterais da Vontade*, 3ª ed., São Paulo, Max Limonad Editor, vol. III, p. 179.

[28] *Revista dos Tribunais*, 571/202.

[29] Agostinho Alvim, *Da Compra e Venda e da Troca*, ob. cit., p. 124.

Cap. XXII · CONDOMÍNIO | 631

privado e nas de direito público (leilões judiciais, praças, vendas particulares permitidas pelo juízo)".[30]

O citado art. 1.139 corresponde ao art. 504 do CC/2002.

Mostra-se, todavia, inviável a prática da preferência neste tipo de alienações. Por uma, porque o titular do domínio, em geral, é expropriado de modo forçado, e não irá ele providenciar na interpelação prévia dos outros condôminos, a fim de que manifestem o interesse. Por outra, o procedimento cinge-se à esfera judicial, com designações de datas para a venda e publicações de editais, o que faz presumir a ciência pública de todos quantos desejarem a aquisição.

O que se pode admitir, e isto está em consonância com a lei, é preferência do condômino que se apresentar para a aquisição, perante o terceiro pretendente.

Mas invoca-se o direito na promessa de compra e venda, o que é normal, pois com a satisfação total do preço transforma-se em contrato definitivo, sem opção para o arrependimento do vendedor.

22.6.5. Bens com benfeitorias e direito de preferência

Quanto ao parágrafo único do art. 1.139 do Código Civil anterior e do art. 504 do vigente, a lei gradua o interesse dos condôminos preferentes, concedendo mais importância às benfeitorias do que ao valor dos bens. Em primeiro lugar, releva o valor das benfeitorias, passando para o segundo plano o valor dos terrenos. Apenas em face da inexistência daquelas prevalece o comunheiro que tiver maior quinhão; ou, ainda, na difícil eventualidade das benfeitorias apresentarem idêntica estimativa econômica.

É possível, no entanto, uma terceira hipótese, consistente na igualdade de valor das benfeitorias e de área de quinhão. O que resta, então, é a aquisição por todos os consortes, em conjunto, com igualdade de direitos entre eles. Não concordando eles nesta maneira de compra comum, falece a prerrogativa. Válida e definitiva tornar-se-á a venda feita ao estranho.

22.6.6. Preferência no condomínio horizontal fracionado em apartamentos

Cuida-se de estudar se há a preferência de um condômino na venda de apartamentos do mesmo prédio. Em outros termos, indaga-se se o proprietário de um apartamento pode aliená-lo livremente, ou, ao revés, se está adstrito pelas limitações que a lei comum impõe ao titular de quota ideal em condomínio tradicional.

O condomínio em edifício de apartamentos se constitui nas partes de uso comum, como no solo, nas instalações, nas dependências, nas entradas e aberturas, nas paredes mestras, na fundação, nos corredores, no teto etc. Mas é inseparável da propriedade do apartamento em si, de tal forma que a alienação deste determina a transferência daquele. Ninguém pode vender a unidade condominial sem transferir os direitos sobre as partes comuns. Igualmente, não é possível a uma pessoa tornar-se condômina do solo e das coisas comuns do edifício sem adquirir uma unidade autônoma.

Daí que o condomínio se constitui sobre as coisas comuns, com caráter puramente finalístico. Ou seja, para proporcionar a utilização da propriedade exclusiva, que é o aparta-

---

[30] *Tratado de Direito Privado*, 3ª ed., Rio de Janeiro, Editor Borsoi, 1972, vol. XXXIX, p. 222.

mento. Os proprietários de cada unidade autônoma são coproprietários das coisas comuns como meio de realização do direito individual.

A indivisibilidade dos elementos comuns decorre em virtude de sua natureza, da lei que os regulamenta e da destinação. Por isto, é impossível a divisão dos mesmos, ou o término da comunhão. O estado de comunhão e a copropriedade são consequência da divisão do edifício em frações autônomas, para proveito e uso coletivo dos proprietários de apartamentos.

Se a unidade não subsiste sem a fração comum, a alienação daquela envolve necessariamente a fração ideal nas coisas comuns. Daí, pois, se é permitida a venda de apartamentos sem o reconhecimento da preferência para a aquisição em favor dos demais proprietários, igualmente é possível a venda da fração ideal em coisa comum a estranho. Não se autoriza a alienação da unidade, separada da parte comum ou da fração ideal.

A lei de condomínio e incorporações, de nº 4.591/1964, pelo seu art. 4º, estatui: "A alienação de cada unidade, a transferência de direitos pertinentes à sua aquisição e a constituição de direitos reais sobre elas independerão do consentimento dos condôminos".

É, pois, expressa a permissão.

Sobre o assunto, eis a manifestação de Caio Mário da Silva Pereira:

> No mesmo sentido milita a lição do direito comparado e da doutrina pátria, autorizando afirmar-se que é lícita a venda livre do apartamento em face da lei francesa, da argentina, da espanhola e da chilena, e defendida em doutrina. Nem mesmo ao menos é lícita à convenção outorgar preferência aquisitiva na forma do art. 1.139 do Código Civil. Os termos do art. 4º são peremptórios: "independerão do consentimento dos condôminos", e não prevalecerão as disposições em contrário, ainda quando constem de convenção de condomínio vigente na data da Lei nº 4.591, por contrárias à sua letra e a seu espírito.[31]

Lembra-se de que o art. 1.139 citado no texto equivale ao art. 504 do Código em vigor.

22.6.7. Direito de preferência entre locatário e condômino

O locatário tem preferência na aquisição do prédio locado, em caso de venda. Realmente, expõe o art. 27 da Lei nº 8.245/1991: "No caso de venda, promessa de venda, cessão ou promessa de cessão de direitos ou dação em pagamento, o locatário tem preferência para adquirir o imóvel locado, em igualdade de condições com terceiros, devendo o locador dar-lhe conhecimento do negócio mediante notificação judicial, extrajudicial ou outro meio de ciência inequívoca". Para valer, obriga o parágrafo único que a comunicação conterá todas as condições do negócio, assim como o preço, a forma de pagamento, a existência ou não de ônus reais, bem como o local e horário em que ficam os documentos colocados à disposição para o exame.

Modificando-se as condições, nova notificação se fará: "A eficácia da afronta ao inquilino, para exercer o seu direito de preferência na aquisição do imóvel locado, está limitada às condições indicadas na notificação, de sorte que, modificadas essas condições, com redução do preço, nova oportunidade deve ser dada ao inquilino para exercitar o seu direito".[32] O art. 28 da mesma lei fixa o prazo de trinta dias para o locatário manifestar a

---

[31] *Condomínio e Incorporações*, 5ª ed., Rio de Janeiro, Forense, 1985, pp. 178 e 179.

[32] *Recurso Especial* nº 8.008-SP, da 3ª Turma do STJ, julgado em 25.03.1991, *DJU* de 23.04.1991.

preferência: "O direito de preferência do locatário caducará se não manifestada, de maneira inequívoca, sua aceitação integral à proposta, no prazo de trinta dias". De sorte que a contraproposta formulada pelo locatário equivale à recusa, no que já se pronunciou o Superior Tribunal de Justiça.[33]

Havendo aceitação de parte do locatário, parece óbvio que incumbe ao locador comunicá-lo do dia, hora e local em que será lavrada e assinada a escritura, a fim de oportunizar o comparecimento, portando o valor do preço e os documentos necessários, como documento de identidade e número do cadastro na Receita Federal.

Mais regras aparecem nos arts. 29 a 32, como a do direito de perdas e danos se verificada a desistência da alienação; a da primazia do sublocatário em relação ao locatário, se a sublocação envolver a totalidade do imóvel; a do direito do locatário mais antigo se vários manifestarem o interesse, ou, em remontando à mesma data as locações ou sublocações, a prevalência em favor do mais idoso; também a da preferência do interessado que pretender a aquisição de todos os imóveis, se mais de uma unidade imobiliária se pretender vender; a da não incidência do direito de preferência se a venda se der por decisão judicial, permuta, doação, integralização de capital, cisão, fusão e incorporação. Também não ocorre o direito de preferência no caso de constituição da propriedade fiduciária e de perda da propriedade ou venda por quaisquer formas de realização de garantia, inclusive mediante leilão extrajudicial, devendo essa condição constar expressamente em cláusula contratual específica, destacando-se das demais por sua apresentação gráfica (parágrafo único do art. 32, acrescido pela Lei nº 10.931/2004).

Percebe-se que em qualquer locação assiste o direito de preferência, em favor do locatário ou sublocatário. Não assegurada tal preferência, faculta o art. 33 postular as perdas e danos, ou, depositando o valor da venda e demais despesas, buscar o imóvel para si, desde que o faça no prazo de seis meses a contar do ato de registro da transferência, e se lançado o registro ou averbação da locação no cartório imobiliário com prazo antecedente mínimo de trinta dias.

Unicamente contra o locatário se dirigirá a ação, não importando que seja ele casado. Se existir um condômino, e ele pretender a aquisição, assegura-lhe o art. 34 a preferência, frente ao locatário: "Havendo condomínio no imóvel, a preferência do condômino terá prioridade sobre a do locatário". Há de se entender corretamente o dispositivo: deverá existir condomínio no imóvel, isto é, na unidade condominial, e não no edifício, onde se encontram os apartamentos. Importa a indivisibilidade. A unidade condominial é indivisível, o que não acontece com conjunto das unidades condominiais. Não incide a regra nas locações de imóveis divisíveis, com matrícula individual, como nas locações de apartamentos. Inconcebível que se reclamasse a prática do direito de preferência de apartamentos de propriedade de uma pessoa, em favor dos proprietários de outros apartamentos, localizados no mesmo prédio.

Outrossim, os mesmos requisitos para exercer o direito de preferência em favor do locatário incidem para o caso de o condômino pretender o direito: há de se manifestar a pretensão no prazo de trinta dias da notificação, ou de seis meses a contar do ato do registro imobiliário.

No oferecimento do preço pretendido pelo locador, ressalta a inviabilidade de se oferecer contraproposta. Não se pode olvidar que o pagamento se fará no ato de transferência, quando se apresentarão os dados pessoais para viabilizar a escritura pública.

A finalidade última do legislador inspira-se em antigo princípio de erradicar os conflitos que sempre aparecem entre condôminos. De sorte que a regra, ao propiciar a extinção do condomínio, procura a paz no convívio social.

---

[33] *Agravo* nº 54.180-0-SC-AgRg, da 6ª Turma, julgado em 27.09.1994, *DJ* de 28.11.1994.

22.7. VENDA DE QUINHÃO INDIVISÍVEL

Indaga-se se ao comunheiro é autorizada a venda de seu quinhão indivisível e se da mesma forma quanto ao herdeiro, relativamente aos seus direitos sobre a parte indivisa da herança.

Não há impedimento da lei, ainda que pertinente ao imóvel *pro indiviso* a parte ou os direitos do respectivo titular, como, aliás, se dessume do art. 1.314 do Código atual, facultando a cada condômino alhear a respectiva parte indivisa, ou gravá-la.

A permissão encontra respaldo no art. 725 do Código de Processo Civil, ao ordenar que se processará na forma estabelecida na Seção I do Capítulo XV, do Título III (Dos Procedimentos Especiais), Livro I da Parte Especial. Na Seção I encontra-se o inc. V do art. 725, prevendo a alienação de quinhão em coisa comum, sem especificar a divisibilidade ou não. Apresenta-se o pedido, com as devidas justificações. Citam-se os demais comproprietários, que terão o prazo de quinze dias para a manifestação. A alienação procede-se por meio da venda particular ou da venda em leilão, segundo o ordenamento que inicia no art. 879 e vai até o art. 903.

22.8. POSSE, USO E GOZO DA PROPRIEDADE A ESTRANHOS

Norma quase inaplicável vinha estatuída no art. 633 do Código Civil de 1916: "Nenhum condômino pode, sem prévio consenso dos outros, dar posse, uso, ou gozo da propriedade a estranhos". O Código atual, no parágrafo único do art. 1.314, além do conteúdo acima, acrescenta mais a proibição de alterar a destinação: "Nenhum dos condôminos pode alterar a destinação da coisa comum, nem dar posse, uso ou gozo dela a estranhos, sem o consenso dos outros".

Quanto à destinação, diz respeito à finalidade e à natureza que se impôs quando da constituição.

Já as formas de dar posse, uso ou gozo compreendem também a cessão temporária, como locação, arrendamento ou comodato.

À primeira vista, contém a regra uma contradição com o disposto no art. 1.199 do Código: "Se duas ou mais pessoas possuírem coisa indivisa, poderá cada uma exercer sobre ela atos possessórios, contanto que não excluam os dos outros compossuidores".

A exata interpretação da matéria é dada por J. A. de Faria Motta, que analisa os arts. 488 e 633 do Código revogado, cujos conteúdos, no que interessa, constam nos arts. 1.199 e 1.314, parágrafo único, do Código atual:

> O primeiro (art. 488) faculta ao condômino o direito de livremente dar a estranho posse na coisa; o segundo (art. 633, parágrafo único) impede a entrega de posse da coisa por um condômino a estranho, sem prévio consenso dos demais.
>
> Quer dizer que o condômino que estiver na posse de parte da coisa, ou melhor, que tiver posse na coisa, poderá livremente transferir ou ceder essa posse a estranho; o que não pode, por lho impedir o art. 633, é, sem ter posse na coisa, ou tendo-a somente em parte desta, entregar a estranho a posse da coisa, de toda a coisa, sem anuência dos outros condôminos. São situações diferentes, que a lei, nos dois incisos, regula de maneira diferente, sem contradições nem quebra de harmonia.
>
> O grande Firmino Whitacker pôs a questão em seus verdadeiros termos, ao se referir à proibição do art. 633, dizendo: "Não é, porém, absoluta a proibição. Se o condômino tiver posse localizada em imóvel, pode dentro dessa posse admitir estranhos, mesmo cedendo o uso e gozo, por meio de contrato de locação e de parceria agrícola. O que a lei proíbe é que o condômino disponha do imóvel comum, distribuindo-o arbitraria-

mente aos seus protegidos, a pretexto de que tem parte ideal, que em qualquer ponto pode ser fixada".[34]

Como se vê, a questão resolve-se no fato de ter ou não a posse. No caso positivo, nada impede a cessão, o uso ou o gozo por terceiro ou estranho.

Se o condômino não está na posse, ou sequer sabe onde fica a sua parte dentro do todo, não lhe faculta a lei introduzir estranho no imóvel, sem a aquiescência dos consortes.

22.9. ADMINISTRAÇÃO DO CONDOMÍNIO

Nos arts. 1.323 a 1.326 vêm disseminadas várias normas concernentes à administração do condomínio, mas limitada esta ao uso ou proveito da coisa comum.

Princípio cardeal orientador do condomínio é a sua utilização por todos os consortes, de modo que todos aufiram das vantagens próprias da propriedade.

Segundo lembra Caio Mário da Silva Pereira:

> ocorrendo, entretanto, que as circunstâncias de fato (ausência, incapacidade, etc.) ou o desatendimento impossibilitem ou dificultem o uso da coisa em comum, cabe aos comunheiros deliberar se a coisa deve ser administrada, vendida ou alugada (Código Civil anterior, art. 635). Se todos concordarem que não se venda, será decidida a administração ou o aluguel. Basta que um só discorde, para que se ponha termo à divisão. Na falta de oposição, decide-se a respeito da locação ou administração.[35]

O art. 635 do CC/1916, efetivamente, tratava da solução na falta de condições para o proveito comum: "Quando, por circunstância de fato ou por desacordo, não for possível o uso e gozo em comum, resolverão os condôminos se a coisa deve ser administrada, vendida ou alugada".

Na verdade, nem envolve o dispositivo propriamente a administração. Se divisível a coisa comum, e surgindo desacordos, parte-se para a divisão; se indivisível, a solução é a venda, como autoriza o art. 1.322 do vigente diploma civil. Daí, com razão, não constar no Código de 2002 um dispositivo de conteúdo equivalente ao art. 635 do CC/1916.

Pelas regras vigorantes, desde que não haja consenso no uso e gozo em comum, na verdade a primeira solução seria a divisão. Mas, se indivisível, ou se inconveniente a venda, podem os condôminos colocar em prática ou a administração, ou a locação do bem.

Caso viável a divisão, se os consortes não entrarem em acordo, o caminho será uma daquelas alternativas, mesmo que o seja durante o tempo em que se processa a divisão.

Para a decisão, urge que se convoque uma reunião ou assembleia de todos os condôminos, que resolverão por maioria o destino a ser dado à propriedade.

Na deliberação, não se pode olvidar a regra do art. 1.322, da qual se extrai que se realizará a venda, sendo suficiente para tanto que apenas um dos condôminos se oponha à permanência da comunhão, pois a ninguém se obriga permanecer no estado de indivisão, segundo ensina Carvalho Santos, mantendo-se aplicável o ensinamento:

> Como ninguém seja obrigado a permanecer no estado de indivisão, manda a lei que se venda o imóvel, desde que um só dos condôminos por ela se pronuncie. O voto de

---

[34] *Obra citada*, p. 56.
[35] *Instituições de Direito Civil*, vol. IV, ob. cit., p. 164.

um só condômino, em tal caso, prepondera sobre o voto de todos os outros, que, por acaso, se tenham manifestado quer pela administração, quer pela locação.[36]

Na previsão do § 1º do art. 635 do Código anterior, sem norma equivalente no atual, desde que seja unânime o acordo em não se proceder à venda, "à maioria competirá deliberar sobre a administração ou a locação da coisa comum".

De qualquer forma, o que decidirem os condôminos terá força de lei, sendo expresso o § 1º do art. 1.325 do Código atual: "As deliberações serão obrigatórias, sendo tomadas por maioria absoluta".

A maioria que prevalecer não se calculará pelo número de condôminos, e sim pelo valor dos quinhões, como já continha o art. 637, § 1º, do Código Civil anterior, e mantém o art. 1.325, § 1º, do Código Civil atual, cujo conteúdo retira a obrigatoriedade das deliberações se não tomadas por maioria absoluta, isto é, por votos que representem mais de meio do valor total. Se a votação acusasse empate, ou, na linguagem de hoje, não sendo possível obter a maioria absoluta (art. 1.325, § 2º, do Código vigente), decidirá o juiz, a requerimento de qualquer dos condôminos, ouvidos os outros, na forma procedimental dos arts. 719 e seguintes do Código de Processo Civil.

Optando os condôminos pela administração, far-se-á a escolha também do administrador (art. 1.323 do atual), que será, em geral, aquele que tiver maior valor de quinhões, ou, se ocorrer empate, aquele que oferecer maior segurança, ou, ainda, em última instância, se outra solução não se oferecer, aquele que for contemplado por sorteio, e até um estranho.

Mas, se a decisão inclinar-se por alugar o bem comum (art. 636 do Código Civil anterior e art. 1.323 do Código vigente), sempre terá preferência o condômino relativamente ao estranho.

As fórmulas propostas pelo Código Civil anterior e pelo atual não afastam outras soluções.

O art. 1.324 faz emergir a presunção da representação e estabelece a figura do representante comum quanto àquele que administra: "O condômino que administrar sem oposição dos outros presume-se representante comum".

Por outras palavras, tal estado adquirirá quem administra com o assentimento da maioria. O dispositivo fala em mandatário, e não em administrador, o que representa menor gama de poderes. Não se autoriza, assim, ao mandatário dar em penhor os frutos ou rendimentos, ou criar encargos responsabilizando os demais consortes.

Se a administração envolve a exploração econômica do imóvel, ou o recebimento de valores, obviamente obrigatória fica a prestação de contas.

Disciplina o art. 1.326 a distribuição dos frutos da coisa comum: "Os frutos da coisa comum, não havendo em contrário estipulação ou disposição de última vontade, serão partilhados na proporção dos quinhões".

É natural que assim ocorra. Os frutos ou rendimentos corresponderão ao valor do quinhão, a menos que no contrato, ou na disposição de última vontade, se instituído o condomínio por testamento, se determine o contrário.

Em todas as situações que envolvem decisões ou proveito de conformidade com o valor dos quinhões, devem os mesmos estar definidos, a fim de se aferir a proporção do proveito, ou o poder de decisão nas votações. Mas, nos casos de dúvida, presumiam-se iguais os quinhões, segundo o art. 639 do Código Civil revogado. Já pelo §º 3º do art. 1.325 do Código

---

[36] *Obra citada*, vol. VIII, p. 358.

atual, necessária a avaliação: "Havendo dúvida quanto ao valor do quinhão, será este avaliado judicialmente".

Para admitir-se a dúvida, evidentemente, não se deve encontrar nos documentos e títulos dos condôminos elementos esclarecedores.

No entanto, o conteúdo da regra não vai além de uma simples presunção *juris tantum*.

22.10. DIVISÃO DO CONDOMÍNIO

Já se dizia no Direito romano que a *communio est mater discordiarum*.

Todos almejam a individualidade e a privacidade, valores estes prejudicados pela comunhão constante, ou proximidade dos seres humanos.

A definição da propriedade, ou delimitação dos imóveis, de modo a firmar suas dimensões e características, faz parte das aspirações comuns dos proprietários.

É anseio de qualquer indivíduo o destaque de seus domínios e o conhecimento induvidoso dos limites.

Daí inserir a lei a possibilidade da divisão sempre que for de interesse dos coproprietários. Realmente, consta do art. 1.320: "A todo tempo será lícito ao condômino exigir a divisão da coisa comum, respondendo o quinhão de cada um pela sua parte nas despesas da divisão".

Faculta-se ao condômino impor a divisão da coisa comum, sem limitação do exercício do direito no tempo, posto que a ação de divisão é imprescritível. Os próprios dispositivos citados conduzem a tal conclusão, ao proclamarem que a todo tempo é possível a divisão. Mas, como salienta Carvalho Santos,

> o direito de exigir a divisão extingue-se pela cessação do estado de indivisão. Mesmo que nunca nenhum dos condôminos tenha usado da faculdade de exigir a divisão da coisa comum. É o que acontece quando um dos condôminos possui a totalidade da coisa comum a título de proprietário exclusivo e, depois de manifestar essa intenção, decorrem mais de trinta anos. É o que acontece ainda quando os diversos condôminos têm durante trinta anos, pelo menos, possuído, a título de propriedade, e como se tivesse havido divisão entre eles, cada qual uma porção materialmente determinada, cujo conjunto forma a integridade da coisa comum.[37]

Por outros termos, cessa o estado de comunhão se acontecer a posse exclusiva de um dos condôminos durante um período de tempo suficiente ao reconhecimento do usucapião extraordinário.

Reconhece-se o usucapião do direito à localização, visto que o condômino já é titular do quinhão.

Verificada a localização da fração ideal no imóvel, ou do quinhão por um longo prazo de quinze ou mais anos, extingue-se, aí, a indivisão, mas apenas relativamente à porção do objeto da posse.

Ao administrador, enquanto tal, não se reconhece o direito, eis que não exerce a posse com o ânimo de dono.

Não se admite a convenção dos condôminos estabelecendo a perpetuidade da comunhão. Realmente, o art. 1.320, no § 1º, dita a seguinte regra: "Podem os condôminos acordar que fique indivisa a coisa comum por prazo não maior de 5 (cinco) anos, suscetível de prorro-

---

[37] *Obra citada*, vol. VIII, p. 312.

gação ulterior". Isto mesmo que seja a indivisão imposta pelo doador, ou testador, eis que o art. 1.320, § 2º, a delimita ao lapso temporal de cinco anos, como na divisão instituída pelos condôminos.

A natureza da ação divisória é puramente declaratória, o que estava na previsão do Código revogado, art. 631: "A divisão entre condôminos é simplesmente declaratória e não atributiva da propriedade. Esta poderá, entretanto, ser julgada preliminarmente no mesmo processo". Nada dispôs o Código atual a respeito. Apenas orienta no sentido de que se aplicam as regras estabelecidas para a partilha, no art. 1.321: "Aplicam-se à divisão do condomínio, no que couber, as regras de partilha da herança (arts. 2.013 a 2.022)".

Visa a ação declarar a área real de propriedade de cada coproprietário, ou separar e delimitar os quinhões, distinguindo-os uns dos outros.

A parte final do dispositivo expressa que a propriedade poderá ser julgada preliminarmente no mesmo processo. Ou seja, a discussão sobre o domínio deverá ocorrer somente na primeira fase do processo, ou na face contenciosa, quando se discute o cabimento ou não da divisória.

A divisão dar-se-á de duas formas: a amigável, elaborada por escritura pública, com a presença da unanimidade dos condôminos maiores e capazes; e a judicial, caso um dos comunheiros for incapaz, ou se lavra discordância entre os condôminos.

22.11. A INDIVISIBILIDADE DO IMÓVEL RURAL

A indivisibilidade do imóvel rural iniciou com o art. 65 da Lei nº 4.504/1964, o chamado Estatuto da Terra, que preceitua:

> O imóvel rural não é divisível em áreas de dimensão inferior à constitutiva do módulo de propriedade rural;
>
> § 1º Em caso de sucessão *causa mortis* e nas partilhas judiciais ou amigáveis, não se poderão dividir os imóveis em áreas inferiores às da dimensão do módulo de propriedade rural.

De observar a exceção do § 5º, incluído pela Lei nº 11.446/2007:

> Não se aplica o disposto no *caput* deste artigo aos parcelamentos de imóveis rurais em dimensão inferior à do módulo, fixada pelo órgão fundiário federal, quando promovidos pelo Poder Público, em programas oficiais de apoio à atividade agrícola familiar, cujos beneficiários sejam agricultores que não possuam outro imóvel rural ou urbano.

No entanto, o § 6º, acrescentado pela mesma lei, estabelece que "nenhum imóvel rural adquirido na forma do § 5o deste artigo poderá ser desmembrado ou dividido".

Seguiu-se o Decreto-Lei nº 57/1966, dispondo, em seu art. 11: "Para fins de transmissão a qualquer título, nenhum imóvel rural poderá ser desmembrado ou dividido em áreas de tamanho inferior ao quociente da área total pelo número de módulos constantes do certificado de registro". Colimou de nulidade e ineficácia, no § 1º, os atos violadores do disposto no artigo.

Posteriormente, o art. 11 e seus parágrafos foram revogados pelo art. 12 da Lei nº 5.868/1972. No art. 8º, foi introduzido, ao lado do módulo rural, um novo instituto, o da fração mínima de parcelamento, nestes termos:

> Para fins de transmissão a qualquer título, na forma do art. 65 da Lei nº 4.504, de 30.11.1964, nenhum imóvel rural poderá ser desmembrado ou dividido em área de

tamanho inferior à do módulo calculado para o imóvel ou da fração mínima de parcelamento fixado no § 1º deste artigo, prevalecendo a de menor área.

Nota-se a existência de dois critérios para estabelecer a limitação mínima da divisão: ou o módulo rural, ou a fração mínima de parcelamento. Prevalecerá a área de menor extensão em caso de escolha.

A Lei nº 5.868/1972 foi regulamentada pelo Decreto nº 72.106/1973, o qual dispôs em seu art. 39 especificamente sobre a divisão:

> Para fins de transmissão a qualquer título, divisão em partilha judicial ou amigável, divisão de condomínio, nos termos do art. 65 da Lei nº 4.504, de 30.11.1964, e do art. 8º da Lei nº 5.868, de 12.12.1972, nenhum imóvel rural poderá ser desmembrado em área de tamanho inferior à prevista no art. 8º da Lei nº 5.868, de 12.12.1972.

De um lado, existe o art. 1.320 do Código Civil em vigor que a todo o tempo permite ao condômino exigir a divisão da coisa comum, faculdade aliada ao ensinamento da experiência, segundo o qual a copropriedade sempre foi sementeira de discórdia, consoante lição de Washington de Barros Monteiro. De outra parte, há os dispositivos da legislação agrária, de interpretação divergente e de duvidosos resultados práticos. A propriedade rural é indivisível porque teria o valor diminuído, tornar-se-ia antieconômica, geraria o minifúndio e contrariaria a política governamental de instituir a reforma agrária.

Visando a extinção dos minifúndios, estabeleceram-se critérios concernentes ao melhor modo de se dispor da terra. Na linguagem do Estatuto da Terra, minifúndio é o imóvel rural de área e possibilidades inferiores às da propriedade familiar. Propriedade familiar, nos termos do art. 4º, inc. II, do Estatuto da Terra, é definida como o imóvel rural que direta e pessoalmente é explorado pelo agricultor e sua família, lhes absorvendo a força de trabalho, garantindo a subsistência e o progresso social e econômico, com a área máxima fixada em cada região e tipo de exploração, podendo haver, eventualmente, a ajuda de terceiros. Por tal razão, minifúndio é o *nomen juris* dado a toda área em que a família de agricultores não encontra condições de sobreviver. É a área inferior à constante no módulo rural da região.

Buscando impedir a proliferação de áreas insuficientes para as necessidades comuns, apareceu o art. 65 do mesmo Estatuto, obrigando, então, aos comunheiros a uma das seguintes alternativas, quando contemplados com uma parte ideal, dentro de um todo maior e inferior ao módulo ou ao mínimo de parcelamento: ou definem-se em um determinado ponto da propriedade comum, devendo haver um acerto entre todos os titulares do domínio; ou devem dispor da faculdade que estava prevista no art. 632 do Código Civil anterior e se encontra no art. 1.322 do atual. No primeiro caso, embora inferior o quinhão ao módulo, ou à fração mínima de parcelamento, o coproprietário usufrui e dispõe da área recebida. Na segunda situação, tornando-se litigiosa ou surgindo discordância quanto à posição dos quinhoeiros dentro do todo, a venda judicial significa a única viabilidade permitida, de acordo com iterativa jurisprudência, firmada já em tempos mais remotos[38] – forma esta de alienação prejudicial a todos, pois o preço alcançado dificilmente será real e justo.

Destarte, inúmeros argumentos alinham-se em favor da corrente da doutrina que autoriza a divisão do condomínio, resultando em imóveis perfeitamente delimitados e com extensão superficial inferior ao módulo ou à fração mínima de parcelamento.

---

[38] *Revista dos Tribunais*, 266/229, 227/405, e 206/184; *Revista de Jurisprudência do TJ do RGS*, 15/295.

Primeiramente, como se pode observar, o art. 11 do Decreto-Lei nº 57/1966 usou da expressão "para fins de transmissão". Posteriormente, a Lei nº 5.868/1972, que revogou o art. 11 de acordo com o que encerra o art. 12 desta última, manteve as mesmas palavras no citado dispositivo 8º, ou seja, "para fins de transmissão a qualquer título".

Não haveria motivos, em decorrência, para uma radical mudança de inteligência. A frase "para fins de transmissão a qualquer título" relaciona-se à natureza do título, como de compra e venda, doação, permuta, dação em pagamento, etc. A divisão não equivale a uma maneira de transmissão, mas é um ato declaratório, não atributivo de propriedade, visando aos coproprietários unicamente extremar os quinhões, sendo consequente, em geral, da sucessão *causa mortis*, independente da vontade humana.

Apesar dos ponderáveis argumentos em favor da divisibilidade, vem pontificando, no entanto, a inteligência contrária. Em realidade, o Estatuto da Terra trouxe a indivisibilidade, apesar de o fazer desajeitadamente, chegando ao ponto de discipliná-la num capítulo destinado à colonização. Isto por desconhecimento de regras de capitulação da matéria legal. O certo seria inserir a regra na parte geral. Mas, nem assim foge o objetivo de toda a legislação agrária, a taxatividade de tornar indivisíveis os imóveis rurais em parcelas inferiores ao módulo, cotejando-se os mandamentos que vieram após o Estatuto da Terra. Já no § 1º do seu art. 65, vemos que a indivisão se estende às sucessões *causa mortis* e às partilhas amigáveis e judiciais, preceito que foi mantido pelo art. 11 do Decreto-Lei nº 57/1966, apesar da referência restritiva "para fins de transmissão", termos empregados também pela Lei nº 5.868/1972. O Decreto nº 72.106, corrigindo a interpretação provocada pelo Estatuto da Terra, deu a exata extensão do sentido do art. 39: "Para fins de transmissão a qualquer título, divisão em partilha judicial ou amigável, divisão em condomínio (...)".

Mesmo que o art. 8º da Lei nº 5.868/1972 limite o campo de aplicação, em se admitindo o pensamento esposado pelos defensores da divisão, há a norma do art. 2º, § 2º, da Lei de Introdução às Normas do Direito Brasileiro, preceituando: "A lei nova, que estabeleça disposições gerais ou especiais a par das já existentes, não revoga nem modifica a lei anterior". Daí chegar-se a que o art. 65 da Lei nº 4.504/1964 não sofreu limitação, tanto que o art. 57, parágrafo único, do Decreto nº 56.792/1965, dispõe:

> Para controle de área mínima permissível no desmembramento de qualquer imóvel rural, visando ao disposto no art. 65 do Estatuto da Terra, só serão permitidas divisões à vista do certificado de cadastro e dos recibos de quitação dos tributos, e respeitada a condição de ser a menor área parcelável igual ou superior ao quociente da área total pelo número de módulos do imóvel, valores estes constantes daquele certificado.

Como se percebe, há uma condição para autorizar as divisões reguladas pelo art. 65, prova de que o referido dispositivo se estendeu a elas, mesmo que meramente declaratórias e não significativas de transferência da propriedade.

Fixou o Estatuto da Terra uma regra de indivisibilidade, o que não era vedado pela lei civil anterior, em vista da faculdade de seu art. 53, inc. II, *verbis*: "São indivisíveis: (...) II – os que, embora naturalmente divisíveis, se consideram indivisíveis por lei, ou vontade das partes". Nem consta derrogada a permissão pelo Código Civil em vigor, consoante seu art. 88, com a seguinte redação: "Os bens naturalmente divisíveis podem tornar-se indivisíveis por determinação da lei ou por vontade das partes".

A lei especial colocou em prática tal previsão, buscando extinguir a formação de novos minifúndios e não admitindo mais a fragmentação dos imóveis rurais, desde que não cumprida a função social de bem comum.

Ao que parece, vai se firmando cada vez mais tal orientação em todos os pretórios do território nacional. Diríamos que "a extensão mínima, variável de região para região, de tipo de exploração para tipo de exploração, aderiu ao imóvel rural, tornando-se-lhe essencial".[39] Estabeleceu-se, em nova legislação, norma de indivisibilidade em coisa fisicamente divisível, fato normal e de acordo com os cânones do direito civil, na linha da lição de Pontes de Miranda: "Se a legislação federal, estadual ou municipal fixa o tamanho menor do terreno, as partes dele somente podem ser alienadas até onde não infringem a lei: essencializou-se o resto. Tal regra jurídica não exclui a alienação de partes indivisíveis".[40]

Se indivisível a área rural,

> também é possível que a ação de divisão não se possa exercer, por ser a coisa juridicamente indivisível, como acontece se isso resultou de ato de última vontade (Código Civil de 1916, art. 630) ou entre vivos (Código Civil anterior, arts. 629, parágrafo único, e 630), ou de tombamento, ou de lei especial. Todas essas questões pertencem ao direito material. A indivisibilidade pode resultar de lei.[41]

De notar que os conteúdos do art. 630 e do parágrafo único do art. 629 vêm reproduzidos, respectivamente, nos §§ 2º e 1º do art. 1.320 do Código em vigência.

Despontam, não raramente, manifestações que procuram reviver os argumentos da restrição do art. 65 do Estatuto da Terra às hipóteses da transmissão da propriedade. Deve, no entanto, preponderar a correta exegese da lei, pois a divisão judicial tem o condão de impedir a presença da força da lei. Se entender-se o contrário, desde que alguém requeresse na divisão judicial, permitir-seia que a divisão fosse estabelecida e que assim se pudesse ladear os termos claros da lei, que impedem a divisão abaixo dos termos do módulo. Se coubesse a divisão em relação à ação contenciosa, evidentemente que esta divisão já poderia ser estabelecida quando da homologação da partilha. Se é vedado que na partilha se estabeleça uma fração inferior ao módulo, a ação subsequente que procure fazer a divisão, desde que a partilha não a tenha realizado, também incidirá nas mesmas vedações.

22.12. AÇÃO DE DIVISÃO

A divisão colima a extinção do condomínio, com a consolidação de uma situação de fato nova, fixando-se os limites dos quinhões ideais.

Consoante o art. 569, inc. II, do Código de Processo Civil, cabe a ação de divisão ao condômino para obrigar os demais consortes a estremar os quinhões. O art. 946 do estatuto processual anterior previa a mesma ação para obrigar os demais consortes a *partilhar a coisa comum*. Na verdade, quem estrema está dividindo e partilhando. Não se estrema sem objetivar um efeito dominial. Busca-se a divisão para delimitar o que pertence a cada condômino.

Aduzia Pontes de Miranda, em lição que se mantém no atual sistema, que "os comunheiros, qualquer que seja a comunhão (de domínio, de pretensão pessoal, de direito real limitado, de posse, ou do que for), têm obrigações de suportar a divisão, e a ação de partilha é o exercício da pretensão à divisão e 'a execução' da obrigação de suportar a divisão".[42]

---

[39] Paulo Torminn Borges, *Institutos Básicos de Direito Agrário*, 3ª ed., São Paulo, Editora Pró-Livro, 1978, pp. 182 e 183.

[40] *Tratado de Direito Privado*, § 124, e, *apud* Paulo Torminn Borges, ob. cit., pp. 182 e 183.

[41] Pontes de Miranda, *Comentários ao Código de Processo Civil*, vol. XIII, pp. 389 e 390, *apud* Paulo Torminn Borges, ob. cit., p. 183.

[42] *Comentários ao Código de Processo Civil*, Rio de Janeiro, Forense, 1977, tomo XIII, p. 391.

Para o êxito do pedido de divisão judicial, os seguintes requisitos se fazem necessários, apontados por Humberto Theodoro Júnior, cuja imposição persiste no regime do CPC/2015, já que não alterada a regulamentação:

a) Existência de comunhão sobre terras particulares, ou seja, vários titulares do *jus in re* da mesma natureza sobre um só imóvel;

b) que a comunhão seja sobre coisa singular: um ou alguns imóveis determinados, e não uma universalidade como a herança ou o patrimônio de uma sociedade;

c) que o imóvel seja divisível, natural e juridicamente.

É claro que só quando concorrem vários direitos reais homogêneos sobre um só objeto é que se terá o fenômeno da copropriedade (plena ou não). E só então haverá possibilidade jurídica de falar-se em partilha da coisa comum entre os diversos consortes.[43]

Antes de iniciar o processo, urge que o imóvel se encontre na posse do condomínio, o que se conseguirá através de ação de reivindicação.

Todavia, se o imóvel encontrar-se na posse de condôminos, não se pode exigir a prévia reintegração ou reivindicação, posto que não raramente a posse de terceiros ocorre por dúvidas na área do quinhão.

Exclusivamente na situação de posse de terceiro não condômino é que se aconselha a prévia ação petitória ou possessória.

O procedimento divisório se desenvolve em duas fases: a primeira destina-se ao exame do direito de dividir; a segunda objetiva a concretização da partilha, iniciando após a sentença que determina a divisão. Denomina-se fase executória, não mais se perquirindo sobre questões dominiais. É o que se depreende pela leitura do art. 592 e de seus parágrafos:

O juiz ouvirá as partes no prazo comum de 15 (quinze) dias.

§ 1º Não havendo impugnação, o juiz determinará a divisão geodésica do imóvel.

§ 2º Havendo impugnação, o juiz proferirá, no prazo de 10 (dez) dias, decisão sobre os pedidos e os títulos que devam ser atendidos na formação dos quinhões.

Conforme se observa, haverá uma sentença determinando a divisão geodésica do imóvel, em não havendo contestação; ou a sentença sobre os pedidos e os títulos que devam ser atendidos na formação dos quinhões. Por diferentes termos, haverá uma sentença que definirá os rumos da divisão do imóvel dividendo, de modo a se identificar o quinhão de cada condômino.

Oportuna a explicação de Humberto Theodoro Júnior, de todo aplicável, pois idêntico o procedimento do estatuto processual civil vigente ao anterior:

A sentença da primeira fase, portanto, funciona como marco divisor entre as duas atividades distintas que o juiz desenvolve no procedimento divisório. Na primeira, somente nela devem agitar-se todas as questões que posam impedir a divisão. Na segunda, desembaraçado o juízo de todos os possíveis entraves ao exercício do direito à divisão, cinge-se a atividade jurisdicional à execução dos trabalhos de campo destinados a separar os quinhões dos diversos condôminos.[44]

---

[43] *Terras Particulares – Demarcação, Divisão, Tapumes*, 2ª ed., São Paulo, Editora Saraiva, 1986, p. 321.

[44] *Terras Particulares – Demarcação, Divisão, Tapumes*, ob. cit., p. 336.

Cap. XXII · CONDOMÍNIO | 643

A petição inicial obedecerá aos requisitos específicos do art. 588 e aos gerais do art. 319, ambos do Código de Processo Civil.

São os seguintes os do art. 588:

> A petição inicial será instruída com os títulos de domínio do promovente e conterá:
>
> I – a indicação da origem da comunhão e a denominação, a situação, os limites e as características do imóvel;
>
> II – o nome, o estado civil, a profissão e a residência de todos os condôminos, especificando-se os estabelecidos no imóvel com benfeitorias e culturas;
>
> III – as benfeitorias comuns.

Eis os do art. 319:

> A petição inicial indicará:
>
> I – o juízo a que é dirigida;
>
> II – os nomes, os prenomes, o estado civil, a existência de união estável, a profissão, o número de inscrição no Cadastro de Pessoas Físicas ou no Cadastro Nacional da Pessoa Jurídica, o endereço eletrônico, o domicílio e a residência do autor e do réu;
>
> III – o fato e os fundamentos jurídicos do pedido;
>
> IV – o pedido com as suas especificações;
>
> V – o valor da causa;
>
> VI – as provas com que o autor pretende demonstrar a verdade dos fatos alegados;
>
> VII – a opção do autor pela realização ou não de audiência de conciliação ou de mediação.

Relativamente ao texto do inc. I do art. 588, que equivale ao inc. I do art. 967 do CPC anterior, já decidiu o Superior Tribunal de Justiça, em *Agravo Regimental no Agravo de Instrumento* nº 208.555, da 3ª Turma, de 23.08.1999, que é condição para admitir-se a ação:

> De acordo com a decisão recorrida, 'para o acolhimento da pretensão divisória, urge faça o autor a indicação da origem da comunhão e a denominação, situação, limites e características do imóvel, consoante inteligência da norma alforriada no art. 967, inciso I, do Código de Processo Civil'. Em tal aspecto, não se praticou ofensa a texto de lei federal.[45]

O art. 967, I, citado no aresto, corresponde ao art. 588, I, do vigente CPC.

No pertinente ao valor da causa, fixa-se segundo o art. 292, inc. IV, isto é, de acordo com o valor da avaliação da área ou do bem objeto do pedido. Já quanto às despesas da causa, pede-se que sejam rateadas entre os condôminos ou partes que intervierem no feito, proporcionalmente aos quinhões, em não havendo litígio; no caso de se travar o contencioso, arcará com os ônus da sucumbência a parte vencida (art. 89 do CPC).

Apresentam-se os documentos indispensáveis à comprovação do imóvel e de sua situação de indivisão, por força do art. 320 da lei processual civil.

Determina-se a citação pelo correio, ou por mandado, ou por hora certa, ou por edital, de acordo com as normas e os casos dos arts. 247, 249, 252 e 256 do CPC.

---

[45] *ADV Informativo*, nº 13, expedição de 2.04.2000, p. 219.

O prazo de contestação será de quinze dias, seguindo-se o procedimento comum, por força do art. 589, que remete aos arts. 577 e 578, os quais disciplinam a ação de demarcação quanto ao prazo contestacional e ao procedimento.

Assenta-se a defesa na inexistência de indivisão, ou na perfeita individuação dos domínios de cada consorte. Observa Celso Laet de Toledo César, em doutrina totalmente aplicável ao atual sistema, dada a similitude de suas normas em relação ao regime do Código anterior, que

> ao defender-se no processo divisório o condômino não terá, afora as questões de caráter processual ou defesas indiretas, muito a contestar. Assim é que, em primeiro lugar, poderá (e deverá, se for o caso) indagar da indivisibilidade do imóvel, o que, se positivado, levará à rejeição do pedido. Poderá dizer ainda que perdura uma indivisibilidade temporária, imposta por este ou aquele ato, ou que o imóvel já esteja dividido.[46]

Quanto a terceiros não condôminos, a oposição deve escudar-se em título no nome do opoente, isto é, que a propriedade é do opoente, não exercendo direitos dominiais os promoventes da ação. Nesta linha o Superior Tribunal de Justiça, no *Recurso Especial* nº 91.153-GO, da 3ª Turma, julgado em 20.06.2000, *DJU* de 1º.08.2000: "A oposição à ação de divisão supõe título em nome do opoente, que exclua os títulos do autor e do réu na ação principal, não servindo para anular partilha, levada a efeito em inventário, que ignorou cessão de direitos hereditários em favor do opoente".[47]

Decorrido tal lapso da defesa, segue o processo normalmente, com possível instrução em audiência, ou na forma do art. 344, estabelecendo que "se o réu não contestar a ação, será considerado revel e presumir-se-ão verdadeiras as alegações de fato formuladas pelo autor".

Após, procede-se ao julgamento do pedido de divisão, em que se decidirão as questões relativas à legitimidade dos promoventes e promovidos ao domínio, à prescrição aquisitiva, à existência do condomínio e à possibilidade de sua extinção.

É o momento da definição da viabilidade da divisão.

Havendo apelação, concede-se duplo efeito. Isto é, suspende-se o andamento do processo e devolve-se o conhecimento da matéria à instância *ad quem*. Unicamente na sentença que homologa a demarcação e a divisão não haverá o efeito suspensivo – art. 1.012, § 1º, inc. I.

Todas as questões decididas nesta primeira fase tornam-se imutáveis pelos efeitos da coisa julgada. Assim decidiu-se, embora ao tempo de regimes processuais anteriores:

> Não há nem nunca houve nenhuma dúvida sob a vigência assim como do Código de Processo Civil de 1939, como do atual, onde se conservou velha dualidade das fases processuais das ações divisórias, de que é sentença definitiva, suscetível de receber o selo da imutabilidade da coisa julgada, o ato decisório que põe termo à primeira fase, na qual mediante processo de conhecimento, se decide e declara a existência, ou não, do direito substancial à divisão. Possíveis vícios ou imperfeições, que, imanentes à sentença de mérito então recorrível ou nela acumulados e absorvidos, poderiam conduzir à anulação desta e a eventual e concomitante anulação do processo ainda admissível, após a preclusão pressuposta da coisa julgada (art. 467 do CPC), podem apenas configurar, segundo o teor da gravidade que lhes reconhecem as hipóteses

---

[46] *Venda e Divisão da Propriedade Comum*, ob. cit., p. 201.
[47] *Revista do Superior Tribunal de Justiça*, 135/293.

taxativas da lei, causas de rescindibilidade da sentença transitada em julgado e, nela, de juízo rescindente (*iudicium rescindens*). Mas, ainda assim, consumada a decadência deste direito, por não exercício da ação rescisória no prazo legal, tais vícios e imperfeições reputam-se sanados e já não constituem impedimento algum a validade plena da sentença.[48]

O art. 467 citado equivale ao art. 502 do vigente CPC.

Com o trânsito em julgado de sentença, inicia-se propriamente a divisão, ou a chamada segunda fase da divisória.

Nomeará o juiz um ou mais peritos, convindo que sejam agrimensores, mas não se impedindo outros profissionais da área da medição, em obediência ao art. 590: "O juiz nomeará um ou mais peritos para promover a medição do imóvel e as operações de divisão, observada a legislação especial que dispõe sobre a identificação do imóvel rural".

O parágrafo único elenca os elementos que apontará o perito:

> O perito deverá indicar as vias de comunicação existentes, as construções e as benfeitorias, com a indicação dos seus valores e dos respectivos proprietários e ocupantes, as águas principais que banham o imóvel e quaisquer outras informações que possam concorrer para facilitar a partilha.

Cabe às partes indicar assistentes técnicos, e, inclusive, formular quesitos.

É conveniente a fixação de honorários aos peritos oficiais – agrimensor e arbitradores – antes dos trabalhos, após ouvidos os mesmos, com a determinação do depósito prévio, rateando o valor entre as partes. É o que facultam os arts. 82 e seu § 1º, e 89 do Código de Processo Civil. Mas, se não houver prévia convenção entre os integrantes da relação processual, o juiz fará o rateio, ordenando o depósito.

Em seguida, mandará o juiz a exibição dos títulos dominiais e a formulação dos quinhões que entenderem, segundo permitem os documentos, em consonância com o art. 591: "Todos os condôminos serão intimados a apresentar, dentro de 10 (dez) dias, os seus títulos, se ainda não o tiverem feito, e a formular os seus pedidos sobre a constituição dos quinhões".

Decorrido o prazo de dez dias, intimam-se as partes para manifestação no interregno de tempo de quinze dias (art. 592).

Ocorrendo impugnações aos títulos e pretensão de quinhões, caberá ao juiz decidir, segundo normas do art. 592 e §§:

> O juiz ouvirá as partes no prazo comum de 15 (quinze) dias.
>
> § 1º Não havendo impugnação, o juiz determinará a divisão geodésica do imóvel.
>
> § 2º Havendo impugnação, o juiz proferirá, no prazo de 10 (dez) dias, decisão sobre os pedidos e os títulos que devam ser atendidos na formação dos quinhões.

A decisão do juiz ocorrerá após a manifestação das partes e restringe-se aos elementos opostos pelos condôminos intimados.

Como diz Hamilton de Moraes e Barros, mostrando-se apropriada a lição ao vigente regime processual,

---

[48] *Agravo de Instrumento* nº 74.931-1, da 2ª Câm. Cível do TJ de São Paulo, em *Revista de Jurisprudência do TJ de São Paulo*, Lex Editora, 106/260.

age aqui o juiz num misto de jurisdição e de discricionariedade administrativa. Em discricionariedade, porque terá de empregar muito de sua imaginação, de construção e do arbítrio do bem varão. Não é, porém, a discricionariedade livre, mas decisão embasada em títulos e manifestações de vontade (pedidos, concordâncias, oposições) e, sobretudo, decisão fundamentada, justificando, acolhendo ou repelindo pretensões, razão por que se faz ato de jurisdição. A decisão que aqui se profere é decisão recorrível. A quietação ou a conformação das partes gera a preclusão.[49]

O recurso contra a decisão do juiz será agravo de instrumento, em que a decisão resolverá mero incidente, sem pôr fim ao processo (art. 203, § 2º, do Código de Processo Civil).

Deverão ser observadas as seguintes regras, quanto a benfeitorias existentes, aos confinantes do imóvel dividendo, à citação dos condôminos e à restituição ou composição pecuniária nos desfalques de imóveis:

> Art. 593. Se qualquer linha do perímetro atingir benfeitorias permanentes dos confinantes feitas há mais de 1 (um) ano, serão elas respeitadas, bem como os terrenos onde estiverem, os quais não se computarão na área dividenda.

> Art. 594. Os confinantes do imóvel dividendo podem demandar a restituição dos terrenos que lhes tenham sido usurpados.

> § 1º Serão citados para a ação todos os condôminos, se a sentença homologatória da divisão ainda não houver transitado em julgado, e todos os quinhoeiros dos terrenos vindicados, se a ação for proposta posteriormente.

> § 2º Nesse último caso terão os quinhoeiros o direito, pela mesma sentença que os obrigar à restituição, a haver dos outros condôminos do processo divisório ou de seus sucessores a título universal a composição pecuniária proporcional ao desfalque sofrido.

Quanto à restituição dos terrenos usurpados, assegurada no *caput* do art. 594, far-se-á em ação própria, e não nos autos da ação de divisão.

As demais previsões dos arts. 593 e 594 serão objeto de apreciação e definição após o laudo de divisão, eis que somente então ficarão esclarecidas e aptas a serem decididas.

Determinará o juiz o início dos trabalhos de campo.

Inicia-se com a vistoria da área a ser dividida pelos peritos. O primeiro momento dos trabalhos serão as medições e o levantamento da linha perimétrica do imóvel. Depois de tais providências, eles oferecerão a forma de divisão, na ordem do art. 595:

> Os peritos proporão, em laudo fundamentado, a forma da divisão, devendo consultar, quanto possível, a comodidade das partes, respeitar, para adjudicação a cada condômino, a preferência dos terrenos contíguos às suas residências e benfeitorias e evitar o retalhamento dos quinhões em glebas separadas.

Ouvem-se as partes sobre o cálculo e o plano de divisão no prazo de quinze dias.

Evidentemente, poderão surgir impugnações. Após as manifestações, decidirá o juiz quanto à partilha. Em cumprimento desta decisão, segue-se a demarcação dos quinhões, com

---

[49] *Comentários ao Código de Processo Civil*, 1ª ed., Rio de Janeiro, Forense, vol. IX, pp. 121 e 122.

Cap. XXII · CONDOMÍNIO | **647**

a observância de várias regras indicadas no art. 596: "Ouvidas as partes, no prazo comum de 15 (quinze) dias, sobre o cálculo e o plano da divisão, o juiz deliberará a partilha".

Como procederá o perito?

O procedimento encontra-se delineado no parágrafo único do mesmo artigo:

> Em cumprimento dessa decisão, o perito procederá à demarcação dos quinhões, observando, além do disposto nos arts. 584 e 585, as seguintes regras:
>
> I – as benfeitorias comuns que não comportarem divisão cômoda serão adjudicadas a um dos condôminos mediante compensação;
>
> II – instituir-se-ão as servidões que forem indispensáveis em favor de uns quinhões sobre os outros, incluindo o respectivo valor no orçamento para que, não se tratando de servidões naturais, seja compensado o condômino aquinhoado com o prédio serviente;
>
> III – as benfeitorias particulares dos condôminos que excederem à área a que têm direito serão adjudicadas ao quinhoeiro vizinho mediante reposição;
>
> IV – se outra coisa não acordarem as partes, as compensações e as reposições serão feitas em dinheiro.

Observam-se, ainda, os arts. 584 e 585 em relação à colocação de marcos e às linhas a serem percorridas:

> Art. 584. É obrigatória a colocação de marcos tanto na estação inicial, dita marco primordial, quanto nos vértices dos ângulos, salvo se algum desses últimos pontos for assinalado por acidentes naturais de difícil remoção ou destruição.
>
> Art. 585. A linha será percorrida pelos peritos, que examinarão os marcos e os rumos, consignando em relatório escrito a exatidão do memorial e da planta apresentados pelo agrimensor ou as divergências porventura encontradas.

Haverá uma planta geral dos quinhões e servidões, na qual o perito assinalará os quinhões demarcados e as servidões aparentes, com a elaboração do memorial descritivo de cada quinhão.

Todo o trabalho de divisão virá descrito e discriminado em memorial, seguindo-se os atos cartorários e homologatórios descritos no art. 597 e em seus parágrafos:

> Terminados os trabalhos e desenhados na planta os quinhões e as servidões aparentes, o perito organizará o memorial descritivo.
>
> § 1º Cumprido o disposto no art. 586, o escrivão, em seguida, lavrará o auto de divisão, acompanhado de uma folha de pagamento para cada condômino.
>
> § 2º Assinado o auto pelo juiz e pelo perito, será proferida sentença homologatória da divisão.
>
> § 3º O auto conterá:
>
> I – a confinação e a extensão superficial do imóvel;
>
> II – a classificação das terras com o cálculo das áreas de cada consorte e com a respectiva avaliação ou, quando a homogeneidade das terras não determinar diversidade de valores, a avaliação do imóvel na sua integridade;

III – o valor e a quantidade geométrica que couber a cada condômino, declarando--se as reduções e as compensações resultantes da diversidade de valores das glebas componentes de cada quinhão.

§ 4º Cada folha de pagamento conterá:

I – a descrição das linhas divisórias do quinhão, mencionadas as confinantes;

II – a relação das benfeitorias e das culturas do próprio quinhoeiro e das que lhe foram adjudicadas por serem comuns ou mediante compensação;

III – a declaração das servidões instituídas, especificados os lugares, a extensão e o modo de exercício.

De advertir que, apresentado o trabalho do perito, e antes da assinatura do auto pelo juiz, mister se intimem as partes, a teor do art. 586, referido no § 1º do art. 597, ordenando que, "juntado aos autos o relatório dos peritos, o juiz determinará que as partes se manifestem sobre ele no prazo comum de 15 (quinze) dias". Decorre a possibilidade de as partes lançarem impugnações. Abre-se, então, uma fase instrutória, com a juntada de documentos, inclusive de laudos ou trabalhos técnicos dos assistentes técnicos, devendo o juiz lançar a decisão sobre as impugnações. Caso aceitas, sujeita-se a decisão ao recurso de agravo de instrumento.

Somente depois de sanadas as falhas ou irregularidades virá a sentença homologatória do juiz, estabelecendo a divisão da área. É possível a homologação concomitantemente ao afastamento das impugnações. Sujeita-se a decisão ao recurso de apelação, com efeito tão somente devolutivo (art. 1.012, § 1º, inc. I).

Essa sentença, no dizer de Humberto Theodoro Júnior,

tem a eficácia imediata de declaração, mas é dotada também de força executiva entre os condôminos, de sorte que, após a homologação da partilha, cada consorte dispõe da execução para entrega de coisa certa relativamente ao quinhão que porventura estiver na posse de outro consorte.[50]

Como se percebe, o procedimento é complexo. Em vários momentos haverá decisão do juiz, como quando da apresentação de documentos, nas impugnações dos laudos e no auto de divisão. A homologação final, através de sentença, acontecerá quando superadas as divergências referidas e levantadas pelos condôminos.

Com a finalização do processo, alcança-se o objetivo da ação divisória, que é declarar a porção real da propriedade correspondente à quota ideal de cada condômino.

Atinge-se a autonomia de cada quinhão, que constituirá um todo independente, individuado e livre da ingerência de outros condôminos e de estranhos, conforme leciona Washington de Barros Monteiro.[51]

Finalmente, relembra-se, conforme abordado no Capítulo anterior, a possibilidade de se cumular a ação divisória com a demarcatória, expondo Celso Laet de Toledo Cesar:

Poderá ocorrer que, buscando uma perfeita definição do imóvel possuído em comum, com problemas em sua configuração geométrica, com divisas e confrontações não perfeitamente esclarecidas no solo, venham os quinhoeiros a pleitear sua demarcação,

---

[50] *Terras Particulares – Demarcação, Divisão, Tapumes* – ob. cit., p. 337.

[51] *Curso de Direito Civil – Direito das Coisas*, ob. cit., p. 206.

não lhes sendo vedado cumular essas duas ações, 'caso em que deverá processar-se primeiramente a demarcação total ou parcial da coisa comum, citando-se os confinantes e condôminos' (art. 947 do CPC).[52]

O dispositivo citado tem igual redação do art. 570 do CPC/2015.

22.13. CONDOMÍNIO EM PAREDES, CERCAS, MUROS E VALAS

Encerrava o art. 642 do Código Civil de 1916: "O condomínio por meação de paredes, cercas, muros e valas regula-se pelo disposto neste Código, arts. 569 a 589 e 623 a 643".

O Código atual trata do condomínio em exame como necessário, posto que obrigatório, inclusive em arcar com os ônus.

O art. 1.327 do Código em vigor, sobre a mesma matéria, reza: "O condomínio por meação de paredes, cercas, muros e valas regula-se pelo disposto neste Código (arts. 1.297 e 1.298; 1.304 a 1.307)".

Pela referência aos dispositivos citados, observam-se as normas estatuídas para os limites dos prédios e as relativas ao direito de tapagem e ao direito de construir nas relações de vizinhança, e que equivalem aos assuntos regulados nos artigos que cita o art. 642 do anterior Código.

É óbvio que a questão envolve repetição de aspectos abordados nos capítulos que tratam de tais matérias.

Oportuna, por isso, a ponderação de J. A. de Faria Motta, em análise ao dispositivo 642 do Código anterior, e aos artigos a que faz remissão, que correspondem, nos conteúdos, aos artigos especificados pelo art. 1.327 do Código atual:

> A remissão a esses artigos, que ao eminente Clóvis Beviláqua pareceu ociosa, é feita de um modo geral, devendo por isso ser compreendida em termos, ou seja, no sentido de que se regulam por aqueles artigos no que for aplicável, em atenção a essa forma de condomínio, que não admite divisão, de onde não se lhe poderem aplicar as disposições referentes a divisões, estabelecidas nos arts. 624, última parte, 624, parágrafo único, 630, 631 e 632.[53]

Dos dispositivos mencionados, o art. 624, última parte, corresponde, relativamente no Código atual, ao art. 1.315; o parágrafo único do art. 624 não encontra perfeita sintonia com outro do Código em vigor; o art. 630, ao § 2º do art. 1.320; o art. 631 não tem correspondência; e o art. 632, ao art. 1.322.

Como parede deve entender-se qualquer construção em pedra, tijolo, concreto ou outro tipo de material, desde que ofereça consistência e adesão.

Muro significa, na explicação de Antônio Carvalho Martins, o elemento

> divisório de dois prédios rústicos ou urbanos, o qual pertence aos respectivos proprietários, longe de poder ser dividido entre estes, se destina à perpétua indivisão, pelo menos por tanto tempo quanto durarem as distintas propriedades que ele separa. O muro só cessará de ser divisório ou comum quando os prédios de ambos os lados vierem a pertencer ao mesmo dono.[54]

---

[52] *Venda e Divisão da Propriedade Comum*, ob. cit., p. 211.

[53] *Obra citada*, p. 143.

[54] *Direitos Reais – Paredes e Muros de Meação*, 2ª ed., Coimbra Editora Limitada, 1987, p. 19.

As cercas e valas pertencem ao gênero tapume, o que vem assim exemplificado no art. 588, § 2º, do Código Civil de 1916:

> Por tapumes entendem-se as sebes vivas, as cercas de arame ou madeira, as valas ou banquetas, ou quaisquer outros meios de separação dos terrenos, observadas as dimensões estabelecidas em posturas municipais, de acordo com os costumes de cada localidade, contanto que impeçam a passagem de animais de grande porte, como sejam gado vacum, cavalar e muar.

O Código de 2002 não contempla a definição de tapumes, limitando-se a especificá-los no § 1º do art. 1.297:

> Os intervalos, muros, cercas e os tapumes divisórios, tais como sebes vivas, cercas de arame ou de madeira, valas ou banquetas, presumem-se, até prova em contrário, pertencer a ambos os proprietários confinantes, sendo estes obrigados, de conformidade com os costumes da localidade, a concorrer, em partes iguais, para as despesas de sua construção e conservação.

O art. 643 do Código revogado estabelecia a meação da parede, do muro, das cercas, valas ou valados, com o pagamento de metade de seu custo ou valor, se o proprietário estremar com a parede, cercas, muros e valas do vizinho.

O Código de 2002, no art. 1.328, reproduz a regra:

> O proprietário que tiver direito a estremar um imóvel com paredes, cercas, muros, valas ou valados, tê-lo-á igualmente a adquirir meação na parede, muro, valado ou cerca do vizinho, embolsando-lhe metade do que atualmente valer a obra e o terreno por ela ocupado (art. 1.297).

Com clareza, explicava Jefferson Daibert, tendo pertinência a lição ao Código atual:

> Todo aquele, pois, a quem a lei atribui direitos de cercar, murar, valar o seu prédio, igualmente pode adquirir a meação de seu vizinho, bastando indenizar a este pela metade do valor despendido e metade do valor do terreno ocupado pelas ditas benfeitorias.[55]

San Tiago Dantas também tratou da referida meação ou condomínio:

> Em primeiro lugar, aquele que constrói, pode encostar seu edifício na parede do vizinho ou até mesmo usá-la. Sendo o muro particular, deve-se distinguir se o que constrói em primeiro lugar o faz em seu terreno ou invade meia espessura do vizinho. O que vem em segundo lugar tem o direito de invadir meia parede, se toda no terreno alheio, pagando as despesas de construção e também o terreno. Se, porém, outro já construíra invadindo meia espessura, ele pagará apenas a construção do muro. Deve-se observar que, nas paredes-meias, não é permitido encostar fornos, aparelhos higiênicos, depósitos de substância corrosiva etc.[56]

Consoante Antônio Carvalho Martins, a natureza da comunhão forçada do muro era fundada, pela doutrina tradicional, nos princípios da expropriação ou nos da venda. Mais recentemente, no entanto,

---

[55]   *Direito das Coisas*, 2ª ed., Rio de Janeiro, Forense, 1979, p. 306.
[56]   *Programa de Direito Civil III*, edição histórica, Rio de Janeiro, Editora Rio, 1979, pp. 274 e 275.

tem-se defendido que tal relação deve entender-se compreendida na figura da transferência coativa. A transferência está, precisamente, no fato do proprietário confinante poder exigir comunhão forçada do muro, o que vai limitar o direito do proprietário vizinho. Exigindo comunhão no muro, o proprietário confinante despoja o vizinho de um direito que se exercia em toda a sua plenitude, praticando um ato muito semelhante ao do Estado quando expropria os bens dos particulares. A única diferença é que, neste último caso, é o interesse público que legitima a expropriação, ao passo que, no primeiro, é o interesse privado. No primeiro, temos uma expropriação por utilidade pública; no segundo, uma expropriação por utilidade particular.[57]

A quem cabe este direito?

O art. 1.328 restringe o exercício da faculdade aludida àquele cujo imóvel é contíguo ao do vizinho. E, para tanto, é necessária a certeza na linha divisória, sem o que não se torna possível julgar que exista contiguidade. Importa, outrossim, ser indispensável ao proprietário chegar ao imóvel até o muro ou tapume. Se entre o terreno e o tapume existe um espaço de área como estrada ou caminho, ou passagem, não se reconhece a pretensão de adquirir a meação.

Ocorrem situações especiais, que aparentemente impedem o exercício do direito. Se o vizinho, ao erguer a parede, deixa entre ele e a divisa um pequeno espaço de terreno, sem qualquer utilidade, nem para passagem, denota-se fraude em seu comportamento, presumindo--se que buscou somente impedir ao proprietário o proveito da meação. Autoriza-se o direito à meação na parede construída fora da divisa, mas, para adquirir a comunhão, é, segundo Carvalho Santos, "imprescindível que o proprietário adquira também a propriedade do terreno que fica intermediário, sem o que ficaria sem finalidade seu direito de adquirir aquela meação. Mas, o proprietário do muro e do terreno intermediário pode evitar a desapropriação deste, construindo um muro na divisa".[58]

O art. 1.329 aventa o arbitramento, por peritos, do valor da indenização da obra: "Não convindo os dois no preço da obra, será este arbitrado por peritos, a expensas de ambos os confinantes".

Qual o procedimento para apurar o montante da indenização?

Procurar-se-á restaurar o direito ofendido por meio do rito comum, que é o destinado para as ações em geral, desde que incabível algum dos vários ritos especiais.

Anteriormente ao atual diploma processual, admitia-se o procedimento sumário, como explicava Ernane Fidélis dos Santos: "Não sendo o caso de procedimento infungível, ou, quando relativamente infungível, não houver alegação do réu, qualquer causa, seja qual for a pretensão, pode ser julgada no procedimento sumário se o seu valor não ultrapassar vinte salários-mínimos. Pode-se, por exemplo, pleitear proteção possessória sobre bem móvel, desde que se dispense a liminar, e pedir devolução de coisa depositada ou prestação de contas, desde que o réu não reclame o procedimento especial. No primeiro exemplo, o procedimento é fungível, isto é, pode ser substituído por outro. Nos dois últimos, o procedimento é relativamente infungível, isto é, pode ser adotado se o réu não se opuser".[59]

Permite-se o procedimento do juizado especial, se o valor da lide não exceda a quarenta vezes o salário-mínimo, nos termos do art. 3º da Lei nº 9.099, de 26.09.1995.

---

[57] *Obra citada*, pp. 27 e 28.
[58] *Obra citada*, vol. VIII, pp. 379 e 380.
[59] *Manual de Direito Processual Civil*, 7ª ed., São Paulo, Editora Saraiva, 1999, pp. 673 e 674.

O Código de 2002, no art. 1.330, diz o momento da aquisição e, portanto, do uso da meação: "Qualquer que seja o preço da meação, enquanto aquele que pretender a divisão não o pagar ou depositar, nenhum uso poderá fazer na parede, muro, vala, cerca ou qualquer outra obra divisória".

Transparece, daí, que o uso se dá somente depois de pago o preço ajustado ou arbitrado, ou depois de depositado o mesmo em caso de recusa.

Nada pode o pretendente à aquisição, antes de tal passo, fazer no tapume, ou nenhum uso lhe é permitido. Se já em andamento a construção, a demolição é possível, se requerida pelo proprietário vizinho.

Questão realmente de realce prende-se à aquisição por prescrição. Se o proprietário aproveita a parede ou o muro, com os requisitos estatuídos para o usucapião extraordinário, durante o lapso prescricional de quinze anos, poderá legitimar a posse, incluindo no Registro Imobiliário a meação da parede e do respectivo terreno, sem qualquer pagamento. É o pensamento de Antônio Carvalho Martins, cuja aplicação ao atual Código se estende em face da identidade de redação da regra à do Código revogado: "Tem-se levantado dúvidas na doutrina e jurisprudência no que concerne à aquisição por prescrição. Esta, como título aquisitivo do direito adquirido, é definido pela amplitude dessa mesma posse (*tantum prescriptum quantum possessum*). Ora, se há atos possessórios que exercidos sobre o muro comum denunciam invariavelmente naquele que os pratica a intenção de possuir como proprietário (*animus rem sibi habendi*), outros há que tanto podem introduzir o exercício do direito de propriedade como o exercício de uma simples servidão.

Adianta Pires de Lima que, se um indivíduo faz reparações no muro ou parede, se o alheia, etc., procede como normalmente procederia um proprietário no gozo dos direitos de fruição e transformação e, consequentemente, deve adquirir a compropriedade no muro por prescrição".[60]

22.14. COMPÁSCUO

Expressa o termo a comunhão de pastagens. Admitem-se, no entanto, dois sentidos, segundo Jefferson Daibert:

> É campo ou terreno em que podem pastar animais de vários donos (comunhão de pastos) ou os pastos de vários prédios em comum. Todavia, o nosso Código não adotou o compáscuo proveniente da comunhão de pastos de prédios pertencentes a diversos proprietários, mas, como se percebe, o compáscuo é unilateral, a dizer, um proprietário dá a outrem comunhão nos seus pastos.[61]

Vinha a matéria regulada no art. 646 do Código Civil de 1916:

> Se o compáscuo em prédios particulares for estabelecido por servidão, reger-se-á pelas normas destas. Se não, observar-se-á, no que lhe for aplicável, o disposto neste Capítulo, caso outra coisa não estipule o título de onde resulte a comunhão dos pastos.

O Código de 2002 não tratou do assunto.

Ressalta da redação acima que um proprietário permite que vários outros coloquem seus animais nos pastos daquele.

---

[60] *Obra citada*, pp. 29 e 30.

[61] *Obra citada*, p. 30.

Conhecem-se duas formas de compáscuo:

I – O compáscuo simples, onde se estabelecem as condições, o prazo, a quantidade de animais a apascentar, e outras exigências. É o compáscuo convencional, quando se obedecerão as disposições pactuadas.

II – O compáscuo travestido de servidão, em que incidem as normas relativas às servidões.

O parágrafo único do art. 646 previa o compáscuo em terrenos baldios e públicos: "O compáscuo em terrenos baldios e públicos regular-se-á pelo disposto na legislação municipal".

Não mais vindo disciplinado o compáscuo no Código Civil de 2002, resta evidente a inexistência da norma correspondente ao ditame acima, em seu texto.

Como se percebe das regras transcritas, tratava-se de uma forma de comunhão restrita apenas à utilidade da coisa.

O normal é, presentemente, o estabelecimento da utilidade prevista no compáscuo por contrato mediante contraprestação, na modalidade de arrendamento ou parceria.

Capítulo XXIII

Propriedade Horizontal ou Edilícia

23.1. CONCEITO E DENOMINAÇÃO

Tem mais importância presentemente o condomínio horizontal, ou edilício, como vem denominado no Código de 2002, voltado aos edifícios e outras construções, que propriamente o condomínio comum, regulado mais para as áreas de terra, e de maior interesse ao tempo do Código Civil de 1916.

A matéria está amplamente disciplinada no Código Civil introduzido pela Lei nº 10.406/2002, que passa a prevalecer ante a Lei nº 4.591/1964.

Sabido é que a comunhão, no sentido técnico, ocorre toda vez que uma coisa pertence simultaneamente a duas ou mais pessoas em virtude de um direito real. Se, porém, a comunhão adquire forma de quota ideal sobre uma propriedade, denomina-se condomínio.

Mas, sem dúvida, o conceito de comunhão em si é mais extenso, eis que, além de envolver o condomínio, corresponde à mais completa forma de associação ou fusão de vontades.

Desde que os interesses comuns estejam voltados para uma mesma coisa, confundindo-se numa só expressão patrimonial, de modo incindível ou indivisível, com absoluta igualdade de interesses na coisa, temos a comunhão. Não se pode estabelecer uma especificação de quotas na coisa. A propriedade é comum e totalmente indivisível. No condomínio, ao contrário, há, embora de forma ideal ou simbólica, a delimitação das quotas-partes em que se divide a coisa entre os condôminos.

Diz, sobre o assunto, o jurista argentino Virgilio Ruffino Pereyra:

> La propiedad horizontal, o sea la división horizontal de los inmuebles con edificio, consiste en que se puede ser propietario de un piso o de un departamento, sin necesidad de serlo también el suelo donde se asienta el edificio ni de los pisos superiores e inferiores.
>
> Un inmueble abarca su superficie, su porción subterránea y el espacio aéreo. El espacio aéreo es susceptible de división horizontal; sin duda alguna, también la porción subterránea, por cierto no habitable sino destinada a depósito de mercaderías, o otro destino análogo, puede prestarse a tal división horizontal.[1]

Daí denominar-se horizontal o condomínio quando se apresenta como uma propriedade exclusiva e autônoma das unidades que o compõem, conjugada com um condomínio do terreno e das partes comuns do prédio. É conhecido, também, como "condomínio edilício",

---

[1] *La Propiedad Horizontal de los Inmuebles*, Buenos Aires, Librería y Editorial "EL Ateneo", 1947, p. 13.

expressão adotada pelo Código Civil de 2002, por corresponder à forma de construção própria da cidade, cujas leis emanam dos edis, ou daqueles que legislam sobre a cidade.

É, no entanto, na Lei nº 4.591/1964, que permanece em vigor naquilo não abrangido pelo novo Código Civil, que encontramos o conceito exato de condomínio. O art. 1º enquadra neste regime toda a edificação ou conjunto de edificações, de um ou de vários pavimentos, construídos sob a forma de unidades isoladas entre si, com partes individuais e partes comuns, sem cogitar do número de peças de cada unidade e independentemente da sua natureza residencial ou não residencial, conforme leciona Caio Mário da Silva Pereira:

> A lei exige a construção sob forma de unidades autônomas. Esta é uma *conditio legis*. É mister que cada unidade – apartamento residencial, sala ou conjunto de escritório, loja, sobreloja, vaga em edifício-garagem – constitua unidade autônoma, e deve ser tratada objetivamente como tal e assinalada por uma indicação numérica ou alfabética, para efeitos de identificação ou discriminação.[2]

Pelo Código de 2002, tomam realce os dois pontos fulcrais do condomínio para a moradia ou o exercício de atividades: a parte comum e a parte individual: Com efeito, prevê o art. 1.331: "Pode haver, em edificações, partes que são propriedade exclusiva, e partes que são propriedade comum dos condôminos".

A quota ou fração ideal, de propriedade exclusiva, está ressaltada no § 2º do art. 1º da Lei nº 4.591/1964. "A cada unidade caberá, como parte inseparável, uma fração ideal do terreno e coisas comuns, expressa sob a forma decimal ou ordinária".

O art. 2º da mesma lei realça a propriedade exclusiva da unidade, integrada da porção de uso comum: "Cada unidade com saída comum será sempre tratada como objeto de propriedade exclusiva, qualquer que seja o número de suas peças e sua destinação, inclusive edifício-garagem, com ressalva das restrições que se lhe imponham". Mais objetivamente vem destacada a propriedade exclusiva da unidade no § 1º do art. 1.331 do Código Civil, na redação da Lei nº 12.607/2012:

> As partes suscetíveis de utilização independente, tais como apartamentos, escritórios, salas, lojas e sobrelojas, com as respectivas frações ideais no solo e nas outras partes comuns, sujeitam-se a propriedade exclusiva, podendo ser alienadas e gravadas livremente por seus proprietários, exceto os abrigos para veículos, que não poderão ser alienados ou alugados a pessoas estranhas ao condomínio, salvo autorização expressa na convenção de condomínio.

O § 2º do art. 1.331 destaca as partes comuns:

> O solo, a estrutura do prédio, o telhado, a rede geral de distribuição de água, esgoto, gás e eletricidade, a calefação e refrigeração centrais, e as demais partes comuns, inclusive o acesso ao logradouro público, são utilizados em comum pelos condôminos, não podendo ser alienados separadamente, ou divididos.

Há uma proporcionalidade entre a porção individual e a porção comum, ao mesmo tempo em que se garante a titularidade de uma fração ideal no solo e nas outras partes comuns em favor da unidade imobiliária, segundo o § 3º do mesmo artigo acima, em redação da Lei nº 10.931, de 02.08.2004: "A cada unidade imobiliária caberá, como parte inseparável, uma

---

[2] *Condomínio e Incorporações*, ob. cit., p. 69.

fração ideal no solo e nas outras partes comuns, que será identificada em forma decimal ou ordinária no instrumento de instituição do condomínio".

O § 5º do art. 1.331 destaca o terraço como parte comum: "O terraço de cobertura é parte comum, salvo disposição contrária da escritura de constituição do condomínio".

Já o § 4º dá realce ao acesso aos logradouros públicos: "Nenhuma unidade imobiliária pode ser privada do acesso ao logradouro público".

O acesso à via pública se dá direta ou indiretamente. No primeiro caso, colocam-se, em geral, as lojas, as garagens e os consultórios. No segundo, dá-se o acesso às vias ou locais públicos mediante escadas, elevadores e rampas. Seja como for, a comunicação com ruas e áreas externas do condomínio consideram-se partes comuns, destinadas a todas as pessoas que transitam no prédio.

Bem claramente explicam J. Nascimento Franco e Nisske Gondo a instituição do condomínio:

> O condomínio regulado pela Lei nº 4.591, de 1964, pode ser instituído em um edifício ou um conjunto de edifícios, cada um contendo várias unidades autônomas (arts. 1º e 8º, "b"), ou, ainda, em um conjunto de casas térreas ou assobradadas construídas em terreno do qual se reservam algumas áreas para uso comum dos titulares das casas. Nas duas últimas hipóteses, o condomínio existe apenas sobre o terreno destinado à passagem de pedestres ou de veículos bem como sobre as coisas e instalações de uso comum, tal como reservatórios de água, canalização de águas e esgotos, linhas-troncos de telefone, eletricidade etc. A última das modalidades referidas pode também ser aplicada aos sítios de recreio, nos quais se reservam aos condôminos, em caráter privativo, uma casa térrea ou assobradada e certa parte do terreno, permanecendo em condomínio os parques, piscinas, restaurantes, áreas de acesso às estradas e as de comunicação interna entre as unidades isoladas.[3]

Quanto à denominação, dissentem os autores, preponderando, no entanto, a expressão "propriedade horizontal", empregada sobretudo por Caio Mário da Silva Pereira desde sua obra *Da Propriedade Horizontal*, e permanecendo no atual livro *Condomínio e Incorporações*. O porquê e o significado desta designação constam elucidados por João Batista Lopes, ao lecionar:

> É certo que aos menos afeitos a denominação causa alguma perplexidade ou dúvida, uma vez que, como se objeta, não estaríamos diante de "propriedade horizontal", mas sim de "propriedade vertical".

A censura, porém, é fruto mais da desatenção do que da argúcia.

> Com efeito, a denominação "propriedade horizontal" é uma forma simplificada da "propriedade em planos horizontais", isto é, propriedade que se exerce em edifícios divididos em planos horizontais.

> Dir-se-á que a expressão não é precisa justamente porque pode gerar dúvidas, como se acaba de expor.

> Reconhecendo embora que a denominação não é perfeita, assim mesmo propugnamos por sua prevalência, uma vez que as demais se ressentem de vícios ou defeitos ainda maiores.[4]

---

[3]   *Condomínio em Edifícios*, 5ª ed., São Paulo, Editora Revista dos Tribunais, 1984, pp. 1 e 2.

[4]   *Condomínio*, 2ª ed., São Paulo, Editora Revista dos Tribunais, 1985, p. 33.

O Código Civil de 2002, segundo já observado, utiliza o nome "condomínio edilício", que aparece igualmente nas citações de vários autores. A origem estaria no termo 'edil', que designa a pessoa que tinha e tem a função de vigiar a lei das edificações. É quem cuida da cidade, fazendo prevalecer as posturas e os regulamentos no planejamento e organização do Município.

Mas quase nada acrescenta de peculiar a edifícios em condomínio tal designação.

Mais denominações aparecem disseminadas, como "condomínio especial", "condomínio relativo" (Carlos Maximiliano), "condomínio em edifícios com apartamentos autônomos" (Espínola), "condomínios por andares ou apartamentos", "propriedade em planos horizontais", "condomínios em edifícios", e algumas outras variações, às vezes verificadas mais na colocação das palavras.

No próprio direito estrangeiro igualmente ressaltam as diferentes formas de expressar a matéria, como "propiedad horizontal", ou "propiedad por pisos o por departamentos" (Argentina); "condominio edilizio", ou "condominio negli edifici" (Itália). No direito francês, temos a "copropriété de immeubles bâtis", "copropriété par appartement" e "copropriété des immeubles divisés par appartments". Em Portugal, a expressão mais comum é "propriedade horizontal", empregada no Código Civil – arts. 1.414 e 1.417.

23.2. DADOS HISTÓRICOS

O condomínio em prédios não é matéria antiga, tanto que Robert Bernard o considerava "une de forme de propriété de l'avenir".[5] Isto quer significar que, relativamente a outros institutos, considera-se um direito novo. Afirma, sobre o assunto, Roberto Barcellos de Magalhães:

> Se a propriedade, o domínio único e o condomínio ordinário ou comum são fatos comuns na história do direito, o mesmo não acontece com a propriedade no plano horizontal, fruto da mentalidade criadora do jurista moderno, inspirado em necessidades nascidas do convívio civilizador.[6]

Desenvolveu-se esta mentalidade especial de condomínio após a Primeira Guerra Mundial, nos países de maior densidade populacional. Muitos consideram o desequilíbrio entre a oferta e a procura de imóveis residenciais comuns como a causa do surgimento do condomínio em planos horizontais, que se fez sentir em face das destruições de cidades inteiras.

Depois da Segunda Guerra Mundial teria se acentuado o problema. A urgência de novas construções, para atender a demanda de moradias, deu origem a este tipo de construção.

No entanto, há uma causa mais remota, encontrada nas consequências da Revolução Industrial, com o acentuado crescimento das cidades, em face da industrialização que se expandiu. Induvidosamente, este fator histórico desencadeou novas formas de concentrar as populações urbanas, sem exigir a ocupação de grandes espaços territoriais.

Enfim, há uma gama de elementos determinantes.

Mas, como salienta Carlos Maximiliano, "o que é relativamente moderno é a subdivisão em apartamentos; o fracionamento em andares distintos, pertencentes a proprietários diversos, remonta a tempos distantes e já encontrou apoio não só em normas consuetudinárias, mas também na legislação ordinária".[7]

---

[5] *Le Propriétaire d'Appartement*, Paris, 1929, p. 301.

[6] *Obra citada*, p. 14.

[7] *Condomínio*, 5ª ed., Rio de Janeiro, Livraria Freitas Bastos S.A., 1961, p. 103.

Há quem encontre indícios da existência de casas em comum entre os romanos plebeus. Manuel Batlle Vazquez cita textos do Digesto com referências a edifícios divididos entre diferentes proprietários, com a seguinte tradução ao espanhol:

> Si alguien trasmite parte de una cosa o de un fundo, no le puede imponer servidumbre porque esta no se puede imponer o adquirir por partes. Pero si se dividió el fundo en partes, y así, pro diviso, transmitió las partes, se le puede a una y otra imponer servidumbre, porque no es la parte de un fundo, sino un fundo. Lo mismo se puede decir de los edifícios se el dueño dividiere, como lo hacen muchos, la casa en dos, edificando una parede en medio, pues en este caso, se tienen por dos casas.[8]

Naturalmente não se caracterizava o condomínio em termos aproximados ao atual sistema.

Carlos Maximiliano, mais concretamente, historia que usavam os romanos construir pavimentos, denominados *insulae*, por cima da casa térrea de outrem, à qual chamavam de *crypta*.

Todavia, tais construções eram consideradas ou classificadas entre as servidões.[9]

Embora predominasse o princípio *superficies solo cedit*, ou *aedificium solo cedit et jus soli sequitur*, salienta Roberto Barcellos Magalhães existirem indícios de "ter sido o sistema praticado em algum momento em Roma, segundo noticiam um fragmento de Ulpiano e um documento do tempo do imperador Constantino, ambos referindo-se a considerável número de *domus* e *insulae*, que eram quartos, salas ou apartamentos com saída independente e acesso à via pública".[10]

Mais tarde, especialmente no final da Idade Média, difundiu-se o fracionamento da propriedade nos edifícios, sobretudo na França, na forma de cidadelas ou mesmo edifícios cercados por muralhas. Ressalte-se, todavia, que se submetia o disciplinamento ao regime da enfiteuse, concedendo-se ao ocupante dos compartimentos inferiores o domínio útil tão somente.

No Código de Napoleão, foram disseminados os primeiros princípios que estruturaram a concepção atual do condomínio.

No Brasil, desde antes da independência vigoravam normas previsoras da divisão condominial, segundo lição de Carlos Maximiliano:

> Com efeito, prescreveram as Ordenações Filipinas, Livro I, Título 68, § 34: "Se uma casa for de dois senhores, de maneira que de um deles seja o sótão e de o outro sobrado, não poderá aquele, cujo senhor for o sobrado, fazer janela sobre o portal daquele cujo senhor for o sótão, ou loja, nem outro edifício algum". Esta norma foi consolidada por Teixeira de Freitas e Carlos de Carvalho, com a seguinte redação: "Se uma casa for de dois donos, pertencendo a um as lojas e a outro o sobrado, não poderá o dono do sobrado fazer janelas, na outra obra, sobre o portal das lojas".[11]

O Código Civil de 1916 silenciou sobre a matéria. Mas não demorou muito para que surgisse o Decreto nº 5.481/1928, disciplinando esta espécie de construção, salientando a

---

[8] *La Propiedad de Casas por Pisos*, 6ª ed., Editora Martil, Alcoy, 1970, p. 15.

[9] *Condomínio*, ob. cit., p. 101.

[10] *Obra citada*, pp. 15 e 16.

[11] *Condomínio*, ob. cit., p. 104.

diferença entre as partes comuns e a participação nas despesas, além de inúmeros outros assuntos.

Regia o condomínio em edifício de cinco ou mais andares, construído de cimento armado ou material similar.

Mais tarde apareceu o Decreto-lei nº 5.234/1943, estabelecendo que o Decreto nº 5.481/1928 alcançava também os edifícios de três ou mais pavimentos.

Constatavam-se, entretanto, grandes vazios na regulamentação. Desenvolveram-se estudos, que culminaram no projeto de lei elaborado por Caio Mário da Silva Pereira, e originando a Lei nº 4.591/1964.

Considera-se uma lei bastante perfeita, não sofrendo críticas, e mantendo-se satisfatória até os tempos presentes.

Aconteceram algumas modificações trazidas, sobretudo, pela Lei nº 4.864/1965, salientando-se a que possibilita o desdobramento da incorporação em várias outras; o direito à guarda de veículos nas garagens para tanto destinadas, as quais se vincularão às unidades habitacionais a que se ligaram as mesmas (art. 2º, § 1º); a possibilidade de transferência do direito incidente nas garagens a outro condômino independentemente da alienação da unidade (art. 2º, § 2º); e a correspondência das frações ideais do terreno destinado para as garagens às vagas existentes. Merecem lembrança também as alterações vindas com a Lei nº 6.709/1979 (ordenando *quorum* de dois terços das unidades isoladas e 80% das frações ideais para decidir sobre a demolição e reconstrução do prédio, ou sua alienação); a Lei nº 7.182/1984 (dentre outras matérias, versando sobre a quitação das obrigações condominiais para a transferência de unidade); a Lei nº 9.267/1996 (possibilidade do locatário votar nas assembleias, caso o proprietário-locador não comparecer); e a Lei nº 10.931/2004 (mas as mudanças ligadas à incorporação imobiliária e ao patrimônio de afetação).

A disciplina encontra-se disciplinada pelo Código Civil de 2002, que, além de tornar mais explícito o regramento, atualizou a redação das normas e supriu alguns vazios que ainda se faziam sentir, adotando soluções já assentadas pela doutrina e jurisprudência.

Naquilo em que é omisso o Código Civil, perdura a Lei nº 4.591/1964.

23.3. NATUREZA JURÍDICA

O estudo da natureza jurídica envolve a pesquisa da caracterização do condomínio no direito.

Primeiramente, deparamo-nos com o exercício não só por uma pessoa, mas por várias, e, assim, o exercício conjunto, das faculdades inerentes ao domínio. Uma pluralidade de sujeitos reveste-se do domínio sobre uma coisa. Cada um deles tem o poder jurídico sobre a coisa inteira, proporcionalmente à dimensão de quota ideal, sem excluir idêntico direito dos consórcios ou coproprietários.

É o que explica Caio Mário da Silva Pereira.[12] Mas, urge complementar, o exercício da propriedade realiza-se na quota ideal do apartamento e das áreas comuns necessárias para a formação do condomínio, segundo o mesmo autor:

> De início, as faculdades dos condôminos dos prédios divididos horizontalmente e fracionados em apartamentos residenciais ou conjuntos comerciais não traduzem um poder jurídico sobre a coisa toda, por quota ideal, mas implicam a utilização em

---

[12] *Condomínio e Incorporações*, ob. cit., p. 76.

comum apenas das partes necessárias à soldadura da comunhão, importando quanto ao mais no poder exercido sobre uma fração da coisa com a exclusão de todos os participantes da copropriedade.

Prosseguindo,

doutrina que cada condômino de um edifício coletivo tem poder exclusivo sobre a sua unidade, sujeitando-se à comunhão do terreno, dos alicerces, das paredes externas, do pórtico de entrada, das áreas de serviço, dos elevadores, daquilo, enfim, que se torna indispensável à coesão orgânica de um conjunto econômico jurídico.[13]

Aí está a característica básica: a propriedade exclusiva sobre a quota-ideal, e a propriedade conjunta, ou copropriedade nas áreas e equipamentos comuns, a qual não pode se destacar do direito exclusivo sobre a unidade. Tanto que a unidade autônoma pode ser alienada independentemente dos demais condôminos. Não, porém, as partes comuns, que permanecem no condomínio.

Todavia, há uma interpenetração do elemento exclusivo e do elemento comum. É o que demonstra Carlos Maximiliano:

O elemento exclusivo e o elemento comum interpenetram-se e influenciam os limites da dominação e do gozo recíproco dos lugares; reúnem-se, pois, esses dois elementos numa síntese, atualizando o significado do vocábulo condomínio. Assim se vigora, até pela força da expressão, a reciprocidade dos direitos e deveres dos proprietários singulares.[14]

Conclui-se, pois, que o proprietário de um apartamento é titular de um direito de natureza complexa, eis que se reconhece a titularidade de uma unidade autônoma, ao mesmo tempo em que se utiliza de áreas em comum juntamente com outros condôminos.

Considera-se, portanto, o edifício um todo orgânico e incindível, corporificando a reunião da propriedade individual com a propriedade comum, afirmando Wilson de Souza Campos Batalha que o condomínio por andares ou apartamentos caracteriza-se como uma verdadeira *commixtio* de propriedade comum e propriedade separada, reunindo e englobando, numa sistematização própria, princípios de ambos os institutos.[15]

Presentes tais aspectos, acresce observar que outros existem. Trata-se de um novo direito real, formado de direitos reais preexistentes, embora o direito real do condômino não seja substancialmente diferente do direito de propriedade sobre uma casa ou uma área de terras.

Todavia, o direito de propriedade sobre a parte exclusiva é combinado com o direito de copropriedade sobre as partes comuns, o que faz exsurgir um novo direito real. E, acrescenta João Batista Lopes, a novidade do instituto está não só na combinação (fusão) desses dois direitos, como, também, na sujeição do novo direito criado a uma regulamentação de seu exercício.[16]

Uma vez constituído, o condomínio é considerado um ente jurídico que se distingue perfeitamente dos titulares de cada uma das unidades autônomas, da mesma forma pela qual se distingue da sociedade a pessoa de cada um dos sócios.

---

[13]   *Condomínio e Incorporações*, ob. cit., pp. 17 e 18.

[14]   *Condomínio*, ob. cit., p. 112.

[15]   *Loteamentos e Condomínios*, vol. II, 1953, p. 86.

[16]   *Obra citada*, p. 41.

Cap. XXIII · PROPRIEDADE HORIZONTAL OU EDILÍCIA | **661**

Não é, contudo, enquadrado como pessoa jurídica no sentido estrito, da mesma forma como não o são outros entes (herança, massa falida, a sociedade irregular). Pelo menos no que diz respeito à não configuração de uma pessoa física ou jurídica, esclarece o assunto a seguinte ementa:

> O condomínio não pode ser considerado pessoa física ou jurídica, segundo a definição civilística, tendo em vista não ser ente dotado de personalidade jurídica, porquanto os direitos relativos às unidades autônomas de que os proprietários são titulares, bem como às partes comuns, pertencem a estes e não ao condomínio, pelo que inviável se torna o registro imobiliário em nome deste último. A atribuição de personalidade jurídica aos condomínios está a depender de normatização específica, não se podendo reconhecê-la através da interpretação literal do art. 63, § 3º, da Lei nº 4.591/1964.[17]

No entanto, de uma personalidade jurídica, com o alcance de representação processual, está revestido o condomínio, o que se verá logo adiante.

De outro lado, ninguém pode negar a existência de uma comunhão de interesses dos herdeiros, dos credores dos falidos, assim como dos condôminos, o que justifica a unidade de administração, através de uma representação comum criada pela lei ou pela convenção.

Eis a configuração jurídica apresentada por J. Nascimento Franco e Nisske Gondo, com amparo na doutrina:

> Uma vez instituído, esse condomínio constitui um ente jurídico que se distingue perfeitamente dos titulares de cada uma das unidades autônomas, da mesma forma pela qual se distingue da sociedade a pessoa de cada um dos sócios. Numa fase primitiva do sistema, poder-se-ia admitir que ao condomínio em edifícios faltasse personalidade jurídica. Mas a jurisprudência e a doutrina têm evoluído no sentido de lhe reconhecer ampla capacidade, e, com esta, personalidade plena. Dando um passo à frente e consagrando orientação predominante nos tribunais, o legislador francês (art. 14 da Lei nº 65.577, de 10.07.1965) reconheceu personalidade jurídica no condomínio em edifícios.[18]

Por outras palavras, reconhece-se a capacidade processual do condomínio e mesmo a capacidade jurídica, o que conduz a poder suportar quaisquer demandas judiciais, e a responsabilizar-se por atos prejudiciais causados a terceiros. Uma determinada pessoa, eleita pela assembleia, exerce a representação em todos os atos da vida civil, com poderes de administração, e inclusive de mandato.

Está pacificada a posição de se reconhecer a personalidade jurídica, com efeito na esfera judicial, outrora com amparo no art. 12, inc. IX, do CPC/1973, e presentemente em atendimento ao disposto no art. 75, inc. XI, do CPC/2015, nos seguintes termos:

> Serão representados em juízo, ativa a passivamente:
>
> (...)
>
> XI – o condomínio, pelo administrador ou síndico.

---

[17]   Apel. Cível nº 97.473/3 da 4ª Câm. Cível do TJ de Minas Gerais, de 30.10.1997, em *Direito Imobiliário* – edição *COAD*, nº 9, expedição de 08.03.1998, p. 205.

[18]   *Obra citada*, p. 251, nota nº 416.

Conveniente ressaltar a distinção relativamente à sociedade, na qual o elemento essencial é a *affectio societatis*, ou a conjunção das vontades para a atividade ou o fim a que está voltada a sociedade. Nasce a mesma de um contrato consensual e bilateral, onde duas ou mais pessoas se unem visando a conjunção dos esforços e de um patrimônio para a consecução de um objetivo comum. Está em sua estrutura organizacional o vínculo de colaboração ou o direcionamento das ações em proveito de todos. Vinculam reciprocamente os sócios para o atingimento de um determinado escopo, que se conseguirá mediante a atividade comum de todos.

No condomínio, inexiste um laço social, ou um vínculo entre os condôminos para uma atividade comum. Cada condômino é titular de um direito próprio e exclusivo sobre uma unidade autônoma e coproprietário das coisas comuns.

Obviamente, há objetivos comuns no sentido de se exigir uma padronização de condutas quanto às regras convencionais, em vista do próprio bem do conjunto, situação que não atinge o estágio da *affectio* inerente na sociedade.

23.4. OBJETO DO CONDOMÍNIO

Basicamente, inspira a instituição do condomínio o maior aproveitamento do terreno com o menor dispêndio possível de dinheiro. Isso pelo menos no início da era dos condomínios. Nos tempos atuais, preponderam o maior grau de segurança e a possibilidade de as pessoas instalarem suas residências nos centros das cidades, dada a quase inexistência de terrenos desocupados para a construção de moradias.

No edifício, destacam-se duas espécies de áreas: as de uso comum destinadas aos serviços e ao aproveitamento de todos, como o solo, as escadas, as paredes mestras, os pátios, os elevadores, a portaria, o saguão, a fachada, e não raramente os terraços, os jardins, os muros, o telhado e os equipamentos de utilização geral; e as de uso exclusivo, que são os apartamentos ou unidades autônomas.

Sobre a matéria, estatui o art. 3º da Lei nº 4.591/1964:

> O terreno em que se levantam as edificações ou conjunto de edificações e suas instalações, bem como as fundações, paredes externas, o teto, as áreas internas de ventilação, e tudo o mais que sirva a qualquer dependência de uso comum dos proprietários ou titulares de direito à aquisição de unidades ou ocupantes, constituirão condomínio de todos, e serão insuscetíveis de divisão, ou alienação destacada da respectiva unidade. Serão, também, insuscetíveis de utilização exclusiva de qualquer condômino.

O Código Civil de 2002 destaca com perfeição as partes exclusivas e as comuns. O § 1º do art. 1.331 indica as partes exclusivas:

> As partes suscetíveis de utilização independente, tais como apartamentos, escritórios, salas, lojas e sobrelojas, com as respectivas frações ideais no solo e nas outras partes comuns, sujeitam-se a propriedade exclusiva, podendo ser alienadas e gravadas livremente por seus proprietários, exceto os abrigos para veículos, que não poderão ser alienados ou alugados a pessoas estranhas ao condomínio, salvo autorização expressa na convenção de condomínio.

O § 2º do mesmo cânone elenca aquilo que é comum: "O solo, a estrutura do prédio, o telhado, a rede geral de distribuição de água, esgoto, gás e eletricidade, a calefação e refrigeração centrais, e as demais partes comuns, inclusive o acesso ao logradouro público, são utilizados em comum pelos condôminos, não podendo ser alienados separadamente, ou divididos".

O § 3º supõe a proporcionalidade entre a parte exclusiva e a parte comum, ao mesmo tempo em que garante a titularidade da fração ideal no solo e nas outras partes comuns, na redação da Lei nº 10.931/2004: "A cada unidade imobiliária caberá, como parte inseparável, uma fração ideal no solo e nas outras partes comuns, que será identificada em forma decimal ou ordinária no instrumento de instituição do condomínio".

As partes comuns não podem ser negociadas isoladamente das unidades ideais, eis que integram as mesmas como acessórios. De outro lado, tornam-se insuscetíveis de utilização exclusiva por qualquer condômino.[19]

Nesta linha, a colocação de painel de propaganda em fachada de edifício com prejuízo para outro condômino caracteriza esbulho, justificando a ação possessória.

Veda-se a construção de peças ou nova área no terraço do edifício pelo proprietário do apartamento sito no último andar, como pensa Wilson de Souza Campos Batalha: "Um ou alguns dos condôminos não podem introduzir inovações em coisas comuns, sem a anuência dos demais, máxime inexistente o requisito da necessidade, como é a hipótese da transformação do telhado em terraço ou jardim suspenso".[20]

Questão que merece uma atenção especial diz respeito à garagem, vedando-se a alienação isolada a estranho ao condomínio, conforme regra do art. 2º, § 2º, da Lei nº 4.591/1964, que deve ser entendido de acordo com o § 1º, este com a seguinte redação, em texto acrescentado pela Lei nº 4.864/1965:

> O direito à guarda de veículo nas garagens ou locais a isso destinados nas edificações ou conjuntos de edificações será tratado como objeto de propriedade exclusiva, com ressalva das restrições que ao mesmo sejam impostas por instrumentos contratuais adequados, e será vinculada à unidade habitacional a que corresponder, no caso de não lhe ser atribuída fração ideal específica de terreno.

E o § 2º: "O direito de que trata o § 1º deste artigo poderá ser transferido a outro condômino independentemente da alienação da unidade a que corresponder, vedada sua transferência a pessoas estranhas ao condomínio".

Evidentemente, isto quando há vinculação da garagem à unidade habitacional.

O Código civil não repete semelhante regra, admitindo, no § 1º do art. 1.331, o tratamento da garagem como parte exclusiva, mas em edificações condominiais destinadas a garagens.

Será autônoma a garagem quando, na lição de João Batista Lopes: a) corresponder a uma fração ideal do terreno; b) houver demarcação do espaço correspondente à vaga para identificá-lo perfeitamente; c) estiver o espaço assinalado por designação numérica com a averbação no Registro de Imóveis; d) constarem os espaços correspondentes às vagas precisamente à descrição na especificação do condomínio (áreas, localização, confrontações etc.).[21]

---

[19]   Waldemar Leandro, *Condomínio*, 5ª ed., São Paulo, LEUD – Livraria e Editora Universitária de Direito Ltda., 1985, p. 43.

[20]   *Obra citada*, vol. II, p. 250.

[21]   *Obra citada*, p. 45.

Cuida-se de uma restrição inteiramente plausível, sem envolver ofensa ao princípio constitucional que assegura o direito de propriedade. Tem-se em vista uma subordinação da venda aos interesses primeiros dos condôminos, diante da natureza peculiar da propriedade industrial.

O já citado João Batista Lopes estende a limitação à locação: "A mesma orientação deve prevalecer relativamente à locação de garagens a pessoas não integrantes do condomínio, porque estas, como terceiros, não poderiam ter sua esfera jurídica atingida por eventuais sanções decorrentes do descumprimento das normas da convenção".[22]

23.5. CONSTITUIÇÃO DO CONDOMÍNIO HORIZONTAL OU EDILÍCIO

O Código, no art. 1.332, coloca os elementos para a constituição do condomínio edilício:

> Institui-se o condomínio edilício por ato entre vivos ou testamento, registrado no Cartório de Registro de Imóveis, devendo constar daquele ato, além do disposto em lei especial:
>
> I – a discriminação e individualização das unidades de propriedade exclusiva, estremadas uma das outras e das partes comuns;
>
> II – a determinação da fração ideal atribuída a cada unidade, relativamente ao terreno e partes comuns;
>
> III – o fim a que as unidades se destinam.

O art. 7º da Lei nº 4.591/1964 dispunha um tanto diferentemente, de modo particular quanto aos elementos do ato constitutivo:

> O condomínio por unidades autônomas instituir-se-á por ato entre vivos ou por testamento, com inscrição obrigatória no registro de imóveis, dele constando: a individualização de cada unidade, sua identificação e discriminação, bem como a fração ideal sobre o terreno e partes comuns, atribuída a cada unidade, dispensando-se a descrição interna da unidade.

João Nascimento Franco e Nisske Gondo desdobram em quatro as formas originadoras de instituir:

a) Sucessão *causa mortis*;
b) aquisição de conjunto de edificações englobadamente, sem prévia especificação das unidades isoladas, por parte de duas ou mais pessoas;
c) aquisição, por duas ou mais pessoas, de edifício ainda não juridicamente organizado pelo sistema da propriedade horizontal;
d) construção, por várias pessoas, proprietárias do solo, de um edifício ou de um conjunto de residências cuja utilização depende de áreas de acesso e de coisas comuns, tais como reservatório de água potável, instalações elétricas e hidráulicas.[23]

---

[22] *Obra citada*, p. 47.
[23] *Obra citada*, p. 13.

Cap. XXIII · PROPRIEDADE HORIZONTAL OU EDILÍCIA | 665

Conhecem-se, ainda, outras modalidades: por decisão judicial em ação de divisão; e por arrematação em hasta pública, doação ou compra de frações.

É normal a instituição da propriedade horizontal ou edilícia em nome de um só proprietário. Neste caso, não há condomínio. Somente depois submete-se o edifício ao sistema do condomínio, quando se dá a venda de unidades, embora exista a propriedade horizontal, com a especificação das áreas comuns.

O modo mais comum de instituição do condomínio, no entanto, é a incorporação, desta maneira conceituada pelo art. 28, parágrafo único, da Lei nº 4.591/1964, nada constando no Código Civil: "Para efeito desta Lei, considera-se incorporação imobiliária a atividade exercida com o intuito de promover e realizar a construção, para alienação total ou parcial, de edificações, ou conjunto de edificações compostas de unidades autônomas".

A Lei nº 4.591/1964 prevê três tipos de contratos de incorporações:

a) Construção por conta e risco do incorporador, em que se compromete ele a vender as unidades autônomas a prazo e preço certo. O art. 41 expressa a ideia desta forma: "Quando as unidades imobiliárias forem contratadas pelo incorporador por preço global compreendendo quotas de terrenos e construção, inclusive com parte do pagamento após a entrega da unidade, discriminarse-ão, no contrato, o preço da quota de terrenos sem o da construção".

b) Construção por empreitada, prevista no art. 55 da citada Lei, que poderá ser a preço fixo e a preço reajustável por índices previamente determinados. A primeira espécie consta no § 1º do dispositivo referido: "Na empreitada a preço fixo, o preço da construção será reajustável, independentemente das variações que sofrer o custo efetivo das obras e quaisquer que sejam as causas". A segunda está no § 2º: "Na empreitada a preço reajustável, o preço fixado no contrato será reajustado na forma e nas épocas nele expressamente previstas, em função da variação dos índices adotados, também previstos obrigatoriamente no contrato".

Em ambas as modalidades, haverá uma comissão de representantes, com o encargo de fiscalizar o andamento da obra e a obediência ao projeto e às especificações, representar os contratantes e fiscalizar a construção. Na empreitada sob regime reajustável, cabe a dita comissão fiscalizar, ainda, o cálculo do reajustamento.

É necessário que se insira, no contrato, o montante do orçamento atualizado da obra. Sempre que não previsto o reajuste, subentende-se que o contrato é de empreitada a preço fixo.

c) Construção por administração, de inteira responsabilidade dos condôminos. Encerra, a respeito, o art. 58: "Nas incorporações em que a construção for contratada por regime de administração, também chamado a preço de custo, será de responsabilidade dos proprietários ou adquirentes o pagamento do custo integral da obra".

Duas as consequências, nesta última modalidade:

I – todas as faturas, duplicatas, recibos e quaisquer documentos referentes às transações ou aquisições para a construção serão emitidas em nome do condomínio dos contratantes do empreendimento;

II – todas as contribuições dos condôminos para qualquer fim relacionado com a construção serão depositadas em contas abertas em nome do condomínio dos contratantes em estabelecimentos bancários, as quais obedecerão a forma de movimentação que estiver fixada no contrato.

Constará obrigatoriamente do contrato o montante do orçamento do custo da obra.

Acompanhará a construção uma comissão de representantes, conforme se disse, com poderes para examinar os balancetes do custo e as despesas; contratar modificações a serem efetuadas nas unidades dos condôminos; fiscalizar concorrências relativas às compras dos materiais necessários à obra ou aos serviços a ela pertinentes; fiscalizar a arrecadação das contribuições; e exercer as demais funções inerentes ao cargo.

A instituição do condomínio de apartamentos visa regular as relações jurídicas entre os diversos proprietários, considerando uns em relação aos outros, e todos em relação ao edifício, que é o objeto de seu domínio. Esta a explicação de Narciso Orlandi Neto, citado por J. Nascimento Franco e Nisske Gondo.[24]

Ao lado da instituição, aparece a especificação, que corresponde à discriminação das unidades exclusivas, das partes comuns e das frações ideais sobre o terreno.

Finalmente, cumpre se elabore a convenção, que é a norma regulamentar do condomínio, disciplinando o uso do edifício. Destina-se a todos os titulares ou moradores de unidades. Elenca os direitos e as obrigações dos proprietários.

O instrumento de instituição, especificação e convenção realiza-se antes da construção, no caso de incorporação imobiliária; ou depois, se um apenas é o proprietário.

Admite-se a forma pública ou particular.

Leva-se o instrumento do condomínio ao Registro de Imóveis, seguindo-se os ditames da Lei nº 6.015/1973, nos arts. 167 e 176, em seus vários incisos.

Antes de tudo, procede-se a averbação, junto ao registro, da construção.

A averbação é ato que segue o registro da incorporação, envolvendo a discriminação e a numeração dos apartamentos.

Inicia, com ela, propriamente o condomínio.

O art. 44 regula a sua realização:

> Após a concessão do 'habite-se' pela autoridade administrativa, o incorporador deverá requerer a averbação da construção das edificações, para efeito da individualização e discriminação das unidades, respondendo perante os adquirentes pelas perdas e danos que resultarem no cumprimento dessa obrigação.
>
> § 1º Se o incorporador não requerer a averbação, o construtor requerê-la-á sob pena de ficar solidariamente responsável com o incorporador perante os adquirentes.
>
> § 2º Na omissão do incorporador e do construtor, a averbação poderá ser requerida por qualquer dos adquirentes de unidade.

Foi decidido sobre o assunto: "É inviável o ingresso, no Registro de Imóveis, de título referente a unidades autônomas de edifício sem que registrada a especificação do condomínio e apresentada a carta de habitação".

No voto do Rel. Des. Batalha de Camargo, é corretamente explicada a razão da antecedência da averbação:

> Nos termos do art. 44 da Lei nº 4.591/1964, para que um condomínio venha a ser regularizado é mister proceder-se primeiramente a averbação de sua convenção. Dessa maneira, desaparece a incorporação, que cede lugar ao condomínio, valendo

---

[24] *Obra citada*, p. 14.

Cap. XXIII • PROPRIEDADE HORIZONTAL OU EDILÍCIA | **667**

relembrar, a propósito, a lição do insigne Caio Mário da Silva Pereira: "O contrato de incorporação extingue-se com a conclusão da edificação ou do conjunto de edificações e sua entrega aos adquirentes em condições de habitabilidade, considerada esta expressão no sentido de sua utilização.

A Lei nº 4.591/1964 prevê este termo final de contrato, determinando, uma vez concedido o 'habite-se' pela autoridade administrativa, que o incorporador requeira a averbação da construção das edificações, para efeito de individualização e discriminação das unidades" (Incorporação Imobiliária, em *RDI*, 4/17).

Aliás, a esse propósito já afirmou este conselho que: "Antes da averbação da construção não se pode excogitar da realidade física dos apartamentos. Os negócios jurídicos só podem respeitar os direitos de aquisição, concernentes às acessões da obra e às respectivas frações ideais de terreno. A incorporação não se confunde com a instituição. A primeira é situação prévia transitória" (*Apel. Cível* nOS 286.693, São Paulo, 17.12.1979, Rel. Des. Andrade Junqueira, em *Registro de Imóveis*, de Narciso Orlandi, Editora Saraiva, 1982, ementa nº 264, p. 271).

Deve ser afirmado, de outra parte, que o registro da especificação é que dá existência jurídica ao condomínio por unidades autônomas, fazendo cessar as atribuições do incorporador, conforme decidiu este Conselho, nas *Apelações Cíveis* nº 286.409 e 286.693, ambas de 17.12.1979, em que foi relator o Des. Andrade Junqueira (*in* Narciso Orlandi, ob. cit., pp. 151 e 272).[25]

Após a averbação, leva-se a efeito o registro da convenção.

Para o registro, vários elementos devem ser apresentados: a menção da forma pública ou particular do instrumento; o nome e a qualificação dos instituintes, com o número de inscrição no Cadastro das Pessoas Físicas na Receita Federal, ou com o número da carteira de identidade; na falta dos dois documentos, coloca-se a filiação; tratando-se de pessoa jurídica, informam-se o número do CGC-MF e a sede social; a caracterização do imóvel, mencionando-se o nome da rua e o número do prédio. Descrevem-se o terreno do edifício, as áreas e as coisas de uso comum e das unidades autônomas, com a indicação dos andares ou pavimentos.

Por último, atribuem-se, na divisão do edifício, as unidades autônomas aos respectivos titulares.

Com o registro, todas e quaisquer alterações, visando o desdobramento ou unificação das unidades, mudanças na destinação das áreas comuns ou privativas, dependem do consentimento da unanimidade dos condôminos.

23.6. CONVENÇÃO DO CONDOMÍNIO

Objetiva a convenção regular os direitos e deveres dos coproprietários e ocupantes do edifício. Para J. Nascimento Franco e Nisske Gondo,

> é a convenção uma autêntica lei interna da comunidade, destinada a regrar o comportamento não dos condôminos apenas, mas de todas as pessoas que ocupem o edifício, na qualidade de seus sucessores, prepostos, inquilinos, comodatários etc. Ao traçar

---

[25] *Apel. Cível* nº 3.433-0, do Conselho Superior da Magistratura, TJ de São Paulo, de 22.05.1984, em *Revista dos Tribunais*, 592/95.

as normas de utilização do edifício, nas suas partes privativas e nas de uso comum, a convenção visa resguardar, em proveito de todos, o patrimônio condominial e a moralidade do ambiente, num sistema de normas que, mais rigorosamente do que as decorrentes do direito de vizinhança, objetivam garantir a todos os ocupantes das unidades autônomas sossego, tranquilidade e segurança.[26]

Para Roberto Barcellos de Magalhães, consiste "na lei básica do condomínio, ou aquele ato em que se regulam os direitos e obrigações recíprocas dos condôminos, o estabelecimento do *modus vivendi* deles no condomínio instituído sob o regime da lei especial".[27]

Considera-se a convenção um contrato, pois representa a manifestação da vontade da maioria, determinada por um padrão legal, com força de lei entre as partes e terceiros, em suas relações jurídicas com o condomínio.

Está subordinada à lei, à qual jamais pode contrariar. Daí terem-se como nulas as resoluções da assembleia geral que venham infringir textos de diplomas legais.

Os ocupantes de unidades ficam obrigados a seguir suas disposições, independentemente de serem condôminos ou não, desde que vierem a contratar com o condomínio. De modo que o locatário de um apartamento submete-se às regras obrigacionais da mesma emanadas.

Além do caráter contratual, é a convenção um ato normativo, que se impõe a todos quantos ocupam o edifício. Tem força cogente, suprimindo as lacunas da lei e atingindo, inclusive, aqueles que penetram esporadicamente no prédio. Nesta linha, e enquanto defende tal aspecto, está certo o raciocínio de Caio Mário da Silva Pereira:

> Ato-regra ou ato constitutivo de um direito estatuário, cria a normação de conduta para um agrupamento social reduzido, ditando regras de comportamento, assegurando direitos e impondo deveres. No tocante a estes últimos, cumpre notar que o regulamento de um edifício estatui regras e restrições à liberdade de ação de cada um, em benefício da coletividade, e estabelece normas proibitivas e imperativas, a que todos se sujeitam. Daí a necessidade da aprovação por *quorum* especial, pois que não pode existir norma de origem convencional, restritiva de direitos individuais, sem a anuência geral ou para a qual se não imponham condições especiais de votação.[28]

Luiz Autuori, Jorge Lopes Pinto e Iracy Lopes Pinto delineiam algumas orientações relativamente à convenção, distinguindo-a do regulamento:

> O regulamento é aprovado pela assembleia geral do mesmo modo que a convenção, devendo esta ser registrada no Registro de Imóveis, bem como suas alterações averbadas. Uma vez aprovada e obrigatória, deve ela reunir as assinaturas de dois terços das frações ideais que compõem o condomínio. A convenção é elaborada, aprovada e assinada pelos condôminos. Não é o mesmo que regulamento. A convenção estabelece as disposições gerais e fundamentais do condomínio na forma da lei. O regulamento não pode ir além da convenção, devendo conter disposições já constantes dela e disciplinado corretamente.[29]

---

[26]   *Obra citada*, p. 54.
[27]   *Obra citada*, p. 85.
[28]   *Condomínio e Incorporações*, ob. cit., p. 127.
[29]   *Sutilezas em Tema de Condomínio*, 1ª ed., Rio de Janeiro, Forense, 1978, pp. 45 e 46.

O art. 9º da Lei nº 4.591/1964 trata da convenção:

> Os proprietários, promitentes compradores, cessionários ou promitentes cessionários dos direitos pertinentes à aquisição de unidades autônomas, em edificações a serem construídas, em construção ou já construídas, elaborarão, por escrito, a Convenção de Condomínio, e deverão, também, por contrato ou por deliberação, em assembleia, aprovar o Regimento Interno da edificação ou conjunto de edificações.

Não aparece no Código Civil norma semelhante.

Conseguida a aprovação pelo mínimo de dois terços das frações ideais, com as assinaturas dos que participaram da assembleia, procede-se ao registro, de acordo com o art. 167, inc. I, nº 17, da Lei nº 6.015, de 1973. O Código Civil, em vigor no art. 1.333, para a aprovação, impõe idêntico quantitativo de quotas: "A convenção que constitui o condomínio edilício deve ser subscrita pelos titulares de, no mínimo, dois terços das frações ideais e torna-se, desde logo, obrigatória para os titulares de direito sobre as unidades, ou para quantos sobre elas tenham posse ou detenção".

Sobre o registro, é expresso o parágrafo único do mesmo artigo, mas unicamente para a validade quanto a terceiros: "Para ser oponível contra terceiros, a convenção do condomínio deverá ser inscrita no Registro de Imóveis".

De sorte que, com ou sem o registro, rege as relações internas dos condôminos.

Além de outras normas aprovadas pela assembleia, deverá a convenção conter as seguintes exigências, indicadas no § 3º do art. 9º da Lei nº 4.591/1964:

a) A discriminação das partes da propriedade exclusiva, e as de condomínio, com a especificação das diferentes áreas.

b) O destino das diferentes partes.

c) O modo de usar as coisas e serviços comuns.

d) Encargos, forma e proporção das contribuições dos condôminos para as despesas de custeio e para as extraordinárias.

e) O modo de escolher o síndico e o Conselho Consultivo.

f) As atribuições do síndico, além das legais.

g) A definição da natureza gratuita ou remunerada de suas funções.

h) O modo e o prazo de convocação das assembleias gerais dos condôminos.

i) O *quorum* para os diversos tipos de votações.

j) A forma de contribuição para constituição de fundo de reserva.

l) A forma e o *quorum* para as alterações de convenção.

m) A forma e o *quorum* para a aprovação do Regimento Interno quando não incluídos na própria Convenção.

O Código Civil de 2002 resumiu as exigências, dando mais liberdade às partes. Eis os elementos que conterá a convenção, além dos que as partes houverem por bem estipular, a teor de seu art. 1.334:

a) As cláusulas referidas no art. 1.332, e que são:

I – a discriminação e individualização das unidades de propriedade exclusiva, estremadas uma das outras e das partes comuns;

II – a determinação da fração ideal atribuída a cada unidade, relativamente ao terreno e partes comuns;

III – o fim a que as unidades se destinam.

b) A quota proporcional e o modo de pagamento das contribuições dos condôminos para atender às despesas ordinárias e extraordinárias do condomínio.

c) Sua forma de administração.

d) A competência das assembleias, forma de sua convocação e *quorum* exigido para as deliberações.

e) As sanções a que estão sujeitos os condôminos, ou possuidores.

f) O regimento interno.

No pertinente à forma, permite o § 1º do art. 1.334 do mesmo Código que "a convenção poderá ser feita por escritura pública ou por instrumento particular". Para fins das exigências, acrescenta o § 2º do mesmo dispositivo que "são equiparados aos proprietários, para os fins deste artigo, salvo disposição em contrário, os promitentes compradores e os cessionários de direitos relativos às unidades autônomas".

O regimento interno referido acima constitui-se de uma regulamentação da convenção, se bem que mais adstrito a aspectos administrativos, contendo, também, os direitos e deveres dos condôminos, além de normas de administração do edifício.

Ilustra Waldemar Leandro:

> O regulamento interno vem logo abaixo da convenção, não podendo, como é evidente, contrariá-la. Visa, como a própria expressão o indica, a esclarecer detalhes dos estatutos, desenvolvendo a matéria secundária ou concernente às peculiaridades de cada prédio, individualmente considerado, ou de um conjunto condominial, composto de duas ou mais unidades-bloco, apenas fisicamente separados entre si, mas intimamente ligados pelo elo da comunhão por pátios, parques e jardins comuns.

Dado o caráter geral e amplo da convenção, várias consequências decorrem.

Não se permite, *v.g.*, a colocação de cartazes ou letreiros, caso se cuidar de edifício residencial.

De igual modo, quanto ao proprietário da unidade situada no último andar do edifício, não assiste o direito de introduzir-lhe inovações, nem de utilizá-la com exclusividade. O terraço pertence a todos. Constitui propriedade comum dos condôminos salientando Wilson de Souza Campos Batalha que não podem os condôminos introduzir inovações em coisas comuns, sem a anuência dos demais, máxime inexistindo o requisito de necessidade, como é a hipótese de transformação do telhado em terraços ou jardins suspensos.[30]

Aspecto interessante diz respeito à permanência de animais nos apartamentos.

Sendo omissa a convenção a respeito, é de se permitir, desde que não causem incômodos aos condôminos, ou ameacem a segurança. Neste caso, por aplicação dos arts. 10, inc. III, e 19 da Lei nº 4.591/1964, e dos arts. 1.336, inc. IV, e 1.337, parágrafo único, do Código.

Há uma posição tradicional no STJ, de sempre admitir-se a permanência, desde que não decorram incômodos aos moradores:

> Cinge-se a controvérsia a definir se a convenção condominial pode impedir a criação de animais de qualquer espécie em unidades autônomas do condomínio.

---

[30] *Obra citada*, vol. II, p. 250.

Se a convenção não regular a matéria, o condômino pode criar animais em sua unidade autônoma, desde que não viole os deveres previstos nos arts. 1.336, IV, do CC/2002 e 19 da Lei nº 4.591/1964.

Se a convenção veda apenas a permanência de animais causadores de incômodos aos demais moradores, a norma condominial não apresenta, de plano, nenhuma ilegalidade.

Se a convenção proíbe a criação e a guarda de animais de quaisquer espécies, a restrição pode se revelar desarrazoada, haja vista determinados animais não apresentarem risco à incolumidade e à tranquilidade dos demais moradores e dos frequentadores ocasionais do condomínio.

Na hipótese, a restrição imposta ao condômino não se mostra legítima, visto que condomínio não demonstrou nenhum fato concreto apto a comprovar que o animal (gato) provoque prejuízos à segurança, à higiene, à saúde e ao sossego dos demais moradores.[31]

Todavia, evoluindo para uma posição mais avançada, não é aceita a proibição em convenção, sob pena de ofensa ao próprio direito de propriedade:

Condomínio. Convenção Condominial é o estatuto que regulamenta os interesses dos condôminos, ditando as regras gerais e específicas de uso e de convívio não sendo, entretanto, absoluta devendo ser analisada em sua interpretação teleológica, ou seja, em harmonia aos à ordem pública, a boa-fé, aos princípios gerais do direito.

Animais de estimação. A finalidade da norma proibitiva de animais dentro das unidades autônomas de um condomínio é, em última análise, evitar riscos à segurança e ao sossego dos condôminos, em consonância ao disposto no art. 19 da Lei 4.591/1964, devendo ser analisado caso a caso. Caso.

A situação dos autos conduz à certeza de que os animais são dóceis, domesticados, sendo de pequeno, encontram-se saudáveis, vacinados, vermifugados, com controle de ectoparasitas em dia e de forma alguma perturbam o sossego do condomínio ou causam qualquer tipo de incômodo com os vizinhos. Sentença mantida.[32]

Assim, se constar a proibição na convenção, deve-se analisar com prudência cada situação. Se os animais forem de pequeno porte, como peixes em aquário, um pequeno cão, um gato, uma tartaruga, a proibição por força da norma estatutária constitui uma injustificável prevalência do formalismo.

Prepondera, na interpretação, o princípio de que não advenha dano ou incômodo aos demais condôminos ou moradores.

Insuscetível, outrossim, a introdução de cláusula na convenção, reservando para o incorporador o uso do telhado ou das paredes do prédio, para fins de exploração com propaganda ou publicidade. O art. 3º da Lei nº 4.591/1964 inclui as paredes e o telhado nas coisas comuns, pertencentes à totalidade dos condôminos.

---

[31] REsp. nº 1783076/DF, da 3ª Turma, rel. Min. Ricardo Villas Bôas Cueva, j. em 14.05.2019, *DJe* de 25.05.2019.

[32] Apelação Cível nº 70070817523, Décima Sétima Câmara Cível, Tribunal de Justiça do RS, Relator: Giovanni Conti, Julgado em 29.09.2016.

23.7. DIREITOS E DEVERES DOS CONDÔMINOS

Basicamente, os direitos do condômino são aqueles reservados ao titular do domínio da propriedade comum, conforme enfatiza o Prof. Espanhol Manuel Batlle Vazquez:

> En general, puede firmarse que el derecho de cada propietario sobre su piso es un derecho que se desenvuelve conforme los principios generales de la propiedad privada individual. Aquél tiene el derecho de disponer de su piso por título gratuito oneroso, intervivos o mortis causa, y únicamente habrá de sujetarse a los límites puestos a todo derecho de propiedad y a los que resulten de la especial situación en que se encuentran.[33]

Assim, o principal direito é o de usar, gozar e dispor do imóvel, nas dimensões asseguradas do art. 1.228 do Código (art. 524 do Código antigo).

Acrescenta o art. 19 da Lei nº 4.591/1964:

> Cada condômino tem o direito de usar e fruir, com exclusividade, de sua unidade autônoma, segundo suas conveniências e interesses, condicionados, umas e outros, às normas de boa vizinhança, e poderá usar as partes e coisas comuns, de maneira a não causar dano ou incômodo aos demais condôminos ou moradores, nem obstáculo ou embaraço ao bom uso das mesmas partes por todos.

O Código da Lei nº 10.406/2002 traz pormenorizados os direitos, no art. 1.335:

> I – usar, fruir e livremente dispor das suas unidades;
>
> II – usar das partes comuns, conforme a sua destinação, e contanto que não excluam a utilização dos demais compossuidores;
>
> III – votar nas deliberações da assembleia e delas participar, estando quite.

Relativamente à propriedade individual, ressalta a distinção quanto às partes comuns aproveitáveis ao condômino. Explicava Hernán Ricciatti, ainda perdurando a lição:

> Los derechos que corresponden a los diversos comuneros son, en caso de indivisión forzosa, mucho más extensos que en el supuesto de copropiedad ordinaria. Así se admite que cada uno pueda usar de la totalidad de la cosa común y de sus diversas partes como cosa propia, con la única condición de no hacerla servir a usos distintos de los destinados y de no perjudicar el derecho igual y recíproco que corresponda a los demás.[34]

O uso das partes comuns sujeita-se a uma regulamentação basicamente delineada na convenção.

Evidentemente, o direito ao uso atenderá a natureza e a destinação das coisas comuns, vedando-se qualquer emprego em proveito exclusivo do condômino.

Por outro lado, consta do art. 4º da Lei nº 4.591/1964: "A alienação de cada unidade, a transferência de direitos pertinentes à sua aquisição e a constituição de direitos reais sobre ela independerão de consentimento dos condôminos". Com redação diferente, o § 1º do art. 1.331 do Código Civil, na redação da Lei nº 12.607/2012, encerra o mesmo direito:

---

[33] *Obra citada*, p. 168.

[34] *Propiedad por Pisos o por Departamentos*, Buenos Aires, Roque Depalma Editor, 1954, p. 113.

Cap. XXIII · PROPRIEDADE HORIZONTAL OU EDILÍCIA | **673**

As partes suscetíveis de utilização independente, tais como apartamentos, escritórios, salas, lojas e sobrelojas, com as respectivas frações ideais no solo e nas outras partes comuns, sujeitam-se a propriedade exclusiva, podendo ser alienadas e gravadas livremente por seus proprietários, exceto os abrigos para veículos, que não poderão ser alienados ou alugados a pessoas estranhas ao condomínio, salvo autorização expressa na convenção de condomínio.

Com esta regra, a venda do apartamento não se subordina ao consentimento dos outros condôminos, e nem sofre a restrição do direito de preferência. Mas, oportuna a observação de Waldemar Leandro, perdurando sua atualidade:

Torna-se, contudo, necessário ressaltar que não há confundir essa hipótese, com a de copropriedade entre duas ou mais pessoas, em uma única unidade autônoma. Nesse último caso, o nosso Código Civil, que complementa a lei do condomínio, estabelece um direito de preferência, em relação a terceiros, a favor dos titulares dos quinhões, de partes ideais na coisa comum. Só nessa derradeira hipótese o condômino que quiser desfazer-se de seu quinhão terá que oferecê-lo, previamente, aos demais proprietários de partes iguais.[35]

De importância maior são, no entanto, os deveres.

O Código Civil de 2002 traz uma discriminação, no art. 1.336, em redação da Lei nº 10.931/2004:

São deveres dos condôminos:

I – contribuir para as despesas do condomínio, na proporção das suas frações ideais, salvo disposição em contrário na convenção;

II – não realizar obras que comprometam a segurança da edificação;

III – não alterar a forma e a cor da fachada, das partes e esquadrias externas;

IV – dar às suas partes a mesma destinação que tem a edificação, e não as utilizar de maneira prejudicial ao sossego, salubridade e segurança dos possuidores, ou aos bons costumes.

Um dos principais deveres é o pagamento das despesas do condomínio, recolhendo a quota-parte das mesmas no prazo assinalado na convenção, dever este que também aparece no art. 12 da Lei nº 4.591/1964.

A falta de pagamento dos encargos impede a transferência da unidade autônoma, segundo o parágrafo único do art. 4º, da mesma Lei nº 4.591/1964: "A alienação ou transferência de direitos de que trata este artigo dependerá de prova de quitação das obrigações do alienante para com o respectivo condomínio". A redação veio trazida pela Lei nº 7.182/1984.

Não manteve o Código Civil a cominação. Eis as consequências da omissão em pagar, constante no § 1º do art. 1.336: "O condômino que não pagar a sua contribuição ficará sujeito aos juros moratórios convencionados ou, não sendo previstos, os de 1% (um por cento) ao mês e multa de até 2% (dois por cento) sobre o débito". Esta cominação igualmente está contemplada na Lei nº 4.591/1964, no § 3º do art. 12, com a diferença da taxa da multa, que é de vinte por cento. E se a desobediência de qualquer dos deveres elencados nos incisos do art. 1.336 do novo Código Civil for reiterada, agravam-se as punições, na previsão de

---

[35] *Obra citada*, p. 73.

seu art. 1.337, autorizando a aplicação de multa em até o quíntuplo de suas contribuições, desde que precedida aprovação da assembleia por três quartos dos condôminos restantes (excetuados os infratores):

> O condômino, ou possuidor, que não cumpre reiteradamente com os seus deveres perante o condomínio poderá, por deliberação de três quartos dos condôminos restantes, ser constrangido a pagar multa correspondente até ao quíntuplo do valor atribuído à contribuição para as despesas condominiais, conforme a gravidade das faltas e a reiteração, independentemente das perdas e danos que se apurem.

Quanto a impedir a venda da unidade se devedor o proprietário, é, realmente, incompreensível a restrição, porquanto o adquirente sub-roga-se na obrigação, o que está escrito no art. 1.345 do Código Civil de 2002: "O adquirente de unidade responde pelos débitos do alienante, em relação ao condomínio, inclusive multas e juros moratórios".

Aliás, já assinalava Roberto Barcellos de Magalhães,

> a Lei nº 7.182, de 27.03.1984, parece, à primeira vista, ter feito tábula rasa do princípio tradicional de sub-rogação do adquirente nas obrigações do transmitente, mas na realidade não o informou, limitando-se a dizer que a alienação ou transferência dos direitos de que trata o § 4º dependerá de prova de quitação do alienante perante o condomínio. A sua falta, porém, não torna nulo o ato, o que só poderá ocorrer com a taxação, pelo legislador, da nulidade expressamente declarada na lei.[36]

A quota do rateio das despesas obedecerá à fração ideal do terreno, salvo disposições em contrário na convenção, como se encontra no § 1º do art. 12, da Lei nº 4.591/1964, e no art. 1.336, inc. I, do Código vigente.

Se violados os deveres marcados nos itens II a V do art. 1.336 do Código atual, pesada multa impõe o § 2º do mesmo artigo:

> O condômino, que não cumprir qualquer dos deveres estabelecidos nos incisos II a IV, pagará a multa prevista no ato constitutivo ou na convenção, não podendo ela ser superior a 5 (cinco) vezes o valor de suas contribuições mensais, independentemente das perdas e danos que se apurarem; não havendo disposição expressa, caberá à assembleia geral, por 2/3 (dois terços) no mínimo dos condôminos restantes, deliberar sobre a cobrança da multa.

Se ainda não alienados vários apartamentos, ao incorporador recairá a responsabilidade pelas respectivas despesas, na esteira da jurisprudência: "Tratando-se de unidades não vendidas, responsável pelo pagamento das despesas de condomínio é a incorporadora do edifício". Embora o adquirente de uma unidade autônoma responda pelos débitos do alienante, o que decorre dos princípios da sub-rogação, parece irrecusável o "objetivo do legislador de atribuir diretamente ao sucessor a responsabilidade pelas despesas do condômino remisso a quem sucede na vida condominial", e não na aquisição direta do incorporador. Portanto, "a incorporadora do edifício, como proprietária das unidades não alienadas, é responsável pelo pagamento das despesas condominiais correspondentes aos apartamentos de que é titular".[37]

---

[36] *Obra citada*, p. 68.
[37] *Apel. Cível* nº 333.774. 2ª Câm. Cível do 1º tribunal de Alçada de São Paulo, de 20.11.1984, em *Revista dos Tribunais*, 594/130. Em igual sentido, na mesma *Revista*, 548/137.

Uma gama enorme de despesas integra o rol dos gastos comuns, lembrando Ruffino Pereyra as seguintes:

1 – o imposto, contribuições e taxa;
2 – os gastos de reparações de toda a ordem, exceto as de pequeno valor, que ocorram no interior dos apartamentos;
3 – os gastos com empregados, como porteiros, ascensoristas, zeladores, faxineiros e guardas;
4 – a retribuição devida ao síndico, quando prevista na convenção;
5 – as despesas de luz nas partes comuns, como no vestíbulo, nos corredores, no saguão, elevadores, garagens etc.;
6 – as taxas de excesso de água, bem como a taxa relativa ao consumo comum;
7 – os gastos decorrentes da aquisição de bens destinados ao uso comum, como material de limpeza, móveis para a sala de espera e o saguão de entrada, e tapetes;
8 – o seguro do imóvel contra incêndio, acidentes e roubo;
9 – a despesa de pinturas de fachadas, paredes externas e partes comuns no interior do prédio.

Impossível discriminar todos os itens determinantes das contribuições, que se avolumam conforme o padrão do edifício.[38]

As despesas da cobertura restringem-se ao respectivo proprietário, pois a ele apenas restringe-se o proveito – obrigação esta contemplada no art. 1.344 do Código atual: "Ao proprietário do terraço de cobertura incumbem as despesas da sua conservação, de modo que não haja danos às unidades imobiliárias inferiores".

Igualmente os custos ou gastos das partes comuns que ficam no uso exclusivo de um ou vários condôminos, conforme o art. 1.340 do mesmo diploma: "As despesas relativas a partes comuns de uso exclusivo de um condômino, ou de alguns deles, incumbem a quem delas se serve".

As despesas do elevador, relativamente ao condômino que não o utiliza, por se encontrar sua unidade no andar térreo, são suportáveis igualmente por ele, o que também é admitido na doutrina estrangeira, ressaltando Mariano Fernandez MartinGranizo a finalidade do elevador, destinado ao serviço de todos, não sendo o uso ou a não utilização motivo de exclusão.[39]

Isto a menos que haja previsão em contrário na convenção.

É que o elevador se instala para o serviço de todos os condôminos, considerando-se que os trabalhos dos serviçais e outros empregados, e inclusive do zelador e do administrador, proporcionam o bem do condomínio em geral. Daí interessar a conservação do aparelhamento, dizendo respeito ao condomínio como um todo, a qualquer condômino.

Os encargos serão suportados por todos os condôminos, não se eximindo aqueles situados no piso térreo, que não necessitam de elevador e de outras conveniências usufruídas pelos demais coproprietários, excetuada a hipótese da convenção condominial contemplar a isenção, entendimento este que está em sintonia com os Pretórios:

> Tem responsabilidade pelo pagamento das cotas condominiais quem, sendo condômino, embora não participando da assembleia que determinou a alteração da anterior

---

[38] *Obra citada*, pp. 65 e 66.
[39] *La Ley de Propiedad horizontal en Derecho Español*, 2ª ed., Madrid, Editorial Revista de Derecho Privado, 1973, p. 631.

convenção, não tomou qualquer providência para desconstituir a decisão condominial, contra a qual se insurge em momento impróprio. Estabelecimento comercial, no caso cinema, poderia ser uma loja, como tem sido decidido, deve cumprir aquilo que está estabelecido na Convenção. A alegação de que está no andar térreo e não se beneficia de muitos serviços do condomínio não pode ser oposta, contra a previsão condominial, votada e aprovada pela assembleia de condôminos, conforme previsão legal, art. 9º da Lei nº 4.591/1964.[40]

Cabe, outrossim, a cada condômino observar as normas de respeito aos vizinhos, condôminos de unidades no mesmo prédio, obedecendo-se as cláusulas da convenção.

Esta questão é nomeadamente de grande importância, dada a contiguidade de um apartamento ao outro.

É de imperiosa necessidade o atendimento das regras que tratam dos direitos de vizinhança, sob pena de se tornar insuportável a vida em comum. O Código Civil em vigor assinala punições para quem não se portar devidamente, o que faz no art. 1.337, em seu parágrafo único:

> O condômino ou possuidor que, por seu reiterado comportamento antissocial, gerar incompatibilidade de convivência com os demais condôminos ou possuidores, poderá ser constrangido a pagar multa correspondente ao décuplo do valor atribuído à contribuição para as despesas condominiais, até ulterior deliberação da assembleia.

O condômino inconveniente não pode ser afastado de sua moradia. Nossas leis não consignam regramentos colimando a expulsão do condômino indisciplinado, que provoca seguidos atritos e se torna, por sua conduta, nocivo à comunidade. Nem cabe a interdição do apartamento.

A solução mais conformável com a lei é o processamento nas penas de uma das desatualizadas contravenções penais.

Mesmo assim, é possível ingressar com uma ação no sentido de ordenar o juiz que se mantenha uma conduta compatível com as regras de boa educação e respeito. O próprio Código Civil, no art.1.277, resguarda os interesses dos vizinhos: "O proprietário ou possuidor de um prédio tem o direito de fazer cessar as interferências prejudiciais à segurança, ao sossego e à saúde dos que o habitam, provocadas pela utilização de propriedade vizinha". De modo que cabível uma demanda de força obrigatória, ou de cunho condenatório e mandamental, logrando exigir uma postura e um comportamento coerente com a ordem e as regras da boa convivência.

Requererá a parte prejudicada a citação do vizinho a fim de abster-se dos atos turbadores ou prejudiciais ao bem-estar, sob a pena da aplicação de multa.

Embora a impossibilidade de afastar o condômino que prejudica, por sua conduta, os demais, a solução é a cominação de penalidade no caso de infringência, e inclusive com a condenação em dano moral, diante dos incômodos a que é submetido o vizinho.

De modo geral, as convenções e os regulamentos dispõem sobre festas e volume de música.

A ação judicial poderá objetivar, também, a apreensão de instrumentos por oficial de justiça ou policiais autorizados.

Os mesmos princípios são cabíveis se constante o descomedimento de crianças, cujos pais não conseguem impor-lhes disciplina e uma conduta suportável.

---

[40] Apel. Cível nº 197.004.724, da 5ª Câm. Cível do Tribunal de Alçada do RGS, j. em 26.06.1997, em *Direito Imobiliário* – edição *COAD*, nº 20, expedição de 24.05.1998, p. 407.

Cap. XXIII · PROPRIEDADE HORIZONTAL OU EDILÍCIA | 677

Outro aspecto de frequência comum diz respeito às visitas de clientes de profissionais instalados em condomínios estritamente residenciais. Neste tipo de edifício, não podem ser instalados escritórios para o exercício de qualquer profissão, mormente se na convenção constar a proibição.

Procura-se, com esta vedação, evitar a alteração da finalidade específica do condomínio. É que o movimento de entrada e saída dos clientes provoca desassossego dos moradores, além da utilização constante dos elevadores e demais equipamentos comuns, com possíveis prejuízos.

Todavia, não se pode levar ao extremo as limitações. Não se permite a frequência diária, constante e indiscriminada de pessoas estranhas, de modo a evidenciar que o centro da profissão do condômino está em seu apartamento. É perfeitamente comum e normal o recebimento de clientes por profissionais liberais desde que esporadicamente, em caráter eventual ou em situações de urgência. Tais visitas não alteram a finalidade específica dos apartamentos.

Assim, não se pode proibir a um professor o recebimento de alunos em seu apartamento, para administrar aulas particulares, ou a uma senhora o atendimento de clientes para quem costura, ou mesmo a qualquer pessoa o exercício de uma atividade para terceiros, que a procuram para fazer encomendas ou contratar a prestação de serviços.

Vedada é a prática de atividades que provoquem uma presença constante e assídua de numerosas pessoas, como no caso de o professor acomodar uma sala de aula para grupos de alunos; ou se a costureira monta um *atelier* de confecções numa das peças; ou se é instalada uma oficina de consertos; ou se um contador organiza um escritório de escritas.

Nesta mesma linha de entendimento, desnatura a finalidade residencial do condomínio a locação de quartos do apartamento. Geralmente, as convenções vedam a sublocação de cômodos por parte dos titulares das unidades autônomas, pois seria atribuir uma destinação comercial ao imóvel. Ademais, uma série de inconvenientes aconteceriam. Superlotar-se-ia o edifício e seria provocada uma sobrecarga nos equipamentos comuns, como elevadores, banheiros, instalações elétricas etc.

Há situações que não impedem a sublocação. A diretriz, para bem definir a permissão, está na regra do art. 19 da Lei nº 4.591/1964 e no art. 1.335 do Código Civil atual, onde se assegura a cada condômino o direito de usar e fruir do bem, o que importa que seja com exclusividade, de acordo com as suas conveniências e interesses, desde que observadas as normas de boa vizinhança. Nesta linha, em não vedando a convenção do condomínio a locação parcial ou a sublocação parcial de unidades, só as obstando quando sirvam à formação de pensões, pensionatos, cooperativas ou 'repúblicas', nada pode impedir o direito à sublocação parcial nas hipóteses que não interferem com as determinantes de moralidade, segurança, conforto, tranquilidade e ambiente familiar, ínsitas na respectiva cláusula.

As vedações cingem-se a situações especiais, em que se transformam os apartamentos em verdadeiros pensionatos, desvirtuando a própria natureza de residência familiar ou individual que lhe é peculiar. Bem retrata Orlando Soares quando ocorre a impossibilidade:

> Considera-se, também, que, longe de ser contra a ordem pública, a proibição de locação parcial de uma unidade em edifício corresponde precisamente ao que pretende a lei, isto é, impedir que, por meio oblíquo, se fracionem as unidades em subapartamentos, que acarretaria maior superlotação, agravando as condições de prestação de serviços de água e esgoto. Com efeito, permitir que os proprietários de um edifício de apartamentos os subdividam, pela locação parcial, transformando-os em casas de cômodos, seria distorcer a natureza do edifício, superlotar os elevadores e tornar heterogênea a qualidade de seus moradores, eis que a promiscuidade e o desconforto

dominantes acabariam atraindo e ali reunindo grande número de pessoas suspeitas e de vida irregular, pois os que se parecem se juntam.[41]

A utilização das partes comuns e destinadas a todos por um só condômino é proibida pelo art. 19 da Lei nº 4.591/1964 e pelo art. 1.335 do Código Civil. É que a utilização destas não pode provocar dano ou incômodo aos demais consortes ou moradores, ou embaraço ao bom uso das mesmas por todos.

O art. 10, inc. IV, da Lei nº 4.591/1964 também é expresso: "É defeso a qualquer condômino: (...) IV – embaraçar o uso das partes comuns". No art. 3º, a mesma Lei já se preocupou em bem definir a questão: as partes comuns constituirão condomínio de todos, insuscetíveis de utilização exclusiva por qualquer dos condôminos. De idêntica forma, o § 2º do art. 1.331 do Código atual, depois de especificar as partes comuns, estabelece que serão utilizadas por todos os condôminos.

Quando, portanto, qualquer condômino se apossa de um *hall* de circulação, de um pátio, de uma parte do corredor, do terraço do prédio, de um espaço reservado para a recreação das crianças, está impedindo o uso pelos demais condôminos, autorizandose então ao condomínio ou a qualquer dos coproprietários o ajuizamento da ação competente, geralmente possessória, dirigida a restaurar a ordem anterior.

São obrigados os condôminos a permitir o ingresso, em suas unidades, do síndico e de operários para as reparações de defeitos, geralmente no sistema hidráulico, que provocam danos em apartamentos contíguos, em geral os inferiores.

Ensinam J. Nascimento Franco e Nisske Gondo que, havendo recusa, poderá o condômino prejudicado ajuizar ação de caráter cominatório,

> cumulando-a com pedido de pena pecuniária por dia até o cumprimento da obrigação de não fazer, vale dizer, de abster-se de impedir os serviços necessários. Se a ação for para compelir o causador do dano a saná-lo, ou evitar que ele ocorra, o prejudicado pode agir até por via policial, sem prejuízo de pleitear em juízo medida cautelar adequada, nos termos dos arts. 798 e 799 do Código de Processo Civil.[42]

Os referidos arts. 798 e 799 referem-se a medidas provisórias, diferentes das previstas na então lei processual, que o juiz poderia conceder quando julgasse adequado, como autorizar ou vedar a prática de determinados atos. Com o CPC/2015, existe a tutela provisória com fundamento na urgência ou evidência. A de urgência será cautelar ou antecipada, facultando-se a concessão em caráter antecipado ou antecedente, tudo em vista do ordenamento dos arts. 294 e seguintes.

Aliás, este consenso é a aplicação do art. 1.313, inc. I: "O proprietário ou ocupante do imóvel é obrigado a tolerar que o vizinho entre no prédio, mediante prévio aviso, para: I – dele temporariamente usar, quando indispensável à reparação, construção, reconstrução ou limpeza de sua casa ou do muro divisório". Mas, se daí lhe provier dano, terá direito a ser indenizado, como garante o § 3º do mesmo artigo, dos danos eventualmente ocorridos com a entrada.

Dada a complexidade da matéria que trata das relações derivadas do condomínio, impossível é prever todas as situações ocorríveis. Mas às situações expostas e aos deveres citados, acrescentam-se mais os seguintes:

---

[41] *Incorporações Imobiliárias e Condomínios em Apartamentos*, 1ª ed., Rio de Janeiro, Forense, 1973, p. 102.

[42] *Obra citada*, p. 234.

Cap. XXIII • PROPRIEDADE HORIZONTAL OU EDILÍCIA | 679

– Proibição de depósito de móveis, bicicletas, lixo etc., em lugares de circulação ou pátios.

– Inadmite-se a permanência de pessoas nos salões e no *hall* de entrada do edifício.

– Na inexistência de normas convencionais proibitivas, não podem os condôminos introduzir terceiros, e inclusive empregados domésticos, de modo a utilizarem equipamentos de lazer ou diversões, como piscinas, jardins e praças. A respeito, assentou a Suprema Corte:

> Cláusulas convencionais do condomínio, acerca do uso das piscinas, relativamente aos condôminos, seus familiares e empregados. Restrição impugnada constante de cláusula convencional, que não se refere aos condôminos, mas ao uso das partes comuns por terceiros. Estabelecendo-se a disciplina, no interesse dos condôminos, por todos há de ser respeitada, sem que o procedimento em contrário de qualquer deles se possa autorizar, com invocação aos princípios da igualdade e da propriedade. Quanto à extensão do uso das piscinas a terceiros, inclusive visitantes e serviçais, nada a impedirá, desde que nisso convenham os condôminos, alterando, assim, cláusulas da convenção do condômino.[43]

– Para efeitos tributários, cada unidade autônoma será tratada como prédio isolado, contribuindo o respectivo condômino, diretamente, com as importâncias relativas aos impostos e taxas federais, estaduais e municipais, na forma dos correspondentes lançamentos (art. 11 da Lei nº 4.591/1964, nada constando, a respeito, no Código Civil de 2002).

– Possibilidade de portas para intercomunicações de unidades contíguas do mesmo proprietário unicamente se as paredes divisórias não sirvam de sustentação do edifício, ou de lajes entre unidades superpostas que integram, mesmo parcialmente, a estrutura do prédio.

– Não se permite ao dono de apartamentos alterar a distribuição interna do edifício, mudando a destinação do corredor que serve de entrada privativa de andares superiores.

– O recurso à assembleia geral dos condôminos para certificar-se da fundamentação ou do detalhamento das despesas, ou reclamar a prestação de contas, constitui um direito.

– Reconhece-se ao locatário o direito de pagar os encargos condominiais, se a obrigação consta inserida no texto do contrato de locação. Mesmo a legitimidade ativa para propor as ações versando sobre os pagamentos é admitida.

– Relativamente às despesas decorrentes de inovações ou reformas no edifício, prepondera a obrigatoriedade no pagamento, mesmo que não haja unanimidade de aprovação na assembleia. Importa a aprovação pela maioria simples, eis que se considera a mesma soberana em suas decisões. É suficiente a maioria simples para aprovar inovações, mesmo que voluptuárias, obrigando a todos na satisfação dos encargos decorrentes. Com efeito, reza o § 1º do art. 24 da Lei nº 4.591/1964: "As decisões das assembleias, tomadas em cada caso, pelo *quorum* que a convocação fixar, obrigam todos os condôminos". Regra esta não introduzida no Código Civil aprovado sancionado pela Lei nº 10.406.

Caio Mário da Silva Pereira exige a deliberação unânime unicamente se a inovação atentar contra a estrutura do prédio.[44]

– Impedem-se aos condôminos alterações da fachada do edifício, bem como a execução de obras que comprometam a estrutura ou limitem o direito de uso dos demais condôminos.

---

[43] *Agravo de Instrumento* nº 87.831-9-SP, julgado em 08.06.1982, em Lex – Jurisprudência do Supremo Tribunal Federal, 60/34.

[44] *Condomínio e Incorporações*, ob. cit., p. 147.

Quanto à fachada, a mudança verifica-se em especial com a colocação de painéis e grades em sacadas dos apartamentos, e a instalação de aparelhos de ar condicionado com saída para as paredes externas.

Mesmo aos inquilinos ou ocupantes não proprietários se estendem estas vedações.

No tocante à colocação de grades, não se vislumbra propriamente uma alteração da fachada. Há uma simples implantação de um sistema de proteção, que não redunda em mudança. Ademais, as imposições de ordem prática, recomendadas pelas contingências da vida atual, determinam medidas de segurança de toda a ordem, não podendo prevalecer regulamentações internas e de simples conveniência externa na aparência do edifício.

– A instalação de aparelhos de ar condicionado é admitida, sendo válida a lição de J. Nascimento Franco e Nisske Gondo:

> A utilização do edifício deve adaptar-se às inovações criadas pelo progresso através dos instrumentos de conforto, que diariamente se vão incorporando à vida moderna e que não podem ser usufruídos sem alteração da estrutura dos prédios já construídos. Daí, por exemplo, ser injustificável o impedimento à instalação dos aparelhos de ar condicionado, utilizados no mundo inteiro para manter uma temperatura ambiente agradável, mesmo que para isso se rasguem as paredes da fachada. Aliás, em decisão ainda do Tribunal de Justiça da Guanabara, a Segunda Câmara Cível resolveu que a colocação de aparelho de ar condicionado na fachada do edifício não importa em comprometimento estético ou de segurança quando obediente aos requisitos da boa técnica. Ao condômino, observa o acórdão, cabe disciplinar, mas não proibi-la.[45]

Obviamente, desde que o interessado assuma os custos reclamados pela instalação. Isto especialmente em prédios antigos, em que a força da rede elétrica não comporta a sobrecarga exigida pela rede existente.

Por questão de praticidade, a assembleia deve se manifestar, com a definição de todos quantos revelarem interesse na colocação de aparelhos, arcando eles com as despesas exigidas.

23.8. PODER DE DISPOSIÇÃO DOS CONDÔMINOS SOBRE AS UNIDADES E AS ÁREAS COMUNS

É evidente que se reconhece ao condômino o poder de disposição sobre a unidade autônoma, por decorrência do art. 1.228 do Código Civil. Mais particularizadamente, o art. 19 da Lei nº 4.591/1964 e o art. 1.335 do Código Civil garantem o direito de dispor. Também depreende-se o direito no art. 2º da Lei nº 4.591/1964: "Cada unidade com saída comum, será sempre tratada como objeto de propriedade exclusiva, qualquer que seja o número de suas peças e sua destinação, inclusive edifício-garagem, com ressalva das restrições que se lhe imponham". O § 1º do art. 1.331 do Código Civil vigente, na redação da Lei nº 12.607/2012, traz com precisão o mesmo direito:

> As partes suscetíveis de utilização independente, tais como apartamentos, escritórios, salas, lojas e sobrelojas, com as respectivas frações ideais no solo e nas outras partes comuns, sujeitam-se a propriedade exclusiva, podendo ser alienadas e gravadas livremente por seus proprietários, exceto os abrigos para veículos, que não poderão ser

---

[45] *Obra citada*, pp. 231 e 232.

Cap. XXIII · PROPRIEDADE HORIZONTAL OU EDILÍCIA | **681**

alienados ou alugados a pessoas estranhas ao condomínio, salvo autorização expressa na convenção de condomínio.

Da redação acima extrai-se que abrigos ou vagas para veículos não podem mais ser alienados e alugados a pessoas estranhas ao condomínio, a menos que a convenção contenha autorização expressa.

No pertinente às áreas ou porções comuns, a indicação consta do § 2º do art. 1.331 do Código:

> O solo, a estrutura do prédio, o telhado, a rede geral de distribuição de água, esgoto, gás e eletricidade, a calefação e refrigeração centrais, e as demais partes comuns, inclusive o acesso ao logradouro público, são utilizados em comum pelos condôminos, não podendo ser alienados separadamente, ou divididos.

Inadmissível a separação das unidades individuais das partes comuns, e a alienação separada de uma e outras.

Há, também, as partes acessórias, assim consideradas quando especificadas no ato constitutivo do condomínio, como piscinas, abrigos para veículos, áreas de recreação, salão de festas, que não se concebem desligadas das frações ideais.

O art. 1.339 do Código em vigor encerra norma própria relativa à disposição das partes comuns e das acessórias: "Os direitos de cada condômino às partes comuns são inseparáveis de sua propriedade exclusiva; são também inseparáveis das frações ideais correspondentes às unidades imobiliárias, com as suas partes acessórias".

Proíbe o § 1º, nos casos acima, "alienar ou gravar os bens em separado".

Permite o § 2º "ao condômino alienar parte acessória de sua unidade acessória a outro condômino, só podendo fazê-lo a terceiro se essa faculdade constar do ato constitutivo do condomínio, e se a ela não se opuser a respectiva assembleia geral".

Mais particularizadamente, pelo § 1º do art. 2º da Lei nº 4.591/1964, unicamente aos demais condôminos autoriza-se a venda do direito de parte acessória atinente à guarda de veículo, "independentemente da alienação da unidade a que corresponder, vedada sua transferência a pessoas estranhas ao condomínio".

Dentro do poder de disposição sobre o bem, insere o art. 1.338 do Código Civil atual o de locar a área destinada a abrigo para veículos: "Resolvendo o condômino alugar área no abrigo para veículos, preferir-se-á, em condições iguais, qualquer dos condôminos a estranhos, e, entre todos, os possuidores".

23.9. RESPONSABILIDADE PELAS DESPESAS DE OBRAS QUE FAVORECEM OS CONDÔMINOS

Naturalmente, as despesas pelas obras particulares no apartamento ou unidade recaem na pessoa do respectivo titular. O mesmo acontece naquelas decorrentes de obras nas partes comuns, mas usadas ou aproveitadas por um ou alguns dos condôminos, em obediência ao art. 1.340: "As despesas relativas a partes comuns de uso exclusivo de um condômino, ou de alguns deles, incumbem a quem delas se serve".

Não se pode, pois, exigir da generalidade dos condôminos o ressarcimento do custo das obras cuja fruição restringe-se a um condômino em particular, ou a uma pequena parcela deles. A Lei nº 4.591/1964 não trouxe dispositivo próprio para o assunto, posto que se restringia a atribuir a responsabilidade aos condôminos em geral pelas obras de interesse comum, sobressaindo, pela importância, a regra do § 4º do art. 12:

As obras que interessarem à estrutura integral da edificação ou conjunto de edificações, ou ao serviço comum, serão feitas com o concurso pecuniário de todos os proprietários ou titulares de direito à aquisição de unidades, mediante orçamento prévio aprovado em assembleia geral, podendo incumbir-se de sua execução o síndico, ou outra pessoa, com aprovação da assembleia.

O Código Civil, no art. 1.341, trata da autorização para a construção das obras voluptuárias e das úteis.

A realização de obras no condomínio depende:

I – se voluptuárias, de voto de 2/3 (dois terços) dos condôminos;

II – se úteis, de voto da maioria dos condôminos.

Já o síndico e, se omisso este, mesmo qualquer condômino, sem a prévia autorização, podem realizar as obras necessárias, por autorização do § 1º do art. 1.341: "As obras ou reparações necessárias podem ser realizadas, independentemente de autorização, pelo síndico, ou, em caso de omissão ou impedimento deste, por qualquer condômino". Extrai-se que o ressarcimento das voluptuárias e das úteis recairá nos condôminos que passaram a usufruí-las.

No entanto, se urgentes as obras e excessivo ou elevado o custo, o § 2º do art. 1.341 manda que, de imediato, dará o síndico ou o condômino ciência aos condôminos, convocando a assembleia: "Se as obras ou reparos necessários forem urgentes e importarem em despesas excessivas, determinada sua realização, o síndico ou o condômino que tomou a iniciativa delas dará ciência à assembleia, que deverá ser convocada imediatamente". A urgência decorre de previsibilidade difícil, mas não impossível de acontecer, como rompimento da encanação, pane em máquinas e elevadores, queda de paredes, destelhamento, inundações, arrombamentos, vazamentos da caixa de água, interrupção da rede elétrica. Para ter-se como excessivo o aumento das despesas, deve o valor ultrapassar, no mínimo, a um terço das comumente exigidas.

Se não urgentes as obras ou reparos, e de elevado montante o custo, imprescindível a antecedente autorização da assembleia. É a exigência do § 3º do mesmo art. 1.341:

Não sendo urgentes, as obras ou reparos necessários, que importarem em despesas excessivas, somente poderão ser efetuadas após autorização da assembleia, especialmente convocada pelo síndico, ou, em caso de omissão ou impedimento deste, por qualquer dos condôminos.

Não revelam o caráter de urgência a queda de um muro interno, a rachadura de uma parede divisória, o desabamento de arranjos nos jardins, as fissuras do piso dos passeios.

Por outro lado, não se enquadram como elevadas ou excessivas as despesas exigidas para a reposição de lâmpadas, ou para o conserto de um cano, ou a reposição de vidraças nas janelas, ou a substituição de telhas, ou a troca de chaves, ou reparos no portão de entrada.

Unicamente se necessárias e urgentes as obras importam em reembolso, e desde que caracterizadas como necessárias. As demais, mesmo que tenham trazido benefício comum aos condôminos, não garantem o ressarcimento, por força do § 4º:

O condômino que realizar obras ou reparos necessários será reembolsado das despesas que efetuar, não tendo direito à restituição das que fizer com obras ou reparos de outra natureza, embora de interesse comum.

As obras de utilização comum necessitam da aprovação de dois terços dos condôminos para serem efetuadas, sendo viabilizadas desde que não prejudiquem as partes próprias dos condôminos ou as de todos. É o que encerra o art. 1.342 do Código Civil, repetindo parte do conteúdo do § 3º do art. 1.341:

> A realização de obras, em partes comuns, em acréscimo às já existentes, a fim de lhes facilitar ou aumentar a utilização, depende da aprovação de 2/3 (dois terços) dos votos dos condôminos, não sendo permitidas construções, nas partes comuns, suscetíveis de prejudicar a utilização, por qualquer dos condôminos, das partes próprias, ou comuns.

A construção de um novo pavimento, ou de outro prédio no terreno, requer o consentimento de todos os condôminos. Assim impõe o art. 1.343: "A construção de outro pavimento, ou, no solo comum, de outro edifício, destinado a conter novas unidades imobiliárias, depende da aprovação da unanimidade dos condôminos".

O art. 1.344 atribui ao proprietário de terraço de cobertura, segundo já observado, o ônus das despesas de conservação, devendo evitar danos às unidades inferiores: "Ao proprietário do terraço de cobertura incumbem as despesas da sua conservação, de modo que não haja danos às unidades imobiliárias inferiores".

23.10. ASSEMBLEIA GERAL DOS CONDÔMINOS

É a assembleia geral o órgão deliberativo dos condôminos. Tudo quanto nela ficar decidido terá força de lei, obrigando indistintamente os condôminos, tenham ou não eles participado da mesma.

Dois os tipos de assembleias gerais:

a) A ordinária que se reúne, no mínimo, uma vez por ano, em horário, dia e local previstos na convenção. A sua realização é obrigatória, posto que determinada pela lei.

Reza o art. 24 da Lei nº 4.591/1964:

> Haverá, anualmente, uma assembleia geral ordinária dos condôminos, convocada pelo síndico na forma prevista na convenção, à qual compete, além das demais matérias inscritas na ordem do dia, aprovar, por maioria dos presentes, as verbas para as despesas de condomínio, compreendendo as de conservação da edificação ou conjunto de edificações, manutenção de seus serviços e correlatas.

O art. 1.350 do Código atual, que trata do mesmo assunto, insere outros poderes:

> Convocará o síndico, anualmente, reunião da assembleia dos condôminos, na forma prevista na convenção, a fim de aprovar o orçamento das despesas, as contribuições dos condôminos e a prestação de contas, e eventualmente eleger-lhe o substituto e alterar o regimento interno.

Eis as mais relevantes funções da assembleia geral ordinária, arroladas por João Batista Lopes:

a) Aprovar, por maioria dos presentes, as verbas para as despesas do condomínio, bem como apreciar a prestação de contas do síndico.

b) Eleger o síndico, o conselho consultivo e os subsíndicos ou substitutos.

c) Deliberar sobre a utilização das coisas comuns.

d) Aprovar, pelo *quorum* previsto na convenção, ou, na falta de previsão, por maioria simples, as inovações necessárias.[46]

Quanto ao item "a" anterior, mesmo sem a autorização assemblear é válida a despesa, e debitada por conta do condomínio, se não demonstrada a falta de necessidade, ou a culpa do síndico, no emprego de verba, no que encontra apoio no art. 1.341, § 1º, do Código Civil vigente. É o que já impôs a 3ª Câm. de Direito Privado do TJ de São Paulo, na *Apel. Cível* nº 108.143-4/4, de 14.11.2000:

> A responsabilidade do sindico, por infração de dever funcional, deve ser sancionada como se consistisse na prática de um ilícito civil e não de uma infração contratual e, aqui, torna-se oportuno, novamente comparando a natureza das funções do síndico com a de diretores de sociedade, citar um trecho do ensaio de Orlando Gomes ('Responsabilidade dos Administradores das Sociedades por Ações', *Revista de Direito Mercantil*, Ed. RT, 8/18).

> A vantagem de retirar-se do âmbito contratual a responsabilidade do administrador manifesta-se, dentre outras consequências, quanto ao ônus da prova da culpa, graduação desta, ressarcibilidade de dano imprevisível e prazo da prescrição.

> O condomínio não fez prova da culpa da ex-síndica. A garagem necessitava de pintura e isso justificava a aquisição das latas de tinta, porque, sem o material, as paredes da garagem continuariam mofadas, contrariando a noção de limpeza que deve imperar em ambientes coletivos.[47]

Quanto à assembleia geral extraordinária, autorizada pelo art. 25 da Lei nº 4.591/1964 e pelo art. 1.355 do Código, compete, sobretudo, alterar a convenção do condomínio, exigindo-se *quorum* especial, em se tratando de modificação de normas relativas a direitos ou deveres dos condôminos. Se a convenção reclamar unanimidade para sua alteração, esta será estritamente observada, presente o caráter cogente de que a mesma se reveste.

Mas, se não estabelecido o *quorum* necessário, segue-se o previsto no parágrafo único do art. 25 da Lei nº 4.591/1964: "Salvo estipulação diversa da convenção, esta só poderá ser modificada em assembleia geral extraordinária, pelo voto mínimo de condôminos que representem 2/3 do total das frações ideais". O mesmo *quorum* exige o art. 1.351 do Código, em redação da Lei nº 10.931/2004, enquanto que para a mudança de destinação do edifício, ou da unidade imobiliária, requer-se a aprovação pela unanimidade dos condôminos: "Depende da aprovação de 2/3 (dois terços) dos votos dos condôminos a alteração da convenção; a mudança da destinação do edifício, ou da unidade imobiliária, depende de aprovação pela unanimidade dos condôminos".

De outro lado, como insere o art. 22, § 3º, da Lei nº 4.591/1964, sem regra equivalente no Código Civil, cabe a convocação de assembleia extraordinária no caso de exame do recurso de atos praticados pelo síndico: "A convenção poderá estipular que dos atos do síndico caiba recurso para a assembleia, convocada pelo interessado".

Normalmente, ao síndico confere-lhe a lei convocar a assembleia, na forma estatutária. Não o fazendo, um quarto dos condôminos habilita-se a proceder a convocação, o que se

---

[46] *Obra citada*, p. 64.

[47] *ADV Informativo*, nº 4, expedição de 28.01.2001, p. 60.

encontra assinalado no § 1º do art. 1.350 do Código Civil atual: "Se o síndico não convocar a assembleia, 1/4 (um quarto) dos condôminos poderá fazê-lo". Igual número de condôminos exige o art. 1.355 para a assembleia extraordinária: "Assembleias extraordinárias poderão ser convocadas pelo síndico ou por 1/4 (um quarto) dos condôminos".

Inclusive a um único condômino e até a um estranho reconhece-se o poder da convocação, segundo justificam J. Nascimento Franco e Nisske Gondo:

> O § 3º do art. 22 admite outra hipótese de convocação de Assembleia Geral por um único condômino, ou, mesmo, por estranho, quando ele recorrer e a convenção admitir recurso, para aquele órgão, de ato praticado pelo síndico. Nesse caso, a convocação pode ser promovida até por estranho, porque o § 3º referido fala em "interessado", expressão mais lata do que "condômino". E quando a lei se refere apenas à convocação privativa dos coproprietários, ela usa a palavra "condômino" (art. 25).
>
> Dado o caráter excepcional da hipótese, o interessado que não seja condômino só poderá convocar a Assembleia Geral se a convenção admitir expressamente o apelo, segundo diz o § 3º do art. 22, quando dispõe que ela poderá estipular que dos atos do síndico caiba recurso para a Assembleia. Se a convenção nada disser nesse sentido, cabe aos condôminos, em face da reclamação do interessado, convocar ou não a Assembleia.[48]

O terceiro autorizado a pedir a convocação pode ser inquilino ou ocupante do prédio sem o domínio de uma unidade condominial. Caso o síndico aplicar qualquer multa ao inquilino que embaraçar o uso das partes comuns (art. 10, inc., IV, e § 1º, combinado com os arts. 21 e 22, § 1º, letra "d", e art. 20, da Lei nº 4.591/1964; o art. 1.335, inc. II, os §§ 1º e 2º do art. 1.336, o parágrafo único do art. 1.337, combinados com o art. 1.348, inc. VII, e o art. 1.334, inc. IV, todos do Código Civil em vigor), fica ele com o direito de exigir a assembleia, a fim de examinar o recurso contra a punição.

Como quem convoca a assembleia é o síndico, cabe-lhe receber a irresignação. Se não providenciar na convocação, assegura-se ao interessado requerer judicialmente a sua efetivação.

Em qualquer hipótese de negativa, este direito assiste aos condôminos, e não apenas ao interessado. Com efeito, garante o art. 27 da Lei nº 4.591/1964: "Se a assembleia não se reunir para exercer qualquer dos poderes que lhe competem, quinze dias após o pedido de convocação, o juiz decidirá a respeito, mediante requerimento dos interessados". O art. 1.350, em seu § 2º, contém idêntica regra: "Se a assembleia não se reunir, o juiz decidirá, a requerimento de qualquer condômino".

Não apenas ordenar ao síndico a convocação da assembleia compete ao juiz, como também decidir diretamente o assunto determinante do pedido de convocação. Há situações de improbabilidade da efetivação da assembleia, mesmo que o ordenar o juiz. Então, é mais conveniente à parte que dirija ao Judiciário o conhecimento direto da questão, postulando uma decisão. O procedimento seguirá o caminho dos arts. 719 e seguintes do Código de Processo Civil, com a citação dos interessados, assegurado o prazo de quinze dias para responder. É, outrossim, obrigatória a presença do Ministério Público nos casos do art. 178 do mesmo estatuto.

Para a convocação das assembleias, o síndico expedirá o edital, publicando-se na forma disciplinada na convenção. De modo geral, afixa-se o edital em lugar apropriado e costumeiramente estabelecido para a afixação dos avisos. Comum, também, a convocação através da assinatura de livro próprio, ou de remessa de cartas e telegramas protocolados.

---

[48] *Obra citada*, p. 133.

A convocação é obrigatória, no que dá ênfase o Código, no art. 1.354. "A assembleia não poderá deliberar se todos os condôminos não forem convocados para a reunião".

No edital, constarão a ordem do dia, a data, a hora e o local da reunião, sob pena de nulidade da assembleia. É inadmissível que aspectos de relevância não constem da matéria a ser deliberada, e se incluam entre os assuntos gerais.

O prazo mínimo de antecedência da publicação não poderá exceder de dez dias, de modo a possibilitar aos condôminos se inteirarem das informações necessárias para o ato. De severa observância o prazo estabelecido pela convenção.

A convenção determinará o *quorum* para a aprovação das decisões, de conformidade com o § 1º do art. 24 da Lei nº 4.591/1964. Já o critério para a contagem dos votos nas assembleias está definido no art. 24, § 3º: "Nas assembleias-gerais, os votos serão proporcionais às frações ideais do terreno e partes comuns, pertencentes a cada condômino, salvo disposição diversa da convenção". Leva-se em conta, sempre, o número de pessoas presentes.

O Código, no art. 1.352, para a aprovação em primeira convocação, requer o *quorum* mínimo da maioria dos presentes detentores de, no mínimo, metade das frações ideais: "Salvo quando exigido *quorum* especial, as deliberações da assembleia serão tomadas, em primeira convocação, por maioria de votos dos condôminos presentes que representem pelo menos metade das frações ideais". O número dos presentes deve corresponder, pois, pelo menos à metade das frações ideais. Isto em primeira convocação. Não atingido este mínimo, nova assembleia se realizará, em segunda convocação, de acordo com o art. 1.353. "Em segunda convocação, a assembleia poderá deliberar por maioria dos votos dos presentes, salvo quando exigido *quorum* especial". A segunda convocação poderá ser efetuada junto com a primeira.

Os condôminos presentes contam-se proporcionalmente às frações ideais e às porções comuns, a menos que a convenção diga o contrário, no que se mostra claro o parágrafo único do mesmo art. 1.352: "Os votos serão proporcionais às frações ideais no solo e nas outras partes comuns pertencentes a cada condômino, salvo disposição diversa da convenção de constituição do condomínio".

Inadmite-se o voto prévio e por escrito de ausentes, o que não impede a outorga de procuração para votar.

Sobre a votação e o cômputo dos votos nas decisões, explica Caio Mário da Silva Pereira:

> A Lei do Condomínio e Incorporações manifestou a sua preferência pelo sistema da maioria das pessoas, determinando o art. 24 que se tomem as decisões pela maioria dos presentes. Não é, por certo, um critério perfeito, pois que a maioria presente pode não representar expressão econômica ponderável, em relação ao conjunto, ou pode, mesmo, não corresponder ao número de unidades autônomas. Por isso, acrescenta o § 3º do mesmo artigo que os votos serão proporcionais às frações ideais de terreno, salvo disposição diversa da convenção.

> Pela contagem das pessoas presentes, sem indagar a quantidade de apartamentos de cada uma, qualquer pessoa na presidência da Assembleia poderá, desde logo, e sem recorrer a processos complexos, proclamar a matéria vencida na reunião. E, como hoje é muito frequente a pulverização dominial, a cada proprietário correspondendo uma unidade, aproximadamente a maioria dos presentes corresponderá à maioria dos titulares das unidades.[49]

---

[49] *Condomínio e Incorporações*, ob. cit., p. 187.

23.11. A ADMINISTRAÇÃO E O SÍNDICO

A administração dirige o condomínio, cuidando de todos os seus interesses e controlando a ordem interna. Exerce-se através do síndico, que é escolhido pela assembleia dos condôminos, em observância ao art. 22 da Lei nº 4.591/1964: "Será eleito, na forma prevista pela Convenção, um síndico do condomínio, cujo mandato não poderá exceder a 2 (dois) anos, permitida a reeleição". O sentido vem mantido no art. 1.347 do Código, embora em termos diferentes: "A assembleia escolherá um síndico, que poderá não ser condômino, para administrar o condomínio, por prazo não superior a 2 (dois) anos, o qual poderá renovar-se".

Constitui o síndico o órgão executivo do condomínio. Vem a ser o representante legal dos condôminos, dos quais é considerado mandatário. É ele assessorado por um conselho consultivo, sendo a sua eleição regulada pela convenção. A forma mais aceita e correta de escolha, na assembleia geral para tanto convocada, se realiza através da votação, com a presença, pelo menos, de dois terços das frações ideais do terreno, evitando-se o critério da maioria simples, como geralmente consta das convenções. Mas, sem dúvida, em segunda convocação admite-se qualquer número de votantes, valendo as decisões aprovadas pela maioria dos presentes. O Código Civil atual, no art. 1.352, exige a maioria representativa da metade das frações ideais, a menos que diferentemente venha estabelecido na convenção: "Salvo quando exigido *quorum* especial, as deliberações da assembleia serão tomadas, em primeira convocação, por maioria de votos dos condôminos presentes que representem pelo menos metade das frações ideais". Recorda-se, conforme o parágrafo único, que os votos serão proporcionais às frações ideais no solo e nas outras partes comuns pertencentes a cada condômino, salvo disposição diversa da convenção de constituição do condomínio. Em segunda convocação, na ordem do art. 1.353, a assembleia poderá deliberar por maioria dos votos dos presentes, salvo quando exigido *quorum* especial.

O mandato não poderá exceder de dois anos, ante a norma do art. 22 da Lei nº 4.591/1964 e do art. 1.347 do Código, admitindo-se, entretanto, a reeleição.

Eis as principais atribuições, emanadas de vários itens do art. 22 e outros dispositivos da Lei nº 4.591/1964:

a) Representar, ativa e passivamente, o condomínio, em juízo e fora dele, e praticar os atos de defesa dos interesses comuns.

b) Exercer a administração do edifício, com a obrigação de prestar contas junto à assembleia dos condôminos. Isto pelo menos anualmente.

c) Impor as multas autorizadas na convenção, e prescritas em lei.

d) Cumprir e fazer cumprir a convenção do condomínio, o regimento interno e as deliberações da assembleia.

e) Guardar, durante o prazo mínimo de cinco anos, para eventual necessidade de verificação contábil, toda a documentação relativa ao condomínio.

f) Praticar os atos que lhe atribuem as leis, a convenção, o regimento interno e a assembleia, especialmente no pertinente à vigilância, à moralidade, à segurança e à realização dos serviços que interessam a totalidade dos moradores.

g) Mandar desmanchar as obras irregulares feitas pelos condôminos (art. 10, § 1º).

h) Arrecadar as contribuições dos condôminos e promover contra os devedores a competente ação de cobrança.

i) Executar ou contratar a execução das obras e dos serviços aprovados pela assembleia geral (art. 12, § 4º).

j) Contratar o seguro do edifício contra incêndio (art. 13).

l) Convocar a assembleia geral e as extraordinárias necessárias (arts. 24 e 25).

m) Levar ao conhecimento dos condôminos, até oito dias subsequentes, as decisões das assembleias de condôminos.

n) Admitir e demitir funcionários do edifício, atendendo as obrigações trabalhistas e outros encargos.

o) Ordenar a realização de obras urgentes, especialmente as relativas a vazamento nos canos de água e esgoto, defeitos elétricos, instalações hidráulicas e sanitárias, até o limite do valor permitido na convenção.

p) Manter em dia a escrituração contábil do condomínio, rubricada por dois ou mais condôminos designados pela assembleia.

Na versão do Código Civil atual, discriminam-se as seguintes incumbências, emanadas do art. 1.348:

> Compete ao síndico:
>
> I – convocar a assembleia dos condôminos;
>
> II – representar, ativa e passivamente, o condomínio, praticando, em juízo ou fora dele, os atos necessários à defesa dos interesses comuns;
>
> III – dar imediato conhecimento à assembleia da existência de procedimento judicial ou administrativo, de interesse do condomínio;
>
> IV – cumprir e fazer cumprir a convenção, o regimento interno e as determinações da assembleia;
>
> V – diligenciar a conservação e a guarda das partes comuns e zelar pela prestação dos serviços que interessem aos possuidores;
>
> VI – elaborar o orçamento da receita e da despesa relativa a cada ano;
>
> VII – cobrar dos condôminos as suas contribuições, bem como impor e cobrar as multas devidas;
>
> VIII – prestar contas à assembleia, anualmente e quando exigidas;
>
> IX – realizar o seguro da edificação.

Outros encargos estão disseminados nos dispositivos que tratam da matéria, como o de encaminhar a realização das obras ou reparações necessárias (art. 1.341, § 1º); e dar ciência à assembleia, que deverá ser imediatamente convocada, das obras ou reparos necessários e urgentes que importaram em despesas excessivas (art. 1.341, § 2º).

Quanto à prestação de contas dos valores arrecadados e despendidos, não é pacífico o entendimento se cabível a qualquer condômino ou apenas perante a assembleia.

Caso fique ele obrigado a prestar contas a qualquer condômino, não há dúvidas no tocante ao tumulto que daí poderá advir. Justifica-se, pois, a posição daqueles que são contrários a esta exigência.

De outro lado, não raramente verificam-se abusos ou desmandos dos síndicos, sendo perigoso aguardar-se até a época prevista para o ato da assembleia.

Criou-se uma inteligência assegurando-se ao condômino exigir a prestação na eventualidade de sonegação perante a assembleia geral.

Relativamente à representação do condomínio, admite-se a legitimidade do síndico se estão em jogo interesses de todo o condomínio, e não apenas de alguns condôminos, de interesse particular, como na hipótese de prejuízo sofrido com a ação nociva de outros. Pelo § 1º do art. 1.348 do Código vigente, poderá a assembleia investir outra pessoa, ao invés do síndico, nos poderes de representação.

Estabelece o art. 22, § 4º, da Lei nº 4.591/1964, silenciando sobre o assunto o Código Civil, a possibilidade de remuneração do sindico: "Ao síndico, que poderá ser condômino ou pessoa física ou jurídica estranha ao condomínio, será fixada a remuneração pela mesma assembleia que o eleger, salvo se a convenção dispuser diferentemente".

Como se depreende da norma acima, não se impede que estranho ao condomínio venha a ser escolhido síndico. Já o § 2º do art. 22 da Lei nº 4.591/1964 trata da delegação de funções do síndico: "As funções administrativas podem ser delegadas a pessoa de confiança do síndico, sob a sua inteira responsabilidade, mediante aprovação da assembleia geral dos condôminos". Disposição confirmada pelo § 2º do art. 1.348 do Código: "O síndico pode transferir a outrem, total ou parcialmente, os poderes de representação ou as funções administrativas, mediante aprovação da assembleia, salvo disposição em contrário da convenção".

A contratação de síndico estranho ou a transferência de suas funções é comum, em face das inúmeras atribuições exigidas para o bom funcionamento do condomínio, em especial no respeitante à cobrança de taxas e na confecção da contabilidade. Não se mune o administrador, todavia, de capacidade de representação em juízo ou fora dele, restringindo-se sua atuação a meras funções administrativas, a menos que se lhe confiram poderes de representação, o que admite o Código, no § 1º do art. 1.348.

Questão bastante frequente relaciona-se ao condomínio de fato, sem síndico eleito. O art. 75, inc. XI, do Código de Processo Civil consigna que o síndico ou o administrador representa o condomínio, ativa e passivamente. Não há, entretanto, referência ao condomínio de fato. Assim a jurisprudência equacionou a situação, desde tempo mais antigo:

> Têm sido frequentes os casos em que determinadas coletividades, tendo um patrimônio comum, buscam um fim de interesse geral, sem constituir, no entanto, uma pessoa jurídica. É o que sucede com as sociedades irregulares, consórcios e mesmo com adquirentes de unidades residenciais, como na espécie, em que o incorporador abandona o empreendimento. Não seria justo que ficassem ao desamparo os direitos e interesses dessas pessoas, pela falta de capacidade jurídica. É por isso que a jurisprudência tem aceito a presença em juízo desses comunheiros, tanto ativa, como passivamente, emprestando-lhes não uma capacidade jurídica, mas "capacidade judiciária". Tais entidades têm, assim, capacidade de ser parte, ensina Pontes de Miranda; são capazes processuais.[50]

Consoante o art. 22, § 5º, da Lei nº 4.591/1964, "o síndico poderá ser destituído pela forma e sob as condições previstas na convenção, ou, no silêncio desta, pelo voto de dois terços dos condôminos, presentes, em assembleia geral especialmente convocada". O Código, a respeito, no art. 1.349, aponta quando é permitida a destituição, pela votação favorável da maioria absoluta dos condôminos: "A assembleia, especialmente convocada para o fim estabelecido no § 2º do artigo antecedente, poderá, pelo voto da maioria absoluta de seus membros, destituir o síndico que praticar irregularidades, não prestar as contas, ou não administrar convenientemente o condomínio".

---

[50] *Apel. Cível* nº 23.375, do 2º Tribunal de Alçada Civil de São Paulo, em *Jurisprudência do Condomínio*, de Rubens Limongi França, São Paulo, Editora Revista dos Tribunais, p. 247.

Cessado o clima de confiança em torno da pessoa do síndico, ou em razão de atos ilegais ou nocivos ao conjunto, a destituição opera-se desde que obtida a votação igual ou superior a dois terços dos condôminos presentes, e não de sua totalidade, nos termos da Lei nº 4.591/1964, mas exigindo-se, na modificação vinda com o art. 1.349 do Código atual, a aprovação da maioria absoluta dos condôminos, e não a maioria simples dos presentes.

O § 6º do art. 22 autoriza a eleição de subsíndicos, se o permitir a convenção, com a discriminação das atribuições que lhes competem, estendendo-se o mandato por período não superior a dois anos. O Código Civil é omisso. Na verdade, não careceria que viesse inserida esta faculdade, posto que é natural a eleição de substituto.

A escolha justifica-se mais no conjunto de edifícios, onde o síndico tem a representação legal e aos subsíndicos cabe a administração de cada edifício.

O Conselho Consultivo é mais um órgão que integra a direção do condomínio. Diz o art. 23, da Lei nº 4.591/1964, nada dispondo o Código sobre o assunto: "Será eleito, na forma prevista na convenção, um conselho consultivo, constituído de três condôminos, com mandatos que não poderão exceder de dois anos, permitida a reeleição".

Admite-se a eleição de suplentes com a função de substituição na renúncia ou impossibilidade de comparecimento dos membros efetivos.

A finalidade do órgão está inserta no parágrafo único do art. 23: "Funcionará o conselho como órgão consultivo do síndico para assessorá-lo na solução dos problemas que digam respeito ao condomínio, podendo a convenção definir suas atribuições específicas".

Vê-se, pois, que a função é consultiva, não sendo inviável se lhe confira também o assessoramento ao síndico em tudo quanto interessa à administração.

Certas decisões do síndico ficam sujeitas à aprovação do conselho, segundo deve estar discriminado na convenção, como aquelas que dispõem sobre a realização de obras urgentes e necessárias, o que já se observou, e que o Código vigente, assinala no art. 1.341, § 2º.

De modo geral, não se concebe a remuneração aos membros do conselho. Dada a função mais opinativa ou de assessoramento no sentido de aconselhamento, não se encontra uma razão ponderável para o pagamento, a menos que exigível sua constante presença no edifício, como acontece nos grandes conjuntos habitacionais.

Um conselho fiscal também é viável, composto de três membros, eleitos pela assembleia, por prazo não superior a dois anos, ao qual compete dar parecer sobre as contas do síndico (art. 1.356 do Código Civil de 2002).

23.12. CONDOMÍNIOS FECHADOS E CONDOMÍNIO DE LOTE

Além do condomínio propriamente dito horizontal, há o condomínio fechado, em que se aplicam as regras comuns do condomínio horizontal ou edilício. Nada contempla de específico, sobre o assunto, o Código Civil. Algumas determinações vêm emanadas na Lei nº 4.591/1964, como no art. 8º: "Quando, em terreno onde não houver edificações, o proprietário, o promitente comprador, o cessionário deste ou o promitente cessionário sobre ele erigir mais de uma edificação, observar-se-á também o seguinte".

Nas letras "c" e "d" aparecem as seguintes normas:

– Serão discriminadas as partes do total do terreno que poderão ser utilizadas em comum pelos titulares do direito sobre os vários tipos de unidades autônomas.

Cap. XXIII · PROPRIEDADE HORIZONTAL OU EDILÍCIA | **691**

– Serão discriminadas as áreas que se constituírem em passagem comum para as vias públicas ou para as unidades entre si.

Destacam-se os seguintes tipos:

a) Condomínio em conjuntos de edifícios.

O art. 8ª, letra "b", identifica esta espécie:

> Em relação às unidades autônomas que constituírem edifícios de dois ou mais pavimentos, será discriminada a parte do terreno ocupada pela edificação, aquela que eventualmente for reservada como de utilização exclusiva, correspondente às unidades do edifício, e ainda a fração ideal de todo o terreno e de partes comuns, que corresponderá a cada uma das unidades.

Numa área relativamente extensa, constroem-se conjuntos habitacionais, constituídos de vários edifícios. Reservam-se para o uso comum dos ocupantes as áreas livres, com equipamentos e outras instalações, em geral de alto custo. Enriquecem-se os conjuntos com salões de festas, *playgrounds*, jardins, piscinas, campos para esportes etc.

O condomínio abrange a copropriedade nas áreas e coisas comuns de cada edifício, e nas áreas e coisas comuns em todos os blocos de edifícios.

b) Condomínio em vilas ou conjuntos de casas.

Esta modalidade aparece no art. 8º, letra "a":

> Em relação às unidades autônomas que se constituírem em casas térreas ou assobradadas, será discriminada a parte do terreno ocupada pela edificação e também aquela eventualmente reservada como de utilização exclusiva dessas casas, como jardim e quintal, bem assim a fração ideal de todo o terreno e de partes comuns, que corresponderá às unidades.

Cuida-se, nesta espécie, de condomínio em vila ou conjuntos residenciais urbanos, e em clubes de campos, ou de imóveis sitos em zona litorânea.

De modo geral, o planejamento do condomínio discrimina a extensão do terreno ocupável pelas casas térreas ou assobradadas, e aquela reservada para o ajardinamento, ou sem edificação, incluída dentro da fração ideal constitutiva da quota. Além disso, adquire-se a fração ideal que integra o condomínio e de uso comum.

Destinam-se as áreas comuns para as ruas de acesso às unidades, e que são, portanto, particulares; às praças e jardins, à edificação de equipamentos urbanos de água e luz, e, inclusive, para a construção de escolas, creches, estabelecimentos comerciais, piscinas etc. Trata-se, na prática, de um verdadeiro loteamento, mas que assim não se conceitua juridicamente por diversidade de natureza de um e de outro. Com efeito, o loteamento urbano envolve uma ampliação da cidade, com a abertura de novas artérias e por resultar mais de uma extensão da cidade. Os espaços livres e novas artérias transferem-se para o domínio público, enquanto no condomínio tais áreas formam as partes comuns, indivisíveis e indistintamente do domínio de todos. Em geral, aqueles são mais extensos e correspondem a uma ampliação da extensão da cidade; o último é implantado em uma zona já urbanizada, sem qualquer interferência no sistema dos equipamentos urbanos, tanto que as vias internas não integram o sistema viário do Município.

Prosseguem nas distinções J. Nascimento Franco e Nisske Gondo:

> O art. 8ª aplica-se às vilas situadas dentro de uma quadra urbana e com acesso à via pública por uma passagem particular. Em geral, o proprietário do terreno divide-o em terrenos menores destinados à construção de casas com frente para essa passagem particular, ou para uma área destinada a estacionamento de veículos. Verifica-se, no caso, parcelamento do solo, mas com a finalidade precípua de se construírem casas nos terrenos desmembrados, permanecendo no patrimônio particular as vias de acesso à rua pública. Condição essencial para isso é que os terrenos já estejam edificados ou sejam destinados a edificações.[51]

Enfim, por esta modalidade de condomínio objetiva-se regular o aproveitamento de áreas de dimensão reduzida, no próprio contexto do imóvel, que já tem a infraestrutura implantada.

Tanto na primeira como na segunda espécie, há o parcelamento de área de grande extensão, toda cercada por muros ou alambrados, sendo restrito o ingresso interno às pessoas proprietárias das unidades autônomas e das áreas comuns.

O condomínio divide-se em lotes, reservando-se sempre as áreas de uso de todos, como as destinadas as vias de comunicação, a praças, a equipamentos comuns etc.

O índice de construção nos terrenos é limitado a um percentual fixo.

Por motivos de segurança, em geral contratam-se guardas ou vigilantes, que impedem o ingresso de estranhos.

Como se referiu, as ruas, praças e áreas de lazer não se transferem ao domínio público, o que acontece nos loteamentos abertos, onde as vias de comunicação se ligam ao sistema viário municipal.

Esta não transferência já se encontra reconhecida pelos pretórios:

> Nos loteamentos fechados em condomínio especial, disciplinados no art. 8º da Lei nº 4.591/1964, de ingresso facultado apenas às pessoas autorizadas, as vias de acesso, restritas, não são bens públicos de uso comum do povo certamente porque sempre assim reservadas a essa destinação nos atos constitutivos, não lhes tendo pertinência a exigência contida no art. 19, § 3º, I, "c", do Decreto-Lei Complementar 9/1969.
>
> Quando o condomínio é constituído com a ressalva de continuarem suas vias de acesso ao uso restrito, tais espaços permanecem revestidos dessas características.

Lê-se no voto do relator:

> Esses loteamentos, com essas características, inclusive com ingresso facultado apenas às pessoas autorizadas, eram anotados por Hely Lopes Meirelles mesmo antes desse mais recente diploma legal, observando que tais vias de acesso, restritas, "não são bens públicos de uso comum do povo" (em *Direito Municipal Brasileiro*, 3ª ed., pp. 487 e 644), certamente porque sempre assim reservadas a esta destinação nos atos constitutivos do condomínio especial de que se cuida.[52]

A situação jurídica, no entanto, desses condomínios é assaz complexa.

Não se reconhece o condomínio quando muito extensa a área subdividida e alienada em partes autônomas, sem referência a frações ideais e às partes comuns.

---

[51] *Obra citada*, p. 19.
[52] *Apel. Cível* nº 111.918-2 (Reexame), 11ª Câm. Cível do TJ de São Paulo, julgada em 19.02.1987, em *Revista dos Tribunais*, 619/98.

Se o complexo de residências resultar em um novo aglomerado da cidade, com extensas vias, e mesmo com uma infraestrutura para atender as necessidades básicas de uma população urbana, não pode ser registrada na forma de condomínio.

Mais próprio será o loteamento.

Em circunstâncias semelhantes proclamou-se:

> A doação de partes ideais de terreno a várias pessoas com especificação dos referidos lotes e atribuição de área comum a título de área de lazer não permite dúvidas quanto à real caracterização da forma oblíqua de loteamento, com doação, em vez de venda dos lotes e áreas comuns. Soma-se a essas razões para o indeferimento do registro o fato de o desmembramento não ter sido autorizado pela Prefeitura Municipal.

Explicando a situação, colhe-se do voto embasador do aresto:

> Em primeiro lugar, como acentua a sentença, é evidente a instituição de loteamento na hipótese, disfarçado sob forma de doação a quinze donatários. A especificação dos lotes, com as respectivas metragens, e a atribuição de área comum a título de área de lazer não permitem dúvida razoável quanto à verdadeira natureza da transação. A rigor, não se trata sequer de forma oblíqua de loteamento, a que alude a sentença; o que há, na realidade, é o loteamento de uma gleba, com doação, em vez de venda dos lotes e áreas comuns.[53]

De uma maneira ou outra, devem ser atendidas todas as exigências municipais e o regulamento sobre a política de ocupação do solo, com vista à proteção e preservação do meio ambiente, e relativamente ao abastecimento de água, reserva de áreas verdes, áreas mínimas dos terrenos, largura das ruas etc.

Isto quanto ao processamento administrativo para obter a licença das construções. Há, não restam dúvidas, possibilidades de se burlar a lei municipal e os ordenamentos maiores. A implantação de um condomínio não raramente se presta para descumprir exigências concernentes a equipamentos urbanos de água, luz, educação, recreação, higiene etc.

Nota-se que, no condomínio, não se traz o disciplinamento com respeito ao mínimo de áreas comuns, arruamentos e espaços livres. Nem se cogita de discriminar equipamentos comunitários obrigatórios.

Consequentemente, torna-se mais cômodo implantar um condomínio fechado, onde haverá maior aproveitamento do espaço, com menores exigências administrativas.

Conhecem-se conjuntos de edifícios que ocupam espaços relativamente extensos, com prédios erguidos um ao lado do outro, sem áreas livres para recreação, ou suficientes para a locomoção de pessoas e veículos, propensos a se tornarem verdadeiros pardieiros com o decorrer do tempo.

Evidentemente, sempre quando o condomínio ocupar espaço superior a um quarteirão ou quadra urbana, impõe-se a observância das regras de preservação de áreas livres e de instalação de equipamentos urbanos previstos para o loteamento.

Mais certo seria falar em loteamento fechado, fazendo incidir o regime da Lei nº 6.766/1979.

Parece possível esquematizar algumas situações configuradoras de loteamento, embora a forma opcionada de condomínio:

---

[53] *Apel. Cível* nº 5.387-0, do Conselho Superior da Magistratura do TJ de São Paulo, de 28.02.1986, em *Revista dos Tribunais*, 611/90.

694 | DIREITO DAS COISAS – *Arnaldo Rizzardo*

a) Sempre que uma gleba é dividida em unidades juridicamente autônomas, às quais se vinculam as frações ideais das partes comuns.

b) Quando se conhecer o condomínio em puras vendas de frações ideais dentro do todo, no equivalente a parcelas diminutas relativamente ao todo. Não é possível incutir a convicção de que não se cuida de um loteamento e transferência de reduzidas frações ideais. Observando a situação de loteamento disfarçado, especialmente se as vendas não envolvem construções, cumpre ao oficial do cartório do Registro de Imóveis a impugnação do ato, levantando dúvida perante o juiz da Vara dos Registros Públicos da comarca, se insistir o adquirente.

c) Nas instituições de condomínio de imensas extensões, com sistema viário e equipamentos urbanos comunitários e espaços livres mais próprios do loteamento, segundo anteriormente observado.

Reconhece-se, no entanto, o condomínio, de acordo com Toshio Mukai:

na hipótese de haver um loteamento fechado legal, isto é, aquele que se subsumir inteiramente às disposições da lei de condomínios (com venda de casas térreas ou assobradadas juntamente com o lote, ou pelo menos com a incorporação da edificação), não há que se falar na incidência da Lei nº 6.766/1979, pelo simples fato de que então o empreendimento não poderá ser inquinado de estar burlando a referida lei ou dissimulando um loteamento comum. Esse loteamento é mesmo fechado, conforme admite a Lei nº 4.591/1964, e, portanto, somente são aplicáveis as disposições desta Lei ao seu regime jurídico.[54]

Existe, também, o chamado condomínio de lote.

Realmente, passou a admitir-se o lote em unidade condominial de terreno, diante do § 7º do mesmo art. 2º, incluído pela Lei 13.465/2017, ao estabelecer que "o lote poderá ser constituído sob a forma de imóvel autônomo ou de unidade imobiliária integrante de condomínio de lotes". É possível, pois, subdividir a unidade, evidentemente de terreno, em lotes (pois impossível existir lotes em apartamentos ou prédios). O art. 1.358-A do Código Civil, também introduzido pela Lei 13.465/2017, facilita a compreensão de lotes em condomínio, que não se confunde com condomínio em lotes (duas ou mais pessoas proprietárias do mesmo lote): "Pode haver, em terrenos, partes designadas de lotes que são propriedade exclusiva e partes que são propriedade comum dos condôminos". Importante esclarecer que o lote em condomínio não significa em extinguir o condomínio, ou seja, em separar e distinguir o quinhão de cada condômino, numa espécie de divisão ou demarcação de porções para cada titularidade, mas significa a criação de lotes dentro da unidade condominial para a venda ou colocação à venda. No caso, subdividindo-se a unidade em lotes, é certo que se está criando um loteamento dentro da unidade condominial.

Parece difícil, na prática, a implantação de lotes em uma unidade. Encontra-se viabilidade se localizada a unidade dentro do condomínio. O § 1º do apontado art. 1.358-A sugere uma forma: "A fração ideal de cada condômino poderá ser proporcional à área do solo de cada unidade autônoma, ao respectivo potencial construtivo ou a outros critérios indicados no ato de instituição". Mesmo dizendo que a fração ideal de cada condômino será proporcional à área do solo de cada unidade, como demarcar o lote se a unidade não estiver definida e destacada?

---

[54] *Direito e Legislação Urbanística no Brasil*, São Paulo, Editora Saraiva, 1988, p. 142.

Cap. XXIII · PROPRIEDADE HORIZONTAL OU EDILÍCIA | 695

Os §§ 2º e 3º do mesmo artigo ordenam a aplicação, no que couber, o disposto sobre o condomínio edilício, e a responsabilidade do empreendedor na implantação de infraestrutura no caso de incorporação imobiliária.

23.13. INOVAÇÕES E ALTERAÇÕES DE ÁREAS DAS UNIDADES CONDOMINIAIS

As inovações não podem comportar em mudança da finalidade do bem.

As razões vêm bem expostas no seguinte julgamento:

> A teor da norma contida no art. 628 do Código Civil anterior, são alterações proibidas as que mudam o destino do bem comum, ou lhe transformam o modo de ser, não o sendo as decorrentes de benfeitorias e melhoramentos que aumentam as utilidades da coisa, sem modificarlhe o uso.

O parágrafo único do art. 1.314 do Código Civil atual encerra a norma do art. 628 acima referido, embora com maior extensão: "Nenhum dos condôminos pode alterar a destinação da coisa comum, nem dar posse, uso ou gozo dela a estranhos, sem o consenso dos outros". O consenso da unanimidade é repetido no art. 1.351 do mesmo Código.

Não se tolera a mudança de destino se diversamente não vem contemplado na convenção, ou se há a concordância à unanimidade dos condôminos. Se nada consta previsto, resta evidente a necessidade de todos concordarem, como prossegue a decisão:

> Exige-se para qualquer alteração o consentimento de cada um dos coproprietários ou coparticipantes, de modo que a simples oposição de um deles, por exígua que seja sua quota, basta para a impedir, ainda que todos os outros a queiram e seja efetivamente de vantagem comum.
>
> Que este *jus prohibendi*, conferindo a cada um dos coproprietários, seja tão enérgico a ponto de paralisar a vontade daqueles que representam os interesses prevalecentes, explica-se desde que se considere que alterar a coisa significa modificar o uso a que é destinada, alterar a sua essência ou transformar a sua natureza, o que não pode ser permitido, seja a quem for, sobre a coisa que é ao mesmo tempo objeto do direito de propriedade alheia (Roberto de Ruggiero, *Instituições de Direito Civil*, vol. 2/355).[55]

A alteração de áreas ideais é também proibida, a menos que se consiga o consenso unânime dos condôminos, consoante se manifestou o Supremo Tribunal Federal:

> Condomínio. Fixação da fração ideal do terreno correspondente a cada unidade na convenção condominial. A alteração excepcional da fração depende do consenso de todos os condôminos. Construção no fundo do terreno de novas unidades. Hipótese em que não houve autorização de todos os condôminos. Ação declaratória julgada procedente.

No voto do Min. Neri da Silveira, são trazidos escólios de vários autores:

> Neste caso, a assembleia de condôminos tem o poder de alterar a estimativa das frações. Mas a votação há de ser unânime, pois que o efeito da deliberação repercute na

---

[55] *Apel. Cível* nº 26.444, 3ª Câm. Cível do TA de Minas Gerais, de 11.06.1985, em *Revista dos Tribunais*, 610/223.

esfera jurídica de todos e de cada um, reduzindo os encargos de alguém em prejuízo de outrem, e afetando a distribuição do valor global do edifício (Caio Mário da Silva Pereira, *Condomínio e Incorporações*, p. 82, nº 43).

Wilson Batalha (*Loteamentos e Condomínios*, 1953, Limonad, T. II/210, nº 147) é do mesmo parecer: "É de notar que a quota de cada condômino sobre as coisas comuns, fixada no título, não pode ser alterada pelo voto da maioria; dita alteração somente será possível mediante acordo unânime dos condôminos (...)" Mais especificadamente, observara o mesmo autor na p. 99, nº 78: "Por outro lado, não pode o incorporador acrescentar outros apartamentos não previstos no plano segundo o qual foram iniciadas as vendas; semelhante atitude importaria alterar as condições do negócio e reduzir a quota dos primeiros adquirentes do solo e nas partes comuns do edifício".[56]

Igual entendimento se aplica à modificação de utilização da área comum, sendo exemplo a abertura, por um condômino, de porta ou janela para área de uso comum do edifício. Há necessidade da anuência de todos os demais condôminos, em razão de que a parede que separa as partes comuns dos apartamentos pertence à comunidade condominial.

Ou seja, para modificar ou afrontar o direito de cada condômino sobre as coisas comuns e alterar o destino de fração autônoma do prédio, não é suficiente o voto da maioria, mas imprescindível mostra-se o assentimento de todos os consortes.

De outra parte, havendo o desrespeito aos princípios acima, qualquer condômino está habilitado a ingressar com a ação apropriada: "O condômino tem legitimidade para propor ação demolitória contra outro condômino que realiza obra invasora de área comum, notadamente em caso de omissão do síndico".[57]

23.14. SEGURO DA EDIFICAÇÃO OU DO CONJUNTO DE EDIFICAÇÕES

De acordo com o art. 13 da Lei nº 4.591/1964, é obrigatório o seguro da edificação ou do conjunto de edificações: "Proceder-se-á ao seguro da edificação ou do conjunto de edificações, neste caso, discriminadamente, abrangendo todas as unidades autônomas e partes comuns, contra incêndio ou outro sinistro que cause destruição no todo ou em parte, computando-se o prêmio nas despesas ordinárias do condomínio". O Código Civil atual trata do seguro em dois dispositivos. O primeiro está no art. 1.346, tornando obrigatório o seguro contra o risco de incêndio e de destruição: "É obrigatório o seguro de toda a edificação contra o risco de incêndio ou destruição, total ou parcial". O segundo, no art. 1.348, inc. IX, impondo ao síndico "realizar o seguro da edificação". A Lei nº 4.591/1964 disciplina longamente a matéria, inclusive a reconstrução do prédio, se ocorrer o sinistro, o que se fará com o valor do seguro.

É o seguro obrigatório, impondo-se a sua contratação no prazo de cento e vinte dias a contar da data da concessão do "habite-se", como ordena o parágrafo único do artigo 13 da Lei nº 4.591/1964. Uma vez não celebrado, ficará o condomínio sujeito à multa mensal de 1/12 (um doze avos) do imposto predial, cobrável executivamente pela municipalidade.

A fiscalização e a cobrança competem ao Município, em razão de ser o responsável pelo cumprimento das demais normas e posturas relativas à segurança e higiene dos prédios urbanos.

---

[56] *RE* nº 96.409-6-RJ, de 30.11.1984, em *Revista dos Tribunais*, 607/223.

[57] *Recurso Especial* nº 114.462-PR, da 4ª Turma do STJ, *DJU* de 18.09.2000, em *ADV Jurisprudência*, nº 06, expedição de 11.02.2001, p. 92.

Abrangerá o seguro, na medida do possível, todos os riscos previsíveis, eis que a lei fala em "incêndio ou outro sinistro que cause destruição no todo ou em parte do edifício", envolvendo, portanto, o incêndio, o desabamento, as inundações, os tremores de terra etc.

O valor contratável envolverá o da reconstrução sempre atualizável na forma que convier às partes. Obviamente, não se excluirão as partes privativas dos condôminos.

Diz o § 2º do art. 12, aplicável ao seguro: "Cabe ao síndico arrecadar as contribuições, competindo-lhe promover, por via executiva, a cobrança judicial das quotas atrasadas".

De outro lado, o § 3º do mesmo dispositivo prevê juros e multa na falta de pagamento pelo condômino, nos prazos fixados, respectivamente, em um por cento ao mês, e em até vinte por cento sobre o débito, sempre atualizáveis pela correção monetária.

No caso de sinistro total, ou que destrua mais de dois terços de uma edificação, reunir-se-ão os condôminos em assembleia especial, com o fim de deliberarem sobre uma das seguintes alternativas, por *quorum* mínimo de votos, representativo de metade e mais uma das frações ideais do respectivo terreno:

a) ou a reconstrução do imóvel;
b) ou a venda do terreno e dos materiais que forem salvos, aprovando-se a partilha do valor do seguro global entre os condôminos, sem prejuízo do que receber cada um pelo seguro facultativo de sua unidade.

O *quorum* estabelecido de metade e mais uma das frações ideais do terreno requer que se compute o número total dos votantes, presentes ou ausentes. Não se trata de contagem envolvendo somente os votos dos presentes.

O Código Civil de 2002 cuida da extinção do condomínio pela destruição da edificação ou ameaça de ruína (matéria que será estudada adiante, no item 23.17 do presente Capítulo), prevendo também a possibilidade da reconstrução ou da venda, mas sem tratar do seguro. Eis a regra de seu art. 1.357: "Se a edificação for total ou consideravelmente destruída, ou ameace ruína, os condôminos deliberarão em assembleia sobre a reconstrução, ou venda, por votos que representem metade mais uma das frações ideais". Vê-se que a decisão para uma ou outra solução igualmente requer o *quorum* de metade mais uma das frações ideais.

De acordo com o § 2º do art. 14 da Lei nº 4.591/1964, aprovada a reconstrução, observa-se o mesmo destino, a mesma forma e a mesma disposição interna do prédio, a menos que haja concordância em modificações.

Mas, pelo § 3º do citado dispositivo, não se obrigam os dissidentes a aderir à reconstrução. À maioria faculta-se a adjudicação das quotas daqueles. Não convergindo os condôminos no pertinente ao total dos gastos e à percentagem da parte dos discordantes, proceder-se-á uma avaliação judicial através de vistoria. Esta medida – avaliação judicial – evidentemente requer um pedido em juízo, obedecendo o procedimento dos arts. 719 a 724, por força do art. 725, inc. V, todos do Código de Processo Civil. Depois de apurado o valor, seja amigavelmente ou em juízo, faz-se o depósito, o qual será levantado pelos condôminos que aquiesceram na reconstrução.

O Código Civil, no § 1º do art. 1.357, mantém a avaliação judicial: "Deliberada a reconstrução, poderá o condômino eximir-se do pagamento das despesas respectivas, alienando os seus direitos a outros condôminos, mediante avaliação judicial". Pressupõe-se o caminho dos arts. 719 a 724 da lei de processo civil. Uma vez definido o valor, aos que não concordaram com a reconstrução autoriza-se o levantamento, em conformidade com a norma do § 2º do art. 1.357: "Realizada a venda, em que se preferirá, em condições iguais de oferta, o condômino ao estranho, será repartido o apurado entre os condôminos, proporcionalmente ao valor das suas unidades imobiliárias".

Em suma, tanto pela Lei nº 4.591/1964 como pelo art. 1.357 do Código Civil, procedese à avaliação se não houver acordo quanto ao valor a ser pago aos discordantes, trilhando-se o procedimento dos arts. 719 a 725 do Código de Processo Civil.

A Lei nº 4.591/1964, no art. 15 e em seus vários parágrafos, uma vez feito o depósito, assegura a adjudicação das quotas ideais dos condôminos que não quiseram a reconstrução.

Liminarmente, faculta-se ao juiz conceder a adjudicação à maioria, e o levantamento da importância pela minoria. No Registro de Imóveis, consigna-se o caráter provisório, ou resultante de medida liminar, da adjudicação.

Citam-se os condôminos componentes da minoria.

Se, no final, encontrar-se um valor superior ao depositado, os adjudicantes complementarão a diferença, com juros de um por cento ao mês, contados desde a data da eventual liminar. Se não concedida, os juros serão os legais, calculados a partir da citação.

Após, leva-se a registro definitivo o título. Anota-se no ofício imobiliário o caráter definitivo da adjudicação.

Significando o sinistro uma destruição inferior a dois terços, o síndico promoverá o recebimento do valor do seguro e procederá a reconstrução ou os reparos das partes danificadas.

Sempre que a indenização for insuficiente, caberá o suprimento pelos condôminos, mediante a apresentação do orçamento do custo das obras e o cálculo do rateio da diferença entre todos, exigindo-se, antes da cobrança, a prévia aprovação pela assembleia geral, por força do art. 12, § 4º, da Lei nº 4.591/1964. Salienta-se, no entanto, que a imposição das despesas aos condôminos restringe-se àquelas obras que dizem respeito à estrutura integral da edificação ou conjunto de edificações, ou ao serviço comum, como assegurou o Superior Tribunal de Justiça, no *Recurso Especial* nº 216.161-MG, de 23.08.1999, *DJU* de 28.02.2000.[58]

23.15. COBRANÇA DOS ENCARGOS CONDOMINIAIS

Insere o art. 784, inc. VIII, do Código de Processo Civil, a possibilidade da cobrança dos encargos condominiais mediante o processo de execução: São títulos executivos extrajudiciais: (...) VIII – o crédito, documentalmente comprovado, decorrente de aluguel de imóvel, bem como de encargos acessórios, tais como taxas e despesas de condomínio".

Permite-se, igualmente, a cobrança pelo procedimento comum – art. 318 do CPC: "Aplica-se a todas as causas o procedimento comum, salvo disposição em contrário deste Código ou de lei".

Mais correta é a segunda forma de exigência dos créditos.

É que a execução pressupõe o contrato escrito. Não se considera a convenção um contrato. Seu caráter é predominantemente normativo e institucional. Representa os estatutos do condomínio. Nela constam apenas os critérios para a cobrança. Não fixa o montante devido.

De observar que, pela alteração do CPC/1973 ocorrida em 2006, a matéria ficou inserida no inc. V do art. 585, e que, no vigente diploma, está no art. 784, VIII.

---

[58] *Revista do Superior Tribunal de Justiça*, 129/284.

Cap. XXIII · PROPRIEDADE HORIZONTAL OU EDILÍCIA | 699

Daí que o procedimento adequado para a cobrança de encargos de condomínio, não provados desde logo por contrato escrito, é o comum, pelo qual viabiliza-se a discussão de parcelas exigidas, alteráveis a cada mês, e não raramente aferíveis na contabilidade do condomínio.

Acrescenta-se que a Lei dos Juizados Especiais (Lei nº 9.099, de 26.09.1995), em seu art. 3º, inc. I, coloca a opção do procedimento que delineia para as causas cujo valor não exceda a quarenta vezes o salário mínimo. Inclusive a execução está permitida pela Lei do Juizado Especial, como autoriza o mesmo art. 3º, no § 1º, inc. II, desde que o valor pretendido não ultrapasse ao montante de quarenta salários mínimos, desde que haja contrato escrito e não se enquadre a pretensão dentre as exclusões do § 1º do art. 8º.

De outro lado, havendo copropriedade do mesmo apartamento, a qualquer um dos titulares permite-se exigir a satisfação da obrigação. Há solidariedade na responsabilidade. Nesta linha se manifestava a jurisprudência:

> Despesas condominiais. Duplicidade de titulares sobre uma unidade autônoma. Cobrança ajuizada contra um deles. Admissibilidade porque indivisível a fração autônoma nas relações com os demais condôminos. Solidariedade dos coproprietários, dispensada a citação do outro titular.[59]

No caso de promessa de compra e venda, mesmo que em contrato não registrado, a responsabilidade passiva passa para o promitente adquirente, na ação de cobrança das despesas condominiais: "A cobrança de cotas condominiais deve recair sobre o comprador da unidade adquirida em condomínio, sendo irrelevante o fato da escritura de compra e venda não estar inscrita no Cartório de Imóveis".[60]

Em outro julgamento:

> Já assentou a Corte que o Tribunal pode, de ofício, apreciar a legitimidade de parte. Nas circunstâncias dos autos, tendo o Condomínio conhecimento da existência de adquirente em decorrência de promessa de compra e venda, não tem o vendedor legitimidade para responder pela ação de cobrança, não relevando a ausência de registro no Cartório de Imóveis. Recurso Especial não conhecido.[61]

Mas não se afasta a opção para dirigir a lide tanto contra o promitente comprador como contra o promitente vendedor, na orientação também emanada do Superior Tribunal de Justiça: "A ação de cobrança pode ser dirigida tanto contra aquele em nome de quem está o imóvel registrado no Ofício Imobiliário, como contra o promissário comprador sem registro, conforme o que for mais adequado nas circunstâncias peculiares do caso".[62]

Todavia, não responde o promitente comprador pelas obrigações anteriores à promessa de compra:

---

59 *Agravo de Instrumento* nº 393.367-5, 5ª Câm. Cível do 1º TA de São Paulo, julgada em 31.08.1988, em *Julgados dos Tribunais de Alçada Civil de São Paulo*, Editora Revista dos Tribunais, 112/184.

60 *Recurso Especial* nº 122 924-RJ, da 3ª Turma do STJ, *DJ* de 30.03.1998, em *ADV Jurisprudência*, nº 23, expedição de 14.06.1998, p. 452.

61 *Recurso Especial* nº 237.572-RJ, da 3ª Turma do STJ, *DJ* de 01.08.2000, em *ADV Jurisprudência*, nº 49, expedição de 10.12.2000, p. 779.

62 *Recurso Especial* nº 164.096/SP, *DJ* de 29.06.1998, em *ADV Jurisprudência*, nº 3, expedição de 21.01.2001, p. 43.

DIREITO DAS COISAS – *Arnaldo Rizzardo*

O promitente comprador é parte legítima para responder pelas despesas condominiais se a dívida se refere a período posterior à celebração do contrato de promessa de compra e venda, ainda que não registrado, havendo legitimidade do promitente vendedor somente se o débito cobrado se referir a data anterior à do contrato. Tendo o promitente vendedor transferido a posse dos imóveis em data anterior ao período da dívida, mediante compromisso de compra e venda, não detém ele legitimidade para responder à ação de cobrança das despesas de condomínio.[63]

Não se pense que a inexistência de convenção, ou a falta de seu registro, impede a cobrança das despesas condominiais. Bem evidenciado o dever de pagar nos seguintes argumentos de um julgado:

Não é moralmente admissível que o condômino usufrua dos benefícios à custa dos demais condôminos, o que representaria locupletamento indevido à custa alheia, que o direito e a moral veementemente repelem. Prestados os serviços, legitimado está o condomínio para a cobrança da taxa, porquanto a Convenção 'é de observância obrigatória, não só para os condôminos como para qualquer ocupante de unidade, como prevê expressamente o § 2º do art. 9º da Lei nº da Lei nº 4.591/1964, tornando-se, com o registro, oponível *erga omnes*, daí dizer Marco Aurélio Viana que o registro só é importante contra terceiros (*Teoria e Prática do Direito das Coisas*, Saraiva, 1983, p. 112)'. Precedentes do STJ. Provimento do agravo a fim de que, reformada a decisão, se prossiga na ação de cobrança, reconhecendo-se, destarte, a legitimidade do Condomínio para a cobrança em relação ao condômino, independentemente do registro da Convenção.[64]

A obrigatoriedade anteriormente mencionada, em obedecer a convenção, constante no § 2º do art. 9º da Lei nº 4.591/1964, encontra-se imposta no art. 1.333 do Código Civil atual.

Já em tempos mais antigos, havia firmado o Tribunal de Alçada Cível do Rio de Janeiro, para fins de cobrança das despesas,

a inexigibilidade de registro imobiliário da convenção respectiva, para ser oponível ao condômino, ainda que o titular da unidade não tenha aderido à mesma, desde que aprovada pelo mínimo legal previsto em lei. Existência, ademais, de partes comuns a todas as unidades autônomas existentes na edificação, o que justificaria, por si só, a participação de todos no custeio dos serviços que os beneficiam indiscriminadamente.[65]

Finalmente, não incide a impenhorabilidade do imóvel na cobrança ou execução das despesas de condomínio, dada a exceção prevista no art. 3º, inc. IV, da Lei nº 8.009, de 29.03.1990, em interpretação dada pelo Superior Tribunal de Justiça:

O condomínio em plano horizontal impõe direitos limitantes e limitados e a obrigação *propter rem* de contribuir *pro rata* para as despesas condominiais se transmuda em

---

[63]   *Recurso Especial* nº 258.382-MG, da 4ª Turma do STJ, *DJ* de 25 09.2000, em *ADV Jurisprudência*, nº 1, expedição de 07.01.2001, p. 11.

[64]   *Agravo de Instrumento* nº 2.932/97, da 18ª Câm. Cível do TJ do Rio de Janeiro, de 22.04.1998, em *Direito Imobiliário*, nº 23, expedição de 14.06.1998, p. 452.

[65]   *Embargos Infringentes* nº 16/97, do 4º Grupo de Câmaras do Tribunal de Alçada Cível do RJ, de 05.05.1997, *Direito Imobiliário – COAD*, nº 09, expedição de 08.03.1998, p. 205.

Cap. XXIII · PROPRIEDADE HORIZONTAL OU EDILÍCIA | **701**

indisponibilidade, e inalienabilidade da unidade autônoma, desde o momento em que seu titular se torna inadimplente. O vocábulo "contribuição" a que alude o inc. IV do art. 3º da Lei nº 8.009/1990, não se reveste de qualquer conotação fiscal, mas representa, *in casu*, a quota parte de cada condômino no rateio das despesas condominiais. Nesta circunstância, a obrigação devida em decorrência da má conservação do imóvel da recorrente há de ser incluída na ressalva do mencionado dispositivo.[66]

23.16. INDENIZAÇÃO POR DANOS OCORRIDOS EM UNIDADES CONDOMINIAIS

Seguidas as situações de danos causados em apartamentos, por falhas estruturais de outros apartamentos. Não se cuida, aqui, propriamente de atos voluntários ou deliberados, causando transtornos e incômodos, mas de defeitos internos, decorrentes da construção ou do tempo, que provocam prejuízos ou danos a outras unidades. Situação frequente diz respeito a infiltrações originadas geralmente de pavimentos superiores, e que levam umidade aos situados em patamares inferiores.

É evidente a obrigação de exigir as reparações necessárias, através da competente ação condenatória, com obrigação de fazer, isto é, de realizar obras saneadoras, ou reparos nos equipamentos internos, ou substituição de encanamentos e condutores.

O art. 19 da Lei nº 4.591/1964 dá amparo ao exercício de direitos, na hipótese de uso inconveniente:

> Cada condômino tem o direito de usar e fruir, com exclusividade, de sua unidade autônoma, segundo suas conveniências e interesses, condicionados, umas e outros, às normas de boa vizinhança, e poderá usar as partes e coisas comuns, de maneira a não causar dano ou incômodo aos demais condôminos ou moradores, nem obstáculo ou embaraço ao bom uso das mesmas partes por todos.

O dever de não prejudicar os demais condôminos importa em realizar as obras que evitem prejuízo, e em abster-se de atos potencialmente nocivos.

A recusa em proceder os reparos oportuniza ao ofendido ou credor a iniciativa de sua realização, segundo autorizam os arts. 247 e 249 do Código Civil.

Para tanto, ingressará com a ação apropriada, inclusive oportunizando-se com o pedido de tutela antecipada, de modo a obter comando judicial para os imediatos reparos. Naturalmente, a fim de munir-se de elementos que imprimem certeza nos defeitos e nos danos, infundindo convicção quanto à necessidade das obras, de extrema relevância a produção antecipada de prova, mediante perícia, com o que se levará ao juiz a efetiva comprovação dos defeitos e a causa de sua origem.

Proferida decisão que autoriza o imediato saneamento, e decorrido o prazo concedido para tanto, isto é, verificada a omissão da pessoa obrigada, ao próprio interessado ou autor assiste a sua efetivação, com o posterior ressarcimento. Para a concretização das obras, autorizará o juiz o ingresso no interior da unidade condominial, inclusive com o uso de força policial se houver resistência.

As situações de danos revelam-se, não raramente, de tamanha gravidade, que autorizam inclusive a busca de reparação por dano moral, segundo prepondera na jurisprudência. Fre-

---

[66] *Recurso Especial* nº 198.801-RJ, da 3ª Turma, *DJU* de 02.10.2000, em *ADV Jurisprudência*, nº 5, expedição de 04.02.2001, p. 76.

quentes são os transtornos e incômodos provocados em imóveis localizados em condomínios, decorrentes de infiltrações ocorridas por culpa do proprietário do apartamento superior, e causadas pela falta de impermeabilização adequada das áreas onde existem os vazamentos. Daí, aduziu-se como fundamento para impor a condenação,

> urge que se ponha ponto final no suplício a que estão submetidos o autor e sua família, advindo da incúria e indiferença do réu, que perduram por seis anos, aproximadamente. A hipótese tratada nos presentes autos aborda tema cruciante que ocorre frequentemente na vida dos condomínios, cuja convivência exige compreensão e boa vontade para o fortalecimento do sadio relacionamento entre os integrantes da comunidade condominial. Quando, todavia, ausente aqueles predicamentos, a vida no condomínio resta infernizada.[67]

23.17. EXTINÇÃO DO CONDOMÍNIO

É propriamente impossível extinguir o condomínio formado em edifícios, no qual se atribuem porções ideais aos proprietários sobre uma área de uso individual e sobre áreas de uso de todos. A extinção, no sentido comum, é possível se todas as unidades e os espaços se concentrarem em uma única pessoa. Ainda, e em termos, na hipótese de destruição do edifício. O condomínio persiste sobre o terreno e os escombros ou as sobras.

No entanto, o Código Civil enfocou a destruição e venda no conteúdo de extinção, situações que não se enquadram apropriadamente no sentido de extinção.

Esses assuntos – destruição, reconstrução e venda do que sobra, inclusive o terreno – não vêm intitulados como extinção na Lei nº 4.591/1964. Traçam-se regras justamente sobre os caminhos delineados para a destruição e para quando ocorre a destruição, o que é feito nos arts. 14 e 15, que já se analisou. O próprio Código Civil dá os delineamentos para a eventualidade de sinistro ou da decisão dos condôminos que levam à destruição.

Observe-se seu art. 1.357: "Se a edificação for total ou consideravelmente destruída, ou ameace ruína, os condôminos deliberarão em assembleia sobre a reconstrução, ou venda, por votos que representem metade mais uma das frações ideais".

Os condôminos decidirão, por um *quorum* expressivo, sobre a reconstrução ou a venda.

Mas àqueles que discordarem na reconstrução abre-se o caminho da venda de suas porções aos demais coproprietários, mediante avaliação judicial, consoante está no § 1º do mesmo art. 1.357: "Deliberada a reconstrução, poderá o condômino eximir-se do pagamento das despesas respectivas, alienando os seus direitos a outros condôminos, mediante avaliação judicial". E se não houver interessado na aquisição? Cria-se, então, um impasse. Inviabiliza--se a reconstrução, até porque faltarão recursos, e inaceitável que os demais condôminos suportem os custos da responsabilidade dos titulares que se recusam a contribuir.

Salienta-se que a estranhos permite-se a habilitação para adquirir a quota, se os condôminos se desinteressarem. Não se encontra uma razão que impeça a venda, tanto que é pleno o direito de venda da fração ideal, como decorre do art. 2º da Lei nº 4.591/1964 e do § 1º do art. 1.331 do Código, excetuando a alienação ou aluguel de abrigo ou vagas para veículos a terceiros, o que só poderá ser feito se previsto na convenção do condomínio.

---

[67] *Apel. Cível* nº 15.442/98, da 6ª Câm. Cível do TJ do Rio de Janeiro, *DJ* de 17.02.2000, *in ADV Informativo*, nº 13, expedição de 02.04.2000, p. 216.

Optando-se pela venda, o resultado distribui-se, proporcionalmente ao valor das unidades, de acordo com o § 2º do art. 1.357: "Realizada a venda, em que se preferirá, em condições iguais de oferta, o condômino ao estranho, será repartido o apurado entre os condôminos, proporcionalmente ao valor das suas unidades imobiliárias".

Uma forma mais adaptada à extinção está no art. 1.358 do Código atual, e diz respeito à desapropriação: "Se ocorrer desapropriação, a indenização será repartida na proporção a que se refere o § 2º do artigo antecedente". Reparte-se o montante pago, em valores que corresponderão à porção dos quinhões.

Capítulo XXIV
Propriedade Literária, Científica e Artística

24.1. OBRAS LITERÁRIAS, CIENTÍFICAS E ARTÍSTICAS E DIREITOS AUTORAIS

O Código Civil de 1916, nos arts. 649 a 673, tratava da propriedade literária, científica e artística, dispondo, pois, sobre o direito autoral. O Código Civil de 2002 omitiu qualquer disposição sobre o direito industrial.

Obviamente, o direito autoral existe em razão de ser o criador intelectual proprietário das obras que produz.

Embora a crítica de muitos autores hostilizando a inserção da matéria no universo da propriedade, não deixa de ser verdade que o direito considera um bem valorizável economicamente a emanação do intelecto.

O assunto, atualmente, é tratado pela Lei nº 9.610/1998, que substituiu as disposições da lei civil de 1916 e da Lei nº 5.988/1973.

Dispensa a Constituição Federal proteção à obra de autor, constando no art. 5º, inc. XXVII: "Aos autores pertence o direito exclusivo de utilização, publicação ou reprodução de suas obras, transmissível aos herdeiros pelo tempo que a lei fixar".

Nos itens "a" e "b" do inc. XXVIII, do mesmo dispositivo, estão garantidos alguns direitos ao autor:

> (...) XXVIII – São assegurados, nos termos da Lei:
>
> a) a proteção às participações individuais coletivas e a reprodução da imagem e voz humanas, inclusive nas atividades desportivas;
>
> b) o direito de fiscalização do aproveitamento econômico das obras que criarem ou de que participarem aos criadores, aos intérpretes e às respectivas representações sindicais e associativas.

Cuida-se, aqui, da apreciação exclusiva da obra literária, científica e artística como bem móvel (art. 3º da Lei nº 9.610/1998), ou como propriedade, não interessando o estudo de outros aspectos.

No entanto, é importante ressaltar uma distinção relativamente ao direito da propriedade industrial, ou direito industrial, que também deriva da produção do intelecto.

Tanto uma como outra espécie constituem ramificações distintas dos chamados "direitos intelectuais". O traço característico está na utilidade intelectual da propriedade literária, científica ou artística – a qual se encontra no direito de autor –, enquanto o direito de propriedade industrial traz uma utilidade de ordem material. A primeira visa um fim estético em si, e a segunda procura uma utilidade técnica, de acordo com a explicação de Carlos Alberto Bittar:

> Prevalece então a tese de que ingressam no âmbito do direito de autor as obras cuja função objetiva – independentemente do destino ou da aplicação que se pretenda ou se lhe imprima – consiste em satisfazer objetivos estéticos, ou, por outras palavras, a que atenda a exigências intelectuais, ou, ainda, as que intrinsecamente realizem os referidos fins. Com efeito, a obra de engenho é aquela que, por sua própria natureza, preenche objetivos estéticos ou de conhecimento. Possui, pois, valor estético autônomo. Encerra em si esse atributo, dirigindo-se aos diferentes sentidos do homem. Já a obra industrial tem por objetivo a consecução de uma utilidade material direta; apresenta apenas função utilitária. Consubstancia-se em um objeto de aplicação técnica.[1]

A obra intelectual, entretanto, pode se dirigir a uma destinação industrial – como sucede em muitos casos com a reprodução pictórica em produto industrial, sem que perca o caráter artístico. A tutela será do direito industrial. Da mesma forma, na obra industrial se encontram, não raramente, objetivos artísticos, mas o escopo almejado é a aplicação do produto na consecução de utilidades, ou na solução de problemas técnicos, econômicos e mesmo políticos.

a) Propriedade literária, artística e científica e edição.

A edição decorre do exercício da propriedade literária, artística e científica. Tem a mesma por finalidade estimular, garantir e divulgar a produção literária, artística ou científica. O autor da obra se vale justamente da edição para divulgar sua obra. Daí conceber-se a edição como o contrato pelo qual o autor de obra literária, artística, ou científica concede a alguém o direito exclusivo de reproduzi-la e divulgá-la, mediante certa remuneração. Eduardo Vieira Manso dá um conceito mais amplo:

> Em suma, o contrato de edição é um contrato de concessão de direitos autorais, especificamente do direito de publicação, para cujo exercício o concedente deve transmitir também o direito de reprodução e o de divulgação da obra quando esta seja inédita. É, assim, contrato de gênero próprio (*sui generis*), porque participa de uma classe particular que, por sua vez, se insere no âmbito de uma categoria especial de direitos, como é a dos direitos intelectuais. É contrato de concessão porque a nota característica de tal tipo de contrato reside na transmissão do concedente para o concessionário do exercício de direitos exclusivos próprios daquele, para que utilize o bem sobre o qual recaiam.[2]

O conceito envolve, também, o contrato através do qual um autor ou escritor se obriga a elaborar ou escrever uma obra literária, artística ou científica, sob encomenda de quem se propõe a publicá-la, pessoa esta à qual ficam cedidos os direitos autorais.

Os arts. 53 e 54 da Lei nº 9.610/1998 expressam a ideia de ambos os conceitos, ou seja, de edição propriamente dita e de comprometimento de alguém a elaborar uma obra literária, artística ou científica futura, ou de encomenda de obra futura. Reza o primeiro dispositivo: "Mediante contrato de edição, o editor, obrigando-se a reproduzir e a divulgar a obra literária, artística ou científica, fica autorizado, em caráter de exclusividade, a publicá-la e a explorá-

---

[1] *Direito de Autor na Obra Intelectual*, São Paulo, Editora Revista dos Tribunais, 1981, pp. 33 e 34.

[2] Contrato de Edição, em *Contratos Nominados – Doutrina e Jurisprudência*, São Paulo, Ed. Saraiva, 1995, pp. 13 e 14.

-la pelo prazo e nas condições pactuadas com o autor". E o segundo cânone: "Pelo mesmo contrato pode o autor obrigar-se à feitura de obra literária, artística ou científica em cuja publicação se empenha o editor".

Difere um contrato do outro. Na edição, a obra é apresentada pronta ao editor, enquanto na encomenda a iniciativa é deste, que contrata o autor para a realização da obra. Carlos Alberto Bittar, em livro ainda pertinente, destaca aspectos estruturais deste último tipo:

> a) A iniciativa pertence ao encomendante, que contrata o autor, podendo aquele ser empresário ou particular; b) o objeto – sempre obra intelectual – pode constituir obra destinada à utilização econômica ou ao uso particular; c) na consecução da obra, pode existir plena liberdade do autor ou ingerência do encomendante (...); e) a remuneração é elemento necessário à encomenda em geral, podendo, porém, o autor obrigar-se a título gratuito.[3]

Como se denota das espécies, uma vez realizado o contrato, seja qual for o tipo, o editor obriga-se a efetuar o trabalho, podendo reproduzi-lo pelo processo mecânico que melhor lhe convém. O autor, porém, permanece com a propriedade da obra.

b) Elementos do contrato de edição.

Conterá o contrato de edição as exigências indicadas no parágrafo único do art. 53:

> Em cada exemplar da obra o editor mencionará:
>
> I – o título da obra e seu autor;
>
> II – no caso de tradução, o título original e o nome do tradutor;
>
> III – o ano de publicação;
>
> IV – o seu nome ou marca que o identifique.

Uma série de particularidades seguem relativamente à edição, na ordem a seguir descrita:

Presume-se que o contrato verse sobre apenas uma edição, se o contrário não vier disposto (art. 56).

No silêncio do contrato, considera-se que a tiragem de cada edição compreenda três mil exemplares (parágrafo único do art. 56).

Nada aventado no contrato, arbitra-se o preço da retribuição segundo os usos e costumes locais (art. 57).

Mesmo que entregues em desacordo os originais com o ajustado e não verificada a recusa de parte do editor dentro de trinta dias da entrada, ter-se-ão como aceitas as alterações introduzidas pelo autor (art. 58).

Sejam quais forem as condições do contrato, ao editor cumpre permitir e facilitar o exame da escrituração na parte que lhe corresponde, bem como informar quanto à circulação da obra (art. 59).

É atribuição do editor fixar o preço da obra, sem, no entanto, elevá-lo a ponto de dificultar a venda (art. 60).

No contrato que estipula o pagamento em consonância com a venda da obra, obriga-se o editor a prestar contas mensais (art. 61).

---

[3] *Direito de Autor na Obra Feita sob Encomenda*, São Paulo, Editora Revista dos Tribunais, 1977, p. 113.

Cap. XXIV · PROPRIEDADE LITERÁRIA, CIENTÍFICA E ARTÍSTICA | 707

É concedido um prazo de dois anos para a publicação da obra, contado o início da entrega ao editor, sob pena de rescisão do contrato e responsabilidade por perdas e danos (art. 62 e parágrafo único).

Enquanto não esgotada a edição, veda-se ao autor dispor da obra, ou providenciar em uma reedição. No caso de violação da regra, reconhece-se ao editor exigir a retirada da mesma obra feita por outrem. De observar, porém, o conceito que dá por esgotada a obra: quando restar em estoque com o editor uma quantidade inferior a dez por cento (art. 63 e §§ 1º e 2º).

Decorrido um ano do lançamento da edição, e restando exemplares a ser vendidos, faculta-se ao editor a venda dos daqueles como saldo, isto é, com preço inferior ao fixado no lançamento. Deverá, antes, notificar o autor, para, no prazo de trinta dias, adquirir os referidos exemplares pelo preço de saldo (art. 64).

Esgotada a edição, e não publicar outra o editor, assiste ao autor notificá-lo, para, em prazo concedido, reeditar a obra, sob pena de perda do direito e até responder por perdas e danos (art. 65).

Nas reedições sucessivas, permite-se ao autor realizar as correções, emendas e alterações que lhe aprouver, restando ao editor unicamente a recusa se as últimas prejudiquem seus interesses, ofendam sua reputação ou aumentem sua responsabilidade (art. 66 e parágrafo único).

Reconhece-se ao editor exigir do autor a atualização da obra para as reedições que se seguirem, sempre que o exigir a sua natureza. Negando-se o autor a atender, poderá encarregar outrem, mencionando o fato na edição (art. 67).

24.2. ELEMENTOS HISTÓRICOS

De épocas bastante remotas vêm notícias sobre a propriedade intelectual. O desenvolvimento da indústria tipográfica fez despontar as primeiras manifestações do direito autoral.

De 1709 é a primeira lei de que se tem notícia sobre o assunto, implantada na Inglaterra, e denominada "Statute of Anne", que transferiu dos livreiros o privilégio de fazer cópias dos livros, passando-o para os próprios autores. Antes, e desde a invenção da imprensa, era assegurado o monopólio aos fabricantes, por concessão dos soberanos.

O direito se desenvolveu sobretudo na França, relatando Walter Moraes o seguinte dado:

> Em 1725, Luís de Héricourt, em defesa dos livreiros de Paris contra os das províncias, que se opunham ao monopólio daqueles, dizia que um livreiro que adquiriu um manuscrito e obteve e privilégio de imprimi-lo, deve permanecer proprietário do texto dessa obra perpetuamente, ele e seus herdeiros, como ocorreria se tivesse adquirido um terreno ou uma casa.[4]

Em 1775 e alguns anos após, já se concediam privilégios nas publicações aos herdeiros de Fénelon e La Fontaine. Posteriormente, aos autores dramáticos se assegurava o direito de autorizar a representação pública de suas obras, até que, em 1793, surgiu uma lei francesa de reconhecimento e proteção da propriedade literária e artística. Atribuiu-se ao autor o monopólio de produção e exploração de sua obra.

A proteção restringia-se aos direitos patrimoniais tão somente, como historia Henri Desbois:

---

[4] *Questões de Direito de Autor*, São Paulo, Editora Revista dos Tribunais, 1977, p. 61.

DIREITO DAS COISAS – *Arnaldo Rizzardo*

Les lois de l'époque révolutionnaire, qui demeurent la base du Statut des Auteurs, ne traitent que des intérêts patrimoniaux; le décret des 13 janvier 1791, relatif au droit d'exécution publique ou de représentation, celui des 19 juillet 1793, qui institue et règlement le droit de reproduction, disposent que l'auteur exerce un "droit exclusif", que l'ouevre ne pourra être communiquée au public sans son consentement, ou encore qu'il en aura la propriété exclusive. Manifestement, le législateur s'est préocupé avant tout de l'aspect patrimonial des droits d'auteur, car il limite à un délai déterminé les prérogatives qu'il reconnaît aux auteurs: le droit exclusif, c'est, sinon une propriété, du moins un monopole; l'accent est placé sur le facteur économique.[5]

Por meados do século XIX, já se defendia nos tribunais franceses o direito moral do autor, na defesa de sua obra, se indevidamente utilizada. Em 1880, eram admitidos na Alemanha os direitos à personalidade moral do autor. Atualmente, neste país vigora a Lei de 1965, enquanto na França ainda perdura a Lei nº 57.298, de 11.03.1957. Foi, no entanto, promulgada a Lei nº 85.660, de 3.07.1985, que introduziu inúmeras alterações naquela anterior.

No Brasil, a primeira lei específica a tratar da matéria foi a de nº 496, de 1.08.1898, que versava sobre escritos de qualquer natureza e sobre o domínio literário, científico ou artístico.

Seguiu-se o Código Civil de 1916, que disciplinou a matéria nos arts. 649 a 973.

Cuidaram da matéria, outrossim, a Lei nº 4.944/1966, e seu Decreto regulamentador nº 61.123/1967. Posteriormente, teve grande presença a Lei nº 5.988/1973, até que foi substituída pela Lei nº 9.610/1998, que está em pleno vigor, e nada vindo disposto, como já lembrado, no Código Civil atual.

24.3. PROPRIEDADE LITERÁRIA, CIENTÍFICA OU ARTÍSTICA E DIREITO DE AUTOR

Dizia o art. 649 do Código Civil anterior (sem constar regra equivalente no Código atual): "Ao autor de obra literária, científica ou artística pertence o direito exclusivo de reproduzi-la". Aí estava assente o fundamento da propriedade da obra intelectual.

Na Lei nº 9.610/1998, o mesmo princípio se encontra no art. 22: "Pertencem ao autor os direitos morais e patrimoniais sobre a obra que criou". No art. 28, é reforçado o princípio: "Cabe ao autor o direito exclusivo de utilizar, fruir e dispor da obra literária, artística ou científica".

Como se nota, afirmado se encontra o direito de propriedade por um ou outro diploma legal.

---

[5] *Le Droit d'Auteur*, Paris, Librairie Dalloz, 1950, p. 263. Tradução livre do texto: "As leis da época revolucionária, que continuam sendo a base do Estatuto dos Autores, tratam apenas de interesses patrimoniais; o decreto de 13-19 de janeiro de 1791, relativo ao direito de execução pública ou representação; o de 19 de julho de 1793, que institui e regulamenta o direito de reprodução, prevê que o autor exerce um 'direito exclusivo'; que a obra não pode ser comunicada ao público sem o seu consentimento, ou ainda que ele terá propriedade exclusiva. Obviamente, o legislador estava preocupado principalmente com o aspecto patrimonial dos direitos autorais, porque limita a um prazo determinado as prerrogativas que reconhece aos autores: o direito exclusivo, é, senão uma propriedade, ao menos um monopólio; o foco está no fator econômico".

Cap. XXIV · PROPRIEDADE LITERÁRIA, CIENTÍFICA E ARTÍSTICA | **709**

Por isso, o direito em questão volta-se para a proteção do autor, máxime no que se ajusta ao resguardo da obra de engenho, da criação intelectual ou da produção do espírito.

Os elementos caracterizadores da propriedade ressaltam do art. 28: utilizar, fruir e dispor da obra literária, artística ou científica.

Os termos "utilizar" e "fruir" são redundantes, segundo Walter Moraes, porque "em direito de autor 'utilizar' é o mesmo que auferir proveito econômico, que explorar: coincide justamente com o significado do *jus fruendi*, com fruir".[6]

Não se empregou o termo "usar".

Quanto à palavra "dispor", envolve a transferência ou cessão dos direitos autorais, mas sempre restritivamente, eis que é impossível desvincular-se o criador ou autor da obra. Há a inalienabilidade e a irrenunciabilidade dos direitos morais, como o nome e a defesa contra o plágio e a contrafação.

Claude Colombet considera a obra do autor como um amplo direito:

> La nature juridique du droit d'auteur est donc hybride: droit de propriété, pour l'aspect du droit moral.[7]

24.4. OBJETO DO DIREITO AUTORAL E PROTEÇÃO DE OBRAS LITERÁRIAS, CIENTÍFICAS E ARTÍSTICAS

Primeiramente, necessário salientar que o direito autoral envolve duas dimensões: a pessoal e a patrimonial. A primeira corresponde ao aspecto intelectual e espiritual – que emana da personalidade psíquica. Reconhece-se ao autor a paternidade da obra, que é sua criação. Daí tornar-se a mesma inseparável do autor. Ninguém poderá modificar a autoria, pois perpétua, inalienável e imprescritível. Representa uma extensão da própria personalidade do autor. Torna-se o direito impenhorável, formando o direito moral do autor, eis que não se verifica a exploração econômica do trabalho.

A segunda, ou patrimonial, resume-se na materialização da ideia. Vem a ser a utilização econômica da obra – verificável mediante sua publicação, difusão, tradução e reprodução.

Jefferson Daibert aprofunda a distinção:

> Sob o primeiro aspecto, temos a ideia, a concepção, a criação do espírito. Sob o segundo aspecto, temos a forma que toma: um livro, um quadro, uma estátua etc.
>
> Os dois aspectos ainda oferecem a seguinte distinção: enquanto a obra, no seu conteúdo ideal, permanece inseparável do autor, mesmo que ele ceda a outrem o direito de explorá-la economicamente, no seu conteúdo material (a obra feita), pode ser transferida como objeto de propriedade. Consequentemente, a obra feita é corpo corpóreo, cuja propriedade é transferível.[8]

O objeto propriamente dito do direito do autor, ou propriedade literária, científica ou artística, é a obra, que poderá ser literária, científica ou artística, e não o livro em si. Vale o seu conteúdo, que representa a expressão econômica.

---

[6]   *Obra citada*, p. 64.

[7]   *Propriété Littéraire et Artistique*, Paris, Précis Dalloz, 1976, p. 16. Tradução livre do texto: "A natureza legal dos direitos autorais é, portanto, híbrida: direitos de propriedade, abrangendo aspecto de direitos morais".

[8]   *Obra citada*, p. 234.

Em princípio, constituirá objeto do direito autoral, ou da obra intelectual protegível, geradora de direitos autorais, a que se revelar como criação original, ou elaboração criativa do espírito humano, apta a proporcionar um proveito econômico para seu autor e um proveito intelectual para o público. Não tem relevância preponderante, porém, a causa material, ou a causa final, e nem representa significação decisiva o proveito ou o valor intrínseco resultante da produção. Expõe, a respeito, Eduardo Vieira Manso:

> Sendo certo que o valor ou o mérito da obra intelectual não pode servir de medidas para o seu enquadramento no rol das obras protegidas, porque tanto faz que se trate de um poema de Paulo Bonfim, como de um canto improvisado de um violeiro da Feira de Caruaru; tendo-se como inoperante a destinação da obra, e sendo de nenhum efeito jurídico a sua forma de expressão (romance editado em forma de livro ou disco; em braile ou fotonovelas) ou seu modo de expressão (romance de prosa ou verso, musicado ou não, v.g.), não será, contudo, toda e qualquer obra intelectual que terá o condão de ser considerada digna de integrar o rol das obras protegidas, para causar o nascimento de direitos autorais, nos limites da legislação específica.[9]

Afigura-se como obra de engenho humano a obra do espírito, original e criativa, resultante de uma certa modalidade de especificação de ideias, feita pessoalmente pelo autor, e que objetiva a comunicação ao público de uma necessidade de ordem cultural.

É indispensável que o autor traga um aporte à obra, ou que acrescente algo novo a determinado assunto. Se nada é acrescentado a um tema já conhecido e estudado, dir-se-á que faltam a originalidade, a criação, o interesse e a razão de ser para qualquer proteção. É óbvio que o autor medite sobre o acervo cultural existente quanto a um tema, e o reviva em seu trabalho, mas com a visão ou forma de apresentação específica, com o que imprimirá sua marca ou presença, dando uma feição original à produção.

De acordo com o Código Civil antigo, o que não se repete no em vigor, merecem a proteção legal a obra literária, artística ou científica (art. 649); a tradução (art. 652); a reunião de trechos ou artigos de autores diversos, como jornais, revistas, dicionários etc.; a reprodução de obra entregue ao domínio público (art. 656, parágrafo único); as combinações ou variações autorizadas sobre obra musical (art. 664); as obras derivadas (art. 655); e as paráfrases (art. 665, parágrafo único), desde que não forem verdadeira reprodução da obra original. Paráfrase, explica Carvalho Santos, significa a explicação desenvolvida de um texto de livro, ou o comentário de uma obra, não se permitindo sua publicação a não ser em separado, formando obra sobre si, exceto que tenha o livro parafraseado caído no domínio público.[10]

A Lei nº 9.610/1998 enumera mais extensamente as obras intelectuais consideradas criações do espírito, de qualquer modo exteriorizadas ou fixadas em qualquer suporte, tangível ou intangível, conhecido ou que se invente no futuro.

Eis a ordem, segundo o art. 7º:

> "I – os textos de obras literárias, artísticas ou científicas;
>
> II – as conferências, alocuções e outras obras da mesma natureza;
>
> III – as obras dramáticas e dramático-musicais;

---

[9] *A Informática e os Direitos Intelectuais*, São Paulo, Editora Revista dos Tribunais, 1985, p. 8.
[10] *Obra citada*, vol. VIII, p. 464.

Cap. XXIV · PROPRIEDADE LITERÁRIA, CIENTÍFICA E ARTÍSTICA | **711**

IV – as obras coreográficas e pantomímicas, cuja execução cênica se fixe por escrito ou por qualquer outra forma;

V – as composições musicais, tenham ou não letra;

VI – as obras audiovisuais, sonorizadas ou não, inclusive as cinematográficas;

VII – as obras fotográficas e as produzidas por qualquer processo análogo ao da fotografia;

VIII – as obras de desenho, pintura, gravura, escultura, litografia e arte cinética;

IX – as ilustrações, cartas geográficas e outras obras da mesma natureza;

X – os projetos, esboços e obras plásticas concernentes à geografia, engenharia, topografia, arquitetura, paisagismo, cenografia e ciência;

XI – as adaptações, traduções e outras transformações de obras originais, apresentadas como criação intelectual nova;

XII – os programas de computador;

XIII – as coletâneas ou compilações, antologias, enciclopédias, dicionários, bases de dados e outras obras, que, por seleção, organização ou disposição de seu conteúdo, constituam uma criação intelectual".

Relativamente aos programas de computador, a proteção restringe-se naquilo que não constituir objeto da legislação específica, consoante o art. 7º, § 1º. Sobre a proteção à fotografia, leciona o já citado Newton Silveira:

A fotografia, que só era protegida pela lei anterior se pela escolha de seu objeto e pelas condições de sua execução, possa(m) ser considerada(s) criação artística (art. 6º, VII, da lei anterior), passou a receber tutela sem as referidas condições. Foi, ainda, suprimida a regra do art. 56 da lei anterior, que dispunha que a tradição do negativo 'induz à presunção de que foram cedidos os direitos do autor sobre a fotografia'. A obra fotográfica é objeto do art. 79 da nova lei.[11]

Quanto às modalidades do inc. XIII, as coletâneas ou compilações, como seletas, compêndios, enciclopédias, dicionários, coletâneas de jornais, revistas, de textos legais, de despachos, de decisões ou de pareceres administrativos, parlamentares e judiciais, tornam-se aptas à propriedade desde que algo de novo for acrescentado, segundo orienta a jurisprudência:

Compilar ou coletar textos de leis, arrumando-os, com índices e remissões em rodapés, ainda que constitua prestação que exige gabarito técnico e trabalho exaustivo de pesquisa, não chega a constituir criação intelectual científica, e muito menos artística ou literária. Qualquer pessoa, sem dons especiais, desde que treinada e com medianos conhecimentos de legislação, poderá executar essa tarefa, ainda que nada trazendo de, efetivamente, criativo. O mesmo não acontecerá, por exemplo, se o coletor ou compilador acrescentar algo de novo, quer comentando textos, quer carreando dados doutrinários ou jurisprudenciais, que sirvam para esclarecê-los. O mero arranjo da legislação, em trabalho ordenativo, a remissão de textos e a ordenação de índices remissivos são trabalhos normais das editoras, que podem ser feitos por seus funcionários, nos limites das relações empregatícias, ainda que, por vezes,

---

[11] "Comentários à Nova Lei de Direito Autoral nº 9.610, de 19.02.98", em *Revista da ABPI*, nº 31, São Paulo, nov./dez. de 1997, p. 36.

prefiram elas entregá-los a especialistas que terão, é certo, remuneração condigna pela especialidade e não por eventual criação intelectual (...). Não é criação um trabalho técnico ainda que imponha pesquisa e não prescinda de conhecimentos científicos; sê-lo-á quando se revista de originalidade e traga algo de novo ao que já existe. No campo da compilação, criar não será, simplesmente, ordenar, arrumar, arranjar, mas compor, equacionar, comentar e enriquecer.[12]

A tradução, salienta Eduardo Vieira Manso,

também é uma das obras intelectuais expressamente referidas como espécie de obra derivada, entre as adaptações e outras transformações de obras originárias, condicionando a proteção à existência de prévia autorização para isso e à não ocorrência de dano, além da condição comum a todas as obras do espírito (...). E se a tradução é uma obra protegível pelo direito autoral, o seu autor é também, *ipso facto*, titular de direitos sobre essa obra. Esses direitos, como ressalta óbvio, hão de ser direitos de autor, evidentemente.[13]

No pertinente a projeto arquitetônico, a Indenização é devida se provada a contrafação civil que implica a violação do direito de autor. Indenizáveis, ainda, exemplificativamente, a reprodução de desenho ou imagem escultural não autorizada a contrafação de obra de arte, pois significa a apropriação da própria ideia do artista; a reprodução de gravura em calendário com fins promocionais, sem o nome do autor; e o resumo não autorizado de obra alheia.

24.5. OBRAS EXCLUÍDAS DA PROTEÇÃO

Não é toda a obra que se presta para a proteção intelectual. Certos trabalhos, mesmo de natureza intelectual, ou frutos de uma atividade pessoal de seu autor, revelando ideias e sentimentos, dando uma forma perceptível por alguns dos sentidos do homem, constituindo-se de uma produção original, podem não apresentar qualquer vocação para serem publicados. Não interessará, pois, ao direito autoral sua publicação. É o caso da receita médica, que se dirige a uma única pessoa. Aos demais seres humanos não despertará qualquer interesse. Se algum valor científico inserir, o seu campo de valoração residirá em outro setor.

Eis um exemplo pretoriano que se encontra na mesma situação:

Simples figura geométrica. Novidade não criada. Registro inoperante. Reprodução. Contrafação inexistente. Quem apenas desenha figura geométrica com linhas horizontais e verticais de modo nenhum cria novidade. O fato de haver registro do que se reputa criação intelectual sem o ser não torna a obra intelectual protegível. A reprodução de tal obra, mesmo sem autorização do autor, não constitui contrafação, que só pode ocorrer quando haja reprodução não autorizada de obra intelectual protegível.[14]

Para evitar dúvidas, discrimina o art. 8º as obras afastadas da proteção, mas sem excluir outras situações:

I – as ideias, procedimentos normativos, sistemas, métodos, projetos ou conceitos matemáticos como tais;

---

[12] *Apelação Cível* nº 252.525, da 1ª Câm. do 1º TA Civil de São Paulo, em *Revista dos Tribunais*, 526/131.

[13] "Os Direitos Autorais do Tradutor", em *Revista dos Tribunais*, nº 612, p. 259.

[14] *Apel. Cível do TA Civil de São Paulo*, 2ª Câm., julgada em 9.10.1980.

Cap. XXIV · PROPRIEDADE LITERÁRIA, CIENTÍFICA E ARTÍSTICA | 713

II – os esquemas, planos ou regras para realizar atos mentais, jogos ou negócios;

III – os formulários em branco para serem preenchidos por qualquer tipo de informação científica ou não, e suas instruções;

IV – os textos de tratados ou convenções, leis, decretos, regulamentos, decisões judiciais e demais atos oficiais;

V – as informações de uso comum tais como calendários, agendas, cadastros ou legendas;

VI – os nomes e títulos isolados;

VII – o aproveitamento industrial ou comercial das ideias contidas nas obras.

Salienta José Carlos Costa Neves, quanto à expressa exclusão das *ideias* na proteção:

"A orientação de não ser a 'ideia' objeto de proteção no campo do direito de autor foi consolidada no direito positivo brasileiro pela Lei nº 9.610, de 19.02.1998, que, em seu art. 8º, dispõe que não são objeto de proteção como direitos autorais as ideias".[15]

No regime anterior, inexistia menção a esta forma de produção. No entanto, parece evidente que a norma não abrange a exposição de ideias em um instrumento de veiculação, e assim quando divulgada em livro ou até revistas e jornais.

O trabalho do advogado, externado em uma petição inicial, foi excluído da proteção, de modo que não enseja indenização a sua cópia, por outro advogado:

A petição inicial, sendo um requerimento com indicação de fatos e citações das formas jurídicas, não é obra intelectualmente personalíssima, inovadora, ou capaz de privar a outrem de colacionar-se as mesmas fontes, e, portanto, fora do alcance da proteção dos direitos autorais. O processo é instrumento que pertence ao Estado e a petição inicial é publicizada e tornada oficial à medida que se torna peça do processo, tanto que não pode ser retirada pelo advogado, a pretexto de ser criação de seu espírito. A cópia, por advogado, da petição de outro colega, é atitude que pode até ofender a ética, embora, pelo tradicionário, os advogados fomentem uns aos outros, em mútuo auxílio, com trabalhos já estudados; mas não causa vantagem ao copiador porque ao juiz não revela a beleza do petitório, cabendo-lhe, tão somente, a subsunção dos fatos à vontade da lei, segundo parêmia *dai-me os fatos e eu darei o direito*.[16]

De sorte que é incluída a petição inicial, e assim qualquer criação jurídica no processo, na exceção do art. 8º, inc. IV, da Lei nº 9.610/1998, já que tida como ato oficial, da mesma importância e natureza que os atos do julgador.

Em vista do art. 9º, a cópia de obra de arte plástica feita pelo próprio autor está tanto protegida como a original.

Pela letra do art. 10, a proteção abrange o título da obra intelectual, desde que original e inconfundível com o de obra do mesmo gênero, divulgada anteriormente por outro autor. Estende o parágrafo único a proteção do título de publicações periódicas, inclusive jornais, pelo prazo de um ano após a saída do último número, a menos que sejam as publicações anuais, quando a proteção alonga-se por dois anos.

---

[15] "O novo regime legal brasileiro de direitos autorais", em *Revista da ABPI*, nº 30, São Paulo, set./out. de 1997, p. 6.

[16] *Embargos Infringentes* nº 50.654/2000, da 1ª Câm. Cível do TJ do Distrito Federal, em *ADV Informativo*, nº 7, expedição de 18.02.20001, p. 98.

As adaptações, traduções e demais transformações de obras originais constituem *obras derivadas*, encontrando-se abrangidas pela proteção da lei. Nelas, incluem-se a redução, o resumo, o arranjo musical, a variação sobre tema musical, a criação de novos gêneros de música, a reprodução por som ou técnica de arte, e assim a adaptação de textos literários (romances, contos) em novelas e filmes. O autor do texto ou da obra original autoriza uma terceira pessoa a efetuar a reprodução, que, ao surgir, constituirá um valor distinto da coisa na originalidade existente anteriormente.

Para que uma obra do engenho humano seja considerada como obra do espírito, isto é, obra original, criativa, vale dizer, obra intelectual, é mister que tenha como destino a comunicação pública, eis que tende a satisfazer uma necessidade de ordem cultural. Será obra intelectual, para fins do Direito Autoral, explica Eduardo Vieira Manso, "aquela que, sendo original ou derivada licitamente, pode vir a ser objeto de uma comunicação pública, mediante a qual ela pretende a imortalidade própria e de seu autor". De modo que a obra não divulgada não desperta interesse jurídico-cultural. Logo, prossegue o citado jurista,

> mesmo estando revestida de uma forma original, ou sendo resultado de uma produção criativa de seu autor, se a obra não revelar nenhuma vocação para ser publicada, ela não interessará ao direito autoral e, pois, não gerará, para seu autor, os direitos autorais que a lei proclama. É o caso, p. ex., da receita médica (...), que não tende à comunicação pública, posto que, em si mesma e por si só, não tem a faculdade de despertar nem atender a nenhum interesse público, seja de ordem literária, seja artística.[17]

Pontes de Miranda leciona: "Pelo simples fato de criar, o criador não liga a si a criação, irremissivelmente, sem se ligar a ela. É preciso que a personalidade se afirme, positivamente, nominando a obra, para que se possa falar do exercício do direito autoral de nominação, pois antes havia, apenas, a faculdade de nominar ou não".[18]

Vê-se, deste modo, quais as obras que podem ser objeto do contrato.

Recebendo o editor os originais, examinará se oferecem condições de publicação, e se estão de acordo com o ajustado. Caso não estejam, terá o prazo de trinta dias para devolvê-los, sob pena de serem considerados aceitos. É o que deflui do art. 58 da Lei nº 9.610/1998.

Outrossim, ordena a lei, no silêncio do contrato, que cada edição se constitui de três mil exemplares (art. 56, parágrafo único). Em verdade, ao editor cabe fixar o número de exemplares em cada edição. Não lhe é permitido, porém, reduzir a quantidade de modo a prejudicar a circulação. Embora seja ele quem explora a obra, custeando-lhe a impressão, revisão, encadernação, colocação e publicidade, não é justo que imprima um número inexpressivo de exemplares, de sorte a tornar ilusória a divulgação.

24.6. AUTORIA, REGISTRO E PROPRIEDADE DAS OBRAS INTELECTUAIS

De extrema importância a abordagem da autoria, do registro e da propriedade das obras intelectuais, isto é, das obras literárias, científicas ou artísticas.

a) Autoria das obras intelectuais.

O art. 11 da Lei nº 9.610/1998 define quem é autor: a pessoa física criadora de obra literária, artística ou científica. Trata-se de quem inventa ou traz à vida uma emanação apre-

---

[17] *A Informática e os Direitos Intelectuais*, São Paulo, Editora Revista dos Tribunais, 1985, pp. 8, 9 e 10.

[18] *Tratado de Direito Privado*, 4ª ed., São Paulo, Editora Revista dos Tribunais, 1977, vol. XVI, p. 51.

Cap. XXIV · PROPRIEDADE LITERÁRIA, CIENTÍFICA E ARTÍSTICA | 715

ciável do intelecto, e que representa algum valor cultural, artístico ou científico. Correto o conceito de Carlos Alberto Bittar Filho:

> Considera-se autor a pessoa física criadora de obra protegível, podendo a proteção autoral aplicar-se às pessoas jurídicas nas hipóteses abrangidas pela lei. Do ponto de vista prático, reputa-se autor da obra intelectual, não havendo prova em contrário (presunção *iuris tantum*), aquele que, por uma das modalidades de identificação legalmente previstas (nome civil, completo ou abreviado até por suas iniciais, pseudônimo ou qualquer outro sinal convencional), tiver, em conformidade com o uso, indicada ou anunciada essa qualidade na sua utilização.[19]

O parágrafo único do art. 11 estende a proteção às pessoas jurídicas, nos casos especiais, o que, segundo Antônio Chaves, mas sempre que a lei prever, a pessoa jurídica "tem o direito ao inédito, o direito de publicitário, o direito à paternidade da obra, o direito à integridade da obra, o direito de modificação e até possivelmente o direito de retirada".[20]

A identificação do autor é permitida através do nome civil, completo ou abreviado até por suas iniciais, do pseudônimo ou de outros sinais convencionais (art. 12). Reconhece-se como autor aquele que, por uma das modalidades de identificação acima, tiver anunciado ou indicado essa qualidade na utilização da obra (art. 13). Normalmente, é autor aquele que tem o nome colocado na apresentação da obra.

Estende-se a qualidade de titular dos direitos de autor a quem adapta, traduz, arranja ou orquestra obra caída no domínio público, não podendo opor-se a outra adaptação, arranjo, orquestração ou tradução, salvo se for cópia sua (art. 14). Ou seja, admite-se a titularidade dos direitos de autor, e não a autoria, em favor de quem publica uma obra caída no domínio público ou que, pelo tempo da publicação, não mais fica na esfera da proteção do autor. No entanto, para tais obras, não se impõe a exclusividade. A outro interessado faculta-se a adaptação e outras formas de reviver a obra.

O art. 15 e respectivos parágrafos cuidam da coautoria, considerada como a obra criada por várias pessoas, ou atribuída àqueles em cujo nome, pseudônimo ou sinal convencional for utilizada. Deve resultar ou ser fruto de uma participação essencial, o que não se reconhece relativamente àqueles que simplesmente auxiliaram o autor na produção, ou exerceram atividades de revisão, atualização, fiscalização, direção da edição e apresentação por qualquer meio. Ocorre que, nessas hipóteses, não estão presentes a criatividade e a originalidade, mas desenvolvem-se funções meramente técnicas ou profissionais.

Ao coautor (art. 16 e parágrafo único), cuja contribuição possa ser utilizada separadamente, são asseguradas todas as faculdades inerentes à sua criação como obra individual, vedando-se a utilização que possa acarretar prejuízo à exploração da obra comum. Já na obra audiovisual, assunto que merecerá o estudo mais desenvolvido adiante, todos os participantes são havidos como coautores, e assim o autor do assunto ou argumento literário, musical ou litero musical e o diretor. Já quanto aos desenhos animados, todos quantos criam os desenhos a serem utilizados na obra audiovisual.

Na obra coletiva (art. 17 e parágrafos), isto é, a criada por iniciativa, organização e responsabilidade de uma pessoa física ou jurídica, publicada sob seu nome e com a participação

---

[19] "Apontamentos sobre a nova lei brasileira de direitos autorais", em *Revista de Informação Legislativa*, nº 139, ano 35, julho/setembro de 1998, Brasília, p. 232.

[20] "Os desafios da Lei nº 9.610/98 e a titularidade da pessoa jurídica", em *ADV Seleções Jurídicas*, outubro de 1999, p. 5.

de diferentes autores, fundindo-se as contribuições em uma criação autônoma ou distinta, assegura-se a proteção às participações individuais. Em contrato celebrado com o organizador, especificam-se as contribuições dos participantes, o prazo para a entrega ou conclusão, a remuneração, os direitos e deveres e as condições para a execução. Ao organizador, porém, cabe a titularidade dos direitos patrimoniais sobre o conjunto da obra, ou a obra como um todo. A qualquer dos participantes, no exercício de seus direitos morais, permite-se a proibição de se indicar ou anunciar o seu nome em tal obra.

b) Registro da obra.

Não é obrigatório o registro, como, aliás, se entendia no regime anterior. O art. 18 da Lei nº 9.610/1998 é claro: "A proteção aos direitos de que trata esta Lei independe de registro". No entanto, para fazer prova, e facilitar o exercício de qualquer direito contra a cópia, o plágio, a contrafação, o registro é o instrumento mais apto, de modo a afastar a possibilidade de se alegar a preexistência da obra adulterada.

Existem órgãos próprios onde se efetua o registro. O art. 19, relativamente a tais órgãos, remete ao *caput* do art. 17 e ao seu § 1º, da Lei nº 5.988/1973, perdurando, assim, sua vigência. Reza o art. 17: "Para a segurança de seus direitos, o autor da obra intelectual poderá registrá-la, conforme a sua natureza, na Biblioteca Nacional, na Escola de Música, na Escola de Belas Artes da Universidade Federal do Rio de Janeiro, no Instituto Nacional do Cinema, ou no Conselho Federal de Engenharia, Arquitetura e Agronomia". O § 1º: "Se a obra for de natureza que comporte o registro em mais de um desses órgãos, deverá ser registrada naquele com que tiver maior afinidade

Diferente da lei anterior, admite-se a cobrança de custas ou retribuição para o registro, sendo expresso o art. 20: "Para os serviços de registros previstos nesta Lei será cobrada retribuição, cujo valor e processo de recolhimento serão obedecidos por ato do titular do órgão da administração pública federal a que estiver vinculado o registro das obras intelectuais".

Quanto à organização dos serviços de registro, seguirão os parâmetros do § 2º do art. 17 da anterior Lei nº 5.988/1973, onde se reserva ao Poder Executivo a atribuição de reorganizar ditos serviços, e inclusive de destacar outros órgãos para o registro.

Em consonância com o Decreto nº 824, de 1969, art. 1º, as editoras e gráficas são obrigadas a remeter ao Instituto Nacional do Livro um exemplar de cada obra que editarem, no prazo de dez dias após o lançamento, não tendo, porém, tal providência o efeito de registro.

Com vistas a fazer prova sobretudo perante terceiros, o § 1º do art. 50 faculta a averbação do ato de transferência ou cessão à margem do registro da obra. Se não houver registro da obra, o mesmo dispositivo oferece a alternativa de registrar o contrato no Cartório de Títulos e Documentos.

c) Propriedade das obras intelectuais.

Na Lei nº 9.610/1998, o direito de propriedade aparece no art. 22: "Pertencem ao autor os direitos morais e patrimoniais sobre a obra que criou". Lembra-se que o art. 11 explica que é autor a pessoa física criadora de obra literária, artística ou científica. Com esta definição compreende-se que a propriedade envolve a obra literária, artística ou científica.

No art. 28 é reforçada o princípio de propriedade: "Cabe ao autor o direito exclusivo de utilizar, fruir e dispor da obra literária, artística ou científica". Acrescenta o art. 29 que "depende de autorização prévia e expressa do autor utilização da obra, por quaisquer modalidades".

Cap. XXIV · PROPRIEDADE LITERÁRIA, CIENTÍFICA E ARTÍSTICA | **717**

Como se nota, afirmado se encontra o direito de propriedade no diploma que disciplina a matéria, tal como vinha regido nos diplomas anteriores, e assim na Lei nº 5.988/1998 e no art. 649 do Código Civil de 1916.

O direito em questão volta-se para a proteção do autor, máxime no que se ajusta ao resguardo da obra de engenho, da criação intelectual ou da produção do espírito.

Compõem ou realizam a propriedade os elementos *utilizar*, *fruir* e *dispor* da obra que nasce da atividade do intelecto. Os termos *utilizar* e *fruir* são redundantes, segundo Walter Moraes, porque "em direito de autor 'utilizar' é o mesmo que auferir proveito econômico, que explorar: coincide justamente com o significado do *jus fruendi*, com 'fruir'".[21]

Não se empregou o termo *usar*.

Quanto à palavra *dispor*, envolve a transferência ou cessão dos direitos autorais, mas sempre restritivamente, eis que é impossível desvincular-se o criador ou autor da obra. Há a inalienabilidade e a irrenunciabilidade dos direitos morais, como o nome e a defesa contra o plágio e a contrafação.

24.7. RETRIBUIÇÃO

O direito à retribuição decorre da propriedade, e consiste, em essência, segundo Carlos Alberto Bittar, "em uma exclusividade ao autor – ou a seus sucessores –, pelo prazo da lei, para a utilização econômica da obra, sujeitando-se, pois, à sua autorização toda e qualquer forma possível de aproveitamento, aliás, desde a concepção do mecanismo aos privilégios, como temos notado".[22] Daí decorre o natural direito de retribuição. Havendo exclusividade para a utilização econômica, é óbvia a remuneração.

Em geral, fixa-se a retribuição em torno de um percentual determinado sobre o preço de venda da obra que auferir o editor, menos na cessão dos direitos autorais, quando o preço é maior, por envolver um período de tempo relativamente alto em que ele terá o direito de publicar durante, no máximo, cinco anos, na previsão do art. 51 da Lei nº 9.610/1998. Outrossim, não fixado o preço da retribuição, arbitra-se com base nos usos e costumes, encerrando, a respeito, o art. 57 da citada Lei: "O preço da retribuição será arbitrado com base nos usos e costumes, sempre que no contrato não a tiver estipulado expressamente o autor". Para a fixação do montante, levam-se em conta a importância e a natureza da obra, a notoriedade do autor, as despesas da edição, o círculo de leitores a que a obra se destina e todas as circunstâncias que possam influir sobre o valor venal da obra.

Não se pode olvidar o direito de sequência, estatuído no art. 38, pelo qual é assegurada ao autor a participação, na aquisição do original de uma obra pelo editor, no equivalente a 5% sobre o aumento de preço eventualmente verificável em cada revenda de obra de arte ou manuscrito.

24.8. PUBLICAÇÃO, PROPAGAÇÃO E UTILIZAÇÃO DA OBRA

A publicação vem a ser o modo de se levar ao público a obra. Através dela se dá o aparecimento da obra, ou a sua comunicação ao público, o que significa dar utilidade à criação intelectual. Ou, consoante o art. 5º, inc. II, "o oferecimento de obra literária, artística

---

[21] *Questões de Direito de Autor*, São Paulo, Editora Revista dos Tribunais, 1977, p. 61.

[22] *Contornos Atuais do Direito do Autor*, atualização de Eduardo Carlos Bianca Bittar, 2ª ed., São Paulo, Editora Revista dos Tribunais, 1999, p. 138.

ou científica ao conhecimento do público, com o consentimento do autor, ou de qualquer outro titular de direito de autor, por qualquer forma ou processo".

Pela propagação atinge-se ou consegue-se a publicação. Ou a publicação irradia-se pela propagação.

A utilização compreende o emprego, o uso ou o proveito da obra. A edição, ao mesmo tempo em que realiza a publicação, constitui uma das formas de utilização, ou mais propriamente, visa alcançar a utilização.

No art. 29, quando a lei discrimina os direitos patrimoniais, encontram-se diversas formas de publicação, com a qual se alcança a utilização. Já no art. 5º definem-se alguns caminhos de publicação e utilização.

Das várias maneiras de levar a obra ao público, e de utilizá-la, merecem destaque as seguintes:

a) A reprodução.

É "a cópia de um ou mais exemplares de uma obra literária, artística ou científica ou de um fonograma, de qualquer forma tangível, incluindo qualquer armazenamento permanente ou temporário por meios eletrônicos ou qualquer outro meio de fixação que venha a ser desenvolvido" (art. 5º, inc. VI).

b) A edição.

Além do que já se expôs no item 24.1, aduzem-se as seguintes observações. Lembra-se o conceito, constante no art. 53 da Lei nº 9.610/1998: "Mediante contrato de edição, o editor, obrigando-se a reproduzir e a divulgar a obra literária, artística ou científica, fica autorizado, em caráter de exclusividade, a publicá-la e a explorá-la pelo prazo e nas condições pactuadas com o autor". O art. 54 disciplina o compromisso assumido pelo autor em fazer ou criar a obra. Trata-se do contrato de obra futura.

Revela o modo mais completo de publicação e utilização, eis que, normalmente, esta se realiza através da edição de livros, revistas, jornais, periódicos, cartazes, filmes, representações dramáticas, textos, gravuras, *slides* (produção fotográfica ou cinematográfica fixa), *slogans* (mensagem expressa em poucas palavras), *spots* (anúncio gravado, composto de voz e efeito sonoro, ou somente voz, ou com imagem), desenhos, *jungle* (composição musical ou fonograma de curta duração, gravada em disco ou fita, integrada por texto e música, às vezes acompanhada de imagens), mensagens, disquetes, fax, *pen drive*, Internet etc. Estas manifestações constituem reprodução da obra original.

A edição compreende elementos da reprodução, pois com ela se está repetindo, para a divulgação, da criação do autor. Cuida a edição de um processo inteiro de publicação, incluindo a fixação da obra em suporte gráfico, apresentação, volume e quantidade de exemplares, a colocação à venda e o pagamento dos direitos autorais. Eduardo Vieira Manso destaca a importância do contrato:

> Trata-se do mais específico e adequado instrumento para a regular exploração econômica da obra literária, visto que, por ela, a principal obrigação que o editor assume é a de divulgar essa obra, enquanto para o autor, além da percepção de remuneração correspondente, verá seu primeiro interesse de escritor atendido, qual seja, o da difusão de sua própria criação intelectual.[23]

---

[23]   *Contratos de Direito Autoral*, São Paulo, Editora Revista dos Tribunais, 1989, pp. 46 e 47.

Cap. XXIV · PROPRIEDADE LITERÁRIA, CIENTÍFICA E ARTÍSTICA | 719

c) A tradução.

Trata-se de mais um modo de publicação e utilização. Consta prevista no art. 7º, inc. XI, e inclui-se dentro dos direitos patrimoniais do autor, consoante art. 29, inc. IV, e art. 14, constando deste último: "É titular de direitos de autor quem adapta, traduz, arranja ou orquestra obra caída no domínio público, não podendo opor-se a outra adaptação, arranjo, orquestração ou tradução, salvo se for cópia da sua". Daí encontrar-se protegida a tradução, mas necessitando o tradutor de licença ou autorização do autor original para a reprodução. Não poderá resultar prejuízo ao trabalho original, e apresentando-se como criação intelectual nova.

Dispensa-se a prévia autorização, se cair a obra no domínio público. Tal ocorre nas hipóteses assinaladas no art. 45:

> Além das obras em relação às quais decorreu o prazo de proteção aos direitos patrimoniais, pertencem ao domínio público:
>
> I – as de autores falecidos que não tenham deixado sucessores;
>
> II – as de autor desconhecido, ressalvada a proteção legal aos conhecimentos étnicos e tradicionais.

Além, pois, das previsões dos incisos do art. 45, incluem-se as obras cujos autores tenham falecido há setenta anos contados de 1º de janeiro do ano subsequente ao de seu falecimento, obedecida a ordem sucessória da lei civil, o que se estende também para as obras póstumas (art. 41 e seu parágrafo único). Acrescenta-se, quanto às obras anônimas ou pseudônimas, o prazo é idêntico, mas iniciando o período no dia 1º de janeiro do ano imediatamente posterior ao da primeira publicação (art. 43).

De salientar que o tradutor de obra caída no domínio público não pode opor-se a outra adaptação, arranjo, orquestração ou tradução, salvo se for cópia da sua.

d) Transmissão ou emissão.

Constitui a difusão de sons e imagens, por meio de ondas radioelétricas, sinais de satélite, fio, cabo ou outro condutor, e meios óticos ou qualquer outro processo eletromagnético. Sem dúvida, conduz para a publicação e a utilização as obras de criação do espírito.

e) Retransmissão.

É a emissão simultânea da transmissão de uma empresa por outra. Comum verificar-se nas cadeias que se formam de emissoras de rádios, quando se interligam e transmitem um mesmo programa, gravado e programado por uma delas.

f) Distribuição.

Corresponde a colocação à disposição do público do original ou cópias de obras literárias, artísticas ou científicas, interpretações ou execuções fixadas e fonogramas, mediante a venda, locação ou qualquer outra forma de transferência de propriedade ou posse.

g) Comunicação ao público.

A obra é colocada ao alcance do público, por qualquer meio ou procedimento, que não consista na distribuição de exemplares. Cuida-se da apresentação da obra. Permite-se o seu contato com o público, como na exposição de pinturas, no oferecimento do livro em biblioteca para a leitura, numa audição, no teatro, na exibição de películas cinematográficas.

A matéria é regulada nos arts. 68 e ss. da Lei nº 9.610/1998, onde também trata do recolhimento relativo ao preço pelas apresentações.

Consoante o art. 68, depende de expressa autorização do autor ou titular a utilização, em representações e execuções públicas, de obras teatrais, composições musicais ou litero--musicais e fonogramas.

O § 1º considera a representação pública como a utilização de obras teatrais no gênero drama, tragédia, comédia, ópera, opereta, balé, pantomimas e assemelhadas, musicadas ou não, mediante a participação de artistas, remunerados ou não, em locais de frequência coletiva ou pela radiodifusão, transmissão e exibição cinematográfica.

No § 2º consta a explicação de execução pública: a utilização de composições musicais ou litero-musicais, mediante a participação de artistas, remunerados ou não, ou a utilização de fonogramas e obras audiovisuais, em locais de frequência coletiva, por quaisquer processos, inclusive a radiodifusão ou transmissão por qualquer modalidade, e a exibição cinematográfica.

Arrola o § 3º os locais de frequência coletiva: os teatros, cinemas, salões de baile ou concertos, boates, bares, clubes ou associações de qualquer natureza, lojas, estabelecimentos comerciais e industriais, estádios, circos, feiras, restaurantes, hotéis, motéis, clínicas, hospitais, órgãos públicos da administração direta ou indireta, fundacionais e estatais, meios de transporte de passageiros terrestre, marítimo, fluvial ou aéreo, ou onde quer que se representem, executem ou transmitam obras literárias, artísticas ou científicas.

Os §§ 4º, 5º, 6º, 7º e 8º (redação da Lei nº 12.853/2013) tratam do procedimento para conseguir licença, junto ao escritório central dos direitos autorais, para a apresentação da obra, arrecadação de direitos autorais e comunicação à entidade responsável pela arrecadação.

Várias outras regras seguem nos arts. 69 a 76, e assim no tocante à notificação do empresário do prazo para a apresentação, observados os usos locais; ao direito assegurado ao autor de opor-se à representação ou execução não suficientemente ensaiada, e de fiscalizar as representações ou execuções; à proibição de alteração da obra pelo autor depois de entregue ao empresário, sem consentimento deste; à vedação da entrega da obra a estranhos, sem permissão do autor; à impossibilidade de substituição de intérpretes e dos diretores de orquestras ou coros, quando escolhidos conjuntamente pelo autor e produtor, sem o consentimento do primeiro; a fixação de prazo, pelo autor de obra teatral, ao autorizar a sua tradução ou adaptação, para a sua apresentação em representações públicas, sendo que, decorrido o prazo, não poderá o tradutor ou adaptador opor-se à utilização de outra tradução ou adaptação autorizada, salvo se for cópia da sua; nenhum dos coautores de obra, uma vez concedida a autorização para representação, poderá revogá-la, provocando a suspensão da temporada contratualmente ajustada; é impenhorável a parte do produto dos espetáculos reservados ao autor e aos artistas.

h) Utilização de fonograma.

Fonograma é toda fixação de sons de uma execução ou interpretação ou de outros sons, ou de uma representação de sons que não seja uma fixação incluída em uma obra audiovisual. Trata-se das gravações especialmente de músicas, em cassetes, cartuchos, discos, videofonogramas, CDs, e aparelhos assemelhados, contendo fitas de registro de som gravadas. Corresponde à reprodução ou representação gráfica de sons, ou as vibrações de corpos sonoros em suportes materiais.

No art. 80 da Lei nº 9.610/1998 consta regulada a utilização:

> Ao publicar o fonograma, o produtor mencionará em cada exemplar:
>
> I – o título da obra incluída e seu autor;
>
> II – o nome ou pseudônimo do intérprete;
>
> III – o ano de publicação;
>
> IV – o seu nome ou marca que o identifique.

Já os direitos do produtor de fonogramas aparecem no art. 93, dentro da parte da lei que trata dos direitos conexos, matéria a ser analisada adiante.

A permissão para a gravação livre encontra-se em algumas hipóteses do art. 46, como a do inc. II: "a reprodução, em um só exemplar de pequenos trechos, para o uso privado do copista, desde que feita por este, sem intuito de lucro"; a do inc. V: "a utilização de obras literárias, artísticas ou científicas, fonogramas e transmissão de rádio e televisão em estabelecimentos comerciais, exclusivamente para demonstração à clientela, desde que esses estabelecimentos comercializem os suportes ou equipamentos que permitam a sua utilização"; a do inc. VI: "a representação teatral e a execução musical, quando realizadas no recesso familiar ou, para fins exclusivamente didáticos, nos estabelecimentos de ensino, não havendo em qualquer caso intuito de lucro".

i) Utilização de bases de dados.

A proteção consta no art. 7º, inc. XIII, com a restrição do § 2º, onde se lê que a proteção não abarca os dados ou materiais em si mesmos. Para a proteção, devem as bases de dados estar colocadas ou armazenadas de forma organizada, selecionada, em disposição de conteúdos, a ponto de constituírem uma criação intelectual. Pela consulta, colhem-se os elementos necessários para determinado assunto, constituindo uma fonte de pesquisa e estudo, especialmente na composição de trabalhos.

O art. 87 assegura o direito exclusivo em favor do titular do direito patrimonial sobre uma base de dados, com poderes para:

> I – a sua reprodução total ou parcial, por qualquer meio ou processo;
>
> II – sua tradução, adaptação, reordenação ou qualquer outra modificação;
>
> III – a distribuição do original ou cópias da base de dados ou a sua comunicação ao público;
>
> IV – a reprodução, distribuição ou comunicação ao público dos resultados das operações mencionadas no inciso II acima.

j) A utilização de obra audiovisual.

Aparece conceituada no art. 5º, inc. VIII, letra *i*, da Lei nº 9.610/1998:

> A que resulta da fixação de imagens com ou sem som, que tenha a finalidade de criar, por meio de sua reprodução, a impressão de movimento, independentemente dos processos de sua captação, do suporte usado inicial ou posteriormente para fixá-lo, bem como dos meios utilizados para sua veiculação.

É a hipótese, *v.g.*, de produção cinematográfica.

Constitui outra forma importante de publicação, constando regulada nos arts. 81 e seguintes da Lei nº 9.610/1998.

Realça o art. 81: "A autorização do autor e do intérprete de obra literária, artística ou científica para produção audiovisual implica, salvo disposição em contrário, consentimento para sua utilização econômica". Este dispositivo é semelhante ao art. 84 da revogada Lei nº 5.988/1973. Daí a conclusão de que os artistas e quaisquer outros participantes da obra não aproveitam o resultado econômico que advier da exibição: "Filme de publicidade. Direito autoral. Obra cinematográfica. Direito moral e patrimonial do artista. Inexistência de direito de participação na arrecadação ou no pagamento pela exibição da obra cinematográfica".[24]

Na obra audiovisual destaca-se a produção cinematográfica, cuja empresa cinematográfica tem o direito exclusivo da utilização econômica, que se executa através da distribuição das cópias do filme. No entanto, há na obra coautoria, eis que se alcança o resultado pelas atividades artísticas criadoras e técnicas de várias pessoas, como do autor do roteiro, do adaptador de obra literária, do criador do fundo musical, do diretor artístico, do produtor, dos técnicos de luz, som, filmagem, laboratório e montagem. O artista é um dos componentes dessa obra, consistindo a imagem por ele criada, fixada no filme de celuloide ou por processo magnetoscópico, marcada por seu estilo de interpretação do texto e da representação do mesmo, objeto de direito autoral. Assim, a obra cinematográfica, pelo aspecto autoral, resulta da contribuição do trabalho e da criação de um grupo de pessoas. Nesse sentido que não há autoria, e sim coautoria. Essas pessoas, porém, não têm capacidade financeira para a produção e comercialização dos filmes, tendo somente a de criar a obra.

Daí o financiamento por empresas, que são as únicas titulares da comercialização da obra. Todavia, o aspecto moral do direito autoral dos criadores do filme é assegurado pela indicação no mesmo dos nomes de todas as pessoas que participaram na composição, que não devem ser omitidos, para evitar atribuí-los a terceiros, enquanto o patrimonial garante-se pelo pagamento de direito autoral, na forma ajustada.

Concluída a filmagem, exaure-se o contrato de produção. A partir desse momento passa-se para a industrialização, distribuição e comercialização.

A paternidade da obra fixa assegurada, e é dela que emana o direito autoral do artista, do diretor artístico, do produtor, do compositor musical e de outros integrantes do elenco. Efetuado o pagamento de cada um, na forma do contrato, não têm os coautores, salvo disposição em contrário, participação na comercialização da obra. Concluída a filmagem, passa a ser mercadoria, da qual é titular a empresa cinematográfica.

É da natureza desse produto a exibição em salas especiais, permitindo, assim, o faturamento necessário a cobrir todos os investimentos. Não participam dos lucros obtidos os artistas, o diretor e os demais participantes, que podem impedir a exibição do filme unicamente quando omitidos os respectivos nomes, ou descumpridas as obrigações contratuais.

De modo que os artistas contratam um *cachê* por todo o trabalho.

A exibição desautorizada permite a apreensão:

> Violação de direito autoral. Reprodução irregular de filmes. Apreensão de fitas em videoclube. Medida requerida por particular supostamente lesado e executada por autoridade estadual. Admissibilidade. Tratando-se de reprodução irregular de filme

---

[24] Apel. Cível nº 28.068, da 8ª Câm. Cível do TJ do Rio de Janeiro, de 18.10.1983, em *Revista dos Tribunais*, 570/171.

Cap. XXIV · PROPRIEDADE LITERÁRIA, CIENTÍFICA E ARTÍSTICA | 723

em videocassete, com pedido de apreensão feito por empresa particular que se diz proprietária dos direitos autorais de algumas fitas, a competência para determinar a medida é da autoridade estadual, não tendo sido praticado o crime em detrimento de órgãos federais.[25]

Para a exclusividade, porém, requer-se a autorização em cláusula expressa, cessando dez anos após a celebração do contrato (§ 1º), como impunha a lei anterior. Vários requisitos devem constar em cada cópia da obra, devendo o produtor mencionar (§ 2º):

I – o título da obra audiovisual;

II – os nomes ou pseudônimos do diretor e dos demais coautores;

III – o título da obra adaptada e seu autor, se for o caso;

IV – os artistas intérpretes;

V – o ano de publicação;

VI – o seu nome ou marca que o identifique;

VII – o nome dos dubladores (inc. VII incluído pela Lei nº 12.091, de 2009).

No contrato, estabelecem-se os seguintes requisitos (art. 82):

I – a remuneração devida pelo produtor aos coautores da obra e aos artistas intérpretes e executantes, bem como o tempo, lugar e forma de pagamento;

II – o prazo de conclusão da obra;

III – a responsabilidade do produtor para com os coautores, artistas intérpretes ou executantes, no caso de coprodução.

Importantes, ainda, as seguintes observações:

– Não se admite a interrupção, na atuação, da obra pelo participante. Se ocorrer, incabível opor-se à utilização da obra, e nem que terceiro substitua o que se afastou ou interrompeu a participação, mas ressalvados os direitos quanto à parte já executada (art. 83).

– Fixada a remuneração dos coautores de acordo com os rendimentos da utilização econômica, surge o dever de o produtor prestar contas semestrais, se outro prazo não houver sido convencionado (art. 84).

– Nada havendo sido estabelecido em contrário, admite-se a utilização da obra em gênero diverso da parte que constitua sua contribuição pessoal (art. 85).

– Se o produtor não concluir a obra no prazo ajustado, ou não iniciar a sua exploração dentro de dois anos a contar de sua conclusão, ficará livre a utilização (parágrafo único do art. 85).

Os direitos autorais de execução musical relativos a obras musicais, litero-musicais e fonogramas incluídos em obras audiovisuais serão devidos aos seus titulares pelos responsáveis dos locais ou estabelecimentos a que alude o § 3º do art. 68, que as exibirem, ou pelas emissoras de televisão que as transmitirem (art. 86). Quais os locais referidos no § 3º do art. 68? São os teatros, cinemas, salões, boates, bares, clubes e outros onde se realizam as apresentações.

Em quanto importa o valor de tais direitos. A Lei nº 9.610/1998 é omissa, e também o era a Lei nº 5.988, de 1973. O Decreto-Lei nº 980, de 1969, no art. 1º, fixa em meio por

---

[25] *Revista dos Tribunais*, 613/370.

cento sobre o preço da venda ao público do ingresso padronizado fornecido pelo Instituto Nacional do Cinema.

l) Utilização da obra coletiva.

Obra coletiva corresponde a criada ou elaborada por mais de uma pessoa. Consta definida no art. 7º, letra *h*: "A criada por iniciativa, organização e responsabilidade de uma pessoa física ou jurídica, que a publica sob seu nome ou marca e que é constituída pela participação de diferentes autores, cujas contribuições se fundem numa criação autônoma".

Quando da publicação, o organizador mencionará, em cada exemplar, os seguintes dados, elencados no art. 88:

> I – o título da obra;
>
> II – a relação de todos os participantes, em ordem alfabética, se outra não houver sido convencionada;
>
> III – o ano de publicação;
>
> IV – o seu nome ou marca que o identifique.

Consoante o parágrafo único do art. 88, para valer-se do disposto no § 1º do art. 17, isto é, para proibir que se indique ou anuncie o nome na obra coletiva, sem prejuízo do direito de haver a remuneração contratada, deverá o participante notificar o organizador, por escrito, até a entrega de sua participação.

Importante ressaltar o disposto no *caput* do art. 17, que assegura a proteção às participações individuais em obras coletivas. Ou seja, pelo papel que desempenha o artista ou intérprete, possui direito à proteção e à participação individual. O § 2º, por outro lado, reserva ao organizador a titularidade dos direitos patrimoniais sobre o conjunto da obra coletiva. Em outros termos, pela contratação em si, ou pela apresentação dentro da organização e direção elaborada e imprimida pelo organizador, são protegidos seus direitos patrimoniais, dependendo dele, *v.g.*, a reprodução, ou utilização por outro interessado. Esta proteção não arreda os direitos dos demais participantes, devendo o contrato com o organizador especificar a contribuição do participante, o prazo para a entrega ou realização, a remuneração e as demais condições para sua execução (§ 3º do art. 17).

Se a obra coletiva visou determinada publicação, não se admite outras edições em suportes diferentes do constante na contratação. Assegura-se a proteção ao autor, segundo já decidiu o STJ:

> À obra autoral individual inserida em obra coletiva deve ser assegurada a devida proteção, a teor do art. 17 da Lei n. 9.610/98, motivo pelo qual é importante o objeto do contrato ajustado entre as partes.
>
> Havendo autorização específica do autor da obra para publicação apenas na edição da revista para a qual foi criada, não se pode reconhecer a transferência de titularidade dos direitos autorais para a exposição da obra em um segundo momento, ou seja, no Acervo Digital Veja 40 anos.
>
> Ao proceder a nova publicação da obra na internet, há evidente extrapolação daquilo que foi contratado pelas partes, violando-se os direitos autorais reclamados.[26]

---

[26]   REsp 1.556.151/SP, da 3ª Turma, rel. Min. João Otávio de Noronha, j. em 4.08.2016, *DJe* de 8.09.2016.

m) Utilização da obra de artes plásticas.

Obra de arte plástica abrange a criação de estátuas ou imagens de material moldável, como de barro, gesso etc. Neste campo da arte, a originalidade é especificamente atinente aos sentidos, e não quanto às ideias. A criação surge do contorno externo da estrutura, e não da ideia ou do conceito sobre a arte, que pode se repetir indefinidamente.

A proteção, pois, se baseia não na originalidade do modelo e nas ideias sobre determinada arte, mas nos traços caracterizadores da arte.

A Lei nº 9.610/1998, em dois artigos regula a utilização da obra em exame. No art. 77: "Salvo convenção em contrário, o autor de obra de arte plástica, ao alienar objeto em que ela se materializa, transmite o direito de expô-la, mas não transmite ao adquirente o direito de reproduzi-la".

De sorte que se restringe a utilização à mera exposição. Para a reprodução, exige-se autorização por escrito, como ordena o art. 78: "A autorização para reproduzir obra de arte plástica, por qualquer processo, deve se fazer por escrito e se presume onerosa".

A Lei nº 5.988, de 1973, ao dispor sobre o assunto, trazia séria contradição diante da redação dos arts. 80 e 81. Eis o primeiro: "Salvo convenção em contrário, o autor de obra de arte plástica, ao alienar o objeto em que ela se materializa, transmite ao adquirente o direito de reproduzi-la, ou expô-la ao público". O segundo: "A autorização para reprodução de obra de arte plástica, por qualquer processo, deve constar de documento e se presume onerosa". Enquanto o art. 80 permitia a reprodução, o segundo impunha autorização escrita. A doutrina divergia na procura de elucidação das regras com conteúdos diferentes.

Na lei vigente não mais persiste o dilema, anotando Roberto Eiras Messina:

> A contradição existente, pois, entre os dispositivos da lei vigente, que tanta celeuma causou, aparentemente deixará de existir com a entrada em vigor da nova lei.
>
> O recurso a práticas infundadas, por pessoas mal-intencionadas, deverá cessar – ou ser substancialmente reduzido – no concernente à reprodução de obras de arte plástica cujo original tenha sido alienado, sem transmissão daquele direito exclusivo do autor, conforme reza a Constituição Federal.[27]

n) Utilização de obra fotográfica.

De modo geral, permite o art. 79 ao autor de obra fotográfica o direito à venda, mas desde que se respeitem as restrições concernentes à exposição, à reprodução e à venda de retratos. Estes (os retratos), efetivamente, não são transferíveis, para não ofenderem o direito de privacidade das pessoas.

Outrossim, quanto às fotografias de artes plásticas, prevalecem os direitos estatuídos para seu autor. Esta a letra do dispositivo: "O autor de obra fotográfica tem direito a reproduzi-la e colocá-la à venda, observadas as restrições à exposição, reprodução e venda de retratos, e sem prejuízo dos direitos de autor sobre a obra fotografada, se de artes plásticas protegidas".

Para a reprodução da fotografia, é necessária a autorização da pessoa fotografada, como já advertiu o Supremo Tribunal Federal em antiga decisão – Recurso Extraordinário nº 91.328-SP, rel. Min. Djaci Falcão, j. em 2.10.1981, publ. no *DJ* de 11.12.1981, mas cujo teor ainda tem plena aplicabilidade:

---

[27] "Utilização de obra de arte plástica na recém-promulgada Lei nº 9.610/98 – motivo para comemoração ou nem tanto?" em *Revista da ABPI* (Associação Brasileira da Propriedade Intelectual), nº 30, São Paulo, set./out. de 1997, p. 41.

Direito a proteção da própria imagem, diante da utilização de fotografia, em anuncio com fim lucrativo, sem a devida autorização da pessoa correspondente. Indenização pelo uso indevido da imagem. Tutela jurídica resultante do alcance do direito positivo. Recurso extraordinário não conhecido.

A doutrina anterior à lei vigente, mas ainda aplicável dada a semelhança entre os dispositivos da Lei nº 5.988/1973 e da Lei nº 9.610/1998 que tratavam e tratam da matéria, é unânime quanto à necessidade de consentimento.

Assim o citado Antônio Chaves, que justifica a indispensabilidade de consentimento da pessoa:

O ato de posar ou servir de modelo artístico, fotográfico, cinematográfico e de processos congêneres de captação da imagem, é ato de disposição direta da própria imagem física que reveste o corpo. Claro está que o centro de interesses que determina a ação contratual, o que vale e o que faz valer é a figura original, o modelo em si; as reproduções valem enquanto extensão do modelo, mas os interesses que possam suscitar implicam contratos de outra natureza, pelo menos outros contratos, distintos do primeiro. Na expressão de Keissner, reproduzida por Pontes de Miranda, "sem o modelo, o artista reprodutor não logra a figura. Só o modelo é dono da figura". E "sem o modelo é impossível o negativo fotográfico; ao modelo fotográfico pertence, por lei, o direito do autor à cópia. O modelo é o autor, para o qual o fotógrafo está apenas como empreiteiro". Ressalvadas as distorções conceituais de direito de autor, aí está demarcada a objetividade jurídica *per se stante* da imagem original, a sustentar o ato de dispor de um sujeito e o ato de respeito de outro, que compõe uma relação de direito de personalidade puro.[28]

Explica o saudoso Carlos Alberto Bittar, com base nos dispositivos então pertinentes: "A lei brasileira de direitos autorais confere ao autor da obra fotográfica o direito de reproduzi-la, difundi-la e colocá-la à venda, observadas as restrições à exposição, reprodução e venda de retratos, e sem prejuízo dos direitos de autor sobre a obra reproduzida, se de artes figurativas".[29]

Já comentando o diploma em vigor, adverte Eliane Y. Abrão:

Diante de uma fotografia, salvo se tirada pelo fotógrafo de seu próprio rosto ou corpo, aquele que desejar reproduzi-la por qualquer meio ou processo (gráfico, visual, radiodifundido, informático) deverá preocupar-se com duas ordens de autorizações escritas, no mínimo: a de quem cria a obra fotográfica e a de quem figura no retrato. Uma terceira ordem de autorizações pode partir do titular do objeto fotografado, caso seja este protegido por lei. É o caso dos projetos arquitetônicos, das ilustrações e dos objetos de artes plásticas, por exemplo.

Na primeira hipótese, a autorização deve ser dada pela pessoa física do fotógrafo criador da obra fotográfica, protegida que é por leis nacionais e convenções internacionais. Ou pelo titular dos direitos de reprodução, caso tenham sido transferidos esses direitos. A reprodução e/ou a utilização pública da foto são o fato gerador do direito autoral.[30]

---

[28] "Imagem, Fotografia e Direitos Autorais", em *Revista da ABPI* (Associação Brasileira da Propriedade Intelectual), São Paulo, nº 30, set./out. de 1997, p. 42.

[29] "Direito à Imagem e Direito à Fisionomia", em *Revista dos Tribunais*, nº 620, p. 13.

[30] *Direitos de Autor nos Meios Modernos de Comunicação*, São Paulo, Editora Revista dos Tribunais, 1989, p. 80.

Cap. XXIV · PROPRIEDADE LITERÁRIA, CIENTÍFICA E ARTÍSTICA | 727

Justamente em respeito ao direito de autor, na divulgação da fotografia, ou quando de sua utilização por terceiros, é obrigada a indicação, de forma legível, do nome do autor (§ 1º do art. 79). É vedada a reprodução de obra fotográfica que não esteja em absoluta consonância com o original, salvo prévia autorização do autor (§ 2º do art. 79), de modo que a sua modificação não prescinde do prévio consentimento.

O art. 126, acima referido, e que diz respeito à obrigação de indicar o nome quando da utilização da obra de outrem, é reproduzido pela Lei nº 9.610/1998, no art. 108.

Definiu o Superior Tribunal de Justiça as razões que levam a proteger a obra fotográfica:

> A fotografia, na qual presentes técnica e inspiração, e por vezes oportunidade, tem natureza jurídica de obra intelectual, por demandar atividade típica de criação, uma vez que ao autor cumpre escolher o ângulo correto, o melhor filme, a lente apropriada, a posição da luz, a melhor localização, a composição da imagem etc. Exemplo de obra de arte é fornecido no seguinte texto de um julgado:[31]
>
> Não se discute que a fotografia – que rendeu azo à presente ação – fora produzida pelo autor. A produção dessa – que incluiu local paradisíaco, a longínqua e gelada Antártica e seus típicos habitantes, os pinguins, aproximou-se de uma garrafa de cerveja e uma tulipa com cerveja, ali colocadas pelo autor – revela especial criatividade, característica de uma obra fotográfica.
>
> Seu autor, a quem essa pertence, goza, assim, de proteção legal quanto aos direitos autorais dessa fotografia, incluindo o patrimonial, de utilizar, fruir e dela dispor – art. 28 da Lei nº 9.610/1998. E, assim, a cessão dos direitos dessa fotografia a terceiro haveria de se fazer por escrito, presumindo-se onerosa – art. 50 da Lei nº 9.610/1998.[32]

O Superior Tribunal de Justiça tem prestigiado a proteção, como no caso do REsp. nº 617.130/DF, da 3ª Turma, j. em 17.03.2005, *DJU* de 02.05.2005:

> A fotografia, na qual presente técnica e inspiração, e por vezes oportunidade, tem natureza jurídica de obra intelectual, por demandar atividade típica de criação, uma vez que ao autor cumpre escolher o ângulo correto, o melhor filme, a lente apropriada, a posição da luz, a melhor localização, a composição da imagem, etc.
>
> A propriedade exclusiva da obra artística a que se refere o art. 30, da Lei nº 5.988/1973, com a redação dada ao art. 28 da Lei nº 9.610/1998, impede a cessão não expressa dos direitos do autor advinda pela simples existência do contrato de trabalho, havendo necessidade, assim, de autorização explícita por parte do criador da obra.
>
> O dano moral, tido como lesão à personalidade, à honra da pessoa, mostra-se às vezes de difícil constatação, por atingir os seus reflexos parte muito íntima do indivíduo – o seu interior. Foi visando, então, a uma ampla reparação que o sistema jurídico chegou à conclusão de não se cogitar da prova do prejuízo para demonstrar a violação do moral humano. Evidenciada a violação aos direitos autorais, devida é a indenização, que, no caso, é majorada.

---

[31] *Recurso Especial* nº 121.757-RJ, da 4ª Turma, j. em 26.10.1999, *DJU* de .03.1999, em *Revista do Superior Tribunal de Justiça*, 135/384.

[32] *Apel. Cível* nº 1998.01.1.064696-6, do Tribunal de Justiça do Distrito Federal, *DJ* de 25.10.2000, em *ADV Informativo*, nº 7, expedição de 18.02.2001, p. 99.

Em outra decisão:

> Nos termos do art. 7º, VII, da Lei 9.610/98, são consideradas obras intelectuais protegidas "as obras fotográficas e as produzidas por qualquer processo análogo ao da fotografia". Dispõe também a lei que "cabe ao autor o direito exclusivo de utilizar, fruir e dispor da obra literária, artística ou científica", dependendo "de autorização prévia e expressa do autor a utilização da obra, por quaisquer modalidades" (arts. 28 e 29).
>
> A jurisprudência do Superior Tribunal de Justiça é firme no sentido que a fotografia, por si só, constitui obra intelectual protegida pela Lei Autoral e que, ainda que produzida no âmbito de uma relação contratual, mesmo nas relações de trabalho, torna-se propriedade exclusiva do autor, impedindo a cessão não expressa dos respectivos direitos.[33]

Quanto à segunda ordem, na doutrina da autora acima citada, isto é, autorização da pessoa fotografada, sobre a sua exigibilidade foi decidido: "Capa de disco. Fotografia de artista. Falta de consentimento desta. Direito à indenização (...). A fotografia de artista em capa de disco dá direito à indenização, se quem assim agiu não obteve o consentimento da pessoa fotografada".[34] Mesmo, porém, que haja a autorização para a foto a fim de ser utilizada em uma finalidade, não se subentende o aproveitamento para outros fins. Antônio Chaves explica a distinção:

> A empresa de publicidade não só contrata a modelo que foi aprovada e escolhida pela cliente-usuária, como também a contrata para determinado plano ou campanha de publicidade, de acordo com a autorização da cliente-usuária, e, pois, por conta e risco desta. Por aí já se vê que a ampliação da campanha publicitária, quer dizer, a utilização da imagem da autora em meios de propaganda por ela não autorizados, só pode ser imputada à apelante, a única empresa, portanto, que podia ocupar o polo passivo da relação jurídica processual(...). De acordo com a doutrina e jurisprudência pátrias, "a imagem é emanação da própria pessoa e, pois, de elementos visíveis que integram a personalidade humana, de caracteres físicos que individualizam a pessoa", de modo que sua reprodução somente pode ser autorizada pela pessoa a quem pertence (*RJTJSP*, 95/74). Destarte, basta o fato da publicação não autorizada para ensejar a indenização, não cabendo sequer indagar, a rigor, se houve dano efetivo, material ou moral, ou se a publicidade foi causa de enriquecimento ilícito.[35]

Não é toda publicação de fotografia que desencadeia o direito de indenização. Para ensejar esta pretensão, há de envolver a fotografia pessoa conhecida do público, ou notável por alguns eventos ou realizações de sua vida, a ponto de se tornar a notícia justificadora da publicação. Nesta linha, decidiu-se:

> Imagem própria. Direito à sua proteção. Posição da jurisprudência. Não é absoluto o direito à própria imagem, cedendo a circunstâncias especiais que envolvem cada caso. Hipótese em que o retratado não pode ser identificado visualmente, integrando a sua figura um conjunto fotográfico em que sobressai outro elemento, sendo a figura humana retratada posta em ponto secundário dentro desse conjunto.

---

[33] AgInt no AgInt no AREsp 775401/DF, da 4ª Turma, rel. Min. Raul Araújo, j. em 28.03.2019, *DJe* de 11.04.2019.

[34] *Apel. Cível* nº 256.354, da 2ª Câm. Cível do TJ de São Paulo, em *Revista dos Tribunais*, 497/87.

[35] "Imprensa. Captação audiovisual. Informática e os direitos de personalidade", em *Revista dos Tribunais*, 729, p. 19.

Se todo indivíduo fotografado merecesse indenização, prossegue o acórdão, "qualquer pessoa que acidentalmente fosse fotografada em via pública, *v.g.*, em uma solenidade, e ficasse essa fotografia publicada em órgão de divulgação, se arrogaria o direito de postular indenização, transfigurando-se o exercício regular do direito em inadmissível abuso de direito". Em suma, exigem-se requisitos ou qualidades para suportar a indenização, como

> a notoriedade da pessoa retratada, os interesses públicos e culturais, bem como a presença do sujeito em cenário público(...). Se a imagem, a fotografia, no caso, não concorrem direta e claramente para o êxito de propaganda na qual foi estilizada, por identificável a pessoa do retratado, quer através de sua fisionomia, não aparente, quer por meio de qualquer dado específico, como, *v.g.*, de uma indumentária especial, com característica marcante e exclusiva, não há base para postular a indenização.[36]

Finalmente, em vista do art. 46, inc. I, letra *c*, "não constitui ofensa aos direitos autorais a reprodução de retratos, ou de outra forma de representação da imagem, feitos sob encomenda, quando realizada pelo proprietário do objeto encomendado, não havendo a oposição da pessoa neles representada ou de seus herdeiros".

o) Radiodifusão.

Consiste na transmissão sem fio, inclusive por satélites, de sons ou imagens e sons ou das representações desses, para recepção ao público e a transmissão de sinais codificados, quando os meios de codificação sejam oferecidos ao público pelo organismo de radiodifusão ou com seu consentimento.

24.9. DIREITOS E DEVERES DO EDITOR E DO AUTOR

a) Quanto ao editor.

Destacam-se os seguintes direitos e deveres, disseminados em vários dispositivos da Lei nº 9.610/1998:

> I – Fixar o preço de venda, sem, todavia, elevá-lo a ponto de embaraçar a circulação da obra (art. 60).

> II – Enquanto não se esgotar a edição, assiste ao editor o direito de exigir que se retire de circulação edição da mesma obra feita por outrem (art. 63, § 1º).

> III – Manter o autor informado sobre a publicação e comercialização dos exemplares da obra, e efetuar os registros que permitam ao autor a fiscalização da quantidade de obras existente e do aproveitamento econômico da exploração, o que se aplica a qualquer reprodutor da obra (art. 30, § 2º).

> IV – Facultar ao autor o exame da escrituração na parte correspondente à obra (art. 59).

> V – Prestar contas mensais ao autor sempre que a retribuição deste estiver condicionada à venda da obra, salvo se prazo diferente houver sido convencionado (art. 61).

Como salientava Washington de Barros Monteiro, a remuneração do autor geralmente é feita por uma das seguintes duas formas: quantia global pela edição de tantos exemplares,

---

[36] *Apel. Cível* nº 776/86, da 3ª Câm. Cível do TJ do Rio de Janeiro, de 15.09.1987, em *Revista dos Tribunais*, 637/158.

sem atenção ao êxito ou malogro da obra; ou pagamento de percentagem sobre as vendas. Nesta última situação, o editor está sujeito a prestar contas, como qualquer comissário.[37]

VI – Editar a obra dentro de dois anos a contar da celebração do contrato, salvo se prazo diverso houver sido estabelecido (art. 62).

VII – Aceitar que o autor faça, nas reedições, as emendas e alterações que bem lhe aprouver (art. 66). Todavia, faculta-se a oposição àquelas mudanças que ofendem a sua reputação ou aumentam a responsabilidade (parágrafo único do art. 66).

VIII – Encarregar outra pessoa para a atualização da obra para novas edições, sempre que a natureza da matéria o exigir, e negar-se o autor a fazê-la (art. 67).

IX – Manter a disposição da obra enquanto não se esgotarem as edições a que tem direito (art. 63).

Para efeitos deste direito, indispensável definir quando se considera esgotada a edição. Consoante o § 2º do art. 63, tal ocorre quando estiverem em estoque, em poder do editor, exemplares em número inferior a dez por cento do total da edição.

b) Quanto ao autor.

No pertinente aos direitos e obrigações do autor, necessário definir, antes, os *direitos morais* e os *direitos patrimoniais*.

Direitos morais.

São aqueles que objetivam garantias à propriedade da obra, de sorte a manter intocável a paternidade na criação intelectual, que reflete a própria personalidade do autor.

Visam, assim, proteger a personalidade do criador, que se manifesta na obra, e dizem com o direito do inédito, o direito de reivindicar a paternidade da obra, o direito de sua integridade, de arrependimento e de retirar a obra de circulação, de destruição, de tradução e de modificação.

A discriminação desses direitos está no art. 24, havendo aqueles que tratam da paternidade da obra (incs. I e II), os que disciplinam a sua integridade (incs. IV e V), os direitos que se dirigem à publicação (incs. III e VI), e o direito concernente à preservação (inc. VII).

Eis a relação:

I – o de reivindicar, a qualquer tempo, a autoria do autor;

II – o de ter seu nome, pseudônimo ou sinal convencional indicado ou anunciado, como sendo o do autor, na utilização de sua obra;

III – o de conservar a obra inédita;

IV – o de assegurar a integridade da obra, opondo-se a quaisquer modificações ou à prática de atos que, de qualquer forma, possam prejudicá-la ou atingi-lo, como autor, em sua reputação ou honra;

V – o de modificar a obra antes ou depois de utilizada;

VI – o de retirar de circulação a obra ou de suspender qualquer forma de utilização já autorizada, quando a circulação ou utilização implicarem afronta à sua reputação e imagem;

---

[37] *Curso de Direito Civil*, Direito das Obrigações, 2º vol., ob. cit., p. 306.

VII – o de ter acesso a exemplar único e raro da obra, quando se encontre legitimamente em poder de outrem para o fim de, por meio de processo fotográfico ou assemelhado, ou audiovisual, preservar sua memória, de forma que cause o menor inconveniente possível a seu detentor, que, em todo caso, será indenizado de qualquer dano ou prejuízo que lhe seja causado.

Várias conotações aparecem nos parágrafos que seguem aos incisos.

A primeira é concernente à transmissão dos direitos enumerados nos incisos I a IV aos sucessores do autor, quando de seu decesso (§ 1º); a segunda atribui ao Estado a defesa da integridade e autoria da obra caída em domínio público; a terceira assegura a indenização a terceiros, quando couber, nos casos de modificação da obra antes ou depois de sua utilização, e de sua retirada de circulação em ocorrendo afronta à reputação e imagem do autor.

Já o art. 25 reserva exclusivamente ao diretor de obra audiovisual o exercício de direitos morais. Por sua vez, o art. 26 permite que o autor repudie a autoria de projeto arquitetônico alterado sem o seu consentimento, respondendo o proprietário da construção pelos danos que causar ao autor se, depois do repúdio, der como sendo dele a autoria do projeto. Finalmente, instituíram-se a inalienabilidade e a irrenunciabilidade dos direitos morais, o que já consagrava a lei anterior.

Direitos patrimoniais.

São aqueles que dizem respeito aos resultados econômicos da obra, assegurados ao autor. Advêm eles da reprodução e da comunicação do trabalho intelectual ao público. Com isso, possibilita-se ao criador auferir os proventos econômicos compensatórios de seu esforço. Carlos Alberto Bittar ressalta a decorrência da comunicação ao público e da reprodução de tais direitos: "O direito patrimonial manifesta-se, positivamente, com a comunicação da obra ao público e a reprodução, que possibilitam ao seu criador auferir os proventos econômicos que lhe puder proporcionar".[38]

A matéria aparece extensamente regulada no Capítulo III da Lei nº 9.610/1998, iniciando no art. 28 e terminando no art. 45.

O art. 28 assegura ao autor o direito exclusivo de utilizar, fruir e dispor da obra literária, artística ou científica.

O elenco de direitos está no art. 29, com algumas inovações relativamente à lei anterior. Eis os direitos:

I – a reprodução parcial ou integral;

II – a edição;

III – a adaptação, o arranjo musical e quaisquer outras transformações;

IV – a tradução para qualquer idioma;

V – a inclusão em fonograma ou produção audiovisual;

VI – a distribuição, quando não intrínseca ao contrato firmado pelo autor com terceiros para uso ou exploração da obra;

VII – a distribuição para oferta de obras ou produções mediante cabo, fibra ótica, satélite, ondas ou qualquer outro sistema que permita ao usuário realizar a seleção da obra ou produção para percebê-la em um tempo e lugar previamente determinados

---

[38] *Direito do Autor na Obra Feita sob Encomenda*, ob. cit., p. 21.

por quem formula a demanda, e nos casos em que o acesso às obras ou produções se fará por qualquer sistema que importe em pagamento pelo usuário;

VIII – a utilização, direta ou indireta, da obra literária, artística ou científica, mediante:

a) representação, recitação ou declamação;

b) execução musical;

c) emprego de alto-falante ou de sistemas análogos;

d) radiodifusão sonora ou televisiva;

e) captação de transmissão de radiodifusão em locais de frequência coletiva;

f) sonorização ambiental;

g) a exibição audiovisual, cinematográfica ou por processo assemelhado;

h) emprego de satélites artificiais;

i) emprego de sistemas óticos, fios telefônicos ou não, cabos de qualquer tipo e meios de comunicação similares que venham a ser adotados;

j) exposição de obras de artes plásticas e figurativas;

IX – a inclusão em base de dados, o armazenamento em computador, a microfilmagem e as demais formas de arquivamento do gênero;

X – quaisquer outras modalidades de utilização existentes ou que venham a ser inventadas.

O principal direito está evidentemente na percepção do pagamento pelo contrato de edição ou de cessão. Uma vez não verificada uma anuência no preço, a solução encontra-se no art. 57, ordenando que o preço da retribuição será, então, arbitrado "com base nos usos e costumes". Para as situações de elevação do preço no curso da edição, quando há venda do original de obra, o art. 38 e seu parágrafo único, reproduzindo o art. 39 e seu parágrafo único da Lei nº 5.988/1973, com exceção no que se refere ao percentual, mandam que se pague o equivalente a cinco por cento do aumento ao autor, verificável em cada revenda.

Os arts. 49 e seguintes declaram transferíveis e cessíveis os direitos patrimoniais, consoante já observado.

Já quanto à sucessão, a disciplina consta do art. 24, § 1º, que expressa, relativamente aos direitos morais: "Por morte do autor, transmitem-se a seus sucessores os direitos a que se referem os incisos I a IV". De acordo com tais incisos, transmitem-se, pois: I – o direito de reivindicar, a qualquer tempo, a autoria da obra; II – o de ter seu nome, pseudônimo ou sinal convencional indicado ou anunciado, como sendo o do autor, na utilização de sua obra; III – o de conservar a obra inédita; IV – o de assegurar a integridade da obra, opondo-se a quaisquer modificações ou à prática de atos que, de qualquer forma, possam prejudicá-la ou atingi-lo, em sua reputação ou honra.

Se assim rege-se a matéria quanto aos direitos morais, com maior força os de valor patrimonial, acima arrolados, desde que incluídos no lapso de proteção de setenta anos, contado a partir de 1º de janeiro do ano subsequente ao de seu falecimento. Tanto que a parte final do art. 41 manda que seja obedecida a ordem sucessória da lei civil. Jamais se pode negar que o direito de autor é relação de propriedade, da qual decorre a transmissão hereditária.

No pertinente aos deveres, têm como fonte os direitos do editor. Uma vez reconhecido um direito a seu favor, a decorrência é o nascimento de um dever do autor. A título de exemplo, ressalta o caráter de exclusividade da obra, pelo qual proíbe-se ao autor reeditar a obra enquanto não esgotada a edição. Cabe-lhe, também, aceitar o preço de venda, cuja fixação é reservado ao editor.

Alguns outros aspectos disciplinados nos dispositivos que tratam dos direitos patrimoniais compreendem assuntos específicos, devendo ser analisados em itens distintos.

24.10. PRAZOS DO CONTRATO E DA CONCLUSÃO DA OBRA

Cada contrato terá por objeto apenas uma edição, como ordena o art. 56 da Lei nº 9.610/1998: "Entende-se que o contrato versa apenas sobre uma edição, se não houver cláusula expressa em contrário".

De acordo com o art. 62 da citada lei, "a obra deverá ser editada em dois anos da celebração do contrato, salvo prazo diverso estipulado em convenção". Conta-se o prazo temporal a partir do recebimento dos originais, se não coincidirem as épocas em que se verificou a celebração ou a entrega.

Outrossim, no contrato de obra futura, em geral não se estabelece o prazo para a entrega. Nesta hipótese, entende-se que ao autor é facultada a entrega quando lhe aprouver. Como não se admite, *v.g.*, que permaneça o editor indefinidamente à espera, permite-se a concessão de um prazo para a entrega da obra intelectual ou de arte.

Falecendo o autor antes de concluído o trabalho, ou lhe for impossível levá-lo a cabo, também é assegurado ao editor considerar resolvido o contrato, ainda que entregue parte expressiva do mesmo, exceto se, autorizada a obra autônoma, se dispuser o editor a publicá-la, mediante pagamento de retribuição proporcional, ou se, consentindo os herdeiros, mandar terminá-la por outrem, indicando este fato na edição. O art. 55 da Lei nº 9.610/1998 indica as condutas que restam ao editor:

I – Considerar resolvido o contrato, mesmo que tenha sido entregue parte considerável da obra;

II – editar a obra, sendo autônoma, mediante pagamento proporcional do preço;

III – mandar que outro a termine, desde que consintam os sucessores e seja o fato indicado na edição.

24.11. CESSÃO OU TRANSFERÊNCIA DOS DIREITOS DE AUTOR

Existe, ainda, o contrato de cessão de direitos autorais, com o qual opera-se a transferência definitiva ou temporária do direito de autor, mediante o pagamento de um valor econômico mais elevado que nas outras formas. No contrato de edição, é garantido apenas o direito de publicação por uma ou mais vezes contendo, cada publicação, um determinado número de exemplares.

O art. 49 da Lei nº 9.610/1998 cuida da cessão ou transferência, nestes termos:

Os direitos de autor poderão ser total ou parcialmente transferidos, por ele ou por seus sucessores, a título universal ou singular, pessoalmente ou por meio de representantes com poderes especiais, por meio de licenciamento, concessão, cessão ou por outros meios admitidos em direito, obedecidas as seguintes limitações:

I – a transmissão total compreende todos os direitos de autor, salvo os de natureza moral e os expressamente excluídos por lei;

II – somente se admitirá transmissão total e definitiva dos direitos mediante estipulação contratual escrita;

III – a cessão só se operará para modalidade de utilização já existente à data do contrato;

IV – não havendo especificações quanto à modalidade de utilização, o contrato será restritivamente, entendendo-se como limitada apenas a uma que seja aquela indispensável ao cumprimento da finalidade do contrato.

Indispensável caracterizar a distinção quanto ao contrato de edição, matéria que está bem delineada no Recurso Extraordinário nº 92.351, j. em 25.03.1980, publ. de 25.04.1980, rel. Min. Cunha Peixoto, em *Lex – Jurisprudência do Supremo Tribunal Federal*, 18/216:

> Ora, segundo os doutos, com assento no direito positivo brasileiro, não se confunde a cessão com o contrato de edição. Pedro Vivente Bobbio, em seu trabalho *O Direito do Autor na Criação Musical*, p. 39, nº 53, teve oportunidade de escrever: "Pelo fato da transferência de direitos ser feita, na quase totalidade dos casos, do autor a um editor, generalizou-se a moda de dar aos contratos celebrados o nome de contrato de edição.
>
> Deve ficar bem claro que a realidade é outra.
>
> O contrato é de edição tão somente quando nele o autor concede ou cede ao editor o direito de publicar a obra, reproduzindo-a em exemplares iguais fabricados pelo processo combinado.
>
> Mas quando o contrato objetiva a transferência de todos os direitos patrimoniais do autor, ou de um conjunto substancial desses mesmos direitos, com raras reservas apenas, o ato do adquirente ser, casualmente, um editor não autoriza a confusão deste com o contrato de edição pura e simples (...)".
>
> Carlos Alberto Bittar, a seu turno, escreveu: "(...) no contrato de edição pura e simples, transfere o autor o direito de reproduzir e explorar a obra pelo processo ajustado, mediante a transmissão de todos os direitos patrimoniais ou de parte destes".
>
> Acentua Gandim Neto que, no primeiro, existem relações obrigacionais, e, no segundo, transferência total ou parcial do direito. Daí as cautelas que a lei impõe à edição: rubrica e fixação de exemplares, inexistentes na cessão (*Direito do Autor na Obra Feita sob Encomenda*, p. 43, nº 18).

Nos arts. 50 a 52, várias normas aparecem, como o caráter oneroso da cessão; a obrigatoriedade da forma escrita; a possibilidade da averbação junto ao registro da obra ou do registro perante o Cartório de Títulos e Documentos; a abrangência de um período de cessão no máximo de cinco anos quanto a obras futuras; a redução do prazo a cinco anos sempre que superior ou por tempo indeterminado, com a consequente redução proporcional do preço. Salienta-se que a ausência do nome do autor ou do coautor, na divulgação da obra, não presume o anonimato ou a cessão dos direitos do autor.

No tocante ao registro da obra intelectual, se processa na Biblioteca Nacional, na Escola de Música, na Escola de Belas Artes da Universidade Federal do Rio de Janeiro, no Instituto Nacional do Cinema, ou no Conselho Federal de Engenharia, conforme a natureza da obra, ou no órgão que tiver mais afinidade com a natureza da obra. O art. 19 da Lei nº 9.610/1998 autoriza o registro em tais órgãos, que constam previstos no art. 17 da Lei nº 5.988/1973, ao preceituar: "É facultado ao autor registrar a sua obra no órgão público definido no *caput* e no § 1º do art. 17 da Lei nº 5.988, de 14 de dezembro de 1973".

A cessão permite a averbação junto ao registro, com a finalidade de valer perante terceiros. Mas, inexistindo o registro, eis que este não é obrigatório, há a faculdade do registro no

Cap. XXIV · PROPRIEDADE LITERÁRIA, CIENTÍFICA E ARTÍSTICA | **735**

Cartório de Títulos e Documentos, solução creditada por Newton Silveira, quando indaga: "Se for verdade que o legislador pretende, no futuro, centralizar o registro de direitos de autor, por que delegar a averbação da cessão a qualquer Cartório de Títulos e Documentos? Como vai o interessado saber quem é cessionário?".[39]

De profundo interesse prático a diferença entre cessão e licença, e entre cessão e concessão, apresentada em trabalho de Eduardo Pimenta:

> Vale citarmos a diversidade de natureza entre o contrato de cessão e o de licença, colocada pelo mestre Henry Jessen: "Com a licença autoral, o outorgado – habitualmente designado pelo vocábulo usuário – não adquire qualquer título à propriedade da obra, a qual permanece integralmente com o autor. O usuário apenas pode utilizá-lo dentro dos termos da licença outorgada pelo autor, aproximando-se assim do locatário de bem móvel" (*Direitos Intelectuais*, Editora Itaipu, Rio de Janeiro, 1967, p. 96). O licenciamento é autorização para uma simples utilização, o que ocorre em rádio, shows, festa que não seja familiar etc.

> Vejamos a distinção entre cessão e concessão. A cessão implica a transferência de direitos e a sub-rogação do adquirente no direito do cedente; a concessão implica a autorização temporária de uma das formas de utilização, cuja característica básica é a remuneração do autor ser concorrente e ligada ao êxito do empreendimento da utilização da obra.

> Quanto à licença para utilização, as entidades de gestão coletiva podem permitir, entretanto não detêm o poder para efetivar o ato de cessão, salvo se poderes especiais forem conferidos à entidade pelo autor.

A seguir, traz à colação decisão do Tribunal de Justiça do antigo Distrito Federal/RJ, versando sobre a cessão e a licença:

> "Direito autoral. Diferença entre cessão, licença e licença com exclusividade.

> Interpretação dos contratos referentes a faculdades relativas ao direito autoral. Dita interpretação é restrita e não se presume a alienação ou cessão. Concessão de licença com exclusividade para gravação e comércio de discos, em relação à conhecida peça *Tico-tico no fubá* e outras composições de Zequinha de Abreu (José Gomes de Abreu) e seus efeitos. Licença com tão extensos direitos não pode ser revogada por simples notificação. Consequência de cessão de direitos, em segunda mão e sem notificação do detentor do direito autoral em forma equivalente a uma propriedade. Consignação em pagamento cabível, havendo dúvida quanto ao credor e pendendo litígio sobre o objeto da consignação. Voto vencido em parte" (TJDF – AC nº 16.756, julgada em 14.07.1952, publ. em 9.9.1954).[40]

A prestação de serviços profissionais não é transferível ou objeto de cessão. Neste sentido é o art. 13 da Lei nº 6.533/1978, que continua em vigor, por força do art. 115 da Lei nº 9.610/1998, impondo-se a sua transcrição:

> "Não será permitida a cessão ou promessa de cessão de direitos autorais e conexos, decorrentes da prestação de serviços profissionais". Acontece que, neste caso, há um

---

[39] *Comentários à Nova Lei de Direito Autoral nº 9.610, de 19.02.98*, trabalho citado, p. 39.

[40] "Transmissão de Direitos Autorais", em *Revista da ABPI* (Associação Brasileira da Propriedade Intelectual), nº 30, set./out. de 1997, São Paulo, p. 26.

vínculo que une o autor ao produtor ou organizador, tendo um cunho profissional a atividade desempenhada. A cessão prejudicaria a própria finalidade da contratação do autor.

O parágrafo único cuida da remuneração aos profissionais: "Os direitos autorais e conexos aos profissionais serão devidos em decorrência de cada exibição da obra".

De modo que, a rigor, a cada reapresentação, ou para cada exibição de peça, o que sucede especialmente com as novelas, em peças teatrais, no cinema, é devida a remuneração.

24.12. DURAÇÃO DOS DIREITOS DE AUTOR

Quanto aos direitos patrimoniais do autor, ao tempo da Lei nº 5.988/1973, seu art. 42 estendia-se a proteção por toda a sua vida. Também vitalícia era a proteção na sucessão dos direitos para os filhos, os pais e o cônjuge, enquanto para os demais sucessores prolongava-se até sessenta anos, a contar de 1º de janeiro do ano subsequente ao do falecimento. Presentemente, a duração ficou limitada pelo espaço de setenta anos, iniciando o prazo em no dia 1º de janeiro do ano subsequente ao falecimento do autor. Esta a previsão do art. 41 da Lei nº 9.610/1998: "Os direitos patrimoniais do autor perduram por setenta anos contados de 1º de janeiro do ano subsequente ao de seu falecimento, obedecida a ordem sucessória da lei civil". Inexistindo, porém, parentes, a obra cairá em domínio público na data do seu falecimento (art. 45, inc. I). Já a obra anônima ou pseudônima, igualmente contemplado o prazo de setenta anos para passar ao domínio de todos, mas começando o lapso temporal no dia 1º de janeiro do ano subsequente ao da primeira publicação (art. 43). Todavia, dando-se o autor a conhecer antes do termo ou limite de setenta anos, o período de setenta anos inicia na forma prevista no art. 41, isto é, a começar do dia 1º de janeiro do ano seguinte ao do falecimento (art. 43, parágrafo único).

De igual modo é a contagem para os herdeiros ou sucessores no caso de obra intelectual realizada em colaboração, mas indivisível, iniciando, porém, o prazo a partir da morte do último dos colaboradores sobreviventes (art. 42). Se um dos coautores não deixar herdeiros ou sucessores, acrescer-se-ão aos dos sobreviventes os direitos respectivos (parágrafo único do art. 42). Salienta-se que, na indivisão, presume-se que os autores terão partes iguais nos direitos patrimoniais, e assim também os herdeiros e sucessores, como leva a entender o art. 23.

O prazo de setenta anos, mas com início a partir de 1º de janeiro do ano subsequente ao da divulgação, abrange as obras audiovisuais e fotográficas, conforme preceitua o art. 44: "O prazo de proteção aos direitos patrimoniais sobre obras audiovisuais e fotográficas será de setenta anos, a contar de 1º de janeiro do ano subsequente ao de sua divulgação".

Já no tocante à edição, extingue-se o contrato pelas causas que determinam a extinção dos contratos em geral, além de algumas especiais, previstas na Lei nº 9.610/1998:

a) morte do autor antes de concluída a obra, ou superveniência de sua incapacidade para terminá-la;

b) inadimplemento das obrigações por qualquer das partes, determinando a rescisão contratual relativamente às edições futuras convencionadas;

c) destruição da obra por caso fortuito ou força maior, por desaparecer o objeto, a menos que o autor possua cópia ou segunda via, o que lhe permite encaminhá-la ao editor. Se a destruição ocorre quando já reproduzido o trabalho, mas não exposto ainda, à venda, ao editor cabe fazer nova tiragem às suas custas;

Cap. XXIV • PROPRIEDADE LITERÁRIA, CIENTÍFICA E ARTÍSTICA | **737**

d) pelo esgotamento da edição; havendo uma nova edição, outro contrato há de se elaborar;

e) pelo decurso do prazo de dois anos, a partir do momento em que foi celebrado o contrato, salvo prazo diverso estipulado em contrário, sem que o editor publique a obra (art. 62, parágrafo único, da Lei nº 9.610/1998);

f) não publicação de nova edição, a que tem direito o editor, após esgotada a anterior, e intimado o mesmo para que a faça em certo prazo. É o que se depreende do art. 65: "Esgotada a edição, e o editor, com direito a outra, não a publicar, poderá o autor notificá-lo a que o faça em certo prazo, sob pena de perder aquele direito, além de responder por danos".

24.13. OBRAS INTELECTUAIS DO DOMÍNIO PÚBLICO E LIMITAÇÕES DOS DIREITOS DE AUTOR

As obras em relação às quais decorreu o prazo de proteção aos direitos patrimoniais, de acordo com o item acima, passam automaticamente ao domínio público. Transcorrido o período de proteção, qualquer interessado poderá usá-las, não mais precisando de autorização ou de contrato de edição ou cessão.

Consoante o art. 45, há outras eventualidades das obras caírem no domínio de todos:

Além das obras em relação às quais decorreu o prazo de proteção aos direitos patrimoniais, pertencem ao domínio público:

I – as de autores falecidos que não tenham deixado sucessores;

II – as de autor desconhecido, ressalvada a proteção legal aos conhecimentos étnicos e tradicionais.

O art. 46 cuida das limitações aos direitos autorais. Limitações porque, em algumas situações sob certas condições nomeadas, é permitido o uso sem autorização do autor.

Nesta ordem, apontam-se:

I – A reprodução:

a) na imprensa diária ou periódica, de notícia ou de artigo informativo, publicado em diários ou periódicos, com a menção do nome do autor, se assinados, e da publicação de onde foram transcritos;

b) em diários ou periódicos, de discursos pronunciados em reuniões públicas de qualquer natureza;

c) de retratos, ou de outra forma de representação da imagem, feitos sob encomenda, quando realizada pelo proprietário do objeto encomendado, não havendo a oposição da pessoa neles representada ou de seus herdeiros;

d) de obras literárias, artísticas ou científicas, para uso exclusivo de deficientes visuais, sempre que a reprodução, sem fins comerciais, seja feita mediante o sistema Braille ou outro procedimento em qualquer suporte para esses destinatários.

II – A reprodução, em um só exemplar, de pequenos trechos, para uso privado do copista, desde que feita por este, sem intuito do lucro. O conteúdo da expressão *pequenos trechos* gera confusão. Pelo significado vernacular das palavras, representa certa quantidade de linhas, ou uma passagem, um capítulo, um assunto. Newton Paulo Teixeira dos Santos sentiu a dificuldade de interpretação, após lembrar que a legislação passada trazia previsão semelhante:

> Fala em "pequenos trechos", o que pode sugerir uma citação, porque esta está autorizada expressamente no inciso III.
>
> Será, então, um capítulo, um artigo, parte do livro etc. O conceito de "pequenos trechos" ficou em aberto. Talvez sejam aqueles que não digam o que seja principal na obra, mas nada é mais subjetivo.
>
> Não é só. A lei diz que a reprodução "deve ser feita por este" (o copista).
>
> O que significa? É preciso que eu tenha uma máquina fotocopiadora? Parece ser o entendimento de Eduardo S. Pimenta, em obra recente: "O inciso II autoriza cópias da obra se estas ocorrerem em aparelho de fotocópia próprio; não está autorizado o uso de aparelhos de terceiros, como um centro de reprodução".[41]

O elemento essencial para a caracterização está na obtenção da cópia unicamente para a utilização intelectual do interessado copista, que fará estrito uso privado da obra, segundo a natureza desta.

III – A citação em livros, jornais, revistas ou qualquer outro meio de comunicação, de passagens de qualquer obra, para fins de estudo, crítica ou polêmica, na medida justificada para o fim a atingir, indicando-se o nome do autor e a origem da obra. Parece que esta previsão se encaixa neste julgado publicado pela *Revista dos Tribunais*, vol. 449, p. 224:

> Reprodução de trechos de obra, já publicada em outra de natureza didática, com indicação da autoria e da fonte. Inexistência de usurpação. Não constitui usurpação a reprodução de trechos de obra, já publicada, em outra de natureza didática, com indicação da autoria e da respectiva fonte. A permissibilidade de reprodução decorre do seu fundo didático, não da gratuidade da publicação.

IV – O apanhado de lições em estabelecimentos de ensino por aqueles a quem elas se dirigem, vedada sua publicação, integral ou parcial, sem autorização prévia e expressa de quem as ministrou.

V – A utilização de obras literárias, artísticas ou científicas, fonogramas e transmissão de rádio e televisão em estabelecimentos comerciais, exclusivamente para demonstração à clientela, desde que esses estabelecimentos comercializem os suportes ou equipamentos que permitam a sua utilização.

VI – A representação teatral e a execução musical, quando realizadas no recesso familiar ou, para fins exclusivamente didáticos, nos estabelecimentos de ensino, não havendo em qualquer caso intuito de lucro. Mesmo em clubes esportivos, em execução musical para sócios, não se caracteriza a violação do direito autoral, na esteira de antiga jurisprudência, representada na *Apel. Cível* nº 250.513, da 6ª Câm. Cível do TJ de São Paulo, julgada em 14.05.1976: "A execução musical, por conjunto de amadores, em clube a que só entram sócios, afasta o requisito do intuito do lucro, para ocorrer violação do direito autoral". Segue-se, na fundamentação do voto:

---

[41] "COMUT, reprografia e direito autoral", em *Revista de Informação Legislativa*, out./dez. de 1998, ano 35, nº 140, Senado Federal, Brasília, p. 142.

Como está na Súmula nº 386, do Pretório Excelso, não é exigível o direito autoral "quando a orquestra for de amadores"(...). Duas são as condições exigidas: o intuito de lucro e reunião pública. Se se trata (...) de execução em reunião privada, em salão fechado, na sede social, sem cobrança de qualquer contribuição para assisti-las, as composições musicais não ficam sujeitas ao pagamento dos direitos autorais.

VII – A utilização de obras literárias, artísticas ou científicas para produzir prova judiciária ou administrativa.

VIII – A reprodução, em quaisquer obras, de pequenos trechos de obras preexistentes, de qualquer natureza, ou de obra integral, quando de artes plásticas, sempre que a reprodução em si não seja o objetivo principal da obra nova e que não prejudique a exploração normal da obra reproduzida nem cause um prejuízo injustificado aos legítimos interesses dos autores.

Por força do art. 47, consideram-se livres as paráfrases e paródias que não forem verdadeiras reproduções da obra originária nem lhe implicarem descrédito. Já o art. 48 permite a ampla e livre representação, por meio de pinturas, desenhos, fotografias e procedimentos audiovisuais, das obras situadas permanentemente em logradouros públicos.

24.14. AUTORIZAÇÃO DO AUTOR PARA A UTILIZAÇÃO DA OBRA

Do contexto dos direitos patrimoniais decorre a necessidade de autorização do autor para a utilização. A não ser desta maneira, ficariam sem efeito prático os direitos. Assim, de acordo com o art. 29 da Lei nº 9.610, eis os casos que dependem de autorização:

I – a reprodução parcial ou integral;

II – a edição;

III – a adaptação, o arranjo musical e quaisquer outras transformações;

IV – a tradução para qualquer idioma;

V – a inclusão em fonograma ou produção audiovisual;

VI – a distribuição, quando não intrínseca ao contrato firmado pelo autor com terceiros para uso ou exploração da obra;

VII – a distribuição para oferta de obras ou produções mediante cabo, fibra ótica, satélite, ondas ou qualquer outro sistema que permita ao usuário realizar a seleção da obra ou produção para percebê-la em um tempo e lugar previamente determinados por quem formula a demanda, e nos casos em que o acesso às obras ou produções se faça por qualquer sistema que importe em pagamento pelo usuário;

VIII – a utilização, direta ou indireta, da obra literária, artística ou científica, mediante:

a) representação, recitação ou declamação;

b) execução musical;

c) emprego de alto-falante ou de sistemas análogos;

d) radiodifusão sonora ou televisiva;

e) captação de transmissão de radiodifusão em locais de frequência coletiva;

f) sonorização ambiental;

g) a exibição audiovisual, cinematográfica ou por processo assemelhado;

h) emprego de satélites artificiais;

i) emprego de sistemas óticos, fios telefônicos ou não, cabos de qualquer tipo e meios de comunicação similares que venham a ser adotados;

740 | DIREITO DAS COISAS – *Arnaldo Rizzardo*

j) exposição de obras de artes plásticas e figurativas;

IX – a inclusão em base de dados, o armazenamento em computador, a microfilmagem e as demais formas de arquivamento do gênero;

X – quaisquer outras modalidades de utilização existentes em computador, a microfilmagem e as demais formas de arquivamento do gênero.

Em suma, sempre que dirigida para a propagação, para o uso público, para a exploração econômica, para a divulgação proveitosa e utilização por terceiros, não se dispensa a licença do criador. Quanto à reprodução, na forma do art. 30 e seus parágrafos, ao titular dos direitos autorais é facultado colocar a obra à disposição do público, na forma e pelo tempo que desejar, a título oneroso ou gratuito. Não se aplica o direito de exclusividade ainda para a reprodução se esta for temporária e tiver o propósito de tornar a obra, fonograma ou interpretação perceptível em meio eletrônico, ou quando for de natureza transitória e incidental, desde que ocorra no curso do uso devidamente autorizado da obra, pelo titular. Sempre exige-se a informação ao autor da quantidade de exemplares na reprodução, cabendo tal responsabilidade a quem reproduzir a obra.

24.15. UTILIZAÇÃO ECONÔMICA DE OBRAS INTELECTUAIS EM REPRESENTAÇÕES E EXECUÇÕES PÚBLICAS

De acordo com o art. 29 da Lei nº 9.610/1998, depende de autorização do autor de obra literária, artística ou científica, qualquer forma de sua utilização. Mais especificamente, reafirma o art. 68 a necessidade de autorização: "Sem prévia e expressa autorização do autor ou titular, não poderão ser utilizadas obras teatrais, composições musicais ou litero-musicais e fonogramas, em representações e execuções públicas".

Os vários parágrafos que seguem apresentam conceitos e procedimentos para conseguir a autorização.

O § 1º dá o conceito de representação pública: obras teatrais do gênero drama, tragédia, comédia, ópera, opereta, balé, pantomimas e assemelhadas, musicadas ou não, mediante a participação de artistas, remunerados ou não, em locais de frequência coletiva ou pela radiodifusão, transmissão e exibição cinematográfica.

O § 2º diz o que é execução pública: a utilização de composições musicais ou litero musicais, mediante a participação de artistas, remunerados ou não, ou a utilização de fonogramas e obras audiovisuais, em locais de frequência coletiva, por quaisquer processos, inclusive a radiodifusão ou transmissão por qualquer modalidade, e a exibição cinematográfica.

No § 3º, constam quais os locais de frequência coletiva, onde se realizam a representação e execução, com necessidade de autorização: os teatros, cinemas, salões de baile ou concertos, boates, bares, clubes ou associações de qualquer natureza, lojas, estabelecimentos comerciais e industriais, estádios, circos, feiras, restaurantes, hotéis, motéis, clínicas, hospitais, órgãos públicos da administração direta ou indireta, fundacionais e estatais, meios de transporte de passageiros terrestre, marítimo, fluvial ou aéreo, ou onde quer que se representem, executem ou transmitam obras literárias, artísticas ou científicas.

No caso de bares e restaurantes, é devido o pagamento porque a música proporciona um ambiente agradável, restrito aos frequentadores, e a obrigação corresponderá à rentabilidade indireta proporcionada pelo ambiente sonorizado.

Nas transmissões por radiodifusoras, justifica-se o pagamento pelo fato de buscar-se o entretenimento do público em geral, tendo o lucro relação direta com a utilização das músicas e da boa audiência.

Cap. XXIV · PROPRIEDADE LITERÁRIA, CIENTÍFICA E ARTÍSTICA | 741

Segundo o art. 86, os direitos autorais de execução musical relativos a obras musicais, litero musicais e fonogramas incluídos em obras audiovisuais serão devidos aos seus titulares pelos responsáveis dos locais ou estabelecimentos a que alude o § 3º do art. 68, que as exibem, ou pelas emissoras de televisão que as transmitem.

Depreende-se dessas normas que a apresentação de qualquer espetáculo ou audição que envolva a utilização de obra intelectual acarreta o dever de satisfazer os direitos autorais, cujo percentual, geralmente calculado sobre o preço da renda bruta da bilheteria (§ 5º), era anteriormente homologado pelo Conselho Nacional de Direitos Autorais – CNDA, após sugestão da tabela feita pelo Escritório Central de Arrecadação e Distribuição – ECAD –, o qual, também, se encarrega da fiscalização e arrecadação dos valores devidos. No art. 99 e em seus parágrafos, é regulada a organização dos órgãos encarregados da autorização e da fiscalização. Lembra-se que, diante da Lei nº 9.610/1998, não mais persiste o CNDA. Os valores devem ser, desta forma, homologados pelo escritório central. Diz-se escritório central em relação aos escritórios regionais. Será aquele que coordenará os escritórios de cada Unidade da Federação.

Exige o § 4º que, previamente à realização da execução pública, o empresário deverá apresentar ao escritório central a comprovação dos recolhimentos relativos aos direitos autorais.

Para ensejar os direitos autorais, exige-se a exploração econômica da obra intelectual: "Direito autoral. Música. Divulgação em praça pública. Inocorrência de intuito de lucro. Mera subvenção da municipalidade aos festejos carnavalescos, visando o entretenimento e desenvolvimento cultural da população. Ação do ECAD improcedente".

É que, assinala-se no acórdão, a autorização é exigível "em se cuidando de audições e espetáculos públicos que visem o lucro direto ou indireto (...). Mas o lucro direto ou o lucro indireto, sob a perspectiva do direito, não pode se referir senão àquilo que beneficia a alguém economicamente, pecuniariamente, patrimonialmente". Lembra-se o entendimento doutrinário

> E não há a menor dúvida de que... a exclusividade é para a utilização econômica, já que a utilização intelectual da obra é livre a quem quer que tenha acesso a ela, o que é, por fim, a razão dessa mesma proteção: "protege-se o interesse público do autor, para assegurar o desenvolvimento cultural que o desfrute da obra proporciona à coletividade" (Eduardo Vieira Manso, *Direito Autoral*, José Bushatski editor, 1980, p. 134).
>
> A lei exige ainda que o espetáculo ou a audição vise o lucro direto ou indireto (...). Se um supermercado fez executar música, há um intuito de lucro, indireto embora, e já o autor deve ser remunerado (José de Oliveira Ascensão, *Direito Autoral*, Forense, 1980, p. 160).[42]

O Superior Tribunal de Justiça inclina-se para admitir a cobrança, desde que verificada a exploração ou a finalidade econômica no aproveitamento da obra. A Súmula nº 63 do STJ, de 1992, reflete esta tendência: "São devidos direitos autorais pela retransmissão radiofônica de músicas em estabelecimentos econômicos".

Não apenas utilidade econômica comporta o pagamento, mas também a mera utilidade ou proveito, consoante este exemplo, que reflete um entendimento enraizado nos Tribunais:

---

[42] *Apel. Cível* nº 108.715-1, da 11ª Câm. Cível do TJ de São Paulo, de 17.11.1986, em *Revista de Jurisprudência do TJ de São Paulo*, Lex Editora, 110/96.

O Poder Público não está isento do pagamento dos direitos autorais, a teor do disposto no art. 73 da Lei nº 6.988/1973, quando proporciona sonorização ambiental no terminal rodoviário municipal, por retransmissão radiofônica, para maior conforto e entretenimento de seus usuários.

O pagamento dessa verba decorre da obra executada, haja ou não vantagem econômica, e vem contida na opção legislativa em valorizar o talento e trabalho do artista.[43]

No entanto, não é tranquila essa posição, mormente quando dirigidas as retransmissões a atender festas e diversões públicas, como se colhe do voto do Min. Sálvio de Figueiredo Teixeira:

> Não se nega, é verdade, que vinha votando na Turma na mesma linha sustentada pelo recorrente, ou seja, admitindo o pagamento de direitos autorais pelo Poder Público em festas populares, porque presente o proveito (no caso, político) a que se refere o art. 73 da Lei nº 5.988/1973.
>
> O certo é, entretanto, que essa posição se encontra vencida diante dos diversos precedentes que se seguiram, alinhados com a tese da decisão agravada, no sentido de não se cobrar do Município direitos autorais pela retransmissão de músicas em bailes e festas abertas à população, ainda que se cobre pelo ingresso. Neste sentido, além dos julgados colacionados na decisão, confira-se o REsp. nº 123.067-SP (*DJ* de 18.05.1998), da relatoria do Ministro Menezes Direito, unânime, da mesma 3ª Turma, posterior ao julgado tido como divergente pelo agravante, com esta ementa:
>
> Direito autoral. Espetáculo realizado na rua, com subvenção da prefeitura municipal, inteiramente gratuito, em benefício da comunidade.
>
> Na linha dos precedentes da Corte, o pagamento dos direitos autorais cabe quando houver qualquer tipo de proveito, o que não ocorre naqueles casos nos quais não há cobrança de ingresso, não há pagamento aos artistas, o espetáculo é realizado nas ruas e a participação do ente municipal limita-se a uma determinada subvenção às escolas de samba que, efetivamente, respondem pelo espetáculo. Trata-se, neste caso, da participação governamental em programa de desenvolvimento da cultura popular em exclusivo proveito da comunidade.[44]

Nas meras retransmissões de rádio, com mais razão, não se tem imposto o encargo:

> "Não é devido o pagamento a título de direito autoral quando as músicas executadas são meras retransmissões de programa radiofônico". Desenvolvem-se as razões no acórdão: "O autor tem protegida sua criação intelectual pela venda de discos, fitas etc. As estações de rádio pagam pela execução de suas músicas (...). O direito do autor é resguardado no pagamento pela execução da música pela emissora. Não pode o som ser policiado na linha do destinatário. Deve pagar quem promove, não quem recebe e regula a intensidade do som, sem por ele cobrar. A obra intelectual, depois de publicada, tem como objetivo ampla divulgação em atenção, primordialmente, ao ambiente social, como ato de interesse de seu desenvolvimento, da preservação, inclusive, de suas tradições. Assim, tratando-se de mera retransmissão de progra-

---

[43] *Recurso Especial* nº 98.644-SC, rel. Min. Waldemar Zveiter, de 8.09.1997.

[44] *Recurso Especial* nº 209.979-SP, da 4ª Turma, *DJ* de 13.09.1999, em *ADV Informativo*, nº 43, expedição de 31.10.1999, p. 698.

ma radiofônico, sem cobrança de ingresso para a audição, não há débito frente ao invocado direito autoral".[45]

24.16. DIREITOS CONEXOS

Importante assunto diz com os direitos conexos. Pela leitura do art. 89 e seu parágrafo único compreende-se o significado desses direitos. Eis a redação do art. 89: "As normas relativas aos direitos de autor aplicam-se, no que couber, aos direitos dos artistas intérpretes, ou executantes, dos produtores fonográficos e das empresas de radiodifusão". Já o parágrafo único: "A proteção desta Lei aos direitos previstos neste artigo deixa intactas e não afeta as garantias asseguradas aos autores das obras literárias, artísticas ou científicas".

Percebe-se que, ao lado do autor intelectual, foram colocados os artistas, intérpretes e executantes, os produtores fonográficos e as empresas de radiodifusão. Estendem-se a eles os mesmos direitos concedidos ao autor intelectual – sendo conhecidos também como direitos afins, ou análogos, dentre outras denominações.

Daí que os direitos conexos aparecem no Título V da Lei nº 9.610/1998, vindo, na sequência, regulados os direitos dos intérpretes ou executantes, os direitos dos produtores fonográficos, e das empresas de radiodifusão.

Antes, salienta-se o prazo de caducidade de proteção, que é de setenta anos, segundo dispõe o art. 96: "É de setenta anos o prazo de proteção aos direitos conexos, contados a partir de 1º de janeiro do ano subsequente à fixação, para fonogramas; à transmissão, para as emissões das empresas de radiodifusão; e à execução e representação pública, para os demais casos". Sempre, pois, inicia o prazo no ano seguinte ao da produção, nas diversas formas de uso das obras.

a) Intérpretes e executantes.

Pelo art. 11, "autor é a pessoa física criadora de obra literária, artística ou científica". Mas o inc. XIII do art. 5º amplia o significado, ao incluir no conteúdo de artistas intérpretes ou executantes "todos os atores, cantores, músicos, bailarinos ou outras pessoas que representem um papel, cantem, recitem, declamem, interpretem ou executem em qualquer forma obras literárias ou artísticas ou expressões do folclore".

Há a complementação do inc. XIV, incluído pela Lei nº 12.853/2013, ao considerar como titular originário "o autor de obra intelectual, o intérprete, o executante, o produtor fonográfico e as empresas de radiodifusão".

Por conseguinte, a esses intérpretes ou executores de obras intelectuais estende-se a proteção naquilo que executam, com o que não fica derrogado o direito do criador da obra. Justifica-se a proteção por constituírem as manifestações dos artistas uma forma de expressão intelectual.

Realmente, o art. 90 cataloga uma série de direitos aos intérpretes ou executores de obras de arte:

> Tem o artista intérprete ou executante o direito exclusivo de, a título oneroso ou gratuito, autorizar ou proibir:
>
> I – a fixação de suas interpretações ou execuções;

---

[45] *Apel. Cível* nº 69.394-1, da 8ª Câm. Cível do TJ de São Paulo, de 27.12.1985, em *Revista dos Tribunais*, 606/92.

II – a reprodução, a execução pública e a locação das suas interpretações ou execuções fixadas;

III – a radiodifusão das suas interpretações ou execuções, fixadas ou não;

IV – a colocação à disposição do público de suas interpretações ou execuções ou execuções, de maneira que qualquer pessoa a elas possa ter acesso, no tempo e no lugar que individualmente escolherem;

V – qualquer outra modalidade de utilização de suas interpretações ou execuções.

Se vários artistas participarem na apresentação ou interpretação, ao diretor do conjunto compete o exercício ou defesa dos direitos comuns A reprodução da voz e da imagem, desde que associadas às atuações, incluem-se na proteção aos artistas e intérpretes (§ 2º do art. 90), o que constitui uma inovação relativamente à lei anterior, vindo a introdução por força do art. 5º, inc. XXVIII, alínea *a* da Constituição Federal.

Uma vez obtidos os direitos, às empresas que fazem apresentações, ou que transmitem as obras de criação, como as que comandam rádios, estações de televisão, as apresentadoras de filmes, autoriza-se a realização de espetáculos e fixações de interpretação ou execução de artistas. Torna-se a salientar a necessidade de prévia licença ou autorização para utilizar a obra em determinado número de emissões. Somente então, consoante depreende-se do art. 91, "as empresas de radiodifusão poderão realizar fixações de interpretação ou execução de artistas que as tenham permitido para utilização em determinado número de emissões, facultada sua conservação em arquivo público".

A matéria reveste-se de grande importância, eis que não se estende para sempre o direito de reutilizar a obra. Daí a necessidade do art. 92, pela cotidianidade da ocorrência de situações:

> Aos intérpretes cabem os direitos morais de integridade e paternidade de suas interpretações, inclusive depois da cessão dos direitos patrimoniais, sem prejuízo da redução, compactação, edição ou dublagem da obra de que tenham participado, sob a responsabilidade do produtor, que não poderá desfigurar a interpretação do artista.

Depreende-se, de outro lado, da leitura do dispositivo (na seguinte parte: *inclusive depois da cessão dos direitos*) a permissão da cessão dos direitos patrimoniais dos intérpretes.

O falecimento de algum dos participantes da obra não impede a exibição e o aproveitamento, transferindo-se para os sucessores a remuneração prevista para o falecido.

De sorte que não há liberdade em usar constantemente uma obra, à revelia do autor ou diretor.

Quanto à defesa da obra comum, ou do conjunto que compõe o espetáculo, a apresentação, a peça teatral ou audiovisual, a incumbência é do organizador. Todavia, não resta proibida a atuação de qualquer dos participantes, desde que atingido seu interesse ou da obra em si, eis que, neste caso, os participantes na sua criação sofrerão consequências. Parece que é aplicável, no caso, a regra do § 1º do art. 17.

b) Produtores fonográficos.

Já observado o significado de fonograma dado pelo art. 5º, inc. IX, da Lei nº 9.610/1998: "Toda fixação de sons de uma execução ou interpretação ou de outros sons, ou de uma representação de sons que não seja uma fixação incluída em uma obra audiovisual".

Cap. XXIV · PROPRIEDADE LITERÁRIA, CIENTÍFICA E ARTÍSTICA | **745**

A lei anterior especificava as formas de fonograma, no art. 81: "Os cassetes, cartuchos, discos, videofonogramas e aparelhos semelhantes, contendo fitas de registro de som gravadas (...)".

Novas formas apareceram, mais aperfeiçoadas e avançadas, sendo possível a cópia através de sistemas de informática.

O direito de autor do fonograma está especificado no art. 81 da Lei nº 9.610, ao ordenar que o produtor, ao publicar o fonograma, mencionará em cada exemplar:

I – o título da obra incluída e seu autor;

II – o nome ou pseudônimo do intérprete;

III – o ano de publicação;

IV – o seu nome ou marca que o identifique.

Toda gravação em qualquer suporte depende de autorização do autor. Não é permitida a fixação à revelia do criador da obra, exceto nas hipóteses do art. 46, como a reprodução, em um só exemplar, de pequenos trechos, para uso privado do copista; ou de pequenos trechos para ilustrar uma outra obra principal.

Relativamente ao produtor, ou aquele que contratou com o autor, eis os direitos, expostos no art. 93:

O produtor de fonogramas tem o direito exclusivo de, a título oneroso ou gratuito, autorizar-lhes ou proibir-lhes:

I – a reprodução direta ou indireta, total ou parcial;

II – a distribuição por meio da venda ou locação de exemplares da reprodução;

III – a comunicação ao público por meio da execução pública, inclusive pela radiodifusão;

IV – (vetado);

V – quaisquer outras modalidades de utilização, existentes ou que venham a ser.

c) Empresas de radiodifusão.

As empresas de radiodifusão também têm assegurada a proteção no que se refere à retransmissão de seus programas. Realmente, prescreve o art. 95:

Cabe às empresas de radiodifusão o direito exclusivo de autorizar ou proibir a retransmissão, fixação e reprodução de suas emissões, bem como a comunicação ao público, pela televisão, em locais de frequência coletiva, sem prejuízo dos direitos dos titulares de bens intelectuais incluídos na programação.

Por radiodifusão e televisão se operam modos de comunicação ao público, visando a difusão através de sons, de palavras ou de imagens. Claude Colombet usa de uma perfeita explicação: "La communication s'effectue dans le temps; en cas de radiodiffusion, elle s'effectue à travers l'espace".[46]

---

[46] *Propriété Littéraire et Artistique*, Précis Dalloz, Paris, 1976, p. 113. Tradução livre do texto: "A comunicação se efetua ao longo do tempo; no caso de radiodifusão, ela se efetua através do espaço".

746 | DIREITO DAS COISAS – *Arnaldo Rizzardo*

Como empresa de radiodifusão considera-se a empresa de rádio ou de televisão, ou meio análogo, que transmite programas ao público. O inc. XII do art. 5º explicita: "A transmissão sem fio, inclusive por satélites, de sons ou imagens e sons ou das representações desses, para recepção ao público e a transmissão de sinais codificados, quando os meios de decodificação sejam oferecidos ao público pelo organismo de radiodifusão ou com seu consentimento".

Não se trata propriamente de um direito de autor, mas de um direito de ordem industrial, ou mesmo comercial. Cuida-se da transmissão a distância de sons e imagens. No máximo, situam-se tais empresas dentre as consideradas como auxiliares à criação literária, artística ou científica.

24.17. DIREITO DE ARENA

Como direito de arena, considera-se, na lição de Antônio Chaves, a prerrogativa que compete ao esportista de impedir que terceiros venham, sem autorização, a divulgar tomadas de sua imagem ao participar de competição, ressalvados os casos expressamente previstos em lei.[47] Acontece que à entidade esportiva, em geral agremiação associativa ligada ao futebol, é assegurado o direito de levar ao público o espetáculo esportivo, pois, se do atleta dependesse a autorização, muitas dificuldades adviriam, dado seu interesse individual na participação e sua falta de condições de conseguir a uniformidade de consenso dos outros companheiros. O direito diz pertinência à entidade esportiva na qual está vinculado o atleta, assegurando-se a este a mera participação no valor cobrado pela transmissão do espetáculo esportivo. Mas não apenas à entidade esportiva, e, sim, a qualquer outra que dirige ou patrocina um espetáculo público ou de interesse popular. Nesta dimensão, mesmo as apresentações de escolas de samba enquadram-se na proteção, quando televisionadas não para fins de notícias, mas com a finalidade de oferecer ou proporcionar ao público um programa de divertimento.

A Lei nº 9.610/1998 não incluiu a proteção do direito de arena. Não existe nela qualquer dispositivo correlato ao art. 100 da Lei nº 5.988/1973, que previa o direito. Todavia, a matéria veio regulada em diploma especial, que é a Lei nº 9.615/1998, a chamada "Lei Pelé", cujo art. 42, § 1º, em redação da Lei nº 12.395/2011, contempla a participação do atleta nos proveitos da divulgação:

> Pertence às entidades de prática desportiva o direito de arena, consistente na prerrogativa exclusiva de negociar, autorizar ou proibir a captação, a fixação, a emissão, a transmissão, a retransmissão ou a reprodução de imagens, por qualquer meio ou processo, de espetáculo desportivo de que participem.
>
> § 1º Salvo convenção coletiva de trabalho em contrário, 5% (cinco por cento) da receita proveniente da exploração de direitos desportivos audiovisuais serão repassados aos sindicatos de atletas profissionais, e estes distribuirão, em partes iguais, aos atletas profissionais participantes do espetáculo, como parcela de natureza civil.

Nota-se, pois, que há a participação, destinando-se o valor à entidade que congrega o atleta, que fará a distribuição.

É coerente a previsão da indenização, porquanto não se pode negar que os espetáculos que atraem o público possuem valor econômico, tanto que interessa a sua retransmissão pela televisão. E se movem os interesses para a veiculação, é porque trazem dividendos ou lucros,

---

[47] *Direito de Arena*, Julex Livros Ltda., Campinas, 1988, p. 15.

Cap. XXIV · PROPRIEDADE LITERÁRIA, CIENTÍFICA E ARTÍSTICA | 747

tanto na audiência como no aumento de publicidade. De sorte que a utilização é econômica. Nesta ordem, apropriado o ensinamento de Carlos Alberto Bittar: "Desse modo, a utilização econômica não autorizada ocasiona a satisfação de perdas e danos, levando-se em conta o prejuízo efetivo do interessado e os lucros cessantes (aquilo que deixou de auferir em face da utilização abusiva)".[48]

No caso, basta a vantagem decorrente da veiculação, sem a presença das perdas e danos. O § 2º do mesmo art. 42, também com alterações da Lei nº 12.395/2011 e mais da Lei nº 13.155/2015, dita condições para o direito:

> O disposto neste artigo não se aplica à exibição de flagrantes de espetáculo ou evento desportivo para fins exclusivamente jornalísticos, desportivos ou educativos ou para a captação de apostas legalmente autorizadas, respeitadas as seguintes condições:
>
> I – a captação das imagens para a exibição de flagrante de espetáculo ou evento desportivo dar-se-á em locais reservados, nos estádios e ginásios, para não detentores de direitos ou, caso não disponíveis, mediante o fornecimento das imagens pelo detentor de direitos locais para a respectiva mídia;
>
> II – a duração de todas as imagens do flagrante do espetáculo ou evento desportivo exibidas não poderá exceder 3% (três por cento) do total do tempo de espetáculo ou evento;
>
> III – é proibida a associação das imagens exibidas com base neste artigo a qualquer forma de patrocínio, propaganda ou promoção comercial.

24.18. OBRA DE ENCOMENDA

Desde as mais remotas eras da civilização os monarcas ou chefes de estados contratavam arquitetos, artistas e todo gênero de artistas para a construção de suntuosos palácios, pirâmides, jardins e monumentos – como se lê na história dos egípcios, babilônios, gregos, romanos e outras nações.

Daí se percebe que as obras de encomenda não são da iniciativa do escritor, artista, arquiteto, engenheiro ou cientista. Nascem da contratação de terceiro, que encarrega uma determinada pessoa a realizar certo trabalho.

Diferentemente do contrato de edição, onde o autor oferece a obra concluída para a publicação, visando a reprodução e a exploração, há a iniciativa do editor, que contrata o autor para realizar a obra, como faz concluir o art. 54 da Lei nº 9.610/1998: "Pelo mesmo contrato pode o autor obrigar-se à feitura de obra literária, artística ou científica em cuja publicação e divulgação se empenha o editor".

Outro dispositivo que cuida do assunto está no art. 58: "Se os originais forem entregues em desacordo com o ajustado e o editor não os recusar nos trinta dias seguintes ao do recebimento, ter-se-ão por aceitas as alterações introduzidas pelo autor".

A encomenda desenvolve-se em diferentes formas. Embora não as discrimine a lei atual, contrariamente ao que fazia o art. 36 da Lei nº 5.988, pode caracterizarse como *funcional* a encomenda, quando decorre da relação que vincula o autor à função pública. Elabora-se a obra em cumprimento de dever funcional. O Estado é o encomendante, enquanto o autor se submete à determinação da incumbência por força do dever funcional. As relações entre

---

[48] *Contornos Atuais do Direito do Autor*, ob. cit., p. 212.

as partes são reguladas pelo Estatuto dos Funcionários Públicos. O pagamento é mais em virtude da função pública desempenhada pelo autor, e não pela obra em si.

Há, de outro lado, o *contrato de locação ou prestação de serviços*, mediante remuneração. O locador trabalha sob as ordens e a fiscalização do locatário, de quem recebe a orientação a respeito do trabalho que executa. Aparece uma hierarquia quanto à espécie ou ao conteúdo da obra, e não relativamente ao exercício do trabalho. Contrata-se tão somente a realização de uma tarefa, ou trabalho, devendo preponderar a orientação do locatário, por uma soma fixada em dinheiro, que é a contraprestação pelo trabalho desenvolvido.

Bastante frequente é *o contrato de emprego*, pelo qual a empresa remunera o autor para a realização de obras necessárias às suas atividades. Caracterizam esta relação o vínculo de subordinação, a continuidade de prestação dos serviços e a hierarquia que disciplina as relações entre o autor e o empregador. Comum é esta modalidade nas empresas que se dedicam a publicações de revistas e jornais.

Aparece, também, a *empreitada*. Mediante certa remuneração, obriga-se o autor a fazer uma obra. O empreiteiro não se coloca na posição de subordinado, mas desenvolve as funções com independência, o que se verifica, por exemplo, nas obras de arquitetura.

Integra, normalmente, um contrato de edição na encomenda. O editor encomenda a obra e compromete-se a publicá-la. Igualmente comum a cessão compor a avença. Além do autor realizar o trabalho em razão da encomenda, cede-o para o encomendante.

Especialmente junto a autores conhecidos, cujo nome já representa o sucesso da obra, contrata-se a encomenda pura e simples, sem qualquer ingerência do encomendante no tipo ou nas qualidades do trabalho. A orientação e o resultado da obra dependerão inteiramente da habilidade, da técnica e dos conhecimentos do criador.

O contrato de obra sob encomenda é comum nos programas de televisão, com novelas, minisséries de filmes, produções humorísticas, espetáculos de assistência, shows musicais etc.; nas obras de propaganda, de fotografia, de pinturas e artes plásticas para certas campanhas; nas elaborações de dicionários e enciclopédias; nas reportagens sobre determinados assuntos; nos espetáculos teatrais e musicais; nas pesquisas científicas sobre questões de interesse comum; nos trabalhos jurídicos, como comentários a leis.

Não raramente, os encomendantes fornecem as linhas mestras do assunto, o plano das novelas, o assunto da pesquisa, ou o roteiro em linhas gerais.

Dentre as cláusulas possíveis de inclusão no contrato, destacam-se as que permitem a fixação de prazo para a entrega e para a publicação; a rescisão em caso de falecimento do autor, ou a sua conclusão por terceira pessoa; o pagamento através de participação na venda; a divulgação por meio de publicidade.

24.19. ASSOCIAÇÕES DE TITULARES DE DIREITOS DE AUTOR E DOS DIREITOS QUE LHE SÃO CONEXOS

Em qualquer campo das atividades formam-se associações, sindicatos e outras formas de organizações para a defesa dos interesses da classe.

Assim acontece no tocante aos direitos de autor, sendo conhecidas as entidades formadas, como o Escritório Central de Arrecadação e Distribuição – ECAD –, com importantes funções na fiscalização e arrecadação de valores devidos aos autores que têm suas obras utilizadas em espetáculos públicos e em quaisquer apresentações para fins econômicos.

Os autores e titulares de direitos conexos, com a finalidade da defesa de direitos, podem, pois, se associar ou formar entidades sem o intuito de lucro, como autoriza o art. 97

Cap. XXIV · PROPRIEDADE LITERÁRIA, CIENTÍFICA E ARTÍSTICA | **749**

da Lei nº 9.610: "Para o exercício e defesa de seus direitos, podem os autores e os titulares de direitos conexos associar-se sem intuito de lucro".

Várias normas seguem: é dado o interesse público às atividades exercidas por associações de titulares de direitos de autor; a proibição em se associar, simultaneamente, a mais de uma entidade de classe; a permissão para transferir-se de associação, com o dever da prévia comunicação à associação de origem; as associações com sede no exterior serão representadas, no País, por associações nacionais; o direito de votar, ou de serem votados, nas associações nacionais, restrito aos titulares originários de direitos do autor ou direitos conexos; a assunção de cargos de direção nas associações de titulares de direito de autor apenas aos titulares originários de direitos de autor ou de direitos conexos nacionais ou estrangeiros domiciliados no Brasil (§§ 1º a 6º do art. 97, em redação da Lei nº 12.853/2013).

Uma das mais elevadas funções das associações, desde que obtenham a filiação do autor, está no papel de mandatárias de seus associados para a prática de todos os atos necessários à defesa judicial ou extrajudicial de seus direitos autorais, bem como para o exercício da cobrança desses direitos (art. 98, em redação da Lei nº 12.853/2013).

Uma série de normas consta dos parágrafos do art. 98, os quais foram acrescentados pela Lei nº 12.853/2013, disciplinando a cobrança dos direitos autorais. De ressaltar, pela importância, os seguintes disciplinamentos:

– unicamente as associações habilitadas em órgão da administração pública federal estão autorizadas para a atividade de cobrança;

– as associações deverão adotar os princípios da isonomia, eficiência e transparência na cobrança pela utilização de qualquer obra ou fonograma;

– às associações caberá estabelecer os preços pela utilização de seus repertórios, dentro da razoabilidade, da boa-fé e dos usos locais;

– a cobrança será proporcional ao grau de utilização das obras;

– deve ser dado tratamento equitativo aos associados, ficando proibida qualquer discriminação;

– manutenção de um cadastro, pelas associações, centralizando todos os contratos, declarações ou documentos comprobatórios da autoria e da titularidade das obras e dos fonogramas, com a referência das participações individuais, prevenindo o falseamento de dados e fraudes;

– acesso a todos e ao público em geral das informações lançadas em cadastro, o que se pode fazer por meio eletrônico;

– preservação da ampla defesa e do direito ao contraditório;

– disponibilização de informações para comunicação, pelo usuário, da totalidade das obras e fonogramas utilizados, assegurando, outrossim, o acompanhamento pelos titulares de direitos dos valores arrecadados e distribuídos;

– permanência dos créditos e valores não identificados à disposição dos titulares pelo período de cinco anos, com a sua distribuição na medida em que se apurar a identificação;

– decorrido o período de cinco anos sem identificação e a entrega de valores, procede-se à sua distribuição aos titulares de direitos de autor e de direitos conexos;

– proporcionalidade da taxa de administração praticada pelas associações ao custo efetivo de suas operações;

– eleição dos dirigentes das associações para mandatos de três anos, permitida uma única recondução a cada nova eleição;

– a atuação dos dirigentes das associações diretamente por meio de voto pessoal;

– permissão para os titulares de direitos autorais em praticar pessoalmente os atos de associação ou de transferência para outra associação, com a prévia comunicação à associação de origem;

– possibilidade de destinação de 20% da totalidade ou de parte dos recursos das atividades para ações de natureza cultural e social que beneficiem coletivamente os associados.

O art. 98-A, incluído pela Lei nº 12.853/2013, disciplina o procedimento da atividade de cobrança, bem como traz os requisitos para exercer a atividade de cobrança.

Já o art. 98-B, também vindo com a Lei nº 12.853/2013, elenca as obrigações das associações.

Pelo art. 98-C, impõe-se às associações de gestão coletiva a prestação de contas dos valores devidos em caráter geral e de modo direto.

O art. 99 define as associações de gestão coletiva que podem fazer a arrecadação e distribuição de direitos relativos à execução pública de obras musicais, literomusicais e de fonogramas: devem ser aquelas criadas para tal fim por seus titulares, devendo unificar a cobrança em um único escritório central para arrecadação e distribuição, que terá personalidade jurídica própria.

O recolhimento se fará mediante depósito bancário.

Já o § 4º do art. 99 trata da distribuição dos valores aos autores e demais titulares de direitos, que não poderão ser inferiores, a partir de um ano da publicação da Lei nº 12.853/2013 (14.08.2013), a 77,5% daqueles arrecadados. Aumenta-se tal parcela à razão de 2,5% ao ano, até que, em quatro anos da data da publicação da mesma Lei nº 12.853/2013, o montante não seja inferior a 85% dos valores arrecadados.

Cumpre lembrar, ainda, o art. 99-A, o qual obriga ao ente arrecadador admitir em seus quadros, além das associações que o constituíram, as associações de titulares de direitos autorais que tenham pertinência com sua área de atuação e se encontrem habilitadas em órgãos da administração pública federal.

Os arts. 100, 100-A e 100-B trazem regras sobre a fiscalização das contas, a responsabilidade dos dirigentes das associações e a atuação da administração pública na solução dos litígios.

24.20. VIOLAÇÕES DOS DIREITOS AUTORAIS

Sempre que o direito de autor é desrespeitado, surge uma violação, que possibilitará a competente ação indenizatória, ou o processo criminal competente.

No sentido amplo, violação ao direito autoral equivale a todo e qualquer descumprimento do contrato e das normas que tratam da matéria. Assim, *v.g.*, no dizer de Walter Moraes,

> viola direito do autor o expositor de obra plástica ou fotográfica que a expõe mal, prejudicando-lhe a venda, e o aventureiro que reproduz ou deforma a obra figurativa, comete violação o reprodutor cinematográfico que não paga pontualmente os rendimentos ao produtor, como o diretor que inclui na fita a obra musical sem licença do compositor; o produtor cinematográfico que não expõe à venda os discos no prazo contratual, como aquele que publica gravação inconsentida.[49]

As violações envolvem ofensas basicamente ao direito de paternidade, de integridade e publicidade, atingindo os direitos morais e patrimoniais. Qualquer ação indenizatória,

---

[49]   *Questões de Direito de Autor*, ob. cit., p. 22.

Cap. XXIV · PROPRIEDADE LITERÁRIA, CIENTÍFICA E ARTÍSTICA | 751

de restauração ou saneadora terá por fulcro um dos dispositivos relacionados aos direitos morais ou patrimoniais.

O art. 102 da Lei nº 9.610 versa sobre a reprodução fraudulenta, prática que atinge o direito moral (diz respeito à autoria) e patrimonial (por se referir à fruição da obra) – arts. 24 e 28. Eis a redação: "O titular cuja obra seja fraudulentamente reproduzida, divulgada ou de qualquer forma utilizada, poderá requerer a apreensão dos exemplares reproduzidos ou a suspensão da divulgação, sem prejuízo da reparação civil".

Na art. 103, igualmente nota-se a utilização indevida da obra: "Quem editar obra literária, artística ou científica, sem autorização do titular, perderá para este os exemplares que apreenderem e pagar-lhe-á o preço dos que tiver vendido".

O parágrafo único fixa a previsão de um limite de exemplares, se não for conhecido o número que consta da edição: "Não se conhecendo o número de exemplares que constituem a edição fraudulenta, pagará o transgressor o valor de três mil exemplares, além dos apreendidos".

Parece caracterizar-se, aí, a contrafação. Necessária a sua definição, para apreender as cominações no caso de se verificar. Na singela ideia do art. 5º, inc. VI, conceitua-se como a reprodução não autorizada. A Lei anterior, de nº 5.988, em seu art. 64, apresentava uma conceituação mais ampla: "Considera-se contrafação, sujeitando-se o editor ao pagamento de perdas e danos, qualquer repetição de número, bem como exemplar não numerado, ou que apresente número que exceda a edição contratada".

O art. 104 da vigente lei traz a cominação na solidariedade da contrafação, quando alguém participa nos atos de propagar a obra:

> Quem vender, expuser à venda, adquirir, distribuir, tiver em depósito ou utilizar obra ou fonograma reproduzidos com fraude, com a finalidade de vender, obter ganho, vantagem, proveito, lucro direto ou indireto, para si ou para outrem, será solidariamente responsável com o contrafator, nos termos dos artigos precedentes, respondendo como contrafatores o importador e o distribuidor em caso de reprodução no exterior.

Daí se extrai a ideia de reprodução ilícita da obra, ou de sua indevida utilização, que envolve inúmeros casos, como o de venda de exemplar reprografado, de publicação de tradução não autorizada, de execução ou representação de peça musical ou teatral sem a devida licença. A jurisprudência consagra o direito de indenização, estendendo-o à pessoa jurídica, exceto quanto aos danos morais:

> A contrafação de obra intelectual sujeita o falsificador a reparar os danos a que deu causa, inclusive os de natureza moral. Todavia, não se pode cogitar destes últimos, quando a vítima é pessoa jurídica, a qual não se confundindo com os seus sócios, não é suscetível de sofrer danos morais ou constrangimentos.[50]

Quando se dá não apenas a falta de autorização do titular, mas também a apropriação da obra de outra pessoa como sua, a figura que se caracteriza é o plágio, que significa a apropriação indevida, ou o furto, do trabalho intelectual. Diz respeito mais à paternidade da obra, já que se funda na usurpação, atribuindo alguém a si a autoria de uma obra, ou parte dela, através da cópia pura e simples, ou disfarçadamente, com mudança de algumas palavras. Mas envolve o direito de publicidade, quando se consuma o plágio.

---

[50] *Apel. Cível* nº 7.661/98, da 14ª Câm. Cível do TJ do Rio de Janeiro, publ. em 11.02.1999, em *ADV Jurisprudência*, nº 17, 1999, p. 267.

Pode-se dizer que o plágio não está incluído no significado de contrafação, já que envolve aquele a ideia de falsidade, enquanto a última diz mais com a verdade, ao verdadeiro.

No entanto, nas duas formas estampa-se a utilização indevida de obra alheia, mais precisamente a reprodução ilícita: no plágio, pelo aproveitamento de ideias e texto, sem referir a origem ou a autoria; na contrafação, desprezando-se a autorização ou licença para publicar. No fundo, parece que em ambas as espécies há a usurpação de direitos e proveito moral ou econômico ilícito, embora mais presente a falsidade no plágio.

No art. 102 encontra-se um exemplo de contrafação e plágio, eis que há a apropriação de obra da criação de outrem, e o proveito sem a competente autorização do autor.

No art. 105, aponta-se o caminho quando verificados casos de apropriação de obras e de indevida veiculação ao público: a suspensão ou interrupção de atos de transmissão e retransmissão:

> A transmissão e a retransmissão, por qualquer meio ou processo, e a comunicação ao público de obras artísticas, literárias e científicas, de interpretações e de fonogramas, realizadas mediante violação aos direitos de seus titulares, deverão ser imediatamente suspensas ou interrompidas pela autoridade judicial competente, sem prejuízo da multa diária pelo descumprimento e das demais indenizações cabíveis, independentemente das sanções penais aplicáveis; caso se comprove que o infrator é reincidente na violação aos direitos dos titulares de direitos de autor e conexos, o valor da multa poderá ser aumentado até o dobro.

Poderá a sentença condenatória a respeito de um dos fatos acima, o que pressupõe a definição do aproveitamento ilícito da obra, determinar "a destruição de todos os exemplares ilícitos, bem como as matrizes, moldes, negativos e demais elementos utilizados para praticar o ilícito civil, assim como a perda de máquinas, equipamentos e insumos destinados a tal fim ou, servindo eles unicamente para o fim ilícito, sua destruição" (art. 106). De modo que as providências de inutilização do material da contrafação ou do plágio não é requerido perante a autoridade policial, como em parte se permitia perante o regime da lei anterior.

Não apenas as providências de inutilização e perda dos equipamentos utilizados constituem consequências do ato criminoso do contrafator ou plagiador. Comina o art. 107 a responsabilidade por perdas e danos em favor do prejudicado, que nunca serão inferiores ao valor dos exemplares vendidos e dos apreendidos; não se conhecendo o número de exemplares que constituem a edição fraudulenta, computa-se, para fins de indenização, o número de três mil, além dos apreendidos.

Os vários incisos do art. 107 apontam mais situações de perda e inutilização dos equipamentos e de perdas e danos, prevendo-as contra quem:

> I – alterar, suprimir, modificar ou inutilizar, de qualquer maneira, dispositivos técnicos introduzidos nos exemplares das obras e produções protegidas para evitar ou restringir sua cópia;
>
> II – alterar, suprimir ou inutilizar, de qualquer maneira, os sinais codificados destinados a restringir a comunicação ao público de obras, produções ou emissões protegidas ou a evitar a sua cópia;
>
> III – suprimir ou alterar, sem autorização, qualquer informação sobre a gestão de direitos;
>
> IV – distribuir, importar para distribuição, emitir, comunicar ou puser à disposição do público, sem autorização, obras, interpretações ou execuções, exemplares de

Cap. XXIV • PROPRIEDADE LITERÁRIA, CIENTÍFICA E ARTÍSTICA | 753

interpretações fixadas em fonogramas e emissões, sabendo que a informação sobre a gestão de direitos, sinais codificados e dispositivos técnicos foram suprimidos ou alterados sem autorização.

Quanto ao direito de paternidade, reza o art. 108:

> Quem, na utilização, por qualquer modalidade, de obra intelectual, deixar de indicar ou de anunciar, como tal, o nome, pseudônimo ou sinal convencional do autor e do intérprete, além de responder por danos morais, está obrigado a divulgar-lhes a identidade da seguinte forma:
>
> I – tratando-se de empresa de radiodifusão, no mesmo horário em que tiver ocorrido a infração, por três dias consecutivos;
>
> II – tratando-se de publicação gráfica ou fonográfica, mediante inclusão de errata nos exemplares ainda não distribuídos, sem prejuízo de comunicação, com destaque, por três vezes consecutivas em jornal de grande circulação, dos domicílios do autor, do intérprete e do editor ou produtor;
>
> III – tratando-se de outra forma de utilização, por intermédio da imprensa, na forma a que se refere o inciso anterior.

Consoante o art. 109, a execução pública feita em desacordo com o art. 68 – sem prévia e expressa autorização do autor ou titular; e com os arts. 97, 98 e 99 – relativamente às normas estabelecidas pelas associações de autores de obras intelectuais ou sem o pagamento dos direitos autorais, sujeitará os responsáveis à multa de vinte vezes o valor que deveria ser originariamente pago.

Pelo art. 109-A, incluído pela Lei 12.853/2013, a

> falta de prestação ou a prestação de informações falsas no cumprimento do disposto no § 6º do art. 68 e no § 9º do art. 98 sujeitará os responsáveis, por determinação da autoridade competente e nos termos do regulamento desta Lei, a multa de 10 (dez) a 30% (trinta por cento) do valor que deveria ser originariamente pago, sem prejuízo das perdas e danos.

Outrossim, violando os proprietários, diretores, gerentes, empresários e arrendatários de espetáculos e audições públicas, o art. 68, isto é, sem prévia e expressa autorização do autor ou titular dos direitos autorais, a consequência é a responsabilidade solidária com os organizadores dos espetáculos (art. 110).

24.21. OBRA PUBLICADA EM DIÁRIOS E PERIÓDICOS

O direito de utilização econômica dos escritos publicados pela imprensa diária ou periódica, com exceção dos assinados ou que apresentem sinal de reserva, pertence ao editor, salvo convenção em contrário (art. 36 da Lei nº 9.610/1998). O editor, porém, terá a proteção durante um ano, de acordo com o parágrafo único do art. 10: "O título de publicações periódicas, inclusive jornais, é protegido até um ano após a saída do seu último número, salvo se forem anuais, caso em que esse prazo se elevará a dois anos".

Quanto à autorização para a utilização dos artigos assinados, com vistas à publicação em diários e periódicos, produz efeito unicamente durante o prazo da periodicidade contratada, acrescido de vinte dias, a contar de sua publicação. Findo o prazo, recobra o autor o direito sobre os escritos. Ou seja, o que se revela importante, não se permite a utilização

754 DIREITO DAS COISAS – *Arnaldo Rizzardo*

em outras publicações senão depois de transcorridos vinte dias da publicação. Convenção em contrário, todavia, é válida.

24.22. OBRA DE ENGENHARIA E ARQUITETURA

Considera o art. 7º, inc. X, da Lei nº 9.610/1998 protegível a obra de engenharia e arquitetura, além de outras (a geografia, topografia, paisagismo, cenografia e ciência). Outros dispositivos estendem a proteção, como o art. 22, que trata dos direitos morais e patrimoniais, e o art. 24, inc. IV, onde está assegurada a garantia à integridade, proibindo-se as modificações e a prática de atos que, de qualquer forma, possam prejudicar a obra ou atingir o autor em sua reputação ou honra.

Conforme se depreende do citado art. 7º, inc. X, nada mudou em relação à lei revogada, que previa a mesma proteção no art. 6º, inc. X, pois os textos são rigorosamente idênticos.

O art. 27 da Lei nº 5.988/1973, que previa o repúdio da paternidade da obra pelo autor se o dono da construção introduzisse modificações no curso das obras, ou após sua conclusão, não é literalmente repetido no correspondente art. 26 da Lei nº 9.610/1998. Este dispositivo, além do repúdio da paternidade, assegura, em seu parágrafo único, a indenização, se o dono atribuir a obra ao autor. Com efeito, expressa o referido art. 26, em seu *caput*: "O autor poderá repudiar a autoria de projeto arquitetônico alterado sem o seu consentimento durante a execução ou após a conclusão da construção". O parágrafo único, assegurando a indenização: "O proprietário da construção responde pelos danos que causar ao autor sempre que, após o repúdio, der como sendo daquele a autoria do projeto repudiado".

Há de se examinar, ainda, a Lei nº 5.194/1966, que regula o exercício das profissões de engenheiro, arquiteto e engenheiro-agrônomo. Seu art. 17 protege as obras de tais profissionais: "Os direitos de autoria de um plano ou projeto de engenharia, arquitetura ou agronomia, respeitadas as relações contratuais expressas entre o autor e outros interessados, são do profissional que os elaborar". No tocante às modificações, porém, vai mais longe que a Lei nº 9.610/1998, eis que é categórico em permitir as alterações do projeto ou plano original unicamente pelo profissional que o tenha elaborado. Todavia, se recusar-se o autor do projeto a fazer as alterações, ou encontrando-se impedido, o parágrafo único autoriza ao dono socorrer-se de outro profissional habilitado, a quem caberá a responsabilidade do projeto ou plano modificado.

No art. 22 da mesma Lei nº 5.194/1966, vem autorizado o acompanhamento na execução da obra: "Ao autor do projeto ou aos seus prepostos é assegurado o direito de acompanhar a execução da obra, de modo a garantir a sua realização de acordo com as condições, especificações e demais pormenores técnicos nele estabelecidos".

Outrossim, a proteção independe dos registros dos projetos, plantas ou da obra, como se depreende do art. 23 da citada Lei, que encerra uma faculdade: "Os Conselhos Regionais criarão registros de autoria de planos e projetos, para salvaguarda dos direitos autorais dos profissionais que o desejarem".

De sorte que, independentemente do registro, está instituída a proteção dos projetos, plantas ou quaisquer obras de engenheiros, arquitetos e agrônomos.

Se há o aproveitamento indevido ou não autorizado de projetos, plantas ou planos originais e inéditos, configura-se o plágio ou a contrafação. Eis a orientação da jurisprudência, já tradicional:

> Contrafação. Plágio de anteprojeto arquitetônico de construção. Trabalho original
> e inédito, caracterizado como obra intelectual e, portanto, objeto de proteção ju-

Cap. XXIV · PROPRIEDADE LITERÁRIA, CIENTÍFICA E ARTÍSTICA | **755**

rídica. Irrelevância da inexistência de registro junto ao órgão competente por ser facultativo e não ter havido elaboração de projeto definitivo. Indenização devida. Aplicação dos arts. 17, 18, 22 e 23 da Lei nº 5.194/1966, e 6º, X, 21 e 25, IV, da Lei nº 5.988/1973.

Isto porque, ilustra o voto do relator,

> garante a Lei nº 5.194/1966, ao regular o exercício das profissões de engenheiro, arquiteto e engenheiro-agrônomo, os direitos de autoria dos planos e projetos do profissional que os executar (arts. 17, 18 e 22), de sorte que, como obras intelectuais, merecem indenização os seus criadores, nas hipóteses de contrafação ou abuso indevido (Lei nº 5.988, de 14.12.1973, arts. 6º, X, 21 e 25; *RJTJSP* 43/56; *RT* 562/82, 570/72, 588/241 e 605/194).

Transcrevendo a lição de Hely Lopes Meirelles:

> Diante do texto legal e de sua interpretação autêntica, não padece dúvidas de que os anteprojetos e projetos de engenharia e arquitetura de qualquer natureza constituem ideação protegida pelo direito de autor. A reprodução por outrem, ainda que com modificações, constitui plágio ou contrafação ao direito autoral, e dará ensejo à responsabilização civil do plagiador (*Direito de Construir*, 4ª ed., p. 252).

Ainda, citando Antônio Chaves:

> (...) tem o arquiteto o direito de exclusividade, isto é, de somente ele tirar de sua obra os proventos pecuniários que ela possa proporcionar, e de não permitir a sua utilização por terceiros por nenhuma forma remunerada, sem sua cessão ou autorização (*Direito de Autor do Arquiteto, do Engenheiro, do Urbanista, do Paisagista, do Decorador*, em Revista dos Tribunais, 433/19).[51]

É induvidoso, pois, o direito exclusivo de exploração, o que enseja a reparação indenizatória, se copiados os projetos ou planos sem o consentimento do autor. De sorte que sequer admite-se a reprodução desautorizada dos traços arquitetônicos de um prédio ou qualquer obra, embora o plagiador não tenha à mão as plantas ou projetos respectivos.

A indenização corresponderá aos honorários cobráveis pelo profissional na elaboração da planta ou projeto, a que se chega segundo tabela de remuneração elaborada pelo órgão de classe, ou mediante perícia técnica.

24.23. DIREITO DE AUTOR E *SOFTWARE*

a) Aspectos gerais.

Sem dúvida, cuida-se de um direito bastante recente, voltado a disciplinar as relações surgidas da computação, que significa a conjugação entre informática e eletrônica, com decisões lógicas fundadas nos respectivos resultados, funcionando com três unidades, de acordo com a lição ainda correta de Carlos Alberto Bittar:

> O módulo aritmético, o sistema de controle e a unidade controladora de dados. O computador atua através da elaboração de planos e programas e através do proces-

---

[51] *Apel. Cível* nº 82.594-1, da 6ª Câm. Cível do TJ de São Paulo, julgada em 19.03.1987, em *Revista dos Tribunais*, 620/76.

samento de dados ou elementos em máquinas próprias, com o que nascem ou se criam os resultados pretendidos, como a realização de cálculos, a extração de dados armazenados, a impressão de informações etc.[52]

O computador realiza o processamento de dados. Processar dados significa transformar informações que temos em mão ou que são facilmente conseguidas em informações úteis, trabalhadas, conclusivas ou especificadas.

A informação é o "dado". Em quantidade, ou no plural, temos vários tipos, como dados numéricos, trabalhando com números; dados alfabéticos, na base de letras; e dados alfanuméricos, envolvendo números e letras.

O computador opera na seguinte tarefa: recebe informações iniciais, ou informações de entrada; faz o processamento e fornece as informações de saída, que é o resultado almejado. O processamento corresponde à ordenação, ou classificação, ou comparação de dados, ou informações iniciais.

A palavra *software* compreende o programa de computador, ou o escrito destinado a processamento de dados, o que requer um conjunto de combinações para alcançar um resultado. Representa um conjunto de instruções colocadas em códigos, interpretadas também por códigos e por uma linguagem própria, o que permite codificações, operações de cálculo, gráficos etc.

Programa de computador, de acordo com o art. 1º da Lei nº 9.609/1998, que trata da proteção de sua proteção,

> é a expressão de um conjunto organizado de instruções em linguagem natural ou codificada, contida em suporte físico de qualquer natureza, de emprego necessário em máquinas automáticas de tratamento da informação, dispositivos, instrumentos ou equipamentos periféricos, baseados em técnica digital ou análoga, para fazê-los funcionar de modo e para fins determinados.

Há três atividades fundamentais no *software*: de um lado, dá-se a criação, que é a compilação ou elaboração de planos ou programas para a computação, equivalendo à alimentação de instrumento; de outro lado, desenvolve-se o processamento ou a aplicação de tais dados, nas máquinas próprias, colimando alcançar os resultados próprios, como a realização de cálculos, extração de dados armazenados e informações e impressões dos mais diversos tipos; e por último, existe o armazenamento, momento em que a máquina acumula, sem falha, os dados recebidos e processados.

Os programas e sistemas de computação correspondem ao *software*, o qual tem origem nas manifestações intelectuais que alimentam as máquinas, ou equivale ao programa do computador, ou ao escrito destinado ao processamento de dados, abrangendo o universo de instruções para um fim visado, como textos legais, manuais, codificações, operações de cálculos etc. Em síntese, *software* expressa programas e sistemas de computação.

O *hardware* vem a ser a máquina em si, ou o aparato que processa e armazena os dados correspondentes, o teclado e o circuito eletrônico do computador, ou o conjunto de máquinas de uma instalação de processamento de dados.

O computador corresponde à interligação da máquina e dos programas; ou à conjugação entre máquina e programas de sistemas.

O *software* é gravado em disquete, disco rígido, ou *chips* (pastilhas). Sendo um programa, contém um conjunto de instruções estruturado em códigos e codificado em linguagem

---

[52] *A Lei de* Software *e seu Regulamento*, Rio de Janeiro, Forense, 1988, p. 16.

própria que possibilita à máquina realizar suas finalidades específicas, como arquivos de textos, edições, operações de cálculos, gráficos etc.

Para que um computador execute, sob controle, uma sequência de instruções de um programa, é necessário que estas instruções e os dados manipulados por elas estejam na memória principal, também chamada de memória dinâmica.

A memória principal é aquela à qual o computador tem acesso direto e que está quase sempre localizada no mesmo circuito impresso onde se encontra montado o computador. Esta memória é constituída de circuitos integrados e se divide em dois tipos, coexistentes com a volátil e a não volátil.

A memória volátil é conhecida como memória de acesso aleatório (*Randon access memory*), funcionando como um quadro negro, onde os dados são armazenados temporariamente, enquanto o computador está trabalhando e os resultados e outros dados são guardados durante algum tempo.

A memória não volátil não pode ser gravada e nem desgravada durante o processo normal. O fluxo de dados nela é unilateral, isto é, o processador de dados apenas pode ler o seu conteúdo. Como este tipo de memória conserva os dados nela armazenados, é a norma usada para guardar programas básicos necessários à maioria dos processamentos.

b) A lei do software.

Os estudos sobre a computação muito evoluíram nos últimos tempos. Vigora atualmente a Lei nº 9.609/1998, dispondo sobre a proteção da propriedade intelectual de programas de computador, sua comercialização no País, além de outros assuntos. Revogou expressamente a Lei nº 7.646, de 18.12.1987. Trouxe definições sobre o programa de computador, e estabelece uma ligação com a Lei dos Direitos Autorais, firmando as mesmas prerrogativas, idênticos direitos e formas de proteção. Excetua, porém, a aplicação dos direitos morais aos programas de computador, porquanto assim determina o § 1º de seu art. 2º

> Não se aplicam ao programa de computador as disposições relativas aos direitos morais, ressalvado, a qualquer tempo, o direito do autor de reivindicar a paternidade do programa de computador e o direito do autor de opor-se a alterações não autorizadas, quando estas impliquem deformação, mutilação ou outra modificação do programa de computador, que prejudique a sua honra ou a sua reputação.

Nesta parte, não têm incidência aos programas as tutelas que a Lei nº 9.610/1998 concede ao direito de nomeação, de inédito, de modificação e de acesso. Permite, no entanto, a reivindicação da paternidade e proíbe as alterações sem autorização do autor. Não obriga o registro para fins de proteção. Define a autoria do programa nas relações empregatícias, de prestação de serviços e outras relações com o empregador. Várias outras matérias são tratadas.

Interessa, aqui, a proteção da obra intelectual no *software*, que é próprio ao âmbito do direito de autor. Já na Lei nº 9.610/1998, em seu art. 7º, inc. XII, e no § 1º, insere-se a proteção ao programa de computador, com a expressa referência que a matéria seria objeto de legislação específica, que veio através da Lei nº 9.609/1998.

c) Criação do programa de computador.

Os criadores de programas são titulares dos direitos autorais. Consideram-se proprietários, mas merecendo a proteção legal desde que revele a obra alguma originalidade, ou uma contribuição pessoal de realce.

Explica, a respeito, Eduardo Vieira Manso:

> De conformidade com as regras do direito autoral, somente se há de atribuir a titularidade de direitos autorais àquele que é o autor da obra considerada. Assim, sobreleva a importância de se determinar a autoria da obra criada com o concurso de computadores eletrônicos e desde logo urge a figura do programador, visto que a máquina somente age com a aplicação de um programa próprio (...). *A priori*, pois, não se pode atribuir, nem negar, ao programador a qualidade de autor (...). Para ter a qualidade de coautor, o técnico em informática deve ser um autor e desempenhar um papel criador no momento da utilização do computador (...). Sempre que houver uma colaboração entre o artista, que fornece ao programador a matéria-prima da obra a ser programada a esse técnico, não se poderá furtar deste a qualidade de coautor, visto que, em todas as circunstâncias, a criação da obra intelectual será sempre uma simples questão de fato.

Portanto, quem faz o programa, ou seu autor, goza do direito de propriedade, já que o programa é um inequívoco produto intelectual, daí merecendo a proteção.

Caso uma outra pessoa ofereça uma colaboração estética, na montagem ou implantação do programa, compartilha ela na autoria, e será coautora, conforme o citado especialista.[53]

Os criadores gozam de direitos patrimoniais, ficando assegurada a exclusividade de exploração e dos demais direitos previstos na lei. Já proclamava-se o direito à proteção com base na Lei nº 5.988, de 1973, e na Lei nº 7.646, de 1987, na esteira da jurisprudência, revelada na *Apel. Cível* nº 597.199.702, da 6ª Câm. Cível do Tribunal de Justiça do RGS, julgada em 25.11.1998:

> A proteção aos direitos autorais, consolidada na Lei nº 5.988/1973 e também na Lei nº 7.646/1987, tem por escopo o esforço dos autores, reconhecendo-lhes o direito exclusivo sobre suas criações artísticas e intelectuais. Assim, no direito brasileiro qualquer obra que resulte da capacidade intelectual de seu autor merece proteção legal. Assim, também, no campo da informática. Conquanto a matéria versada nos autos se apresente complexa, pois essencialmente técnica, o laudo realizado pelos dois *experts* – designados por sua reconhecida capacidade profissional – não deixa dúvidas quanto à procedência da demanda.[54]

Os suportes ou instrumentos de reprodução de textos, imagens e sons, que fazem parte da reprografia, constituindo esta a reprodução mecânica de obras intelectuais em série, também comportam a proteção, exigindo a respectiva licença e comportando o pagamento pela exploração.

Prevista a proteção também quando a criação é de pessoa jurídica, mostrando-se pertinente, para o caso, o art. 4º da Lei nº 9.609/1998:

> Salvo estipulação em contrário, pertencerão exclusivamente ao empregador, contratante de serviços ou órgão público, os direitos relativos ao programa de computador, desenvolvido e elaborado durante a vigência de contrato ou vínculo estatutário, expressamente destinado à pesquisa e desenvolvimento, ou em que a atividade do empregado, contratado de serviço ou servidor seja prevista, ou, ainda, que decorra da própria natureza dos encargos concernentes a esses vínculos.

---

[53] *A Informática e os Direitos Intelectuais*, Editora Revista dos Tribunais, São Paulo, 1985, pp. 23 e 24.

[54] *Boletim ADV – Jurisprudência*, nº 19, expedição de 5.09.1999, p. 555.

Cap. XXIV · PROPRIEDADE LITERÁRIA, CIENTÍFICA E ARTÍSTICA | **759**

No entanto, os trabalhos realizados fora da relação de emprego pertencem a quem os realizou, na previsão do § 2º do art. 4º:

> Pertencerão, com exclusividade, ao empregado, contratado de serviço ou servidor os direitos concernentes a programa de computador gerado sem relação com o contrato de trabalho, prestação de serviços ou vínculo estatutário, e sem a utilização de recursos, informações tecnológicas, segredos industriais e de negócios, materiais, instalações ou equipamentos do empregador, da empresa ou entidade com a qual o empregador mantenha contrato de prestação de serviços ou assemelhados, do contratante de serviços ou órgão público.

A atividade do empregado durante os trabalhos de criação, sob as ordens do empregador, remunera-se com o simples pagamento do salário.

d) Proteção aos programas.

De acordo com o art. 2º da Lei nº 9.609/1998, o regime de proteção ao programa de computador é o mesmo conferido às obras literárias pela legislação de direitos autorais e conexos. Excetuam-se da proteção, segundo já observado, os direitos morais, assegurando-se, porém, a qualquer tempo, ao autor a reivindicação da paternidade do programa e a oposição a alterações não autorizadas quando implicarem em deformação, mutilação e outras modificações prejudiciais.

O prazo da proteção é de cinquenta anos, a contar do dia 1º de janeiro do ano seguinte ao de sua publicação ou, na ausência desta, da sua criação (art. 2º, § 2º).

Como já referido, dispensa-se o registro da obra para ensejar a proteção (§ 3º do art. 2º).

Excluem-se da proteção, eis que não constituem ofensa aos direitos do titular, as seguintes hipóteses:

> I – a reprodução, em um só exemplar, de cópia legitimamente adquirida, desde que se destine à cópia de salvaguarda ou armazenamento eletrônico, hipótese em que o exemplar original servirá de salvaguarda;
>
> II – a citação parcial do programa, para fins didáticos, desde que identificados o programa e o titular dos direitos respectivos;
>
> III – a ocorrência de semelhança de programa a outro, preexistente, quando se der por força das características funcionais de sua aplicação, da observância de preceitos normativos e técnicos, ou de limitação de forma alternativa para a sua expressão;
>
> IV – a integração de um programa, mantendo-se suas características essenciais, a um sistema aplicativo ou operacional, tecnicamente indispensável às necessidades do usuário, desde que para o uso exclusivo de quem a promoveu.

e) Garantias aos usuários de programas.

Quem aluga, transfere, ou dá uma licença de uso do programa, está obrigado a assinalar, no contrato, o prazo de validade técnica da versão comercializada (art. 7º da Lei nº 9.609/1998).

E quem comercializa o programa deve prestar serviços de assistência durante o prazo de validade técnica da versão, de acordo com o art. 8º:

> Aquele que comercializar programa de computador, quer seja titular dos direitos do programa, quer seja titular dos direitos de comercialização, fica obrigado, no território nacional, durante o prazo de validade técnica da respectiva versão, a as-

segurar aos respectivos usuários a prestação de serviços técnicos complementares relativos ao adequado funcionamento do programa, consideradas as suas respectivas especificações.

Persistirá, conforme o parágrafo único, a obrigação se retirado de circulação comercial o programa de computador durante o prazo de validade, salvo justa indenização de eventuais prejuízos causados a terceiros.

f) Uso, comércio e transferência de tecnologia.

A matéria está regulada nos arts. 9º a 11 da Lei nº 9.609/1998.

Para o uso de programa de computador, há necessidade de contrato escrito ou de licença. Na inexistência do contrato de edição, é suficiente o documento fiscal relativo à aquisição ou licenciamento de cópia, que servirá para a comprovação da regularidade do uso (art. 9º e seu parágrafo único).

Todavia, não se pode afastar outros meios de comprovação, a exemplo de perícia, segundo decidiu o STJ:

> "Conquanto o art. 9º da Lei 9.609/98 faça remissão expressa ao contrato de licença e ao documento fiscal, como meios hábeis de provar a regularidade do programa de computador, o dispositivo não excluiu expressamente outros elementos de prova, devendo ser interpretado em conformidade com o ordenamento jurídico brasileiro, o qual admite, nos termos dos arts. 332, CPC e 212, CC, a comprovação dos fatos alegados pelas partes por qualquer meio idôneo, ainda que não especificado em lei.
>
> O art. 9º da Lei 9.609/98 confere apenas caráter de prova pré-constituída, figura estabelecida pelo legislador para servir de comprovação futura de determinada relação jurídica, ao contrato de licença e ao documento fiscal, não limitando a comprovação do negócio jurídico mediante provas casuais, sem forma específica, apresentadas pelas partes no curso da lide.
>
> Na hipótese ora em análise, a perícia que atesta a originalidade da mídia e dos programas utilizados pela empresa é meio capaz de comprovar a regularidade da utilização do programa de computador, suprindo a necessidade de exibição do contrato de licença ou documento fiscal".[55]

O citado art. 332 corresponde ao art. 369 do CPC/2015.

No tocante aos contratos de licença para a comercialização de programas de origem externa, a responsabilidade para o pagamento de tributos e encargos exigíveis constará nos respectivos instrumentos. Consignar-se-á neles, ainda, a remuneração do titular dos direitos de programa residente ou domiciliado no exterior. Consideram-se nulas as cláusulas que (art. 10, § 1º, I e II):

> I – limitem a produção, a distribuição ou a comercialização, em violação às disposições normativas em vigor;
>
> II – eximam qualquer dos contratantes das responsabilidades por eventuais ações de terceiros, decorrentes de vícios, defeitos ou violações de direitos de autor.

---

[55] REsp 913008/RJ, da 4ª Turma, rel. para o acórdão Min. Luis Felipe Salomão, j. em 25.08.2009, *DJe* de 19.10.2009.

Necessário conservar, pelo remetente de valor em moeda estrangeira em pagamento da remuneração, durante o prazo de cinco anos, de todos os documentos necessários à comprovação da licitude das remessas (art. 10 e parágrafos).

O Instituto Nacional da Propriedade Industrial fará o registro dos contratos de transferência de tecnologia de computador, para a produção de efeitos junto a terceiros. Efetua-se o registro com a entrega da documentação completa sobre a tecnologia do programa, inclusive da cópia-fonte comentada, de memorial descritivo e especificações funcionais internas, diagramas, fluxogramas e outros dados técnicos (art. 11 e parágrafo único). Observa-se, no entanto, que não se trata do registro de programa, mas sim da tecnologia do programa. Aí aparece a invenção, ou o acréscimo novo a um sistema existente. É o que conclui, em sentido semelhante, José Carlos Tinoco Soares, quando analisa dispositivo da Lei nº 9.279/1996, que afasta a patente de programa de computador em si:

> Assim, diante da Lei nº 9.279/1996, quer nos parecer que essa previsão está em perfeita harmonia com a tendência mundial, posto que o programa de computador *per se* poderá continuar a ser protegido como até agora sob as leis de direitos autorais, enquanto a combinação de um programa de computador e os componentes físicos será perfeitamente suscetível de patente também no Brasil.[56]

g) *Violações aos direitos de autor de programa de computador.*

Os arts. 12 a 14 contêm as sanções penais e civis previstas para a violação das normas acima dos direitos de autor de programa, iniciando com a cominação, na órbita penal, de detenção de seis meses a dois anos, ou multa. Particularizando as sanções, em casos de maior gravidade – como reprodução do programa para fins comerciais e aquisição ou introdução no País de programas ou cópias para fins comerciais, produzidos com violação ao direito autoral –, as penas se elevam para reclusão de um a quatro anos e multa.

Exige-se, para dar início à ação penal, com a antecedente investigação policial, a apresentação de queixa, exceto em alguns casos, como nas infrações dirigidas contra entidade de direito público, autarquia, empresa pública, sociedade de economia mista e fundação instituída pelo Poder Público; e quando, em decorrência de ato delituoso, resultar sonegação fiscal, perda de arrecadação tributária ou prática de quaisquer dos crimes contra a ordem tributária ou contra as relações de consumo, quando se dispensa até a representação da entidade ofendida, e iniciando-se a investigação pela própria autoridade pública.

Seguem-se várias normas procedimentais, como as que permitem as diligências preliminares de busca e apreensão, de vistoria e exames das versões que se encontram em poder do infrator.

Contemplada a ação para coibir a prática de atos de pirataria ou de comercialização, ou de falsificação. Trata-se de ação de abstenção, ou de não fazer, cumulada com a pretensão de perdas e danos, e precedida ou acompanhada de medidas cautelares. Como sinaliza Carlos Alberto Bittar,

> a busca e apreensão continua a ser a medida de cassação dos exemplares contrafeitos, inovando a lei ao prescrever a cominação de multa diária para aquele que desrespeitar preceito cominatório; com dicção atualizada e precisa, parece ser a lei adequada ao atual contexto que atravessa forte período de *boom* informático.[57]

---

[56] "Patentes de Programa de Computador", em *Revista dos Tribunais*, nº 729, p. 59.

[57] *Contornos Atuais do Direito do Autor*, atualização de Eduardo Carlos Bianca Bittar, ob. cit., p. 196.

Vindas ao processo informações confidenciais, imprimirá o juiz, ao processo, o segredo de justiça.

Agindo o promovente da ação de má-fé ou por espírito de emulação, sujeita-se às cominações de perdas e danos, nos termos dos arts. 79, 80 e 81 do Código de Processo Civil de 2015.

Capítulo XXV
Propriedade Industrial

25.1. DIREITO INDUSTRIAL E PROPRIEDADE INDUSTRIAL

Dir-se-ia que o direito industrial existe desde o momento em que o homem começou a viver em sociedade, pois é próprio da natureza humana a iniciativa de invenção, de modo a criar meios e instrumentos que facilitem a sobrevivência.

A invenção se fez acompanhar de um conjunto de normas de conduta, necessárias para evitar conflitos na convivência do grupo social que aos poucos se formava.

O direito industrial surgiu naturalmente, por força de imperativos sociais da boa convivência e do respeito à propriedade privada.

Desde as mais antigas descobertas se encontram sinais reveladores do engenho intelectual do homem, na forma de instrumentos, de ornamentações, de obras arquitetônicas e das mais variadas artes. No tempo da antiga Atenas, resplandeceu a cultura artística, estendendo-se a todas as civilizações que se seguiram. Remo Franceschelli lembra que, em 1236, a autoridade municipal de Bordeaux concedeu o direito de privilégio a um certo Bonafusus de Sancta Columbia; e que em 1331, o rei Eduardo III, da Inglaterra, também concedera igual privilégio a um produto inventado por John Kempe, para que o introduzisse em seu país.[1]

Outro exemplo, com frequência citado, é o privilégio concedido pelo rei de França, em 1330, ao inventor Phelippe de Cacquery, de ter o monopólio para explorar a fabricação de vidros.

Entrementes, era excepcional a proteção. Os artistas, os inventores, os escritores não recebiam algum tipo de proteção nas obras ou inventos que realizavam. Comum a cópia ou reprodução livre, sem a autorização do autor, e não se encontrando instrumentos de defesa. Por isso, visando evitar o plágio, havia a prática de se codificar as obras através de caracteres enigmáticos.

Na Idade Média, começaram os inventos de grande poder, revelados no gênio de Leonardo da Vinci e de Galileu Galilei, generalizando-se universalmente, até que, na Revolução Industrial, as formas da produção artesanal evoluíram para a produção industrial, com a invenção da máquina.

Surgindo a necessidade da proteção do direito sobre as invenções que se propagavam, realizaram-se convenções internacionais, como a de Paris, de 1883; e a de Berna, de 1886, dirigidas à proteção da propriedade industrial e das obras literárias, artísticas e científicas. Foi o começo do surgimento do direito industrial, definido como o conjunto de normas legais e princípios jurídicos, de proteção à propriedade industrial.

---

[1] *Trattato di Diritto Industriale*, Parte Geral, Milão, Milano-Dott. A. Giuffrè Editore, 1973, vol. I, p. 285.

Num sentido mais amplo, como João da Gama Cerqueira já definia quase nos primórdios de sua instituição, é "o conjunto de normas legais e princípios jurídicos de proteção à atividade do trabalho e seus resultados econômicos e reguladores das relações jurídicas, oriundas dessa atividade, entre os indivíduos e entre estes e o Estado".[2]

Faz parte da propriedade intelectual, que é, no conceito de Patrícia Aurélia Del Nero, "uma modalidade da propriedade, apenas com a característica marcante de ter como objeto bens imateriais".[3]

Considerado no âmbito da propriedade industrial, dirige-se ao disciplinamento da matéria que trata da criação intelectual voltada à indústria. Como no direito de autor, integra a propriedade intelectual, a qual se destaca pela imaterialidade, compreendendo as invenções e os sinais distintivos da empresa, como as obras científicas, artísticas e literárias. De sorte que o direito intelectual é o gênero, do qual aparecem como espécies o direito de autor e o direito industrial.

Efetua-se a proteção deste último, conforme Douglas Gabriel Domingues, mediante:

a) concessão de privilégios de invenção, de modelos de utilidade, de modelo industrial e desenho industrial;
b) concessão de registros de marcas de indústria, de comércio ou de serviço, de expressões ou sinais de propaganda;
c) repressão a falsas indicações de procedência;
d) repressão à concorrência desleal.[4]

Recaindo a propriedade sobre bens imateriais (*res quae tangi non possunt, quae in jure consistunt*), dirige-se à obra intelectual, que pode ser literária, artística, científica e industrial. Mas há a distinção na obra intelectual: de um lado, está a propriedade literária, artística ou científica, compondo as três o chamado direito de autor; e de outro, a propriedade industrial.

A primeira era regulada pela Lei nº 5.988/1973, encontrando-se, presentemente, submetida à Lei nº 9.610/1998; a segunda submetia-se à Lei nº 5.772/1971, e, no momento, está normatizada pela Lei nº 9.279/1996.

A obra artística produz efeitos no mundo interior do homem, no mundo da percepção. A invenção industrial atua no mundo físico, aumentando o poder do homem pelo emprego da invenção, em termos de maior força, mais rapidez ou perfeição.[5]

Há, todavia, uma grande afinidade, reconhecida por Paul Roubier:

> Les droits de propriété industrielle, comme les droits de propriété artistique et litteraire avec lesquels ils ont une grande affinité et même sur un point (dessins ou modêles industriels) un domaine commun, font partie d'un groupe de droits d'un type spécial, auquel la doctrine actuelle donne souvent le nom de "droit intellectuels", ou encore "droits de clientèle".[6]

---

[2] *Privilégios de Invenção e Marcas de Fábrica e de Comércio*, São Paulo, Empresa Gráfica da Revista dos Tribunais, 1931, vol. I, p. 14.

[3] *Propriedade Intelectual – A tutela jurídica da biotipologia*, São Paulo, Editora Revista dos Tribunais, 1998.

[4] *Direito Industrial – Patentes*, 1ª ed., Rio de Janeiro, Forense, 1980, p. 69.

[5] Newton Silveira, *Curso de Propriedade Industrial*, 2ª ed., São Paulo, Editora Revista dos Tribunais, 1987, p. 13.

[6] *Le Droit de la Propriété Industrielle*, Paris, Librairie du Recueil Sirey, 1952, p. 63. Tradução livre do texto: "Os direitos de propriedade industrial, como os direitos de propriedade artística e literária com os quais

Cap. XXV • PROPRIEDADE INDUSTRIAL | **765**

A denominação "propriedade industrial" é por demais ampla, eis que abrange todo o acervo que envolve o processo de fabricação de bens, através do trabalho humano e da máquina. Todavia, teve a mesma aceitação na lei e na doutrina, remontando suas origens no Congresso Internacional de Paris, de 1878, e na Convenção de Paris, de 1883, cuja organização visou justamente o debate de assuntos relativos à matéria. Tanto a propriedade literária, artística ou científica, como a propriedade industrial, emanam da produção do espírito, ou da inteligência e do engenho humano. Por outras palavras, o conteúdo da propriedade industrial restringe-se basicamente às produções intelectuais, o que se encontra na seguinte definição de João Gama Cerqueira: "É a propriedade industrial o conjunto de institutos jurídicos que visam a garantir os direitos de autor sobre as produções intelectuais do domínio da indústria e assegurar a lealdade da concorrência comercial e industrial".[7]

O surgimento dos direitos industriais, e daí a propriedade industrial, se subordina a uma dupla condição, como já destacava Paul Roubier:

> a) L'existence d'une élément, invention, forme ou signe, qui soit original ou distinctif, c'est-à-dire qui ne soit pas dans le domaine public: c'est l'élément de la nouveauté, élément que nous nommerons objectif, parce qu'il se rapporte à l'objet auquel le droit s'applique; b) un élément que nous appellerons au contraire subjectif, parce qu'il dépend du sujet: c'est une appropriation de cette création ou de ce signe vis-à-vis des tiers, qui résulte de certains faits ou actes extérieurs, correspondant au lancement dans le public de la création ou du signe (appropriation publique).[8]

Tem como objeto a propriedade industrial a regulamentação e a proteção dos privilégios de invenção, de modelos de utilidade, de desenhos ou modelos industriais, as marcas de fábrica ou de comércio, o nome comercial e indicações de procedência ou denominações de origem e a repressão à concorrência desleal.[9]

Por sua vez, João da Gama Cerqueira dá a mesma ideia:

> De acordo com a definição dada e o critério de distinção que adotamos, incluem-se na propriedade industrial os privilégios de invenção, os modelos de utilidade, que em muitos países não são protegidos, como criações distintas das invenções, os desenhos e modelos industriais, as marcas de fábrica e de comércio, o nome comercial em suas diversas modalidades, inclusive as indicações de origem ou proveniência dos produtos, os segredos de fábrica, as recompensas industriais e a repressão à concorrência desleal.[10]

Em suma, cuida-se do direito que visa resguardar a criação original do autor, dirigida a produzir um efeito sobre o mundo físico, em que ressaltam a originalidade e a novidade.

---

têm grande afinidade e mesmo em um ponto (desenhos ou modelos industriais) um domínio comum, fazem parte de um grupo de direitos de um tipo especial, para o qual a doutrina atual frequentemente dá o nome de "direitos intelectuais" ou 'direitos de clientela'".

[7] *Tratado da Propriedade Industrial*, 2ª ed., São Paulo, Editora Revista dos Tribunais, 1982, vol. I, p. 35.

[8] *Le Droit de la Propriété Industrielle*, ob. cit., p. 71. Tradução livre do texto: ") A existência de um elemento, invenção, forma ou sinal que seja original ou distintivo, ou seja, que não seja de domínio público: é o elemento da novidade, elemento que nomearemos objetivo porque se refere ao objeto ao qual o direito se aplica; b) um elemento que chamaremos, ao contrário, subjetivo, porque depende do sujeito: é uma apropriação dessa criação ou sinal em relação a terceiros, que resulta de certos fatos ou atos exteriores, correspondentes ao lançamento público da criação ou sinal (apropriação pública)".

[9] Douglas Gabriel Domingues, *obra citada*, p. 71.

[10] *Tratado da Propriedade Industrial*, vol. I, ob. cit., p. 57.

25.2. REGULAMENTAÇÃO DA PROPRIEDADE INDUSTRIAL

Desde épocas priscas conhecem-se disposições legais concernentes à atividade industrial no Brasil.

Ao tempo do Brasil-Colônia, a posição de Portugal retratava-se numa clara e evidente proibição de qualquer manifestação industrial na Colônia.

Uma incipiente indústria já se conhecia desde o século XVIII. Antônio Francisco Marques, em 1752, conseguira o privilégio sobre uma fábrica de descascar arroz. Pelo prazo de dez anos, era vedado o uso de idêntica máquina, ou de máquina com o mesmo sistema, a outras pessoas.

Mais iniciativas industriais apareciam com relativa frequência, o que preocupava a Metrópole, interessada em manter a situação servil do Brasil.

Em 1766, sob o pretexto de evitar o tráfico de ouro, impôs-se a proibição do ofício de ourives no Brasil.

Em 1785, através de um alvará, extinguiram-se todas as fábricas e manufaturas já instaladas. Tinham-se os habitantes do território nacional como vassalos da Corte. O Brasil era, na verdade, uma herdade de Portugal.

Em 1808, no entanto, com a vinda do Príncipe Regente D. João VI ao Brasil, deu-se a abertura dos portos nacionais às nações amigas de Portugal. Revogou-se o alvará de 1785, e foi criado um incentivo para a exportação de produtos manufaturados. Em 1809, várias medidas proporcionaram a industrialização de tecidos, de ferro e de aço. A política econômica dirigiu-se para estimular a instalação de máquinas. Concediamse patentes de invenções e fundaram-se sociedades ligadas à industrialização.

Nesta linha prosseguiu a política desenvolvimentista, com a garantia de privilégios, implantando-se normas a respeito na Constituição de 1824. Em 1830, surgiu a primeira lei dando ao autor da invenção a propriedade e o uso exclusivo.

Em 1860, apareceu o Decreto nº 2.712, concernente à concessão de patente. No ano de 1875, surgiu uma lei, reconhecendo a qualquer industrial ou comerciante o direito de assinalar os produtos de sua indústria ou comércio com marcas que os tornassem distintos de outros. No ano de 1881, através de outro diploma, permitiu-se o exame retardado das invenções.

Nada trouxe o Código Civil de 1916 sobre a propriedade industrial, e nem trata do assunto o atual Código Civil.

Após outros estatutos, promulgou-se o Regulamento de 1923, aprovado por decreto legislativo, ressaltando-se, dentre outras disposições, a criação da Diretoria-Geral da Propriedade Industrial, que deu origem ao Departamento da Propriedade Industrial.

Em 1934, pelo Decreto nº 24.507, restou aprovado o regulamento para a concessão de patentes e desenhos ou modelo industrial, e mais para o registro do nome industrial e do título do estabelecimento.

Após várias outras leis, apareceu o Decreto-Lei nº 7.903/1945, instituindo, no País, o Código de Propriedade Industrial, entrando em vigor em 27 de dezembro do mesmo ano, quando se introduziram algumas modificações por meio do Decreto-Lei nº 8.481.

Dentre as medidas mais relevantes que passou a disciplinar, destacam-se as seguintes: estabeleceu vantagens discriminatórias em favor dos inventores domiciliados no estrangeiro; proibiu a concessão de patentes para inventos relativos a produtos alimentícios, medicamentos e matérias ou substâncias obtidas por meios ou processos químicos; introduziu a licença obrigatória para a exploração de certos privilégios; regulou os pedidos de patentes para invenções de interesse da defesa nacional; alterou a legislação sobre marcas de fábrica e comércio; e modificou o registro dos nomes comerciais e dos títulos de estabelecimentos, além de extensas outras normas.

Existiram, ainda, os Códigos de Propriedade Industrial de 1967 e 1969, implantados pelo Decreto-Lei nº 254/1967, e pelo Decreto-Lei nº 1.005/1969.

Com a data de 21.12.1971, apareceu a Lei nº 5.772/1971, que passou a disciplinar a matéria, de grandes avanços, mas exageradamente formalista, e que mantinha as figuras que vinham no Código de 1945 relativamente aos crimes contra os privilégios de invenção, contra os modelos de utilidade e os desenhos ou modelos industriais.

Por último, surgiu a Lei nº 9.279, de 14.05.1996, abandonando a indicação de "Código de Propriedade Industrial", e dispondo sobre direitos e obrigações relativos à propriedade industrial, com várias inovações, como a adoção do *pipeline*, a simplificação dos procedimentos administrativos, a faculdade de conceder licença provisória e a tipificação de crimes. A nova ordem emanou da Mensagem Presidencial nº 192/1991, dando origem ao Projeto de Lei nº 824, regulando direitos e obrigações sobre a propriedade industrial. Aprovado pela Câmara dos Deputados em 2 de junho de 1993, na forma de substitutivo, sendo enviado ao Senado, onde passou após intensos debates. Entrou em vigor a lei um ano depois da publicação, com exceção de algumas matérias, que tiveram imediata vigência.

Esclareça-se que o *pipeline* se conceitua como o reconhecimento de patentes expedidas no exterior, valendo pelo tempo restante ou que ainda falta para esgotar-se o prazo que consta na concessão do País de origem. Expõe Pátrícia Aurélia Del Nero que esta figura

> possibilita o patenteamento, no Brasil, das invenções já divulgadas no exterior, que não tenham sido objeto de patente, nem comercializadas, e que, segundo as práticas internacionais, não são objetos de patente, nem comercializadas em nenhum país. Como a concessão de uma patente demora, em média, cinco anos, esse instituto equivale ao reconhecimento da seguinte configuração: a lei de patentes aprovada em 1996, começando a vigorar neste mesmo ano, terá efeitos retroativos de cinco anos para as invenções relacionadas a produtos químicos, químico-farmacêuticos, alimentícios e medicamentos, como se tivesse sido sancionada em 1991. Vale dizer, o *pipeline* é o reconhecimento de patentes expedidas no exterior, pelo prazo que faltar para que ela tenha fim no país de origem. Esse é o efeito prático da aplicação do *pipeline*, tal como incorporado à atual legislação brasileira.[11]

A Constituição Federal, no art. 5º, inc. XXIX, assegura a proteção à propriedade industrial:

> A lei assegurará aos autores de inventos industriais privilégio temporário para sua utilização, bem como proteção às criações industriais, à propriedade das marcas, aos nomes das empresas e a outros signos distintivos, tendo em vista o interesse social e o desenvolvimento tecnológico e econômico do País.

Por necessidade da proteção ao comércio e à indústria, procurou-se a regularização das invenções e das marcas no âmbito internacional, conforme lembra João da Gama Cerqueira:

> Inaugurou-se, então, a fase dos tratados e convenções particulares, destinados a garantir os direitos dos estrangeiros e dos tratados de amizade, comércio e navegação, nos quais

---

[11] *Propriedade Intelectual – A tutela jurídica da biotecnologia*, ob. cit., p. 182.

se inseriam cláusulas acessórias relativas à proteção da propriedade industrial, geralmente limitada às marcas de fábrica e comércio e aos desenhos e modelos industriais.[12]

Foram as reuniões internacionais dos países que formaram um verdadeiro direito de proteção à propriedade industrial, sem prejuízo da legislação interna de cada país.

Assim, realizaram-se as convenções de Viena e Paris, a partir de 1873, sendo de relevância a desta última cidade, reunida em 1883, na qual se firmou a garantia dos cidadãos de cada país signatário em gozarem das vantagens das respectivas leis concedidas aos nacionais. Os investidores e titulares de inventos e marcas usufruíram da mesma proteção garantida à propriedade industrial dos cidadãos do país signatário da convenção.

A convenção de Paris foi alterada e aprimorada em sucessivas reuniões posteriores, como a de Roma, de 1885; a de Madri, de 1891; a de Bruxelas, de 1897; até a de Estocolmo, de 1967. O Decreto nº 75.572/1975, promulgou a Convenção de Paris, com a revisão da Convenção de Estocolmo. De modo que suas disposições incorporaram-se no direito brasileiro.

Uma das últimas manifestações internacionais ocorreu em 1994, no Uruguai, na chamada Rodada Uruguaia de Negociações Comerciais Multilaterais do GATT. Contou com a adesão de cento e vinte países, no âmbito do GATT – Acordo Geral sobre Tarifas e Comércio (*General Agreement on Tariff and Trade*). Teve como objetivo principal a adoção, pelos países, de regras gerais para uniformizar o comércio internacional. Dos debates surgiu o Acordo sobre Aspectos dos Direitos de Propriedade Intelectual – TRIPs (*Trade Related Intellectual Property Rights*), cujo protocolo ("Ata Final da Rodada Uruguaia de Negociações Comerciais Multilaterais do GATT") foi aprovado e acolhido no Brasil pelo Decreto Legislativo nº 30, de 15.12.1994, e publicado no Diário Oficial da União de 19.12.1994. Já o Decreto nº 1.355/1994 homologou o protocolo, começando a vigorar em 1º.01.1995.

25.3. OBJETO DA PROTEÇÃO LEGAL

Com sua atividade criadora, o homem acrescenta ao mundo novos bens. No campo do direito industrial, as novas coisas surgem da criação intelectual. E a proteção dirige-se especialmente aos frutos do intelecto, desde que revestidos do caráter da originalidade e da novidade, como explica Newton Silveira:

> Estabelecido o princípio de que a proteção da lei, a resguardar a criação original do autor e que, no campo da invenção industrial, trata-se daquelas criações que produzem um efeito sobre o mundo físico, a só originalidade de caráter subjetivo não basta, sendo requisito fundamental a novidade objetivamente considerada. Assim, o que já foi posto no mundo e tornado de conhecimento público, não poderá ser mais patenteado.[13]

Do que se aventa, com a elucidação de Patrícia Aurélia Del Nero, que "a ideia inventiva traz implícita a ideia de que o invento deve implicar em um trabalho que, além de criativo, seja novo, não sendo resultado de um raciocínio lógico ou da simples orientação do 'óbvio'".[14]

De modo que as obras já divulgadas não se tornam mais patenteáveis e nem registráveis. Perdem a originalidade, impedindo-se um novo procedimento de patenteação ou registro.

---

[12] *Tratado da Propriedade Industrial*, vol. 2, ob. cit., pp. 1.304 e 1.305.

[13] *Curso de Propriedade* Industrial, 2ª ed., São Paulo, Editora Revista dos Tribunais, 1987, p. 16.

[14] *Propriedade Intelectual – A tutela jurídica da biotecnologia*, ob. cit., p. 92.

Cap. XXV · PROPRIEDADE INDUSTRIAL | **769**

A anterioridade da obra, conforme Albert Chavanne e Jean-Jacques Burst,

> résulte d'une publicité de l'invention avant le dépôt de la demande de brevet. Cette publicité peut avoir une double origine: ou bien l'invention était dans le domaine public sans que l'inventeur l'ait voulu; c'est alors l'antériorité au sens strict; ou bien l'invention a été publiée par l'inventeur lui-même et l'antériorité ici prend plus volontiers le nom de divulgation.[15]

Mas, é mister revele a obra proveito ou destinação industrial. Se não se presta para a atividade industrial, ela não tem interesse dentro do ramo específico do direito.

Como dizem Albert Chavanne e Jean-Jacques Burst, "est considérée comme industrielle toute invention concourant dans son objet, son application et son résultat, tant par la main de l'homme que par la machine, à la prodution de biens ou de résultats techniques". Ou "elle (l'invention) est considérée comme étant industrielle dans son objet lorsqu'elle se situe dans le domaine de l'industrie, c'est-à-dire de l'utile, par opposition au domaine de l'art, de l'esthétique".[16]

Nem todas as invenções são protegíveis. Aquelas que não se consideram bens aproveitáveis para satisfazer alguma necessidade humana estão afastadas da proteção legal.

Há bens, no entanto, que, embora importantes e necessários, são expressamente afastados dos efeitos da proteção, por não se encontrarem numa posição de alta importância para a indústria nacional, ou fora de certas finalidades sociais, como acontecia no regime da legislação anterior, no caso de produtos farmacêuticos e de alimentos.

No âmbito geral, todavia, desde que presentes a originalidade e a novidade, há proteção, impedindo-se que um produto tenha sua marca repetida por outro similar.

Explica João da Gama Cerqueira:

> A lei protege as criações industriais, que são resultados do trabalho técnico ou artístico, assegurando-se aos seus autores a sua exploração exclusiva; protege o fruto do trabalho do comerciante ou industrial e os resultados de sua atividade profissional, impedindo a usurpação das marcas que distinguem os seus produtos e mercadorias; protege toda a atividade do comerciante ou industrial, defendendo a soma de seus resultados e vantagens, concretizados no complexo do estabelecimento ou empresa, no nome comercial, na insígnia, no nome dos lugares de produção, no seu aviamento e no seu *goodwill*. Ainda, sob este aspecto, portanto, a propriedade industrial apresenta--se como um corpo de doutrina que repousa em princípios e fundamentos comuns.[17]

Encerra o art. 2º da Lei nº 9.279/1996:

> A proteção dos direitos relativos à propriedade industrial, considerado o seu interesse social e o desenvolvimento tecnológico e econômico do País, efetua-se mediante:

---

[15] *Droit de la Propriété Industrielle*, Précis Dalloz, Paris, 1976, p. 16. Tradução livre do texto: "Resulta da publicidade da invenção antes da apresentação do pedido de depósito da patente. Essa publicidade pode ter uma origem dupla: ou a invenção era de domínio público sem a vontade do inventor; então é anterioridade no sentido estrito; ou a invenção foi publicada pelo próprio inventor, e a anterioridade aqui vem mais do desejo de divulgação".

[16] *Droit de la Propriété Industrielle*, ob. cit., p. 11. Tradução livre do texto: "Considera-se industrial qualquer invenção que contribua em seu objeto, sua aplicação e seu resultado, tanto pela mão humana quanto pela máquina, para a produção de bens ou resultados técnicos. Ou ela (a invenção) é considerada industrial em seu objeto quando está localizada no campo da indústria, ou seja, de utilidade, ao contrário do campo da arte, que é estética".

[17] *Tratado da Propriedade Industrial*, vol. 1, ob. cit., p. 63.

I – concessão de patentes de invenção e de modelo de utilidade;

II – concessão de registro de desenho industrial;

III – concessão de registro de marcas;

IV – repressão às falsas indicações geográficas; e.

V – repressão à concorrência desleal.

A proteção, adiciona o art. 3º, estende-se também:

I – ao pedido de patente ou de registro proveniente do exterior e depositado no País por quem tenha proteção assegurada por tratado ou convenção em vigor no Brasil;

II – aos nacionais ou pessoas domiciliadas em país que assegure aos brasileiros ou pessoas domiciliadas no Brasil a reciprocidade de direitos iguais ou equivalentes.

Quatro os setores principais em torno dos quais gravita o direito de propriedade industrial: a invenção, o modelo de utilidade, o desenho industrial e a marca. Adianta-se, com Gabriel Di Blasi, Mário Soerensen Garcia e Paulo Parente M. Mendes:

As invenções, os modelos de utilidade e os desenhos industriais são criações suscetíveis de serem convertidas em bens materiais industrializáveis. A marca pode ser entendida como um sinal gráfico escrito, ou simbolizado, que serve para distinguir um produto, um artigo ou um serviço de outros congêneres ou similares.[18]

25.4. PRIVILÉGIO DE INVENÇÃO E PROPRIEDADE INDUSTRIAL

São privilegiáveis as invenções novas e suscetíveis de utilização industrial – tanto a invenção em si como a aplicada em modelo de utilidade. Nova será uma invenção quando apresenta substancial diferença dos produtos, processos ou meios já conhecidos, sendo acrescentado algo novo ao conhecimento humano.

A invenção poderá se apresentar em três formas:[19]

a) Novo produto industrial, ou um bem, antes inexistente, que passa a integrar as riquezas materiais.

b) Novo meio ou processo de fabricação, significando um modo diferente dos então existentes para produção de bens.

c) Aplicação nova de meios ou processos já conhecidos, em que os agentes da fabricação já existem. Mas imprime-se uma combinação, ou um uso diferente. Dada a associação de técnicas em processos conhecidos, descobre-se uma forma diferente de se fabricar um produto.

Uma vez surgida a invenção, dois direitos emergem: o de privilégio e o da patente. Explica João da Gama Cerqueira: "Privilégio é o próprio direito do inventor; a patente é a prova desse direito e o título legal de seu exercício, expedido pela administração pública".[20]

Da invenção decorre o direito à privilegiabilidade, que se consegue com a patente. Conforme o citado autor, o direito do inventor, no entanto, não se origina da concessão da patente, nem é privilégio, mas este é decorrência do direito do inventor.

---

[18] *A Propriedade Industrial*, 1ª ed., 4ª tiragem, Rio de Janeiro, Forense, 2000, p. 17.

[19] Douglas Gabriel Domingues, *obra citada*, p. 38.

[20] *Privilégios de Invenção e Marcas de Fábrica e de Comércio*, vol. I, ob. cit., p. 96.

Cap. XXV · PROPRIEDADE INDUSTRIAL | 771

O conteúdo positivo de seu direito é o uso ou exploração do invento, e o conteúdo negativo é a exclusão de outras pessoas no proveito.[21]

Temos, aí, os elementos principais do privilégio: o proveito do invento e a exclusividade, que decorrem do invento patenteado.

Eis, pois, o significado de privilégio: a exclusividade do uso e a exploração do invento, que a lei assegura, e se consegue com a patente. Este o quadro que forma e outorga a propriedade industrial. O título da propriedade é justamente a carta de patente. É claro, neste sentido, João da Gama Cerqueira:

> A patente de invenção, expedida pela administração pública, mediante o cumprimento das formalidades legais e sob certas condições, é o ato pelo qual o Estado reconhece o direito do inventor, assegurando-lhe a propriedade e o uso exclusivo da invenção pelo prazo da lei; é o título do direito de propriedade do inventor. Constitui, ao mesmo tempo, a prova do direito e o título legal para o seu exercício. Em sentido figurado, significa o próprio privilégio.[22]

É que da patente advém o privilégio, que concede a exclusividade do uso e a exploração do bem.

Oriunda a palavra "patente" das antigas denominações "cartas patentes" ou "letras patentes", tem o significado de carta pública, dirigida a todos quantos tomem contato com ela. Inspira-se da necessidade de reconhecer e declarar o direito do inventor. Utiliza-se o termo, além das invenções propriamente ditas, para simbolizar o desenho, a invenção, o modelo, dentre outras criações, passando a ter-se a patente de desenho, a patente de invenção, a patente de modelo.

O efeito é de simples declaração, e não atribuição de paternidade. Pela patente, portanto, declara-se a propriedade em nome do inventor, valendo o título como presunção e até garantia da propriedade, e sujeitando-se à nulidade se constatar-se que são falhos os pressupostos para a concessão.

Da redação do art. 6º da Lei nº 9.279/1996 extrai-se tal conclusão: "Ao autor de invenção ou modelo de utilidade será assegurado o direito de obter a patente que lhe garanta a propriedade, nas condições estabelecidas nesta Lei".

O § 1º, quanto à presunção da legitimidade para requerer a patente: "Salvo prova em contrário, presume-se o requerente legitimado a obter a patente". Quem pede a patente é tido como titular do invento, observando Rubens Requião:

> Assim, presume-se autor o requerente de privilégio; o verdadeiro inventor, porém, tem a faculdade de intervir no processo de concessão de patente apresentando sua condição, no prazo de trinta e seis meses da publicação do depósito, demonstrando e provando sua autoria, e, consequentemente, a usurpação de que foi vítima. Essa presunção, na verdade, apresenta-se como um critério imperativo, pois sendo a invenção obtida secretamente pelo inventor, impede que a autoridade da patente consiga identificar o seu verdadeiro inventor.
>
> A presunção, portanto, é de que seja inventor quem requer a patente, aperfeiçoando-se essa presunção no caso da oposição de terceiro, que declara ser o autor. Só então

---

[21] *Tratado da Propriedade Industrial*, vol. I, ob. cit., p. 200.
[22] *Tratado da Propriedade Industrial*, vol. I, ob. cit., p. 202.

25.5. INVENÇÕES E MODELO DE UTILIDADE PATENTEÁVEIS

a autoridade se verá na contingência de, examinando as provas apresentadas pelos interessados, proclamar o verdadeiro inventor, concedendo-lhe a patente do privilégio.[23]

Examinam-se a invenção e o modelo de utilidade.

O art. 8º da Lei nº 9.279/1996 dá ensejo para concluir quando é patenteável a invenção: "É patenteável a invenção que atenda aos requisitos de novidade, atividade inventiva e a aplicação industrial".

Já o modelo de utilidade pressupõe a existência do objeto de uso prático. Se já existente o objeto de uso prático, ou parte deste, torna-se viável a patenteabilidade, desde que se lhe seja imprimida ou colocada nova forma ou disposição de cunho inventivo, como exige o art. 9º da citada Lei: "É patenteável como modelo de utilidade o objeto de uso prático, ou parte deste, suscetível de aplicação industrial, que apresente nova forma ou disposição, envolvendo ato inventivo, que resulte em melhoria no seu uso ou em sua fabricação". Sintetiza Patrícia Aurélia Del Nero: "A proteção do privilégio concedida ao modelo de utilidade somente diz respeito à forma ou às disposições novas que tragam melhor utilização à função a que o objeto ou parte de máquina destinam-se".[24]

O art. 11 fornece a ideia de novidade: "A invenção e o modelo de utilidade são considerados novos quando não compreendidos no estado da técnica".

O estado da técnica tem a significação delineada no § 1º: "O estado da técnica é constituído por tudo aquilo tornado acessível ao público antes da data de depósito do pedido de patente, por descrição escrita ou oral, por uso ou qualquer outro meio, no Brasil ou no exterior, ressalvado o disposto nos arts. 12, 16 e 17". Explicita Rubens Requião:

> "Estado da técnica" é, pois, tudo aquilo que compõe o acervo da civilização técnica, que oferece produtividade, conforto e bem-estar aos indivíduos. O que já compuser esse acervo, no momento do depósito do pedido de patente, não constitui invenção nova e nem, portanto, pode ser privilegiável (...). Assim, pois, tudo aquilo que a ciência e as artes revelaram ao espírito humano, e que constitui o acervo da civilização, com o fito prático e objetivo de atender a satisfação das necessidades humanas, constitui "obra da técnica". E tudo o que já estiver revelado por descrição escrita ou oral, ou por uso ou qualquer outro meio, constitui o "estado da técnica". O que não foi revelado ou usado não se integra no estado da técnica, constituindo, por conseguinte, "novidade, e, em caso de invenção, é suscetível de privilegiabilidade".[25]

Das regras acima advém que os bens inventados, para o processo de patente, devem revestir-se dos caracteres de originalidade e novidade, revelados na atividade criadora de bens até então inexistentes; de utilidade prática ou necessidade, isto é, os bens hão de ter alguma utilidade prática, ou servir para certa necessidade industrial; e não se encontrem afastados da proteção privilegiável – o que ocorre, *v.g.*, com os casos previstos nos arts. 10 e 18 da Lei nº 9.279/1996.

Quanto à aplicação ou necessidade industrial, contempla o art. 15, sempre da Lei nº 9.279/1996: "A invenção e o modelo de utilidade são considerados suscetíveis de aplicação industrial quando possam ser utilizados ou produzidos em qualquer tipo de indústria".

---

[23] "Nova Lei da Propriedade Industrial", em *Revista Consulex*, Brasília, ano III, nº 28, 30 de abril de 1999, p. 45.

[24] *Propriedade Intelectual – A tutela jurídica da biotecnologia*, ob. cit., p. 57.

[25] *Nova Lei da Propriedade Industrial*, trabalho citado, p. 44.

Cap. XXV · PROPRIEDADE INDUSTRIAL | 773

De primordial importância que não se encontrem incluída a invenção e o modelo de utilidade no estado da técnica, ou seja, que não tenham anteriormente chegado ao conhecimento ou acesso do público.

Há, todavia, ressalvas quanto ao estado da técnica, apontando o art. 12 casos que, embora a divulgação, não a caracterizam:

> Não será considerada como estado da técnica a divulgação de invenção ou modelo de utilidade, quando durante os 12 (doze) meses que precederam a data de depósito ou da prioridade do pedido de patente, se promovida:
>
> I – pelo inventor;
>
> II – pelo Instituto Nacional da Propriedade Industrial – INPI, através de publicação oficial do pedido de patente depositado sem o consentimento do inventor, baseado em informações deste obtidas ou em decorrência de atos por ele realizados; ou.
>
> III – por terceiros, com base em informações obtidas direta ou indiretamente do inventor ou em decorrência de atos por este realizados.

Também não rompe o estado da técnica quando depositado o pedido de patente no exterior, dentro da condição de existir convênio com o Brasil, nos termos do art. 16:

> Ao pedido de patente depositado em país que mantenha acordo com o Brasil, ou em organização internacional, que produza efeito de depósito nacional, será assegurado direito de prioridade, nos prazos estabelecidos no acordo, não sendo o depósito invalidado nem prejudicado por fatos ocorridos nesses prazos.

Não fere, outrossim, o estado da técnica o encaminhamento de pedido de patente de invenção ou de modelo de utilidade se não reivindicada a prioridade e não publicado, em exceção que vem no art. 17:

> O pedido de patente de invenção ou de modelo de utilidade depositado originalmente no Brasil, sem reivindicação de prioridade e não publicado, assegurará o direito de prioridade ao pedido posterior sobre a mesma matéria depositada no Brasil pelo mesmo requerente ou sucessores dentro do prazo de 1 (um) ano.

O estado da técnica é aferível por técnico no assunto, que deverá verificar se já está ou não introduzido no uso comum o bem inventado. A respeito, assinala o art. 13: "A invenção é dotada de atividade inventiva sempre que, para um técnico no assunto, não decorra de maneira evidente ou óbvia do estado da técnica". Igualmente quanto ao modelo de utilidade, preceitua o art. 14: "O modelo de utilidade é dotado de ato inventivo sempre que, para um técnico no assunto, não decorra de maneira comum ou vulgar do estado da técnica".

Após tais observações, pode-se estabelecer que a patenteabilidade requer o atendimento dos requisitos da novidade, da atividade inventiva e da aplicação industrial.

Com a patente, conclui Paulo Roberto Tavares Paes, não nasce propriamente o direito de propriedade, "mas o monopólio durante determinado trato de tempo, após o qual cai no domínio público".[26]

Consoante já observado, inclui o art. 9º patenteável como modelo de utilidade o objeto já existente, mas que se acrescenta nele uma nota de novidade inventiva: "É patenteável como

---

[26] *Propriedade Industrial*, 2ª ed., Rio de Janeiro, Forense, 2000, p. 31.

774 | DIREITO DAS COISAS – *Arnaldo Rizzardo*

modelo de utilidade o objeto de uso prático, ou parte dele, suscetível de aplicação industrial, que apresente nova forma ou disposição, envolvendo ato inventivo, que resulte em melhoria no seu uso ou em sua fabricação".

Na vigência da lei anterior, caracterizava a espécie Newton Silveira:

> O nosso Código exclui do âmbito das invenções a modificação de forma ou proporções sem efeito técnico novo, mas apenas melhor. E prevê, para esse fim, outra modalidade de patente – o modelo de utilidade. São condições para o seu reconhecimento: a) uma forma nova com resultado de melhor utilização; b) aplicação em ferramentas, instrumento de trabalho ou utensílios. A proteção é restrita a essa classe de objetos.[27]

Ainda quanto ao modelo de utilidade, sintetiza-se que para a patenteabilidade exige-se uma nova forma do objeto de uso prático, que lhe traz mais funcionalidade. Ou seja, três elementos são imprescindíveis: a nova forma ou disposição do objeto; que ele se destine ao uso prático; e que surja uma melhoria funcional para o fim a que se destina.

Importante traçar alguns destaques entre a invenção e o modelo de utilidade.

Na invenção, surge um bem. Há uma criação. Passa a existir um novo produto, com técnica totalmente diferente das anteriores. Para Luiz Otávio Pimentel, "as invenções surgem pela manipulação do conhecimento, seja modificando e compondo técnicas previamente disponíveis, seja pelo acaso. De qualquer modo, são realizadas duas operações intelectuais: o desenho e sua avaliação. O outro passo é o seu emprego".[28]

Já no modelo de utilidade, verifica-se um menor grau de invenção. Aproveita-se uma coisa que já se encontra no mundo real, à qual se dá um aperfeiçoamento através de qualidades antes não verificadas. Aplica-se um engenho novo. Melhor esclarece Rubens Requião: "O modelo de utilidade compreende sempre uma disposição ou forma nova obtida ou introduzida em ferramentas, instrumentos de trabalho ou utensílios, destinados a um uso prático".[29]

Na invenção, a novidade é absoluta; já no modelo, revela-se relativa, incidente em objeto já conhecido, como em ferramentas, instrumentos de trabalho ou utensílios. Não se protege, nesta modalidade, o objeto em si, mas unicamente a disposição nova que resulta em melhoria na utilização da função a que se destina o objeto ou a máquina.

25.6. SITUAÇÕES QUE NÃO SE ENQUADRAM NO CONCEITO DE INVENÇÃO E DE MODELO DE UTILIDADE

Há criações que o direito confere proteção, e outras que são excluídas de seu âmbito. Algumas invenções não podem ser patenteadas em razão do interesse cultural que apresentam, ou da necessidade social do bem.

Primeiramente, no pertinente às invenções, estão expressos os requisitos no art. 8º para a patenteabilidade: a novidade, a atividade inventiva, e a aplicação industrial. Ou seja, é invenção quando ainda inexistente, ou não constitui reprodução, cópia, repetição de um mecanismo já verificado no mundo; decorrerá a criação do engenho humano, da inteligência, da inspiração do intelecto; destina-se, finalmente, para a atividade industrial, para a produção de bens, de modo a engendrar resultados econômicos. Não se enquadra como propriedade industrial o invento que não será empregado em um setor da atividade

---

[27] *Curso de Propriedade Industrial*, ob. cit., p. 18.
[28] *Direito Industrial*, Porto Alegre, Editora Síntese, 1999, p. 33.
[29] *Nova Lei da Propriedade Industrial*, trabalho citado, p. 43.

Cap. XXV • PROPRIEDADE INDUSTRIAL | **775**

transformadora de bens, ou da matéria-prima em produtos aperfeiçoados para o desempenho de alguma função ou utilidade.

Quanto aos modelos de utilidade, de acordo com os aspectos já analisados, condição primordial é a inovação em um bem ou sistema já em funcionamento, de sorte a resultar em nova forma ou disposição, mercê do acréscimo advindo do espírito inventivo, trazendo melhorias ou facilidade no uso, ou importando em novas utilidades.

Discrimina o art. 10 várias hipóteses que arredam a invenção ou modelo de utilidade:

I – descobertas, teorias científicas e métodos matemáticos;

II – concepções puramente abstratas;

III – esquemas, planos, princípios ou métodos comerciais, contábeis, financeiros, educativos, publicitários, de sorteio e de fiscalização;

IV – as obras literárias, arquitetônicas, artísticas e científicas ou qualquer criação estética;

V – programas de computador em si;

VI – apresentação de informações;

VII – regras de jogo;

VIII – técnicas e métodos operatórios ou cirúrgicos, bem como métodos terapêuticos ou de diagnóstico, para aplicação no corpo humano ou animal; e

IX – o todo ou parte de seres vivos naturais e materiais biológicos encontrados na natureza, ou ainda que dela isolados, inclusive o genoma ou germoplasma de qualquer ser vivo natural e os processos biológicos naturais.

O elenco não esgota as hipóteses, eis que situações peculiares outras podem surgir que não contenham os requisitos dos arts. 8º e 9º.

A Lei nº 5.772/1971, quando disciplinava o mesmo assunto, revelava-se mais explícita e pormenorizada, de modo a facilitar a compreensão das hipóteses não patenteáveis.

Quanto ao item IX, aduz Patrícia Aurélia Del Nero que "os microorganismos naturais não são privilegiáveis, pois são considerados como descobertas e não como invenção". Entrementes, se há a intervenção do homem, ingressa-se na possibilidade da patenteabilidade, prossegue a mesma autora: "O problema do patenteamento relaciona-se com os micro-organismos criados pela intervenção do homem e os micro-organismos que não são encontrados na natureza, tais como os micro-organismos criados pela engenharia genética (OGM – organismo geneticamente modificado), os quais, sendo resultado da atividade criadora do homem, devem ser considerados como invenção e, portanto, passíveis de proteção por intermédio de patente. Assim, esses micro-organismos, desde que tenham uma função no desenvolvimento de produtos utilizados na indústria, são, hoje, passíveis da concessão de privilégio de patente de invenção em vários países, como os Estados Unidos, a Rússia, o Japão e alguns países europeus".

As situações elencadas no art. 10 constituem exemplos. Mas há exigências conceituais que devem estar presentes, e que se encontram nos arts. 11 a 15. Embora já exposto o assunto quanto à caracterização da invenção e do modelo de utilidade, impende que se considere, neste momento, na posição dos requisitos ou pressupostos.

Assim, pelo art. 11, a invenção e o modelo de utilidade consideram-se novos se não compreendidos no estado da técnica. E este estado é constituído por tudo aquilo tornado acessível ao público antes da data de depósito do pedido de patente, por descrição escrita ou oral, por uso ou qualquer outro meio, no Brasil ou no exterior, ressalvado o disposto nos arts. 12, 16 e 17 (§ 1º), ou seja, se a divulgação se dá no interregno que precedeu os doze meses a data do depósito ou da prioridade do pedido de patente; se o pedido de patente foi depositado em país que mantenha acordo com o Brasil; se antes houve outro pedido de patente de invenção ou de modelo de utilidade.

Para fins de aferição da novidade, o conteúdo completo de pedido depositado no Brasil, e ainda não publicado, considera-se estado da técnica a partir da data de depósito, ou da prioridade reivindicada, se for publicado, não importando que subsequentemente (§ 2º). Tal situação se aplica ao pedido internacional de patente (§ 3º).

Não entra no conceito de estado da técnica se divulgar-se a invenção ou o modelo de utilidade durante os doze meses que precederam a data de depósito ou da prioridade do pedido de patente, desde que, na sonância do art. 12, se partir do inventor; do Instituto Nacional da Propriedade Industrial – INPI, através de publicação oficial do pedido de patente depositado sem o consentimento do inventor, mas baseado em informações deste obtidas ou em decorrência de atos por ele realizados; de terceiros, com base em informações obtidas direta ou indiretamente do inventor ou em decorrência de atos por ele realizados.

Permite-se ao INPI exigir do inventor declaração relativa à divulgação, acompanhada ou não de provas, nas condições estabelecidas em regulamento (parágrafo único do art. 12).

A invenção reveste-se de atividade inventiva se atestada por um técnico, para o qual não decorra de maneira evidente ou óbvia do estado da técnica (art. 13). O mesmo acontece com o modelo de utilidade, ou seja, desde que para o técnico não decorra de maneira comum ou vulgar do estado da técnica (art. 14). Tanto a invenção como o modelo de utilidade são aplicáveis em indústria desde que utilizáveis ou produzíveis em qualquer tipo de indústria (art. 15).

Eis como explana a matéria Irineu Strenger:

> O art. 11, com acerto, dá grande realce ao conceito de novo, como característica possibilitante da patente. Para que assim se qualifique, a invenção e o modelo de utilidade não podem estar compreendidos no estado da técnica, isto é, não devem previamente estar exteriorizados para acesso ao público, seja por descrição escrita ou oral, por uso ou qualquer outro meio no Brasil e no exterior. Nesse passo, atribui-se larga extensão e força à novidade como requisito de patenteabilidade. Contudo, tais impedimentos não ocorrerão se a divulgação da invenção ou modelo de utilidade preceder 12 meses da data do depósito da prioridade do pedido, mas, desde que promovida pelo inventor, pelo INPI através de publicação oficial, por terceiros com base em informações obtidas direta ou indiretamente do inventor, ou mesmo em decorrência de atos por este realizados.
>
> Nesse particular, a lei é bastante protetora e possibilita expedientes que garantam sem imediatidade os direitos relativos às invenções ou modelos de utilidade, mas, evidentemente, tudo pode depender de provas cabais exigíveis pela autoridade competente.
>
> Em seguida, preocupa-se o legislador em definir o que sejam atividade inventiva, ato inventivo e aplicação industrial, que são elementos identificadores da invenção suscetível de obter registro de patente.
>
> Entretanto, a determinação dessas qualidades depende sempre da manifestação de um técnico no assunto, que emitirá parecer sobre os casos pertinentes. Essa invocação é um elemento complicador e não ajuda a desburocratizar o processo, pois, *mutatis mutandi*, trata-se de verdadeira perícia prévia, que vai se constituir em um *placet* desnecessário.[30]

---

[30] *Marcas e Patentes*, Rio de Janeiro, Forense Universitária, 1996, p. 11.

Houve mudança em relação ao regime anterior, mormente quanto aos produtos químicos, alimentícios e farmacêuticos, que passaram a ser patenteáveis. Descreve, a respeito, Tavares Paes:

> A grande novidade desta lei é a extensão e outorga de patentes em áreas não abrangidas. Não há mais proibição de patente na área de produtos químicos, alimentícios e farmacêuticos. Quanto aos últimos, insta a seguinte constatação: em 1945, surge lei excluindo os produtos farmacêuticos da proteção de patentes; em 1969, no entanto, os processos farmacêuticos se tornam também não patenteáveis. Em 1971, a Lei nº 5.772 mantém a exclusão de produtos e processos farmacêuticos da proteção de patentes. Em 1987, há pressão externa sobre o Brasil em virtude de inexistência de proteção de produtos farmacêuticos aqui.
>
> São impostas sanções comerciais ao Brasil, no ano seguinte, pelos Estados Unidos da América, e com o anúncio de minuta de projeto de lei de patentes para processos farmacêuticos e patentes de produtos enviadas ao Congresso, as sanções são suspensas. A Câmara dos Deputados aprova a minuta em 1993, a seguir pelo Senado, e surge após a Lei nº 9.279/1996.[31]

25.7. INVENÇÕES E MODELOS DE UTILIDADE NÃO PATENTEÁVEIS

Há invenções e modelos de utilidade que não são patenteáveis. Não é porque se enquadram nas hipóteses do art. 10 da Lei nº 9.279/1996, e nem pelo fato de não preencherem os requisitos exigíveis para a patenteabilidade. Mesmo que revelem a novidade, ou a originalidade, ou, dentro das normas gerais, preencham os requisitos e pressupostos para a sua configuração, por exclusão da lei não podem ser patenteáveis.

A discriminação dessas exclusões vêm elencadas no art. 18:

> Não são patenteáveis:
>
> I – o que for contrário à moral, aos bons costumes e à segurança, à ordem e à saúde pública;
>
> II – as substâncias, matérias, misturas, elementos ou produtos de qualquer espécie, bem como a modificação de suas propriedades físico-químicas e os respectivos processos de obtenção ou modificação, quando resultantes de transformação do núcleo atômico; e
>
> III – o todo ou parte dos seres vivos, exceto os micro-organismos transgênicos que atendam aos três requisitos de patenteabilidade – novidade, atividade inventiva e aplicação industrial – previstos no art. 8º e que não sejam mera descoberta.

Define o parágrafo único o que se entende por micro-organismo transgênico:

> Para fins desta Lei, micro-organismos transgênicos são organismos, exceto o todo ou parte de plantas ou de animais, que expressem, mediante intervenção humana direta em sua composição genética, uma característica normalmente não alcançáveis pela espécie em condições humanas.

---

[31] *Propriedade Industrial*, ob. cit., p. 32.

778 | DIREITO DAS COISAS – *Arnaldo Rizzardo*

Tratando do assunto, escreve Irineu Strenger:

> Obviamente, nem tudo o que for novidade é patenteável, não bastando que algo original seja idealizado e transformado em objeto ou produto que o inventor imagine ser criatividade sua, de caráter inviolável.
>
> Genericamente, a lei veda o ingresso de invenções que sejam atentatórias à moral, aos bons costumes e à segurança, à ordem e à saúde públicas.
>
> Constitui essa proibição matéria que entra no conceito genérico de ordem pública interna, mas que não elenca, e nem o pode fazer, o que ofende a moral, os bons costumes etc., ficando-se, então, à mercê de juízos subjetivos da autoridade administrativa e quiçá judiciária.
>
> A sequência dos impedimentos à patenteabilidade também não prima pela objetividade, parecendo mais retórica legal sem grande proveito, porquanto matérias resultantes de "transformação do núcleo atômico" como transgressão da patenteabilidade têm significado altamente complexo, não para os leigos, o que seria normal, mas mesmo para técnicos e cientistas especializados que sabem quantos e quão diversificados são os recursos e métodos para obter as modificações ou transformações mencionadas.[32]

Uma série de normas consta nos arts. 229 e seguintes, com as modificações da Lei nº 10.196/2001, quanto às substâncias, matérias ou produtos obtidos por meios ou processos químicos e às substâncias, matérias, misturas ou produtos alimentícios, químico-farmacêuticos e medicamentos de qualquer espécie, bem como os respectivos processos de obtenção ou modificação. Em princípio, não são patenteáveis. No entanto, ressalvam-se situações especiais. Se vigorante concessão conseguida no exterior, permanece o direito, devendo ser regularizada no Brasil. Aos pedidos ingressados antes de 31.12.1994, e ainda não definidos, aplica-se a Lei nº 5.772/1971. Incidem as regras da Lei nº 9.279/1996 se os pedidos se restringirem a produtos farmacêuticos e a produtos químicos para a agricultura, e ingressaram junto ao INPI no período de 1º de janeiro de 1995 a 14 de maio de 1997. Não se concederá a patente, se, ao tempo da Lei nº 5.772/1971, não se reconhecia a proteção, e se o seu objeto tenha sido colocado em qualquer mercado, por iniciativa direta do titular ou por terceiro com seu conhecimento, ou se de acordo com o art. 230, tenham sido realizados, por terceiros, no País, sérios e efetivos preparativos para a exploração do objeto do pedido ou da patente. Para a concessão de patente, quando for o caso, ouve-se necessariamente a Agência Nacional de Vigilância Sanitária – ANVISA.

Assegura-se a proteção se existente a patente antes, ou conseguida no exterior. No entanto, devia-se encaminhar o pedido ao INPI, para manter-se a patente, dentro de um ano, contado da publicação da Lei nº 9.279/1996. Quem tivesse pedido em andamento, estava autorizado a requerer o arquivamento, e a entrar com nova postulação, desde que o tivesse feito no mencionado prazo de um ano. A autorização compreendia o prazo remanescente de proteção no país onde se depositou o primeiro pedido, contado da data do depósito no Brasil, não podendo alongar-se mais de vinte anos.

Mesmo às pessoas brasileiras e às domiciliadas no Brasil estavam autorizadas ao depósito do pedido de patente, desde que o objeto de invento não tenha sido colocado em qualquer mercado, por iniciativa direta do titular ou por terceiro com o seu consentimento,

---

[32] *Marcas e Patentes*, ob. cit., p. 12.

Cap. XXV • PROPRIEDADE INDUSTRIAL | 779

nem tenham sido realizados, por terceiros, no Brasil, sérios e efetivos preparativos para a exploração do objeto do pedido. O prazo para o pedido de depósito também é de um ano, contado da publicação da Lei nº 9.279/1996.

Em suma, várias regras cuidam de patente de tais produtos, a rigor não patenteáveis, mas que o são no exterior, e podem vigorar no Brasil, justamente em vista de tratados ou convenções adotados pelo Brasil.

Consoante Irineu Strenger,

> na sequência, o inc. III do art. 18 fecha a possibilidade de patentes em relação "ao todo ou parte dos seres vivos", mas excepciona os micro-organismos transgênicos que atendam os três requisitos de patenteabilidade, quais sejam, a novidade, atividade inventiva e aplicação industrial, e ainda que não sejam mera descoberta. Contudo, ainda aí, estamos em face de alguns dados imponderáveis, pois, sendo esses micro-organismos transgênicos, como expressa a lei corretamente, o resultado de manipulações de laboratório, para obter soluções que em condições naturais a espécie não alcança, será muito difícil julgar esses resultados, com uma simples descrição do pretendente inventor.[33]

Também, sobre o mesmo assunto do inc. III, pondera Patrícia Aurélia Del Nero:

> (...) Todo e qualquer processo ou produto que envolva os micro-organismos transgênicos, desde que, cumpridos os requisitos da invenção e a partir da construção do trabalho intelectual humano, confiram-lhe características artificiais, são passíveis de concessão por parte do Estado do privilégio de patente ao seu titular. Nesse sentido, resta excluída a possibilidade de patenteamento de micro-organismos encontrados na natureza e de outros seres vivos, como plantas e animais, modificados ou não por engenharia genética. É inadmissível o patenteamento de produtos naturais, materiais biológicos encontrados na natureza, inclusive genes e o genoma de organismos vivos. Os processos biotecnológicos, a exemplo de outros processos químicos ou físicos, são passíveis de patenteamento.[34]

25.8. PRIORIDADE

A prioridade envolve quem conseguiu a patente de uma invenção ou modelo de utilidade em primeiro lugar. Uma vez verificado o pedido, reconhecem-se os direitos a seu favor, não preponderando outros encaminhamentos de patente da mesma invenção ou modelo de utilidade.

A prioridade não se limita aos pedidos de patente depositados em órgãos de registro nacionais, mas alcança também aqueles depositados em país ou em organização internacional que mantenha acordo com o Brasil. Eis a previsão no art. 16: "Ao pedido de patente depositado em país que mantenha acordo com o Brasil, ou em organização internacional, que produza efeito de depósito nacional, será assegurado direito de prioridade, nos prazos estabelecidos no acordo, não sendo o depósito invalidado nem prejudicado por fatos ocorridos nesses prazos".

Condição primeira para obter a prioridade no depósito do pedido em país do exterior está na existência de convenção, prevendo a possibilidade de produzir efeito de depósito

---

[33] *Marcas e Patentes*, ob. cit., p. 13.

[34] *Propriedade Intelectual – A tutela jurídica da biotecnologia*, ob. cit., p. 144.

DIREITO DAS COISAS – *Arnaldo Rizzardo*

nacional. Esse acordo necessita de promulgação, tornando lei interna o tratado ou acordo convencionado com outros países ou organismos.

Uma vez feito o depósito, reivindica-se a prioridade, em postulação procedida no ato de depósito do pedido, facultando-se a suplementação, no interregno de sessenta dias, por outras prioridades anteriores à data do depósito no Brasil (§ 1º). Disserta, a respeito, Rubens Requião:

> A reivindicação de prioridade será feita no depósito, podendo ser suplementada dentro de sessenta dias por outras prioridades anteriores à do depósito no Brasil. Será ela comprovada por documento hábil da origem contendo número, data, título, relatório descritivo e, se for o caso, reivindicação e desenho acompanhado de tradução ampla da certidão de depósito ou pedido, cujo teor será de inteira responsabilidade do depositante.[35]

É o que consta no art. 16: comprova-se a reivindicação de prioridade por documento hábil da origem, onde apareçam o número, data, título, relatório descritivo e, se for o caso, reivindicação e desenhos, tudo acompanhado de tradução simples da certidão do depósito ou documento equivalente, contendo dados identificadores do pedido, cujo teor será de inteira responsabilidade do depositante (§ 2º). Permite-se a comprovação até cento e oitenta dias do depósito, se não conseguida quando realizado este ato (§ 3º).

Em havendo pedidos internacionais, a tradução se fará em até sessenta dias da data do processamento da entrada do pedido de patente no Brasil (§ 4º). Esse pedido que deve ingressar no Brasil, em sendo idêntico ao pedido de patente depositado no exterior, consistirá numa declaração do interessado, que substituirá a tradução simples (§ 5º).

Tratando-se de prioridade obtida por cessão, apresenta-se o documento correspondente dentro de cento e oitenta dias contados do depósito no exterior, ou, quando ingressado no Brasil o pedido, no prazo de sessenta dias. Se a cessão envolve pedido depositado no exterior, que também deu entrada no Brasil, o instrumento de cessão dispensa a legalização consular no país de origem (§ 6º).

Não havendo a comprovação do depósito no exterior, ou da cessão, acarreta a perda da prioridade (§ 7º).

Abrangendo o pedido reivindicação de prioridade, acompanhará o requerimento para a antecipação de publicação, no Brasil, a comprovação da prioridade (§ 8º).

Se não postulada a prioridade no pedido de patente, torna-se possível unicamente em pedido posterior sobre o mesmo assunto. A matéria vem discernida no art. 17 da Lei nº 9.279/1996:

> O pedido de patente ou de modelo de utilidade depositado originalmente no Brasil, sem reivindicação de prioridade e não publicado, assegurará o direito de prioridade ao pedido posterior sobre a mesma matéria depositado no Brasil pelo mesmo requerente ou sucessores, dentro do prazo de 1 (um) ano.

Reserva-se a prioridade unicamente para a matéria revelada no pedido anterior, não se estendendo para a matéria nova introduzida (§ 1º), arquivando-se o pedido anterior pendente (§ 2º), e nem se prestando para servir de base para a reivindicação de prioridade (§ 3º).

---

[35] *Nova Lei da Propriedade Industrial*, trabalho citado, p. 46.

25.9. FORMALIZAÇÃO DO PEDIDO DE DIREITO DE PATENTE

Obter a patente de uma invenção importa em munir-se do documento revelador da propriedade, que é conseguido junto ao Instituto Nacional de Propriedade Industrial – INPI –, autarquia criada pela Lei nº 5.648/1970, vinculada atualmente ao Ministério da Economia, em vista da Lei nº 13.844/2019 e da Lei nº 13.901/2019.

Conforme o art. 2º da Lei nº 5.648/1970, alterada pela Lei nº 9.279/1996, cabe ao INPI, no território nacional, executar as normas reguladoras da propriedade industrial, envolvendo as patentes, o registro de marcas, as informações tecnológicas, dentre outras várias atribuições.

A patente fornecida vale para todo o território nacional, constituindo-se de um documento que torna privilegiável a invenção. Além do privilégio de invenção, pode ser também de modelo de utilidade (MU), de modelo industrial (MI), e de desenho industrial (DI).

Até recentemente, enquanto submetido à Lei nº 5.772/1971, revelava-se bastante complexo o processamento do pedido. Com a Lei nº 9.279/1996, tornou-se mais rápido, ágil e simplificado, vindo enumerados os elementos no art. 19, com a seguinte redação:

> O pedido de patente, nas condições estabelecidas pelo INPI, conterá:
> I – requerimento;
> II – relatório descritivo;
> III – reivindicações;
> IV – desenhos, se for o caso;
> V – resumo;
> VI – comprovante do pagamento da retribuição relativa ao depósito.

Não se encontrando o pedido em consonância com o elenco acima, não importa em imediato arquivamento. Presentes os dados concernentes ao depositante e ao inventor, fornecerá o INPI recibo da entrega do requerimento, concedendo-se o prazo de trinta dias para atender os elementos que faltarem, sob pena de arquivamento e devolução dos documentos. Se atendidas as exigências, tem-se como efetuado o depósito, e valendo desde a data do recibo. É o que se depreende dos arts. 20 e 21.

Encerra o art. 20: "Apresentado o pedido, será ele submetido a exame formal preliminar e, se devidamente instruído, será protocolizado, considerada a data de depósito a da sua apresentação".

Já o art. 21:

> O pedido que não atender formalmente o disposto no art. 19, mas que contiver dados relativos ao objeto, ao depositante e ao inventor, poderá ser entregue, mediante recibo datado, ao INPI, que estabelecerá as exigências a serem cumpridas, no prazo de 30 (trinta) dias, sob pena de devolução ou arquivamento da documentação.

Complementa o parágrafo único: "Cumpridas as exigências, o depósito será considerado como efetuado na data do recibo".

Restringe-se a uma única invenção o pedido, ou a um grupo de invenções interrelacionadas, de sorte a envolver um único conceito inventivo (art. 22). O mesmo ocorre com o modelo de utilidade, mas viabilizando a inclusão de uma pluralidade de elementos distintos, adicionais ou variantes construtivas ou configurativas, desde que mantida a unidade técnico-funcional e corporal do objeto (art. 23).

Indispensável que o relatório descreva clara e suficientemente o objeto, de modo a possibilitar sua realização por técnico no assunto e indicar, quando for o caso, a melhor forma de execução (art. 24). Em se tratando de material biológico essencial à realização prática do objeto do pedido, que não possa ser descrito como manda o art. 24 e que não estiver acessível ao público, o relatório será suplementado por depósito do material em instituição autorizada pelo INPI ou indicada em acordo internacional (parágrafo único do art. 24).

A respeito do relatório, explica Patrícia Aurélia Del Nero:

> (...) A descrição minuciosa dos processos e métodos por meio dos quais se chegou à invenção ou ao produto novo, corporificado no relatório descritivo, é a garantia da possibilidade de reaplicação da pesquisa, para verificação e controle de sua efetividade e verossimilhança. É por esse recurso que se tornam tecnicamente possíveis os testes, legalmente determinados pelo processo de patenteamento, para verificação das características e especificidades exigidas da tecnologia inovadora, e que, em última análise, justificam seu patenteamento efetivo.[36]

As reivindicações de patente deverão ser fundamentadas no relatório descritivo, caracterizando as particularidades do pedido e definindo, de modo claro e preciso, a matéria objeto da proteção (art. 25).

Autoriza-se o pedido de patente dividido em dois ou mais, desde que:

I – faça o pedido referência específica ao pedido original; e

II – não exceda à matéria revelada constante do pedido original (art. 26).

Não obedecidos a esses requisitos, o requerimento de divisão importará em arquivamento (parágrafo único do art. 26). Apõem-se aos pedidos de divisão a data de depósito do pedido original e o benefício da prioridade, se for o caso (art. 27). Pagam-se as retribuições a cada pedido dividido (art. 28).

Publica-se o pedido de patente retirado ou abandonado (art. 29). Para a retirada, apresenta-se o requerimento até dezesseis meses contados da data do depósito ou da prioridade mais antiga (§ 1º). De outra parte, a retirada de um depósito anterior sem produção de qualquer efeito dará prioridade ao depósito imediatamente posterior (§ 2º).

Uma vez apresentado o pedido, de acordo com diretrizes do art. 30 e parágrafos, e considerado aceito, segue-se a tramitação interna, de exame do mérito da invenção e do modelo de utilidade. A partir do momento que considera apta a postulação, inicia-se a prioridade, e garante-se, pelo prazo de dezoito meses, o sigilo administrativo no que diz respeito ao teor da solicitação. Unicamente depois de decorrido tal lapso temporal procede-se a divulgação, excetuada a situação de referir-se o segredo à defesa nacional, caso em que a exploração e a cessão do pedido sujeitam-se à autorização do órgão competente, com a garantia reconhecida ao titular do direito indenizatório pelos prejuízos acarretados.

Após, publica-se o pedido em órgão próprio do INPI, passando, então, a fazer parte integrante do Banco de Dados de Patentes, para fim de consultas dos interessados. É permitida a antecipação da publicação, se a parte requerer. Constarão da publicação os dados identificadores do pedido de patente, colocando-se cópia do relatório descritivo, das reivindicações, do resumo e dos desenhos no INPI, à disposição do público.

---

[36] *Propriedade Intelectual – A tutela jurídica da biotecnologia*, ob. cit., p. 144.

Seguem os preceitos, ordenando o art. 31 que, "publicado o pedido de patente e até o final do exame, será facultada a apresentação, pelos interessados, de documentos e informações para subsidiarem o exame", o qual não iniciará antes de decorridos sessenta dias da publicação do pedido, consoante estipula o parágrafo único.

De acordo com as regras dos arts. 32 e seguintes, permitem-se alterações pelo depositante, com o objetivo de melhor esclarecer ou definir o pedido, devendo as modificações limitar-se à matéria inicialmente revelada no pedido. Com a publicação do pedido no órgão especial da autarquia, torna-se o mesmo público.

Durante o lapso de tempo de trinta e seis meses, contado da data do depósito, impõe-se ao depositante ou a qualquer interessado o requerimento do exame do pedido de patente, sob pena de seu arquivamento. Todavia, faculta-se que seja desarquivado, se houver solicitação até sessenta dias depois de arquivado, mediante o pagamento de uma retribuição específica.

Requerido o exame, pelo depositante e quaisquer interessados, em sessenta dias impõe--se a apresentação, sob pena de arquivamento da solicitação, dos elementos discriminados no art. 34:

I – objeções, buscas de anterioridade e resultados de exame para concessão de pedido correspondente em outros países, quando houver reivindicação de prioridade;

II – documentos necessários à regularização do processo e exame do pedido; e

III – tradução simples do documento hábil referido no § 2º do art. 16 (que contenha número, data, título, relatório descritivo, e, se for o caso, reivindicações e desenhos), caso esta tenha sido substituída pela declaração prevista no § 5º (se o pedido depositado no Brasil estar fielmente contido no documento da origem) do mesmo artigo.

Ao se efetuar o exame técnico, lavra-se relatório de busca e parecer relativo aos elementos que elenca o art. 35:

I – patenteabilidade do pedido;

II – adaptação do pedido à natureza reivindicada;

III – reformulação do pedido ou divisão; ou

IV – exigências técnicas.

Lançando-se parecer pela não patenteabilidade ou pelo não enquadramento do pedido na natureza reivindicada, ou formular qualquer exigência, intima-se o depositante para atender no prazo de noventa dias. Na omissão em se manifestar, arquiva-se definitivamente o pedido. Se respondido o parecer, mesmo que não atendida a imposição, ou contestada, havendo ou não manifestação sobre a patenteabilidade, dá-se prosseguimento ao exame.

Com o exame, profere-se a decisão definindo ou não o pedido de patente.

O indeferimento do pedido de patente é recorrível, o que se afeiçoa ao direito assegurado pela Constituição Federal a qualquer pessoa. Demonstrar-se-á, nas razões que impõe a reforma do resultado do exame impeditivo do enquadramento. Se provido o recurso, sucederá novo exame, ratificando a conclusão anterior, ou dando pelo deferimento de carta de patente.

Consoante o art. 38 e parágrafos, expede-se a patente, sendo deferida, unicamente depois de comprovado o pagamento da retribuição correspondente, como exige o art. 38, prevendo-se, para tanto, o prazo de sessenta dias. Comprova-se a retribuição dentro de trinta dias após o prazo de sessenta dias assegurado para o recolhimento, independentemente de notificação. Tal não ocorrendo, procede-se o arquivamento definitivo do pedido.

DIREITO DAS COISAS – *Arnaldo Rizzardo*

A patente, como descreve Rubens Requião, "confere ao seu titular o direito de impedir terceiro, sem o seu consentimento, de produzir, usar, colocar à venda, vender ou importar com estes propósitos: I – produtos objetos da patente; II – processo ou produto obtido diretamente por processo patenteado".[37] O assunto será repisado adiante.

Reputa-se concedida a patente na data da publicação do respectivo ato que a determinou.

Por último, constarão na carta-patente os elementos do art. 39, ou seja: o número, o título e a natureza respectivos, o nome do inventor, observado o disposto no § 4º do art. 6º (não divulgação de sua nomeação), a qualificação e o domicílio do titular, o prazo de vigência, o relatório descritivo, as reivindicações e os desenhos, bem como os dados relativos à prioridade.

25.10. VIGÊNCIA DA PATENTE

A patente não perdura indefinidamente.

Já consignava João da Gama Cerqueira:

> A lei positiva considera o direito do inventor como uma propriedade temporária e resolúvel, garantida pela concessão da patente, que assegura ao inventor o direito de explorar a invenção, de modo exclusivo, durante certo prazo, considerado suficiente para lhe permitir que tire de sua criação os proveitos materiais que possa proporcionar. Findo esse prazo, a invenção cai no domínio público, podendo, desde então, ser livremente usada e explorada. Assim se conciliam, de modo justo e equitativo, os direitos do inventor sobre a sua obra e os interesses da coletividade relativos à utilização das invenções.[38]

O art. 40 da Lei nº 9.279/1996 trata dos prazos de vigência: "A patente de invenção vigorará pelo prazo de 20 (vinte) anos e a de modelo de utilidade pelo prazo de 15 (quinze) anos contados da data de depósito".

No entanto, mesmo que se entre a data do depósito e a da concessão da patente tenha decorrido um prazo extenso, a patente de invenção terá a duração mínima de dez anos, enquanto a de modelo de utilidade não poderá ser inferior a sete anos. É o que deflui do parágrafo único do mesmo art. 40:

> O prazo de vigência não será inferior a 10 (dez) anos para a patente de invenção e a 7 (sete) anos para a patente de modelo de utilidade, a contar da data de concessão, ressalvada a hipótese de o INPI estar impedido de proceder ao exame de mérito do pedido, por pendência judicial comprovada ou por motivo de força maior.

De notar que o prazo de vinte anos consta também no art. 33 do Trips: "A vigência da patente não será inferior a um prazo de 20 anos, contados a partir da data do depósito".

A matéria despertou vivas controvérsias à época do acordo multinacional do qual redundou o Trips. A Lei nº 5.772/1971 encerrava o prazo de quinze anos. Assim, tão logo adotado o Trips pelo Brasil, o que se deu em 1º.01.1995 (Decreto nº 1.355, de 1994), vários interessados pretenderam a extensão do prazo. Tendo em conta que o art. 65, 1, do Trips, previa que nenhum Membro estaria obrigado a aplicar as disposições antes de transcorrido o prazo de um ano após a data da entrada em vigor do Acordo Constitutivo, unicamente

---

[37] *Nova Lei da Propriedade Industrial*, trabalho citado, p. 46.
[38] *Tratado da Propriedade Industrial*, vol. I, ob. cit., p. 464.

em 1º de janeiro de 1996 é que começaria a vigorar no Brasil a extensão de lapso de tempo. Entrementes, para o INPI somente após quatro anos, com fulcro no art. 65, 2, onde se assegura o direito de postergar a data da aplicação por um prazo de quatro anos, é que entraria em vigor o novo prazo.

Relata Gustavo Starling Leonardos a controvérsia:

> O Instituto Nacional da Propriedade Industrial – INPI – mantém a posição segundo a qual o Trips entrou em vigor no Brasil em 1º.01.1995, mas somente seria aplicável a partir de 1º.01.2000, em virtude das disposições transitórias contidas no artigo 65 do acordo (Diretoria de Patentes do INPI, Parecer Dirpa 01/97). Diversas ações judiciais foram ajuizadas objetivando obrigar o INPI a averbar a extensão de 15 para 20 anos do prazo das patentes vigentes em 1º.01.1995 e aquelas concedidas entre esta data a entrada em vigor da nova Lei de Propriedade Industrial (...).

Segue o autor observando que a maioria dos juízes federais que apreciaram a questão pendeu para a incidência imediata do Trips, segundo o teor de seu art. 33.[39]

Há uma decisão do STJ (Recurso Especial nº 642.213/RJ, da 2ª Seção, j. em 28.04.2010, *DJe* de 02.08.2010) que não reconheceu o aumento do prazo para vinte anos, pois concedida a patente anteriormente a 1995, sendo que o TRIPS entrou em vigor no Brasil em 1º.01.1995, mas aplicando-se somente a partir de 1º.01.2000:

> "O TRIPS não é uma Lei Uniforme; em outras palavras, não é um tratado que foi editado de forma a propiciar sua literal aplicação nas relações jurídicas de direito privado ocorrentes em cada um dos Estados que a ele aderem, substituindo de forma plena a atividade legislativa desses países, que estaria então limitada à declaração de sua recepção. (...) Não se pode, realmente, pretender a aplicação do prazo previsto no art. 65.4 do TRIPS, por falta de manifestação legislativa adequada nesse sentido; porém, o afastamento deste prazo especial não fulmina, de forma alguma, o prazo genérico do art. 65.2, que é um direito concedido ao Brasil e que, nesta qualidade, não pode sofrer efeitos de uma pretensa manifestação de vontade por omissão, quando nenhum dispositivo obrigava o país a manifestar interesse neste ponto como condição da eficácia de seu direito" (REsp. nº 960.728-RJ, Terceira Turma, relatora Ministra Nancy Andrighi, *DJe* de 15.04.2009.).

> Em consonância com a diretriz adotada pela Terceira Turma do STJ, a extensão de validade das patentes de quinze para vinte anos, regularmente constituídas sob a égide de lei interna nacional, não se revela como medida consentânea com a interpretação que requerem as normas concernentes ao sistema de proteção patentária do País, conjugado com os pressupostos norteadores do Acordo sobre Aspectos dos Direitos de Propriedade Intelectual relacionados ao Comércio (Acordo TRIPs ou ADPICs).

> Mesmo que vigente o TRIPs desde 1º de janeiro de 1995 em face de sua ratificação e promulgação, a regra prescrita no seu art. 65, 2 – "Um país em desenvolvimento Membro tem direito a postergar a data de aplicação das disposições do presente Acordo, estabelecida no parágrafo 1º, por um prazo de quatro anos, com exceção dos Artigos 3, 4 e 5" –, por se constituir uma reserva concedida ao Brasil, sintetiza direito norteador de amparo ao reconhecimento de que a entrada em vigor no Acordo veio

---

[39] "Dos prazos de validade das patentes em vista do acordo Trips e da nova Lei de Propriedade Industrial (Lei nº 9.279/1996)", em *Revista dos Tribunais*, nº 758, pp. 90 e 91.

a ocorrer somente em 1º de janeiro de 2000, inibindo, portanto, sua plena incidência a partir da publicação oficial.

Por não gerar o TRIPs obrigações relativas a atos ocorridos antes de sua data de aplicação para o respectivo Membro (art. 70, I), em harmonia com o direito de preterir os períodos de incidência do Acordo (art. 65), é manifesta a inexistência de imposição da sua observância no tocante a privilégios de invenção anteriormente concedidos, uma vez que não patenteado nenhum propósito de sua autoaplicabilidade ou de sua aptidão para abarcar relações jurídicas afora aquelas que somente convergem para os seus Membros, tampouco qualquer comando preceptivo que permita a extensão do prazo de vigência da patente deferido com suporte na Lei nº 5.772/1971.

Não há suporte legal nem obrigação do Brasil de garantir às patentes de invenção depositadas em data anterior a 1º de janeiro de 2000 a prorrogação por 5 (cinco) anos do prazo de validade – originalmente estabelecidos em 15 (quinze) anos –, de forma a vigorar por 20 (vinte) anos a proteção patentária em território nacional, mediante a aplicabilidade direta e sem reservas do Acordo TRIPs.

Com a redação do art. 40 da Lei nº 9.279/1996, todas as patentes então em vigor tiveram seus prazos estendidos de quinze para vinte anos, o que encontra fundamento no art. 6º da Lei de Introdução às Normas do Direito Brasileiro: "A lei em vigor terá efeito imediato e geral, respeitados o ato jurídico perfeito, o direito adquirido e a coisa julgada". Nesta linha, dois autores bem justificam a incidência do novo prazo, citados pelo mesmo Gustavo Starling Leonardos, sendo o primeiro o ex-Ministro Francisco Campos, redator da Lei de Introdução ao Código Civil: "'Durante o curso do prazo a lei nova poderá fazer variar a duração deste ou modificar os efeitos jurídicos futuros que a lei anterior autorizava os interessados a esperar ao fim do prazo (porque o efeito jurídico) se configura no momento em que o prazo se ultima' (*RF 72/35*)". O segundo é Roubier: "'Na duração do prazo, só há um momento que conta do ponto de vista do direito, é o da sua terminação; logo, enquanto não terminado, a lei nova pode modificá-lo à vontade'" (*Conflits des lois*, v. I, p. 390).[40]

25.11. PROTEÇÃO DADA PELA CARTA DE PATENTE

A concessão da carta de patente traz proteção para o titular de invento ou de modelo de utilidade contra a utilização não autorizada de terceiros. Com o documento do registro e reconhecimento da prioridade, habilita-se o titular a impedir que terceiros, sem a sua autorização, produzam, usem, coloquem à venda ou importem produtos objeto da patente outorgada.

Encontra-se a extensão da proteção contemplada no art. 41: "A extensão da proteção conferida pela patente será determinada pelo teor das reivindicações, interpretado com base no relatório descritivo e nos desenhos".

O conteúdo da proteção é ditado pelo art. 42:

A patente confere ao seu titular o direito de impedir terceiro, sem o seu consentimento, de produzir, usar, colocar à venda, vender ou importar com estes propósitos:

I – produto objeto de patente;

II – processo ou produto obtido diretamente por processo patenteado.

---

[40] *Dos prazos de validade das patentes em vista do acordo Trips e da nova Lei de Propriedade Industrial (Lei nº 9.279/1996)*, trabalho citado, p. 93.

Analisa Sidnei Turczyn os direitos:

> Uma vez concedida a patente, os direitos dela decorrentes vêm explicitados no art. 42 da Lei nº 9.279/1996, e consistem, fundamentalmente, na impossibilidade de utilização do invento por terceiros, sem autorização do titular, dentro da determinação do teor das reivindicações que instruíram seu requerimento, em suas diversas formas: produzir, usar, colocar à venda, vender ou importar com estes propósitos, e impedir que terceiros contribuam para que outros violem o direito por ela conferido.[41]

Abrange a proteção a ação dirigida a impedir que terceiros contribuam para que outros pratiquem os atos de uso indevido (§ 1º).

A hipótese do inc. II acontece quando o possuidor ou proprietário não comprovar, mediante determinação judicial específica, que o seu produto foi obtido por processo de fabricação diverso daquele protegido pela patente (§ 2º).

Comum é o exercício da defesa por meio de ação possessória, se terceiro se apropria do invento, ou o usa indevidamente. Dita esse caminho o Superior Tribunal de Justiça, reiterando prática amplamente admitida por tribunais inferiores:

> Interdito proibitório. Patente de invenção devidamente registrada. Direito de propriedade. A doutrina e a jurisprudência assentaram entendimento segundo o qual a proteção do direito de propriedade, decorrente de patente industrial, portanto, bem imaterial, no nosso direito, pode ser exercida através das ações possessórias. O prejudicado, em casos tais, dispõe de outras ações para coibir e ressarcir-se dos prejuízos resultantes de contrafação de patente de invenção. Mas, tendo o interdito proibitório índole eminentemente preventiva, invocadamente é ele o meio processual mais eficaz para fazer cessar, de pronto, a violação daquele direito.[42]

Ao terceiro, em defesa, cabe alegar e provar que o processo patenteado não diz respeito ao produto que está utilizando ou comercializando. Desenvolverá a demonstração das diferenças, ou que o mecanismo já era conhecido antes da concessão da patente, além de uma das exceções elencadas no art. 43, cuja relação está fora da proteção estatuída no art. 42.

Eis a redação do art. 43:

> O disposto no artigo anterior não se aplica:
>
> I – aos atos praticados por terceiros não autorizados, em caráter privado e sem finalidade comercial, desde que não acarretem prejuízo ao interesse econômico do titular da patente;
>
> II – aos atos praticados por terceiros não autorizados, com finalidade experimental, relacionados a estudos ou pesquisas científicas ou tecnológicas;
>
> III – à preparação de medicamento de acordo com prescrição médica para casos individuais, executada por profissional habilitado, bem como ao medicamento assim preparado;
>
> IV – a produto fabricado de acordo com patente de processo ou de produto que tiver sido colocado no mercado interno diretamente pelo titular da patente ou com seu consentimento;

---

[41] "O usuário anterior – artigo 45 da Lei de Patentes (Lei nº 9.279/1996)", em *Revista do Instituto dos Advogados de São Paulo*, ano 3, nº 6, julho/dezembro de 2000, pp. 214 e 215.

[42] *Recurso Especial* nº 7.196, da 3ª Turma do STJ, *DJU* de 5.08.1991.

V – a terceiros que, no caso de patentes relacionadas com matéria viva, utilizem, sem finalidade econômica, o produto patenteado como fonte inicial de variação ou propagação para obter outros produtos;

VI – a terceiros que, no caso de patentes relacionadas com matéria viva, utilizem, ponham em circulação ou comercializem um produto patenteado que haja sido introduzido licitamente no comércio pelo detentor da patente ou por detentor de licença, desde que o produto patenteado não seja utilizado para multiplicação ou propagação comercial da matéria viva em causa;

VII – aos atos praticados por terceiros não autorizados, relacionados à invenção protegida por patente, destinados exclusivamente à produção de informações, dados e resultados de testes, visando a obtenção do registro de comercialização do produto objeto da patente, após a expiração dos prazos estipulados no art. 40 (inciso este introduzido pela Lei nº 10.196, de 14.02.2001).

Na forma do art. 44 e seus parágrafos, assegura-se ao titular da patente a faculdade de buscar a indenização, em casos de ofensa à propriedade de seu invento ou modelo de utilidade, ou de exploração indevida de seu objeto, abrangendo o direito a utilização indevida entre a data da publicação do pedido e a da concessão da patente. Mas se provar-se que o infrator conhecia o conteúdo do pedido depositado, isto é, a invenção ou o modelo, anteriormente à publicação, retrocede o período incluído no ressarcimento para ao momento do início da exploração, ou desde que verificada a ciência.

Envolvendo o pedido de patente material biológico, restringe-se o direito à indenização unicamente se o dito material se tiver tornado acessível ao público.

O direito de obter indenização circunscreve-se ao que consta na carta patente, apurável com base no relatório descritivo e nos desenhos.

25.12. UTILIZAÇÃO OU EXPLORAÇÃO DO OBJETO ANTES DA CONCESSÃO DA PATENTE

Possível que alguém use ou explore uma coisa ou um produto que depois veio a ser protegido pela patente, quando o monopólio passou a pertencer ao inventor ou à pessoa que reivindicou a prioridade. Porque não providenciada a exclusividade da titularidade por aquele que já detinha o uso ou a exploração, não pode ele se opor ao direito daquele que encaminhou o pedido. Todavia, não lhe será subtraído o direito de continuar a aproveitar do bem que adquiriu a qualidade de invento ou modelo patenteado.

A matéria é disciplinada no art. 45: "À pessoa de boa-fé que, antes da data de depósito ou de prioridade de pedido de patente, explorava seu objeto no País, será assegurado o direito de continuar a exploração, sem ônus, na forma e condição anteriores".

Necessário que se prove a existência de exploração ou uso antes da entrega do pedido de patente, o que se faz com a apresentação de documentos demonstrando o próprio objeto que posteriormente foi patenteado. Sobre o assunto, expõe Sidnei Turczyn:

A doutrina é unânime ao reconhecer o caráter pessoal do direito conferido ao usuário anterior, entendido esse caráter pessoal como a restrição imposta à transferência do direito de utilização que somente poderá ser exercido pelo seu titular. Neste particular, é de se notar que da mesma forma que o direito do usuário anterior se constitui em uma limitação ao direito da patente, o direito do titular da patente também se constitui em limitação ao direito do usuário anterior. Melhor explicitando essa posição, deve-

Cap. XXV · PROPRIEDADE INDUSTRIAL | 789

-se considerar que, até o momento do requerimento da patente, o direito daquele que explora em segredo sua invenção (ou que simplesmente possui de acordo com o direito francês) é ilimitado. Esse direito, que indiscutivelmente possui caráter econômico, pode livremente ser cedido a terceiros.[43]

Esse direito permite a sua exploração comercial. Faculta-se à pessoa a produção e a comercialização de bens. Todavia, não é autorizada a cessão do direito de também outra pessoa produzi-lo, a menos que transfira o negócio ou empresa em si, não continuando o cedente a atividade. É o que exsurge do § 1º do art. 45: "O direito conferido na forma deste artigo só poderá ser cedido juntamente com o negócio ou empresa, ou parte desta que tenha direta relação com a exploração do objeto da patente, por alienação ou arrendamento".

O § 2º afasta o direito de uso ou exploração se houve o conhecimento do objeto da patente através de divulgação, desde que depositado o pedido respectivo dentro de um ano da divulgação:

O direito de que trata este artigo não será assegurado a pessoa que tenha tido conhecimento do objeto da patente através de divulgação na forma do art. 12, desde que o pedido tenha sido depositado no prazo de 1 (um) ano, contado da divulgação.

A divulgação na forma do art. 12 é a promovida pelo inventor, ou pelo INPI, ou por terceiros com base em informações obtidas direta ou indiretamente do inventor.

25.13. NULIDADE DA PATENTE

Trata a lei das nulidades das patentes, que devem preceder ao ingresso do pedido de concessão. As causas que as determinam precedem o seu reconhecimento. Mesmo que declaradas posteriormente, retroagem para a data do depósito do pedido de patente. Desde que desrespeitados os regramentos da lei, ou que se incidam os vícios do consentimento e outras causas previstas na lei civil, proclama-se a nulidade da concessão. É clara a norma do art. 46: "É nula a patente concedida contrariando as disposições desta Lei". Basta a falta de preenchimento dos requisitos impostos, como a inexistência da novidade, ou a ofensa à ordem moral, dentre inúmeras outras situações, para declarar-se a nulidade.

O art. 47 distingue as nulidades em totais ou parciais, de acordo com a abrangência ou extensão que alcançam. Se atingidos todos os ângulos da invenção ou do modelo, obviamente será total a nulidade. Caso alcance unicamente um aspecto, como apenas o funcionamento automático de um veículo automotor, passa a ser parcial. Eis a regra: "A nulidade poderá não incidir sobre todas as reivindicações, sendo condição para a nulidade parcial o fato de as reivindicações subsistentes constituírem matéria patenteável por si mesmas". De sorte que, naquilo que não é anulável, viabiliza-se a reivindicação.

Estenderá a nulidade da patente os efeitos a partir da data do depósito do pedido (art. 48). O efeito, pois, é *ex tunc*, começando a partir de sua declaração, mas atingindo a invalidade dos atos desde a data do depósito do pedido de concessão da patente.

Se não tiver sido observada a titularidade da invenção ou do modelo de utilidade ao seu autor ou criador, permite-se a ele reivindicar, em ação judicial, a adjudicação da patente (art. 49), em vez da nulidade. A adjudicação é um caminho de grande praticidade para tomar posse de direitos de propriedade, expondo Gert Egon Dannemann e Katia Braga de Magalhães:

---

[43] *O usuário anterior – artigo 45 da Lei de Patentes (Lei nº 9.279/96)*, trabalho citado, pp. 217 e 218.

Trata-se, com efeito, de um reforço à proteção dos direitos de titulares de marcas ou de inventos diante de situações em que terceiros, com o nítido intuito de auferir proveitos ilícitos, obtenham, perante o INPI, o registro ou a patente, em seu nome, de tais sinais distintivos e/ou inventos. Nesses casos, ao autor da ação não interessa requerer em juízo a nulidade de um registro de marca de uma patente, sendo-lhe muito mais conveniente pleitear sua adjudicação, ou seja, requerendo que o Poder Judiciário determine a seu favor a transferência forçada da propriedade de um sinal distintivo ou de uma invenção.[44]

Tanto na ação de nulidade, como na adjudicação, defende-se a busca de pedido de concessão de liminar, ou de antecipação da tutela. Justificam Gert Egon Dannemann e Katia Braga de Magalhães o cabimento de uma ou outra medida:

Constituindo a prova da má-fé condição essencial à propositura da ação de adjudicação, não há como negar-se ao autor a faculdade de requerer ao juiz, logo no início do feito, que determine, em caráter liminar e *inaudita altera parte*, a suspensão dos efeitos da patente ou do registro de marca adjudicanda em relação ao autor da ação. Desde que o autor comprove suficientemente a verossimilhança de suas alegações, ou seja, o propósito fraudulento do demandado ao requerer para si a titularidade de sinal distintivo ou invento que sabia encontrar-se na posse de outrem, não é justo que ele tenha de aguardar todo o processamento e final julgamento da ação para que possa utilizar sua marca ou seu invento.

Ora, tendo em vista que o registro de marca e a concessão da patente outorgam ao seu titular o direito de propriedade sobre os sinais e/ou privilégio temporário sobre uma determinada invenção e a consequente faculdade de utilizá-los com exclusividade, o autor da ação ver-se-ia impedido de fazer uso de seu sinal até a prolação de sentença. Por isso mesmo, a demora na outorga da prestação jurisdicional poderia acarretar vultosos e irreparáveis prejuízos ao autor da ação.

Inclusive, o cabimento, vão adiante os autores, da "antecipação da tutela de mérito para que sejam suspensos os efeitos da patente ou do registro de marca *sub judice* até o encerramento do litígio, em relação ao autor".[45]

O art. 50 discrimina algumas situações que autorizam a declaração da nulidade administrativamente, ou pelo órgão encarregado do controle:

A nulidade da patente será declarada administrativamente quando:

I – não tiver sido atendido qualquer dos requisitos legais;

II – o relatório e as reivindicações não atenderem ao disposto nos arts. 24 e 25, respectivamente, isto é, se o relatório não contiver o objeto e as reivindicações não estiverem fundamentadas;

III – o objeto da patente se estenda além do conteúdo do pedido originalmente depositado; ou

IV – no seu processamento, tiver sido omitida qualquer das formalidades essenciais, indispensáveis à concessão.

---

[44] "A ação de adjudicação na nova Lei de Propriedade Industrial (Lei nº 9.279/1996)", em *Revista da ABPI* (Associação Brasileira da Propriedade Intelectual), São Paulo, nº 39, março/abril de 1999, p. 4.

[45] *A ação de adjudicação na nova Lei de Propriedade Industrial (Lei nº 9.279/1996)*, trabalho citado, pp. 5 e 6.

Cap. XXV • PROPRIEDADE INDUSTRIAL | 791

Várias regras procedimentais encontram-se nos arts. 51 e 54.

Ao INPI e a qualquer pessoa autoriza o art. 51 provocar o início do processo administrativo, desde que presente o legítimo interesse, como a anterior existência da mesma invenção em nome do impugnante. Limita-se a seis meses o prazo para os interessados promoverem ou requererem a nulidade, a contar da concessão da patente, devendo prosseguir o processo, mesmo que extinta a patente.

Em obediência aos arts. 52 a 55, intima-se o titular para se defender no prazo de sessenta dias. Com ou sem defesa, emitirá o INPI o parecer, intimando-se o requerente da nulidade e novamente o titular da patente para aduzirem suas razões, também no período de sessenta dias. Depois de ultrapassada essa fase, o presidente do INPI proferirá a decisão, dando por encerrada a instância administrativa.

Uma vez não se satisfazendo a parte com o resultado do processo administrativo, ou mesmo dispensando-o, viabiliza-se a propositura de ação de nulidade, em qualquer tempo de vigência da patente. Ao INPI também reconhece-se legitimidade para o acionamento (art. 56).

Não se limita a declaração da nulidade à ação proposta. Inclusive em matéria de defesa em outro processo, como na indenização que propuser o inventor, viabiliza-se a suscitação (§ 1º do art. 56).

Ao juiz faculta-se suspender os efeitos da patente em decisão preventiva ou incidente, desde que presentes os pressupostos e requisitos, como a verossimilhança do pedido, a aparência do bom direito e o perigo da mora (§ 2º do art. 56).

Segundo diretrizes do art. 57 e parágrafos, a competência para conhecer e julgar a ação recai na Justiça Federal do foro da ocorrência do fato, intervindo sempre o INPI. Concede-se o prazo de sessenta dias para a resposta do réu, seguindo normalmente o feito, com a instrução, inclusive pericial, até a sentença. O INPI publicará anotação do resultado da ação, após o trânsito em julgado da sentença, com a finalidade de dar ciência a terceiros.

25.14. CESSÃO E ANOTAÇÕES DA PATENTE

Permite-se a livre negociabilidade da patente, não se obrigando que permaneça ou fique com aquele que obteve a sua concessão. De modo que o titular contemplado com a exclusividade sobre um bem que ele inventou, ou criou uma utilidade que antes não apresentava, está autorizado a transferir o seu engenho, e a permitir, assim, que terceiro o fabrique e o comercialize.

A permissão vem garantida no art. 58 da Lei nº 9.279/1996: "O pedido de patente ou a patente, ambos de conteúdo indivisível, poderão ser cedidos, total ou parcialmente".

Como se infere, a cessão abrange a totalidade do invento ou do modelo, ou uma parte, isto é, pode abranger um aspecto ou toda a invenção. Se o novo produto compreende vários componentes, a confecção de um deles, ou a sua produção e comercialização tornam-se objeto de cessão.

A cessão é possível para um certo período, ou durante um lapso de tempo delimitado, findo o qual retorna a exploração para o inventor.

É necessário levar a efeito um procedimento de anotações junto ao INPI para formalizar a cessão. Eis como programa o assunto o art. 59:

O INPI fará as seguintes anotações:

I – da cessão, fazendo constar a qualificação completa do cessionário;

II – de qualquer limitação ou ônus que recaia sobre o pedido ou a patente; e

III – das alterações de nome, sede ou endereço do depositante ou titular.

Publicam-se as anotações no setor especializado do INPI, com o que produzem efeito relativamente a terceiros, segundo o art. 60: "As anotações produzirão efeito em relação a terceiros a partir da data de sua publicação".

Dentro deste assunto pode-se considerar a transferência de tecnologia e da franquia, cuja previsão se encontra no art. 211, onde se estabelece que o INPI fará o registro dos contratos que impliquem transferência de tecnologia, contratos de franquia e similares, para produzirem efeitos em relação a terceiros. Tem o INPI o prazo de trinta dias para decidir sobre o requerimento de registro, a contar do momento de seu ingresso.

25.15. LICENÇA PARA A EXPLORAÇÃO

Trata-se de um contrato que autoriza a exploração do invento ou do modelo de utilidade.

Cataloga o Código de Propriedade Industrial três tipos: a licença voluntária, a oferta de licença e a licença compulsória.

Quanto à primeira, diferentemente da cessão, quando há a transferência da patente, permite-se que o titular apenas autorize um terceiro a produzir o bem ou a explorar o produto cuja exclusividade lhe é reconhecida. Faz-se um contrato transferindo não o direito sobre o invento ou modelo, mas restritamente à exploração.

A autorização para celebrar contrato de licença consta no art. 61: "O titular de patente ou o depositante poderá celebrar contrato de licença para a exploração". Anote-se que se assemelha a espécie à transferência de tecnologia e da franquia, cuja previsão se encontra no art. 211.

Uma vez consumado o contrato que autoriza a exploração, tanto na coisa nova como naquela sobre a qual foi introduzido um aperfeiçoamento, permite-se que abranja o contrato poderes concedidos ao licenciado para defender a patente, como está consignado no parágrafo único do artigo acima: "O licenciado poderá ser investido pelo titular de todos os poderes para agir em defesa da patente".

Ordena o art. 62 que se averbe o contrato de licença no INPI, com a finalidade de produzir efeitos em relação a terceiros, o que se verificará a partir da data da publicação da licença (§ 1º). O mesmo se estende quando à transferência de tecnologia e de franquia. No entanto, para fins de validade de prova do uso ou de exploração do bem patenteado aperfeiçoado, prescinde-se da averbação no INPI (§ 2º).

Os aperfeiçoamentos que forem introduzidos em patente licenciada pertencem àquele que os fizer, mas assegurando-se à outra parte contratante o direito de preferência para seu licenciamento (art. 63). Ou seja, mesmo que o licenciado melhore ou aperfeiçoe o bem, a ele assiste providenciar o licenciamento ou conseguir, sobre essa nova qualidade, a patente.

Já pela oferta de licença, o titular solicita ao INPI que coloque a patente em oferta, ou a ofereça ao público, para fins de exploração. É o que se infere do art. 64: "O titular da patente poderá solicitar ao INPI que a coloque em oferta para fins de exploração". Nota-se que o INPI figurará na posição de intermediário.

Consoante os parágrafos do dispositivo, uma vez recebido o pedido, cabe ao INPI efetuar a publicação da oferta, onde se explicitarão o tipo de patente, a destinação, o preço, e outras circunstâncias identificadoras e reveladoras dos termos de como será o contrato. Para se efetuar e averbar qualquer contrato de licença voluntária de caráter exclusivo, necessário que previamente o titular da patente desista da oferta. Entretanto, se a patente sob licença voluntária, com caráter de exclusividade, ou adstrita unicamente ao inventor, não poderá ser objeto de oferta. É facultado ao titular, a qualquer momento, antes da expressa aceitação dos termos pelo interessado, desistir da oferta, sem que incida, então, a redução da anuidade, prevista para a patente em oferta, o que garante o art. 66.

De acordo com o art. 65 e seus parágrafos, incumbe ao INPI arbitrar a remuneração da licença contratada quando não houver acordo entre as partes. Se persistir a falta de consenso, autoriza-se ao INPI desenvolver diligências para chegar a um preço satisfatório, bem como designar uma comissão formada por especialistas não integrantes de seu quadro de funcionários, que arbitrará a remuneração ao titular da patente.

Está prevista a revisão do preço após um ano de sua fixação. Finalmente, o art. 66 reduz em metade a anuidade da contribuição devida à autarquia, no período compreendido entre o oferecimento e a concessão da primeira licença, a qualquer título.

Permite o art. 67 ao titular da patente requerer o cancelamento da licença, se o licenciado não der início à exploração efetiva dentro de um ano da concessão, ou se interromper a exploração por prazo superior a um ano, ou, ainda, se não forem obedecidas as condições exigidas e contratadas para a exploração.

A licença compulsória envolve disciplina mais extensa. Transfere-se obrigatoriamente a exploração da patente, o que, em primeiro plano, segundo o art. 68, se justifica quando o titular exerce os direitos de forma abusiva, ou pratica abuso de poder econômico, hipóteses que somente ensejam efeitos depois de prova aceita em decisão administrativa ou judicial. Assim concebe Patrícia Aurélia Del Nero o instituto, ou seja, "como penalidade imposta, sempre que ocorrer a prática de infração contra a ordem econômica, no mecanismo de funcionamento das patentes".[46]

O § 1º assinala mais casos, verificáveis quando ocorrer:

> I – a não exploração do objeto da patente no território brasileiro por falta de fabricação ou fabricação incompleta do produto, ou, ainda, a falta de uso integral do processo patenteado, ressalvados os casos de inviabilidade econômica, quando será admitida a importação; ou
>
> II – a comercialização que não satisfizer as necessidades de mercado.

Justifica-se a licença de importação ou a licença compulsória no caso de abuso econômico do que tem a patente para o fim de suprir a necessidade interna e, também, para aplicar uma sanção ao que tem a patente, na ótica de Henry K. Sherrill:

> Neste caso, o poder do titular sobre o objeto da patente, para consentir ou não consentir a entrada do produto, é quase inteiramente removido. Por isso, entendemos que a permissão dada pelo Estado às importações paralelas por terceiro visa não apenas suprir o mercado, mas constitui, também, *permissa venia*, sanção contra aqueles que não puderem ou não quiserem fabricar o objeto da patente localmente.[47]

A respeito da inviabilidade econômica da produção local, disserta, ainda, Henry K. Sherrill: "No caso de haver inviabilidade econômica da produção local, a intervenção do Estado

---

[46] *Propriedade Intelectual – A tutela jurídica da biotecnologia*, ob. cit., p. 167.

[47] "As importações paralelas na Lei nº 9.279, de 14 de maio de 1996, e o Mercosul", em *Revista da ABPI* (Associação Brasileira da Propriedade Intelectual), São Paulo, nº 25, nov./dez. 1996, p. 24.

794 | DIREITO DAS COISAS – *Arnaldo Rizzardo*

é no sentido de criar uma exceção ao princípio da territorialidade da patente, permitindo as importações paralelas pelo seu titular, e mais, de terceiro".[48]

Nas situações acima, em vista do § 2º, a licença só poderá ser requerida por pessoa com legítimo interesse e que tenha capacidade técnica e econômica para realizar a exploração eficiente do objeto da patente, que deverá destinar-se, predominantemente, ao mercado interno, extinguindo-se nesse caso a excepcionalidade prevista no inciso I do parágrafo anterior.

Na ordem do § 3º, em se concedendo a licença compulsória por razão de abuso de poder econômico, ao licenciado, que propõe fabricação local, será garantido um prazo, limitado ao estabelecido no art. 74, para proceder à importação do objeto da licença, desde que tenha sido colocado no mercado diretamente pelo titular ou com o seu consentimento. Adianta-se que o prazo do art. 74 é de um ano a contar da concessão da licença, admitida a interrupção por igual prazo.

O § 4º prevê que, no caso de importação, para exploração de patente e no caso da importação prevista no parágrafo anterior, será igualmente admitida a importação por terceiros de produto fabricado de acordo com patente de processo ou produto, desde que tenha sido colocado no mercado diretamente pelo titular ou com o seu consentimento.

Somente depois de três anos da concessão da patente, em vista do § 5º, permite-se a licença compulsória prevista para os casos do § 1º. De outro lado, se procederá a concessão sem exclusividade, e não se permite o sublicenciamento (art. 72).

Destacam-se três exceções que impedem a licença compulsória, arroladas pelo art. 69:

> I – se o titular justificar o desuso por razões legítimas;
>
> II – se comprovar ele a realização de sérios e efetivos preparativos para a exploração;
>
> III – se justificar a falta de fabricação ou comercialização, por obstáculo de ordem legal.

Escreve, sobre a matéria, Patrícia Aurélia Del Nero:

> As licenças compulsórias não são concedidas em caráter exclusivo, sendo que o titular da patente não será obrigado a licenciar a exploração de seu objeto se comprovar ter dado início à exploração ou, então, que deu início aos preparativos para a exploração pela existência de óbice legal. Observe-se que, nesse contexto explicitamente contido na legislação, se a não exploração da patente, por parte de seu titular, ocorrer por falta de recursos econômicos, essa hipótese não servirá de justificativa ou pretexto para se evitar a sanção. Em última instância, isso implica que, ao inventor de poucos recursos (na verdade, um eufemismo para a qualificação "pobre"), só resta a hipótese de ceder, onerosamente ou não, mas quase sempre em prejuízo próprio, a terceiro (geralmente empresas ou indústrias) o direito de explorar o seu invento. Em outras palavras, essa norma implica na legitimação do processo de expropriação.[49]

Há mais um caso de licença compulsória, verificável na dependência de uma patente em relação à outra, ou quando uma depende de outra para atingir a finalidade a que se destina. Para autorizar a licença, nessa eventualidade, ordena o art. 70 a ocorrência das seguintes exigências:

> I – ficar caracterizada situação de dependência de uma patente em relação à outra;

---

[48] *As importações paralelas na Lei nº 9.279, de 14 de maio de 1996, e o Mercosul*, trabalho citado, p. 24.

[49] *Propriedade Intelectual – A tutela jurídica da biotecnologia*, ob. cit., p. 167.

Cap. XXV · PROPRIEDADE INDUSTRIAL | 795

II – o objeto da patente dependente constituir substancial progresso técnico em relação à patente anterior; e

III – o titular não realizar acordo com o titular da patente dependente para exploração da patente anterior.

Explica o § 1º o significado de patente dependente: "Para os fins deste artigo, considera-se patente dependente aquela cuja exploração depende obrigatoriamente da utilização do objeto de patente anterior". Nesta ordem, um equipamento que, para ser fabricado, necessita de uma liga metálica cuja patente pertence a outro inventor.

O § 2º coloca a dependência mútua de produtos: "Para efeito deste artigo, uma patente de processo poderá ser considerada dependente de patente do produto respectivo, bem como uma patente de produto poderá ser dependente de patente de processo".

O § 3º assegura o direito à licença compulsória da patente dependente em favor do titular da patente licenciada.

Permite o art. 71 a concessão de licença compulsória por ato do Poder Executivo Federal em caso de emergência nacional ou de interesse público:

> Nos casos de emergência nacional ou interesse público, declarados em ato do Poder Executivo Federal, desde que o titular da patente ou seu licenciado não atenda a essa necessidade, poderá ser concedida, de ofício, licença compulsória, temporária e não exclusiva para a exploração da patente, sem prejuízo dos direitos do respectivo titular.

O ato de concessão da licença compulsória naquelas contingências estabelecerá o prazo de vigência e a possibilidade de prorrogação.

Várias exigências e condições traz o art. 73, desdobrando regras em oito parágrafos. Quem solicitar que lhe seja concedida a licença compulsória deve formular pedido indicando as condições oferecidas ao titular da patente. Formalizado o pedido, terá o titular o prazo de sessenta dias a fim de se manifestar. Concede-se automaticamente a licença, se considera-se aceita a proposta, se ausente manifestação do titular.

Se alguém solicitar a licença, sob o fundamento da prática de abusos de direitos patentários, ou abusos econômicos, está obrigado a anexar documentação comprovando o alegado. Se fundar-se o pedido na falta de exploração, ao titular da patente cumpre arredar a alegação com a prova de que a explora.

Se oferecida contestação ao valor da remuneração, faculta-se ao INPI efetuar diligências e nomear comissão técnica, formada por membros que não pertencem ao quadro de funcionários da autarquia, para a realização de laudo que arbitre o valor da remuneração. Nesse intento, os órgãos e entidades da administração pública direta ou indireta, federal, estadual e municipal, prestarão ao INPI as informações solicitadas com o objetivo de subsidiar o arbitramento da remuneração.

No arbitramento do preço, prepondera o aspecto econômico, ou o resultado patrimonial que trará a patente, ante outras circunstâncias e mesmo sobre valores técnicos, artísticos, originais, mas que não podem ser olvidados de todo.

Uma vez instruído o processo, com a oferta, o pedido de concessão de licença compulsória, as manifestações do titular, as diligências realizadas, o possível laudo apresentado pela comissão técnica, decidirá o INPI no prazo de sessenta dias sobre a concessão e as condições de licença.

Proferida a decisão, admite-se recurso administrativo, e mesmo a ação judicial tendente a invalidar o ato, mas sem efeito suspensivo.

Uma vez deferida a licença, obriga o art. 74 o início da exploração das atividades objeto da patente dentro do prazo de um ano, a contar da data da concessão, admitindo-se a interrupção por igual prazo, sob pena de possibilitar-se pedido de cassação do ato que concedeu a licença, pelo titular da patente.

O licenciado fica revestido de todos os poderes para agir em defesa da patente.

A cessão da licença compulsória é autorizada unicamente com a cessão, alienação ou arrendamento da parte do empreendimento explorado.

25.16. PATENTE DE INTERESSE DA DEFESA NACIONAL

As invenções e mesmo modelos de utilidade que interessam à defesa nacional têm a disciplina especial no art. 75 e respectivos parágrafos, visando a sua adjudicação para a utilização restrita à segurança do País. Com o objetivo de assegurar o sigilo, não estão sujeitas à publicação no órgão especial do INPI, eis que vedada a divulgação.

Uma vez recebido um pedido de patente que revele tal conteúdo, como relativamente a uma arma, a uma composição química que, mal empregada, está apta a causar uma catástrofe, a um aparelho de escuta sigilosa, a um radar que detecte aparelhos no ar, a um combustível ou energia altamente potente, cumpre ao INPI enviar o expediente ao órgão de segurança nacional, a quem incumbe a manifestação no prazo de sessenta dias.

Não é permitido o depósito da invenção ou engenho no exterior, ou seja, unicamente ao Brasil restringe-se o pedido, a menos que de modo expresso a autoridade militar autorize, o que acontecerá se não revelar interesse, ou se não existe técnica avançada para a exploração.

Uma vez limitada a utilização, ou adjudicada a exploração pelo Governo, assiste, como é óbvio, ao inventor a justa indenização pelos prejuízos advindos, calculados sobre a expectativa de utilização para a finalidade que revela o invento.

25.17. RETRIBUIÇÕES E ANUIDADES

As retribuições correspondem ao preço pago pela expedição da patente, fixadas pelo INPI. Na previsão do art. 38, concede-se a patente depois de comprovado o pagamento correspondente. Primeiro defere-se a patente, tendo então o depositante ou inventor o prazo de sessenta dias para satisfazer o pagamento, admitido mais um lapso de trinta dias, independentemente de notificação. Não comprovado o atendimento, arquiva-se em definitivo o pedido.

No regime da lei anterior, fazia-se necessária a intimação para pagar a retribuição, que deveria se concretizar em sessenta dias.

Já o pagamento das anuidades pelo uso da patente aparece no art. 84: "O depositante do pedido e o titular da patente estão sujeitos ao pagamento da retribuição anual, a partir do início do terceiro ano da data do depósito". Autoriza-se o pagamento antecipado, na forma que vier regulamentado pelo INPI (§ 1º).

Efetua-se o pagamento dentro dos três primeiros meses de cada período anual. Faculta-se, no entanto, que se realize nos seis meses subsequentes, sem notificação, com os adendos que vierem previstos (§ 2º).

Uma vez não atendida no prazo a obrigação, nada obsta que proceda o órgão competente a notificação.

Os pedidos internacionais depositados no Brasil também estão sujeitos ao pagamento das anuidades, dentro das regras aplicadas aos pedidos internos. Enquanto tramita o pedido de reconhecimento no Brasil, ou pelo período ocorrido antes da entrada no processamento nacional, o valor deverá ser satisfeito no prazo de três meses, contado a partir da data de entrada (art. 85).

O não cumprimento das obrigações relativas às anuidades importa no arquivamento do pedido ou na extinção da patente (art. 86). Entrementes, dentro do período de até três meses da notificação do arquivamento do pedido, ou da extinção da patente, autoriza-se a sua restauração, desde que se opere o pagamento da retribuição (art. 87). Nota-se que essa restauração tem um prazo para ser formalizada, o qual, decorrido, determina a perda definitiva do pedido e da patente.

25.18. A EXTINÇÃO DA PATENTE

Várias as situações que permitem a extinção da patente.

O rol completo está no art. 78:

A patente extingue-se:

I – pela expiração do prazo de vigência;

II – pela renúncia de seu titular, ressalvado o direito de terceiros;

III – pela caducidade;

IV – pela falta de pagamento da retribuição anual, nos prazos previstos no § 2º do art. 84 e no art. 87;

V – pela inobservância do disposto no art. 217.

Pela redação do parágrafo único, uma vez, "extinta a patente, o seu objeto cai em domínio público".

Quanto à expiração do prazo, segundo já referido no item 25.10, a patente não tem uma duração eterna, mas vigora durante certo lapso temporal, que é de vinte anos quanto à de invenção, e de quinze anos, no tocante a de modelo de utilidade, com o início contado a partir da data do depósito, sendo que os prazos, desde a concessão, não serão, respectivamente, inferiores a dez e sete anos, a menos que se impossibilite ao INPI o exame do mérito em razão de pendência judicial ou por motivo de forma maior.

A renúncia à patente exige manifestação expressa e documental, eis que dificilmente é presumível. Não se depreende pelo abandono ou descaso, ou na omissão de medidas em face do uso por terceiros, porquanto a qualquer momento poderão ser exercidos os direitos.

De acordo com o art. 79, admite-se a renúncia desde que não prejudicados direitos de terceiros. Se persiste um negócio de exploração celebrado com terceiros, deve permanecer a patente, eis que, do contrário, outras pessoas passarão a explorar a mesma invenção, trazendo repercussões negativas àqueles a quem se autorizou o proveito econômico.

Quanto à caducidade, consiste, no dizer de João da Gama Cerqueira, na sanção imposta pela lei ao concessionário da patente, para compeli-lo ao cumprimento das obrigações que lhe incumbem.[50]

Se o inventor ou titular do modelo de utilidade não explora a invenção, decai o seu direito, com a extinção do privilégio.

---

[50] *Tratado da Propriedade Industrial*, vol. I, ob. cit., p. 483.

Consoante o art. 80, "caducará a patente, a requerimento de qualquer pessoa com legítimo interesse, se, decorridos 2 (dois) anos da concessão da primeira licença compulsória, esse prazo não tiver sido suficiente para prevenir ou sanar o abuso ou desuso, salvo razões legítimas".

Trata-se de licença compulsória. Uma vez concedida, o titular não inicia a exploração. Caso se constatar ou surgir abuso de parte de terceiro, não se providencia na retomada ou restauração do direito. Admite-se a apresentação de justificações fundadas ou legítimas, quando se relevará a caducidade. Já o parágrafo único prende-se à falta de início da exploração: "A patente caducará quando, na data do requerimento de caducidade, não tiver sido iniciada a exploração".

Antes de se decretar a caducidade, assegura-se o direito de defesa. Intima-se o titular, concedendo-se-lhe o prazo de sessenta dias para efetuar a prova da exploração, ou demonstrar que não há o desuso, na dicção do art. 81. Após, prossegue o art. 82, ou esgotado tal lapso temporal, também em sessenta dias profere-se a decisão, dando pela caducidade a patente, ou declarando a sua higidez. Os efeitos da decisão, em vista do art. 83, de caducidade surtirá efeitos desde o requerimento visando tal desiderato, ou desde o momento da instauração de ofício, pelo INPI, do processo tendente a declarar a caducidade.

Nota-se, pois, que é assegurada a iniciativa do procedimento a qualquer interessado, ou a quem afete o invento, restringindo suas atividades, e ao próprio INPI.

A falta de pagamento da retribuição anual é caso de extinção se não ocorre nos prazos do § 2º do art. 84, isto é, dentro dos três primeiros meses de cada período anual, com a faculdade de, no entanto, de se realizar nos seis meses subsequentes, sem notificação, com os acréscimos que vierem previstos; e do art. 87, que restaura a patente se efetuado o pagamento dentro do período de até três meses da notificação do arquivamento do pedido, ou da extinção da patente.

Finalmente, a inobservância do disposto no art. 217 da Lei 9.279/1996 também conduz à extinção. O titular da patente domiciliado no exterior deixa de constituir procurador devidamente qualificado e domiciliado no Brasil, com poderes para representá-lo judicialmente, inclusive para receber citações.

25.19. CERTIFICADO DE ADIÇÃO DE INVENÇÃO

Obter a patente de invenção importa em munir-se do documento revelador da propriedade, que é conseguido junto ao INPI.

A patente vale para todo o território nacional e para os países que mantêm convênio ou acordo com o Brasil, no sentido de impor-se a patente nos respectivos territórios, concedendo-se a devida proteção. Efetuado o depósito do pedido de invenção, ou conseguida a patente, permite-se o pedido do documento correspondente.

No entanto, qualquer acréscimo novo no invento acarreta o direito da titularidade sobre o mesmo. Embora existente o bem, com a titularidade do invento reconhecida em nome de uma pessoa, o acréscimo ou qualquer acessoriedade traz o direito de propriedade em favor da pessoa titular do invento ou do modelo de utilidade, assegurando-se a obtenção do certificado correspondente. É o que se denomina de "adição de invento", com previsão no art. 76:

> O depositante do pedido ou titular de patente de invenção poderá requerer, mediante pagamento de retribuição específica, certificado de adição para proteger aperfeiçoamento ou desenvolvimento introduzido no objeto da invenção, mesmo que destituído de atividade inventiva, desde que a matéria se inclua no mesmo conceito inventivo.

Cap. XXV · PROPRIEDADE INDUSTRIAL | **799**

Nota-se que o adendo não precisa caracterizar-se estritamente como invento, ou revelar-se novo. Mais afeiçoa-se como um adendo aportado que melhore o invento, ou lhe dê utilidade superior. Ou seja, deve incluir-se no campo da invenção que se está pretendendo patentear, ou que se patenteou.

Várias regras traçam o caminho para conseguir o reconhecimento da adição. O § 1º do art. 76 impõe a publicação do pedido em separado, se já publicado o pedido principal: "Quando tiver ocorrido a publicação do pedido principal, o pedido de certificado de adição será imediatamente publicado".

Outrossim, segundo o § 2º, o processo e o exame do pedido seguirão os mesmos trâmites do pedido de patente, sendo condição indispensável que o objeto do pedido de adição se inclua no conceito inventivo da solicitação inicial, ou lhe traga um melhoramento. Não se relacionando no conceito inventivo da patente solicitada, indefere-se o pedido, consoante o § 3º. Indispensável que não se afaste da novidade que veio com a postulação da patente. Se completamente diferente, ou sem relação alguma, não será adição, mas um novo invento. No entanto, e se indeferida a pretensão, por faltar correlação, no prazo de recurso concede o § 4º a faculdade de converter o pedido de adição em pedido de patente:

> O depositante poderá, no prazo do recurso, requerer a transformação do pedido de certificado de adição em pedido de patente, beneficiando-se da data de depósito do pedido de certificado, mediante o pagamento das retribuições cabíveis.

O prazo de recurso é de sessenta dias, eis que o comum reconhecido pela Lei nº 9.279/1996 para a defesa nas impugnações e o atendimento de exigências no processamento do pedido de patente, e porque assim prevê o art. 212.

O certificado de adição acompanha a patente de invenção, tendo a mesma duração, eis que lhe é acessório, preceituando o art. 77: "O certificado de adição é acessório da patente, tem a data final de vigência desta e acompanha-a para todos os efeitos legais".

Entretanto, no processo de nulidade da patente de invento, o parágrafo único abre ensejo para a análise em separado da matéria contida no certificado de adição, a fim de análise da possibilidade de sua subsistência: "No processo de nulidade, o titular poderá requerer que a matéria contida no certificado de adição seja analisada para se verificar a possibilidade de sua subsistência, sem prejuízo do prazo de vigência da patente".

25.20. INVENÇÃO E MODELO DE UTILIDADE REALIZADOS POR EMPREGADO OU PRESTADOR DE SERVIÇO

De modo geral, havendo contrato de trabalho, ou de prestação de serviços, considera-se do empregador o invento.

A compensação do trabalho ou do serviço limita-se à remuneração ou ao salário ajustado. O empregado, no entanto, para atribuir à sua autoria o invento, terá que aguardar um ano a contar da cessação do contrato de trabalho para pedir a patente. Tudo de acordo com as disposições do art. 88 e parágrafos da Lei nº 9.279/1996. Mas a circunstância de que o invento ou o aperfeiçoamento resultou do contrato, bem como o nome do inventor, constarão do pedido e da patente.

Já era assim no regime da Lei nº 5.772/1971, sob cuja égide escreveu Douglas Gabriel Domingues:

> No Código vigente, a redação do art. 40 é precisa, sua clareza meridiana: os inventos ou aperfeiçoamentos realizados durante a vigência do contrato expressamente destinado

à pesquisa no Brasil, em que a atividade inventiva do assalariado ou prestador de serviço seja prevista ou decorra da própria natureza da atividade contraída, pertencerão exclusivamente ao empregador.[51]

De modo que se consideram do empregador os inventos e assim, também, os aperfeiçoamentos, que se originam da própria natureza da atividade contratada, bem como a atividade inventiva do assalariado ou prestador de serviço que se encontrar prevista no contrato de trabalho e destinada expressamente à pesquisa no Brasil.

Ao empregador, titular da patente, todavia, autoriza o art. 89 conceder ao empregado, autor do invento ou aperfeiçoamento, participação nos ganhos econômicos que advierem da exploração da patente. Essa participação é contratada livremente, mas não se incorpora, a qualquer título, ao salário do empregado (parágrafo único do art. 89).

Cumpre observar o caso de o invento ou modelo de utilidade não revelar qualquer vinculação com o contrato de trabalho, e nem tenha utilizado recursos ou meios, dados, materiais, instalações ou equipamentos do empregador. A invenção pertencerá, então, exclusivamente ao empregado, nos estritos termos do art. 90, eis que decorre de atividade distinta daquela prestada ao empregador.

De outra parte, se o invento resultar de esforços e meios postos em comum pelo empregador e pelo empregado, constituirá propriedade comum. Assim está no art. 91: "A propriedade de invenção ou de modelo de utilidade será comum, em partes iguais, quando resulte da contribuição pessoal do empregado e de recursos, dados, meios, materiais, instalações ou equipamentos do empregador, ressalvada expressa disposição contratual em contrário". Houve uma evolução relativamente ao sistema revogado, centrado no art. 42 da Lei nº 5.772/1971, quando a exclusividade da patente incidia no empregador, no que professava a jurisprudência do Superior Tribunal de Justiça:

> O empregado não vai obter patente alguma sobre a sua contribuição pessoal. A licença para exploração, no caso, será sempre do empregador; o empregado pretende o reconhecimento de sua participação e a remuneração que for fixada. E a postulação será feita, no caso, considerando que a empresa depositou pedido de privilégio de invenção (...). Pode, mesmo diante do só depósito do pedido de privilégio, reclamar o autor, judicialmente, o seu direito a participar dos frutos da invenção, uma vez comprovada a sua contribuição pessoal.[52]

De acordo com os parágrafos do art. 91, é permitida a participação da propriedade comum com mais de um empregado, dividindo-se entre todos a dita parte comum. É ressalvada sempre a garantia ao empregador do direito exclusivo de licença de exploração, assegurada ao empregado a justa remuneração.

Na falta de acordo, a exploração do objeto da patente deverá ser iniciada pelo empregador dentro de um ano da concessão. Do contrário, a menos que presentes ponderáveis justificações, a titularidade da patente passará à exclusiva propriedade do empregado.

Se o empregador pretender fazer a cessão da patente, garante-se o direito de preferência, em igualdade de condições, a qualquer dos cotitulares.

As mesmas regras acima, por ordem dos arts. 92 e 93, estendem-se às relações entre trabalhador autônomo ou estagiário e a empresa contratante, e entre as empresas contratan-

---

[51] *Obra citada*, p. 272.
[52] *Recurso Especial* nº 195.759-PR, da 3ª Turma, julgado em 11.04.2000, *DJ* de 5.06.2000, em *Revista do Superior Tribunal de Justiça*, 136/276.

tes e contratadas; igualmente, entre as entidades da Administração Pública, direta, indireta, fundacional, federal, estadual ou municipal. Por outras palavras, o direito será sempre da contratante, seja pessoa jurídica de direito privado ou público, relativamente a empresa que presta serviço, salvo disposição em contrário, ou nas eventualidades de contribuição, no invento, de quem é contratado, mesmo que seja trabalhador autônomo e estagiário.

O parágrafo único do art. 93 assegura ao inventor, quando empregado ou contratado para prestar serviço, na forma do estatuto e regimento da entidade, premiação de parcela no valor das vantagens auferidas com o pedido ou com a patente, a título de incentivo.

Acrescenta-se que a competência para a solução de problemas entre empregado e empregador, no pertinente a inventos, é da justiça estadual, como orienta o seguinte aresto: "Compete à Justiça Estadual julgar ação indenizatória movida por ex-empregado à antiga empregadora, pelo uso de método de produção gráfica por ele inventado".[53]

25.21. DESENHO INDUSTRIAL. CONCEITO E CARACTERIZAÇÃO

Começa a Lei nº 9.279/1996 a tratar do desenho industrial no art. 94, que assegura o direito de obter o registro se atendidas as regras estabelecidas. Garante-se ao que faz o desenho (*design*) o direito de obter o registro, atribuindo-se a primazia àquele que provar o depósito mais antigo, independentemente das datas de invenção ou criação.

A ideia de desenho industrial compreende toda disposição ou conjunto novo de linhas ou cores que, com o fim industrial ou comercial, possa ser aplicado à ornamentação de um produto por qualquer meio normal, mecânico ou químico, singelo ou combinado. Este o conceito que se encontrava na lei antiga. Com a Lei nº 9.279/1996, o art. 95 traz uma conceituação equivalente: "Considera-se desenho industrial a forma plástica ornamental de um objeto ou o conjunto ornamental de linhas e cores que possa ser aplicado a um produto, proporcionando resultado visual novo e original na sua configuração externa e que possa servir de tipo de fabricação industrial".

Considera-o Patrícia Aurélia Del Nero como

> uma combinação de linhas, cores e formas dirigidas à consecução de uma nova aparência exterior de um produto, segundo as duas dimensões de um plano. A importância desses desenhos pode ser verificada, especialmente, quanto aos produtos cujo consumo esteja ligado às variações do gosto ou da moda. As características do desenho industrial estão voltadas para satisfazer senso estético, ou para facilitar o uso do produto.[54]

Tem-se a forma plástica ornamental de um objeto, ou um conjunto ornamental de linhas e cores, dirigido a um objeto, a uma construção, a um ambiente, a um mecanismo, à exterioridade de um equipamento, que não está compreendido no estado da técnica, e desde que advindo de uma produção industrial. A essencialidade está na aplicação a um bem de origem industrial. Tem a finalidade de dar um contorno, uma forma, uma exterioridade diferente a um objeto originado da fabricação. Se puramente artístico, sem essa finalidade de transformar, de dar ou melhorar uma nova finalidade, de introduzir novo visual útil a um bem de fabricação, não entra no rol de desenho industrial, na previsão do art. 98: "Não se considera desenho industrial qualquer obra de caráter puramente artístico". Aceita-se até que mereça a

---

[53] *Conflito de Competência* nº 16.767-SP, da 2ª Seção do STJ, de 27.10.1999, *DJU* de 22.11.1999.
[54] *Propriedade Intelectual – A tutela jurídica da biotecnologia*, ob. cit., p. 58.

proteção pela lei do direito de autor. Por faltar a destinação a uma produção industrial, está fora da Lei nº 9.279/1996.

Para prevalecer o direito de proteção, devem estar presentes a novidade, a originalidade e o desimpedimento.

A aferição da novidade importa em não se encontrar o desenho no estado da técnica. A novidade não convive com o estado da técnica. O § 1º do art. 96 aponta como estado da técnica tudo aquilo tornado acessível ao público antes da data de depósito do pedido do desenho industrial, para seu registro. A ideia é mais clara na lição de Fábio Ulhoa Coelho:

> O conjunto de conhecimentos resultantes das observações e estudos compõe o estado da técnica, legalmente definido como tudo que foi divulgado, por qualquer meio, até a data do depósito do pedido de registro. Integra, também, o estado da técnica o desenho depositado no INPI, embora ainda não publicado.[55]

E ingressa no estado da técnica a partir da data de depósito, ou da prioridade reivindicada, desde que venha a ser publicado, mesmo que subsequentemente (§ 2º do art. 96). Não ingressa no estado da técnica, porém, o desenho cuja divulgação tenha ocorrido durante os cento e oitenta dias que precederam a data do depósito ou da prioridade reivindicada (§ 3º).

A originalidade existe quando o desenho industrial resulta uma configuração visual distintiva em relação a outros objetos anteriores (art. 97). Explica novamente Fábio Ulhoa Coelho que a novidade não afasta o requisito da originalidade: "Algumas alterações no desenho registrado por outra pessoa podem significar novidade (já que não se encontram no estado da técnica); mas se não trouxerem para o objeto uma característica peculiar, que o faça perfeitamente distinguível dos seus pares, o registro não poderá ser concedido, em razão da falta de originalidade".[56]

Entretanto, tolera-se que o resultado visual original seja decorrente da combinação de elementos conhecidos (parágrafo único do art. 97).

Já o desimpedimento configura-se quando nenhuma proibição aparece que impeça o registro. E isto ocorre, em primeiro lugar, desde que se enquadre como desenho industrial, ou seja, revele os elementos definidores, e não se encontre algum óbice para o registro.

Nesse sentido, os impedimentos constam indicados nos arts. 98 e 100, envolvendo: a) os desenhos com natureza puramente artística; b) os que ofendem a moral, os bons costumes, a hora, a imagem de pessoas, ou atentem contra a liberdade de consciência, a crença, o culto religioso, ou as ideias e sentimentos dignos de respeito e veneração; c) os que apresentam forma necessária, comum, vulgar ou determinada essencialmente por considerações técnicas e funcionais, isto é, aqueles desenhos que nada trazem de novo, e que simplesmente traçam formas comuns e que necessariamente deveriam ter, como quem apresenta o desenho de uma roda comum de veículo, ou de um calçado com as características comuns de todos calçados. Em suma, o desenho deve enquadrar-se como o aporte de algo novo, mas não comum, vulgar, que é repetição do que existe e daquilo que todos conhecem. Daí a definição de desenho dada por Luiz Otávio Pimentel, que se afeiçoa à lei:

> Desenhar, segundo Simon, é o mesmo que conceber um conjunto de ações capazes de transformar uma situação dada em outra mais satisfatória. Desenhar uma tecnologia

---

[55] *Curso de Direito Comercial*, vol. 1, Editora Saraiva, São Paulo, 1998, p. 151.
[56] *Curso de Direito Comercial*, vol. 1, ob. cit., p. 151.

Cap. XXV · PROPRIEDADE INDUSTRIAL | **803**

é conceber um sistema intencional de ações capazes de transformar objetos concretos de forma eficiente para conseguir um objetivo que se considera valioso; é o mesmo que conceber um plano de ação, um sistema técnico.[57]

O depósito em país que mantenha acordo com o Brasil, ou em organização internacional que produza efeito de depósito nacional, garante o direito de prioridade, importando a proteção ante outros pedidos apresentados no Brasil. Aquele que apresentou no exterior o registro, ou portar comprovante do depósito em outro país, poderá pleitear, no Brasil, a proteção e prioridade.

Para que prevaleça o direito, ou impor o direito decorrente da anterioridade do depósito, e impedir outro registro, deve-se adotar o procedimento do art. 16, previsto para as invenções e os modelos de utilidade, segundo remete o art. 99, com a diferença de que o prazo para a comprovação do depósito ou registro ou concessão de patente no exterior, junto ao pedido de reivindicação no Brasil, se faça no prazo de noventa dias. Para o caso de invenções e modelos, dilata-se o lapso para cento e oitenta dias.

25.22. O REGISTRO DO DESENHO INDUSTRIAL

Primeiramente, para o registro, constituem pressupostos a novidade, a originalidade e o desimpedimento, cuja caracterização se expôs anteriormente.

Estão fora do registro na qualidade de desenho industrial a obra de caráter puramente artístico; o que for contrário à moral e aos bons costumes, ou que ofenda a honra ou imagem das pessoas, ou atenta contra a liberdade de consciência, crença, culto religioso ou ideia de sentimentos dignos de respeito e veneração; e a forma comum ou vulgar do objeto, ou a determinada essencialmente por considerações técnicas ou funcionais (arts. 98 e 99), matéria que se observou no item supra.

Procede-se, pois, o registro do desenho que se enquadre na definição do art. 95, ou aquele que introduz uma forma plástica ornamental de um objeto, ou um conjunto ornamental de linhas e cores que possa ser aplicado a um produto. Desde que essa aplicação resulte em um visual novo e original na configuração externa, na exteriorização, viabiliza-se o registro.

Para encaminhar o pedido, apresentam-se os seguintes elementos, ditados pelo art. 101, todos na versão da língua portuguesa:

I – requerimento;

II – relatório descritivo, se for o caso;

III – reivindicação, se for o caso;

IV – desenhos ou fotografias;

V – campo de aplicação do objeto; e

VI – comprovante do pagamento da retribuição relativa ao depósito.

Os itens acima são indispensáveis. Todavia, se faltantes, desde que não relativamente ao depositante, não impedem o recebimento pelo INPI, que ordenará as exigências a serem cumpridas, em cinco dias, sob pena de ser considerado inexistente o pedido (art. 103). Depois de cumpridas as formalidades é que se protocolará, fixando-se a data de validade a partir da apresentação do pedido (art. 102).

---

[57] *Direito Industrial*, ob. cit., p. 33.

DIREITO DAS COISAS – *Arnaldo Rizzardo*

Relativamente aos elementos elencados no art. 101, explica José Carlos Tinoco Soares como deverá vir o relatório:

> O relatório descritivo deve: a) ser iniciado pela expressão "relatório descritivo, da patente de modelo ou desenho industrial (...)", seguida do título; b) definir claramente o campo de aplicação do modelo ou desenho; c) referir-se a um único modelo ou desenho, podendo incluir, quando for o caso, as concepções de conjuntos e/ou as variações configurativas que guardem a mesma característica distintiva preponderante do modelo ou desenho básico; d) fazer remissão aos desenhos de forma clara, precisa e concisa, mencionando, quando for o caso, os números indicativos.[58]

Quanto à reivindicação da titularidade, o pedido procurará ligá-la sempre ao desenho que anexa.

O pedido de registro abrangerá um único objeto, mas aceitando-se uma pluralidade de variações, desde que destinadas ao mesmo propósito. Na essência, mantém-se um só pedido, o qual se desdobrará em vários ângulos, ou múltiplas dimensões, mas não superiores a vinte (art. 104).

É autorizado que se mantenha em sigilo o pedido, ou que não seja publicado na "Revista da Propriedade Industrial" do INPI, por solicitação do autor. Nesta eventualidade, autoriza o art. 105 a retirada em até noventa dias, a contar da data do depósito. Tal ocorrendo, nenhum direito assistirá ao depositante, passando a ter prioridade o pedido imediatamente posterior.

De acordo com os cânones do art. 106, consumado o depósito do pedido para o registro, procedido o protocolo, o que se dá depois de observadas as exigências formais e verificada a procedência do registro, leva-se à publicação e concede-se automaticamente o registro, com a expedição de certificado. Se algum requisito faltar, ou não se coadunando a pretensão à configuração do desenho industrial, formalizará o INPI as exigências, a serem atendidas no prazo de sessenta dias, sob pena de arquivamento definitivo. Não se fará a publicação, caso se peça sigilo, que será deferido pelo prazo de até cento e oitenta dias a contar da data do depósito. No curso de noventa dias, é permitida a desistência, conforme analisado acima. Decorrido o prazo, efetua-se a publicação, seguindo os demais termos.

Caso já depositado o pedido no exterior, ou conseguida a patente em outro país, cumpre que se apresente o documento de prioridade, o que possibilitará o processamento do pedido de registro no Brasil, mas valendo desde a data do depósito no exterior, ou da data da concessão do registro.

O registro virá materializado em um certificado, nomeando-se e qualificando-se o autor do desenho, com total discriminação quanto ao desenho, inclusive prazo de vigência e prioridade já assegurada com o depósito ou registro no exterior (art. 107).

Terá o desenho o prazo de vigência de dez anos, prorrogável por três períodos sucessivos de cinco anos cada. Para conceder-se a prorrogação, a pretensão ingressará no protocolo durante o último ano de vigência do registro ou da prorrogação anterior, com um prazo suplementar de tolerância de cento e oitenta dias subsequentes. Condição para o deferimento da prorrogação e do prazo suplementar é o pagamento das respectivas retribuições (art. 108).

---

[58] *Lei de Patentes, Marcas e Direitos Conexos*, ob. cit., pp. 156 e 157.

25.23. A PROTEÇÃO CONFERIDA PELO REGISTRO E A SUA NULIDADE

É o registro que confere a propriedade ao desenho industrial. É expresso a respeito o art. 109: "A Propriedade do desenho industrial adquire-se pelo registro validamente concedido". Incidem as disposições do art. 42 e as dos incisos I, II e IV, do art. 43.

O art. 42, no *caput*, estabelece que "a patente confere ao seu titular o direito de impedir terceiro, sem o seu consentimento, de produzir, usar, colocar à venda, vender ou importar com estes propósitos". É natural que o registro do desenho industrial atribua ao seu titular o direito de usar, de fruir e de dispor.

Refere-se o art. 43 a situações não abrangidas pelo art. 42, e que dizem respeito nos incisos que interessam: I – aos atos praticados por terceiros não autorizados, em caráter privado e sem finalidade comercial, desde que não acarretem prejuízo ao interesse econômico do titular da patente; II – aos atos praticados por terceiros, com finalidade experimental, relacionados a estudos ou pesquisas científicas ou tecnológicas; IV – ao produto fabricado de acordo com patente de processo ou de produto que tiver sido colocado no mercado interno ou externo diretamente pelo titular da patente ou com seu consentimento.

Outras normas de proteção aparecem no art. 110 e parágrafos, já previstas para o invento e o modelo de utilidade. Assim, quem explorava o objeto do desenho antes da data do depósito ou da prioridade, tem assegurada a proteção, não podendo sofrer restrições com o registro posterior em nome de outra pessoa. A cessão a outrem é possível unicamente junto com o negócio ou empresa, ou parte do negócio, devendo haver direta relação com a exploração do objeto do registro, e efetuando-se a transferência por alienação ou arrendamento. Não se assegura a continuidade da exploração do desenho àquele que já o explorava em razão do conhecimento do objeto do registro através de divulgação, e desde que o pedido tenha sido depositado no prazo de seis meses contados da divulgação.

Encerra o art. 111 uma disposição inútil ou impraticável, posto que assegura ao titular do desenho o direito de pedir o exame do objeto do registro, a qualquer tempo, quanto aos aspectos da novidade e da originalidade. Ora, qual autor dirigirá pedido para comprovar a novidade e a originalidade de seu próprio desenho? Estaria colocando em dúvida a confiabilidade de sua criação.

Seja como for, se apurada, pelo exame, a ausência de um dos requisitos mencionados, procede-se a instauração, de ofício, do processo de nulidade do registro (parágrafo único).

Quanto à nulidade, em vista das disposições do art. 112, verifica-se desde que não observados os ditames legais atinentes ao preenchimento dos requisitos para o registro, ou não se revestir o desenho dos pressupostos de novidade, originalidade e desimpedimento. Na verdade, qualquer desrespeito à lei importa na nulidade, máxime se antes já existia outro registro idêntico, ou se nada de especial ou de diferente trouxe o novo registro.

Uma vez decretada a nulidade, retrocederão os efeitos à data do depósito do pedido.

Se obtido o registro por alguém que não é o seu criador, ao verdadeiro titular assegura-se ingressar com o pedido de nulidade do registro, ou reivindicar a adjudicação do registro. Por outras palavras, simplesmente pode requerer para si o registro.

Há um procedimento para a declaração administrativa da nulidade, ditado pelos arts. 113 a 118. De ofício pelas autoridades do INPI ou por qualquer interessado reconhece-se a iniciativa para demandar a nulidade, a ser materializada no prazo de cinco anos a contar da concessão do registro, a menos que advenha a nulidade de pedido de exame pelo próprio titular do desenho, nos termos do parágrafo único do art. 111, quando não há limitação de prazo. Se iniciado o procedimento de ofício dentro de sessenta dias da concessão, ou intentado o pedido por interessado no prazo de sessenta dias da publicação, ocorrerá a suspensão dos efeitos do registro.

Ao titular abre-se o prazo de sessenta dias para a defesa, contado da publicação do ato de intimação. Após, com ou sem defesa, emitirá o INPI parecer, com a intimação do titular e do requerente da nulidade para se manifestarem também no lapso de tempo de sessenta dias. Após, com ou sem razões das partes, decidirá o Presidente do INPI.

Mesmo que extinto o registro por fatores outros, prosseguirá o processo de nulidade.

No mais, aplicam-se as normas relativas ao procedimento para declarar a nulidade do registro do invento e do modelo de utilidade.

25.24. EXTINÇÃO DO REGISTRO DE DESENHO INDUSTRIAL, RETRIBUIÇÃO PELO TITULAR E INCIDÊNCIA DE REGRAS DA PATENTE DE INVENÇÃO NO DESENHO INDUSTRIAL

À semelhança da extinção da patente de invenção ou de modelo de utilidade (art. 78), existem fatos, atos e situações que importam na perda do registro do desenho industrial, não mais perdurando a proteção, e caindo no domínio público o desenho. A diferença está na ausência da caducidade como causa de extinção, não contemplada no desenho.

Eis as causas enumeradas no art. 119:

O registro extingue-se:

I – pela expiração do prazo de vigência;

II – pela renúncia de seu titular, ressalvado o direito de terceiro;

III – pela falta de pagamento da retribuição prevista nos arts. 108 e 120; ou

IV – pela inobservância do art. 217.

Quanto à expiração do prazo de vigência, lembra-se que o art. 108 fixa-o em dez anos, contado da data do depósito do pedido, com a possibilidade de prorrogação por três períodos de cinco anos cada, chegando-se a um total de vinte e cinco anos. Após, automaticamente o desenho cai no domínio público, não havendo mais proteção no uso, e permitindo que qualquer pessoa o use.

A renúncia requer um termo assinado pelo titular, exercendo-se, pois, de modo formal. Exige-se, sempre, a ouvida de terceiros, especialmente quando contratos houverem sido assinados, encontrando-se eles em pleno vigor, porquanto a renúncia pode ensejar o uso livre por terceiros, prejudicando quem pagou a obra inspirada no desenho adquirido.

A falta de pagamento da retribuição devida pelas prorrogações do registro, admitidas em número de três, consoante observado atrás, também importa em extinção. De igual modo, impondo-se o pagamento de retribuição quinquenal, a partir do segundo quinquênio da data do depósito, o descumprimento enseja a extinção, sendo que a matéria está disciplinada no art. 120.

Opera-se, por último, a extinção por falta de observância do disposto no art. 217, ou seja, diante da não nomeação de procurador pela pessoa domiciliada no exterior, que pedir a prioridade no Brasil. Sabe-se, pelo que se disse na análise ao art. 78, da necessidade de se nomear procurador no Brasil, devidamente qualificado e domiciliado no País, com poderes para representar administrativa e judicialmente, e inclusive para receber citações.

As retribuições pela proteção decorrente do registro estão reguladas no art. 120. Pela fruição do segundo quinquênio é devida a retribuição. Passados os primeiros cinco anos, e

Cap. XXV · PROPRIEDADE INDUSTRIAL | **807**

antes de iniciar o sexto ano, deve-se efetuar o pagamento, como ressalta da redação do dispositivo: "O titular do registro está sujeito ao pagamento de retribuição quinquenal, a partir do segundo quinquênio da data do depósito". O § 1º: "O pagamento do segundo quinquênio será feito durante o 5º (quinto) ano da vigência do registro".

No pertinente aos demais quinquênios, com o pedido de prorrogação efetua-se o pagamento (§ 2º).

Se não efetuado naquele momento, dá-se um prazo de tolerância de seis meses subsequentes ao momento em que se postulou a prorrogação (§ 3º).

Finalmente, assinala o art. 121 que "as disposições dos arts. 58 a 63 aplicam-se, no que couber, à matéria de que trata o presente Título, disciplinando-se o direito do empregado ou prestador de serviços pelas disposições dos arts. 88 a 93". É natural que as disposições relativas à invenção e ao modelo de utilidade incidam na disciplina do desenho industrial, dada a similitude dos assuntos.

Lembra-se de que as regras dos arts. 58, 59 e 60 cuidam da cessão, transferência e anotações no INPI; as dos arts. 61, 62 e 63 dissertam sobre a licença voluntária. Já os arts. 88, 89, 90, 91, 92 e 93 abordam a invenção e o modelo de utilidade que o empregado ou prestador de serviços realizar, havendo situações em que ele participa da propriedade e dos resultados.

Depreende-se, daí, que a disciplina dos assuntos acima estende-se ao desenho industrial.

As matérias restaram observadas em itens anteriores.

25.25. AS MARCAS

De acordo com o art. 122, consideram-se marcas, sendo suscetíveis de registro, "os sinais distintivos visualmente perceptíveis, não compreendidos nas proibições legais".

Quanto ao direito sobre as marcas, ensinava João da Gama Cerqueira:

> O direito sobre as marcas é um direito natural de propriedade e não mera criação da lei (...). Assim, compete à lei reconhecer e proteger esse direito, regulando-lhe a aquisição e o exercício, de acordo com as exigências do bem comum. Pode, pois, o legislador fazer depender o reconhecimento e a proteção do direito do cumprimento de certas formalidades administrativas, como o registro ou o depósito da marca, ou dispensar essas formalidades relativamente à aquisição da propriedade, exigindo-as somente como condição para que o titular da marca possa gozar das garantias especiais asseguradas na lei.[59]

Marca significa todo nome ou sinal hábil ou próprio para ser posto numa mercadoria ou produto, ou a indicar determinada prestação de serviços, e estabelecer entre o consumidor ou usuário e mercadoria, produto ou serviço, uma identificação.[60]

No dizer de Remo Franceschelli, é "*un mezzo di individuazzione e distinzione dei prodotti*".[61]

Considera-se um sinal distintivo colocado nos produtos e artigos da indústria, do comércio, e representativo de serviços prestáveis, com a finalidade de identificá-los e diferenciá-los de outros idênticos ou semelhantes, mas de origem diversa.[62]

---

[59] *Tratado da Propriedade Industrial*, vol. I, ob. cit., p. 32.

[60] Newton Silveira, *Curso de Propriedade Industrial*, ob. cit., p. 19.

[61] *Obra citada*, vol. I, p. 4.

[62] João da Gama Cerqueira, *Privilégios de Invenção e Marcas de Fábrica e de Comércio*, São Paulo, Livraria Acadêmica Saraiva & Cia, 1930, vol. II, p. 41.

DIREITO DAS COISAS – Arnaldo Rizzardo

Com clareza, segue definindo Fábio Ulhoa Coelho:

> As marcas são sinais distintivos, direta ou indiretamente, produtos ou serviços. A identificação se realiza através da aposição do sinal no produto ou no resultado do serviço, na embalagem, nas notas fiscais expedidas, nos anúncios, nos uniformes dos empregados, nos veículos etc. Dá-se uma identificação direta se o sinal está relacionado especificamente ao produto ou serviço.[63]

O direito à garantia das marcas, e, assim, à propriedade, é um dos mais importantes, e de maior incidência nos litígios, sendo longamente disciplinado pelo atual Código de Propriedade industrial. É relevante a função prática das marcas, já que representa a forma de se conhecer grande parte de produtos e mercadorias existentes. Por individualizar os artigos manufaturados e fabricados pela máquina, bem como os serviços postos à disposição do público, não raramente a marca expressa a qualidade e o valor do bem a que se refere. Diz-se, daí, que a tradição de muitas marcas simboliza o desenvolvimento tecnológico do produto.

Lembra P. R. Tavares Paes que a primeira lei de marca no Brasil foi criada em 1875, e tem o nº 2.862.[64] Já na antiga Roma eram os objetos assinalados por marcas gráficas, tornando-os identificáveis. Na Idade Média, fazia-se o registro das marcas nas corporações dos mercadores.

25.26. ESPÉCIES DE MARCAS

Utilizam-se as marcas em produtos, mercadorias, recipientes, invólucros, rótulos ou etiquetas, segundo a identificação que se quer imprimir ao produto pela qualidade e origem de fabricação.

Deixando de lado as divergências de opiniões manifestadas na doutrina, e não mais adotando o sistema da Lei nº 5.772/1971 que especificava a marca de indústria, de comércio ou de serviço, o art. 123 classificou em três tipos as marcas, tendo em conta o conceito de que é o sinal distintivo visualmente perceptível. De um lado, estão aquelas marcas relacionadas diretamente ao produto ou serviço; de outro, encontram-se as que identificam indiretamente, e que são as de certificação e as coletivas.

Eis a classificação vinda do dispositivo:

> I – marca de produto ou serviço: aquela usada para distinguir produto ou serviço de outro idêntico, semelhante ou afim, de origem diversa;
>
> II – marca de certificação: aquela usada para atestar a conformidade de um produto ou serviço com determinadas normas ou especificações técnicas, notadamente quanto à qualidade, natureza, material utilizado e metodologia empregada;
>
> III – marca coletiva: aquela usada para identificar produtos ou serviços provindos de membros de uma determinada entidade.

As de certificação, explica Fábio Ulhoa Coelho,

> possuem o traço comum de transmitirem ao consumidor a informação de que o produto ou serviço possui uma qualidade destacada, especial, acima da média; seja porque o empresário que os fornece participa de uma conceituada associação empresarial (*marca coletiva*), seja porque foram atendidos determinados padrões de qualidade (*marca de certificação*).

---

[63] *Curso de Direito Comercial*, vol. 1, ob. cit., p. 135.

[64] *Propriedade Industrial*, ob. cit., p. 80.

Adiante:

> No caso de coletiva, o titular será sempre uma associação empresarial, ou seja, uma entidade, sindical ou não, que congrega os empresários de determinado produto, ou de certa região, ou adeptos de uma específica ideologia (por exemplo, os empresários cristãos, os ecológicos etc.). No caso da marca de certificação, o titular não é uma associação empresarial, mas um agente econômico (normalmente, um empresário) cuja atividade é a de avaliar e controlar a produção ou circulação de bens ou serviços, desenvolvidas por outros agentes. O titular da marca de certificação, aliás, não pode ter direto interesse comercial ou industrial em relação ao produto ou serviço cuja conformidade atesta (art. 128, § 3º).[65]

Isto unicamente quanto à distinção entre as espécies, observando-se, porém, que há significativa importância quanto ao registro, como se verá adiante.

A marca de certificado é destacada por José Carlos Tinoco Soares, transcrevendo observações feitas em outro trabalho seu:

> A marca de certificado nada mais é do que a consagrada pelo esmero de fabricação dos produtos ou pela excelência dos serviços prestados pelos membros de uma união ou outro tipo de organização. De uma forma geral, a marca de certificado visa a garantia, uma vez que atesta ou certifica a origem, o material, o modo de fabricação ou da prestação de serviços e a qualidade. Essa mesma garantia é, por conseguinte, enfatizada e salientada pelo adquirente dos produtos, que os considera de excelente qualidade, ou da prestação de serviços, que julgar ser melhor.

E, no pertinente à marca coletiva:

> Coletiva é a marca de toda uma comunidade, de um agrupamento de pessoas jurídicas de natureza privada ou pública, destinada a assinalar e distinguir os produtos e/ou as mercadorias oriundas de uma cidade, região ou país, como se fora o selo de garantia, autenticidade, excelência e qualidade.[66]

Todavia, para fins didáticos ou de compreensão no pertinente à forma externa, há as marcas *gráficas*, formadas por sinas, letras, palavras, desenhos ou linhas geométricas; as marcas *nominativas*, constituídas, conforme Gabriel Di Blasi, Mário S. Garcia e Paulo Parente M. Mendes, de

> inscrições convencionais no mundo ocidental, caracterizadas por letras latinas e algarismos arábicos ou romanos, os quais permitam a combinação de palavras, ou formem uma única palavra, capazes de serem lidas e enunciadas fluentemente, mesmo que formem nomes de fantasia (marcas de fantasia), isto é, nomes ou palavras que não constem do vernáculo (Delphim, Phoenix).[67]

As marcas *figurativas*, materializadas através da forma de desenho ou combinação de figuras (cruz, triângulo, estrela), coloridas ou não, representando uma realidade sensível, um objeto, sendo em geral visualizadas também por símbolos gráficos, emblemas, letras, palavras

---

[65] *Curso de Direito Comercial*, vol. 1, ob. cit., pp. 135 e 136.
[66] *Lei de Patentes, Marcas e Direitos Conexos*, ob. cit., pp. 181 e 182.
[67] *A Propriedade Industrial*, ob. cit., p. 172.

ou números que vêm externados de modo fantasioso ou decorativo. Eis a síntese dada por Maurício Lopes de Oliveira: "A marca figurativa, ou emblemática, identifica um desenho, uma imagem".[68] As *emblemáticas*, justamente porque constituídas de emblemas, um ornato em relevo, uma ideia abstrata, um símbolo; as marcas *mistas*, que aparecem com as características combinadas de marcas nominativas e figurativas; as marcas *em série*, representando uma determinada classe de produtos ou artigos de um estabelecimento industrial ou comercial.

Há as marcas gerais, que se aplicam a todos os produtos de uma fábrica ou às mercadorias de uma casa comercial; as marcas em série, aplicadas a uma determinada classe de produtos ou artigos de um estabelecimento industrial ou comercial; as marcas livres, equivalendo a sinais tidos como de uso geral nas indústrias ou ramos do comércio de um país ou de localidades específicas.

25.27. A FUNÇÃO DAS MARCAS

Serve a marca para assinalar, identificar ou individualizar os produtos e serviços, e mesmo para distingui-los uns dos outros. Com isso, distingue os produtos. E essa a função, no dizer de Maurício Lopes de Oliveira: "A marca tem a função de distinguir produtos ou serviços, identificando sua proveniência". Invocando a precisa lição de Pontes de Miranda, segundo a qual a "marca tem de distinguir. Se não distingue, não é sinal distintivo, não assinala o produto, não se lhe podem mencionar elementos característicos. Confundir-se-ia com as outras marcas registradas, ou apenas em uso, antes ou após elas" (*Tratado de Direito Privado*, Parte Especial, tomo XVII, Borsoi, 1956. p. 7).[69] Não importa em afirmar que os produtos sejam diferentes. Admite-se que tenham, embora as marcas distintas, a mesma composição ou uma idêntica finalidade. Nada impede que a natureza seja igual, e que portem os produtos marcas diferentes.

A marca destina-se, também, a destacar o caráter que possuem todos os objetos ou produtos que a portam. Mais particularmente, importa em reconhecer uma idêntica propriedade, uma qualidade própria, um elemento estrutural ou funcional diferente dos objetos de outro fabricante, e que trazem um sinal distintivo diverso.

Com a marca, todas as coisas que a trazem ficam homogeneizadas, diferenciando-se, mas unicamente quanto a uma qualidade particular e à propriedade, dos outros com idêntica função.

Através da marca, procura-se imprimir nos consumidores ou clientes uma preferência, dadas as qualidades mais aperfeiçoadas, ou as características que fornecem uma tonalidade, um sabor, um fundo deferentes. Não se resume apenas a representar um produto ou serviço ao mercado. No caso, a marca representa uma qualidade, como revela João da Gama Cerqueira:

> Há inúmeros produtos e artigos que se tornam conhecidos exclusivamente pela marca que trazem, ignorando-se o próprio nome do fabricante ou do vendedor. O consumidor sabe que o produto "tal" é o que tem as qualidades que prefere (...). A marca e o produto já conhecidos recomendam os novos artigos.[70]

25.28. OS SINAIS NÃO REGISTRÁVEIS COMO MARCAS

De acordo com o Código de Propriedade Industrial, é registrável tudo quanto é sinal distintivo visualmente perceptível. E visivelmente perceptíveis são as coisas que se captam

---

[68]   *Propriedade Industrial*, Rio de Janeiro, Editora Lumen Juris, 2000, p. 32.

[69]   *Propriedade Industrial*, ob. cit., pp. 4, 5 e 6.

[70]   *Tratado da Propriedade Industrial*, vol. 2, ob. cit., p. 757.

Cap. XXV · PROPRIEDADE INDUSTRIAL | 811

pelos sentidos (máxime pela visão), se notam e delas se forma uma ideia, uma imagem, ou formando-se um conhecimento sobre um produto ou serviço.

Resta óbvio, porém, que a relação não absorve todas as eventualidades não registráveis. Outras existem que estão fora da proteção, ou porque não se enquadram no conceito legal de marca, ou porque não se prestam a demonstrar, a indicar, a apontar um produto.

Eis a relação de palavras, vocábulos ou sinais não registráveis, e, assim, inapropriáveis ou afastados do regime de proteção e exclusividade.

Segundo o art. 124, não são registráveis os vários fenômenos que seguem nos vinte e três itens que discrimina.

I – Brasão, armas, medalha, bandeira, emblema, distintivo e monumentos oficiais, públicos, nacionais, estrangeiros ou internacionais, bem como a respectiva designação, figura ou imitação.

Já vinha na Convenção da união de Paris, de 1883, e em suas várias revisões posteriores, assinalada a recusa dos registros com tais elementos ou insígnias, devendo as autoridades competentes dos países signatários impedir a sua adoção.

II – Letra, algarismo e data, isoladamente, salvo quando revestidos de suficiente forma distintiva.

Acontece que tais elementos não são apropriáveis, pertencendo ao patrimônio universal.

III – Expressão, figura, desenho ou qualquer outro sinal contrário à moral e aos bons costumes ou que ofenda a honra ou a imagem de pessoa ou atente contra a liberdade de consciência, crença, culto religioso ou ideia e sentimento dignos de respeito e veneração.

É evidente a razão da inviabilidade de registrar uma marca atentatória aos padrões morais de conduta, aos princípios religiosos, dentre outros vários valores da civilização.

IV – Designação ou sigla de entidade ou órgão público, quando não requerido o registro pela própria entidade ou órgão público.

Acontece que tais valores são de ordem pública e pertencem ao Poder Público.

V – Reprodução ou imitação do elemento característico ou diferenciador de título do estabelecimento ou nome de empresa de terceiros, suscetível de causar confusão ou associação com estes sinais distintivos.

Maurício Lopes de Oliveira invoca Pontes de Miranda para expressar a reprodução: "Afinal, 'quem reproduz, produz, de novo, o mesmo' (*Tratado de Direito* Privado, Parte Especial, tomo XVII, 3ª ed., editor Borsoi, 1971, p. 42)".[71] Não cabe criar uma marca que reproduza um estabelecimento ou nome de empresa de terceiros, pois evidente a possibilidade de se apropriar de valores de outrem. Não é necessário que seja completa a coincidência entre o nome do estabelecimento e a marca. Suficiente a identidade de elemento característico. Ou, segundo decisão do Superior Tribunal de Justiça, "cumpre verificar se presente semelhança que baste para confundir".[72]

A imitação distingue-se da reprodução, o que bem expõe Maurício Lopes de Oliveira: "Imitação é semelhança capaz de causar confusão. Enquanto na apreciação da reprodução cabe um juízo de constatação, no caso da imitação cabe um juízo de apreciação. Finalmente, distingue-se da reprodução a imitação, porque, neste caso, não há cópia servil da marca registrada, mas apenas semelhança capaz de criar confusão prejudicial ao titular da marca

---

[71] *Propriedade Industrial*, ob. cit., p. 20.
[72] *Recurso Especial* nº 97.296-RJ, da 3ª Turma, de 30.09.1999, *DJ* de 6.12.1999, em *Revista do Superior Tribunal de Justiça*, 127/261.

anterior e aos próprios consumidores. A identidade caracteriza a reprodução; a semelhança caracteriza a imitação".[73]

VI – Sinal de caráter genérico, necessário, comum, vulgar ou simplesmente descritivo, quando tiver relação com o produto ou serviço a distinguir, ou aquele empregado comumente para designar uma característica do produto ou serviço, quanto à natureza, nacionalidade, peso, valor, qualidade e época de produção ou de prestação do serviço, salvo quando revestidos de suficiente forma distintiva.

Não cabe o registro de marcas com expressões genéricas: "o melhor vinho", "o único pão", "cerveja brasileira", "calça para homem".

À matéria amolda-se esta decisão:

> (...) Não pode o titular de marca de serviço impedir seu uso normal pelas demais pessoas (...). Trata-se de ação de indenização com preceito cominatório movida por titular da marca de serviço "Charters", visando impedir a utilização pela ré (...). A ré não usa a expressão como marca. Usa-a como o homem comum usa, isto é, para indicar voo fretado. É a palavra que ingressou no uso comum da população (...), com o sentido de avião alugado, o que expressa o sentido acima de voo fretado (...). Não se pode impedir o uso da expressão, não como marca, mas como meio de comunicação de que se vai organizar uma excursão com fretamento do avião. Referindo-se a "charter", a ré não está usurpando a marca, mas apenas dizendo que vai usar um avião alugado, e não a voos de carreira.[74]

Em outra situação:

> Considerando as instâncias ordinárias que a expressão "Ticket" é de uso comum, corriqueiro e, ainda, que não há possibilidade de confusão ou dúvida com outra marca mais antiga, merecerem preservados os precedentes da Corte que afastam a exclusividade e a impossibilidade de convivência em tais casos.[75]

Mesmo que registrada a marca, mas sendo de cunho genérico, outros produtores ou prestadores de serviços estão autorizados a usá-la:

> A marca registrada junto ao INPI de cunho genérico, estreitamente ligada ao produto, torna possível o uso por empresas do mesmo ramo de atividades, desde que no sentido comum e em conjunto com outros elementos identificadores, não havendo que se falar em exclusividade e anulação do registro por via própria.[76]

No entanto, a interpretação do que seja denominação comum ou termo do uso de todos é relativa. Há palavras que expressam um determinado produto, ou um ser animal, ou coisa, cuja adoção em marca mereceram a proteção do Superior Tribunal de Justiça, como no caso dos termos "marisqueira" e "cidade".[77]

---

[73] *Propriedade Industrial*, ob. cit., pp. 26 e 27.

[74] *Apel. Cível* nº 106.304-1, 4ª Câm. Cível do TJ de São Paulo, de 15.12.1988, em *Revista dos Tribunais*, 640/92.

[75] *Recurso Especial* nº 242.083/RJ, da 3ª Turma do STJ, j. em 21.11.2000, *DJU* de 5.02.2001.

[76] *Recurso Especial* nº 128.136-RJ, da 3ª Turma do STJ, *DJU* de 9.10.2000, em *ADV Jurisprudência*, nº 01, expedição de 7.01.2001, p. 10.

[77] *Recurso Especial* nº 210.076-RJ, da 4ª Turma, de 28.09.1999, *DJ* de 13.12.1999, em *Revista do Superior Tribunal de Justiça*, 130/362, no qual é transcrito trecho do *Recurso Especial* 7.259-CE.

Cap. XXV · PROPRIEDADE INDUSTRIAL | 813

VII – Sinal ou expressão empregada apenas como meio de propaganda.

É o caso de se colocar como marca um chamado para adquirir, ou uma motivação procurando incutir, junto ao público, a qualidade do produto. Não se registram expressões de propaganda, de publicidade, de propagação, pois não constituem marcas e nem identificam uma mercadoria ou produto. Sua finalidade é ilustrar, descrever, evidenciar as qualidades, levar ao conhecimento de eventuais interessados.

VIII – Cores e suas denominações, salvo se dispostas ou combinadas de modo peculiar e distintivo.

Injustificável colocar como marca uma cor. No entanto, está evidente a possibilidade de seu emprego na confecção da marca.

IX – Indicação geográfica, sua imitação suscetível de causar confusão ou sinal que possa falsamente induzir indicação geográfica.

Não se registra, *v.g.*, "Hotel Brasil", "Vinhos Caxias do Sul".

X – Sinal que induza a falsa indicação quanto à origem, procedência, natureza, qualidade ou utilidade do produto ou serviço a que a marca se destina.

Seria colocar-se numa estampa a marca "Café de São Paulo", ou "Rapadura do Norte".

XI – Reprodução ou imitação de cunho oficial, regularmente adotada para garantia de padrão de qualquer gênero ou natureza.

Não se registra uma marca que apresente uma figura cunhada para fins oficiais, como a que se utiliza do desenho da moeda, ou de uma letra emitida pelo Tesouro Nacional.

XII – Reprodução ou imitação de sinal que tenha sido registrado como marca coletiva ou certificação por terceiro, observado o disposto no art. 154.

Trata-se de cópia de marca alheia, a menos que tenham decorrido cinco anos depois da extinção do registro da marca.

XIII – Nome, prêmio ou símbolo de evento desportivo, artístico, cultural, social, político, econômico ou técnico, oficial ou oficialmente reconhecido, bem como a imitação suscetível de criar confusão, salvo quando autorizado por autoridade competente ou entidade promotora do evento.

Exemplo: "Campeonato Brasileiro de Futebol", "Grande Prêmio de Fórmula Um".

XIV – Reprodução ou imitação de título, apólice, moeda e cédula da União, dos Estados, do Distrito Federal, dos Territórios, dos Municípios ou de País.

Não são aceitas marcas como "Iene", "Real", "Dólar Americano".

XV – Nome civil ou sua assinatura, nome de família ou patronímico e imagem de terceiros, salvo com consentimento do titular, herdeiros ou sucessores.

A proibição é clara no sentido de exigir o consentimento para a colocação do nome de uma pessoa na marca.

XVI – Pseudônimo ou apelido notoriamente conhecido, nome artístico singular ou coletivo, salvo com o consentimento do titular, herdeiros ou sucessores.

Assim acontece com nomes famosos, citando-se, como exemplos, "Pelé", "Xuxa", "Garrincha", "Guga".

XVII – Obra literária, artística ou científica, assim como os títulos que estejam protegidos pelo direito autoral e sejam suscetíveis de causar confusão ou associação, salvo com o consentimento do autor ou titular.

São exemplos "Os Lusíadas" (Camões), "O Navio Negreiro" (Castro Alves), "O Tempo e o Vento" (Érico Veríssimo).

XVIII – Termo técnico usado na indústria, na ciência e na arte, que tenha relação com o produto ou o serviço a distinguir.

São as denominações técnicas de serviços ou de confecções tecnicamente utilizadas, que pertencem à ciência, e não podem ser apropriadas por alguém, como "átomo", "molécula", "guindaste", "escada rolante", "motor", "chassi", "ozônio".

XIX – Reprodução ou imitação, no todo ou em parte, ainda que com acréscimo, de marca alheia registrada, para distinguir ou certificar produto ou serviço idêntico, semelhante ou afim, suscetível de causar confusão ou associação com marca alheia.

Está-se diante, aqui, de uma figura que mais ocorre, e que suscita frequentes questões judiciais. Não é raro o ardil armado em torno de um produto para conquistar a clientela formada na comercialização de produto mais antigo e igual. Efetivamente, surge alguém que fabrica um produto com os mesmos componentes de outro já existente e largamente comercializado, criando-lhe uma marca semelhante, com troca de uma ou mais letras, de modo a manter quase o mesmo som.

Duas as possibilidades apontadas: a reprodução e a imitação. Na primeira, temos cópia, a mera apropriação de marca já existente; na segunda, não há a cópia em si, mas a apropriação de vários elementos da marca, de letras, do som, da cor quase totalmente, da disposição dos dizeres.

Consoante os termos do inc. XIX, para caracterizar-se a reprodução ou imitação, insta que já se encontre registrada ou depositada uma marca anterior naturalmente notória; que se verifique uma afinidade ou quase identidade do produto anterior e o que surge, na sua composição e destinação; por último, que o engenho nas marcas seja tal que ofereça probabilidade de confundir os consumidores. Utilizam-se de vários expedientes para tanto, como a semelhança ortográfica – "Pomarelo" por "Tomarelo", ou "Brasilit" por "Braselit"; a semelhança fonética – "Bom" por "Bão"; por semelhança visual, com proeminência para a disposição das palavras ou letras, e até desenhos – "Alpes" por "Alves", "Espiral" por "Spiral", "Gelato" por "Gelado", de uma figura de animal por outra de igual animal, mas de tamanho diferente, o que acontece com extratos de tomate ou conservas. Tais indevidas apropriações são repelidas pela jurisprudência:

> A empresa titular de marca anteriormente registrada pode impedir que outra empresa use, como nome comercial, expressão que tenha semelhanças gráfica e fonética da aludida marca, quando há, como na hipótese, identidade entre as atividades exercidas por ambas, tudo a fomentar confusão no espírito do mesmo público-alvo a que ambas se dirigiam e disputavam, com favorecimento, eventual e descabido, à segunda, que foi considerada pelas instâncias ordinárias, sem irresignação, neste ponto, como concorrente desleal.[78]

Apropriam-se, na imitação, as palavras e figuras, as cores, os desenhos, as figuras, a disposição no rótulo, e tantas outras maneiras, nem sempre perceptíveis com facilidade, mas que, dispostos os produtos em vitrines e em prateleiras, a certa distância, levam a incutir que se cuida de um produto já tradicional e de todos conhecido.

Está-se diante de uma contrafação, que, na explicação de Tavares Paes, encerra o significado de imitar, disfarçar, reproduzir imitando, de modo que se tipifica a figura no disposto do inc. XIX.[79]

---

[78] *Recurso Especial* nº 32.263-SP, da 4ª Turma do STJ, j. em 14.10.1996, *DJU* de 18.11.1996.

[79] *Propriedade Industrial*, ob. cit., p. 121.

Todavia, mesmo que tal aconteça, se os produtos são totalmente distintos, não se oferece a viabilidade de erro, dúvida ou confusão na escolha de quem compra, conforme já expressou um julgado:

> Em consequência, por serem distintas as atividades exercidas por empresas diferentes no ramo do comércio, em nada pode prejudicar a embargante o simples uso do vocábulo impugnado por parte de empresa diversa, sediada em outro local. Assim, a possibilidade de erro para o público consumidor é mínima, pois denominação suscetível de confusão com a marca anteriormente registrada deve guardar relação com os produtos do mesmo gênero de negócio ou para a mesma atividade.[80]

O Superior Tribunal de Justiça já expressou igual exegese, ainda quando da vigência do regime anterior:

> Propriedade industrial. Marcas. Produtos distintos. O art. 59 do Código de Propriedade Industrial assegura ao titular de marca registrada o direito ao seu uso, e a existência de produtos distintos (um, produto alimentício; o outro, utilidade doméstica) com a mesma marca, não impede o seu emprego.[81]

Se confeccionados produtos que coincidem, embora não todos, com os de outra fábrica, cuja marca se encontra registrada, também configura-se a reprodução ou imitação:

> I – A imitação, bem como a reprodução no todo, em parte ou com acréscimo de marca alheia registrada para distinguir produto, mercadoria ou serviço, idêntico, semelhante, relativo ou afim ao ramo de atividade, que possibilite erro, dúvida ou confusão, não é registrável como marca, salvo tradução não explorada no Brasil (...). II – Na espécie sob julgamento, pertencendo os artigos confrontados a ramos de comércio afins, e sendo grande a possibilidade de confusão ou erro por parte do consumidor, pelo fato de estarem assinalados por marcas idênticas ("Personal"), a demanda não merece prosperar.

Na hipótese, a marca "Personal" já era utilizada para produtos de escritório, incluindo-se papéis. A mesma designação para guardanapos de papel colide com a marca já existente. No voto do Relator, lê-se:

> (...) Como é sabido, em qualquer papelaria, por menor que seja, além do grande número de artigos expostos à venda, incluindo material de escritório, vendem-se, também, todo tipo de material escolar, e papel de toda qualidade (papel carbono, cartolinas, papelão etc.), e, logicamente, guardanapos de papel.[82]

O emprego de palavra de uso comum importa em descaracterizar a proibição:

> Em se tratando o nome comercial de palavra de uso comum, não se admite que alguém dela se aproprie com exclusividade em todo o País. A proteção conferida ao

---

[80] Apel. Cível nº 89.359-1 (E. Infrs.), de 26.05.1988, da 1ª Câm. Cível do TJ de São Paulo, em *Revista dos Tribunais*, 634/46.

[81] *Recurso Especial* nº 2.690, da 3ª Turma, julgado em 13.08.1990, *DJU* de 10.09.1990. Em igual linha, o *Mandado de Segurança* nº 328-DF, da Primeira Seção, julgado em 24.04.1990, *DJU* de 21.05.1990.

[82] Apel. Cível nº 79.894, de 3.09.1986, do antigo Tribunal Federal de Recursos, em *Jurisprudência Brasileira*, nº 132, 1988, Curitiba, Juruá Editora, pp. 78 e 79.

nome comercial é relativa e não se efetiva quando as empresas litigantes desenvolvem atividades diferentes e direcionadas para consumidores distintos.[83]

A proibição estende-se a todo o território nacional: "A propriedade da marca goza de proteção em todo o território nacional. Não há de se cogitar a coexistência de uso em Estados diferentes (...)". O voto, com base no art. 59 da lei revogada, justifica:

> O alcance do art. 59, invocado pelo recorrente, é aquele dado por Túlio Ascarelli, ou seja, o de fixar o âmbito nacional da proteção legal que abrigaria a marca através de registro, distinguindo-a das não registradas, às quais permite-se o uso meramente local. Ao acrescentar o dispositivo, já acolhido na lei anterior, as expressões "na classe correspondente à sua atividade", o legislador restringiu à classe, por certo, o caráter exclusivo do direito de propriedade da marca e confirma, ao mesmo tempo, a extensão nacional da proteção legal.[84]

XX – Dualidade de marcas de um só título para o mesmo produto ou serviço, salvo quando, no caso de marcas de mesma natureza, se revestirem de suficiente forma distintiva.

Não tem sentido utilizar duas marcas de um só título para o mesmo produto. Ou seja, embora uma única denominação ou idênticos dizeres, e tratando-se de um único produto, criam-se duas marcas. No entanto, são admitidas duas marcas para o mesmo produto, se elas se diferenciarem explicitamente.

XXI – A forma necessária, comum ou vulgar do produto ou de acondicionamento, ou, ainda, aquela que não possa ser dissociada de efeito técnico.

Atribui-se uma marca que expressa a forma comum ou vulgar do produto, como o desenho de um pão, o invólucro ou recipiente onde se encontra o produto. Impossível registrar essa marca, eis que nada expressa de original, além de ser, não raras vezes, do uso comum. Este princípio não é rígido, eis que se admitem exceções, como no caso de refrigerantes (exemplo da "Coca-Cola"), em cuja marca está o recipiente, o que vem a constituir a proteção da chamada marca tridimensional.

XXII – Objeto que estiver protegido por registro de desenho industrial de terceiro.

Não se concede proteção àquilo que já se encontra protegido, embora de natureza diferente. Inaceitável que se tenha como marca o que constitui desenho industrial de terceira pessoa devidamente registrado.

XXIII – Sinal que imite ou reproduza, no todo ou em parte, marca que o requerente evidentemente não poderia desconhecer em razão de sua atividade, cujo titular seja sediado ou domiciliado em território nacional ou em país com o qual o Brasil mantenha acordo ou que assegure reciprocidade de tratamento, se a marca se destinar a distinguir produto ou serviço idêntico, semelhante ou afim, suscetível de causar confusão ou associação com aquela marca alheia.

Já restou esclarecido quanto à proibição de reproduzir ou imitar marcas, cujo titular se encontre estabelecido no Brasil ou em outro país com o qual se mantém acordo assegurando reciprocidade de tratamento. No entanto, se não se tratar do mesmo produto ou serviço, ou não havendo semelhança ou afinidade, não há proibição, eis que impossível, aí, a concorrência desleal, ou o prejuízo ao titular da marca registrada.

---

[83] *Apelação Cível* nº 88.437-3, da 1ª Câm. Cível do TJ do Paraná, de 27.06.2000, em *ADV Jurisprudência*, boletim semanal nº 41, expedição de 15.10.2000, p. 650.

[84] STF – *Recurso Extraordinário* nº 114.601-1-RJ, da 2ª Turma, de 14.02.1989, em *Lex – Jurisprudência do Supremo Tribunal Federal*, 130/182.

25.29. MARCA DE ALTO RENOME E MARCA NOTORIAMENTE CONHECIDA

Estabelece o art. 125 uma proteção especial à marca de alto renome: "À marca registrada no Brasil considerada de alto renome será assegurada proteção especial, em todos os ramos de atividade".

Como de alto renome são as marcas, além quase sempre notoriamente conhecidas, de grande prestígio, de elevada estimativa econômica. Daí envolver o conceito de marca notória, mas com a diferença de que essas marcas precisam ser registradas, sendo reminiscência da espécie de marca notória que era prevista no art. 67 da Lei nº 5.772/1971. Observam Gabriel Di Blasi, Mário S. Garcia e Paulo Parente M. Mendes: "Em nosso entendimento, o renome de uma marca se verifica em função do seu conhecimento pelo público em geral, independente de camadas ou níveis sociais, em todo o território nacional".[85]

De relevo, também, a particularidade que o registro outorga proteção em todos os ramos de atividade ou classes. Uma vez conseguido o registro, a ninguém se permite a utilização, mesmo que em produtos diferentes. Já era assim no regime da lei anterior, quando a matéria se subsumia na marca notória, na esteira da jurisprudência:

> O direito marcário brasileiro vincula-se ao princípio da especificidade, segundo o qual a marca produz efeitos somente em relação a produtos ou serviços da respectiva classe de registro. Entretanto, a própria lei de regência traz exceção à regra, disciplinando que a marca notória, declarada em registro próprio, goza de proteção em todas as classes. A proteção legal tem por escopo resguardar o consumidor adquirente do produto, crédulo da procedência comum dos bens, sobretudo em razão do grande potencial econômico das empresas que detêm a titularidade da marca notória.[86]

Já marca notoriamente conhecida, segundo a vigente lei, é a prevista no art. 126:

> Marca notoriamente conhecida em seu ramo de atividade nos termos do art. 6º *bis* (1), da Convenção da União de Paris para Proteção da Propriedade Industrial, goza de proteção especial, independentemente de estar previamente depositada ou registrada no Brasil.

Na particularidade do reconhecimento independentemente do registro reside a diferença em relação à marca de alto renome. Tal o sentido dado por José Antônio B. L. Faria Correa:

> De um lado, sob o *nomen juris* de "marca de alto renome", o legislador protege os sinais que, pré-registrados no país em determinada categoria de produtos ou serviços, tenham conquistado essa qualidade. De outro lado, com o termo "marca" notoriamente conhecida, trazido da Convenção da União de Paris, a lei dá abrigo aos sinais que, não registrados no Brasil, sejam reconhecidos como pertencentes a pessoa física ou jurídica sediada em um dos países signatários daquele Convênio.[87]

A jurisprudência ressalta a dispensa de registro, embora certa confusão com nome comercial:

---

[85] *A Propriedade Industrial*, ob. cit., p. 173.

[86] *Recurso Especial* nº 50.609-MG, da 4ª Turma do STJ, j. em 6.05.1997, *DJU* de 9.06.1997.

[87] "O Tratamento das Marcas de Alto Renome e das Marcas Notoriamente conhecidas na Lei nº 9.279/1996", em *Revista da ABPI* (Associação Brasileira da Propriedade Intelectual), São Paulo, nº 28, maio/junho de 1997, p. 33.

818 | DIREITO DAS COISAS – *Arnaldo Rizzardo*

Nome comercial "Audi" da autora registrado em seu país, Alemanha, desde 1909. Deve ser protegido no Brasil, independentemente de registro na Junta Comercial, na forma do disposto nos artigos 6º bis e 8º da Convenção de Paris, que passou a incorporar o ordenamento jurídico pátrio. A marca notoriamente conhecida e registrada na Alemanha antes da data do registro dos atos constitutivos da ré, deve ser protegida no Brasil. Proteção especial conferida por tratado internacional celebrado pelo Brasil e atualmente em vigor. Incidência do art. 35, inc. V, da Lei nº 8.934/1994, em combinação com os artigos citados da Convenção de Paris.[88]

Marca notoriamente conhecida em seu ramo de atividade nos termos do art. 6º *bis* (1) da Convenção da União de Paris, reza o art. 126 referido. O art. 6º *bis* (1) revela a seguinte redação:

Os países da União comprometem-se a recusar ou invalidar o registro, quer administrativamente, se a lei do país o permitir, quer a pedido do interessado e a proibir o uso de matéria de fábrica ou de comércio que constitua reprodução, imitação ou tradução, suscetíveis de estabelecer confusão, de uma marca que a autoridade competente do país do registro ou do uso considere que nele é notoriamente conhecida como sendo já marca de uma pessoa amparada pela presente Convenção, e utilizada para produtos idênticos ou similares. O mesmo sucederá quando a parte essencial da marca constitui reprodução de marca notoriamente conhecida ou imitação suscetível de estabelecer confusão com esta.

De maneira que cabe aos países signatários proteger as marcas notoriamente conhecidas, impedindo o seu registro.

Neste conceito incluem-se as marcas espalhadas nos países, que se difundiram de tal sorte que praticamente se confundem com os próprios produtos. É o caso de "Vitrola", de "Electrola", de "Xerox". Já as de alto renome, que necessitam ser registradas no país, tem como exemplo a "Kodak", a "Marlboro", a "Souza Cruz", a "GM", a "Melitta", a "Coca-Cola", a "Pepsi-Cola". Nas marcas de alto renome estão incluídas as marcas notórias que a Lei nº 5.772/1971 previa, e equivalem às marcas famosas. Prossegue José Antônio B. L. Faria Correa: "Quando se fala de marca de alto renome, fala-se de marca viva, que pulsa no mercado, e, nesta hipótese, conclusiva é a voz do mercado".[89]

No pertinente às marcas notoriamente conhecidas, a proteção estende-se também às marcas de serviço (§ 1º do art. 126). Faculta-se ao INPI indeferir o registro de marca que reproduza ou imite, no todo ou em parte, marca notoriamente conhecida (§ 2º do art. 126).

25.30. PRIORIDADE DAS MARCAS

Como nos casos de invenções, modelos de utilidade e desenho industrial, há a previsão da prioridade para quem efetua o depósito do pedido de marca ou obtém o registro no exterior. A previsão está na Convenção da União de Paris, de 20.03.1883, na redação do art. 4º da revisão de Estocolmo, de 14.07.1967, promulgada no Brasil pelo Decreto nº 75.572, de 1975. A Lei nº 9.279/1996, em seu art. 127 e em seus vários parágrafos, regula a matéria, estabelecendo em seu *caput*:

---

[88] *Apel. Cível* nº 19.092/99, da 3ª Câm. Cível do TJ do Rio de Janeiro, *DJ* de 7.12.2000, em *ADV Jurisprudência*, nº 7, expedição de 16.02.2001, p. 106.

[89] "O Tratamento das Marcas de Alto Renome e das Marcas Notoriamente conhecidas na Lei nº 9.279/1996", trabalho citado, p. 34.

Cap. XXV · PROPRIEDADE INDUSTRIAL | 819

O pedido de registro de marca depositado em país que mantenha acordo com o Brasil ou em organização internacional, que produza efeito de depósito nacional, será assegurado direito de prioridade, nos prazos estabelecidos no acordo, não sendo o depósito invalidado nem prejudicado por fatos ocorridos nesses prazos.

De modo que o depósito em país estrangeiro, desde que signatário do acordo de Paris, outorga o direito de prioridade, bastando manifestar a reivindicação ou buscar a regularização no Brasil, através de pedido dirigido ao INPI, acompanhado de documento hábil da origem, contendo o número, a data e a reprodução do pedido ou do registro, acompanhado de tradução simples, cujo teor será de inteira responsabilidade do depositante. É indispensável, realmente, a prova do depósito ou do registro no exterior. A parte interessada comprovará esse elemento no pedido de registro, valendo a prioridade desde a data do depósito ou registro que obteve no exterior.

Caso faltar algum elemento, no encaminhamento do pedido, concede-se o prazo de sessenta dias para a suplementação. Especificamente quanto à comprovação do registro ou do depósito do pedido no exterior, caso não venha por ocasião do depósito no Brasil, outorga-se o prazo de quatro meses para a sua efetivação, contado do depósito do pedido, sob pena de perda da prioridade decorrente do ingresso do pedido.

Em advindo a prioridade de cessão da marca, o documento correspondente acompanhará o documento de prioridade.

Necessário traçar mais alguns pontos. Assim, conforme o Decreto nº 635/1992, em seu art. 4º, A-1, assegura-se o prazo de seis meses de prioridade contado desde a data do depósito do pedido de registro no exterior. Se não reivindicada a prioridade da marca no país pretendido, e que faça parte da Convenção de Paris, nesse prazo, perderá a prioridade, a qual passará a ser concedida novamente a partir do momento do depósito do pedido de reivindicação que se fizer posteriormente.

No interregno dos seis meses referido, qualquer outro depósito de terceiros de marca igual ou semelhante para os mesmos produtos ou afins não terá validade, diante da prevalência do pedido depositado anteriormente em qualquer país signatário da Convenção de Paris.

25.31. LEGITIMIDADE PARA PEDIR O REGISTRO DE MARCA

Todos quantos explorem um serviço ou produzam bens estão habilitados a pedir o registro de marcas, não importando que sejam pessoas físicas ou jurídicas de direito público ou privado, desde que atendam às exigências da lei. É o que garante o art. 28: "Podem requerer registro de marcas as pessoas físicas ou jurídicas de direito público ou de direito privado".

De modo que mesmo às pessoas jurídicas de direito público reconhece-se o direito de levar a registro as marcas de serviços ou de produtos, inerentes a função que exercem. Isto acontece com as empresas públicas, sociedades de economia mista e até autarquias, incumbidas de atuar no setor da produção, especialmente naqueles campos de grande carência e necessidade social.

O pedido de registro deve circunscrever-se à atividade executada ou aos produtos que fabrica, de modo legalizado e lícito, não se afeiçoando como certo conceder-se o registro da marca de um bem estranho às finalidades ínsitas no objeto dos estatutos sociais da pessoa jurídica. Essa produção ou execução, acentua o § 1º do preceito acima, poderá advir de modo direto ou de empresas controladas direta ou indiretamente, o que ficará referido no requerimento de registro, sob as penas da lei.

820 | DIREITO DAS COISAS – *Arnaldo Rizzardo*

Quanto ao registro de marca coletiva, restringe-se o pedido à pessoa jurídica representativa da coletividade (cooperativas, associações, federações). Acontece que a marca não é reservada ao direito de um particular ou de uma empresa que faz parte da coletividade. A todas as empresas que integrem a coletividade reconhece-se o direito de usar da marca, às quais, todavia, não se impede que explorem outros serviços, ou que produzam bens diferentes, que poderão dotá-los de marcas próprias (§ 2º).

No tocante ao registro de marca de certificação, o pedido limita-se à pessoa que não tiver interesse comercial ou industrial direto no produto ou serviço atestado (§ 3º). Lembra-se que marca de certificação é aquela usada para atestar a conformidade de um produto ou serviço com determinadas normas ou especificações técnicas, notadamente quanto à qualidade, natureza, material utilizado e metodologia empregada. Os produtos ou serviços devem ter sido sobejamente testados, de modo a ficar certa a existência de qualidade, perfeição e esmero de fabricação.

Finalmente, a reivindicação de prioridade submete-se ao atendimento das normas acima (§ 4º), mostrando-se relevantes em especial a restrição do pedido à empresa que produz o bem ou executa o serviço, e a legitimidade jungida, para a marca coletiva e a marca de certificação, respectivamente, à coletividade e à pessoa sem interesse comercial ou industrial direto no produto.

25.32. O REGISTRO E OS DIREITOS SOBRE A MARCA

Com o registro da marca, adquire-se a sua propriedade. É a previsão do art. 129: "A propriedade da marca adquire-se pelo registro validamente expedido conforme as disposições desta Lei, sendo assegurado ao titular seu uso exclusivo em todo o território nacional, observado quanto às marcas coletivas e de certificação o disposto nos arts. 147 e 148". É pacífico o reconhecimento pela jurisprudência, segundo evidencia o seguinte exemplo:

> Tratando-se de marca notoriamente conhecida e com registro perante o INPI, não há dúvida de que detém proteção especial, desde seu registro, em todas as classes de atividades. A empresa com registro anterior detém o direito de uso exclusivo da marca, cabendo-lhe o direito de impedir que outrem a utilize na totalidade ou em parte, quer seja como marca quer seja como denominação societária. A proteção legal à marca... tem por escopo reprimir a concorrência desleal, evitar a possibilidade de confusão ou dúvida, ou locupletamento com esforço e labor alheios.[90]

A rigor, o registro oficializa a propriedade, impondo-a perante terceiros, que não a poderão usar. A propriedade em si surge com a criação da marca, ou a sua aquisição.

O direito de propriedade encontra respaldo fundamental no art. 5º, inc. XXIX, da Carta Federal, onde se ordena que a lei assegurará aos titulares a proteção.

A menção aos arts. 147 e 148 quanto às marcas coletivas e de certificação refere-se à observância, para o registro, dos requisitos constantes nos dispositivos, que são específicos e diferentes dos exigidos para outros registros.

Assegura-se a proteção ao usuário anterior, que manterá a marca em seu nome, se a usava pelo menos seis meses antes do depósito. O § 1º do art. 129 encerra a respeito:

> Toda pessoa que de boa-fé, na data da prioridade do depósito, usava no País, há pelo menos 6 (seis) meses, marca idêntica ou semelhante, para distinguir ou

---

[90] *Apelação Cível* nº 1998.01.1.018.248-7, da 5ª Turma Cível do TJ do Distrito Federal, publ. em 31.05.2000.

certificar produto ou serviço idêntico, semelhante ou afim, terá direito de precedência ao registro.

Comprovando o uso no período antecedente de seis meses, reconhece-se a possibilidade de reivindicar a prioridade, com o encaminhamento do pedido de registro. O uso deverá ocorrer no País, isto é, no Brasil, não importando que seja por brasileiros ou estrangeiros. Afora essa exceção, ou se não providenciado no registro, não prevalece o uso anterior, e nem a utilização prolongada, no rumo da jurisprudência do Superior Tribunal de Justiça:

> Pelo sistema adotado pela legislação brasileira, afastou-se o prevalecimento do regime da "ocupação" ou da "utilização prolongada" como meio aquisitivo de propriedade da marca. O registro no INPI é quem confere eficácia *erga omnes*, atribuindo àquele que o promoveu a propriedade e o uso exclusivo da marca.

No voto:

> Portanto, é o registro e não o uso anterior (embora decorrente de denominação social) quem constitui o direito à propriedade da marca. Nesse sentido o escólio do Prof. Rubens Requião em seu *Curso de Direito Comercial*, citado pelo voto-condutor do acórdão proferido no *REsp.* nº 12.694-SP, como também a orientação jurisprudencial promanada desta Corte (*REsps.* nºˢ 11.767-0-SP e 36.898-SP, Rel. Ministro Eduardo Ribeiro; *REsp.* nº 42.424-0-SP, Rel. Ministro Costa Leite; e *REsp.* nº 78.714-SP, por mim relatado.[91]

Nos termos do § 2º, a cessão, por alienação ou arrendamento, do direito de precedência é permitido unicamente junto com o negócio da empresa, ou com parte deste, e desde que o negócio tenha direta relação com o uso da marca. Por outras palavras, o usuário cede ou transfere o seu uso para terceiros, impondo-se que também se opere a cessão do negócio da empresa ou parte dele.

Ao depositante ou titular do registro são conferidos os seguintes direitos, elencados no art. 130:

> I – Ceder seu registro ou pedido de registro;
>
> II – licenciar seu uso;
>
> III – zelar pela sua integridade material ou reputação.

Ressalta a viabilidade de ceder e transferir, também, a terceiros, o registro da marca.

A proteção da lei, garante o art. 131, abrange o uso da marca em papéis, impressos, propaganda e documentos relativos à atividade do titular.

Todavia, já por força do art. 132, proíbe-se ao titular da marca:

> I – Impedir que comerciantes ou distribuidores utilizem sinais distintivos que lhes são próprios, juntamente com a marca do produto, na sua promoção e comercialização;
>
> II – impedir que fabricantes de acessórios utilizem a marca para indicar a destinação do produto, desde que obedecidas as práticas leais de concorrência;

---

[91] *Recurso Especial* nº 52.106-SP, da 4ª Turma do STJ, julgado em 17.08.1999, *DJ* de 29.11.1999, Rel. Min. Barros Monteiro, em *Revista do Superior Tribunal de Justiça*, 129/306.

III – impedir a livre circulação de produto colocado no mercado interno, por si ou por outrem com seu consentimento, ressalvado o disposto nos §§ 3º e 4º do art. 68;

IV – impedir a citação da marca em discurso, obra científica ou literária ou qualquer outra publicação, desde que sem conotação comercial e sem prejuízo para seu caráter distintivo.

Referem-se os impedimentos acima, dentre outras hipóteses, a uma série de atos e atividades permitidos. Ou seja, os comerciantes, os distribuidores de mercadorias ou produtos, com ou sem exclusividade, estão autorizados a utilizar os próprios sinais distintivos ao mesmo tempo do uso da marca, desde que enquanto se promovam e comercializem os produtos ou serviços. Admite-se o uso da marca do comerciante e a do fabricante, o que é comum, não se tolerando, porém, juntar ou fundir as duas marcas, e nem acrescentar à sua marca elementos da marca do produto que recebe para comercializar.

Aduz, ainda, José Carlos Tinoco Soares:

Não poderá o titular da marca impedir a livre circulação de produtos colocados no mercado interno, por si ou por outrem com seu consentimento, ressalvado o disposto no art. 68. Na grande realidade o titular da marca não poderá mesmo impedir a livre circulação de produto no mercado interno ou mesmo no externo, a não ser que seja também titular da patente de invenção ou de modelo de utilidade desse produto e/ou objeto. Tanto isso é fato que o mencionado art. 68 se refere a licença compulsória de patente. Se assim realmente for como de fato parece, não há razão alguma para essa previsão em lei porque o titular da patente terá os meios legais para fazer valer os seus direitos. Salvo, naturalmente, se o produto objeto da licença compulsória contiver marca conflitante.[92]

Relativamente ao inc. III, disserta Henry K. Sherrill:

Trata-se novamente do *first sale doctrine*. Uma vez vendido, o titular perde o poder de interromper a circulação do produto (...). A expressão há que ser entendida com o sentido de uma exceção, isto é, que o titular da marca não poderá impedir a livre circulação de produtos através da marca, exceto nos casos em que os produtos estiverem sendo importados como importações paralelas permitidas de objeto de determinada patente. Neste caso, o titular de um direito de marca poderá evitar o seu uso por terceiro no produto objeto da patente cuja importação paralela o Estado o fez acatar.[93]

O mesmo autor lembra o Protocolo de Harmonização de Normas sobre Propriedade Intelectual no Mercosul em Matéria de Marcas, Indicações de Procedência e Denominações de Origem, em seu art. 13, que estabelece:

O registro de marca não impedirá a livre circulação dos produtos marcados, introduzidos legitimamente no comércio, pelo titular ou com autorização do mesmo. Os Estados-Partes comprometem-se a prever em suas legislações medidas que estabeleçam a Exaustão do Direito conferido pelo registro.[94]

---

[92] *Licença de Patentes, Marcas e Direitos Conexos*, ob. cit., p. 218.

[93] *As importações paralelas na Lei nº 9.279, de 14 de maio de 1996, e o Mercosul*, trabalho citado, pp. 24 e 26.

[94] *As importações paralelas na Lei nº 9.279, de 14 de maio de 1996, e o Mercosul*, trabalho citado, p. 26.

Depreende-se que o produto de outro país, com marca registrada no Brasil em nome de pessoa diferente, está impedido de ingressar no Brasil, a menos que haja o consentimento do produtor brasileiro. Outrossim, aquele que fabrica autorizadamente bens com marca registrada no Brasil, produtos em país do Mercosul, como no Paraguai, está autorizado a vender no Brasil. Se ocorre, posteriormente, rompimento do contrato, o produtor brasileiro não pode impedir a circulação ou venda no Brasil antes de conseguir o cancelamento do contrato via judicial.

25.33. VIGÊNCIA, CESSÃO E ANOTAÇÕES DAS MARCAS

É de dez anos o prazo de vigência do registro das marcas, contado da data da concessão, sendo renovado sucessivamente. É expresso o art. 133: "O registro da marca vigorará pelo prazo de 10 (dez) anos, contados da data da concessão do registro, prorrogável por períodos iguais e sucessivos".

O início da contagem é a data da concessão, e não do deferimento ou do depósito do pedido. Ingressa-se com a postulação, faz-se o estudo da viabilidade, abre-se o lapso de tempo para as impugnações, aguarda-se o pagamento das contribuições, e publica-se a entrega do certificado na *Revista da Propriedade Industrial*, cuja data servirá para o início para a contagem.

O pedido de prorrogação, segundo indica o § 1º, virá formalizado através do preenchimento de formulário, acompanhado do pagamento da retribuição, pela procuração caso se fizer representar o solicitante, de cópia do original do certificado, da identidade e outros elementos que demonstrem a regularidade da atividade exercida. A apresentação do requerimento se dará no último ano da vigência do registro. Todavia, se não obedecida a época de ingresso, faculta o § 2º que se formalize no prazo de seis meses subsequentes, ou contado da data do término da vigência do registro, mediante o pagamento de uma retribuição adicional.

A prorrogação não será concedida se não atendido o disposto no art. 128, isto é, se não dirigida pelas pessoas físicas ou jurídicas, de direito público ou privado, que efetiva e licitamente exercem a atividade à qual se refere a marca, ou de empresas controladas por elas direta ou indiretamente. Quanto ao registro de marca coletiva, restringe-se o pedido à pessoa jurídica representativa da coletividade; já no pertinente à marca de certificação, caberá a providência à pessoa sem interesse comercial ou industrial direto no produto ou serviço atestado.

Quanto à cessão do registro da marca ou do pedido de registro, a possibilidade é contemplada no art. 134: "O pedido de registro e o registro poderão ser cedidos, desde que o cessionário atenda os requisitos legais para requerer tal registro".

Há, pois, autorização para a transferência dos direitos de propriedade da marca, envolvendo naturalmente o uso e posse, o que se materializa através de documento específico de cessão e transferência, que será levado a registro no INPI, com a finalidade de prevalecer contra terceiros, acompanhado do documento original ou segunda via oficial da marca. Conterá o instrumento o nome das partes, com a qualificação completa, a prova do contrato social se tratar-se de pessoa jurídica, a regularidade do exercício da atividade, a menção clara e precisa da marca, seu número, data e classe, assinando, também, duas testemunhas, devidamente qualificadas.

Na forma do art. 135,

> a cessão deverá compreender todos os registros ou pedidos em nome do cedente, de marcas iguais ou semelhantes, relativas a produtos ou serviços idênticos, semelhante

824 | DIREITO DAS COISAS – *Arnaldo Rizzardo*

ou afim, sob pena de cancelamento dos registros ou arquivamento dos pedidos não cedidos.

Extrai-se que a cessão diz respeito ao negócio ou ramo que abrange a marca. E se esse negócio ou ramo envolve várias marcas, todas elas se transferem. Não é possível manter a marca relativamente a alguns produtos ou serviços, que permanecem com o titular cedente.

As anotações consistem em transcrições ou observações que se fazem de transferências ou ocorrências que acontecem relativamente às marcas, junto ao registro no INPI. Não é suficiente o mero instrumento de cessão, ou de alteração da marca. No registro leva-se a termo a mudança verificada, a fim de que fique sempre constando a realidade sobre a marca. Havendo uma dinâmica na vida da marca, os novos elementos que surgem devem constar no registro.

O art. 136 aponta três séries de anotações:

O INPI fará as seguintes anotações:

I – da cessão, fazendo constar a qualificação completa do cessionário;

II – de qualquer limitação ou ônus que recaia sobre o pedido ou o registro; e

III – das alterações de nome, sede ou endereço do depositante ou titular.

Tudo é anotado no registro: a mudança de propriedade através de cessão, os acréscimos nas marcas, as alterações no nome e sede ou endereço dos titulares ou das empresas, as limitações e ônus que recaírem sobre a marca, as medidas judiciais, as ocorrências em relação aos bens objeto das marcas, os aperfeiçoamentos e acréscimos da marca, de modo a tudo ficar inserido ou registrado no INPI.

O art. 137 consigna que, relativamente a terceiros, as anotações surtem efeitos unicamente a partir da data de sua publicação. Realmente, para que chegue ao conhecimento daqueles que contratam com os titulares das marcas, mostra-se indispensável que se faça a divulgação. E tal se perfectibiliza mediante a publicação na *Revista da Propriedade Industrial*. No caso da cessão, o documento que a instrumentaliza terá os requisitos que a validem, como a assinatura dos envolvidos e o seu reconhecimento, a alteração do contrato social se envolver uma pessoa jurídica e constar nele a marca, o arquivamento na Junta Comercial ou registro no Ofício do Registro Civil das Pessoas Jurídicas, conforme forem os titulares pessoas jurídicas, comerciais ou civis. Somente depois se fará a anotação no INPI, com a devida publicação.

Garante o art. 138 o remédio do recurso contra a decisão que:

I – Indeferir anotação de cessão;

II – cancelar o registro ou arquivar o pedido nos termos do art. 135, o que se dará quando se entender que não envolveu a cessão todos os registros ou pedidos existentes em nome do cedente.

Como já se sabe, o prazo do recurso é de sessenta dias (art. 212).

25.34. A LICENÇA DE USO DA MARCA

Não apenas a cessão da marca é permitida, mas também a licença, que se constitui da autorização reconhecida ao titular ou depositante do pedido de registro para o uso por um terceiro durante certo lapso de tempo. Está a faculdade permitida no art. 139: "O titular de registro ou o depositante de pedido de registro poderá celebrar contrato de licença para o

Cap. XXV • PROPRIEDADE INDUSTRIAL | 825

uso da marca, sem prejuízo de seu direito de exercer controle efetivo sobre as especificações, natureza e qualidade dos respectivos produtos ou serviços".

A licença virá documentada em contrato particular, que conterá os seguintes elementos, descritos por José Carlos Tinoco Soares:

> As partes devidamente qualificadas, isto é, o nome completo da pessoa jurídica titular do registro ou do pedido, seu endereço e localidade; a inscrição no Cadastro Geral dos Contribuintes (se nacional), que, no caso, será o concedente ou licenciante, e a pessoa jurídica que passará a utilizar da marca, isto é, a concessionária ou licenciada; o número do registro ou do pedido e de sua data; a indicação da marca; a classe em que estão enquadrados os produtos ou os serviços, devendo, sempre que possível, mencionar os produtos ou os serviços; o direito do titular do registro ou do pedido de exercer controle efetivo sobre as especificações, natureza e qualidade dos respectivos produtos ou serviços; a observação de que a marca deverá ser utilizada tal como foi registrada, no que diz respeito ao seu elemento verbal ou figurativo; o prazo de vigência do contrato que, em se tratando de marca registrada, não poderá exceder a validade do registro; o valor a ser pago pela utilização com sua consequente forma de pagamento e sempre que possível a previsão sobre o exercício desse controle contábil; o âmbito de utilização da marca que poderá ser de natureza municipal, estadual, regional ou nacional; a possibilidade de sublicenciamento se for o caso; as causas de rescisão; o foro para dirimir qualquer litígio etc.[95]

A licença não afasta o titular de exercer a vigilância e até o controle efetivo sobre as especificações, a natureza e a qualidade dos produtos objeto da marca, com a finalidade de preservar seu conteúdo, prestígio e valor. Naturalmente, não se tolerará que se deteriorem os produtos em sua qualidade, acarretando o desprestígio da marca.

Autoriza o parágrafo único que contenha o contrato todos os poderes para agir em defesa da marca, sem prejuízo dos seus próprios direitos. Ou seja, ao licenciado se dá a autorização para agir em defesa, o que se estende tanto junto ao INPI como no âmbito judicial. Não precisará, para tanto, de procuração do licenciante. A lei é que dá a legitimidade.

É averbado perante o INPI o contrato de licença, com o que surtirá efeitos em relação a terceiros, como sinaliza o art. 140. Para valer não entre as partes, mas sim quanto a outras pessoas é que se reclama a respectiva averbação. Esta formalidade é essencial para agir o licenciado contra terceiros. Encaminha-se o contrato ao INPI, que o verificará, o processará e admitirá a averbação, com a posterior publicação. Somente depois deste ato produzirá efeitos quanto a terceiros, na esteira do § 1º do art. 140.

No entanto, aponta o § 2º que, para efeito de validade de prova de uso, não se reclama a averbação no INPI. Nas relações entre o licenciante e o licenciado, a prova do uso não está submetida ao registro.

Finalmente, assegura o art. 141 o direito ao recurso contra a decisão que indeferir a averbação do contrato de licença, o que decorre do princípio da ampla defesa, devendo a apreciação ser examinada por uma instância superior.

25.35. A PERDA DOS DIREITOS

Determinadas situações aponta o art. 142 que levam à perda do direito de privilégio, ou de invocar a prioridade, ou de impedir que terceiros usem a marca, extinguindo-se o registro da marca:

---

[95] *Lei de Patentes, Marcas e Direitos Conexos*, ob. cit., p. 227.

I – Pela expiração do prazo de vigência, e diante da falta de pedido solicitando a prorrogação. Sabe-se que da possibilidade de se renovar sucessivamente o pedido de convalidação da marca, depois de vencidos os primeiros dez anos. A cada novo pedido concede-se um período de dez anos. Não formalizada essa postulação, deixa de manter-se válido o registro, perdendo o efeito, e desaparecendo a proteção.

II – Pela renúncia, que poderá ser total ou parcial em relação aos produtos ou serviços assinalados pela marca. Segundo Irineu Strenger, "significa que, não havendo a correlação entre a marca e seu objeto, deixa de haver eficácia para a sua prevalência sem finalidade, o que acertadamente também acarreta extinção, embora neste particular caiba indagar por que não pode subsistir a marca se existe a garanti-la o direito de propriedade".[96]

A faculdade de ser a renúncia total ou parcial significa que poderá abranger a totalidade dos direitos de marca, ou apenas alguns. De igual modo, faculta-se que atinja todos os produtos ou serviços, ou somente parte deles.

III – Pela caducidade. Equivale à extinção pelo desuso, pois o sentido de "caducidade" envolve aquilo que cai, que perde as forças, que fica sem validade. A declaração de caducidade retira a força e a existência da marca.

Quanto ao inc. I, o STJ confirmou a perda do direito de privilégio: "Extinto o registro da marca em decorrência do fim do prazo de sua vigência, em 2002 (art. 142, I, da Lei nº 9.279/1996 – Lei de Propriedade Industrial), o titular de tal marca perde seus direitos".[97]

Algumas normas tratam da caducidade. O art. 143 subordina a sua declaração, pelo INPI, à existência de pedido de algum interessado e à ocorrência de duas situações, verificáveis após o decurso de cinco anos da concessão do registro:

Caducará o registro, a requerimento de qualquer pessoa com legítimo interesse se decorridos 5 (cinco) anos de sua concessão, na data do requerimento:

I – o uso da marca não tiver sido iniciado no Brasil; ou

II – o uso da marca tiver sido interrompido por mais de 5 (cinco) anos consecutivos, ou se, no mesmo prazo, a marca tiver sido usada com modificação que implique alteração de seu caráter distintivo original, tal como constante do certificado de registro.

Nota-se, em primeiro lugar, que não se decretará a caducidade de ofício pelo INPI, e que haverá de passar o lapso de cinco anos para incidirem as previsões dos incisos I e II. No pertinente à do inc. II, depois dos cinco anos da concessão, deverão transcorrer mais cinco anos sem uso.

No entanto, em obediência aos §§ 1º e 2º, ouve-se o titular sobre os motivos invocados. Justificando ele o desuso, não se declarará a caducidade. E para tanto, evidentemente a necessidade de ser intimado do pedido, quando se lhe garante o prazo de sessenta dias para provar o uso e aventar outras matérias de defesa.

Consoante o art. 144, não correspondendo o uso da marca aos produtos ou serviços constantes do certificado, incidirá a probabilidade de caducidade do registro em relação aos produtos e serviços não semelhantes ou afins daqueles para os quais a marca foi compro-

---

[96]   *Marcas e Patentes*, ob. cit., p. 28.

[97]   REsp. nº 1154627/PR, da 4ª Turma, rel. Min. Antonio Carlos Ferreira, j. em 20.08.2019, *DJe* de 26.08.2019.

Cap. XXV · PROPRIEDADE INDUSTRIAL | 827

vadamente usada. Opera-se, então, a caducidade parcial, ou restritamente àquelas coisas ou bens e serviços incluídos na marca.

O art. 145 veda o conhecimento do pedido de caducidade se o uso da marca tiver sido comprovado ou justificado seu desuso em processo anterior, requerido há menos de cinco anos. O prazo de cinco anos conta-se do momento em que restou provado o uso ou justificado o desuso. Se o processo ingressou num determinado ano, e demonstrada a prova do uso no ano precedente, a partir deste ano precedente começará a fluir o novo prazo.

A força maior pode evitar a caducidade: "A não utilização da marca só impede a caducidade do respectivo registro, se resultar de força maior absoluta; se o produto estrangeiro podia ser importado por meio da Zona Franca de Manaus, a força maior não era absoluta".[98]

Como em todas as decisões que atender ou indeferir um pedido, assegura-se o direito ao recurso.

> IV – Pela inobservância do disposto no art. 217. Ou seja, se a pessoa não atender o ordenado no art. 217: "A pessoa domiciliada no exterior deverá constituir e manter procurador devidamente qualificado e domiciliado no país, com poderes para representá-la administrativa e judicialmente, inclusive para receber citações".

25.36. MARCAS COLETIVAS E DE CERTIFICAÇÃO

Conforme já explicado, a marca coletiva é a usada para identificar produtos ou serviços de um grupo de pessoas ou de empresas. Constitui a marca de toda uma coletividade, de um grupo de pessoas jurídicas, com a finalidade de especificar e os produtos ou mercadorias e os serviços de um determinado lugar (Móveis de Gramado, Sapatos de Franca, refrigerantes Antártica).

A marca de certificação, também conhecida como marca *standard*, é a usada para atestar a conformidade de um produto ou serviço com as normas técnicas exigidas na fabricação ou prestação, significando perfeição qualitativa e técnica. A marca será um atestado do esmero, da capacidade na fabricação ou prestação, da garantia da durabilidade e utilidade a que se destina. Acrescentam Gabriel Di Blasi, Mário S. Garcia e Paulo Parente M. Mendes:

> A obtenção de uma marca de certificação é vantajosa, especialmente quando ela certifica uma qualidade específica do produto, que atende à procura de um grupo de consumidores. É importante observar que, na maioria dos casos, se registram marcas dessa natureza quando seus titulares constatam uma eficácia comercial. A marca de certificado costuma ser útil em compras governamentais ou licitações, nas quais os produtos e serviços estejam acobertados por garantias de qualidade.[99]

Na determinação do art. 147 e seu parágrafo único, para o registro da marca coletiva apresenta-se o regulamento de utilização, com as condições e proibições no uso da marca, o qual poderá ser apresentado dentro de sessenta dias do depósito do pedido de registro, sob pena de arquivamento definitivo.

Já o art. 148 cuida do pedido de registro da marca de certificação, que virá munido dos seguintes elementos:

> I – as características do produto ou serviço objeto de certificação;

---

[98] *Recurso Especial* nº 242.032-RJ, da 3ª Turma do Superior Tribunal de Justiça, j. em 1º.03.2001, *DJU* de 23.04.2001.

[99] *A Propriedade Industrial*, ob. cit., p. 174.

II – as medidas de controle que serão adotadas pelo titular.

Essa documentação, se não acompanhar o pedido, deverá ser protocolizada no lapso temporal seguinte de sessenta dias, importando a não observância no arquivamento da solicitação de registro.

Na descrição das características apontam-se as qualidades, os testes feitos, os resultados obtidos, os índices de aprovação junto aos usuários, a origem, o material, a composição, as premiações conseguidas. Indicam-se as medidas e precauções adotadas para conservar a qualidade, a conservação, a eficiência, a durabilidade, a pureza e o funcionamento.

Acontece que os produtos ou serviços devem estar atestados, com a devida comprovação, de modo a apresentarem boa qualidade, acuidade, segurança, funcionalidade, garantia, o que pressupõe a originalidade e autenticidade na composição, na utilização da matéria-prima, na observância das técnicas de fabricação, logrando a aprovação dos consumidores em geral.

As alterações introduzidas no regulamento de utilização serão comunicadas ao INPI, mediante petição de protocolo, contendo as condições alteradas (art. 149).

Para a utilização da marca de certificação por terceiros, não há necessidade de celebração de contrato, como acontece com as demais marcas. O uso por outras pessoas independe de licença, desde que no próprio regulamento de utilização se encontre a autorização, nos termos do art. 150: "O uso da marca independe de licença, bastando sua autorização no regulamento de utilização". E se no regulamento há disposição quanto ao uso por pessoas distintas que o titular, com o registro da marca, já que acompanhado do regulamento, ficará consignado quem está autorizado para usar.

Além das causas comuns de extinção, discriminadas no art. 142, aponta o art. 151 mais dois casos para as marcas coletivas e de certificação:

I – Quando a entidade deixa de existir;

II – quando a marca for utilizada em condições outras que não aquelas previstas no regulamento de utilização.

Quanto ao primeiro motivo, resta óbvio que não mais existindo a entidade, seja o ente coletivo ou a pessoa física ou jurídica, não terá como subsistirem tais marcas.

E em relação à utilização em condições diferentes daquelas que constam no contrato, há um desvirtuamento da natureza, retirando a peculiaridade própria que mereceu um registro especial.

Particularmente à marca coletiva, como pertence à generalidade de pessoas ou empresas, unicamente se formalizada por todas elas vale a renúncia. Se restrita a um participante, não deixa de existir a marca. No entanto, possível que venha disciplinada uma forma diferente no contrato, ou no estatuto, ou no regulamento, valendo, então, a renúncia se adstrita ao previsto (art. 152).

Prevê o art. 153 a caducidade se a marca coletiva é utilizada por um único participante, ou uma única empresa. É que, por se tratar de marca coletiva, justifica-se a existência se por várias pessoas explorada, ou por uma entidade abrangendo diversos produtores, ou uma associação, uma corporação, uma cooperativa, mas sempre envolvendo o uso coletivo, isto é, pelo grupo de pessoas físicas ou jurídicas que integram a entidade. Daí que a entidade é composta por pessoas físicas ou jurídicas que produzem a mercadoria ou prestam o serviço, todas elas utilizando a mesma marca. Se, com o correr do tempo, restar uma única pessoa que utiliza a marca, deverá providenciar na sua alteração de coletiva para individual, através do encaminhamento do pedido, no qual haja a concordância das demais pessoas ou empresas que não mais a utilizam, ou de pedido de notificação para se manifestarem.

Por último, na ordem do art. 154, uma marca coletiva ou de certificação, já utilizada e uma vez extinta, somente será registrável em nome de terceiro depois de cinco anos contados da extinção do registro.

25.37. O DEPÓSITO DO PEDIDO E O REGISTRO DA MARCA

A marca é registrável, quando alcançará a proteção, pois a ninguém mais se permite o uso de igual sinal.

Antes da providência do pedido de depósito para fins de registro, é de bom alvitre que se peça uma busca no INPI, a fim de constatar a existência, na listagem, de marca igual ou semelhante na mesma classe, ou em classe de produtos ou serviços afins. Com isso, tem-se uma ideia quanto ao sucesso ou não do pedido. Com efeito, se localizar-se marca idêntica ou semelhante à pretendida, o pedido de registro não logrará sequer a aceitação no INPI.

Depois desta providência de salutar utilidade, encaminhará o interessado o pedido de registro, observando as disposições constantes nos arts. 155 a 157.

Sobre o pedido e os elementos que deverá conter, escreve José Carlos Tinoco Soares:

> Os formulários a que se referem os modelos (001-A), após o preenchimento em três vias, sendo que as duas primeiras ficam em poder do INPI e a outra é devolvida ao interessado, no ato de depósito, conterão: nome do interessado; endereço, localidade e código postal; prioridade unionista se houver, com os respectivos números e datas; classe e subclasses, ficando ao lado em branco e nesse caso valerá a generalidade correspondente à Classificação Oficial ou a discriminação dos produtos e/ou serviços e, neste caso, limitados a essa discriminação; atividade correspondente e/ou objetivo social da empresa; indicação do arquivamento dos atos constitutivos da empresa; relação dos documentos anexados; nome da marca se nominativa ou mista, a reprodução também quando se tratar de marca figurativa, através de prova gráfica; tipo de marca etc.[100]

Ao encaminhar o pedido, restritamente a um único sinal distintivo, não podendo se cumular a pretensão de várias marcas sobre o mesmo produto ou serviço, anexam-se as etiquetas (quando existirem) e o comprovante do pagamento da retribuição relativa ao depósito. Exige-se que a postulação venha em língua portuguesa, com a tradução dos documentos elaborados em idioma estrangeiro, com a faculdade de se sanar essa tradução no prazo de sessenta dias.

Aceita-se que o peticionário se faça representar por procuração, juntando o devido instrumento. Se goza de prioridade, anexará a prova do devido registro no exterior, ou do documento de depósito, tudo traduzidamente, com os elementos concernentes à prioridade, discriminados no art. 127. Em se cuidando de marca coletiva, anexa-se o regulamento de utilização. Já se de certificação a marca, descrevem-se as características do produto ou serviço, e as medidas de controle.

O INPI, ao receber o requerimento, fará o exame formal preliminar, a fim de verificar se está de acordo com a lei, ou se preenche os requisitos próprios. Passando por essa inspeção inicial, concede-se um número, colocando-se no documento de protocolo a data do depósito. Com a prova do depósito, tem o postulante a anterioridade, que equivale à garantia de que, a

---

[100] *Lei de Patentes, Marcas e Direitos Conexos*, ob. cit., p. 248.

partir de tal momento, não se concedem registros para marcas iguais ou similares a pedidos ingressados posteriormente. No entanto, desde que idênticos ou semelhantes os produtos, conforme expõe Maurício Lopes de Oliveira:

> Para constituir uma anterioridade capaz de impedir a reprodução do signo que caracteriza a marca, é necessário que o registro tenha sido concedido identificando o mesmo produto ou serviço – ou produtos ou serviços afins – assinalado pela marca posterior.[101]

É possível que faltem requisitos que não sejam primordiais, ou da essência para o conhecimento do pedido. Determinará a autoridade administrativa as diligências necessárias, ou facultará à parte o atendimento, desde que suficientes os dados atinentes ao depositante, ao sinal marcário e à classe. As providências serão sanadas no prazo de cinco dias, findo o qual se convalida o depósito na data da apresentação do pedido.

Uma vez aceito o pedido, inicia-se a fase do contencioso administrativo. Consoante os arts. 158 a 160 e respectivos parágrafos, feito o protocolo, publica-se o pedido de registro na *Revista da Propriedade Industrial*, visando dar conhecimento aos interessados acerca da pretensão do registro da marca. Pelo prazo de sessenta dias abre-se o prazo para oposições, que virão fundadas na ofensa de direitos próprios, ou em direitos anteriormente requeridos. Há duas situações especiais, consistentes na fundamentação da oposição ou ação de nulidade expressamente no inc. XXIII do art. 124, ou no art. 126, tratando o primeiro do sinal que imite ou reproduza, no todo ou em parte, marca que o requerente não poderia desconhecer em razão de sua atividade; e o segundo de marca notoriamente conhecida. Nessas duas situações, incumbe ao impugnante comprovar, no prazo de sessenta dias após a interposição, o depósito de pedido de registro da marca na forma da lei. Ou seja, depende a oposição da comprovação do encaminhamento de pretensão de registro de marca igual ou semelhante à que consta do pedido de registro, ou de pedido de registro de marca igual ou semelhante a outra notoriamente conhecida.

Acrescentam Gabriel Di Blasi, Mário Soerensen Garcia e Paulo Parente M. Mendes mais uma hipótese de afastamento imediato de oposição:

> Apesar de não ter sido expressamente previsto no § 2º do art. 158, compreende-se que o INPI também não deverá conhecer da oposição fundamentada no art. 129, § 1º, que estabelece: "Toda a pessoa que, de boa-fé, na data da prioridade ou depósito, usava no país, há pelo menos 6 (seis) meses, marca idêntica ou semelhante, para distinguir ou certificar produto ou serviço idêntico, semelhante ou afim, terá direito de precedência ao registro".[102]

Uma vez transcorrido o prazo de impugnação, procede-se ao exame, que envolverá sobretudo as contestações, mas estendendo-se também quanto ao preenchimento dos requisitos legais. Se apurar-se alguma irregularidade, ou a exigência de esclarecer pontos obscuros e de apresentar documentos ou esclarecimentos, abre-se o prazo de sessenta dias para sanar e atender o que se pede. A omissão em atender importa no arquivamento do pedido. Se vier aos autos do processo administrativo a providência, seguirá o exame, até a decisão final, de deferimento ou indeferimento, com o direito a recurso, também no prazo de sessenta dias.

Os arts. 161 a 164 cuidam da expedição do certificado de registro, que se concederá, obviamente, depois do deferimento do pedido, e desde que comprovado o recolhimento

---

[101] *Propriedade Industrial*, ob. cit., p. 45.
[102] *A Propriedade Industrial*, ob. cit., p. 179.

das retribuições correspondentes, através da juntada de guia devidamente quitada. O pagamento efetua-se dentro do prazo de sessenta dias, a contar da publicação do deferimento do registro na *Revista da Propriedade Industrial*, e refere-se ao primeiro decênio de validade do registro.

Se não efetuado no prazo acima o pagamento, concedem-se mais trinta dias de tolerância, mas sem nova publicação ou notificação, e acrescido de uma taxa ou contribuição adicional.

Se não aproveitada essa segunda chance, automaticamente arquiva-se o pedido, nada mais assistindo ao pretendente, a não ser reiniciar todo o processo novamente.

Conta-se, para efeitos legais, concedido o certificado a partir da data da publicação do ato de concessão. No entanto, a proteção retroage ao momento do depósito do pedido.

No certificado serão inseridos os elementos identificadores do titular e da marca, isto é, colocam-se a marca, o número do certificado, a data do registro, além do nome, nacionalidade e registro do titular, os produtos ou serviços, a classe a que pertencem, as características do registro e a prioridade estrangeira, se for o caso.

Quanto à marca, será gravada se nominativa; ou coloca-se a etiqueta (por colagem), caso figurativa ou mista.

Com o certificado, tem o titular o documento hábil para se apresentar, defender os direitos e impor a sua prevalência ante a uma situação de confronto com outra marca.

25.38. REGISTRO DE MARCAS DE PRODUTOS FARMACÊUTICOS

É de se observar algumas normas particulares no tocante aos medicamentos, drogas, insumos farmacêuticos e correlatos, cosméticos e outros produtos, como dietéticos, nutrimentos, de higiene, perfumes e corantes, inseticidas, raticidas, desinfetantes e detergentes, definidos nas Leis nos 5.991/1973, e 6.360/1976.

Em primeiro lugar, a fabricação, produção, transformação, síntese, importação, exportação, armazenamento, embalagem, reembalagem, fracionamento, purificação e outras formas semelhantes são permitidas a empresas autorizadas pelo Ministério da Saúde, com o licenciamento concedido pelos órgãos sanitários das Unidades Federativas onde se localizam (art. 2º da Lei nº 6.360/1976).

Determina-se a necessidade do prévio registro no Ministério da Saúde para a industrialização, que terá a validade por dez anos, com possibilidade de revalidação sucessiva (art. 12 da Lei nº 6.360/1976, alterado pela Lei nº 13.097/2015).

Para a concessão do registro, no entanto, os produtos não poderão ter nome ou designação que induza a erro quanto à sua composição, qualidade, finalidade, suas indicações, suas aplicações, seu modelo de usar ou sua procedência. As drogas e insumos farmacêuticos em hipótese alguma poderão ostentar nomes ou designações de fantasia. Ainda, é vedada a adoção de nome igual ou assemelhado para produtos de diferente composição, embora do mesmo fabricante, assegurando-se a prioridade do registro com a ordem cronológica de entrada dos pedidos na repartição competente do Ministério da Saúde, quando inexistir registro anterior. Se evidenciada colidência com outra marca, deverá ser requerida a modificação do nome ou designação do produto, no prazo de noventa dias (art. 5º e parágrafo único da Lei nº 6.360/1976, com alteração da Lei nº 13.236/2015).

Ressalta a proibição do registro de marcas iguais ou assemelhadas para produtos de diferente composição, e para finalidades terapêuticas diversas, com vista a evitar confusão pelos usuários. Mas, se a finalidade terapêutica é a mesma, não incide a regra restritiva.

25.39. FUNÇÃO DO REGISTRO E SUA DEFESA

Com o ato do registro, garante a lei a exclusividade do uso em relação a terceiros. O registro no INPI cria o privilégio das marcas, pelo qual vários direitos decorrem. Ao titular são assegurados o uso e gozo do direito, bem como a defesa contra possíveis usurpadores. É que a lei reconhece a propriedade da marca não pelo uso ou posse, e sim pelo registro, de acordo com a norma do art. 129 da Lei nº 9.279/1996:

A propriedade da marca adquire-se pelo registro validamente expedido, conforme as disposições desta Lei, sendo assegurado ao titular seu uso exclusivo em todo o território nacional, observado quanto às marcas coletivas e de certificação o disposto nos arts. 147 e 148.

É como se manifesta com certa ancianidade a jurisprudência, sendo exemplo a *Apel. Cível* nº 29.785, da 2ª Câm. Cível do TJ do RGS, julgada em 24.08.1987:

O registro da marca no órgão federal competente representa um ato administrativo complexo. Desde o protocolo e lavratura do termo de depósito exsurgem direitos. O efeito-cerne do registro da marca é tornar real o direito do requerente. Desde que se obtenha o deferimento do pedido do registro, o uso exclusivo da marca torna-se direito formado, com extensão dos seus efeitos ainda quanto ao termo que entremeou do requerimento e depósito à consumação do registro.[103]

No entanto, a exclusividade limita-se a produto da mesma classe, e não a outro distinto, como revela a jurisprudência do STJ:

O direito à exclusividade ao uso de marca, em decorrência de seu registro no INPI, é limitado à classe para a qual foi deferido, não abrangendo, pois, produtos outros, não similares, enquadrados em outras classes, excetuadas as hipóteses de marcas notórias. O registro da marca "Glória", para laticínios, em geral, classe 31.10, não impede que outra firma continue utilizando idêntica marca, aliás desde outros e longos anos, para biscoitos e massas alimentícias, classe 32.10.[104]

Em outro aresto, sobre a matéria:

O direito de exclusividade de uso de marca, decorrente do seu registro no INPI, é limitado à classe para a qual é deferido, não sendo possível a sua irradiação para outras classes de atividades. Aplicação do princípio da exclusividade.[105]

Por meio da ação possessória exerce-se a defesa:

Possessória. Interdito proibitório. Bem incorpóreo. Posse de marca comercial e símbolos que a acompanham. Confecções com marca e etiqueta de mesmo nome. Anterioridade do uso por uma delas comprovada. Registro, contudo, somente efetivado após longa tramitação no âmbito administrativo. Irrelevância. Proteção possessória deferida. Não há como se negar proteção à posse pleiteada por interdito proibitório se a autora é

---

[103] Em *Jurisprudência Brasileira*, nº 132, 1988, ob. cit., p. 128.

[104] *Recurso Especial* nº 14.367-PR, da 4ª Turma, de 31.08.1992, *DJ* de 21.09.1992.

[105] *Recurso Especial* nº 142.954-SP, da 4ª Turma do STJ, de 21.09.1999, *DJ* de 13.12.1999, em *Revista do Superior Tribunal de Justiça*, 130/348.

Cap. XXV · PROPRIEDADE INDUSTRIAL | **833**

comprovadamente antecessora no uso e posse da marca comercial e permanece com a mesma, tendo alcançado o registro após tramitação tumultuada de longos anos no âmbito administrativo. Negar-lhe tal direito à proteção seria o mesmo que negar o próprio direito.[106]

Em outro exemplo:

Manutenção de posse. Meio processual idôneo para proteger marca comercial registrada. Marca comercial. Uso. Reprodução da mesma marca por firma concorrente. Ação possessória para cessar a turbação à posse, cumulada com perdas e danos. Carência da ação reconhecida pelo juiz. Provimento do recurso para afastar a carência. Como propriedade imaterial, o uso da marca comercial devidamente registrada pode ser objeto de defesa pelos interditos possessórios. Apelação provida.[107]

Não se pense que se torna inviável a defesa da marca caso ausente o registro, principalmente se outra pessoa também não tem a marca registrada, segundo já decidiu a 8ª Câm. Cível do TJ de São Paulo, na *Apel. Cível* nº 42.101-01, de 19.09.1984: "Sendo a marca conhecível e apreciável e de uso anterior, não há como se lhe negar proteção pelo simples fato de não ter o seu registro no INPI, máxime se inexiste, também, registro em favor de terceiros". Em trecho do voto, colhe-se:

Cabendo aí, exatamente, a observação de precedentes deste egrégio Tribunal de Justiça, onde se fixou, com acerto, que a marca da autoria tem anterioridade de uso, nada significando em especial a inexistência de registro deferido. Teria importância se deferido o registro do INPI a outrem, o que mudaria a questão (cf. Acórdão na *Apelação* nº 14.570-1, da 2ª Câmara Cível).[108]

Necessário ressaltar a função do registro de tornar certa a propriedade, e de impor a sua validade perante terceiros. O sentido da previsão do art. 129, de que se adquire a propriedade pelo registro, não afasta outras formas, e expressa tão somente que, com o registro, dá-se a aquisição validamente. Não está escrito que a única forma de aquisição da propriedade está no registro.

25.40. NULIDADE E ANULAÇÃO DO REGISTRO

A não obediência da lei importa em se decretar a nulidade do registro da marca. Concede-se o registro em desacordo com as disposições legais, como na constatação da existência de marca anterior igual; na inexistência do produto; na impropriedade de objeto; na efetivação do registro de marcas não registráveis; na obtenção do registro de modo irregular, dentre outros casos. É significativa a ocorrência de idêntica marca para a mesma finalidade, ou igual classe de produto. Se for diferente a classe, e aí não importando a destinação, não há nulidade; igualmente, embora a mesma classe, se os nomes são perfeitamente distinguíveis:

Somente não se mostra registrável como marca um nome comercial se a empresa titular deste o puder utilizar para os mesmos fins identificatórios pretendidos pela

---

[106] *Apelação Cível* nº 664.461, da 1ª Câm. Cível do TJ de São Paulo, em *Revista dos Tribunais*, 626/45.

[107] *Apelação Cível* nº 139, da 2ª Câm. Cível do Tribunal de Alçada do Paraná, em *Revista dos Tribunais*, 577/236.

[108] Em *Jurisprudência Brasileira*, nº 132, 1988, ob. cit., p. 152.

empresa solicitante no Registro de Marca (...) Possível é a coexistência de duas marcas no universo mercantil, mesmo que a mais recente contenha reprodução parcial da mais antiga e que ambas se destinem à utilização em um mesmo ramo de atividade (no caso, classe 25.10 do Ato Normativo 0051/81.INPI – indústria e comércio de "roupas e acessórios do vestuário de uso comum"), se inexistente a possibilidade de erro, dúvida ou confusão.[109]

Consoante o art. 165, que diz o óbvio, "é nulo o registro que for concedido em desacordo com as disposições desta lei".

Na sequência, o parágrafo único admite, além da nulidade total, como quando existente um registro anterior de marca idêntica, a nulidade parcial, que se verifica quando atinge apenas um ou alguns produtos ou serviços, persistindo os demais, que serão levados a registro. Possível que um dos vários produtos já esteja sendo fabricado por outra empresa, tendo a mesma marca, enquanto outros se encontram livres, aptos ao registro.

A nulidade, em qualquer situação, retroagirá ou produzirá seus efeitos a partir da data do depósito do pedido de registro da marca (art. 167).

Também anulável o registro de marca feita para o seu nome por agente ou representante do titular da marca registrada em país signatário da Convenção da União de Paris, com a faculdade de adjudicar o registro, nos termos do art. 166:

> O titular de uma marca registrada em país signatário da Convenção da União de Paris para Proteção da Propriedade Industrial poderá, alternativamente, reivindicar através de ação judicial, a adjudicação do registro nos termos previstos no art. 6º *septies* (1) daquela Convenção.

Eis a redação do art. 6º *septies* (1):

> Se o agente ou representante do titular de uma marca num dos países da União pedir, sem autorização deste titular, o registro dessa marca em seu próprio nome, num ou em vários desses países, o titular terá o direito de se opor ao registro pedido ou de requerer o cancelamento ou, se a lei do país o permitir, a transferência a seu favor do referido registro, a menos que este agente ou representante justifique o seu procedimento.

Em suma, faculta-se ao titular da marca registrada em país signatário da Convenção da União de Paris, vindo a conhecer o registro de sua marca por terceiro, pedir a adjudicação do dito registro em seu nome, facultativamente ao pedido de anulação ou cancelamento.

De importância a previsão da adjudicação, ao invés da nulidade. Aclaram a viabilidade Gert Egon Dannemann e Katia Braga de Magalhães:

> Suponhamos que um terceiro, agente ou representante do detentor anterior da referida marca, e ávido por obter lucros indevidos à sombra da sua reputação, obtenha o registro para o sinal em nome próprio e se torne titular da marca, sendo certo que tal registro foi pleiteado de má-fé, ou seja, na ciência de que a marca já se encontrava desde há muito na posse de outrem. Portanto, não há como negar a legitimidade da empresa prejudicada em pleitear em juízo a adjudicação do registro da marca que, tendo em vista a má-fé do demandado, foi como que "usurpada" do autor.[110]

---

[109] *Recurso Especial* nº 37.646/RJ, da 4ª Turma do STJ, de 10.05.1994, *DJU* de 13.06.1994.

[110] *A ação de adjudicação na nova Lei de Propriedade Industrial – Lei nº 9.279/1996*, trabalho citado, p. 3.

Cap. XXV • PROPRIEDADE INDUSTRIAL | 835

Várias regras seguem relativamente ao procedimento administrativo para se decretar a nulidade, contidas nos arts. 168 a 172.

Desde que violadas as disposições legais da Lei n° 9.279/1996, de ofício ou a requerimento de qualquer interessado instaura-se o processo de nulidade, desde que promovido no prazo de cento e oitenta dias contados da expedição do certificado de registro, isto é, unicamente depois de decorrido este lapso de tempo é admissível a instauração.

A viabilidade de anular o ato de concessão encontra fulcro na Súmula n° 473 do STF, de 1969:

> A Administração pode anular seus próprios atos, quando eivados de vícios que os tornam ilegais, porque deles não se originam direitos; ou revogá-los, por motivo de conveniência ou oportunidade, respeitados os direitos adquiridos, e ressalvada, em todos os casos, a apreciação judicial.

Uma vez iniciado o procedimento, através de portaria se de ofício, ou de requerimento se parte do interessado, e admitida a instauração pelo exame dos pressupostos iniciais, intima-se o titular, para apresentar defesa, no prazo de sessenta dias. Leva-se a efeito a intimação através de publicação na *Revista da Propriedade Industrial*.

Encerrado o prazo, com ou sem defesa, irá o processo ao Presidente do INPI, para o decidir, ou ordenar diligências.

Ainda que já extinto o registro, por fatores diferentes daqueles levantados, como por renúncia, ou pedido expresso de cancelamento do titular, ou caducidade, ou pela inobservância do disposto no art. 217, deverá prosseguir o feito, até a decisão final.

Também anula-se o registro por meio judicial, através de ação ordinária de anulação de registro de marca. Os arts. 173 a 175 tratam da ação, com vistas a tal fim. Reconhece-se a legitimidade a quem demonstra interesse, ou tem seus direitos atingidos com o registro da marca. Ao INPI também é admitida a titularidade da ação, desde que a ofensa seja mais de ordem pública, ou seja, tenha vulnerado dispositivos legais.

O art. 173 dispõe, a respeito: A ação de nulidade poderá ser proposta pelo INPI ou por qualquer pessoa com legítimo interesse.

Por outro lado, o parágrafo único contempla a possibilidade de suspender liminarmente os efeitos do registro e do uso da marca, atendidos os requisitos processuais próprios. Ou seja, desde que presentes os pressupostos para a concessão da tutela provisória – de urgência ou evidência –, sendo a primeira nas modalidades de antecipação ou cautelar (em caráter antecipado ou incidente), desde que configurados especialmente o *fumus boni iuris* e o *periculum in mora*, concede-se a suspensão dos efeitos do registro da marca e do seu uso.

A prescrição da ação para declarar a nulidade do registro é de cinco anos, contados da data da concessão (art. 174), que inicia com a sua publicação na *Revista da Propriedade Industrial*.

O foro para promover a ação é o da justiça federal, sobretudo porque intervirá obrigatoriamente o INPI, quando não for o mesmo o autor. Naturalmente, ingressa-se no foro do domicílio do réu, que é o titular da marca que se quer anular, e não o do INPI.

Dirigindo-se sempre a ação contra o titular do registro, a participação do INPI (quando não figurar como autor) é na qualidade de assistente, isto é, mais para trazer informações ao juízo.

O prazo para a contestação, por disposição literal do § 1° do art. 175, é de sessenta dias. Uma vez transitada em julgado a decisão da ação anulatória, o INPI publicará anotação a respeito, para ciência dos interessados.

Finalmente, somente depois de decretada a nulidade começa a proibição para o uso:

> Enquanto não desconstituído, mediante revisão administrativa, ou sentença em ação de nulidade ou de cancelamento por outra causa, no juízo federal competente, vigo-

ra, com toda sua eficácia atributiva e assecuratória, o registro da marca, do qual se irradiam os poderes típicos da propriedade e do direito de uso, oponíveis *erga omnes*, salvo contra quem esteja autorizado por contrato.[111]

25.41. CLASSIFICAÇÃO DE ARTIGOS, PRODUTOS E SERVIÇOS

Tanto no âmbito internacional como no nacional existe a classificação dos artigos ou produtos e serviços para o registro de marcas de indústria, de comércio e de serviços.

No âmbito internacional, vigora o Acordo da Classificação Internacional, celebrado na cidade de Nice, em 1957, o qual, depois de sucessivas mudanças, possui 41 classes, com uma lista de produtos e serviços em torno de vinte mil itens.

No Brasil, temos o Ato Normativo do INPI nº 51, de 27.01.1981, contendo quarenta e uma classes, sendo trinta e cinco de artigos e produtos, e as seis últimas de serviços.

Em cada classe, está arrolado o grupo de itens abrangido. Ou seja, cada uma das classes é dividida em itens. Consoante constam em notas explicativas do INPI, algumas classes, normalmente as mais demandadas, possuem grande número de itens. Esse é o caso, por exemplo, da classe 05 (medicamentos), com 17 itens. Outras, como plantas e flores (classe 10), têm apenas um item. Ilustrando: os remédios expectorantes têm a classificação 05, item 14.

Nas classes, vêm notas explicativas. Assim, quanto à classe *1*, relativa a produtos e substâncias químicas, minerais e de origem animal ou vegetal, destinados ao uso industrial, explica-se: "(...) Em geral, os produtos e substâncias deste item dependem ainda de algum tipo de tratamento para seu consumo final, podendo então estar incluídos em outros itens previstos nas demais classes". Um total de dezessete itens, cada um com um número, sendo três deles: 10 – Resinas em geral; 15 – Substâncias para extinguir fogo; 20 – Substâncias para têmpera e preparados para solda. Quem, pois, quer registrar uma marca de produto que envolve resina opta pela Classe *1*, item 10.

Para bem inteirar-se do assunto, é necessário ingressar no *site* do INPI, digitando:

http://www.inpi.gov.br/marca/conteudo/classimr.htm.

O pedido deve compatibilizar-se com uma das várias classes previstas, mesmo que não contemplado o produto ou o serviço na descrição que apresenta. Na hipótese, busca-se enquadrar dentro de uma categoria por analogia, ou em vista da semelhança com um dos itens da relação.

Eis a classificação, que ainda hoje domina:

Classe 1.
Produtos e substâncias químicas e minerais e aqueles de origem animal ou vegetal, predominantemente destinados ao uso industrial.

Classe 2.
Materiais tintoriais e os preservativos contra oxidação e deterioração.

---

[111] *Apelação Cível* nº 80.340-4/1-00, da 2ª Câm. de Direito Privado do TJ de São Paulo, de 15.02.2000, em *ADV Jurisprudência*, nº 24, expedição de 18.06.2000, p. 377.

Classe 3.

Produtos de limpeza e higiene doméstica, humana e veterinária, bem como os produtos de perfumaria, de toucador e cosméticos.

Classe 4.

Graxas e óleos lubrificantes e os combustíveis em geral, bem como artigos não elétricos para iluminação.

Classe 5.

Medicamentos alopáticos, homeopáticos, veterinários, correlatos em geral, produtos para tratamento odontológico e membros e órgãos artificiais.

Classe 6.

Minérios, metais e moldes para fundição em geral.

Classe 7.

Máquinas, equipamentos, dispositivos e veículos de transporte, içamento, rebocamento e armazenagem, bem como matrizes industriais.

Classe 8.

Ferramentas, ferragens, instrumentos manuais, cutelaria e armas brancas.

Classe 9.

Aparelhos elétricos, eletrônicos, científicos e de uso comum, de precisão ou não.

Classe 10.

Plantas e flores naturais.

Classe 11.

Revistas, jornais e publicações periódicas.

Classe 12.

Tendas, barracas, lonas, salva-vidas e paraquedas, bem como redes para descanso.

Classe 13.

Armas de fogo, equipamentos bélicos, munições, substâncias explosivas e fogos de artifício.

Classe 14.

Metais preciosos e semipreciosos, pedras e joias, preciosas ou não.

Classe 15.

Instrumentos musicais, de acústica e suas partes, exclusive equipamentos de sonorização.

Classe 16.

Papel, livros, impressos de todos os tipos, pequenos artigos para escritório, material didático e de desenho, ornamentos, manequins, caracteres de imprensa, plantas, flores e frutas artificiais e artigos religiosos.

Classe 17.

Borracha, matéria plástica em geral e materiais para calafetar, isolar e vedar.

Classe 18.

Couros e peles.

Classe 19.

Materiais para construção e pavimentação, estruturas pré-fabricadas ou prémoldadas, madeiras, peças sanitárias, instalações hidráulicas e mangueiras.

Classe 20.

Artigos do mobiliário em geral, acolchoados, utensílios domésticos, recipientes e embalagens, vidros, espelhos, cristais, pincéis e espetos.

Classe 21.

Alimentos e demais artigos para animais, excetuando-se tão somente os produtos veterinários e para higiene animal.

Classe 22.

Animais vivos e ovos para incubação.

Classe 23.

Fios, materiais têxteis em geral e produtos para estofamento.

Classe 24.

Tecidos, roupas de cama, mesa, banho, cozinha e artigos têxteis para limpeza.

Classe 25.

Roupas e acessórios do vestuário em geral e artigos de viagem.

Classe 26.

Artigos e artefatos de armarinho, qualquer que seja a matéria-prima utilizada.

Classe 27.

Cortinas, tapetes e materiais para revestimento de interiores.

Classe 28.

Jogos, brinquedos, passatempos e artigos para ginástica e esporte em geral, exceto roupas e acessórios do vestuário.

Classe 29.

Carnes, aves, ovos, peixes, frutas, cereais, legumes, gorduras e condimentos em geral.

Classe 30.

Café e ervas para infusão.

Classe 31.

Laticínios, margarinas e leites de soja.

Classe 32.

Massas alimentícias, farinhas e fermentos em geral.

Classe 33.

Doces, pós para fabricação de doces, açúcar e adoçantes em geral.

Classe 34.

Tabaco em geral, industrializado ou não, e artigos para fumantes.

Classe 35.

Bebidas alcoólicas e não alcoólicas, xaropes, sucos, gelo e substâncias para fazer bebidas e para gelar.

Classe 36.

Serviços bancários em geral, seguro, resseguro, capitalização, previdência privada, cartão de crédito e serviços auxiliares das atividades financeiras.

Classe 37.

Serviços de arquitetura, engenharia, desenho técnico, construção civil, estudo e representação gráfica da origem, formação, evolução e transformação do globo terrestre, prospecção, paisagismo, decoração, florestamento, reflorestamento, urbanismo, desenho artístico, meteorologia, astronomia, composição gráfica, reparação, conservação, montagem e limpeza em geral, distribuição de água, luz, gás e esgoto e serviços auxiliares às atividades agropecuárias.

Classe 38.

Serviços de comunicação, publicidade, propaganda, transporte, armazenagem, embalagem, hotelaria e alimentação em geral.

Classe 39.

Serviços médicos, odontológicos, veterinários e de psicologia, fisioterapia, fonoaudiologia, assistência social, biologia e auxiliares.

Classe 40.

Esta classe compreende serviços não previstos nas classes 36, 37, 38, 39 e 41.

Classe 41.

Serviços de ensino e de educação de qualquer natureza e grau, diversão, sorteio, jogo, organização de espetáculos em geral, de congresso e de feira e outros serviços prestados sem finalidade lucrativa ou de natureza filantrópica.

25.42. EXPRESSÕES OU SINAIS DE PROPAGANDA

Na vigência da Lei nº 5.772/1971, protegiam-se as expressões ou sinais de propaganda. Consoante o art. 73, § 1º, entendia-se por expressões ou sinal de propaganda toda legenda, anúncio, reclame, combinação de palavras, desenhos, gravuras, originais e características que se destinem a emprego como meio de recomendar quaisquer atividades lícitas, realçar qualidades de produtos, mercadorias ou serviços, ou a atrair a atenção dos consumidores ou usuários, facultando-se a utilização a todo aquele que exercer qualquer atividade lícita.

Este meio de veiculação de produtos e mercadorias era utilizável por meio de cartazes, tabuletas, papéis avulsos, impressos em geral, ou demais meios de comunicação (art. 73, § 3º).

Era registrável perante o INPI a expressão ou sinal de propaganda, valendo o ato para todo o território nacional (art. 75 da mesma Lei nº 5.772/1971).

Presentemente, sob o enfoque da Lei nº 9.279/1996, não se manteve a proteção. Determinado o arquivamento de todos os pedidos pendentes, garantindo-se a proteção, aos registros já vigorantes, pelo período de tempo faltante para completar o período concedido, na forma do art. 233: "Os pedidos de registro de expressão e sinal de propaganda e de declaração de notoriedade serão definitivamente arquivados e os registros de declaração permanecerão em vigor pelo prazo de vigência restante, não podem ser prorrogados".

No entanto, nada impede o registro da marca com o sinal ou expressão de propaganda. Efetuado o registro, a proteção fica no mesmo nível da marca. Assegura o direito a exclusividade de uso de marca ou expressão de propaganda se regularmente efetuado o registro. Neste sentido a manifestação do Superior Tribunal de Justiça, em decisão onde se transcreve a lição de Douglas Gabriel Domingues, sobre as expressões de propaganda:

> "Sendo finalidade precípua das expressões e sinais de propaganda realçar as qualidades de produtos ou serviços e atrair a atenção dos consumidores, comprovamos inicialmente que, à semelhança das marcas e privilégios, possuem indubitável função concorrencial no mercado; *slogans* e expressões de propaganda constituem autênticos gritos de guerra na luta sem quartel que as empresas travam para captação da clientela. Ainda à semelhança das marcas registradas e privilégios, expressões e sinais de propaganda exprimem dialeticamente a negação de concessão: o titular do registro, além da propaganda assegurada em lei, também desfruta de exclusividade no mercado, para uso e gozo da expressão ou sinal registrado, com o que impede que terceiros não autorizados venham a usar a propaganda registrada. Mais ainda: costumeiramente expressões ou sinais de propaganda são fixados em estradas, edifícios e logradouros públicos, em locais visíveis, destacados e de grande concentração e movimento humano, visando a atingir o maior número possível de potenciais consumidores (...)" (*Marcas e Expressões de Propaganda*, pp. 316/317).[112]

25.43. CRIMES CONTRA A PROPRIEDADE INDUSTRIAL

Dentro do objetivo de defender a propriedade industrial, várias figuras penais traz a Lei nº 9.279/1996, assim destacadas: crimes contra as patentes, crimes contra os desenhos industriais, crimes contra as marcas, crimes cometidos por meio de marca contra título de estabelecimento e sinal de propaganda, crimes contra as indicações geográficas e demais indicações, e crimes de concorrência desleal.

Passa-se a definir as figuras acima, sendo que o tipo de ação vulneradora da lei determina a espécie de delito. Assim, segue-se a classificação em consonância com o campo de infração praticada.

Lembra-se de que a matéria vinha regida pelos arts. 187 a 191 do Código Penal, os quais restaram revogados pelo Decreto-Lei nº 7.903/1945 (Código de Propriedade Industrial de 1955), diploma este que deu lugar, nesta parte, à Lei nº 9.279/1996.

25.43.1. Crimes contra patente de invenção ou de modelo de utilidade

Ilustra José Henrique Pierangeli que, "prioritariamente, protege-se o direito do inventor, concedendo-se-lhe o privilégio de usar e explorar, por tempo determinado, o invento cuja patente legalmente obteve junto ao órgão competente. Por outras palavras, a tutela penal dirige-se ao privilégio de invenção e ao direito do inventor".[113]

---

[112] *Recurso Especial* nº 101.118-PR, da 4ª Turma, *DJU* de 11.09.2000, em *ADV Informativo*, nº 52, expedição de 30.12.2000, p. 814.

[113] *Dos Crimes contra a Propriedade Industrial*, em *Revista Brasileira de Ciências Criminais*, nº 17, São Paulo, janeiro/março de 1997, p. 134.

Cap. XXV · PROPRIEDADE INDUSTRIAL | 841

O art. 183 contempla duas formas:

Comete crime contra patente de invenção ou de modelo de utilidade quem:

I – fabrica produto que seja objeto de invenção ou de modelo de utilidade, sem autorização do titular; ou

II – usa meio ou processo que seja objeto de patente de invenção, sem autorização do titular.

Para os delitos, a sanção é a detenção de três meses a um ano, ou a multa.

A fabricação e o uso de coisa objeto de patente constituem as ações típicas.

Fabricação envolve a produção ou a manufatura de um bem. O uso de meio ou processo compreende o seu emprego ou utilização para a produção ou a prestação de serviço.

No entanto, tendo em vista a redação da figura, tem-se que, pressuposto para a configuração do crime, é a existência de carta de patente. Não basta o mero pedido de patente. É que os termos do dispositivo se dirigem à patente, devendo a mesma evidentemente existir.

Ainda contra a patente de invenção será o crime na ocorrência das seguintes ações, elencadas pelo art. 184:

Comete crime contra patente de invenção ou de modelo de utilidade quem:

I – exporta, vende, expõe ou oferece à venda, tem em estoque, oculta ou recebe, para utilização com fins econômicos, produto fabricado com violação de patente de invenção ou de modelo de utilidade, ou obtido por meio ou processo patenteado; ou

II – importa produto que seja objeto de patente de invenção ou de modelo de utilidade ou obtido por meio ou processo patenteado no País, para os fins previstos no inciso anterior, e que não tenha sido colocado no mercado externo diretamente pelo titular da patente ou com seu consentimento.

Cominada a detenção de um a três meses, ou a multa.

Quanto ao inc. I, "exportar" significa colocar ou levar o produto para fora dos limites do país; "vender" é alienar ou ceder por um preço, ou trocar por dinheiro; "expor" importa em colocar à vista, exibir, mostrar; já "oferecer" é apresentar para alguém a coisa, com a finalidade de ser adquirida; "ter em estoque" corresponde ao depósito de mercadorias para a venda ou exportação; "ocultar" equivale a esconder, não deixar ver, sonegar; "receber" tem o sentido de tomar, aceitar, entrar na posse, acolher.

Todas essas formas devem revelar finalidade econômica, abrangendo sempre bens ou coisas com patente.

No tocante ao inc. II, "importar" expressa trazer para dentro, ou colocar no Brasil produtos elaborados ou feitos no exterior, mas sempre envolvendo produtos objeto de patente conseguida no Brasil; por outras palavras, existindo uma patente no Brasil, incide no tipo repressivo acima quem importar produto objeto ou processo que constitua reprodução total, parcial ou a imitação da invenção ou do modelo. Não entra na vedação a importação de produtos colocados no exterior diretamente pelo titular da patente ou com o seu consentimento.

O art. 185 elenca mais figuras:

Fornecer componente de um produto patenteado, ou material ou equipamento para realizar um processo patenteado, desde que a aplicação final do componente, material ou equipamento, induza, necessariamente, à exploração do objeto da patente.

Atribui-se a pena de um a três meses de detenção, ou multa.

842 | DIREITO DAS COISAS – *Arnaldo Rizzardo*

Pelo conteúdo do preceito, fornece-se componente ou elemento de um produto patenteado, ou material ou equipamento, para um processo patenteado. Pelos componentes, retirados de um invento patenteado, e empregados em um novo engenho ou produto, conclui-se que se está explorando o objeto patenteado, o que não tolera a lei, pois significa contrafação. Tais componentes utilizados devem constar no memorial descritivo do invento como característicos, ou dignos de reivindicação.

O art. 186 dá o alcance da configuração dos crimes acima: "Os crimes deste Capítulo caracterizam-se ainda que a violação não atinja todas as reivindicações da patente ou se restrinja à utilização de meios equivalentes ao objeto da patente".

Desde que atingida parte dos pontos característicos e das reivindicações da patente, está materializada a espécie delitual. Ou seja, importa a apropriação indevida de um elemento vital da patente.

25.43.2. Crimes contra os desenhos industriais

A matéria envolve, aqui, crimes praticados contra os desenhos industriais, ou seja, contra aquele que produz algum bem com base em desenho industrial registrado em nome de outra pessoa, ou que faça uma imitação substancial, de modo a induzir em erro ou confusão a uma outra pessoa, que pensa ser a obra de um autor diferente. Eis a redação do art. 187: "Fabricar, sem autorização do titular, produto que incorpore desenho industrial registrado, ou imitação substancial que possa induzir em erro ou confusão".

A penalidade compreende a detenção de três meses a um ano, ou multa.

Fabricar é fazer, manufaturar, produzir, com o acréscimo de algo novo, diferente, aplicando técnica, conhecimentos, experiência, de tal arte que apareça um bem que tenha uma utilidade.

Quem fabrica, pois, utilizando ciência ou técnica contida em um desenho industrial, está praticando o crime de contrafação. Mesmo quem imite um desenho, buscando praticamente reproduzi-lo, de modo a conduzir outrem a pensar que se trata de outro criador, também incide na punição.

Além da ação acima, outros procedimentos constam enquadrados como tipificadores de figura penal. Expressa o art. 188:

> Comete crime contra registro de desenho industrial quem:
>
> I – exporta, vende, expõe ou oferece à venda, tem em estoque, oculta ou recebe, para utilização com fins econômicos, objeto que incorpore ilicitamente desenho industrial registrado, ou imitação substancial que possa induzir em erro ou confusão; ou
>
> II – importa produto que incorpore desenho industrial registrado no país, ou imitação substancial que possa induzir em erro ou confusão, para os fins previstos no inciso anterior, e que não tenha sido colocado no mercado externo diretamente pelo titular ou com seu consentimento.

Estas modalidades coincidem com as do art. 184, com a diferença de que a imitação deve ser substancial. Acrescenta-se que a reprodução não precisa ser total. Constatada a reprodução parcial, e até a semelhança, concretiza-se a contrafação ou o crime contra o desenho, que se encontra devidamente registrado.

Quanto aos sujeitos do delito, indica-os José Henrique Pierangeli:

> Sujeito ativo pode ser qualquer pessoa que fabrique produto que incorpore desenho industrial registrado, ou que imite, substancialmente, desenho que possa induzir em

Cap. XXV · PROPRIEDADE INDUSTRIAL | 843

erro ou confusão. Sujeito passivo é o titular do desenho registrado. Como a própria lei exige o registro prévio, afastada está a hipótese de haver crime quando da tramitação do pedido de registro, ainda que possa o concessionário fazer uso do número da respectiva indicação, sob pena de ampliar-se demasiadamente a proibição, com ofensa ao princípio da legalidade. Este pressuposto acompanha outras infrações penais, definidas na lei em exame.[114]

25.43.3. Crimes contra as marcas

Os atos cometidos contra qualquer marca acarretam aos seus autores as devidas punições. As previsões penais aparecem, primeiramente, no art. 189:

Comete crime contra o registro de marca quem:

I – reproduz, sem autorização do titular, no todo ou em parte, marca registrada, ou imita-a de modo que possa induzir confusão; ou,

II – altera marca registrada de outrem já aposta em produto colocado no mercado.

Comina-se a pena de detenção, de três meses a um ano, ou multa.

Para a incidência da norma, ressalta-se a indispensabilidade do registro da marca.

Reprodução corresponde à cópia ou refazimento de marca anteriormente registrada, vindo com as mesmas inscrições, palavras, combinações, os mesmos algarismos e outros característicos.

Mesmo que se verifique em parte a reprodução, há o crime. Pode atingir a denominação, a palavra, a expressão, como também o desenho, o emblema, o símbolo, a disposição característica, as cores.

Entrementes, a utilização de palavra comum contida em outra marca não importa em reprodução, a exemplo do seguinte excerto de uma decisão:

A simples colocação da palavra "amarelas", para completar a expressão "Rio Listas Amarelas", no catálogo telefônico editado pela empresa própria, não significa tenha havido reprodução parcial da marca "páginas amarelas", no sentido que a Lei nº 9.279/1996 quer emprestar à correspondente tipificação criminal, principalmente porque a composição gráfica de ambas é evidentemente diferente, não se caracterizando, nem mesmo, a eventual imitação, como se observa dos documentos constantes dos autos, em que até mesmo a tonalidade da cor amarela, na impressão gráfica, é inteiramente diferente, sendo diferente, também, a apresentação gráfica dos dois catálogos. Na verdade, como restou registrado no voto vencido, que ora se faz prevalecer, com o devido respeito ao estilo sapiencial a justificar a posição do conflito para o exercício do direito à marca, não vislumbramos onde e quando se reúnem os elementos definidores do crime previsto no art. 189 e seus incisos, da Lei nº 9.279, de 14.05.1996.[115]

A imitação equivale a arremedar, repetir, compor o que já existe, mas de modo menos intenso que a reprodução. Aprofunda o sentido José Henrique Pierangeli: "Quanto à imitação,

---

[114] "Dos Crimes contra a Propriedade Industrial", em *Revista Brasileira de Ciências Criminais*, nº 17, trabalho citado, p. 134.

[115] *Embargos Infringentes* nº 43/99, da Seção Criminal do TJ do Rio de Janeiro, *DJ* de 7.06.2000, em *ADV Jurisprudência*, boletim semanal nº 41, expedição em 15.10.2000, p. 553.

844 | DIREITO DAS COISAS – *Arnaldo Rizzardo*

o delito pode configurar-se através da imitação de rótulos, envoltórios, embalagens e outros meios; elementos essenciais; imitação pelo sentido ou significado; e imitação ideológica, esta a mais difícil de se constatar, mas também a mais fácil de alcançar os objetivos buscados pelos imitadores de marcas. Todavia, há que se salientar constituir pressuposto do crime o prévio registro da marca, e, na falta desta, é de se reconhecer o crime de concorrência desleal".[116]

A semelhança configura-se também quando atinge o plano fonético ou gráfico. Entendeu o Superior Tribunal de Justiça que não gera confusão, embora alguma parecença nos nomes, o som fonético é diferente:

> Marcas/expressões: "Le Masque"/ "Le Mark". Inexistindo entre elas semelhança ou imitação, no plano fonético e gráfico, capaz de provocar confusão no uso respectivo, é admissível a sua convivência no comércio, ainda que se dediquem ao mesmo ramo de atividade.[117]

Já alterar quer dizer modificar, mudar, desfigurar, adulterar. Envolve a falsificação, porquanto alterar uma marca acarreta a sua falsificação ou adulteração.

Mais espécies de delitos há no art. 190:

> Comete crime contra registro de marca quem importa, exporta, vende, oferece ou expõe à venda, oculta ou tem em estoque:
>
> I – produto assinalado com marca ilicitamente reproduzida ou imitada, de outrem no todo ou em parte; ou
>
> II – produto de sua indústria ou comércio, contido em vasilhame, recipiente ou embalagem que contenha marca legítima de outrem.

A pena é de detenção de um a três meses, ou multa.

Importa observar as ações passíveis de punição: importar, exportar, vender, oferecer ou expor à venda, ocultar ou ter em estoque, cujos significados já restaram abordados.

Essas ações terão em conta produto com marca de outrem ilicitamente reproduzida, ou imitada; ou a mera adoção e impressão de marca de outrem em produtos próprios, em vasilhames, recipientes ou embalagens. Em síntese, reproduz-se, imita-se marca, ou simplesmente copia-se e adota-se marca que não pertence ao agente do crime.

25.43.4. Crimes cometidos por meio de marca, título de estabelecimento e sinal de propaganda

Tem-se em conta, neste item, a utilização de sinais que não podem figurar nas marcas. Eis o conteúdo no art. 191:

> Reproduzir ou imitar, de modo que possa induzir em erro ou confusão, armas, brasões ou distintivos oficiais nacionais, estrangeiros ou internacionais, sem a necessária autorização, no todo ou em parte, em marca, título de estabelecimento, nome comercial, insígnia ou sinal de propaganda, ou usar essas reproduções ou imitações com fins econômicos.

---

[116] "Dos Crimes contra a Propriedade Industrial", em *Revista Brasileira de Ciências Criminais*, trabalho citado, nº 17, p. 139.

[117] *Recurso Especial* nº 9.289/SP, da 3ª Turma, de 4.06.1991, *DJU* de 24.06.1991.

Cap. XXV · PROPRIEDADE INDUSTRIAL | 845

Contemplada a pena de detenção de um a três meses, ou multa.

Consoante o parágrafo único, na mesma pena incorre quem vende, expõe ou oferece à venda produtos assinalados com essas marcas.

A reprodução ou imitação é sempre proibida, não se exigindo a configuração de induzir a erro ou causar confusão. De acordo com a redação, a reprodução ou imitação pode causar erro ou confusão. O mero emprego importa em tais efeitos. A possibilidade de acontecerem advém da reprodução ou imitação. De sorte que não é elemento da figura a exigência de induzir em erro ou causar confusão, porquanto o uso pode importar no efeito de induzir em erro ou causar confusão.

Empregam-se ou apõem-se em marcas certos sinais que a lei veda.

Assim quanto às armas, que têm o sentido de emblemas reconhecidos como sinais distintivos a um Estado, a uma cidade, a uma entidade, não abrangendo o significado de um objeto próprio para a luta, a guerra, a defesa pessoal (espada, machado, adaga, revólver, espingarda, faca); os brazões também constituem insígnias ou sinais distintivos de pessoa ou família nobre, que se outorgou por merecimento; os distintivos equivalem a sinais característicos, a um emblema, a uma insígnia, possuindo um sinal específico, que se outorga em razão de um ato merecedor de elogios ou encômios.

Os sinais apontados e outros incluídos no art. 124, inc. I, devem ser oficiais, isto é, adotados por entes públicos, sejam nacionais ou estrangeiros.

Estende-se a cominação punitiva quando os mencionados sinais são empregados no título de estabelecimento, em nome comercial, em insígnia ou sinal de propaganda. O título de estabelecimento é a denominação, a insígnia, o emblema do estabelecimento, seja comercial, industrial ou agrícola. O nome comercial, com a designação também de nome de empresa, significa a firma ou denominação que se dá à pessoa física ou jurídica, que exerce atividade comercial, industrial ou agrícola. A insígnia ou sinal de propaganda expressa a legenda, o anúncio, a comunicação escrita ou figurada, a expressão escrita, o desenho, a gravura, ou seja, toda mensagem visual e em caracteres, com vistas a dar ciência e a recomendar sobre as qualidades e vantagens de produtos e atividades comerciais, industriais e agrícolas, de modo a atrair consumidores.

O uso das reproduções ou imitações para fins econômicos inclui-se na proibição. A sua utilização para fins de propaganda está dentro da finalidade econômica. Assim também a comercialização das reproduções, de sorte a fazer de sua exploração um meio de auferir vantagens.

Aqueles que vendem, expõem ou oferecem à venda produtos assinalados com tais marcas proibidas sujeitam-se a sofrer as mesmas penas. Constituindo sinais oficiais ou públicos, de todos são conhecidos, de modo que não encontra justificativa a alegação do desconhecimento da origem ou natureza dos sinais.

25.43.5. Crimes contra indicações geográficas e demais indicações

Para o entendimento das espécies de delitos previstas nos arts. 192 a 194, deve-se esclarecer o conceito de algumas expressões.

Assim quanto à expressão "indicação geográfica", que significa a indicação de procedência ou a denominação de origem do produto ou serviço.

Há necessidade de explicar a "indicação de procedência", estabelecendo o art. 177 que se trata do nome geográfico de país, cidade, região ou localidade de seu território, o qual se tornou conhecido como um centro de extração, de produção ou fabricação de um produto ou serviço, sendo exemplos os centros que se destacam pela fabricação de móveis, de produção de vinhos, de bebidas destinadas, de laticínios.

Já a expressão "denominação de origem", pelo que se extrai do art. 178, é relativa ao nome de produto ou serviço advindo do nome geográfico do país, cidade, região ou localidade de seu território, em que as qualidades ou característica se devem exclusiva ou essencialmente ao meio geográfico, incluídos fatores naturais e humanos.

Na "indicação de procedência" a localidade dá realce ao produto ou serviço. Na "denominação de origem", as qualidades ou características são fruto do meio geográfico, não se afastando fatores naturais e humanos.

O art. 192 dirige-se àqueles que dão aos produtos falsa indicação geográfica: "Fabricar, importar, exportar, vender, expor ou oferecer à venda ou ter em estoque produto que apresente falsa indicação geográfica".

Comina-se pena de detenção de um a três meses, ou multa.

Abrange a previsão os atos dos que falsificaram a indicação de procedência e a denominação de origem.

Já o art. 193 direciona-se a punir as ações que não ressalvam a procedência do produto na sua apresentação:

> Usar, em produto, recipiente, invólucro, cinta, rótulo, fatura, circular, cartaz ou em outro meio de divulgação ou propaganda termos retificativos, tais como "tipo", "espécie", "sistema", "semelhante", "sucedâneo", "idêntico", ou equivalente, não ressalvando a verdadeira procedência do produto.

O art. 194 reprime a indicação de procedência não verdadeira: "Usar marca, nome comercial, expressão ou sinal de propaganda ou qualquer outra forma que indique procedência que não a verdadeira, ou vender ou expor à venda produto com esses sinais".

Em ambas as modalidades, a punição consiste em detenção de um a três meses, ou em multa.

25.43.6. Crime de concorrência desleal

a) Distinções quanto à contrafação.

A contrafação envolve o direito de invenção, de modelo de utilidade, de desenho industrial, e o de marcas. Sua incidência é na esfera privada, podendo, no entanto, integrar os elementos da concorrência desleal ou mesmo outras tipicidades delituais.

Sabe-se que a patente de invenção assegura ao seu titular, enquanto vigorar, a propriedade e o uso exclusivo, o que também se aplica aos modelos de utilidade, e a outros bens da propriedade industrial, especialmente se registrados. A patente e o registro trazem a proteção, assegurando a proteção ao titular, que passará a auferir os proveitos econômicos advindos da privilegiabilidade.

Emerge uma faculdade, desdobrada em duas prerrogativas, ressaltadas por João da Gama Cerqueira:

a) Em relação à invenção de novos produtos, o direito exclusivo de fabricar, expor à venda e vender o produto patenteado ou registrado, conforme o caso.

b) Em relação às invenções de novos meios ou de aplicações novas de meios conhecidos, o direito exclusivo de empregar o meio ou o processo privilegiado.

Os atos ofensivos ao direito de exclusividade constituem ofensas ao instituto da patente ou da marca.[118]

Daí necessários dois requisitos para permitir a ação de contrafação: a) a existência de uma patente ou de um registro válido; b) a prática de um fato material que constitua ofensa ao direito do concessionário do privilégio.

Em suma, indispensável a patente ou o registro para a proteção legal.

Quanto ao privilégio decorrente de invenção e de modelo de utilidade, o fulcro da garantia encontra-se em vários dispositivos, como nos arts. 2º, inc. I, e 6º; já o advindo do desenho industrial e da marca, está nos arts. 2º, incs. II e III, 109, e 129, todos da Lei nº 9.279/1996.

No pertinente exclusivamente às marcas, um dos pontos que mais suscita controvérsias judiciais, estabelece o art. 129:

> A propriedade da marca adquire-se pelo registro validamente expedido, conforme as disposições desta Lei, sendo assegurado ao titular seu uso exclusivo em todo o território nacional, observado quanto às marcas coletivas e de certificação o disposto nos arts. 147 e 148.

A contrafação envolve o furto ou o aproveitamento de invenções, modelos de utilidade, desenhos industriais e marcas desrespeitando o direito que adveio da patente ou do registro.

Com a contrafação, há a fabricação de produto privilegiado pela patente ou pelo registro, ou a utilização de processo de fabricação. Na hipótese de marcas, *v. g.*, se produzem ou vendem mercadorias com determinada marca estabelecida em favor de outro fabricante ou comerciante.

Aproveitam-se as ideias da invenção ou da fabricação, não se exigindo que o produto seja absolutamente igual ou idêntico ao privilegiado. Basta que haja afinidade entre os produtos, ou que um deles tenha ligação ou vinculação com o outro existente. Num exemplo, existindo determinada marca de cigarro, a fabricação de isqueiros com igual ou semelhante marca é apta a incutir no consumidor a mesma procedência ou origem de fabricação de ambos os produtos. Daí ser correta a presente jurisprudência:

> Marca de indústria e comércio. Contrafação. Imitação ou reprodução de marca alheia registrada. Configuração facilmente perceptível. Desnecessidade de perícia. Irrelevância de não pertencerem os produtos à mesma classe. Afinidade dos ramos de atividade (cigarros e isqueiros). Possibilidade de confusão sobre sua origem (...).

As seguintes passagens do voto bem ilustram a situação:

> A firma "Atrás Cosméticos Ltda.", fabricante de gás perfumado para isqueiro, acondicionou seu produto em embalagens cilíndricas de material metálico, as quais trazem a marca "Charm". Vale dizer, noutros termos, que a ré, na verdade, fabricou isqueiros, produtos esses que, desenganadamente, são destinados a fumantes (...). O importante, nesse caso, é que a afinidade entre o produto da ré e os de fabricação da Cia. Souza Cruz é patente, tanto que o isqueiro é artigo destinado ao uso de fumantes, razão pela

---

[118] *Tratado da Propriedade Industrial*, vol. I, ob. cit., p. 539.

qual apresenta-se irrelevante a circunstância de pertencer o gás perfumado a classe diversa.[119]

Inúmeras as situações que comportam a contrafação, como a cópia ou subtração de ideias, verificada na semelhança de forma gráfica, pronúncia ou fonemas. Eis um exemplo: "Nome comercial. Proteção. Abstenção de uso. Admissibilidade. Existência de semelhança gráfica e fonética entre as denominações sociais, bem como entre as atividades de ambas as empresas. Ação procedente. Sentença confirmada". Isto porque, consta no acórdão, há

> semelhança de ordem gráfica e identidade de natureza fonética, entre as denominações sociais das empresas litigantes, que, induvidosamente, os ramos de atividade de cada qual são similares, com pontos de absoluta identidade, junto aos meios de comunicação. A proteção do uso exclusivo da marca registrada não fica circunscrita à atividade mercantil desenvolvida no mesmo ramo de comércio. A tutela assegurada pelo registro da marca, na distinção dos produtos, abrange não apenas estes, mercadorias ou serviços, de outros idênticos, mas, igualmente, semelhantes, na classe correspondente à atividade da empresa (...), não afetando essa proteção a circunstância segundo a qual os ramos de negócio sejam diversificados.[120]

Maurício Lopes Oliveira cita mais exemplos, admitidos pelos julgamentos ou pela doutrina, decorrendo a afinidade ou semelhança da relação existente entre os objetos, como o sal e os saleiros; os tecidos e as roupas; as comidas e as bebidas; os dentifrícios e as espumas de barbear; os sabonetes e os cosméticos (eis que todos voltados para a higiene pessoal); a agulha e o dedal; as tesouras e as máquinas de costura; as raquetes e as bolas de tênis; os iogurtes e o leite.[121]

De modo que a contrafação realiza-se pela adoção de algo ou de elemento já existente em invenção ou outro integrante da propriedade industrial, ou até de todos os elementos do produto.

Relativamente às invenções, assim resume João da Gama Cerqueira a violação de direitos assegurados pela patente:

a) a fabricação do produto privilegiado, sem autorização de concessionário da patente, considerando-se produto em corpo certo, bastante em si, independente do uso a que se destina (...);

b) o uso de meio ou processo para se obter um produto ou resultado industrial, sem autorização do concessionário do privilégio (...), incluindo-se, nessa classe de invenções, as aplicações novas de meios conhecidos e as combinações.[122]

b) Caracterização da concorrência desleal.

Quanto à concorrência desleal, seu conceito envolve o ato praticado por alguém contrariamente às regras da concorrência comercial. Procura-se sobretudo desviar a clientela dos concorrentes, usando métodos condenáveis, para o proveito do agente. A fim de conseguir

---

[119] *Apel. Cível* nº 85.953-1, da 5ª Câm. Cível do TJ de São Paulo, de 11.06.1987, em *Revista dos Tribunais*, 625/67.

[120] *Apel. Cível* nº 107.127-1, da 5ª Câm. Cível do TJ de São Paulo, de 11.05.1989, em *Revista de Jurisprudência do TJ do São Paulo*, Lex Editora, 119/235.

[121] *Propriedade Industrial*, ob. cit., pp. 52 a 54.

[122] *Tratado de Direito Industrial*, vol. I, ob. cit., p. 551.

Cap. XXV • PROPRIEDADE INDUSTRIAL | 849

uma vantagem econômica, na concorrência do comércio ou da indústria, são apresentadas alegações falsas sobre o produto. O objetivo é desacreditar os produtos de outro comerciante ou industrial, ou gerar confusão no tocante aos produtos de outra pessoa.

A concorrência em si é um conjunto de atos dirigidos a conseguir a captação ou o desvio de clientela, do que resultará prejuízos aos fabricantes ou vendedores de produtos similares e destinados ao público. Ela não se afigura desleal se os meios utilizados são legais ou lícitos, conseguindo-se a preferência pelo maior volume de propaganda, ou pelas vantagens qualitativas dos produtos. Neste sentido, Remo Franceschelli dá a seguinte definição:

> La concorrenza, e cioè la situazione in cui si trovano attualmente o potenzialmente due o più imprenditore que, operando nello stesso ambito di mercato, offrano beni o servizi suscettibili di saddisfare, anche con mezzi (beni o servizi) diversi, lo stesso bisogno, e quindi si trovino in una situazione di conflitto di interessi risetto alla clientela.[123]

É desleal se, na luta para a consecução dos produtos, lança-se mão de procedimentos desonestos ou enganadores, ou de expedientes irregulares e não reais, incutindo, *v. g.*, na mente dos interessados a convicção da superioridade da mercadoria, sem que seja verdadeira esta impressão. Ou condiciona-se um bem fabricado com a mesma aparência de outro, já de larga comercialização, trazendo confusão entre os consumidores.

Neste sentido, na *Apelação Cível* nº 60.714-1, da 5ª Câm. Cível do TJ de São Paulo, decidiu-se: "É ilícito o uso de nome comercial quando a sua parte característica reproduzir ou se assemelhar à marca registrada". Isto porque, segundo o voto que orienta a decisão,

> é evidente o intuito desleal da apelada, pretendendo se aproveitar do bom nome e da receptividade dos produtos da apelante no mercado consumidor (...). A conclusão se daria, não só em relação ao incauto, mas por qualquer pessoa comum, no entendimento de que um e outro produto provêm do mesmo fabricante. A vantagem será do imitador, que não encontrando obstáculo raramente imporá uma qualidade semelhante ao produto imitado.[124]

Entrementes, a semelhança de nome ou marca com tipos já registrados não induz à proibição ou indenização se diversos os produtos ou ramos de atividade:

> A Lei assegura o uso exclusivo de marca de comércio em todo o território nacional, mediante registro junto ao INPI, para distinguir produtos, mercadorias ou serviços de outros idênticos ou semelhantes na classe correspondente a determinada atividade. Portanto, se as empresas operam em ramos de atividade comercial distintos, não há risco de confusão entre o nome e a marca, nem possibilidade de concorrência desleal.[125]

A manobra deve ser procedida intencionalmente, ou com o intuito de se auferir vantagem econômica. Para conseguir-se a procedência da ação, no âmbito civil, cumpre ao lesado

---

[123] *Obra citada*, vol. I, ob. cit., p. 5. Tradução livre do texto: "A concorrência, ou seja, a situação em que dois ou mais empreendedores atualmente ou potencialmente se encontram operando no mesmo mercado, oferecem bens ou serviços suscetíveis de satisfazer mesmo com diferentes meios (bens ou serviços), a mesma necessidade e, portanto, encontram-se em uma situação de conflito de interesses com relação aos clientes".

[124] *Em Jurisprudência Brasileira*, nº 132, ob. cit., p. 158.

[125] *Apel. Cível* nº 98.001.14942, da 18ª Câm. Cível do TJ do Rio de Janeiro, *DJ* de 15.04.1999, em *ADV Jurisprudência*, nº 41, boletim expedido em 17.10.1999, p. 650.

realizar a prova do dano, não se impondo a patente ou o registro do produto imitado ou veiculado pelos meios de comunicação com qualidades inexistentes na prática.

Terá a ação efeito cominatório, para que cesse o concorrente com os expedientes nocivos e ilegais, cumulando-se a lide com pedido de perdas e danos.

Admite-se que seja antecedida de pedido de tutela provisória de urgência, antecipada ou cautelar, de busca e apreensão, ou de qualquer medida obstativa ou cessadora das atividades ilegais, ou que traga o pedido de tutela provisória antecipada antecedente para a concessão imediata da providência obstativa da atividade ilegal. Aliás, nem cabe negar a medida, sendo bastante o pressuposto da anterioridade do registro, como se decidiu, ainda sob o enfoque da lei anterior:

> Reconhecendo as instâncias ordinárias a anterioridade do registro e a identidade das marcas, não tem amparo, sob pena de violação do art. 59 do Código de Propriedade Industrial, negar-se a busca e apreensão pleiteada, não tendo fôlego para impedir a proteção o fundamento da impossibilidade do registro de letras nem a existência de marca mista. A proteção se impõe para proteger também o usuário, que não pode ficar à mercê de confusão com marcas praticamente idênticas no mesmo segmento do mercado.[126]

Os prejuízos devem estar sobejamente comprovados para ensejar a indenização. Sem a prova real, o uso indevido não importará em reparação alguma, mas somente em uma conduta de abstenção na imitação ou reprodução, como já se pronunciou o Superior Tribunal de Justiça: "Pelo uso de marca comercial, logotipo ou símbolo (Súmula 143), admitem-se perdas e danos, que, no entanto, pressupõem a existência de prejuízo. O prejuízo, tratando-se de fato constitutivo do direito do autor, há de ser comprovado no curso da ação. Se se entendeu, na origem, que não se fez a prova (não veio aos autos a prova do efetivo dano material ou moral, do acórdão recorrido), a pretensão recursal esbarra na Súmula nº 7, a teor da qual 'a pretensão de simples reexame na prova não enseja recurso especial'".[127]

Ressalta o mesmo julgado do Superior Tribunal de Justiça dois requisitos indispensáveis para ensejar a indenização:

> Considero que, como em qualquer processo, visando a ressarcimento de dano, duas coisas são indispensáveis. Em primeiro lugar, que a inicial indique em que consistiram os prejuízos. Em segundo, que do processo de conhecimento resulte que efetivamente se verificaram. Pode-se remeter para a liquidação a apuração do valor do dano a ser reparado; não, sua existência. Inconcebível condenar-se a ressarcir prejuízos sem afirmar que ocorreram. Menos ainda proferir sentença condicional, como seria a que impusesse se reparassem danos, caso, em liquidação, fossem apurados.[128]

Tem sido admitida, inclusive, a indenização por dano moral, desde que, obviamente, comprovado algum fato de uso indevido de marca ou de prática de concorrência desleal: "Nos

---

[126] *Recurso Especial* nº 67.468-MG, julgado em 6.05.1997, da 3ª Turma do STJ, *DJU* de 30.06.1997.

[127] *Recurso Especial* nº 221.861-RJ, da 3ª Turma, *DJ* de 1º.08.2000, em *ADV Jurisprudência*, nº 49, expedição de 10.12.2000, p. 777. Ainda, *Recursos Especiais* nᵒˢ 115.088 (de 3.08.1999), e 221.861 (de 28.03.2000), ambos da 3ª Turma do STJ.

[128] *Recurso Especial* nº 221.861-RJ, da 3ª Turma, *DJ* de 1º.08.2000, em *ADV Jurisprudência*, nº 49, expedição de 10.12.2000, p. 777. Ainda, *Recursos Especiais* nᵒˢ 115.088 (de 3.08.1999), e 221.861 (de 28.03.2000), ambos da 3ª Turma do STJ.

termos da jurisprudência do Superior Tribunal de Justiça, o dano moral por uso indevido de marca deriva diretamente da prova que revele a existência de contrafação (dano moral *in re ipsa*), dispensando a prova de efetivo prejuízo".[129]

c) Delitos de concorrência desleal.

A concorrência desleal tem tratamento especial no plano criminal. Na explicação de Irineu Strenger, atinge "o caso do comerciante ou industrial que, no exercício normal de sua atividade profissional, causa danos aos seus concorrentes".[130] Para Fábio Ulhoa Coelho, a nota característica não está na intencionalidade de causar dano a outro empresário, que pode existir também na concorrência leal, mas sim radica nos meios empregados: "São os meios empregados para a realização dessa finalidade" que distinguem a concorrência leal da desleal. "Há meios idôneos e meios inidôneos de ganhar consumidores, em detrimento dos concorrentes. Será, assim, pela análise dos resultados utilizados pelo empresário, que poderá se identificar a deslealdade competitiva".[131] Há a ilicitude nos meios empregados para concorrer na produção ou venda de bens ou serviços. Utiliza-se prática não leal, isto é, não sincera, fiel, franca e honesta.

Na órbita civil, toda conduta que ofende direito de outrem, como apropriação da ideia de invento ou do registro de um produto industrial, propicia o direito indenizatório, além de outras medidas. Já na esfera penal, as eventualidades puníveis restringem-se às capituladas ou indicadas na lei.

As figuras puníveis estão elencadas nos vários incisos do art. 195, e que passam a ser discriminadas e observadas:

Comete crime de concorrência desleal quem:

I – Publica, por qualquer meio, falsa afirmação, em detrimento de concorrente, com o fim de obter vantagem.

Trata-se da falsa afirmação suscetível de desacreditar o estabelecimento, os produtos ou os serviços de um concorrente. A publicação significar tornar público, manifesto, notório, através de meios comuns, isto é, da escrita, da palavra, de instrumentos eletrônicos, da imprensa, da radiodifusão.

Essa publicação deverá redundar em prejuízo, pelo desprestígio do produto e outros componentes da propriedade industrial.

II – Presta ou divulga, acerca de concorrente, falsa informação, com o fim de obter vantagem.

Pouca diferença decorre da hipótese anterior, onde o sujeito ativo "publica", enquanto na do inc. II "presta ou divulga", isto é, dá uma informação, ou transmite-a, que se faz, também, por meio da publicação.

III – Emprega meio fraudulento, para desviar, em proveito próprio ou alheio, clientela de outrem.

Divulga-se qualidade superior de um produto, que na verdade não existe, relativamente ao mesmo produto do concorrente.

---

[129] AgInt no REsp 1537883/PR, da 4ª Turma do STJ, rel. Min. Raul Araújo, j. em 15.08.2019, *DJe* de 4.09.2019.

[130] *Marcas e Patentes*, ob. cit., p. 33.

[131] *Curso de Direito Comercial*, vol. 1, ob. cit., p. 184.

IV – Usa expressão ou sinal de propaganda alheios, ou os imita, de modo a criar confusão entre os produtos ou estabelecimentos.

Isto é, adotam-se a legenda, o anúncio, o reclame, as palavras e sua combinação, os desenhos, as gravuras de outrem, ou engendra-se uma imitação, causando dúvida e confusão entre os produtos e os estabelecimentos que os produz ou comercializa.

V – Usa, indevidamente, nome comercial, título de estabelecimento ou insígnia alheios ou vende, expõe ou oferece à venda ou tem em estoque produto com essas referências.

Basta comprovar o uso de tais bens – nome, título ou insígnia –, para a caracterização do delito, o que se estende para quem vende, expõe ou oferece à venda, ou tem em estoque produtos com tais dados. Há uma apropriação ilícita das designações referidas.

VI – Substitui, pelo seu próprio nome ou razão social, em produto de outrem, o nome ou razão social deste, sem o seu consentimento.

No produto de outrem coloca-se o próprio nome ou razão social, sem o necessário consentimento. Trata-se de uma espécie das mais graves, porquanto a adulteração tem em conta um produto de alta qualidade. Frequente a prática nas zonas de fronteiras. De produtos de marcas famosas – bebidas destiladas, perfumes, objetos eletrônicos – retiram-se os nomes ou designações, inclusive a localidade da fabricação, pelo nome ou razão social do adulterador.

VII – Atribui-se, como meio de propaganda, recompensa ou distinção que não obteve.

Isto é, coloca-se no rótulo de produto, ou em propaganda, a premiação com diploma de qualidade, de medalha ou qualquer outra distinção, quando nada é verdade.

VIII – Vende ou expõe ou oferece à venda, em recipiente ou invólucro de outrem, produto adulterado ou falsificado, ou dele se utiliza para negociar com produto da mesma espécie, embora não adulterado ou falsificado, se o fato não constitui crime mais grave.

Na primeira hipótese, o infrator obtém os recipientes que são de um concorrente, e coloca neles um produto falsificado ou de qualidade inferior ao original. Frequente é a hipótese com uísques, vinhos, alimentos e aparelhos eletrodomésticos. Expõe Fábio Ulhoa Coelho que

o agente ativo da conduta ilícita faz chegar ao conhecimento dos consumidores uma informação falsa no conteúdo ou na forma, capaz de os enganar. O engano, normalmente, diz respeito à origem do produto ou serviço. O consumidor é levado a crer que certa mercadoria é produzida por determinada e conceituada empresa, quando isso não corresponde à verdade.[132]

Na segunda previsão, adquirem-se os vasilhames, invólucros e embalagens de marca altamente valorizada para se inserir produtos da mesma qualidade e espécie.

IX – Dá ou promete dinheiro ou outra utilidade a empregado de concorrente, para que o empregado, faltando ao dever do emprego, lhe proporcione vantagem.

---

[132] *Curso de Direito Comercial*, vol. 1, ob. cit., p. 187.

Cap. XXV · PROPRIEDADE INDUSTRIAL | 853

É o que Fábio Ulhoa Coelho denomina de compra de informações privilegiadas, envolvendo

empregados graduados, administradores, sócios minoritários ou mesmo colaboradores (...) do empresário atingido pela concorrência desleal. O aliciamento de trabalhadores ou profissionais que servem à empresa vítima, além de caracterizar a concorrência ilícita da empresa aliciadora, também importa a responsabilidade do sujeito aliciado.[133]

X – "Recebe dinheiro ou outra utilidade, ou aceita promessa de paga ou recompensa, para, faltando ao dever de empregado, proporciona vantagem a concorrente do empregador". A previsão do dispositivo está interligada ao conteúdo do inc. IX, no qual incorre o aliciador, enquanto no inc. X pune-se aquele que se deixa aliciar.

XI – Divulga, explora ou utiliza-se, sem autorização, de conhecimentos, informações ou dados confidenciais, utilizáveis na indústria, comércio ou prestação de serviços, excluídos aqueles que sejam de conhecimento público ou que sejam evidentes para um técnico no assunto, a que teve acesso mediante relação contratual ou empregatícia, mesmo após o término do contrato.

Há a veiculação de informações particulares e sigilosas de uma empresa, as quais interessam à indústria, ao comércio ou a certos ramos de prestação de serviços, mesmo que não constituam objeto de invento ou registro. A mera divulgação de técnicas, de práticas, da ciência da empresa, de seu *modus operandi* na execução de serviços, de suas criações internas, com ou sem recompensa, é suficiente para consumar o crime.

XII – Divulga, explora ou utiliza-se, sem autorização, de conhecimentos ou informações a que se refere o inciso anterior, obtidos por meios ilícitos ou a que teve acesso mediante fraude.

Tem-se aqui a utilização de conhecimentos ou informações conseguidos nas formas constantes no inc. XI. De posse dos dados ou elementos recebidos, passa-se a utilizá-los, ou a empregá-los em outra empresa, ou a divulgá-los para concorrentes.

XIII – Vende, expõe ou oferece à venda produto, declarando ser objeto de patente depositada, ou concedida, ou de desenho industrial registrado, que não o seja, ou menciona--o, em anúncio ou papel comercial, como depositado ou patenteado, ou registrado, sem o ser.

Contempla este item a situação de industrializar ou comercializar um produto ou serviço dizendo que está patenteado ou registrado, ou que se encontra depositado o respectivo pedido, sem que tal corresponda à verdade. Quando há o registro, trazem os produtos o timbre de "marca registrada", ou "MR", ou simplesmente "R" dentro de um círculo, ou "TM" (*trade mark*) em se tratando de produtos estrangeiros ou vindos de fora. Configura-se o delito com a aposição de tais símbolos falsamente, pois não há o registro ou a patente.

XIV – Divulga, explora ou utiliza-se, sem autorização, de resultados de testes ou outros dados não divulgados, cuja elaboração envolva esforço considerável e que tenham sido apresentados a entidades governamentais como condição para aprovar a comercialização de produtos.

---

[133] *Curso de Direito Comercial*, vol. 1, ob. cit., pp. 186 e 187.

Verifica-se a transmissão de estudos, testes, análises, pesquisas, elaborações científicas, que fazem parte da elaboração de uma empresa, tendo exigido longo estudo, dispêndio, esforço, pesquisa. A transmissão é feita por pessoas que integram entidades governamentais ou órgãos públicos, para as quais se entregaram esses resultados ou estudos com a finalidade de lograr a aprovação dos produtos ou serviços. Nota-se que tais elementos não constituem invenção ou marca, mas integram testes, exames, análises ou outros dados.

Para todas as eventualidades supracitadas, a pena cominada é de três meses a um ano de detenção, ou multa.

Consoante parágrafos que seguem, incluem-se nas hipóteses dos incisos IX e XII (entrega ou promessa de entregar dinheiro ou utilidade a pessoa ligada a outra empresa para fornecer segredos ou dados particulares, e aproveitamento e divulgação de conhecimentos da empresa sem autorização e de forma ilícita) o empregador, sócio ou administrador da empresa, que incorrer nas tipificações estabelecidas nos mencionados dispositivos.

Outrossim, o disposto no inc. XIV não se aplica quanto à divulgação por órgão governamental competente para autorizar a comercialização de produto, quando necessário para proteger o público. Sabe-se que o inc. XIV considera crime a divulgação, exploração ou utilização de resultados de testes ou outros dados cuja elaboração envolve esforço considerável e que tenham sido apresentados a entidades governamentais. Todavia, objetivando a divulgação a proteção do público, como os testes sobre medicamentos, sobre vacinas, sobre instrumentos de defesa contra roubos, dentre outros tipos, não se enquadra como delito.

25.43.7. Aplicação das penas, normas procedimentais e ações judiciais

Várias regras seguem, a partir do art. 196, sobre a aplicação das penas, de medidas preventivas e de iniciativa da ação penal.

Consoante o art. 196, aumentam-se de um terço à metade as penas previstas para os delitos contra as patentes, contra os desenhos industriais e contra as marcas, quando o agente é ou foi representante, mandatário, preposto, sócio ou empregado do titular da patente ou do registro, ou, ainda, do seu licenciado; e quando a marca alterada, reproduzida ou imitada for de alto renome, notoriamente conhecida, de certificação ou coletiva.

O art. 197 dimensiona a pena de multa: seu mínimo será de dez, e o máximo de trezentos e sessenta dias-multa, de acordo com a sistemática penal. Pelo § 1º do art. 49 do Código Penal, cada dia multa oscilará entre um trigésimo do maior salário mínimo mensal vigente ao tempo do fato e cinco vezes esse salário, cabendo, dentro de tais limites, ao juiz a sua fixação. Em função das condições pessoais do agente e da magnitude da vantagem auferida, aumenta-se ou diminui-se essa penalidade em até dez vezes.

Autoriza o art. 198 a apreensão, de ofício ou a requerimento do interessado, pelas autoridades alfandegárias, no ato da conferência, dos produtos assinalados com marcas falsificadas, alteradas ou imitadas, ou que apresentem falsa indicação de procedência.

Depende da apresentação de queixa a iniciativa da instauração do processo criminal, em crimes contra a propriedade industrial, à exceção da figura prevista no art. 191 (reprodução ou imitação de armas, brasões ou distintivos oficiais nacionais, estrangeiros ou internacionais), em que a ação penal será pública (art. 199). Há o prazo de decadência para a apresentação da queixa, que, no caso, é de seis meses, na exegese de José Henrique Pierangeli:

> Quando se tratar de ação penal privada, qual será o prazo decadencial? (...) Três orientações foram apresentadas: a) o prazo decadencial é de seis meses, a contar da data do conhecimento da autoria do crime, defendida por Espínola Filho, Tourinho Filho,

Magalhães Noronha, José Frederico Marques, e sufragada por vv. acórdãos publicados pela *RT* 376/254, 468/349, 358/288, 318/373; Julgados do TACrim-SP 30/107 e 3/65; b) o prazo decadencial é de trinta dias, a contar da homologação do laudo pericial: *RT* 276/531, 340/249, 379/240; *RTJ* 62/611; c) o prazo decadencial é de trinta dias a contar da intimação feita ao ofendido, da homologação do laudo pericial: *RT* 266/502, 352/238, 394/275, 416/279; *RTJ* 69/401 (...).

Preferimos a primeira orientação, que constitui norma geral para os crimes perseguíveis mediante queixa, seguindo, pois, a doutrina flagrantemente dominante.[134]

Disciplinam os arts. 200 a 210 a busca e apreensão de material que envolve marca falsificada, alterada ou imitada; e a destruição de marca falsificada nos volumes ou produtos que a contiverem. Precede a medida de busca e apreensão a vistoria, devendo o oficial de justiça do juízo ou a pessoa encarregada da diligência fazer-se acompanhar de perito, que verificará preliminarmente a existência do ilícito. Encontrando-se o estabelecimento em regular funcionamento, simplesmente levam-se a termo a vistoria e a busca e apreensão, não podendo ser paralisada a atividade licitamente exercida. Ilustra José Carlos Tinoco Soares sobre o assunto:

> Havendo, portanto, a carta patente ou o certificado de registro, conforme for a espécie protegida e tendo conhecimento o titular desse direito que sua patente, desenho industrial ou marca estão sendo violados, com base no que dispõe o art. 527 do mencionado CPP, requererá ao juízo criminal competente, isto é, o do foro do domicílio e/ou sede do estabelecimento do réu, a medida preliminar de busca e apreensão.[135]

Responderá por perdas e danos a parte que tiver requerido de má-fé, por espírito de emulação, mero capricho ou erro grosseiro, diligência de busca e apreensão. Em defesa, aponta-se como matéria alegável a nulidade da patente ou do registro. Por outras palavras, se acusada a pessoa de crimes de concorrência desleal, abre-se oportunidade para a defesa fulcrada na nulidade da invenção ou do registro.

A possibilidade de revelação, em juízo, de matérias confidenciais, como de segredo de indústria ou de comércio, enseja ao juiz determinar que o processo siga em segredo de justiça, vedado o uso de tais informações também à outra parte para outras finalidades.

A propositura de ações cíveis – indenizatória, de nulidade, cominatória, de abstenção, de adjudicação, de condenação – não depende do julgamento da ação criminal.

Ressalva-se ao prejudicado o direito de haver perdas e danos em ressarcimento de prejuízos causados por atos de violação de direitos de propriedade industrial e atos de concorrência desleal não previstos na lei em estudo, tendentes a prejudicar a reputação ou os negócios alheios, a criar confusão entre estabelecimentos comerciais, industriais ou prestadores de serviço, ou entre os produtos e serviços postos no comércio.

Explica José Carlos Tinoco Soares que

> a ação cível para a cessação da prática do ato incriminado, com o direito de haver perdas e danos em ressarcimento dos prejuízos causados, poderá ser proposta contra a violação de direitos de patente (arts. 183, 184 e 185), contra a violação de registro de desenho industrial (arts. 187 e 188), contra a violação de marcas (arts. 189 e 190),

---

[134] "Dos Crimes contra a Propriedade Industrial", em *Revista Brasileira de Ciências Criminais*, trabalho citado, nº 17, p. 144.

[135] *Lei de Patentes, Marcas e Direitos Conexos*, ob. cit., p. 309.

DIREITO DAS COISAS – *Arnaldo Rizzardo*

contra os crimes cometidos por meio de marca, título de estabelecimento e sinal de propaganda (art. 191), contra a violação de indicações geográficas e demais indicações (arts. 192, 193 e 194), e contra a prática de atos de concorrência desleal (art. 195).[136]

Relativamente ao montante indenizável, estima-se em razão dos benefícios que o prejudicado teria auferido se a violação não tivesse ocorrido.

Assegura-se ao juiz, nos autos da ação de nulidade, de indenização ou de preservação dos bens, determinar liminarmente a sustação de violação ou de ato que a enseje, antes da citação do réu, mediante, caso julgue necessário, caução em dinheiro ou garantia fidejussória.

Em hipóteses de reprodução ou imitação flagrante de marca registrada, faculta-se ao juiz determinar a busca e apreensão de todas as mercadorias, produtos, objetos, embalagens, etiquetas e outros que contenham a marca falsificada ou imitada.

Disciplina-se o critério do cálculo dos lucros cessantes, elegendo-se sempre o mais favorável ao devedor, dentre os seguintes:

I – os benefícios que o prejudicado teria auferido se a violação não tivesse ocorrido;

II – os benefícios que foram auferidos pelo autor da violação do direito;

III – a remuneração que o autor da violação teria pago ao titular do direito violado pela concessão de uma licença que lhe permitisse legalmente explorar o bem.

A competência para a ação de nulidade é a da justiça federal, o que se encontra assentado nos arts. 56, 118 e 175. As demais pretensões ingressam na justiça dos Estados, a menos que intervenha a autarquia federal do INPI no feito.

25.44. RECURSOS, ATOS DAS PARTES E PRAZOS

De acordo com as diretrizes dos arts. 212 a 215, contra as decisões proferidas na esfera administrativa cabe recurso, dirigido ao Presidente do INPI, a quem caberá o julgamento. É de sessenta dias o prazo recursal, aplicável em todas as decisões. Empregam-se os efeitos suspensivo e devolutivo aos recursos, o que significa que as decisões devem transitar em julgado para a sua execução.

Não se admite recurso contra a determinação do arquivamento definitivo do pedido de patente ou de registro, verificável, *v. g.*, quando do não atendimento de diligências ordenadas. De igual modo, não cabe inconformidades contra o deferimento do pedido de patente, de certificado de adição ou de registro de marca.

Intimam-se os interessados para o oferecimento de contrarrazões, também no prazo de sessenta dias.

Ao INPI se permite determinar a complementação de razões ou a formulação de exigências, de modo especial quando se fazem necessárias explicações, esclarecimentos ou apresentação de dados, incumbindo à parte o cumprimento em sessenta dias.

A decisão final é irrecorrível na esfera administrativa.

No pertinente aos atos das partes, regulados nos arts. 216 a 220, a sua realização incumbe a elas, ou a seus procuradores, devidamente qualificados, devendo os instrumentos conter poderes específicos para a finalidade a que se destinam. Neste caso, o instrumento de mandato, em língua portuguesa, virá no original, ou em traslado, ou em cópia autenticada, com a dispensa da legalização consular e do reconhecimento de assinaturas.

---

[136] *Lei de Patentes, Marcas e Direitos Conexos*, ob. cit., pp. 319 e 320.

Cap. XXV · PROPRIEDADE INDUSTRIAL | 857

Tem-se o prazo de sessenta dias para acostar a procuração, contado do primeiro ato da parte no processo, independentemente de notificação ou exigência. A omissão em atender importa no arquivamento, que será definitivo. Se domiciliada no exterior a pessoa que pede a patente ou o registro, ou providencia em outros atos, designará procurador devidamente qualificado e domiciliado no Brasil, com poderes para a representação e administração, para atuar judicialmente, e inclusive para receber citações.

Não se conhecerá de petição apresentada fora dos prazos assinalados na lei, e se desacompanhada da respectiva retribuição no valor vigente à data de sua apresentação. Ou seja, a intempestividade e a falta do preparo da retribuição ou dos emolumentos, quando devidos, conduzem ao não conhecimento da petição, seja qual for a sua destinação.

Igualmente acarretam o não conhecimento a petição de oposição e de recurso ingressada fora do prazo assinalado para tanto; a falta de fundamento legal; e a ausência de comprovante do pagamento da retribuição correspondente. No pertinente ao fundamento, diz respeito aos argumentos, às razões, dos elementos probatórios, dos documentos que demonstram ou consolidam o direito.

Sempre que possível, aproveitam-se os atos das partes, não se invalidando todo o processo, e nem se impondo exigências incabíveis, exageradas e não ordenadas pela lei.

Em relação aos prazos, na ordem dos artigos 221 a 224, são eles contínuos, extinguindo-se automaticamente o direito de praticar o ato uma vez verificado o seu decurso, a menos que venha alegada e demonstrada uma justa causa ou motivo de força maior – situações que acontecem quando imprevisto o evento, e alheio à vontade da parte, como no fechamento de uma agência do INPI, a doença que imobilizou o autor do invento ou titular da marca, uma greve, um acidente. Aceita a justa causa, restitui-se o prazo no montante fixado pelo INPI.

Para o cômputo do prazo, exclui-se o dia do começo e inclui-se o do vencimento, à semelhança do estipulado no art. 224 do Código de Processo Civil. O início se dá no primeiro dia útil após a intimação, a qual se levará a efeito por meio de publicação no órgão oficial do INPI, isto é, da *Revista da Propriedade Industrial*. Salvo se houver previsão diferente, o lapso de tempo dos prazos é de sessenta dias.

Outrossim, por força do art. 226, os efeitos dos atos do INPI, em processos administrativos referentes à propriedade industrial, iniciam a produzir efeito a partir da publicação no órgão oficial, exceto quanto aos atos que independem de notificação ou publicação em vista de disposição expressa (*v. g.*, o prazo para a suplementação da reivindicação da prioridade e da suplementação de documento comprobatório – art. 16; o prazo para o atendimento de exigências preliminares no pedido de depósito de patente – art. 21); quanto às decisões administrativas em que a notificação se efetua por via postal (carta com aviso de recebimento) ou por ciência dada ao interessado no processo; e quanto aos pareceres e despachos internos que não necessitam ser do conhecimento das partes, isto é, de simples ordenamento ou tramitação.

25.45. A PRESCRIÇÃO

O prazo prescricional para reclamar qualquer direito concernente à propriedade industrial é de cinco anos. É o que prevê o art. 225: "Prescreve em 5 (cinco) anos a ação para reparação de danos causados ao direito de propriedade industrial".

Regra semelhante continha o art. 178, § 10, inc. IX, do Código Civil de 1916, sem equivalente no Código de 2002, que não se podia conceber restritamente à propriedade mobiliária ou imobiliária, pois o termo "propriedade" é genérico, alcançando toda a dimensão ou qualquer ramo da propriedade.

Sobre as perdas e danos por uso de marca, veio a Súmula nº 143 do Superior Tribunal de Justiça: "Prescreve em 5 (cinco) anos a ação de perdas e danos pelo uso de marca comercial".

Inicia o prazo na data da verificação ou da ciência da ofensa ao direito de propriedade. Em julgado não recente, já se imprimia tal inteligência:

> A ação protetiva da propriedade de marca de indústria encontra amparo no direito real e, por isso, seu prazo prescricional vem estipulado no art. 178, § 10, inc. IX, do CC, e começa a fluir da ciência da violação do direito, não se interrompendo, para nova reabertura, a cada repetição da violação.[137]

O dispositivo supra não encontra regra equivalente no Código Civil de 2002.

Para a ação anulatória da carta patente, seja de invenção ou de modelo de utilidade, não se aponta um prazo, consoante o art. 56, pelo qual a ação respectiva é ajuizável a qualquer tempo da vigência da patente, atribuindo-se legitimidade ao INPI e a qualquer interessado.

Relativamente ao registro de desenho industrial, por força do art. 118, que manda aplicar à espécie as disposições que tratam da patente, de idêntico modo não existe um prazo peremptório, mas enquanto perdurar o registro viabiliza-se a competente lide de anulação.

Já para registro de marcas, o prazo limita-se a cinco anos, a teor do art. 174: "Prescreve em 5 (cinco) anos a ação para declarar a nulidade do registro, contados da data da concessão". Não se pode olvidar a regra do art. 226, pelo qual, quanto ao início do prazo, se dará com a publicação do ato do registro no órgão próprio de divulgação. Outrossim, em atenção ao art. 222, na contagem exclui-se o dia do começo e inclui-se o do vencimento.

Desde tempos passados o Supremo Tribunal Federal vem aplicando os princípios das regras supramencionadas, que constituem repetição da legislação anterior: "Nulidade do registro. A prescrição de ação tem como *dies a quo* a respectiva publicação no órgão oficial do INPI (...)".[138]

Para as providências de cessação do abuso, da contrafação, da fraude, em vista de outra marca que ofende uma anterior, também deve incidir o prazo de dez anos, a iniciar na data do conhecimento do evento, com base no art. 205 do Código de 2002, já que não assinalado, no próprio Código Civil ou em lei própria, um prazo específico.

25.46. NOME COMERCIAL

Já dizia Solidônio Leite, na década de 1920, que

> ao nome comercial, que tem por fim distinguir, um dos outros, os diversos comerciantes e industriais, bem como os respectivos estabelecimentos, deve proteger a lei, assegurando-lhe o seu mister de diferenciação, garantindo a quem legalmente o use contra toda e qualquer confusão.[139]

Consiste o nome comercial na denominação através da qual uma pessoa física ou jurídica desempenha a atividade do comércio ou da indústria que exerce. Clara é a explicação de José Carlos Tinoco Soares:

> Nome comercial, portanto, designa a pessoa natural (firma individual) ou a pessoa jurídica (qualquer tipo de sociedade), e, bem assim, os estabelecimentos e as loca-

---

[137] *Apel. Cível* nº 108.165-1, da 8ª Câm. Cível do TJ de São Paulo, de 29.03.1989, em *Revista dos Tribunais*, 643/78.

[138] *Agravo de Instrumento* nº 114.930-2-RJ, de 17.02.1985, em *Jurisprudência Brasileira*, nº 132, ob. cit., p. 47.

[139] *Nome Comercial e suas Garantias*, 3ª ed., Rio de Janeiro, Editores J. Leite & Cia., 1923, p. 29.

Cap. XXV · PROPRIEDADE INDUSTRIAL | 859

lidades. Ao designar a pessoa jurídica, o nome comercial já abrangeu praticamente os estabelecimentos e as localidades, quando estas são empregadas como elementos preponderantes, figurando na espécie expressões de fantasia. Melhor seria, entretanto, se numa só expressão e com um só sentido, os autores tivessem conceituado. O nome comercial designa a pessoa natural ou jurídica no exercício de suas atividades comerciais e industriais. A expressão "pessoa natural" corresponde à firma individual e a expressão "pessoa jurídica" às sociedades de pessoas em nome coletivo e todos os demais tipos de sociedades, inclusive aquelas que são constituídas dos nomes dos estabelecimentos e de localidades.[140]

O sentido de nome comercial quase se identifica com o de nome empresarial, sendo este último de maior extensão. É que o primeiro se restringe mais ao conteúdo comercial, isto é, envolve o comércio; já o segundo abrange os setores do comércio e da produção, e inclusive dos serviços, abrangendo aquele. E neste amplo significado, é corrente especificar, no nome ou empresa comercial, a firma e a denominação. Vai a explicação de Fábio Ulhoa Coelho:

> Alguns empresários somente podem adotar firma, outros apenas denominação, e há, ainda, os que podem optar por uma ou outra espécie. O empresário individual, por exemplo, só pode adotar nome empresarial da modalidade firma; a sociedade anônima só denominação; a sociedade limitada pode optar por qualquer uma delas.[141]

A firma, tendo por base o nome civil – do empresário individual ou do sócio –, serve para designar um empresário (comerciante ou industrial) individual – "Antônio Nascimento – firma individual"; e também uma razão social, quando acompanhada da expressão *Cia*, ou *& Cia*, ou *Ltda.*, ou *Cia Ltda.*, – "Nascimento & Cia. Ltda".

A denominação, aplicada unicamente à pessoa jurídica, expressa a razão social ou o nome de constituição, dirigindo-se tanto para a pessoa jurídica de pessoas (v. g., de responsabilidade limitada – "Nascimento & Cia Ltda."), como para o ente jurídico de capital (sociedade anônima – "Indústria Manufaturada de Tecidos S.A.").

Compõem a firma e a denominação nomes de pessoas ou nomes estranhos ("Móveis Barbosa S.A.", "Borracharia Paulista Ltda."), e expressões desligadas do nome de um antepassado ou dos integrantes ("Companhia Brasileira de Navegação S.A.").

O Decreto-Lei nº 7.903/1945, no art. 104, trouxe o sentido acima para o nome comercial: "Considera-se nome comercial a firma ou denominação adotada pela pessoa física ou jurídica, para o exercício de atividades comerciais, industriais ou agrícolas".

O nome comercial pode confundir-se com a expressão de fantasia, através da qual a sociedade ou firma comercial ou industrial é conhecida, consoante a própria jurisprudência:

> É certo que a expressão de fantasia constitui o elemento fundamental, para exame da semelhança de nomes (...).

> As empresas comerciais são conhecidas pela sua expressão de fantasia. O fenômeno é referido por todos os especialistas da matéria. O nome de fantasia é uma espécie de pseudônimo, conforme Bento de Faria (*Das Marcas de Fábrica*, p. 294), com o que o

---

[140] *Nome Comercial*, São Paulo, Editora Atlas S. A., 1968, p. 31.
[141] *Curso de Direito Comercial*, vol. 1, ob. cit., p. 171.

comerciante se faz conhecido do público, e ao mesmo tempo um meio de distinguir a sua casa das concorrentes rivais.[142]

Em síntese, o nome de fantasia é o elemento que identifica a empresa comercial.

O nome comercial não vem protegido pelo Código de Propriedade Industrial vigente. O anterior, instituído pela Lei nº 5.772/1971, previa: "O nome comercial ou de empresa e o título do estabelecimento continuarão a gozar de proteção através de legislação própria, não se lhes aplicando o disposto neste Código".

Embora as divergências sobre a matéria, considera-se o nome comercial como propriedade, por melhor convir à sua proteção e à realidade. Ao titular assegura-se sua disposição, e inclusive a alienação. Representa um patrimônio valorizável, de conformidade com a estimativa econômica dos bens produzidos, ou sua aceitação junto ao consumidor. É o que pensa João da Gama Cerqueira:

> Em nossa opinião, o direito sobre o nome comercial constitui uma propriedade em tudo idêntica à das marcas de fábrica e de comércio, que se exerce sobre uma coisa incorpórea, imaterial, exterior à pessoa do comerciante ou industrial, e encontra seu fundamento no direito natural do homem aos resultados de seu trabalho. Essa propriedade abrange não só o nome do comerciante singular, como, também, a firma das sociedades em nome coletivo, as denominações das sociedades anônimas e por quotas, a insígnia dos estabelecimentos e os demais elementos que entram no conceito do nome comercial, considerados como objetos autônomos de direito.[143]

Efetivamente, a preponderância está na possibilidade de apreciação econômica do nome comercial, integrando o patrimônio do titular da pessoa natural ou jurídica.

Daí a necessidade da proteção, o que se examinará a seguir.

25.46.1. Proteção legal do nome comercial

A Constituição Federal, no art. 5º, inc. XXIX, firma a proteção legal como princípio genérico, ao se referir aos nomes de empresas e a outros signos distintivos. A Convenção de Paris, de 1883, no art. 8º, menciona expressamente a tutela: "O nome comercial será protegido em todos os Estados da União, sem obrigação de depósito nem de registro, quer faça ou não parte de uma marca de fábrica ou de comércio".

O Código de Propriedade Industrial de 1945 estabelecia o registro, cujos efeitos eram, segundo João da Gama Cerqueira:

> 1º – Impedir o registro, no então Departamento Nacional da Propriedade Industrial, de firmas ou denominações que se prestassem a confusão com obras anteriormente registradas (art. 111, § 2º); 2º – autorizar o respectivo titular a exigir a modificação de firma ou denominação idêntica posteriormente inscrita ou adotada, na forma do art. 108.[144]

A Lei nº 8.934/1994, que dispõe sobre o Registro Público de Empresas Mercantis e Atividades Afins, no art. 32, inc. II, especifica que o registro de comércio compreende,

---

[142] *Revista de Jurisprudência do TJ de São Paulo – Lex Editora*, 106/207, *Apel. Cível* nº 75.956-1, da 7ª Câm. Cível do TJ de São Paulo.

[143] *Tratado da Propriedade Industrial*, vol. 2, ob. cit., p. 1.173.

[144] *Tratado da Propriedade Industrial*, vol. 2, ob. cit., p. 1.215.

Cap. XXV · PROPRIEDADE INDUSTRIAL | 861

dentre outros atos, o arquivamento: a) dos documentos relativos à constituição, alteração, dissolução e extinção de firmas mercantis individuais, sociedades mercantis e cooperativas; b) dos atos relativos a consórcio e grupo de sociedade de que trata a Lei nº 6.404/1976; c) dos atos concernentes a empresas mercantis estrangeiras autorizadas a funcionar no Brasil.

Outrossim, quanto à proteção do nome comercial, o art. 33 do mesmo diploma revela-se expresso: "A proteção ao nome empresarial decorre automaticamente do arquivamento dos atos constitutivos de firma individual e de sociedades, ou de suas alterações".

Já o art. 34 traz os princípios do nome comercial ou empresarial: "O nome empresarial obedecerá aos princípios da veracidade e da novidade".

Em relação à veracidade, importa em nada se registrar se não confere com a realidade. Deve existir a empresa ou pessoa jurídica. Nada se altera ou modifica no registro senão em função da correspondência ao real. E relativamente à novidade, assegura-se a exclusividade do nome comercial se não existir outro igual anterior. Outrossim, arquivado o nome, importa na garantia de exclusividade do uso do nome arquivado. Uma vez conseguindo o arquivamento na Junta Comercial, nasce o direito de impedir que outra pessoa use o mesmo nome ou semelhante.

De modo que não se procede o registro se outro nome igual ou semelhante já se encontra lançado naquele órgão, como remonta já antiga jurisprudência, no exemplo da *Apelação Cível* nº 588010090, da 2ª Câm. Cível do TJ do RGS:

> Abstrai-se da lei a vedação de arquivamento, no Registro de Comércio (Junta Comercial), de contratos de sociedades mercantis sob firma ou denominação idêntica ou semelhante a outra já existente... No que se pudesse invocar de analógico, a Lei nº 5.772/1971, que instituiu o Código de Propriedade Industrial, quando cuida do registro de marcas, verifica da anterioridade e existência de colidências, admitindo denominações semelhantes para as situações que aponta, de naturezas de produtos, salvada a flagrante possibilidade de erro, dúvida, ou confusão para o consumidor (arts. 64, 79 e 80).
>
> Conclui-se, então, que a lei remanesce no plano vago e extenso da semelhança, colidência, admitindo até denominações semelhantes, salvada a flagrante possibilidade de erro, dúvida ou confusão para o consumidor.

A Lei nº 8.934/1994, no art. 35 impede o arquivamento de sociedades com o nome idêntico ou semelhante a outras sociedades já existentes: "Não podem ser arquivados: (...) V – os atos de empresas mercantis com nome idêntico ou semelhante a outro já existente".

Há, portanto, o direito à proteção. Uma vez efetuado o registro, que se realiza pelo arquivamento. Por extensão, nem se permite a adoção de marca registrada na composição do nome comercial: "Registrada uma marca, não pode outra empresa industrial, comercial ou de serviços utilizá-la na composição de seu nome comercial, em havendo similitude de atividades". Argumenta-se, no curso do voto: "É certo que os conceitos de marca e de nome comercial não se confundem. Entretanto, cuidando-se de marca registrada pela autora com precedência em relação à razão social arquivada pela ré, não pode esta última empregá-la na composição de seu nome comercial".[145]

Sem o arquivamento, não se reconhece o direito à proteção, eis que, mesmo que provada a antecedência do nome em relação a outro que surge e é registrado, a exclusividade somente

---

[145] *Recurso Especial* nº 212.902-SC, da 4ª Turma do STJ, julgado em 28.09.1999, *DJ* de 13.12.1999, em *Revista do Superior Tribunal de Justiça*, 132/429.

prepondera perante terceiros se efetuado o registro, que é o meio de levar ao conhecimento geral a existência do nome. Realmente, em se tratando de nome, de primordial indispensabilidade o registro, via arquivamento, na Junta Comercial para ensejar a proteção, eis que a presunção é que há, então, o conhecimento de todos.

É o arquivamento do contrato social de qualquer sociedade que satisfaz o requisito para a defesa do nome comercial, o que vale, inclusive, no pertinente às sociedades anônimas.

Questão comum, e deveras complexa, prende-se à permissão ou não em se utilizar o nome de família para um novo estabelecimento, se já preexistia outro, com igual nome. Um membro de uma família mantém uma casa comercial com um nome. Outro membro atribui igual denominação, ou acrescenta o nome de família. Em princípio, não é permitida a adoção. O fundamento pode ser colhido em um parecer ainda de Francisco Campos, no qual salienta que o direito ao nome comercial é uma categoria do direito concorrencial, consistindo, precisamente, em uma das modalidades da polícia jurídica da concorrência comercial, ou um dos instrumentos pelos quais o organiza e transforma, condicionando-o ou limitando-o, o comércio *tout court* em comércio jurídico ou em concorrência disciplinada ou policiada pelo direito".[146]

Prossegue Arnoldo Wald: "Mesmo havendo identidade de sobrenome entre sócios ou acionistas de diversas sociedades, a utilização do mesmo sobrenome pela primeira vez inibe sua utilização em outra denominação social do mesmo ramo de negócios, sob pena de ocorrer concorrência desleal (*Estudos e Pareceres de Direito Comercial*, II/68).

Entretanto, se a adoção de um mesmo nome não é apta a gerar confusão, já que distintos os ramos das atividades de cada uma, não ocorre violação à lei, a teor do Recurso Especial nº 262.643/SP, da 3ª Turma do STJ, j. em 09.03.2010, *DJe* de 17.03.2010:

> Colidência entre nomes empresariais. Proteção ao nome comercial. Finalidade: identificar o empresário individual ou a sociedade empresária, tutelar a clientela, o crédito empresarial e, ainda, os consumidores contra indesejáveis equívocos.
>
> Utilização de um vocábulo idêntico – FIORELLA – na formação dos dois nomes empresariais – FIORELLA PRODUTOS TÊXTEIS LTDA. e PRODUTOS FIORELLA LTDA. Ausência de emprego indevido, tendo em vista as premissas estabelecidas pela Corte de origem ao analisar colidência: a) ausência de possibilidade de confusão entre os consumidores; b) atuação empresarial em atividades diversas e inconfundíveis.
>
> Tutela do nome comercial entendida de modo relativo. O registro mais antigo gera a proteção no ramo de atuação da empresa que o detém, mas não impede a utilização de nome em segmento diverso, sobretudo quando não se verifica qualquer confusão, prejuízo ou vantagem indevida no seu emprego.

Relativamente à prescrição de qualquer ação para insurgir-se contra a usurpação do nome comercial, é estabelecida em cinco anos. É a lição de Tavares Paes:

> O prazo de prescrição é de cinco anos a contar do arquivamento no Registro de Comércio dos atos constitutivos da empresa contra a qual se insurge para o fim de propositura da ação (CC, art. 178, § 10, inc. IX) (...). Quanto ao entendimento de que a prescrição é quinquenal, v. acórdão do STF, RE nº 46.597, *DJU* de 17.09.1962, p. 418).[147]

---

[146] *Coletânea de Direito Comercial*, edição Livraria Freitas Bastos, 1957, p. 41.

[147] *Propriedade Industrial*, São Paulo, Editora Saraiva, 1982, pp. 74 e 75.

Cap. XXV · PROPRIEDADE INDUSTRIAL | 863

O dispositivo da lei civil apontado, cujo preceito não está previsto no Código de 2002, encerrava que prescrevia em cinco anos a ação por ofensa ou dano causados ao direito de propriedade, contado o prazo da data em que se deu a mesma ofensa ou dano. Com apoio nesse dispositivo se firmou a jurisprudência, conforme *Apelação Cível* nº 89.021-1, da 3ª Câm. Cível do TJ de São Paulo, julgada em 25.08.1987.[148] Inclusive em nível de Superior Tribunal de Justiça:

> O direito sobre o nome comercial, segundo o entendimento hoje prevalente na dou-trina e jurisprudência, constitui uma propriedade, à semelhança do que ocorre com as marcas de fábrica e de comércio, motivo pelo qual, em ações por violação de seu uso exclusivo, se aplica o lapso prescricional previsto no art. 178, § 10º, inc. IX, do Código Civil.[149]

O Código Civil de 2002 omitiu a regra do art. 178, § 10º, inc. IX, do Código revogado. Por força de seu art. 205, na falta de fixação de prazo menor, ocorre a prescrição em dez anos. De sorte que esse o prazo aplicável, desde a vigência do Código da Lei nº 10.406/2002.

Havendo o arquivamento de um nome comercial já registrado, a contar da data do segundo registro (arquivamento) assegura-se o prazo para o lesado promover a competente anulação. Caso não efetuado o registro, oferece-se o prazo a partir da data em que se deu a ofensa ou o dano, ou que se tomou conhecimento de sua ocorrência.

Salienta-se, por último, que não se confunde o nome comercial com a marca, a menos que o estabelecimento ou a pessoa jurídica e o produto ou serviço tenham nome igual à marca. Decidiu o Tribunal de Justiça do Rio de Janeiro sobre o assunto:

> Não se pode confundir a marca, que é registrada no INPI, com o nome comercial, que consta na Junta Comercial. A ré já detinha o nome de "Sondosolo", enquanto que a autora é proprietária da marca. O contrato para utilização da marca foi denunciado, não havendo prova da alegada simulação. A reconvenção também não procede, já que o contrato de utilização foi da marca e não do nome, pelo que nada há a devolver.[150]

Em outra decisão, do Superior Tribunal de Justiça:

> Marca e nome comercial não se confundem. A primeira, cujo registro é feito junto ao INPI, destina-se a identificar produtos, mercadorias e serviços. O nome comercial, por seu turno, identifica a própria empresa, sendo bastante para legitimá-lo e protegê-lo, em âmbito nacional e internacional, o arquivamento dos atos constitutivos no Registro do Comércio. Pelo sistema adotado pela legislação brasileira, afastou-se o prevalecimento do regime da "ocupação" ou da "utilização prolongada" como meio aquisitivo de propriedade da marca. O registro no INPI é que confere eficácia *erga omnes*, atribuindo àquele que o promoveu a propriedade e o uso exclusivo da marca.[151]

---

[148] *Em Jurisprudência Brasileira*, nº 132, ob. cit., p. 186.

[149] *Recurso Especial* nº 4.055/PR, da 4ª Turma, julgado em 19.03.1991, *DJU* de 20.05.1991.

[150] *Apel. Cível* nº10.229/99, da 10ª Câm. Cível, *DJ* de 9.03.2000, em *ADV Jurisprudência – COAD*, nº 17, boletim expedido em 30.04.2000, p. 266.

[151] *Recurso Especial* nº 52.106-SP, da 4ª Turma, *DJU* de 29.11.1999, em *ADV Jurisprudência*, nº 13, boletim semanal expedido em 2.04.2000, p. 202.

DIREITO DAS COISAS – *Arnaldo Rizzardo*

A distinção também é ressaltada no seguinte julgado:

> Como o nome comercial identifica a própria empresa, e não seus produtos, mercadorias, e serviços, cujo sinal distintivo é a marca, conclui-se que a inserção da citada palavra na denominação social da ré causa confusão no público consumidor. Afinal, as duas palavras são idênticas, substituída apenas a letra "i" pela letra "y", constituindo peculiar expressão de fantasia, de modo a tornar possível que alguém contrate com uma empresa pensando que o está fazendo com outra. Sobre a questão, o Colendo Supremo Tribunal Federal já se pronunciou no sentido de que "o direito à exclusividade do nome decorre do princípio da novidade, segundo o qual devem ser evitados aqueles que possam determinar engano de terceiros, concorrência desleal, ou confusões prejudiciais ao que já usava primeiro" (citação feita no *REsp.* nº 54.494-7-SP, *in RSTJ* 78/209). Não mais se exige, para assegurar a exclusividade do nome comercial, o registro em todas as Juntas Comerciais do País.[152]

Acrescenta-se que unicamente se revelar caráter econômico o nome merece proteção. Não se estende o amparo a simples nomes civis, ou de entidades e associações de cunho social, esportivo, religioso:

> Formal e materialmente, não há norma que proteja nome de associação destinada a desenvolver atividade religiosa, de fins, portanto, não econômicos. Inaplicabilidade do Cód. de Prop. Industrial, ainda que sob as luzes dos arts. 4º da Lei de Introdução ao Código Civil e 126 do Cód. de Pr. Civil. Regência do caso pelos arts. 114, I, e 115, da Lei nº 6.015/1973. Não há meios jurídicos que garantam a propriedade do nome religioso, "podendo ser ostentado, pronunciado e adotado por quantos seguidores e/ ou cultores tenha ou venha a ter, individualmente e organizados em associados" (...), haja vista o que ordinariamente acontece com as igrejas cristãs pelo mundo afora.[153]

De observar que a Lei de Introdução ao Código Civil passou a denominar-se Lei de Introdução às Normas do Direito Brasileiro, pela Lei nº 12.376/2010, e que o art. 126 do CPC de 1973 equivale ao art. 140 do CPC/2015.

25.46.2. Nome e título de estabelecimento

Enquanto o nome comercial serve para identificar o empresário, ou comerciante, ou industrial, o título do estabelecimento significa o nome que se dá ao complexo ou ao local onde desenvolve a sua atividade ou o serviço. Segue a distinção elaborada por Fábio Ulhoa Coelho:

> Além da marca e do nome empresarial, o direito industrial cuida de uma terceira categoria de sinal distintivo: o título de estabelecimento. Trata-se da designação que o empresário empresta ao local em que desenvolve sua atividade.[154]

---

[152] *Apel. Cível* nº 94.415-4/1, da 7ª Câm. Cível do TJ de São Paulo, de 27.03.2000, em *ADV Jurisprudência*, nº 26, expedição de 2.07.2000, p. 412. Repete-se a distinção no *REsp.* nº 52.106, de 17.08.1999, *DJ* de 29.11.1999, *em Revista do Superior Tribunal de Justiça*, 129/306.

[153] *Recurso Especial* nº 66.529/SP, da 3ª Turma do STJ, j. em 21.09.1999, *DJU* de 19.06.2000.

[154] *Curso de Direito Comercial*, vol. 1, ob. cit., p. 177.

Em geral, todos os estabelecimentos possuem um título, que não se confunde com o nome comercial, eis que este faz parte do razão social ou da denominação, que constará no contrato; já aquele serve para identificar o complexo de comércio, de atividades, ou de produção.

Não é necessário que o título do estabelecimento conste do contrato ou estatuto. Nem possui alguma pertinência com a razão social. Todavia, bastante frequente é a mesma designação, e até a coincidência com a marca. De qualquer forma, cria-se um nome para o estabelecimento, que passa a ser divulgado e a representar a pessoa jurídica. Assim *"A Casa das Sedas"*, *"Supermercado Paulista"*, *"Lojas Supremas"*.

Em geral, não se registra o título do estabelecimento. Não constitui marca, embora nada impeça que coincida.

Para a proteção, e evitar que outrem dele se aproprie, no entanto, é indispensável o registro, que se efetiva com o arquivamento do contrato na Junta Comercial. Somente então emerge a proteção. Neste caso, o amparo está no art. 195, inc. V, que tipifica como crime de concorrência desleal o seu uso indevido. Havendo a apropriação do título do estabelecimento, normalmente decorrem prejuízos. Parece evidente o desvio de clientela. Surge, também, o proveito da fama, da divulgação, do passado, da tradição do produto oriundo do título do estabelecimento. O art. 209 assegura, nesta eventualidade, o direito de haver perdas e danos, pois inerente que o uso indevido pode causar confusão entre estabelecimentos comerciais, industriais ou prestadores de serviço, ou entre os produtos e serviços postos no comércio. Não bastasse essa consequência, decorre o enriquecimento indevido ou à custa alheia, verificado no fato de se aproveitar um patrimônio, um nome, uma tradição para conseguir a colocação de produtos no comércio.

Capítulo XXVI

Direitos Reais sobre Coisas Alheias

26.1. CARACTERIZAÇÃO

A partir do art. 1.369 do Código de 2002, parte-se para o estudo dos direitos reais sobre coisas alheias, um dos mais importantes títulos do direito das coisas, envolvendo vários institutos, nesta ordem enumerados pelo art. 1.225 do citado Código: a propriedade, a superfície, as servidões, o usufruto, o uso, a habitação, o direito do promitente comprador do imóvel, o penhor, a hipoteca e a anticrese.

Para uma visão mais abrangente, em alguns aspectos traça-se um paralelo com o Código de 1916.

A ordem do Código de 2002 não coincide com a do Código Civil revogado, pois o art. 1.225 traz a relação de todos os direitos reais, incluindo a propriedade, a laje, enquanto o Código Civil revogado aponta os direitos sobre coisas alheias, fazendo-o quando justamente inicia a regrar essa espécie de direitos.

A enumeração não esgota a matéria, posto que outros direitos existem, citando-se, exemplificativamente, a promessa de compra e venda em si (e não apenas do direito do promitente comprador do imóvel), a cessão e a promessa de cessão de compromisso de compra e venda (Decreto-Lei n° 58, de 1937; Leis n°s 6.766, de 1979; e 4.380, de 1964, além de outros estatutos), quando devidamente registradas no ofício imobiliário; a concessão de uso de terrenos públicos ou particulares e do espaço aéreo sobre os mesmos (Decreto-Lei n° 271, de 1967); a locação de prédios (Leis n°s 8.245, de 1991, e 6.015, de 1973); a alienação fiduciária em garantia (Decreto-Lei n° 911, de 1969), além de mais hipóteses.

O Código Civil de 2002, em sua versão original, e relativamente ao Código anterior, no art. 1.225, inclui mais dois direitos reais, que são a superfície e o direito do promitente comprador de imóvel. De outro lado, exclui a enfiteuse, mantendo-se o regramento do Código Civil de 1916 aos aforamentos existentes, consoante art. 2.038:

> Fica proibida a constituição de enfiteuses e subenfiteuses, subordinando-se as existentes, até sua extinção, às disposições do Código Civil anterior, Lei n° 3.071, de 1° de janeiro de 1916, e leis posteriores.

Afasta, também, as rendas expressamente constituídas sobre imóveis.

A Lei n° 11.481, de 31.05.2007, trouxe mais dois direitos reais, nos incisos XI e XII, que são a concessão de uso especial para fins de moradia e a concessão de direito real de uso.

Por sua vez, a Lei n° 13.465/2017 incluiu a laje.

No *jus in re aliena*, em contraposição ao *jus in re propria* (proprietário), o titular do domínio fica privado de alguns dos poderes assegurados à propriedade, que são desmem-

Cap. XXVI · DIREITOS REAIS SOBRE COISAS ALHEIAS | **867**

brados em favor de terceiros, a quem se consagra o exercício dos mesmos. Assim, como que os poderes inerentes à propriedade são compartilhados entre o real proprietário e a pessoa contemplada por esses direitos, como sucede com o usufruto, onde o usufrutuário percebe os frutos ou rendimentos da coisa, sem poder aliená-la, direito este mantido em favor do nu-proprietário.

As seguintes características identificam tais direitos, anotadas por Jefferson Daibert:

a) o direito sobre coisa alheia adere imediatamente à coisa, subordinando-a ao titular;

b) a aderência atribui o direito de sequela, que é seguir a coisa onde e com quem se encontra injustamente;

c) exclusividade – não é possível, onde um direito real anterior existe, estabelecerse outro da mesma espécie. Até a hipoteca que admite a primeira, segunda e mais hipotecas, sobre o mesmo imóvel, não representa exceção, porque os credores hipotecários posteriores não podem excutir as suas hipotecas antes de vencida a anterior;

d) prevalência *erga omnes*;

e) é provido de ação real, que prevalece contra qualquer detentor da coisa;

f) os direitos reais são limitados por lei e somente em função desta existem; são figuras de tipo fixo;

g) somente o direito real é suscetível de posse, sendo que incide sobre a coisa corpórea, móvel ou imóvel.[1]

Alguns desses direitos oferecem maior interesse prático (usufruto, penhor e hipoteca) que outros (exemplificativamente a enfiteuse, o uso e a anticrese), mas, relativamente à propriedade, que é o direito pleno sobre a coisa, ou *plena in res potestas*, resta evidente a sua posição secundária. Daí interessar a abordagem mais desenvolvida apenas naquelas figuras de maior aplicabilidade.

26.2. CLASSIFICAÇÃO

O Código Civil anterior e o atual trazem duas categorias de direitos sobre coisa alheia: os de gozo e os de garantia.

Os direitos reais sobre coisa alheia de gozo ou fruição outorgam ao titular as prerrogativas de usar e gozar da coisa, ou só de usá-la, sendo os seguintes, de acordo com o art. 1.225 do Código Civil, e mais os acréscimos da Lei nº 11.481/2011 e da Lei nº 13.465/2017: a enfiteuse, a servidão predial, o usufruto, o uso, a habitação, o direito de superfície, o direito do promitente comprador de imóvel, a concessão de uso especial para fins de moradia, a concessão de direito real de uso e a laje. Outrossim, foram afastadas a enfiteuse e as rendas constituídas sobre imóveis.

Os direitos reais de garantia vinculam a coisa dada em garantia a uma relação de crédito. Ou seja, a coisa é dada em garantia de um débito. Tal a explicação de Clóvis Beviláqua:

> Os direitos reais aderem à coisa, que lhes é objeto, como é de sua própria natureza. Por isso, aquele que adquire o imóvel suporta os ônus reais, que sobre ele pesam e com ele, igualmente, lhe aumentam o patrimônio os que o avantajam. Ônus e vantagens reais acompanham o imóvel no trânsito de uns para outros patrimônios.[2]

---

[1] *Direito das Coisas*, ob. cit., p. 348.

[2] *Direito das Coisas*, 5ª ed., Rio de Janeiro, Forense, vol. I, p. 269.

868 | DIREITO DAS COISAS – *Arnaldo Rizzardo*

Eis a relação desses direitos, em parte segundo o mesmo art. 1.225: o penhor, a hipoteca, a anticrese, e mesmo a alienação fiduciária em garantia. Por qualquer destas figuras, assegura-se preferência a um dos credores de um devedor comum. O maior efeito da garantia reside na sua oponibilidade *erga omnes*, se registrado o contrato, seguindo a coisa para onde se transferir sua propriedade, e impedindo a instalação de outro poder prevalente sobre a mesma.

Acrescenta Darcy Bessone:

> Há direitos reais que são de garantia e, também, de gozo, como sucede, por exemplo, na anticrese, em que o credor anticrético usa e goza da coisa, para a compensação do seu crédito.

> Há outros direitos reais que, sendo de gozo ou de garantia, podem conduzir à aquisição, como, exemplificando, a enfiteuse (resgate), as rendas constituídas sobre imóveis (resgate), a compra e venda com reserva de domínio (transferência automática do domínio).

> Esses direitos reais consideram-se mistos.[3]

26.3. CONSTITUIÇÃO

Descrevia o art. 675 do Código Civil antigo a forma de constituição dos direitos reais sobre coisa móvel alheia: "Os direitos reais sobre coisas móveis, quando constituídos, ou transmitidos por atos entre vivos, só se adquirem com a tradição (art. 620)". O Código em vigor, no art. 1.226, repete a regra, mas sem remeter a outro dispositivo.

Vê-se que tratavam os dispositivos do Código anterior somente de coisas móveis, fazendo o art. 675 remissão ao art. 620, que regia a transferência do domínio das coisas, e vinha assim redigido: "O domínio das coisas não se transfere pelos contratos antes da tradição. Mas esta se subentende, quando o transmitente continua a possuir pelo constituto possessório (art. 675)". No Código de 2002, a norma correspondente está no art. 1.267 e na primeira parte de seu parágrafo único, com redação um pouco diferente. Eis o texto do art. 1.267: "A propriedade das coisas não se transfere pelos negócios jurídicos antes da tradição". E o da primeira parte de seu parágrafo único: "Subentende-se a tradição quando o transmitente continua a possuir pelo constituto possessório".

Como se percebe, as regras cuidam da constituição dos direitos reais em si, e não apenas daqueles sobre coisa móvel alheia.

Se a transferência das coisas móveis se opera através da tradição, o mesmo sucede com os direitos reais sobre as ditas coisas, segundo elucida Carvalho Santos:

> Se o domínio, como acaba de ser dito, só se opera pela tradição, os direitos reais sobre as coisas móveis, que nada mais são que desmembramentos ou restrições desse domínio, como corolário, não poderiam ser adquiridos, por ato entre vivos, também senão pela tradição.[4]

O art. 676 do Código Civil de 1916 dispunha da constituição dos direitos reais sobre imóveis da seguinte maneira:

> Os direitos reais sobre imóveis constituídos, ou transmitidos por atos entre vivos, só se adquirem depois da transcrição, ou da inscrição, no Registro de Imóveis dos referidos títulos (arts. 530, n° I, e 856), salvo os casos expressos neste Código.

---

[3] *Direitos Reais*, ob. cit., p. 330.
[4] *Obra citada*, 11ª ed., 1963, vol. IX, p. 175.

Cap. XXVI · DIREITOS REAIS SOBRE COISAS ALHEIAS | 869

A referência aos arts. 530, nº I, e 856 tinha em vista a inclusão, entre os direitos reais, o da propriedade e, assim, também quanto à sua constituição.

No Código de 2002, art. 1.227, repete-se a redação, mas com a referência de dispositivos próprios: "Os direitos reais sobre imóveis constituídos, ou transmitidos por atos entre vivos, só se adquirem com o registro no Cartório de Registro de Imóveis dos referidos títulos (arts. 1.245 a 1.247), salvo os casos expressos neste Código". Os arts. 1.245 a 1.247 envolvem a aquisição pelo registro do título.

O registro é ato indispensável para formar o direito real. A transmissão *inter vivos* depende deste ato para ensejar o direito real oponível a terceiros e para a sua própria existência. Forma-se o direito real com o registro.

Mas a transmissão ocorrida *mortis causa* independe da transcrição, pois tanto o art. 676 do Código Civil de 1916 como o art. 1.227 do Código de 2002 restringem-se aos direitos reais constituídos ou transmitidos por atos entre vivos.

Por sua vez, o art. 677 do Código Civil de 1916 estatuía que "os direitos reais passam com o imóvel para o domínio do adquirente". Não se encontra norma equivalente no Código novo, eis que a previsão é uma decorrência normal da transferência da propriedade. De qualquer forma, revelava-se elucidativo o preceito do Código anterior.

A venda de um imóvel hipotecado em nada prejudica o credor. Acompanha o direito real de hipoteca a transferência. Justifica Jefferson Daibert:

> Se há gravando um determinado ônus real um imóvel, o seu titular estará assegurado em seu direito, mesmo que tal imóvel seja alienado (mesmo em circunstâncias especiais de ignorância do adquirente) porque sendo real o direito, seguirá a coisa com quem se encontre e, no caso inverso, quando alguém adquire coisa beneficiada com direito real sobre outra (servidão), o novo titular recebe, também, a coisa com o aludido direito.[5]

Por sua vez, o parágrafo único do art. 677 do Código Civil anterior, também não reeditado pelo Código de 2002, posto que a matéria não é tanto de direito civil, disciplinava a responsabilidade quanto ao pagamento de impostos:

> O ônus dos impostos sobre prédios transmite-se aos adquirentes, salvo constando da escritura as certidões do recebimento, pelo fisco, dos impostos devidos e, em caso de venda em praça, até o equivalente do preço da arrematação.

Efetivamente, os encargos de impostos têm o atributo de aderir ao imóvel, equivalendo-o a um ônus real. Os adquirentes arcam com a responsabilidade quanto ao pagamento. Isto a menos se, no momento da escritura, é apresentada certidão negativa de débito fiscal, como vinha no art. 1.137 do Código Civil de 1916, que será transcrita na própria escritura pública. A certidão negativa exonera o imóvel e isenta o adquirente de toda responsabilidade. O art. 502 do Código atual contém norma que atribui a responsabilidade ao vendedor por todos os débitos existentes, mas transferem-se ao adquirente se incidem no bem, sejam relativos a créditos particulares ou fiscais: "O vendedor, salvo convenção em contrário, responde por todos os débitos que gravem a coisa até o momento da tradição".

---

5   *Direito das Coisas*, ob. cit., p. 350.

Capítulo XXVII

Enfiteuse

27.1. CARACTERIZAÇÃO

Não tem a enfiteuse, atualmente, a importância prática que justificasse um tratamento legislativo.

Desapareceu quase por completo o interesse pela enfiteuse, até porque somente em épocas passadas era constituída. Com o Código Civil de 2002, afastada a possibilidade de formação de novas enfiteuses, continuando as disposições do Código de 1916 a disciplinar as que ainda perduram. Reza seu art. 2.038: "Fica proibida a constituição de enfiteuses e subenfiteuses, subordinando-se as existentes, até sua extinção, às disposições do Código Civil anterior, Lei nº 3.071, de 1º de janeiro de 1916, e leis posteriores".

Estabelece o § 1º duas proibições:

> Nos aforamentos a que se refere este artigo é defeso:
>
> I – cobrar laudêmio ou prestação análoga nas transmissões de bem aforado, sobre o valor das construções ou plantações;
>
> II – constituir subenfiteuse.

Quanto à enfiteuse dos terrenos de marinha e acrescidos, remete o § 2º à lei especial.

Assim, nos aspectos substanciais, os ditames reguladores são todos do Código Civil revogado.

O nome "enfiteuse" tem origem no idioma grego – *em-phyteusis* –, embora os historiadores encontrem o sentido jurídico do termo no direito romano.

A ideia primitiva que os autores colhem consistia no significado de um arrendamento de longo prazo ou perpétuo, transmissível hereditariamente e por ato entre vivos.

O Digesto é a primeira fonte romana conhecida que trata da matéria, explicando Clóvis Beviláqua que foi Justiniano quem formulou o direito da enfiteuse:

> O direito de Justiniano da enfiteuse tem dupla origem, uma romana ocidental e outra romana oriental. À primeira pertence o *jus in fundo vectigali*; e da segunda veio a denominação *jus emphyteuticum*; os compositores de Justiniano é que reuniram os dois institutos, formando um só.[1]

---

[1] *Direito das Coisas*, vol. I, ob. cit., p. 276.

O *jus in fundo vectigali* disciplinava uma espécie de venda de uso do imóvel, no começo perpétuo, e mais tarde temporário, ao passo que o *jus emphyteuticum* correspondia a um arrendamento perpétuo, forma encontrada entre os povos helênicos, e adotada pelos romanos.

Certo é que, havendo a fusão em um só instituto, mais tarde os municípios e as corporações de sacerdotes arrendavam suas terras perpetuamente, ou por longo prazo, recebendo, em contrapartida, uma renda anual. Reconhecia-se ao arrendatário uma ação para proteger a utilização do imóvel, a *actio in rem utilis*, exercitável contra qualquer intruso e de caráter real.

Recorda Lacerda de Almeida que, no tempo do Império, "foi estendido o mesmo favor aos vastos domínios incultos (*latifundia*), dando a cultivar mediante pensão módica, inferior às taxas usuais de arrendamento".

Houve, na Idade Média, mudança de forma, conforme o citado autor:

> Outra era a reação da enfiteuse por direito feudal. Sob o influxo deste direito, cuja máxima era *nulle terre sans seigneur*, inverteu-se completamente a regra do direito romano – *duorum vel plurium in solidum dominium esse non potest* – a propriedade territorial foi desdobrada em vários domínios superpostos, e concebeu-se a possibilidade de um domínio direto e um domínio útil, isto é, o do enfiteuta, o qual, pela subenfiteuse que pode constituir no prédio, é considerado senhorio direto em relação ao subenfiteuta.[2]

Daí vê-se a mudança no instituto, passando a denominação de origem romana (enfiteuse) a expressar-se, em nosso direito, também com o nome de "emprazamento" ou "aforamento", e constituindo-se do contrato pelo qual o senhor de um prédio concede a outro o domínio útil dele, mas reservando para si o domínio direto.

A introdução no Brasil se processou na forma de distribuição de terras para a colonização, segundo lembra Edgar Carlos de Amorim:

> Portugal, ao descobrir o Brasil, tinha, em sua legislação, o instituto da enfiteuse de modo igual ou similar àquele da Idade Média. Na época, o direito de conquista ou do descobridor reconhecia ser o solo domínio do vendedor ou descobridor. Daí porque, ao ser descoberto o Brasil, todas as suas terras passaram a ser havidas como sendo da Coroa de Portugal. Entretanto, cedo, as terras se integraram ao domínio particular através das sesmarias que eram datas de terra doadas pela Coroa portuguesa a particulares com a finalidade exclusiva de cultivarem-nas e nelas edificarem as suas moradias.
>
> Caso não atingissem a finalidade prevista, voltavam ao domínio da Coroa, quando então eram consideradas devolutas.
>
> Convém esclarecer que tanto as terras das sesmarias como também aquelas que retornavam ao domínio da Metrópole foram objeto de contrato de enfiteuse.
>
> Conclui-se, assim, que tanto os terrenos de domínio público como aqueles de domínio particular serviram de base para contrato de enfiteuse.[3]

O art. 678 do Código anterior, aplicável para as enfiteuses que vigoram, apresentava o seguinte conceito:

---

[2] Francisco de Paula Lacerda de Almeida, *Direito das Coisas*, J. Ribeiro dos Santos – Livreiro e editor, Rio de Janeiro, 1908, pp. 416 e 417.

[3] *Teoria e Prática da Enfiteuse*, Rio de Janeiro, Forense, 1986, pp. 1 e 2.

Dá-se a enfiteuse, aforamento, ou emprazamento, quando por ato entre vivos, ou de última vontade, o proprietário atribui a outrem o domínio útil do imóvel, pagando a pessoa, que o adquire, e assim se constitui enfiteuta, ao senhorio direto uma pensão, ou foro anual, certo e invariável.

Como se nota, trata-se de um direito real de posse, uso e gozo do imóvel alheio. A concessão se faz por ato entre vivos, ou de última vontade. O enfiteuta, aquele que recebe o direito de utilização, pagará ao proprietário direto uma renda anual, a título de compensação.

A questão da natureza oferece certa complexidade, por sugerir o desdobramento da figura dois domínios: o domínio direto e o domínio útil, isto é, haveria dois distintos domínios sobre o mesmo bem. O proprietário seria dono do imóvel em si, da terra, da extensão superficial; e o enfiteuta teria o domínio da utilização ou do proveito do mesmo imóvel. Ambos poderiam, assim, ser considerados proprietários. No entanto, como faz ver Darcy Bessone, ressalta-se que este dualismo de domínios atenta contra o conceito de propriedade em nosso direito. Não pode haver duas propriedades simultâneas sobre um só e mesmo objeto. Diz o autor:

> A objeção encontra apoio em nosso direito positivo, que inclui a enfiteuse entre os direitos reais sobre coisa alheia (*jura in re aliena*), circunstância suficiente para tornar certo que, a despeito das expressões constantes da lei, não há dois domínios – o útil e o direto – sobre uma só coisa, mas, sim, que o domínio sobre desmembramento apenas nas faculdades que lhe são inerentes, para que algumas delas sejam atribuídas a outra pessoa, que passa a exercê-las sobre coisa alheia.[4]

Portanto, um dos poderes do domínio é desmembrado e transfere-se a outra pessoa.

Algumas características ressaltam da enfiteuse:

– Ao enfiteuta assiste o direito de alienar e de transmitir por herança o domínio útil, ao passo que o titular do domínio direto, isto é, o senhor direto, segundo Washington de Barros Monteiro,

> só tem direito à substância da coisa, sem suas utilidades (...). O domínio direto é direito que se mantém ordinariamente na sombra e que só se manifesta em ocasiões restritas, para o recebimento do *canon*, para a percepção do laudêmio em caso de alienação, e nos casos já mencionados concernentes ao *jus praelationis* e ao *jus devolutionis*.[5]

– Destina-se a enfiteuse ao aproveitamento econômico das terras incultas ou dos terrenos não edificados. Por isso, não se institui sobre glebas colonizadas, ou prédios construídos, conforme regra do art. 680 do Código Civil de 1916: "Só podem ser objeto de enfiteuse terras não cultivadas ou terrenos que se destinem à edificação".

– Na enfiteuse aparecem inseridos vários dos direitos inerentes ao domínio. Evidentemente, o poder de dispor, e, assim, transacionar o imóvel, está excluído. A extinção se opera pela deterioração, pelo comisso e por morte do enfiteuta se inexistir herdeiro. Nas transmissões do domínio útil, não se transferem as utilidades do imóvel.

– A enfiteuse é perpétua, embora resgatável, de conformidade com a lição de Clóvis: "Se a limitarem no tempo, será arrendamento. O nosso direito também não permite a enfiteuse por vida".[6]

---

[4] *Curso de Direito Civil*, – *Direito das Coisas*, ob. cit., p. 251. *Direitos Reais*, ob. cit., p. 332.

[5] *Curso de Direito Civil*, – *Direito das Coisas*, ob. cit., p. 251.

[6] *Direito das coisas*, vol. I, ob. cit., p. 279.

Cap. XXVII · ENFITEUSE | 873

– Ao direito do enfiteuta se empresta o nome de domínio útil, pelo que lhe é atribuído o direito de usufruir do bem do modo que mais lhe convier; quanto ao domínio direto, que é comandado pelo senhorio, recai sobre a substância do imóvel, afastadas as utilidades, já que são objeto do direito do enfiteuta.

– É perpétua a enfiteuse, embora permitido o seu resgate. Colocando-se limitação no tempo quanto à duração, então teremos o arrendamento. De igual modo, não se conhece a enfiteuse por vida, ou durante a vida do enfiteuta.

– Busca-se com esta forma de utilização da terra facilitar o aproveitamento das extensões incultas ou abandonadas. Não se incluem como objeto os prédios, em virtude de que eles revelam o aproveitamento, sem impedir-se, no entanto, a destinação para esse contrato dos terrenos destinados à construção.

Embora todas estas características longamente desenvolvidas pelos autores, é induvidosa a perda de interesse prático da enfiteuse, tanto que nem incluída se encontra no Código Civil de 2002. Raros os códigos civis que regulamentam a espécie atualmente. Diante deste panorama, é imperativo restringir-se o estudo a aspectos fundamentais, que encontram alguma utilidade prática nos raros casos que soem ingressar na justiça.

27.2. CONSTITUIÇÃO DA ENFITEUSE

Conforme o art. 678 do Código anterior, constituía-se a enfiteuse por ato entre vivos ou de última vontade, isto é, a constituição se faz por contrato (escritura pública) e por testamento. Como a regulamentação do Código Civil de 1916 rege as enfiteuses existentes, persiste a sua vigência no ponto.

Se decorrente de escritura pública, promovia-se o Registro Imobiliário (art. 167, item 10, da Lei dos Registros Públicos), o que também se exigia se adviesse de testamento, levando-se a registro o formal, após devidamente processados a abertura de testamento e o inventário.

Sobre o registro, rezava o art. 858 do Código Civil de 1916: "A transcrição do título de transmissão do domínio direto aproveita ao titular do domínio útil, e vice-versa". A norma praticamente se repete no art. 243 da Lei dos Registros Públicos. Por outras palavras, se o enfiteuta promovesse o registro do domínio útil realizava necessariamente o registro do domínio direto, e assim vice-versa, dada a inseparabilidade das relações jurídicas, como salientava Washington de Barros Monteiro.[7]

Dava-se, outrossim, a constituição por usucapião. Lacerda de Almeida apontou alguns casos de formação pela via da aquisição prescritiva:

a) Receber o prescribente por título de aforamento o terreno de quem não era senhorio direto e possuí-lo por tanto tempo quanto baste para prescrever.

b) Exercer o prescribente os direitos de foreiro sem outro título mais que o pagamento do foro ao verdadeiro dono ou a outrem que reputa verdadeiro dono, por tanto tempo quanto baste para prescrever.

c) Achar-se o verdadeiro dono do imóvel por ignorância na posse dos direitos de enfiteuta, pagando pensão a outrem que se supõe o verdadeiro dono.[8]

---

[7]   *Curso de Direito Civil – Direito das Coisas*, ob. cit., p. 415.

[8]   *Direito das Coisas*, ob. cit., p. 432.

Quanto à segunda hipótese, explicava-a Orlando Gomes:

> (...) É possível que alguém, sem título, possua imóvel como enfiteuta, exercendo os direitos e cumprindo as obrigações correspondentes a essa posição jurídica; se o proprietário desse bem se comporta como senhorio, e recebe o foro, o decurso do tempo sana a falta de título, convertendo a posse no direito real de enfiteuse.[9]

Decidiu-se sobre a possibilidade da aquisição do domínio por usucapião:

> Usucapião. Aquisição de domínio útil de lote foreiro. Ação contestada pela Municipalidade sob fundamento da inadmissibilidade de usucapião do domínio útil. Não acolhimento. Ação procedente (...). É admissível a aquisição do domínio útil por usucapião, o que não ofende o domínio direto do senhorio, que perdura incólume.[10]

27.3. DIREITOS E OBRIGAÇÕES

a) Do senhorio direto.

Assistiam ao senhorio direto os direitos dominiais relativos ao domínio direto.

Assim, de acordo com Jefferson Daibert, destacavam-se como principais os seguintes direitos:

> a) o direito às acessões;
>
> b) o direito à metade do tesouro encontrado por outrem no terreno aforado, ou à totalidade quando for ele o inventor;
>
> c) o direito de consolidar o domínio útil no direito, nos casos prescritos em lei (arts. 683, 685, 687, 689 e 692);
>
> d) perceber o foro ou cânon anual, invariável;
>
> e) exercer o direito de preferência (arts. 683 e 685);
>
> f) percepção do laudêmio, no caso de não exercer o direito de preferência (art. 686).[11]

Convém explicar o significado de laudêmio. Corresponde a uma compensação que se paga ao senhorio que não exerce o direito de opção, nos casos de venda do domínio útil, ou de dação em pagamento. É o que sugeria o art. 686 do Código de 1916:

> Sempre que se realizar a transferência do domínio útil, por venda ou dação em pagamento, o senhorio direto, que não usar da opção, terá direito de receber do alienante o laudêmio, que será de 2,5% (dois e meio por cento) sobre o preço da alienação, se outro não se tiver fixado no título de aforamento.

Levava-se em conta a obrigação de oferecer ao senhorio direto a possibilidade de opção de compra do domínio útil, na forma do art. 683 do Código de 1916:

> O enfiteuta, ou foreiro, não pode vender nem dar em pagamento o domínio útil, sem prévio aviso ao senhorio direto, para que este exerça o direito de opção; e o senhorio

---

[9] *Direitos Reais*, ob. cit., 3ª ed., 1969, tomo 2º, p. 422.

[10] *Recurso ex officio*, nº 7/78, 4ª Câm. Cível do TJ do Paraná, de 19.03.1980, em *Jurisprudência Brasileira*, nº 77, 1983, ob. cit., p. 213.

[11] *Direito das Coisas*, ob. cit., p. 358.

direto tem 30 (trinta) dias para declarar, por escrito, datado e assinado, que quer a preferência na alienação, pelo mesmo preço e nas mesmas condições.

Se dentro do prazo indicado não responder ou não oferecer o preço da alienação, poderá o foreiro efetuá-la com quem entender.

Caso não cumprisse o enfiteuta esta obrigação, autorizava o art. 685 do Código revogado, mas em vigor para as enfiteuses que perduram, ao senhorio direto o direito de preferência, havendo do adquirente o prédio pelo preço da aquisição.

O direito de manifestar a preferência persistia pelo tempo previsto para a prescrição da ação correspondente, consoante a melhor doutrina.[12]

Devia, pois, antes da venda, providenciar o enfiteuta na notificação do senhorio, a fim de possibilitar a manifestação de seu interesse. Sem esta medida, tornava-se anulável a venda, se o senhorio direto requeresse a preferência. Evidentemente, a anulação era pressuposto para a adjudicação por preferência. Sem este exercício de direito, não se justificava a anulação, o que levava a concluir pela inviabilidade de se pretender apenas anular o negócio.

O art. 687 do mesmo Código não assegurava ao foreiro

> o direito de remissão do foro, por esterilidade ou destruição parcial do prédio enfitêutico, nem pela perda total de seus frutos; pode, em tais casos, porém, abandoná-lo ao senhorio direto, e, independentemente de seu consenso, fazer inscrever o ato da renúncia (art. 691).

Quanto aos deveres, assentavam-se máxime no respeito aos direitos do enfiteuta, ou ao exercício tranquilo do domínio útil.

No art. 684 estava um importante dever, o de oferecer o direito de preferência ao foreiro, no caso de venda do domínio direto. A ele aplicavam-se as disposições previstas para o foreiro, se descumprir tal exigência.

b) Do enfiteuta.

No pertinente aos direitos, ao enfiteuta ou foreiro asseguram-se as mesmas vantagens estabelecidas ao proprietário, consubstanciadas no direito de usar, gozar e dispor do imóvel – *jus utendi*, *fruendi* e *disponendi*.

Usa a coisa e frui ou goza das utilidades; e assiste-lhe, também, a disposição do bem, com a transferência do mesmo a qualquer pessoa, por ato entre vivos, ou de última vontade. Mas, é evidente, a transmissão restringe-se ao domínio útil. A substância, ou domínio direto, remanesce com o proprietário ou senhorio.

Garantem-se, ainda, a percepção dos frutos e produtos, o que é natural e próprio de quem exerce o domínio útil; a preferência na aquisição do domínio direto, no caso de venda, segundo garantia do art. 684; e a transmissão também por meio de doação, dote, troca, de acordo com o então art. 688:

> É lícito ao enfiteuta doar, dar em dote, ou trocar por coisa não fungível o prédio aforado, avisando o senhorio direto, dentro de sessenta dias, contados do ato de transmissão, sob pena de continuar responsável pelo pagamento do foro.

---

[12] *Obra citada*, vol. IX, pp. 66 e 67.

O art. 694 permitia a instituição de subenfiteuse: "A subenfiteuse está sujeita às mesmas disposições que a enfiteuse. A dos terrenos de marinha e acrescidos será regulada em lei especial".

O direito de resgate vinha conferido pelo art. 693:

> Todos os aforamentos, inclusive os constituídos anteriormente a este Código, salvo acordo entre as partes, são resgatáveis 10 (dez) anos depois de constituídos, mediante pagamento de um laudêmio, que será de dois e meio por cento sobre o valor atual da propriedade plena, e de dez pensões anuais pelo foreiro, que não poderá no seu contrato renunciar ao direito de resgate, nem contrariar as disposições imperativas deste Capítulo (redação conforme a Lei nº 5.827, de 23.11.1972).

Este direito de resgate era conferido unicamente ao enfiteuta, caso satisfeitos dois requisitos: a) decurso de dez anos após a constituição da enfiteuse; b) pagamento pelo foreiro de uma indenização equivalente a dez pensões.

Relativamente às obrigações, incumbia ao foreiro, em primeiro lugar, pagar a pensão, ou o foro, ou a pensão anualmente. Vinha a ser a retribuição pecuniária pelo exercício do domínio útil, não importando a improdutividade do imóvel, como emergia do art. 687:

> O foreiro não tem direito à remissão do foro, por esterilidade ou destruição parcial do prédio enfitêutico, nem pela perda total de seus frutos; pode, em tais casos, porém, abandoná-lo ao senhorio direto, e, independentemente do seu consenso, fazer inscrever o ato de renúncia.

O perecimento total do imóvel significava o perecimento do próprio direito.

Cabiam, ainda, ao foreiro as obrigações do pagamento dos impostos, bem como dos ônus reais que gravam o imóvel – encargos determinados pelo art. 682; do pagamento do laudêmio, estatuído pelo art. 686, se transferir o domínio útil, segundo já observado; e de conservar a substância da coisa.

27.4. OPÇÃO PARA A COMPRA NAS TRANSFERÊNCIAS DO DOMÍNIO DIRETO OU ÚTIL

Tanto ao senhorio direto, quanto ao enfiteuta, a lei conferia o direito de opção (arts. 683 e 684) nas alienações. O senhorio direto, antes de vender a substância da coisa, devia oferecer a preferência ao enfiteuta, o qual, por sua vez, igualmente tinha esta obrigação, se pretendesse transferir o domínio útil.

Como já foi destacado, se o titular do domínio direto se subtraísse a este dever, sujeitava--se a sofrer, juntamente com o adquirente, da competente ação anulatória de venda e de preferência na aquisição (art. 684).

E faltando o foreiro ou enfiteuta à obrigação de oferecer a preferência ao senhorio direto, da mesma forma era possível a anulação da venda do domínio útil, com a adjudicação em favor do último (art. 683).

Assim, em uma ou outra hipótese, cumpria ao vendedor notificar o titular do direito para que expresse a preferência no prazo de trinta dias.

Mesmo que não exercida a preferência pelo titular direto do imóvel, era devido o laudêmio, segundo já foi visto.

27.5. RESGATE

O resgate vinha instituído em favor do enfiteuta pelo art. 693. De acordo com a doutrina, correspondia esta figura a uma desapropriação do domínio direto em favor do enfiteuta, justificando-se a sua previsão pela necessidade de se consolidar a propriedade plena e livre.

O dispositivo acima, além de impedir a sua renúncia, embora não proibisse o estabelecimento de condições diversas das que fixava, discriminava as exigências para a formalização do direito: a) O decurso do prazo de dez anos após a sua constituição (prazo reduzido pela Lei n° 5.827/1972); b) o pagamento de um laudêmio correspondente a dois e meio por cento sobre o valor atual da propriedade plena, e de dez pensões anuais vigentes.

Orlando Gomes combateu este direito de resgate, por ser potestativo:

> O direito de resgate é vantagem concedida ao foreiro que se inspira na política de liberação da propriedade, firmada contra a concepção medieval da enfiteuse. Quis-se facultar ao titular do domínio útil a possibilidade de livrar sua propriedade do ônus real. Desde, porém, que não se aceite essa concepção, como não a aceita o direito moderno, a faculdade de resgatar, outorgada ao foreiro, não tem razão de ser. Concorre, demais disso, como concorrendo está, para a extinção do instituto, uma vez que a pensão anual, devendo ser módica, fixará, de antemão, preço irrisório de aquisição do terreno aforado pelo enfiteuta.[13]

A jurisprudência evidenciava a aplicação do resgate:

> É resgatável dez anos depois de constituída a enfiteuse perpétua, mediante o pagamento de um laudêmio que será de dois e meio por cento sobre o valor atual da propriedade plena e de dez pensões também atualizadas pela correção monetária.[14]

Mesmo se instituída a enfiteuse antes do Código Civil de 1916, admitia-se a remissão ou resgate, de acordo com a Súmula n° 170, do Supremo Tribunal Federal: "É resgatável a enfiteuse instituída anteriormente à vigência do Código Civil".

O procedimento para o resgate está apontado no art. 549 do Código de Processo Civil de 2015, para as situações que ainda persistem: "Aplica-se o procedimento estabelecido neste Capítulo, no que couber, ao resgate de aforamento". Por outras palavras, o procedimento judicial segue o rito previsto para a consignação em pagamento. O foreiro formulará a petição inicial, com o oferecimento do preço ordenado no art. 693 do Código Civil de 1916: o montante correspondente a dois e meio por cento sobre o valor atual da propriedade plena e a dez pensões anuais. A estimativa do valor se fará mediante consideração dos preços atuais do mercado. Naturalmente, há de se fundamentar a quantia que se estipular, especialmente a correspondência ao preço de mercado.

Designará o juiz audiência de recebimento. Comparecendo e aceitando o senhorio direto, extingue-se o processo. Se contestar, no prazo de dez dias a contar da data designada para o recebimento, alegando a insuficiência do depósito, determina-se a avaliação, prosseguindo o feito pelo rito ordinário.

Constatada a insuficiência, fixará o juiz o lapso temporal de dez dias para o enfiteuta inteirar o depósito, *ex vi* do art. 545 da lei processual civil atual.

---

[13] *Direitos Reais*, tomo 2°, ob. cit., p. 425.

[14] *Apel. Cível* n° 1.317/80, 3ª Câm. Cível do TJ do Paraná, julgada em 30.09.1980, em *Jurisprudência Brasileira*, n° 77, ob. cit., p. 215.

878 DIREITO DAS COISAS – Arnaldo Rizzardo

Desde que procedido o depósito complementar, não há mais razão para continuar o feito. Evidencia-se a transação, o que importa na extinção da ação, forte no art. 487, inc. III, letra "b", do referido estatuto.

27.6. O FORO OU PENSÃO ANUAL

Pelo domínio útil, pagaria o enfiteuta um valor anual, denominado foro, ou pensão anual, ou cânon. Consistia na contraprestação pelo domínio útil, que devia ser módica, justamente para estimular a permanência do enfiteuta na terra. Era devido o valor mesmo que destruído parcialmente o imóvel, ou independentemente da produção ou da esterilidade do prédio enfitêutico, como defluia do art. 687. Mas se o perecimento for total, tornava-se indevida a pensão.

Por considerar-se *portable* a obrigação de pagar o foro, ao foreiro incumbia oferecer o valor na época devida, sem aguardar que o senhorio viesse cobrá-lo. Assentava, sobre o assunto, Lacerda de Almeida: "Deve a pensão ser levada à casa do senhorio, salvo quando consistente em frutos e o senhorio habita em terra diversa do domicílio do foreiro".[15]

Na recusa de satisfação, cabia a cobrança por execução de título extrajudicial.

Conforme o art. 678, o foro ou pensão era anual, certo e invariável, impedindo-se, pois, a alteração pelas vontades das partes – o que vinha secundado pelos pretórios:

> Enfiteuse. A enfiteuse é perpétua e inalteráveis são os foros de laudêmios, bem como as condições de resgate – arts. 678, 679 e 693 do Código Civil de 1916, cujos preceitos são imperativos e não podem ser ilididos por leis locais ou convenção entre as partes, de acordo com as tradições do direito brasileiro.[16]

Na omissão do cumprimento de pagar por três anos consecutivos, aplicava-se a pena de comissão, isto é, a pena de perda do domínio útil, alcançável por decisão judicial, sem que assistisse o direito de purgar a mora, mas cumprindo ao senhorio indenizar as benfeitorias (art. 692, inc. II). Havia, no entanto, quanto à purga da mora, entendimento diverso, consubstanciado na Súmula nº 122, do Supremo Tribunal Federal: "O enfiteuta pode purgar a mora enquanto não decretado o comisso por sentença".

Na subenfiteuse, continuava o foreiro obrigado, quanto ao pagamento, junto ao senhorio.

27.7. LAUDÊMIO

Como já se observou, consiste o laudêmio na remuneração ou na taxa estabelecida para o enfiteuta pagar ao senhorio direto da coisa aforada, como compensação pela renúncia que este exerce, ao direito que lhe é assegurado de compra na transferência do domínio útil. Mais sinteticamente define Edgar Carlos de Amorim: o laudêmio como a prestação devida ao senhorio direto pelo enfiteuta que vende o domínio útil, nos casos em que o senhorio poderia preferi-lo ao adquirente.[17]

Antes da venda, dá o foreiro aviso prévio ao proprietário direto, com a finalidade de oportunizar-lhe a compra, preferência que deve ser manifestada no prazo de trinta dias.

O laudêmio estava assegurado no caso de cessão do domínio útil e no resgate do aforamento pelo foreiro (arts. 686 e 693).

---

[15] *Direito das Coisas*, ob. cit., p. 454.

[16] *Recurso Extraordinário* nº 91.500, de 24.06.1980, em *Jurisprudência Brasileira*, nº 77, ob. cit., p. 43.

[17] *Obra citada*, p. 15.

Consistia esta taxa no valor correspondente a dois e meio por cento do valor da alienação no caso de cessão, e sobre o valor atual da propriedade e mais dez pensões anuais em se tratando de resgate.

A obrigação em satisfazer era do cedente ou alienante e do resgatante.

O art. 686 vinha expresso:

> Sempre que se realizar a transferência do domínio útil, por venda ou dação em pagamento, o senhorio direto, que não usar da opção, terá direito de receber do alienante o laudêmio, que será de 2,5% (dois e meio por cento) sobre o preço da alienação, se outro não se tiver fixado no título de aforamento.

O cálculo incidiria sobre o preço da alienação, segundo orientava o Supremo Tribunal Federal, no RE n° 99.485-5-RJ:

> A frase final do art. 686 do Código Civil de 1916 ("se outro não se tiver fixado no título de aforamento") diz respeito, inequivocamente, à percentagem sobre o preço da alienação em que se traduz o laudêmio, sendo desarrazoada, por ir contra a essência deste, a interpretação de que, com base nesse preceito, se possa estabelecer, no ato constitutivo da enfiteuse, que o valor sobre o qual incidirá a percentagem em dois e meio por cento será outro que não o preço da alienação.

Isto porque, assinalou o relator, Min. Moreira Alves,

> no direito brasileiro atual só há direito de opção em favor do senhorio direto em caso de venda ou de dação em pagamento, razão por que o laudêmio só se calcula sobre o preço da venda ou o valor de dação (a ambos o art. 686 do CC denomina "preço de alienação").
>
> Não teria sentido que o laudêmio, que representa compensação pela renúncia ao direito de opção (que se exerce, tanto por tanto, em face de terceiro), se calculasse sobre o valor outro que não o devido, se a preferência fosse exercida.
>
> Por isso, nunca se admitiu que, no contrato de constituição de enfiteuse, se pudesse fixar valor outro que não o pelo qual o senhorio direto teria preferência (o preço da alienação). O que sempre se admitiu, em nosso direito anterior e em nosso direito atual, foi que o laudêmio (que é a percentagem) só fosse o legal (2,5%) se outro não houvesse sido estipulado no contrato de constituição da enfiteuse.

Quanto a esta última afirmação, realmente por via contratual se permitia fixar percentual diverso, mas sempre sobre o preço da alienação, de acordo com o mesmo voto: "Por tudo isso, jamais se teve dúvida de que a frase final do art. 686 do Código Civil ('se outro não se tiver fixado no título de aforamento') diz respeito ao laudêmio (que é a percentagem) e não ao preço da alienação". Citam-se, no voto, nomes expressivos de nossa doutrina, como Carvalho Santos, Clóvis Beviláqua, Orlando Gomes, Washington de Barros Monteiro, Arnoldo Wald e Pontes de Miranda, que endossam o mesmo ponto de vista.[18]

Incidia o encargo, segundo Orlando Gomes, nas cessões onerosas,

> tornando-se exigível unicamente nas transferências que comportam o exercício do direito de opção do senhorio direto, porque, essencialmente, é uma compensação à

---

[18] *Lex – Jurisprudência do Supremo Tribunal Federal*, 56/223.

sua desistência de exercer o direito de preferência. Consequentemente, o foreiro não está obrigado a pagar o laudêmio nas cessões gratuitas, como nos casos de doação, ou de dote. Também não se exige na hipótese de troca ou permuta por coisa não fungível. Descabe, por igual, quando o prédio enfitêutico é transmitido por herança. É intuitivo, finalmente, que o foreiro não está obrigado a pagar laudêmio quando é compelido a transferir o bem enfitêutico, como no caso de desapropriação por utilidade pública.[19]

Decidiu-se, entretanto, que mesmo na desapropriação era devido o laudêmio, calcula-do, pois, sobre o valor indenizatório: "Ação indenizatória (desapropriação indireta). Imóvel foreiro. Dedução da importância equivalente a dez foros e um laudêmio, correspondente ao domínio direto. Recurso Extraordinário provido".[20]

Encontram-se, porém, havia entendimento em sentido contrário.

E na venda do domínio direto, caberia o pagamento do laudêmio? Edgar Carlos de Amorim respondeu afirmativamente:

> Em se tratando da venda do domínio direto, não se pode negar que os critérios deverão ser os mesmos estabelecidos para a venda do domínio útil, isto é, compete ao senhorio notificar o foreiro para usar do seu direito de preferência, e este, caso não pretenda adquirir referido domínio, fará jus, de igual modo, ao laudêmio devido, nunca incidente, porém, sobre as suas benfeitorias, pois, do contrário, estaria comprando aquilo que é seu, e isto não somente seria um abuso, como também um absurdo.[21]

Uma coisa revelava-se certa: o direito de preferência ao foreiro estava assegurado no art. 684. Mas o laudêmio era reservado estritamente ao senhorio direto, de acordo com o art. 686. Se o legislador quisesse atribuir o mesmo direito ao enfiteuta, certamente teria evidenciado esta vontade, como o fez relativamente ao senhorio. De modo que incabível o laudêmio na venda do domínio direto.

27.8. EXTINÇÃO DA ENFITEUSE

Várias hipóteses determinam a extinção da enfiteuse.

O art. 692 enumerava três casos:

> I – Pela natural deterioração do prédio aforado, quando chegue a não valer o capital correspondente ao foro e mais um quinto deste.
>
> II – Pelo comisso, deixando o foreiro de pagar as pensões devidas, por três anos consecutivos, caso em que o senhorio o indenizará das benfeitorias necessárias.
>
> III – Falecendo o enfiteuta, sem herdeiros, salvo o direito dos credores.

Há outras situações.

Pelo art. 683, dava-se a extinção quando o senhorio direto exercesse a opção de compra na venda oferecida pelo enfiteuta. Adquirindo o domínio útil, que se juntava ao domínio direto, ficava óbvia a extinção.

---

[19]   *Direitos Reais*, tomo 2°, ob. cit., p. 427.

[20]   RE n° 100.446-1-PR, de 06.09.1983, em *Lex – Jurisprudência do Supremo Tribunal Federal*, 60/246; ainda, *RE* n° 92.765, de 05.12.1980, e *RE* n° 87.506, de 25.08.1978, em *Jurisprudência Brasileira*, n° 77, ob. cit., pp. 149 e 124.

[21]   *Obra citada*, p. 6.

Cap. XXVII · ENFITEUSE | 881

O art. 685, por sua vez, autorizava o senhorio a invocar o direito de preferência, se não ofertada a ele a venda, com a competente ação anulatória desta. Se afigurava óbvio que, vencendo a demanda, o domínio útil passaria para o senhorio, com a extinção da enfiteuse.

A renúncia igualmente provocava o fim da enfiteuse, sendo que, através desta figura (art. 687), ficava o foreiro autorizado a abandonar o prédio, cuja exploração não lhe trazia vantagem alguma.

De acordo com o art. 689, havendo a execução da dívida, e consequentemente posterior parcelamento, o senhorio direto deveria ser notificado para assistir o ato, assegurando-se-lhe preferência na arrematação ou adjudicação, com o que adquiriria o domínio útil. Consolidava--se a plenitude do domínio em seu nome.

O art. 691 facultava o abandono gratuito do prédio aforado ao senhorio. Se os credores do foreiro se opusessem, poderiam oferecer caução pelas pensões futuras, e tirar proveito do imóvel até que fossem pagos de suas dívidas. Após o pagamento, persistindo o abandono, incorporava-se o domínio útil ao domínio direto, o que significava a sua extinção.

O resgate, evidentemente, era forma de extinção, já que o foreiro pagava determinado valor pelo domínio direto, após dez anos de constituído o aforamento, de acordo com o art. 693.

Tornando-se o enfiteuta herdeiro do senhorio, ou vice-versa, dava-se a extinção porque uma das partes adquiria o domínio da outra, incorporando-o ao seu.

O usucapião determinava a extinção se alguém adquirisse um imóvel foreiro como se não existisse esse domínio, ou não fosse foreiro. Não pagava as pensões, e nem cumpria outras obrigações inerentes à enfiteuse. Transcorrendo o prazo da prescrição aquisitiva, liberava-se o imóvel do domínio do senhorio, isto é, desaparecia a enfiteuse.

27.9. TRANSFERÊNCIA POR HERANÇA DOS BENS ENFITÊUTICOS

A transferência de bens por sucessão hereditária vinha permitida pelo art. 681: "Os bens enfitêuticos transmitem-se por herança na mesma ordem estabelecida a respeito dos alodiais neste Código, arts. 1.603 a 1.619; mas não podem ser divididos em glebas sem consentimento do senhorio".

Resultava que da herança de bens enfitêuticos seguia a transmissão comum regulada pelo Código Civil.

Os bens alodiais são os que a pessoa pode dispor livremente, sem necessidade de licença de outrem e que, assim, se comunicam parte entre os cônjuges e parte entre os coerdeiros.[22] De modo que, para terem esta faculdade, os bens alodiais não apresentam quaisquer ônus, ou gravames, ou óbice na transmissão.

Proibida se encontra a divisibilidade em glebas dos bens, sem o consentimento do senhorio.

27.10. COPROPRIEDADE NA ENFITEUSE

Admitia-se a copropriedade enfitêutica, de acordo com o art. 690 do Código Civil: "Quando o prédio emprazado vier a pertencer a várias pessoas, estas, dentro de seis meses, elegerão um cabecel, sob pena de devolver ao senhorio o direito de escolha".

Tão necessária era a providência da escolha do representante, ou cabecel, que a sua falta determinava fosse suprida pelo senhorio, a quem a lei autorizava, então, a escolha. O motivo da relevância estava no disposto no § 1º do citado preceito, segundo o qual todas as

---

22 Carvalho Santos, *obra citada*, vol. IX, p. 53.

ações do senhorio contra os coenfiteutas deveriam ser propostas contra o cabecel, que, por sua vez, tinha o direito de regresso contra os demais.

A escolha procedia-se pelo procedimento comum. O § 2º do art. 690 do Código Civil trazia norma deslocada, pois deveria a mesma vir em parágrafo do art. 681. Cuidava da divisão da coenfiteuse: "Se, porém, o senhorio direto convier na divisão do prazo, cada uma das glebas em que for dividido constituirá prazo distinto".

Cumpre dar o significado de "prazo" constante na passagem do dispositivo. Expressava não um lapso de tempo, mas sim o prédio aforado, ou o terreno objeto do contrato.

Concordando o senhorio, o bem enfitêutico seria dividido em tantas partes quantas fossem as pessoas entre as quais se operava a divisão. Cada uma suportaria os encargos do foro, os quais seriam cobrados individualmente delas pelo senhorio.[23]

27.11. AFORAMENTO DE BENS DA UNIÃO

Os imóveis da União suscetíveis de aforamento são os de marinha, que pertencem ao domínio da mesma por força do art. 1º, letra "a", do Decreto-Lei nº 9.760/1946, e do art. 20, nº VII, da Constituição Federal.

Constituem terrenos da marinha, consoante o art. 2º do primeiro diploma, os situados até uma profundidade de trinta e três metros, medidos horizontalmente para a parte da terra, da posição da linha da preamar-média ou maré alta, do ano de 1831, assim discriminados:

a) Os situados no continente, na costa marítima e nas margens dos rios e lagoas, até onde se faça sentir a influência das marés.

b) Os que contornam as linhas situadas em zona onde se faça sentir a influência das marés.

Para compreender o espaço de terreno da marinha, definido no art. 2º, quando alude a trinta e três metros, oportuno é transcrever a explanação feita por Edgar Carlos de Amorim:

Preamar é maré alta, do latim plena mare, mar cheio.

O Aviso de 13.07.1827 bem a esclarecia: "Que o espaço de terreno que propriamente se chama marinha é aquele que se compreende em quinze braças entre a terra firme e o bater nas águas vivas".

Daí a origem das trinta e três braças, porquanto a braça tinha dez palmos, o palmo doze polegadas, a polegada doze linhas e a linha doze pontos. Assim sendo, é fácil verificar que, medindo o palmo no atual sistema métrico decimal vinte e dois centímetros, dez correspondem a duzentos e vinte centímetros multiplicados por quinze. Obtém-se, assim, o resultado de trinta e três metros.

O Aviso de 07.12.1855 estabelecia, em seu art. 4º, o seguinte:

São terrenos de marinha todos os que, banhados pelas águas do mar, vão até a distância de quinze braças para a parte da terra, contadas desde o ponto a que chegar a preamar-média (...).

Preamar-médio, é claro, não é outro senão o local onde a maré, quando cheia, bate com mais frequência. O mar nem sempre bate no mesmo lugar. Mas há uma média quase constante dessas suas cheias e dela parte a medida das trinta e três braças já referidas.[24]

---

[23] Carvalho Santos, *obra citada*, vol. IX, pp. 86 e 87.

[24] *Obra citada*, p. 40.

Incluem-se os acrescidos de marinha, isto é, os formados, natural ou artificialmente, para o lado do mar ou dos rios e lagoas, em seguimento aos terrenos da marinha.

Segundo o art. 64, § 2°, do Decreto-Lei n° 9.760/1946, mesmo outros imóveis que não da marinha podem ser aforados, desde que verificada a conveniência de radicar-se o indivíduo ao solo e a de manter-se o vínculo da propriedade pública.

No tocante aos terrenos marginais de rios e lagos, a definição consta no art. 4° do citado diploma: "São terrenos marginais os que, banhados pelas correntes navegáveis, fora do alcance das marés, vão até a distância de quinze metros, medidos horizontalmente para a parte da terra, contados desde a linha média das enchentes ordinárias".

Para a demarcação dos terrenos de marinha, o Serviço do Patrimônio da União, ou outro órgão encarregado, determinará a posição das linhas da preamar-média do ano de 1831 e da média das enchentes ordinárias, processando-se os trabalhos de acordo com uma série de normas procedimentais estatuídas nos arts. 9° a 14 do Decreto-Lei n° 9.760/1946, com as modificações das Leis n° 13.139/2015 e n° 13.874/2019.

Nos arts. 99 a 124, com as alterações da Lei n° 11.481/2007, da Lei n° 13.139/2015 e da Lei n° 13.240/2015, vem regulamentada a concessão, com a prévia audiência de autoridades militares e inclusive municipais. O foro será pago adiantadamente, fixado em valor proporcional ao domínio pleno. Nas alienações do domínio útil, exige-se o assentimento preliminar da União, e não a simples ciência do ato. O não pagamento do foro durante três anos consecutivos, ou durante quatro anos intercalados, importará na caducidade do aforamento. Mas, antes de poder a União novamente dispor do terreno, cumpre que o Serviço do Patrimônio da União, ou órgão correspondente, notifique o foreiro, por edital, ou por carta registrada, se conhecido o endereço, oportunizando a apresentação de qualquer reclamação, ou o pedido da revigoração do aforamento, no prazo de noventa dias. Se admitido este último favor, caso a União não necessite do imóvel para o serviço público ou para a exploração agrícola, deverá o interessado pagar os foros em atraso, revigorando--se, após, o aforamento.

Mas nada pleiteando a parte, depois de decorrido o prazo da notificação, o Chefe do Serviço do Patrimônio da União, ou de órgão equivalente, providenciará no sentido de ser cancelado o aforamento no Registro de Imóveis, podendo, outrossim, promover a alienação do imóvel. Deverá, ainda, providenciar na cobrança em dobro da taxa de ocupação, como ordena o art. 110 do Decreto-Lei n° 9.760/1946, em redação da Lei n° 11.481/2007.

Sobre o assunto, teve ocasião de manifestar o Tribunal Federal de Recursos, nestes termos:

> Aforamento de bens da União. Caducidade. Revigoração. Regidos por legislação específica os aforamentos de bens da União, e não pelo Código Civil, o não pagamento de foros durante três anos consecutivos acarreta, de pleno direito, a caducidade, independentemente de prévia notificação (Decreto-Lei n° 9.760/1946, art. 101, § 2°, e art. 118). Tem, porém, o enfiteuta o direito à revigoração, não assegurada pelo Código Civil, devendo ser notificado, após verificada a caducidade, para reclamar contra esta ou a requerer a revigoração (art. 118), que dependia de atualização dos foros (art. 119). Requerida como foi a revigoração, obtida pela autora-embargada, que somente se rebela contra a atualização dos foros, decorrente da lei (...). Irrelevante são os erros ocorridos na remessa da notificação aludida, sendo improcedente a ação.[25]

---

[25] *Embargos na Apel. Cível* n° 24.318, de 19.10.1971, Plenário do Tribunal Federal de Recursos, em *Jurisprudência Brasileira*, n° 77, p. 161.

A alienação do direito ao aforamento se realizará através de concorrência pública. O preço corresponderá a uma importância não inferior a oitenta por cento do domínio pleno do terreno.

O art. 122 do Decreto-Lei nº 9.760/1946, com as alterações da Lei nº 13.139/2015, autoriza a remissão ou resgate. Para tanto, quando se decidir por esta forma de liberação total do imóvel, notificam-se os foreiros para requererem a remissão, no prazo de noventa dias, publicando-se os editais na repartição onde se recolhem os foros, e no órgão local que inserir os atos oficiais. Havendo interessado conhecido, procede-se a comunicação através de carta registrada.

A remissão será feita por importância correspondente a 17% (dezessete por cento) do valor do domínio pleno do terreno, excluídas as benfeitorias (art. 123, em texto da Lei nº 13.240/2015).

Cumpre dizer que goza de preferência ao aforamento, de acordo com o art. 13 da Lei nº 9.636/1998, na redação da Lei nº 13.139/2015, quem, comprovadamente, em 10 de junho de 2014, já ocupava o imóvel havia mais de um ano e estivesse, até a data da formalização do contrato de alienação do domínio útil, regularmente inscrito como ocupante e em dia com suas obrigações perante a Secretaria do Patrimônio da União, atualmente do Ministério da Economia em razão da reorganização básica dos órgãos da Presidência da República e dos Ministérios, por meio da Lei nº 13.844/2019.

Por sua vez, consoante o § 2º do art. 15 da mesma lei, também em redação da Lei nº 13.139/2015,

> os ocupantes com até 1 (um) ano de ocupação em 10 de junho de 2014 que continuem ocupando o imóvel e estejam regularmente inscritos e em dia com suas obrigações perante a Secretaria do Patrimônio da União do Ministério do Planejamento, Orçamento e Gestão na data da realização da licitação poderão adquirir o domínio útil do imóvel, em caráter preferencial, pelo preço, abstraído o valor correspondente às benfeitorias por eles realizadas, e nas mesmas condições oferecidas pelo vencedor da licitação, desde que manifestem seu interesse no ato do pregão ou no prazo de 48 (quarenta e oito) horas, contado da publicação do resultado do julgamento da concorrência.

Já de acordo com o art. 105, do Decreto-lei nº 9.760/1946, estão na relação da preferência os proprietários com imóveis registrados no ofício imobiliário; os possuidores, com fundamento em título outorgado pelos Estados ou Municípios; os que, necessariamente, utilizam os terrenos para acesso às suas propriedades; os ocupantes inscritos até o ano de 1940, tendo pago taxas devidas; os que cultivam as terras da União, e que ergueram benfeitorias sobre elas; os concessionários de terrenos de marinha, quanto aos seus acrescidos, desde que não possam constituir unidades autônomas; os concessionários de serviços públicos, relativamente aos terrenos julgados necessários a esses serviços, segundo critério do governo; os pescadores com estabelecimentos de pesca nos terrenos; os ocupantes de terras devolutas, até dois mil hectares, com utilização agrícola ou pastoril, além de outras categorias de pessoas.

Vê-se que os ocupantes têm preferência, cabendo a eles acorrer quando da abertura de processos de aforamentos, para o que se expedem editais e avisos.

Estão excluídos do aforamento, na determinação do § 3º do art. 12 da Lei nº 9.636/1998, em texto da Lei nº 13.139/2015, os imóveis que:

> I – por sua natureza e em razão de norma especial, são ou venham a ser considerados indisponíveis e inalienáveis; e

II – são considerados de interesse do serviço público, mediante ato do Secretário do Patrimônio da União do Ministério do Planejamento, Orçamento e Gestão.

A fim de os imóveis serem incluídos com vistas ao aforamento, devem submeterse a um longo procedimento administrativo, com avaliação técnica, e fazendo-se a alienação mediante leilão ou concorrência pública, promovido pelo Serviço do Patrimônio da União, ou órgão equivalente, com a audiência prévia de autoridades militares, agrárias e municipais.

Admite-se, inclusive, o usucapião no aforamento de bens públicos, desde que transferíveis, extinguindo-se o domínio direto da União, segundo os argumentos colhidos da *Apelação Cível* nº 9.311, da 1ª Câm. Cível do Tribunal de Justiça do Rio de Janeiro, julgada em 15.02.1980: "Cabe, porém, examinar se é ou não usucapível o domínio direto".

O Decreto-Lei nº 710/1938 (reorganiza a Diretoria do Domínio da União), dispôs no art. 12, §§ 1º e 2º:

> § 1º – Ressalvado o disposto no art. 148 da CF, não corre usucapião contra os bens públicos de qualquer natureza. § 2º Não pode ser, igualmente, adquirido por usucapião o domínio útil ou direto dos terrenos de marinha ou quaisquer outros sujeitos a aforamento.

Sobreveio, no entanto, o Decreto-Lei nº 9.760/1946, que no art. 200 reproduziu a disposição do § 1º do art. 12 do referido Decreto-Lei nº 710/1938: "Art. 200 – Os bens imóveis da União, seja qual for a sua natureza, não são sujeitos a usucapião".

Não repetiu, entretanto, a disposição do § 2º, que vedava a aquisição, por usucapião, do domínio direto ou do domínio útil.

O Decreto-Lei nº 9.760 regulou, por inteiro, a matéria de que tratava o DecretoLei nº 710/1938. Segundo a regra do art. 2º, § 1º, da Lei de Introdução às Normas do Direito Brasileiro, a lei posterior revoga a anterior "quando regula inteiramente a matéria de que tratava a lei anterior".

Induvidoso, pois, que revogado foi o texto do § 2º do art. 12 do enfocado Decreto-Lei nº 710/1938.

E foi acertada a revogação. Se a entidade política concede em que deve aforar o bem público, é óbvio que, pelo próprio sentido da enfiteuse, o domínio é partido em dois: o domínio direto e o domínio útil. O domínio útil, aforado ou particular, passa a constituir bem alienável e, como tal, usucapível.

> É infundado o argumento de que, se for usucapível, seria necessariamente resgatável e, por esse artifício, desapareceria o traço de inalienabilidade do bem público, alcançando--lhe a plena propriedade (...).
>
> Bem dominial, dado em enfiteuse, pode ter usucapido o domínio útil, aquele transferido ao particular. Ninguém desconhece as numerosas alienações de imóveis foreiros às pessoas de direito público, quando estas se limitam a recolher laudêmio. Ao contrário do domínio direto, o domínio útil não é bem *extra commercii*.[26]

A extinção da enfiteuse relativa aos terrenos de marinha se ampara nas causas enumeradas no art. 103 do Decreto-Lei nº 9.760/1946, em redação da Lei nº 11.481/2007:

---

[26] *Em Jurisprudência Brasileira*, nº 77, ob. cit., p. 232.

I – por inadimplemento de cláusula contratual;

II – por acordo entre as partes;

III – pela remissão do foro, nas zonas onde não mais subsistam os motivos determinantes da aplicação do regime enfitêutico;

IV – pelo abandono do imóvel, caracterizado pela ocupação, por mais de 5 (cinco) anos, sem contestação, de assentamentos informais de baixa renda, retornando o domínio útil à União; ou

V – por interesse público, mediante prévia indenização.

O § 1º, alterado pela Lei nº 9.636/1998, oportuniza o revigoramento:

> Consistindo o inadimplemento de cláusula contratual no não pagamento do foro durante três anos consecutivos, ou quatro anos intercalados, é facultado ao foreiro, sem prejuízo do disposto no art. 120, revigorar o aforamento mediante as condições que lhe forem impostas.

Na consolidação pela União, há a dedução do correspondente a 17% do valor, a título de domínio direto, consoante o § 2º, alterado pela mesma Lei referida: "Na consolidação pela União do domínio pleno de terreno que haja concedido em aforamento, deduzir-se-á do valor do mesmo domínio a importância equivalente a 17% (dezessete por cento), correspondente ao valor do domínio direto".

Incluem-se, ainda, causas comuns de extinção previstas para a enfiteuse do direito privado, como a renúncia do domínio útil; o usucapião, conforme corrente que o admite, e já foi citada; a remissão ou resgate; a desapropriação e o comisso, que se perfaz quando o foreiro deixa de pagar, por três anos consecutivos, os foros devidos.

Conforme referido, o art. 103, § 1º, do Decreto-Lei nº 9.760/1946, no entanto, faculta ao enfiteuta, no caso de comisso, a revigorar o aforamento, com a lavratura de novo contrato e novo foro, alcançável por avaliação que se procederá, tudo de acordo com os arts. 107, 108 e 109. Incumbe, no entanto, a prévia purga da mora. Nega-se a revigoração apenas se a União necessitar do terreno para o serviço público, indenizando as benfeitorias (art. 120).

Capítulo XXVIII

Fundos de Investimento

28.1. CONCEITO, CONSTITUIÇÃO E ESPÉCIES

O Livro III da Parte Especial do Código Civil trata do Direito das Coisas. No Título III, Capítulo X, veio regulamentado um novo assunto, que consiste nos fundos de investimento. A disciplina está nos arts. 1.368-C a 1.368-F, sendo incluída pela Lei nº 13.874, de 20.09.2019 (conhecida como a Lei da Liberdade Econômica), que veio da conversão da Medida Provisória nº 881, de 30.04.2019. Embora também insira conteúdo empresarial e societário, foi integrada no Direito das Coisas por envolver a aplicação de bens consistentes de valores financeiros em fundos organizados por instituições administradoras ou gestoras, os quais vêm a formar um condomínio entre os aplicadores.

As regras aportadas pela Lei nº 13.874/2019 não absorvem a regulamentação do instituto, pois o seu perfil jurídico revela dimensões que vão além do tratamento trazido.

Os fundos são formados pelos valores entregues por um conjunto de pessoas que resolve investir suas economias em setores que mais oferecem rentabilidade, tornando-se os investidores titulares de cotas.

É comum a aplicação de valores em fundos junto a instituições administradoras ou gestoras ligadas a bancos, com a finalidade de auferir rendimentos satisfatórios e compatíveis com as expectativas de mercado, criando-se, ao longo do tempo, um nível de confiabilidade decorrente do gerenciamento positivo dos interesses dos investidores.

Os fundos oferecem o atrativo de trazer uma rentabilidade superior à da caderneta de poupança, fator que impulsiona sua expansão, atraindo cada vez mais investidores que buscam uma alternativa mais rentável ou diversificada de auferir lucros.

A definição de fundos é trazida por Lázaro Plácido Lisboa:

> "Os fundos representam uma modalidade de investimento que, sob a forma de condomínio, reúne recursos de pessoas físicas e/ou jurídicas, possuidoras de objetivos comuns. Esses recursos, administrados por uma instituição financeira, são destinados à aplicação em carteiras diversificadas de títulos e valores mobiliários, em cotas de fundos e, ainda, em outros títulos específicos, dependendo do objetivo previsto, o qual definirá o perfil do fundo. A sua constituição em forma de condomínio caracteriza a copropriedade dos bens, ou seja, estes pertencem aos condôminos, denominados de quotistas, que são proprietários de partes ideais, representadas por cotas proporcionais ao valor investido".

Segue, adiante, explicando que o fundo é uma pessoa jurídica "independente da instituição financeira que o administra, possuindo CGC, CNPJ e escrituração contábil próprios, bem como regulamento registrado em cartório. As demonstrações contábeis estão sujeitas aos procedimentos de escrituração, elaboração, remessa e publicação previstas nas normas básicas do plano contábil das Instituições do Sistema Financeiro Nacional – Cosif".[1]

Complementa Fábio Ulhoa Coelho, partindo do significado de aplicação financeira:

> "Aplicação financeira é o contrato pelo qual o depositante autoriza o banco a empregar, no todo ou em parte, o dinheiro mantido em conta de depósito mantido num investimento (ações, títulos da dívida pública, commodities etc.). Organizam-se as aplicações financeiras em fundos, estruturados pelos bancos com o objetivo de oferecer ao mercado alternativas diversificadas de investimento".[2]

No art. 1.368-C colhe-se a ideia de comunhão de interesses, que se manifesta na forma de condomínio: "O fundo de investimento é uma comunhão de recursos, constituído sob a forma de condomínio de natureza especial, destinado à aplicação em ativos financeiros, bens e direitos de qualquer natureza". Todavia, embora a constituição na forma de condomínio, não se aplicam as normas do condomínio geral e do condomínio edilício a esta espécie, a teor do § 1º do mesmo artigo: "Não se aplicam ao fundo de investimento as disposições constantes dos arts. 1.314 ao 1.358-A deste Código".

Em suma, os fundos de investimento são pessoas jurídicas autônomas, formados por uma carteira de ativos financeiros, e constituindo um condomínio de recursos representado pelas cotas de aplicação, recursos estes geridos pelo administrador do fundo, ou prestador de serviços, que é apenas o instrumento de ligação entre os investidores e o fundo de investimento propriamente dito, devidamente registrado e autorizado no Banco Central do Brasil – Bacen, e na Comissão de Valores Mobiliários – CVM, a quem caberá a disciplina, de acordo com o § 2º do art. 1.368-C.

Junto à referida Comissão se faz o registro do regulamento dos fundos, ato este suficiente para garantir a sua publicidade e a oponibilidade de efeitos em relação a terceiros, por disposição do § 3º.

Pode-se também colher o significado de fundo em anúncios ou prospectos divulgados pelo Fundo administrado por subsidiária/coligada do Banco do Brasil S/A, que retrata de modo prático, embora um tanto propagandista, a ideia:

> "Fundos de Investimentos são condomínios abertos ou fechados, que possibilitam a seus quotistas a oportunidade de, em conjunto, investir em aplicações financeiras – de renda fixa e/ou variável – e mercados estruturados aos quais, individualmente teriam pouco ou nenhum acesso. Os fundos conferem ao investidor melhores condições de remuneração no mercado, devido à administração profissional e por lidarem com volume de recursos extremamente expressivos.
>
> (...) Por meio dos investimentos, podemos programar a realização de sonhos como uma viagem, compra de uma casa ou automóvel, garantir nossos estudos ou dos nossos filhos, e até mesmo fazer aquele 'pé-de-meia' para gozarmos de um futuro tranquilo.

---

[1] *Manual de contabilidade de fundos de investimentos*. 19ª edição. São Paulo. FIPECAF, 1968, pp. 9 e ss.

[2] *Curso de Direito Comercial – Direito de empresa*. 17ª edição. Thomson Reuters Revista dos Tribunais. São Paulo, 2016, p. 139.

Cap. XXVIII · FUNDOS DE INVESTIMENTO | 889

Os fundos de investimento são a melhor alternativa para quem deseja investir no mercado de capitais. A aplicação em diferentes títulos proporciona aos investidores uma redução maior dos riscos.

(...) Para você que quer correr o mínimo de risco na hora de aplicar em fundos, os Fundos de Renda Fixa são os indicados. Suas carteiras são compostas basicamente por títulos públicos e privados, pré e pós-fixados, que não estão sujeitos a grandes oscilações de taxas, proporcionando, assim, rentabilidades mais estáveis que os demais fundos.

(...) O rendimento varia de acordo com o prazo da operação e a taxa negociada.

Pré-fixado = rendimento definido no dia da aplicação com base nas taxas de mercado.

Pós-fixado = TR ou TBF mais uma tabela de juros. O rendimento é creditado no final do período contratado".

No site do Banco Santander (www.santander.com.br), colhe-se que "a remuneração é determinada por taxas de juros pré ou pós-fixadas. Ideais para os investidores com baixa disposição ao risco, ou que precisarão do capital investido em curto prazo", a par de consignar que as perdas patrimoniais para seus clientes podem ocorrer em 'situações remotas'.

Rodrigo Alves da Silva ressalta, quanto à formação do fundo:

"Um fundo de investimento é formado por uma porção de ações, de Certificados de Depósitos Bancários (CDB), de títulos do Governo e quaisquer outros tipos de ativos móveis financeiros pertencentes a um ou vários investidores que os entrega para ser administrado por terceiros, visando ao lucro".[3]

Consoante é do conhecimento geral, há Fundos de Renda Variável e Fundos de Renda Fixa. Os primeiros aplicam a maior parte de seu patrimônio em títulos de renda variável, enquanto os segundos são de menor quantidade, dando-se o inverso no tocante aos de renda variável.

Segue Rodrigo Alves da Silva: "Os fundos de investimento, no direito brasileiro, são classificados, tradicionalmente, em dois principais: os fundos do gênero 'renda fixa' e os fundos do gênero 'renda variável'. Naqueles investem-se em ativos nos quais é possível conhecer precisamente a rentabilidade; nestes, aplicam-se em ações e outros ativos sem se poder definir antecipadamente o rendimento".[4]

De sorte que os fundos de renda variável, como as ações e contratos negociados na Bolsa de Valores, compõem a carteira cujo rendimento é variável, enquanto os de renda fixa possuem um rendimento determinado, sendo exemplos os títulos federais (como as Letras do Tesouro Nacional) e os Certificados de Depósito Bancário.

Existem, outrossim, Fundos de Curto Prazo, Fundos de Ações, Fundos de Carteira Livre e outros tipos específicos. A regulamentação de tais fundos, além dos arts. 1.368-C a 1.368-F, vem ditada por princípios extraídos da Lei 4.595/1964; da Lei de Mercado de Capitais – Lei 4.728/1965; e da Lei 6.404/1976 (com alterações da Lei 11.638/2007), que trata das sociedades por ações, e, em especial, no que é pertinente ao assunto, daquelas de capital aberto; e por regulamentos administrativos. Acrescenta-se que cada fundo tem seu regulamento próprio e

---

[3] *Os fundos de investimento financeiro à luz do Código de Defesa do Consumidor*, em Revista de Direito Privado, p. 190.

[4] Idem, p. 198.

específico, o qual constitui o seu estatuto, devendo previamente obter a "chancela" do Banco Central do Brasil.

Merecem especial destaque os Fundos de Investimento Financeiro (FIF) e Fundos de Aplicação em Cotas (FAC), cujas regras de autorização, constituição e funcionamento vieram materializadas através da Resolução 2.183/1995, do Banco Central do Brasil, já revogada e substituída pela Resolução 3.334/2005 (com várias alterações), e pela Circular n. 2.616/1995, do Banco Central do Brasil – Bacen, também revogada e substituída pela Circular BCB 3.304/2005.

Quanto ao primeiro tipo, constituem o tipo básico de fundos, na forma de condomínio aberto, com prazo indeterminado de duração, englobando os fundos de renda fixa e os de renda variável.

Na segunda espécie, ao procederem às aplicações em fundos, os investidores adquirem cotas de outros fundos de investimento, as quais possuem um valor que oscila de acordo com o mercado de capitais.

Existem vários campos ou setores da economia nos quais se constituem os fundos, como os fundos de investimento imobiliário, de significação econômica. As aplicações têm em conta os rendimentos auferidos neste setor construção civil para fins de venda, arrendamento ou locação. Há fundos que investem em títulos de empresas que apresentam bons níveis de governança corporativa, ou que se destacam em responsabilidade social e sustentabilidade empresarial em longo prazo, conforme critérios estabelecidos por entidades amplamente reconhecidas pelo mercado ou supervisionados por conselho não vinculado à gestão do fundo. Também no setor de commodities atuam os investimentos, em especial de produtos agrícolas de exportação, cuja lucratividade se acentua em momentos de grande demanda de produtos para o exterior.

O art. 1.368-F do Código Civil assinala para a possibilidade da criação de fundos por lei específica, devendo-se seguir as disposições introduzidas pela Lei 13.874/2019 e submetendo-se à regulamentação da Comissão de Valores Mobiliários: "O fundo de investimento constituído por lei específica e regulamentado pela Comissão de Valores Mobiliários deverá, no que couber, seguir as disposições deste Capítulo".

28.2. RENTABILIDADE DOS FUNDOS ATRELADA AOS ATIVOS ADQUIRIDOS

Não exerce o administrador ou a instituição financeira ingerência sobre a rentabilidade do fundo de investimento, sendo sua função adquirir os ativos nas mesmas proporções previstas no regulamento e vendê-los aos aplicadores interessados.

O fundo de investimento adquire ativos, numa determinada proporção de títulos públicos federais e de títulos junto a instituições privadas. Nesta distribuição, a carteira de ativos pode compor-se de oitenta por cento de títulos públicos e vinte por cento de títulos privados (como Certificados de Depósito Bancário). A cada aplicação obedece-se essa tática de aquisição. Não interfere, no entanto, na variação dos preços no mercado. Valorizando, resulta um ágio favorável aos titulares das cotas; desvalorizando, repassa-se o deságio aos mesmos aplicadores, que terão de suportar as perdas.

Os próprios ativos podem implicar no valor dos fundos. Se desvalorizam, consequentemente também os fundos se desvalorizam, não se limitando o fenômeno a uma simples perda de rentabilidade. Não encontrando lastro no mercado, embora um determinado valor de face, é possível que venha a ser comercializado por um preço inferior. Aí é o título que se desvaloriza, importando em uma redução do montante investido pelo aplicador.

Cap. XXVIII • FUNDOS DE INVESTIMENTO | 891

À instituição gestora resta somente uma remuneração, que se denomina taxa de administração.

28.3. EXTERIORIZAÇÃO DOS FUNDOS

Quanto à forma de exteriorização, o fundo constitui-se de uma entidade assemelhada ao condomínio aberto, sendo condôminos todos os que fazem aplicações livremente, revestindo-se dessa condição por adquirirem cotas, que são as menores partes de um fundo.

Há uma conglomeração dos aplicadores em um fundo, os quais se tornam coproprietários do monte formado pelos aportes de dinheiro, permanecendo os mesmos seus titulares, e cabendo à instituição que os recebe a mera administração através da aplicação, com a aquisição de títulos, que são resgatados quando desejar o investidor.

Os investimentos formam os ativos, devendo ter permanentemente registrado o valor de mercado. Esta exigência vinha imposta no Anexo I à Circular do Banco Central 1.922, de 27.03.1991 (revogada pela Circular BC 3.718, de 11.09.2014, mas adotando-se suas regras na prática).

Na avaliação das cotas do fundo, para o cálculo do rendimento diário das ações, deve ser utilizada a cotação média alcançada pelo título nas bolsas de valores do Rio de Janeiro ou de São Paulo. Na ausência de cotação nessas bolsas, a avaliação é feita com base na cotação de outra bolsa, prevalecendo aquela em que as ações apresentarem maior liquidez. Os ativos terão o valor calculado diariamente, com base em avaliação patrimonial que considere o valor de mercado dos ativos financeiros integrantes da carteira.

Ocorre que os ativos compõem a carteira de títulos, ou são empregados pelas instituições que administram os fundos na compra ou comercialização de títulos, que, no tocante aos de renda fixa, constituem-se, principalmente, de Letras Financeiras do Tesouro, Obrigações do Tesouro Nacional e Letras do Tesouro Nacional.

28.4. A EXIGÊNCIA DE AJUSTE DIÁRIO DOS FUNDOS

O assunto envolve matéria de extrema relevância, dizendo respeito ao ajuste diário dos rendimentos dos fundos aos títulos mantidos na carteira. Ficam os índices de rentabilidade atrelados aos índices que oferecem os títulos adquiridos, medida essa necessária para a segurança e credibilidade dos fundos. Vários os diplomas dos órgãos administrativos que impõem essa exigência.

Esta conduta é deveras importante, porquanto representa a estimativa diária do valor das cotas, alcançando-se, por ela, o real patrimônio dos fundos de investimentos.

Trata-se do procedimento contábil de avaliação da carteira de títulos e valores mobiliários. Impossível trabalhar no mercado de fundos sem a estimativa do valor real. Quem administra os fundos é obrigado a efetuar a venda dos títulos e valores mobiliários pelo preço efetivamente praticado no mercado. A aquisição de cotas de fundos se dá, portanto, pelo exato valor que é praticado no mercado onde se aplica o fundo.

Há a obrigatoriedade da adoção do critério de avaliação dos ativos integrantes da carteira do fundo pelo seu valor de mercado. De modo que as cotas do fundo devem ter seu valor calculado diariamente, com base em avaliação patrimonial que considere o valor de mercado dos ativos financeiros integrantes da carteira.

Quando da venda das cotas, não podem as instituições gestoras vender o produto por um preço superior ao que vigora no mercado, porquanto existe a obrigação de refletirem as cotas o preço vigorante na praça.

892 DIREITO DAS COISAS – *Arnaldo Rizzardo*

Para atrair investidores, já se verificaram casos de adotar-se a prática de oferecer fundos por valores superiores aos que vigoravam na prática, ou aos rendimentos que traziam os títulos adquiridos. Aparentemente, haveria um ganho favorável aos aplicadores. No entanto, sobrevindo a obrigatoriedade da adequação ao mercado, por imposição das autoridades monetárias, procedem-se abruptas desvalorizações das cotas dos fundos de renda.

Essa adaptação não altera a avaliação dos ativos em renda fixa. Os valores que foram entregues ou investidos mantêm-se iguais. Ao efetuarem-se as aplicações, não se verifica a desvalorização de mercado. Procedendo-se uma escrituração sem marcação a mercado, ou constatada a não correspondência da escrituração à realidade de mercado, procedendo-se ao ajuste, leva-se a efeito a redução do valor das cotas, com prejuízos ao investidor.

28.5. CONTABILIZAÇÃO DOS FUNDOS DE ACORDO COM O VALOR DE MERCADO E DEVER DE INFORMAÇÃO

Os ativos integrantes das carteiras dos fundos devem ser registrados pelos valores efetivamente pagos e ajustados diariamente ao valor de mercado. Existe obrigatoriedade de contabilização dos fundos pelo valor de mercado, reconhecendo-se contabilmente a valorização ou desvalorização acontecida, sendo que os documentos que serviram de base devem ficar à disposição dos quotistas e do Bacen.

É o que se denomina "marcação a mercado" (MaM) ou Market-to-Market (MtM). No jargão do linguajar financeiro, corresponde à avaliação do preço das cotas de acordo com o preço de mercado. Também significa a avaliação pelo preço esperado de realização dos ativos. Quer significar a marcação da cota ao preço de mercado. É a "marcação diária", pela qual diariamente apropriam-se as variações dos valores de cada ativo, para cima ou para baixo, no sentido de método para orientar os interessados na cotação dos valores.

Por diferentes palavras, a expressão traduz o registro dos ativos para efeito de valorização da cota de fundos de investimentos pelo preço que esses ativos podem ser vendidos no mercado. A cota de fundo deve refletir o valor que seria obtido caso os mercados fossem negociados naquele dia. Marcar as operações a mercado quer dizer apurar por quanto essas operações seriam liquidadas no mercado. Ao comprar cotas, paga-se pelo preço que reflete no mercado de capitais ou letras.

A matéria está disciplinada pelo BACEN. Em sessão realizada em 15.02.2002, ficou determinado o registro das operações, em fundos de investimento, 'diariamente pelo valor do mercado'. A Comissão de Valores Mobiliários – CVM –, ao dispor sobre os critérios para o registro das referidas operações, emitiu a Instrução n. 365, em 29.05.2002, no sentido de que, a partir de 31 de maio de 2002, passou a impor-se o procedimento constante das normas baixadas pelo BACEN sobre os investimentos de fundos em carteiras, motivo pelo qual as instituições financeiras foram obrigadas a ajustar as cotas condominiais , bem como as Letras Financeiras do Tesouro que integravam a carteira dos Fundos de Investimentos, pelo valor do mercado.

Não se procedendo à avaliação dos títulos das carteiras dos fundos pelo mercado, ou seja, pela contabilização das cotas pelo 'valor de rosto', e não pelo 'valor de Mercado', ocorre um descompasso entre o que está escriturado e o que ocorre na prática.

Na falta dessa correspondência, a quantia investida está em um certo patamar em determinada época, e decresce quando do ajuste. A redução de valor importa em um enriquecimento das instituições administradoras. Uma das partes resta prejudicada. A diferença entre aquilo que na carteira valiam as cotas e o que estava contabilizado permanece retida pelas gestoras, já que são elas que atribuem ou contabilizam escrituralmente um valor superior ao que vigorava na carteira. Daí a consequência inafastável da redução de valor depositado

Cap. XXVIII · FUNDOS DE INVESTIMENTO | 893

na compra. Resulta uma redução de cotas ou de valor de cotas, que passa a vigorar daí em diante. O ajuste traz a subtração de montantes investidos. Os investidores ficam com os valores investidos em nível inferior ao que usaram na compra.

Se a escrituração das cotas se encontra em determinado montante, enquanto na prática constata-se outro, deve prevalecer o montante pelo qual a instituição administradora e gestora ofereceu ao investidor. Daí que desimporta o fato, para o investidor, da realidade verificada no momento do negócio.

Qualquer variação de avaliação e cotação dos títulos será informada aos aplicadores, de modo a viabilizar uma reação em novos investimentos.

Evidentemente, as instituições gestoras ou administradoras de Fundos de Investimentos em títulos e valores mobiliários prestam serviços à sua clientela, enquadrando-se elas no art. 3.º, § 2.º, da Lei 8.078/1990 (Código de Defesa do Consumidor – CDC).

Sendo o quotista beneficiário do serviço de administração de seus recursos confiados para obtenção de rendimentos, inegavelmente possui os direitos básicos do consumidor, contemplados nos arts. 6º, 7º, e seu parágrafo único, da lei acima, e nas demais disposições, exsurgindo, em especial, as seguintes garantias:

a) A informação adequada e clara sobre os riscos de suas aplicações, o que, à luz da publicidade, preponderantemente não vinha ocorrendo;

b) A proteção contra a publicidade enganosa e abusiva;

c) A proteção contra práticas e cláusulas abusivas e impostas, pois se está diante de contratos de adesão em que o cliente adere aos respectivos regulamentos (incidindo, também, os arts. 39/41 e 51/54);

d) A efetiva prevenção e reparação de danos patrimoniais e morais, coletivos e difusos, a para da desconsideração da personalidade jurídica (art. 28);

e) A facilitação na defesa de seus direitos, inclusive com a inversão do ônus da prova a seu favor, desde que verossímil a sua alegação ou a condição de hipossuficiente.

Na aplicação de recursos pessoais nos fundos, obviamente se caracteriza a compra e venda de cotas à vista, e se contrata, também, a prestação de serviços de corretagem em favor do quotista, até o resgate ou liquidação dos títulos. Ao mesmo tempo em que existe uma compra e venda, configura-se a natureza jurídica do mandato, pela qual deve o mandatário proceder em favor do mandante, ou em atendimento aos seus interesses. Daí se depreende a obrigação da prévia comunicação das transformações que acontecerem, com o objetivo de oportunizar aos clientes a continuação ou não da relação contratual.

28.6. RESPONSABILIDADE NA DESVALORIZAÇÃO DOS PAPÉIS ADQUIRIDOS PELOS FUNDOS E NA OMISSÃO DE AJUSTE PELAS INSTITUIÇÕES GESTORAS

Pode haver uma desvalorização dos papéis no mercado, papéis esses já adquiridos. Haviam sido adquiridos por um preço, acrescido com um ágio, mas que sofrem uma redução de valor. Logicamente, advém um descompasso entre os fundos e os papéis ou títulos adquiridos por aqueles. Daí a necessidade de ajuste. E esse ajuste importa em nova cotação dos fundos, imposta pela desvalorização dos papéis, antes adquiridos por um preço superior.

Nessa situação, justifica-se a adequação do valor dos fundos, o que é diferente da situação anterior, quando se propagava que o preço era em um certo nível, mas, posteriormente, ao se contabilizar, se lançava o preço real vigorante na praça, e inferior ao que se alardeava.

Também não infunde responsabilidade a perda de valor em razão do risco próprio de mercado. É do consenso geral a ciência de que a aplicação em fundos de investimento, embora em menor escala, apresenta riscos para o investidor, ainda que o gestor da carteira mantenha sistema de gerenciamento de riscos, inexistindo garantia de completa eliminação da possibilidade de perdas para o fundo, não podendo o administrador ser responsabilizado pelas variações negativas no valor da cota. Mesmo que verificada a rentabilidade no passado, não importa em garantia de rentabilidade no futuro. Em suma, os fundos de investimento não contam com a garantia do administrador do fundo, do gestor da carteira, de qualquer mecanismo de seguro ou, ainda, do Fundo Garantidor de Crédito – FGC. Nem a rentabilidade obtida no passado representa garantia de rentabilidade futura, embora uma análise de um período anterior razoavelmente longo representar o desempenho futuro do fundo.

Eis a linha de interpretação adotada pelo STJ:

> "Esta Corte Superior firmou entendimento de que os prejuízos decorrentes de aplicações malsucedidas só comprometem as instituições financeiras que as indicaram, se estas não se cercaram das cautelas necessárias ao esclarecimento da álea natural do negócio jurídico. No caso dos autos, a instituição tomou as cautelas necessárias, como assentado pelo v. acórdão estadual. Aplicação da Súmula 83/STJ. Agravo interno a que se nega provimento". [5]

Consoante exemplos de decisões colhidas no voto do aresto, é ortodoxa a posição do risco inerente, não cabendo se atribuir à instituição gestora a responsabilidade objetiva pela perda de valor ou fraudes:

> "'Os deveres jurídicos impostos aos administradores dos fundos de investimento não se confundem com a responsabilidade da instituição financeira que os recomenda a seus clientes como possíveis fontes de lucro.
>
> Eventuais prejuízos decorrentes de aplicações mal sucedidas somente comprometem as instituições financeiras que os recomendam como forma de investimento se não forem adotadas cautelas mínimas necessárias à elucidação da álea natural do negócio jurídico, sobretudo daqueles em que o elevado grau de risco é perfeitamente identificável segundo a compreensão do homem-médio, justamente por se tratar de obrigação de meio, e não de resultado.
>
> Causa do insucesso do empreendimento diretamente atrelada a um dos maiores golpes já aplicados no mercado financeiro norte-americano, que surpreendeu milhares de outros investidores do mercado financeiro no mundo todo. Recurso especial não provido' (REsp 1606775/SP, Rel. Ministro Ricardo Villas Bôas Cueva, Terceira Turma, julgado em 06/12/2016, DJe 15/12/2016 – grifou-se).
>
> 'No caso em exame, o consumidor buscou aplicar recursos em fundo agressivo, objetivando ganhos muito maiores do que os de investimentos conservadores, sendo razoável entender-se que conhecia plenamente os altos riscos envolvidos em tais negócios especulativos, mormente quando se sabe que o perfil médio do consumi-

---

[5] AgInt no REsp 1.677.801/SP, da Quarta Turma, rel. Min. convocado Lázaro Guimarães, j. em 12.06.2018, *DJe* de 20.06.2018.

Cap. XXVIII · FUNDOS DE INVESTIMENTO | **895**

dor brasileiro é o de aplicação em caderneta de poupança, de menor rentabilidade e maior segurança.

Não fica caracterizado defeito na prestação do serviço por parte do gestor de negócios, o qual, não obstante remunerado pelo investidor para providenciar as aplicações mais rentáveis, não assumiu obrigação de resultado, vinculando-se a lucro certo, mas obrigação de meio, de bem gerir o investimento, visando à tentativa de máxima obtenção de lucro. Não pode ser considerado defeituoso serviço que não garante resultado (ganho) financeiro ao consumidor.

Recurso especial conhecido e provido' (REsp 799.241/RJ, Rel. Ministro Raul Araújo, Quarta Turma, julgado em 14/08/2012, *DJe* 26/02/2013 – grifou-se)".

Sem a falha da instituição financeira na administração, não se incute a obrigação de indenizar.

O risco é inerente ao negócio. Havendo perda de valor, há de se reduzir o preço dos títulos. Caso não levada a efeito, decorre a obrigação indenizatória.

A redução de valor, para ensejar a responsabilidade, emerge da venda sem levar em conta a desvalorização dos títulos adquiridos, e não da adequação ao preço que já antes vigorava.

Havendo a desvalorização dos papéis, os administradores dos fundos não podem negociar as operações ao preço do dia, desconhecendo essa queda de preço, enganando o investidor, que se acha convicto da valorização dos títulos adquiridos com o fundo formado pelas cotas.

Se o investidor estiver a par dessa realidade, isto é, que o valor dos papéis está reduzido, e que não aporta alguma rentabilidade, obviamente não fará aplicações.

Desde o momento em que domina a obrigação dos gestores marcarem as operações de balcão ou swaps ao preço do dia, naturalmente vem à tona o registro da queda dos rendimentos dos papéis, chamando a atenção do investidor, que, sem dúvida, não prosseguirá nas operações.

Na omissão da providência, resta evidenciada a má-fé das instituições financeiras gestoras, importando em responsabilidade pela redução do valor das cotas, e, consequentemente, do montante dos investimentos.

Se obedecida a marcação a mercado, ou atrelado o valor das cotas dos fundos em consonância com o comportamento dos papéis adquiridos, não aconteceriam as perdas. É que as instituições gestoras venderam cotas por um determinado valor, quando, na verdade, o preço era bem inferior, já que não correspondiam ao preço dos papéis, especialmente das Letras Financeiras do Tesouro Nacional.

Não se trata, aqui, do risco inerente ao mercado de aplicações de títulos, que se eleva ou decresce de acordo com o conceito do gestor, a sua credibilidade, a capacidade, e a forma de aplicação dos recursos, e de acordo com o comportamento do mercado financeiro. Sempre existe esse risco de mercado, porquanto as cotas são aplicadas em investimentos, que se materializam no setor de produção, cuja cotação econômica varia segundo as leis de mercado.

Se apurada a má gestão, incide a responsabilidade, como orienta o STJ:

> "A observância, na gestão do fundo, da conduta proba imposta pelo CDC a todas as relações de consumo, em especial a atenção ao dever de informação, tem o condão de amenizar até mesmo os prejuízos ocorridos em razão da maxidesvalorização do real, ocorrida em janeiro de 1999. Não há se falar, portanto, em ofensa ao art. 1.058 do CC/1916.

A má gestão, consubstanciada pelas arriscadas e temerárias operações com o capital do investidor, como na hipótese em exame, ultrapassa a razoabilidade prevista no art. 14, § 1º, II, do CDC, a justificar a excludente do nexo de causalidade, ainda que se trate de aplicações de risco.

Sendo a relação havida entre as partes de consumo, incide na hipótese o art. 7.º, parágrafo único, do CDC, que estabelece a responsabilidade solidária entre os integrantes da cadeia de consumo.

A aplicação em fundos de investimento, realizada sob controle e fiscalização estatal, tem previsão expressa em lei e não se insere na previsão do art. 1.479 do CC/1916.

Os juros já englobados no retorno financeiro de um fundo de investimento, chamados juros compensatórios ou remuneratórios, não se confundem com os juros moratórios, cujo fundamento de incidência é diverso, qual seja, penalizar aquele que demorou em cumprir a obrigação. Inexiste, portanto, violação do art. 884 do CC/2002."[6]

Os citados arts. 1.058 e 1.479 correspondem aos arts. 393 e 816 do CC/2002.

Apesar desses delineamentos básicos no aferimento da responsabilidade, o art. 1.368-D do Código Civil veio a admitir a inclusão, no regulamento, de limitações de responsabilidade dos investidores e dos prestadores de serviços, bem como de tipos de cotas com direitos e obrigações distintos:

"O regulamento do fundo de investimento poderá, observado o disposto na regulamentação a que se refere o § 2º do art. 1.368-C desta Lei, estabelecer:

I – a limitação da responsabilidade de cada investidor ao valor de suas cotas;

II – a limitação da responsabilidade, bem como parâmetros de sua aferição, dos prestadores de serviços do fundo de investimento, perante o condomínio e entre si, ao cumprimento dos deveres particulares de cada um, sem solidariedade; e

III – classes de cotas com direitos e obrigações distintos, com possibilidade de constituir patrimônio segregado para cada classe".

Ou seja, permitida a redução da responsabilidade tanto do investidor como do administrador ou prestador de serviços. Mais apropriada a disposição aos prestadores de serviços, como se no Regulamento constar a dispensa de verificação do valor de mercado diariamente, exigindo-a apenas de período em período determinado.

A limitação de responsabilidades por fundo de investimento abrangerá, de acordo com o § 1º, somente fatos ocorridos após a respectiva mudança em seu regulamento.

Já o § 2º assegura que a avaliação de responsabilidade dos prestadores de serviço deverá levar sempre em consideração os riscos inerentes às aplicações nos mercados de atuação do fundo de investimento e a natureza de obrigação de meio de seus serviços.

Pelo § 3º, em vista do inc. III do art. 1.368-C, o patrimônio segregado só responderá por obrigações vinculadas à classe respectiva, nos termos do regulamento.

28.7. RESPONSABILIDADE DOS FUNDOS E DOS PRESTADORES DE SERVIÇOS

Regra básica quanto à responsabilidade está no art. 1.368-E, prevendo que os fundos respondem diretamente pelas suas obrigações, tanto pelas legais quanto pelas contratuais,

---

6 REsp 1.164.235/RJ, 3.ª T., j. 15.12.2011, rel. Min. Nancy Andrighi, *DJe* 29.02.2012.

Cap. XXVIII · FUNDOS DE INVESTIMENTO | 897

enquanto os prestadores de serviços ou administradores somente tornam-se responsáveis pelos prejuízos que causarem se procederem com dolo ou má-fé: "Os fundos de investimento respondem diretamente pelas obrigações legais e contratuais por eles assumidas, e os prestadores de serviço não respondem por essas obrigações, mas respondem pelos prejuízos que causarem quando procederem com dolo ou má-fé".

Vê-se, pois, que a responsabilidade dos prestadores não é objetiva, dependendo, sempre, da conduta ilícita, envolvendo dolo e a culpa propriamente dita. Ou seja, a responsabilidade está na dependência dos prejuízos decorrerem de conduta marca por dolo ou má-fé, como no caso de desvio ou de aplicações erradas, em títulos sem lastro e conhecidamente desqualificados no mercado.

Os §§ 1º e 2º cuidam da insolvência dos fundos, ou seja, no caso do surgimento de prejuízos, aplicando-se os ditames dos arts. 955 a 965 do Código Civil, e podendo a insolvência ser requerida judicialmente por credores, pelos cotistas e pela própria Comissão de Valores Mobiliários.

Eis os textos:

§ 1º: "Se o fundo de investimento com limitação de responsabilidade não possuir patrimônio suficiente para responder por suas dívidas, aplicam-se as regras de insolvência previstas nos arts. 955 a 965 deste Código".

§ 2º: "A insolvência pode ser requerida judicialmente por credores, por deliberação própria dos cotistas do fundo de investimento, nos termos de seu regulamento, ou pela Comissão de Valores Mobiliários".

Os arts. 955 a 965 citados disciplinam a declaração de insolvência, preferências e os privilégios dos créditos.

Resta evidente que a lei procurou proteger os prestadores de serviços, como as administradoras, que não assumem as obrigações legais ou contratuais dos fundos.

Havendo perdas nas aplicações, e ficando os fundos impossibilitados de pagar ou ressarcir aos titulares das cotas os valores investidos, o caminho é a insolvência, que pode ser requerida não apenas pelos credores e cotistas, mas inclusive pela Comissão de Valores Mobiliários.

O prejuízo se constata quando o fundo não pode cobrir os ativos aplicados. Todavia, não tendo o prejuízo sido decorrente de causas operacionais inerentes ao risco do negócio, porquanto provocado por descumprimento de normas operacionais, resta claro que a responsabilidade deve ser atribuída aos prestadores de serviços, ou à instituição administradora do fundo.

Embora a regra do art. 1.368-E, a responsabilidade dos prestadores de serviços encontra respaldo em outros fundamentos, como no art. 1º da Lei 7.913, de 1989, assim redigido:

"Sem prejuízo da ação de indenização do prejudicado, o Ministério Público, de ofício ou por solicitação da Comissão de Valores Mobiliários – CVM, adotará as medidas judiciais necessárias para evitar prejuízos ou obter ressarcimento de danos causados aos titulares de valores mobiliários e aos investidores do mercado, especialmente quando decorrem de:

"I – operação fraudulenta, prática não equitativa, manipulação de preços ou criação de condições artificiais de procura, oferta ou preço de valores mobiliários;

"II – compra ou venda de valores mobiliários, por parte dos administradores e acionistas controladores de companhia aberta, utilizando-se de informação relevante, ainda não divulgada para conhecimento do mercado, ou a mesma operação realizada por quem a detenha em razão de sua profissão ou função, ou por quem quer que a tenha obtido por intermédio dessas pessoas;

"III – omissão de informação relevante por parte de quem estava obrigado a divulgá-la, bem como sua prestação de forma incompleta, falsa ou tendenciosa".

Retira-se do texto que está garantida a ação do prejudicado, especialmente na manipulação de preços e na omissão de informações.

As entidades administradoras ou prestadoras de serviços têm responsabilidade pela fiel observância das normas aplicáveis e dos objetivos fixados no documento de constituição e regulamento dos fundos de investimento. Não cumprindo as determinações dos regramentos, geram um quadro de desordem e tumulto no mercado financeiro, com a quebra de confiança dos investidores na aplicação de suas economias em tal instrumento de poupança popular. Em verdade, obtêm um enriquecimento ilícito, pois seus fundos de investimentos captam mais investidores por oferecerem maior lucratividade fictícia, decorrente do descumprimento da "marcação a mercado".

É que os ativos integrantes das carteiras dos fundos devem ser registrados pelo valor efetivamente pago e ajustados, diariamente, ao valor de mercado, reconhecendo-se contabilmente a valorização ou a desvalorização verificada.

Vendendo por um valor e pagando menos, as administradoras lucraram indevidamente. Por outros termos, ofereceram uma lucratividade maior, apesar de fictícia, ganhando mais investidores, e auferindo também um percentual maior, porquanto restituíram quantias inferiores, em afronta ao § 2.º do art. 158, da Lei 6.404/1976, que trata da responsabilidade dos administradores das Sociedades Anônimas, nos seguintes termos:

"Os administradores são solidariamente responsáveis pelos prejuízos causados em virtude do não cumprimento dos deveres impostos por lei para assegurar o funcionamento normal da companhia, ainda que, pelo estatuto, tais deveres não caibam a todos eles".

A responsabilidade das administradoras de fundos encontra amparo na jurisprudência do STJ:

"1. 'A instituição financeira tem legitimidade para ocupar o polo passivo de demanda que visa a restituição de quantia captada e investida em fundo.' (REsp 1.075.766/TO, rel. Min. Luis Felipe Salomão, DJe 01.08.2011).

2. 'Não estando inserida na álea natural do contrato a aplicação junto ao Banco Santos S/A do capital investido pelo recorrente enquanto correntista da instituição financeira recorrida, a mera presunção de conhecimento ou anuência acerca desses riscos não é fundamento para desonerar a instituição bancária da obrigação de ressarcir ao consumidor-investidor os valores aplicados. Deve restar demonstrada a autorização expressa quanto à finalidade pretendida, ônus que cabe ao banco e do qual, na espécie, não se desincumbiu' (REsp 1.131.073/MG, rel. Min. Nancy Andrighi, 3.ª T., DJe 13.06.2011).

3. Caracteriza-se dano moral a impossibilidade de saque, pelo autor da demanda, de economias de longos anos, redirecionada pela instituição financeira recorrente, sem autorização do cliente, de conta poupança, aplicação presumivelmente segura, para fundo de investimento no Banco Santos S/A, em liquidação extrajudicial e com ativos bloqueados."[7]

---

[7] AgRg no REsp 1.194.699/TO, 4.ª T., j. 22.05.2012, rel. Min. Maria Isabel Gallotti, *DJe* 29.05.2012.

Capítulo XXIX

Direito de Superfície

29.1. CONFIGURAÇÃO

Não vinha, no art. 674 do Código Civil de 1916, incluído no rol dos direitos reais o direito de superfície. Embora constasse a previsão no projeto do então Código Civil, vingou uma emenda supressiva, que afastou a espécie na redação final. Lembra-se, no entanto, que no direito brasileiro primitivo previa-se a figura da superfície isolada do subsolo, até que a Lei n° 1.237/1864, a suprimiu.

No direito romano, em sua primeira fase, vingava o princípio da associação estreita entre o solo e a superfície, sendo ambos partes da mesma coisa, o que levou a formar a expressão *superficies solo cedit*, ou seja, a superfície segue o solo. Quem fosse dono do solo era também de tudo aquilo que se erguesse ou existisse sobre ele, pois considera-se a superfície uma parte do solo, intimamente a ele ligado, não se viabilizando a transferência de um elemento sem o outro. Mais tarde, porém, no curso do Século II depois de Cristo, já se admitia aos particulares o uso do solo alheio, construindo moradias na superfície, ou estendendo plantações. Mereceu essa forma de utilização a proteção do pretor, que concedia ao superficiário, quando ofendido em sua posse, um interdito de afastamento da perturbação. Bem mais adiante, no período pós-clássico, tornou-se um preceito o direito de superfície.

No curso dos séculos, logrou-se consagrar o instituto em algumas codificações que vieram depois do Código Napoleônico, como no Código austríaco de 1811; no BGB do direito alemão, ampliando-se por uma ordenança de 1919; e nos Códigos italiano de 1942 e português de 1966.

Embora não incluído nos anteprojetos iniciais do novo Código Civil, que visavam mais uma reforma, o de 1975 obteve êxito ao introduzir a figura, que veio a ser mantida nas tramitações do projeto, até a sua aprovação.

O chamado Estatuto da Cidade, implantado pela Lei n° 10.257, de 10.07.2001, regulamentou a matéria.

Constitui o direito de superfície na faculdade de construir ou manter, perpétua ou temporariamente, uma obra ou plantação em terreno. O proprietário de um imóvel, concebido na sua integridade, concede o direito a outrem de construir ou plantar em seu terreno, por tempo determinado, formalizando-se o contrato através de escritura pública, que se sujeita ao Registro Imobiliário. Tal a ideia que se colhe dos que abordaram o assunto, como desenvolveu Márcio Kang, que se esteia em doutrina antiga: "É o direito de uma pessoa de ter a propriedade de edifícios ou plantações feitas em terreno alheio, com pleno consentimento do proprietário deste terreno".[1] Ou, já na conceituação de Frederico Bittencourt, trata-se do "direito real em virtude do qual uma pessoa passa a dispor, desfrutar e usar das construções e plantações que realizar em terreno alheio, com o prévio consentimento do dono".[2]

Pode-se dizer, pois, que o direito de superfície abrange o domínio do que se encontra na superfície. Mais apropriadamente, assenta-se no domínio da superfície, com o poder de dispor da mesma, que se presta a ser alienada, arrendada, alugada e a outras modalidades de disposição, sem envolver o que se encontra em seu interior, ou está abaixo da superfície.

Não há uma importância prática maior da matéria, posto profundamente difícil que se aliene o que se encontra acima do solo, ou apenas a superfície, mantendo-se o domínio sobre o que se situa abaixo, numa presunção de existir na propriedade manancial de minérios e outras riquezas localizadas no interior da terra. Até porque o proveito ou a exploração de possíveis fontes de riqueza importaria em inafastável prejuízo da parte superior ou externa, tirando-lhe a possível fonte de riqueza que ofereceria. Oportuna a seguinte indagação de Carvalho Santos: "Como se admitir, realmente, a hipoteca do solo, a execução desta, sem ofensa aos prédios nele construídos e, pois, sem prejuízo aos direitos do superficiário?".[3] Na verdade, o instituto está superado por outras formas de proveito da superfície, como o direito de uso, de habitação, a enfiteuse, a locação, o arrendamento, embora não se restrinjam essencialmente à parte externa ou superior da terra. Restaria, para o titular do solo, o proveito das fontes interiores, como minérios, águas, gás, petróleo, e outras riquezas, mas que, todavia, em vista do art. 176 da Carta Federal, constituem monopólio da União, que poderá fazer concessões da exploração, seguindo-se os trâmites estabelecidos no Decreto-Lei nº 227, de 1967.

Como direito real que é, o direito de superfície pode ser objeto de garantia real, assegurada sua aceitação pelos agentes financeiros no âmbito do Sistema Financeiro da Habitação – SFH, de acordo com previsão introduzida pelo art. 13 da Lei nº 11.481, de 31.05.2007, que incluiu juntamente a concessão de uso especial para fins de moradia e a concessão de direito real de uso.

A garantia real não é ampla, mas restrita à superfície, o que está em consonância com o Enunciado nº 249 da III Jornada de Direito Civil do Conselho da Justiça Federal: "A propriedade superficiária pode ser autonomamente objeto de direitos reais de gozo e garantia, cujo prazo não exceda a duração da concessão da superfície, não se lhe aplicando o art. 1.474".

29.2. CARACTERÍSTICAS E DISTINÇÕES

Trata-se de um direito real, constituindo-se por meio de escritura pública, e registrando-se no cartório do Registro de Imóveis. É, ainda, um direito de propriedade, posto que o adquirente, ou superficiário, torna-se titular da superfície, com a prerrogativa de dispor, ou de transmissão, além dos direitos de fruição, posse, proveito e defesa. A propriedade, entrementes, vai até o nível onde alcançam as fundações do edifício e as raízes das plantas. Abaixo desses limites o domínio é reservado ao proprietário do solo.

A constituição, operada por meio de escritura pública, de sentença declaratória, de doação, de usucapião, de transmissão hereditária, não pode ter, por finalidade, a consecução de uma renda ou pensão periódica, pagável pelo adquirente do direito, o que levaria a ver na espécie uma confusão com a enfiteuse, que admite a estipulação de uma renda periódica.

---

[1]   "Direito de Superfície", em *Revista dos Tribunais*, nº 541, p. 301.

[2]   "Direito Real de Superfície", em *Revista Forense*, nº 272, p. 404.

[3]   *Código Civil Brasileiro Interpretado*, ob. cit., 11ª ed., 1963, vol. IX, p. 16.

Cap. XXIX • DIREITO DE SUPERFÍCIE | **901**

Quanto ao usucapião, a aquisição advém do exercício prolongado da posse, afirmada em sentença declaratória, que será registrada no cartório imobiliário.

Já que se inclui entre os direitos reais, o registro faz surtir efeitos *erga omnes*, sendo alienável ou transmissível tanto por ato ente vivos como *mortis causa*. Nesta última forma, a transmissão dá-se tão prontamente ocorra a abertura da sucessão do superficiário, passando o direito aos herdeiros legítimos ou testamentários. Acrescenta Nélson de Figueiredo Cerqueira:

> O titular do direito de superfície, relativamente ao edifício, pode, inclusive, aliená-lo ou gravá-lo, sendo protegido por uma reivindicação útil (ação negatória, confessória e publiciana).[4]

Quanto a agravá-lo, admite-se que se dê o direito de superfície em garantia hipotecária, com a finalidade de assegurar obrigações assumidas pelo superficiário junto a terceiros.

Frederico Bittencourt acrescenta sobre a transmissibilidade:

> Assiste ao superficiário o direito de transferir a terceiros, a título oneroso ou gratuito, o direito real em foco, nos termos e dentro dos limites em que foi contratado com o proprietário do terreno, passando o adquirente a ocupar a posição jurídica até então exercitada pelo transmitente.[5]

Ao proprietário do solo reconhece-se a faculdade de transferência do imóvel a terceiros. Permanecerá, no entanto, intangível o direito real do superficiário, ficando obrigados os adquirentes a respeitar a superfície e as condições constantes em sua constituição.

Revela alguma semelhança e proximidade com outros institutos, especialmente com a enfiteuse. Sabe-se que esta forma de utilização do imóvel exterioriza-se no contrato pelo qual o proprietário atribui a outrem o domínio útil do imóvel, pagando a pessoa, que o adquire, e assim se constitui enfiteuta, ao senhorio direto uma pensão, ou foro anual, certo e invariável. Apesar de em ambas as modalidades estar presente a transmissão do domínio útil, verifica-se uma diferença de extensão, posto que, na enfiteuse, concede-se o domínio útil incondicional. Tanto da superfície quanto do solo ou da parte inferior; já relativamente à superfície, a transmissão restringe-se à parte superior da terra, remanescendo a propriedade do solo, ou das riquezas interiores, na pessoa do titular. Ademais, o foro é da essência na enfiteuse, tal não acontecendo na superfície, figura que não aceita o pagamento de qualquer remuneração periódica pelo proveito, segundo se analisará adiante.

Relativamente a outros direitos, como o uso, a habitação, a locação, o arrendamento, o usufruto, a nota diferencial básica está na falta de transferência do domínio nessas figuras, constituindo direitos reais em coisas alheias, ou mesmo direitos pessoais incidentes em imóveis.

29.3. O DIREITO DE SUPERFÍCIE NO CÓDIGO CIVIL E NO ESTATUTO DA CIDADE

Foi introduzido, no Código Civil de 2002, o direito de superfície, vindo minuciosamente disciplinado. Também está o assunto disciplinado na Lei nº 10.257/2001, o chamado Estatuto da Cidade.

---

4   "O Direito de Superfície", em *Revista dos Tribunais*, nº 473, p. 27.

5   *Direito Real de Superfície*, trabalho citado, p. 406.

902 DIREITO DAS COISAS – *Arnaldo Rizzardo*

O art. 1.369 do Código Civil institui o direito:

> O proprietário pode conceder a outrem o direito de construir ou de plantar em seu terreno, por tempo determinado, mediante escritura pública devidamente registrada no Cartório de Registro de Imóveis.

O art. 21 da Lei nº 10.257/2001 contempla previsão quase igual. Diverge unicamente quanto à duração, que poderá ser por tempo indeterminado.

Do texto extrai-se a observância dos elementos tradicionais que sempre formaram esse direito: a constituição mediante escritura pública, com o devido Registro Imobiliário, o que se insere na essência dos direitos reais; e o conteúdo ou extensão do direito, situado nos limites de construir ou plantar. Anotou, sobre o assunto, Fábio Siebeneichler de Andrade, ainda quando em tramitação do Projeto:

> Seu objeto é, portanto, a realização da transferência dos direitos de construção do proprietário do solo para o superficiário, de modo que este realize uma obra e a mantenha pelo tempo que durar a concessão. Por força de ter-se inspirado no Código português, o Projeto admite a possibilidade de plantações.[6]

O Código Civil não se refere à extensão de obras no subsolo. Na Câmara dos Deputados, durante a tramitação do projeto, fora introduzida emenda que afastava a obra no subsolo, salvo se fosse inerente ao objeto da concessão. Entrementes, além de não passar a emenda nas demais fases de tramitação, o § 1º do art. 21 da Lei nº 10.257/2001 estende o direito ao subsolo e ao espaço aéreo:

> O direito de superfície abrange o direito de utilizar o solo, o subsolo ou o espaço aéreo relativo ao terreno, na forma estabelecida no contrato respectivo, atendida a legislação urbanística.

Mesmo que mais extenso o direito de superfície tratado pelo Estatuto da Cidade, persistem as normas deste, porquanto de maior abrangência. É o que entendeu o Conselho Federal da Justiça, na I Jornada de Direito Civil, por meio do Enunciado nº 93:

> As normas previstas no Código Civil sobre direito de superfície não revogam as relativas a direito de superfície constantes do Estatuto da Cidade (Lei nº 10.257/2001) por ser instrumento de política de desenvolvimento urbano.

O art. 1.370 do diploma civil permite a transmissão a título gratuito ou oneroso: "A concessão da superfície será gratuita ou onerosa; se onerosa, estipularão as partes se o pagamento será feito de uma só vez, ou parceladamente". A transmissão a título gratuito ou oneroso também aparece na Lei nº 10.257/2001, em seu art. 21, § 2º. No próprio ato constitutivo virá definida a modalidade de pagamento, consignando-se, se admitido o parcelamento, o número de prestações, o respectivo valor, a maneira de atualização, e as decorrências da inadimplência, com a necessidade da prévia constituição em mora.

Na falta de pagamento, é viável a resolução. Pode-se, no entanto, executar as prestações pendentes. Ingressa-se com o competente processo de execução, efetuando-se a constrição, por meio de penhora, para garantir a satisfação do crédito, nas construções e plantações erigidas no terreno. São as mesmas, após decorrido o prazo de embargos, ou julgados estes improcedentes, e depois da devida avaliação, levadas a hasta pública, para apurar-se o montante necessário ao pagamento das obrigações devidas.

---

[6] *A atualidade do direito de superfície*, trabalho citado, p. 165.

Pelo art. 1.371, atribui-se ao superficiário os encargos tributários: "O superficiário responderá pelos encargos e tributos que incidirem sobre o imóvel". Isto tanto ao imposto de transmissão, quanto à propriedade predial e territorial urbana ou rural. Igual previsão está no § 3º do art. 21 da Lei nº 10.257/2001:

> O superficiário responderá pelos encargos e tributos que incidirem sobre a propriedade superficiária, arcando, ainda, proporcionalmente à sua parcela de ocupação efetiva, com os encargos e tributos sobre a área objeto da concessão do direito de superfície, salvo disposição em contrário do contrato respectivo.

Diante de tais regramentos, firmada a responsabilidade do superficiário pelos encargos tributários, não cabe ao Fisco pretender exercer o direito de pretensão relativamente a tributos junto ao proprietário. Mesmo que inadimplente e insolvente o superficiário, são pessoais as suas obrigações, ficando afastada a solidariedade do proprietário.

Igual princípio é aplicável a outras obrigações do superficiário, como indenizações por prejuízos causados a terceiros em razão do mau uso da propriedade, tarifas de serviços públicos e encargos condominiais.

Admite-se, entretanto, a liberdade de as partes deliberarem contrariamente sobre as obrigações tributárias, administrativas e civis, o que foi reconhecido pelo Enunciado nº 94 da I Jornada de Direito Civil do Conselho da Justiça Federal: "As partes têm plena liberdade para deliberar, no contrato respectivo, sobre o rateio dos encargos e tributos que incidirão sobre a área objeto da concessão do direito de superfície".

Consagra o art. 1.372 a plena transmissibilidade do direito: "O direito de superfície pode transferir-se a terceiros e, por morte do superficiário, aos seus herdeiros". Regra constante também na Lei nº 10.257/2001, no art. 21, §§ 4º e 5º. Aduz Frederico Bittencourt, no pertinente à disposição testamentária:

> Perfeitamente legítima é a disposição feita em testamento, pelo superficiário, que atribua a um legatário, ou seja, a um seu sucessor a título singular, o direito real de superfície do qual era titular o testador.[7]

O proprietário do solo, na transferência da superfície pelo superficiário, nada receberá, nos termos do parágrafo único do dispositivo acima: "Não poderá ser estipulado pelo concedente, a nenhum título, qualquer pagamento pela transferência". Aí está um ponto de fundamental distinção relativamente à enfiteuse, sendo que, nesta, admite-se o pagamento de um laudêmio em favor do senhorio direto quando da venda do domínio útil. Consiste o laudêmio em uma remuneração ou taxa estabelecida para o enfiteuta pagar ao senhorio direto da coisa aforada, como compensação pela renúncia que este exerce, ao direito que lhe é assegurado de compra na transferência do domínio útil. Já o superficiário, se transferir o direito de superfície, nenhuma contraprestação ou compensação efetuará ao proprietário do solo.

Já o art. 1.373 garante ao superficiário o direito de adquirir o domínio do imóvel no caso de venda: "Em caso de alienação do imóvel ou do direito de superfície, o superficiário ou o proprietário tem direito de preferência, em igualdade de condições".

Repetem-se as normas no art. 22 da Lei nº 10.257/2001.

Está aí garantido, na eventualidade de venda do imóvel ou da superfície, o direito de preferência para a aquisição, tanto a favor do superficiário (na venda do imóvel), como do

---

[7] *Direito Real de Preferência*, trabalho cit., p. 408.

proprietário (na venda da superfície), sempre, porém, em igualdade de condições oferecidas por terceiro interessado na aquisição. Para assegurar o direito de preferência, naturalmente o proprietário ou o superficiário obriga-se a notificar aquele que detém a superfície ou o domínio do imóvel, para se manifestar quanto ao interesse na aquisição, em prazo de trinta dias, levando-se a seu conhecimento as condições, como preço, forma de pagamento, local, dia e hora da escritura. Na omissão do ato notificatório, garante-se exercer a preferência no prazo de seis meses, a iniciar do ato do registro, ou da ciência do interessado. Estabelece-se o mencionado prazo por analogia ao art. 504, que cuida do direito de preferência na venda de coisa indivisível. Esta preferência restringe-se nas vendas *inter vivos*, e a título oneroso. Inaplicável a prerrogativa nas alienações por doação, ou *mortis causa*, e, ainda, naquelas procedidas judicialmente, como as decorrentes de execução, quando a arrematação se dará em favor daquele que oferecer maior preço. Por evidente que ao proprietário ou ao superficiário admite-se a participação nos lanços.

Proibidos estão o contrato por prazo indeterminado e a destinação do terreno para fim diverso daquele contratado. É o que assinala o art. 1.374: "Antes do termo final, resolver-se-á a concessão se o superficiário der ao terreno destinação diversa daquela para que foi concedida". Sinale-se, primeiramente, que, ao firmar a expressão "antes do termo final", enseja a conclusão de que o contrato deve ser por tempo determinado. Todavia, a Lei nº 10.257/2001, segundo já observado, autoriza a contratação por prazo indeterminado.

Contempla o art. 1.375 a aquisição do domínio pleno pelo proprietário do solo, tão logo extinta a concessão da superfície: "Extinta a concessão, o proprietário passará a ter a propriedade plena sobre o terreno, construção ou plantação, independentemente de indenização, se as partes não houverem estipulado o contrário". Igual conteúdo revela o art. 24 da Lei nº 10.257/2001.

Várias as causas de extinção da superfície, sobressaindo as seguintes:

a) O vencimento do prazo estipulado no contrato, sendo que, na letra do art. 1.374 do Código, não se admite a convenção por prazo indeterminado, tanto que estatui, em seu começo, a previsão do termo final, impondo-se, assim, a designação do período de vigência, com a menção da data do começo (*dies a quo*) e do término (*dies ad quem*). Entrementes, a Lei nº 10.257/2001, consoante já anotado, no art. 21 dispõe em sentido contrário, ao prever a concessão do direito de superfície por tempo indeterminado.

b) O abandono, revelado na conduta ostentada pelo titular do direito, mesmo que nem sempre de modo expresso, indicativa da vontade de não mais manter a relação de proveito da superfície. Simplesmente o beneficiário deixa de lado as construções ou plantações que fez no imóvel, não mais comparecendo ao local, resultando em completa deterioração, e ensejando a conclusão de total desinteresse. Há necessidade de uma declaração judicial, para tornar perfeito o direito à retomada da superfície, com a citação do superficiário.

c) O perecimento das construções ou plantações existentes no imóvel induzem a extinção se de tal monta que reste inviabilizada a reconstrução ou a renovação das plantações. Assim acontece quando as forças da natureza, como terremoto, rebaixamento do solo, inundação perene, não mais permitam a utilização a que antes se destinava o imóvel.

d) A renúncia também leva à extinção do direito de superfície, devendo revelar-se de modo expresso. Na verdade, equivale ao abandono expresso, declarado ou explícito, mediante uma manifestação da vontade, na qual se enuncia o propósito de não mais utilizar o imóvel.

e) A confusão, que significa reunir, na mesma pessoa, as qualidades de proprietário do solo e da superfície, que pode ocorrer quando o titular do domínio do solo adquire a superfície, ou vice-versa. A eventualidade de ocorrer a situação é mais no direito hereditário, em que se transfere para o sucessor a propriedade do solo ou a superfície que exercia o *de cujus*.

f) A desapropriação também é apontada como uma causa de extinção, através da qual se dá a transferência compulsória de bens particulares para o Poder Público, por necessidade ou utilidade pública, ou por interesse social, mediante prévia e justa indenização em dinheiro ou em títulos da dívida pública. De sorte que, desapropriando-se o terreno, do qual precedeu a transferência da superfície, esta igualmente é abrangida pelo ato público de expropriação, acarretando a sua extinção. De nada adiantaria a desapropriação do solo, desacompanhada da possibilidade de utilização da superfície.

Oportuno acrescentar, por coerência, como prevê o art. 1.376, que a indenização cabe ao proprietário e ao superficiário, no valor correspondente ao direito de cada um. Chega-se à estimativa mediante perícia, que considerará vários critérios, sobretudo os atinentes ao prazo de vigência do direito de superfície, a finalidade da utilização, a perspectiva de renda no curso do período faltante.

A Lei nº 10.257/2001, no art. 23, contempla duas hipóteses de extinção: I – pelo advento do termo; e II – pelo descumprimento das obrigações contratuais assumidas pelo superficiário. Acrescenta, no § 1º do art. 24, mais um caso: a destinação, pelo superficiário, antes do termo final do contrato, a uma finalidade diversa daquela para a qual foi concedida.

Extinto o direito de superfície, procede-se a averbação no Cartório de Registro de Imóveis (art. 24, § 2º, da Lei nº 10.257/2001).

Por último, as regras estabelecidas acima estendem-se à superfície instituída por pessoa jurídica de direito público, por ordem do art. 1.377 do Código:

O direito de superfície, constituído por pessoa jurídica de direito público interno, rege-se por este Código, no que não for diversamente disciplinado em lei especial.

Capítulo XXX

Servidões

30.1. AS SERVIDÕES NO DIREITO ROMANO

No direito romano, as servidões, conhecidas como *jura praediorum rusticorum et urbanorum quae etiam servitutes vocantur*, faziam parte do *jus civile*, que é o direito dos tempos primitivos de Roma, o direito nacional, próprio só do povo romano, extraído de suas origens, de seus ritos, símbolos e fórmulas sacramentais. O *jus civile*, também conhecido como *jus quiritarium*, formava o direito dos cidadãos e foi estabelecido a partir da Lei das XII Tábuas.

A origem etimológica da palavra "servidão" vem do termo *servus*, com o significado de escravo. E escravos eram os prisioneiros de guerra, a esta condição levados pelo conhecido direito das gentes, ou as pessoas que, embora nascidas livres, vendiam a si próprias e a liberdade por preço de dinheiro.

Posteriormente, os senhores passaram a se apropriar também dos bens dos escravos. O domínio é exercido sobre a pessoa e sobre os bens. Por isso, a servidão correspondia à prestação de serviços ou de utilidade por parte de um imóvel alheio a outro imóvel, também alheio, recorda Luiz Antonio de Aguiar e Souza.[1]

A formalização do instituto, com o sentido jurídico de servidão, surgiu no próprio direito das XII Tábuas. Conheciam-se apenas as servidões prediais – *jura praediorum*. As primeiras que apareceram foram as rústicas, consideradas *res mancipi*. Sobressaíam as seguintes: *iter* – o direito de passar a pé ou a cavalo pelo terreno alheio; *actus* – o direito de passar conduzindo o rebanho; *via* – o direito de passar com veículo; o *aquaeductus* – o direito de conduzir água do terreno alheio ou através dele, para o terreno próprio. Mais tarde, ao se consolidarem as urbanas, destacavam-se estas: a *servitus cloacae* – a passagem de canos de esgoto; a *servitus ne luminibus officiatur* – a proibição de tirar a vista do prédio vizinho; a *servitus altius non tollendi* – proibição de levantar edifícios; o *jus tigni immittendi* – o direito de apoiar a construção no edifício vizinho.

Com o direito justiniano, foram introduzidas as servidões pessoais. No dizer de Astolpho Rezende, eram concebidas como

> um direito sobre a coisa alheia, constituído em proveito de uma pessoa ou de um prédio, e segundo o qual se podia usar e gozar da coisa de outrem, ou exercer sobre ela certos direitos de disposição, ou impedir que o proprietário exercesse alguns de seus direitos de propriedade.

---

[1] *Obra citada*, p. VII.

Por isso os romanos dividiam as servidões em servidões prediais e servidões pessoais. Entre estas últimas compreendiam-se o uso, a habitação e o usufruto. Muitas legislações mantêm ainda esta classificação. Mas a nossa lei só conhece as servidões prediais. As chamadas servidões pessoais são direitos reais, mas não servidões.[2]

O Código Civil de 1916 e o em vigor, porém, separaram as espécies, antes consideradas indistintamente como servidões. Deram caráter próprio e natureza particular a institutos como o uso, a habitação e o usufruto. Aliás, foi uma volta ao direito romano primitivo, que reconhecia como servidões apenas as prediais.

30.2. CONCEITO DE SERVIDÃO

Para termos uma ideia clara do instituto, parte-se do princípio de que um prédio pode determinar restrições ao uso e na utilidade de um outro, pertencente a um proprietário diverso. Priva-se o titular de um imóvel de alguns poderes inerentes ao domínio. É ele obrigado a suportar limitações estabelecidas a favor de terceira pessoa. Esta realidade constitui uma restrição da liberdade natural sobre a coisa. Pardessus já assentara:

> Elles sont imposées sur les héritages, leur seul objet étant de restreindre la liberté naturelle d'un fonds, sans imposer aucune obligation personnelle à celui qui en est propriétaire ou possesseur, ce qui les distingue des dettes, mêmes hypothécaires, ou des redevances foncières.[3]

Com o escopo de fixarmos a ideia, servimo-nos de um exemplo utilizado por Josserand: Duas propriedades, A e B, são vizinhas. Cada um dos proprietários é, em princípio, dono de seu imóvel, mas não pode exercer nenhum direito ou proveito sobre o prédio contíguo; assim, não tem o direito de passar por ele. Entretanto, esta independência soberana e recíproca pode ser reduzida através de uma convenção. Estipular-se-á que o proprietário do prédio A terá direito de passagem pelo prédio B, o qual ficará, desde então, gravado com a servidão. O fundo A, no interesse do qual foi estabelecida e funcionava a servidão, recebe a denominação de prédio dominante; e o prédio B, que suporta o encargo, vem a chamar-se prédio serviente, ou prédio sujeito à servidão.[4]

Lafayette apresenta a seguinte definição:

> É o direito real constituído em favor de um prédio (o dominante) sobre outro prédio pertencente a dono diverso (o serviente). Esse direito do senhor do prédio dominante consiste na faculdade de fazer no prédio o que lhe fora permitido se não existisse a servidão (*jus faciendi*), ou de proibir que o dono do dito prédio exerça nele atos que, a não existir a servidão, pudera livremente praticar (*jus prohibendi*).[5]

Percebe-se que prédio dominante é aquele que tem a vantagem. O que sofre a desvantagem tem o nome de prédio serviente. No direito francês, quando o art. 637 do Código

---

[2] *Obra citada*, nº 346.

[3] *Traité des Servitudes* ou *Services Fonciers*, 12ª ed., Bruxelas, Bruxelles Société Typographique Belge, 1841, p. 4. Tradução livre do texto: "Elas são impostas aos imóveis, sendo o único objetivo restringir a liberdade natural de uma propriedade, sem impor nenhuma obrigação pessoal ao proprietário ou possuidor, o que as distingue de dívidas, mesmo as hipotecárias e rendas fundiárias".

[4] *Derecho Civil*, tomo I, vol. III, ob. cit., p. 450.

[5] *Direito das Coisas*, ob. cit., Editora e Livraria Freitas Bastos, 1943, vol. I, p. 369.

Civil conceitua a servidão, aparecem a presença e o significado dos dois prédios, segundo a interpretação de Laurent:

> D'après la définition de l'article 637, il faut deux héritages pour qu'il y ait une servitude, un héritage sur lequel la charge est imposée et un héritage pour l'utilité duquel elle est établie (...). L'immeuble qui doit la servitude est appellé l'héritage servant; l'immeuble auquel la servitude est due s'appelle l'héritage dominant.[6]

Oportuno acrescentar que sobre bens móveis não se pode constituir servidão, pela simples razão de que são estes sujeitos a alterações de local, o que não justifica a exigência de uma restrição à propriedade alheia, pois a vantagem pretendida é alcançável pela mera mudança de lugar.

O art. 695 do Código Civil de 1916 caracterizou a servidão mais como perda de algumas utilidades de um imóvel, ou de alguns direitos dominicais pelo seu proprietário, em favor de outro prédio:

> Impõe-se a servidão predial a um prédio em favor de outro, pertencente a diverso dono. Por ela perde o proprietário do prédio serviente o exercício de alguns dos seus direitos dominicais, ou fica obrigado a tolerar que dele se utilize, para certo fim, o dono do prédio dominante.

O Código Civil atual, em seu art. 1.378, também destacou o que acontece com a servidão, através de palavras diferentes, além de prever os modos de constituição:

> A servidão proporciona utilidade para o prédio dominante, e grava o prédio serviente, que pertence a diverso dono, e constitui-se mediante declaração expressa dos proprietários, ou por testamento, e subsequente registro no Cartório de Registro de Imóveis.

De todo útil o conceito de Dídimo Agapito da Veiga Júnior, dizendo ser a figura em exame um direito sobre a coisa alheia, por força da qual é esta sujeita à prestação de certos serviços a pessoa ou coisa. É o seu proprietário impedido de exercitar direitos que, não fosse a existência dela, poderia exercer. Clóvis Beviláqua segue nesta linha:

> As servidões consistem em restrições impostas à faculdade de uso e gozo do proprietário, em benefício de outrem (...). Servidões prediais, segundo os elementos de definição, que nos oferece o Código, são ônus impostos a um prédio (o serviente), em favor do outro (o dominante), em virtude dos quais o proprietário do primeiro perde o exercício de alguns de seus direitos dominicais sobre o seu prédio, ou tolera que dele se utilize, para determinado fim, o proprietário ou possuidor do prédio dominante.[7]

Nestas duas conceituações, o cunho da imposição legal está mais saliente.

---

[6] *Principes de Droit Civil Français*, 3ª ed., Bruxelas e Paris, 1878, tomo 7º, p. 148. Tradução livre do texto: "De acordo com a definição do artigo 637, deve haver dois imóveis para que haja servidão – um imóvel sobre o qual a a servidão é imposta e um imóvel para benefício do qual ele é estabelecida (...). O imóvel sobre o qual recai a servidão é chamado de imóvel serviente; o imóvel ao qual a servidão é devida é chamado de imóvel dominante".

[7] Dídimo Agapito da Veiga Júnior, *Servidões Reais*, Rio de Janeiro, Edição B. L. Garnier – Livreiro, 1887, p. 1; Clóvis Beviláqua, *Código Civil dos Estados Unidos do Brasil Comentado*, vol. III, ob. cit., p. 242.

Cap. XXX · SERVIDÕES | **909**

Elas manifestam todos os elementos integrantes da figura, coadunando-se com a definição de Lafayette. Resumindo-se, pode-se afirmar que constituem restrições impostas a um prédio para uso e utilidade de outro prédio, pertencente a proprietário diverso.

30.3. NATUREZA DA SERVIDÃO

Sobressai, em todas as definições, o caráter de direito real sobre a coisa alheia – *jus in re alinea* –, no que é bem claro José Mendes: "É o direito real sobre a coisa alheia – *jus in re aliena* – estabelecido em vantagem exclusiva de uma determinada pessoa ou de um determinado prédio, consistente no uso, variável de caso a caso, da coisa gravada".[8]

A questão não enseja dúvida. Pardessus escreveu:

> L'objet d'une servitude est d'attribuer à celui à qui elle appartient un droit réel sur les fonds grevé; ce fonds, s'il est permis d'employer cette expression, est consideré comme sa propriété à quelques égards. Le droit de servitude est acquis à 1'instant de la convention, de même que la propriété d'un fonds est transmise à l'acquéreus par la seule force du contrat, conformément à l'art. 1.583 du Code (...).[9]

O Código Civil de 1916, art. 674, inc. III, e o art. 1.225, inc. III, do vigente diploma, incluem expressamente as servidões no rol dos direitos reais. Como direito real entende-se o complexo de normas que disciplinam a relação do indivíduo sobre as coisas, contrapondo--se ao direito pessoal, porquanto, neste, há uma relação de pessoa a pessoa, ligadas através de uma obrigação. Naquele, o enlace jurídico consuma-se no poder conferido ao titular no sentido de retirar da coisa, de modo conclusivo e contra todos, as utilidades que ela é capaz de produzir. No caso das servidões, verifica-se o desdobramento do domínio. Alguns dos direitos que o titular do domínio usufrui da coisa se destacam dela e se transferem a outro prédio, nele se incorporando e acompanhando-o nas alienações que são procedidas.

30.4. CARACTERÍSTICAS DAS SERVIDÕES

30.4.1. Instituição sobre prédios distintos

Das várias características que incidem sobre as servidões, a acima epigrafada é a mais importante, pois não se concebe a instituição sobre o próprio prédio. Se ambos os imóveis pertencessem ao mesmo dono, desapareceria o ônus, já que o proprietário usufrui na sua totalidade os direitos decorrentes do domínio. Não teria sentido a constituição sobre a própria coisa, a qual se oferece ao titular com todas as suas utilidades.

Esclarecem Planiol e Ripert:

> Los dos predios deben pertenecer a dos propietarios distintos: una servidumbre no puede existir entre dos predios pertenecientes al mismo propietario por la

---

[8]   *Das Servidões de Caminho*, São Paulo, Duprat & Cia., 1906, p. 6.

[9]   *Obra citada*, p. 8. Tradução livre do texto: "O objeto de uma servidão é atribuir à pessoa a quem ela pertence um direito real sobre os imóveis gravados; esse imóvel, se for permitido usar essa expressão, é considerado como sua propriedade em alguns aspectos. O direito de servidão é adquirido no momento do acordo, assim como a propriedade de um imóvel é transferida para o comprador pela única força do contrato, nos termos do art. 1.583 do Código".

910 | DIREITO DAS COISAS – *Arnaldo Rizzardo*

regla *nemini res sua servit*. Es indudable que el propietario único tiene el derecho de obtener en uno para el provecho del otro, las ventajas que pudieran resultar de una servidumbre, pero al hacerlo así, ejercitará su derecho de propiedad, no una servidumbre.[10]

30.4.2. Instituição em favor da coisa

Importa estabelecer o objeto da servidão. Ela é instituída em favor da coisa e não do dono, observando o princípio vigente no direito romano: *servitus in faciendo consistere nequit*, ou seja, as servidões servem apenas à coisa, e não ao dono. Pardessus sentenciou: "Elles (les servitudes) ont pour objet l'utilité d'une héritage, et par cette raison elles ne peuvent être établies en faveur des personnes".[11]

Por isso, diz-se que estamos tratando de um direito real e não obrigacional, pelo qual o dono do prédio serviente não se obriga à prestação de um fato positivo ou negativo. Ele somente sujeita o seu prédio a suportar limitações programadas em favor do imóvel dominante.

Não se reconhece o ônus se no ato constitutivo inexiste qualquer referência a imóvel ou propriedade da pessoa a cujo favor se estabeleceu o encargo. Segundo o conceito de Savigny, a servidão restringe a liberdade natural da coisa, enquanto a obrigação constrange a liberdade natural da pessoa. Planiol e Ripert trazem ilustrações práticas:

> Esta idea ya era explicada por los jurisconsultos romanos, diciendo que era necesario una relación natural entre el objeto de la servidumbre y el uso del predio dominante. He qui las dos aplicaciones más notables que tenía: 1º) el derecho de pasear, tomar flores o frutas en el terreno ajeno, el derecho de comer en la casa de otro, lo que no puede constituirse como servidumbres prediales sino como derecho de uso; efectivamente, el beneficiario de tal derecho pudiera obtener todo su provecho, aún cuando no fuera propietario de inmueble alguno; y, como dice Ulpiano, nemo potest servitutem adquirere, nisi qui habet praedium; 2º) el derecho de tomar arcillas en terreno vecino puede considerarse como servidumbre predial con la condición de que se haga tal cosa en servicio del predio, como algunos lugares en donde se usa vender los frutos y vinos dentro de ánforas; un alfarero que pretendiera tomar arcilla para fabricar recipientes para venderlos, no podría obtener ese derecho a título de servidumbre sino como usufructo.[12]

O princípio está expresso no art. 1.378 do Código atual, no qual transparece que a servidão predial se impõe em um prédio em favor de outro, pertencente a diverso dono.

Bem claro é José Mendes:

> Não geram (as servidões) obrigação pessoal contra quem quer que seja, mas uma obrigação geral negativa correspondente aos direitos reais. A constituição de servidão recai diretamente sobre o prédio serviente, e não obriga o proprietário deste a praticar atos em favor do seu titular; não consiste *in faciendo*, mas *in non faciendo*, a que

---

[10] *Obra citada*, tomo III, p. 744.
[11] *Obra citada*, p. 4. Tradução livre do texto: "Elas (as servidões) têm por objeto a utilidade de um imóvel, e, por esse motivo, não podem ser estabelecidas em favor das pessoas".
[12] *Obra citada*, tomo III, p. 786.

corresponde, no titular, o *jus prohibendi* e *in patiendo*, a que corresponde, no titular, o *jus faciendi* (...).[13]

Exemplificando, a servidão *altius non tollendi*, ou servidão de não levantar mais alto se enquadra na *in non faciendo*. A de passagem revela o caráter de padecer, suportar, classificando-se entre as *in patiendo*, porque o dono do prédio gravado tem de suportar a passagem pelo seu prédio.

30.4.3. Direito real acessório

As servidões são direitos reais acessórios, que incidem sobre imóveis, perdurando definitivamente enquanto subsistem os prédios que as suportam. Transferidos estes a outros proprietários, continuam aderindo aos imóveis, o que as torna acessórias. Por isso, é indiferente se, uma vez instituído o gravame na mesma escritura pública de compra e venda, posteriormente, na transferência a terceiro do imóvel, é omitida a referência sobre o gravame. Permanece o encargo.

30.4.4. Proximidade entre si dos prédios serviente e dominante

Os prédios serviente e dominante devem ser vizinhos. A regra não quer significar a impossibilidade da instituição em prédios separados e distantes, o que se dá no caso de aqueduto e servidão de passagem. Consoante Dídimo da Veiga,

> o exercício das servidões, sendo essencial que os prédios não se achem a grande distância um do outro, de modo a tornar-se materialmente impossível a prática dos atos que constituem a servidão, exige-se como condição a vizinhança e, em algumas servidões, a contiguidade dos prédios.[14]

30.4.5. Proibição de se estender ou ampliar a servidão

Está proibido o dono do prédio dominante de estender ou ampliar a servidão a outras propriedades.

Sendo essencialmente instituída para dar utilidade à coisa, a extensão se fixa e se determina pelas necessidades do prédio dominante. Quem tem o direito de tirar água de um poço ou córrego alheio só pode aproveitar a que se fizer necessária para os usos da casa e a irrigação do prédio dominante e não para empregá-la em prédio diverso, ou para vendê-la ou dá-la.

A razão fundamental que firma esta regra está na acessoriedade do direito, ficando de modo inseparável ao prédio dominante. Lafayette observava: "A servidão não pode ser desligada do imóvel e transferida, ou hipotecada em separado".[15]

30.4.6. A servidão não se presume

Servitus non praesumitur. Há de ser explícita. A interpretação é sempre restrita, pois envolve o ônus uma limitação ao exercício da propriedade. Na dúvida, não é reconhecida, competindo a prova a quem afirma a sua existência.

---

[13] *Obra citada*, p. 9.
[14] *Servidões Reais*, ob. cit., p. 6.
[15] *Obra citada*, p. 376.

A lei evidencia esse rumo, cuja previsão está no art. 1.378 do Código Civil, quando dispõe que a servidão se constitui mediante declaração expressa do dono do imóvel. Tem-se em conta que o domínio é, via de regra, e por natureza, livre. Na dúvida, a conclusão é que o prédio está livre, posto o domínio é de sua natureza livre, e a servidão, limitando-o e onerando-o, é exceção à regra, e como tal não se presume constituída e existente.

Tendo em vista tais princípios, chega-se a que o titular da servidão deve exercitá-la estritamente, nos termos de sua constituição e em rígida consonância com o fim que a determinou, sem afastar-se dos limites das necessidades que a originaram.

30.4.7. Necessidade de trazer alguma vantagem ao prédio dominante

Deve a servidão trazer alguma vantagem a ponto de aumentar o valor do imóvel dominante. Esta passagem de José Mendes bem evidencia o requisito:

> Toda servidão é fator de vantagem e de ônus. Vantagem, *jus*, para seu titular, o dono do prédio dominante; ônus, para o dono do prédio serviente. Aumenta o direito de um e diminui o direito de outro. Diminui o direito do cedente e aumenta o direito do cessionário.[16]

Ilustra Pontes de Miranda:

> A servidão tem de ser útil ao prédio dominante (...). A vantagem não precisa ser reduzida a dinheiro; pode ser simples deleite, ou comodidade de requinte, ou interesse estético (J. Biermann, Sachenrecht, 328; Strecker, em G. Planck, Kommentar, III, 572), ou higiênico, ou arquitetônico, ou de uniformidade da rua (servidão) de só construir prédio idêntico ao prédio dominante).[17]

30.4.8. Encargo ou ônus que pesa sobre o imóvel serviente

Para explicar este caráter, transcreve-se a lição de Josserand:

> La servidumbre es una carga. Implica, pues, necesariamente una molestia para el fundo sirviente, una disminución de los derechos del propietario de dicho fundo, que no es ya dueño de él en los términos de derecho común, sino que debe sufrir la voluntad, la usurpación ajena. No hay aqui, a decir verdad, disociación de la propiedad y es excesivo ver en las.
>
> Servidumbres una desmembración del fundo sirviente que se encuentra simplesmente disminuido.[18]

30.4.9. Ente incorpóreo

A servidão é incorpórea. Consistindo em um simples direito que recai sobre a coisa, não poderá ser perceptível se considerada autonomamente, desligada do suporte fático. Não subsiste sem o imóvel, do qual é acessória. Não forma uma classe autônoma de bens. As "Institutas" continham a regra: *res quae tangi non possunt, qualia sunt ea quae in jure consistunt.*

---

[16] *Obra citada*, p. 12.
[17] *Tratado de Direito Privado*, Rio de Janeiro, Editor Borsoi, 1971, vol. XVIII, p. 193.
[18] *Obra citada*, tomo I, vol. III, p. 451.

Cap. XXX · SERVIDÕES | 913

É óbvio que o caminho, na qualidade de servidão, se materializa quando se estende sobre uma propriedade imóvel.

30.4.10. O objeto da servidão não pode ser outra servidão

No direito romano dizia-se: *Servitus servitutis esse non potest*. Formando o gravame uma parcela dos direitos dominiais que se desmembram do prédio serviente, em favor do dominante, ele fatalmente recairá em outro objeto material.

Aquele que recebe, ativa ou passivamente, as águas vindas de um prédio superior não pode validamente ser obrigado a transferir estas mesmas águas a outra propriedade. Sendo a servidão um ente incorporal, não subsistirá sem um imóvel. É acessória do fundo no qual está constituída. Não se classifica como uma categoria de bens autônoma, mas aparece unida ao imóvel. Portanto, impossível se erija sobre outra servidão.

30.4.11. Constituição em favor de um ou mais prédios

Mais de um prédio pode ser beneficiado pela servidão. Nada impede a instituição em benefício de diversos imóveis, bem como seja ela estabelecida sobre vários fundos servientes. O aqueduto, não raras vezes, atende a vários imóveis, distribuindo água indistintamente a uma determinada região, sendo aberto ou formado na superfície de inúmeras propriedades.

30.4.12. Obrigação de não fazer e de tolerar

É a servidão um *jus in re aliena*, que determina uma obrigação *in non faciendo*, porque, doutrina J. L. Ribeiro de Souza, limitando embora os direitos dominiais do senhor do prédio serviente,

> a servidão não o obriga a praticar quaisquer atos em benefício do prédio dominante (...), pois se as servidões positivas consistem *in faciendo*, compete sempre ao senhor do prédio dominante o *jus faciendo*, salvo se o contrário expressamente dispuser o título.[19]

30.4.13. Perpetuidade ou, pelo menos, longa duração

Necessário tenha a servidão uma causa perpétua, ou, pelo menos, de longa duração. Laurent dá a razão, ao explicar que ela é uma qualidade do fundo, devendo participar da natureza do mesmo. Sendo o fundo estável, assim o é a servidão: "Mais c'est pour les fonds que la servitude est établie, et les fonds ne changent pas, l'intérêt du fond est donc, en général, un intérêt perpétuel: de là la perpétuité des servitudes".[20]

30.4.14. Garantia dos meios para o exercício da servidão

A servidão compreende a garantia dos meios para o seu aproveitamento. Sempre se faz acompanhar de outras restrições à propriedade serviente. O Código Civil Francês dispõe

---

[19] *Obra citada*, p. 11.
[20] *Obra citada*, tomo 7º, p. 183. Tradução livre do texto: "Mas é para os imóveis que a servidão é estabelecida, e os imóveis não mudam. O interesse do imóvel é, portanto, em geral, um interesse perpétuo: daí a perpetuidade das servidões".

914 | DIREITO DAS COISAS – *Arnaldo Rizzardo*

sobre a matéria, assegurando a garantia do exercício dos atos indispensáveis ao aproveitamento da servidão. Destarte, o direito de retirar água na fonte de outrem importa no direito de passagem. Beudant resume nesta frase o alcance da regra: "Qui veut la fin, veut les moyens".[21]

Esses direitos que são meios denominam-se servidões acessórias, consideradas como necessárias para a consecução das principais, delas implicitamente decorrentes. Inerentes às principais, adquiridas conjuntamente, existem de direito, visto que, *v.g.*, não teria utilidade o aqueduto se proibido estivesse o dono do prédio dominante de proceder às reparações e aos melhoramentos reclamados pelo uso, e se não estivesse autorizado a percorrer, periodicamente, ao longo da faixa por onde passa o canal.

30.4.15. Número ilimitado de servidões convencionais

As servidões convencionais, ou estabelecidas pelo fato do homem, contam-se em número indefinido. Desdobram-se em tantas quantas são as vantagens que podem, de alguma maneira, proporcionar ao prédio dominante. É o que faz ver Mackeldey.[22] Demolombe abordou o assunto:

> Aussi le nombre des servitudes qui peuvent être établies par le fait de l'homme, est--il ilimité; sans doute, il en est quelques-unes qui, par leur plus grande importance et leur utilité plus général, sont plus fréquentes dans la pratique, et doivent faire en conséquence plus spécialement l'objet de l'attention des jurisconsultes (...). Mais en principe, les propriétaires sont libres de créer toutes les espèces de servitudes qu'ils jugent convenables, en égard à la disposition des héritages, à leur nature ou à leur destination, ou au gré de leurs convenances, pour l'utilité ou l'agrément de leurs fonds.[23]

30.4.16. Inalienabilidade da servidão

O titular do imóvel dominante está impedido de alienar a servidão a outra pessoa. Quem adquire o prédio, adquire implicitamente os encargos que o gravam. Fosse o contrário, com a transferência consumar-se-ia a extinção.

A proibição em ceder envolve a impossibilidade de penhora, hipoteca, ou de separação do prédio dominante. O ônus acompanha a propriedade em suas alienações – *ambulat cum domino*.

Luiz Antônio de Aguiar e Souza apresenta a justificação:

> A servidão, quer se considere como um direito, em relação ao dominante, ou quer se considere como um ônus, em relação ao prédio serviente, uma vez sendo ela institu-

---

[21] Ch. Beudant, *Cours de Droit Civil Français*, 2ª ed., Paris, Rousseau & Cie. Editeur, 1938, tomo IV, p. 652. Tradução livre do texto: "Quem quer o fim, quer os meios".

[22] F. Mackeldey, *Manuel de Droit Romain*, tradução de J. Bewing, 3ª ed., Société Typographique Belge, 1846, § 321.

[23] *Obra citada*, vol. XII, *Traité des Servitudes*, tomo II, p. 172. Tradução livre do texto: "Outrossim, o número de servidões que podem ser estabelecidas pelo fato do homem é, portanto, ilimitado; indubitavelmente, há algumas que, por sua maior importância e utilidade mais geral, são mais frequentes na prática e, consequentemente, devem ser mais particularmente objeto de atenção dos jurisconsultos (...). Mas, em princípio, os proprietários são livres para criar todos os tipos de servidões que considerem adequados, levando em consideração a disposição dos imóveis, sua natureza ou destinação, ou, a seu critério, para utilidade ou para o gozo de seu imóvel".

ída, adere perpetuamente aos referidos prédios, acompanhando-os em todas as suas passagens.[24]

Em princípio, com os imóveis as servidões nascem, vivem e morrem.

30.4.17. O princípio da indivisibilidade

O uso da servidão na propriedade em comum se regula pelas regras do condomínio, dentre as quais sobressai o direito do consorte em usar livremente da coisa conforme o seu destino.[25] A todos aproveitam as serventias oferecidas pelo imóvel, sem distinção ou divisão quantitativa ou qualitativa. Enquanto permanecer o regime da compossessão, ficam os condôminos autorizados a usar o bem de conformidade com o seu destino, praticando atos possessórios que não excluem os dos outros compossuidores.

Estes princípios emanam da regra do art. 1.386 do Código Civil, na seguinte redação: "As servidões prediais são indivisíveis (...)".

A origem é encontrada no direito romano: *Pro parte dominii servitutem adquiri non potest.* Ou seja, não são elas adquiridas e nem se perdem, por partes.

Se, por exemplo, uma parcela do prédio dominante é vendida, as servidões ativas inerentes ao mesmo prédio aderem integralmente à região destacada, de modo que o comprador as exercerá nos mesmos termos em que o primitivo proprietário as exercia.[26]

Em contrapartida, se o prédio pertence em comum a diversos, o uso da servidão por um dos coproprietários impede a extinção dela em relação aos que permaneceram em inércia durante o prazo da prescrição.

Relevante transcrever a segunda parte do art. 1.386 do Código:

> (...) Subsistem, no caso de divisão dos imóveis, em benefício de cada uma das porções do prédio dominante, e continuam a gravar cada uma das do prédio serviente, salvo se, por natureza, ou destino, só se aplicarem a certa parte de um ou de outro.

Conforme Washington de Barros Monteiro, em doutrina aplicável ao Código de 2002, várias regras emergem da aplicação do princípio anterior:

a) a servidão não pode ser instituída em favor da parte ideal do prédio dominante, nem pode incidir sobre parte ideal do prédio serviente; b) se o proprietário do imóvel dominante se torna condômino do serviente, ou vice-versa, mantém-se a servidão; c) defendida a servidão por um dos condôminos do prédio dominante, a todos aproveita a ação.[27]

A razão desta aplicação está no princípio que marca as servidões e as distingue de outros direitos: a instituição em favor do prédio e não do ocupante. Irrelevante se uma ou várias pessoas conservam a posse. Embora apenas um ser humano utilize o caminho, os demais usuários do imóvel têm a tutela da lei para seguirem seus destinos pela mesma passagem.

Havendo divisão do prédio dominante, perdura a servidão em benefício de cada parcela. É o que explicam Enneccerus, Kipp e Wolff:

> Si se divide el predio dominante, la servidumbre subsiste a favor de las parcelas singulares. De una servidumbre han nacido varias. Pero en caso de duda, el ejercicio

---

[24] *Obra citada*, p. 7.

[25] *Julgados do Tribunal de Alçada do RGS*, 18/223.

[26] Lafayette Rodrigues Pereira, *obra citada*, p. 381.

[27] *Curso de Direito Civil – Direito das Coisas*, ob. cit., p. 267.

de las mismas no ha de ser más gravoso para el propietario del predio sirviente de lo que hubiera sido sin la división. Puesto que los varios propietarios dominantes se hallan situados en el mismo rango, cada uno de ellos puede exigir en interés de todos una regulación equitativa del ejercicio.[28]

30.5. CLASSIFICAÇÃO DAS SERVIDÕES

30.5.1. Servidões urbanas e rurais

Esta classificação remonta ao direito romano. Desde o reconhecimento do instituto dividiam-se em urbanas e rurais. O Código Civil Francês, no art. 687, ainda contém esta divisão. Reconhece Beudant que se trata apenas de "le vestige d'un pass juridique aboli".[29]

As servidões urbanas são simplesmente aquelas que se referem a um prédio, e não porque localizadas em imóvel urbano. O critério distintivo não está na natureza do prédio dominante, nem tampouco na do prédio serviente, mas sim na natureza própria da servidão, ou no seu conteúdo. Pouco interessa se a edificação se ergue na cidade ou no campo. Como rurais classificam-se aquelas que se ligam ao solo, sem relação necessária com os edifícios. As urbanas beneficiam a edificação. Em José Mendes temos a exata compreensão: "Prédios urbanos são os edificados, dentro ou fora da cidade. E prédios rústicos são os terrenos não edificados, fora ou dentro da cidade".[30]

30.5.2. Servidões prediais e pessoais

Os romanos instituíram, no tempo de Justiniano, os dois tipos acima. As prediais abrangiam as relativas às edificações, ou restrições que recaíam sobre os prédios. As pessoais, que resultavam em certo benefício a favor de outrem, compreendiam o uso, a habitação, o usufruto e serviços de escravos.

Esta classificação foi introduzida em nosso direito anterior, mas veio a ser abandonada pelo Código Civil de 1916 e pelo atual. Na verdade, formam tais institutos outra espécie de *jura in re aliena*. É de notar que a última servidão (*operae servorum*) apresenta hoje apenas interesse histórico, tendo em vista que as nações não mantêm mais a escravidão.

30.5.3. Servidões legais e convencionais

Além dos tipos epigrafados, há as naturais, expressamente assinaladas pelo Código Civil francês, no art. 639, no que não foi seguido pelo nosso direito.

Veremos como se identificam.

Há as servidões que são determinadas pela situação dos prédios, como a de aceitar que as águas corram naturalmente do prédio superior ao inferior. São as naturais, em virtude de que a natureza impõe a sua existência.

Uma outra categoria adquire vida em virtude da lei e tem origem na necessidade para o aproveitamento de prédio. Constam estas servidões determinadas em mandamentos legais e são disciplinadas para o atendimento de interesses comuns. São as conhecidas como le-

---

[28] *Tratado de Derecho Civil*, 1ª ed., Barcelona, Edição Bosch – Casa Imperial, 1944, vol. II, tomo III, p. 42.

[29] *Obra citada*, tomo IV, p. 641. Tradução livre do texto: "O vestígio de um passado jurídico abolido".

[30] *Obra citada*, p. 15.

gais. No seu âmbito, incluem-se as naturais. Determina o seu reconhecimento a imposição pela lei, consideradas como um ônus, sem precisar do consentimento do titular do prédio serviente para sua constituição.

Sendo o reconhecimento por força da lei, ao que obtém o proveito não se requer demonstre a constituição, ou apresente o título que lhe dá base. Demanda-se a proteção simplesmente porque está a servidão prevista na lei.

Exemplificam a classe das servidões legais o escoamento natural das águas, a abertura ou a construção de aqueduto, a servidão de trânsito de prédio encravado e de aproveitamento das águas de rios.

Quando surgem do consentimento humano, ou por disposição das vontades, o *nomen juris* é outro: servidões convencionais. Costuma-se dizer que são estabelecidas pelo fato do homem. A lei deixa a cargo de cada proprietário a liberdade de implantálas, limitando-se apenas a definir os seus caracteres gerais. Acrescentam ao prédio dominante vantagens, como a utilização, a beleza, a fertilidade, a amenidade, sem que tais valores signifiquem elemento essencial ou indispensável ao uso. Pardessus diz em que consiste o caráter essencial: "Leur caractère essentiel consiste dans cette volonté exprimée ou supposée par des faits auxquels est attaché le caractère d'une présomption légale de consentement".[31]

30.5.4. Servidões aparentes e não aparentes

No tocante à exteriorização, dividem-se as servidões em aparentes e não aparentes. Repetindo o pensamento de Beudant, esta classificação é, no direito moderno, de uma importância capital.[32] As primeiras se manifestam exteriormente por atos visíveis, como na hipótese de aqueduto, em que as obras externas são perceptíveis por todos. Os franceses Aubry e Rau dão os contornos que as identificam: "Les servitudes apparentes sont celles qui s'annoncent par les signes extérieurs, par exemple, par une porte (une barrière fermée), une fenêtre, un aqueduc (...)".[33]

As últimas não se revelam por sinais visíveis e constituem mais um direito assegurado ao proprietário, como o de não edificar acima de certa altura, ou impedir que a água do telhado se precipite no prédio vizinho. Ainda Aubry e Rau explicam: "Les servitudes non apparentes sont celles dont l'existence ne se manifeste par aucun signe de cette nature. Telle est la prohibition de bâtir ou d'élever un bâtiment au-delà d'une hauteur déterminée".[34]

Desde que alguns sinais externos se apresentem e a visibilidade seja permanente, ao menos para o senhor do prédio serviente, conformada está a primeira espécie. Na outra, o importante é que não ocorram os fatos prejudiciais ao melhor uso do imóvel pelo titular do prédio dominante.

Não será demais salientar a existência de servidões que se transformam em aparentes e passam a merecer a proteção possessória. Antes, não transpareciam sinais externos ostensivos

---

[31] *Obra citada*, p. 210. Tradução livre do texto: "Seu caráter essencial consiste nessa vontade expressa ou suposta por fatos aos quais se dá caráter de uma presunção legal de consentimento".

[32] *Obra citada*, tomo IV, p. 641.

[33] *Cours de Droit Civil Français*, 6ª ed., Paris, Librairie de La Cour de Cassation, 1938, tomo III, p. 97. Tradução livre do texto: "As servidões aparentes são aquelas anunciadas pelos sinais externos, por exemplo, por uma porta (uma barreira fechada), uma janela, um aqueduto".

[34] *Obra citada*, tomo III, p. 97. Tradução livre do texto: "Servidões não aparentes são aqueles cuja existência não se manifesta por nenhum sinal dessa natureza, como a proibição de construir ou elevar um edifício além de uma altura especificada".

DIREITO DAS COISAS – *Arnaldo Rizzardo*

e duradouros. Mas, com as modificações introduzidas, com as reformas e algumas adaptações, cujas obras se perpetuam pela durabilidade e que se incorporam ao solo onde se estende a servidão, surge um estado de coisas inalterável e perceptível por todos, daí tornando aparente o ônus e dando-lhe o caráter de durabilidade. A jurisprudência consolidou este entendimento, como se depreende deste exemplo:

> Constitui matéria sumulada pelo Supremo Tribunal Federal que as servidões de trânsito não tituladas, mas tornadas permanentes, sobretudo pela natureza das obras realizadas, consideram-se aparentes, merecendo proteção possessória. Não mais havendo, porém, interesse, porque desnecessária a servidão, responde o possuidor pelas despesas de remoção.[35]

30.5.5. Servidões contínuas e descontínuas

As primeiras se expressam pela sua existência independentemente de ato humano. Uma vez constituídas, não dependem da prática de atos por parte de seu titular, para revelarem seu exercício. A servidão de passagem de água serve como exemplo. Pardessus afirmou: "Sont celles dont l'usage est ou peut être continuel, sans avoir besoin du fait actuel de l'homme. Tels sont les conduites d'eau, les égouts, les vues et autres droits de cette espèce".[36]

A servidão descontínua, ao contrário, para externar-se necessita da obra do homem, ou de alguma atividade construtiva. Desde que formada, o uso ou o exercício reclama a prática de atos por parte do senhorio de prédio dominante, sendo que tais atos devem ser executados uns proximamente dos outros, e repetidos de intervalo a intervalo. A tirada da água, o trânsito, entre outras hipóteses, dependem de reparos ou adaptações na fonte ou no terreno.

Em Pardessus colhe-se uma definição clara:

> Les servitudes descontinues sont celles qui ont toujours besoin du fait actuel de l'homme pour être exercées; tels sont les droits de passage, puisage, pacage, de tirer du sable, de la marne, des pierres, etc., dans un terrain ou une carrière, et autres droits semblables, qu'on a sur la propriété d'autrui. Leur usage n'est continuel, ni en actes, ni en puissance; et le caractère d'apparence qu'elle pourraient avoir n'en changeroit point la nature.[37]

As obras duradouras e permanentemente visíveis dão o caráter de continuidade à servidão.

A distinção entre uma modalidade e outra nem sempre é simples.

Como critério para a diferenciação, examina-se se o exercício da servidão depende ou não da realização das obras. Se depender, obviamente apresenta-se a descontínua. Mas não desnatura a espécie a colocação de um registro ou o erguimento de uma eclusa na passagem

---

[35] REsp. nº 5.330/SP, da Segunda Turma do STJ, j. em 18.02.1991, *DJU* de 18.03.1991.

[36] *Obra citada*, pp. 25 e 26. Tradução livre do texto: "São aquelas cujo uso é ou pode ser contínuo, sem a necessidade da ação do homem. Tais são os condutos de água, esgotos, vias e outros direitos desta espécie".

[37] *Obra citada*, p. 26. Tradução livre do texto: "Servidões descontínuas são aquelas que sempre precisam da ação do homem para que sejam exercidas; tais são os direitos de passagem, de represar, de pastagem, de escavação de areia, argila, pedras, etc., em um terreno ou pedreira, e outros direitos semelhantes que temos sobre a propriedade de terceiros. Seu uso não é contínuo, nem em atos nem em poder; e o caráter de aparência que poderia ter não mudaria sua natureza".

de água. Da mesma forma, o fato da necessidade de ser aberta uma janela para a entrada da claridade da luz.

30.5.6. Servidões positivas e negativas

As positivas dependem de um ato humano para se materializarem. Nomeiam-se como exemplos a servidão de passagem e a de tirar água.

As negativas consistem em um direito a que os outros se abstenham de certos atos, como se verifica na obrigação de não construir. Em Beudant lemos a exata conceituação: "Consistent en certaines abstentions, auxquelles les fonds voisins sont soumis dans leur intérêt réciproque. Aussi ont-ils le droit de se contrainde respectivement à leur observation".[38]

30.5.7. Servidões principais e acessórias

Para efeitos práticos, transparece alguma importância nesta especificação.

Principais denominam-se aquelas servidões visadas preferencialmente pelo interessado. Exemplificativamente, o aproveitamento da água de um açude é a utilidade pretendida, assim como o uso de um espaço do imóvel para determinadas finalidades. Mas a busca da água ordena a necessidade de passar pelo prédio onde está a fonte. E o direito de usar o caminho é uma servidão acessória, nascida para a realização da principal, conhecida como *adminicula servitutis* no direito romano. Não é ela autônoma, *ma di modalità di esercizio di altra servitù,* explica Messineo.

Acrescenta: "Modalità che, da sola, non costituirebbe un potere sul fondo servente e che funzione strumentale, rispetto alla servitù".[39]

30.5.8. Combinação entre as servidões

Combinam-se algumas espécies de servidões.

Uma servidão contínua pode ser aparente, como no aqueduto. Contínua porque se exerce independentemente do fato do homem; aparente por se manifestar através de sinais externos. No exemplo do aqueduto, uma vez aberto, o canal continuará a existir sem reclamar a ação humana para materializar-se quando usado. A aparência é caracterizada pelos sinais externos ou contornos identificadores.

Possível, outrossim, revelar-se a servidão na modalidade de contínua e não aparente. Contínua, torna-se a ressaltar, por não precisar de alguma ação atual do homem para se manifestar. Não aparente pelo fato da não realização de atos concretos, os quais impediriam a continuidade do ônus. Utilizamos, como exemplo, a obrigação de não levantar o edifício acima de certa altura.

Podem se apresentar como descontínuas e aparentes. É exemplo típico a passagem aberta em um terreno. A atividade humana se impõe a fim de materializar o ônus no prédio serviente. E a manifestação através de sinais visíveis dá o caráter da aparência.

---

[38]   *Obra citada,* tomo IV, p. 592. Tradução livre do texto: "Consistem em certas abstenções, às quais os imóveis vizinhos estão sujeitos em seu interesse mútuo. Eles também têm o direito de restringir, respectivamente, à observação".

[39]   Francesco Messineo, *Le Servitù,* Milão, Dott. A. Giuffrè – Editore, 1949, p. 73. Tradução livre do texto: "Mas de modalidades de exercício de outra servidão". (...) "Modalidade que, por si só, não constituiria um poder sobre o imóvel serviente e que tem função instrumental, relacionada à servidão".

Finalmente, há o caso de serem as restrições descontínuas e não aparentes. Ou seja, de um lado reclama-se a ação humana, sem a qual não se consomem; e de outro, não se revestem de exterioridade. É o caso da servidão de tirar água sem caminho visível.[40]

30.6. CONSTITUIÇÃO DAS SERVIDÕES

30.6.1. Constituição por contrato

Várias são as maneiras de constituição das servidões. Costumam os doutrinadores enumerá-las na seguinte ordem: por contrato, testamento, adjudicação no juízo divisório, usucapião e destinação pelo proprietário.

Quando a constituição é através de contrato, a causa geradora é a vontade das partes. A lei define tão somente os caracteres gerais e deixa a cada proprietário a liberdade de estabelecer, no seu prédio, tantas servidões quantos são os direitos reais, cuja formalização depende de escritura pública se acima de certo valor monetário.

Está a previsão na segunda parte do art. 1.378 do Código: "Constitui-se mediante declaração expressa dos proprietários, ou por testamento, e subsequente registro no Cartório de Registro de Imóveis".

Conforme magistério de Sílvio Rodrigues, o contrato, de caráter bilateral, é a fonte mais frequente de formação da oneração, por meio da qual o dono do prédio serviente concorda em atribuir, ao dono do prédio dominante, algumas vantagens que passam a gravar aquele prédio, em benefício deste.[41]

A constituição se opera de forma gravosa ou gratuita, o que é explicado por Salvat, dando como exemplo do primeiro tipo a venda, e do segundo a doação pura, sem condições.[42]

Quem constitui a servidão deve ter o poder de disposição.

Embora não com tamanha amplitude, outorga-se a outras pessoas a capacidade da instituição.

É o caso de enfiteuta sobre o prédio enfitêutico, durante a enfiteuse, ou seja, durante o prazo em que lhe é atribuído o domínio útil do imóvel. O senhorio direto fica impedido desta faculdade, evitando, assim, a limitação do domínio útil.

Incorre na proibição, outrossim, o nu-proprietário, a fim de não restringir o direito ao uso do prédio pelo usufrutuário. Mas nada impede a constituição de certas servidões, se prejuízos não advierem, como a de não edificar ou de limitar a altura de um prédio. O direito do usufrutuário permanece incólume. Diferentemente sucede com a servidão de aqueduto ou de passagem, as quais redundam em limitações no aproveitamento do imóvel.

O usufrutuário não fica autorizado a gravar o bem, visto que o seu direito de usar não envolve o direito de alienar.

Na anticrese, o devedor sofre igual incremento, já que entrega o imóvel ao credor com o escopo de perceber, em compensação de dívida, os frutos e rendimentos.

Incluem-se na relação os possuidores de boa ou má-fé, indistintamente, posto não revestidos da titularidade do domínio. Se instituírem qualquer gravame, o proprietário tem o direito à reivindicação e à liberdade do imóvel de qualquer encargo.

---

[40]   Washington de Barros Monteiro, *Curso de Direito Civil, Direito das Coisas*, ob. cit., p. 269.

[41]   *Direito das Coisas*, São Paulo, Editora Limonad, 1964, p. 292.

[42]   *Obra citada*, vol. III, p. 468.

Acrescentam-se os imóveis prometidos à venda, porque sujeitos à rescisão do contrato e a tornarem ao domínio e à posse do promitente vendedor.

O devedor hipotecário encontra-se impedido de gravar o imóvel na hipótese de resultar uma diminuição de valor, a ponto de tornar insuficiente o bem para garantir a dívida.

Citam-se entre os que não podem estabelecer servidões o locatário, o arrendatário e o parceiro.

Uma análise mais demorada exige a hipótese do condomínio.

Em princípio, a instituição requer a anuência de todos os consortes.

Mas a lição de Carvalho Santos leva à exata interpretação da regra:

> Não quer dizer, porém, que seja nula a servidão constituída pelo condômino, enquanto perdurar o estado de indivisão. Ela permanece em suspenso até que os condôminos, coletiva ou singularmente, tenham consentido, subsistindo a mesma, se, depois, os condôminos anuírem ou a propriedade vier a concentrar-se no concedente.[43]

Se, no entanto, a constituição definitiva não se realizou, por falta de consentimento dos demais condôminos, três hipóteses são possíveis de ocorrer, nas palavras do eminente jurista:

> a) o terreno gravado com a servidão é dado em pagamento a um coproprietário, diverso daquele que a concedeu, em tal caso não subsiste a servidão, não somente porque veio a falhar a condição, com que se presumia feita a concessão, senão também porque, em face do efeito declarativo da divisão, o terreno se considera pertencer por inteiro tal como no princípio da comunhão;
>
> b) se o terreno foi dado em pagamento daquele coproprietário que fez a concessão, esta se torna definitiva, com efeito retroativo ao tempo da concessão;
>
> c) se o prédio somente em parte é atribuído àquele que concedeu a servidão, esta se entenderá ou não estabelecida, conforme possa ou não subsistir naquela parte considerada a natureza da servidão e a condição dos lugares: por exemplo, a servidão de dar pasto somente poderá subsistir se o proprietário do prédio dominante puder àquela parte conduzir seus animais; uma servidão de passagem e de aqueduto poderá subsistir somente quando o prédio dominante seja contíguo àquela parte ou seja posto em comunicação com outras passagens ou aquedutos; uma servidão de atingir a água torna-se impossível, se a fonte ou poço se encontrar no quinhão que coube a outro coproprietário; uma servidão de vista torna-se inútil, se a parte contígua ao prédio dominante vier a tocar a uma pessoa diversa do concedente.[44]

Quanto àquele que tem a posse do imóvel a título precário, Cunha Gonçalves coloca a hipótese nos seguintes termos:

> Convém frisar que a servidão só pode ser constituída por proprietários e a favor de proprietários, e nunca entre ou por locatários, nem por titulares de direitos reais, que não tenham ação direta ou direito de alienação nos prédios (...). Mas, se o possuidor do prédio a título precário não pode adquirir servidões a seu exclusivo favor, nada impede

---

[43]   *Obra citada*, vol. IX, p. 140.
[44]   *Obra citada*, vol. IX, pp. 141 e 142.

DIREITO DAS COISAS – *Arnaldo Rizzardo*

que ele as adquira em benefício do proprietário e, portanto, do prédio dominante, na qualidade de gestor de negócios.[45]

O possuidor precário recebe, pois, a serventia em favor do prédio dominante.

Por último, embora a manifestação de vontade dependa da solenidade da escritura pública, não se pode deixar de admitir, como acontece em todos os contratos, a viabilidade das convenções tácitas, reveladas por atos inequívocos de transação de direitos reais sobre imóvel alheio. Naturalmente, o uso seguido, notório, público, à vista do proprietário do prédio que suporta alguma utilização, por outra pessoa, significa, é certo, consentimento na servidão que se instituiu e vai-se prolongando indefinidamente. Aí, diante da posse que se desenvolve dentro dos ditames legais, de boa-fé, pois há aquiescência, e com o ânimo de exercício de um direito real, deduz-se que as partes convolaram num mesmo propósito, que é a concessão de uma servidão.

30.6.2. Constituição por testamento

A doutrina assentou a constituição da servidão por testamento desde que dois prédios pertencentes a proprietários diversos sejam envolvidos e figure o testador como proprietário do prédio que pretende gravar com o ônus da servidão, em proveito do prédio vizinho. Desnecessário dizer que não pode ele impor restrições em imóvel que não seja de sua propriedade.

A mesma condição se reclama do legatário. Terá que ser proprietário do imóvel que o testador pretende favorecer com a instituição da servidão.

O Código Civil contemplou esta forma de constituição, na segunda parte do art. 1.378: "Constitui-se mediante declaração expressa dos proprietários, ou por testamento, e subsequente registro no Cartório de Registro de Imóveis".

30.6.3. Constituição por adjudicação no juízo divisório

Transcreve-se a definição de Carvalho Santos:

> Por meio da adjudicação, a servidão fica constituída sempre que, nas ações divisórias, o juiz, atendendo à comodidade da divisão, ao interesse das partes, e à igualdade da partilha, a juízo de peritos, impõe uma servidão sobre o quinhão de um condômino em benefício ou utilidade do quinhão do outro.[46]

Na decisão que adjudica os quinhões aos condôminos, o juiz definirá as servidões, para que constem assinaladas nas folhas de pagamento. A concessão se restringe aos imóveis incluídos nos limites do imóvel dividendo.

Ao comunheiro prejudicado com o gravame será estabelecida uma indenização ou uma porção de terras, a título de compensação, após criterioso cálculo. Isto se realmente a limitação trouxer sensível prejuízo a uma das partes.

O Código de Processo Civil, no art. 596, parágrafo único, inc. II, assinala a instituição. Depois de concluídos os trabalhos de agrimensura e de divisão, pelos técnicos, ouvidos os litigantes, o juiz deliberará a partilha. Em cumprimento da decisão, o perito levará a efeito

---

[45] *Tratado de Direito Civil*, vol. XI, pp. 588 e 638, *in Revista dos Tribunais*, 152/203, julgamento transcrito por Wilson Bussada na obra *Servidões Interpretadas pelos Tribunais*, Rio de Janeiro, Madri Livraria Editora Ltda., 1969, p. 73.

[46] *Obra citada*, vol. IX, p. 158.

Cap. XXX • SERVIDÕES | 923

a demarcação dos quinhões, observando inúmeras regras, entre as quais a indicação das servidões que forem indispensáveis, em favor de uns quinhões sobre os outros. Incluirá no orçamento o respectivo valor para que, não se tratando de servidões naturais, seja compensado o condômino aquinhoado com o prédio serviente.

30.6.4. Constituição por usucapião

Esta é uma das formas mais comuns, frequentemente utilizada nas ações promovidas pelo prédio serviente, a fim de ser o imóvel livre de entraves que embaraçam o uso pleno.

A utilização é pelo dono do prédio dominante, como expediente de defesa, invocando a prescrição aquisitiva que lhe consolida a servidão, como já reconheceu o Superior Tribunal de Justiça, no *Recurso Especial* nº 71.669-RJ, da 3ª Turma, julgado em 29.09.1999, *DJU* de 03.11.1999:

> Servidão predial aparente. Portão de prédio voltado para via particular, pertencente a condomínio cujas unidades foram construídas depois. Direito à conservação do portão, utilizado há mais de cinquenta anos sem qualquer oposição. Recurso especial não conhecido.[47]

Mas desde que satisfeitos os requisitos, assegura-lhe a lei o direito de ingressar em juízo para obter o reconhecimento judicial da servidão. Pressuposto primeiro é que os prédios dominante e serviente não pertençam à mesma pessoa, conforme os romanos já assentavam: *Nemini res sua servit*. A servidão será constituída, então, sobre um prédio abandonado, ou sobre um imóvel em que o titular do domínio perdeu a posse. É o que faz ver Serpa Lopes.[48]

Predomina a *ratio* de que o direito excluiu o usucapião das servidões não aparentes. Era assim na vigência do Código Civil de 1916, em razão de seu art. 697: "As servidões não aparentes só podem ser estabelecidas por meio de transcrição no Registro de Imóveis". Já em vista do Código Civil de 2002, o art. 1.379 restringe a aquisição via usucapião às servidões aparentes: "O exercício incontestado e contínuo de uma servidão aparente, por 10 (dez) anos, nos termos do art. 1.242, autoriza o interessado a registrá-la em seu nome no Registro de Imóveis, valendo-lhe como título a sentença que julgar consumado a usucapião". Nota-se o erro de concordância gramatical no final do texto, que deveria ser "consumada a usucapião".

De modo que as não aparentes são adquiridas unicamente por contrato levado ao Registro imobiliário.

A aquisição das demais formas se dá, também, pelo usucapião. Assim quanto às descontínuas. Para aclararmos perfeitamente a questão no tocante a esta espécie de servidões, urge distinguir a servidão descontínua da posse descontínua. A descontinuidade, nas duas formas, envolve significados diversos.

Servidão descontínua, já o sabemos, surge quando a atividade humana interfere na sua exteriorização. Na tirada de água em prédio alheio, o homem realiza obras para viabilizar a utilização. A vantagem resultante é decorrência desta interferência. A posse contínua, por seu turno, se apresenta quando ela é pacífica, pública, ininterrupta e não equívoca. É descontínua se não aparecem estas qualidades. Carvalho Santos tratou do assunto:

> Realmente, a posse legítima é elemento essencial no usucapião. E se é a posse que seja contínua, não interrupta, pacífica e não equívoca, claro está que a servidão não

---

[47] *ADV Informativo*, nº 9, expedição de 04.03.2000, p. 154.
[48] *Tratado dos Registros Públicos*, ob. cit., 2ª ed., 1947-1948, vol. III, pp. 116 e 117.

aparente não pode ser adquirida por usucapião, precisamente porque à posse da servidão não aparente falta necessariamente a publicidade. Com relação à servidão descontínua, o mesmo já não sucede. Nem se podendo argumentar, para sustentar o contrário, que se referindo o texto supra à posse contínua de uma servidão, para se verificar o usucapião, exige necessariamente que a servidão seja contínua, mesmo porque não pode haver posse contínua da servidão descontínua. Há, em verdade, nesse modo de argumentar, visível confusão. Porque uma coisa é posse contínua e coisa diversa é servidão contínua. Nada obstando que haja posse contínua de uma servidão descontínua. A continuidade da posse, isto é, a sua conservação, resulta da existência e conservação da coisa em estado de prestar o serviço objeto da servidão, pouco importando seja ela descontínua.[49]

Em suma, para a servidão descontínua a posse deve ser contínua. É descontínua quando carece dos requisitos que a legitimam para o usucapião.

As servidões contínuas e descontínuas, desde que aparentes, propiciam a aquisição mediante o usucapião. Como sabemos, duas espécies de usucapião predominam em nosso direito: o ordinário e o extraordinário. Cada uma já foi longamente desenvolvida, restando traçar aspectos conceituais relativos às servidões.

Cumpre, ademais, observar que a aquisição pelo usucapião se expressa no direito de usar o imóvel, de aproveitá-lo em alguma utilidade, e não na declaração de domínio, o que ficou ressaltado no seguinte julgado do STJ:

> Servidão é a relação jurídica real por meio da qual o proprietário vincula o seu imóvel, dito serviente, a prestar certa utilidade a outro prédio, dito dominante, pertencente a dono distinto. Sendo assim, o poder de fato exercido pelo titular do prédio dominante não constitui posse qualificada para usucapir a propriedade.
>
> Na servidão, o sujeito exerce quase posse e age com *animus domini*, mas não da propriedade do bem serviente. O *animus domini* relaciona-se à própria servidão: a posse é exteriorização da propriedade, enquanto a quase-posse seria a expressão da exteriorização da servidão.
>
> Na hipótese, não ocorrendo desídia do proprietário em relação à área reivindicada e a natureza de quase-posse dos atos praticados, além de não posse, essencial à aquisição da propriedade, configura-se o direito à usucapião da servidão, expressada pela intenção de transitar, como se fossem donos daquela servidão, e não da coisa sobre a qual o direito real recaía.[50]

30.6.4.1. *Usucapião ordinário*

O Código Civil trouxe os requisitos para o reconhecimento do usucapião, desde que exercida a servidão pelo lapso de tempo de dez anos. Eis seu art. 1.379:

> O exercício incontestado e contínuo de uma servidão aparente, por 10 (dez) anos, nos termos do art. 1.242, autoriza o interessado a registrá-la em seu nome no Registro de Imóveis, valendo-lhe como título a sentença que julgar consumado a usucapião.

---

[49] *Obra citada*, vol. IX, p. 173.
[50] REsp 1.644.897/SP, da 4ª Turma, rel. Min. Luis Felipe Salomão, j. em 19.03.2019, *DJe* de 7.05.2019.

Insta observar os termos do art. 1.242: "Adquire também a propriedade do imóvel aquele que, contínua e incontestadamente, com justo título e boa-fé, o possuir por 10 (dez) anos".

A diferença mais gritante, em relação ao usucapião extraordinário, é o lapso de tempo prescricional. No ordinário, usucapião de breve tempo, nos moldes do Código Civil de 1916, o prazo era de dez ou quinze anos, conforme a posse se desenvolvesse entre presentes ou ausentes; já sob a égide do Código de 2002, esse prazo estanca-se em dez anos, pouco importando se a posse se dá entre presentes ou ausentes. No extraordinário, o período aumenta para quinze anos. Entre seus requisitos, porém, não figuram o justo título e a boa-fé, imprescindíveis na outra modalidade.

30.6.4.2. *Usucapião extraordinário*

O art. 1.379, parágrafo único, prevê o usucapião extraordinário: "Se o possuidor não tiver título, o prazo da usucapião será de 20 (vinte) anos".

Programa-se o usucapião obedecendo-se o art. 1.238:

> Aquele que, por 15 (quinze) anos, sem interrupção, nem oposição, possuir como seu um imóvel, adquire-lhe a propriedade, independentemente de título e boa-fé; podendo requerer ao juiz que assim o declare por sentença, a qual servirá de título para o registro no Cartório de Registro de Imóveis.

O prazo, todavia, será de vinte anos, diante do parágrafo único do art. 1.379, o que não encontra uma justificativa razoável.

Dispensam-se o justo título e a boa-fé, sendo suficiente o exercício da posse incontestado, ou sem oposição, de modo contínuo, durante o lapso de tempo assinalado.

Como os requisitos e os ditames processuais são os mesmos do usucapião extraordinário sobre imóveis comuns, desnecessário desenvolver novamente o assunto.

30.6.4.3. *Usucapião quanto ao modo do exercício da servidão*

Interessa não unicamente a servidão em si, como a passagem em determinado caminho, a retirada de água em uma fonte, mas também o modo ou a amplitude do exercício. É comum configurarem-se, no título, as restrições, a extensão ou a forma. Limita-se, *v.g.*, o beneficiado a passar a pé numa estrada, ou a usá-la em certo período do dia. Em outra espécie, obriga-se a pessoa a abrir duas janelas na parede de seu prédio, com dimensões reduzidas a medidas fixadas previamente. No uso da água, o direito à retirada fica adstrito a um horário estabelecido previamente. Mas se o proprietário do prédio dominante amplia a circulação pelo caminho, estendendo-o a veículos; se o morador abre uma terceira janela na parede; se a retirada de água se dá em qualquer momento do dia, de maneira notória e sem oposição, mesmo que independentemente de boa-fé, vai-se consolidando a prescrição aquisitiva, até a complementação do prazo e, então, se autorizar o pedido de reconhecimento do usucapião sobre o modo do exercício da servidão.

30.6.4.4. *Usucapião sobre terras devolutas, usucapião especial e usucapião constitucional*

A partir dos Decretos n°s 19.924/1931, e 22.785/1933, ficou proibido o usucapião de terras devolutas.

O art. 1° do Decreto n° 19.924/1931 expõe: "Compete aos Estados regular a administração, concessão, exploração, uso e transmissão das terras devolutas, que lhes pertencerem, excluída sempre (Cód. Civ., arts. 66 e 67) a aquisição por usucapião e na conformidade do presente decreto e leis federáveis aplicáveis". E o art. 2º do último diploma: "Os bens públicos, seja qual for a sua natureza, não são sujeitos a usucapião". Esclarece-se que os arts. 66 e 67 anteriormente referidos correspondem aos arts. 99 e 100 do Código de 2002.

Atualmente predomina, em face de tais estatutos, o princípio da imprescritibilidade das terras devolutas, a menos que tenha decorrido o prazo anteriormente aos mencionados decretos. As disposições foram acolhidas pela jurisprudência, que destaca mais o Decreto nº 22.785/1933 (revogado pelo Decreto de 25.04.1991): "Podem ser adquiridas por usucapião as terras devolutas, desde que fique comprovada a posse superior a trinta anos anteriormente à vigência do Decreto nº 22.785, de 1933".[51]

A imprescritibilidade já vinha definida, com mais rigor, na Súmula nº 340, de 1963, do STF: "Desde a vigência do Código Civil, os bens dominicais, como os demais bens públicos, não podem ser adquiridos por usucapião".

A Constituição Federal arrola as terras devolutas como bens públicos: Art. 20 – "São bens da União: (...) II – as terras devolutas indispensáveis à defesa das fronteiras, das fortificações e construções militares, das vias federais de comunicação e à preservação ambiental, definidas em lei". E o art. 26: "Incluem-se entre os bens dos Estados: (...) as terras devolutas não compreendidas entre as da União".

Torna-se, pois, também impossível a aquisição, pela via prescritiva, do domínio sobre a servidão que se estende em terras devolutas, por integrarem estas a categoria de bens públicos, tanto que o parágrafo único do art. 191, da mesma Carta, reza: "Os imóveis públicos não serão adquiridos por usucapião".

Por último, apenas como referência, é de esclarecer a inaplicabilidade da Lei nº 6.969, de 1981, a qualquer tipo de servidão para fins de aquisição prescritiva, porquanto este diploma se atém ao reconhecimento do domínio sobre áreas rurais não excedentes a vinte e cinco hectares, desde que a posse venha sendo exercida de forma ininterrupta, sem oposição, com *animus sibi habendi*, pelo prazo mínimo de cinco anos, por pessoa que não seja proprietária de imóvel rural ou urbano e tenha tornado a área produtiva com o seu trabalho.

Por idênticas razões, mantém-se a inaplicabilidade do usucapião constitucional rural ou urbano, introduzido nos arts. 191 e 183 da Carta Magna, e regulamentados nos arts. 1.239 e 1.240 do Código Civil de 2002. Estabelecidos os direitos nesses cânones para fins específicos, não se estendem ao reconhecimento para situações diferentes que as assinaladas.

30.6.5. Constituição por destinação do proprietário

Excetuada a hipótese do usucapião, o Código Civil de 1916 não regulou os modos de constituição das servidões. A doutrina e a jurisprudência, no entanto, se encarregaram de fazê-lo. Já o Código de 2002 discriminou alguns modos, o que fez no art. 1.378: "(...) Constitui-se mediante declaração expressa dos proprietários, ou por testamento, e subsequente registro no Cartório de Registro de Imóveis".

Uma das formas de constituição é pela declaração expressa dos proprietários. A denominação preferida é a destinação do proprietário, que a doutrina desenvolveu largamente sob a égide do Código Civil anterior, também conhecida como servidão por destinação do *pater familiae*, ou do pai de família.

---

[51] *Revista dos Tribunais*, 436/264, *Recurso Extraordinário* nº 71.298. Ainda, *Revista dos Tribunais*, 458/196 e 218.

Esta servidão surge através do ato pelo qual o proprietário de um ou mais prédios estabelece, em qualquer deles, ou de suas partes, um ônus em proveito do imóvel dominante. Forma-se uma serventia em um prédio, ou em parte de um prédio, em benefício de outro imóvel. Washington de Barros Monteiro traz uma noção bem exata:

> A destinação do proprietário constitui meio hábil para a instituição de servidões. Essa destinação vem a ser o ato pelo qual o proprietário, em caráter permanente (*perpetui usus causa*), reserva determinada serventia de prédio seu, em favor de outro. Se, futuramente, os dois imóveis passam a pertencer a proprietários diversos, a serventia vem a constituir servidão.[52]

Para Carvalho Santos, a destinação acontece no momento em que o proprietário constitui entre dois prédios, ou sobre uma das partes de um prédio, um ônus em proveito de um dos imóveis, ou da outra parte. Este ônus se transforma em servidão, como de passagem ou de aqueduto.[53]

Para a configuração da espécie, os autores, à unanimidade, identificam os mesmos elementos caracterizadores: a) o estado visível da coisa; b) a divisão dos dois prédios; c) a falta de declaração contrária ao estabelecimento de servidão.

A existência de obras torna visível a destinação da coisa.

Passa-se a tratar de cada um dos elementos:

a) O estado visível da coisa. Somente as servidões aparentes podem ser adquiridas por destinação do proprietário ou do pai da família, pois fala-se em estado visível da coisa. Desde que seja aparente, irrelevante o caráter da continuidade ou descontinuidade. A Súmula nº 415 do Supremo Tribunal Federal, de 1964, afastou quaisquer dúvidas: "Servidão de trânsito não titulada, mas tornada permanente, sobretudo pela natureza das obras realizadas, considera-se aparente, conferindo direito à proteção possessória".

Particularmente a servidão de trânsito, sendo constantemente usada, adquire a condição de aparente e continuidade. Com mais razão quando exteriorizada por obras no caminho, que lhe dão a qualidade de contínua. Daí que, assumindo, embora descontínua, o aspecto de visibilidade e continuidade, por meio de obras denunciadoras de sua existência, faz por merecer a proteção possessória. "É passível de proteção possessória a servidão de trânsito tornada contínua e aparente por meio de obras visíveis e permanentes realizadas no prédio serviente para o exercício do direito de passagem. O direito real de servidão de trânsito, ao contrário do direito de vizinhança à passagem forçada, prescinde do encravamento do imóvel dominante, consistente na ausência de saída pela via pública, fonte ou porto".[54]

A falta de registro não impede a proteção: "Servidão aparente de trânsito, embora descontínua e não titulada, confere o direito à proteção possessória a ser exercido por qualquer dos donos dos prédios dominantes".[55]

b) A divisão dos dois prédios. Cuida-se do segundo elemento. Os dois prédios deixam de pertencer ao mesmo proprietário. No sentir de Messineo, é condição *sine qua*

---

[52] *Curso de Direito Civil – Direito das Coisas*, ob. cit., p. 270.
[53] *Obra citada*, vol. IX, p. 149.
[54] *REsp* nº 223.590/SP, da Terceira Turma do STJ, j. em 20.08.2001, *DJU* de 17.09.2001.
[55] *REsp* nº 21.540/RS, da 4ª Turma do STJ, rel. Min. Antônio Torreão Braz, j. em 30.05.2094. *DJ* de 8.08.1994.

non que os prédios tenham pertencido a um único proprietário: " (...) i due fondi debbono aver appartenuto a un unico proprietario, così come abbiamo enunciato più sopra e che non vien meno questo primo presupposto, se l'unico proprietario non abbia avuto il possesso, purchè altri abbia posseduto per lui".[56]

Mas, obviamente, a servidão existirá antes do desdobramento da propriedade. O próprio significado do nome expressa a constituição quando as propriedades ainda se encontram com o mesmo dono.

A constituição se opera não só na hipótese de o proprietário ter dois prédios distintos, mas igualmente na eventualidade de possuir um só e mesmo imóvel, e fizer a destinação de uma parte dele a pessoa diferente.

c) Inexistência de cláusula contrária ao estabelecimento da servidão. Em outros termos, no momento da separação dos dois prédios não se inclui declaração vedando a instituição de servidão. Equivale ao consentimento tácito dos contratantes, admitindo a existência do gravame.

Não é suficiente, para a liberação, a cláusula inserida, no instrumento, de que o imóvel é vendido isento de qualquer servidão. Tal cláusula exclui a presença de toda servidão anterior ao ato da divisão, não abrangendo a constituição da servidão indicada pelo estado de coisas, e que se forma, necessariamente, com a divisão.

Em suma, a serventia se converte em servidão desde que ausente cláusula expressa contrária ao seu estabelecimento. Vigora a presunção de um acordo tácito admitindo o encargo. O mero fato do silêncio do instrumento de transmissão equivale à aceitação e se transforma em condição para a sua validade e existência no mundo dos negócios.

Preenchidos tais requisitos, garantida fica a servidão. O adquirente do imóvel, nele implantada alguma utilidade, converte-se em direito permanente, sem que se admita ao transmitente rebelar-se. De idêntico modo, aquele que adquire o imóvel assim onerado é obrigado a aceitar a condição, pois sendo a servidão instituída pelo pai da família, ela adere aos prédios dominante e serviente; a um, como direito e, ao outro, como ônus, tornando-se condição inseparável, acompanhando-os através das divisões ou mutações que venham os prédios a sofrer.

Para afastar quaisquer dúvidas, torna-se a afirmar que a mera existência da servidão aparente e visível e a transferência, a qualquer título, do imóvel, são os elementos integrantes da servidão. Situando-se ela no prédio que restou ao transmitente, perdurará em benefício da parte que passou ao novo titular ou possuidor. Se um portão ou uma entrada permitiam o acesso ao terreno, pela sua venda o novo dono adquire o direito de utilizar tais acessos. Uma trilha já traçada, um caminho por onde seguia o gado, uma picada para atingir um ponto íngreme, uma passagem apropriada ao trânsito de veículos, servirão ao comprador que, sem estes meios, vê-se prejudicado no uso das terras adquiridas.

Os princípios estudados estendem-se ao direito sobre as águas. O art. 70 do Código de Águas dispõe que "o fluxo natural para os prédios inferiores de água, pertencente ao dono do prédio superior, não constitui por si só servidão em favor deles". Mas diferente é

---

[56] Obra citada, p. 137. "Tradução livre do texto: "Os dois imóveis devem pertencer a um único proprietário, como declaramos acima e que essa primeira premissa continua, mesmo se o único proprietário não tiver posse, porque outros tinham a posse por ele".

a situação se o fluxo natural corre por terras inferiores, que foram vendidas pelo dono do imóvel superior. Antônio de Pádua Nunes sustenta a ocorrência de servidão por destinação:

> (...) se o fluxo da água de nascente existir com base em instrumento público de compra (arts. 79 e 93 do Código de Águas); se o prédio inferior era beneficiado pelo fluxo, antes de desmembrar-se do superior (art. 75 do Código de Águas); se os prédios, inferior e superior, pertenciam ao mesmo dono e este mantinha o fluxo como destinação do pai de família em benefício do inferior; se o dono do prédio superior não utiliza as águas da nascente, e o dono do prédio inferior as vem usando por tempo eficaz com obras visíveis e permanentes – nesses casos ocorre o direito de servidão sobre a nascente, tornando-se o prédio inferior o dominante.[57]

30.6.6. Posse e exercício da servidão

O exercício do direito de propriedade constitui a verdadeira posse, de acordo com o posicionamento de Savigny, o que também é aplicável à servidão, no sentido de se traduzir como a manifestação do exercício dos poderes compreendidos neste direito. Em outras palavras, é considerado como possuidor de uma servidão aquele que exercita os poderes contidos no direito da servidão.

A "quase posse" do dominante consiste no exercício do direito de restrição ao pleno domínio do serviente. Manifestando-se a posse como exteriorização da propriedade, segundo doutrina fundada em Jhering, a "quase posse" se expressa na exterioridade do direito de servidão.

De que maneira ela se firma ou se estabelece?

De acordo com os ensinamentos de Dídimo da Veiga[58] e Carvalho Santos,[59] cumpre distinguirmos as espécies de servidões. Se a servidão é positiva (ou afirmativa) e descontínua (revelada em fatos que se reproduzem em épocas ou tempos intercalados), a "quase posse" depende da realização do ato da serventia, pelo menos uma vez, com o *animus* de exercitar a servidão, mesmo que se proceda de forma violenta, vencendo qualquer resistência do senhor do prédio. É necessário que o dono do prédio dominante tenha realizado as obras, das quais resulta o estado das coisas que faz pressupor a existência da servidão.

Cuidando-se de positiva e contínua, a aquisição se opera pela prática do ato de servidão. Conta-se a posse desde o dia da utilização da vantagem oferecida pelo prédio serviente, sem necessidade de se procederem melhorias ou obras denunciadoras da servidão, sendo que o estado de coisas existentes já é suficiente para a caracterizar.

Depois de iniciada ou conquistada, conserva-se pela prática de atos típicos e reveladores da servidão.

Com respeito às servidões negativas, sabe-se que consistem em uma proibição imposta ao serviente, por força da qual está impedido de exercitar um ato qualquer, decorrente do direito dominical. Adquire-se a "quase posse" em hipóteses nas quais o senhor do prédio serviente, tentando praticar um ato cuja proibição constituía a servidão, encontra oposição do senhor do prédio dominante, que o impede de levar à frente o intento. O dono do prédio serviente fica tolhido de exercer certos atos proibidos. E a "quase posse" nasce da reação oposta pelo

---

[57] *Nascentes e Águas Comuns*, ob. cit., p. 70.

[58] *Servidões Reais*, ob. cit., p. 45.

[59] *Obra citada*, vol. IX, pp. 175 e 176.

930 DIREITO DAS COISAS – *Arnaldo Rizzardo*

dono do prédio dominante, não permitindo que aquele realize os atos. A proibição constitui exatamente a servidão.

Nas várias formas de servidão – positivas e descontínuas, ou negativas – para a aquisição e conservação da "quase posse" é necessário que coexistam os elementos caracterizadores da posse: *corpus* e *animus sibi habendi*. Pelo primeiro, temos a prática de atos materiais que formam o objeto da servidão. Há uma detenção e um poder físico sobre a coisa, não ilimitados, mas restritos a determinados fins. Com o segundo elemento, o titular da servidão sente e manifesta o ânimo de exercer os atos acima. Define-se como o ânimo de executar o poder físico limitado sobre o bem – *animus possidendi*, ou *animus sibi habendi*.

En passant, conveniente esclarecer que a perda da posse sobre as servidões positivas acontece quando o dono do imóvel serviente pratica um ato que impossibilita a continuidade do exercício da servidão, como sucede no caso de destruição de um aqueduto, de uma vala, de uma ponte (nas contínuas); ou na derrubada de árvores sobre um caminho, no erguimento de uma cerca, ou na obstrução de uma fonte (nas descontínuas).

A posse duradoura, permanente, expressa em obras evidentes, tornada aparente e contínua, merece a proteção da lei, em face de construções da doutrina e da jurisprudência. Embora as restrições quanto às servidões não aparentes, de difícil comprovação, a conclusão é no sentido da possibilidade da defesa, mesmo quando fundadas no simples estado de fato.

Qualquer disposição jurídica repousa na necessidade de assegurar a ordem fática, para que nada se mude sem ser dentro da paz; nada se resolva sem que se vise ao equilíbrio no relacionamento humano e nada se estabeleça que não seja em benefício da solução dos conflitos nascidos da disposição dos bens. Prega Pontes de Miranda que a modificação dos estados de fato existentes acontece se houve desrespeito às leis e se ocasionou lesões nos direitos de terceiros, arrematando:

> Se a servidão é contínua e aparente, não se exige título, basta a posse mesma; se a servidão é descontínua e não aparente, exige-se o título. Tem-se, portanto, que a servidão contínua e aparente goza da proteção possessória, que não se confunde com a tutela do direito real de servidão; bem assim a servidão descontínua e aparente.[60]

As obras duradouras dão contornos de aparência e continuidade. O direito, para proteger a ordem jurídica e pública, deve, antes, amparar a ordem fática, dar segurança ao estado de coisas consolidado e transmitir garantia às situações que se formaram e persistem por certo tempo, as quais inspiraram hábitos, costumes e determinaram comportamentos específicos.

30.6.7. Constituição das servidões não aparentes

O Código Civil de 1916 demonstrou uma atenção maior à constituição das servidões não aparentes. Para o seu reconhecimento, as exigências eram bem mais rigorosas. Não se aceitava a presunção, assim como acontece com os outros tipos. Mas, por não apresentarem forma externa, admitiam-se apenas aquelas previstas expressamente, e desde que registradas no ofício imobiliário, dentro das precauções do então art. 697: "As servidões não aparentes só podem ser estabelecidas por meio de transcrição no registro de imóveis".

A lei exigia o registro imobiliário.

Em princípio, todas as servidões reclamam este ato. Ribeiro de Souza, um antigo estudioso do assunto, já dizia: "Logo, todas as servidões prediais, sendo direitos reais sobre

---

[60]   *Tratado de Direito Privado*, 3ª ed., Rio de Janeiro, Editor Borsoi, 1971, vol. X, p. 239.

Cap. XXX · SERVIDÕES | 931

coisas imóveis alheias, só podem ser adquiridas depois da transcrição, sem exceção alguma, pouco importando o modo por que foram adquiridas".[61]

É que, sendo elas direitos reais, devem acompanhar a regra geral: não se transfere o domínio sobre imóveis sem o ato cartorário, nem se formam os demais direitos imobiliários se ausente este pressuposto.

Mas, pela redação do dispositivo transcrito, em se tratando de servidões não aparentes, a exigência assumia o caráter de uma obrigatoriedade maior. A sua existência ficava dependente do registro. Clóvis afirmou: "Qualquer que seja a sua origem, só a transcrição a constitui".[62]

Todavia, o Código de 2002 não repete a regra do art. 697 do Código de 1916. Daí que, para o seu reconhecimento, pelo menos como estado de fato, não se faz necessário o registro no álbum imobiliário. Tanto que o art. 1.213 permite a sua defesa, pelo menos "quando os respectivos títulos provierem do possuidor do prédio serviente, ou daqueles de quem este o houve".

A prescrição não serve para formalizar, conforme está expresso no art. 1.379 do Código de 2002, que restringe o usucapião unicamente às servidões aparentes. Não havendo sinais visíveis de sua realidade, não incorre o dono do prédio serviente em omissão, negligência ou descuido na defesa de seus direitos. Como não se pode ver a obra ou sinal algum indicando a existência, não está apto a apresentar oposição ao exercício que possivelmente esteja se desenvolvendo.

Entretanto, filiando-nos ao pensamento de Pontes, há uma ressalva a ser feita.

Admite-se o usucapião no caso específico de se encontrar registrada a servidão, aplicando--se mais a hipótese quando necessária a retificação do nome do adquirente que consta no registro. Procura-se a retificação, através do usucapião, se a pessoa de quem houve o título consta do registro indevidamente:

> Sendo retificável o registro (*e.g.*, não sendo o dono do prédio serviente o que figurava como tal), pode ocorrer usucapião da servidão não aparente que foi registrada (...). O registro publica, e a servidão possuída e publicada não mais se pode considerar não aparente, pelo menos para a incidência de princípios sobre usucapião. Portanto, as servidões não inscritas somente podem ser usucapidas se aparentes; as não aparentes podem ser usucapidas, se inscritas.[63]

Em última análise, o registro transforma a servidão em aparente, autorizando, por conseguinte, o usucapião. É atingida pela prescrição a posse da pessoa em nome da qual vem registrado o ônus e permitiu que outrem possuísse o prédio, em consonância com os prazos estabelecidos pela lei, tanto para o usucapião ordinário como para o extraordinário. Quem exerce a posse está usucapindo. Se alguém figura, indevidamente, no registro, como titular de servidão não aparente, por ter adquirido a mesma de pessoa que não era proprietária da mesma, o real titular sofre a prescrição e não pode alegar a não aparência da servidão que foi registrada. Surge o efeito que consiste na aquisição do direito de servidão registrada.

Mas a exceção exposta não abala a regra geral.

30.6.8. Registro imobiliário das servidões

O art. 167 da Lei dos Registros Públicos (Lei nº 6.015/1973) estabelece: "No Registro de Imóveis, além da matrícula, serão feitos: I – o registro (...) 6) das servidões em geral".

---

[61] *Obra citada*, p. 12.
[62] *Código Civil dos Estados Unidos do Brasil Comentado*, vol. III, ob. cit., p. 246.
[63] *Tratado de Direito Privado*, vol. XVIII, ob. cit., p. 233.

Já no Código Civil de 1916, art. 856, inc. III, figurava a necessidade do registro: "O registro de imóveis compreende (...). III – A transcrição dos títulos constitutivos de ônus reais sobre as coisas alheias". Igualmente no art. 676 dispunha a respeito. O Código em vigor contempla a matéria no art. 1.227, que trata da constituição de qualquer direito real: "Os direitos reais sobre imóveis constituídos, ou transmitidos por atos entre vivos, só se adquirem com o registro no Cartório de Registro de Imóveis dos referidos títulos (arts. 1.245 a 1.247), salvo os casos expressos neste Código".

Uma vez constituída a servidão, leva-se o título a registro.

As causas que o corporificam foram estudadas e discriminadas, e sendo elas: o testamento, a adjudicação no juízo divisório, a prescrição e a destinação pelo proprietário.

O contrato terá forma pública, por tratar de direitos reais relativos a imóveis, conforme art. 108 do Código. O testamento requer o processamento no juízo das sucessões, com a competente partilha, recebendo o dono do prédio dominante o respectivo formal. A destinação pelo pai de família, ou pelo proprietário, formada pelos sinais visíveis da coisa, pela separação dos dois imóveis ou de parte de um mesmo prédio e pela ausência de cláusula afirmando a ausência da restrição, depende de uma sentença reconhecendo o instituto. A prescrição aquisitiva necessita de uma sentença declaratória. De decisão precisa, igualmente, o reconhecimento no juízo divisório. Só após é possível o registro.

Para o reconhecimento, uma hipótese especial reclamava a obrigatoriedade do ato do registro no regime do Código Civil de 1916, vindo expressa em seu art. 697, que dizia respeito às servidões não aparentes. A razão estava na necessidade de uma configuração instrumental para o exercício do direito decorrente. A razão estava na necessidade de uma configuração instrumental para o exercício do direito decorrente, porquanto, no caso contrário, considerava-se viável interpretar-se a servidão pela mera tolerância do dono do prédio serviente. Ademais, sem a configuração real do *jus in re aliena*, apregoava-se que se ressentia este direito de meios para a manifestação de oposição por quem sofresse a limitação em favor de outrem.

O Código de 2002 não mais condiciona o registro para a constituição, pelo menos de fato, como posse, da servidão não aparente.

Por último, como vimos, há servidões legais e convencionais. O registro é para as últimas. As legais, por decorrerem diretamente da lei, dispensam o ato cartorário. O interessado usufrui do proveito em virtude da lei. Esta lhe dá o fundamento da pretensão e é o fator determinante do direito.

30.7. SERVIDÕES E DIREITOS DE VIZINHANÇA

Não é rara a confusão entre servidões e direitos de vizinhança. Ambas as espécies se identificam enquanto limitam o uso da propriedade plena. Mas, na verdade, desponta uma diferença de origem e finalidade.

As primeiras se fixam por ato voluntário de seus titulares, e as segundas decorrem de texto expresso de lei. A par disso, o direito de vizinhança está endereçado a evitar um dano (*de damno evitando*), o qual, se verificado, impede o aproveitamento do prédio. Na servidão, não se procura atender uma necessidade imperativa. Ela visa a concessão de uma facilidade maior ao prédio dominante. Arnoldo Wald ilustra a matéria com um exemplo:

> O proprietário do prédio encravado, sem acesso à via pública, pode, em virtude da lei, exigir a passagem pelo terreno alheio. É o direito de passagem forçada (...). Emana da lei e, sem ele, seria impossível ao proprietário do prédio encravado entrar e sair livremente no seu terreno. Veremos, agora, uma situação distinta. Um terreno tem

Cap. XXX • SERVIDÕES | 933

um acesso remoto ou estreito a determinada estrada secundária. O terreno vizinho é, todavia, atravessado por excelente estrada principal, à qual o proprietário do primeiro prédio desejaria ter acesso, pedindo, pois, que lhe seja concedida uma servidão. Depende tal concessão da boa vontade ou do interesse econômico do proprietário do prédio serviente que iria ser atravessado. Não é um direito emanado da lei. Poderá surgir em virtude de contrato que as partes venham a fazer, e que, para valer contra terceiros, deverá constar no Registro de Imóveis.[64]

Nesta segunda situação configura-se a servidão.

Mais uma distinção ressalta, de caráter obrigacional. Nas servidões, a obrigação implica a subordinação *de uno de los fundos con relación al altro*, observa Josserand.[65] Nos direitos de vizinhança, discriminam-se obrigações de ambos os prédios. Não há, de modo geral, a falada subordinação do prédio serviente ao prédio dominante. Os deveres e direitos são distribuídos de forma igual ou comum. Orlando Gomes pondera:

> Os direitos de vizinhança são limitações ao direito de propriedade impostas em lei a todos os prédios, em razão de sua proximidade. São direitos recíprocos, que não supõem, portanto, diminuição de um prédio em favor de outro. As servidões privam o prédio serviente de certas utilidades, importando desvalorização patrimonial.[66]

30.8. CONSERVAÇÃO DAS SERVIDÕES

30.8.1. Direito à conservação

Decorrências óbvias do exercício da servidão são alguns direitos e deveres relativos à sua conservação e manutenção. O dono do prédio dominante tem a proteção jurídica para tomar quaisquer medidas inerentes à conservação. De nada valeria conceder a alguém uma servidão e negar-lhe os meios aptos e idôneos para mantê-la.

A lei ampara a atividade daquele que se utiliza do benefício trazido pelo imóvel alheio, colocando à sua disposição os meios necessários para desenvolver o direito.

O art. 699 do Código Civil revogado encerrava regra oportuna em defesa da prerrogativa da conservação, a qual vem, também, no art. 1.380 do novo Código, nestes termos: "O dono de uma servidão pode fazer todas as obras necessárias à sua conservação e uso, e, se a servidão pertencer a mais de um prédio, serão as despesas rateadas entre os respectivos donos".

Relevante é a lição de João Luiz Alves, a respeito do dispositivo antigo, que é igual ao em vigor: "O texto é aplicação do princípio irrecusável de que, concedido um direito, estão concedidos os meios para exercê-lo".[67]

30.8.2. Obras necessárias para a conservação

Os meios necessários para a conservação formam outra espécie de servidão: a servidão acessória ou *adminicula servitutis*.

---

[64] *Curso de Direito Civil Brasileiro – Direito das Coisas*, 4ª ed., São Paulo, Editora Revista dos Tribunais, 1980, p. 165.

[65] *Obra citada*, vol. III, tomo I, p. 462.

[66] *Direitos Reais*, tomo 2º, ob. cit., p. 372.

[67] *Código Civil da República dos Estados Unidos do Brasil*, 2ª ed., São Paulo, Livraria Acadêmica Saraiva & Cia, 1º vol., p. 615.

Embora omisso o título constitutivo, tem o dono do prédio dominante o direito de lançar mão dos direitos mais próprios para a consecução dos fins da servidão. O princípio aplica-se a qualquer modo de constituição, como contrato, usucapião, destinação do pai de família, disposição de última vontade e sentença no juízo divisório, que adjudica a serventia reservada para possibilitar o uso do imóvel que restou, *v.g.*, encravado. Não importa a omissão do título, ou a não referência no ato constitutivo. O direito à conservação deriva da lei.

De sorte que o titular da servidão de trânsito está autorizado a penetrar no prédio serviente, com o objetivo de recuperar o caminho, limpá-lo, levantar aterros, conservar bueiros e abrir valetas, permitindo o escoamento normal das águas.

Cuidando-se de servidão de aqueduto, permite-se ao dono do prédio dominante penetrar no interior da propriedade alheia, a fim de verificar a condução das águas, ou desobstruir os entraves que impedem a correnteza normal. Poderá desenvolver obras de melhoramento, como fortalecimento das margens, erguimento de estacas e paredes e aprofundamento do leito. Mesmo terceiras pessoas, contratadas pelo titular de direito, estão habilitadas a penetrar no prédio serviente, para a realização de trabalhos exigidos para a conservação.

Lendo-se as lições dos autores, sobressaem as seguintes atividades e obras, denominadas servidões acessórias:[68]

a) a passagem pelo prédio serviente, a fim de tornar possível o exercício da servidão de tirada de água.

b) a penetração no prédio serviente para fiscalizar a condução das águas, efetuar a limpeza e os reparos imprescindíveis, na servidão de aqueduto.

c) a remoção de obstáculos que dificultam o exercício da servidão, como o corte de árvores que de qualquer forma causam danos ou ofereçam perigo ao trânsito ou à correnteza das águas, como já se expressou a jurisprudência.

d) acesso e passagem para fazer no prédio serviente as reparações necessárias na calha, no cano etc., tratando-se de servidão de estilicídio.

e) o direito de subir no telhado da casa do vizinho, para verificar e conservar a chaminé que vai dar no muro que divide as propriedades.

f) o direito de fazer obras no prédio vizinho acarreta o de nele depositar materiais e penetrar com operários. Lafayette acrescenta o direito de "manter no prédio serviente mestres de obras e operários para serviços e consertos precisos. Conduzir por ele os materiais para as obras e reparos da servidão".[69]

g) nos casos da servidão que estabelece que um eirado, uma cornija ou outra obra avance sobre o terreno alheio, permite-se ao beneficiário ingressar no imóvel alheio para reparos.

30.8.3. Limites na realização das obras

É preciso ter presente o caráter de necessidade da obra ou atividade acessória. De sorte que não se justifica o direito de passagem quando a servidão de conduzir água está localizada, através do canal, na divisa entre os prédios dominante e serviente. Poderá o proprietário do primeiro vigiar e fazer a limpeza por meio de seu próprio terreno.

---

[68] Carvalho Santos, *obra citada*, vol. IX, p. 186; Aubry e Rau, *obra citada*, tomo III, p. 124; Dídimo da Veiga, *Servidões Reais*, ob. cit., p. 251; Clóvis Beviláqua, *Código Civil dos Estados Unidos do Brasil Comentado*, vol. III, ob. cit., p. 248.

[69] *Obra citada*, 1943, p. 383.

Cap. XXX · SERVIDÕES | 935

As obras secundárias que permitem o aproveitamento da servidão restringir-se-ão de acordo com a natureza da mesma e das suas condições. Tratando-se de um aqueduto, o trabalho consistirá em fazer o canal e construir o conduto. Na hipótese de servidão de passagem, a atividade paralela resume-se em abrir e nivelar o caminho, e assim por diante. Não será tolerada a derrubada de matas, nem se compreendem grandes escavações ou devastações em culturas.

Mas poderá o usuário consolidar o solo, empedrar o leito da artéria, abrir sulcos ou valetas para canalizar as águas pluviais e evitar a erosão.

30.8.4. Obrigatoriedade na realização das obras de reparo

Há ocasiões em que tais reparos apresentam-se obrigatórios para o dono do prédio dominante. Transformam-se em dever relativamente ao prédio serviente. Especialmente se no título constitutivo ficou assinalado o compromisso, como a limpeza do caminho, deixando-o bem transitável e com aparência agradável. Da mesma forma, surge a incumbência quando a omissão em efetuar os trabalhos provoca danos ao imóvel que suporta o gravame. Exemplificativamente, não se canalizam as águas que correm pelo leito do caminho e penetram nas faixas laterais, conduzindo entulhos sobre as plantações.

30.8.5. Responsabilidade pela realização das obras e pelas despesas necessárias à conservação

Estatui o art. 1.381 do Código: "As obras a que se refere o artigo antecedente devem ser feitas pelo dono do prédio dominante, se o contrário não dispuser expressamente o título".

O dever de conservação está incluído no conteúdo da servidão, como já se observou.

Desde o momento da instituição do gravame, nasce a obrigação de manter a utilidade, conservando-a de forma a prestar os serviços que determinaram a sua origem, e a realizar a finalidade que justifica a sua existência. São acordes os autores em sustentar que a obrigação pela realização das obras e pelo custeio das despesas exigidas com a manutenção, o uso e a preservação correm por conta do prédio dominante.

30.8.6. Responsabilidades a cargo do dono do prédio serviente

Duas são as hipóteses em que o dono do prédio serviente fica obrigado a suportar as despesas, ou parte delas, decorrentes da realização de obras.

Primeiramente, quando a servidão traz benefícios a seu prédio. Não raramente, o aqueduto para a condução de águas ao prédio dominante é utilizado concomitantemente pelo fundo serviente.

Em segundo lugar, a responsabilidade é transferida ao titular do prédio serviente se constar na instituição do gravame, exonerando-se a pessoa em favor da qual foi criada a vantagem. Mister seja inserida cláusula expressa, passando a incumbência ao prédio serviente. Pontes destaca este requisito:

> De modo que é sempre preciso que se insira a cláusula expressa para que o dever do dono do prédio serviente se estabeleça. Não há, sequer, regra jurídica interpretativa: o art. 700 é dispositivo, qualquer que seja a servidão de que se trate. Só a cláusula expressa pode fazer nascerem o direito e a pretensão à *refectio* pelo dono do prédio serviente.[70]

Lembra-se de que o art. 700 vem reproduzido no art. 1.381 do atual Código.

---

[70] *Tratado de Direito Privado*, vol. XVIII, ob. cit., p. 217.

DIREITO DAS COISAS – Arnaldo Rizzardo

30.8.7. Exoneração da responsabilidade pelo abandono do prédio serviente

Se ao dono do prédio serviente incumbe o dever de efetuar os reparos e pagar as despesas originadas, o abandono do imóvel tem força liberatória da obrigação. O princípio consta no art. 1.382 do Código atual: "Quando a obrigação incumbir ao dono do prédio serviente, este poderá exonerar-se, abandonando, total ou parcialmente, a propriedade ao dono do dominante".

Sem dúvida, é uma disposição bastante difícil de ocorrer.

Quais os pressupostos para se configurar a regra?

São dois, equivalentes tanto no sistema do antigo Código Civil como no novo, pois iguais as regras: a) A obrigação na realização das obras necessárias para a conservação e o uso devem constar no contrato constitutivo. João Luiz Alves ressalta: "A obrigação imposta ao dono do prédio serviente, por este artigo, depende de cláusula expressa do título constitutivo da servidão (art. 700), e, como parte dela, constitui ônus real, que obriga a qualquer adquirente do prédio serviente".[71] b) Esta obrigação compete exclusivamente ao dono do prédio serviente.

Ao invés de realizar a obrigação, permite a lei ao dono do prédio serviente que simplesmente abandone o imóvel. Pardessus tratou do assunto: "(...) le propriétaire d'un fonds grevé d'une servitude, et en même temps obligé d'entretenir les ouvrages nécessaires pour l'exercice de ce droit, avait la faculté de se libérer par l'abandon".[72]

30.9. LIMITES AO EXERCÍCIO DAS SERVIDÕES

30.9.1. Uso conforme a finalidade e a extensão que instituíram as servidões

Não é ilimitado o uso da servidão, mas restringe-se às necessidades determinadas pelo prédio dominante.

A regra está no art. 1.385: "Restringir-se-á o exercício da servidão às necessidades do prédio dominante, evitando-se, quanto possível, agravar o encargo ao prédio serviente".

O fundamento é este: deve-se onerar com o menor encargo possível o prédio serviente. O imóvel, em tese, se presume livre, o que leva a exigir maior respeito de parte de outrem. O titular do benefício encontra entrave legal para a utilização em outras finalidades, dada esta presumida liberdade, que se firma como princípio inspirador dos direitos do proprietário de usar, gozar e dispor de seus bens conforme lhe aprouver.

De modo que a servidão não se amplia a outros prédios, mesmo que venham a ser adquiridos pelo dono do dominante. Mas não constitui "extensão abusiva a comunicação a outros prédios, enquanto essa comunicação não seja senão a consequência ou o resultado do exercício legítimo do direito que cabe ao dono do prédio dominante".[73] Exemplifica-se, para aclarar a situação, com a seguinte hipótese: o que usufrui de uma servidão de aqueduto pode dar à água, quando sai de seu prédio, uma direção favorável e útil a outras propriedades pertencentes a terceiros. Ressalta que não há extensão a outros imóveis a partir da tomada de água dentro do prédio serviente.

---

[71] *Obra citada*, 1º vol., p. 616.

[72] *Obra citada*, p. 317. Tradução livre do texto: "O proprietário de um imóvel gravado por uma servidão e, ao mesmo tempo, obrigado a tolerar os trabalhos necessários para o exercício desse direito, tem a faculdade delibertar-se pelo abandono".

[73] Carvalho Santos, vol. IX, *obra citada*, p. 226.

Cap. XXX • SERVIDÕES | 937

30.9.2. Exercício de acordo com as necessidades do prédio dominante

Trata-se de examinar o limite quanto às necessidades a serem atendidas pela servidão. Pontes de Miranda coloca a questão da seguinte forma:

> A servidão há de ser útil ao prédio e não ir além disso (*praedio utilis*). Assim, por direito romano (L. 5, § 1, D, *de Servitutibus praediorium rusticorum*, 8, 3) e por direito do Código Civil, art. 704, como por direito inglês e alemão, o que tem servidão de tirar água até "x" milhares de litros por dia ou de "x" milhares de litros por semana, e não necessita de mais de metade de "x", só tem servidão da metade de "x", a despeito do que se acordou e registrou (...). Não se pode estabelecer servidão além do que é útil.[74]

Em última instância, o fundamento é o mesmo do art. 1.385 do atual Código Civil, tanto que Pontes de Miranda, como visto acima, refere-se ao art. 704 do Código anterior.

Trata-se de uma regra de *jus cogens*. O necessário é o limite, que atenderá àquelas finalidades que tenham sido previstas no momento da formação da serventia. Dirigida a um objetivo específico, não poderá transpor seus contornos. Se a permissão de retirada de água é para a irrigação de um jardim, não se justifica o aproveitamento para a lavoura. A menos que a utilização em questão não provoque o agravamento ao prédio serviente, seja quanto à quantidade de água, seja quanto às obras necessárias a facilitar o acesso ao local de onde são retiradas para o emprego nas plantações.

30.9.3. Não extensão a propriedades vizinhas do prédio dominante

A servidão não é criada para um aproveitamento geral e indeterminado. Não encontra amparo a ampliação a outros fins além do que foi ajustado.

Assim como não se admite a separação do prédio em cuja vantagem foi estabelecida, não se oferece fundamento legal para a extensão a uma propriedade vizinha. Colhe-se de Clóvis a seguinte lição: "Se o dono do prédio dominante ampliar, abusivamente, a servidão, o possuidor do serviente poderá contê-lo por ação de manutenção ou por ação negatória".[75] Pontes de Miranda segue nesta posição:

> Não se pode estender *de re ad rem*, nem *de persona ad personam*, nem *de casu ad casum* (...) *servitus non extendatur ultra necessitatem rei* (...) Os que têm servidão para um prédio não podem ampliá-la a outro, ainda contíguo, ou intermédio, ou que se venha a juntar a prédio dominante.[76]

30.9.4. Maior utilização da servidão

Não entra no âmbito da proibição legal o uso da passagem por um maior número de animais, todos oriundos do prédio dominante. Igualmente, na pastagem, é indiferente, para efeitos legais, se dez ou cem animais ocupam um campo. Não é, a título de exemplo, o aumento do trânsito que acarreta a agravação, mas é o aumento da servidão de trânsito, ou o alargamento do caminho. Elevando-se o número de transeuntes, fato que determina a ampliação da *servitus*, aí onera-se o encargo do prédio serviente. Incide a proibição.

---

[74] *Tratado de Direito Privado*, vol. XVIII, ob. cit., p. 220.
[75] *Código Civil dos Estados Unidos do Brasil Comentado*, vol. III, ob. cit., p. 252.
[76] *Tratado de Direito Privado*, vol. XVIII, ob. cit., p. 374.

938 | DIREITO DAS COISAS – *Arnaldo Rizzardo*

De modo que a alteração de destino ou natureza do prédio dominante não envolve agravação do encargo do prédio serviente se o aumento do uso não acarreta maior gravame. Destinada uma casa para a moradia de uma família, cujo acesso se faz por uma servidão de trânsito, a transformação do prédio em hotel não determina a agravação, se as pessoas mantêm o mesmo nível de utilização. Mas, adaptando-se à casa de diversões, com atendimento ao público em adiantado horário noturno, muda a situação. Crescem os incômodos. A passagem é mais frequente. O barulho, a presença contínua de pessoas, a variedade de tipos humanos, entre outros fatores, significam uma nova realidade, a qual não poderá agradar ao proprietário do prédio serviente, pois certamente demandará mais encargos, uma vigilância redobrada, e, quem sabe, poderá determinar uma desvalorização imobiliária.

30.9.5. Convenções admitindo o agravamento

Embora a evidente intenção em se defender o prédio serviente, que suporta limitações em favor de outro imóvel, de modo a não se agravar este estado de contingência, nada há de ilegal nas novas convenções celebradas pelas partes, que agem livremente, aumentando ou diminuindo os encargos já existentes. Se a servidão pode ser instituída a qualquer tempo, sem que a liberdade dos contratantes seja ferida, com maior razão se autorizam novas decisões dos envolvidos, alterando o estado de constrição consolidada até o momento.

30.9.6. Situações que não constituem agravamento

A fim de ilustrar o assunto, útil é a transcrição de alguns casos que não formam agravação, citados por Carvalho Santos:

a) A construção de um parapeito em um terraço.

b) Abrir janelas em outro local, para beneficiar o prédio dominante, desde que não prejudique o serviente.

c) A mudança da forma do telhado, na servidão de estilicídio, se tornar menos gravosa a situação do prédio serviente.

d) Colocar o titular de uma servidão de aqueduto sobre prédio de outrem, água de qualidade diversa daquela que introduzia a princípio, desde que não agrave a condição do prédio serviente.

e) Na servidão de prospecto exercida por meio de uma janela, a transformação desta em uma sacada, substituindo-se o parapeito de tijolos por uma grade de ferro.

f) Estender o cano que conduz a água a outros cômodos da casa, a não ser que prejudique o prédio serviente.

g) O acréscimo do número de pessoas que têm direito à passagem ou à água, pouco importando que a casa permaneça do mesmo tamanho ou tenha sido ampliada, estendendo-se o que ficou ressaltado no item nº 29.9.4 deste capítulo, à presente hipótese.

h) Quando originariamente o prédio, a cujo proveito foi instituída a servidão, pertencia a um só proprietário e passou depois a pertencer a muitos, todos poderão usar da passagem ou tirar água, conforme a servidão, sem que nesta última sejam obrigados a gastar apenas a quantidade que gastava o primeiro proprietário.[77]

---

[77] Carvalho Santos, *obra citada*, vol. IX, p. 234.

Cap. XXX · SERVIDÕES | **939**

30.9.7. Proibição em estender a servidão a fins diversos daqueles que a determinaram

Preceitua a lei no § 1º do art. 1.385: "Constituída para certo fim, a servidão não se pode ampliar a outro".

O dispositivo expressa a síntese do princípio que domina a matéria, ou seja, a interpretação restritiva das servidões. Está no espírito da lei o cuidado em restringir seus limites às finalidades que as determinaram. Elas não se estendem a outro fim além daquele para o qual foram constituídas, a menos que se trate de uma servidão ampla de caminho, na qual se permite a circulação de veículos de toda espécie, derivando, daí, autorização para transitarem pessoas a pé, a cavalo, pois: a de maior envolve a de menor ônus, e a menor exclui a mais onerosa, segundo regra do § 2º do art. 1.385 do novo Código e constava no art. 705 do Código Civil de 1916.

30.10. REMOÇÃO OU MUDANÇA DE LOCAL DA SERVIDÃO

30.10.1. Mudança pelo dono do prédio serviente

Trata-se da mudança ou remoção procedida pelo dono do prédio serviente, com apoio na lei civil, mas desde que não redunde em prejuízo relativamente ao dono do prédio dominante.

Vinha a matéria disciplinada no art. 703 do Código Civil revogado: "Pode o dono do prédio serviente remover de um local para outro a servidão, contanto que o faça à sua custa, e não diminua em nada as vantagens do prédio dominante". O Código atual, no art. 1.384, reedita a regra, mas estendendo também ao dono do prédio dominante a prerrogativa de remover de local, se arca com o custo e não resultar prejuízo ao titular do domínio do prédio:

> A servidão pode ser removida, de um local para outro, pelo dono do prédio serviente e à sua custa, se em nada diminuir as vantagens do prédio dominante, ou pelo dono deste e à sua custa, se houver considerável incremento da utilidade e não prejudicar o prédio serviente.

João Luiz Alves comentou a regra do art. 703 do Código revogado, sob o ponto de vista da mudança levada a termo pelo dono do prédio serviente:

> Ao dono do prédio dominante pode ser indiferente o uso da servidão por um ou por outro ponto do prédio serviente, e, entretanto, a este ser ela menos gravosa e menos inconveniente, por um ponto do que por outro. Em tais condições é que o Código, e como ele o direito anterior, autorizam, com justa razão, a mudança da servidão de um local para outro.[78]

30.10.2. Requisitos para se autorizar a mudança

O princípio da mudança de um local para outro provém de uma velha máxima latina: *Quod tibi non nocet, et alteri prodest, faciendum est.*

Para o uso da faculdade pelo dono do prédio serviente, basta demonstrar a vantagem na mudança, vantagem que consistirá na redução do ônus ao seu prédio, tornando-o mais produtivo e com menores embaraços ao aproveitamento. Não se reclama, como acontece em algumas obrigações, a prova de determinada causa, para se autorizar a mudança, o que se

---

[78] *Obra citada*, 1º vol., p. 617.

verificaria, exemplificativamente, quando a servidão viesse a impedir a realização de obras de melhoramento. Suficiente esclarecer, através de elementos concretos, a diminuição de ônus acarretáveis pelo encargo. Assim, todas as hipóteses ensejam a pretensão, desde que resultem a diminuição de obrigação, conforme o princípio de que se deve procurar agravar o menos possível o fundo serviente.

Já no tocante ao dono do prédio dominante, a base é a mesma, importando sempre o favorecimento da utilidade e que não advenha prejuízo ao titular do imóvel serviente.

30.10.3. Mudança do exercício da servidão

Além da mudança de um lugar para outro, é admissível o pedido de modificação do próprio exercício ou do modo de ser da servidão. A possibilidade requer seja mais cômodo o uso e se verifique a inexistência de prejuízo ao prédio dominante. Se aspectos negativos não aparecerem, falta ao titular da servidão interesse para manifestar oposição. Messineo traz o seguinte subsídio:

> Modo della servitù è, come dice la stessa parola, modalità di esercizio, ossia tutto quanto serve a rendere definita, nei suoi particolari elementi, la servitù; così, si suole indicare lo spessore del tubo nella servitù di scarico, o il tipo del rubinetto nella servitù di pressa d'acqua. Ora il mutamento del modo va consentito, per identità di razione, ove ricorrano i presupposti medesimi, che sono richiesti per il mutamento del luogo della servitù.[79]

A clareza de Pontes elimina qualquer dúvida: "Quanto ao modo, nada obsta a que se substitua, por exemplo, o cano ao rego ou vala, ou a bomba a motor elétrico à bomba manual".[80]

30.10.4. Instituição de nova servidão sobre o prédio serviente já gravado com servidão

A hipótese epigrafada demanda o estudo da possibilidade de se agravar o mesmo imóvel com mais de uma servidão, em favor de prédios distintos.

Em relação a prédios dominantes, o art. 1.380 não se opõe: "O dono de uma servidão pode fazer todas as obras necessárias à sua conservação e uso, e, se a servidão pertencer a mais de um prédio, serão as despesas rateadas entre os respectivos donos".

Vê-se que a servidão poderá pertencer a mais de um prédio. Mas, no caso em exame, não se infere da lei previsão de que duas servidões diferentes restrinjam o mesmo prédio.

E nem mister se faz que o diga.

Luiz da Cunha Gonçalves explica:

> O proprietário de um prédio já onerado com uma servidão não fica inibido de conceder sucessivamente outras servidões iguais ou diferentes, no mesmo ou em diverso

---

[79] *Obra citada*, pp. 162 e 163. Tradução livre do texto: "O modo da servidão é, como a própria palavra diz, modalidade de exercício, ou seja, tudo o que é necessário para definir a servidão em seus elementos particulares; portanto, é habitual indicar a espessura do conduto na passagem de drenagem ou o tipo de torneira para a facilidade da correnteza da água. Em outro ponto, a mudança de modo deve ser permitida, pela mesma razão, onde existem as mesmas condições, necessárias para a mudança do local de servidão".

[80] *Tratado de Direito Privado*, vol. XVIII, ob. cit., p. 385.

lugar, a favor do mesmo ou outros prédios dominantes, contanto que o exercício das mais modernas não prejudique o das mais antigas.[81]

30.11. AMPLIAÇÃO DAS SERVIDÕES

No art. 706 da lei civil revogada, tínhamos: "Se as necessidades da cultura do prédio dominante impuserem à servidão maior largueza, o dono do serviente é obrigado a sofrê-la; mas tem direito a ser indenizado pelo excesso".

O Código de 2002, no § 3º do art. 1.385, amplia o direito para as necessidades da indústria: "Se as necessidades da cultura, ou da indústria, do prédio dominante impuserem à servidão maior largueza, o dono do serviente é obrigado a sofrê-la; mas tem direito a ser indenizado pelo excesso".

Largueza de servidão equivale aqui a uma maior extensão.

A disposição é uma ressalva ao art. 1.385 do novo diploma, que restringe o uso às necessidades do prédio dominante, previstas no ato da instituição. É possível que uma necessidade, após formalizada a servidão, venha a reclamar maior amplitude, como resulta "da mudança operada no modo de cultura do prédio dominante ou, mesmo, da amplitude na sua extensão, nada obstando que venha a resultar também da mudança da qualidade da cultura".[82]

Em princípio, a constituição da servidão é feita de acordo com as necessidades do prédio dominante. Mas assegura a lei a pretensão do alargamento, exercitável judicialmente, nascendo ao dono do prédio serviente direito a ser indenizado pelo excesso.

O direito à ampliação é garantido sempre que não ocorra mudanças de natureza ou de finalidade. Desta sorte, se no título constar a servidão da água para a irrigação, não se converte em servidão para uma fábrica, um hotel, ou um edifício de apartamentos, sob pena de se tipificar uma nova finalidade. A ampliação seria em decorrência de outro uso. Não haveria amparo no § 3º do art. 1.385 do atual Código.

Daí que, embora havendo fixação, o limite é a necessidade, variando a cada momento, segundo ela crescer ou decrescer. Sendo o destino da água para uma fábrica, aumenta a quantidade de acordo com o crescimento do número de operários ou de máquinas, pois não há alteração de natureza.

No parágrafo único do art. 706 do Código Civil de 1916, vinha proibida a mudança na maneira de se exercer a servidão: "Se, porém, esse acréscimo de encargo for devido à mudança na maneira de exercer a servidão, como no caso de se pretender edificar em terreno até então destinado à cultura, poderá impedi-lo o dono do prédio serviente". O atual Código omitiu regra a respeito, a qual se justificava.

E se justificava porque as necessidades que levaram à instituição não são as mesmas que reclamam o aumento do ônus. Ou melhor, uma nova causa acarreta o agravamento: a maneira de exercer a servidão. É, *v.g.*, a modificação de uma servidão que beneficia uma lavoura de milho para irrigar outra de arroz. A finalidade é bem diversa. A extensão do encargo se agrava consideravelmente. Incide a norma proibitiva, assim como na situação em que o trânsito usado pelos integrantes de uma família passa a ser exercitado pelos operários de uma fábrica.

---

[81] *Tratado de Direito Civil*, 1ª ed., São Paulo, Max Limonad Editor, vol. III, tomo II, p. 696.

[82] Carvalho Santos, *obra citada*, vol. IX, p. 239.

30.12. DIREITOS E DEVERES RELATIVAMENTE AO DONO DO PRÉDIO SERVIENTE E AO DONO DO PRÉDIO DOMINANTE

Lemos no art. 1.383: "O dono do prédio serviente não poderá embaraçar de modo algum o exercício legítimo da servidão".

A norma diz respeito à obrigação de abster-se o dono do prédio serviente de atos que perturbem ou embaracem o exercício legítimo da servidão. Tratando-se de servidão negativa, consistente, a título de exemplo, em não elevar o edifício além de certa altura (*altius non tollendi*), a ofensa concerne à prática de toda e qualquer atividade que vulnere o exercício da prerrogativa de receber luminosidade ou desfrutar uma ampla visibilidade da natureza.

Estabelecida uma servidão afirmativa, o dono do prédio serviente está obrigado a suportar os percalços inerentes, *v.g.*, à passagem em um terreno para se alcançar uma fonte ou uma via pública. Perturbará o aproveitamento da utilidade se diminuir a faixa de passagem ou produzir incômodos ao trânsito de pessoas, mediante a colocação de cercas, de atravessadouros impróprios, ou se fizer escoar as águas pelo leito do caminho.

O direito do dono do prédio dominante não é absoluto. Carvalho Santos enumera as ressalvas admitidas em favor do prédio serviente, salientando-se as seguintes: a) o proprietário do prédio gravado com servidão de passagem conserva a faculdade de fechá-la, de maneira a não prejudicar o exercício da servidão; b) esse direito é suficientemente respeitado quando o titular do fundo serviente, colocando à entrada de sua propriedade uma porteira, conserva esta aberta durante o dia, só a fechando pela noite com chave ou cadeado, tendo, entretanto, oferecido ao titular do direito meios para o uso em qualquer momento, como entregando-lhe uma cópia da chave, ou colocando uma campainha que permita chamar o responsável sempre que necessária a passagem pela dita porteira.

Sobressaem, ainda, estas restrições, em seguimento à ordem acima: c) a posse de uma servidão de esgoto não constitui um ato de posse sobre o próprio solo que recebe a água, podendo, como consequência, o proprietário do solo cultivá-lo, plantá-lo ou levantar nele qualquer construção, com a condição de não prejudicar, com isso, o exercício da servidão; d) uma servidão *non altius tollendi*, que foi estabelecida por título e que recai apenas sobre uma porção do terreno, no qual se encontram algumas construções que a predita servidão visa a impedir sejam elevadas, não é obstáculo a que o proprietário do prédio serviente eleve ou construa edifícios sobre outras porções de seu terreno, que não são visadas pela servidão, salvo a observância da distância legal e o respeito de um direito de passagem; e) poderá o dono do terreno onerado com uma servidão de passagem fazer construções neste terreno, desde que deixe altura, largura, luz e ar necessário ao seu exercício.[83]

Acrescenta-se a seguinte observação: o proprietário do prédio serviente é chamado a contribuir, dentro da medida do aproveitamento que faz, para as despesas de conservação, necessárias ao uso. São os autores Aubry e Rau que o afirmam: "Seulement, le propriétaire de l'héritage servant doit-il, en pareil cas, contribuer dans la proportion de sa fouissance aux frais des réparations que nécessiterait cette communauté d'usage".[84]

Em resumo, se uma das partes não tiver liberdade para fazer prevalecer os direitos acima, tem a faculdade de propor a ação possessória, que determinará, de outro lado, a obediência aos deveres, que vêm em concomitância com os direitos.

---

[83] Carvalho Santos, *obra citada*, vol. IX, p. 213.
[84] *Obra citada*, vol. III, p. 138.

Cap. XXX · SERVIDÕES | 943

30.13. EXTINÇÃO DAS SERVIDÕES

30.13.1. Extinção e cancelamento no Registro de Imóveis

Consta no art. 1.387 do Código: "Salvo nas desapropriações, a servidão, uma vez registrada, só se extingue, com respeito a terceiros, quando cancelada".

De modo que o cancelamento é uma necessidade para levar a termo a extinção. Embora no fundo fático não mais exista a gravação, ela poderá ser reconstituída se não procedida a averbação de sua cessação no Registro Imobiliário.

30.13.2. Cancelamento no Registro de Imóveis por iniciativa do interessado ou por sentença judicial

O cancelamento pode proceder-se ou mediante iniciativa do interessado, que é o dono de prédio serviente, ou por sentença, que ordena a expedição do mandado.

Quando se faz por uma ou outra forma, a leitura dos arts. 1.388 e 1.389 do Código atual esclarece.

Estatui o art. 1.388:

O dono do prédio serviente tem direito, pelos meios judiciais, ao cancelamento do registro, embora o dono do prédio dominante lho impugne:

I – quando o titular houver renunciado a sua servidão;

II – quando tiver cessado, para o prédio dominante, a utilidade ou a comodidade, que determinou a constituição da servidão;

III – quando o dono do prédio serviente resgatar a servidão.

Por sua vez, temos no art. 1.389:

Também se extingue a servidão, ficando ao dono do prédio serviente a faculdade de fazê-la cancelar, mediante a prova da extinção:

I – pela reunião dos dois prédios no domínio da mesma pessoa;

II – pela supressão das respectivas obras por efeito de contrato, ou de outro título expresso;

III – pelo não uso, durante 10 (dez) anos contínuos.

O art. 1.388 revela um conteúdo mandamental-declaratório. O interessado obtém uma determinação judicial, declarando extinta a servidão e ordenando o cancelamento, que se procede mediante mandado. Se fundada a ordem no inc. III do preceito acima, em concordância com Pontes de Miranda, continuando aplicável o ensinamento, pois a redação do dispositivo equivale ao do regime antigo, a decisão será constitutiva-negativa, com forte dose de mandamentalidade.[85]

No caso de renúncia, expressa ou tácita, impõe-se o socorro à prestação jurisdicional para o cancelamento, se não houver o consentimento do dono do prédio dominante. Procura-se a desconstituição do registro e não a extinção da servidão, que já se operou na ordem fora do

---

[85] *Tratado de Direito Privado*, vol. XVIII, ob. cit., p. 401.

registro ou na esfera do direito civil material. A sentença apenas declara, daí desconstituindo o registro e mandando efetuar o cancelamento.

Quanto às modalidades do art. 1.389 do Código de 2002, não se carece de uma ação mandamental. A prova das causas de extinção que arrola é suficiente para a extinção.

Equivale a dizer que o cancelamento não está na dependência de uma sentença mandamental. A extinção se efetiva com a ocorrência de uma das causas do art. 1.389, mas o cancelamento está subordinado a um ato do titular do prédio serviente. O interessado não precisa da tutela jurídica. Ele vai ao cartório para providenciar na averbação do cancelamento.

A extinção pelo não uso, entrementes, é mais complexa. Embora, em princípio, não dependa de ordem judicial para o cancelamento, ela pode decorrer de uma decisão judicial, em processo não ajuizado para essa finalidade.

Outras hipóteses de extinção, além das enumeradas, há que possibilitam o cancelamento: I – pela destruição do prédio dominante, como a invasão das águas do mar, ou a inundação definitiva em virtude do erguimento de uma barragem; II – pela destruição do prédio serviente, nos mesmos casos do inciso anterior; III – por se ter realizado a condição ou por se ter chegado ao termo que se marcou, ao se constituir; IV – pela preclusão do direito da servidão, em virtude de atos opostos; V – por decisão judicial, como na hipótese de desapropriação, e pela resolução do domínio do prédio serviente.

Desde que conste o registro, para o cancelamento, se o título da extinção não for expresso, não se dispensa a tutela judicial. Envolvendo interesses de um terceiro, e não restando bem definida a sua posição e clara a conformidade com a extinção, o cancelamento se faz por mandado, com força em decisão declaratória e mandamental.

Deixando de existir o bem, pela destruição, a extinção é decorrência lógica. Torna-se sem efeito o registro, mesmo quanto a terceiros, pois não é mais possível o aproveitamento ou a reconstituição.

30.13.3. Extinção pela renúncia à servidão

Por esta forma, há a anuência do dono do prédio dominante para que o dono do prédio serviente elimine a servidão. Beudant caracteriza a figura como a abdicação do direito de servidão pelo titular do prédio dominante, sem exigir alguma contraprestação do proprietário do fundo serviente, que fica, destarte, liberado do encargo.[86]

Surgindo posteriormente impugnação do que usufruía da vantagem, o interessado deverá valer-se da prestação jurisdicional.

Para surgir eficácia real, reclama-se o ato da averbação.

Mesmo o titular do imóvel dominante está legitimado a encaminhar o cancelamento, pois é a renúncia um ato unilateral, o que habilita a qualquer das partes envolvidas a tomar a iniciativa para a formalização no cartório.

No caso de ser tácita a renúncia, é indispensável a prova judicial, para que o juiz possa declará-la e mandar cancelar o registro.

30.13.4. Cessação da utilidade da servidão

Muito comum é a substituição de uma servidão por uma obra pública, que retira a finalidade que a exigia para o prédio dominante (art. 1.388, inc. II, do Código Civil). Não

---

[86] *Obra citada*, tomo IV, p. 661.

Cap. XXX · SERVIDÕES | 945

raramente, os locais destinados ao escoamento de águas, ou à passagem de pessoas, perdem a utilidade em virtude de esgotos e estradas que o Poder Público constrói. A continuação da servidão, por capricho de uma pessoa, é desarrazoada e injustificável.

Para o cancelamento, se a parte que era favorecida não endossar o pedido, não se dispensa o procedimento judicial. Não basta o mero ato do titular do prédio serviente.

30.13.5. Extinção pelo resgate

O resgate vinha assinalado no inciso III do art. 709 do Código Civil de 1916 e consta no inc. III do art. 1.388 do Código atual. Não é renúncia, ou ato unilateral do dono do prédio dominante. O sentido quer dizer a possibilidade do dono do prédio serviente em resgatar a servidão. E resgatar significa readquirir, liberar, remir, pagar, recuperar, livrar. O imóvel é liberado da servidão, a qual não mais pode ser reclamada. Beudant define a espécie como a operação pela qual o proprietário do prédio dominante exerce a renúncia, mas a título oneroso: "Il vend, en réalité, son droit au propriétaire du fonds servant", que tem, assim, liberado o seu imóvel.[87]

Como se procede a liberação?

O dono do prédio serviente terá que ajuizar a ação do resgate, oferecendo determinada soma pela desoneração do imóvel. Evidentemente, se após instaurado o litígio não houver acordo no preço, procede-se a avaliação.

Isto desde que haja concordância no resgate, ou se no ato de constituição foi inserida cláusula admitindo tal caráter. "Le consentiment du propriétaire du fond dominant est indispensable", acentua Beudant.[88]

Se os que utilizam a servidão não aceitarem o resgate, o processo é arquivado. Nem sempre é a faculdade possível, explica Pontes, desde que se afigure a servidão insubstituível e necessária, ou porque se haja constituído como tal. Nestas circunstâncias, prevalece o pacto da irresgatabilidade.[89]

30.13.6. Extinção pela reunião dos dois prédios no domínio da mesma pessoa ou pela confusão

A confusão significa a reunião dos dois prédios no domínio de uma mesma pessoa (art. 1.389, inc. I, do Código), ou, segundo Aubry e Rau, "c'est-à-dire par la réunion, dans la même main, de l'héritage dominant et de l'héritage servant, quelle que soit d'ailleurs la cause qui ait amené cette réunion".[90]

Os dois prédios ficam no domínio da mesma pessoa. Ainda que um deles continue a prestar serviços ao outro, extingue-se a oneração, pois o dono dos prédios passa a gozar dos benefícios na qualidade de proprietário.

---

[87] *Obra citada*, tomo IV, p. 662. Tradução livre do texto: "Ele vende, em realidade, seu direito ao proprietário do imóvel serviente".

[88] *Obra citada*, tomo IV, p. 663. Tradução livre do texto: "O consentimento do proprietário do imóvel dominante é essencial".

[89] *Tratado de Direito Privado*, vol. XVIII, ob. cit., p. 405.

[90] *Obra citada*, vol. III, p. 144. Tradução livre do texto: "isto é, reunindo, na mesma mão, o imóvel dominante e o imóvel serviente, seja qual for a causa que levou a essa reunião".

946 | DIREITO DAS COISAS – *Arnaldo Rizzardo*

Constitui condição precípua para a confusão o fato de pertencerem os prédios a proprietários diferentes. Só então pode "le propriétaire du fonds dominant acquière le fonds servant, ou le propriétaire du fonds servant acquière le fonds dominant, ou un tiers devienne acquéreur de l'un e de l'autre".[91]

30.13.7. Supressão das obras da servidão por efeito de contrato ou de outro título expresso

Vale dizer, a supressão das obras, desde que haja contrato ou qualquer manifestação expressa, tem o condão de extinguir a servidão (art. 1.389, inc. II, do Código).

Exige-se um acordo dos senhores dos prédios dominante e serviente, ou um título de remissão, no qual o titular do prédio dominante declara que dispensa o dono do serviente a prestação da serventia a que este era obrigado e que constituía a servidão; ou um título de resgate do serviente; ou uma cláusula testamentária doando o prédio, ou liberando o serviente do encargo de prestar a utilidade consistente nos atos de servidão.

Na ausência de contrato ou outro título, o estado de servidão é mantido, embora a supressão de uma obra impeça o exercício momentâneo.

30.13.8. Não uso pelo prazo de dez anos

Pelo não uso durante dez anos se extinguem as servidões contínuas e descontínuas, aparentes e não aparentes, afirmativas e negativas (art. 1.389, inc. III, do Código atual). Enfim, qualquer espécie. Trata-se de uma prescrição liberatória, por efeito da qual o fundo que devia a servidão fica desobrigado, já salientava Demolombe, para quem a espécie caracteriza uma presunção de abandono por parte do prédio dominante. A extinção por este motivo é até "une sorte de peine infligée à sa négligence".[92]

A extinção, pelo decurso de dez anos, se opera igualmente quanto ao modo do exercício da servidão contrário ao que está convencionado no título da constituição. O modo de ser, ou, segundo Demolombe,

> d'en user telle qu'elle est determinée par la cause de son établissement.

Vem o modo de usar ou de ser estabelecido de uma maneira determinada. Assim, por exemplo,

> Le droit de passage peut être exercé, avec bien des modes différens, à piède, ou à cheval, ou en voiture; ou à telle ou telle heure, soit de jour, soit de nuit, etc.[93]

A pessoa, no entanto, modifica a forma instituída, passando o exercício a manifestar-se de outra maneira, o que leva a extinguir-se a servidão primitiva, conforme Dídimo da Veiga[94] e Aguiar e Souza.[95]

---

[91]   Demolombe, *Traité des Servitudes*, tomo II, ob. cit., p. 523. Tradução livre do texto: "o proprietário do imóvel dominante adquire o imóvel serviente, ou o proprietário do imóvel serviente adquire o imóvel dominante, ou um terceiro adquire um do outro".

[92]   *Traité des Servitudes*, tomo II, ob. cit., p. 532.

[93]   *Traité des Servitudes*, tomo II, ob. cit., p. 580. Tradução livre dos textos: "deve ser conforme determinado pela causa de seu estabelecimento"; "o direito de passagem pode ser exercido, de muitas maneiras diferentes, a pé, a cavalo ou de carro; ou em tal e tal hora, dia ou noite etc.".

[94]   *Servidões Reais*, ob. cit., p. 133.

[95]   *Obra citada*, p. 197.

A alteração se expressa de quatro maneiras:

I – Mudança de local. O titular, em vez de usar o local especificado e constante no ato formativo, toma outra posição do prédio.

II – Exercício em tempo e horário diferentes do combinado. O titular, devendo servir-se da água em determinadas horas e durante certo lapso de tempo, abusa de seu direito, alterando o horário contumazmente.

III – O uso parcial da servidão. Se a permissão era para a passagem a pé, a cavalo e por veículo, e pelo espaço superior a dez anos nunca utilizou do caminho a não ser a pé, desaparece o direito de passar com veículo ou a cavalo. E no caso de estar autorizado a abrir quatro janelas em uma casa, mas abrindo a pessoa apenas duas, decorrido o lapso de tempo da lei, que é de dez anos, perde o direito de abrir as outras duas, por efeito da extinção pelo não uso.

IV – A substituição de uma servidão por outra. Extingue-se a primitiva. É o caso da pessoa que, ao invés de usar da servidão de água constante no título, vem a exercer outra, como de aqueduto.

Em todos os casos de extinção por motivo de uso diverso daquele que é inserido no título, surgirá o direito à outra servidão desde que se tenha operado o prazo legal para a prescrição aquisitiva.

30.13.9. Destruição do prédio dominante ou do prédio serviente

Com a destruição do prédio dominante ou serviente, fica vazia de qualquer conteúdo a servidão, redundando na ineficácia do registro.

Os autores franceses Mazeaud se exprimem desta maneira: "La servidumbre desaparece cuando desaparece su objeto. Una servidumbre de saca de agua se extingue cuando se agota el manantial o se seca el pozo".[96]

Mas volvendo o imóvel à existência, como no desaparecimento de uma inundação, ou no ressurgimento de um veio de água, torna a viver e se plenifica a servidão.

Na hipótese do objeto da servidão se limitar em parte individuada e destacada do prédio que não se reergueu, permanece extinta a vantagem que prestava. Nem há possibilidade de remoção.

30.13.10. Realização da condição que instituiu a servidão ou extinção pela expiração do tempo determinado para a sua duração

As servidões não são perpétuas. Acabam quando terminada a utilidade que as determinou. Sobrevém uma causa de extinção, como no caso em que o dono do prédio dominante demole o edifício, ao qual era destinada uma passagem. Estabelece-se, *v.g.*, a vigência durante um período de tempo especificado, ou enquanto é realizada uma obra que necessita da utilidade do prédio serviente.

---

[96] Henri, Léon e Jean Mazeaud, *Lecciones de Derecho Civil*, Parte 2ª, Buenos Aires, Ediciones Jurídicas Europa-América, 1960, vol. IV, p. 441.

30.13.11. Extinção pela preclusão em virtude de atos opostos pelo dono do prédio serviente

A prática de atos incompatíveis com a servidão, pelo dono do prédio serviente, transforma tais atos em antijurídicos, provocando o direito às ações petitórias e possessórias. Mas se o proprietário do prédio dominante anui, mesmo que tacitamente, não opondo discordância, ou não movimenta as ações respectivas, prescrevendo o seu direito, há a renúncia velada ou indireta de sua parte, extinguindo-se o direito. A consequência é a cessação do direito, em virtude da prescrição.

30.13.12. Extinção pela desapropriação

A desapropriação é causa de extinção. O Estado transfere a si o domínio por ato de autoridade. O proprietário do prédio dominante receberá indenização, calculada de acordo com o valor da utilidade que usufruía.

Mas a regra não se aplica se o imóvel é transferido ao Poder Público através de compra e venda. Não há uma utilidade pública, ou uma razão especial, obrigando a passagem para o Estado. Não transparece, pois, a necessidade da extinção.

O art. 1.387 dispensa o cancelamento do registro da servidão quando há desapropriação. A publicidade do ato, conseguida através dos editais do decreto declaratório da utilidade pública para fins de desapropriação, mostra-se suficiente para valer contra terceiros. A sentença final, que será levada ao Registro de Imóveis, provocará automaticamente o cancelamento do ônus, se está oficializado.

30.13.13. Resolução do domínio do prédio serviente

Tal fato provoca a extinção.

Revogado o direito de propriedade, revogados ficam todos os direitos reais em que ela se decompõe.

É preciso explicar desde quando inicia a revogação.

Se do ato constitutivo do domínio vem a possibilidade de revogação, consumase a resolução *ex tunc*, isto é, desde a instituição. A revogação acarreta o desaparecimento de todos os direitos reais originados de um domínio revogável, em razão do efeito retroativo que faz voltar a resolução à época da constituição do domínio. Constatam-se exemplos na venda com pactos de retrovenda e comissório, nas doações com a condição de serem resolvidas na circunstância de aparecerem filhos; nos casos de convenção sinalagmática, em que uma das partes não cumpre os deveres assumidos. Não cumprida a condição, ou o dever, restando inadimplente uma das partes, fica resolvido o contrato. Como decorrência normal, as servidões igualmente se desconstituem.

Mas se a resolução do domínio se operar *ex nunc*, ou seja, se o domínio, sendo irrevogável no ato de sua constituição, torna-se depois revogável, em virtude de atos posteriores, a conclusão é de que as servidões impostas antes do desaparecimento da causa que deu lugar à revogação continuarão a prevalecer, fato constatável na revogação de doação por ingratidão. É o ponto de vista de Carvalho Santos.[97] Seria injusto derrogar a servidão. Não havia previsibilidade inicial de revogação do negócio.

---

[97] *Obra citada*, vol. IX, p. 281.

Em resumo, sempre quando vem inserida cláusula resolutiva do domínio no contrato, a extinção das servidões que se instituíram é *ex tunc*, ou com efeito retroativo ao tempo de constituição do domínio.

Em caso contrário, inexistindo previsão de revogação, subsistirão os gravames.

30.13.14. Extinção da servidão quando incide hipoteca no prédio dominante

Reza o parágrafo único do art. 1.387: "Se o prédio dominante estiver hipotecado, e a servidão se mencionar no título hipotecário, será também preciso, para cancelar, o consentimento do credor".

A matéria também está contemplada no art. 256 da Lei nº 6.015/1973, a qual trata dos registros públicos, e que expressa: "O cancelamento da servidão, quando o prédio dominante estiver hipotecado, só poderá ser feito com a aquiescência do credor, expressamente manifestada".

Nota-se que no Código Civil o consentimento do credor hipotecário afigura-se indispensável no caso de a servidão vir mencionada por escrito no título constitutivo da garantia. Já pela Lei dos Registros Públicos, é requisito necessário a aquiescência do credor, haja ou não referência do ônus no instrumento gerador da dívida. É que, havendo registro da servidão no cartório imobiliário, o conhecimento do credor é presumido, justifica Walter Ceneviva.[98] Parece mais coerente com a realidade a disposição da Lei nº 6.015/1973.

Com a hipoteca, permanece a servidão, a qual passa a fazer parte do gravame. É ela um bem acessório. Acompanha a coisa principal nas onerações que sofre.

Mais causas de extinção das servidões existem, relativas à extinção das obrigações em geral, sendo predominantes as nomeadas.

30.14. AÇÕES RELATIVAS ÀS SERVIDÕES

30.14.1. Ação confessória

As servidões se estabelecem em juízo por ação confessória; negam-se por ação negatória e defendem-se por ação possessória.

A confessória equivale à reivindicatória relativamente à propriedade, explicando-a Washington de Barros Monteiro como "de natureza real, exercitável *adversus omnes*, tendo por finalidade a retomada da coisa do poder de quem quer que injustamente a detenha".[99]

Existe ela para proteger a servidão. Vem definida como a ação real, que assiste ao titular de uma servidão, para obter, com o reconhecimento desta, a cessação da lesão, que lhe suprime totalmente, ou pelo menos lhe perturba o respectivo exercício.[100]

Defende a servidão, juntamente com as possessórias, sendo seu objeto o ônus instituído, sem perda ou moléstia da posse.

Tendo por finalidade afirmar a existência da servidão, quando negada ou contestada, deve ser intentada pelo titular do direito, que é o proprietário do prédio dominante. Estende-se o direito do uso aos que têm o domínio útil, quais sejam: o enfiteuta, que está autorizado pelo

---

[98] *Obra citada*, p. 545.
[99] *Curso de Direito Civil – Direito das Coisas*, ob. cit., p. 92.
[100] José Mendes, *obra citada*, p. 153.

senhorio direto, ou proprietário, a usar, gozar e dispor da coisa mediante o pagamento de uma retribuição anual, chamada pensão; o usufrutuário, embora alguns coloquem dúvidas, em virtude de que a este se atribui o poder de usar de uma coisa e de perceber-lhe os frutos, durante certo período de tempo.

Encontrando-se *pro indiviso* o imóvel, qualquer dos condôminos tem a faculdade de intentar a ação, em defesa da servidão em sua totalidade, visto ser a mesma indivisível.

É promovida contra aquele que lesa o direito, mesmo que não seja proprietário do prédio serviente e ainda que apareça como um terceiro, possuidor deste prédio. Pertencendo o imóvel que sofre o encargo a vários condôminos, contra cada um deles é endereçada a demanda, razão da indivisibilidade.

Havendo prejuízos, a indenização pelos danos sofridos pelo prédio dominante será suportada apenas pelos causadores.

Duas são as condições para a propositura da ação:

a) O direito da servidão, em favor do autor, ou a existência da servidão em seu favor, provando-a com a exibição do título, ou demonstrando-a com elementos que traduzam a destinação do pai de família, ou com os requisitos da prescrição aquisitiva, dentro dos prazos respectivos previstos na lei.

b) A lesão que está sofrendo a servidão, ou o fato que atenta ou obstaculiza o exercício do direito, caracterizando-o e determinando-o concretamente.

30.14.2. Ação negatória

"É a ação real, que tem por fim vindicar a liberdade da coisa, isto é, fazer cessar o exercício de um suposto direito de servidão, invocado por terceiro".[101]

Dídimo da Veiga estabelece os limites relativamente às partes:

> Deve ser intentada pelo proprietário do prédio a que se pretende impor a servidão (...), contra aquele que pretende exercitar sobre o referido prédio qualquer servidão, ou dar maior ampliação à que se achar constituída.[102]

Assiste a faculdade do exercício à demanda ao proprietário porque se encontra turbado no gozo de sua propriedade, objetivando se declare estar livre de gravame o prédio. O fundamento está na existência da propriedade livre e na lesão, que impede o autor de exercer o domínio pleno. O art. 1.228 do Código de 2002 contém a sua razão maior: o direito assegurado ao proprietário de usar, gozar e dispor da coisa, e de reavê-los de quem quer que injustamente a possua ou detenha.

Impõem-se as seguintes condições para a propositura da lide:

a) ter o autor propriedade sobre a coisa a que se pretende impor a servidão;

b) encontrar-se o imóvel sendo gravado com uma servidão indevida, a qual turba o gozo pacífico da propriedade.

Justifica-se o ajuizamento, ainda, quando se constata o uso indevido, ou excedente dos limites do ônus instituído em favor do dono do prédio dominante, "uma vez que, além desses

---

[101] Carvalho Santos, *obra citada*, vol. IX, p. 182.

[102] *Servidões Reais*, *obra citada*, p. 87.

limites, fixados no título ou pela destinação do pai de família, ou pela prescrição, o prédio gravado de servidão é livre".[103]

30.14.3. Ações possessórias

O estado de fato e a posse das servidões têm a proteção das ações possessórias.

As ações mais comuns são a manutenção e a reintegração de posse.

A primeira, conhecida no direito romano como *interdicto uti possidetis*, é o remédio jurídico que compete ao possuidor, contra aquele que o perturba na posse do objeto. A segunda tem por finalidade a recuperação da posse perdida ou esbulhada.

Embora a discussão não revele maior importância, há os que defendem ser cabível unicamente a manutenção de posse, por não se consumar a perda do próprio imóvel. Quem desenvolve o desfrute de uma servidão não detém materialmente o prédio serviente, mas aproveita somente alguma qualidade do mesmo. Seja como for, o art. 554 do Código de Processo Civil permite a transformação de uma ação por outra, mesmo no curso do processo.

A possessória, uma outra espécie, pode ser invocada, a título de exemplos, em hipóteses como estas:

a) Quando alguém, usufruindo a servidão com boa-fé e sendo justa a posse, for impedido ou embaraçado na continuidade de seu exercício.

b) No caso de turbação ou impedimento na servidão de aqueduto, a qual vem perdurando de boa-fé e revelar-se justa a posse.

c) Nas proibições de uma pessoa em retirar água do interior de uma fonte ou cisterna alheia, situada em imóvel de outrem, ou de até lá conduzir animais para beber.

Na servidão de retirar água em poço alheio, desenrola-se a turbação da quase-posse de várias maneiras, como se o turbador afastar a corrente do poço, ou sujar a água de lodo, ou tampar a fonte, ou impedir o acesso até o local.

A manutenção compreenderá a proteção a todos os acessórios necessários para o exercício da servidão.

Admite-se, outrossim, o interdito proibitório, que é um remédio judicial voltado para a proteção possessória, e consta previsto no art. 567 da lei adjetiva civil. Visa à proteção preventiva da posse, na iminência ou sob ameaça de ser molestada. Não é seu objetivo fazer cessar os efeitos de um ataque à posse, já consumado materialmente, mas, antes, impedir que seja desencadeado.

Quanto aos pressupostos e requisitos para a propositura, já constam desenvolvidos no capítulo atinente à proteção possessória.

É aproveitável o interdito à servidão se o titular do prédio dominante tem justo receio de perder a utilidade, ou de sofrer alguma turbação.

Inclusive a nunciação de obra nova estava prevista para proteger as servidões no regime do Código de Processo Civil de 1973. Rezava o art. 934 que competia a ação ao proprietário ou possuidor, a fim de impedir que a edificação de obra nova em imóvel vizinho lhe prejudicasse o prédio, suas servidões ou afins a que é destinado.

---

[103] Carvalho Santos, *obra citada*, vol. IX, p. 182.

Pressuposto para o ajuizamento da ação, no entender dos estudiosos, era o erguimento de construção no prédio do nunciado (réu), resultando ao prédio do nunciante (autor) prejuízos no uso de uma servidão. Suponha-se a existência de dois prédios contíguos, sendo o primeiro afetado ou prejudicado pelo segundo.

A obra, para figurar como nova, devia estar sendo erguida, ou sofrendo reedificação, reforma ou ampliação. O caráter de inovação tinha-se como de substancial importância. Não se aceitava a lide após a conclusão.

Considerava-se já pronta a obra quando à sua conclusão só faltassem arremates, pinturas, ou acabamentos internos. Tornava-se impossível, então, a nunciação porque importaria em demolição. O prejuízo ao prédio vizinho estaria consumado.

O Código de Processo Civil em vigor não manteve o regramento da ação de nunciação de obra nova, nem trouxe outra ação específica em seu lugar, o que não importa em se suprimir o direito de buscar a solução judicial caso as situações que comportavam a ação se verifiquem. Desde que a obra nova ofenda ou ameace a posse, a ação possessória servirá para a restauração do direito. Se não ocorrida a ofensa à posse, mas a obra nova trouxer prejuízos ao exercício da servidão, como interrupção constante na passagem, queda de detritos no caminho, turbação de águas usadas, entupimento de encanamentos, a ação de procedimento comum é admitida, em geral de obrigação de abstenção ou não fazer, inclusive com a tutela provisória, na modalidade de urgência ou evidência, sendo a primeira concedível antecipada ou cautelarmente, com caráter antecedente ou incidente.

Deve-se ter em conta quais as utilidades constituíam servidões. Se há ofensa à substância e integridade do prédio, como a edificação em terreno contíguo com invasão parcial do lote lindeiro; se a demolição ameaça destruir a casa do vizinho, ou parte dela, a lide é possessória, mas não relativa a servidões. As construções nocivas à servidão são aquelas que prejudicam os fins a que ela se destina. Prejudicial à servidão é a obra que lhe restrinja ou impossibilite o exercício. Pode a consistir em construção (v. g., de muro que feche o caminho), em demolição (como a da ponte sem a qual a passagem se torna impossível), ou em simples modificação (tal o estreitamento da passagem). Os fins a que se destina o prédio, e relativamente aos quais ele pode ser prejudicado, envolvem a ideia do uso normal que dele faça o dono ou possuidor, e que resulta impedido ou dificultado pela obra nova. Nas situações, perceptível é a ofensa à posse. Daí aceitar-se a ação possessória.

Resultando da obra prejuízo no uso de um caminho; modificação natural de um terreno, fazendo com que o escoamento das águas pluviais ultrapasse a passagem e invada o terreno fronteiro; alteração no formato especial do prédio, impedindo a ventilação necessária, entre outras hipóteses, autorizada está a pessoa a usar da ação de abstenção de ato, ou de não fazer, ou de desfazimento, pelo procedimento comum, que é a mais adequada. Sem dúvida, no entanto, não restam dúvidas quanto à existência de turbação da posse ou do exercício da servidão. Não se afasta, daí, o cabimento da ação de manutenção de posse. Não deve haver, pois, rigor na admissibilidade de um ou outro tipo de ação.

30.15. SERVIDÕES ESPECIAIS

Mais a título exemplificativo, citam-se algumas servidões com um rápido exame da respectiva configuração, sendo que as relativas às águas já constam desenvolvidas no Capítulo XXI, pertinente aos direitos de vizinhança, motivo que afasta a necessidade de tornar a mencioná-las e defini-las.

Cap. XXX · SERVIDÕES | 953

30.15.1. Servidão de apoiar prédio em parte do prédio do vizinho

Existia no direito romano com o nome de *oneris ferendi*.

Utiliza-se apenas parte da parede, ou da pilastra, ou do muro do vizinho. Sendo convencional, depende da constituição por alguma das formas admitidas.

Pontes de Miranda exemplifica hipóteses em que ela pode se apresentar:

> É servidão *oneris ferendi* a de armar tendas, ou palanques, em cobertura de edifícios, a de colocar caixa em teto, ou pilastra de outro prédio. O que importa é que a consista em se construir, ou instalar, sobre ou aproveitando outra construção, ou instalação.[104]

Cabe uma observação quanto aos muros divisórios, destacada por Hely Lopes Meirelles:

> Os muros divisórios, diversamente das paredes divisórias, não admitem madeiramento ou travejamento pelo vizinho, pela razão já exposta de que não são elementos de sustentação, mas somente de vedação. A jurisprudência tem admitido erroneamente a utilização de muros divisórios para sustentar construções do vizinho, mas isso constitui uma ilegalidade e uma aberração técnica, porque a lei não os autoriza, nem as normas de construção aconselham que se aproveitem muros para a função de paredes. Note-se, ainda, que, se as paredes divisórias podem ser construídas até meia espessura sobre o terreno do vizinho, os muros jamais poderão ultrapassar a linha divisória. Nenhuma lei permite esta invasão do muro sobre a propriedade confinante. O que se permite é a utilização comum do muro, pelos vizinhos, na sua função específica de vedação. E compreende-se que, se já existe um muro, não há necessidade do vizinho construir outro, ao lado, para vedar a propriedade já cercada pelo confinante.[105]

30.15.2. Servidão de avançar extremidade do prédio dominante sobre o fundo do vizinho

Servitus proiiciendi ou *protegendi*, para os romanos, traduz-se como servidão de projeção, pela qual se convenciona o direito de avançar a extremidade, ou alguma outra peça, como balcão, beiral, sacada, terraço, adornos, ou emblema, ou cano de goteiras de telhado, sobre o fundo vizinho, sem que se coloque em alguma peça, ou se apoie de qualquer maneira. A imissão no prédio alheio é em espaço vazio. Isto mesmo que a extremidade penetre no interior do prédio vizinho. Classifica-se como convencional. É que, justifica Carvalho Santos, "como se sabe, a propriedade do solo abrange também o espaço aéreo correspondente, nada se podendo fazer nesse espaço do domínio de outrem sem ser por meio de uma servidão, adquirindo-se tal direito ou mediante o consentimento do proprietário do prédio vizinho, ou mediante usucapião, ou ainda mediante destinação do pai de família".[106]

30.15.3. Servidão de construir ou altear a casa acima do permitido

Conhecida como *altius tollendi*, consiste no poder de altear a casa ou outra construção acima do que seria permitido.

---

[104] *Tratado de Direito Privado*, vol. XVIII, ob. cit., pp. 277 e 278.
[105] *Direito de Construir*, ob. cit., 1983, p. 283.
[106] *Obra citada*, vol. IX, p. 314.

De modo geral, as leis e posturas municipais tornam inócua a servidão, pois disciplinam as alturas dos prédios.

30.15.4. Servidão de não elevar um edifício além de certa altura

A servidão negativa e não aparente *altius non tollendi* visa, através de convenção, a obrigação de impor ao vizinho em não elevar seu edifício além de certa altura, ou acima do prédio dominante. Cumpre esclarecer que ela pode ser instituída se inexiste lei determinando a proibição do erguimento além de metragem regulamentada. "Se foi a lei de direito público que fixou a altura, não há pensar-se em servidão, salvo se a lei é dispositiva ou faz a sua incidência depender de não haver consentido o vizinho", acentua Pontes.[107]

A finalidade é assegurar a visão de paisagem ou ponto característico, ou a claridade da luz solar. Usando as palavras de Pacifici-Mazzoni, o escopo "di conservare al fondo dominante luce, veduta e prospetto".[108]

Procura "principalmente evitar que seja embaraçada ou prejudicada a luz de que se deve gozar o prédio dominante; é incontestável que não é este o seu único objeto, mas é, certamente, o mais importante, conquanto a servidão possa ter também por fim evitar que o prédio dominante fique privado da criação que o refrigere, da vista de que goza etc.".[109]

30.15.5. Servidão de não demolir o prédio

Aqui trata-se de uma servidão negativa e não aparente. Portanto, não se adquire pela prescrição. Tem a finalidade de impedir a demolição de um prédio para atender conveniências de outro, as quais podem consistir em resguardá-lo dos ventos ou dos raios solares, ou de uma visão desagradável. Não só para um edifício é estabelecida; mais propícia se apresenta se convencionada para proteger um jardim, uma horta ou mesmo um simples terreno.

30.15.6. Servidão de colocação de chaminé e fogão

É a servidão que tem por objeto a colocação de chaminé, ou fogão, e seus acessórios, "na espessura da parede ou do muro sujeito à servidão, ou fazendo-se o seu apoio no dito muro ou parede".[110]

Necessário não a confundir com a de lançar fumaça. Visa a colocação de chaminé ou fogão na parede ou no muro que separa dois prédios, e que pertence a prédio alheio.

É convencional. O título constitutivo dirá a forma da colocação e das adaptações permitidas na parede ou no muro alheio. O Código Civil, quando trata do direito de construir, traz normas regulando a matéria. Estabelece a proibição, com o que é assegurada a ação competente se a colocação acarreta prováveis prejuízos, na previsão do art. 1.308: "Não é lícito encostar à parede divisória chaminés, fogões, fornos ou quaisquer aparelhos ou depósitos suscetíveis de produzir infiltrações ou interferências prejudiciais ao vizinho".

30.15.7. Servidão de lançar fumaça no prédio vizinho

Define-se como a servidão pela qual se permite ao dono do prédio dominante lançar a fumaça que escapa ou é expelida da chaminé ou do fogão de sua casa.

---

[107] *Tratado de Direito Privado*, vol. XVIII, ob. cit., p. 281.
[108] *Obra citada*, vol. III, p. 338.
[109] Dídimo da Veiga, *Servidões Reais*, ob. cit., p. 199.
[110] Aguiar e Souza, *obra citada*, p. 118.

Dizia-se *servitus fumi immittendi*, pois seu objetivo era autorizar a saída de fumaça para o prédio vizinho. Este tinha que tolerar, daí que se conhecia também como servidão *recipiendi*.

De certa importância esta limitação ao direito de propriedade, pois cada pessoa tem o direito de ter em sua casa chaminé proveniente de um fogão, ou fornalha, ou lareira. Importa que seja colocada sobre o telhado, em nível superior aos prédios vizinhos, para facilitar a dissipação da fumaça no espaço, e não penetre em moradias ou pátios, levando fuligem e enegrecendo objetos e roupas estendidas nos varais.

O lançamento, compreendido dentro dos verdadeiros limites da lei, consistirá em verdadeira servidão natural se o prédio de onde é expelida não prejudica os vizinhos. As posturas municipais e os regulamentos de higiene estabelecem que as construções capazes de incomodar ou prejudicar a vizinhança guardarão a distância necessária a evitar o dano. Os arts. 1.277 e 1.308, por seu turno, colocam restrições à colocação de chaminés, de fogões ou fornos que trouxerem possíveis prejuízos. Mas a emissão de fumaça em si não se considera passível de prejuízo, visto que, se assim o fosse, automaticamente se proibiria o agente emissor.

Desde que, por conseguinte, respeitados os direitos do vizinho, a emissão de fumaça torna-se uma servidão. Com mais razão, na hipótese do parágrafo único do art. 1.308, assim redigido: "A disposição anterior não abrange as chaminés ordinárias e os fogões de cozinha". Há restrições quando se cuida de fumaça abundante, muito incomodativa, proveniente de um fogo exagerado, como o de fogões de restaurantes sitos na parte inferior de um edifício residencial.

30.15.8. Servidão de fazer correr as águas da cozinha e de uso doméstico

Vem a ser o direito concedido a uma pessoa no sentido de fazer passar, por meio de esgotos, através do prédio vizinho, as águas de sua cozinha e de uso doméstico em geral. Não envolve as águas cloacais, posto que estas constam disciplinadas no direito de vizinhança e em leis municipais. O Código atual, no art. 1.286, contempla a hipótese de colocação de condutos ou encanamentos subterrâneos em terreno do vizinho, desde que se indenize o proprietário, e não se viabilize outra solução.

30.15.9. Servidão de esgoto

Conceitua-se como o direito que alguém tem de fazer passar o cano através do fundo do prédio vizinho. O esgoto refere-se a detritos ou águas cloacais.

Como se observa, a figura é limitada à passagem. Não compreende a abertura de um fosso, para onde seriam depositados os detritos cloacais. Aliás, nesta parte, havia disposição do Código Civil de 1916, regulando a matéria, através do art. 583:

> Não é lícito encostar à parede-meia, ou à parede do vizinho, sem permissão sua, fornalhas, fornos de forja ou de fundição, aparelhos higiênicos, fossos, cano de esgoto, depósito de sal, ou de quaisquer substâncias corrosivas, ou suscetíveis de produzir infiltrações daninhas.

Em texto diferente, a mesma previsão, mas em termos mais genéricos, está no art. 1.308 do Código de 2002: "Não é lícito encostar à parede divisória chaminés, fogões, fornos ou quaisquer aparelhos ou depósitos suscetíveis de produzir infiltrações ou interferências prejudiciais ao vizinho".

956 DIREITO DAS COISAS – *Arnaldo Rizzardo*

De onde se deduz que as fossas sépticas deverão ser construídas nos terrenos dos proprietários dos respectivos aparelhos higiênicos ou sanitários.

30.15.10. Servidão de trânsito

A servidão de trânsito tem por finalidade estabelecer um prédio em comunicação com outro, ou com a via pública, através de prédios intermediários.[111] Compreende uma extensão de área em imóvel alheio, destinada a servir de passagem a outro imóvel. A sua delimitação configura o caminho que é, no conceito de Pardessus, "un espace de terrain servant à la communication d'un lieu à un autre, quelle que soit sa longueur ou sa larguer, et indépendamment de ce qu'il est plus ou moins fréquenté".[112]

Está enunciada a regra no art. 1.385, § 2º: "Nas servidões de trânsito, a de maior inclui a de menor ônus, e a menor exclui a mais onerosa". Não vem consignada uma definição. Apenas é delimitada a sua extensão.

E para entendermos a extensão, devemos nos reportar às espécies romanas: *iter*, *actus* e *via*, ou *servitus itineris*, *servitus actus* e *servitus viae*.

Eis o conceito de cada uma:

Iter: O direito conferido ao homem de passar a pé pelo prédio alheio, menos o direito de conduzir animais de carga, nem veículos. Em alguns fragmentos encontrados no direito romano, abrangia a passagem de liteira e a cavalo.

Actus: Era o direito concedido ao titular de conduzir animais de carga e veículos pelo prédio alheio. Em geral, estendia-se aos rebanhos e veículos de qualquer espécie.

Via: Constituía a servidão mais ampla e extensa de todas as espécies. Compreendia as anteriores e se estendia à condução de veículos carregados de pedras e de outros materiais destinados à construção. Era propriamente o direito de transportar pelo prédio alheio. Em Pontes de Miranda encontramos o significado, expresso nesta oração latina: "*Quid iter habet, actum non habet; qui actum habet, et iter habet, iter et actum via in se continet*".[113]

O direito atual não se interessa por estas formas. Mas, como Clóvis Beviláqua já reconhecia, levando em consideração que a regra do velho direito se mantém no atual direito, "o Código ainda consagra o princípio característico das servidões de trânsito, por ser racional: a de maior ônus inclui a de menor, a de menor exclui a de maior. *Non debet, cui licet, quod summus est, non licere*".[114] Vale afirmar: aquele que tem direito de transportar materiais em veículos pelo prédio serviente pode passar de carro, a cavalo ou a pé. Aquele, porém, que apenas pode transitar a pé, não está autorizado a introduzir carros ou carroças no prédio alheio.

No entanto, com a evolução dos tempos, estes princípios são relativos. A necessidade impõe a extensão da servidão. O princípio da interpretação restrita nem sempre é coerente. A pessoa autorizada a passar a pé terá ampliada a forma de utilização do caminho uma vez que as circunstâncias ordenem. Se não advier prejuízo, se a distância é grande, nada justifica que não possa transitar com veículo. O uso terá em vista a utilidade do prédio dominante,

---

[111] Lafayette, *Direito das Coisas*, ob. cit., 5ª ed., 1943, p. 420.

[112] *Obra citada*, p. 193. Tradução livre do texto: "um espaço de terra usado para a comunicação de um lugar para outro, independentemente do seu comprimento ou largura, e independentemente se é mais ou menos frequentado".

[113] *Tratado de Direito Privado*, vol. XVIII, ob. cit., p. 271.

[114] *Código Civil dos Estados Unidos do Brasil Comentado*, vol. III, ob. cit., p. 253.

Cap. XXX · SERVIDÕES | 957

pois se de uma parte nunca se deve procurar o gravame do prédio serviente, de outra não se pode estabelecer a diminuição do valor da exploração do prédio dominante.

Tendo sido o encargo implantado em favor de um terreno pelo qual é buscada a extração de lenha, entende-se a concessão para a passagem de veículos, que é um meio próprio para o transporte. Se a utilização for em benefício de um prédio pertencente a pessoas abastadas, que possuem veículos, não se afirme que se instituíra uma servidão de trânsito a pé.

A largura corresponderá à dimensão exigida pelo tipo de veículo, ou pela modalidade de trânsito prevista. Se o uso, dentro destas características impostas, for impedido pelo dono do prédio serviente, ao titular da servidão ou dono do prédio dominante se concede a ação para a determinação da largura, a qual concerne ao seu conteúdo.

É a servidão aparente, em face da fixação de uma faixa de terreno por onde se efetua a passagem. Considerada descontínua, visto que se exerce pela ação do homem, que atravessa o prédio serviente, conduzindo o veículo ou animais. Está ligada ao solo diretamente, o que já vinha afirmado no direito romano: *in solo consistunt*.

30.15.10.1. *Servidão de trânsito e passagem forçada*

A passagem forçada, na lição de Hely Lopes Meirelles, destina-se a propiciar judicialmente saída para a via pública, fonte ou porto, quando a propriedade do autor não a tem ou vem a perdê-la.[115]

Conforme o conceito do art. 1.285, a passagem forçada, no direito antigo denominada servidão legal de trânsito, é direito de vizinhança que corresponde dar ao prédio, que não a tenha, uma saída para a via pública, nascente ou porto, enquanto a servidão convencional de passagem não supõe aquela necessidade, podendo assentar no útil, no cômodo, e até mesmo no supérfluo.

Salienta-se que a diferença entre o art. 559 do Código Civil de 1916 e o art. 1.285 do Código atual está mais nos termos, eis que o prédio sem acesso ou saída para a via pública, nascente ou porto, normalmente está encravado. O interesse geral da sociedade no sentido de os prédios não permanecerem inexplorados e estéreis, em virtude da falta de acesso a vias e locais ou públicos, marca a passagem forçada. Oportuna é a lição de Demolombe:

> Il es d'ailleurs évident aussi que l'intérêt général de la société n'exige pas moins que l'intérêt privé du propriétaire, que les fonds enclavés ne demeurent pas inexploités et stériles; et, sous ce rapport, on peut dire que cette servitude es en même temps d'utilité publique.[116]

Para haver encravamento ou falta de acesso, impõe-se que o prédio se apresente na seguinte situação:

> Não tenha saída para ela (a via pública), nem possa buscar-se uma, ou, podendo, somente a conseguiria mediante uma excessiva despesa; ou a saída de que disponha (direta, indireta, convencional ou mesmo necessária) seja insuficiente e não se possa

---

[115] *Direito de Construir*, ob. cit., p. 285.

[116] *Obra citada*, tomo II, p. 86. Tradução livre do texto: "Também é óbvio que o interesse geral da sociedade não exige menos que o interesse privado do proprietário, que os prédios encravados não permaneçam inexplorados e estéreis e, a esse respeito, pode-se dizer que essa servidão é ao mesmo tempo de utilidade pública".

adaptá-la ou ampliá-la – ou porque isto é impossível, ou porque os reparos (com que se obtivesse uma saída não excessivamente incômoda) requereriam por igual despesas desproporcionadas.[117]

De lembrar, pois, que a passagem é insuficiente quando resultante de forte declive, de acesso estreito e inseguro. Não é no caso de aparecerem incômodos e dificuldades para o trânsito, como um caminho longo e sinuoso.

O dispêndio excessivo é configurado nas hipóteses em que o prédio encravado está separado da via pública por um curso de água sem ponte ou barca, e que a travessia obriga a efetuar pesados gastos, desproporcionais inteiramente ao valor do imóvel.

Na servidão de trânsito, as causas de instituição são diversas e podem assentar na utilidade ou mera facilidade. Tanto que, na maioria das vezes, é estabelecida convencionalmente. Não requer a inexistência de outro caminho para atingir-se um prédio distinto ou a via pública.

30.15.10.2. *Aquisição da servidão de trânsito pela posse*

A posse continuada da servidão de trânsito constitui uma forma de seu reconhecimento como direito, defensável pelos meios jurídicos previstos para a tutela das servidões, conforme reiteradamente vem-se expressando a jurisprudência. Desde que seja visível o uso, perceptível ao longo do imóvel, aplicáveis os interditos possessórios. Naturalmente, não está ela titulada, pois aí não caberia discussão. Tornada permanente, desenvolvendo o dono do prédio que dela se utiliza atos sucessivos de aproveitamento, transitando no imóvel para chegar ao seu prédio, manifestada através de sinais evidentes, como sulcos, moirões, buracos, trilha, porteiras, desaparecimento de grama, existência de valetas, merece a tutela da lei, que a mantém e a conserva, mesmo que não consumado o lapso de tempo da prescrição aquisitiva. As decisões dos pretórios neste sentido consolidaram o entendimento de forma indiscrepante, tornando-o princípio de direito erigido na Súmula n° 415 do STF, de 1964, nestes termos: "Servidão de trânsito não titulada, mas tornada permanente, sobretudo pela natureza das obras realizadas, considera-se aparente, conferindo direito à proteção possessória".

Em síntese, quando estabelecida com obras que lhe atestam a existência, a servidão deve ser considerada como aparente e não descontínua, gozando, portanto, da proteção dos interditos possessórios.

30.15.11. **Servidão de luz**

Define-se esta servidão, ou *servitus luminum* (ou *lumen*, conforme Aguiar e Souza), como o direito concedido a um vizinho de abrir janelas e frestas na sua parede própria, ou na parede comum, ou ainda na parede de outro vizinho, com o intento de obter luz ou claridade para o seu prédio. Para alguns romanistas, resumia-se simplesmente na faculdade de abrir janelas no muro de outro prédio, ou do prédio comum. Há quem sustente um significado bem diferente, no direito romano: a servidão de sol ou de ter sombra. Assim induz o texto de Paulo. Mas o certo é que predomina a primeira ideia, da qual advém o direito de impedir que o vizinho tolha ou diminua a luz. Para possibilitá-la, admite-se até abrir janelas na parede alheia ou comum. Neste caso, os prédios contíguos devem pertencer a proprietários

---

[117] Lenine Nequete, *Passagem Forçada*, ob. cit., p. 5.

diversos, e separados por um muro ou parede de propriedade exclusiva de um deles, com a existência de um espaço vago em que penetre a luz.

30.15.12. Servidão de proibir a realização de obras que tirem a luz do prédio dominante

Por ela – *servitus ne luminibus officiatur* – adquire-se o direito de proibir a realização de qualquer obra, ou de colocar qualquer coisa, de modo a privar o prédio dominante da luz já existente, ou a faça diminuir. Carvalho Santos dá a ideia e o âmbito com exatidão: "Importa na obrigação imposta ao dono do prédio serviente de não poder, quer por meio de edificação ou plantação de árvores, quer por qualquer outra obra, embaraçar a entrada de luz do prédio dominante".[118]

30.15.13. Servidão de vista

No latim, *servitus prospectus* consiste no direito que temos de gozar, das janelas ou do terraço de nossa casa, de uma vista ou de um aspecto que nos seja agradável. A definição é de Aguiar e Souza, acrescentando que os prédios servientes são aqueles sobre os quais se descortina a paisagem, ou através deles se alcança a visão da beleza ou do aspecto natural.[119]

Cuida-se de uma servidão não aparente e contínua, o que resulta o não reconhecimento pela prescrição, pois se o vizinho nunca edificou no lugar, este fato negativo não induz presunção de que ele renunciou à sua liberdade de proprietário.

30.15.14. Servidão de não impedir, com obras ou plantações, o direito de vista

A *servitus ne prospectui officiatur* se manifesta no direito que tem um proprietário de impor ao vizinho que a deve a obrigação de não impedir, por meio de obras ou plantações, o exercício do direito do prospecto, ou da servidão de vista.[120]

Não é uma consequência da anterior. Nem garante a sua existência, pois, nela, o prédio serviente assume a obrigação de não prejudicar a vista. Possui traços característicos segundo os estudiosos. Na de prospecto, ou de vista, o objeto é o direito de vista, ou de prospecto, que poderá ser adquirido através de um contrato entre vizinhos. Um se obriga a conceder ao outro o direito de vista ou prospecto, sobre a sua propriedade, parque ou jardim. A obrigação adquire forma mediante a derrubada de uma parede, ou do corte de uma árvore. O comprometimento envolve o não impedimento do exercício de tal direito. Na *ne prospectui officiatur*, um dos proprietários já possui, *de jure proprio*, a vista ou o prospecto de que goza das janelas ou do terraço de seu prédio e contrata com outro vizinho no sentido de não edificar ou não plantar árvores que venham a prejudicar ou impedir a beleza da vista.

30.15.15. Servidão de pasto

No latim *servitus pascendi*, é o direito de colocar a pastar, em propriedade alheia, os animais pertencentes ao dono de outro prédio.

---

[118] *Obra citada*, vol. IX, p. 295.

[119] *Obra citada*, p. 106.

[120] Aguiar e Souza, *obra citada*, pp. 108 e 109.

960 | DIREITO DAS COISAS – *Arnaldo Rizzardo*

Cuidando-se de servidão convencional, são conduzidos a pastar apenas os animais cujo número as partes previamente tiverem combinado. Mostrando-se omisso o título constitutivo, estende-se a pastagem a todos os animais de propriedade do dono do prédio dominante, seja qual for a sua quantidade.

No contrato, mencionarão os interessados a forma do uso da pastagem, a época do ano e os locais onde permanecerá o gado. Se não ficar estipulado, não há discriminação de épocas e espaços. Mas na circunstância de ser realizado o cultivo de produtos agrícolas, obviamente a permissão restringe-se ao período que se segue à colheita dos frutos.

Para tornar a servidão possível, acompanha-a a de caminho, que fica acessória e indispensável à condução dos animais. Uma vez concedida a autorização para a pastagem, supõe-se a permissão à condução.

30.15.16. Servidão de levar o gado a beber em fonte ou rio alheio

Os romanos chamavam-na de *servitus ad aquam appulsus*. É a servidão de conduzir o gado que está no campo de uma pessoa para uma fonte onde possa beber, através do prédio do vizinho ou de outro proprietário. Para Carvalho Santos, a definição é esta: "Consiste no direito de levar seus animais para beber água na fonte, poço ou rio de outrem".[121]

É regulada pelos mesmos princípios que a de trânsito, a qual é sempre subentendida. Sem esta, a de conduzir o gado não existe. Uma vez reconhecida, supõe a concessão da servidão de conduzir o gado, mesmo que o título seja omisso.

Carvalho de Mendonça explica a extensão: "Para o exercício desta servidão, é costume estipular-se o número de cabeças de animais que se devam conduzir a beber. Não existindo tal estipulação, nenhum limite pode o serviente impor ao dominante".[122]

Entretanto, o critério para aferir o limite é considerar o número de cabeças de gado que transita habitualmente.

30.15.17. Servidões administrativas

Para Hely Lopes Meirelles, a servidão administrativa ou pública "é o ônus real de uso, imposto pela administração à propriedade particular, para assegurar a realização e conservação de obras e serviços públicos ou de utilidade pública, mediante indenização dos prejuízos efetivamente suportados pelo proprietário".[123]

Cretella Júnior considera-a como "direito público real constituído por pessoa jurídica de direito público sobre imóvel do domínio privado para que este, como prolongamento do domínio público, possa atender aos interesses coletivos".[124]

A restrição que incide sobre um imóvel é em favor de interesse público genérico e abstrato. Pelas definições acima, não aparece o interesse corporificado numa coisa palpável, concreta, a usufruir a vantagem decorrente da limitação. No conceito de servidão, é essencial a presença do imóvel serviente e do imóvel dominante. O primeiro presta utilidade ao segundo. Não podemos eliminar, nas definições, um destes elementos. Para tanto, como percucientemente destaca a mestra Maria Sylvia Zanella Di Pietro, diremos que a restrição

---

[121] *Obra citada*, vol. IX, pp. 327 e 328.
[122] *Rios e Águas correntes*, ob. cit., p. 337.
[123] *Direito Administrativo Brasileiro*, ob. cit., 4ª ed., 1976, p. 571.
[124] *Tratado de Direito Administrativo*, Rio de Janeiro, Forense, 1968, vol. V, p. 183.

imposta à coisa serviente é em favor da coisa afetada a fins de utilidade pública. A servidão é estabelecida para prestar serviços e obras públicas, ou de utilidade pública, em benefício de coisa diversa daquela que sofre a restrição. "A utilidade é extraída do prédio serviente em benefício do serviço de interesse público, ao qual está afetada determinada coisa, como a utilização da navegação dos rios, os serviços de eletricidade e telefone etc."[125]

Institui-se um direito real de gozo, de natureza pública, sobre imóvel de propriedade alheia, em favor da coisa afetada com fins de utilidade pública. A coisa afetada de utilidade pública é o fundo dominante. Pode ser a rede elétrica, o rio navegável, o aeroporto, a fortificação. A utilidade pública é o proveito que traz à coletividade. O oleoduto, *v.g.*, facilita o transporte de combustível aos usuários. Já o eletroduto beneficia as pessoas por onde ele se estende ao conduzir a energia elétrica. Por isso, se diz que o bem está afetado a uma utilidade pública, isto é, o fundo dominante, com a servidão, traz o benefício à comunidade.

O proveito constitui-se da utilização de um bem que tem utilidade pública, ou atende a um interesse público. É um direito real, pois ligado diretamente à coisa, independentemente da pessoa do proprietário ou possuidor, incidindo sobre o bem alheio. Distingue-se da servidão comum, que se resume a favorecer um ou vários imóveis. Apresenta características próprias e definidas, voltadas a um ente de utilidade pública, ao qual favorece ou institui, o que se dá na condução de energia elétrica, ou na canalização de certa área para drenar terras.

No caso da servidão urbana, exemplificadamente, consoante Hely Lopes Meirelles, "destina-se a assegurar a utilização de determinado imóvel particular para obras e serviços públicos, geralmente subterrâneos (aquedutos, redes de esgoto, galerias pluviais) ou aéreos (cabos condutores de energia elétrica, fios telefônicos), que não utilize o bem para a sua normal destinação, possibilitando assim a implantação do equipamento urbano, sem exigir desapropriação. Com isso, mantém-se o domínio do imóvel com o titular original e a serventia para o serviço público com o Município, reduzindo-se enormemente a indenização devida, ou mesmo dispensando-a, se as obras não prejudicarem em nada a utilidade econômica do bem passível da servidão".[126]

Distingue-se a servidão administrativa das limitações administrativas impostas de forma geral, dirigidas indistintamente a todas as pessoas e em benefício da coletividade. Estas são o gênero das quais a servidão administrativa é uma das espécies. Assim, a restrição à edificação além de certa altura é uma limitação administrativa ao direito de construir, que atinge a todos os proprietários de uma cidade, ou de uma parte da cidade, visando a atender uma política urbana de desenvolvimento planejado. Na servidão, a restrição procura obrigar a suportar a passagem de fios de energia elétrica sobre especificadas propriedades privadas, onerando diretamente os imóveis particulares com uma serventia pública. Não há norma de regra aplicável a todos, conquanto discrimina as propriedades atingidas pela oneração, trazendo um benefício próprio e determinado. Naquelas, o benefício é abstrato, obrigando as pessoas a se absterem de certo ato. Na última, o ônus é de suportar e incide sobre a propriedade, tendo natureza real.

No entanto, muitas das servidões legais ou administrativas previstas em leis caracterizam-se mais como limitações, o que é o caso das servidões sobre terrenos marginais dos rios, da servidão de aqueduto, da servidão sobre áreas de pesquisas e lavras de jazidas minerais, da servidão sobre prédios vizinhos a obras ou imóveis tombados no Patrimônio Histórico e Artístico Nacional, da servidão em torno de aeródromos, das servidões militares e da servidão em favor das fontes de águas minerais, termais ou gasosas.

---

[125] *Obra citada*, p. 60.
[126] *Direito Municipal Brasileiro*, ob. cit., p. 345.

A instituição se dá por lei e por ato expropriatório.

A primeira forma é a mais comum. Há casos em que a lei considera servidão uma certa área urbana. Todos os prédios que se erguem no local sofrem os seus efeitos, sendo os proprietários obrigados a cumprir as determinações e condições que são estabelecidas. É a hipótese da servidão sobre as margens de rios públicos, da servidão de trânsito sobre as margens dos rios navegáveis e em volta dos aeroportos, dentro de uma delimitação fixada.

A lei dá origem ao ônus. Não se requer reconhecimento judicial ou administrativo. Começa a existir no momento da promulgação da norma, ou quando o prédio vier a ser construído. Na hipótese do tombamento de um prédio, *v.g.*, como patrimônio histórico, o proprietário não procederá reformas ou modificações contrárias às normas para a manutenção das linhas arquitetônicas originais.

A segunda maneira de instituição é o ato declaratório de utilidade pública do imóvel, para fins de desapropriação. É a situação bastante comum da servidão para a distribuição da energia elétrica. Expropria-se a faixa de área por onde passa a rede elétrica.

Em se tratando de servidões, a desapropriação, em geral, não envolve o apossamento, pelo Estado, de todos os direitos sobre o imóvel. É possível desapropriar apenas o elemento do direito de propriedade, como, *v.g.*, o direito de usufruto, o direito de uso, o elemento da servidão. E no caso de servidão, há a imposição de ônus à propriedade particular, retirando-se, coercitivamente, alguns dos poderes que o titular do imóvel exerce sobre o mesmo, conferindo-os ao Poder Público ou a seus agentes, a título de direito real.

Uma vez imposta a restrição, não importando a forma, sempre comporta a indenização, no entendimento do STJ:

> Segundo a doutrina, as servidões administrativas, em regra, decorrem diretamente da lei (independente de qualquer ato jurídico, unilateral ou bilateral) ou constituem-se por acordo (precedido de ato declaratório de utilidade pública) ou por sentença judicial (quando não haja acordo ou quando adquiridas por usucapião).
>
> Não observadas as formalidades necessárias à implementação da servidão administrativa (decreto de declaração de utilidade pública), em atenção ao princípio da eficiência e da continuidade do serviço público, deve ser mantida a servidão, com a indenização correspondente à justa reparação dos prejuízos e das restrições ao uso do imóvel, como ocorre com a desapropriação indireta.[127]

Segundo o STJ, a constituição também pode ocorrer por acordo e por decisão judicial:

> As servidões administrativas, em regra, decorrem diretamente da lei (independente de qualquer ato jurídico, unilateral ou bilateral) ou constituem-se por acordo (precedido de ato declaratório de utilidade pública) ou por sentença judicial (quando não haja acordo ou quando adquiridas por usucapião), por isso que não observadas as formalidades necessárias, em atenção ao princípio da eficiência e da continuidade do serviço público, deve ser mantida a servidão, com a indenização correspondente à justa reparação dos prejuízos e das restrições ao uso do imóvel, como ocorre com a desapropriação indireta, obedecido o regime jurídico desta. Precedente: REsp 857596/RN, Rel. Ministra Eliana Calmon, *DJ* 19.05.2008.[128]

---

[127] *REsp* 857.596/RN, da Segunda Turma, j. em 6.05.2008, *DJe* de 19.05.2008.
[128] *REsp* 977.875/RS, da 1ª Turma, rel. Min. Luiz Fux, j. em 13.10.2009, *DJe* de 4.11.2009.

Capítulo XXXI
Usufruto

31.1. CARACTERIZAÇÃO

A ideia de usufruto emerge da consideração que se faz de um bem, no qual se destacam os poderes de usar e gozar ou usufruir, sendo entregues a uma pessoa distinta do proprietário, enquanto a este remanesce apenas a substância da coisa.

Quem passa a ter o proveito do bem denomina-se usufrutuário, enquanto o nu-proprietário é a pessoa que detém apenas a substância do mesmo bem.

Como se percebe, o exercício do domínio se restringe, enquanto uma pessoa distinta passa a exercer alguns dos poderes emanados da propriedade, e que se revelam na usabilidade e fruibilidade.

Daí delinear-se o conceito de usufruto como o direito de desfrutar de um bem alheio como se dele se fosse proprietário, com a obrigação, porém, de lhe conservar a substância.[1] Uma antiga definição de Paulo, extraída do Digesto, dá a mesma ideia: *"Usufructus est jus alienis rebus utendi et fruendi, salva rerum substantia"*.

Embora as divergências reinantes na doutrina sobre as conceituações, sob qualquer ângulo que se aprecie o instituto, aparece o núcleo ontológico do desfrute de um objeto na totalidade de suas virtudes e relações, sem alterar, no entanto, a substância.

Classificado como um *jus in re aliena*, induvidosamente é tido como um dos direitos mais presentes nas relações que envolvem os direitos reais.

O Código Civil de 1916 expressava, com bastante precisão e técnica, o conceito: "Constitui o usufruto o direito real de fruir as utilidades e frutos de uma coisa, enquanto temporariamente destacado da propriedade". O atual Código não repetiu a definição, eis que a função é da doutrina.

Apresenta alguma semelhança com institutos afins, como o fideicomisso.

Nesta figura, através de uma disposição, uma pessoa – o fideicomitente – institui herdeiros e legatários, mas com a imposição dirigida a um deles – fiduciário – de, sob termo ou condição, transmitir ao outro – fideicomissário – a herança ou o legado.

No usufruto, institui-se alguém para desfrutar um bem alheio como se dele próprio fosse, sem qualquer influência modificativa na nua-propriedade.

Ressalta que no fideicomisso – o que não ocorre no usufruto – a propriedade é transmitida, por primeiro, ao fiduciário. Após sua morte ou a certo tempo, a mesma propriedade vem a ser transferida ao fideicomissário (art. 1.951 do Código Civil).

---

[1] Orlando Gomes, *Direitos Reais*, tomo 2°, ob. cit., p. 383.

Não há fragmentação da propriedade, ou concentração de alguns de seus poderes em uma pessoa, ficando a outra com a substância da mesma, situação necessária ao usufruto. A propriedade vai por inteiro ao fiduciário, e, depois, ao fideicomissário. Como se vê, existe uma ordem no exercício da propriedade – antes o fiduciário, depois o fideicomissário.

Com a enfiteuse desponta igualmente proximidade, na medida em que a propriedade, nesta espécie, é exercida em caráter simultâneo, por dois titulares, enquanto no usufruto há utilização do bem pelo usufrutuário, perdurando o domínio junto ao nu-proprietário. Com o enfiteuta concentra-se o domínio útil. Com o usufrutuário, todavia, recaem o uso e o gozo. Na enfiteuse, porém, os poderes do enfiteuta são mais extensos e profundos, posto o direito que lhe é outorgado para dispor desses poderes de uso e gozo, vendendo-os, doando-os ou permutando-os. No usufruto tal não sucede, já que instituído para o proveito exclusivo de pessoa favorecida. Naquela, o domínio útil é perpétuo e transmissível; no último, os poderes transferidos são temporários e intransmissíveis, envolvendo, ainda, bens móveis como seu objeto, ao contrário da outra figura, que recai apenas em terras não cultivadas e terrenos não edificados.

Constata-se alguma semelhança com a locação quanto ao uso e gozo da coisa, que em ambas as espécies se verificam. Mas as diferenças ressaltam em pontos fundamentais, como no pagamento do aluguel, na natureza de direito pessoal e na relação restrita entre locador e locatário, que emergem na locação, ao passo que, no usufruto, não se estabelece uma contraprestação, sendo de direito real o contrato, e valendo, por conseguinte, *erga omnes*. Recai a primeira figura apenas em coisas corpóreas, contrariamente ao usufruto, que é constituível sobre bens materiais, direitos intelectuais ou autorais, créditos, patentes de invenções, fundo de comércio, além de outras emanações do engenho humano.

A mesma configuração se dá com o comodato, tanto na semelhança restrita ao uso e gozo do bem nas duas formas, quanto nas diferenças que despontam, citandose, *v. g.*, a natureza de direito pessoal no comodato, contrariamente ao usufruto, de cunho eminentemente real.

Desde tempos mais antigos é conhecido o usufruto. Lembra Manuel Ignácio Carvalho de Mendonça que a referência direta mais remota fornecida pela história é a contada na "Oração contra Alphobos", de Demóstenes, fazendo-se aí alusão a uma casa com os seus móveis, que deveriam passar em propriedade àquele orador, após a fruição de alguém que detinha a mesma por vontade do testador.[2]

No direito romano, ao tempo da República, existem notícias do emprego desta forma de utilização dos bens, mas convergindo para uma variante de servidão pessoal, sentido que chegou a passar para os tempos modernos.

Várias características marcam o instituto.

Em primeiro lugar, a temporariedade, ou que o usufruto se prolongue por um período prefixado, em geral durante a vida do titular do direito, pelo fundamento que dá Manuel Ignácio Carvalho de Mendonça:

> A razão da necessidade da fixação de um termo à existência desse direito real é que os direitos elementares que ele encerra – o uso da coisa e a percepção dos frutos – são tão extensos como no titular do próprio domínio.
>
> De sorte que sua duração indefinida seria mais do que a simples paralisação de um dos elementos da propriedade de outrem, chegando até a transformar o domínio em pura ficção.[3]

---

[2] *Do Usufruto, do Uso e da Habitação*, Rio de Janeiro, A. Coelho Branco Filho – Editor, 1917, p. 25.

[3] *Do Usufruto, do Uso e da Habitação*, ob. cit., p. 29.

Cuida-se de um direito real, conforme explanam os autores Ney Rosa Goulart e Paulo Eurides Ferreira Seffrin:

> Tendo o direito à posse, o usufrutuário exerce gozo no que não é próprio. Logo, o usufruto é um *jus in re aliena*. E esse direito à posse, com a correlata faculdade de bem usar e efetivar proveitosa fruição sobre a coisa de outrem, é inteiramente assegurado ao usufrutuário. Logo, o usufrutuário exerce um poderio diretamente sobre a coisa. Por tal forma que pode opor esse seu direito contra quem quer que lhe conteste ou, ao menos, lhe moleste o exercício. Inclusive contra o nu-proprietário, se for o caso. Pode exercê-lo, então, *erga omnes*. Ora, essas características, como sabemos, revestem os direitos reais.

De conseguinte, o usufruto é, à evidencia, um direito real.[4]

O direito de propriedade, embora reduzido ao mínimo, permanece com o proprietário. Bem verdade que é reduzida a propriedade, sem as prerrogativas do uso e do gozo. Mas não perde a substância do domínio, concentrada nas mãos do nuproprietário.

Considera-se o usufruto um direito real sobre coisa alheia, que se exerce na qualidade de direito real de gozo, não fazendo parte dos direitos de garantia, ou na classe dos direitos reais de aquisição.[5]

Prepondera sua restrição às relações de família, porque mais usado entre parentes e, normalmente, objetivando proporcionar a substância ao usufrutuário. Não é incomum, todavia, que se apresente como ato negocial típico e fora do âmbito das relações de parentesco. Daí admitir-se a sua formação a título gratuito, situação bastante frequente, como a título oneroso, embora raramente ocorra.

Estabelece-se a título de liberalidade quando instituído *causa mortis*. Se proveniente de ato *inter vivos*, é possível a forma onerosa.

31.2. OBJETO

O art. 1.390 do Código de 2002 dá a extensão do objeto do usufruto: "O usufruto pode recair em um ou mais bens, móveis ou imóveis, em um patrimônio inteiro, ou parte deste, abrangendo-lhe, no todo ou em parte, os frutos e utilidades".

Por sua vez, complementa o art. 1.392: "Salvo disposição em contrário, o usufruto estende-se aos acessórios da coisa e seus acrescidos".

Daí constituírem objeto do usufruto as coisas móveis, as imóveis, os frutos, as utilidades, os acessórios da coisa e seus acrescidos. Inclusive os bens não fruíveis, já que pressupostos para fazer incidir o usufruto no bem são a alienabilidade e a gravabilidade.

Quanto às coisas fora do comércio, acentua Tupinambá Miguel Castro do Nascimento:

> O bem, para os efeitos de ser objeto, necessita ser ainda alienável e gravável. As coisas fora do comércio, por não serem aproveitáveis, graváveis e alienáveis (...) não são usufrutuáveis. Não suscetíveis de serem apropriadas, não há o domínio de alguém, cujos direitos reflexos de usar e fruir serão transferidos ao usufrutuário.[6]

---

[4]   *Do Usufruto, do Uso e da Habitação*, 1ª ed., Rio de Janeiro, Forense, 1986, p. 7.
[5]   Darcy Bessone, *Direitos Reais*, ob. cit., p. 349.
[6]   *Usufruto*, 2ª ed., Rio de Janeiro, Aide Editora, 1986, p. 14.

DIREITO DAS COISAS – *Arnaldo Rizzardo*

Quanto aos bens incorpóreos, já prelecionava M. I. Carvalho de Mendonça:

> Os direitos podem ser objeto de usufruto. Que há direitos sobre direitos parece uma verdade admitida desde o direito moderno. Aí se fala em *usufructus nominis, nomen, usufructus pignori est, pignori datur, nuda proprietas, pignori data* (...).
>
> Temos, além disso, o usufruto sobre títulos de créditos, sobre apólices e outros títulos de renda (...). O penhor pode ter como objeto um direito de crédito; a hipoteca pode recair sobre o direito do usufruto de imóveis, sobre o direito do enfiteuta, sobre as rendas do Estado etc.[7]

Importa o exame da transmissibilidade para definir o objeto do usufruto. Desde que transmissíveis os bens ou direitos, prestam-se para o usufruto. Se um crédito é cessível, como o cambial e o direito de autor, torna-se objeto de usufruto. Mas há uma certa limitação quanto aos direitos reais limitados, como a servidão, o uso, a habitação, o penhor e a hipoteca, sendo que não dependem apenas daquele que usufrui o direito de proveito do bem para a transmissão. Há necessidade da participação da pessoa à qual se reserva uma parcela de direitos reais. De modo que, *v. g.*, o usufrutuário não pode arrogar-se a prerrogativa de manter o uso e o gozo da coisa se advém a execução da dívida.

De igual modo no tocante à servidão, que é um direito acessório; ao uso e à habitação, uma vez que o proveito do usuário e do habitador restringe-se às finalidades ínsitas nestes institutos.

Na enfiteuse (não mais contemplada pelo Código Civil de 2002), perfeitamente normal instituir o usufruto sobre o domínio útil, ou seja, sobre o *jus utendi* e o *jus fruendi*, por ser de sua natureza a perpetuidade. Não assiste, porém, a mesma possibilidade quanto ao senhorio, sendo que o direito que lhe resta não tem qualquer utilidade, ficando ele sem uso e fruição.[8]

O usufruto sobre coisas fungíveis e consumíveis, chamado de "quase usufruto" pelos doutrinadores, resolve-se em mútuo, definido no art. 586 do Código: "O mútuo é o empréstimo de coisas fungíveis. O mutuário é obrigado a restituir ao mutuante o que dele recebeu em coisa do mesmo gênero, qualidade e quantidade". Obviamente, o usufrutuário consome os bens. Ou eles se esgotam com o uso. Por isso, já ordenava o art. 726 do Código Civil de 1916 a restituição de outros equivalentes:

> As coisas que se consomem pelo uso caem para logo no domínio do usufrutuário, ficando, porém, este obrigado a restituir, findo o usufruto, o equivalente em gênero, qualidade e quantidade, ou, não sendo possível, o seu valor, pelo preço corrente ao tempo da restituição.

O Código atual prevê o usufruto sobre bens consumíveis no § 1º do art. 1.392, quando trata do usufruto sobre os acessórios e seus acrescidos. Eis o art. 1.392: "Salvo disposição em contrário, o usufruto estendese aos acessórios da coisa e seus acrescidos". Já o § 1º:

> Se, entre os acessórios e os acrescidos, houver coisas consumíveis, terá o usufrutuário o dever de restituir, findo o usufruto, as que ainda houver e, das outras, o equivalente em gênero, qualidade e quantidade, ou, não sendo possível, o seu valor, estimado ao tempo da restituição.

---

[7] *Do Usufruto, do Uso e da Habitação*, ob. cit., p. 59.

[8] Pontes de Miranda, *Tratado de Direito Privado*, São Paulo, Editora Revista dos Tribunais, vol. XIX.

A diferença básica do mútuo está no tipo de direito: no usufruto, o direito é real; no mútuo, obrigacional. Naquele, a extinção e, pois, a obrigação de restituir se dão com a morte do usufrutuário; no último, vence a obrigação na época aprazada, e não com a morte.

Recaindo sobre os títulos de crédito o usufruto, conforme preveem o art. 1.395 e seu parágrafo único do Código Civil, assegura-se ao usufrutuário não só cobrar as respectivas dívidas, mas, ainda, empregar as importâncias recebidas. Assiste ao proprietário dos títulos, ao cessar o usufruto, exigir em espécie o dinheiro, se depositado em espécie, ou os novos títulos em substituição aos anteriores. O art. 719 do Código anterior facultava a exigência em dinheiro, a que se obrigava o usufrutuário. A restrição não mais incide com o Código Civil atual.

Outrossim, ordenava o art. 720 do Código anterior que, recaindo o usufruto sobre apólices da dívida pública ou títulos semelhantes, de cotação variável, a alienação deles somente se efetuará mediante prévio acordo entre o usufrutuário e o dono. O vigente Código não repetiu a disposição, até porque a matéria inclui-se nos títulos de crédito em geral, prevista no art. 1.395 e em seu parágrafo único.

O art. 725 do Código Civil revogado previa o usufruto sobre florestas e minas: "Se o usufruto recai em florestas, ou minas, podem o dono e o usufrutuário prefixar-lhe a extensão do gozo e a maneira da exploração". O assunto consta no § 2º do art. 1.392 do Código de 2002: "Se há no prédio em que recai o usufruto florestas ou os recursos minerais a que se refere o art. 1.230, devem o dono e o usufrutuário prefixar-lhe a extensão do gozo e a maneira de exploração". A fixação da extensão e da maneira de exploração passou a ser obrigação.

31.3. ESPÉCIES

Várias são as espécies de usufruto:

a) Temporário, se vinculado a um determinado prazo ou a um acontecimento futuro, como enquanto permanecer uma pessoa no estado de viuvez (art. 1.410, inc. II, do Código).

b) Vitalício, se estabelecido para durar enquanto viver o usufrutuário (art. 1.410, inc. I, do Código).

c) A título gratuito, sem qualquer contraprestação pela sua concessão.

d) A título oneroso, isto é, com alguma retribuição em favor de quem concede. Embora alguns não aceitem esta forma, é defendida por Clóvis Beviláqua[9] e M. I. Carvalho de Mendonça, desde que constituído por contrato.[10]

A possibilidade de se estabelecer a título oneroso vem justificada por Ney Rosa Goulart e Paulo Eurides Ferreira Seffrin:

> Com efeito, o usufruto deve ser sempre a título de liberalidade só quando instituído mediante ato *causa mortis*. Quando proveniente de ato *inter vivos*, poderá ser oneroso (...). Demais, por que não poderá ser instituído a título oneroso, se o seu exercício pode ser cedido também a título oneroso (art. 717)?
>
> De resto, inexiste, na lei civil, qualquer proibição quanto a que seja oneroso. E inexistindo disposição expressa nesse sentido, sabido é que as partes podem convencionar, pois fazem lei entre si, em conformidade com tradicional e sempre válido princípio geral de direito.[11]

---

[9] *Direito das Coisas*, vol. I, ob. cit., p. 310.

[10] *Do Usufruto, do Uso e da Habitação*, ob. cit., p. 91.

[11] *Obra citada*, p. 10.

O art. 717 do Código Civil de 1916, pela sua redação, efetivamente encerrava a possibilidade de constituição onerosa: "O usufruto só se pode transferir, por alienação, ao proprietário da coisa; mas o seu exercício pode ceder-se por título gratuito ou oneroso". O atual Código, em seu art. 1.393, proíbe a transferência do usufruto, mas não do exercício: "Não se pode transferir o usufruto por alienação; mas o seu exercício pode ceder-se por título gratuito ou oneroso".

e) Divisível, por admitir a extinção por partes. Ou seja, se duas ou mais pessoas são usufrutuárias, com a morte de uma delas cessa o gravame respectivo; de igual modo, se parte do bem perece, obviamente remanesce o gravame na extensão que restou.

O art. 1.411 do Código de 2002, em redação mais aperfeiçoada que o art. 740 do Código Civil de 1.916, contém a regra sobre a divisibilidade, quanto às pessoas favorecidas: "Constituído o usufruto em favor de duas ou mais pessoas, extinguir-se-á a parte em relação a cada uma das que falecerem, salvo se, por estipulação expressa, o quinhão desses couber ao sobrevivente".

f) Legal e convencional, classificação esta que envolve a sua origem ou formação, e sobremaneira importante.

Legal é o usufruto que a lei institui em favor de determinadas pessoas. Surge e existe em função de previsão legal, preponderando no direito de família. Assim, pelos arts. 1.689 e 1.691 do Código vigente, o pai e a mãe têm o usufruto sobre os bens dos filhos, enquanto estiverem sob o poder familiar. A venda de qualquer bem, e mesmo a sua gravação por ônus hipotecários ou pignoratícios, dependerão de grave necessidade e autorização judicial.

Sua extinção se dá com a maioridade do nu-proprietário e se os rendimentos não são elevados, mas equivalentes às despesas de sustento e criação do filho, não se reclama a prestação de contas, segundo já decidido:

> Cessada a menoridade, extingue-se o usufruto, de modo que o usufrutuário, detentor do imóvel, deve devolvê-lo ao filho, nu-proprietário. Retendo-o, obriga-se à prestação de contas, a contar da maioridade daquele. Pátrio poder. Durante a menoridade, a mãe que exerce o pátrio poder é usufrutuária dos bens do filho, podendo, por isso, perceber-lhe os frutos.

> O detentor do pátrio poder está isento da obrigação de prestar contas do filho que atingiu a maioridade, salvo se os rendimentos forem de alto valor, excedendo os gastos presumíveis da criação e educação do menor.[12]

Com o Código Civil de 2002, a expressão "pátrio poder" passou para "poder familiar".

Conforme previa o § 1º do art. 1.611 do Código Civil de 1916, o cônjuge viúvo, se o regime de bens do casamento não era o da comunhão universal, teria direito, enquanto durasse a viuvez, ao usufruto da quarta parte dos bens do cônjuge falecido, se existissem filhos deste ou do casal; e à metade, em não havendo filhos, embora sobrevivessem ascendentes do *de cujus*.

Com o Código de 2002, diferente é a disciplina da matéria. O cônjuge, concorrendo com descendentes ou ascendentes, terá direito a participar da herança, na proporção que estabelecem os arts. 1.832 e 1837, não mais persistindo o usufruto.

---

[12] *Apel. Cível* nº 38.603, 7ª Câm. Cível do TJ do Rio de Janeiro, de 17.09.1985, em *Revista dos Tribunais*, 603/189.

As hipóteses supramencionadas, segundo o art. 1.391 do Código Civil, dependem de Registro Imobiliário. Eis sua letra: "O usufruto de imóveis, quando não resulte de usucapião, constituir-se-á mediante registro no Cartório de Registro de Imóveis". O Código Civil de 1916, no art. 715, dispensava do ato do registro o usufruto resultante do direito de família.

Convencional denomina-se o usufruto, ou contratual, ou, ainda, voluntário, quando nasce da vontade do instituidor, ou por disposição da vontade.

Sua constituição terá a forma pura e simples se gratuito e independe de condição ou termo. Mas embora raro, é possível a forma onerosa, ou mediante uma compensação econômica, e mesmo com encargos.

Se formalizado por testamento ou doação, classifica-se como unilateral. Se existir alienação, então considera-se bilateral. Nesta modalidade, destacam-se dois tipos: quando alguém aliena o usufruto, conservando para si a sua propriedade; e quando alguém transmite a nua-propriedade, reservando para si o usufruto, o que é mais frequente.

g) Judicial, como vinha expressamente contemplado no art. 716 do CPC/1973, mas que, quando da fase da satisfação do crédito, impunha-se a penhora dos rendimentos ou proveitos, como entendia Humberto Theodoro Júnior,[13] ao observar que se lavrasse a penhora do usufruto, o que corresponde à penhora dos resultados do usufruto. Impossível o mero usufruto de um bem, cujo proveito poderia ultrapassar o valor dos resultados. Por conseguinte, o usufruto corresponde à penhora dos resultados advindos com o usufruto, e até o montante da satisfação do crédito. Nesta dimensão a previsão do atual art. 867 do CPC/2015: "O juiz pode ordenar a penhora de frutos e rendimentos de coisa móvel ou imóvel quando a considerar mais eficiente para o recebimento do crédito e menos gravosa ao executado".

A Lei do Divórcio (Lei nº 6.515/1977), no art. 21 e em seus §§ 1º e 2º, introduziu o usufruto sobre bens do cônjuge devedor, para garantir prestação alimentícia instituída em favor do outro cônjuge, nada aventando a respeito o Código Civil de 2002.

h) Usufruto adquirido por usucapião, restrito à aquisição de propriedade *a non domino*, e verificável quando aquele que transfere ou concede o usufruto não tem a propriedade sobre o bem. Diz, a respeito, Tupinambá Miguel Castro do Nascimento:

> Desta forma, a posse prolongada, desde que qualificada *ad usucapionem*, pode levar à prescrição aquisitiva qualquer direito real de fruição e gozo. Seria demasiadamente incurial que a posse prolongada, enquanto incontestada, pudesse levar à aquisição da propriedade plena, direito real por excelência, e não levasse à aquisição do direito real limitado, desde que de gozo e fruição.[14]

No caso de o verdadeiro proprietário vir a reivindicar a coisa, permanece o usufruto contra o mesmo; e se o instituidor adquirir a propriedade, revalida-se o gravame na pessoa do usucapiente e usufrutuário.

Evidentemente, concretiza-se o direito se fluiu já o prazo da prescrição aquisitiva, a menos no caso de aquisição real do domínio pelo instituidor que antes não se revestia do título de domínio.

i) Usufruto constituído por sub-rogação, que se dá quando a coisa dada primeiramente em usufruto é substituída por outra. Através do contrato, substitui-se o objeto do usufruto, como no caso de constituído originariamente em títulos de crédito, e, após, as partes esta-

---

13   *Curso de Direito Processual Civil*, Rio de Janeiro, Forense, 1985, vol. II, p. 986.
14   *Usufruto*, ob. cit., p. 69.

belecem que incide em um imóvel, ou no valor que aqueles representam. É possível ocorrer a substituição quando o bem frutuário perece, como num incêndio. Havendo a garantia do seguro, o usufruto incidirá sobre o dinheiro correspondente à indenização. O usufrutuário passa, então, a fruir do valor, investindo-o. Observa-se que o montante do seguro submete-se ao usufruto, o que é uma decorrência natural, embora omisso o art. 1.408 do Código de 2002:

> Se um edifício sujeito a usufruto for destruído sem culpa do proprietário, não será este obrigado a reconstruí-lo, nem o usufruto se restabelecerá, se o proprietário reconstruir à sua custa o prédio; mas se a indenização do seguro for aplicada à reconstrução do prédio, restabelecer-se-á o usufruto.

Tratando do mesmo assunto, o art. 737 do Código anterior previa a sujeição do valor pago ao ônus do usufruto.

Da mesma forma na situação de expropriação do bem. A indenização, de acordo com o justo preço do bem, vai para as mãos do favorecido, para investi-lo e aproveitar os rendimentos que advierem.

Neste sentido, preceitua o art. 1.409 do Código: "Também fica sub-rogada no ônus do usufruto, em lugar do prédio, a indenização paga, se ele for desapropriado, ou a importância do dano, ressarcido pelo terceiro responsável no caso de danificação ou perda".

Em todos os casos, vencido o prazo, ou extinto o usufruto, deverá a pessoa restituir a quantia recebida ao respectivo titular, com a devida correção monetária, sendo que esta não faz parte dos rendimentos.

Outras classificações costumam os autores apresentar, como o usufruto próprio (incidente sobre coisas que podem ser devolvidas), e o impróprio (incidente sobre coisas consumíveis e fungíveis).

31.4. CESSÃO E PENHORA DO EXERCÍCIO DO USUFRUTO

Em princípio, é o usufruto intransmissível *inter vivos*, pois, adverte Tupinambá Miguel Castro do Nascimento,

> transmitir o direito, que a lei obstaculiza, seria fazer do usufruto outro usufruto, com as mesmas características de direito real, e se substituindo, perante o nu-proprietário, por outro usufrutuário (...). Identicamente, o usufrutuário não pode hipotecar, penhorar ou dar em anticrese o bem recebido em usufruto, porque poderia importar em cessão de direito indireta. E mesmo porque, em conformidade com o art. 756 do Código Civil, "só aquele que pode alienar, poderá hipotecar, dar em anticrese ou empenhar".[15]

O art. 756 citado corresponde ao art. 1.420 do Código de 2002.

Tão somente o exercício do usufruto é cessível, sem constituir-se novo direito real, mas apenas um direito de ordem pessoal, a título gratuito ou oneroso, como revela o art. 1.393 do Código atual: "Não se pode transferir o usufruto por alienação; mas o seu exercício pode ceder-se por título gratuito ou oneroso".

A cessão do exercício independe da vontade do nu-proprietário.

Igualmente, em razão da renúncia ou morte do usufrutuário não se afigura a transmissibilidade, em virtude de que, ao dizer o art. 1.410, inc. I, que se extingue o usufruto com

---

[15] *Usufruto*, ob. cit., p. 23.

a renúncia ou morte do usufrutuário, está afirmando a impossibilidade da transmissão. De tal sorte que nada herdarão os sucessores do usufrutuário.

Neste sentido deve ser entendida a seguinte passagem de Lacerda de Almeida, que se estende ao regime do atual Código, pois repete a norma do diploma revogado:

> (...) O usufruto tem o caráter de exclusividade e generalidade que, guardadas as proporções, compete ao domínio, é o direito do usufrutuário essencialmente transferível. Mas a personalidade própria do usufruto luta com a transmissibilidade essencial deste direito e permite apenas ao titular dele transferir as respectivas comodidades ou proveitos. O usufruto é neste ponto e até este limite suscetível de cessão.[16]

Quanto à penhora, a jurisprudência, ainda do tempo do Código anterior, admitiu a penhora do exercício do direito:

> Penhora. Imóvel objeto do usufruto. Incidência admissível em tese sobre o respectivo exercício, desde que tenha expressão econômica, e não sobre o próprio direito. Necessidade de que se demonstre não se encontrar o usufrutuário utilizando pessoalmente da coisa frutuária ou, se alugada, não constituir renda para sua própria manutenção.

É que, segundo se aduz no voto, o usufruto é constituído em razão da pessoa.

> Por ser direito personalíssimo é que se torna inalienável, o que não ocorre com o seu exercício (...).

> E, realmente, como ensina o Prof. Washington de Barros Monteiro, o usufruto não comporta alienação, como direito é incessível. Mas seu exercício pode ser concedido a título gratuito e oneroso. Nada impede, assim, que o usufrutuário, em vez de se utilizar pessoalmente da coisa frutuária, o que poderia ser inútil e até vexatório, a alugue ou empreste a outrem. E mais: da inalienabilidade resulta a impenhorabilidade do usufruto. O direito não pode, portanto, ser penhorado em ação executiva movida contra o usufrutuário: apenas seu exercício pode ser objeto de penhora, desde que não tenha expressão econômica. A penhora deverá recair, destarte, não sobre o direito propriamente dito, mas sobre a faculdade de perceber as vantagens e os frutos da coisa, sobre a sua utilização, em suma (*Curso de Direito Civil – Direito das Coisas*, 26ª ed., Saraiva, 1988, 3º volume, p. 309).

> Todavia, para o deferimento do pedido de penhora do exercício do direito de usufruto, torna-se indispensável que se demonstre, ou se afirme, desde logo, não se encontrar o usufrutuário utilizando-se pessoalmente da coisa frutuária; ou, se alugada, não constitua renda para a manutenção do usufrutuário, tendo em vista se equiparar a soldos e salários (art. 649, I, do CPC), ou a alimentos destinados a pessoas idosas (art. 650 do CPC).[17]

Os arts. 649, I, e 650 citados correspondem aos arts. 833, I, e 834 do CPC/2015.

Se o usufruto como direito é inalienável, seu exercício pode ser objeto de cessão gratuita ou onerosa (CC de 2002, art. 1.393); e basta que as faculdades, decorrentes desse exercício, tenham expressão econômica para que o uso da coisa usufruída seja suscetível de penhora.

---

[16] *Direito das Coisas*, ob. cit., p. 373.

[17] *Agravo de Instrumento* nº 395.815, 3ª Câm. do TA Civil de São Paulo, de 29.08.1988, em *Revista dos Tribunais*, 638/123.

Mas, além da ressalva contida no julgamento, lembrada por Washington de Barros Monteiro, há outra exceção. No usufruto legal, estabelecido em razão do direito de família e inerente ao poder familiar, a incidir sobre os bens dos filhos menores e em favor dos pais, não será possível sua penhora, em razão mesma do caráter alimentar desse instituto.

Em um julgamento mais recente, o STJ firmou a possibilidade de penhora:

> É firme a jurisprudência do STJ no sentido da possibilidade da penhora do usufruto, desde que o arrematante respeite o ônus real que recai sobre o imóvel até a sua extinção.[18]

Apontam-se precedentes no voto do Relator:

> É firme a jurisprudência do STJ no sentido da possibilidade da penhora do usufruto, desde que o arrematante respeite o ônus real:

> "(...) O Tribunal de origem ao reconhecer a possibilidade de penhora sobre fração ideal do imóvel de propriedade do executado, ainda que gravado com usufruto, não destoou da jurisprudência do STJ, que decidiu que a alienação de bem sobre o qual recai usufruto não pode inviabilizar a penhora, sobretudo porque a Execução é feita no interesse do credor". Recurso Especial parcialmente conhecido e, nessa parte, não provido. (REsp 1758076/DF, Rel. Ministro Herman Benjamin, Segunda Turma, julgado em 11.09.2018, *DJe* 21.11.2018) (...)".

> "(...) O Tribunal de origem se manifestou de forma clara e fundamentada no sentido de obstar a penhora do imóvel nomeado pela exequente, haja vista que o bem está gravado com ônus real (usufruto) e possui diversos proprietários, fatos que dificultariam a execução e, ainda, não satisfariam o direito do credor. O cabimento dos embargos de declaração está limitado às hipóteses de omissão, contradição ou obscuridade do julgado, cabendo, ainda, quando for necessária a correção de erro material ou premissa fática equivocada sobre a qual se embase o julgamento. Tais hipóteses não ocorreram no caso dos autos, pelo que não há que se falar em violação ao art. 535, II, do CPC.

> Em que pese a dificuldade na alienação do bem imóvel em questão, é certo que a execução é realizada em benefício do credor, nos termos do art. 612 do CPC. A indivisibilidade do bem e o fato de o imóvel estar gravado com ônus real, *in casu*, usufruto, não lhe retiram, por si sós, a possibilidade de penhora, eis que os arts. 184 do CTN e 30 da Lei n. 6.830/80 trazem previsão expressa de que os bens gravados com ônus real também respondem pelo pagamento do crédito tributário ou dívida ativa da Fazenda Pública.

> Eventual arrematante deverá respeitar o ônus real que recai sobre imóvel. Tal ônus, por óbvio, pode dificultar a alienação do bem, mas não pode justificar a recusa judicial da penhora, sobretudo porque a execução é feita no interesse do credor. Em casos tais quais o dos autos, pode interessar aos co-proprietários a arrematação da parcela da nua propriedade que não lhes pertence. (...) REsp 1232074/RS, Rel. Ministro Mauro Campbell Marques, Segunda Turma, julgado em 22.02.2011, *DJe* 4.03.2011)".

> (...) "A nua-propriedade pode ser objeto de penhora e alienação em hasta pública, ficando ressalvado o direito real de usufruto, inclusive após a arrematação ou a adjudicação,

---

[18] AgInt no REsp 1.777.492/SP, da 4 Turma, rel. Min. Luis Felipe Salomão, j. em 3.09.2019, *DJe* de 10.09.2019.

até que haja sua extinção. Precedentes (AgRg no AREsp 544.094/RS, Rel. Ministra Maria Isabel Gallotti, Quarta Turma, julgado em 21/05/2015, *DJe* 29/05/2015)" (...).

31.5. DIREITOS E OBRIGAÇÕES DO USUFRUTUÁRIO

a) Direitos.

Os mais importantes direitos do usufrutuário sintetizam-se no uso e gozo da coisa. O art. 1.394, encerra este aspecto: "O usufrutuário tem direito à posse, uso, administração e percepção dos frutos". Para que se efetive o *jus utendi* e o *jus fruendi*, ou para que o usufrutuário possa tirar os proveitos que a coisa oferece, impende que a use, a administre e perceba os frutos, e, assim, que tenha a posse da mesma.

De acordo com o art. 1.392, o proveito envolve os acessórios da coisa (móveis de uma casa) e seus acrescidos (aluvião, avulsão e formação de ilhas). Temos uma norma quanto aos animais, no art. 1.397: "As crias dos animais pertencem ao usufrutuário, deduzidas quantas bastem para inteirar as cabeças de gado existentes ao começar o usufruto". Relativamente aos frutos pendentes, há duas situações: os pendentes ao iniciar o usufruto, e os pendentes ao seu término. Quanto aos primeiros, na ordem do art. 1.396, "salvo direito adquirido por outrem, o usufrutuário faz seus os frutos naturais, pendentes ao começar o usufruto, sem encargo de pagar as despesas da produção". No tocante aos segundos, eis a forma de disciplina contida no parágrafo único do mesmo cânone: "Os frutos naturais, pendentes ao tempo em que cessa o usufruto, pertencem ao dono, também sem compensação das despesas".

Há, outrossim, regra no pertinente aos frutos civis, como rendimentos e juros, estatuída no art. 1.398, segundo a qual os frutos civis, vencidos na data inicial do usufruto, pertencem ao proprietário, e ao usufrutuário os vencidos na data em que cessa o usufruto. Assim acontece com os aluguéis auferidos na locação do prédio frutuário.

Assiste ao beneficiário do usufruto aproveitar pessoalmente o bem, ou ceder seu exercício de modo gratuito ou oneroso, sem mudar a destinação, a menos que autorizado pelo proprietário, em obediência ao art. 1.399 do Código de 2002. "O usufrutuário pode usufruir em pessoa, ou mediante arrendamento, o prédio, mas não lhe mudar a destinação econômica, sem expressa autorização do proprietário".

A segunda parte do art. 1.393 do Código reforça a cessão unicamente do exercício: "Não se pode transferir o usufruto por alienação; mas o seu exercício pode ceder-se por título gratuito ou oneroso".

Recaindo o usufruto em títulos de crédito, garante o art. 1.395 ao usufrutuário o direito de perceber os frutos e de cobrar as respectivas dívidas.

O art. 1.392, § 3º, do Código de 2002 garante o direito do usufrutuário sobre parte do tesouro encontrado (depósito antigo de moedas ou coisas preciosas, não mais existindo memória do dono), e sobre o preço pago pelo vizinho do prédio usufruído para obter meação de parede, cerca, muro, vala ou valado, desde que o usufruto recaia sobre universalidades, ou quota-parte dos bens:

> Se o usufruto recai sobre universalidade ou quota-parte de bens, o usufrutuário tem direito à parte do tesouro achado por outrem, e ao preço pago pelo vizinho do prédio usufruído, para obter meação em parede, cerca, muro, vala ou valado.

A universalidade envolve o bem como um todo. É o caso da herança. A cota-parte abrange a propriedade de uma parte ideal, dentro do todo. Não há, desta maneira, especificação da parte do bem pertencente ao nu-proprietário.

Então, recaindo o usufruto numa universalidade, ou numa cota-parte, afasta-se o direito da indenização ao nu-proprietário.

Daí afirmar Carvalho Santos, mostrando-se aplicável a lição ao Código vigente:

> Se o vizinho do imóvel dado em usufruto pagar uma quantia para adquirir a meação de uma parede ou tapume divisória, esse preço, se se trata de usufruto que recai sobre universalidade ou cota-parte de bens, não pertence ao proprietário, mas se atribui ao usufrutuário universal.[19]

Enfim, tendo o usufrutuário a posse, torna-se possuidor direto, permitindo-se-lhe o uso dos remédios possessórios tanto contra o próprio nu-proprietário, como contra terceiros.

Mas se é negado o direito ao usufruto, ou se é atacada a sua existência, cabe-lhe a ação confessória, que, segundo Lacerda de Almeida,

> é a ação pela qual o titular de um direito de servidão predial, como o direito de passagem, ou pessoal, como o de usufruto, faz reconhecer o seu direito para o fim de lhe ser restituída a coisa (do mesmo modo que a reivindicatória compete ao proprietário para lhe ser reconhecido o domínio) com a obrigação sob certa pena de abster-se o réu da turbação atual e de quaisquer atos que de futuro impeçam a livre fruição, e mais pagar o prejuízo causado.[20]

b) Obrigações.

Das obrigações de maior relevância ressaltam aquelas traduzidas no art. 1.400, idênticas às que vinham no art. 729 do Código de 1916, e assim desenvolvidas:

I – Antes de assumir o usufruto, inventariará o usufrutuário, à sua custa, os bens que receber, determinando o estado em que se acham. Deverá individualizar rigorosamente as coisas recebidas, para que, ao final, conheça e saiba o que vai ser restituído. Descreverá cada coisa, de modo a determinar e identificar o estado em que a mesma foi recebida. Mencionará o valor e a conservação, a fim de saber como efetuará a devolução.

II – Dará caução fidejussória ou real, se lha exigir o dono, no sentido de velar-lhe pela conservação, e entregá-la findo o usufruto. Explicava Darcy Bessone: "Garante (a caução), pois, a indenização por perdas e danos no caso de ser a coisa restituída em mau estado, ou de não ser restituída. Deve ser suficiente para a garantia almejada. Pode ser real, consistindo na entrega de valores bastantes para garantirem os direitos do nu-proprietário, ou fidejussória, consistindo em fiança prestada por terceira pessoa, que tenha idoneidade para tanto".[21] A entrega da coisa no estado de recebimento requer a sua conservação de modo, no dizer de Sílvio Rodrigues, a não se cortarem as árvores frutíferas de terreno frutuário, e de tampouco se exaurir a terra, deixando de adubá-la de acordo com as técnicas recomendadas, e impondo-se danos como os causados pela erosão.[22] Na recusa ou impossibilidade de oferecer caução, a administração caberá ao nu-proprietário, que deverá, no entanto, entregar os rendimentos ao usufrutuário, deduzidas as despesas de administração, as quais, inexistindo acerto entre as partes,

---

[19] *Obra citada*, vol. IX, p. 412.

[20] *Direito das Coisas*, ob. cit., p. 404.

[21] *Direitos Reais*, ob. cit., pp. 354 e 355.

[22] *Direito Civil – Direito das Coisas*, 4ª ed., São Paulo, Editora Saraiva, 1972, vol. V, p. 291.

serão fixadas pelo juiz, em ação própria, tudo de conformidade com o que já estava previsto no art. 730 do Código de 1916 e se encontra no art. 1.401 do Código em vigor.

Se o nu-proprietário administrar o bem, a ele incumbe prestar caução. Mas dispensa-se da caução, segundo parágrafo único do art. 1.400 do Código Civil, o doador que se reservar o usufruto da coisa doada. O art. 731 do Código anterior incluía na dispensa, além do doador que se reservava para si o usufruto (inc. I), os pais usufrutuários dos bens dos filhos menores (inc. II).

Várias despesas incumbem à responsabilidade do usufrutuário, discriminadas no art. 1.403, como as ordinárias de conservação dos bens no estado em que foram recebidos, e necessárias para evitar, *v.g.*, a erosão, e manter a qualidade da terra e a segurança contra penetrações de estranhos, com a preservação de cercas.

Deve o usufrutuário pagar os impostos reais pelo uso da terra, municipais ou estaduais; os determinados pelo exercício da atividade profissional estabelecida no bem frutuário; o imposto de renda, e demais encargos públicos. Além disso, serão de sua conta as prestações ou rendimentos a que a coisa estiver submetida.

A respeito do o Imposto sobre a Propriedade Predial e Territorial Urbano – IPTU, o Superior Tribunal de Justiça, no *Recurso Especial* n° 203.098, da 3ª Turma, julgado em 09.12.1999, *DJU* de 08.03.2000, firmou a responsabilidade do usufrutuário: "O usufrutuário, que colhe os proveitos do bem, é o responsável pelo pagamento do IPTU, nos termos do artigo 733, II, do Código Civil, na proporção de seu usufruto".

Argumenta-se no voto que embasou a decisão:

> Em tese, o sujeito passivo do IPTU é o proprietário e não o possuidor, a qualquer título. O que determina a sujeição ao tributo é o domínio e não a posse (cfr. do *Imposto sobre a Propriedade Predial e Territorial Urbano*, Misabel Derzi e Sacha Calmon Navarro Coelho, Saraiva, 1982, p. 227). Ocorre que, em certas circunstâncias, a posse tem configuração jurídica de título próprio, de investidura do seu titular como se proprietário fosse. É o caso do usufrutuário, que, como todos sabemos, tem a obrigação de proteger a coisa como se detivesse o domínio, assim a de "impedir a constituição de situações jurídicas adversas ao nu-proprietário, avisar o proprietário das pretensões de terceiros, exercer o que seja mister para que não pereçam as servidões ativas, obstar que se criem servidões passivas, abster-se de tudo que possa danificar a coisa, diminuir-lhe o valor, ou restringir as faculdades residuais do proprietário" (*Instituições de Direito Civil*, de Caio Mário da Silva Pereira, 12ª ed., vol. IV, p. 206).[23]

Há a ressalva do art. 1.402, pela qual não está o usufrutuário obrigado a pagar as deteriorações resultantes do exercício regular do usufruto, ou seja, dos desgastes naturais. Assim, não será regular ou normal o uso no caso de um prédio destinado à residência de uma família vir a ser aproveitado para diversões ou bailes.

As reparações extraordinárias são da responsabilidade do nu-proprietário, de acordo com o art. 1.404: "Incumbem ao dono as reparações extraordinárias e as que não forem de custo módico; mas o usufrutuário lhe pagará os juros do capital despendido com as que forem necessárias à conservação ou aumentarem o rendimento da coisa usufruída".

Tais reparações são as que exigem grandes despesas, consistindo, *v.g.*, na reconstrução de uma parede, do teto, do piso, ou da estrutura do próprio prédio. Ordinárias consideram-se

---

[23] *ADV Informativo*, n° 38, expedição de 24.09.2000, p. 393.

se relativas à pintura, à recolocação de reboco, à restauração de cercas, estábulos, galpões e outras acessões cuja danificação é decorrência normal do uso e do transcurso do tempo.

Mas, adverte Carvalho Santos,

> note-se que a obrigação que a lei impõe ao proprietário é apenas quanto às reparações extraordinárias, e ao usufrutuário, quanto às ordinárias, é apenas de fazer consertos, não indo a ponto de obrigá-los a reedificar, se o prédio, por exemplo, ruir por acidente fortuito ou por vetustez.[24]

Firma o § 1º do art. 1.404, o critério de se considerarem módicas ou não as despesas: "Não se consideram módicas as despesas superiores a dois terços do líquido rendimento em 1 (um) ano".

Conforme o art. 1.406 do Código de 2002, é o usufrutuário obrigado a dar ciência ao dono de qualquer lesão produzida contra a posse da coisa, ou os direitos deste.

Outrossim, cumpre ao usufrutuário, se procedidas tais reparações pelo proprietário, pagar juros legais de seis por cento ao ano do capital despendido, obrigação igualmente devida se as obras aumentarem o rendimento da coisa usufruída.

Sempre há o dever do usufrutuário em indenizar os danos ou consertos, independentemente de sua extensão ou natureza, se causados por culpa do mesmo, ou se decorrentes de sua omissão em reparar as pequenas danificações, que evoluíram para estragos maiores; ainda, se a obrigação vem inserida no título constitutivo do usufruto.

Na previsão do § 2º do art. 1.404 do Código, se o dono não fizer as reparações, a que está obrigado, e que são indispensáveis à conservação da coisa, o usufrutuário pode realizá-las, cobrando daquele a importância despendida.

O art. 1.407 e respectivos parágrafos, reeditando o art. 735 do estatuto revogado, delineiam normas atinentes ao seguro, se instituído sobre o bem objeto do contrato:

> I – O pagamento das contribuições será feito sempre pelo usufrutuário, mesmo que a contratação tenha sido feita pelo proprietário.
>
> II – O direito à indenização reverterá ao proprietário, ainda que instituído pelo usufrutuário o seguro.
>
> III – Em qualquer caso, o valor da indenização do seguro advindo ficará sub-rogada ao usufrutuário, que poderá investi-la para lhe trazer rendimentos.

O art. 1.408 exime o proprietário de obrigação de reconstruir o prédio se este for destruído sem culpa sua. Mas, reconstruindo através de meios próprios, ou à sua própria custa, não se restabelecerá o usufruto.

Existindo, todavia, seguro, e a indenização decorrente se aplicar à reconstrução do prédio, restabelece-se o usufruto. De igual modo, se reconstruído com a indenização paga por terceiro culpado pela destruição, conforme art. 1.409. No caso de inexistir reconstrução, e isto também na desapropriação, a importância paga ou ressarcida sub-roga-se no ônus do usufruto.

O art. 1.405 obriga o usufrutuário a pagar os juros da dívida que onera a coisa dada em usufruto: "Se o usufruto recair num patrimônio, ou parte deste, será o usufrutuário obrigado aos juros da dívida que onerar o patrimônio ou a parte dele".

É evidente que a constituição da dívida deve ser proveniente de época anterior à formalização do usufruto. Mas os credores podem executar os créditos sobre os bens do usufruto

---

[24] *Obra citada*, vol. IX, p. 441.

se os mesmos já se encontravam hipotecados no momento da celebração do usufruto. Uma vez registrado o usufruto, os bens onerados não mais poderão ser hipotecados ou servir de garantia.

Em qualquer situação, o usufrutuário fica capacitado a repetir o que pagou, ou a cobrar do nu-proprietário as obrigações que oneram os bens, como ensina M. I. Carvalho de Mendonça:

> Cabe-lhe apenas remir a dívida para gozar de inteireza dos bens e, no fim do usufruto, demandar o que despendeu sem os frutos dos bens.
>
> Em tal caso, pode também o proprietário saldar o débito para liberar os bens, e é então o usufrutuário que lhe deve compor os juros das somas desembolsadas (...). Se o usufrutuário a título singular for executado e pagar foros vencidos ou quaisquer outros encargos a que estivesse sujeito o objeto, poderá repetir o que pagou do herdeiro do devedor falecido, omisso em declarar a obrigação existente.[25]

Aduz-se, ainda, que apenas respondem por obrigações do proprietário os bens dados em garantia antes de serem gravados com o usufruto. Uma vez instituído este direito, unicamente a nua-propriedade poderá garantir a execução. O usufruto perdurará até sua extinção natural.

31.6. DIREITOS E OBRIGAÇÕES DO NU-PROPRIETÁRIO

De modo geral, as prerrogativas e obrigações do nu-proprietário ressaltaram no estudo dos direitos e obrigações do usufrutuário.

Para fins de sistematização, eis os direitos:

a) Exercer o domínio limitado, mas ativamente, com o exercício da defesa ou proteção judicial em situações determinantes de sua perda.

Se um estranho invade o imóvel, ou subtrai o bem móvel, socorre-lhe o uso dos remédios processuais assegurados por lei, como a ação reivindicatória, máxime se fica inerte o usufrutuário.

b) Exigir que o usufrutuário preste caução para dar segurança à boa conservação e restituição da coisa frutuária – art. 1.400 do Código.

c) Administrar o usufruto se negar-se o usufrutuário ou não puder prestar caução. Mas, neste caso, ele dará caução para garantir a entrega dos rendimentos – art. 1.401.

d) Receber metade do tesouro encontrado no prédio usufruído, sendo que a outra parte caberá à que o inventou ou o encontrou – arts. 1.264 e 1.392, § 3º. Obviamente, ao usufrutuário só caberá o direito à metade se ele o encontrou.

e) Receber a indenização pelo seguro e ressarcimento do dano, após extinto o usufruto. Antes, o uso e gozo ficarão com o usufrutuário – art. 1.407 e parágrafos.

f) Receber os frutos pendentes ao término do usufruto – art. 1.396, parágrafo único.

g) Promover a extinção do usufruto, se o usufrutuário aliena ou deixa arruinar os bens frutuários – art. 1.410, inc. VII.[26]

h) Impor a restituição da coisa, ao cessar o usufruto.

i) Exigir a conservação do bem, enquanto perdurar o usufruto. Ou seja, reclamar que o usufrutuário satisfaça as despesas ordinárias e módicas para a reparação e conser-

---

[25] *Do Usufruto, do Uso e da Habitação*, ob. cit., p. 195.
[26] Clóvis Beviláqua, *Direito das Coisas*, vol. I, ob. cit., p. 328.

vação da coisa frutuária – art. 1.403, inc. I. Assiste-lhe promover a competente ação de cunho cominatório para conseguir tal intento.

j) Gravar com ônus reais a nua-propriedade, desde que respeitado o usufruto.

l) Exigir os juros correspondentes às somas gastas com reparações extraordinárias e não módicas, isto é, superiores a dois terços do líquido rendimento em um ano, necessárias à conservação da coisa e que aumentarem seu rendimento – art. 1.404 e seu § 1º.

A principal obrigação consiste em se abster de qualquer ato perturbador do exercício dos direitos do usufrutuário.

Cabe-lhe, ainda, proceder as reparações extraordinárias que não forem de custo módico, ou seja, que ultrapassem a dois terços do líquido rendimento do bem usufruído durante um ano – art. 1.404, § 1º.

31.7. EXTINÇÃO DO USUFRUTO

O art. 1.410 estabelece oito causas de extinção do usufruto, sem esgotar a sua totalidade. Eis as consignadas:

I – Pela renúncia ou morte do usufrutuário. O pedido de renúncia, e do correspondente cancelamento, é feito porque não interessa mais ao usufrutuário continuar com o usufruto. O Código de 1916 previa unicamente a morte.

A morte naturalmente extingue o usufruto. Não há sucessão de usufruto, passando para os herdeiros do usufrutuário. Todavia, o mesmo não se dá com a morte do nu-proprietário, que nada repercute quanto à extinção do usufruto.

II – Pelo termo de sua duração. Estabelecido o gravame a prazo certo, advindo o dia aprazado, ou o *dies ad quem*, naturalmente desaparece o usufruto.

III – Pela extinção da pessoa jurídica, em favor de quem o usufruto foi constituído, ou, se ela perdurar, pelo decurso de trinta anos da data em que se começou a exercer. Está-se diante de duas causas que não previa a lei civil anterior, quando instituído o benefício em favor de pessoa jurídica: a extinção da pessoa jurídica e o decurso de trinta anos do começo do usufruto.

IV – Pela cessação do motivo de que se origina. Pelo Código Civil de 1916, constava a cessação da causa. Pensa-se que a cessação do motivo é mais coerente e condizente com a prática. É a hipótese de se firmar o usufruto durante o tempo da permanência da viuvez de uma pessoa, e cuja razão de ser é a viuvez. Igualmente enquanto um filho desenvolve seus estudos profissionais, isto é, em razão dos estudos profissionais. Cessado o motivo da instituição, extingue-se, *ipso facto*, o benefício.

V – Pela destruição da coisa, guardadas as disposições dos arts. 1.407, 1.408, 2ª parte, e 1.409. É óbvio que se extingue o usufruto com o desaparecimento da coisa. Não, porém, se as coisas forem fungíveis e consumíveis, em razão do art. 1.392, § 1º, o qual estabelece que tais bens caem para logo no domínio do usufrutuário. Findo o usufruto, a restituição se opera no que restar e, quanto às coisas consumidas, no equivalente em gênero, qualidade e quantidade, ou, não sendo possível, no seu valor, pelo preço corrente ao tempo da restituição.

Caso o bem se encontre segurado, sub-roga-se o direito do usufrutuário no valor da indenização do seguro (art. 1.407, § 2º).

De outro lado, sendo a indenização do seguro aplicada na reconstrução do prédio, restabelecer-se-á o usufruto (art. 1.408, 2ª parte).

Na desapropriação, ou na destruição do bem por terceiro responsável, a importância paga se sub-roga no usufruto, em lugar do prédio (art. 1.409).

VI – Pela consolidação, que se dá quando o nu-proprietário adquire o usufruto, ou o usufrutuário adquire a nua-propriedade. Por outras palavras, a nua-propriedade e o usufruto se reúnem na mesma pessoa, situação ocorrível também no caso de um terceiro adquirir a nua-propriedade e o usufruto.

VII – Por culpa do usufrutuário, quando aliena, deteriora, ou deixa arruinar os bens, não lhes acudindo com os reparos de conservação, ou quando, no usufruto de títulos de crédito, não dá às importâncias recebidas a aplicação prevista no art. 1.395, parágrafo único, o qual ordena que, cobradas as dívidas, o usufrutuário aplicará, de imediato, a importância em títulos da mesma natureza, ou em títulos da dívida pública federal, com cláusula de correção monetária, se houver.

Explica Washington de Barros Monteiro, em lição que se adapta ao Código de 2002:

(...) Obriga-se o usufrutuário a conservar a coisa, a fim de transmiti-la ao nu-proprietário, cessando o usufruto. Se ele viola, entretanto, essa obrigação legal, dá lugar a que o nu-proprietário reclame a extinção do usufruto. É claro, porém, que esse modo extintivo não opera de pleno direito, exigindo-se decisão judicial, que reconheça a existência de causa e decrete a extinção para os fins legais.[27]

No exercício do usufruto, dá-se o abuso no trato dos bens, ou o mau uso culposo. Nota-se na conduta do usufrutuário negligência ou ação intencional, como na eventualidade de alienação do bem. Com isto, ressalta um procedimento desonesto e ilícito. Identicamente, se permite que deteriore ou se arruíne a coisa, não procedendo os reparos a que está obrigado.

Lembra-se da inviabilidade de se configurar esta causa no usufruto de bens consumíveis ou fungíveis, que passam ao domínio do usufrutuário.

VIII – Pelo não uso, ou não fruição, da coisa em que o usufruto recai (arts. 1.390 e 1.399). Os artigos referidos tratam dos bens objeto do benefício e da titularidade do exercício do usufruto. O não uso ou não fruição, para ocasionar a extinção, deve alcançar a prescrição. Ou a extinção pelo não uso, ou não fruição por determinado período de tempo equivale à prescrição. O prazo de prescrição é o da prescrição aquisitiva relativamente a terceiro. Se este exerce a posse pelo lapso de quinze ou dez anos sobre um bem gravado com usufruto, é evidente a aquisição da propriedade mediante sentença declaratória, com a extinção do usufruto. Nesta parte, nada há de especial. O direito regula-se pelos princípios do usucapião.

Mas, quanto ao usufrutuário, se não há o exercício do usufruto durante aquele lapso de tempo no pertinente a imóveis, ou de três anos referentemente a móveis, extingue-se o direito. É o pensamento de M. I. Carvalho de Mendonça: "A prescrição do usufruto ocorre ou porque o usufrutuário não haja pedido a entrega da coisa frutuária durante o lapso de

---

[27] *Curso de Direito Civil – Direito das Coisas*, ob. cit., p. 302.

tempo, ou porque, tendo tido já a posse dela e exercido seus direitos, deixou de os exercer durante o mesmo período.

Para ocorrer a perda do usufruto por prescrição, necessário é que o usufrutuário não haja praticado nenhum ato de gozo voluntariamente".[28]

Além das hipóteses arroladas pelo Código Civil, outras se apresentam, como pela resolução da propriedade, desde que a causa determinante remonte a época anterior à instituição do usufruto.

De modo igual, o advento de condição resolutiva derroga ou afasta o gravame, como quando instituído para durar até o casamento do usufrutuário.

O art. 1.411, em redação semelhante ao art. 740 do Código Civil de 1916, regula a extinção se constituído o usufruto em favor de dois ou mais indivíduos: extingue-se parte em relação a cada um dos que falecerem, a menos que, por estipulação expressa, o quinhão desses couber ao sobrevivente.

Não incide o imposto de transmissão *inter vivos* na extinção, desde que não se opere a transferência do direito, mas simples consolidação da propriedade plena, segundo se proclamou:

> Se a lei faz incidir o imposto *inter vivos* na transmissão de bens imóveis ou na cessão de direitos a eles relativos, não se deve estendê-lo ao simples caso de renúncia de usufruto, pois renunciar não é transferir, nem ceder, ocorrendo tão somente a consolidação plena da propriedade nas mãos do nu-proprietário, uma vez que o direito de fruição não pode ficar sem titular.

Mais razões despontam no correr do voto inspirador do acórdão:

> Nota-se que a renúncia do usufruto se opera unilateral e potestivamente pelo usufrutuário, que se desveste pura e simplesmente de um direito real. Se dessa renúncia advém consolidação plena da propriedade nas mãos do nu-proprietário, isto se dá, apenas, por uma atração natural da nua-propriedade sobre o direito de fruição, desde que este – com a renúncia do usufrutuário – não pode ficar sem titular, solto e vagando a ermo. Há, assim, consolidação da propriedade, não transmissão dela, como não há cessão do direito real, no caso. Em outras palavras, ao renunciar, o usufrutuário não está destinando os seus direitos de fruição ao nu-proprietário, mas, somente, se desalojando deles, que fluem naturalmente para o nu-proprietário (...). A renúncia não transfere coisa alguma (cf. Pontes de Miranda, *Tratado de Direito Privado*, Ed. RT, 1983, vol. XIX/274 e 275) (...) Registre-se, também, que não se pode considerar que a renúncia é ato transmissivo de bem imóvel, ou de direito a ele relativo, como pondera Carvalho Santos, concluindo autorizadamente que não se pode considerar retorno da propriedade a aquisição do usufruto pelo nu-proprietário, já que este não adquire coisa alguma (cf. *Comentários*, 6ª ed., Freitas Bastos, vol. IX/462).[29]

31.8. PROCEDIMENTO JUDICIAL PARA A EXTINÇÃO DO USUFRUTO

O processamento do pedido de extinção vem disciplinado nos arts. 719 e seguintes do Código de Processo Civil, por força de seu art. 725, inc. VI.

---

[28] *Do Usufruto, do Uso e da Habitação*, ob. cit., p. 225.

[29] *Apel. Cível* nº 78.132-A, 4ª Câm. Cível do TJ de Minas Gerais, de 18.05.1989, em *Revista dos Tribunais*, 649/151-152.

Cap. XXXI · USUFRUTO | 981

Como é obrigatório o registro do usufruto no ofício imobiliário, é evidente a necessidade do cancelamento daquele ato, mediante averbação.

O processo será de jurisdição voluntária.

Instrui-se o pedido com documentos demonstrativos da constituição e da extinção, como, *v.g.*, certidão da escritura pública originadora e a certidão de óbito do usufrutuário. Havendo renúncia, ou desistência, junta-se a competente escritura.

Ordenará o juiz a ouvida do Ministério Público nos casos do art. 178 do CPC, e da Fazenda estadual, esta para efeitos de se manifestar quanto aos impostos, se a extinção se der *causa mortis* ou por doação (art. 155, inc. I, e § 1º, letra "a", da Constituição Federal), ou da Fazenda municipal, na transmissão *inter vivos* por ato oneroso, pela mesma razão (art. 156, inc. II, da mesma Carta), embora, como salientado atrás (item 30.7 deste Capítulo), seja indevido o tributo na extinção.

Cuidando-se de apólices da dívida pública, averba-se o cancelamento na repartição fiscal competente; na hipótese de ações nominativas, procede-se a providência por anotação no livro de registro competente.

Na extinção de usufruto legal, não se faz necessária qualquer medida judicial, em virtude de que nenhum registro se levou a efeito na instituição.

Mas nas situações mais controvertidas, como por cessação da causa originadora, destruição da coisa, prescrição e culpa do usufrutuário, é mais apropriado o procedimento ordinário.

Nas extinções por morte e renúncia, prescinde-se de procedimento judicial. Suficiente o mero pedido de averbação dirigido ao oficial do Registro de Imóveis.

A Corregedoria-Geral da Justiça do Rio Grande do Sul, mediante o Provimento nº 8/83, traçou algumas hipóteses de cancelamento independentemente de processo judicial, o que espelha um consenso mais ou menos generalizado nos demais Estados: a) no caso de morte do usufrutuário; b) quando a extinção se opera pelo termo de duração incondicional; c) se houver acordo na extinção entre o nu-proprietário e o usufrutuário, e ocorrendo a mesma pelo termo de duração subordinado à condição; d) desde que apresentada escritura pública, se a extinção deriva de renúncia ou consolidação; e) na situação do interessado comprovar o impedimento da condição resolutiva, se constar ela do registro.

Capítulo XXXII

Uso

32.1. CONCEITO

É o uso um direito real limitado, de relativa importância na prática jurídica, posto que dificilmente aplicado nos contratos. Conceitua-se como o direito real temporário, que autoriza extrair da coisa alheia as utilidades exigidas pelas necessidades do usuário e de sua família. Por outras palavras, o favorecido (ou usuário) utiliza e recolhe o proveito de uma coisa alheia, ficando o proprietário (instituidor ou nuproprietário) com a substância da mesma coisa.

Embora à primeira vista possa parecer que o instituto envolve apenas a usança do bem, sem o proveito dos frutos, assim não acontece na realidade. Isso porque o usuário pode perceber os frutos correspondentes às necessidades próprias e da respectiva família, conforme a concepção do direito atual, e já vinha ocorrendo no direito romano. É o que se extrai do art. 1.412: "O usuário usará da coisa e perceberá os seus frutos, quanto o exigirem as necessidades suas e de sua família".

Tupinambá Miguel Castro do Nascimento evidencia esta concepção através de exemplos:

> Assim, se Antônio concede uso real a Flávio, tendo por objeto cavalos e zebras, e a atividade de Flávio é alugar equídeos, o direito de alugá-los está assegurado, embora, assim o fazendo, o usuário venha a perceber frutos civis. Da mesma forma, se o objeto do direito real de uso é uma garagem, sendo usuário quem habitualmente aluga espaços para estabelecimentos, nada impede que o usuário, a alugando, perceba frutos civis. Em outro exemplo, se o objeto do uso é uma vaca, seu leite é fruto natural mas cabe ao usuário.[1]

A distinção, no tocante ao usufruto, e relativamente à fruição, está em que o usufrutuário pode perceber a totalidade dos frutos, enquanto o usuário apenas os que precisa para atender suas necessidades pessoais e as da respectiva família. Daí ter afirmado Luiz da Cunha Gonçalves: "O direito de uso é apenas um usufruto mais restrito, quer quanto à extensão do direito, quer quanto à sua disponibilidade".[2] Nas palavras de Marco Aurélio Viana:

> O uso nada mais é do que um usufruto limitado. Destina-se a assegurar ao beneficiário a utilização imediata de coisa alheia, limitada à reduzir a um conceito único o direito de usufruto, uso e habitação. Optou, entretanto, o legislador pátrio por distingui-lo dos outros dois direitos reais mencionados.[3]

---

[1] *Usufruto*, ob. cit., p. 184.
[2] *Princípios de Direito Civil*, São Paulo, Max Limonad – Editor, 1951, vol. 1, p. 391.
[3] *Comentários ao Novo Código Civil*, ob. cit., vol. XVI, p. 675 e 676.

32.2. CONSTITUIÇÃO, DIREITOS E OBRIGAÇÕES

Vários os modos de constituição. Primeiramente, por ato entre vivos, que é a forma mais comum, formalizando-se através de contrato ou escritura pública. Impõe-se sempre o Registro Imobiliário em se tratando de imóveis.

Constitui-se o uso também mediante *causa mortis* (testamento) e por determinação judicial (advindo de ato do juiz), não se vislumbrando a formalização *ex lege*.

Quanto aos direitos, reconhecem-se os seguintes em favor do usuário:

I – Extrair da coisa tudo quanto possa atender as necessidades próprias e as da família. O uso imporá em fruir as utilidades da coisa e em perceber os frutos suficientes para as necessidades do usuário e as de sua família.

II – Administrar a coisa, o que importa em introduzir obras de melhoria, ou benfeitorias, de modo a tornar mais proveitoso o uso.

As obrigações mais salientes são estas:

I – Conservar o bem com zelo, de modo a devolvê-lo no mesmo estado em que foi recebido.

II – Não dificultar ou impedir o exercício do direito de vigilância e dos atos de disponibilidade.

III – Restituir o bem findo o prazo da constituição.

IV – Empregar a coisa nas mesmas finalidades que destinava o proprietário, como já ressalva Lafayette Rodrigues Pereira: "Se o uso que o proprietário fazia da coisa consistia exatamente em arrendá-la, ou locá-la, ou alienar seus frutos, pode o usuário continuar a empregá-la no mesmo mister".[4]

Relativamente ao instituinte, os principais direitos residem em exigir a conservação do bem, a utilização dentro dos limites das necessidades previstas nos §§ 1º e 2º do art. 1.412 supracitado, o pagamento do valor estipulado, se oneroso o contrato, e a devolução na época acertada.

O dever primordial está em não dificultar o uso, sempre nos limites legais e acertados. Cabe-lhe, outrossim, postular a extinção e a devolução da coisa se infringidas as obrigações do usuário.

32.3. LIMITES PERMITIDOS NO USO

O direito de uso incide sobre imóveis e móveis. Sua duração é temporária, conforme estipularem os contratos, e apresentando-se indivisível e incessível. A indivisibilidade, porém, deve ser entendida em termos. Assim, é possível dividir o uso no tempo para várias pessoas, com horário específico para cada uma. Um adereço pode ser usado por distintas pessoas, em horas previamente determinadas, fixando-se a duração de cada período. De igual modo quanto a uma máquina ou instrumento, sempre estabelecendo-se as condições e lapsos temporais, mesmo que sucessivamente.

Trata-se, de outro lado, de um direito personalíssimo, ou *intuitu personae*, já que concedido exclusivamente a uma pessoa determinada, sem possibilidade de transmissão aos herdeiros.

---

[4] *Direitos das Coisas*, Rio de Janeiro, Editora e Livraria Freitas Bastos, 1940, p. 257.

Os §§ 1º e 2º do art. 1.412 delimitam as necessidades que poderão ser satisfeitas pelo uso.

Reza o primeiro: "Avaliar-se-ão as necessidades pessoais do usuário conforme a sua condição social e o lugar onde viver".

E o segundo dispositivo: "As necessidades da família do usuário compreendem as de seu cônjuge, dos filhos solteiros e das pessoas de seu serviço doméstico".

Nas necessidades pessoais, não se incluem as do comércio e da indústria.

As de família envolvem um conceito amplo, de modo a satisfazer todos os membros que da mesma participam, embora sem o liame do parentesco.

Mas não equivale a pensar que pessoas solteiras não são beneficiadas. A referência ao termo *família* foi mais com a finalidade de se ter a medida extensiva das necessidades. Por outros termos, as necessidades que determinam a extensão do uso são aquelas próprias da família, desimportando a qualidade da pessoa beneficiada e o tipo de forma, tanto que Pontes de Miranda não vê óbice para a concessão do uso a pessoas jurídicas:

> Pessoas jurídicas não têm família. Porém, daí não se conclua que só pessoas físicas possam ser usuárias. Argumentos que, noutras épocas, poderiam pesar, hoje seriam fragílimos, dada a quase completa equiparação das pessoas jurídicas às pessoas físicas. Nada obsta a que se dê em uso alguma máquina, prédio ou rio a alguma pessoa jurídica.[5]

Neste sentido, melhor teria sido que o novo Código Civil não mantivesse praticamente a mesma redação das normas de outrora, excluindo a limitação no tocante ao atendimento das necessidades apenas pessoais e da família.

O Decreto-Lei nº 271/1967, no art. 7º, em texto da Lei nº 11.481/2007, autoriza a concessão de uso de terrenos públicos ou particulares, para fins específicos de urbanização, industrialização, edificação, cultivo da terra, ou destinação de interesse social: "É instituída a concessão de uso de terrenos públicos ou particulares remunerada ou gratuita, por tempo certo ou indeterminado, como direito real resolúvel, para fins específicos de regularização fundiária de interesse social, urbanização, industrialização, edificação, cultivo da terra, apro-veitamento sustentável das várzeas, preservação das comunidades tradicionais e seus meios de subsistência ou outras modalidades de interesse social em áreas urbanas".

No art. 8º, prevê a concessão de uso do espaço aéreo sobre a superfície de terrenos públicos ou particulares, tomada em projeção vertical: "É permitida a concessão de uso do espaço aéreo sôbre a superfície de terrenos públicos ou particulares, tomada em projeção vertical, nos têrmos e para os fins do artigo anterior e na forma que fôr regulamentada".

De acrescentar que, segundo o art. 1.413 do Código Civil, são aplicáveis à habitação, no que não for contrário à sua natureza, as disposições relativas ao usufruto.

Com base nesta regra, pode-se afirmar que a extinção do uso se opera nos mesmos casos da extinção do usufruto, sobretudo com a morte do usuário, o advento do termo final, a consolidação, a renúncia e o perecimento do objeto.

Como se depreende em vários exemplos jurisprudenciais, é possível a penhora do di-reito de uso, especialmente nas concessões de uso de telefone, e que ocorria seguidamente em época passada:

> A concessionária não é senhora ou possuidora do direito de uso do aparelho telefônico, mas somente deste. O direito de uso pertence ao assinante, em virtude do contrato de

---

[5] *Tratado de Direito Privado*, vol. XIX, ob. cit., p. 324.

adesão regulamentado pelo Poder Público. Posto que esse contrato tem um valor econômico, como reconheceu o acórdão, incorpora-se ao patrimônio do usuário e consequentemente responde por suas dívidas. Não pode a concessionária recusar, por lei ou contrato, o uso do telefone por quem adira ao contrato; assim, admissível é a alienação forçada que se realiza pela justiça.[6]

O direito ao uso de imagem de atleta, no entanto, segundo certa jurisprudência, é impenhorável:

> O direito ao uso de imagem previsto no art. 87-A da Lei n.º 9.615/1998 é impenhorável porquanto está abrangido pelo conceito de remuneração protegida pelo art. 649, IV, do Código de Processo Civil.[7]

De observar que o art. 649, IV, é do CPC/1973, o qual encerrava ser impenhorável, dentre outros bens, as remunerações, os ganhos do trabalhador autônomo e os honorários do trabalhador autônomo, mantendo-se o conteúdo no art. 833, IV, do CPC/2015.

A regulamentação do direito de imagem está no art. 87-A da Lei nº 9.615/1998, incluído pela Lei nº 12.395/2011:

> O direito ao uso da imagem do atleta pode ser por ele cedido ou explorado, mediante ajuste contratual de natureza civil e com fixação de direitos, deveres e condições inconfundíveis com o contrato especial de trabalho desportivo.

Sobre o valor correspondente ao uso da imagem, o critério para o cálculo está no parágrafo único, trazido pela Lei nº 13.155/2015:

> Quando houver, por parte do atleta, a cessão de direitos ao uso de sua imagem para a entidade de prática desportiva detentora do contrato especial de trabalho desportivo, o valor correspondente ao uso da imagem não poderá ultrapassar 40% (quarenta por cento) da remuneração total paga ao atleta, composta pela soma do salário e dos valores pagos pelo direito ao uso da imagem.

---

6   *Recurso Extraordinário* nº 86.172-MG, 12.12.1978, em *Jurisprudência Brasileira*, nº 92, *Uso e Habitação*, 1984, ob. cit., p. 65; ainda, *Revista dos Tribunais*, 522/239 e 533/236.

7   Ap. 00024043220125120038 SC 0002404-32.2012.5.12.0038, da 2ª Turma da do Tribunal Regional do Trabalho da 12ª Região – SC, julgado em 17.12.2015.

Capítulo XXXIII

Habitação

33.1. CARACTERIZAÇÃO

Trata-se de outro direito real limitado, reminiscência da antiga forma romana das servidões pessoais, em desuso, tanto que M. I. Carvalho de Mendonça já afirmava: "É um instituto decaído diante de nossos hábitos e com o qual raramente se encontra o legista na prática".[1]

No direito romano, era o direito de residir gratuitamente em casa de outrem, concedido ao necessitado mais por comiseração, embora não se afastasse certa indenização.

De acordo com art. 1.414 do atual Código, que reproduz a regra do art. 746 do Código de 1916, constitui o direito real temporário de usar gratuitamente casa alheia, para morada do titular e de sua família. Não deixa de se configurar um direito de uso, mas restrito à casa de moradia. Daí ser correto ter a habitação como espécie do gênero "uso".

Em consonância com o art. 1.414, unicamente ao titular do direito cabe o uso, junto com sua família. Institui-se gratuitamente o direito, vedando-se sua locação ou empréstimo.

Delineiam-se estas características:

a) A destinação é exclusivamente para a residência, sem possibilidade para o comércio ou a indústria, ainda que do habitador, ou morador-usuário. Este requisito deve ser visto com certa tolerância. Atividades, mesmo que profissionais, mais de cunho artesanal, são toleradas, desde que não descaracterizem a função primordial da habitação.

b) É de sua natureza a inacessibilidade, ou seja, veda-se a transferência por qualquer forma.

c) Considerada direito temporário, prolonga-se sua duração até a superveniência do termo contratado, ou, se omisso o instrumento, considera-se vitalícia, sem, no entanto, possibilidade de transmissão hereditária.

Mas, havendo a venda do imóvel na constância do contrato, não se extingue o direito e sim acompanha a mudança para o novo proprietário. Isto justamente por ser um direito real.

d) Tem-se como um direito indivisível pela razão de gravar o imóvel na sua integralidade, o que não impede a sua concessão a mais de uma pessoa, na forma do art. 1.415.

Se o direito real de habitação for conferido a mais de uma pessoa, qualquer delas que sozinha habite a casa não terá de pagar aluguel à outra, ou às outras, mas não as pode inibir de exercerem, querendo, o direito, que também lhes compete, de habitá-la.

e) Trata-se, finalmente, de um direito gratuito.

---

[1] *Do Usufruto, do Uso e da Habitação*, ob. cit., p. 267.

Cap. XXXIII · HABITAÇÃO | 987

33.2. CONSTITUIÇÃO

O modo mais comum de constituição é o contrato instrumentalizado por escritura pública, com o competente Registro Imobiliário.

Por ato de última vontade é também possível instituir-se a habitação, independentemente do Registro Imobiliário, e passando a produzir efeito desde a data da abertura da sucessão, como deixa entrever o art. 1.784 do Código atual.

O art. 1.831 do Código Civil instituiu a habitação em favor do cônjuge sobrevivente, seja qual for o regime de bens que imperava:

> Ao cônjuge sobrevivente, qualquer que seja o regime de bens, será assegurado, sem prejuízo da participação que lhe caiba na herança, o direito real de habitação relativamente ao imóvel destinado à residência da família, desde que seja o único daquela natureza a inventariar.

A respeito, reconheciam os tribunais, à época do então Código Civil de 1916, o direito à viúva casada pelo regime de comunhão universal de bens: "À viúva, que foi casada pelo regime da comunhão universal, condômina do único imóvel deixado pelo *de cujus*, assiste o direito real de habitação, não estando obrigada a pagar aluguel ao coproprietário".[2] Igualmente em favor do viúvo reconhecia-se o direito: "O viúvo, casado sob o regime de comunhão universal de bens, tem o direito real de habitação relativamente ao imóvel destinado à residência da família". Isto porque, fundamenta-se no voto do Relator,

> na forma do que dispõe o art. 1.611 do Código Civil, está preservado ao cônjuge sobrevivente o direito de continuar morando no imóvel destinado à moradia da família. Acresce que, no caso dos autos, metade desse bem corresponde à meação do viúvo, que tem interesse em continuar dele desfrutando. Sendo assim, a exigência de alienação do bem para extinção do condomínio, feita pelas filhas e também condôminas, fica paralisada diante do direito real de habitação titulado pelo pai.
>
> É elogiável a regra legal ora em exame resguardando o interesse do cônjuge sobrevivente, formador da família e, muitas vezes, o principal responsável pela construção do patrimônio, resguardando o direito mínimo de dispor de uma morada, contra o anseio dos herdeiros em se apropriarem da herança, ainda que deixando um dos pais ao desabrigo.[3]

Segue o entendimento na jurisprudência mais recente:

> Conforme a jurisprudência desta Corte, o cônjuge sobrevivente tem direito real de habitação sobre o imóvel em que residia o casal, desde que seja o único dessa natureza e que integre o patrimônio comum ou particular do cônjuge falecido no momento da abertura da sucessão.[4]

---

[2] *Apel. Cível* n° 241.203, da 1ª Câm. Civil do 1° TA Civil de São Paulo, de 18.04.1978, em *Jurisprudência Brasileira*, n° 92, ob. cit., p. 130.

[3] *Recurso Especial* n° 107.273-PR, da 4ª Turma do STJ, julgado em 09.12.1996, *DJU* de 17.03.1997, *in Direito Imobiliário – COAD*, n° 9, expedição de 08.03.1998, p. 209.

[4] *Recurso Especial* n° 1.273.222, da 3ª Turma do STJ, rel. Min. Paulo de Tarso Sanseverino, julgado em 18.06.2013, *DJe* de 21.06.2013.

988 | DIREITO DAS COISAS – *Arnaldo Rizzardo*

Inclusive ao companheiro sobrevivente:

A jurisprudência do STJ admite o direito real de habitação do companheiro sobrevivente tanto no casamento como na união estável. Precedentes.[5]

No voto do relator, vêm delineados os suportes nos quais estão os fundamentos:

A jurisprudência do STJ é pacífica em considerar que o direito real de habitação é reconhecido ao companheiro sobrevivente na união estável. A propósito:

'Direito das sucessões e das coisas. Recurso especial. Sucessão. Vigência do Código Civil de 2002. Companheira sobrevivente. Manutenção de posse. Possibilidade de arguição do direito real de habitação. Art. 1.831 do Código Civil de 2002.

1. É entendimento pacífico no âmbito do STJ que a companheira supérstite tem direito real de habitação sobre o imóvel de propriedade do falecido onde residia o casal, mesmo na vigência do atual Código Civil. Precedentes.

2. É possível a arguição do direito real de habitação para fins exclusivamente possessórios, independentemente de seu reconhecimento anterior em ação própria declaratória de união estável.

3. No caso, a sentença apenas veio a declarar a união estável na motivação do decisório, de forma incidental, sem repercussão na parte dispositiva e, por conseguinte, sem alcançar a coisa julgada (CPC, art. 469), mantendo aberta eventual discussão no tocante ao reconhecimento da união estável e seus efeitos decorrentes.

4. Ademais, levando-se em conta a posse, considerada por si mesma, enquanto mero exercício fático dos poderes inerentes ao domínio, há de ser mantida a recorrida no imóvel, até porque é ela quem vem conferindo à posse a sua função social.

5. Recurso especial desprovido' (REsp 1203144/RS, Rel. Ministro Luis Felipe Salomão, Quarta Turma, julgado em 27.05.2014, *DJe* 15.08.2014).

'Recurso especial. Ação de reintegração de posse. Direito das sucessões. Direito real de habitação. Art. 1.831 do Código Civil. União estável reconhecida. Companheiro sobrevivente. Patrimônio. Inexistência de outros bens. Irrelevância.

1. Recurso especial interposto contra acórdão publicado na vigência do Código de Processo Civil de 1973 (Enunciados Administrativos nos 2 e 3/STJ).

2. Cinge-se a controvérsia a definir se o reconhecimento do direito real de habitação, a que se refere o artigo 1.831 do Código Civil, pressupõe a inexistência de outros bens no patrimônio do cônjuge/companheiro sobrevivente.

3. Os dispositivos legais relacionados com a matéria não impõem como requisito para o reconhecimento do direito real de habitação a inexistência de outros bens, seja de que natureza for, no patrimônio próprio do cônjuge/companheiro sobrevivente.

4. O objetivo da lei é permitir que o cônjuge/companheiro sobrevivente permaneça no mesmo imóvel familiar que residia ao tempo da abertura da sucessão como forma, não apenas de concretizar o direito constitucional à moradia, mas também por razões de ordem humanitária e social, já que não se pode negar a existência de vínculo afe-

---

5 AgInt no REsp 1757984/DF, da 4ª Turma, Rel. Min. Antonio Carlos Ferreira, j. em 27.08.2019, *DJe* de 30.08.2019.

Cap. XXXIII · HABITAÇÃO | 989

tivo e psicológico estabelecido pelos cônjuges/companheiros com o imóvel em que, no transcurso de sua convivência, constituíram não somente residência, mas um lar. 5. Recurso especial não provido' (REsp 1582178/RJ, Rel. Ministro Ricardo Villas Bôas Cueva, Terceira Turma, julgado em 11.09.2018, *DJe* 14.09.2018)".

33.3 DIREITOS E DEVERES

Pode-se discriminar, como principal direito do habitador, o de morar na casa com a família e membros de suas relações, desde que não satisfaçam estes algum pagamento pela hospedagem.

Assiste-lhe, ainda, exigir do proprietário e de terceiros o respeito ao seu direito, protegível pelos competentes remédios possessórios.

Como obrigações, sobressaem a guarda e conservação do imóvel, a restituição na época aprazada, proceder aos reparos necessários, pagar as despesas ordinárias ou médicas, prestar caução se o reclamar o proprietário, e recolher os impostos incidentes no imóvel.

A falta do pagamento dos impostos, todavia, não desencadeia a extinção do direito real, consoante o seguinte aresto: "Direito real de habitação vitalícia. A falta de pagamento dos tributos atinentes ao imóvel, a cargo do habitador, não é fato extintivo do direito real, podendo ser efetuada a correspondente cobrança pela via processual própria". É que o Registro Imobiliário faz emergir o direito real. Daí aduzir o julgado: "Não se cuida de contrato de direito obrigacional, resolúvel por inadimplemento, mas de direito real imobiliário vitalício. Não se pode, portanto, admitir a resolução pelo não pagamento de encargos ou títulos. Se efetivamente há débito, cabe à parte cobrá-lo pela via própria. A dívida é irrelevante para a desconstituição do direito real, que tem seu termo na morte do titular ou de ser empregado o imóvel em finalidade outra que não a de habitação".[6]

33.4. EXTINÇÃO

As causas de extinção do usufruto se aplicam à habitação, ou seja, extingue-se o direito pela morte do habitador, pela consolidação de todos os poderes da propriedade nas mãos do habitador, pelo termo de sua duração, pelo perecimento, além de outras hipóteses assinaladas no art. 1.410, por força do art. 1.416 do Código de 2002, que manda aplicar as hipóteses de extinção do usufruto para a extinção da habitação: "São aplicáveis à habitação, no que não for contrário à sua natureza, as disposições relativas ao usufruto".

---

[6] *Apel. Cível* nº 3.802/88, da 6ª Câm. Cível do TJ do Rio de Janeiro, de 14.02.1989, em *Revista dos Tribunais*, 643/166.

Capítulo XXXIV

Parcelamento do Solo, Promessa de Compra e Venda e Direito Real do Promitente Comprador

34.1. PARCELAMENTO DO SOLO

Interessa, no presente Capítulo, o estudo do parcelamento do solo (urbano e rural), da promessa de compra e venda, e do direito do promitente comprador, com suas repercussões no direito real. O Código Civil de 2002 introduziu na categoria dos direitos reais o direito do promitente comprador. No entanto, para chegar a este chamado direito real, necessário o estudo precedente de institutos que conduzem a ele. É mister observar, também, que o parcelamento do solo e a promessa de compra e venda no mínimo trazem efeitos reais, segundo se examinará no curso do presente Capítulo.

Basicamente, vigora sobre o parcelamento do solo a Lei n° 6.766, de 19.12.1979.

Atualmente, duas são as modalidades de parcelar áreas urbanas: pelo loteamento e pelo desmembramento. Em ambas, há venda de terrenos originados da subdivisão de um imóvel, objetivando a colocação de novo aglomerado humano. Deu-se importância à finalidade na destinação da gleba, o que leva a justificar a semelhança de requisitos exigidos para a implantação de qualquer espécie de parcelamento. Importa não tanto a forma de retalhamento, mas o fato de formação de novo centro habitacional.

Por isso, conclui-se que a Lei n° 6.766/1979 incide nas duas formas citadas. Outra não é a inteligência a que conduz a leitura do art. 2°, *sic*: "O parcelamento do solo urbano poderá ser feito mediante loteamento ou desmembramento, observadas as disposições desta lei e as das legislações estaduais e municipais pertinentes". Em outros termos, observam-se as disposições da Lei n° 6.766/1979 quanto aos requisitos dos instrumentos de compromisso de compra e venda (art. 26), a título de exemplo, bem como nos diversos casos de cessão (art. 31), de constituição em mora e de rescisão de contrato (art. 32), de consignação em pagamento extrajudicial (art. 33), além de outras hipóteses.

34.2. LOTEAMENTO

De acordo com o art. 1° do Decreto-Lei n° 58, de 10.12.1937, estão sujeitas às exigências do loteamento as divisões em lotes de terrenos urbanos ou rurais, destinados pelos proprietários ou coproprietários à venda por oferta pública, mediante pagamento do preço a prazo, em prestações sucessivas e periódicas. No corpo do dispositivo se encontram inseridas as características tipificadoras do loteamento.

Cap. XXXIV · PARCELAMENTO DO SOLO, PROMESSA DE COMPRA E VENDA E DIREITO REAL | 991

A Lei nº 6.766/1979 partiu de outro critério, o da definição sem explicitar a forma de venda dos terrenos. Em termos gerais, conceitua-o como a operação que se utiliza de dados técnicos de agrimensura para dividir uma área em tantas outras porções autônomas, com possibilidade de vida própria. Feita a divisão da gleba em lotes, estes não mais são partes daquela, mas propriedades separadas, que passam a constituir, cada uma, um novo todo, uma nova propriedade. Eis o conceito constante de seu art. 2º, § 1º: "Considera-se loteamento a subdivisão de gleba em lotes destinados a edificação, com abertura de novas vias de circulação, de logradouros públicos ou prolongamento, modificação ou ampliação das vias existentes".

Introduz-se toda uma infraestrutura de cidade, definida, a teor do art. 2º, § 5º, da Lei do Parcelamento, em adição trazida pela Lei nº 11.445/2007, como equipamentos urbanos de escoamento das águas pluviais, iluminação pública, esgotamento sanitário, abastecimento de água potável, energia elétrica pública e domiciliar e vias de circulação. Entretanto, em se tratando de parcelamentos situados em zonas habitacionais de interesse social, reduzem-se os equipamentos obrigatórios, o que revela uma desconsideração para as classes menos favorecidas. O § 6º do art. 2º, na versão da Lei nº 9.785/1999, para as zonas habitacionais declaradas por lei como de interesse social, restringe a obrigatoriedade da infraestrutura para os seguintes equipamentos: I – Vias de circulação; II – escoamento das águas pluviais; III – rede para o abastecimento de água potável; IV – soluções para o esgotamento sanitário e para a energia elétrica domiciliar.

Nota-se que nem a implantação do sistema de energia elétrica se impõe.

Desde que atendidos os requisitos de infraestrutura, a unidade ou lote encontra a seguinte definição, constante no § 4º do art. 2º da Lei nº 6.766/1979, na redação da Lei nº 9.785/1999: "Considera-se lote o terreno de infraestrutura básica cujas dimensões atendam aos índices definidos pelo plano diretor ou lei municipal para a zona em que se situe".

Especificamente, a Lei nº 6.766/1979 aproveitou-se, ao definir o loteamento, da ideia contida no art. 1º, § 1º, do Decreto-Lei nº 271/1967, que assim o conceitua: "A subdivisão de gleba em partes destinadas à edificação, com aberturas de novas vias de circulação, de logradouros públicos, ou prolongamento, modificação ou ampliação das vias existentes". Dir-se-á que ocorre uma alteração no plano viário da cidade, ampliando-se a zona habitada, abrindo-se vias e criando-se logradouros públicos antes inexistentes. Distingue-se do desmembramento porque neste sobressai o aproveitamento do sistema viário estabelecido.

Só aos proprietários e coproprietários cabe promover a divisão em lotes. Sendo o loteador pessoa jurídica, indispensável torna-se a exibição dos documentos provando a autorização de agirem os representantes neste ramo de negócios. Os documentos podem consistir em estatutos ou contrato social.

Aos condôminos é facultado proceder o loteamento quando há a anuência de todos e acordo expresso na fixação de cada um deles. Não sendo assim, em uma possível ação de divisão, viável é acontecer uma mudança na distribuição das partes da área, com prejuízo provável aos promissários adquirentes.

Mesmo não fazendo referência à Lei nº 6.766/1979, mas o expressa o Decreto-Lei nº 58/1937, primordial é que a venda se proceda mediante oferta pública e pagamento do preço a prazo, em prestações *periódicas* e sucessivas. Oferta pública é aquela dirigida a uma pluralidade indeterminada de pessoas. Terá de conter todos os elementos básicos do negócio, como tipo de terreno, a localização, o preço, facultando-se todos os meios publicitários, como imprensa, cartazes, anúncios, radiofonia, televisão etc. Ao ser procedida, menciona-se obrigatoriamente o registro, o que não vinha ocorrendo com o Decreto-Lei nº 58/1937, quando se impunha somente a referência do depósito dos documentos enumerados no art. 1º.

O pagamento do preço, pela natureza dos contratos, será a prazo, em prestações sucessivas e periódicas, as quais consistirão em valor igual ou desigual; de idêntico modo, permite-se liberdade na estipulação dos períodos de cada parcela. E nenhum óbice impede o pagamento à vista. Neste sentido, Pontes de Miranda[1] ensina: "Isso não quer dizer que o vendedor esteja adstrito a só vender, ou a vender sempre a prestações os lotes (...). O loteador que inscreveu o loteamento pode vender à vista".

34.2.1. Condições para o loteamento

Inspirada a atual lei na modalidade em que se vinham expandindo os loteamentos, não raras vezes em áreas alagadiças, baixas e propícias a toda sorte de infecções e calamidades, o legislador teve sobradas razões para condicionar a implantação do mesmo a exigências prévias, como se lê nos incisos do art. 3º, extensivas também ao desmembramento.

Estabelece o art. 3º, modificado pela Lei nº 9.785/1999, que somente será estabelecido o parcelamento do solo para fins urbanos em zonas urbanas, de expansão urbana ou de urbanização específica, assim definidas pelo plano diretor ou aprovadas por lei municipal. Ou seja, não se admite o loteamento para finalidade urbana em área rural.

Outrossim, proíbe o parágrafo único o loteamento de áreas urbanas das seguintes espécies:

> I – Em terrenos alagadiços e sujeitos a inundações, antes de tomadas as providências para assegurar o escoamento das águas;
>
> II – em terrenos que tenham sido aterrados com material nocivo à saúde pública, sem que sejam previamente saneados;
>
> III – em terrenos com declividade igual ou superior a 30% (trinta por cento), salvo se atendidas exigências específicas das autoridades competentes;
>
> IV – em terrenos onde as condições geológicas não aconselham a edificação;
>
> V – em áreas de preservação ecológica ou naquelas onde a poluição impeça condições sanitárias suportáveis, até a sua correção.

Mas previstas as possibilidades de correções, com obras de saneamento, drenagem, escoamento das águas, nivelamento e de erradicação dos elementos poluidores, quando, uma vez efetuadas, permitem a implantação do desdobramento do solo urbano.

Mais exigências estão nos §§ 2º e 3º do art. 12 da Lei nº 6.766/1979, introduzidos pela Lei nº 12.608/2012:

> § 2º Nos Municípios inseridos no cadastro nacional de municípios com áreas suscetíveis à ocorrência de deslizamentos de grande impacto, inundações bruscas ou processos geológicos ou hidrológicos correlatos, a aprovação do projeto de que trata o *caput* ficará vinculada ao atendimento dos requisitos constantes da carta geotécnica de aptidão à urbanização.
>
> § 3º É vedada a aprovação de projeto de loteamento e desmembramento em áreas de risco definidas como não edificáveis, no plano diretor ou em legislação dele derivada.

---

[1] *Tratado de Direito Predial*, vol. III, 1952, p. 47.

34.2.2. Requisitos urbanísticos

Conduzindo a área loteada a um prolongamento da cidade e nela se fixando considerável parcela de população, visa a lei proteger os ocupantes futuros e assegurarlhes uma vida comunitária com todos os requisitos urbanísticos padronizados para a cidade atual. Pelo art. 4º e incisos, com alterações de leis posteriores, ao serem elaborados os projetos, observar--se-ão as seguintes regras:

> I – A reserva de áreas destinadas a sistemas de circulação, a implantação de equipamento urbano e comunitário, bem como a espaços livres de uso público, proporcional à densidade de ocupação prevista pelo plano diretor ou aprovada por lei municipal para a zona em que se situem (redação da Lei nº 9.785/1999 ao inc. I do art. 4º).

Importa notar que a proporção, até o advento da Lei nº 9.785/1999, não poderia ser inferior a uma percentagem de trinta e cinco por cento do total da gleba, como previa o § 1º do art. 4º. Destinando-se o loteamento a uma finalidade industrial, com terrenos maiores de 15.000 m², permitia-se a redução da percentagem, obviamente de acordo com o planejamento do órgão público encarregado. Presentemente, diante da modificação trazida pela Lei nº 9.785/1999, quem estabelece o *quantum* da área reservada será o Município, por meio de lei própria, nos termos que passou a ter o § 1º: "A legislação municipal definirá, para cada zona em que se divida o território do Município, os usos permitidos e os índices urbanísticos de parcelamento e ocupação do solo, que incluirão, obrigatoriamente, as áreas mínimas e máximas de lotes e os coeficientes máximos de aproveitamento".

O inc. I do art. 4º refere o sistema de circulação, significando as vias; o equipamento urbano no sentido de serviços de abastecimento: água, esgotos, energia elétrica, coleta de águas pluviais, rede telefônica e gás canalizado (art. 5º, parágrafo único); o equipamento comunitário, abrangendo prédios de educação, cultura, escolas, saúde, lazer e similares (art. 4º, § 2º); os espaços livres de uso público, compreendendo as praças, os parques de diversão infantil e áreas de passeios.

O *caput* do art. 5º, redundantemente, pois já previra o art. 4º, inc. I, autoriza o Poder Público a exigir, complementarmente, "em cada loteamento, a reserva de faixa *non aedificandi* destinada a equipamentos urbanos".

> II – Os lotes terão área mínima de cento e vinte e cinco metros quadrados e frente mínima de cinco metros, salvo maiores exigências da legislação estadual ou municipal, ou se o loteamento se destinar à urbanização específica ou edificação de conjuntos habitacionais de interesse social, previamente aprovados pelos órgãos públicos competentes.

> III – Ao longo das águas correntes e dormentes e das faixas de domínio público das rodovias e ferrovias, será obrigatória a reserva de uma faixa não edificável de 15 (quinze) metros de cada lado, salvo maiores exigências da legislação específica.

> IV – As vias do loteamento deverão articular-se com as vias adjacentes oficiais, existentes ou projetadas, e harmonizar-se com a topografia local, entendendo-se a conexão não de todas as ruas abertas, mas de uma ou algumas principais. Impossível que todos os caminhos internos do parcelamento se interliguem com as rodovias oficiais.

Sobre a área não edificável, estabelece o § 3º do art. 4º, incluído pela Lei nº 10.932/2004: "Se necessária, a reserva de faixa não edificável vinculada a dutovias será exigida no âmbito do respectivo licenciamento ambiental, observados critérios e parâmetros que garantam a

994 | DIREITO DAS COISAS – *Arnaldo Rizzardo*

segurança da população e a proteção do meio ambiente, conforme estabelecido nas normas técnicas pertinentes".

34.2.3. Projeto do loteamento

Diante da prefeitura municipal, ou do Distrito Federal, se em seu território se desdobrar o loteamento, a aprovação do projeto desenvolve-se em duas fases: a primeira, quando se procuram as diretrizes básicas que servirão de orientação para elaborar-se o projeto definitivo; a segunda, no momento em que, instruído o pedido com os documentos ordenados pela lei, o plano é apresentado na conformidade com a orientação manifestada pela prefeitura municipal, isto é, de acordo com a política urbanística prevista para o desenvolvimento da cidade.

a) Fase preliminar.

No primeiro passo, é dirigido um requerimento à Prefeitura Municipal, ou ao Governo do Distrito Federal, no caso de em seu território localizar-se a área, solicitando-se sejam indicadas as diretrizes para o uso do solo, com o traçado dos lotes, do sistema viário, dos espaços livres e das áreas reservadas para o equipamento urbano e comunitário. Assume relevância a coadunação da futura extensão urbana com o plano diretor, máxime no tocante às artérias e áreas destinadas para as praças e os equipamentos urbanos e comunitários.

Instrui o pedido a planta do imóvel, contendo as divisas da gleba a ser loteada; as curvas de nível a distância adequada, se exigido por lei estadual ou municipal expressamente; a localização dos cursos d'água, bosques e construções existentes; a indicação dos arruamentos contíguos a todo o perímetro; a localização das vias de comunicação, das áreas livres, dos equipamentos urbanos e comunitários constantes no local ou em suas adjacências, com as respectivas distâncias da área a ser fracionada; esclarecer-se-ão o tipo de uso predominante a que o loteamento se destina e as características, as dimensões e a localização das zonas de uso contíguo (art. 6º).

Com os dados apresentados, o Poder Público indicará as linhas básicas que deverá seguir o desdobramento da área, conforme previsto no art. 6º, e discriminação no art. 7º da Lei nº 6.766/1979, ou seja:

> I – As ruas ou estradas abertas ou projetadas, que compõem o sistema viário da cidade e do Município, e relacionadas com o loteamento, que hão de ser respeitadas.
>
> II – O traçado básico do sistema viário principal a se observar, ou a indicação onde serão abertas as vias mais importantes.
>
> III – A localização aproximada dos terrenos destinados a equipamentos urbanos e comunitários, e das áreas livres de uso público.
>
> IV – As faixas sanitárias do terreno necessárias ao escoamento das águas pluviais e as faixas não edificáveis.
>
> V – A zona ou as zonas de uso predominante da área, com especificação dos usos compatíveis.

O prazo de validade das orientações, que era de dois anos, vigorará por quatro anos, em razão do parágrafo único do art. 7º da Lei nº 6.766/1979, na redação da Lei nº 9.785/1999.

Apesar de lei ordenar o fornecimento dos dados referidos, o Poder Público simplesmente poderá concordar com o esboço de projeto submetido a exame, ou nada responder ao requerimento. Se ocorrer esta última situação, o loteador não sofrerá prejuízos no seu

Cap. XXXIV · PARCELAMENTO DO SOLO, PROMESSA DE COMPRA E VENDA E DIREITO REAL | **995**

direito de levar adiante a tramitação do processo, pois a ele não se cominarão prejuízos em face das deficiências do aparelho administrativo municipal.

Prescinde-se de toda esta fase prévia se existir lei que a dispense, desde que em Municípios com menos de cinquenta mil habitantes, e naqueles em cujo plano diretor se encontram contidas as diretrizes de urbanização, segundo o art. 8º, alterado pela Lei nº 9.785/1999:

> Os Municípios com menos de cinquenta mil habitantes e aqueles cujo plano diretor contiver diretrizes de urbanização para a zona em que se situe o parcelamento, poderão dispensar, por lei, a fase de fixação de diretrizes previstas nos arts. 6º e 7º desta lei.

b) Fase do projeto definitivo.

Recebidos o traçado e as diretrizes oficiais, o loteador partirá para a elaboração do projeto definitivo, o qual conterá desenhos, o memorial descritivo e vários documentos relativos ao imóvel, na forma do art. 9º, também modificado pela Lei nº 9.785/1999, com a seguinte redação:

> Orientado pelo traçado e diretrizes oficiais, quando houver, o projeto, contendo desenhos, memorial descritivo e cronograma de execução das obras com duração máxima de quatro anos, será apresentado à Prefeitura Municipal, ou ao Distrito Federal, quando for o caso, acompanhado de certidão atualizada da matrícula da gleba, expedida pelo Cartório de Registro de Imóveis competente, de certidão negativa de tributos municipais e do competente instrumento de garantia, ressalvado o disposto no § 4º do art. 18.

Estes os elementos contemplados no art. 9º:

1. Desenhos, contendo:

I – A subdivisão das quadras em lotes, com as respectivas dimensões e a numeração.

II – O sistema de vias, com a hierarquia correspondente, isto é, especificando-se as vias principais.

III – As dimensões lineares e angulares do projeto, com raios, cordas, arcos, pontos de tangência e ângulos centrais das vias. As dimensões lineares dizem respeito às extensões ou aos comprimentos; as angulares significam os ângulos de inflexão das ruas, com a distância entre dois pontos das curvas (cordas), e distância também das linhas curvas (arcos), e do centro aos arcos. Os pontos de tangência são os pontos de encontro das curvas com os segmentos retilíneos.

IV – Os perfis longitudinais e transversais de todas as vias de circulação e praças, ou seja, o corte central ao longo da artéria, e o corte transversal mostrando o perfil da rua com os meios-fios.

V – A indicação dos marcos de alinhamento e nivelamento localizados nos ângulos de curvas e vias projetadas.

VI – A indicação em planta e perfis de todas as linhas de escoamento das águas pluviais. A indicação é procedida por meio de setas, postas no meio da rua, apontando o sentido onde correm as águas.

Indispensável que sejam os desenhos assinados por engenheiros, embora omissa a lei, o que não aconteceu com o Decreto-Lei nº 58/1937, que em seu art. 1º previu expressamente tal exigência.

No concernente às vias, não há determinação quanto à nomenclatura, como estabelecia o Decreto-Lei apontado. Entretanto, necessário sejam assinaladas hierarquicamente, de acordo com a importância para o núcleo que se está loteando.

2. Memorial descritivo com os seguintes elementos:

I – A descrição sucinta do loteamento, com as suas características e a fixação da zona ou das zonas de uso predominante, isto é, detalhando e discriminando o imóvel quanto à sua realidade física, ao programa de aproveitamento após fracionado em lotes, à nomeação dos limites, de forma a tornar-se facilmente identificável por terceiros. Apresenta-se o imóvel com as unidades e as quadras resultantes, observando-se as exigências para a matrícula, indicando a rua ou as ruas que o margeiam; o número, havendo; a localização no lado par ou ímpar da rua caso não tenha numeração; a distância métrica do prédio ou da esquina mais próximos.

II – As condições urbanísticas do loteamento e as limitações que incidem sobre os lotes e suas construções, além daquelas enumeradas pelas diretrizes básicas. Descrevem-se o tipo de construção que será erguida, a sua finalidade, se comercial ou industrial, a metragem de recuo do alinhamento das ruas e o mínimo de fracionamento dos terrenos.

Dentro do possível, incluem-se as condições expedidas pelo órgão público, mencionadas no art. 7º.

III – A indicação das áreas públicas que passarão ao domínio do Município, as quais comporão as áreas livres para as praças, os arruamentos, equipamentos urbanos e comunitários e outros serviços públicos.

IV – A enumeração dos equipamentos urbanos, comunitários e dos serviços públicos ou de utilidade pública, já existentes na área e nas adjacências. Não raramente, os equipamentos prontos são os de energia elétrica e abastecimento de água.

3. Documentos relativos ao imóvel, como título de propriedade, certidão de ônus reais, fornecida pelo ofício imobiliário, sendo que este documento serve para levar ao conhecimento da autoridade municipal a situação do imóvel com respeito aos gravames ou às onerações que pesam sobre ele. Anexa-se, outrossim, certidão negativa de tributos municipais, sendo ela de todo importante para aprovação do projeto.

Ao Município compete a aprovação do projeto, ou ao Distrito Federal, caso em seu território desdobrar-se o loteamento. Entretanto, com a Lei nº 9.785/1999, em certos casos seguir-se-ão as diretrizes do Estado. Eis os termos que passou a ter o art. 13 da Lei nº 6.766/1979: "Aos Estados caberá disciplinar a aprovação pelos Municípios de loteamentos e desmembramentos nas seguintes condições". Por outras palavras, traçarão os Estados as condições e exigências que os Municípios devem observar para a aprovação. Antes da mudança do art. 13, aos Estados competia o exame e a anuência prévia para fins de aprovação.

Estas são as hipóteses a que se refere o art. 13:

I – Quando localizados em áreas de interesse social, tais como as de proteção aos mananciais ou ao patrimônio cultural, histórico, paisagístico e arqueológico, assim definidas por legislação estadual ou federal;

II – quando o loteamento ou desmembramento localizar-se em área limítrofe do Município, ou que pertença a mais de um Município, nas regiões metropolitanas ou em aglomerações urbanas, definidas em lei estadual ou federal;

III – quando o loteamento abranger área superior a 1.000.000 m² (um milhão de metros quadrados).

Justifica-se a atuação mediante regulamentação própria, nas situações supracitadas, por sua importância e especialidade. O ato de aprovação é do poder municipal, que observará as diretrizes dos órgãos estaduais, vindas através de decreto, por força do art. 15 da Lei nº 6.766/1979, estatuindo que os Estados estabelecerão, por decreto, as normas a que se deverão submeter os projetos, nas situações vistas acima. Deduz-se a condição da vigência de tal decreto para exigir aqueles atos prévios do Estado.

Qualquer modificação que ocorrer no projeto do loteamento deve-se comunicar ao Poder Municipal, e inclusive as alterações que surgirem no Registro Imobiliário, como onerações da área, venda de parte da mesma, subdivisões etc., tanto que ordena o § 3º do art. 9º da Lei nº 6.766/1979, com a modificação da Lei nº 9.785/1999:

> Caso se constate, a qualquer tempo, que a certidão da matrícula apresentada como atual não tem mais correspondência com os registros e averbações cartorárias do tempo da sua apresentação, além das consequências penais cabíveis, serão consideradas insubsistentes tanto as diretrizes expedidas anteriormente, quanto as aprovações consequentes.

Entregue o projeto ao órgão encarregado, com os documentos antes descritos, no mesmo expediente onde exararam-se as diretrizes fundamentais, aguarda-se o despacho decidindo quanto à aprovação. A respeito, encerra o art. 16 da Lei nº 6.766/1979, alterado pela Lei nº 9.785/1999: "A lei municipal definirá os prazos para que um projeto de parcelamento apresentado seja aprovado ou rejeitado e para que as obras executadas sejam aceitas ou recusadas".

Regra de graves efeitos contém o § 1º, ensejadora de abusos, e que não pode ser admitida: "Transcorridos os prazos sem a manifestação do Poder Público, o projeto será considerado rejeitado ou as obras recusadas, assegurada a indenização por eventuais danos derivados da omissão". Acontece que não pode decorrer a rejeição do projeto pela omissão do Poder Público em se manifestar. A sua atitude de manter-se alheio à postulação do cidadão revela o descumprimento de um dever administrativo, imposto por lei. A todos é assegurado o direito de peticionar aos Poderes Públicos, por força do art. 5º, incisos XXXIII e XXXIV, letra "a", da Carta Federal.

Havendo omissão, o prazo para a aprovação estende-se por noventa dias para a aprovação ou rejeição, e de sessenta dias para a aceitação ou recusa fundamentada das obras de urbanização, de acordo com o § 2º do art. 16, em redação da Lei nº 9.785/1999.

Mais exigências podem ser impostas, desde que amparadas em lei, tanto municipal como estadual, em virtude de ser admitida a competência concorrente para legislar, segundo reconhece o Superior Tribunal de Justiça no *Recurso em Mandado de Segurança* nº 8.693-OR, da 2ª Turma, julgado em 05.03.1999, *DJU* de 18.10.1999:

> O uso do solo urbano submete-se aos princípios gerais disciplinadores da função social da propriedade, evidenciando a defesa do meio ambiente e do bem-estar comum da sociedade.
>
> Consoante preceito constitucional, a União, os Estados e os Municípios têm competência concorrente para legislar sobre o estabelecimento de limitações urbanísticas no que diz respeito às restrições do uso da propriedade em benefício do interesse coletivo, em defesa do meio ambiente para preservação da saúde pública e até do lazer.[2]

---

[2] *Revista do Superior Tribunal de Justiça*, 127/147.

Desde a aprovação, os espaços livres de uso comum, as vias e praças, as áreas destinadas a edifícios públicos e outros equipamentos urbanos constantes do projeto e do memorial descritivo, não poderão ter a destinação alterada pelo loteador.

Observe-se que

> na hipótese de parcelamento do solo implantado e não registrado, o Município poderá requerer, por meio da apresentação de planta de parcelamento elaborada pelo loteador ou aprovada pelo Município e de declaração de que o parcelamento se encontra implantado, o registro das áreas destinadas a uso público, que passarão dessa forma a integrar o seu domínio (art. 22, parágrafo único, da Lei 6.766/1979, incluído pela Lei 12.424/2011).

O Superior Tribunal de Justiça, em vista de tal princípio, assentou no *Recurso Especial* n° 226.858-RJ, da 3ª Turma, julgado em 20.06.2000, *DJU* de 07.08.2000:

> O loteador está sujeito às restrições que impôs aos adquirentes de lotes, não podendo dar aos remanescentes destinação diversa daquela prevista no memorial descritivo, pouco importando que a lei municipal superveniente permita a alteração pretendida; as leis urbanísticas só se sobrepõem aos ajustes particulares quando já não toleram o *status quo* – hipótese de que não se trata na espécie, onde tanto o loteamento originário quanto sua pretendida alteração estão conformados às posturas municipais. Recurso especial não conhecido.[3]

Há possibilidade de alteração, em uma exceção à regra acima, na hipótese de caducidade da licença, fato ocorrível se não encaminhado o projeto a registro no prazo de cento e oitenta dias, a contar de sua aprovação, ou de desistência do loteador.

Nesta última hipótese, segundo o art. 23, ao qual remete o art. 17, procede-se o cancelamento no Registro de Imóveis, através de requerimento do loteador, com a anuência da autoridade municipal, ou do Distrito Federal, conforme o caso, enquanto nenhum lote houver sido vendido. Tendo ocorrido vendas, necessária a concordância de todos os adquirentes e promitentes compradores. Inexistindo o Registro Imobiliário, tampouco vendas, prescinde-se de qualquer autorização para a desistência.

34.3. DESMEMBRAMENTO

O Decreto-Lei n° 58/1937 não se preocupa em definir o parcelamento de áreas urbanas. Já o art. 1° iniciou especificando os requisitos necessários para a venda de terrenos urbanos ou rurais divididos em lotes, mediante pagamento do preço a prazo, em prestações sucessivas e periódicas. Restringiu-se unicamente a uma forma de parcelamento, ou seja, a venda em lotes de uma certa área sem qualquer referência ao desmembramento.

Somente o Decreto-Lei n° 271, de 1967, trouxe a definição do novo tipo de desdobramento, distinguindo-o do loteamento.

Em consonância com referido diploma, há o parcelamento como gênero; o loteamento e o desmembramento como espécies.

Formalizou o Decreto-Lei n° 271/1967 a distinção entre as duas figuras. Desmembramento urbano equivale à subdivisão da área em lotes para a edificação, na qual seja aproveitado

---

[3] *Revista do Superior Tribunal de Justiça*, 136/281.

Cap. XXXIV · PARCELAMENTO DO SOLO, PROMESSA DE COMPRA E VENDA E DIREITO REAL | 999

o sistema viário oficial da cidade ou vila, sem que se abram novas vias ou logradouros públicos, e sem que se prolonguem ou modifiquem os existentes. No loteamento, procede-se à subdivisão de área em lotes destinados à edificação de qualquer natureza, podendo haver alteração do sistema viário oficial.

A Lei nº 6.766/1979 pretendeu ser mais explícita. Neste sentido, considerou desmembramento (art. 2º, § 2º)

> a subdivisão de gleba em lotes destinados à edificação, com aproveitamento do sistema viário existente, desde que não implique a abertura de novas vias e logradouros públicos, nem o prolongamento, modificação ou ampliação dos já existentes.

E conceituou loteamento como "a subdivisão de gleba em lotes destinados à edificação, com abertura de novas vias de circulação, de logradouros públicos ou prolongamento, modificação ou ampliação das vias existentes" (art. 2º e parágrafos).

Destarte, o parcelamento, o gênero na divisão de áreas, constitui a transformação de um imóvel em dois ou mais de dois terrenos, de sorte a desaparecer a propriedade antiga para dar lugar a novas propriedades. Quando há subdivisão de uma área já situada em logradouro público, entre vias reconhecidas pelo Município, temos o desmembramento.

34.3.1. O processo do desmembramento

Procede-se à subdivisão de áreas urbanas em lotes, dentro de um sistema viário oficial, sem acarretar qualquer modificação.

No entanto, a lei teve o demérito de provocar certa confusão entre as duas modalidades de subdivisão, impondo praticamente idênticas e complexas disposições para o registro.

Desmembramento corresponde a um retalhamento de uma área em determinado número de terrenos, foi salientado. Pelas normas agora vigentes, passou a ser considerado uma forma de loteamento. Daí a semelhança de procedimento. De que maneira se processa o desmembramento?

De início, procurando impedir a implantação de núcleo populacional em gleba alagadiça e desprovida de saneamento básico, o art. 3º ordena as condições que deve oferecer o solo, as previstas para o loteamento. Os incisos do referido dispositivo vedam o desmembramento em terrenos baixos, alagadiços e sujeitos a inundações; em terrenos aterrados com material nocivo à saúde pública; ou com declividade igual ou superior a trinta por cento; em áreas sem consistência e qualidade geológica própria; ou destinadas à preservação ecológica, ou naquelas onde a poluição impeça um ambiente sanitário suportável. Mas permite as correções, desde que possíveis em todas as hipóteses destacadas, como obras de saneamento e escoamento de águas; de nivelamento e erradicação dos elementos poluidores.

De acordo com o art. 10 da Lei nº 6.766/1979, o interessado providenciará em obter a autorização da Prefeitura Municipal, ou do Distrito Federal, se nele situar-se o imóvel, a fim de levar o projeto ao ofício imobiliário.

Entretanto, em obediência ao art. 13, na versão da Lei nº 9.785/1999, aos Estados caberá disciplinar a aprovação pelos Municípios do desmembramento, como acontece com o loteamento, nas situações abaixo discriminadas:

> I – Quando o loteamento localizar-se em áreas de interesse especial, tais como de proteção aos mananciais ou ao patrimônio cultural, histórico, paisagístico e arqueológico, assim definidas por legislação estadual ou federal.

II – Quando o desmembramento situar-se em zona limítrofe do Município, ou que pertença a mais de um Município, nas regiões metropolitanas ou em aglomerações urbanas, definidas em lei estadual ou federal. Mas, integrando o Município região metropolitana, o exame e a anuência prévia competem à autoridade daquele órgão, ordena o parágrafo único do art. 13; implantando-se a subdivisão em aglomerações urbanas, mencionados atos dependerão de lei especial.

III – Quando o desmembramento abranger área superior a um milhão de metros quadrados, o que dificilmente ocorrerá, pois importaria na abertura de novas vias, configurando-se, então, o loteamento.

A obediência à disciplina ou legislação estadual para a aprovação pelos Municípios está na dependência de decreto determinando normas reguladoras a que se submeterão os projetos, o que também aparece contemplado no art. 14.

O requerimento endereçado à autoridade municipal ou do Distrito Federal, conforme o caso, será acompanhado de planta do imóvel e de certidão atualizada da matrícula, exceto se tratar-se de loteamento popular destinado a classes de menor renda, envolvendo terreno em fase de desapropriação, e promovido pelo Poder Público, em consonância com o art. 10, na redação da Lei nº 9.785/1979.

Farão parte do requerimento os seguintes elementos:

I – A indicação das vias existentes e dos loteamentos próximos, caso houver;

II – a indicação do tipo de uso predominante no local, a fim de se conhecer a espécie de destino que vem sendo dada à área circunvizinha;

III – a indicação da divisão de lotes pretendida na área.

Embora a lei seja omissa, juntar-se-á memorial descritivo, contendo os elementos acima e dizendo se as condições do solo, especificadas nos incisos do art. 3º, se encontram ou não presentes.

Ordena o art. 11, com o teor da Lei nº 9.785/1979, a aplicação ao desmembramento, no que couber, das disposições urbanísticas vigentes para as regiões em que se situem ou, na ausência destas, as disposições urbanísticas para os loteamentos. De modo que, em princípio, não se admitem terrenos desmembrados com área inferior a cento e vinte e cinco metros quadrados, e com frente também inferior a cinco metros. Outrossim, impondo o Poder Público, o projeto reservará uma faixa *non aedificandi* destinada a equipamentos urbanos de abastecimento de água, serviços de esgoto, energia elétrica, coleta de águas pluviais, rede telefônica e canalização de gás. Necessária a destinação de área quando extensa a gleba e com poucos espaços livres, devendo, para a reserva, constar a previsão na lei municipal.

34.4. REGISTRO DO LOTEAMENTO E DO DESMEMBRAMENTO

Em relação ao Decreto-Lei nº 58/1937, a atual lei trouxe mudanças acentuadas quanto ao registro, de modo especial no que diz respeito ao desmembramento, determinando as mesmas formalidades exigidas para o loteamento, quando antes não passavam de simples apresentação de um requerimento acompanhado de um memorial descritivo e uma planta.

Apesar de o primeiro ser ato averbável e o último registrável, idênticos documentos ordena a lei que sejam depositados na serventia imobiliária. Indiscutível esta conclusão, pois o Capítulo VI traz, em seu título, as duas espécies de parcelamento a que se destinam as normas que seguem. Muito embora grande parte dos dispositivos mencionem apenas o loteamento, disciplinando tanto uma como outra modalidade de subdivisão.

Cap. XXXIV · PARCELAMENTO DO SOLO, PROMESSA DE COMPRA E VENDA E DIREITO REAL | **1001**

As idênticas exigências encontram razão de ser, segundo o espírito da lei, no fato de que o desmembramento também promove a subdivisão de uma área em terrenos, para serem vendidos à vista ou em prestações sucessivas e periódicas, e colocados à disposição do público em geral, como ocorre no loteamento propriamente dito.

Conseguida a aprovação junto ao poder competente, encaminha-se o projeto para o registro, no ofício imobiliário, dentro do prazo de cento e oitenta dias. Decorrido o lapso de tempo e não promovido o ato cartorário, o projeto perde o valor, não mais vigorando a aprovação.

Como proceder, em decorrência?

Novo projeto será elaborado, com todos os percalços anteriores?

Absolutamente. Exige-se unicamente uma revalidação do ato administrativo de aprovação. À autoridade reserva-se, no entanto, o direito de impor novas formalidades, na hipótese de terem surgido situações diferentes na problemática urbanística da cidade.

Ao depositar o projeto do loteamento ou desmembramento, o interessado anexará os documentos a seguir enumerados, obedecendo à ordem do art. 18:

I – Título de propriedade do imóvel ou certidão da matrícula, ressalvado o disposto nos §§ 4º e 5º (redação da Lei nº 9.785/1999), que se referem à dispensa do título de propriedade do imóvel quando se tratar de parcelamento popular promovido pelo Poder Público, destinado às classes de menor renda, objeto de desapropriação com imissão de posse concedida, devendo ser apresentados os documentos relativos ao processo de desapropriação. Eis a redação dos mencionados parágrafos:

"§ 4º O título de propriedade será dispensado quando se tratar de parcelamento popular, destinado às classes de menor renda, em imóvel declarado de utilidade pública, com processo de desapropriação judicial em curso e imissão provisória na posse, desde que promovido pela União, Estados, Distrito Federal, Municípios ou suas entidades delegadas, autorizadas por lei a implantar projetos de habitação".

"§ 5º No caso de que trata o § 4º, o pedido de registro do parcelamento, além dos documentos mencionados nos incisos V e VI deste artigo, será instruído com cópias autênticas da decisão que tenha concedido a imissão provisória na posse, do decreto de desapropriação, do comprovante de sua publicação na imprensa oficial e, quando formulado por entidades delegadas, da lei de criação e de seus atos constitutivos".

II – Histórico dos títulos de propriedade do imóvel, abrangendo os últimos vinte anos, acompanhados dos respectivos comprovantes. Um ou vários tenham sido os proprietários nesse decurso de tempo, suficiente a narração em uma única certidão. Indicam-se a natureza (modo de aquisição) e a data de cada transferência.

III – Certidões negativas:

a) De tributos federais, estaduais e municipais, incidentes sobre o imóvel. A redação da alínea pressupõe a inexistência de encargos tributários em nome da pessoa que promove o loteamento, tanto que a exigência menciona "certidão negativa".

b) De ações reais referentes ao imóvel, pelo período de dez anos.

c) De ações penais com respeito ao crime contra o patrimônio e contra a administração pública.

De acordo com o § 2º do art. 18, somente as condenações em infração contra o patrimônio e a administração pública impedirão o registro, enquanto não reabilitado criminalmente o pretendente. Objetiva a lei medida de proteção da sociedade contra proprietários inescrupulosos. Encontrando-se o processo em andamento, aguarda-se a decisão final e definitiva.

De salientar que as ações reais ligadas ao imóvel deverão estar extintas, sem possibilidade de modificação no tocante à titularidade e à extensão da gleba; mas certificando-se a ocorrência de litígio que envolve o imóvel num período inferior a dez anos e encontrando-se já resolvido, é destituído de um fundamento ponderável o impedimento do registro.

IV – Certidões:

a) Dos contratos de protesto de títulos, em nome do loteador, pelo período de dez anos;

b) de ações pessoais relativas ao proprietário, também pelo lapso de tempo de dez anos. Ações pessoais são todas as que envolvem o cumprimento de uma obrigação, distinguindo-se das reais por se fundarem estas em um direito real ou por envolverem um *jus in rei*;

c) de ônus reais relativos ao imóvel, isto é, certidões revelando os encargos que oneram a área, como penhora, arresto, sequestro, hipoteca etc.;

d) de ações penais contra o loteador, pelo período de dez anos.

A constatação de protestos, de ações cíveis ou penais, não veda o registro, uma vez provando-se que não advirão prejuízos aos adquirentes dos lotes, segundo prevê o § 2º do art. 18. Não pretende a lei que os bens do loteador estejam escoimados de quaisquer ônus ou encargos, ou de litigiosidade. Apenas exige que sejam tornadas públicas essas circunstâncias, a fim de que os compromissários possam conhecer-lhes o devido alcance.

Igualmente a incidência de ônus reais sobre o imóvel não tranca o registro, pois não cominada a impossibilidade do ato pela lei.

Observa o § 1º do art. 18 que as certidões de ações reais ligadas ao imóvel (art. 18, inc. III, letra "b"), dos cartórios de protesto de títulos em nome do loteador (art. 18, inc. IV, letra "a"), de ações pessoais relativas ao loteador (art. 18, inc. IV, letra "b"), e de ações penais contra o loteador (art. 18, inc. IV, letra "d"), todas envolvendo o período de dez anos, deverão ser extraídas em nome daqueles que, no referido prazo, tenham sido titulares de direitos reais sobre o imóvel. O lapso de tempo de dez anos iniciará a contar, retroagindo, a partir da data do pedido do registro, consoante exige § 1º do art. 18.

V – Cópia do ato de aprovação do loteamento e comprovante do termo de verificação pela Prefeitura Municipal ou pelo Distrito Federal, da execução das obras exigidas pela legislação municipal, que incluirão, no mínimo, a execução de obras de circulação do loteamento, demarcação dos lotes, quadras e logradouros e das obras de escoamento das águas pluviais, ou de aprovação de um cronograma, com a duração máxima de quatro anos, acompanhado de competente instrumento de garantia para a execução das obras (redação da Lei nº 9.785/1999).

Cuidando-se de desmembramento, não comportando a espécie a abertura de novas obras, como vias de circulação, basta cópia da aprovação com documento demonstrando a demarcação dos lotes e da reserva de áreas *non aedificandi* exigidas pelo Poder Público.

VI – Exemplar de contrato padrão de promessa de venda, ou de cessão, ou de promessa de cessão, do qual constarão obrigatoriamente as indicações previstas no art. 26.

O Decreto-Lei nº 58/1937 denominava o contrato padrão de contrato tipo, substituível por um exemplar de caderneta. Nela, anotavam-se, mês a mês, os pagamentos das parcelas do preço.

VII – Declaração do cônjuge do requerente, de que consente no registro do loteamento, ou na averbação do desmembramento. A declaração não supre o consentimento nas vendas ou promessas de vendas dos lotes, ou direitos a eles relativos, o qual deverá ser expresso através da assinatura.

O Decreto-Lei nº 58/1937, art. 1º, § 1º, impunha a concordância das autoridades sanitárias, militares e, consistindo de área florestada o loteamento, mesmo parcialmente, das autoridades florestais, formalidade esta trazida pela Lei nº 4.778/1965.

As normas da lei vigente catalogam as autorizações daquelas autoridades, pois no projeto de loteamento submetido ao exame e à aprovação da Prefeitura Municipal, ou do Distrito Federal, os sistemas de esgoto, água, energia elétrica e as zonas florestadas constituem elementos de inclusão obrigatória, cabendo ao Poder Público decidir quanto às exigências, antes da competência das autoridades supra especificadas.

Nada havendo de irregular, ou superado o impasse, o oficial do cartório remeterá comunicação à Prefeitura Municipal, ou ao Distrito Federal, conforme o caso, acerca da postulação de registro.

Concomitantemente, seguem-se as publicações do edital do pedido do registro, em três dias consecutivos. Nas capitais, a publicação far-se-á na imprensa oficial e no jornal diário. Nos municípios do interior, em um dos jornais locais, se houver, ou em jornal da região.

Exige a Lei nº 6.766/1979, inovando totalmente a matéria, a inclusão, no edital, de pequeno desenho de localização da área. Embora a evidente pouca utilidade prática da medida, pois difícil localizar-se o imóvel dentro do Município mediante o diminuto desenho, necessário incluir algum ponto conhecido e importante, que servirá como referência para situar o loteamento, podendo consistir em uma via com denominação, ou a posição cardeal em relação à cidade.

Findo o prazo de 15 dias, a contar da última publicação, sem impugnação, lavrase o registro.

Enquanto não findar o referido prazo, os terceiros terão oportunidade para impugnar o registro. Proposta a impugnação, juntada aos autos, o oficial intimará o requerente e a Prefeitura Municipal, ou o Distrito Federal, quando for o caso, para que sobre ela se manifestem em cinco dias, sob pena de arquivamento do processo. Desnecessário esclarecer, por ser óbvio, que o arquivamento é consequência somente do silêncio do apresentante.

Com as manifestações das partes, o titular da serventia enviará o processo ao juiz encarregado, tendo dele vistas, inicialmente, o representante do Ministério Público, pelo período de cinco dias, fazendo-se, em seguida, os autos conclusos ao juiz para o julgamento, caso outras diligências não se fizerem necessárias. Envolvendo maiores indagações, esclarecimentos por meio de prova judicial ou perícia, remete-se o caso às vias ordinárias.

No procedimento administrativo resolvem-se apenas as questões claras. A impugnação não tem por motivo estabelecer controvérsias sobre direitos reais. No exame do pedido de registro, observam-se as condições extrínsecas, os requisitos discriminados pela lei. De notar que, mesmo registrado o loteamento, não são criados nem extintos os direitos. Não se tornam inexpugnáveis os títulos de propriedade. Mesmo após lavrado o ato, não é incogitável a sua anulação ou revogação, se porventura algum direito real foi ofendido.

O art. 20 manda que o registro do loteamento se proceda no livro próprio, por extrato.

Para o loteamento e o desmembramento, abre-se a matrícula da área a ser subdividida e efetua-se o registro no Livro nº 2, como consagra a Lei nº 6.015/1973, art. 167, inc. I, nº 19. Aberta a matrícula, registra-se o loteamento, lançando-se os dados contidos no memorial, como o plano, a denominação, as praças, as áreas verdes, as vias, a área *non aedificandi*, a destinada para equipamentos urbanos e comunitários, as quadras, os lotes, os quais são especificados, com as dimensões e outras características peculiares. Acrescentam-se dados quanto à forma de urbanização e faz-se referência aos documentos apresentados.

Após o registro, impõe o parágrafo único do art. 20, coloca-se a numeração de todos os lotes, em ordem vertical, como é já praxe, reservando-se espaço ao lado suficiente para apor-se o número da matrícula quando da venda.

Aberta a matrícula e feito o registro, averba-se a circunstância na matrícula originária.

Estando transcrito ou registrado o título, por simples averbação consigna-se o fracionamento, referindo-se o número de terrenos resultantes, as áreas *non aedificandi*, os documentos anexados, a aprovação municipal e outras circunstâncias especiais.

Consumado o ato do registro do loteamento ou do desmembramento, o servidor do cartório remeterá certidão à prefeitura municipal, ou ao Distrito Federal, se no seu território localizar-se o desdobramento do solo, a fim de que a atividade do loteador possa ser fiscalizada e haver um acompanhamento na concretização dos compromissos assumidos pelo loteador, caso já não implantados os arruamentos e outras obras previstas na lei.

Inúmeros outros assuntos são tratados na lei, como o registro em mais de uma circunscrição imobiliária, se a área abranger mais de uma circunscrição; a indisponibilidade dos espaços públicos (art. 22); o cancelamento do registro (art. 23); a alteração e cancelamento parcial do loteamento (art. 28); a transmissão da propriedade loteada (art. 29); e a falência do loteador (art. 30).

Acrescenta-se a impossibilidade de se implantar por formas transversas um loteamento, como o parcelamento de uma área em condomínio, sem o devido processamento administrativo, no que trata exemplarmente o *Recurso Ordinário em Mandado de Segurança* nº 9.876, da 3ª Turma do Superior Tribunal de Justiça, julgado em 17.08.1999, *DJU* de 18.10.1999:

> Civil. Venda de fração ideal de terras, para transferir lote certo e determinado, sem o regular parcelamento do solo. Impossibilidade. A venda de fração ideal de terras parceladas irregularmente não pode ser objeto de Registro Imobiliário, porque frauda a legislação específica; o juiz que proíbe o registro desses negócios, sem a prévia oitiva do proprietário, não fere a garantia do contraditório, porque só ordenou o que o Oficial do Cartório já estava obrigado a fazer.

No voto, adverte-se quanto à ilegalidade da atividade, em área ideal, de destinação rural, dentro de um todo maior, de

> divisão do solo em lotes, procedendo ao arruamento, estabelecendo quadras e lotes, individualizando-os e dando posse em local certo e determinado de cada lote ao comprador, embora os contratos particulares de compromisso de compra e venda prometessem alienar uma parte ideal de determinados números de metros quadrados na comunhão de área maior, objeto da matrícula... Houve, assim, parcelamento de fato e ilícito do solo rural para fins urbanos, sem a aprovação dos órgãos públicos competentes e em desacordo com o art. 53 da Lei nº 6.766 (...), que determina a prévia audiência dos órgãos públicos competentes, inclusive a Prefeitura Municipal.[4]

34.5. PARCELAMENTO DE IMÓVEIS RURAIS PARA FINS URBANOS

O art. 1º da Lei nº 6.766/1979 restringe o seu campo de aplicação ao parcelamento para fins urbanos.

---

[4] *ADV Informativo*, nº 04, expedição de 30.01.2000, p. 75.

Cap. XXXIV · PARCELAMENTO DO SOLO, PROMESSA DE COMPRA E VENDA E DIREITO REAL | 1005

O Decreto-Lei nº 58/1937, como reza seu art. 1º, destinava-se aos proprietários de terras rurais e de terrenos urbanos.

É urbano o imóvel quando localizado na zona urbana do Município, aí incluídas, eventualmente, as zonas urbanizáveis, ou de expansão urbana, consoante art. 32 da Lei nº 5.172, de 1966. Sintetizando, é aquele destinado à moradia, ao comércio, à indústria, delimitado pelo perímetro urbano e nele incidindo o imposto sobre a propriedade predial e territorial urbana.

Em contrapartida, rural é o imóvel cujo emprego envolve atividade de exploração extrativa agrícola, pecuária ou agroindustrial, de acordo com o Estatuto da Terra (Lei nº 4.504/1964, art. 4º).

A destinação econômica da propriedade configura o elemento caracterizador de uma e outras espécies, não sendo relevante a localização em perímetro urbano ou rural.

Entretanto, na prática, a distinção é de singela constatação, máxime se nos fixarmos no tipo de imposto que recai sobre o imóvel.

Sem dúvida, questão importante apresenta-se no tocante às leis que regulam o loteamento para fins rurais e o loteamento para fins urbanos.

Para alcançar a profundidade do problema, há de se distinguir as duas espécies referidas.

Na primeira, busca-se a criação de novas unidades rurais, respeitado o módulo ou a fração mínima de parcelamento, com vista à exploração agrícola, ou pecuária, ou extrativa e agroindustrial. Na última, aproveita-se o solo rural para fins urbanos; modifica-se a destinação do solo, localize-se dentro ou fora do perímetro urbano, como na hipótese de núcleos residenciais, que podem ser organizados em um centro de colonização, e reservados à moradia dos parceleiros e às instalações administrativas e comerciais.

Dentro do ordenamento legal presente, encontramos dois diplomas em vigor, disciplinando a matéria: o Decreto-Lei nº 58/1937 e a Lei nº 6.766/1979.

Durante o império do primeiro, e de seu Decreto regulamentador, de nº 3.079/1938, os loteamentos de imóveis rurais e urbanos seguiam as suas diretrizes; ao aparecer a Lei nº 6.766/1979, os parcelamentos em solos urbanos e em solos rústicos ou rurais, visando à urbanização, subordinaram-se ao sistema e ao procedimento por ela introduzidos. Manteve-se a aplicação do primeiro diploma restritamente aos loteamentos em solos rurais destinados ao aproveitamento da terra.

Observa-se o conteúdo do art. 1º do Decreto-Lei nº 58/1937:

> Os proprietários ou coproprietários de terras rurais ou terrenos urbanos, que pretendem vendê-los, divididos em lotes e por oferta pública, mediante pagamento do preço a prazo, em prestações sucessivas e periódicas, são obrigados, antes de anunciar a venda, a depositar no cartório do Registro de Imóveis da circunscrição respectiva (...).

Como se nota, foi estendida a aplicação aos loteamentos de terras rurais e de terrenos urbanos.

De outro lado, temos o art. 1º da Lei nº 6.766/1979:

> O parcelamento do solo para fins urbanos será regido por esta Lei.

E, no art. 3º:

> Somente será permitido o parcelamento do solo para fins urbanos em zonas urbanas ou de expansão urbana, assim definidas por lei municipal.

DIREITO DAS COISAS – *Arnaldo Rizzardo*

Desde que evidenciada a urbanização, ou seja, a mudança de destino do solo, a Lei nº 6.766/1979 incide no loteamento em zona urbana, suburbana, de expansão urbana, ou se intentado o estabelecimento de um núcleo urbano ou sítio de lazer.

A lei em menção fala no parcelamento para fins urbanos, circunstância presente nas modalidades especificadas, pois nenhuma delas se enquadra no conceito de imóvel rural, já que inexiste o intuito da exploração extrativa, agrícola, pecuária ou agroindustrial. Embora se cultive a terra, não se objetiva o aproveitamento econômico. As chácaras de recreio caracterizam o imóvel que mais se assemelha à propriedade rural; no entanto, estatuindo o Decreto-Lei nº 271/1967 como lote urbano o empregado à edificação de qualquer natureza (art. 1º, § 1º), implica a chácara de recreio uma obra destinada à recreação, não recaindo sobre ela o imposto territorial rural, e sim o urbano. No máximo, nas palavras de Álvaro Erix Ferreira,[5] temos um misto de loteamento rural e urbano, porque a característica rural do loteamento para a legislação agrária depende da natureza da terra primitiva que vai ser objeto de retalhamento, não se importando com a natureza dos lotes que serão formados, os quais poderão ser rurais ou urbanos. É o que sucede, por exemplo, com o loteamento para fins de expansão residencial, quando os terrenos serão tipicamente urbanos e, no entanto, o loteamento é considerado rural, por força do art. 61 do Estatuto da Terra e do art. 13, letra "a", do Decreto nº 59.428, de 1966.

Sendo certo que a natureza do terreno irá definir o tipo de parcelamento, no caso de uma terra própria para a lavoura ou a pecuária ser subdividida em lotes destinados "à edificação de qualquer natureza" (art. 1º, § 1º, do Decreto-Lei nº 271), temos um loteamento rural por força da legislação agrária e um loteamento urbano por determinação do Decreto-Lei nº 271/1967 e da Lei nº 6.766/1979, que contempla a utilização da terra rural para fins urbanos.

É o parcelamento concomitantemente urbano e rural. Impõe-se, para a sua formação, a aprovação segundo as diretrizes da Lei nº 6.766 e as normas agrárias, embora arredadas estas pela Instrução nº 17-B, de 09.12.1980, que dispõe sobre o parcelamento de imóveis rurais, expedida pelo INCRA em face das alterações introduzidas pela Lei nº 6.766.

Desde que se intente a urbanização, e, em consequência, não sendo agrícola a destinação, invoca-se aquele diploma, quer se trate de expansão urbana, de núcleos residenciais ou de sítios de recreio, quer tenha a finalidade de industrialização.

Aliás, com muita clarividência, enfatiza o magistrado Aluízio C. Siqueira:[6] "É de se inferir que a lei, ora promulgada (Lei nº 6.766/1979), aplica-se aos loteamentos de imóveis rurais para fins urbanos, loteamentos para a formação de núcleos urbanos e loteamentos para a formação de sítios de recreio", seguindo o Decreto-Lei nº 58/1938 a versar somente sobre aqueles imóveis rurais que serão parcelados em unidades, com intentos rurais.

Não é demais salientar que mesmo os sítios de recreio sujeitam-se à Lei nº 6.766/1979, diante do parágrafo único do art. 6º da Lei nº 5.868/1972, e em face do princípio da destinação, esteja situado em zona rural ou não, em virtude de ser de somenos relevância a localização. É também o que se depreende da leitura dos arts. 94, 95 e 96 do Decreto nº 59.428/1966. Embora a parte final do art. 3º da Lei nº 6.766/1979 condicione, aparentemente, a zona urbana, ou de expansão urbana, a uma decisão por lei municipal, não significa que ao "Município caiba estabelecer os critérios de definição de zonas urbanas ou de expansão urbana"; a ele compete "definir os seus contornos, ou seja, para delimitá-los de modo es-

---

[5] "Configuração dos Loteamentos Urbanos e Rurais", *in Revista do Instituto de Registro Imobiliário Brasileiro*, ano 2, nº 2, p. 257.

[6] *Direito e Legislação de Terras*, São Paulo, Editora Saraiva, 1980, p. 499.

pecífico e concreto no âmbito de seu território".[7] Cabe-lhe respeitar as áreas consideradas urbanas ou rurais por lei federal, como na hipótese de ser rural o solo se aproveitado em atividade extrativa ou agrícola.

34.6. PROMESSA DE COMPRA E VENDA DE IMÓVEIS LOTEADOS E NÃO LOTEADOS

O contrato de promessa ou compromisso de compra e venda – *pactum contrahendi*– é um verdadeiro contrato, regulado por leis especiais, que tem por objeto uma prestação de fazer, prestação esta consistente na celebração de outro contrato, o definitivo.

Pontes de Miranda[8] conceituou-o como o contrato pelo qual as partes, ou uma delas, ou todas, "no caso de pluralidade subjetiva, se obrigam a concluir outro negócio jurídico, dito negócio principal, ou contrato principal", sendo essencial à noção do "pré-contrato que se obriga alguém a concluir contrato ou outro negócio jurídico". Convém ressaltar a denominação de pré-contrato dada ao compromisso de compra e venda pelo renomado jurista.

A obrigação decorrente desta avença é de transferir a propriedade definitivamente, ou seja, celebrar outro contrato, no futuro, que é a compra e venda.

Basicamente, a promessa ou compromisso de compra e venda de imóvel loteado encontra--se regulada pela Lei n° 6.766/1979. Perduram, ainda, disposições do DecretoLei n° 58/1937 e do Decreto n° 3.079/1938, que regem aspectos não abrangidos pelo primeiro diploma.

A Lei n° 6.766/1979 cuida somente dos imóveis loteados. Quanto aos não loteados, continuam regulados pelo Decreto-Lei n° 58/1937, que, no art. 22, através da redação dada pela Lei n° 6.014/1973, faz referência expressa a eles: "Os contratos, sem cláusula expressa de arrependimento, de compromisso de compra e venda e cessão de direitos de imóveis não loteados, cujo preço tenha sido pago no ato de sua constituição ou deve sê-lo em uma ou mais prestações, desde que inscritos a qualquer tempo, atribuem aos compromissários direito real ou oponível a terceiro, e lhes conferem o direito de adjudicação compulsória nos termos dos arts. 16 desta lei, 640 e 641 do Código de Processo Civil". A disposição encontra-se inserida, igualmente, no art. 22 do Decreto n° 3.079/1938.

Cumpre aduzir que os citados arts. 640 e 641 passaram a constar, em face da Lei n° 11.232/2005, nos arts. 466-C e 466-A do CPC de 1973. Com o CPC de 2015, ditas normas encontram-se sintetizadas no art. 501.

A este tipo de contrato refere-se, outrossim, o Decreto-Lei n° 745, de 1969, cujo art. 1° prescreve:

> Nos contratos a que se refere o art. 22, do Decreto-Lei n° 58, de 10.12.1937, ainda que deles conste cláusula resolutiva expressa, a constituição em mora do promissário comprador depende de prévia interpelação judicial ou por intermédio do cartório de registro de títulos e documentos, com quinze dias de antecedência.

34.6.1. Promessa de compra e venda e obrigação de fazer

Seguindo doutrina mais consagrada, concluído o pagamento das prestações, parte-se necessariamente para a concretização do contrato principal, a outorga da escritura, que equi-

---

[7] Toshio Mukai, Alaor Caffé Alves e Paulo Vilella Lomar, *Loteamentos e Desmembramentos Urbanos*, São Paulo, Sugestões Literárias, 1980, p. 18.

[8] *Tratado de Direito Privado*, vol. XIII, ob. cit., p. 30.

vale a uma obrigação de fazer. Pois se o contrato definitivo é apenas um fato a ser realizado, "conclui-se inevitavelmente, com rigor lógico, que o contrato preliminar dá origem a uma obrigação de fazer apenas, subordinada à declaração de vontade posterior concordante do credor desta obrigação", leciona Carvalho Santos,[9] sendo que, descumprida a obrigação de fazer, é executada coativamente.

Se o compromitente não atende mencionada espécie de exigência, sujeitar-se-á a efetivá-la *manu militari*. E tão evidenciado este caráter ficou, nas promessas, que a legislação tem socorrido cada vez mais o promissário. A Lei nº 6.014/1973 acresceu de nova força o art. 22 do Decreto-Lei nº 58/1937, em caso de inexecução da outorga da escritura, fazendo remissão, para forçar o adimplemento do dever, aos arts. 640 e 641 do Código de Processo Civil de 1973, que a Lei nº 11.232/2005 substituiu pelos arts. 466-C e 466-A. Pelo Código de Processo Civil atual, as regras estão condensadas no art. 501.

Propondo-se alguém a concluir contrato ou outro negócio, está incluída a obrigação de fazer na relação bilateral. Sendo esta a natureza da promessa de compra e venda, tem a finalidade de prestação de um ato, o qual se encontra no corpo dos arts. 16 e 22 do estatuto supra referido, quanto aos imóveis loteados e já pagos e imóveis não loteados e sem cláusula de arrependimento. Os arts. 640 e 641, posteriormente arts. 466-C e 466-A, do diploma processual civil de 1973, e hoje o art. 501 do vigente Código, aos quais remete o art. 22 do Decreto-Lei nº 58/1937, infundem nítida certeza quanto à natureza obrigacional da convenção, pois a sentença produzirá os efeitos da declaração de vontade emitida e não cumprida. Tanto que alguns intérpretes entendem dispensável o registro do ajuste documental, sobretudo se o preço estiver totalmente pago, tornando impossível o arrependimento. Até porque o art. 501 da lei de processo civil atual reconhece o direito de ir a juízo e postular um comando sentencial que produza o mesmo efeito da declaração de vontade devida pelo promitente devedor, suprindo o julgado a falta de escritura definitiva e valendo como título a ser transcrito.

Essa abertura para a natureza obrigacional leva, inclusive, a suprir a vontade da parte renitente em outras situações. Comum é a situação do promitente vendedor de imóvel financiado pelo Sistema Financeiro da Habitação ter o seguro de quitação na hipótese do evento morte. Com a promessa de compra e venda, e vindo a falecer o promitente vendedor, é dos herdeiros a obrigação de buscar a quitação, e transferir em definitivo a propriedade. No entanto, amiúde tem surgido a negativa, buscando os herdeiros favorecer-se, e adquirir o domínio sobre o imóvel, o que não encontra respaldo, nos moldes da seguinte ementa: "Contrato de gaveta – designação atribuída aos negócios jurídicos de promessa de compra e venda de imóvel realizados sem o consentimento da instituição de crédito que financiou a aquisição; sobrevindo a morte do mutuário-promitente-vendedor, os respectivos efeitos prevalecem sobre os do negócio oficial (mútuo hipotecário e seguro), sob pena de enriquecimento sem causa, porque a morte do mutuário-promitente-vendedor só teve o efeito de quitar o saldo devedor do mútuo hipotecário, porque o prêmio de seguro foi pago pelo promitente-comprador".[10]

34.6.2. Obrigação de fazer e execução coativa

Na promessa de compra e venda, quem não cumpre a obrigação de fazer poderá obter o suprimento de sua vontade por sentença.

---

[9] *Obra citada*, 7ª ed., 1964, vol. XV, p. 132.

[10] *Recurso Especial* nº 119.466-MG, da 3ª Turma do STJ, de 4.05.2000, *DJU* de 19.06.2000, em *Revista do Superior Tribunal de Justiça*, 134/251.

Cap. XXXIV · PARCELAMENTO DO SOLO, PROMESSA DE COMPRA E VENDA E DIREITO REAL | **1009**

Com o advento da Lei n° 6.766/1979, grassando controvérsias no sistema que vigorava antes, passaram a ser irretratáveis sempre os contratos de promessa de imóveis loteados. É a norma do art. 25: "São irretratáveis os compromissos de compra e venda, cessões e promessas de cessões, os que atribuam direito à adjudicação compulsória e, estando registrados, confiram direito real oponível a terceiros".

Vale dizer: sem repercussão prática a cláusula de arrependimento, a não ser nos compromissos concernentes a imóveis não loteados, em vista da previsão do art. 22 do Decreto-Lei n° 58/1937.

O Código Civil de 2002, no art. 1.418, assegura, também, a adjudicação compulsória, como se verá adiante.

Não mais poderá ser resolvido o pacto por iniciativa do loteador e, se impossível o registro, só por vontade do compromissário se resolverá em perdas e danos. A obrigação de fazer, de passar a escritura, é inquestionável presentemente.

É a lição do professor Arruda Alvim, nestes termos: "A atitude de outorgar uma escritura a alguém consubstancia, tipicamente, uma obrigação de fazer. Nesse sentido já tem, reiteradamente, decidido a nossa jurisprudência. *Verbi gratia: TJSP, RT* 366/134; *TJRJ, RT* 336/449; *TJRJ, RT* 327/596; *TJMT, RT* 436/497; *TJPE, RT* 321/615".[11] Negando-se a outorgar a escritura pública, o loteador terá sua vontade suprida por decisão judicial, como acontece, em geral, nas obrigações de fazer, que têm seu fundamento no art. 501 do Código de Processo Civil, *sic*: "Na ação que tenha por objeto a emissão de declaração de vontade, a sentença que julgar procedente o pedido, uma vez transitada em julgado, produzirá todos os efeitos da declaração não emitida."

34.6.3. Pré-contrato de promessa de compra e venda

Inovando a legislação anterior, no art. 27 da Lei n° 6.766/1979 foi introduzida nova forma de relação contratual, nos compromissos de compra e venda:

> Se aquele que se obrigou a concluir contrato de promessa de venda ou cessão não cumprir a obrigação, o credor poderá notificar o devedor para outorga do contrato ou oferecimento de impugnação no prazo de 15 (quinze) dias, sob pena de proceder--se ao registro do précontrato, passando as relações entre as partes a ser regidas pelo contrato-padrão.

O pré-contrato, dentro do espírito da Lei n° 6.766/1979, é mera promessa de contratar; consiste em "mera estipulação preliminar dos termos em que dito compromisso virá a ser outorgado em época convencionada".[12] Cuida-se de tratativa preliminar, de promessa de contrair o compromisso de compra e venda. É uma situação preliminar, em que as partes preparam os termos ou as condições do negócio. Contrapõe-se ao compromisso porque este é negócio definitivo.

As situações inequívocas de negociar se manifestam em propostas, contrapropostas, acerto de detalhes, dissipação de dúvidas, condições, preços, prazos e estabelecimento de particularidades do negócio em si, desde que não fiquem apenas no plano verbal. Uma das partes promete à outra, por meio de documento, a execução de atos precisos, com vistas à

---

[11] *Cominatória*, em *Revista dos Tribunais*, n° 442, p. 57.
[12] *Apelação Cível* n° 251.102, do Conselho Superior da Magistratura do TJ de São Paulo, em *Revista de Direito Imobiliário*, n° 11, janeiro/junho de 1978, pp. 126 e 127.

contratação através de promessa de compra e venda, cessão ou promessa de cessão de um lote urbano. Há uma reciprocidade de troca de documentos preliminares, medidas preparatórias das condições inseridas nas cláusulas contratuais, posteriormente apresentadas à apreciação de ambas as partes, no que concerne a preço, prazos, condições e outras peculiaridades, e só serão válidas com expresso assentimento dos interessados.

Enquanto faltam dados para o instrumento de promessa, ou o promitente comprador providencia na cobertura da primeira parcela, há a figura em exame, materializada documentalmente, estipulando obrigações e direitos.

Equiparados ao pré-contrato, encontram-se a promessa de cessão, a proposta de compra, a reserva de lote, ou qualquer outro instrumento que encerre a manifestação inequívoca das vontades, a indicação do lote, o preço e modo de pagamento, bem como a promessa de contratar (art. 27, § 1º).

Na promessa de cessão, o promitente comprador se obriga a uma futura cessão de compromisso, dentro de algumas condições prévias.

As modalidades expressas no § 1º do art. 27 são exemplificativas, não se proibindo outras formas de instrumentos, desde que se apresente induvidosa a intenção de se concretizar futuramente um compromisso perfeito e certo. Seja qual for o *nomen juris*, sempre que se dispõe a vontade para determinado negócio, impõe o cumprimento do especificado.

A parte final do art. 27 possibilita a efetivação do registro do pré-contrato e das formas assemelhadas de instrumentos, caso inadimplir o loteador a convenção. Para suprir a manifestação de vontade, o credor (credor porque lhe é devido o contrato) há de requerer a notificação do devedor para a outorga do compromisso, ou oferecer impugnação no prazo de quinze dias. Junto com o pedido, comprovará que satisfez a prestação; estando para ser cumprida, ou cabendo-lhe desincumbir-se da obrigação, compete-lhe apresentá-la e colocá-la à disposição do proprietário na forma devida e estatuída no instrumento, salvo se ainda não se venceu. Correspondendo o adimplemento à complementação do preço inicial, consignará o valor respectivo, depositando-o no cartório, segundo a norma do art. 33. Proceder-se-á ao depósito na hipótese de o loteador negar a aceitação do dinheiro. Como se verá adiante, a notificação a fim de receber o valor designará a data, o local e a hora. Não se fazendo presente o devedor do contrato, recolher-se-á o montante em estabelecimento bancário. Ao oficial do cartório se atribui a função de examinar corretamente o cumprimento da prestação; embora notificado o proprietário e não oponha impugnação, não se exime de impor a obediência às normas legais, exigindo que o encargo seja integralmente satisfeito.

Recebendo o aviso, três alternativas se oferecem ao loteador: ou a outorga do contrato, ou a impugnação no prazo de quinze dias, ou o silêncio. A primeira hipótese e a última não resultam dificuldades. Outorgando o contrato, resolvido fica o impasse; silenciando, verifica-se uma confissão de parte do inadimplente, e sendo completa a prestação, depositada devidamente, registra-se o pré-contrato. Regem as relações entres os contratantes as normas estatuídas pelo contrato-padrão. Havendo impugnação, o procedimento a seguir consta no § 3º do art. 27, isto é, observar-se-á presentemente o disposto no art. 501 da lei adjetiva civil: o interessado ingressará com ação visando a substituir a vontade de contratar do devedor, servindo a sentença para condená-lo a prestar a declaração a completar o ato jurídico, ou, então, valendo o mesmo efeito da declaração de vontade não emitida.

A Lei nº 6.015/1973 não catalogou, entre os atos registráveis, o pré-contrato.

À primeira vista, prevendo o pré-contrato como registrável, a Lei nº 6.766/1979, no art. 27, estaria ferindo o outro diploma referido. Entrementes, "a enumeração constante do nº I,

Cap. XXXIV · PARCELAMENTO DO SOLO, PROMESSA DE COMPRA E VENDA E DIREITO REAL | 1011

do art. 167, é exemplificativa, na medida em que não esgota todos os registros possíveis (...). Incompleta a relação, não atende ao fim a que se destina a pormenorização casuística (...). Nada obsta a que registros outros, além dos alinhados, possam ser feitos (...)", explica Walter Ceneviva,[13] citando, como hipóteses não incluídas no elenco do art. 167, inc. I, da Lei nº 6.015/1973 a renúncia (art. 589, § 1º, do Código Civil de 1916) e a perpetuação de florestas (Lei nº 12.651/2012, com as alterações da Lei nº 12.727/2012). O art. 589, § 1º, do Código Civil anterior, é semelhante, no conteúdo, ao art. 1.275, parágrafo único, do Código de 2002.

Antes de efetivar o registro, complementam-se, no instrumento, os requisitos para o ato. As regras comuns inseridas no contrato-padrão tornam-se integrantes do instrumento preliminar, devendo, outrossim, inserir nele os requisitos assinalados no art. 176, § 1º, incs. II e III, da Lei dos Registros Públicos. Em verdade, a convenção inicial, mesmo materializada em uma simples proposta, em uma mera declaração, enriquecida com os novos elementos, caracterizando-se perfeitamente o lote, transforma-se em compromisso de compra e venda. Para tanto, com o requerimento do registro, e com os elementos constantes no cartório sobre a propriedade loteada, descreve-se o imóvel nas confrontações, localização e demais dados enumerados pela lei.

34.6.4. Promessa de compra e venda e direito real

Não divergem os autores em considerar o compromisso devidamente registrado como direito real, embora divirjam as formas como tipificam tal direito. As opiniões são bastante desencontradas, mas conservam um fundo comum: direito real, eficácia real, pretensão à constituição do direito real, direito de garantia, ônus real etc. Para Washington de Barros Monteiro, são direitos reais, além da propriedade, a enfiteuse, a servidão, o usufruto, o uso, a habitação, as rendas expressamente constituídas sobre imóveis, o penhor, a anticrese e a hipoteca. A enumeração não é taxativa, observa, acrescentando ao rol o compromisso de compra e venda para pagamento em prestações, quando registrado de acordo com a lei; igualmente o compromisso sobre imóveis não loteados, levado ao cartório, sem a estipulação da cláusula de arrependimento, reveste-se de direito real.[14]

Para Serpa Lopes, não há um direito real em si, mas um direito real de aquisição.

> Finalmente, temos essa figura jurídica recém-introduzida no nosso direito, a do ônus real resultante do compromisso de compra e venda, a que denominamos de direito real de aquisição, o qual, do mesmo modo, se reflete sobre o *jus disponiendi*, por isso que, quando o mesmo devedor venha a alienar a coisa que prometeu vender, o comprador, ao adquiri-la, se subordina igualmente ao ônus real que sobre ela pesa, ou seja, a obrigação de outorgar a escritura definitiva.[15]

Quanto a Pontes de Miranda, parte dos dizeres da legislação que atribui ao compromissário o direito real oponível a terceiros, estando a promessa, referente a imóveis loteados ou não, devidamente registrada na serventia competente. Nega ser direito real, apesar da inalienabilidade e da inonerabilidade criadas pelo Decreto-Lei nº 58/1937. Fosse direito real, "o direito do titular do pré-contrato já seria o domínio, sendo excrescência o negócio jurídico posterior: a escritura definitiva não passaria de um *bis in idem*".[16]

---

[13]   *Obra citada*, p. 350.
[14]   *Curso de Direito Civil – Direito das Coisas*, ob. cit., pp. 11 e 12.
[15]   *Curso de Direito Civil*, vol. VI, ob. cit., p. 39.
[16]   *Tratado de Direito Privado*, vol. XIII, ob. cit., p. 155.

Segundo este entendimento, não houve, ainda, a *traditio*, mas somente se contratou a promessa, ou se pré-contratou, não se consumando, pois, a compra e venda. O negócio resumiu-se na transmissão, mas não há título. O registro, de acordo com o art. 5º do citado Decreto-Lei, não caracteriza o direito real, nem o produz. Apenas serve para a proteção da pretensão pessoal, dando-lhe segurança. E, após analisar várias teorias, salienta o mesmo autor que o registro confere eficácia quanto a terceiros, no que concerne às alienações e onerações futuras.

Prossegue o autor: "O direito do pré-contratante é direito de adquirir o lote; a sua pretensão é a de contratar compra e venda e acordo de transmissão". Não é direito real porque nem a convenção, nem a tradição, junto à convenção, transferem o domínio. E conceitua: "Apenas há germe de direito real (...). Ainda não há direito real; há apenas a pretensão a ele, que a averbação assegura (= da eficácia) perante terceiros. É pretensão à modificação do direito, à constituição do direito real, não o próprio direito".[17]

"É um direito real novo", sustenta Caio Mário da Silva Pereira, pois "nem é um direito real pleno ilimitado (propriedade), nem se pode ter como os direitos reais limitados que o Código Civil, na linha dos demais, arrola e disciplina".[18]

Outros autores, como Frutuoso Santos, atribuem à promessa registrada uma eficácia real; o direito real nascido do ato cartorário é simplesmente para fazer valer o compromisso contra pretensão de terceiros. Orlando Gomes especifica-o como a simples limitação do poder de disposição do proprietário, que fica proibido de alienar o imóvel, uma vez registrado o contrato.

Para o direito francês, é de natureza real o contrato preliminar, o *avant contrat*, não havendo, para efeitos jurídicos, diferença entre ele e a compra e venda definitiva. Equivale a uma venda, desde que haja consentimento recíproco das partes sobre a coisa e sobre o preço. As promessas sinalagmáticas não são outra coisa senão verdadeiros contratos e apresentam a mesma natureza do contrato definitivo, ilustra Wilson de Souza Campos Batalha, abordando o direito francês, em estudo comparativo com o direito brasileiro.[19]

Como se percebe, alguns entendem existir apenas uma eficácia real, a par de outros, que o classificam no rol dos direitos reais.

Pontes de Miranda, ao tempo da vigência do Código Civil de 1916, não aceitava outros direitos reais a não ser os que vinham enumerados em seu art. 674, além da propriedade. Por coerência, pelo atual Código, não se aceitariam direitos diferentes que os arrolados em seu art. 1.225. Mas a verdade é que não há proibição de novos direitos reais serem criados por leis especiais. No entanto, a jurisprudência do Superior Tribunal de Justiça, no que é exemplo o *Recurso Especial* nº 57.641, da 2ª Turma, julgado em 4.04.2000, *DJU* de 22.05.2000, assenta-se em sua doutrina quanto à natureza, colocando a promessa como um direito de adquirir, por não dispensar um ato posterior, o que importa na não exigência do imposto de transmissão, que se recolherá unicamente quando da compra e venda definitiva:

> O fato gerador do Imposto sobre a Transmissão de Bens Imóveis (ITBI) é a transmissão do domínio do bem imóvel, nos termos do art. 35, II, do CTN, e art. 156, II, da CF/88.
>
> Não incidência do ITBI em promessa de compra e venda, contrato preliminar que poderá ou não se concretizar em contrato definitivo, este sim ensejador da cobrança do aludido tributo. Precedentes do STF.

---

[17] *Tratado de Direito Privado*, vol. XIII, ob. cit., p. 117.
[18] *Instituições de Direito Civil*, vol. III, ob. cit., p. 104.
[19] *Loteamentos e Condomínios*, São Paulo, 1953, tomo I, p. 328.

No voto da Rel. Min. Eliana Calmon, assume relevância a seguinte passagem, que parte da enumeração dos casos de aquisição da propriedade, constante no art. 530 do Código Civil, enumeração esta não repetida pelo Código de 2002:

> A transferência de domínio em relação à propriedade imobiliária, por sua vez, ocorre apenas nas hipóteses elencadas no art. 530 e incisos do Código Civil, não figurando entre elas a promessa de compra e venda, contrato preliminar que poderá ou não se concretizar em contrato definitivo e, desta forma, ocasionar um precedente que trata do fato gerador do imposto em questão, do qual destaco:

> "Tributário. Imposto de Transmissão de bens Imóveis. Fato gerador. Registro imobiliário (...).

> A propriedade imobiliária apenas se transfere com o registro do respectivo título (C. Civil, artigo 530). O registro imobiliário é o fato gerador do imposto de transmissão de bens imóveis. Assim, a pretensão de cobrar o ITBI antes do Registro Imobiliário contraria o ordenamento jurídico" (*REsp.* nº 12.546-RJ, Rel. Min. Humberto Gomes de Barros, 1ª Turma, *DJ* de 30.11.1992, p. 22.559).

> Desta forma, não é cabível a incidência do ITBI sobre a promessa de compra e venda, tendo, inclusive, a Corte Suprema firmado entendimento no mesmo sentido.

> Destaco, por oportuno, o seguinte aresto:

> "Imposto sobre a transmissão de bens imóveis e de direitos a eles relativos. Fato gerador.

> O compromisso de compra e venda e a promessa de cessão de direitos aquisitivos, dada a sua natureza de contratos preliminares no direito privado brasileiro, não constituem meios idôneos à transmissão, pelo registro, do domínio sobre o imóvel, sendo, portanto, inconstitucional a norma que os erige em fato gerador do imposto sobre a transmissão de bens imóveis e de direitos a eles relativos (...)" (*RP* 1.211-RJ – Rel. Min. Octávio Gallotti, 1ª Turma, *DJU* de 5.06.1987).[20]

Pelo Código Civil de 2002, em seus arts. 1.225, inc. VII, e 1.417, o promitente comprador tem direito real sobre o imóvel, desde que se encontre registrado no ofício imobiliário o contrato, e esteja ausente a cláusula de arrependimento. Eis a redação do art. 1.417: "Mediante promessa de compra e venda, em que se não pactuou arrependimento, celebrada por instrumento público ou particular, e registrada no Cartório de Registro de Imóveis, adquire o promitente comprador direito real à aquisição do imóvel".

34.6.5. Efeitos do registro do compromisso e direito real

Há de se observar as seguintes conclusões, decorrentes do Decreto-Lei nº 58/1937 e da Lei nº 649/1949, quanto aos imóveis não loteados, e também a Lei nº 6.766/1979, para os loteados.

Tanto nos registros referentes a outros direitos reais como nos compromissos de compra e venda devidamente registrados encontramos características idênticas. A constituição e a transferência dos direitos reais nascem do registro, em ambos os casos. A promessa, revestida das formalidades legais, é título hábil para o registro, de cujo ato decorre um direito real, como a oponibilidade *erga omnes.*

---

[20] *ADV Informativo*, nº 36, expedição de 10.09.2000, p. 568.

Uma vez efetuado o lançamento no Livro n° 2, no ofício imobiliário, o promissário comprador tem preferência para a aquisição do imóvel, tornando-se ineficazes os atos de alienação e oneração operados posteriormente ao registro. O seu valor *erga omnes* impõe ao promitente vendedor uma abstenção em relação ao imóvel objeto da promessa, que, indiretamente, equivale à sujeição deste, em dado momento, à vontade do promitente comprador.

Embora difícil encontrar um consenso unânime quanto à classificação, uma coisa é certa: os efeitos da promessa devidamente registrada, seja de imóvel loteado ou não, relativamente ao promitente comprador, não vindo com cláusula de arrependimento, em face do art. 1.417 do Código Civil atual, são reais. Eis a redação: "Mediante promessa de compra e venda, em que se não pactuou arrependimento, celebrada por instrumento público ou particular, e registrada no Cartório de Registro de Imóveis, adquire o promitente comprador direito real à aquisição do imóvel".

Munido do direito real à aquisição, poderá pedir a adjudicação, conforme se verá adiante.

Com o registro, o imóvel não poderá ser penhorado por dívidas do loteador, nem sequestrado, em face da oponibilidade *erga omnes*, nem vendido novamente pelo loteador. Possível ocorrer é que o titular de crédito do transmitente proponha a ação de fraude contra credores, a *actio pauliana*, se o devedor contratou já insolvente, ou reduzindo-se à insolvência por causa do negócio. Porém, ainda aí, a ação supõe o conhecimento da insolvência pelo contratante comprador. Preceituam o art. 2° das Disposições Transitórias do Decreto-Lei n° 58/1937, e o art. 27 do Decreto-Lei n° 3.079/1938, que as penhoras, os arrestos e sequestros de imóveis a que se referem os mandamentos citados, para efeitos da apreciação da fraude em alienações posteriores, serão registrados obrigatoriamente, dependendo da prova desse procedimento o curso da ação. E como o registro do compromisso de compra e venda imuniza o lote, salvo, é óbvio, na hipótese da ação pauliana, temos de concluir que as penhoras, os arrestos e os sequestros por dívidas do proprietário vendedor abrangerão unicamente lotes não objetos de compromissos registrados. Só por dívidas do promissário comprador permitem-se a constrição judicial e a arrematação dos direitos sobre o bem compromissado.

Em caso de sucessão *causa mortis*, ou por *ato inter vivos*, ou por disposição testamentária, o adquirente permanece responsável por todas as obrigações existentes, quer na outorga das escrituras definitivas, quer na indisponibilidade dos bens. Era o preceito do art. 5° do Decreto-Lei n° 58/1937 e do art. 9° do Decreto n° 3.079/1938, e constitui hoje a regra do art. 29 da Lei n° 6.766/1979. O adquirente fica sub-rogado nos direitos e nas obrigações dos alienantes, autores da herança ou testadores, tornando-se nula qualquer disposição em contrário. A norma supra aplica-se, por identidade de razão, não apenas à sucessão ou aquisição da propriedade, mas, também, indiscutivelmente, à sucessão nos direitos de cada lote.

Cuidando-se de imóvel não loteado, repetem-se as considerações acima. Registrado o pacto, a eficácia *erga omnes* do compromisso encontra plena segurança, mesmo em caso de falecimento do vendedor comprometente, ou do adquirente promissário. Vedam-se outras alienações do mesmo bem, e possíveis onerações judiciais ou não. Há uma questão de ordem pública, assegurando-se a necessária tranquilidade aos negócios.

34.6.6. Compromisso e ação reivindicatória

Acontece, seguidamente, a compra de um lote, seguindo a pagar as prestações o adquirente, percebendo, após, a ocupação do bem por um estranho. Dentro da sistemática que rege a ação de reivindicação, apenas o titular do domínio poderia ajuizar esta lide. Para legitimar-se

Cap. XXXIV • PARCELAMENTO DO SOLO, PROMESSA DE COMPRA E VENDA E DIREITO REAL | **1015**

na ação, deve haver um direito de dispor, de usar e gozar, que está em suspenso, pois um terceiro impede o seu exercício. Mas se o compromitente vendedor, em vista da convenção de promessa transmitida, não se interessa mais em exercer as prerrogativas especificadas, obviamente as mesmas transferem-se ao promitente comprador.

Faltando a disponibilidade do bem, encontram-se ausentes o *jus abutendi*, e, decorrentemente, o interesse para reivindicar. Sacramentado o ajuste, a disponibilidade passou ao novo titular, o promitente comprador; a este estende-se a legitimidade para ingressar em juízo.

Chega-se à admissibilidade da reivindicação para fazer valer o direito, desde que a avença se revista dos requisitos legais e, pelo menos, seja portadora de efeitos de eficácia real. O próprio Carvalho Santos deixa entrever, embora timidamente, a viabilidade da ação, pois adverte que a reivindicatória compete àquele que apresentar o domínio pleno ou limitado, pouco importando que o direito à propriedade seja ou não perfeito ou pleno. O direito ao domínio, para a propositura da lide, pode ser puro e simples, ou dependente de qualquer condição para se plenificar. Nada mais certo, adaptando-se ao compromisso a admissibilidade da demanda, mesmo se apresentando limitadamente o domínio.[21]

Barbosa Lima Sobrinho aprofundou mais o problema, defendendo que, pelo contrato, o direito de usar, gozar e dispor do imóvel, e de reavê-lo de quem o ocupa indevidamente, passa do proprietário para o promitente comprador. Assinado o compromisso irretratável e registrado, transferindo-se ao compromissário o direito de dispor, ele torna-se parte legítima para propor a lide em questão.[22]

Se o domínio se transfere do promitente vendedor ao compromissário, junto com o domínio quase pleno se transmite igualmente a ação que o protege, isto é, a ação reivindicatória passa do antigo para o novo titular. Não se compreende a existência de um direito e a sua transferência, desacompanhado da ação que o garanta e lhe traga segurança.

34.6.7. Cancelamento do contrato no Registro de Imóveis

34.6.7.1. Em imóveis loteados

Estabelece o art. 32 da Lei n° 6.766/1979: "Vencida e não paga a prestação, o contrato será considerado rescindido 30 (trinta) dias depois de constituído em mora o devedor". Como se vê, perdura o império do Decreto-Lei n° 58/1937 e do Decreto n° 3.079/1938.

Diante do crescente aumento de loteamentos, particularmente em zonas de grande densidade populacional, frequente é a aquisição de lotes por pessoas de baixa renda. Na maior parte das vezes, a mora acontece porque as prestações eram condizentes com a capacidade aquisitiva dos interessados, mas, posteriormente, reajustadas das mais variadas formas, em geral de acordo com o aumento percentual dos salários mínimos oficiais, não mais continuaram ao alcance econômico dos adquirentes.

Devidamente registrado no Livro n° 2, ou se ainda averbado junto à inscrição do loteamento, no Livro n° 8, nos casos de inscrição anterior à vigência da Lei n° 6.015/1973, o cancelamento do contrato, a requerimento do credor, efetuar-se-á precedido dos seguintes atos:

---

[21] *Obra citada*, vol. VII, p. 282.

[22] *Transformações da Compra e Venda*, Rio de Janeiro, Editor Borsoi, p. 228.

1. Intimação do devedor, feita pessoalmente pelo oficial, ou mediante carta com aviso de recebimento, para que em trinta dias ele satisfaça as prestações vencidas, as que se vencerem até a data do pagamento, mais juros convencionados, despesas de cartório, multa, esta exigível no caso de mora superior a três meses (art. 26, inc. V, da Lei nº 6.766/1979). Para tanto, o credor entregará ao oficial uma carta, onde constem o aviso para saldar a dívida e as cominações, no prazo estabelecido.

2. Recebida a devolução da carta, com a assinatura do devedor, ou concretizada pessoalmente a intimação, aguarda-se o decurso do prazo de trinta dias.

3. Se o destinatário se recusar a dar recibo, ou se furtar ao rendimento, ou ainda se for desconhecido o seu paradeiro, por não ter sido encontrado no endereço constante no contrato, o funcionário incumbido da diligência informará esta circunstância ao oficial competente, se não tiver poderes para certificar.

   O oficial, por sua vez, lavrará em certidão o ocorrido. A intimação se fará por meio de edital, iniciando a fluir o lapso de tempo mencionado dez dias após a última publicação (art. 49 e parágrafos da Lei nº 6.766/1979).

   A interpelação por edital "será feita na forma da lei", ordena o § 2º do art. 49. Vale dizer, se realiza como nos demais atos que exigem esta providência, através de jornal oficial do Estado e num dos jornais de circulação diária, se efetivar-se o cancelamento nas capitais dos Estados; ocorrendo em outros Municípios, publica-se num dos jornais locais, se houver; não havendo, em periódico da região (art. 19, § 3º).

   A publicação repete-se em três dias consecutivos, obviamente se circular jornal diariamente; em caso contrário, nada impede que se efetue em três edições consecutivas.

   Apesar do silêncio da lei, nenhum óbice há a desaconselhar a intimação mediante carta com aviso de recebimento. Sendo a residência ou o domicílio fora do município do imóvel, esta é a modalidade mais prática de proceder à cientificação da mora.

   De igual modo, não se afigura proibição a obstar que se realize o ato judicialmente, ou mesmo por meio do ofício de registro de títulos e documentos, em vista da faculdade assegurada no art. 49, aplicável a todos os casos de intimações e notificações, apesar do art. 32, § 1º, atribuindo ao ofício imobiliário o encargo das intimações. O que importa, no entanto, é a finalidade da lei e não a forma. Exige-se que se dê oportunidade para a normalização das prestações, seja qual for o caminho trilhado. Orientam a hermenêutica das leis os motivos, os fins sociais, os resultados visados e não a letra fria, segundo Carlos Maximiliano.[23]

4. Sucedendo o pagamento no período de tempo regulamentar, anexam-se aos autos do processo de loteamento cópia do recibo passado ao compromissário, bem como o recibo assinado pelo compromitente, dando quitação.

5. Decorrido o lapso de trinta dias sem o adimplemento, o credor postulará o cancelamento do registro. O oficial certificará o não pagamento e procederá ao ato de cancelamento, por averbação.

   Salienta-se que o mero cancelamento não faz coisa julgada entre as partes, permanecendo em expectativa questões de direito pessoal e eventuais irregularidades no processo de extinção do registro.

   O oficial terá de agir com toda a cautela, evitando intimações por edital antes de esgotados os meios de chamamento pessoal ou por carta, conforme o endereço constante no instrumento. Não é suficiente a simples alegação do credor em afir-

---

[23] *Hermenêutica e Aplicação do Direito*, ob. cit., p. 237.

mar ser desconhecido o endereço. Há de se fazer prova acerca de tal fato, a que se chegará com a não localização verificada *in loco*, ou o retorno da carta com o aviso de recebimento sem a assinatura competente, e a constatação, no envelope, de não ter sido encontrado o destinatário.

O cancelamento do registro de compromisso não se restringe à hipótese de inadimplemento do contrato. No art. 36, estão relacionadas outras duas causas:

I – Por decisão judicial;

II – a requerimento conjunto das partes contratantes.

Além da rescisão do contrato levada a efeito por via cartorária, inúmeras questões sobre o terreno estão sujeitas a serem suscitadas, provocando o ajuizamento de lide judicial e uma decisão ordenando o cancelamento do registro, como por perda da propriedade por fato superveniente.

De igual sorte, os envolvidos na transação encontram-se legitimados para a revogação do contrato, e, consequentemente, do registro.

34.6.7.2. Em imóveis não loteados

O procedimento administrativo restringe-se aos imóveis loteados, regidos pelo Decreto-Lei nº 58/1937 e pela Lei nº 6.766/1979.

Quanto às promessas de imóveis não loteados, vigora o preceito do art. 1º do Decreto-Lei nº 745, de 1969, na alteração da Lei nº 13.097/2015. Primeiramente, mediante interpelação, cientifica-se o devedor de que lhe é concedido o prazo de quinze dias para a purgação das prestações em mora.

Na notificação, importante que se evidencie o ato da mora, e se oportunize o pagamento. Mesmo que exigidas quantias a mais das devidas, tem o devedor meio de se opor, e inclusive consignar as que realmente as tem como devidas, consoante já decidiu o Superior Tribunal de Justiça, no *Recurso Especial* nº 11.023-SP, da 4ª Turma, *DJU* de 13.03.2000, em:

> A inclusão, na interpelação a que alude o art. 1º do DL nº 745/1969, de parcelas que o interpelando reputa indevidas, não desnatura o objetivo perseguido pelo ato interpelatório, que é o de despertar a atenção do devedor em atraso, concedendo-lhe prazo para que cumpra as obrigações assumidas. Considerando ter havido excesso, pode o devedor valer-se das vias hábeis, inclusive consignatória judicial.[24]

Não havendo atendimento em emendar a mora, fica resolvido o contrato, de acordo com o parágrafo único do art. 1º do citado Decreto-lei, alterado pela Lei 13.093/2015: "Nos contratos nos quais conste cláusula resolutiva expressa, a resolução por inadimplemento do promissário comprador se operará de pleno direito (art. 474 do Código Civil), desde que decorrido o prazo previsto na interpelação referida no *caput*, sem purga da mora". Deverá o promitente vendedor ingressar com a ação de retomada, como de reintegração de posse, caso não houver a entrega voluntária.

Efetuada a interpelação, o registro da promessa é cancelado através de comprovação da omissão no não pagamento. Para facilitar a prova, no ato de interpelação informa-se que deverá o interpelado efetuar o depósito no próprio cartório, ou em estabelecimento bancário, trazendo a guia ou o boleto de depósito ao cartório.

---

[24] *ADV Jurisprudência*, nº 30, expedição de 30.07.2000, p. 474.

Lembra-se, outrossim, da Súmula nº 76 do STJ, de 1993, sobre a indispensabilidade da interpelação, mesmo que ausente o registro imobiliário: "A falta de registro do compromisso de compra e venda de imóvel não dispensa a prévia interpelação para constituir em mora o devedor".

34.6.8. Resolução do contrato por causa imputada ao promitente comprador, cláusula penal e outras cominações, nas promessas de imóveis loteados

Restringe-se a análise às promessas de compra e venda de lotes ou terrenos loteados, operando-se a resolução por inadimplemento do promitente comprador, ou por seu arrependimento, ou desistência. A matéria veio regulamentada pela Lei 13.786/2018, originária de um projeto de lei apresentado pelo deputado Celso Russomano, trazendo regras sobre os valores a serem restituídos pelo loteador ou promitente vendedor.

Na restituição dos valores recebidos, observar-se-ão os descontos discriminados no art. 32-A da Lei nº 6.766/1979, introduzido pela Lei nº 13.786/2018:

> Em caso de resolução contratual por fato imputado ao adquirente, respeitado o disposto no § 2º deste artigo, deverão ser restituídos os valores pagos por ele, atualizados com base no índice contratualmente estabelecido para a correção monetária das parcelas do preço do imóvel, podendo ser descontados dos valores pagos os seguintes itens:
>
> I – os valores correspondentes à eventual fruição do imóvel, até o equivalente a 0,75% (setenta e cinco centésimos por cento) sobre o valor atualizado do contrato, cujo prazo será contado a partir da data da transmissão da posse do imóvel ao adquirente até sua restituição ao loteador;
>
> II – o montante devido por cláusula penal e despesas administrativas, inclusive arras ou sinal, limitado a um desconto de 10% (dez por cento) do valor atualizado do contrato;
>
> III – os encargos moratórios relativos às prestações pagas em atraso pelo adquirente;
>
> IV – os débitos de impostos sobre a propriedade predial e territorial urbana, contribuições condominiais, associativas ou outras de igual natureza que sejam a estas equiparadas e tarifas vinculadas ao lote, bem como tributos, custas e emolumentos incidentes sobre a restituição e/ou rescisão;
>
> V – a comissão de corretagem, desde que integrada ao preço do lote.

A restituição, em vista do citado artigo, se fará com a devida correção monetária, adotando-se o índice eleito no contrato, ou, na falta de previsão, outro índice mais apropriado à atualização nos contratos de compra e venda de imóveis. Induvidoso que a mesma atualização é cabível quanto às quantias retidas pelo promitente vendedor.

Ordena o mesmo art. 32-A que seja respeitado o § 2º, o qual permite o registro de nova venda do imóvel somente se comprovado, perante o oficial do registro de imóveis, o início da restituição do valor pago ao promitente comprador, na forma e condições ajustadas no distrato, e com os descontos permitidos pelos incisos do art. 32-A. Todavia, o final do texto dispensa a comprovação se não localizado o adquirente ou não tiver ele se manifestado. Veja-se a redação: "Somente será efetuado registro do contrato de nova venda se for comprovado o início da restituição do valor pago pelo vendedor ao titular do registro cancelado na forma e condições pactuadas no distrato, dispensada essa comprovação nos casos em que o adquirente não for localizado ou não tiver se manifestado, nos termos do art. 32 desta Lei".

Cap. XXXIV · PARCELAMENTO DO SOLO, PROMESSA DE COMPRA E VENDA E DIREITO REAL | 1019

Está clara a dispensa da exigência da comprovação: nos casos em que o adquirente não for localizado ou não tiver se manifestado, nos termos do art. 32 desta Lei.

Como comprovar a não localização do adquirente ou a sua falta de manifestação? Deve-se observar o procedimento cartorário do art. 32 e de seus parágrafos da Lei nº 6.766/1979, isto é, deve-se procurar efetuar a notificação, pelo Cartório do Registro de Imóveis, para pagar, no cartório, as prestações e os encargos devidos no prazo de trinta dias:

> Vencida e não paga a prestação, o contrato será considerado rescindido 30 (trinta) dias depois de constituído em mora o devedor.
>
> § 1º Para os fins deste artigo o devedor-adquirente será intimado, a requerimento do credor, pelo Oficial do Registro de Imóveis, a satisfazer as prestações vencidas e as que se vencerem até a data do pagamento, os juros convencionados e as custas de intimação.
>
> § 2º Purgada a mora, convalescerá o contrato.
>
> § 3º Com a certidão de não haver sido feito o pagamento em cartório, o vendedor requererá ao Oficial do Registro o cancelamento da averbação.

Entretanto, diante do texto vindo com o art. 32-A, a notificação acrescentará mais o valor a ser restituído, se não preferida pelo adquirente a continuidade do contrato com o adimplemento das prestações devidas. Não resultando resposta, ou não localizado o promitente comprador, admite-se a dispensa de comprovação da restituição, em vista do § 2º do mesmo artigo.

Em decorrência, averba-se o cancelamento do contrato, permitindo-se o registro de nova venda, de acordo com o mesmo § 2º, se for comprovado o início da restituição do valor devido e pago pelo vendedor ao titular do registro cancelado na forma e condições pactuadas no distrato, ou pelo valor que restar apurado como restituível.

Várias controvérsias podem surgir, como discordância nos valores pagos e nos descontos permitidos, devendo ser manifestada através de ação a ser proposta judicialmente. Não cabe dirigir ao titular do cartório a divergência, até porque se travaria um incidente de natureza contenciosa, fora da alçada administrativa. Todavia, se não houver o pagamento na forma e quantidade pretendidas, com a certidão respectiva, autoriza-se ao credor pedir o cancelamento da averbação.

Ao adquirente ou promitente comprador é assegurado ingressar com uma ação judicial, a fim de serem declarados os valores realmente devidos, com o desfazimento da averbação que cancelou o contrato.

O § 1º do art. 32-A fixa o prazo para a restituição:

> O pagamento da restituição ocorrerá em até 12 (doze) parcelas mensais, com início após o seguinte prazo de carência:
>
> I – em loteamentos com obras em andamento: no prazo máximo de 180 (cento e oitenta) dias após o prazo previsto em contrato para conclusão das obras;
>
> II – em loteamentos com obras concluídas: no prazo máximo de 12 (doze) meses após a formalização da rescisão contratual.

Nos casos de contratos e escrituras de compra e venda através de alienação fiduciária, segue-se a Lei nº 9.514/1997, em seu art. 26 e parágrafos, por determinação do § 3º do art. 32-A. Leva-se a efeito a notificação, pelo Cartório de Registro de Imóveis, para colocar em dia as prestações em atraso. Não sanada a mora em quinze dias, consolida-se a proprieda-

DIREITO DAS COISAS – *Arnaldo Rizzardo*

de em nome do credor fiduciário, devendo o bem ser levado a leilão, com a restituição de eventual valor que sobrar após a satisfação da dívida e encargos havidos.

O art. 33 prevê a situação da recusa, pelo credor das prestações, no seu recebimento, ou se furtar-se ao recebimento, como na sua não localização. Cumpre, então, ao Oficial do Registro de Imóveis notificar para comparecer no cartório e receber os valores, concedendo-se, para tanto, o prazo de quinze dias. Uma vez decorrido tal prazo, considera-se efetuado o pagamento. Mas se o credor discordar do valor, impugnando-o, intima-se o devedor para a complementação, isto é, com a finalidade do art. 32.

Persistindo as divergências, a solução deverá ser procurada na via judicial. Consoante o art. 34 e seus parágrafos, com as modificações da Lei nº 13.786/2018, sempre que ocorrer resolução do contrato por inadimplemento do adquirente, as benfeitorias necessárias ou úteis realizadas no imóvel deverão ser indenizadas, sendo de nenhum efeito qualquer disposição contratual em contrário, e desde que construídas as benfeitoras em obediência ao contrato e à lei. Não havendo a restituição no modo ditado pelo art. 32-A, impõe-se ao loteador levar a leilão o imóvel, no prazo de sessenta dias, contado da constituição em mora. Fica o loteador obrigado a alienar o imóvel mediante leilão judicial ou extrajudicial, nos termos da Lei nº 9.514/1997.

Há de se observar o art. 35 da Lei nº 6.766/1979, na redação da Lei nº 13.786/2018: "Se ocorrer o cancelamento do registro por inadimplemento do contrato, e tiver sido realizado o pagamento de mais de 1/3 (um terço) do preço ajustado, o oficial do registro de imóveis mencionará esse fato e a quantia paga no ato do cancelamento, e somente será efetuado novo registro relativo ao mesmo lote, mediante apresentação do distrato assinado pelas partes e a comprovação do pagamento da parcela única ou da primeira parcela do montante a ser restituído ao adquirente, na forma do art. 32-A desta Lei, ao titular do registro cancelado, ou mediante depósito em dinheiro à sua disposição no registro de imóveis".

A diferença do contido no art. 32-A e de seus parágrafos, em havendo o pagamento de montante superior a um terço do preço ajustado, está no depósito que deve providenciar o promitente vendedor da parcela única ou da primeira parcela do montante a ser restituído.

Todavia, a apresentação do distrato somente é viável se existir acordo. Não se impedem, em inexistindo distrato, o cancelamento e o registro posterior de novo contrato, se efetuado o mencionado depósito em estabelecimento de crédito oficial, que indicar o oficial do Cartório.

Igualmente, não se afasta o direito aos descontos declinados nos incisos do art. 32-A, cabendo ao promitente vendedor evidenciar os valores. Na divergência, resta ao promitente comprador procurar as vias judiciais.

É dispensada a comprovação do depósito da parcela única ou da primeira parcela, como condição para o novo registro, desde que convencionado pelas partes, segundo ordena o § 3º do art. 35, na redação da Lei nº 13.786/2018.

34.6.9. O arrependimento pelo promitente vendedor

34.6.9.1. Em imóveis loteados

Em face da cláusula de arrependimento expressa, há os que entendem possível fazer valer o direito de resilição, ao invés da outorga da escritura definitiva, mesmo após concluídas as prestações.

Já o art. 15 do Decreto-Lei nº 58/1937 veio, no entanto, a coibir a prática imoral dos loteadores de se arrependerem antes da assinatura do instrumento público definitivo. Ultimando os pagamentos, permite-se ao compromissário reclamar a outorga da escritura. E pela Súmula n° 166, da mais alta Corte do País, de 1963, firmou-se: "É inadmissível o arrependimento do compromisso de compra e venda sujeito ao regime do DecretoLei n° 58, de 10.12.1937". Se é permitido antecipar o pagamento, não há lugar para o arrependimento.

Em verdade, o espírito de tal mandamento – art. 15 (antecipação do pagamento) era, sempre que possível, evitar a desconstituição do negócio, desde que o pretendente houvesse pago alguma quantia. O direito francês, segundo o professor paulista José Osório de Azevedo Júnior, consagra que o primeiro pagamento, qualquer que seja o nome que se dê à operação, torna a avença definitiva, ainda que o contrato seja regularizado posteriormente, e se tenha dado o nome de arras ao primeiro pagamento.[25]

De Pontes de Miranda vem a doutrina seguinte:

> O direito de arrependimento supõe contrato em que não houve começo de pagamento. Porque, tendo havido começo de pagamento, nenhum dos contratantes tem direito de se arrepender, pela contradição que se estabeleceria entre firmeza e infirmeza de contrato.[26]

O insigne mestre acrescenta que preclui o direito de quem iniciou o cumprimento e de quem recebeu; só no caso de não iniciado perderá as arras, em dobro, quem as recebeu. "Se as arras constituem começo de pagamento, não há arras propriamente ditas, não há arras a serem devolvidas. A restituição do que foi recebido, em começo de pagamento, teria outra causa: *e. g.*, condição ou termo resolutivo (...)".[27] Iniciado o pagamento, o avençado há de ser cumprido, pois o sinal integra a obrigação.

José Osório de Azevedo Júnior, referido antes, traz acórdão publicado na *Revista dos Tribunais*, onde consta que a prerrogativa de se arrepender presume esteja reservada apenas por lapso de tempo que medeia entre a dação do sinal e o início do cumprimento do pactuado. Começadas as prestações, entende-se o surgimento de fato novo, que é a renúncia àquela prerrogativa: "as arras penitenciais transformam-se em princípio de pagamento. O contrato passa a ser definitivo e irretratável".[28]

Sempre que as arras integram o preço e iniciar-se a entrega das prestações, seguindo a lição de Pontes, "ainda nos pré-contratos, tem-se, salvo estipulação em contrário, como início de pagamento. Há começo de execução de contrato; portanto, não há arrependimento possível".[29]

O art. 25 da Lei n° 6.766/1979 condensou a orientação que imperava, culminando: "São irretratáveis os compromissos de compra e venda, cessões e promessas de cessão, os que atribuam direito à adjudicação compulsória e, estando registrados, confiram direito real oponível a terceiros".

34.6.9.2. *Em imóveis não loteados*

Nos casos de imóveis não loteados, se prevista a faculdade do arrependimento no decurso do contrato, ou mesmo no final, há de ser observada a regra da inadmissibilidade do

---

[25] *Compromisso de Compra e Venda*, 1ª ed., São Paulo, Editora Saraiva, 1979, p. 141.
[26] *Tratado de Direito Privado*, vol. XIII, ob. cit., pp. 250 e 251.
[27] *Tratado de Direito Privado*, vol. XIII, ob. cit., p. 250.
[28] *Obra citada*, p. 145.
[29] *Tratado de Direito Privado*, vol. XIII, ob. cit., p. 255.

arrependimento do promitente vendedor quando o preço já se substancialmente pago, mesmo que contempladas as arras penitenciais. Pago o preço, ou boa parte do mesmo, torna-se o contrato executado, subentendendo-se a desistência tácita do direito de arrependimento. O prazo para a faculdade do referido direito deve coadunar-se com o tempo assinado para a execução do convencionado. Impossível negar a escritura de venda após.

Quando uma parte do valor está paga, o bom discernimento é que ditará as normas para a solução. Parte-se do princípio de que o direito é inseparável da moral. Quase concluídas as prestações, afigurar-se-ia até ignominioso aceitar-se a postulação do arrependimento, embora expressa a disposição no ajuste escrito. A possibilidade de resilir o pacto está sujeita a desaparecer por exaustão ou perempção, e esta acontece quando o seu titular aceitar que o outro contratante cumpra o contrato, ou o esteja cumprindo.

Impossível fazer letra morta da norma inserida no art. 22 do Decreto-Lei nº 58/1937, que prevê a cláusula de arrependimento. Mas se aquele que contrata o faz com seriedade, não está conforme o direito permitir usar e abusar da situação que permite arrepender-se, por razões éticas e sociais que inspiraram todo o ordenamento jurídico das promessas de imóveis não apenas loteados, mas também da espécie em exame. Correto e justo afigura-se seguir a norma do art. 25 da Lei nº 6.766/1979, num entendimento analógico.

Apesar da *ratio* acima, revelando um excesso de apego ao formalismo e um ranço do espírito da época em que prevalecia o absolutismo contratual, introduziu o Código de 2002, no art. 1.417, a condição da inexistência da cláusula de arrependimento, para o reconhecimento, em favor do promitente comprador, do direito real à aquisição do imóvel.

34.6.10. Purgação da mora nas prestações em atraso

34.6.10.1. Nas promessas de compra e venda registradas de imóveis loteados ou não

Uma das questões de grande discussão, sem dúvida, na sistemática da legislação sobre promessa de compra e venda, é esta: até quando é permitida a purgação da mora das prestações em atraso?

No dizente às promessas de imóveis não loteados, estando registradas ou não no cartório imobiliário, a regra é a seguinte: para constituir em mora o devedor, deverá ser notificado, a fim de saldar as prestações devidas, no prazo de quinze dias, nos termos do Decreto-Lei nº 745, de 1969, com as alterações da Lei nº 13.097/2015.

Relativamente aos imóveis loteados, amparado no art. 32 da Lei nº 6.766/1979, o promitente vendedor notificará o promitente comprador para satisfazer a obrigação no prazo de trinta dias. O ato processa-se através do próprio ofício, efetivando-se na pessoa do devedor, ou por meio de carta com aviso de recebimento, ou mediante edital, na eventualidade de ignorar-se o endereço, ou quando ocorrer recusa ou furtar-se do ato a pessoa procurada.

Atendo-nos aos imóveis não loteados, objetos de promessas registradas, indispensável a interpelação preliminar, estabelecida pelo Decreto-Lei nº 745/1969. Sem tal providência, é o promovente da rescisão carecedor da lide. Visa a lei não colher de surpresa o devedor, e dar-lhe oportunidade a fim de não perder o terreno, tutelando a sua posição jurídica, com a proibição da cláusula resolutiva expressa.

A tais negócios, a citação não supre a interpelação, presente ou não a possibilidade de arrependimento, ou de resolução expressa. Ou seja, enfatiza-se o fundamento de que a existência de cláusula resolutiva expressa, mesmo nas promessas de venda de terrenos não loteados, não dispensa a notificação prévia para constituir o devedor em mora.

Cap. XXXIV · PARCELAMENTO DO SOLO, PROMESSA DE COMPRA E VENDA E DIREITO REAL | **1023**

Não se dispensa a antecedente interpelação, a não ser que outro ato represente a prévia ciência da mora, como a ação de consignação, proposta pelo devedor:

> Tendo o promitente comprador aforado ação de consignação em pagamento questionando o valor da prestação estabelecida em contrato de promessa de compra e venda, fica o promitente vendedor reconvinte desobrigado de proceder à interpelação premonitória do promitente comprador, para constituí-lo em mora, pois o aforamento da consignatória deve ser percebido, nesse caso, como uma auto interpelação do devedor. Uma vez confirmada, como foi na hipótese, a mora *debitoris* em face do julgamento da improcedência da consignatória, pelo reconhecimento da insuficiência dos valores depositados e o decorrente estado de inadimplência do devedor, a consequência automática e lógica é ter-se pela procedência da reconvenção dando-se pela rescisão do contrato.[30]

Lembra-se, ainda, de que a interpelação expressa exigida restringe-se à mora do promitente comprador, não se estendendo ao promitente vendedor. Bem coloca a matéria o *Recurso Especial* n° 159.661-MS, da 4ª Turma do STJ, julgado em 09.11.1999, *DJU* de 14.02.2000:

> Não se aplica o art. 1° do Decreto-Lei n° 745/1969 aos contratos de compromisso de compra e venda, quando a pretensão diz respeito à caracterização da mora do promitente-vendedor, e não do promissário-comprador. Diante da expressa dicção legal, sequer há espaço para a interpretação extensiva.

> A cláusula resolutiva tácita pressupõe-se presente em todos os contratos bilaterais, independentemente de estar expressa, o que significa que qualquer das partes pode requerer a resolução do contrato diante do inadimplemento da outra.[31]

34.6.10.2. *Nas promessas de compra e venda não registradas de imóveis loteados ou não*

Quando se tratar de promessas não registradas, não incidindo o Decreto-Lei n° 58/1937, nem a Lei n° 6.766/1979, dispensando-se a cientificação preliminar, há uma inteligência de razoável coerência que autoriza a purga da mora durante o prazo de contestação, na ação de rescisão. Em verdade, cuidando-se de imóveis loteados, vedada está a alienação de lotes nesta situação, isto é, provenientes de loteamentos irregulares. Mas, ocorrendo casos, não se admite um prejuízo para o contratante mais fraco, o promissário comprador. Pois, sendo uma imposição inderrogável o registro do loteamento, viabilidade há que o promitente comprador deixe de levar a registro a promessa, mesmo apresentando-se regular a área loteada, e então, descurando-se nos pagamentos, seja surpreendido por demanda objetivando a rescisão. Embora tenha faltado o ato preliminar da notificação, não se invalida a ação, mas autoriza-se o depósito dos valores devidos.

Se aconteceu a medida inicial para oportunizar o oferecimento das parcelas em atraso, não é coerente, ainda no período da defesa, admitir o depósito. Agindo desta forma, proporciona-se tratamento diferente entre os portadores de contratos registrados e portadores de contratos não registrados.

---

[30] *Recurso Especial* n° 115.875-SP, da 4ª Turma do STJ, *DJU* de 29.11.1999, em *ADV Jurisprudência*, n° 18, expedição de 7.05.2000, p. 282.

[31] *Revista do Superior Tribunal de Justiça*, 132/413.

Assinale-se mais que, feita a interpelação preliminar, não mais se cogita da purgação da mora, ainda que no prazo de contestação, porque mais cômodo então para o promitente comprador não levar a registro o instrumento. Dificilmente perderia o terreno, tendo em vista que duas oportunidades ser-lhe-iam oferecidas para colocar em dia a obrigação.

34.6.11. Notificação do cônjuge para a purga da mora

Estando devidamente registrado o instrumento, o cônjuge do adquirente, também detentor do direito de natureza real, há de ser notificado; caso contrário, não se concretizará a mora, pois igualmente se lhe atribui o ensejo de purgá-la, e, por sua conduta eficaz, convalescer o compromisso.

Da mesma forma, o cônjuge do cessionário, se este assinou o instrumento, ou vice-versa, precisa da interpelação.

Faltando o registro do contrato, igualmente torna-se indispensável a interpelação dos dois cônjuges.

> Isto porque, constituindo-se o compromisso um contrato preliminar impróprio e admitida a execução específica do mesmo, esteja ele registrado ou não, a alienação definitiva do imóvel será fatal, impondo-se, dessa forma, a cientificação do outro cônjuge para maior observância do disposto no art. 235, I, do Código Civil.[32]

Esclarece-se que o referido art. 235, inc. I, do Código Civil antigo, aparece, aplicado a ambos os cônjuges, no art. 1.647, inc. I, do Código de 2002.

O art. 73, § 1º, inc. IV, do CPC, impõe a citação de ambos os cônjuges para as ações que tenham por objeto o reconhecimento, a constituição ou a extinção de ônus sobre imóveis de um ou de ambos os cônjuges, como defendia a doutrina antiga, quando da vigência do correspondente art. 10, inc. IV, do CPC/1973.

> O termo ônus nesse texto de lei é usado em sentido amplo, como demonstra Arruda Alvim, abrangendo os ônus reais e as hipóteses assemelhadas, entre as quais inclui expressamente o compromisso de compra e venda não inscrito. Este, mesmo sem constituir-se em direito real, versa iniludivelmente sobre imóvel e está, assim, abrangido pelas disposições tanto do art. 10, *caput*, como no inc. IV, do seu parágrafo único.[33]

Se necessária a citação para a ação, igualmente imprescindível a intimação no processo de notificação. Não havendo o ato constitutivo da mora atingido o outro cônjuge, ele terá oportunidade de purgar as prestações devidas no prazo assegurado para a contestação.

34.6.12. Cessões de imóveis que integram desapropriações para parcelamentos populares e registro dos respectivos instrumentos como títulos de propriedade

Uma novidade veio acrescida à Lei nº 6.766/1979, com a introdução, pela Lei nº 9.785/1999, dos parágrafos 3º, 4º, 5º e 6º ao art. 26. Em processos de desapropriação de imóveis, promovidos para habitações populares, é autorizada a cessão, pelos entes públicos desapropriantes, de porções ou lotes da área desaproprianda, através de instrumentos

---

[32] José Osório de Azevedo Júnior, *Compromisso de Compra e Venda*, ob. cit., p. 101.
[33] Em *Compromisso de Compra e Venda*, de José Osório de Azevedo Júnior, ob. cit., p. 102.

Cap. XXXIV · PARCELAMENTO DO SOLO, PROMESSA DE COMPRA E VENDA E DIREITO REAL | **1025**

particulares, os quais poderão, uma vez cumpridos os pagamentos, servir de títulos para o Registro Imobiliário.

Com efeito, permite o § 3º do art. 26 a cessão de posse de partes da área que se encontra sendo desapropriada para a finalidade de parcelamentos populares, desde que concedida a imissão de posse:

> Admite-se, nos parcelamentos populares, a cessão da posse em que estiverem provisoriamente imitidas a União, Estados, Distrito Federal, Municípios e suas entidades delegadas, o que poderá ocorrer por instrumento particular, ao qual se atribui, para todos os fins de direito, caráter de escritura pública, não se aplicando a disposição do inciso II do art. 134 do Código Civil.

O art. 134, inc. II, atrás citado, está consubstanciado no art. 108 do Código em vigor.

Visa a regra dar início imediato ao processo de implantação do loteamento, sem os percalços próprios da ação de desapropriação, em geral demorada e com inúmeras formalidades, impondo uma tramitação complexa, máxime no que se refere à avaliação para apurar o preço da indenização.

Dado o expresso afastamento da exigência do inc. II do art. 134 da lei civil anterior, a qual se encontra no art. 108 do Código atual, não é da substância do ato a escritura pública no contrato translativo de direito real incidente na posse da área.

Uma vez adimplidas as obrigações estatuídas no contrato, reveste-se o cessionário de direito de crédito contra o expropriante, que recai no imóvel cedido, a teor do § 4º: "A cessão da posse referida no § 3º, cumpridas as obrigações do cessionário, constitui crédito contra o expropriante, de aceitação obrigatória em garantia de contratos de financiamentos habitacionais". Com a cessão, mune-se o cessionário de um título de crédito, de natureza real. Para a finalidade de dar em garantia, não importa que se encontre satisfeito integralmente o preço. Condicionado o direito de dar em garantia ao cumprimento das obrigações, isto é, à verificação de que se encontra o cessionário atendendo aquilo que lhe compete, e que está previsto nas cláusulas contratuais, inclusive no pertinente ao pagamento em prestações.

Desde que proferida a sentença que fixa o valor da indenização, com o seu trânsito em julgado e o registro no ofício imobiliário, o que significa a transferência do domínio, converte--se em propriedade a posse, e o instrumento de cessão fica valendo como compromisso de compra e venda. É o que estatui o § 5º:

> Com o registro da sentença que, em processo de desapropriação, fixar o valor da indenização, a posse referida no § 3º converter-se-á em propriedade e a sua cessão, em compromisso de compra e venda ou venda e compra, conforme haja obrigações a cumprir ou estejam elas cumpridas, circunstância que, demonstradas ao Registro de Imóveis, serão averbadas na matrícula relativa ao lote.

Satisfeitos os pagamentos e atendidas outras obrigações, o instrumento de cessão passa a valer como título de propriedade. Apresentado ao cartório, acompanhado da prova da quitação, será registrado, abrindo-se previamente a matrícula do imóvel. Dispensa-se, pois, a escritura pública de transferência. Dispõe o § 6º: "Os compromissos de compra e venda, as cessões e as promessas de cessão valerão como título para o registro da propriedade do lote adquirido, quando acompanhados da respectiva prova de quitação".

Nota-se que o título, para o registro, não se restringe ao instrumento de cessão, mas abrange também o compromisso de compra e venda e a promessa de cessão.

34.6.13. Adjudicação compulsória

Ocorrendo a negativa em honrar o ajuste, não permanece desprotegido o credor do título. O Estado deve socorrê-lo, como de fato acontece. Chamado a intervir, com sua autoridade impõe o cumprimento da obrigação, mediante uma sentença constitutiva, suprindo a manifestação espontânea do conhecimento do inadimplente.

Como o Estado se manifesta? Qual o caminho jurídico para fazer valer o direito da parte lesada? É a ação de adjudicação compulsória, consoante já observado.

Com o Código Civil de 2002, arts. 1.417 e 1.418, estando o imóvel registrado, e inexistindo cláusula de arrependimento, ficou reafirmado o direito. Com tais elementos, confere-se direito real ao promitente comprador.

Com efeito, veio introduzido, pelo art. 1.225, inc. VII, do atual Código Civil, na relação de direitos reais, o direito do comprador do imóvel de contrato de promessa, desde que devidamente registrado e não acompanhado de cláusula de arrependimento. Efetivamente, reza seu art. 1.417: "Mediante promessa de compra e venda, em que se não pactuou arrependimento, celebrada por instrumento público ou particular, e registrada no Cartório de Registro de Imóveis, adquire o promitente comprador direito real à aquisição do imóvel". Vê-se que é o promitente comprador que se reveste do direito real de aquisição. Preenchidos os requisitos da inexistência de cláusula de arrependimento, e estando devidamente registrado o contrato, irrompe o direito em impor os efeitos próprios do direito real, dentre os quais a oponibilidade a terceiros e a exigibilidade da transferência definitiva.

Alcança-se o direito real pleno através da competente ação de adjudicação compulsória, se verificada a recusa da outorga espontânea, consoante imperativo do art. 1.418:

> O promitente comprador, titular de direito real, pode exigir do promitente vendedor, ou de terceiros, a quem os direitos deste forem cedidos, a outorga da escritura definitiva de compra e venda, conforme o disposto no instrumento preliminar, e, se houver recusa, requerer ao juiz a adjudicação do imóvel.

Em verdade, nada de novo enriqueceu o mundo jurídico, pois o direito já vinha definido em lei, na doutrina e na jurisprudência.

Quanto aos imóveis loteados, o art. 25 da Lei nº 6.766/1979 expressa: "São irretratáveis os compromissos de compra e venda, cessões e promessas de cessão, os que atribuem direito à adjudicação compulsória e, estando registrados, confiram direito real oponível a terceiros".

Atribuem o direito à adjudicação compulsória os contratos irretratáveis, e que se encontram devidamente registrados. Se conferem tal direito, isto é, se proporcionam a aquisição da propriedade plena, entram na classificação de direito real.

Quanto aos imóveis não loteados, o art. 22 do Decreto-Lei nº 58/1937, também já assegurava o direito:

> Os contratos, sem cláusula de arrependimento, de compromisso de compra e venda e cessão de direitos de imóveis não loteados, cujo tenha sido pago no ato de sua constituição ou deva sê-lo em uma ou mais prestações, desde que inscritos a qualquer tempo, atribuem aos compromissários direito real oponível a terceiros, e lhes conferem o direito de adjudicação compulsória, nos termos dos arts. 16 desta lei, e 640 e 641 do Código de Processo Civil.

Os textos dos arts. 640 e 641 passaram para os arts. 466-C e 466-A do CPC/1973, em face das mudanças da Lei nº 11.232, de 22.12.2005. Com o atual Código processual, o regramento está no art. 501.

Cap. XXXIV · PARCELAMENTO DO SOLO, PROMESSA DE COMPRA E VENDA E DIREITO REAL | **1027**

E se não há o registro?

Apesar das profundas discussões doutrinárias e jurisprudenciais, deve valer a possibilidade da adjudicação, mesmo que ausente registro. Se possível o ato do registro mesmo depois da sentença, se preenchidos pelo contrato os requisitos legais; se lançados no referido órgão da justiça o registro da área, ou devidamente registrado o loteamento, pode a decisão deferir a adjudicação.

O art. 25 da Lei n° 6.766/1979 veio a fornecer apoio à interpretação acima. Em seu conteúdo, dentro de uma redação defeituosa, dá o efeito específico, e parece único, do registro: confere direito real oponível a terceiros. É objetivo do Registro Imobiliário a oponibilidade. Não se coloca o registro como condição para a adjudicação compulsória. Todos os contratos originados da promessa de venda de lotes são irretratáveis. Encontrando-se o loteamento lançado no cartório, sempre é possível o registro do contrato. Especificado o lote no Livro n° 2, na relação posta a seguir do assento do loteamento, oportuniza-se a adjudicação, em face de o único efeito exsurgente resumirse na oponibilidade *erga omnes*.

Da simples leitura do art. 25, antes transcrito, depreende-se o único efeito do registro: a oponibilidade a terceiros. A parte referente ao registro segue a concernente à adjudicação. Impossível que seja condição desta. Acresce observar, no tocante aos imóveis não loteados, que o art. 22 do DecretoLei n° 58/1937 traz a condição do registro da avença. Mas o mesmo podendo efetuar-se a qualquer tempo, no curso da ação, conforme Súmula n° 166, de 1963, do STF, ou após a sentença, não obstará o direito assegurado no instrumento particular. Se inexistente, a sentença, para fazer justiça, permitirá a adjudicação, desde que possível o ato na serventia imobiliária; em caso de inviabilidade, dará ao credor a alternativa de indenização por perdas e danos, ou o caminho do usucapião, se preenchidos os requisitos de dispositivos legais próprios, o que será matéria para a ação competente.

Até porque, diante da norma inserida no art. 501 do Código de Processo Civil, a transferência definitiva pode ser exigida pela execução de obrigação de fazer constante de contrato, usando do procedimento delineado nos arts. 814, 815 e seguintes, que, em última análise, é uma alternativa para o seu direito. Prescreve o art. 501: "Na ação que tenha por objeto a emissão de declaração de vontade, a sentença que julgar procedente o pedido, uma vez transitada em julgado, produzirá todos os efeitos da declaração não emitida". Se inteirado o pagamento das prestações, amparado no art. 814, e se não preferir a ação de procedimento comum, assegura-se a execução extrajudicial do contrato. Permite o art. 814 este meio, ao estabelecer: "Na execução de obrigação de fazer ou de não fazer fundada em título extrajudicial, ao despachar a inicial, o juiz fixará multa por período de atraso no cumprimento da obrigação e a data a partir da qual será devida". Complementa o art. 815: "Quando o objeto da execução for obrigação de fazer, o executado será citado para satisfazê-la no prazo que o juiz lhe designar, se outro não estiver determinado no título executivo". No caso, a execução se faz por meio da sentença, que ordenará o registro do contrato, e servirá como título.

Importante destacar, portanto, as três possibilidades: por meio da ação de adjudicação compulsória, que seguirá o procedimento comum; ou por meio da ação de procedimento ordinário de obrigação de fazer; e mediante a execução da obrigação de fazer com base em título extrajudicial. Neste último caso, há os atos de citação para o cumprimento, de abertura do prazo para embargos, o seu julgamento, caso apresentados, e a determinação do registro, se improcedente a matéria de defesa. Nota-se que, preferida a execução, não existe sentença, já que existe título impondo a obrigação. Inexistindo embargos e configurada a hipótese de execução, determina-se o registro.

Capítulo XXXV
Rendas Constituídas sobre Imóveis

35.1. CARACTERIZAÇÃO E CONSTITUIÇÃO

A matéria – rendas constituídas sobre imóveis – não é de grande incidência prática, tanto que sequer contemplada a figura, como direito real, no Código Civil de 2002. O contrato de constituição de renda permanece em vigor, regulado nos arts. 803 a 813 do Código atual, o que não acontece com a figura de 'rendas constituídas sobre imóveis', tida como direito real pelo Código de 1916, em seu art. 674, inc. VI.

Conveniente, no entanto, apresentar um estudo sobre o instituto.

Para sua correta compreensão, deve-se conjugar o contrato de constituição de renda, disciplinado nos arts. 803 a 813 do Código em vigor, correspondentes aos arts. 1.424 a 1.431 do Código revogado, e o direito real da renda estabelecida sobre imóveis.

Nos arts. 803 a 813 do Código de 2002 vem regulamentado o contrato de constituição de renda que uma pessoa se obriga a favor de outra pessoa.

Como no contrato da renda sobre imóveis não se delineia sua estrutura jurídica, cumpre o aproveitamento dos elementos conceituais daqueles dispositivos (arts. 803 a 813 do atual Código atual e arts. 1.424 a 1.431 do Código revogado) para o meridiano entendimento da espécie em exame.

Consoante definição de Clóvis, o direito real de constituição de renda "é a relação jurídica, em que uma pessoa entrega a outra um imóvel, a título oneroso ou gratuito, a fim de que esta, por determinado tempo, lhe forneça ou a outrem certa renda periódica".[1] A ideia espelha o disposto no art. 1.424 do Código anterior.

Confrontando-se com os arts. 803 e 804 do Código de 2002, temos a mesma ideia, menos quanto à menção dos bens entregues, eis que estes importam na prestação que decorre.

Encerra o primeiro preceito: "Pode uma pessoa, pelo contrato de constituição de renda, obrigar-se para com outra a uma prestação periódica, a título gratuito".

O segundo: "O contrato pode ser também a título oneroso, entregando-se bens móveis ou imóveis à pessoa que se obriga a satisfazer as prestações a favor do credor ou de terceiros".

No caso de que recaísse a renda sobre imóveis, consumava-se o direito real com a entrega do prédio urbano ou rural a uma pessoa, chamada de rendeira ou censuária, o qual passava efetivamente para o seu patrimônio, assumindo ele, em contrapartida, a obrigação de pagar prestações estipuladas e periódicas ao beneficiário ou censuísta.

---

[1] *Direito das coisas*, vol. I, ob. cit., p. 342.

Cap. XXXV · RENDAS CONSTITUÍDAS SOBRE IMÓVEIS | 1029

Assim, de um lado se encontrava o censuário ou rendeiro, que recebia o imóvel gravado, com o encargo de pagar certa renda; e de outro, o censuísta ou rentista, a quem se devia pagar a renda em razão da entrega do imóvel.[2]

Se era um terceiro que recebia a renda, então aquele que transferia denominava-se simplesmente "constituinte".

A constituição se operava através de atos entre vivos, como escritura pública, que deveria ser devidamente registrada; ou por ato de última vontade (testamento), também registrável, na forma do então art. 753 do Código de 1916: "A renda constituída por disposição de última vontade começa a ter efeito desde a morte do constituinte, mas não valerá contra terceiros adquirentes, enquanto não transcrita no competente registro".

Conforme Jefferson Daibert, o art. 749 do mesmo Código de 1916 arrolava outros modos de constituição, como a sub-rogação nos valores da indenização recebida por desapropriação, ou no seguro em casos de incêndio ou sinistro.[3]

Efetivamente isto acontecia, segundo revelava o dispositivo:

No caso de desapropriação, por necessidade ou utilidade pública, de prédio sujeito à constituição de renda (arts. 1.424 a 1.431), aplicar-se-á em constituir outra o preço do imóvel obrigado. O mesmo destino terá, em caso análogo, a indenização do seguro.

Mas havia hipóteses de constituição legal, por determinação judicial, nas ações de indenização por ato ilícito. No art. 1.537, inc. II, contemplava-se a indenização que o ofensor era obrigado a pagar, no caso de homicídio, às pessoas que o falecido devia ou satisfazia alimentos; e no art. 1.539, a indenização atribuída ao ofendido, se a ofensa lhe resultasse prejuízos no exercício de seu ofício ou profissão. Salienta-se que os arts. 1.537, inc. II, e 1.539 correspondem aos arts. 948, inc. II, e 950 do Código de 2002.

Na sentença condenatória de indenização, cabia o ordenamento da formação de capital tanto quanto bastava para render a pensão estabelecida, o qual ficaria gravado e indisponível.

Estas as modalidades legais de constituição de renda que dependiam, inclusive, de Registro Imobiliário.

De notar, como se referiu, que um terceiro podia ser o favorecido na estipulação de renda, como quando alguém entregava um imóvel a uma pessoa que se comprometesse ao pagamento da renda, em prestações periódicas, a outra pessoa. Havia proveito alheio e não próprio do instituidor.

A prestação era periódica em qualquer caso, facultando-se que fosse anual ou mensal, ou em outros períodos.

No tocante à natureza, expunha Orlando Gomes:

O contrato constitutivo de renda é real, unilateral e comutativo. Não basta o simples consenso das partes; é necessário que, ao rendeiro, o imóvel seja transferido, o que só se verifica pela transcrição. É contrato unilateral, porque gera obrigações unicamente para a parte que aceitou pagar a renda. Pertence à classe dos contratos comutativos, quando celebrado para vigorar em prazo certo, porque se subentende a equivalência entre a aquisição do imóvel e o valor da renda que deve ser paga. Mas pode ser aleatório, se para durar toda a vida do credor da renda. Com efeito, na renda

---

[2]   Washington de Barros Monteiro, *Direito das Coisas*, ob. cit., p. 308.
[3]   *Direito das Coisas*, ob. cit., p. 435.

vitalícia o prazo é incerto e, por esse motivo, pode tornar-se muito desvantajoso, ou muito proveitoso, para o devedor da renda.[4]

O vínculo do instituto era de natureza real. Nada impedia a venda ou alienação do imóvel. O encargo permanecia, por aderir à coisa, obrigando-se o adquirente a pagar a renda, conforme se inferia do art. 750:

> O pagamento da renda constituída sobre um imóvel incumbe, de pleno direito, ao adquirente do prédio gravado. Esta obrigação estende-se às rendas vencidas antes da alienação, salvo o direito regressivo do adquirente contra o alienante.

O art. 754 firmava o princípio da indivisibilidade do direito do credor e da obrigação do devedor, mesmo que transmitido o prédio a muitos sucessores: "No caso de transmissão do prédio gravado a muitos sucessores, o ônus real da renda continua a gravá-lo em todas as suas partes".

Aduzia Carvalho Santos, sobre o dispositivo, com base em Clóvis:

> Periclitaria o direito do credor se a essa indivisibilidade do seu direito não correspondesse a solidariedade da obrigação, uma vez que o Código não estabeleceu, como para divisão do prédio enfitêutico, a concentração da dívida na cabeça de um dos donos.[5]

A transferência do imóvel gravado a vários sucessores, embora a divisão do mesmo em partes distintas, não importava em afastar a solidariedade de cada um pelo total da prestação. Mas resguardava-se o direito de regresso de quem pagava contra os demais, na proporção do valor do quinhão de cada um.

35.2. DURAÇÃO E REMIÇÃO DA CONSTITUIÇÃO DE RENDA

Era sempre por tempo determinado a constituição. Não se permitia a perpetuidade.

De modo geral, fixava-se o tempo do proveito em delimitado número de anos. As partes conheciam a data do término do contrato. Mas aceitava-se que o tempo tivesse um termo incerto, como na estipulação durante a vida do credor da renda. Considerava-se, então, vitalícia a constituição.

A morte do devedor ou censuário não acarretava a extinção do encargo. Unicamente a morte do credor ou censuísta é que colocava termo.

Nada impedia, porém, a antecipação em saldar a obrigação. Era o que se denomina "remição" (embora muitos denominem o termo "remissão"), com o pagamento da dívida de uma só vez. Dava-se, então, o resgate, que se efetuava com a entrega de um capital suficiente para gerar um valor monetário equivalente à renda estabelecida. Neste sentido, rezava o art. 751:

> O imóvel sujeito a prestações de renda pode ser resgatado, pagando o devedor um capital em espécie, cujo rendimento, calculado pela taxa legal dos juros, assegura ao credor renda equivalente.

Com este adimplemento, liberava-se o imóvel do ônus a que estava vinculado.

---

[4] *Direitos Reais*, tomo 2°, ob. cit., pp. 437 e 438.
[5] *Obra citada*, vol. IX, p. 496.

Cap. XXXV · RENDAS CONSTITUÍDAS SOBRE IMÓVEIS | **1031**

A disposição, apontava Orlando Gomes, "é de ordem pública. Por conseguinte, não pode ser afastada pela vontade dos interessados. Tem-se por não escrita qualquer cláusula restritiva da faculdade de remissão".[6]

35.3. DIREITOS E OBRIGAÇÕES

Relativamente ao credor ou censuísta, eis os direitos que existiam:

I – Receber a renda contratada. Caso desatendido o pagamento, cabia a execução (art. 585, inc. IV, do Código de Processo Civil de 1973, dispositivo que, no atual diploma processual, equivale ao art. 784, inc. VII).

II – Sub-rogar-se no valor indenizado por desapropriação, ou no valor do seguro pago por sinistro (art. 749 do Código Civil/1916).

III – Preferência de seu crédito na falência, insolvência ou execução do imóvel gravado, de acordo com o art. 752 do CC/1916: "No caso de falência, insolvência ou execução do prédio gravado, o credor da renda tem preferência aos outros credores para haver o capital indicado no artigo antecedente". Tal capital citado seria o necessário para assegurar ao credor a renda equivalente à estipulada.

IV – Recebimento da renda desde a morte do constituinte (art. 753 do CC/1916).

V – Ceder o seu direito.

Obrigações não se vislumbravam quanto a ele, senão receber as prestações periódicas, e aceitar o valor do resgate, posto que cogente a norma que assim determinava (art. 751 do CC/1916).

Ao rendeiro ou censuário assistia:

I – Resgatar a renda, conforme faculdade estatuída no art. 751.

II – Alienar o imóvel onerado, transmitindo automaticamente o gravame que o onera.

Cabia-lhe:

I – Pagar pontualmente a obrigação assumida. Sendo vários os rendeiros ou censuários, a responsabilidade é solidária, dada a indivisibilidade da prestação.

II – Providenciar na aplicação da indenização recebida por desapropriação, ou do valor pago por seguro em caso de sinistro, para a constituição de capital que produzisse renda equivalente.

35.4. CAUSAS DE EXTINÇÃO

Várias causas ensejavam a extinção da renda:

I – A morte do credor da renda, se estabelecida vitaliciamente.

II – A morte do devedor, se igualmente firmada a obrigação de pagar enquanto ele viver.

---

[6] *Direitos Reais*, tomo 2°, ob. cit., p. 440.

III – Com o advento do termo ou do prazo combinado.

IV – A destruição do imóvel, sem haver contrato de seguro, ou descabendo qualquer espécie de indenização.

V – Falência, insolvência ou execução, em que o bem se submetia à execução.

VI – A ingratidão do credor, se instituída a renda por doação.

VII – A apresentação do direito de exigir a renda, que era de cinco anos.

VIII – A resolução do negócio jurídico que originou a instituição da renda, como arruinamento do prédio e falta de pagamento das prestações.

IX – O resgate ou remição, em que o rendeiro pagava, em uma única oportunidade, a quantia suficiente para dela se extrair a renda acertada.

X – A renúncia à renda.

Capítulo XXXVI

Direitos Reais de Garantia

36.1. ASPECTOS GERAIS E FINALIDADES

O Código Civil, antes de tratar especificamente sobre os direitos reais de garantia, que incidem sobre coisas alheias, traz uma série de normas gerais aplicáveis indistintamente ao penhor, à hipoteca e à anticrese, embora, em alguns dispositivos, contenha regras particularizadas que melhor seria se as tivesse incluído na parte que trata de cada figura.

Para uma melhor sistematização do estudo sobre a matéria, e compreensão completa de cada direito real de garantia, necessariamente abordar-se-ão os aspectos gerais aplicados a figuras em análise. Assim, quando se examinar os requisitos do contrato, *v.g.*, de penhor, deveremos tornar a desenvolvê-los, apesar de incluídos, pelo Código Civil, genericamente, na parte que trata em conjunto das três espécies.

Como já se referiu, os direitos reais de garantia, juntamente com os direitos reais de fruição ou gozo, compõem os direitos reais sobre as coisas alheias. Consideram-se direitos reais de garantia sobre coisa alheia porquanto o credor, titular dos mesmos, não é dono da coisa, a qual pertence, de modo geral, ao devedor.

A finalidade específica dos direitos reais de garantia é proteger o credor contra a possível insolvência do devedor. Contrai este uma obrigação, e, para assegurar seu completo adimplemento, dá uma coisa em garantia, que fica vinculada, por direito real, ao cumprimento da dívida. A função objetiva assegurar ao titular do crédito o recebimento da dívida, em razão da preferência de que goza, por se encontrar o bem vinculado ao pagamento. O direito do credor funda-se sobre o patrimônio, ou em parte do patrimônio do devedor.

Mais amplamente, assevera Pontes de Miranda:

> O direito real de garantia tem dupla função: determina qual o bem destinado à solução da dívida, antes de outros bens; e pré-exclui, até que se solva a dívida, a solução, com ele, ou o valor dele, de outras dívidas. Com isso parece-se com o privilégio legal que recai sobre determinado objeto, mas ao simples privilégio, que é pessoal, a despeito da eficácia *erga omnes*, falta o elemento da pré-exclusão, que a natureza real dos direitos reais da garantia produz.[1]

De modo que, se inadimplente o devedor no vencimento, propicia-se ao credor executá-lo, tendo primazia na penhora sobre o bem da garantia, pagando-se do montante devido, com exceção, é evidente, da anticrese, onde só cabe a retenção, como se verá.

---

[1] *Tratado de Direito Privado*, 3ª ed., Rio de Janeiro, Editor Borsoi, 1971, vol. XX, pp. 32 e 33.

Por isso, tão firme se torna a garantia que ao credor se outorga preferência, na mora ou na insolvência, frente a todos os demais credores. O bem dado em garantia sustentará, em primeira mão, o crédito de tal forma constituído.

Em direito, este efeito de preferência denomina-se preleção.

Assim, se penhorada e alienada a coisa dada em garantia, em primeiro lugar paga-se o crédito garantido.

A par das garantias reais, com a sujeição da coisa à satisfação da dívida, há as garantias pessoais, como o aval e a fiança que, na verdade, incidem sobre todo o patrimônio, mas sem a especificação ou vinculação a uma determinada dívida, para garanti-la em primeira mão.

Nos direitos reais de garantia despontam duas relações – uma pessoal e outra real –, como se infere de Darcy Bessone:

> A relação garantida é de natureza pessoal. A vinculação de certo bem a tal relação é, entretanto, de natureza real, por implicar poder direto e imediato do credor sobre a coisa, independentemente do devedor, ou do dono dela. O direito real garante, assim, um direito pessoal (crédito). A relação de natureza pessoal não se descaracteriza pelo fato eventual de coexistir, com ela, uma garantia real. O mútuo, por exemplo, pode existir, sem garantia real, como relação puramente pessoal. Adicionada à garantia real, a relação pessoal não se modifica por isso.[2]

Daí não ser despropositada a afirmação, defendida por alguns, de que os direitos reais de garantias consideram-se direitos mistos de direitos ou ônus reais e direitos obrigacionais ou pessoais, em virtude de que nascem e se extinguem conjuntamente com a obrigação garantida por um bem. Coexistem uma relação pessoal, que é a dívida, e uma relação real, que é a garantia.

É, pois, correto afirmar-se que o credor não tem direito à coisa, mas sim ao valor devido. Na inadimplência da obrigação, o direito é valor da coisa, até o implemento de um crédito, como entende Carvalho Santos.[3] Efetivamente, não solvido o crédito, instaura-se a aquisição, e a realização do crédito recai sobre o produto da venda.

A partir desses elementos, pode-se definir os direitos reais de garantia como aqueles direitos que conferem ao titular de um crédito o privilégio de ver feito o respectivo pagamento com o valor do bem dado especificamente em garantia.

Três são os direitos reais de garantia.

Em primeiro lugar está o penhor, que incide ou recai necessariamente sobre bens móveis, transferindo-se a posse dos mesmos para o credor, à exceção de certos penhores, como se verá oportunamente. Depois, vem a hipoteca, concretizável em imóveis, navios e aeronaves, que ficam em poder do próprio devedor. E por último aparece a anticrese, regulada pelo Código Civil de 1916 depois do penhor, envolvendo bens imóveis, que também se transferem para a posse do credor, a quem cabe o gozo ou a fruição, até pagar-se o mesmo de valor que lhe é devido.

36.2. ELEMENTOS HISTÓRICOS

Historicamente considerados, os direitos reais de garantia constituem reminiscências da vinculação física e moral das pessoas e bens ao poder de disposição do credor.

---

[2] *Direitos Reais*, ob. cit., p. 367.
[3] *Obra citada*, vol. IX, p. 13.

Cap. XXXVI · DIREITOS REAIS DE GARANTIA | **1035**

Com efeito, ao tempo da civilização egípcia, o devedor recalcitrante tinha sua própria pessoa adjudicada ao credor. Os hebreus adonavam-se do devedor, de sua mulher e de seus filhos, que se transformavam em escravos. Houve uma fase do direito romano em que se permitia o encarceramento do inadimplente, e inclusive leiloá-lo em feiras de escravos, até que surgiu a Lei *Paetelia*, abolindo estas atrocidades, e fazendo incidir nos bens do devedor a garantia de suas dívidas. A primeira garantia, neste sentido, parece ter sido a *fidúcia*, pela qual, ao contrair uma dívida, transferia a pessoa um bem àquele que se dispunha a emprestar, para, quando do pagamento, receber de volta o mesmo bem.

Em face de muitas inconveniências práticas deste modo de garantia, como de não se permitir ao devedor se resguardar contra a desonestidade do credor, que não raramente vendia os bens, apareceu o *pignus*, também com a transferência da posse, mas estando assegurada sua proteção pelos interditos.

Posteriormente, criou-se o contrato anticrético, com a posse do imóvel pelo credor, do qual ele retirava os frutos a fim de pagar-se dos juros, evoluindo o instituto para servir a renda também com vistas ao abatimento do capital.

A hipoteca, no entanto, que já existia no direito grego, apareceu como a forma mais completa, pois evitou os inconvenientes da transferência do bem e da indisponibilidade pelo devedor.

36.3. CARACTERÍSTICAS

Dois atributos preponderam nos direitos de garantia: a sequela e a preferência.

Pela sequela, a garantia não se desprende da coisa, embora esta mude de dono. Transmitindo-a o devedor a outra pessoa, é acompanhada de ônus. Não interessa a superveniência de outras alienações. Perdura o vínculo, marcando indefinidamente o bem, até operar-se a extinção da dívida. Infere-se, pois, que o direito de disposição não é limitado pelo gravame. A disposição é sempre respeitada.

Em segundo lugar, prevalece a preferência no pagamento do crédito, sejam quantos forem os credores, mesmo que a dívida do obrigado assuma cifras incomensuráveis. Antes de todos os outros credores, satisfaz-se o crédito do titular da garantia, respeitados, evidentemente, alguns créditos especiais, que decorrem da própria constituição da garantia, ou expressamente assinaladas pela lei, como as custas processuais da execução e as despesas com a conservação da coisa, feitas por terceiro, com assentimento do credor e do devedor, depois da constituição da hipoteca; as dívidas provenientes de salários de trabalhadores; os impostos e taxas devidos à Fazenda Pública, e outras obrigações, como será discriminado no estudo específico dos direitos reais de garantia.

A preferência ou preleção está preconizada no art. 1.419 do Código de 2002: "Nas dívidas garantidas por penhor, anticrese ou hipoteca, o bem dado em garantia fica sujeito, por vínculo real, ao cumprimento da obrigação".

De igual modo, o art. 1.422 encerra esta característica: "O credor hipotecário e o pignoratício têm o direito de excutir a coisa hipotecada ou empenhada, e preferir, no pagamento, a outros credores, observada, quanto à hipoteca, a prioridade no registro".

E o parágrafo único: "Excetuam-se da regra estabelecida as dívidas que, em virtude de outras leis, devam ser pagas precipuamente a quaisquer outros créditos".

Não se estende o direito acima ao credor anticrético por se encontrar o crédito garantido pelos frutos e rendimentos da coisa, e não por esta. Cabe-lhe reter o bem e defendê-lo por meio de embargos de terceiro, enquanto não paga a dívida, a teor do art. 1.423: "O credor anticrético tem direito a reter em seu poder o bem, enquanto a dívida não for paga; extingue-se esse direito decorridos 15 (quinze) anos da data de sua constituição".

De ressaltar, ainda, a acessoriedade dos direitos de garantia à obrigação. Não subsistem por si. Extinta a dívida, desaparecem *ipso facto*, cessando a sua existência, como se dá com a prescrição, o pagamento, a anulação e outras causas de extinção. Não se olvide, entretanto, que o mesmo ocorre se a extinção é da garantia, como no caso da anulabilidade, por ser incapaz quem a prestou, em que a dívida persiste se realmente contraída.

A publicidade vem a ser outra qualidade, própria dos direitos reais em si, cujo objetivo é tornar o direito oponível a terceiros, devendo, pois, a constituição registrar-se no ofício imobiliário. Confere este tributo justamente o direito de preferência em face de outros credores do devedor, que possivelmente venham exigir seus créditos, se executado o bem.

Com a publicidade, consecutível através de registro, previne-se que terceiros adquiram o bem desavisados da afetação do mesmo a dívidas, e meçam a conveniência na efetivação do negócio.

No estudo de cada espécie das garantias reais, aprofundar-se-á o aspecto do registro.

Impende, ainda, se caracterize a especialização da coisa, individualizando-a e esclarecendo-se a razão da dívida e a quantia a pagar.

Isto para fins de identificação induvidosa da coisa que garante a dívida e da obrigação estabelecida, com todos seus sectários, como juros, multas, correção monetária e outras decorrências.

36.4. DIREITOS REAIS DE GARANTIA E PRIVILÉGIOS

Embora tanto os direitos reais de garantia como os privilégios se coloquem numa posição de destaque quando dos processos de insolvência, dada a primazia na satisfação dos créditos frente a outros credores, há profundas distinções entre uma e outra espécie. Nos primeiros, a prioridade se funda na garantia tão somente. O crédito é satisfeito antes de outros em razão do vínculo a um bem, que o garante.

Já os privilégios significam preferências reconhecidas pela lei, atribuídas a certos créditos, sobre todo o patrimônio do devedor.

Não se desenvolve um poder imediato sobre as coisas, requisito indispensável nos direitos reais de garantia. A lei é que determina a preferência na satisfação de certas dívidas, mesmo aquelas sustentadas por garantias reais, como acontece com as custas judiciais da massa falida ou da insolvência civil, nos créditos trabalhistas e nos originados de acidentes do trabalho. Assim, o que define o privilégio e lhe dá razão de ser é a qualidade do crédito, aspecto este irrelevante no direito real da garantia.

36.5. PRESSUPOSTOS OBJETIVOS DO CONTRATO DE GARANTIA REAL

Lê-se no art. 1.424:

> Os contratos de penhor, anticrese e hipoteca declararão, sob pena de não terem eficácia:
>
> I – o valor do crédito, sua estimação ou valor máximo;
>
> II – o prazo fixado para pagamento;
>
> III – a taxa dos juros, se houver;
>
> IV – o bem dado em garantia com as suas especificações.

Pontes de Miranda, voltando ao então art. 761, equivalente ao art. 1.424 do Código atual, explicava que o mesmo tem de ser lido como se dissesse:

Os acordos de constituição de penhor, anticrese e hipoteca têm de declarar, sob pena de serem ineficazes contra terceiros: I – O total do que se há de prestar, ou sua estimação. II – O prazo fixado para a satisfação. III – A taxa dos juros, se houver. IV – A coisa dada em garantia, com suas especificações.[4]

Os contratos que padecerem da falta de citados requisitos não terão eficácia, na firme previsão da parte final do art. 1.424. Diferente vinha a redação do art. 761, ao estabelecer que, na falta de requisitos específicos, não repercutiam os contratos efeitos relativamente a terceiros. Com a falta das declarações legais, o vínculo real não cessava. Unicamente sofria a restrição na sua eficácia perante terceiros.

Importante lembrar a lição de Affonso Fraga sobre a oração de outrora "sob pena de não valerem contra terceiros":

> A sanção (...) deve ser entendida habilmente, isto é, em relação somente aos que forem providos de títulos que lhes assegure pelo menos direito à garantia comum prestada pela generalidade dos bens do devedor, pois é manifesto o direito do credor pignoratício, contenha ou não o seu contrato as declarações legais de haver do ladrão o efeito penhorado, como o é o do credor hipotecário de exercitar a respectiva ação contra o usurpador do imóvel hipotecário.[5]

36.6. CAPACIDADE PARA A CONSTITUIÇÃO DOS DIREITOS REAIS DE GARANTIA

Pelo art. 1.420 conclui-se quem tem capacidade de instituir ônus reais, que, de modo geral, é a pessoa capaz para a prática dos atos da vida civil: "Só aquele que pode alienar poderá empenhar, hipotecar ou dar em anticrese; só os bens que se podem alienar poderão ser dados em penhor, anticrese ou hipoteca". Está capacitado para estabelecer o ônus o próprio dono da coisa, pois quem pode alienar tem livre disponibilidade da mesma, o que lhe permite o poder de gravá-la com os ônus que entender.

De acordo com o art. 1.691, os pais, representando ou assistindo seus filhos incapazes, necessitam de autorização judicial para a constituição de direitos reais de garantia em bens dos mesmos: "Não podem os pais alienar, ou gravar de ônus real os imóveis dos filhos, nem contrair, em nome deles, obrigações que ultrapassem os limites da simples administração, salvo por necessidade ou evidente interesse da prole, mediante prévia autorização do juiz". O mesmo pressuposto de autorização judicial, dependente da necessidade, ou da vantagem que advirá, se requer quanto aos bens de órfãos e incapazes mentais submetidos à tutela ou curatela.

Eis a síntese de Pontes de Miranda, plenamente válida sob a vigência do atual Código Civil, sobre a capacidade para constituir o direito real de garantia:

> Quem não pode alienar não pode hipotecar, porque a hipoteca pode levar à execução. Passa-se o mesmo quanto ao penhor e à anticrese. Não pode alienar quem é absolutamente incapaz, ou, sem assistência do titular do pátrio poder, tutor ou curador, o relativamente incapaz. O cônjuge não pode hipotecar sem o assentimento do outro

---

4 *Tratado de Direito Privado*, vol. XX, ob. cit., p. 22.
5 *Direitos Reais de Garantia – Penhor, Anticrese e Hipoteca*, São Paulo, Livraria Acadêmica Saraiva & Cia. – Editores, 1933, p. 101.

cônjuge, se particular o imóvel, ou sem o consentimento, se comum o imóvel. Para alienar a parte que tem, como bem particular, em algum imóvel, precisa de assentimento do outro cônjuge.[6]

36.7. OBJETO

Como é sabido, o objeto do penhor é a coisa móvel; da anticrese, os frutos e rendimentos do bem, sendo que este permanece na posse do credor, para viabilizar aqueles direitos; e na hipoteca, o imóvel, sem que passe para a posse do credor, bem como os navios e as aeronaves.

No penhor e na hipoteca, ao credor se permite, na inadimplência da obrigação, promover a venda judicial da coisa onerada, através de processo de execução, com o fim de lograr-se a satisfação da dívida, como ressoa do art. 1.422, nestes termos: "O credor hipotecário e o pignoratício têm o direito de excutir a coisa hipotecada ou empenhada, e preferir, no pagamento, a outros credores, observada, quanto à hipoteca, a prioridade no registro".

Relativamente à anticrese, cabe ao credor a prerrogativa de simplesmente reter em seu poder a coisa, enquanto a dívida não for paga, segundo o art. 1.423.

Por sua vez, a segunda parte do art. 1.420 diz quais os bens sujeitam-se aos gravames: "Só os bens que se podem alienar poderão ser dados em penhor, anticrese ou hipoteca". Assim, apenas as coisas *in commercium* constituirão objeto de direitos reais de garantia, ou seja, o objeto lícito e possível.

Há várias categorias de bens que estão fora do comércio, ou cuja alienação depende de lei especial, destacando-se os públicos. Dentre os indisponíveis, ou que sofrem restrições, destacam-se, dentre outros, os imóveis sobre os quais incide a impenhorabilidade (Lei nº 8.009/1990), e o bem de família, que fica isento de execução na forma do art. 1.715. Tem-se como nula de pleno direito a instituição de direito real de garantia em tais bens, ou em bens que forem gravados com a cláusula de inalienabilidade imposta por testamento ou doação, como permite o art. 1.911.

Se coisas furtadas forem dadas em penhor, torna-se o mesmo nulo, pois são alheias, o que, obviamente, não concedem ao detentor o poder de disposição. Mas, de acordo com Washington de Barros Monteiro, no caso de estelionato, ou de apropriação indébita, o credor deve ser indenizado em atenção à sua boa-fé.[7]

O § 1º do art. 1.420 dispõe sobre a garantia feita em domínio superveniente, que Pontes de Miranda denominava de pós-eficacização: "A propriedade superveniente torna eficaz, desde o registro, as garantias reais estabelecidas por quem não era dono". Para o entendimento da validade da propriedade superveniente é importante observar o disposto no art. 1.268 e em seu § 1º:

> Feita por quem não seja proprietário, a tradição não aliena a propriedade, exceto se a coisa, oferecida ao público, em leilão ou estabelecimento comercial, for transferida em circunstâncias tais que, ao adquirente de boa-fé, como a qualquer pessoa, o alienante se afigurar dono.
>
> § 1º Se o adquirente estiver de boa-fé e o alienante adquirir depois a propriedade, considera-se realizada a transferência desde o momento em que ocorreu a tradição.

---

[6]   *Tratado de Direito Privado*, vol. XX, ob. cit., p. 26.

[7]   *Curso de Direito Civil, – Direito das Coisas*, ob. cit., p. 76.

Quando da constituição da garantia, não era, ainda, o devedor proprietário. Posteriormente, no entanto, adquiriu o domínio. Embora no momento da celebração o ato se considere, a rigor, inexistente, o § 1º do art. 1.420 do Código de 2002 afasta este efeito se o constituidor que possuía a coisa dada em garantia veio a adquirir a propriedade.

E se o credor não desconhecia a ausência de domínio, e assim mesmo aceitou a garantia, não se vê motivo para não dar validade ao contrato, se posteriormente adquirir o instituidor o domínio.

Aspecto mais complexo é a instituição dos direitos reais em coisa comum a dois ou mais proprietários. Eis como regulamenta a espécie o § 2º do art. 1.420: "A coisa comum a dois ou mais proprietários não pode ser dada em garantia real, na sua totalidade, sem o consentimento de todos; mas cada um pode individualmente dar em garantia real a parte que tiver".

Na análise da regra, cumpre assentar, primeiramente, que não há nenhum óbice quanto à instituição se manifesto o consentimento de todos os condôminos, não importando que envolva a garantia a totalidade ou parte do bem.

E quanto à celebração da garantia apenas no pertinente à quota ideal que possui o condômino?

Não apresenta, igualmente, algum impedimento a divisibilidade ou não da coisa. Nada obsta a que se crie o gravame sobre a quota ideal em um edifício ou casa, ou sobre um terreno. Esta indivisibilidade, que incide na coisa, não repercute no poder de disposição. Aliás, é o que emana do art. 1.314 do Código: "Cada condômino pode usar da coisa conforme sua destinação, sobre ela exercer todos os direitos compatíveis com a indivisão, reivindicá-la de terceiro, defender a sua posse e alhear a respectiva parte ideal, ou gravá-la".

De acordo com o art. 757 do Código revogado, impor-se-ia a divisibilidade da coisa comum para autorizar o gravame individual. Diante desta regra, aparentemente não se permitiria a oneração se ausente o consentimento unânime dos condôminos, o que não mais se aplica em face do art. 1.420 do Código de 2002. No entanto, de acordo com o entendimento predominante ao tempo do Código anterior, a indivisibilidade não era a física ou material, mas a jurídica, isto é, oriunda de lei, como a do prédio enfitêutico, cujos contratos em andamento permanecem. Com efeito, a segunda parte do art. 681 do Código de 1916 vedava a divisão em gleba de bem enfitêutico, sem o consentimento do senhorio. Vale dizer, existia uma exigência de uma ordem legal que expressamente colocava uma restrição à oneração em determinadas situações. Na prática, em se tratando de quotas ideais, sempre foi permitida a oneração da quota ideal, como acontecia e acontece nos empréstimos para aquisição da casa própria pelo Sistema Financeiro da Habitação. Esta a inteligência que grassa na doutrina e na jurisprudência. Simplesmente dá-se o bem em hipoteca, a despeito das opiniões dos demais condôminos.

36.8. PAGAMENTO PARCIAL DA DÍVIDA E INDIVISIBILIDADE DAS GARANTIAS

Está no art. 1.421 do atual Código o ditame da indivisibilidade das garantias, embora o pagamento parcial da obrigação: "O pagamento de uma ou mais prestações da dívida não importa exoneração correspondente da garantia, ainda que esta compreenda vários bens, salvo disposição expressa no título ou na quitação".

A norma é de clareza meridiana. A garantia instituída perdura até o pagamento da última parcela da obrigação. É que o vínculo estabelecido pela garantia real adere por inteiro à coisa que serve de garantia. Fica incrustado em todos os seus componentes, mesmo que acessórios, já que sua existência supõe a da coisa principal (art. 92 do Código de 2002). Isto de tal arte que não se concebe o fracionamento ou a divisão em partes, desaparecendo ou se reduzindo na proporção do adimplemento da dívida, mesmo que vários os bens integrantes da garantia.

A coisa é que se torna indivisível, como acentua Affonso Fraga:

> Com efeito, a coisa, seja por sua natureza divisível, como um rebanho de ovelhas, coleção de moedas, um imóvel agrícola etc., ou indivisível, como um brilhante, um cavalo etc., é, por força da lei, considerada indivisivelmente vinculada ao credor para segurança não só da soma total do seu crédito, senão ainda de cada uma das unidades que o constitui. Essa indivisibilidade, que aliás não é absoluta por poder o credor convir na divisão, é instituída em seu benefício para o efeito de não ser obrigado a tolerar que a coisa se divida contra a sua vontade por meio de soluções parciais do crédito, feitas pelo devedor, por seus herdeiros ou representantes legais.[8]

A única exceção consta na parte final do art. 1.421, ou seja, se as partes convieram no contrário e admitiram a redução no instrumento da garantia, ou em momento posterior. Não é raro, no curso do tempo, avençarem os contraentes a exoneração de certos bens, dada a superioridade do valor da garantia frente ao restante para solver.

Nesta linha, é claro Pontes de Miranda:

> O bem gravado fica sujeito ao integral pagamento de toda a dívida e de cada uma das parcelas ou frações, de modo que pagos, por exemplo, noventa por cento do débito, a hipoteca, o penhor e a anticrese continuam inteiros. Assim já era no direito anterior. Já se advertia em que tal integralidade não era da essência da garantia real, e sim criação da lei; daí a derrogabilidade pela vontade dos figurantes, *e.g.*: pacto de só se poder executar pelo restante; pacto de corresponder cada prestação a um dos autores do edifício de apartamentos, ou a uma das glebas da fazenda.[9]

Inteligência já revelada pela jurisprudência, na ótica do Tribunal de Justiça do Rio de Janeiro, no *Agravo de Instrumento* n° 5.149/1997, de 06.04.1998, da 2ª Câm. Cível:

> Sendo indivisível a hipoteca, enquanto não solvida integralmente a dívida, por ela garantida, persiste o gravame por inteiro, sobre a totalidade dos bens hipotecados, ainda que divisível a obrigação – somente por ato voluntário do credor, poderá desfalcar-se a garantia, não podendo ser ele impedido de excuti-la, se o desejar, por inadimplida a obrigação da devedora hipotecária. Provimento do recurso.[10]

A indivisibilidade se estende à sucessão, impedindo-se aos sucessores remir parcialmente o gravame, conforme o art. 1.429: "Os sucessores do devedor não podem remir parcialmente o penhor ou a hipoteca na proporção dos seus quinhões; qualquer deles, porém, pode fazê-lo no todo".

Permite o parágrafo único do dispositivo citado a sub-rogação, caso um dos sucessores fizer o pagamento: "O herdeiro ou sucessor que fizer a remição fica sub-rogado nos direitos do credor pelas quotas que houver satisfeito".

36.9. DIREITO DE EXCUSSÃO

Insolvida a obrigação, processa-se a execução no próprio bem, forma que se denomina "excussão".

---

[8]   *Obra citada*, p. 92.

[9]   *Tratado de Direito Privado*, vol. XX, ob. cit., p. 35.

[10]   *Direito Imobiliário* – edição *COAD*, n° 23, expedição de 14.06.1998, p. 450.

É claro o art. 1.422: "O credor hipotecário e o pignoratício têm o direito de excutir a coisa hipotecada ou empenhada, e preferir, no pagamento, a outros credores, observada, quanto à hipoteca, a prioridade no registro".

Talvez seja esta a principal prerrogativa outorgada ao credor. Prefere ele a outros credores, exceto certo créditos especiais e privilegiados, preferenciais em virtude de normas expressas.

Se, *v.g.*, duas ou mais hipotecas se oferecerem, preponderará a satisfação da dívida cuja garantia teve prioridade no Registro de Imóveis.

Caso o valor apurado na excussão do bem não satisfizer o montante da dívida, continua o devedor responsável pelo remanescente, cobrável também via executiva, segundo o comando do art. 1.430: "Quando, excutido o penhor, ou executada a hipoteca, o produto não bastar para pagamento da dívida e despesas judiciais, continuará o devedor obrigado pessoalmente pelo restante".

Assim, pela redação acima, depreende-se que a insuficiência de garantia real não exime o devedor de pagar o restante a descoberto. Prosseguirá a execução nos próprios autos, mas sem qualquer privilégio ao credor. Ficará ele na posição de mero credor quirografário.

Pertinentemente à anticrese, diverso é o tratamento. Por não se constituir em imóveis ou móveis, e sim nos frutos naturais ou civis que aqueles produzem, a excussão não tem lugar, segundo enfatiza o art. 1.423: "O credor anticrético tem direito a reter em seu poder o bem, enquanto a dívida não for paga; extingue-se esse direito decorridos 15 (quinze) anos da data de sua constituição". O credor anticrético tem direito a reter em seu poder a coisa, enquanto a coisa não for paga. Extingue-se, porém, esse direito decorridos quinze anos do dia da transcrição.

Portanto, como se observou alhures, se terceiro pretender excutir o bem por força de outra garantia, assiste ao credor retê-lo pela via dos embargos de terceiro.

Por envolver o assunto múltiplas questões, seu desenvolvimento sistemático se fará quando do estudo específico de cada garantia.

36.10. REMIÇÃO DAS GARANTIAS REAIS

Cuida-se, aqui, de verificar a remição parcial do penhor ou da hipoteca.

Remir, no conteúdo ora pretendido, significa liberação da coisa gravada em face da satisfação do montante devido, embora o termo se use comumente para expressar perdão da dívida e sua consequente extinção sem pagamento. Clara a lição de Pontes: "Remir é recompor, readquirir, afastar pagando. Apaga-se, com algo que equivalha, a mancha que o direito real limitado deixou sobre o domínio, embora sem o atingir na substância, conforme o termo romano. Redimem-se pecados; redimem-se gravames".[11]

Eis a redação do art. 1.429 sobre o assunto: "Os sucessores do devedor não podem remir parcialmente o penhor ou a hipoteca na proporção dos seus quinhões; qualquer deles, porém, pode fazê-lo no todo".

Como se vê, duas as conclusões que sobressaem: versa o dispositivo sobre a remição pelos sucessores do devedor e não permite que a mesma seja parcial.

Quanto à legitimação para a remição, embora venha no preceito regulada apenas a remição pelos sucessores do devedor, não se infere que em outras hipóteses não seja permitida.

---

[11] *Tratado de Direito Privado*, vol. XX, ob. cit., p. 41.

O próprio devedor está autorizado a saldar a dívida, e remir a hipoteca, que se concretiza com o cancelamento de seu registro, contrariamente ao que doutrina Pontes:

> Não se deu ao dono (ou enfiteuta) que constitui o gravame a faculdade de remir, porque isso importaria em se pôr à mercê do contraente o prazo do gravame: *e.g.*, constituiria por "x" anos a hipoteca e remi-la-ia no mês seguinte, ou meses após. O prejuízo para quem investe em negócios jurídicos pignoratícios e hipotecários capitais seria enorme, uma vez que podem ser elementos de peso o prazo e segurança das inversões. Assim, quem é devedor na relação jurídica da dívida garantida e quem constitui sobre bem sua hipoteca não pode remir.[12]

Na verdade, o mútuo visa o interesse do devedor. Se ele se mune de meios para saldar a obrigação, não se exige a manutenção do contrato até expirar-se o prazo para a satisfação. Impede a lei a mora, cominando onerações se verificada. Mas nenhum dispositivo legal obriga a aguardar o termo contratado para a solução da dívida.

De outra parte, a expressão "sucessores do devedor" não se restringe aos herdeiros por falecimento daquele. Engloba os adquirentes, ou terceiros, mesmo que estranhos à relação contratual formada entre o devedor e o credor.

A remição há de ser pelo total da dívida, já que é explícito o art. 1.429 do atual Código, e era o art. 766 do antigo Código a respeito. Isto por força da indivisibilidade da garantia, e para manter a coerência com o art. 1.421. Todo bem garante a obrigação, à qual se mantém vinculado enquanto a mesma perdurar.

É a explicação de Affonso Fraga:

> A coisa onerada, por força da indivisibilidade, responde na totalidade do seu corpo e em cada uma das suas partes pela soma total do crédito e por cada uma das unidades que a compõem: *totam in tota et totam in qualibet parte*. O devedor, portanto, pagando uma ou mais parcelas do seu débito não libera a mínima fração da coisa, a qual persiste toda gravada como se nenhum pagamento fizera.[13]

Na forma do parágrafo único do art. 1.429, o herdeiro ou sucessor que fizer remição fica sub-rogado nos direitos do credor pelas cotas que houver satisfeito. Não há a transferência do bem ao herdeiro ou sucessor. Unicamente transfere-se o crédito que antes era de outra pessoa, crédito este que permanece garantido ou seguro pela vinculação real aos bens.

De salientar, pela redação do dispositivo em exame, a não referência à anticrese. No entanto, nada justifica a exclusão desta garantia. Por qual fator se impediria ao devedor ou seu sucessor, por ato entre vivos ou em razão de falecimento, de remir a obrigação? Desde que se manifeste o interesse em liberar o bem pelo pagamento, não se encontra algum motivo para impedir o direito.

36.11. VENCIMENTO ANTECIPADO DA DÍVIDA

A dívida vence, ordinariamente, no seu termo previsto. É requisito do contrato a previsão do prazo do vencimento, como se lê no art. 1.424, inc. II. Mas alguns fatores determinam o vencimento antecipado, elencados no art. 1.425, na seguinte ordem:

---

[12] *Tratado de Direito Privado*, vol. XX, ob. cit., p. 48.

[13] *Obra citada*, p. 126.

Cap. XXXVI · DIREITOS REAIS DE GARANTIA | **1043**

I – Se, deteriorando-se, ou depreciando-se o bem dado em segurança, desfalcar a garantia, e o devedor, intimado, não a reforçar ou substituir.

Como se percebe, dois os motivos da insuficiência: a deterioração e a depreciação da coisa, como os desgastes naturais de um prédio, ou de um vínculo. Com o uso, as peças e componentes perdem o funcionamento normal e esperado. Então o credor procede a intimação para que o devedor, em um determinado prazo, que pode ser de trinta dias, ofereça o reforço necessário ou providencie na substituição.

Mas uma vez esgotado o prazo concedido, não se pense que já se reconhece ao credor a execução da quantia devida. Há de se propor uma ação de fundo cominatório, com instrução, a fim de verificar o estado da coisa, e aferir a real necessidade de se reforçar a garantia. Julgada procedente a ação, e não atendida a obrigação, tem-se como vencida a dívida.

Se, no entanto, a degradação ou desvalorização imputar-se ao credor, por encontrar-se em seu poder a coisa, como no penhor e na anticrese, então ao devedor se reconhece o direito de indenizar-se. E não é coerente seja ele, ainda, constrangido ao oferecer reforço.

Impõe-se, ademais, seja superveniente a insuficiência, e não contemporânea ou preexistente à instituição do direito real. Desinteressa a causa ou a origem em caso fortuito ou em força maior.

II – Se o devedor cair em insolvência ou falir. Neste aspecto, a Lei de Falências (Lei nº 11.101/2005), no art. 77, contém a mesma causa de vencimento antecipado, o que também se aplica na insolvência civil, uma vez declarada, cujo regramento segue o do Código de Processo Civil de 1973, enquanto não advier lei específica, nos termos do art. 1.052 do CPC/2015: "Até a edição de lei específica, as execuções contra devedor insolvente, em curso ou que venham a ser propostas, permanecem reguladas pelo Livro II, Título IV, da Lei nº 5.869, de 11 de janeiro de 1973".

Na insolvência civil, o montante das dívidas ultrapassa o valor do patrimônio econômico do devedor.

Affonso Fraga dá a razão do vencimento antecipado das dívidas:

> E a razão funda-se em que, aberta a falência, ao devedor nenhuma vantagem traz o benefício do prazo das que não se acharem vencidas, pois a quebra induz à convicção de que estas também não seriam pagas no vencimento. Os credores, se fossem sujeitos à espera do termo, ficariam expostos a prejuízos irreparáveis. A falência opera, então, sem gravame do devedor e em benefício dos credores a extinção geral dos prazos, de modo a todos poderem intervir no seu processo e, como partes diretamente interessadas, cuidarem dos seus interesses e direitos.[14]

III – Se as prestações não forem pontualmente pagas, toda vez que deste modo se achar estipulado o pagamento; neste caso, o recebimento posterior da prestação atrasada importa renúncia do credor ao seu direito de execução imediata.

Em geral, todos os contratos estipulam o vencimento antecipado da dívida total, embora exigível apenas uma prestação. Isto mesmo que a mora envolva apenas os juros, ou outros consectários.

IV – Se perecer o bem dado em garantia, e não for substituído.

---

[14] *Obra citada*, p. 108.

É normal o vencimento da dívida com o perecimento do bem dado em garantia, como no incêndio do prédio sobre o qual se instituiu o ônus real, ou no desaparecimento de um imóvel por alargamento das margens de um rio, sem que o devedor faça a substituição.

Seria de cogitar-se da viabilidade de pedir o reforço da garantia, especialmente quando ocorre um incêndio. Há possibilidade no caso de possuir o devedor outros bens.

V – Se se desapropriar o bem dado em garantia, hipótese na qual se depositará a parte do preço que for necessária para o pagamento integral do credor. A indenização será usada no pagamento total da dívida, e não para substituir o ônus. É o que, também, se extrai do art. 31 do Decreto-Lei nº 3.365/1941, que trata das desapropriações.

Conforme o art. 959, inc. II, do Código Civil, o mesmo direito se atribui ao credor com garantia real no concurso de credores e na insolvência civil, se o bem vier a ser desapropriado.

Tanto no caso de perecimento, como no de desapropriação, o vencimento antecipado da hipoteca, de acordo com o § 2º do art. 1.425, apenas se dá se o perecimento, ou a desapropriação recair sobre o bem dado em garantia, e esta não abranger outras; subsistindo, no caso contrário, a dívida reduzida, com a respectiva garantia sobre os demais bens, não desapropriados ou destruídos.

Dessume-se da regra que a existência de outros bens não ordena o vencimento antecipado. Mas, abrangendo mais bens, e se a dívida se garantir parceladamente em coisas, reduz-se o montante, que vencerá na proporção do valor dos bens garantidores que pereceram, ou se danificaram, ou foram desapropriados.

O § 1º do art. 1.425 traz uma norma relativa aos bens perecidos: "Nos casos de perecimento da coisa dada em garantia, esta se sub-rogará na indenização do seguro, ou no ressarcimento do dano, em benefício do credor, a quem assistirá sobre ela preferência até seu completo reembolso".

A situação é simples. Perecendo o bem, e se há seguro que o garanta, ou na hipótese de ser o causador de tais fatos obrigado a indenizar, o credor se sub-rogará nos valores pagos, até o completo reembolso. O preceito fala em preferência, o que, no entanto, também importará, em última análise, no pagamento. Mas, frente a alguns créditos preferenciais (trabalhistas e fiscais), o seu direito virá em segundo lugar.

O art. 1.426 apresenta uma norma quanto aos juros, no vencimento antecipado: "Nas hipóteses do artigo anterior, de vencimento antecipado da dívida, não se compreendem os juros correspondentes ao tempo ainda não decorrido".

Nada mais justo que assim aconteça. Diante da antecipação, não há de se pagar os juros pelo prazo restante convencionado, ou ainda não decorrido. Na ordem do art. 1.215, os juros consideram-se frutos civis. Vencem dia a dia. Não cabe pretendê-los pelo prazo faltante, pois falta a utilização do valor pelo devedor.

Não se pense que outras causas inexistem. Já o art. 333 do Código Civil, um dos que regulam o pagamento nos efeitos das obrigações, enumera mais razões de vencimento antecipado, extensíveis também aos créditos garantidos com ônus reais, embora algumas coincidam com as estudadas:

> Ao credor assistirá o direito de cobrar a dívida antes de vencido o prazo estipulado no contrato ou marcado neste Código:
>
> I – no caso de falência do devedor, ou de concurso de credores;
>
> II – se os bens, hipotecados ou empenhados, forem penhorados em execução por outro credor;

Cap. XXXVI • DIREITOS REAIS DE GARANTIA | 1045

III – se cessarem, ou se tornarem insuficientes, as garantias do débito, fidejussórias, ou reais, e o devedor, intimado, se negar a reforçá-las.

36.12. GARANTIA ASSUMIDA POR TERCEIRO

Regra importante é trazida pelo art. 1.427, relativamente à garantia assumida por terceiro: "Salvo cláusula expressa, o terceiro que presta garantia real por dívida alheia não fica obrigado a substituí-la, ou reforçá-la, quando, sem culpa sua, se perca, deteriore ou desvalorize".

Vê-se que um terceiro presta garantia real em favor do titular do crédito.

Na verdade, o preceito conviria melhor se viesse num parágrafo aposto ao art. 1.425, que trata da deterioração, depreciação ou perecimento do objeto dado em garantia.

Mas, seja como for, coloca-se o terceiro garantidor numa posição de privilégio frente à situação do devedor que presta a segurança. Não está aquele obrigado a substituir ou reforçar a garantia, se o mesmo vier a se perder, deteriorar ou enfraquecer, a menos que se impute culpa em tais eventos, enquanto ao último, se ocorrerem, a obrigação subsiste, desinteressando se causados por culpa, caso fortuito ou força maior.

O motivo de tratamento diferente foi exposto, com muita propriedade, por Washington de Barros Monteiro, mantendo-se atual a lição, posto igual o sentido do art. 1.427 do atual diploma civil ao do art. 764 do antigo Código:

> Precisamente porque o terceiro prestador de garantia não se transforma codevedor ou fiador, não fica obrigado a substituir, ou reforçar, a garantia, se a coisa gravada se deteriora, ou se desvaloriza. Só a própria coisa responde pela obrigação. Essa responsabilidade não se amplia aos demais bens componentes do patrimônio do terceiro".[15]

Affonso Fraga explica que

> o vínculo, salvo convenção em contrário, fere somente a coisa, deixando o seu dono totalmente liberto dos efeitos da relação de segurança, como se fora outro qualquer terceiro que não houvera prestado a garantia. A sua pessoa é estranha às relações da obrigação principal e por essa razão os seus demais bens patrimoniais são inacessíveis à ação do nexo contratual.[16]

36.13. CLÁUSULA QUE PERMITE AO CREDOR FICAR COM A COISA

Não se autoriza a inserção de cláusula comissória no contrato de empréstimo com garantia real. Neste sentido o preceito do art. 1.428, reeditando preceito do art. 765 do Código Civil revogado: "É nula a cláusula que autoriza o credor pignoratício, anticrético ou hipotecário a ficar com o objeto da garantia, se a dívida não for paga no vencimento".

Sem dúvida, a regra, denominada *lex comissoria* no direito romano, que a admitiu até certa época, visa a proteção ao devedor, que se coloca numa posição de inferioridade frente ao credor, bem como evitar a prepotência facilmente possível do poder econômico.

Ademais, adviria uma injustiça ao obrigado, pois a transferência do bem se operaria ao arrepio de uma correta apreciação econômica do bem, com evidente viabilidade de injustiça contra o devedor.

---

[15] *Curso de Direito Civil, – Direito das Coisas*, ob. cit., p. 333.
[16] *Obra citada*, p. 116.

Geralmente, a garantia instituída encerra valor superior à obrigação, como exigem os credores, com o fito de conseguir total segurança na solvabilidade da dívida. Mesmo que embutida a cláusula, a invalidade restringe-se à mesma tão somente. O contrato permanece válido.

Se insolvida a dívida, em se tratando de penhor ou hipoteca, cabe ao credor executar o devedor, praceando o bem após a regular execução, como vem externado no art. 1.422.

Mas, no momento da praça, autoriza-se ao titular do crédito, na qualidade de exequente, adjudicar o bem pelo preço da arrematação, desde que o valor se mostre insuficiente para a satisfação de seu crédito, ou não alcance o preço justo e real que tem a coisa.

Há, porém, uma exceção no parágrafo único do art. 1.428, autorizando a entrega do bem pelo montante da dívida, após o seu vencimento: "Após o vencimento, poderá o devedor dar a coisa em pagamento da dívida". A norma revela-se de utilidade, se bem aplicada, já sendo colocada em prática em contratos semelhantes ao com garantia pignoratícia, como na alienação fiduciária e no arrendamento mercantil.

Capítulo XXXVII
Penhor

37.1. CONCEITO

Define-se o penhor como a efetiva transmissão da posse direta, ou a transferência de um bem móvel das mãos ou do poder do devedor, ou de terceiro anuente, os quais têm o poder dominial sobre o mesmo, para o poder e a guarda do credor, ou da pessoa que o representa, com a finalidade de garantir a satisfação do débito. Com esta garantia, cria-se um vínculo real ente o móvel e a dívida do devedor com o credor. É o que se extrai do art. 1.431 do Código Civil de 2002: "Constitui-se o penhor pela transferência efetiva da posse que, em garantia do débito ao credor ou a quem o represente, faz o devedor, ou alguém por ele, de uma coisa móvel, suscetível de alienação".

Não só de um débito ou de uma dívida constitui garantia o penhor, mas também de qualquer outra obrigação, como faz ver J. M. de Carvalho Santos, ao dizer que a lei, "falando em débito, parece fazer crer que só admite o penhor quando a causa originária da obrigação for o mútuo, quando, na realidade, assim não o é. O que se exige é uma obrigação principal a ser garantida pelo penhor".[1]

No mesmo sentido G. Baudry-Lacantinerie e P. Loynes:

> D'ailleurs le nantissement peut être rattaché à une obligation quelconque, même à une obligation de faire, pourvu qu'elle soit valable, même à une obligation naturelle à l'exception des dettes de jeu. Ordinairement il accède à un contrat de prêt; mais il peut également être la garantie des obligations nées d'une vente, l'un louage ou de tout autre contrat. Il peut être consenti pour assurer l'exécution d'obligations à terme ou conditionelles aussi bien que d'obligation principale. Le nantissement peut intervenir également pour garantir l'exécution d'obligatinos futures et même simplement éventuelles, notamment de celles qui résulteraient d'une ouverture de crédit (...).[2]

---

[1] *Obra citada*, 11ª ed., 1978, vol. X, p. 105.

[2] *Traité Théorique et Pratique de Droit Civil*, Paris, Librairie de la Société du Recueil – J. B. Sirey et du Journal du Palais, 1906, vol. XXV, tomo I, p. 7. Tradução livre do texto: "Além disso, o penhor pode ser vinculado a qualquer obrigação, mesmo a uma obrigação de fazer, desde que seja válida, e também a uma obrigação natural, com exceção das dívidas de jogo. Em geral, o penhor é usado no contrato de empréstimo; mas também pode ser a garantia de obrigações decorrentes de uma venda, arrendamento ou qualquer outro contrato. Pode ser concedido para garantir a execução de obrigações a prazo ou condicionais, bem como da obrigação principal. O penhor também pode intervir para garantir a execução de obrigações futuras e até mesmo simplesmente eventuais, em particular as que resultariam de uma abertura de crédito".

DIREITO DAS COISAS – *Arnaldo Rizzardo*

De sorte que a dívida pode ser pecuniária, representada por um valor monetário específico, e derivada de obrigação de fazer ou não fazer, cujo inadimplemento é reparado monetariamente, por meio de perdas e danos, segundo lição de Tupinambá Miguel Castro do Nascimento.[3]

Ressalta o elemento principal da garantia, ou seja, a transferência efetiva do bem móvel dado em garantia, passando das mãos do devedor ou de terceiro, para as do credor, ou de quem o representa.

Transferência efetiva define-se como transmissão real da posse do bem. Mas não equivale a expressão a uma transmissão da propriedade. Transmite-se apenas a posse, ou o contato físico da coisa.

Há, no entanto, a ressalva do parágrafo único do art. 1.431, que dispensa a transferência em alguns tipos de penhor: "No penhor rural, industrial, mercantil e de veículos, as coisas empenhadas continuam em poder do devedor, que as deve guardar e conservar". Seguiu-se uma tendência já consolidada em espécies de contratos nos quais a garantia ou segurança também assenta em bens móveis, como na alienação fiduciária, no arrendamento mercantil, e nas cédulas pignoratícias emitidas nos créditos rural, industrial, comercial, à exportação e habitacional.

A finalidade da figura é garantir a satisfação da dívida, isto é, da obrigação. Com o inadimplemento, o bem servirá para atender o valor devido.

Utiliza-se o penhor de um bem móvel. Daí classificar-se como um direito real mobiliário. De observar, no entanto, que nem todo bem móvel é empenhável. Navios e aviões são hipotecáveis, embora classificados na categoria de móveis.

Objetiva, pois, o bem móvel garantir a satisfação da dívida ou da obrigação. Assevera Pontes de Miranda: "O direito de penhor é direito real de realização do valor do bem móvel, que serve, assim, de garantia".[4] Com execução apura-se o valor do bem empenhado, através da venda judicial.

37.2. ESPÉCIES DE PENHOR

Sobressai o penhor codificado, que vem a ser o penhor regulado precipuamente pelo Código Civil, nada impedindo que outros diplomas complementem a disciplina. Diferencia-se do penhor disciplinado por leis especiais, e que vem instrumentalizado através de cédulas pignoratícias particulares, como a rural, a industrial, e a comercial, muito embora também ao codificado se permite a exteriorização por instrumento particular.

Há seis espécies de penhor codificado, na regulamentação do Código Civil: o penhor comum, ou permitido para qualquer tipo de contrato, também conhecido como civil; o penhor rural, que se divide em agrícola e pecuário, formalizado inclusive através de cédula pignoratícia, por força do parágrafo único do art. 1.438; o penhor industrial e mercantil, que não constava no Código Civil de 1916; o penhor de direitos e títulos de crédito, que na vigência do Código anterior vinha como caução de títulos de crédito; o penhor de veículos, matéria totalmente nova; e o penhor legal, amplamente regrado no Código anterior.

Como já referido, estas modalidades coexistem com outras, cuja regulamentação está em leis específicas, e dirigidas para dar garantia aos financiamentos contraídos para custear atividades e bens dirigidos a setores particulares da economia e produção, materializadas através de cédulas pignoratícias.

---

[3] *Penhor e Anticrese*, Rio de Janeiro, Aide Editora, 1986, p. 15.

[4] *Tratado de Direito Privado*, 3ª ed., São Paulo, Editora Revista dos Tribunais, 1983, vol. XX, p. 394.

37.3. OBJETO DO PENHOR

Como regra, todos os bens móveis são empenháveis, desde que suscetíveis de alienação. Já dizia Pothier: "Ce sont les meubles corporels qui sont ordinairement l'objet du contrat de nantissement".[5]

Excluem-se aqueles bens que não podem ser adquiridos ou alienados. Insuscetíveis de alienação são as coisas fora do comércio, ou que não podem ser apropriadas, e as inalienáveis em virtude de uma lei particular.

Exemplificativamente, são inalienáveis as áreas comuns dos edifícios em condomínio, consideradas isoladamente em relação às unidades que os integram, e as áreas reservadas aos indígenas.

Quanto aos bens impenhoráveis, como o anel nupcial e os instrumentos para o exercício de uma atividade profissional, também não se sujeitam ao penhor, embora afirme Pontes de Miranda que não há empenhabilidade pelo simples fato de haver impenhorabilidade.[6] Acontece que o penhor, na ação de execução, é garantia. A penhora incide sobre o bem dado em penhor, que será levado à praça. E o art. 832 do Código de Processo Civil reza que não estão sujeitos à execução os bens que a lei considera impenhoráveis e inalienáveis. O anel nupcial e os instrumentos de trabalho, *v.g.*, são impenhoráveis.

Logo, não são empenháveis tais bens, entre outros, como as provisões de alimento e de combustível, necessárias à manutenção do devedor e de sua família durante um mês; os retratos de família; os vencimentos e salários; as pensões, as tenças ou montepios, percebidos dos cofres públicos, ou de institutos de previdência etc. Igualmente quanto à pequena propriedade rural, na forma do art. 5º, inc. XXVI, da Constituição Federal, "assim definida em lei, desde que trabalhada pela família", e sejam decorrentes os débitos de sua atividade produtiva, dispondo a lei sobre os meios de financiar seu desenvolvimento. Inclui-se na categoria o imóvel residencial, em consonância com a Lei nº 8.009/1990.

Há uma situação especial a examinar. O art. 1.435, inc. V, autoriza a venda amigável do bem empenhado para conseguir o valor da dívida. Assim, não apenas por venda judicial é conseguido o valor devido. Daí admitir-se o penhor de qualquer bem, sem realizar-se a venda amigável. Os bens impenhoráveis são insuscetíveis de penhor unicamente no caso de realizar-se a venda por via de execução com a anterior penhora.

Deve-se, outrossim, observar a regra do art. 1.420, § 2º: "A coisa comum a dois ou mais proprietários não pode ser dada em garantia real, na sua totalidade, sem o consentimento de todos; mas cada um pode individualmente dar em garantia real a parte que tiver". Embora o condomínio, não interessando se é divisível ou indivisível o bem, cada titular pode individualmente dar em garantia real a parte que tiver, e só a respeito dessa parte vigorará a indivisibilidade da garantia.

No mais, todos os bens móveis, haja propriedade plena ou propriedade sujeita à condição resolutiva, admitem a constituição de penhor. Excepcionam-se os navios e as aeronaves, por serem hipotecáveis, em virtude de previsão legal, como já se observou.

Os bens incorpóreos igualmente são objeto de penhor, o que também ocorre com os créditos e os direitos, segundo está assegurado nos arts. 1.451 e ss. Assim, os direitos autorais, pois significam um crédito que nasce de uma obra publicada, podem ser dados em penhor.

---

[5] *Oeuvres Complètes de Pothier*, vol. 6, ob. cit., p. 241. Tradução livre do texto: "São os móveis corpóreos que geralmente são objeto do contrato de penhor".

[6] *Tratado de Direito Privado*, vol. XX, ob. cit., p. 399.

Quanto às coisas incorpóreas, salienta, todavia, Pothier:

> A l'égard des choses incorporelles, telles que sont des dettes actives, elles ne sont pas susceptibles du contrat de nantissement, puisqu'elles ne sont pas suceptibles d'une tradition réele qui est de l'essence de ce contrat: *Incorporales res traditionem non recipere manifestum est* (...).[7]

37.4. CARACTERÍSTICAS DO PENHOR

A finalidade do penhor é garantir uma dívida ou obrigação, conforme já estudado. Não tem autonomia própria, sem uma dívida. Daí seu caráter acessório, dependente do direito principal. Coexiste com a dívida, incidindo a decorrência do art. 92 do Código Civil: "Principal é o bem que existe sobre si, abstrata ou concretamente; acessório, aquele cuja existência supõe a do principal". Por isso, outra consequência prevista no art. 1.436, inc. I: resolve-se ou extingue-se o penhor se resolvida ou extinta fica a obrigação principal. Ou seja, anulando-se, prescrevendo ou desaparecendo uma obrigação, a mesma sorte terá o penhor.

Ensinam, sobre o assunto, Baudry-Lacantinerie e Loynes:

> D'où il suit que la nullité, la résolution ou la rescision de l'obligation principale entrainerait la nullité, la résolution ou la rescision du nantissement (accessorium sequitur principale). Mais, en sens inverse, la nullité du nantissement n'entrainerait pas celle l'obligation principale, car le principal peut subsister sans l'accessoire.[8]

Trata-se, ainda, de uma obrigação indivisível, mesmo que a amortização de uma dívida seja divisível ou em prestações. O penhor permanece íntegro, não se liberando paulatinamente o bem, a menos que assim tenha sido estipulado, como reconhece Washington de Barros Monteiro.[9] É o que transparece no art. 1.421: "O pagamento de uma ou mais prestações da dívida não importa exoneração correspondente da garantia, ainda que esta compreenda vários bens, salvo disposição expressa no título ou na quitação".

Constitui uma garantia temporária, durando enquanto persiste a obrigação, tanto que o art. 1.424, inc. II ordena: "Os contratos de penhor, anticrese e hipoteca declararão, sob pena de não terem eficácia: (...) II – O prazo fixado para pagamento". Ou seja, não é indefinível a duração.

Outrossim, a propriedade da coisa oferecida em garantia deve ser do próprio devedor, dela podendo dispor, como obriga o art. 1.420. Há, porém, exceções, consignadas no § 1º do art. 1.420: "A propriedade superveniente torna eficaz, desde o registro, as garantias reais estabelecidas por quem não era dono". E no art. 1.427: "Salvo cláusula expressa, o terceiro que presta garantia real por dívida alheia não fica obrigado a substituí-la, ou reforçá-la, quando, sem culpa sua, se perca, deteriore ou desvalorize".

---

[7] *Oeuvres Complètes de Pothier*, vol. 6, ob. cit., p. 242. Tradução livre do texto: "Em relação a coisas incorpóreas, como dívidas ativas, elas não estão sujeitas ao contrato de penhor, uma vez que não são suscetíveis a uma tradição real, que é a essência deste contrato: é manifesto que as coisas incorporais não podem ser transferidas".

[8] *Traité Théorique et Pratique de Droit Civil*, vol. XXV, tomo I, ob. cit., p. 6. Tradução livre do texto: "Daí decorre que a nulidade, a resolução ou a rescisão da obrigação principal resultaria na nulidade, resolução ou rescisão do penhor (principal accessorium sequitur). Mas, por outro lado, a nulidade do penhor não implicaria na obrigação principal, porque o principal pode subsistir sem o acessório".

[9] *Curso de Direito Civil – Direito das Coisas*, ob. cit., p. 337.

É um contrato real, porquanto ele não se realiza sem a tradição da coisa que é dada em penhor.

Classifica-se, ainda, como sinalagmático, em razão de produzir obrigações recíprocas. Pothier entende-o como sinalagmático imperfeito, observando:

> Car dans ce contrat il n'y a que l'obligation que le créancier qui a reçu la chose, contracte de rendre cette chose, lorsque la dette aura été acquisittée, qui soit l'obligation principale de ce contrat, et qui est pour cela appelée *obligatio pignoratitia directa*. Les obligations que contracte celui qui a donné la chose en nantissement, ne sont qu'incidentes au contrat, et ne lui sont pas essentielles; et c'est pour cela qu'on les appelle *obligatio pignoratitia contraria*.[10]

Não se admite cláusula comissória no penhor. Estabelece o art. 1.428 do CC: "É nula a cláusula que autoriza o credor pignoratício, anticrético ou hipotecário a ficar com o objeto da garantia, se a dívida não for paga no vencimento".

Com o penhor, acompanha a transferência efetiva da posse da coisa ao credor, não valendo a transferência meramente simbólica. Consigna, no tocante ao assunto, Pothier: "Il est de l'essence du contrat de nantissement que le créancier soit mis en possession réelle de la chose qui lui est donné en nantissement. C'est pourquoi il est ce l'essence de ce contrat qu'il invienne une tradition réelle de cette chose".[11]

A regra importa exceções, como está no parágrafo único do art. 1.431: "No penhor rural, industrial, mercantil e de veículos, as coisas empenhadas continuam em poder do devedor, que as deve guardar e conservar". Sobre a transferência, prescreve o art. 1.431: "Constitui-se o penhor pela transferência efetiva da posse que, em garantia do débito ao credor ou a quem o represente, faz o devedor, ou alguém por ele, de uma coisa móvel, suscetível de alienação".

37.5. CONSTITUIÇÃO DO PENHOR

Constitui-se o penhor por um ato negocial *inter vivos*, ou seja, por um contrato, que exige a forma instrumental, como impõe o art. 1.424, ao discriminar os requisitos do contrato:

> Os contratos de penhor, anticrese e hipoteca declararão, sob pena de não terem eficácia:
>
> I – o valor do crédito, sua estimação, ou valor máximo;
>
> II – o prazo fixado para pagamento;
>
> III – a taxa dos juros, se houver;
>
> IV – o bem dado em garantia com as suas especificações.

Versando sobre a constituição de um direito real mobiliário, o instrumento, via de regra, é elaborado mediante escrito particular, não se impedindo, todavia, se formalize através de escritura pública.

---

[10] *Oeuvres Complètes de Pothier*, vol. 6, ob. cit., p. 245. Tradução livre do texto: "Porque, neste contrato, há apenas a obrigação de que o credor que recebeu a coisa contrate para devolvê-la quando a dívida tiver sido quitada, a qual é a principal obrigação desse contrato, e que por isso é chamada *obrigatio pignoratitia direta*. As obrigações que contrai a pessoa que deu a coisa como penhor são apenas incidentais ao contrato e não são essenciais para ele; e é por isso que elas são chamadas de *obrigatio pignoratitia contraria*".

[11] *Oeuvres Complètes de Pothier*, vol. 6, ob. cit., p. 243. Tradução livre do texto: "É da essência do contrato de penhor que o credor seja colocado na posse efetiva da coisa que lhe foi dada como garantia. É por isso que é da essência deste contrato que haja mesmo uma tradição real dessa coisa".

1052 | DIREITO DAS COISAS – *Arnaldo Rizzardo*

Sintetiza Washington de Barros Monteiro os requisitos, mantendo-se atual o ensinamento, eis que idêntico o trato da matéria pelo sistema revogado e pelo atual:

a) A identificação das partes contratantes, com menção de seus nomes, nacionalidade, estado civil, profissão e domicílio;

b) O valor do débito, e estimação (...);

c) O objeto empenhado, com suas especificações, de sorte a individualizá-lo, discriminando-o de seus congêneres. Se se tratar de coisa fungível, basta declarar-lhe a qualidade e quantidade (...);

d) A taxa de juros, se houver.

No penhor rural cumpre, ainda, mencionar-se a propriedade em que se encontram os efeitos empenhados, o mesmo sucedendo com o penhor industrial".[12]

A constituição por testamento, também admitida é a que se pode concretizar ou por ato unilateral e declaratório do próprio testador, ou pela outorga de poderes para a constituição do penhor, como explana Pontes de Miranda.[13]

Independe de registro o contrato, para valer entre as partes. Segundo a própria natureza do instituto, a transferência (tradição), ou a posse da coisa móvel pelo credor, vem a dar publicidade ao ato. O registro no ofício dos Registros Públicos tem um único efeito: o de valer frente a terceiros quanto à data do início do penhor constituído por escrito particular, evitando-se, com isso, que se antecedam acordos de constituição de penhor.[14]

A respeito, em redação insuficiente, reza o art. 1.432. "O instrumento do penhor deverá ser levado a registro, por qualquer dos contratantes; o do penhor comum será registrado no Cartório de Títulos e Documentos". Ao que se depreende, o penhor especial se levará para o registro imobiliário, enquanto o penhor comum se registrará no Cartório de Títulos e Documentos. A lei, quando impõe o registro imobiliário, ordena expressamente.

O art. 178 da Lei nº 6.015/1973, em alguns de seus itens, contempla o registro do contrato no Livro nº 3, sem dispensar o registro no Cartório de Títulos e Documentos.

37.6. EXCUSSÃO DO BEM E DIREITOS DECORRENTES DA GARANTIA

O principal direito do credor pignoratício é realizar o valor da dívida através da venda judicial ou amigável do bem. Para ser amigável, deverá existir permissão no contrato.

Reza sobre o assunto o art. 1.422: "O credor hipotecário e o pignoratício têm o direito de excutir a coisa hipotecada, ou empenhada, e preferir, no pagamento, a outros credores, observada, quanto à hipoteca, a prioridade no registro".

A venda amigável pode constar autorizada, igualmente, em instrumento de procuração, com poderes especiais, de conformidade com o art. 1.433, inc. IV. O que não se permite é a apropriação do bem pelo credor, como acontece em outras legislações e explicam claramente Baudry-Lacantinerie e Loynes:

Le créancier ne peut pas s'approprier le gage à défaut de paiement à l'échéance. La loi a voulu, par cette règle, protéger le débiteur et sauvegarder ses intérêts. En général, les

---

[12] *Curso de Direito Civil – Direito das Coisas*, ob. cit., p. 340.

[13] *Tratado de Direito Privado*, vol. XX, ob. cit., p. 422.

[14] Tupinambá Miguel Castro do Nascimento, *Penhor e Anticrese*, ob. cit., p. 24.

objets remis en gage sont d'une valeur supérieure au montant de la dette. Si le défaut de paiement suffissait pour en transférer la propriété au créancier, celui-ci s'enrichirant aux dépens du débiteur. La loi ne devait pas le permetre; elle ne l'a pas permis.[15]

A excussão judicial realiza-se mediante processo de execução, segundo está previsto no art. 784, inc. V, do Código de Processo Civil.

Pelo penhor, fica o credor com o direito de preferência, ou prelação, pelo qual o bem empenhado garantirá, em primeiro lugar, a dívida contraída.

Isto também na recuperação judicial de empresas, que substituiu a concordata. O bem não fica sujeito aos efeitos da mesma. Procede-se a excussão.

Com a Lei nº 11.382/2006, o § 2º do art. 655 do CPC/1973 passou a ser o § 1º, sendo que, no CPC/2015, a disposição similar está no § 3º do art. 835.

De igual modo a doutrina:

A concordata do devedor diz respeito, exclusivamente, aos seus credores quirografários. São estes, de fato, que sofrem seus efeitos (...). Os credores preferenciais, sejam os que possuam garantia real, sejam os que gozam de privilégio especial ou geral, não são por ela atingidos. Não estão, na concordata preventiva, sequer obrigados à habilitação de crédito e, por isso, podem usar das respectivas ações, acionando desde logo o concordatário.[16]

Existem, no entanto, algumas exceções. Assim, quanto ao crédito tributário, assevera o art. 186 do Código Tributário Nacional (Lei nº 5.172, de 1966) que prefere a qualquer outro, seja qual for a natureza ou o tempo da constituição deste, ressalvados os créditos decorrentes da legislação do trabalho.

Pelo art. 83, I, da Lei de Recuperação de Empresas e Falência (Lei nº 11.101, de 2005), preferem a todos os créditos admitidos à falência os direitos trabalhistas e a indenização por acidente do trabalho.

Os créditos relativos às contribuições e cotas, e respectivos adicionais, devidos à Previdência Social, também gozam de privilégio, antecedendo o crédito garantido com o penhor.

De observar, ainda, o art. 1.430 do Código de 2002: "Quando, excutido o penhor, ou excetuada a hipoteca, o produto não bastar para pagamento da dívida e despesas judiciais, continuará o devedor obrigado pessoalmente pelo restante". Seu crédito, no entanto, não gozará de nenhum privilégio.

Sobressaem, outrossim, os seguintes direitos, elencados no art. 1.433:

I – A posse da coisa empenhada, exceto nos casos previstos no parágrafo único do art. 1.431: "No penhor rural, industrial, mercantil e de veículos, as coisas empenhadas continuam em poder do devedor, que as deve guardar e conservar". O art. 769 do Código revogado restringia a posse pelo devedor ao penhor agrícola ou pecuário.

---

[15] *Traité Théorique et Pratique de Droit Civil*, vol. XXV, tomo I, ob. cit., p. 117. Tradução livre do texto: "O credor não se apropriar do bem na ausência de pagamento no vencimento. A lei pretendeu por essa regra, proteger o devedor e salvaguardar seus interesses. Em geral, os objetos dados em garantia valem mais do que o valor da dívida. Se a inadimplência fosse suficiente para transferir a propriedade para o credor, este se enriqueceria às custas do devedor. A lei não deve permitir isso e não permitiu".

[16] Rubens Requião, *Curso de Direito Falimentar*, São Paulo, Edição Saraiva, vol. II, p. 34.

II – A retenção dela, até que o indenizem das despesas devidamente justificadas, que tiver feito, não sendo ocasionadas por culpa sua; assegura-se ao credor o direito de retenção sobre o bem até o pagamento integral da obrigação, inclusive dos prejuízos causados por vício da coisa empenhada.[17]

III – O ressarcimento do prejuízo que houver sofrido por vício da coisa empenhada.

IV – Promover a execução judicial, ou a venda amigável, se lhe permitir expressamente o contrato, ou lhe autorizar o devedor mediante procuração. O assunto restou abordado no começo do presente item.

V – Apropriar-se dos frutos da coisa empenhada que se encontra em seu poder; para imputá-los nas despesas de guarda e conservação, nos juros e no capital da obrigação garantida, segundo o art. 1.435, inc. III. Isto tanto os frutos naturais como os civis, a menos que consigne o contrário o contrato.

VI – Promover a venda antecipada, mediante prévia autorização judicial, sempre que haja receio fundado de que a coisa empenhada se perca ou deteriore, devendo o preço ser depositado. O dono da coisa empenhada pode impedir a venda antecipada, substituindo-a, ou oferecendo outra garantia real idônea.

Acrescentam-se mais os seguintes direitos:

– Permanecer com a coisa toda até o integral pagamento da dívida, não se tolerando a ordem da devolução de parte dela. Todavia, reconhece-se o direito de venda de parte da mesma, se suficiente o valor que se apurar para satisfazer a obrigação, conforme o art. 1.434: "O credor não pode ser constrangido a devolver a coisa empenhada, ou uma parte dela, antes de ser integralmente pago, podendo o juiz, a requerimento do proprietário, determinar que seja vendida apenas uma das coisas, ou parte da coisa empenhada, suficiente para o pagamento do credor".

– O direito de sequela, ou de inerência, através do qual a garantia segue o bem onde o mesmo estiver, não importando as transferências que forem feitas. É válida a venda do bem contristado com a garantia, perdurando, na hipótese, a qualidade de que está revestida. A impossibilidade da tradição não constitui óbice à transferência, embora torna-se indispensável na aquisição do direito real do domínio, consoante regras dos arts. 1.267 e 1.227.

– Autoriza-se ao credor pedir reforço da garantia, se deteriorar-se ou se depreciar a coisa, sob pena de considerar-se vencida a dívida. Esta obrigação, no entanto, não alcança o terceiro que prestou a garantia em favor de outrem, a menos que a exigência tenha sido assumida contratualmente. É o que dessume dos arts. 1.425, inc. I, e 1.427 do CC.

– Nos casos de perecimento da coisa dada em garantia, esta se sub-rogará na indenização do seguro, ou no ressarcimento do dano, em benefício do credor, a quem assistirá sobre ela preferência até seu completo reembolso, conforme § 1º do art. 1.425.

37.7. OBRIGAÇÕES DO CREDOR PIGNORATÍCIO

Sistematizou o Código de 2002, no art. 1.435, as obrigações do credor pignoratício:

I – à custódia da coisa, como depositário, e a ressarcir ao dono a perda ou deterioração de que for culpado, podendo ser compensada na dívida, até a concorrente quantia, a importância da responsabilidade;

---

[17] J. M. de Carvalho Santos, *obra citada*, vol. X, p. 134.

Cap. XXXVII · PENHOR | 1055

II – à defesa da posse da coisa empenhada e a dar ciência, ao dono dela, das circunstâncias que tornarem necessário o exercício de ação possessória;

III – a imputar o valor dos frutos, de que se apropriar (art. 1.433, inciso V) nas despesas de guarda e conservação, nos juros e no capital da obrigação garantida, sucessivamente. Essa a finalidade garantida na destinação dos frutos e rendimentos. Do contrato de penhor não deriva, pois, o direito à percepção dos frutos, como forma de saldar a obrigação, se bem que será válida cláusula firmada dispondo o contrário, numa espécie de interpolação anticrética. Dispõe-se, no caso, o percebimento dos frutos a título de amortização e composição da dívida;

IV – A restituí-la, com os respectivos frutos e acessões, uma vez paga a dívida. Isto desde que ligada às despesas de guarda e conservação e ao pagamento da obrigação;

V – A entregar o que sobeje do preço, quando a dívida for paga, no caso IV do art. 1.433.

37.8. VENCIMENTO DA OBRIGAÇÃO

A obrigação principal é o adimplemento da dívida, no modo e época do pactuado, sob pena de sofrer o devedor a excussão do bem. O credor pignoratício passará, então, a utilizar o direito de realizar o valor da coisa empenhada, cobrando o débito ou a obrigação insatisfeita.

Elenca o art. 1.425 inúmeras situações deflagradoras do vencimento da dívida:

I – se, deteriorando-se, ou depreciando-se o bem dado em segurança, desfalcar a garantia, e o devedor, intimado, a não reforçar, ou substituir;

II – se o devedor cair em insolvência ou falir;

III – se as prestações não forem pontualmente pagas, toda vez que deste modo se achar estipulado o pagamento; neste caso, o recebimento posterior da prestação atrasada importa renúncia do credor ao seu direito de execução imediata;

IV – se perecer o bem dado em garantia, e não for substituído; se o perecimento resultar de culpa do credor, que tem o bem em seu poder, acarretará sua responsabilidade pela indenização. É o que ensinam Baudry-Lacantinerie e Loynes:

Si donc la chose donnée en gage périt ou est détériorée par le fait ou la negligence du créancier, celui-ci est responsable du préjudice éprouvé et lês dommages-intérêts dont il est tenu se compenseront jusqu'à due concurrence avec sa créance. En conséquence, si le gage a pour objet une créance hypothécaire, le créancier devra veiller ou renouvellent de l'inscription en temps utile.[18]

V – Se se desapropriar o bem dado em garantia, hipótese na qual se depositará a parte do preço que for necessária para o pagamento integral do credor.

37.9. EXTINÇÃO DO PENHOR

Não se concebe a perpetualidade do penhor. Estabelece o art. 1.436 uma série de causas ou fatores de extinção, embora outras existam, com a mesma força extintiva das consignadas na lei.

---

[18] *Traité Théorique et Pratique de Droit Civil*, vol. XXV, tomo I, ob. cit., p. 137. Tradução livre do texto: "Se, portanto, a coisa prometida perecer ou for deteriorada pelo fato ou negligência do credor, este será responsável pelos prejuízos provados e os danos sofridos pelos quais ele está vinculado e deverá compensar até o montante correspondente da sua dívida. Consequentemente, se a garantia tem por objeto uma hipoteca, o credor deve garantir ou renovar a inscrição em tempo hábil".

Eis as descritas:

a) Extinção da obrigação principal. O inc. I do art. 1.436 é expresso em considerar extinto o penhor se for extinta a obrigação. Trata-se de uma decorrência da norma do art. 92: a coisa acessória depende da coisa principal. De sorte que, desaparecendo a obrigação, o penhor segue a mesma sorte. Não se compreende a garantia autônoma.

Constituem formas de extinção da dívida: o pagamento, a remição, o perdão, a anulação do crédito e a confusão, sendo que, nesta, as qualidades do credor e do devedor se concentram na mesma pessoa. Em consequência, cessa a obrigação porquanto qualquer relação contratual requer a presença de duas pessoas – o credor de um lado, e o devedor de outro, como obrigado, o que não acontece se ocorre a confusão. O art. 381 comina a extinção da obrigação em tal hipótese: "Extingue-se a obrigação, desde que na mesma pessoa se confundam as qualidades de credor e devedor". Extinguindo-se a obrigação, o mesmo ocorre com a garantia real do penhor.

A confusão deve envolver a totalidade da dívida. Se for parcial, perdura a garantia, a menos que disponham o contrário as partes, como sugere o art. 1.421: "O pagamento de uma ou mais prestações da dívida não importa exoneração correspondente da garantia, ainda que esta compreenda vários bens, salvo disposição expressa no título ou na quitação".

O art. 1.436, no § 2º é claro a respeito do assunto: "Operando-se a confusão tão somente quanto à parte da dívida pignoratícia, subsistirá inteiro o penhor quanto ao resto".

A novação da dívida igualmente extingue a garantia. Verifica-se esta espécie, conforme o art. 360:

> I – quando o devedor contrai com o credor nova dívida, para extinguir e substituir a anterior;
>
> II – quando novo devedor sucede ao antigo, ficando este quite com o credor;
>
> III – quando, em virtude de obrigação nova, outro credor é substituído ao antigo, ficando o devedor quite com este.

No concernente à extinção da garantia, é incisivo o art. 364:

> A novação extingue os acessórios e garantias da dívida, sempre que não houver estipulação em contrário. Não aproveitará, contudo, ao credor ressalvar o penhor, a hipoteca, ou a anticrese, se os bens dados em garantia pertencerem a terceiro que não foi parte na novação.

A sub-rogação não determina a extinção, como se depreende do art. 349: "A sub-rogação transfere ao novo credor todos os direitos, ações, privilégios e garantias do primitivo, em relação à dívida, contra o devedor principal e os fiadores".

Embora se extinga a dívida originária, o penhor se mantém, passando a garantir a dívida de um outro credor.

A prescrição da obrigação acarreta a extinção do penhor. Mas a prescrição da ação própria para a excussão não determina a prescrição da dívida. Ao credor é facultada a cobrança pela via ordinária. Portanto, o direito ao crédito persiste, embora não perseguido mediante o processo de execução. Da mesma forma que os direitos creditórios sobrevivem à prescrição da ação para havê-los, o penhor também subsiste. Sua constituição objetiva não a forma processual de excussão, mas a garantia da obrigação. Aquela, embora prescrita, não repercute no direito ao crédito. Mantém-se, pois, o penhor pelo fato de perdurar o direito ao recebimento do valor devido.

Cap. XXXVII · PENHOR | **1057**

b) Perecimento da coisa. Condição primeira para verificar-se o penhor é a existência da coisa, que constitui a garantia materializada. O art. 1.436, no inc. II, faz cessar o penhor se perecer o objeto, o que não poderia ser diferente. Não há alternativa para reconhecer-se o penhor se o bem sobre o qual se concretizou desaparece. Não sendo possível realizar-se o valor da obrigação para substituir o inadimplemento, não é possível admitir a manutenção de penhor. É a aplicação da norma do art. 77 do Código Civil de 1916 (omitida no Código atual): "Perece o direito, perecendo o seu objeto".

O perecimento envolve perda ou destruição total da coisa. Constatando-se a deterioração, ou a redução do valor econômico, ou a perda parcial, mantém-se a garantia.

O art. 78 do mesmo Código de 1916 estabelecia hipóteses de perecimento do objeto do direito: "I – Quando perde as qualidades essenciais ou o valor econômico. II – Quando se confunde com outro, de modo que se não possa distinguir. III – Quando fica em lugar de onde não pode ser retirado".

Na deterioração, ou depreciação do valor da coisa, desfalcando-se a garantia, poderá considerar-se vencida a dívida se, intimado o devedor, não a reforçar ou substituir no prazo concedido, que deverá ser considerável e apto a propiciar a efetivação das providências de reforço, a teor do art. 1.425, inc. I.

No caso de perecimento, sem a devida substituição, considera-se a dívida vencida (art. 1.425, inc. IV).

Nos casos de perecimento da coisa dada em garantia, no entanto, esta se sub-rogará na indenização do seguro, ou no ressarcimento do dano, em benefício do credor, a quem assistirá sobre ela preferência até seu completo reembolso (art. 1.425, § 1º). Daí que, nesta situação, não se reconhece a extinção do penhor. Há, isto sim, uma realização do valor da coisa por causa outra que não o exercício do direito de excussão.

Se o perecimento envolver um título de crédito nominativo, não se extingue o penhor, porquanto tal título simplesmente significa o crédito, ou representa-o. Constitui um certificado da existência do crédito, que permanece embora a falta do documento. A propriedade das ações consta inscrita no Livro de Registro das Ações Nominativas. O penhor respectivo exige a averbação no livro próprio, consoante a Lei nº 6.404/1976, arts. 31 e 39.

Finalmente, como observa Carvalho Santos, "perecendo a coisa, extingue-se o penhor, mas subsiste a obrigação, o que se compreende se se meditar que o penhor é apenas um acessório da obrigação, não podendo ter influência alguma sobre ela".[19]

c) Renúncia do credor. A renúncia constitui uma desistência ou abdicação da garantia, pelo credor. Consuma-se a mesma com uma declaração unilateral de vontade, em geral de forma expressa, por escrito público ou particular. A renúncia tácita é admitida em certas situações, como as do art. 1.436, § 1º: "Presume-se a renúncia do credor quando consentir na venda particular do penhor sem reserva de preço, quando restituir a sua posse ao devedor, ou quando anuir à sua substituição por outra garantia". Implicitamente, nas três hipóteses, temos uma manifestação tácita da renúncia. Ressalta a venda particular com o consentimento do credor. Se este ressalva expressamente o seu direito, clausulando quanto à reserva de parte do preço, não equivale à renúncia. Se houver omissão de qualquer cláusula, decorre a renúncia do penhor.

Se consentida a venda, o penhor persiste, suportando o adquirente a responsabilidade da garantia, pois ao credor é admitido o direito de sequela.

---

[19] *Obra citada*, vol. X, p. 222.

A renúncia pela restituição do penhor ao devedor deve significar efetiva devolução, ou a manifestação da desistência do penhor.

A substituição do penhor por outra garantia envolve, *v.g.*, a constituição de fiança ou caução, o que é aceito pelo credor, liberando a coisa que tinha aquela função.

d) Confusão entre credor e dono da coisa. Considera causa de extinção a confusão, na mesma pessoa, das qualidades do credor e dono da coisa. Assim, adquirindo o credor a titularidade do bem, cessa o penhor que, para existir, exige a propriedade de uma coisa em nome de terceiro, que a oferece em garantia de uma dívida.

e) Adjudicação judicial, remição e venda da coisa empenhada. O inc. V do art. 1.436 considera extinto o penhor "dando-se a adjudicação judicial, a remição ou a venda da coisa empenhada, feita pelo credor ou por ele autorizada".

Outrossim, a palavra correta é "remição" e não "remissão" (que consta no inciso V), sendo que o primeiro termo significa pagamento da dívida, livrando o bem da constrição pignoratícia, ao passo que o segundo quer dizer, além de remeter a pessoa a determinado assunto ou fato, perdão da dívida.

Tanto a adjudicação como a remição ocorrem no processo de execução, na fase da venda do bem para realizar o valor devido.

A remição pelo devedor está autorizada pelo art. 826 do CPC. Constava prevista no art. 1.482 do Código Civil, o qual veio a ser revogado pelo art. 1.072, II, do CPC/2015, eis que a matéria é processual.

De notar, porém, que o § 5º do art. 876 do CPC oportuniza o direito à adjudicação a outras pessoas, indicadas nos incisos II a VIII do art. 889 e aos credores concorrentes, ao cônjuge, pelo companheiro, aos descendentes ou ascendentes a adjudicação do bem, assegurando-se a preferência no caso de concorrência com outros credores ou interessados:

> Idêntico direito pode ser exercido por aqueles indicados no art. 889, incisos II a VIII, pelos credores concorrentes que hajam penhorado o mesmo bem, pelo cônjuge, pelo companheiro, pelos descendentes ou pelos ascendentes do executado.

Os indicados nos incisos II a VIII são os seguintes: o coproprietário de bem indivisível do qual tenha sido penhorada fração ideal; o titular de usufruto, uso, habitação, enfiteuse, direito de superfície, concessão de uso especial para fins de moradia ou concessão de direito real de uso, quando a penhora recair sobre bem gravado com tais direitos reais; o proprietário do terreno submetido ao regime de direito de superfície, enfiteuse, concessão de uso especial para fins de moradia ou concessão de direito real de uso, quando a penhora recair sobre tais direitos reais; o credor pignoratício, hipotecário, anticrético, fiduciário ou com penhora anteriormente averbada, quando a penhora recair sobre bens com tais gravames, caso não seja o credor, de qualquer modo, parte na execução; o promitente comprador, quando a penhora recair sobre bem em relação ao qual haja promessa de compra e venda registrada; o promitente vendedor, quando a penhora recair sobre direito aquisitivo derivado de promessa de compra e venda registrada; e a União, o Estado e o Município, no caso de alienação de bem tombado.

Quanto à preferência a adjudicar, a indicação está no § 6º do mesmo artigo 876: "Se houver mais de um pretendente, proceder-se-á a licitação entre eles, tendo preferência, em caso de igualdade de oferta, o cônjuge, o companheiro, o descendente ou o ascendente, nessa ordem".

Opera-se a extinção da obrigação principal, com o que, também, se extingue o penhor.

Cap. XXXVII • PENHOR | 1059

A venda autorizada pelo credor ou permitida expressamente no contrato faz cessar a garantia, não importando o montante alcançado. Mesmo tácita é possível a autorização, evidenciável por ato inequívoco do credor, como na situação de aceitar novo penhor.

Se o devedor autoriza a alienação, extingue-se o penhor desde que o valor seja suficiente para quitar a obrigação. Não bastando, ou discordando o credor, o ônus acompanha o bem.

A venda judicial, através de praça, em processo movido por terceiro, sempre determina a extinção. No caso de ser intimado o credor pignoratício da venda em praça, e não exercer sua preferência, extingue-se o direito sobre o objeto dado em garantia.

f) Outras causas de extinção se apresentam, como a resolução da propriedade da coisa, por causa preexistente, consistente, *v.g.*, em vício ou defeito do contrato de aquisição. Sendo a causa superveniente, ou acontecendo durante a existência do contrato, como inadimplência de obrigações assumidas quando da aquisição de bem dado em penhor, não se pode impedir a resolução, pois o credor aceitou a precariedade do domínio, sujeito a uma condição resolutiva.

A reivindicação do bem empenhado, passando ao domínio de terceira pessoa, provoca necessariamente a extinção do penhor, pois tal fato faz reconhecer o domínio em favor desse terceiro.

O vencimento do prazo e o resgate do penhor, com o pagamento da dívida, são outras causas de extinção perfeitamente admissíveis.

37.10. PENHOR RURAL

37.10.1. Caracterização e classificação

Adotou o Código de 2002 o sistema da Lei nº 492/1937, que passou a disciplinar a matéria e ainda subsiste nos pontos não enfocados pela ordem do Código Civil de 2002. Trata-se de penhor de bens da produção rural, para a garantia de dívidas contraídas para finalidades rurais.

O Código Civil de 1916 regulava o chamado penhor agrícola, nele incluído o pecuário (arts. 781 a 788), sendo tratado conjuntamente o assunto, exceto em alguns dispositivos preliminares.

O penhor rural, tanto pela Lei nº 492/1937 como pelo Código de 2002, divide-se em dois tipos: o penhor agrícola e o penhor pecuário.

Eis as disposições comuns, trazidas pelo Código de 2002:

Quanto à constituição, o art. 1.438 estabelece duas formas, exteriorizando-se mediante instrumento público ou particular, registrado no Cartório de Registro de Imóveis da circunscrição em que estiverem situadas as coisas empenhadas. Na sequência, o parágrafo único possibilita a exteriorização através de cédula rural pignoratícia, em favor do credor, se a promessa de pagar a dívida é em dinheiro, seguindo, então, o instrumento a lei especial. Ou seja, procura-se emitir a cédula com os requisitos que as leis especiais aportarem, como o Decreto-Lei nº 167/1967.

Já o art. 1.439 do Código Civil, em redação vinda com a Lei nº 12.873/2013, fixa os prazos limites de duração dos contratos, que são, no máximo, os previstos nas obrigações garantidas. Todavia, explicita o § 1º, embora vencidos os prazos, permanece a garantia, enquanto subsistirem os bens que a constituem. Havendo prorrogação, ordena o § 2º que deve a mesma ser averbada à margem do registro respectivo, mediante requerimento do credor e devedor.

Consoante o art. 1.440, se o prédio onde se encontrarem os bens estiver hipotecado, o penhor rural poderá constituir-se independentemente da anuência do credor hipotecário,

1060 | DIREITO DAS COISAS – *Arnaldo Rizzardo*

mas não lhe prejudica o direito de preferência, nem restringe a extensão da hipoteca, ao ser executada.

Assegura o art. 1.441 ao credor o direito de verificar o estado das coisas empenhadas, inspecionando-as onde se acharem, por si ou por pessoa que credenciar.

Como se referiu, divide-se em duas espécies o penhor rural: em agrícola e pecuário.

Eis os bens a que se destina o agrícola, elencados pelo art. 1.442:

> I – máquinas e instrumentos de agricultura;
>
> II – colheitas pendentes, ou em via de formação;
>
> III – frutos acondicionados ou armazenados;
>
> IV – lenha cortada e carvão vegetal;
>
> V – animais do serviço ordinário de estabelecimento agrícola.

Por conseguinte, se os bens da relação acima constituírem a garantia, a nominação será penhor agrícola. Obviamente, a obrigação principal deverá estar dirigida para o setor da agricultura.

O art. 1.443 encerra norma de questionável juridicidade, que ofende a liberdade da vontade, ao impor a permanência do gravame para a safra seguinte, se frustrarse ou for insuficiente aquela que se contratou: "O penhor agrícola que recai sobre colheita pendente, ou em via de formação, abrange a imediatamente seguinte, no caso de frustrar-se ou ser insuficiente a que se deu em garantia". Provavelmente, fomentará o seu conteúdo abusos de parte do credor, que buscará a manutenção do encargo, inviabilizando novos financiamentos de parte dos produtores.

Procura o parágrafo único remediar uma eventual prepotência do credor, se recusar a com cessão de novo financiamento:

> Se o credor não financiar a nova safra, poderá o devedor constituir com outrem novo penhor, em quantia máxima equivalente à do primeiro; o segundo penhor terá preferência sobre o primeiro, abrangendo este apenas o excesso apurado na colheita seguinte.

Já o penhor pecuário terá como garantia, na previsão do art. 1.444, os animais que integram a atividade pastoril, agrícola ou de laticínios: "Podem ser objeto de penhor os animais que integram a atividade pastoril, agrícola ou de laticínios".

Traz o art. 1.445 regra de proteção ao credor, impondo, para a venda dos animais, o seu consentimento: "O devedor não poderá alienar os animais empenhados sem prévio consentimento, por escrito, do credor". O parágrafo único assegura ao credor providenciar no depósito dos animais junto a um terceiro, ou exigir de imediato o pagamento da dívida, na constatação da venda sem o seu consentimento, e na negligência no trato e cuidado com o gado, de modo a redundar indiretamente prejuízos, porquanto decorre diminuição da garantia. A medida será judicial, exercitável através de ação cautelar, ou ação de conhecimento, com pedido de antecipação de tutela.

O art. 1.446 estabelece que os animais da mesma espécie, adquiridos para substituir os mortos, ficam sub-rogados no penhor. Tal não acontecerá com os que nascerem, ou objeto de compra, se não verificado desfalque no montante dado em penhor. Aduz o parágrafo único que esta substituição presume-se, "mas não terá eficácia contra terceiros, se não constar de menção adicional ao respectivo contrato, a qual deverá ser averbada".

A principal característica do penhor rural é a permanência da coisa na posse do devedor, que fica como seu depositário (parágrafo único do art. 1.431). Em outros termos, mantém ele a posse direta e imediata. Por via de consequência, ao credor é reconhecida a posse indireta, contrariamente ao que sucede com o penhor civil, quando a mesma se apresenta sempre direta.

O empenhante investe-se do *animus*, ou da intenção extraída da *causa possessionis*, exercendo uma relação fática com o bem, isto é, tem o *corpus*, enquanto ao credor pignoratício reserva-se a posse mediata, que é certo controle, sobre a coisa, no sentido, inclusive, de executar a vigilância quanto à conservação e ao estado do móvel.

37.10.2. Requisitos

Dentre os requisitos mínimos do contrato em espécie, destacam-se os que seguem: o nome dos contratantes, com a respectiva qualificação; o montante da dívida, pelo menos estimativamente; a taxa de juros; a individualização das coisas e dos animais vinculados ao penhor; o prazo marcado para a satisfação da dívida; a propriedade rural onde se localizam os bens; e a data da escritura de sua aquisição, ou arrendamento, com o número do Registro Imobiliário, além de outras cláusulas comuns a todos os contratos.

Se animais forem objeto da garantia, exige-se uma indicação mais precisa: o lugar onde se encontram, o destino, a espécie de cada um, a denominação comum ou científica, a raça, o grau de mestiçagem, a marca, o sinal do nome, se houver.

O prazo máximo de duração do contrato é o previsto na obrigação garantida, tanto para o penhor agrícola como para o penhor pecuário (art. 1.439, em redação da Lei nº 12.873/2013). Leva-se à averbação a prorrogação no registro imobiliário, mediante requerimento do credor e do devedor (§ 2º do art. 1.439), não se impedindo que a medida seja providenciada por uma das partes somente.

Mesmo que vencido o prazo avençado, perdura a garantia enquanto subsistirem os bens que constituem a garantia (§ 1º do art. 1.439).

Autoriza-se, no entanto, a instituição de um novo ou segundo penhor sobre os mesmos bens, como já constava no art. 4º, parágrafo único, da Lei nº 492: "Pode o devedor, independentemente de consentimento do credor, constituir novo penhor rural se o valor dos bens ou dos animais exceder o da dívida anterior, ressalvada para esta a prioridade de pagamento". Nada impede que se faça novo penhor, posto que restam respeitados os direitos daquele que instituiu a garantia em primeiro lugar.

37.10.3. Registro no ofício imobiliário

Requisito básico para a constituição é o registro no ofício imobiliário, como transparece no art. 1.438, impondo que o contrato de penhor rural deve ser apresentado ao oficial do Registro Imobiliário da circunscrição ou comarca em que estiver situada a propriedade agrícola onde se encontram os bens ou animais dados em garantia. A própria Lei dos Registros Públicos, de nº 6.015, no art. 167, inc. I, nº 15, prevê tal ato.

Havendo prorrogação do contrato, procede-se a averbação à margem do respectivo registro, mediante requerimento do credor e do devedor (§ 2º do art. 1.439).

De acordo com o mesmo art. 1.438 acima indicado, é essencial o instrumento escrito, seja público ou particular.

Qualquer pessoa ligada ao setor rural, e que desempenha atividades ligadas à agricultura ou à pecuária, está habilitada a oferecer bens em penhor. Se o bem constituir-se de safra ou criação de animais, necessário o consentimento do proprietário agrícola, formalizado previamente ou no ato de constituição da garantia. Existindo parceria, o penhor somente poderá ajustar-se com o consentimento do outro parceiro.

Se o bem estiver hipotecado, não se impede o penhor. Como deflui do art. 1.440 do Código Civil, o penhor rural poderá constituir-se independentemente da anuência do credor hipotecário, mas não lhe prejudica o direito de preferência, nem restringe a extensão da hipoteca, ao ser executada.

37.10.4. Cédula rural pignoratícia

É permitida a emissão de cédula rural pignoratícia, que representa o penhor e é utilizável como um título de crédito circulável por endosso em preto. O parágrafo único do art. 1.438 atribui ao devedor a faculdade de emitir o título: "Prometendo pagar em dinheiro a dívida, que garante com penhor rural, o devedor poderá emitir, em favor do credor, cédula rural pignoratícia, na forma determinada em lei especial". Sendo possível o endosso, e efetuado, fica o endossatário investido dos direitos do endossante contra os signatários anteriores, solidariamente, e contra o devedor pignoratício, como é próprio dos títulos de crédito.

A cédula rural pignoratícia constitui um certificado da existência do penhor, representando-o no mundo dos negócios e circulando por endosso. Representa o contrato de penhor anterior, distinguindo-se da cédula rural pignoratícia disciplinada pelo Decreto-Lei nº 167/1967, embora o usual é o emprego da ordem constante deste último diploma.

A matéria vem normatizada nos arts. 14 e 15 da Lei nº 492/1937, que persiste, eis que ausente a regulamentação no Código Civil atual.

Reza o primeiro:

> A escritura pública ou particular do penhor rural deve ser apresentada ao oficial do Registro Imobiliário da circunscrição da comarca, em que estiver situada a propriedade agrícola em que se encontram os bens ou animais dados em garantia, a fim de ser transcrita no livro e pela forma por que se transcreve o penhor agrícola.
>
> Parágrafo único. Quando contraído por escritura particular, dela se tiram tantas vias quantas julgadas convenientes de modo a ficar uma, com as firmas reconhecidas, arquivada no Cartório do Registro Imobiliário.

O art. 15, mais especificamente quanto à cédula:

> Feita a transcrição da escritura de penhor rural, em qualquer de suas modalidades, pode o oficial do Registro Imobiliário, se o credor lho solicitar, expedir em seu favor, averbando-o à margem da respectiva transcrição, e entregar-lhe, mediante recibo, uma cédula rural pignoratícia, destacando-a, depois de preenchida e por ambos assinada, do livro próprio.

Sobre o assunto, anota Sady Dornelles Pires, advogado que atuou junto ao Banco do Brasil S. A., em Porto Alegre, a seguinte explicação:

> Nascia, assim, a cédula rural pignoratícia, que apareceu como o fixador do direito real pignoratício e o lastro efetivo e concreto do crédito concedido para custear as atividades campesinas – verdadeira letra de câmbio de pagamento preferencialmente garantido pelos bens objeto da transcrição que lhe dá origem (...).

O objetivo primeiro da emissão da cédula rural pignoratícia – que nada mais era do que uma certidão da transcrição do contrato de mútuo celebrado entre o banco e o ruralista e registrado no Ofício de Imóveis – foi o de colocar à disposição do financiador um título de crédito real, de criação simples, rápida e segura, que, através do endosso, pudesse ter ampla circulabilidade, desempenhando, assim, relevante função no incremento e na promoção do crédito rural.[20]

Emitida a cédula rural pignoratícia, consideram-se as coisas empenhadas livres de quaisquer constrições judiciais, como penhoras, arrestos e sequestros por outras dívidas.

37.10.5. Procedimento judicial para a cobrança da dívida

Prevê a Lei n° 492/1937 um procedimento de cobrança ágil e dinâmico, na hipótese de o beneficiário de um crédito tornar-se inadimplente. Como o Código de Processo Civil é omisso sobre o assunto, entende-se que normas da Lei n° 492, a respeito, perduram.

Consoante o art. 22 e seus parágrafos, observa a execução os seguintes passos.

Em primeiro lugar, o portador, ou o endossatário da cédula, deve apresentá-la ao devedor, nos três dias seguintes ao vencimento, para ser resgatada. A apresentação é procedida pelo cartório de protesto, que a encaminhará ou por carta, ou pessoalmente.

Não ocorrendo o pagamento nos três primeiros dias seguintes, lavra-se o protesto da cédula, nos moldes dos títulos mercantis, notificando-se do ato a todos os endossantes, por carta ou pessoalmente. O protesto é indispensável para manter a responsabilidade dos endossantes.

Não localizado o devedor, procede-se a notificação por meio de edital.

Com o ato do protesto, habilita-se o credor a ajuizar a execução judicial. Uma vez proposta, cita-se o devedor para, em quarenta e oito horas, efetuar o pagamento, ou depositar em juízo os bens empenhados. Especialmente se terceira pessoa tiver oferecido o penhor, a citação objetivará a entrega dos bens no mesmo prazo, ou o pagamento.

Caso não houver o depósito, permite-se o sequestro dos bens, quando se nomeará depositário judicial. Segue-se, depois, o procedimento comum, com a conversão do sequestro em penhora, a intimação para embargar, e demais atos próprios da ação de execução. Outras normas que regem a execução pela Lei n° 492/1937 não mais têm vigência, como aquelas que preveem a prisão preventiva, e o oferecimento de denúncia pelo Ministério Público, se desaparecidos os bens.

O procedimento comumente utilizado, entretanto, é a execução pelos trâmites delineados no Código de Processo Civil.

37.11. PENHOR INDUSTRIAL E MERCANTIL

O penhor industrial e mercantil constitui-se sem a necessidade de transmissão da posse do bem dado em penhor ao credor pignoratício, em virtude de previsão expressa no parágrafo único do art. 1.431 do Código Civil de 2002.

Como no penhor rural, o contrato formaliza-se por escrito particular ou público, devendo ser lançado no Registro de Imóveis, a teor do art. 1.448: "Constitui-se o penhor industrial, ou o mercantil, mediante instrumento público ou particular, registrado no Cartório

---

[20] "Cédula de Crédito Rural", em *Revista dos Tribunais*, n° 606, p. 37.

de Registro de Imóveis da circunscrição onde estiverem situadas as coisas empenhadas". É admitida a forma cedular, na previsão do parágrafo único do art. 1.448: "Prometendo pagar em dinheiro a dívida, que garante com penhor industrial ou mercantil, o devedor poderá emitir, em favor do credor, cédula do respectivo crédito, na forma e para os fins que a lei especial determinar".

Era regulada a espécie pelos princípios normativos e jurídicos emanados do Código Comercial. Supletivamente, aplicam-se as regras do direito civil.

Eis os bens que são objeto do penhor, descritos no art. 1.447 do atual Código: "Podem ser objeto de penhor máquinas, aparelhos, materiais, instrumentos, instalados e em funcionamento, com os acessórios ou sem eles; animais, utilizados na indústria; sal e bens destinados à exploração das salinas; produtos de suinocultura, animais destinados à industrialização de carnes e derivados; matérias-primas e produtos industrializados".

Sinala, excepcionando, o parágrafo único: "Regula-se pelas disposições relativas aos armazéns gerais o penhor das mercadorias neles depositadas".

A natureza que o distingue de outros tipos de penhor diz respeito à espécie de dívida garantida, que deve ser eminentemente industrial ou mercantil. Waldemar Ferreira fala em comercialidade da obrigação.[21] Não interessa a qualidade profissional dos contratantes. Pontes de Miranda destaca a natureza mercantil da dívida: "A comercialidade verifica-se pela acessoriedade, e não pela qualidade de comerciante do devedor, nem pela habitualidade do ato de tomada de penhor, porque, aí, também seria preciso que ocorresse pressuposto de acessoriedade".[22]

O art. 272 do Código Comercial traçava os elementos que deviam constar do instrumento, cuja utilidade ainda se faz presente:

> O escrito deve enunciar com toda a clareza a quantia certa da dívida, a causa de que procede, e o tempo do pagamento, a qualidade do penhor e o seu valor real ou aquele em que for estimado; não se declarando o valor, se estará, no caso do credor deixar de restituir ou de apresentar o penhor quando for requerido pela declaração jurada do devedor.

A parte final do preceito ("pela declaração jurada do devedor") importava afirmar que, se os bens não fossem restituídos ou pagos pelo credor, obrigava-se o credor a indenizá-los; e que, se não constasse o valor dos mesmos, incidiria a indenização pelo valor que possuíssem.

Daí concluir-se a necessidade de, a par da menção expressa da dívida, dar o valor exato dos bens empenhados, além de especificá-los.

Sobre a desnecessidade da entrega dos bens, já dizia Washington de Barros Monteiro: "De acordo com decisões do Supremo Tribunal Federal, válido será igualmente o penhor mercantil com a cláusula *constituti*, sem entrega real e efetiva da coisa móvel dada em garantia".[23] Pontes de Miranda era mais incisivo:

> Quanto à posse, nem todo direito de penhor mercantil supõe ter havido constituto possessório, ou ter o empenhante transferido ao titular do direito de penhor, por outro meio, somente a posse mediata. Penhor mercantil também há com a transmissão da posse imediata ao outorgado.

---

[21] *Tratado de Direito Comercial*, São Paulo, Edição Saraiva, 1963, vol. XI, p. 445.
[22] *Tratado de Direito Privado*, vol. XX, ob. cit., p. 431.
[23] *Curso de Direito Civil – Direito das Coisas*, ob. cit., p. 257.

E, mais adiante: "A posse é elemento indispensável: ou se transfere a posse imediata, ou só se transfere a posse mediata".[24]

Washington de Barros Monteiro exclui do penhor os estabelecimentos comerciais e as marcas de fábrica:

> Quanto aos primeiros, não se admite o penhor porque, como ensina Carvalho de Mendonça, os recursos integrais do devedor não devem ser absorvidos por um só credor, o que arruinaria o crédito comercial, ao invés de auxiliá-lo. Além disso, admitido tal penhor, difícil se tornaria garantir terceiros de boa-fé, a menos que se observassem as cautelas comuns nos contratos pignoratícios, isto é, tradição efetiva do estabelecimento ao credor e posse ostensiva deste, a fim de revelar a real situação do devedor, evitando enganos ou fraudes a terceiros. O credor, em suma, teria de exercer o comércio. Sem observar essas cautelas, conclui o eminente comercialista, impraticável seria o penhor de estabelecimento comercial. No tocante à marca de fábrica, por sua vez, inviável se mostra a constituição do direito real, visto tratar-se de coisa impenhorável.[25]

O art. 1.449 proíbe a alteração das coisas empenhadas, a mudança de sua situação, e a disposição das mesmas, a não ser, neste caso, se houver a aquiescência do credor, e desde que sejam repostas:

> O devedor não pode, sem o consentimento por escrito do credor, alterar as coisas empenhadas ou mudar-lhes a situação, nem delas dispor. O devedor que, anuindo o credor, alienar as coisas empenhadas, deverá repor outros bens da mesma natureza, que ficarão sub-rogados no penhor.

Consoante o art. 1.450, tem o credor direito a verificar o estado das coisas empenhadas, inspecionando-as onde se acharem, por si ou por pessoa que credenciar.

A execução do título segue o procedimento do Código de Processo Civil, ou o Decreto-Lei nº 413, de 9.01.1969.

37.12. PENHOR DE DIREITOS E DE TÍTULOS DE CRÉDITO

O penhor de título de crédito era tratado pelo Código Civil de 1916 como caução de títulos de crédito. Na verdade, no conceito de Arnoldo Wald, as garantias reais constituem a caução, que pode ser real ou pessoal, segundo o cumprimento de uma obrigação é assegurado, na primeira espécie, por uma coisa móvel ou imóvel, e, na outra, por uma garantia meramente pessoal.[26]

Além de inovar a matéria, o novo Código incluiu o penhor de direitos, rezando seu art. 1.451, sem regra equivalente no Código Civil anterior: "Podem ser objeto de penhor direitos, suscetíveis de cessão, sobre coisas móveis".

Por esta forma de garantia, o credor de um direito incidente sobre bem móvel dá em penhor esse direito de que é titular. Há, pois, o titular do direito, que é o credor; o devedor, que deve satisfazer o direito; e uma terceira pessoa, junto à qual o credor tem uma obrigação, oferece, para garanti-la, o direito que tem a receber.

---

[24] *Tratado de Direito Privado*, vol. XX, ob. cit., pp. 75 e 82.

[25] *Curso de Direito Civil – Direito das Coisas*, ob. cit., pp. 357 e 358.

[26] *Curso de Direito Civil Brasileiro – Obrigações e Contratos*, 3ª ed., São Paulo, Sugestões Literárias S. A., 1972, p. 393.

Se o penhor envolve garantia instituída unicamente sobre coisas móveis, o penhor de direitos deve abranger os direitos que incidem sobre coisas móveis. Nessa previsão, encontram-se os direitos de crédito que incidem sobre veículos, máquinas, aeronaves, embarcações, aparelhos de informática, peças de parte, implementos agrícolas e industriais etc. É concedido o penhor sobre, *v. g.*, o direito que alguém possui no veículo que está sendo pago; ou sobre o direito de exploração de uma aeronave.

O art. 1.452 trata da constituição: "Constitui-se o penhor de direito mediante instrumento público ou particular, registrado no Registro de Títulos e Documentos". O registro, percebe-se, será no Cartório de Títulos e Documentos, diferentemente de outras modalidades já vistas, que se fará no Cartório de Registro de Imóveis. Perante terceiros, o efeito inicia com o registro; já em relação aos pactuantes, surge no exato momento da celebração do contrato, com a respectiva tradição, de acordo com ensinamento de Pontes de Miranda:

> O efeito *erga omnes* foi tornado dependente do registro, para que não se antedatassem acordos de constituição de penhor. Não se exigiu o registro para que nascesse o direito de penhor. Se o acordo de constituição foi por instrumento particular e ainda não se transcreveu, direito de penhor já há, por terem sido satisfeitos os pressupostos de acordo de constituição e de entrega da posse: o que lhe falta é a eficácia *erga omnes*.

E, prosseguindo, logo em seguida: "Se os figurantes preferiram a instrumentação por escritura pública, não é preciso que se transcreva no cartório de títulos e documentos".[27]

Entrega-se ao credor o documento comprobatório do direito que o devedor exerce ou desfruta sobre o bem móvel. O parágrafo único do art. 1.452 é expresso: "O titular de direito empenhado deverá entregar ao credor pignoratício os documentos comprobatórios desse direito, salvo se tiver interesse legítimo em conservá-los". Além, pois, de elaborar-se o instrumento, portará o credor o documento que garante os direitos dados em garantia. Não significa que possa receber os direitos. Uma vez não satisfeito o crédito, providenciará na execução do crédito, cuja penhora incidirá sobre os direitos.

Cumpre se notifique o devedor do crédito, para que não efetue o pagamento ao seu credor, que foi quem deu o crédito em penhor, a menos que assine no instrumento de penhor, ou em um instrumento à parte, declarando-se ciente do penhor, em obediência ao art. 1.453: "O penhor de crédito não tem eficácia senão quando notificado ao devedor; por notificado se tem o devedor que, em instrumento público ou particular, declarar-se ciente da existência do penhor".

Ao credor pignoratício incumbe, em obediência ao art. 1.454, praticar os atos necessários à conservação e defesa do direito empenhado e cobrar os juros e mais prestações acessórias compreendidas na garantia. Com essa obrigação, coloca-se o credor garantido com o penhor do crédito na obrigação de propugnar pela integridade do direito, intervindo sempre que houver ameaça de sua perda, ou a apropriação por terceiro. Assim, garantindo o titular do direito de recebimento de prestações uma dívida sua com o penhor desse direito, cabe ao que recebeu a garantia, que é credor daquele que a ofereceu, envidar todos os esforços para a conservação do direito, intervindo sempre que alguém procure se apropriar das prestações. Incumbe-lhe, também, a cobrança dos juros e encargos que vão vencendo.

Ao credor pignoratício o art. 1.455 acrescenta o dever de "cobrar o crédito empenhado, assim que se torne exigível. Se este consistir numa prestação pecuniária, depositará a importân-

---

[27] *Tratado de Direito Privado*, vol. XX, ob. cit., p. 419.

cia recebida, de acordo com o devedor pignoratício, ou onde o juiz determinar; se consistir na entrega da coisa, nesta se sub-rogará o penhor". Vê-se, da parte final do dispositivo, a possibilidade de se converter o penhor do direito de crédito no bem móvel, caso o direito incidia no mesmo, e se faça a sua entrega. Seguindo, o parágrafo único possibilita ao credor pignoratício, se estiver vencido o crédito pignoratício, o direito de reter, da quantia recebida, o que lhe é devido, restituindo o restante ao devedor; podendo, se lhe foi entregue a coisa, excuti-la.

O art. 1.456 instaura uma regra que tem pertinência ao concurso de credores. Havendo vários credores pignoratícios, ou seja, incidindo o penhor em vários graus sobre o mesmo direito, àquele que está em primeiro lugar incumbe a obrigação de executar a dívida tão logo vencida, se o devedor não paga espontaneamente. Uma vez não procedendo desta forma, embora notificado por qualquer um dos outros credores para que providencie na realização do crédito, responderá por perdas e danos junto a eles:

> Se o mesmo crédito foi objeto de vários penhores, só ao credor pignoratício, cujo direito prefira aos demais, o devedor deve pagar; responde por perdas e danos aos demais credores o credor preferente que, notificado por qualquer um deles, não promover oportunamente a cobrança.

Pelo art. 1.457, o titular do crédito empenhado, e que forneceu o penhor do crédito que tinha, só pode receber o pagamento com a anuência, por escrito, do credor pignoratício, caso em que o penhor se extinguirá. Não lhe cabe, pois, sem a vênia do titular do penhor, aceitar o recebimento de seu crédito.

O art. 1.458 inicia a tratar do penhor sobre o título de crédito, dispondo sobre a forma de constituição. Os títulos são o próprio crédito materializado, enquadrando-se no penhor civil de bem corpóreo. É o caso de títulos ao portador, como demonstra Carvalho Santos: "É que os títulos ao portador, em última análise, traduzem uma incorporação do crédito no próprio título, de tal sorte que o objeto do penhor não é o crédito, mas o próprio título considerado como coisa móvel".[28]

Os títulos são os de crédito civil, os comerciais, os quirografários, as ações de companhias e os créditos garantidos por penhor ou hipoteca. No tocante às ações de companhias, a autorização consta no art. 39 da Lei n° 6.404/1976, alterada pela Lei n° 9.457, de 1997, com a seguinte redação: "O penhor ou caução de ações se constitui pela averbação do respectivo instrumento no livro de Registro de Ações Nominativas".

Importantes os parágrafos:

> § 1° O penhor da ação escritural se constitui pela averbação do respectivo instrumento nos livros da instituição financeira, a qual será anotada no extrato da conta de depósito fornecido ao acionista.

> § 2° Em qualquer caso, a companhia, ou a instituição financeira, tem o direito de exigir, para seu arquivo, um exemplar do instrumento de penhor.

Eis a redação do art. 1.458:

> O penhor, que recai sobre título de crédito, constitui-se mediante instrumento público ou particular ou endosso pignoratício, com a tradição do título ao credor, regendo-se pelas Disposições Gerais deste Título e, no que couber, pelos artigos da presente Seção.

---

[28] *Obra citada*, vol. X, p. 403.

Não constam novidades quanto à constituição, porquanto é a mesma prevista para outras modalidades de penhor, exceto no que se refere à possibilidade de se efetuar por endosso, que significa a transferência. Mesmo que assim seja, há de existir um documento que refira dar-se o endosso para servir o título de penhor. Do contrário, há a transferência da propriedade.

Quanto à menção de que este penhor se regerá também pelas Disposições Gerais do Título que tratam das garantias reais, era totalmente desnecessária, eis que tais regramentos já inserem essa aplicação.

O art. 1.459 elenca os direitos reservados ao credor que é titular do penhor:

> I – conservar a posse do título e recuperá-la de quem quer que o detenha;
>
> II – usar dos meios judiciais convenientes para assegurar os seus direitos, e os do credor do título empenhado;
>
> III – fazer intimar ao devedor do título que não pague ao seu credor, enquanto durar o penhor;
>
> IV – receber a importância consubstanciada no título e os respectivos juros, se exigíveis, restituindo o título ao devedor, quando este solver a obrigação.

O devedor do título não poderá pagar ao seu credor, se notificado ou intimado de que o título foi empenhado. É imprescindível, para pagar ao seu credor, o consentimento do titular do penhor, sob pena de responder por perdas e danos, tudo segundo o art. 1.460:

> O devedor do título empenhado que receber a intimação prevista no inciso III do artigo antecedente, ou se der por ciente do penhor, não poderá pagar ao seu credor. Se o fizer, responderá solidariamente por este, por perdas e danos, perante o credor pignoratício.

Ainda vale a lição de Fran Martins, explicitando que a medida tem por finalidade garantir o credor do crédito com penhor, pois "estando o título quitado já não consta mais o credor com a garantia do crédito que o título representava, ficando, assim, a descoberto da importância que desembolsou".[29]

Na forma do parágrafo único, se o credor der quitação ao devedor do título empenhado, deverá saldar imediatamente a dívida, em cuja garantia se constituiu o penhor.

A matéria ficou referendada no seguinte aresto do STJ: "Nos termos do *caput* do artigo 1.460 do Código Civil, o devedor do título empenhado, que se der por ciente do penhor, não poderá pagar ao seu credor, mas, se o fizer, responderá solidariamente pela dívida, por perdas e danos, perante o credor pignoratício. Por outro lado, consoante disposto no parágrafo único do referido dispositivo, e o credor der quitação ao devedor do título empenhado, deverá saldar imediatamente a dívida, em cuja garantia se constituiu o penhor".[30]

37.13. PENHOR DE VEÍCULOS

Assunto inteiramente novo introduziu o Código Civil, não previsto em legislação específica anterior. Trata-se do penhor de veículos, seja qual for o tipo, em que o devedor garante uma obrigação pecuniária com a garantia real que se constitui do veículo. Em verdade, não se

---

[29] *Contratos e Obrigações Comerciais*, 7ª ed., Rio de Janeiro, Forense, 1984, pp. 405 e 406.

[30] AgInt no REsp 1360515/SP, da 4ª Turma, rel. Luis Felipe Salomão, j. em 14.08.2018, *DJe* de 21.08.2018.

fazia tão necessário o regramento, porquanto os princípios e as regras básicas se identificam em todo tipo de penhor.

O art. 1.461 inicia a abordar o assunto destacando que "podem ser objeto de penhor os veículos empregados em qualquer espécie de transporte, ou condução", ou seja, automóveis, camionetas, caminhões, bonde, motocicletas, ônibus, reboque, carroça, charrete, carretas, embarcações. Não importa o tipo, emprego ou destinação, valendo observar que o termo "veículo" compreende o meio de transporte de passageiros ou cargas, particular ou coletivo, motorizado ou não, isto é, tracionado por força automotora, animal ou impulsão humana.

O art. 1.462 traça as diretrizes para a constituição do penhor, que não se diferencia das outras modalidades de penhor: "Constitui-se o penhor, a que se refere o artigo antecedente, mediante instrumento público ou particular, registrado no Cartório de Títulos e Documentos do domicílio do devedor, e anotado no certificado de propriedade". A particularidade está na exigência da anotação no certificado de propriedade, que se efetuará na repartição administrativa que efetua os registros de veículos. O parágrafo único abre a possibilidade da emissão de cédula de crédito, que se torna um título de crédito circulável: "Prometendo pagar em dinheiro a dívida garantida com o penhor, poderá o devedor emitir cédula de crédito, na forma e para os fins que a lei especial determinar".

Outrossim, na previsão do parágrafo único do art. 1.431, fica o bem em poder ou na posse do devedor.

Algumas regras específicas são aportadas, relativas a exigências particulares. Consoante o art. 1.463, impõe-se obrigatoriamente o seguro do veículo contra furto, avaria, perecimento e danos causados por terceiro, antes de se levar a termo o contrato de penhor. Consoante o art. 1.464, o que, em realidade, é possível em qualquer tipo de penhor, assegura-se ao credor direito a verificar o estado do veículo empenhado, inspecionando-o onde se achar, por si ou por pessoa que credenciar. Sempre que entender necessário, é reservada a faculdade, não se tolerando a reação negativa do devedor, que está com a posse do bem.

Não se impede a venda ou mudança do veículo empenhado. O art. 1.465 determina a prévia comunicação ao credor, sob pena de operar-se o vencimento antecipado do crédito pignoratício. A medida impõe-se como precaução, visando permitir a fiscalização pelo credor, e facilitar o exercício de seus direitos. A garantia continua a gravar o bem, até o total adimplemento da obrigação.

Por último, fixa o art. 1.466 o prazo de duração do contrato de penhor, que é de dois anos, prorrogável por igual período: "O penhor de veículos só se pode convencionar pelo prazo máximo de 2 (dois) anos, prorrogável até o limite de igual tempo, averbada a prorrogação à margem do registro respectivo". Ressalta que o período é inferior a outros tipos de penhor, como o rural, fixado em três ou quatro anos, conforme se tratar de penhor agrícola ou pecuário.

37.14. PENHOR LEGAL

Constitui-se o penhor legal de garantia erigida para assegurar o pagamento de certas dívidas que, por sua natureza, reclamam um tratamento especial.[31]

Forma-se independentemente de convenção, isto é, por ato unilateral do credor e por força ou obra da lei.

---

[31] *Curso de Direito Civil – Direito das Coisas*, ob. cit., p. 344.

Neste sentido, eis as situações previstas na lei, art. 1.467 do Código de 2002:

> São credores pignoratícios, independentemente de convenção:
>
> I – os hospedeiros, ou fornecedores de pousada ou alimento, sobre as bagagens, móveis, joias ou dinheiro que os seus consumidores ou fregueses tiverem consigo nas respectivas casas ou estabelecimentos, pelas despesas ou consumo que aí tiverem feito;
>
> II – o dono do prédio rústico ou urbano, sobre os bens móveis que o rendeiro ou inquilino tiver guarnecendo o mesmo prédio, pelos aluguéis ou rendas.

Carvalho Santos dá o alcance da norma, quanto aos hospedeiros, ou fornecedores de pousada ou alimento, sendo atual ainda a lição, eis que a norma do vigente Código se mantém, na sua essência, igual à do Código revogado:

> É preciso que se faça profissão habitual de hospedar (...). De sorte que não terá direito de penhor legal aquele que acidentalmente hospeda outrem em sua casa, como, por exemplo, o fazendeiro que acolhe em sua fazenda viajante extenuado que precisou ali pousar para no dia seguinte prosseguir viagem.[32]

Os proprietários ou administradores de hotéis, casas de pensão, motéis, restaurantes, bares e outros estabelecimentos do gênero estão legitimados ao penhor legal.

A relação não pode ser considerada exemplificativamente e, por analogia, abranger outras categorias de credores com tal garantia, como os proprietários de oficinas mecânicas de veículos, ou de joias, relógios, objetos domésticos, e de garagens, postos e vendas de combustíveis etc.

Quanto à segunda classe de bens submetidos ao penhor legal, a compreensão envolve a mobília, joias, roupas, livros, quadros, animais domésticos e alimentos. Sendo rústico o prédio, incluem-se, além da mobília, os animais, as sementes, os frutos colhidos, a produção agrícola, a madeira cortada, os instrumentos agrícolas etc.

Como legitimados passíveis de sofrer a constrição legal, arrolam-se unicamente os que estiverem na condição de consumidores, de hóspedes ou fregueses dos respectivos estabelecimentos, ou de rendeiros e inquilinos.

As despesas que ensejam a proteção legal são as atuais e não as passadas e decorrentes de uma relação contratual já superada. Importa, ainda, que sejam corretas, justas, fiéis e de acordo com as taxas ou preços constantes em tabelas expostas, *v.g.*, no hotel (art. 1.468 do Código atual). Abrangem as do devedor e dos membros de sua família, que o acompanharam.

Há um limite na extensão quantitativa do penhor dos bens, abrangendo apenas os necessários para abranger a dívida. Outrossim, o art. 1.470 contempla norma de extrema importância, autorizando a imediata efetivação do penhor, pela retenção dos bens autorizados: "Os credores, compreendidos no art. 1.467, podem fazer efetivo o penhor, antes de recorrerem à autoridade judiciária, sempre que haja perigo na demora, dando aos devedores comprovante dos bens de que se apossarem". De sorte que, na prática, ao saírem os hóspedes do hotel ou casas do gênero, terão suas bagagens retidas se não houver o pagamento. Unicamente dessa maneira terá utilidade o instituto. O direito positivo arma os titulares do crédito de instrumento eficaz para salvaguardar o crédito. Não fosse dessa forma, dificilmente as normas trariam resultado positivo.

---

[32] *Obra citada*, vol. X, p. 144.

Cumpre se efetive judicialmente o penhor. Assim dispõe o art. 1.471: "Tomado o penhor, requererá o credor, ato contínuo, a sua homologação judicial". O Código anterior, no art. 780, obrigava, também, a apresentação, "com a conta pormenorizada das despesas do devedor, da tabela dos preços, junta à relação dos objetos retidos, e pedindo a citação dele para, em vinte e quatro horas, pagar, ou alegar defesa".

Acrescenta-se que a matéria é suscetível de trazer sérias controvérsias, mormente se a recusa de pagamento assentar em razões de arbitrariedade dos hoteleiros em arbitrar os preços, incluindo, inclusive, despesas não verificadas. A mera apreensão incondicionada das bagagens importa em grave injustiça, trazendo transtornos incontornáveis. Diante da possível arbitrariedade que favorece o regramento, o art. 1.472 autoriza o oferecimento de caução, que se concretiza com o depósito de quantia suficiente em juízo, com o que se liberam as mercadorias. Eis seus termos: "Pode o locatário impedir a constituição do penhor mediante caução idônea".

O Código de Processo Civil regula o procedimento judicial para a homologação do penhor legal, proposto pelos hoteleiros. No § 1º do art. 703, ordena que, na petição inicial, instruída com o contrato de locação ou a conta pormenorizada das despesas, a tabela dos preços e a relação dos objetos retidos, pedirá o credor a citação do devedor, para pagar ou contestar na audiência preliminar que for designada.

Na defesa, atendo-se ao art. 704, incumbe ao devedor sustentar a nulidade do processo, a extinção da obrigação, não estar a dívida compreendida entre as previstas em lei ou não estarem os bens sujeitos a penhor legal, e a alegação de ter sido ofertada caução idônea, rejeitada pelo credor. Não se impede que outras matérias venham suscitadas, em especial quanto à forma e aos vícios de consentimento.

Estando suficientemente provado o pedido nos termos do art. 703, o juiz poderá homologar de pronto o penhor legal. Oferecida contestação, adota-se o procedimento comum.

Em vista do art. 706 e parágrafos, homologado judicialmente o penhor, consolida-se a posse do autor sobre o objeto. Negada a homologação, o objeto será entregue ao réu, ressalvado ao autor o direito de cobrar a dívida pelo procedimento comum, salvo se acolhida a alegação de extinção da obrigação. Contra a sentença cabe o recurso de apelação, facultando-se, na pendência de recurso, ao relator ordenar que a coisa permaneça depositada ou em poder do autor. Naturalmente, fundamentos suficientes devem existir para ordenar a permanência do bem em poder do autor.

Há a previsão da homologação extrajudicial do penhor legal, cuja regulamentação está nos §§ 2º, 3º e 4º do art. 703. Apresenta-se o pedido ao notário escolhido pelo credor, normalmente devendo estar situado no território da jurisdição da comarca, ou no território do endereço do devedor. Com o pedido, anexam-se a conta pormenorizada das despesas, a tabela dos preços e a relação dos objetos retidos. Intima-se o devedor, para se manifestar no lapso de tempo de cinco dias, isto é, para pagar o débito, ou impugnar por escrito a cobrança com a alegação de uma das causas previstas no art. 704, já referidas, hipótese em que o procedimento será encaminhado ao juízo competente para decisão. Havendo qualquer manifestação em contrário à pretensão, se fará o encaminhamento do pedido ao juiz, instaurando-se um processo, que seguirá o procedimento comum. Para tanto, o notário ou tabelião notificará o credor do envio ao juiz do pedido de homologação, cabendo a ele providenciar as adaptações necessárias para a formalização do processo. Deverá dirigir petição ao juiz, requerendo a autuação e o registro do até então expediente, aduzindo mais razões, em especial diante da impugnação oferecida pelo devedor. Fazendo-se necessária a produção de provas, o juiz abrirá a instrução.

Não se opondo o devedor, formaliza-se a homologação do penhor legal por escritura pública, na qual se descreverá o pedido, o ato da intimação do devedor, o decurso do prazo para impugnar e a conclusão, dando por estabelecido o valor pretendido e que ensejou o penhor legal dos bens.

Capítulo XXXVIII

Hipoteca

38.1. CARACTERIZAÇÃO

Trata-se de um direito real de garantia, que vincula o bem gravado, acompanhando-o sempre onde quer que se encontre.[1]

Como diz Tito Fulgêncio, "a hipoteca (e assim o penhor e a anticrese) é uma segurança real da dívida, tendo por peculiaridade não tirar do dono a posse da coisa".[2] Segundo Pothier, "est le droit qu'un créancier a dans la chose d'autrui, qui consiste à pouvoir la faire vendre, pour, sur le prix, être payé de sa créance. Ce droit d'hypothèque est un droit dans la chose, *jus in re*".[3]

Nesse sentido, assentou o STJ: "A hipoteca é direito real de garantia por meio do qual o devedor permanece com o domínio e posse, mas, em caso de inadimplência ou perecimento da coisa, o credor tem a faculdade de promover a venda judicial do bem, recebendo o produto até o valor total do crédito, com preferência".[4]

Vem a ser um direito acessório, não existindo isoladamente e realizando-se em favor de um credor sobre coisa de modo geral imóvel, a qual pertence ao devedor. O credor adquire o direito de sujeitar o bem, de forma coativa, ao pagamento preferencial da dívida garantida.

A hipoteca depende da obrigação, a qual se liga e acompanha. Vige enquanto vive a obrigação principal e desaparece uma vez extinta esta última.

Em outros termos, a diminuição do *quantum* da obrigação não implica a redução automática do valor da garantia, a menos que expressamente venha consignado, como prevê o art. 1.421: "O pagamento de uma ou mais prestações da dívida não importa exoneração correspondente da garantia, ainda que esta compreenda vários bens, salvo disposição expressa no título ou na quitação".

Decorre uma relação de principalidade e acessoriedade entre a dívida e a garantia. Esta segue a mesma sorte da dívida, o que não sucede inversamente. Neste sentido, as invalidades que afetam a garantia, ou a tornam ineficaz, não conduzem ao mesmo resultado quanto à obrigação. É o que se extrai da segunda parte do art.184: "A invalidade da obrigação principal implica a das obrigações acessórias, mas a destas não induz a da obrigação principal".

---

[1] Washington de Barros Monteiro, *Curso de Direito Civil – Direito das Coisas*, ob. cit., p. 373.

[2] *Direito Real de Hipoteca*, 2ª ed., Rio de Janeiro, Forense, 1960, vol. I, p. 8.

[3] *Oeuvres Complètes de Pothier*, vol. 12, ob. cit., p. 121. Tradução livre do texto: "É o direito que um credor tem sobre a propriedade de terceiros, que consiste em poder vendê-lo, a fim de, pelo preço, ser pago por sua dívida. Esse direito hipotecário é um direito sobre a coisa, *jus in re*".

[4] REsp 1400607/RS, da 4ª Turma, rel. Min. Luis Felipe Salomão, j. em 17.05.2018, *DJe* de 26.06.2018.

Pode ser instituída como garantia de uma dívida futura ou eventual, o que é frequente na hipoteca legal. A simultaneidade entre dívida e garantia deve ocorrer no momento da exigibilidade.

Por ser uma garantia indivisível, persiste enquanto não extinta a obrigação garantida. Não importa a divisibilidade da dívida, ou de seu parcelamento. Até esgotar-se inteiramente, a totalidade dos bens gravados mantém a garantia, como se viu do art. 1.421 supratranscrito.

A chamada extensibilidade da garantia é outra característica, pela qual a mesma abrange todo o objeto, envolvendo as alterações físicas e os acréscimos acessórios que sobrevierem. É o que leva a concluir o art. 1.474, na parte que encerra: "A hipoteca abrange todas as acessões, melhoramentos ou construções do imóvel". Vale afirmar, tudo o que aparecer e acrescer após o contrato. Assim, os acréscimos resultantes de aluvião, avulsão, abandono de álveo, construções e benfeitorias.

Os bens imobilizados por acessão intelectual, ou por ficção legal, não ficam automaticamente envolvidos na garantia, se forem pertenças. A hipoteca do imóvel envolve as construções existentes, não, porém, os tratores e animais, sejam preexistentes ou supervenientes, a menos, obviamente, que constem expressamente incluídos no título constitutivo. Neste sentido a lição de Pontes de Miranda.[5]

Apresenta-se, outrossim, como garantia temporária a hipoteca. Dura enquanto persiste a obrigação, como destaca o art. 1.498, que mantém o art. 830 do Código Civil anterior, exceto quanto ao prazo para a renovação, que era de trinta anos: "Vale o registro da hipoteca, enquanto a obrigação perdurar; mas a especialização, em completando 20 (vinte anos), deve ser renovada".

Sobre a renovação do registro, estatui o art. 1.485, na redação do art. 58 da Lei nº 10.931, de 2004:

> Mediante simples averbação, requerida por ambas as partes, poderá prorrogar-se a hipoteca, até 30 (trinta) anos da data do contrato. Desde que perfaça esse prazo, só poderá subsistir o contrato de hipoteca reconstituindo-se por novo título e novo registro; e, nesse caso, lhe será mantida a precedência, que então lhe competir.

É, ainda, a hipoteca transmissível por ato tanto *inter vivos* como por *causa mortis*. Quer isto significar que se permite ao credor hipotecário a transmissão do direito real, juntamente com o seu crédito, a título oneroso ou gratuito. Indiferente é a concordância ou discordância do devedor, porquanto não se altera sua situação, ou não lhe advém qualquer prejuízo. Dá-se a nulidade da cláusula que proíbe a venda, segundo o art. 1.475: "É nula a cláusula que proíbe ao proprietário alienar imóvel hipotecado". Entretanto, desponta o cerceamento do parágrafo único: "Pode convencionar-se que vencerá o crédito hipotecário, se o imóvel for alienado". Com isso, indiretamente ataca-se o *caput* do art. 1.475, diante da consequência que do ato virá. A venda não atinge a garantia, dado o princípio da sequela, inerente ao instituto.

Característica importante da hipoteca é a publicidade, que se realiza através do Registro Imobiliário, como ordena o art. 167, inc. I, nº 2, da Lei nº 6.015/1973, que especifica o registro das hipotecas legais, judiciais e convencionais. A imposição do ato emana, também, do art. 1.498. As prorrogações dos prazos contratados efetuam-se por simples averbação, de acordo com o art. 1.485.

---

[5] *Tratado de Direito Privado*, vol. XX, ob. cit., p. 70.

Cap. XXXVIII · HIPOTECA | 1075

A especialização dos bens é uma imposição, não se admitindo que incida o ônus sobre bens não designados particularmente na escritura ou ato constitutivo. Não se envolvem bens futuros ou inexistentes ainda. Mas atinge a hipoteca as acessões físicas artificiais ou intelectuais, exceto, é claro, as pertenças, como se analisará adiante.

Em inovação trazida pelo art. 1.484, ficou autorizada a fixação do valor dos bens dados em hipoteca, o qual servirá para efeitos de venda em possível arrematação e outras formas de venda judicial: "É lícito aos interessados fazer constar das escrituras o valor entre si ajustado dos imóveis hipotecados, o qual, devidamente atualizado, será a base para as arrematações, adjudicações e remições, dispensada a avaliação". A faculdade enseja graves consequências, em razão de, geralmente, serem impostas garantias em valor bem superior ao da dívida, com atribuição de preço abaixo das estimativas reais.

38.2. NATUREZA E OBRIGAÇÕES. OBJETO DA HIPOTECA

Embora as divergências da doutrina quanto à natureza da hipoteca, não resta dúvida de que se trata de um direito real em garantia, diante da previsão expressa da lei, art. 1.225, inc. IX. Constitui um direito real em bem alheio. Como salienta Pontes de Miranda,

> o bem gravado não passa à posse do titular do direito de hipoteca, nem esse tem direito eventual à posse. Ao direito real de hipoteca basta que exista contra os adquirentes do imóvel e, na destinação do valor que se extraia, tenha preferência em relação aos outros credores.[6]

Em outros termos, não ocorre a transmissão, nem promessa ou pretensão à transmissão da posse para o credor. O dono do imóvel conserva a posse, seja ele devedor ou não, mantendo o *jus utendi* e o *jus fruendi*. Sobre a não transmissão, eis a jurisprudência:

> Se o bem imóvel foi hipotecado, consequentemente suas acessões – construções –, também o foram, como dispõe o art. 811 do CC. Muito embora a casa construída não tenha sido averbada no Registro competente, ela não existe como ser distinto do terreno, sendo um todo indivisível. A cláusula de transferência dos direitos de posse e de propriedade de edificação de alvenaria sobre imóvel gravado com hipoteca macula a mesma de nulidade, pois somente através da arrematação do bem é que o devedor decai da propriedade do seu imóvel.[7]

O art. 811 acima mencionado equivale ao art. 1.474 do atual Código Civil, que tem maior extensão.

Dois direitos despontam a favor do credor: o direito pessoal, consistente na obrigação principal, e sobre o qual vai recair a garantia; e o direito real, que é a garantia representada pelo valor do bem dado em hipoteca. Quanto ao primeiro, trava-se uma relação entre o credor e o devedor. O segundo realiza-se ou efetiva-se mediante várias prerrogativas, como o direito de excussão, a prelação e a sequela, que ficam suspensas enquanto não se verificar a inadimplência da obrigação.

A garantia envolve todas as obrigações, sejam de dar, de fazer, presentes ou futuras, atuais ou preexistentes, civis ou comerciais, simples ou condicionais, do próprio outorgado ou de terceiros.

---

[6]   *Tratado de Direito Privado*, vol. XX, ob. cit., p. 57.

[7]   *Apelação* n° 50.455/98, da 4ª Turma do TJ do Distrito Federal, *DJ* de 07.06.2000, em *ADV Jurisprudência*, n° 4, expedição de 28.01.2001, p. 59.

1076 | DIREITO DAS COISAS – *Arnaldo Rizzardo*

Na obrigação de dar, o devedor está comprometido a satisfazer um certo valor econômico, ou coisas conversíveis em dinheiro; na de fazer, ou de não fazer, o bem garantirá na hipótese de conversão de tal obrigação em perdas e danos; na futura ou condicional, cria-se o direito à excussão após o advento do termo ou da condição.

38.3. BENS. OBJETO DA HIPOTECA

Todos os bens considerados comerciáveis e imóveis podem ser objeto da hipoteca. Os inalienáveis, como os gravados com a cláusula de inalienabilidade, os bens públicos e os bens de família, ficam excluídos.

Eis o texto do art. 1.473, em redação da Lei nº 11.481/2007, que ampliou a relação de bens objeto de hipoteca relativamente ao art. 810 do Código Civil anterior:

> Podem ser objeto de hipoteca:
>
> I – os imóveis e os acessórios dos imóveis conjuntamente com eles;
>
> II – o domínio direto;
>
> III – o domínio útil;
>
> IV – as estradas de ferro;
>
> V – os recursos naturais a que se refere o art. 1.230, independentemente do solo onde se acham;
>
> VI – os navios;
>
> VII – as aeronaves;
>
> VIII – o direito de uso especial para fins de moradia;
>
> IX – o direito real de uso;
>
> X – a propriedade superficiária.

Disposições especiais a respeito de alguns dos bens acima vêm expendidas nos parágrafos:

> § 1º A hipoteca dos navios e aeronaves reger-se-ão pelo disposto em lei especial.
>
> § 2º Os direitos de garantia instituídos nas hipóteses dos incisos IX e X do *caput* deste artigo ficam limitados à duração da concessão ou direito de superfície, caso tenham sido transferidos por período determinado.

Quanto ao § 1º, incluem-se, nos navios e aeronaves, os respectivos motores, partes e acessórios, inclusive em construção, de acordo, respectivamente, com o art. 13 da Lei nº 7.652, de 1988, e com o art. 138 da Lei nº 7.565, de 1986.

No tocante ao § 2º, o direito real de uso e a propriedade superficiária, acrescentados pela Lei nº 11.481/2007, somente se submetem à garantia durante o prazo determinado no período de transferência do direito ou concessão.

A respeito dos incisos VIII, IX e X, a matéria é objeto de estudo em outros Capítulos da presente obra. O direito de uso especial para fins de moradia e o direito real de uso serão abordados no Capítulo XXXVIII. O direito de superfície veio analisado no Capítulo XXVIII.

Os imóveis cuja propriedade é resolúvel, ou *ad tempus*, são hipotecáveis diante do art. 127 e primeira parte do art. 128:

> Art. 127. Se for resolutiva a condição, enquanto esta se não realizar, vigorará o negócio jurídico, podendo exercer-se desde a conclusão deste o direito por ele estabelecido.

Art. 128. Sobrevindo a condição resolutiva, extingue-se, para todos os efeitos, o direito a que ela se opõe (...).

Ou seja, durante a pendência da condição resolutiva, admite-se a hipoteca em bens do fiduciário (art. 1.953 do Código Civil) e do comprador na compra e venda com a cláusula de retrovenda (art. 505 do Código Civil).

Sujeitos os bens à condição suspensiva, impede-se a constituição da hipoteca. Com efeito, reza o art. 125 do Código Civil: "Subordinando-se a eficácia do negócio jurídico à condição suspensiva, enquanto esta se não verificar, não se terá adquirido o direito, a que ele visa". Dizendo a segunda parte do art. 1.420 que "só os bens que se podem alienar poderão ser dados em penhor, anticrese ou hipoteca", pode-se concluir que o exercício do direito do usufruto (art. 1.393), do uso (art. 1.413) e da habitação (art. 1.416) são hipotecáveis.

Há permissão de transferência do exercício do direito. Quanto ao usufruto, já ensinava Pothier:

> On considere dans le droit d'usufruit, le droit même attaché à la persone de l'usufruitier, et l'émolument de ce droit, qui consiste em la perception des fruits de la chose sujette à ce droit; cet émolument est séparable de la persone de l'usufruitier en qui réside le droit, il peut se vendre, et est par conséquent susceptible d'hypothèque.[8]

Não há ofensa ao *jus in re aliena*. O nu-proprietário ou titular do domínio não terá qualquer ofensa ao seu direito. Da mesma forma quanto à servidão, pois, na sua constituição, não se tem em mira o dono do imóvel, e sim o prédio dominante.

O direito real hipotecário, estabelecido a favor do credor hipotecário, é empenhável em razão do Decreto n° 24.778/1934, art. 1°, que reza: "Podem ser objeto de penhor os créditos garantidos por hipoteca ou penhor, os quais, para esse efeito, considerar-se-ão coisa móvel".

Relativamente ao condomínio, domina o princípio do § 2° do art. 1.420: "A coisa comum a dois ou mais proprietários não pode ser dada em garantia real, na sua totalidade, sem o consentimento de todos; mas cada um pode individualmente dar em garantia real a parte que tiver".

Na vigência do Código de 1916, pelo seu art. 757, dependia o direito de dar em garantia da divisibilidade da coisa. Mesmo que ausente a divisibilidade, no entanto, prevalecia a possibilidade de hipoteca, como já defendia Carvalho Santos:

> A hipoteca incide não sobre a coisa materialmente, mas sobre o seu valor, e consequentemente, desde que a parte, divisível ou não, tenha valor econômico, apurável por venda ou adjudicação, o ônus caberá perfeitamente, transportando-se para o preço.

> A hipoteca incide não sobre a coisa materialmente, mas sobre o seu valor, e consequentemente, desde que a parte, divisível ou não, tenha valor econômico, apurável por venda ou adjudicação, o ônus caberá perfeitamente, transportando-se para o preço.

---

[8] *Oeuvres Complètes de Pothier*, vol. XII, ob. cit., pp. 133 e 134. Tradução livre do texto: "Consideramos, no direito de usufruto, o próprio direito vinculado à pessoa do usufrutuário, e o emolumento desse direito, que consiste na percepção dos frutos da coisa sujeita a esse direito; esse emolumento é separável da pessoa do usufrutuário em que o direito reside, pode ser vendida e, portanto, está sujeita a hipoteca".

1078 | DIREITO DAS COISAS – *Arnaldo Rizzardo*

A seguir, transcrevia pensamento de Filadelfo de Azevedo:

> O fato material da indivisão e consequentemente a indivisibilidade nenhum óbice traz, porque o credor hipotecário não toma posse nem tem ingerência na administração do imóvel gravado; é o único direito real que não perturbará o livre exercício do condomínio e o ônus recai apenas sobre a livre alienação da parte onerada, o que é sempre permitido.[9]

Os direitos hereditários são insuscetíveis do ônus, porquanto impossível o Registro Imobiliário.

Os bens imóveis por ficção legal não constituem objeto de hipoteca isoladamente, a não ser que sejam considerados conjuntamente com os imóveis, e tidos como acessórios ou pertenças, segundo se retira do art. 1.473, inc. I. Tais bens constam genericamente delineados no art. 79: "São bens imóveis o solo e tudo quanto se lhe incorporar natural ou artificialmente". No tocante aos acessórios dos imóveis conjuntamente com eles, envolvem as matas, plantações, árvores frutíferas e de corte, lavouras, sementes lançadas na terra, frutos pendentes, benfeitorias, melhoramentos, aparelhos e instrumentos agrícolas, animais de custeio, águas, aquedutos e servidões. Tais bens, no entanto, devem estar instalados ou inerentes ao imóvel, e não enquanto destacados ou desintegrados do solo. Nesta situação, tornam-se objeto de penhor.

No condomínio de edificações dito horizontal, permite-se a hipoteca de cada unidade autônoma com a parte ideal em comum, em face do art. 2º da Lei nº 4.591, de 1964, que trata as unidades condominiais como propriedade exclusiva dos respectivos titulares.

38.4. CONSTITUIÇÃO DA HIPOTECA

A constituição pode ser convencional e legal.

A primeira nasce do acordo de vontades, através de um contrato, envolvendo pessoas capazes ou bem representadas e assistidas.

É possível a constituição por testamento, embora impraticável, de acordo com a posição de Pontes de Miranda:

> Se o testador dispôs que se constituiria hipoteca, ou que constituía hipoteca, a favor de alguma dívida da herança ou de outrem, tem-se, respectivamente, de fazer acordo de constituição com o inventariante, ou inscrever a hipoteca que se constitui, se o crédito era da herança, ou permitir que o credor requeira inscrição, considerando-se o requerimento como aceitação. A eficácia real depende da inscrição.[10]

Por usucapião é impraticável a constituição da hipoteca, visto faltar um requisito fundamental, que é a transmissão da posse.

A forma de constituição do contrato é o instrumento público, desde que o valor exceda a trinta vezes o maior salário mínimo vigente no País, de acordo com o art. 108.

Nos contratos firmados com agentes financeiros do Sistema Financeiro da Habitação, para a aquisição da casa própria, impera o instrumento particular, conforme art. 61, § 5º, da Lei nº 4.380, de 1964:

> Os contratos de que forem parte o Banco Nacional da Habitação, ou entidades que integram o Sistema Financeiro da Habitação, bem como as operações efetuadas por

---

[9]   *Obra citada*, vol. X, p. 37.
[10] *Tratado de Direito Privado*, vol. XX, ob. cit., p. 114.

Cap. XXXVIII · HIPOTECA | **1079**

determinação da presente lei, poderão ser celebrados por instrumento particular, os quais poderão ser impressos, não se aplicando aos mesmos as disposições do art. 134, II, do Código Civil, atribuindo-se o caráter de escritura pública, para todos os fins de direito, aos contratos particulares firmados pelas entidades acima citadas até a data da publicação desta lei.

O art. 134, inc. II, supramencionado, equivale ao art. 108 do atual Código.

Tratando-se de navios, a Lei nº 7.652/1988, na redação da Lei nº 9.774/1999, impõe a escritura pública para a formalização das transferências (art. 33). Sendo o gravame da hipoteca um direito que também envolve o bem, podendo acarretar a transferência no inadimplemento, decorre a necessidade da sua lavratura por meio de escritura pública.

Quanto a aeronaves, formaliza-se por instrumento particular o contrato, com os requisitos constantes no art. 142 da Lei nº 7.565/1986:

I – o nome e domicílio das partes contratantes;

II – a importância da dívida garantida, os respectivos juros e demais consectários legais, o termo e lugar de pagamento;

III – as marcas de nacionalidade e matrícula da aeronave, assim como os números de série de suas partes componentes;

IV – os seguros que garantem o bem hipotecado.

Processa-se a inscrição do contrato perante o Registro Aeronáutico Brasileiro, com a averbação no respectivo certificado de matrícula.

A falta de registro acarreta a nulidade da garantia, em consonância com o art. 166, inc. IV, do Código Civil: "É nulo o negócio jurídico quando: (...) IV – não revestir a forma prescrita em lei".

Lavrado o ato registrário posteriormente à constituição da garantia, a validade remontará à data do registro. Se efetuado durante o termo legal da falência, não surgem efeitos em relação à massa falida, conforme o artigo 129, inc. III, da Lei nº 11.101/2005.

A hipoteca legal é instituída pela lei, independentemente da vontade das partes interessadas. Há determinação cogente da lei, como se verá adiante.

Outrossim, o art. 1.486 do Código faculta a emissão de cédula hipotecária, que se faz por instrumento particular, no qual, além de contrair a obrigação principal, o devedor elenca os bens para a hipoteca, que serão descritos no documento: "Podem o credor e o devedor, no ato constitutivo da hipoteca, autorizar a emissão da correspondente cédula hipotecária, na forma e para os fins previstos em lei especial".

38.5. PLURALIDADE DE HIPOTECAS E INSOLVÊNCIA DO DEVEDOR

A pluralidade de hipotecas é perfeitamente admitida no art. 1.476: "O dono do imóvel hipotecado pode constituir outra hipoteca sobre ele, mediante novo título, em favor do mesmo ou de outro credor".

É comum a instituição de outra hipoteca, justificando-se pelo valor do bem, que comporta um novo ônus, e desde que inexista cláusula impeditiva na primeira.

Efetuam-se posteriores gravames mediante instrumentos independentes, com o respectivo ato registrário. Prevalece, no entanto, na excussão do bem para realizar a dívida, a primeira garantia, sendo irrelevante o vencimento. É o que ressalta o art. 1.477: "Salvo o caso de insolvência do devedor, o credor da segunda hipoteca, embora vencida, não poderá executar o imóvel antes de vencida a primeira". Só o valor que restar após a satisfação da dívida garantida por primeiro é que atenderá as demais obrigações.

Na forma, porém, do art. 1.477, parte inicial, embora não vencida a primeira hipoteca, qualquer credor hipotecário, inclusive o quirografário, ou não amparado em garantia, está legitimado a buscar a execução do bem, desde que prove a insolvência, ou a inexistência de outros bens.

Naturalmente, o ônus da prova da insolvência cabe ao credor quirografário ou ao credor garantido com a segunda hipoteca, podendo ser presumida.

Quanto ao credor quirografário, há pontos de vista comuns na lei com referência à equiparação do credor da segunda hipoteca. A ambos cabe a eventual sobra do pagamento do credor pela primeira hipoteca.

De longa data domina a exegese da permissão da execução pelo segundo credor hipotecário, embora ainda pendente de vencimento a primeira hipoteca, como mostra Tito Fulgêncio, que cita valiosas decisões pretorianas a respeito:

> O credor posterior pode, pois, promover a execução sobre os bens hipotecados, no caso em que o devedor não possua outros, isto é, esteja insolvável, incumbindo à exequente a prova desse fato. Igual direito assiste ao credor quirografário (art. 826) (...). Em face do disposto nos arts. 813, 847, 762, nº II, 826, e outras normas, do Código Civil, conclui-se que, embora não vencida a hipoteca, pode o credor quirografário penhorar os bens dados em garantia, se manifesta a insolvência do devedor comum... O contrário seria estimular a fraude, pois bastaria que o devedor, antes de contrair a obrigação, simulasse uma hipoteca a longo prazo, para se acobertar contra qualquer ação judicial resultante do crédito quirografário (TJ do Distrito Federal, 28.03.1941, *Rev. de Jurisprudência Brasileira*, vol. 52, p. 73).[11]

Os arts. 813, 762, nº II, e 826 apontados acima equivalem, em alguns aspectos, respectivamente aos arts. 1.477, 1.425, inc. II, e 1.501, do Código de 2002, sendo que o art. 847 não teve regra correspondente.

Para dar eficácia à ação de devedor comum, ou ao garantido com ulterior hipoteca, importa se observe a norma do art. 1.501: "Não extinguirá a hipoteca, devidamente registrada, a arrematação ou adjudicação, sem que tenham sido notificados judicialmente os respectivos credores hipotecários, que não forem de qualquer modo partes na execução".

A obrigatoriedade encontra-se, igualmente, consignada nos arts. 799, inc. I, 804 e 889, inc. V, do Código de Processo Civil.

Ao credor com primeira hipoteca cabe o exame de várias questões no feito, como se o credor quirografário demonstrou a insolvência de devedor hipotecário, ou se está a dívida hipotecária vencida relativamente a outros créditos, ou se ocorrem hipóteses de vencimento antecipado, em razão dos arts. 1.425, inc. II, e 333, inc. II, do Código Civil, isto é, se o devedor cair em insolvência, ou se os bens hipotecados, empenhados ou dados em anticrese forem penhorados em execução por outro credor.

Uma vez intimado, pode o primeiro credor da hipoteca vencida intervir em qualquer fase da ação e assumir a posição do exequente para a instauração do contrato de preferência. Não seria curial, nem consoante a índole da hipoteca, que o primeiro ficasse de lado, a

---

[11] *Obra citada*, vol. I, pp. 163 e 164.

Cap. XXXVIII · HIPOTECA **1081**

olhar a execução do segundo, simplesmente porque este tomou a iniciativa do processo. O que o primeiro não pode é, tão somente, impedir que o segundo inicie a execução diante da insolvência do devedor hipotecário ou na hipótese de estar vencida a primeira hipoteca, porque, nesses casos, o primeiro não pode obstar a venda. Mas pode subsistir o segundo na direção do processo, para continuá-lo, como exequente. Nestas condições pode-se concluir que o credor hipotecário, em primeiro lugar, poderá ingressar no polo ativo na qualidade de litisconsorte facultativo, na excussão real promovida por credores posteriores ou quirografários, sem prejuízo da posição das partes, assumindo o comando do processo, uma vez vencida a primeira hipoteca ou provada a insolvência do devedor hipotecário.

De observar, outrossim, a condição do parágrafo único do art. 1.477:

> Não se considera insolvente o devedor, por faltar ao pagamento das obrigações garantidas por hipotecas posteriores à primeira".

Ou seja, cumpre se constate o vencimento do prazo da dívida da primeira hipoteca, para prevalecer aquele direito quanto aos demais credores. Caracterizada tal situação, não se permite ao primeiro credor a defesa da hipoteca que lhe favorece, por meio de embargos de terceiro.

38.6. REMIÇÃO DOS BENS

Remição significa livrar o bem da constrição hipotecária. Embora nos arts. 814, § 1º, e seguintes, do Código Civil de 1916, apareça a palavra "remissão", a grafia correta é a anterior, pois na última forma a palavra equivale a perdão.

Existem quatro hipóteses de remição: pelo credor da hipoteca posterior, pelo adquirente do imóvel hipotecado, pelo devedor e pela massa falida ou pelos credores do falido.

Eis as explicações:

a) Remição pelo credor da hipoteca posterior. A respeito, encerra o art. 1.478:

> Se o devedor da obrigação garantida pela primeira hipoteca não se oferecer, no vencimento, para pagá-la, o credor da segunda pode promover-lhe a extinção, consignando a importância e citando o primeiro credor para recebê-la e o devedor para pagá-la; se este não pagar, o segundo credor, efetuando o pagamento, se sub-rogará nos direitos da hipoteca anterior, sem prejuízo dos que lhe competirem contra o devedor comum.

O parágrafo único permite esta faculdade inclusive se o primeiro credor já tiver ingressado com processo de execução: "Se o primeiro credor estiver promovendo a execução da hipoteca, o credor da segunda depositará a importância do débito e as despesas judiciais".

O procedimento vem desenvolvido na Lei dos Registros Públicos, de nº 6.015/1973, no art. 270:

> Se o credor da segunda hipoteca, embora não vencida a dívida, requerer a remição, juntará o título e certidão da inscrição da anterior e depositará a importância devida ao primeiro credor, pedindo a citação deste para levantar o depósito e a do devedor para, dentro do prazo de cinco dias, remir a hipoteca, sob pena de ficar o requerente sub-rogado nos direitos creditórios, sem prejuízo dos que lhe couberem em virtude da segunda hipoteca.

A conduta processual será contenciosa e seguirá o procedimento comum.

Condição para a remição pelo credor posterior é a não remição pelo devedor.

1082 | DIREITO DAS COISAS – *Arnaldo Rizzardo*

Não se exige o vencimento da segunda hipoteca, embora apareça imposta tal condição relativamente à dívida garantida pela primeira hipoteca.

Consoante o art. 271 da Lei nº 6.015/1973, "se o devedor não comparecer ou não remir a hipoteca, os autos serão conclusos ao juiz para julgar por sentença a remição pedida pelo segundo credor".

Se o devedor comparecer e quiser efetuar a remição, notificar-se-á o credor para receber o preço, ficando sem efeito o depósito realizado pelo autor (art. 272 da Lei nº 6.015/1973).

Caso o primeiro credor estiver promovendo a execução da hipoteca, a remição, que abrangerá a importância das custas e despesas realizadas, não se efetuará antes da primeira praça, nem depois de assinado o auto de arrematação.

O exercício da ação iniciará a partir do vencimento da primeira hipoteca, vigorando até que não se consuma a excussão do bem pela execução comum, ou até que se efetive a arrematação ou adjudicação do bem, sendo que, após a assinatura das cartas de tais atos, extingue-se a hipoteca, como consta no art. 1.499, inc. VI.

b) Remição pelo adquirente do imóvel hipotecado. O direito está assegurado no art. 1.481: "Dentro em 30 (trinta) dias, contados do registro do título aquisitivo, tem o adquirente do imóvel hipotecado o direito de remi-lo, citando os credores hipotecários e propondo importância não inferior ao preço por que o adquiriu".

Conforme o dispositivo, permite-se ao adquirente remir, ou liberar o imóvel do encargo. Para tanto, terá o prazo de trinta dias, desde a data da aquisição comprovada com o título devidamente registrado, se procedida a transmissão por ato *inter vivos*. Caso verificada *mortis causa*, a partir do trânsito em julgado da sentença de partilha. Transcorrido o prazo, dá-se a preclusão. Mas considera-se a contagem para o ajuizamento da medida, e não da efetivação da citação dos credores hipotecários.

De acordo, ainda, com a parte final do preceito, será oferecido o preço da aquisição do imóvel.

O § 1º do art. 1.481 encaminha a solução para a licitação se, citado o credor, houver impugnação quanto ao preço da aquisição ou a importância oferecida: "Se o credor impugnar o preço da aquisição ou a importância oferecida, realizar-se-á licitação, efetuando-se a venda judicial a quem oferecer maior preço, assegurada preferência ao adquirente do imóvel".

Não havendo impugnação do preço, pago e depositado, considera-se definitivamente livre o imóvel, a teor do § 2º: "Não impugnado pelo credor, o preço da aquisição ou o preço proposto pelo adquirente, haver-se-á por definitivamente fixado para a remição do imóvel, que ficará livre de hipoteca, uma vez pago ou depositado o preço". Não providenciando na remição, e havendo execução da dívida, o adquirente responderá pelas perdas e danos acarretadas pela aquisição, especialmente se decorreu a desvalorização, como prevê o § 3º: "Se o adquirente deixar de remir o imóvel, sujeitando-o a execução, ficará obrigado a ressarcir os credores hipotecários da desvalorização que, por sua culpa, o mesmo vier a sofrer, além das despesas judiciais da execução". É que, na venda judicial o valor da aquisição, em geral, é inferior ao preço de mercado. Assegura, no entanto, o § 4º o direito de regresso contra o vendedor, para haver não apenas o ressarcimento das perdas e danos, mas também o valor que entregou, ou o montante que desembolsou para evitar a venda por meio de licitação, e que excedeu o preço da compra e venda, e para reembolsar-se das custas e despesas judiciais:

> Disporá de ação regressiva contra o vendedor o adquirente, que ficar privado do imóvel em consequência de licitação ou penhora, o que pagar a hipoteca, o que, por causa

Cap. XXXVIII · HIPOTECA | 1083

de adjudicação, ou licitação, desembolsar com o pagamento da hipoteca importância excedente à da compra e o que suportar custas e despesas judiciais.

O procedimento para a citação será judicial, encontrando-se regulado nos arts. 266 a 269 da Lei dos Registros Públicos (Lei nº 6.015/1973).

Observa Walter Ceneviva:

> A citação será judicial, e o competente processo terá caráter contencioso. As partes interessadas, entretanto, não estão impedidas de solução conciliatória, desde que o credor assine, com o vendedor, escritura de venda do imóvel gravado.[12]

O procedimento ingressará no juízo do registro da hipoteca, citando por editais o credor, se em tal juízo o mesmo não se encontrar ou não estiver. Consoante o art. 267 da Lei nº 6.015/1973, não se opondo à remição o credor, ou não comparecendo em juízo, lavrar-se-á termo de pagamento e quitação nos autos, ordenando o juiz, por sentença, o cancelamento da hipoteca. O preço fica consignado ao credor.

Oferecendo contestação o credor, ou impugnado o preço, o juiz mandará promover a licitação entre os credores hipotecários, os fiadores e o próprio adquirente, autorizando a venda judicial a quem oferecer maior preço (art. 268 da Lei nº 6.015/1973).

Para tanto, os referidos interessados serão intimados judicialmente, a fim de se representarem no procedimento instaurado.

Obviamente, há necessidade, no caso de licitação, de prévia avaliação, que se procederá mediante perícia. Todavia, faculta-se a todos que façam lances, no prazo assinalado pelo juiz. Esclarece o já citado Walter Ceneviva: "Não é hipótese necessária de praça, podendo o juiz colher ofertas, em propostas de todos os interessados, pois a licitação só a estes é aberta, isto é, reunirá apenas os credores hipotecários com título registrado".[13]

Conforme o § 1º do art. 268 da Lei dos Registros Públicos, "na licitação será preferido, em igualdade de condições, o lanço do adquirente".

Arremata o § 2º: "Na falta de arrematante, o valor será o proposto pelo adquirente".

Finalmente, "arrematando o imóvel e depositado dentro de quarenta e oito horas, o respectivo preço, o juiz mandará cancelar a hipoteca, sub-rogando-se no produto da venda os direitos do credor hipotecário" (art. 269 da Lei nº 6.015/1973). Está completa a remição, expedindo-se mandado ao cartório imobiliário para que, por averbação de cancelamento, fique o imóvel liberado da hipoteca, que se extingue. A sub-rogação opera-se de pleno direito, em favor do adquirente, ou outro interessado, com o pagamento ao credor hipotecário.

c) Remição pelo devedor. A faculdade está no § 3º do art. 877 do Código de Processo Civil: "No caso de penhora de bem hipotecado, o executado poderá remi-lo até a assinatura do auto de adjudicação, oferecendo preço igual ao da avaliação, se não tiver havido licitantes, ou ao do maior lance oferecido".

Mesmo no leilão de qualquer bem hipotecado, garante-se a remição pelo devedor até a assinatura do auto de arrematação, como assegura o art. 902 do CPC: "No caso de leilão de bem hipotecado, o executado poderá remi-lo até a assinatura do auto de arrematação, oferecendo preço igual ao do maior lance oferecido".

---

12 *Obra citada*, p. 559.
13 *Obra citada*, p. 561.

A certa categoria de parentes próximos, ao cônjuge ou companheiro, está reservada a adjudicação, segundo o § 5º do art. 876 do mesmo diploma:

> Idêntico direito pode ser exercido por aqueles indicados no art. 889, incisos II a VIII, pelos credores concorrentes que hajam penhorado o mesmo bem, pelo cônjuge, pelo companheiro, pelos descendentes ou pelos ascendentes do executado.

d) Remição pela massa falida ou pelos credores. A permissão está no art. § 4º do art. 877 do CPC: "Na hipótese de falência ou de insolvência do devedor hipotecário, o direito de remição previsto no § 3º será deferido à massa ou aos credores em concurso, não podendo o exequente recusar o preço da avaliação do imóvel".

Também no parágrafo único do art. 902 do mesmo diploma: "No caso de falência ou insolvência do devedor hipotecário, o direito de remição previsto no *caput* defere-se à massa ou aos credores em concurso, não podendo o exequente recusar o preço da avaliação do imóvel".

38.7. EFEITOS DA HIPOTECA

Basicamente, a hipoteca traz como efeito a vinculação de um bem imóvel ao cumprimento de uma obrigação.

Mas outras consequências decorrem, relativamente às pessoas envolvidas e aos bens onerados.

a) Quanto à pessoa do devedor. Várias limitações sofre o devedor, no que pertine ao seu direito relativamente ao bem. O domínio, embora pleno, na realidade sofre a contingência da ameaça de expropriação. O valor, em uma transação, sofrerá o efeito do *deficit* que representa a dívida garantida. Em transações que exijam maior volume econômico, repercute negativamente tal ônus, em face da constrição incidente em seu patrimônio, gerando insegurança aos terceiros que negociam com ele.

Mantendo o *jus disponendi*, a transmissão do imóvel envolve o ônus que o grava.

No entanto, por manter a posse, cabe ao devedor usar dos interditos possessórios para defendê-la de agressões de parte de terceiros.

Admite-se a constituição de outras hipotecas, prevalecendo, sempre, a garantia da primeira e só depois das subsequentes. Assim, ao credor da segunda hipoteca não cabe a excussão antes do vencimento da primeira, exceto se verificar-se a insolvência do devedor.

b) Quanto à pessoa do credor. O efeito mais importante diz respeito à permanência do imóvel na garantia da obrigação.

O não atendimento da dívida determina a excussão da hipoteca, mediante processo de execução hipotecária, segundo disposições contidas no Código de Processo Civil, aplicáveis a todas as execuções. Se levado a hasta pública o imóvel, após a penhora e a avaliação, o valor apurado destina-se a satisfazer a dívida. O produto que sobrar voltará ao devedor, ou servirá para solver as hipotecas posteriores.

A execução da dívida hipotecária por vencimento da dívida, ou a execução de outras dívidas, determina o vencimento automático das demais hipotecas, pelo que resulta do art. 1.501 do CC: "Não extinguirá a hipoteca, devidamente registrada, a arrematação ou adjudicação, sem que tenham sido notificados judicialmente os respectivos credores hipotecários, que não forem de qualquer modo partes na execução". Ora, se não fica extinta a hipoteca

Cap. XXXVIII · HIPOTECA | **1085**

pela arrematação ou adjudicação sem que tenham sido notificados os demais credores hipotecários, tal se dá para que eles possam fazer valer seus direitos e, se assim é, tal se dá porque podem exercer seus direitos sobre os créditos de que são titulares.

A intimação dos credores hipotecários vem determinada, igualmente, no Código de Processo Civil, art. 799, inc. I, sem o que não será válida a alienação do imóvel gravado por hipoteca, conforme o art. 804 do mesmo estatuto.

É obrigatória a intimação justamente para a satisfação, por primeiro, do crédito garantido, o que equivale a afirmar o vencimento antecipado da dívida, se outra execução constritar por penhora o mesmo imóvel.

Por outra forma de raciocinar, sendo a execução promovida pelo primeiro credor, considera-se indispensável a intimação dos credores com hipoteca em segundo ou terceiro grau?

Alguns respondem negativamente. Assim Clóvis Beviláqua, para quem o credor da primeira hipoteca está provido do seu direito real, que vincula, diretamente, o bem hipotecado à solução do seu crédito e lhe dá preferência sobre quaisquer outros credores hipotecários ou quirografários. Se o direito de preferência, inerente à hipoteca anteriormente inscrita, exclui o direito posterior, e se o número de ordem na inscrição assegura a graduação no pagamento, é claro que nada justifica a necessidade imposta ao credor hipotecário inscrito em primeiro lugar a notificar os posteriores de que vai exercer os seus direitos de preferência e prioridade, se estes últimos nada lhe podem opor.[14]

Da mesma forma, Washington de Barros Monteiro: "Se se tratar, todavia, de uma venda promovida pelo primeiro credor hipotecário, dispensável torna-se a notificação dos segundos credores com igual garantia".[15]

Cumpre, no entanto, a observância do conteúdo do art. 1.501, no sentido de se notificarem os credores hipotecários que não forem partes na execução. Não interessa quem instaure o processo. É indiferente que seja o credor que primeiro instituiu a garantia, ou que se antecipem outros credores. Para habilitar-se ao recebimento do valor que sobrar, é mister a intimação de todos os credores que, assim, terão ciência da ação e reunirão condições para habilitarem-se. O Supremo Tribunal Federal, no *Recurso Extraordinário* nº 96.819, já em 08.06.1982, na relatoria do então Min. Djaci Falcão, ementou:

> Hipoteca. Execução de imóvel hipotecado pelo primeiro credor. Necessidade de notificação judicial dos demais credores hipotecários, nos termos do art. 826 do Código Civil, que nenhuma distinção faz entre a primeira e as sucessivas hipotecas. Nulidade da adjudicação que não atende ao preceito supramencionado.

E no corpo do voto:

> Conforme tive ensejo de afirmar, como relator do *RE* nº 59.947, de modo peremptório, é negada "a validade à venda judicial de imóvel gravado por hipoteca, regularmente inscrita, sem que tenha sido notificado judicialmente o credor hipotecário, que não for parte da execução" (*RTJ*, 41/232).

> Em data recente, esta Turma decidiu na mesma diretriz, ao aplicar o *RE* nº 87.655 ficando o acórdão com a seguinte ementa: "Hipoteca. Execução de imóvel hipotecado pelo primeiro credor hipotecário. Necessidade de notificação judicial do segundo

---

[14] *Código Civil dos Estados Unidos do Brasil Comentado – Direito das Coisas*, edição histórica, Editora Rio, vol. II, pp. 604 e 605.

[15] *Curso de Direito Civil – Direito das Coisas*, ob. cit., p. 390.

1086 | DIREITO DAS COISAS – *Arnaldo Rizzardo*

credor hipotecário, nos termos do art. 826 do Código Civil, que nenhuma distinção faz entre a primeira e a segunda hipoteca".[16]

Lembra-se de que o art. 826 supracitado equivale ao art. 1.501 do Código atual.

c) Quanto ao contrato em si mesmo e à preferência na excussão do bem. Qualquer prazo pode ser estipulado na duração da hipoteca, desde que não ultrapasse a vinte anos, consoante o disposto no art. 1.485.

Se previsto período inferior, a dilatação é permitida, respeitando sempre aquele limite. A prorrogação procede-se por simples averbação no registro.

A preferência é um dos principais efeitos que decorrem da instituição do gravame. Assinala Caio Mário da Silva Pereira:

> É tão acentuado este atributo que se aplica o preço do imóvel, obtido na excussão hipotecária, ao pagamento da hipoteca, prioritariamente em relação a outros créditos privilegiados, que somente podem concorrer sobre o remanescente, salvo, obviamente, as despesas judiciais e impostos devidos pelo próprio imóvel.[17]

Pelo direito de preferência, ou prelação, uma vez excutido o bem hipotecado, o credor hipotecário não concorre com os outros credores, quirografários ou não, com ou sem privilégios.

Goza ele de preferência no pagamento do produto apurado com a venda do bem dado em garantia, mesmo frente a outras hipotecas, desde que registrada aquela em primeiro lugar e na forma do art. 1.493, parágrafo único.

Todavia, o direito de preferência não é absoluto. Há vezes em que cede lugar a outras preferências instituídas por lei, e, raramente, é preterido até por certos créditos quirografários.

No art. 1.422, parágrafo único, temos a prioridade ao pagamento de dívidas que, em virtude de outras leis, devam ser pagas precipuamente a quaisquer outros créditos. Outras exceções aparecem em leis especiais. Assim, no Código Brasileiro de Aeronáutica, Lei n° 7.565/1986, art. 143:

Outras exceções aparecem no Código Brasileiro de Aeronáutica, Lei n° 7.565/86, art. 143:

> O crédito hipotecário aéreo prefere a qualquer outro, com exceção dos resultantes de:
>
> I – despesas judiciais, crédito trabalhista, tributário e proveniente de tarifas aeroportuárias;
>
> II – despesas por socorro prestado; gastos efetuados pelo comandante da aeronave, no exercício de suas funções, quando indispensáveis à continuação da viagem; e despesas efetuadas com a conservação da aeronave.

O crédito tributário prefere a qualquer outro, seja qual for a natureza ou o tempo da constituição do mesmo, ressalvados os créditos decorrentes da legislação do trabalho, conforme art. 186 do Código Tributário Nacional (Lei n° 5.172/1966). Assim, na ordem, aparecem por primeiro os créditos trabalhistas, após os créditos tributários, e só então os hipotecários. Na mesma posição que os créditos tributários da Fazenda Federal se encontram as dívidas com a Previdência Social.

---

[16] *Jurisprudência Brasileira*, n° 113, Juruá Editora, Curitiba, 1986, p. 45.

[17] *Instituições de Direito Civil*, 2ª ed., Rio de Janeiro, Forense, 1974, vol. IV, p. 312.

A própria Lei de Recuperação Judicial, de Recuperação Extrajudicial e de Falência (Lei nº 11.101/2005), no art. 83, coloca os créditos com direito real de garantia após os créditos trabalhistas e os decorrentes de acidentes do trabalho.

O art. 149 da mesma Lei destaca as prioridades nos pagamentos: "Realizadas as restituições, pagos os créditos extracontratuais, na forma do art. 84 desta Lei, e consolidado o quadro-geral de credores, as importâncias recebidas com a realização do ativo serão destinadas ao pagamento dos credores, atendendo a classificação prevista no art. 83 desta Lei, respeitados os demais dispositivos desta Lei e as decisões judiciais que determinam reserva de importâncias".

A ordem já vinha na lei anterior (Decreto-Lei nº 7.661, de 1945) e era proclamada pela jurisprudência de então, conforme a *Apelação Cível* nº 584027932, da 4ª Câmara Cível do Tribunal de Justiça do RGS, de 21.11.1984:

> Não há dúvida de que se hão de manter as prioridades no pagamento dos créditos com maior privilégio sobre o produto da venda dos bens com garantias reais (...). O professor Paes de Almeida (*Curso*, São Paulo, Saraiva, 1983, 4ª edição, p. 343) também diz: "Assim, inequívoca a derrogação parcial das disposições contidas no art. 125 da Lei de Falências, o que nos leva a concluir que o credor com garantia real só participa do produto da venda dos bens dados em garantia após satisfeitos os créditos que lhe são hierarquicamente superiores, na mais absoluta observância do quadro geral dos credores". Não é outro o ensinamento de Rubem Ramalho (*Curso*, São Paulo, Saraiva, 1984, p. 254): "Pagos os créditos por acidente de trabalho, salários, indenização, ônus fiscais e contribuições sociais, encargos e dívidas da massa, mesmo que para tanto seja necessário lançar mão do produto da venda de bens onerados, em seguimento vêm os créditos com garantia real, até o montante do valor de sua garantia ou do saldo se for o caso".[18]

Em decisão do STJ, relacionam-se as preferências:

> Nos termos da jurisprudência desta Corte Superior, são impenhoráveis por outras dívidas os bens hipotecados por força de cédula de crédito industrial, sendo que tal impenhorabilidade somente pode ser relativizada: a) em face de execução fiscal; b) após a vigência do contrato de financiamento; c) quando houver anuência do credor; d) quando ausente risco de esvaziamento da garantia, tendo em vista o valor do bem ou a preferência do crédito cedular; e) em se tratando de dívida alimentar ou trabalhista; e f) quando os créditos forem do mesmo credor.[19]

A hipoteca segue o imóvel onde quer que se encontre, não importando a sua transferência *inter vivos* ou *causa mortis*. É o que se chama de direito de sequela, que permite a manutenção da garantia sem importar o fato de não ser o novo adquirente o devedor. A execução terá em vista o devedor contratado, mas a excussão incidirá no imóvel. A venda efetuada não atinge o direito do credor e não afeta a consistência da garantia.

d) Quanto a terceiros. O efeito primordial é a oponibilidade *erga omnes*. Em face do registro, qualquer alienação fará referência à alienação existente.

Não tem o devedor direito a se opor à cessão do crédito hipotecário, a qual transfere ao cessionário as mesmas garantias e preferências constituídas em favor do cedente.

---

[18] *Revista de Jurisprudência do TJ do RGS*, 109/381.

[19] AgInt no REsp 1636034/MG, da 4ª Turma, rel. Min. Raul Araújo, j. em 6.04.2017, *DJe* de 27.04.2017.

A cessão não corresponde à sub-rogação. Esta significa substituição do credor satisfeito por aquele que paga a dívida, ou fornece o numerário para o pagamento,[20] sendo uma modalidade de pagamento, com efeito extintivo da obrigação.

A cessão se formalizará através de instrumento público ou particular, com a devida averbação à margem do registro.

e) Quanto aos bens gravados. A hipoteca adere ao imóvel, acompanhando-o em seu futuro, não importando a transferência de domínio. Enquanto não satisfeita a dívida, perdura o ônus, sejam quais forem as transformações que ocorrerem ao imóvel. Com o perecimento ou destruição da coisa, no entanto, extingue-se a hipoteca. Se o titular do domínio receber alguma indenização do responsável pelo dano, ou em razão de seguro, opera-se a sub-rogação no valor ou direito em favor do credor, com a mesma preferência incidente sobre o imóvel.

Tendo havido a destruição do prédio, a sua reconstrução torna a submetê-lo à garantia, descabendo, então, a sub-rogação em qualquer valor.

f) Quanto aos acessórios da dívida. A hipoteca se considera garantia igualmente dos acessórios da dívida. Os juros, multa, ônus de sucumbência, correção monetária e outros encargos que aparecerem ficam assegurados, até o implemento total.

38.8. HIPOTECA DE DÍVIDA FUTURA OU CONDICIONADA

Sem precedente no Código anterior, o art. 1.487 introduziu a hipoteca de dívida futura ou condicionada. Contrai-se, de um lado, uma garantia real para uma dívida que virá a ser formada ou assumida. Concede-se uma hipoteca para um contrato futuro de obrigação. De outro, também se formaliza a garantia para uma dívida condicionada, ou que depende de um evento, que está para ser criada, sujeitando-se sempre à vontade das partes. Eis os termos do dispositivo acima: "A hipoteca pode ser constituída para garantia de dívida futura ou condicionada, desde que determinado o valor máximo do crédito a ser garantido".

Parece óbvio que a garantia somente se consolidará no momento da criação da obrigação principal, ou se realize a condição prevista.

Dadas as contingências próprias de antecipadamente se reconhecer a garantia de uma obrigação que está a surgir, depende a execução da hipoteca de ato de reconhecimento da dívida, contemporâneo ao seu surgimento, ou à verificação da condição da qual dependia. É a regra do § 1º do mesmo artigo: "Nos casos deste artigo, a execução da hipoteca dependerá de prévia e expressa concordância do devedor quanto à verificação da condição, ou ao montante da dívida".

Quaisquer controvérsias ou dúvidas que envolverem a obrigação, recai o ônus da prova na pessoa do credor. Todavia, se lograr-se o reconhecimento do crédito, imputa-se ao devedor inclusive a indenização por perdas e danos que acarretou a recusa injustificada, como se decorreu a desvalorização do imóvel, segundo previsão do § 2º: "Havendo divergência entre o credor e o devedor, caberá àquele fazer prova de seu crédito. Reconhecido este, o devedor responderá, inclusive, por perdas e danos em razão da superveniente desvalorização do imóvel".

38.9. LOTEAMENTO DO IMÓVEL DADO EM HIPOTECA OU SUA CONSTITUIÇÃO EM CONDOMÍNIO EDILÍCIO

Tratou o Código do loteamento do imóvel hipotecado, ou da construção, sobre ele, de um condomínio edilício, assunto que não constava no regime codificado anterior.

---

[20] Caio Mário da Silva Pereira, *Instituições de Direito Civil*, vol. IV, ob. cit., p. 327.

Cap. XXXVIII · HIPOTECA | 1089

Está permitido o loteamento do imóvel que se encontra hipotecado, ou o erguimento nele de edifício em regime de condomínio. Em princípio, não é atingida a garantia, eis que acompanha sempre o bem, em todas as vicissitudes ou transformações que podem ocorrer. No entanto, o art. 1.488 coloca algumas exigências, de natureza mais acautelatórias, como a prévia e proporcional divisão do ônus aos que adquirirem os lotes ou aos condôminos, gravando cada lote ou unidade autônoma; o requerimento ao juiz (se não houver a concordância dos respectivos titulares); e a averbação no registro imobiliário da transformação.

Eis a previsão do art. 1.488: "Se o imóvel, dado em garantia hipotecária, vier a ser loteado, ou se nele se constituir condomínio edilício, poderá o ônus ser dividido, gravando cada lote ou unidade autônoma, se o requererem ao juiz o credor, o devedor ou os donos, obedecida a proporção entre o valor de cada um deles e o crédito".

A oposição pelo credor cinge-se unicamente quanto ao desmembramento do ônus, e desde que decorra diminuição da garantia (§ 1º do citado artigo). O retalhamento deve trazer prejuízos à hipoteca. É difícil tal acontecer, porquanto a estimativa do imóvel por unidades traz alguma maior apreciação. E se houver a construção de prédio, com a formação de condomínio, a valorização é mais evidente.

As despesas judiciais, extrajudiciais e de qualquer natureza, para o desmembramento do ônus, por óbvio que recaem naquele que promover a medida (§ 2º do mesmo artigo).

Por último, o desmembramento do ônus não exonera o devedor originário da responsabilidade a que se refere o art. 1.430, salvo anuência do credor. Este cânone mantém a responsabilidade do devedor se revelar-se insuficiente o produto da execução da hipoteca, no pagamento da dívida e demais despesas acarretadas.

38.10. HIPOTECA LEGAL

Assinala Tupinambá Miguel Castro do Nascimento:

> A hipoteca legal tem seu elemento gerador na lei. A norma legal é que a constitui (...) como sua causa eficiente, e a vontade das partes é colocada em plano inferior. Na verdade, a influência da vontade humana é nenhuma. Nem é tácita – embora já tenha sido assim denominada –, nem presuntiva, porque em ambas as situações, embora a não exteriorização da vontade, ela existiria.[21]

A lei intervém com o objetivo de acautelar certos casos especiais, de maior necessidade de proteção, em vista das pessoas que têm os seus interesses em jogo.

As hipóteses de concessão constam discriminadas no art. 1.489, que contemplava mais situações:

> I – às pessoas de direito público interno (art. 41) sobre os imóveis pertencentes aos encarregados da cobrança, guarda ou administração dos respectivos fundos e rendas;
>
> II – aos filhos, sobre os imóveis do pai ou da mãe que passar a outras núpcias, antes de fazer o inventário do casal anterior;
>
> III – ao ofendido, ou aos seus herdeiros, sobre os imóveis do delinquente, para satisfação do dano causado pelo delito e pagamento das despesas judiciais;
>
> IV – ao coerdeiro, para garantia do seu quinhão ou torna da partilha, sobre o imóvel adjudicado ao herdeiro reponente;

---

[21] *Hipoteca*, Rio de Janeiro, Aide Editora, 1985, p. 157.

V – ao credor sobre o imóvel arrematado, para garantia do pagamento do restante do preço da arrematação.

De observar que, dentre as hipóteses que vinham previstas no art. 827 do Código Civil de 1916, havia a hipoteca do inc. IV, incidindo sobre os imóveis dos tutores e curadores, em favor das pessoas que não tinham a administração de seus bens. Por força do art. 2.040 do Código atual, é permitido o cancelamento da hipoteca, facultando-se, no entanto, ao juiz exigir a prestação de caução bastante, se o patrimônio do tutelado ou do curatelado revelar-se considerável.

A hipoteca legal se realiza em dois momentos.

O primeiro corresponde ao fato que justifica o seu aparecimento: o exercício da cobrança, guarda e administração dos fundos e rendas das pessoas de direito público interno; as segundas núpcias do genitor sobrevivente; o dano causado por delito; a atribuição do quinhão ao herdeiro que fica obrigado a repor; a adjudicação de imóvel hipotecado por terceiro sem garantia real.

Relativamente ao item III do art. 1.489 – hipoteca legal nos bens de delinquente –, estabelece o art. 134 do Código de Processo Penal as condições para a formalização: "A hipoteca legal sobre os imóveis do indiciado poderá ser requerida pelo ofendido em qualquer fase do processo, desde que haja certeza da infração e indícios suficientes da autoria".

Outrossim, em seguimento, o art. 135 do mesmo diploma contempla a necessidade de arbitramento do valor da responsabilidade civil, com a designação e a estimativa dos imóveis. Para tanto, oferecerá a vítima, no processo, os elementos que levam à conclusão de tais elementos.

Qualquer das situações discriminadas nos itens de I a V é razão para ensejar a especialização de hipoteca.

Mas tão somente este momento não é suficiente para firmar a sua concretização.

Há o segundo momento, que corresponde à especialização da hipoteca legal, ou seja, a materialização da hipoteca, com a individualização dos bens que se tornarão objeto da garantia real e o posterior Registro Imobiliário. Tal especialização se faz em juízo, em que se exige uma sentença discriminativa dos bens gravados.

Sem o registro posterior não surge o ônus real e não vale a hipoteca contra terceiros, como leva a concluir o art. 1.497 do Código Civil: "As hipotecas legais, de qualquer natureza, deverão ser registradas e especializadas". O § 1º atribui ao responsável em prestar a garantia a providência do registro, o que não afasta a iniciativa do interessado: "O registro e a especialização das hipotecas legais incumbem a quem está obrigado a prestar a garantia, mas os interessados podem promover a inscrição delas, ou solicitar ao Ministério Público que o faça".

Respondem os obrigados que se omitirem na obrigação por perdas e danos, por imperativo do § 2º: "As pessoas, às quais incumbir o registro e a especialização das hipotecas legais, estão sujeitas a perdas e danos pela omissão".

Figurando o ofendido como vítima de dano com direito à hipoteca, ele mesmo tem capacidade para providenciar no registro, estendendo-se a incumbência ao seu representante legal, caso seja incapaz.

O Ministério Público terá tal encargo, especialmente na hipótese de envolver interesses de incapazes e de entidades de direito público.

Quanto aos responsáveis para com a Fazenda Pública, como coletores, exatores, etc., o registro da hipoteca em seus bens será promovido pelas autoridades competentes, e, em sua falta, pelos procuradores e representantes fiscais.

Ao coerdeiro, para garantir seu quinhão, é assegurada a faculdade de levar a registro a hipoteca.

O procedimento judicial, no regime do CPC/1973, vinha regrado nos arts. 1.205 a 1.210. O CPC/2015 não mais traz o procedimento. No entanto, é perfeitamente possível adotar o procedimento especial de jurisdição voluntária, cujas normas se encontram nos arts. 719 a 725. No pedido, indicam-se os bens objeto da hipoteca legal, bem como as disposições contratuais, podendo ser aproveitadas, se necessário, as medidas que vinham estabelecidas no regime processual anterior. Indispensável, sempre, delimitar o montante da responsabilidade garantido pela hipoteca legal. Igualmente, na existência de controvérsias, procede-se ao cálculo pericial da responsabilidade, bem como dos bens que a garantem. Oportuniza-se, sempre, a manifestação das partes, decidindo o juiz, ao final.

Não se impede a adoção do procedimento comum.

O direito à complementação ou reforço dos bens destinados à hipoteca legal é autorizado também pelo art. 1.490 do atual Código Civil: "O credor da hipoteca legal, ou quem o represente, poderá, provando a insuficiência dos imóveis especializados, exigir do devedor que seja reforçado com outros".

O art. 1.491 viabiliza a substituição da hipoteca legal por caução de títulos da dívida pública federal ou estadual. "A hipoteca legal pode ser substituída por caução de títulos da dívida pública federal ou estadual, recebidos pelo valor de sua cotação mínima no ano corrente; ou por outra garantia, a critério do juiz, a requerimento do devedor".

Estabelece, ainda, o art. 1.498 a validade do registro da hipoteca pelo prazo de vinte anos, devendo o ato ser renovado se a obrigação ultrapassar tal lapso. Veja-se a regra: "Vale o registro da hipoteca, enquanto a obrigação perdurar; mas a especialização, em completando vinte anos, deve ser renovada".

38.11. HIPOTECA JUDICIÁRIA

A hipoteca judiciária nasce da sentença proferida pelo juiz, podendo ser considerada como espécie da hipoteca legal. Vem a ser um direito real concedido ao exequente sobre bens do executado.

A sua tipicidade extraí-se do art. 824 do Código Civil de 1916, não reeditado o conteúdo pelo atual Código, dada a sua natureza processual: "Compete ao exequente o direito de prosseguir na execução da sentença contra os adquirentes dos bens do condenado; mas, para ser oposto a terceiros, conforme valer, e sem importar preferência, depende de inscrição e especialização".

Está contemplada no art. 495 e seus parágrafos, do Código de Processo Civil, no seguinte teor:

> A decisão que condenar o réu ao pagamento de prestação consistente em dinheiro e a que determinar a conversão de prestação de fazer, de não fazer ou de dar coisa em prestação pecuniária valerão como título constitutivo de hipoteca judiciária.

Para ser reconhecida, deve existir sentença condenando o réu a entregar certa quantia, ou a satisfazer perdas e danos se não satisfeitas obrigações de fazer, não fazer, ou de dar coisa convertida em prestação pecuniária. O autor fará indicação de bens do réu, em quantidade suficiente para cobrir seu crédito, e, posteriormente, vendê-los com o escopo de conseguir recursos e, assim, cumprir o julgado.

Eis os elementos exigidos para a constituição deste tipo de hipoteca, constantes do § 1º:

A decisão produz a hipoteca judiciária:

I – embora a condenação seja genérica;

II – ainda que o credor possa promover o cumprimento provisório da sentença ou esteja pendente arresto sobre bem do devedor;

III – mesmo que impugnada por recurso dotado de efeito suspensivo.

A teor do § 2º, apresenta-se a sentença ao Cartório do Registro de Imóveis para o lançamento junto ao registro do bem imóvel:

A hipoteca judiciária poderá ser realizada mediante apresentação de cópia da sentença perante o cartório de registro imobiliário, independentemente de ordem judicial, de declaração expressa do juiz ou de demonstração de urgência.

Mesmo antes do atual Código de Processo Civil, não se fazia necessária a especialização dos bens que ficavam constritados na garantia, bastando um simples requerimento dirigido ao juiz, como esclarecia Tupinambá Miguel Castro do Nascimento:

Para a especialização, não há necessidade de outro procedimento judicial. A hipoteca judiciária já é efeito implícito contido na sentença, tanto que esta valerá como título constitutivo da hipoteca judiciária (art. 466 do Código de Processo Civil). A sentença sem dizer, porque era desnecessário dizer, contém este efeito, mesmo porque o efeito é previsto legalmente. Basta o requerimento do interessado com a indicação dos bens que ficarão vinculados. A oitiva do condenado é desnecessária, não se aplicando na hipótese o princípio do contraditório, deferindo o juiz o requerimento *inaudita altera pars*. Como regra, o deferimento do pedido, determinando a extração de mandado para registro, é ato de mero expediente, porque nada decide. O indeferimento é que contém carga decisória e, por isso, agravável. Isto é fundamental se compreender, porque o ato de especialização é consequência lógica da sentença e, por via de consequência, já nela decidido implicitamente".[22]

O art. 466, anteriormente citado, tem regra similar no art. 495 do CPC/2015.

No vigente sistema, basta o simples requerimento dirigido ao Cartório do Registro de Imóveis, indicando os bens para o devido registro (art. 167, I, nº 2, da Lei nº 6.015/1973).

No prazo de quinze dias, comunica-se ao juiz a realização do ato, intimando-se, em seguida, o devedor, para que tome ciência, segundo o § 3º: "No prazo de até 15 (quinze) dias da data de realização da hipoteca, a parte informá-la-á ao juízo da causa, que determinará a intimação da outra parte para que tome ciência do ato". Não se conclua, daí, ser incabível a impugnação pelo titular do bem. Admite-se em hipóteses como imprecisão da decisão, excesso de patrimônio abrangido na hipoteca, direito à compensação de crédito.

O principal efeito do registro é firmar a preferência do credor na realização do valor devido sobre o bem. É como assegura o § 4º: "A hipoteca judiciária, uma vez constituída, implicará, para o credor hipotecário, o direito de preferência, quanto ao pagamento, em relação a outros credores, observada a prioridade no registro". Daí a incidência do privilégio em favor do titular da ação, mas não afastando outras classes de créditos com primazia especial, como os trabalhistas e os tributários.

---

[22] *Hipoteca*, ob. cit., p. 231.

Vindo a ser reformada a sentença, com a improcedência da ação, ou a invalidação da decisão, cabe a indenização pelos prejuízos acarretados, independentemente de culpa da parte que encaminhou a medida. Assim está ano 5º:

> Sobrevindo a reforma ou a invalidação da decisão que impôs o pagamento de quantia, a parte responderá, independentemente de culpa, pelos danos que a outra parte tiver sofrido em razão da constituição da garantia, devendo o valor da indenização ser liquidado e executado nos próprios autos.

De acordo com o art. 792, inc. III, do CPC, a alienação ou a oneração de bem é considerada fraude à execução quando tiver sido averbada, no registro do bem, a hipoteca judiciária ou outro ato de constrição judicial originário do processo no qual foi arguida a fraude.

Em suma, com a decisão que forma o crédito surge o direito de sequela em bens imóveis suficientes para a satisfação do crédito.

38.12. HIPOTECA CONSTITUÍDA NO PERÍODO SUSPEITO DA FALÊNCIA

Rezava o art. 823 do Código Civil revogado: "São nulas, em benefício da massa, as hipotecas celebradas, em garantia de débitos anteriores, nos 40 (quarenta) dias precedentes à declaração da quebra ou à instauração do concurso de preferência". Não veio a regra no atual Código, eis que, na verdade, a matéria é própria da lei especial.

Tanto que encerra o art. 129, inc. III, da Lei nº 11.101/2005 (Lei de Recuperação de Empresas e Falência):

> São ineficazes em relação à massa falida, tenha ou não o contratante conhecimento do estado de crise econômico-financeira do devedor, seja ou não intenção deste fraudar credores:
>
> (...) III – A constituição de direito real de garantia, inclusive a retenção, dentro do termo legal, tratando-se de dívida contraída anteriormente; se os bens dados em hipoteca forem objeto de outras posteriores, a massa receberá a parte que devia caber ao credor da hipoteca revogada.

É de se levar em consideração também o disposto no art. 792 do CPC, ao estatuir que "a alienação ou a oneração de bem é considerada fraude à execução: (...) IV – quando, ao tempo da alienação ou da oneração, tramitava contra o devedor ação capaz de reduzi-lo à insolvência".

Prevalece a impossibilidade de constituição dentro do termo legal da falência.

O débito, para a declaração de nulidade, deve ser anterior. Se a garantia, esclarecia J. M. de Carvalho Santos,

> é gêmea da dívida, se são contemporâneas, não há nulidade, porque quando a dívida é nova e é válida, presume-se também válida a garantia. E a presunção prevalece até prova em contrário, mesmo porque a lei não podia declarar nula a garantia e válida a dívida, constituídas no mesmo contrato.[23]

---

[23] *Obra citada*, vol. X, p. 385.

1094 | DIREITO DAS COISAS – *Arnaldo Rizzardo*

38.13. EXECUÇÃO DA DÍVIDA

O não pagamento da dívida, ou a mora no adimplemento, determina o exercício do direito à excussão, que é a satisfação da obrigação pessoal contratada com garantia real. O bem será transformado em dinheiro para o cumprimento da dívida, o que se conseguirá por meio da ação de execução, no que era expressa a primeira parte do art. 826 do Código Civil revogado, não se repetindo no Código de 2002, eis que a matéria é de ordem processual.

Pontes de Miranda expunha a respeito:

> O credor que obteve garantia hipotecária para o seu crédito tem duas ações inconfundíveis: a ação pessoal para satisfação do crédito pessoal, que pode ser executiva (e é possível que o seja) se a lei faz do título extrajudicial, que se alega, título executivo, e a ação real, pela qual se pede o importe da hipoteca, com os interesses. A ação pessoal, se executiva, vai sobre todos os bens do devedor, ao passo que a ação real só apanha o bem gravado. A ação pessoal dirige-se contra o devedor, que pode não ser o proprietário do bem gravado; a ação real dirige-se contra o proprietário, o possuidor em nome próprio e contra todos que possam obstar à extração do valor do bem gravado, para se satisfazer a hipoteca.[24]

O procedimento da execução vem ditado pelo Código de Processo Civil – arts. 778 e seguintes. O art. 784, inc. V, considera título executivo extrajudicial, dentre outros, os contratos de hipoteca. Procede-se à penhora do bem, e, após outros trâmites, leva-se o mesmo à praça, com a prévia avaliação.

Quanto às hipotecas de imóveis financiados pelo Sistema Financeiro da Habitação, basta somente uma única praça, sem a avaliação.

Há normas especiais, exigindo a sua consideração.

Primeiramente, anote-se a possibilidade de o credor adjudicar ao bem hipotecado, que se encontra penhorado, desde que por preço não inferior ao da avaliação. Assim está no art. 876 do CPC: "É lícito ao exequente, oferecendo preço não inferior ao da avaliação, requerer que lhe sejam adjudicados os bens penhorados".

Condição básica para a adjudicação pura e simples, sem nenhuma reposição pelo credor hipotecário, é a menção, no instrumento constitutivo da garantia, do preço pelo qual foi estimado o imóvel, ou a avaliação do mesmo em quantia inferior à da dívida.

Permite o § 3º do art. 877 a remição pelo devedor, até a data da assinatura do auto de adjudicação: "No caso de penhora de bem hipotecado, o executado poderá remi-lo até a assinatura do auto de adjudicação, oferecendo preço igual ao da avaliação, se não tiver havido licitantes, ou ao do maior lance oferecido". Todavia, tal prerrogativa transfere-se à massa ou aos credores, na falência ou insolvência do devedor, em obediência ao § 4º do mesmo artigo: "Na hipótese de falência ou de insolvência do devedor hipotecário, o direito de remição previsto no § 3º será deferido à massa ou aos credores em concurso, não podendo o exequente recusar o preço da avaliação do imóvel".

Nota-se que o direito de remição, nas hipóteses anteriores, são admitidas em havendo adjudicação.

O art. 902 do mesmo estatuto cuida da remição pelo executado em ocorrendo o leilão: "No caso de leilão de bem hipotecado, o executado poderá remi-lo até a assinatura do auto de arrematação, oferecendo preço igual ao do maior lance oferecido". Na falência ou insol-

---

[24] *Comentários ao Código de Processo Civil*, Rio de Janeiro, Forense, 1976, vol. IX, p. 302.

vência, o direito de remição transfere-se à massa ou aos credores, a teor do parágrafo único do mesmo artigo: "No caso de falência ou insolvência do devedor hipotecário, o direito de remição previsto no *caput* defere-se à massa ou aos credores em concurso, não podendo o exequente recusar o preço da avaliação do imóvel".

A adjudicação, se o preço do bem mostrar-se superior à obrigação, dependerá da reposição do valor excedente em favor da massa.

38.14. EXONERAÇÃO DA HIPOTECA PELO ABANDONO DO IMÓVEL

Matéria nova vinda com o Código Civil de 2002 diz respeito à possibilidade do adquirente de imóvel hipotecado em se exonerar da hipoteca, abandonando o imóvel aos credores, se não está pessoalmente obrigado na dívida. Não se estende a faculdade aos devedores em si, que deram imóveis em garantia. Unicamente aquele que adquire um imóvel constritado pela garantia tem o direito de abandoná-lo, por força do art. 1.479, que expressa: "O adquirente do imóvel hipotecado, desde que não se tenha obrigado pessoalmente a pagar as dívidas aos credores hipotecários, poderá exonerar-se da hipoteca, abandonando-lhes o imóvel".

Não sendo o devedor, sua responsabilidade limita-se ao preço do imóvel. Caso não providenciasse no abandono, estaria sujeito à responsabilidade, até o montante do preço do imóvel, que se submeteria à excussão.

Há um procedimento para validar o abandono. Devem os credores ser notificados de que o imóvel é posto à sua disposição. Se eles aceitarem, e ajustarem entre si a forma de se pagarem da dívida, torna-se perfeita a notificação. Estanca-se aí o procedimento. Havendo, porém, qualquer divergência, o caminho será o judicial, por meio do procedimento de jurisdição voluntária, seguindo os passos dos arts. 719 e seguintes da lei instrumental civil. Tal a interpretação correta do art. 1.480: "O adquirente notificará o vendedor e os credores hipotecários, deferindo-lhes, conjuntamente, a posse do imóvel, ou o depositará em juízo".

Não se estende indefinidamente no tempo o direito de abandonar o imóvel. Há um limite temporal, que é até as vinte e quatro horas subsequentes à citação que se efetua no processo de execução. Assim consta no parágrafo único do art. 1.480: "Poderá o adquirente exercer a faculdade de abandonar o imóvel hipotecado, até as 24 (vinte e quatro) horas subsequentes à citação, com que se inicia o procedimento executivo".

Na verdade, não possuem as regras acima tanta utilidade, dada a raridade da ocorrência da previsão contemplada.

38.15. REMIÇÃO DA DÍVIDA PELO DEVEDOR E POR TERCEIROS

Além da remição assegurada ao devedor contemplada no § 3º do art. 877 do CPC, na hipótese da adjudicação pretendida pelo credor, e no art. 902 do mesmo diploma, também pelo devedor, no caso de venda em leilão, há o direito à adjudicação, assegurado pelo § 5º do art. 876, a certa categoria de parentes próximos do executado, isto é, ao cônjuge ou companheiro, aos descendentes e aos ascendentes:

> Idêntico direito pode ser exercido por aqueles indicados no art. 889, incisos II a VIII, pelos credores concorrentes que hajam penhorado o mesmo bem, pelo cônjuge, pelo companheiro, pelos descendentes ou pelos ascendentes do executado.

De acordo com as regras anteriores, mantém-se o direito do devedor em remir o bem hipotecado. Assim igualmente ao cônjuge, ao companheiro, ao descendente ou ao ascendente do executado.

O direito vinha garantido na forma do art. 1.482 do Código Civil, que restou revogado pelo art. 1.072, inc. II, do CPC. Rezava o dispositivo:

> Realizada a praça, o executado poderá, até a assinatura do auto de arrematação ou até que seja publicada a sentença de adjudicação, remir o imóvel hipotecado, oferecendo preço igual ao da avaliação, se não tiver havido licitantes, ou ao do maior lance oferecido. Igual direito caberá ao cônjuge, aos descendentes ou ascendentes do executado.

O art. 826 prevê mais a remição da dívida a qualquer tempo: "Antes de adjudicados ou alienados os bens, o executado pode, a todo tempo, remir a execução, pagando ou consignando a importância atualizada da dívida, acrescida de juros, custas e honorários advocatícios."

Autorizam-se, pois, a remição pelo devedor ou executado prevista no § 3º do art. 877, a contemplada no art. 902, e a do art. 826, todos do CPC.

O pagamento ou depósito abrangerá a totalidade da dívida, compreendendo a sua atualização, os juros, as custas e os honorários advocatícios. Sendo espécie de satisfação da obrigação e importando extinção da obrigação, não tem o alcance da remição de bens, na qual interessa que se consigne ou deposite o correspondente ao preço do bem.

Até que seja assinado o auto de arrematação ou adjudicação, concede-se o exercício do direito de remir a execução.

A remição da dívida não é um direito restrito ao devedor. A terceiros, permite-se o pagamento da dívida, extinguindo-se, então, a execução. Equivale à satisfação voluntária da obrigação, através do devedor ou de terceiro. Difere da remição dos bens vinculados à execução, restrita ao devedor, e da adjudicação dos bens sujeitos a garantir a execução, condicionada a determinados parentes do devedor.

Clara era a lição de Celso Neves, sobre o assunto, versando sobre leis processuais anteriores:

> Pertinentes, a respeito do texto, as observações de Amílcar de Castro, em comentário ao art. 952 do Código de 1939: "De dizer o art. 952 que é lícito ao executado remir a execução, não se deve tirar a conclusão de que só ao executado seja lícito remir a execução (...)". Salienta que tanto pode pagar o próprio devedor, como qualquer terceiro interessado, ou não. "O credor não pode recusar o pagamento, qualquer que seja a pessoa que se proponha a saldar a dívida (...), pelo que, sendo a condenação líquida, em qualquer ponto do processo de execução, antes de arrematados ou adjudicados os bens penhorados, por consanguinidade ou afinidade, podem fazer o pagamento integral da dívida exequenda e custas da execução, haja, ou não, direito real de garantia, sem que o exequente possa recusar o pagamento. E pode qualquer dessas pessoas consignar a respectiva importância, no caso de recusa por parte do exequente, ou no caso de existir protesto por preferência ou rateio. E igual direito tem ainda qualquer interessado na extinção da dívida (coobrigado, sócio, fiador ou credor do devedor adquirente do imóvel hipotecado etc.) e o terceiro não interessado, agindo em nome e por conta do devedor" (*Comentários ao Código de Processo Civil*, Ed. Revista Forense, vol. X, p. 240).[25]

A jurisprudência, desde tempo antigo, e mesmo antes das reformas do Código de Processo Civil de 1973, tinha adotado a mesma posição, como se colhe da *Apelação Cível* nº 164.982, da 9ª Câmara do 2º Tribunal de Alçada Cível de São Paulo, com a data de 16.11.1983:

---

[25] *Comentários ao Código de Processo Civil*, 1ª ed., Rio de Janeiro, Forense, vol. VII, p. 26.

Cap. XXXVIII · HIPOTECA | **1097**

(...) Irrelevante, no caso, a circunstância de que o pagamento tenha sido feito pelo próprio devedor ou pela apelada. É verdade que o art. 794 do CPC, em seu inciso I, refere-se à satisfação da obrigação pelo próprio devedor. Ocorre, porém, que, como anota Theotonio Negrão, com lastro em conclusão do Simpósio de Curitiba, realizado em outubro de 1975, o rol de causas de extinção da execução, constante do mencionado dispositivo legal, não é exaustivo (cf. *Código de Processo Civil*, nota 2 ao art. 794, 12ª edição, p. 246), de sorte que nada obsta a que a execução se extinga mediante pagamento feito por qualquer interessado, na forma do art. 930 do CC. Quando o inc. I, do citado art. 794, fala em satisfação pelo credor, ele não inibe que o pagamento se realize por qualquer pessoa que deseje extinguir a execução, pois como bem pondera José de Moura Rocha, o que interessa tanto ao Estado quanto ao credor é a satisfação do débito, observação que afasta interpretação restritiva da disposição citada (cf. *Comentários ao Código de Processo Civil*, Ed. RT. vol. IX, p. 351).[26]

O art. 930 acima citado, do Código Civil anterior, está reproduzido no art. 304 do Código de 2002. Já o art. 794 do CPC/1973 encontra disposição similar no art. 924 do CP/2015.

Nas hipotecas reguladas pelo Sistema Financeiro da Habitação, em financiamentos contraídos para a aquisição da casa própria, a remição vem prevista no art. 8º da Lei nº 5.741/1971, desde que haja o pagamento da dívida reclamada, mais custas e honorários advocatícios, com o depósito em juízo até a data da assinatura do auto de arrematação.

Uma vez levada a termo a adjudicação pelo cônjuge ou companheiro, pelos descendentes ou ascendentes, os bens ficam livres de serem penhorados novamente, pela mesma dívida. Isto mesmo que a remição se dê pelo cônjuge, tornando os bens ao patrimônio do casal, em face do regime de comunhão total ou parcial do casamento, como demonstra Moacyr Amaral Santos:

> Quando o remidor for cônjuge do executado, e sejam estes casados pelo regime de comunhão de bens, volta o bem remido ao patrimônio do casal, mas não poderá ser objeto de nova penhora, ou nova arrecadação, pelo saldo devedor resultante da execução em que se verificou a remição. Em relação à dívida executada, o bem remido substitui-se pela quantia paga pelo remidor.[27]

38.16. REGISTRO DA HIPOTECA

Embora a obrigatoriedade do registro se trate de matéria relativa mais ao registro imobiliário, regulada pela Lei nº 6.015/1973, constando do art. 167, inc. I, nº 2, o Código delineia regras específicas, mais de caráter procedimental, a iniciar com o art. 1.492. Neste preceito, ordena-se o registro no cartório do lugar do imóvel, vindo assim redigido: "As hipotecas serão registradas no cartório do lugar do imóvel, ou no de cada um deles, se o título se referir a mais de um".

Aos interessados cabe providenciar o registro, conforme ordena o parágrafo único do preceito já citado, e como tais devem ser havidos, sobretudo os credores em cujo favor se efetuou a garantia. Unicamente aqueles que participam do ato consideramse interessados, e seus representantes, se incapazes, não se incluindo neles parentes próximos ou mesmo familiares, situação que contemplava o Código Civil anterior.

---

[26] *Jurisprudência Brasileira*, nº 113, ob. cit., p. 151.

[27] *Comentários ao Código de Processo Civil*, Rio de Janeiro, Forense, 1976, vol. III, p. 450.

1098 | DIREITO DAS COISAS – *Arnaldo Rizzardo*

Estabelece-se o critério de prioridade de registro, de modo a respeitar o direito de preferência, que se verifica em uma numeração sucessiva, em ordem crescente, segundo a chegada do pedido de registro ao cartório, nos termos do art. 1.493 e seu parágrafo único. A preferência da garantia é determinada pelo momento de apresentação do pedido de registro.

Visando o pleno respeito na efetivação do registro de conformidade com a apresentação, o art. 1.494 ordena que não se efetue no mesmo dia o registro de duas hipotecas, exceto se no ato constitutivo consta mencionada a hora da respectiva confecção.

Não é descartável a hipótese de que no ato constitutivo apareça a menção de outra hipoteca, não levada, ainda, a registro. Nesta eventualidade, ao oficial do Registro de Imóveis cabe sobrestar o registro, por um prazo de trinta dias, devendo, no entanto, prenotar a hipoteca. Decorrido o período, lavra-se o registro da hipoteca posterior, que passará a gozar de preferência, em consonância com o art. 1.495.

Autoriza o art. 1.496 que o oficial suscite dúvidas perante o juiz de direito competente. Tal é suscetível de ocorrer se faltarem elementos do contrato, como o prazo de validade, ou a indicação precisa do imóvel, ou o valor da obrigação amparada. Levantando dúvida, e intimado o interessado para responder em quinze dias, encaminhará os autos ao juízo próprio, para a decisão. Julgada improcedente a dúvida, mantém o número de ordem, com todos os efeitos no tocante à preferência. Mas, se procedente, cancela-se aquele número, e fornece-se outro, da data em que a parte manifestar o interesse do registro, que se efetivará, obviamente, se atendidas as exigências impostas pelo oficial.

Disciplina o art. 1.497 o registro da hipoteca legal, que é obrigatório, e devendo se realizar depois da devida especialização, isto é, da indicação e separação de bens: "As hipotecas legais, de qualquer natureza, deverão ser inscritas e especializadas". Na previsão do § 1º, primeiramente procura-se efetuar a especialização, e depois o registro, providências que incumbem a quem está obrigado a prestar a garantia, nada impedindo que a iniciativa parta dos interessados, e do Ministério Público, se for caso de ele atuar, como na existência de incapazes.

Levando em conta que a hipoteca legal está prevista também em casos de interesse público em favor de pessoa jurídica de direito público e de incapazes, a omissão das providências de especialização e registro pelos responsáveis ou obrigados importa em responsabilização por perdas e danos, em consonância com o § 2º do art. 1.497.

Finalmente, em vista do art. 1.498, o que não poderia ser diferente, vale o registro enquanto perdurar a obrigação garantida. Já quanto à especialização, a cada vinte anos incumbe ao interessado providenciar na sua renovação.

38.17. EXTINÇÃO DA HIPOTECA

Várias são as causas de extinção da hipoteca, como indica o art. 1.499, que trata do assunto com algumas diferenças relativamente ao art. 849 do Código Civil de 1916:

I – Pela extinção da obrigação principal. É decorrência normal a extinção da garantia, por seu caráter acessório, em razão da regra latina *acessorium sequitur principale*. A quitação concedida pelo credor surte automaticamente o efeito de cessar a garantia. Extinguindo-se através de pagamento a obrigação, importa que o mesmo seja integral. Restando qualquer resíduo, subsiste a hipoteca por força do princípio da indivisibilidade. É o que leva a concluir o art. 1.421: "O pagamento de uma ou mais prestações da dívida não importa exoneração correspondente da garantia, ainda que esta compreenda vários bens, salvo disposição expressa no título ou na quitação".

No entanto, a situação fica um tanto complexa quando a hipoteca incide sobre o bem, garantindo o pagamento que corresponde ao total do valor da dívida, que é o do preço do bem. Vendendo-se parte do bem, para a liberação da hipoteca, é o adquirente obrigado a saldar o total da dívida, equivalente ao preço do bem. Exemplificando-se, com frequência as instituições bancárias, ao financiar a construção de um prédio, impõem a hipoteca sobre a totalidade do prédio, cujas unidades, na forma de apartamentos, mais tarde são alienadas a terceiros, mas perdurando a hipoteca. Nos contratos, consigna-se a constrição em cláusula, à qual o compromissário comprador aquiesce, dando-se por ciente de que a liberação se dá unicamente com o pagamento da totalidade da dívida.

A rigor, efetuando o pagamento das prestações, e saldada a totalidade da obrigação concernente à unidade, remanesceria a hipoteca, já que instituída sobre a totalidade do financiamento do prédio ou incorporação, por força do art. 1.421.

Ocorre que, ao se transferir parcela do bem, na mesma proporção transfere-se a garantia hipotecária. Pelo equivalente da dívida que equivale ao preço da porção alienada acompanha a garantia. A incidência da hipoteca não pode abranger uma garantia maior que aquele valor do contrato de venda da unidade, ou da porção alienada. E na medida em que se realizam os pagamentos e se consubstancia a transmissão do imóvel, fatalmente ocorre uma diminuição proporcional da garantia. Pelas obrigações do devedor junto ao banco financiador, somente as parcelas pendentes de pagamento é que garantem o adimplemento. Se verificada a inadimplência no curso da vida do contrato, assegura-se à instituição financeira o direito de excutir o bem. De que modo? Propondo a competente ação de execução, cujo pagamento se concretizará no imóvel, através da intimação do comprador ou promitente comprador para entregar as prestações vincendas ao vendedor ou promitente vendedor.

Esta solução é bem externada pelo Superior Tribunal de Justiça:

> A hipoteca que o financiador da construtora instituiu sobre o imóvel garantia a dívida dela enquanto o bem permanecesse na propriedade da devedora; havendo transferência, por escritura pública de compra e venda ou de promessa de compra e venda, o crédito da sociedade de crédito imobiliário passou a incidir sobre os direitos decorrentes dos contratos de alienação das unidades habitacionais integrantes do projeto financiado (...), sendo ineficaz em relação ao terceiro adquirente a garantia hipotecária instituída pela construtora em favor do agente imobiliário que financiou o projeto. Assim foi estruturado o sistema e assim deve ser aplicado, especialmente para respeitar os interesses do terceiro adquirente de boa-fé, que cumpriu com todos os seus compromissos e não pode perder o bem, que lisamente comprou e pagou, em favor da instituição que, tendo financiado o projeto de construção, foi negligente na defesa do seu crédito perante a sua devedora, deixando de usar dos instrumentos próprios e adequados previstos na legislação específica do negócio.
>
> As regras gerais sobre a hipoteca não se aplicam no caso de edificações financiadas por agentes imobiliários integrantes do Sistema Financeiro da Habitação, porquanto estes sabem que as unidades a serem construídas serão alienadas a terceiros, que responderão apenas pela dívida que assumiram com o seu negócio, e não respondem pela eventual inadimplência da construtora. O mecanismo de defesa do financiador será o recebimento do que for devido pelo adquirente final, mas não a excussão da hipoteca, que não está permitida pelo sistema.

Adiante, no voto do relator, Min. Ruy Rosado de Aguiar Júnior, observa-se: "Ninguém que tenha adquirido imóvel neste País pelo SFH assumiu a responsabilidade de pagar a sua dívida e mais a dívida da construtora perante o seu financiador".[28]

---

[28] *Recurso Especial* nº 171.421-SP, da 4ª Turma, julgado em 06.10.1998.

DIREITO DAS COISAS – Arnaldo Rizzardo

Em outro recurso da mesma Corte, novamente figurando como Relator o Min. Ruy Rosado de Aguiar Júnior, reforça-se a razão da restrição da garantia à unidade vendida:

> A relação jurídica que o construtor estabelece, primeiro com o agente financeiro que lhe empresta recursos para a construção do imóvel, e, a seguir, com os adquirentes finais aos quais vende as unidades habitacionais, é transitória, e, assim, sua presença no circuito negocial do SFH, porquanto satisfaz o construtor sua dívida com o agente financeiro ao ceder a este o crédito resultante da venda das unidades habitacionais, para cuja compra irão os adquirentes finais buscar financiamento junto ao mesmo agente financeiro (...).
>
> Os adquirentes finais tomam empréstimo junto às sociedades de crédito imobiliário – que vencerá correção monetária e juros, para compra a prazo dos imóveis do construtor, e este cede o crédito destas alienações à sociedade de crédito imobiliário, em quitação do empréstimo que com ela contraíra.[29]

Em suma, a hipoteca que o financiador institui sobre o imóvel garante o valor que tem a receber enquanto o bem permanecer na propriedade do devedor. Verificada a transferência, ainda que por promessa de compra e venda, a garantia passa a incidir sobre os direitos decorrentes do contrato alienado. Todavia, extinguindo-se os direitos daquele que transferiu, também se extingue a garantia.

Ademais, o princípio da boa-fé impõe ao financiador com garantia aprecatar-se, no sentido de receber o seu crédito de seu devedor, ou sobre os pagamentos a ele efetuados pelo terceiro adquirente do bem.

O fato de constar do registro a hipoteca da unidade edificada em favor do agente financiador não tem o efeito de atingir o terceiro, sendo que ninguém assume a responsabilidade de pagar a sua dívida e mais a dívida do vendedor ou construtor.

Outro caso de extinção assenta-se na invalidade da obrigação principal. Se a obrigação principal desaparece por ser inválida, a mesma sorte terá a hipoteca, como ordena o art. 184, segunda parte, do Código: "A invalidade da obrigação principal implica a das obrigações acessórias, mas a destas não induz a da obrigação principal".

Em novação de dívida, permanece a garantia, se fixa expressa a reserva.

Na sub-rogação, quando alguém se reveste dos direitos do credor, quem paga fica sub-rogado nos direitos daquele.

A dação em pagamento, pela qual o credor, ao invés de dinheiro, recebe uma coisa móvel ou imóvel, igualmente opera a extinção da hipoteca, já que desaparece a obrigação principal.

Na compensação, identificando-se seus efeitos ao pagamento, a garantia vinculada aos créditos desaparece com a extinção do débito.

A confusão é outra causa de extinção. Verifica-se desde que na mesma pessoa se confundem as qualidades de credor e devedor (art. 381 do Código Civil). É a hipótese da contemplação, em favor do devedor, por testamento, do crédito que ele devia.

Se o testamento vier a ser anulado, restabelece-se a garantia, como dá a entender o art. 384: "Cessando a confusão, para logo se restabelece, com todos os seus acessórios, a obrigação anterior".

II – Pelo perecimento da coisa. A causa de extinção encontrava respaldo no art. 77 do Código Civil anterior, sendo omisso o atual Código: "Perece o direito, perecendo o seu objeto".

---

[29] *Recurso Especial* n° 239.557-C, também da 4ª Turma, julgado em 02.05.2000.

Cap. XXXVIII • HIPOTECA | 1101

Mas, se de fato emergir algum direito, como reparação por ato lícito e pagamento de seguro, nos valores respectivos incide a garantia, assegurando-se preferência ao credor.

A expropriação do bem faz transferir a garantia do crédito hipotecário na quantia satisfeita pelo poder expropriante, como assinala o art. 31 da Lei n° 3.365, de 1941.

O perecimento do bem deve ser total para extinguir a garantia. E só existe perecimento quando há o desaparecimento, o que não acontece com a destruição, quando nem sempre decorre o desaparecimento. Na destruição de um edifício, *v. g.*, permanece a garantia incidente sobre o terreno.

III – Pela resolução da propriedade. Este fator unicamente determina a extinção do ônus real pelo implemento da condição ou pela verificação do termo ajustado, se já preexistia a condição ou o termo quando da celebração do ônus. É o que se extrai do art. 1.359. Ocorrendo de uma causa superveniente a resolução, perdura o encargo no imóvel, como na hipótese da revogação de domínio por ingratidão do donatário. A revogação é *ex nunc*, sem atingir os direitos adquiridos por terceiro. Na situação anterior, será *ex tunc*, com efeito retroativo.

IV – Pela renúncia do credor. O credor renuncia à garantia hipotecária, o que se procede através de inequívoca manifestação da vontade, exteriorizada de forma expressa, clara e insofismável. Daí não se aceitar a renúncia tácita, e muito menos o seu reconhecimento mediante prova testemunhal.

Mesmo que o credor consinta, de modo escrito, na venda do imóvel, não implica este fato a interpretação de sua renúncia à garantia. O mais consentâneo com a realidade é concluir que consentiu porque permanece a garantia, em face do direito de sequela, que acompanha o bem, esteja onde estiver.

A renúncia permitida pele lei exige a capacidade do credor. No pertinente à hipoteca legal, se maiores e capazes o coerdeiro e o ofendido, o direito é perfeitamente disponível, por restringir-se à órbita do interesse privado. Não, porém, se menores, por faltar capacidade civil plena.

V – Pela remição. A matéria já está desenvolvida atrás em vários aspectos. É ela exercitável pelo devedor, desde que alcance o total de seu montante, com suporte no art. 826 do Código de Processo Civil.

Para melhor explicitar o assunto, relembra-se que o Código Civil e o Código de Processo Civil assinalam os casos que autorizam a remição de bens, todos examinados no item 37.6 do presente Capítulo:

a) Remição pelo credor da hipoteca posterior. A previsão se encontra no art. 1.478.
b) Remição pelo adquirente do imóvel hipotecado. O direito está assegurado no art. 1.481.
c) Remição pelo devedor – art. 826 do CPC.

VI – Pela arrematação, ou adjudicação. Estes atos são feitos, respectivamente, por terceiro e pelo credor, em processo de execução, determinando o resgate do ônus hipotecário, porquanto os bens ficam liberados, embora nem sempre o valor depositado cubra o total executado.

Não importa quem faça a arrematação. Mesmo se um credor que não tenha o privilégio da hipoteca promover a execução, e se terceira pessoa levar a efeito a arrematação, opera-se a extinção, desde que intimado o credor hipotecário, sendo esta a linha de orientação do Superior Tribunal de Justiça, no *Recurso Especial* n° 40.191/SP, da 4ª Turma, *DJ* de 21.03.1994:

> A arrematação extingue a hipoteca, tanto que o credor hipotecário tenha sido intimado da realização da praça, posto que tem conteúdo de aquisição originária, livre dos ônus que anteriormente gravavam o bem por esse meio adquirido.

Também no *Recurso Especial* n° 36.757/SP, da 4ª Turma, *DJ* de 05.09.1994: "Execução. Arrematação. Extinção da hipoteca. Intimado o credor hipotecário da realização da praça, a arrematação produz o efeito de extinguir a hipoteca. Precedentes do STF e do STJ".

Isto tanto na execução hipotecária como na execução singular, proposta por qualquer credor, em que, na falta de bens livres e desembaraçados, sejam penhorados bens gravados por hipoteca em favor de terceiros. Nessa hipótese, indispensável se intime previamente o credor hipotecário, sob pena de se tornar ineficaz a alienação do bem, por força do art. 804 do estatuto processual civil. O art. 1.501 é claro sobre o assunto: "Não extinguirá a hipoteca, devidamente registrada, a arrematação ou adjudicação, sem que tenham sido notificados judicialmente os respectivos credores hipotecários, que não forem de qualquer modo partes na execução".

Sabe-se, também, que, por efeito dos arts. 799, inc. I, e 889, inc. V, da lei de Processo Civil, com o produto da arrematação do bem hipotecado e penhorado paga-se preferencialmente o credor hipotecário, seguindo-se o credor exequente e os demais, se houver, na ordem dos arts. 908 e 909, também do CPC. O credor hipotecário tem sempre preferência ao levantamento do preço depositado, mesmo que não tenha sido ele quem promoveu a execução, como o próprio Superior Tribunal de Justiça já assentou, no *Recurso Especial* n° 1.499, da 3ª Turma, *DJ* de 30.09.1990; e no *Recurso Especial* n° 7.632-PR, da 3ª Turma, *DJ* de 20.05.1991.

Nos imóveis financiados pelo Sistema Financeiro da Habitação existem a execução extrajudicial, com permissão da remição (Decreto-Lei n° 70/1966, art. 34), e a execução judicial, igualmente admitindo a remição (Lei n° 5.741/1971, art. 8°). O pagamento da dívida extingue, obviamente, o ônus.

Se proceder-se a alienação de tais imóveis por via extrajudicial, permite-se tão somente a arrematação, como deflui do art. 32 do Decreto-Lei n° 70/1966. Na execução judicial, com amparo na Lei n° 5.741/1971, o art. 7° autoriza, se não houver arrematação pelo valor da dívida, a adjudicação pelo credor hipotecário, ficando exonerado o executado da obrigação de pagar o restante da dívida.

Evidentemente, a hipoteca extingue-se também nesses casos.

Além das hipóteses expressamente previstas, outras existem, que também determinam a extinção.

Dentre elas, pode-se colocar a sentença que dá pela nulidade da obrigação principal, importando, por decorrência lógica, a extinção da garantia.

A nulidade é determinada por múltiplas razões, como falta de requisitos subjetivos, ou seja, falta de capacidade civil do devedor, ou falta de domínio da coisa; carência de requisitos objetivos, isto é, inexistência do bem, ou ser ele coisa *extra commercium*; defeito do consentimento, por erro, dolo, coação, simulação, fraude, lesão enorme etc.; defeitos de ordem formal, concernentes aos requisitos da escritura pública e ao registro.

As garantias concedidas a um credor por devedor insolvente, em detrimento de outros, enquadram-se nas hipóteses de anulação, por serem fraudulentas, o que aparece consignado no art. 163 do Código Civil: "Presumem-se fraudatórias dos direitos dos outros credores as garantias de dívidas que o devedor insolvente tiver dado a algum credor".

Além de sentença proferida em ação específica, a hipoteca é suscetível de invalidade em processo de insolvência, como leciona Carvalho Santos.[30]

A prescrição é mais uma causa. É natural que, prescrevendo a dívida principal, desaparece, via de consequência, a obrigação acessória. Cessa ela ao mesmo tempo da obrigação.

Mas o que se tem em mira, no assunto vertente, é a prescrição pura e simples da hipoteca.

Expõe Washington de Barros Monteiro: "Se terceira pessoa adquire o imóvel como livre e desembaraçado de qualquer ônus, não sendo incomodada durante dez ou quinze anos, conforme esteja ou não presente o suposto credor, consuma-se a prescrição".[31]

No tocante ao obrigado, não poderá ser alegada a prescrição. A razão é dada por Carvalho Santos:

> Resulta que não poderá ser alegada, nem pelo devedor principal, nem pelo adquirente do prédio hipotecado, quando haja assumido a obrigação de pagar a dívida, que o onera, nem pelo terceiro que hipotecou um prédio seu em garantia de dívida alheia, isto porque, em todos esses casos, os possuidores do prédio são devedores da quantia garantida e, por isso, a prescrição da hipoteca não se pode operar independente da prescrição da obrigação principal.[32]

Assim, restringe-se a prescrição ao adquirente não obrigado ao pagamento da dívida.

No entanto, alguns impugnam a pretensão na espécie ordinária, admitida por Washington de Barros Monteiro, como se viu acima, porquanto o registro do gravame impede a boa-fé.

É preciso lembrar, todavia, que o adquirente também registra o título, sem menção a ônus. Prevalece, neste sentido, a liberação, por ter a seu favor o decurso do tempo e a inércia do credor.

Quanto ao usucapião extraordinário, mais certo é o direito à liberação pelo passar do tempo, visto que dispensável é o requisito da boa-fé, tornando-se aquisição originária contra o dono do imóvel e contra o credor hipotecário, como é admitido doutrinariamente.[33]

O Código, no art. 1.500, prevê a extinção com a averbação no Registro Imobiliário, do cancelamento da hipoteca, desde que apresentada a prova da extinção: "Extingue-se ainda a hipoteca com a averbação, no Registro de Imóveis, do cancelamento do registro, à vista da respectiva prova". A fim de viabilizar a averbação do cancelamento, portará o interessado um documento, sendo exemplo a autorização, por escrito, do credor hipotecário.

Tão logo extinta a hipoteca, impende se providencie no cancelamento do registro. Relativamente a terceiros, a extinção da hipoteca começa a ter efeito depois de averbada no respectivo registro.

38.18. HIPOTECA DAS VIAS FÉRREAS

Assunto que tem pouca incidência prática é a hipoteca de vias férreas, não pela falta de importância, mas pela raridade de ocorrência da figura. As normas que tratam da matéria constituem repetição daquelas que vinham no Código de 1916 – arts. 852 a 855.

---

[30] *Obra citada*, vol. X, p. 517.

[31] *Curso de Direito Civil – Direito das Coisas*, ob. cit., p. 411.

[32] *Obra citada*, vol. X, p. 518.

[33] M. A. Coelho da Rocha, *Instituições de Direito Civil*, São Paulo, Editora Saraiva, 1984, vol. II, p. 367.

Em geral, a exploração é feita por pessoas jurídicas privadas, que exploram tais vias por concessão.

O registro da hipoteca efetua-se no Cartório do Registro de Imóveis do Município onde se encontra a estação inicial, na qual iniciam as vias, por ordem do art. 1.502: "As hipotecas sobre as estradas de ferro serão registradas no Município da estação inicial da respectiva linha".

Traz o art. 1.503 obrigações aos credores: não podem embaraçar a exploração da linha, nem contrariar as modificações impostas pela administração, e que se efetuarem no leito da estrada, em suas dependências, ou no seu material. A hipoteca não importa em manter inalteradas as vias. Destinando-se a uma finalidade de interesse eminentemente público, é uma necessidade a realização de inovações, aperfeiçoamentos e modernização.

Já o art. 1.504 traça os limites ou a extensão da hipoteca: circunscrevem-se à linha ou às linhas especificadas na escritura e ao respectivo material de exploração, tendo em conta sempre o estado de conservação em que se encontram, desde que os desgastes sejam naturais. Podem os credores opor-se à venda da estrada, ou de suas linhas, ou dos ramais, ou de parte considerável do material de exploração. Assiste-lhes não aceitarem a fusão com outra empresa, se decorrer um enfraquecimento da garantia do débito. Em suma, é justa a oposição a qualquer ato ou negócio que prejudique o valor da hipoteca.

Na execução de dívidas, consoante o art. 1.505, antes que seja excutida a via férrea por leilão, procede-se a intimação da União ou do Estado, para, dentro de 15 (quinze) dias, oportunizar a remição da estrada de ferro hipotecada, pagando o preço da arrematação, ou da adjudicação.

Capítulo XXXIX

Anticrese, Concessão de Uso Especial para Fins de Moradia e Concessão de Direito Real de Uso

39.1. ANTICRESE

39.1.1. Conceito e natureza

De um conceito do antigo direito romano que somente restringia a anticrese a compensar os frutos da coisa com os juros, sem qualquer envolvimento com a obrigação principal, passou o instituto a representar, presentemente, o direito real pelo qual o credor percebe os frutos de uma coisa frugífera, de propriedade de seu devedor, como pagamento de dívida e de seus acessórios, como juros.

Realmente, no direito antigo, o objeto próprio da anticrese restringia-se a compensar os frutos com os juros. Todavia, com o passar do tempo, quando o valor dos frutos ultrapassava o montante dos juros, utilizava-se o excesso para abater o principal. Daí a evolução para servir a anticrese como forma de pagamento também do capital.

Pode-se, então, definir a anticrese como o contrato pelo qual um devedor autoriza ao seu credor a posse de um imóvel, com o direito de retê-lo até o completo pagamento da dívida, podendo perceber os frutos e os rendimentos que servirão para satisfazer os juros e o capital. Como referem Ambrosio Colin e H. Capitant, "por la anticresis el acreedor adquiere el derecho de percibir un inmueble de su deudor con la obligación de aplicarlo al pago de intereses, si se debieren y después al del capital de su crédito".[1]

Diz-se que a percepção dos frutos e dos rendimentos serve como verdadeira compensação da dívida e acessórios.

Trata-se de um direito real, com o necessário Registro Imobiliário, que se exerce sobre coisa alheia.

É o conteúdo inserido no art. 1.506: "Pode o devedor ou outrem por ele, com a entrega do imóvel ao credor, ceder-lhe o direito de perceber, em compensação da dívida, os frutos e rendimentos".

Dentro da permissão do § 1º, é permitido estipular que os frutos e rendimentos do imóvel sejam percebidos pelo credor à conta de juros, mas se o seu valor ultrapassar a taxa máxima permitida em lei para as operações financeiras, o remanescente será imputado ao capital.

Foi o instituto introduzido em nosso direito positivo pela Lei nº 1.237, de 24.09.1864, que sofreu modificações posteriores, fazendo parte da hipoteca, até que o Código Civil de

---

[1] *Curso Elemental de Derecho Civil*, tradução para o espanhol pela *Revista General de Legislación y Jurisprudencia*, 2ª ed., Madrid, Instituto Editorial Reus, 1948, tomo V, p. 103.

1106 | DIREITO DAS COISAS – *Arnaldo Rizzardo*

1916 lhe deu fisionomia própria, tornando-a um direito autônomo, com natureza real de garantia e características específicas, sendo que, na explicação de Jefferson Daibert,

> o credor tem para si, até a satisfação total de seu crédito, o *jus utendi* e o *jus fruendi*. Confere às partes a oponibilidade *erga omnes*; adere ao imóvel para a percepção de suas utilidades pelo credor e é indivisível, atendendo ao princípio geral que rege os direitos reais.[2]

Distingue-se do penhor e da hipoteca, conforme faz ver Affonso Dionysio Gama:

> O penhor recai sobre coisas móveis, as quais, no caso de penhor agrícola ou pecuário, continuam em poder do devedor, por efeito da cláusula *constituti*; a hipoteca somente pode recair sobre algum imóvel, que, conservando-se na posse do dono, fica, todavia, precípua ou exclusivamente sujeito à dívida ou obrigação; a anticrese afeta diretamente os frutos e os rendimentos da coisa, e, por consequência, a própria coisa. Daí a confusão de que o penhor, salvo o agrícola e o pecuário, e a anticrese têm isto de comum que a coisa, que afetam, é entregue ao credor e permanece sob sua posse jurídica, ao passo que a hipoteca deixa a coisa sob a posse do seu dono.[3]

39.1.2. Constituição e objeto

Instituto de direito pouco usado no direito brasileiro, constitui-se a anticrese através de contrato escrito, que é celebrado por escritura pública, devendo ser levada ao registro público, por se tratar de direito real de garantia.

Na sua constituição, constarão, sob pena de não valer contra terceiros, o total da dívida, o prazo fixado para o pagamento, a taxa de juros e as especificações da coisa dada em garantia.

É, aliás, o que vem ordenado no art. 1.424, aplicável também ao penhor e à hipoteca:

> Os contratos de penhor, anticrese e hipoteca declararão, sob pena de não terem eficácia:
> I – o valor do crédito, sua estimação ou valor máximo;
> II – o prazo fixado para pagamento;
> III – a taxa dos juros, se houver;
> IV – o bem dado em garantia com as suas especificações.

Apresenta Nicolau Balbino Filho mais dados sobre a constituição:

> Recaindo a anticrese em imóveis, a pessoa casada que quiser constituí-la necessita da outorga do cônjuge. A escritura pública será da substância do ato se o valor for superior à alçada legal.
>
> São ainda pressupostos para a sua validade a capacidade dos contratantes e a aliena-bilidade do imóvel.
>
> A tradição do imóvel só por si não completa a constituição do direito real, que somente com o registro se ultima.[4]

É admitida a instituição por ato de última vontade, conforme ensinamento de Pontes de Miranda.[5]

---

[2] *Direito das Coisas*, ob. cit., p. 530.
[3] *Da Anticrese*, São Paulo, Livraria Acadêmica Saraiva & Cia – Editores, 1919, pp. 18 e 19.
[4] *Registro de Imóveis – Doutrina, Prática, Jurisprudência*, ob. cit., 263.
[5] *Tratado de Direito Privado*, 3ª ed., São Paulo, Editora Revista dos Tribunais, 1983, vol. XXI, p. 149.

Cap. XXXIX · ANTICRESE, CONCESSÃO DE USO ESPECIAL E CONCESSÃO DE DIREITO REAL | 1107

Torna-se indispensável a transferência do imóvel para a posse do credor, segundo demonstrava Carvalho Santos, continuando atual a lição, eis que idêntico o tratamento dispensado pelo Código atual ao sistema do Código revogado: "Exige o Código, portanto, a tradição do imóvel para a posse do credor, como condição essencial à constituição da anticrese", em virtude de que a posse integra os elementos constitutivos da garantia.[6] Alude Washington de Barros Monteiro que a tradição do imóvel corresponde a uma verdadeira preocupação em causa própria para o aludido fim. Essa tradição constitui o ato mais característico da anticrese.[7]

De outro lado, unicamente imóveis podem integrar o objeto da anticrese. No entender que móveis possam prestar-se à garantia, delinear-se-ia a figura do penhor. Acresce notar a menção expressa da restrição aos imóveis pelo art. 1.506.

Impõe-se, outrossim, que o bem seja frugífero, ou traga rendimentos – o que é essencial para a configuração do instituto, posto que os frutos e os rendimentos irão abater os juros e o capital garantido.

O imóvel hipotecado pode sujeitar-se a esta garantia, bem como é possível o imóvel com anticrese submeter-se à hipoteca, o que permite o § 2º do art. 1.506: "Quando a anticrese recair sobre bem imóvel, este poderá ser hipotecado pelo devedor ao credor anticrético, ou a terceiros, assim como o imóvel hipotecado poderá ser dado em anticrese". A hipoteca e a anticrese não se excluem. Dizia Affonso Dionysio Gama:

> Os direitos que o credor anticrético exerce sobre o imóvel sujeito à hipoteca consistem na garantia que lhe compete sobre os frutos, ou rendimentos, do mesmo imóvel. Mas nem porque os frutos, ou rendimentos, são móveis, nem porque tais direitos não afetam o próprio imóvel sem frutos, ou rendimentos, se deve entender que sejam de natureza móvel e menos ainda pessoal [...] A anticrese, pois, que em regra se limita a simples retenção, ineficaz quando a coisa se transfere a terceiros, assume, quando versa sobre imóveis, o caráter de direito real, para prevalecer não só contra o comprador, que, deste modo, a vem receber com encargo, senão contra o credor hipotecário por hipoteca posterior, o qual não poderá vender em praça o imóvel sem satisfazer a dívida anticrética, nem consentir na venda extrajudicial sem que, ao menos, fiquem ressalvados os direitos do credor anticrético.[8]

Se o imóvel hipotecado é dado em anticrese, evidentemente, por já estar hipotecado, ao ser excutido, não se obriga o credor a satisfazer a dívida garantida pela anticrese. Mas se já firmada a anticrese, e advém posteriormente a hipoteca, a excussão hipotecária obriga, previamente, o pagamento da dívida assegurada por anticrese.

Como assinala Darcy Bessone, "a anticrese pode ser concedida pelo proprietário ou por quem tem direito real de desfrute (enfiteuta e usufrutuário)".[9] É que o gravame não repercute na substância da coisa, ou na transmissibilidade do domínio.

39.1.3. Direitos e deveres

Ao credor anticrético asseguram-se os seguintes direitos:

I – Exercer a posse do bem dado em garantia.

---

[6]   *Obra citada*, vol. X, p. 234.

[7]   *Curso de Direito Civil – Direito das Coisas*, ob. cit., p. 368.

[8]   *Da Anticrese*, ob. cit., pp. 24 e 25.

[9]   *Direitos Reais*, ob. cit., p. 409.

II – Administrar os bens objeto da anticrese, e fruir os frutos e utilidades. Ressalta, a respeito, o art. 1.507: "O credor anticrético pode administrar os bens dados em anticrese e fruir seus frutos e utilidades, mas deverá apresentar anualmente balanço, exato e fiel, de sua administração".

III – Reter o imóvel em seu poder, até efetuar-se o pagamento da dívida, segundo ordenado no art. 1.423: "O credor anticrético tem direito a reter em seu poder o bem, enquanto a dívida não for paga; extingue-se esse direito decorridos 15 (quinze) anos da data de sua constituição".

Mas, há de se lembrar a ressalva do art. 1.509, § 1º: "Se executar os bens por falta de pagamento da dívida, ou permitir que outro credor o execute, sem opor o seu direito de retenção ao exequente, não terá preferência sobre o preço".

O direito de retenção é de suma importância. Enquanto não satisfeita a dívida, faculta-se-lhe reter o bem em seu poder. Aí está a distinção relativamente a outros direitos reais de garantia (penhor e hipoteca), que permitem a excussão da dívida hipotecária ou empenhada, preferindo o pagamento a outros credores. Na anticrese, sempre se mantém o bem na posse do credor. Tanto que, se excutido, não há a preferência sobre o preço, que ocorre nas outras garantias. Salientam Colin e Capitant que

> el acreedor no adquiere la propiedad del inmueble por falta de pago de la deuda dentro del plazo convenido. Todo pacto en contrario será nulo. Pero el acreedor en este caso podrá pedir, en la forma que previene la ley de enjuiciamiento civil, el pago de la deuda o la venta del inmueble.[10]

A retenção formaliza-se por meio de embargos de terceiro.

Não cabe, todavia, a sub-rogação no caso de indenização do seguro ou por desapropriação, de acordo com o § 2º do art. 1.509: "O credor anticrético não terá preferência sobre a indenização do seguro, quando o prédio seja destruído, nem, se forem desapropriados os bens, com relação à desapropriação".

Numa destas duas hipóteses (destruição ou desapropriação do imóvel), extingue-se a anticrese, embora perdurando a dívida.

O descabimento da sub-rogação foi justificado por Carvalho Santos:

> Ora, extinta a anticrese, quando muito poder-se-ia dar a sub-rogação, tal como se verifica no penhor, ou na hipoteca, mas nem isso é possível porque não é o imóvel que garante a dívida, mas sim os frutos. A anticrese recai sobre os frutos e a indenização diz respeito ao imóvel. Logo, impossível é a sub-rogação e, por isso mesmo, qualquer preferência ao credor anticrético.[11]

IV – Arrendar os bens a terceiro, se não o impedir cláusula contratual, o que não afasta a retenção, consoante o § 2º do art. 1.507: "O credor anticrético pode, salvo pacto em sentido contrário, arrendar os bens dados em anticrese a terceiro, mantendo, até ser pago, direito de retenção do imóvel, embora o aluguel desse arrendamento não seja vinculativo para o devedor".

V – Vindicar seus direitos contra o terceiro que adquira o imóvel. É o direito de sequela, garantido no art. 1509: "O credor anticrético pode vindicar os seus direitos contra o adquirente dos bens, os credores quirografários e os hipotecários posteriores ao registro da anticrese".

Ou seja, prevalece o direito do credor anticrético ante os créditos de outros credores, desde que instituída a anticrese de forma legal, com o devido Registro Imobiliário. Sem o registro, posiciona-se como credor comum ou quirografário.

---

[10] *Curso Elemental de Derecho Civil*, tomo V, ob. cit., p. 105.

[11] *Obra citada*, vol. X, p. 259.

Não se pense, porém, que na falência ou insolvência assiste alguma preferência ao credor anticrético. Forma-se a massa falida sobre o bem, e não sobre as perspectivas de produção de frutos ou rendimento dos bens.

Mesmo nas hipóteses de vencimento antecipado da dívida não socorre ao credor algum direito preferencial. Cabe-lhe simplesmente executar o valor devido, sendo que os bens garantirão, no mesmo grau de igualdade, os demais credores.

Arrolam-se como obrigações do mesmo credor:

I – Guardar ou manter a coisa como se a mesma lhe pertencesse.

II – Apresentar anualmente balanço, exato e fiel, de sua administração, com a discriminação dos frutos e utilidades usufruídos, o correspondente ao pagamento da dívida, o saldo remanescente, nos exatos termos do art. 1.507: "O credor anticrético pode administrar os bens dados em anticrese e fruir seus frutos e utilidades, mas deverá apresentar anualmente balanço, exato e fiel, de sua administração".

Não concordando o devedor com o balanço, ou constatando a má administração, a falta de exatidão, a sonegação de dados sobre os rendimentos ou frutos, com amparo no § 1º do art. 1.507 poderá impugná-lo, e, se o quiser, requerer a transformação em arrendamento, fixando o juiz o valor mensal do aluguel, o qual poderá ser corrigido anualmente.

III – Responder pelas deteriorações que o imóvel sofre por culpa sua, e pelos frutos e rendimentos não percebidos por negligência, conforme se colhe do art. 1.508: "O credor anticrético responde pelas deteriorações que, por culpa sua, o imóvel vier a sofrer, e pelos frutos e rendimentos que, por sua negligência, deixar de perceber".

IV – Prestar contas dos frutos ou rendimentos havidos, com o consequente abatimento da dívida que for sendo satisfeita.

V – Devolver a coisa uma vez cumprida a obrigação. Mas, segundo admitem Ambrosio Colin e H. Capitant, "no está prohibido que el deudor contraiga el compromiso condicional de vender la finca al acreedor, y no existe pacto comisorio cuando sea pactado más del valor en tasación de la finca".[12]

Alguns direitos ressaltam em favor do devedor anticrético como:

I – impor a conservação do imóvel, mantendo-se no estado em que foi recebido, sem modificações prejudiciais;

II – reclamar a devolução e acessórios quando vencido o prazo, ou satisfeita a dívida;

III – pedir contas do imóvel, dos frutos e rendimentos, sempre que entender necessário;

IV – postular a indenização dos frutos perdidos ou deteriorados por culpa do credor;

V – alienar o imóvel; a garantia, no entanto, perdurará com o adquirente.

Os deveres mais salientes são:

I – dar a posse ao credor, com o fito de possibilitar-lhe o proveito dos frutos e rendimentos;

II – pagar a dívida se não cumprir o uso do imóvel esta finalidade.

---

[12] *Curso Elemental de Derecho Civil*, tomo V, ob. cit., p. 105.

39.1.4. Extinção

A primeira causa de extinção da anticrese é, por evidente, a satisfação do pagamento. Desaparecida a obrigação principal, não haverá mais suporte para a persistência do encargo.

Aventam-se outras causas, algumas comuns com a extinção dos demais direitos reais de garantia.

Assim, dá-se a extinção com o advento do termo final do direito de retenção, que ocorre após quinze anos contados da data do registro da garantia. Como se observou, a retenção é exercitável sempre que outros credores propuserem a execução de seus créditos, encontrando o direito apoio no art. 1.423 do Código Civil.

A remissão dos bens pelo adquirente dos mesmos, que deve ocorrer, naturalmente, antes do vencimento da dívida, mediante o seu pagamento. Desde que se faça o pagamento, libera-se o imóvel da garantia, como permite o art. 1.510: "O adquirente dos bens dados em anticrese poderá remi-los, antes do vencimento da dívida, pagando a sua totalidade à data do pedido de remição e imitir-se-á, se for o caso, na sua posse".

O perecimento do imóvel é outro fator determinante da extinção, já que, então, faltará o objeto da garantia. Dá-se o perecimento quando do esgotamento total da substância da coisa e quando a coisa perde as qualidades essenciais, ou o valor econômico, o que se dá, *v. g.*, na hipótese de uma enxurrada remover inteiramente o solo fértil do imóvel.

A renúncia do credor é mais uma forma de extinção. Há perdão da dívida, tornando, pois, sem objeto a garantia.

Mas a renúncia pode dar-se apenas à garantia, e não à dívida, consoante Tupinambá Miguel Castro do Nascimento:

> O credor pode, expressamente, renunciar à garantia real, se mantendo a relação de direito obrigacional. A renúncia é unilateral, por independer da concordância do devedor. O credor deixa, face o ato de renúncia, de ser titular do direito real anticrético que, por falta de titularidade se extingue [...] Na renúncia do credor, o que se desfigura é simplesmente a garantia real anticrética; a relação de direito obrigacional, que é o principal, se conserva.[13]

Aceita-se a renúncia tácita, ou sem forma sacramental. Como observa Carvalho Santos, o abandono da posse, a entrega do imóvel, ou a perda por esbulho sem que sejam tomadas as medidas cabíveis pelo credor, extinguem a anticrese, por corresponder à renúncia.[14]

A desapropriação do bem determina, obrigatoriamente, a extinção, pois há a transferência para o domínio público, sem que assista ao credor a pretensão de subrogar-se na indenização paga, o que também se aplica se há a destruição do prédio, com o pagamento de seguro (§ 2º do art. 1.509 do Código Civil).

39.2. CONCESSÃO DE USO ESPECIAL PARA FINS DE MORADIA E CONCESSÃO DE DIREITO REAL DE USO

A "concessão de uso especial para fins de moradia" e a "concessão de direito real de uso" são direitos reais sobre coisa alheia, vindo incluídos no Código Civil pelo art. 10 da Lei nº 11.481, de 2007, com alteração da Lei nº 13.465/2017. Foram esses dois direitos reais sobre coisa alheia introduzidos no art. 1.225 do Código Civil, justamente nos incisos XI e XII. Com esse aporte de direitos, visa-se atender à função social da propriedade, garantida pelos arts. 5º, XXIII, 170, III, e 182, § 2º, todos da Constituição Federal.

---

[13] *Penhor e Anticrese*, ob. cit., p. 217.
[14] *Obra citada*, vol. X, p. 235.

Cap. XXXIX • ANTICRESE, CONCESSÃO DE USO ESPECIAL E CONCESSÃO DE DIREITO REAL | **1111**

Há, pois, dois novos direitos reais sobre coisa alheia. Entretanto, não vieram a conceituação e a caracterização no Código Civil. Deve-se, daí, apreender o significado e o alcance dessas espécies em outros diplomas.

Para o entendimento, necessário aduzir que as modalidades de direitos reais incluídos afetam imóveis públicos da União. A finalidade visa regularizar a desordenada ocupação de áreas públicas. Opera-se, com a concessão, a transferência do uso para os ocupantes, em cujo favor institui um direito real, mas permanecendo os bens na propriedade do Poder Público.

Emerge o direito de concessão de uso especial para a moradia do art. 2º da Lei nº 11.481/2007, que acrescenta o art. 22-A à Lei nº 9.636/1998. Este diploma, dentre outros regramentos, dispõe sobre a regularização, administração, aforamento e alienação de bens imóveis de domínio da União. Em vista de seu art. 22-A, o direito à concessão de uso especial para fins de moradia aplica-se às áreas de propriedade da União, abrangendo os terrenos de marinha e acrescidos. Importante transcrever o dispositivo:

> A concessão de uso especial para fins de moradia aplica-se às áreas de propriedade da União, inclusive aos terrenos de marinha e acrescidos, e será conferida aos possuidores ou ocupantes que preencham os requisitos legais estabelecidos na Medida Provisória nº 2.220, de 4 de setembro de 2001.

Há omissão quanto aos fins decorrentes de concessão de direito real de uso. Entretanto, a sua concessão foi instituída pelo art. 7º do Decreto-lei nº 271/1967, com nova redação trazida pelo art. 7º da Lei nº 11.481/2007. De observar que o art. 24-D, § 1º, inc. I, da Lei nº 9.636/1998, acrescentado pela Lei nº 14.011/2020, dispensa a licitação para a realização de estudos e a execução de plano de desestatização de ativos imobiliários da União, para a finalidade, dentre outras, de concessão de direito real de uso.

Lembra-se, outrossim, a concessão de uso para fins comerciais, contemplada no art. 9º da Medida Provisória nº 2.220/2001, em redação da Lei nº 13.465/2017, segundo se verá adiante. Todavia, esse direito não veio elevado à categoria de direito real sobre coisa alheia.

De salientar que o transcrito art. 22-A restringe a concessão unicamente a imóveis da União. Ou seja, manda aplicar as disposições da Medida Provisória nº 2.220/2001 para a concessão de imóveis da União. Com isso, embora a citada Medida Provisória envolva imóveis de outras entidades de direito público, a sua aplicação para a concessão aqui tratada (para fins de moradia como categoria de direitos reais) limita-se aos imóveis da União. Já em relação ao direito real de uso, os imóveis públicos e particulares submetem-se à concessão.

Por força dos §§ 1º e 2º do art. 22-A da Lei nº 9.636/1998, não ficam abrangidos na concessão os imóveis funcionais da União, e nem os imóveis sob administração do Ministério da Defesa ou dos Comandos da Marinha, do Exército e da Aeronáutica.

De aduzir, ainda, na previsão do art. 13 da Lei nº 11.481/2007, que a concessão de uso especial para fins de moradia, a concessão de direito real de uso, e mais o direito de superfície, tornam-se próprios de serem objeto de garantia real, assegurada sua aceitação aos agentes financeiros no âmbito do Sistema Financeiro da Habitação – SFH.

Abordar-se-ão as espécies de concessão de uso especial para fins de moradia e de direito real de uso.

39.2.1. Concessão de uso especial para fins de moradia

Parte-se para a concessão de uso especial para fins de moradia, que consiste no contrato pelo qual a Administração Pública transfere o uso remunerado ou gratuito de imóvel público, para a utilização destinada à moradia.

Decorre a concessão, também, da Regularização Fundiária Urbana – Reurb, consoante art. 15, XII, da Lei nº 13.465/2017.

A disciplina está na Medida Provisória nº 2.220/2001, acima aludida, em texto da Lei nº 13.465/2017, que se restringe à concessão gratuita. O art. 1º permite a concessão de imóveis até a área de duzentos e cinquenta metros quadrados quando a ocupação é individual, ou de entidade familiar, formada pelo casamento ou pela união estável:

> Aquele que, até 22 de dezembro de 2016, possuiu como seu, por cinco anos, ininterruptamente e sem oposição, até duzentos e cinquenta metros quadrados de imóvel público situado em área com características e finalidade urbanas, e que o utilize para sua moradia ou de sua família, tem o direito à concessão de uso especial para fins de moradia em relação ao bem objeto da posse, desde que não seja proprietário ou concessionário, a qualquer título, de outro imóvel urbano ou rural.

Esquematizando, eis os requisitos:

a) o exercício da posse somente até 22 de dezembro de 2016;

b) a ocupação mínima ser pelo prazo de cinco anos;

c) a posse ser ininterrupta e sem oposição, isto é, contínua, mansa e pacífica;

d) localizar-se o imóvel em área com características e finalidades urbanas;

e) ter o imóvel a dimensão de até duzentos e cinquenta metros quadrados;

f) ser a destinação da ocupação para a moradia do possuidor ou de sua família;

g) ser público o imóvel;

h) o ocupante ou candidato não ser proprietário ou concessionário, a qualquer título, de outro imóvel rural ou urbano.

Por sua vez, conforme os parágrafos:

– A concessão de uso especial para fins de moradia será conferida de forma gratuita ao homem ou à mulher, ou a ambos, independentemente do estado civil (§ 1º).

– O direito de que trata o art. 1º não será reconhecido ao mesmo concessionário mais de uma vez (§ 2º).

– Para os efeitos do mesmo art. 1º, o herdeiro legítimo continua, de pleno direito, na posse de seu antecessor, desde que já resida no imóvel por ocasião da abertura da sucessão (§ 3º).

Faculta-se a concessão de imóveis com área superior a duzentos e cinquenta metros quadrados, mas que, na divisão pelo número de moradores, seja inferior a duzentos e cinquenta metros quadrados, na previsão do art. 2º da Medida Provisória:

> Nos imóveis de que trata o art. 1º, com mais de duzentos e cinquenta metros quadrados, ocupados até 22 de dezembro de 2016, por população de baixa renda para sua moradia, por cinco anos, ininterruptamente e sem oposição, cuja área total dividida pelo número de possuidores seja inferior a duzentos e cinquenta metros quadrados por possuidor, a concessão de uso especial para fins de moradia será conferida de forma coletiva, desde que os possuidores não sejam proprietários ou concessionários, a qualquer título, de outro imóvel urbano ou rural.

Cap. XXXIX · ANTICRESE, CONCESSÃO DE USO ESPECIAL E CONCESSÃO DE DIREITO REAL | **1113**

Destacam-se os seguintes requisitos:

a) o exercício da posse somente até 22 de dezembro de 2016;

b) a ocupação mínima ser pelo prazo de cinco anos;

c) a posse ser ininterrupta e sem oposição, isto é, contínua, mansa e pacífica;

d) ter o imóvel a dimensão superior a duzentos e cinquenta metros quadrados, mas que, na divisão pelo número de possuidores, seja inferior a duzentos e cinquenta metros por possuidor;

e) a ocupação ser por população de baixa renda, para a finalidade de moradia do possuidor, podendo estar acompanhado de sua família;

f) haver impossibilidade de identificação dos terrenos ocupados pelos possuidores;

g) ser público o imóvel;

h) o ocupante ou candidato não ser proprietário ou concessionário, a qualquer título, de outro imóvel rural ou urbano.

Regras especiais aparecem nos parágrafos do art. 2º:

– O possuidor pode, para o fim de contar o prazo exigido por este artigo, acrescentar sua posse a de seu antecessor, contanto que ambas sejam contínuas (§ 1º).

– Na concessão de uso especial de que trata este artigo, será atribuída igual fração ideal de terreno a cada possuidor, independentemente da dimensão do terreno que cada um ocupe, salvo hipótese de acordo escrito entre os ocupantes, estabelecendo frações ideais diferenciadas (§ 2º).

– A fração ideal atribuída individualmente a cada possuidor não poderá ser superior a duzentos e cinquenta metros quadrados (§ 3º).

Embora omissa a lei, entende-se que a concessão é gratuita, como acontece no caso do art. 1º, tanto que os favorecidos devem constituir-se de pessoas de baixa renda.

Vários regramentos comuns constam dos dispositivos que seguem. Cumpre ao Poder Público dar segurança aos possuidores, ou conceder a posse em outro local, se a ocupação acarretar risco à vida e à saúde dos possuidores (art. 4º). Providenciará, ainda, o Poder Público a posse em outro local nos seguintes casos (art. 5º):

I – de uso comum do povo;

II – destinado a projeto de urbanização;

III – de interesse da defesa nacional, da preservação ambiental e da proteção dos ecossistemas naturais;

IV – reservado à construção de represas e obras congêneres; ou.

V – situado em via de comunicação.

A concessão do título para fins de moradia segue procedimento administrativo, até chegar à formalização do "contrato de uso especial para fins de moradia", não se negando, porém, a via judicial (art. 6º e seu § 3º), se manifestada a omissão ou recusa por parte do órgão administrativo, ou mesmo se não deferido o pedido no prazo de doze meses (§ 1º do art. 6º). Encaminha-se, após, o título (administrativo ou judicial) ao registro imobiliário, com o que se dará publicidade e eficácia *erga omnes*. Em qualquer hipótese, e desde que possível, instrui-se o pedido com certidão expedida pelo Poder Público municipal, que ateste a localização do imóvel em área urbana e a sua destinação para moradia do ocupante ou de sua família (art. 6º, § 4º). Obviamente, na recusa de se entregar a certidão, não fica impedida a via judicial, cumprindo à parte postulante realizar a prova da viabilidade do uso do imóvel, dentro das exigências da lei.

Garante o art. 7º a transmissibilidade da concessão de uso especial por ato *inter vivos* ou *causa mortis*, com o que é permitida a alienação do direito em vida ou com a morte do titular. Os adquirentes devem enquadrar-se nas exigências dos arts. 1º e 2º, no que forem pertinentes ao caso. Realmente, não haveria coerência exigir determinadas condições quando da concessão pelo Poder Público e dispensá-las na mera transmissão. A pertinência diz ao adquirente de baixa renda, àquele que não dispuser de moradia e não tiver sido contemplado anteriormente com a concessão de uso para moradia, efetuando-se a transmissão pelo prazo restante.

Não há vedação expressa para a transmissão onerosa.

A sucessão ao herdeiro que reside no imóvel, no caso de imóvel até duzentos e cinquenta metros quadrados, no entanto, se opera de pleno direito, por força do § 3º do art. 1º. É de se observar, também nesta hipótese, por coerência com o instituto, que a transmissão do uso (e não do domínio particular) depende da presença da posse e da satisfação dos demais requisitos dos arts. 1º e 2º da Medida Provisória nº 2.220/2001, desde que pertinentes (como pessoa de baixa renda, sem moradia e não já concessionário de outro imóvel). Até porque, se a destinação não for para fins de moradia, importa em sua extinção, de acordo com o art. 8º da Medida Provisória em exame.

A extinção de direito de concessão de uso especial para fins de moradia (art. 8º) se verifica nas seguintes eventualidades:

> I – se o concessionário der ao imóvel destinação diversa da moradia para si ou para sua família; e
>
> II – se o concessionário adquirir a propriedade ou a concessão de uso de outro imóvel urbano ou rural.

Leva-se o ato de extinção à averbação no Registro de Imóveis.

39.2.2. Concessão de direito real de uso

No pertinente a este direito real sobre coisa alheia, a conceituação está no art. 7º do Decreto-lei nº 271/1967, com a redação trazida pelo art. 7º da Lei nº 11.481/2007. Eis o conceito dado pelo dispositivo citado:

> É instituída a concessão de uso de terrenos públicos ou particulares remunerada ou gratuita, por tempo certo ou indeterminado, como direito real resolúvel, para fins específicos de regularização fundiária de interesse social, urbanização, industrialização, edificação, cultivo da terra, aproveitamento sustentável das várzeas, preservação das comunidades tradicionais e seus meios de subsistência ou outras modalidades de interesse social em áreas urbanas.

Difere, embora haja pontos comuns, do direito de uso instituído pelo Código Civil, regulado por seus arts. 1.412 e 1.413, que é de natureza privada e tendo por objeto bens particulares, conceituado como o direito real temporário, pelo qual fica o usuário autorizado a extrair da coisa alheia as utilidades exigidas pelas suas necessidades e pelas de sua família.

Trata-se o uso aqui abordado de um instituto de direito eminentemente administrativo, mas sem impedir a via judicial para a concessão ou a cassação, se transgredida a lei.

Poderá decorrer a concessão, também, da Regularização Fundiária Urbana – Reurb, consoante art. 15, XIII, da Lei nº 13.465/2017.

Cap. XXXIX • ANTICRESE, CONCESSÃO DE USO ESPECIAL E CONCESSÃO DE DIREITO REAL | **1115**

Extraem-se os seguintes requisitos:

a) a concessão envolver terrenos públicos ou particulares;

b) dar-se a concessão de forma gratuita ou onerosa;

c) ser permitida a estipulação por tempo certo ou indeterminado;

d) a concessão situar-se dentro do direito real resolúvel;

e) ser finalidade da concessão a regularização fundiária de interesse social, como urbanização, industrialização, edificação, cultivo da terra, aproveitamento sustentável das várzeas, preservação das comunidades tradicionais e seus meios de subsistência ou outras modalidades de interesse social em áreas urbanas;

f) ser permitida a transmissão por atos *inter vivos* ou *causa mortis*;

g) outorgar-se a concessão por meio de termo administrativo ou escritura pública;

h) fazer-se necessário o registro imobiliário.

Quanto aos terrenos particulares, o Poder Público disporá dos mesmos se os desapropriar, ou adquirir. Por evidente que não lhe faculta a lei fazer a concessão de bens que não lhe pertencem.

Conforme os vários parágrafos do art. 7º do Decreto-Lei nº 271/1977 que seguem, sintetizam-se as seguintes normas em torno da matéria:

– Formaliza-se a concessão por instrumento público ou particular, ou por simples termo, com a inscrição em livro especial (§ 1º).

– A fruição ou proveito pelo concessionário inicia com a inscrição da concessão, passando a responder por todos os encargos civis, administrativos e tributários (§ 2º).

– Resolve-se a concessão se é dada destinação diferente da estabelecida, ou se verificado o descumprimento de eventuais cláusulas obrigatórias (§ 3º).

– Está prevista a transmissão da concessão por ato *inter vivos* ou sucessão *causa mortis*, como ocorre com os demais direitos reais sobre coisas alheias, devendo proceder-se ao registro das transferências (§ 4º).

– Para efeito de aplicação do disposto no *caput* deste artigo, deverá ser observada a anuência prévia (§ 5º):

I – do Ministério da Defesa e dos Comandos da Marinha, do Exército ou da Aeronáutica, quando se tratar de imóveis que estejam sob sua administração; e

II – do Gabinete de Segurança Institucional da Presidência de República, observados os termos do inciso III do § 1º do art. 91 da Constituição Federal.

Há, ainda, a concessão de uso de para fins comerciais, garantido pelo art. 9º da Medida Provisória nº 2.220/2001, em texto da Lei nº 13.465/2017, nos seguintes termos:

É facultado ao poder público competente conceder autorização de uso àquele que, até 22 de dezembro de 2016, possuiu como seu, por cinco anos, ininterruptamente e sem oposição, até duzentos e cinquenta metros quadrados de imóvel público situado em área com características e finalidade urbanas para fins comerciais.

Pode-se colocar os seguintes requisitos, que se extraem do dispositivo anterior:

a) o exercício da posse ser até 22 de dezembro de 2016;

1116 | DIREITO DAS COISAS – *Arnaldo Rizzardo*

b) o exercício da posse ser pelo prazo mínimo de cinco anos;

c) a posse ser de forma mansa, contínua e, daí, pacífica e sem interrupção;

d) a dimensão do imóvel ser de até duzentos e cinquenta metros quadrados;

e) a localização do imóvel ser em área urbana;

f) a utilização ser para fins comerciais.

Várias disposições aparecem nos parágrafos. A concessão foi erigida em um direito do possuidor, desde que preencha as condições legais exigidas. Neste sentido, a autorização de uso de que trata o artigo será conferida de forma gratuita (§ 1º). O possuidor pode, para o fim de contar o prazo exigido por este artigo, acrescentar sua posse a de seu antecessor, contanto que ambas sejam contínuas (§ 2º). Aplica-se à autorização de uso prevista no *caput* do artigo 9º, no que couber, o disposto nos arts. 4º e 5º da Medida Provisória (§ 3º).

A Lei nº 13.465/2017 alterou algumas leis, introduzindo disposições sobre o direito real de uso. As mais importantes são as que seguem.

Assim, a Lei nº 8.629/1993, que dispõe sobre a regulamentação dos dispositivos constitucionais relativos à reforma agrária, previstos no Capítulo III, Título VII, da Constituição Federal. De acordo com seu art. 17, § 8º, não é necessária a quitação dos créditos concedidos aos assentados para a concessão de direito real de uso (CDRU) de imóvel rural.

A Lei nº 11.952/2009, tratando sobre a regularização fundiária das ocupações incidentes em áreas da União, ou do Instituto Nacional de Colonização e Reforma Agrária – Incra, estabeleceu, nos arts. 11 e 12, e nos parágrafos deste último, que a concessão de direito real de uso de área rural se dará de forma gratuita na ocupação de área contínua de até um módulo fiscal, sendo dispensada a licitação; no caso de área superior a um módulo fiscal, até a extensão de dois mil e quinhentos hectares, a concessão de direito real de uso dar-se-á de forma onerosa, também dispensada a licitação. Na forma do § 4º do art. 12, o preço corresponderá a 40% do valor mínimo de pauta entre 10% e 50% de valores da terra nua para fins de titulação e regularização fundiária elaborada pelo Incra, com base nos valores de imóveis avaliados para a reforma agrária, conforme regulamento.

Pelo art. 15 da mesma Lei, constarão as seguintes condições no contrato, pelo prazo de dez anos, sob condição resolutiva, além da inalienabilidade do imóvel:

I – a manutenção da destinação agrária, por meio de prática de cultura efetiva;

II – o respeito à legislação ambiental, em especial ao cumprimento do disposto no Capítulo VI da Lei nº 12.651, de 25 de maio de 2012; e

III – a não exploração de mão de obra em condição análoga à de escravo.

Já o art. 23, § 3º, no exame do pedido de doação ou de concessão de direito real de uso de terras da União situadas em área urbana ou de expansão urbana, para o Município ou o Distrito Federal, a fim de serem regularizadas, participará o Ministério do Desenvolvimento Regional na análise do pedido de doação ou concessão de direito real de uso de imóveis urbanos, devendo emitir parecer.

O pedido é dirigido ao Ministério do Desenvolvimento Regional.

Os pedidos serão instruídos com os seguintes documentos, além de outros exigíveis em regulamento (§ 1º do art. 23):

I – pedido de doação devidamente fundamentado e assinado pelo seu representante;

II – comprovação das condições de ocupação;

Cap. XXXIX • ANTICRESE, CONCESSÃO DE USO ESPECIAL E CONCESSÃO DE DIREITO REAL | **1117**

III – planta e memorial descritivo do perímetro da área pretendida, cuja precisão posicional será fixada em regulamento;

IV – cópia do plano diretor ou da lei municipal que contemple os elementos do ordenamento territorial urbano, observado o previsto no § 2º do art. 22 desta Lei;

V – relação de acessões e benfeitorias federais existentes na área pretendida, contendo identificação e localização.

Em vista do art. 17, I, letra 'i' da Lei nº 8.666/1993, fica dispensada, desde que haja autorização legislativa e prévia avaliação, a licitação para a concessão gratuita ou onerosa do direito real de uso de imóveis rurais da União ou do Incra de até dois mil e quinhentos hectares.

Os arts. 64 e 65 da Lei nº 13.465/2017 contemplam a arrecadação, pelo Município ou Distrito Federal, de imóveis urbanos abandonados e declarados vagos, com a destinação a programas habitacionais, à prestação de serviços públicos, ao fomento da Reurb-S, ou à concessão de direito real de uso a entidades civis que comprovadamente tenham fins filantrópicos, assistenciais, educativos, esportivos ou outros, no interesse do Município ou do Distrito Federal. Os imóveis arrecadados pelos Municípios ou pelo Distrito Federal poderão ser destinados.

No caso de envolver o pedido de concessão gratuita do direito real de uso imóvel objeto de Regularização Fundiária Urbana de interesse social – Reurb-S, que é a regularização fundiária aplicável aos núcleos urbanos informais ocupados predominantemente por população de baixa renda, assim declarados em ato do Poder Executivo municipal. Em consonância com o art. 87 da Lei nº 13.465/2017, cumpre ao interessado requerer à Secretaria do Patrimônio da União (SPU) a Certidão de Autorização de Transferência para fins de Reurb-S (CAT--Reurb-S), a qual valerá como título hábil para a aquisição do direito mediante o registro no cartório de registro de imóveis competente.

O parágrafo único incumbe ao oficial do Registro de Imóveis, após efetivado o registro da transferência da concessão de direito real de uso ou do domínio pleno do imóvel, no prazo de trinta dias, notificar a Superintendência do Patrimônio da União no Estado ou no Distrito Federal, informando o número da matrícula do imóvel e o seu Registro Imobiliário Patrimonial (RIP), o qual deverá constar da CAT-Reurb-S.

Prevê o art. 89 da Lei nº 13.465/2017 que a transferência gratuita do direito real de uso de imóveis da União, no âmbito do Reurb-S, bem como o exame do preenchimento dos requisitos pelos beneficiários, serão regulamentados em ato específico da Secretaria do Patrimônio da União-SPU.

Por último, duas questões enfrentadas pelo STJ merecem menção.

A primeira questão diz respeito à incidência ou não do IPTU nos bens objeto de direito real de uso. Caso empregado o bem concedido para atividade lucrativa, exigível o IPTU. Do contrário, não cabe:

A Segunda Turma reconheceu a não incidência do IPTU sobre considerados bens públicos cuja administração foi concedida, com base em contrato de concessão de direito real de uso, a condomínio privado e fechado, entidade civil sem fins lucrativos. O decidido pelo Supremo Tribunal Federal no Tema 437 da repercussão geral (REm601.720) não conflita com a conclusão alcançada no julgamento do recurso especial, porquanto ausente emprego de bem público para o desenvolvimento de atividades privadas lucrativas.[15]

---

[15] REsp 1.091.198/PR, da 2ª Turma, rel.Min. Og Fernandes, j. em 6.08.2019, *DJe* de 12.08.2019.

No voto do relator, a matéria é desenvolvida, com transcrições de decisão do STF. Primeiramente, no caso de exercida atividade econômica, não cabe a imunidade:

> Uma vez verificada atividade econômica, nem mesmo as pessoas jurídicas de direito público gozam da imunidade, o que dizer quanto às de direito privado.
> Mostra-se inequívoco ser o imóvel da União empregado, por particular, em atividade de fins exclusivamente privados e com intuito lucrativo. Não há base a justificar o gozo de imunidade nos termos assentados pelo Tribunal de origem.

> O ente público, ainda que não seja o responsável pela exploração direta da atividade econômica, ao ceder o imóvel ao particular, permite que o bem seja afetado a empreendimento privado. Observem que, no próprio contrato de concessão do uso, há cláusula prevendo que a concessionária arcaria com os tributos, sendo repassado inclusive o ônus do tributo municipal que se disse fundiário.

Já se não utilizado o bem para uma atividade lucrativa, não incide o tributo, no fundamento do seguinte aresto, transcrito no voto do Relator:

> A controvérsia refere-se à possibilidade ou não da incidência de IPTU sobre bens públicos (ruas e áreas verdes) cedidos com base em contrato de concessão de direito real de uso a condomínio residencial.

> O artigo 34 do CTN define como contribuinte do IPTU o proprietário do imóvel, o titular do seu domínio útil ou o seu possuidor a qualquer título. Contudo, a interpretação desse dispositivo legal não pode se distanciar do disposto no art. 156, I, da Constituição Federal. Nesse contexto, a posse apta a gerar a obrigação tributária é aquela qualificada pelo *animus domini*, ou seja, a que efetivamente esteja em vias de ser transformada em propriedade, seja por meio da promessa de compra e venda, seja pela posse ad usucapionem. Precedentes.

> A incidência do IPTU deve ser afastada nos casos em que a posse é exercida precariamente, bem como nas demais situações em que, embora envolvam direitos reais, não estejam diretamente correlacionadas com a aquisição da propriedade.

> Na hipótese, a concessão de direito real de uso não viabiliza ao concessionário tornar-se proprietário do bem público, ao menos durante a vigência do contrato, o que descaracteriza o *animus domini*.

> A inclusão de cláusula prevendo a responsabilidade do concessionário por todos os encargos civis, administrativos e tributários que possam incidir sobre o imóvel não repercute sobre a esfera tributária, pois a instituição do tributo está submetida ao princípio da legalidade, não podendo o contrato alterar a hipótese de incidência prevista em lei. Logo, deve-se reconhecer a inexistência da relação jurídica tributária nesse caso. 6. Recurso especial provido (REsp 1.091.198/PR, Rel. Min. Castro Meira, Segunda Turma, julgado em 24.05.2011, *DJe* 13.06.2011).

A segunda questão refere-se à prescrição da contraprestação pelo direito real de uso, aplicando-se as regras do Código Civil:

> A jurisprudência do Superior Tribunal de Justiça tem entendido que "a contraprestação pela concessão do direito real de uso detém natureza jurídica de preço público; assim, a prescrição é regida pelas normas de Direito Civil, ou seja, prazo de 20 anos, nos termos do CC/1916, ou de 10 anos, consoante o CC/2002, observando-se a regra

Cap. XXXIX • ANTICRESE, CONCESSÃO DE USO ESPECIAL E CONCESSÃO DE DIREITO REAL | 1119

de transição prevista no art. 2.028 do CC/2002" (AgRg no REsp. 1.426.927/DF, Rel. Min. Humberto Martins, Segunda Turma, *DJe* 15/08/2014).[16]

O voto do Relator reporta-se a outro aresto, com o seguinte enunciado:

A decisão agravada atende aos requisitos do art. 489 do CPC/2015, pois apresenta relatório em que descreve claramente a controvérsia dos autos, bem como adota, como razão de decidir, entendimento firmado no âmbito deste Superior Tribunal de Justiça, segundo o qual, é decenal o prazo prescricional para a cobrança de remuneração pactuada em contrato de concessão de direito real de uso sobre imóvel público, nos termos do art. 205 do Código Civil, por se tratar de valores cuja natureza jurídica é a de preço público (AgInt no REsp 1543146/DF, Rel. Ministro Sérgio Kukina, Primeira Turma, julgado em 14/08/2018, *DJe* 23/08/2018).

---

[16] AgInt no REsp 1.688.142/DF, da 1ª Turma, rel. Min. Gurgel de Faria, j. em 1º.7.2019, *DJe* de 7.08.2019.

Capítulo XL

Direito Real de Laje

40.1. O SIGNIFICADO DO DIREITO REAL DE LAJE

O instituto do direito de laje, ou de sobrelevação, ou de sobreposição, e de subposição (instituto que integra o direito urbanístico), veio introduzido, juntamente com outros institutos novos do direito, pela Lei nº 13.465, de 11.07.2017, fruto da conversão da Medida Provisória nº 759/2016, com o acréscimo do inciso XIII ao art. 1.225, e do Título XI da Parte Especial, Livro III, arts. 1.510-A a 1.510-E, do Código Civil. Sob o pretexto de regularização fundiária, procurou abrir cominho para legalizar as moradias sobrepostas, com a possibilidade de obter título dominial aos patamares que, em geral, se sobrepõem, a partir de uma primeira construção-base. Partiu a criação de uma realidade antiga que se expandiu e generalizou nas favelas do Rio de Janeiro, em que os moradores permitem que um terceiro construa sobre a sua laje, passando a deter a posse exclusiva da moradia por ele construída. Tornou-se prática corrente nas concentrações de populações de baixa renda, e constitui uma criação própria de terceiro-mundo para buscar a solução de moradia, especialmente nas favelas das grandes cidades, que passaram a ser chamadas de comunidades, cuja realidade fática, no entanto, revela-se trágica pelas deficiências e carências especialmente de saneamento básico.

Criou-se uma nova modalidade de condomínio, permitindo que outro titular utilize e seja proprietário do pavimento superior ou em subsolo de uma construção, surgindo o direito de laje.

Para a apreensão do sentido, deve-se partir da palavra "laje", que é o nome dado a uma pedra de superfície plana, de formato quadrado ou quadrangular, utilizada em pisos e em diferentes patamares das construções, em pátios e espaços de circulação de pessoas, de calçadas e prática de esportes. Corresponde, também, à armação de concreto que cobre peças de um prédio, o sobrado e o teto de uma edificação; à cobertura de uma edificação ou à divisão entre pavimentos de uma mesma edificação.

No caso do direito de laje, sobre o patamar de um prédio, ou no subsolo, constrói-se outra economia, ou moradia, ou espaço qualquer de utilização. O proprietário transmite a um terceiro o direito de construir sobre o seu prédio, ou embaixo do mesmo, uma ou mais unidades. Vende-se o espaço que fica acima ou na parte inferior de um prédio (o que é possível especialmente em terrenos inclinados), para serem construídas unidades autônomas superiores, em linha ascendente, ou subterrânea (andares subterrâneos).

Pelas modalidades que estão na lei, limita-se o direito a vender o espaço que está acima ou abaixo de seu prédio. Não há na previsão da lei a extensão da venda do espaço rente às paredes externas laterais, de modo a permitir a construção de 'puxados', tão comum nos casarios de vilas e favelas.

Cap. XL · DIREITO REAL DE LAJE | **1121**

Assemelha-se ao direito de superfície, sendo que há quem concede o direito de laje como uma espécie de direito de superfície, cuja disciplina encontra-se nos arts. 1.369 a 1.377, mas restringindo-se este instituto unicamente à concessão, pelo proprietário, do direito de construir ou de plantar em seu terreno, por tempo determinado, sem abranger o subsolo, a menos que seja inerente ao objeto da concessão. Mais especificamente, constitui o direito de superfície na faculdade de construir ou manter, perpétua ou temporariamente, uma obra ou plantação em terreno alheio. O proprietário de um imóvel, concebido na sua integridade, concede o direito a outrem de construir ou plantar em seu terreno, por tempo determinado, formalizando-se o contrato através de escritura pública, que se sujeita ao Direito Imobiliário. Tal a ideia que se colhe dos que abordaram o assunto, como desenvolveu Márcio Kang, que se esteia em doutrina antiga: "É o direito de uma pessoa ter a propriedade de edifícios ou plantações feitas em terreno alheio, com pleno consentimento do proprietário deste terreno"[1]. Ou, na conceituação de Frederico Bittencourt, trata-se do "direito real em virtude do qual uma pessoa passa a dispor, desfrutar e usar das construções e plantações que realizar em terreno alheio, com o prévio consentimento do dono".[2]

O direito de superfície aportou no direito positivo primeiramente através da Lei nº 10.257/2001 (Estatuto da Cidade), cujo significado está claro no art. 21 e em seu § 1º:

> "O proprietário urbano poderá conceder a outrem o direito de superfície do seu terreno, por tempo determinado ou indeterminado, mediante escritura pública registrada no cartório de registro de imóveis.
>
> § 1º O direito de superfície abrange o direito de utilizar o solo, o subsolo ou o espaço aéreo relativo ao terreno, na forma estabelecida no contrato respectivo, atendida a legislação urbanística".

Todavia, não raramente dava-se ao direito de superfície a extensão que veio a ter o instituto de laje, sendo exemplo o Enunciado 568, proclamado na VI Jornada de Direito Civil, realizada no período de 11 e 12 de março de 2013, do Conselho de Justiça Federal, nos seguintes termos: "o direito de superfície abrange o direito de utilizar o solo, o subsolo ou o espaço aéreo relativo ao terreno, na forma estabelecida no contrato, admitindo-se o direito de sobrelevação, atendida a legislação urbanística".

Quanto ao direito de laje, para a perfeita compreensão, e a distinção do direito de superfície, deve-se buscar o conceito dado pelo legislador, com o que não se incorre no perigo de comparações mal feitas e confusões com institutos próximos ou afins, o que, às vezes, acontece.

Veja-se o art. 1.510-A: "O proprietário de uma construção-base poderá ceder a superfície superior ou inferior de sua construção a fim de que o titular da laje mantenha unidade distinta daquela originalmente construída sobre o solo".

Desponta com meridiana nitidez a cessão da superfície superior ou inferior de uma construção. Transfere-se a laje ou o piso térreo, com todos os componentes, como as vigas, o que permite ao adquirente construir uma nova ou várias unidades, que passará para a sua titularidade, e não se enquadrando como acessão no terreno.

O § 1º identifica o objeto dessa transmissão: "O direito real de laje contempla o espaço aéreo ou o subsolo de terrenos públicos ou privados, tomados em projeção vertical, como unidade imobiliária autônoma, não contemplando as demais áreas edificadas ou não pertencentes ao proprietário da construção-base".

---

[1] *Direito de Superfície*, em Revista dos Tribunais, nº 541, p. 301.
[2] *Direito Real de Superfície*, em Revista Forense, nº 272, p. 404.

1122 | DIREITO DAS COISAS – *Arnaldo Rizzardo*

Cria-se um novo direito real que abrange a unidade imobiliária autônoma sobrelevada, ou subterrânea, isto é, erigida acima da construção original, ou embaixo, de propriedade de outrem, e arcando o titular da laje com os encargos e tributos que incidirem sobre a sua unidade, em sintonia com o § 2º.

O espaço alienado ou cedido terá direção vertical, e passa a ser autônomo, pertencendo a um novo titular. Sobre o espaço da moradia, onde existirá um suporte consistente, ou abaixo do piso térreo, uma pessoa adquire o direito de construir. Decorre a coexistência de unidades imobiliárias autônomas de titularidades distintas.

Diferente é o direito de superfície, conforme acima visto, pois envolve também o direito de plantar, tendo prazo determinado ou indeterminado, mas nunca sendo definitiva a transferência, diferentemente do direito de laje.

Para o adquirente, trata-se de um direito real em cima ou abaixo de coisa alheia. Opera-se a aquisição do direito sobre a laje. Não se compara à situação de usufruir de um direito real equivalente ao de uso, ou à habitação, à utilização de espaço alheio. O adquirente torna-se titular do espaço, podendo construir como quiser, desde que em consonância com as posturas edilícias municipais, dentro do ordenado pelo § 5º. Garante-se a ele a disposição, isto é, o poder de dispor, de alugar, de vender, de doar, de permutar, segundo garante o § 3º.

Não se dá a individualização de lotes, e nem a sobreposição de múltiplas unidades ou a solidariedade de edificações ou terrenos. Nem equivale ao condomínio edilício, pois, neste, coexistem propriedades plenas em plano horizontal, com direito à fração ideal do solo e das áreas comuns. De acordo com o § 4º, esse tipo de direito real não implica na atribuição de fração ideal de terreno ao titular da laje ou a participação proporcional em áreas já edificadas. Simplesmente aliena-se a laje, nascendo o direito de construir abaixo ou sobre ela.

A ideia não se coaduna com o direito português, cuja figura está no art. 1526º do Código Civil: "O direito de construir sobre o teto alheio está sujeito às disposições deste título e às limitações impostas à constituição da propriedade horizontal; levantado o edifício, são aplicáveis as regras da propriedade horizontal, passando o construtor a ser condómino das partes referidas no artigo 1421º". Nota-se a ênfase à incidência da natureza própria da propriedade condominial edilícia, cuja proximidade é acentuada pela referência ao art. 1421º, relacionando os elementos comuns, como os seguintes: o solo, os alicerces, as colunas, os pilares, as paredes mestras, a estrutura, o telhado, os terraços, as entradas, os vestíbulos, as escadas, os corredores, as instalações de água e luz etc.

Relativamente ao direito suíço, encontra-se uma semelhança maior, embora adotada a denominação "direito de superfície" (*superficie au deuxième degré*): "As construções e outras estruturas estabelecidas acima ou abaixo de um imóvel, ou unidas a ele de qualquer outra maneira durável, pode ter um proprietário distinto, à condição de estarem inscritas como servidões no Registro Imobiliário" (tradução livre).[3]

No direito italiano, o art. 952, 2ª parte, do Código Civil, dá o conceito da propriedade da laje como o direito incidente sobre a construção já existente, advindo da alienação do implante para o fim previsto no instituto. Já o direito francês usa a expressão *surélévation*.

---

[3] *Les constructions et otres ouvrages établis au-dessus ou au-dessous d'un fonds, ou unis avec lui de quelque autre manière durable, peuvent avoir un propriétaire distinct, à la condition d'être inscrits comme servitudes au registre foncier.*

40.2. NATUREZA JURÍDICA

Em primeiro lugar, é de se reconhecer a viabilidade jurídica da venda do espaço da laje e acima dela, bem como da área inferior, em vista da extensão do direito de propriedade revelada pelo art. 1.229 da lei civil: "A propriedade do solo abrange a do espaço aéreo e subsolo correspondentes, em altura e profundidade úteis ao seu exercício, não podendo o proprietário opor-se a atividades que sejam realizadas por terceiros a uma altura ou profundidade tais, que não tenha ele interesse legítimo em impedi-las".

Tem-se no direito de laje um direito real de propriedade, no que se distancia do direito de superfície. Com o negócio, transfere-se a propriedade a partir da laje, ou do piso inferior. Opera-se a transmissão do espaço superior (ascendente) ou inferior (subterrânea), sempre a partir de uma construção base. Transmite-se o espaço superior ou inferior, considerado um espaço tridimensional, cúbico, ou seja, com dimensões horizontais e verticais, como que formando um poliedro (uma construção com faces poligonais planas, bordas retas e cantos ou vértices acentuados, em geral quadrangular ou retangular), tomando, inclusive, a forma de uma pirâmide (com base triangular) ou de um cone (com base circular), conforme consideram os que já estudaram a matéria. Outros formatos geométricos existem, variando de acordo com a forma da base de onde parte e as regras urbanísticas.

Sendo um direito real de propriedade, ao titular facultam-se os direitos e poderes próprios de uso, gozo e disposição. Inclusive lhe assiste reivindicar o imóvel adquirido a partir da laje, incidindo o direito de sequela, e reconhecendo-se o uso das ações possessórias, com a reintegração e a manutenção de posse. A aquisição da titularidade através do usucapião é perfeitamente admissível, desde que exercida a posse com os requisitos legais, mormente pelo período de tempo de cinco anos, estabelecido no art. 1.240 do Código Civil.

Importa em criar uma matrícula no Registro de Imóveis. Abre-se a matrícula com a descrição do objeto do direito real, incidente sobre ou sob o imóvel que será descrito. Primeiramente, averba-se junto à matrícula da construção-base, e nas matrículas de base anteriores. Após, cria-se uma matrícula própria no registro de imóveis, com a descrição do objeto da propriedade da laje, incidente no imóvel que será descrito. É o que se depreende do § 9º do art. 176 da Lei nº 6.015 /1973 (Lei dos Registros Públicos), sendo o texto incluído pela Lei nº 13.465/2017: "A instituição do direito real de laje ocorrerá por meio da abertura de uma matrícula própria no registro de imóveis e por meio da averbação desse fato na matrícula da construção-base e nas matrículas de lajes anteriores, com remissão recíproca".

A constituição se dá através de escritura pública, lavrada no tabelionato, na qual são qualificadas as partes, se descreve o objeto da transmissão, é referido o preço com as condições de pagamento, e transcrevem-se as guias da incidência tributária, dentre outros elementos. Não se tem uma nova forma de aquisição originária da propriedade, pois existem o transmitente e o adquirente.

Em suma, têm-se titularidades distintas, com acessos independentes, isolamento funcional e matrículas próprias.

Não pode passar por alto a necessidade de intimação do titular da construção-base e da laje, se incidir, no processo de execução (e inclusive no cumprimento de sentença), a penhora em qualquer um dos bens. Eis a obrigação inserida no art. 799, incisos X e XI, do CPC, em texto da Lei 13. 465/2017: "Incumbe ainda ao exequente: (...)

X – requerer a intimação do titular da construção-base, bem como, se for o caso, do titular de lajes anteriores, quando a penhora recair sobre o direito real de laje;

XI – requerer a intimação do titular das lajes, quando a penhora recair sobre a construção-base".

A finalidade é oportunizar a ressalva dos direitos dos titulares, oportunizando, inclusive, a faculdade de pagamento da dívida, para se ressarcir, posteriormente, no bem penhorado, com o que se evitará a alienação a terceiros.

40.3. A CESSÃO DA SUPERFÍCIE DA CONSTRUÇÃO PELO TITULAR DA LAJE

Conforme o § 6º do art. 1.510-A, ao titular da laje é reconhecido o direito de ceder a superfície de sua construção, ou da laje de sua construção, para a instituição de um novo e sucessivo direito de laje a outras pessoas. Há a laje de primeiro grau, que é aquela que, em primeiro lugar, repousa sobre ou sob a construção-base. Depois vem a de segundo grau, sendo a que segue após a laje de primeiro grau. E assim por diante. Condição para tanto está na autorização do titular da construção-base. Sempre, na sequência de novas unidades de direito de laje, pressupõe-se a manifesta aquiescência dos titulares da laje anterior ou precedente. A disposição da lei revela-se clara: "O titular da laje poderá ceder a superfície de sua construção para a instituição de um sucessivo direito real de laje, desde que haja autorização expressa dos titulares da construção-base e das demais lajes, respeitadas as posturas edilícias e urbanísticas vigentes".

A necessidade de consentimento e mesmo de aferição da estrutura base tem em conta a possibilidade de suportar a laje ou superfície uma nova construção, ou mais peso, e de comportar a superposição de moradias ou de espaços de uso econômico ou profissional, de maneira a não atingir um ponto de saturação intolerável.

A rigor, toda obra de construção de prédio carece da formalização de projeto, com a coadunação às normas edilícias do Município, a quem cabe a aprovação. Haverá, inquestionavelmente, um vazio legislativo municipal, que perdurará enquanto não advier a legislação própria.

40.4. PROIBIÇÃO DO TITULAR DA LAJE EM PREJUDICAR A CONSTRUÇÃO--BASE

É comum em todas as regiões do Brasil os pais cederem aos filhos extensões laterais dos terrenos onde se erguem suas casas, especialmente nos fundos, a fim de se fazerem 'puxados' e neles residirem quando adquirem uma relativa independência, o que permite que tenham uma vida mais livre e constituam, inclusive, uniões maritais. Com a recente lei, é possível legalizar essas situações de fato.

O direito de laje, em verdade, constitui um arranjo para remediar a falta de moradia, buscando facilitar a socialização da propriedade habitacional, em especial nos grandes centros e nas comunidades de extensa concentração de pessoas carentes e com baixo poder aquisitivo, tudo em vista da falta de espaço e do alto custo da propriedade imobiliária. Com o engenho de inspiração mais politiqueira, e com uma visão enviesada de ajeitar os problemas sociais, encontrou-se um caminho um tanto exótico para reduzir a falta de moradias, a custo do aumento dos ajuntamentos de pessoas em reduzidos espaços de vivência diária, sem medir a enormidade de problemas que decorre da proximidade da convivência.

Trata-se de um instituto novo, que não se inclui no apanágio dos direitos que favorecem as coletividades, mas representa um retrocesso social, reflexo do descalabro em que anda o país, e muito menos diminui a proliferação da informalidade das ocupações, com o favorecimento de apropriação de serviços essenciais (água, luz, esgoto, net) sem o pagamento das respectivas tarifas. Está aí algo próprio da pobreza cultural de uma nação, adotando mais uma opção de favelizar a propriedade, prova da incompetência, negligência ou falta de interesse em fazer políticas estruturais, realidade comum de um país de quarto ou quinto mundo.

O art. 1.520-B traz algumas regras visando reduzir o impacto dos males inerentes a esta espécie de compartilhamento da propriedade. Nesse intuito, as obras novas que forem erguidas sobre ou sob a laje observarão os direitos de propriedade, sem prejudicar a linha arquitetônica ou o arranjo estético do edifício, como se existissem esses paradigmas nas favelas, e ignorando que, de modo geral, nas comunidades carentes, não há propriedade imobiliária, e, sim, posse precária, invasões, conglomerados desordenados, ocupações clandestinas e por aí afora. Loteiam-se as ocupações, armam-se "puxadinhos" e estendem-se as construções, numa verdadeira proliferação desordenada de ocupações.

Seja como for, eis a norma: "É expressamente vedado ao titular da laje prejudicar com obras novas ou com falta de reparação a segurança, a linha arquitetônica ou o arranjo estético do edifício, observadas as posturas previstas em legislação local".

40.5. EXTENSÃO AO DIREITO DE LAJE DE ELEMENTOS PRÓPRIOS DA PROPRIEDADE CONDOMINIAL

O art. 1.510-C aproxima a o direito real de laje à propriedade edilícia, no pertinente à assunção de custos que passam a beneficiar a generalidade dos que passam a exercer o direito de propriedade e de laje. Eis a disposição do *caput*: "Sem prejuízo, no que couber, das normas aplicáveis aos condomínios edilícios, para fins do direito real de laje, as despesas necessárias à conservação e fruição das partes que sirvam a todo o edifício e ao pagamento de serviços de interesse comum serão partilhadas entre o proprietário da construção-base e o titular da laje, na proporção que venha a ser estipulada em contrato".

Já o início do dispositivo insere-se uma situação inapropriada, ao não dispensar a aplicação em geral das normas destinadas ao condomínio edilício. Com efeito, consta que, além da incidência de tais normas, são encargos de todos - proprietário da construção-base e titular da base -, as despesas necessárias à conservação e fruição. Mas não se descartam outras responsabilidades, em face da primeira parte da redação da regra. Estendem-se obrigações próprias do condomínio edilício, inclusive deveres de manutenção das partes comuns, aprovação das despesas, não realizar obras que comprometam a segurança da edificação, não alterar a forma e a cor da fachada, das partes e esquadrias externas, não alterar a destinação do imóvel, e não proceder de maneira prejudicial ao sossego, salubridade e segurança dos possuidores, ou aos bons costumes. Com isso, nota-se que são aportadas regras específicas do condomínio ao direito de laje.

No § 1º, elencam-se as partes comuns, que servem a todo o edifício, o que constitui mais uma extensão do direito condominial ao direito de laje, sendo os seguintes:

I – os alicerces, colunas, pilares, paredes-mestras e todas as partes restantes que constituam a estrutura do prédio;

II – o telhado ou os terraços de cobertura, ainda que destinados ao uso exclusivo do titular da laje;

III – as instalações gerais de água, esgoto, eletricidade, aquecimento, ar condicionado, gás, comunicações e semelhantes que sirvam a todo o edifício; e

IV – em geral, as coisas que sejam afetadas ao uso de todo o edifício.

1126 DIREITO DAS COISAS – *Arnaldo Rizzardo*

Vemos, pois, a introdução de regras do condomínio edilício, mas desde que avençado acerto a respeito, sobressaindo em importância os componentes estruturais, como alicerces, colunas, telhados, escadas. Inclusive os custos de utilidades comuns são passíveis de partilhamento, mormente no que abrange os serviços de água, esgoto, eletricidade, aquecimento, ar condicionado, gás, comunicações. Por evidente que haverá de existir uma contabilidade, com a relação dos gastos, e o acerto quanto à divisão. Um disciplinamento interno poderá ser imposto, desde que aprovado pela maioria das pessoas titulares de laje.

De outro giro, de acordo com o § 2º, a qualquer interessado, isto é, ao titular da construção-base e da laje, garante-se promover as reparações e consertos, mesmo sem a autorização de outros interessados, e que fazem parte da titularidade do prédio ou da laje. Cabe, posteriormente, o direito ao ressarcimento, através da competente ação.

40.6. O DIREITO DE PREFERÊNCIA NA VENDA DE UNIDADES

Vem garantido o direito de preferência no caso de venda de unidades sobrepostas. Em primeiro lugar, assegura-se a primazia, respectivamente, aos titulares da construção-base e da laje, em igualdade de condições com terceiros, ou seja, pelo mesmo preço que se pedir na colocação para a venda da unidade a qualquer interessado na aquisição. Impõe-se, como condição prévia para a alienação, a ciência, de forma inequívoca e material, dos que têm a preferência, aos quais de concede o prazo de trinta dias para a opção de compra, a menos que outro prazo tenha sido acertado entre as partes nas avenças que celebraram. O regramento consta do art. 1.510-D: "Em caso de alienação de qualquer das unidades sobrepostas, terão direito de preferência, em igualdade de condições com terceiros, os titulares da construção--base e da laje, nessa ordem, que serão cientificados por escrito para que se manifestem no prazo de trinta dias, salvo se o contrato dispuser de modo diverso".

Em suma, prevalece o regramento comum vigorante no condomínio, e em outras modalidades de, como no arrendamento rural e na locação.

Em consonância com o § 1º, na omissão de se dar o direito de preferência, fica resguardado o direito de, em depositando o preço judicialmente, pleitear a adjudicação do bem. Para tanto, reserva-se o prazo de trinta dias para o exercício do direito, cuja contagem inicia a partir do momento do ato registrário. Se não efetuado o registro, prevalece o início quando do conhecimento, por aqueles a quem a lei contempla, do ato da alienação. Essa a melhor exegese, que procura protege aquele a quem se dá preferência. Realmente, inadmissível que não se admita o direito de adquirir o bem em vista da omissão do ato registrário. Eis o texto do dispositivo: "O titular da construção-base ou da laje a quem não se der conhecimento da alienação poderá, mediante depósito do respectivo preço, haver para si a parte alienada a terceiros, se o requerer no prazo decadencial de cento e oitenta dias, contado da data de alienação".

Já o § 2º escalona a preferência na existência de vários interessados, o que acontece quando há mais de uma laje. Em primeiro lugar, estão aqueles que são titulares da laje na ordem ascendente, isto é, nas lajes superiores. Somente na falta de manifestação para a aquisição desses titulares é que se transfere o direito aos que são titulares na escala descendente, ou seja, das unidades inferiores. E dentre tais pessoas, gozam de primazia aqueles titulares de lajes mais próximos da laje sobreposta objeto da alienação. É o que prevê o dispositivo: "Se houver mais de uma laje, terá preferência, sucessivamente, o titular das lajes ascendentes e o titular das lajes descendentes, assegurada a prioridade para a laje mais próxima à unidade sobreposta a ser alienada".

40.7. A EXTINÇÃO DO DIREITO REAL DE LAJE

O art. 1.510-E contempla a extinção do direito de laje, que se dá quando ocorre a ruína da construção-base. Se houver tal evento, derruirão as demais partes integrantes do prédio. No contrato de instituição do direito de laje, observar-se-ão a consistência, a durabilidade, a estrutura, a rigidez da base, dentre outros fatores, que determinarão o critério de fixação do preço. Estimar-se-á a probabilidade de vida da construção-base, que se aferirá através de exame da qualidade da obra. Com efeito, reza o dispositivo: "A ruína da construção-base implica extinção do direito real de laje, salvo".

Duas exceções evitam a extinção, de acordo com os itens que seguem:

"I – se este tiver sido instituído sobre o subsolo;

II – se a construção-base não for reconstruída no prazo de cinco anos".

Todavia, verificados certos fenômenos da natureza, como desmoronamentos, mesmo que inviabilizada a reconstrução, não se conseguirá a edificação da laje.

No caso de não ser erguida a construção-base no prazo de cinco anos, ressurge o direito de se edificar um prédio, que passa para a pessoa que era titular da laje.

O parágrafo único assegura o direito ao ressarcimento contra aquele que deu causa à ruína, desde que se apurar a existência de culpa na sua conduta.

40.8. CONTROVÉRSIAS QUE ENVOLVEM A MATÉRIA

Sendo as construções sobre laje uma realidade que remonta a dezenas de anos no País, em especial nas grandes cidades, é natural que redundaram em controvérsias da mais variada ordem, cuja solução é procurada na Justiça.

Os litígios mais frequentes giram em torno da titularidade da construção sobre a laje, a reintegração ou manutenção de posse tanto de parte do titular da construção-base como do ocupante da unidade erguida acima da laje, a retirada da obra erguida em cima da laje por não suportar esta o peso e apresentar rachaduras, a proporcionalidade do rateio das despesas decorrentes de áreas comuns (escadas, tarifas, pinturas, reparos), a divisão das despesas de tributos e de utilidades destinadas aos ocupantes (água, luz, NET, IPTU, telefone), a falta de espessura necessária e outros defeitos da laje e vigas para a construção, incômodos causados pela construção, as desavenças de direito de vizinhança, a utilização de área comum, a falta de conservação do espaço comum, infiltrações que promanam de pisos superiores, peso excessivo dos andares superiores, a mudança de destinação da laje, a ampliação da construção, e o ato de transferência e direito de preferência, locação e despejo.

Bibliografia

ABRÃO, Carlos Henrique. *Penhora das Quotas da Sociedade de Responsabilidade Limitada*, São Paulo, Editora Saraiva, 1986.

ABRÃO, Eliane Y. *Direitos de Autor nos Meios Modernos de Comunicação*, São Paulo, Editora Revista dos Tribunais, 1989.

ADCOAS – nº 32/85, verbete nº 104.896, p. 504.

ADV Informativo – *COAD*.

ADV Jurisprudência.

AGUIAR E SOUZA, Luiz Antônio de. *Tratado das Servidões Urbanas e Rústicas*, São Paulo, Espínola & Cia., 1914.

AGUIAR, João Carlos Pestana de. *A Nova Lei do Inquilinato Comentada*, São Paulo, Editora Saraiva, 1979.

AJURIS – *Revista da Associação dos Juízes do Rio Grande do Sul*, Porto Alegre.

ALMEIDA, Carlos Ferreira. *Publicidade e Teoria dos Registros*, Coimbra, Edição Almedina, 1966.

ALVES, João Luiz. *Código Civil da República dos Estados Unidos do Brasil*, 2ª edição, São Paulo, Livraria Acadêmica Saraiva & Cia., 1º vol.

ALVES DA SILVA, Rodrigo. Os fundos de investimento financeiro à luz do Código de Defesa do Consumidor, em *Revista de Direito Privado*.

ALVIM, Agostinho. *Da Compra e Venda e da Troca*, 1ª edição, Rio de Janeiro, Forense, 1966.

ALVIM, Arruda. "Cominatória", em *Revista dos Tribunais*, nº 442.

AMORIM, Edgar Carlos. *Teoria e Prática da Enfiteuse*, Rio de Janeiro, Forense, 1986.

AMORIM, João Alberto Alves. *Direito das Águas*, São Paulo: Lex Editora S. A., 2009.

ANDRADE, Fábio Siebeneichler de. "A atualidade do direito de superfície", em *AJURIS – Revista da Associação dos Juízes do RGS*, Porto Alegre, nº 65, 1995.

ARASSI, Lodovico. *La proprietà*, Milão, Dott. A. Giuffrè-Editore, 1943.

ARZUA, Guido. *Posse – O Direito e o Processo*, 2ª edição, São Paulo, Editora Revista dos Tribunais, 1978.

ASCARELLI, Tullio. *Problemas das Sociedades Anônimas e Direito Comparado*, São Paulo, Editora Saraiva, 1945.

ASCENSÃO, José de Oliveira. *Direitos Reais*, Coimbra, Almedina, 1978.

ASSIS, Araken de. *Processo Civil Brasileiro*, São Paulo, Thomson Reuters – Revista dos Tribunais, 2015, vol. II, tomos I e II e vol. III.

AUBRY, C.; RAU, C. *Cours de Droit Civil Français*, 6ª edição, Paris, Librairie de la Cour de Cassation, 1938, tomo III.

BIBLIOGRAFIA | **1129**

AUTUORI, Luiz; PINTO, Jorge; PINTO, Iracy Lopes. *Sutilezas em Tema de Condomínio*, 1ª edição, Rio de Janeiro, Forense, 1978.

AZEVEDO JÚNIOR, José Osório de. *Compromisso de Compra e Venda*, 1ª edição, São Paulo, Editora Saraiva, 1979.

AZEVEDO, Renan Falcão de. *Posse – Efeitos e Proteção*, 2ª edição, São Paulo, Coedição da Universidade de Caxias do Sul – RS – e Editora Revista dos Tribunais, 1987.

BALBINO FILHO, Nicolau. *Registro de Imóveis – Doutrina, Prática, Jurisprudência*, 9ª edição, São Paulo, Editora Saraiva, 1999.

BARROS MONTEIRO, Washington de. *Curso de Direito Civil – Direito das Coisas*, 4ª edição, São Paulo, Editora Saraiva, 1961.

BATALHA, Wilson de Souza Campos. *Loteamentos e Condomínio*, São Paulo, 1953, tomos I e II.

BAUDRY-LACANTINERIE, G.; LOYNES, P. *Traité Théorique et Pratique de Droit Civil*, Paris, Librairie de La Société du Recueil – J. B. Sirey et du Journal du Palais, 1906, vol. XXV, tomo I.

_____; TISSIER, Albert. *Traité Théorique et Pratique de Droit Civil*, "La Prescription", 4ª edição, Paris, Librairie de la Société du Recueil, Sirey, 1942, vol. XXVIII.

BENEDETTI, Julio César. *La Posesión*, Buenos Aires, Editorial Astrea, 1976.

BERNARD, Robert. *Le Propriétaire d'Appartement*, Paris, 1929.

BESSONE, Darcy. *Direitos Reais*, São Paulo, Editora Saraiva, 1988.

BEUDANT, Ch. *Cours de Droit Civil Français*, 2ª edição, Paris, Rousseau & Cie. Editeur, 1938, tomo IV.

BEVILÁQUA, Clóvis. *Código Civil dos Estados Unidos do Brasil Comentado*, edição histórica, Editora Rio, vol. II; edições de 1933 e 1953, Rio de Janeiro, Livraria Francisco Alves Ltda., 1950, vol. III.

_____. *Direito das Coisas*, 5ª edição, Rio de Janeiro, Forense, vol. I.

BITTAR, Carlos Alberto. *A Lei de Software e seu Regulamento*, Rio de Janeiro, Forense, 1988.

_____. *Contornos Atuais do Direito do Autor*, atualização de Eduardo Carlos Bianca Bittar, 2ª edição, São Paulo, Editora Revista dos Tribunais, 1999.

_____. *Curso de Direito Civil*, Rio de Janeiro, Forense Universitária, 1994, vol. 2.

_____. "Direito à Imagem e Direito à Fisionomia", em *Revista dos Tribunais*, nº 620.

_____. *Direito de Autor na Obra Feita sob Encomenda*, São Paulo, Editora Revista dos Tribunais, 1977.

_____. *Direito de Autor na Obra Intelectual*, São Paulo, Editora Revista dos Tribunais, 1981.

_____. *Direito de Autor nos Meios Modernos de Comunicação*, São Paulo, Editora Revista dos Tribunais, 1989.

BITTAR FILHO, Carlos Alberto. "Apontamentos sobre a nova lei brasileira de direitos autorais", em *Revista de Informação Legislativa*, Brasília, nº 139, julho/setembro de 1998.

BITTENCOURT, Frederico. "Direito Real de Superfície", em *Revista Forense*, nº 272.

BOLETIM DA ASSOCIAÇÃO DOS ADVOGADOS DE SÃO PAULO.

BOLETIM INFORMATIVO DA LEGISLAÇÃO BRASILEIRA JURUÁ.

BORGES, João Afonso. *O Registro Torrens no Direito Brasileiro*, São Paulo, Editora Saraiva, 1960.

BORGES, Paulo Torminn. *Institutos Básicos de Direito Agrário*, 3ª edição, São Paulo, Editora Pró-Livro, 1978.

BUSSADA, Wilson. *Servidões Interpretadas pelos Tribunais*, Rio de Janeiro, Madri Livraria Editora Ltda., 1969.

CÂMARA FILHO, Roberto Mattoso. *Posse e Ações Possessórias*, Rio de Janeiro, Forense, 1998.

CAMPOS, Antônio Macedo de. *Teoria e Prática do Usucapião*, São Paulo, Editora Saraiva, 1982.

CAMPOS, Francisco. *Coletânea de Direito Comercial*, edição Livraria Freitas Bastos, 1957.

CARNEIRO, Athos Gusmão. "Aspectos Processuais da Lei do Usucapião Especial", *in AJURIS – Revista da Associação dos Juízes do RGS*, Porto Alegre, 1982.

CARVALHO, Afrânio de. *Águas Interiores*, São Paulo, Editora Saraiva, 1986.

_____. "Parte Ideal e suas Posições no Registro", em *Revista dos Tribunais*, nº 634.

_____. *Registro de Imóveis*, 3ª edição, Rio de Janeiro, Forense, 1982.

_____. "Títulos Admissíveis no Registro", em *Revista dos Tribunais*, nº 643.

CARVALHO DE MENDONÇA, Manuel Ignácio. *Do Usufruto, do Uso e da Habitação*, Rio de Janeiro, A. Coelho Branco Filho – editor, 1917.

_____. *Rios e Águas Correntes*, Rio de Janeiro, Livraria Editora Freitas Bastos, 1939.

CARVALHO, Luís Alberto de Mattos Freire de. "Aspectos Jurídicos do Zoneamento", em *Temas de Direito Urbanístico*, coordenação de Adilson Abreu Dallari e Lúcia Valle Figueiredo, São Paulo, Editora Revista dos Tribunais, 1987.

CARVALHO SANTOS, J. M. de. *Código Civil Brasileiro Interpretado*, 10ª edição, 1963, vols. I e VIII; 7ª edição, 1961, vols. II e VII; 11ª edição, 1963, vol. IX; 11ª edição, 1978, vol. X; 9ª edição, 1964, vol. XI; 7ª edição, 1964, vol. XV.

CASTRO DO NASCIMENTO, Tupinambá Miguel. *A Ordem Econômica e Financeira e a Nova Constituição*, Rio de Janeiro, Aide Editora, 1989.

_____. *Hipoteca*, Rio de Janeiro, Aide Editora, 1985.

_____. *Penhor e Anticrese*, Rio de Janeiro, Aide Editora, 1986.

_____. *Usucapião Comum e Especial*, 5ª edição, Rio de Janeiro, Aide Editora, 1984.

_____. *Usufruto*, 2ª edição, Rio de Janeiro, Aide Editora, 1986.

CENEVIVA, Walter. *A Lei dos Registros Públicos Comentada*, 1ª edição, São Paulo, Editora Saraiva, 1979.

_____. "Lavratura de Escrituras Públicas. Nova Legislação", em *Revista dos Tribunais*, nº 604.

CERQUEIRA, João da Gama. *Privilégios de Invenção e Marcas de Fábrica e Comércio*, São Paulo, Empresa Gráfica da Revista dos Tribunais, 1931, vol. I; São Paulo, Livraria Acadêmica Saraiva & Cia., 1930, vol. II.

_____. *Tratado da Propriedade Industrial*, 2ª edição, São Paulo, Editora Revista dos Tribunais, 1982, vols. 1 e 2.

CERQUEIRA, Nélson de Figueiredo. "O Direito de Superfície", em *Revista dos Tribunais*, nº 473.

CHAVANNE, Albert; BURST, Jean-Jacques. *Droit de La Propriété Industrielle*, Paris, Précis Dalloz, 1976.

CHAVES, Antônio. "Direito à Imagem e Direito à Fisionomia", em *Revista dos Tribunais*, nº 620.

BIBLIOGRAFIA | 1131

_____. *Direito de Autor*, Rio de Janeiro, Forense, 1987, vol. I.

_____. "Direito à Imagem e Direito à Fisionomia", em *Revista dos Tribunais*, nº 620.

_____. *Direito de Arena*, 1ª edição, Campinas, Julex Livros Ltda., 1988.

_____. "Imagem, Fotografia e Direitos Autorais", em *Revista da ABPI* (Associação Brasileira da Propriedade Intelectual), São Paulo, nº 30, set./out. de 1997.

_____. "Imprensa. Captação audiovisual. Informática e os Direitos de Personalidade", em *Revista dos Tribunais*, nº 729.

_____. *Nova Lei Brasileira de Direito de Autor*, São Paulo, Editora Revista dos Tribunais, 1975.

_____. "Os desafios da Lei nº 9.610/98 e a titularidade da pessoa jurídica", em *ADV Seleções Jurídicas*, outubro de 1999.

_____. *Software Brasileiro sem Mistério*, 1ª edição, Campinas, Julex Livros Ltda., 1988.

COELHO, Fábio Ulhoa. *Curso de Direito Comercial*, São Paulo, Editora Saraiva, 1998, vol. 1; e 17ª edição, da Thomson Reuters – Revista dos Tribunais, São Paulo, 2016.

COELHO DA ROCHA, M. A. *Instituições de Direito Civil*, São Paulo, Editora Saraiva, 1984, vol II.

COLIN, Ambrosio; CAPITANT, H. *Curso Elemental de Derecho Civil*, tradução ao espanhol pela *Revista General de Legislación y Jurisprudencia*, 2ª edição, Madrid, Editorial Reus, 1948, tomo V.

COLOMBET, Claude. *Propriété Littéraire et Artistique*, Paris, Précis Dalloz, 1976.

CORRÊA FREIRE, J. Renato. "Negócio Jurídico Fiduciário", em *Revista dos Tribunais*, nº 411.

CORREA, Orlando de Assis. *Posse e Ações Possessórias*, Porto Alegre, Editora Síntese, 1977.

CORREIA, Alexandre; SCIASCIA, Caetano. *Manual de Direito Romano*, São Paulo, 1955, vol. 2º.

COSTA NEVES, José Carlos. "O novo regime legal brasileiro de direitos autorais", em *Revista da ABPI*, São Paulo, nº 30, set./out. de 1997.

COUTO E SILVA, Clóvis do. *Comentários ao Código de Processo Civil*, 1977, vol. XI, tomo I; São Paulo, Editora Revista dos Tribunais, 1982, vol. XI, tomo II.

COUTO, Sérgio A. Frazão do. *Material Teórico e Prático do Parcelamento Urbano*, Rio de Janeiro, Forense, 1981.

CRETELLA JÚNIOR, *José*. *O Direito Autoral na Jurisprudência*, Rio de Janeiro, Forense, 1987.

_____.*Tratado de Direito Administrativo*, Rio de Janeiro, Forense, 1968, vol. V.

_____. *Tratado Geral da Desapropriação*, 2ª edição, Rio de Janeiro, Forense, 1980, vol. I.

CUNHA GONÇALVES, Luís da. *Princípios de Direito Civil*, São Paulo, Max Limonad – editor, 1951, vol. I.

_____. *Tratado de Direito Civil*, 1ª edição, São Paulo, Max Limonad – editor, vol. III, tomo II.

DAIBERT, Jefferson. *Direito das Coisas*, 2ª edição, Rio de Janeiro, Forense, 1979.

DANNEMANN, Gert Egon; MAGALHÃES, Katia Braga de. "A ação de adjudicação na nova Lei de Propriedade Industrial (Lei nº 9.279/96)", em *Revista da ABPI* (Associação Brasileira da Propriedade Intelectual), São Paulo, nº 39, março/abril de 1999.

DEBOIS, Henri. *Le Droit D'Auteur*, Paris, Librairie Dalloz, 1950.

DEL NERO, Patrícia Aurélia. *Propriedade Intelectual – A tutela jurídica da biotipologia*, São Paulo, Editora Revista dos Tribunais, 1998.

DEMOLINER, Karine Silva. *Agua e Saneamento Básico*, Porto Alegre: Livraria do Advogado Editora, 2008.

DEMOLOMBE, C. *Cours de Code de Napoléon, Traité de la Distinction des Biens*, edição de Imprimérie Général, Paris, tomo IX; Traité de Servitudes, 3ª edição, Paris, Auguste Durand – L. Hachette & Cie., 1963, vol. XII, tomo II.

DI BLASI, Gabriel; SOERENSEN, Mário Garcia; MENDES, Paulo Parente M. *A Propriedade Industrial*, 1ª ed., 4ª tiragem, Rio de Janeiro, Forense, 2000.

DINI, Mario. *La Denunzia di Nuova Opera*, Milão, Dott. A. Giuffrè – Editore, 1953.

DIREITO IMOBILIÁRIO – Acórdãos Selecionados – *COAD*.

DOMINGUES, Douglas Gabriel. *Direito Industrial – Patentes,* 1ª edição, Rio de Janeiro, Forense, 1980.

DUGUIT, Leon. *Transformaciones Gererales del Derecho Privado desde el Código de Napoleón*, tradução ao espanhol por Carlos C. Posada, Madrid, edição de Francisco Beltrán, 1912.

EMENTÁRIO FORENSE, novembro de 1963, nº 180.

ENNECCERUS, Ludwig; KIPP, Theodor; WOLFF, Martín. *Tratado de Derecho Civil*, 1ª edição, Barcelona, edição Bosch – Casa Imperial, 1944, vol. II, tomo III.

ESPÍNOLA, Eduardo. *Posse – Propriedade – Compropriedade ou Condomínio – Direitos Autorais*, Rio de Janeiro, Editora Conquista, 1956.

FABRÍCIO, Adroaldo Furtado. *Comentários ao Código de Processo Civil,* 1ª edição, Rio de Janeiro, Forense, 1980, vol. VIII, tomo III.

FADEL, Sérgio Sahione. *Código de Processo Civil Comentado*, Rio de Janeiro, José Konfino – editor, 1974, vol. II.

FAGUNDES, Seabra. *Da Desapropriação no Direito Brasileiro,* Rio de Janeiro, Livraria Freitas Bastos S.A., 1949.

FARIA CORREA, José Antônio B. L. "O Tratamento das Marcas de Alto Renome e das Marcas Notoriamente conhecidas na Lei nº 9.279/96", em *Revista da ABPI* (Associação Brasileira da Propriedade Intelectual), São Paulo, nº 28, maio-junho de 1997.

FERREIRA, Álvaro Erix. "Configuração dos Loteamentos Urbanos e Rurais", *in Revista do Instituto de Registro Imobiliário Brasileiro*, ano 2, nº 2.

FERREIRA, Sérgio de Andréa. *Direito de Propriedades e as Limitações e Ingerências Administrativas*, São Paulo, Editora Revista dos Tribunais, 1980.

FERREIRA, Waldemar. *Tratado de Direito Comercial,* São Paulo, Editora Saraiva, 1963, vol XI.

FIGUEIREDO, Lúcia Valle. *Disciplina Urbanística da Propriedade*, São Paulo, Editora Revista dos Tribunais, 1980.

FORSTER, Nestor José. *Alienação Fiduciária em Garantia*, Porto Alegre, Livraria Sulina Editora, 1970.

FRAGA, Affonso. *Direitos Reais de Garantia – Penhor, Anticrese e Hipoteca*, São Paulo, Livraria Acadêmica Saraiva & Companhia – Editores, 1933.

FRANÇA, Rubens Limongi. *Jurisprudência das Execuções,* São Paulo, Editora Revista dos Tribunais, 1986.

_____. *Jurisprudência do Condomínio,* São Paulo, Editora Revista dos Tribunais.

_____. *Manual Prático das Desapropriações*, 2ª edição, São Paulo, Editora Saraiva, 1978.

FRANCESCHELLI, Remo. *Trattato de Diritto Industriale*, Parte Geral, Milão, Milano Dott. A. Giuffrè Editore, 1973, vol. 1º.

FRANCO, J. Nascimento; GONDO, Nisske. *Condomínio em Edifícios,* 5ª edição, São Paulo, Editora Revista dos Tribunais, 1987.

FRANCO SOBRINHO, Manoel de Oliveira. *Desapropriação*, São Paulo, Editora Saraiva, 1989.

FULGÊNCIO, Tito. *Direito Real de Hipoteca*, 2ª edição Rio de Janeiro, Forense, 1960, vol. I.

GAMA, Affonso Dionísio. *Da Anticrese*, São Paulo, Livraria Acadêmica Saraiva & Companhia – Editores, 1919.

GARCEZ, Martinho. *Direito das Coisas*, Rio de Janeiro, Jacintho Ribeiro dos Santos – editor, 1915.

GARCIA, Paulo. *Terras Devolutas*, Belo Horizonte, Edição Livraria Oscar Nicolai, 1958.

GIL, Hernandez. *La posesión*, Madrid, 1980.

GOMES, Orlando. *Alienação Fiduciária em Garantia*, 4ª edição, São Paulo, Editora Revista dos Tribunais, 1975.

_____. *Direitos Reais*, 2ª edição, 1962, tomo 1º; 3ª edição, Rio de Janeiro, Forense, 1969, tomo 2º.

_____. *Proteção Jurídica do Software*, Rio de Janeiro, Forense, 1985.

GOULART, Ney Rosa. SEFFRIN, Paulo Eurides Ferreira. *Usufruto, Uso e Habitação*, 1ª edição, Rio de Janeiro, Forense, 1986.

GRANIZO, Mariano Fernandes. *La Ley de Propiedad Horizontal en Derecho Español*, Madrid, Editorial Revista de Derecho Privado, 1973.

GRANZIERA, Maria Luiza Machado. *Direito de Águas,* São Paulo: Editora Atlas S. A., 2003, p. 89.

HAENDCHEN, Paulo Tadeu; LETTERIELLO, Rêmolo. *Ação Reivindicatória*, 4ª edição, São Paulo, Editora Saraiva, 1988.

HEDEMANN, Justus Wilhelm. *Derechos Reales*, Madrid, Editorial Revista de Derecho Privado, 1955, vol. II.

INOCÊNCIO, Antônio Ferreira. *Ação de Usucapião e Ação de Retificação de Área e de Alteração de Divisas no Registro Imobiliário*, 3ª edição, Bauru, Editora Jalovi Ltda., 1986.

JACQUOT, Henri. *Droit de l'Urbanisme*, Paris, Précis Dalloz,1987.

JHERING, Rodolfo von. *La Posesión,* 2ª edição, Madrid, Editorial Reus, 1926.

JORGE, Francisco. *Uma forma de possuir em benefício de todos.* In: Congresso Mundial de Direito Agrário. *Direito agrário e desenvolvimento sustentável.* Porto Alegre, UMAU, 1999.

JOSSERAND, Louis. *Derecho Civil*, tradução ao espanhol por Santiago Cunchillos y Manterolla, Buenos Aires, Ediciones Jurídicas Europa-América, 1950, vol. III, tomo I.

JULGADOS DO TRIBUNAL DE ALÇADA DE MINAS GERAIS.

JULGADOS DO TRIBUNAL DE ALÇADA DO RGS.

JULGADOS DO TRIBUNAL DE ALÇADA CIVIL DE SÃO PAULO.

JULGADOS DOS TRIBUNAIS SUPERIORES.

JURISCÍVEL DO STF.

JURISPRUDÊNCIA BRASILEIRA.

JURISPRUDÊNCIA CATARINENSE.

JURISPRUDÊNCIA MINEIRA.

KANG, Márcio. "Direito de Superfície", em *Revista dos Tribunais*, nº 541.

KOLLET, Ricardo Guimarães. *Manual do Tabelião de Notas para Concursos e Profissionais*, Rio de Janeiro, Forense, 2008.

LACERDA DE ALMEIDA, Francisco de Paula. *Direito das Coisas*, Rio de Janeiro, J. Ribeiro dos Santos – Livreiro e Editor, 1908.

LAQUIS, Manoel Antonio. *Derechos Reales*, Buenos Aires, Ediciones de Palma, 1975, tomo I; 1979, tomo II.

LARANJEIRA, Raymundo. *Direito Agrário*. São Paulo, LTr, 1984.

LARENZ, Karl. *Derecho de Obligaciones*, tradução de Jaime Santos Briz, Madrid, Editora Revista de Derecho Privado, 1959, tomo 2º.

LAURENT, F. *Principes de Droit Civil Français*, 3ª edição, Bruxelas e Paris, 1878, tomo 7º.

LEANDRO, Waldemar. *Condomínio*, 5ª edição, São Paulo, LEUD – Livraria e Editora Universitária de Direito Ltda., 1985.

LEITE, Iolanda Moreira. *Registro Imobiliário e Ação de Retificação, em Posse e Propriedade*, São Paulo, Editora Saraiva, 1987.

LEITE, Roberto Holanda. *Usucapião Ordinária e Usucapião Especial*, São Paulo, Editora Revista dos Tribunais, 1983.

LEITE, Solidônio. *Desapropriação por Utilidade Pública*, Rio de Janeiro, Editora J. Leite, 1928.

_____. *Nome Comercial e suas Garantias*, 3ª edição, Rio de Janeiro, Editores J. Leite & Cia., 1923.

LEONARDOS, Gustavo Starling. "Dos prazos de validade das patentes em vista do acordo Trips e da nova Lei de Propriedade Industrial (Lei nº 9.279/96)", em *Revista dos Tribunais*, nº 758.

LEX – JURISPRUDÊNCIA DO SUPREMO TRIBUNAL FEDERAL.

LISBOA, Lázaro Plácido. *Manual de contabilidade de fundos de investimentos*. 19ª edição. São Paulo. FIPECAF, 1968.

LOBÃO, Manuel de Almeida e Souza de. *Tratado Prático e Compendiário das Águas*, Lisboa, Imprensa Nacional, 1861.

LOPES DA COSTA, Alfredo de Araújo. *Demarcação, Divisão, Tapumes*, Belo Horizonte, editor Bernardo Álvares, 1963.

LOPES, João Batista. *Condomínio*, 2ª edição, São Paulo, Editora Revista dos Tribunais, 1982.

LUCHESI, Fábio de Oliveira. "A Desapropriação para Fins de Reforma Agrária perante a Nova Constituição Federal", em *Ajuris – Revista da Associação dos Juízes do RGS*, Porto Alegre, nº 45, 1989.

MACHADO, Paulo Affonso Leme. *Direito Ambiental Brasileiro*, 2ª edição, São Paulo, Editora Revista dos Tribunais, 1989; 8ª edição, São Paulo, Malheiros Editores, 2000.

MACKELDEY, F. *Manuel de Droit Romain*, 3ª edição, Bruxelas, Société Typographique Belge, 1846.

MAGALHÃES, Roberto Barcelos de. *Teoria e Prática do Condomínio*, 3ª edição, Rio de Janeiro, Editora Liber Juris, 1988.

MAGALHÃES, Vilobaldo Bastos de. *Compra e Venda e Sistemas de Transmissão da Propriedade*, Rio de Janeiro, Forense, 1981.

MANCUSO, Rodolfo de Camargo. *Interesses Difusos*, São Paulo, Editora Revista dos Tribunais, 1988.

MANICA, Sérgio Afonso. *Direito Notarial*, Porto Alegre, Editora Verbo Jurídico, 2015.

BIBLIOGRAFIA | **1135**

MANSO, Eduardo Vieira. *A Informática e os Direitos Intelectuais*, São Paulo, Editora Revista dos Tribunais, 1985.

_____. "Contrato de Edição", em *Contratos Nominados – Doutrina e Jurisprudência*, São Paulo, Editora Saraiva, 1995.

_____. *Contratos de Direito Autoral*, São Paulo, Editora Revista dos Tribunais, 1989.

_____. *Direito Autoral*, São Paulo, José Bushatzky – editor, 1980.

_____. "Os Direitos Autorais do Tradutor", em *Revista dos Tribunais*.

MARINONI, Luiz Guilherme; ARENHART, Sérgio Cruz e MITIDIERO, Daniel. *Novo Código de Processo Civil Comentado*, São Paulo, Editora Revista dos Tribunais, 2015.

MARQUES, Benedito Ferreira. *Direito Agrário Brasileiro*. 9. edição São Paulo: Atlas, 2011.

MARQUES, José Frederico. *Instituições de Direito Judiciário Civil*, 2ª edição, Rio de Janeiro, Forense, vol. V.

MARTINS, Antônio Carvalho. *Direitos Reais – Paredes e Muros de Meação*, 2ª edição, Coimbra, Coimbra Editora Limitada, 1987.

MARTINS, Fran. *Contratos e Obrigações Comerciais*, 7ª edição, Rio de Janeiro, Forense, 1984.

MAXIMILIANO, Carlos. *Condomínio*, 5ª edição, Rio de Janeiro, Livraria Freitas Bastos S.A., 1961.

_____. *Hermenêutica e Aplicação do Direito*, 9ª edição, Rio de Janeiro, Forense, 1979.

MAZEAUD, Henri, Léon e Jean. *Lecciones de Derecho Civil*, Parte 2ª, Buenos Aires, Ediciones Jurídicas Europa-América, 1960, vol. IV.

MEIRELLES, Hely Lopes. *Direito Administrativo Brasileiro*, 7ª edição, São Paulo, Editora Revista dos Tribunais; 5ª edição, 1977; 2ª edição, 1966.

_____. *Direito de Construir*, 4ª edição, São Paulo, Editora Revista dos Tribunais, 1983.

_____. *Direito Municipal Brasileiro*, 4ª edição, São Paulo, Editora Revista dos Tribunais, 1981.

MELO FILHO, Álvaro. *Direito Registral Imobiliário*, Rio de Janeiro, Forense, 1985.

MENDES, José. *Das Servidões de Caminho*, São Paulo, Duprat & Cia., 1906.

MENDONÇA LIMA, Rafael Augusto de. *Direito Agrário*. Rio de Janeiro: Renovar, 2004.

MESSINA, Roberto Eiras. "Utilização de obra de arte plástica na recém-promulgada Lei nº 9.610/98 – motivo para comemoração ou nem tanto?", em *Revista da ABPI* (Associação Brasileira da Propriedade Intelectual), São Paulo, nº 30, set./out. de 1997.

MESSINEO, Francesco. *Le Servitù*, Milão, Dott. A.Giuffrè – Editore, 1949.

MILARÉ, Edis. "A Importância dos Estudos de Impacto Ambiental", em *Revista dos Tribunais*, nº 630.

_____. "Tutela Jurídica do Meio Ambiente", em *Revista dos Tribunais*, nº 605.

MIRANDA, Darcy Arruda. *Anotações ao Código Civil Brasileiro*, São Paulo, Editora Saraiva, 1986, vol. 3º.

MONREAL, Eduardo Novoa. *El Derecho de Propiedad Privada*, Bogotá, Editorial Temis Librería, 1979.

MONTEIRO, João Baptista. *Ação de Reintegração de Posse*, São Paulo, Editora Revista dos Tribunais, 1987.

MORAES E BARROS, Hamilton de. *Comentários ao Código de Processo Civil*, 1ª edição, Rio de Janeiro, Forense, vol. IX.

MORAES SALLES, José Carlos de. *A Desapropriação à Luz da Doutrina e da Jurisprudência*, 4ª edição, São Paulo, Editora Revista dos Tribunais, 2000.

MORAES, Walter. *Questões de Direito de Autor*, São Paulo, Editora Revista dos Tribunais, 1974.

MOREIRA ALVES, José Carlos. *Da Alienação Fiduciária em Garantia*, São Paulo, Editora Saraiva, 1973.

_____. *Posse – Evolução Histórica*, Rio de Janeiro, Forense, 1985, vol. I.

MOREIRA, Aroldo. *A Propriedade sob Diferentes Conceitos*, Rio de Janeiro, Forense, 1986.

MOTA, Guerra da. *Manual da Ação Possessória*, Porto, Athena Editora, 1980, vol. I.

MOTTA, J. A. de Faria. *Condomínio e Vizinhança*, 2ª edição, São Paulo, Editora Saraiva, 1955.

MUKAI, Toshio. *Direito e Legislação Urbanística do Brasil*, São Paulo, Editora Saraiva, 1988.

_____; ALVES, Alaor Caffé; LOMAR, Paulo Vilella. *Loteamentos e Desmembramentos Urbanos*, São Paulo, Sugestões Literárias, 1980.

NADER, Natal. *Usucapião de Imóveis – Usucapião Ordinário, Usucapião Extraordinário e Usucapião Especial*, 3ª edição, Rio de Janeiro, Forense, 1989.

NEQUETE, Lenine. *Da Prescrição Aquisitiva (Usucapião)*, Porto Alegre, Coleção Ajuris, 1981.

_____. *Passagem Forçada*, 2ª edição, São Paulo, Editora Saraiva, 1978.

_____. *Usucapião Especial*, São Paulo, Editora Saraiva, 1983.

NEVES, Celso. *Comentários ao Código de Processo Civil*, 1ª edição, Rio de Janeiro, Forense, vol. VII.

NUNES, Antônio de Pádua. *Código de Águas*, 2ª edição, São Paulo, Editora Revista dos Tribunais, 1980, vol. I.

_____. *Nascentes e Águas Comuns*, São Paulo, Editora Revista dos Tribunais, 1969.

NUNES, Pedro. *Do Usucapião*, Rio de Janeiro, Livraria Freitas Bastos S.A., 1953; 5ª edição, atualizada por Evandro Nunes, Forense, 2000.

OLIVEIRA E CRUZ, J. *Da Desapropriação*, Rio de Janeiro, Max Limonad – Editor.

OLIVEIRA, Maurício Lopes de. *Propriedade Industrial*, Rio de Janeiro, Editora Lumen Juris, 2000.

OPITZ, Oswaldo; OPITZ, Sílvia. *Direito da Economia Agrária*. Rio de Janeiro: Borsoi, 1971.

ORLANDI NETO, Narciso. *Registro Imobiliário*, São Paulo, Editora Revista dos Tribunais, 1984.

PACHECO, Cláudio. *Tratado das Constituições Brasileiras*, Rio de Janeiro, Editora Freitas Bastos, 1965, vol. X.

PACHECO, José da Silva. "As benfeitorias necessárias em imóvel", em *Direito Imobiliário* – COAD, nº 21, expedição de 4.08.1996.

PACHECO DE BARROS, Wellington. *A Água na Visão do Direito*, Porto Alegre: Publicação do Centro de Estudos do Tribunal de Justiça do Rio Grande do Sul, 2005.

PACIFICI-MAZZONI, Emídio. *Codice Civile Commentato – Trattato delle Servitù Prediale*, Florença, Casa Editrice Libraria Fratelli Cammelli, 1905, vol. II.

PARDESSUS, J. M. *Traité des Servitudes ou Services Fonciers*, 12ª edição, Bruxelas, Bruxelles Société Typographique Belge, 1841.

PAULA, Alexandre de. *Código de Processo Civil Anotado*, 6ª edição, Editora Revista dos Tribunais.

PELUSO, Antônio César. "Atualização em Matéria de Registro Imobiliário", em *Revista de Jurisprudência do Tribunal de Justiça de São Paulo*, nº 85.

PEREIRA, Caio Mário da Silva. *Condomínio e Incorporações*, 5ª edição, Rio de Janeiro, Forense, 1985.

PEREIRA, Lafayette Rodrigues. *Direito das Coisas*, Rio de Janeiro, Tipografia Baptista de Souza, 1922; edições de 1940 e 1943, Rio de Janeiro, Editora e Livraria Freitas Bastos.

PEREIRA, Virgílio de Sá. *Manual do Código Civil Brasileiro*, Rio de Janeiro, edição de Jacintho Ribeiro dos Santos, 1924, vol. VIII.

PEREYRA, Virgilio Ruffino. *La Propiedad horizontal de los Inmuebles*, Buenos Aires, Librería y Editorial 'El Ateneo', 1947.

PIERANGELI, José Henrique. "Dos Crimes contra a Propriedade Industrial", em *Revista Brasileira de Ciências Criminais*, São Paulo, nº 17, janeiro/março de 1997.

PIETRO, Maria Sylvia Zanella di. *Servidão Administrativa*, São Paulo, Editora Revista dos Tribunais, 1978.

PIETROSKI, Tercílio. *A Ação de Imissão de Posse*, Rio de Janeiro, Forense, 1989.

PIMENTA, Eduardo. "Transmissão de Direitos Autorais", em *Revista da ABPI* (Associação Brasileira da Propriedade Intelectual), São Paulo, nº 30, set./out. de 1997.

PIMENTEL, Luiz Otávio. *Direito Industrial*, Porto Alegre, Editora Síntese, 1999.

PIOVEZANE, Pedro de Milanelo. *Elementos de Direito Urbanístico*, São Paulo, Editora Revista dos Tribunais, 1981.

PIRES, Sady Dornelles. "Cédula de Crédito Rural", em *Revista dos Tribunais*, nº 606.

PLANIOL, Marcelo; RIPERT, Georges. *Tratado Práctico de Derecho Civil Francés*, tradução de M. Díaz Cruz, Havana, Editorial Cultural, 1942, tomo III.

_____. *Traité Practique de Droit Civil Français*, 2ª edição, Paris, 1952, vol. III.

POMPEU, Cid Tomanik.. *Direito de Águas no Brasil*, São Paulo: Editora Revista dos Tribunais, 2006.

PONTES DE MIRANDA, Francisco Cavalcanti. *Comentários ao Código de Processo Civil*, Rio de Janeiro, Forense, vol. I; 1976, vol. IX; 1976, vol. XIII, 1977.

_____. *Tratado das Ações*, São Paulo, Editora Revista dos Tribunais, 1974, vol. V.

_____. *Tratado de Direito Privado*, Rio de Janeiro, Editor Borsoi, 1954, vol. III; 3ª edição, Rio de Janeiro, editor Borsoi, 1971, vols. X, XI, XII e XVIII; 4ª edição, São Paulo, Editora Revista dos Tribunais, 1977, vol. XVI; 3ª edição, São Paulo, Editora Revista dos Tribunais, 1984, vol. 42; 2ª edição, Rio de Janeiro, Editor Borsoi, 1964, vol. 46.

POTHIER, Robert Joseph. *Oeuvres Complètes de Pothier*, Paris, P. J. Langlois, Librairie e A. Durand, Librairie, 1844, vols. 6, 10 e 12.

RABELLO, José Geraldo de Jacobina. *Alienação Fiduciária em Garantia e Prisão Civil do Devedor*, São Paulo, Editora Saraiva, 1986.

RÁO, Vicente. *Posse de Direitos Pessoais*, São Paulo.

REALE, Miguel. *Direito Natural – Direito Positivo*, São Paulo, Editora Saraiva, 1984.

REQUIÃO, Rubens. *Curso de Direito Falimentar*, São Paulo, Editora Saraiva, vol. II.

_____. "Nova Lei da Propriedade Industrial", em *Revista Consulex*, Brasília, ano III, nº 28, 30 de abril de 1999.

RESTIFFE NETO, Paulo. *Garantia Fiduciária*, 2ª edição, São Paulo, Editora Revista dos Tribunais, 1976.

_____. *Locação – Questões Processuais*, 5ª edição, São Paulo, Editora Revista dos Tribunais, 1985.

REVISTA DE DIREITO ADMINISTRATIVO.

REVISTA DE DIREITO IMOBILIÁRIO.

REVISTA FORENSE.

REVISTA JURÍDICA.

REVISTA DE JURISPRUDÊNCIA DO TRIBUNAL DE JUSTIÇA DO RGS.

REVISTA DE JURISPRUDÊNCIA DO TRIBUNAL DE JUSTIÇA DE SÃO PAULO.

REVISTA DO SUPERIOR TRIBUNAL DE JUSTIÇA.

REVISTA DOS TRIBUNAIS.

REVISTA TRIMESTRAL DE JURISPRUDÊNCIA.

REZENDE, Astolpho. *A Posse e sua Proteção*, São Paulo, Livraria Acadêmica Saraiva & Cia., 1937, 1º e 2º vols.

RIBAS, Antônio Joaquim. *Da Posse e das Ações Possessórias*, 2ª edição, São Paulo, edição de Miguel Melillo & Cia., 1901.

RIBEIRO, C. J. Assis. *Reflexão sobre a Crise do Direito*, Rio de Janeiro, Editora Freitas Bastos, 1951.

RIBEIRO, Benedito Silvério. *Tratado de Usucapião*, 2ª edição, São Paulo, Editora Saraiva, 1998. Também edição de 2010, vol. I.

RIBEIRO, José. *A propriedade das águas e o regime de imóveis*, em 'Águas'. Curitiba: Juruá Editora, 2000.

RIBEIRO DE SOUZA, J. L. *Servidões*, São Paulo, Livraria Acadêmica Saraiva & Cia., 1931.

RICCIATTI, Hernán. *Propiedad por pisos o por Departamentos*, Buenos Aires, Roque Depalma – Editora, 1954.

RIGAUD, Luis. Em *Derecho Real – historia, teorías y su origen institucional*, tradução de J. R. Xiran, Madrid, edição Reus, 1928.

RIOS, Arthur. "Solo criado, uma novidade urbanística", em *Direito Imobiliário, Boletim decendial*, ano 35, expedição em 31.12.1997.

_____. "*Time Sharing* ou Propriedade Compartilhada", em *Direito Imobiliário, COAD*, nº 38, expedição de 27.09.1998.

RODRIGUES, Manuel. *A Posse*, 2ª edição, Coimbra, Coimbra Editora Limitada, 1940.

RODRIGUES, Sílvio. *Direito Civil – Direito das Coisas*, 4ª edição, São Paulo, Editora Saraiva, 1972, vol. V; São Paulo, Editora Limonad, 1964, vol. III.

_____. *Dos Contratos e das Declarações Unilaterais da Vontade*, 3ª edição, São Paulo, Max Limonad – editor.

ROUBIER, Paul. *Le Droit de la Propriété Industrielle*, Paris, Librairie du Recueil Sirey, 1952.

_____. *Droits Subjectives et Situations Juridiques*, Paris, Dalloz, 1963.

RUGGIERO, Roberto de. *Instituições de Direito Civil*, tradução da 6ª edição italiana por Ary Santos, São Paulo, Livraria Acadêmica Saraiva & Cia., vol II.

SACCHI, Alessandro. *Trattato Teorico-Pratico sulle Servitù Prediali*, Turim, Unione Tipografico-Editore Torinese, 1904, vol II.

SALEILLES, Raymundo. *La Posesión*, tradução ao espanhol por J. Mª Navarro de Palencia, Madrid, Librería General de Victoriano Suárez, 1909.

SALVAT, Raymundo M. *Tratado de Derecho Civil Argentino, Derechos Reales*, 4ª edição, Buenos Aires, Tipografica Editora Argentina S.A., 1959, vol. III.

SAN TIAGO DANTAS, Francisco Clementino. *O Conflito de Vizinhança e sua Composição*, 2ª edição, Rio de Janeiro, Forense, 1972.

_____. *Programa de Direito Civil III*, edição histórica, Editora Rio de Janeiro, 1979.

SANTOS, Ernane Fidélis. *Comentários ao Código de Processo Civil*, Rio de Janeiro, Forense, 1978.

_____. *Manual de Direito Processual Civil*, 7ª edição, São Paulo, Editora Saraiva, 1999.

_____. *Procedimentos Especiais*, 2ª edição, São Paulo, Livraria e Editora Universitária de Direito, 1976.

SANTOS, Moacyr Amaral. *Ações Cominatórias no Direito Brasileiro*, 3ª edição, São Paulo, Max Limonad – editor, 1962, tomo II.

_____. *Comentários ao Código de Processo Civil*, Rio de Janeiro, Forense, 1976, vol. III.

SANTOS, Ulderico Pires dos. *Direito de Vizinhança – Doutrina e Jurisprudência*, Rio de Janeiro, Forense, 1990.

_____. *O Usucapião – Doutrina, Jurisprudência e Prática*, São Paulo, Editora Saraiva, 1983.

SCARPINELLA BUENO, Fábio. *Manual de Direito Processual Civil*. São Paulo. Editora Saraiva. 5ª edição, 2019.

SERICK, Rolf. *Forma e Realità della Persona Giuridica*, Milão, Dott. A. Giuffrè Editore, 1966.

SERPA LOPES, Miguel Maria. *Curso de Direito Civil*, 2ª edição, Rio de Janeiro, Livraria Freitas Bastos S.A., 1962, vol. VI.

_____. *Tratado dos Registros Públicos*, 5ª edição, Rio de Janeiro, Livraria Freitas Bastos S.A., 1955, vol. II; 2ª edição, 1947-1948, vol. III.

SHERRILL, Henry K. "As importações paralelas na Lei nº 9.279, de 14 de maio de 1996, e o Mercosul", em *Revista da ABPI* (Associação Brasileira da Propriedade Intelectual), São Paulo, nº 25, nov./dez. de 1996.

SILVA, José Afonso da. *Direito Urbanístico Brasileiro,* São Paulo, Editora Revista dos Tribunais, 1981.

SILVA, Ovídio A. Baptista da. *A Ação de Imissão de Posse*, São Paulo, Editora Saraiva, 1981.

SILVEIRA, Newton. "Comentários à Nova Lei de Direito Autoral nº 9.610, de 19.02.1998", em *Revista da ABPI*, São Paulo, nº 31, nov./dez. de 1997, p. 36.

_____. *Curso de Propriedade Industrial*, 2ª edição, São Paulo, Editora Revista dos Tribunais, 1987.

SIQUEIRA, Aluízio. *Direito e Legislação de Terras*, São Paulo, Editora Saraiva, 1980.

SOARES, José Carlos Tinoco. *Caducidade do Registro de Marcas*, São Paulo, Editora Revista dos Tribunais, 1984.

_____. *Nome Comercial*, 1ª edição, São Paulo, Editora Atlas S.A., 1968.

_____. "Patentes de Programa de Computador", em *Revista dos Tribunais*, nº 729.

_____. *Regime das Patentes e Royalties*, São Paulo, Editora Revista dos Tribunais, 1972.

SOARES, Orlando. *Incorporações Imobiliárias e Condomínios em Apartamentos*, 1ª edição, Rio de Janeiro, Forense, 1973.

SOBRINHO, Barbosa de Lima. *As Transformações da Compra e Venda*, Rio de Janeiro, Editor Borsoi.

SODERO, Fernando Pereira. *Direito Agrário e Reforma Agrária*, edição Legislação Brasileira, 1968.

_____. *O Módulo Rural e suas Implicações Jurídicas*, São Paulo, Edições LTr., 1975.

SODRÉ, Eurico. *A Desapropriação*, 3ª edição, São Paulo, Editora Saraiva, 1955.

SOUZA LIMA, Otto de. *Negócio Fiduciário*, São Paulo, Editora Revista dos Tribunais, 1962.

SOUZA, Marcelo Gomes de. *Direito Minerário e Meio Ambiente*, Belo Horizonte, Del Rey Editora, 1995.

STAHNKE, Oscar Breno. *Apontamentos e Guia Prático sobre Desapropriação*, Porto Alegre, Sérgio Antônio Fabris – editor, 1986.

STEFANINI, Luiz de Lima. *A Propriedade no Direito Agrário*, São Paulo, Editora Revista dos Tribunais, 1978.

STRENGER, Irineu. *Marcas e Patentes*, Rio de Janeiro, Forense Universitária, 1996.

TAVARES PAES, Paulo Roberto. *Propriedade Industrial*, São Paulo, Editora Saraiva, 1982; 2ª ed., Rio de Janeiro, Forense, 2000.

TEIXEIRA DOS SANTOS, Newton Paulo. "COMUT, reprografia e direito autoral", em *Revista de Informação Legislativa*, Brasília, ano 35, nº 140, Senado Federal, out./dez. de 1998.

TEIXEIRA, Paulo Rodrigues. *A Posse e os Interditos Possessórios*, Rio de Janeiro, Livraria Editora Leite Ribeiro, 1923.

TEPEDINO, Gustavo. *Comentários ao Código Civil - Direito das Coisas*, São Paulo, Editora Saraiva, 2011, vol. 14 .

_____ *Multipropriedade Imobiliária*, São Paulo, Editora Saraiva, 1993.

THEODORO JÚNIOR, Humberto. *Curso de Direito Processual Civil,* Rio de Janeiro, Forense, 1985, vol. II.

_____. *Processo de Execução*, São Paulo, Editora Universitária de Direito Ltda., 1983.

_____. *Terras Particulares – Demarcação, Divisão, Tapumes*, 2ª edição, São Paulo, Editora Saraiva, 1986.

TOLEDO CÉSAR, Celso Laet de. *Venda e Divisão da Propriedade Comum*, 2ª edição, São Paulo, Editora Revista dos Tribunais, 2000.

_____. "Condomínio, Divisão e Venda Judicial da Coisa Comum", em *Posse e Propriedade*, coordenação de Yussef Said Cahali, São Paulo, Editora Revista dos Tribunais, 1988.

TORRES, Marcos Alcino de Azevedo. "Multipropriedade Imobiliária", em *Direito Imobiliário – COAD*, nº 23, expedição de 14.06.1998.

TUCCI, Rogério Lauria. "Nunciação de Obra Nova", em *Jurisprudência Brasileira*, Curitiba, Juruá Editora, 1982, vol. 62.

TURCZYN, Sidnei. "Usuário Anterior – artigo 45 da Lei de Patentes (Lei nº 9.279/96)", em *Revista do Instituto dos Advogados de São Paulo*, ano 3, nº 6, jul./dez. de 2000.

VALLE E SILVA, José Henrique de Freitas. *Como Comprar e Vender Imóveis Financiados sem Alterar o Valor da Prestação*, Porto Alegre, Editora Pró-Viver, 1989.

VALLIM, João Rabello de Aguiar. *Direito Imobiliário Brasileiro,* 2ª edição, São Paulo, Editora Revista dos Tribunais, 1984.

VASQUEZ, Manuel Batlle. *La Propiedad de Casa por Pisos*, 6ª edição, Editora Marfil, Alcoy, 1970.

VEIGA JÚNIOR, Dídimo Agapito da. "Direito das Coisas", em *Manual do Código Civil Brasileiro,* organizado por Paulo de Lacerda, Rio de Janeiro, Jacinto Ribeiro dos Santos – editor, 1925, vol. IX.

_____. *Servidões Reais*, Rio de Janeiro, edição B. L. Garnier – Livreiro, 1887.

BIBLIOGRAFIA | 1141

VENOSA, Sílvio de Salvo. "Direito Civil". *Direitos Reais,* 4ª edição, São Paulo, Editora Atlas, 2004, vol. 5.

VIANA, Marco Aurélio da Silva. *Comentários ao Novo Código Civil,* Rio de Janeiro, Forense, 2003, vol. XVI.

_____ *Teoria e Prática do Direito das Coisas,* São Paulo, Editora Saraiva, 1983.

_____. *Tutela da Propriedade Imóvel,* São Paulo, Editora Saraiva, 1982.

VIEGAS, Eduardo Coral. *Visão Jurídica da Água.* Porto Alegre: Livraria do Advogado Editora, 2005.

WALD, Arnoldo. *Curso de Direito Civil Brasileiro – Obrigações e Contratos,* 3ª edição, São Paulo, Sugestões Literárias S.A., 1972.

_____. *Direito das Coisas,* 5ª edição, São Paulo, Editora Revista dos Tribunais, 1985; 4ª edição, 1980.

WELTER, Belmiro Pedro. "Procedimento da ação de usucapião com a reforma do CPC", em *AJURIS – Revista da Associação dos Juízes do RGS,* Porto Alegre, nº 66, março de 1996.

WOLFF, Martín. "Derecho de Cosas", em *Tratado de Derecho Civil,* tradução ao espanhol da 2ª edição alemã, 2ª edição, Bosch – Casa Editorial, Barcelona, 1951, vol. I, tomo III.

ZAVASCKI, Teori Albino. "A tutela da posse na Constituição e no Novo Código Civil", em *Revista Brasileira da Direito Constitucional,* nº 5, janeiro/junho de 2005.